The Crown Family Saga

克朗家族传奇 I

[美] 约翰·杰克斯 著

董惠铭 译

浙江教育出版社 · 杭州

目录

第一卷 柏林 1891—1892

在这儿，在我们波涛澎湃、夕阳晚照的大门，
将巍然屹立
一位高擎火炬的非凡女性，
她的光焰
是被囚禁的闪电，
她的芳名
是流亡者的母亲。

1883 年
埃玛·拉扎勒斯的《新的巨像》
为建成“自由女神像”筹集资金所作

第一章　波利

他心里想:我的家在哪儿？不是这里啊。

他从自己窄窄的小床边一个做工粗劣的架子上抽出一张皱皱巴巴的纸。

这是一张世界地图,从一本书上撕下来的,那书他是从旧货店买来的,他很少有钱进行这样的挥霍。他买整本书就是为了这张地图。

他仔细查看着各种各样的地方,仿佛他是神一样的人,想到地球上什么地方就可以到什么地方去生活似的。但是,他在柏林,就这么回事儿啊。有时,他热爱这座城市,可有时,就像现在,他感觉自己像落入了陷阱一样。

他回到家里已经午夜,干活累死累活,现在躺在羽绒被里,却无法入眠,便研究起了地图。差不多凌晨两点钟了,洛特姑妈还没有回来。他估计,她又跟哪个男人出去了。他很担心她。原本女人里面最善良的她现在老是对他发脾气,仿佛她不喜欢他似的。她不喜欢他在身边。她喝酒比通常多很多。就在那天早晨,离家之前,他看到她两次踉踉跄跄地撞到了家具上。

他感觉自己的房间又小又挤,像个牢房,仅仅容得下他的一张单人床。一个老旧的衣柜,衣柜缺了一只脚,拿一块木头垫着;一张摇摇晃晃的小几上摆着一盏煤油灯;一只夜壶塞在一个角落里;旁边放着一只木箱子,里面装着一些孩子的玩具。这房间是一个地下室套间的一部分。他甚至都没有一扇窗户。

他的房间经常是冷的,大多数时间潮湿不堪。洛特姑妈埋怨房间又脏又乱,根本就不像德国人的房间。他这个人也是这样。他几乎总是不修边幅,衬衣下摆常常露在裤子外面,口袋里老是塞满了那些废弃的铅笔、粉笔、写着他想到的事情或者要做的事情的字条、石块、他忘了吃的饼干或糖果,弄得那些饼干或糖果都变成碎屑或融化为止。

他已经不再上学了。他从来就不喜欢上学,一年前离开了学校。尽管辍学是违法的,可是没有人来找过他。没有人在乎。

他心事重重地抚摸着地图,将一根手指戳到了美国的中部,他的叔叔生活在那儿。

就如夜间经常会发生的那样,痛苦的问题一个个冒了出来。那些问题通常埋得很深,他从未对任何人说过。很可能他怕没有答案。今夜也没有答案。慢慢地,他伸出手,将那张皱皱巴巴的地图放回到架子上。

他的名字叫波利·克罗纳。

他十三岁。

春雨敲打着窗玻璃。闪电划破长空,发出耀眼的光芒。波利望着莱比锡盖斯特拉斯大街韦特海姆百货商店的橱窗。布置橱窗的人在一个精妙绝伦的地球仪四周悬挂着各式各样的男女外套。那个地球仪被绘制得五彩缤纷,精美无比。地球仪的中轴有黄铜装饰,安放在一个雕刻着稀奇古怪花纹的很沉的木头基座上。

地球仪上绘制着大海和陆地,那些大海和陆地似乎充满着波利渴望一探究竟的各种各样的神奇、各种各样的可能、各种各样的美妙风景。他要是有足够的钱买这样一个地球仪就好啦……

有一个很硬的东西打在他的后脑勺上。“小流氓。”因为他衣衫褴褛,别人总这么叫他,“别靠在那玻璃上,你靠得太重啦。”

波利回过身来,看到跟前站着韦特海姆百货商店那个身材魁梧的保安,只见他穿着湿漉漉的大衣,肩膀上有金色的肩章,还有穗带,雨水从他那顶有饰带镶缀的帽子的帽舌上滴落下来。

“我只是看看。”

“到别的地方看去。我们不欢迎像你这样的人渣在这儿转悠,会把顾客吓跑的。”

“他们到处都是用水煮的。”波利大声说道。这是一句古老的谚语。波利说这话的意思是他跟其他人一样好。

"哦,是吗?"那看门人说道,"你是一个好顾客?挥金如土的人?滚,再不滚我就吹哨子叫警察了!"

波利恶狠狠地瞪了那看门人一眼,但是这瞪眼抗议掩饰了他对于自己的真正感情。看门人知道他是什么人——一钱不值的人。

他双手插在口袋里,低着头,消失在了细雨霏霏的大街上。

紧接着的一个星期日下午,波利胳膊底下夹着一沓廉价的纸,走进了动物园。前天晚上下班之后,他发现洛特姑妈在悲叹星期六晚上没有男人。她说话又缓慢又含糊。她正拿着一只高脚酒杯在喝酒精度很高的发酵苹果酒。今天早上他离家的时候她还在睡觉。他可以听到关着的房门背后她的呼噜声。

波利迈着强健有力的步伐快速穿过动物园。他看上去比他的年纪要大。他绝对不属于英俊的一类人,可是他的眼睛友善、灵动,他的双肩宽阔,强壮结实的身架增强了他的男子汉气概。他的身体里流的是德国南部人的血,家族里有红头发的基因,所以有时,他的褐色头发里会有一种赤褐色的光泽。每当他对自己或者对所处环境感觉良好的时候,他的身上便会显露出一种别人注意得到的力量和能量。

这个夏日的早晨,巨大的公园一片绿意盎然,雾霭蒙蒙。波利匆匆来到一个地方,匆匆走向一个人,那人早就吸引了他的目光。在一个绿草青青的山丘上,一位上了年纪的先生将他的平顶硬草帽和海泡石烟斗放到一边,睡着了,马甲下,他的肚子恍若高山般耸立着。波利小心谨慎地在有一定距离的地方跪下双膝,抚平那叠纸最上面的那张,然后在几个口袋里摸他的炭棒。他在炭棒头上舔掉一点沾上去的巧克力,然后在那叠纸上平稳地握着炭棒。

他的内心十分紧张,既有期待,又有焦虑。他想好好画一幅这位睡觉老人的速写,但是又生怕画不好。

他开始从侧面勾勒老人的轮廓。画了四笔之后,他又把画的东西擦掉了——比例完全失调。也不知什么原因,他的手就是不明白眼睛和脑子的意思或者不听眼睛和脑子的使唤。波利骂骂咧咧地将画纸从那叠纸上扯下来,将它团拢。老人家被惊醒了,坐起身来,瞧着他。波利的脸红了。他跳起身,拿着那叠纸和炭笔逃跑了,全然忘了捡走他丢弃在草地上的那些纸张。

他为什么要坚持不懈这样做？他想要画存在于这个世界上的令人惊奇的风景和人物。可是他的天赋很差。他不断地努力再努力，但是他每次的努力所得到的结局总是一无所成。有时候，他似乎就没有干好任何事情的天资。

波利再次来到莱比锡盖斯特拉斯大街韦特海姆百货商店外面的人行道上。没有看到那个保安。这是 7 月份的下旬，长长夏日的暮光呈现出金黄色，暖暖的。

波利看见一位浑身上下穿着黑衣服的老太太拿着一只网线袋从百货商店走了出来。突然，一个满脸胡子的男人从人群里冲上来，凶残地将老太太推倒在地。

那个男人一把抓住那只网线袋，从里面掏出两罐老太太在百货商店购买的茶叶，嘴里还发疯一样地骂骂咧咧，老太太大声喊叫起来。他转身从人群中逃跑，往波利这边逃了过来。

波利没有犹豫，他猛地扑到人行道上。那强盗一下子收不住脚，绊倒在他身上。

波利一把抓住强盗长长外套的破烂下摆，将他摔倒在地。那人的头重重地磕到了地上。

那个贪生怕死的保安出现了，可是他根本就不管波利，只是扶着那老太太站起身来，走进店里去，一面过分殷勤地问这问那。

头晕目眩的强盗想要站起身子。波利死死地坐在他的身上。韦特海姆百货商店的私家侦探出来了，抓住了那个人。波利站起身来，掸干净身上的泥土。有一些义愤填膺的人围在四周，朝强盗鄙视地摇晃着手指。

警察来了。他们非要波利跟着他们一同到警察局去。

“可我要在这儿等我朋友啊。”他的朋友就是托尼奥·亨克尔，亨克尔的父亲是一家生意很好的甜品店的老板，在菩提树下街。

“争什么争，你得去。”其中一个警察抓住他的一条胳膊，一锤定音。

他们将他带到一个房间里，四面黄色的墙壁脏兮兮的，墙壁上面照例挂着一幅大于真人的德国皇帝威廉二世的巨大平版印刷品。

两个严厉的侦探像射击一样地向他射来问题。

"你叫什么名字?"

"波利·克罗纳。"

"年龄?"

"上个月6月15号就十四岁了。"

"住址?"

他很不情愿地说出了穆勒斯特拉斯街的门牌号。两个侦探飞快地交换了一下眼色。他们知道那条破烂的街道就是某个工人住宅区,几乎就是一个贫民窟。

波利花了半个小时重复他所经历的全过程,心里着急得不行。突然,远处有一个铃声响了。一个侦探被叫了出去。三分钟之后,他回来了,他的整个态度全变了。

"我刚刚接了一个电话。"他对波利说道,"你帮助了一位非常重要的女士——弗卢塞太太,那家百货商店副总经理的丈母娘。她想请你明天上午到她的家里去。九点整。我想她是要报答你呢。我会把地址写给你的。"

另一个侦探轻轻拍着他的头:"机敏的年轻人。"

波利开心得晕晕乎乎,跑出大楼,然后朝着菩提树下街飞奔。

"那个警察竟然说你机敏?"托尼奥·亨克尔说道。他跟波利一起坐在亨克尔甜品店里后面的一张桌子边。

"是的,他是这样说。"波利假装谦虚地耸了一下肩膀说道。他将又一颗"奥赛罗"塞进嘴巴里,没嚼几口便吞下了肚子。

托尼奥微笑着。他在桌子上方频频点着他那个圆圆的大头。他的脑袋跟他瘦小的身架比太大了。波利跟托尼奥·亨克尔在小学里一见如故,成为朋友。一年前复活节那会儿,第七个学期的期末,波利离开了那个学校。他没有在第五学年的时候跟许多聪明的学生一样被转到中学去。留级小学给他贴上了标签,他就是那种无法在高级中学接受更高教育的人。洛特姑妈对他的辍学也就最低限度地反对了一下。他们需要钱,无论如何,辍学后的他可以额外挣点钱。

波利的辍学没有影响他跟托尼奥的友谊。他喜欢托尼奥温和的性格和好脾气。"等我到韦特海姆百货商店的时候,我吓坏了。你呢?走了。"托尼奥对他说道。

“没有办法啊。”波利说着又拿了一颗“奥赛罗”，并用他惯常的飞快速度狼吞虎咽。他瞥了一眼墙上那口镀金的时钟。快十点钟了。他得回家去了，这样他才能保证按时起床。

“你什么时候去见那个想要报答你的老太太？”托尼奥问道。

“明天上午，九点整。”

“你觉得那老太太会给你什么东西？你想要什么就给什么吗？”

“哦，我估计不会。”

托尼奥咧嘴笑了：“也许他会给你一张去美国的船票呢。”

“哦，是的，希望如此。”波利开玩笑道。接着他说道：“我还是走了。洛特姑妈把我的上下班时间算得很准呢。她会感到疑惑的，我为什么迟回家。”

托尼奥跟着他来到门口，他的大头前倾着，如同一个很大的负担。“学校怎么样？”波利问道。

托尼奥似乎不情愿回答：“学校，是啊——嗯——我有坏消息。”

在面临菩提树下街的门口，波利停住脚步。沿着路缘的欧椴树在风中摇曳。漂亮的车辆从身边辘辘驶过。晚间的天气微风习习，十分凉爽。凉爽的风从北海滚滚而来。波利看到，他朋友的眼睛里露出少有的害怕。

“你知道吗？医生每周都来检查，看我们是否有疾病或者反应迟钝。”波利点点头。“今天，我被检查到了，而且——嗯——我中签了。从现在开始，我被要求去上特殊学校。他们说，那种学校更像是一个拘留营。我秋季去那儿。医生说他很遗憾，但这是必要的。”

“托尼奥，这事太糟糕了。”一个学生因为成绩差或者脑子不好使，就会从学校里被拉出去，而且求助无门。那位校医给学生做检查的时候曾经正儿八经说过：“这是维护标准的唯一办法。这是新的德国方法。”

假如是这样的话，波利可是很不喜欢这种方法。也许这就是为什么他如此向往他叔叔几年前所移民的那个国家。

“托尼奥，我真的很难过。”

“是啊，我也很难过。可是别担心，我会没事的。”

波利紧紧捏了一下他朋友的胳膊，走了。

他往前走去，他的脚后跟在人行道上发出咔嗒咔嗒的声响。凉爽的风中，深色的树叶发出沙沙的声音。大街小巷，回荡着行人的大笑声和欢快的说话声，啤酒屋里传出参加聚会的人们啤酒杯的撞击声和喧闹的人声，一个街头艺人演奏着优美动听的音乐，那是装载在一辆小小双轮车上的一架手摇风琴。有了明天海市蜃楼般的约会，今天晚上便充满了期待和魔力。波利再次热爱柏林。

是啊，为什么不呢？这是世界上最伟大的城市之一。古老的大街小巷，聚集着一百五十万人口，不断地创造出噪声和混乱，但同时也让人感受到活力、强大和它的重要性。包括马车在内的各种车辆每天都要到清晨才会停歇。

上了年纪的居民称它为“施普雷河畔的雅典”。因为滚滚浓烟、遍地肮脏以及毫无节制的工业扩张，那位电气界的巨头拉特瑙称之为“施普雷河畔的芝加哥”。洛特姑妈可是另外给它起了好多不敢让人恭维的名字，“这个悲惨而又肮脏不堪的地方”就是其中之一。

街道上，你可以看到各种各样的人。有仪态万千的窈窕淑女，也有衣衫褴褛的吉卜赛人，有四海为家的旅行者，也有据守一方的警官，有商人，也有满脸胡子、满头黑发、身着黑色长袍的犹太人。波利从来没有跟犹太人说过话，除了店老板外。你可以看到年老的普鲁士贵族地主从他们乡村的庄园来到城里，一副倨傲的样子，人瘦得跟他们价格昂贵的香烟一样。托尼奥的父亲说，普鲁士贵族地主统治着国家，统治着这个新的德意志帝国。他说，那个铁血宰相俾斯麦①带回了两种东西，称之为古老钢铁与黑麦集团——军人和地主。他说，他们的影响，加上俾斯麦通过加强军事力量来促进德国发展的政策，对德国来说是好事。

是啊，柏林是一个盛大华丽的舞台。可是波利再也不确定，柏林是否是他永久的栖身之地。他开始经常想到美国。他特别向往一个城市——芝加哥，想念他素未谋面的叔叔。那位叔叔是一个酿啤酒的老板，很富有。

同时，他不喜欢他在那家雅致的著名皇宫大酒店厨房里的活儿。波利在那儿擦洗贴了瓷砖的地板，清理一托盘一托盘的脏盘子和一桶桶臭味难闻的配制好的剩余食料，还要躲避那些脾气暴躁的厨师的拳打脚踢。有时候，他上白班，

---

①俾斯麦，即奥托·爱德华·利奥波德·冯·俾斯麦（1815—1898），普鲁士王国首相（1862—1890）、德意志帝国宰相（1871—1890），通过王朝战争击败法、奥，统一德意志，有“铁血宰相”之称。

有时候,他干到半夜,但是这单调乏味的苦活却没有什么不同。唯一的补偿是有机会跟门厅搬运工特劳特温先生共度几分钟的时光。特劳特温先生是一个高大结实的单身汉,每当有可能便会钻进女性宾客的被窝。他也是一个热衷于各种现代化发明创造的人,总是滔滔不绝、兴味盎然地谈论下个世纪将点亮世界文明之光的新时代的现代化。

在穆勒斯特拉斯街,当波利从环卫工人——女工——身边走过时,她们总是丁零当啷地摆弄那些垃圾箱的盖子。有人从窗户里探出头来,抱怨那些噪声。垃圾的臭气弥漫在毫无生气的街上。唯有几个街区远的北方德国啤酒厂会飘来暖心的味儿,抵消掉一点这无处不在的屎尿与垃圾的恶臭。

隔壁街上天主教教堂的钟声每十五分钟会敲响报时。波利快步沿着台阶走下那个地下室套间,他跟洛特姑妈以及她数不胜数的先生们一起住在那儿。有好长一段时间,在洛特姑妈决定邀请那些先生来娱乐之前,起居室的一个角落曾经有两张小床,通常是年轻小伙子的租客早出晚归,夜里在一块临时的隔帘后面睡睡觉而已。现在,每一个客人都到楼上洛特姑妈的房间去了。

波利走进门去。套间很小,上面有一个灰泥抹顶的天花板,给人一种压抑逼仄的感觉。不可或缺的、花边发黄的窗帘让人误以为后面有几扇窗户。深色的家具拥挤在起居室里。波利发现他姑妈穿着她最好的花花绿绿的宽大长衣正跟她的客人一起在起居室里,这是一位美国人,每六个月来一趟。

“你回家晚了,去哪儿啦?”洛特姑妈说道,“瞧你,身上比往常都凌乱。”洛特姑妈四十三岁年纪,是一位容貌姣好、胸部丰满的女人,赤褐色的卷发像一顶紧紧戴在头上的帽子,一双眼睛是淡淡的蓝色,她的左脚畸形。她那只鞋子的鞋底加厚了几英寸,走路的时候,她要用很大的力气才能避免左右摇摆。波利一直认为,就是这只脚剥夺了她美好的一生。她十分固执,非常独立,也很自负。他感觉这种情形对一个处于困境的人来说,很奇怪。

波利被她的问题吓着了,不知道从哪儿开始说起。洛特姑妈挥舞了一下她的酒杯:“好,来吧,有什么解释吗?”

“我被叫到警察局去了一会儿——”

“警察!”她大叫起来,“天哪,你干了什么呀?”

“嗨，让孩子解释嘛。”那客人说道。他站起身，又给自己倒了一杯香槟酒，他总是有这样的香槟酒带来。菲尔·雷纳德在欧洲东奔西跑，销售格洛伯斯牌缝纫机。他是一个个子高大、大腹便便的人，常常将自己的头发染成油光光的褐色。他的德语说得很好。

“那么，解释，快一点。”洛特姑妈说道。波利讲了事情的经过。

“不错，不错。为此得到报答。”雷纳德咯咯笑着说。

洛特姑妈给自己倒了更多的香槟酒：“好吧，我觉得你做了正确的事情。不过有件事情不得不提醒，你有可能受伤的。别养成习惯，去干涉那些犯罪分子的事情，波利。还有一件事情。明天要是可以商量给你什么报答的话，就要钱。现在睡觉去吧，别打扰我们。”

波利沿着长长的漆黑走廊朝他的卧室走去。他在房里点亮油灯——这地下室尚未用上电。他关上房门，重重地推了一把，把门闩上。

他脱掉短上衣，心里不开心地思忖着。最近他有很多次这样的思忖，他姑妈究竟怎么了。大约一年前，他们的关系一直亲密无间，互相尊重。然后，有什么东西改变了她。他无法猜测是什么，但是这东西真真切切地存在，他甚至都可以从她的脸上看出来，她的脸曾经如此红润，现在却变得特别苍白。

他环顾了一下这可怜兮兮的房间，双眼落到了他收集的那些纪念品上。这些纪念品被钉在老旧的墙纸上，墙纸的图案像盛开的鲜花，又如丛生的杂草。

收藏最多的物件是各种各样的明信片，明信片上印着照片，大多是奇异的外国景色。狮身人面像。中国长城边的黄包车夫。莫斯科洋葱头般的屋宇穹顶。马匹上的美国牛仔。位于遥远之地美国的约塞米蒂峡谷，一个名叫埃尔卡皮坦的蔚为壮观的巨大石阵。风景明信片与戏剧明信片在德国风靡一时。当印戳信息是英语的时候，洛特姑妈就会为他翻译成德语。由于她的生意属于国际性质，所以她略知多国语言。波利仔细观察那些照片，从来不会感到厌烦。

两个图钉钉着1848年失败的欧洲革命那面小小的黑色、红色、金色的旗子。小旗的下面挂着一些红色的、白色的、蓝色的三角旗，那是从宾馆一个外交代表团那儿偷来的。它们具有象征意义，时刻提醒着他在美国有个叔叔。

他竭力不要太频繁地去想要跟随叔叔，因为这梦想仿佛不可能得近乎荒唐。

不过,他有一个这种梦想的象征性东西,钉在距明信片和其他纪念品稍稍有点距离的地方。这是一张长方形的深褐色卡纸板图片,两个角弯曲得很厉害。姑妈的一位先生送给他的。那是一个很胖的美国人,为了跟西门子-霍尔斯克争夺市场,正在竭力推销他的大发电机。卡纸板上的双重图像中,照相机镜头在一艘正在进入纽约港的巨大轮船的船头后面朝外张望。耸立在背景中的便是那个巨大的城市。图像的前景中,一个宏伟壮丽的巨像冉冉升起在一个岩石岛上。她高举的右手擎着自由的火炬。她的左臂弯里捧着一部巨大的书。光芒四射的冠冕下,她的面孔坚强而美丽。她是新来的移民最先见到的东西,那个胖乎乎的美国人说。她的名字叫“自由照耀世界”。她欢迎来自五湖四海的千百万人。他要是坐船去那儿,她会欢迎他吗?

他嘲笑自己这个荒唐可笑的想法。他怎么可能有办法横渡大洋呢?他日复一日的生存都几乎难以为继,他在皇宫大酒店累断筋骨地搬运牛肉,也仅仅是为了活命。

他很快地整理好床铺,吹灭油灯,钻进那条薄薄的盖被。夏天的夜里温度急剧下降,变得很冷。他无法放松下来,一个劲儿地想着明天早上的事情。枕头上的灰尘让他打起了喷嚏,他连忙睁大两眼坐起身来。等他再次躺下的时候,另一个房间里的噪声开始搅得他不得安宁。先是洛特姑妈轻轻的咳嗽声,然后传来熟悉的床的吱嘎声。波利在这条街上住了那么长的时间,虽然没有亲身感受过,但是他知道男人跟女人在一起会干什么。他听说女人喜欢这种事儿,但是又不被允许承认这点。不过,洛特姑妈肯定不喜欢这种事儿。种种迹象表明,她什么都不喜欢了。

第二章　夏洛特

洛特·克罗纳凝视着床边桌子上的那张照片。缝纫机商人轻轻地打着呼噜,将他那只戴着一枚华丽而俗气的蓝宝石戒指的手搁在她粗壮浑圆的大腿上。

一盏灯芯调得很低的油灯忽闪着,令那个有金色镜框的褪了色的照片微微闪烁着光芒。照片里的少女美丽整洁,浓密的头发闪着亮光,洛特知道这头发是红色的。这姑娘是她的私生女,无论波利怎样询问这个姑娘的情况,她都拒绝回答。

她将羽绒被往上拉了一下。这条盖被已经有好几处缝补过了,跟其他所有她还在用的织物一样,是她的嫁妆。接着,她往上探了一下自己的身子,让那个三角形靠枕更多地垫到自己的背上。雷纳德动了一下,嘴里嘀咕着什么抱怨。她不理他。她有其他更加重要的事情要关心,其中最主要的是她侄子。她几乎很少有时间将他的生活弄得更好一些。很少有时间。

剧烈的疼痛仿佛生怕你忘了它一般烧灼着她的喉咙。她将一个拳头堵到自己的嘴上,生生地扼杀了一声咳嗽,剧烈的疼痛过去了。

波利的脸萦绕在她的脑海里,尤其是当她在起居室里对他严厉说话的时候他眼神中的那种痛苦。她真的不想让人讨厌,一直都不想。她爱他。刺耳的话语和难看的脸色是她有意设计的战役的一部分,目的是保持他们俩之间的距离,这样的话,让他离开柏林就相对比较容易。他不明白的。他怎么可能明白呢?

另一个熟悉的景象出现在了她的脑子里。那是德国南部产的美丽的蓝灰色陶器的碎片,她结婚前夜她少女时代的闺密们在她门阶上将蓝灰色陶器砸得粉碎。砸陶器镇夜鬼是一种风俗，被认为可以驱逐恶鬼，保证婚姻顺顺当当。这给她带来了很多好处。但是打那以后，碎陶器就成了洛特悲惨生活的象征。

阿伦的商业区位于斯图加特以东大约四十公里处，在符腾堡州，斯瓦比亚侏罗系的山麓丘陵，满目苍翠，令人心旷神怡。从遥远的古代到 19 世纪中叶，这个城市鲜有变化。那时，一支罗马骑兵分遣队驻守在那儿，保卫着帝国的边疆。

克罗纳家族的根深深地扎在德国小部分地域的土壤里。斯瓦比亚人一直以来就是属于脾气暴躁、性格独特的一群人。他们勤劳，誓死捍卫他们所争得的每一个标界。

符腾堡和附近的巴伐利亚是 1848 年在巴黎点燃的革命之火的引火物。这场熊熊大火跨越州界，席卷整个德国。

洛特的父亲托马斯·克罗纳，拥有一家小小的旅店和一家啤酒厂，在雷德加斯——车轮街——就在阿伦城里。他是该地区的革命头目。以巴登为中心的示威游行一爆发，他便立刻赶去参加。

与此同时，一个国民会议正在法兰克福召开。通过了一些改革方案并为联合许多小的国家进行斗争之后，代表们最终失败了。他们无法在一个新国家的边界问题上取得一致。他们也找不出一个这个新国家的统治者。当代表们向普鲁士国王献上一个宪政德国的皇冠时，他声言，不愿意跟“一顶由垃圾、渣滓、背叛浇铸而成的王冠”搭界。

在此种情势的鼓励下，贵族地主阶层加强了他们的反抗，国民议会解体了。第二年春天，符腾堡再次爆发危机。大公请求普鲁士出马救援，两个军团在威廉王储的率领下朝巴登挺进。1849 年 7 月 23 日这一天见证了革命者的最后投降，由三色旗象征的民主团结的新国家的伟大梦想终告寿终正寝。贵族们赢了。数以百计的“1848 革命者”逃往美国，他们的生活更加悲惨，他们的日子提心吊胆。

托马斯·克罗纳被认定为谋反的领导人之一。他有妻子和四个孩子，他妻子以前叫格特鲁德·雷茨。他还有生意要考虑。所以，尽管面临危险，他拒绝逃离甚至躲起来。当局逮捕了他，将他告上法庭，并在圣诞节前将他送上了绞架。

夏洛特·克罗纳是托马斯和格特鲁德的第三个孩子。她父亲被羁押期间，她的大哥艾尔弗莱德也被抓起来投进了监狱。他在那儿被关押了四十八小时。当时他九岁。

那些残暴成性的狱卒用警棍殴打小男孩。他们打断了他的左腿,留下了永久的伤害。艾尔弗莱德·克罗纳的腿瘸了,从此以后,他连最低限度的生计都维持不了。也许是出于害怕,在他余生的时间里,他满腔热情地支持当局以及正在逐渐兴起的大一统的德国。

洛特生下来就一只脚畸形。随着年龄的增长,有的时候,她痛苦地在内心思索,似乎是命运、历史,或者说某种恶毒的超凡力量,几乎令克罗纳家庭的每一个人都受伤致残。洛特下定决心,决不让悲惨的生活伤害了她侄子的心智。

洛特的母亲死于1853年。1861年,她残疾的大哥艾尔弗莱德娶了一位来自阿伦的年轻女人卡罗琳·威森为妻,但她没有给他留下子嗣。

1871年,普法战争中法兰西飞速战败之后,新的德意志帝国在凡尔赛宫的镜厅宣布成立。这是"铁血宰相"俾斯麦的时代,他将暴力的男爵领地、城市国家、强盗采邑统统扔进了民族主义的大熔炉里,将它们熔化在了普法战争胜利的高温中,并在他意志的铁砧上,将它们锻造成了他个人想象的形状——德意志第一帝国①。

艾尔弗莱德的妻子卡罗琳死于1873年,当时新的德意志帝国正在冉冉升起。艾尔弗莱德很快又娶了一个名叫保利娜·玛丽·舍诺的女人为妻,她为他生了一个儿子,这就是洛特的侄子波利。波利出生后不久,父亲就死了。

洛特还有两个兄弟。二哥约瑟夫是她一生灿烂的骄傲。约瑟夫于1857年主动离开了阿伦。当时他十五岁。他横渡大洋,来到了辛辛那提这个美国的大都会,那儿早就有很多德国人定居了下来。约瑟夫在俄亥俄州的啤酒行业掌握了精湛的技术,他很小的时候就开始学习这门技术。他参加了一场美国废除奴隶制的血腥战争。战后,他娶了一位优秀的女人为妻,移居到了一个更大的城市芝加哥。他从那儿给洛特寄来了圣诞礼物,一同寄来的还有他们全家的问候与消息,他家的名字就用钢笔写在很贵的镌版信封上。他已经改了姓,就像他那位

①依照史实,此处应为德意志第二帝国,原文误作德意志第一帝国。

德国出生的妻子一样；他已经获得了公民身份，完全成了一个美国人。他养了三个孩子，全都姓克朗。

洛特的弟弟格哈德从事烤面包行业。因为债台高筑而将家庭客栈和啤酒厂卖掉之后，他选择了留在阿伦。他是一位虔诚的教徒，没有丝毫的野心与抱负。他与世无争，深居简出，仅烤烤他的面包、糕点而已。洛特知道，格哈德认为她道德败坏，认为约瑟夫是个死人，因为他抛弃了德国。她有二十多年没有见到格哈德了，也不想跟他发生任何关系。在洛特看来，她在阿伦根本就没有家了。

洛特嫁给了一个家具木匠，他来自阿伦附近的一个村庄，但这桩婚姻几乎就像那个镇夜鬼的蓝灰色陶器一样很快就被彻底砸碎了。为了迎合丈夫，她改信了天主教。她丈夫是个粗鲁汉子，坚信女人一生只要管三样东西——孩子、厨房、教堂。洛特在各个方面都有自己的见解，当她表达出这些见解时，丈夫就用拳头来强制执行他的观念。结婚十一个月之后的一天夜里，洛特整理好自己的行李，包扎好自己的伤口，登上去斯图加特的慢车，再也没有回头。

她的最终目的地是柏林。她渴望过城市上层社会的生活，她为自己设置的道路是有钱男人带着她上歌剧院和豪华饭店以回报她谨慎而有节制地提供的性事服务。克里斯蒂娜正是这样一位先生的非婚生女儿。

不幸的是，洛特既没有姣好完美的身躯，也没有非常成功的高等妓女那样的智商。为了养活自己和尚在幼年时期的女儿，她只好将就到工厂寻找活计，她不喜欢这样的活计，而且有理由不喜欢。一个男人累死累活地一周干六天的苦活，所得的报酬是十八到二十马克——这还算是幸运的。而女人干同样的活，通常报酬会低百分之四十到五十。

随着洛特年岁的增长，显而易见，她无法找到合适的工作来养活她的女儿。克里斯蒂娜是一个美丽迷人的孩子，而且桀骜不驯。她十岁的时候，洛特将她送到了阿伦南面的乌尔姆一个受人尊敬、家道很好的家庭当女佣。她祈望克里斯蒂娜在受雇于他们时千万不要变得太聪敏，可是她从来就不知道，因为她收养着波利，所以克里斯蒂娜已经脱离了她的轨道，让这个孩子认为自己被抛弃了。这样一来，克里斯蒂娜在她的新家里有了更多的满足感。洛特喝酒更厉害的时候就是在克里斯蒂娜离开之后。

洛特的选择逐渐减少。她鄙视所有的选择。她绝对不屈服于教会的慈善会,绝对不听从所谓女人的人生目标就是“婚姻、孩子、维护好有秩序的家庭”的谆谆教诲。她拒绝考虑婚姻,因为德国男人结婚就是为了想要一个仆人,只不过表面冠冕堂皇地将其称为妻子。她弟弟格哈德曾写信给她并主动表示,她可以回到阿伦去,跟他妻子和他正在成长的那群孩子一起生活。不,洛特拒绝了。她在其他家庭看到过这类安排:余下的大半辈子,需要承受的是弱不禁风的可怜关系,身份仅是寡妇,成为一个奴隶,丧失独立换来的便是一个小小的房间、日常的苦役和遭人可怜的角色。

于是,洛特在连自己都厌恶的活儿也找不到的时候,便苟且在很多并不称心如意的短期私通中。有了这些短期的男女苟且,导致她走上了目前的路径,人们也许可以称之为职业化路子。

她不是一个烟花巷女。没有这么丢脸。她在一些高档宾馆准确地投放了一些贿赂和小费,便跟某个阶层来访的外国人发生了联系。她跟他们一起上剧院,去咖啡馆,完了就在她的地下室套间里招待他们。她就是这样活了下来。

在缪勒斯特拉斯街周围这个地区的那些店主和熟人中,她称自己为克罗纳太太,一个有私人收入的斯瓦比亚人的遗孀。她的邻居没有一个人当面揭穿她这种显而易见的谎言。那个蔬菜水果零售商甚至玩得更加彻底,关心地问她一些关于财产收益的安全问题。她的回答当然还是精心编造的谎言。

波利的父亲艾尔弗莱德死于 1881 年,他妻子保利娜生下这个男孩四年之后也死了。格哈德也许是恼恨各种各样的失败和家庭成员的缺陷,所以借口说他的家太拥挤,不能接纳波利。1886 年元旦,正在快速长身体的波利 · 克罗纳,用一只廉价的旅行包装着他很少的几件衣服,来到了柏林火车站。

他带来了格哈德措辞简慢的短信,说他不想花力气联系在美国的约瑟夫。波利就转到洛特这儿归她照顾了。她从格哈德短信的字里行间看出了某种恶意。

没有关系,她很高兴地接受了照顾波利的责任。她很开心有他相伴。波利精力旺盛,乐观开朗。当然,她很快就意识到,这对他来说并非是一种快乐的生活。在小学里，他被当作最贫困的救济对象对待。拉丁语和德语作文课本是免费赠送的，不需要掏钱购买。冬天早餐的面包和牛奶是免费提供的，还有每周一次上公共澡堂洗澡的票子也是不用花钱的。她看到了这样的耻辱有多伤害他。她渴望给他一种更好的东西。

问题是，她已经没有多少时间了。她的镜子每天都在告诉她这一事实。她正在变得日益衰老与憔悴，在她每个月的小账本上，她的"先生们"越来越少。她明白，她将不可避免地被迫去叩响慈善机构的大门。

她扼杀了又一声咳嗽，然后侧过身去，在床底下摸索着，她将床边桌子上的那块小餐巾掉落到了那儿。

她的指头捏拢在硬硬的老旧花边上。她将它拿到亮光下，凝眸注视着，也不顾忌那已经干了变成褐色的污渍。

是啊，留下的时间不多啦。

第三章　波利

老太太住在一幢独门独院的砖砌别墅里。别墅坐落在老旧西区一条安静的街上，靠近动物园。在这儿，你可以发现最优秀的人和最富有的人，他们不喜欢居住在新西区某个豪华铺张、装修过度的套间里，借此炫耀自己也炫耀自己的财富。新西区是沿库达姆大街的一个正在蓬勃发展的区域。

波利九点差三分来到了大门口，紧张极了。他穿上了最好的短上衣和齐膝短裤，而且这次破例清空了口袋里的铅笔和其他东西。可是，他的左翻领上依旧有一块很大的炭笔污渍，怎么擦也擦不掉。

一个脸色严肃的男管家听到门铃声前来开门。他带着波利穿过一系列摆满了笨重的深色家具的大房间。这么多家具！波利以为自己走进了一个贵族的宫殿。

一个阳光明媚的房间里，老太太坐在一把柳条椅子上等他。她的膝头横搁着一根有一个很大的银色把手的闪闪发亮的黑色手杖。她的服装看上去热得要命，好像很多米黑色丝绸堆积在一起。她的棕色眼睛十分灵动，四周围裹着一道道深深的皱纹。

“那位年轻的先生来了。”管家说完，退了下去。

“早上好。”老太太说道，“坐到我边上的这把椅子上来。我想，我们会有茶点吃的。”

几乎就在转眼间，一个侍女出现了，端着一个银色的托盘，上面放着一盘姜饼。深颜色的甜饼，加了蜜糖，压制成星星的形状、狮子的形状、心的形状、大象的形状，有的甚至是单个或两个士兵的形状。有一只小小的白镴壶里装着黑啤酒，是给波利的；给老太太的是茶，她从一个细颈瓶里倒了一点朗姆酒到茶里，制作了一道茶冲。

“现在好啦。”老太太呷了一口茶之后说道，“我是弗卢塞太太，你是我的恩人。警察告诉我你的名字叫波利。”

“波利·克罗纳，是的。”他说道，话说到中间还清了一下嗓子。他用左手拿着那把白镴壶，将盘子放到右膝盖上，感觉随时有将某一件或两件东西掉落到地上的危险。

“那个强盗想要抢我的时候，你的动作很快，也很勇敢，所以我觉得你应该得到报偿。你知道我女婿奥托是韦特海姆百货商店的副总经理吗？”波利点点头。“我找他谈了。你的报偿是你可以选择百货商店里适当价格的任何东西。你有什么想法吗？想要什么东西吗？”

他想了一下。

“你有地球仪吗？”

“对不起？请说得响一点。我听力不好。”

“地球仪。一个小小的地球仪。我喜欢看其他的国家，喜欢遐想它们是什么模样。”

“地球仪。”她说道，“这倒是个非同寻常的请求，不过我相信应该没有问题。我今天上午就会打电话给奥托。我们把它送到什么地方呢？”

“穆勒斯特拉斯街。”他十分勉强地重复了一下门牌号码。

“那是你的家吗？”

“眼下，是的。我住在那儿，跟我姑妈夏洛特一起。”

“你是希望将来有一天在什么地方有一个家吗？”

“是的，这是我最梦寐以求的愿望。”

“在哪儿呢？”

“我不知道。”

“有想过吗？”

“我叔叔住在芝加哥，也许就是那儿。所以我喜欢地球仪，它可以向我展示所有可能的地方。”

弗卢塞太太笑了："美国，那可是个好地方啊，我要是你的话，我会认真考虑的。我弟弟费利克斯住在圣路易斯。我侄女沃尔特劳德也住在那儿。有很多德国人生活在圣路易斯。要不是上了年纪，我自己也去了，我以前也不知道我会属于这里。"

她瞥了一眼她的金表，表面倒挂着，连在一根金链条的顶端，悬挂在她松垂的巨大胸脯上。"我保证你很快就能拿到地球仪的，这样你就可以继续研究了。"

和蔼可亲的表情舒展了她布满沟壑的面庞。"我十分感激你的勇敢和帮助。你要是愿意的话可以吻我。"

他站起身来，吻了她的面颊，心想她如果是自己的奶奶就好啦。

"再见，波利·克罗纳。"

"再见，弗卢塞太太。"

"你要是确定你的家不是在柏林的话，我希望你找到它，无论在什么地方。"

"谢谢，我也这样想。"

"记住我的话，等你找到它了，你心里会有数的。冥冥之中心里会有感应的。我九岁的时候，父亲是吕肖城的唱诗班指挥。他接受了一个任命，到这儿的一个教堂担任助理。我们来到柏林的那天，天空中祥云缭绕，美不胜收。我看到有一朵云像一架竖琴。我父亲弹竖琴弹得很好。我热爱竖琴的音乐。我一看到那朵云彩，就知道柏林是我的归属之地了，我的余生将在这里度过。这是我的标识。总有一天，你也会有你的标识的。"

她给了他一个飞吻。

他的脸上露出微笑，挺起了胸膛。他离开了这个家，从此再也没有见过她。

当天晚上下班之后，他迫不及待地将他的报偿告诉了洛特姑妈。

"地球仪？"她透过很浓的法国香烟的烟雾乜斜着眼瞧着他，"你这个要求太笨太傻了。我告诉你要钱。你的那些地图和明信片早已经可以糊一个宫殿啦。你打算干什么呢？成为一个伟大的地理学博士、地理学教授吗？不可能。"她蹒跚着脚步走了，走向那个柜子，她在那里藏了烈酒。

弗卢塞太太说话算数。韦特海姆百货商店用货运车送来了地球仪，地球仪装在他们特有的箱子里，外面用缎带缚着。这是一个小小的精美的木制地球仪，外面涂着鲜艳的珐琅。球体安装在一个有四条腿的油漆木架子上，旋转自如。

他清理掉了一些纸质的地图，在架子上腾出一块特殊的地方。到了晚上，他从架子上拿下地球仪，捧在跟前很近的地方，以便看清细节。他转动着地球仪，抚摸着每一个不同的地方，每个地方他都感到好奇。他发现，他的目光越来越多地被吸引到了美国，绿色的平原，蓝色的湖泊，棕色的群山。他的手指越来越多地被吸引到一方窄窄的蓝色湖泊的下面，那就是芝加哥所在的地方——他叔叔的家所在的地方。

海报出现了，整个城市的广告塔上和墙上贴满了海报。

第一场演出

8 月 24 日

——绝对原创，独一无二——

野牛比尔的

狂野西部秀

"你去吗?"托尼奥问波利。这个话题转换倒让人舒心。托尼奥刚刚一直在说再过几个星期他就要去那个特殊学校上学了。他那可怜的脑袋看上去更大了，比波利记忆中的更加肿胀了。

"不去，我没钱。"波利说道。他们再次坐在亨克尔甜品店后部的一张桌子边。

"爸爸说他要带我去。可能他也会给你买票的。"

"不去，那是施舍。我不接受施舍。别为我担心，我总会有办法见到那些牛仔和印第安人的，你相信我好了。"

"狂野西部秀"剧团到达的那天上午，波利五点钟就醒了。五分钟之后他就穿好了衣服。他在口袋里塞进了一顶彩格呢帽子，带上他的绘画材料，踮着脚尖走过洛特姑妈紧闭着的房门。雷纳德已经回到城里去了。屋子里的噪声一直到凌晨一点钟才安静下来。

他冲上台阶，冲到穆勒斯特拉斯街上。清冷的雾霭模糊了沿街排列的四到五层公寓的屋顶轮廓线。

他全速直接奔向货运和列车编组场，这个编组场无规则地一直向东伸展到弗卢戈斯特拉斯街。依然在几个街区远的地方，他就听到了车厢的当啷声和机车的鸣叫声。

他穿越一块长满野草的狭长地带，朝编组场走去。他面前的第一条铁轨上，一列很长的货运列车正在发车，严严实实地挡住了他的路。他看到有一节车厢的门开着，便将他的画纸塞进腰带里面，跟着车厢奔跑，然后瞅准时机，跳起身来，将一条腿甩上了开着的门。

他用双手抓住车厢的门，一秒钟时间就登上了列车。接着，他将另一边的车厢门拉开，跳了出去，趴在了沙砾铺的地面上。他跳起身来，掸掉身上的脏物，除了裤子膝盖处撕开了一个小口子，其他什么损失也没有。遇见障碍，只要你寻找，总是有办法绕过去的。

他继续穿过接下来的两条铁路。令他感到沮丧的是，他发现那辆特别列车已经到了。但是，它一定是刚刚到的，因为货物还没有开始卸呢。

列车很长，有十八节车厢，再加上火车头。有好几节车厢上，装饰着很大的艳丽的画：边疆居民拿手枪开火，印第安人吼叫着，挥舞着战斧，一辆驿站马车在前面奔逃，后面有一群红皮肤的人在追——当然啦，那位明星的画像是必不可少的，只见他骑在一匹后腿直立的骏马上，举着他的白色阔边帽子向人们致敬。这英勇形象酷毙了：白马、白帽、白色的山羊胡子和白色的八字胡子，科迪①在编组场上空漫射的阳光下，显得如此纯净洁白，光芒四射。

波利等着，直到一辆小小的波尔希克调车机车咔嚓咔嚓地驶了过去，然后跨越下一条铁轨。毕竟，他没有太迟。穿着格子衬衫的剧团场地工人刚刚开始在特别列车的车厢之间铺设铁板，还有人从最后一节车厢的顶端放下了一个铁的坡道。波利把穆勒斯特拉斯街、洛特姑妈、可怜的托尼奥——所有的一切，全都忘了个精光。

---

①科迪，即威廉·弗雷德里克·科迪（1846—1917），美国陆军侦察兵，善捕野牛，供联合太平洋铁路筑路工人食用，曾在写其事迹的剧本《草原上的侦察员》演出中担任主角，绰号“野牛比尔”。

特别列车四周的活动展开得十分迅速。剧团的场地工人打开动物车厢的门,揭开平板车厢上盖在车辆上面的帆布,那些车辆用绳子拴住并在轮子下加了垫块。特别列车的安排井然有序。最后面,有一节牲畜车厢关着挽马,挽马最先从铁的坡道上被卸下来。

往前走去,紧接着是装载马车的平板车厢,然后是其余的牲畜车厢,里面装着什么东西,波利既看得见也闻得着。骑用马,骡子,三头长有粗毛的野牛,科迪自己用的坐骑,一匹名叫艾沙姆的奶白色牡马。特别列车的前面是客车厢,客车厢的门都开在顶头,不是侧面,车厢上装饰着三个他不熟悉的大字"普尔曼"。

剧团场地工用英语大呼小叫,还骂着娘。波利因为跟雷纳德这样的人有交往,所以稍稍懂点英语。他呆头呆脑地沿着特别列车往前走去,小心翼翼地尽量不去妨碍剧团场地工人干活。他差一点撞上一个皮肤棕色、梳着很多黑色长辫子的男人。印第安人!这人穿着一身套装,领子很硬,还戴着一顶高高的丝绸帽子。

波利大着胆子点点头表示问候。那印第安人绷着脸,举起一只手,掌心向外。波利咧嘴笑着,也做了个和他一样的动作。印第安人哈哈大笑起来,拍拍他的肩膀。

他在一节客车厢边上站了一会儿,那节车厢上写着一些字:"野牛比尔的狂野西部秀与彪悍骑手大会盟——蔚为大观的欧洲巡演。"一位白发蓬乱的高个儿先生摇摇晃晃地走出车厢,走下踏板。科迪上校!他闻名世界。波利一眼就认出了他。

波利退后。他本来就不会带来打扰,上校根本就无视他的存在。科迪穿着一双旧靴子、一条污渍斑斑的裤子和一件汗衫,裤子背带挂落在臀部。他挥舞着一个威士忌酒瓶,跳顿足爵士舞般朝列车的后面走去,又是骂娘又是叫喊地发布着命令。波利感到失望,上校的外貌怎么如此邋遢,行为如此粗暴?

一会儿之后,一个稍微斯文一点的人出现了:一位身材娇小的女士,睡意蒙眬地用皮条牵着一条贵宾犬。这就是安妮·奥克莉①小姐,闻名遐迩的神枪手。

---

①弗劳莱因·安妮·奥克莉(1860—1926),美国女神枪手,能在距离三十步远处击中抛在空中的银币,为纪念其绝技,美国人把一种打有小孔的免费入场券叫作"安妮·奥克莉"。

他认识她，他在海报的图片上见过她。

有人松开最后一节这会儿已经空了的车厢，另外的人将铁坡道拖到它前面的那节车厢那儿。一辆调车机车倒了过来，挂上那节空车厢，将它拖走了。在波利看来，所有这一切都进行得有条不紊，效率极高。但是，这感受跟那位上校却大相径庭，只见他挥舞着威士忌瓶子，大声喊叫道："把那些要上场的马套上，我们已经迟啦。"波利明白他大致的意思，虽然确切的含义他弄不明白。

一组马靠到那节平板车厢的旁边，被套到了第一辆马车上。它们将马车从车厢地板上拉起来，场地工人则引导着马车通过铁坡道驶下平板车厢。人们牵着那组马和马车离开，以便将另一辆车——那辆油漆得闪闪发亮的戴德伍德驿站马车——卸下来。波利在客栈里找到了一份前期宣传小广告，已经浏览了这个秀各场戏的介绍。营救戴德伍德邮车是其中最有名的一场戏。他虽然买不起票子进到那个特别的场地里去观看演出，演出地点就在奥格斯伯格斯特拉斯大街和库达姆大街交界的角上，新围起来的，但是他早就想象过刺激性的情节了——令人紧张的印第安人的攻击，然后是骑兵部队的营救——想了好多次了。

卸货在继续，波利退回到停在隔壁铁道上的一些棚车厢那儿。他打开一节车厢的门，找了个地方坐下，下决心要画点什么。他的目光再次被吸引到了野牛比尔那幅艳丽的画上。他要试试那个。他用一支深蓝色的铅笔画草图。

突然，一个身影出现在了他所在的棚车厢和下一节车厢之间。那个人站在那儿，盯着他瞧。这人有一双深色的眼睛，目光咄咄逼人，仿佛里面有熊熊烈火在燃烧。一度，波利害怕极了，以为自己看见了死神的眼睛。

这人个子很高，看上去营养不良的样子。他的脸又长又窄，牙齿又大又白。他的皮肤是燕麦粥的颜色，也许是他躲着不见太阳的缘故。他至少比波利要大十岁，已经有二十五六岁年纪了。

他戴着一副廉价的金丝边眼镜，两块圆圆的镜片仅有芬尼币那么大。他的衣服是深色的，十分破旧——领子肮脏，领带上有一大块油渍，一件风衣长过膝盖。他右鞋上的鞋罩是灰色的，左鞋上的鞋罩是白色的。他被尼古丁熏黄的右手指里夹着一个依然有火的烟蒂。

这人尽管看上去寒酸，但是当他一面朝波利走来，一面急促地吸着他的香烟的时候，却给人一副趾高气扬的感觉。他的两只眼睛好像热度很高，而且隐隐约约是在表示谴责——仿佛波利是某种卑微的人似的。

他傲慢自大而又漫不经心地靠在棚车厢距波利很近的地方。他往下瞥了一眼那幅画着科迪的草图，哼了一声，说道："太差劲了。"

波利昂起头："哦，你是艺术评论家吗？"

"不，记者。可是我一看就知道这艺术蹩不蹩脚，就像我一闻便知道这奶酪坏不坏一样。"这人说的德语，有口音，但这种口音他不熟悉。

波利认为这人在撒谎："你在哪家报纸工作？"

"任何会买我文章的报纸。我是独立撰稿人——有个有趣的新说法，我是上个星期在苏黎世听说的——自由职业者。我旅行，我写稿，我评论，我预言——"那年轻人耸了耸肩膀，"有时，预言不太流行，尤其是如果这个先知分发的不是糖果和梦想的话。在《旧约》里，他们杀死了一些先知呢，你知道。我经常接到临时通知被迫离开一个城市。我估计这儿有可能有故事。"

"你是外国——"

"那是站在你的角度。"那人说道，又哼了一声。但这是善意的开玩笑，他似乎喜欢这样。"我叫米哈依尔·鲁科夫。至少在俄罗斯是这个名字。在这个国家，你们或许会叫我迈克尔。"

他懒洋洋地靠在棚车厢上，又摸出一根香烟，在第一根香烟的烟蒂上点着。"匪夷所思的人，这些美国人。我认为，他们将会拥有这个地球。我希望他们能出口一点他们的民主到我的国家去。我们所处的时代是一个令人震惊的时代，你说是吗？旧的政府、旧的习俗、旧的秩序，正在血与火中轰然倒塌。无政府主义甚嚣尘上。社会主义的红色旗帜高高飘扬。沙皇和国王浑身发抖，无产阶级在昂首挺进——令人激动。"

"这种事情我一件也不知道。"波利说道，他希望自己的话音中有敌意。

鲁科夫用犀利的目光瞧着他："瞧，我可是友好的啊。"

"哦，你说的友好是这样的吗？"

鲁科夫大笑起来："放肆的小坏蛋。我喜欢你。"

"很好，那就别打扰我。"波利说道，再也不害怕了，只是有点恼火。不幸的是,他似乎找到了一个新朋友,或者至少找到了一个新伙伴,不管他想不想要这个新伙伴。

鲁科夫从他的风衣口袋里掏出一个廉价的小本子,拿铅笔写了几行字。

波利跳下货车厢,朝着另一列火车走去。那俄罗斯人跟在他身后。波利但愿这惹人讨厌的家伙找其他人交朋友去。

波利听到有人说德语,吃了一惊,连忙往右转过头去。他惊讶地看到六个军官站在那个铁坡道的边上。有四个人年龄稍微大一点,他们标准的陆军灰裤子上有着标志着参谋人员的很宽的红色条纹。他们的短上衣同样是陆军灰的,上面有红色的肩章和绲边。

两位年轻的中尉穿着灰色的裤子和深蓝色的上装,这表示他们属于一个特别的前线团。波利一下子辨别不出他们的领章。他两手插在口袋里,故意装作很随意,悄悄挨近前去,想探个究竟。只见除了一个人,其余的都忙着在一本皮封面的小本子上写着什么,或者拿他们的怀表对着时间。

走到近前,波利看清了两位中尉领子上所佩戴的金属徽章。他们属于最新组建的也是最现代化的部队第一铁路团。两位中尉戴着有尖刺的头盔,德国军队全都戴这样的头盔。

"我听说过这些人。"鲁科夫对波利说道,"在德国,他们寸步不离地跟着科迪先生。他们在研究他的方法。一帮很讽刺的人,是吧?"

波利心想,这个俄罗斯人胆量也忒大了,居然敢批评别人的傲慢自大。此外,德国军官,尤其是普鲁士人,总是一副倨傲的样子,因为整个国家都尊敬他们,整个欧洲都害怕他们,原因是他们有钢铁般的职业精神。

那位高级军官是一位准将,他在一个眼睛前面举着一副单片眼镜,仔细观察着这列火车。"我看到过这种事情的报道,可是此前没有机会亲眼看到。速度很快。"

"就像您注意到的那样,长官,所有的一切从火车上下来时都井然有序。"一位驼背的少校说道,"他们的装卸都有书面计划。我仔细检查过了。它包含最小的物件,一直到演员个人的旅行箱,什么东西挂在或者摆在每个箱子里面的什么地方,都记载得一清二楚。这样的效率真的令人惊讶。"

“我感到惊讶,美国人居然有这样清晰的思维。令人印象深刻。”

“也许野牛比尔是德国人呢。”那少校说道。军官们大笑起来,不过只有那准将先大笑了他们才敢大笑。

铁路团的一位年轻中尉拍拍他的笔记本:“与计划相比,他们迟到了二十八分钟。”波利靠在铁轨旁的一个信号灯上,打量着那个人。他中等身材,瘦瘦的,体态挺直,看上去很健康。毫无疑问,他每天都在练体操和健身操。让波利印象最深的是某个局部的反差。这位中尉的脸型并不特别坚毅,他的下颌轮廓有点像个V形,他的鼻子十分普通,他的脸上散布着淡淡的雀斑。可是他的目光十分威严。灰色的双眼很大,分隔得很开,冷峻而又犀利。微笑似乎随时都会让这位年轻军官的嘴唇跳起来,但是他脸上讨人喜欢的部分却怎么也抵消不了他冷峻犀利的目光带来的寒意。

年轻军官将他的笔记本塞进皮带里,拿出一个扁平的金色盒子,分别递给他的上司们。准将和少校各拿了一根香烟。当这位中尉回过头来将一根火柴递给准将的时候,波利看到了他左边的脸颊上有一个弯钩形的疤。很可能,这是在海德尔堡留下的,在大学生精英帮会中的一个团体。这些团体最臭名昭著的做法是要求他们的成员定期参加军刀对决。伤疤便是英勇无畏的标记,是荣誉的奖章。

“二十八分钟,哞。”准将一面吐着烟,一面嘀咕道,“这倒是令人不敢恭维。”

少校说道:“我们没有看到他们到达,也许火车晚点了呢。”

“从不伦瑞克抵达这儿只迟了六分半钟。”中尉说道,“我问了好几个扳道工对此进行确认。”

“炮兵到达阵地绝对不能这样。”准将说道,“冯·赖克中尉,麻烦你再去问几个问题。如果可以的话,查清楚他们为什么延误了二十分钟的时间。”

中尉飞快地将一只手举到帽檐上敬了个礼,接着转身。波利赶紧让开,但是迟了一步。那军官的目光一直盯着列车,没有看到波利,一头撞上了他。

“对不起,先生……”波利一开口便被打断了。中尉的脸一下子涨得通红。他的双手和衣服上散发出跟鲁科夫一样浓重的香烟味儿。他一把抓住波利的衣领,将他扔向了铺着沙砾的路面。一块尖利的石头擦伤了波利的脸,流血了。

“以后当心点,你个小笨蛋。”

波利很生气,准备跳起身来。他还没爬起身,鲁科夫插了进来。

“多此一举。这位年轻人撞你完全是个意外。”

中尉上下打量着鲁科夫:“我们不需要你们肮脏的外国佬来提出忠告。”

鲁科夫真是怪异得不能再怪异了,而且很勇敢。他一动不动:“根据你的行为举止,恐怕得给你上一课。首先给这个小男孩道歉。”

“去你的道歉。等那一天到来,我们会对付你们这种人的。立刻给我滚开。”他一把推开鲁科夫,大步从他身边走了过去。

记者伸出他一只黄黄的手,帮助波利从地上站起身来。其他的军官用威胁的目光盯着他们。鲁科夫哼了一声,转过身将背对着他们。

“谢谢。”波利说道,努力想把他不服管教的头发捋服帖。

“不客气。”

“你知道他说的那个‘那一天’是什么意思吗?听他的话音还挺重要的呢。”

“‘那一天’吗?很重要。我曾看到他们在那几个字下面加了重点符号呢。这是你的一部分同胞朝思暮想的日子。‘那一天’就是未来某一天,他们设想他们将进行报复,惩罚他们所有的敌人,占领他们想占领并认为应该由他们占领的所有领土。来吧,走吧。”

鲁科夫一面领着他走到一个距那些军官比较安全的距离,一面跟他说着话:“这帮人太趾高气扬,太虚夸自负了。想象一下他们脑子里跳舞的梦想是啥玩意儿。普鲁士城堡中不可战胜的日耳曼骑士正在饲养黑色猎鹰准备狩猎和杀戮。一旦德国需要拯救者的时候,酣睡在大山下的巴尔巴罗萨皇帝①时刻准备醒来担任领导呢。什么鬼东西。问题是,我觉得他们相信这玩意儿。我是怕德国皇帝和整支军队相信这玩意儿。你们德国人是一个深陷在神话中的民族。优越无比的神话,战争辉煌的神话,死得光荣的神话。更不必说瓦格纳先生的水中女仙、魔幻金子以及糟蹋他们姐妹的至尊至贵的英雄们。对不起,我希望你不至于太

---

①巴尔巴罗萨皇帝,即腓特烈一世(1123—1190),德意志国王(1152—1190)、神圣罗马帝国皇帝(1155—1190),与教皇亚历山大三世争权,多次入侵意大利(1154—1186),在莱尼亚诺战役中战败(1176),第三次十字军东侵途中溺死。

小而听不得这样的话。”

“这种话我早就听过了。”波利认定，这个人尽管穿着破烂，但是脑子里有东西。他对德国人和德国了解得挺多。或者说他是在显摆自己。他也喜欢他自己的嗓音呢。

鲁科夫又点燃了一根香烟：“记住我的话，德国神话总有一天会毁了德国——假如他们不先把余下的世界摧毁的话。当然啦，我们可以指望稍稍缓点刑，因为他们最先开始报复的将是法国人。我主要指的是德国统帅部，你明白。那些将军，再加上他们最强大的同盟，即那些贵族。你不包括在内。你也许是个卑微的艺人，但又好像属于那种正派的类型。”

“多谢多谢。”鲁科夫的讽刺把波利逗乐了。他勉强咧嘴一笑。

“你是个粗鲁的小傻瓜。你家在哪儿？”

“我不知道。”波利厉声说道，“我不想谈论我的家。”鲁科夫第一次觉得陷入了尴尬。波利得意了。

冯·赖克中尉回来了，昂首挺胸地从他们身旁走过，两眼怒视着他们。“延误不是他们的错。”他向他的几位上司报告道，“是调车场场长的责任。他误解了指令，没有按计划及时调机车来这儿。”

鲁科夫放好他的笔记本：“我看够了。我可以写一两页了。再见，我的朋友。”他伸出一只手，他们正儿八经地握手道别。

“我会再次见到你的。”鲁科夫说道。他沿着一个表面尽是沙砾的很大的中央广场大步朝列车头方向走去。当他走过奥克莉小姐身旁时，他摘下他的圆顶礼帽致了个意。奇怪的家伙。他对未来的有些看法令人担忧。

特别列车那边的活动转移了波利几秒钟的注意力。当他再去看时，鲁科夫已经从广场上消失了，像风暴中的一缕烟一样无影无踪了，如同幽灵一般。

这个人太奇怪了。就刚才那会儿，他们初次见面时，波利还是挺排斥的；现在，他却感到遗憾，鲁科夫怎么走了！他有一种从未有过的怪异感觉，他们真的还会在某个地方相遇。

波利走回到开着门的棚车厢——他歇脚的地方，可是他不再继续画画。准将和他的手下回头继续观察那趟“狂野西部秀”列车。所有参加演出的马车都卸了下来并排好了队，这会儿那些马匹、猴子、野牛、小鹿、驼鹿正在从它们各自的车厢里被赶下来，车厢的顶端都有门的。

时间已经接近中午。惨淡的黄色阳光洒落在附近丑陋的水泥营房一样的公寓房冒着烟的烟囱上。科迪上校不见了，但是奥克莉小姐还在继续遛她的贵宾犬，身旁陪着一个上装饰有流苏的男人。波利认识他，奥克莉小姐的丈夫，射手巴特勒。有几个印第安人站在那儿聊天。他们全都穿着普通的牛仔裤。有两个人穿着套装的马甲。挺令人扫兴的。

突然，又发生了一个插曲。四个穿着考究的游客，两个男人，两个女人，指手画脚地谈论着什么。一个男人拿着一只小小的黑盒子。波利从棚车厢跳落到地上，想再次凑近去。

“英国人。”准将说的是德语。

“不是，我的将军。恕我直言——是美国人。”少校说的也是德语。他还说了些什么，那几个人回之以笑脸或笑声。

那几位客人穿着十分精致。拿黑盒子的先生戴着一顶很高的帽子，穿着一件天鹅绒领子的长大衣，第二个男人穿着漂亮的诺福克上衣和灯笼裤，棕黄色的底子，很浓的褐色格子图案，脚上是白色的亚麻布鞋罩。其中一位女士穿着单调乏味，但是还有一位女士的服饰让波利十分赞赏：威尼斯红的连衣裙，与之相配的无边女帽上装饰着一只灰色的标本小鸟。她的整个裙边上沾满了沙砾地上的尘土，那位衣着漂亮的男士跪下身去帮她掸掉尘土。与此同时，戴着高帽子的男人俯身到他的黑盒子上面，将那只黑盒子瞄准了那个戴着丝质帽子的印第安人。印第安人将他的左手放到他拿破仑风格的翻领下面，将右手举了起来。他们在拍照。

奥克莉小姐的丈夫走近那个拍照的人。巴特勒问了一个问题。波利好像听见巴特勒说到了“美国人”这三个字。

那位游客用力地点了点头，并介绍了他自己。他的名字好像叫加斯帕或者加斯特。波利最后断定是加斯特。他还听见他说到纽约一个叫锡拉丘兹的地方。

巴特勒上校和那位游客握手。射手对那个黑盒子感兴趣。波利听见了“乔治·伊斯曼①照相机”这几个字。

加斯特朝巴特勒点点头:“柯达相机。”柯达相机这个名称很奇怪,可是波利以前听说过,从宾馆的特劳特温先生那儿听来的。特劳特温先生经常拿他从美国买来的柯达相机吹牛。这个新的名称,再加上他那像刀刃一样尖利的嗓音,很容易记住。

加斯特的妻子怂恿他给巴特勒看一下那架照相机。加斯特稍微有点勉强,将照相机递了过去。巴特勒仔细看了一下照相机,接着吹了一声口哨。他把照相机拿在手掌上颠着,以显示其分量很轻。

加斯特一把抢回照相机,借口他要给巴特勒展示一下拍照是多么简单的事情。由于加斯特这人说话还伴随着很大的动作,所以波利感觉自己懂他的意思:你只要在盒子上按下一个按钮,就会神奇地产生一张照片。想到这儿,真是太令人激动了。

加斯特表示,他要给巴特勒和他妻子拍一张照片。这位射手十分高兴。他朝奥克莉小姐招招手。她牵着贵宾犬来到了他们这儿。加斯特的妻子也跟着两位演员一起搔首弄姿,接着巴特勒夫妇礼貌地告辞。那些游客在四处浏览闲逛,马车正被套到马身上,戴着阔边帽、系着五彩缤纷的颈巾的牛仔们打着哈欠,有十二个男人穿着美军的蓝色军装,有四个哥萨克人穿着靴子、戴着毛皮帽子,要么是假扮的哥萨克人,扮得很真。印第安人又冒了出来,他们的脸上涂满了五颜六色的一条条油彩,他们参战时戴的巨大的羽毛头饰上的羽毛在微风中轻轻飘动。

波利跟着那些游客,几乎要兴奋得发狂,他太开心了,居然既看到了野牛比尔的剧团,还看到了一架真实的柯达照相机。他不知道照相机的工作原理,但是他知道照相机是干什么的。它可以产生那些激动人心的别人的形象、别的地方的形象,他房间的墙上装点着的就是那些形象。照相机能够把全世界都装进像洛特姑妈和他自己这样的普通人的客厅里。

加斯特先生和加斯特夫人以及他们的朋友从波利和那节闪闪发亮的戴德伍

①乔治·伊斯曼(1854—1932),美国发明家、伊斯曼柯达照相器材公司创办人,发明干片照相法、胶卷、柯达照相机和彩色照相法。

德邮车之间穿了过去，这会儿戴德伍德邮车上已经套上了六匹喷着鼻息的马。波利提醒自己，他应该七点半准时到皇宫大酒店去上班。但是亲眼看到了这么多激动人心的东西，怎么能指望他还把心思用到清洗便桶和擦洗地板上呢？

加斯特的妻子想要跟德国军官一起照张相。加斯特走到距他们大约十步远的地方停住脚步，他们突然觉察到了。准将严厉地摇着手。

“那儿，你们。”他用德语喊叫道，“别拍。军人执勤时不准拍照。”

“他在说什么？”穿着漂亮衣服的那个人问道。加斯特放下他的照相机，可是他妻子拿一只戴着手套的手指捅了他一下。她不想让他就这么轻易放弃。

军官们看上去很恼火。波利无法理解，他们干吗要拒绝拍照呢，除非又是他们惯常的傲慢所起的作用。阴沉的脸色和凶恶的目光似乎并没有唬住加斯特先生，他继续准备拍照。

“来人，别让他拍照。”准将命令道。冯·赖克中尉将笔记本塞进口袋。“你去好好教训他一下。”

中尉冲上前去，粗暴地一把从加斯特手中抢过柯达照相机。加斯特夫人惊得尖叫起来。

她丈夫冲上前去想抢回照相机。冯·赖克动作优美地假装往左面一闪，在加斯特不提防中往后退去，一面掰开那个盒子。波利好奇地望着中尉猛地拉出一条长长的纸带，纸带的一面涂着黑色的什么东西。冯·赖克将照相机扔到地上，在上面狠狠地踩着。加斯特夫人恸哭起来。

加斯特大怒。他虽然比中尉大二十岁，但是他挥起双拳，毫不犹豫地一个右摆拳。冯·赖克轻松地躲开了右摆拳，博得了他同事们的赞叹。当加斯特第二个摆拳过去时，冯·赖克一掌将他的高帽子击落下来，并劈中了加斯特的前额。这一掌直击得这位游客失去了平衡。他右膝一弯，跪倒在地。

中尉回到了他的同事们中间，继续就位执勤。准将没有给予表扬或者表示认可。不过少校给了，简洁的一句“干净利落”。

“谢谢，长官。治疗顽疾最好的药就是陛下开的药——铁拳。”

准将表示赞同地咯咯笑着，然后示意那些美国人，命令他们离开。加斯特先生骂着什么，表示抗议，他的朋友们扶着他站起身来。他还想要继续打架，可是他们制止了他。一会儿之后,可以看见,那四位游客的背影已经绕过一个扳道工小屋的拐角消失了。

波利再次回到那节棚车厢的门口。德国军官们合上笔记本,也很快地大步消失在了“狂野西部秀”特别列车的后面,两个低级军官保持着恭敬的距离跟在他们的上司后面。波利感谢上苍他不必去当兵。他不想听从一些动辄发火的人的命令,他们毁坏财物,欺凌百姓,肆无忌惮。

科迪上校从他的车厢里出来了,他穿着高及膝盖的长筒靴子和马裤呢裤子,有流苏的鹿皮上装镶缀着印第安人风格的小珠子和翩羽,生动活泼,脖子上围巾飘荡,阔边帽气度非凡。他骑在艾沙姆背上,在聚集的队列四周慢跑,一面大声喊出更多的指令。他听上去脾气很坏。

波利对“狂野西部秀”的入迷有所减弱,他的注意力高度集中在了另外一样东西上,他连看都不敢去看,生怕别人也会注意到它。就是那架照相机。照相机被摔坏了,毁了。可那是一架真的照相机啊,被丢弃在了沙砾地面上……

鞭儿噼啪,车轴吱嘎,车队开始驶出调车场,准备开往菩提树下街进行上午的游行。波利的嘴巴干得像壁炉里的柴灰。他双目炯炯,悄悄溜下棚车厢,然后飞速冲向那架照相机,一把拾起照相机,连忙逃走。他知道,这架照相机已经坏了,但依然是一件稀有珍品啊。

他感觉他上班迟到了。他跑一段走一段,急匆匆地往有轨电车站赶,迫不及待地想要一下子赶到皇宫大酒店去,把这件珍品拿给特劳特温先生看。

一直到下午四点钟,他才有机会溜出厨房,来到大堂搬运工服务台后面的小房间里。特劳特温先生不住地啧啧称赞这架照相机。

“是的,这是一架正宗的伊斯曼快照相机,柯达一号,跟我的那架一样。你知道它妙在何处吗?它的重量不到一千克,买照相机的时候,里面就安装着一卷可以拍一百张照片的胶卷。等你拍完这卷照片,就把照相机寄到美国的工厂去——我已经这样做过两次了!他们会把底片冲出来,再装上一卷新的底片,然后把照相机寄回来。伊斯曼有一句口号——‘你就是揿按钮,其余的我们来做’。这完全是真的。摄影是新时代的新艺术。太遗憾的就是你没能捡到一架还能用的柯达照相机。”

“总有一天我要买一架的。”波利说道。他为特劳特温先生引用的那句口号着迷。他的脑子里，突然莫名其妙地从“你就是揿按钮”跳跃到了他挂在墙上的明信片上的所有照片上，又从那儿跳跃到了他坚持不懈却一直受挫的绘画上面。也许摄影是个答案。在你没有绘画的天赋却想要描画这个世界的一方景色时，只要有一根强有力的手指就行。

当晚，他于八点半离开大酒店。他一度把洛特姑妈那奇怪的心情和古怪的行为忘得一干二净，就是他感觉她再也不想要照顾他了。有一股热情完全控制了他，把其他的一切都排斥在了他的脑子之外。

他发现姑妈穿着那件宽大长衣，像个迷路的孩子一样坐在客厅里，一只手里拿着一只空啤酒杯。她的双眼因为哭泣而又红又肿。

“洛特姑妈，怎么回事啊？”

“没事，亲爱的。都挺好。”她转过身去。

“我看事情一点都不好呢。”他拉过她身边的旧脚凳坐下，“你一定要告诉我。出什么事了？”

她捂住自己的双眼：“是雷纳德先生。”

“他伤害你了吗？”

“没有，他没有碰我一根手指，他只是——哦，波利。”她一面啜泣，一面亲切地抚摸着他的头，“我怎么解释呢？太惨了。”

他将双手放到她的两个膝盖头，感觉到她在发抖。“这——好吧。”

一会儿，他姑妈平静了下来。“波利，你知道‘肺结核’的意思吗？”

“我在报纸上看到过，是一种病。”

“是啊，一种可怕的病，一个人肺里的病。它能把你消耗尽。我得了这个病。我知道有一年多了。我纠结了好多个夜晚，要不要告诉你，现在我必须告诉你了，因为我不想让你也染上这种病。你不能再待在这个公寓房里了，它会变成一个瘟疫区的。还有，由于我得了这种病，其他事情就会变得糟糕。”

她走到一只有精致的果木镶板、闪闪发亮的比德迈式贮藏橱跟前。这是她最好的家具了，从一个露天家具市场买来的。她拿出一盒法国香烟，点燃一根。

“今晚,我们吃完晚饭后,我的病又发作了,最糟糕的一次。我把那个长枕头也弄脏了,彻底把它毁了。雷纳德先生嫌弃了。他顾自己走掉了,一个马克也没有留下。”

她倾过身子,靠近他:“他说他再也不回来了。他说我应该去住院。他说他会在生意人云集的宾馆和咖啡馆里诋毁我的名声。很快,不会再有先生到我这儿来了。所以你看——”

她吸着香烟。

“我们必须为你另做安排。”

客厅,整个地下室,鸦雀无声。波利感觉有什么重大的事情即将发生。

“回到阿伦去,回到你格哈德叔叔那儿去,这绝对不可取。他是个心胸狭隘、愚蠢透顶的人。那我倒是宁可把你赶到大街上去的好。我在想的,波利——我在想的是这样。”

她抚摸着他的脸。

“你必须到美国去。”

“美国!”

“是的,为什么不呢?那是一块充满机会的神奇土地,千千万万个德国人都到那儿去了,而且现在每周还有很多人去那儿。别忘了我们在芝加哥有一个亲戚,我哥哥约瑟夫,啤酒商。他有钱,有身份。我今夜就给他写信,而且我会祈祷他不会不理这封信的。你知道,我跟家人的联系保持得不好。”他理解其原因。也许家庭成员们乐得如此呢,也许他们了解她在做男人的生意……

他感到激动。他叔叔的家也许就是他梦寐以求的家。但是,他姑妈的病却也是他不能忽视的事情啊。

“我不能离开你,在你感觉这么——”

“你当然能。你差不多快成年了,你聪明强壮,再加上,你独自旅行绝对没问题。你叔叔就是这样。去美国的主意这么可怕吗?”

“哦,不,我渴望去美国看看。”

“我是说到那儿生活,永久。你会去吗?”

“我想会的。我会竭尽所能过得开心,不让叔叔生气——”

“你非去不可。真的没有其他选择了。我会写信给约瑟夫,而且我们要马上节省每一个芬尼来买你的船票。我早已经在汉堡打听过票价了。稍好一点的轮船统舱将近一百零五马克。大致上等于——嗯——二十四美元。”

“一百零五马克啊！这可是一大笔钱呢,洛特姑妈。”

“是的,对于像我们这样的穷人是一大笔钱。积攒我们需要的这笔钱要一段时间。几个月,也许一年。”

“我要拼命干活,帮助积攒这笔费用。”波利保证道,“只要有可能,我会找额外的活干。”

“那么我们攒钱的速度会比我们想象的快。不管要多长时间,我们都得充分利用这段时间。我会尽我所能教你英语的。”

“美语如何,你能教我吗?”

洛特开心地大笑起来:“哦,波利。美国人说英语的啦。嗯,不,不完全一样,美语更随意一点。笑话较多,俚语较多。就像英语里面放了胡椒。”

“那就这么定了。”

“好的,波利。就这么定了。你会发现,美国很好。真的会很好。”

他闭上双眼,当脑子里闪现出一幅图画时,他哆嗦了。纽约港,高擎火炬的自由女神。她似乎就是在向他发出信号,向他发出召唤。

洛特姑妈在晚秋时节收到了回信。漂亮匀整的字体,大写的德文,龙飞凤舞般铺展在奶白色的信笺纸上,信笺纸的顶上有镌版印刷的典雅的书写体文字:“美国芝加哥密歇根大道,约瑟夫·克朗”。在这行字的上面,是一个金色的皇冠凸饰图案。

最亲爱的妹妹——

再次收到你的来信真是太好了。我希望你身体健康。我们都很好,而且生意兴隆。关于你所提出的问题,好的,我满怀热情地赞同这个想法,如果波利跟你生活在一起再也不合适的话,就让他到我们这儿来。方便的时候,就把他送过来。你说你希望有可能是明年春天或者夏天,那么从现在开始我们就翘首企盼这个希望的实现吧。无论什么时候到，伊尔莎和我以及我们的孩子们都欢迎他到美国来，我们会照顾好他在这个新国家的各种需求、教育和立业。我相信他会发现，美国的一切不会让他失望，而且我也相信，在新家他也不会失望。

爱你的

约瑟夫

1892 年，即第二年的一个春日，波利坐着马拉轨道车穿过夏洛滕伯格的西部郊区，来到这条线路的终点。他从那儿沿着施普雷河走，几乎全程步行到施潘道区。

他还没有看见这个特别营地，便听到了鼎沸的人声。好几幢设计简朴的小木屋围着一块很大的草地，草地上，无精打采的人在太阳底下来回移动，也有的人懒散地坐在油漆成白色的木头椅子上。波利一看到此情此景，心情便一落千丈。这么多悲伤无助的小男孩、小女孩，他们中有几个人丑陋极了，嘴巴松垂，眼睛茫然，有的脑袋肿胀得很大。

在一幢小木屋边上一个有阳光的沙洲处，波利找到了托尼奥。他的朋友白得像一个面团，他那个可怜的肿胀的前额看上去比波利记忆中的还要大。托尼奥往后倾斜着坐在一把很沉的椅子上。当他听到有客人来访时，都没有抬起头来，只是转向了一边。他笑了。

“你好，波利。”

“你好，托尼奥。你怎么样？”

“哦，挺好。大老远的路，赶到这儿来，你真是的。”

“我觉得这是我最后一趟来了。我马上要走了。去美国，跟我叔叔约瑟夫一起生活。”

“是的，我知道。我父亲星期日来的时候告诉我了。这个机会对你来说太好了。”

波利拿出一只纸袋：“我给你带了点东西来。”

“什么？”托尼奥想要坐直一点，可是坐不直，又靠了回去。他从纸袋里拿出一只麻花状的烤面包，上面有晶莹的盐粒在闪闪发光。“我的最爱。”他在面包头上咬了一口嚼着。他的一个嘴角，有闪闪发亮的一条口水挂落下来。

“托尼奥，这个地方——我是说——你感觉这个地方怎么样？这好像太残忍了，把孩子们清除出来隔绝到一个地方。”

“哦，护士们对我们很好。医生很和善。他们对我们说，我们这样做是对社会好——不管男的女的，让每个人都各得其所，这样才不会妨碍别人，这很重要。这是新德国的方式方法。”

也许是的，可是波利不喜欢这样的方式方法。如果这是德国人对待其他德国人的方式方法，那么他不接受这样的方式方法，所以他很高兴将离它而去。托尼奥所受的虐待让他想起了鲁科夫对德国军队奇怪的评论，德国军队渴望发动战争。

五分钟之后，他拥抱了托尼奥，向他告别，托尼奥哭了。波利走得飞快，恨不得立刻离开这个阳光明媚的松树林中央的悲惨营地。

他在他的小房间里取下明信片、照片和纪念品。他将这些东西整齐地堆放到那只旧衣柜里面，衣柜里面空荡荡的，只有那只装着玩具小屋的盒子。他保留了四样东西。一样是那面红色、金色、黑色的纸旗——革命的旗帜。第二样是来自韦特海姆百货商店的地球仪。第三样是那架被损毁了的照相机，虽然没有用了，但是他感觉带着它很重要。

最后一样东西成了非常特别的护身符。就是那张立体卡片，上面画着站在船头前方的自由女神。很快，他将亲眼看到这一风采。

他小心翼翼地将卡片、纸旗、地球仪和那架破柯达照相机装进他的旅行袋，旅行袋是洛特姑妈买的二手货。他一件一件地将这些东西放到他有限的几件衣服上面，衣服里面包裹着一本英语文法和日常用语书，这几个月他一直在学习的书。这本书叫《旅行英语》，专门供旅行者学习英语用的。

最后一次马上要离开他的小房间的时候，他回过身来，再次打开那只衣柜，拿出那张画着德国皇帝威廉二世僵硬地摆着姿势，跟皇后和他们的孩子在一起的明信片。他想了一下，然后下定了决心。他将明信片对半撕开，扔到那张床上。

这似乎是一个非常大胆和英勇的举动。对即将奔赴一个新的国家、最后将在那儿建立自己真正的家的人来说,这是一件正确的事情。

接着,他说话了,说的是很不地道的结结巴巴的英语。这是练习,抑或是一丁点儿祈祷。

“美国。芝加哥。你好,约瑟夫叔叔。我是你的侄子波利。”

第四章　夏洛特

在动物园火车站的蒸汽和喧闹中,他们道别。

他看上去多么年轻、多么强壮啊,充满着无限的希望和憧憬。他站在那儿,两眼清澈明净,虽然他的服装照例凌乱不堪。到汉堡的三等座火车票放在他的口袋里。另一只口袋鼓鼓囊囊地塞着一个她给他的苹果和一些饼干。他梳了自己的棕色头发,但这会儿已经全部被吹乱了。他那么年轻,丝毫不知道这个世界将会给他设下怎样的灾难和厄运的陷阱。她也不会告诉他这样的事情。

尽管如此,因为有芝加哥她那位有钱哥哥的监护,因为在一个没有陈腐观念的充满着希望的年轻国家,他也许会比她过得好。波利要离开了,她对他的爱便满溢在心间,跟她爱她失踪的女儿克里斯蒂娜一样全心全意。不管怎样,尽管她自己很失败,但她对这个小男孩还是想方设法尽到了职责。这使她感到欣慰,也部分地缓释了她对自己孩子失职的内疚感。

她几乎一夜没有睡踏实,心里牵挂着波利。她听说大洋两岸都有欺负移民的坏人。而汉堡,盛传着天花和霍乱的消息。

今天早上,她胸部的刺痛非常厉害。她完全是凭着自己的意志力起床,清理她那个粗劣的卫生间,用一种她勉强买得起的散沫花染发剂洗好她的头发,然后穿上她最好的服装。她最好的服装是一套有丝绸穗带的布料套装和一顶装饰有粉红色人造玫瑰花的网眼女帽,这顶女帽颇具法兰西风格,但是已经过时十年了。几乎深不可测的内心深处的某种冲动令她搜遍衣柜的所有抽屉,终于翻出了她结婚后用过的念珠。她将念珠放进手提包里。最后,她披上衣领用洛登缩绒厚呢做的深绿色斗篷。披这件挡水性能很好的厚纤维斗篷,似乎具有一种忧郁的适切度。波利问她，天气不冷，为什么披这件斗篷？她“嘘”了他一声，挺刺耳的。

车站里一片喧闹，她放大声音，压倒喧闹声，说道：“我希望你在新的国家获得成功，波利。你的身上具有德国人所有的良好特性。你知道，我们德国是一个优秀的古老民族，非常勤奋，十分聪明，能力很强，而且我们热爱生活。我们唱歌，我们旅行，我们创作伟大的音乐和诗歌。”尽管她胸部很痛，尽管再多的胭脂也无法掩饰她灰色的脸，可是她感觉自己非同一般地充满柔情，非同一般地宽宏大量。

“不过，你要成为一个美国人了，你一定要成为一个优秀的美国人，千万不能忘记，你把你的古老国家换成了一个新的国家。现在是你离开柏林的好时机。坦率地讲，我对那个军事集团抱怀疑态度。据我看，他们的脑子里潜藏着危险的想法。我相信美国不会有这种尚武集团，但是如果也有的话，一定要小心。最重要的是，看好自己的钱，还有，千万别把你约瑟夫叔叔寄来的信弄丢了。”

火车司机拉响了汽笛，列车员开始关车厢门。实际的告别很仓促，仅仅是互相拥抱了一下，接着几声上气不接下气的“再见”。她看着他走进三等车厢，挤在一个修女和一个满脸憔悴的小个儿男人中间，这小个儿男人也许是一个地位较低的职员。随着一阵铃声，巨大铁轮开始在铁轨上发出嘎嘎的声响，蒸汽嘶嘶地喷射着，火车头拖着车厢，拖着波利永远地离开了她。

当走出那个巨大的火车站时，她发现下雨了。暖暖的夏天的雨。

在一只有邮局喇叭标志的邮筒前，她将一封信投进了窄窄的塞信口子。这是一封她写给她已经抛弃的女儿克里斯蒂娜的信。“那是为她好。”——这是她自欺欺人的谎言，唯其如此，她才能把女儿送去当侍女，才能让她走得远远的，去自私地过她自己的生活。她已经有好几年没有跟克里斯蒂娜联系了。现在是时候了。她唯一的联系地址是乌尔姆那户家庭。她祈望，要是她女儿换地方了，那么他们也会知道把信转向那里的。

她走在滴水的树下，走向菩提树下街，沿着菩提树下街转了一个弯。在一家咖啡馆，她在门口贴着的菜单上选了一些价钱很便宜的食物，花掉了最后的一点钱。她的简单晚餐包括香肠、黑麦面包、煮得很老的鸡蛋、一杯清淡的摩泽尔白葡萄酒,然后是三杯白啤酒,酒精度很高的白啤酒,千百万德国人就是喜欢这种酒精度很高的白啤酒,不喜欢贮藏啤酒。今晚,她需要酒精来给她勇气。

日光渐渐淡去,她慢慢走到宫殿广场,瞻仰着大选侯的英武雕像。她慢慢地走在横跨施普雷河的桥上。柏林渐渐地笼罩上夜色,一些喧嚣沸腾消失了,一些丑陋景象模糊了。雨变成了间歇性的阵雨,雨不大,打不湿她的身子,反而让人挺舒服的。

洛特靠在栏杆上,两眼望着雨点斑斑的河。倒影荡漾着涟漪,波光粼粼,诱煞人儿。

她将一只手慢慢伸进她的手提包里,摸到她的那串念珠。摸珠子令她感到舒心。她默默地祈求着上苍原谅她计划所做的事情。她对上苍的信仰并没有在瞬间恢复,但是,打每一张牌总是希求好的,万一来张王牌呢。

她想着那辆列车轰轰隆隆地穿越夜空驶向汉堡。谢天谢地,她在芝加哥的哥哥约瑟夫对她在信里提出的想法做出了令人满意的回应。不过说真话,倒也并非十分惊讶,因为约瑟夫除了聪明和富有之外,一直是十分慷慨的。至于那个在阿伦的格哈德,假如真的有地狱的话,就让他在地狱里被烧成灰才好呢。

她很高兴把波利送上了一条更好的人生道路。他年轻,聪明,不轻易认输。或许他真的能找到一个比她所能提供的这个简陋破旧的家更好的家,他将从那儿走上一条通向幸福生活的新的道路。

至于她自己——得,喝下了白葡萄酒和白啤酒,感觉并不太坏。事实上,倚靠着锻铁桥栏,凝望着施普雷河上波光粼粼的涟漪,她感觉自己平静了下来。她取出那串念珠,拿在手里。

她深深地吸了一口气,像个快乐的小孩子一样意识到,这施普雷河就是她的朋友。施普雷河正在欢快地迎接她的到来,施普雷河包含着人生所有问题的答案。

“祝你成功,波利。”她向着夜轻声说道。

第二卷

统舱

1892

我大步走向海边——
把自己托付给波浪，
我的心灵尚未破碎，
也没有继续束缚于仇恨的锁链，
我依旧充满着拯救自己的力量。
美国欢迎我！
我将生活在远方的土地上。

1855 年
一位德国移民雅各布·格罗斯的诗歌

第五章　波利

“把你的马克兑换成美元。最高汇率。轮船上你需要美元的，小伙子。怎么样？”

波利从他的英语文法和日常用语书上抬起头来。从一早开始，他就一直坐在那只货箱上，周围有六七百名乘客。斜照的阳光将轮船巨大的影子投射在凸式码头上，影子黑得像葬礼上的垂帘。他希望这不是一个兆头。

沿着易北河吹来的风刮进海港的内港，热热的，湿湿的。这天不像暮春的天，更像是8月的天。河水的臭味令人恶心。波利已经看见过有人粪浮在水里面。他像码头上的每个人一样感到烦躁，因为登船时间被延误了。他听到传言说城里有传染病，心里很紧张。三天两夜，他被困在了航运公司那些肮脏的移民棚屋里。俄罗斯霍乱流行，这不是传言，而是事实。波利是坐正常列车到达的最后一批德国移民之一。现在，这些封闭的特别列车正在将他们送往汉堡。

长长的码头上他的四周，统舱的乘客们或坐或躺或漫步，就像他们在移民棚屋里一样拥挤在一起，等着再次被送上轮船。美国不仅仅吸引德国人，而且还吸引奥地利人、罗马尼亚人、俄罗斯人、波兰人以及那些国家大量的犹太人。满怀着希望的旅客们全是一群衣衫褴褛的人。他们说着各种各样奇怪的听不懂的话语，包括有一种话语，模模糊糊地让人觉得像德语，波利猜可能是依地语。他们把自己的物品装在背包里、旧旅行箱里、柳条筐里，把几个羽毛枕头用绳子捆着。他们中有些人看上去讨人喜欢，但有些人则不太友善。后者包括一对年轻的德国人，身材高大，金发碧眼，说话大声，眼睛直勾勾地一个劲儿盯着女人的身子，互相推搡，打闹玩耍，像两条嬉戏的狗。

朝波利说话的人倾身靠近了一点："来吧，你想要换多少？"

这人看上去挺体面的，假如你不注意他有污斑的领子和破旧的外套袖口的话。波利想起了有穿堂风的色调灰暗的售票大厅里那些个小房间。"银行兑汇和走道商店。"这人不是银行里的。

"不换。"波利说道，"轮船上收马克的。我问了。"

"聪明的小孩。"附近有人朝他大声说道，"把你的钱给他，你就等于跟它吻别了。"

有人哈哈大笑起来。那人吐了一口唾沫到码头上，转身飞快地走掉了。

突然，波利感觉十分想家了。他有一种冲动，想跳起身来，飞快地奔回到那个火车站去，管它那愚蠢的美国梦呢。缪勒斯特拉斯街那个小房间中的一幕幕充斥在他的脑海里。现在回想起来，它并不很糟糕。至少，它是暖和舒适的——

别这么想，简直是胡闹。

他恨不能摆脱掉他衣服上难闻的药物气味。航运公司严格要求其检疫部门对统舱的乘客进行防疫检查。他跟每个人一样，在到达的那天接受了粗略的检查之后，有人就用有毒的药物喷在他们的头发上、胳肢窝、腹股沟——什么地方都喷。然后，他们被再次集结起来，带到了公司的临时休息棚里，那儿有一个个一模一样的分隔小间，他们就睡在地板上。

除了这难闻的气味外，他还饥肠辘辘。早上起来之后他只吃过一个苹果。苹果的果芯子他还揣在口袋里，忘了扔掉。临时休息棚里，早餐的食物包括茶和面包，中餐是茶、面包和变了味的香肠，晚餐是茶和面包。移民们得自己掏每一个子儿。波利一天只吃一餐。他盼望到了船上就会有正常的膳食。公告上说，船上的食物很好，数量又充足。

他努力想继续他的学习，但是不容易。英语真是一门难学的语言。尽管有很多单词跟德语是类似的——至少有数百个之多，譬如"Keller"和"cellar"，"Wein"和"wine"，"Lilie"和"lily"①——英语有太多的单词读起来差不多，但拼法完全不一样。扔一个球的"扔"的读法跟穿过门的"穿过"的读法是一样的。

①德语的 Kellar 和英语的 cellar 意为"地下室"，Wein 和 wine 意为"酒"，Lilie 和 lily 意为"百合花"。

"一"后面的数字"二",对什么人说话的"对",还有"也",读起来都是一样的。叫人受不了。

英语里面没有 du 这样的人称代词,没有家庭和朋友住址那种常见的形式。最让人弄不清楚的是,英语语法硬把动词塞在一个句子中间的什么地方,而不是放在句末,句末放的是副词。这种语言叫人怎么学,更不用说用它说话了!

他叹了一口气,合上书本。他英语学得不够快。但是,他还在学习其他的课程——让人不愉快的课程。

当他从火车上下来的时候,他期盼汉堡人会十分友好,乐意帮助他们的同胞踏上征程去创造他们自己的新生活。完全错了。汉堡人假意友好,实际上完全是想方设法进行欺骗,占旅客的便宜。

波利在"放风场"就遇见过这样一个人——"新大陆人"。他在火车上的时候有一位乘客告诫过他,这些人能说会道,巧舌如簧。"新大陆人"假扮航运公司的代理人或者海外雇主行骗。这类人大多数都没有踏上过美洲的土地。

"新大陆人"塞了一份华丽而俗气的小册子到波利的手中。小册子的封面上醒目地印着一幅自由女神粗糙的画像,金子的雕像,还有金色的光晕。女神像的后面,艺术家描绘了鳞次栉比的高楼大厦,每幢高楼大厦上都顶着一颗巨大的钻石。

"买到票了吗,小伙子?"

"买到了。"

"有活儿等着你干吗?要是没有,到巴尔的摩,我可以——""新大陆人"一看波利的反应,便把牙齿咬得紧紧的,"见鬼的开什么玩笑?"

"这个。"波利摇晃着那份小册子,"你以为我是乡巴佬吗?我是柏林人。"

"那又怎么样?"

"那就是说,雕像不是金的。我给你看看吧,我有一张真实雕像的图片。"他开始翻找那张图片,可是"新大陆人"突然对他说:"你还是自个儿去看吧。"那人一把夺过那份小册子,顾自己走了。

码头上,波利回想着往事,叹了口气。那么多的贼,捕食德国人的德国人。他对国人和对这个世界的期望值太高了点。

移居国外的行为在德国人的生活中已经存在四十多年了。它使家庭破碎，使国家某些地区的经济陷入萧条，甚至有好几次成为政治热点。洛特姑妈对波利说过，已经有成千上万的人走了，包括他的叔叔，而且其势头没有减缓的迹象。他环顾着挤满移民的码头四周，信了。

事实上，去美国的旅程并不总是开心的。他是从一位坐在售票大厅同一条长凳上的旅客那儿听说这件稍稍有点令人沮丧的事情的。这事儿就发生在波利的火车到站半小时之后。他直接到售票大厅去检了票，在车票上打了洞。然后，他坐下身来端详着那张票子。

坐在他身边的人疲惫地叹了口气。波利在陌生人中间坐了很长时间的火车之后感觉孤独，便问他："你是去美国吗，先生？"

"我是回伍珀塔尔的家。我兄弟说好到这儿来接我并为我付火车票钱。我刚刚从美国回来。"

这位旅客是一位老人。并不是他年龄老，而是脸色老，他的皮肤布满了忧愁的皱纹，他的双眼流露出忧伤的神情。"你是去那儿吗？"他问道。

波利用力地点了点头："那当然。"

"数以千计的人去那儿，但也有数以百计的人回来。他们从不对你说这事儿，是吧？我在圣路易斯待了十二年。我讨厌那儿的分分秒秒。我是一个烤面包师。美国有很多烤面包的人。太多了。我挣的钱仅够糊口。一个复活节，我的面包店在夜里被抢了个精光。那时我差不多快要回家了。我讨厌那儿的分分秒秒。"

"很遗憾，你在那儿的遭遇不好，先生。可是他们说，在大多数方面，那是一个了不起的国家。"

"哦，不。人种不是你自己的人种，很杂。他们扔掉每个人的传统，快得就像你或者我倒掉脏水一样。在美国，他们捣毁一切，他们捣毁建造了才十年的房子，他们捣毁整个居住区造新的大街，他们诋毁具有新思想或者具有不受欢迎思想的任何人。刚到那会儿，你会觉得一切都是美好的。可是很快，你就会发现丑陋与绝望——隐藏在你自己创造的幻象背后的真相。你跟所有那些下等人都不会例外。我要是你的话,就不会去找这份不自在,赶紧退掉船票吧。”

“我不能这样做。我的亲戚在芝加哥等着我呢。那是我的新家。”

“得,过几年,你会打道回府的。不信你试试。”

波利道了声歉,很快地走开了。他很后悔邂逅了这个伍珀塔尔的面包师。

白天渐渐消逝。海港的声音——轮船巨大的汽笛声、拖船和驳船刺耳的鸣笛声、清脆悠扬的铃声——每分每秒都在减弱其刺激人的程度。

那艘船的船体中部,一个铃声响了起来。人们交头接耳,指指戳戳。波利跳到那只货箱上去看。一点没错,后面二等舱的舷梯处,那条金丝绒的拦索被拿掉了。穿着漂亮的女士们跟先生们带着他们的家庭成员正在挥手和欢笑中登船。

二等舱的舷梯上面有红白相间的雨篷,下面铺着地毯。而统舱的舷梯依然用绳子扎牢在轮船船头的一侧,没有雨篷也没有地毯,又窄又不牢。船体里进入统舱的舱口打开着,可是舷梯不放下来,谁也上不了船。波利再次坐下。

他的短上衣和衬衫里面,一条帆布腰带擦得他的肚子生痛。洛特姑妈给他缝制的这条腰带。里面装着他叔叔的那封信以及他仅有的十八马克。为了打起自己的精神,他在腰带里摸索着叔叔的信,打算再读读信中那些令人鼓舞的话,这些话实际上他都能倒背如流了。这时突然有两个皮肤被晒得很黑的水手出现在了统舱舱口。

一个戴着有饰带镶缀的帽子、穿着深蓝色制服的瘦高个子发布着命令,两个水手遵照命令,解开舷梯,将它放开。一个人拉着绳子将它放落到码头上。波利四周的人们纷纷站起身来,大喊大叫着争先恐后地往前挤。波利手中抓着那封信,被夹裹在了人流里。在被人群裹着拥向前去的时候,他差一点没抓住那封信。

“慢慢来,慢慢来,退后。”瘦高个乘务员站在横拴着舷梯、已经磨损的缆绳后面,用德语大声喊叫着。

有人怒火万丈地喊叫道:“行啦,我们啥时候上船啊?”

“我说上就上。”不是德国人的人们朝那位乘务员做着各种手势,大声喊叫,试图说他们听不懂。他一脸轻蔑,转过身去,只顾检查他的舱单。

“朱利叶斯——玛格丽塔,我最后一次请求你们,别走。”男人的声音就在波利的身后。他回过头去,看到一个男人正在恳求一对年轻人。年长男人黑色的帽子下面披着一缕缕头发。“跟我回家,你们要是去了,活都活不下去啊。你们听到过这些轮船的故事了。光线黑暗,空气混浊,传染病盛行,不干净的食物——这种旅程对绝大多数人来说几乎都是毁灭性的。”

波利手里依然攥着那封信,越过一个年轻人的肩头望着那个犹太人似有烈焰在燃烧的眼睛。那位长者再次对他们说道,也是说给他听的。

毁灭性的。

波利一阵哆嗦,再次被推搡着往前移动。乘务员终于解开了阻拦的绳索,走下码头,人们便开始飞快地登船。波利还在一个劲儿拼命把信往他藏钱的腰带里塞,突然便被挤到了舷梯的脚下。

“姓什么?”

“克罗纳。”

乘务员核对了一下,打上“✓”。他注意到波利的手在腰部摸索。他看到了他装钱的腰带。

“走,上船。”他甩了一下头说道。波利快速往前走去,一只手抓着他的旅行袋,一只手拼命地把自己的衬衫往下拉。开头不吉利。

这种旅程对绝大多数人来说几乎都是毁灭性的……

波利沿着摇摇晃晃的舷梯爬向统舱的舱口,一个又大又黑的无底洞。

这艘轮船名叫“莱茵兰”号。轮船的载客量在两个二等舱房舱里是三百二十五人,统舱里最大限度可以载九百人。它属于飞鹿航运公司。大旗上,三角旗上,甚至船员的工作服上,都装饰着双翼公鹿飞翔的标记。

统舱位于轮船很深的地方,前面不远处,大铁锚的链条和螺旋桨发出巨大的声响。统舱由那位乘务员和两个男练习生主管,两个男练习生完全像街头的小混混,根本就不像一艘国际轮船上的船员。

移民们被分成两组——带小孩的夫妇一组,其余的人一组。两组人员的住舱区一模一样:都有好多个很大的底舱,每个底舱只有很少的几个舷窗,舷窗不可以打开。这些底舱配备有叠加的五英尺高三英尺宽的铁架床铺。每张床铺上有一张里面塞着草的很薄的垫子和一床很轻很薄的毯子。波利快步走到顶头，占据了一个他认为的好床铺，最底下一排。实际上这个床铺没有比其他的床铺好，因为在所有床铺中，唯独这排床铺坐起来就会碰头。

统舱的甲板是刚刷白的，所有空间都用烟熏过，但是好景不长，因为糊里糊涂的乘客们一下子将整洁的甲板丢得满是废纸和柑橘皮，又用自己身上的臭味儿将满是垃圾的空间弄得乌烟瘴气。

航运公司极力宣传的"优质的富有营养的"食物，实在是有点名不副实。轮船被拖曳出港的当晚，锣声一响，乘客们事实上是跑向统舱餐厅那些长条搁板桌子。他们的"优质"晚餐仅是一大桶温热的土豆汤，一浅盘一浅盘味道说不上是好是坏的浇有酸酸酱汁的鲱鱼，还有一条条不新鲜的黑面包。波利以比平常快得多的速度和效率吃完他的饭。

那位乘务员巡逻到餐桌中间，一面虚情假意地搓着自己的双手，问大伙儿这一切是不是挺好的。他介绍自己说他叫布莱克曼。金发碧眼的兄弟俩中有一人用沙哑的声音质问他："啤酒在哪儿？你们的广告里说有啤酒的，这个我记得清清楚楚。"

"有的。"乘务员说道，一面拿大拇指揉着其他的几个指头。葡萄酒和饮用水也一样，付费。波利决定，就是口干了，也是到男浴室间去喝口水解渴。后来，当他走进那个小小的浴室间时，他闻到了铁槽里的气味，快要窒息了，他完全可以想象，人蹲在铁槽上面，一个姿势撒尿、一个姿势拉屎的那种丑态。有四个装着水龙头的盥洗盆排列在那些铁槽的对面。他拧开一个把手，用双手掬了一捧水。他喝了一口便吐掉了。那水是咸的。

在一个窄窄的铁梯子脚下，他找到了那位乘务员："先生？饮用水在哪儿？"

"有啊。想要饮用水随时可以找我。你付得起钱的，是吧？"他那只很薄的手放到波利的腰上，捏着他藏着钱的鼓鼓囊囊的腰带。

波利抽身就逃。乘务员的大笑声回荡在他身后，直往发出恶臭的大厅里钻。

"莱茵兰"号在半夜起航。波利被拖船的鸣笛声、缆索和锚链的碰撞声和叮当声以及同船乘客各种语言的可怕喊叫声给弄醒了。

他隔壁床铺上的男人一面用双拳捶打着自己的胸脯，一面用他觉得可能是俄语的话语悲叹着自己的遭遇。正对他的上面，一个女人像在葬礼上进行吊唁一样呜咽。当轮船起航，这些人的悲伤加上其他人的凄凉，所有的声音变得越来越响亮，混合成极强音效的恐怖交响曲。惨上加惨的是，统舱里面十分黑暗。仅有的光点来自几个亮度微弱的灯泡，如同广袤的黑暗太空里几颗遥远的星星。有一个地方再次飘来恶臭，有人喝了变质的烈酒吐了。

波利将他的旅行袋往上拉了一下，盖到自己的头上，试图这样睡觉。有好几个钟头，他睡不着。

白天，轮船驶过易北河，人们犹如逃离般来到船头统舱小小的甲板上，得到了一个喘息的机会。把所有移民都安顿到这儿，就像把整个柏林的人集中到一个村庄的小广场上一样。

即便人头攒动，波利依旧十分机敏灵活，他想方设法慢慢蠕动到船栏边的一个地方。他靠在船栏上，感受着吹来的风，用洁净的空气灌输他的肺。甲板上其余的人，有的玩牌，有的看书，有的忧愁地望着天际线。有一个家庭正在练习到达美国的情景。父亲扮演政府官员，对孩子们大声嚷嚷着各种问题，又是打又是拧的，接着十分粗暴地仔细观察着他们的眼睛，弄得最小的女儿哭了起来。波利在汉堡听说过这种让人深感恐惧的检查者——“目测官”，这种人挡回了大量的新来者。美国当局对健康问题十分严格。

统舱里的很多女人包着鲜艳的头巾或者围着围裙，跟二等舱乘客们精致但灰暗的服饰形成了鲜明的对比。后者聚集在正好是驾驶室下面、统舱两层甲板上方的前部船栏处，瞧着这帮移民，对他们发表着各种评论，有的把吃了一半的面包卷扔下来，有的甚至还扔下一些芬尼。这些珍贵之物引起了疯狂的抢夺。金发碧眼的兄弟俩把其他人推搡到一边，顾自己尽情掠取。这种事情德国人波利不喜欢。被上面那些人如此象征性地赤裸裸地瞧不起，他不高兴。

不一会儿，另一个家庭吸引了波利的注意力。这个家庭的成员有一个个儿很矮但很胖的女人，是母亲，两个女儿的体重几乎跟她一样，一个小男孩比波利小一两岁。小男孩身体羸弱,皮肤白皙,一双蓝眼睛露出快乐的神情,笑容一闪而过,黑色的穗状头发似乎根根向四面八方竖立着。他有一架旧的六角形手风琴,他用手风琴演奏着欢快的乐曲,演奏技巧十分了得。他的生气勃勃和良好心境与他满脸愁容的母亲和姐姐形成了极大的反差。波利悄悄地挨到小男孩的边上,希望能跟他进行交谈。但他听到姐妹俩说的是外国话,便只好作罢。

当晚,浩瀚的大西洋上,风暴来袭,统舱变成了地狱。

一整天的时间,这个昏暗的船舱里,微弱的烟熏味儿彻底消失了,人的排泄物的恶臭味儿弥漫在整个空间。这些恶臭从洗手间开着的门涌流出来,但也在其他地方冉冉升起,因为那些病人和随心所欲的人在角落里、在舷梯底下,或者干脆在他们的床铺上大小便。

"莱茵兰"号在远洋深海劈波斩浪,在浪峰波谷剧烈颠簸。波利的胃似乎也在翻江倒海,不断把酸酸的水推上喉咙口。即便仰躺在床上,他也感觉头晕目眩。

对面床铺上的那个男人在哭喊。随着风暴的加剧,其余的人也在大喊救命或者大声祈祷。霹雳齐鸣,雷声交加,暴雨如同铁弹般撞击着巨大的船壳,发出轰隆隆的声响。

"救救我,来人救救我。我要死啦。"波利上面床铺上的一个女人用德语号啕着。波利大声喊叫道:"等等,我来帮你。"

他抓住上方的床铺,开始把身体往床外挪。他的头刚刚伸出到走道上,突然那女人吐了起来。一股酸臭的狂澜喷涌而下,劈头盖脸地浇到波利身上,招致他自己也没完没了地呕吐不止。

等他在湿滑的走道上站稳脚跟,那女人喘着大气说她感觉好多了。波利自己也呼呼地喘气,哇哇地呕吐,感觉还不如死了的好,他赶紧朝洗手间跑去。昏暗的灯光下,他打开水龙头,用冰冷的咸水把最脏的地方洗干净。

"如果想睡得踏实一点,你就应该把那儿的那摊脏东西擦干净。想要一两块抹布吗? 有很多呢。"是布莱克曼先生,靠在门口,只穿着他的制服裤子和一件肮脏的汗背心。

“搞卫生不是你的工作吗,乘务员先生?”

“到早上才是呢,少自作聪明了。”

“好吧,多少钱?”

“那么就一马克,好吗?”

波利不想跟这个人做交易,不想付他像抢一样的价钱。但是,他也不想在呕吐物中睡觉。他付了钱,得到了两块又小又破的毛巾。他拿毛巾擦干净了床铺和床铺四周的地板。

一夜风暴的折腾,一夜的恶心呕吐之后,他强行让自己去想那张立体卡片,或者去想野牛比尔,或者去想他叔叔封有小小金色皇冠的信——拼命说服自己,等待他的是前程似锦,一切受苦受难都是值得的。

第二天,阳光灿烂,风平浪静。乘客们想把那些小舷窗打开,换换新鲜空气,但是发现舷窗被封死了。“这是公司的规定。”乘务员被问及这个问题时严厉地回答道。

波利发现,他在颠簸的海船甲板上行走的能力很强,这使得他一有可能便可以来到甲板上度过他的每一刻时光。他不善交际,主要是因为腼腆。大约上午九点,一位胖乎乎的先生,也许是一位匈牙利人,坐到了他的身边。那人说德语很蹩脚,他邀请波利玩牌。他轻声地发出邀请,说话之间把大蒜味儿喷到了波利的脸上。这人的一只手好像是无意识地放落到波利的大腿上。波利警觉地大声说道:“不,我不玩。”说完,他连忙起身离开。之后,他拿来那架破损的照相机,来到甲板上,假装忙着一会儿照锚链,一会儿照救生艇,一会儿照桥楼——凡是可以的都照。他从未感觉如此孤独。他渴盼能跟什么人交谈,可是这很危险。

睡在另一条走道边铺位上的一位乘客引起了他的好奇心。这是一位老人,消瘦但仪态得体。长长的银发和浓密的八字胡令他有一种高贵的风度。他的服装很别致:品蓝的裤子上有白色的细条纹,一件军大衣是土灰色的玫瑰红,袖子上、肩头、胸前全部装饰有品蓝的穗带和镶边。大衣已经破旧露底,也很脏,然而这位老先生却穿得有模有样。波利无法想象有这样的军队会选择这种颜色。

老先生将一只小木箱搬到甲板上,小心翼翼地将它放好,然后拿出一块很大的手帕将它擦干净,再坐下。他在凝眸注视大海的间隙,时不时会吐一口唾液,再拿大拇指擦拭他裂纹很多的靴子。终于,波利的孤独感战胜了害怕。

“我并非有意打扰,先生,可是我看你每天都在擦拭那只箱子。你很整洁,应该是个德国人。”

老先生哈哈大笑着:“我母亲是德国人。你是哪里人?”

“柏林。我叫波利·克罗纳。”

“你说柏林?真想不到。我在皇宫大酒店干了九年。大门前,马路边——招呼出租车,搬运行李,迎候贵客——”

“简直无法相信!”波利惊叫道,“我在同一家酒店的厨房干活。我们从未遇见过。”

“唉,你不该整天都待在后面呢。此外,那是十年前的事情啦。”两人不禁哈哈大笑起来。

于是,波利认识了这位出生在西里西亚、职业是宾馆看门人的老瓦尔特。这也解释了他的装束为何如此花里胡哨。瓦尔特在一些最高档的宾馆看过门:巴黎、布鲁塞尔、华沙、马德里。他骄傲地说他能讲九国语言。他将到美国宾夕法尼亚州的一个小城去跟他的第二个儿子一起生活。

天气再次变脸。一天下午大约四点钟,海上升起一堵雾墙,到了六点钟,大雾将“莱茵兰”号团团围住。整夜,魔鬼一样的巨大喇叭不断地吼叫着,一种令人沮丧而又恐惧的哀鸣。波利祈祷美国海岸快快出现。但是,美国海岸没有出现,至少再过一个星期才会出现呢。

午前,浓雾开始变薄。波利下去用冷的咸水洗脸。他看到那个骨瘦如柴的布莱克曼先生在他们睡觉的区域溜达,两只鼓突的奇怪眼睛贼溜溜地瞄着各种各样的包裹和旅行小提箱。波利趁他还没有看到自己便赶快退了回来。他爬上铁的舷梯,隐隐约约看到飞速飘动的云彩后面那轮黄黄的太阳。老瓦尔特不在那儿。波利看到分散在四周的人群中,其间就有金发碧眼的兄弟俩,还有两个分别为十六岁和十八岁的姑娘,跟她们一起旅行的还有一个小男孩,就是拥有六角形手风琴的那个小男孩,今天他没有跟她们在一起。

姐妹俩结实得像啤酒桶。姐姐有个双下巴,上唇上面还长着毛茸茸的黑色胡须。妹妹长得几乎可以算是标致的,形状姣好的胸部,充满热情的双眸。她们在玩牌。比较标致的那个妹妹吸引了兄弟俩的注意力。

波利看到那两个金发碧眼的粗鲁家伙互相用手肘轻轻推了一下,虚情假意地咧嘴笑着,便警惕起来。两人中稍胖一点的那个人摘下他头上的渔夫帽子,往前踱去。波利借着那架破相机,假装瞄着什么地方拍照,瞧着此情此景,这样便不会引起任何注意。

金发碧眼的小伙子俯下身去在那漂亮一点的妹妹耳朵边悄悄说着什么。她跳起身来,将怀里的牌撒了一地。小伙子哈哈大笑着,拿自己的手背推搡着姑娘穿着紧身褡的胸部。她姐姐吓坏了,一动都不敢动。

波利不想干涉。跟这两个金发碧眼的小子比,他的个儿太矮小了。然而,甲板上的其他人——数量十分稀少——故意装作没看见。波利便情不自禁地快步走上前去,尽管海风阴冷,但是他的双手汗津津的。

"——总的来说,我不喜欢按犹太教规制成的那种肉,但是要饿死的人没得选择。"波利听见那金发碧眼的粗鲁家伙说道。听他的口音像是巴伐利亚人。"来吧,犹太娘们,别摆架子啦。我可是个好货色呢。我叫弗朗兹。这是我弟弟海因里希。梅瑟家的男孩子。"

姐姐终于由恐惧转变为行动,开始挥舞双手,一面急促而又含混不清地说着她自己的语言。第二个兄弟没有前一个好开玩笑:"别说依地语。"

"这是波兰语,海因。"弗朗兹说道,"至少我认为是。"波利轻快地移动到弗朗兹的右侧,举起他用双手挡着大部分机身的柯达相机,他不想让他们看到这是破的。

"嗨,你在干吗?"海因里希大声质问道。

"给你们拍照,给船长看。"

梅瑟家俩小子用惊讶的眼神瞧着那架照相机,甚至露出了担心的神情:"这就是那种图片盒吗?"

"是的,它可以把你们骚扰这两位姑娘的形象展示给船长看。"这虚张声势实在是愚蠢至极,统舱的乘客从来就见不着船长的。但是,这两个巴伐利亚人是笨蛋。

“听出他的口音了吗?”海因里希问他哥哥,“他就是那种不知天高地厚的柏林人。”柏林人瞧不起大多数巴伐利亚人,认为他们是农民,因为南方的气候,养成了他们懒散的习性。

“他也是坏别人好事的卑鄙家伙。对不起,姑娘们,靠后。”弗朗兹·梅瑟在原地转过身来,伸出粉红色的一双大手,扑向波利。波利看见他每个指甲里都积满了污垢。他明白,帮助这对姐妹的代价就是遭一顿毒打,至多——

“到此为止,先生们。”那严厉的话语如同一位战士的声音。老瓦尔特从他身后走上前来,波利松了口气。

瓦尔特在弗朗兹的鼻子下摇晃着他的箱子。“你们要是不欺负女人和比你们小的孩子,我会满足你打架的愿望。然后,余下的航程,我们会让乘务员把你们关起来。”

姓梅瑟的兄弟俩用想杀人一样的眼神评估着这位老人。他们注意到另外有几位乘客也在看着,接着又发现布莱克曼先生在胸前交叉着双臂正站在那儿。弗朗兹拉了一下他弟弟的一条胳膊:“走吧,海因,这笔账我们以后再算。”他怒视着波利,“尤其是你,小瘪三。”

他怒气冲冲地走了,他弟弟跟在后面。

两位姑娘连忙来到波利跟前,热烈地拥抱他,一面叽叽喳喳地说着他听不懂的波兰话。

老瓦尔特能够翻译。“这两位年轻女士是沃林斯基姐妹。这位是米拉·沃林斯基——”引起梅瑟注意的目标,比较漂亮的那位,紧张地行了一个屈膝礼。“这位是雷娜塔。她们俩都想衷心地向你道谢。”

他再次听激动的姑娘们说着话。“她们的母亲斯洛娃·沃林斯基会向你道谢的,可不幸的是她生病了,躺在床上。而且,她们的弟弟也会表达他的谢意的。她们来自波兰罗兹的邻近地区,都到美国去。”

“嗯,我很高兴能帮上忙。”波利说道。

可是,他明白,这一干涉,余下的航程里,他得十分小心谨慎了。这梅瑟兄弟俩就是这种货色,毫无疑问。

尽管如此,这次意外遭遇还是有其开心的一面。波利摆脱了孤独,认识了那个有六角形手风琴的小男孩赫舍尔·沃林斯基。

他们三人从一见面起便成了铁杆朋友:波利、比他小一岁的波兰小男孩,还有那个前看门人。老头跟他们坐在一起,脸上带着开心的表情,忙着给他们上气不接下气的交谈当翻译。

“我喜欢美国。我从未见过它,可是我喜欢它。”赫舍尔正儿八经地说道。这是跟梅瑟兄弟俩发生摩擦的两天之后,一个万里晴空的上午,和风习习,从北方吹来。“你不知道哇,为这趟旅行,我们做了多长时间、多少艰难的准备啊。在波兰,穷人日子很苦,犹太人的日子更苦。”

“你们受到虐待了吗?”波利问道。

赫舍尔的第一个回答是漫不经心地耸了一下肩膀:“我们习惯了。一万多年,习惯了,这是拉比[1]经常说的话。”赫舍尔似乎有很阳光的性格,再加上精力十分充沛。他那双明亮的蓝眼睛总是那样顾盼生辉,那样奔腾跳跃,灵动不安,仿佛装不下生活的全部喜悦与激动。只要看上他一眼,便会让你露出笑脸。他毛刷般的黑发似乎像个爆炸头,根根头发射向四面八方。

波利被沃林斯基家的所有人强烈地吸引住了,因为他从来没有如此详尽地了解过犹太人。当然,那位名叫斯洛娃的母亲他见得不多,因为她自打离开汉堡之后便被恶劣的空气和变质的食物给整病了。“她白天黑夜地哭喊。”赫舍尔叹息道,“她说我们真是傻得不能再傻了,没有任何文件就离开,到汉堡去了。”

“你们一直走路的吗?”

“我们跟另外十几个人一起走。数以千计的人这样做,在波兰,在俄罗斯。美国很好。他们知道。”

赫舍尔拿起他的六角形手风琴,开始演奏一首欢快的进行曲。瓦尔特靠在船栏上,他的银发在风中飘荡。他在翻译的过程中装满了一个弯曲的烟斗。

“这是一首美国歌曲,他们那场大战时期的。”赫舍尔说道,“我有一位表亲在美国待过一阵子。在一个叫作波弗拉的小村子里做钟表匠。”他把“布法罗”发音

①指犹太教负责执行教规、法律并主持宗教仪式的人员或犹太教会众领袖。

成了“波弗拉”。“他1887年的时候来看望过我们,他死的前一年。这首歌是他教我的。士兵们在那场战争中解放了黑奴的时候,就是唱的这首歌,歌名叫《进军佐治亚》。”他的发音实在令人不敢恭维。这会儿,波利听着乐曲,吸着咸咸的海风,品味着轮船的起伏,感到欣慰。他对这一切满心欢喜。

赫舍尔演奏完歌曲之后,问道:“你对离开德国感到遗憾吗?”

“不怎么遗憾。我依然爱我的故国,可是我没有真正的家。我迫切想去美国。”

赫舍尔望着蔚蓝色的天空:“我也一样。”

“那儿的情况会好一点。”

“肯定的。”赫舍尔说道。他开始演奏一段忧伤的小小旋律,也许是摇篮曲。“这是我创作的。”

“非常动听。”

又是一个耸肩。“我一直在作曲,总有一天,稍微无忧无虑一点的时候,我会把它们都写下来。”他的演奏更加轻柔悦耳。“你在说的是美国啰。你得到那儿工作,我们都会的。”

“当然。”

“干旅馆的活儿不错的。”老瓦尔特说道,他说话的当口,烟斗的青烟从他两片嘴唇之间袅袅升起。

“站路缘石,也许,但老地方我是不会回去了。”波利回应道,“我要找件有趣的事情做——”他一次冲动,拿出了那架破相机,“新的科技的东西,也许。像拍照片。”

“你干那个能挣到钱吗?”赫舍尔问道。

波利眨眨眼睛。“我不知道。”

“唉,我不知道我会干什么。”赫舍尔说道,“但是不管干什么,都应该是使人激动的。我想每一个方面都美国化,包括取一个新的名字。”

“我也想过同样的事情。我叔叔这样做了。他出生的时候名叫约瑟夫·克罗纳,可是他现在叫约瑟夫·克朗了。瞧,我给你看。”他将照相机放到一边,拉起衬衫,解开那条藏钱的帆布腰带。他展开那封上面有金色皇冠凸饰的信。

赫舍尔若有所思地抚摸着那个凸饰:“你叔叔一定很有钱。”

“相当有钱,是的。”

赫舍尔眼中的热情似乎瞬间消失了:“这么说你在美国是有保证人的。”

“有保证人,是的。约瑟夫叔叔。他在你说过的那场战争中服过役。他帮助解放了黑奴。也许他还唱过你说的那首进行曲呢。”

赫舍尔说道:“我们没有保证人。他们说当局向你提问的时候,有保证人很有帮助的。妈妈说我们该待在家里,因为我们没有保证人。我好说歹说说服了她。现在倒是希望她没有被说服。”

船头两侧浪花轻柔的哗哗声里,老瓦尔特响响地吸着他的烟斗,碰了碰波利的胳膊。

“快把那封信藏好。不,别回头看。”

“怎么啦?”波利轻声问道。

“那该死的乘务员正在虎视眈眈呢。我怕他是瞄上了你那条藏钱的腰带。”

波利扣上最后一颗纽扣,赶快把衬衣拉下:“哦,汉堡下来他就瞄上了。”

“是的,不过他拼命在巴结其他人,我觉得他们就在谈论这条腰带。”

“谁?”

“弗朗兹,是这个名字吗?”

波利的身子一下子变得僵硬,可是他一动不动。赫舍尔直视着波利的身后,盯了大约一分钟。最后,他放松下来:“好了,他们走了。我们再谈谈美国吧。”

第六章　赫舍尔

他们已经在海上五天了。横渡海峡预计八到十天，具体时间取决于大洋上的状况。赫舍尔的新朋友告诉了他很多有关美国的事情。波利好像对那个国家了解很多，包括牛仔和印第安人。他说到牛仔和印第安人时，常常喜欢伸出手指做手枪状开火。“砰，砰！”很快，他跟赫舍尔便互相乒乒乓乓地对射起来，一面哄然大笑，闹得其他乘客恼怒不已。天气变得晴好。统舱的甲板上，人头攒动，摩肩接踵，几乎挪动不了脚步。赫舍尔拿出他的六角形手风琴，来到阳光下。他为波利演奏来自他家乡的乐曲。很快，老瓦尔特放下他手中的烟斗，将双拳紧贴在自己的臀部，开始跳舞。事实上，像他这样一位祖父辈的人，身手还挺矫健的。其他人纷纷加入进来。上面甲板上穿着考究的男男女女来到船栏边，一面观赏，一面评论，还拍着手。

赫舍尔快乐地演奏着。音乐在他的灵魂深处翩翩起舞。不幸的是，多灾多难也在他的人生道路上翩翩起舞。正因为如此，在他如此年少的时候，便成为家中的定海神针，敦促、鼓动、最后说服了他糊里糊涂的母亲和两个毫无主见的姐姐，美国是他们最好的最可想而知的希望。

回顾自己黑暗的童年（赫舍尔认为他现在已经十四岁了，几乎是成年了），他的内心一直发出不满的声音，这种声音告诉他，要发达，甚至要活命，他必须逃离那个肮脏牢笼一样的犹太人聚居的小村庄。

犹太人聚居的小村庄位于罗兹城西南方不远的地方。跟犹太人聚居的其他小村落一样，这是一个贫困和过于拥挤的地方，弯弯曲曲的泥泞小道两边杂乱地排列着小木屋。

在集市广场，赫舍尔当时尚未离世的父亲开办了一个售货棚，很多个售货棚中的一个。他是一个两肩溜圆的可悲男人，缺少征服世界所需要的那种不可捉摸的大丈夫气概。但是他懂地毯，这是他在罗兹学的。由于一年里卖不出多少地毯，他在售货棚后面的绳子上还挂着廉价的工作服，这些工作服很好卖。赫舍尔对最早期有一些记忆，一个个货摊和售货棚，什么都卖，有洋葱、土豆、鱼……红肉在气味难闻的肉案上还滴着血，父亲就在那儿跟顾客讨价还价，争论不休。赫舍尔开始厌恶他周围这种肮脏的生活场景。他不想把自己这一辈子都打发在卖卖地毯或者鲱鱼或者靴子或者牛肉上。

在他的心灵深处，还有其他力量在涌动。赫舍尔六岁的时候，爸爸让他披上一条有穗饰的长方形披巾，将他送到了一个教会学校。将给予他教育的小学老师把他带走，将他像展出的塑像一样安顿到一张长凳上。然后，老师对这位"托拉①"的新学生进行了一通正式的祈神赐福。他强调，小孩子只要学习了一个虔诚的犹太人必须遵守的全部六百十三条戒条，那么带给他的好处是非常大的。赫舍尔吓得魂不附体。六百十三条戒条？决不！

要不是他父亲过早谢世，要不是他父亲逝世六个月前的冬季全家去了一趟华沙，他很可能会屈从于这样的前景。

他们不顾斯洛娃多次反对，终究去了华沙，去探望莫里茨叔叔——赫舍尔父亲的那个败类弟弟。莫里茨叔叔年少的时候就从另外一个犹太人聚居的小村庄逃跑了，偏偏又成了一名演员。他在欧洲最著名的剧团之一当学徒，跟着萨克森·迈宁根公爵的演员们演戏。斯洛娃·沃林斯基喊叫着说，那是一个亵渎神灵的职业。这倒是真的，莫里茨叔叔皈依了基督教，目的是为他在这个行业增加更多的机会。现在，他是一位虔诚的天主教徒，养着十四个孩子，而且是一位闻名遐迩的悲剧演员。赫舍尔的脑子里永远铭刻着见到莫里茨叔叔的那一幕——他扮演那个摩尔人奥赛罗，他的脸被涂得漆黑，在老式的石灰光灯下，趾高气扬，慷慨陈词。

演出结束后，莫里茨叔叔把沃林斯基全家迎到后台。那可真是一个异乎寻

①指犹太教的希伯来《圣经》。

常的迷人地方，灯光昏暗，穿着一半服装的女人身上散发出脂粉的香味儿，老是哈哈大笑个不停。莫里茨叔叔把他们全家带回到有十一个房间的家里，见过他那个具有非犹太人品性的粗壮结实的老婆和那些吵吵闹闹的孩子。正是在那儿，赫舍尔才得以有机会对他这位高贵的亲戚说了要去美国的事情。

“我说这是个好主意，去吧。”莫里茨叔叔鼓励他，一面抱起这个小男孩，让他坐到自己的膝头。“等你长大一点以后就会充分理解为什么这是一个好主意，不过有些事情我现在就告诉你。波兰和整个欧洲有一种毛病。我也许可以把它称作流行病。‘该怪犹太人。’证券交易所的股票跳水？是犹太人在操纵。我们的军队打败仗了？是犹太人出卖了机密。这事儿，那事儿，凡是应受到指摘的事情，都是犹太人干的。为什么？我知道一些原因。犹太人显山露水，犹太人聪明伶俐，犹太人资产充裕，犹太人经常获得巨大成功——哪怕他在成功的过程中不得不去吻教皇的戒指。”说着他还加了一个眨眼。“所以，这是一个说是病就是病的毛病。你如果打算一直成为犹太人的话，那就逃走。美国肯定没有这个毛病。”

赫舍尔就是在这一刻下定决心的。

不过，说说容易做做难。

爸爸在他的售货棚里口吐鲜血，吐到了新的地毯上，接着倒下身亡。之后，赫舍尔就跟斯洛娃开始了他的战役。要不是赫舍尔将米拉和雷娜塔拉到自己一边，而且还写信给莫里茨叔叔，莫里茨叔叔寄来了足够供旅行的资费，让他们逃离真性霍乱，那么他很可能会无法说服她的母亲，败下阵来。以前，真性霍乱在欧洲也有过暴发，莫里茨叔叔警告说，它再次从一个名叫阿富汗的神秘之地入侵了俄罗斯。这场流行病已经从基辅席卷到了莫斯科，当夏天来临——霍乱在天热的月份最容易流行——莫里茨叔叔预言，它将会向西进发。霍乱流行死人很快。“一个人，坐下喝汤时还好好的，到吃甜食时就死了。”莫里茨叔叔的信里写道，“走吧！马上走！我是被事业拖累，又有无数事务缠身，没法跟你们一起去，否则我也去了。”

赫舍尔长途跋涉到了罗兹，在穿堂风很大的过道里忍受着长时间等待的煎熬，受尽那些官僚作风职员的刁难，晚上就只盖着报纸睡在老鼠肆虐的小巷里，唯一的目的就是弄到必要的旅行文件。最后，他弄到了旅行文件。全家跟当地还有十八个人一起踏上了征程，大家一致赞成同行，既为了安全，也有个伴。他们晴天赶路，雨天赶路；他们走过干裂的路，走过泥泞的路；他们与疲劳搏斗，与害虫搏斗，与饥饿搏斗；他们横渡冰封的河流，穿越狂舞的沙尘，经历劈头盖脸的雹暴；他们甚至在好几个偏僻的地方遭受野狗的袭击。

当他们走近俄罗斯东部边境的时候，一个农民告诫他们小心军队巡逻队，这种事情完全无法预测。由于传染病，俄罗斯封闭了边境。

整整两天，他们争论着这一僵局，深深地陷入沮丧之中。有三个人坚持继续等待，赫舍尔是其中之一——希望出现奇迹。

有两个自称是走私分子的人来到了他们的营地。走私分子提出，只要每个人头的费用高得可以，他们愿意带领他们越过边境。他们熟悉双方各种哨卡的道路。航运公司对移民的历史不会太严格认真，只要他是去不来梅或者汉堡，而且付得起船票就行。他们吃下了定心丸。

当晚，满月当空，走私分子们领着他们来到了一条流速很快的小溪边的一个浅滩，然后警告他们："这儿是最容易的地方，但是就在那边，路边有一个波兰的哨卡。波兰军队跟普鲁士人有合作，因为那种病危及每个人，所以别出声。"

过了一会儿，正当走私分子匆匆忙忙催促他们走进奔腾的冰冷溪流时，他们听到了从波兰边境哨卡那个方向有一匹快马往这儿跑来的声音。

"快，妈妈。"赫舍尔喊叫道，他站在膝盖深的水里，在巨大的月亮下可以看得一清二楚。他紧紧抓住斯洛娃的手肘，扶着她并催促她前行。她踉跄着，突然往一边歪了过去，在赫舍尔还没来得及抓住她之前，倒在了水里面。

"待在那儿别动。"看不见的骑马人大声喊着。紧接着，巨大的一声"砰"：子弹撕裂月光照耀的水面，溅起许许多多水银般的银色小水珠。斯洛娃像个落汤鸡一样挣扎着，突然大哭起来。另外有人发出惊呼或者尖叫，大呼上天保佑。赫舍尔虽然年纪还小，身体并不强壮，但是恐惧激发出了他不可思议的全部力量：他从两条胳膊底下一把抓住母亲，将她搀扶起来，然后推着她向对岸走去。子弹继续噬咬着银色的水面。所有移民都越过了小溪，没有发生不测事故。

他们浑身湿透,瑟瑟发抖,蜷缩在月光下。那骑马人不再继续追赶。他们在走私分子的帮助下,继续悄悄地穿过一个很深的小树林,这样可以避开德国这边的第一个边境哨卡。

很快,走私分子便离开他们,管自己走了。情势跟之前一样艰难,或许更加艰难,因为他们既害怕又缺乏生活必需品,而且已经精疲力竭。

几天之后,全家来到了汉堡,但是苦难并没有结束。在航运公司的隔离棚子里和码头上,你得时时刻刻保持警惕。有人提醒赫舍尔,要当心那些不老实的票贩子、行李搬运工和借身体检查企图强暴年轻姑娘的不道德医生。他紧跟在米拉和雷娜塔身边,弄得她们很不开心,可是他没有发现一丁点危险。只有一个五大三粗的行李搬运工,说的是依地语,主动提出要帮助他们搬东西,被赫舍尔谢绝了,那人就威胁要揍他。

现在,欧洲的艰难困苦被抛在了身后,留下的唯有进入美国的磨难了。赫舍尔在轮船统舱里就十分留心打听纽约港接待站的危险情况,听到好多人在交谈中都说到了这事儿。美国的那些官员性情古怪,变幻莫测,无法捉摸,他们有可能因为自己太疲劳了而把你一脚踢回去,也可能因为不喜欢你的帽子戴歪了而将你拒之门外。接着是医学检查人员,所有人都被认为具有不可思议的敏锐眼睛,他们可以探查出哪怕是最轻微的疾病或者缺陷。最可怕的是臭名昭著的"目测人"。他们检查的是一种叫沙眼的疾病,很显然,这种疾病很常见啊。

赫舍尔在心里盘算着各种各样对付海关官员或者能智胜他们的办法。他自信他能够做到。可是,就在布莱克曼先生宣布他们将在四十八小时之内看见"长岛"的那一刻,他的自信心彻底崩溃了。很快,他们得硬着头皮经历这一切了。

赫舍尔注意到,他的新朋友看上去也忧心忡忡。这个德国人波利,跟他一样,心中充满着对生活在美国的无限渴望。很快,的确很快,能还是不能,他们的命运将被做出安排。

第七章 波利

随着“莱茵兰”号离美国越来越近，波利注意到，梅瑟兄弟俩老是在关注着他。餐厅里，他只要一抬起头来，便会看到不是哥哥就是弟弟在盯着他瞅。白天，甲板上，他们在他附近闲逛。他知道，他们感兴趣的目标是装钱的腰带，那个该死的乘务员一定说给他们听过了。波利不知道怎么办，只知道他不能落单，必须跟其他人在一起。

与此同时，他晚上根本睡不好觉，因为他病了。他的肚子剧烈痉挛，像什么东西在戳一样，而且他的肚子里面一咕噜，就要起来拉稀。他感觉脾气很躁，愁肠百结。他注意到，其他人的心情也都一样。乘客们无缘无故地互相大呼小叫。他们再也不顾礼义廉耻，推推搡搡地涌向餐厅或者挤向洗手间。男人中间，有好几次拔拳相向。在波利看来，显而易见，等他们到达美国门口的时候，肯定全都精疲力竭、疲惫不堪，根本无法面对正在等待着他们的折磨与煎熬。

在预计即将登陆的前一天晚上，刮了一夜越来越大的风，大海波涛格外汹涌，他晚饭什么也吃不下。他勉强爬起身来，走到靠近餐厅门口的乘务员桌子那儿，买了一小听热乎乎的啤酒。餐厅里，烟雾缭绕，臭气熏天，令人窒息，他恶心极了。他敢到露天甲板去吗？

布莱克曼先生再次埋头记自己的账簿，没有关注他。波利用眼角扫了一下四周，看梅瑟兄弟在何处。他们就在他们经常待的地方，用通常那种漫不经心的大声和傻乎乎的方式高谈阔论。乘客中间，也只有他们一副兴高采烈的样子。波利决定碰碰运气。他悄悄地溜了出去。

他在自己的床铺上拿了那架破相机。他将照相机和啤酒一起带到了甲板上。令他感到欣慰的是,他发现甲板上空无一人。

风儿吹醒了他的脑子,也减缓了他的头晕目眩。轮船在上下起伏,劈波斩浪,万里无云的天空缀满了晶晶莹莹的星星。他的头顶上方,是有钱乘客们的甲板,像一个灯火辉煌的城堡,用闪亮的电灯光嘲笑着黑乎乎的统舱。瓦尔特解释过,买得起更贵船票的任何乘客都不需要经过纽约的检查站。只是乘统舱来的乘客才需要在那儿接受检查。“因为美国不想要接纳穷人,穷人也许会成为政府的救济对象。”

波利坐在地上,背靠着铁的船壳,头在船栏很下面的地方。他在那儿啜饮着热啤酒。啤酒使他的胃平静下来。他几乎立刻感觉好多了。

他开始玩弄那架柯达相机,把自己想象成是一个摄影师,被雇来拍摄轮船上方乳白色的浩瀚灿烂星空。他正在咔嚓咔嚓地拍摄想象中的镜头,突然听到有微弱的金属声响,接着他听到了脚步声。他立刻紧张起来,抬起了头。两个魁梧的黑色身影挡住了一部分天空。

“就在那儿,海因。他想躲开我们。”

“就在布莱克曼说我们也许能找到他的地方。”

海因里希·梅瑟踢了一脚波利伸出的脚:“你以为你可以永远躲过我们吗?”

波利急忙爬起身来,但是兄弟俩动作很快,阻断了他逃跑的线路。波利靠在船栏上。弗朗兹说道:“布莱克曼说你在他那儿买了啤酒。”

“就在这儿吗?”海因里希说道,一面捡起那听啤酒。他将余下的啤酒喝完。“好喝,我仍然口渴呢。”他将空啤酒罐扔到船栏外。

“他说你是用系在腰带那儿的钱买的啤酒。可以借几个马克给我们吗?我们到了纽约可能会有额外费用,他们说那是个物价很贵的城市。”

“我没有更多的钱啦。”波利因为说谎脸热辣辣的。

弗朗兹咧嘴笑了:“是吗?你不介意我们检查一下吧。”

“弗朗兹,瞧,他还有那个照相机呢。”

“我从没见过照相机,拿过来。”弗朗兹说道。波利将照相机藏到他的右胳膊底下。弗朗兹踢了他的小腿一脚。波利痛得喘了一口气,踉跄了一下。弗朗兹一把抢过那架照相机。波利向他扑去。弗朗兹哈哈大笑着,急忙往后退:“给,海因，接着。”

兄弟俩将柯达相机抛来抛去，一面高声喊叫着嘲弄波利。波利则在倾斜的甲板上拼命踮着脚尖伸长手，想去抢回那架在空中飞来飞去的照相机。

“如果你把钱交给我们，我们也许可以让你得到照相机。”海因里希将照相机举过自己的头顶说道。波利被逼急了，便大声喊叫着“流氓”，接着拔拳击向海因里希的腹部。

海因里希没有防备如此坚定的攻击。柯达相机飞出他的手心，飞过头顶，落入万顷波涛，瞬间消失了。

波利简直不敢相信这件事情。他张大嘴巴，望着大海。他的内心深处爆发出令人难以置信的万钧雷霆。他紧紧抓着船栏，准备扑向前去，跟这两个家伙搏斗，也不管他们都人高马大。身后的一记重击打得他的下巴磕到了柚木船栏上。他咬破了自己的舌头，吐出一口血水。

“骂我流氓，是吗？”海因里希踢中他的腰背部，“来吧，弗朗兹，他这是自找的。”

“加倍惩罚，海因，他还是一个犹太人。”

“你们是肮脏的流氓，你们俩都是。”波利用德语大声骂道，踉跄着脚步，举起双拳。弗朗兹再次踢中波利的小腿，接着抓住他的裆部，狠狠一拧。波利发出一声痛苦的惨叫。弗朗兹哈哈大笑着。

海因里希锁定双拳，从侧面横扫过来，打中波利的肋部。波利一个大马趴跌倒在甲板上。

弗朗兹用膝盖顶住波利的背部，将他的衬衫从裤子里拉了出来。“在这儿呢。”他狠狠一拉，藏钱那条腰带的布被撕断了。弗朗兹将腰带从波利身底下抽出来，擦破了他的皮肤。

“把钱拿走。”波利喘着大气说道，“把我保证人的信还给我，我需要它来——”

弗朗兹·梅瑟站起身来，挥舞着腰带。他踢着波利头部的侧面。波利的双眼溢满了热泪。梅瑟兄弟俩哈哈大笑着，扬长而去。

不一会儿，波利听到门闩咔嗒一声关上了。他躺在冰冷的铁甲板上，大轮船劈波斩浪，继续驶向美国。

第二天黄昏,“莱茵兰”号进入了被确认为“安布罗斯”灯船的一艘小船的视线范围之内。“莱茵兰”号比预定时间提前几个小时到达了目的地,所以引航员将在明天早晨上船引航。

所有等待着轮船靠岸的统舱的乘客都跑到了甲板上,对着远方星星点点的灯火指指点点,手舞足蹈。他们疲惫和激动的话音中不断地重复着两个字:“美国。美国。”

波利还在下面的时候就听到了喊叫声。一个男人跑进来把他的两个朋友从臭气熏天的盥洗室叫了出去。在海上航行几天之后,什么都闻起来有一股臭味儿,每一英寸地面、墙壁、镜子、盥洗盆都已经肮脏不堪,根本无法触碰。

“是美国,赶快。”那人对其他人大声喊叫道。他们全都跑了出去,只留下波利一个人依旧留在那里。在几乎摧毁他信念的疼痛中,他蹲在茅坑上,屁股悬在沟槽里。

他闭着双眼,冷,但是汗水直冒。痉挛阵阵发作,不肯罢休。他身无分文。约瑟夫叔叔的信也不见了。他病魔缠身。美国人在入境处拒绝生病的移民入境,而他们明天就要到那个地方了。

波利拖着沉重的脚步费力地来到甲板上,天刚破晓。北边吹来的狂风夹着阵雨,瞬间掩隐了前方的一切。有隆隆的雷声传来。

“莱茵兰”号正行驶在一条很宽的水道里,轮船的左舷方是一个小岛,右舷方是模模糊糊可以看见的一块更大的陆地。海鸥在追逐着从船尾倾倒下海的垃圾。

尽管雷声隆隆,偶尔又有阵阵风雨刮来,但是甲板上依然挤满了人。每个人的脸上,几乎都是疲惫不堪的苍白,抑或是病色。尽管如此,他们仍然希望早早见到他们的目的地,而且他们似乎都认为,只要到了美国,物质的东西就一定全都有了。这使得本来就小的湿滑的甲板变得尤为拥挤。

波利好不容易挨到左舷瓦尔特的身边。这位老先生已经将他的看门人制服刷得干干净净,并且梳理了自己的头发,这会儿因为有雨水而闪闪发亮。他的脸上写满激动的神情，他正在看一本德语小手册："这个地方叫纽约湾海峡。那儿的轮船几乎跟汉堡一样多啊。"

千真万确。可以看见，低低的降雨云后面，挂着英国、荷兰等国家国旗的货船，还有挂着波利自己故国国旗的货船，在港口进进出出。

波利狠狠抹掉他眼睛上的雨水，看见正前方鳞次栉比的高楼大厦升起在四分之一的天际线上。"纽约。"有人喊叫道。人群中爆发出掌声。一个上了年纪的女人坐倒在她扎着绳子的旅行箱上，泪如雨下。

波利依旧感觉头晕目眩，身心俱疲，虚弱得十分危险。他拼命挺着。他得保持高度警惕，想出一个万全之策。最糟糕的倒不是没有钱，而是没法证明芝加哥的叔叔是自己的保证人。要是美国当局拒绝他入境怎么办？这一路过来，最后竟没有个结果——

他不能让这样的事情发生。尽管虚弱生病，可是他一定要想办法赢得成功。

突然，瓦尔特扯了扯他的衣袖："瞧，波利，瞧！你的图片变成真实的啦。"

然后，波利忘掉了一切，他的眼中唯有在前面冉冉升起的巨大雕像。

在他所有的梦中，他从来没有想象过她会如此高大，如此壮观。她高耸入云，仿佛是在威严地慢慢向他飘来。低垂的云层遮住了她所屹立的小岛，可是他能看见她的部分基础，一个用混凝土浇筑的有台阶的巨大锥形塔台，锥形塔台上面，是她的花岗岩基座。

瓦尔特也激动万分，急切地看着那本书。

"这小岛叫贝德罗岛，原先是军队的一个堡垒。她是六年前竖立在那儿的。她是全世界最高的雕像，三百零五英尺高。她的高度是米开朗琪罗的大卫雕像的十倍，差不多是吉萨的狮身人面像的三倍。"

波利凝视着她，浑身发抖。她的长袍，她的面庞，她的火炬，她的冠冕，是微微带红的深褐色，在雨中熠熠生辉。

"她是雕塑家巴托尔迪创作的，但是她内在的骨架是那位伟大的工程师埃菲尔设计的。"瓦尔特凝神静气地读着书，"她的冠冕上有七道光芒，代表着七大海和七大洲。在那部简册上，镌刻着一组罗马数字，美国获得独立的日子——1776

年7月4日。”

她几乎就在船艏的对面。波利想要哭泣，想要呐喊，想要伸出双臂拥抱这位辉煌壮丽的女性。她的脸庞如此坚强但又如此和蔼，她的双眼早已经望着他们的身后，望着“莱茵兰”号的船艉后面的远方，望着浩瀚广袤的大海，搜寻着下一批新来的移民。劲风将雨水从她的冠冕上吹落，吹入她的眼眸。但是，她似乎变得更加坚强，坚强到任何力量都无法把她击垮，坚强到能够抗击任何狂风暴雨……

在这个欣喜若狂的时刻，波利一百八十度转过身，望着这座巨像慢慢移到船艉。瓦尔特仔细看着手中的小册子：“她的脚下有砸碎的铁链。她摆脱了暴政的枷锁，正阔步走向前方。这个我们看不见。我们在相反的一面，而且位置太低。”

巨大的雕像在疾风流云和蒙蒙雾霭中往后飘走。“日耳曼我们的母亲——美利坚我们的骄傲。”瓦尔特说道，“这话我在汉堡听到过好多遍。日耳曼我们的母亲——美利坚我们的骄傲。等你长大成人了，你会离开父母，成立自己的家庭。你总是会回眸故土，可是你不能回去。”

雨水从波利的眉毛、鼻子、下巴上滴落下来。他抹了一把自己的眼睛。有什么东西堵上了他的喉咙口。“日耳曼我们的母亲——美利坚我们的骄傲。”他不会忘记这句话，或者说他不会忘记有关这一重要经历的任何其他事情。这儿，在这块新的土地上，他将找到一个家，找到一份职业。

突突的发动机声音吸引了大伙儿的注意力。一艘有政府当局标识的装备齐全的小型武装快艇靠到轮船边。“莱茵兰”号在船身中部放下一架舷梯，迎接三位穿着制服的官员上船。瓦尔特说道：“那是移民官员。”

“为我们来的？”

“不，为楼上的乘客。我们要去那儿。”他指着左舷那边，低低的云层里有一个豁口，豁口露出又一个小岛，小岛上十分醒目地耸立着一幢很大的橘黄色木头建筑。这幢房子有两到三层楼高，上面有一个尖峰的屋顶，盖着蓝色的石板瓦，四个角上矗立着四个很尖的尖塔。

“它看上去像一个疗养院或者宾馆。”波利说道。

“外头看看也许是的。”瓦尔特翻着他的小册子，“建这地方是用来代替原先的检查站古堡花园。它是今年1月份刚启用的呢。它叫埃利斯。埃利斯岛。”

上午来临，“莱茵兰”号沿着哈得孙河溯流而上，经过的尽是木头房子和砖砌房子。房子乱七八糟得令人难以置信，但正是这些房子，组成了纽约市。风儿终于吹散了所有的雨云，先是带来间或露脸的片片蓝色天空，接着吹来干干凉凉的空气，捧出一轮灿烂的红日。

在拖船的帮助下，“莱茵兰”号在其中一个长长的木头码头系缆下锚。一支德国人组成的乐队，清一色男人，戴着阿尔卑斯山帽子，穿着白色上衣和吊带花饰皮裤，演奏着迎宾曲。布莱克曼先生亮相了，只见他身穿制服，纽扣扣得整整齐齐，制服上飞鹿臂章赫然在目。他拿着一只喇叭。

“旅客们注意啦。”他用德国话大声宣布道，“常规乘客上岸之后，你们才可以上码头，而且你们得待在那个用绳子圈起来的围栏里。不要推搡，一定要带上你们全部的个人物品，因为你们不会再回到这艘船上了。”

一个女人大声问道：“这个码头是美国吗？”

“是的，我们将第一次踏上一个新国家的土地。而且谁知道，也许是最后一次。”

“下贱东西。”瓦尔特说道。人群突然发生骚动，人们抓起自己的手提包、包裹，赶紧推搡着朝左舷和右舷的舷梯挤去。

瓦尔特和波利一同走下统舱的舷梯。瓦尔特在踏上码头的一刹那停住了脚步，牢牢站稳双腿，将波利拉到他的前面，保护着他。人们在两边推来推去。瓦尔特抬起头，脸朝着太阳。

“感受一下你的脚下，波利。感受一下，永远记着。1892年6月1日，星期三。一个极其有意义的日子，千万不要忘记。”

“我不会忘记，我怎么会忘记呢？”

其他的人不断地撞击着他们，在他们身后怨声连天。他们继续往前移动。

木头码头因为刚刚下过雨而湿漉漉的。高大结实的警察拿着警棍将他们赶到一个用绳子围起来的很大的围栏里。其余的警察在围栏的四周守卫着。波利的附近，沃林斯基家的孩子们挤在他们母亲四周，他们的母亲呜咽着，身子摇晃不止，似乎接近了崩溃的边缘。赫舍尔绝望地望了他的新朋友一眼。

波利神情恍惚，似乎离这一切十分遥远。是啊，站在美国的领土上，他激动万分，可是又害怕极了，因为他依然没有想出如何通过海关的计划。

接着，就在他感觉十分绝望的时候，他突然想到了一个让人疑虑顿消的十分简单的办法。他伸手在他的手提包里摸索，摸到了那本《旅行英语》。他翻过几页，慢得让人受不了地挑出几个单词，组成几句话，然后一遍又一遍地开始轻声练习。

“你在说什么?”瓦尔特一面在烟斗里装烟丝，一面问道。

“跟政府官员说的话。”波利重复着那些句子。

瓦尔特朝大河挥了挥他的烟斗:“好啦，你很快就会见到他们的。摆渡到埃利斯岛的渡船来啦。”

一艘很小的海港渡船以及五艘敞篷平地驳船必须把所有的统舱乘客都运走。当那艘小摆渡船系到码头顶端的时候，又引起人群的一阵骚动。“排好队，别跑。”警察们大声喝叫着，但是几乎没有效果。

波利和瓦尔特排在队伍的很后面，在沃林斯基家几个人的附近。很快，小渡船装满了人。船员们关闭了船舾的门，解缆驶走了。摆渡船突突地驶入哈得孙河，第一艘驳船便靠上码头。

太阳越来越大。队伍移动缓慢。新来的移民穿着厚厚的衣服，疲惫不堪，浑身不舒服。有的抱怨肚子饿了，早餐只有不新鲜的面包卷。波利以极快的速度默默地练习着他的句子。

在队伍的前面，海关官员们对照提供的名单，一个一个地核对移民。每一份旅客名单都有一个编码。个人所排的队伍也同样编了号。工作人员核对完名字，便交给每个新来的人一张纸质标牌，用英语朝他们吆喝着，直到他们明白他们必须将标牌挂在身上。波利的标牌上写着 8 - 11。旅客名单 8，队列 11。

来到埃利斯岛，驳船在主楼前面的一个广场边靠岸。卸空的渡船正从他们旁边返回去，驶进主航道。驳船的右舷放出一块跳板，这时，移民们又疯狂起来。

波利和瓦尔特被撞击着往前走进大门，接着穿制服的官员们大声喊叫着催促他们：“到行李大厅去，赶快。”波利的身后，一个女人说道：“他们看上去像警察。”在欧洲，警察意味着恐怖，意味着敌人，意味着半夜敲门。

突然，波利一下子感觉到眼前一黑，发现自己来到了一个黑乎乎的宽敞大厅，大厅的中央高耸着一条很宽的楼梯。大厅里弥漫着新鲜的油漆味儿和新木头的气味。一些官员挥舞着标有号码的牌子，大声喊叫着“名单2这边来，走快点”，或者“名单11往这儿来，你可以把行李放在那儿”。

波利听到一个人说道：“我可不想把我这些贵重物品留在这儿让小偷给偷了，我还是拿着。”可是，波利和瓦尔特怀着侥幸的心理将他们的行李堆放到一个用绳子围起来的围栏里，围栏边上挂着一块告示牌，上面写着一个大大的黑色“8”字。那些官员们不停地在喊叫：“到楼梯脚下站队。跟你们那个组待在一起！”

行李大厅很快就充斥着肮脏身体和肮脏衣服的臭味儿。波利不断地重复着他的句子。他们这个组慢慢往楼梯上走去。老瓦尔特走在波利的左边，沃林斯基家的人走在他们这个组的头里。波利听到上面传来新的声音。数以百计的人所发出的嘁嘁喳喳声和嗡嗡声。

高高的拱形窗户里洒进来一束束阳光，投射到楼梯井的顶头。瓦尔特突然用力拉了一下波利的胳膊，提醒他出现了很多戴着军帽、穿着有肩章的蓝色制服的美国人。他们沿着楼梯顶头的栏杆站着，观察着人群。

“检查员。”瓦尔特轻声说道。他的意思是警察，甚至更糟。

波利从来没有到过这么大的房间，或者说从来没有到过如此嘈杂的房间。他们一组组地被驱赶着在齐腰高的铁栏杆之间走动，大多数楼层都有这样的铁栏杆，颇像动物饲养场。每层楼有好多条走道，每条走道里，都有一个检查员一个一个地仔细检查着每一个移民。波利的前面，有一位母亲的怀里抱着一个小男孩。那个检查员用厌烦严厉的腔调跟她说着话：“你孩子多大了？”她摇摇头表示她没有听懂。站在检查员身后的那个年纪更轻的翻译员重复了一遍这个问题。

她用德国话回答道："上个月他刚刚两周岁，阁下。"

翻译之后那检查员说道："我不是什么阁下，我是美国公共卫生部门的人。把孩子放下。两岁多的孩子不需要帮助自己能走的。"

又是翻译。那女人颤抖着把她儿子放到地上。小男孩将一个指头塞在自己的嘴巴里，犹豫着。他母亲狠狠推了他一把。眼睛里溢满泪水的小男孩蹒跚着走过检查员的身边，检查员很快又招呼下一个上前接受检查。

波利一直在观察。检查员有一支粉笔。当他发现哪个移民让他感觉有什么不妥，便在那人的外套上画上一个很大的字母。F、H、X——波利一点也不知道这些字母是什么意思。当轮到他的时候，他的心跳得怦怦的。

"名字？"

"波利·克罗纳。编号8-11。"紧张令他把他练习了一遍又一遍的话语说得混乱不清，"我工作——是的，我——我是——我——好工人。"

"他说什么？"

瓦尔特的英语更加流利一点，帮助他摆脱了困境："他是一个好工人。他会努力工作的。"

"没有那么快。我们不通过，他干不了活，干不了任何事情。你脸色苍白，小伙子——"

"脸色苍白。"那翻译官厉声说道。

"你生病了吗？"

"生病？"

"是的，先生——这儿。"他抚摸着他的胃部，"可是——"波利的额头霎时汗水直冒。他拼命说英语，但是不敢伸手去摸那本书："稍微有点。现在好了。"

检查员对他的检查似乎没完没了："你看上去不怎么好。不过你很年轻，我猜你活得下去的。"他再次长时间地观察了一下波利。然后，他挥动了一下他的粉笔："走吧。"

这话怎么说波利不记得了，但是意思他明白。他飞快地从检查员身边走了过去，心中有一种新的冷酷无情的评价：在这些程序中，机会和心血来潮发挥着决定性的作用。所有的检查员都是一副厌烦恼怒的神情，仿佛他们的工作时间太长了、他们的任务太艰巨了一样。他们可以用任何借口将任何人拒之门外。这使得成功的可能性愈加渺茫。

波利尽管感觉很糟,但是他发誓一定要挺过这一艰难险阻。他开始在走道里往前移动。当一个熟悉的声音响起的时候,他的头发几乎根根竖立起来。他恐惧地沿着隔壁的走道望去,只见沃林斯基家的遗孀瘫倒在她两个女儿的怀中……恸哭着。

第八章　赫舍尔

沃林斯基家人所遇见的可怕“目测官”是三号检查员。他站在那儿，他的助手坐在一张桌子边，桌子上放着他的帽子、一脸盆气味很重的消毒剂和一堆擦手巾。

赫舍尔一看这个检查员是中年人，身材匀称，结实强壮，脸色红润，慈眉善目，如同圣诞节的圣徒，悬着的心便放了下来。当检查员做着手势，示意斯洛娃·沃林斯基走到他身边去的时候，赫舍尔那双小小的蓝眼睛露出喜色。检查员从他助手手中拿过一条湿漉漉的擦手巾，轻轻地擦了一下她的左眼，然后擦了一下她的右眼。接着，他拿出一个看上去像纽扣钩一样的小小器械，用它抬起斯洛娃的眼睑进行检查。“啊。”他说道，话音不开心。

这个时候，斯洛娃的脸上流下了大滴大滴的泪珠。检查员用同样的方法检查了她的左眼。“这只也一样。”他放下那只钩子，将她的双手捧在他自己的手中。

“我亲爱的女士——”他的助手将它翻译成波兰语，“您的两只眼睛都显示有典型的沙眼颗粒组织。这是一种变性的眼病，在来这儿的人中间非常普遍。恐怕您得到隔离区去，您的亲戚一起去，除非您选择跟他们分开。”

“是的，是的，我们可以分开。”赫舍尔在心里呼喊着，这时他的耳朵在嗡嗡鸣响，脚下的地板恍若波浪般翻腾。他竭力克制着不哭喊出声来，斯洛娃已经哭喊得够响的了，这是他们俩共同的哭喊啊。

“不，先生，”他说道，“我们同意待在一起——”助手翻译过去。他不得不提高嗓音，因为斯洛娃像个疯女人一样大声号啕着，她完全被她周围的情况，被这么多的陌生人,被这可怕的检查给击垮了。“我们要么全都登陆,要么全都回去,这是我们互相的承诺。”

检查员难过地说道:“那么,那边请。”他用手指着。

第九章　波利

波利通过了“目测官”的检查，没有出任何纰漏。他在铁栏杆之间往前移动，来到一排单行的队伍末尾排队。旁边也是同样的队伍。所有队伍都通向那些进行最后面谈的检查员，他们就坐在一排搁板桌后面，搁板桌占据了大厅的整个一边。一看到那些桌子，波利的胃又揪紧了。瓦尔特似乎觉察到了波利的焦虑，便将一只手扶着他的肩头。波利闭上双眼，再次练习他的英语句子。

前面队伍里的人一个一个在减少。接着，轮到他了。

检查员有着油光光的黑头发，就像湿漉漉的水獭皮毛，他的鼻子血管显露，这样凶恶的丑陋相貌，波利从未见过。那人做了个手势：“你，小伙子。走近点。”

“旅客名单8，队列11。”翻译说道。检查员咕哝了一声，那一根被墨水弄脏的指头翻着一本厚厚的登记簿：“姓什么？”

“克罗纳，先生，波利·克罗纳。”检查员拿钢笔沙沙地在登记簿上写着。

“年龄？”

第二个人将它翻译成德语。波利说道：“十四岁。可是我这个月15号就十五岁了。”检查员再次记下。

“有人同行吗？”波利摇摇头。“你会写或者说英语吗？”

波利一下子说出了他的那些句子：“是的，谢谢您。美国，了不起的国家！”翻译哈哈大笑起来，并非不友好。接着他问了一个问题。

“你从原先国家的哪儿出发的？”

“柏林，先生。不过我的老家在斯瓦比亚。”

“我从你的红头发猜出来了。斯瓦比亚人，优秀人种。我自己也是那个地区的人,十八年前来的这儿。”

尽管翻译十分友好,但是那位检查员依然面无表情地继续仔细打量着波利。“你的旅途资费谁出的?”他问道。

“我在德国的姑妈。不过我自己也干活挣了一部分。”他又说了一些英语,“我会在这儿努力工作的——好工人!”

检查员眯拢眼睛,问道:“你在这儿找到工作了吗?”

这个问题瓦尔特辅导过他。如果你做肯定回答,你就会被退回去,因为你会抢美国人的饭碗。波利回答道:“没有,先生,虽然我希望有一天能找个工作。这事儿我叔叔会帮我的,我想。”

“你叔叔在这儿吗?”

“不,他在芝加哥。”

“他是你的保证人吗?”

“是的,先生。”

“给我看看有什么东西可以证明。”

“我有他的一封信,德语写的,可是被船上两个恶霸抢走了。”

检查员瞅了波利很长时间。接着,他毫无感情地说道:“小伙子,这就有个问题。”

“先生?”波利的耳朵再次轰鸣起来。他的五脏六腑如同被刀在割一样痛。

“美国移民法禁止无人陪伴的十六岁以下儿童入境。你叔叔本应该亲自到这儿来接你。那样我们就不会有问题。”

“我肯定他认为——啊——”波利的脸憋得通红,“那封信——”

“那封信。”翻译用英语替他说了出来。

“是的,谢谢,我估计他以为有了那封信就没问题。”

“是啊。假如你有那封信的话。”

“先生,他不可能到这儿来的啊,他是一个很忙很有钱的人,我叔叔——”

“我能理解,可是法律就是法律啊。你将被扣押起来,接受特别调查委员会的调查。”

“那是什么啊?”波利的勇气因为这一坏消息和这连珠炮般的陌生话语而趋

于衰减。

“对所有像你这样的案件做出鉴定的机构，里面有三位官员。你将被留在这个岛上，直到你得到自己的申辩机会。”

“然后他们就会让我去芝加哥了吗?”

翻译官的目光移向了其他地方。检查员说道：“实话实说，很可能不会，除非你是一位很有说服力的人。在你的案子的审理过程中，你将不允许得到帮助。没有律师，没有亲属，没有朋友——没有任何人的帮助。”

波利的精神几乎崩溃。但是，他坚持着，他的手指甲紧紧掐着自己的手掌心。“先生，我的确有证明的，证明我的亲戚在等我，证明被偷了。”他的嘴巴歪了一下，“我本来可以谎报年龄的。”

过了一会儿，他的双肩垂落下来：“但是，我不会说谎。”

相貌丑陋的检查员沉思着。接着他转过身对着他的助手：“斯坦纳先生，我不想在这件事情上出错。你不认为这位年轻人看上去有十六岁了吗？我看他有十六岁了呢。”

“先生，我也为他难过。可是他已经说过——”

“十六。”检查员画掉原先写在登记簿上的年龄，重新写了一个年龄。他从一个雪茄烟盒里拿出一张方方正正的彩色纸牌，递给波利。波利翻过纸牌，看不懂印在上面的英文。

“先生们——这是什么?”

“你的登岸许可证。”那翻译说道，隐隐露出一点笑容。

“欢迎来美国。”相貌丑陋的检查员说道，“去芝加哥的路很远。路上小心。”

他等着，等到瓦尔特拿到他的登岸许可证，然后急忙来到那个拘留区域，沃林斯基家姐弟仨正在那儿安慰他们疲惫不堪、彻底崩溃的母亲。赫舍尔跑到分隔被拒绝入境的人和其他人的栅栏边，竭力掩藏着他的悲伤。

“再见，再见。”波利挥舞着他的登岸许可证道别。

“再见”的英语赫舍尔懂。他握着波利的手，蓝色的眼睛里涌出泪水。瓦尔特走上前来，默默地站在两个小男孩的身边。

赫舍尔说的是波兰语，瓦尔特给他们做翻译。“再见，你是一个好朋友。我会带着妈妈和姐姐回来的，我向你保证，我不会放弃的。他们可以把我送回波兰一千次，我会回来一千零一次。我们总有一天会在这个国家再见面的。我要成为一位美国人——我向你保证！”

他从栅栏上倾过身子，紧紧地拥抱了一下波利。接着他握了握瓦尔特的手：“再见，先生。”

“请告诉他要照顾好自己。”波利用德语对瓦尔特说道。

赫舍尔回答道：“哦，当然啦。你也一样。”他竖起自己的食指，竭力露出一个微笑，“砰，砰。”

赫舍尔重新回到他母亲和两个姐姐身边。波利和瓦尔特走了。波利走了几步，站在一束从一扇拱形窗户上照射进来的尘土飞扬的阳光下，回头望去。不管怎样，各种语言嘈杂的说话声、偶尔传来的被拒绝入境的号啕声、检查员的刺耳吆喝声，似乎再也构不成威胁了。这个巨大的注册大厅，尽管闹声喧天，却有一种庄严的美丽，如同教堂和圣殿。

波利挥着手。赫舍尔也挥着手。波利深深地吸了一口气，手中紧紧捏着那张登岸许可证，跟随瓦尔特一同朝着上面标注着六七种语言的双扇门走去，那是一个出口。一个鬼门关过来了。下一个难关开始了。

“这事儿有趣。”瓦尔特在门的那边对波利说道，“检查员不喜欢我的姓。我说我的姓的时候，他要么不喜欢，要么听不懂。现在我变成沃尔特斯啦。”他给波利看那张上面写着黑色大写字母的许可证：“看到了吗？沃尔特斯先生。他的登记簿上也是这样写的。”

“你喜欢这个姓吗？”

瓦尔特不知所措：“哎呀，我也不知道。恐怕最好是喜欢，因为这是官方给的啊。”

在往楼上走的走道里，他们看见有好多办公室。最大的那个办公室上挂着一块很大的牌子，上面用好几种语言写着：“外汇业务。”他们径直走了过去。波利没有什么可以兑汇。

他们还走过了邮局和电报房。但是有一个比较小的房间吸引了波利。它上面用德语和英语两种语言公布着：

德国救助团体

欢迎大家！

“我想到里面去看一下。”波利说道。

“好的。”瓦尔特说道，“我在楼下行李大厅等你。”

来到里面，一个穿着鼓鼓囊囊的白色长袖上衣、戴着眼镜的女人在一张办公桌后面接待了波利。她用德语问了他的名字。他做了回答。她问了他的目的地。他想用英语作答，给她留下深一点的印象。

“我——嗯——唔，要——芝加哥去。”

她仍然用德语说道：“很好，但是别把动词放到句子后面。‘我要去芝加哥。’”

“是的，我忘了，真难啊。”他咕哝着，尴尬得脸红耳赤。

“你很快就能学会的。”她和蔼地说，递给他一张票子，“这个可以帮助你坐定期驳船到新泽西中央火车站，这儿往北没有多少路。你一定在轮渡上看到过的。”波利点点头。“这是这个机构的政策，德国的每一位新来者都可以得到一张船票，外加一美元。”

她将一个很大很沉的铜币塞进他的手里。他紧紧地握着铜币，感觉多了一点保障。

“到芝加哥有很长的路，克罗纳先生。好几百英里呢。我得告诉你有可能遇见的危险。首先，不要理睬陌生人。假如有人找你搭讪，马上走开。第二，你要是有贵重物品，千万要藏好。任何情况下都不要跟答应在远方城市给你活儿干的劳务承包商沾上边。他们大多数人不讲道德，而且即使他们真的有工作，那些工作的报酬也是跟奴隶待遇一样的。”

波利对这样的事情不以为意。他依然沉浸在成功入境的欣喜之中。

“你会发现，总体来说，美国人是极好的人。”那女人继续说道，“可是，美国制度的本质是凡涉及赚钱的事情，自由度总是很大的。所以，有些人就不老实。”

“我会记住的。”

“那么，再见，克罗纳先生。祝你好运。”

她站在那儿，十分庄重地跟他握了握手，仿佛他是要去阴曹地府似的。

波利在行李大厅靠近铁路售票处的地方跟老瓦尔特会合了，那儿，工作人员忙着出售到美国各地的火车票。瓦尔特给他看了又一张纸条：“我儿子威利从宾夕法尼亚赶过来了，在纽约的一家客栈来接我。这是地址。豪斯通大街，大概就是这么发音的。跟我一起去吧，见到我儿子后，我们可以商量个你怎么从这里到那儿去的办法。”

波利想了一会儿，认定他还是尽快去芝加哥的好。他还没有什么计划，但是他很快会想出一个计划来的。

“不了，先生，谢谢，我还是直接去那个叫新泽西的地方。”

“可是你没有钱呢。”

“坐轮渡的票我有了。我还在德国救助办公室得到了一美元。这个钱用完，我可以找活干。”他咧嘴笑了，用英语说道，“我是一个好工人。”

于是，他们紧紧拥抱，分手。

阳光照耀在敞篷的驳船上。天气变热了。驳船的小小发动机发出突突的声音，又响又刺耳。波利坐在跟另外八位乘客有一段距离的地方，望着新泽西中央火车站在前面慢慢升起。火车站矗立在陆地上，但是伸入河中。它的后面是一个丑陋的全景画面，全都是破破烂烂的房子和摇摇欲坠的商业用房。这画面仿佛吓到了其他人，他们几乎沉默不语。但是，在波利眼中，这景色太令人激动了，太神奇了——简直完美无瑕。他没有忘记那个伍珀塔尔市的面包师，他的预言居然是那样的——而且还告诫说，梦想终将成为明日黄花。

太可笑了。他身上不会发生这种事情。

他想起了赫舍尔说过的话。“我想每一个方面都美国化。”是的，绝对是的。那包括摈弃他的德国姓氏，换一个新的姓。他喜欢这个想法，搜索并选择各种选项，再加以否定，直到有一个冒出来，闪闪发光，完美无瑕。这样的寻觅将使去芝加哥虽然漫长却能增长见识的旅途变得愉快得多。

驳船轻轻靠上火车站的码头。漂着浮油的水面倒映着头顶游走的白云。波利欣喜万分，不能自已，他一踏上码头，就抑制不住心中的喜悦。他将手提包放到地上，转过身来。是的，他依然可以看到她，铁锈红的颜色，在明媚的阳光下，波光粼粼的海港里，那样美不胜收。她巍然屹立，高耸云天，凝眸注视着大海的方向，期待着下一艘轮船……

她毫无保留地接纳了他。

他张开双臂，开始旋转，开始跳跃，如同鹳鸟在舞蹈。其他移民目不转睛地望着他。

“美国。”他大声喊叫道，“美国，美国！”

“该死，疯子一样的新移民。”两个船员正在系驳船缆绳，其中一个说道，“他们全都一个样。”

另外一个船员说道：“他会领教的。”

波利在水边闲逛了一会儿，只为在四周看看。他想竭力忘掉他空空如也的肚子，这空肚子一个劲儿地在朝他咆哮。天更热了，湿度更高了。他在一堵仓库墙壁的阴影里坐到手提包上。那儿也凉快不了多少。他需要镇静下来，控制他的激情，好好梳理一下他的思路。

他必须去芝加哥。他需要在秋季到来、气候变冷之前就去那儿，气候变冷会让旅行变得更加困难。他有条理地列出他的问题和解决方案。首先，怎么走？

这事儿简单，肯定是爬来来回回横穿美国的火车。他知道如何爬火车，这门技术他在柏林就学会了。

不过，他不知道路线。他需要研究地图。他突然想到，跟在德国一样，也许有图书馆，可以供他查询。

好，现在是第三个问题。就是在货运列车上免费搭车，他也得有钱买吃的，而现在他身上只有一美元的钱。那持续不了多久。他得干一段时间活儿，也许几个星期，让口袋里装上几个现钱。他到哪儿去找活干呢？

再一次，稍稍集中注意力一思考，问题的答案就出来了。美国有很多德国人，这个城里也会有一些。只要有啤酒的地方，就总能找到德国人。

波利出发到泽西城里寻找露天啤酒店。

傍晚时分，他找到了一条小街上一个热热闹闹的小店。天气闷热，在他的记忆中老家哪天都没有闷热得这么难受。他走进露天啤酒店的大门，寻找店老板。有大约三分之一的桌子已经坐满了人，顾客们兴高采烈，脸孔红扑扑的，汗水直流。这地方有一种熟悉的友好与舒适的气氛，跟柏林的露天啤酒店不相上下。

一个服务员为他指认了坐在一架现金出纳机后面的凳子上的老板。波利走上前去，用英语结结巴巴地问道："先生？有活儿吗？"

"没有。"那人挠着他那个令人惊叹的下巴，"不过那边的盖齐格，他正在找男服务员呢，他的帮手上个星期五辞职了。"

波利被这一长串糊里糊涂的话弄得云里雾里。老板看出来了，便用德语重复了一遍。

"你是不是刚刚下船？"他问道。

"是的。"

这人父亲般慈祥地朝他微笑了一下，拍拍他的胳膊："我敢说你饿了。看你样子肯定饿了。"他在凳子上转过身去，吩咐道："奥托，给我们这位同胞来一盘泡菜和一杯啤酒。到后面那张桌子去吧，小伙子。本店的一点小意思，不成敬意。吃点东西，你去找工作时精神可以振奋一点。哦，先别问什么，去厨房洗洗你的脸吧。盖齐格对个人卫生挺挑剔的。别担心，盖齐格会来这儿待一会儿，他很少在七点之前回他那个地方的。"

"谢谢，先生。"波利感激地说道。香肠、面包和啤酒的香味儿在闷热潮湿的空气中弥漫，令他感觉眩晕。他对美国的热爱每时每刻在增加。

盖齐格先生的体重大约有两百五十磅。他的脑袋很大，形状像颗卷心菜，还长着一对招风大耳。他装出挺乐呵的样子，可是波利从他那双淡蓝色的精明小眼睛里看不出任何幽默。他来到盖齐格先生的桌子跟前，用结结巴巴的英语恭敬地问他是否有空缺。

“说德语，英语是野蛮人说的话。”盖齐格嗤笑着说道。他的前面已经有五只空啤酒杯，还有一本上面写满数字的小账本，他一面喝啤酒一面仔细在看。

“你叫什么名字？”波利告诉了他姓名。盖齐格还问了其他一些详细情况：“嗯，我的确需要一个人洗洗脏盘子、脏杯子，扫地，拖地——我这个地方你了解吗？”

波利承认他什么也不了解。

“那是一个德国人的社交俱乐部，都是新来的移民，像你一样——不过我的主顾年纪要大点。很舒适的一个小地方，没有这儿这样嘈杂。晚上我们提供清淡的晚餐，但是有大量的啤酒、葡萄酒、咖啡。我还帮助客人寄信，买火车票，诸如此类的事情吧。这样的安排很好。我可以付三十——嗯，二十美分一天，外加伙食，而且你可以睡在俱乐部后面的棚子里。”

“听上去挺好的，先生。”

“别回答得这么快。你愿意围围裙吗？”波利点点头。“而且你得洗干净点。你脏得一塌糊涂啊。”

他伸手去拿啤酒杯，他的手指像一根根白色的香肠。“在外面等我，我一会儿就来。”

社交俱乐部的名字叫“金门”。盖齐格告诉波利，这名字他是从一首诗歌里采撷来的，一首纪念纽约港自由女神像的诗歌。他说这话的时候话音里有轻蔑的窃笑声。

波利实际看到这个俱乐部的时候颇为沮丧。它充其量是两个不通风的房间，边上是一个厨房，位于一幢背靠小巷、可以听到河中喇叭鸣叫的房子的二楼。俱乐部只有一个房间有一扇窗户，就是一进门所看到的第一个房间。通向俱乐部外面的楼梯摇摇晃晃，有好几级楼梯踏板已经腐烂。坚固的门原先可能是鲜黄色的，经岁月剥蚀，褪色明显，现在变成了暗黄色。房子的顶层有一个阁楼，可以当作宿舍，里面有很简陋的小床，新来的移民付点钱可以住在那儿，直到他们在当地安顿下来，或者制订出继续上路的计划为止。波利将作为宿舍的棚子位于小巷另一边一个垃圾遍地的院子里。

可是波利没有选择。他将待一个月，不多待，把挣的钱积攒起来，然后偷爬火车去芝加哥。他要利用空余时间在地图上研究出一条线路。

波利惊讶地发现，“金门”的业务量不大，但是稳定。大多数客人是二三十岁的年轻德国移民，全都是单身男子，没有女顾客。俱乐部显然提供移民们想要的某些服务项目。每个人都说德语，客人与工作人员都一样，这是盖齐格先生的规矩。

俱乐部雇用了两名酒吧女招待，上酒，上食物。酒和食物种类各异，由盖齐格沉默寡言、脸色苍白的老婆准备。波利很快就注意到，酒吧女招待有时一个有时两个常常会跟某位顾客在快就寝时一同消失。他们离开时的程序千篇一律，通常盖齐格先生会给女的一把钥匙，男的则交给盖齐格一些钞票。

其中一位女招待名叫玛格达，长着一张饱经磨难的麻脸，但是她的性情很好，她比另一个女人莉斯尔和气得多。波利鼓起勇气问了她一个问题。

“那钥匙干什么用的，玛格达？”

“开楼上的房间用。别打听这种事儿。”

于是，他明白了，这个社交俱乐部“金门”并非它表面假装的那样纯洁。

波利一直到中午才开始干活。他的第一件事情就是扫垃圾，拖俱乐部聚会室的地板，擦桌子。他一直干到俱乐部打烊，有时晚到凌晨两点半。盖齐格的妻子在不烧饭烧菜又遇上盖齐格不喋喋不休地对她唠叨的时候，就会在那个没有窗户的房间里用那架伤痕累累的钢琴弹奏一些德国歌曲。顾客们会醉醺醺地跟着唱，可是弗劳·盖齐格的脸始终布满紧张与郁闷，而她的双手则在琴键上上下翻飞。

俱乐部里有别的事情发生，这总会让波利感到心神不宁。他四次看到顾客晕倒。这些客人会被盖齐格先生亲自扶到楼下。四个人没有一个喝多了呀，这点波利十分清楚。他们为什么会晕倒是个谜。他没有第二次再看见他们。他们的行李也随之消失了。

“金门”的气氛让他感觉不自在，他急于早点离开。有一天夜里，他听到小巷里有人大声喊叫着威胁的话，于是更加坚定了赶快离开的决心。

盖齐格先生连忙站起身来安慰六七位顾客："没事儿，别理会，我去看看。"他跑到外头去了。波利绕过门的边框，偷偷瞄着外面。楼梯脚下的黑暗中，盖齐格先生正在用一个银色的什么东西朝一个满脸胡子的年轻人挥舞着。

有人推了一下波利的后背，让他吓了一大跳。"玛格达，"他轻声说道，"盖齐格先生有枪。"

"是的，快进来，不关你的事。"

"可是，那个喊叫怒骂的人是谁呀？"

"我的一个朋友。他好忌恨。他没喝醉的时候通常不来这儿的。今晚他一定是喝多了。回来吧。"她再次说道，脸上露出明显的担忧。

几分钟之后，那陌生的声音突然消失了，盖齐格先生拖着沉重的脚步回到了楼上。至于那把银色的手枪，不见了踪影。

盖齐格先生径直走到玛格达跟前，一把抓住她的手腕："让你那个疯子朋友远离俱乐部，要不我对你不客气。"

玛格达挣脱手腕："是，先生。"

盖齐格凶狠的目光扫过房间，房间里点着油灯，黑蒙蒙的——这住宅房一楼无人居住，连汽灯这种奢侈都未曾享受。没有人敢于对这一争吵提出问题或者发表评论，尤其是波利。

他的生日过去了。他没有对任何人提起他的生日。他的身子在长大，个儿在长高，这就够了。艰苦的劳动让他的上臂长出了一块块结实的肌肉。

他不上班的时候，便十分紧张地学习那本文法和日常用语书。他被迫每天跟这门新的语言打交道，学习起来比在柏林和轮船上要快。

他和玛格达一有机会就交谈。他对她讲了他叔叔的事情，讲了芝加哥的事情，讲了他得在天气变坏前就去那儿。一天上午，她大约十点钟就来了，穿着一件可怜的破旧斗篷，戴着一顶女帽，领着他去了泽西城的免费图书馆，一座很小的花岗岩平房。她说，他在那儿可以找到他所需要的地图。

他犹犹豫豫地走进里面。只闻得纸香浓郁、书气暖心，接着图书管理员裙子的窸窣声响了起来，她从一张很大的桃花心木写字台后面走了出来。

“我可以帮助你吗，年轻人？”

他手中捧着那本日常用语书，试图告诉她他所需要的东西——美国地图。她似乎很亲切，乐于助人。她是一个结实的年轻女人，比波利大十到十五岁。

她让他坐到其中的一张桌子边，然后在两排很高的书架之间的阴暗走道里消失了。她带来了两部很大的地图册。

“我来帮你对付这两部地图册。我是图书管理员卢·史迪威小姐。”

卢·史迪威小姐坐在他身旁，他专心钻研着五彩缤纷的美国地图。卢·史迪威小姐握着他的手，引导着让他用食指在泽西城和芝加哥之间画出一条大致的线路，一个瘦瘦长长的蓝色大湖上面印着四个很大的字。在这条线路上，至少有一座山脉，位于一个名叫宾夕法尼亚省的地界。接着是另一个很大的省俄亥俄，还有一个省印第安纳——多奇怪的富有乐感的名字啊，在美国，他能找到很多这样的名字。它们不是“省”，卢·史迪威小姐告诉他，它们叫“州”。

在接下来的这个星期，他有好几天的上午都来到这儿，来研究这些地图，在地图上做美梦。“你可以考虑写信给你叔叔。”一次他来这儿的时候，卢·史迪威小姐向他建议，“告诉他你已经安全到达。你有他的地址吗？”

“他的——嗯——信里面。我把信丢了。可是他说是芝加哥。米——下——冈大道。”

“他说什么？”她不禁咯咯笑了起来。

他尽量更加小心谨慎地发音：“密——歇——根。可是我没有街道号码。”

“应该是门牌号码。”

“是的，我说的就是这意思。”

“不太准确。不过没关系，可爱的小男孩。你很快会去芝加哥的，是吧？”

“很快，是的，我现在在攒钱。”不过，他没有透露他准备偷爬货运火车去。

他准备去芝加哥的时间比卢·史迪威小姐知道的时间要早。他受够“金门”这种阴森、黑暗、污秽的气氛了，所以他下定决心，本周末就走。正式通知盖齐格先生，讨回这位老板欠他的所有工资，需要一点勇气，而且得把这些钱安全地保存好。现在是8月份的第一周，他已经工作两个月了。盖齐格先生欠他的工资好像是十二美元。

“关于你叔叔，”史迪威小姐说道，“我有个主意。我们可以写信给他，由芝加哥的密歇根大道转交，但愿他的名气很大，没有门牌号也能收到这封信。”

这是一封简短的信，三句话，用英语写的。第一句话说的是波利已经在6月1日到达美国。第二句话说他很好。第三句话就四个字：很快就去。在史迪威小姐的坚决要求下，他在末尾写上了“你亲爱的侄子波利·克罗纳”。这位图书管理员答应当天下午就把信寄出去。

“谢谢。”波利向她道谢。室外，热热的雨正在倾盆而下，将泽西城掩隐在了一道厚厚的晦暝之中。图书馆闷热得令人窒息，美国的室内过于闷热似乎是个普遍现象。

“谢谢。”他再次道谢，“我在地图上了解清楚了。我很可能马上要离开这里。”

“我希望你能回来。”史迪威小姐说道，她的喉咙好像被一样怪怪的东西堵上了。

“我尽力。”他很可能在下周一前就离开了，可是他不想告诉她，以免有可能引起她的伤心。

“是的，一定要来。”她说道，“这些别弄丢了。”她将从地图册上描摹来的一小袋摹图递给他。她描出了新泽西州与他叔叔家之间所有的州。在这些摹图上，她还整齐地印上了主要城市的名字，并且画出了表明铁道的精确线路。

史迪威小姐拿手指轻轻地抚摸着他的脸：“你是一个好人，波利。一个好小伙子。”她用双手捧住他的头，吻他。

接着，她难为情地一声惊呼，赶紧跑入了黑乎乎的书架之间。

波利对这一经历懵懵懂懂。

他在自己心里纠结了一天，最后决定相信玛格达，请求她帮助他弄明白那件事情。

“哎呀，波利，首先，我觉得那位女士很孤独。但还有另一个原因，你自己可能也没有意识到。你虽然只有十五岁，但你很迷人。强壮的双肩，两条胳膊肌肉丰满——明明白白是一个迷人的小伙子啦。女人都会被你吸引的。哦,你并不是我所见过的最帅的人。可是你聪明伶俐,而且性格好——这些品质男人往往缺乏,所以女人欣赏这些品质。还有,你的笑容十分美妙。我要不是这样一个老太婆的话,也会被你弄得神魂颠倒的啦。”她开玩笑道,接着在他脸上印了一个吻。

“我还要告诉你一件事情。你将始终会有很多姑娘迷恋你。当然啦,当你找到了一位你想要娶的姑娘时,她很可能是你得不到的那个。人生的路很奇怪,就是这样充满了恶作剧,波利。”

星期六的夜晚,他的计划突然发生变化。

玛格达来迟了,看上去十分憔悴。盖齐格先生对着她大吼大叫。她跑进厨房,哭了。门砰的一声关上之后,波利看到她的左眼下面乌青了。又是她那个爱忌恨的朋友?

俱乐部里有六个男人。四个人在喝酒、玩牌。盖齐格先生正在帮助两个人制订铁路旅行计划。他经常帮助那些不懂英语或者太胆小而无法为自己安排旅行计划的新来移民买火车票。玛格达私下里告诉波利,盖齐格先生一般都会欺骗他们,比实际票价多收百分之五十的费用。

就在九点之前,老板戴上他的帽子,一句话不说便走了出去。大约九点半的时候,波利正在擦一张桌子,另一个女招待突然在他身边停住脚步:“那是什么怪味儿?”

“楼下来的。”其中一个玩牌的人说道。

弗劳·盖齐格从厨房冲了出来:“有东西烧着了,什么东西?”

玛格达将一满杯啤酒扔到了地上,啤酒杯砸得粉碎,啤酒飞溅开来。她的脸色白如死人,她的手捂着自己乌青的脸:“哦,天呢,是他干的。”波利的眼睛瞪得溜圆。她是说她那个爱忌恨的朋友吗?他放火烧这个地方吗?

惊恐万状的客人们纷纷从他们的椅子上跳起身来。波利闻到了烟的味儿,通过那积满污垢的独扇窗户,看到外面有一丝橘红色亮光。他朝门口冲去,也不管前面有什么东西,不管撞到了椅子,撞得自己的腿生疼。他愤怒至极,又惊恐万分，他抓住距他最近的桌子，将它扔了过去。他可以感觉到地板上的灼热，缭绕的青烟从用钉子钉着的地板缝里冒了上来。他可以听见楼下有呼啸声。窗户外面的亮光变得耀眼。整幢摇摇欲坠的房子已经深陷火海。

他猛地拉开门。一股热浪将他逼了回来。他抓着门框，瞧着下面熊熊的烈火、乱飞的火星子和正在瓦解的木结构。“天呢，楼梯不见了。”

他砰的一声关上门，靠在门上，拼命动脑筋。他手下的木头已经发热。他赶紧挪开手。

弗劳·盖齐格紧紧握着自己的双手：“我们得逃出去啊。”

“你听到我的话了吗？楼梯没有用啦。”

“我们要死了。我们都要死了。”莉斯尔呜咽着。

“没有其他的门了吗？”其中一位客人大声问弗劳·盖齐格。其余的人都知道答案。弗劳·盖齐格哭泣着，摇摇头。

每个人似乎都因为恐惧而变得愚蠢。窒息人的浓烟从厨房里滚滚而来，仿佛大火早就烧穿了那儿的地板。波利摇摇头，摆脱自己这种茫然的状态。他要是历尽艰险好不容易来到美国，最后意外被烧死在这个低劣、肮脏的地方，那就太该死啦。他冲过房间，大吼道：“穿窗户，就这个办法。”

“哦，我跳不了。我不行。”弗劳·盖齐格恸哭道。其中一个新移民对这突如其来的恐怖局面怒不可遏，伸手便给了她一个耳光。

“闭嘴。”

热浪越来越强，烟雾越来越浓。波利明白没有多少时间了。他跑到玛格达跟前。厨房里的红光映照着她乌青脸上的泪水。“来吧，我们不能死在这儿。”他大声喊叫道，狠狠地拉着她的一条胳膊，痛得她喊出声来。

他强行将她拉到窗户边。火焰正在从下面没人住的那层楼往上吞卷。小巷另一边的黑暗中，他瞥见了邻居们的脸，一个个圆圆白白的模糊的脸。

他将窗户全部拉起，一阵灼热的气流往他的脸上冲了过来。烈火就在窗户下面往上直蹿。他们得往很外面的地方跳。“来吧，都来吧。这是唯一的逃生路子。”他大叫道。

“紧跟着你。”其中一个新移民说道，但是莉斯尔在浓烟中已经不见了身影，弗劳·盖齐格则瘫倒在了地板上。

“坚持住,玛格达。”

“我不行了,我害怕——”

“不,你行的,别说这样的话。”他喘着气,将她抬到窗台上,用一条手臂紧紧抱着她粗壮的腰肢。一度,他真的害怕了——他怕这把大火把他的所有物给烧了:那张立体画片、那个地球仪、那些地图摹图——可是接着他想起来了,那些东西都装在他的手提包里,手提包在小巷对面的棚子里。

“跳。”他喊叫着,拉着玛格达一起跳了出去,跳进黑黑的夜中,跳进这滚滚浓烟和汹涌的烈焰中。他快速落下时,他的左裤腿被火烧着了。接着,他重重地落到了地上。

第十章　乔·克朗

约瑟夫·伊曼纽尔·克朗是芝加哥克朗啤酒厂的老板,一个操心的人。他有好几件事情要操心,最紧急的便是10月14日本周五被安排在一个紧急会议上讨论的公民责任问题,这个会议是他要求召开的。

乔·克朗很少表露自己内心的焦虑,今天早晨,他在自己办公室里工作时便是这种状况。他是一个沉着冷静、品行端正、成功富足的典型。他穿一套中等尺寸的灰色精致西装,高高的领子下面戴着一条深色的活结领带,使这身打扮显得活泼灵动。由于天气并不很热,他就一直穿着外套。

乔的头发更多的是银色而非白色。他每天都洗头,所以头发总是亮晶晶的。他银丝边眼镜后面的双目是深褐色的,挺大,也很灵动。他的八字胡经过了精心的修理。他从十二岁开始便养成了一个习惯,每周修剪一次胡须。他的双手虽小,但十分有劲。他不算帅,但给人一种威严感。

乔·克朗打理他的生意和私生活有三条原则,其中最重要的是秩序。没有秩序、组织、合理的计划,你就可能陷入混乱。

第二个原则是精确。精确在啤酒酿制中是强制性的,过程中,时间和温度是关键。另外,精确也是做生意的关键,假如你想要赚钱而不是亏钱的话。要做到精确,基础工具是数学。乔·克朗十分相信正确信息的力量以及提供这些信息的绝对权威数据。

在德国,他在认字前就开始学习数学了。虽然他在学校的大多数课程中都居于中等位置,可是他在数学方面却是个奇才。他加一长列的数字或者说心算的速度快得惊人。在辛辛那提,他到达美国的第一站,他曾拜一个中国洗衣店的老板为师，学习算盘。在他的办公室里，可以发现这种古老的计算工具，就摆在一个他伸手可及的柜子上。金钱衡量成功，计算衡量金钱。

他问他雇员的问题常常包含了数字："精确的温度是多少？""那个市场的人口是多少？""我们上周运出去多少桶？"……

至于他的第三条原则——现代化，他也坚信，对做生意至关重要。说老方法是最好方法的人往往是傻瓜，注定是要落后、要失败的。乔始终在寻觅最新的方法，来改进他的啤酒酿制产品、产量、效率、纯净度。当他在芝加哥开办第一家小规模啤酒厂的时候，要花大价钱安装巴氏消毒设备，他毫不犹豫。冷藏车投资很大，他是第一批投资人之一。他坚决认为，办公室要用现代设备。在他的办公桌上，他可以听到机械的算术计算机欢快的棘轮声。伴随这种声音的还有他的首席文员斯蒂芬·兹维克在黑铁打字机上打信函时发出的机键声与铃声。

原先，兹维克不愿意接受乔的建议，学习操作打字机："先生，恕我不从，羽毛笔我用起来得心应手。"

"但是兹维克啊，"乔说话的声音十分和善但态度坚决，"这恐怕不适合我呢，它让克朗看上去很老派。不过，我尊重你的情感。请拟一份招聘广告。我们雇一位能熟练使用这个机器的年轻女人。我听说她们也叫打字员。"

兹维克脸色变得刷白："女人？我的办公室里？"

"对不起，斯蒂芬，可是你又不愿学习打字，那我没有其他选择。"

斯蒂芬·兹维克便只好乖乖学习打字。

每幢牢固的住宅或者大楼都有坚固的基础。乔·克朗的三原则也是建立在一个基础之上的。这对他来说非同一般，或者说别具一格。这是对艰苦工作的悦纳，当然更是对崇敬对象的悦纳。其他还有各种各样的艺术品、广告宣传品、旗子、已经渐渐发黄的每年一度的啤酒厂野餐的照片装点在他的办公室里，其中有一句座右铭用一个小小的镜框框着，那是他妻子用彩色丝线做出来的十字绣，放在一个涂了金的木头框子里。上面写的是"唯有努力，才有收获"。乔·克朗坐在办公桌后面，看不到这条用金色镜框装裱的格言。它挂在他身后的墙上稍稍靠右一点的地方。但是他不需要去看它。其真理已经埋藏在比他骨髓还深的地方。他是一个德国人啊。

乔·克朗的啤酒厂占据了拉腊比北大街西侧的整整1000个街区。啤酒厂的所有建筑都是精致的红砖建筑,用花岗岩装饰。面朝拉腊比大街的办公楼像一个砖砌堡垒,两个前角各有一个四四方方的塔楼。塔楼上飘扬着啤酒厂有金色皇冠标志的旗子。在表达爱国情感的假日里,一面美国国旗会被升起来。屋檐上雕刻着大大的德语"克朗啤酒厂"。啤酒厂名用德语,标志着这位老板对他的祖国感到骄傲和敬重。

乔·克朗在主楼的二楼占据着一个很宽大的转角办公室。办公室的前窗俯瞰着拉腊比大街,边窗下面是克朗家的室外露天啤酒馆。这个室外露天啤酒馆精心设计了一道大门,面朝大街,有一个门廊就在乔的办公室下面,通向里面占据了一楼大部分空间的一个小型啤酒馆。小型啤酒馆从正午开始一直到晚上很晚都提供啤酒和食物,天气好的时候,室外露天酒吧也有这样的服务。大的啤酒厂通常都有这样的设施。

在这个用镶嵌装饰的办公室的一个角上,德国的黑、白、红三色国旗竖立在一个很沉的胡桃木底座上。对面的那个角上,有着同样的摆设,矗立着一面美国国旗,比德国国旗大两倍。此外,两堵墙上还各装饰着一个驼鹿头标本和一个黑熊头标本。乔将它们视作男子气概的装饰,都是买来的。他不打猎。

上午,天黑乎乎的,天气要变坏。办公室打开的窗户外,传来持续不断的背景声响——工人们的说话声、沉重的管子被移动和撞击所发出的铿锵声。啤酒厂二楼跟西面小巷那边的装瓶车间之间正在安装新的管道。国家的税收法曾强制规定,酿啤酒的同一座建筑里不可以装瓶。最近,迫于一些大啤酒商的压力和游说,该法律做了修改。虽然克朗啤酒厂依然用人工在运送已经交了印花税的一桶桶啤酒,但是他们正在加快安装连接管道,以淘汰人工搬运。有数字表明,生产效率提高的幅度相当可观。

今天上午,乔在午间会议上遇到了一个难题,尽管他早有心理准备——文件夹已经摆放在办公桌的一个角上——但是他不希望报这样的忧啊。

家里的问题也搅得他不胜烦恼。他侄子波利已经从德国来了,可是他现在在哪儿呢？这孩子应该到了呀。一旦等他到了，乔自己的孩子会怎么样呢？他们会如何对待这个新来的人？

掌管着一个规模越来越大的成功啤酒厂，他只能尽力摆脱这些烦恼，努力处理好一些总是干不完的、总是越来越多的工作。他感觉太热了，便将外套脱下来挂到墙上的钩子上，穿着衬衫工作，只是在每只手肘下面套了一个袖箍。远处，有雷声在响。

他看着一篇文章，在上面做着记号。文章是关于冷藏设备研发生产的进展情况，是从美国啤酒协会创办的报纸《美国啤酒》上剪下来的。他修改了一封写给特勒欧特一个房地产代理商的信。这位代理商正在就那个主要的铁路火车站附近的地产谈判。乔在全国经过精心选择的城市有销售代理商，而且他还打算在印第安纳州南部再设一个点。如果你不想成为井底之蛙，那么扩张是必需的。

他批准了一张汇票，订下一个赛季芝加哥白袜子队比赛的包厢。棒球是既给他带来快乐又让他有内疚感的运动之一。他谢绝了参加一个新的德国合唱团的邀请。他是一个很好的男中音，也热爱唱歌，可是他没有时间啊。

接下来他看了一份他的酿酒师弗雷德·席尔德克劳特关于酵母的备忘录。他蘸了一下笔，在页边写了一个评注。他走到门口，请多尔夫·希克斯进来。

希克斯是乔年资较深的销售员，负责芝加哥及周边几个州的啤酒产品推销的三位销售员之一。他们的推销方式多种多样，也许最重要的方法是用一般的业务费用为消费者在酒吧里提供免费品尝的克朗啤酒样品。

希克斯带进来一份要放到城市指南里去的新广告的版面设计。他和乔花了五分钟时间仔细分析广告。乔的要求简单明了。他用非常流利的英语加以表述，尽管话音中还是有比较浓重的德国口音："这根大麦秆图案没有必要。把它去掉，至少要缩小。我想要啤酒厂的名字大一点。克朗啤酒才是我们在销售的东西，多尔夫，而不是大麦秆。"

希克斯一走，乔转身去研究一份目录，那是令他非常感兴趣的一样设备——最新发明的篮筐式样的瓶装啤酒巴氏消毒设备。克朗啤酒厂既生产瓶装啤酒，也生产桶装啤酒，每一样都有好几个品种。最畅销的是克朗牌比尔森风格的贮藏啤酒，一种浅色的多泡沫淡啤酒。家乡黑啤酒是一种老式啤酒，颜色更黑，酒精度更高,消费量位居次席。这种啤酒比较受年纪大的德国人欢迎。它醒目的广告语就是“品质优良”。

在刚刚过去的二十年里,美国人更喜欢喝贮藏啤酒,而对黑啤酒、上发酵啤酒或者任何其他酒精度较高的啤酒都不是特别青睐,不管是英国的还是德国的。包括乔·克朗在内的一个啤酒商小圈子嗅到了人们的这一喜好,便将宝押到了贮藏啤酒上。他们这个圈子包括纽约的谢弗兄弟;密尔沃基的乔·施利茨、瓦伦丁·布拉茨、弗雷德·米勒;圣保罗的西奥·哈姆;成功而又受人敬重的德国天主教教徒迈克尔·戴弗西,他早先的芝加哥啤酒厂就是乔的啤酒厂的模板;还有最敢于创新、最令人钦佩的阿道弗斯·布施,他于19世纪50年代跟他岳父埃伯哈德·安休瑟合伙接收了圣路易斯濒临倒闭的巴伐利亚啤酒厂。这帮人中,乔最不喜欢布施。他是个粗鲁无情的人,他招待客人的和自己餐桌上喝的尽是价格昂贵的各种法国红酒,他还嘲笑乔的啤酒厂的啤酒是“那种脏水”。他来到美国,靠的全是他父亲相当可观的津贴,他父亲住在莱茵河畔的卡斯特尔市。他从来没有饿过肚子,也从来没有真正奋斗过。他的经历几乎不是典型的移民经历,尽管他自己喜欢吹嘘是的。

尽管如此,要躲开像布施这样的人还真的没门。在许多城市和小镇,他就是个很直接的竞争对手。其他的大啤酒商也一样。他们作为竞争对手也许会互相嫉恨,但是他们在内心深处依然有着骄傲的情怀,他们同属这个小小的精英阶层。他们是同胞,他们生产啤酒——而且在他们共同的脖子上还套着一个沉重的道德枷锁。作为德国人,他们视啤酒为食物,视作正常健康生活的组成部分。更多清教徒一样的美国人,其他一些民族的人,想法却大相径庭。他们认为啤酒不是食物,而是魔鬼的工具。什么时候喝啤酒都是罪恶的。这种根本的文化差异给啤酒商带来了始终无法消弭的问题。

十一点钟,乔突然意识到他该加入外面喧闹声声的地方去了。现在是第二早餐时间。啤酒厂和建筑公司的工人们四处闲逛,一面咀嚼着煮得很硬的鸡蛋和有咸肉或者切成薄片的香肠夹在黑面包里的三明治,一面喝着啤酒。乔正在研究巴氏消毒设备的图纸,突然安静被打破,楼梯上和外面大厅里传来噔噔噔的脚步声。一阵发狂一样的敲门声过后,门被一把推开。

“克朗先生,救命啊。本诺要杀了埃米尔·塔格。”白发苍苍的首席文员斯蒂芬·兹维克上气不接下气地说道。

乔跳起身来,什么也没问,便跟在兹维克后面跑了出去。本诺·斯特劳斯以前也制造过麻烦,而且本诺所制造的麻烦往往是比较严重的。工人之间的吵架一般都在管理部门解决,就是酿酒师也从来不惊动。

乔路过一扇打开的窗户,跑下后面的楼梯。喧闹声再次响起来,工人们大声喊叫着,怂恿正打得难分难解的当事人。乔走出门外,冲到兹维克前面,穿过小巷,来到瓶装车间的前院。二十来个人围在打架的人四周。乔挤过人群,其中有一个人瞧着他的反应,乔很快就把目光从他身上挪开。

本诺·斯特劳斯拿双手掐着埃米尔·塔格的脖子,后者仰靠着一辆手推车的一只小桶上。手推车倒在高低不平的砖头上。塔格是瓶装车间的工头。离一扇打开的门稍远一点的地方,他负责的那些机器发出丁零当啷的声响。

尽管乔·克朗也只有埃米尔这样的身架——比本诺要小得多——但是他径直冲向那个个子更大的大个儿,用胳膊一把勾住本诺的脖子,事实上他差一点够不着,因为本诺的身子前倾着。“放开他,本诺。马上放开。”他用力拖着拽着。

本诺的脸由红变白。乔感觉本诺的身子放松了。乔放开手,退后。本诺最后狠狠地掐了一把埃米尔的脖子,放开了手。埃米尔瞪着本诺,揉着自己的脖子。

“你们其他人干活去。”乔说道。他的目光扫过人群。大多数人立刻走掉了,只有少数几个人嘴里咕哝着什么。

乔掸着自己的衬衫袖子:“到底是怎么回事?”

埃米尔和本诺依旧互相瞪着眼。本诺·斯特劳斯人高马大。本诺长着眯缝眼睛,头皮剃得光光的,八字胡十分浓密,所以他总是让乔想起那种能用魔法招来的魔仆。他是一个“四八人”——革命失败之后逃离德国的流亡者。本诺还有一个殊荣,就是他实际参加了战斗。他十岁的时候,就给一帮造反学生送过水,他们后来全都被打死了或者被捕了——反正他是这么说的。

本诺是克朗啤酒厂运输队的队长。他是一个单身汉,五十四岁年纪,但是比大多数二十来岁的年轻人还要强壮两倍。他属于全国啤酒工会的人。这是一个属于啤酒厂工程师、司炉工、麦芽工、运输工的组织,他们竭力用过分的要求扼杀这个行业。事实上，他是这个企业唯一的工会会员。乔·克朗没有成立工会。

“说吧，我要一个解释。你说，本诺，你先惹的事。”他脾气有点暴躁，这场混乱让他恼怒。尤其是这闹事的人还是一个公开承认的激进分子。

本诺用他工作服的一只袖子抹了一把下巴上的汗水：“这家伙骂我。”本诺的话音有隆隆声，他英语说得不好。

“骂你什么？说吧。”

“很脏。骂我母亲。我不想重复。可是我不准人这样骂我。”

“是真的吗，埃米尔？”

“是的，克朗先生。可是，该死的，他作弄我，我就可以不理吗？他成天就在那儿唠叨。一到我跟前，他就不断鼓吹那八小时工作制的老套路。斯皮斯、帕森斯和其他秣市骚乱①的激进分子就是因为这个老套路而被绞死或者关进监狱的。你明白的，是吗？”

乔没有回答这个问题。塔格是一个能力很强的人，可是乔不喜欢他的谄媚奉承。“是这样吗？”

“不是。他一开始说的是赦免。”

啊，赦免。这也许是今年或者说最近一年公众最热的话题。约翰·彼得·奥尔特盖尔德州长是一位英勇的德国人，但不光彩的是他是个自由主义者，他想要让那三个还活着的秣市骚乱谋反者菲尔登、尼布、施瓦布得到改判。1886 年在秣市广场的劳工示威期间一颗炸弹爆炸之后，被捕的另外五个人都死了。

奥尔特盖尔德州长始终坚持认为，法庭审理中，没有任何证据证明包括三个德国人在内的那八名被控告的谋反者有罪。的确，不能不承认，实际扔炸弹的人没有被抓获，甚至都没有得到确认。法庭宣判他们有罪是基于一个理由，说有人扔炸弹是被告引起的，说这都是举行示威游行并用激进言辞把人群煽动得发狂的结果。

---

①发生在芝加哥市的警察和抗议劳工之间的暴力冲突，这场冲突使劳工争取官方承认的运动受到重视。其起因是抗议劳工宣称将在秣市广场举行大规模集会，以抗议警察在一次罢工运动中的暴行。一枚炸弹突然丢入人群当中，炸死了七名警察，并造成六十多人受伤，警察和工人相互开枪射击。事后在群情激奋中八人被逮捕，被判犯有谋杀罪，处以死刑；四人被处决，另有一人自杀身亡，其余三名幸存者于 1893 年被州长奥尔特盖尔德赦免。

本诺丝毫不为塔格的指责所动："当然，我们想要在秣市广场被捕的人得到赦免。想要在克朗啤酒厂实行八小时工作制，不再实行十个半小时工作制。在这些事情上保持沉默是胆小鬼。我主张宣传——"

"宣传这件事情。"乔替他说完，"我告诉过你，本诺，别在我上班的时候散布你的那些教义。别扰乱工作。要再打一次架——一次——你就走人。"

"好的，先生，我听清你说的了。"这话温顺得令人惊讶。乔没有受骗。

他再次下意识地弹了一下自己的袖子，然后飞快地一个向后转，径直朝行政大楼的方向走了回去。

"我该拿他怎么办呢？"乔在心里寻思。本诺会继续闹事，这点他可以肯定。一有风吹草动——比如城里要是广泛爆发劳工斗争——那么本诺将是一个留在身边的极端危险分子。

"可是，他是一头公牛啊，需要的时候他一个人可以干三个人的活呢。"

他突然停住脚步。他的路被一个交叉着双臂的年轻人挡住了。年轻人在微笑。乔的脸红了。

"你没有听到我说的话吗？回去干活去。"

年轻人放下双臂："当然，爸爸。你是这儿的老板嘛。"

这儿而已。

乔·克朗一把推开自己的儿子，继续往前走去，一脸狰狞。

他回到办公室，继续想着本诺·斯特劳斯的事情。19世纪80年代，第二波德国移民大潮中，数以千计的人来到芝加哥，本诺是其中之一。他声称，革命后他在半个欧洲的国家生活过。他不止一次被捕入狱，但是也多次智胜警察，躲过惩罚。很难说，在这项社会主义—无政府主义事业中，他那些逃跑和英勇行为的经历不是杜撰出来的。本诺是一个夸夸其谈的人，总是迷恋于自己说话的声音，总是陶醉于自己观念的表达。当他一开口说德语，便成了一个蛊惑人心的演说家，乔不得不承认这一点。

本诺是武装工人同盟的成员。他们竭力鼓吹，这是反抗资本主义敌人的正当防卫。本诺原先来上班的时候还带了一支手枪，直到乔发现后禁止他携带。

那是在他们之间爆发的第一个冲突。

更有甚者，本诺拒绝成为一名归化公民，或者说连考虑都没有考虑过。乔老是抓着这事儿攻击他，尽管他明白不应该这样做。他雇用了至少六七个同样拒绝加入美国籍的工人，有的是因为过于为自己的故国感到骄傲，也有的说万一在美国混得不好还要打道回府的。

但是，他感觉本诺是一个好工人。所以，暂时，乔决定容忍一下他的闹事，希望这事儿不会变得更加糟糕。要是真变得更加糟糕，那么本诺就得走人。乔的忍耐度不是无限的。

他掏出他的金质怀表，发现自己的手在微微颤抖。刚才的冲突让他心烦意乱，尤其是面对他儿子的那一刻。

他用指甲掀开薄薄的金表盖。表面显示，十一点二十二分。按计划，确切讲，再过八分钟，他的马车夫就会过来，先把他送到帕尔默酒店，然后再把他送往他的俱乐部——联邦同盟俱乐部，他在那儿跟另外两位成员有个会议。一位是公共交通运输事业巨头查尔斯·耶基斯，这人出身不好，主要是在宾夕法尼亚州从事证券欺诈。另外一位是该州南部第十八选区的前国会议员约瑟夫·格尼·坎农，大家一般叫他乔叔叔，或者有的时候叫他"臭嘴巴乔"，因为他讲话的时候老是脏话连篇。他在国会开会站起来说话的时候，女人们就会离开会场，这是常有的事。坎农任职时间很长，但在 1890 年的民主大潮中落选。

乔穿上外套，戴上那顶有别致的缎带镶边的白色霍姆堡毡帽。他拿起金头手杖和会晤用的文件夹，朝楼下的客厅走去。在前台，摆放着那个现代化的最新标志——一架闪耀着金色光芒的现金出纳机。这是戴顿国家现金出纳机公司的最新款式，包括一只现金抽屉、铃和按年月顺序排列的个体销售准确记录的记录器。啊，多好的数字啊！

他的服务员领班米克尔迈耶从服务室走了出来。乔拍着现金出纳机，问道："这东西怎么样？"

"她可是个美人儿，乔，好极了。"米克尔迈耶说道，"我自己有件好事情要向你汇报。彼得今年秋季要去读大学了。"

“哦,太好了。你什么时候得知的?”

“昨天有信来了。”米克尔迈耶笑容满面,“我怎么也想不到这小子能读完高中,更不奢望他能考上好大学。”芝加哥大学仅在芝加哥人心目中是所好学校,它没有什么纪录可以炫耀。它是新的,建造的大部分费用是约翰·戴·洛克菲勒捐助的。

“彼得也许可以有时间为那位新教头斯塔格打球了。”

“但愿如此。”米克尔迈耶说道,“他妈妈反对。”

“女人有的时候是刀子嘴豆腐心。我要送彼得五十美元作为贺礼。等一会儿到办公室来一下,我给你写张支票。”

“你总是这样慷慨,乔。”

乔挥了一下手,走出门去。米克尔迈耶十分感激,但并不感到惊讶。他很可能期待着公司的头儿有这样的举动。米克尔迈耶跟乔一样,在这个行业是把老手了。在辛辛那提市乔做学徒的英布雷啤酒厂,老板和员工总是在一张桌子上吃饭,充分分享他们各自的喜怒哀乐,就像他们互相配合干日常工作一样。米克尔迈耶也有同样的经历。这是几年前这个行业的典型做法,也是过去的一个传统,乔试图保留这个传统。

在露天啤酒馆,第一批午间的顾客开始占满了橡树和榆树下的桌子。空气沉闷潮湿,但是弥漫着他打孩提时代起就喜欢的芬芳:麦子、水、酵母、啤酒花的气味交织在一起,构成了啤酒厂甜美温馨、沁人心脾的香味儿。

他数了一下剩下的桌子,这似乎成了他的习惯。有一张桌子引起了他的注意。他仔细瞧了一下,接着示意服务员过来,他是新来的服务员,那是他负责的桌子。乔告诉他餐具摆放得太随意。

“这件要放这儿,这样。餐叉要这样放。”乔给他做示范,“全都整整齐齐,就应该这样。注意,从现在开始就这样摆。”

“是,克朗先生。”局促不安的服务员用德语说道。他知道,他要是不听从老板的,就会吃不了兜着走。

“我们这儿说英语,除非顾客不说英语。再见。”

他走出大门,朝水花飞溅的喷泉走去。喷泉最醒目的是一个六英尺高的甘布里努斯雕像，传说中的佛兰德斯国王和酿啤酒人的守护神。甘布里努斯国王的出名据说是因为他在任何场合都能喝下一百五十品脱啤酒。

甘布里努斯多么得意扬扬啊，乔心想。他看上去平静而幸福。也许都是那妙不可言的啤酒……

他听到了辘辘的车轮声，看了一下怀表，这时一组漂亮的枣红马拉着一辆马车停到了他身边。这是一辆英式活顶四轮马车——富人的马车。黑色的模制件，车夫座前有挡板，一条富有特色的水平条纹使马车的装饰具有了一种素雅的品质。内部的座位是真皮的，其色彩跟外面的罩面漆十分匹配。甚至连马车夫的座位也很高档，深红色的面布，黑皮的嵌条。每扇门上，都装饰着一顶小小的金色皇冠。天气眼看要变坏，所以前面的天篷和后面的天篷都拉上了。

“迟到了五分钟，尼克。”乔说完，啪的一声关上怀表的盖。

“真的很抱歉，克朗先生。”尼克·斯皮尔斯说道，这个身强力壮、脸色红润的人是他们家雇用的马车夫。尼克是一个中年英国人。在芝加哥地位较高的人中间，不列颠的车夫享有很高的声誉。“克拉克大街的桥上有大车发生碰撞。绕不过，耽误了将近二十分钟。”

乔·克朗快速地点了一下头，表明他接受了对方的解释，尽管他心中还是不满。他爬进马车，马车在暴风雨将至的天空下绝尘而去。

乔靠在垫子上坐稳，心里想着午餐会。

午餐会所要商量的是计划中将要开幕的一个很大的博览会的事情，仅一季，明年的 5 月 1 日开幕。世界哥伦布博览会①将是一个集艺术和工业于一身的规模十分宏大的博览会，也是发现美洲四百周年纪念活动。这是一个国际性质的活动，全球的目光将聚焦芝加哥。

为了保证所有的展出用房，芝加哥南部的杰克逊公园正在加紧建造巨大的

①世界哥伦布博览会，又名芝加哥世界博览会，是美国在 1893 年 5 月 1 日至 10 月 30 日为纪念 1492 年哥伦布发现新大陆四百周年而在芝加哥举办的一个规模极其宏大的博览会。博览会选址在位于密歇根湖畔的杰克逊公园，占地二百七十八公顷，建造了一百五十幢宏伟大厦。有两千七百五十万人次参观了博览会。它对美国的建筑、公共卫生、艺术、工业以及芝加哥这个城市的发展产生重大影响。

展馆群。在众多的竞争城市中，国会选择了在芝加哥举办这个博览会，同时也批准新建筑的落成将举行“适当的纪念仪式”。这样一来，立刻引发了复杂情况，因为10月12日这个日子是不可能的了，这天哈里森①总统坚持他必须出席在纽约举行的纪念哥伦布的游行。

第二个可供选择的日子是接下来的这个星期五，10月21日。典礼之前将举办一整个星期的庆祝活动，包括一个盛大的舞会，主办者是阿穆尔、菲尔德、普尔曼和纳尔逊·迈尔斯将军等人。

星期二将举行盛大的游行。哈里森总统将检阅游行队伍。当晚，他与其他显贵要人将出席一个精心安排的晚宴，出钱做东并做出安排的嘉宾是经过选择的。

星期五将达到高潮。除了最贪得无厌的斯克鲁奇②那样的守财奴外，每个行业的业主都会关门打烊，参加庆典的庆祝活动。上午，将会举行第二场游行，向博览会的举办地进发，然后在宽大深邃的制造和工艺品馆里面举行庆典，这座大厦被誉为“世界上已知的最大建筑”。整个夜晚，芝加哥的所有公园都将被焰火照亮。

整个一周的活动都是由博览会公司仪式委员会策划的。该委员会包括了芝加哥每个有钱人或者重要人物，再加上数十个硬充有这样地位的人。乔·克朗的专门小组负责安排星期四晚上总统的接待和晚宴。在这件事情上，乔现在得到了坏消息。

他打开文件夹，仔细阅读着用流畅的字体写的菜单。三十五个各不相同的项目。牡蛎、“佛罗伦萨”鸡蛋、烤美洲旱獭、小牛肉块、卡斯蒂利亚沙司、草莓酥饼、樱桃白兰地、科涅克上等白兰地、啤酒。克朗家将免费提供三种啤酒。其他的供应商没有这么慷慨，他们的吝啬使他不得不召开这个紧急会议。乔合上文件夹。他无须去看那些乏味的数字，他已经对那些数字烂熟于心了。

尽管博览会博人眼球，让人赏心悦目，也会带来观光者数以百万计的美元，

①哈里森，即本杰明·哈里森（1833—1901），美国第二十三任总统（1889—1893），共和党人，律师出身，曾任参议员（1881—1887），总统任内召开第一次泛美会议（1889—1890），成立泛美联盟。

②斯克鲁奇，英国作家狄更斯小说《圣诞颂歌》中的人物，为一被人憎恨的老吝啬鬼。

但它同时也是一个贪婪和腐化泛滥成灾的博览会。甚至像市长老卡特·哈里森这种并不十分受人敬重的要人也在博览会期间满腔热情地写下了这样的批注："进步,但城市鱼龙混杂,泥沙俱下。"

市长这种既兴高采烈又麻木不仁的矛盾心境是这个城市的典型写照,不过乔认为这也是这个时代的典型写照。自从那位虽是战争英雄但公开承认不懂政治的格兰特①担任美国总统以来,在乔所选择立足的这个国家,贪婪和腐化已经有增无减地横行了二十五年。格兰特的顾问和密友利用他们手中的权力中饱私囊,非法攫取利益,最臭名昭著的便是"威士忌集团案",诈取了政府数百万美元的酿酒税。

那以后,杰伊·古尔德②与吉姆·菲斯克③曾一度掌控了国家的黄金供给,差一点毁了经济。而纽约的特威德集团在他们被阻止之前已经从市财政劫掠了好几百万美元。在修建横贯大陆的铁路中,联合太平洋铁路公司与中央太平洋铁路公司的四个股东通过从政府抽取补贴大发横财。克里夫兰的约翰·戴·洛克菲勒组建了标准石油公司,并利用这个公司冷酷无情地将竞争对手逼入绝境;现在,他开始披上慈善家的纯洁外衣了。

在每个这样的江洋大盗周围,还簇拥着上千个梁上君子。股票操纵,土地欺诈,选票伪造,价格垄断,行业合并使之掌控在沆瀣一气的少数人手里——所有这一切已经司空见惯。非法雇用童工到又脏又不安全的工厂干活,有些孩子染上疾病,或者终身残疾。在芝加哥,大多数市政委员会委员——臭名昭著的"灰狼"——的选票,公开标价买卖。即便今天这个会议,也是赤裸裸的贪婪的直接后果。在美国,理想主义似乎已经所剩无几,有的只是对万能的美元无所顾忌的崇拜。是正当所得还是欺骗所得——通过到市政府去行贿还是在董事会会议室里博弈——反正是所得就是了。

---

①格兰特,即尤利西斯·辛普森·格兰特(1822—1885),美国第十八任总统(1869—1877),共和党人,南北战争时任联邦军总司令(1864)。

②杰伊·古尔德(1836—1892),美国铁路投机商和金融家,控制铁路业及西方联合电报公司和纽约市高架铁路,因阴谋垄断黄金市场引起"黑色星期五"(1869年9月24日)金融恐慌。

③吉姆·菲斯克,即詹姆斯·菲斯克(1834—1872),美国金融投机商,发行假股票,哄抬市价,垄断黄金市场,酿成波及欧洲的"黑色星期五"大恐慌。

耸人听闻的媒体运用报道“强盗资本家”和“托拉斯”发行量大增，这些报道对大多数估计自己已经无能为力的正派人来说到了烦不胜烦、不屑一顾的地步。默默无闻的作家写出了要求改革的书籍，但是没有多少人阅读，只有女人、教士和像乔的大儿子这种易动感情的年轻人才会去看。

有几位公众人物强烈谴责崇拜金钱以及随之而来的腐败。乔的好友卡尔·舒尔茨就是一个。不幸的是，面对普遍的无动于衷的冷漠中，这样的人是孤独寂寞的预言家。富的通过规避法律变得更富，穷的在逆来顺受的沉默中挨饿或死亡。美国交易系统的荣光——它所允许的自由——也成为其咒语，因为实际上是它邀请这群狼进入了这个羊栏，进行肆无忌惮的杀戮和侵吞。改革已经迫在眉睫。但是从哪儿改起呢？具有什么样优秀品质的人能揭竿而起领导这项改革呢？

乔依然相信美国的制度基本上是公正的。他相信这种制度可以给予愿意努力工作的人机会。他并不把自己当成圣徒，或者谢天谢地，也不把自己当作激进分子。但是，他也不认为自己愚蠢得跟有些差不多像他这样的生意人一样。那些生意人完全漠视贸易有人性的一面。譬如，古斯·斯威夫特和波克·范德霍夫。这两个食品加工包装巨头满不在乎地说，他们的工人要是有谁在他们哪家工厂受伤了或者伤残了，那不是他们的过错或责任，而是那个受伤的人自己的过错或责任——他来干这个活的时候知道并愿意承担其风险的。每当这样的不幸发生在那些“下等人”身上时，斯威夫特和范德霍夫就不予理会。

乔治·普尔曼几乎好不了多少。他建造了一个名叫“普尔曼”的模范工人城，在城区南面十二英里处。表面上看，这似乎是一个极好的人性化实验。但是，他在这个城里安插了公司大量的间谍，以防范工人闹事，而且，他收租户的煤气费、水电费高出正常费用的三倍。

恶有恶报，乔心想。像普尔曼、斯威夫特、范德霍夫这些人所忽视的正是在全世界范围内数量越来越多的“本诺”。“本诺”这样的人“把自己的一生都奉献给了揭露这种劣迹”。他们还有可能进行纵火、爆炸，甚至谋杀。

他责怪自己的思维信马由缰，居然滑到此类令人毛骨悚然的路子上去了。这种状况很可能是好多事情累积所造成的，包括酝酿着暴风雨的不祥天空，还有对来自德国的侄子的日夜担心。

在帕尔默酒店的底层，乔到理发店的椅子上坐下等候。他跟两三个熟人打了一下招呼——这家理发店是专为城里的商业领袖们开设的一个避风港——然后向理发师安东尼奥表示歉意，他迟到了五分钟。安东尼奥微微一笑并耸了一下肩膀表示没有关系。克朗先生每周总是固定时间来理发，而且给的小费很慷慨。

帕尔默酒店的理发店配备有很大的铬合金装饰的椅子，殿堂里还点缀着盆景棕榈树，地板上镶嵌着一排排排列得很整齐的银圆。重要的主顾都有自己的修面杯和刷子，放在墙上的架子上。乔·克朗的修面杯是一只色泽鲜艳的珐琅杯，杯子上面有一位快乐国王的图画，国王的头上戴着一顶巨大的王冠，懒洋洋地靠在宝座上。图画的上方是一个金色的英文单词“CROWN①”。图画的下面，同样是一个金色的英文单词“REX②”。

安东尼奥在磨剃刀的皮带上磨了几下剃刀，然后在乔胡子上方的脸上抹上肥皂泡沫。乔通常很享受这种理发，可是今天上午他的心情使他无法享受理发所带来的乐趣。一看到他那只画着画的修面杯，他马上想到了那场大战，想到了给他的人生道路留下如此深刻影响的在联邦军队服役的经历。战争中，他模模糊糊地养成了一种整洁和秩序的秉性，然后变成了一种占统治地位的强烈情感，深深地植入了他德国人的灵魂，使得他一辈子都被奴役在了“整洁”之中。

就是这只修面杯。另外还有一只杯子像这只修面杯一样，就在那个悲剧性的夜晚，当时——

不，他不想把那陈年烂芝麻事儿翻出来。没有那事儿，事情也已经够烦人的了。他靠在理发椅上，闭上双眼。安东尼奥则在他的脸上涂着香喷喷的肥皂泡沫。

联邦同盟俱乐部的会所由漂亮的红色砂岩砌成，位于西杰克逊大街和海关大街的角上。联邦同盟俱乐部是一个1862年创建的爱国机构，其成员都发誓一定要保留和保卫联邦，其触角遍及整个北方，战后，好多社交俱乐部都发端于此。

---

①意即“王冠”，作为姓名时音译“克朗”。

②意即“君王”。

乔这个专门小组的成员已经在宽敞的主休息室里等着他。这两个人的外形完全不一样。两人都是中等年纪。查尔斯·耶基斯具有德国血统,面无血色,双眼乌黑,浓密的翘八字胡和蓬松的头发正在变白。如果不知道他是一个名声臭得像海盗一样的奸商,也许会猜他是一位教授呢——尽管没有一位教授买得起他那种英国式的套装和手工制作的衬衫。国会议员乔·坎农的外貌也容易给人造成假象。他给人的第一印象是像个乡巴佬那样不修边幅,毡帽皱皱巴巴,服装邋里邋遢,下巴上的胡须亟待修剪。不过,乔·克朗注意到,坎农的套装价格不菲,只不过是穿着马虎罢了。坎农经常这样开玩笑:"我在弗米利恩县的高贵选民,他们只是一群心地善良、浑身脏兮兮的老农民啊,我要是打扮得像个花花公子,对他们神气活现,那会是个什么样子?可怜的老切斯特·阿瑟,1884 年没有得到重新提名,就是因为穿得太漂亮了。我老是说,切斯特是被他自己的裤子打败的。"

坎农的乡巴佬假象下面隐藏着专横的本质,他脑子机灵,意志力令人敬畏。

三个人聊着天,来到了二楼的大餐厅,来到耶基斯已经订好的一个安静角落的那张餐桌边。在小小音乐室里一个装饰华丽的屏风后面,一位看不见的乐师轻柔地弹奏着曼陀林。

他们一面吃着丰盛的大餐,一面谈论着这个国家令人心神不安的现状。是的,美国人认为垄断性的托拉斯让人可恨,是邪恶的象征,是对卑微的生命施加强势影响。延展开来想,所有生意人都不值得信赖。这里面有政治后果。在西部和南方,农场主和工人们正在组建第三个政党,叫作平民党。穷富之间、劳资之间的鸿沟正在变得越来越大,双方甚至变得更加不和。乔跟本诺·斯特劳斯的问题是他亲身经历的,他说到了这事儿。耶基斯说到了去年 7 月份宾夕法尼亚州卡内基钢铁厂的暴力事件。州警察部队被调来镇压罢工,一阵弹雨后,有人死了。

如果说乔对所有这一切的看法稍微有点阴郁,那么耶基斯的观点则让人惊恐:"我的公文包里有好几千股费城和里丁铁路公司的股票,但它们实际上已经一文不值。所有的铁路公司都濒临破产的边缘。上个星期在纽约,我跟贝尔蒙特和摩根一起吃饭。他们俩都斩钉截铁地说,他们正在走向灾难。他们竭力警告华盛顿。但那儿好像谁都不在乎。"说着,他斜着眼朝坎农看了一眼。

乔叔叔摸着自己的鼻子:"实在是不知道我们可以干点什么,查利。自由市场不是政府所能控制的。不过,你说得对,现在乱得一团糟。我买了一些粮食和棉花的股票。第一天涨得比天高,第二天跌得比妓女的名声还低。我们需要一个有水晶球的先知,来预测将来会发生什么。"他示意服务员再来点咖啡。他对乔说道:"你的生意还不错吧?"

"是的,一直还不错。时令不好的时候,销量会跌一点,但不会跌得太厉害。啤酒对人来说是一种便宜的慰藉。"他不是在开玩笑,可是耶基斯嗤之以鼻,仿佛认为这话不值得理会。

当每个人喝下更多的咖啡之后,乔打开文件夹,给他们看最后修改过的菜单:"查尔斯,你同意吗?"

耶基斯耸了一下肩膀:"干吗不同意呢?要是我们今天到下周四之间破产了,那么我们可以给总统吃发霉的面包和凉水啊。"

"乔叔叔?"

"我说很好。我喜欢你俩好,可是假如你们硬逼着我在丹维尔上了一辆芝加哥到东伊利诺伊的货运车,在一条坑坑洼洼的道路上颠簸了上百英里,把个屁股都颠烂了,到这儿来就是为了认可这个该死的菜单的话——"他用一只脚将痰盂勾得更近一点,勾到桌子底下。他俯下身子,响响亮亮地吐出一口痰:"那么注意了。你们以为我这是出口骂人,实际上来的却是一股冻得鼻子发青的强北风呢。"

他掏出一根廉价的雪茄烟点着。乔说道:"不,有更重要的事情要商量呢。为我们提供野味和甜酒的两家酒店随心所欲地提高了估计数。数量极其庞大。"

"好哇,见鬼的,那就撇开他们,找新的啊。"坎农挥着手说道。

"不行啊,我们来不及了。我火死了,可是这个节骨眼上,发火无济于事啊,也解决不了问题。实际上是被迫屈服——我们被迫屈服——但是收不抵支。喏,瞧。"

乔给他们看了他那张写满数字的纸。

"我们这个专门小组负责在预算内制定菜单。要是出现赤字,那么那个仪式委员会不把我们三个人绞死才怪呢。”

坎农在他那张高背的金丝绒座椅上往后挪了一下:“别看着我,伙计们,我口袋里什么也没有,只有棉绒和几个小钱。一个乡巴佬把另一个乡巴佬拽上法庭,为的就是毫无价值的财产纷争,你说一个乡下律师能挣多少钱?我告诉你们吧,一点买鸡食的钱。”他俯身向前,再次狠狠地吐了一口痰。

查尔斯·耶基斯一脸上当受骗的表情,叹了口气说道:“好吧,我来出钱,弥补不足。我估计这也是把我放到委员会名单最前头的原因吧。”

乔如释重负,说道:“我也是希望你能慷慨解囊。你要是负责一半的赤字,那么还有一半我来出。”

“行。”耶基斯说道,看上去开心了一点。

“既然这事儿解决了,那我恐怕得再喝一杯。”乔叔叔看上去厌烦了。

乔两点钟刚过便离开了联邦同盟俱乐部。他的马车径直往北驶向拉腊比大街。他知道他应该高兴,他精心设计的策略解决了一个有重要意义的问题。可是,他的脑子很快又盯上了另一个问题。那孩子究竟在哪儿呢?

丝毫没有他的音讯。他应该写信给他妹妹夏洛特问一下,以防有什么意外。毫无疑问,他等的时间实在是太长了。接着再想想,他也许是庸人自扰。你叫那孩子如何联系呢?他很可能几乎不懂英语或者根本就不懂英语。

但是,假若某一天他突然出现了,他会怎么对付呢?他来美国会幸福吗,抑或会不会理想破灭而离开呢?他是否应该再去上学还是找个工作?最令乔揪心的是第一个问题。乔和伊尔莎的孩子们会毫无保留地接纳这个新移民到他们的家庭吗?

克朗家有三个孩子,三个人对一个陌生人的到来都反应极大。大儿子小约瑟夫十七岁。他是一个骨骼很小的孩子,一张脸呈三角形,几乎像张妖精的脸,但是他的脑子很聪明。在伊尔莎的教导下,他读书如饥似渴。他的体格很像父亲,但是似乎天生跟父亲性情不合,凡是乔·克朗赞成的东西他都反对,叛逆成性。他至少在三个十分优质的学校被开除。无计可施的情况下,乔把他弄到了啤酒厂来上班。到了厂里,他立刻跟那帮最坏的坏分子勾搭在了一起,就是那些激进的社会主义者,领头的即本诺·斯特劳斯。

弗雷德丽卡,大家通常叫她弗里奇,今年十一岁。眼下她说她不喜欢男孩子。她是一个很瘦的孩子,一头乱糟糟的浓密金发一定是母亲这边的遗传。弗里奇充满活力,有时满得让人不快。她老是生怕别人不注意她。她生活在双重压力下:首先因为她是第二个孩子,总是要跟第一个孩子比;其次因为她是个女孩,而一个家庭以及整个世界都是由男人在主宰。乔对她宠爱有加,可是她常常让他忍无可忍。他担心,他永远也无法完全理解她。

卡尔最小。他要到 11 月份才十岁,但早已长得跟姐姐一样高了。他的脸长得像伊尔莎,但是他的肩膀很宽,躯干和腰肢十分粗壮,所以他看上去像是别的父母生的一样。卡尔猛一看颇为木讷,可是他一开口说话、一露出笑脸,便立马让人改变印象:他的魅力,他的微笑,总能博得每个人的喜爱。他在家里有的时候笨手笨脚,可是在他热爱的运动和比赛中却绝对不是这样。

卡尔是个复杂的小男孩。几乎跟他对体育的热情一样高的是他对机械的兴趣。四岁的时候,他就差不多把乔和伊尔莎给逼疯了,他突然对挂锁、保险箱暗码盘、各种各样的锁和钥匙感兴趣了。于是,每年都会给家人带来新的不同的困扰。

三个孩子,全都对这个家庭即将到来的永久性的新成员警惕着呢。他们不希望自己的生活受到这样的扰乱。他们公开表达这样的观念。

乔试着相信,孩子们跟他们的这个堂兄弟会和睦相处的,但是他没有把握。

第十一章　波利

四个人死于那场彻底烧毁了“金门”的大火。弗劳·盖齐格、莉斯尔，还有两个睡在三楼小阁楼里的新来的移民。盖齐格先生刚好在大火一烧起来的时候回来，但是他没有出手救援里面的人。那个纵火犯，玛格达那个妒火中烧的朋友，没有被抓获。

波利从二楼跳下来的时候扭伤了左腿，伤得很重，走一步都痛彻骨髓。玛格达摔断了两根肋骨，摔得遍体鳞伤。

当地的警察局问了波利一些问题，没有扣留他。毕竟，他可以说是一位英雄啊。他对警察讲盖齐格欠他工资。他们告诉他那个被监禁的老板说自己没有钱。警察局一位有个德国姓的侦探听说了波利的遭遇，从自己口袋里掏了五美元钱给他。

波利想爬铁路货车去芝加哥的计划泡汤了。他的腿受了伤，他也不敢冒险去跳一辆开动的火车。他担心的是季节越迟越不好。天气已经急剧转凉。树叶正在变黄、变红，正在枯萎掉落。

玛格达陪着他一起来到火车站。她用四美元钱帮他买了一张二等座的火车票。余下的钱他将用来买吃的，尽可能节省着花。售票员说四美元只能坐到匹兹堡。波利在其中一张摹图上标了一个点，写上“匹”字。

“可是匹兹堡后面的路程你怎么办呢?”玛格达站在他身边问道，这时铃声响了，蒸汽嘶嘶地冒，火车马上就要开了。

“走路。”波利满怀信心地说道，可是他内心并没有这么自信。

他不喜欢这种二等座的车厢。肮脏,凳子很硬,煤烟、煤渣不断地从开着的车窗外飞进来,刺得他眼睛生痛,还落进了他的头发里。车厢顶上有两盏灯照明,可是光线太暗。他要想看他那本日常用语书,眼睛很费劲。在德国,二等座的车厢要好得多。

乘客们在每个车站上上下下,大多数是乡下人。他身边落座的乘客每一个小时左右就会发生变化。没有人愿意跟他交谈,尤其是当他们听他用结结巴巴的英语说过几个单词之后。他从在车厢里穿梭往来、兜售报刊的小贩那儿买了一小袋甘草糖。他一面吃着糖果,一面望着车窗外,竭力想用这变化无穷的景色来提振自己的精神状态。海岸边的平原变成了山岗丘陵,接着变成了并不很高的山脉,山坡上红叶如同火焰,烧出秋的韵味。那天夜里,天气变得很冷,列车员在车厢顶头一只铁炉里用木柴烧旺了火。浓烟滚滚,呛得乘客咳嗽不止,刺得他们眼睛生痛。但是,至少车厢里暖和了。不,车厢里变得很热了。车厢变成了一只烤箱。真是奇怪,美国人怎么喜欢把自己的房间和公共空间弄得这么热?他不知道自己是否适应得了。

当烟雾弥漫、肮脏不堪的列车开进一个巨大棚子,接着列车员喊叫"匹兹堡到了"的时候,他感到欣慰不已。

在匹兹堡,他用余下的钱买了一袋苹果、饼干、硬糖,路上带这些食物好像是最好的。他动身徒步往西进发,遇见愿意跟他说话的人——学生、流浪汉、微风吹起时在院子里晾晒衣服的女人——就问路。最初几天,因为有腿伤,他走的路不多。每走一步都是一次搏斗,他常常得咬紧牙关抵御疼痛。有好几次,他不得不在路边的围墙旁坐下,喘着粗气,大汗淋漓,直到那疼痛过去。但是,他决不因疼痛而逡巡不前。

傍晚的天空变成了深蓝色。夕阳西下,白昼的时间每天都在缩短。田地早已收割,准备过冬。他的羊毛外套已经太单薄了。

他睡干草堆,或者钻进山丘边上因霜打而枯萎的野草丛中。他的食品袋很快就瘪了,此后便是有吃的时候吃,有吃的地方吃。有时他到农户人家帮他们干点活,讨点水喝,讨点食物吃。在第一个地方他给人劈柴。在第二个地方他帮人搬了两个多小时一坛坛腌制的水果和蔬菜到地窖里。在第三个地方他们叫他喂猪,这对在柏林的街道上长大的孩子来说全然是一件陌生的事情。

不时地,他能随赶马车的农民或者在城镇之间穿梭往来的小商小贩赶几英里路。其中有一个这样的小商人,一个穿街走巷的锡匠,在西弗吉尼亚州让他搭了近三十英里的车,然后在送他上路前还给他买了一份有牛排、洋葱、啤酒的丰盛大餐。

在俄亥俄州,刚越过州界,寒冷的暮光中已经有星星穿透夜空在闪烁,他溜进一个果园,有几个未摘的苹果正挂在树枝上枯萎。他摘了一个皱皱巴巴的褐色苹果狼吞虎咽起来,因为他已经有二十四小时没有吃东西了。

"喂,那边是谁?"粗暴的话音吓了他一大跳。一条狗开始狂吠。他听到有一个农夫在暮色中朝他跑来。他一把抓起他的手提包,朝着另一个方向逃跑。

他一脚踩进了类似于动物藏身的地洞,摔倒在地,前额撞到了一棵苹果树的树干上。农夫端着一支猎枪追了上来。波利在乡村监狱被关了七天七夜,罪名就是偷吃一个一文不值的烂苹果。

至少,被关在监狱里的时候,吃的东西是充足的、好的。玉米糊、家制的面包,还有腌制食品、美味可口的炖食物和又浓又香的咖啡。监狱看守的姐姐嫁给了当地的一位医生。医生拎着一只皮箱来了。他看上去像一个肺痨病人,可是他的触摸非常温柔,而且他仔细检查了波利的腿。有好几个地方,皮肤还是发紫发黄,波利无法将整个体重压到这条腿上。

"我看没有骨折。"大夫得出结论,"我有一些药水你可以搽一下。不过,你一定要小心。不要过于用力。你要走多远?"

"芝加哥。"

医生摇摇头:"那有很长的路啊。你怎么去呢?"

"我不知道。可是我肯定要去。"

大夫表示怀疑:"你走之前,我希望你到我家里来一下。我老婆会烧点热水。你需要洗个澡。你要是一路上闻起来都是这个味儿,很可能会被当作有妨碍公共利益的行为而被抓起来。"

波利不懂“妨碍公共利益的行为”是什么意思。但是他很享受在一个涂锌澡盆里的洗澡,还有大夫严厉的老婆做的一顿丰盛大餐。饭后是一夜无忧无虑的酣睡,真正的床,被褥很厚。

灰色的天空预示着寒冬即将来临,他再次上路西行。他的衣服干净了,他的腿上散发出药水的味儿,他的腿依然是瘸的。

路途上,他邂逅过很多陌生的新名字。什么“惠林”“埃里”“布西拉斯”“托莱多”。他努力记住每个名字,读准每个名字。可是并不容易。

他看到有一些广告牌,上面画着奇怪的图画,还有图片说明。性感的年轻女人穿着透明的长裙,举着一条条黄色的肥皂。迷人的小姑娘穿着睡衣,嘴里咬着棕色的饼干。身强力壮的农夫戴着草帽,捧出一块块烟草。“阿普尔鲍姆助消化酏剂”“芬威克与赫尔曼公司,殡葬一条龙”“圣灵帐篷复活”。他看得懂大多数图片,可是有些文字他看不懂。尽管如此,他还是被广告牌的勃勃生趣和光彩夺目给迷住了:那颜色真是鲜艳啊。这也是一件新鲜事儿:独特的美国风格。

他跟着一个流动铁匠来到了印第安纳州。现在已经是 12 月份了,寒冷的天气意想不到地翻转过来,变成了阳光明媚、暖意融融的天气。那铁匠说,一年中这么迟的时候,在中西部有这样的天气实属罕见。

铁匠在一个十字路口让他下车,挥手道别,然后沿着往北的路去了。波利拖着沉重的脚步走了大约一英里,来到又一个仅有一条泥土街道的乡村小镇。他来到一家药店门口停下脚步。这家拥挤的药店香味扑鼻,也卖马具、衬衫、女帽、工作靴、号角状助听器、假肢、玻璃假眼等。

药师是一个满脸皱纹的中年男人,络腮胡像一把扇子,右腿好像很僵硬,似乎像波利一样受过伤。波利掏出他的日常用语书,寻找可以向他提问的问题。药师认真地听着,然后说,到芝加哥还有两三百英里。

“我劝你最好加快走完这段路。这样的天气不会持续太久的。我们随时有可能遇上暴风雪。”他歪过头,打量着这位客人,“不过,你看起来至少可以用一个晚上在真正的床上休息一下。”

“我可以的,是的,非常可以。”

“好极了。我很乐意有你作陪。”

他将波利领到商店上面的房间里，打开了一个大卧室的门，里面尽是尘土的气味，好久没用了。“这个卧室我和我妻子用了好多年。一年前的8月份，她中暑死了。从那以后我就睡在那个小卧室里。我受不了这个。你请便吧。这儿有我的一件睡衣，把它穿上，我把你的衣服洗一下。我的名字叫卢埃林·罗兹。”

“我叫波利·克罗纳。先生，我非常感谢你。”

罗兹为波利的晚饭烧了很多食物。他连商店也不管了，捧着一大杯咖啡待在楼上的厨房里，似乎急于想跟人聊聊天，哪怕是比自己年轻得多的人。他告诉波利，他是这个小镇小教堂合唱团的义务指挥。

“德国人很喜欢唱歌。”波利说道，“他们通常都有唱歌俱乐部。”

罗兹的眼睛里流露出忧郁的神色，仿佛在凝望着某个遥远的地方：“我们在战争中经常唱歌。唉，都是很久远的日子啦。我在印第安纳第二十团服役了四十六个月。志愿兵，我们全都是。印第安纳农家孩子志愿军，青涩得像嫩玉米一样。你听说过南北战争，是吗？”

“解放黑人的战争吗？是的。”

“拯救联邦的战争。我们有很多人为此失去了自己的一部分肢体。你明白我说这话的意思吗？”他伸出自己的右腿，拉起裤腿。波利的眼睛瞪得溜圆。罗兹的腿是木头的。

“木头，一直到膝部。你几岁了？”

“十五岁。”

“我失去这条腿的时候还不到十九岁，在弗吉尼亚州的北安娜河畔。对此，我从来不感觉痛苦。战争是我这一生最伟大的经历。跟我差不多年纪服役的大多数人都有这样的感觉。它就像是前进在远征的路上。从那以后，其他什么都不在话下。那时我们都有一个目标。我现在的人生就是挣一点小钱，照顾好我的生意，消磨日子。”他那双忧烦的眼睛锁定了波利的眼睛。

“你需要一个那样的目标。你所喜欢的事情。金钱是不错的，金钱是必需的。可是，它不够。远远不够。你明白吗？”

波利点点头，但是他并不完全明白。

第二天早上，波利准备动身。尽管一整个晚上睡得很香，可是他的感觉很奇怪。他的牙齿格格打战，他一会儿汗淋如雨，一会儿冷得发抖。药师注意到了这个现象，拿手背在波利的额头摸了一下。

“你生病了。你最好再待一两天。”

“不，我已经耽搁得太久了。我必须赶快赶到芝加哥去。”

“余下的路程我给你买张火车票吧。别拒绝，就这么定了。”

于是，卢埃林·罗兹就像玛格达一样带着他来到火车站。

天空黑沉沉的。起风了。一夜之间，天气骤冷。罗兹站在站台上，向他挥手道别，他的心似乎难过得要碎了。美国，波利凝望着这趟去芝加哥的慢车的车窗外，心里默默地念叨着这个名字。“这儿也有像洛特姑妈那样失败的人啊。”这是打破他幻想的一课。

这趟客车跟他坐到匹兹堡的火车不太一样。不到一个小时，波利的脸上便大汗淋漓。这次不是因为那个老旧的火炉烘热了车厢。他身体虚弱，间歇性地发生晕厥，他病得更重了。他蜷缩在车窗边，望着灰色的田野、铁丝网围墙，还有，在每分钟都飘舞得更加疯狂的雪花中顽强挺立的光秃秃的树。

狂风在火车四周发出哀号，刮得车窗格格直响。很快，列车速度下降到了每小时十英里。然后，又下降到了五英里。车窗外只剩下白茫茫一片。列车遇上了疯狂的暴风雪。

雪堆高耸。列车嘎嚓嘎嚓地行驶，停了一下，往前一拽，再次嘎嚓，然后第二次停下。这次，它不动了。

列车员跳下车。他很快就回来了，他的肩膀上和帽舌上落满了雪花：“铁轨上雪有这么厚。我们被阻挡了，要等铲雪车来开道。时间应该不会太长。”

十二个小时之后，在一个长长的冰冻夜晚的午夜，他们依旧在等待。

烧火炉的木柴告罄。油灯的油也已耗尽。雪停了，风缓了，但是列车依然被困。那些最勇敢的乘客整理好他们的行李，准备离开列车。

“你们都是该死的傻瓜。”列车员警告道。

“我不想在这儿被冻死。”一个人说道，“芝加哥有多远？”

"七到八英里。近郊有个车站和编组场,大约三英里,可是——"

"我走。"

波利拿起自己的手提包。他也准备走。

铁路公用事业用地的有些地方,积雪厚得直达他的大腿。他的身后,东方发白,拂晓似乎来临了,但是白昼并没有给大地和天空带来温暖。他奋力前行,没戴手套的双手冻僵了。铁路前面很远的地方,他看到了那六七个勇敢的乘客,便跟着他们,他们是他的榜样,跟着他们走不会错。可是,他们没有生病啊,尽管有雪堆,他们要落下他也是很容易的事情。很快,茫茫的雪景中,他们的身影越来越小。

没有太阳的白昼给他带来的除了冰冷还是冰冷。他踉跄着前行,有好几次跌倒在地,一头栽进雪堆里,然后再用疼痛难忍的双臂的力量将自己撑起来,用不达叔叔家誓不罢休的愿望的力量将自己撑起来。他从那么远的地方过来,要是就这么被天气、疾病或任何其他什么东西打败,那他就不配在天地间为人。

上午九十点钟的时候,他来到了市郊的小火车站,火车站在一个编组场的边上,看上去孤零零的阒无一人。他没有看到铲雪的工作火车。什么都是凝固不动的。有二十多节棚车厢排列在侧线上,极目望去,有青烟从很高的扳道房的白铁皮烟囱上袅袅升起。

他走不到那么远的地方。他就在火车站躲躲风雪吧。

在大雪覆盖的站台上,他来到门口,终于松了口气。他转动门把手——

锁住了。

绝望中,他搜寻着这寂静无声的一个个场地。他不能站在外面这个地方,他会死的啊。可是他已经病得再也走不动一步路了。要是能让他睡上一个钟头,那么他就能再次前进。

他两眼模糊,踉跄着走过一条铁路,接着又一条铁路,然后沿着一排棚车走去。每一节车厢上都写着几个同样的又大又华丽的字——大"V"食品加工。跟波利所看到的很多招牌一样,他不明白这是什么意思。

第一节车厢锁着。第二节也一样。他冻得麻木的双手探摸着那些铁的挂锁,被破损的铁刺刮得鲜血淋漓。探摸了六节车厢之后,他准备放弃了,可是他又探摸了一节。

挂锁破了。他将挂锁从搭扣上拿下来,推开车门。火车厢里的地上摊着干草。内壁上还有一层晶莹洁白的东西:冷却管道,上面覆盖着白霜一样的冰。波利在柏林的皇宫大酒店看到过同样的管道。

他将自己的手提包推到里面,将右腿甩了上去,挣扎着爬进车厢,再次喘着大气。他关上车厢门,在黑暗中躺下。他将干草堆到自己的腿上和胸部。他尽力把冻僵的双手塞在两条腿之间取暖。他侧身躺在地上,发着高烧睡着了。

他听见狂风怒号,还有一个很轻的声音,像是有人在抱怨什么。冰冷的白雪飘落到他的身上,他感觉到脸上和嘴唇上有雪。他舔了一下雪花,呻吟起来。

他翻过身仰天躺着,昏昏沉沉地睁开眼睛。雪正从车厢顶上的一条缝隙飘落下来。他已经被积雪盖住了。他听到外面有人。

"米基,这节车厢的一支锁不见了。"

"最好检查一下。"

门被打开了。刺骨的寒风刮了进来。一束束提灯的灯光像刀剑一般在他上面来回宰割。

"没什么事儿,米基。"

"好吧,我们——不,别关门,那儿有个人。你,站起来,出来,马上。"第二个人比第一个人要粗暴。

波利浑身颤抖,蹒跚着来到车门口。两个铁路警察站在车厢外面的地上。天已经很黑了,所以他几乎看不清其他东西。那两个人有提灯,照亮了他们四周飞舞的雪花,晶晶莹莹的雪花。

"就是一个小孩子,米基。"第一个人说道。

"比小孩子稍稍大点。你叫什么名字?"

"克罗纳。波利·克罗纳。"

"听。"米基,那个粗暴的人说道,"新移民。刚坐船过来,是吗,小子?"

"是的,船。"波利点点头,"请问,能告诉我——这是什么地方吗?"

“这儿是匹兹堡和韦恩堡的南编组场。”

“芝加哥呢?”

“是我在问你问题。”米基说道,“你知道吗? 你不可以进到这些车厢里来睡觉的。你有可能被捕。”

“那雪——”波利一开口便被打断了。

“那不管,你还是不可以的。”

“我估计他听不懂,米基。”

“我要去找我叔叔。”波利说道,说每一个字都很费力,“他在芝加哥等我——前提是我不能先死掉。”他的牙齿打战得很厉害。

“是这样吗?”粗暴的那个人不为所动。

“是——是的。”波利抓住门的边,以防止一头栽进雪地里。

“米基,他病了,瞧他眉毛上的汗水。”

“你叔叔是谁?”另外一个人问道。

“约瑟夫——嗯,约瑟夫·克朗。”

“不是那个啤酒老板吧?”第一个人,更加和气的那个人说道。

“是的,先生,你认识他吗?”

“当然认识,哪个喝啤酒的人不认识他? 你能证明他是你叔叔吗?”

“啊,见鬼去吧。”米基说道,“先把他弄到那儿去,让警察去查清楚吧。”

“请问那是什么?”波利有一种预感,那是一个监狱。

“你很快就会知道的。”

波利摇晃着,再次头晕目眩。可是他不能就此罢休,不能在距他梦想了那么长时间的家如此近的地方轻易放弃。如果有必要,他将跟这两个人拼命。他可以做任何事情,唯独不可以放弃——

“米基,别这样捉弄他。”只听得第一个人在说,“他一定是遇上暴风雪被阻了。我们让他走吧。圣诞节了。嗯,快了。这很重要,不是吗?”

圣诞节? 难道已经到圣诞季了吗?

米基挠着自己的下巴,一面想着他伙伴的话:“你知道你叔叔住在哪儿吗?”

波利回答的时候嘴唇有点麻木:“密歇根大道。”

“对呀，我知道那幢房子，谁都知道。”第一个人说道，“密歇根大道，东边，第二十大街的街角上。很大的地方。占了那个地块的一半。你一下子就能认出来的，外面到处都是皇冠。”

粗暴的那个人发出一个小小的表示满意的声音：“当然啦，你叔叔酿的贮藏啤酒很好喝。”

“就凭这个理由也可以让他走啦，米基。”

“你们可以——”波利咳嗽起来，咳了很长时间，咳得胸部生痛，“给我指个路吗？我是说——告诉我——”

“我明白。”粗暴的那个人说道，“我想我们可以的。”他把提灯放到车厢里，接着把他那根长长的光滑的棍子放到提灯的边上。他举起一只戴着连指手套的手：“爬下来。这火车还不会开呢。你得步行，还有不少路呢。”

“我可以步行的。”波利说道，可是他身心俱疲，根本不可能步行，唯一激励着他继续前进的仅剩下他的决心了。他抓住那只手，跳了下来，可是他的腿太没有力气了，腿一弯，他一声大叫，跌倒在地。他们帮助他站起身来。

波利离开匹兹堡和韦恩堡的棚车厢时已经是中午。所有通向芝加哥的交通依然瘫痪在暴风雪中。远没到傍晚的街道上依然人烟稀少，偶尔有警车或者马拉街车穿越厚厚的积雪驶过。天再次开始下起了小雪。波利沿着那两个铁路上的人给他指引的方向，一步一步挪着肮脏酸痛的腿，往前跋涉。几个星期，他就是这样挨过来的。

他们告诉了他那条街道的名字怎么写，“密——歇——根”，他一遍又一遍地记着，直到他觉得他可以在招牌上认出这名字来。他认出来了，此时此刻，他蹒跚在一条大道上，两边都是一排排高大朦胧的屋宇。

他在灰蒙蒙的黄昏中费力地望着街道的牌子，艰难而又坚定地一步一步沿着密歇根大道往北走去，一面注意着横街的号码，直到他看到了第二十大街。街角上，就是那幢房子，一个名副其实的城堡。几乎每一扇窗户里，都有电灯光流溢出来。

这是一幢三层楼的房子，由一块块很大的灰色的石灰岩砌成。它有一个复折式的屋顶,边上有一个盖着顶棚的车辆出入口,整幢房子四周是一道铁的围墙。它占了所在街区的一半土地。波利没戴帽子的头早已雪白,像个雪人一样,他站在那儿,望着这幢房子,惊呆了。

他知道,就是这幢房子没错。在面朝密歇根大道的熟铁大门上,有一个拱形,拱形上面的装饰图案中有一顶皇冠。跟装饰在他叔叔信里面一模一样的一个皇冠。波利还看到,在围墙的设计图案中还有很多皇冠。房子本身有好几个地方也雕刻着皇冠,使得这石砌工程尤为醒目。

巨大的宅邸让他望而生畏。他是不是该从后面仆人进出的门里去瞧瞧?

不,这是美国。这幢房子是属于他自己的家。

他往里面推开大门。他看到自己的手指上有一摊红色。皮肤裂开了,他在流血。

他吃力地拎起手提包,爬上一段石头台阶,走向那个有顶的前门入口,那儿相对风雪比较小。他抓住突出在雕刻大门上的一个精致华丽的金属拉环,拧了一下。

房子的深处,有一个铃在响。

波利一看到前来开门那个人的严厉表情,心一下子拔凉拔凉。他叔叔有一张苍白病态的马脸,两眼表示怀疑地瞧着他。

“如果你愿意到后门去的话,厨师会给你一些吃的。”

“我不是——嗯,不是要饭的,我是你德国来的侄子啊。”

“你说什么?”脸色苍白的人皱拢了眉头。波利意识到自己犯错了。这人穿着有细条子的衬衫,衬衫外面吊着背带,一条上过浆的白色挂脖围裙挂在他的脖子上。围裙的上部有一顶刺绣的皇冠。

“等一下。”门砰的一声关上了。可是,在门关上之前,波利已经感受到了一阵融融暖意,已经嗅到了松树的甜美芳香,已经看到了高高的圣诞树上闪闪发亮的装饰品,已经发觉了上面什么地方所散发出的豪华富丽的辉光。

寒风刺骨。波利感觉双腿像是两根断了的小树枝一样,太虚弱了,快支撑不住他的身子了。门再次打开。站在那儿的一个人甚至比被波利错当作叔叔的那个仆人还要严厉。

这位先生个子矮小，瘦而结实，一头银发和白色的胡须油光整洁。他的仪态十分得体，一副金丝边眼镜后面的棕色大眼睛流露出警觉。他穿着新颖别致的浅口皮鞋和灰色裤子，上身是一件深蓝色的抽烟服，抽烟服由亮闪闪的布料做成，布料上隐隐约约有一个凸出图案。波利闻到了很好闻的剃须滑石粉的味道。他一出现，立刻让波利肃然起敬，内心产生了一丝害怕。

但是，这人的欢迎态度非常热情友好："进来，进来，好吗？关上门，外面冷。"

波利顺从地进门："约瑟夫叔叔？我是你侄子波利。"他大声说道，一激动，便本能性地又蹦出了德语。

"我是说我们通常说——"

"是的，英语。我懂。我懂一点点。"

另一个房间里传来一个小姑娘的喊叫声："谁在那儿，爸爸？"

接着，又是一个男的声音，年龄更大一点："有谁来了吗？是不是朱莉带着她的溜冰鞋来啦？"

"请耐心点，我一会儿就过去。"这男的英语说得很好，尽管口音很重。他倾身向前，他的眼镜反射出那棵很大的圣诞树上那些光闪闪的玻璃球和锡箔纸条。有好几十根白色的蜡烛尚未点燃，装点在树枝上。圣诞树矗立在一个很大的门厅后部一道很宽的楼梯旁。

男人抬起右手扶着波利的肩膀。一枚朴素的金戒指闪着微光。在德国，按传统习惯，右手是戴结婚戒指的手。波利的心放了下来。

"这么说，你是我侄子——终于来啦。"

"是的，先生。你侄子。一路从柏林过来的。我把自己改名为——"他不知道这是从哪儿蹦出来的，但是突然就这么来了，来到他的脑袋里了，完美无瑕。这就是他需要、他想要的名字。

"保罗·克朗。"他深深地吸了一口气，"它好吗？"

约瑟夫·克朗两眼望着这个穿着破衣烂衫的生病小男孩。一缕微笑在他那油光光的八字胡和亮闪闪的银色帝髯之间绽放。"保罗·克朗。好啊，挺好，干吗不呢？你把一些旧的和一些新的混合在一起了。我们啤酒厂也是这么干的，混合原料,创制出新的优质产品。”他抬起头,他的眼镜闪着亮光:“我是你叔叔乔。进来,暖和暖和,你看上去不太好。”

“我写了一封信。收到没有?”

“信?没有啊。这边走,全家都在——”

波利放下手提包,朝开着的灯光明亮的双扇门走去。乔·克朗靠边让他过去。他闻到了波利身上的一股气味,咳嗽起来,便赶紧用手捂住自己的嘴巴。

波利没有注意到这个细节。他敬畏地往后仰着头。他正在穿越的门厅有两层楼高,全都是大理石砌就,一派富丽堂皇,像个大教堂。天花板的中央,悬挂着一盏巨大的枝形吊灯,数百串雕刻出来的玻璃珠子或者棱柱形成了一个闪闪发光的巨大圆盘,那些棱柱的上方有两个同轴的环,环里面,十几盏电灯使枝形吊灯闪闪烁烁,令人眼花缭乱。

约瑟夫叔叔轻轻地推了他一下,让他继续往前走:“来吧,我们进去。别怕难为情。全家都急着想见你呢。我们担心死你了。”

波利的耳朵嗡嗡直响,心脏怦怦直跳,他拖曳着脚步走向那两扇高高的门。那儿,光明正像溪水一样潺潺流淌,温暖犹如波浪一般滚滚而来。新生活的门……

他一走进那个房间,便停下了脚步,他的内心充满了恐惧。电灯的强光直刺他的双眼。天花板上,挂下来比门厅里稍微小一点的两盏一模一样的枝形吊灯。人们都聚集在那儿,模模糊糊的人。他过了好一会儿才开始看清楚他们。

他看到了一个女人。她说不上有什么明显特征,就是给人感觉丰满而结实,很深的红棕色的浓密头发堆在头上,右手上也有一个金黄色的戒指在闪光,跟他叔叔一样的结婚戒指。

他看到三个年轻人。最小的是个男孩,长得高大结实。大一点的那个男孩体形稍稍瘦一点,黄褐色的胡须十分茂盛。至于那姑娘,给人的全部印象便是扁平的胸部和卷曲的头发。这三个人全都目不转睛地望着波利。那围着围裙的仆人也同样。

客厅的壁炉里,木柴在熊熊燃烧。这不是正式的客厅,而是家人私下聚会聊天和放松的地方。他婶婶的身后,波利看见了那种传统的大桌子,上面装饰着红色的蜡烛和绿色的树枝，堆放着大包小包，有的用金色的纸包着，有的用银色的纸包着，有的用鲜红色的纸包着。在一只小一点的柜子上，放着一大盘姜饼，传统的圣诞节姜饼，形状各异，有星星形的、月牙形的、心形的、环形的。房间的那边，他看到有一个小房子，木制的，彩绘鲜艳，油漆亮丽，上面有四扇小小的彩色玻璃窗，其中的三扇开着。每一个窗洞里，都有一支蜡烛在闪耀，以庆祝一个星期的过去。此情此景，十分熟悉。他高兴得想要哭。

“听我说，大伙儿。”他叔叔说道，“这是德国来的波利，终于到了。他有一个新的名字，他会告诉你们的。你知道，波利，你伊尔莎婶婶和我盼了你好长时间啦。我们很担心。路途特别艰难吧？”

“哦，不艰难。”他说道，也许这样说很蠢，可是他不想破坏这样的时刻。他站直双腿。头晕目眩再次向他袭来。

“听到这话我很高兴。轮船是什么时候到达纽约的？”

“啊——6月。1号。”

“从那以后就一直在路上？”波利点点头。

“你怎么来的呢？”

波利再次费劲地说道：“有时——嗯——火车——但更多的是走路。”

“惊人。”他叔叔说道，“多么勇敢的努力。难怪我们没有收到你的音信。我们还以为发生了什么不测，也许是可怕的事故。你绝对历尽了艰辛，我的孩子。相比较，我1857年从辛辛那提的古堡花园来的时候要顺利些。我记得——”

“约瑟夫，”那丰满结实的女人插话道，“这事儿我们能不能以后再说？这孩子看上去快饿死了。”她走上前来，温和地控制了局面，没有给人任何唐突的感觉。波利立刻对她产生了好感。

伊尔莎·克朗轻轻地拿自己的胳膊挽住他的胳膊：“我们有圣诞节的甜面包呢，又新鲜又热乎。我敢肯定，你想要洗个澡，休息一下。”她摸了一下他的额头，“约瑟夫，他在发烧！”她又一个动作，将波利的注意力转向了一张巨大的沙发。沙发下面是很沉的深色的动物爪子形状的脚，外面包的是有点灰白的乳白色面料，精致得如同新下的雪。“请坐下，休息一下。”

波利简直不敢相信。这样的沙发。家庭荣誉之地啊。在德国，非特别邀请，客人是绝对不能坐沙发上的。他慢慢地拖着脚步走上前去。

他婶婶从一只餐具柜里拿出那种看上去一定很好吃的甜面包,大大的,圆圆的,像一整条面包,面包里还隐约有葡萄干,顶上撒着糖粉。

他想要说他什么都不要,就要一片那种圣诞节甜面包,他想要说他对他们所有人都充满了感恩之情。话语就在他的喉咙口。他耳朵里的蜂鸣声变成了喧闹声。所有的东西都倾斜了。蜡烛熄灭了,与此同时,壁炉里的火熄灭了,所有的电灯熄灭了。

第十二章　乔·克朗

波利昏倒在了白色的沙发上。他滑倒了，在沙发表面留下条条污痕，他的手摸到的地方沾上了斑斑血迹。弗里奇吓得尖叫起来，小乔和卡尔一齐发出惊叫声。乔的妻子用手捂住了嘴巴。

乔·克朗望着倒在地毯上的这一堆脏东西。小男孩的外衣口袋里缓缓地泄出一些看上去像是面包屑或者鸟食之类的东西。他的脚后跟上有融化的雪水在滴落，弄脏了伊尔莎那张精致的地毯，留下了一个个灰色的斑点。一只鞋子的鞋底上有一个洞，可以清晰地看见小男孩赤裸的脚。他皮肤上有褐色的污渍，好像是干的血迹。弗里奇说道："爸爸，我从来没有看见过谁有这么脏的。"

"他真的要住在这里吗？"卡尔问道。

"他要是真的住在这儿，我们最好把他泡到浴缸里去。"小乔说着，哈哈大笑起来。

"我们可以用妈妈的一些花露水给他洗个澡。"弗里奇说道。

"孩子们。"伊尔莎·克朗一面说，一面摇晃着一根手指。

"你母亲完全正确，我们不应该说这些刻薄的话。"乔·克朗说道，"这孩子累坏了，生病了。让他洗个澡，睡一觉，好好休息一下，他会好起来的。需要的话，还得找个医生来看看。"孩子们的表情表明，哪怕做了这些弥补，他们对这位新来者也不可能表示出更多的欢迎。乔似乎感觉到，他的担心应验了。

从倒在地上的小男孩身上，发出一个奇怪的声音，部分像口哨声，部分像是无意识的满足的长叹声。那仆人几乎无法掩饰他的愤怒："克朗夫人，这沙发严重损毁啦。我必须立刻说，我不知道我们能不能把它清洗干净。"

“家具仅是家具而已，曼弗雷德。”伊尔莎说道。

“说得对，这孩子是家庭成员。”她丈夫说道。不过，即便是他，也被这位最新家庭成员的糟糕状况给深深地惊愕了，他的到来竟然是以这样一个惨状，他竟然会如此狼狈。

天呢，一个什么样的开头啊！

第三卷
芝加哥
1892—1893

我将在下一次再给你写有关芝加哥的情况。这个年轻的城市是美国或者说真的是全世界最不可思议的现象之一。

1854 年
一位新移民卡尔·舒尔茨写给他妻子的信

第十三章　保罗

空间和光亮。光亮和空间。他从来也没有感受过这样的空间和光亮。

他的房间超乎想象。它简直像个宫殿啊。比他在柏林的地下室房间要大五倍之多。不,十倍之多呢!伊尔莎婶婶说它原先是一间育儿室。最后一个孩子卡尔就是在这儿养育的,到他足够大的时候便搬到正常的卧室去了。房间位于这幢三层楼的巨大宅邸的二楼。它俯瞰着一直往北延伸到第十九大街的庭院和花园。

伊尔莎婶婶坐在那张有四根柱子的大床——巨大的床——的床边,向他介绍所有这些。伊尔莎婶婶说英语的口音比叔叔还重。她是一个身体壮实的圆脸女人,两只眼睛是蓝色的。她的行动十分果断,不言自威。他很快得出结论,她完全不像她表面看上去那样温和顺从。

她的每一句话、每一下轻拍、每一个目光,意思都十分清楚:她喜欢他。他立刻对她迸发出无尽的爱慕,仿佛对她一见如故。

空间和光亮标志着他的人生中发生了奇迹。空间、光亮和一个真正的家。

当他在那张有四根床柱的床上第一次醒来的时候,他身上盖着的是柔软得令人难以想象的羽绒被。浆洗过的干净床单散发出很浓的洗衣皂香味儿。

正当他还在浏览房间里奢侈的家具、有图案的墙纸、绿色植物、两扇挂着很贵的花边窗帘的高大窗户的时候,乔叔叔带着一个长着山羊胡子、拎着一只小皮包的圆圆胖胖的人进来了。乔叔叔介绍他是他们的家庭医生普拉特韦勒大夫。

“你感觉怎么样,我的孩子?你的名字叫保罗,不是吗?”

“是的,先生。”

保罗。它听起来这么奇怪。但它实际上一点儿不奇怪,现在它完全属于他了。大家都将叫他保罗。从此刻开始,他将牢记自己就是保罗,再也不是波利了。

普拉特韦勒大夫请保罗脱掉长及膝盖的法兰绒睡衣。这件睡衣是有人在他昏倒之后给他穿上的。普拉特韦勒大夫摸摸这儿,按按那儿,又瞧了一下嘴巴、鼻孔等地方,检查了五分钟,然后转向乔叔叔和伊尔莎婶婶。

“我看没有什么严重的疾病。他主要是累了,营养不良,再加上得了流感重症。所以我的建议,首先是休息,第二是大量有营养的食物。我会让药剂师送一些药物过来,就他的各种症状对症下药。”普拉特韦勒大夫将一个指头伸到空中,“不折不扣照此办理。”

“还有什么?”乔叔叔回答道,态度十分严肃。

大夫走了几分钟之后,保罗又有一个惊人发现。他左边很近的一个角落里,有一只三角的陈设架子,可以放他的地球仪、纸旗和那块立体画纸板。

可是,它们在哪儿呢?

他担心起来,用两个手肘支起身子。他发疯一样地环顾着房间四周。然后,他松了一口气,重新躺下。他那只旧的手提包就搁在地毯上,部分被一个很昂贵的大理石台面的盥洗盆给挡住了。他放松身心,躺在那儿,对穿过两扇高大窗户照射进来的闪烁摇曳的冬日暖阳感到惊奇。

他的好运还没完。他到达之后的第三天,已经被允许可以下床了。他没有用那个搪瓷便壶,而是来到楼下大厅里独立设置的洗手间。他被这幢房子的体量和富裕给震撼了。三层楼总共有二十四个房间——伊尔莎婶婶提供了这个细节——地下室里还有一个很大的储藏室和工作区域。家人的卧房都在二楼。大卧室那边有一条窄窄的后楼梯,爬上楼梯便是仆人们住宿的房间。一切都是现代化的,从有拖拉链条的陶瓷抽水马桶到明晃晃的电灯。房间里、过道上的天花板和墙上都是灯饰,其他地方则是巨大的枝形吊灯,开关随处可见,灯光照亮每寸地方。

因为是圣诞季了，屋里弥漫着美好和诱人的气息。到处都装饰着新砍下来的绿色松枝，给屋里带来了浓烈的松木香味儿。即便关着门，他也能闻到节日蜡烛的油烟味儿和烤面包、烤糕点的酵母香味儿。他几乎要幸福得发疯了。

他在床上躺了六天，受到他婶婶和一个个子很矮、体重很重、脸色苍白、满脸雀斑的女人细致入微的照顾。这个女人性情开朗，她说自己叫赫尔加·布伦克斯。她是家里的女仆。她丈夫曼弗雷德是管家，负责管理所有仆人。保罗猜，对方就是第一次来给他开门、态度不太好的那个人。鉴于那件事情，他便先入为主，断定自己不喜欢那个曼弗雷德。

可是，布伦克斯夫人很好。她给他端来一盘盘好吃的德国食物。家里自己烤制的一片片很厚的裸麦黑面包以及跟这种面包差不多但稍稍薄一点的黑面包。白面的长条面包里面又软又热乎，外面的皮烤得金黄，上面还撒着葛缕子的籽。有烤猪肉和烤小牛肉——总是伴有水果布丁——每顿中餐和晚餐的开头还有热鸡汤。至于甜食，要么是煮过的水果，要么是伊尔莎婶婶自己做的美味可口的馅饼。

从卧床的第二天开始，家里的不同成员便一个个前来探望他。当他从暴风雪中踉踉跄跄走进这个家时看到的他们只不过是模模糊糊的一片，但是这样来看过他之后，他开始对他们每个人都留下了印象。

乔叔叔第一次来看他是晚上九点钟，就是晚饭之后。在德国人家里，晚饭很少有在晚上八点之前吃的。保罗的叔叔出现在床边时还穿着外套，系着领带。他身上有爽身粉的香味儿，而且他的动作似乎非常严谨刻板。当叔叔搬了一把椅子到他床右边的灯光下时，保罗注意到了他的这种严谨刻板。他仔细观察了椅子的位置，调整了又调整才坐下。

“你感觉怎么样，保罗？”

“挺好，叔叔。”他回答道，说每一个英语单词依然十分费力，“你好吗？”

“好极了。今天我们的数字又上去了，今年将是最好的一年。要是没有什么不测，到本月 31 日，克朗啤酒厂将生产并运出相当于六十万桶的啤酒。这对我们来说是个纪录。我感到骄傲。”

“是的，先生。”保罗说道，他不知道还能说什么好。保罗的叔叔除了身材瘦一点，还真是一位气度不凡的人。保罗想要他叔叔看重他、喜欢他。

“吃的东西够吗？”

“哦，够了。”

“我们希望你在这儿过得幸福。我们希望你在芝加哥过得幸福。这方面我认为不会有太大的问题。你会发现这个城市里有很多同胞。上一次人口普查时，在芝加哥出生的德国人有十六万呢。那就是说，在一百零九万九千总人口当中，几乎占了百分之十五。”

保罗喃喃地说着什么，尽量表现出印象深刻。

“跟我说说我妹妹洛特的情况吧。你离开她的时候她怎么样？”

他的脑子里响起了一个警告的信号。他绝对不能说那些先生们的事情，那会让叔叔心疼的。“她拼命干活——嗯，拼命干活，但是身体不好。”

“肺结核。”乔叔叔说道，难过了一会儿，“我一定要写信给她。你离开了德国真是幸运。你离开汉堡没多久，霍乱大暴发，成千上万的人死了。”

保罗不寒而栗：“太可怕了。我不知道。”

“给我讲点你旅途中的情况，好吗？你遇到什么样的麻烦了？一定有些麻烦的，时间拖了那么久——”

“是的。”保罗点点头。他从“金门”开始讲起，但是简略了他救玛格达的英勇行为。他还讲到了其他一些事情：因为偷了一个苹果而被关押，好心的卢埃林·罗兹，阻挡了火车的暴风雪。

“你是从那儿一直走到这里的吗，还生着病？”

“是的，先生。我——嗯——渴望——”他说不出“渴望”这个英文单词，一下子顿住了。

“渴望。”他叔叔温柔地说道，丝毫没有那种居高临下或者不耐烦的表现。

“是的。渴望。谢谢。我知道我在路上耽搁得太久了。”

他叔叔站起身来：“这令人钦佩，保罗。非常令人钦佩。它证明了你的品质。”

乔叔叔倾过身子，拍拍他的胳膊：“现在休息吧。我真诚希望你很快就可以站起来。我希望你跟几位堂兄弟和堂妹认识。我知道你会喜欢他们的。”

“哦,肯定的。”

“我希望他们了解你,喜欢你。”

“我也是。”保罗说道,热忱地希望的确如此。

弗里奇先来探望了一下,接着,从那之后至少每天来两次。她的鼻子挺长,相貌平常,胸部扁平,离十二周岁的生日还有一个月时间。她有一双深褐色的眼睛,像她的爸爸,一头很密的金色头发,乱蓬蓬的。

弗里奇活跃而友好。她像伊尔莎婶婶一样,总是坐到他的床边,一会儿蹦上,一会儿跳下,向他发问如打连珠炮一样。问德国,问横渡大洋,问芝加哥——他都还没有好好看过芝加哥呢,只是在暴风雪和神志模糊的双重阻挡下穿越过芝加哥。这些问题都是用英语问的,他也得用英语来回答,这有点麻烦,理解也难,回答也难。他知道他说英语像个乡巴佬,可是她好像不在乎。

“我喜欢模仿别人,我希望成为演员。”她第四次来看望他时对他说道,“你能猜出这是谁吗?”她跳下床,双手握拳,贴在臀部,拉长了脸。她让声音变得低沉,说道:“听我说,我的孩子,你千万别在这个屋子里发出笑声。”

保罗哈哈大笑起来:“是我来的那天来给我开门的那个人。”

“是的。”弗里奇大声说道,开心地拍着双手,“就是曼弗雷德,赫尔加的丈夫。你怎么知道的?你在这儿见到过他了吗?他来探望过啦?”

“没有,我就是第一天晚上见过他一面。一次就足够了。”

“天呢,你的眼睛很厉害呀,而且记性也好。我大哥乔叫他‘忧郁丹麦人’。我不明白爸爸干吗要留着他,他真的是一个坏脾气的人,而且很严厉。最好当心一点。你要是把他惹毛了,他就一天到晚找你碴儿。”

“我不会惹毛他的。”

“我得走了。请赶快好起来,快圣诞节了,我们希望你圣诞节到楼下来跟我们一起过。”她站起身来,拧着她的围裙,“我们十分高兴你来了,保罗堂哥。”她毫无征兆地扑向前来,在他脸上吻了一下。她红着脸跑了出去。

他皱着眉头靠回到长枕上。这事儿可是有点意外。他希望所有的堂兄堂弟堂妹都喜欢他，可是弗里奇只是个小孩子，只是个小姑娘——而他对小姑娘可是一点兴趣也没有。

他真正在乎的是接近他的堂兄堂弟，尤其是那个小约瑟夫，小约瑟夫比他大两岁——这对处于青春期的男孩子可是大有意义的差距啊。在保罗眼里，小乔已经是个大人，事实上是个男子汉了。他已经大到可以让自己的胡须都长出来了。他经过风雨见过世面，他在啤酒厂一周上六天班呢。他的友谊和看重是保罗最渴望得到的。

保罗再次想到了堂妹弗里奇。他希望他在她的眼睛里看到的爱慕之光不会给他带来新的问题。

卡尔也来了，带来了祝愿，祝愿保罗身体健康，并问了一个问题。

“你想要看看我的棒球吗？”

“想看，想看。”

“好的。”卡尔说道，拿出球来给他看，球的缝口有很粗的红色针脚。“这是一个正式的联盟赛球，是从市中心斯波尔丁先生的店里买来的。斯波尔丁先生，他们叫他‘空中射手’，他是最伟大的投手之一。这球要整整一美元呢。这是我的守场员手套，是鹿皮的。”卡尔啪的一声把棒球拍到右手那只离奇古怪的手套中，手套几个分开的指头像香肠一样粗。他是一个高大结实、头发乌黑的小伙子，一双灵动明亮的眼睛是棕色的，像他姐姐一样。他的相貌和身材像他母亲。“你愿意跟我一起玩棒球吗？”

“你得教我玩那游戏。我只是听说过，可我不知道规则。”

“我会教你的。”卡尔重重地点了一下头说，“到春天来的时候，爸爸也许会带我们去看芝加哥白袜子队的比赛。我们大家都热爱白袜子队。爸爸一般都会带乔和我一起去，可是乔不会再去了。”

“我会去的。”

“好。”卡尔大声欢叫，他从床上蹦跳起来，太用力了，他的一个肩膀撞到了陈设架，哐啷一声，架子翻倒了。“哦——哦。”

他急忙扶正陈设架，捡起散落在地上的保罗的宝贝：“我估计没有摔坏。”他说着将地球仪递了出去，站在边上等着保罗检查，“对不起。”

“没事，它挺好的。”保罗明白，卡尔还只是个小孩子，只不过是身体强壮，精力过剩罢了。这样的结合也许并不是一个完满的结合。

终于，到了卧床的第三天，堂哥乔来串门了。

小约瑟夫·克朗很像他父亲，就是眼睛的颜色不一样。他的眼睛是鲜艳的蓝色，比伊尔莎婶婶的要淡一点，但是更加灵动。他的臀部不大，双腿较短，躯干细长。他看上去纤细，但不弱。他浓密的胡须使他看上去比十七岁的年龄要大。

他刚刚下班回家。他穿着鞋底很厚的鞋子、深颜色的灯芯绒裤子，一件褪了色的工作衬衫领子上是湿的，似乎是刚刚洗过脖子。

小乔很亲切，但是有所保留。当他问及保罗的健康状况时，他叫他“老兄”——这个表示亲密的称呼保罗却感觉很疏离。他的堂哥没有坐到床上，而是像乔叔叔一样坐到了椅子上。

“你在啤酒厂上班?”保罗开了头。

“是的。就在前线，我想你可以说。”

“你说什么?”

“阶级战争的前线。资本家跟工人的战争。眼下仅仅是口水仗，可是之前有过血腥战争，而且血腥战争会再次来临。剥削者学不乖的。他们从来不会改革。”

他多么义正词严、多么严肃认真啊。不过保罗对他讲的话一点儿也不懂。小乔看出来了，便说道：“这不难理解，堂弟。我爸是资本家。你环顾四周难道看不出来吗?”他挥了一下手，囊括了所有的家具、房间和屋子，“他并不像有些资本家那样坏，但他依然是那个阶级的一部分。他也一直在劝我加入其中，将来某一天到管理部门去工作。可是，我才不去呢。”他伸出手掌，“我靠双手劳动，靠力气干活。我跟啤酒厂其他人一样流汗，就像人类的百分之九十九一样。我们流血流汗，累死累活，于是那百分之一的人就富起来了。”

保罗依然感到困惑，拿不定主意该做如何反应，认为还是不说为好。小乔用他那双燃烧着火焰的蓝色眼睛望着他：“好啦，既然你来这儿了，你打算干什么呢?”

“我不知道,这恐怕得由你父亲来告诉我。”

“他擅长这个,把人指使得团团转。”他停顿了一下,“我应该叫你年轻人吗?这样指对方更年轻。你几岁?”

“十五。”

“还是个小屁孩。”保罗的脸红了。小乔咧嘴笑了:“得了,我跟你开玩笑呢。在老家有女朋友吗?”保罗摇摇头。

堂哥乔把他的椅子拉近一点:“嗯,我有个女朋友。你肯定从未见过这么漂亮的人儿。你都不敢相信她是一个欧洲中部来的移民。”

保罗再次被弄得糊里糊涂,便咕哝着问道:“什么?”

“在这儿,人们就这么称呼波希米亚人,欧洲中部来的移民。”

“哦,波希米亚人,是的。”这下他出丑了。“她叫什么名字?”

“罗扎·亚布洛内茨。罗扎,后面那个‘扎’她不喜欢,说等将来有一天她成了著名的歌唱家就把它改掉。我叫她罗茜,这个名字她也不太在意。我是在一个星期天的工人野餐会上遇见她的——本诺,唔,不说本诺。”他回头望了一眼关着的房门,降低话音,“罗茜可是个性感的妹子。”保罗的眼睛张得大大的。

“我们也许可以为你找个这样的姑娘。”堂哥乔站起身来说道,“知道我的意思吗?”

“哦,是的。”小乔又用那种评价性的意味深长的目光望了他一眼,接着咧开那张胡须梳得整整齐齐的嘴巴,咯咯笑了起来。

“再见,堂弟。早日康复。”

小乔走了出去,他所暗示的他跟父亲之间的敌意弄得保罗烦恼不安。他拼命想要堂哥喜欢他,把他当作朋友。可是他也想要乔叔叔喜欢他啊。他不想陷入某个家庭纠纷当中而无法自拔。

两天之后,普拉特韦勒大夫宣布他康复了:“时间正好,嗯?圣诞节是下个星期日。圣诞快乐!”

伊尔莎婶婶拿来了外衣、内衣和一双鞋子。外衣是刚刚从商店里买来的,上面折痕都很明显，鞋子有点紧，有点硬，但所有的东西都很干净，都是全新的。睡了那么长时间，吃了那么多好吃的，他感觉强壮如初。他迫不及待地离开自己的卧室，加入楼下其他人当中，开始探索，开始真正融入这幢豪华大宅之中。

当天晚上，他用一只手扶着二楼平台的楼梯端柱，站在那儿，久久地凝望着楼下的门厅。他叔叔已经回家了。他可以听到餐厅里传来清脆的餐具碰撞声和关于晚餐的说话声。他悸惧不安，紧张至极。

"继续前进，不必害怕，这就是你所想要的。这是家。"

可是，他心里没底，他不敢相信。

他扶着扶栏，非常缓慢地一级一级往下迈去，走下那个巨大的楼梯。在芳香四溢的巨大圣诞树跟前，他再次逡巡不前。圣诞树装饰华丽，但是数不清的白色蜡烛按照风俗依旧还没有点亮。他左面一个房间装饰华丽的推拉门——屋子的前部——紧闭着。他估计还上了锁呢。德国人就是这样藏他们给家人的礼物的，一直要藏到那个重要的日子呢。

餐厅半开半掩的门里飘来交谈声和食物的香味儿。他又走了六七步路，第三次停下脚步。接着，他狠狠地吞咽了一口口水，做了一个深呼吸，抓住那两扇门，推开门进去。

伊尔莎婶婶赶紧从那张长餐桌边站起身来："哎呀，波利来了。"

"进来，我们正在吃呢。"卡尔大声说道，一面挥舞着他的叉子。弗里奇在她的椅子上往后靠去，发出一声长长的叹息。他被堂哥乔交叉的双臂和揶揄的似笑非笑分了一下心，但是乔叔叔搬来一把椅子，接着飞快地绕过餐桌，拿一条胳膊抱住他。

"好啊，好啊，保罗，欢迎。坐。吃点东西。"

保罗的紧张顿时消失了，开心得有点晕，差一点晕倒在地。他咧嘴笑着，朝那把空椅子走去，心里明白，一切将会顺风顺水。

在接下来的这个星期里，他学习了很多东西，包括一件令人宽慰的事情，那就是，尽管他在美国，但是他这些亲戚们的圣诞节却依然具有地地道道的德国色彩。

传统的槲寄生小枝挂了起来,虽然德国人再也不相信它有驱魔逐邪、消灾避难、祛病除恙的神奇力量。

每天晚上晚饭后,全家人都会聚集到音乐室那架小小的泵风琴四周。伊尔莎婶婶弹琴,乔叔叔领唱圣诞颂歌。他的嗓子的确很好,而且他对保罗正儿八经地说过,要不是时间不允许,他一定会找一个本市的德国人唱歌协会参加。大伙儿一起唱《啊,圣诞树》《平安夜》《圣洁的夜》和其他一些特别喜爱的歌曲。所谓大伙儿不包括小乔在内,他不愿意来,显然是对他父亲不满。

乔叔叔宣布,啤酒厂12月26日星期一停产放假。伊尔莎婶婶早已经在为按传统习惯通常以鱼为主菜的圣诞夜饕餮大餐做准备。小乔和乔叔叔每天去上班,卡尔和弗里奇要上学到星期五,所以家里只剩下保罗一个人。这给了他机会来探究这个豪华大宅、接触仆人、熟悉日常的生活习惯。

这儿的生活习惯跟老家典型的饮食起居大相径庭。早餐是很重要的一餐,所以十分丰盛,有硬卷饼、无盐黄油、果酱、一盘盘冷肉片,还有干酪和精心挑选的香肠。一壶壶的热咖啡、热茶和可可摆放在餐具柜上。边上还有一罐冷牛奶。所有这一切都是厨娘路易丝在拂晓的时候准备的。

家里的成员来了,走了,有的吃喝得很快,有的很慢,个人随意,早餐没有时间规定。按照惯例,一天中的最大餐应该是午餐,但那要等乔叔叔下班回家来吃饭才安排。这种情况保罗起床之后的第一个星期里只发生过一次,餐桌上只有三个人,保罗、他婶婶和叔叔。不过,路易丝做了一顿完整的午餐——牛尾汤,接着是一碗水果布丁,主菜之前垫垫底,当天的主菜主要是烤猪肉、马铃薯、三种蔬菜,加上大量的面包和黄油。乔叔叔还有他自己的一道特别的菜——泡菜鲱鱼。他对保罗说,他偏好鲱鱼,还偏好在甜食德国大蛋糕上抹上一大堆搅打成糊状的奶油。他喝咖啡也喜欢在上面覆一层松软的奶油让其慢慢融化。

餐厅非常大。阳光明媚,镶嵌的装饰是同样深色的胡桃木——整幢房子都是这样的胡桃木镶嵌装饰。餐桌很长,家具很沉,雕刻图案复杂精细。餐具柜的上方,醒目地挂着一幅有金色边框的很大的画。这是一幅风景画,画的是白雪皑皑的山峰,下面是阳光灿烂的草地。保罗觉得他以前好像见过。

“约塞米蒂谷①,加利福尼亚。”乔叔叔在回答他的问题时说道。保罗随即记起了一张印有同样壮观山峰照片的明信片。“我买这画是因为画家比兹塔特②是德国人。我说不出他是否是一流的天才。”

“哦,我认为是的。”伊尔莎婶婶说道,“这人的作品别出心裁。”乔叔叔对这样的不同意见似乎并不恼火,在老家,很多做丈夫的都是这个样子。

这餐饭吃得很快乐,直到乔叔叔折拢餐巾说道:“我想要跟你说件重要的事情,保罗。新年之后,我们得为你制订一些计划。你上过多少学?”

保罗突然感到紧张,说道:“我是三年前离开学校的。我需要工作。”

乔叔叔的棕色眼睛紧盯着他的眼睛:“政府允许这样做吗?”

“先生,我没有问。洛特姑妈,她和我需要钱。那时日子非常艰难。”他绝对不会说出洛特姑妈跟那些先生的事儿。绝对不。

“是啊,这倒是的。”乔叔叔停顿了一会儿说道,“不过,我们必须得商量一下这件事情。我们不能把什么都寄托在机会身上——你的前途当然也不能这样。”

同样是那一周,保罗被正式介绍给了仆人们。

这个小团体的头儿就是保罗误把他当作叔叔的那个严厉的管家,就是弗里奇模仿得惟妙惟肖的,小乔把他叫作“忧郁丹麦人”的那个人。伊尔莎婶婶介绍过后,他什么也没说,只是冷冰冰、干巴巴地握了一下保罗的手。

曼弗雷德永远是一声不响地在屋里活动。他不像是住在这儿的人,却像个鬼魂一样四处出没。凡是他开口说话,必是下达命令。他喜欢对孩子们颐指气使。保罗很快发现,弗里奇十分小心,尽量避免跟他发生冲突,而卡尔显而易见就是怕他。

尽管伊尔莎婶婶负责厨房,而且有很多食物都是她亲自煮的,就像很多女主人那样,但是克朗家还是雇用了一个正规的厨师。她是一个个儿矮小的寡妇,全

---

①美国加利福尼亚州中东部内华达山脉西坡的冰川槽谷,在约塞米蒂国家公园内。

②比兹塔特,即阿尔伯特·比兹塔特(1830—1902),德国出生的美国哈得孙河画派画家。擅长广阔山景的宏伟巨画,一生以描绘西部全景且经常是奇异风光的景色而闻名,如《落基山脉》(1863)和《科科伦山》(约1875—1877)等。

名叫路易丝·沃尔曾海姆。她住在三楼，跟布伦克斯先生和布伦克斯夫人住在一起。来自茹利乌的园艺工皮特罗——皮特——是瑞士—意大利人。他住在城里的什么地方。马车夫尼基·斯皮尔斯是个英国人。他住在这个花园住宅位于靠第十九大街的马厩的上面，就在跟密歇根大道平行走向的小巷那儿。

所有的新词汇、新概念、新经历一股脑儿地向他涌来，保罗感觉难以招架。有时，他想要在餐桌交谈中问个问题，感觉仿佛是在费力地说中文，而不是他曾经学过的语言。跟卡尔说话更加要命，他的话里有一些俚语保罗根本就听不懂。棒球运动员是什么"好手"。你要是激动了，就喊叫"家伙！"可是你要是失望的话，就肩膀往下一落，也大喊"家伙"。这就是洛特姑妈说的放了胡椒的语言。保罗必须得看脸上的表情和手势才大致理解。有时，他有点气馁，可是他拒绝放弃。总有一天，他要将英语说得跟他们一样好。

有那么多东西要看、要学，第一个星期过得很快。星期六给家里带来了特别的明显的激动。乔叔叔三点半就早早回家了。小乔也一样，他有说有笑，好像换了个人。

四点钟左右，卡尔请保罗到外面去玩。保罗穿上伊尔莎婶婶给他的外套，跟着他的堂弟来到边上的庭院里。卡尔交给他一个棒球。

"扔。"他说道，一面蹲下，举起那只戴守场员手套的手。保罗低手投球，用了全力。棒球直飞卡尔戴手套的手心。卡尔连眼睛都不眨一下。

"高手。"卡尔说道，"这样。"他做了个示范动作。保罗试了一下，试投了两三次之后，他掌握了要领。

"现在用全力投。"

保罗像卡尔一样旋转了一下手臂，飞速地将球投了出去。棒球击打在手套上的声音比之前要响，可是卡尔像磐石一样纹丝不动。

"投得再有力点。"

小乔从布置井然的花园小路溜达过来，来到他们跟前。花园里有灌木丛、沙砾小道、石头长凳，还有一个能映照倒影的小小池塘，因为是冬天，所以池塘里没有水。这全部的设计，都将客人们的目光导向了距密歇根大道最近的那一端。那儿，种成半圆的灌木丛前面，矗立着一个双手合十、头颅低垂、双翼伸展的很大的天使雕像。基座上面雕刻着两个字：和平。

小乔漂亮的胡须在寒风中飘拂。“我这个小弟弟是没有一个球接不住的。来，我给你露一手。”他伸出一只手。

保罗把球递给他，退到一边。小乔用尽全身力气挥动手臂。他以惊人的力量将球投了出去。这一次，卡尔眨了一下眼睛，可是没有退步。小乔不停地投球，卡尔全部接住。

他跑到他的弟弟跟前，抱住他的腰。“你要做的一切就是投球，他就会喜欢你。”小乔在卡尔的脑袋上方说道。他亲密地揉乱了卡尔的头发。卡尔仰起头，瞧着哥哥的脸。

“乔，春天我们去看白袜子队的比赛，好吗？”

小乔的笑容消失了：“不，我不去，小伙子。自从比利·森戴放弃外场改行传教以来，那个球队不可同日而语啦。情况变啦。”

他望了一眼那幢巍然耸立的屋宇，走了。“再见，保罗。”他回过头来说道。

“再见。”保罗说道，话音是讨好的。

乔将双手插在口袋里，没有屈尊看他第二眼。

六点钟，天开始下小雪。家人们和仆人们全都聚集在圣诞树下，举行盛大仪式。伊尔莎婶婶端来了一盏黄铜烛台，里面插着一支蜡烛。曼弗雷德摆好活动梯子。乔叔叔穿着外套，结着领带，用一支小蜡烛在大蜡烛上点燃，爬上梯子，点亮了那支白色蜡烛。他也点亮了其他蜡烛。很快，整棵树变得灯火通明。蜡烛全都固定在特别的弹簧夹里，跟树枝保持着一定的距离，附近则放着沙和好几桶水，以防紧急情况。

那些蜡烛全都是白色的，象征着纯洁，就是要到这个特别的神圣夜晚才点燃。这是一个熟悉的仪式，可是保罗和洛特姑妈那时只能置办一棵萎蔫的小树，上面只有几支蜡烛；接连两年，他们连树都没有。保罗内心充满了兴奋和快乐，他有一种真正属于这里的感觉。当伊尔莎婶婶来到他身边，将他紧紧拥在怀里时，他的这种感觉更加强烈了。

他们浩浩荡荡地来到餐厅，来享用这顿有鲤鱼、十几道开胃小吃和配菜的特别晚餐。仆人们给小乔和保罗端来了克朗贮藏啤酒,盛啤酒的珐琅杯子十分华丽,盖子和柄是银的。就连卡尔和弗里奇都被允许喝一小玻璃杯啤酒。伊尔莎婶婶喝潘趣酒。乔叔叔在他的咖啡上面漂浮了双份的奶油。有两次,保罗发现弗里奇在盯着他瞧,那眼神是蒙蒙眬眬的。大伙儿全都谈兴甚浓,兴高采烈,只有小乔例外,他几乎没有说话。

晚饭后,他们围着泵风琴唱了半个小时的歌。然后,所有的仆人再次出现,跟着全家人朝那个正式客厅的门走去。乔叔叔十分庄重地拿出一把铜钥匙,打开门锁。他将手伸进门去,打开电灯。一看到堆得到处都是的礼物,弗里奇不禁轻声惊叫起来,卡尔开心得蹿上跳下。

仆人们从克朗夫妇手里接受了小礼物和压岁钱。当伊尔莎婶婶递给保罗好几个包裹时,他又惊讶又感激。弗里奇和卡尔忙着拆有闪闪发亮的纸包裹着的礼物。保罗的礼物包括三件衬衫、一块外面有一个光滑的木头框子的上学用的石板、一把上面的一块小铜牌上镌刻有他的名字的折叠式剃刀——“你已经长大了,可以用这个了。”乔叔叔说。而最好的,是一只金质怀表。

“乔伊,你得到什么啦?”弗里奇在油漆得鲜亮缤纷的牵线木偶舞台模型后面大声问道。

“大多数是衣服。你觉得我是不是该把它们送给今晚露宿街头、快要饿死的那些穷人?”

乔叔叔严厉地瞥了他儿子一眼。小乔回以怒视,他明亮的蓝眼睛里有狂妄的蔑视。保罗紧张地上着怀表的发条。

圣诞节后的星期六,是圣西尔维斯特纪念日除夕——圣西尔维斯特节,庆祝1893年新年的来临。像圣诞节一样,圣西尔维斯特纪念日部分具有宗教性,部分是世俗性的。克朗家人是新教徒,所以庆祝该节日的热情很高。晚上又是一顿饕餮大餐,厨房准备了特别可口的食物——奇异古怪的杏仁蛋白软糖,还有巧克力制成的好运猪。

卡尔跟尼基·斯皮尔斯在打球,来迟了。“卡尔,”乔叔叔说道,“我提醒过你到户外去过之后,要把鞋子擦干净。你母亲不喜欢有人把她珍贵的地毯弄得到处都是脏东西和泥巴。”

卡尔嘴里咕哝着什么。乔叔叔说话温柔但语气坚定地补充道:“请到厨房里去弄干净。”卡尔走了。

一会儿之后,乔叔叔说道:“说到行为举止这些事情,我有话要对你说,弗里奇。还有你,保罗。”保罗立马就没了胃口。

伊尔莎婶婶朝她丈夫皱着眉头,但是没有干涉。乔叔叔继续说道:“弗里奇,我看到了昨天晚上你在模仿厨娘的一个动作。我正在食品室里找东西。我估计你不知道我在那儿。你有极好的模仿天赋,你模仿邮递员卡尼先生我也一下子就认出来了。”

弗里奇咯咯笑了起来,脸红了。

“他是个溜肩,还是个斗鸡眼。你抓得很准。不过,我要指出的是,他溜肩是因为他每天要走五英里半的路程,而且他不再是个年轻人啦。至于他的眼睛——开一个人生理弱点的玩笑是恶毒的。他没有办法避免这种状况,所以请不要去刻意关注它,这跟你的身份不相称。”

弗里奇看上去难为情了。显然她爱她的父亲,不愿意招惹他的不喜欢。他突然露出热情的笑容,这使他的话少了些许刺痛。

他在椅子里转过身来:“那,保罗——”

“先生。”保罗大声回应道,就像新兵热情地回应军士一样。

“来餐桌之前,请把衬衫塞进裤子里去,把自己的头发梳整齐。有条理的习惯有助于养成有条理的思维。”

“我会的,乔叔叔。”保罗说道,实际上他这会儿已经在隐藏他乱七八糟的衬衫下摆。乔叔叔也朝他微微一笑。接着他对他大儿子说道:“乔,我要表扬你这胡须梳得很整洁。不过你留这样的胡须太年轻了点——你所看到的留这种胡须的人大多数属于联邦老兵,它有点儿像老战士的徽章——”

保罗读不懂小乔的表情,或者说看不出他的双眼后面正在发生着什么。

“你一直把你的胡须保持得挺漂亮,我坦言你一开始长须茬时我没有料到。”

“我在努力的,爸爸。”小乔说道,“我知道你喜欢什么、不喜欢什么。”保罗不明白他为什么不对他父亲的表扬表示感谢。乔叔叔点点头,继续吃他的饭。伊尔莎婶婶似乎在仔细检查她那只盘子的金边。一会儿，保罗开始大快朵颐，便忘了所有这一切。

午夜，大伙儿全都跑下高高的门阶，跑出大门，跑到密歇根大道上。他们穿着外套，围着围巾，戴着手套，拿着从家里带来的铃铛，大声地跟邻居打招呼——卡尔还有自己的节目，欢快地在路边上放一串串爆竹。

整个城市传来狂欢的声音——教堂的钟声、鞭炮的噼啪声、枪声。卡尔给了保罗一条点着的火绒，他用火绒点燃了导火索。他和卡尔赶紧用手指头塞着耳朵，往后逃开。鞭炮像步兵团的枪声噼里啪啦乱响。弗里奇尖叫着，跑向保罗，跳起身来，在他脸上吻了一下。她紧接着又飞快地逃走了。他看到伊尔莎婶婶正在揉她的袖子，一面微笑着。一切都完美无瑕。

到了第二天早上，当小乔来吃早饭时，他的变化那么大，保罗差一点认不出他来。

保罗和乔叔叔早已经在吃了。乔叔叔只穿衬衫，一杯热茶快要喝完了："新年好，儿子，我——"

他停住话头。他目不转睛地瞧着。

小乔把他的山羊胡剃光了，把他的八字胡也剃光了。

"你为什么把胡须剃光了？"

"因为我醒来的时候觉得我对它厌倦了。"

"是这个理由吗？还是因为我表扬你了？拿点食物，坐下，这事儿我们得谈谈。"

"不，我不想谈，爸爸，我没有胃口。我得去赶车子。"

他开始往外走去时，乔叔叔大声问道："你要去哪儿？"

"去普尔曼，看罗茜。"

"什么时候回来？"

"我不知道。"

他消失了。一会儿之后，保罗听到前门砰的一声关上了。

乔叔叔突然瞧着保罗。他像是完全变了一个人。他脸色苍白。他的手明显地在颤抖。当他拿起茶杯时，茶杯跟茶碟碰出了不小的声响，还泼出了一小点茶水。

保罗低垂着双眼。这就是他所担心的家庭争斗。克朗家平静如镜的光闪闪的生活表面,出现了裂痕。这么快就让他发现了裂痕。

第十四章　伊尔莎

1893年新年的第二天，星期一。一早，伊尔莎坐在长长餐桌的一端，她的前面，扇形地摊着她通常在看的一批报纸，既有英文的，也有德语的。当听到丈夫在大厅里的脚步声时，她吓了一跳。她原以为他早就去啤酒厂了。小乔已经走了，两个小的也走了。寒假后，学校又开学了。

乔·克朗轻快地走了进来，在他妻子脸上吻了一下，接着在长餐桌的另一端坐下。他西装革履，盛装打扮。他的深棕色眼睛好像很疲惫，眼圈黑黑的。

他掰开一个面包卷，拿一只小银匙在上面抹了橘子酱。伊尔莎说道："你今早有点晚了，是吧？"

"是的，我想找我们的侄子稍稍谈一下。他在哪儿呢？"

"外面，跟皮特在一起。昨天的太阳把草坪晒得很干了，皮特和波利在扒那些枯萎的草。昨晚，我让波利搬木柴了。他乐意干的。他渴望做个乖孩子呢。"

乔·克朗停止倒茶，抬起头来："我相信这孩子想要被叫作保罗啊。"

她微微一笑，说道："嗯，我好像不太习惯这个名字，自从他满身泥巴走进屋来昏倒在我的地毯上开始，他就一直是波利。你想说他的什么事情？"

"首先，是私人教师的事情。"

"我们早就赞同这是一个好主意。"

"是啊，我要让兹维克去登一个广告。至于这孩子的总体发展——我总觉得他自己很低调。我感觉，他自己不会主动说这件事情。他想要找个职业——体面的工作，到某个他能发现自己的才能并让这些才能得到认可的企业去。"

伊尔莎叹了口气："不要让他去啤酒厂，乔。还不到时候。他需要上学。正规的教育，不仅仅是私人教师。”

他没说什么。

“乔？”

“好吧。上学。我是想要听取你的意见。”他望着她，目光不热，“你否定啤酒厂太快了，伊尔莎。”

“不，不，一点也不。但首先他需要——”

“这么多年都过来了，”他打断她，“我的工作依然是个问题。”

“你知道原因。爸爸——”

“行啦。”他说道，他的唐突很不典型。这令她恼火。

“还有一个声誉的问题，我们讨论过好多次了。你回避不了，乔。很多很多人想到啤酒商就是一个想法：尽量让人喝醉来赚钱的人。”

乔·克朗开始轻拍并抚摸挂在他表链上的一颗很大的擦得油光光的公猪牙。

“我尽量不让人喝醉，伊尔莎。我生产和销售有益于健康的有营养的啤酒。传统的啤酒。对你来说，跟乳酪、肉类、牛奶一样好的东西。我六七岁的时候喝了第一口酒，我喝酒适度，而且我的身体一直健康。这个行业老是被指责促发了懒惰、犯罪、淫乱和家庭解体，我厌烦这种指责。我们被指责在酒里掺水，被指责‘掺了假、掺了毒’——当然，什么假、什么毒是从来不说的。我们老是被迫跟威士忌酿酒商归类在一起——这是进一步的侮辱。我经营的是一家诚实的啤酒厂。我不允许我的手下具有通常的喝酒特权，他们只有认可这个规定才可以到我这儿来工作。要是有人在上班的时候偷偷喝酒，那我不会容忍。”

“你雇用了三名免费提供啤酒的推销员。”

“该死，妇人之见。多尔夫·希克斯和他的手下是销售代理人。”

“销售代理人，这名字很好听。可是多尔夫和别的人总归是带着一卷卷现金，在酒吧里花钱，为酒吧买一杯杯克朗啤酒厂的样品啤酒，而那钱是你给的。”

他将茶杯推到一边。他银色的帝髯上方的脸红了：“这种讨论徒劳无用。每次我们这样讨论，都会走入同一个死胡同。”

“的确是的，可是我控制不住自己的感情——”

“对不起,伊尔莎,我已经过点了。我今天不回家吃晚饭。再见。”

他没有像往常一样在长餐桌她的一端停住脚步再给她一个吻。他离开餐厅时脸上明显地有受了委屈的神情。伊尔莎听到屋子的后门关上了,声音很响。

她既感到生气又感到难过。她实在不愿意让乔生气,或者说挫伤他的自尊。可是,她有自己的看法和信念。二十岁在辛辛那提的时候,作为一个循规蹈矩的德国姑娘,她会将自己的看法和信念深深地藏在心底。现在不会了。

伊尔莎几乎可以肯定,她丈夫一定是再次突然陷入了某个阴暗心境。至少每年两次,他都会一个人到南方去。他说是去考察一个特别的城镇,看是否有可能建立啤酒厂的代理机构,或者说是去检查他在南卡罗来纳州的某些投资。他这些出行常常是在一段时间的压力呈上升趋势之后,或者在生意中遇到了某些挫折之后。

这些出行似乎可以给他带来平静,可以帮助他理清思路。有时,当他回家来之后,他会好几个小时地畅谈他所到过的地方和做过的事情。不过,也有这样的时候,他出行归来什么也不说,甚至连他的目的地都不提一下。伊尔莎不是不相信她丈夫,也不是怀疑他在哪个地方有情人。然而,沉默总是让她心神不宁,因为她感觉这一定是由某种很深的抑郁精神状态引起的,而且这种抑郁精神状态一直纠缠着他没有彻底离去。诞生在阴暗和寒冷的北欧的悲观主义不足为怪,德国人甚至还到处拿它开玩笑。乔的抑郁要严重得多。令她感到困惑的是他性格的某一个方面,他灵魂深处的一个空间,不让她涉足,一堵他建起来的墙,她无法攀越。

伊尔莎·克朗毫无保留地爱着她的丈夫。她了解并接受他所有的特性,好的和坏的。她了解并接受他的喜怒无常。她了解并接受他的勃勃雄心。约瑟夫·克朗是一个具有渴望成功的强大内驱力的人。她自打认识他那天起,他就是这样,正是这种内驱力给他带来了成功和财富。他的内驱力使得她能够在这样优越的环境中生活并将她的孩子们养大。可是,它也有坏的一面。乔的内驱力也让他想要随心所欲地摆布世界。这样一来,便会生出随心所欲和生活性质的变化,便会在人中间引发诸多矛盾,经常导致冲突。

在节日的欢乐中,很容易忘却或者忽略家庭内部的这种冲突。但是,圣诞季过去了,剩下的只有显现节的庆祝活动了。波利给全家带来了注意力的转移、新奇的感觉和愉快的心情,但是这也很快就会消散。她跟乔再次就酒的问题发生了争论,就像他们以前争论过很多次那样。

厨房里,挂着一块用德文写的匾额,原先是她母亲的。匾额写的意思是"知足便是家财"。那天早晨,伊尔莎坐在早餐桌边的时间长得非同一般,她心中思量着,在接下来的几个月里,他们家的"知足"是否很快就会受到更多的干扰。

伊尔莎·克朗比她丈夫小四岁。她1846年在巴伐利亚出生的时候名叫伊尔丝·施洛坦多尔夫。她父母亲都是农民,只生了她一个孩子。

她是在一个她所热爱的环境中成长的——一座典型的巴伐利亚农舍,一幢结实的木头建筑,很陡的红瓦屋顶,屋里面,家人住的地方和牲口房全都混合在一起。她的卧室就在牲口房的上面,她童年的摇篮曲便是那永不安宁的奶牛的哞哞叫声。她最美好的记忆之一是冬日的夜晚,全家欢聚在农舍厨房里,吃着晚饭,享受着上面盖有几何图形琉璃瓦片的巨大石头炉子的温暖。写有"知足"铭文的匾额就来自那个房间。

在巴伐利亚,她帮助做家务和农活,因为干那些活,所以她长得身体强壮,性格坚韧。她天资聪颖,独立性强。但是她不叛逆,是一个彬彬有礼、乖巧听话的姑娘。当她母亲戴着一顶象征家庭主妇的帽子外出时,伊尔丝便本分地在头上扎一个花环,这是年轻妇女尚未婚配的标志。

一年中,她特别喜爱的时光是复活节。冬季漫山遍野的大雪过后,阴郁消沉的大斋节结束了,复活节迎来了春的时光,点燃了村里的篝火,在熊熊的篝火里,代表着犹大的稻草人被付之一炬。复活节还给他们带来了令人难忘的壮丽场景,用稻草做成的硕大假木头车轮在苍茫的暮色中被点亮后滚下山坡。现在每年到了这个日子,她偶尔会梦见复活节的车轮火花四溅、翻滚着穿透黑暗的情景。

好多年,气候变坏,庄稼歉收,再加上他父亲的败家天性,把全家在巴伐利亚的生活逼入了绝境。农场以远低于正常价值的价格出售。所得的钱仅够他们买到不来梅的火车票和到纽约的统舱船票。施洛坦多尔夫全家于1856年踏上了旅途，当时伊尔莎十岁。

他们在古堡花园入关，根据老家朋友的建议，直接去了辛辛那提。辛辛那提位于俄亥俄河上游的丘陵地带，是德国人在中世纪第一波移民大潮时有大量人口落脚的三个城市之一，其他两个城市分别是密尔沃基和圣路易斯。就是在辛辛那提，伊尔丝把“丝”改成了“莎”，使得她的名字具有了美国色彩。有人向她建议可以考虑用“埃尔莎”这个名字，可是她写了几遍之后，不喜欢这个名字的样子。

施洛坦多尔夫家在第五选区租了一间小房子。这个区靠近运河，在一个人们称之为“莱茵河畔”的很大的德国人聚居区里。一年之后，约瑟夫·克罗纳来到了辛辛那提，在该城市的另一个小区租了一间廉价的房间。

伊尔莎的父亲尽管怀揣着新的希望，尽管对他不切实际的计划充满热情，但他还是再次失败了。他跟两个合伙人在城市附近的河边买了一块山坡地。两个合伙人确信，美国的这个地方很像德国的葡萄酒产区，他们可以从莱茵河流域和摩泽尔河流域进口插条，几年之后便可以建成一个盈利颇丰的酿酒厂。但是气候不对，这里生长期太短，冬天又过于寒冷。羽翼未丰的酿酒厂很快夭折，她父亲最后的希望也随之破灭。葡萄园失败之后的几个月所发生的事情给她留下了永久的伤痕。

伊尔莎一直到1861年那个暴风雨频发的夏天才遇见了她未来的丈夫。联邦正陷入剿灭南方叛乱的战争，年轻人纷纷应征入伍，像伊尔莎这样豆蔻年华的姑娘被如此多的军人和辛辛那提城市本身给弄得激动万分，虽然在北方阵营中，也有不同的忠诚。该市是一个主要的中转站，逃跑的黑奴依赖“地下交通网”逃往北方的加拿大，奔向自由。该城市也有大量的南方同情分子出没，他们中有很多人跟前奴隶主有关系，均来自河两边那个被撕裂的血腥肯塔基州。

来到美国定居的“四八人①”几乎完全彻底地忠于联邦。他们憎恨奴隶制，憎恨所有参与奴隶制的人。他们的妻子也一样。伊尔莎的母亲成了志愿护理员，负责照顾当地操作“地下交通网”的贵格会教徒。施洛坦多尔夫家里有一个

①指1848年参加欧洲革命的人士。

小型的废奴主义文学作品书房,包括斯托夫人的著名小说以及弗雷德里克·道格拉斯和威廉·劳埃德·加里森的作品。参加各种废奴主义同盟是信奉这一自由的另一个方面。

于是,1861 年 8 月一个闷热而潮湿的夜里,伊尔莎·施洛坦多尔夫跟随她二十岁的远房表姐玛丽·席梅尔到秘密共济会地方分会去参加一个废奴主义集会。

有好几位白人演讲人轮流发表演讲,他们谴责奴隶制,声情并茂地宣称战争是必要的,可以一劳永逸地摧毁这一制度。当晚最后的演讲人是一位黑人,他有一头羊毛一样的灰白头发,是在亚拉巴马州出生的波希米亚人,名字叫特克。他讲述了他的妻子和两个小孩被他经济窘迫的白人主人卖掉的经历。接着,他描述了在他抗议被迫骨肉分离、妻离子散之后所发生的事情。

特克掀起他的衬衫,走到讲台前面那排冒着烟的煤油灯那儿。当他转过身来的时候,听众齐刷刷地发出一声惊叫。年轻的伊尔莎看到特克背上一个个十字形的伤疤时,几乎昏倒。

特克展示完背上的伤疤之后,听众中爆发出咆哮声,呐喊血债要用南部反叛分子的血来偿。离开会场的每一个人都振奋起支持战争的精神,决心也更强了,尽管现在看来,联邦要以小的代价或者在短时间内获得胜利的可能性似乎不大。

伊尔莎和玛丽出门时不断地受到其他人的冲撞。水汽蒸腾的黑暗正在等待着她们,浓得如同模糊了星星的河上的雾气。“我们把马车拴在哪儿了呢?”伊尔莎在心里嘀咕。那块几乎漆黑一片的空地位于木头房子的边上,从前门到后部,一直延伸到下一条大街。由于人多,她们不得不把她们的马和四轮单马轻便马车停到空地最后面的地方。

开完会的人们都急于离开,纷纷驾着四轮货运马车和两轮轻便马车驶离这个地方。伊尔莎一面扇着风,一面在这些驶离车辆翻腾起来的滚滚尘土中走向前去。突然,她一把抓住她表姐的胳膊。

“玛丽,瞧,我们的马车在那儿。那些人弄我们的车干吗?”

有两个人显然是随意选择了一辆马车,正在割马的挽绳,隔壁大街一家酒馆的灯映出他们的剪影。被割断挽绳的马蹿进大街,跑走了。

“喂,你们想要干吗?”伊尔莎大声喝问道,跑了上去。她体重过重的表姐气喘吁吁地跟在身后。伊尔莎太气愤了,都忘了害怕:“走开,这是我们的东西。”她大声喊叫着,飞身向最靠近她的那个人扑去。

“哎哟,你这个该死的女人。”那人叫喊着拿他的手肘子撞向她的胸部。伊尔莎被撞得痛死了,一个趔趄撞到了玛丽身上。“我们关照一下这两个女人,贾德。”

“哦,天啊。”玛丽用德国话呻吟起来。伊尔莎环顾了一下空地四周,害怕起来。人们还在离去,马车轮子扬起一团团巨大的灰尘。灰尘使得视野变得很不好。伊尔莎和她表姐完全孤独无援,没有人注意……

“抓住她,汤姆。”贾德说道。另一个人扑向伊尔莎,从她身后抱住了她。

“你们这些叛乱魔鬼。”伊尔莎一面大叫,一面又拧又踢。抱着她的那个人将她转过身来。

“住手,你该死的。”他一巴掌扇向她的脸。什么都旋转起来了:灰尘旋转了,酒馆的灯旋转了,模模糊糊的夏日夜空的星星旋转了。伊尔莎踉跄着,单膝跪倒在一丛野草中。突然,她听到那个叫汤姆的人惊叫道:“天呢,小心!”

有人大叫道:“别碰那两个女人,你们是什么害人虫啊?”口音很重的英语。伊尔莎看见一个个儿不高、身材瘦削的人从他们的马车鞭子插管里拔出马鞭,将鞭子狠狠地抽向汤姆的脸。

汤姆号叫起来。陌生人不停地抽他:“滚出这个地方,你们这两个懦夫。在我杀了你们俩之前赶快滚出去。”

那两个叛乱分子一瘸一拐地溜出空地,消失在了印满车辙的街上。陌生人掸着他很厚的黑色外衣上的灰尘,捋了一下他的头发。他是一个年轻男子,个儿不大,身材修长。他浑身透出一股凛然正气。

他走到伊尔莎倒地的那堆野草旁,伸出一只手。她抓住了他的手,并感受到了他的力量。她在他的搀扶下站起身来。

他用德语问道:“你没事吧?”

“没事。可是我表姐——她怎么样了?”

陌生人跪倒在马车附近双眼紧闭的玛丽身边:“我认为只是昏过去了。这真可怕。有朋友对我说会场外面好像有南方的支持者，可是我不知道他们居然变得这么龌龊。”他用一只手开始轻拍玛丽的脸颊，用另一只手按摩她的手腕。突然，他抬起头来。

“哦，对不起，我失礼了。我没有介绍自己。”

伊尔莎难为情地勉强一笑：“嗯——这种情况——”

玛丽·席梅尔呻吟着坐起身来。陌生人离开她，面对着伊尔莎。借助小酒馆的灯光，伊尔莎第一次看清楚了他刚毅年轻的脸。

“我叫约瑟夫·克罗纳。”说着他鞠了一个躬。

打那以后，伊尔莎经常说起，说她就是从那一刻起爱上了他。假如这不是千真万确的，那么至少她的记忆成就了这样一个事实，而且这一事实成了这个家庭历史的一部分。

约瑟夫·克罗纳，十九岁年纪，受雇在英布雷啤酒厂工作。在辛辛那提，德国人全资拥有的这样的啤酒厂有好几家。他到英布雷啤酒厂工作才四个月，是从鲁奇尔多尔费制冰厂一个地位较低的岗位上跳槽到那儿的。鲁奇尔多尔费制冰厂为很多家庭和商业机构供应冰块，包括英布雷啤酒厂。

约瑟夫跟伊尔莎交往频繁，他对她说，俄亥俄河一冰冻，鲁奇尔多尔费制冰厂的所有劳动力就都拿着锯子来收获冰块了。他们每天工作十六到十八小时，不管大雪纷飞，不管冬雨绵绵，也不管温度在零度以下。因为季节短暂，而需求巨大。贮藏啤酒越来越流行，可是贮藏啤酒在销售前必须放到低温的地窖里或者山洞里陈化或者休养。这就需要冰，成吨成吨的冰。英布雷啤酒厂特别雇用了年轻的约瑟夫在啤酒厂里设计、建造并经营一家制冰工厂。

英布雷啤酒厂是一家优良的老牌公司，哪怕不是前程似锦，也至少给人靠得住的感觉，然而当战争爆发之后，约瑟夫在那儿的前程便变得难以预测。“莱茵河畔”的整个社区爱国热情高涨。约瑟夫跟伊尔莎约会之后，他最先告诉她的事情之一便是他也有这样的热情，而且想要跟成千上万个德国人那样奔赴前线，为这个新的国家而战斗，他们中有很多人甚至连英语都不会说。事实上，他已经签署了应征文件，加入到了 W.H.H.泰勒上校的第五俄亥俄志愿骑兵团——“我在制冰厂摆弄马匹,比大多数新招募的骑兵有经验。”他将于9月初到辛辛那提附近的迪克·科温兵营报到。

伊尔莎听到这个消息,十分激动,然而也奇怪地感到伤心。这种奇怪的复杂反应让她第一次认识到,她已经喜欢上了这个眼睛棕色、脊梁笔挺的小伙子。

约瑟夫要到战后才向伊尔莎求婚。那时,他已经采用了乔·克朗这个名字。他是一位坚强的老战士,跟随谢尔曼①将军和基尔帕特里克将军的骑兵部队,横扫南北卡罗来纳,一路驰骋,直到萨凡纳。他受过两次伤,可是他很少谈及他的战争经历,而且巧妙地回避了有关他战争经历的直接问题。每当这样的话题冒出来,他似乎就会陷入沉思。伊尔莎断定,那是一个神秘区域,她或许无法完全了解得了。

乔的求婚十分简单:“我有幸能娶你为妻吗,伊尔莎?”

她的回答发自内心:“我不知道。”

他看上去惊讶万分,接着看上去受到伤害了:“你说你爱我。你说过好多次。”

“我的确爱你。可是我不爱你的行当。”

这就是问题所在。他一回到辛辛那提的家便宣布了他的勃勃雄心。他打算尽快离开英布雷啤酒厂,自己创业,开办他自己的啤酒厂,积聚自己的财富,创造自己的生活。

“你看,我不希望跟酿造啤酒或者酿造烈酒的任何人有关系。”她补充道。

“等等。”他激动地大声说道,“那可是两个完全不同的行业啊。啤酒是有益的,啤酒是德国的,酿啤酒的人都是优秀正直的人啊!”他提醒她,正是美国的德国啤酒商在财政上帮助了这场战争,他们鼓励并支持《1862国内税收法》,该税法规定每售卖一桶啤酒要交一美元的税。

“这我知道。”她说道,“可是我忘不了,乔。忘不了我可怜的父亲。”

“你父亲已经死了。你从来没有对我讲过多少有关他的事情,可是你说他是

①谢尔曼,即威廉·特库姆塞·谢尔曼(1820—1891),美国南北战争时期联邦军将领,曾参加布尔溪、维克斯堡等战役,率军横扫佐治亚州,攻克亚特兰大(1864),晋升中将(1866),任陆军总司令(1869),著有《谢尔曼回忆录》。

我离开的时候死的。”

“就是因为爸爸，我妈妈才累死累活。有五年多的时间，她在坎梅尔面包店一周干六天的活。她得养活我们，因为爸爸不能。他是个酒鬼。你参加战争前只见过他一次还是两次，你很可能从来就没有察觉。”

乔什么也没说。也许他有所察觉。她不想知道究竟。

“他总是喝酒。”她说道，“妈妈认为喝酒就是他经营不好农场的原因。到了美国，情况更加糟糕。葡萄园失败之后，他几乎不停地喝酒。他什么都喝，葡萄酒、玉米威士忌——甚至连酒精也喝。有一段时间，他的那些男性朋友试图帮助他，为他找了个活，可是那个最卑贱的活他根本就干不了。就在城里庆祝联邦在葛底斯堡打败南方的那天晚上，他又喝醉了，掉到河里淹死了。所以，你看，我为什么不太喜欢那些促发另一个人走向穷途末路的人。”

不过最终伊尔莎·施洛坦多尔夫还是嫁给了乔·克朗，因为她对他巨大的爱战胜了她对啤酒明显的厌恶情感。很多年来，作为一位年轻的妻子，作为一位年轻的母亲，她循规蹈矩地做贤妻良母，从来没有批评过她丈夫的行业，抑或对之有任何微词。

近来，情况发生了变化。

近来，克朗家有很多事情发生了变化。

当伊尔莎平复自己的心情、离开餐厅之后，她来到一楼最大的房间——她的私人领地——厨房。

在很多方面，伊尔莎·克朗的性格和兴趣很不符合像她这样背景和地位的人。不过，她与厨房的关系显而易见是传统的。早在嫁给乔之前，她就认识到，一个真正德国家庭的标记就是有个完美的厨房，而且，作为妻子，她日复一日、年复一年地付出了自己的心血，使之完美并维护其完美。每当事情不顺遂的时候，她努力的成果——厨房本身——便会抚慰她的心灵。

伊尔莎和路易丝互相点着头并喃喃地说着问候的话。路易丝是一个块头很小、头发灰白、像只老鼠一样的女人。她刚刚准备好了做面条的松软面团。乔喜欢上面撒有细粉、用土制黄油煎过的面条。伊尔莎会来揉面团，而路易丝是不会反对的，实际上她巴不得呢。德裔美国家庭主妇烧大多数家中的食物，哪怕她的厨房中有一整套厨师班子。

伊尔莎的厨房里配备了一个大“怪物”，一只烧木柴的有爪式底脚的老旧大炉子，除此之外，还真算得上是通风和整洁的。大小不一的铜锅一排排整齐划一地悬挂在从天花板上挂下来的钩子上。木制和金属的用具——调羹、刀具、切肉刀、锯肉锯——也都排列在墙上，一目了然，伸手可得。在安排厨房和使用厨房中，这位家庭主妇展示了她非凡的实力。她技术娴熟，效率超高。

路易丝在案桌上放了一块制作糕点的很沉的木板，放在切肉的砧板旁。接着，她将面团从面盆里倒到木板上。伊尔莎将一只装面粉的小罐放到木板上。她解开外套花边袖口的纽扣，将袖子推到手肘附近，将小心翼翼斟酌过的一小撮面粉倒出来，慢慢将它揉到面团里。

路易丝揭开炉子上的锅盖。厨房里炖鸡肉的香味儿瞬间扑鼻而来，给本来早已香味飘溢的厨房和毗邻的食品室锦上添花。伊尔莎听到食品室里有人的响动。

“谁在那儿，路易丝？”

“弗兰克尔肉店的送货员。他是新人，问我要咖啡，我给了他咖啡。”然后路易丝拿手遮着嘴巴轻轻说道，“而且他问的时候神情很紧张。我敢打赌你那个弗兰克尔不会留他长久的。”

伊尔莎感觉面团稍稍有点硬，不过还得再硬点。她揉面团不按调制法，也不看时间，而是凭经验和直觉。她最初帮妈妈做面条时还只有四岁。推拉面团的节奏开始让她的精神振奋起来。

肉店的送货员吹着口哨从食品室里从容地走了出来。他是一个个儿很高、长得粗笨的人，十九或二十岁年纪。他的皮肤非常白，他的眼睛呈深棕色，目光十分刺人。他穿着一条黑裤子、一件黑马甲，一件白衬衫的袖子被弗兰克尔肉店的产品给弄得红兮兮的。他将空咖啡杯放到一把椅子上，掀了一下他的布帽子打招呼。他的黑发经过精心梳理，一绺上过油的头发在高高的前额上卷了起来。

他对路易丝说道：“谢谢你的咖啡，味道好极了。我母亲的咖啡总是做得很好，是最棒的。”

路易丝望了女主人一眼，对送货员说道："你把肉放到我对你说的地方了吗？"

"就放在冰柜里。这食品室很大。我们家有一个很大的。我得说，大一半。早上好，夫人。"他向伊尔莎问好，伊尔莎朝他笑笑并点了一下头，虽然她对他的眼睛很反感。这双眼睛扫视着厨房，从铜制的锅子到银质的长柄汤勺，仿佛怀着某种不为人知的目的而在欣赏每一件器皿。

"你叫什么名字，小伙子？"

"道斯。吉米·道斯。"

"路易丝对我说你是亚伯拉罕·弗兰克尔新招来的。"

"是的，两周前来的。"

"弗兰克尔先生是一位好人。你喜欢卖肉这行吗？"

"我想是的。"送货员说着，耸了一下肩膀，这种冷漠让她不高兴，"这比在大街上卖报纸或者擦皮鞋要强。我干过那活，见鬼——嗯，还有更多。"

"你有意成为卖肉的吗？"

"这个我不知道，我担心会枯燥乏味得要死。可是，人得吃饭呢，是吗？好啦，女士们，我得走啦。再次谢谢，厨娘。"

他走了。小路易丝·沃尔曾海姆生气了："厨娘，什么词儿啊，厨娘？不礼貌的笨蛋小子。我遇见过好几个像他这样的人，老是对你说他们在哪个哪个方面比你好。通常他们是心虚，实际是更糟糕。"尽管没有人在偷听她的话，但她还是说得很轻，"弗兰克尔不会留他的。他说这小子老是装病。"

伊尔莎皱着眉头，望着通向后楼梯的那扇沉重的门："我也不喜欢他的神情。我说不出原因。他的有些情况……有点可疑。"

弗里奇一放学回来可就热闹了，一会儿之后，她上气不接下气地蹦跳着来到正式的客厅里，站在她母亲身边，露出一脸笑容。

"妈妈，我想问你一个问题。我必须问的啦！"伊尔莎笑了起来。弗里奇喜欢演戏，喜欢演员，不管男的女的。通常，她不是说话，而是朗诵。

"问吧。"伊尔莎点点头说。

“我在学校里跟格特鲁德·埃默林争论,我真是要疯了,格特说嫡堂兄弟姐妹结婚是不对的。”

“嫡……”伊尔莎止住话头,意识到这话的意思了。她立马收敛了笑容,一丝也不剩:“你脑子里就在想这件事情吗,弗里奇?”

“嗯——”弗里奇局促不安起来,“一点点。我只是好奇。就是一个问题,妈妈。”

伊尔莎将女儿的双手捧在自己的手心里:“我很遗憾地告诉你,格特鲁德·埃默林说得对。嫡堂兄弟姐妹之间结婚一般来说是不被赞同的。有些地方实际上还是不合法的。我不敢肯定伊利诺伊的法律——”她紧紧拥抱着她的女儿,“不过别担心,离你必须得严肃思考婚姻问题还有好多年呢。”

“我就是问问啦。”弗里奇大声说道,说完冲了出去。

伊尔莎往后靠去,交叉了自己的双臂。弗里奇受到重重的打击了,伊尔莎心里明白。她自己也经历过好几次女学生的热恋。弗里奇会迈过这道坎的。

第十五章　乔·克朗

乔跟伊尔莎的争论让他心烦意乱。早上过了好长时间,他才完全冷静下来去给耶基斯打电话。他不太喜欢打电话,即使在理想的情况下他也不喜欢。他们需要商量一下又一件接待几位要人的事情,这是分配给他们这个委员会的任务。他们将于5月1日星期一在联邦同盟俱乐部接待他们——这天是博览会开幕的日子。总统将会出席。西班牙公主也将与克里斯托弗·哥伦布的直系后裔一道光临。而且,这一庆祝活动比去年秋天奉献日的规模更大、耗资更巨。乔早已决定,开幕那天啤酒厂放假。芝加哥有好多企业都准备这样做。

他和耶基斯商量了十分钟。电话上交谈时杂音很多,还有断断续续的啸叫声。这些现代化设备虽然方便,但远未达到完美程度。

乔依旧跟以前一样不喜欢耶基斯。这人是个恶棍,一门心思就是积攒自己的财富。他执行自己的公民义务都是经过算计的,他一问问题,狼子野心就暴露无遗:“有任何报纸知道我们正在干的这件事情吗?”

“你是指我们的名字有没有被提到吧? 那我是没有看到。”乔没有进一步说明他没有在地方专栏里寻找自己名字的习惯,“这有什么区别吗?”

“区别大着啦。如果我们要这么不遗余力,那么得到认可也是应当的呀。你干吗不跟人联系呢? 或许就是《每日新闻》的那条饶舌狗吉恩·菲尔德。”

“这事儿要是对你这么重要,查尔斯,那你为什么不联系呢? 我手头事情多着呢。”他说话的语气比他预期的要尖厉。

“很好,乔,你要是这样感觉的话,那我会的。”

接着咔嗒一声,紧接着又是一个怪异的啸叫声,电话断了。

乔挂好听筒,离开了那个安装在墙上的很大的木头箱子。这天,他第二次感到极度愤怒。这场愤怒又让他回想起了他跟伊尔莎的争论。

他理解她对啤酒厂的厌恶,但是他对此感到愤慨。她纯粹是感情用事,他认为那样的情感没有必要。他对她说的话实事求是。他创办克朗啤酒厂光明磊落,诚实正派。他从来没有干过这个行业里普遍存在的龌龊勾当:几个人在阴暗角落里商定价格,在某个选好的城市或者地区,所选定的价格像变戏法一样,伤害的是竞争同行;他不允许或者不容忍他的雇员有喝酒特权——就像他对她说过的那样;他一旦发现哪个店家涉足卖淫,或者有哪家商店允许拉客、妓女公开在店里勾引嫖客,便会撤回他的啤酒或者拒绝供应他的啤酒;他不雇用童工。

他的有些同事说,他这样做丢掉了很多生意。"很好啊。"他总是会这样回答,"我不想要用那样的代价换来的生意。"

尽管如此,对伊尔莎来说还是不够——因为她的父亲,还因为她那些激进的女性朋友。全美基督教妇女禁酒联盟的弗朗西丝·威拉德小姐、赫尔堂的简·亚当斯小姐,那一帮人。

乔·克朗为妻子的独立和才智感到骄傲。他只是希望这种独立以及这个新时代的所有汹涌澎湃的力量——譬如社会主义和无政府主义、复本位制①、女权等——不要把她推得太远。

现代化对男人来说是好事,对一位妻子来说,不是。

下午,他关上办公室的门,集中精力给洛特写信。他用黑墨水写信,信笺是很厚的纸,顶端印有突出的金色皇冠。他的字小巧、工整、匀称。

亲爱的妹妹——

我太疏忽了,没能早点给你写信。我愿向你报告,我们的侄子已经平安到达。他把自己的名字改成了保罗·克朗,这样挺好的。放心吧,我们一定会照顾好他的利益。

---

①以两种金属(传统是用黄金和白银)而不是一种金属(单本位制)作为货币单位的货币制度。

他想了一会儿，接着写下面几行，但是，在写下面几行的时候，他不由自主地皱起了眉头。

我们将安排他进一步接受教育。我真诚希望你身体健康，圣诞节过得快乐，元旦过得开心。等我时间允许的时候，我会更加详细地给你写信。谨送上我们全家的爱和问候。

爱你的哥哥

他再次蘸上墨水，用一个漂亮的花体，在信笺的底端签上一个大大的“乔”字。

他走进繁忙的外办公室，从一个上面放着二三十张彩色明信片的架子上抽出一张明信片。所有的明信片都是一样的：塔楼尖顶上飘扬着美国国旗的极富艺术特色的克朗啤酒厂外观。乔为请商业画家绘画并画成这幅画花了不少钱。他对这张明信片十分得意，认为这张明信片对促销十分有用。现在全世界对收集各种带图的明信片疯狂一时。保罗就在他房间里早已挤满明信片的陈列板上又增添了一张。乔将明信片跟信笺一同装进信封，写上地址，告诉兹维克通过海运邮递将它寄出去。

当天晚上回家的路上，他坐在马车里放松休息的时候，思考着保罗到了他们家的事情。他最担心的有些事情没有出现。这孩子被接受了。卡尔显然早已对他佩服得五体投地，毫无疑问这是因为保罗比他大。不过，乔从未想到弗里奇居然会浪漫地喜欢上了她的堂哥。唯一的阴暗点是小乔对保罗的反应。确切地讲，那不是怨恨，而是冷漠——冷漠和疏远。

保罗对此肯定感到苦恼。小乔跟保罗的年龄最接近，而且保罗很可能钦佩他，就像卡尔钦佩保罗一样。乔·克朗不明白他大儿子为什么会有这样的行为，要么这是他反抗父母亲权威的又一个例证。

啊，但是，谁又能分析或者解释一个刚愎自用、受到本诺·斯特劳斯这样的人影响的年轻人的行为呢？乔·克朗在他那个年龄的时候也刚愎自用，也不顾那些胆小怕事、羡慕妒忌的人的反对，踏上了赴美国之路，这样的事情他都忘得精光了。他决定，他必须跟小乔谈谈。对他大儿子这样闷声不响拒绝接受保罗的事情，他得采取点措施。

当天晚上，吃过晚饭之后，他敲响了小乔的房门。一声粗鲁简慢的“进”吩咐他进去。

小乔穿着长筒袜子懒散地伸开四肢躺在床上，肚子上搁着一本书。他合上书，一个指头隔在他看过的地方。令乔感到厌恶的是他看到了这是一本什么书。亨利·乔治[①]的《进步与贫穷》。这种恶言诽谤的小册子！亨利·乔治是个激进分子，竭力诋毁土地私有制的观念，就像他诋毁从这样的所有制当中获取利润的人一样。他希望他们在沉重的税赋下垮掉。亨利·乔治是毒药。

“你好，爸爸。”他儿子说。

“乔，我是来请你帮个忙的。”

“啊？”从幼年起就被灌输要学会使用对人表示恭敬的古老的“先生”再也不是小乔词汇表上的词汇了。乔的一只手下意识地抬起来放到他的马甲处。他的大拇指和食指捏住挂在金表链上的公猪牙。

“我想要你多陪陪你堂弟。对他友好一点。”

小乔叹了口气：“爸爸，我一周工作六天，记得吗？我回到家里都累坏了，我不能考虑。我跟在啤酒厂工作的每个人一样干活啊。”他又尖锐地加了一句。乔·克朗的大拇指在擦得锃光瓦亮的公猪牙上来回移动着。

“我发现你并没有很累啊，还能看这种激进的垃圾。你可以星期日陪陪保罗。”

小乔的双眼似乎变得更加冷漠，呈现一种冷若冰霜的蓝：“我唯有星期日才能去见见罗茜。”

“我希望你对保罗亲切一点。他是个讨人喜欢的小男孩——”

---

①亨利·乔治（1839—1897），美国经济学家，主张征收“单一地价税”，取消其他捐税，使土地增值收益全部归社会所有，主要著作有《进步与贫穷》《土地问题》等。

“是啊，他挺好的。”小乔轻蔑地耸了一下肩膀说道，“不过，还小。”

“天气暖和起来的时候，我希望你带他到城里走走，领着他到一些好玩的地方去玩玩。我对你要求不高，乔，但我把这当作是一个特别的请求。”

他们四目相对，各不相让。小乔的脸红了。他先躲开了目光。

“好吧，爸爸。如果我有时间，我就带他去。”

“谢谢你，乔。晚安。”他迅速地转过身，既已获得胜利，那就赶快离开。当他关上房门的时候，他儿子低沉的说话声令他感到吃惊。

“你也许不会喜欢我带他看的东西。”

乔·克朗咕哝出一句骂人的话，昂首阔步地走下大厅。

当他和伊尔莎共同爬上床的时候，谁也没有提起早餐桌上的争吵。乔在被子下面拉住她的手。她在黑暗中紧贴到他身上，她的身上散发出夜间她搽到皮肤上的一种乳霜的香味儿。她吻着他的下巴，充满柔情地抚摸着他。

“关于保罗上学的事情——”

“本周末我会找他谈的。我早就在咨询了。”

“谢谢，乔。”她再次吻他。一会儿之后，他听到了她呼吸中轻微的呼呼声，她睡着了。

他睡不着。1月的夜晚，刺骨的寒冷无情地噬咬着这幢房子，发出嘎吱嘎吱和噼啪噼啪的声响。他想着保罗的事情，想着他在轮船上所遭逢的那些磨难，想着他在新泽西所遭遇的那场灾难性大火，想着他到芝加哥来的漫漫长路上所遭受的各种危险，情不自禁地比较了自己作为约瑟夫·克罗纳移民过来时的情形。他经历过艰难困苦，经历过忍饥挨饿，有时也遇见过敌意。但是，他1857年从阿伦出发到辛辛那提的长途旅行可从来没有遇到过暴力凶险。有几个路段甚至还挺快乐怡人呢。

他回想起了行程的第一段，在当地一艘运煤的大型平底船上，沿着莱茵河顺流而下。他付了那个船长一点小钱，然后帮他干活挣口饭吃。他的旅途是在初夏。有好几个夜晚，他就躺在甲板上，望着头上千万颗星星眨眼。有一次他还看见一颗星星陨落，尾巴后面拖出一长溜火——蔚为壮观的景象。

他坐北德劳埃德公司的一艘船离开不来梅港。统舱简陋，但还算卫生。食物单调，但数量充足，而且夏季的海洋，一路风平浪静。到了纽约，他在一个叫作古堡花园的地方登陆。那是像棚子一样的宽大建筑，屋顶是圆锥形的，坐落在曼哈顿岛一个令人心旷神怡的公园内。有人认识这个公园，说它叫炮台公园。

小约瑟夫只花了三个半小时便通过了那些生硬而又难缠的政府官员的审查和卫生人员的防疫检查。

他知道有很多德国人定居在了一条名叫鲍厄里的大街上和大街四周，他发现找这条大街并非难事，天黑之前就找到了。他在一家德国人开的酒馆里喝了啤酒，吃了香肠和面包，然后问有没有活可以干。他好说歹说，让自己获得了一个临时性的活儿，帮老板修理他的屋顶。他需要钱，到内陆德国人较多的某个城市去。

那时候依然叫约瑟夫·克罗纳的他，花了两个月时间修好了屋顶。然后他便到其他地方去找工作。与人联系并非难事。纽约有很多人和他说同一种语言。他已经买了一本英语语法书，正在学习英语。

他在一家又大又暗的鲍厄里剧院找了一份打杂的活儿。他站在剧场后面看的那些戏无非是拳打脚踢、刀劈剑刺、手枪乱射以及企图强奸女主人公之类。观众们坐在一楼大厅里那些没有靠背的很硬的长凳上，谈天说地，嬉笑怒骂，互相攻讦。

坐在票价较低廉的高高楼座上的观众也一个样。街头小顽童、烟花巷女、一家子一家子人，朝演员们扔钱币、扔橘子皮——不管是让人开心的演员，还是让人糟心的演员。约瑟夫·克罗纳来到美国看到剧院的第一眼就对其产生了强烈的反感。

等他一攒够钱，他便计划买一张便宜的火车票去圣路易斯——一个新的德国人所向往的地方。该剧院的售票员刚好有一个兄弟在辛辛那提开一家制冰公司。售票员很喜欢约瑟夫，便给他写了一封推荐信。“忘了圣路易斯。”他说道，“辛辛那提那个地方好多了。我们有很多同胞也都在那儿。”

太令人惊讶了，这些小小的变化居然会将一个人从一条人生道路转向另一条人生道路。要不是鲍厄里剧院的售票员，他很可能就到圣路易斯去了。他要是到圣路易斯去，很可能就不会到啤酒厂去做学徒，也就不会想着自己办啤酒厂,不会借了大部分的钱,在芝加哥真的办了一家啤酒厂,也就不会为了这家啤酒厂的成功而要死要活地干了。

要是那样,他就绝对不会遇见伊尔莎,也就不会知道他这些个可爱孩子的脸长这个模样了,也就不可能收养他的侄子并给他创造机会了,也就不会在这个新的国家成为一个虽然常常麻烦缠身但却很有钱的富人了……

在一个寒冷的冬天夜晚,在温暖的床上,回顾这一切是一件很惬意的事情。

约瑟夫·克朗这个成人成型于约瑟夫·克罗纳这个小男孩。作为小男孩的约瑟夫,他在阿伦的早期记忆是美好的。酵母的香味儿,啤酒的香味儿,烤面包的香味儿。形形色色追名逐利的客人住在克罗纳客栈那十个房间里,轻松欢快地聊天——后面就是小小的啤酒作坊。客栈面朝铺着很大鹅卵石的雷德加斯大街。小约瑟夫要么在客栈前面玩耍,要么跟城里其他的小男孩一起到周边的山岗上去嬉耍追逐。他的学习成绩很优秀,可是他无法忍受学校僵化的学习生活。

他父亲托马斯是个勤奋好学的人,一天到晚总是紧锁着眉头。托马斯担心政治,担心控制着土地的冷酷无情的贵族阶层,担心德国的前途命运。他母亲格特鲁德倒是一个实在人。她负责照料客栈和财务管理。她对数字特别敏感,这点被约瑟夫遗传了下来。

他一直到很多年之后才理解了 1848 年革命的意义。他只知道当时对全家来说真是可怕的时光,因为父亲跑去参加造反了,而且后来一天夜里他哥哥被士兵抓起来关进了监狱。彼时,艾尔弗莱德九岁,约瑟夫七岁。约瑟夫很幸运没有被抓走。格特鲁德把他藏到了一只衣柜里。艾尔弗莱德被抓的时候正好在那个小小的客栈接待室里掸灰尘。

艾尔弗莱德回家来的时候完全变了个人。他被严刑拷打,受尽虐待。从此以后,他就再也没能正常走路。

1849 年圣诞节,是约瑟夫一生中最黑暗的时光之一。托马斯·克罗纳在斯图加特被绞死,然后被送到阿伦的家里安葬。第一夜,盖上盖的棺材停放在屋里面,搁在挂着黑色帷帘的客堂的搁凳上,约瑟夫走进客堂时浑身发抖。他明白,父亲就躺在那具没有油漆的廉价棺材里面。他扑到棺材上，拿拳头捶打着，大声喊叫着他的仇恨和悲伤，直到他们家路德教的本堂牧师把他拉走。

牧师把约瑟夫拉到他三楼的卧室里，格特鲁德自顾不暇，已经悲伤过度，管不了他。牧师将约瑟夫丢在房间里，关上门，锁上锁。约瑟夫尖声喊叫着，擂着门。

几分钟之后，他听到门外有什么东西刮擦地面的声音。是艾尔弗莱德，是他绑着绷带的瘸腿。

艾尔弗莱德隔着门对他轻轻说着话，试图安慰他。约瑟夫再次尖叫起来，比之前喊叫得更响。终于，钥匙第二次响起，路德教的本堂牧师拿着一壶冷水走了进来，把冷水倒到了大喊大叫的小男孩头上。约瑟夫被冷水一浇，神智正常了。

他冲出房间，冲下楼去，扑倒在他母亲怀里呜咽着。他以前从来没有这样发过疯。从此以后他也再没有这样发过疯。

托马斯·克罗纳入土之后，小客栈和小啤酒作坊陷入了艰难时世。活儿简直干不完，而约瑟夫的母亲已经陷入绝望。先是1851年啤酒作坊关门。小客栈变得肮脏不堪，声名狼藉。正常的客人不再光顾。1853年，格特鲁德心脏病发作去世之后，他们家的朋友帮忙将他们的家产变卖了。价格卖得很低，勉强够还债的钱。

约瑟夫跟他哥哥和妹妹一道搬到了他们这个教派的一户人家生活。他们像没人认领的包裹一样，从这一家被传递到另一家，经年累月，受尽凌辱，这样的生活过了好多年。1855年，约瑟夫对德国深恶痛绝，对其统治者的残忍深恶痛绝，对这儿绝望的生活深恶痛绝，便开始了解美国的情况，开始积存私房钱。1857年十五岁那年，他永远地离开了阿伦。当他道别的时候，他妹妹夏洛特才十岁。格哈德还不到九岁，但已经是一个脾气很坏的小男孩了，原因也许是他从来没有遇见过一个合适的父亲。后来，格哈德写来的一系列骂信，硬说姐姐即他的妹妹在柏林成了别人家的情人，或许还是个彻头彻尾的妓女呢。

约瑟夫·克罗纳那个时候已经改名约瑟夫·克朗，他宁可信其不是那么一回事儿。他从来不刨根问底。他只是不再给格哈德写信。他甚至连圣诞节的问候都不再寄了，伊尔莎把这种行为称作不文明。

1893年1月第一周的周末，芝加哥的大雪已经下了有十四英寸厚。星期日，气温骤降，积雪依然很厚，乔组织大家到户外去。全家人都去了，唯有小乔例外，他早已经去了林肯公园，跟朋友一起溜冰去了。他的女朋友不愿意去，所以他吃早饭的时候就一副恼火的样子。

伊尔莎和孩子们全都裹着最厚的外套，围着围巾，戴着连指手套，穿着靴子。乔拿一条长长的红色羊毛围巾在外套和马甲上面的脖子上绕了一圈又一圈。他将皮手套塞进口袋里，因为戴着手套双手太笨拙。他带上了他的柯达相机。

“大家站成一排。我想用积雪做背景给你们拍张照。”

“乔，阳光太亮了。”伊尔莎说道，“我眼睛都快睁不开啦。照片照出来会不会就只是白花花的一片？”

“我不知道啊，我这也是刚摆弄上呢，我们照出来看看。”

乔的手指在压了花的黑色皮革盒子上冻得发麻。他眯着眼睛，指挥他们排队拍照，他注意到了保罗的脸。这孩子的双眼紧紧盯着照相机。唯一可以形容他表情的字眼是“着迷了”。

弗里奇朝卡尔伸了伸舌头，接着咯咯笑着拉住保罗的袖子说着什么，但他根本就没注意。

他们回到屋里，到厨房喝过热可可之后，乔说道：“保罗，请到我书房里来一下。整个星期我都想找你谈谈。现在是个好时机。”

乔·克朗的书房在这幢大宅的一楼，面积不大。晚上、礼拜天教堂回来或者晚饭过后，他经常在这儿把自己隔离起来，处理他带回家来的啤酒厂的工作和家庭事务——训导、劝诫，需要什么处理什么。

“请把门关上，保罗。坐。”保罗搬了一把椅子到办公桌跟前。乔将那架四四方方的黑色柯达照相机放到几张纸上。冬日的阳光洒满了书房。这似乎使得保罗紧张地眨巴着眼睛。乔还没有完全准备好开口，保罗却先说话了。

“乔叔叔，这要多少钱？”他指着照相机。

乔感到惊讶，说道：“你想要一架吗？”

“非常想，总有一天，是的。”保罗的英语仍然很糟糕，口音很重，经常断断续续,结结巴巴。

乔拿起照相机:“伊斯曼公司现在有好几个款式。这个款式刚好八美元二十美分。把你的零用钱存起来。那么——”

“我还有一个问题,叔叔。人们拍照可以赚钱吗?”

乔想了一想:“也许那些制作明信片或者客厅立体图片的印刷商能赚钱。”

“我的意思是——有人能赚钱吗——就按那个按钮?”

“啊。拍照。不,我认为不能。无论如何,生活不会体面。我在城里看过一些照相馆。地方都挺破烂。”保罗皱起了眉头。“破烂。贫穷。”保罗微笑着点点头。“这是一项非凡的创造发明,但是我估计也就是一个新奇玩意儿而已,不会有大的作为。毕竟,一个人需要多少全家福和中国长城的景观啊?”

他将照相机放到一边,发现了他侄子失望的神情。

“保罗,我必须跟你说两件事情,都事关你的教育。我已经见过一个可以做你家庭教师教你英语的人了,星期二我还要见一个。然后我会选一位。我认为在家里上课对你会有帮助的。”

“谢谢,叔叔。”

“你婶婶和我商量过你的前程这件事情。我们觉得你应该上公立学校。虽然你的英语还远远没有达到完美的程度——请别误解我的意思,你在短时间内的进步神速——但是我认为已经足够听懂教室里上课的英语了,不过比你的年龄应该上的年级低一点。家庭教师也会帮你的。所以,我们打算尽快送你去上学。”

“弗里奇和卡尔上的是同一所学校吗?”

“不是的,不同的学校,在城市的那一边。我咨询了我的一个朋友乔治·赫塞尔迈耶,他是芝加哥教育委员会的。教委里有好几个德国人。赫塞尔迈耶推荐了这个学校,因为那儿的老师十分优秀。”

“这是个什么样的学校?”

“小学。但你是到最高年级。你在那儿会发现很多男同学女同学,他们——怎么啦?”

保罗的双手紧紧地按着他穿着灯笼裤的双膝。他按得如此用力,连指节都发白了："先生，我学习不好。我也不知道为什么，但事情就是这样。"

"你不喜欢学校的功课？"

"的确是，先生——是的。那些课本——它们太让人讨厌了。那些老师也一样。我喜欢学习美国的东西，但是不想受到拘束，就在城里，四处走走，看看——"

"随心所欲，是吗？"阳光照在乔·克朗右边的脸上，将它照得如同一块白色的大理石。他已经收敛了笑容。

他强化了他的声音，以维护自己的控制权："在这个世界上，你要是随心所欲，变化无常，恐怕会到处碰壁。你必须接受教育。"

"我会自学的，先生。单独努力学习——"

乔厉声说道："你就从来没有听见过那句老话吗？"他先用德语说了一遍，"自学者，其师必傻。"他停下话头，"你还有话说？"

"是的，先生。我堂哥，乔，他在你的啤酒厂干活。我不可以吗？"此时保罗的话音中已经透露出明显的绝望。

"过一两年，我们看你的情况，那也是有可能的。我不想说难听的话，保罗，可是你住在我的家里，我就得对你负责，所以我说了算。你必须上学。"

保罗轻声说道："是，先生。"显而易见，他被打败了。他脸上的表情完全是畏惧。

乔·克朗的内心翻江倒海："伊尔莎错了，他不适合这样。"但是，他不能反悔或者犹豫不决来损害自己的权威。丈夫和妻子必须结成统一战线。

"会好的。"乔说道，话音稍稍温和了一点，"你很快会感觉学校就像家里一样。"保罗阴郁地点点头。

"谢谢，保罗，就这样吧。"

保罗站起身来，把椅子放回原处，一声不响地走出门去。乔·克朗将一只手放在柯达照相机上，皱着眉头坐在那儿。

"这孩子聪明伶俐。数以百计的人都在自学。我也是自学成才的。我本该反对伊尔莎的意见。我有一种明显的感觉，这样做不会有好结果的。"乔·克朗心想。

第十六章　保罗

他很不喜欢上学这件事情。可是，婶婶和叔叔对他所表现出的全心全意的关怀使他感到温暖，他不想让人觉得他是一个忘恩负义、不知好歹的人。所以，他听从了乔叔叔的话。他将尽最大努力，但是他成功的希望渺茫。例如，保罗不像叔叔，叔叔认为数学是高贵而重要的，保罗却对数字望而生畏。数字无法让他感兴趣，永远不会。是的，上学的前景的确会十分可怕。

每天，保罗都会对堂哥、堂弟、堂妹有更多的了解。

卡尔最喜爱的体育运动是棒球、摔跤，还有一个叫足球的他不太熟悉的项目。在这些运动项目里，卡尔有足够的力量与其他男孩子竞争。他喜欢那样。他一直想要保罗跟他一起在某个被禁止的地方，比如正式的客厅里玩摔跤。保罗偶尔也被迫跟他玩玩。他的个儿比卡尔大，力气也更大，但是玩起来却不是绝对占上风。卡尔壮实的身子里有惊人的力量。

小乔相对不太喜欢竞争性的活动，而是更加喜欢可以单独活动的项目。他喜欢的事情也是人们可以单独做的。他提到夏天去密歇根湖游泳。他说会游得很远，搏击滔天巨浪，穿越危险波涛。他喜欢溜冰，冬日的星期天，每当他无法到城市的南部普尔曼小镇去见他女朋友时，便会经常到林肯公园去溜冰。溜冰在德国十分普及，可是保罗从来没有去学过。洛特姑妈说他们没有钱挥霍到溜冰上。

保罗十分希望小乔能在某个星期天下午邀请他一起去，可是他没有。很可能，在他堂哥的眼里，他就是一个愚蠢的小男孩。

弗里奇的情感表达比两位男性更加外向，每件事情上都是这样。她经常叹息，经常手撑双眉，假装晕倒在家具上，逗得伊尔莎婶婶很开心。保罗觉得这样很傻。

弗里奇如饥似渴地阅读小说，还有大量有关解梦的书籍，但是她最大的热情是在戏剧上，在演员身上，在他们那些帐篷世界、化妆粉和魔幻手法上。弗里奇说她跟母亲一起去看戏，有的时候也跟父亲一起去。她说父亲不太喜欢戏剧。

弗里奇不屈不挠地追逐保罗。他想看看她收集的剧目吗？他想看看她最近的模仿吗？他想要她描绘一下那个非凡的天才埃德温·布思吗？他想听听《基督山伯爵》里的那个明星——帅呆了的詹姆斯·奥尼尔的事情吗？听听那个热情似火的波兰女演员海伦娜·莫德耶斯卡的故事怎么样？或者听听那位伟大的埃莉奥诺拉·杜丝怎么样？保罗从未听过这些女演员的名字。他如实相告，但是这并不能阻止弗里奇。

吃饭的时候，她还有一个让他尴尬的做法。如果他偶尔说了一句十分普通的话接着再微微一笑，那么弗里奇就会往后仰过头去哈哈大笑不止，仿佛他就是活在这个世界上的最聪明的人了。不，她远不是一般的大笑，而是尖声的大笑，刺耳的大笑。这笑声令伊尔莎婶婶叹息，让乔叔叔竖起银白的眉毛，也招来小乔的怒吼："哦，别再幼稚啦！"

当保罗在等待家庭教师消息的时候，卡尔展示了他的另一面。一个不合时令的温暖下午，他来到保罗跟前，当时保罗正在擦洗马厩下面一层的窗户。

"你好，保罗。"

"你好。"他现在用英语说这两个字相对比较自如了。

"你的表怎么样？"

"我的表？挺好啊。时间很准的。"

"你想看看我的表吗？"

"想看，好的。"

"一年前，爸爸和妈妈给我的圣诞礼物。"卡尔从裤袋里拉出他的表。镀金的表壳在阳光下闪闪发亮。

"去年夏天我把它掉到密歇根湖里了。爸爸不知道这件事。它不走了，可是我把它修好了。我喜欢拆东西,然后把它们修好。想看看吗?”

保罗点点头。

卡尔掏出一把折叠式小刀。他将刀尖插进密封得很好的表壳背下面。他撬了一下,但是表壳没有打开。他咬着嘴唇,不停地撬着。表的后盖突然被掀了起来。一个弹簧蹦到外面。

保罗想也没想就朝那个弹簧冲去。他捡起弹簧,但是差一点一脚踩进那桶洗涤水里。他把弹簧递给卡尔。卡尔说:“你反应很快,你应该去打棒球。”

卡尔用小刀拨弄着表的内部。一个很小的黄铜颜色齿轮掉落到了干枯的草丛里。两个小男孩双双跪到地上寻找。找了好几分钟,卡尔找到了那个齿轮。他将齿轮勉强塞进表壳内,然后啪的一声盖上表的后盖,脸上露出窘迫的神情:“看来要进一步修理了。”

保罗什么也没说。卡尔将表和小刀塞进口袋里。伊尔莎婶婶在后门口叫他回去做作业。卡尔拔腿就走,走了几步又停下身子,回头望着。

“我喜欢你,保罗。”

他朝屋子跑去。得,保罗心想,欣喜万分。两个宝贝。一丘之貉。

1月底的一个下午,保罗坐在厨房里,正在喝一杯路易丝特地给他做的热可可。伊尔莎婶婶忙着和黑麦面,加一点水,再加几片很硬的裸麦粗面包老面,让她的促酵面团变成一团新的生面。她停下手中的活,问保罗有什么业余爱好。他不明白“业余爱好”是什么意思。

“你特别喜欢做、纯粹是为了开心的事情。”

他说他喜欢收集有图画的明信片。

“啊,有图画的明信片。你在美国可以找到很多这样的明信片。我估计你需要想个法子在你房间里把它们展览出来。”

她吩咐卡尔帮保罗到地下室去找一块光滑的木板。尼基·斯皮尔斯找来了一罐跟其他颜色都可以相配的灰色油漆和一把刷子。赫尔加·布伦克斯帮助保罗用钩子和金属丝将新油漆好的木板挂到了房间里。它很粗糙,但是伊尔莎婶婶说它看上去很漂亮。

他用她给他的图钉小心翼翼地将那张立体画片钉到木板上。伊尔莎婶婶从围裙口袋里摸出一张密歇根湖巨浪拍岸的簇新图片。保罗也将它钉到了上面。

伊尔莎婶婶仔细看了一下木头的地球仪和架子。她将架子翻过来，发现上面印着德国制造商的铭文。“波利，我还有个建议。你现在是个见多识广的年轻人了。也许你应该在这儿保存一种记录。凡是你到过的每一个重要地方，都标上一个小小的标记。”

他极感兴趣，于是马上从地下室里找来第二罐更小一点的油漆和一把小巧的刷子。婶婶在边上看着，他在柏林上面点上了一个深红色的圆点，然后在汉堡也点上了一个，第三个点在纽约，第四个点在芝加哥。

“啊，这样看起来很好。”她说道，“这样丝毫也不会损毁地球仪的美观。在你的人生征途中，这儿会不断增加更多标记。我敢肯定。”她紧紧地拥抱他。

他被这最新迸发出来的关爱给融化了。为了伊尔莎婶婶——也为了乔叔叔——他将忍受上学的判决，哪怕结局毫无疑问将是灾难性的。

温·埃·马尔斯先生，穿着一件已经破旧的有毛皮领子的长大衣，戴着一顶帽边耷拉的棕色软帽子，踏着五英寸厚的积雪来了。温斯顿·埃尔芬斯通·马尔斯是威斯康星州杰纳西迪波土生土长的人，他就是家庭教师。

马尔斯先生三十多岁年纪，皮肤白得像积雪。他将墨黑的头发从中间一分为二，用一些古怪的小装饰把破旧外套打扮得漂漂亮亮的：一条松垂的火焰红色的丝绸小方巾，一朵有好多种颜色的毡制作的很大的葵花。他在口袋里带来了一本他奉若偶像的王尔德①先生写的小书。保罗从来没有听说过王尔德先生这个人。

马尔斯先生被雇请每天下午三点到六点在保罗的卧室里辅导他英语。这位家庭教师是一个温良而又有耐心的人。保罗喜欢他。他将一本叫作《麦加菲综合语文课本·第五版》的书放到保罗的手里，教他阅读。他用一块石板和粉笔教他难得像恶魔一样的英语语法。

---

①王尔德，即奥斯卡·王尔德(1854—1900)，爱尔兰作家、诗人，19世纪末英国唯美主义的主要代表，主要作品有喜剧《认真的重要》《少奶奶的扇子》和长篇小说《道林·格雷的肖像》等。

语文课本里选录了著名演说家、政治家、哲学家和诗人的演讲及文章。马尔斯先生的教学包括好几个小时耐心地听保罗朗读。保罗朗读得很慢，很生硬。他耐心地纠正保罗的每一个发音错误。老师对一些复杂的单词进行解释，但是他并没有非要保罗什么都记住。

“等你上学之后——很可能是第二学期，2 月份——你就会这样朗读——这样练习。但是，你还会被迫记住长长的单词表。我尽量往前赶。”

1 月份最后一周的星期三，保罗感觉，跟马尔斯先生私下里交谈挺放松的，并且他弄明白了当家庭教师是否是他的全职这个问题。

“哦，不，我有很多职位呢，但是我认为我最擅长的是教书。一段时间之前，我认定我在这个地球上的目的就是经历生活的美。工作、食物、每天早晨必要的洗漱和打扮——其他所有的这一切只不过都是达到崇高目的的手段罢了。”

保罗听得云里雾里，说：“我再读一些吧。”

那天晚上，当马尔斯先生在楼下大厅里穿大衣、戴帽子的时候，保罗在二楼的楼台上听见那位家庭教师在跟小乔说话。他说到了一个“真理和美好的新时代”。

“见鬼，”小乔大胆地说，“我们将看到的唯一新时代是走上街头闹革命的新时代。”

“这是一个很邪恶的想法，年轻人。唯有美好的想法才会使生活本身变得美好。”

小乔说出了一句更加大胆的话对他加以驳斥。马尔斯先生气呼呼地走了，把门摔得巨响。小乔拍着他的膝盖，哈哈大笑着。保罗将脸靠在擦得很亮的硬硬的扶栏上，心想，他的堂哥怎么这么老于世故啊。

就在那天夜里，乔叔叔再次把保罗叫到他的书房里。他站在叔叔坐的椅子前面，紧张不安，他每次进书房都是这样。

“关于你上学的事情，我做了进一步的决定，保罗。让我解释。你婶婶和我来芝加哥的很久以前，德国人就在建一些优质的私立学校来教育他们的孩子。这些学校依然办得很好。这些学校毫无疑问在大多数方面都比公立学校要好。

还有,我认为这些学校是最优质的——德语、英语都说'优质'这个词。"

保罗点点头。

"公立学校更大众化。这个家庭选择了美国化,所以弗里奇上的是公立学校。卡尔也是。小约瑟夫先前也上的是公立学校,直到后来我们不得不将他送到私立学校去。他在那儿同样不行。"

他停了一下,噘起嘴唇。他一直在抚摸那颗公猪牙齿的手放了下来。

"芝加哥的公立学校——也许应该说是整个国家——绝对需要彻底革新。他们几乎不教科学,这样做在这个工业和创新的时代是有罪的。他们没有体育,也没有运动项目。尽管如此——你婶婶跟我意见一样——你还是去上公立学校。"

保罗等着下文。

"今天,我打电话给了你要去的那个学校的校长。他知道了你的情况,你是一位新移民。他会安排好的,让你得到特别关照,把你放到合适的班级去。下周一早上,我们会陪你坐家里的马车到学校去——别担心,我只是到办公室去一下,签署一些必要的文件,不会过多干涉。从那以后,你就坐有轨电车上下学。"乔叔叔停顿了一下,"你有什么要说的吗?"

保罗的内心一百个不愿意。他感觉叔叔在讨论的选择仿佛不是绞死就是枪毙。他挺直身子,直视着他叔叔的眼睛。

"我想最好不去,先生。我宁可工作。"

"这我知道,但这事已经定了。晚安,保罗。"

保罗还没有走到门口,他就埋头于办公桌上的工作了。

星期六夜里,又一场暴风雪袭击芝加哥。暴风雪很快就过去了,只是在克朗宅邸四周的人行道上留下了半英尺厚的新雪。星期日上午去过教堂之后——小乔似乎可以不去,也许是经过父母亲同意的——保罗、卡尔、小乔穿得暖暖的,开始铲人行道上的积雪。

几分钟之后,小乔靠在铁锹上,对保罗说道:"明天是个重大日子呢。"小乔灵动的蓝色眼睛在阳光下闪闪发亮。他的微笑有一种嘲讽的味道:"别对我说你迫不及待想去哦。”

“不，不，我不喜欢去。”保罗说道，呼出的气像一簇羽毛。

“我也不喜欢。我就摆脱了。你也可以。”

“我不知道怎么办。”

“拒绝。”

保罗咬着他的下嘴唇。他的嘴唇因为天气太冷开裂了，有点痛。“我没法拒绝。我说了我会去的。”

“真丢脸。这不是真实的世界。这是一个乱七八糟的世界。老师们说的东西一钱不值。不过我在啤酒厂有一些朋友，他们可以教你很多东西。”他瞥了一眼那幢大宅一块块窗玻璃一闪一闪地反射着阳光的窗户，再次愤愤地低声说了一遍，“很多东西。你只要下定决心不去上学，你就做得到。别去读书。背诵课文，像个笨蛋。稍稍闹点事儿——玩些恶作剧，让老师们讨厌你。我就是用这种方法摆脱了三个学校的。你也可以的，我看你好像挺聪明的。”

保罗仔细观察着他堂哥的神情。观察的结果，小乔的赞扬是真诚的。保罗非常激动地意识到，他堂哥想要他成为同盟者——也许是永远的朋友。没有什么能让他更开心了，除了小乔想要他付出的代价。

“乔——你母亲，你父亲——他们那么关爱我。我要是照你说的做，他们会伤心的。他们会生气的。我不能对他们做这种事儿。”

“就是这样，是吧？”小乔的脸因为表示轻蔑而扭歪了，“他们把你糊弄啦。”

“糊——？我不知道糊——”

“忘了它。”小乔说着走开了。他弯腰在人行道一段尚未铲干净的地方开始铲雪，动作飞快，有点恶狠狠的。

星期日晚上晚饭快结束时，伊尔莎婶婶在餐桌边站起身来，笑着说：“我们有一个惊喜给你，波利。”

她端着一只很大的盘子从厨房里出来，盘子上有一只“入学彩袋①”。一只很大的“丰饶之角②”，由一层层的油酥做成，里面塞满了硬糖、饼干和胡桃，堆得像是随时都可能从盘子上滚落下来。

伊尔莎婶婶把盘子放到他的面前：“你也许会觉得自己要这个东西年龄太大了点，可这是一个重要的传统，第一天上学的‘入学彩袋’。明天下午等你成功地上完一天课回家来时，你就可以得到这里面你看到的一切了。”

乔叔叔微笑着。弗里奇大声喊叫道：“哇！”卡尔也大叫道：“给我一颗大硬糖好吗？”小乔交叉着双臂，靠着椅背，一言不发。保罗几乎感动得掉下眼泪。他怎么可以反叛对他如此关爱有加的人呢？

星期一早上，天空灰得像死人一样。又冷又湿的一天。有几片雪花在飘落。马车停在了两层楼的学校前面。学校似乎十分巨大，令人生畏，一个砖头和花岗岩的丑陋的庞然大物。一个监狱，无非是被照亮的窗户上没有一根根铁条罢了。

几分钟之后，保罗跟叔叔拾级走上已经破旧的木头台阶。他们被要求在正常上课开始一小时之后到校长室去。来到台阶最高处，保罗回头望着那辆顶篷开合式的四座马车、几匹鼻孔喷着热气的枣红马以及有一千个想象中的诱惑在召唤着他的黄褐色的空旷街道……

他叔叔的面孔闯了进来，银丝边的眼镜后面，那双黑色的眼睛有一种逼人就范的光芒。

“请进去。”乔叔叔不耐烦地说。

校长雷尔夫先生握了握保罗的手，对乔叔叔说道，由于这位新同学还不太适应美国，他毫无疑问应该获得每一个机会，所以会被安插到该校最好的老师之一

---

①也叫“糖袋”，据说是德国二百多年前就形成的传统。当时在萨克森和图林根地区，为了把顽皮好动的孩子从沙坑带到正襟危坐的课堂，就送他们一个装满他们平时爱吃的糖果等甜食的锥形袋子，所以也叫“糖袋”；如今袋子里也装一些文具甚至足球等体育用具，长可达六七十厘米。为了留下悬念，让孩子兴奋期待，一般要等孩子初上学的开学典礼结束才让孩子解开“入学彩袋”的绳结，一探里面的究竟。

②弯曲的山羊角，装满丰盛的溢出角口的水果和谷穗，被用来作为艺术、建筑和设计中的装饰性主题花纹，象征丰饶，并代表希腊山林水泽仙女阿玛尔特的神奇羊角，主人想要什么，该羊角就能装满什么。

佩蒂格鲁夫人所教的那个班。乔叔叔说那最好不过了。他让保罗好好学习，然后跟他道了别。

保罗跟着校长沿着一个有点霉味的阴暗大厅，朝着一扇镶嵌了玻璃的木门走去。保罗惊恐地看到了教室里的学生。很多人的年纪看上去至少要比他小一岁，还有很多更小，仅仅是孩子啊。校长打开教室的门，将他领了进去。

“佩蒂格鲁夫人，这是你的新学生，保罗・克朗。”

校长走了。保罗等在老师的办公桌旁边。有十几个脑袋齐刷刷地被吸引到了他这边。十几双眼睛齐刷刷地打量着他。教室像一个烤炉。窗户上都结着图画一样的霜，不知道是怎么形成的。

“坐到第二排的座位上吧。最后一张课桌。那儿。”佩蒂格鲁夫人用手指了一下。她是一个单调乏味的普通女人，胸部很大，灰白的头发简单地盘在头上，嘴巴像一条缝，舌头如同鞭子。

她用一只沾满粉笔灰的手往下指着。保罗感到窘迫，他看到自己鞋子下面的雪泥在融化，积了一摊水。“你明天来上学的时候，进来前一定要把脚擦干净。而且要把头发梳整齐，你简直成了一道风景。”

“我梳过的，来——”

“别回嘴，年轻人。你要是回嘴，你和我就都会有麻烦。”她的笑容冷冰冰的，“这是第一条规定。第二条规定，我要求我的学生打扮整洁。你看来没有遵守这个标准，但是在我的班里你必须遵守这个标准。今天你就安静地坐着吧。别说话，除非被要求说话。放学的时候到我的办公桌这儿来一下，我们给你发课本。就这样。”

“是，夫人。”他说道，他经常听卡尔这样称呼他母亲。

这一天，他懵懵懂懂的，过得十分凄惨。在食堂里吃午饭的时候，有几个学生颐指气使地对他说话，但没有人平等地跟他交谈。他自己一个人坐一张桌子和一条长凳，四周好几百双眼睛都好奇地盯着他瞧。

他快速地吃完两根香肠，然后从伊尔莎婶婶特地为他准备的口袋里掏出一个煮鸡蛋。她还放了一个小小的盐瓶——保罗喜欢蘸盐吃煮鸡蛋。他刚要把鸡蛋往嘴里送，突然感觉左耳朵有点刺痛，便大喊起来。

他听到附近传来咯咯的笑声。他只看见佩蒂格鲁夫人瘦瘦的脸。她悄悄地来到了他的身后,拍打了一下他的耳朵。

“瞧你弄的,一塌糊涂。满地的盐。”她弯下腰。她身上有樟脑丸的味道,就像伊尔莎婶婶卫生间的味道。她拿小盐瓶在桌子上砰地拍了一下:“今晚把它带回家去,明天别再带来了。”

她交叉着双臂,拿眼睛瞪着隔壁桌子上她的一些学生。他们赶紧低下头吃他们饭包和饭桶里的饭。

“我坦率跟你讲吧,保罗。”老师说道,“我不愿意接受你到我的班里来。我提过反对意见,但是被驳回了。我告诉你我为什么不要你的理由吧。首先,你的年龄太大了。其次,你叔叔是个啤酒商,而且是个德国人。我认为这两者结合起来简直像撒旦一样。我是个笃信宗教的女人。我老公塞缪尔是一位兼职牧师。我们不喜欢不信神的德国人,他们寻欢作乐,畅饮烈酒,亵渎安息日。”

保罗忍无可忍。他昂起头。他的双眼闪烁着怒火:“佩蒂格鲁夫人——德国人星期日去教堂的。他们只是去过教堂之后才饮一小杯——”

“我明确告诉过你别回嘴。”她的脸上再次浮起冷冷的笑容,“其他有些学生也想占我上风,但他们总是失败。”

第十七章　乔·克朗

乔·克朗出于自己的责任心，也注意到了这一情况，他侄子上学第一周就蔫了，笑容比以前少了。保罗每天晚上一吃完晚饭就告退，躲进自己的卧室里，大概是学习去了。

有好几次，乔特意问保罗他过得怎么样，得到的回答总是一个样。

“好的，叔叔。”

乔很快就起了疑心。而且当他仔细审视保罗的目光时，他发现了此前没有的东西。一种让他想起挨了打的狗的神情。他感到震惊，心想，他是有一种预感，难道真的就变成现实了？

4 月份了，城市罩上融融暖意，沐浴在明媚的阳光里，有了夏天的味道。按照乔的要求，马尔斯先生每周来他们家两个晚上。这位家庭教师显然十分聪明，对自己的任务也尽心尽职，完全消除了乔最初觉得他过于女人气的反感。尽管如此，乔觉得，这课外辅导好像并没有改变什么。

整个芝加哥，市政人员正在按惯例清理并清洗主要大街，为 5 月 1 日开幕的博览会做准备。老旧的建筑重新被粉刷一新，公园再次播上种子，重新种上小树苗。到处都好像透出节日的气氛。但是，商界的人们全明白，乌云正在压城。又有好多家银行正在陷入麻烦，小道消息甚嚣尘上，说银行可能破产。股市大跌。已经有许许多多的失业者流浪在街头。

这一情势虽然令乔感到心烦气躁，但是对他的家庭倒是没有多少影响。伊尔莎依然兴高采烈，忙忙碌碌，盼望着博览会开幕的那一天。一天早上，乔来到早餐桌边，发现她跟往常一样埋头于看报纸。他们吻过之后，他在自己的位子上坐下，问道：“你今天有什么打算，亲爱的？”

她打趣性地微微一笑，说道：“我要告诉你吗？你此刻究竟是什么心情呢？”

“没问题，可以承受一切。就像阳光明媚的日子。”

“中午，我要跟埃伦和简共进午餐。”埃伦·斯塔尔和简·亚当斯，她赫尔堂的朋友。

“下午，我们要参加一个有关卖淫及双重标准的讨论活动。”

“我知道了。”他不想跟她生气，但是他实际是在生她的气。他认为女人去探究那些激进的或者说可恶的事情以图改变现状实在是毫无意义。

“还有——”她伸手去拿一张报纸，“我在《洋际日报》上看到，斯特德要来芝加哥了。”乔看了一下他的怀表，很快地倒了更多的茶。“斯特德先生，英国记者，改革家。”

“我知道他是谁。斯特德，爱管闲事的人。”

“也许他能够为芝加哥做点好事，乔。你知道，这个城市是地球上最邪恶的城市之一。赌博、偷盗、凶杀——”她抚摸着她面前的又一张报纸，“就昨天夜里，一个年轻女人在斯泰特大街被刺成致命重伤。她的坤包没了，身份也不知道——而且凶手没有任何线索。我们生活在一个有这么多罪犯要抓的国度里，这还值得任何惊讶吗？芝加哥已经极其腐败。那些市政委员会委员——知道人们叫他们什么吗？”

“狼。”

“是的——噢，他们差不多给选票或者说公民权标上价格了。斯特德也许能做点好事。”

“我能够百分之百地预测他最先要做的事情之一：谴责那些酒馆。每个自诩为人类拯救者的人一定有这个节目。城里的每一家酿酒厂都有一批改革家盯着，目的就是要让它们倒闭。坦率地讲，我希望你跟亚当斯小姐和斯塔尔小姐保持一定距离，尤其是那个弗朗西丝·威拉德。”

“乔，威拉德夫人是位道德品质很好的人。全美基督教妇女禁酒联盟提倡饮酒有节制，这没有错，就是——”

“哦,不,错的。因为,首先,它节制饮酒,然后就会禁酒。这个话题我们以前就议论过。”

“我不能允许你说全美基督教妇女禁酒联盟这样的事情,那不是真的。这个组织在很多社会领域都在发力。禁止童工,福利救济被引诱沦落为烟花巷女的不幸年轻女人——我很骄傲能为这一努力捐点款。”

“别忘了,这是啤酒生意中挣来的钱。”

“那么也许我的行为可以洗涤掉一点污渍。”

乔将他的餐巾扔到盘子边上:“该死的,毫无道理。”

伊尔莎追悔莫及,便赶紧绕过餐桌,张开双臂,抱住他的脖子:“你说得对,对不起。我只是不想让你占我的上风,我有自己的想法。不过,我没有权利在这事儿上这么刻薄。原谅我吗?”

“没事儿。”他吻着她热辣辣的脸,平静了下来。

在去啤酒厂的马车上,他没有打开那个他快速浏览之后剪下来放在那儿的技术文章的文件夹,而是在思考伊尔莎一直不喜欢他这个行业这件事情。她绝对不是孤立的。而且,考虑到发生在她父亲身上的事情,她的态度依然完全可以理解。然而,他也依然对此表示愤愤不平。他尤其对此感到愤愤不平的是,他能获得现在这样的成功是经过长期奋斗得来的,来之不易,有时甚至要冒极大的风险。

他获得成功过程中所经历的一切她真的没有感觉吗?他对她讲过很多他所处理的日常事务,而且他从来不对她撒谎。但是,有时,他将有些事情藏在自己的心底是为了不让她伤心。譬如,为了创建克朗啤酒厂,那些规划,他可是干得比奴隶还卖力,什么原料价格清单啦,销售分类账啦,建筑蓝图啦,标签设计啦,工资册啦,等等。在初创的那些年里,有一段时间连续好几个月,他每天干得筋疲力尽。更有甚者,啤酒行业有可能面临危险。

当然,追求任何有价值的东西都会承担风险。一个有雄心壮志和勇气胆量的人不会让那种可能的风险阻止或者延缓他的脚步。人得接受风险,有机会就会有风险。他要是不接受风险,那么他就不会成功。

可是,风险真的来了。例如,因为经年累月在潮湿和阴冷中工作,啤酒厂的工人们常常会得风湿病而残疾,有时竟会变成活生生的怪兽。

克朗啤酒厂瓶装啤酒车间开始运营的头几个月里,有一天上午,乔和他的工头正在绞尽脑汁解决一台设备的问题,突然一个在观察测量仪表的人大声喊了起来,压力飙升太快了。

“全部关掉。”乔的大叫声盖过了传送带的声音。说时迟,那时快,第一瓶啤酒爆炸了。接着有十瓶爆炸,又有十瓶爆炸,碎玻璃到处飞舞。乔距离传送带啤酒瓶爆炸的地方最近,他要是没戴眼镜的话,很可能眼睛就瞎了。实际上,两片镜片已经呈辐射状开裂,他裸露的脸则成了筛子。那工头跪倒在地,一只手捂着左眼,鲜血从他的手指间渗了出来。

几周之后,那工头回来上班。他换上了一只新的“眼睛”——玻璃眼,看上去跟另一只眼睛一模一样。乔承担了所有费用。

有时候,危险并非是偶然的,而是人类自己的过失,是人类的贪得无厌造成的。当巴斯德消毒法和冷藏技术使得长途运输瓶装啤酒和桶装啤酒成为可能之后,乔便设想到德国人多但啤酒厂少的地方去开发市场。南卡罗来纳州和得克萨斯州便被列入他的第一批目标。

在奥斯汀,他开出得克萨斯州的第三家经销处之后不久,一个酒馆老板给他看了一份一位竞争者的价格表。乔立刻看出,这些数字很荒唐,没有人能这么便宜地销售桶装啤酒。酒馆老板耸耸肩膀,不屑于回答乔的问题,坚持说,他如果想要这家酒馆卖克朗啤酒厂的啤酒,那么就得跟这个价格表上的价格一样。

乔请求再看一下价格表。他默默地仔细研究了一下价格表,然后说他考虑一下,并问对方是否可以把价格表拿走。酒馆老板没有反对。来到大街上,乔在灰蒙蒙的阳光下看着他的大拇指。大拇指沾上了油墨。

他进行了咨询,到当地的印刷商店送了些钱。没有人能够帮上忙。最后,他在一条小巷一家肮脏的小印刷店里找到了一个印刷商,他显然对业务饥不择食。乔盯着他刨根问底。那印刷商最后承认,正是他上个星期为那酒馆老板印了这份价格表。因为乔给了他原先那笔业务费一半的钱,他便坦白了一切。

所以,乔的疑惑是正确的,这份价格表并非来自同行啤酒厂。他拿着价格表来到酒馆老板那儿,告诉他把这价格表吃掉。

那个人大喊大叫着威胁他:“我没有去告你,算你幸运。”乔说完,走了出去。当晚,有人朝他宾馆房间那扇一碰就破的门开了三枪。幸运的是,当时他正坐在大厅尽头一扇门后面的便桶上,正在偿付吃了这个城市非常香辣的食物的代价。这事儿他从来没有对伊尔莎说过。

就在五年之前,他到圣路易斯去,去拜访阿道弗斯·布施,想要在布施的子公司圣路易斯冷藏车公司买六节车厢。布施大约五十岁年纪,比他的客人矮一到两英寸,腰围已经非常粗,留着长长的波浪式卷发,两撇八字胡和一撮山羊胡给了他很高贵的外观。

他在他那幢富丽堂皇的宅邸的一个豪华办公室里接待了乔,他的宅邸号称“布施一号寓所”。一开始,布施很亲切。他承认乔是一位积极进取的精明对手。他说,是的,当然,他很乐意以一个适中的价格把冷藏车卖给乔。接着,他按铃叫来管家,管家端来了一只银色托盘,上面放着精致的高脚酒杯和一瓶布施自己喝的优质法国葡萄酒。

乔为礼貌起见喝了一点酒。布施建议两人在他们面临激烈竞争的地区就桶装啤酒的定价达成一致。乔委婉地拒绝了。

布施又请求了他两次,一次比一次不耐烦。他那双半睁半闭的眼睛里,友好的神情荡然无存。等乔第三次拒绝之后,布施猛地跳起身来,将他办公桌上的银色托盘都撞落到了地上。酒瓶砸得粉碎,精美的葡萄酒流了一地。

“你这混蛋,我会压倒你们的,压倒你跟所有假装纯洁不愿跟我交朋友的混蛋。滚出去,该死的,马上。马上滚!”

从此以后,乔成了布施特别仇视的目标。克朗啤酒厂在一些特定地区一次又一次受到低价的攻击,这种低价也肯定只会给布施带来亏损。乔的反应总是一个样。稍稍降低他自己的价格,亲自拜访客户,安慰他们,请他们经受住这场战争。布施低价亏损销售啤酒,总会有感觉疲惫的时候,于是价格就又上来了。但是,乔绝对没有愚蠢到会认为这位圣路易斯的商业巨头已经忘了这事儿,或者说会忘了这事儿。那只不过是生意中的又一个危险而已。

他跟伊尔莎虽然共同生活了这么多年,但是她并没有完全了解他为这个家庭的幸福安康所付出的代价。多少代价……

“克朗先生?我们到了。”

尼基·斯皮尔斯站在路边,打开了马车的门。乔看见了那个喷泉和甘布里努斯雕像:“对不起。”他说道,突然从出神遐思中惊醒过来。夹着文章的文件夹从他膝盖上滑落下来。

他将掉落的东西捡起来,突然想到,酒是他们婚姻中一直没有解决的唯一问题,无非是有的时候缓和一点,有的时候被压抑了,一百多次,次次如此。就是这件事情力量很强大,会在他们之间制造嫌隙。就是这件事情具有威胁,会给他们共同创造的东西带来危险。

他离开马车,不再品尝这4月明媚灿烂的阳光或者这温和宜人的空气。伊尔莎是对的,他需要逃走。他感觉阴郁的情绪找上他了。

但是,他无法摆脱这件事情,它永远存在,像个溃疡,像躲在暗处的寄生虫,一直在噬咬着。这不是个好兆头。他也竭力不去想这事儿。

第十八章　保罗

上学就是酷刑。翻来覆去的陈腐老套，麻木灵魂的陈规旧习，一天到晚的背诵记忆。每日的作业无非朗读、文学、语法、拼写、数学以及科学基础知识。佩蒂格鲁夫人喜欢引用科学课本《我们的身体与我们的生活》上的话，课本的扉页上印着这样的话："经全美基督教妇女禁酒联盟修改并批准。"在保罗看来，这本书好像有一半的内容都是在攻击烟草和酒类，说它们的坏处。

每个星期都有两天绘画课。它包括拿一块石板临摹书本上的插图。佩蒂格鲁夫人喜欢站在保罗的手肘边，俯瞰着那些乱七八糟的白色线条以及被涂抹后的一团团灰白色，这时她就会咕哝："无可救药。完全无可救药。"

保罗的数学作业始终不及格。佩蒂格鲁夫人在他的练习上写满了批注，贬抑他用铅笔写了又擦的污渍，批评他丑陋不堪的字迹，责备他学习成绩整体不好。

她几乎每天都要纠缠保罗的外表，命令他拉直衬衫，吩咐他系好鞋带，督促他到盥洗室去梳理头发："你是个马虎的孩子。我打从看到你第一眼起就知道你马虎，一看到你的马虎，我就知道你是个什么货色。外表乱七八糟——脑子也乱七八糟。"

在每天早上上学和下午放学的有轨电车上，他一直颇为费力地在啃一部关于野牛比尔的廉价英文小说。佩蒂格鲁夫人在他的课桌上发现了这部小说，便一把抢过去，痛斥他把这种垃圾文学带到学校里来，并将它扔进了一只废纸篓。

所有这一切，都因为他叔叔是一个德国啤酒商。

朗读练习跟马尔斯教他做的一模一样。同学们被叫到前面去，选《麦加菲综合语文课本·第六版》的一段朗读。一天，所选的这段课文也许是《哈姆莱特》里的，几乎全部都是他不懂也不会念的生字。它也许是有韵律的怪异诗歌《乌鸦》。再次轮到他了，朗读一段美国爱国者帕特里克·亨利在弗吉尼亚州一个政党代表大会上的著名演讲。“战争是不可——不可——”

“不可避免的。”佩蒂格鲁夫人无可奈何地深深叹了一口气。一个名叫莫里·弗拉格尔的调皮男同学在窃笑。

保罗一个音节一个音节地结巴着：“——不可避免的——那就让它来吧。我再说一遍，先生，让它来吧。没有用的，先生，不必——嗯——”

“偏袒辩解。这几个字念‘偏——袒——辩——解’。你打算什么时候开始学习呢，保罗？我们全都希望快了吧。”

全班哄堂大笑。

埃尔茜·佩蒂格鲁夫人是他的敌人。可是，他对美国学校的道儿不熟悉，不知道该怎么办。告诉乔叔叔吗？不行，他不想这么快就让他叔叔认定他不可造就，辜负了全家的期望。

一天上午课间休息的时候，班里的一个男同学腼腆地走到他身边，问他是否想要玩弹子游戏。保罗差一点高兴得大声喊叫起来。他说自己没有弹子。那男同学巴结地将自己的弹子袋给了他。一个同盟结成了。

这男同学叫利奥·拉波波特。矮矮的个儿，圆圆的脸蛋，黑黑的眼珠，大大的鼻子很滑稽。他比保罗矮整整一个头，可是他似乎不像一个十三岁的小男孩，倒是像一个小老头。

保罗发觉，利奥的性格温和开朗。然而，令人费解的是，他也是一个“弃儿”。有一天，在食堂里，他解释了原委。

“我爸是个一位论派基督教徒①，但他是个犹太人。妈妈是‘罗天’。”

“什么？”

---

①认为上帝只有一位并否认基督神性的一个教派的教徒。

“罗马天主教。吃鱼的①。天主教徒。”利奥像个哲学家似的,“这样的结合太糟了,一个一位论派跟一个‘罗天’。这就意味着你有可能挨双倍狠的揍,挨多一倍的揍。实在是没有办法。”

“对我说说更多你父母的情况。”保罗说道。

“他们肯定没有钱,不像你叔叔。不过,我妈妈是位一流的女士。她是教钢琴的。”

“你父亲是干什么的?”

“旅行推销员。我爸跑九个州。他卖女人用的紧身胸衣。热销货。”利奥滚动了一下他的眼珠子,“我也许可以带些图片来给你看看。”

“好哇,好哇!”

利奥也给了他有价值的忠告:“别老是去惹毛老佩蒂格鲁。你要是把她惹毛了,她就会从最底下的抽屉里拿出戒尺。有这么长——这么厚呢。她用戒尺打手。去年10月,多拉·古斯塔夫森在别人激将法的怂恿下走进了男厕所,还把她的灯笼裤扯了下来。有人去告密了,我估计是莫里·弗拉格尔。佩蒂格鲁就动用了戒尺。多拉有一个星期连写字练习都做不了呢。”

随着白昼的延长,保罗每个星期六匆匆完成伊尔莎婶婶吩咐他做的事情之后,经她同意,便会跳上一辆有轨电车,到城里去观光。有的时候,利奥跟他一起去。利奥是在芝加哥出生的。实际上,除了有一次暑期野餐到印第安纳州的一个海滨去过之外,他什么地方也没有去过。利奥对这个城市的了解倒真不少。而他不知道的事情,乔叔叔知道。保罗就是从他们那儿,也通过他自己敏锐的观察,对这个大都会的历史和特点有了一些了解。

他了解到,它旧名叫“舍卡戈②”。谁也无法肯定它是什么意思。它也许是“野洋葱”的意思,也许是“恶臭”的意思。多少年来,围着早期湖边平原上的一个货栈,村庄形成了,然后村庄又发展成了小镇,再然后向四周蔓延发展成了城

---

①旧时天主教徒星期五不得吃肉,只能食鱼,故名。

②Checaugo,很可能是葡萄牙语,来自印第安语的 Shecaugo River,Chicago 也许来源于 Checaugo。

市，出现了大量更加相关一点的名字。什么“木板城镇”，源于房子的墙都是木板的；什么“花园城市”，因为早期的居民热衷于将宅基地排布得很大，喜欢种植一些树木和漂亮的灌木、鲜花；还有什么“肉都”，因为肉类加工；“草原明珠”，这就无须任何解释了。要不是现代化的普及，仅仅一代人之前，还有印第安人徜徉在街头。保罗一想到他站的地方有红种人走过，就浑身起鸡皮疙瘩。

现在，芝加哥有将近一百万人口。没有任何迹象表明这种发展势头会停下来或者慢下来，甚至1871年那场大火也没有留下任何痕迹了。那场大火可是夷平了整个商业区，吞噬了四平方英里的城区，直接损失高达两亿美元，有十万多人逃离家园，两百五十人死亡——死亡人数肯定不止这些，因为那些死于被烧成炭的简陋小屋和烧成灰烬的房子里的人都没有算进去。乔叔叔和很多芝加哥人一说到过去的事情，往往说“大火之前”怎么怎么，“大火之后”如何如何。

芝加哥在大火之后几乎就立刻开始重建。现在，到处都矗立着鳞次栉比的现代化建筑。街道上空的轻轨贯通南部和西部，直达市中心的轻轨正在筹划之中。现在的闹市区，有四轮单马轻便马车、四轮货运马车、缆车、马拉街车、行人，什么时候都是发疯般来去匆匆，一片喧嚣混乱。拥挤的街道上缺乏有效的庇荫之所，唯有电报线、电话线投下细细长长的影子，但是，剧院林立，如菲尔德批发商店和埃尔斯特里百货商店等大商场生意兴隆。旅店豪华舒适，譬如波特·帕尔默先生开在斯泰特大街上具有国际声誉的八层楼高的帕尔默酒店。这家酒店被毁掉过两次，而每次重建，都变得更加富丽堂皇。

芝加哥有很多地标。老的，如芝加哥河北岸没有被大火焚毁的水塔；新的，像位于密歇根大道和国会大道交叉口的十层楼高的会堂大楼，芝加哥交响乐团就在那儿演出。城里有很多连成一片的住宅区——爱尔兰人与波希米亚人聚居区、波兰人与斯堪的纳维亚人聚居区，当然，还有德国人聚居区。德国人在北部占据统治地位，克朗夫妇离开辛辛那提之后最先定居的也是那儿。城里也有贫民窟和罪犯出没的龌龊之处。最糟糕的地方就是以第二十二大街与迪尔伯恩大街为中心的码头区。保罗从不涉足那种地方。

城里有属于新贵们的高档住宅区——在一个如此年轻的城市你是找不出很多老富翁的——克朗家就住在这样的一个住宅区里，位于密歇根大道南段。不过，最负盛名的住地是草原大道，在第十八大道附近。普尔曼家、菲尔德家、阿穆尔家就住在那儿。伊尔莎婶婶对保罗说过，住在草原大道那儿的人称波特·帕尔默为叛徒，因为他搬走了，在湖滨北大道建造了他现在的城堡。

芝加哥广告牌林立。一千家酒馆展示着共同的标志——一杯冒泡的啤酒。这些广告牌里，有一些含有克朗啤酒的标记和姓氏。保罗总是很得意地告诉利奥，如果哪家酒店专营克朗啤酒，那么他叔叔乔就会免费提供广告宣传。

芝加哥全天候都充斥着街头小贩的喧闹声。推着手推车的男人卖针和梨，小姑娘卖火柴，小男孩卖报纸，年龄大一点的姑娘端着铁皮箱子卖火热的玉米棒子，而且也许，利奥暗示，也许她们还卖她们自己。大街小巷回荡着卖旧衣服商人的叫卖声，他穿着六件外套，戴着摇摇欲坠的十顶帽子；磨剪子的砂轮发出尖厉的声响，喷射出烟火一样的火星子；报童大声吆喝着兜售被称为号外的什么东西；收破烂人的小车发出丁零当啷的声音。每天，没有一个区域是没有小贩出没的，甚至连密歇根大道和草原大道也不例外。

也有不发出声音的买卖人，脸色灰黄病态的人，身前身后绑着华丽俗气的广告牌，拖曳着疲惫懒散的脚步，踯躅在一个又一个街区。他们中有人走过克朗家门口的时候，堂弟卡尔把他们叫作"三明治人"。吃晚饭的时候，全家的话题就是"三明治人"。乔叔叔说他们是街头卖家中最底层的人——渣滓。小乔把他们叫作"受压迫的人"，说着还瞪了他父亲一眼。

芝加哥笼罩着一层燃煤的烟幕，散发着生肉的腥味儿，河里漂浮的垃圾传来恶臭，再加上动物的粪便和人的粪便，那是臭上加臭。芝加哥闹声喧天，肮脏不堪，贫困羸弱，灯红酒绿，激情荡漾，活力四射，危机四伏。它使他情不自禁地想到了柏林，尽管上学令他强烈反感，但是他依然爱上了这个城市。

利奥·拉波波特有一只狗，名叫闪电，一只有着蓬乱短毛的棕黄色杂种狗。有时，闪电会在最后铃声响的时候等着利奥；有时，它会在早上上学的时候跟着他来。4月份的一天，保罗跟以往一样坐在那堵水泥墙上等利奥。他看到利奥沿着人行道轻快地走来，脚下蹦蹦跳跳地跟着闪电。

"我不知道它今天怎么回事儿，保罗，它今天老捣蛋。也许是因为春天来了。

回家去，闪电。闪电，走。”

闪电不听他的命令。

利奥和保罗老大不情愿地朝着教学楼走去。也不知怎么的，利奥没有及时关上门，闪电一闪身冲了进来。他跑上通向一楼的木头台阶，它的爪子在老旧的黄褐色木板上发出嘀嗒嘀嗒的声音。同学们指指戳戳地哄笑着纷纷逃到了自己的教室里。

“闪电，回家去。”利奥朝楼梯做了个戏剧性的动作，大声吆喝道。可是，闪电的滑稽动作把他逗乐了，那狗蹦跳雀跃，假装要狂吠。利奥开始咯咯发笑。他不断地指着，命令闪电回家去，但是没有想办法去抓住它。很快，利奥和保罗双双大笑起来，莫名其妙地为这样的娱乐消遣笑得前俯后仰。

突然，教室门砰的一声打开了。

“天呢，这儿出什么事啦？这是谁的狗？”佩蒂格鲁夫人问道。

闪电汪汪地叫着。

她踢了它一脚。保罗觉察到闪电的狂吠发生了变化，显然充满恶意了。

闪电蹲伏下来，头接近地面。佩蒂格鲁夫人企图再次踢它。闪电一声咆哮，猛扑上去，咬住她的裙边。欻的一下，布被撕碎了。

“哦，瞧这个，瞧啊！”佩蒂格鲁夫人惊叫道。利奥靠着墙，双手吊在保罗身上，不由自主地哈哈大笑着。佩蒂格鲁夫人的脸扭曲了。她一把揪住利奥的耳朵。利奥止住大笑，痛得哀号起来。

“你这个小杂种。这狗是你的吗？谁赶快去叫校长来？”

闪电完全换了一副相貌，它龇着牙齿，发出低沉的怒吼，慢慢地围着佩蒂格鲁夫人绕圈。保罗竭力想直起身来停止大笑。

“你也一样坏。”佩蒂格鲁夫人大声喝道。她的一只手飞向保罗的耳朵。“我对你忍无可忍啦。”她拧着他的耳朵，“忍无可忍！”

保罗在她的话音中听到了世界末日。他们的关系发生了灾难性的新变化。

雷尔夫先生和一位男教师费了好大劲将闪电逼到角落，把它赶下了楼梯。利奥跑上前去，一面大叫着：“好小子，好闪电，走。”他的声音发抖。

当天下午，校长给利奥的母亲和保罗的叔叔打了电话。放学之后，马尔斯先生对保罗的困境表示同情，但是除此之外也没有提供什么好的建议。“说实话，这算是体面的方式。”

乔叔叔没有在往常的时间回到家里。这拖长了保罗受折磨的时间。终于，九点半的时候，乔叔叔像跳顿足爵士舞般走进门来，一面向伊尔莎婶婶道歉，一面解释啤酒厂有事情缠住身了。他的脸色看上去很阴森。

“我们一直热着晚饭呢，乔。”

“保罗先到我书房来一下。”

到了那儿，叔叔的指责很简单：“自己解释。”

保罗竭力解释。他说闪电是他朋友的狗，说它很顽皮，偶尔跑到他们前面，跑进了教学楼，他们俩就是被它吸引住了，大笑而已：“我知道那不对。对不起。”

“这就是你为自己辩护的全部，对不起？”乔叔叔皱拢眉头，“我对你非常失望，保罗。”

保罗并不想让对他这么好的这个十分强势的男人失望。他绝对不能以沉默来确认他的过错：“先生，我可以告诉你一些事情吗？”

乔叔叔生硬地点点头。

“除了闪电撕破裙子，我不认为这事儿很坏、很可怕。佩蒂格鲁夫人不是一个善良的人。她——”他咽了口唾沫，“她也许是个好老师，但不是一个好女人。她不喜欢德国人。她不喜欢啤酒。”乔叔叔靠在椅子背上，感到吃惊。

“她也不喜欢我。”保罗继续说道，“她拧我的耳朵很狠，我还以为拧出血了呢。这是事实，叔叔。”

“好啦，连校长都说你们的老师是个执行纪律十分严格的人。严格是对的，不能说她凶。”

乔叔叔瞪了他一眼，表明谁说了算，毋庸置疑。

“这次我们将以往的过错一笔勾销。我可以看出，它或许还有有趣的一面。”他竖起一根警告性的手指，“可是，你不该让人心生反感——嘲笑老师。别再这么做了。你现在已经在美国了。行为方式不同了。你有义务和责任去适应。我们吃晚饭去吧。”

乔叔叔先走出书房。保罗跟在他身后，肚子已经不饿了。他总归是让叔叔失望了。

博览会开幕前两个星期的星期六早晨，五点半的时候，保罗就被敲门声从床上拽了起来。他踉踉跄跄地来到门口，惊讶地发现是小乔，他已经穿戴整齐。

他堂哥关上门，和蔼可亲地微笑着："我是想对你说，我认为你用那种方法嘲弄你的老师太棒了。"

保罗十分激动："谢谢。"

"好好地捉弄了她一下，是吗？"

"我觉得是的。绝对。"他堂哥感兴趣，得到他的表扬，保罗很开心。

"你今天下午干什么？"

"皮特在外面有活要我干，我不知道有多少活。"

"告诉他你今天不行，明天干吧。啤酒厂今天中午停工盘仓。我带你观观光。芝加哥的小角落，你自己是绝对找不到的。"他眨眨眼睛。

保罗无言以对。

小乔隐隐约约摆出一副慈父般的样子，交叉着自己的双臂："嗯，老弟，怎么样？你会来吗？"

"当然。肯定。"

"好极了。"小乔探头探脑地走出门去，匆匆忙忙下到一楼大厅。

保罗发现他堂哥正在啤酒厂的装货码头堆一袋袋的啤酒花。春日的下午温暖晴朗，南方有微风吹来，令人心旷神怡。不幸的是，这样的和煦春风吹来的总是阴沟里的恶臭和芝加哥河里的腐臭。保罗甚至能闻到数英里之外联合畜牧场的牛、猪、羊的味儿。

"马上就好。"小乔说着，将最后一袋啤酒花扛到自己肩上。他将啤酒花扛到仓库里，又走出来："有个人我想让你见见。"他朝昏暗的仓库里喊着什么。

一会儿之后，一个高大结实、脑袋秃顶的人走了出来。这人肩膀宽阔，脑瓜锃亮，一双眼睛炯炯有神，虽不能说令人生畏，倒也给人印象深刻。

“本诺,向我堂弟保罗·克朗打个招呼。保罗,这是本诺·斯特劳斯。”

保罗浑身起了鸡皮疙瘩。臭名昭著的本诺。他听乔叔叔在晚餐桌上骂过他。本诺·斯特劳斯领导着啤酒厂的社会主义—无政府主义派别。

本诺握了一下保罗的手。保罗握手的力量已经不小,但是本诺握手的力量更是巨大。本诺对小乔说道:“就是这个人?”本诺的英语粗野庸俗。

“对,就是他。”

本诺若有所思地瞧了保罗很长时间,目光并不友善。最后他说道:“行吧。”

保罗大惑不解。兄弟俩开始沿着码头的台阶往下走去。本诺说:“你在普尔曼挺享受的吧,乔伊?”

小乔咧嘴笑了:“挺享受。”

终于,本诺笑了。他有大得非同寻常的洁白牙齿。保罗想到了柏林动物园的一只老虎。“嗯,我今天下午要去拜访两三位年轻女士。我想你也许想要一起去。我呢,我想要去看看正在获得他们所需东西的工人们。”

“谢谢,还有其他事情要干呢。”小乔说道,“来吧,保罗。”

本诺瞧着保罗,没有一丝笑影。

“好好教导教导他。”他离开时对小乔说道。

保罗从未想到会来造访一个孤寂和悲凉得像墓地一样的地方,但这就是小乔带他来的地方。他们在克拉克大街的一家小酒馆喝了一些啤酒并吃了“免费午餐”,然后往南走到哈里森大街,再朝西走到德斯普莱恩斯大道,走进一扇大门。“这是什么地方?”他们在大理石碑之间沿着一条蜿蜒小径走去时,保罗问道。

“德国瓦尔德海姆墓地。那些高档的体面的墓地不愿意安葬很多肮脏的移民,所以创办了这个墓地。我想要让你看的东西在那边,小教堂那边。”

他大步跨过鲜艳的春天野草,绕过奶白色的小教堂,来到一个精心制作的相当大的墓碑跟前。一位男性——保罗推测,是一位工人——摆着一个表示死亡的后仰的姿势,一位穿着长袍、戴着风帽的女性将手伸到身后,把一个花冠放到他的额头;与此同时,那女人似乎以目空一切的姿态大步走上前去。墓碑上雕刻着一个年份“1887”，基座上镌刻着一段文字。

我们的沉默

将比今天你们压抑的声音更加强大的

这一天

终究会到来

纪念碑的脚下，摆放着很多束花。有一些已经枯萎，有一些还新鲜。小乔背着双手，凝视着身材健美的雕像，脸上的表情充满了热情，几乎是虔敬的。阳光穿越蓓蕾初绽的树木，投射到他的脸上，描绘出明与暗的图案。

“保罗，你得答应我一件事情。答应我回到家里不提这件事情。”

“当然，但是为什么呢？”

“因为爸爸会杀了我们俩。”

“那我们干吗还来这里呢？”

乔拿一个拳头啪的一声砸进自己的手掌：“因为就像本诺说的那样，得有人教导你。”他的眼睛里燃烧着蓝色的火焰，“这是秣市纪念碑。拿着花冠的女性是正义女神。这是那些殉道者从未得到的东西，唯有此地。”

“可是，什么是秣市？谁是殉道者啊？”

小乔指着纪念碑的基座：“坐下。”

小乔说道，秣市是这儿北面的一个很大的公共广场，在伦道夫大街，位于德斯普莱恩斯大道跟霍尔斯特德大街之间。伦道夫大街的那个地方很宽，所以是农民们常常前来卖他们水果蔬菜的好地方，形成了一个露天市场。秣市就是那个可怕罪恶的发生之地。

芝加哥的劳工运动风起云涌了好多年。然后，到1886年的2月份，它爆发了。麦考密克收割机厂的工人们走上街头。他们所要求的就是公平酬劳和八小时工作制。麦考密克断然拒绝，并开始雇用新工人，所谓的工贼。

其他公司的工人也开始罢工，甚至连普尔曼公司也有人走上街头。有几个星期，每个人都在想，工厂老板们放聪明点还是实行八小时工作制从而结束动乱的好。本诺承认，他对集会上的听众说，到了五一这个劳动者的伟大节日，八小时工作制将成为现实。五一节那天，将会有红旗招展，将会有一片红色的海洋，那红色就是被压迫者鲜血的红色。

“你知道，那些活动我都没有参加，我那时还小。我都是从本诺那儿听说的。他那时就在麦考密克收割机厂工作。他是罢工者之一。”

5 月 1 日来了，罢工还在继续。工人领袖们在距麦考密克收割机厂很近的布莱克路举行了一个会议。有四五千人参加了集会，三个月了，没有工作，没有收入，孩子们没有吃的，他们相当愤怒。演说家们跟往常一样将他们鼓动了起来。那天下午，本诺也发表了演讲。他没有估计到局面会失控，演讲者只是认为要将工人们鼓动起来，不要让他们的精神萎蔫下去。但是，局面的确失控了。麦考密克收割机厂下班的铃声响了，大门打开，大量的工贼涌出工厂大门。罢工的人们发狂了。他们飞快地冲上前去，将工厂团团围住，把那些工贼赶回到工厂里面，逼得工厂的安保人员来到了枪库那儿。

警察坐着巡逻车、骑着马来了。即便如此，人群并没有散去。本诺和一些人将工人们集结起来再次朝大门发动攻击。工人们砸大门，大喊大叫着要嗜工贼们的血。工厂安保人员通过墙上的缝隙开枪射击。警察在后面将他们团团围住。六位罢工者中弹身亡。参与暴乱的人一下散了伙，四散奔逃。暴乱结束。

奥古斯特 · 斯皮斯是劳工报纸《工人报》的编辑。罢工者大多是德国人。事实上，芝加哥的工人大多是德国人，现在依然如此。他们看到了报纸，并听到了演讲者用他们自己的语言所发表的演讲。

麦考密克收割机厂暴乱之后的第二天，斯皮斯印刷了小册子，并写了社论。小册子和社论所传递的信息是一样的：“拿起武器！保护自己！”

5 月 4 日，星期二夜里，一个抗议性的集会在秣市广场举行。大约黄昏的时候，人群便开始集结。天黑漆漆的，乌云压顶，雷声隆隆，就像上天知道会发生什么，在做前期准备一样。很快，广场上就聚拢了大约一千人。一个街区远的地方，在德斯普莱恩斯大道的警察局，一队队警察正在佩带枪支，擦拭他们加长的胡桃木警棍。

会议还没有开始，人群得转出广场，移往北面，挤进德斯普莱恩斯大道，为演讲者找一个讲台。他们所能找到的只是一辆运农产品的空马车。奥古斯特·斯皮斯站在没有顶篷的马车上发表演讲，头顶是随时有可能下倾盆大雨的天空。本诺说，闪电划过长空，闪烁不定。他就在马车边上。

艾伯特·帕森斯第二个发表演讲。这是一个好人，他是南北战争时在叛军服役的一位将军的儿子。接着是萨姆·菲尔登的演讲，他是一个英国人，循道宗信徒，而且他们说，他很虔诚。

哈里森市长就在人群的边上，他很勇敢，这个老卡特。他认为，没有任何问题，没有任何危险——没有任何必要派警察去跟那些听演讲的人较劲儿——危险是后来才出现的。他到警察分局这样对他们说了。一位警官有不同意见。这就是约翰·邦菲尔德巡官。他不喜欢工会组织。他接过了指挥权。

他命令他的手下出动。他们排成一路纵队，晃着长长的警棍，手按左轮手枪，浩浩荡荡地朝着德斯普莱恩斯大道进发。他们遇到了示威的人群，便推搡他们，将人群越赶越拢。大雨开始哗哗地下。依旧没有事情发生。

一位副巡官大声喊叫着，命令人群解散。菲尔登在马车上大声喊叫着他们不解散，集会是和平的，没有违反法律。突然人群中爆发出巨大的喧哗声，有人扔来一颗点燃了导火索的炸弹。直到今天，也没有人知道这是谁扔的，是从哪儿扔过来的。

炸弹在警察队伍的头上爆炸。七名警察死于非命，十六人受伤。警察们散开队伍，蹲到地上，开枪射击，挥动警棍狠狠击打。大雨瓢泼。每隔一秒钟，亮出一个闪电。本诺说，那些警察毫不留情。五分钟之后，骚乱结束。

“那是罪恶，那个炸弹，我不否认这点。但是，此后的事情是更大的罪恶。”

第二天，奥古斯特·斯皮斯和他的助理编辑施瓦布被捕。帕森斯自首。菲尔登被捕，被捕的还有四个嫌疑人—— 一个木匠、一个印刷工、一个房屋油漆工、一个运啤酒的马车夫。本诺后来也成了运啤酒的马车夫。

审判像一场马戏。警察提供不出哪怕一件证据，证明这八个人中是谁扔了这个炸弹，是谁制作了这个炸弹，有谁碰过这个炸弹，有谁知道这个炸弹。他们就是因为在秣市广场以及此前发表了演讲而被判有罪。说他们给了这个扔炸弹的人思想,把他煽动起来了——将他驱赶向了极端。基于此,检察官米尔斯要求判处他们死刑。

每一个被告都为自己做了总结性陈述。帕森斯赞扬了炸弹及炸药的正义和公平。他说这两样东西对人倒是平等的。他还声称,陪审团受到了威胁,甚至被收买了。他们没有做什么好事,人心早就定了,报纸上,八个人都早已被审判、被宣判有罪了。格雷法官判决七个人绞刑。那个运啤酒的马车夫尼比获有期徒刑十五年。

真正启动绞索的轮子花了很长时间,但是最后,1887 年 11 月,他们绞死了斯皮斯。他们绞死了帕森斯。他们绞死了那个印刷工费希尔,绞死了那个房屋油漆工恩格尔。但来自木匠工会的路易·林,他战胜了他们——处绞刑前,有人偷偷将一个雷管送进了他的牢房,他将它放进自己嘴里,一口咬下去,炸飞了自己的脑袋。

剩下被判刑的还有两个人,施瓦布和萨姆·菲尔登。州长看不下去了,他减轻了他们的刑罚。城市依然惊恐万状。商人们买光了枪械店里的枪。一大帮富豪向美国政府提供了六百英亩湖边的土地,拿土地换取政府的保证,保护那些富豪不遭受炸弹袭击。就因为这样,我们才有了谢里丹堡。

六年来,没有什么大的变化。寡妇帕森斯太太竭力抨击那次审判,抨击那次审判的不公正。每次,只要是有帕森斯太太参加的有关这一内容的会议,警察就会在她登上演讲台的那一刻逮捕她,说她妨碍治安。有钱人听不得他们肮脏勾当的真相,也听不得别人揭露他们的真面目。

约翰·彼·阿尔特吉尔德一直认为那次审判是一个闹剧,那些绞刑是一个丑闻。他想要赦免依然在监狱服刑的两个人。这样一来,有很多人就想私刑处死他们,就像他们处死帕森斯及其他人一样。“我自己的父亲就不赞成赦免那两个人。即便赦免,已然于事无补。太迟了。有债总要还的。”

“你以为我们言论自由,是吧?”小乔将双手插进自己的裤袋里,叉着双腿站在保罗面前。这是一个强大的姿势,一个权威的姿势。

“秣市还有一个纪念碑,在广场那边。一个光荣的芝加哥警察高举一只手的铜像。我才不会带你去看那玩意儿呢，要看你自己去看。我们走吧。”小乔虎着脸转身，迈着大步飞快地朝着那条蜿蜒小道走去，一会儿沐浴在阳光下，一会儿笼罩在阴暗里。保罗赶紧跟了上去。

一来到墓地的大铁门外面，小乔便抓住保罗的双肩：“记住，千万别说一个字。我能相信你会保密吗？”

“是的，乔。”

“什么都保密，我告诉你的什么都保密，好吗？”

“好的，绝对。可是我仍然没有完全理解——”

“因为约瑟夫·伊·克朗先生是一位该死的资本家，这就是原因。”

“这不好吗？”

“不好？”小乔狂笑起来，“爸爸所相信的一切——一切重要的东西——都是错误的。譬如——啤酒厂不准成立工会组织。工会保护工人的利益，可是爸爸死命反对。”

保罗一言不发。他不想拿他们两人之间十分脆弱的同志情谊冒险。但是，他又困惑不解，甚至有点不高兴小乔对乔叔叔产生这样的敌意。他认为他得说点什么。

“乔，你很聪明，我没有这么聪明。可是，我得说，假如你父亲相信错误的东西，那么那些错误的东西却肯定是创建了一个美好的家啊，给每个人带来了美好的生活啊。”

“听着，年轻人，你在密歇根大道上所看到听到感受到的只不过是表面现象。有很多华丽奢侈都是穷苦工人用汗水换来的，可他们自己却一辈子生活在肮脏和贫困中，唯其如此，像爸爸这样的人才能穿上锦衣绣衫，才能住上豪华大宅。”

“是的，我知道穷苦人，知道贫困地区，在柏林，我就生活在这样的一个地方。可是——”

“我在讲这儿。就在这儿芝加哥。”小乔抓住他的一条胳膊，“我带你看看。”

他们来到一个区域，小乔称之为“十九选区”，也在西部。这个区域，街道狭窄，商店又小又脏，简陋的小屋摇摇欲坠，每间小屋前面都有一个装灰烬和垃圾的木头箱子。小屋的院子很小。半裸的孩子们就在泥地上玩耍。

人行道千疮百孔，铺路板到处断裂。小街就是干泥路，没有铺设任何东西。在一条小街上，保罗看到了手推车，听到了小贩的叫卖声，还听到了家庭主妇的讨价还价声。马粪和狗屎臭气熏天，腐烂的垃圾熏死个人。他在柏林看到过贫民窟，可是这个地方比那儿更惨。

“劳动人民。”小乔说道，一面挥手指着那些打开的窗户，窗户里有破烂的窗帘在飘拂，“没有办法，住在这儿。任何制度，若对此置若罔闻，就是腐朽的，就随时要垮台的，它——哦，天哪。”

“怎么啦？出什么事了？”小乔的脸一下子变白了，突然往后退去。

“犹太人。”小乔指着下一个角落轻声说道。保罗数了一下，有五个身高马大的男孩子互相在争论什么。他们拿着棒球棒和瓶子。

“你叫他们什么？”

“犹太人。这是一个团伙。最坏的团伙之一。在这儿转悠的那些老货郎经常被人殴打，遭到抢劫，就因为他们是犹太人，所以这伙人就走上街头，见谁就打就抢，进行报复。现在，趁他们还没有看见我们，赶紧转过身，慢慢走——哦，天呢，来不及啦。跑！”

他转身就逃。保罗紧跟着他，身后传来呐喊声和咒骂声。跑了一会儿，保罗斗胆回头望了一下。那伙男孩子正在全速追赶他们。有一个黑头发的领头，他在街上撞上了一个穿着破烂的老人，将他撞倒了。没有一个人停下脚步。

小乔抢在一辆运冰马车前冲过一条街道。

马匹后腿直立，嘶鸣起来。马车夫拿鞭子狠狠地抽着马，大声喝骂堂兄弟俩。保罗的双臂像唧筒般上下急速摆动，他又往后瞥了一眼，那伙人中领头的那个家伙正在咧嘴笑呢。他知道他们越追越近了。

“这儿，往这儿！”小乔将他拉进一条很窄的胡同，胡同的左边有一些简陋棚屋，右边是一道木板围墙。突然，他看到胡同的另一头，连接另一条街的出口，有一辆手推车挡住了路，便呻吟起来。

保罗发现什么东西，停下了脚步。

“乔,抓住那只桶,拖到这儿来。”

“见鬼的,干吗——”

“拖过来,拖过来,然后爬上去呀!”

他们用力将木桶搬到了一座有坡屋顶的废弃小棚屋的低矮屋檐下。小乔爬上木桶,爬上屋顶,保罗紧跟在他身后。保罗推着他堂哥往上爬,翻过屋顶,来到背向胡同的另一边屋顶斜坡。他们将脸紧贴着沥青油纸,趴在屋顶上。那伙人跑进胡同,大笑大叫着。突然,小乔的喉咙里发出一个闷闷的声音,他开始往下滑落。

保罗赶紧用左手扒住屋顶,伸出右手抓住乔。乔滑落了一半,他的双腿晃荡在屋檐下。保罗咬紧牙关,浑身大汗淋漓,肩膀和手臂疼得他脸部肌肉都抽搐了。屋顶另一边看不见的胡同那儿,那伙人气坏了:“怎么回事儿?他们到底去哪儿啦?”

“我要滑下去了。”小乔轻声说道。他的体重有可能将他们俩都从屋顶拽落到地上。

“坚持住。”保罗轻声回答道,“我们要是掉下去,他们就会听见,那就完了。”

“可是——”

“安静。”

“他们一定跑得像风一样快,这两个小杂种。”其中有一个人喊叫道,“走吧,我们继续追吧。等我们追上他们,就扒了他们的皮。”

保罗再也抓不住他堂哥了。他松开手,小乔滑下屋顶,哗啦一声摔落到一堆废弃不用的装鸡的板条箱上。

保罗爬回到屋顶。他看到胡同尽头那伙人掀翻了手推车,狠狠地揍了那个毫无还手之力的车主一顿,然后扬长而去,不见了踪影。

保罗浑身发抖,上气不接下气,爬过屋顶,滑下屋檐,降落到胡同里。小乔跟跄着绕过一个棚屋的角落,摘着头发上的鸡毛,走了出来。

“你的计划让我们躲过一劫。”他说。另一个表情让保罗大惑不解。“我承认,我反应不够快,一下子想不出这样的主意。”

“乔,对不起,我觉得我们不该再说话了,得尽快离开这个地方。”

“对。说得对。”

他们赶快从进来的口子逃出了胡同。保罗死里逃生,依然心有余悸。但是,这也让他赢得了某种东西,他渴望得到的东西:小乔的钦佩,友谊的开始。

他们坐一辆马拉街车朝市中心驶去。在硬邦邦的柳条座位上,沐浴着从车窗吹进来的暖暖春风,放松下来的保罗又斗胆问了一个重要的问题。

“你真的不喜欢你父亲吗?你不为他感到骄傲吗?他在美国干得很成功啊。”

小乔将一个手肘子靠到窗沿上。一根根电话电线杆的影子在他脸上掠过。“当然啦,在那些有钱伙伴眼中,他——干得很成功。”

“但是,乔啊,他只身一人来到这儿,接着又为奴隶和亚伯拉罕·林肯而战斗。洛特姑妈对我说的。”

“我知道,是的。这些我都知道。但是,战争之后,他变了!”

小乔转向他的堂弟,一脸认真:“乔·克朗是被他们称作剥削者的那种人。他剥削工人阶级,利用他们,谋取利润。见鬼,如果我让他剥削的话,他会剥削我一辈子的。他会让我衬衫上结着漂亮的领带,把我埋葬在啤酒厂里。你想我会希望像他那样吗?等他归天之后经营那该死的地方吗?不,先生。绝对不会。”他啪地拍了一下窗沿。

他们越过芝加哥河的西支流之后,便下了咯吱作响的马拉街车。来到拉萨尔的亚当斯大街,小乔领着他走过一幢与众不同的九层楼建筑——家庭保险公司的总部。

“这是一幢美轮美奂的建筑。它是五六年前建造的——这类建筑的第一幢。里面是钢梁架构。钢梁架构承载着大部分分量。那就是说外墙不需要十分厚重。要是房子可以这样造,那么建二十层没问题,也许甚至三十层都没问题。他们称之为摩天大楼。”

“摩天大楼。我在柏林听到过这个说法。它发源于芝加哥吗?”

“对。”

“谁花钱建造的这幢美轮美奂的建筑,那些富豪吗?”

小乔哈哈大笑起来，捶了保罗的肩膀一拳："让你得了一分，小子。我可以热爱芝加哥，但我想我仍然仇恨生活在这里的那些吸血鬼和寄生虫。"

他们享受着阳光，慢慢地溜达着穿过各色人群，继续往前走去。保罗依然在想着他堂哥和乔叔叔的事情。他有一种奇怪的感觉，或许小乔没有完全讲真话。或许他的确是钦佩他父亲的——或者说曾经钦佩过——但现在不再钦佩了。"你认为是什么导致了这种可怕的裂隙？真的就是那些万恶的资本主义富豪吗？"

"该死。"小乔突然停下脚步说道，"鞋带断了。"他沿着大街望去："我可以到埃尔斯特里百货商店去买新的。"

他带着保罗走进位于亚当斯大街和斯泰特大街交界处的一幢典雅的四层楼。他来到小件日用品柜台，买了鞋带，将五美分钱交给一个块头很大的女服务员。这人狠狠地瞪了两个男孩子一眼。衣服肮脏不堪，浑身散发着汗臭味儿，他们看上去实在不像这个精致优雅、灯火辉煌的大商场的典型顾客。这个服务员朝铺面巡视保安打了个招呼，那人便尾随着乔和保罗一直来到临斯泰特大街的出入口。

"埃尔斯特里百货商店起步于这里，是一个芝加哥的家族企业。"小乔说道，因为马拉街车的铿锵铃声和街上到处都是的喧闹声，所以他说得很响，以便让保罗听见。"现在，纽约、旧金山都有了，我不知道其他什么地方还有。去年，出了一桩很大的丑闻，当时这商店销售一些女人外套，结果死了两位顾客。后来才明白，这外套是传染了天花的血汗工厂生产的。自然啦，没有人起诉埃尔斯特里百货商店。我所说的剥削穷人指的就是这个。"

"是的，我明白。你是怎么知道这些事情的？"

"哦，有人在关注的，不用担心。"

小乔看了一下一家珠宝店橱窗里的一个闹钟："喂，四点半啦。来吧，我们坐缆车到第十五大街，然后步行到草原大道去。这一下午走下来，我说呀，我们该到天堂去看一看了。"

"你现在说的是什么呢？"

"真正特别的重要人物。我要介绍给你。"

保罗问那是谁,可是他堂哥早已经跑进大街去了,还差一点撞上一辆飞驰而来、前轮很大的自行车。骑在高高车座上的那个人连忙转向,差一点撞上两个行人。

他们来到浓荫蔽日、安谧宁静的草原大道,大道位于那些住宅比克朗家的住宅还要大还要豪华的一个区域,小乔徘徊在靠近第十五大街街角的一个消防水龙头附近。“我们的小区挺好,可是这个小区才是真正的奢华之地。尽管帕尔默老头搬到北湖滨大道去了,但是仍然有很多百万富翁留在这儿。”

他指着对面的一幢大宅:“那个地方属于梅森·帕特南·范德霍夫三世。就是波克·范德霍夫,包装食品商。我们不是等他,我们是等他女儿。她名叫朱丽叶。要是天气好,她每个星期六下午三点会去打草地网球。”

“我记得你的女朋友名叫罗茜。”

“是的。朱莉是我朋友。她也是你绝对没有见过的绝色美女。”

“那你跟她在这儿见面?”

“没办法,老波克不喜欢外国人,尤其不喜欢爸爸。不知道为了什么。范德霍夫夫人在博览会的一个委员会任职,但是她不让妈妈加入。她不跟妈妈说话。”

“你是怎么认识这个姑娘的?”

“我是去年冬天遇见她的,在林肯公园的溜冰场。我们——等一下。”

他闪避到一棵悬铃木的树干后面,悬铃木很细,几乎挡不住一根栅栏板条。北面,沿着草原大道,飞快驶来一辆小小的马车,黑色的车身闪闪发亮,没有车顶,车头缩小了,便于进出。驾车的人是一位穿着漂亮网球服的年轻女士,网球服白底,有一条红色的细条子,两只羊腿形袖子又大又膨。她潇洒地歪戴着一顶鲜艳的猩红色法兰绒宽顶无檐圆帽。

时髦漂亮的马车慢慢驶近,风儿吹拂着年轻女士的裙子,保罗瞥见了尖尖的白色牛津布鞋上面黑色的长筒袜子,这一下弄得他春心荡漾起来。他看见她身边的座位上有一块网球拍。

小乔从悬铃木后面跳了出来,将两个指头塞进嘴巴里,吹了一声响亮的口哨。

“朱莉,到这儿来。”

那姑娘驾驭小马靠到邻近的街道边上，勒住缰绳，停下车子，搅起一团尘土："哎呀，乔伊·克朗，没想到遇见你，太好了。"她朝他微微一笑。保罗希望自己的目光不是傻乎乎的。他以前从未遇见过富贵得如此至高无上的人。在柏林，网球是一项只有一小部分富豪人士才玩得起的运动。他估计在美国也是如此。

"逛到这儿来了，"他堂哥说道，"我想总得问个好什么的。你明年冬天还会去溜冰吗？"

"当然，你呢？"

"不会落下。你这网球运动怎么样？"

"挺好啊，不过两盘下来，我就有点累。妈妈说这很正常，因为我是一个姑娘，不过我希望不是这样。"

这会儿她望向了站在他堂哥阴影里、被这位姑娘出众的容貌迷住了的保罗。范德霍夫小姐跟他年龄大致相仿，身材纤细苗条，皮肤柔嫩腻滑，一双灰色大眼睛晶莹剔透。猩红色的帽子下，一头乌黑的秀发又密又亮。她皓齿齐整，完美无瑕，而且更为重要的是，她的笑容似乎热情自然。

小乔注意到了两人之间的眼神："哦，对不起。"他微微地鞠了一个躬，逗得她哈哈大笑起来，"小姐，我可以介绍我的堂弟保罗·克朗吗？这位是保罗，朱丽叶·范德霍夫小姐。保罗是圣诞节后跟我们住到一起的。他从德国过来。应该说他还是个新移民。"有个极小极小的停顿，"他不错的。"

"你好，保罗！"那姑娘伸出手来握手。他碰了一下那几个凉凉的不带任何感情色彩的手指，一阵激动。他一时分心语塞。

"很好，谢谢。"他的话音听起来像一只青蛙在呱呱叫。他感到十分羞愧。

她好像并没有注意："你打算待在美国了吗？"

"那是肯定的，我把它当作自己的国家了。"他自己也听出了他的口音，很重的外国味儿。她很可能觉得挺滑稽。

"那欢迎啊。"她说道，"你溜冰吗？"

"哦，是的。不过，我在这儿没有溜冰鞋——"他这一生还从来没有过自己的溜冰鞋呢，"——可是，在柏林，我经常溜冰的，而且溜得很好。"

他并不是存心这样信口开河、撒谎吹牛，他只是完全被她的美貌弄糊涂了。

“那明年冬天等那些潟湖都冰冻了,我们就可以在林肯公园经常见面——”

“范德霍夫小姐！你母亲在叫你呢。”

喊叫声吓了她一跳。一个穿着制服的男仆正站在范德霍夫家豪宅的大门口。

朱莉叹了口气,对小乔说:“妈妈很可能认识你。”接着她对保罗说道:“她楼上的起居室就在那儿,前面。我得走了。”

朱莉调转马头,驶进那条街道:“很高兴见到你,保罗。盼冬天早点来,乔。”她挥挥手。

“盼冬天。”小乔举起一只手说道。她也许只是一位普通朋友,但是保罗分明从他眼睛里看到了含情脉脉。

小乔用手肘子轻轻推了他一下:“我不是说过我们会看见神仙吗?”

“你说得对,她很美。”

“不过,根本不是你的菜,所以别想入非非,年轻人。”他堂哥又在开他玩笑。然而,他的话音中似乎有遗憾的音符。

他们沿着草原大道往南走去,保罗感觉他的嘴巴干干的,他的脉搏依然跳得很快。令人惊讶和不可思议的事情在悬铃木的阴影里发生了。

他坠入爱河了。

“我都可以听见那些老旧齿轮在你脑子里嘎啦嘎啦转呢。”小乔说道,“怎么回事儿?”

“我在想找个工作。我宁愿找份工作,我不想在那学校上学。我要是有份工作,就可以攒点钱。有了钱,我就可以买双溜冰鞋。”

小乔的双眉竖了起来。他的嘴巴开始扭曲。他还来不及开口,保罗便突然说道:“你要是嘲笑我,我就揍你。”

小乔拿一条胳膊搭到保罗的肩上,兄弟般地捏了他一把。

“我不会嘲笑你。我知道这种感受。不幸的是,她对我毫不在意,只是当个普通朋友。也许你的运气会好点。”

当晚上床之后，保罗思绪万千。既然他跟他堂哥之间发展了友情，那么他认为他已经越过了一条无形的红线。他已经选边站了。

反对乔叔叔。

唉，那又有什么法子呢？乔叔叔是那个判定他上学的人，而他堂哥对待他几乎是平等的。不同之处就在这里。

第十九章　乔·克朗

博览会开幕前一周的一个下午，乔的办公室里来了一个名叫奥斯卡·赫克斯哈默的人。乔主要是因为他的知名度才知道他这个人的，虽然他们经一位共同认识的朋友介绍见过一面，那是在北克拉克大街上那个奢华的日耳曼俱乐部，他们三人都是该俱乐部的成员。

赫克斯哈默三十岁左右年纪，过早地谢顶了，两只耳朵上方，浓密的黑色头发像两只翅膀一样往外张开着。他身材细长，戴着一副眼镜，给人的明显感觉是他的绝对权威态度。

他来到芝加哥还不到十年，但是在大多数保守的德国团体里，他很快就确立了自己的领袖地位。显而易见，他是继承了一笔遗产之后来到美国的，并用这笔资产创办了《芝加哥德文报》。芝加哥有很多德文报纸，这是其中之一。他是其出版商和主编。

乔没有订阅这份报纸。他发现它观点偏狭片面，而且单调乏味。它的生存似乎主要是依赖市政广告。市政府投放广告，在德文报纸上跟在英文报纸上一样。这份报纸的发行量甚至还没有赫尔曼·科尔萨特的《晚邮报》或者安东·赫辛的《伊利诺伊日报》大。《伊利诺伊日报》是乔经常阅读的报纸。《伊利诺伊日报》创办的时候有十分强烈的废奴主义倾向，它所传播的观念跟乔的观念一致。在八小时工作制问题上，它坚持认为十小时工作制会让工人们“更加幸福”，因为这样他们就会少两个小时的闲暇时间，这两个小时很可能会导致家庭不和甚至犯罪。

乔虽然对赫克斯哈默没有预约就非要见他不可感到恼火，但他还是握了握客人的手,请他坐下。

“您好,克朗先生!”来客的口音很好认。柏林口音。而且是那种自命不凡的柏林口音。

“我喜欢说英语,赫克斯哈默先生。我能为你干点什么吗?我希望你能简略一点,我们这儿总是太忙了。”

“我希望你能花十五分钟听听促进德国文化的事情。”

乔嗅到了要拉赞助的味儿。他往后仰去,将手指尖触碰在一起,这样可以部分挡住他的脸:“请说具体点。”

赫克斯哈默拿一块上过浆的手帕擦拭着他的眼镜:“行。我敢肯定,你一定赞同这个前提,即在你和我出生的祖国,人民享受着比美国更加文明、更加优雅的生活。”

乔在心里咕哝着。又是一个德国十全十美、优越无比观念的鼓吹者。

“那不一定。”他说道,“我充满深情地记着我的故国,但是我更喜欢这个国家。我喜欢它的民主、它的活力,甚至它的粗俗。我喜欢它,因为它不纠缠于过去,而总是着眼于未来。我喜欢这个观念,即所有人都在同一起跑线上,至于能跑多远,则完全取决于个人的能力和雄心。我喜欢美国的接纳精神。就 12 月,我侄子——”

赫克斯哈默打断了他:“你喜欢跟波希米亚人或者波兰人混在一起的想法?肮脏的爱尔兰人——地球上的人渣吧?”

乔纵声大笑起来:“我听说你曾经是个暗藏的贵族。看来这是真的了。”

赫克斯哈默没有被逗乐:“有些人也会这样攻击你的,先生。你认为在北区安家还不够有声望,所以选择搬到密歇根大道去了。”

“我住到哪儿,以及为什么,那是我自己的事情。跟你说说也没关系,我们的第一座房子就是太小。我住什么地方丝毫也不会让我蔑视我的故国、她的人民,也不会蔑视她的传统。”

乔外表看上去很平静。但是,一想到也许其他人会把他想得很坏,就因为他五年前搬离了比较地道的德国人聚居区北区,他就心烦意乱。乔对自己的名声看得很重。

“我还是再说得具体点吧，赫克斯哈默先生。我们家属于苏必利尔和富兰克林的圣保罗的路德教会——你知道它，我估计。”

“当然知道。”

“它是该城市最古老的路德教会，创建于1848年，是德国人组织起来的，教徒依然是德国人占大多数。有些主日学校的课仍然是用德语上的。再有，我妻子和我经常向亚历克西安兄弟的医院捐款，那家医院是来自亚琛的修道士创立的，我们也经常向位于林肯大道的德国医院捐款。我一有能力支持慈善工作，就尽全力支持施瓦俱乐部，帮助它在林肯公园竖起了席勒纪念碑。这样对传统够尊重了吧，赫克斯哈默先生？”

“当然，好极了。”

“那么我们还要讨论什么呢？”

来客清了清他的嗓子：“你了解国内组成了泛日耳曼同盟的事吗？”

“我稍微了解一点。不就是一帮极端爱国者吗？”

“绝对没有这么让人反感。这个同盟虽然是一个民间组织，但是从逻辑上讲，它是我们政府一个十分重要的外延。”

“我的政府在华盛顿。不过，你继续。”乔将一只手放到他的马甲上。他开始轻轻地拍打并抚摸那颗油光发亮的公猪牙齿。

“那同盟有非常具体的目标。它支持军队进行更高级的战备，支持建设一支具有全球打击能力的规模更大、能力更强的海军，支持扩大海外殖民地势力范围，还有，当然啦，实行武装警戒，以对付我们的死敌法国和大英帝国。”

乔摇摇头：“我真的不理解，德国皇帝①为什么要仇恨英国，当时他自己的祖母维多利亚女王在那儿当政啊。他说他那条萎缩的左臂是英国血统的污点，我感到震惊。”

“在我看来，这话完全正确，完全恰当。不过，回到那个同盟身上——在众多

---

①即德国皇帝威廉二世（1859—1941），原名弗里德里希·威廉·维克多·阿尔伯特·冯·霍亨索伦，是德意志帝国末代皇帝和普鲁士王国末代国王（1888年6月15日—1918年11月9日在位），也是第一次世界大战的主要策划者和闪电战计划的创始人。1859年1月27日，威廉出生于柏林，是威廉一世的长孙，腓特烈三世和维多利亚公主的长子。由于出生时发生臀位生产，他患有厄尔布氏麻痹（Erb's Palsy），以致左臂萎缩。为弥补这一生理缺陷，威廉自幼接受严格的军事训练，尤其擅长马术。

目标里，它还有一个目标，我就是为此而来的。德国人大移居现在已经波及全世界。无论德国人移居到哪儿，该同盟将竭力推广我们的语言和文化。”

“回到德国优等，是吗?”

来客要么是没注意，要么是选择忽略这种讽刺:“有很好的理由，先生。毕竟，我们是有贝多芬的民族，有瓦格纳的民族，有歌德的民族啊。”赫克斯哈默倾身向前，降低话音，“我跟同盟的海外理事会有联系。联系紧密。”“多么自负的笨蛋啊!”乔心想，“难道我会畏缩颤抖吗?”

“赫克斯哈默先生，在我们继续这个话题前，请回答我一个问题。如果故国的文化总是优于美国文化，那你为什么待在这儿，而不是回到那儿去呢?”

“我认为我已经说得很清楚了，我的朋友。作为德国人，我们有义务影响我们所在这个国家的政治和社会进程。要这样做，我们必须从儿童抓起。为了这个目标，同盟正在推动创建一个全新的体育协会，名字叫作‘芝加哥威廉皇帝皇家体育协会’。”

最后几个字的声音慢慢减弱，变成了犹豫不决的咕哝。乔·克朗用一种表示怀疑的阴沉脸色面对着这位客人。

赫克斯哈默打起精神:“你肯定相信弗里德里克·杨的基本信念，是吧?健全的体魄，健全的心智。”本世纪初，杨在德国发起了一项运动，煽起了一股激情——体育。它引导移民在全美创立了体育协会和众多的体操俱乐部。

“当然肯定，我总是鼓励我的孩子们尽情地去玩，以保持身体健康。”

“他们目前有加入正规的俱乐部项目吗?”

“没有。他们小的时候加入过一个。”

“那么，我建议你让他们加入我们新的俱乐部。创始人的捐赠至少一千美元。这样，你的孩子们就可以通过体育传播德国价值进而成为精英阶层的一部分。”

“赫克斯哈默先生，”乔说道，“我最讨厌有人到我这儿来说我必须把钱花在这儿、花在那儿。当我选择捐款的时候，我是依据其总体价值来捐的。”

“但作为德国人，你有义务——”

“请别唠叨我的义务。我知道我的义务。它不包括向这个侵略性的爱国主义的特别小角色进行捐款。”

赫克斯哈默在椅子里畏缩了一下。前面他摘掉了手上的灰色手套,将它们放在自己的膝头。这会儿,他开始拼命地绞这双手套。

“这对一个承认热爱自己故国的人来说,倒是很奇怪的态度。这对一个依赖德国人的良好意愿做生意的人来说——我可以这么说吗?——真是令人费解的态度。”

他的话音渐渐变弱,他停顿了一下。

“在这个城市里,消息传播很快的,先生。我不想你的名声受到玷污,也不想你啤酒的销售量下降。”

乔·克朗站起身来。他慢慢地绕过他的办公桌,威胁性地站到赫克斯哈默的跟前:“这次交谈结束了。离开我的办公室。”

赫克斯哈默局促不安地蠕动出乔的身影的笼罩范围,侧着身子朝门口走去,手中依然在绞着那双手套:“我认为你会为此后悔的。你不是一个好德国人。”

“也许你说对了。毕竟,我是一个美国公民。请滚出去。”

赫克斯哈默砰的一声关上门。乔一屁股坐回到椅子里。他做了一件正确的事情,但是他完全明白,这个年轻的出版商在芝加哥的乡巴佬中间有一定影响力。有关啤酒销量的威胁是令他烦恼的一个很重要方面。他对工资表上每个人的福利承担着不可推卸的责任。而这种福利取决于克朗啤酒厂周复一周、月复一月的成功。

好啦,无论销售量下降与否,他都不会裁减哪怕一个工人,这是他很久以前就做出的决定。他宁愿自己先破产。他这人不崇高。他只是一个正派人,正派地经营他的生意而已。

他担心他跟赫克斯哈默的事情还没有完。更加确切地讲,赫克斯哈默跟他还没完。他尽力将这事儿逐出脑子,静下心来签署今天早上兹维克打印出来的函件。

第二十章　保罗

在那个伟大的日子，远处的滚滚雷声在拂晓前就将保罗唤醒了。他想要继续睡觉。他往左侧翻了一个身。他强使自己打了一个哈欠。他又往右边翻了一个身。毫无用处。他脑子里转动的尽是关于博览会的想法。一整天呢，可以摆脱佩蒂格鲁夫人啊！

他听到蜿蜒在屋子里的供热金属管子发出声响，就像远处鬼怪说话的声音。尽管天还很黑，路易丝肯定早就在厨房里了。伊尔莎婶婶也是。伊尔莎婶婶宣布早餐时间是六点半。曼弗雷德不喜欢打破日常规矩，而且在厨房里伊尔莎婶婶的身后表现了出来。曼弗雷德不喜欢没有计划好的没有自己赞同过的任何事情。

有人敲门。他跳下床来，磕磕绊绊地走过黑暗，轻声问道："谁呀？"

"弗里奇。你醒了吗？"

"没有，还在睡呢，你听不出来吗？"弗里奇咯咯笑了。"你想要什么？"

"开门。求你了。"他叹了口气，扭动了门把手。

一阵让人想到水果的浓烈香味儿差一点将他熏死。他看不清弗里奇的脸，只能借着下面大厅里昏暗的灯光看见她长长的卷发和长及脚踝的睡衣的剪影。

"我不是故意要把你弄醒的，保罗。"他含糊地咕哝了一声。"我太兴奋了，睡不着。"

"我也醒了。"他承认道。

"你最想看博览会里的什么东西？"

"什么都想看。"

“我想看埃伦·泰莉①的画像。”

“那是谁?”

“保罗,你脑子进水啦?埃伦·泰莉是全世界最伟大的女演员之一啊。”

“啊。”

接着是长长的沉默。弗里奇在精致的地毯上擦着自己赤裸的脚趾头:“嗯,我看我还是先去梳梳头发,梳洗一下吧。”

“对,很可能是的。”

“那吃早饭时见。”他根本就没有防备,她突然扑上前来,在他脸上吻了一下。她飞快地转过身,跑回到自己的卧室去了,卷发在头上飘扬。

他目瞪口呆,关上房门,靠在黑暗中的墙上。他抚摸着弗里奇吻他的地方。他的手指拿开来时上面有黏糊糊的东西。他闻了一下,就是那香味儿,她夜里用于润肤的好闻的晚霜。

堂妹弗里奇也太过分了点。她是一个可爱的人,朝气蓬勃,聪明伶俐,尽管她的喋喋不休和她的模仿学样常常让人不胜其烦。显然,她认为他远不止是一个亲戚。她有浪漫打算。他对此怀疑好长时间了,但是他不想承认有这回事儿。

这个吻改变了一切。他绝对不可以继续误导她,哪怕一丝一毫也不行。堂兄妹不可以有婚姻关系的,何况,他心里已经有人了。那人年龄比她大,那双妩媚动人的明眸、那头令人陶醉的秀发、那个销人魂魄的身段,他在梦里梦见了不止一次。他需要用一种断然但又不至于伤害到她的方法来劝阻弗里奇。他必须考虑这件事情。

不过,不是今天。今天是个欢庆的日子。在这个家里唯一感受不到这种欢愉心情的人是小乔。他对这个博览会总是冷嘲热讽。他在那些开幕仪式上会有怎样的表现呢?

密歇根湖开始破晓之际,保罗开亮电灯,开始洗漱,穿衣打扮。这是 1893 年的 5 月 1 日。

---

①埃伦·泰莉(1847—1928),英国女演员,以主演莎士比亚戏剧中的朱丽叶和麦克佩斯夫人等角色著称。

除了堂哥乔之外，大家都来吃早饭了。乔叔叔坐在他的老位子，不过他一会儿就得离开，他还得到他的俱乐部去跟那些显贵要人共进更加重要的早餐。他的前面只放了一小盘鲱鱼、一杯清咖啡。

乔叔叔穿着有缎子翻领的燕尾礼服，戴一条有黑色条纹的深红色宽领带，下面穿着灰色和黑色条纹间隔的裤子，看上去高贵气派。当伊尔莎婶婶端着一大浅盘香肠进来时，他问道："我想问一下，小乔呢？"

"他胃痛得很厉害。他请求今天不去，我同意了。"

"很好，让他待在家里。我们不需要扫兴者的陪伴。他要是以后想去博览会，他可以自己花钱去。"

雷声隆隆。乔叔叔望着最靠近他的那扇窗户外面可以看得见的黑云压城的天空，皱拢了眉头："我希望我们不会遇上暴风雨，把户外活动给毁了。至少克利夫兰总统已经到城里了。我们有一位新总统了，保罗，去年 11 月份选出来的。"

"我记得来这儿的路上看到过他的画像。有很多——啊——海报？"

"海报。"伊尔莎婶婶说。

"是的。"

伊尔莎婶婶和路易丝忙里忙外，端上一盘盘堆得山一样高的食物："吃吧，孩子们，今天对我们来说将是很长的一天呢。"曼弗雷德有两次悄悄地穿过餐厅，他那双严厉的眼睛分明流露出不赞同。饭吃了一半，卡尔告退，说要上厕所。他飞奔回来时撞上了曼弗雷德。

"对不起，卡尔少爷！看看清楚你往哪儿走啊。"

乔叔叔咳嗽一声，温和但明白地提醒，曼弗雷德的话音太严厉了。曼弗雷德的脸红了。保罗说道："这不是他的错，布伦克斯先生，他从角落转过来，看不见你。"

"哦，我明白了，谢谢您的指教，保罗少爷。"曼弗雷德瞪眼瞧着保罗，接着倨傲地大步走了出去。

保罗早就知道曼弗雷德极其不喜欢他。也许就从他来到这个家里、生活在这个家里起，他就扰乱了曼弗雷德创建起来的这个家庭的秩序。管家永远不可能成为朋友，保罗不太在意。他把曼弗雷德归类为佩蒂格鲁夫人一样的人。

乔叔叔戴着一顶很高的丝质帽子出门去赶那个早餐招待会的时候，猛烈的暴风雨爆发了。雨点击打在屋顶上，雨水沿着窗玻璃奔泻而下。一会儿，连密歇根大道也看不见了。弗里奇两眼泪汪汪的，大声抱怨着，什么都给毁了。

早饭后没多久，暴风雨在继续逞威，保罗轻轻敲了一下小乔的房门。“进来。”他吃惊地发现堂哥乔穿着睡衣坐在床上看一本书。他看上去十分健康。

“乔，你生病了，我很难过。”

“就有点肚子疼。”

“你真的去不了吗？”

“我不想去。妈妈理解的。你去吧，我知道你想去看看。我只是不喜欢这整件事儿罢了——在一大帮富豪名人中间摩肩接踵。你可以明天向我报告一下。”

“是的，我会去的。”保罗大声说道，像被判了缓刑一样。

“出去时关上门。谢谢。”小乔的两眼早就在打开的书本上了。

几乎不可思议的是，大雨停了，暴风雨被一扫而空，太阳钻出云层，照射着被雨水浸透的街道，水汽蒸腾。到九点半，尼基·斯皮尔斯把全家送到博览会的时候，天气看上去很好了。

去展览场地的一路上，弗里奇抱怨她的胸衣勒得她生痛。她跟伊尔莎婶婶走路的时候，她们都稍稍前倾着身子，因为她们的衣服束得很紧。就在前一天晚上，弗里奇还滑稽而又惟妙惟肖地模仿过这种走路，她称之为“袋鼠弯”的步态。

通向杰克逊公园的街道塞满了四轮客运马车、四轮轻便马车、马拉街车和步行的人们。乔叔叔到大门口来迎接家人，焦急地朝他们打着招呼，示意他们赶快进去。他们在四面推搡的人流中跟着他。保罗看着这些建筑，阳光下，白得炫目，辉煌壮丽，几乎令他目瞪口呆。

他们的座位很特别，但不舒服。他们坐在很硬的露天座位上。露天座位安装于又大又宽的台阶脚下，大台阶在行政大楼的东侧。台阶上是一个装饰华丽的舞台，上面有一支完整的管弦乐队、一个很大的合唱团，还有很多名人要员，乔叔叔一一指给他们看。美国总统格罗弗·克利夫兰、副总统阿德莱·史蒂文森，后者就是伊利诺伊州人，哈里森市长，阿尔特吉尔德州长。三位来自西班牙的特殊客人——哥伦布的直系后代维拉瓜的公爵、他的妻子，再就是国王的女儿，一个被叫作尤拉莉娅公主的女人。

十一点十五分，开幕式开始。管弦乐队奏响了瓦格纳的一首序曲。序曲后面是祷告、合唱圣歌和好几个人的演讲。这些啰唆冗长的演讲使保罗、卡尔和弗里奇烦躁不已、坐立不安。东面，朝湖的方向，波光潋滟的大水池两边的空地上挤满了成千上万的人。乔叔叔说，今天到场的估计有三十万到五十万人。

总统被介绍之后，大伙儿都起立鼓掌。克利夫兰总统身材高大魁梧，下巴宽大，声音恍若洪钟，可是他说的话保罗大多没有听。那些英语单词很长，句子结构复杂。他的目光常常被他四周那些令人不可思议的景象所吸引。洁白的建筑相对而立，美轮美奂；宽阔的大道笔直平坦，绵延交叉；潟湖星罗棋布，池塘明镜照天；雕像各异，形态迥别。

大约十二点三十分，总统结束了他的讲话。暴风雨般的掌声响了起来——也许是出于感激之情。在大水池的两边和交叉的大道上，人群很快变得安静。乔叔叔急切地往前探出身去："大家瞧。他准备好了。"

克利夫兰总统将一只手伸向他前面一个镀金的电报按键。他洪钟般的声音在空中回响："一按下这个键，给予这个规模宏大博览会生命的机器将开始运转，所以，此时此刻，让我们的希望和志向唤醒那些强大的力量，在不久的将来，这些强大的正能量将影响到人类的福祉、尊严和自由。"

他按下了按键。

管弦乐队指挥的指挥棒向下挥舞出强拍。音乐声起，合唱团唱响了歌曲，各个展览场地的喷泉喷射出泡沫飞溅的水柱，旗杆上奇迹般地展开了美国国旗、西班牙国旗和其他国家的国旗，每个屋顶上长幡垂落，象征着共和国的巨大镀金雕像帷幕揭开。这具雕像就坐落在大水池东边的一个基座上。

钟声开始敲响，一组潟湖电动大游艇汽笛长鸣。建造这些大游艇，就是用来摆渡走水路前来参会的宾客的。锚泊在海岸边的一批海军舰艇枪炮齐鸣。共和国雕像后面的一个白色周柱廊里，两百羽白色和平鸽从笼中飞出，腾空而起。伊尔莎婶婶说："你知道这首乐曲吗，波利？《哈利路亚合唱曲》。作曲家亨德尔先生是德国人。萨克森州人。不是很令人激动吗?”他不得不承认是的。

当旗子、喷泉和长幡宣布博览会正式开幕之后,人们的欢呼声骤然响起,淹没了亨德尔的乐曲。弗里奇拉着保罗的袖子,欢腾雀跃,忘情地流下了热泪。乔叔叔拿一条胳膊搂着他妻子,一面用一条很大的手帕试图抹掉他眼睛里的什么东西。伊尔莎婶婶戴着一顶漂亮的小小帽子,黑色的毡,装饰着蓝色和黑色的鸵鸟毛,看上去端庄美丽极了。她拿着一把紧紧卷起来的阳伞——弗里奇带了一把小一点的——用米制脸面粉和胭脂稍稍修饰了一下脸。她的连衣裙在腰间系得很紧,裙裾和防尘饰边较短。她的衬裙发出窸窸窣窣的声音,煞是好听。

卡尔目瞪口呆,跟保罗一样,心中充满了敬畏。两个男孩子所穿的外套跟乔叔叔的一样精致,无非小一点而已,都是专门为这个博览会添置的。保罗从未穿过如此奢华漂亮的衣服,虽然他不喜欢卡得很紧的上过浆的衬衫领子。尽管他不喜欢,但是他觉得一定没有女人穿的衣服那样难受。

亨德尔的合唱曲结束了。管弦乐队奏响了《美国》。乔叔叔看了一下节目单,说:“结束了。保罗,你感觉怎么样?挺激动人心的,不是吗?”

“是的,先生。”

“什么时候想办法把这情感传达给你堂哥。”

“爸爸,我们可以走了吗?”弗里奇问道,一面在台阶上蹦跳着。

伊尔莎婶婶抓住她:“小心,会掉下去的。”

“哦,妈妈,一动不动我受不了,我太激动了。我想要去看看埃伦·泰莉扮演麦克佩斯夫人的画像,在哪儿啊?”

“我必须到啤酒展览馆去看看。”乔叔叔说道,“我的竞争对手中有二十四人展出了他们的产品。我要去确认一下,克朗啤酒是否相比较之下更好一点。我现在就去,半小时后再跟你们会合。或许那时我们应该去参观一下德国馆。上个星期安装的时候我看见过两扇很大的锻铁门,非常壮观。”

“不,我们去看克虏伯大炮。”卡尔说道。

伊尔莎婶婶说:“游乐场上还有一个德国村呢。”

“好的,游乐场。”卡尔说道,也像他姐姐一样蹦跳起来,“我要去坐摩天轮,我们可以去坐摩天轮吗,爸爸?”在学校里,每个人都在谈论那个四面安装着分隔吊舱的巨大转轮。保罗无法想象,要是坐着这样一个设备转到半空里去会是什么样的感觉。

“保罗,你有最想要看的东西吗?”乔叔叔问道,“或许大力士桑多?他也是个优秀的德国人。”

“嗯,先生,我真正最想看的是野牛比尔的演出。”科迪的营帐就设在展馆的外面。这个演出要持续到秋季博览会闭幕。

“好主意。卡尔说你在柏林就想看了,但没看成。到夏天快结束的时候我会买好票的。有个主意,这可以作为你成功地结束一个学年的庆贺。”

“谢谢你。”保罗说道,看上去有点愁眉苦脸。

“来吧,大伙儿。我们定个会面的地方。”

几条大道人山人海,行进的速度很慢。克朗家人停下脚步,欣赏克里斯托弗·哥伦布的巨大雕像,只见他高举宝剑,身后红旗招展。一个穿着体面但是有着病容的女人走近前来。伊尔莎婶婶笑了,说道:“内尔,你好哇。”

那女人把脸扭转,走了过去。

弗里奇拉拉她母亲的袖子:“妈妈,这是谁呀?”

“范德霍夫太太。”

“她干吗不说话?”

“我不知道,但不是第一次了。别管这事儿。”

范德霍夫?草原大道上那个姑娘的亲戚?她在这儿吗?也许他能见着她。伊尔莎婶婶是世界上最善良的女人了,怎么还会有人对她不理不睬呢?

伊尔莎婶婶在一幢设计非同凡响的大楼前面停下脚步。它有引人注目的出入口,同轴心的拱顶,最后用金叶贴面。真是美得令人心悸,保罗心想。

“这是交通大楼,孩子们。”伊尔莎说道,她的指南打开着,“沙利文先生设计的。”

“他是谁啊?”卡尔问道。

“路易斯·沙利文是一位芝加哥的建筑师。他跟他的搭档阿德勒先生的设计理念十分先进。有人称沙利文先生是个天才。”

乔叔叔参观完啤酒展览馆之后加入了他们的队伍中:“我们的展出不错。弗雷德的啤酒生产流程图简单但效果很好。我很满意。”他们继续闲逛,他的心情似乎一直很好。“这个博览会精妙绝伦,完美无瑕,不是吗?国会排除那几个城市选择芝加哥时,所有表示怀疑的人都说我们不可能办好的,说不可能按时开展如此大规模的一个博览会的。但是,我们证明给他们看了!”

他们转进另一条大道。远处,保罗看到了那个正在转动的巨大铁轮。费里斯①巨轮啊,以它的发明者名字命名的。巨轮边上那些木头吊舱里面坐着极小的人儿。

乔叔叔说道:“你对自己的愿望总是三缄其口,伊尔莎。你最想看的是什么?”

“妇女馆。”

“对不起,那个地方你得自己去参观。我从来就不认为有什么必要为女性弄个特别纪念馆,我现在也这样认为。”

“你当然不啦。但是我必须要告诉你,乔,当妇女代表大会在艺术学院召开的时候,我打算参加。只要时间允许,我将参加很多会议。”

“好吧,但是千万离街垒远一点。那些地方早就挤满了激进分子、自由思想家和所谓的新女性。现在,我们全体投个票,好吗?先去哪儿?”他拍拍自己的外衣,“我有一些特别通行证,可以让我们在大多数展馆快速通过。”

“摩天轮吗?”卡尔喊叫道。

“恐怕不是。不过他们说那的确是个最有吸引力的地方。”

他们来到展览在湖边平地上一个特别的克虏伯展馆的克虏伯大炮那儿。德国埃森的克虏伯公司是一家很好的古老德国公司,就连保罗都听说过它。展览馆是一个缩小版的普鲁士城堡。有角楼,有城垛。大炮长八十七英尺。它有一颗炮弹重达两千三百磅。炮弹可以被打到十六英里远处。这是正在值班的那位克虏伯工程师说的。

卡尔兴奋极了,感觉有趣极了,一个劲儿地问这问那。乔叔叔似乎对这个展

---

①费里斯,即小乔治·华盛顿·盖尔·费里斯(1859—1896),美国工程师,以1893年芝加哥世界博览会发明摩天轮而闻名于世。

览感到不安。他们离开的时候他说道:“这就是这些日子德国吹得最厉害的东西,战争武器吗?难道我们这个故国只能像街头暴徒一样秀秀肌肉吗?要是这样的话,那意味着什么呢?我什么都不想听。”

第二站,他们去美术大厦,去看萨金特先生画的女演员埃伦·泰莉的画像。弗里奇站在那儿,欢喜不已,足足五分钟,时而紧握双手,时而松开双手,时而连连感叹,直到乔叔叔啪的一声盖上他的金表盖子,说:“该走啦。”

他们慢慢地走到普莱桑斯娱乐场,一条东西走向的宽阔大道,有一英里长,穿越展区北部的第五十九大街跟第六十大街。在这儿,所有比较轻松的娱乐活动都分隔在各自的区域。

他们夸赞来自爱尔兰的“巧言石城堡”,然后穿过一条条狭窄的通道和一个个开罗街道的锁眼式大门,在那儿的人大多是罩着面纱的女人和穿着长袍、戴着红色土耳其帽的肤色黝黑的男人。这是一个具有异国情调、稍稍有点邪恶感的展览,而且其总体的粗俗也让伊尔莎婶婶对其丧失了兴趣。就连乔叔叔对她说话时她也没有笑脸。“或许等你去参观妇女馆的时候,我可以去看一场那位小埃及舞者的演出。啤酒厂的人都在谈论她的肚皮舞呢。”

卡尔悄悄对保罗说道:“意思就是用她的肚皮跳舞,我在学校里听说的。”

他们在德国村早早地吃了晚饭,准备早点去排队,坐摩天轮。他们坐在门外赫然耸立的沃瑟堡阴影里一张桌子边色彩鲜艳的灯笼下。沃瑟堡是15世纪有护城河的城堡复制品。全家吃着汤面和芦笋鸡,一支德国乐队演奏着他们熟悉的歌曲。

他们等了将近一个小时才等到他们上摩天轮。实际上有两个轮子,中间安装着三十六个吊舱。春日夜晚的黑暗中,普莱桑斯娱乐场和博览会五彩缤纷的明亮灯光将天空照得如同白昼。终于,轮到他们了。他们跟其他人一起,爬进一只有很大玻璃窗和舒适旋转座位、可容纳四十个人的吊舱。当摩天轮转动、吊舱上升的时候,弗里奇吓得尖叫起来。吊舱摇晃着,又停了下来,下面的吊舱在载人呢。

“这轮子的直径有两百五十英尺,我看过资料。”卡尔说道。

“再加上十五英尺的底座。”他父亲说道。

“五十美分乘坐一小会儿太贵了。”弗里奇说道。

“哦,别出声,大家瞧。”伊尔莎婶婶说道,“你们有没有见过这么美丽的景色?”

她在座位上往前倾过身子,将她戴着手套的手按到玻璃上。他们的下面,灯光璀璨,恍若星辰闪烁,向南方延伸,达一英里多,好一派壮丽景象。

伊尔莎婶婶发出一个小小的开心的声音,半是笑声,半是哽咽,她紧紧地握着保罗的手。

“波利,你能相信自己的眼睛吗?还会有更加壮丽的景色吗?”

“没有了,绝对不会有了。”他轻声说道。这时,吊舱开始上升、摇晃。他的脸沐浴在魔幻般闪烁不定的五彩缤纷的灯光中。眼下这宏大画面,象征着这个登峰造极的科技新时代几乎无穷无尽的辉煌奇迹。

就在美国。

夜里十一点钟,当尼基·斯皮尔斯驾着马车将他们接回到密歇根大道家中的时候,他们几乎很少说话,都累坏了。保罗仔细看了一下,看小乔的房门里有没有透出灯光。没有。那么,明天吧。

完全不是存心的,第二天他起床迟了。一个小学生啊!他冲下楼去,赶紧在嘴巴里塞了一个面包卷,就着牛奶吃下去。小乔早就坐有轨电车去啤酒厂了。乔叔叔不允许他儿子跟他一起坐马车去上班,生怕表现出偏爱之嫌。一直到晚上九点十五分,保罗才跟着他堂哥来到他的房间里。

“来吧,告诉我。你怎么评价那个博览会?”

“乔,别生气。我认为那挺好。”

“哦,是吗?”他堂哥怒视着他。保罗的心揪了起来。突然,小乔咧嘴笑了:“见鬼,我早就估计到了。我估计你会上当受骗的。整个展览。所有那些个漂亮的名字啊。什么‘新耶路撒冷’啦,‘白城’啦。在你眼里,也许那些建筑是漂亮的,可也就是廉价的灰泥外面涂了一层白色涂料啊。博览会还有另一面呢,保罗。有些事情你需要知道。”

“什么事情?”

“也许还是让本诺告诉你的好。”

保罗激动得双手汗津津的。

“什么时候?”

“有时候有星期日劳工野餐,到乡下去。下次我也许可以把你带上。我要是带你去,你会对妈妈和爸爸保密吗?还有弗里奇和卡尔?”

保罗的心跳得很快。他堂哥正在把他当作知心人,这么危险的秘密都信任他。就像一个真朋友。他猛地举起一只手。

“守口如瓶,我保证!”

保罗跑回到自己的卧室,扑到床上,兴奋异常。但是,昙花一现。他扣着双手枕在头下,凝视着天花板。这秘密,这信任,早已经令他心神不安了。

他说了,什么时候小乔叫他,他就会跟他去,并且保守秘密,这使得他跟堂哥有一种攻守同盟的味道。这样的攻守同盟比仅仅是亲戚的两个男孩子之间的友谊要重。但它可能引来麻烦。他一夜无眠,满脑子的担忧和负罪感,他背叛了婶婶和叔叔。

离学期结束几乎不到一个月了。保罗一直不及格。每门考试都不及格,写字练习不及格,到黑板前面去背诵不及格。佩蒂格鲁夫人很开心,向全班宣布了他这么差的成绩。

佩蒂格鲁夫人放学之后把他留下,通知他不得不让他留级。

“对不起,我不明白。”

“我不能把你推荐到高一个年级去。你的功课完全不能令人满意。我要把你留在这儿,整个学年就炒冷饭。也许第二次,有一鳞半爪的知识会穿透你这个厚厚的德国脑袋。”

他摇摇晃晃地走了出来。再跟佩蒂格鲁夫人一学年?决不。他宁可跳楼。他宁可喝毒药。

他竭尽全力想对策。他的脑子一片空白。而且,他又羞于将自己的处境告诉乔叔叔或者他的家庭教师。

在家里，弗里奇一天到晚模仿画像上的那个埃伦·泰莉，闹得每个人都要发疯。她用金色的纸做了一顶王冠，并从她母亲那儿借了一条方形披巾，模仿泰莉小姐那件长袍像和服一样的袖子。保罗跟其他人会冷不丁地在某个角落或者在楼梯中间撞见弗里奇，只见她身裹方形披巾，双手将金色王冠举过头顶，两眼凝望天空，一脸难以捉摸的表情。

卡尔嗤之以鼻，叫她傻妞。她威胁要打他，这样一来，反而让他得寸进尺。“傻妞，傻妞，傻妞。”他一面不断地喊叫，一面围着她跳跃。乔叔叔发现他们在地毯上翻滚着，又是揪对方的头发，又是拳打脚踢。

他狠狠地打了卡尔两个耳光，命令弗里奇别再模仿。弗里奇哭着跑回自己的卧室，这样一来，弄得乔叔叔火上加火。事实上，他近来似乎心情很糟，脾气很爆。当弗里奇红着眼睛来吃晚饭的时候，他严厉地给她上了一课。

“别再抽噎了。我讨厌有人在这个家里演戏。我不去看德语戏剧，太老套了，只是偶尔去看点英语戏剧，这你们都知道。不过，我的确不太敬重那些戏子。演戏是一个不光彩、不敬神的职业。任何男女如果愚蠢到涉足这个领域，那就应该被社会唾弃。而且，他们的下场往往如此。请把马铃薯糊递过来。”

那个晚上之后，晚餐桌上便似乎弥漫着新的肃穆。乔叔叔克制着自己，轻声地对伊尔莎婶婶说着“金本位制”和“股票”以及其他莫名其妙的事情。一天晚上，保罗的好奇心实在忍不住了，便礼貌地问，如此频繁地谈论金融问题，是否有特别原因。肯定有的，乔叔叔说，接着解释道，自从5月以来，一些大公司的股票开始狂跌。“欧洲投资者正在将数以百万计的美元从美国银行提走。伊利诺伊信托公司已经遇上了麻烦，国家化学公司也一样。我怕这就是很多人预测的金融恐慌。”

小乔说道：“你还能期盼什么呢，爸爸？制度腐朽啊。”

伊尔莎婶婶面露痛苦之色。乔叔叔拼命控制着自己的脾气：“谢谢你教导我们。我们当然尊敬你作为一个经济学大学生的智慧和经验。”

小乔的牙关紧咬，脸色发紫。他将叉子当作武器狠狠地戳着他的食物。

不过面对金融恐慌，乔叔叔并没有沮丧到对其他事情完全丧失了兴趣。他带着保罗和卡尔在一个星期六去观看芝加哥白袜子队跟普罗维登斯·格雷斯队的棒球比赛。他自己驾驶马车。他们的目的地是国会公园,在卢米斯住宅区的国会大街。

保罗坐在叔叔旁边的马车夫座位上。卡尔在后面自娱自乐地单调地唱着一首名叫《滑垒,凯利,滑垒》的歌,唱了一遍又一遍。

“小乔要是能跟我们一起来就好了。”保罗说道。

乔叔叔毫无表情,望着街道上的车水马龙:“你知道他今天上班。这倒无关紧要。他还要小一点的时候,喜欢跟我看比赛。现在不啦。”

国会公园是个好地方,一边是环绕的轻轨,一边是草地网球场。一道高高的砖墙围护着运动场。乔叔叔说,这个公园可以容纳一万人,但是今天下午只有一半人。他们通过一个旋转栅门,爬上一段楼梯,来到乔叔叔的顶部私人包厢。包厢里有四张舒适的扶手椅,还有早已经被拉到一边扎起来的风雨帷帘。

两支球队已经上场,正在练习击球和接球。球场绿得十分鲜艳,新割草地的芳香一直飘到包厢里。有几朵完美无瑕的云彩悠闲地飘荡在天空。通道里,小商小贩叫卖着啤酒、香肠和炒货。

“那啤酒是克朗啤酒厂的。”乔叔叔骄傲地说,“我认识比尔·赫尔伯特,那个煤炭老板,他是球队的老板。他帮的忙。”他面露笑容。

“我不知道这球赛的规则,叔叔。”

“我会尽量解释的。我喜欢棒球很多年了。战争期间在军营里,官兵们经常玩棒球,尽管玩得不好。1869 年那会儿,我见到了美国的第一支专业球队——辛辛那提红袜子球队,当时看一场球只要五美分钱。每当像这样美好的日子我坐在这儿观看球赛,真是幸福死了。但我承认,在我内心里,有一部分不高兴,说,乔,你该去工作才是。这就是因为你是德国人,在笑容下面往往有点内疚。有些人甚至连笑容也没有。”但是,他有。

卡尔又开始唱那首《滑垒,凯利,滑垒》。“卡尔,唱过五十遍之后,那个就让人烦啦。别唱了。”他对保罗说道,“迈克·凯利是白袜子队亘古未有的最伟大球员之一。他的位置在右外场,就那儿。他带领联盟连续在 1884、1885、1886 年赢得胜利。凯利王,他们这样称呼他。但离开球场,他是一个废物,一匹旋转木马。

可是你不得不喜欢他的比赛。瞧,他们开始了。"

他指给保罗看白袜子队的经理卡普·安森:"以前是一垒的。他懂比赛,可是我不喜欢他。他仇恨有色人种。联盟里曾经有一个很优秀的黑人球员——托莱多的弗利特·沃克。安森就因为这个而拒绝跟托莱多比赛。于是沃克就被赶出了球队。"

很快,一个穿着衬衫的裁判大声喊叫道:"开始。"比赛开始了。乔叔叔耐心地解释着比赛,保罗开始逐渐理解。普罗维登斯队暂时领先,三比一。这使得一个黑人青年从凳子上站了起来。保罗之前没有注意到他。这黑人小伙子穿着一件白袜子队的紧身运动套衫。他跑到本垒板那儿,跳起了曳步舞。人群中爆发出欢呼声和口哨声。

"那是克拉伦斯,球队的吉祥物。"乔叔叔说道,"安森每次比赛都会让他跳那种阔步舞。"

卡尔说道:"卡普·安森叫他'黑小子'。"

"卡尔,别说这个词儿。"

好几个芝加哥球员围住克拉伦斯。白人球员在他卷曲的黑色头发上来回摩擦着他们的指节,黑人小伙子耐心地站着。"那是在祈求好运。"乔叔叔说道,"他们虐待那小伙子,取笑他,就因为他是黑人。都是安森的主意。为了这事儿,三十年前我们战斗并流过血啊。"血涌上他的脸。

到第七局的时候,乔叔叔离开包厢去拿点心,这时依然是普罗维登斯队领先。卡尔将一只脚搁到了包厢的栅栏上,乔叔叔在的时候他不敢这样做。

"他们需要比利·森迪。他通常是能攻善守的外场手。速度之快,见所未见,跑起来像只受惊的鹿。"

"他离开了吗?"

"是的。他去当牧师了,爸爸说他去了。就我来说,我是希望他耳朵里一直塞着耳塞。"

乔叔叔回来了,带来了一些光溜溜的白色香肠,这种香肠保罗从未见过。每根香肠都用软的圆筒包裹着。"这是新品种,人们称之为法兰克福香肠。你猜猜最早来自哪里?吃一个试试。这儿还有一袋花生。"

到了第九局的上半局，主场球队的接手一个惊喜的本垒打，让二三垒的跑垒员得分了。下半局当投手让普罗维登斯队的最后一个击球员三击不中出局结束比赛之后，人们欢呼起来。乔叔叔靠在包厢的栅栏上，又是鼓掌又是欢呼："好哇，干得太棒了！"

日光在西边渐渐退去。白袜子队球员跳跃着，互相拥抱着，他们在绿色的草地上投射下长长的身影。保罗的肚子里塞满了点心，内心充溢着对叔叔温暖的情意，很开心能跟活泼爱闹的卡尔在一起。一个完美的下午。

马车颠簸，晃得人昏昏欲睡，他感觉快乐无比。他们的心情十分愉快，一直到簇拥着从马厩走进厨房里。路易丝将头埋在炉子上，她都没有跟他们打招呼。伊尔莎婶婶从围裙口袋里掏出一样东西。她的脸色像铁板一样。

"这是今天来的，乔。是你写给夏洛特的信。"

乔叔叔接过那封肮脏不堪、皱皱巴巴的信。信封的正面，盖着一个红色的印章，仅有一个词"死亡"。

"死亡？怎么可能呢？怎么回事儿？"他极度痛苦地转向伊尔莎，"怎么回事儿？"

"我估计我们永远不会知道。可能就是波利说的那个病。"

保罗也感到震惊。他的喉咙里有一块什么东西堵住了。乔叔叔一把扯下他的平顶草帽，拍打着自己的腿。草帽的边被拍碎了。

信从他的手中滑落。热泪在他脸上滚滚而下。伊尔莎用双手抱住他。没有一个人说一句话。

乔叔叔又带他们去了一次博览会——依然没有小乔。他们先看下午世界著名大力士尤金·桑多的演出。然后，乔叔叔走到后台，拜访了一位年轻人，后来他介绍说对方叫弗洛伦兹·齐格菲尔德，芝加哥音乐学院的创始人和院长齐格菲尔德博士的儿子。年轻的弗洛伦兹预定了来博览会演出的大多数乐团。他是桑多在美国的经理人。乔叔叔好像认识芝加哥每一个有资产或者有成就的德国人。

晚上，他们观看了一场西奥多·托马斯先生和他的芝加哥管弦乐团的音乐会。“他原先来自辛辛那提。”乔叔叔说。节目包括德国作曲家理查德·瓦格纳的乐曲。伊尔莎婶婶说，瓦格纳是一位天才，是全体德国人的光荣。可是这舒缓、沉闷的音乐却令保罗坐立不安。

他更喜欢放烟火之前室外音乐台上他们所听到的音乐。那是利斯甘的芝加哥乐团及其客座指挥苏泽先生所演奏的激动人心的军乐，包括《进军佐治亚》。这首乐曲赫舍尔·沃林斯基在轮船上演奏过。可怜的赫舍尔，他现在在哪儿呢？保罗真的不相信他们还能重逢。

5月末的一个星期四晚上，乔叔叔整理好一个旅行包，赶了一班夜班列车，到南方去了。好运突如其来，下个星期日有一个劳工野餐会。小乔将这一天称作政治文化日。他礼貌地向母亲请求，问他跟保罗是否可以到乡下去远足。伊尔莎婶婶告诫他们注意安全，在天黑之前回来。

他们的目的地是一个叫作奥格登树林的地方，在城区之外。他们这趟旅行的第一阶段是坐马拉街车，咔嚓咔嚓声中，保罗问道：“他们干吗要到这么远的地方去举办野餐会？”

“这样就听不到那些清教徒式的人大喊大叫礼拜天不能喝啤酒啦，而且也不会让芝加哥的警察打探到。哪怕你不听演讲，这样的事情也是大事情啊。去年我就是在这样的一个集会上遇见我的女朋友罗茜的。”

“你知道很多社会主义者的情况。你是怎么知道的？”

“不是在学校，这是可以绝对肯定的。我听本诺及其他同志们的演讲。我阅读所能找到的一切书籍。卡尔·马克思①。一个名叫蒲鲁东②的法国人。巴枯宁③——

---

①卡尔·马克思，即卡尔·海因里希·马克思（1818—1883），国际无产阶级的伟大导师和领袖，科学共产主义的奠基人，生于德国特里尔，为第一国际的组织者和领袖，与恩格斯毕生并肩战斗，重要著作有《共产党宣言》（与恩格斯合著）、《资本论》等。

②蒲鲁东，即皮埃尔·约瑟夫·蒲鲁东（1809—1865），法国小资产阶级社会主义者、经济学家，无政府主义创始人之一，主张各阶级进行经济合作，废除国家，著有《什么是财产？》《经济矛盾的体系，或贫困的哲学》等。

③巴枯宁，即米哈伊尔·亚历山大罗维奇·巴枯宁（1814—1876），俄国无政府主义者和理论家，积极参与1848年革命，1849年因参与革命密谋而在德国被捕，后被引渡回俄国，流放到西伯利亚。1861年逃离俄国，回到西欧。1864年参加第一国际，因反对马克思主义，从事分裂活动，1872年被开除。代表作有《国家制度和无政府状态》。

俄国人——断言旧秩序要用革命来推翻的第一人。我读过出身于俄罗斯贵族的克鲁泡特金[①]爵爷的很多文章。他现在跟平民百姓一样生活在伦敦。即使翻译过来了，那些外国的东西还是晦涩难懂，有很多地方我看不懂。我也看这个。”他从自己的衬衫里面抽出一份德文报纸——《火炬报》。“这是劳工报纸《芝加哥工人报》的星期日特别版。爸爸要是发现我有这个东西，他会扒了我的皮呢。”

“那你为什么还要读呢？就是为了让他生气？”

小乔坐得更直了一点，他的双唇形成了一条很强硬的线：“这可是个愚蠢的问题。我看这些书，跟这些人来往，是因为爸爸和像他那样的所有人都是错误的，他们的思想观念是错误的，他们是压迫穷人的人。”

“但是，你不会要杀了他们，是吧？”

马拉街车还在减慢早已经慢下来的速度，因为终点快到了。小乔将他的手肘搁到窗沿上，瞅着散乱的小屋子往后移去：“你该死的问得太多了。”

“我想要学习。”

小乔转过头来，盯了他一眼。

“以便你选择正确的一边？”

保罗不受蛊惑：“学习。”他再次说道。

他堂哥仔细琢磨着他的神情，仿佛想看出那儿的真伪来。刹那间，小乔的紧张消失殆尽，他放松下来，并将一条胳膊搭上保罗的两个肩头，紧紧地抱了他一下。

“好吧，应该的。就是要确定问对人。”

他们在碎石路的尽头跳下马拉街车。他们的前面是有两条车辙的一块阳光照耀的泥地，古树参天，浓荫蔽日。保罗在左面的一块田里看到有几头母牛在吃草，还有一个谷仓需要刷油漆了。

他们步履艰难地走了一英里路，然后保罗听到了音乐声。这是一支声乐队，

---

①克鲁泡特金，即彼得·阿力克塞维奇·克鲁泡特金(1842—1921)，俄国无政府主义者、地理学家，出身贵族，曾参加第一国际，属巴枯宁派，因参加民粹运动被捕(1874)，历经放逐、监禁、流亡，著有《1789—1793年的法国大革命》《互助论》等。

有一支大号,也许有两三支较小一点的号。他们来到一个摇摇欲坠的木头拱门跟前。拱门顶上有一块褪了色的招牌,上面写着"奥格登树林"。树林深处,保罗看见了几张搁板桌子,上面有几个纱罩保护着食物,人头攒动,几个人在一块草地上跳着肖蒂什轮舞。孩子们在阳光斑驳的空地上追逐嬉戏。

树林里,小乔非常快地向人们介绍保罗,快得他都来不及记住他们的名字和面相。但有几件事情记住了。这些人的穿着总体来说都不是很好,很多衣服上打了补丁。有几个男人还因为蓄着浓密的大胡子和长头发而显得有点凶相。其中一个人使他想起了那位俄罗斯记者鲁科夫。他惊讶地发现,居然有这么多的婴幼儿和小孩子,居然有这么多具有代表性的民族。不仅仅有德国人,还有瑞典人、波希米亚人,甚至有两个英国人。

小树林的四周,褪了色的红旗插在地上。"代表被压迫者鲜血的红色。"小乔说道,"代表共产国际的红色,代表为这项事业而牺牲的每个人的红色。"他从一只棕色的瓦罐里抓出两条腌黄瓜,重新盖好盖子。"给,别把你饿死了。我们去找本诺吧。"

他们在小树林的另一边找到了他,他正跟六七个人讨论什么事情。本诺看到他们,便赶紧中止交谈,咧嘴笑着走了过来。国民警卫队士兵一样的蓬松八字胡下面,他的牙齿看上去很大。"嘿,瞧。学生。很高兴再次见到你。他怎么样了,乔伊?"

小乔来回翻着他的一只手。

"你的名字叫保罗,对吗?老乔的侄子?"保罗说对的。本诺挠了一下他的鼻子:"你来这个国家多久了?"

"圣诞节那会儿才来的。"

"你说本地话挺好啊。他说本地话挺好,是吧,乔伊?"

小乔点点头笑了一下:"是挺好。"

"来这儿之前我姑妈在柏林教了我一点。"

"明白了。"阳光在本诺的秃头上照出一层汗水的油光,"好吧,喝点啤酒,小伙子,免费的。过一会儿将有一些演讲。非常有启发的,所以要仔细听。一会儿见。"本诺回到他的朋友那儿,他所有的朋友全都用疑惑的目光瞧着他。"不,他没问题,我了解他。”本诺对他们说道。

保罗和小乔用香肠、家里自制的烤面包和没有标签的桶装啤酒填饱了肚子。这是一种颜色较深的苦啤酒,绝对不是克朗啤酒厂的产品。谁出钱买的啤酒和食物?

“我们在有钱人中间有两三个赞助人。”小乔说道,“在这些活动中,你绝对见不到他们的身影,但是他们用其他方式表达他们的存在。”

本诺和一些人将几只木头箱子放置到一起,搭建了一个临时性讲台。人们围着很大的半圆,或坐或躺在草地上,听三位演讲人发表演讲。第一位演讲人来自波兰,他的口音太重,保罗几乎听不懂。第二位被介绍叫帕金-劳埃德先生,“我们来自英国的社会主义领导同志之一”,他竭力对小乔说到过的那位作家卡尔·马克思的一些理论进行了解释和赞美。保罗对马克思一无所知。

本诺是最后一位上台演讲的人。他一开始就对那个博览会进行谴责:“他们举办这种东西,这种杂耍一样的东西,只不过展示了资本家从工人的汗水中榨取的东西。你以为他们是在庆祝伟大的美国民主吗?好,那么告诉我——开幕那天,有多少黑人被邀请上主席台跟美国总统坐在一起?该死的一个也没有,这就是‘有多少’这个问题的实质。有多少黑人参与了筹备这个博览会?一个也没有。他们是自由人,但是白人的寡头统治把他们关在了门外。还有呢?在杰克逊公园,他们有一幢建筑,我在报纸上看到过,除了也许去朝它吐唾沫,否则我是不会去看的——门口倒是金子做的。是啊!装饰而已!那么多的金子,可以管数百人的衣食!那幢大楼、整个博览会,花费了数百万美元。而由那些富有的银行家引发的金融恐慌使每一天的失业工人有增无减。这是腐败,这是可耻。”

他号召“宣传这件事情”以表明他们的“团结”。他称炸弹和手枪是“我们所能结交的最好朋友”。他大声呼吁实施“惩罚”,“用暴力推翻这个制度”,而且他还冷漠地要求用暴力“割掉那些有钱人的头”。

“他们从我们身上榨取了这么多年的血,好啊,我们也吸他们的血!”他将双手举过头顶,“就在芝加哥的街道上!”

他将双臂放落到身体两侧。

“同志们——我谢谢你们。”

本诺获得了当天最热烈的欢呼。

他从箱子上跳下来,直接走到保罗跟前,吓了他一大跳:“好啦,你感觉如何啊?你明白中心思想了吗?”

“我明白的,斯特劳斯先生。我不知道我是否很喜欢。”本诺沉下了脸,可是保罗并不退却。这个人是在攻击保罗的家人啊。他鼓起勇气,说完他的话:“我不知道我是否很喜欢到街上吸血的主意。”

“那你认为我们还有其他什么办法可以获得胜利?”小乔慢慢地向他们走去。“嘿,乔伊,得帮忙一下啊。这家伙的脊梁骨还不够硬呢。”

本诺爪子一样的巨大手掌使劲地拍落到保罗的一个肩膀上:“听明白了,小伙子。你不可以袖手旁观,说风凉话,说也许今天该这样,明天该那样。你得做出选择。在这场阶级战争中,迟早,每个人都将做出选择。”

“站到反对我叔叔的一边,你说的是这个意思吗?”

本诺怒视着他:“是的。”

“你不太喜欢我叔叔。”

本诺的第一个回答是耸了一下肩膀:“喜不喜欢跟这事儿没有一点关系。事实上,我不认为乔·克朗骨子里是一个坏人。他不会抢夺他母亲的最后一片面包皮。但是,他更在乎的是他的财富,而不是我们工人的权利。而且,他很顽固,像大多数日耳曼人一样。一个很坏的群体。”本诺在保罗的鼻子底下握紧了一个巨大的拳头,“使他在某些事情上硬得像块石头。我们有一个全国总工会。一个全国性的项目——”

“爸爸百分之百反对的东西。”小乔说道。

“对,对。可能挺麻烦。我们已经有两三次都到坎儿边了。我说的意思是,小伙子——你不能坐在墙头。那儿你只能发现一种人——懦夫。”

他的手紧紧钳住保罗的肩膀。那粗壮的手指捏得他生痛。

“你得选边站,绝对的。今天你要是没学到其他东西,那么这个得学会。”

第二十一章　乔·克朗

他看见红壤的泥路蜿蜒向南方。他听到了马嚼子的叮当声,听到了马的装备所发出的声音。队伍在炎热夏天梦幻般的奇异魅力中前进。

他看见有木头牌子插在路边地上。加工粗糙,像个箭头,直指前方。

地狱五英里

北方佬加油!

队伍继续向前。灰尘升腾起来,但是马蹄在行进中所发出的声音十分微弱,微弱得像血液流动的声音。带领这支巡逻队的是上尉埃利希,他有说有笑,像是在参加一个野餐会。

"掉头吧,别再沿着这条路继续走了,我知道有什么在等着。"

没有人听见他的话。或者说,即便他们听见了,也不在乎。

队伍经过一个林木茂密、荆棘丛生的区域,夏日的一道道金色阳光刺透丛林,阳光里有尘土在慢慢飞舞。

突然,一个穿着破衣烂衫的黑人老头从路边一棵爱神木后面转了出来。战士们赶快将随身手枪从枪套里拔出。埃利希上尉举起一只手:"别开火,我没看见有武器。"

黑人老头一把扯下他皱皱巴巴的草帽:"没错,上尉,我没什么可伤害你们的。我叫伊拉斯谟,是你们的朋友。那儿有块牌子,说的是真的。前头有坏人。"

"军人吗?"

“有一些是。大多数是老人、小孩，都是这儿附近的人。可是，他们全都热血澎湃，要杀你们北方人呢。他们有很多枪。别往前去了，掉头吧。天一黑，对你们不利的。”

他清晰地听到了老人家的恳求。他看见了埃利希上尉的侧影，洋溢着坚定和勇气。“谢谢，伊拉斯谟先生，可是我们得服从命令前进。我们会小心的。”

“听他的话，埃利希。我知道有什么在等着。别沿着这条路走啦！”

“别走啦。别……”

“先生？你没事吗？”

“嗯？什么？”

“你在激烈地大喊大叫。”

他浑身上下大汗淋漓，在黑暗中瑟瑟发抖，他不知道自己身处何方。

接着，他感觉到了自己两腿下面硬邦邦的考究座位。他听到了快车奔驰在辛辛那提的咔嗒咔嗒的声音。他看到了车窗外面孤独寂寞的农庄的灯光像带子一般划过。列车员是一位黑人大个儿，映着摇晃在通向通廊的门上方的车灯暗淡的灯光，赫然耸现在他面前。

“喊出声了？对不起。噩梦。”

列车员咕噜了一声，继续向前走去。

乔将额头靠到窗玻璃上，高兴地意识到他是在开往南方的火车上。他醒了，不再陷入那熟悉的梦境里，密西西比州北部那条路的梦。这个梦困扰他多年了，一直没有放过他。

乔·克朗在米灵顿的一家纺织厂占有很大一块股份。米灵顿是南卡罗来纳州沙岗地区的一个小镇，原先只知道它是“公司车间”，铁路维护工作的基地就在那儿。他在南卡罗来纳州还拥有一个避寒庄园。庄园的范围很大，坐落在大西洋往西六英里处的一条泥路边，骑马到北面的查尔斯顿一个小时行程。那是某个北方的投机家在战后营建的，并将它命名为“罗亚尔顿”。乔买下之后，将它改名为“奇姆尼斯”。整个战争期间，他一直在联邦骑兵部队南征北战，一路打到萨凡纳，然后再穿越南北卡罗来纳州全境。一路上，贾德森·基尔帕特里克将军率领骑兵将一个十分宽阔的地带蹂躏成为一片废墟。乔讲到避寒庄园的时候说道:“我将它命名为‘奇姆尼斯’,因为,我们所过之处,在那个美丽的州几乎没有留下任何其他还竖立着的东西。”

他感激不尽,有这么一个公务出差的机会,暂时可以躲开乱作一团的芝加哥。那儿的报纸充斥着家底殷实的公司破产倒闭的新闻,股票依旧狂跌不止。假如他面对现实,那么他也很高兴暂时摆脱他自己家里的一团乱麻。保罗很好地安顿了下来,在学校表现不错,至少没有来告状说他表现不好。卡尔对他产生了好感,弗里奇对他十分喜欢。但是,小乔好像冷淡一点,凡是乔所认同的东西,他都反对,而且比之前有过之而无不及。乔只要存在于这个世界,哪怕没有什么不正常,对他大儿子也好像是一种冒犯。

这是那个该死的本诺的影响,他绝对肯定。席卷全国的贫困,再加上金融恐慌,使得这种情况雪上加霜。他在离家之前所看的最后一份报纸刊载着一篇阴森恐怖的长文,说的是“绝望的穷人纷纷自杀”的事情。

乔不禁将他侄子跟小乔做了比较。每当他进行比较,他便感觉自己罪不可赦,因为他发觉他儿子差得多。他一个人孤零零地坐在漆黑的车厢里,被拽回到了过往岁月,不禁回想起两年前所爆发的一场大吵。那场大吵似乎在父子之间裂出了一条永远无法弥合的鸿沟。

即便现在,他一想起来就会浑身发抖。那样的大声吼叫。那样的狂暴咒骂——当小乔拿着第三个学校—— 一个费用很高的私立学校的开除信回到家里的时候,所有的一切全都爆发了。克朗家对孩子上学有很高的标准,也有很高的期待。小乔没能达到那些标准,辜负了那些期待,后来,他竟公然不求上进,藐视那些标准和期待。他带回家来的开除信像火柴点燃了导火索。门窗紧闭、空气不畅的书房内,十五分钟的尖刻批评之后,大爆炸来了。当时,乔·克朗做了有生以来最罕见的事情。他的脾气完全失控了。他受不了这个几近发狂的不肖之子的冷嘲热讽和大喊大叫,张开大手扇了他耳光。他打得十分狠,小乔脸上竟留下了白白的指痕,五到十秒钟还未消失……

他满心羞愧,满脑子的负罪感,轻声说着表示歉意的话。他不是为他指摘小乔在学业上一败涂地的那些严厉话语而道歉,而是说他不该打小乔。一位负责任的称职父亲是不会在愤怒的时候动手打人的。

道歉似乎不起作用。小乔的双眼像两粒蓝色的燧石。那天晚上之后，他们两人成了冤家对头。

火车来到了位于丘陵地带的城市，两年前的1871年，他跟妻子一起离开了此地。经过多次严肃认真的交谈之后，他终于说服了伊尔莎，对他来说，辞掉辛辛那提市英布雷啤酒厂的工作是明智之举。那些古老的啤酒厂都是家族企业，给新来者留下的发展空间微乎其微。1871年的芝加哥大火突然让这个正在快速发展的城市的商业陷入了混乱。乔嗅到了机会。伊尔莎终于赞同他的意见，认为应该抓住这个机会。

自1871年以来，他们回到辛辛那提来都仅作短暂停留而已，只是来探望一下伊尔莎的亲戚，他们大多数都年事已高。乔·克朗喜欢这个俄亥俄河畔的古老城市，喜欢那座罗布林设计、现在已经连接肯塔基州的辉煌壮丽的大桥。但是，辛辛那提绝对不会也绝对不可能跟密歇根湖畔的那个粗野、雄伟的巨人相匹敌抑或相竞争。那是家呀！

他要换乘开往哥伦比亚和查尔斯顿的火车，离开车还有大约两个小时。他决定走一会儿。战争的回忆再次紧紧地攫住了他，一次又一次，而且总是很少有或者说完全没有任何先兆。花点力气走一走也许能帮助他摆脱这阵陷入过往的折磨。

车站外面，开始下起了令人讨厌的雨。乔差一点撞上一个二十岁左右的年轻人，他靠着一根柱子，交叉着双腿坐在那儿，前面摆着一顶帽子。乔一看这乞丐肮脏的蓝色短上衣，脸色便阴沉了下来。这是一件联邦步兵的短上衣。他的左胸前，挂着三块奖章，涂锡铁皮的低劣东西，根本不像他所看到过的奖章。很可能是哪家纪念品商店买来的。

“穿这种衣服，你太年轻啦。”

“这是我叔叔的。”乞丐的话音像哭声。这就是精神残疾人，他们不愿意挺直腰杆自食其力。在乔看来，这个人四肢健全、身体健康。“俄亥俄四十二步兵团，詹姆斯·艾·加菲尔德①准将——"

"你穿着这身军装要饭把它给玷污了。把它脱下来,我买了。"

"见鬼的干吗——?"

"给你五美元。"乔将几张钞票扔进那顶倒摆在他前面的帽子里,"现在把它脱下来吧,把它给我,否则我用这根手杖揍你。"

乞丐将钱塞进裤子口袋,然后摇摇晃晃地站起身来,一面咕哝着:"该死,疯子一样的日耳曼人。"不过,他脱衣服的速度很快。乔把衣服卷起来,夹到自己的胳膊底下。

在车站对面的一家小酒吧里,他要了一杯英布雷啤酒厂的贮藏啤酒。他吹掉一些泡沫,尝了一口,咂巴着嘴唇。

"还是跟以往一样好。"他对酒吧老板说道。

他从地上捡起军装,将衣服连同一美元钱交给酒吧老板:"请帮我处理掉它。别问这问那,就烧了它。"

乔在吧台边站得笔直,一只罩着灰色鞋罩的脚搁在黄铜横杆上,沉重的记忆,三十年前令人不可思议的神圣战争,再次涌上心头。

此种现象他没法向其他人诉说。连伊尔莎也不能说,当然更不用说孩子们了。唯有经历过战争的男人才会理解。

他沉浸在沉重沮丧的心情之中。虽然他明白很可能产生的后果,但是他已经没有力量抗拒这一冲动。他素来不喜欢延误既定行程或者改变既定行程,但是这次,如同过去几年里也有同样的事情一样,已经无法避免。

他穿过毛毛细雨,回到火车站,领回他的旅行包,将他去南卡罗来纳州的火车票改换成了去田纳西州的火车票。

①詹姆斯·艾·加菲尔德,即詹姆斯·艾布拉姆·加菲尔德(1831—1881),美国第二十任总统(1881),共和党领袖,南北战争时任少将,主张提高保护关税,重建南方,就任总统仅四个月,即在华盛顿车站遇刺。

第二十二章　保罗

6月初的一个星期六早上，保罗一个人去博览会。

离学期结束还有一周时间。到了学期末，他估计佩蒂格鲁夫人会寄一封信到家里给他婶婶和叔叔，告诉他们他将留级。一直到现在，他都装得跟没事人一样。他的麻烦，他甚至连小乔都没有告诉。

乔叔叔依然在南方出差。他拍电报给伊尔莎婶婶说他很可能要过两个星期才能回来。纺织厂要进行一定规模的扩建，正在筹划当中。他得参加好多建筑师和承包商的会议。

保罗征得伊尔莎婶婶的同意后去了博览会。他在家里干一些杂务，攒下了她付给他的一美元五十美分的酬劳。在做出去还是不去的决定之前，他思量了整整一个星期。他忘不了朱丽叶·范德霍夫。到冬天的时候，他必须买到溜冰鞋。一天放学后，卡尔陪着他去了一趟艾·古·斯波尔丁的体育用品商店。因为是夏天，所以溜冰鞋都下架了，但是一位热心的服务员说，一双好的比赛用溜冰鞋——坩埚钢底和鞋底前掌铁，光亮的钢质冰刀，镀镍，条形的赤褐色皮革——价格为两美元二十五美分。保罗心中非常有底，在天寒之前他可以挣到这么多的钱。所以，他得趁还有机会的时候再去看看这个博览会。

他乘坐一辆拥挤的红黄颜色的有轨电车来到五十七大街的入口，从那儿再往南走几个街区，就来到了野牛比尔扎营的地方。他在外面站了一会儿，一只手上下抚摸着粗糙的尖桩木头。他可以听见，上午的演出正在进行当中。车轮辘辘，马蹄嘚嘚，印第安人的呐喊声，左轮手枪的射击声——还有，观众的拍手声、口哨声、跺脚声。他摇了一下头，转身走开了，心里思忖着他该不该看这个表演。

他迈着轻快的步伐来到第六十三大街的入口处，买了一张票，走进验票口。他在那些辉煌壮丽的白色建筑进进出出，没有特别目的，就是为了感受这一个又一个的展览给他带来的惊奇和迷恋。在农业大厦，他为一块奶酪竟然重达两万两千磅感到惊异。在矿山和采矿大厦，他看到了世界上最大的天然金块，根据牌子上的介绍，重达三百四十四点七八盎司。

小乔对他说过，挂在巨大的美术大厦以及两个附属建筑里数以百计索然寡味的绘画和雕刻作品中，有几件画作十分刺激，于是接下来他到那儿参观。一个又一个的房间，所有的墙上，从地板到天花板，挂满了装裱在镜框里的绘画作品。小乔是对的，其中有裸体画，前视裸体和后视裸体。每一幅画作，最私密的那个区域都被遮住了，有的是模特儿的一只手，有的是一块布，有的是几张葡萄叶。

在最性感的几张画像前，他紧紧地盯着不放，直到他脑子里浮现出朱丽叶·范德霍夫的脸蛋。保安人员厌恶地望着他——画廊里几乎没有年轻人没有人陪同的——从边上走过的一位已婚妇女在他正做又一个白日春梦的时候小声地抱怨道："腐蚀我们的青年人啊。"

离开了美术大厦，他觉得应该买点什么东西当午餐了，还得喝杯啤酒，于是他往娱乐场走去。他避开了富有异国情调的波斯咖啡屋、露天中国茶室和法国苹果榨汁店，而是在靠近西端的地方选择了一家没有国家标志的咖啡店。他选了一张室外的双人小桌子，头顶有一把条纹大阳伞。这张桌子就在一道低矮的尖板条栅栏边，栅栏将咖啡店和街道隔开。

凌厉的白光穿透空中飞舞的尘埃，太阳很大。保罗坐在阴影里，一面吃着香肠，一面望一眼走过的人群。他的头开始往下点。他用指关节揉揉自己的一只眼睛，眨了好几下眼。当他睁开双眼的时候，吃了一惊。栅栏的另一边，一个男人正站在他的桌子边。日光下，出现了一个男人的影子。不知道从哪儿冒出来的男人。

"我可以相信自己的眼睛吗？柏林的小男孩。上美术课吗？"

他说的是德语。他的头发更长了，已经披散到了领子上，就像宗教绘画里的那种头发。其他的一切都还是老样子。又长又白、缺乏营养的面孔。镜片布满小圈的金丝边眼镜后面炯炯有神的黑色眼睛。破烂的礼帽，油腻的脏领带，以及长长的风衣。香烟夹在两根黄色的手指中间,徘徊在嘴唇附近。他从哪儿冒出来的啊?地下钻出来的吗?天上掉下来的吗?保罗记得,第一眼见到他,自己就想到他的眼睛是死神的眼睛。

“你在这儿干吗,先生是——?”

“鲁科夫。”

“我想起来了。”

“请允许我问你同样的问题。”鲁科夫跨过栅栏,拉出另一把椅子坐下,“服务员,啤酒。”

说过这句英语之后,鲁科夫又恢复了德语:“你离开柏林啦。什么把你吓跑了,那些将军喋喋不休的话语吗?厌恶服兵役?还是被野牛比尔勾引来了?你打算就一辈子跟着这个牛仔秀吗?”

鲁科夫吸着香烟,等他回话。保罗将他的盘子推到一边。

“我叔叔住在这里。他是酿啤酒的。我一直计划着来美国。”说这话他有点夸张,不是吗?但是,鲁科夫让他感到紧张,感到得防着点,尽管他莫名其妙地喜欢这个古怪的年轻人。

服务员用一只有帕布斯特纹饰的玻璃杯给鲁科夫端来了啤酒。他给了三美分的小费。“你什么时候跨越海洋的?”

保罗做了回答,接着讲述了一些情况。

“逃离了汉堡,你是说?你没有被病魔袭击?你撞上守护天使了,我的朋友。那儿暴发了流行病啊。”

“我听说了。”

“八千到一万人死于非命,直到秋季的霜冻来了才把它止住。汉堡的政客们有一段时间根本就不顾这流行病,封锁消息。他们一面宣称这儿什么事情也没有,一面就溜达在尸体旁。”他将香烟扔到了地上。

“唉,谁还指望那些掌权的人呢?官员、首相、国君——全都一个样。全都是一帮豺狼。公共食槽里的一群猪猡。撒谎,抢劫,为了保住官职或者王位不惜杀害母亲。等你长大一点了,会习以为常的。你要么习以为常,要么就只能站到椅子上把自己吊死。”

他从一只皱皱巴巴的纸烟盒里晃出两根香烟。保罗拿了一根，鲁科夫擦燃火柴，点上两根烟。保罗吸了一口烟，接着弯下腰干咳起来。

“你不喜欢烟。”鲁科夫问道。

“是的。我只是盛情难却。”

“那是胡扯。”他一把抢过香烟，扔到栅栏外面的街上。

“鲁科夫第一定律：千万别干你不喜欢的事情。那会减损你寿命的。”他往后仰过头去，喝光了剩下的啤酒，“服务员，再来一杯。”

“这儿也再来一杯。”保罗说道，尽管天气炎热、尘土飞扬以及令人惊讶的重逢使他有点头晕。

鲁科夫不顾保罗的反对，把两杯啤酒的钱都付了：“你喜欢美国吗？”

“除了上学。”

“上学啊！他们教你什么呢？”

“没有什么是我想知道的。我的表现糟糕极了。”

“除此之外很开心吗？”

“很开心。”

“我五年之后再问你这个问题吧。”

“你还没有回答我的问题呢，鲁科夫先生。你在这儿干吗？”

“跟之前一样。捕猎些故事。”

“你一定很喜欢干这个活儿。”

“哦，当然。流浪记者，自由自在、富于刺激的生活啊！臭虫、虱子。睡在廉价小客栈里。不过，我吃得不错。真的。我刮个胡须，然后出没于一些酒店。总是有宴会的。战争老兵，禁酒社团，电动机营销商，顺势疗法医生，给改过自新的妓女提供药物的教士。总是有大量残羹剩菜等着被扔掉。我知道如何说服餐厅侍者的助手。我跟下等人打交道是行家里手。所以，我就来这儿啦，来寻找稍微好点的未来风景。有大量这样的风景呢。不过不像有些人谎称的那样漂亮。看克虏伯大炮了吗？”

“看了。”

"吓人。我所热爱的那个国家的展览怎么样?"保罗摇摇头。"天哪,你怎么可以错过这些展览呢?俄罗斯大妈在这儿的展览很大呢。最大之一。喝完啤酒,我们去看一下。"

他们走到俄罗斯国家展馆那儿,这是位于巨大的工科和文科大厦里面的很多展馆之一。鲁科夫领着保罗来到一个精美的青铜像前,是一些动物和几组农人的小型群像。

"这些可贵的小人物,他们看上去不是很幸福吗?你闻不到他们身上的气味,你感受不到庄稼无收成的痛苦,你看不到因为经年累月的劳累而累断了的脊梁骨。奴隶们在贫困中流血流汗,耗尽生命,孩子们挨饿,亚历山大沙皇颁布敕令,展示这些具有浪漫色彩的胡说八道——俄罗斯在这个'马戏'里的每一个展出——每一个卢布,将直接从帝国的金库中开支。他那脑子是不是从来就没有想过,他所花的钱不是也可以救助他的臣民吗?从来没有。好吧,沙皇以及诸如此类的统治者们的丧钟正在敲响。有人正在制订计划,正在制造炸弹。这个世界已经穷途末路,柏林小男孩。就我们所知道的这个世界。新世界的诞生将会是血淋淋的。你将在十年之后看到这一幕,或者不需要十年。"

保罗想到了本诺·斯特劳斯。天气尽管很热,他还是不由自主地打了一个寒战。

鲁科夫带着保罗加快脚步走出了展馆:"我受不了这种大剂量。我必须找到解药。大概就是一点点人性的东西吧。一点文明的星光——一粒进步的种子。你参观过电气大厦了吗?"

"没呢。"

他使劲拉着保罗的胳膊:"我们马上补救。"

在位于潟湖南面的电气大厦里,他们站在爱迪生的"光塔"前,这是一束将近八十英尺的光柱,点缀着大小不一、五彩缤纷的电灯泡。这些电灯泡不断地变换着图形与搭配。

"真的不可思议,是吗?几年前,我对这类发明一无所知。我没有意识到这些像开足马力的火车头一样快速奔向我们的东西的性质和重要性。在我努力用我的笔谋生的第一年里，有一个经历打开了我的眼界。那是在维也纳，在一个公共游乐场，我体验了一把‘普拉特’，听说过吗？花几美分钱买电。你付完钱，抓住两个柄，这两个柄就会给你一个震颤，这就是那种新东西——电。我感觉有一股令人难以置信的力量突突地流过我的双手，飞快地流向双臂，通过全身。一会儿之后，我明白，未来已经来临，未来已经逃不掉了。新的观念正在撞击着我们，科学正在挖掘我们脚下的根基，一切都在坍塌，什么都在被摈弃，世界正在重构——大动乱，而且这次不完全是政治性的。就在这儿，小伙子——就在这个博览会里，你完全可以把它找出来。你觉得这个‘塔’很壮观是吧？我带你见识一下你真的不会相信的东西。走边上的这条通道，跟着我。”

通道很暗，两边是一个个小房间，里面展览着看上去索然无味的东西。鲁科夫指着左面的一块牌子。

令人惊奇的动图镜

看图像居然会

移动！

移动的图像？怎么可能呢？

这个小房间本身并不咋样。一些褐色的布帘前面，萎蔫的盆栽棕榈之间，竖立着一个很大的长方形箱子，箱子前面有一个木头台阶。箱子跟保罗的人差不多高。跟眼睛齐平的前斜面上，安装着一个很像立体幻灯机观看器的金属器件。有一个投币口。保罗看着那价钱犹豫着，他仅剩几美分啦。

他既想省钱，又很想看，两只脚则跟着鲁科夫走进了小屋。有两个男人正在角落的一张桌子边交谈。他们慢慢走上前来招呼他们。“又是这位记者。”身材胖一点的那个人说，“你好，先生。”

鲁科夫转换成英语，说得很慢，也不太清楚：“你们好。我朋友来——”保罗竭力装得像大人样，装得很深沉，“他不相信你们的招牌上说的。”

那人咯咯咯地轻声笑了起来：“怀疑论者，是吗？这样的人我们见得多了。

小伙子,这位是奥特马·安舒茨先生,拥有并精通动图镜的人。十美分,真的价廉物美。”

“它放映什么样的图像呢?”

“小伙子啊,”发明者说道——事实上,这也是个跟他一样的小伙子,而且还是个德国人——“你在娱乐场看过哈根贝克动物马戏团的动物吗?”

“没有,先生。”

“那儿有一只名叫比比的大象的表演。在我的动图镜里,比比的活动和表演就跟真的一模一样。这机器里面的图像就是从动物园里拍来的。”

“在柏林吗?我就是柏林人。”

“听你口音我猜也是。”安舒茨从他格子花的马甲口袋里摸出一个硬币,“走上来,我请客,让这位年轻的怀疑论者好好看看。”

保罗站到台阶上,倾身往目镜里望去。他看到的尽是黑暗。他的手肘边,另一个人,那个体格敦实的美国人,说道:“爱迪生本来也要到这儿展出他的机器,叫‘活动物体连续照片放映机’。同样的机器,不过他们没有来得及准备好。”

“看仔细了。”安舒茨先生说道。硬币掉入投币口。箱子内部发出了嗡嗡声和咔嚓咔嚓的声音。突然,一道白光让保罗的眼睛眩了一下。

他紧紧抓着箱子,差一点掉下台阶。在观看器里,他看到一张表面粗糙的图片,是一头大象,大象的腰上围着一条奇异古怪的芭蕾舞短裙,在一块草坪上欢快地跳跃,侧行,前后移动,那草坪可能就是柏林动物园,但是他已经认不出来了。

保罗几乎都不敢呼吸。这动作忽动忽停,似乎很频繁地被闪光打断。没有关系,这太让人惊骇了,的确比他在缪勒斯特拉斯街所收集的那些呆照要精彩得多。此时此刻,就像鲁科夫体验普拉特一样,光亮从目镜里涌流出来,像让人眼花缭乱的天启闪光,闪光,闪光,一个又一个,一个又一个……

几分钟之后,他头晕目眩地从动图镜的台阶上走下来:“先生们——鲁科夫先生——这东西太惊人了,不可思议——等等。他人呢?”

另外两个人转过身来。安舒茨先生做了个鬼脸,耸了一下肩膀。那美国人说道:“他刚刚还站在那儿。我看到他在爱迪生光塔闪光里的侧影。我转身跟安舒茨先生说话——仅仅大约一秒钟——再回头看的时候——不见了。”

保罗闻到了很浓的香烟的味儿，而且觉得看到了一小缕青烟消散在了空中。在柏林，鲁科夫也是这样奇怪地突然消失的。但是，这一情形彻底被遗忘在了奇妙无比的动图镜里。

安舒茨先生迎上前去跟一对年轻夫妇说话，他们在小房子外头犹豫不决，很可能也像保罗一样盘算着要不要花这个钱呢。保罗对美国人说道："你对这个机器完全了解吗？"

"我了解一点。我自己有一家照相馆。"

"这机器是怎么工作的？"

"嗯，你所看到的图片实际上是不动的，只是分开的图片在快速移动的时候会令人产生一种错觉。那只箱子里面，有一个会旋转的卷筒。比比的图片按顺序卷在卷筒上。闪亮的灯光是盖斯勒真空放电管里被激活的气体。它可以增强效果。"

"我从来没有见过这么栩栩如生的东西。太惊奇了。好极了。"

"说得好！我一看到你就知道你是一个聪明的小伙子。"

这小个儿的样子真是奇怪。他穿着一套难以形容的套装，结着一条狭领带。他只有保罗齐肩高。他大腹便便，灰白色的八字胡十分浓密蓬乱，几乎盖住了嘴巴。

他的头发需要理了。他的眼睛很大，戴着一副眼镜，一圈一圈看上去很厚的眼镜。他的肤色苍白，像终年不见阳光的鼹鼠或者某种在黑暗中生存的生物。他不让人讨厌，也没有威逼感。他只是——怪怪的。

但是，他的那双眼睛例外。眼镜将它们放大了，使得它们更加引人注目。那双眼睛看上去仿佛能够深入到你的头脑里面，抓住你的脑子在那儿拧，直拧得你相信这个人想要你相信的任何事情为止。这双眼睛就像鲁科夫的眼睛一样，有一股巨大的力量。

"可是，先生，你觉得这些会动的图像不仅仅是一种——嗯——"

"新奇玩具吗？"

"新奇玩具，是的，我想这就是我想说的意思。"

"是的，当然。它们将是娱乐，我的孩子。你根本无法想象的范围与规模的娱乐和教育。将来总有一天,移动的图像会在大礼堂的巨大银幕上放映。对大众来说,既是娱乐,也是教化。这样的图像说的是一种人人都懂的语言。它们将横扫全世界。发明家们正在努力完善放映机器,也许还需要假以时日,花几年时间。但是,这样的放映机一定会来的。就像新世纪正在到来一样。鲁尼是这样说的。”

“鲁尼?”

“韦克斯福德·鲁尼。这是我的名片。”他在一只口袋里摸索着,接着到另一只口袋里摸索,最后在第三只口袋里摸到了。

“这儿有我现在照相馆的地址。克拉克北大街。要是你需要照相机,或者需要什么指导,哪怕只是小聚聊天,就来串门。南北冲突的后期,我就在全国各地摄影了。”保罗看上去一脸茫然。“就是南北战争。那时开始我就干这行了。记得来串门。”

“我会的,保证。我上学还有一个星期,然后我就去。”

“好的,挺好。你这样的粉丝实在太少了。全世界十分之九的人是怀疑主义者。彻头彻尾的大傻瓜。”他扔给保罗一个硬币,“再去看一看比比,我请客。”

他往后退了一步,将两个大拇指插在他马甲的袖口里,脸上展露出喜欢的神色。保罗趴在动图镜上,这白色的光芒闪烁着,闪进了他的眼睛里,闪进了他的骨子里,闪进了他的灵魂里,永远永远将这奇迹融为了他身心的一部分。

在回家的有轨电车上,保罗将他的衬衫拍了十几次,确认他没有丢掉鲁尼的那张名片。

他一直以为,普通照片,就像那架丢失的柯达照相机所照的以及他的那些图片那样,是这个新时代所有奇迹里面最伟大的奇迹了。他错了,他看到了比它先进一千英里的东西。五点半,他冲进厨房,差一点跟厨娘路易丝撞个满怀,他实在是太兴奋了。

“老天爷,你怎么啦?”

“伊尔莎婶婶在家吗?”

“不在,跟弗里奇和卡尔一起出去了。”

“小乔呢？”

“楼上。”

当他敲响堂哥的房门时，已经气喘吁吁。小乔刚刚洗完澡。他穿着一套透气的夏季内衣，浅灰色，到腰部都没扣纽扣，并且把它推到了臀部。湿漉漉的头发搭在头上。他正用毛巾在肌肉发达的平坦胸部擦着水滴。

“你究竟为什么事情这么激动啊？”

“乔，我必须告诉你我在博览会所看到的东西。”

小乔坐到床沿上：“小埃及啰。”

“不，不——一台机器！一台奇特的机器。”他坐到堂哥身边，搜肠刮肚地寻找英语词汇来描述那个奇迹。

“我可以学习制作那样的图片，乔。我一直想要画画，可是我没那天赋。但是这种才能我可以学习，它利用机器。”

“假如它那么美妙，怎么大伙儿都没有热议它呢？我连听都没有听说过。”

“可是——”

“这跟其他事情究竟有什么关系？这跟消除压在工人背上的负累有什么关系？”

保罗嘴巴不说，心里火死了。他堂哥除了穷人的话题就不能说说其他啦？小乔捏了一下保罗的肩膀，微微一笑，以成年人的身份劝告他。

“这种事情我不在乎。吃晚饭的时候叫我，好吗？我要小睡片刻。”

保罗很快便忘了他堂哥。鲁尼不是说过，这世界上不乏相信的人吗？嘲笑是件很容易的事情。当天晚上，他坐在自己的床上，目光在挂满照相明信片的展板和手中的名片之间来回瞅着。

这是一张很可怜的名片，又旧又脏，角都卷了起来。印刷工的油墨也被涂抹过。尽管如此，它似乎是一把打开魔法门的钥匙。门的另一边，如果可以相信鲁尼的话，那么他就可以了解一下照片，了解一下它们是如何制作的。然后，也许，再了解更多有关移动图像的事情。

再过一周，学期就结束了，那时他就有空，就可以去。被叫到佩蒂格鲁夫人办公室的事不再占据他的脑子。他小心翼翼地将名片钉到展板上，站在那儿凝望着它。

再一周。叫他如何忍受得了呢？

周一上午上课前，他将自己激动人心的发现讲给了利奥·拉波波特听。利奥像堂哥乔一样对之毫无印象。他称这种发明“不正常”。他解释说，这跟疯狂的意思一样。

利奥有其他事情要说：“坐下。”他轻声说道。保罗坐到校园边的低矮水泥墙上。利奥快速地朝两边张望了一下，打开他那只棕色帆布的破烂书包。他拿出一卷上面印有什么东西的纸。

“我的老朋友终于把去年的销售广告拿出来了。瞧瞧这玩意儿，好吗？就是别晃来晃去。我望风。”

望什么风？保罗展开那几张纸，很快翻了几页，上面的图案一模一样。在一组组的主题内容和价格信息上面，每一页总有四分之三的空间给予了一个穿着拉波波特先生公司的产品、体态丰满、漂亮妩媚的年轻女人。每个姑娘都性感得令人不可思议。有几张纸是单色的，上面有普通紧身胸衣和高档丝质花边法国紧身胸衣，薄型的四钩夏季紧身胸衣和裁剪大胆、裸露更多的高腰紧身胸衣。

“这些都是为商店工作的买家准备的，不是为穿这玩意儿的女人准备的。”利奥解释道。突然，他一把抓住保罗的衣袖。

“小心，莫里·弗拉格尔来了。藏起来，快。要是让他看见了，他会去告密的。”

保罗连忙把那些折起来的纸塞进他校服左边的口袋里，眼睛朝下看也不看一下便将它们藏得无影无踪。不一会儿，莫里来了。

他的两只手握成拳头贴在臀部，他说道：“我看到你们在看什么东西。黄封面的淫秽书籍吗？得了，利奥，老朋友了，让我瞧瞧。”

“你不是老朋友，你是告密者。”利奥说着，推了他一把。利奥朝学校大门大步走去。保罗紧跟在他身后。走近门口时，他检查了一下左口袋，惊恐地发现，那卷折叠起来的纸有一个角冷不丁露了出来，而且很显眼。他的心跳得怦怦的。他不敢去碰那些纸，直到他走进那扇门，莫里看不见他了才处理。

在衣帽间里，他将上衣翻了过来，确保那几张纸藏得严严实实，然后将外套挂到顶头最后一个钩子上。

就在上午课间休息前，佩蒂格鲁夫人将保罗叫到她的办公桌边，告诉他给他婶婶和叔叔的信会在星期四准备好，他得自己把信带回去，而她会在当晚打电话确认他有没有把信带到。铃声响了。学生们冲向衣帽间拿自己的服饰。外面阴云笼罩，狂风呼啸。保罗开始挪动脚步。

“站在那儿，年轻人，我没说走你还不能走呢。”教室里已经空无一人，最后她粗暴地朝他挥了一下手，“你可以走了。”

他飞速冲向衣帽间。他的外衣被翻过了。他伸手到口袋里去摸那些销售广告。口袋空空如也。

他在院子里将利奥拉到一边，告诉了他这件灾难性的事情。他们知道罪魁祸首是谁。除了打一架，毫无办法，但如果哪个老师来劝架，那就有暴露的危险。

课间休息回来之后，佩蒂格鲁夫人坐在她的讲课桌边，白白的脸涨得通红。她的双眼扫视着教室，最后停留在保罗身上。他见过佩蒂格鲁夫人生气，但没有见过这次这样的。

佩蒂格鲁夫人用颤抖的声音对全班同学说道：“课间休息快结束的时候，我发现在这张办公桌上摆着什么东西。年轻人不适合看的东西。肮脏、邪恶、淫秽的东西。”她的左手往下伸向一只抽屉，将它拉开。她将那些折叠起来的销售广告放到讲课桌的记事簿上，接着飞快地用右手张开手指将它们遮盖起来。保罗的领子里面汗水直流。佩蒂格鲁夫人关上抽屉。那声音如同枪声般响亮。她那双喷发怒火的眼睛再次盯住他。

“保罗·克朗。过来。”

莫里·弗拉格尔暗自窃笑，但是其他每一个人都战战兢兢，害怕极了。他们都领教过这位老师特别的愤怒。

保罗走上前去，在办公桌边停住脚步，尽量站得笔直。在佩蒂格鲁夫人张开的手指之间，他可以看到一张销售广告的背面，有人用加粗的笔画写着“保罗·克朗”字样。

佩蒂格鲁夫人盯得他躲开了她的目光。

“这些是谁的,保罗?”

他保持他的声音平静,竭力说得有力:“我看到了上面有我的名字。那就是我的。”

“你哪儿弄来的?”

他不能说是从“利奥那儿”弄来的,也不能说是从“我叔叔家里”弄来的之类。他给了一个她会相信的回答。

“我是从一家露天啤酒馆的一个人那儿买来的。”

“更多的德国美德,嗯?你怎么回事啊,你究竟是什么样的人啊?这些东西只适合被烧掉。我会马上把它们烧掉。我已经对你最宽容了,保罗。我为你求情,为你努力,全心全意地帮助你。你是怎么谢我的?你把啤酒店的淫秽印刷品带到我的教室里来。”

她一句比一句说得响。她的两片嘴唇间唾沫飞溅:“你愚蠢透顶。你怎么会这么笨?你什么也学不好的。”

他实在忍无可忍,便脱口而出:“要是我喜欢的东西,我学得好的。”

“哦,真的吗?”她往后靠去,交叉双臂,“譬如,闲混?沉醉于啤酒,沉迷于淫秽?”

“这话不公平,我从来没有——”

“闭嘴!现在,退后一步。把双手放到这里。”他的身后,保罗听到一个女同学发出一个闷住的“哎呀”。

保罗做了个吞咽动作,后退一步。他弯过腰,将双手放到那本记事簿上。教室里,传来有人走动的脚步声。

“佩蒂格鲁夫人,那些图片是我的,我带来的。”

“坐下,利奥·拉波波特。我厌恶撒谎的人。你不能用一个错来纠正另一个错。保罗,把手指摊开。”

他把手指摊开。佩蒂格鲁夫人打开中间的抽屉,拿出她那把又长又厚的戒尺。

第二十三章　乔·克朗

从辛辛那提始发的火车将他载到了田纳西州西部的腹地。他在亨德森车站下了车。他穿着白色的正装，戴着黑色的领带，衣冠楚楚，彬彬有礼。车站里游手好闲的人们全把目光投射到他的身上。任何小城镇里，凡有穿着体面的陌生人到来，都会吸引同样的目光。然而，他怕自己的罪孽像胎记一样显露在脸上。

他雇了一辆轻便马车，把自己的手提行李袋藏到座位下面，先往南，后朝东，向田纳西河驶去。

乡下风光旖旎，如同他记忆里的一样。一派田园景象，偶尔会出现一个农场，除此之外便是郁郁葱葱的树林。条条小河，定有简陋木桥横跨在上，道道泥路，必是深浅沟壑纵横其间。这样的情景，他也记得，都三十年前了，战斗打响的前夜，当时他二十岁……

1862 年 4 月 6 日早晨天刚破晓，联邦军队还在睡觉休息，早饭正在准备当中。没有人料到会发生战斗，更不用说在田纳西河某个地方一艘联邦军队炮艇上的格兰特将军了。在成功拿下亨利堡和顿尔森堡之后，联邦军队正在慢慢地朝南往科林斯推进，这是密西西比州北部一个具有战略意义的铁路枢纽。联邦军队打仗基本上还是外行，而且在很多事情上表现了出来。前哨线布置松松垮垮，骑兵队巡逻吊儿郎当。轻敌导致了懒散和过于自信。

所以，他们在那个宁静的早晨遭到了突然袭击，南部邦联的那些个年轻士兵呐喊着从树林里冲杀出来，往南进攻。

那天早上，俄亥俄第五骑兵团投入了战斗，以免发生大溃败。南军的炮弹落在地上，发出剧烈的爆炸，飞溅起喷泉一样的泥土。俄亥俄第五骑兵团绕过联邦步兵，跃过防御工事，火力全开。乔对那些恐惧的面孔记忆犹新——他估计他自己的脸色也同样……

傍晚时分，乔驾着租来的轻便马车，来到了那个杂草丛生、荒芜不堪的战场。太阳快下山的时候，他找到了熟悉的橡树林，当时俄亥俄第五骑兵团就是在那儿向南军发动进攻的，在那个很久以前的星期日下午拯救了联邦军步兵在右翼遭受袭击的厄运。乔骑在里克少校的后面，在他们团的左翼。他对那次极其危险的进攻记忆犹新：浓烟滚滚，几乎看不清前面的敌人，更不用说身边的战友了。乔站在一棵早就带有战斗创伤的巨大橡树的暮色阴影里，一次又一次地做着吞咽动作，感觉自己的双眼模糊了，他骄傲地想起了所有那些年轻的声音，他们勇敢地呐喊，他们无畏地冲锋。高级军官们先开始呐喊，那种声音远远超过了南方叛军自吹自擂的战斗呐喊，他后来听到过……

橘红色的火焰如同炼钢炉的炉心，染红了西边的天空。乔·克朗靠在那棵留有弹痕的橡树上，神志不清，风吹冷了他的汗水，他的面孔看上去阴冷。在那个晴朗宜人的星期天，他们是多么年轻啊，只不过晴朗宜人的星期天变成了风雨交加的黑夜。起初，两边的军队热情似火、英勇无畏，可是他们看见了有生以来从未看见过的景象：成百上千的战士被子弹打得千疮百孔、被炸弹炸得肢体横飞而死于非命。半夜里浸淫的暴雨中，他们还听到了医院帐篷里被截肢人的声声惨叫……热情和英勇荡然无存。

那天夜里的暴风雨中，乔在他们营地的周边巡逻。闪电耀眼的强光使他看见了一个身影，对方背上背着一个包裹，蹑手蹑脚地穿行在树林里，准备逃走。乔立刻从他的雨披下面拔出手枪：“站住。站住，否则我开枪了。”

那士兵一下子傻了。“走回到我这儿来。双手举到空中。”乔命令道。

滴滴答答的雨声中，他听到了那个人的鞋子在濡湿的烂泥地上所发出的噼啪声和嘎吱声。他感觉那人走近他身边了。他听到了急促的呼吸声。又一个闪电劈下来，照亮了那个逃兵的面孔。

“列兵林齐！”

这个男孩子的面孔在乔的脑子里栩栩如生，湿漉漉的，有泪也有雨……

汉斯·林齐十八岁年纪，来自俄亥俄州的哈密尔顿，是一个修造车轮的学徒，一位优秀战士。他说英语口音很重。他是一个腼腆敏感的小伙子，乔最喜欢的战士之一，因为他有艺术才能。林齐的装备里有颜料盒、画笔和一些特别的纸。他画的一幅幅小小的习作漂亮极了，有风景，有军营，有战士们休息的情景。林齐有十分远大的前程。乔想要鼓励他，战争结束后，不要把眼光局限在修造车轮这一行，要充分发挥他的才能。

“林齐，你在这儿干吗？”乔发现没有危险，便将手枪放回到雨披下面，“你是要逃跑吗？”

林齐痛苦地说：“是的，长官。”

“我不能让你逃跑。我不在乎规定，我是为你着想。你如果当逃兵，就会毁了你的后半生。你会憎恨自己。我宁愿以你开小差而枪毙了你。”

乔轻轻地拉着这个小男孩的袖子：“跟我来，那儿树下有挡雨的地方。”到了那儿，雨点依然落在他们身上，但是没有刚才猛烈了。

乔蹲下身子：“现在，汉斯，我要你告诉我你为什么逃跑。”

“我在树林里面方便。”林齐弱弱地说道，“我在那儿绊到了一具没有头的尸体。有几只农家的猪正在啃那脖子吃——哦，长官，哦，长官，这场战争——可怕啊！我恨这场战争。”

“恨得有道理。可是之前你没有受到影响。现在你也绝对不能受它影响，你是我最优秀的战士之一啊。”

“谢谢，可是我已经心灰意冷。我们明天会打仗吗？”

“是的，肯定的。格兰特将军和谢尔曼将军不会容忍失败。”

林齐突然哭了起来：“中尉，我害怕。我很害怕啊！”

乔把这位战士像婴儿一样搂在怀里。他比汉斯·林齐正好大两岁。“我们都一样。部队里每个人都害怕。要是不害怕，那就是疯了。现在休息一下。休息一下，镇静一下。今晚没有什么好害怕的。”

他继续安慰着这位战士，阵雨把他们俩淋得像落汤鸡一样。

南部邦联将军艾伯特·西德尼·约翰斯顿①在夏洛星期日的大战中阵亡。还有很多影响力比他小的人阵亡。双方加起来总共有将近两万五千人,是第一次布尔溪战役阵亡人数的十倍之多。乔在午夜大雨中的预言应验了。星期日的僵局或者说接近失败到星期一成为联邦军队有保留的胜利。南部邦联军队在博雷加德②的率领下悄悄地逃往了科林斯。

匹兹堡登陆战役之后,乔·克朗开始憎恨这场战争,恨之切就如同他曾经对其爱之深一样。他憎恨肮脏和混乱。苦难和死亡就在转瞬之间。不幸和厄运如同暴虐无边。他憎恨战争把汉斯·林齐这样正派高尚的年轻人变成了哆哆嗦嗦的懦夫。他本性中的一切都在强烈反对这种似乎毫无意义的混乱,混乱持续太久了。唯一能够保持他信仰和勇气的就是他想到了战争的根源,想到了联邦,想到了结束黑人的奴役。但是,太难了。

林齐在几天之后来到了他那儿,他的精神似乎恢复了:“中尉先生,那天夜里,谢谢你挽救了我,让我避免了身败名裂。我要送你一样特殊的礼物。”乔微笑着推却,说没有必要。“哦,有必要,绝对有必要。”林齐回答道。所以,乔笑纳了。

于是,在密西西比州,他发现自己走在了一条弯弯曲曲的红壤泥路上。

时间回到1862年5月。联邦军队在“老谋子”哈勒克③将军的率领下,正从科林斯的铁路枢纽往南慢慢推进,5月底的时候,两位驻守在那儿的指挥官范·多恩将军与布拉格将军放弃了那个地方。

---

①艾伯特·西德尼·约翰斯顿(1803—1862),美国南北战争时期南部邦联军队将领,曾在得克萨斯共和国军队、美国军队、南部邦联军队效力,参加过黑鹰战争、得克萨斯独立战争、美墨战争、犹他州战争和南北战争,1862年4月6日在夏洛战役中阵亡,是南北战争时期南北双方军队中阵亡的最高级别将领。

②博雷加德,即皮埃尔·古斯塔夫·图坦特·博雷加德(1818—1893),美国军事领袖,西点军校毕业(1838),曾在墨西哥战争中服役,1861年路易斯安那州脱离联邦后,他辞职在南部邦联军队中担任将军。曾指挥部队炮轰南卡罗来纳州的萨姆特堡,在布尔溪战役、夏洛战役、查尔斯顿保卫战、里士满保卫战中担任指挥,是一位颇具争议的指挥官,常常质疑上司的命令。

③哈勒克,即亨利·韦杰·哈勒克(1815—1872),美国南北战争时期的联邦军官,应林肯总统之邀任军事顾问、陆军总司令和总参谋长之职,著有《军事艺术与科学要素》(1864)一书,成为军事教材被广泛使用,但是理论与实践脱节,执行力很弱,所以他负责的战役大多失败,1864年联邦军队在格兰特接替他任陆军总司令之后,才开始节节胜利。

战马飞驰，所过之处，逶迤曲折的道路上，红砖色的尘土被旋成团团粉末。俄亥俄第五骑兵团的小分队正在搜寻敌人的伏兵和零散士兵。他们有两次跟叛军的骑兵交过火。

天气闷热，没有一丝风。乔·克朗的深蓝色军装已经热得令人难以忍受。他低下头去躲避垂得很低的铁兰时，闻得到自己身上没有洗澡的臭味儿。

他的顶头上司弗兰克·埃利希上尉带领着巡逻队，有说有笑，仿佛是在参加一次野餐会。埃利希服役前在黎巴嫩①开办了一家五金店，位于通向辛辛那提的大道边。他接受过小学教育。在乔看来，他胜任不了这项指挥工作，太杂乱无章了，而且，作为一个德国人，也太懒惰了。但是，埃利希有位兄弟在俄亥俄州立法机构工作。俄亥俄第五骑兵团真是莫名其妙，军官的任命就靠权势。

这倒不是说普通士兵好多少。战士中没有几个人熟悉马术。大多数是城里人——零售店店主、中小学老师、机关单位工作人员——跟南军的骑兵一样，没有受过骑马训练。

埃利希上尉笨重的身子笔直地坐在麦克莱伦马鞍上，走在队伍头里，走进一块有一条小溪流过的洼地，渐渐看不见了。乔看见他从另一边走了出来，旁边有一块切割得很粗糙的木头牌子，像一个指着前方的箭头。

地狱五英里

北方佬加油！

这个炎热的早晨，茂密的树林似乎十分平静。但是，这块牌子让人们的交谈安静了下来，战士们很快将紧张的目光扫向那些黑沉沉的树丛。

走了大约四分之一英里，道路再次变得平坦。埃利希上尉指着左面。乔驱马缓步走上前去，来到他跟前。一个上了年纪的黑人蹒跚着从一个长满爱神木的地方走了出来。

左轮手枪拔了出来。埃利希上尉举起一只手："别开火，我没看见有武器。"

①美国俄亥俄州的一个城市。

黑人穿着褪了色、补满补丁的工作服，将他那顶旧草帽抓在胸前："没错，上尉，没东西伤害你们。我叫伊拉斯谟，你们的朋友。那儿后面有块牌子，说的是真的。前头有坏人。"

"军人吗？"

"有一些是。大多数是老人、小孩，都是这儿附近的人。可是，他们全都热血沸腾，要杀你们北方人呢。他们有很多枪。别往前去了，掉头吧。天一黑，对你们不利的。"

弗兰克·埃利希神色严峻，毫不畏惧，说道："谢谢，伊拉斯谟先生，可是我们得服从命令前进。我们会小心的。"

埃利希再次举起一只手，示意队伍继续前进。乔·克朗骑过这位将草帽紧紧按在胸前、满目悲怆的老黑人身边。他有一种可怕的预感。

当天夜里，他们在路边宿营，那儿有一条水流奔腾的小溪。天黑了，战士们在小溪里洗了澡。炊烟升起，但是军官告诫战士们非到万不得已不要靠近火。乔觉得他们根本就不应该点火做饭，但是，战士们已经走了三十六个小时了，连一口热饭都没有吃过，所以埃利希上尉坚持生火做饭。

乔坐在离炊火很远的地方，咬着一块咸肉。四周唯有溪水潺潺、夜间小鸟的叫唤和洗澡的水花声。然而，他感觉心神不定。他不断地关注着警戒区外面黑暗的树林。会不会有看不见的南兵在那儿运动？

"长官？"乔抬起头来。是林齐。"这是我做的礼物。"他骄傲地笑着说。乔惊讶地看到这是一只白色的陶瓷修面杯。

"你这到底是哪儿弄来的啊？"

"十字路口的那家小店，昨天。小店老板不愿意把它卖给北方人。我端起了步枪。然后他就恳求我把这个拿走，不要一分钱。"

林奇用左手隆重地做了一个炫耀的动作，将杯子翻转过来，露出有图画的一边。乔既惊讶又开心，不禁哈哈大笑起来。附近伸手摊足躺在那儿的战士转过头来看。火光闪烁在一个画出来的国王上，他胖乎乎，乐呵呵，穿着红色长袍，坐在黄金宝座上，戴着一顶镶满宝石、几乎像他的头一样大的皇冠。人像的上面，写着两个十分精美的字“克朗”,下面是“国王”两个字。

“汉斯,我真是受宠若惊。没必要这样做,但是谢谢你,使用它我会感到很荣幸的。”

躺在边上的一位军士喊叫道:“嘿,中尉,我们可以看看吗?”乔朝林齐点点头,林齐转过身去。

“太黑了,靠火近一点。”

乔在听,他觉得好像在潺潺的小溪流水声中听到了非同一般细微的声响。“不,我觉得你不应该——”

他的话音还没有落下,林齐已经朝火堆迈出了两步。他被照得通体明亮,他开心地咧嘴笑着。子弹击中了他的后脑勺,击飞了他的额头和双眼,鲜血呈扇形飞溅开来,溅了乔一身。

林齐侧身倒进火堆里。鲜血泼洒在余火上,发出嘶嘶的声音。战士们赶紧逃离火堆。又有更多的枪响。埃利希上尉大喊大叫地指挥着。乔浑身发抖。他的手中有什么东西。他惊骇地发现,竟然是那只修面杯,显然是林齐倒下的时候从他的手中飞过来的。乔没有意识到他抓住了杯子。

“隐蔽。”埃利希上尉喊叫着,扑向火堆,拼命将木柴踢开来灭火。

“上尉,”乔大声警告,“退后,否则——”

黑暗中排枪齐发。弗兰克·埃利希像一个被猛牵着线的提线木偶上蹿下跳着。他的双眼因死亡而失去光泽,他坚韧的双腿已经毫无力气,他的身子被甩到了火堆边的地上。乔快速后退,摸到枪套,将左轮手枪拔出来。他的左臂感觉被重重地击打了一下。

他朝下一看,看到衣服袖口上有亮晶晶的东西。当他意识到自己被击中之后,便开始感觉到了疼痛。他将科尔特左轮手枪从枪套里拔出来,在头顶挥舞着,大声命令他的手下朝南兵藏着的那片树林全力开火。很快,联邦军队轻武器的射击声充斥了夜空。开火五分钟之后,乔感觉头晕,便喊叫道:“停止射击。”

他的左臂挂在身体一侧,鲜血渗了出来,流到手腕,流下指头,滴落到沙地上。他踩到了一个什么东西,在他的靴子底下发出破碎的声音。

一块碎瓷片。

杯子掉落的事情他记不得了。碎瓷片散落在汉斯·林齐遗体的附近。

“中尉,听！他们逃走……”

他听到了马匹奔跑的声音,往南方渐渐远去。乔把左轮手枪插进腰带里,竭力控制住自己的悲伤情感,先将林齐的军装上衣脱掉,接着将他的内衣脱了下来。内衣已经浸透了鲜血,但是依然可以当作止血带。

他喊人帮忙。他的一位军士将内衣撕成条子,然后将布条接在一起,一条一条地缠到乔的伤口上面。他让他的手下折断树枝,点起火把。他认为危险过去了。

他头晕目眩地在营地走了一圈,评估了一下损失。埃利希死了。林齐死了。四人受伤,其中两人伤势严重。

他在林齐的遗体边站了一小会儿,望着被剥光衣服的躯干,望着他洁白柔软的胸部,没有胸毛。林齐的右手差一点就摸到了那只杯子的一块碎瓷片。乔不忍再看下去。

他昏昏沉沉地走到小溪边,在那儿找了一个茂密的树丛挡住自己的身子,哭了。即便让人看见了,他们也会尊重他的悲伤情感。

五分钟之后,他站起身来,尽管身体虚弱,心情悲凉,但是他得再次行使职责,因为他必须行使职责。他哆嗦着双腿爬上小溪堤岸。他的脑袋嗡嗡直响。像林齐在匹兹堡登陆战中一样,他也想逃跑。但这不可能。埃利希死了,乔得指挥部队,他有伤员,他必须找到一所野战医院。他在乱七八糟的营地四处走动,指挥他的军士们干活,帮助他们埋葬死者,为伤员做担架。

拂晓时分他们离开宿营地前,他捡起那只碎杯子,放进自己的马鞍袋里,然后将那条一阵阵抽痛的胳膊紧紧地贴在身体一侧,带领队伍沿着大路往北走去。

从此以后,他像完全变了一个人。

一位战地外科医生想要对乔受伤的手臂实施截肢,但是他断然拒绝。当外科医生在那张木头的检查台子上俯过身子,他用右手一把抢过外科医生手中用于麻醉的威士忌。

他的上级表扬他,将他晋升为名誉上尉,正式接替弗兰克·埃利希。他的左臂包着绷带、吊着带子,他回到了岗位上。一年之后,他晋升为少校,然后,战争结束前六个月，在佐治亚州，他正式晋升为上校。

他的受伤，他的流血，以他自己也不十分理解的神秘方式，荡涤了他灵魂最深处的德国特性。拯救联邦的南北战争使他受洗成为一个美国人，永远永远……

这场战争还在另外一个方面对他产生了影响。它将他对秩序的爱好转变为支配他一生的激情。秩序。他的灵魂深处有一种需求，无论生活触及什么，必须用控制生活的方式将理性风格强加给生活。这件事情，他之前想过很多次，但是，此时此刻，在这个逐渐暗下来的战场上，他从来没有像现在这样心灵顿悟过，洞悉全部。秩序是他的目标，是他的信念。秩序的力量，是理智，是文明，是对始终存在、不断产生威胁的侥幸、无序、混乱力量的反动。

秩序是他跟本诺·斯特劳斯进行战斗的理由，也是他在家里进行斗争的原因。小乔正在有心或者无心地滑向混乱状态。他对此看得清清楚楚，以前从未经历过的清楚。由于他理解得更加彻底了，所以也许他的战斗能够更加有效。谢天谢地，他的侄子不像他大儿子。与此同时，乔怀疑他是否有能力在两条战线上同时进行战斗。

他从沉思中清醒过来，意识到天晚了。他在驾辕的老马背上轻轻地抖了一下缰绳。马车的皮革弹簧吱嘎作响，后车轴发出吱吱的声音，他离开了昏暗暮色中的战场。在回客栈的路上，他路过那个小小的夏洛礼拜堂，看到用石灰水刷白的木头全都褪色了，在暮色中显得清白无邪。用教堂去命名一个大屠杀的战场……岂不非同凡响？

礼拜堂的四周野草丛生。风起处，草丛起伏，发出轻轻的沙沙声，就像倒下的战士在叹息着告别。夜幕降临，乔·克朗赶紧驾驶着轻便马车沿着印满车辙的道路往前驶去。他没有回头看。

几天之后的一个早晨，他走出南卡罗来纳州哥伦比亚的斯泰特宾馆大门。这是一个6月的晴好日子，27日。他从一个黑人报童那儿买了一份报纸。乔走到路边，浏览了一下标题。

昨天，股票市场经过一个月的狂跌已经触底。酒吧里的每个人，哥伦比亚成功富足、出身高贵的人们，昨天一整个晚上就在谈论此事。报纸上使用的字眼是“崩盘”。还有可能恶化到什么程度呢？

更加恶化。他瞅见了一则小一点的报道，发生在伊利诺伊州的斯普林菲尔德外。

阿尔特吉尔德签署赦免令

——

三位秣市骚乱的谋反者

立刻释放

——

伊利诺伊州州长宣布：

“严重冤案得到昭雪。”

乔诅咒了一声，让那报童跳了起来：“先生？你说什么？”

“我说该死。我说真该死，又回来了。”他将报纸扔进了街沟里。

即将发生的还有更多事情。他结束一天的工作，回到宾馆之后，服务员从信件架上拿出一份电报递给他。

他的目光首先扫到了签名上。是伊尔莎拍来的电报，电文很短。

请回家。波利被开除。

第二十四章　保罗

6月29日，星期四，乔叔叔在五点半的时候走进家门。他将手提旅行包交给曼弗雷德，一言不发走上楼梯去的时候，费劲地脱掉他的肮脏外衣。“他在洗澡。”几分钟之后伊尔莎婶婶在厨房里告诉保罗，“六点一刻你去他的书房。”

保罗紧张地瞧着大厅里那口落地式大摆钟，十分精准地在大摆钟的指针指到点时敲响了书房门。当乔叔叔叫他进去时，他惊讶而又宽慰地发现，伊尔莎婶婶坐在办公桌顶头开着的窗户边。一阵微风轻轻吹动着窗帘。

书房的三面墙上都是书架，书架上可谓汗牛充栋，一直从地面到天花板。有一半以上的书籍是德语书。乔叔叔换了一件新衬衣，没戴领带。他指了指他前面空着的椅子。

“坐吧。说说你的事情。”

保罗说了他的事情，既没有为他自己的行为借故开脱，也没有对佩蒂格鲁夫人的刻薄添油加醋。他在简略叙述事情的经过时两眼始终望着他叔叔的两眼。他的心跳得很快，他的肚子生痛，但是他表面沉着镇定。这需要何等巨大的力量啊。

终于，乔叔叔摘下眼镜，手悬垂在椅子的侧面。伊尔莎婶婶从袖子里拉出一条手帕，轻轻擦了擦上唇和前额。

“我相信你的话，保罗。”他叔叔说道，“你的话是实话。而且，你所说的跟校长信里写的基本不矛盾。”他拍拍身后办公桌上的那封信。保罗之前没有注意到它。

“他承认佩蒂格鲁夫人对你的惩罚有点过头。让我看看你的手。”

保罗伸出双手。手背上、手腕上、手指头上还有淡淡的瘀青。她打他的双手十分狠,此后三天,他弯手指头都疼得很厉害。

“手指头可以自如运动了吗?”

“哦,可以。”他曲了一下指头,“现在好了。”他飞快地朝伊尔莎婶婶投去感激的一眼。她打电话叫来了普拉特韦勒大夫,给他敷了药,很有效果。

“好。令人遗憾的是,校长最后在信里说,他必须维护他的老师的权威。你不能继续在那个学校上学了。你告诉过我你不适合在学校上学,看来你是对的。也许这么快地把你投入美国的体系里不公平。不管怎样,你婶婶和我商量,统一了思想,关于下一步该怎么做。我明天就辞退马尔斯先生,补他一个月额外的工资,然后星期一,你到啤酒厂开始上班。”

保罗一言不发。乔叔叔说道:“伊尔莎,请你出去吧,我跟保罗谈谈细节问题。”

她稍稍点了一下头默认同意,并在走过保罗身边时给了他一个飞吻。两扇门关了回去,关上了。保罗的心依然跳得很快。他到这儿几个星期之后,是多么渴望到啤酒厂去工作啊。而现在,有更加吸引人的东西在诱惑着他。该如何对叔叔讲呢?

“现在你婶婶走了,我可以说得更加直白一点了。”乔叔叔拿起校长的信,“这事儿的确让我很难过。不是说批评你把那种淫秽材料带到学校去,根据你对那些图画的描述,好像有点轻浮,它们是哪儿来的?推销员的包包啊。你竭力为朋友打掩护的事儿令人钦佩。我对你寄予很大期望,保罗。很大的期望。然而好几个星期,好几个月,我发现,你一直都表现不佳啊。你从来不说。你说一切都很好。”

“我是不想让你感到失望,叔叔。”

“那你说你到这儿干了什么?”他将那封信扔到办公桌上,“我无法理解你的成绩怎么会那么差。德国人都是脑子很好的人啊。至少你数学总应该及格,德国人在数字上向来很擅长的——”

他的话音有点发抖,这对他来说有点非同寻常。保罗意识到,他叔叔已经气极了。他叔叔拿手帕擦着眼镜,他紧张地等待着。那似乎令乔镇静下来,他的脸色恢复了正常。

“啤酒厂——”他刚开口便被打断了。

“先生，我可不可以打断您一下？”

“什么事？”他叔叔不喜欢这样。

“在博览会上，我看到一种很神奇的东西。一架会让图片移动的机器。”他描述了一遍那跳舞的大象。

“确切讲这是什么时候的事情？”

“上个星期六。我一个人去的。哦，不过伊尔莎婶婶同意——”

“我听说过这种机器，不过我没有亲眼看到过。说下去。”

“在那个——呵——售货亭——”

“售货亭。”

“是的，谢谢。我在那儿遇见了一位开照相馆的先生。他懂移动图片的制作。他叫鲁尼先生。”保罗从衬衫口袋里拿出那张珍贵的名片。他叔叔仔细看着名片，脸上的表情让人捉摸不透。“我说我感兴趣，我想要学习制作这样的图片。他邀请我去造访他。他说他会教我的。我不可以找他要份工作吗？有朝一日——”保罗的脸上容光焕发，“有朝一日，我也许就能为我所看到的机器制作图片。”

乔叔叔递还了那张名片：“我相信人们欢迎的正在采用的有价值的发明创造，可是你所说的那个东西我看没有什么用处。会跳舞的大象的图片究竟有什么用处呢？我没花时间和精力去看那东西，因为它就是一样玩具。一个新奇的玩意儿。一生干这个？我很遗憾地说，我觉得那想法有点荒唐可笑。”

保罗将双手紧紧按在穿着灯笼裤的双膝上，直按得手指节都发白，他竭力忍着自己的愤怒：“好吧，叔叔，我不再说那个机器了。但是鲁尼先生的照相馆可是一个正规的行业。我估计他能制作各种各样的照片。”

“我估计那也是一个非常低端的行业。眼下，前景也很渺茫。失业的人们不会把钱浪费到照相上去的。但是，他们会买几杯啤酒——那会让他们感觉舒服一点。”

“叔叔，求您了，至少让我去拜访一下那位先生，问问他能不能雇用我。”

“不。”

“我抗议！”

“你抗议？你没有资格抗议，年轻人。你已经让这个家庭蒙羞了。你下周一必须到克朗啤酒厂工作。你的工作时间是早上六点上班，下午四点半下班，一周六天。星期天不上班。一开始的工资我付得非常不错。每周十美元又二十五美分。比我的同行们高出一美元。被我雇用的某些人想要无视这个事实，但这是千真万确的。再有，我不会因为有人强迫我就给高薪，我付高薪是因为我鼓励勤奋工作，忠于企业。由于你跟我们住在一起，所以你就不用花钱租房子买吃的，你可以把你挣的钱都攒起来。一个非常有利的有利条件。”

乔叔叔发表完这个意见之后，便靠回到自己的椅子背上。保罗怒火中烧。他感觉受到了冷落，像一个不谙世事的让人讨厌的小孩子被一脚踢开了。

“星期一，六点整。对不起，我晚饭前还有一些账单和信件要处理。”

保罗尚未到达滑动门之前，他就已经转身埋头到他的办公桌上了。

第二十五章　乔·克朗

乔回啤酒厂上班的第一天，就看到大街小巷上有大量的人在闲逛。全都是面黄肌瘦的人，他们汇聚在大恐慌侵袭之前空荡荡的街角。

他从车窗里回过头来，快速地浏览了几份报纸。赦免事件依然是热议的主题，全国有很多人跟他的认识一致，觉得不该释放菲尔登、尼比、施瓦布。一位新泽西州的牧师在他的布道坛上声称："伊利诺伊州因三个人而声名扫地——阿尔特吉尔德州长、外国人、无政府主义者。"报界，只有极端自由偏激的报纸才在赞扬州长的决定。

阿尔特吉尔德在政治上已经完了，这是毫无疑问的。谁要是释放被宣判有罪的恐怖分子，谁就该受惩罚。

比赦免事件更加重要的一件事情是经济形势。股票价格没有丝毫反弹。大量本来资金雄厚的公司关门倒闭。报纸上充斥着铁路巨头、行业鼻祖处于破产接管状态的谣言。

紧随着破产倒闭而来的是，既可以用金子也可以用银子无限量铸造钱币的复本位制这件事情，正在使整个国家出现分裂。二十年来，西部地区的白银生产商一直在据理力争并在议会游说，争取让他们的产品有更大的市场——有政府作保的市场。而西部地区的农场主们想要获得更多的美元贷款，但是由于世界黄金产量的下降，其贷款数量超越了现有货币规模。美国金库的黄金供应数量在减少。

海外投资者近来对有可能用白银偿付欠他们的债款纷纷表达强烈的不安。他们要求用黄金担保他们的债权。就在市场崩溃的那天，印度政府突然中止用白银铸造钱币,向美国的金融中心发出了一个信号并给它带来了巨大的冲击波。尽管危机重重,乔还是一个坚持金本位的人。他认为西部地区的白银帮是一伙自私的原始人,只会给经济带来破坏。

他一到办公室,斯蒂芬·兹维克便请求见他。

“先生,我不喜欢报告坏消息。但上周跟前一周相比,交货量和出货量下降了百分之八。”

“请说数字。”

“好的,我也是刚汇总的。”兹维克递给乔几张写满了数字的账单。他凭记忆援引了里面的内容:“上周,一万零六百四十桶,前一周是一万一千五百八十三桶。减少了九百四十三桶。根据某些账目反映,销售和添购也有相应下降。”

“有什么解释吗?”

“恐怕是奥斯卡·赫克斯哈默的缘故。他在《德文报》写了一篇尖酸刻薄的社论。”

“你知道我从来不看那种烂货。社论里面说什么了?”

“主要是大量的德国沙文主义。但是赫克斯哈默点了你的名字,说作为一个地地道道的德国人,不愿意支持新的体育协会,总体上也不愿意支持德国文化。”

“彻头彻尾的谎言。”

“不过,我认为它给我们带来了伤害。”

“是否有任何损失的形态来支持这种说法?”

“很多。损失完全集中在芝加哥,集中在家族企业身上,集中在德国人聚居区的露天啤酒屋。其他地区的销售稳定。”

乔摇摇头:“对付赫克斯哈默这样有破坏性的蠢货,你们采取了什么措施呢?除了希望他的影响力逐渐消失。”

“恐怕他在那些较老的啤酒爱好者中的影响力不会消失。”

“好了,这事儿你别管了,我来操心吧。把数字留下。我要跟多尔夫·希克斯见个面,想办法加强小酒店的促销来弥补损失。我们会挺过去的。就像我跟所有愿意听我的人说过的那样,在诸如此类的困境中,一杯质优价廉的啤酒是一剂治疗忧郁的良药。”

但是,这一天的开头十分糟糕。

上午十点钟左右,气温飙升到了华氏九十度以上。快十一点的时候,啤酒厂的一根管道爆裂,导致六个小时的停产,那些巨大铜锅里的东西全都报废。

下午,乔在乱哄哄的环境中费力地工作着。两个莽汉在撬他办公室的护壁板,在墙上打洞,安装电报线和设备终端,目的是跟现有的和未来的经销处加快联络。锤击的声音、泥灰的粉尘,还有这俩莽汉似乎对这样体面的工作毫无感激之情的脏话和不断的抱怨,都使他十分恼火。后来,当他走进啤酒厂里,正好撞见本诺时,便脱口而出。

"好啦,本诺,你得到你想要的啦。你的那些殉道者自由了。"

本诺光着上身,正在用力将一桶啤酒搬到一辆手推车上去。他的身躯油光闪亮。他用一只脚稳住那桶啤酒。

"他们从来就没有罪,克朗先生。"

乔的鼻尖上落下一滴汗水。他的衬衫黏在身上,感觉如同某种橡胶衣服。"那么我相信你满意了。"

"嗯,先生——恕我直言——还没呢。我们还得处理工会在克朗啤酒厂以及其他啤酒厂想要做的事情。"

"你们目前在克朗啤酒厂的待遇已经是最好的了。我一向善待我的工人,他们的待遇比大多数企业的工人好。"

"先生,我同意你的话。可是我们还有某些非常重要的要求——"

"别在我上班的时候提出要求。"

本诺的脸上露出一丝微笑,半是悔恨,半是敬重:"你是一块石头,克朗先生。一块顽石。这对一个人来说是好品质,我钦佩。但是,我们会把你砸开的。"

"别挡我的道。"乔将他推得靠到砖墙上。他旋风般地冲了过去,留下本诺先是惊讶,后则很快地变成愤怒。

伊尔莎跪在床边祈祷。乔僵硬地躺在床上,双手紧张地拍着自己的胃部。卧室里的所有窗户——不是美国的断头台式窗户,而是那种可以向外打开的欧洲式漂亮窗户——全都洞开着，好让夜晚的微风吹进来。可是，没有一丝风儿。硬邦邦的花边窗帘无精打采地悬垂着。遥远天空的星星在朦胧中热得要沸腾。

伊尔莎爬上床去，往左侧身面对着他。尽管天气很热，但是她还是非要穿着她的法兰绒睡衣睡觉。他的一只手就搁在他们俩之间。

“你今晚话很少啊，乔。”

“脑子里有好多事儿。”

“你估计波利在啤酒厂的表现会怎么样？”

“是保罗。我说过多少次啦？他选择叫他保罗。”

“对我来说，他永远是波利。波利是个德国名字，他是个德国男孩。我没法往别的方面想他。小波利来自柏林，昏倒在了我的东方地毯上。”

乔明白争论这事儿没有好结果：“我告诉他时他爽快地接受啦，他是个很勇敢的小伙子。他有才智，聪明，虽然读书有问题，但是瑕不掩瑜。他要是不跟那些捣乱分子往来，表现应该会好的。”他咬了一会儿嘴唇。

“就那问题，我有件事儿跟你说一下。下午我朝本诺·斯特劳斯发脾气了，争论秣市骚乱谋反者的赦免。我对本诺动手了。我推了他。”

密歇根大道上，一辆马车辘辘驶过，发出黑夜中孤独的声音：“我知道一定有原因的，你这么沉默。我很遗憾发生了这样的事情。”

“没有人比我更遗憾的啦。我当时就后悔了。不幸的是太迟了。”

“因为这事儿会生出事端来吗？”

“很难说。我们正在经历艰难时势。斯蒂芬对我说，在码头区，市政委员会的委员们在酒店里给他们失业的选民提供免费的午餐。好几百人呢。今天下午，一个我信任的人打电话跟我说，乔治·普尔曼计划紧缩开支。减薪，或许裁员。普尔曼是本市主要的雇主。这样就会造成巨大冲击。人饥饿了会变绝望。他们的不安定会传染的。”

他长长地叹息一声：“有时我真的怀疑这个制度到底还能抗多少压。”

“或者说这个家庭。”伊尔莎说。

他发现黑暗中她抓着他的手，抓得紧紧的。她睡熟后很久，他还醒着。

第二十六章　小乔

星期五傍晚时分，小乔离开啤酒厂的时候，开始打喷嚏。他希望这不是生病了。星期日，他计划还要去普尔曼的，他对此纠结万分。罗茜一直很热乎，可是最近他们都被这形势弄得垂头丧气。

就在上个星期，他们也就是拉拉手、亲吻，因为她遇上了每个月的例假期。那之前的星期日，他父母亲整个下午就逗留在家里，没有给他们单独相处的机会。这样的事情让他非常恼火。

他父亲老是反对他去普尔曼。乔·克朗不喜欢罗茜，尽管他从未见过她。他不喜欢她是因为她是一个欧洲中部来的移民。很多德国人瞧不起来自波希米亚的人。他从来没有公开说过罗茜不好——那会证明他是一个势利小人——但是，每当小乔提到她的时候，他会用自己的脸色和尖锐的问题表明他的态度。

当然啦，那些日子里，他父亲反对他所做的一切，他反过来也一样。很难设想，原来他们有多亲密。他记得，当爸爸带保罗和卡尔去看白袜子队比赛的时候，他实际上也想一起去。当然，他要去啤酒厂上班，可是要是爸爸叫他去，他是可以去的。

那天，他再一次很生他父亲的气，同时又妒忌保罗。这种生气特别扎人，因为他小的时候，爸爸经常带他去看球赛。那时候，白袜子队通常是在位于伦道夫和密歇根大道交界处的湖滨公园打比赛，在看台上你就可以看到蔚蓝的湖水和白色的浪花。小乔对此有甜蜜美好的记忆，他们俩为芝加哥队激动地喊叫，大声地欢呼。

他被最后一个学校开除之后，一切都变了。那个学校叫巴伐利亚科学院，是一个单调乏味的优质学校，位于市北。当爸爸收到那封信，知道小乔因为表现差而被科学院开除的时候，跟他大吵了一场，其激烈程度前所未有，爸爸从头至尾就是吼叫咆哮，他则是道歉、蒙羞、愤怒。那天，第一次，他父亲扇了他耳光。

从此，他的日子过得惨不忍睹——假如不把他跟罗茜幽会考虑在内的话——他甚至都不敢肯定他跟罗茜的关系会永久如此。在啤酒厂，他内心深处也在担心会引发对抗。随着国内形势的恶化，本诺的声明、威胁变得更加肆无忌惮，他在挑起事端。小乔大多站在本诺一边，但是他担心本诺会考验他，会要他参加暴力行动。就是某个"行动宣传①"。

他所有的害怕和不满似乎多多少少都跟父亲联系在一起。但是，在少有的私下里，他也会承认，这种愤怒下面还有其他东西。他把它当作自己心灵深井里的一块石头。这是一块有关爸爸的悲伤之石，这是一块他永远不可能拿出来到光天化日之下给任何人看的毁灭之石。就连他妈妈都不行。

那个星期五的下午，所有这一切在他内心深处沸腾。

夏日，灰尘飞扬的黄色阳光里，他自由轻快、摇摇摆摆地转过密歇根大道和第十九大街的交叉拐角。他的衬衫硬邦邦的，满是汗的酸臭。他搬运了一整天的桶装啤酒。他带上了一件旧的羊毛衫，这会儿挂在肩头。天刚亮他离家的时候天有点冷、有点潮。保罗从星期一开始也将在这个时候离开家门。小乔暗暗高兴，保罗在学校里表现很差，要到啤酒厂上班了。这使得他们的关系更加哥们儿。

在边院里，卡尔正在跟两个小男孩一起玩足球，这俩小男孩的皮肤呈牛奶巧克力色。他们是那个收旧衣服的人的孩子。收旧衣服的人每周一次驾着马车到该小区转悠，收集人们不要的旧衣服，要是有哪一件特别好，他还会付几美分钱呢。小乔看到那辆马车停在马厩后面的小巷里。

他朝卡尔和两个黑人小男孩挥挥手，穿过花园走去，在那里撞见了妹妹。石头天使的附近，弗里奇正在只有她自己才听得见的音乐伴奏下摇摆跳舞。她的双目闭着。她仍然佩着黑纱，那是她的偶像之一埃德温·布思故世时她戴上的。他注意到弗里奇的鼻子上有一条长长的搔伤，昨天还没有的。

①19世纪末、20世纪初欧洲主张造反的无政府主义者的一种惩治别人、刺激革命的政治行为，通常跟爆炸、谋杀等暴力结合起来。

她听到了他在铺过路面的小道上走过来的脚步声，便立刻停住跳舞，朝他跑去。他弯腰在她脸上吻了一下。弗里奇扮了个鬼脸。

“唷。你该洗澡啦。”

“我马上去洗。但我得先歇一会儿。”他一屁股坐倒在一条石头长凳的一端，打起喷嚏来。

“你病了吗，乔伊？再没有比夏季流感更糟糕的了。”

“我没事儿。”他拿手帕擦了一下鼻子，“你这搔伤是哪儿弄的？”

“学校里。莫莉·赫尔弗里希说你是一个激进分子。我就抓住她的头发，她回击，可是我赢了。”她哈哈大笑起来。“你是激进分子吗，乔伊？”

“我想是的。我得说我是个社会主义者，但不是无政府主义者。”

“你为什么是激进分子呢？就因为爸爸不喜欢？”

“当然，我不能让爸爸支配我的思想，是吧？”他虽然是笑着说这个话，但说的是大实话。

弗里奇想了一会儿，说道：“保罗是个激进分子吗？”

“还没呢。”

“你喜欢他吗？”

“喜欢，我很喜欢他。”

“你们是知心朋友吗？”

“朋友。”他纠正道，“就这样。”

“妈妈花了太多的时间帮助保罗，过于宠他了。”

“这你得理解，他在这儿还没有完全安定下来呢。”

“我觉得我不在乎。无论如何不十分在乎。要是其他人，那我可真的会大发脾气呢。”

他再次大笑起来，一面将她的头发揉乱：“啊，恋人呢！”

“乔伊·克朗，你要是再说这个话，你要是嘲笑我，我会杀了你。”

“好吧，好吧，我不嘲笑，也不嘲笑你亲爱的哥哥了。”

他拿一条胳膊搂着她，他们就这样走回家去。

他洗完澡,擦干身子没多久,就听见远处的电话铃声响了。他漫步走下楼去,遇见了他的母亲,她刚刚从父亲的书房出来。她的脸拉得很长,没有一丝笑容。

“晚饭要很迟才能吃。你父亲来电话了。他在县看守所里。警察下午拘留了本诺·斯特劳斯。”

“本诺。”他想了一下,“我一整天都没有看见他。我还以为他去送货了呢。”

“我不知道他为什么被拘留,你父亲没做解释。他火气很大呢。”

全家一直到九点十五分才坐下来吃晚饭。爸爸是九点零五分回到家的,那敲门的声音和走楼梯的声音,非同一般地响。

“为什么这么迟我会解释的。”他一面给自己盛马铃薯糊,一面咆哮道,“本诺·斯特劳斯中午没请假就撂下活儿出去了。他到了市中心的湖滨。到了那儿,他跟大约四十个人一道举着牌子举行示威游行。表面看,说是要工作。事实上,大多数游行的人都没有失业。警察想要把他们驱离——”

“很可能游客们不会看到芝加哥到底发生了什么。”小乔小声地对保罗说道。

“示威游行的人进行抵抗,他们全被关进去了。保释本诺花了我三十五美元。库克县看守所是个邪恶的地方。那个地方我希望再也不去了。”

“我不十分明白。”妈妈说道,“本诺没有失业,他有很好的工作啊。”

“显然他不珍惜也不感恩。”他狠狠戳了一块妈妈烧的炖牛肉,炖牛肉因为吃饭时间延误有点干硬了。“我估计他是出于同情才出去的。被拘留的那些人大多数属于该死的不是这个工会就是那个工会。对不起,说粗话了。”

妈妈说道:“既然你对本诺是这样的感觉,我倒是有点惊讶,你还是出手帮他。”

“这是原则。我得帮一个雇员。本来可以让他待在那儿毁灭了事,不关我的事。可他是乔·克朗的工人——我不得不帮他。”他又狠狠戳了一块炖牛肉,“注意听着,保罗。等你上班之后,小心别跟斯特劳斯搅在一起。”

小乔乐意看到他父亲陷入这样的慌张,这样的事情很少发生。他朝堂弟眨眨眼睛:“哦,有比本诺更加糟糕的老师呢。我猜你已经在学校里遇见一个了。”

他父亲的叉子在嘴巴前停了下来。他将它扔到盘子里,发出很响的一个声音:“你这种话还是不要说出来的好,年轻人。你懂什么呀?你故意蔑视学校教育。你所受的全部教育,所学的东西都是从一帮社会主义的暴民煽动者那儿来的。”

“哟,我不责怪本诺去示威游行。我同情任何失业的人,因为人们——”

“你同情谁?你指责谁?你过的是安稳的生活,你不知道饥饿的真正含义,还有艰苦、绝望——”

“哦,来吧。”小乔讥讽道,稍稍把身子转向了保罗的方向,“现在我们来看看这位勇敢勤奋的移民男孩的故事吧。”

妈妈跳起身来:“可耻,年轻人。又可耻又过分。回你的房间去。”

他张大嘴巴,两眼一眨不眨地盯着她。跟爸爸对着干是一回事儿,可是反抗妈妈却完全是另外一回事儿。他看到她十分生气,她的双手明显地在发抖,他感到震惊,感到不知所措。

“约瑟夫。”她的声音降了下来,“我说回房去。听我话。”

他将餐巾扔到桌子上,走了,什么也没说,谁也不看。

半个小时之后,他坐在他的床沿上,心里乱极了。

轻轻的敲门声吓了他一跳。妈妈在他开口说话之前走了进来。

“乔伊,对不起,我刚才对你说话太大声了。遗憾的是,这是你引起的。”他将头别了过去。

“请看着我。你干吗要挑起跟你父亲的争吵呢?他不是一个邪恶的资本家,他是一个努力奋斗让自己的人生成功的有很强个性的人。”

也不知怎么的,他想不出条理清楚的回答。

妈妈的裙子发出轻柔的沙沙声。她站在他的身边,抚摸着他的额头。她的手指暖暖的:“亲爱的,告诉我。怎么回事儿?”

他突然站起身来离开床沿,离开她。他将双手插进自己的裤袋里,两眼望着窗户外面密歇根大道另一边那些豪华大宅的灯火。

“他想要控制每个人。他想要控制我。可是他离开德国就是为了自己摆脱控制,不是为了摆脱贫困,而是为了摆脱一天比一天糟糕的腐朽制度——”他转过身来面对着她,“所有这些话他都说过,妈妈,我听见他说过。他来这儿,走他自己的路。他自由,独立,没有人是他的老板——”

“胡说八道。他一路走来，当他老板的人多着呢。制冰公司的老板，英布雷啤酒厂的老板。他在美国军队里也有很多上司。”

“可是，他始终知道自己想要到哪儿去，而且一直朝着这个方向前进，他不允许任何人命令他转向别的方向。我所要的一切也就是一个同样的机会。你不明白吗？”该死……他感觉自己落泪了。

妈妈再次走近他：“我明白，可是我有一个问题，非常重要的问题。比你的需求和愿望更加重要。乔伊，你爱你父亲吗？”

“那有什么区别呢？”

“请别喊叫。”

“好吧，可是，要我接他这个该死行业的班，那只是他想要的。就因为我是老大——他期待这样。”

“哦，不。不，乔伊。或许他一度这样期盼过，或者说至少他有过这样的希望。可是，我敢肯定，他不再这样——”

“这无关紧要，反正我绝对不干。”羞耻的眼泪流个不停。他用拳头捶打着自己的大腿：“我干什么不能由他说了算。”

妈妈跟往常一样平静地面对他的话，温和地说道：“可那是他的性格，乔伊。把他自己生命中，包括我们生命中的每个人、每个方面组织起来。”

“不包括我。绝对不。”

她深深地吸了一口气，似乎放弃了。她呼出气，她的胸部起伏平复了。

“好吧，你亮明了你的心思。现在该轮到我了。你感觉如何无关紧要，但他总归是你父亲。只要你生活在他的屋檐下，他就该受到尊重。你得向他道歉。”

她大步朝门口走去。灯光怪怪地映照着她的双眼，使得她的双眸如同硬宝石般闪闪发亮。她拉开门。

“你现在就去道歉。他在楼下，书房里。他在等着。”

楼下的大多数灯都熄灭了。这屋子感觉像一个陵墓。枝形吊灯和家具的巨大阴影加强了这种感觉。他的喉咙又干又紧，他走向书房的门，轻轻拍了一下。

“爸爸？”

“进来。”他父亲的话音有一种模糊而又遥远的意韵。

他打开门。乔·克朗在办公桌边转过身来，手中拿着一支钢笔，他的身后，便是日常各种各样的文件和信函。

他鼓起全部勇气对上他父亲的目光：“我为晚饭时的话和行为向您道歉。”

“接受，谢谢。”父亲很快点了一下头说道，“我也很遗憾说了那些话。今天这一天很难过。本诺被捕这件事情让我太心烦意乱了。”

小乔有一种冲动，想走过地毯，张开双臂，去拥抱他，说他理解。他犹豫在这一边缘，喘不过气来，接着有什么东西——太多的记忆、过去太多的训斥、太多的命令——砸碎了这种冲动。他站在那儿，十分尴尬。他父亲感觉到了，便拿他的钢笔做了个手势，竭力挤出一个微笑。这是一个可怜的疲惫的微笑。

“你可以去睡觉了，儿子。我这儿还留下好多活要干呢。”

“好的，晚安，爸爸。”他飞快地转过身，关上门。黑暗中，他靠在那儿，筋疲力尽，浑身颤抖。今晚，有什么事情发生了变化。今晚，他向母亲坦言了他心灵最深处的愤怒，而且发现她没有办法使它得到缓和。这件事情的意义令他感到恐惧。他再也回不到跟着爸爸去看球赛的那种状况了，因为怨恨已经病入膏肓，已经无可救药。也许今晚，他们全都第一次认识到了这一点。

他在幽暗的楼梯上往上走的时候，愤恨又如汹涌的潮水般回来了。是因为妈妈说了，他才道了歉，那是唯一的原因。保罗星期一将开始到啤酒厂上班。这是一个好机会。他要在保罗身上实实在在下功夫，将他争取到他这边来。他要盯住爸爸，让他承受所有这些痛苦。

走到一半，他又打了一个喷嚏。他靠在扶栏上，牙齿格格打战，他得了重感冒。

第二十七章　伊尔莎

她在丈夫身边躺了一个长长的不眠之夜。乔很快就入睡了，也许是想逃避这个晚上的记忆。

这个沮丧的夜晚，她丈夫和她儿子让自己的情感可怕地迸发了出来，这似乎象征着这个有博览会的夏天，这个本来应该异乎寻常和神秘迷人的夏天已经被破坏殆尽。

伊尔莎的第一个失望发生在博览会开幕那天之前。她非常想要加入世界博览会女经理委员会，因为那个委员会象征着妇女在代表妇女干重要工作的道路上又前进了一步。伊尔莎不缺钱，当然也有足够的社会地位，应该有资格在委员会里占据一席。

但是，有人在提名委员会里把她排斥了。后来，有一位朋友告诉她，是内尔·范德霍夫作的梗。她丈夫波克·范德霍夫和乔·克朗曾经有过尚好的关系。虽然从来不是知心朋友，但是作为生意人，他们的关系总是彬彬有礼。然后是一个夏天，在啤酒厂的年度聚餐会上，他们发生了争吵。范德霍夫有时候前来参加聚餐会，因为所有的肉食都是从他的公司那儿采购的。那年伊尔莎没有参加聚餐会，后来乔也很少说到那次争吵的细节。但是他骂范德霍夫是挑衅者，虽然最终谁干了什么都无关紧要。两人的关系随即降到冰点。第二年，克朗啤酒厂从另一家肉类加工厂进的聚餐会香肠。

5 月份，伊尔莎参加了妇女代表大会所举办的活动，她告诉过乔她要参加这样的活动。代表大会在密歇根大道上的艺术学院举行，在两个新装修、新命名的地方，一个叫哥伦布厅，一个叫华盛顿厅。伊尔莎听了露西·斯通的演讲。这人身体虚弱、个子瘦小，但是演讲风格充满激情，她再次宣称，强迫妇女成为家庭主妇、妇女只能做家庭主妇是“社会的一个钢箍”。她听到有反对意见争论——说什么孩子抚养、治家技能这些都是妇女角色的最高表达，是其主要目标。她为她的朋友简·亚当斯鼓掌叫好。亚当斯讲到了女人在家政服务中可以发挥的积极作用。这些女性不仅要亲自到场，而且要有真正的奉献精神和培训措施，这就是亚当斯小姐的街坊文教馆在其活动中为那些贫困对象所提供的培训。而且，伊尔莎还把弗里奇带去观看了有著名女演员参演的一个节目。这个节目就是莫德耶斯卡夫人讲解妇女在舞台上的简史。

但是，这跟她本来可以发挥的作用不能相提并论啊。譬如，如果她被允许的话，那么她可以帮助筹建妇女大厦；帮助评判参加竞争的女性建筑设计师——那就有可能导致选择索菲娅·海登的新古典主义设计——她在麻省理工学院接受过这样的专业教育；帮助决定里面展品的规模、体积和位置。若是那样，开幕式那天，她就不会跟家人一起在展览场地上闲逛，而是坐在主席台上，参加伯莎·帕尔默及其委员会举行的妇女大厦的落成仪式。她就会跟阿尔特吉尔德夫人、阿德莱·史蒂文森夫人和其他来自全世界的有身份的妇女在一起。如果这样，她知道乔会感到骄傲，尽管他对女性的作用有一些原始的观念。

开幕日那天，她没有对他说一个字儿。她不喜欢自怜和抱怨。尽管如此，她心里一直有痛。

接着来了波利被开除这件事情。

波利是一个聪明的孩子，按照他自己的方式，他能学习得很好，但是正规学校不适合他。再说了，他在学校里受一个坏老师的毁谤和侮辱好几个月。那老师是一个瞧不起德国人的女人。是她将他逼入了绝境。

当他被学校开除之后，她勉强同意了乔要他到啤酒厂去工作的主意。这是唯一的合适的决定，但不是个好决定。自从在书房受训以来，波利表现出的行为就像一个失败者。

当然，最糟糕的是今晚的争吵。小乔的道歉没有解决什么问题，于事无补。她坚持要他道歉，因为这是合宜的行为，但是，即使没有听见他道歉，她也知道这样的道歉肯定是空洞的。小乔的叛逆可以理解。他精力充沛、忍耐性差、聪明机灵——

所有这些特点综合起来就会让年轻人过分自信。

伊尔莎肯定，她丈夫和她儿子互相爱着对方，虽然在发火的时候，他们似乎像两个势不两立的敌人。在她的内心深处，现在令她感到担心的是，她有一种感觉，今晚他们俩之间的鸿沟加宽了，宽到父子俩也许再也无法架起桥梁、握手言和了。

夜里，她发觉自己侧过身子，对着乔。两人都有一个习惯，安慰对方的时候都会这样做。她悄悄地伸出一只手，轻轻地抚摸着他左耳朵上面的头发，轻柔得不能再轻柔地亲吻着他的头发。

"乔，乔。"她轻声地呼唤着，"求你，求你！不要让任何糟糕的事情发生。"有一秒钟左右，她都没有意识到她居然使用了母语。

这一请求不光光是针对他的。这也是一个穿越卧室的道道墙壁，高高地升起到某个看不见、不可知、她依旧相信着的东西跟前的请求。这是一个口头的祈祷，一种家庭濒临解体状态的反映，一种她没有办法的办法。

求你，求你！不要让任何糟糕的事情发生。

第二十八章　保罗

保罗被叔叔和堂哥之间公开的敌对吓坏了。他以前也知道他们之间有敌对情绪，但是绝对想不到居然凶猛得这么可怕。

星期六早上，当他走进厨房再去续早餐咖啡的时候，伊尔莎婶婶又在和面，她用力地捶啊，捅啊，用力地碾啊，揉啊。她的表情让保罗心神不安。她不是经常生气的那种人。

大约十一点钟，马尔斯先生来访，来拿他最后的薪金。

他和保罗在花园里面走着，那儿有一条小道穿过灌木的外墙，通向边上的庭院。卡尔正在嬉耍一种新的精巧玩意儿，一根棍子加一根绳子，上面有四片做旋翼的叶子。保罗跟这位家庭教师瞧着卡尔将绳子缠绕到棍子上，接着狠狠一拉，旋转的叶子和棍子就飞升到空中，顶住地心引力，飞翔了好几秒钟。接着，玩具掉落到了地上。

“佩诺直升机。”马尔斯先生说道，“二十五美分。美国孩子的玩具盒里有好几百架呢。它们是法国人发明的，你没有吗？”

“我没有店里买来的玩具，我的玩具都是家里自己雕的或者做的。”

卡尔再次缠绕旋翼，再次放飞，这次飞得更高，他不禁拍起手来。刚刚一个钟头之前，伊尔莎婶婶惩罚他，因为他把他妈妈那架黑林山牌布谷鸟时钟拆了。卡尔把时钟从墙上摘下来，拆开，看它的工作原理。后来他将时钟的零件重新装了回去，但是它再也不会嘀嗒，再也不会叫唤“咕咕”了。为此，伊尔莎婶婶给他开列了一份没有报酬的家务清单。这似乎并没有降低他的热情。保罗但愿他也能这么快地从麻烦中恢复过来。

马尔斯先生走到做祈祷的天使身边,在最靠近的一个石凳上坐下。他拿自己那顶阔边毡帽扇着风:“这对我来说是很难过的一天,保罗。我会想念给你当家教的日子。你很勤奋,又聪明。假如你对这个科目感兴趣的话。”他又补充了一个苦笑,“我预言,当你找到你的毕生所好之后,你会成功的。”

他愤愤不平地心想:“我找到了,可是乔叔叔说它没有什么出息。”

“你准备干吗呢,马尔斯先生?”

“啊,我?继续跟以前一样。给那些自命不凡的富豪家倔头倔脑的小姑娘当家教。教她们法语。教她们诗歌。教她们——你知道,最后她们忘得一干二净。”

“我不会忘。真的很感谢你,我现在英语说得好多了。”

“啊,你过奖了。你的英语的确有进步。我也不会忘记你的。”

他们握手。保罗站在街角,瞧着马尔斯先生匆匆离去,他那长长的绿加蓝彩格呢外套的下摆在夏日的风中摆动。

保罗在校舍外面跟利奥道别。星期五,在学校的最后一天,他留下一张便条约了这次见面。校长助理是一位其貌不扬的年轻妇女,对这事儿倒是挺友好的,也只字未提他的开除。

校园空空荡荡,任夏日的熏风肆虐,一只铁皮罐头蹦跳着滚过沙砾地面,发出很大的声响,保罗未经梳理的头发被吹得来回飘拂。他那件条纹夏季衬衫的下摆挂在裤子外。当利奥带着闪电出现在拐角时,他连忙朝他跑去,他解释了要去啤酒厂上班的事儿。

“所以我们要道个别,利奥。不过我希望再见到你。我会去你家里的,你给我个地址。”

利奥的脸红了:“别来,我们马上搬家了。爸爸被解雇了。我猜是没有人买紧身胸衣。爸爸因为这事儿受很大打击……”

他搔着闪电的耳朵后面,一脸悲伤之色:“等我们找到新的住地后我会给你送地址来的。”

“好,说定了。”

他们拥抱。

利奥始终没有送新地址来。

傍晚时分,保罗站在克拉克北大街上那家商店的窗户前面。他再次将鼻子贴到玻璃上。里面黑乎乎的,空空荡荡。他简直不敢相信。

玻璃上,有人用很粗的广告颜料写着“出租”两个字。

一架梯子上,一个嘴里衔着一根牙签的人正在干活,解开吊在上面的一块褪了色的招牌链子。招牌上写着“鲁尼照相馆”。

“他人呢?”保罗拿出名片,问道。

那人从嘴里拿出牙签,往另一边斜过身子,朝人行道上吐了一大口烟草色唾液:“管他呢?他是个卑劣的房客,鲁尼。”

“他什么时候搬走的?”

“他没有搬走,是我把他赶出去了。星期二。天哪,他欠了五个半月的房租,我让他欠得太久了。”

“可是请告诉我,他去了哪儿?”

“到公园的长凳上试试。到库克县看守所试试。这侏儒杂种有一大群债主追着他要钱呢。鲁尼不付账。无论如何,不正常付。他离不开那些矮种马,这是他的麻烦。”

保罗不懂矮种马是什么意思。他转身离开写着字的橱窗,这时那人解开了招牌上的一个链子。保罗走到路缘石边,团拢那张名片,将它扔进街沟其他的垃圾里。

星期一,他早早就醒了,天远远没有亮,就像他去铁路调车场看野牛比尔的列车的那个早上,或者说就像世界博览会开幕的那个早上。头天夜里他睡得很不安稳。

他把肥皂沫涂在脸上,刮胡须,穿衣打扮,他明白得赶紧。他六点整得去拜访酿酒师弗里德里克·席尔德克劳特先生。任何啤酒厂,酿酒师就是权威,在克朗啤酒厂也如此。乔叔叔在星期日晚上吃晚饭那会儿给保罗上课的时候特别强调这一点:“我们这个企业能成功,很大程度上是因为弗雷德·席尔德克劳特。没有任何其他人的工作我可以如此信任——我自己本身也是酿酒师,后来因为其他责任太大,就不干了。我是用了比他原先薪水高三倍的工资把他从密尔沃基的帕布斯特那儿雇来的。他在酿酒方面懂的东西比我多很多。举个例子,机械冷藏。早先的时候,酿酒师充其量就是一个高级厨师,但现在他是整个企业的基石。啤酒厂是他的全部生活,这对我来说是好事,但是对他妻子和四个孩子来说不好。每当我们处于生产高峰时段,或者弗雷德碰到什么棘手问题了,他会不回家,两夜、三夜、四夜地待在厂里。我竭力劝他回家去,他拒绝。他通宵加班,直到睡倒在办公桌上。弗雷德希望你六点钟到。如果我是你,我会准时到,我会早几分钟到。弗雷德是个天主教徒,非常虔诚。在他面前千万别说脏话。”

堂哥乔今天早上不能跟他一起去啤酒厂。他的流感症状在星期日加重,发烧了。伊尔莎婶婶让他卧床休息。所以保罗得一个人蹑手蹑脚地穿过还在沉睡的屋子,到黑漆漆的厨房里带上路易丝给他装在一只纸袋里的午餐。

他在距啤酒厂两个街区不到的地方坐上一辆马拉街车。他感觉很困,仿佛眼睛里进了沙子。他的脸有点痛,刮胡须相对来说还是一种新体验。

天刚刚下了十分钟的小雨。阒无一人的大街小巷亮晶晶的。他朝啤酒厂南面的雇员大门走去,一阵雾霭抑或浓雾正在潮湿的空气中凝结。通向大门的是一条用大鹅卵石铺面的小道,跟拉腊比大街平行,直通啤酒厂的心脏地带。薄雾在地上慢慢盘绕,遮住了堡垒一样建筑物的基础部分。什么地方,有机器撞击的叮当声,还有蒸汽的嘶嘶声。视野内看不到一个工人。

一位上了年纪的看门人坐在一个小岗亭里,就着提灯的光看报纸。保罗敲敲玻璃。看门人走了出来。

“你好,我叫保罗·克朗。我来这儿上班。”

“好的。通知我了。进去吧。”

“我要去见席尔德克劳特先生。”

“前面那幢楼,二楼。沿小道走,右拐。通向酒吧间的门应该没锁,弗雷德半个小时前就进来了。”

他离开岗亭,走进黑乎乎的望不到头的小道,几幢黑色的大楼排列在小道两边,像中世纪的城堡主楼,赫然耸立。现在,这就是他的生活,他的全部生活了。他没有目标,唯有这一样工作,他叔叔强加到他头上的工作。

他疲惫地行走在鹅卵石的路面上。乔叔叔丝毫也不支持他的愿望,他所在乎的唯有数字、销售、按他的路数行事。他发现了他也许可以充满热情去干的工作,作为自己的事业,可是乔叔叔嘲笑这一工作。保罗理解了堂哥乔的叛逆。

他停住脚步,抬头望着啤酒厂的那些大楼。乳浊玻璃的窗户内,闪亮着几盏孤独的灯。机器在叮当响。空气中弥漫着浓浓的啤酒厂的味道,丝毫也刺激不了人的胃口。天哪,他为什么要来这儿?也许他不属于美国。伍珀塔尔市的那个面包师要是见到他现在这个模样,不知道会如何嘲笑他呢。

"镇静,这不可能是永远的,这个工作。这是一个机会,一个非常重要的机会。到冬天来临时,你肯定会有溜冰鞋了。"保罗心想。

他将注意力集中在想象朱丽叶·范德霍夫的脸蛋上,继续朝啤酒厂的里面走去。

弗里德里克·席尔德克劳特的办公室像乔叔叔的办公室一样,在一个角落里,摆满了瓶子、温度计、一小袋一小袋的谷物和啤酒花、图表、蓝图、德语技术文件。在这一大堆乱七八糟的东西中,一块小小的金字招牌赫然出现在客人面前——弗·席尔德克劳特,酿酒师。

办公桌后面的墙上,流血的基督被挂在木头的十字架上。边上是一幅有镜框的满脸胡子的男人照片。席尔德克劳特发现保罗在仔细打量它。

"路易斯·巴斯德①。最后事实证明,巴斯德是啤酒的伟大朋友,虽然他开始研究时主要是为了帮助法国的葡萄酒商。所以,他们可能对德国酿酒商构成竞争。"席尔德克劳特的双唇扭动了一下,几乎很难说是一种微笑,"请坐。"

保罗一坐下,酿酒师便站起身来。他是一个身材高大、神色严厉的人,大约四十岁年纪,下颌很长,逐渐往下变窄,形成了不尖的下巴,浓密的头发正在由黄变灰。他的左臂在手肘处就没了,袖子和袖口用安全别针整齐地别着。乔叔叔告诉保罗,席尔德克劳特年轻的时候在麦芽作坊的一次粉尘爆炸中失去了左前臂。

---

①路易斯·巴斯德(1822—1895),法国化学家、微生物学家,证明微生物引起发酵及传染病,首创用疫苗接种预防狂犬病、炭疽和鸡霍乱,发明巴氏消毒法,开创了立体化学,著有《乳酸发酵》等。

墙上一口时钟的钟摆发出响亮的嘀嗒声。酿酒师以令人生畏的高度俯瞰着保罗:“你了解啤酒吗?你知道这是什么吗?”席尔德克劳特说道,根本没有给他回答第一个问题的机会。他从办公桌上拿起一个上面有很多凹痕的漏斗状金属设备。

“不知道,先生,我不了解。”

“这是我们所称的‘游泳者’。在里面装满冰,将它放到啤酒里面去控制发酵的温度。那是在冷藏之前。放在地下酒窖里和冷却地窖里的时候。一年里不能酿造贮藏啤酒的时候,只要有河冰供应,就会有贮藏啤酒。”他在办公桌上挥动着那个“游泳者”。

他在窗户边绷着脸瞧着下面的什么东西。他突然转过身来,像个军队教官一样厉声问保罗:“你知道‘贮藏啤酒’这个说法出自哪里吗?”

“出自德国的贮藏?”

“当然啦。贮藏。储存。存储。储藏。发酵之后,将啤酒放在阴凉的地方两到三个月。你知道贮藏啤酒是底部发酵还是顶部发酵的呢?”

“不知道,先生。”

“底部发酵——不像英国啤酒。在美国酿造出贮藏啤酒是在本世纪最初的几十年间,之前绝对不可能。在那之前,据传说,无论培养什么酵母,还没横渡完大西洋就全部死光了。后来,有了快速帆船,让航程缩短到了三个星期或者更短。酵母就活了下来。我发现几乎什么都得教你。尤其是因为你叔叔指示我说,你也许将把它当作自己的终身职业。”

保罗的脖子感到刺痛:“先生——”

“你没听见我的话吗?你叔叔说了,你也许会培养兴趣把酿造啤酒作为自己的终身职业。我们曾经也想这样指导乔少爷,没有成功。我很高兴听到又有一个好机会可以——”

保罗站起身来打断了他。酿酒师皱拢眉头。

“你有话要说?”

“我有话说,席尔德克劳特先生。我叔叔好心给了我这份工作,我也是该找份工作。可是,我从来没有说过我希望终生成为一个酿酒的人。我不敢肯定。”

那是一个谎言。那是一个策略性的必要谎言,但谎言总归是谎言。他可以肯定,他不想成为酿酒的人。他已经看见过大象跳舞了……

“说实话,先生,我来美国,我得自己决定自己的命运,而不是——嗯,不是让别人来决定我的命运。在美国的人们,他们有选择的自由。这是我来这儿的原因。”

弗里德里克·席尔德克劳特慢慢地将他的右手放到转椅背后。他用细长的手指紧紧抓着椅背。他往前倾过身子。“他发怒了,我还没开始就会被开除的。”保罗心想。

“好！你有骨气。啤酒厂容不得意志软弱的人。”席尔德克劳特倒是真的笑了,“我们会尽最大努力说服你,这是一个有价值的职业。我也可以告诉你,克朗先生觉得你前途无量。”

席尔德克劳特突然比之前放松得多,而且少了些严厉:“我们什么都会教你。我们将从啤酒酿造的最初工序开始——麦芽作坊。我们自己制作麦芽,我们不从外面购买。你的有些任务会很繁重、很累人。我们的麦芽容器是直接用火烧的,不是由蒸汽加热的。你得花好几个月时间在那儿烧火。你得清洗设备。等你回家时会累得直想哭。但是,你将学习一门崇高的行业。就是别跟这儿一帮走歪门邪道的人搅在一起。”

席尔德克劳特绕过办公桌,拿他健全的那只手扶住保罗的肩膀:“我们至少有一位雇员属于尊贵光荣的美国联合酿酒工人全国联盟——美国劳工联合会。本诺·斯特劳斯先生。”他将一口痰吐进办公桌边上的痰盂中。

“本诺和他的朋友是煽动者。别听他们的。乔少爷有那种倾向,那会让他误入歧途。事实上,只要你叔叔有一口气、有一丝力气,或者我有一口气、有一丝力气,我们不会允许在克朗啤酒厂建立社会主义的工会,也不会实行恶魔鼓动起来的八小时工作制。人呢,每天额外多无所事事的两三个小时,会容易受额外的诱惑。我们决不允许。决不。”

席尔德克劳特的额头突然变得汗津津的。但是他的紧张松弛了下来:“这边请。”他说,像个军人一样阔步朝门口走去,“我亲自带你去麦芽作坊,让你开始工作。”

保罗顺从地点点头,但是他的内心再次翻江倒海。他陷入了一个什么境地啊?这究竟是啤酒厂还是战场啊?

第四卷

朱莉

1893—1894

我们提倡妇女全面的教育和培训，以帮助其迎接人生会带来的任何挑战。不仅仅是为她去工厂和作坊工作做准备，使其具备职业和技艺能力，更加重要的是，使其掌管家庭。正是为了这一女性奋斗的最高领域，才需要最为广阔的教育和预备性学习。

1893 年

波特·帕尔默夫人在世界博览会妇女大厦落成典礼上的讲话

第二十九章　朱莉

9月第一个星期六的早上,范德霍夫夫人给她女儿梳头发。

这个每周一次的仪式就在朱莉的梳妆室里进行。朱莉没有束住的秀发披散着直达腰间。如煤炭般漆黑的头发,恍若洒了墨的一泓池水,闪闪发亮。这是朱丽叶·范德霍夫的骄傲和荣光,因为母亲就是这样教导她的。范德霍夫夫人教了她很多有关女人的事情,她们的性情,她们的苦恼,她们作为有教养年轻女士的责任,然后她们即将成为新娘,然后母亲,然后伟大的女主人。

内尔·菲什伯恩·范德霍夫出生在列克星敦,是肯塔基州菲什伯恩家两姐妹中的妹妹,五英尺身高,结实的身子。曾经,她朝气蓬勃,青春健美,具有瓷娃娃那样的魅力。现在,四十多岁的她,看上去完全像很容易破碎的瓷娃娃。她的脸上刻下道道很深的疲惫皱纹。她的两只眼睛陷入褐色影子的重重包围。她的皮肤像有蓝色纹理的淡黄色大理石。她的双手经常颤抖,虽然今天早上没有颤抖。

朱莉5月28日庆祝了她十六周岁的生日。她的体形已经完全成熟,可以穿戴女性时装了,例如今天早上她穿着的价格昂贵的桃色丝质女裙。它是在雷德芬时装店定制的。雷德芬时装店是新潮的伦敦女时装店在纽约市的分店。

她纹丝不动地坐着,在一面椭圆形的大镜子里凝视着自己,内尔则不停地用梳子和刷子工作着。她无法感受到这种仪式曾经带给她的快乐。她感觉太老套了。几个月前她所邂逅的一个男孩子今天早晨再一次给她带来了相思之苦,打破了她平静的心境。乔伊·克朗的堂弟,那个德国男孩。

他们在街上的相见十分短暂,但是她记住了他。他宽阔的肩膀和坚定诚实的面容。他的棕色大眼睛顾盼生辉,好奇灵动,惹得她心生种种不合规矩的想法和不成体统的情感,这些想法和情感她还不敢说出口来。他说英语的口音重得可怕,可是他的笑容很容易惹人注目,而且非常真诚。他的身上有一种直率坦诚,没有矫揉造作,她在她这个社会阶层的年轻男士身上绝对发现不了这种品质。

也许引发她所有这些遐想的原因是他是一个移民,具有某种外国气派。也许除了他的生理特质外,她所看到的东西全都是不真实的。但她不在乎,她喜欢上了那个男孩子。她盼望他们能更进一步认识。

内尔·范德霍夫拿头发刷子又往下飞快地刷了几下,这个仪式就算结束了。她将梳子和刷子放到一边,然后她从女儿身后抚摸着她的脸蛋,在镜子里注视着她。

“我从没看见你的脸这么红过。你在太阳底下打网球的时间太多了。”

“我热爱网球,妈妈。”

“你过头了。就像你冬天溜冰也过头一样。这两个方面过头了,对皮肤、血液循环——整个体质都不好。我对你说过多少遍了,朱丽叶,女人要保持细嫩娇柔。你必须这样想,这样做。严格防止自己被天气、被情绪、被——”

“哦,妈妈,我就是不理解,新鲜空气怎么可能会对你有害呢?”

“不过,情况就是这样。伍德罗大夫会确认这一点的——请别顽固不化,让人觉得你比在瑞士的专科医院受过训练的大夫还懂。你一天比一天任性。一定是你这个年龄的缘故。一个过渡期。让我们希望它快点过去,对付你这种状况我都快受不了了。它简直要把我的神经都揉碎了。”

她抽回双手,而眼睛却继续观察着朱莉的两眼。她的表情始终如一:忧伤,失望,还闪烁着隐约的生气。这种表情总是令朱莉有一种强烈的负罪感,作为她母亲的独养女儿,肯定的,她失败了,被认为辜负了她母亲的期望。

“妈妈,你知道的,我绝对不想让你因为我而感觉不好。”

“我希望如此,亲爱的。我希望如此。”

梅·帕·范德霍夫三世夫人的生理和心理健康是经常让家里人忧心忡忡的事情。神经衰弱——神经衰弱和心力衰弱——是内尔反复要发作的疾病。她这个阶级出身的许多女人都患有这种病,但是内尔的症状有点极端,连伍德罗大夫都认为是这样。朱莉的母亲患有折磨人的头痛，消化系统和排泄系统也有问题。她经常突然尖声大叫，怒火迸发，或者长时间陷入阴郁状态，沉默不语。她会在黑乎乎的卧室里卧床很多个小时，有时甚至数天。

她不停地看期刊，寻找新的秘方。她迫使伍德罗大夫寻找和开列新的治疗方案。这个月是富含铁质的补药，下个月是大黄综合剂，或者樟脑，或者芥末。她洗硫黄澡，她把自己裹在海草灰里。她强迫伍德罗大夫把外科器械带到家里来给她放血。这样的治疗经常会恢复她的精力和精神状态，就像她的忧郁心情和痛苦会经常复辟一样，周而复始。

内尔教导女儿，说这样的苦难是女人的命，说这是女人的禀性和性情使然，说朱莉必须得有思想准备，她逃不掉像她母亲这样的命。朱莉不喜欢自己有这样一个必然的结果，但是似乎真的是这样。她也遭受头痛的烦扰，以及有时候时间很长的极度的心情郁闷，这种时候她就什么都不想干，什么人也不想见。她不可能与众不同。她所认识的很多年轻女性因为各种疾病而心力交瘁，有的精神高度紧张，有的连续不断患感冒，有的胃绞痛，有的患卡他病，再就是女人每个月难过的月经期。朱莉认为，美国女人的健康状况总体不佳，不明白为什么会这样。

但有积极意义的是，每当她热情洋溢地定期参加体育锻炼时，她的健康问题就减少了。在这方面，她得找到折中办法，因为内尔反对年轻女士参加体育运动。

朱莉在膝头交叉着十指，再次凝望着镜子中的自己。她的脸颊的确被太阳晒黑了，但是就在她瞧着自己的时候，她的脸更红了。她有一种巨大的不可抗拒的稍稍有点邪恶的渴望，渴望再次见到那个德国小伙子。

常识很快打破了她的泡影。她想要的东西不可能实现，绝对不可能发生。因为德国小伙子是克朗家的人。妈妈和爸爸仇恨克朗家的人，他们所有人。

唉，那有什么关系呢？他很可能早就把她忘记了，那天下午他们的见面她很可能根本就没有给他留下什么印象。

这个难过的想法把这一天余下的时间彻底给毁了。

第三十章　保罗

正像弗里德里克·席尔德克劳特预言的那样，他开始学习。席尔德克劳特对他手下的工作表现有要求，所以他学得很快。

他学习工艺流程，从麦芽作坊浸大麦开始，到大麦合适地发芽。然后，将麦芽放入窑内烘干，清洗，碾碎，放入有水的巨大铜锅里搅拌均匀。煮的过程释放了糖分，使得酒糟沉淀到了底部，只留下麦芽汁。冷却后，麦芽汁再和啤酒花一起煮沸，煮沸的麦芽浆再次快速冷却，用管道输送到一个发酵罐里，酵母在那儿发挥作用，根据材料的配置，将糖分转变成百分之四到百分之五的酒精成分。每一个批量生产，每一杯啤酒，都是煞费苦心的结果：原料、温度、煮的时间、冷却时间、发酵、贮藏时间。克朗啤酒厂的高管总是在他们厚厚的酿酒记录本上写着什么。难怪德国人喜欢这个行业，它的所有细节都需要全心全意的献身精神。

保罗负责给酿造啤酒的机器加油和擦拭，帮助修理机器。他工作的对象有一个小时能够处理五百蒲式耳麦芽的巨大碾磨机，有可以调节发芽床湿度和温度的麦芽制造机，有混合使用淡水、氨水、浓盐水来降低水温的喷液冷却器。在下层地下室里，他还要在酿酒罐下面烧火。

他不畏工作艰苦。他将每周的工资存起来。一个月之后，他在一只罐子里积攒了足够的钱。只要斯波尔丁重新在货架上摆出溜冰鞋，他就可以去买一双。朱丽叶·范德霍夫总是在那儿提醒他，苦活是有目的的。

工作使他变得强壮，他的双腿粗了，他的胳膊肌肉发达了。他的胡须也更加硬了。他正在长个儿，正在发生变化，正在飞速地奔向成年。

他很快在啤酒厂学到了其他东西。他早先的感觉是对的。他不想一辈子做个酿酒人，应该有探索摄影这个新世界的途径。由于鲁尼消失了，那么应该有其他什么人能够教他这门技术。

正如席尔德克劳特告诉过他的一样，他晚上回家时累得筋疲力尽，双臂、双腿、背上的肌肉酸痛得很厉害。有时，他都累到了差一点在晚饭桌上打瞌睡。每当保罗抬起头来，吃惊地意识到他嚼着嚼着居然打盹了，乔叔叔便会立刻朝他露出一个满意的微笑。

终于，斯波尔丁在货架上摆上了冬令商品。保罗买了一双非常精致的比赛用溜冰鞋，跟原先那位服务员向他描述的一模一样。他正在稳稳地滑向跟范德霍夫小姐的会面，不过要准备的东西远不止买一双溜冰鞋。每天夜里，他实在是困得不行，但是他强迫自己花四十五分钟练习弯膝盖并做其他腿部练习。小乔说，学习溜冰意味着使你的腿部肌肉更加强壮，尤其是脚踝。他躺到床上时真的疼痛难忍，但是一想到朱丽叶·范德霍夫那娇美的细嫩皮肤、乌黑的浓密秀发和柔软轻盈的身姿，那疼痛立马就缓释了。

9月下旬一个温暖的星期日，乔叔叔带了除小乔之外的全家人去观看野牛比尔狂野西部与彪悍骑手大会盟展演。保罗的堂哥去普尔曼见他的女朋友了。

乔叔叔订了前排四个最好的包厢之一。保罗几乎不能安静地坐着——在柏林，观看这样的演出，仅仅是一个梦想啊。科迪上校戴着白帽子，高贵依旧。他骑着艾沙姆来回驰骋，他的助手将蓝色的玻璃球抛向一个巨大的光弧里，科迪开枪将它们打得粉碎。

万众期待的节目戴德伍德驿站马车给人带来惊喜。马车沿着表演场地慢慢兜圈，那位有着八字胡的车夫不时地随机停下，指着一位观众——那人于是便被邀请登上马车，一直到该表演结束。当马车夫指着保罗时，他几乎激动得昏倒在地。

他在婶婶、弗里奇、卡尔的鼓励声中爬过栏杆。他挤在一个胖胖的女人和一个有发油味儿的男人中间。马车绕着演出场地摇摇晃晃地辘辘行驶，骑着马的印第安人气势汹汹地挥舞着长矛，发出嗜血的吼叫，扑向马车。

一声手枪的轰响，表示野牛比尔和他的牛仔们到了。他们很快就赶走了印第安人,再次让马车沿着演出场地兜圈,将兴高采烈的观众送回他们原来的座位。

后来,保罗握着叔叔的手,向他表示万分的感激。“不客气。”乔叔叔说道,早已将目光转向别处。他跑出去跟一个熟人打招呼,留下他的家人在那儿继续观看演出。

乔叔叔的矜持让他感到不解。当晚小乔回到家里后,保罗对他说起了这件事情。

“你是说你不明白其中的缘由?行啦!尽管你还是爸爸的侄子,但现在你是在他的手下干活。你是他财产的一部分啦。也许你跟本诺有交往——”

“我没有跟本诺交往,我不喜欢那个人。”

“这对爸爸来说没什么区别。你处于围墙的另一边,不是一个工会的人,但是跟那差不多。这个你也没有办法的。所以,小心点。”

小乔被调到了装瓶车间,所以在正常上班时间保罗很少见到他。通常,他们在午间吃中饭的三十分钟休息时间能见到面。他们一边吃饭,小乔一边向他灌输有关劳动和资本的理论,保罗估计这些理论他都是从本诺·斯特劳斯那儿听来的。晚上,晚饭之后,小乔偶尔会溜达到他的房间,塞给他一本书。

“这是你教育的一部分,你得学习这些东西,保罗。”

有一位小乔非常热爱的美国哲学家梭罗①,因为他的作品鼓励违抗不公正的法律。有一部小说叫作《回顾》,作者是爱德华·贝拉米②。“有一个人睡着了,醒来的时候已经是 1957 年,五十年之后了,世界完全变成了一个社会主义的乌托邦。”

小乔要求他阅读一位当地改革家亨利·德马雷斯特·劳埃德的著作。劳埃德是《芝加哥论坛报》的一名编辑。“一位真正的捣蛋鬼。他写了一部伟大的书,说的是本州南部那些煤矿老板的事情,他们居然因为矿工们提出了一些基本要

①梭罗,即亨利·戴维·梭罗(1817—1862),美国作家,超验主义运动的代表人物,主张回归自然,代表作《沃尔登或林中生活》,反对蓄奴制和美国侵墨战争,其《论公民的不服从》一文影响巨大。
②爱德华·贝拉米(1850—1898),美国小说家,以所作批评美国资本主义的乌托邦式小说《回顾》而闻名。

求而将他们赶出了企业。矿工们实际上饿得慌啊。劳埃德刚刚又写了一部新书，这部甚至更好。《财富与国民的对立》。你知道查尔斯·达尔文，是吗？”

“听说过他，也就听说过而已。”保罗起劲地做着弯膝练习，小乔则懒洋洋地靠在他的床上。

“达尔文有这样一个理论，在动物世界，只有最强壮的才可以生存。所有资本家——劳埃德称他们为商业贵族——他们热衷于把这一理论应用到他们身上。他们认为，他们可以把那些小人物咬在嘴里，然后把他们吐出去，因为这是大自然的生存法则。劳埃德把他们批驳得体无完肤。这对一位在为有钱人工作的报纸编辑来说太顶呱呱了。”

“我想他会丢掉工作。”

小乔咧嘴笑了：“出了一件事情。劳埃德娶了那位出版商的女儿做老婆。等你一看完这几本，我就把那本书给你弄来。”他指着床边地板上那一小堆书说道。

保罗还看了很多报纸，那都是捡的啤酒厂工人们丢下的旧报纸。他对头版那些报道和社论里的很多词语不理解，所以他买了一本便宜的袖珍词典。

很快，他在大多数比较简单的日常新闻文章中发现了一种模式。工人几乎普遍受到憎恨，或者说至少被认为是危险的。保罗发现，小乔有一件事情是完全正确的，尽管他跟他父亲的对抗有夸张的成分。芝加哥乃至美国，因为斗争而四分五裂。工人反对老板，老板反对工人。斗争中充斥着恶毒的语言、仇恨和经常有的暴力。

保罗在关掉电灯前，有时会坐在那儿凝视那幅自由女神的立体画，心里思索着她所代表的一切是否都像他曾经相信的那样和平、纯洁、美好。

一个阳光明媚的中午时光，他和小乔上到啤酒厂的屋顶，去吃他们纸袋里的香肠和面包。除了星期日，路易丝每天都会准备好两纸袋食物。这纸袋也是保罗和小乔独一无二的信物，表明他们来自同一个受到宠爱的家庭。

本诺·斯特劳斯跟他的六七位好友早已经在屋顶上拿他们的铁皮桶吃着午饭了。跟往常一样，保罗感觉，无视叔叔和席尔德克劳特的告诫，到这上面来跟那些社会主义者在一起，太冒险了。

本诺对保罗总是十分友好。他们要是刚好在啤酒厂遇见了,他会用粗哑的声音打招呼,例如:“乔伊教导得好吗,小伙子?”

“教得很多。”保罗会这样回答。他实在不知道这些教导到底有多少价值,而且他也不知道该怎么看待本诺。本诺的外貌看上去肯定是一个令人生畏的人。而且,他很坚强。然而,他是一个吹牛大王。即便那些喜欢他的人在背后也这样说。

本诺和他的朋友一面吃饭一面高谈阔论。有一个工人的目光越过墙,望着下面露天啤酒屋的树下正在吃饭的衣冠楚楚的顾客,嘴里发出粗暴的评论。

保罗和小乔坐在稍稍隔开本诺那帮人的地方。本诺正在吃一个很大的三明治,里面有萨拉米香肠、洋葱、大蒜,外面是黑面包,那凶狠程度,活像一头熊在嘎吱嘎吱地咀嚼被捕食动物的骨头。

他一吃完,便打断别人的交谈,接过话茬,仿佛是理所当然的:“我 1871 年冬天在巴黎的时候,我们吃的东西就没有这么幸运。在围困结束、敌人进城之前,我们吃烤猫和烤老鼠。听我说啊,我很高兴看见到处都是德国人。我们可以在夜里四处溜达,割断某个下士的喉咙,抢了他的背包,填饱我们的肚子。”

他的一个朋友表示怀疑地问道:“德国人是自己人,他们攻占了城市,你很高兴杀他们吗?”

“我的自己人在巴黎,是那些在 1871 年春天建立了巴黎公社的勇士们。德国人,他们只是一帮帝国主义的走狗。”

另一个朋友挥挥手:“啊,吹吧,本诺。你很可能一直跟哪个荡妇在一起喝得烂醉如泥呢。”

人们哈哈大笑起来,保罗和小乔也笑了。本诺听见了他们的笑声:“是啊,你们最好相信这是真的,你们这些娃娃。”

“本诺,我们说严肃的事儿。”他的另一个朋友说道,“我们最近对老板宽容了一点。你觉得这样对吗?”

保罗和堂哥飞快地交换了一下眼色。

“不,不对,不过我脑子里有想法了。我们得再次向他施压。要求九小时工作制。而且,要每十五个人一个学徒,而不是二十个人。那么即使我们没有工会,这也跟工会想要的一样。”

保罗走到那群人跟前:“斯特劳斯先生,请问我可以问个问题吗?”

“当然,告诉我你在想什么。”

“你们这个工会的事情我问过其他人。我听说工会想要一个制造麦芽的工人每月工资是六十美元,而我叔叔给的是七十五美元。那不是说明他是一个好老板吗?”

“不,别上当。你叔叔这儿多给一点,那儿多给一点,让那些胆小怕事的人开心一点,不让建立工会,他自己就赚得更多啦。愚蠢的问题。”

保罗的脸红了:“我只是在努力自学,去发现什么是对的——”

“嗨,保罗。”小乔喊叫道。这是一个警告。

本诺不再和蔼可亲,他吃力地慢慢站起身来,拿他的大拇指戳了一下保罗的胸脯:“工会是对的。社会主义是对的。你叔叔,他是错的,因为所有的资本家都是错的。瞧他们在这个城市都干了些什么?!”本诺拿他的手朝绵延不绝的屋顶、河流以及东面雾蒙蒙的银色湖面挥舞着,“那儿有很多很多的人没有工作。他们空着肚子,他们的老婆孩子都在挨饿——谁管过呢?而且,等那该死的博览会一关门,你会在大街小巷看到比现在多十倍的失业者。”

“本诺。”有人压低话音叫了一声。本诺东方人一样的奇异眼睛朝屋顶那扇门望去。一个穿着一套格子花套装的难以形容的小个子步态从容地走了出来,用手里的金牙签剔着牙齿。

“下午好,小伙子们。天气很好。享受吧,我们很快又要进入该死的冰天雪地啦。”

有几个人喃喃地打招呼,但是都不亲切。新来者名叫萨姆·特劳布。他在主楼里面有一张办公桌,他每天来上班,但是他的工资是美国政府发的。税收法律要求在每一家啤酒厂的生产场所都派驻一位税收人员。小乔说特劳布被认为是乔叔叔和席尔德克劳特先生的间谍。

“你干吗担心天气啦,萨姆?”本诺说道,“你总是可以在老板的火炉边得到温暖的呀,是吧?”

他的朋友们笑了起来。特劳布也笑了,但是保罗觉察到了他隐含的愤怒。

“啊，本诺，假如你不喜欢这个国家，见鬼的干吗不回到你自己的国家去呢？”

本诺在腰带上勾着大拇指，自得其乐：“因为我们得改革这个国家。”

“别指望。警察和林奇法官，他们会先改革了你呢——也是好事情。”

“萨姆，”本诺骂道，“滚！”

他的两个朋友鼓起掌来。特劳布从嘴巴里拿出金牙签：“把它留给激进分子去毁坏一个人的消化能力吧。”

楼梯门砰的一声关上了，声若枪响。

本诺咯咯笑着，在屋顶上坐下：“说到他要害了吧？”他拿一根食指捋着一边的八字胡，注意到保罗在皱眉头。

“有什么不对劲吗，小伙子？”

“就是还有一个问题。”

“吐出来。”

保罗明白他应该保持沉默，但是他想知道：“你讲话，你一直在说你有这个计划、那个计划，可是你又一直在这儿工作——你拿工资。你甚至都让我叔叔花钱把你从看守所保释出来——”

本诺站起身来，昂首阔步朝他走来，他不由得一阵哆嗦。“你是在说我们是一群空谈者——牛皮大王？”

“我是说——”

本诺一把抓住保罗的衬衫，俯过身来，喷出一股大蒜和洋葱的臭气：“你的想法不对，小屁孩。乔伊？”

小乔跳起身来，几乎像一名尽职的士兵。

“我们还得再进行一些教育。你和他星期日能否出来一下？”

“当然。”

“那么带上他。大约十一点钟出来。赶十一点零六分离开伊利诺伊中央铁路火车站的列车。”

“带我去哪儿？”保罗问道。

“印第安纳。”小乔说道，“沙丘。”

“我们要让你看看革命不是空谈，小屁孩。”

灰色的天空向下横扫，连接着白浪翻腾的灰色水面。刺骨的寒风吹得保罗的脸红扑扑的，而且令他的嘴巴里突然有一股不舒服的味道。在这段相对较短的火车行程中，小乔告诉保罗，他们要见的人不是社会主义者，而是公开承认的无政府主义者。

他们在一个很小的乡村小站下了伊利诺伊中央铁路的火车，然后往北跋涉两英里，来到湖边一个荒无人烟的地方。他们发现本诺跟五位朋友在一起，这五个人保罗在克朗啤酒厂一个也没见过。

在这群人当中，本诺是唯一一个气度不凡的人。其余几个人，有的像足不出户的小学老师，有的像因为干苦活变得拱肩曲背的视力很差的职员。这些人中有两个人戴着眼镜，有一个人的镜片被涂黑了，另一个人未经梳理的黄胡须拖到了他的腰部以下。所有人都穿得十分破烂，两个人穿着套装，戴着礼帽，两个人穿着奇怪的混搭服装，有补着补丁的裤子、牛仔外套、廉价的羊毛帽子。五人中间最可怜的那个人穿着别人抛弃的军装：一件有斗篷的深蓝色大衣，一条很脏的上面有一根黄色条子的淡蓝色裤子。这很难说是一个英雄群体，保罗心想。有一个想法重新浮上他心头：本诺·斯特劳斯是一个骗子。

他跟堂哥浑身哆嗦地和本诺站在一起，跟其他人稍稍分开。小乔跺着双脚："天哪，我要冻僵了。但愿他们能快点。"

"闭嘴，我们得把它做到位。"本诺说道。一顶圆锥形绒线帽子盖在他的秃顶上，帽子肮脏的绒球在风中摇摆。"他们快好了。"

本诺的五位同志正在将没有油漆过的墙板和一块块的屋顶焦油纸顶到一间小棚屋上，他们将小棚屋搭建在第一个沙丘上，那儿一眼可以望见破碎的波浪。保罗百思不得其解，在这样一个荒芜的不毛之地搭建这样一个建筑究竟是什么目的。

他在自己的手上哈着热气，像他堂哥一样跺着双脚："你们什么时候开始搭建这个小棚屋的？"

"今天早上。我们坐六点的火车过来的。"

"你们经常来这儿吗？"有证据证明这一点。沙丘背风面有三个不同的浅坑里残留着一块块烧焦的木柴。

“每月一次,有时不止。”本诺从他的衣裤相连的工作服里掏出一本小小的笔记本,接着又掏出一个铅笔头。他拿舌头舔湿铅笔的铅芯,写了起来。

既没有门也没有窗的小棚屋前面,穿着旧军大衣的那个人朝本诺招招手。他的喊叫声消失在了风中。本诺也朝他挥挥手,接着说道:“乔伊可能还没有告诉过你,我们到这儿来的目的就是训练。磨快我们用来把那些财阀赶下台的刀枪,获得我们想要的东西。”

所有人,除了那个戴着黑色镜片眼镜的人以外,全都分散到了小棚屋四周的空地上。戴黑眼镜的人俯身到一只旧的旅行箱上,从里面拿出什么东西,将它推进小棚屋边上的一个小洞里。接着,他双膝跪下,保罗看到洞的边上喷出一股青烟。那人跳起身来,跟着其他人狂奔,仿佛身后有魔鬼在追似的。本诺拿双臂抱住两个男孩子。

“趴下,快。”

他们往前扑倒在地,就在保罗的脸撞到地的一瞬间,一声爆炸的巨响,小棚屋被炸得粉身碎骨。

爆炸的回声似乎持续了很久。渐渐地,风声和波浪声代替了爆炸声。小棚屋的最后一批碎片从天空翻滚着掉落下来。一块冒着烟的焦油纸残片像一只喝醉了酒的蝙蝠滑过一个个沙丘。保罗毛骨悚然。

“去看一下。”本诺大声喊叫着往前奔跑。他穿越沙地的速度和气度,就他这个年龄和块头来说,实在令人惊讶。保罗和小乔跟在他后面。“天哪,我没想到会是这样。”小乔气喘吁吁地说道,“上一次,他们只有几根条状炸药,他们点燃后把它们扔了开去——”

大伙儿全都围到了小棚屋的地基四周。那些无政府主义者哈哈大笑着,庆祝自己的成功。

“这坑有三英尺深。”保罗说道。

“再看看,有四到五英尺呢。”一个人说道。这人也是德国人,他的英语糟糕得一塌糊涂,保罗几乎听不懂。

本诺在他的笔记本上记着什么,很是激动:“我们这不是闹着玩。”他对客人们说道,"我们在研究破坏力,炸药把东西炸飞的方式方法。'行动宣传'比话语更说明问题。"

他的目光落在了保罗身上:"我不是在吓唬你,可是你最好相信这个。假如你叔叔不愿意用不流血的方式把我们要的东西给我们,那么我们给他的就是流血。他和所有其他人。"

小乔用一种奇怪的痛苦的眼神望着本诺。毫无疑问,他没有憎恨他父亲到想要伤害他的程度,保罗心想。毫无疑问,他依然有一点爱他……

"准确讲,你们是用什么把它炸飞的呢?"保罗问道。

"商店有售的常规炸药。谁都可以买到。你也可以。你知道人们是怎么说炸药的吧。非常民主,它对每个人都是平等的。"

他的朋友欢呼着,拍着手。本诺对这种反应很是受用。接着,很突然地,他一把抓住保罗的胳膊并将它扭着。

"这点也要弄明白。你最好对你所看到的绝对不要透露一个字。任何人都别说。啊,乔伊?"

"对。"堂哥乔说道。

"你没必要非跟我们在一起。"本诺说道,"你甚至不必喜欢我们。但是,你要是随便议论我们,那就会吃苦头。"本诺摇晃着他,"明白吗?"

"是的,我明白。我不会说的。"本诺放开了他。

爆炸坑的边上一丛被熏黑的灌木散发出一缕刺鼻的烟,烟很快被风给吹走了。保罗真的感到害怕。现在他相信本诺的威胁了,他们每个人都相信。

在回程的火车上,他们两人几乎没有什么交谈。小乔将脸贴在肮脏的车窗上出神。他心里不痛快,保罗可以肯定。一开始,他把保罗介绍给他危险的朋友时还表现得趾高气扬。而现在,他似乎真的被这次示范给弄蒙了。他已经明白了本诺有可能会对乔叔叔干什么。

回到密歇根大道的家里,他们只是含糊地道了声晚安,便各自回房了。他们没有讨论他们所看到的事情,当晚没有,后来也没有。

10月28日,世界博览会闭幕的前一天,老卡特·哈里森市长在他位于阿什兰德大道官邸听到正门的敲门声,他应声前来开门。哈里森是一个平易近人、讨人喜欢的人,经常会发现在他的门口有表达良好祝愿的人和寻找工作的人。

然而,这一次不是表达良好祝愿的人,而是一个名叫普伦德加斯特的失业者,他认定是哈里森背后作梗,使他在市政府没有谋得一个职位。普伦德加斯特开了三枪。市长不到十五分钟便流血身亡。

"疯狂。"第二天晚上乔叔叔说道,"街上都是些无法无天的人。社会主义者和无政府主义者挑起了这种暴行。"

小乔的反应是阴沉的怒视。保罗认为,就乔叔叔的立场来说,他也许是对的。

秋天的色彩斑斓,明媚亮丽的天空,红若火焰的树林,让位给了逐渐临近冬季的单一色调。太阳像一个缺乏活力的柠檬色圆盘,躲在飞驰的乌云后面,接着有一天,完全隐藏了起来。

对保罗来说,天气还冷得不够快。也许到了感恩节,才会下雪,才会结冰。在德国,没有人知道有感恩节。这是伟大的林肯总统在1863年为庆祝联邦幸存和联邦军队获得决定性胜利而创建的。

克朗家的花园住宅里,北风剥落了树上的叶子。保罗有时间就帮助卡尔扫拢树叶,拿到第十九大街的路边去烧掉。焖烧树叶堆的味儿是一种新的味儿,有甜蜜,有伤感,令人难忘。

小乔从来不会来帮忙做这种家务。他称保罗是笨蛋。难道保罗不是早已像只骡子一样在啤酒厂累断筋骨了吗?保罗希望小乔说这话不是完全认真的,他坚持自己的立场。

"我不在乎。我对这个家庭仍然还有很多恩要报呢。"虽然他对乔叔叔的感情比他刚来时淡了些,但是他是认真的。小乔用他特有的傲慢方式摇摇头,走了。不过,除了偶尔会受到堂哥的责骂,保罗的直言不讳似乎并没有对他们逐渐增长的友谊产生不良影响。保罗对此感激不尽。

在世界博览会闭幕之后,本诺的预言成了现实。又有很多人被解雇。他们成群结队地流浪在街头。本诺和他在克朗啤酒厂的朋友们虽然抱怨失业者的困境，但是保罗认为他们心中是暗自高兴的。似乎所有的苦难都会帮助他们的事业发展并加快发生阶级暴力冲突一样。保罗在他的袖珍词典里找到了一个说法来形容本诺及其朋友。他第一次看见这个说法是在一份报纸上。这个说法就是“愤世嫉俗”。他们是愤世嫉俗的人。

但是，他再也不会愚蠢地认为他们是无害的人了。

第三十一章　乔·克朗

1893 年 11 月，乔·克朗这儿来了一位来自纽约的受欢迎的客人——他在共和党里认识的一位老朋友，他们俩在党内都很活跃。

卡尔·舒尔茨①比乔大十二岁。而且，无可辩驳的是，他是德裔中最著名的美国人。他出生于科隆附近，还在波恩上大学的时候便投身到了 1848 年的革命当中。他于 19 世纪 50 年代移民美国，定居在威斯康星，并在那儿加入了那个新的理想主义的共和党。

早在战争赫然逼近之前，他就已经是一名开业律师了，他为保证林肯获得总统提名出了大力，也曾短暂地到西班牙担任公使之职。他于 1862 年回到他新的祖国率领联邦军队。他参加了第二次布尔溪战役、钱瑟勒斯维尔战役、葛底斯堡战役，退役时获得了少将军衔。

他积极投身到新闻行业中，成了德文报纸《圣路易斯西部邮报》的老板兼编辑，那时，他被选为密苏里州的参议员，成为那个高级议会担任公职的德裔公民第一人。现在，他再次成为新闻记者：《哈珀周刊》社论的主笔，正在芝加哥到处跑，从事他的一个实情调查。

舒尔茨是一位身材瘦长、学问精深的人，脑袋上矗立着一大圈灰白头发。他那双警觉犀利的眼睛似乎被他所戴着的镜片有小圆圈的眼镜给放大了。克朗家人非常喜欢他，伊尔莎热情地邀请他到密歇根大道的家里做客。所有的孩子都

---

①卡尔·舒尔茨（1829—1906），德裔美国政治领袖、联邦军将领，曾参加第二次布尔溪战役，战后任美国参议员（1869—1875）、内政部长（1877—1881），参加建立自由共和党（1872），后任全国文官制度改革同盟主席（1892—1901）。

恭敬地出来表示欢迎。舒尔茨对每个人都有赞美之词,而且对小卡尔特别关注,卡尔的名字就是为了向他表示敬意而取的。弗里奇咯咯地笑着,不怕难为情地卖俏,然后又是试图模仿客人的言谈举止。舒尔茨乐了,但是伊尔莎立刻加以制止。整个过程中,小乔彬彬有礼,但是沉默不语。他父亲没有忽略这个细节。

当介绍保罗的时候,舒尔茨说道:“我赞成你选择美国作为自己的祖国。我跟你叔叔一样,也做出了这样的选择。三个有智慧的人,是吧?”伊尔莎哈哈大笑起来,太响了一点。舒尔茨微笑着,他对自己的重要性有一种敏感。

下午一点,全家和客人一道吃了一顿饕餮大餐。然后,舒尔茨和乔退到了书房里喝酒——乔喝的是家乡黑啤,卡尔则喝德国烈酒——他们谈论国家的形势、世界的现状。他们虽然同是共和党人,但是并非对什么都观点一致。乔属于拥戴格兰特派,这样的联邦老兵有成千上万。尽管格兰特被指控有违法行为和不能胜任,这两件事情在他最后几年的总统任期内玷污了他的名声,但是他们依然坚定不移地忠于格兰特总统。而舒尔茨曾领导过反格兰特派别。

其他的问题也会让他们卷入友好的争论当中。政党分肥制便是其中之一。舒尔茨提倡公务员资格考试制度,但是乔认为它只会受到政府更多的干涉。另一件事情是关于古巴。这个距佛罗里达州仅仅九十英里的岛国多年来一直刺激着美国人的兴趣,引发美国人的焦虑。

在西班牙对这个殖民岛国的镇压和苛政劣迹昭彰这个问题上,乔和舒尔茨没有不同意见。他们认为,古巴奋起反抗挣脱马德里的锁链是正义和正确的。这场斗争始发于19世纪70年代,当时有一个强大的流放帮古巴集团,在曼哈顿的一个家庭旅馆内运作,筹集资金,阻挠远征。

西班牙与其桀骜不驯的殖民地居民所谓的十年战争一直噼里啪啦地持续到1878年签订那个软弱无力的《桑洪条约》。但是自由是一个强有力的理想。在纽约,依然有一支强大的流亡者骨干队伍,即早先正式组建的古巴革命党。造反者在纽约码头附近的一家店堂工作。领导者是一位老军人马克西莫·戈麦斯将军和一位年轻的新闻记者、理论家乔斯·马蒂①。马蒂十五岁的时候就因为参加

①乔斯·马蒂,即乔斯·朱利安·马蒂(1853—1895),古巴诗人、作家,古巴独立革命先驱,其文学影响遍及拉丁美洲和西班牙,主要著作有诗集《自由的诗》、散文《我们的美洲》等,后在战斗中阵亡。

革命活动而被送到古巴采石场接受惩罚。

正是马蒂最近领导了“自由古巴”运动。现在,1893年秋季,这场运动再次被拖延。大萧条使东海岸的很多雪茄工厂和血汗工厂倒闭关门。失业的古巴雪茄工人没有钱支持革命者。

“也是一件好事情。”舒尔茨在乔的书房里说,“如果马蒂的那些入侵计划筹集不到资金,那么它们或许就会枯萎凋谢。”

“你反对推翻专制君主政权?你反对自由?”

“我反对披着红旗的帝国主义行径,约瑟夫。这个国家有一个强大的派别很高兴这样做呢。这个派别的声音越来越响,影响越来越大,长期如此。我担心,这个派别心里想得到的并非扩张美国自由,而是拓展美国商品市场。”

乔说了一声“胡扯”,便一口喝光了杯中啤酒:“这个国家应该竭尽全力解放古巴。如果有必要,我们应该诉诸武力帮助。”

“你怎么可以说这样的话呢?要是我们的故国选择输出它的治理风格,加上军队很愿意进行战斗来保证任何这样的海外冒险获得成功,那怎么办?别笑,柏林的军事集团很强大。像这样的想法在高层官员中已经传得沸沸扬扬。”

“这是不一样的事情,风马牛不相及。”

舒尔茨将他的长腿伸向壁炉明亮的炉火:“你要是这么说,我也没办法。我不想让一位好客的主人生气。”他举起小杯烈酒,“为你的健康干杯”。

乔说道:“你知道,古巴紧张的局势不会消失。马蒂和他的人有着广泛的支持。纽约一些大的报纸都在做他们的后盾。萨姆·龚帕斯,这个人是工会里面唯一一个对权力和激进思想没有半疯的人——”

“我知道,我知道。”舒尔茨和解性地举起一只手,“我们尽量不要在这儿解决问题。我想去散散步。”

乔在窗口说道:“天很冷呢。好像要下雨的样子。”

“我想呼吸新鲜空气。”

于是,他们穿上厚厚的大衣,戴好礼帽,围了围巾,戴上手套,在这个寒冷彻骨的灰色下午,朝白浪滚滚的黑乎乎的湖走去。

“你的生意怎么样,约瑟夫?”

"恢复到满意的状况了。"他讲述了由赫克斯哈默的社论引发的问题,"艰难时世,人们比以往任何时候都需要啤酒。他没有估计到这一点。"

乔带路,沿着一条小道走去。路的边上,有几块巨大的花岗岩,是一次不成功的施工后留下的。路的另一边,浪花飞溅,阵雨一样的冰冷湖水洒到了他们的帽子上。

"不过,劳工形势——却是另一回事了。厂里面压力骤增。尽管我很少看到证据,但是我能够从他们身上感觉出来。部分原因就是那个该死的尤金·德布兹和他的新工会。"乔指的是那个强大的美国铁路工会,夏天的时候由许多较小的铁路工会结合而成,主要归功于一位来自印第安纳州南部山区的劳工领袖。

舒尔茨说:"我还没见过德布兹。他们说他是个好人——甚至是圣徒一样的人。"乔轻蔑地哼了一声。

"他在芝加哥有大量追随者吗?"

"我的朋友中间没有。他是个社会主义者,而且从不隐瞒。"

乔踏上一块很大的花岗岩,有人在这上面凿了一个平台。他远眺着湖面,广阔、寒冷、险恶的湖面。

"我在啤酒厂有一个更加私人性质的问题。那儿有一个激进派别,而且我大儿子乔经常跟他们鬼混在一起。"

舒尔茨的脸在风的吹拂下变成了亮闪闪的粉红色。两个好朋友肩并肩站在那个平台上,戴着手套的双手都插在口袋里。"约瑟夫,提醒一下——1848年的时候我就是激进分子中的一员。"

乔仿佛没有听见舒尔茨说的话,继续说道:"要不是怕把乔推到他们的阵营里去,我会惩罚他的——马上把他从啤酒厂赶出去。他在很多方面都是个聪明的孩子,可是在有些方面却很愚蠢。我真的希望他成年了会醒悟过来。十分坦率地讲,有的时候我看他不像我自己的孩子。"

他转过身,面对着城市黑乎乎的轮廓线。他们已经走得很远了。他可以在一块块花岗岩的上方看到国会大街上那幢十层楼的会堂宾馆,在正北方看到漂亮的斯图特贝克大厦。

"我来芝加哥已经二十年了——来这个国家三十六年了——斯城斯国,我几乎都感到陌生。我不知道该如何看待今天这个世界。电灯。电话。伊斯曼公司那些小小的黑色盒子里居然会魔术般地冒出一张张图片。每个人都在疯狂地骑自行车——哎呀,他们甚至还在谈论机动车,不是用马拉了。你能想象吗?他们正在写文章介绍能在天上飞的新奇装置呢!"

"瞧这个城市,你看到什么了吗?工人,收入公平,待遇体面,却朝着他们的雇主吐痰。里面那些人想要摧毁这个社会的街坊文教馆却受到广泛欢迎——居然可以在公共讲台毒液飞溅地宣扬他们的邪恶观念,而且得到赞许叫好!女人有了俱乐部和学院——属于厨房和托儿所的女人——卡尔,怎么回事儿啊?"

"时代,我想。进步的时代来了,朝着你,朝着我。"

乔·克朗骂着什么。这种情况很少发生,可是一旦发生,就会发生得有声有色,就是那种唾沫飞溅、撇着嘴巴、扫机关枪一样的德国话。

舒尔茨继续体谅性地保持沉默。有些人随着年龄的增长会变得保守思想占主导地位,无疑,他的朋友就属于这一类。这种情况不会减少舒尔茨对他的喜爱。乔·克朗是个好人。他在生意上的行为十分诚实。他是一位关爱孩子的父亲,也是一位挚爱妻子的丈夫。舒尔茨可以理解他朋友因为他的政治与社会观念给他带来的痛苦,但是不必非得赞同他的这些政治与社会观念。

乔的愤怒减弱了。他看上去很难过,甚至有挫败感。客人温柔地说道:"这些你对啤酒厂的担忧——你真的认为你会遇见这些麻烦吗?"

"他们要是继续反对我——他们要是继续提出要求——会的。大萧条只会使那些激进分子更加无所顾忌。他们想要表明他们的计划会成功,而诚实的商人会失败。"

"你不怕暴力,是吧?肯定不怕。"

"这是完全有可能的。"

"嗯,我衷心希望不会把你儿子卷进去。"

"谁知道啊?他老跟我唱反调。"

"年轻人跟父亲常常会意见相左。这好像是成长过程中的一个必要环节。"

"必要?对我试着想要给他的所有东西不屑一顾?所有我主动给他的!哦,不。"

乔·克朗的帽子突然被吹飞了。他机敏地赶快跳下平台，在帽子还在褐色的冰冻土地上蹦跳翻滚的时候一把抓住了它。他将帽子戴到头上，突然眨巴着眼睛，伸出舌头，在空气中品味着什么。

舒尔茨也感觉到了。他摘下一只紫色手套，摸了一下自己的脸颊。

“雪。”

“是啊。”雪花从北方飘来，北方的天空呈现出很深的蓝灰色，小小的雪花迅捷地飞舞着，每时每刻都在变得肥大。

“地道的冬天标志，卡尔。也许小乔可以给我们几个月的安宁日子了。他痴迷于冬季的户外活动。他热爱溜冰。我侄子也给自己买了一双溜冰鞋，就是昨天，他拿给我看了。他问我林肯公园的潟湖什么时候会冰冻。走吧，我们该回去了。”

第三十二章　保罗

冬天的月亮低低地悬垂在地平线上，将溜冰场染成了金色。寒风劲吹，刮得堤岸上的树枝一个劲儿地乱响。保罗坐在那儿，用他半冻僵的手指系溜冰鞋的鞋带。小乔在附近一个合适的地方沾沾自喜地小跑，每一次嘴巴里喷出的一小团一小团白气会悠悠地飞过月亮。这是清晨五点半。

“真是荒唐，保罗。你不知道怎么溜冰。”

“如果我不会溜冰，我就见不到她。这你说过的。”

“我还说过，你就是见到她了，那又如何？范德霍夫瞧不起德国人、欧洲中部移民、爱尔兰人——整个那一类人。他特别憎恨爸爸。”

“我不管，我要见她。帮我站起来，好吗？”

堂哥乔向下伸出手，保罗抓住，挣扎着在溜冰鞋上站直了身子。林肯公园在月光下显得孤寂而又空旷。

保罗在地上先迈出左冰鞋，三英寸。他的双腿很强壮，但是他的脚踝依然在危险地摇晃。他的右冰鞋又滑出了三英寸，来到了冰冻的潟湖边上。

“我不知道这冰是否够结实。”小乔说道，“只是前天夜里才结的冰。”

“就算这样，我也必须试试。”

保罗的脸摸起来像块生肉。他的御冬羊毛外套恍若报纸一样薄。他将圆锥形绒线帽拉到两只刺痛的耳朵上，戴上羊毛连指手套。他将左冰鞋挪了一英寸到冰面上，接着挪右脚。他的左脚踝往侧面崴了一下。他摔倒了。

“天哪，这样肯定不行。”

“扶我起来，乔。我要学习溜冰。”

“不撞南墙不回头。”但是,小乔再次向保罗伸出了手。他穿着溜冰鞋活动毫不费劲。

保罗摇晃着,好不容易保持了平衡:“请推我一把,看我能不能滑一小段。”

小乔推了他的腰部一把。保罗向前滑了大约三英尺,冰刀在寂静中发出刺耳的声音。远方,有一辆火车鸣响着汽笛。这声音升腾飞扬,直抵九霄,唤醒了千万颗白色的星星。

“我滑动啦,我溜冰啦。”保罗大声喊叫道。突然一声高喊,他的双臂如同风车叶片打转。他摔倒了。这一次他没有人帮忙便站起身来。

“坐,乔。你休息,我自己练习。”

“如果你要练习,那么我们来这儿练到圣诞节。”小乔滑向湖边,面朝着潟湖坐在那儿,抱着双膝保暖。

保罗滑出右冰鞋,摔倒了。

他爬起身来再试。

他摔倒。

很快,他的屁股疼了。他继续练习。他好不容易朝潟湖中心滑出十英尺,在这之前他摔倒了十七次。月亮升得更高了,由金色转变成了浅浅的灰黄色。冰面在保罗的溜冰鞋下发出开裂的声响。

“乔,你看,我学会了。”他大声说道。他继续往前滑行,滑向潟湖中央,冰刀下的冰面开裂的声音越来越响。凛冽的寒风刮在他生痛的脸上。他大笑着,快乐无比,滑向——

冰面开裂了。他掉入了黑色的湖水中,他往下沉的时候听到了小乔的喊叫声。

他的衣服将他往下拽。冰冷的湖水让他感到害怕。但是,他是一个游泳好手,而且他很强壮。他踩到了潟湖的底,接着他弯着双腿,往上蹬踏。他将右手举过头顶,摸到了冰面。他一抓住冰面,冰面就碎裂了。哦,天哪,他完了,他心想,再次往下沉。

有什么东西抓住了他的一条胳膊,止住了他的下沉。小乔十分危险地平衡在眼看就要碎裂的冰面上,拿出吃奶的力气将他拉出半个身子。

接着,冰面崩塌。他们双双落在水里挣扎,他们扑棱的双臂溅起点点银色水花,飞向空中。小乔的脑子没有糊涂,他知道这越来越宽阔的冰洞哪边的冰可能最厚。他想办法爬了出去。接着他把保罗也拽了出去。

"天哪,真是太蠢了。"他大口喘着气。接着,他哈哈大笑起来:"你太滑稽了。"保罗湿透的羊毛帽子歪了,挡住了一只眼睛。

"你也一样。"

他们双双大笑起来。

保罗的牙齿开始格格打战。"今天够了。"他堂哥说道,"我们去啤酒厂,夜里看门的人会让我们进去的。我们可以在上班前把衣服烘干。"

保罗跟着堂哥朝岸上挪动,尽力滑而不是走:"我明天夜里还来。"

"你恐怕是认真的。"

"我要见到她,乔。我学的时候你没必要跟我一起来。"

"你是希望我走开,让你淹死?一两个资本家死了不会让我的良心感到不安,可是一个堂弟死了——那不一样。"

小乔用手肘轻轻推了他一下:"她来了。"

那是一个星期日的下午。12 月,天气非常冷。可是太阳明媚。潟湖东边一个很大的公共休息室里,传来手摇风琴的悠扬旋律《祖父的时钟》。

尽管气温很低,但是保罗感觉温暖。也许是因为精神紧张和高度兴奋。冰面上挤满了溜冰的人,小伙和姑娘,父母带着孩子,有的溜得很慢,有的溜得飞快,在人群中穿梭往来,身轻如燕。尽管如此,朱丽叶·范德霍夫也不可能不是万众瞩目的焦点。她就在靠近湖岸一个较小的休息室里面。这深绿色的休息室中央有一个砖砌的壁炉和烟囱。木柴正在熊熊燃烧,发出耀眼的火光。面向潟湖的屋檐上挂着一块牌子。

林肯公园溜冰俱乐部

—仅对会员开放—

朱丽叶·范德霍夫在休息亭里暖和着身子，因为她穿着有宽大风帽的猩红色天鹅绒斗篷，所以显得鹤立鸡群。七八个青年男子有说有笑地围在她四周。那些年轻人全都看上去一副时髦阔气、春风得意的样子。

“我们必须到那儿去。”保罗说道，“你可以提醒她我们夏天见过面。”

“好吧，不过你可是遇到对手了。一大帮高富帅呢。”

“高富帅？”

“有钱人家的男孩。别担心，你有什么好损失的？”

损失一切啊，保罗心想。

他们踏上冰面。保罗现在滑得相当轻松自如了。几次练习使他滑得越来越稳，也增强了他的信心。“嗨，朱莉，你好。”小乔喊叫道。他们咔嗒咔嗒地走进那个俱乐部休息亭，冰刀在坚硬的石板上发出刮擦声。他用肩膀将两个追求她的人挤开：“你还记得我堂弟保罗吗？”

保罗一把拽掉帽子，准备说点什么，可是什么也想不起来。那双灰色明亮的眸子，那种亲切热情的微笑，把他迷醉了。她的浓密黑发在风帽里闪闪发亮。

“哎呀，记得的，德国男孩。”“男孩”这两个字让他崩溃了。她伸出一只戴黑色手套的手：“再次见到你太好了。”他们握手。她对其他人说道：“这是约瑟夫的堂弟，保罗·克朗。”

保罗知道那些年轻人向他投来的目光。一个金发碧眼的个儿高高的家伙傻笑着拍拍他的后背：“你好，德国人。朱莉，我们再滑好吗？”

“好的。”她朝金发小伙子微微一笑，虽然她似乎朝保罗期望地瞥了一眼，“保罗，这是斯特里克兰·韦利弗二世。他是我们俱乐部的速滑冠军。”

“瞧我的吧。”韦利弗说道，十分扬扬得意的样子。他把朱莉看作属于他的一样轻轻触了一下她的胳膊。赶快，想点办法。他要是想不出办法，韦利弗就会把她拽走啦，他的机会就会失去。

“范德霍夫小姐，我想你最好还是先跟我去。”保罗说道，拼着老命既想把英语说标准，又不想表现出过于紧张，“有一个公园的警官想见你。”

斯特里克兰·韦利弗说：“一个什么？”小乔几乎要窒息。

“警官——你们是不是这么说的？”保罗朝人头攒动的潟湖做了个手势，“就在那边。你如果能跟我来的话——"

他心里在发慌，不知她是否会扇他耳光，但是他还是抓住了她的手臂。她的灰色眼睛探查着他的眼神，好奇、惊讶，接着乐了。

"好吧。对不起，斯特里克兰——乔——你们大伙儿。"

她跟着保罗走出休息室，走进灿烂的阳光里。

他们溜冰。

他们在潟湖的四面八方滑行，他们随波逐流，他们顶风破浪，他们滑向风琴师刚刚结束《鲍厄里大街》，转换成节奏明快的《老黑乔》的那个休息亭。朱莉的脸蛋红扑扑的，容光焕发。她的滑步急速轻快，她的上身似乎不费一点力气地在飘然移动，似乎跟她的双腿没有任何关联。保罗感到紧张，生怕摔倒。

朱莉举手遮阳："警官在哪儿？我没看见他。"

"嗯——"保罗忍不住了。他扭身停了下来。她撞到他的怀里。

"哦。"她轻轻叫了一声，退回身去，但是依然站得很近。他们的个儿一样高。他们冷凝的呼吸交织在一起。这么近，她灰色的双眸似乎变得十分巨大。

"范德霍夫小姐，我坦白。没有什么警官。我说这话是想把你弄过来。"

"这倒是很巧妙。胆大妄为——"

"可是，假如真的有警官的话，他也会很愿意见你，因为——"他喘了一口大气，豁出去了，"因为你——对不起，我紧张——你很漂亮。"

"呃，谢谢，保罗。"她好像没有生气，而是感动了。她回头望着那个俱乐部的休息亭，斯特里克兰·韦利弗正在那儿望着他们，戴着手套的双手握着拳头贴在他的臀部。

"你是一个最非同一般的小青年。彬彬有礼，但非常聪明。"

"我并不十分小呢，小姐——"

"我们都已经熟悉了，你叫我朱莉就行。"

"朱莉。"多么富有音乐感的名字，当着她的面，第一次从他的舌尖飞出，差一点将他弄得精神失常。"你叫我小青年——嗯，我并不小了。我十六岁。"

"我也十六。我的生日是 5 月 28 日。"

“我的生日是6月15日。”

“那么我大。我们看看——大十八天。所以你只好什么都听我的。”她的目光中有逗笑的光芒，“保罗，我也要坦白。”她等到两个人从身边滑过去，“我早知道没有警官的。可是我很高兴你杜撰了一个。”

她的呼吸飘进他的鼻孔，有淡淡的丁香味儿。她猩红色的斗篷轻轻地擦着他的外衣。一度，他感觉到了她的胸部。他的头在突突作痛。

“保罗。”

“什么？什么？”

“我们还滑吗？”

她感觉出来了，他毫无经验，便慢慢地滑。他保持同步，谢天谢地没有摔倒。她宽容了他粗鄙的伎俩，克服了他们两人之间最初的尴尬。

小乔倒滑着从他们身边滑过。他红红的脸上一双眼睛笑眯眯的。他挥挥手，继续倒滑，也不知怎么的，不看人群也能避开他们。

“你英语说得很好。”她说道。

“谢谢。我学习努力，自学的，还有一个——家庭教师。”他难为情地咕哝着，“我不知道英语怎么说。”

“你是指老师？家庭教师？”

“对！我有个家庭教师！谢谢。”

他们溜冰。

“你现在是在克朗啤酒厂上班吗？”

“是的。星期天休息。”

他们溜冰。

“我喜欢你堂哥乔。我把他当作好朋友。他很聪明。他看书很多，是吧？他的有些观念挺让人惊恐的，可我总是很喜欢听。但愿能经常见到他。我的父亲，恐怕挺——嗯，挺不喜欢那些没有我们家来美国时间长的人。范德霍夫家族最早在革命前就有人来到了康涅狄格州。”

“恐怕你得遵循你父亲的意愿办事。”

“的确。眼下这个时代,人们期待做女儿的要孝顺本分。”

他们溜冰。

“我还以为今天下午出不了家门呢。”她说道,“我母亲又卧床不起了,病得很厉害。”

“哦,我很难过。”

“谢谢。”

“病得突然吗?”

“哦,不,妈妈得的是反复发作的慢性病,叫作神经衰弱。神经和大脑处于极端衰弱状态。她的情绪十分低落。有的时候她甚至好几天都不说一句话。这事儿让我十分烦恼,但是伍德罗大夫说这对女人来说完全正常。我生活在纽约的姨妈威利斯说那是胡说八道,可是父亲不相信她的话。他不喜欢威利斯姨妈的所有想法。她每年来做客两次,这个他也不喜欢。”

“你喜欢你姨妈吗?”

“非常喜欢,尽管她的有些观念十分大胆。她让我想到你堂哥。”

他们溜着冰。

“你觉得美国怎么样?”

由于他小小的计策已经被揭穿,他感觉他可以对她坦诚相见:“没有我原先想象中的喜欢。”他微笑着,“不过我现在正在越来越喜欢它。”

一个人从他们身边滑过,慢慢地做着专业的摇晃动作,在往前滑的过程中来回侧面滑。这人中等身材,戴着一顶礼帽,围着一条深蓝色的彩格呢长围巾,手上戴着很贵的猪皮手套,他的双排扣花呢套装里面穿着一件圆翻领毛衣。要不是这人的另一个特点,保罗根本就不会怎么注意到他。这人戴着一副有很长带子的单片眼镜。

他似乎对朱莉感兴趣。保罗瞪眼瞧着他。那人微微一笑,突然向左侧滑了过去。保罗很快便把他忘了。

一个卖烤板栗的小贩推着有炉子的小车沿着湖边叫卖他的货物。手摇风琴响亮地演奏着《黛西·贝尔》,去年一首红极一时的歌曲,到处都可以听到这首歌。弗里奇说,这是被那些疯狂的赛车手鼓捣起来的。

朱莉瞧着保罗，他瞧着她……

“看着点。”一个胖胖的保姆拉着一个穿小溜冰鞋的孩子在滑行，保罗连忙往边上避开，差一点被撞上。保罗的动作太过猛烈，撞到了湖岸，哗啦一声倒在了地上。

朱莉的技术好，刚好在冰面尽头停住。保罗挣扎着爬起身来，掸掉裤子上的冰碴，羞愧满面：“我恐怕不是个很好的溜冰者。”

“你说你在柏林经常溜冰啊。”

“你还记得这个话？”

“当然记得。”

“朱丽叶——那个——那是另一个故事。我想要——想要——哦，我想不起来怎么说这个话。”

“是不是想说‘给人留下印象’这个话？”

“对。给人留下印象。我想要给你留下印象。”

她温和地微微一笑，将一只戴手套的手放到他的一条胳膊上：“你做到了。”

金发碧眼的斯特里克兰·韦利弗二世在夕阳西下的余晖中飞速滑来，一面做着完美的八字形滑行，一面朝她大叫道：“你打算整天就跟他泡在一起了吗？”

“不，斯特里克兰，别不耐烦。”她轻声对保罗说，“你要是愿意的话，我下个星期日教你一些溜冰的点子。”

“愿意。太好了！”可是，整整六天见不到她，他可怎么活呀？

“再见，保罗。谢谢。”

她紧紧握了一下他的手，滑走了，后面跟着那个金发碧眼的年轻男神斯特里克兰·韦利弗。

哐啷哐啷的拥挤缆车在斯泰特大街上往南行驶。保罗向他堂哥冲口说出了他的秘密。

“我爱那个姑娘。我爱上她了。”

“你疯了。”

“不，我恋爱了。”

“那么，我的朋友，你遇到麻烦了。她也许会喜欢你，可要是让她爸爸波克发现了，他有可能拿竹杖打得她死去活来呢，你也一样。我不是告诉过你吗？范德霍夫仇恨外国人。他仇恨任何非名门望族的人——包括我们。”

保罗谵妄性地想象着朱莉灿烂的明眸、乌黑的秀发，他几乎没有听见那警告。

第三十三章　埃尔斯特里

他慢慢地滑着。今天下午可以猎获的对象不多。这有点可惜，毕竟环境条件还不错。除了范德霍夫的女儿，他没有看见有认识的人，而现在她跑了。

他让更加生龙活虎的溜冰者滑向前去，这样更容易物色可能的对象。黄昏降临，天气阴沉，寒风凛冽。一个上了年纪的服务员在被放于潟湖沿岸的一只只铁桶里点上火。熊熊火焰在这个溜冰人的单片眼镜上闪烁跳跃。

戴一副单片眼镜，他可能太傻了，因为这样会引起人们的注意。但是，他喜欢它所创造出来的高贵儒雅风度。你也可以从另一个角度看问题：别人要是把注意力集中在了他的单片眼镜上，那么他们就会忘了他的脸。然而，危险因子依然存在，他喜欢这种危险因子。它给这样的远足添加了调味品。

他想到了范德霍夫的女儿朱丽叶。她跟一个有着蓝色眼睛、红褐色头发和健壮体格的年轻人在一起溜冰。他羡慕那小伙子，不过想想也是，就算范德霍夫小姐没有人陪同，他也不可能跟她说话。她也许还记得他呢。

不大可能，但是万一呢？三年前，他曾经被介绍给她，那是在会堂大楼观众层的前排，当时范德霍夫和他那位饱受疾病困扰的南方妻子硬拉着他们女儿来参加一个瓦格纳交响乐演出晚会。“朱丽叶，”她父亲说道，“我可以把威廉·范恩·埃尔斯特里三世先生介绍给你吗？你母亲最喜欢去买东西的那家百货商店就是他们家的——这让马歇尔·菲尔德先生极为懊恼呢。”

他对那天晚上朱丽叶的青春貌美记忆犹新。她穿着雅致的女裙——纤尘不染的白色，跟她令人不可思议的漆黑头发上的羽毛状宝石头饰交相辉映。

他多么想看到她乌黑的秀发飞流直下到她的胴体上。

啊,干吗想这事儿?他冒险,但是他不追逐不可能的东西。

尽管如此,他的脑子里还是忘不掉她。

他摘掉手套,在其中的一只火桶上暖着双手。他的脸上出汗了,但不是因为这火焰。

从哈里森大街到第十二大街的海关广场是芝加哥最优裕闲适的邪恶区域,也是美国最有名的区域之一。这个区域仿佛没有受到情势越来越糟糕的大萧条的影响。当他的双轮双座马车停到社交俱乐部前面的路边时,他默默地观察着。这是一个寒冷的星期日夜晚,街上的活动倒是不算冷清。车水马龙,人头攒动。

海关广场的大多数机构都是为较高阶层的顾客服务的。有几家低级夜总会,但它们是在其他老板的控制之下。一位有身份的先生可以来这儿,安全措施要相对比较好。尽管如此,他从不冒险。他的身上藏着一支镀金的小手枪,总是藏着。

七英尺高的俱乐部看门人是一个有着长长白胡子的肤色赤褐的人,他赶紧跑下宽宽的台阶,打开马车门:“晚上好,先生。欢迎再次光临。”

埃尔斯特里跳出车门,付了马车夫钱。他已经换上了晚礼服,白色的领带,高高的帽子,短短的斗篷,还有手套。他看上去时髦帅气。

“晚上好,约翰。”每个人都叫这个浸礼会教友的看门人“约翰”。俱乐部的老板说他是来自加尔各答的帕西人。他穿着一套褪了色的制服,从戏剧界的一个客户那儿弄来的,配有一根蓝色的丝质腰带,腰带上挂着一柄有鞘的短剑。“又是马戏夜。”

“是的,先生,已经有一大群人了。是个很好的演出。快要开始了,请您赶快进去。”

埃尔斯特里在闪亮的煤气灯下爬上台阶——这儿还没有用上电灯——敲响了一扇装饰华丽的雕刻门。

另一个穿制服的人把他领进一个门厅,门厅的装饰和灯光如同一个高贵的家,风格并不张扬。唯一打破静谧的声音来自一只关在笼子里的鹦鹉,笼子挂在一个架子上。鹦鹉吹着口哨,歪过脑袋,大声说道:“欢迎,欢迎,欢迎,先生。”

“你好,朋友。很准点呀,是吗?”埃尔斯特里右面的一个客厅里走来一个身材小巧纤细的女人。她至少六十岁了,穿着祖母灰的漂亮礼服。她握着他的手:“我们很高兴见到你。”

他看也不看便将自己的斗篷、帽子、手套交给男仆:“谢谢,休。我们是在楼上的幽雅单间吗?”小休是个白人,跟大休合伙拥有这家妓院,大休是个黑人。

“不,在后面的台球房。得把那桌子搬出去。人满为患。我为这场马戏到码头区去弄了个姑娘来。那边他们叫她‘牛排’伯特。”

小休眨眨眼睛,第一次露出跟她祖母的形象不相一致的神情。埃尔斯特里咯咯笑了起来。

“今晚价格照旧?”

“没错,七十五。我们会加到你的账单上。直接到后面去吧,他们还在上香槟酒呢。”在社交俱乐部,这是唯一常规供应的酒。威士忌和啤酒得顾客事先预订,价格奇高。

埃尔斯特里飞快地沿着昏暗的大厅走去,大厅里贴着褐紫红色的墙布,上面毛茸茸的图案是像荷花那样的花朵。走廊尽头那个烟雾腾腾的房间里,很多先生端着香槟酒杯,有坐有站。他听到了咆哮声。人群移动起来,他看见一个短须浓密的粗鲁小个儿紧紧抓着一根绳子。绳子的另一端是一只巨大的黄褐色的拳师犬。

埃尔斯特里右边一个凹室的门打开了,他停住脚步。一个隆隆的声音朝他打招呼:“瞧谁来了。比尔!现在我们有个有钱人来啦。”

“行行好,别大声叫唤我的名字,休。”埃尔斯特里说,虽然台球房里人声鼎沸,很难说有谁会听见。他走进凹室。大休是一个体重三百磅的女人,穿着一件黑色的邦巴辛毛葛长袖连衣裙,高高的领子被一个三英寸宽的钻石项圈遮挡了起来。她的身上散发出一波波香水味儿。

“你身体怎么样?”她问道。大休总是那么欢快友善,而他也不在乎什么类别的黑人,他不得不承认,她是一个成功的女商人。

“等我在这儿过上几个小时,身体就会好得多。”

休眨了一下眼睛,问道:“你老婆怎么样?”

他一把抓住她的下巴，拧着扭着。她痛得龇牙咧嘴，露出一口白白的牙齿。

“别没规矩。你明白对我没规矩的姑娘我会怎么处置她。这个世界有两条标准，休。一条老婆的标准，一条老公的标准。记住了。”

埃尔斯特里最后拧了一下她的下巴，拧得她轻轻地喘着气。他漫步朝台球房走去。

当他走进门时，人们都回过头来，有两三个熟人朝他打着招呼，但是没叫他的名字。他也没有叫他们的名字。他找到一把椅子，拿过一杯香槟。一扇边门打开了。有好几个客人喊叫起来，拍着手。

“牛排”伯特走了出来。这是一个大约三十岁的女人，长长的金发很脏，两个肩膀宽得像钢铁工人。她的缎子宽大长衣上装饰着孔雀蓝的闪光片。她傻傻地笑着，朝人们行了个屈膝礼。

更多的掌声。埃尔斯特里将一根刚点燃的古巴雪茄叼在嘴里，也鼓着掌。“牛排”伯特将双手放在膝盖上，忸怩作态地瞥了一眼自己的肩膀，往前倾过身子。那个拳击教练差一点拉不住那条狗，那狗发疯一样地用爪子扒拉着地毯，大有不将地毯撕碎不罢休的意思。

埃尔斯特里透过雪茄烟雾，突然看到了一个出乎意料的幻象，像一杯烈酒让人头晕目眩，这个幻象把想看即将开始的演出的念头排除到了九霄云外。幻象就是朱丽叶·范德霍夫——远比这个低贱的妓女妩媚动人。

第三十四章　保罗

她将他脑子里的一切荡涤一空。他在克朗啤酒厂郁郁寡欢，因为他知道他有自己的理想，但是不知道如何实施这个理想、如何学习。如果他离开啤酒厂，他担心会第二次让乔叔叔失望，那会有一种负罪感——要离开啤酒厂现在看几乎是不可避免的了。叔叔和堂哥之间的对抗一直在酝酿，这两个人在他心目中都有分量啊。于是，那个很难被忽视的老问题又冒了出来：他真的找到自己的家，找到可以度过余生的归宿了吗？假如不是在这个有点特别的密歇根大道上的豪宅，那么是在芝加哥，在美国吗？现在，这一切似乎都不重要了。他已经深陷痛苦之中，他渴望得到，他害怕失去，他狂风暴雨般地妒忌她圈子里的那些人——她的父母亲、她的朋友、跟她有关的任何人——他们居然敢阻止她跟他在一起，居然敢侵扰他的相思之苦，他多么期盼、多么希望、多么祈祷她在想着他啊。

接下来的星期日下雨了。尽管如此，他还是去了林肯公园。他发觉潟湖的冰开始融化，几个休息亭空空如也。将近一个小时，他偷偷地踯躅在位于第十五大街和草原大道口的那幢豪宅附近的街道上。可是，没有朱莉的踪影。

当他回到克朗家的时候，他找不到小乔。他漫步走到马厩那儿。英国人马夫尼基·斯皮尔斯正在用马梳梳刷乔叔叔那匹一流的拉车马，一匹名叫“王子”的非常美丽的枣红马。

“尼基，你见到乔了吗？”

斯皮尔斯温柔地抚摸着那马的口鼻部。王子甩了一下头，流下泪来。“小约瑟夫先生没有告诉过我，不过我肯定他去普尔曼了。”

“你见过他的女朋友吗？”

“他有一天晚上偷偷把她带到这儿来过。她是个欧洲中部人，挺漂亮的，姣好的结实身材——虽然她身上也有一种非常冷酷的东西。请把那刷子给我。好，好小伙子。”

小乔一直到晚饭后才回来。保罗通过他半开的房门，听到他堂哥在大厅里走动，还吹着口哨。几分钟之后，保罗敲响了他的房门。小乔让他进去。他正在脱衬衫。他的背上有三条平行的短短擦伤。

“我今天下午到公园去找朱莉了。”

“天气这么暖和的情况下？保罗，我的孩子，你热恋了。要命。”

保罗闷闷不乐地点了一下头，一屁股坐倒在床上：“我估计你今天见到你女朋友了。”

小乔眨眨眼睛：“是的，先生！”

“我什么时候可以见见她？”

“绝对不可能在这个屋里。我要是把她带来，爸爸会闹翻天的。同样，波克·范德霍夫要是发觉了你的情况，也会这样。罗茜的老头子泰伯加入了吉恩·德布兹去年夏天创建的铁路工会。有三到四英里的支线通进了普尔曼的工厂，所以德布兹在那儿组织起了工会。乔治·普尔曼大王不喜欢工会。罗茜妈对这事儿忧心忡忡，因为他们住在公司的房子里啊。”

“可是你今天过得很开心。”

“最开心了。罗茜并不是娇柔的社交女，那类以为小孩子是天上掉下来的人。你跟朱莉可能会有问题。”

“哦，我不会想到——”

“得了，你肯定会的，你是个男人，是吧？”保罗的脸红了。小乔体贴地补充道：“朱莉是个漂亮妞儿，但是我认为她是个守规矩的人。至少范德霍夫家把她培养得很守规矩。所以不要太沮丧，假如她——嗯——打退堂鼓的话。”

他同情地将一只手搭上保罗的肩头：“知道我说的意思吗？”

“是的。可是我觉得你关于她的说法不对。无论如何，她会成为我的女朋友。”

“当然。她当然会的。”小乔明显假惺惺地说道，“听着，我累坏了。明天要上班呢。”

保罗道了晚安，走回自己的房里。小乔关于朱莉的话再次让他焦虑万分，再次让他苦恼不安。

克朗家遵循很多德国传统，但也无视其他好多传统。在老家，象征着圣诞节的杉树，总是在圣诞夜的时候搭起来的。克朗家提前两个星期就弄来了圣诞树，并把它装点完毕。乔叔叔喜欢圣诞树所焕发出来的那种期待和节日气氛。但是，他严格规定必须到圣诞夜的时候才能点蜡烛，而且他跟任何慈祥的德国父亲一样亲自挂那些没有什么价值的小件装饰品。其他人都得离开那个房间，他将小小的黄瓜形状的玻璃装饰尽可能很巧妙地挂到树上。家里的每个孩子，只要不碰到圣诞树找到它，就可以得到一枚金币。一年前，保罗第一个发现了它，不到一分钟的时间。小乔拒绝参加，声称他年纪太大了。

克朗家经常在基督降临季期间去教堂，有很多特别的仪式。保罗一直很喜欢圣诞节音乐，而且去年，那些圣歌和颂歌似乎快乐、鼓舞、完美得令人难以置信。然而今年，他发觉教堂——真的，所有的庆祝活动——整一个闹心的精神错乱。除了他生命中高高耸立的那位年轻女性，他感觉什么都是精神错乱。

即便如此，到了圣诞夜，当柔和的烛光照亮圣所，当圣乐团和教堂会众在圣保罗大教堂唱响《平安夜》的时候，他还是突然起了一身鸡皮疙瘩。

回到密歇根大道的家里，他们点亮圣诞树上的蜡烛，用喷香的甜酒为圣诞季祝福。乔叔叔向保罗举起酒杯。

“这是一个最重要的纪念日。一年之前，我们增添了一位新的家庭成员。祝你来年更加顺遂，更加开心，保罗。”

“非常感谢你，叔叔。”

“波利，我们的波利。”伊尔莎婶婶紧紧地拥抱他，吻他，竟然将一些甜酒洒到了她好看的节日裙装上。一度，或者更长一点时间，保罗感觉到了肯定的回答，也许他就属于他所在的地方。

圣诞节是星期一。乔叔叔和伊尔莎婶婶再次慷慨地送了礼物。保罗收到了好几件衬衫、两条灯芯绒灯笼裤、一把镀银的梳子和一套刷子。刷子显然价钱昂贵,因为每把刷子的背面都有凸起的王冠标志。保罗收到的最珍贵的礼物是一套漂亮的自行车服——短上衣加齐膝的裤子——由精致的薄毛呢做成,上面有褐色的格子花纹。他开心。他多么希望他能想办法给朱莉送个礼物。

到那个星期的星期三时,全家有一半的人得了感冒。啤酒厂也有一半的人得了感冒。到星期六中午,保罗也因为高烧被送回了家。

来自弗兰克尔肉类市场的货运马车被拴在了最靠近位于第十九大街后门口的拴马石上。保罗拖着沉重的脚步走进厨房。厨房里没有其他人,只有弗兰克尔的送货员在那儿。他是一个瘦长得很难看的年轻人,年龄已经有点大了,垂在前额的很大一绺卷发精心遮盖在他过早谢顶的脑袋上。送货员穿着宽松的棕黄色风衣,衣边垂到膝部。

"喂,伙计,我有个问题。"他说道,"你们的厨娘呢?我到处找,就是找不到她。"

"路易丝昨晚打喷嚏、咳嗽,卧床休息了。我估计她在她的房间里休息。"

"那么我得跟这家的女主人说。"

"她一天都在外面。大概是这样,她早上是这样说的。"

"天哪,这倒是个问题。"送货员拿小拇指的指甲上下刮擦着两颗门牙的缝隙。他从指甲里弹掉什么东西,接着说道:"我得把清单拿走啊,特别订购,元旦用的。"

保罗没有多想,便说道:"那你干吗不到三楼路易丝的房间里去找她?敲门轻一点,这样她要是睡着了的话就不会把她弄醒。她要是醒着,我估计她会给你那份清单的。从那边的后楼梯走,餐具室后面。到了顶楼,左面第二扇门。"

年纪比他大的小伙子谢过他,再次叫了他一声"伙计",消失了。

保罗把水壶搁到火炉搁架上将水烧开。他渴望喝一杯加奶的酽茶。几分钟之后,他从厨房走到后面一条很短的过道里。过道相对较黑。他站在那儿望着送货员伫立在那棵装饰过的圣诞树前,一脸羡慕的神情。

保罗还没来得及走出去现身,二楼便传来一个隆隆的声音:“你在下面那儿干吗?”

“就是看一眼你们家的圣诞树,伙计。”

曼弗雷德·布伦克斯冲下楼梯:“我以前见过你。你叫什么名字?”

“吉米·道斯。我是弗兰克尔肉厂的。”

“我们不允许生意人到屋子的这个地方来,马上出去。”

曼弗雷德·布伦克斯说“生意人”这三个字,听起来让人觉得这个称呼很脏一样。尽管曼弗雷德是这个家家务的绝对主宰,但是保罗还是觉得他这样做太过分了。他走到他们看得见他的地方。

“我让他上楼去的,曼弗雷德。他在找路易丝,拿下周一的特别采购清单。我说只要她醒着,他直接到她房间去就可以了。”

“是你准许这个人在家里四处闲逛的吗?”

“是的,怎么啦?”保罗对这种指控性的腔调很反感。

“听着,”那送货员插话道,“我从后面上去的,跟她谈了谈,拿到了清单,再从前面下来的。这又怎么啦?你这是见鬼的在无事生非。”

“别在这个屋子里骂人,否则我会让你被开除的,你这个没教养的家伙。把你那肮脏的靴子、肮脏的身子从这个家挪出去,马上。”

在这个过程中,保罗再也无法容忍了。他鼓起勇气,走上前去:“布伦克斯先生,你没有权利这样纠缠他。”

“什么?你在对我说什么?”

上面的什么地方,传来一个喘息的声音。保罗看见弗里奇在楼上的扶栏后面咳嗽。

“我告诉你,布伦克斯先生,他需要见路易丝,我告诉他到哪儿去找她。这有什么危害吗?”

“等你叔叔回家,他会做出决断的。”

“你如果想要告诉他这事儿,那么请吧。我也会从我的角度告诉他,我们瞧瞧到底谁对谁错。”

保罗说这话时十分镇静，两眼直视着管家。管家这会儿倒是隐隐约约有一种受伤的表情。送货员紧张地用右手轻轻拍打着他棕黄色长风衣的前襟。他的左手插在口袋里，插得很深，仿佛因为肚子痛而捂着自己的肚子似的。

曼弗雷德认识到他的权威被破坏了。他一个劲儿地摇着手，大声说道："好吧，够了，走吧，你们俩！"

他声音很响地走上楼去。保罗咧嘴笑了，朝厨房那边歪了一下头，送货员便跟着他走了出去。门关上之后，保罗听到了弗里奇开心的笑声，还有掌声。

水壶喷出蒸汽。保罗拿钳子将水壶从钩子上取下来，放到一块装饰过的瓷砖上冷却。吉米·道斯深深地望了他一眼，表明一个年纪比他长、阅历比他深的人正在对他进行评价。

"感谢你帮我摆脱了那个怪人。我之前也跟他有过过节。我一看见他就恨不得割断他的喉咙。"

保罗没有拿他的话当真："曼弗雷德这人倒不错，他只是表现得像个将军。大家都不十分喜欢他。你想喝点茶吗？"

"这玩意儿我受不了。我得走啦。还有好几家要送呢。告诉你吧，我一般不跟德国人交朋友，不过根据你的情况，我得破个例。握个手，伙计。"

他们握手。吉米·道斯依然将左手插在口袋里。他走出门去，保罗沏茶。

当全家坐下吃晚饭的时候，伊尔莎婶婶立马将一只手捂到了自己的嘴上，她发现了什么事情不对劲儿。展览巴伐利亚金边陶瓷的柜子里，有一个架子空了。

"最大的那只盘子不见了。最贵的那只。"

她快步走到柜子跟前："还有一只小的也不见了。不，两只！"

保罗想起了那送货员把手插在口袋里的情形，好像是在棕黄色的长长风衣里面端着什么东西。

伊尔莎婶婶说了声对不起，从她的裙带上扯下一块手帕，走了。保罗感觉十分难受。

他将他的盘子推到一边，胃口全无："乔叔叔，我想这是我的错。"

“不是。”弗里奇从餐桌对面大声说道。大伙儿都不理她。保罗解释了所发生的事情：“是我让他上楼去的。我没想到他是一个小偷。”

“你为什么让他上楼去？”这是伊尔莎婶婶的声音，她又回来了，一面拿手帕擦着她已经肿起的红红双眼。她走到保罗的椅子后面，轻轻地拍着他的一个肩膀：“你是一个可以信赖的人，波利。你做了你认为是最对的事情。我不是老说人比东西重要吗？”

“的确是这样，这不是波利的错。”弗里奇说道，“曼弗雷德对那个送货员盛气凌人，好像他一钱不值一样。保罗很勇敢。他直接说了曼弗雷德几句。”

“我肯定曼弗雷德罪有应得。”乔叔叔说道，“他是一个优秀的仆人，但他有时候会让人难受——”赫尔加端着一盘甜点进来了，他便中断了讲话。甜点有圆滚滚的梨、小小的蛋白甜饼蛋糕、新烤的圣诞小骑士曲奇。乔叔叔用告诫性的目光扫了一圈餐桌。没有人说话。

保罗咬着有茴芹味儿的又硬又甜的小骑士曲奇，差一点把牙齿都折断了。小骑士曲奇上面印着圣诞树的图案。他对这些曲奇根本就不在意，他把感激的目光一次次投向弗里奇。她回了他一个大大的梦幻般的微笑。

“她不知道我有一个女朋友……”保罗心想。

唉，朱莉的事儿他得对弗里奇守口如瓶。她站出来为他说话。他怎么可以伤害如此可爱而又忠诚的人呢？

他的病一时半会儿没有好。他的体温持续升高。他说了两天的胡话。接着，高烧在一阵令人毛骨悚然的大汗之后退了。伊尔莎婶婶亲自给他换了床单，一定要他至少再卧床休息三天。

弗里奇几乎每个小时来一趟。要热牛奶吗？需要她溜出去给他买一些尼克·卡特的小说吗？想要看她的解梦书吗？她有很多这样的书，譬如，丁尼生的《国王叙事集》，她的戏剧剪贴簿，等等。“我有很好看的理查德·曼斯菲尔德和詹姆斯·奥尼尔的新画片呢。”

“我挺好的，弗里奇，谢谢，我不需要任何东西。也谢谢你帮我说话。”

“保罗哥，有件事情我要警告你啊。”

“什么事?”

她在床的一端倾过身子,悄悄说道:“这事儿绝对不开玩笑。尼基·斯皮尔斯告诉我的。”弗里奇酷爱舞台表演艺术,她可以把最普通的交谈夸张成传奇情节剧。

“对你说什么啦?”

“曼弗雷德在跟你过不去呢。他对尼基说你羞辱了他,篡夺他的权力。”

“穿什么?”

“篡夺。意思就是抢走、拿走。谁要是冲撞了曼弗雷德,他都会耿耿于怀的。你最好小心点。”

“我会的。”

“我是说要有长期准备。”

“我记住了。那你会怎么样呢?你站在我一边啊。”

“他最好乖乖地别找我的碴!否则我会告诉爸爸,爸爸会解雇他的。”

保罗可以肯定,她不是在装腔作势,她是一个勇敢的小姑娘。不,是一位年轻的女士啦。1月份,她欢度了她的十三岁生日。她正在成长,虽然还没有变得丰满。弗里奇经常抱怨她的胸脯扁平,尽管伊尔莎婶婶说过,在男孩子面前谈论这个话题不合适。她似乎感觉没有什么话题是不合适的。

“好啦,我离开前——”她把手伸进她的围裙口袋里,“我给你带了只小铃铛来。想要什么东西就摇铃。就是半夜,我也会立刻过来的。”

“好的,谢谢,我会摇的。”她一离开房间,他就把那小铃铛放到了床底下。

他舒适地打了个哈欠,完全把他堂妹和她的警告丢之脑后,脑子里一个劲儿地对朱莉想入非非。溜冰季过去之后他如何才能见到她呢?如何单独见她呢?现在,这是他所面临的挑战。

他有了想法,他下定决心。就让她父亲竭力阻挠他吧。

第三十五章　乔·克朗

在遭窃的那个星期六夜里,乔·克朗在家里打电话给亚伯拉罕·弗兰克尔。

弗兰克尔十分震惊,火冒三丈。没有啊,吉米·道斯那天根本就没有回去。“唉,我早该几周前就把他开了。我知道他是个肮脏的人渣。哦,克朗先生,我很抱歉。我会赔偿你的损失的。”

“没有必要。”乔说道,“伊尔莎很难过,但东西乃身外之物,她会没事儿的。这个送货员——你知道他住哪儿吗?”

“贫民窟,我所知道的就这些。他从来不告诉我住址。他吹牛说他住在一套很大的公寓房里,在一个非常高档的住宅区。可我知道这是谎言。吉米谎话连篇,就是想美化自己,美化他的背景。”

乔到警察局报了案,没有结果。在芝加哥那些道路狭窄拥挤的老街区,一个小偷要是打定主意藏匿自己,那是不可能找到他的。

第三十六章 朱莉

元旦的早晨，内尔·范德霍夫在给朱莉梳头发。

这个仪式在今天特别重要。1 月 1 日，有这个城市一个主要的社会活动，多亏了内尔，范德霍夫家的人总是能够出席这一活动。她的家族，列克星敦的菲什伯恩家族，是芝加哥肯塔基人精英社会的组成部分，今天下午他们将要拜访的那个家庭的女主人也同样是。

今天早上，朱莉感觉很好。自从溜冰季开始以来，她的健康问题消失了。冬季清新空气里的积极锻炼不是唯一的原因。

朱莉在镜子里面的形象触发了她母亲常见的抱怨："你的脸蛋又太红了。太红了。我希望你不要每个星期日下午都到那个溜冰俱乐部去。林肯公园聚集了一些坏人。斯特里克兰·韦利弗上周来家里的时候，你还在楼上，他对我说了很多事情。"朱莉的灰色眼睛里闪现出愤怒。"小乔·克朗也去那个俱乐部，是吗？"

"哦——有时候。"她说得轻描淡写，似乎表示她跟乔仅仅是一面之交而已。

"你千万别跟他搅在一起。哪怕最小的苗头也会让你父亲大发雷霆。"

"我知道，妈妈。但是我怎么也理解不了爸爸干吗瞧不起克朗家的人。"

"原因很多。他们是外国人。他们说话的口音太可怕。"

"乔可不是的，他——"

"还有很多原因，多得多的原因。"内尔打断她道，"几年前，你父亲无意中听到乔·克朗在说肉类行业那些人的中伤性恶毒话语，好像只有酿啤酒的人才比菲利普·阿穆尔①、古斯·斯威夫特②以及你父亲优越一样。”

“这话我听到过，妈妈。但是谁也没有告诉过我克朗先生说过什么话。他说什么啦？”

“你父亲只对我说了个大概，而且我也不想多重复。你得相信我的话，你父亲生气是完全有正当理由的。”

内尔伸出有一条条很细青筋的手，抓住朱莉的两个肩膀。这位老妇人的呼气稍微有点难闻，像是病房里飘出来的气味：“我是认真的，朱莉，你绝对不能跟那个家有任何瓜葛。你要是爱你父亲，尊敬他，那你肯定会——”

朱莉跳起身来：“哦，妈妈，为什么老是把什么事儿都跟这挂起钩来？我如果爱你和爸爸，我就得这样，就得那样。我不认识克朗先生，但是小乔是个好人。”

“这我不信。我从可靠的渠道听说，他心怀激进观念。事实上他是一个社会主义者，而且就像个社会主义者那样给他父亲带来痛苦。”

“也许是的，可是我喜欢他。”

内尔脚步退后，跟她女儿分开。

“这太让我失望了。”

“对不起。可是我十六岁啦，快十七了，我有自己的想法。但那并不意味着我不爱你和爸爸。”

“失望。”内尔重复道，“我说的意思是，朱丽叶——如果一定要直截了当说的话——这话伤我心。”

“请别再这样做啦。”

“妈妈，你知道我绝对不——”

“我得去躺下啦。我的心跳太快了。”

“哦，别……”

---

①菲利普·阿穆尔，即菲利普·丹福思·阿穆尔（1832—1901），美国企业家和革新家。最初在加利福尼亚开矿积累了一些资本，后大规模扩充其家族式经营的美国中西部谷物交易与肉类加工业，并开创了农副产品利用和肉类罐头的销售，19世纪80年代发明了铁路有轨冷藏车。他的阿穆尔公司使芝加哥成为世界肉类加工业的中心。

②古斯·斯威夫特，即古斯塔夫斯·斯威夫特（1839—1903），美国商人，创始肉类铁路冷藏车厢，组建斯威夫特公司（1885），倡导利用畜体下脚料生产肥皂、动物胶等副产品。

“我叫个女仆过来帮你穿紧身外套。我们去伯莎家绝对不能迟到。”

“妈妈。”她喊叫道，但是白费劲。通向大厅的门关上了。

朱莉垂头丧气地坐在那儿，紧握着自己的双手，直到手上血色全无。为什么妈妈老是要把她虚弱的身体状况当作武器？这是一样朱莉无论如何都不能不予理睬的武器，因为做孝顺女儿依然是她思想观念的一部分。她想要博取父母开心，她想要获得父母的爱……

她还记得去年他们就教育问题进行过极不愉快的讨论。威利斯姨妈是母亲的姐姐，南北战争结束后在奥柏林学院上了两年学。有一次威利斯姨妈来家里做客，成功说服了朱莉，说年轻女人需要也的确有权利接受跟男人一样的更高教育。她举了当地一个著名女人做例子，赫尔堂的简·亚当斯小姐。亚当斯小姐以及她那些女性同事非常成功地帮助芝加哥的穷人，为其他人的仿效创建了一个范式。而且威利斯姨妈说，她们之所以能够这样做，正是因为她们接受过教育。“文明了”，威利斯用的就是这个说法。

朱莉跟姨妈就该主题讨论了好几次，便对父母亲宣布她要上大学。朱莉的父亲是一个鄙俗的人，在晚餐桌上居然大骂他大姨子。内尔·范德霍夫说他应该考虑女儿的请求，尽管她的话遭遇了白眼。第二天，她将自己锁在房里，发病卧床。

一天之后，威利斯便离开了。内尔依然把自己关在房里。三天过去了——对朱莉来说度日如年的时间。到了第四天，她找到父亲，说她重新考虑，她永远不想上大学了。

改变了她一切的是那个德国男孩子。

她经常这样想到他，那个德国男孩子，因为他比她小十八天。但是，他已经几乎不是一个男孩子了。他强壮结实，完全接近于一个成年男人了。

他很沉静，对琐碎小事从不夸夸其谈。有人会误以为这是反应迟钝，抑或误以为他是胆小怕事。错。星期日他们在一起的时候，朱莉开始了解到，保罗的沉静是为了倾听、观察、学习。

这并不是说他缺少活力或者志气。他活力四射，他有雄心壮志。他激动地谈到过好多次,他要进军那个新的领域——摄影。

他的身上有一种令人愉悦的气质:骨子里的高雅。友善、聪明、活力——各种优点的美妙合成。她一面穿衣服,一面这样想着。在她的心目中,这个德国男孩子没有缺点。她爱上他了。

而且,他很可能根本就不怀疑她的感情。一接触到他,她就感觉自己要融化了一样。每次他们溜冰,他强有力的手臂圈着她的腰肢时,她都几乎要晕倒。

因为他,她经常梦到闲适恬静的未来生活。然而,在这些白日梦里,有一个骇人的因素。如果要她在保罗和家庭之间做出选择,那么究竟会发生什么?她不想伤害她母亲。可是她不能放弃这个德国男孩子啊……

在这种混乱的状况中,朱莉在一点半钟的时候随同她父母爬下马车。他们的目的地是波特·帕尔默夫人和波特·帕尔默先生位于湖滨大道一千三百五十号的家,他们的朋友和敌人异口同声地将它称作帕尔默城堡。

1893年的大萧条中,大约一万六千家公司倒闭破产,有五十多家的资本在一百万美元以上。诸如普尔曼制造厂这样的工业综合企业大幅度裁员,并缩短保留人员的上班时间,削减百分之三十、四十、五十的工资。据说,在失业人员的经济公寓和简陋小屋里,孩子们整天待在床上,因为这是御寒过冬的唯一办法。

然而,这样的艰难时势从来没有侵扰过帕尔默城堡,连它的大门也象征着固若金汤。门的外面没有任何把手或者拉手。大门上也没有可见的锁孔或者挂锁。

帕尔默家的豪宅有八十英尺高的塔楼和锯齿状的城垛,的确像一个英国城堡。波特·帕尔默和他妻子亲自设计的这幢房子,而且,估计令人很不舒服的奇怪的外墙材料也是他们自己选的——威斯康星的花岗岩跟俄亥俄的砂石镶嵌形成了鲜明对比。

当范德霍夫全家到达的时候,停车的地方已经挤满了车辆,马车夫们都穿着清一色的号衣,个个炫耀卖弄。范德霍夫家的马车虽然很大很贵,然而跟排在队伍里就在他们前面的那辆巨大的维多利亚马车比,却显得微不足道。内尔指着那辆车:“普尔曼家已经到了呢!”

梅森·帕特南·范德霍夫三世咕噜了一声。如果说内尔是一个小妖精的话,那么波克·范德霍夫就是一个巨人:腰圆膀粗,身材魁梧,六英尺六英寸的身高。他的体重总是徘徊在两百七十磅到两百八十磅之间,其中有相当大一部分贮藏在那个令人印象深刻的肚子里。

波克下巴上垂肉丰厚,一双小眼睛呈现灰色,仿佛永远没有安静的时候。尽管人到中年,他的头发依然黑得像印第安人的头发。他将头发直直地梳成大背头,上了发油,显得油光锃亮。人们说,他们两兄弟中,他英俊得多。兄弟俩掌控着范德霍夫公司和各种产品,他们的产品在"大 V"的标签下被送往各地。伊斯雷尔·华盛顿·范德霍夫——人们叫他"伊·华"——是一位引领性的金融天才,而波克则负责生产和销售。伊·华住在纽约。他离过三次婚,但是仍然持续不断地追逐年轻貌美的女演员,每年至少一次发誓戒酒,每年一次做水疗。

波克的体重一直是个负累。要走进房间或者舒服地坐在马车里,他都得弯腰弓背。他像他们下午的男主人波特·帕尔默一样,在他不认识的人中间,腼腆,安静——虽然,令内尔十分尴尬的是,在其他情况下,他会高声大叫,极端鄙俗。芝加哥的很多工业家都是行将退休的人。有一些人,像波克在奢华的商业俱乐部认识的马歇尔·菲尔德这样,拒绝参加所有的社交聚会。菲尔德的妻子南妮老是代替他出席。

"顺便说一下,梅森,"内尔紧张地调整了一下自己的帽子,"我昨天收到了威利斯的来信。她春季照例要到这儿来做客。"

"哦,该死的见鬼了,她为什么不会生病呢?我瞧不起那女人。她跟妓女相差无几。"

朱莉皱拢了眉头,因为她喜欢这个野性不羁的姨妈。菲什伯恩姐妹的父亲渴望生个男孩子。当命运拒绝了他的愿望后,他坚持让第一个孩子随他的姓。于是,她就姓了威利斯。这是南方一个很好的传统,把受人敬重的家族的姓授予姑娘。但是,姑娘们就得在她们的余生中对付因此而留下的诸多混乱。

马车往前挪动。帕尔默家的下人连忙走上前来打开车门。不一会儿,范德霍夫一家便来到八角形的巨大入口大厅,卸掉他们的外套等服饰。大厅高达三层,几面墙壁上挂着哥白林挂毯,意大利大理石镶嵌的地面很硬,走起路来声音很响。

圣诞节的装饰青枝在大宅里散发着清香。稍远处，一支弦乐队伴随着叽叽喳喳的人声在演奏着乐曲。人太多了。内尔的情绪一下子激动起来，说道："我得找到伯莎。跟我来，快，朱丽叶。"

"我想办法去找几位伙伴。"波克说道。他说的伙伴，意思就是商界成就和社会地位跟他差不多的人。"该死的这儿太热了。"内尔翻了几下白眼。波克拖着沉重的脚步走了，很快便跟《芝加哥论坛报》的老板、前市长乔·梅迪尔聊起了天。他跟波克都是铁杆共和党人。

现在已经七十多岁的梅迪尔被认为是该党的创建者。有人说这个名字也是他取的。他出生在加拿大，19世纪50年代从俄亥俄州移居芝加哥，并在《芝加哥论坛报》买了一小点股份。他成了亚伯拉罕·林肯的好友，1860年共和党人在芝加哥总部召开全国代表大会的时候，他力挺林肯竞选总统。内尔·范德霍夫之所以对梅迪尔表示恭敬，只不过因为他是个重要人物。她是一个出生于保守家庭的肯塔基人，她绝对不会忘记，梅迪尔不仅是一个激烈的废奴主义者，而且是一个主张没收财产的人，企图在战后剥夺南方人的财产。在这个方面，令人高兴的是，梅迪尔先生被他的朋友——那位被刺杀的总统更加温和的政策给打败了。

内尔走过梅迪尔身边的时候只朝他点了点头，却朝他妻子凯瑟琳微笑着挥了一下手，对他妻子，她能容忍得多。凯瑟琳正要离开她丈夫，前去加入包括塞缪尔·英萨尔在内的一群人当中。塞缪尔·英萨尔出生于英国，是芝加哥爱迪生电力公司总裁。英萨尔先生是个一丝不苟甚至谨小慎微的人，脑袋正在谢顶，戴着夹鼻眼镜。他大约三十五岁年纪，是这个城市里最合她意的单身男子之一。内尔不经意间曾经对朱丽叶提起过这话，可吓着了她。

英萨尔先生身上有一种名流的光环，因为他一度跟托马斯·爱迪生关系十分密切。在英国，他帮助创立了非常成功的爱迪生子公司，也因此赢得了那个重要的职位，被推荐到美国担任这位巨人的机要秘书。波克·范德霍夫本身是一个具有侵略性的商人，但是他说到英萨尔，话音中却透出敬畏，不止一次："一个十分聪明的英国佬。大伙儿说他有点犹太人的血统。自我推荐真有一套。"

最终，爱迪生的合伙人甚至他的家人发现英萨尔这个人过于成熟且野心勃勃,便强行降低了他的级别。于是,爱迪生亲自帮助他这位门生找到了另一个职位。这位发明家看到中西部是一个良好的电力市场,于是,英萨尔作为一个理想人选被推荐到芝加哥爱迪生电力公司当头儿。

当时,有好多家电力公司在给城市供电。现有的发电机只能给大约正方形的四个街区提供电力。随着设备的改良,英萨尔不声不响、持续不断地收购了其他公司,扩张了他自己的电力线路。"这人吹灭了整个芝加哥的蜡烛和油灯。"波克说道,"他会普及到全国的,你看好了。"

内尔十分留意英萨尔先生对凯瑟琳·梅迪尔到来的反应。他很正式地向她鞠了一躬,但是没有回应她伸给他的手。"他不喜欢报界人士,他认为他们是搬弄是非的人。"内尔悄悄对朱莉说道,"我很惊讶,伯莎怎么把他也弄到这儿来了。他滴酒不沾,很少参加聚会。"朱莉仔细观察着英萨尔倨傲的神态,心想,女主人很可能并不想邀请他的,除非他们有未出嫁的姑娘。

"我们到女士休息室去找伯莎好吗?"内尔说道。朱莉顺从地跟在身后,而且她们一路走去时,她看到了好几个麦考密克已经长大的孩子,还有妮蒂·麦考密克,那位受教育不多但是创建了一个商业帝国的弗吉尼亚人的遗孀。她身体虽然羸弱,但是意志坚强,享有声望。她丈夫麦考密克在19世纪30年代第一次拼凑出了收割机。

赛勒斯·麦考密克1847年移居芝加哥,开办了一家小厂,将它作为制造收割机的中心。从堪萨斯的大平原到俄罗斯的大草原,收割机给农耕带来了革命性的变化。收割机是麦考密克巨大财产的基础,但是麦考密克还发明了很多其他农机。他余生的后来几年,他和他的代理人经常上法庭,告发或捍卫侵犯专利的事件。林肯曾经赢了他一场官司。他的人生历史中也有流血事件:他工厂的罢工所引发的秣市骚乱。

内尔和朱莉在人群中转来转去转到了一位身材粗壮、银发飘逸、双眼湛蓝的先生附近,他像穹顶般的前额给人印象深刻。内尔马上转向他那儿,面对着他伸出一只手。

"波特。"

"我亲爱的内尔。还有朱莉。你们俩看上去太迷人啦。新年好。谢谢你们能来。”

“这样的聚会我们能落下吗？绝对不会，亲爱的。我们到底怎么才能找到伯莎？人太多了——”

“就在那儿，陪着我们纽约来的特殊客人呢。那位女作家。”波特·帕尔默跟范德霍夫母女俩说话很友好也很放松，因为肯塔基的关系，他跟她们很熟。他跟波克也有联系。帕尔默是东部新英格兰人，在芝加哥尚年轻的时候便嗅到味道，抓住了机会。波克也一样，只不过他来自康涅狄格州，还有菲尔德，他来自马萨诸塞州，以及阿穆尔跟普尔曼，他们都是纽约州人。

帕尔默跟他们一样，出生在19世纪30年代。他是在房地产、棉花和零售业上积攒了自己的财富。有好几年，罗兰·赫西·梅西百货商店每年都派代表去研究帕尔默的干货商店。帕尔默的干货商店以商品销售价廉物美、橱窗展览琳琅满目、绝对奉献顾客满意而闻名遐迩。马歇尔·菲尔德和他的合伙人利瓦伊·莱特是通过买下帕尔默的干货商店而积累了他们自己的财富。

“我没有时间看小说，不过我估计你知道这位女士的作品，内尔。”帕尔默继续跟内尔和朱莉说着话，一面有礼貌地轻轻扶着她们的手肘敦促她们前去。其余的人得等一下才能跟他寒暄。他朝朱莉点了一下头，补充道：“有人向我建议，说这种场合对年轻姑娘来说太热闹粗俗了。”

内尔傻笑一样地微微一笑，说道：“也许我不知道这位女士的名字……”

“这个是我疏忽了吗？伊·朱·布劳维尔特夫人。”

“哦，亲爱的，真的吗？”内尔拿手帕给自己扇着风。朱莉感觉热了好几度。伊·朱·布劳维尔特夫人写的那种小说只能偷偷摸摸地在被子里面看，看了会脸颊发热、脉搏加快。她的书籍的文学价值和面粉袋标签差不多，但是没有人在乎这点。布劳维尔特夫人本身受到了严厉的谴责。“她在自然主义的幌子下跨越了淫欲的雷池。”有一位牧师就是这样指责她。不过，她的新作《社会的闪光饰片》已经卖出了好几万册。

朱莉喜欢布劳维尔特夫人的书，她偷偷摸摸地买了一些，也有一些是向熟人借的。它们令人心旷神怡的结局总是一模一样。女主人公总是独身，总是有钱——她们的贞操总是因那些猎富的“下等人”或者“老浪荡子”而陷于危险。

某个贫穷但富有正义感的年轻人——或是强壮的甲板乘务员，或是言辞犀利的新闻记者，或是颇具天才潜质的诗人——在深奥的生命真正之价值面临践踏的危急关头挺身而出，将女主人公从那个人渣的魔爪中拯救出来。在乐而忘忧的最后章节里，夕阳无限好，白鸽满天飞，一幢幢的乡野别墅鲜花似锦，他们沉浸其间。故事发生的背景总是一些迷人的地方，有欧洲的矿泉疗养地，有赛车季的萨拉托加，有纽波特和纽约的豪门大宅。对布劳维尔特夫人那些追逐惊险刺激的读者来说，那儿没有特雷赫特、拉勒米或者佛罗里达的帕拉特卡。

朱莉喜欢这些廉价刺激的小说，同样喜欢这些小说里的女人，年龄各异，身份不同，有女店员，也有贵夫人。布劳维尔特夫人在这儿，真的太棒了！有一段时间，她把保罗都忘得干干净净。

母女俩挤进挤满了人的路易十六女士休息室，该女士休息室在芝加哥的同类厅堂中首屈一指。满目金黄色和白色，特别制作的墙面和天花板湿壁画，描绘出繁茂多彩的玫瑰花，有胖嘟嘟的粉红色丘比特在飞翔。"啊，在那儿呢。"内尔大声说道，一面挥舞着手，"伯莎！"

"亲爱的内尔。"伯莎·霍诺尔·帕尔默轻盈地滑行般走向前来拥抱她的朋友。她从来不急匆匆走路，她非常自信别人一定会等她："见到你真是太好了。还有你，朱莉。你们见到朱迪丝了吗？来吧，你们一定要来。"

母女俩跟着这位自诩为"国家女主人"——这称呼并非没有某些正当理由——的女人走上前去。伯莎·帕尔默十分睿智，作为一位社交领袖，她具有很大的话语权，慈善事业做得风生水起。她在东部有很重要的人脉关系。她妹妹艾达是前总统的大儿子弗雷德·登特·格兰特的妻子。

朱莉觉得，她自信满满，迷人可爱。四十多岁的人了，她的黑色双眸生动传神，相貌美丽动人。今天的招待会，她选择了一件价格昂贵的裙服，是她最喜欢的蓝色；她的头发上钻石闪亮，其间有小小的粉红色玫瑰花蕊点缀。

"是的，真的，我拿我的阳伞打了他。"那个白肤金发碧眼的壮实女人说道，伯莎带着她们朝她走去。她正站在十几个仰慕她的女人中间。"三次！我不能让那个卑鄙的记者侮辱我。他采访我还不到五分钟，就满不在乎地问我，我是否认为我的作品是垃圾。垃圾？这是一个新文学的时代啊！新现实主义！我是一位艺术家啊!"朱莉知道这是事实,但并非艺术家本身的意思。伊索贝尔·朱迪丝·布劳维尔特以前是一位马戏团的演员,表演走钢丝,后改行写作,而且因此而变得富有。

给她捧场的这些人喃喃地说着什么,为她的话鼓掌。内尔跟朱莉被介绍给她。"你们好!"布劳维尔特夫人说道,显然因为她正在说她自己的事情却被打断了而有点不高兴。她的下颌像马,眼珠子像玛瑙。她的胸部丰满,走钢丝的话,她看上去身子太沉了点。

"我们正在谈论吉恩·菲尔德呢,伊索贝尔打的那个家伙。"一个年纪较大的女人说道,朱莉觉得她是麦考密克家的人。麦考密克家各种各样的人她弄不清楚,但是她相信这位是赛勒斯的兄弟和合伙人利安德的妻子。"他的专栏很受欢迎,可是我觉得他太傲慢无理了。"

"不过是人们可以看懂他的英语罢了。"另一个女人说道,"邓恩①风格的爱尔兰方言非常讨厌,晦涩难懂。"这话指的是芬利·彼得·邓恩的"杜利先生",一位杜撰的芝加哥酒吧老板,利用《芝加哥晚邮报》的一个专栏,宣扬其哲学观念和政治观点。朱莉发现杜利先生古怪有趣,但是她不敢对她父母亲讲这个话。波克·范德霍夫不喜欢他称之为的"爱尔兰的小酒吧",他不喜欢他们这个文化群落的一切。

朱莉喜欢尤金·菲尔德在《每日新闻》上的专栏"尖刀与平面"——跟马歇尔没有关系——甚至比喜欢杜利先生还甚。菲尔德不喜欢浮夸作风,也不拘泥于社会习俗。波克当然"不喜欢"菲尔德先生。朱莉的母亲有一次说:"一个写孩子们喜欢的诗歌的人,对明知是他上司的那些人如此讽刺刻薄,这怎么可能呢?可能性极小的。"

布劳维尔特夫人的话音把朱莉从出神遐思中拉了回来。这位作家继续沾沾自喜、滔滔不绝地讲她的传奇。说到一个地方,她把自己比作古斯塔夫·福楼

---

①邓恩,即芬利·彼得·邓恩(1867—1936),美国报人和幽默作家,曾给《芝加哥晚邮报》写小品文,出版小品文集《杜利先生在和平与战争中》等八卷。

拜[1]和埃米尔·左拉[2]。她发现周围的脸已经开始露出厌烦的神情,便立刻起身走了,去寻找她新的听众。那一小群人也便散了。

内尔朝另一位熟人挥着手,但是朱莉不想一整个下午就跟在母亲屁股后面逛来逛去,于是她趁内尔朝一个方向匆匆走去时,便想办法溜走了。她一个人漫步穿过这幢大宅的一个个厅堂,有西班牙音乐厅,有英式餐厅,有通向台球房的摩尔风格的通道,弦乐队就在那儿演奏。

台球房无可否认是这场聚会的核心部分。它大约有一百英尺长,里面挤满了宾客,在那儿大快朵颐。长长的自助餐桌上摆放着美味佳肴,有蛋奶酒,有马德拉白葡萄酒,有鸡肉色拉,有焙牡蛎,等等。各种各样涂脂抹粉的女士和先生从大厅两边有栏杆的画廊里望下来。佩戴着白领结的乐师们在远端的阳台上像拉大锯般演奏着。巨大的蒂芙尼枝形吊灯耀眼璀璨,照亮整个场面,其辉煌壮丽的景象,也许布劳维尔特夫人怎么想象都不为过。

朱莉尝了一点蛋奶酒,怀着相思之情揣摩着保罗今天下午在干什么。她希望他过得很快活。唉,他是绝对不可能被邀请到帕尔默家里来的。现在她要是跟他在一起该多好啊。

她望着四周,直到看见了一个稍微有点熟悉的人,公共交通运输事业巨子查尔斯·耶基斯和他美丽的第二任妻子玛丽·阿德莱德。朱莉不想跟他们交谈。她爸爸看不惯这个人。他说耶基斯因为股票欺诈而坐过牢。他在芝加哥掌控着一个建筑网,运营并控制着几家公司。朱莉既没有做生意的头脑,也不感兴趣,但是她坐过耶基斯先生有缺陷的车辆,领教过敲竹杠一样的车费。耶基斯对所有的抱怨置若罔闻。当人们提出过于拥挤的问题后,他的回答是讥讽的话语,刊登在了所有的报纸上:“红利就是拉吊带的人带来的啊。”朱莉的父亲说到过耶基斯:“假如你想要成为一个坏蛋,那么你得对你所爱的人行行好,不要让他们知道

---

①古斯塔夫·福楼拜(1821—1880),法国作家,认为艺术应该反映现实生活,强调形式美,代表作为《包法利夫人》。

②埃米尔·左拉(1840—1902),法国作家、自然主义文学的代表,主要作品有系列长篇小说《鲁贡——玛卡家族》二十部,包括《小酒店》《萌芽》《金钱》等,曾为德雷福斯冤案辩护,因发表谴责法国陆军参谋长的公开信《我控诉》(1898)而知名。

你是个坏蛋。”

她慢慢绕开耶基斯先生和夫人身边，玛丽·阿德莱德朝她打招呼，她微笑着点点头。她发现她父亲就在一群男女中间，专心地听另一位先生在讲什么。她不认识这个讲话的人，她只看到了他的背影。

她绕过人群，直到看清了那人的脸。接着，她马上认出了他。就是乔治·普尔曼，一个气度不凡的人，六十多岁年纪，蓄着修剪得无可挑剔的十分浓密的帝髯。

乔治·莫蒂默·普尔曼是芝加哥的又一位巨人，又一位像麦考密克一样早早离开了学校的人。他一开始在纽约州的北部做细木工人，可是他的大脑却绵延向大得多的物体和大得多的观念。

他的财产、他巨大的制造厂以及他所建造的完美的工人城镇，全都因为一项发明创造而突然汇聚到了他这儿。19 世纪 50 年代，普尔曼先生改造了芝加哥至奥尔顿铁路的两节普通旅客车厢，将他获得专利的可折叠上铺用铰链固定到了车厢两边的壁上。

乘客对卧铺样车赞赏有加，但是铁路公司疑虑重重，过于谨慎。1865 年，普尔曼先生完善了可折叠的下铺并申请了专利，他不得不自己掏钱制造卧铺样车“先锋号”。实践证明，样车对现有火车站和高架桥下通道来说太大了。但是，他不愿意改变他的设计，因为这样的设计公众喜欢，于是各个铁路公司最终屈服于普尔曼豪华客车公司，改造了他们的火车站和跨线桥。普尔曼先生还发明了餐车、坐卧两用客车和带通过台的客车。爸爸认为普尔曼盛气凌人，但是他还是可以接受的，因为他投共和党的票。

普尔曼一停不停地跟那群人说着话，似乎不想被人打断。他的动作幅度很大，像演戏似的。这个人真的流露出一种让人不舒服的傲慢。

朱莉悄悄地溜到听众里面靠近普尔曼的妻子哈蒂的地方。波克毫无表情地朝他女儿眨了一下眼睛算是打招呼，接着无所顾忌地弯着小拇指到右耳朵里挖耳屎。

“他们像一群狗一样朝我乱喊乱叫，因为我削减了雇员的工资。我这样做就是因为订单减少了呀。我就是因为没有同样削减公司官员和工头的工资而受到了严厉批评。这个你们就完全不理解商业和美国制度啦。”

“你这话怎么理解，先生？”有人问道。

“你不理解吗？我如果削减管理人员的工资，那就会面临他们集体辞职的可能。这样一来，等经济重新振兴的时候，我就只剩下个空架子。维持较高层人员的薪金是必要的。维持我们的股利也是必要的。公众期待普尔曼百分之八的股利，所以我们配百分之八。这事关信心。”

“他们简直太卑鄙了，那些气势汹汹谴责乔治的人。”哈蒂·普尔曼大声说道，“我们那儿甚至还有一些造反的人，他们继续在拿普尔曼的薪水呢。”

“占着公司的岗位还依旧反对公司的人吗？”一位先生说道，“我简直不敢相信。”

“绝对是真的。”普尔曼说道。他多么自以为是呀，朱莉心想。“不过，在这方面我并非没有对策。我有一张网——我们姑且称他们为观察员吧。他们帮助我挖出最坏的煽动者。我只要发现一个，就取消他在普尔曼镇的租屋权。”

“这样很公平。”哈蒂说道，“乔治投资成千上万美元创建了一个模范小镇。在那个小镇里，所有丑恶的、混乱的、败坏的东西都被清除掉了。”

朱莉犹豫了一下，但还是举起了手：“普尔曼太太，我可以问个问题吗？”

哈蒂·普尔曼一下子呆住了：“你想问就问吧，范德霍夫小姐。”

“其实，有些事情不理解才是更大的问题。报纸上说，其中有一个不满是因为普尔曼模范小镇的租金没有降下来，但是租赁人的薪水降下来了。”事实上，她没有看过报纸，她是从小乔·克朗那儿听来的。

她说这个话，很单纯地期望得到友好的回答。她以为自己符合逻辑，坦率真诚，公平公正。她只是希望从普尔曼先生本人那儿了解真相。她完全没有料到，她父亲会向她投来震惊的目光，哈蒂·普尔曼会拿尖刻的目光射向她，也没有想到那位巨人自己会那样蔑视和愤怒：“范德霍夫小姐，难道我非得把你列入那些对生意经一无所知的孤陋寡闻的人的行列吗？普尔曼制造跟普尔曼地产是两个独立的不同的利润中心。别把这两个弄混了。”

“可是这好像不完全对啊——”

“朱丽叶，你母亲呢？”波克大声说道，“我们得走了。乔治——哈蒂——朋友们——祝大家新年好。”

“也祝你新年好。”乔治·普尔曼毫无感情地说。他瞥了朱莉一眼，那目光，就像是在看一种肮脏的散发着臭味的人。

马车里，大家谁也不说话。内尔拿手帕轻轻擦着自己的眼睛。当朱莉俯身向前抚摸着她母亲的手解释说她真的没有什么恶意时，内尔把自己的手抽开了，眼睛里是受伤的神情。她将前额靠着马车的边窗，闭上双眼。回到家里，她一句话也不说便回房了。

朱莉在自己的房里踱着步，越来越感到心烦意乱。房门突然哗啦一声打开了。

“爸爸——”

“别说话。别说一句话。你不该那样跟普尔曼说话。大伙儿都听到了。你没看到我们走的时候他们都怒目而视吗？”

朱莉的精神崩溃了，泪水涌了出来：“这是一个公正的问题——”

“但不该从一位有教养的年轻女人这儿问出口，该死的。你的位子是在人群后面再后退一步，你该洗耳恭听，风度翩翩。今天下午你让你母亲丢尽了脸。她又卧床了，神经衰弱。”

那天夜里，朱莉在黑暗的卧室里慢慢地沉陷到了她自身的黑暗当中。

她挣扎，因为她认识到这是什么，跟内尔一样的症状正在袭来：抑郁和静止状态，可以持续数天，抑或数周。

她明白她的感觉很可能是一种负罪感的反应，就那一个问题所引发的混乱。可是理解并不能帮助她摆脱这种绝望。保罗被忘记了。她将毯子盖到头上，将双膝勾到自己胸前，紧紧捏着双手，躲藏在那儿。

为什么不呢？女人苦于脆弱的精神折磨，这样的受苦受难是不可避免的。妈妈这样说过。

第三十七章　保罗

3月一个温暖的日子，雪开始融化，保罗在麦克勒格书店的走道里踱着步。它是芝加哥的一个地标，坐落在一幢古老的砖砌建筑里，位于门罗大街和瓦巴什大街的交界处。书店里弥漫着纸张和皮封面的芬芳，还有后面一个角落里一些摇椅附近在煤气炉上保温的咖啡壶里飘来的香味儿。堂哥乔说，那个地方叫作圣徒与罪犯角。城里有很多文学界人士在那儿坐着摇椅看书、辩论。这会儿有一个人正坐在那儿，面前打开着一本书。保罗走过他身边时第一时间紧张地打了个招呼。那人热情地给予回应。

保罗不知道这个人是否很有名。这人四十刚出头的年纪，个子很高，骨瘦如柴。他低垂着头坐在摇椅里，一条腿甩在自己的手臂上面。他的相貌很寻常，让人舒服，一双眼睛有点像堂哥乔那样的蓝色，稀疏的直发耷拉在正在谢顶的脑袋上，左脸颊上有一颗很大的黑痣。他皱皱巴巴的粗布套装是很劣质的彩格呢，有褐色、黄色、绿色。一顶七凹八凸的礼帽放在他的椅子下面。

保罗烦躁不安地从这条走道走过去，从那条走道走回来。他小心翼翼地在书店的后部尽量不发出声音，以免打扰到这位读书人。当保罗再次走近时，那人突然抬起头来，注意到了什么事情。他的目光中闪烁着警告。

不一会儿，保罗听到了沉重的脚步声。“年轻人。”他原地转过身来。是那个娘娘腔的服务员，保罗进来的时候他看到了。“你游来荡去的好像迷路了一样。你想要买书吗？”

保罗紧张地抓着最近的一本书：“我在等一位朋友，这可以吗？”

“这要看情况。你的手干净吗？要是不干净，麻烦你别碰那些书。”

保罗连忙将那本书放回原处。摇椅里的那个人大声说道:“听着,辛普金斯,这后面我看见有一条蛇呢。”

“蛇？在哪儿?”

“就在那个角落里。”那人站起身来,他个儿很高,低头垂肩,肩膀溜圆。他用手指着。他的指甲被咬得乱七八糟。“我看到它游到那个空板条箱后面去了。”

“我们这儿从来没有爬行动物——”那服务员赶紧冲到前面,拿着一把扫帚又冲了回来。他像端着步枪一样在身前端着扫帚,蹑手蹑脚地朝板条箱走去。角落里的那人朝保罗眨眨眼睛。

服务员将板条箱踢到一边。那儿除了尘土和一个蜘蛛网外,其他什么也没有。

“菲尔德先生,你实际上是不是又在开玩笑?”

那人有一种富有感染力的笑容:“这就是必要的分散注意力。”

“可以问问是什么目的吗?”

“辛普金斯,别该死的表现得蛮横无理。这是麦克勒格书店,不是淑女学堂。目的是叫你别纠缠像这位年轻人这样的无辜顾客。你难道忘了书店里就是可以随便翻阅的吗？这个就是神圣的目的。你要是记不住这点,那就找蛇去吧。”

辛普金斯黑着脸走了。他走过保罗身边时瞪了他一眼。高个儿男人依然乐呵呵的,再次坐下:“这势利眼的事儿我得告诉麦克勒格将军。”

保罗走近摇椅:“请允许我谢谢您,先生。”

“当然,达奇①,我告诉你怎么谢吧。买份《每日新闻》。别看其他任何东西。”

保罗觉得“达奇”这个绰号,假如有人用友善的口吻说,那么听起来也没有什么不好的:“您是为那家报纸工作吗?”他问道。

“我为它写文章。我姓菲尔德。继续吧,瞧瞧你想要的书。那势利眼不会再骚扰你了。”

“谢谢。我在等人。她迟了很多时间了。”

---

①英文原文为“Dutch”,有“荷兰人”“德国人”等意思。

“嗯,我希望她没有让你白等。”他回头继续看他的书。

保罗不太明白“白等”是什么意思,或许是朱莉不会来的意思吧。他已经有六个星期没有见到她了。堂哥乔也有这么久没有见到她了。他既担心又渴望,快要疯了。昨晚,他花五十美分贿赂了范德霍夫家的一个马夫,将一个便笺塞进他们家里,他希望他不会是犯了一个可怕的错误。“我会的。”那马夫说道,“但是她不一定马上就能看到。她身体不太好。”

“她病了？怎么回事?”

“我听说是妇女病。”

保罗再次踱起步来,手中拧着那顶布帽子。他依然穿着工作服。他的头发也很长了,几乎拖到领子,对此伊尔莎婶婶温和地批评过。

“她不会来了,完了,我不知道发生了什么,我再也见不到她了……”保罗心想。

前门的小铃铛响了,他转过身去。中午的耀眼阳光中,映出一位姑娘的剪影。门外,肮脏的雪堆正在融化。

他认出了她,喜出望外。她快速沿着走道走来,一面飞快地扫了一眼那个服务员和另一位顾客。他的心跳得怦怦的。

她看上去脸色不好。她的肤色完全像刚下的雪。她的眼睛四周有很大的蓝色阴影,令眼眸的颜色都发生了变化,少了他记忆中的那种灵动。保罗将她戴着手套的双手握到自己手中。

“你好吗?”

“好的,挺好。”

“你收到便笺了。”

“是的,除了送信的那个人,没有其他人知道这事儿。”

“他对我说你病了。”

她把目光转向别处:“精神方面的问题。正在好转。”也许是的,可是她似乎缺少了那种轻松活泼的自信,他认为这是她性格的一部分。

“你为什么没上班?”她问道,“今天星期六。”

“我请了几个钟头的假。酿酒师喜欢我,所以没有反对。我得见你。朱莉,潟湖上的冰没有了。”

“溜冰俱乐部也关门了?”

“几天前。我们必须找个其他办法每周见面,所以我就写了那个便笺来。你骑自行车吗?”她肯定骑的。每个人都在骑自行车。美国人骑自行车成癖了。

“我骑的,可是妈妈不喜欢。她觉得骑自行车太粗野。你干吗问这个?”

“因为我有个计划。你必须开始在林肯公园骑自行车。你可以在那儿租辆车子,我早已经去询问过了。我呢,假装是你骑车的教练。”

一听到这个,她喘了口大气:“我的——?”

“老师。你的老师。我找个什么名字呢?利奥波德?托马斯?萨米?托马斯,这个听起来体面一点。托马斯,专业自行车运动员。我的教学,是——啊,可靠的——”他绞尽脑汁想英文,“可靠的?”她点点头表示对的。“可靠,任何时候都最彬彬有礼。”他鞠了一躬,做个鬼脸,试图博取她开心。服务员偷偷地在隔壁那条走道里踅来踅去,拿着一把鸡毛掸子掸着书籍,企图偷听他们的话。

“我星期日来。我可以恭敬地站在你家外面等,你到那儿跟我会合。我会在灯笼裤上夹上裤腿夹。你可以把我指给屋里的那些人看。依鄙人愚见,我甚至可以假装收你费用,但是我会把钱还给你的。”

她大笑起来:“哦,保罗。我不知道如何对待你和你的计划。”

“我喜欢干脆利落做事情。不是这种方式,就是那种方法。”

“你太吓人了。”

“哦,不,我不会是个让人害怕的人——绝对不会。我会永远保护你的贞操。”

“你误解了。”她抚摸着他的一只手,她戴着手套的手指在他的皮肤上滑行,“我喜欢你的勇气。”

“啊。勇气。现在我明白了。谢谢你。”他咧嘴笑了。他感觉自己就像他在书里看到过的那些鲁莽大胆的人,那些在一只木桶里非法地一头栽进尼亚加拉瀑布的人。他感觉自己像他们一样一头栽进去了。

“我想要见你,我得见你。”他的手轻轻地捏着她的手臂,“我不能自已。永远不能。”

她似乎从他的话中受到了鼓舞。她的表情发生了变化,突然间变得更加坚定。他看见了第一天跟他一起溜冰时的那个有着坚强意志和阳光性格的姑娘。

她温柔地说道:“我也一样。”

娘娘腔的服务员目不转睛地瞧着,就在距他们不到一英尺的一只书箱那一边。他用鸡毛掸子连续轻轻地拍打着书脊。保罗走到朱莉跟书箱之间,挡住了他的视线。

他靠近她轻声说道:“我爱你。”

“你说什么?”

他的脸红了:“我没有勇气用英语说。”

“我想我懂这意思。我感觉——同样。”

“那么好吧,让我假装成为你的自行车教练。”

“哦,好的。不过,我觉得你到家里来不明智。我会告诉我父母,我从一位马术和车技俱乐部的朋友那儿听说了你的情况,说大家都竭力推荐,声誉良好。妈妈会嘀咕几句,不过我认为我可以对付她。我尽最大努力。”

“这样就定在星期日。”

“好的,星期日。”

“马上吗?”

“我们可以明天就开始。我太高兴了,你送来那个便笺。你很勇敢,保罗。勇敢,还有,可爱——”她快要流下泪来,但也感到幸福,“你愿意再说一遍那个话吗?”

“我爱你。”

那服务员的耐心仿佛达到了极限,张开嘴巴想说什么。保罗拉住朱莉的胳膊。那位记者菲尔德先生见证了这一切,乐了。他伸手到马甲里去掏一本小笔记本和铅笔。

来到外面,他们感受到了一阵湖上吹来的风。他们伫立在温和宜人的阳光下,湿漉漉的雪堆上有冷冷的风吹在他们身上。保罗的心跳得像惊雷一样。

“你愿意对我说这个话吗?”

“我爱你,保罗。如果我能说一千种语言,我会把这句话说一千遍。我爱你。"

他飘飘然如同置身于天堂。在莱茵河巨大岩石上放声高歌的洛勒赖[1]也唱不出比这更加美妙动听的声音。他知道,他的人生从此改变。

①洛勒赖,德国文学及传说中的女妖,出没于莱茵河畔,以其美貌和歌声迷惑航船的船夫,使船触礁沉没。

第五卷

普尔曼

1894

假如你生病了，贫穷了，挨饿了，
或者受压迫了，或者伤心了，
你从尤·维·德布兹那儿得到的
同情和救助机会百分之一百，
而你从乔·莫·普尔曼得到的
同情和救助机会几乎为零。

1894年
《芝加哥每日新闻》，尤金·菲尔德

除非你立刻采取决定性行动，
否则骚乱和造反将完全无法控制，
众多的财产将损失，
大量的鲜血会流淌……
我祈求上天给你指明方向并把你引导到
我们所处的可怕火山上。

1894年
一位芝加哥商人致克利夫兰总统的信

第三十八章　小乔

那年整个冬天，小乔跟他堂弟在一起的时间比往年少。保罗不再需要他到林肯公园充当红娘。他和朱莉痴迷着对方，他们的眼中几乎看不见其他人了。

小乔问过保罗，等春天来了，俱乐部的休息亭关门了，他有什么跟朱莉见面的计划。保罗咧嘴笑着说，他早已策划了一个方案。小乔祝贺他的堂弟但再次告诫他："你千万别让范德霍夫发现。"

小乔还真的不介意被免去丘比特的职务，他有自己的女朋友要关照。访问罗扎·亚布洛内茨需要将近十英里的行程来到普尔曼模范小镇。该小镇创建于1882年，作为普尔曼豪华客车公司五千工人的居住社区。到那个小镇，他得先坐一程马拉街车，然后再倒一辆马拉街车。

他不在乎这段路程，因为他无所谓一个人单独相处。他在口袋里通常带一本书。他喜欢一个人坐在那儿读书，总是这样。他喜欢可以一个人玩的运动。他不像卡尔那样喜欢团队运动。

星期日，他坐着马拉街车往南行驶，有时候会怔怔地想象，如果这天他幸运的话，那么生动的细节会怎样。不过，也许这事儿不可能发生。这全都要取决于罗茜的父母泰伯和玛丽察是否会到外面去一段时间。小乔和罗茜的第一次尝试是在别的地方，一家马车行牲口房的干草堆里。结果，没几分钟，他们被店老板发现了，便赶快逃走。还有一次是在乡下的一个灌木丛中，一只大黄蜂蜇了罗茜两次。于是，他们便到远离普尔曼小镇的地方找了一个房间。

星期日上午的出行，他并不总是想着那些事情。有的时候，他看书，反复地看某本书难懂的章节，直到看懂为止。有的时候，他思索着这个国家的未来，或者他们家的未来，思索着从来不肯松一松压在他的雇员、他的妻子、他的孩子背上沉重的双手的爸爸的未来。爸爸要绝对控制跟他生活有关的一切，从不克制其欲望，从不改变他自己。

有的时候，他会想想堂弟保罗的事儿。保罗是个好小伙子。不过，尚年轻。可惜还不成熟，而且是一个不切实际的人，一个空想家。保罗以为美国比故国好，比地球上任何地方都好。他以为，在美国，没有人用阴谋、欺诈、杀人的手段去攫取他们想要的东西。他以为没有人会去买通政客。他以为没有人会在仅有少数几个玩家所控制的大额赌博中把普通劳动者当作工具，当作筹码。

小乔持续不断地试图教导他的堂弟，但好像没有多少效果。堂兄弟俩虽然开始互相喜欢，但是也经常争论。有一次，他们还真的吵了一架。下班之后，小乔有时会到莱克大街的多诺法恩台球房逗留一下。多诺法恩台球房是个热闹非凡、烟雾蒙蒙的地方，深得工人群众喜爱。他们那儿不供应克朗啤酒，只供应圣路易斯布施生产的百威啤酒。

在多诺法恩台球房，小乔有时会跟别的人玩一玩台球友谊赛。他也一个人打落袋台球，自己跟自己比，跟之前的战绩比。保罗问关于这个游戏的各种问题，于是一天晚上小乔就邀请他一起去。他用粉笔在自己的球杆上做了记号，将另一根球杆递给堂弟，说道："记着，这不是比赛。我是演示。"

他用三角框摆放好彩色台球。保罗将它们打散。他对球杆根本没有感觉。他们轮流击球，小乔打掉了所有的球，但剩下一颗。同样一边倒的比赛又进行了三盘，然后，他们来到酒吧的铜栏杆边，要了五美分一杯的啤酒。鼻子扁平的酒吧伙计瞧着他们。

"你们俩几岁啦？"

"够年龄了。"小乔说道，"就给我们啤酒，行吗？"

"好吧，好吧。"

小乔将手肘搁在疤痕累累的桃花心木吧台上："我花十美分钱，这样我们可以吃'免费午餐'。"

"但是如果你付了钱，那就不是免费的。"

"没错。"

保罗摇摇头,感到费解:“美国啊。”

他们来到摆在很脏的白色餐巾上的盘子那儿。有一大片一大片的黑麦面包、煮得很老的鸡蛋、咸鱼、腌黄瓜,还有一大碗泡菜。小乔吃了两口泡菜,把叉子递给保罗,保罗叉了一点鱼。有人要叉子——整个酒吧就一把叉子——保罗将叉子给了他。

鼻子扁平的酒吧伙计给他们端来了啤酒。保罗吹掉泡沫,尝了一口:“没有我们的好。”

小乔哈哈大笑起来:“你说话像个忠实的工资奴隶。”

“小乔,”保罗突然严肃地说道,“我在报纸上看到了普尔曼厂的麻烦。那儿发生什么事啦?”

“谁也别指望那些老板会公正公平。他们跟这个国家其他所有的资本家一样。你要是看一些书,就会明白的。”

“我知道,我知道。看书。我现在正在学习我买的一本新的英语语法书呢。”

“那里你找不到真理的。”

“你说了那么多的真理,但是真理是什么呢?”

“真理就是你不想听的东西。你不想听到我们光荣的自由并非像有人所鼓吹的那么光荣。你自由,好吧。自由就是剥削处在更加弱势地位的人们。自由就是在又脏又黑的工厂那些危险的机器上把小孩子变成奴隶。自由就是你自己成长起来变成一个奴隶。”

“假定我在一个你所说的那么坏的工厂里工作,那我可以辞职,这是自由的,这也是真的吧?”

小乔的大笑在嘲弄他:“当然。在这个世界上你完全有自由辞职不干,那结果就是穿着破衣烂衫在街头挨饿——死亡。你以为我们在这儿很特别吗?我们不特别。你所想象的那个美国只是在你的脑袋里,保罗。一个幻想而已。你以为一个人只要勤奋工作、坚守规则,最终就会像爸爸那样变得富有吗?见鬼的才不会呢。有些人变成了老板,他们就操纵游戏。他们掠夺、欺骗、操纵你的生活!这,就是真理。”

保罗一言不发,皱着眉头:“乔,回答这个问题。如果美国没有比其他地方好,那为什么那么多的人冒着危险要到这儿来呢?为什么我要到这儿来呢?”

小乔拿一条胳膊抱住他堂弟的双肩:“第二个问题我不做回答,年轻人。但是第一个问题我有答案。我们芝加哥有一个人名叫迈克·麦克唐纳。大迈克。他是一个赌徒。他很有钱。他开办了一个声名狼藉的娱乐场所,叫作‘商店’,就在克拉克大街和门罗大街交界处。他也操纵市政官员和民主党的政客。大迈克有一个说法:‘每分钟都有一个笨蛋诞生。’”

“这话什么意思——笨蛋?”

小乔端起啤酒杯,一饮而尽:“就是你告诉他什么他都相信的人。”

保罗将啤酒杯重重地放到吧台上,脸腾地红了:“你认为我就是这样的人?那好——”

“好了等等,我——”

“——非常感谢你。”保罗从黄铜栏杆上抽回脚,大步走了。小乔追他,在大门口追上了他:“嗨,别生气。我又不是在骂你,我是在向你解释啊,告诉你真理。你要我说的。”

“那是你所看见的真理。我看见的是其他东西。我看见的是船上所有的人翘首凝望着纽约港里那个巨大的自由女神铜像,希望她守卫着的大门后面是一个比他们离开的地方更加美好的地方。我就是那些人中间的一员。”

小乔叹了口气:“好吧。我们不说这个了。我不想惹你不高兴。”他主动伸出手,“还是好朋友吗?”

保罗释然了。他脸上的红色消退了。“当然是好朋友。”他们握手。他们手挽着手沿着莱克大街走去。当晚,这件事情结束了。但是,当晚的和平解决当然没有解决任何问题。

4 月来了。美国依然挣扎在大萧条窒息般的压抑中。普通百姓感觉无能为力——他们无法击败甚至都无法了解的远处的强大力量在以某种方式控制着这一切。人们大量谈论的是“老板”“托拉斯”“金本位者”——遥远的邪恶的阴谋集团操纵着经济,玩弄着穷人的生活,从来不顾他们是死是活。

在俄亥俄州,马西隆的一个名叫雅各布·考克西的人组织了好几百名失业人员，打算带领他们到华盛顿请愿。考克西是一位农场主，一位虔诚的基督徒，平民党党员，南北战争时期的老兵，名副其实的小镇怪人。他将自己最小的孩子取名为“法定货币·考克西”。

当这位考克西“将军”的“部队”在寒冷的春雨中向东部长途跋涉的时候，一小队新闻记者跟随着他们。记者们写道，恶劣的气候、酸痛的双脚，似乎并没有令他们气馁。一支临时凑合的名叫“铜管乐队联盟”的小小乐队为行进和歌唱进行伴奏。他们最喜欢的乐曲是《舞会之后》的一首模仿作品。

请愿结束之后，
五月一号之后——
请愿书递交之后，孩子，
我们就能获得公平待遇。

令人怀疑。非常令人怀疑，小乔认定。

4 月 28 日，他就十八岁了。他在生理上已经完全成熟。他的个儿总是瘦小，这遗传了他父亲。但是他的肩膀、手臂、双腿肌肉发达。他双手的手掌因为苦活而变得十分强劲有力。他认为自己是一个男子汉了，这是年轻人一种下意识的傲慢自大。

那年 4 月，这个将近十八岁的男人连续两个星期日在普尔曼小镇都不走运。泰伯·亚布洛内茨是出门了，但是他那位其貌不扬的老婆玛丽察却待在了家里。

泰伯一天到晚提心吊胆，像为乔治·普尔曼工作的几乎所有人一样。所以，他喝酒。为了喝几杯廉价的红酒，他得步行到附近那个叫作肯辛顿的小村子去。按照普尔曼先生的敕令，在他的乌托邦小镇里，没有给工人们开设酒馆。而在以普尔曼特别喜爱的女儿命名的有七十个房间的弗洛伦丝宾馆里有一家小酒吧，为经理人员和行政官员提供酒类，但是那些酒类价格太高，小时工们喝不起。普尔曼先生认为，整天干苦活累活的人如果晚上喝酒，就会影响效率和生产率。

泰伯·亚布洛内茨有理由喝酒和烦恼。他是普尔曼公司修理车间的木匠。

车厢被拉进来,修理好了,再送出去。在美国铁路线上,人们发现有四分之三是普尔曼车厢,但是没有一节车厢属于铁路公司。普尔曼公司订立合同经营车厢,雇用自己的列车员、行李工、厨师。它收取的修理费用是每英里两美分。

1894 年初,泰伯的小时工资下降了百分之二十,到 2 月下旬,又被削减了百分之十五。第二次降薪之后,泰伯把他欠房地产老板和其他人的钱算了一下,吃午饭的时候喝了半瓶红酒,而且干了一点他以前从来没有干过甚至连想都没有想过的事情。泰伯站在他的工头卡斯尔伯里的办公桌前,那双满是疤痕的灰白双手拧着自己的帽子,对最近一次降薪表示抗议。

卡斯尔伯里的回答方式得到了公司高层的容忍甚至鼓励。他从座位上扑出来,将泰伯打倒在地,咒骂着他,骂声里,还称他是"一个肮脏的不懂感恩的中欧狗屎"。工头警告泰伯,他要是再发牢骚,就会丢掉饭碗。事实上,泰伯被罚停了一个月的工,但他感觉还算幸运。

"你为什么不搬离普尔曼呢?"有一次泰伯一个人在家里时,小乔问他,"你不应该待在这儿,付这些房租,任他们虐待。"

泰伯用他很重的口音回答道:"如果我不想被永久开除的话,那么就得待在这儿。当公司叫工人回来上班的时候,不在普尔曼小镇租房的人就会被排在最后。"

小乔的唯一评论是咕哝了一声"天哪"。这一声咕哝弄得罗茜胆小如鼠的母亲瞧了他一眼。玛丽察·亚布洛内茨指望着上天让普尔曼先生走上正道呢。即使这辈子不行,下辈子也行啊。

罗扎·亚布洛内茨父亲的身材有点瘦削,一双黑色眼睛充满了忧思,又高又圆的前额让小乔想起了丹尼尔·韦伯斯特的画像。不幸的是,他这个形象有瑕疵,下巴缩进去了,嘴巴很小,嘴唇很薄。泰伯的独生女儿遗传了他最优的优点,而且她有性感的嘴唇、结实的下巴,这是遗传了她那位在其他方面都很普通的母亲的优点。罗茜比小乔大一岁半,这也是吸引他的部分原因。

他是在乡下的奥格登树林遇见她的,他带保罗到那儿去过。当时是第一次政治文化郊游活动,本诺邀请了他。1892 年秋天,在那个酷热多尘的星期日,他对这群人的激进性格，对他们演讲中的勇敢无畏而又目无王法的观点感到极度惊奇。他提心吊胆，担心警察的马车是否随时都会风驰电掣般地扑进这个小树林里来中止这些颠覆分子的行动。为了在陌生人中掩饰这种焦虑和紧张情绪，他在表演正式开始之前，喝了整整一小桶啤酒，后来又喝了一桶。

罗茜的节目排在第三个。并不是她父亲把她带去的，但是小乔当时并不了解她，就像他当时并不知道她的名字一样，只知道她让他一见钟情。当她走上那个由板条箱和木板临时搭建起来的台子时，她提起裙子，露出了自己的赤裸脚踝。掌声四起，主要是男人的掌声，赞赏她的相貌和身材。她的才智还是个未知数。

罗扎·亚布洛内茨的臀部很宽，双腿又粗又壮。她深褐色、波浪形的头发十分浓密。参加这次野餐，她穿了一件白粗布做的高领衬衫。她黑色的裙子镶有毛毡的花，十分花哨，但显然是自制的，缝在下摆上。

小乔靠在临时搭建的舞台左边不远处的一棵树上。舞台上，罗扎·亚布洛内茨被介绍是一位很有前途的年轻歌手。本诺打了一个嗝，喷出一股洋葱和大蒜的臭味儿，他用手肘轻轻推了小乔一下。

一个罗圈腿的白发男人拿着一架手风琴坐在舞台一个角落的一只钉子木桶上。小乔事后才了解到，这位手风琴师是罗茜唯一闺蜜的父亲。他也是普尔曼公司的一名工人，比泰伯凶，比泰伯不怕事儿。琴师的女儿邀请罗茜前来参加郊游，而她对泰伯和玛丽察说她是到湖滨去野餐。

观众们躺在正在枯黄的草地四周，静悄悄的。唱歌的人摆着矫揉造作的僵硬姿势，拍着双手，开始唱《福来英语儿歌大家一起唱》。她唱得很快很响，里面有某些瑕疵，在她的第二首歌《我心爱的男人在月亮上》，瑕疵很快就暴露得十分明显。她的嗓音甜美但是微弱，就是小乔这未经训练的耳朵都能听出来，她唱的时候经常不合拍。

没有关系。他发现她特别迷人，倒并不是说她的身体特征有多迷人，尽管它们的确不错，而是他在她身上嗅出了一种原始的味道：她摇晃她波浪形的黑发，她圆圆的黑色双眸撩拨着人群中的男人，所有这一切传递出一种任性。

到傍晚时分，观众里面已经有好多单身男人喝下了大量啤酒。当这个年轻女人还在唱歌的时候,小乔听到有一个下流的家伙在人群后面大声喊叫着。接着,一个胖子醉醺醺地摇晃着手中的啤酒桶,大叫道:“好啦,亲爱的,让我们听下一个节目。”

手风琴师的手指在箱子那儿可怜兮兮地按下最后一个嘎吱的音符。那姑娘唱到一半戛然而止,惊恐地望着观众,但惊恐很快变成了愤怒。小乔想也没想便情不自禁地走上前去。

“闭嘴,给她一个机会,你的风度到哪儿去啦?”他大叫道。

那胖子吓了一跳,尴尬至极。小乔的身后,来自克朗啤酒厂的一个工人窃笑了一声:“她的天赋也就那样。心不在焉。”心不在焉。小乔笨拙地做了一个很大的手势,试图示意那年轻女人,她应该继续唱她的歌。

她的目光聚焦到了他的身上。瞬间的暖暖微笑熨平了她脸上的愤怒。她轻轻地点点头。

他也朝她点点头。手风琴重新响起了旋律。

她唱完那首民歌的时候,他用双手抓着那个铁皮酒桶,浑身冒汗,头也大了。没有多少掌声,但是至少没有嘘声和嘲笑声。小乔拼命鼓着掌,全然不管本诺那些朋友如何嘲笑他。他快步走到舞台后面,那姑娘正好双手撩着裙子,从舞台上跳下来。

她跳落到地上时绊了一下脚。他及时扶住她的双肩,她才没有跌倒。她喘了一大口气,喷出一股芬芳。她自己一定感觉到了什么,因为她再次喘了一大口气,她的双眼睁得大大的。某种力量,某种高度饱和的连接,在他们俩之间,在两个方向,没有一句言语,居然默契地发生了。

他放开她,往后退了一步,挣扎着找到自己的嗓音。

“我叫乔。我喜欢你的歌。”

“我叫罗扎。”

“罗扎,挺好听的,像英语中的玫瑰花。”

“你这个人真的挺好的。等我一下,十分钟。我们去走走。”

他们走得离小树林很远,安全地隐藏到了阳光斑驳的树荫里,黄的树叶,红的树叶。她靠在一棵树上……

这是他的第一次，但他估计不是她的第一次。她当这事儿很简单，快速完事，快乐至极。

他开始定期在普尔曼小镇跟她约会。他叫她罗茜，她喜欢这个名儿。

她不是一个勤奋好学的姑娘，也没有传统意义上的那种聪明伶俐。她从来不读书。然而，她对生活了解很多，而且形成了一种轮廓分明的清晰见解，尤其是对她父亲："爸爸出生在波希米亚的一个穷人家，成长过程中一直很穷，这给他一辈子留下了伤痕。他在工厂绝对不会闹事儿，只要他们每周付他薪水，他可以任他们在自己头上拉屎拉尿。我从中吸取了一个很大的教训，乔伊。我知道什么是第一重要的。就是要成为人物，要有社会关系，这样他们才不会在你头上拉屎拉尿。这是一个方面，还有另一个方面。你得成为一个口袋里有美元的人物。越多越好。"

"我不这样想，罗茜。"

"我知道，我很快就把你看穿了。你完全被束缚在了那些美好的观念里，而那些观念不能给你温暖，也不会把烤牛肉送到你的餐桌上来，正因为如此，我们不可能待在一起。但这有什么关系呢？"

这事儿，她说说容易，但他们要做起来却难。连续两个星期日，她和小乔都没有机会单独相处。但是，这并不令他气馁。要说有什么情绪，那也只是让他更加烦恼——而且更加下定决心罢了。

4月22日，他生日前六天，他跟往常一样坐上马拉街车。气候温和宜人，阳光灿烂明媚，这样的日子适合幽会。

他从口袋里掏出一本纸封面的书，书名是用小写字体印的，不是一眼就能看清的那种风格。这本书——《两个工人的对话》，是一本译著，作者是意大利那位无政府主义者恩里科·马拉泰斯塔。

书是本诺借给他的。它猛烈地谴责财富的拥有者——类似于普尔曼和小乔的父亲这样的人。

你们难道不知道吗？他们所吃的每一片面包，全都是从你们的孩子那儿掠夺来的；他们送给妻子的每一件礼物，全都意味着贫穷、饥饿、寒冷，甚至也许还意味着你们的卖淫。

爸爸没有坏到那个程度，这他知道。然而，乔·克朗的确属于马拉泰斯塔所仇恨的那个阶级，而且，他的很多观念跟那些要冷酷无情得多的人的观念相一致。

他将书塞进自己的口袋，不想再看了，免得把这个上午给糟蹋了。余下的旅途，他一直在想他有多需要那位姑娘。

泰伯·亚布洛内茨跟他妻子和女儿居住在普尔曼小镇的一排砖砌排屋里，这是专门供结了婚的工人居住的。这些住房明显地比工头们的住房差很多，而且跟普尔曼先生及其管理人员所吹嘘的完美典范大相径庭。租金很贵，水费和煤气费也很贵。水和气是该小镇从芝加哥市买来的，重新标价，然后转手卖出去。尽管薪水削减了，但这些日用品的价格还是维持在大萧条前的水平。

小乔敲门，罗茜将他让进屋里，并将一根指头搁到自己嘴唇上："家里有人。"他在心里默默诅咒着走进厨房，见到了那位客人，强迫自己说了平常说的那种寒暄话。这是一个三十五岁左右的女人，骨架很小，穿着朴素，头发在后脑勺扎了一个髻。近似方形的下颌轮廓表明了其坚定的性格。当她了解到乔是谁时，便热情地跟他握手。

"我跟你母亲挺熟。她在赫尔堂可是一位我们特别喜欢的帮手。要是可以的话，我们真想让她整天待在那儿呢。代我向她问好，好吗？"

"好的，一定。"他说道，微笑了一下。此时，他不再恼火这位客人，反而对她着迷。只见她坐在一张劣质简陋的桌子边上，她的前面摆着几张密密麻麻写满了字的纸，他不明白这位赫尔堂的创始人到普尔曼小镇干什么来了。

罗茜的母亲做了解释："亚当斯小姐正在了解我们是如何生活的。"玛丽察的英语比她丈夫的好，她的口音要不明显一点。

"我可以用一个字来概括：差。"

简·亚当斯一面说，一面将那几张纸折拢，放到自己的收口网格包里。她向小乔解释道："由于经济形势带来的极端贫困，我被要求为芝加哥公民联盟收集一些数据。我所发现的东西很不光彩。"

"我知道这儿很可怕。"泰伯说道。他坐在桌子边，两只手肘支在桌子上，两只手掌贴着两个太阳穴。"一个人卖力干活，也不去酗酒——他娶了老婆还能帮着他，而且节省——他为同一个老板干了十年，但是依然债务缠身，那一定是出什么问题了。"

"要我就辞职。"亚当斯小姐说道，"至少我会反对，强烈反对。"

"我曾经反对过，结果遇上大麻烦了。"

简·亚当斯谢过他们一家离开之后，泰伯戴上帽子："我到肯辛顿去一下。"玛丽察点点头，一言不发，惹得小乔在心里再次暗暗地不满。

整个下午，玛丽察·亚布洛内茨就坐在那个肮脏的小客厅里，织补破旧的袜子和连衫裤。罗茜和乔待在厨房里说话。

大约四点三十分，厨房门打开了，泰伯跌跌撞撞地走了进来，后面跟着两个也在普尔曼公司上班的工人。一个身材瘦长的人，泰伯介绍他叫林克·伦道夫，另外一个脸色阴沉、大腹便便，叫戴斯·哈罗德。林克带来了一罐一品脱的褐色威士忌，已经快喝完了。

他怒气冲冲地叫嚷道："出生在普尔曼造的屋子里。吃的是从普尔曼商店买来的。在普尔曼教堂接受传教。等你退休之后，普尔曼退休金就是你去贫民所的通行证。等你死了，你很可能就是去的普尔曼地狱。他们似乎给了我们一切，可是他们把我们的一切都拿走了，甚至我们的自尊。他们甚至拿走了我们厕所里的东西。"

玛丽察拿手捂住自己的嘴巴。小乔说他不明白最后这句话的意思。"污水，污水。乔治王把它当作他商品蔬菜农场的肥料。杂种！"他将空酒罐扔到墙上。炉子后面，有几块棕色的玻璃碎片丁零当啷地掉落到地上。玛丽察可怜兮兮地瞧着被弄脏了的墙壁。

戴斯·哈罗德擦燃火柴，点上一根又粗又短的雪茄。他透过袅袅青烟，像一只睡莲浮叶上的青蛙一样眨着眼睛："你打算拿它怎么办呢，林克？"

“我打算参加那个委员会。”

“什么委员会?”

“就是组织起来到老板那儿去要求把工资恢复到削减前水平的那个委员会。”

戴斯·哈罗德眨着眼睛:“你说什么? 你说要求吗?”

“这是我说的。本周或者下周,我们打算这么干,你等着瞧吧。”

小乔注意到玛丽察飞快地望了她丈夫一眼,一脸担心的神色。戴斯·哈罗德喷出一口烟:“天哪,那可太危险啦,林克。你一越雷池,该知道后果。他们会向你反击的。”

“我顾不了这么多啦,该死的。”

“危险。”戴斯·哈罗德再次喃喃地说,一面摇着头,“这个委员会里都有谁?”

“这你别管,但这是一个坚强的团体。”

“但你是一个成员。”

“完全正确。”

“你呢,泰伯?”

“我不是! 我感兴趣,可是我不跟这样的行为搅到一起。”

那两个人走后,玛丽察说道:“戴斯说得对,林克不该这么做。”

“是的,戴斯说得对。这是公司的观念,但是他说得对。”泰伯赞同道。小乔想要说话,可是他没有说。他只是靠近罗茜喷香的头发。它有玫瑰花一样的香味儿。他花了十美分钱给她买了一块特别的香皂。她只是在星期日才用它。

“我本指望今天能得到一个生日礼物呢。”

“别担心,我给你存着。”她轻轻地对他说道。

接下来这次他去罗茜家时,罗茜告诉他林克·伦道夫被解雇了,而且普尔曼房地产部门交给了他一份逐客通知。

“戴斯·哈罗德是他们该死的间谍之一。就这次,爸爸聪明了一把,他没有吞下戴斯·哈罗德的诱饵。”

考克西"将军"的军队,五百位坚强的战士,来到了华盛顿,沿着宾夕法尼亚大道示威游行,他自己担任领队,举着那封要求实施一项联邦公共工程计划以帮助失业工人的请愿书。

来到国会大厦,当考克西一踏上据说是属于政府的草坪时,立刻遭到逮捕。跟随他的一个人想要冲过警察设立的警戒线,结果被拳头和警棍给打了回去。骑警一直跟随着示威者,他们骑着马、挥舞着警棍朝示威人群冲去。"军队"瞬间被驱散,仿佛从来就不存在一样。

在啤酒厂,人们在频繁地热议着考克西的示威游行。有人认为,这是有价值的,也有人认为,这事儿从一开始就是无望的。本诺的观点最强烈。休息时间,他在排列着乔·克朗提供给工人们用的摇椅的小房间里开导小乔。

"举行示威游行没有什么用。在华盛顿挥舞某张纸片也没有什么用。我告诉你吧,他们应该做的事情就是带上一些炸药。"

5月6日,小乔再次出发去普尔曼小镇,心里沉甸甸的,生怕很可能再次没戏。他已经有好几个星期没有跟罗茜亲密了。这个星期日显然也不例外。泰伯邀请他到肯辛顿去,到一个技工大厅,那儿可能有大量的普尔曼工人集会。他们将聆听一位特别的演讲人——美国铁路工会尤金·德布兹的演讲。小乔明白他还是去的好,因为玛丽察已经明白表达了她的意图,要在家里待一个下午。罗茜看上去很生气,一会儿瞧着母亲,一会儿瞧着他。

小乔从未见过德布兹,只是在期刊上看到过他的照片,那些期刊通常还刊登有大量攻击他的社会主义说教的文章。一看到这人的外表,他真是惊讶得不能再惊讶了。他本以为会看见一个十分粗野的人,又一个走在印第安纳州特雷赫特道路上的本诺·斯特劳斯。让他感到意外的是,他看到的这个人瘦瘦的,胡子刮得很干净,头已经秃顶,像个会计。德布兹身高六英尺,大约三十岁年纪。这是一个炎热的下午,但是他衣冠楚楚,一身花呢套装,挺括的白领。他的两个鞋尖亮闪闪的。德布兹早先是一位机车司炉工会的财务秘书,他致力于完成自己的梦想,为了大家的共同利益,把所有的铁路工会结合成一个工会。现在的美国铁路工会已经有将近三十万会员。其招募理由具有很强的说服力。如果一个工人加入了美国铁路工会,那么万一老板利用一个工会来反对另一个工会从而破坏罢工的情况下,就可以保护自己。

德布兹没有稿子地演讲了半个小时。两分钟之后,小乔就感觉印象深刻,五分钟之后,他被迷住了。

“这几天我悄悄地在普尔曼小镇调查。”德布兹说道,“我跟人交谈,问些问题,但是大多数时间我都是在倾听。我得出了一个无可争辩的结论。在为乔治·莫·普尔曼干了多年之后,如果你们被解雇了,然后,你们失业两个星期之后,就会发现自己衣不蔽体,食不果腹。除了这个,我们还能说什么呢?乔治·莫蒂默·普尔曼是一个赤裸裸的自证其罪的强盗。他对你们没有人道主义兴趣,他只是假装有罢了。他的家长式统治,就人类动产而言,跟奴隶主的统治是一模一样的。这就是为什么我敦促你们支持明天的委员会。要保持高昂的勇气,要把你们的目的清晰地摆在面前,你们就会获得成功。”

“那是个什么委员会?”乔悄悄问泰伯。

“让林克·伦道夫遭到解雇的同一个委员会。”

“他们在干什么呢?”

“我不知道。我也不想知道。”

德布兹大步走到讲台边上,一把摘下他的眼镜,以便更清晰地扫视他的这些平凡、疲惫、贫穷的工人听众:“我最后得出一个想法。记住美国铁路工会支持你们。我们的观念很简单:一个兄弟遭难了,其他兄弟前去相救。在这场对抗中,劳动者将和劳动者站在一起,请坚信这一点。”

工人们跳起身来,吹口哨,鼓掌。小乔把手拍得很响。大厅的地面在靴子和鞋子表示赞同的跺脚撞击中震动。泰伯忧郁地摇摇头。

“听从这样的讲话会遭到解雇的。走吧,我得去喝一杯。”

乔跟着来到小酒吧,但是喝了一杯廉价的意大利红酒之后,他再也无法忍受泰伯那种被打的狗一样的态度。他问泰伯是否准备回家。

“不马上走。”泰伯示意再来一杯。立刻,小乔发觉可以把这个转换成有利条件。

一个小时后他回到普尔曼小镇,对玛丽察说:“恐怕亚布洛内茨先生在肯辛顿那边醉得有点厉害了。那是一个激动人心的集会，人们全都被鼓动起来了。亚布洛内茨先生在我走的时候已经喝下好几杯了。”

“哦，天呢，他在哪儿呢，法努奇酒吧吗？”

“是的。他不肯走。”

“我得到那儿去把他弄回家来。罗茜会给你做晚饭的。”

她匆匆忙忙地去找她的方形披巾时，他严肃地点了点头。坐在餐桌边椅子里的罗茜，痴迷地朝他绽放着微笑。

小乔和罗茜在她狭窄的床上亲热。在他们单独相处的那么多次里，他从来没有看见她这么主动过。

事后，他用手肘支撑着自己的身子，说道：“看见你之后我就不想回家去了。在这儿还有这么多恐惧和饥饿的情况下，我不喜欢生活在密歇根大道上。”

罗茜哈哈大笑起来：“你不想回到密歇根大道的家里去？我立刻就可以跟你换。”

“你懂吗？这儿的人们失业、挨饿，而我却在用金边的盘子吃饭，这种感觉很不好。”

“我不在乎什么感觉，我就是想用那样的盘子吃饭。我就想要那样的盘子。”

“‘那些’，罗茜。你要是连话都说不对，那你怎么改善自己的状况呢？”

他们以前也开过这样的玩笑。“像我这样的姑娘，追求的不是语法课，乔。”她常常这样说。

他翻过身，仰躺在那儿，两眼望着满是水渍的天花板。什么地方传来机车的鸣笛声。一个角落里，一只小碟子里有一小截蜡烛在燃烧。煤气不付费就停止供应。

“我希望你不要取笑我所信仰的东西。”他说道，“如果你对它们有更好的理解，那么也许你就不会了。我可以给你一些书，有关——”

“不要给我书啦！你自己看的书太多了。所以，你有暖和安全的床睡觉，有很多美味佳肴可以吃——家里人在银行里还有很多存款，本该很幸福的，却老是为忍饥挨饿的穷人坐立不安。我不明白你为什么要操这份心？”

“也许我这个感觉的名称叫‘良知’。”

“也许你这个感觉的名称叫‘疯狂’。此外，我有一种感觉，很多这种什么工会都是空话大话。”

他再次朝她翻过身子，那支蜡烛的火焰在他的眼睛里映出一小点一小点的光亮：“不是的。”

“就是那种权利。好吧。”

“别取笑我。你等着瞧。”

“等着瞧？等到什么时候？”

他想要解释，接着面红耳赤，红到了脖子：“我也不知道。可是，在合适的时候，我会为这项事业添砖加瓦的。我会添砖加瓦。”

“哦，乔伊，别这样说话，这太蠢了。你要是想要相信这种——”

“我的确相信。”

“——你会送命的，这太蠢啦。把自己的人生扔到一本书里来的理想当中吗？我不会的。”

“罗茜，我们别吵架。”

“我不是在吵架，我只是在告诉你，我首先关心的是我自己。”

他倾过身子，粗暴地吻她。“我也会关心你的。我也许会给你买一些金边的盘子作为新婚礼物，怎么样？”

紧张局势消融了，她哈哈大笑起来：“别对我胡扯，乔伊。姑娘分两类，一类是男人娶为妻子的，还有一类是男人玩玩的。我属于第二类，我没有其他愚蠢的想法。我知道我是什么样的人，什么样的姑娘。没关系，我可以利用它过上好的生活，住上好的住房，穿上好的衣服。我从未想过你来求婚，乔伊。你要是求婚，我不会同意的，我脑子里有更重要的东西。我要想办法离开这个肮脏的地方，否则就去死。即使没有你，我也会到一个有细细金边盘子的男人那儿蹭饭吃。”

5月7日，一个由三人组成的申诉委员会找到普尔曼资方，要求恢复正常工资水平。那些行政官员表面上表示同情地听取了他们的意见，然后重申了公司的立场。世事艰难。订单下降。减薪并非像人们所说的是百分之四十、百分之五十、百分之六十,平均是百分之十九。此外,普尔曼为了维持工厂开门,现在是在亏损建造车厢,这至少可以维持部分工人不失业。

会谈结束,气氛友好。普尔曼社区很快便传言四起,说跟资方接触的三人委员会的人暂时获得了满足。

星期三,那三个人全都接到通知:无限期停工。

星期五,5 月 11 日,正午,三千一百名普尔曼豪华客车公司的工人放下工具,上街示威游行,他们要求降低普尔曼小镇的租金,取消 1893 年的降薪规定,立刻恢复委员会三人的工作。

并非所有普尔曼公司的工人都参加了示威游行,有一些人没上街,泰伯·亚布洛内茨就是其中之一。“我不指望他参加。”罗茜告诉小乔这事儿时对他说道。

泰伯的忠诚并没有帮助他。到了星期一,资方无限期地解雇了余下的三百名工人。

第三十九章　朱莉

普尔曼罢工的第二个星期，威利斯·菲什伯恩姨妈来了。她来做客从来不待很长时间。她对她的“三天规则”有过评论：“三天之后，鱼和客人很快就会发臭。”三天，对范德霍夫来说已经太长了，足够把他逼疯了，但是对朱莉来说，远远不够。

威利斯姨妈很快就要庆祝她四十八周岁生日了。她不像她姐姐内尔，她是个个儿很高的女人，一副素颜。她的下颌很长，鼻子很长，双颊凹陷。她花白的头发剪得像男人一样，未经任何修饰。毛茸茸的卷发，鼓鼓囊囊的圆发髻，时下流行的那种未经修饰的很大的发髻。

威利斯的瘦是那种有时被称为瘦而结实的瘦。她像一个来自南方某个生活艰辛、总体不幸福的偏僻种植园的女人。不过，等你一注意到她的眼神，那就另当别论了。她的眼睛交替闪烁着热情、欢乐和愤世嫉俗。它们是窗户，通过这两扇窗户，你可以看见有激情在迸发。

威利斯姨妈坐一辆火车站的出租马车来到草原大道。她将一个显然以前也跟人分享过的扁平酒瓶递还给马车夫。她跟他的聊天时间长了点。她跟往常一样，穿着设计得让人惊愕的服装。里面有东方风格的长裤子，外面穿一条短裙子，上身是定制的束腰外衣，脚下蹬镶有低花边的鞋子，还有饰着钻石图案的红色丝绸袜子。

威利斯研究过纽约州塞尼卡福尔斯的阿梅莉亚·布卢默夫人的信条。布卢默夫人在19世纪50年代引领了卫生保健服饰的潮流，是一位思想解放的女性。威利斯一旦开窍，便不再回头。她嘲讽维多利亚式的一层层的硬衬布衬裙，嘲讽那些褶边、荷叶边、捆扎在某个地方的野蛮衬垫。她说，这些东西压抑了女性正常和健康的精神。

朱莉的姨妈是一个名副其实的有辱门楣的人。她在还不到十五岁的时候就从肯塔基州离家出走。一个男孩该对此负责，内尔透露给她女儿，说她父母不喜欢这个男孩。不过，真实原因更加复杂。在菲什伯恩家所有人中，唯有威利斯染上了废奴主义这个毛病。

还是姑娘的时候，她就读了很多有关奴隶逃跑的故事，她可以整页整页地背出斯托夫人那部让人激情澎湃的小说。她开始关注她周围的形势。这一新的兴趣使她跟菲什伯恩家所有其他人格格不入。“我记着那些情景，可怕的情景。”内尔说道，“她朝父亲怒斥奴隶制的罪恶、脱离联邦的疯狂。她站在一把椅子上，脱下自己的内衣，因为它们是棉花做的，而棉花来自有奴隶的南方。直到今天，我妹妹都不穿棉内衣，只穿丝内衣。”威利斯成了一个让内尔尴尬为难的人，她恨不得将她藏匿于这个现实世界之外。

好在威利斯生活在纽约。她在那儿为她的事业奋斗，让她姐姐心惊胆战的事业。为了结束妓女们受性剥削的生活，她在街头的传教机构里陪伴她们。她撰写小册子，要求改变不公正的离婚法律。她公开赞同自由恋爱，她对朱莉说，女人自己完全有绝对权利支配自己的身体。任何医生都没有这个权利，任何政客或者教士都没有这个权利，任何男人都没有这个权利——尽管他们总是竭力夺取这个权利。

两年前，威利斯失去了她三位丈夫中的最后一位，三位丈夫都为她的财务独立状况做出了贡献。内尔根本就不想听到关于这三个人的只言片语：第一个是个极端分子，第二个是个浪荡子，第三个是个犹太人。

威利斯的第一任丈夫，昌西·斯通·科芬牧师大人，比她年长二十岁。他从他父亲那儿不仅继承了这个家庭总部设在新英格兰的航运公司的数百万美元资产，而且还继承了一位论派信仰。他在废除黑奴制度和争取黑人平等地位的神圣斗争中是一位领袖人物。威利斯是南北战争期间在芝加哥遇见他的。她独身，干些粗活度日，每每有自由支配时间，便投身到人道主义的工作当中。她在圣路加医院做义工，换敷料，端便盆。在那家医院，有时候联邦军队伤员和南部邦联军队伤员就肩并肩躺在那儿。她每周两次去道格拉斯营，格罗夫村那个关押战俘的地方，帮助那些不识字的南方士兵写信，或者就握着他们的双手跟他们聊天，分担他们被他们的美国同胞关押在这儿、与家乡和自己所爱的人相隔万水千山的痛苦。战争快结束的时候，科芬牧师大人到战俘营巡视，与威利斯一见钟情，便开始了他的追求。

战后，她在奥博林学院上学，他追了她两年。最后，精诚所至，金石为开。

这位牧师大人对争取黑人自由和惩罚南方人的热情到了无以复加的地步。不幸的是，他对女性听众的热情也无以复加。婚后的一次巡回演讲中，他被发现在圣路易斯的一家宾馆房间里抱着当地教会一位执事的赤身裸体的老婆。威利斯听到了这桩丑事，科芬留给她一百万美元封她的口并悄悄离婚。

几年之后，她嫁给了第二任丈夫洛亚尔·麦克比。他是一位演员，早先挡不住他这个行业最危险的诱惑——酗酒。他没有多少才华，仅能演演二流角色。他口袋里面一个子儿也放不住，但是威利斯疯狂地全心全意地爱着他。

他们的婚姻持续了四年。一次午场演出之后，他离开剧场，找到一家酒吧，一个小时之后走出酒吧大门，倒在了一辆马拉街车的前面。他的脖子断了，当场毙命。直到一个星期之后，威利斯才第一次了解到，洛亚尔家在纽约州的罗切斯特市拥有一家很大的面粉厂，并给了洛亚尔五十万美元的信托基金，但是只要他还在臭名昭著的演艺行业，便不得碰那笔财产。威利斯继承了那笔钱。

西蒙·莫迪凯·韦斯是她最新的配偶。韦斯是一位商业王子，或者说得更准确些，威利斯遇见他的时候，他是一位上了年纪的商业大王。

韦斯是在他父亲废旧物品行业的基础上发迹的，成了美国占统治地位的五金制品批发商巨头。他的指节上总是沾满污垢，他的脸上总是沾满了油污。他亲自审查存货清单所需的大额物品采购。他是一个十分温和的人，娶过两任妻子，都离婚了，因为他发现这两任妻子都太贪婪，太无趣。他跟威利斯相遇纯属偶然，那是在非洲内陆亨利·莫·斯坦利先生所做的一个有幻灯片展演的讲座上。斯坦利是一位新闻记者，他于1871年在坦噶尼喀湖边找到了失踪的利文斯通博士，曾轰动全世界。

威利斯和韦斯碰巧是邻座，便开始交谈。威利斯根本不知道这个老头是谁、是干什么的，但是却很喜欢他。两个星期之后，他简单而又真诚地向她提出了一个要求。如果她愿意嫁给他，在他的余生里，跟他一起生活，跟他一起旅行，能够使他进行这样快乐而又聪颖的交谈，那么他将把她立为他的唯一继承人。他没有家人。

他在向她求婚期间曾经坦承，他的心脏很脆弱，可能活不到五年。当时他已经七十七岁了。实际上，他后来只活了十四个月。他死之后，他的律师带来了来自死者竞争同行两份不同的报价。韦斯经常说，等他故世之后，他希望她把公司卖了：她生性太活泼好动，不适合将生命耗费到学习螺栓、螺丝、三脚架上。她精明而又谨慎地进行谈判，竞争的出价人好几次提高价格，最后她将公司卖给了一位出价五百五十万美元的人。她埋葬了这位善良而又考虑周全的韦斯之后，每天都以泪洗面，整整一个月。

威利斯从未蓄意在任何一位丈夫身上寻求财富。她常常思量，是否就是因为这样，所以财富才找上了她。

尽管威利斯有着进步的观念，又卷入到了并不令人恭维的事业当中，但是她依然保留着南方女性的很多道德规范。她是一个很会体谅别人的人，除非受到欺凌或者被愚蠢所激怒，当然那些粗暴的家伙和地地道道的傻瓜除外。他的姐夫这两个方面都符合，但是因为他们是一家人，所以有他在场，她就尽量不多讲话。

她并非总是事事顺意。她觉得常识性的事情对她姐夫和内尔来说常常是不可思议的事情。因此，每次来做客，她至少会把他们激怒一次。这一次发生在她第一天到芝加哥吃晚饭的时候。她喝完一小杯清咖啡，便点燃了一根细细的深褐色雪茄烟。

“火车上，我看报纸，上面说到了普尔曼先生和他跟工人们的分歧。他的话语太傲慢了。我希望示威游行坚持下去，直到他们受到公平对待。我希望他们能迫使普尔曼就范。”

“你会的。”波克咕哝着说。内尔瞥了他一眼，心想：“你能不能闭嘴？也就三天时间。我知道她疯了，可她是我妹妹啊。”

朱莉的父亲似乎没有觉察到这个信号。朱莉坐立不安。她想要单独跟威利斯姨妈在一起,把保罗的事情告诉她,倾听她的建议。

威利斯将烟灰轻轻地叩到自己的碟子里。内尔竭力掩藏着她的反感。在那盏用电的明亮枝形吊灯下,朱莉的母亲看上去特别憔悴。威利斯注意到了。

“你又感觉不好吗,内尔?”

“唉,我卧床好几天——”

“恐怕是那个有唱诗班男童歌手一样面孔的大夫的建议。”

“伍德罗大夫。”

“谁在乎他叫什么名字?阳光如此明媚,却开处方让人在黑暗中卧床休息,这种人就是江湖骗子。”威利斯挥舞着她的雪茄烟。

内尔看上去像一只受伤的鸟儿:“你要是受病痛折磨,就不会叫他江湖骗子啦。上天偏爱,让你成为稀世珍品,妹妹。这么健康的一个女人。”

“亲爱的姐姐,那是胡说八道。我健康,是因为我过的是健康的生活。没有沉重的服饰。没有病房。每天生气勃勃地走路。吃好多好吃的食物,还喝——”

“还有男人。”范德霍夫脱口而出。

朱莉的手猛地捂住自己的嘴巴。但是,预料会爆发的暴风骤雨没有爆发。威利斯朝她姐夫微笑着。

“太对了,梅森。我有过三位了不起的丈夫。但是我决定不再嫁人了。首先,找一个跟前夫比肩的人很难。再者,在这个现代社会里也没有必要。人没有必要非得戴着结婚戒指才能和异性在一起。”

内尔惊得目瞪口呆:“威利斯,这太肮脏了。”

“哦,恐怕你是这样想。我忘了,我们这儿还处在中世纪早期啊。”

“你是说这儿芝加哥吧。”范德霍夫说道,“说这儿大草原吧。说这些北美殖民地吧。”

“一点没错,梅森。”威利斯回答道,脸上洋溢着无比甜蜜的南方微笑。朱莉想要咯咯地笑。她爱爸爸,但是,每当有什么东西让他气得像只蟾蜍一样浑身鼓胀时,她便会情不自禁地乐。

第二天，预定跟威利斯姨妈上街购物，朱莉一夜辗转反侧，天不亮就醒了。她跟姨妈这天大部分时间都花在了埃尔斯特里商场、菲尔德商场等大商场里，然后到威利斯挑的一家饭店英格兰排骨馆吃晚饭。这是一个颇具特色、臭名昭著的地方，坐落在赌徒巷里，光顾的大多为体育人、妓女、大腹便便的政客和口若悬河的记者。在这些黑乎乎的木头制品中间，空气中部分是烟草的烟气，部分是油炸的油气，部分是威士忌的酒气，威利斯如鱼得水。

"好吧，说来我听听。"她们坐下，她点燃了又一根雪茄烟，说道。

朱莉睁大了她灰色的眼睛："说什么？"

"得了，你以为我没注意到距我上次来过之后你有变化了吗？你的脸丰满红润，可是你的眼睛里有憔悴的神色。年轻女人为年轻男人失眠。"

她将一只手伸过桌子，紧紧握着朱莉的手。

"告诉我。"

朱莉急切地竹筒倒豆子一样倒了出来——有关保罗·克朗的一切，他是克朗家的一员，而克朗家是范德霍夫家的仇家。

"不过，你一直在跟他会面。"威利斯让这句话稍稍带有一点问题的味道。

"每个星期日。现在天气转暖，我们就去林肯公园骑自行车。他假装是我的自行车教练。他非常莽撞，非常大胆。我想我是爱上他了，威利斯姨妈。"

威利斯沉默了一会儿："你几岁了，朱丽叶？"

"哎呀，你知道的，你每年都送我一件很漂亮的礼物。这个月的 28 日，我十七岁了。"

"是的，我是知道。但是，大声说出来还是不一样。你还年轻。这样的痴迷可能会过去的。"

"它不会。此外，我看过很多东西，我知道，没有多少年之前，比我小得多的女孩子也会恋爱、结婚、生子，都才十四五岁呢。"

"是的，但是她们都有很好的理由。她们的生活可能会艰难得多，寿命可能会短得多。她们需要加快脚步，而你不需要。你有那么多有利条件——有那么多可期望的东西。我所做的一切都是在告诫你：你要非常确定。"

"我非常确定。"

威利斯冷静地瞧了她好几秒钟:“那么好吧。如果这是真的,如果这将一直是真的,那么别把爱那个小伙子的心思憋在心里,把它说出来。”

朱莉拿她小小的银匙在已经融化的冰甜点里搅拌着:“爸爸和妈妈会怎么想?他们会恨他。可是,我要是不见他,会死的啊。”

“那就别不见他。”

“哦,是的,我就是这样想的。可是,要是他们发现了,我该怎么办啊?”

“反抗他们。”

“反抗——?哦,威利斯姨妈,我不知道我能否反抗。我不认为我这个人谨小慎微,或者说太循规蹈矩,可是我爱妈妈和爸爸啊。我想要他们的尊重和认同,他们的爱——”

“他们的爱有多少可以给你要看你自己的表现。”

朱莉把目光转向别处。她姨妈的判断是正确的。

“我赞赏你的情感,孩子。你是一个乖女儿,一个正派人。遗憾的是,在这个世界上,乖会成为不利条件。更有甚者,你母亲——我的同胞姐姐——给你满脑子灌输什么你身体虚弱、神经衰弱、精力总体欠缺的假话。这些你千万别信。这都是时下流行的有关女人的荒谬言论的一部分。按照老习惯,女人一个月总要躺倒一次,成为病人,铁打的规律。荒唐可笑。社会和母亲让姑娘们受的教育都是错误的。什么美丽的头发比聪明的脑袋更加重要啦,什么女人的主要职能是让人欣赏啦。除非,当然啦,她忙着充当一窝窝下崽的母猪。”

“威利斯姨妈。”朱莉拿手捂住自己的嘴巴,轻声说道。

“亲爱的,这是朴素的真理,朴素的表达,没有什么好大惊小怪的。一个女人生下来就具有智慧和性格。这方面的平均系数比男人高。女人呢,有能力做远比像个傻妞一样把屋子装饰得漂漂亮亮更重要更有意义的事情。你知道易卜生先生的戏剧吗,说的是一个名叫娜拉的女人?”

“没有。我只听到过易卜生这个名字。人们说他写的戏剧很下流。”

“自然啦。人们有大量方便的陈腐脏水用来泼向任何一棵带有新思想而秀于林的树木。亨里克·易卜生是一位强大的剧作家,一位天才。作为一个男人,他令人惊讶地对我们女人了解非常多。女人需要有自己的目标,朱莉。一个她相信是重要的使命。使命,或者一杯很纯的肯塔基波旁威士忌,一次令人心旷神怡的游泳,或者一位朝气蓬勃的恋人,会几乎治愈让你痛苦不堪的任何毛病。不过——把所有这一切先放一放——我知道,因为那个男孩子,你面临一件更加紧迫的非同寻常的事情。也就是说——这是谁的生活?你母亲的,还是你父亲的,还是你的?”

朱莉心烦意乱,两眼怔怔地望着自己的双手。她知道这个问题的答案是勇气。她只是无法面对它所招致的后果。

威利斯姨妈似乎理解。她用自己的手抚着朱莉的手。她的每一根手指上都戴着戒指,不同的宝石。

“别怀疑自己。你只要坚定信念,就有勇气走正确的道路。这样做毫无疑问会在一段时间里给你带来痛苦,但是你会挺过难关。你只要坚持,就会成功。”

“我希望是这样。”

“我自己在肯塔基坚持了。我挺过来了。”

“你都没有对我好好说说那事儿。”

“啊,没有吗?”威利斯将身子靠回到椅子背上,半闭着眼睛。一个奇怪的梦幻般的表情几乎一度让她看上去十分美丽。她的话音变得温柔。

“这个故事短得不能再短了。肯塔基是一个被劈成两半的州。菲什伯恩家属于脱离联邦派。比利·博因顿家的人却是忠于联邦派。可怜的忠于联邦派。社会底层的人啊。但我不在乎。我拿一些东西整理好包裹,沿着雨水管道爬下去,逃跑了。比利参军前我跟他一起度过了六天六夜。”

“你嫁给他了吗?”

“没有,我没有。没有父母同意的证明,没有牧师愿意为我们举办婚礼。”

朱莉充满了敬畏之情:“这需要多大的勇气啊——你那时只有十五岁啊。你后来有没有——”

她等着那个留着八字胡的服务员放下上面放着一张账单的银色托盘。“你后来有没有后悔过?”

“从来没有。跟比利在一起的那六天六夜是我此生最幸福的时光之一。这六天六夜,即使他们让我去当女皇,我也不换。”

“你的那位白马王子后来怎么样了呢?”

威利斯用力地在一只水晶碟子里又是拧又是按地掐灭她细细的雪茄烟:“在奇克莫加河战役中饮弹身亡。得啦,我买单。我们该回家了。只是还有一件事情。”

她再次抚摸着她外甥女的手。

“如果这桩爱情对你来说太难了,承受不了了,那么就记着我。如果你需要庇护所或者朋友,就来找我。”

第四十章　保罗

乔叔叔仍然经常地大声谴责普尔曼罢工事件。所有送入这个家的报纸也是如此。保罗读这些报纸速度很慢，很吃力，手头常常放着一本小小的英语语法书和他的袖珍词典。这些报纸十分激烈地谴责罢工的人。保罗开始怀疑，这些报纸背后一定跟普尔曼先生有着千丝万缕的联系。他想起了小乔说过的富人阴谋坑害穷人的话。在那些片面的报道中，似乎绝对有证据可以证明这点。根据报纸的描述，世界上再没有像罢工者那样自私自利、那样不负责任、那样腐化堕落、那样无法无天的人了。

这场罢工及其反对者引发了保罗所不愿意相信的怀疑。他不想再想起伍珀塔尔市的那个面包师，他不想相信他堂哥关于美国黑暗的断言——这是不断被宣称的"真理"。但是，疑问依然存在，而且日益强化。

6 月一个热辣辣的晚上，下班之后，小乔说服保罗回家前陪他去参加一个会议。那天是星期六，保罗十七岁生日之后的第一天。

"吉恩·德布兹今晚要发表演讲。他是一位了不起的演说家，你需要听听他的演讲。"

保罗早就知道这个信息了，所以非常害怕。为了友谊，他答应去，但是他真正想要的就是回家、睡觉，让星期日的下午赶快到来。

他们离开啤酒厂之后，在一家小餐馆吃了晚饭，然后来到阿什兰街区四百号的尤利希礼堂。这单调乏味的老旧礼堂很热，当他们爬上楼座的楼梯时，里面差不多挤满了人。跟这样的人在一起，保罗感觉不舒服，肯定都是社会主义者。他们大多数人穿着破烂，一看那些粗糙的脸，就知道都是散工工人。

堂哥乔说道："德布兹的工会在这儿举行了五天的会议。每个人都在思量，德布兹会不会有一个重大消息要宣布——支持罢工。看到所有的支持者都到那儿了吗？"他指着大厅里一个栏杆围起来的区域——那儿挤满了人。

七点整，一个人走到台上。他介绍自己叫乔治·霍华德，美国铁路工会的副主席。他用一些华丽的辞藻介绍了首席行政长官德布兹先生。德布兹从侧面走了出来，人群中爆发出欢迎他的长时间的掌声、口哨声和跺脚声。德布兹先生外面穿着毛料套装，里面穿着白衬衫，脖子上结着领带。保罗感觉，这位极端分子看上去更像一个穿错了衣服的修道士。

当掌声平息之后，德布兹走到讲台那儿。他的演讲没有稿子。

"先生们，我来向你们宣布工会理事会的一项决定。作为个人，我想先说一下，你们中很多人都知道，我不太情愿挤到前台公开支持普尔曼的罢工者。此刻，我仍然不太情愿。"

他的话音直抵屋顶椽子，甚至都惊动了保罗："的确，美国铁路工会在短时间内规模变得很大。但是，我们依然是一个没有经验的年轻组织。你们说普尔曼豪华客车公司是一个什么样的公司？"有几个人发出嘘声，"没有一个理性的人会否定，它是一个有着强大财源的公司，它在联邦政府和地方政府的最高层都有着强大的人脉。光这一个理由，我就不愿意建议我们采取行动，表明我们跟那些勇敢地为他们的权利而罢工的人们站在一起。"

保罗靠近他堂哥："他什么意思，行动？"

"这个工会举行同情性罢工。"

德布兹抬起头来，他的目光扫视着楼座："我们在这儿开了五天的会。我们聆听了普尔曼公司工人遭受欺凌的故事，跟一个现代化文明国度的道德完全格格不入的欺凌。我们已经确认，普尔曼资方将继续明目张胆地采取强硬态度。资方顽固地宣称，没有问题需要谈判。普尔曼公司，他们视而不见，他们充耳不闻，他们铁石心肠，他们毫无怜悯之心，他们解雇了他们公司自己的雇员，而被解雇的雇员正在忍饥挨饿，正在受苦受难，原因是——什么？是不合理的过分要求吗？不！是没有了赖以活命的工资啊！"

小乔往前弓着背："我认为他要采取行动了。"

德布兹停顿了一下,拿起一只圆筒形玻璃杯喝水。他喝了大约半杯水,放下玻璃杯,双手抓着讲台的边。几秒钟过去了。尤利希礼堂鸦雀无声,保罗都听到了有人挪动脚的时候地板的嘎吱声。

"先生们——为了所有刚才说的理由,我抛开了我的不情愿。"有人吹口哨,也有人高声喊叫着。德布兹飞快地举起一只手示意安静:"我将不会反对,更确切说,我支持你们工会的理事会所采取的行动。经过长时间的认真研究,他们做出了决定。十天之内,如果普尔曼豪华客车公司不同意真诚地诉诸仲裁,那么美国铁路工会将对所有的普尔曼业务进行抵制。"

大厅里的记者中间发生了一阵骚动。一个戴着草帽的人急着往走道上抢。德布兹严厉地说:"等等。还有呢。"那记者抗议着坐下。他的同行们朝他发出嘘声。

"在抵制期间,工会将拒绝处理普尔曼客车事宜或者服务普尔曼客车,无论是哪条线路在运送它们。我们不诉诸暴力。我们不阻止列车运行。我们就是甩手不干。我们的全部活动将是和平的,将具有高度的荣誉感。我们对待这家公司将比它对待它自己的工人要好。但是,我们立场坚定,坚持抵制,直到仲裁开始。"

德布兹慢慢地扫视着寂静的大厅。他让他们竖起耳朵紧张地倾听,甚至连保罗也慢慢地几乎无意识地被吸引到了这个人雄辩的演讲当中。

"这是我们对世界发出的信息。在这黑暗而艰难的时刻,我们别无选择,只能支持美国劳工中我们英勇的兄弟们。只要我还有一口气,我别无选择,也愿意这样做。谢谢,晚安。"

美国铁路工会副主席霍华德从座位上跳起身来,带头热烈鼓掌。小乔蹦了起来,保罗不知何故,虽然勉强,竟也站起身来。德布兹抓着讲台,似乎在摇晃,仿佛耗尽了全部精力。他的双眼环顾着大厅。他对掌声与跺脚声的唯一反应是疲惫的淡淡微笑。

记者们推推搡搡地挤出媒体区域,试图来到德布兹跟前。观众中有人先到了他身边,拍着他的背,握着他的手拼命摇晃。当保罗跟堂哥好不容易来到走道,小乔兴高采烈:"这就是了,现在我们将看到行动了。"

"你很可能是对的。"

"干吗这么闷闷不乐啊？你不关心罢工吗？"

"我恐怕应该关心，可是——"

"你除了朱莉，其他什么都不想，是这样吧？"

保罗想笑："好像是这样。"

"好啦，现在你得想想其他事情啦。抵制会改变一切。它会引起轰动。"

当两人离开礼堂的时候，保罗怀疑他堂哥是否理解他用的那个词的意思。他的脑海里闪烁着一幅幅画面。那一个个沙丘。棚子被炸飞。本诺·斯特劳斯在大笑……

丑陋的画面。它们是更加丑陋的画面即将到来的前兆吗？但愿不是。

两辆闪闪发亮的弗里特温安全自行车靠在那棵悬铃木树干上。悬铃木树干另一边的斑驳树荫里，保罗和朱莉在那块新的草地上歇息。她穿着白衬衣，他穿着上过浆的衬衫，袖子卷起在上面，她的右臂和他的左臂靠在一起，贴得很紧。

今天，他们比往常会面迟了两个小时，已经四点钟了。伊尔莎婶婶推迟了星期日的午餐，因为他们在圣保罗教堂进行完晨间礼拜之后，又有一个特别的会晤。旺德牧师介绍了一位最近刚刚被委任为牧师的新的助手。

星期日一早保罗听到这个消息后，便连忙奔向草原大道，在范德霍夫豪宅附近潜伏着，直到他们全家坐马车前往教堂。接着，他飞快地沿着第十五大街来到他们这个花园住宅的后面，那儿有一条从人行道直通马厩边门的很短的小道。

小道两边排列着七块西瓜大的被刷白的石头。他们那块石头是面朝马厩的左侧第二块。朱莉告诉他，通过仆人私下传递条子总有一天会被发现，于是保罗挑了那块石头。

他将一个条子塞到信息石下面，轻轻拍拍泥土将它捋平整。朱莉离开家前总会来检查一下这块石头。等他回到克朗家的时候，已经气喘吁吁，浑身大汗了。没有任何关系。一整个星期了，看不见她才让人无法忍受呢。

他们的会面地点就在林肯公园北边费希尔露天啤酒店附近的自行车出租行那儿。他早到了二十分钟。她准时到达："是的，我看到了条子。"

他们握住手，紧紧捏了一下，然后带着愧疚的微笑松开手。

她穿了一套漂亮的新自行车服。脚下是低帮的白色帆布鞋子，白色的绑腿上面一条齐膝的罩裙，上身穿一件合身的白色敞胸短外套，头上戴着一顶上面有很宽祖母绿缎带装饰的灰色水手帽。在保罗的心目中，任何地点，任何时间，没有一个人看上去有她漂亮。

他们蹬着自行车沿着穿越林肯公园中央的一条蜿蜒道路往前驶去。公园里，洋溢着夏日的声音。孩子们嬉耍喧闹。骑行者响着铃铛。一记完美的棒球重击，接着传来欢呼声。公园的南面，他们转过弯，骑回到费希尔露天啤酒店那儿，然后下了自行车，离开道路。保罗和朱莉选了个地点，靠湖一棵很大的悬铃木树边上。啤酒店里，一支德国乐队演奏着《守望莱茵》。

保罗从他薄型的亚麻布外套口袋里掏出一张小小的方方正正的绘画纸和一截棕色的笔。他试图在他们交谈时给她画张速写。

他提到了那场罢工。“我对罢工不太了解。”朱莉回答道，“爸爸说应该把罢工的人抓起来。他说那些头目该枪毙。我觉得他就是这样说说而已。”

“是的，但是这个话题好像让人们很愤怒。我叔叔也是这样说的。”

“有钱人。”她耸了一下肩膀说道，“他们的思维相同。请让我瞧瞧。”

他不好意思地将速写递给她：“总是画不好。我努力，但没有天赋。我想用照相机拍摄照片。要是还能拍摄移动的那种，那就太激动人心啦。”

“那种东西我听说过。爸爸在博览会上看到过一次演示。他说那种图片毫无用处，一钱不值。”

“啊，不，我不这样认为。”他将那张幼稚可笑的速写扔到一边，“要是能拍摄到真正重要的事情呢？要是能拍摄到普通老百姓没有机会看到的景象呢？要是能拍摄到总统、国王、食人生番呢？要是能拍摄到埃及、中国、像少女峰那样某座大山的高高斜坡呢？要是能拍摄到战争呢？它就会像一部历史书籍一样突然呈现在你眼前的生活中。那就不会毫无用处，一钱不值。”

“是的，那当然不会。”

他靠回到树干上：“这是一项我可以终生从事的工作，朱莉。”

“你会离开你叔叔的行业吗？”

“是的,我早就厌倦啤酒厂了。薪水很高,可是我对生产啤酒毫无兴趣,喝喝还可以。”她大笑起来。“我想要摄影。当然啦,我得先学习如何摄影。在博览会上,我遇见了一个人,他本来可以教我的,可是他的商店关门了,我不知道他去了哪里。”

“应该还有其他办法的。你会找到办法的。我认为你可以做几乎任何你毕生想做的事情。”

她美得令人难以置信。她的额头闪着亮光。她粉红的双唇柔软无比。高温在她的上唇沁出一滴银色汗珠。他悄悄将自己的左手放到她的手上。

朱莉被他一触摸,便转头面对着他,一缕缕的黑发被风吹拂着飘扬在她短外套膨起的肩头:“别,保罗。我们绝对不可以。”

他没有松手:“我感觉很糟,朱莉。”

“这样会面?”

“不是,因为我不得不彬彬有礼,而我真正想要的是拥抱你、吻你。”

“我们不能开这个头。我们不敢。我怕我不够坚定,我怕停不下来。”

他连忙跪起身。两个男性骑车人快速地从路上驶过。保罗瞥了他们一眼,接着俯身向前吻她。

他们以前也接吻过两次,没有任何邪念。但是,这是6月啊。盛夏,大地翻滚着热量,空中散发着热量,他们的血液中沸腾着热量。他将嘴唇紧贴到她的嘴唇上,感觉到她凉凉的芳唇很快变得火热。

他捋着她闪闪发亮的秀发,根本不在乎谁看见了他们:“我不满足于就这样见面约会。请允许我禀告你父亲。我会让他理解我的求婚意图是好的。他会忘了对我叔叔的反感——”

“不,他不会的,你一个字也不能说。你要是去跟爸爸说了,他就永远不会让我再见到你了。我们连这几个小时都会丧失的。”

“可是我实在无法这样忍受下去,我想要更亲密的关系。”他突然脱口而出。“我不想在我的余生就这样跟你秘密约会,朱莉。”

“唉,我也不想,可是——可是——”她开始哭泣。

他紧紧地拥抱着她,再次抚摸着她亮闪闪的黑发:“那我们怎么办?”

“我不知道啊!”

她的哭声越来越响,他放开她。他早已太放肆了,太亲密了,超越了正派得体所允许的范围。他抚摸着她被泪水洗红的脸颊,用双手捧着她的脸,在悬铃木沙沙响的树叶下,他再次俯过身去……

“嗨。喂,那儿。”

他们一听到喊叫声便赶紧分开。保罗寻找着声音来源。他看见有一辆别致的红色双人自行车正行驶在弯弯曲曲的路上,车的后方腾起一溜灰尘。一个年轻女人骑在前面的座位上,从一顶草帽下面扭头望着。由于有灰尘,保罗没有一下子认出她的相貌来,也没有认出陪伴她的那个金发碧眼的男子来。朱莉先于保罗认出了他。

“哦,天哪,保罗。”

是她的那位有钱朋友韦利弗。

第四十一章　伊尔莎

1889年秋季，有两个年轻女人，一位名叫简·亚当斯，另一位名叫埃伦·斯塔尔，转租了位于波尔克大街和霍尔斯特德大街角上一座破败大楼的二楼。大楼的住户大多数是普通工人。但是这幢大楼的第一位房东，一位名叫查尔斯·赫尔的房地产大亨，人们对他依然记忆犹新。于是，这个地方便永远成了赫尔堂。

赫尔堂不仅给这个地区受教育少的人们在实际问题上提供建议，譬如日常饮食、儿童保育、公共卫生、制定小小的预算等，而且开创各种项目，开发和丰富他们的脑子。室内乐在赫尔堂演出。作家朗读和讨论他们的作品。画家进行示范表演和讲学。大学教授做美学、历史学、文学等讲座。颇具争议的演说家举办各种各样的社会活动。

赫尔堂的触角不仅限于邻近地区，还深入到了芝加哥那些有钱和有影响力的妇女的家庭。触角伸向那儿的目的是广泛宣传芝加哥穷人受苦受难的真相。

亚当斯小姐和她的朋友斯塔尔小姐所运用的方法是她们这个阶级和她们这代女性典型的方法。她们受过高等教育，她们发觉，有目的和有成就的生活跟婚姻水火不相容。

“当我在罗克福德女子学院拿到学位之后，”亚当斯小姐在19世纪80年代后期结识伊尔莎的时候对她说道，“我期盼漫无目的地游览天下，无所事事地虚度光阴，像当时很多养尊处优的年轻女人一样。我到欧洲游历过两次，第二次去的时候，我在德国巴伐利亚州科堡的一家啤酒厂经历了一些事情。我看到，年轻的女人们背着巨大的啤酒桶，拖着沉重的脚步，从早上五点钟一直来回走到晚上七点钟。啤酒是热的。她们将它搬运到冷却房去。啤酒老是泼出来，烫伤她们的皮肉。也许就一辈子毁容了。尽管如此，她们还是得不停地走。一天十四个小时，挣一个半马克，即三十七美分。这真是一次极为重大的心灵顿悟。我不是一个圣徒，伊尔莎。我并不崇高而纯洁，我自认为是一个讲究实际的女人。但是，在科堡，我知道了，我需要有一个终身使命，那就是帮助我们国家的女人——她们被苦活累活压得喘不过气来，已经陷入绝望的境地。"

交谈还未结束，伊尔莎·克朗便发誓要为赫尔堂奉献自己的力量。她知道，她丈夫会反对。赫尔堂稍微有点激进的印记。但她无所谓。在这点上，乔没有办法，只好迁就她作为一位现代女性的情感。

1894 年那个多事的春天和初夏，简·亚当斯召集了几组支持她事业的富婆，敦促她们在普尔曼罢工这件事情上施加影响。

6 月下旬的一个星期一，就在美国铁路工会开始抵制的前一天，简·亚当斯在她们家客厅围着桌子召开一个七人会议时给她们看了一页《哈珀周刊》。"这儿说，罢工者被描绘成'敲诈者'和'强盗'。"她拿出一份《芝加哥论坛报》。"这儿说，'独裁者德布兹'领导了'德布兹造反'。报纸上说，他们都是魔鬼。但是，我昨天又去了普尔曼公司，我确信，罢工的人大多数是受到雇主虐待的温和的正派人。"

"抵制会按计划继续吗，亚当斯小姐？"伊尔莎问道。无论她们关系多么密切，从来没有一个人叫她简。

"恐怕是的。我找那个负责劳工关系的副总裁威克斯了解了。他重申了公司的立场：没有什么好谈判的，没有什么好仲裁的。但是有更坏的消息。你们肯定都看到了报纸，预计罢工将扩展为对所有普尔曼车厢的抵制行动，总经理协会将派他们自己的人约翰·伊根来负责这件事儿。总经理协会代表了总部在芝加哥或者说终点在芝加哥的二十四家铁路公司。约翰·伊根是芝加哥与大西部铁路公司的总经理。他已经走马上任，他的手下早已经上街了，招募新的人员。"

"招募什么新人员？"一个女人问道。

"特别代理人队伍。他们将宣誓就职，被用来运行德布兹先生工会的人拒绝运行的列车。他们将跟罢工者进行对抗。"

“这难道不是一个合乎逻辑的回应吗?”伊尔莎感到不解,说了出来,“或者说至少是预料中的事儿吗? 华盛顿的司法部部长奥尔尼先生本身就是好几家铁路公司董事会的成员,肯定偏袒资方啊。他运用这样的策略难道不是可想而知的吗?”

“这不是问题所在,伊尔莎。总经理协会所招募的是一些最坏的坏分子。暴徒、扒手、女人中的堕落分子——收买那些人渣,武装起来,给他们颁发临时警察徽章。我请你们所有人去做你们丈夫的工作,让他们去对他们所认识的各种各样的铁路公司官员或者政府官员说说。秩序总得维护。我们绝对不可以在资本主义的名义下任凭社会治理变得无法无天啊。”

伊尔莎在吃晚饭的时候还真的向乔提出了这个要求。他嘲笑道:“准备反对一群乌合之众而保护自己有什么错吗? 没有什么错。要是事态失控,那么当局应该要求联邦军队支援。阿尔特吉尔德十分激进,他很可能不会为本州提出任何要求——弗里奇! 我最后说一次,把那东西从桌子上拿下去。”

她一直在试着把她最新的宝贝传递给别人看。它花费了她整整一美元,都是从她的零用钱里省下来的啊。过时的签名卡是一种传统的东西,由那些正统的剧院推出,以便让观众找明星演员签名留念。这张签名卡的特别之处在于那位年轻演员的亲笔签名,他用浮华的字迹写下了自己的名字:约·威·布思①。

弗里奇气馁地叹了口气,将签名卡塞进她有刺绣的围裙口袋里。她父亲一扭头,她便将白色的亚麻布餐巾当作头巾,在下巴下面系了一个结,摇晃着自己的脑袋,表演某个角色。

伊尔莎很恼火,一把将餐巾从她女儿的头上扯下来。卡尔一心一意地将两把叉子的尖齿顶在一起,以便让叉子在平衡中呈V形竖立起来。他竭力不发出窃笑。

“我完全支持总经理协会。”乔宣称,“那个恶魔般的德布兹正在他那些被愚弄的拥护者的背上建立自己个人的帝国。”

---

①约·威·布思,即约翰·威尔克斯·布思(1838—1865),美国演员,公开主张实行奴隶制,是刺杀林肯总统的凶手,被追捕时毙命。

“爸爸，这话很可笑。”小乔说道。

“你这样认为？”

“是的，我支持罢工者。”他从灯芯绒短上衣的表袋里拉出一条长长的白丝带。乔·克朗将他的单片眼镜拉到鼻子上，在眼镜上方望着他们。

“这见鬼的是什么呢，我可以问问吗？”

“铁路工会正在把它们分发给它的成员和朋友。德布兹想要他的人在人群中很容易被认出来，以防止有人诬陷他们犯罪。丝带也显示团结。”

“不会在我家里，也不会在我的啤酒厂里。”

“对不起，爸爸，这是良心的问题。”小乔开始将白丝带绑到自己的左臂上。

“住手。”乔手掌向上，飞快地伸出手。

“把它给我，约瑟夫。马上。”

“爸爸——”

“马上。”

他们四目相交，紧盯对方。小乔的意志垮塌了。他将丝带丢落到他父亲手中。乔将它撕碎，扔到了他们的视线之外。

“你可以把晚饭吃完。”

伊尔莎像块石头一样坐在那儿，一动也不敢动，生怕让事情变得更加糟糕。她知道，小乔对他父亲铁的纪律恨之入骨，而且很可能对自己不得不屈服于它感到更加愤怒……

“我再也无所谓了。”小乔说道，“我想告退。”

“滚！”乔挥舞着手，“无论如何，你糟蹋了我的胃口，你跟你的激进主义胡说八道。”

“乔，行啦。”伊尔莎说道，“你儿子说的有些话完全是真的。”乔将自己的手放到他用金链子吊着的那颗公猪牙齿上。“亚当斯小姐的看法是，普尔曼公司的罢工者大多数都是温和的人。他们——”

“亚当斯小姐，亚当斯小姐——坦率地讲，伊尔莎，我讨厌听一个对现实一无所知的老处女的看法。”

“哦，这不公平。”她反驳道，她自己的火气也上来了。小乔站起身来，咕哝了一声"对不起",便走了出去。波利看上去焦虑不安。卡尔的叉子咔嗒一声翻倒散开了。他父亲怒目而视。卡尔吓得脖子也缩了进去。

乔·克朗一仰脖子喝光他那杯家乡黑啤。啤酒杯上非常精致地刻着他们家的标志。"难怪他的脑子中毒了,反对法律,反对秩序。原来城里有比圣彼得堡更多的无政府主义分子啊。"

伊尔莎竭力忍着自己的愤怒:"扎根丝带没有那么可怕——"

"它代表了无政府主义。它让这个家庭蒙羞。我不会让它在这个家里有立足之地。它到此为止。"

弗里奇、卡尔、波利全都面面相觑,面色难看。卡尔实际上看上去很害怕。为了和谐,为了平平安安地吃饭,伊尔莎控制住自己内心的情绪,扼杀了自己的愤怒。

"大家请吃饭。"

她自己也屈服了。她不喜欢自己这样,她也不喜欢她丈夫使强。

第二天,星期二,进一步思考了简·亚当斯所说的话之后,伊尔莎决定,她有义务把这个意思转达给他人,不管乔怎么想。她要做她必须做的事情,不必对他说什么。

虽然像电话这样的现代设备令她感到紧张,但是她还是打电话给南区的邻居索菲·佩尔穆尔夫人,从工人的角度解释这次罢工。佩尔穆尔夫人挂断了她的电话。

伊尔莎既感到惊诧又觉得失望,又给本小区的六位熟人打了电话。反应各不相同,有的冷漠,有的干脆大发雷霆。丈夫拥有一家小小保险公司的埃米琳·德沃尔痛斥这则消息,接着大骂打电话的人:"我们这个小区不需要你这种人,克朗夫人。滚回你们那个'北部'去吧,或者无论你们称之为什么的地方。最好还是滚回德国去吧。"

第二天早上,庭院勤杂工皮特发现,夜里有人朝他们的屋子扔了好多鸡蛋。乔走到外面去看。他双手紧贴臀部,嘴巴紧闭,站在那儿。接着,他彬彬有礼地说道:“伊尔莎,我恭请你远离赫尔堂的那些‘哈比[①]’。我们不需要这种东西。我的生意不需要这种东西。”

伊尔莎没有回答。他以为她听从他的话了。当他和每个人都走了,去干他们白天该干的事情之后,她躲到自己的卧室里哭了。

这不是她面对困难时的寻常反应。伊尔莎瞧不起爱哭泣的人。女人们常常把眼泪作为依靠,作为盾牌,作为说服别人的武器。但是,几年前的一个夜晚,她记忆犹新,当时她哭了,仿佛世界末日到了……

在迈阿密河北面的“跨莱茵河”公寓里,她和乔艰辛地过着新婚夫妇的生活。1870年春季的一个星期六,乔的雇主英布雷先生送给了克朗夫妇一样他们买不起的东西:辛辛那提最古老最优秀的歌唱团体梅纳乔歌唱团一场音乐会的两张票子。

那个特别的夜晚,伊尔莎用她唯一承受得了的方法装饰了自己的头发,把峡谷里摘来的一朵野生百合花小枝插在头上。音乐会之后,她跟乔手拉着手走到瓦因大街的韦勒特露天餐馆,找了一张小桌子坐下。头顶上方,有纸灯笼在强劲的风中摇曳。她丈夫身后的白色格构式窗户上,悬挂着一幅莫扎特的平版印刷画像。露天餐馆里,到处都是喧闹声、欢笑声,偶尔,那支小小乐队的大号会吹奏出发怒般的高亢音乐,打断一下那些喧闹欢乐的声音。

这些日子,乔非常努力。他将所有空余时间都花在了沃尔纳特大街上的年轻人商业图书馆里,从贸易和金融书籍里撷取点滴知识填塞自己的头脑,为将来走自己的路做准备。伊尔莎狂热地爱着这位年轻的丈夫。他用他的温柔和毫无做作的善良,为她打开了一整个神秘而又甜蜜的秘密世界。而且,她喜欢这样——当然她不敢向她母亲坦言。

尽管如此,有一大团阴霾笼罩在他们的地平线上。她和乔一直没有怀上孩子。他们想要一个孩子,非常非常想。事实上,他们想要多个孩子。

乔从其中一个插科打诨的服务员那儿要了两杯贮藏啤酒。啤酒令他变得兴

①哈比,希腊神话和罗马神话中一种脸及身躯似女人,而翼、尾、爪似鸟的怪物,生性残忍贪婪。

高采烈，而且稍稍有点饶舌。他在音乐和人声的嘈杂中俯过身去，拉住她的手："有什么消息吗？"

"有，可是我怕又跟上个月一样。"在这过程中，她将目光转向别处。公开说这种事情不合适，哪怕是跟自己的丈夫。"我不知道我出什么问题了，约瑟夫。"她泪水奔流。

"没事的，没事的，最亲爱的。"他大声说道，站起身来宽慰她，不小心把自己的椅子撞翻了。他弯下腰，拥抱她。附近的那些主顾目不转睛地瞧着他们。"我们必须再努力。我们会成功的，我敢肯定。"

他扶起椅子坐下。

"我们会成功的，因为我们必须成功。没有子女，生活和工作将一文不值。子女是生活的黏合剂，伊尔莎，是我们唯一的不朽，是对世界的拯救。"

伊尔莎为自己流泪道歉。但是，眼泪是真的，而且在长长的奋斗结束之前，还会有更多的眼泪。一直到结婚长达六年之后的 1875 年，他们才有了自己的孩子，他们将他取名为小约瑟夫。没有朋友和医生能够解释为什么他们的孩子会姗姗来迟，为什么弗里奇和卡尔就没有发生同样的问题，他们俩怀得和生得都相对比较容易。

对第一个孩子的长长等待在克朗夫妇身上产生了深刻的影响。它加深了他们对子女的感情。正因为此，乔对他大儿子的愤怒强度就可想而知。此种愤怒是爱之硬币的另一面。

伊尔莎 6 月那个早上的泪水是有益的。眼泪虽然没有完全清除但却减轻了她的失败感。她没有完成亚当斯小姐的任务，反而使乔和她的邻居对她产生了反感，她的行为是她所认为的那种徒劳无益的行为，是在关键时刻怯懦可鄙的行为。她擦干眼泪，埋头于自己的日常家务中寻求躲避。

伊尔莎遵循几代人坚持不懈传承下来的家庭主妇富有效率的一周程式。周一是洗衣日。周二是熨烫日。周三主要用来织补，对这位地位很高的主妇来说，织补衣服几乎又是个幌子。周四理论上讲是休息日，为周五的大扫除做准备，为即将来临的周六烤些食品。今天是周三，所以近午时分，人们可以看到她坐在客厅的摇椅里，戴着她最深度的老花眼镜，边上摆着大理石或者木头制作的蛋形织补托架，针垫上插着各种规格的缝衣针，小盒子里有各种颜色的棉线，装着内衣、内裤、长筒袜子的筐子就摆放在她脚凳边的地板上。

中午，乔从办公室打电话来，话音生硬地道了个歉。她也道了歉。她问了小乔和波利的情况。他说好的，他们俩都跟平常一样来上班，好像也没有其他进一步反抗的迹象。也许他们的儿子平静下来了，乔说。伊尔莎表示怀疑，但没说出来。

“不过，我吩咐下去了，不准在工厂内佩戴白丝带。谁佩戴，弗雷德·席尔德克劳特就开除谁。”

“明白了。就这些吗？”

“是的。”相当长时间的一个停顿。接着他清了清嗓子。他用一种十分紧张的话音结束了他惯常的问候“我爱你”，然后挂断了电话。

美国铁路工会在6月26日星期二按计划开始采取行动抵制所有的普尔曼客车。迄今为止，没有不法之徒打架斗殴、游行示威。尤金·德布兹坚持，抵制必须和平进行。但是，报纸的老板们和编辑们一直以来几乎始终不变地保持敌对态度。摆在伊尔莎的缝纫桌附近架子上的一份《芝加哥论坛报》在一个标题中将德布兹先生称作“无政府主义的头号人物”，在副标题中嘲笑他：

“六日你要作工①”——《圣经》。

“唯我说了算数”——德布兹。

她听到楼梯上传来很响的脚步声，便将她正在补的乔夏天穿的内衣放到一边。弗里奇放学回家，蹦蹦跳跳地跑进屋来。下周暑假就将开始，她会整天待在家里，整天在她眼前晃悠。

“妈妈，我要背东西给你听。”

---

①译文引自中国基督教三自爱国运动委员会和中国基督教协会2002年版《圣经》。全节为“六日你要作工，第七日要安息，使牛、驴可以歇息，并使你婢女的儿子和寄居的都可以舒畅”。

“什么东西？”

“我们对国旗有一段新的誓言。雅各布斯小姐说它是从一本杂志上来的。”

“是啊，但那是将近两年前啦。”伊尔莎点点头。

“从9月份开始，我们每天早上都要朗诵它。”弗里奇擅自拿过伊尔莎的脚凳，站到上面，并将一只手捂到胸前，“我宣誓效忠我的国旗和它所代表的共和国。一个国家不可分割，人人享有自由正义。”

伊尔莎用必须要有的掌声来做出回应。弗里奇跳下脚凳，行了个屈膝礼。接着，她伸进学生裙的口袋里摸索什么东西。

“瞧我发现什么啦，妈妈。是个条子。我想它是保罗的。他一定是不小心弄丢了。”

她拿出一张淡粉蓝色的皱皱巴巴的纸。

“如果是保罗的，我们不应该看。”

“哦，你一定要看，妈妈。”

伊尔莎只好迁就她，抚平纸条，将它歪向有阳光的窗户。近几年，她看东西遇到麻烦了，挺烦人的。看清楚这条子并不难。挥洒遒劲的女性字迹很大，内容简短。

保——

周日照常。

“我多么爱你！”

朱

“这个‘朱’有可能指朱丽叶·范德霍夫吗，弗里奇？”

“肯定是的，妈妈。”

“他还在跟她见面。”

“你觉得他每个星期日下午都去哪儿了？真是令人恶心。”

伊尔莎差一点被弗里奇的醋意给逗乐了，但是她忍住了。她知道，波利冬天的时候经常跟范德霍夫的女儿一起去溜冰，几个月前小乔有一次说漏了嘴。伊尔莎甚至跟丈夫讨论过这件事情。

“我逼着小乔说,他承认波利真的是昏了头了。你觉得他会迈过这道坎吗?”

“有可能的。他还小啊。要是范德霍夫发现了,他肯定得迈过这道坎。那头蠢驴很可能会拿着马鞭子追他呢。”

“小乔已经把这个道理给波利讲清楚了。波利不管。年轻的恋人总以为他们是不朽的。”

“是啊,可不是吗?”她小声说道,一面拉住她的一只手……

伊尔莎将纸条还给弗里奇:“最好是你哪儿发现的还放回到哪儿去——不,我有个更好的主意。丢到波利房门附近的地方。这样的话,他一定能看见,那就一点问题也没有。”

“嗯——好吧。”弗里奇不喜欢这个主意。她拿过纸条,仿佛它有臭味儿一样,然后走了。

室外,晚间的云——深灰色,移动快速——开始遮挡太阳。伊尔莎在摇椅上慢慢地摇晃,沉思着,阳光在渐渐暗淡。很快,她坐在了黑暗中,只有街道上的路灯投来些许光亮。她祈祷波利的青春期冲动终将自行有一个传统的结局。如果情况不是这样——如果他对那位姑娘的确是认真的——范德霍夫夫妇一定会加以干预,那样一来,他的心会碎的。心碎,抑或更加糟糕的后果……

第四十二章　保罗

无论是报纸上还是人们的交谈中，抵制普尔曼客车都变成了普尔曼罢工。保罗不可避免地看到了报纸，听到了谈论。在克朗啤酒厂，他们很少谈论其他事情。

每天下班之后，小乔都坚持他们要到尤利希礼堂稍作停留，那个地方已经成了德布兹和他手下的总部。形容那个地方的最好词汇是“混乱”。工会的人们讨论问题，发表声明；新闻记者东游西逛，飞快地记着笔记；上气不接下气的通讯员每隔几分钟都会冲向电报局。保罗问一位官员那些通讯员都在干什么，那人解释说，美国铁路工会每天要拍出一百多封电报呢，拍给其他的地方工会。

“我们得让他们鼓起勇气，确保他们立场坚定，绝对不会诉诸暴力。吉恩不能容忍暴力。”

“我敢打赌在这个事件结束之前他会的。”小乔在那位官员走掉之后说道，“要赢得胜利，没有其他办法。”

6 月 28 日，抵制已经进行了两天。夜里，堂兄弟俩在尤利希礼堂看到了德布兹先生飞快地从会议室里走了出来，而执行委员会持续不断地在那儿开会。

德布兹的马甲扣着纽扣，领带系得十分整齐，卷起的袖子是他对炎热天气的唯一认可。他的表情表明，有坏消息。

有两三位记者离开了他们的桌子。德布兹对他们说道：“我刚刚接到电话。总经理协会命令，任何不愿意操作普尔曼客车的工人都将被解雇。”

“你打算怎么办，吉恩？”

“坚持到底。还能怎么样？”

几夜之后，尤利希礼堂的人们认识了保罗和小乔。德布兹也注意到了他们。一天晚上，通讯员人数较少，他便请他们帮忙。小乔赶紧抓住这个机会，迅速跑向电报局，一面大声吩咐保罗等在原地。一个小时之后，他又跑了第二趟。堂兄弟俩十点半才回到密歇根大道的家中。伊尔莎婶婶穿着睡衣正在厨房里。她为他们着急，问他们去哪儿了。小乔毫不犹豫地说道："没有什么特别的地方，就是溜达溜达，说说话。挺好的夜晚啊。"

保罗无法相信，他堂哥居然这么恶劣地向伊尔莎婶婶撒谎。她好像接受了这样的解释，不过并非没有评论："那行吧，你们都是年轻人了。身强力壮。但是，一想到正闹罢工的街上，我心里就直犯怵。一定要小心啊。"

"一定，妈妈。"小乔回答道，拥抱她。

"睡觉去吧，明天还要上班呢。"

他们赶快朝楼梯走去。保罗睡不着觉。说那样的谎，在他看来，小乔跟他父母的关系似乎发生了新的转折——不好的转折。

第二天晚上，猛烈的狂风暴雨使得尤利希礼堂的人大大减少。小乔和保罗在那儿，浑身湿透，但是恪尽职守。小乔被派到电报局去了，保罗坐在那儿，也希望有人让他跑差。礼堂里安静得非同寻常。有一位记者在桌子边打瞌睡。一个人用粉笔在一块很大的黑板上写着数字。

上周估计吨位——四万吨

本周估计吨位——一万吨

前天夜里，当他们第一次看见这块黑板时，一位官员解释说，有很多长途火车把货车跟普尔曼客车连接了起来，黑板上统计的是进出芝加哥的货运吨位。抵制正在产生作用。

通向后面一个房间的门打开了，德布兹和另一个人一起走了出来。一股让人垂涎欲滴的煎熏咸肉的香味儿飘来。那记者醒来了："有什么新消息吗，吉恩？"

德布兹摇摇头。记者拿起自己的雨伞,拖着脚步走了出去。保罗打着哈欠,但是突然注意到了什么东西。德布兹正在用一种熟悉的语言跟那个人说话。他们交谈了一小会儿,那个人戴上帽子,沿着走道走去,走出了门外。保罗意识到,除了会议室里还有人在开会之外,他是礼堂里剩下的最后一人了。开会人的身影在会议室的毛玻璃窗户上移动。

德布兹朝保罗挥挥手,开始往后面的那个房间走去。保罗突然好奇地站起身来:"德布兹先生?你会说德语吗?"

德布兹说,他不仅说德语,还说法语,是他父亲教他的。他父亲是阿尔萨斯人,住在莱茵河附近。

"你是德国人?"他问道,依旧用德语。

"是的,先生。"

"我派去拍发电报的那个年轻人——他是谁?"

"我堂哥。我在等他。"

"他应该很快就回来的。你要是有胃口,到后面来吧,我正在煎鸡蛋和熏咸肉。"保罗急迫地跟在他身后。

后面的房间是一个临时卧室兼厨房。里面有一张小床,床的旁边有一些书堆在一只货箱上。地板上摆放着一堆芝加哥的报纸,摇摇晃晃的桌子上摆满了文具。一个角落里的一只爪式小炉子上,厚厚的一块熏咸肉在长柄平底煎锅里嘶嘶作响,正在变黑。德布兹用一把叉子飞快地将它叉出锅外,放到一只盘子里。他从一只纸袋子里拿出几个鸡蛋,磕到锅里,用一把木头勺子拨弄着透明的蛋白。

"把桌子上那些东西清理掉,别客气。"他说道,说的依然是德语。他说话的方式和蔼可亲,很有教养。他似乎并不像报纸上形容的那样凶神恶煞。保罗立刻就喜欢上了他。

德布兹指了一下煎蛋:"我老婆凯特是极好的厨师,不过我自己也不错。我经常做饭的,帮我母亲,小时候在特勒欧特。你做饭吗?"

"不做,先生。"

"知道如何做饭很有用的。等你像我一样经常在外面跑的时候,会吃厌廉价小饭馆的食物。我总是住到家庭旅馆去,可以利用那儿的炉子。两夜之前,当时我们这儿有一大群人，我就准备了牛排和芦笋，还有醋油沙司。今晚我可以大显身手的恐怕只有鸡蛋和熏咸肉啦。”

“什么都好，先生。我干了一整天的活，吃中饭到现在很长时间了。”

“你在哪儿工作？”

“克朗啤酒厂。老板是我叔叔。我叫保罗·克朗。”

“很高兴遇见你，克朗兄弟。”德布兹握了握他的手，“我喝过克朗贮藏啤酒一两次，非常好的东西。鸡蛋可以吗？”

“当然可以。要是我可以这么说的话，你德语说得非常好。”

“我父亲从来就不是一个有钱人，可是他知识渊博。他是1849年来的美国，身无分文，自学英语。每天晚上，他给全家朗读名家作品，常常用的是我们的母语。我是用德语和法语听的歌德和席勒，所有名家里面最伟大的是维克托·雨果。我中间的名字就叫维克托，因为我父亲十分崇拜他。”

“我可以问问吗，你是怎么进入工会工作的？”

“逐渐进入的。我十四岁的时候中断了中学学业，在特勒欧特的铁路调车场找了份活干，清除货运列车车皮上的油污。一年之后，我首次进入司机室当了一名司炉工。我领教了整夜干活是啥滋味儿。这一刻冻僵，下一刻烤焦，铲很沉的煤，挣极少的钱，无论是谁的错，受伤、生病全无保障。我做出了一个糟糕的决定，太早结束了学业。可是，工作用它自己的方式成了我的一位伟大的老师。《阿普顿百科全书》也一样，我一字一句都看了。”他将煎蛋从长柄平底煎锅滑到盘子里，接着将那块熏咸肉用刀对半切开。香味儿让保罗垂涎欲滴。

德布兹将盘子放到桌子上，又端来了两杯咖啡：“所有人里面，对我影响最深的最伟大的老师是雨果。你看过《悲惨世界》吗？”

“没有，我们德国的家里没有法语小说。”

“太糟糕了。我劝你看看这本书。它讲的是一个忍饥挨饿的穷人的故事，他一辈子孜孜以求的就是一条面包。故事告诉你这个世界运行的法则。就是说，这个世界的运行法则是，人们只有站起来维护自己的权利——正义，才会有出路。维克托·雨果很可能就是我成为工会组织者的原因。”

他们听到临街的门开了又关了，接着听到主走道里有脚步声。保罗走到门口:“我们在这儿呢,乔。”

小乔浑身湿透,惊讶地发现保罗居然坐在桌子边,跟这位普尔曼罢工的领袖一道吃东西。德布兹正式地介绍了自己。接着他又磕了两个鸡蛋,放了更多的熏咸肉到煎锅里。

不可避免地,他们谈到了这次罢工。小乔说他表示支持。保罗也说支持,虽然热情稍稍有点缺乏。

“仲裁是改善劳工命运的最好办法。”德布兹说道,“我从来不竭力主张罢工,但是如果罢工成为必要手段——如果老板们死心塌地拒绝协商——那么罢工也必须是和平的。不可以违法,不可以流血。暴力总是错的。更有甚者,如果使用了暴力,就丧失了公众的同情,就会危害到我们努力为之奋斗的事业的推进。”

保罗瞧着他的堂哥。小乔的两眼一直停留在他的盘子上。

当他们离开礼堂的时候,雨已经停了。小乔低垂着头,双手插在口袋里,走在空无一人的湿漉漉的街道上。

德布兹先生煎的鸡蛋和熏咸肉,给了这场罢工新的重要意义。保罗阅读报纸上的所有信息,无论有些信息如何具有偏见。他在啤酒厂借阅报纸,甚至从垃圾桶里捡报纸看。

罢工在芝加哥的商贸领域已经咬得很深。货运吨位持续下降。报纸大肆叫嚣要采取行动,惩罚罢工者;而总经理协会则煽阴风点鬼火,发起一轮新的讨论,加以推波助澜:铁路是社会公共服务啊,所以,美国铁路工会这是在攻击每一位美国公民。

根据总经理协会负责罢工事宜的伊根的指示,铁路运输公司开始花样百出。普尔曼客车被连接到了通常不连接这类客车的货运列车上,或者连接到了往返市郊的短途慢车上。邮车被连接到了普尔曼客车厢的后面,以此证明,罢工正在危及政府财产。

总经理协会在芝加哥警察局局长布伦南的帮助下,继续招聘特别代理以保护铁路财产并运送邮件。这些人中有很多是街头暴徒,但有很多是铁路职员:火车司机、司炉工、司闸员。

美国司法部部长理查德·奥尔尼匆匆访问芝加哥，对形势进行评估。乔叔叔在吃晚饭的时候说到了这件事情。

“奥尔尼是波士顿人。他精通铁路法律，因为他在艾奇逊铁路公司、芝加哥—伯林顿—昆西铁路公司以及至少还有一家铁路公司里担任董事。他会解决这事儿的。”

尤利希礼堂的尤金·德布兹看到了问题的另一面：“总经理协会阴谋将华盛顿拉进来。它企图把抵制看作工会跟联邦政府之间的对立。”

这一策略奏效了。克利夫兰总统宣称，邮件必须畅行无阻：“如果需要财政部的每一美元或者需要美国军队的每一位士兵来保证投送芝加哥的明信片，那么明信片将得到投送。”

城里如同蒸汽浴室。几天来，白色雾霾笼罩着密歇根湖，湖面平静如镜，闪闪发亮，犹如一张镀锡的铁皮。即便在最好的街道上，也弥漫着大蒜和污水的臭味。啤酒厂发生了斗殴。

在此期间，7 月 2 日，星期一，政府采取了行动。芝加哥联邦法院的彼得·格罗斯卡普法官发布了一项禁令，阻止德布兹以及其他人干预邮件、州际贸易以及禁令所列的二十三家铁路公司的业务经营。

那天夜里，堂兄弟俩就在尤利希礼堂，德布兹从会议室里出来，向一大群人发表了讲话。保罗觉得德布兹先生看上去瘦了，而且显然很疲惫。

“挑战遇到麻烦了。”德布兹对十分安静的听众说道，“历史上，从来没有过这样的先例，对工人诚实而又合法的抗议滥用这样的禁令。这个禁令否定我们有权进行抗议。它明确指出，这样的行动是重罪。对这种莫须有的罪名，对于所有这些罪行，陪审团都拒绝审判我们。法官将决定处罚。你们能说出哪个法官是站在我们这一边的吗？”第一次，保罗听到了德布兹话音中的愤怒。

“你们看到了吗？他们是要花招要让我们陷入困境啊。我们如果遵守禁令，等待法庭对它进行鉴定，那就要数月之久，罢工就会功亏一篑。而我们如果不遵守禁令，那么就是违法。”

听众中发出一个响亮的声音：“那么你下一步的行动是什么？”

德布兹拿一条手帕擦了一下自己的额头，勉强地微微一笑："呃，我们继续。执行委员会投票决定，各地所有的铁路工会进行总罢工。"

保罗和小乔在喧闹的欢呼声和跺脚声中离开礼堂。保罗的堂哥兴奋不已。这下轮到保罗沉默了。这次罢工似乎在一点一点地滑向德布兹先生所深恶痛绝的暴力。

第二天，屋顶上的温度一定超过了华氏九十度。屋顶上，除了保罗，阒无一人。他的额头汗涔涔。炎热令他筋疲力尽。他的心情十分郁闷。

他已经连续三个星期日没有见到朱莉了。范德霍夫夫妇在家。有一天晚上他在他们家外面徘徊，所以他知道。是不是朱莉又生病了？她对他说起过她所患的那些疾病，但从来没有说过具体是怎么回事儿。她只说到"头痛得头昏眼花"，或者说"好几天感觉心情郁闷"之类。这使他想到了洛特姑妈的喜怒无常。朱莉说她的毛病是不可避免的"妇女病"，每个女人都会得的。这是真的吗？

他没有胃口吃午餐袋里的香肠和面包。他打开一份《芝加哥论坛报》。头版头条的标题映入眼帘：罢工就是战争！

一个人从楼梯口的门里走出来。萨姆·特劳布，税收官员。他也拿着一份报纸。特劳布的领带扎得很紧，花了心思系的，跟他扣着纽扣的马甲匹配得天衣无缝。他的脸上有一层明显的爽身粉。他看上去冷漠、生硬、愤怒。

特劳布从口袋里掏出一个小小的苹果，用他的折刀对切开。他津津有味地嚼着苹果，一面翻阅着余下的几页报纸。

"该死的天气，又一个走了。迄今为止七个了。"他将报纸拿给保罗看。

埃尔斯特里·苏坎布斯夫人仙逝

百货公司继承人配偶的后事正安排中

她的突然离世

归因于炎热天气

保罗拿他的扎染印花大手帕擦了一下脖子和脸。人们在死去,他并不感到惊讶。

他注意到东南面有一柱黑烟升起:“那是什么?”

“我跟你打赌,一定是更多的货车厢。昨天夜里在蓝岛,有六七节货车厢被烧了。”

“罢工工人在烧货车厢?”

特劳布朝他诡秘地一笑:“不完全是。是特别辅警把车厢推翻,放火烧的,目的是丑化罢工的人。那些该死的激进分子活该。”

“哦,我不这样认为,特劳布先生。”

“你知道什么?你是个新来的,这个国家的东西对你来说全都是新的。我劝你别去管那种事情。”

保罗望着那团像大旗一样的邪恶黑烟。炸弹、枪弹、威胁、特别警察——天呢,事情正如堂哥乔所预言的那样发展。

《芝加哥论坛报》说,罢工就是战争,果真如此。一份份的书面禁令张贴在全城的电线杆上。联邦司法官们向德布兹送达了一份禁令副本,他平静地接受了禁令。聚集在芝加哥—罗克艾兰—太平洋铁路线的蓝岛调车场参加一个集会的两千名抗议者却没有这么平静。首席联邦司法官阿诺德带着一群律师和辅警来了。他在人们的怒骂声和嘘声中高声朗读了禁令,然后命令人群散去。抗议的人们大声喊叫着威胁的话拒绝散去。石块和瓶子乱飞。阿诺德他们落荒而逃。独立日那天,一个星期三,来自谢里丹堡第十五步兵团的四个连开进了临湖平地区安营扎寨。克利夫兰总统响应了要求派联邦军队的呼吁。

当晚,乱哄哄的民众在街头四处游荡。伊利诺伊中央铁路公司的调车场,将近九十节货车厢被付之一炬。道岔断开,信号混乱,铁路运输中断。罢工工人趁着夜色垒起石块,阻止火车开动。

纳尔逊·迈尔斯将军前来指挥美国军队。他在位于密歇根大道和亚当斯大道交叉口的普尔曼大厦设立了他的司令部。生意场上的大老板们以及报纸主笔们如释重负，欣喜异常。

乔·克朗在啤酒厂安排了一个很大的房间，作为工人们休息和洗漱的区域。一面墙上排列着私人的储物箱子。自从第一波热浪袭来之后，保罗在他的储物箱里又放了一件蓝色的工作服。这件工作服他可以穿一整天，白天浸透汗水，挂了一夜便干了。

一天完工的时候，有的时候这个大房间里会拥挤不堪，热闹非凡，但有的时候却不。星期四下班的时候，保罗推开门，听到有人在唱歌。他没见到人，但听出了这是本诺的声音。

本诺站在洗涤盆前，工装裤的背带掉落到他的臀部，工作服的纽扣解开到了腰间。他拿一条湿的毛巾擦着自己的胸部，一面唱着歌自得其乐。房间里没有其他人。

保罗朝本诺点点头，然后来到自己的储物箱前。本诺停住擦身，咧嘴笑了："你看上去不太高兴啊，波利先生。"

"天热得像个地狱。我累了。"

保罗打开自己的储物箱，脱下工作服，开始拿毛巾擦干身子。

本诺从自己的储物箱里拿出一卷蜡纸："要甘草糖吗？"

"不要，谢谢，我不饿。"

本诺耸了耸肩膀，抬手将甘草糖放回到架子上。也不知怎么的，他将甘草糖掉到了地上。他弯腰去捡，有什么东西从他的工作服里掉了出来，掉落到了他穿着很沉的鞋子的两只脚之间滴满汗水的水泥地上。

一支蓝汪汪的左轮手枪，枪管上扎着一条白丝带。

他们面面相觑。本诺飞快地朝门口扫了一眼。工人们马上要进来了。他赶紧抓起手枪，塞到工作服里面。他扣上下面的三颗纽扣，拉上工装裤的背带。他走到保罗跟前，脸上再也没了笑容。

本诺将一只很大的手放到保罗的肩膀上。

"你好像是一个乖孩子，波利，聪明伶俐。所以我会宽容的，这只是一个警告。"可是他并没有宽容。他捏紧手指，紧得保罗的肩膀都痛了。大厅里，干完一天活之后的说话声、疲惫的大笑声和抱怨声越来越响。

“你在这儿什么也没看见。你要是说出去，不管是对你叔叔还是对任何其他人，你都会长时间失业的。也许你还会没了双臂和双腿，明白吗？”

“明白。”保罗说道，尽量表现得镇静如常。他不想在本诺·斯特劳斯面前表现得胆小如鼠。但是，好汉不吃眼前亏，跟这么一个丧心病狂的大个儿对抗不明智。

“好，聪明。”本诺说道。

外面的门砰的一声打开了。六七个人慢吞吞地走了进来。本诺立马像换了个人似的。他朝保罗咧嘴欢笑，还拍了一下他的肩膀，仿佛他们在开玩笑一样。接着，他朝其他人打招呼。保罗赶快换好他的工作服，离开了。

警告也好，不警告也罢，反正他没有非说不可的人。晚饭之后，他拉着堂哥乔来到花园里修剪过的灌木丛上方，夏夜的天空闪耀着红颜色。保罗寥寥数语讲述了本诺对他的警告。他堂哥的话令他感到惊讶：“是啊，我也看见过。他主动拿给我看的。啤酒厂里还有四个人偷偷地佩带着手枪。我知道这四个人。”

“他主动给你看？”

“对啊。前天，他把我叫到货车停放场，说：‘你是一位好战士，是吗？我们可以信任你，是吗？’”

“信任你什么？”

“我不知道，他没有解释，就是望着我，然后就走掉了。”小乔盯着自己的双手，“我站在本诺一边，但是我从来没有想过，爸爸禁止枪支进厂之后，还会有枪支出现在啤酒厂里面。”

“本诺警告我，乔。他说得并不很确切，但是我知道他是当真的。他会伤害我或者杀了我，如果我——你有时会用到的那个说法是什么？”

“告密？”

“对，告密。”

小乔点点头：“他也警告过我。”

保罗一阵哆嗦：“他的面相太丑陋了。罢工也变得丑陋。你说得对——”他似乎一下子想不起那个英语单词,“暴力”。

“暴力?”

“对。”

发红的天空下,小乔望着他。他们听到了远处的爆竹声,也许就是枪声。他们听到一辆囚车飞快地驶过他们家的前门,马儿奔驰,铃儿声声。

“乔。”

“什么?”

“本诺会信任你吗?”

他堂哥充满活力的蓝色眼睛突然映照出这幢豪宅亮着灯光的窗户。“我不知道。”他再次说道,“我认为爸爸站在错误的一边,普尔曼这边,那些富豪一边。可是我不想杀任何人。”

“我也不想。”

他们坐在正在祈祷的和平天使前面的石凳上。他们的肩膀挨着。两个人谁也没动。沉默久久地持续着,他们俩都感到恐惧。

第四十三章　罗茜

格罗斯卡普法官颁布反对德布兹的禁令之前的那个星期日夜里，罗茜的男友跟罗茜和玛丽察一起吃完晚饭之后大约在八点半离开了普尔曼小镇。泰伯不在那儿。又一个星期日失踪。罗茜估计，他一定是去了哪家小酒店。

这是令人沮丧的一天。她根本没有时间单独跟乔伊在一起，除了亲亲嘴之外，什么也干不成。

晚饭依旧是那种粗茶淡饭。母亲买的面包已经是四天前的了，再就是用豆子炖的稀得可怜的汤、两个煮马铃薯和几块有点馊味的小羊肉。炖的汤，小屋闷热的房间，再加上像雾一样弥漫在普尔曼小镇的焦虑，令她的脾气十分暴躁，心里想着到底怎样以及何时才能逃离这个令人憎恶的牢笼。

她需要上唱歌课来训练她的发声。她得找个人来付唱歌课的钱。她需要一张去纽约市的火车票。要么由同一个人出钱，要么再找一个人出钱。她遇见乔伊·克朗之后，曾经做过傻乎乎的梦：嫁给他。这个梦没有持续多长时间。他没有钱付她音乐课的费用或者火车票的费用。他的钱几乎还不够买一小块玫瑰花香的肥皂。

她在很多方面钦佩乔伊。他博学多才，读她哪怕花最大力气也看不懂的书。他从来不伤害她。不幸的是，他的有些想法是愚蠢的。除了乔伊这样的人，还有谁会拒绝拥有并经营一家啤酒厂从而成为有钱人，不愁吃了上顿没下顿，或者什么也不缺？

泰伯回来了，弄出一片声响，他的脸上大汗淋漓，热得发红。他激动极了，这不是他的典型状态。不管发生什么事情，反正他看上去跟以往不一样。在她的记忆里,他几乎就是一个帅气的父亲,她从孩提时代起就崇拜他。父亲带着她用租来的小船泛舟湖中,用省下买帽子的钱给她买用玉米穗壳做的玩具娃娃或者一袋袋的硬糖——新帽子本来要御寒的,伊利诺伊的恶劣冬天,寒风呼啸,暴风雪肆虐。父亲总是热衷于玩游戏,什么跳棋啦,抛接子啦,拉米纸牌啦,斯开特牌啦,母亲一起参加。

“猜猜是什么,猜猜是什么!我找到工作啦!”

玛丽察从起居室里跑了过来:“我听到什么啦?你在说什么啊?你本来就有工作的,泰伯,你只是等着被召回去。”

“这是一份特别的工作,额外的工作。每天两美元五十美分。瞧,妥了。我在找这工作之前去了卡斯尔伯里家。”

玛丽察将双手放在自己的臀部:“你那工头对这事儿怎么说?”

“哎呀,他说这挺好啊,公司欢迎啊,这样等我回来工作的时候记录上会好看一点。”

“什么工作,爸爸?”罗茜早就有一种不祥的怀疑,因为她在普尔曼小镇听到了不少事情。

他拍了拍自己工作服的左边口袋:“特别辅警。我明天去领徽章和枪。”

“你当工贼?”

泰伯看上去受到了伤害:“罗茜,亲爱的,这个名称很龌龊呢。我是去帮助保护铁路财产,破坏这个让我们所有人都遭殃的罢工。”

罗茜的母亲用她那双指节粗糙的双手绞着一块很脏的灰色手帕:“泰伯,你一点也不会用枪,千万别去干这事儿。”

“听着,这是一个大荣誉呢。”

“爸爸,爸爸——一天两美元五十美分,有可能搭上自己的性命,这不是荣誉。别干,别让我们俩为你担惊受怕。”

“姑娘,注意你的说话。”

“听她的话。”玛丽察说道,“听我的话。我求你了,别去干这疯狂的事儿。”

“你们俩究竟怎么啦?我可以挣点钱贴补家用,而且我的记录还可以光彩一点,卡斯尔伯里是这么说的。”

“爸爸，请听我劝告。你知道我在想什么——人为了赚钱是应该干任何事情，管他的其他什么呢——”

“罗扎！”她的母亲惊叫道。

“——可是这次，钱无所谓。拒绝这个活儿。告诉他们不，它不值得你去冒这个险。这次罢工也无所谓。谁赢了，谁输了——这全是一场弹子游戏。你得小心自己。始终得小心自己。我不想让你受到一点点伤害，爸爸。”

“你真好，罗茜，你是一个好女儿，有爱心，我喜欢这样。”泰伯的双眼闪烁着明亮的光芒，湿漉漉的，像一条摇头摆尾的宠物犬。

“那就拒绝他们。”

“是的，泰伯，求你了。”玛丽察恳求道。

泰伯内疚地瞧了他妻子一眼，接着瞧了罗茜一眼，说道：“不行了。我签了文件。”

“哦，爸爸。”

他是一个多么没有头脑的人啊。罗茜恨自己如此完全彻底地爱他，爱他的缺点和一切。谢天谢地，一个人一生只有一个父亲。

第四十四章　保罗

芝加哥上空，烟雾越来越浓。保罗从他卧室开着的窗户就可以闻到。他在上下班的电车上也能闻到。有时候，他甚至在啤酒厂里都闻得到。夜里，因为这烟味儿，他辗转反侧，难以入眠。这使他想到了本诺和他的手枪。

听从本诺的警告——保持沉默，他就可以避免麻烦。堂哥乔的处境却更加危险。如果本诺需要他，他就是一个同盟者，这个标记抹不掉了。对堂哥乔来说，用话语和脸色来反抗他的父亲是一回事，但是要用公开的行动则完全是另外一码事儿。他堂哥明白这点。小乔感到紧张，他沉默寡言，他再也不向保罗展露笑脸或者说再也不跟他开玩笑了。

进入芝加哥的十五条铁路线部分或者全部停止运营。沃特大街销售农产品市场的摊位已经有将近两个星期断货了。一列列的货车等待在城市外面，它们所运输的诸如谷物和蔬菜等货物正在变软和腐烂。鲜肉变成了灰色，生出了蛆虫，火车车厢的门缝里流出臭水。腐烂的臭味儿从调车场随风飘荡，跟弥漫于空中的浓烟交织混合。每天夜里，越来越多、越来越愤怒的暴民走上街头。越来越多的士兵被从密歇根州、艾奥瓦州、科罗拉多州和加利福尼亚州调集过来，尽管本州州长两次致电克利夫兰总统，要求撤回联邦军队。阿尔特吉尔德坚持认为，只有他才有权请求派兵，但他没有要求派兵啊。

总统对州长的回应是沉默，这是侮辱人的回绝，这是国家权力对州权力的公然践踏。

更多的军人来了。更多的代理执法官走上街头，乘上还在运营的少数几趟火车。啤酒厂的工人们忧心忡忡地谈论着在军人和代理执法官中盛传的一个说法:“朝那些肮脏的白丝带开枪。”

消防队员、扳道工、电报员、火车司机未经他们的工会同意纷纷加入到了罢工之中。7月7日,那个令人印象深刻的星期六,总经理协会宣布,武装民兵将登上每一辆驶离联邦大街和迪尔伯恩大街车站以及伊利诺伊中央铁路车站、罗克艾兰铁路车站和西北铁路车站的邮车。每个士兵将携带一百发子弹,对付敢于干扰商业活动的造反者。

朝那些肮脏的白丝带开枪……

星期五下午,总经理协会最新的命令生效前,保罗被从瓶装车间叫到了他叔叔的办公室里。乔叔叔埋头在他通常永远干不完的一大堆工作中间。他看上去那么瘦小、那么疲惫。他正在看一张破烂的厚厚棕色纸张上面的什么东西,脸阴沉沉的。他折拢那张纸,塞进一只抽屉里。他朝他打招呼的微笑充其量只是两个嘴角抽动了一下。

“保罗,我想要你办件事儿。这事儿本来是多尔夫·希克斯这个部门的,但是他不在,而且他的两个销售员也不在。这事儿要用点外交手腕。”

“我没听清,先生。”

“外交手腕。”

“啊,谢谢。”

“我想看看,除了体力劳动,你处理其他工作的能力。”

“哦,不,我不会来取代堂哥乔的。”他得告诉他叔叔他真正的兴趣所在。他说过一次,但是乔叔叔给否定了。他必须再试一次。但不是现在。

“我估计你知道红灯区是什么意思。”他叔叔说道。

“妓院区?我知道。柏林有很多呢。”

“这儿也有很多。我刚刚得知,我的一个客户,那个加拿大露天酒馆,在楼上又增加了一个‘酒屋’。‘酒屋’是个幌子,表示顾客不仅可以买到啤酒,而且还——得,你知道的。我想方设法跟露天酒馆的老板打通了电话。他说他叫多伦多·鲍勃。在芝加哥,每个卑鄙的骗子和拉皮条的都有华而不实的名字。当我指责他的时候,他哈哈大笑着并不否定。我告诉他我要中止供货。我不想把克朗家的啤酒卖给一个做女人生意的机构。可是,我想要把那些装饰性的酒龙头手柄要回来。”

他伸手从身后拿出一个。保罗在小酒馆里看到过这种东西，而且在楼下的客厅里也见到过。它很漂亮，呈锥形，由坚固的胡桃木制成，上面画着皇冠标志，还涂了油漆。连接龙头的一端装饰着一个坚固的黄铜环。

“这些东西很贵的。每件要三美元二十美分。这个价足够买三双好鞋子还有找零呢。我想要把这些酒龙头手柄从那个露天酒馆要回来，我还要把外面的那块招牌也拿回来。它是金属的，但不是很大，不至于拿不动。”很多啤酒厂都免费提供招牌，大多数都雕刻成啤酒杯形状，油漆得很鲜亮，上面写着啤酒厂的名字。

“这是地址。它位于小切尼区克拉克大街范布伦火车站的南面。那是个名声不好的地区。没有坏到泰勒大街南面巴特兰茨区的地步，或者，唉，也没有坏到那个码头区的地步。那些区，警察巡逻都是两个人的。不过，小切尼区已经够乱的了，所以你要小心点。”

“我会的，先生。我在柏林的那些不好的小区闲逛过好多次呢。”还有芝加哥的西边，堂兄弟俩曾经被一帮坏蛋追杀过，“我会照顾好自己的，叔叔。”

乔叔叔靠回到椅子背上，长时间地瞧了他一眼。

“这我相信。我是想验证一下我的判断。”

保罗走出门去的当口，乔叔叔打开一只抽屉，摊开那张写着什么东西的褐色纸条，在办公桌的记事簿上摊平那个短笺。他的脸上再次浮现出阴沉的神色。

乔叔叔对小切尼区的说法并非言过其实。该小区是由西部一个对酒类、赌博、卖淫等非法活动大开绿灯的铁路小镇的名字命名的。阴影似乎笼罩在小区的上空——贫穷的阴影、肮脏的阴影、腐朽的阴影。

保罗沿着克拉克大街的木板人行道急匆匆走着，四周尽是游手好闲的流浪汉和浓妆艳抹的女人家。一家音乐沙龙传来美国式簧风琴的乐声。除了典当行外的几乎每一个场所都跟销售烈酒有关。

一个头发花白的皮条客在门口朝他打招呼：“来吧，到坎迪·莫莉这儿来吧，小伙子。十五美分，一段快乐时光，还有免费的薄荷糖呢。”

保罗摇摇头,继续穿越在那些游荡于人行道上的流浪贫民中间。没有人打搅他。他现在人高马大,结实强壮,他昂首挺胸地迈着自信的大步。他不怕小切尼区的居民,相反,他被强烈地吸引住了。他真希望有一架照相机,能拍几张照片回去。

范布伦车站南面两个街区处,大街的东侧,保罗看见了加拿大露天酒馆前面的那块金属招牌。煤烟熏黑了彩绘上去的金色啤酒和白色泡沫,也熏黑了那个熟悉的标志和醒目的红色"CROWN"。他穿过街道,突然发现一个九到十岁的小男孩跟在他身后。这小男孩有一张奸诈的脸,身上穿得破破烂烂。保罗以为他是个扒手,便狠狠地瞪着他。小男孩做了一个下流的手势,走开了。

多伦多·鲍勃的加拿大露天酒馆在一座很大的平房里,房顶很低,喇叭形的电灯照亮着一个长长的吧台,铺着木屑的地面上散布着一些桌子。除了有痰盂的臭味儿和很少几个顾客的贫困情状外,这地方并不太令人讨厌。房子的后面,一个跟保罗年龄大致相仿、脸色疲惫的姑娘正陪着一个胖男人往楼上走去。

保罗在吧台的近端停住脚步。酒吧招待相貌凶恶,戴着一个黑色眼罩。当保罗开口解释他来的目的时,酒吧招待打断了他。

"我知道这事儿,鲍勃对我说过。你可以自己爬梯子上去摘那块招牌。至于那些酒龙头手柄,你看,都不见了。我也不知道它们见鬼的被弄到哪儿去了,你得去找鲍勃说。不过他不在这儿。"

"你能告诉我哪儿能找到他吗?"

"老天啊,你这人真烦。鲍勃五分钟前走的,说是要把他的柯达相机拿到鲁尼照相馆去,看看鲁尼能不能把它修好。它好像是卡住了。你也许可以在那儿找到他。"

鲁尼?"先生,求求你——鲁尼照相馆在哪儿?"

"这个街区走到头再左转。万普勒宾馆过两个门面就到。"

小街要窄些,脏些,暗些。有经济公寓排列在小街的两边,房子往街中间倾斜着,好似要翻倒一样。保罗望着头顶一条窄窄的天空,蔚蓝如洗,还有夏日的云彩。但是,穿透到这儿的光亮十分有限。

他跨过一只死猫的残骸。他感觉有人在瞅他,可是除了在万普勒宾馆招牌下剔着自己牙齿的那个孤独的皮条客之外,视野中没有其他人啊。保罗朝宾馆肮脏的大堂里面瞥了一眼,匆匆走过。一个两眼四周涂得很黑的胖女人招手勾引着他。

他一看到那家商店,便立刻忘了这下流的环境。在落满灰尘的橱窗上挂着一块尚未被风雨剥蚀或者说被时光污染的鲜艳夺目的招牌。奶白色的地面上,有一个红色的圆环,金色的虚影文字饰边,表明这是:

鲁尼摄影圣殿

沾满苍蝇屎的玻璃后面,一块皱皱巴巴的紫红色丝绒上,摆着几架方镜箱照相机。有一架便是跟他在"莱茵兰"号被扔入大海的破相机一模一样的柯达相机。有一个小小的台子上展示着四个镜头。一块牌子上写着"本店出售二手相机",还有一块牌子上写着"肖像摄影"。

他激动极了,朝店堂更深处望去。里面很黑,只有后面有一点点微弱的光。他走进门去。安装在门上方弹簧臂上的一个小铃儿响了。屋里有很浓的化学药品味儿。

"进来,谁呀?"咔嗒一声,天花板上一盏小瓦数的电灯照亮了商店。保罗开心得几乎要拍起手来。就是那个小个儿男人呢!

他黑白混合的八字胡上沾满了饼干屑。他的厚镜片映照着天花板上的电灯光。他穿着一件污渍斑斑的长罩衣。

"嗯,我能帮你——?哎呀,天呢!我认识你,是吧?"

"是的,先生,我也认识你。"小个儿男人摘下自己的眼镜。他那双黑眼睛即便在没有放大的情况下也依然像保罗记忆中的那样具有穿透力,具有催眠的作用。"我给过你我的名片。你说你对摄影有兴趣,可是你从来没有找过我。"

"我找过,先生。店堂关门了,他们说你搬走了。"因为没有付房租。他想起了一个有关矮种马的莫名其妙的话。他至今不知道那话的含义是什么。

"嗯,是啊,我关门啦,没错。"鲁尼说得很快,"想换个更好的地方。我有大量的有钱主顾，你知道。”到小切尼区来找个更好的地方？有钱主顾？保罗不相信。

“告诉我，你是怎么找到我的？”

“纯粹是一个巧合。”他解释道。

“酒吧招待直接告诉你的吧，鲍勃·霍珀在这儿。不过那是十分钟前了。我不知道他去了哪儿。”

“我知道了。那么我恐怕最好去——”

“喂，等等。你既然对摄影艺术这么热衷，我可以用优惠价卖个相机给你。想要看看吗？还有，我姓鲁尼，韦克斯福特·鲁尼。”

“我记得的。”

“你叫什么名字？”

“保罗·克朗。”

“德国人。”这不是一个问题。

“是的。”

“那我叫你达奇。”

他要叫这个绰号，保罗似乎也没有什么办法。

“我带你看看吧，达奇。”

保罗估计大约五十五岁年纪的韦克斯福特·鲁尼在接下来的半个小时中会一直滔滔不绝。他走路的姿势很滑稽，头和肩总是习惯性地前倾，似乎是经年累月佝偻在黑色的照相机遮光布下造成了他的脊椎永久性弯曲。

他骄傲地带他看了一个长长的展示箱，里面摆放着照相机、镜头和其他一些保罗不认识的设备。从积得很厚的灰尘看，这个箱子已经有一段时间没有被人打开过了。上面的墙上，挂着一块牌子，上面有手写的文字。

让光影锁定

将消失的实体。

让科学仿制

大自然的奥秘。

在房间的中央，一个高高的三脚架上，安装着一架很大的照相机。圆筒形的镜头直指一张有靠背和扶手的金丝绒圆椅、一排头灯、三根高低不同的古典风格柱子、一座仿制的小小人行桥。“如果你愿意拍一张人像照，背景我就随你选。”鲁尼说道，“请允许我展示一下。”他将凳子推到后墙边。站到凳子上，他可以够到好几个平行安装的天花板。他抓住一个环，拉下一个。“茂密的森林。”他拉下另一个。“巍峨的高山。”他又拉下一个。“南太平洋棕榈小屋。”又一个。“时尚的艺术学校。”这些画在帆布上的背景很粗糙，保罗心想，全都很拙劣。

鲁尼跳下凳子，洗了双手：“很具有艺术性，你说呢？”他没有等保罗回答。他啪的一声拉着了安装在一个窄窄楼梯顶头的电灯：“那儿还有空间呢。我租下了整座房子，把二层转租给了一个卖廉价小说的商人。一个市侩的人。不过，谢天谢地，他付房租准时。三楼又是一个摄影室。有一个很大的天窗。部分屋顶可当作室外影棚。”

“很好，先生。好极了。”

“是啊。”鲁尼说道，关掉了电灯，“现在你或许想看看我在那个纷争后期拍摄的一些照片。到后面来，坐一下。”

保罗跟着他朝后屋走去。“我刚刚在吃晚饭。我知道时间还早，可是我约定的最后一个人像摄影取消了。”真的有约定的摄影取消吗？这无关紧要。保罗喜欢这个奇怪的小个儿，那么苍白，那么像一只鼹鼠。

鲁尼领着他走进一个地面铺着油毛毡的厨房和吃饭的区域。天花板上的电灯昏暗。桌子上放着鲁尼的晚饭：一碗土豆汤已经开始结皮，两块饼干，一杯茶。鲁尼伸手关掉了店堂里的电灯：“节省一两个小铜板。请坐吧，达奇。”

那儿有两把椅子，保罗选了一把坐下。“想喝杯茶吗？”鲁尼在煤气灶上搁上一壶水，点燃煤气灶，开旺火。在这当口，保罗有机会四面浏览了一下。一根铁丝上又轻又薄的帘子部分挡住了一个小凹室里的一张小床。通过一扇半开的门可以看见，一个工作台上有几个长方形的金属盘子和很大的棕色玻璃瓶子。

在附着于墙上的一个土制架子上，他注意到有一张深褐色底色的照片。照片上是一个漂亮小孩，摆着很典型的姿势，头侧向一边，双手合在一起，支撑在一个圆圆的小下巴下面。小孩子三到四岁年纪,有一双沉思的黑眼睛,脸蛋长得圆滚滚的,卷曲的头发披到了肩膀上。由于是海军领,又有领带,保罗认定这是一个小男孩。椭圆形的镜框是廉价的金属,呈黄色,已经锈迹斑斑。这镜框不像鲁尼的大多数物件,纤尘不染。

鲁尼严肃地说道:“这是我儿子,小韦克斯福特。唯一的孩子。他四岁的时候死了。可怕的意外事故。都怪我。”

“我很难过,鲁尼先生。”

“谢谢。”他瞧着照片,“哦,我爱这个小男孩。我是多么期待把我的专业传授给他啊。”保罗坐着一动不动。鲁尼嗤笑了一声,突然摆了摆头,像一只狗试图从皮毛上抖掉水一样。

茶壶发出啸声。鲁尼用一块手帕擤了一下鼻涕,然后起劲地擦着鼻子。这样好像令他恢复了精神。他将开水倒进一只有裂口的大杯子里,然后拿一只有锈斑的银色茶叶匙放进水中搅拌着。他将大杯子放到保罗前面。

“你从哪儿来,达奇?”

“眼下在芝加哥。不过我是坐火车和轮船从柏林来美国的。”

“柏林,一直听说那是一个宏伟壮丽的城市。我出生在南卡罗来纳州的查尔斯顿。很多爱尔兰人都定居在我们的东南沿海,你知道吗?你会猜我是一个南方人吗?当然不会。我多年前就没有口音啦。我甚至都不敢确信我到底是不是爱尔兰人了。我是一个孤儿,年纪很小的时候就到了北方。我没有什么关系,我想学一门手艺。”

他在一只柜子里翻找着,找出一本相册,拿到桌子上。他打开相册,翻到一张有薄纸板裱贴的照片。照片已经褪色,变棕色了,里面的他还是个小男孩。但他的腰围已经很粗。他站在一辆没有开门的马车边上,正跟一个年纪比他大的男人握手。那男人个儿很矮,身材很好,穿戴整齐,系着领带,穿着风衣,戴着草帽。男人显示的是侧面,他有一个像马刀一样的鼻子。

“这是我的导师马修·布雷迪①先生。一个真正的爱尔兰人。也许在摄影专

---

①马修·布雷迪(1823—1896),美国摄影家,摄有林肯等人物及美国南北战争各战线的大量照片。

业的短暂历史中，他不是最好的摄影师，但是我认为他是最聪明的。我在华盛顿宾夕法尼亚大道的照相馆做他的徒弟，一开始就是扫地。后来他教给我一切，如何框定人像，如何在黑暗中摆弄玻璃干版，如何在玻璃干版上涂棉胶感光乳剂，如何在军官们拒绝的情况下去你想去的地方。除了如何挣钱，他什么都教我了。我们有很多人都在他手下干，拍摄美国南北战争的照片，但是，除了他，我们全都被遗忘掉了。他只允许在那些照片上署一个名字——‘布雷迪’。”

一只苍蝇绕着他的汤碗边漫步。鲁尼的眼中只有过去：“这个我要为马修先生说句公道话。他有个看法。不，一个心结。他想要拍摄以前从未被拍摄过的东西——战场。我们坐着封闭的马车去了交战地带，就像你看到的这张那样，装备齐全——照相机、感光板、遮光布、化学药品。战士们无法想象这样一辆车的目的，他们称之为布雷迪的‘什么玩意儿马车’。我们拍摄的时候，炮弹就在空中爆炸，帐篷医院里垂死的伤员惨叫不绝。以前谁也没有见过这样的照片。过来，给你瞧瞧。”

他给保罗看了一张令人毛骨悚然的照片，尸体堆在一条战壕里，还从战壕两边满了出来。

“这是在彼得斯堡拍的。”

他给保罗看下一张，内部已经完全损毁的房子，惊悚怪诞的形象，窗户茫然地张着大口，满目断壁残垣，没有任何人的生命迹象。那些房子黑得如同黑曜岩的墓碑，醒目地矗立着，跟白色的天空形成了鲜明的对比。

“这是里士满①，是在它被焚毁之后，南军的旗子倒下之后拍的。你是在看历史呢，达奇。人类的历史瞬间定格——凝固——在了永恒。”保罗浑身起了鸡皮疙瘩。它很神奇，但也是真实世界。这是在用照相机描绘画卷。这就是他一辈子想要干的事情。

鲁尼翻着相册。新的这张照片上是一位年轻军官，他僵硬地坐在那儿，帽子搁在膝头。“哦，我记得这个小伙子。他想要拍张照片给他的恋人。一个狙击手

---

①美国弗吉尼亚州首府，位于该州的中东部，詹姆斯河边。1637 年建为贸易栈点，1742 年设镇，1779 年成为该州首府，并在美国独立战争中起到重要作用。美国南北战争期间为南部邦联首府。1865 年格兰特将军占领此地，大部分商业地区被焚毁。现为重要的烟草市场和商业、行政中心。

在‘白兰地站[1]’杀了他，距他二十一岁生日还有一个星期。这小伙子没有给我他恋人的地址。布雷迪不想要这个感光板，我留下了。”他抚摸着这张单纯的脸，“他是一个可爱英勇的年轻人——”他抬起自己的眼镜，使劲从眼眶里抹掉了什么东西。

他合上相册：“战后，我回到了家里，一直沉迷于摄影的魔力。我在查尔斯顿南面的沿海地区定居下来，一个名叫博福特的小镇。我在那儿娶了一位姑娘为妻。老式家庭。先是制作靛蓝染料，然后种水稻，然后种棉花。她的口音很重，在教堂合唱团唱歌。小韦克斯福特出生了。我开了一家小照相馆。我喜欢这个行业，但是没有钱赚。至少，我赚不到钱。接着，悲剧发生了。孩子淹死了。艾丽斯责怪我，怪得有道理。情况越来越糟。我们儿子的葬礼几个月之后，我知道我们完了。我整理好一个旅行包，告诉艾丽斯我走了。她哭了，但是她并不是真的伤心，她很高兴这一切结束了。我不怪她。我把太多的精力投入到这个行业中了，投入到光影和构图中了，太不在意银行存折了，或者说没有照顾好我的幼小儿子。我是一个不切实际的人，现在还是这样。”他的眼镜后面，目光移向别处，“我们各自有我们的魔鬼，只不过你太年轻，不知道而已。”

他喝了一点茶。他的精神再次明显地振奋起来。他说到了使社会发生革命性变化的摄影：“就说法庭审判吧。图像证据清楚明白，一一呈现在陪审员眼前。说谎那就拜拜啦，做伪证的所谓目击证人曾经用谎言把一些可怜的人送上过绞刑架呢。照片就能实事求是。哦，它能被做成假的，但是它绝对不能作假。”

他说到了纽约一位名叫雅各布·里斯的新闻记者，他出版了一本书，写的是贫民窟的状况，并用他自己拍的照片作为插图。“《另一半人如何生活》，就是这个名字。我可以把我这本给你看看，但遗憾的是得有抵押。正是由于雅各布·里斯的努力，他们目前正在纽约清理贫民窟，重新编写房子号码，寻找慈善机构呢。这不是文字起的作用，而是那些照片起的作用。面黄肌瘦、筋疲力尽的人们在肮脏的墙后面的房子里眼巴巴望着外面，这种房子，一张床通常要睡四到五个

---

[1]美国弗吉尼亚州库尔佩珀县的一个未经特许而成为自治村的村庄，美国南北战争中一场最大的骑兵战役(1863)爆发于此。它沿袭了一个老的公共马车站的名字，因为这个地方以向过往行人供应苹果白兰地而闻名遐迩，苹果就是附近的果园产的。

人。”保罗几乎就能看见那房间。

“我们谈论过爱迪生及其电影，是吧？那你如果想谈谈革命性的变革——这就是革命性的变革。”

“我是想学习摄影，成为像你这样好的摄影师。”

“嗯，我不假装谦虚了，我敢说在你面前的就是芝加哥最好的摄影老师。你有空随时可以来这儿，我如果不在，也很快会回来的。我会教你装胶卷、摆弄快门、配制化学药水——所有东西。我会教你这门手艺、这门艺术——哎呀，我会高兴的。”

保罗满心欢喜，说道：“我非常喜欢学习这门艺术。”

“太好了！不久的将来，我盼你来。不久的将来吧。”

“谢谢。我在我叔叔的啤酒厂上班，一周六天。不过我会想办法找时间的。现在我真的要走了。”

“好吧，但要回来哦，达奇。一定要回来。”

鲁尼迈着头和肩习惯性前倾的怪怪步子，送他穿过凌乱的摄影棚，瞧着他走进街道，跟他挥手道别。保罗瞧着鲁尼拖着脚步回到屋子的后部，只见他走过那扇肮脏的窗户，拉上圆环上的帘子，遮挡住那个看了让人难过的小厨房，遮挡住他自己。

条件虽然可怜，但没有关系。他对能学习韦克斯福特·鲁尼先生教他的所有东西充满了期盼，他激动万分。他得离开啤酒厂，这点已经确凿无疑。但他不必立马就这样做，他可以等到学会了基本技能，等到鲁尼说他已经训练有素，可以在这个行业找个工作了再走不迟。然后，他就会对叔叔挑明这件事情，态度一定要尽可能温和。眼下，他只能跟堂哥乔和朱莉分享这个令人激动的秘密，绝对不能跟其他人说。

突然，他想起了叔叔派他到小切尼区来的目的。那些酒龙头手柄今晚是找不回来了，但是他肯定可以借一架梯子把加拿大露天酒馆的招牌摘下来。他转过头朝克拉克大街走去。

他突然停住脚步。

红灯宾馆灰白色的灯泡下面，一动不动地站着四个衣衫褴褛的人。他们把从墙壁到路边石的人行道挡得严严实实。有两个游手好闲的家伙跟保罗年纪差不多:有一个是黑白混血儿,肤色像精美的黄鞋子;还有一个人很消瘦,一头黄发。第三个人他估计大约二十岁年纪。距他最近的那个……

一点不错。就是那个有着一张狐狸一样脸的小子。

他们等着他呢。

四个人一字儿排开挡在人行道上。上方,保罗听到了一个女人的声音:“有好戏呢,格特。快来看呀。”他看到两个妓女挤到了二楼的一扇窗户里。

那小子侧着身子朝他走来:“现在不那么趾高气扬了,是吧?你穿的衣服挺高档的。口袋里有钱吗?”

保罗的心怦怦直跳。他飞快地往回睃了一眼。鲁尼的照相馆黑得如同坟墓——从那儿得不到紧急救援。

保罗走下路牙石,走进排水沟里。靠外边的男孩子同步行动,再次挡住了他的去路。阴沟里的污水在保罗鞋子的四周流淌。他可以听到上面的妓女在聊天。

“我到这儿不是来找麻烦的。”

“听他说的。”那个混血儿说道,“又一个该死的坐船过来的新移民。”

“日耳曼人。”黄发小子说道,一面大步朝他走来,“我爷爷对我说过日耳曼人的事情。他跟随斯通韦尔打过仗。爷爷说日耳曼人在钱瑟勒斯维尔临阵脱逃。爷爷叫他们‘鬼船上的荷兰人’。你说滑稽不滑稽?”

保罗绷紧神经,声东击西,试图从他们身边冲过去,过程中假如可能的话,击倒他们一两个,剩下的只要比他们跑得快就可以了。黄发小子的脸涨得通红。

“喂,你个混蛋。我说,那不是很滑稽吗?”他拍拍保罗,接着抓住保罗的左耳朵拧着。保罗一拳击向他的腹部。

黄发小子蹒跚着:“走开,戴维,我来对付他。”那混血儿说着,从他衬衫下面扯出什么东西。

保罗低下头,站稳脚跟,想要再次揍他。但是混血儿比他快。他黄色的拳头冷酷无情地划过一道长长的弧线。保罗看清管子的长度仅仅一秒钟,头上便受到了猛烈的一击。

他一声惨叫，双膝一软，跪倒在阴沟里。他试图撑住自己的身子，污水浸湿了他的鞋子、裤子、衬衫袖口。他听到混血儿一声咕哝，感觉一阵风吹过，管子又击打到了他的后脑勺上，将他的下巴打得磕到了阴沟里，令他的舌头也被狠狠地咬了一下。他觉察有血在嘴巴里流了出来，接着在阴沟里滑向前去，趴倒在沟底，他的一只手摸索着试图抓住黏滑的路牙石。这就是他的全部记忆。

第四十五章　小乔

当晚大约八点半，有人敲乔的房门，让他吃了一惊。他依然穿着外衣，正准备要睡觉，房间里很黑，可以看见天空中有红色的亮光在闪烁跳动。

他来到门口。是他母亲。她看上去很紧张。

“这里这么黑啊。这烟味儿太重了。你应该关上窗户。”

“太热了，妈妈。”

“你父亲要见你，在书房里。”

他走下楼去，感觉像是一个被判了刑的罪犯突然从牢房里被提了出来，被告知他被判决的刑罚不是监禁而是立刻绞死。他敲响书房门请求准许进去的时候已经浑身大汗。

书房里，只有一盏灯，即书桌上那盏绿色玻璃灯罩的台灯，这种灯银行里的人常用。窗户都关着，仿佛这样就可以把骚乱和焚烧的现实关在外面。

他父亲的脸十分憔悴。尽管天气很热，他依然穿着马甲，还戴着可拆卸的衬衫袖口。他今天回家很迟，晚饭只有小乔、他母亲、他弟弟和妹妹是一起吃的。不知道什么原因没有看见保罗的人影。

“我有一个严肃的问题要问你，约瑟夫。我希望并要求得到诚实的回答。我本可以问你堂弟，但是他不在家。更为主要的是，因为你是我儿子，所以我才问你。”

小乔很紧张：“当然，爸爸，问吧。”

他父亲把手伸向昏暗的办公桌。在他的大拇指跟中指之间，小乔看见有一张折拢的方方正正的棕色牛皮纸。

“今天,啤酒厂有人在我办公室里放了一张匿名的条子。我相信我认识这字迹,是埃米尔·塔格的。条子说,本诺·斯特劳斯带了一支手枪到克朗啤酒厂来。这显然违反了我的命令。我要是问本诺,他会抵赖。埃米尔跟他有积怨,因为本诺攻击过他,所以也不能全信埃米尔的话。我现在问你,你见过这样的武器吗?”

小乔的脑袋嗡嗡直响。他脚下的地板似乎在来回倾斜。这显然是一个分水岭,他得做出选择,要么退回来,要么跨过去。

“乔,我在等呢。”

“优秀战士……我可以信任你吗?”他的头作痛。他父亲的姿势变了,看样子是要站起来。

“年轻人,我命令你回答我的问题。”

“是啊,你该死的,你命令我,你命令每一个人……”小乔心想。

“没有,先生。我没有看见过这种东西。”

“你为什么冒汗?”

“这儿热得像地狱。”

乔瞪了他儿子或许有半分钟。接着,他三言两语地打发他道:“好吧,谢谢,你可以走了。”

小乔在大门进来的大厅里抓住扶栏,将前额靠到冰凉光滑的木头上,闭上双眼。他的心怦怦直跳。他做出了选择。他迈出了决定性的一步。他宣誓效忠另一边了。他在头晕目眩中为自己感到骄傲。

半个小时之后,他听到楼下电话铃响了。有人在铃声第二次响起的时候接了电话。很可能是曼弗雷德,所有电话通常都是他接的,除非他不在家。

他走到窗前,靠在窗台上,凝望着红色的天空。说了这个谎,他为本诺做得够多了吗?已经尽了他的义务了吗?老天呀,但愿如此。这潭水太深了,他做梦也没有想到会如此危险。

马厩里的声响吸引了他的注意力。他坐在窗台上,用一只手抓着窗框,探出身去。他伸长脖子,只能看到马厩的顶部以及通向西面的一段十九大街。他瞧着克朗家的双排座开合式顶篷四轮马车驶出了马厩,尼克·斯皮尔斯坐在驭者座上,将长长的马鞭挥得啪啪乱响。车窗里,只见他父亲的银白色山羊胡子一闪,接着马车驶出了他的视野。

他跑到过道里,朝楼下走去。电话铃再次响了。他突然看见弗里奇穿着白色棉睡衣正往楼上走来,胳膊底下还夹着一本书。

"爸爸干吗出门去?啤酒厂出事了吗?"

"我不知道,不过他的情绪很激动。我听他跟妈妈在说悄悄话,说的是保罗的事情。但愿保罗没有受到伤害或者出其他什么事情……"

曼弗雷德来了:"约瑟夫先生,电话是打给你的。一个年轻女人。"这位管家毫不掩饰他的情绪,他不喜欢日常生活节奏受到这样的扰乱。

小乔拍拍他的妹妹——"睡觉去吧"——然后急匆匆接电话去了。

他丝毫也没有思想准备再震惊一次。可是他就是再次被震惊了。

"乔伊,是你吗?"

"罗茜?"她的话音很弱,电话线的另一头,噪声不断。他接电话的地方是通向厨房的一条短短的走廊。走廊里的电灯关掉了。他压低声音:"你在哪里?"亚布洛内茨家装不起电话。

"米恩·斯洛克姆家,这条街上只有她家有电话。"他无法相信这是他的罗茜,总是十分坚强的罗茜。

"听你口音好像害怕死了。"

"是的。我害怕死了我爸爸。"

"为什么?"

"地狱的恶鬼全都被放出来啦。你没看天空吗?一个邻居告诉妈妈,芝加哥南部有好几百节货车车厢被烧着了,潘汉德尔铁路线调车场。人们四处奔跑,都发疯了。最要命的是爸爸明天上午要去当班,就是他们估计会出事的地方。"

"去当班?我不明白那个什么——"

"工贼!爸爸是工贼,他签了协议,成了一个特别辅警。"

"哦,天哪。"他一下子靠到墙上,"他见鬼的干吗要干那个啊?"

“为了钱,两个半美元一天。普尔曼公司的工头们说这挺不错,他们说这可以表示忠心。”

“他出卖了他的朋友啊。他有可能丢命的。再没有这样蠢的——”

“乔·克朗,这我都知道,我不需要上课和布道,我需要你。有一辆修理车十点钟要出去,由士兵和辅警保驾护航。爸爸就是其中一个辅警。罢工的人们将在卢米斯大街和四十九大街的平面交叉路口阻挡这辆火车。爸爸装得什么也不怕,但是我知道他怕死了。我爱爸爸,我得到那儿去,务必不能让他受到伤害。可是我不敢一个人去,请陪我去吧。”

“罗茜,可是要上班的啊,我觉得我不——”

“乔伊,你个混蛋,以前我从来没有要求过你什么。我一直对你很好,乔伊——”她快要哭出来了,“你不可以推诿,你就帮我这一次吧。”

他用手掌往下摸了一把自己汗津津的脸。

“我去,九点三十分。”他砰的一声将听筒挂到钩子上。

第四十六章　保罗

他醒了过来，疼得厉害。他躺在地上，有点像是很硬的小床。他闭着双眼，往前伸了一下舌头。他感觉下嘴唇肿得像根香肠，很痛。他的舌头也同样。满嘴全都是金属一样的血腥味儿。

一个人说话："他醒来了，埃拉。"

保罗想要确定一下他受伤的程度。他的肚子和肋部很痛，还有背脊和头的一侧，那根管子就打在这个地方。他记得打中他的第二下将他打到了阴沟里，其余就什么也不知道了。

他的右眼睑可以动，但是左眼睑动弹不了。"等等，左眼睑被血凝结住了。"一个女人说道。他听到有水泼溅的声音。有一块湿漉漉的毛巾捂到了那只紧闭的眼睛上。微热的水顺着他的脸流了下去。他的两只眼睛都可以睁开了。

云彩斑驳的棕色天空中，他看见了点点色彩，数以百计。玫瑰红色、黄色、白色、青色、火红色……他眨眨眼睛，这些东西便具有了透视效果。棕色就是一堵有水渍的墙，这是一个没有窗户的肮脏出租房，散发着霉味儿。那些颜色其实是鞋盒子里面的毛毡和丝绸碎片，鞋盒子放在一张桌子上，四周还有一捆捆的细绳子和一些已经完工的人造鲜花。

"小伙子，你的模样真吓人呀。"那男人说道。他是一个壮实的人，有一张胖乎乎的粉红色的脸和一头卷曲的白发。他妻子站在他身后，脸色苍白，瘦得像根稻草。保罗听到有孩子们的声音。

男人在保罗身边蹲下身子，举着一面有镜框的镜子。保罗瞧着镜子里面的自己，做了个鬼脸。双眼乌青，下唇肿大，太阳穴上依旧凝结着褐色的血迹。

“他们把你丢在了宾馆后面的小巷里。我外出找工作,回家来的时候发现了你。雨下得很大。”保罗听到了雨声。“我把你弄进来了。我叫马库斯·曼特维尔。这是我老婆埃拉。”

“我叫保罗。谢谢你们。”说每一个字都要花大力气。他想要坐起来,可是他的头顶抽痛。他摸了一下,摸到更多干了的血迹。

“小心,你那儿有一个很大的伤口。”曼特维尔说道,“你是德国人,我说得对吗?”

“是的,我来自柏林市。我是两年前来的这儿。”

“你就住在附近吗?”曼特维尔夫人问道。

“我住在密歇根大道,跟我叔叔约瑟夫·克朗住一起。我到克拉克大街来为他办点事。”

“唉,这是个糟透了的居民点。我们到这儿六个月,领教了。”曼特维尔说道,“你这样的情况不应该再走回家去了。我们没有电话。把地址给我,我让我儿子贾德森到你叔叔家去把他叫来。”

他们帮着将保罗安顿到外面的一个房间里。这个房间面朝一个很大的通风井,一面开着一扇窗户,通风井的每一边上上下下都有窗户。

“很抱歉,房舍简陋。”曼特维尔说道。他儿子贾德森十一二岁年纪,早已经出发了。曼特维尔夫人请保罗坐到那张松木板桌子边上,除了一边缺腿少脚的一张旧沙发之外,这是主要的家具了。一个角落,有一只烧木头的生锈炉子。上方的一个壁龛里,一盏煤油灯散发着伴有青烟的微弱光亮。

保罗回首瞧着那个没有窗户的房间。他看到有四条薄薄的条纹布毯。没有床。没有卫生间。

一个眼睛棕色的四岁小姑娘恭敬地站在合适的距离外,腼腆地望着他。她的怀里捧着什么东西。“我感谢你们所有人。”保罗说道,“我叔叔肯定马上就会来这儿的。”

曼特维尔把一把椅子拉到近处,从桌子抽屉里拿出一个陶土制的长烟斗,他在烟斗里装上烟丝点着。烟草味儿改善了房子里的气味。

“你身上带钱了吗?”

保罗摸摸自己的口袋:“大约三十美分零钱,就这点。”

“他们抢走了,肯定的。主啊,我厌恶这个罪恶的居民点。我被赶出普尔曼小镇之后,没得选,只好搬到这儿或者诸如此类的地方。”

“你在那个工厂工作?”

“干了九年了。我以为是个极好的机会,否则我就不会千里迢迢从费城来这儿啦。我的吃饭行当是细木工。”曼特维尔发出一声难过的笑声,“曾经是。我参加了抗议后,就被解雇了,并被列入了黑名单。我哪儿也找不到一份体面的工作。所以我们就只能在这儿干些苦活累活。”他拿他的烟斗指了一下隔壁房间里的那些人造鲜花材料。

“你抗议什么呢?”

曼特维尔从墙上取下一个小小的廉价画框。脏兮兮的玻璃下面是一张普尔曼豪华客车公司颁发的印刷精致的薪水支票。付给马·曼特维尔的薪水支票,总计四美分。

保罗将它递还给他:“我不明白。”

“这是我的薪水支票,小伙子。就是这份薪水支票迫使我去要求我的权利。”曼特维尔拿一根手指抚摸着玻璃,“在普尔曼,每份工作都有价格,每小时有固定的最低工资和最高工资。细木工的价格为十七到十九美分。公司也给个人的计件工作定价。一个工人只有在一个小时内完成足够的计件工作,才能挣到小时范围的工资。不多,也不少。我们这个工区为最新的普尔曼式卧车制造新的车厢,我们开发了一种团队精神和专门技能,在保证质量的前提下,可以把活干得很快。我们开始每小时挣一美分多,接着两美分。等我们达到三美分的时候,老板们慌了。于是岗位工薪被降到了十到十二美分。计件价格也按比例下降。”

“这太恶劣了。”

“的确是的。你瞧见的这玩意儿,这张支票我没去兑现,因为几乎不值得兑现——是我两个星期的薪水。十二天,每天十个小时。价格下降之后我的毛收入是九美元十一美分。”埃拉·曼特维尔开始哭泣。她拿围裙捂住自己的双眼。

“当然啦,我们那个时候住在普尔曼小镇。公司扣去房租、水费、煤气费,薪水便所剩无几，甚至去图书馆也要三美元一年。你所看到的就是两周的工作薪水所剩下的。四美分。别以为这样的支票很罕见，这样的支票很普遍。我看到过有很多是两美分的，甚至一美分的也有。很多人都把它们用镜框装了起来。”

堂哥乔对保罗说过很多有关普尔曼公司不好的事情，但是他没有理解那些话语背后的邪恶现实。话语无法表达此类现实的惨状。

小姑娘走近了一点，腼腆地靠到他的腿上，她递上一样东西供他仔细瞧瞧。

“要看我的布娃娃吗？这是我的圣诞礼物。圣尼古拉斯送来的。”

布娃娃是一根道钉。布娃娃的裙子是报纸做的。布娃娃的头发是几缕旧的毛线。保罗的心碎了。

“这布娃娃很漂亮。”他说道，一面抚摸着布娃娃。他忘了自己所有的痛，愤怒压倒了挨揍，压倒了身体受到打击的羞辱，留下的唯有填膺的义愤。

有什么东西像潮水一样汹涌澎湃起来，在他的体内奔流。小乔是对的。

还有那伍珀塔尔的面包师……？

乔叔叔爬上没有照明的出租房楼梯找到他侄子那会儿，彬彬有礼但心里憋着一股气。他谢了这家人，握过曼特维尔先生的手，但没有逗留，也没有闲聊。在保罗眼里，他叔叔的脸色似乎疲惫不堪。在冒着瓢泼大雨回家的马车上，他问了酒龙头手柄和招牌的事儿。

“我没有找到多伦多·鲍勃这个家伙问手柄的事儿，叔叔。我回酒馆去摘那块招牌，路上遭到了攻击。我明天再去，既然干了我就要干完。”

“不必，我相信你尽力了。多尔夫·希克斯早上回来的时候顺路可以去办这事儿。”

乔叔叔回头瞧着往后移动的街道。保罗内心矛盾的情感正在激烈搏斗。乔叔叔对他恩重如山，他无以为报：吃、住、关怀——哪怕是为了让他接受教育所做的无谓的努力。但与此同时，他叔叔支持像普尔曼这类人的行为，他们榨取工人血汗，甚至用四美分这样的支票侮辱人。四美分。保罗不是本诺·斯特劳斯，但是现在他理解了为什么那些受剥削压迫而绝望的人说炸弹是他们唯一的办法。

“保罗。”他开始说话，“你疼吗？你一声不响。”

“是那户人家,叔叔。他们很善良。他们是正派的好人。他们正在挨饿。这不公平。”

“生活是不公平。”

“那人所做的全部事情——他唯一的罪过——就是普尔曼公司克扣了他的工资之后公开表达了不满而已。”

“哦,我估计不仅仅如此。很可能他跟那些激进分子搅到一起去了。那些煽动闹事的人。”

“你怎么可以这样说呢,叔叔?你不了解情况。”

“我这是经验之谈。”乔叔叔说道,话音挺辛辣。他开始扭动表链上的公猪牙齿。保罗将目光转向别处,咬着嘴唇,瞧着灯火辉煌的商店门面在雨中往后移去。

乔叔叔碰了一下他的胳膊:“我会送一笔钱去帮助他们。一百美元。我这样做是因为他们帮助了你,并非对他们的困境表示巨大的同情。”

“先生——恕我直言——我认为你应该同情他们。”

“听我说,你真的一点也不了解情况。穷人过这样的生活,通常都是他们自己的缘故,活该。”

“这话我不信。”

乔叔叔将身子靠到他的手杖头上:“你的话听起来开始像你堂哥了。这让我失望,保罗。我给了你更多的信任啊。”

保罗再次将目光转向别处。马车在一条街道铁轨上突然摇晃并蹦跳了一下。保罗咬紧牙关。他浑身受伤的身子很疼,但是内心的疼更甚。在回家的路上,他和他叔叔都再也没有说话。

保罗和叔叔大约在九点半走进家里。保罗说服了婶婶和叔叔,他不需要普拉特韦勒大夫来看,但是伊尔莎婶婶下令,他必须在家休息至少一天,也可能两天,才能去上班。乔叔叔不置可否,顾自己钻进了书房里。

保罗将脏衣服扔进镀锌的洗衣槽里,在浴室里用热水洗了脸,洗的过程很痛。他在衬衫式长睡衣外面又穿了一件睡袍,坐在那儿,让伊尔莎婶婶给他头皮上的伤口敷药包扎。婶婶穿着睡袍和拖鞋。她的头发梳成了一根长长的辫子。

他钻进羽绒被里,感觉好了一点。她轻轻地拍拍他:“你一定饿坏了,波利。待一会儿,别睡着,我马上给你拿吃的来。”

半个小时后,她端着一大盘香肠、热面包和啤酒回来了,接着,她给了他最后一个拥抱,便走出房去。

他正在昏昏欲睡之际,突然小乔轻轻地敲门,走了进来。

“我刚回到家,天哪,谁把你的尊容装扮成这样?”

“说来话长,你要是想听,我就讲给你听。你在干吗?”

堂哥乔坐在床边:“刚刚出去走了两三个小时。全乱套了。阿尔特吉尔德今天下令出动民兵。五个团。到了明天早上,城里会有一万四千个全副武装的军人。尼克·斯皮尔斯也出去了,他说市长发布了一个公告,禁止‘暴乱民众’集会。听着,还有呢——挺重要。我明天不去上班。”

“我也不去。你母亲不让我去。”

“我是旷工,也不是闹着玩的。我要去帮罗茜的忙。要是有人问起,告诉他们你不知道我去了哪儿。这也是事实,因为我没有告诉过你。”

“当然,乔。”

小乔摆摆手:“现在告诉我吧。谁把你弄成这个样子的?”

保罗尽量简明扼要地讲述了一下整个过程。最后,他堂哥摇摇头:“老天啊。我听说过那种两美分、四美分的支票。不过从来没有亲眼见过。”

“它改变了我的观念。”保罗说道,“那些穷人改变了我的观念。我百分之百支持罢工。”

“你当真?你跟罢工工人站在一起,不顾爸爸的感受啦?”

“是的。我不否认这样说很难。乔叔叔一直对我很好、很关照,我不生他的气。我反对的是普尔曼。”

蓝色的眼睛里星光点点,小乔张开双臂,紧紧抱住保罗,拍着他的后背:“好样的,小伙子。好样的!”堂哥这一通乱抱,疼得保罗竭力忍着不喘大气和叫出声来。

“我们需要白丝带。”他说道,“如果在家里不能佩戴,那我们就在其他地方佩戴。”

小乔咧嘴笑着，朝门口走去：“我会去找一些来。但是记住——明天，你不知道我去哪儿了。”

“好的，不知道。”保罗点点头。

房门关上了。

保罗感觉这一天有点像分水岭，他关掉电灯，侧过身子，任困意渐渐来临，减弱他身子的疼痛。背弃乔叔叔所产生的痛苦内疚，没有解药。

第四十七章　小乔

罗茜紧紧抓着小乔汗津津的手："这边，我听到有火车声。"他也听到了——汽笛声和机车低沉而有规律的嘎嚓声。铁道就在一个街区前面的第四十九大街。

开头，小乔和罗茜有十分钟找不着对方，他们陷入了摩肩接踵的人流中，男的女的，还有小孩，大约三四百人，全都聚集在这个平面道口。人群搅得街道上扬起橘红色的尘土。灰尘落进小乔的头发里，撒到罗茜湿漉漉的皮肤上，像女士用的精致脂粉。

他左臂的手肘上面扎着白丝带。他将藏在衣柜抽屉里的白丝带拿了出来。早晨的激动中，他几乎忘了他父亲在白丝带上对他的侮辱。他在这儿看到了更多的白丝带。

铁路附近，他们突然在闹闹嚷嚷的里三层外三层的男男女女后面停下脚步。道口的拦门早已经被推倒在地，砸得像引火柴一样。孩子们挥舞着碎片，当作纪念品。

人群拥上铁轨。小乔和罗茜不断被撞击和推搡着。他眯眼看着右面即北面市中心的方向，瞧见一个火车头大约有一个街区远的距离，正喷着蒸汽，嘎嚓嘎嚓地慢慢驶来，火车头的排障器上，站着穿蓝色军装的伊利诺伊国民警卫队的军人。

机车司机室的顶上也坐着国民警卫队队员，他们的脸遮挡在战斗帽的阴影下，他们的步枪搁在膝头。他们原本就是平民百姓，很可能十分紧张呢。美国已经有将近三十年没有打仗了。

“我不知道爸爸在哪儿。”罗茜说道。她踮起脚尖，伸长脖子。她红白相间的方格外套因为洗涤已经褪色，这会儿紧贴在她的身上，胳肢窝里有一块块的湿斑。一个湿漉漉的蝴蝶形部位显示这是她背脊的中部。

一个国民警卫队的军官在排障器上挥舞着他的帽子：“退出铁道。我们得到授权，如果你们不退出铁道，就开枪。”

一个瘦瘦长长的小伙子扔出一根棍子：“去你的，工贼。”那军官在棍子击中他之前将其击落在地。人们在火车两边蜂拥而上，一面喊叫着：“工贼，工贼，卑鄙的工贼。”

火车继续嘎嚓嘎嚓地朝着平面道口驶来。人群在它前面无奈地纷纷退后。但是，男男女女沿着火车两边奔跑，扔着石块、棍子和瓶子。罗茜一上一下地踮着脚尖：“那些司法官在哪儿呢，乔伊，你看到他们了吗？”

他用手指着：“那儿呢，第二节车厢。”

“你看到爸爸了吗？”

“还没有。”在纷纷扬扬的尘土中很难看清任何东西。

火车由四节无盖货车厢和一节守车组成。第二节无盖货车厢上装载着一辆巨大的铁锈红旋转吊车，吊臂上晃荡着一根很沉的铁链，铁链上有一个很大的铁钩。大多数司法官都在这节车厢上。这些男人穿着马甲，戴着礼帽，身上的手枪十分显眼，铁皮徽章闪烁着亮光。小乔仔细瞧着他们的脸，寻找着泰伯。他紧张地屏住了呼吸。

“那个司法官我认识。翻领上有个银色东西的那人。就是从我们家偷走优质瓷器的那个该死的送货小哥。”但她根本就不去注意他。

载着吊车和司法官的无盖货车厢嘎吱嘎吱地穿过第四十九大街平面道口。弗兰克尔肉店的那个送货小哥戴着一顶旧的礼帽，而且他的胡子有一段时间没刮了。他转动着那支蓝汪汪的左轮手枪，像个西部枪手。他的铁皮徽章在闪耀，他别在翻领上的银色物件也在闪耀。小乔突然认出了那是什么：“天哪，他佩戴的是哪个人的银汤匙啊。”他在啤酒厂听说过，有很多代理司法官什么都偷，走哪儿偷哪儿。

罗茜紧张地踮着脚尖，挽住他的胳膊保持身体平衡，依然对他说的事情不感兴趣。无盖货车厢过去了。送货小哥的目光碰了一下小乔的目光，然后滑了过去，没有认出他来。

“爸爸在那儿，”罗茜突然大声喊叫道，“那儿，下一节车厢上。”她蹦跳着，用手指着。在装有吊车的车厢后面，那节车厢的两边竖着桩杆，里面装着很多铁轨。泰伯·亚布洛内茨和三个司法官坐在铁轨顶上。泰伯穿着工装裤。他的铁皮徽章别在工装裤的上部。

“哦，天哪，乔伊，他挺好。爸爸，爸爸！看这儿呢。”她大声喊叫着，一面挥舞着手。车厢驶过道口的时候，泰伯看见了她。他挥挥手，接着朝自己的一个拳头吹了口气，擦了一下自己的徽章给她看。

最后两节车厢驶了过去，里面装满了轨枕和一桶桶的道钉。最后是那节守车。小乔如释重负。

接着，往南大约半个街区处，火车头的轮子在铁轨上摩擦，火花飞溅，发出尖厉的声音。火车震颤了一下，停了下来。罗茜用力抓着他的手，抓得他感觉小指要断了一样。

“怎么啦，出什么事了？”

透过飘浮的尘土，他看到又有一大群人沿着大约第五十大街的地方蜂拥到了铁道上，截住了火车：“他们围在机车四周，他们不动了。”

他们俩都听见一个国民警卫队的军官大声喊叫道：“离开铁道，否则我下令开枪了。”有人扔了一个绿色瓶子，瓶子飞出一个很高的弧度，正好砸在一个坐在司机室顶上的国民警卫队队员的额头上，瓶子被砸得粉碎。鲜血飞溅。那战士往后倒去，滚下了司机室的车顶。乔和罗茜听见了喊叫声和诅咒声，好像是人群在攻击那个受伤的战士。

人们开始袭击机车和车厢的两边。有人开了一枪。好几支枪开了火，急速的砰啪声，像是巨大的爆竹声。小乔赶紧张开双臂，抱住罗茜，让她紧贴到他身上保护她，一面在心里默默地诅咒泰伯的愚蠢。她用拳头捶打着他的胸膛，两眼溢满了泪水：“他为什么搅到这个局里来啊，为什么？”

又有更多的枪声传来。一个人大叫道：“他们朝无辜平民开枪啦！”一个女人尖叫起来。

“他们打中杰比了，他们把我儿子打死啦！”

人群开始发狂。

男人们和女人们原先骚扰司法官和国民警卫队队员只不过是骂骂人、挥舞挥舞棍子而已，现在则开始抓距他们最近的腿，狠狠地拉扯。国民警卫队队员们竭力挣扎着防止掉下去。人群里面最勇敢的人试图登上火车。小乔的心怦怦直跳。人们推搡着，呼喊着，尖叫着。石块和瓶子再次恣意飞舞，有更多像鞭炮一样的声音传来。

“罗茜，走吧，这情况不安全。”他紧紧地拥着她的腰。代理司法官们在前面两节货车厢的两边排好队。他们举起枪，牙齿因害怕而咬得咯咯响。他们朝人群开了火。

有人倒下了，更多的尖叫声传来。火车头上和后面的守车上，国民警卫队队员大声喊叫着命令，但是没有人听得见。一个人，接着几个人，然后是全体，在火车的两边一起开火，形成了致命的交叉火力网。小乔看到至少有三个男人和两个女人倒下了。

罗茜一下狠心挣脱了他，又推又踢地挤过惊恐万状的人群。她歇斯底里了，大声尖叫着，仿佛泰伯能够听见她的声音似的：“爸爸，爸爸，快下来，躲一躲。”

他跟在她身后跑着。一个人毫无理由地企图用大拇指抠他的眼睛。小乔一把抓住那人的衬衫，踢了他的裤裆一脚，将他扔了开去。人们发狂了。罗茜发狂了，在所有的人中，她的尖叫清晰而又尖厉。

他在铁路边的一只破板条箱上跳起身来，正好够得着看见泰伯·亚布洛内茨。泰伯还在那节货车厢上站着，惧怕得脸色发白。他拿自己的手枪朝人群中开火，他同伙的子弹则在他四周嗞嗞乱飞。就在此时，他看见泰伯穿着浅灰色鞋子的脚尖踮了起来，一脸惊恐。泰伯扔掉左轮手枪，捂住自己的胸膛。他的手下面，工装裤上部的中间，鲜血迅速渗了开来。他一头栽下被阻挡的火车，重重地摔在沙砾上，翻滚着身子。

“哦，爸爸，哦，老天啊。”罗茜尖叫着跌跌撞撞地朝那个翻滚的躯体挤去。她跪下身来，将父亲的头捧到自己的怀中。

小乔跟在她身边。她哭泣着，一面拼命抚摸着泰伯的脸：“哦，老天啊，爸爸，你为什么要跟这帮混蛋搅在一起啊?”

“罗茜。”小乔说着,子弹呼啸,他赶紧再次猫下身子。他抚摸着她已经被汗水浸湿的衬衫后背。她不理睬他,只是一个劲儿地抚摸着她父亲的双臂和双腿,仿佛这样可以救回他的命似的。

接着,他闻到了泰伯尸体排泄物的臭味儿,泰伯的双眼早就闭上了。

“罗茜,他已经死了,先把他放下。我们去找辆马车,再来——”

“我不。”她尖叫道。一颗子弹在他们两人中间呼啸而过。小乔畏缩了一下,转过头去,可是她似乎毫不在意。他无可奈何地蹲下身子,用力将双手插到泰伯·亚布洛内茨散发着臭味的尸体下面。

她明白他要干什么:“不!”

“罗茜,好啦,我们得离开这个地方。”

这喊叫声,用其特有的力量,刺破了她的歇斯底里。他抱着泰伯的尸体,走走跑跑,她蹒跚着跟在他身旁。他往北面第四十九大街走去,躲开砰砰啪啪的枪弹、绝望的尖叫和受伤的人以及刚刚失去亲人的人的恸哭声。第四十九大街往东一个街区处,他将泰伯放到一个出租马车行牲口棚西面的遮阳篷下。

罗茜再次跪倒在地。小乔瞅着自己的双手。满手血污。泰伯的鲜血早已渗透了他的衬衫,甚至染红了他的白丝带。罗茜用一只手去拉他的手。

“他为什么要跟他们搅在一起啊,乔伊?”

小乔摇摇头,他那双大大的蓝色眼睛燃烧着怒火:“他本不该这样做。他本该知道他是站在错误的一边。”

她再次失去控制,朝他扑去,抓着他的脸。

“闭嘴!我可以这样说,你不可以,你不可以,任何人都不可以。你跟你那该死的说教一起滚吧!”

“罗茜,对不起。你需要我帮你把他搬——”

“我不需要你任何东西。你跟你那些所谓是是非非的愚蠢观念——谁在乎呢?谁在乎这狗屎呢?是非买不来鞋子和衣服。你要是像他这样,你也会一无所有。你很可能也会被打死。滚!”

“罗茜,我只是想帮助——”

“滚！滚一边去。你该死的，别管我，我不想再见到你啦！”

他紧盯着她充满仇恨的狂暴双眼。他想继续劝说，但是发现没有用处。

他迅速离去，转过出租马车行门面的墙角，穿过很宽的前门，冲了进去。马夫坐在一把斜靠着马厩的椅子里，正在看一本戴德伍德·迪克写的廉价小说。

“快到外头去，快。有一位姑娘，她的父亲被打死了。她需要帮助。”

马夫是一个高大结实的十五岁男孩子，驼背，疑惑地瞧了他一眼。但他还是跑了出去，转过墙角。乔听到他惊呼道：“啊，小姐——老天爷呀。他伤到什么程度？”

“他死了，睁开你的眼睛，瞧瞧他吧！”

小乔快步朝东面走去。远处，大约是在第五十大街的十字路口，又传来一声枪响。接着，归于沉寂。正午的日光里，街道上尘土依旧在飞扬。尘土令他的头发白得像老人一样。

他在街头一只马槽里洗头洗手。他拉起衬衫下摆当毛巾。他不知道是把血迹斑斑的衬衫扔掉还是留着它。扔掉还是留着，都会引起注意。他选择留着。

他一路步行，走到密歇根大道和第二十大街处，花了将近一个钟头。他知道，如果坐车，他这副模样，准会被赶下车，或者被逮捕。果真如此，一个五金商人看见他走来，赶紧躲进店里，开始拨打电话。走过几个街区之后，一个徒步的巡警挡住了他的去路。小乔不做任何解释，从他身边飞快地冲了过去，而且比那巡警跑得快，因为那人已经人到中年，人胖体重。

他从后门悄悄溜进温暖安静的家。厨房里，路易丝·沃尔曾海姆正在剥豆子。一看见他这个模样，她差一点昏过去。

“乔少爷，那血是怎么回事啊？”

“意外事故，我女朋友的父亲被打死了。是他的血。”

路易丝吓得说不出话来，这太让人恐惧了。他的感觉已经麻木，他在静悄悄的屋里爬上楼梯。他在浴缸里放满水，将自己浸入水中，洗干净手上和臂膀上已经干了的血迹。

他不能留着这件衬衫。但是他解下血迹斑斑的白丝带，小心翼翼地将它藏到衣柜里。

他母亲一回家，他便将这件事情告诉了她。

她将他抱到胸前，来回摇晃着他："乔伊，乔伊，倒下死的有可能是你啊。"

"但不是我，是罗茜的父亲。那些卑鄙的工贼杀了他，还杀了很多其他人。十个，二十个，我不知道有多少。"

"我们一定要给那个可怜人的葬礼送点鲜花，这至少是我们可以做的。"

"我觉得你说得对。"他说道，内心有一种奇怪的感觉，结束的感觉，死的感觉。罗茜让他滚的话将永远铭刻在他的脑海里。"我自己不去葬礼。我再也不会见她了。"

"我不明白。"

"没有关系，妈妈，就这样吧。好吗？"

吃晚饭的时候，他再次讲了这件事情的经过。父亲说要扣掉他两天的工资，并坚持兑现。一天算实际旷工时间，另一天罚他擅离岗位。小乔太疲惫了，疲惫得连气也不生了。

弗里奇听着他的故事，好奇地期待着下文。卡尔也一样。保罗坐在那儿，将双手放在膝头，一言不发。最后，小乔感觉到自己稍稍有点发抖。他朝下瞧着自己的双手。手上的血已经洗干净了，但是他依旧看见了血迹，永远抹不去的……

"约瑟夫，"他父亲说道，一面用手掌往下捋着他的银须尖，仿佛这样能够消除他内心的某些混乱似的，"我几乎都不知道该从哪儿说起来表达我对这件事情的感觉。"

小乔的蓝眼睛似乎变得更大了，再次喷发出火焰。

"我对你冒的险感到深深的震撼。我有可能痛失一个爱子啊。我觉得你很高尚，帮助那个女孩子。但是她太不顾危险了，你也一样。我为他父亲感到难过，尽管我从未见过他，也从未见过那个女孩子。至少，他是站在争吵的正确一方死的。"

小乔在桌子底下握紧拳头。他左耳朵前面的一根青筋肆无忌惮地暴凸出来。他父亲看见了,便用较为委婉的话音说道:“我收回刚才说的话。我不扣你工资了。你擅离岗位是不对的,但是我认为这一整天你所受的惩罚也够多了。”

伊尔莎喃喃地说道:“哦,谢谢你,乔。”

乔·克朗折拢自己的餐巾:“去睡觉吧,儿子。尽量休息好,忘了这事儿。”

“绝对忘不了,爸爸。一辈子都忘不了。”

“这颇为戏剧性。”

“这就是我的感觉。”小乔说道。

他们四目相交。乔·克朗的脸色更加发红,他的话音低沉而又紧张,他说道:“失陪了,我还有活要干。”他手里解着外套的纽扣,走出了餐厅。

“等下到我房间里来。”一会儿之后当他们离开餐桌时,小乔悄悄地对保罗说。

“我跟罗茜结束了。”小乔说道,在保罗身后关上房门。

“这太糟糕了,我很遗憾。”

他试图耸耸肩膀表示无所谓:“我知道她没有什么未来,她经常对我这样说。只要谁给她的钱多,她就会跟谁。”

一阵阴郁的沉默,然后保罗轻轻地说道:“他们是些可怕的人,那些军人和代理人。”

“杀人犯。人群里面除了石块和棍子,根本没有其他东西啊。”他走到衣柜前,从第二只抽屉里拿出那条沾满血污的白丝带,“这上面染上的就是他的血。”

“烈士的血。”保罗说道。

“没错。”小乔在另一只抽屉里翻找着,找出一把折刀。他将白丝带对折,一刀将它割断。

“给。”

保罗将半截沾满鲜血的白丝带放到自己的左掌心里,并拿右手的食指抚摸着:“他们该死。他们该下地狱。”他的双眼闪烁着晶莹的泪水。那天第一次,小乔笑了。

第四十八章　乔·克朗

几年之后，当他心情阴沉或者在寻求简单答案的时候，他就会回顾过去，责怪斯特德。威廉·斯特德是一位英国的改革家，写了一本书《假如基督来到芝加哥》。那个灾难性的星期日晚上，伊尔莎在看的正是这本书。

当然，斯特德仅仅是根火柴。乔越来越火爆的脾气才是导火索。他的脾气以及他日益增强的压力，将他紧紧地裹住了。1894 年 7 月那个炎热的星期里所发生的事情就是炸药，炸药爆炸了，在家里引发了毁灭性的后果。

那个星期日就感觉怪怪的，令人不安。小乔在平面道口与死神擦肩而过。报纸报道说有十四个人死亡，有更多的人受伤。来自普尔曼小镇的那位波希米亚姑娘的父亲是死者之一。

整个上午，小乔默默地在屋里走来走去，一脸怪怪的茫然神情。这孩子显然感觉震惊，感觉痛苦，所以乔没有说刺激他的话，希望这有助于他快速弥合伤痛。他还注意到，保罗如影随形地跟在小乔身旁，几乎整个上午一刻也不曾离开。他们好像是形影不离的伙伴。

尽管保罗没有完成他在小切尼区的任务，但是乔·克朗明白这不能怪他，因为他受到了街头恶棍的攻击。而且，保罗在他堂妹、堂弟的心目中显然成了英雄。星期日吃晚饭的时候，弗里奇有好几次赞美保罗的“英勇行为”。这样的赞美好像令他感到尴尬，使得他吃饭的速度比平时快了许多。一个小时之后，乔·克朗走过起居室开着的门口，听到卡尔在吹口哨、在尖叫，显然保罗应卡尔的请求正在复述这件事情。

下午，小乔出门了，说他需要出去走走。他比平时穿得整齐，而且他跟母亲说他可能要到吃晚饭时才能回来。这不是他的典型行为。乔认为很可能是这次枪杀事件令他改过自新了。这一变化虽然是由一个悲剧突然促成的，但是并非不受欢迎。

保罗和卡尔外出打球去了，这使得他有机会抓紧时间浏览一下早就该看的报纸。每份报纸都刊登着同样的标题。

嗜血！

疯狂的暴民在死亡和毁灭中
屈服！

无政府主义猖獗！
暴徒使用火把！——烈火造成破坏！
空前绝后的景象
暴乱、恐惧、抢劫！

他团拢报纸，将它扔到一边。这种混乱和杀戮全是由那些激进分子和他们的主要代理人德布兹挑起的，这点他毫不怀疑。德布兹发动的抵制威胁到了有秩序的商业流程，实际上威胁到了所有想要过正常生活的正派人。军队应该镇压得更严厉一点，如果有必要，应该在监狱里塞满那些罢工的人。在克朗啤酒厂，他绝不允许有人破坏纪律。

一想到城里那些事件，他就感到烦躁。到他睡觉的时候，他的心情糟透了。

屋子里面再次热得令人难受，他也再次热得难以忍受。他的衬衫式长睡衣是白色的麦斯林纱做的，前面有珍珠纽扣，领子和袖口上镶了暗紫红色的丝绸绲边。这是一件又轻又薄的衣服，就是夏天穿的，可是他感觉仿佛穿了三件毛皮大衣一样。

伊尔莎更加糟糕。她的麦斯林纱睡衣是按照宽大的长罩衣款式做的，有又大又长的灯笼袖，袖口箍得很紧，领子很高，镶着精致的饰带花边。伊尔莎躺着，将头靠在靠枕上看书。他注意到这是一部斯特德的书，那是斯特德在调查了这个城市的邪恶情状之后写的，于2月份出版，已经卖了数千册，而且销售势头仍然很好。一看这情形，乔就气不打一处来。

卧室里没有风，空气中唯有沉闷的湿热。他浑身汗津津的，很不舒服。他爬上床，躺到妻子身边。床边，一只飞蛾发神经一样绕着电灯飞舞。明净的灯泡里，灯丝发出令人眼花缭乱的强光。

他拉上浆洗过的床单。几秒钟之后，他将床单踢开，将睡衣下摆拉到只盖住他私处的地方。他从床边的一张桌子上抓过一把印有啤酒厂名字和皇冠标记的纸扇，拼命地给自己扇着风。伊尔莎担心地瞥了他一眼，翻过一页书。

一会儿之后，她说道："这儿有个东西你也许感兴趣。"

"那个伪善的爱管闲事的家伙所写的所说的东西不会让我感兴趣。"

"亲爱的，你千万不能封闭你的脑袋。斯特德先生对酒馆发表了一些挺让人意想不到的观点呢。"

"哦？"他说道，那话音比他想要的更加不屑，"他不只是想把它们关闭掉，而是想把它们都炸了吧？"

"你说这话不公平。你一个字都没看就——"

"我也不想看。请你把灯关了，这样我好睡觉，行吗？"

伊尔莎有自己的性格，跟她丈夫一样固执。她将书放到自己的肚子上："等我把这段念给你听了之后再关，《威士忌和政治》这一章里的一段。斯特德先生明确区分家庭酒吧和他所谓的下流酒吧。"

"伊尔莎，我对一个诋毁我谋生之道的人的观念不感兴趣。"

"等等，他没有诋毁——"

"我不想听。晚安。"

他翻了个身，将背对着她。

他紧张地躺了大约一分钟。接着，传来一个令人害怕的信号：伊尔莎啪的一声合上书本，声若枪响。

"我可不想被当作下人这样遭受欺凌和草率应付，乔·克朗。"

他的内心有什么东西像一匹赛马听到铃声一样急欲奔跳发动。他内心有一种想争吵的冲动。他翻过身,冲着她喊:“该死见鬼的——”

争吵逐渐升温,断断续续,持续了二十分钟。她在哭泣中睡着了。他往右面侧着身子,气咻咻地躺在那儿,浑身僵硬,背对着她,丝毫也不碰到她的身子,就这样睡着了。

第二天早晨,当多尔夫·希克斯回到办公室之后,乔便派他前往加拿大露天酒馆。一个小时之后,希克斯打电话来说他拿到那块招牌了,但是那些酒龙头手柄却不见了。多伦多·鲍勃说他毫不知情。“他有可能为了报复我们把啤酒撤走而把它们给毁了。”

乔气得脸绯红,说:“那就把招牌带回来,别在那儿拖延。”他使劲将电话听筒挂到钩上。

十点半,他关上门埋头工作。他撕掉第三张克朗啤酒厂的专用信笺,扔到纸篓里,从办公桌抽屉里抽出一张新的。他在绞尽脑汁地给伊尔莎写道歉信,准备附在他从艾特尔鲜花店订的两打黄玫瑰上,在这一天结束之前送到家里去。

他将笔放到墨水池里饱蘸墨水:“亲爱的伊尔莎——”

也就写到此为止。一声很响的敲门声。斯蒂芬·兹维克在乔还没来得及开口说话前便闯了进来。

“先生,实在对不起——”

“我告诉过你,别来打扰!”

“我知道,先生,可是外面发生的事情我觉得不得不报告。”

乔看到兹维克的手中有一张黄色的纸,上面密密麻麻地写满名字。

“说。”

斯蒂芬·兹维克站在办公桌前,两只脚不停地交换着重心:“先生,我们这儿发生了——嗯,劳工示威。停工行动。”

“什么?”

“停工行动,先生。十一个工人停工一个小时,对普尔曼工人的抵制表示同情。舒尔特海斯,来自箍桶车间;切斯特·阿蒙森,来自——”

乔的拳头击打到办公桌上。一些文件从桌边滑落,像蔫头耷脑的白色小鸟飘落到地上。“那斯特劳斯呢？我敢打赌是他挑的头。”

“是的，先生，他的确好像是罪魁祸首。他带了三个马车夫出去了。我这儿有完整的名单。”兹维克递上那张黄色的纸。

“等他们回来，通知他们。”

“先生，他们没有离开厂区。他们集中在前门那儿。”

乔快步走到窗前。当他看到本诺跟其他人在喷泉四周闲逛时，他骂了一声。工人们说说笑笑像过节一样。每个人的手臂上都佩戴着白丝巾。那个箍桶匠舒尔特海斯在甘布里努斯国王的高筒靴上擦燃硫黄火柴，点着雪茄。

“该死的，太放肆了！他们居然在我的厂里进行抗议。”

他朝门口冲去。本诺·斯特劳斯终于跨越雷池了，他在这个池边上侮辱性地刮擦他的脚趾头已经好几个月了。乔横冲直撞地跑下楼梯，穿过酒吧间，跑到外面。

那个侍者领班米克尔迈耶在露天酒吧转过身迎上前来。米克尔迈耶穿着黑色的燕尾礼服，扎着领带，围一条白色围裙，看上去醉醺醺的。有两三个罢工工人看到了乔，便停下了叽里呱啦的说话。本诺坐在喷泉靠街的一边。他拿一只手在水里面哗哗地搅动着，继续兴高采烈地谈论着什么。

“我很高兴你下来了，克朗先生。”米克尔迈耶轻声说道，“那些人会严重影响我们的午间生意。”

“哦，不会的。”乔大步走向大门，“你们全都从喷泉上下来！”他一把抓住离他最近的那个人，来自麦芽车间的小温策尔。他非常凶狠地将温策尔摔到一边，摔得他的头差一点撞到大门边的砖墙上。

本诺环顾了一下四周，一丝微笑慢慢地浮现在他的脸上，接着他站起身来，在工装裤的裤腿上擦着双手。乔寻找着鼓鼓囊囊的地方，看是否有可能藏着手枪。他没有发现此类端倪。

“你们自己解释一下。”他问道，“为什么擅离岗位？”

本诺依旧展露着那种令人生气的得意笑容，说道：“我猜你十分清楚，克朗先生。其他有些行业，他们也都出去了。面包师、小贩——全都是德国良民。”他补充了一句，对自己的尖刻话语很是得意。

乔的脑子里有一股压力在积聚。他听到工人们从他身后的露天酒吧走了出来。他看到屋顶上有工人在观看。他好像认出了小乔也在其中。

温策尔故意动作很大地掸着灰尘并整理他破破烂烂的工装裤。他个子虽小，但那种目空一切的神情却表现得非常勇敢:“我们事前通知过你,克朗先生。我们全力支持铁路工人,我们将每天罢工一个小时,直到乔治·普尔曼大王投降为止。”

“那么,你是说这是一次工会行动?”

本诺摇摇头:“酿酒劳工联合会跟这件事情没有任何关系。我们是自发组织的。”

“你组织的?这是该死的无政府主义。”乔踮起脚尖说道。即便如此,他依然比本诺要矮,总是处于劣势。“回去干活,否则你们在克朗啤酒厂就完了,你们全体。”

此话一出,有些人的脸上便显出担忧的神色。本诺的表情变得严肃。

“这次威胁没有用,克朗先生。”

“别跟他啰唆,先生。”另外有个人大声说道。税收官萨姆·特劳布跟弗雷德·席尔德克劳特站在乔身后很近的地方。“叫囚车来。抗议示威是可以坐牢的犯法行为,禁令就是这么说的。”

“滚,工贼。”本诺骂道,“我们不是抗议示威,我们只是在休息。”

他再次坐下。

喷泉水花飞溅。甘布里努斯国王孤零零地凝望着东方正在逐渐积聚的白色雷暴云砧。本诺交叉着自己的脚踝,在胸前抱着双臂。乔的脸此时已经涨得通红。

“你完了,斯特劳斯。我容忍你太久了。你们所有人都完了。开除,马上。”

“如果一定要这样的话,你还欠我们工资——”

“我不欠你们什么。滚出我的工厂。”

就在此时,一辆出租马车从市中心沿着拉腊比北大街辘辘驶来。马车里走出两个生意人。一个在付马车钱,另一个则瞧着这场冲突。罢工的人们分布在喷泉的两边,挡住了顾客进入露天啤酒馆的路。

“斯蒂芬?”乔头也不回地叫道。

“到,先生。”

“你最好打个电话给派出所。”

米克尔迈耶在大门口说道：“我等不了那么久。”就在兹维克跑进啤酒厂去的时候，那个侍者领班大步走到距他最近的罢工者跟前，一把抓住他。

“滚开，别挡我们顾客的道。”

“把你该死的手从他身上挪开。”本诺喊叫道。米克尔迈耶抓着的那个人踢着他的小腿。米克尔迈耶一个大挥拳，打得他跌进喷泉里。本诺把手伸进背后的衬衫下摆里。一支蓝汪汪的手枪突然闪现在眼前。一条肮脏的白丝带扎在枪管上……

乔冲上前去抢夺手枪，拿双手紧紧掐着本诺的手腕。本诺身上散发着难闻的汗酸臭味儿。他咬紧的牙齿距乔的眼睛仅仅几英寸距离。本诺的力气大得像一头发疯的大猩猩，但是乔在被激怒情况下的力气也不可小觑。本诺尽管来回拧着拿枪的手臂，拧得差一点两个肩关节都脱臼，但是乔依旧没有松手。

落进喷泉里的工人扑棱着身子，弄得水花四散飞溅。特劳布将他推回到水中，并将他的头按在水里，直到米克尔迈耶把税收官拖开。那两个商人回到出租马车里，挥手示意马车夫继续前行。在此期间，本诺一直想挣脱自己的手臂。他看看不行了，便拿他装了铁头的工作鞋子踢乔的腿。乔骂了一声，往后踉跄了几步跌倒在地。

本诺的秃顶上汗水直流。他的鼻孔十分巨大，他的双眼喷发着丧失人性的怒火。他猛地举起手枪，瞄准仰躺在砖铺人行道上的乔。乔紧紧盯着那黑色的枪口，脑子里闪现出在密西西比时的情景……

乔头晕目眩，喘着粗气，挣扎着爬起身来。

“把枪给我，本诺。别在你的罪行上再加上谋杀罪了。”

“嘿——嘿，克朗先生，你夺不到枪，那就乖乖地离远点，否则我就会——”

他的话还没有说完，乔就一个右勾拳打中本诺硬得像搓衣板一样的上腹部。本诺摇晃着，大叫道：“卑鄙的混蛋！”弗雷德·席尔德克劳特拿着一个开啤酒桶的开桶器跑上前来，他拿开桶器砸中本诺拿手枪的手。手枪掉落到了喷泉里，溅起一缕水花。

那个名叫舒尔特海斯的工人冲过来救本诺。米克尔迈耶一拳将他击了回去，第二拳又重重地将他打到了人行道上。温策尔和另一个罢工者扑向萨姆·特劳布，拽住他的衣领。乔感觉像喝醉了酒一样，脑子完全不受自己控制，他再次挥拳狠狠地砸向本诺脸的中部。本诺的鼻子没有像他的肚子那样坚硬。鲜血喷射出来，将乔雪白衬衫的前襟洒了个遍。

滴滴答答的鲜血加鼻涕下面，本诺将双手窝成杯状，口中不停凶狠地骂着。屋顶上的工人们又是拍手又是欢呼，但谁也不知道他们是为哪一方拍手欢呼。

萨姆·特劳布打开一把折刀，试图去砍另一个罢工者。"萨姆，别。"乔大声喝叫道。一声警笛撕破正午的炎热。巡逻本片区的那位步警奥道尔扛着胖胖的身躯、拖着沉重的脚步沿着拉腊比大街竭尽全力快速跑了过来。奥道尔尽管快六十岁年纪了，可是打起架来依然又狠毒又灵敏。他用他的山核桃木警棍重重地击开两个罢工者。

"警车来了。"萨姆·特劳布喊叫道。乔听到几个街区远的地方有马奔跑的声音，接着听到了清脆的警铃声。本诺根本就没有必要警告他的同志们。他们沿着拉腊比大街的两个方向一下子逃得毫无踪影。

本诺磨蹭着。

乔抓住喷泉的边缘，低着头靠过去。他凌乱的头发从他汗淋淋的前额垂落下来。他的心跳得太快了。

"克朗。"乔从来没有看到本诺这么愤怒过，他摇晃着一根血淋淋的指头。"你所看到的不是这件事情的结果，你这个狗屎资本家。"

他朝南面逃去，点点鲜血从他的鼻子里喷涌出来，洒落到人行道上。

乔把手伸进喷泉里，抓住那支手枪，将它扔了开去。手枪划出一个圆弧，掉落到了大街上，有晶莹的水珠像钻石般闪耀。本诺有可能看见了，但是他没有回来捡回去。

"那是谁的手枪？"奥道尔问道。

"是斯特劳斯的。"有人说道。

"我需要拿它当作证据。"奥道尔走到大街上，把手枪装进口袋里。

乔将自己的白发从前额抹开，扶正自己的领带，再次靠到喷泉上。他将双手窝成杯状，掬起水泼着自己的脸。他听着叮当叮当越来越响的警铃声，看着水中自己扭曲的倒影。他鄙视他看见的这个人——这个人是这场暴力行动的罪魁祸首。本诺·斯特劳斯本就是个无政府主义的败类,乔一直允许他为所欲为,直到理性丧失,秩序崩溃。这样的形势需要他采取极端措施,但是丝毫也没有改变他的心情。他感觉被打败了。

被打败了……被似乎已经失控的事态打败了。

德国香肠和裸麦粗面包,再加上一杯凉凉的克朗贮藏啤酒,坐在椴树下他的私人小桌子边,他的心情稍稍平静了一点。警车抓走了三个奔逃的罢工工人。"对不起,斯特劳斯不在其中。"奥道尔报告道。

乔谢过奥道尔,并答应他马上去派出所提出指控。巡逻警察离开之后,乔要求米克尔迈耶召集他的管理人员。

"斯蒂芬,坐。"兹维克坐在椴树斑驳树荫下的一把椅子上。从湖上吹来的微风抖动着树叶,变换着他脸上的影子形状。他的雇主说道:"我们这儿的形势很糟。我敢肯定,本诺一伙一定会复仇。我希望他们能认识到报复只会带来更多麻烦。但是我们不能心存侥幸。我们要是犯错,一定是在不小心上。把啤酒厂所有的锁都换了。"

"所有,先生?"

"每一支锁。"

兹维克在他手中拿着的一本小小的本子上记了一笔。他没有问更多的问题。本诺手中有一整套装货码头的钥匙以及通向啤酒厂和冷藏库所有门的钥匙。乔·克朗一直充分信任他的员工。

兹维克拿铅笔尖在本子上轻轻地叩着:"我们应该能在周五前完成这件事情,先生。"

"今晚六点前完成,斯蒂芬。不管花多少钱,一定要完成。一定要完成。"

一点半的时候,洛伦茨兄弟锁匙公司的两辆马车来到啤酒厂。锁匠们好像一支粗野喧闹的部队,蜂拥进克朗啤酒厂,断开新的锁链,起开新的挂锁,装上新的锁簧,尝试新的钥匙。大部分的喧闹声似乎就集中在乔的办公室外面。

到下午大约三点多钟,黄玫瑰送来了。乔也终于完成了他写给伊尔莎的便笺。便笺写得很短,措辞拙劣,简直词不达意。兹维克派一个在岗的马车夫将玫瑰和便笺送走之后,乔再次召集了他的管理人员。

“我还有一个想法。告诉乔治·霍克去买支随便什么型号的手枪。告诉他费用到公司报销。”

乔治·霍克是啤酒厂的夜间看守人,在这个岗位上已经干了十二年了。他对他的巡逻非常仔细,也很专注,但是乔记得,他已经六十七岁了。乔治在他的整个看守生涯中,从来没有碰到过任何威胁性的入侵者,除了耗子或者恶作剧的小孩子。乔明白,要是真有性质严重的事情发生,他不可能也不应该仅仅依赖乔治。他得依赖像平克顿①这样的侦探机构。他们可以派一个更年轻、更强壮的人来守卫夜间的厂区。假如有必要的话,可以派不止一个。

白班快下班的时候,乔让斯蒂芬·兹维克把他儿子和侄子找来。十分钟之后,他们站到了他的办公桌前。两人双双看上去又热又累,忧心忡忡。

“到现在为止,今天早上发生的事情谁都知道了。这是一个不太令人愉快的事件,但是都结束了。我不是要征求你们对这次非法罢工的想法,你们的想法我认为我早就知道了。我是要请你们每个人给我一个保证,保证什么也不要对伊尔莎、卡尔和弗里奇说。没有必要让他们担心,我不想让他们担心。同意这样做,你们不应该有什么困难,你们俩。”

他让这话的话音渐渐减弱,然后问道:“保罗?”

“我保证。”

乔将目光转向他儿子。他的一只手落到了他链条上的公猪牙齿上。他话音稍稍尖锐地问道:“约瑟夫,你的回答呢?”

“我会守口如瓶的。”一秒钟之后他含糊地说道,“只是为了妈妈。”

“我也就这个要求。谢谢你们俩,你们可以走了。”

他们走出办公室,两人也没有互相瞧对方。当保罗关上门之后,乔将两个手肘支到办公桌上,双手捧住自己的头,思量着,接下来会怎么样呢?

---

①平克顿,即艾伦·平克顿(1819—1884),美国私人侦探,创建平克顿侦探事务所,协助企业主监控和破坏劳工组织。

第四十九章　小乔

下班后，小乔疲惫地行走在去尤利希礼堂的路上时说道：“我倒是但愿该死的整个啤酒厂的工人全都罢工呢。罢工的事儿我一点也不知道，我当时在啤酒厂三楼上，正在用油灰填塞一扇新的窗户。”

保罗耸了耸肩膀：“也没有人告诉我。我猜本诺不知道我站在罢工者的一边。”

小乔从衬衫口袋里掏出那半截血迹斑斑的白丝带，将它系到一个纽扣洞里。保罗拿一个别针把白丝带别到衬衫上。一个巡逻的警察怒目注视着他们。

“我们应该勇敢地整天佩戴白丝带，保罗。”

“我知道。但是席尔德克劳特会收缴它们，并报告这事儿的。我们还得在你父亲的屋子里生活。这事儿我感觉很不好，但事情就是这样。”

小乔沉默了一会儿。在他的记忆里，他还从来没有如此愁闷过。

罢工不是唯一原因。他失去了罗茜。他是在心灵深处交织着痛苦与羞耻的情况下失去她的。

泰伯死后的那个星期日，他觉得他应该到他们家里去吊唁一下。他梳洗穿戴整齐，思想上做了充分准备。当他站在车站里的时候，他突然意识到他去普尔曼小镇的目的是希望见见罗茜，希望听她说她跟他断交就是赌气说说而已。

可是她不是赌气，这点他知道。

马拉街车还有一个街区远的时候，铃声响了两下。马车夫已经看见他等在街角了。此时此刻，小乔意识到他这样做纯粹是徒劳的。他突然转过身，离开了车站。

下午余下的时间,他就在湖滨游荡。即便迈着轻快的脚步,即便有清新的风吹拂在身上,他也丝毫感觉不到自己的心情有多少好转……

一辆装载着木材的马车从堂兄弟俩的身边驶过,车轴被压得吱嘎乱响,接着是一辆双轮双座马车。小乔对保罗说道:“你知道,爸爸今天把事情弄糟了。也就是停一下工,一个小时吧。为了显示团结。可是他把它变成了一场麻烦的争斗。”

“你觉得本诺会报复吗?”

“他如果报复,那就真的全乱套了,一定的。”

他担心,接下来的几天或几周内,也许会有什么事情发生。形势正急速地朝着某个无法想象的巨大结局发展。自从那个星期六以来,他已经有好多次栩栩如生地看见泰伯·亚布洛内茨倒下、流血,之前他从来没有看见人死过。太让人痛苦了。他不想眼睁睁看着其他人死去。他希望本诺不要挑起麻烦。他希望本诺不要再问他那个问题。

“我可以信赖你吗?”

在尤利希礼堂,吉恩·德布兹正在向记者们讲述那场暴力。

“我的立场没有改变,也决不会改变。一个人以任何形式诉诸暴力,不管他是我们工会的成员还是不是工会成员,都应该马上被抓起来接受惩处,而且我们应该首先站出来拘捕他。我们必须像安分守己的公民一样行动,否则就决不行动。”

他神情疲惫地朝会议室走去,关上门。毛面玻璃窗里面,人影来来回回地移动。乔和他堂弟听见了争论的声音。附近,一位记者对他的同事小声说道:“他完了。整个罢工完了。只是时间问题。”

堂兄弟俩垂头丧气地离开。

对罢工者来说,形势似乎变得更加糟糕。美国劳工联合会执行委员会拒绝表态跟“独裁者德布兹”团结一致。又有一些酿酒厂的工人和面包师走上街头表示声援,接着有一些雪茄烟工人也加入了进来。但是,罢工工人大规模被捕并被提起刑事诉讼。这种抗争很快便削弱了。芝加哥的货运量日益上升。尤利希礼堂被破门而入，办公桌遭劫掠，文件被抢走。吉恩·德布兹和另外三位工会干部因一个特别大的陪审团的起诉而被捕。他父亲、弗雷德·席尔德克劳特、萨姆·特劳布以及所有像他们那样的人欢欣鼓舞。

泰伯死后那个星期四下班的时候，小乔到他的衣物柜里去拿帽子。今晚他不等保罗了。中午他堂弟告诉他，他得等到晚上八点钟一批啤酒酿制完成之后才能下班。小乔无所谓，去尤利希礼堂再也没有什么意义了。

就在他关衣物柜子的时候，他发现架子的很后面有一张白纸。原来是一个折拢的条子。他脖子后面的汗毛开始竖起来。他等两个年纪比他大的工人离开衣帽间之后，赶快打开条子。

五点三十分，莱克街大桥，十万火急

以前他从来没有见到过这种斜体大字。但是他知道这是谁写的。他关上衣物柜，跑出门去，心中充满了畏惧。

他靠在横跨芝加哥河北支流上面的莱克街大桥的护栏上。水里面飘来垃圾和人粪的臭味儿。有的地方，桅杆林立。贮木场和商贸仓库的码头上，锚泊着各种船只。

一艘运煤的驳船鸣着喇叭从桥下驶过。灰白色的云一会儿遮挡了太阳，一会儿又让它露出如同火烧般的圆盘。每当云彩变薄的时候，河面上便会闪耀出油脂的彩虹色。

附近，圣迈因拉德天主教堂的钟楼敲响了六点钟。小乔决定再等十分钟。他凝望着冒着恶臭的河流，看着一条死狗漂流过去，一缕血拖在后面，恍若黑色的油。

“别回头。别叫我的名字。别说话。”

他用眼角瞟见了本诺的侧影，一顶破草帽护住了他的秃顶。本诺将两个手肘靠到护栏上，就像一个老朋友停下来聊天一样。他面色憔悴，那双怪怪的东方人特征的眼睛下面显露出淡黄色的眼袋。

“他们换了啤酒厂该死的锁。”

“我知道。”

一小队联邦军队步兵从边上昂首阔步地走了过去,他们的脸色通红,他们扎着领带的蓝色军装已经被汗水浸湿。小队长喊着口令。

本诺说得很轻,脸上挂着亲切的微笑:“是时候了,你要像那些小伙子一样成为一个好战士。是你帮助这项事业的时候了。”

小乔口干舌燥:“你想要我干什么?”

“嘿,就很容易的一点小事情。明天找把钥匙,下班的时候偷偷带出来。等天黑之后十点之前,把瓶装车间的门打开。让它开着,就这事儿。”

“你准备干什么?”

“准备向你爸爸展示一下,他不能仅仅因为支持工会的团结而解雇诚实的工人。”

“向他展示? 怎么展示?”

本诺重重地捶击着桥的栏杆:“行动宣传。我说过我们要给予打击,没有人相信我的话。你那时也不相信我的话。”

他想起了印第安纳州的那个土丘,炸药把棚子炸上天的情景。他浑身发抖,但是他不得不说道:“假如这意味着伤害任何人,那么我是不会帮你的。我不想跟杀人的党派为伍。假如你的意思是在有人干活的地方放置炸药,那我绝对不会——”

“你不必担心,因为我们准备实施攻击的地方不会伤害到任何人,就是有很多设备会毁坏。瓶装车间——通向啤酒厂的管道——夜里,那时瓶装车间关门了。会让你老头子损失惨重,但是不会伤害到任何人,我也不想伤害到人。让警察和军队拿根绞索追捕我吗? 我才不呢。”

这点小乔可以容忍。这样不好,但是没有不好到他担心可能会出现的后果。“你能向我保证你不会对啤酒厂做什么手脚吗?”啤酒厂有一个班头是通宿上班的。

“那是,乔伊。我对天发誓。”本诺举起右手。

“你怎么弄呢?”

“这你就不用管了。其中有一个环节是这样的,我们得确定老乔治·霍克在其他地方巡逻。”他等了一下,“你有什么话说,乔伊?”

他的胃疼:“我说这很难,你要我做的事情很难。啤酒厂毕竟是我父亲的财产啊。”

“财产。”本诺将很大的一口痰吐过栏杆,“胡说八道。财产就是这个世界上该诅咒的东西。”

“也许,但是他把自己的一生都投入到了那个地方啊。”

本诺的话音低了下来:“你是说你最后不打算帮我们啦?天哪,这也转得太快了。你说过你站在我们一边。你一直是这么说的。你究竟是什么人,说假话的人吗?我以为你是一个男子汉,能独立思考的。不。你是个孩子。”

“该死的,本诺,别这样说。”

“那我说什么呢,乔伊?”本诺说道,一脸温和的微笑,“你有没有胆量,还是就玩玩我们?”小乔拿指节揉着自己的嘴巴。他看见了父亲那双严厉的眼睛,看见了身上洒满她父亲鲜血的罗茜。

行动宣传。他看过很多宣传品。说服自己,对付一个腐朽的不公正的制度,这是最好的办法,难道这不是千真万确的吗?他不能因考虑自己家的财产而丧失勇气。他得考虑给予打击并向乔·克朗和他所有的富豪朋友发出一个信号的重要性……

只要没有人受到伤害,他可以干这事儿。

“乔伊?”

“好吧。好的。”

本诺笑了起来:“好。我知道我们可以信赖你。”

“别高兴得太早,我得想办法呢。”

“当然,乔伊,不急。”

小乔看到一头死猪在做它装饰菜一样的瓜皮中间慢慢地旋转着漂了过去。他拿指尖揉着自己的掌心:“席尔德克劳特先生在他办公室墙上的一块木板上挂着备用的钥匙。每一把钥匙都挂在特定的钩子上。他的办公室从来不锁门。我可以在他下楼到客厅去吃饭的时候拿到钥匙。他总是正午去的，准得像时钟。”

“就是别被抓住。”

“你以为我想去坐牢吗？我跟你一样不想。”他稍稍冷静了一点，竭力在动脑筋，竭力在说服自己，“别担心。我会在十点之前把门开着的。”

本诺拿一条胳膊抱着小乔的双肩：“你终于成才了。”

他偷偷地溜进家里，说自己肚子痛，这样便可以避免跟人照面，不去吃晚饭，他怕万一掩藏不住自己的做贼心虚而露了马脚。他知道这天夜里他要失眠了，果真如此。他躺在床上毫无睡意，脑海里不断地浮现出他母亲的形象。此事不得不为，有的时候，男子汉就得站在坚定的甚至是危险的立场。他祈求老天，如果她发现了真相，会理解他并原谅他。

夜里，空气潮湿，万籁俱寂。当他拿着钥匙去打开门锁时，他的手发抖了。汗水使钥匙变得很滑。钥匙掉落到了小巷里，当啷一声，响得连月亮上都可以听得清清楚楚。

他朝这条跟拉腊比大街平行的小巷前后飞快地扫了一眼。小巷隔开了瓶装车间和啤酒厂的主厂区，主厂区里有星星点点的灯亮着。二楼的前部，一个身影在一扇窗户和一盏灯前面走过。是席尔德克劳特先生，他又工作到很晚。早先在这个地方，根本就没有灯光，他很顺利地将钥匙偷了出来。

由于他知道父亲、弗雷德·席尔德克劳特和前面办公室里其他大多数人的日常活动规律，所以当席尔德克劳特到露天饮食店去吃晚饭时要偷到钥匙并不难。他拿着一本酿酒手册，好像到办公室里来有什么公干一样。他从席尔德克劳特办公室偷到钥匙几秒钟之后在客厅里撞见了斯蒂芬·兹维克。小乔朝他打了个招呼，挥舞了一下那本酿酒手册，匆匆忙忙地朝楼梯走去。

在瓶装车间的门口，他听了一下声音。万籁俱寂。守夜人老乔治·霍克二十分钟之前就已经在啤酒厂的这个区域巡逻过了。他要到下一轮巡逻时才会再回到这儿来，那时将是十一点左右了。当老乔治拖着脚步穿越小巷去巡检这些厂房后部的时候，小乔就躲在瓶装车间那边的厂区西南角停放货运马车的庭院里的几捆禾秆后面。他看见那儿有一辆轻便马车,马的口鼻下面挂着一只饲料袋。这是席尔德克劳特的马和车。

当他蹑手蹑脚地穿行在几捆禾秆后面时,那马嘶鸣起来。一会儿之后,守夜人将头探进了院子。小乔将手伸进口袋,握着偷来的钥匙,紧得把自己的手掌都割破了。

老乔治从院子里退了出去,嘴里哼着曲子慢慢地走远了……

小乔紧紧地抓住钥匙,将它捅进锁孔里。一开始门锁不转,他吓坏了。接着,咔嗒一声,门锁打开了。

他信心陡增,沿着大楼的北墙走去,悄悄绕过墙角,几乎来到最后面的地方。他在那儿坐下等。他将头靠到砖头上,闭上双眼。现在要后悔、要退却已经来不及了。

他得宽慰自己。他尽量不去想这件事情。有人嘘了一声,或者说轻轻说了一句什么,他吓了一跳,赶紧抬起头来。他费力地爬起身来。借着办公大楼的灯光,他看到小巷里两个男人的身影。从那个秃头的曲线,他可以认出一个是本诺。另一个人他认不出来。

他轻声呼叫道:“平安无事。”本诺跟那个人消失在了瓶装车间里。他们准备用什么?炸药吗?还是诡雷?安置它得多长时间?需要他等在这儿吗?无论如何,他感觉他应该等在这儿。

他膀胱里的压力在加剧。他竭力憋着,但是实在不行了,他用左手趴在砖墙上,解开裤子纽扣。尿液像瀑布般倾泻而下。

他左面瓶装车间里面一扇积满污垢的窗户闪出微弱的亮光。也许他们点了一根蜡烛帮助照明。

接着,他听到了令他惊心动魄的响动。小巷那边的砖铺地面上传来脚步声。这次的侧影是一个男人,戴着夏天的平顶硬草帽,手里拿着一根拐杖。那人吹着口哨,是那首自行车歌曲《黛西·贝尔》。

席尔德克劳特回家去了。

他会看见移动在窗户后面那橘黄色的光吗?小乔真想扑到那扇窗户跟前,用他的身体挡住……

显而易见，角度不对。席尔德克劳特没有看见。他嘴里哼着歌曲，走了过去，消失在瓶装车间的后面，迈着大步朝马车停车场走去。小乔将前额靠到砖墙上。如果这就是无政府主义性质的恐怖活动，那这买卖也太让人害怕了。

他屏住呼吸。脚步声停了下来。

他浑身发僵地瞧着大楼的拐角。席尔德克劳特又出现了。也许是他后来感觉有某个细节还没有处理好。席尔德克劳特朝两边看了看，又回头看了一下办公大楼。小巷里还可以看见他的身影，只见他举起手杖，戳了一下瓶装车间的门。门朝里面打开了，铰链发出嘎吱的声音。

席尔德克劳特跑上前去，不见了身影。萤火虫般的光亮消失了。“谁？”席尔德克劳特喊叫道，“出来，现身吧。”小乔朝小巷边上的拐角跑去，两条手臂摆动得像水泵一样。里面，他听到人们在奔跑，席尔德克劳特继续在大叫。接着传来搏斗的声音和陌生的刺耳话音：“本诺——导火索！”

乔来到瓶装车间的门口。一声巨响，一片火光，将他掀回到小巷那边。一块飞来的砖头砸中他的前额，他的眼前一片漆黑。

火光灼灼，烟雾腾腾。惨叫连天，喊声不绝。他睁开眼睛。

瓶装车间已经变成一片废墟，北墙和东墙大部分已经倒塌。耀眼的烈火正在吞噬传送带，正在那些设备上发威，钢铁设备就像意大利面条一样扭曲着。

一根巨大的横梁压住了他的两条小腿。一堆断砖和泥灰块压在他身上，几乎压到了他的脖子。大火和小乔之间，人们在来回奔跑。他们甚至都不知道他倒在那堆断壁残垣当中。

一个圆肩的男人手中挥舞着一支银色手枪出现在了跳动的火焰前面。是老乔治，看守人。“他们全都陷在里面了。他们死了。席尔德克劳特先生、斯特劳斯，还有另外一个人。全都死了。哦，天哪，天哪，天哪。”

第五十章　保罗

同一个星期五晚上，保罗累坏了，晚饭后马上上床睡觉了。小乔没有来吃饭，似乎没有人知道他去了哪儿，乔叔叔对此十分生气。

保罗思念着朱莉，一度辗转无眠。他渴望见到她，告诉她他的运气好得令人难以置信，他再次找到了鲁尼。他昏昏欲睡，睡了大概半个小时，突然黑暗中他的床上有一个沉重的东西落了下来，他被震醒了。

"卡尔！你见鬼的干吗呀？"

"发生糟糕的事情了。爸爸刚刚出去，妈妈一直没睡，心神不宁。她什么也不肯说，只说爸爸接到了啤酒厂的一个电话。这是什么意思呢？"

"我怎么知道？我一直在睡觉呢。去问你哥哥。"

"他仍然没有人影。"

"这么晚？"

"嗯——嗯。保罗。我害怕。"卡尔·克朗到11月就十二岁了。他的身体看上去就是一只小公牛，可是今晚他的声音又细又尖，简直就像个六七岁的儿童。

"肯定有原因的，不会有什么大事。你最好回去睡觉吧。"

"我可以在这儿待一会儿吗？我不在乎黑暗。我会保持安静的。"

"好吧，如果这样你感觉好一点的话。"

卡尔坐在角落里的椅子上，椅子嘎吱直响。保罗无法再睡着了。

大约午夜前后，楼下传来喧闹声。急切的说话声和沉重的脚步声。保罗跟他堂弟跑进过道里，看见人们跑上楼来。先是尼基·斯皮尔斯，他的怀里抱着堂哥乔。堂哥乔的脸上血迹斑斑，他的皮肤上、头发上和衣服上满是灰白色的尘土。他左脚的鞋子扭曲着，角度十分怪诞。

尼基匆匆走了过去，后面跟着乔叔叔。他精致的黑色西服上也沾满了灰尘。他甚至都没有瞧保罗和卡尔一眼。伊尔莎婶婶穿着睡衣跟在他后面。

"伊尔莎婶婶，出什么事啦？"

"啤酒厂发生了严重事故。好像是瓶装车间要命的设备。三个人死了，乔伊受伤了，我们还不知道严重到什么程度。去睡觉吧，你们俩。"

她继续急急忙忙往前走去。保罗和卡尔面面相觑。堂哥乔的房门被关上了。

家里乱了大半夜。外面有人来了。第一个是穿着一件精致的燕尾服但没有打领带的普拉特韦勒大夫。他背着他的小背包，跌跌撞撞地朝楼上走去。

等大夫离开之后，弗里奇强行进入了堂哥乔的房间。母亲一会儿之后把她赶了出来。她、保罗和卡尔便在走道里窃窃私语。是的，堂哥乔没有什么大碍，就是有一些较重的擦伤，身上有很多乌青，脚踝崴了。

"可是我从来没有看见过爸爸发这么大火。乔伊干什么啦？"

谁也不知道答案。

两位穿着套装、戴着礼帽的警察探员大约一点半来到家里。乔叔叔在书房里会见了他们。他们到两点钟的时候走了，但是十五分钟之后，《芝加哥论坛报》的一位记者按响了门铃。在曼弗雷德穿着衬衫式长睡衣和一件长袍将大门打开之后，那记者想要从他身边溜过去，到门厅里去。乔叔叔从书房里跑了出来，连推带拽地将记者推出大门，嘴里还骂着他。保罗、卡尔和弗里奇从二楼望着下面，一头雾水。

"不管发生了什么事情，"保罗说道，"情况一定很严重。"

保罗六点半起床，泡了一杯茶。路易丝·沃尔曾海姆打着哈欠从备膳室走了出来："午餐我没有打包。你们今天不用上班。克朗先生实际上几乎完全停止了营业。"

保罗一屁股坐倒在一张凳子上。曼弗雷德走了进来,他的绸缎长袍上系着腰带。保罗瞧着厨娘,接着瞧着管家:“谁能告诉我发生什么事了吗?”

路易丝把目光转向了别处。曼弗雷德说道:“这事儿我本不该说的。一幢大楼炸飞了。两个无政府主义分子死了。有一个就是那个邪恶的家伙——斯特劳斯。另外,克朗先生的酿酒师也被炸死了。乔少爷给爆炸者开的门。普拉特韦勒大夫走之前透露说,大致是这样。我不知道他是一个人干的还是跟他的一些激进朋友串通了一起干的。”

他用谴责的目光盯着保罗。

大约七点钟,路易丝为堂哥乔准备了一盘早餐。伊尔莎婶婶仍然穿着睡衣,请保罗把早餐给他端去。他婶婶的动作和说话都有点茫然。他从来没有看见她这么伤心过。

他端着托盘爬上楼去。托盘上盖着银色的盖子,给香肠和面包保温。一只白色的瓷壶冒着热气,散发出浓咖啡的芳香。二楼开着的不多的几盏电灯在地毯上投射出一摊摊柔和的光亮。一夜的喧闹之后,家里面出现了一片令人沮丧的沉寂。

他突然在堂哥乔的房门口停住了脚步。里面传来乔叔叔很响的说话声:“我不会对我自己的儿子提起控诉,也不会把这该死的整件事情捅给法庭和报纸。但是毫无疑问,我认为你对这一暴行负有责任,对弗雷德·席尔德克劳特的死负有责任。”

“爸爸,我只是开了门。席尔德克劳特先生来得不是时候。”

“见你的鬼吧,你绝不可能如此轻易就推卸掉自己的责任。”

保罗挪得离房门更近一点,竭力不让托盘上的餐具发出声响。

“本诺答应我不会有人受到伤害的。他说只是想损毁一些机器。真实情况就是这样……”堂哥乔的话音渐渐小了下去,他的话根本没有说服力。

“那你相信本诺啦?你相信一个无法无天、谎话连篇的无政府主义激进分子?我在报纸上看到过关于那些笨蛋激进分子的报道,但是我绝对想不到我自己家里也有一个。你怎么可以误入这样的歧途呢?你怎么可以被那帮无法无天的家伙毒害呢?”

“我并不想有任何人死亡的啊!”

“可是他们死了,你无法让他们复活了,你逃避不了罪责的,永远逃避不了。但愿上天会原谅你。可我不会。”

门突然打开了,保罗吓了一跳。乔叔叔气势汹汹地猛冲出来,他的衬衫领子歪斜着,马甲的两个纽扣扣错了——保罗从来没有看见他如此衣衫凌乱过。乔叔叔大声问道:“你一直在偷听吗?”

“先生,让我把这托盘食物给——”

“把它给我!”

“先生,小乔是我的朋友,我想跟他说说话——”

“我说了你别管!”他叔叔像发疯一样吼叫着。他抓住托盘。保罗松开手,但是乔叔叔没有抓牢,哗啦啦,几声巨响,盘子摔到了地上,哐啷啷,一片铿锵,银色盖子掉了下去,食物撒到了墙上。摔碎的瓷咖啡壶翻倒在地毯上,壶内咖啡潺潺外流。

乔叔叔狠狠地在他身后拉上门:“别进去,我命令你。他干了这样丧心病狂的事情,别想有人去看他、去安慰他,你不行,谁都不行。”他横冲直撞下楼去,“曼弗雷德!赫尔加!你们在哪儿?”

回到自己的房间里,保罗下定决心,不管叔叔怎么说,他都要去看看堂哥。他等了一个钟头,确信楼上已经没有人了,大家都到楼下去了,然后便偷偷溜到小乔的房间门口。他飞快地轻轻敲了一下门,便闪身走进房里。

“你好吗?”

“骨头没有断。我没事的。可是爸爸不相信我说的话,本诺答应不会伤害到任何人的。”

“我相信你。”

“只有你相信我。”令保罗感到惊讶的是,他堂哥的眼睛里满含泪水,“别待在这儿。”小乔轻声说道,“没有必要让我们俩都受到严厉惩罚。”

接下来还有更多的震惊。下午晚些时候，保罗在范德霍夫家的信息石那儿捡到一个条子。朱莉第二天下午无法跟他见面，没有解释什么原因。难道又是生病了吗？还是女人那种永恒的苦楚？朱莉曾经暗示过，那事儿发生之后，她就得上床躺一两天，女人都这样。

无法见到她使他的心情雪上加霜。回到家里，克朗家的状况也是如此。家已经变了样。家已经变成了一个殡仪馆。一个殡仪馆一样的家。大门上悬挂着直径三英尺的黑色花圈。整个楼下，画框和镜框上方全都覆盖着黑纱。

晚餐变成了十分恐怖的事情。没有人有胃口吃路易丝煮的食物。伊尔莎婶婶两眼红红的，一脸憔悴。乔叔叔的衬衫袖子上戴着黑纱。卡尔和弗里奇也戴着黑纱。乔叔叔厉声对保罗说道："你跟其他人一样也要戴黑纱。到曼弗雷德那儿去拿。全家都在哀悼弗里德里克·席尔德克劳特。对这场谋杀负有责任的人渣，我们不对其表示敬意。"

伊尔莎拧着餐巾问："小乔可以下来吃饭吗？"

"他不可以。把食物送上去给他。我要他闭门思过，直到他对自己的所作所为有充分的认识。这不仅仅是数千美元的财产被毁于一旦，这是人命。他这是——法庭上怎么说？从犯。"

"哦，老天呀——"她的眼泪又快要掉下来了，"乔，你不能真的这样。他不能像牲畜一样被关起来啊。"

"为什么不呢？他的行为就像牲畜，那就让他尝尝牲畜的味道。失去弗雷德这样杰出的人才，他没有办法补偿。他有罪。我已经命令曼弗雷德把他的房门锁了，让他反思这件事情。"

保罗傻了。把自己的儿子当作一个囚犯？也就是从那时起，他开始真正不喜欢他叔叔。

他在曼弗雷德那儿拿了黑纱，曼弗雷德瞧他的目光依然像他是条蝰蛇一样。弗里奇从后堂来到他跟前："到外面花园里去吧，我来帮你戴黑纱。"

室外，天空阴沉，远方，有低沉而持续的隆隆夏季雷声，还有忽隐忽现的闪电。弗里奇将黑纱围在他的手臂上，打上结。突然，她靠近前来，她的呼吸暖融融的，她轻声说道："乔想要跟你谈谈。"

"你父亲已经把他锁起来了。"

"大家睡下之后，隔着门谈。"

更多的阴谋。他不禁有点忧虑。可是他不能扔下他堂哥不管："好的。"

弗里奇冲动地吻了一下他的脸："你很棒。"他道了晚安，连忙离开了黑黑的花园。

大约十一点半的时候，他沿着走道蹑手蹑脚地走去。他的衬衫式长睡衣刮擦着他的小腿。柔和的灯光在地毯上投下一个有晕的光圈。否则楼梯就是黑的。

他听了一会儿是否有人活动。一片寂静。他来到他堂哥的房门口，轻声说道："嘘。乔。我是保罗。"

他听见里面传来低沉的刮擦声，是他堂哥吃力地拖着脚步走过来的声音："说话安全吗？"

保罗再次飞快地前后扫了一眼走道："我想没事。"

"我打算走，保罗。"

"什么？哥——"

"别劝我。你以为我自己的父亲把我叫作罪犯，我还可以待在这儿吗？"

"他是一时糊涂，他的本意肯定不是——"

"哦，是的，他不糊涂。我打算永远离开这个家。你得帮我。"

"我怎么帮你？这门锁着。我不知道到哪儿去找钥匙。"

"我会爬窗户走。你只要放一架梯子就行。绑着夹板，我不敢冒险跳下去。马厩里有一架很大的梯子，挂在钉子上，就在隔栏的对面。"

"我看见过。"他不想引发这个家里更多的麻烦。可是，他明白他该忠于谁。乔叔叔无情而又不公平地谴责保罗的堂哥……

"保罗？你肯干这事儿吗？"

"是的，当然。"

"你不能让尼基看见你把梯子拿来。这也许很难。"

也许是不可能的。尼基身体好的时候,如果家里没有事情,他会经常在夜里去喝一杯。可是今晚他卧床了,在马厩上方分隔的小阁楼里。他得了夏季严重的流行性感冒,很可能要卧床休息好几天呢。“我会想办法的。”

当然啦,为什么不呢?难道他不是来自柏林的聪明男孩吗?多么讽刺的一个玩笑啊。他的脑子里像筛网一样空空如也。

“你知道他们什么时候安葬席尔德克劳特先生吗?”小乔问道。

“星期二上午。克朗啤酒厂星期一只开半天工。”

“那就是说,明天夜里,进行悼念活动的家里很可能要守夜,还有星期一夜里。那我星期一夜里走。我会把包裹准备好的。”

“你会走很远吗?”

“我恨不得走得越远越好,走到天边。我不想让妈妈难过,但这是爸爸逼的。这次该负责任的是他。”

星期一中午,啤酒厂停工关门。保罗跑回家里,发现尼基逗留在厨房里,还在吸鼻子、打喷嚏、发烧。今晚他不太可能去驾车。

保罗脑子里记着这事儿,在屋里屋外侦察了一番。他先是徘徊在小巷里,然后绕过马厩,来到马厩的北边,仔细观察了尼基所住小阁楼的窗户。从那扇窗户可以望见第十九大街和密歇根大道的街角吗?他认为看得见。计划变得清晰。

他借口肚子疼,没有去吃晚饭。他待在自己房间里,尽力想集中注意力读一位叫霍雷肖·阿尔杰写的关于一个勇敢信使的故事。他连一个字也看不进去。他来回踱着步,每隔几分钟便捞起花边窗帘来看一下。大约七点钟,夏日的黄昏将紫色的阳光铺满了东边的屋顶。他看见那辆双排座开合式顶篷四轮马车驶离了马厩,转过拐角,沿着灯光照亮的密歇根大道往北疾驶而去。

他婶婶和叔叔也许将在进行悼念活动的家里待到九点钟。到埃文斯顿一个来回至少要半个小时。到九点的时候,天几乎完全黑了,不过那时即使天不黑,他也得去了。他绝望地望着天空,望着天上许许多多的闪亮星星。这天要是多云该多好啊。

九点差十分的时候,他离开自己的房间。他在楼台上撞见了弗里奇。她已经穿上了睡衣，头发松散地披在肩上，她扁平的胸部前饰有扇形的花边和绸带，一本苏格兰小说被紧抱在胸前。

“你上哪儿去，保罗？”

“就是去透透气。”

“把我带上吧。我受不了这个地方——所有那些黑色的装饰——还有把乔伊反锁起来。等两分钟，我去穿鞋子，然后——”

“不，弗里奇，我想一个人走走。”

“可是——”

“我一个人。”

他跑下楼梯。他从下面回头望着弗里奇，只见她用一只白白的小手抓着那根楼梯端柱。“下次吧。”他轻声呼喊道。没有用。她转过身，消失了。

楼下一片寂静。今晚路易丝不在厨房里。布伦克斯太太也不在，她去看她住在西区的姐姐了。白天，他把所有这些情况都摸得一清二楚。

他偷偷溜进厨房，此时厨房已经漆黑一片，但是晚饭吃的加香料炖兔肉的香味儿依然在弥漫。一柱灯光从半开着的门里斜过铺着瓷砖的地面。这是一个紧邻配餐室的小房间的门。曼弗雷德干完活回到他楼上的卧室前把这个小房间当作起居室。

保罗抓住那块砧板，稳住自己的身子，然后朝里面望去。曼弗雷德坐在一把木头椅子上。他的老花眼镜滑落到了鼻子上。他的下巴贴在胸口。他的报纸已经掉落到地板上。保罗抹了一把自己的上嘴唇，蹑手蹑脚地穿越那柱长长的椭圆形灯光。

来到花园里，他瞥见堂哥卧室的窗户边有一个身影。他挥挥手，然后穿越树篱中的一个口子，来到小巷里。早些时候，他捡了一些树枝和破布，将它们塞进一只他从地窖里搬来的空钉子桶的底部，然后在钉子桶里装满从木柴碎料堆那儿拿来的引火柴。他将钉子桶藏到了紧靠马厩墙的一只纸板箱下面。

他搬开纸板箱，把手伸到钉子桶后面。他的手抓住一个光滑的玻璃瓶。他在这个小瓶子里灌满了同样从地窖里拿来的煤油。

他拔出瓶塞，把煤油倒到引火柴和破布上，没有一点声响地将瓶子扔到芳香四溢的草地里。夜，一片嗡嗡声和沙沙声。夜空中弥漫着夏日的树叶味儿、湖水味儿和芝加哥制造厂产生的无法避免的恶臭。

他搬着木桶绕过马厩，来到第十九大街上，并朝密歇根大道望去。黑黑的滑道一样的第十九大街由宽变窄般伸向西方。街道上空的地平线上，依然亮着朦胧的橙色灯光。

保罗匆匆走向那个拐角。他在那儿将木桶放到一棵树叶沙沙响的悬铃木下面的路牙石上。尼基·斯皮尔斯从马厩小阁楼的窗户可以望见这儿——只要他看的话。

他先擦了两根火柴，都没点着。他擦燃第三根火柴，将火柴扔进木桶里。煤油呼的一声腾起火焰。火光给悬铃木的树叶染上了颜色，他跑回到马厩那儿，将身子紧贴在靠近小巷的马厩墙上。

他等待着任何回应的声响。没有任何声响。正当他认为自己的计划太愚蠢——失败了的时候，他听到了窗户被抬起来的声响。尼基骂了一声娘。一会儿之后，他穿着睡衣，拎着一桶水，骂骂咧咧地从马厩的前门跑了出来。

正当尼基跑向燃烧的木桶时，保罗飞速冲进小巷，打开其中一扇马厩的折门。他找到梯子，将它从钉子上拿下。梯子有十英尺长，很重，好在他的双臂和双肩强健有力。即便如此，当他到达屋子边上的时候，也已经累得气喘吁吁。小乔早已经将他那条夹着夹板的腿搁到了窗台上。

“小心。”他轻声喊叫道，接着将什么东西扔了下来。保罗闪身躲开包裹。这实际上是一个枕头套，用一块印花大手帕扎着，里面塞满了他要用的东西。

他放好梯子。小乔费力地转身将背对着外面，双手紧紧抓住窗框，他把没有夹板的那只脚先踩到最上面的那根梯子横档上。他一级一级地爬下梯子。墙角那儿，尼基·斯皮尔斯大声喊叫着报警。因为有一道很高的树篱挡着，所以保罗看不见他的人，只能看见红色的亮光。赶快，他心想，双手抓稳梯子。什么地方，一扇门打开了。接着，有人跑了出来……

堂哥乔爬到底下第三根横档时，第一个看见了他：“小心，是曼弗雷德。”

他沿着房子的一侧朝他们冲了过来。保罗一面大叫“跑，乔”，一面冲到了曼弗雷德和梯子中间。小乔跳下梯子的第二根横档,落地时发出一声痛苦的呻吟。“跑哇。”保罗再次喊叫道,接着猛地扑向曼弗雷德,抱住他的双腿。他们双双摔倒在了带露水的草地上。曼弗雷德的脚后跟重重地踢中了保罗的下巴,故意的。

“约瑟夫先生!”曼弗雷德像位军事教官般喊叫着,仿佛这样可以阻止这一切发生似的。保罗趴在草地上,看着他堂哥的脸在星光下只是一个白花花的圆。小乔抓起他的包裹,沿着小巷跑去,不见了。

“你这恶魔。你个该死的鬼鬼祟祟的家伙!”曼弗雷德将保罗拎起身来,“你干的好事?”

曼弗雷德摇晃着他。保罗忍无可忍,一脚踢中他的小腿,然后将他的前臂打了下去:“放开我,你该死的以为你是谁呀?”

“比你更忠诚、更有荣誉感的人。”不过,曼弗雷德退后几步,放下了双手。他在厨房围裙的上部擦着自己的手。像其他很多东西一样,那上面用深色的线绣着一个皇冠。

“我正在打瞌睡,但隐约好像听到厨房里有人。我就知道是你。你的行为一直可疑,今天全都暴露在你的脸上了。”曼弗雷德嗤笑一声,“你是个可怕的罪犯。”

尼基·斯皮尔斯穿过花园树篱的豁口走了过来。他赤着双脚:“该死的恶作剧家伙——喂,这到底是咋回事儿?”

曼弗雷德不理睬他:“等克朗先生回家来再说吧。”他对保罗说道,“等他听到你所干的好事,够你喝一壶的。”

保罗坐在书房里,等着他婶婶和叔叔回来。曼弗雷德开亮了电灯,在门外放了一把椅子坐着,像个狱卒。保罗尽量想保持镇定。

终于,他听到一扇门关上了。接着他听见了说话声,一开始很轻,但很快便响了起来,伊尔莎婶婶往楼上跑去的时候,其中有一个声音变成了哭泣声。

书房门被重重地打开了。乔叔叔什么都知道了,这全都写在了他的眼睛里,表露在了他粉红色的脸上和胡须里钻石般晶莹剔透的汗珠上。

保罗站起身来,挺直了腰。他的身高已经超过他叔叔好几英寸,但是这没有什么用。乔叔叔大发雷霆,犹如一个歌利亚①。

“我儿子逃走了,在你的纵容和帮助下——简直不能令人相信。我们收养了你,你婶婶和我。我们给了你家人般的呵护。我们鼓励你健康成长,帮你找到一份好工作,有一个光明的未来。这就是我们得到的回报吗?”

“先生——”

“我儿子在哪儿?他去了哪儿?”乔·克朗的吼叫声震得办公桌上台灯装饰性的玻璃挂件抖个不停。它们叮当直响,犹如优雅的铃声。

“乔叔叔,我没法告诉你。他没有向我吐露过。”

“回到你的房间去,直到我决定如何处理你。我也应该把你关起来。”

“就像你关他一样?他这样做是你给逼的。”

他叔叔的脑子里一下子断了片:“该死的!”他展开手掌,一巴掌扫过保罗的脸,将保罗的脸打得歪向一边。

保罗回过神来,长长地吸了一口气。他脸色发白:“没有必要把我关起来,叔叔。让我去还是留,悉听尊便。”

他完全相信,帮助堂哥离家出走是绝对正确的。当然,他也难免有一种忘恩负义的感觉。他想要像个孩子一样号啕大哭,他恨死了自己居然有这样的冲动。他强烈控制着自己的情感,走出书房门,走过交叉着双臂、脸上带着微笑的曼弗雷德·布伦克斯身边。

---

①基督教《圣经·旧约》的《撒母耳记上》中记载的非利士族巨人,为大卫所杀。

第五十一章　小乔

绝望之下，小乔还是朝普尔曼小镇走去。

模范小镇依旧正常如初。尽管时过午夜，一排排的砖房里，许多人家华灯依然璀璨。窗户里传来阵阵声响。一个男人和一个女人轻声笑着，显然是在打情骂俏。一个婴儿在发飙，这是饥饿的尖叫。有人在练习钢琴。有人家的狗汪汪吠叫……

他在罗茜家门口无聊地停留了几分钟之后，终于拎起包裹，敲响了紧邻她家的门。一个个子矮小、身材瘦削的中年男子来开了门。他抓着门框，摆出一副好战的架势，挡住了门。他穿着一件褪了色的睡衣，脚上穿一双用地毯质料制的拖鞋。从他的脸色和那个骄横的鼻子判断，小乔怀疑他是爱尔兰人。

“你好，先生。”小乔刚开口说话便被打断了。

“夜这么深了，你想要什么？”

“我是亚布洛内茨家的一个朋友。他们家关着门，敲门没人应。你能告诉我他们去了哪儿吗？”

“走啦。被赶走啦。这屋子是给工人住的。主人死了之后，他家就没有工人啦。”

“那么罗茜——她跟她母亲一道走了吗？”

那人皱了皱鼻子：“谁也说不上她去了哪儿。一个野姑娘。他们对待她们挺狠的。葬礼之后第二天她就离开了。跑了。亚布洛内茨太太垮掉了，可怜的人。你可以听到她一天到晚在号叫。那个，小伙子，我认识你吗？”

“可能认识，先生。罗茜是我朋友，有时候星期天我会来拜访的。”

“这就对了。嗯，现在你可得到处去找她啦。她对她可怜的母亲什么也没有说，这是我们家姬蒂对我说的。有一点可以肯定，那姑娘一定是去地狱了。我能告诉你的也就这么多。”

“好吧，先生，谢谢。”

门关上了。前面客堂的灯光洒向外面，小乔被丢在了那排房子朦胧的阴影里。他并不抱大的指望，指望罗茜会重新接纳他，他只是想也许她会让他临时避个难，让他躲藏一两天，他怕万一爸爸派人来追他。

他翘首仰望天空，千万颗星星在热霾中遨游苍穹。这广袤无垠，这孤独凄凉，让他丧失了勇气。远方，一趟列车鸣响着汽笛正在穿越穷凶极恶的黑夜。

他极力抗拒着心中的悲凉，抗拒着失败感和孤独感，还有他的畏惧感。他是坚强的人，为什么要害怕漫漫前路中的这些困难？

他捡起包裹，迈着坚定的脚步走向那个拐角。他在那儿停住脚步，挺直身子，昂起头颅。他选择了一条通向西方的街道。什么地方，一口钟在午夜鸣响。

第五十二章　波克

两匹黑色的快马拉着那辆漂亮的史蒂倍克马车驶向前来，这是波克·范德霍夫所拥有的四辆马车之一。星期四上午十点还差几分钟，马车夫将车子停在了克朗啤酒厂的前面。这是小乔·克朗离家出走后的第二天。波克当然对此还一无所知。

波克喘着粗气从马车跨落到路牙石上，两眼反感地望着流水潺潺的喷泉中央那个令人讨厌的日耳曼国王雕像。他早已经在拉萨尔南大街上他的总部工作三个小时了。在范德霍夫这个食品加工王国，早上是七点钟上班，一直要干到活儿干完，那些雇员全都是到半夜才拖着疲惫的脚步回家去。波克经常告诉他的老朋友们，他的成功全都是干出来的，是汗水浇灌出来的，是一块该好好保护和保存的奖牌，尤其是他们这个家族几代人在同一个行业经历了那么多的失败之后。"我并非喜欢金钱本身，我只是热爱它所象征的一切。而且我喜欢这游戏，喜欢获得金钱的过程。智胜别人，经营策略超过别人，想问题想在别人前面。"在崇拜成功这个方面，波克跟那位他来拜见的富有啤酒商有共同之处。

天空预示着这又是一个虽无太阳但却闷热的白昼。波克将他的皮公事包从一只手换到另一只手，目的是检查一下他的指头。坐马车过来的一路上，手指头被煤炱沾黑了。芝加哥司空见惯的煤烟尘埃污染了天空，就像它玷污了人的皮肤和衣服一样。

波克大腹便便的身躯慢慢地移向有着鎏金大字的啤酒厂办公室的门，像一条在能绞出水来的空气海洋中遨游的鲸鱼。他不是请求他是否可以见见这儿的老板，而是斩钉截铁地说他必须马上见到他，还说他没有预约。一个男仆连忙跑上楼去,并带着乔·克朗的办事员跑了下来。不一会儿,波克便坐在了老板的办公桌前。

他对很多事情看不顺眼。德国国旗厚颜无耻地陈列在那儿,办公桌上连块电铃按钮板也没有,波克认为这是先进工业企业的标志。波克在拉萨尔南大街的总部就精心安装了有线通信铃,每个铃的声音都略有不同。他只要按一下一个特定的铃,就可以叫来他的某个手下,他有很多这样的手下。

最令他不喜欢的是这位拿眼睛盯着他的主人,他的眼神波克可以理解为很不友好。他发誓一定要彬彬有礼地交代他的事情。

坦率地讲,他被乔·克朗的外表震惊了。他记得,这位啤酒商十分强壮,尽管他的身架相对较小。可是今天上午,他看上去像个干瘪小老头,身上毫无活力。他的脸色苍白,形容枯槁。毫无疑问,是那个无政府主义者的炸弹的缘故。

"你好,乔。谢谢你同意见我。听说你的生产中断了,我很难过——哦,我猜想生活上也总会有些损失。真是不幸。但至少,罢工的脊梁被折断了,而且那个魔鬼德布兹面临牢狱之灾。你看了最近的货物吞吐量吗?"

乔·克朗将一只手放到他的表链上,抚摸着挂在那儿的那颗动物牙齿:"看了。"

沉寂瞬间被打破。波克在椅子里扭动着。这椅子太小了。除了为他特制的那些椅子外,所有的椅子都太小。

"乔,你和我有好长时间没见面了——"

"这倒是的。你向我们的餐馆卖优质的肉好多年。我一直感到遗憾,那件事情中断了我们的关系,虽然坦率地讲,我怎么也无法理解为什么会发生那样的事情。但是我的确知道是你随后投反对票把我排挤在了商贸俱乐部外。一个朋友告诉了我理由,说你认为我太外国了,认为我说话听起来像讲德语——我的英语说得不好。可我的英语说得跟你的一样好啊。"

波克强装出来的亲切早就荡然无存了:"先生,我就直截了当告诉你吧。我不习惯你的——"

"我可以请你开门见山吗?"乔说道,他指着一扇开着的窗户,窗户外面传来气钻和木工榔头的声响,"我们正在重建瓶装车间。我们这儿十分繁忙。所以请直截了当。你想要我干吗?”

“我一点没错,他太令人讨厌了。跟以往一样傲慢。”波克心想。

波克打开公事包的搭扣:“这个。”他将一张折拢的信纸放到办公桌上。

乔·克朗捡起信纸看着,波克则继续说道:“写给我女儿朱丽叶的,你的一个被监护人,或者说至少是你的一个亲戚。注意他在底下写的爱称。用德语写的。”

乔·克朗将条子递还给他。他已经气得涨红了脸:“我可以问问你这个条子是哪儿来的吗?”波克擦燃一根火柴,对这个问题感到诧异。

“我女儿认识的一个年轻人,一个名叫斯特里克兰·韦利弗的好小伙子,他碰巧看见朱丽叶跟你的一个亲戚在林肯公园里厮混。他们显然星期天一直在秘密约会。韦利弗写了一封信给我说了这件事情。因为忙于生意上的事情,我没有工夫处理这事儿,所以拖到这个星期。我立刻看紧了朱丽叶,同时也开始监视我在草原大道的宅——”

“我知道你住什么地方。继续——”

波克的下巴垂肉上有滴滴细小的汗珠在闪亮:“这个人和我女儿显然谋划了一个输送和接收私人信件的系统。这个条子是在我家后花园的石头下面被发现的。那年轻人擅自进入我家院子把它放在那儿的时候,我的一个马夫暗中监视着他。”

波克像一位出色的悲剧演员般巧妙地卖弄着这一刻。他伸手拿过条子,他的小指头上有一颗大如十分钱币的星形蓝宝石在闪闪发亮。他将条子塞进公事包里,扣好黄铜搭扣,坐回椅子。客人的椅子发出嘎吱的声响。

“我已经查获了这小子的名字。我强迫朱丽叶说出来的。好吧,‘强迫’也许说得太强硬了点。当我面对着她的时候,她给了我这个名字。她最近所表现出来的反抗非同寻常——我小姨子影响的结果,我不喜欢那个女人,你也不认识。我也同样怪罪于这个小子——保罗·克朗。”

“保罗是我侄子。他两年前来的这个国家。我对他最近的所作所为不敢恭维。不过,这是另一码事儿。你披露了这件事情,想要我干什么呢?”

“命令你侄子离朱丽叶远点。别再送这些肮脏的小条子,别再幽会了。我怎么知道他用外国话写了什么脏话?”

“哦,像你这么情操高尚的人根本没有什么好反对的,范德霍夫。事实上,还挺浪漫的呢。”

“你在玩弄我呢,先生。现在听好了——你告诉你侄子,他要是再接近我女儿,那么我会把他抓起来,让他挨鞭子的。我不会让我女儿跟杂种一样的德国移民交往而玷污了自己的。”

“范德霍夫,我侄子上个月已经满十七周岁了。他多多少少已经独立生活好多年了,尽管我看不惯他的性格,但是他的成熟程度超过很多比他年龄大两倍的人。我认为他该对自己的行为负责。我不会袒护他或者保护他。假如你愿意,你可以自己跟他说。他在这儿工作。这会儿就在麦芽车间。我的工作人员很愿意给你指路。”

让人无法容忍的该死德国佬!波克忍无可忍:“先生,你弄清楚了。我可不想在一个肮脏的啤酒厂里闲荡,跟一个粗俗的工人为我女儿的事情较劲。”

克朗耸了耸肩膀:“悉听尊便。你要是不愿意直接跟保罗说,那我帮不了你。再见。”

“老天作证,克朗,你不可以这样打发我!”

乔·克朗像一只凶猛的野兽从静止状态中跳起来一样从他的椅子上蹦了起来,绕过他的办公桌。波克脸色发白,赶紧站起身来,开始往后退去。他的呼吸加快,几乎喘不过气来。胸口一阵剧痛令他的脸部肌肉抽搐着。

“滚出去,范德霍夫。你在一个下流的行业挣了大钱,然后你就变成了一头自命不凡的蠢猪。我不喜欢你,我也不喜欢你侮辱性的话语。乖乖地走下楼梯去吧,否则我把你扔下去。”

波克平生从未受过如此奇耻大辱,从未如此怒不可遏,但是他没有办法。

仇恨乔·克朗,他做得太对了,自从五年前那个重要的星期五下午以来,他一直仇恨他。他感到特别羞耻和恼怒的是,当他是一个顾客的时候他还是喜欢他的——唉,至少还是尊重他的,除了他是个外国佬这点外。他们在有些方面十分相似。两个人都是雄心勃勃、富有献身精神的生意人,坚韧不拔,精明强干,也因此事业有成。

波克的批发部门向饭店供应香肠和切好的肉类，包括克朗的酒吧，利润十分丰厚。作为对一个好主顾的优惠，他向啤酒厂 8 月的年度野餐会以成本价供应同样的商品。为了表达善意，波克经常出席这个野餐会，一待就是一两个小时。

8 月的下午，天热得要命，就是在我们所说的那个野餐会上，波克在短时间内喝了太多的克朗贮藏啤酒，很快便不得不摇摇晃晃地朝搭在举办野餐会的小树林边上充满着恶臭的户外厕所走去。就在他撒尿的当口，他听到薄薄的木头板壁那边传来乔·克朗的声音。克朗正在跟什么人聊天，说的是他的过去：

> 我在辛辛那提的第一份学徒活儿还挺好的，就是有一件事情不好。我的未来老板是一个屠夫，另外还经营着一家很大的食品加工企业。宰杀和贩卖那些不会说话的牲口是一个肮脏的血腥买卖，弗雷德。我喜欢吃肉，那就得有人供肉，所以我觉得我是个伪君子。不过，我觉得那总归不是一桩令人愉快的买卖，或者说不是一桩干净的买卖，虽然我不会当着梅森·范德霍夫这样的供应商说这种话。

波克忘了撒尿，气得浑身发抖。

> 酿制啤酒，现在吧——酿制啤酒是一桩好买卖。人们喝上啤酒就开心。酿制啤酒还是一项很好的德国传统行业。所以我决定宁可拿低得多的薪水去切割冰块，为的就是以后到啤酒厂去干。我是绝对不想成为屠夫的。那些人不管在美国还是在德国名声都不太好。事实上，在全世界的名声都不好。

波克忍无可忍。他冲出厕所，忘了拉上裤子的拉链，追赶正在跟一个人手挽手慢慢散步的克朗，他认出那个人就是酿酒师。波克蹒跚着来到一块阳光明媚的林中空地上，来到克朗身后，一把抓住他的肩膀，狠狠一拳。

乔·克朗奋起自卫。他一拳就将波克打倒，将他按倒在地，坐在他的屁股上，这样的羞辱终生难忘，不可原谅。

“我不知道你这是干吗，梅森，但是我不喜欢被偷袭。我认为我没有打你过狠。让我拉你起来吧。”

他向下伸出右手。波克在他的手掌心里吐了一口唾沫。

从此，他们再也没有做过生意。那年秋天，乔·克朗的名字出现在了申请成为商贸俱乐部成员的名单上，波克投了反对票，将他拒之门外。

一想起那个野餐会，波克总会焦虑不安。在回市中心的大部分时间里，他一直不断地拉扯着打了结的领带，在火热的马车里，竭力挣扎着保持呼吸顺畅。胸口的疼痛消失了，但是内心更深处的痛没有消失。乔·克朗那些侮辱性的话语道出了一个令人羞耻的事实。这一事实一直驱赶着波克向前、向前，去挣更多的钱，去积聚更多的财富，去更多地炫耀自己……

在康涅狄格殖民地，范德霍夫家是最早的定居家庭之一。范德霍夫家的男人几代养猪，杀猪，腌制火腿，在烟熏室里制作前腿肉和肋肉。他们家有一个农场，位于那个非常漂亮的小城镇达里恩北面的树林里。波克最早的记忆——也许是他四岁或五岁的时候——基本上就是树林里屠宰场的画面：杀猪的牲口房，他父亲就在那儿干活。

波克心里非常清楚为什么乔·克朗之流瞧不起屠宰和食品加工行业。波克自己的记忆就可以解释：牲口房摇摇欲坠，地面上结了一层干的血迹和下水的残留物，彩虹色的绿苍蝇四处乱飞，胆大妄为的老鼠就是白天也到处乱窜。他的第一批拿来玩耍的东西就是猪骨头。妈妈没办法给他其他玩具。

他上学的时候，早已经又肥又胖。范德霍夫家吃得并不好，所以日常饮食并不是原因，主要原因是其生理构造。

家里这个行业的臭味儿总是通过他的衣服被带到学校里。这样的情状以及这个行业所担的污名，使他鲜有好朋友。有一段时间，他的同班同学给他取了个绰号，从此以后，这个绰号便伴随他一生。这个绰号很符合他肥硕的身躯特征，也与他的行业特点十分贴切——波克①。

尽管屠宰场在树林里隐蔽得很好，但是其存在总是不断地被曝光。有翅膀坚如皮革的弯钩喙食腐猛禽老是栖息在树上，盘旋在树林上空。农场南面的小溪恶臭难闻，积满了波克父亲定期扔掉的猪血和下水。经常有愤怒的市政管理委员会成员从城里来提意见，说小溪下游的孩子们喝了小溪里的水都生病了。波克的父亲听归听，但是并不作为。

波克的父亲一生都在装腔作势，他儿子继承了这一点。他还有一个做白日梦的禀性，而且，跟他之前的每一代范德霍夫家人一样，总是失败复失败。但是波克不屑于做白日梦。"理论在银行里没有价值。"他喜欢这样说。

马车里，波克沉浸在令人厌恶的记忆深处。他想到了他一败涂地的可怜母亲，他全心全意地爱他的母亲。小时候，有一次，他站在她的一个膝头，看着她将她唯一的一双鞋子穿上。这个记忆他永远无法抹去，他看到了她肮脏的袜子从鞋子头上的破洞里戳了出来，他听到她伤心地对他说道："等你长大了，你会努力工作，给妈妈买双好鞋子的，是吗？"

"哦，是的，妈妈。"他哭着说道，"梅森会为妈妈工作的。为妈妈。为妈妈。"

在声誉和财产数量上略胜他一筹的芝加哥企业界巨头，好心的老菲尔·阿穆尔吹牛道："除了猪的尖叫声，猪身上的所有东西我们都利用起来了。"波克·范德霍夫像他一样，逃离了东北那个穷乡僻壤，来到这个年轻国家的西部，寻找似乎在微微闪光的更好机会。波克跟比他小六岁的弟弟伊斯雷尔·华盛顿·范德霍夫一起，先是在俄亥俄河的平底船上开办了一家肉类加工企业。在那个阶段，波克对他的工作生发出一种离奇古怪的防御性的骄傲感。他喜欢吹牛说，他可以用一把斧子劈开一只壮年生猪的脑壳，将它拎到开水锅里煺毛，比任何一个小伙子都快。在这方面打赌，他经常赢。

他那位身材瘦削、面容憔悴的弟弟伊·华随后证明在数学、金钱、不动产方面是个天才。到了二十一岁的时候，他染上了酗酒的恶习，成了一个酒鬼。南北

①"波克"的英文原文为"Pork"，该单词作为普通名词使用时有一个意思为"猪肉"。

战争期间，伊·华说服他哥哥以四十美元一桶的价格卖出杂肉期货，因为他预计战争一结束，价格会下跌。阿波马托克斯①事件之后，价格下跌到了十八美元一桶，他们漂亮地挖掘到了第一桶金。

范德霍夫兄弟跟随菲尔·阿穆尔和古斯·斯威夫特来到了芝加哥。他们充分利用技术进步，在那儿创立了自己的产业。聪明智慧的食品加工商就能抓住这些技术进步从而发大财。在这方面，阿穆尔是先驱。他最先将除脏去头的畜体挂到电动链条的钩子上，电动链条传遍整个工厂，速度飞快，效率极高。他率先利用主要铁路枢纽将猪肉、羊肉、牛肉进行集中式运输。德国贮藏啤酒的生产商们早在肉类加工商之前就安装了冷藏设备。在此，革新者阿穆尔也抓住了这个理念，他认识到，这是一条将屠宰和肉类加工从季节性转换成全天候的途径，从此不需要再依赖寒冷的气候或者购买价格昂贵的冰块了。

波克·范德霍夫从小就行走于鲜血和猪脑之间。只要是可以扔的小溪或者河流他就扔，他扔进了数以千吨计的猪头和猪脚。他付两美元一车，雇用那些智能低下的街头混混将废料拉到草地上去埋掉。他一次次劝告他那个反复无常的弟弟尽量少酗酒，想方设法保证他每年去做一次、经常是两次的水疗。他仍然依赖于伊·华的金融头脑以及他天生的帅气魅力。这种天生的帅气魅力使他在曼哈顿银行家的妻子中间很有人缘。伊·华在芝加哥跟一个工头的老婆发生了一桩很可能导致暴力的肮脏的性事件之后，被迫移居到了纽约。

结果是兄弟俩发家了，波克不仅仅拥有了财富，而且还娶了肯塔基一个贵族家庭的贵族女为妻。他有了一个可爱的女儿，他女儿将要嫁入豪门，给他生很多优秀的外孙。他在同行中间声名显赫，广受敬重。他要求他的男性朋友不要称呼他波克——内尔一听到人们叫这个名字便会破口大骂——但是无论如何，这个名字已经深深地植入了报纸和他雇员的心目中，也毫无疑问地体现在了他的外表上。

波克·范德霍夫控制着一个名副其实的食品产销王国。他在堪萨斯城拥有巨大的畜牧场。他有利用副产品的附属工厂。整个美国都在吃范德霍夫的火腿

①阿波马托克斯为美国弗吉尼亚州中南部旧镇，1865 年 4 月 9 日南部邦联军队总司令李将军在此向联邦军队总司令格兰特将军投降，南北战争从此结束。

和香肠，抹在面包上的人造奶油的基础便是范德霍夫用蒸汽提炼出来的猪油，星期六晚上洗澡所用的肥皂就是范德霍夫的油脂厂制造的，贴墙纸、粘家具接缝、封信封的胶水就是大"V"牌的胶水。穿梭于大西洋、太平洋、墨西哥湾的六千节冷藏车厢上标有大大的"V"字。基于这一成功，他结交了很多重要的朋友，获得了诸多公民荣誉，成为高级俱乐部的会员，在芝加哥，在共和党内，在全美，他地位日隆，声名鹊起。

他要是没有获得这一切，那么他女儿倒是有可能嫁给哪个自命不凡的外国佬。他不会让朱丽叶永远笼罩在这种恶劣的影响当中。

他一从电梯里出来便有了方案。他欣喜无比，快步走进镶嵌漂亮、豪华奢侈的办公室，正如预计的那样，办公室恢复了他的力量感和控制感。

深色的柚木家具都是内尔选择的。几个角落里醒目地摆放着连接华尔街和芝加哥商品交易所的自动收报机，收报机不时地吐出纸带。办公桌的对面，门的边上，一幅有着装饰华丽金边镜框的伊·华的全身画像注视着办公室。画家非常聪明地完成了任务，把伊·华脸上的雀斑给画没了，还把他像甜菜根一样的鼻子改得好看了很多。这是共和党人操行端正的实事求是的男子汉形象。

沿着四面的墙壁，装点着有很大镜框的彩色石印画，上面画的是一家家标有各种各样大"V"的工厂和排列整齐的庭院，画框之间悬挂着装裱漂亮的驼鹿、野猪、灰熊的头，这些都不是波克自己射杀的，也不是他去打猎弄来的。不过，他很愿意想象这都是他自己猎获的。

他仔细浏览了他去克朗啤酒厂以后的所有信件和电报。没有什么紧急的东西，只有一件须得在下班前处理掉。这是俄亥俄州的马克·汉纳发来的一封过长的电报，再次推荐提名比尔·麦金利①为两年之后的共和党总统候选人。汉纳要求他为竞选专用资金多捐点款，以帮助反击"银币自由铸造帮"持续不断的捣乱。

①比尔·麦金利，即威廉·麦金利（1843—1901），美国第二十五任总统（1897—1901），共和党人，修订关税，提高税率，发动美西战争（1898），吞并夏威夷，对华提出"门户开放"政策，最后被刺杀。

波克决定寄一张两千美元的支票去。他是一只坚定的“金虫[1]”。他不喜欢那些主张银币自由铸造的激进分子。就在上个星期，吃晚饭的时候，他对那位脸色阴沉的红胡须菲尔·阿穆尔说：“对付那些人呢，就得像对付造这个国家反的该死的南方人一样，把他们砸得粉身碎骨。”

他在办公桌右边有三十个按钮的电铃按钮板上按响了一个电铃，只听得沉重的雕刻门那边一个开放式办公区里响起了铃声。他靠回到巨大的椅子背上，浑身放松。他对自己解决朱丽叶问题的方法十分满意。再说了，他知道如何针对她的反对来实施他的计划。这策略以前很奏效，这次也会再次起作用的。

他的秘书长罗斯韦尔敲了敲门，急匆匆地走了进来：“范德霍夫先生。”他小声说道，他的铅笔停在上面，他的本子摊在下面，他腾空了脑袋准备铭刻主人的吩咐。

“轮船时刻表。”波克如同犬吠般大叫道，“纽约到欧洲，现在到年底。再尽量把那些名胜古迹和游览胜地的所有资料给我弄来。只要最好的。我要马上做安排。也许就在今天。”

“度假吗，先生？”罗斯韦尔飞快地记着，同时挤出一脸谄媚的微笑。

“没错。范德霍夫太太和我准备带朱丽叶横渡大洋。这是我女儿大旅行[2]的开始。一两个月之后，我会带着范德霍夫太太回家来，但是朱丽叶也许将在国外待上一年。”

当天晚上，波克等着见他女儿的时候有点紧张。他连续轻轻地叩击着记事簿上那个厚厚的黄色信封。信封上有托马斯·库克旅行社的徽章，还有其当地办事处的地址。

波克家中的书房跟他在拉萨尔大街那个巢穴的书房一模一样，只不过小一点而已。四面墙上挂着动物标本剥制师制作的标本，包括一条蔚为壮观的深海鲨鱼和一幅装饰过分、主要是想象出来的达里恩老家透视图。

---

①美国主张金本位的人。

②指从前英国贵族子弟作为其教育所不可缺少的欧洲大陆观光旅行。

他身后伸手可及的地方,有一块十六个按钮的电铃按钮板。这绝对不是装模作样。他管理这个家就是通过这些电铃。内尔有着娇贵南方人的情感,十多年来,除了跟管家有交流外,她拒绝跟任何下人说话,所以就安装了这些电铃。波克经常在心里想,有钱人的享受并不全都是椒盐卷饼和糖果。

嘀嗒嘀嗒的时钟显示八点半了。他早就编造了一个谎言,说要通宵玩纸牌——其实他不喜欢玩牌——只有伊·华像个巫师,能暗中操纵别人的手——这次谈话一结束他就走。一想到今晚要共度良宵的人儿,他的心就痒痒的。

富有教养的朱丽叶轻轻敲了敲门,然后走进来。一看到她,波克满心欢喜。尽管近来她有点叛逆,可她还真是个可爱的姑娘,一个会令任何父亲都感到欢心的女儿,不过现在他明白她叛逆的原因了。这就使得他更有理由要保护她,将她跟那个年轻的外国畜生分开。波克但愿她圣洁的身体还没有受到玷污。

"朱莉,晚上好。"他满脸堆笑。

"爸爸。"她坐到一把无扶手的单人椅上。唉,她的微笑比他的笑容还要敷衍。

尽管如此,他还是要装装样子:"今晚你看上去真的很动人啊。这是新的夏装款式。"

"谢谢,妈妈给我买的。"她的仿男式衬衣是浅浅的粉红色,像秋天的玫瑰,上面有小小的图案。可翻折的纯白色漂亮领子往下翻着。裙子是灰色的紧捻纱罗,这种莱昂产的稀松网眼织物配上粉红色的塔夫绸内衬,真是要多吸引人就有多吸引人。

衣服漂亮不假,但并非完全是这位姑娘身上的焦点。他注意到她搁在膝头的指尖紧张地摆动着,还有她灰色的双眼四周还显露出疲惫的黑眼圈,不成体统。他突然想到,他一定得查查家里最近的通话记录和电报费用。他不想让他女儿跟那个专门起破坏作用的该死的威利斯联系、求助意见。

波克从一个雪茄盒里抽出一根十一英寸长的绿色管状古巴雪茄。他喜欢古巴雪茄。为了这一嗜好,他曾经向纽约的古巴自由组织捐赠过一千美元。他根本就不在乎其信条,他只是不想让最好的雪茄烟被马德里的宫殿里众多的保王分子给抽了。

朱莉小心地轻轻咳了一声。该死的女人！内尔在场时他如果抽雪茄也是这样。他将雪茄烟放到一只水晶烟灰缸里，这样烟就会垂直升起。他像只狡猾的狐狸一样咧嘴一笑，把那个库克旅行社的信封推过办公桌。

“送给你的礼物，亲爱的。”

信封就搁在有绿色灯罩的台灯放射出的那一汪灯光下。朱莉的灰色眼睛飞快地看向它。她当然知道库克旅行社这个名字的意思。

她一言不发。波克宣布了他们的大旅行计划。这是他计划的一部分，假装他对那个狗屎德国男孩一无所知。

他说完之后，朱莉说道：“这听上去挺好的，爸爸。可是我不想去。别说一年，一个月也不想。我在这儿感兴趣的事情多着呢。”

波克垂肉上的汗珠再次开始闪亮：“那么请问是什么兴趣呢？”

“读书。我的音乐……”

“好啦。我坚信，欧洲大陆不乏英语书籍。法兰西或者意大利或者荷兰也并非不知道钢琴——哎呀，我听说那些地方几乎都很文明呢。”

他更加具有挑衅意味地补充道：“他们那儿也有溜冰和骑自行车的。”

他紧盯着她。她两个钩子一个也不吞。她先是摇了一下头，她浓密的黑发如同阳光下渡鸦的翅膀闪闪发亮。接着她说道：“爸爸，再没有更直截了当的说法了。我不去。我不想我人生的每分每秒都被计划好了。”

“朱丽叶！这话听起来忘恩负义啊。”

“我不是忘恩负义。我感激你这个主意，也理解你脑子里花这些钱的缘由。我就是不想这个时候去欧洲。”她的话音变得愈加强硬，“我毕竟已经长大成人了。有很多女孩子十七岁或者十八岁都结婚生子了。所以，我觉得我在这件事情上应该表达我的意见。”

波克一脑子的反感。女人有什么发言权！是的，旅行这件事情他对内尔提都没有提起过。她只要照单全收就是，这是惯例。

他伸出一只胖乎乎的手，抚摸着库克旅行社的信封，他的蓝宝石戒指熠熠生辉：“别这么顽固，朱丽叶。看一下这儿的材料。最早的九十天行程是试验性的。看一下我早已订好的特等客舱的豪华套间，那是丘纳德航运公司最好的——”

“对不起,爸爸。”她打断他,“我不去。”

天哪,她迷恋得太深啦,危险至极。他本以为这事儿可以快刀斩乱麻。现在,他的底气不足了。他祭出他一直保留着的法宝。

“你的这种反应我暂时不会转达给你母亲。”朱莉的灰色眼睛里闪烁出痛苦的神情,她理解这话的意思。“这趟旅行你母亲非常想去。如果你继续拒绝,那么你跟我一样知道后果是什么。你知道你母亲神经质的状态不稳定。你想要引发她精神崩溃吗?或者说,该死的,不会有更加糟糕的事情发生吗?你要是拒绝她这趟旅行,要是有什么可怕的事情发生了,那么责任全在你。”

朱莉轻轻地一声惊呼,跳起身来。她抓住开着的书房门的边,仿佛马上要昏倒一样。她回过头来,蓬松的袖子顶端上方,满脸泪痕。

“这太狠毒了。”

“全赖你。”波克大声重复道,“赖你。”

她砰的一声关上门。

他靠在椅背上,被刚刚结束的小小场景给吓呆了。她的“热恋”应该有强烈得多的标签。这是青春期的狂热的爱,那种父母指南书中告诫要注意防止的狂热的爱。克朗家的侄子一定是个魔鬼一样的勾引者。

尽管如此,震惊过去,他从此前意料不到的现实中缓过神来的时候,感觉稍稍好了一点。他在朱丽叶离开书房的那一刻看到了她痛苦和内疚的神情。

她并没有错,因为她的生理已经成熟,她的身上有许多比她这个年龄大五到十岁的姑娘的特征。不过,她的心理尚处于幼稚阶段,表现出来的全是不着边际的少女情怀。因此,爱上一个完全不可接受的男孩子,感情完全被他左右也许是可以理解的。

与此同时,她受到的严格教育是尊崇和服从父母亲。他已经拔出了快刀,捅进了孝顺孩子最敏感的痛处。一组情感可以成功地对抗另一组情感。这样的做法以前发挥过作用,这次也会成功的。他将耐心等待。

他按响了铃儿,叫来他的马车,很快便坐着马车离开了草原大道,信心满满。

波克在图伊大道边那个杂草丛生、荒芜不堪的地区一座破败的小屋里度过了那个晚上。不过,实在讲,这地方环境虽差,却因为小屋的主人而可爱得像个土耳其的闺房。她叫莉莎,是一个有抱负的女演员。莉莎跟随中西部那些声名存疑、成就有限的演出剧团进行巡回演出。他曾经偷偷摸摸地溜到麦克维克的剧团去看过她,当时她在一个轻松的喜剧里扮演一个小角色。

第二天早上,星期五,他七点一刻的时候直接去了拉萨尔大街。他的秘书长罗斯韦尔在门口迎候他,看上去像要发疯一样。

“你最好马上回家去,范德霍夫先生。你妻子歇斯底里地发作了。”

波克急忙朝草原大道赶回去。他发现内尔裹在棉被一样厚的长袍里,头发蓬乱,满屋子大喊大叫。她扑到波克身上,拿她的小小拳头捶击着他的胸膛。

“她走啦,我不知道她去哪儿啦,她的床铺仍然整理得好好的,她一定是夜里走的。她在哪儿,发生什么事啦?我的天哪,我不行了,趁我还没有丧失理智,快叫伍德罗大夫。”

第五十三章　保罗

在克朗家中，保罗开始感觉自己像个陌生人。乔叔叔和伊尔莎婶婶依旧彬彬有礼，但仅此而已。保罗依然可以听到他叔叔话音中强压着的愤怒，也可以从伊尔莎婶婶的话音中辨别出那种烧灼灵魂的深深伤痛。

小乔离家出走后的第一个星期二夜里，保罗鼓起勇气来到她婶婶的缝纫室向她道歉。他笨嘴拙舌地对堂哥乔的出走表示歉意，请求原谅他在其中扮演的角色。她说，好的，作为基督徒的义务，她应该原谅他，但是她的话十分空洞。他不能怪她。

弗里奇十分伤心。她没有直接责怪他，但是她不再跟他叽里呱啦地说个不停，也不再跟他开玩笑。她似乎为他感到难过，但是她不再像以前那样来找他了。卡尔在屋里总是闷闷不乐，但是他看上去似乎是受影响最少的人。也许他还太小，不完全明白所发生的事情的意义。也许他有一种纯真的信念，相信他哥哥很快就会踱着方步回家来。在保罗眼里，很显然，其他人根本就不信这样的事情会发生。

上班的时候，他只是在必要的时候才开口说话。每一分钟的休息时间，他都在看报纸，不是获取信息，而是为了分心。

芝加哥罢工被粉碎了。用言行支持德布兹抵制行动的铁路工人在他们的薪水袋里面发现了遣散纸条。联邦军队开始撤离，士兵们坐上火车赶赴加利福尼亚，萨克拉门托和奥克兰爆发了劳工骚乱。接下来的星期一，尤金·德布兹将当着一位法官的面参加一个指控他藐视禁令的罪名是否成立的听证会。德布兹聘请了一个名叫克拉伦斯·达罗的巧舌如簧的机灵律师，他是俄亥俄人，几年前才来这个大城市。当达罗先生辞去芝加哥和西北铁路公司的法律总顾问这个优越位子、一心一意为一个蛊惑人心的煽动分子辩护之后,这件事情便有点像丑闻,要知道这个煽动分子一般被那些社论撰写人定性为“一个彻头彻尾的疯子”“众所周知的梅毒患者”,或者“一个完全应该上绞架的恶棍”。但当时,达罗还不是一位典型的有职业头脑的律师,保罗推断。他有一些蛊惑人心的话常常被援引:“这个国家占统治地位的是商业,而商业便是合法的欺诈。”“正义如同你桌子上糖和盐的量——为你所拥有的金钱所支配。”

保罗将白丝带钉到他房间里那块木板上的明信片之间。血迹已经变成褐色。罢工潮正在渐渐消退,变成人们的记忆,资本主义理性和秩序的亮光正在回归这个黑暗的城市,留着白丝带似乎愚蠢而又可悲。

他不喜欢发生席尔德克劳特先生这样的正派人丧失性命之类的事情。但是堂哥乔是唯一有错的人吗?本诺跟他的同伙放置了炸弹。难道不可以说乔叔叔也负有一定的责任吗?把所有这一切完全归咎于小乔是绝对错误的,而且保罗依然坚信帮助堂哥逃离是对的。他只是希望他所热爱的其他人不要受伤害太深,不要过于责怪他。他也但愿自己不要受伤害太深。

乔叔叔什么也不说。不说他儿子,不说涉及保罗的任何决定。到星期四的时候,保罗再也受不了了。中午时分,他也不打开自己的午餐包,径直去了办公大楼。斯蒂芬·兹维克正在用两根手指打字,当保罗举起手准备敲叔叔办公室的门的时候,他瞧着他说道:“我要是你就不敲。”

“兹维克先生,我必须敲。”

他敲门。一个低沉单调的声音传来,同意他进去。他走进门,就停留在刚好能关上门的地方。

“什么事?”

“先生,我不想打扰——”

“你不正在打扰吗?”

保罗的脸红了,但是他站在原地不动:“我有很多问题想问——我堂哥有消息吗?”

“没有。我每天都跟警察联系。我还雇用了私家侦探。迄今为止,两方面都没有消息。小乔似乎在芝加哥市消失了。”

“叔叔,请相信我真的很抱歉。我干了他想要我干的事情。他要我帮忙我就帮了他。”

乔叔叔举着一支钢笔,仿佛那是一根长矛,马上要掷向他的客人一样:“不,”他说道,“你选择了反对你婶婶和我的立场。你现在表现出的悔意不可能赦免你的罪行。请出去,我很忙。”

星期六早上他来上班的时候,一个黑人小男孩在大门口叫住了他。

“这个是给你的,先生。”他将一个折拢的便条递给保罗。

“你肯定吗?”条子外面没有写任何东西。

“是的,先生,找你并不难。因为你跟那人说的一模一样。”

“谁说的?”

“一位十分漂亮的白人女士。我在西北铁路车站外面擦皮鞋,她来到那儿,告诉我你长什么样,给了我整整一美元,让我拿了这个找到你。”

保罗打开条子。他的双唇变得刷白。

雷迪根宾馆和别墅区——

沃基根车站以北。今天下午——

务必来!! 永远爱你的人。

四点钟,他倒坐在芝加哥和西北铁路公司一趟慢车的绿色豪华座位上,望着车窗外一根根电线杆和一个个郊区的小农场飞速掠过。

不告诉任何人就擅自离开工作岗位会让自己陷入更大麻烦,但是,他不在乎。这条子显然十万火急,而他跟乔叔叔的关系恐怕也已经坏到不能再坏了。

他在位于湖滨一座陡峭小山脚下寂静的沃基根车站下了车。他花二十美分钱租了一辆红色的安全自行车,沿着绿树成荫的谢里登路往北骑去。他在空旷的乡村骑行了好几英里路,已经接近威斯康星州的边界。在这条碎石筑就的路的左边,他看见了一块饱经风霜的招牌——雷迪根宾馆——在链条上摇曳。湖上,白浪滚滚,风儿劲吹,吹得招牌浑身乱抖。

招牌的后面,矗立着一幢白色的圆屋顶框架结构房子,屋顶上面有一个眺望台,还有风向标和避雷针。房子的后部呈U形,建造了许多方方正正的小屋,样子很像主屋,但是没有游廊或者说艳俗的装饰。

他骑得腰酸背疼,浑身灰尘。他跳下自行车,推着车走上通往那些小屋的泥土小道。他明白也许将会发生什么事情,然而他无法完全相信。前景既令人激动又让人害怕。他在做的事情又笨又危险。

有一座小屋的门打开了。有个穿着白衣服的人挥舞着一块手帕。

他的心洋溢着喜悦。他恨不得插翅飞过这条泥土小道。

他在小屋外面停好自行车。他跑向门口,张开双臂紧紧抱住她,在她湿漉漉的脸上亲吻着。她一直在哭。他希望那是幸福的泪水。

她将他拉进屋内,揉着他的肩膀,一遍又一遍重复着他的名字。

“你收到条子——”她的话没有说完便被接了过去。

“我收到了,我只是不明白——”

她用飘溢着芳香的手指搁到他的嘴唇上阻止了他的话语:“昨天夜里,我逃离了家。我得见到你,就我们俩。我坐火车,又在马车行租了一辆小的轻便马车。我把马车停到牲口棚里,这样路上行人就看不到了。”

“朱莉,天呢——你离家出走啦?为什么啊?”

“我爱你,保罗。我太爱你了,但爸爸想要拆散我们。”

“什么?他发现了吗?”

“哦,没有,我想没有,只是见鬼的巧合吧。他和妈妈想要到欧洲去大旅行。他们非要我跟他们一起去不可。”她慢慢镇静下来,拭去眼睫毛上的泪花。后面一扇有花边窗帘的小窗户里透出亮光,她乌黑的秀发四周好似呈现着日晕。

保罗注意到了小屋内的细节。油地毡的地面,一块小地毯摊在地上,天花板上挂着一盏廉价的油灯,油灯的玻璃罩和油罐蚀刻着花卉图案。

很大的铁床装饰有白色的珐琅,四个角的柱子顶着黄铜圆球。旁边是一只配套的白色便桶箱,便桶箱的门关着,将陶瓷的便壶隐藏在了里面。上方的镜子稍稍向前倾斜,因为年代久远已经生出斑点。

“如果你不想去那就别去。”

“我对爸爸说了我不去。他说妈妈已经一心想去了。他说如果我拒绝的话她会崩溃的。他说那有可能会要了她的命。每当他们想要干什么事情,总会拿妈妈的健康来要挟我。我想过永远离开那个家,但是我能干什么呢?去当营业员?我不知道能干什么事情养活自己。”

他将她的一只手捧到自己的两只手中:“你是自己来的这儿,是吧?你是怎么找到这个地方的?”

“我以前来过这儿,两年前。那时我跟爸爸妈妈一起从威斯康星回来。我们的马车坏了,就在这儿过了一夜。”

“但是这次你是怎么住进来的,你自己想办法的吗?”

“塞了点钱给前台服务员。你不高兴吗?如果你不高兴,我的心会碎的——我太爱你了。”

她用自己的双手捧着他的脸,吻他。他用双臂抱住她。他们仰天翻倒在硬的床上,她那件用白色的上等细麻布做的仿男式衬衫因为旅行而染上了尘土,这会儿被他的双手弄得乱七八糟。

“我太想你了,保罗。自从我见到你以来,时间过去太久了——”

“而且发生了那么多事情。”他吻着她,“我有很多话要对你说。”

“以后再说,亲爱的。”

“朱莉,我不能乘人之危——”

“哦,别这么说。”她大声说道,一面笑一面哭,“我请求你爱我。你为什么认为我这样做是在害我自己?请不要拒绝我。”

“我没有任何经验。”她轻声说道,“妈妈不肯讨论这种事情——男女之间的事情。”

“别担心,这没有什么关系——”

他用手肘支撑着自己的身子,凝视着这张被泪水浸红的脸。这是他所见过的最美丽的脸。这次邂逅,在这个廉价客房里,在这个风萧萧的湖滨,将确定他情感的永久性改变,他人生的永久性改变,他命运的永久性改变。

“我爱你,朱丽叶。海枯石烂,地老天荒。”

风儿倒转成了东南风,这样的突然变化,在夏季的这个地区,十分常见。他们躺在床上,身上盖着粗糙的浆洗过的床单,床单上是一床羽绒被子。他们可以听到并感觉到风儿吹着小屋所发出的嘎吱声。白昼的光亮几乎褪尽,唯有形成这块地产边界的鹅掌楸后面,西下的夕阳还流泻出星星点点的余光。

她问道:“你饿了吗?”

他笑了起来:“吃在我脑子里是最后的事情。我有好多事情要问你,也有好多事情要告诉——”

“嗯,你要是真饿了的话,我有一大篮吃的带来了。我是今天上午在基根火车站买的。有奶酪、一些德国式小香肠、一条面包、一瓶摩泽尔红酒。那店主看我的年龄还几乎不肯卖给我呢——我怕酒精度会不会太高。”

“你比你自己想象的要能干,朱丽叶小姐。入住这个地方——储备这些食品——红酒,甚至——”

“那是因为我怕他们一定要我去,那我就有一年见不到你啦。一年里可以发生很多事情,保罗。人们可能会永久分离。他们会忘掉对方。”

“绝对不会。我爱你。永远。地老天荒。”

她睡着了,舒适地依偎在他的臂弯里。他们睡得跟老夫老妻一样舒适。抑或是在欣喜的满足里,在困倦的喜悦中,他是这样想的。

他在黑暗中费力地穿上衬衫,穿上裤子。她穿上裙子,穿上白衬衫,里面什么也不穿。他帮助她扣好背后的纽扣。他感觉怪怪的,但又感觉很幸福,像家一样。

他拉开小屋前面的窗帘,看到宾馆里仅有三扇窗户亮着灯。一辆有着黄色大轮子的轻便马车停在门口,拉车的马拴在拴马桩上。路的另一边,奔腾的波涛撞击着湖边的岩石,这是一种安抚的声音。

朱莉有火柴。他拉上窗帘,扯下那盏油灯,点着。他们拿出大篮子里的食物享用。摩泽尔红酒虽然酒精度高,却味道甘美。朱莉津津有味地嚼着他用他的折刀从那条面包上切下来的黑面包，看上去轻松自在，心满意足。

“我必须告诉你所发生的事情。堂哥乔走了。”

“乔伊？去哪儿了？”

“没有人知道。他离家出走了。”他讲述了导致小乔离家出走的前因后果。她感到惊讶，但是当他告诉了她他在其中扮演的角色、如何被发现的以及全家人的反应之后，她感到更加惊讶不已。

“哦，保罗，我很难过。”她抚摸着他的脸，“他要你帮忙，你只好帮忙，你没得选择。”

“我也是这样想的。”

“可怜的乔伊。你觉得他一去不复返了吗？”

“我是这样感觉的，是的。”他停顿了一下，“你是本周跟我有关系的第二个离家出走的人了。”他想用这个话让他们的交谈轻松一点，但是失败了。他清了清自己的嗓子，问出了这个令人害怕的问题：“你要回去的，是吧？”

“我不知道。我有勇气的，保罗——有的时候。但并不是经常有勇气。”

“勇气就像肌肉，我认为。你必须要使用它。”

她笑了起来，轻轻地拍着他：“你是一个聪明的年轻人。我很高兴爱上了你。你前途无量。”

朱莉说，前天夜里，在为这次幽会苦苦进行着思想斗争期间，她拍了一份电报给威利斯姨妈。她请求姨妈，如果她要寻求一个避难所的话，她能同意她到她家里去。她姨妈的管家，花了很大一笔钱打了个长途电话来，说威利斯早在两个星期前就去巴黎了，跟一位旅行伴侣一起去的。“管家没有这么直截了当说，但是我可以从她的话音中听出来。这位伴侣很可能是一位新人。我姨妈有我没有的勇气。”

“你真的有的。”保罗一面亲吻着她披散着的头发，一面强调道。

她被说服了。

“现在我们得讨论一下明天的事情。”他说道，“我们得为自己的缺席说个谎。”

他不喜欢向任何人说谎。但是，为了朱莉，他愿意，因为这种事情一旦被发现,后果十分严重。她是一个豆蔻年华的少女。他将承担责任——他很高兴承担责任——可是她将会因此而痛苦万分。

"的确是的,我们得想个万全之策——"

"不是现在,保罗。明天早上。我们不该让愁苦把今晚给糟蹋了。抱紧我。给我勇气。"

有人咚咚敲着什么东西。

保罗跳起身来。他把盖被踢掉了,人都冻僵了。朱莉埋在枕头里喃喃地说着什么,依然没醒。

"朱莉!"他的声音低而嘶哑。他抓住她的一个肩膀想要弄醒她。他明白这敲击的意图是什么。有人在擂门。

"朱丽叶? 我们知道你在这里,开门。"

他摇晃着她。她依旧没醒。外面,那人说道:"用该死的斧头。"

保罗刚好跳下床,穿好裤子,就听得斧刃哗啦一声砍开了门。一只手摸索着拧门把手。第二斧将门上面的铰链砍了下来。门外有四个人——不,五个人一拥而入。有一个是戴着浅顶软呢帽的圆肩膀的大块头。

灯笼闪耀着光亮。靴子踩踏在油地毡上。朱莉坐了起来。她被吓得发不出一点声音。保罗赶紧拉床单盖到她身上。

她呆滞的眼睛开始聚焦。他们的马甲上闪耀着明亮的银色警徽。尖厉的话音刺耳交加。

"朱丽叶。哦,天哪。警官,逮捕他。她还是个未成年人啊。"

"这事儿不怪我。她是用假名字登记入住的。"这是一个秃头,八字胡上了蜡,两根背带吊在一件无领的衬衫上。

有一个佩戴着警徽的人抓住保罗的肩膀。保罗将他的手击开。那人一掌扇到他的脸上。

保罗还击那人,但是没有打中。他跌倒在小地毯上,他的屁股摔得很重。警官踢他的腿,踢他的肋骨,而这时,那大块头则朝着秃头大声喊叫道:"你知道她未成年,雷迪根。你无论如何都收受贿赂了。"

“站起来,你这堆狗屎。”其中一个警察狠狠地将保罗从地上拽起来。

朱莉喊叫道:“哦,别伤害他。”

“闭嘴。”她父亲喊叫道。另一个佩戴着铁皮警徽的警察咔嗒一声给保罗戴上了手铐。宾馆老板哼哼唧唧地说着:“我拿了那二十块钱,以免她怀疑,范德霍夫先生。她签了一个假的名字,可是我认出来了,她以前来过。我打电话给你了,没做错,对吧?”

“那是几个钟头之后了。”那大块头狠狠掴了保罗一巴掌,“你个小杂种,我要瞧着你一辈子都在监狱里度过。”

他冲到他女儿身边,一把将她推下床。她用被子裹住自己的身子。大块头男人一把夺过一个警官手中的牛眼灯,照了一下床单:“哦,天哪,瞧瞧。坏了。坏了。”

“喂,”保罗大声喊叫道,“你没有权利进到这儿来吓唬她——”

“别对我说权利,你个该死的。”范德霍夫猛地拿牛眼灯往前戳去,仿佛要把保罗放到火上烧一样。一个警官赶紧把他拉住。

“范德霍夫先生,少安毋躁,我们按规矩办。把他弄到马车里去。”

“你们要干什么?”朱莉说道,她跪在床铺后面,浑身发抖。

“跨越边界带他到库克县去。”警官说道,“把他扔进监狱。等一些吸毒鬼和强奸犯抓到他了,他会记忆深刻的。”

另外一个警官窃笑着说:“等他放出来后,那就等着去疯人院吧。”

“假如,假如。”第一个警官说道。

“别自鸣得意啦。”范德霍夫咆哮道,“把他弄到该死的马车里去。”

一个警官将保罗往外面推去。夜风让他赤裸的胸膛和手臂起了鸡皮疙瘩。初升月亮的辉光下,两匹马套在一辆关着门的马车上,寒冷的空气中,呼出的白气清晰可见。

他脑子里想的全然不是他自己,只有她。他回头望着黑乎乎的小屋,大声喊叫道:“朱莉?记住我说的话。你很坚强,比——”

范德霍夫抓住他的一条胳膊:“闭嘴。”他将保罗狠狠地推向马车,“你绝对不可能再见到我女儿了。”

保罗平常十分温和的眼睛像被月光照亮的两块冰块般闪闪发光:“莱茵河的流水将奔腾不息!”

“什么?”

“古老谚语。莱茵河的流水将奔腾不息!”

范德霍夫脸色铁青,大叫道:“赶快把他关起来,要不我非把他打死不可!”

警官拿警棍捅着保罗:“到马车里去。你要去的地方可没有啤酒和泡菜。”

“不过他们喜欢新鲜肉。”他的同事说,发出一串大笑声,“你会感到奇怪,干吗要上那条该死的船。”

马车门砰的一声关得死死的,把月光关在了车门外。一条铁链丁零当啷地响着,一把挂锁咔嗒一声锁上了。保罗蜷缩在一张很硬的凳子上,戴着手铐的双手放在两腿之间,车内一片漆黑。

第五十四章　朱莉

她飘游在一种奇怪的蒙眬状态中。她的身子轻飘飘的。这似乎就是自然状态,一点没错。

她没有了时间的概念。一张张的脸来了又去了,总是在视觉的边缘,在她上面滑动,大大的,有点奇形怪状,就像彩绘的气球。

“我希望你休息好了。伍德罗大夫配了一剂特别的药。现在你得多喝点。”

她认出了这个声音、这张脸。是她母亲。她穿着睡衣的后背感觉紧贴在什么地方。她被抬高了一点,算是坐了起来。一只像一束枯死的树枝一样的手将一只玻璃杯拿到她的嘴边。她喝下了一些很甜的糖浆一样的药水,疲惫地叹息一声,再次倒下身子睡了。

远处,有仙境般的光亮在闪烁。她认出了是蜡烛,每一根蜡烛四周围绕着四个尖尖的光点,每一个光点就像一颗璀璨的星星。

她母亲毫无力气的手在黑暗中落了下来,抚摸着那长长的黑发。

“头发这么漂亮。你是一个多么漂亮的孩子啊。我不能让哪个粗鲁无知的外国佬把这么美丽的姑娘给糟蹋了。爸爸告诉了我事情的经过。哦,我哭了。我神志失常,像个疯婆子一样。你已经不纯洁了。我们得面对现实,我们还能怎么样呢?可是我们将采取某些措施,就当这事儿从来没有发生过。伍德罗大夫已经确认,没有怀上孩子。这个家之外也不会有人知道所发生的事情。蒙蔽新郎有的是办法。这是将来的事情。现在你必须得休息好。休息好。让妈妈为你疗伤。女人的健康比什么都重要。其他的都不在话下。”

不一会儿,另一张面孔飘浮在了她的上面。她认出了是爸爸,只见他快活地挥舞着一个厚厚的黄色信封。

“别忘了这个,朱丽叶。我们将好好去度个假,我们三个人。但是首先你得到克里夫兰去待一个月。伍德罗大夫推荐的。那儿有一家很好的医院,叫芒乔伊医院,专门做整形和治疗神经紊乱。病人绝大多数是患神经衰弱的女人。完全清静地休息一个月——你就能养好身体,急着想去欧洲啦。”

这话使她的脑海里浮现出一张新的面孔。这张面孔比在燃烧的蜡烛朦胧的光亮里慢慢旋转、飘浮、互相碰撞的那些脸要生动得多。这张脸年轻光鲜,棱角分明。头发是棕色的,其间有一丝丝红色。一双眼睛是蓝色的,和善,单纯。一看到这张脸,她的激动,她的情感,便如同瀑布飞流直下。亲吻的记忆,爱抚的记忆,在一起的记忆,源源不绝。害怕,害怕分离,害怕失去。威胁——

“保罗? 你在哪里?”

“伍德罗大夫,伍德罗大夫。”蒙眬中有一个人大声说道,声音很刺耳。

伍德罗大夫巨大的脑袋出现了,天使般的脑袋。卷曲的金发在耳朵边已经有几根灰白。脸蛋就像熟透的苹果,弯弯的嘴唇红红的。他微笑着,轻轻拍拍她的手:“好啦,好啦。”

“这是危险期吗?”她母亲在黑暗中哪个地方问道。

“我认为是的。”

“你有什么好办法呢?”

“放血。有助于恢复。”

她开始剧烈扭动,大叫道:“不要。”他们似乎没有听见。有人抓住她的两只手,将它们拉过她的头顶,拉到她看不见的地方,她的手腕完全暴露了出来。爸爸就坐在她的踝关节上。

有啪嗒啪嗒和叮叮当当的金属器件的碰撞声。看不见躯壳的双手端着一闪一闪的银色盆子从她眼前移过。它像亮晶晶的奇形怪状的飞船,飘过她的上面,接着消失了。

“好啦,好啦。”伍德罗大夫再次说道,一面抚摸着她乌黑发亮的头发。

剪刀剪开她睡衣的两只袖子。她挣扎着，但是徒劳无益。橡皮绳缚住她的上臂，打好结。伍德罗大夫戴上白色的麦斯林纱布手套。一双手将一个银色的盘子端入她的视线。一个晶莹闪亮的浅盘，里面放着银色的医疗器械，有放血用的锋利的针和刀片。

“它有健身效果。”伍德罗大夫说道，他的嘴巴噘着，双唇红得像个恋人的嘴唇，“你几乎不会有任何感觉的。”

他选了一把闪闪发亮的解剖刀。

她尖声喊叫起来。

第五十五章　保罗

有手在摸他的腿。保罗半睡半醒,以为是什么虫子,他在塞着草的床垫上看到这种虫子爬过,只是这只更大一点而已。

他的眼睛看清了。栅栏后面一盏煤气灯微弱的光亮照见了一张圆脸,圆脸上有一双布满血丝的眼睛和一张臭嘴巴,嘴巴里的牙齿几乎烂光了。圆脸守候在他的脸附近。那只手往更高的地方摸来。

"疯子汤姆睡着了,漂亮男孩。到我的铺位上来吧,让瑞典人高兴高兴。你要是让瑞典人高兴了,那我就把我的咀嚼烟草分一块给你。"瑞典人咯咯笑着。

保罗打开他的手:"别烦我,我要睡觉。"

"哦,是吗?"瑞典人抓住保罗的耳朵,恶狠狠地拧着,"监牢里要横不花钱。消息传开啦。"

保罗感觉他的头发和胳肢窝里有螨虫在忙碌。他扭动着身子,挠痒痒。就在警察们将煤气灯调暗准备过夜前,疯子汤姆,一个酒鬼,而且显然是该县常进宫的主,就坐在角落里的一张凳子上,脱掉衬衫,挠着臭虫咬的痒痒,直到在他的头发里和胸脯上挠出了血。

"我说了别烦我,你这该死的。"

"好吧,漂亮男孩。这会儿不烦你。"

瑞典人再次咯咯笑着。他的前额和正在变稀的头发消失了。瑞典人睡在最下面的床铺上,保罗睡在最上面,中间的铺位空着。牢房里有六个铺位。鼾声大作的疯子汤姆睡在另一边最底下的那张床上。

抗拒瑞典老头子的骚扰几乎令保罗十二个小时不得安生。他被这事儿弄得精疲力竭。他转身对着墙壁,用两个手肘捂住自己的脸。他太疲惫了,太羞愧了,他想要死。

近午时分,警车载着他驶过库克县监狱的大门,监狱里花岗岩墙壁的牢房都没有窗户。监狱里到处弥漫着铁皮粪桶里的人粪臭和人们吐到花岗岩地上的烟草唾液的气味。这层令人恶心的黏液十分危险。

保罗所在的监区是一个闹闹嚷嚷的地方,喊叫声、咒骂声、下流话声不绝于耳。下午,所有牢房从四点钟到六点钟都不上锁。在这两个小时时间里,他被允许可以在走廊里面走动。来了又去,去了又回,就在这群城市的渣滓中拖着脚步来回穿梭。有些人朝他看看,有些人凑上来拉扯他,也有些人悄悄地跟他说那些他不想听的话。

吃晚饭了,看守拿来了铁皮盘子,里面装着一片片方形的灰色玉米面包。保罗拿起一片面包一口咬下去,发现了一窝扭动着身子的白色蠕虫。他对着臭气熏天的便桶呕吐起来。瑞典人和疯子汤姆发现这有趣极了。

这些个牢房紧邻着女子监区,中间有一扇门连接,门是一直开着的。很快,当大伙儿都被关进门准备过夜时,那些女人便开始哭的哭、喊的喊。"喂,看守。看守,滚!不,这玩意儿该死。把你的头放到这个上面。哈哈——哈哈……"

脚步声近了。夜间看守朝里面望着:"抓紧睡觉了,女士们。"他拿警棍在栅栏上挥舞着。疯子汤姆吓了一大跳,便吼叫起来。看守哈哈大笑着继续往前走去。

保罗竭力维持着他的勇气,可是很难。"这是美国吗?你一路风尘、远涉重洋来到这儿就是来经历这个的吗?"

还有朱莉……她怎么样了?她父亲惩罚她了吗?他为她的安危担忧。

早上,看守叫醒了他们这个牢房的犯人之后没多久,保罗便被从牢房带下一段楼梯,带到了一个没有窗户的花岗岩墙壁的房间里。房间的天花板上悬挂着一盏简陋的电灯,湿漉漉的地面中央放着一把木头椅子,有一台蒸汽散热器在发出嘶嘶声。

两个领子很硬、袖子上套着袖箍的侦探对保罗笑脸相迎,这种笑脸立刻让他感到疑惑。“坐下,达奇。”其中一个侦探说道,另一个则关上门,闩上门闩。

散热器散发出的热量太多了,穿着粗糙囚服的保罗很快便大汗淋漓。分量更重的那个侦探叉开双腿站到保罗的椅子跟前。

“这是个发汗室。你知道这是什么意思吗,达奇?”

保罗摇摇头。

“我们一组一组在这儿工作。每组工作一小时,休息一小时。就这样,我们可以一直把你留在这儿,直到你说出真相。你不吃,不喝,不睡觉,不撒尿,你就坐在那儿出汗。”他倾过身来大叫道,“你为什么绑架她?”

“你们傻呀,我没有绑架——”

“别在这儿骂人,你个混蛋德国佬。你被羁押在警局呢。这儿是美利坚合众国的芝加哥。哈尔?揍他一下,让他放老实一点。”

里面装着铁弹的一只短袜击中了他的后脑勺。他被击打得冲向前去,摔倒在椅子下面。他倒在地上,另一个侦探拿脚踢他。

保罗痛得呻吟起来,双手抓着花岗岩地面。他闭上双眼。

“千万别骂人,你个蠢货。起来。”年纪大一点的侦探抓住他的裤腰,一把将他拉了起来。保罗不由自主地跪起身,接着站直了身子。

两个侦探将他扔到椅子上,吼叫着问他问题。他是否有犯罪记录?他是否属于社会主义或无政府主义团伙?他是否有花柳病?他是否有绑架和强奸年轻妇女的前科?不管他如何回应——否定,或者轻蔑地一笑以示回答——都不能令他们满意。他一次又一次被那只装满铁弹的袜子击打。

他的皮肤上汗水直流。他感觉体内的每一盎司水都沸腾蒸发了。两个侦探对这样的热似乎不在乎。

大约第三十次,他否定绑架的指控。那个侦探还要再次打他,只听见有人很响地砰砰擂门。

年龄大一点的侦探火了:“待在外面,别把短裤扯下来。哈尔,放明白点。”

门嘎吱一声被打开了。接着有人说道:“放松点,伙计们。这个人被保释了。把他弄干净,带他到楼下去。”

律师是一个衣着整洁漂亮的小个儿，戴一顶礼帽，穿一件丝绒领子的外套。保罗不明白，大热天的，他干吗还穿外套。律师名叫卡斯帕·格罗斯。他在楼下接过保罗，带着他到几个地方签署了各种各样的文件。接着，他起劲地握着保罗的手向他表示祝贺，仿佛被库克县监狱释放是什么巨大荣誉似的。

保罗依然赤着足，尽管他被允许继续穿着他那套粗糙的灰色囚服。他蹒跚着步态走下花岗岩楼梯，来到院子里。头顶上方，一块乳白色的天空正翻滚着雷雨云。院子的中央，停着克朗家那辆双排座开合式顶篷的四轮马车，顶篷合拢着。

"很高兴你没事。"尼基·斯皮尔斯从车夫座上朝下大声说道，"最好爬进里面来吧，天下雨了。"豆大的雨点啪嗒啪嗒地掉落进死水里。保罗打开车门，发现他叔叔双手搁在一根手杖的银头上坐在那儿。

乔叔叔的脸上看不出任何表情。保罗在他对面的皮座上一屁股坐下，然后拉上车门。乔叔叔拿手杖在地上叩击了一下，马车便转出了院子，驶进迪尔伯恩大街。雨哗哗地下。

"我先把你送到家去，然后我去啤酒厂。"乔叔叔说道，嗓音有点嘶哑，似乎正在竭力控制自己的万丈怒火，"你身上臭得像阴沟一样。"

"那儿就是这个样子——阴沟。"

"范德霍夫第一时间就通知了我你所做的事情。他昨天就想找我，可是我去密尔沃基出差了。他是在半夜过后打电话给我的。好在电话来的时候我正在楼下，你婶婶睡熟了。我到早上才找到律师。"

"我真的感激不尽。"

这话并没有产生明显的效果。"你头发里的是干血迹吗？他们虐待你了吗？"

"他们一个劲儿地审问我。我会没事的。如果你愿意，先听听我说的实情，叔叔——"

"说吧。"

“朱丽叶让我到乡下的那家小宾馆去跟她会面。我爱她。她爱我。”

“这都完全无关紧要。”保罗对叔叔冷冰冰的话音感到害怕。他更像一位法官,而不是有血缘关系的亲戚。“范德霍夫答应不起诉,条件是我们家得保证对这事儿守口如瓶。对你的犯罪指控必然会带来法庭审判,而报纸最喜欢不过的就是那些名人名家在法庭上的奇闻逸事。范德霍夫竭力想避免出现这种情况。我也不想涉及这类丑闻。所以我们不需要进行扭不断的讨价还价。不过范德霍夫有一个附加条件——你绝对不可以再见他女儿或者跟她联系。”

“我不能做出这样的承诺。”

“这是必需的。这是我对你的要求。”

“叔叔——!”

“请你闭嘴,好吗?你婶婶最近受的打击够多了,我不想把这件丢脸丑事的真相告诉她,你也不要告诉她。我们就这样说,你星期六晚上在一家小酒店闲逛。你喝了太多的啤酒,跟人发生了争吵,结果把警察招来了。你拒绝平静地离开小酒店,所以警察只好用暴力。你身上的伤痕就是这么来的。你被拘留在了看守所里,直到卡斯帕·格罗斯来把你解救出来。好啦,反正你让我们两个人都变成骗子了。”

“这样的确可以自圆其说。可是我不想让伊尔莎婶婶把我想得太坏。”

“想得太坏?你都帮助我们儿子离家出走了。别想有奇迹出现。”

保罗拿手背抹过自己的嘴唇:“她会相信这个故事吗?”

“我想会的。她相信酒精会害人。她年纪越大,越不喜欢人们喝酒,哪怕喝啤酒。最好是让她相信你喝多了,她可以接受的。假如让她知道你奸淫了一位清白单纯的姑娘,她会死的。”

保罗佝偻在角落里。出了那么多汗之后,他感觉冷了。乔叔叔凝望着车窗外大雨滂沱的早晨,凝望着不可避免的交通堵塞——马拉街车、货运大车、私人交通工具。“我不知道这个家怎么了,我们什么都不顺。就你去跟范德霍夫的女儿幽会的那个晚上吃晚饭的时候,弗雷德丽卡居然恬不知耻地宣称她想成为一名演员。”

弗雷德丽卡。他从来不叫堂妹弗里奇的大名。

“演员——你能想象吗？她才十三岁啊！我怎么跟一个像她这样年龄的姑娘解释，女演员就是被人们当作娼妓的！我只是简单地说不行。她顶我嘴，顶得很凶，吵得很响。十三岁的人，养尊处优，居然跟父亲顶嘴。她说如果我反对，她就会做像小乔一样的事情——离家出走。”

他摇摇头，好像这负担已经超出了他力所能及的限度。雨点击打在马车顶上。“不顺。”他再次喃喃地说，“我儿子在你的纵容下逃走了。你用你不道德的行为玷污了这个家庭——”

“乔叔叔，这不是不道德，我们互相爱着对方。我们要结婚的。”

“省省吧，保罗，这个想法荒谬至极。这个国家的法定结婚年龄是二十一岁。除非到了法定年龄，否则不经同意你结不了婚。而且，你根本就不懂‘爱’这个字的含义。你不知道‘爱’需要责任，‘爱’需要尊重。从你卑鄙的行为来看，很显然你根本不懂‘爱’。”

“鉴于本周你全部的所作所为，我不得不做出一个痛苦的决定。你整理好自己的行装，离开我们家。请在我晚上回家之前就走。你在克朗啤酒厂的工作不复存在了。所以，你得自己寻找出路。”

“可是我没有地方可以去——”

“迄今为止，你的行为十分独立。你在柏林街头生活过。从纽约到芝加哥，你孑然一身横跨整个国家。我坚信，你能照顾好自己。去找个地方吧。”

乔叔叔的话音听上去像变了一个人。尖刻狠毒，冷酷无情。保罗的视线一度被泪水模糊。

“乔叔叔，我不敢相信——”

乔叔叔拿手杖的金属包头击打着马车的底板：“你最好相信我的话，保罗。这是最后决定。”

保罗闭上双眼，靠在角落里，竭力想隐藏他有多么忧伤。在去密歇根大道的路上，他叔叔根本就不看他一眼：“绕到后门去，尼基。”他们到达的时候他大声说道。

保罗在那儿打开车门，爬下马车。在油布雨衣和油布帽子里缩作一团的尼基·斯皮尔斯在那组马的头上轻轻甩了一个响鞭。马车辘辘驶走了，夏季的阵雨浇在保罗的脸上,潺潺下流。

克朗家的豪宅里笼罩着一层陵墓般的气氛。赫尔加·布伦克斯告诉他,他婶婶一早就出门了。他跌跌撞撞地朝楼上的房间走去。

漆黑的天空,大雨倾盆,下了一个又一个小时。街道一片汪洋。尽管天色昏暗,尽管乔叔叔给了他很大打击,但是他感觉自己已经恢复了一点点力量。也许他经历的苦痛太多,没法再被打击了。他洗完澡,刮了胡子,伸手摊足地躺到床上,舒适地小睡了一会儿。

大约一点半钟,他醒来了,想起了他必须干的事情。他穿上新的内裤、新的衬衫,他一把抓下挂在一个衣橱挂钩上一件短上衣旁边的新的灯笼裤子穿上。他数了一下放在衣橱里面的钱——三个半美元。

他花了十五分钟,挑了一些衣服装进他的旅行包,然后离开房间去找他的纪念品。收藏无用小玩意儿的波利。唉,这倒是真的。木板上已经钉得满满当当。他只能带走最重要的东西:一面他小心翼翼地卷在棍子上的白袜子队的纸锦旗被塞在旅行包的边上,一幅从一本插图周刊上撕下来的漂亮的莉莲·拉塞尔的版画被夹在了英语语法书里面,虽然旅行包早已经鼓鼓囊囊,但他还是把那个地球仪和地球仪架子塞了进去。

他将所有的明信片集拢扎了一根橡皮筋,但是留下了一张——那张有塔楼上飘扬着旗帜的克朗啤酒厂图画的明信片。他将这张明信片撕成两半,扔到了床上。

外周围着疲惫的黑眼圈的双眼继续将视线恋恋不舍地逗留在钉在木板上的那些宝贝。纽约港的立体风景画。他不再像原先那样完全相信光明的未来。他想把它留下。

他还在恋恋不舍。他拔掉大头钉,在手里拿了一会儿,进行着思想斗争。接着,他将它放进了口袋里。

伊尔莎婶婶急匆匆地走了进来。她的双眼又浮肿了。她张开双臂抱住他。

“哦,波利,波利,怎么会发生这样的事情?我回家之后五分钟他打电话给我。那是一个小时之前。我一直在跟他吵,想要说服他。他是个好男人,这点不要怀疑。可是他生气了,又生气又受伤。一个星期之内,接二连三的打击——"

"我非常理解。"

"我请求他,我从来没有这样低三下四地请求过他。生气是人性的弱点,可以原谅,但是这样生气太过分了,我就是这样对他说的。这是我们自己的家呀。可是他正在气头上——"她用自己的双手捂着脸哭泣,"他甚至都不肯——让你——再过一夜。"

保罗抱住她。他闻到了丁香花香水味。他亲吻着她的脸。他爱她,永远爱她。

"我得帮你找个地方过夜——"

"不用,我自己会找。我长大了,伊尔莎婶婶。"

"这没错,可是——"

"我在街头生活过好长时间呢,请别担心。"他在脑子里早就有个目标了。他一醒来就想到了那个地方。

她看到了床上被撕成两半的啤酒厂的明信片。她再次紧紧地拥抱他:"哦,我的天呢,伤得太深了。"居然伤得那么深啊。

"我会照顾好自己的,我会没事的。"

"你不能就彻底消失了,波利。你一定要让我们知道你在哪儿。常回家看看。"

"我当然会的。"她真的以为他会再次踏入叔叔家一步吗?

雨渐渐小了。该走了。当他打开衣橱去拿那件灯芯绒外套的时候,他感觉有点脚步不稳。他想起了衣柜抽屉里面的东西。他穿好外套,拉开抽屉,将有血迹的白丝带用别针别在翻领上。

"弗里奇想要跟你道个别。"伊尔莎婶婶说道。

"当然,如果我见到她的话。"他没有打算去找她,他急于离开这个不幸福的家,"再见,伊尔莎婶婶。"

他再次亲吻了她的脸,拎起旅行包,大步走出门去。

他不愿意像个罪犯一样悄悄地溜出这幢黑暗的豪宅。他紧紧地抓着他的旅行包,勇敢地大步走下楼梯,甚至故意走得很响。他面带虚假的自信表情,昂首挺胸地走向前门。就是这扇门,多少个月前,他在饥寒交迫中跌跌撞撞地走了进来,当时他怀揣着满满的希望。

入口大厅对面很浓的阴影里走出一个人来——曼弗雷德。只见他穿着上过浆的白色衬衫,折缝明显的笔挺灰色裤子,皮鞋擦得贼亮,围着上午干活的皮围裙,风度优雅。

“哎呀,哎呀。要离开我们啦,我听说。回到你老家的土豆地里去吗?”

“这下你满意了吧。”

“这倒是。”曼弗雷德说道,“这家呀就像一桌精致的宴席,你呢却带了一盆烂菜汤的味儿来。”

“曼弗雷德——”保罗深深地吸了一口气,“你要是年轻二十岁的话,我就把你打倒在地了。”

曼弗雷德脸色发白,赶紧退了回去。

保罗转过身,走出大门。

银灰色的下午,银灰色的天空。西边天际,阳光灿烂,预计天气会变好,但是现在依然下雨。

他沿着人行道走去,丝毫也不知道他衣衫凌乱的状况。他穿上了那条灯芯绒灯笼裤,裤子的膝盖处有一个撕破的小口子。他左脚的袜筒已经掉落到了鞋子上。

当他来到第十九大街的拐角时,弗里奇从花园里跑了出来,一面喊叫着他的名字。

“保罗,别走。这全是爸爸的错,他太坏了。”

“不,他不坏。真的。”

“我恨他。”

“哦,你千万别恨他。答应我。”

她用鼻子哧哧地吸气:“好吧。”

“好。再见。”他走下路缘石。

她在他身边跑着，脚下踩得水坑里的水乱溅，一块块泥巴都甩到了裙子上和耷拉下去的袜子上面赤裸的腿上。

“你不能离开我们，这就是你的家。”

他停住脚步，回过身来瞧着她。

“我也这样想过。我长途跋涉、千里迢迢来到这儿，就是因为我也这样认为。可我错了。我要是真有个家——我经常怀疑——也不是这个。我得到其他地方去找。”

“保罗，别走，我们都爱你啊！”

“我爱你，弗里奇。”他张开双臂抱住他瘦瘦的堂妹，要把人挤碎的拥抱。他再次想哭。想哭的时刻过去了。

“再见。”他第二次道别。

他拎起旅行包，掸掉一小块沾到上面的泥巴。他挥着手，任她站在一个水坑边。天空在哭泣，掉落银色的眼泪。

当他到达小切尼区的时候，天已经渐渐黑了下来。暴风雨再次肆虐，电闪雷鸣，频频发作。大雨滂沱，雨水在街沟里奔腾咆哮。保罗几乎没有注意到他已经湿透到什么程度。他急匆匆走过亮着红灯的万普勒宾馆，来到摄影圣殿的门口。

他的敲门声跟天空的隆隆声和街沟里的流水声比拼着威势。他更响地敲门。不一会儿，有钥匙转动的声音。门打开了。

“鲁尼先生吗？”

“谁——？达奇啊！太意外了！”他看见了保罗的旅行包。

“我离开了那份工作。我离开了我的亲戚，自己谋生了。我很想学摄影技术。”

“而且是艺术，别忘了它是艺术。”

“当然。你能让我进去吗？”

“当然可以啦！这可是个快乐的时光。你得干干身子，瞧你这副邋遢相。裤子撕破，袜子掉落——”

保罗大笑起来：“哦，我总是这副邋遢相。大伙儿都说，完全不像个德国人。也不知怎么的，我自己都毫无办法。但请别担心，除此之外我可是一把好手呢。”

鲁尼也哈哈大笑起来:“我们等着瞧吧。”

保罗跨过门槛,确信自己永远告别了一个世界,走向了另一个世界,一个更好的世界。一个也许他终将找到自己人生坐标与归属的世界,一个再也不会有局外人干涉、再也不用忍受暴君欺压的世界。在这个新世界里,他将建立他渴望建立的家,跟朱莉一起。

第五十六章　波克

10 月，范德霍夫一家来到威斯巴顿。

这是一个秋高气爽的季节，在德国的大多数著名疗养胜地，这是一个可以喝矿泉水的时令月份。但是，对梅森·帕特南·范德霍夫三世来说，他根本就无所谓。他早已厌倦了这趟旅游。他们在"莱茵父亲河"两岸的古城堡参观，弄得疲惫不堪。他们手中拿着旅游指南在法兰克福的歌德故居辛苦穿越。现在，他们住进了一个古老的富丽堂皇的宾馆的三房套间，就在那治疗区域的近旁。这里是一个治疗区域。

该矿泉疗养胜地的氛围优雅而又热闹。在治疗屋的巨大房间里，人们也许可以跟一位国际名流相遇或者处于一室，那种关系是完全平等的。一个英格兰的玻化瓷器抽水马桶制造商有可能跟一位奥地利的公爵拉上家常。一个纽约的公共交通运输事业巨子——或者一个芝加哥的香肠制作商——可以跟一位波兰王子在一起感觉像在家里一样自在。波克喜欢有钱人和有身份的人这种舒适的平等风格。

但是大部分行程中，他觉得德国乃至整个欧洲都太古老，因此也太落后了。古怪奇特得太忸怩作态。太——没有其他词语可以表达这个意思了——外国佬。

在距离治疗公园不远处的矿泉会所，人们可以发现威斯巴顿最著名的具有疗效价值的二十六个温泉，又叫热喷泉。内尔和朱丽叶每个上午都起得很迟，但是波克无法打破老习惯，六点钟就起床了，穿戴停当，便沿着椴树成行的大道轻快地朝矿泉会所走去。这次散步,他足佩鞋罩,头戴丝绸高顶黑色大礼帽,身穿燕子领双排纽扣大衣,脖子上还吊着一根活结领带。

七点整的时候,矿泉会所的乐队开始演奏军乐。波克坐在一张白色的铁桌子边,眼睛刚好看得见蒸汽呼哧呼哧翻腾的泉水。他给小费很慷慨,这样便可以保证不是这个就是那个穿戴漂亮的服务员会跑上前来端给他第一杯那种具有疗效的矿泉水。这种矿泉水他虽然大口喝下,但是明显感觉恶心——这种水又热又咸。

在威斯巴顿,人们开始一个健康项目之前往往要咨询私人医生。波克的医生是一个名叫斯托克内希特的一丝不苟的人,他嘱咐波克回到宾馆吃早饭前先喝下四杯这种该死的矿泉水,并且他的早饭只能吃一个煮得很嫩的鸡蛋、一条棍子面包、一杯清咖啡。这一饮食规律对排除食物可能导致的疾病倒是有作用的,但是对改善他的心情却毫无用处。他实在不喜欢饥饿疗法。他实在腻味这种很咸的矿泉水。他实在不想看《守望莱茵》。他想回家。

由于在威斯巴顿无事可做,他的焦躁情绪有增无减。宾馆的阅览室通常有两到三位读者在如饥似渴地阅读霍普先生的《曾达的囚犯》。波克不感兴趣。他从来不看小说。

他对其他形式的文化也同样厌烦。内尔强拽着他到皇家歌剧院去看演出,或者硬拉着他去参加歌咏晚会和观看席勒那些夸张的戏剧,他都会整晚在那儿打瞌睡。

威斯巴顿矿泉疗养胜地的大多数顾客都喜欢谈论世界上的时事政治。今年,话题丰富多彩。这些话题包括新沙皇尼古拉二世①的前景和性格;犹太军官德赖弗斯上尉的命运,他被指控在法国出卖国家机密;穷凶极恶的日本军事力量正在远东地区用战争侵略中国。波克既不是一个学公共事务的学生,也不是一个善于辞令的健谈人,他不想参与这样的聊天。恰恰相反,他吃完早饭后通常喜欢一个人去观光,任马车夫带着他信马由缰地到附近陶努斯山脉的任何地方去

①尼古拉二世(1868—1918),俄国末代沙皇(1894—1917),对内实行恐怖统治,对外积极扩张,强占中国的旅顺、大连(1898),参加八国联军入侵中国(1900),进行日俄战争(1904—1905),十月革命(1917)后被枪决。

兜风。有一天,他们去了尼罗山。波克在那儿的餐馆里一个人用了一顿午餐,然后便穿越幽暗的绿色森林返程。那些森林啊,多么静谧,多么原始!碾碎的树叶,肥沃的土壤,给他的感官刺激都是那么芳香,还有秋天所有其他腐烂的气息竟然如此甜美。波克在飞驰的马车内望着这一切,想象着自己变成了一只头上长角、下身长羊腿的动物,奔跑跳跃,追逐嬉戏。

那天下午,在门厅行李搬运工的推荐下,波克又悄悄地造访了一个地方。这个地方不供应有疗效的矿泉水,只供应由穿着透明的无袖宽内衣的乡村姑娘端上来的啤酒和香槟酒。无论如何,波克发觉这对他的健康非常神奇有效。

这趟旅游少有的积极成果之一是朱丽叶的健康状况。居留克利夫兰,横渡大洋,以及最初在欧洲大陆的几周,似乎达到了他们的目的。波克的女儿变得驯服和平静。她很少说话,除非有人跟她说话,尽管不时地,她会做些尖锐的反驳或者批评,不过那总是一些小事情、不重要的事情。有时,她也会突然号啕大哭。波克发现有点反常的是这些现象反倒使他妻子感到安慰。

“这是典型的女人行为,梅森。她好了,再次正常了。”

在法兰克福,内尔给朱丽叶买了一只小狗,根据养狗场的推荐,买了一只博美犬。它的名字叫鲁迪。它情绪高昂,经常奔跑、跳跃、吠叫。波克讨厌它。小狗也不喜欢他。鲁迪来的那天,就在他们套间的起居室里,抬起一条腿,在波克最好的那套制服上撒了一泡尿。波克之后便拿着一份卷拢的《莱斯利画报》,避免了进一步的意外事件发生。朱莉似乎喜欢上了小宠物。当她抱起鲁迪爱抚它的时候,她甚至偶尔也会露出笑容。

在矿泉疗养胜地的第一个星期末尾,他们被威利斯的来访给搅了局。她坐火车从巴黎来,陪伴她的是一位她在纽约认识的年轻人。他简直是一座肉塔,六英尺六或六英尺七的身高,两个肩膀宽得如同公园里某个英雄雕像的肩膀。他很会笑,一口气喝了两三升法兰克尼亚红酒,表现倒没有很糟糕。

他的名字叫博龙斯基。威利斯说他是俄国人,是个诗人。波克怀疑他是个犹太人,是个专找富婆结婚寻求发财吃软饭的家伙。对任何一个关注自己声誉的女人来说,他都绝对太年轻了。当然,威利斯是个例外。她和博龙斯基满腔热情地在捣鼓那个王尔德写的新版的《莎乐美》。王尔德总是炫耀性地在自己的翻领上别一朵向日葵,这个人四处宣讲为艺术的艺术。这本特别的书通篇都是有伤风化的插图,一个名叫比尔兹利①的英国人画的。

一天晚上晚饭过后,博龙斯基朗诵了几首他写的诗。波克发现这些诗既色情又晦涩难懂。他在他朗诵第四首的时候走了出去。

威利斯跟她外甥女一起度过了两个下午。她第二次外出回来后十分生气。她私下里对内尔说道:"我看到了好几个伤口。我让她把袖子撸起来给我看。我不管你是不是我姐姐,如果你再让那姑娘放一次血,我就去告你。"

"这是伍德罗大夫推荐的。此外,这都已经过去好几个星期了。我们只是尽力想把她的毛病治好。"

"哦,好极了。那你干吗不雕刻一个神围着它跳舞呢?你干吗不绑架几个小孩子在月光下把他们的心挖出来呢?"

"威利斯!"

"克利夫兰那个地狱般的地方听听都太野蛮了。要不是她是一位正派诚实、光明磊落的姑娘,我本来今晚就想把朱莉带离这个地方,你和你老公彻底误导了她,吓唬她,让她相信那些胡说八道。她觉得她欠你们的,就是因为你们是她的父母。"

内尔差一点昏倒,她冲出门去。威利斯则打点好行装,在她那位魁梧健壮的情夫陪同下,坐七点钟的慢车去了法兰克福。

当晚他们在准备上床的时候,波克听老婆讲述了她们的争吵。"也许她走了是件好事。"内尔说道,"但愿我们永远不要再见到她。"

"这样固然好。"波克费力地穿上睡衣,说道,"但是,没有人会这么幸运。"

---

①比尔兹利,即奥布里·文森特·比尔兹利(1872—1898),英国插图画家,他受过的唯一正规训练是在威斯敏斯特艺术学校上过几个月夜校。其画风深受爱德华·伯恩·琼斯和日本版画的影响,很快成为被新艺术运动大力倡导的曲线黑白装饰插画的大师,1894 年为王尔德的剧本《莎乐美》英文版创作插图,因而声名远扬。同年,成为新创季刊《黄书》的美术编辑和插画师。26 岁时死于结核病。

接下来的星期三，波克去了治疗屋。一个弦乐四重奏乐队正在其中的一个公共交谊厅演奏海顿的乐曲。棋牌室十分繁忙。治疗屋是该矿泉疗养胜地的国际交流中心，但此时波克感兴趣的是阅览室。他最近发现了好几份海外的报纸，包括《芝加哥论坛报》。

他浏览着一份四个星期前的报纸，突然看到了一则有关乔·克朗的惊人社会新闻。这位啤酒商关闭了他在密歇根大道上的豪宅，带着老婆孩子去了卡罗来纳的庄园，近期打算在那儿待一段时间。

波克有点幸灾乐祸，他估计，他对克朗的侄子闪电般的攻击是导致他们举家躲避的原因。在离家之前，他还听说克朗的大儿子，那个激进分子，离家出走了。看到这倨傲的乔·克朗的日子不好过，波克喜不自胜。他多么希望乔·克朗流亡他乡，永不回来。

意外邂逅发生的时候，朱丽叶还在卧床休息，经历每月的例假灾难。

那天早上，斯托克内希特大夫跟波克一起共进的早餐。他在自己的盘子里堆了一大堆鸡蛋、香肠、面包，而波克则挺生气的，只能就着他的保健盘子吃一小点食物。尽管如此，他们还是非常开心地就种族的纯净问题交谈了好长时间。波克发现这位大夫是他所见过的德国人里面最对胃口、最明白事理的人。

波克说他认为美国人的血统被那些前奴隶和移民给玷污了，这会带来潜在的灾难。斯托克内希特大夫同意他的观点。低级的血统有可能毁了一个民族。他认为如果面临这样一种威胁的话，政府应该加以干涉。假如有必要的话，应该冷酷无情。

他们握手，然后分别。波克在10月温和的阳光中摆动着手杖，到占地面积很大的治疗公园散步。他坐在湖边的石凳上，瞧着两只庄重的天鹅游过，后面跟着两只有趣的小天鹅。他正坐在那儿的时候，突然被吓了一跳。一个人沿着小道朝他跑来—— 一个美国人——更加让人惊奇的是，还是一个芝加哥人。

"范德霍夫先生吗？早上好。我是威廉·范恩·埃尔斯特里。"那人摘下单片眼镜，伸出一只手。惊讶万分的波克握住手。埃尔斯特里的左臂上戴着黑纱。

"是啊，当然啦，我知道你是谁。坐下好吗？太荣幸了。真是个惊喜。"

埃尔斯特里坐下。他摘下一双淡紫色的手套，放到他的文明棍边上。他拿他的霍姆堡毡帽给自己扇着风。波克的小眼睛瞄向了另外一个地方，瞄向了威廉·埃尔斯特里的下巴。这人绝对算不得英俊。但是，他魅力四射，更为重要的是，他有唯财富才能带来的强大力量。

“你和你的家人在做水疗，我听说。”埃尔斯特里说道。

“没错。我猜美国人啊，到哪儿都很快就人尽皆知了。”波克还毫无必要地“哈哈”了两下。埃尔斯特里回之以微笑并点了一下头。波克说道：“请问你怎么刚好也在这儿呢？”

“哦，同样的原因。水疗。不过你和我这样见面——那纯属偶然。”

不知何故，波克不太相信这个话，虽然他说不出为什么。埃尔斯特里有可能在报纸上看到了他们家在这个矿泉疗养胜地。美国人尤其是美国名人外出游历的报道遍及欧洲。阿斯特太太本周在布鲁塞尔，范德比尔特太太于周六抵达佛罗伦萨……

“范德霍夫先生。”

“什么事，先生？”

“既然我们这样邂逅了，请允许我说说最近一直萦绕在我脑子里的一个话题。我希望不会冒犯你。”

“不，不，怎么会呢？”

“哦，有原因的。也许你会说我不合时宜，因为距内人玛格丽特故世的时间相对短了一点。她今年夏天在芝加哥走了，死于中暑。”

“我在报纸上看到了。悲剧，悲剧。请节哀顺变。”

“谢谢。”埃尔斯特里凝望着秋季天空的卷云，“我还在服丧，还要几个月。”

“应该的。请继续吧。”

埃尔斯特里裁剪得十分精致的套装的两个肩头稍稍往下塌了一点：“从哪儿说起呢？玛格丽特和我——嗯，我假如坦诚相告，你不会介意吧？”

“不会，不会。”波克赶紧说道，急于博得这个人的开心，因为在他内心里，他认为这个人是比他优越的人之一。埃尔斯特里家成为富裕人家比范德霍夫家要早很多。

“玛格丽特和我最近几年根本就没有那种最爱的关系。两个人合不来。”

“这种事情常有发生。不过你们维持了婚姻关系——”

“哦,是啊。那只是为了维护体面。”

“我觉得也是。”

“范德霍夫先生,你不仅仅是跟你妻子一起来这儿了,还有你可爱的女儿呢。”

他吃了一惊,说:“是啊。”

“你知道的,我见过她。”

“会堂大楼,是吗?”

“正是。”埃尔斯特里笑了,那么迷人,那么热情,“一开始,我钦佩她的美貌,钦佩我认为是智慧的那种东西。我坦言,先生,我希望你不会骂我。我在准备这趟旅行前,花了好几个星期躲到长岛的家庭住宅区——南安普顿。在那儿我脑子里经常浮现出一个身影。对此,我有一种并非无足轻重的尴尬和内疚。你知道,当玛格丽特死后,我发誓在一定的时间内绝不去想另外女人。一年或者一年多一点。”

波克惊呆了,早就倾身向前,急于听这位富翁也许会提出的要求。

“说下去,先生。把你脑子里的想法说出来。”

“谢谢你。其实很简单。等合适的时间过去之后,我想征得你的同意拜访你女儿。”

波克坐回身子。难以置信,喜从天降。埃尔斯特里出身于芝加哥最好的家庭之一。他被众口一词地认为是一位和善谦恭的人,风度翩翩,能说会道。而且,他还是一位普林斯顿大学的毕业生。波克几乎连想都不敢想,朱丽叶能找上像他这样的婚配对象。

“范德霍夫先生?”埃尔斯特里看上去十分担忧,可能误把他的沉默当作拒绝了。

“哦。对不起。我只是被弄得措手不及。”

“不会是生气,我希望。”

“不,不。就是太意外了,仅此而已。你坦率,我也坦率。你的请求可以的。

完全可以的。你要是来访，朱丽叶的母亲会很高兴呢。我会感到荣幸。有一段时间了，我们一直——啊——在关心我们女儿所交往的男性朋友呢。希望找得好一点——使她的未来有丰足的依靠。”

然后埃尔斯特里笑得十分热情：“我很开心听到你这么说。不过，我必须得提醒你。我已经四十四岁了。”

“一点问题也没有。”波克激动地说道，“明白事理的女人看重成熟的男人。”

“但还是问问你女儿是否会对我感兴趣的好。”

“不用不用。况且，这种大事情，那都是她母亲和我说了算。”

“这倒是的。”埃尔斯特里喃喃地说道。他再次笑了。

天大的喜事，波克心想。真是令人惊讶、不可思议、完全出乎意料的天大喜事啊。接着，他又突然感到一阵惊恐。这样的乘龙快婿，来得容易，也可能去得很快啊。他将手伸进自己的大衣里去摸一个银盒子。

“我们一定得加深认识。你想抽根哈瓦那雪茄吗？我可以称呼你比尔吗？”

埃尔斯特里说叫比尔挺好。他接过一根雪茄。他们开心地聊了一个多小时。

The Crown Family Saga

克朗家族传奇 II

[美] 约翰·杰克斯 著

董惠铭 译

浙江教育出版社 · 杭州

第六卷 码头区 1895—1896

摄影是一项了不起的发现，是一项吸引最具出众才华的人的技术，是一门能让最敏锐头脑激动的艺术——而且是一门傻瓜都可以玩的艺术……唯一无法被训练的是情感。

1856 年

法国摄影家加斯帕德·费利克斯·图尔纳乔恩①（“纳达尔”）

我不了解你们那些市长，但是上帝遗弃了芝加哥的这个区域。

1897 年

基督教新教布道家德怀特·莱曼·穆迪②，于第一区

①加斯帕德·费利克斯·图尔纳乔恩（1820—1910），法国摄影家、漫画家、气球驾驶员、记者、小说家。

②德怀特·莱曼·穆迪（1837—1899），美国基督教新教布道家，在芝加哥创办主日学校（1858）、穆迪圣经学院（1889），后参加基督教青年会，与艾·戴·桑基到美、英各地主领“奋兴布道会”，鼓吹“教会大复兴”。

第五十七章　保罗

“我会教你的。”韦克斯·鲁尼第一天晚上就说道，“给你个地方安顿下来。我吃什么，不管多烂，总有你一份。但是你得找个工作，我没法给你付薪的活儿。我自己都很难挣到钱养活自己。”

“行。”保罗说道。

“还有一件事情。我不管你在外面叫自己什么，但在这儿，你就叫达奇。”

保罗躺在草荐上，身上盖着一床蓝色的旧羊毛毯子，上面标着“美国军队”字样。他将毯子拉到下巴下面。小阁楼又潮湿又阴冷。头顶上方，小阁楼的天窗外面，远远的月亮洒下银辉，月亮前面，有飘动的云彩，那颜色像木柴的青烟。早先，天下过雨。天窗上的雨滴恍若钻石在闪光。

保罗不喜欢“达奇”这个称呼。把德国人叫作“达奇”是有原因的，那都没什么关系。说“达奇”比说“德国人”容易。但他已经选了一个美国名字“保罗”，他不想别人再强加一个给他，就是韦克斯·鲁尼先生也不行。他该如何阻止韦克斯叫他这个名字呢？

保罗觉得，鉴于鲁尼这么慷慨大方，他也许不应该反应太过激烈。他刚刚开始自己创建新的生活，容忍一段时间的“达奇”也是可以的。也许韦克斯自己会厌倦或者忘了这个名字。

毕竟，新的生活是最重要的事情。在这儿，他有值得称道的机会。为正在到来的现代化新世纪，他有机会掌握一门现代化的新技艺。他将专心致志地学习鲁尼教他的一切。他要证明堂哥乔关于美国的愤懑观念是错误的，他也要证明伍珀塔尔市那个面包师的预言是错误的。当朱莉大旅行结束回家之后,他要想方设法说服她跟自己结婚——哪怕她父母反对。

他很遗憾失去了相处那么融洽的亲属,他必须得从头再来。如果说美国剥夺了他一个家庭,那么他必须记住,美国也给了他一个朱莉。

早上,保罗请求韦克斯·鲁尼给他一个图钉,并请求他同意自己将一样东西钉到小阁楼的墙上。他将那张纽约港的立体画钉到了地板上草荐旁边的地方,这样他一醒来或者睡着前就都能看见它,自由女神在向他召唤。

鲁尼的摄影圣殿位于芝加哥第一区。鲁尼说,该区在1890年的时候扩大了,现在从密歇根湖一直往西到芝加哥河的南支流,从芝加哥河往南到第二十九大街,最西南角是第三十一大街。

这个巨大的区是该市大多数公司的办公之地,拥有最好的宾馆以及一些大型百货商店。克朗家就住在第一区。范德霍夫家也是。那些危险的盗贼和杀手、堕落的娼妓,以及美国一些最奸诈的政客也住在这儿。

范布伦大街以南的第一区有着芝加哥最邪恶的区域,包括小切尼区,鲁尼的摄影圣殿就位于此地;还有码头区,一个甚至更加臭名昭著的地方。哈里森市长强势提出了一个观念:满足1893年世界博览会客人的每一个愿望。作为寻求刺激的目的地,码头区在这之后蓬勃发展起来。尽管"我们的卡特"被过早地暗杀了,但是他的开放城市依旧保持着开放,而且繁荣兴旺。

保罗来到码头区和其他地方寻找工作。在大雪纷飞时,在雨雪交加里,在惨淡阳光下,在刺骨寒风中,他疲惫地走遍大街小巷,哀号的寒风刮得他的脸麻木不堪,刮得他的皮肤疼痛万分。他在分类广告里寻找机遇。他爬上黑黑的楼梯,到那些破破烂烂的办公室碰运气,但是在那儿,就连那些听上去单调乏味的工作也早就有人干了。

"这是大萧条,我们还没有缓过来呢。"韦克斯说道,"还有,冬季本身就是凋敝的时候。你注意到了码头区街道边上那些房屋了吗?百叶窗都关了,是吧?到明年春天,百叶窗才会打开呢。温和宜人的夜晚,先生们会两眼紧盯着牲畜,或溜达,或驾车,来来往往。天气好起来之后,等更多的妓女开始工作了,其他的活儿也就开张了。别灰心丧气。"

韦克斯·鲁尼的摄影馆价格很低,因为他的大多数顾客都很穷。譬如,口袋干瘪,拿不出更好的东西馈赠亲友,只好给张结婚照的新婚夫妇;再譬如,想给孩子廉价拍张照片寄回故国老家去的父母亲。韦克斯不善于哄小孩子,却总是能把他们最恶劣的一面给激发出来。他们不听他的使唤。他们用沾满糖的手把他的道具凳子弄得很脏。有一次,他给一个小孩摆姿势,那孩子突然吐了起来,把沙发、地板和韦克斯的裤子吐得一塌糊涂。保罗很快便明白了个中缘由,为什么韦克斯纵有非凡的才华,但是几年的苦心经营,却仍无法过上体面的生活。他总是像抢一样地要房租,总是强迫他二楼的转租户提前交房租,总是因为店里的某些商业活儿而尴尬不已。

有一个这样的活儿,那就是为年轻漂亮的女人印大幅照片,贴到那些邪恶区域的音乐厅外面。

"低级夜总会和音乐厅比音乐会多。"韦克斯在保罗问到这些照片时很不情愿地解释道,"你很少看到敲打琴键的傻乎乎的钢琴手,但总是能看见大量的女人,美其名曰女招待。她们就是在等那些笨蛋给她们买喝的,喝的东西大多数就是加了颜色的水。姑娘们——'姑娘'是八十五岁以下女招待的统称——干活抽取佣金。像老话说的那样,她们中有几个人的脸都适合于中止时钟走动了。所以,老板们用更加漂亮的脸蛋吸引顾客进店。像这些这样,在这一批里,有两位女士是比较高档的巡回剧团的女演员。三个已经死了,她们的照片我用了好几年了。其余的我不了解。摄影师拿这些照片换取好处,添置设备,诸如此类吧。"

"你是说照片上所展示的这些女人不在音乐厅里工作了吗?"

"很不幸,我就是这个意思。"

"鲁尼先生——恕我直言——你告诉过我照片不应该说谎。"

"这些照片没有说谎,是老板们在说谎啊!我只是中间的那个人。那个不想饿死的人。好啦,走啦,我得在六点之前把这批照片送到汉尼根音乐厅去。"

韦克斯和保罗没有饿死,可是韦克斯带回家的食物数量极少,质量极差。骨头汤差不多只能给狗吃。一个个芜菁甘蓝、一捆捆又老又硬的绿叶菜。他们的面包来自穷人排着队买面包的面包店。这些几天前烤的面包都馊了。

屋子后部他们吃饭的那个小房间里，韦克斯经常给他儿子的照片擦灰尘。保罗思索着这个小男孩的死。韦克斯称其为一个令人遗憾的意外，一个他责怪自己的意外。此外他不肯说更多，保罗觉得他也不应该问有关的问题。

1 月份，找了两周工作后的周末，保罗获得了一份工作，身前身后挂广告的广告员，背着纸板，给一家低价的咖啡店做广告。乔叔叔把这类三明治式的广告员叫作街头小贩的渣滓。但保罗不能过于挑剔。

咖啡店老板说，保罗得每天走街串巷十个小时。走完十个小时，他将拿到三美分钱，还不到他在克朗啤酒厂薪酬的四分之一。他第一天上街的时候，天正下着雨夹雪。他没有连指手套，只有帽子和短外衣御寒。咖啡店和驶过的马车里的人们根本就无视他的存在。那天晚上他回到摄影圣殿的时候，又是打喷嚏，又是浑身发抖。

韦克斯愁坏了：“你不能继续干这个活儿，你会得流感死的。”

“我能干。”保罗坚持己见。

而且他干着。每天结束的时候，老板要求他回到咖啡店把广告牌放好。到了第三天晚上，他发现老板正在跟一个年龄稍大、身材肥胖、穿着破烂的男人交谈。

“这是我内兄索利，他原先有个固定活儿，今天被辞退了。我得把广告牌的活儿给他。这是我给你的工钱，额外加了点。”

保罗震惊万分，痛苦万分，像生了重病一样，带着做三明治式广告员挣的“可观”报酬——十美分回家去。

威廉·伍兹法官以藐视法律罪判了尤金·德布兹六个月徒刑。1895 年 1 月，德布兹开始在伍德斯托克的麦克亨利县监狱服刑。报纸报道说，这样做的理由是库克县监狱这个地方已经人满为患了。

保罗为德布兹先生感到难过，德布兹先生给他的印象是一个诚实而又讲原则的人。他同情勇敢地走上街头反对普尔曼最后失去家、失去工作甚至失去生命而一无所获的人们。在华盛顿政府的帮助下，铁路公司赢得了胜利。

一想到徒劳无功的罢工，他不由得想起了堂哥乔。他不知道他们是否还能重逢。有时,他情不自禁有一种隐约的预感,他的堂哥或许已经死了。

他又找到了一份工作。那就是在范布伦大街上一家名叫“铜牛”的闹哄哄的饭店里清洗厕所和倒痰盂。穿着油腻腻黑色燕尾服的服务员全都是比他年纪大的男人,他们对每一个新来的或者比较弱势的人都横眉冷对。保罗仅有一个朋友,一个名叫默梅尔斯坦的中年胖子洗碗工。那些服务员叫他犹太佬萨姆。

一天晚上打烊时间,一个老是抱怨小费少的服务员毫无来由地把火撒到了犹太佬萨姆的身上,两个人打了起来。另外两个服务员也加了进来。他们把默梅尔斯坦的头按进那只盛满洗涤水的很大的镀锌盆里。老板和其他服务员围在四周,哈哈大笑着。默梅尔斯坦发疯般地挥舞着双臂。保罗知道,当着这么多以折磨他人为乐的人的面,他要是介入进去,简直太傻了。他跑到黑乎乎的饭店里面,抓起一张小桌子,朝一扇玻璃窗扔去。

服务员们放开了默梅尔斯坦,冲进餐厅里面。老板逮住保罗,质问道:“你砸窗户干吗?”

“这样你们就不会把萨姆淹死了。”

“你个小杂种,你关心犹太佬干什么?把这个杂种赶出去。我要把你的工钱拿来修窗户。”

韦克斯开始教他摄影技术。课是在晚上上的,一般是保罗寻找工作回来之后,或者他干完活回来之后。即便累得几乎人事不省,他也坚持说自己精力旺盛、机敏灵慧、热情高涨着。

“19世纪50年代,那是摄影艺术最早的起源年代,”韦克斯对他说道,“一位喜欢用‘纳达尔’署名的法国天才说,摄影理论一个小时就能教会,基本技术一天就能教会,但是艺术是教不来的,对拍摄对象和环境的敏锐观察是教不来的,构图是教不来的,想象是教不来的。我可以很快就把你需要了解的技术的方方面面教给你。至于其余的,要么你自身发展技术、发展艺术,要么你不会。在这一点上,我早已形成了一个观念。”

“先生,您能具体说说吗?”

“在摄影界，有一种说法你会经常听到，叫潜影。就是说影像起初是看不见的，当一层叫感光乳剂的感光物质在光线下曝光后，涂了感光乳剂的表面就会形成一个影像。在这个阶段，你看不见这个潜影，但是它是存在的，等待着通过冲洗工序将它显现出来。以此类比，我感觉你的内在有潜影。你目光敏锐、脑子聪明。最重要的是，我们在世界博览会上第一次见面时我就发现，你迫切想全面学习这门现时代的非凡艺术。”

“当然啦，在摄影领域，你不需要绘画技能。你是用光在绘画，光用其自身神奇的力量构成影像，当然也需要你创造性的心灵配合。这就是潜影——才华。冲洗这个影像——将它呈现给世界——让这硕果也能为其他人所欣赏，将是我的任务、挑战和快乐。”

他慢慢地转过身去注视着那张深褐色的照片，里面就是那位卷头发的漂亮小男孩。

“我会为你做的，就像我为他做的一样。”

保罗纹丝不动地坐着。第一次，他理解了韦克斯友善和慷慨的缘由。他明白了他在韦克斯的人生中正在扮演的角色。他在不知不觉中已经扮演了好几天了。

好吧，他将继续扮演这个角色，他乐意扮演。

一夜又一夜，保罗的头脑里装进了一个个事实、名字、事件。法国巴黎的路易斯·达盖尔①，他改善了最早的照片冲洗工序；从此以后，该工序就以他的名字命名。约翰·赫歇尔爵士②，一个英国人，发明了“摄影”“正片”“负片”等词汇。弗雷德里克·斯科特·阿彻③，发明了将感光晶体溶于玻璃干版上湿的火棉胶里做成底片的摄影工艺。

---

①路易斯·达盖尔（1787—1851），法国发明家、舞台美术家、核物理学家，与尼埃普斯合作发明达盖尔银版法。

②约翰·赫歇尔爵士（1792—1871），英国天文学家，研究双星和星云，发表双星总表，观测南天星云，测定恒星亮度并加以分类，著有《天文学纲要》。

③弗雷德里克·斯科特·阿彻（1813—1857），屠夫的儿子，当过银匠和雕塑匠，1848 年发明了火棉胶摄影工艺。

韦克斯解释说，整个内战期间，马修·布雷迪等所有的战地摄影人全都是用的湿版工艺。所以他需要不透光的马车。“你得在马车里涂好干版，出去拍片，然后马上跑回到车里冲洗。我所看到的第一批干版大约是1865年来自利物浦的溴化银明胶干片。到1880年的时候，得益于伊斯曼对摄影工艺的完善，湿版一去不复返了。”

设备也经历了逐步发展，韦克斯说，例如19世纪50年代拍摄裱好当名片用的四四方方小照片的照相机。“一块干版，可以进行多次小范围曝光。你只要滑动干版夹到不同的位置即可。这种相机使这个行业变得很机械，因为照相馆可以雇佣傻瓜拍照。很快，每个名人都想在名片上放一张照片——有标准尺寸的卡纸板托底的纸质照片。人们千百万张地收集这种有照片的名片。大家称这种新发明为‘卡多马尼亚’。”

韦克斯收集了成千上万张各种类型的老照片。有一些是搔首弄姿的模特儿，讲述一个寓言故事，像《两种生活方式》——左边是勾引绅士的罪人，右边是被救赎的人们。保罗认为，那些罪人，即赤裸着上身的懒洋洋的丰满女人，反而是这张照片的亮点。

有一些照片充满柔情。《离去》，韦克斯说这张照片在19世纪50年代后期是一幅畅销品，描绘了一位飘逸秀美的姑娘躺在床上奄奄一息，家人们怀着无比怜悯和悲伤的心情看着她。

韦克斯拥有一盒盒尘封的达盖尔银版法拍的照片，放在一些丝绒衬里的皮箱里，有些还有手绘玻璃的镜框。他有污迹斑斑的光力摄影照片和用大剪刀从母版上剪下来、剪得凹凸不平的廉价的铁板照相。看着这么多的面孔，他变得迷迷糊糊。

“你认识这些人吗？”保罗问道。

“一个也不认识。我估计他们中大多数都死了。但是他们全在这儿，这就是其意义所在，你明白吗？人早就走了，但是他们依然在这儿，他们的音容笑貌，他们的本质——他们的瞬间——留存了下来。这些——”他哗啦哗啦地摇了一下一盒铁板照相，“只有傻瓜才会看他们，才会把他们称为激动人心或者意义非凡的人。这些都是无足轻重的人，被人们遗忘了的人，就像你和我将来有一天也会被人遗忘一样。但是这些东西里面的理念，达奇啊——历史被捕获、时间被停止、死亡被战胜——才是激动人心的。这太辉煌壮丽了。这就是奇迹。”

他给保罗看了一盒盒发黄的风景明信片：“这些也风靡一时。”

“是的，我也收集明信片。”

“我的合伙人和我创立了一家公司，制作明信片。”他拍着一张照片下面的一行小字，芝加哥精美艺术照片公司；照片上是一个漂亮的东方姑娘，撑着一把阳伞，背景是一棵鲜花盛开的樱桃树。

“我们雇了摄影人，把他们派往世界各地。阿克罗波利斯、圣彼得堡、阿尔卑斯山、澳大利亚、基督教圣地①。有六年之久，我们生意兴隆。”

“后来怎么了？”

韦克斯叹了口气：“我太信赖别人啦。我把注意力集中在了艺术这一边，忽略了我的合伙人——或者说他经营的业务。一天，他携着我们的全部银行存款逃走了。我估计他跟哪个情妇一起生活在美国南方，但是我没有钱雇侦探来调查个水落石出。”

尽管有这样的挫败，但是韦克斯依旧保持着热情洋溢的本色：“新的镜头、新的快门、新的感光乳剂、新的照相纸——这个领域每时每刻都在发生着变化。伊斯曼先生，这位罗切斯特的干版制造商，使摄影发生了革命性变革，因为他发明了将感光乳剂涂布到纸片上的方法。伊斯曼是个聪明小子。你以为他发明柯达相机是为了卖更多的照相机吗？不是啦，先生——绝对不是照相机，照相机实际上是赠送的。他希望人们使用照相机，这样他可以卖更多的胶卷。”

那些讲课和演示虽然令人激动、帮助很大，但是所教的内容总是有限。二月份一个冰雪融化、天气转暖的星期日，韦克斯擦干净一架表面颗粒状的黑色柯达照相机，说：“理论说得够多啦，你得开始实践了。暂时腾出一两天别去找工作。天气很好，我希望你到街上去拍一些快照。”

保罗说他不知道或者说不理解“快照”是什么意思。

---

①指巴勒斯坦。

“这需要搜寻。搜寻的人快速地把一个镜头拍下来，就叫拍快照，不管有没有拍到目标。这种相机没有办法看到镜头所看到的东西。你只管瞄准，希望拍到有价值的镜头，然后咔嚓。”

他在地板上诙谐地跳着小小的舞步做示范。“咔嚓，咔嚓，咔嚓！”他停下舞步，将柯达相机递给他，“这种款式的相机上市已经有两年了，但是拍出来的照片很好。一直没人来买。给你了，你留着。”

保罗用双手接过照相机，满脸堆笑，像晴朗的朝霞般灿烂。韦克斯也哈哈大笑起来，一面亲切地抚摸着保罗的头。

“我的明星学生。”

保罗在城里四处拍快照。他带回了街车的照片（拍糊了），拍下了检修孔的盖子（几乎认不出来），照出了手推车（倒是认得出来，可惜毁在了构图不当）。他在密歇根大道对面的不同角度拍了克朗家豪宅的六张照片。韦克斯走进暗室，冲洗胶片，给保罗洗印快照。

“没有多少想象力，但是技术没问题。”韦克斯边说边拿起一把剪刀将湿漉漉的照相纸剪开，用木头衣夹把每张照片挂到绳子上。“除了想要拍摄有轨电车的运动外，这种廉价的镜头和快门拍不了动感照片。这幢房子你为什么拍了这么多照片？”

“我原先住在那里。”

“噢。”韦克斯拿起另一张照片，“这些真是败笔。瞧这两个手推车货郎。因为拍摄的角度不好，看上去电线杆是从那两个人头上长出来的一样。你看哪儿去了？你的注意力集中到哪儿去了？”

“我会拍得更好的。”保罗说着，心中十分沮丧。

“好吧，但是还有呢。你所选择的主题——我的天哪，太乏味了。那些货郎看上去像还魂尸。你难道不可以跟他们唠上几句，让他们有活力一点吗？再去试试。给我拍一些不会让我犯困的东西回来。”

第二天早上，他又出门了。太阳高悬在明净的天空，所有的脏雪堆全都融化了，水在街沟里奔腾流淌，潺潺的声音预报着春天的来临。天气是那么暖和，可能已经是5月了。他开始往克拉克大街走去，但是突然停住了脚步，他看到了三个穿着花哨、涂脂抹粉的女人正在万普勒红灯宾馆的台阶上晒太阳。他认识那个年龄最大的，这人块头很大，她的嘴巴上画着一只红红的蝴蝶。她穿着一双拖鞋和一件旧的缎子长袍，胸口露出深深的乳沟。刹那间，他鼓起勇气。

"你们好，女士们，今天怎么样？"他满脸堆笑地朝她们走去。

几个妓女里面最年轻的那个瘦得皮包骨头，鼻子长长的，一副欠她多还她少的样子。她朝他吹了一口烟："滚开，小屁孩。我不服侍幼儿。"

"呀，弗洛斯，我接过比他还小的客呢。"第二个妓女说道。这是一个其貌不扬得令人难以置信的姑娘，不过她的绿眼睛挺漂亮。"至少我觉得比他小。你几岁啦？"

"我十八啦。确切地说，快十八了。"

"嗯，过一会儿来吧，我们要四点或五点才开工呢。"

"女士们，女士们，"保罗说得很快，"我到这儿来不是为了——啊——那件事情。我想给你们拍个照。"

"哦，这个就是那种快照相机，我在杂志上看到过。"那其貌不扬的妓女说道，露出感兴趣的神色。

第一次，"红蝴蝶"妓女开口对保罗说话了："我以前在哪儿见到过你，小伙子。你在谁那儿干活，警察吗？"

"哦，不，我就住在那边的小店里。"

"穷光蛋鲁尼。"欠她多还她少的妓女说道。

"鲁尼先生。我是他的学生。"

"什么学生，学习怎么挨饿的学生？"

"呀，别损他啦，弗洛斯，他挺不错的。"其貌不扬的妓女说道。

"别太肯定。""红蝴蝶"说道，"他为什么要拍我们的照片？但凡有一丁点儿脑子的人都不会啊。"

保罗眼看机会要泡汤了，急中生智，对"红蝴蝶"说："我也认识你，那天有四个流氓袭击我，在这条人行道上打我，你就在这儿看。"

“对呀，我记起来了。”她的疑心减少了。保罗绽开热情的微笑。

“我那天让你看笑话了。你欠我一张照片，我觉得。”

就连那欠她多还她少的妓女也乐了：“他可真是个狡猾的小调皮。”

“好啊，干吗不呢？”“红蝴蝶”说道，耸了一下肩膀，挪着她庞大的躯体走下门阶来。“站起来，整理一下，女士们，我们让这个小伙子好好拍张艺术照。”

保罗开始咔嚓咔嚓地拍照。几个妓女来劲了，摆出各种夸张的姿势，歪着头，翘着臀，忸怩作态地拉开她们的长袍，露出些许膝盖和大腿来。一个卖刀具的小贩停下手推车观看，接着跟克朗啤酒厂竞争的另一家啤酒厂的一个板车车夫也驻足观看。当保罗拍完十二张照片、谢过那些妓女之后，那其貌不扬的妓女大声说道：“现在你不能停，我们得把老板叫出来。”很快，保罗又让万普勒红灯宾馆的红鼻子老板，然后是脸色苍白、肩膀溜圆的前台服务员，然后甚至是那个穿着邋遢、牙齿脱落、看上去有九十岁的可怜黑人厨师也一起来陪着妓女们照相。保罗又拍了十五张照片，然后他说他真的该走了。

“好吧，小伙子，但是你得给我们这些姑娘每人一张照片。”“红蝴蝶”说道。

“我会的，我保证。”

“弗洛斯说得对，你还真有两下子。哪天夜里过来，我们好好修理修理你。”她拿湿漉漉的嘴巴在他脸上印了一个大大的吻，留下红红的印子。另外两个妓女也亲吻他。保罗急匆匆地朝摄影圣殿走去，不禁有些受宠若惊。

韦克斯给了定论性的意见：

“好，这些好。光线太强了点，看见他们的面部色调了吗？太白了。但是你绝对从他们身上拍到了生动的表情。”

韦克斯想了一会儿后继续说道：“我认为我最初的推断是正确的，我认为你能掌握这个技巧。不过你要成为的不仅仅是一个纯粹的工匠。别把时间浪费在阅读那些摄影报刊和堆在这儿的东西上。那些东西当当卫生纸是好的，也只能当卫生纸。当你开始学习摄影时，要多看一些小说。只有小说家才具有捕捉细节的目光，比如巴尔扎克①、左拉②。”

韦克斯在书堆里翻找着，找到了三本黄色纸封面的左拉的书。“那些平庸之辈说他肮脏，因为他们从来就不喜欢那些勇敢无畏或者思想深邃的东西。”

一周之内，保罗就读完了《小酒店》，接着他阅读了《衣冠禽兽》，然后又浏览了那部让人兴奋的《娜娜》。在韦克斯的指导下，他反复阅读了左拉笔下内容丰富、情节优美的一些片段，有描写巴黎下层民众的，也有描绘剧院、客栈、轰鸣着飞越法国乡村的黑色火车头的。他明白韦克斯的意思。左拉就像一架拍人的照相机，分类并捕捉住了真相的方方面面，但是绝对不弱化这种真相，也绝对不掩盖这种真相。

当保罗将冲印好的照片送到万普勒红灯宾馆之后，那些妓女喃喃地欢呼惊叫起来。年纪小的弗洛斯，拿出了几乎一整瓶走了气的香槟酒，为保罗这位伟大的摄影师干杯。“红蝴蝶”再次主动提出跟他过夜。保罗谢绝了。他踉踉跄跄地走出万普勒红灯宾馆，脑袋嗡嗡直响。走了气的香槟酒让他跑到厕所吐了，但是没有什么可以破坏他获得成功的喜悦。

韦克斯虽然主要是拍摄静物和肖像的摄影师，但是他的目光并不褊狭。他们初次在世界博览会相遇时所展示的摄影也令他感到兴奋。那种会动的摄影。

他对保罗讲了爱德沃德·迈布里奇③的事情。迈布里奇是一个英国人，受雇为加利福尼亚州前州长利兰·斯坦福的一匹奔马拍摄了大量的照片。“州长想要证实一匹奔马在某些时候四蹄是同时离地的。他在这件事情上花了很多钱呢。迈布里奇的照片为他赢得了打赌。”

---

①巴尔扎克（1799—1850），法国作家，代表作有系列作品集《人间喜剧》，包括著名的《欧也妮·葛朗台》（1833）、《高老头》（1835）、《幻灭》（1837—1843）、《不分贵贱的妓女》（1843—1847）、《贝姨》（1846）等。巴尔扎克是迄今最伟大的小说家之一，其小说文笔优美、人物生动。

②左拉（1840—1902），法国小说家和批评家，自然主义文学的奠基人，主要作品有系列长篇小说《鲁公玛卡家族》20 部（1871—1893），包括《小酒店》《萌芽》《金钱》等。

③爱德沃德·迈布里奇（1830—1904），英国出生的美国摄影家，因拍摄美国约塞米蒂峡谷的照片而闻名。利兰·斯坦福曾雇用他拍摄一匹奔马，以证实自己关于“马的四蹄同时离地”的论点。迈布里奇使用一套 12—24 个照相机的特制快门，终于在 1877 年证实斯坦福是正确的。他广泛演讲动物运动的问题，并用一个动物实验镜（即电影放映机的前身）作为图解。他对人类运动的广泛研究至今对艺术家和科学家仍很有用。

韦克斯拥有迈布里奇一部叫作《动物运动》著作的所有十一卷书。它包含数百个整版插图，有动物的，也有人类的；有雄性的，也有雌性的；有走路、跑步、跳跃、弯腰、攀爬的各种姿态。保罗发现这些照片太令人震惊了。

韦克斯将身子探进另一只橱柜里，拿出一只边上开口、类似鼓一样的圆桶。一张张迈布里奇有关马的照片有序地贴在那个圆桶的里面，圆桶呈水平安装在一根金属杆子上。当圆桶快速旋转的时候，保罗通过那些口子望进去，看到了里面一个奇妙的景象，一张张静止的照片混合成了一个形象。那马看上去在飞奔。

“它叫旋转画筒。小孩子的玩具。这东西你没有见过吗？”

“没有见过，先生，柏林没有。”

“好吧。好好看看。最好把灰尘吹掉。”

保罗将它拿到屋顶上。一个冷飕飕的星期日，太阳光也不热，他侧身躺在那儿，头就在旋转的画筒旁边。一个个口子移动得飞快，画筒仿佛消失了一般。

而那匹神奇的马，却在飞奔……

好几个星期过去了，他对他的导师有了更多的了解。韦克斯在赚钱和攒钱上似乎真的没有天赋。在那个时刻，保罗认定，钱并不是你热爱摄影或者要把摄影当作终身事业的理由。

韦克斯喝威士忌喝得很凶，尤其是在夜间。白天要是没有顾客或者生意，他也会喝。保罗估计，他把本该买暖和一点衣服和好一点食物的钱都拿去买威士忌了。

威士忌麻痹了韦克斯的舌头。他说话含糊不清，会提到“我的很多缺点”或“我的主导感情，完全由不得我自己控制，也是这个主导感情，毁了我在卡罗来纳那个幸福的家”。说完这几句话，他会长时间地望着他儿子那张深褐色的照片。

有一天晚上，为了安慰他，保罗说自己根本没有发觉他有什么坏习惯。韦克斯从他的眼镜后面斜了他一眼。

“你会的。天气马上热起来了。天气一热对我来说就充满危险了，达奇。”

说着，他又给自己倒了一大杯威士忌。

2月中旬,保罗找到了一份新的工作,在一家名叫孤星酒馆的低级酒吧干点杂活。这家酒吧坐落在威士忌街道,斯泰特大街的西边,跟哈里森很近,服务对象有白人、黑人,还有保罗怀疑是职业扒手的小流氓。

孤星酒馆的老板是一个矮小的粗人,名叫米基·芬恩。他说他是爱尔兰人,来自皮奥里亚。他的腰带里总是塞着一只开桶起子。保罗上班的第一天,他就威胁要用这玩意儿对付三个吵吵闹闹的顾客。"我拿这个东西抠人的眼珠子。"他对其中一个说道,"你要是不闭上你的臭嘴,我也会把你的眼珠子抠出来。"

芬恩很得意,他在吧台的下面藏着一个很大的棕色瓶子。瓶子里装着乳白色的液体,他将这东西掺入某些没有防备的顾客的酒里。第二天午夜快下班的时候,保罗紧张地等在贮藏室里,他的雇主翻遍了四个躺在肮脏地上的顾客的口袋。芬恩十分粗暴地将他们翻来翻去,就像翻几袋肉。保罗惊恐地说:"他们不会醒来吗?"

"不会,给他们灌了蒙汗药呢。这玩意儿好得没治了。我干完这活儿,你就把这几个家伙拖出去,离这儿远远的。一两个街区就够了。这是你每天最后要干的事。"

芬恩注意到了保罗的表情:"你怎么啦,小子?听不懂我的英语吗?我要你干的就是——"

"我听懂了,芬恩先生。我不喜欢这样的活儿,我不干了。"

"好你个德国杂种,过来。"芬恩尖叫着,从他的腰带里扯出他的酒桶起子。此时的保罗早已经跑出小巷,无影无踪了。当晚,保罗有好长时间睡不着。堂哥乔是对的,实践证明,他很多有关美国的看法都是愚蠢的幻想。

2月下旬的一天,保罗跟往常一样,在万普勒红灯宾馆的大堂里挨个浏览分类广告。今天他拿到的是一份《国际海洋》,他发现上面没有适合他的工作,于是便翻阅着那些社会新闻。一则新闻让他的心跳加速。

范德霍夫全家

大旅行归来

他继续往下看,也就是三英寸长的新闻:“亲和迷人的朱丽叶·菲什伯恩·范德霍夫小姐将继续留在国外。”

他把报纸揉成一团扔在地上,又踢了它一脚。如果她像她说的那样爱他,难道不应该尽快回来吗?

不,他这样想不公平。他不了解情况。一定有某些紧急的事情让她耽搁在了欧洲。也许她又病了,需要康复。但是眼下他可能不知道原委。他得等待。

他会等的,毫无疑问。等待将会非常痛苦,但是值得。朱莉会回到他的身边,他肯定。

第五十八章　乔·克朗

就在那个冬天的早些时候，1 月份的一天早晨，乔·克朗骑着一匹精神抖擞的灰马，从距南卡罗来纳海岸几英里的大宅奇姆尼斯直奔大西洋。在联邦骑兵部队里，对一匹马来说，灰色是被人瞧不起的颜色。这匹名叫“老石壁”的灰马却是一匹美丽的马。

乔一夜辗转反侧，醒了好几次，凌晨四点钟就起来了。有几个星期了，他都睡得不好，他以前也有过这样的经历。有太多的事情需要思考，有太多的问题需要解决。他感觉自己老了。他成了各种各样让人烦躁、令人悲观的私事和公事的牺牲品。

他悄悄走下楼去，点亮一盏油灯，第二遍看一份精致的小册子，里面描述了哈伯斯堡学校的情况。这是一个专门招收父母都是德国人的男孩子的私立学校。这个学校的承诺天花乱坠，重点的重点在行为举止和社会品德的培养上。这是一门十分重要的课程，其中科学是一个重要组成部分，还有团队体育也是一个很重要的部分。学校坐落在纽约州的韦斯特切斯特县，与康涅狄格州交界。

在乔看来，这是主要的缺点。实际上他在美国的全部生活都在中西部。他赞同中西部的价值观，分享着中西部的神秘：中西部更加开放，更加友善，更加民主，而东部则封闭保守，傲慢自大，是一个金钱操盘手要弄阴谋、坑害百姓，桀骜不驯的社会集团因为有“老的血统”而凌驾于普通民众之上的地方。几年之前，有一个叫沃德·麦卡利斯特的可恶的花花公子自称是“纽约市四百最佳精英”的领袖和代言人，居然对芝加哥也有同样的上流社会这一观念嗤之以鼻。

尽管如此，东部仍有无可否认的优势。最好的大学在东部，最佳的私立学校也在东部,就像他考虑为卡尔物色的那个学校。哈伯斯堡学校承诺对学生实行一以贯之的严格纪律,这个吸引力十分强大。小乔以及后来的保罗,就是因为在芝加哥上学而带来了灾难性的后果。他不想让他冒冒失失的小儿子重蹈这一覆辙。

他对这个学校还犹豫不决,天渐渐破晓,他将小册子放到书桌上。他到楼上穿好衣服;伊尔莎早就起床,大概去烧早饭了。迄今为止,南卡罗来纳的冬天一直很暖和,所以他穿了一件宽松的棉布长袖白衬衫,衬衫的袖口扎得很紧,下面穿了一条哔叽裤子,裤脚塞进一双马靴里。

来到餐厅,他要了福特的妻子黛尔菲恩摆放在餐具柜上的咖啡和一块热乎乎的软烤粉末甜饼。他们是常年守护这幢房子的一对夫妇,都是本州当地的黑人,也是守本分的教徒。两人跟任何一个白人一样都认字,也会计算。

餐厅打开的各扇窗户,照进明媚的阳光,传来自然的交响。近处,小鸟啭鸣;远处,金属叮当。他还记得路边那棵被闪电击中的树。他的佃户奥菲厄斯·拉莫特在秋天的时候已经砍倒了那棵树,然后每隔几天就从树上砍一些木头下来当壁炉柴烧。

乔发现他没胃口吃甜饼,也不想喝香浓的咖啡。小乔的身影突然涌进了他的脑子里,占满了他整个脑袋。他总是这样,极度的愤怒和极度的痛苦令人绝望地交织在一起。他常常在半夜醒来,他儿子明亮的蓝色眼睛闪耀在他脑子的黑暗里,让人怒火万丈,让人唾骂千世……

可是,所发生的这一切,是谁之过呢?小乔!还有保罗,是他怂恿他儿子逃跑的。这毫无疑问。

他在马厩里备好“老石壁”的鞍,慢跑上奇姆尼斯大宅前用碎牡蛎壳铺就的环形车道。这幢大宅有两层楼,墙面的沙土碎石混合灰浆镶嵌了白色的牡蛎壳。屋子的两端各矗立着一个用石灰水刷白的很大烟囱。整幢大宅的前面排列着白色的柱子,柱子后面有一个很宽的阳台。乔挥手向伊尔莎告别,她刚刚从主屋后面的独立厨房里出来。乔觉得伊尔莎看上去很疲惫,而且不是一点点沮丧。伊尔莎也朝乔挥挥手。

乔用靴子踢着“老石壁”沿着宽阔的道路驶去,道路两侧种植着弗吉尼亚栎树，岁月变迁，阳光雨露，树枝在道路上结成了优雅的穹顶。乔用靴子跟轻轻磕着灰马控制方向；他脱下联邦军队的那套蓝色军装后，一直就没用过踢马刺。

金属碰撞金属的声音更响了。快到栎树“隧道”尽头的地方，奥菲厄斯·拉莫特正在用大锤和铁楔子劈一英尺长的树干。乔穿着他通常穿的犁鞋、粗斜纹布裤子、打了很多补丁的粗斜纹棉布衬衫，两条胳膊下面的部分早已经被汗水湿透了。奥菲厄斯1855年出生在卡罗来纳，那还是联邦军队将黑人解救出来的十年前。南北战争结束之后，他在阿什利河畔的一个名叫雷索卢特的种植园采用了他主人的姓；他主人在内战期间被杀害了。奥菲厄斯、他妻子莉迪娅和三个可爱的女儿就生活在这个庄园里，他的房子是在本区域其他黑人的帮助下一个房间一个房间慢慢建造起来的。

“早上好，克朗先生。”奥菲厄斯向勒住马的乔问好。奥菲厄斯有一个又大又丑的鼻子，他的脸上布满了麻点，可是他的牙齿完美无缺，他的微笑像阳光般灿烂。

“我来这儿之前，卡尔少爷就在我屋里跟普里茜玩上了。没问题吧？”

“当然没问题，只要他别欺负她就行。”

普丽西拉·拉莫特跟卡尔同龄，整一个假小子。她身材瘦小，跑步可以胜过他，但是摔跤摔不过他。卡尔喜欢跟普里茜玩，今天他的家庭教师又没有从查尔斯顿过来。昂加尔先生骑着他背部凹陷的马每周一、周三、周五来奇姆尼斯。

乔挥挥手，继续驱马小跑而去。道路变成了沙土路，穿越美洲蒲葵和松树，蜿蜒向前。他顺着咸味很重的西风，朝着沼泽地，朝着海滨燕麦草，朝着太阳升起的方向驶去。

乔想要一个人待着，好好想想。他将那团依旧剪不断理还乱的令人无法忍受的乱麻丢在了奇姆尼斯，正是这团乱麻把他从芝加哥驱赶到这儿来的。小乔离家出走——他的侄子也被赶出了家门，那是对他藐视尊长和忘恩负义的适当惩罚。乔有时候对命令保罗离开家这件事儿有点后悔。这种后悔令他十分痛苦，所以他不允许这种情形长久。男子汉大丈夫，一旦下定决心，那就敢做敢当，终生无悔。

可是，其他问题依然顽固不化地存在。弗里奇一天到晚胡扯，说她决定要从事舞台生涯。卡尔正在快速长个儿，变得更加成熟。他到秋天就十三岁了。青春期的叛逆还会远吗？

伊尔莎笑脸骤减。她说他对所有的孩子都太严厉了——对留在家里的两个孩子也依然太严厉。弗里奇和卡尔仓促地从他们正常上学的学校转学过来，转到南卡罗来纳过冬，在这儿要想不落下功课，就得靠昂加尔先生这位来自查尔斯顿的年轻男家庭教师的帮助。昂加尔先生是德国人；他的父母来自慕尼黑附近的一个村庄。昂加尔没有大多数巴伐利亚人所具有的随和宽容的性格。他聪明，但是傲慢，说话尖刻。卡尔和弗里奇跟他水火不相容。

“老石壁”机灵地沿着沙丘之间的乡道快速前进。乔听到了大海的声音。沙丘视平线的上面，天空万里无云，阳光明媚，流光溢彩。空气中飘来咸味，风暖暖的。

他驾驭着马穿过一个个沙丘，朝白色的海滩而去，海滩的地面硬邦邦的，十分辽阔，稍带点紫色的海浪温柔地冲刷着海岸。环顾四方，极目远眺，海滨空无一人。一只捕虾船下了网停在离岸不远处的海面上。除此之外，这天地间仿佛就剩一人一马这两样生物。

一只鹈鹕在阵阵轻风中滑翔。另一只鹈鹕一头扎进海里，然后在水面上漂着，估计是在消化一条鱼。马跑过之地，沙地上的蛤蜊洞便会喷出水来。马蹄起处，小地蟹纷纷逃离。

乔·克朗热爱卡罗来纳的低洼地区。它的美跟其他地方不一样。总的来说，他喜欢南方，这是千真万确的，尽管他在联邦军队服役时，使命便是杀害南方的子民。一年之前，他在亚特兰大开办了一家经销处，用他自己的冷藏车将一桶桶的啤酒从芝加哥运到这儿来销售。克朗贮藏啤酒在谢尔曼烧毁的城市里销路不错。可能的话，乔考虑将业务扩大到查尔斯顿，在那儿开办一两家专卖店；他在亚特兰大有三家。专卖店就是专卖一家啤酒厂的啤酒的酒吧。

在查尔斯顿或者在卡罗来纳州的其他地方开展业务时，他的确碰到了不少麻烦——尽管如此，他对卡罗来纳人依然具有强烈的好感，他在他们中间发现了一些他所见过的最友善和最亲和的人。有很多人，像昂加尔这样，祖先都是德国人。各国将一船一船的移民经查尔斯顿港送到了这些殖民地。

卡罗来纳人在热情和善、谦恭有礼的同时也狭隘保守，褊狭到极端。他们尊崇祖先尊崇到把他们供在神龛上。他怀疑，他们自命不凡的程度比东北部的那些旧家族更甚。卡罗来纳皇朝是否富裕无关紧要，事实上，战争结束三十多年之后，大多数人依旧面朝黄土背朝天。唯一要紧的是它是古老的，并有一个高贵的名字。

乔跳下马，让马休息一会儿。他把缰绳拴到一根漂流木头上，脱下靴子和袜子，在凉飕飕的海浪中赤脚行走。他必须赶紧回到芝加哥去。啤酒厂跟老板经常电报来回联系，所以他可以放心，啤酒厂自行运营一个月左右没有问题。可是，最终，他的性格使然，总是想要回去看看那儿的一切是否都还正常。这一次，他倒并不奢望如此。他对芝加哥不再抱任何幻想，芝加哥就是一条政治阴沟，完全受制于一帮贿选政客、市政委员，他们的权钱交易就是公开的。他们幕后得到了一些合伙人的金钱支持，创办起傀儡公司，然后将城市公共交通运输事业和其他公共事业经营权交给这些公司经营，目的只有一个——当一个合法的团体想要在城市的同一地区获得特许经营权的时候，他们便会以高昂的价格卖出去。谁都见怪不怪。谁也无所谓。

乔所在的第一选区是几个最坏的贿选政客的总部——譬如，库格林委员，一个来自贫民窟的爱尔兰人，这个政客跟一个名叫肯纳的酒馆老板勾结在一起。近来，那个该死的州长阿尔特吉尔德公开跟受库格林和肯纳控制的民主组织沆瀣一气。据说，其目的是协力抗衡民主党的东部派系，而民主党的领袖就是克利夫兰总统。谁都知道，阿尔特吉尔德为什么会跟这些坏蛋狼狈为奸，因为格罗弗·克利夫兰发疯了，派军队镇压了普尔曼罢工。阿尔特吉尔德想要复仇。

州长和芝加哥的贿选政客正在鼓噪什么支持鼓吹银币自由铸造的激进分子。无限制地铸造银币是一件肯定会分裂民主党的大事件。第一次，乔正在考虑干点他以前从未干过的事情——给共和党人投票。

他讨厌自己被迫采取这样的极端立场。这只是又一个明证，芝加哥乃至美国已经堕落到何种程度。

但是，家里乱成了一锅粥，他还要为芝加哥以及这个国家的混乱无序担忧，这不是傻吗？

两个小时之后，他策马驶回奇姆尼斯大宅。他刚牵着“老石壁”走进马厩，马厩的门便哗啦一声被撞开了。是紧张不安的伊尔莎。

“乔，快到小屋去一下。普里茜受伤了，很重。”

“出什么事了？”

“她跟卡尔在门口撒野。卡尔把她摔得太重了，她撞到了窗户，碎玻璃把她划伤了。”

乔跑过她身边的时候轻轻触摸了她一下，然后跑进晨曦中，沿着旁路跑去，这儿距奥菲厄斯·拉莫特和莉迪娅·拉莫特的那幢石灰刷白的房子有四分之一英里远。

奥菲厄斯看到他来了，赶紧过来迎接他。门廊上，莉迪娅俯身在普里茜软绵绵的身子上面。普里茜衣服上的一只袖子被撕了下来。鲜血在她的手臂上闪闪发亮，浸透了她躺在上面的毯子。卡尔站在门廊附近的沙地上，害怕地瞧着他父亲。

“她划伤得很重，克朗先生，但这不是卡尔的错。”莉迪娅在乔跑上门廊来的时候说道。

“真是要命。”乔咆哮着跪下身子。普里茜的眼睛看上去朦朦胧胧。她醒着，不过显然很痛。她手臂上的伤口有六英寸长，而且很深。当乔轻轻探查伤口的时候，小姑娘痛得喊叫起来。

“得去缝一下。绿池那儿的卡尔霍恩·马尼高尔特是最近的医生。我没跟他打过交道，但我肯定他能处理这伤。莉迪娅，奥菲厄斯跟我套马车的时候，你照看好她，保持伤口干净。”

奥菲厄斯·拉莫特满是汗水的脸变得焦虑不安：“先生，卡尔霍恩大夫——他不给黑人看病。”

“这事交给我。”

卡尔霍恩·马尼高尔特大夫的诊所就是一个房间，建在他那幢很大的柏木房子的边上。当乔噔噔噔跑上台阶敲门的时候，在门廊附近的几只矮矮胖胖的小山雀被吓得连忙飞走。

马尼高尔特是一位肚子已经发福的帅气的中年男子，一头银色的长发，让他更显高贵。“请进来，先生，我能为你做点什么吗？”

乔指着马车。普里茜已经坐了起来，用一只没有受伤的手支撑着自己的身子。“这姑娘发生了一点意外，她手臂的伤口需要缝合一下。”

马尼高尔特在一块他拿到门口的小毛巾上擦着双手。他用一种低沉但显然毋庸置疑的声音说道：“对不起，我不接受黑人病号。从这儿往北七英里，你可以找到——”

“我不能再走七英里，大夫。她在大量流血。”

马尼高尔特在他方形的金丝边眼镜后面眨着眼睛：“你是一个北方人？”

“是的，奇姆尼斯大宅就是我的。”

“啊，克朗。我听说过你。嗯，对不起，克朗先生，我真的不治黑人。”

乔走近了一步，用左手抓住已经被晒褪色的灰色门框。他比那大夫几乎要矮一个头。

“听好了。”他说道，“你得治这个姑娘，要不他们就会在一家查尔斯顿的医院里治你。你也许得卧床几个星期。你感觉怎么样？”

马尼高尔特避开了他的目光。他挥了一下毛巾，说道：“把她送进来。”

在回奇姆尼斯的路上，普里茜坐在位于马车夫座上的乔身边。她的头懒洋洋地靠在乔的肩膀上。她并没有完全睡着，但是马尼高尔特给她服了一调羹的镇静剂以缓释她的疼痛。马尼高尔特给她清理伤口、缝合，干得十分漂亮。他收费十五美元，简直是抢劫。乔毫无怨言地付了费用。

马车辘辘向前驶去，乔心想，马尼高尔特大夫在南方是典型的最坏的一类人；这些人顽固不化，他们纠结在过去而不能自拔，战争中遭到失败，和平时蒙受耻辱。他们老是想象着要维护他们的行为和赦免他们的罪行。在乔拥有股份的那家棉纺厂董事会的会议上，或者在查尔斯顿的银行和俱乐部里，他依然可以听到很多人在缅怀南北战争前那些乐而忘忧的日子。他们说什么那个时候“我们的黑鬼”远比现在生活在北方贫民窟的黑人要幸福——不管是否生活在北方的贫民窟里，他们至少是自由的。待遇不公、地位低下是事实，但他们是自由的。乔在很多卡罗来纳黑人受过伤害的眼神中观察得十分深刻，包括他的佃农奥菲厄斯和莉迪娅，他知道查尔斯顿的白人说的是谎话。

即便现在，三十年后的今天，内战的创伤依然在溃烂。整个南方大地，怨声载道的白人正在运用法律的武器剥夺像奥菲厄斯这样的黑人好不容易赢得的权利。用文化水平测验、人头税、财产条件等来刁难黑人投票。再次有了黑人学校、黑人城镇、教堂里的黑人楼厅。火车站有黑人厕所，而且挂着醒目的牌子，要求他们严格遵守隔离规矩。

乔像很多北方人那样，不愿意接受黑人青年成为他女儿的求婚者，甚至不愿意在密歇根大道上有黑人邻居。但是，他可以毫不犹豫地邀请他们中的佼佼者——律师、音乐家，以及像布克·托利弗·华盛顿这样著名的年轻教育家——到他家里来进行交谈或者聚餐。他认为这样的态度既在道德上符合正统观念，也是开明的。

普里茜的头在他的肩上轻轻地颠着。尽管她的眼睛闭着，但是她有着白色手掌的棕色的手还是找到了他的手。乔只需要一只手驾驭慢慢行走的马的缰绳。他握住普里茜的手，想到了卡尔，心里有了主意。

普里茜回到了她父母的屋子里，伊尔莎安慰说她会没事的，乔终于在两点钟的时候退到了他的书房里。昨天，斯蒂芬·兹维克寄来了一个装着备忘录与信件的厚厚袋子，由快马信使送到了奇姆尼斯。

他刚打开那只袋子，就听见打开的窗户外传来让人讨厌的噼啪声和大叫声。他一把拉开薄纱窗帘，将头探出窗外。弗里奇正在前阳台上蹦蹦跳跳，一面撕扯着自己的头发，一面像个小妖精一样大声喊叫着：“把绞索从我脖子上拿掉！把它拿掉！”

“天哪，别叫啦！”他将一条腿甩过窗台，爬出窗外。一张漆成白色的柳条桌上，他女儿从桌子上拿起一本纸封面的小册子。他看到是个剧本。

“爸爸，我在练习呢。我是《铃声》里的亨利·欧文。”

去年，乔和伊尔莎曾经带弗里奇去看过一位著名的英国演员表演他最著名的角色，马赛厄斯镇长。这位镇长被一位上了年纪的波兰犹太人坐着雪橇经过镇长所在的村子时杀害了。马赛厄斯从此便陷入负罪感和雪橇上的铃声而无法自拔，到第三幕的时候，他在激动万分的观众面前疯了。

“行啦，我受不了你那个噪音。我想集中精力工作。请行行好。”

“爸爸，我花了很多钱才在芝加哥买到了这本提词剧本。整整五十美分呢！请不要——”

“我说了把它给我。”他夺过提词剧本，绕过弗里奇身边，步子很重地从大门走进屋去。

伊尔莎快步从厨房来到通风的中央大厅。“乔？”他理也不理，转身走进书房，用脚踢上了身后的门。

危机一个接一个，没完没了了吗？他愤怒异常。他恨这种情感，他恨这种情感所代表的懦弱，但是他不能自已。他瞧着手中的这本提词剧本。他本想留它一个小时，然后再还给她。突然间，它变成了一个让人憎恨的物品。他将提词剧本扔进壁炉，划了一根火柴将它烧了。

傍晚时分，冬日的暖阳正在西下，伊尔莎轻轻地走进书房。乔一动不动地坐在他那张盖卷式书桌后面，他的双眼似乎并不在看那堆乱七八糟的信件，而是盯着前面的某个地方。过了一会儿，他抬起头来。他看到伊尔莎在衬衫外面披了一条方形披巾。

“你愿意陪我一起去散散步吗？”她问道。

“好吧，这主意好。我有话对你说。”

“弗里奇想要回她的书，如果——”

“她的书没了。”他指了指壁炉里黑色的灰烬。

“咳，乔！”她摇摇头说。她这一简单明了的谴责再次让他怒火万丈。

他和伊尔莎沿着大房子后面那条碎牡蛎壳铺就的小道走去。小道边上并行着一道很高的紫薇树篱，光秃秃的，为过冬被修剪掉了很多枝丫。接着，小道蜿蜒伸向一个海塘斜坡的边缘。海塘的下面，芦苇往西伸展，有一百多英尺长。芦苇的外面，便是潮起潮落的沼泽，沼泽地上有水，阳光照耀下，恍若一只铜锅的底，闪闪发亮。

她握着他的一只手，紧贴在自己的身体一侧。“你有话要说，不过我想先说。乔，我想对你说说你早就知道的事情。这个家里的问题太多了。”

他想挣脱自己的手。她微微朝他苦笑了一下，似乎在说，你的反应在我预料之中。她没有放手。

“你是在责怪我吗？”

“我是在说一个事实。好啦，走吧，别这么固执。”

他们继续沿着小道慢慢散步。小道通向水边的一个岬角。距岬角二十英尺的最宽处，一棵巨大的弗吉尼亚栎树一英尺粗的树枝覆盖在陆地和沼泽上面。伊尔莎靠在树干上。

“我们的大儿子离开了我们，谁知道会离开多久！我相信我们总有一天还会见到他的，但是这丝毫不会减轻分离之苦。小波利满怀希望来到美国，但他也走了，我希望没有走得太远。我们不能再把弗里奇或者卡尔也赶走了。”

“弗里奇该死的精神错乱了，满脑子的要上舞台演出——”

“我认为也就是一个阶段而已。所有女孩子都会经历这样的阶段。”

“你怎么这么肯定这是一个阶段？”

伊尔莎轻轻拍着他的脸，没有任何指责：“我是她母亲。你有很多角色，但这是你永远不可能成为的角色，亲爱的。”

这一亲密的举动让他感到惊讶，打动了他。突然间，他的愤怒缓解了。他从出来散步穿上去的那件旧外套口袋里掏出一根他最近开始喜欢的哈瓦那雪茄烟。他咬下烟头吐掉，接着在靴子上擦燃火柴。

“好吧，我该对最近发生的所有事情承担我的责任，承担更多的责任。”

“不，你没必要——”

“请让我把话说完，现在轮到我说了。我尽力按照我所受的教导和我所信仰的东西善意行事。我也是这样做决定的。卡尔将到东部去上那个学校。他需要纪律教育，让他收心。我今晚就跟他解释这件事情。”

“这样啊。”伊尔莎说道，突然变得冷淡，“只有丈夫做决定，是吧？”

“你怎么啦？我们来的国家都是这样操作的啊，这个地方也是。我们结婚之后也是这样的啊。”

“的确是的，可是世界在变。女人在变。”

“我已经太老啦。”他固执地摇了一下头说道，“教养我长大的某种方式是我唯一知道的方式。”

“是啊，是啊。秩序。是啊，亲爱的乔，但该是你走不同道路的时候了，那条路让你误入歧途啦。你得——哦，那话怎么说，适应？”

“适应。”

“对。当狂风暴雨来临的时候——我们这么说吧，当袭击这个海岸的飓风来临的时候——树都要弯腰的。哪怕弯到极致，也是为了生存。因为老天总是要送来暴风雨的，乔。总是。”

“对一个像我这样年龄的人来说，你这要求太高啦。”

“这跟年龄有什么关系？”

“你要是不理解，我可以跟你解释。我对卡尔的事情已经做出了决定。”

“也不征求我的意见？”

“你想怎么想就怎么想吧。这事儿定了。”

他扔掉雪茄，走回奇姆尼斯去。

伊尔莎托黛尔菲恩的老公福特捎口信，说她累了，想要休息，不想吃晚饭。弗里奇和卡尔吃饭期间几乎不说话。过后，乔想要到书房喝一杯荷兰烈酒。福特给他送了进来。

“还有其他事情吗，克朗先生？”

“是的，请把卡尔叫到这儿来。”

很快，小男孩的脚步声响起在了大厅里。乔拧了一下台灯的一个键，将灯芯抬高了一点，照得书房明晃晃的。要让电灯或者煤气灯这些设备走进低洼地区这么偏远的地方，很可能还要数十年呢。

卡尔走进门，一只手握住门把手站着。小男孩的身高以及粗壮强健的体形表明，他正处在发育期。

“卡尔。”乔用平和的声调说道。

“父亲。”

“今晚你去看普里茜了吗?”

“是的。我对她说我很抱歉。”

“是该这样。你也玩得太野了。普里茜是个姑娘,力气没你大。你就是下手没轻重,也不知道自己使了多少力。我知道你不是故意的,可是我们必须把人家的伤给治好。到了秋天,你要去上一个新的学校,在纽约州。他们很重视文化课知识,不过他们也重视绅士风度的培养。”

他给卡尔看了那本小册子,还解释了里面的好几点内容。整个谈话期间,卡尔一直笔直地站着,一句话也不说,像个普鲁士士兵。乔说完之后,卡尔表了一个态,这正是他父亲想要和期盼的。

“好的,父亲。”

乔拥抱了他儿子,并亲吻他和他道了晚安。卡尔一声不响地走了。有好一会儿,乔感到满意。最后,他又回到了他既定的世界里。

他摇了一下手摇铃。福特来了之后,乔要他再倒一杯烈酒来。这让福特有点惊讶——老爷在晚上从来不喝第二杯的。

“福特,你见到克朗夫人了吗?”

“先生,黛尔菲恩说她拿着枕头等物品到那个空房间去了。她对黛尔菲恩说她心情很不好,睡到那儿会好点。”

“我明白了。谢谢,福特。没事了。”

福特走后,乔颓然倒在了椅子里。他后悔不该跟伊尔莎发脾气,但是他还是在生她的气。伊尔莎变了。之前他也有所察觉,然而今晚他感觉这是铁板钉钉的事了。当然,他爱她。他钦佩她的智慧、她的毅力。然而,这些优秀品质正在误导她走向没有女人用武之地的所在。她所实验的新观念太自由化了。他们会重归于好,这点他毫无疑问。伊尔莎的肚量很大,不会记仇。但是,那些巨大的问题依然迫在眉睫。

乔的身心俱在变老,尽管伊尔莎认为这不相干,但这是事实。到 3 月底,他就五十三岁了。他早就感觉骨头和关节发僵,他讨厌这种感觉。更有甚者,他不理解正在席卷全世界的一些疯狂的趋势和信条。在发明创造和技术方面,他依然是一个现代派人物,但是他不喜欢新的科技正在创造的知识领域和道德领域的氛围,速度之快,简直让人无法应对……

乔喝完烈酒,头嗡嗡直响。某种深度的危机正在他的生活中酝酿。他听说,像他这个年纪的人,这样的危机经常发生。他们晚上走出屋去散步,然后玩永远消失。他们抛弃相濡以沫三四十年的发妻,再娶一个年龄比她小一半的女人,然后染头发,穿花衣,六十岁再当爹,可怜巴巴地假扮年轻。一想到这里,他就觉得太可怕了。

他在自己的脑子里看到了一个吓人的形象。奥菲厄斯用来劈柴的铁楔子。那楔子越来越深地钻向木头的中心,深到再也拔不出来,一直到那根木头碎成几块。难道他正在往他的婚姻里捶铁楔子吗?

还是伊尔莎在捶?

他坐了好长时间,心事重重。快到午夜时分,暴风雨开始在大西洋上空的什么地方发出隆隆声响。他关好楼下的窗户。东方,有微微的白色光亮划过天际。

他在爬楼梯的时候,感觉不可思议地累,他听到了雨声,听到了更多的雷声。他换好睡衣,铺好床准备睡觉,他犹豫了一下,然后再次拉开盖在身上的毯子。他蹑手蹑脚地走过大厅油漆得锃光瓦亮的松木地板,悄悄地转动门把手,摸进伊尔莎正在睡觉的那个房间,摸上床。他几乎没有发出一丁点儿声响。

她一声不响地过了好长时间才说道:“我醒着呢。”

他翻转身朝向她。他们都伸出手,拥抱对方。屋外,闪电迸发,钻过关闭的百叶窗缝隙,射进房里。他们紧紧地拥抱着。

“对不起。”他轻轻说道。“对不起。”他再次说道。

“没事。”她说道,不过他怀疑她可能自己也不信这个话。“你对卡尔说了吗?”

“说了。”

“他反应如何?”

“比我预料的好。也许他再也不喜欢我们这个家了。”他突然冒出了这一痛苦的想法。

伊尔莎又沉默了好长时间。“我看见斯蒂芬又寄来了一个小包裹。那些侦探有什么消息吗？”

“每周报告。跟以往一样，里面没有侦探们的消息。除了一个跟上万个年轻人都可以对上号的身体描述之外其他什么也没有，你让他们还能有什么作为？这个国家国土广袤，伊尔莎。像我希望他会的那样，如果他选择遵纪守法，谁会注意他呢？当地的警察部门肯定不会的。”

“那么你认为他永远不会回家了吗？”

“伊尔莎，别——”

“回答我，乔。”

“是的，我认为他永远不会回家了。对不起。是我的责任。”

第五十九章　保罗

韦克斯教他如何在一架用三脚架的很大照相机里曝光伊斯曼干版，如何显影，如何把底片跟照相纸贴住锁定在一个框内，把框搬到屋顶上，让它在冬日的阳光下曝光一段时间。保罗第一个这样的感光版便是他老师的头像习作；韦克斯摘下他的眼镜，费了好大劲儿咧嘴露出一个回光返照般的笑容。屋顶上紧张地摆弄了一会儿——时间太长了，还是太短了？——之后，保罗将照片拿到楼下，冲洗，定影，用衣夹把它夹起来。

他站在照相机前面，一会儿往左歪着头，一会儿往右歪着头。还在滴水的照相纸上，这位留着八字胡的老顽童咧嘴朝他笑着。保罗骄傲万分，热情高涨。他完成了这张照片。拍是他拍的——印是他印的——什么都是他干的。突然，他拍起手来，咧嘴笑了，开心得跳起了曳步舞，像他看过的黑人小男孩在街角跳舞讨钱一样。他的担心和失望在这一刻的发现和自豪中统统显得微不足道。千真万确，生活在一个发生奇迹的时代，实乃三生有幸。

第一选区民主党俱乐部的三位铁杆分子雇用韦克斯拍摄他们提供给俱乐部总部的照片。民主党人控制了该选区的选票，除此之外还有许多其他事情。韦克斯跟他们的关系很好。他跟两位老板的关系特别铁，一位是姓库格林的市政委员，另一位是姓肯纳的酒吧老板。

前来造访的三个人是被指派来的下人。说话吆三喝四，穿着花里胡哨，但看上去总归是廉价服装。保罗不喜欢他们，可是他明白这些人妄自尊大的含意。他们在市里有权。

韦克斯泰然自若地报了价格——每人五美元。这些政客叫了起来，嘴里骂骂咧咧地开始往外走。韦克斯大笑着。

“你们干吗这么激动？你们知道俱乐部付得起这个钱。你们的大多数钱都来自市政厅的贿金，而贿金有很多呢，我听说。”

代表这群人说话的那位政客说：“那行吧，成交，五美元一个人。”

韦克斯花了半个多小时分别给这三位政客摆姿势、照相；他在其他事情上一事无成，可是对自己的摄影技艺却是一个完美主义者。拍完照之后，那为首的说道：“尽快把照片送过来。库格林委员想要给自己塑造一个焕然一新的形象。要是这些照片好的话，我们会替你说好话的。”

十五美元，意外之财，预付一半，这使得韦克斯兴高采烈：“达奇，晚上我们休假。有个好玩意儿我迫不及待想看，都好几个月了。现在我们有钱了，不受良心责备的钱。”

“是什么呢？”

“爱迪生先生的电影店。我们先到帕尔默酒店吃牡蛎。”

在斯泰特大街一百四十八号一个狭窄的空间里，人们可以欣赏放映技术的新发明——影片《门洛公园的巫师》，每看一次五美分钱。当保罗和韦克斯从又是雪又是泥的街上走进里面的时候，天已经下起了鹅毛大雪。韦克斯的眼镜上斑斑点点地洒满了融化的雪水。他那双破旧的鞋子也滴着雪水。

尽管天气恶劣，放映室里仍有四位顾客，包括一位穿着体面、身份高贵的中年妇女。韦克斯像个开心的小孩子一样张开双臂。“这不是个好玩意儿吗？他们说爱迪生打算把这种放映室普及到整个美国呢。”

他们走到买票的柜台那儿。附近的一个基座上展示着这位伟大发明家的半身金属像。金属像的后面，竖立着十只柜子，背靠背分成两排，五只一排，每只柜子大约三英尺高、两英尺深。虽然活动物体连续照片放映机放映室的墙壁是让人讨厌的褐色，但是管理者们在每一排机器前面不仅仅安装了横杆，而且还提供了很多电灯，这样顾客俯身向前看接目镜的时候就比较舒适。

卖票的人穿戴考究，正装，硬领，还结着狭领带。韦克斯问：“你是经理吗，先生？”

“我是老板。这是一个爱迪生活动物体连续照片放映公司特许的放映室。”

“你的影片有多长？”

“约莫二十秒钟。二十五美分你可以看五部。”

“什么，每部要五美分啊？”

“你总不能又要马儿跑又要马儿不吃草啊。这活动物体连续照片放映技术可是难以置信的发明呢。”

韦克斯买了两张二十五美分的票子，递给保罗一张。离开柜台的路上，韦克斯拿指甲敲了一下爱迪生的半身像。“假的。”他悄悄说道，“塑料外面涂了一层涂料。”

当他们走近柜子的时候，保罗的脉搏开始加快。“这些就是爱迪生先生在世界博览会的时候没有拿出来的机器吗？”

“同样的机器。”

韦克斯看着一排活动物体连续照片放映机里的照片，保罗在另一台机器里看。主题不令人生厌。保罗看了《街头琴师》《在理发店》——观看理发他觉得没意思——《钉马蹄铁》《驯服的熊》《巨人桑多》。最后一部最吸引人。这位著名的德国大力士穿着一件活像一块很大的尿布一样的服装，在朴素的深色背景幕前摆着各种姿势。这使得人们印象深刻地观赏到了桑多柔韧的双臂和跳动的二头肌。

韦克斯看完五台机器里面的连续照片之后，回到了柜台那儿。“先生，我也是搞专业摄影的。我想看看机器里面的东西。”老板犹豫不决。韦克斯说了很多理由，最后还塞给了他半个美元。

“那好吧，我估计爱迪生先生远在新泽西，也监视不到我。”

其他几位顾客看了那些连续照片，惊讶不已，等他们一走，老板便搬来一只柜子，拧开后背的螺丝，将它起了下来。韦克斯跪下身子，看得着了迷。保罗在他的肩膀上方看见了一卷胶卷，看上去是被连续不断地卷到齿轮传动的滚筒上。

几分钟之后，韦克斯站起身来。“谢谢，先生，太受教了。”他掀了一下帽子表示敬意，然后走出门去。雪停了。“尽管那些主题枯燥乏味得令人难以置信，但是那只箱子却是这个时代的奇迹。暂时是。”

“你为什么说这个话?”

“因为图片太小。因为一次只能一个人看。人们需要一台可以放映图片的机器,把映像投射到墙上或者一块特制的银幕上,让付费的观众观看。那些来店里的报刊记者说,发明家们正在发疯一样地工作,设计放映机器,包括爱迪生——虽然他也不保密,说他不太相信这一工序会有多大价值。我说吧,再过几年,什么都会发生变化。到那时再也不会有像那个房间那样的肮脏放映室了,会有专门的电影院。里面会坐很多人。这么神奇的东西不可能不流行。”韦克斯的眼镜在一盏街灯下闪闪发光。他在融化的雪水和稀泥中几乎跳起舞来。

“尽管如此,我们还是能看到,爱迪生先生不仅是一位机械天才,而且是一个真正的商人。他正在利用其新奇性,向全国兜售活动物体连续照片放映机的放映权呢。具有这个权利的老板可以把机器租赁给其他个人,或者自己开办放映室。这需要一大笔钱,我听说。”

“这种放映室有多新呢?”

“去年5月份开办的。时段不好。它在普尔曼动乱事件期间被淹没了。有好几个月几乎没有人注意到这件事情。”

“我不知道这位老板的投资是否赚了钱。”

“我估计是赚了。我说呀,这个说法好,‘投资’。你正在学习很多这样的知识,是吧?”

“努力学习吧。我一有空就学习文法和词典。我不再用德语思考问题了。嗯,几乎完全不用了。”

“这样当你正式成为一个公民的时候就会更加有利。”

当晚,保罗做了一个活动物体连续照片放映机的梦。他梦见了巨人桑多,在梦幻般的慢动作影像里,他的身材高大如房子,他的弯曲双臂粗如栎树,他鼓突的二头肌比巨大鹅卵石还大。他的脚下,数以千计像侏儒的观众鼓着掌。早晨,保罗醒来时萌发了一种新的激情。

这就是我要制作的图片。假如韦克斯是对的话,那么将来总有一天,这些图片将会普及，观赏的人们将数以百万计。假如我是拍摄这种图片的摄影师的话，那我就有钱成为一个丈夫了，而且这也将是一份美好的工作。哎呀，那我就可以游遍全世界啦！……

一个不开心的念头却在不知不觉中赶走了他的激动。他要是做他想象中的事情的话，那么他就会抛弃那位接纳了他并给他教导的人。那将是不容易的——假如他真的这样做的话。这是一个他不想考虑的问题。

终于，3月下旬一个寒风刺骨的日子，他找到了一份挺好的工作，给伊利诺伊蒸汽洗衣公司做送货车夫。

这家洗衣店由一个名叫艾伯特·格雷斯的人投资并经营。格雷斯先生有一张双下巴的圆脸，衣冠楚楚，神态像一个售卖宗教用品或诸如此类物品的人。会面期间，他问了保罗几个简短的问题。余下的时间就是艾伯特·格雷斯在说话。

“我经营的是日常必需的业务。”格雷斯说道，“提供有价值的服务。我有很多客户，这家洗衣店是他们每个人都特别喜欢的。你如果接受了这份工作，你就是处在了伊利诺伊蒸汽洗衣公司最重要的位子。你不管送干净衣服还是收脏衣服，都是代表了艾伯特·格雷斯。这个责任十分重大。”

二十分钟独白式谈话结束的时候，格雷斯先生握住保罗的手说，他对保罗英语掌握得这么好印象深刻。鉴于格雷斯先生的陈述如此高尚，所以当保罗开始工作、了解了伊利诺伊蒸汽洗衣公司的真相之后，着实吃了一惊。诚然，洗衣店向一些较小的商业区客栈提供餐巾、台布和床单、枕套等。但是它的主要业务是为第一选区一长串的顾客提供洗涤服务。伊利诺伊蒸汽洗衣公司还处理红灯区的洗涤物品。

洗衣店的主要领地是码头区，从第十八大街到第二十二大街，东邻瓦巴什大道，西接克拉克大街。码头区原先也就局限在斯泰特大街的两三个街区，被认为是撒旦英里区——从范布伦大街到第二十二大街——的一个分区，但是它近来扩张迅速，现在已然傲视群雄，令其他所有邪恶小区——小切尼区、小地狱区、劣地小区、黑鬼洼地以及原先十分高档的海关区——黯然失色。艾伯特·格雷斯的洗衣店是一幢三层楼的建筑，位于第二十四大街附近的瓦巴什大道。这个地方到码头区的社交心脏——位于第二十二大街的弗赖伯格舞厅——十分近便。

驾着洗衣店的马车收集要洗涤的东西和送洗干净的物品开始了保罗又一场戏剧性的教育实践。尽管乔叔叔经常抱怨芝加哥日益茁壮的色情业，但是保罗却从来没有想到过这个行业竟然有如此惊人的规模。私人窑子、高档妓院、音乐沙龙、可以邀约女人到楼上“酒屋”共度良宵的舞厅的数量令他感到惊骇。这些场所的名字激发着人们的无限想象，比如，“黑色奥秘幻境”“莫德妈妈莳花馆”“‘为何不来？’青楼”。这些地方既有夜班也有日班。国家的继续萧条似乎并没有对这种不正当的夜生活带来多少影响。每天早上，在既定的线路上停过几站之后，保罗的马车便堆满了洗涤物品，所以他不得不将身体全部重量靠在后门上以便闩住后门。从早上七点到夜里六点，他驾着马车收、送四趟，有时五趟。一开始，他简直不敢相信，居然有这么多的地方从事着这类活动。

烈酒如洪流奔腾，在邪恶的红灯区泛滥。数以千计的桶装啤酒销往这些地方，但是没有一桶来自克朗啤酒厂。在很多地方，有组织的偷盗是重要的副业。邻近的台球房，赌注登记处，骰子和纸牌屋，赌博业兴旺发达。所有一切都在推动着码头区的繁荣昌盛，但是“娱乐休闲”业是其发动机。大量合法的行业，譬如报刊亭、熟食店、干洗店、酿酒厂、家具店、地毯商——以及洗衣店——是盈是亏，都要基于这个行业的节奏。

保罗很快便了解到，该行业跟市政厅、警察局、派出所有着千丝万缕的关系。这不是什么秘密，人们公开谈论并吹嘘这种事情。它甚至跟数英里之外的高档住宅小区也有联系。格雷斯先生跟他妻子及七个孩子最近就搬迁到了其中的一个小区，埃文斯顿小区。格雷斯一家是那片完全干燥飞地上的一个美好家庭，他们对市里所有有意义的慈善事业都会慷慨解囊，所以报纸上也会经常刊登他们的事迹。格雷斯先生出生在西里西亚，出生时父母给他取名阿尔布雷克特·格斯特迈耶，仅从格雷斯的纯正英语里面，你是发现不了这一事实的。一想到格雷斯家体面的社会地位就是建立在成千上万条脏床单和成千上万个脏枕套上的，保罗心里便暗暗发笑。

最初几个星期，他遇见过很多姑娘。中午或者下午，他跑到她们那儿时，又热又困,就来一杯香槟鸡尾酒提神。她们三点或者四点钟吃牛排、鸡蛋早餐的时候,他跟她们聊天。码头区对姑娘们来说,是一个有着美好幻想之地。这些移民姑娘有的来自波希米亚,有的从边远地区的农场里逃出来,有的来自波兰和爱尔兰,也有来自亚拉巴马州的瘦骨嶙峋的黑人姑娘和来自遥远的牙买加岛国的棕黄肤色姑娘,甚至还有一些是亚洲姑娘和红种印第安人姑娘。这些姑娘,有的穿着紫红色的紧身衣服,有的穿着扎着裤脚管的宽松长裤,有的穿着蓝色花边镶边的宽松直筒连衣裙,有的穿着什么都暴露无遗的黑色网眼宽大长罩衣,有的穿着有吊带的紧身胸衣和粉红色的长筒袜子,有的穿着适合到教堂去的高领丝绒长衣。他遇见过上过大学的姑娘,也遇见过一字不识的姑娘,他遇见过路德会教友、浸礼会教友、天主教徒、非洲循道宗信徒,也遇见过不可知论者或者无神论者。所有这些姑娘,她们的童年都是在千万不要犯罪的规劝中度过的。

有一些妓女几乎已经是老奶奶了,但大多数还年纪小得令人羞耻——都是被那些皮条客引诱来牢牢加以控制住的人。皮条客就是码头区恶棍的代名词。有些妓女脑子笨,行为粗鲁,外表丑陋,内心肮脏。还有的只是随波逐流,或者坦白说加入这行就是为了积点蓄以度晚年。有的心存幻想,希冀有哪个有钱人爱上她。真是让人伤心的希望,徒劳啊,保罗心想。

保罗年轻,充满活力,而且性格开朗。他阳刚帅气,因为整天日晒风吹,肤色也得到了改善。大多数妓女和老鸨都喜欢他,所以他很快就在这群人里认识了很多人。

有一个他特别喜爱的人来自爱荷华州奥塔姆瓦附近的一个农场。她体重超过两百五十磅,所以被叫作“斯利姆①”。保罗喜欢喝着一杯午后的咖啡跟她聊天,她的雇主伊莱恩妈妈似乎并不反对。伊莱恩妈妈已经渐渐老了,但是十分有威严,有一张唱诗班女歌手一样的面孔,说出话来像个马车夫。“我的咖啡你爱咋喝就咋喝。”她对保罗说道,“可是如果斯利姆有客人时你浪费她的时间,或者想要不花钱跟她睡觉——那我会拿一把钝刀把你下面剁了。”

①原文 Slim 的常用意思为“苗条、纤细”,此处反其意用之,带有讽刺意味。

遗憾的是，斯利姆并不把保罗仅仅当作一位逢场作戏的访客，所以，她要是忙着，便开始在大厅桌子上放置一盒盒的糖果，上面写着他的名字。有一天，他发现糖果装在一个心形的盒子里，里面留着一张条子。斯利姆说，如果保罗想要跟她亲热的话，那么她甘愿冒伊莱恩妈妈生气的风险，找个地方跟他会面。将近一个星期，保罗绞尽脑汁，思考用什么样的方法告诉斯利姆，他感激她的慷慨建议，但是他不能接受。

一天早上，他过来的时候，发现一位顾客在跟她吵架的过程中用剃刀将她割伤了，于是他也就不必再回复她了。她被送到医院急诊，死在了那里。她的遗体被装进一口特别大的棺材，送回了艾奥瓦州，棺材钱是伊莱恩妈妈出的。那天晚上保罗陪着伊莱恩妈妈去买棺材的时候，她哭得很伤心，哭得浑身乱抖。“她真是一个非常好的姑娘啊。那个害她的混蛋是个吸毒恶魔。他会恶有恶报的，我把话撂这儿了。他要遭报应的，要么得恶性梅毒，要么就漂在密歇根湖里，让他干枯腐朽的灵魂被火烧吧，让他的灵魂永远在地狱里发臭吧。”

密歇根湖的冰开始融化，发出噼里啪啦的开裂声，在岸边堆起了一个个巨大的冰垛。冻雨风暴让位给了雨。在芝加哥牲畜饲养场的下水道和马粪经久不散的臭气中，保罗嗅到了春的气息。

保罗在洗衣店干活，上午下午驾着马车四处奔波收货送货，有时忙到深夜。他提着装得满满的帆布篮子，奔进奔出，有很多人主动给他提供机会。可是他总是临时编个谎言，一一婉言谢绝。他并不认为自己的品德有多高尚，他只是想要忠诚于朱莉，同时也不想染上花柳病。所以，他没有去寻花问柳，也不去贪杯酗酒，他只是每天喝一两杯贮藏啤酒。他特意去找了家供应克朗啤酒的餐店，这也是他忠诚于这个家庭的一个小小姿态。

一天晚上下班之后，瓢泼大雨里，他站在那幢豪宅外整整十五分钟。窗户里闪耀着暖色的电灯光。有熟悉的身影在来回移动：赫尔加·布伦克斯。还有弗里奇，只见她时而单足跳跃，时而张开双臂旋转，显然又在扮演舞台上的一个角色。

他瞧着乔叔叔的马车从啤酒厂回到家里。一度，他有一种冲动，想要冲过大雨滂沱的街道，追上马车，捶着马车的侧面。“听我说，我是这个家庭的一分子啊。我们可以不计前嫌吗？”

但是，一想到他叔叔把他赶出家门，心里便很苦，他没有这样做，而是选择了离开。他已经开始在没有这个家庭的帮助、忠告、金钱或者爱护的情况下自谋生路。他要找到自己的挚爱，以及一个真正的家。

跟朱莉一起。

那个春天，他再次成了一个街头小混混。

他不再是一个幼稚的人。他小的时候在柏林学到了很多东西，他也在码头区看到了肮脏而又危险的一面。但是，这个区域有一种不可否认的激情和能量，而且他没有受到那些居民的威胁。他行事谨慎，与人为善，从来不去过于严厉地评判别人的道德。他的外表变得更加刚毅，但是他从不趾高气扬或者故意摆出一种虚张声势的样子。他不在嘴角歪叼根香烟以便给人加深印象。他有几次尝试过杜克烟草和伍长烟草，结果咳嗽得很厉害。但是，他于无声处透露出一种威严。那些叫花子见了他就远远避开，从来不直接向他乞讨，虽然他有时候也会施舍一两个小钱给他们。他特别喜欢一个身材瘦长、举止庄重的老先生，他的服饰最破烂，但是举止言行最为优雅。他的名字叫“莎士比亚”。保罗第一次施舍他一个硬币的时候，他将它紧紧地握在手掌心里，摆出了个姿势，嘴里念念有词：“善有满溢的善报！《量罪记》，第四幕。谢谢你的好意，我欠你一个大大的人情！《无事生非》，第一幕。”保罗真的十分欣赏这位老人，所以开始主动找他，以便多给他点东西。有一次，他看见一位顾客从一家小酒馆出来，不理睬这位彬彬有礼的乞讨者的请求。“莎士比亚”在他身后喊叫道：“我今天心情不好！《理查三世》，第四幕。滚蛋吧，兄弟。”

摆“飞牌”赌摊的骗子从来不打扰保罗，因为他们根本没有把他当作一个乡巴佬，在人行道上拉客的皮条客也从来不引诱他。

然后是那些扒手，有几个年龄小到只有八九岁。一天下午在第二十二大街上，他感觉裤子左边的口袋被轻轻擦了一下。他猛地用手往下一抓，抓住了一只手腕，那颜色黑得十分可爱。

保罗一把将小偷拽到前面,是一个皮肤褐色的小男孩,部分白人血统,部分黑人血统,长得很清秀,肮脏的衣服已经破烂不堪。小男孩看上去面黄肌瘦。他至多十岁年纪。

这野孩子拼命往后拉,竭力想挣脱自己的手。保罗抓得太紧了。“听着,我就在这儿工作,你干吗来偷我啊?”

“他根本就不管你是在哪儿工作的。”他身后有一个看不见的人说道,“他是达米的小孩子。”说话的是一个擦皮鞋的黑人,他穿着整洁,裤子是熨过的,还有一件马甲。他的肤色比那扒手要黑得多。他紧张地站在一个角落。

保罗记起了小乔教他的一句话,便对那扒手说道:“我不喜欢被人当作笨蛋。你听见了吗?”那小男孩猛地扬起头,朝他吐了一口唾沫。

“这小杂种太卑鄙了,是吧?”擦皮鞋的黑人说道,“他叫米勒德·菲尔莫尔,你能听出点名堂来吗?我估计他在哪个贫民窟生出来的时候根本就没有名字。他可以为一点小钱杀了你呢。”

保罗估计那扒手等着挨几下揍或者更厉害的惩罚。那么就给他个意外吧。他用自己空着的手伸进口袋里。“十美分,你不就要十美分吗?这是两个十美分。拿去买杯牛奶,买几根香肠。余下的拿去洗个澡,理个发。这样你会感觉好很多。”

说完这话,他松开了手。

目瞪口呆的扒手一会儿望着保罗,一会儿望着那两个硬币。接着,他咧嘴笑了。他的牙齿有一半是病态的深褐色。他将两个硬币抛到空中,然后接住。

“谢谢你,德国人。”他将硬币塞进口袋,拿出一把很长的折刀。他啪的一声打开折刀,挥舞着有六七英寸长的刀刃。

“去吧,照我说的话去做吧,菲尔莫尔总统先生。”保罗说道,“别再想要吓唬比你年纪大的人了。”

菲尔莫尔笑得更加灿烂了,他收拢折刀。“你好样的,德国人。再见。”

“天哪,你太冒险啦。”擦皮鞋的人一面拿手给自己扇着风,一面说道,“达米的小子都是杀手啊。”

“达米?”

“达米·斯坦鲍姆。那帮人就是他训练并操纵的。七岁的时候就开始训练他们——用一个裁缝的人体模型,给它穿上外套或裙子,装上小铃铛。小男孩去扒的时候如果不小心,小铃铛就会发出丁零当啷的声响。”

保罗爬上他的马车驾驶座,驶走了。这是他唯一一次跟达米·斯坦鲍姆帮的扒手邂逅。达米·斯坦鲍姆帮是一个有三四十位成员的组织。几天之后,他在路上收货送货的时候听说,米勒德·菲尔莫尔告诉他的同伴,谁要是胆敢去偷那个洗衣店的德国男工一分钱,他就会亲手把他剁成肉饼。

每个星期,保罗都存一点钱到一个银行的储蓄账户里。他开始在西尔斯、芝加哥罗巴克公司低劣的又大又厚的纸质商品目录里挑选,通过邮购,一样一样地购买他一系列全新的服装。他邮购,是因为听人说,除非买得起奢侈品,否则这是最好的购买途径。商品目录上大言不惭地印着一条标语:“全球最便宜的商店。”

西尔斯通过其北区大街上巨大的营业场所和大型零售商店进行销售。保罗买了一套普通西装,面料是灰色的法国灯芯绒,外套的下边有讨人喜欢的明码标价,价格七美元九十五美分;他买了一件高档的帆布马甲,单排扣的,上面有圆点花纹,价格一美元零五美分;他买了一双通常被叫作“巴尔”的前面系带子、鞋头很尖的高帮小牛皮皮鞋,价格三美元七十五美分;他买了一件衬衫,衬衫有可拆分的赛璐珞燕子领和赛璐珞袖口,还买了一条条纹领带;他最后又补了一顶时髦的年轻人戴的常礼帽,价格一美元五十美分。

“整一个运动健将,不是吗?”当保罗从快递公司送来的那只挺大的纸板箱里拿出那些服饰给韦克斯看了之后,对方打趣他道,“你打扮得这么漂亮就是为了去赶个赛会。”

“什么赛会?”

“赛马会。华盛顿公园。霍索恩。你听说过它们,是吧?”

“我没听说过。”

“你很可能也不感兴趣。”韦克斯拿鼻子吸着从撑开的天窗里吹进来的暖风,“谢天谢地,马上就要开幕了。”

保罗皱着眉头，想起了他第一次寻找韦克斯时的情景。他记得对方有一句颇为让人费解的话，说韦克斯喜欢“矮种马”。如果韦克斯喜好赌马，那也许就可以解释为什么这个摄影艺术的圣殿一直会这么贫困潦倒了。

韦克斯注意到了保罗的皱眉。“我知道，我知道赌博是陋习。我告诉过你我有这个坏习惯。”接下来的话似乎是从他的心头撕下来的一样，“那些马让我失去了艾丽斯、我的照相馆、我的一切。因为它们让我失去了我儿子的生命。”

保罗从一只圆盒子里拿出常礼帽。拿帽子的过程让他有时间集中精力思考如何小心作答。“我曾经想要问问他的事，但我觉得不合适。”

“不合适。我对谁也没有讲过。从来没有这样的知己。我们到后面去吧。我们坐下来。那儿我可以看着照片。”

我在南卡罗来纳的查尔斯顿出生以来就喜欢马（韦克斯说道）。你知道吗，还远远没有美国这玩意儿的时候，查尔斯顿就有赛马场了，而且，是一个体面高档的地方。出身高贵的人们非常喜欢那个地方。

所以，说句不好听的话，很早的时候，我就热爱上了快马。很快，我就觉得该投点小钱，以表示我对一匹好马的速度与实力的信念。假如你不理解把所有都投下去就是为了赢得所有的赌博激情——假如你从来没有处于这样的极度兴奋当中，就像有的人说的那样——那么我就无法解释这种感受，也无法阐述其原因，因为前者就像爱情达到极致，而后者根本就无法理解。至少我是这样。

战后，我跟我妻子艾丽斯生活在小城博福特，我拥有自己的照相馆，还看着我儿子来到了这个世界上。小城海湾的对面有一个名叫希尔顿黑德的屏障一样的荒凉岛屿，大部分地方无人居住。它是以发现它的航海探险家希尔顿船长的名字命名的。

在希尔顿黑德岛上，吹来的风都是孤独寂寞的，有几个赤贫的种植园主在战后偷偷摸摸地回到那儿，还有大量的自由黑人也在那儿闲逛，揣着新的权利和新的地位晕头转向。

小城博福特跟居住在其他岛屿上的白人和黑人有一定数量的日用品买卖。我的照相馆里有一个扫地的老黑人，名叫杰马尼卡斯，他给我捎来的消息，说希尔顿黑德岛上有一匹绝好的马。那是一匹栗色马，红色要多一些，他们说红得发紫，鬃毛和尾巴颜色稍淡，有点像蜂蜜色掺进了几滴鲜血，那马强壮得像赫拉克勒斯①。这匹神奇的马的速度令人难以置信，其主人是一位自由黑人，名叫阿拉姆米莱希·斯莫尔斯，简称拉姆。拉姆名声在外，是个骄傲的人。他骄傲，因为他终于获得了自由。他骄傲，因为他为自己有黑皮肤感到骄傲而不是感到羞耻。那年就是大解放，难怪他之后给他那匹马取名“解放者”。

在同一个岛上，还有一位实际上已经一无所有的破产的种植园主。他的大房子已经被洗劫一空，被砸得只剩下一间破房。这位先生就是普罗斯佩罗·德雷顿上校。

德雷顿上校也有一匹快马，一匹黑色的牡马。他不喜欢解放黑人的主张，他讨厌那种他称之为傲慢自大而又顽固不化的行为方式——所以你就不用感到惊讶，当他一听说拉姆在吹牛说他的栗色马跑得如何如何快之后，便对拉姆恨之入骨。

自然而然地，双方安排了一场比赛。消息传遍了整个低洼地区。毫无疑问，那个星期六，我要去那儿，驾着我那艘小帆船，船上还带了桨，生怕无风。我想要去欣赏那场壮观的比赛。最主要的是，我要把照相馆钱箱里的所有钱都押在“解放者”身上。关于这事儿，我从来没有对我老婆说过这么多，可是她明白。跟往常一样，她很生气。

比赛的那个早上，太阳出来了，颜色死白死白，怪怪的，空气很闷，没有一丝风。杰马尼卡斯说的是那种很能难理解的格勒语②，但我大部分都能听懂。他用格勒语对我说：“韦克斯福特先生，今天可能有一个很可怕的风暴，您驾小船横渡大浪滔天的海域时最好小心点。”我一个字也没有听进去，虽然杰马尼卡斯远比我更了解这一带沿海的好脾气和坏脾气，但我的兴奋度全都在赌马上。

---

①赫拉克勒斯，希腊神话故事中的大力神，罗马神话中称为赫丘利，力大无比，以完成十二项英雄业绩而闻名。

②居住在美国南卡罗来纳州、佐治亚州和佛罗里达州北部海岸一带以及沿海岛屿的黑人格勒人说的话，夹杂有几种非洲语言的词汇和语法成分的一种英语方言。

我儿子小韦克斯福特当时四岁半。他聪明过人,像一块磨光的水晶般鲜亮,所有的字母过目不忘,说起话来像个古典哲学家——词汇量大得惊人,漂亮帅气得像个天使。

小韦克斯也想去看那场伟大的比赛。艾丽斯表示反对,因为罗亚尔港湾的水域十分宽阔,还有汹涌的潮流。不过,不顾我老婆的反对,小韦克斯还是坐着小帆船跟我一起去了。我们去希尔顿黑德岛的航程一路顺利,速度很快,因为刚好东北风起来了,我扬帆航行,实际上一点也不费力气、不费脑筋。当我们把小帆船拖上岸,在希尔顿黑德岛的海滩拴好船之后,我们激动极了。我当时看到,东北方四分之一的地平线上,有深灰色的云层在积聚,可是我的脑子只在那激动人心的赛马上,根本没在意天气的事。

比赛安排在中午。德雷顿上校的一个堂弟米迪亚恩骑在那匹牡马上。拉姆自己骑着“解放者”。我把所有一百十一美元全都押在了那匹栗色马和那个前奴隶身上。十二点整,出发的枪声打破了宁静。“解放者”很快就领先了一个马身位,接着两个马身位——就连那些白人也齐声为这了不起的出色表现喝彩。接着,莫名其妙地,“解放者”摔了一跤,侧翻在地,痛苦地惨叫着。

纯粹就是不幸的意外事件,也不是其他什么。米迪亚恩·德雷顿获得了胜利,上校将他的威士忌酒瓶摔向一家破败的商店门面,笑得像个疯子一样。拉姆倒没什么事情,可是他的“解放者”不行了,两条前腿全断了。

纵使破产了,我也不想让小韦克斯看见那匹美丽的栗色马被安乐死,所以我赶快领着我儿子跑向海滩。风早已经起来,吹得沙粒直打在我们脸上。大洋上,海湾里,已经有小小的白色扇贝形浪花。我尽快做好准备工作,因为北方的天空此刻已经很黑了。我本不应该在那个时候出海,可是我以为我还来得及。

我们航行得非常顺利,就是在有比较大的碎浪的时候也很顺利。我不停地跟我儿子说着话,脸上展现出我能展现的最欢快的笑容,因为我看见他被越来越尖厉的风和越来越强劲的浪给吓坏了。我们距目的地还有四分之三的航程,突然暴风雨全面发作。

小帆船翻了,那个浪啊,白沫啊,我好不容易听见了我儿子尖细微弱的哭叫声。我用右手紧紧抓住他的一只手,左手胡乱抓住了倾覆的小船的船缘。波涛滚滚而来，浪的后面是摧枯拉朽的风暴，可怜的孩子哭泣着，不过我们俩已经浑身湿透，不断被海浪撞击着，几乎淹死在波涛里，所以也就看不见泪水。

我这样一边拉着儿子一边抓着船缘有五到十分钟，不断地被吹往内陆方向，朝一个小得不能被称作岛屿的礁石漂去。我的两个手腕感觉快要断了，我的两条手臂痛得要死，可是我死死抓着不放，嘴里一面喊叫着诸如此类的话："我们没事，韦克斯，抓牢爸爸，我们会成功的。"

又一个巨大的浪涛泼到了我们身上。突然，有一种可怕的感觉——

（韦克斯举起他的右手，张开手指，瞧着，脸上露出恐怖的神情。）

什么也没有了。他松开了手，要么是我放开了手，或者是最后一个大浪把我们打散了——离一块陆地还不到一百码的距离我们就可以得救了。

我跟德雷顿一样发疯了，我喊叫着儿子的名字。这时候闪电来了。惊雷炸响。就是他用尖细的嗓子回应，我又怎么听得见啊？我要是放弃那只倾覆的小帆船，那我自己也肯定没命。咸咸的浪花烧得我的眼睛生痛，我四处寻找，寻找他有卷发的头和挥舞的小拳头——

不见了。

风暴把昏昏沉沉的我扔上了那片陆地，那片沙滩和被狂风吹打着的海草，成了令人痛苦不堪的避难所。我僵直地站在那儿，朝着风暴声嘶力竭地喊叫着他的名字——"韦克斯！韦克斯！"没有任何回答。

风暴四点钟的时候过去了，美丽的金色太阳照耀在海面上，大海闪烁着星星点点的银光，再次变得风平浪静。一名风暴袭来时在某个小岛的海湾里躲避的捕虾人发现了我，把我弄到了他拖在那只大船后面的平底小渔船里。十七天后，一名黑人小姑娘在退潮采摘牡蛎的时候，发现了我儿子已经腐烂的尸体，就在离博福特不远的一块沼泽地里。

这就是我的故事，我是如何赌博的，我所丧失的远不只是金钱啊。艾丽斯怎么也不肯原谅我。我的婚姻走到了尽头——我的照相馆走到了尽头——

要是没有那种狂热，我也许可以成为一个好男人，可是这个好男人也走到了尽头。

你想要知道最惨的那一部分吗？到现在，我依旧患着这个病，老天诅咒我的灵魂吧。你要是能解释那就解释一下吧。

(韦克斯将低垂的头颅埋进双手中。)

我解释不了。

终于,韦克斯恢复了常态。他再次平静地说道:"你看,跟我的恶魔面对面了吧。这个恶魔从来没有离开过我。我还是要去赛马场。"

保罗轻轻地拂着他小心翼翼放到桌子上最干净地方的那顶新常礼帽的边。"嗯,我也许什么时候也会去,去看看赛马会是个什么样。你儿子的事情我很难过。"

"谢谢,达奇。这么长时间了,公开把它说出来,我心里舒坦多了。"他拿一根手指在鼻子底下来回擦了一下。"现在你或许理解了为什么你来这儿我会这么开心,教你我所懂的那一小点东西——"

"这不是一小点,这太多了。"

"好吧,我们不争论。现在该你坦白了。你的心情最近这个星期前后开朗多了,能说说为什么吗?"

"我工作了,我有钱——"

"这就是你买这些新服饰的原因吗?"

"让自己看上去更像个美国人,是的。"

韦克斯在嘴巴里面卷了一下舌尖:"就这么简单?"

保罗的脸红了:"嗯——不是。我遇见了一位姑娘。我觉得她想让我把她带出来。"

"在欧洲的那个上流社会的姑娘怎么办呢?"

"我知道,我不应该觊觎其他姑娘。可是我太孤独——"

韦克斯侧身绕过桌子,友善地将一条胳膊搭到保罗的肩头。"去吧,没事儿,去跟这位姑娘约个会。你还年轻,现在是春天,你就是带她出来玩玩,不是非跟她结婚不可的。"

"是这样,我不会跟她结婚的。"保罗说道。他再次露出了笑容。

保罗跟很多在洗衣店又热又潮又有蒸汽的环境中干十一小时一班的年轻女人打情骂俏,但清白单纯。只有一位让他非常喜欢。她十七岁,虽然说不上是个美女,但是他发觉她很吸引人。她大约五英尺身高,有一头浓密的红色卷发,下身虽然穿了一条样子不好的灰色裙子,但是依然掩饰不住她那个丰满的臀部。她操作一台蒸汽压布机,熨烫床单和桌布,这是一项给额外付费顾客的服务。她的圆眼镜永远是雾蒙蒙的。她的名字叫南希·洛根。有一个星期二,她带了一块胡萝卜饼到洗衣店来,说她是专门为保罗烤的。她的兴趣显而易见。

跟韦克斯探讨过之后,保罗纠结和掂量了朱莉远在天边的现实,再加上韦克斯的怂恿和他自己被压抑的需求,接下来的这个星期日,他邀请南希去溜旱冰。

这天是一个暖融融的艳阳天。顶棚是绿色的石板瓦,墙壁上刷着雪白格子的溜冰场上,微风轻拂,人头攒动。他跟南希分开滑了一会儿,然后用右臂搂住她的腰肢。此时此刻,一架汽笛风琴吹奏出乐曲。他穿着新服装,还戴着常礼帽。她在她已经过时很久的裙子撑架上别了一朵人造的橘黄色花朵。

南希只要一有机会就会将自己的身子贴到他身上,挤压着他的手臂,令他怦然心动。他有道德上的负罪感,但同时又有一种愉悦感。他尽力更加小心地使他俩的身子保持一定的距离。

南希来自印第安纳州。"我不得不出来挣钱,因为我爸妈有十三个孩子要养活,农场没有足够的收成养活每个人。一年前的上个月,我从里尔斯维尔坐蒙农铁路的火车来到这儿。我差一点没能活着走出那个迪尔伯恩大街火车站。"

"为什么呢?"

"有一个年轻小伙子,站在附近,拿一根银牙签剔着牙齿。我在报摊问了路之后,发现他在瞅我。我开始往门口走去,他上来拦住我,满脸堆笑。这家伙相貌还不错,但也没有什么特别。个儿很高,瘦骨嶙峋,这儿有一点卷发。"她用棕黄色的小手在自己的额头比画了一个螺旋形状。她的描述在保罗的记忆里搅动了什么东西,但是他咬不准。

"他问我是不是刚到芝加哥,我说是的,我来找工作。他拉住我的胳膊,说他也许可以帮忙,也许还能帮我找间房子。他笑得很灿烂,说他叫吉姆。就是那个笑容——就是他这个人,我到今天也无法解释——它让我吓得要死。我抓着旅行包逃出了火车站。我跑出八到十个街区后才敢回头看。他已经不见了踪影。从此以后我再也没有见过他,谢天谢地。”

“你做得对。我敢肯定他是码头区来的猎艳骗子。”

“什么是猎艳骗子?”

“经常在火车站游荡,企图诱骗年轻姑娘去干——”他脸红了,竭力想搜寻个隐晦的说法,“不正当的事情。”

“我的天哪。你是说他们想要把姑娘弄到我们为他们洗东西的地方去吗?名声很坏的那种窑子?”

“没错。年轻姑娘被猎捕到之后,就会被关到某个地方的公寓房里。然后他们就——啊——南希,你真的希望我说下去吗?”

“是的啊!”

“那些被囚禁的年轻女人——啊——有一段时间,好几天吧,被一个男人或者多个男人施暴。”她的绿眼睛睁得溜圆。“这被称为训练。我是这样听说的。”他匆忙地又补充了一句。

“天哪。我撞大运了,是吗?”她舒适地偎依着他。他们慢慢地滑行在比他们年纪大的一对对男女和独滑的小伙子之间。汽笛风琴开始演奏《就告诉他们你见到我了》,一首每个人都在跟着哼哼的充满柔情的红极一时的歌曲。

“想知道吗?”她说道,眼睛没有看他。“遇见你我高兴坏了。我真的喜欢你。”

“我也喜欢你,南希。”

“希望你不介意我说出来。碰到重要的事情我胆子很大的。估计是农场的缘故。农场里人们说话很多都口无遮拦。我是说啊,牲畜总是一天到晚在野地里,干牲畜所干的事情。”

“是的,我理解。”他说道,有点尴尬,但又有点亢奋。

他们在《波涛之上》的伴奏下溜冰。

“达奇,我有事情想问你。你有固定的女友吗?”

朱莉的明眸浮现在他的脑海里:“有的,南希,可是她在很远的地方,一直在大西洋的彼岸。”

“她把你甩了吗?”

“不完全是这样。他父母不喜欢我,他们带她出去旅游了。”

“你想她吗?”

“想。”

“你会把她忘了吗?”

他无法回答这个问题。她看懂了他的神情。“这就是说不会。唉,我运气不好。”

她抬起他的左手朝向他,让他留心其他的滑行人。有金属灯罩的溜冰场电灯照得她的双眼明明亮亮,像两块翡翠。“好吧,你很诚实,假如这是抽出的牌,那我怎么办?有个建议。你可以爱她,也可以爱我。所以,来吧,我们到我的住处去。那儿只有一个房间,但是很私密。”

“南希,我觉得这不——”

“我对你怀有强烈的感情,达奇,强烈得无可救药。我不会把你从她那儿抢走的。我保证。”

他品尝着春的气息,欣赏着她贴身的芳香。他的内心在翻江倒海。他一句话也不说,带着她离开了溜冰场。

“哦,天哪。”他说着,猛地从南希的小床上蹦了起来;她简陋的房间很小,位于杰克逊大街,看得见芝加哥河的西支流。

“怎么啦?”她掀开毯子,跪起身来。春天的明月照进小窗,照着她洁白的腹部和大腿。

“我的反应太迟钝——”

“跟我在一起你就不会迟钝。”她一面说一面轻柔地拍打着他。

“我是说那个猎艳骗子。你在火车站遇见的那个。我想我认识他。”他描述了弗兰克尔那个送货员的情形,说了他偷走伊尔莎婶婶的一些上好瓷器的事情。“他的名字叫吉米。”

“吉姆,吉米——城里这样的名字一定有成千上万呢。”

“不高也不瘦,这儿有一缕卷发。”

当他的手从自己额头上挪开时，她紧紧握住他的手。“唉，如果真是他，我希望你千万不要再碰上他，对谁都一样，一次足矣。这个人品质有点坏，有点可怕。天哪，我突然觉得很冷。你认为你能为此做点什么吗？”

第六十章　吉米

他出生在纽约市曼哈顿区的西部，出生时的名字叫詹姆斯·阿洛伊修斯·道斯。他的母亲伯特坚持说自己的儿子有合法身份。她强调他有父亲。可吉米从来没有见过他。至少在他以后的生活中，并不记得他了。

他小的时候，他们搬到了芝加哥河以西的格兰德大道随他叔叔弗朗西斯一起居住。这本来是一个爱尔兰人聚居区，但是，爱尔兰人但凡生活状况稍有好转，便会搬离那儿。事实上，这个小区每周都会接待一批从纽约用车子送来的新拉丁人。拉丁人搬来跟他们的亲戚一起居住，那些亲戚早已经接收了离开的爱尔兰人用过的旧房子。落在后面的爱尔兰人没有钱住到更好一点的小区或者近郊，只能一声不响地忍受比他们年纪大的意大利人的冷嘲热讽，或者忍气吞声地忍受比他们年纪小的人的恣意虐待。吉米很快在他憎恨人员的名单里加上了拉丁人。

他也讨厌他的亲戚。弗朗西斯叔叔有一个比大多数修女还要严厉的老婆，还有十一个孩子。即便在四五点钟的时候，吉米也得穷凶极恶地拳打脚踢才能在地板上保卫几英寸的睡觉之地。

他猜想他母亲那几年应该有某种固定的工作，可是她从来不说是什么工作，当时不说，后来也不说。弗朗西斯叔叔在帕尔默酒店当听差。他的大多数收入来自小费。有时他几乎没有什么钱带回家来，每当这时，他就去做弥撒，嘴里念念有词，说上帝会保佑的。吉米认定，这样看问题太蠢了。你只要一看弗朗西斯叔叔和全家所穿的破烂衣或者所吃的猪狗食就知道了。那吃的跟妓院的泔水差不多。

正是这个弗朗西斯叔叔,让吉米永远不相信上帝和天主教。

弗朗西斯叔叔虔诚得几近疯狂。他有一样特别钟爱的惩罚器具,一块四分之一英寸厚的木板。那块木板只要到了弗朗西斯叔叔手里,吉米那个骨瘦如柴的屁股就会挨揍,让他痛不欲生。

叔叔打他是因为他不听话或者懒惰,但大多数情况下涉及教堂的错误。弗朗西斯叔叔命令他的孩子们和吉米每个礼拜天上午九点钟去参加专为儿童做的弥撒。神父总会有一小段要孩子们学会顺从的布道,这些道理通常隐含在某个故事里,譬如胆小如鼠、温顺软弱的小兔子,宽容厚道的公驴和其他动物,以及对吉米来说根本就没有经历过的态度里。

弗朗西斯叔叔在教友里安排了一些密探,他们会报告孩子们在参加弥撒时的任何逃避行为。有一则故事讲的是蓝色鸣鸟长期受苦受难,最后得到回报,进了鸟的天堂,但没有听几个布道,吉米就成了家里唯一的逃学者。弗朗西斯叔叔打他的时候,吉米的母亲绝没有二话。寄人篱下,她怎么敢呢?

弗朗西斯叔叔这个教区年老体衰的神父似乎鼓励用这样的方式培养虔诚的态度。或者就吉米所听说的,这个愚蠢的老头从来不反对这样做。吉米很快就学会了憎恨神父以及所有教士的胡言乱语。

吉米六岁半的时候,有一件事情使他对叔叔的仇恨有增无减。一天下午,有几个印第安小男孩把吉米团团围住,要求他把口袋里的东西都掏给他们。所有那些男孩子,年纪都比他大,块头都比他大。

吉米佯装往边上一闪,接着一猫腰往另一边逃走了。他以为弗朗西斯叔叔从帕尔默酒店回家之后会对他用速度和聪明躲避了一顿毒打而表示祝贺。恰恰相反,再次满身酒气的弗朗西斯叔叔大发雷霆。他把吉米领到小屋的后面,狠狠地教训了他一顿,怪他懦弱无能、毫无男子汉气概。接着他大叫道:“卑劣的小畜生,胆小到这个程度,我要让你彻底摆脱这种胆小怕事的弱点。”他用那块四分之一英寸厚的木板猛揍吉米。

骂他懦弱无能这件事情对吉米来说是奇耻大辱,也给他留下了很深的伤痕,这样的事情往往刻骨铭心。刻骨铭心到几乎融入他的生命里。他没有意识到,几年之后，那会左右他的所作所为，他所做的半数事情，就是为了展示他的勇气，证明他的脊梁骨里并没有那种懦弱的特征。

叔叔家的慈爱关怀远没有像祈祷祝福里所说的那样美好。尽管如此，弗朗西斯叔叔那座摇摇欲坠的小屋提供了一份保障。当这份保障在毫无征兆的情况下突然被夺走的时候，吉米对它的认识才是最刻骨铭心的。一天夜里，弗朗西斯叔叔在走回家的路上，被一群暴徒袭击。后来，警察认定，他们就是美国保护协会的成员。美国保护协会是一个致力于侮弄天主教徒的组织，而且，人们寄希望于这个组织把天主教徒赶出美国。警察在街沟里发现弗朗西斯叔叔的时候，他的鼻孔里已经鲜血横流，脑浆直泄。他过了六个小时后死了。这个家庭也就解体了。

此后很快，吉米便开始了他的犯罪生涯。他陪着妈妈到一些高档商店去。每次去，她都穿着同样宽大的圈环裙子。她在商店外面将吉米推到她的裙子和圈环下面，她做得小心翼翼，尽量不让人看见。他则像鸭子一样在黑咕隆咚中走进商店，她的双腿碰撞着他，她的灯笼裤挠得他浑身痒痒，他还怕得要死，怕被发现。

到了商店里，伯特偷偷地将各种商品通过一只狭长的口袋塞进裙子里。吉米将它们装到特别缝在她衬裙内边的几只更大的口袋里。然后，伯特将这些物品拿去当掉，换她能换到的任何东西。

这样勉勉强强过了一年粗菜淡饭的日子。然后，有一天，菲尔德百货公司的商店侦探抓住了伯特，接下来的事情吉米知道，他母亲进了监狱的女牢里。

她丢下了他，之后他开始接受真正的教育，只不过是在街头而已。

吉米碰巧撞见了三个非常粗野和机灵的黑人男孩子，便住到了一个贮木场的一堆木头下面。他们非但没有揍他，或者拿他们很大的折刀割他，而是喜欢上了他。他成了他们的学生。

很快，他开始干一种活，就是在一辆街车驶过之前，悄悄地将锌炸弹放置到铁轨上面。爆炸声起，趁乘客们喘着大气、惊叫连天的时机，吉米跳上街车，抓住一个或者数个旅行包就跑。他人瘦小，速度又快，所以从来没有被抓住过。黑人男孩非要他将赃物分给他们，他也不介意，毕竟口袋里买个不新鲜的面包或者一杯咖啡的钱总是有的。八岁的时候，他就这样自食其力了。

四个月满了之后，伯特·道斯出狱了。她在克拉克南大街四百四十一号居住了下来。这是一幢三层楼的褐砂石房子，其豪华程度令她儿子瞠目结舌。这住处是个宫殿。还有其他女人住在那儿，占用了二十多个舒适的卧室。女房东卡丽·沃森太太说话细声细气，行为文雅娴静。她脖子上戴贵重的钻石项链，手执喷香的花边手帕，坐一辆轮子黄得十分别致的白色马车，在芝加哥城里四处招摇过市，但吉米不喜欢这种黄色。她定期从褐砂石房子到大街对面的天主教堂和附近的犹太教堂捐款。吉米在地下室保龄球球场的后面一个舒适的空间里有一张小床。

在卡丽·沃森那儿，电灯通宵闪亮，夜夜如此。银色的桶流出美酒。私家马车和出租马车送来衣冠楚楚的先生，车来车往，人进人出，络绎不绝。有一天晚上，一位咯咯笑着的厨师给吉米展示了楼上一个可以窥视的小孔，帮他站上一张凳子去看。在稍远处的房间里，吉米看到，沃森太太手下的一个女人正在一位先生的身子下面。

他知道了在四百四十一号发生着什么。他断定他母亲也一定在做这样的事情。他丝毫不感到震惊。人们一直在做这样的事情，这个他早就知道了。而且伯特再次穿上了锦衣绣衫。保龄球结束喧闹之后，他可以暖和地睡一个晚上。母子俩可以定时吃上食物，精致的食物由两个黑人保姆准备。餐桌上的残羹剩饭也胜过弗朗西斯叔叔家的盛宴。吉米认为他母亲很聪明，选择了在卡丽·沃森这儿谋生。

好景不长。伯特跟另一个女人狠狠地打了一架。吉米始终不知道原因。沃森太太说是伯特的不是，便把他们赶了出来。他们去过好多个更小更加破烂的窑子。终于，吉米十岁那年，一天夜里，一阵枪声永远改变了吉米的命运。

当时伯特和吉米所待的是最低级的妓院，一个设有暗门密室的妓院。设有暗门密室的妓院就是专门设计用来让顾客释放远比他们体内积聚的能量更多的东西的。其布局是标准化的。每两个卧室之间都有一个较小的密室,称为操作室。它跟每个卧室都有一堵共同的墙壁。在这两堵墙壁里,都安装了有铰链或者滑动的从操作室这边可以打开的护墙板,通常卧室这边镶嵌了深色的木头,或者贴上图案千篇一律、可以混淆视线的墙纸。每个卧室里,床和单张的宾客椅子的摆放都是经过精心布局的。当客人忙于干事情、女人大喊大叫的时候——这种窑子的妓女都经过培训,要她们故意发出虚假的喊叫声,来掩饰偶尔会惊醒人的铰链的吱嘎声——那操作的人便通过一道口子伸出手去把那位先生挂在椅子上或者床尾的裤子偷来。有时,裤子比较难拿,操作人员就会用一根有钩子的长杆。

吉米就在一个操作室里干这样的活挣一份固定工资。他把钩子操作得出神入化。这家妓院的老鸨考虑十分周到,派他到他母亲卧室下面的密室去干这活儿。

枪声响的那个夜晚,他跑上楼去,发现伯特靠在她卧室的墙上。她的朋友,一个胖胖的黑人妓女正在摇晃她的一条手臂,一面哭喊着:“伯特,别闭上眼睛。伯特,醒醒啊。”

伯特按着她的腹部,身子正在软瘫下去。她穿着一件艳丽的丝绸宽大长衣,上面绣着几只孔雀,她工作的时候总是穿这件服装。鲜血渗透的地方,蓝底的宽大长衣看上去变成了黑色。墙上的护墙板洞开着,安装铰链的这部分摆向了操作室里面。宾客用的椅子翻倒在地。

吉米大叫一声,在闪烁的煤气灯光下跑向伯特。他张开双臂,紧紧抱着她。她虚弱地抚摸着他的头发,叫了一声他的名字。接着,她身子松垂,滑向一边。后来他断定,她就是这个时候死的,死在了他的怀里。从此以后,他就再也忘不掉他沾满鲜血的双手。

杀她的凶手是一个旅行推销员,他觉察到了他们企图偷他的贵重物品。吉米到伯特房间的时候,他早已经被警察带走了。警察行动如此迅速,是因为老鸨给了他们很多钱。

老鸨说,钱不多的葬礼费用她会负担的,但是她不得不请吉米离开这个地方，因为伯特再也不能产生效益了。

十岁那年，吉米永远地走上了街头。

他干得不错，他绝对不是傻瓜，也绝对不会变成傻瓜。他犯过一些错误，但是那些错误教会了他很多东西。

无论天好天坏，他都在市中心的街角擦皮鞋。他在严寒的冬天吃够苦头，冻雨刮在脸上，就像钉子在扎。芝加哥的冬季有其自身的生存法则。你可以去上一个公共夜校，假装是在学习。事实上，你就坐在最后一排打瞌睡，便可以暖和地度过两三个小时。

吉米是个发愤图强的人。没有什么东西可以阻挡他这样做，他在受洗时被灌输给他的信仰当然也不可能阻挡。他定期从城里各处天主教堂的济贫募捐箱里偷钱。他最喜欢偷的是圣斯坦尼斯洛斯·科斯卡教堂的济贫募捐箱，因为在那个教堂偷钱，他就是在给波兰教会使坏，他不喜欢波兰人。

他也不喜欢德国人。不，这样说太温和了。他憎恨德国人。在罗斯福路上，有一家盛极一时的德国人教堂，阿西西的圣弗朗西斯教堂。吉米在那儿犯了一个他很少犯的严重错误。

他在阿西西的圣弗朗西斯教堂那儿闲荡了一两天，脑子里突然蹦出了一个令他激动的想法。与其去偷济贫募捐箱里的钱，不如去偷一些非常值钱的贵重物品。他做出了一个顺理成章的选择——偷神父们拿出来展示圣体的那个金色圣体匣。

教堂的仪规给他提供了一个偷圣体匣的极好机会，就是在四十小时的祈祷期间。整个祈祷这段时间，圣体匣就一直摆放在圣坛上。

祈祷总是由神父起头，但是由于仪式持续时间包含整个夜间，神父自然是要睡觉的。堂区居民便自发组织起来，确保至少有一个人总是坐在前排的一张长椅上，不睡觉，保持警戒。吉米就躲在教堂的后部，等着其中一位守护人太累而睡着。

大约凌晨三点钟，情况果真如他所愿。吉米偷偷溜过一排一排长椅，抓过圣坛上的圣体匣，塞进外衣，逃走了。

他兴奋不已，梦想着他新发的大财，梦想着他将因这一光辉业绩而名声大噪,他带着圣体匣来到当铺老板格拉斯这儿。

格拉斯嘲笑他。

“你是在跟我开玩笑吧,吉姆?你以为我可以把这个东西吊块价格牌摆放到玻璃陈列柜里吗?你以为我能卖这个东西吗?卖得掉这个东西吗?我不信天主教,但是我知道这是什么东西。谁都知道。你这个愚蠢的家伙,我总是太高看你啦。下次偷之前要三思而后行啊!这个东西你是准备自己去还还是我去还?”

吉米羞愧难当,当天下午企图把圣体匣悄悄塞回到阿西西的圣弗朗西斯教堂去。不幸的是,教堂司事把他逮了个正着,而且把满脸黑斑的德国老神父也叫了来。

神父紧紧抓着吉米的一条胳膊,用粗嘎的英语朝他吼叫着:“你是一个天主教徒吗?”

“我是的,但这有什么关系——?”

“这加重了罪恶。你不仅仅是个社会的污渍,你还是你自己信仰的耻辱。即使我们的主亲自来也救不了你。你会进地狱的,孩子。你会进地狱的。”

吉米当时十二岁,他朝他假笑了一下:“不,神父,我早已经在地狱了。我是从地狱回来的。”

接着,他用膝盖猛地顶了一下老头儿的裆部。

神父痛得尖叫起来,倒在了教堂司事的怀里。吉米则沿着走道逃走了。

从那以后,他更加憎恨德国人了。不过,他也从来没有忘记格拉斯给他上的课。

随着他渐渐长大,他在姑娘眼中的形象如何变得越来越重要。假如一个人看上去不阳刚,口袋里没有大把大把的钱,不像未来的心上人那样机灵的话,那么毫无疑问,这一辈子就等着他看中的姑娘们对他冷眼相向吧。一个人要是在这些方面什么都不是的话,那也无所谓——事实上,假如他都不是,倒反而会安全得多。但是,相貌可是关键性的。如果姑娘以貌取人,那你就是上了一垒;如果她不以貌取人,那你就绝对得不了分,就是个出局的主。于是,他从姑娘家多多少少常规的兴趣中总结出一个追求她们的扭曲方法,养成了撒谎的习性,他这个人如何如何，他拥有什么什么，他撒谎最多的是他过去的一切。

他干过各种各样的活，偶尔也干点体面的活提高一下自己，但总是干不长。诚实的活儿使他没有机会获得成功，没有可能不劳而获。有时，偷盗让他丢了工作；有时，他的火爆脾气或者他的口无遮拦让他丢了工作，他一不小心就会说他不喜欢外国人，不管对方是老板还是工友。吉米厌恶那些奇怪的话音，不管这些话音是属于意大利人、德国人、犹太人、拉丁人，还是来自迪克西[①]的黑人。他知道，他也许是个混蛋，但是基督作证，他是一个地地道道的美国人。他热爱他的国家，这是一块充满机会的土地。

为弗兰克尔公司送食物便是其持续时间不长的体面活儿之一。它使他踏进了一些殷实人家，但那只会激起他的愤怒，提醒他获得成功的速度不够快。他在密歇根大道的克朗家偷了高档瓷器之后，担心被告发，便不辞而别，从弗兰克尔公司逃走了。

自那以后，他干过很多活。餐厅侍者助手、夜总会保安、私立舞蹈学校的杂役，他在那儿可以免费听课，因为学校的女老板喜欢他的厚脸皮。他在普尔曼罢工中充当特别辅警，那个活儿结束之后，他便到一家很大的妓院当起了猎艳骗子。那家妓院位于巴特兰茨区，在泰勒大街以南的克拉克大街上。他喜欢猎艳骗子这个角色，尤其是当他得到允许加入一伙人员当中在公寓里对姑娘们实施侵犯之后。

他一直干这个活，直到他得了花柳病。他估计是来自罗克艾兰的一个白肤金发碧眼小女孩传染给他的。他是在火车站把她骗到手的，参与了对她的侵犯。她一直在尖叫，说她是处女。开玩笑，处女是不会传染花柳病的。老鸨发觉这姑娘不太令人满意。经她批准，吉米来到这个不诚实的小荡妇凌乱肮脏的房间，狠狠地揍她，直到她哭喊讨饶为止。

她的号叫声激怒了他。他将她掀下床，不停地狠狠揍她。她猛地向前扑去，头撞上了门。接着，她往一边瘫下去，扑通一声仰天倒在地上，脸色发白，一动不

①指美国南方，尤指1861年组成南部邦联的美国南部各州。

动了。

“呀,得了吧。”吉米紧张地窃笑一声说道,“别糊弄我。睁开眼睛,我不打你了。”

没有反应。

“我说了醒醒。”他再次将她拖了起来。鲜血从她的鼻子里流出来。吉米让她砰的一声倒回到地上。

他用自己的鼻子凑近她的嘴巴。冷的,没有呼吸。“啊,天哪。”

他拿双手捋过自己的头发,他的眼睛湿漉漉的,害怕极了。“啊,天哪。”

老鸨大发雷霆。处理尸体是他的责任。“然后滚出这个屋去,永远滚蛋。”

他在夜里用一辆偷来的手推车把尸体往河边拉去。死去的姑娘被装在一只原先装纯水泥的粗糙袋子里。所幸她的身子不重。他将那只袋子拉进芝加哥河西支流边的一个贮木场里。他早先在守夜人那儿塞了整整五美元钱,所以守夜人在大门搭扣上的挂锁没有锁。

在贮木场的码头,尽管几乎一片漆黑,此处又是个人烟稀少的地区,吉米还是害怕被发现,他在袋子里加装了几段管子增加分量,用铁丝将袋口扎好,然后悄悄地将袋子放进在月光下像油一样闪亮的河里。他踉踉跄跄地逃离了现场,手推车也不要了。来到贮木场外面的小巷里,他放下裤脚,撒腿就跑,跑得上气不接下气。

到了周末,他的害怕减少了,取而代之的是一种优越感和力量感,唯有谋杀才能传递的感觉。几天之后,有一个为那个老鸨工作的皮条客找到了他。他跟这位皮条客互相帮过忙。

“不好的消息,吉米。就是罗克艾兰来的那个女人。她兄弟是警察局副局长。他在城里闹得天翻地覆呢。他们发现了她,你知道吗?”

“我不知道。”

“报纸上登着呢。问题是,现在警察会穷追猛查。你最好离开妓院这个行业,离开这儿,时间长一点。藏到某个警察不可能去查的地方。到哪个体面一点的行当去。”他就是这么说的,体面一点的行当。

所以,吉米·道斯进入了某个体面的行当之中,于是,再次遇见了保罗·克朗。

第六十一章　保罗

摄影圣殿又来了一位在第一选区常见的那种穿着考究、华而不实的人。这个男人长得身高马大,大得足以被人误以为是已故斯利姆的兄弟。他介绍自己说他叫图茨·蒂尔森。"委员会的。"

保罗将图茨引导到摆在那只土灰色陈列柜旁藤条座面的宾客椅子那儿,然后跑上楼去敲响了一扇门。韦克斯走了出来,身上围着一条有很多口袋的帆布围裙,手上戴着橡皮手套。楼下的图茨拿鼻子吸了吸气,说:"天哪,好像是哪种花露水的味道。"

"硫代硫酸钠。"韦克斯说道,"海波。我今晚在暗室干活呢。"

"我不耽误你太久。我是为保险来的。"图茨犀利地盯着保罗。

韦克斯咕哝道:"达奇,让我们单独处一会儿好吗?"保罗便离开了。后来,在厨房里,他跟韦克斯一起吃黑麦面包、芹菜并喝着两瓶家乡黑啤。

"那人卖保险?"保罗问道。

"类似吧。库格林和肯纳来说了这事儿,大伙儿都喜欢这个主意。假如一个基金捐赠人在市政厅碰到麻烦了,或者被警察找上事儿了,那么基金就可以为他雇用律师,甚至交保释金。换句话说,就是为他顶缸。我是几年前开始交基金款的,当时我正在做一个,啊,特殊的买卖。"

保罗将两只手肘子支在桌子上,等着下文。

"啊,见鬼,"韦克斯说道,"我觉得不必对你保密。"他站起身来,回来时拿了一个很大的卡纸板文件夹,用来放照片的那种。封面上有一个花饰金边,做得很粗,已经开始剥落。

“这张照片我是在锁了的门后面拍的。我自己冲印出来，卖了大约三百张，每张两美元。我这样做只是为了促进艺术摄影，你理解的。有个十六七岁的孩子拿到了一张，给他爸爸看了，他爸爸碰巧又是个教堂执事。这个卑鄙的小人把这事儿捅给了报纸。接下来的结果不用说我也知道，警察就指控我散布淫秽下流物品。我在号子里待了两个晚上，也就待了两个晚上。基金雇了一位律师，把我给弄了出来，不需要过堂，释放了。不过，我拍的这种照片太多了。继续吧，看一看。它叫‘珍珠’。”

保罗打开卡纸板夹子。一张很大的照片展示了一个有六到七英尺宽的铰接的蛤壳，蛤壳放在他认识的一些海滩支柱中间。蛤壳的上半个翻开着。亭亭玉立在蛤壳中的是一个少女，一只手举起在惊得变圆的嘴巴附近，另一只手让人浮想联翩地遮挡在她的前面。

这姑娘有着黑色的头发和黑色的眼睛，十分性感。她穿着一件像白色缎子连衫裤一样的服装，上面装饰着一根缎子腰带。保罗可以理解为什么这幅照片会让韦克斯遭到逮捕。这种东西一般都是偷偷交易的。

韦克斯撕下一块面包：“艺术作品，是吗？”

“哦，是的，当然是的。”保罗说的是假话。他合上卡纸板夹。“那么说那个人，图茨先生——”他不太说得清那个怪怪的美国姓氏，“想要你交基金的钱？”

“是啊，可我没钱哪。”

“你怎么对付过去的？”

“跟以前一样。做个交易。我的账户将被清除六个月。那个‘澡堂子’——库格林委员——想要给家里拍张新的照片。他像只孔雀一样喜欢炫耀自己的外貌。那三个政客以前来过这儿，便推荐了我，所以库格林从明天五点钟开始将来照相馆一个礼拜。明天你早点回家来见见他。在码头区这样的地方，你绝对不知道什么时候就需要朋友了或者需要人帮忙了。”

“致敬，小伙子，我叫约翰·约瑟夫·库格林。”

他紧紧握住保罗的手，他的手巨大。库格林六英尺身高，身架子像个钢铁工人。他的脖子又红又粗，肩膀很宽。他的胸部和腹部形成了一道独特的浑圆曲线。他梳着一个发油闪亮、定型很高的浓密的大背头。给人印象深刻的连鬓胡子拖到耳朵下面一英寸。他向上弯曲的八字胡尖闪着亮光。他的指甲全部修理过，擦得贼亮，而且他身上散发着爽身粉的气味儿。他拿着一样用棕色的纸包着的扁平的东西。

“很高兴见到您，先生。我是保罗，鲁尼先生的助手。他在后面那儿恭候您，请跟我来。”

“澡堂子”约翰·库格林不过三十五岁年纪，但是已经具有令人生畏的名声。有一次，听完有幻灯的关于伦敦大火的讲座，回家路上，南希·洛根告诫他道：“库格林委员操纵着市政厅的狼群，身体里没有一根骨头是诚实的，这是他们说的。别让他诱惑你走上人生的歪门邪道，你是个聪明人，而且友善、讨人喜欢。将来总有一天，你会跟某个姑娘成家，会有自己的安乐窝。所以小心点。”

韦克斯曾经告诉过保罗，这位市政委员是康利管辖区中傲慢浮夸的一个产物，康利管辖区是芝加哥最穷爱尔兰人的一块聚居地。他一开始是在克拉克大街的一家土耳其澡堂子里干擦背的活，不过他有野心，很快就跳槽到了帕尔默酒店，那儿的洗浴全美闻名。

后来，他在麦迪逊东大街买下了他自己的第一家澡堂子，然后在布雷武特宾馆买下了第二家。这两家澡堂子他依然在经营，不过他又开办了一家酒吧叫“银子美元”。他是一个信奉银币自由铸造政策的民主党人。

但是，库格林的真正业务是在芝加哥——在市政厅控制芝加哥，通过分配市政的优惠项目收受贿赂。他第一次被选入市政委员会是在1892年，两年之后又以压倒多数的选票连选连任。不喜欢他的人说他是通过派出快速打手队把投反对票的选民驱离票箱才得到的胜利。韦克斯说，库格林跟那个绰号叫“不诚实的丁克”的沙龙老板迈克尔·肯纳勾结在一起之后，他们对第一选区的把控便变得无懈可击。尽管“不诚实的丁克”肯纳在性格上不同于“澡堂子”，但是他们作为政治操盘手却同样精明，同样铁腕。“不诚实的丁克”把第一选区的大多数选举法官装入了他的口袋。他可以源源不断地获得选民，这些选民都来自墓碑。“这个‘不诚实的丁克’甚至把远在莱克县的重复投票人也引了过来。”韦克斯说道，“他所付的酬金也不是什么秘密。五十美分一票，外加所有的香肠、面包、啤酒，放开吃喝。”

库格林穿戴得像个上流人物。一个有争议的上流人物，依旧是个上流人物。为了照相，他选了一件双排扣、长及膝部的黑色礼服大衣，大衣的面料是丝绸，翻领上炫耀性地别着一颗金属的星星，表明这是一位“市政委员会委员”。与他的外套相得益彰的是一件鲜绿色的丝绸衬衫、一条天蓝色领带和一件装饰着黄花的象牙色丝绸马甲。他的鞋罩跟黄花十分相配。

“库格林先生来了，先生。”保罗说道。韦克斯突然从那块黑色的照相机布帘那儿冒了出来，跑向前来，握着“澡堂子”的手使劲摇。

“委员。见到你太开心啦。请坐。你对肖像有什么想法吗？脑子里有特别的姿势吗？”

库格林那张像唱诗班男童歌手一样的脸变得若有所思。他掏出一块手帕，掸了一下韦克斯花了半个小时才在三个多利斯型柱子前面摆放妥帖的一张花园长椅的那个角。韦克斯的脸尴尬地红了。

“没有，没有。”委员掸完灰尘说道，“我只想要拍得尊贵点，这是为玛丽和几个小家伙拍的。”

“尊贵。跟我想的一模一样。完全符合您的身份——”

“正是，老朋友。”库格林微笑着，掀起他大衣的后摆，一屁股坐在凳子上。

韦克斯为这次拍摄穿了一件长及脚踝的棕色风衣。他在风衣上绊了两次脚，让保罗发现了他是如何的紧张。他吩咐保罗将反光罩往左挪两英寸，然后又要他往右挪回一英寸半。这事儿摆弄了有十五分钟。接着他擦照相机镜头擦了十五分钟，调整库格林的姿势调了十五分钟，道着歉拿来梳子将拍摄者头上涂了发油的不规则卷发梳了十五分钟，完了之后，韦克斯捏了一下气动快门皮球进行第一次拍摄。

“我们需要伦勃朗布光。”他退后几步之后说道，“头顶边上。”他大汗淋漓。被拍摄的人也大汗淋漓。“澡堂子”不容置疑地做了个手势。

“小伙子，去把放在那边的小包拿过来。鲁尼，我们把这个挂到这儿的柱子上。有人会说这是商业化，可是商业化又有什么错？挣钱么，真是的。挣钱才能活得久哪。”

保罗把那个包裹给他。“澡堂子”打开包裹，拿出一块黄色的牌子，上面写着苍劲有力的深褐色字。

身体干净，百病不侵

健康是财——健康是命

库格林澡堂就是健康之本！

“哦，好极了，非常尊贵。”韦克斯说道。库格林得意非凡。“达奇！去拿个榔头和钉子来。”

就这样，一个半小时，这儿忙忙，那儿忙忙，这儿调调，那儿调调，偶尔停一下拍个感光版。最后，“澡堂子”打开一只巨大的银怀表看了一下，说他得走了。他握住摄影师的手摇着：“好极了，真的好极了。你的保险费用我们会考虑的，放心。”

“你真的太好了，委员，谢谢。”

库格林环顾了一下灰尘满地的破败摄影室：“看样子生意不太好。”

“是啊，先生，的确不好。”

“我会传下话去。如果委员们不想要他们老婆的照片，那他们可以给他们的女朋友拍照片啊。需要帮忙，随时来找我。你也一样，小伙子。我干的就是这个活儿。服务，致富。致富，服务。”

他脱帽致了个意，像个草原气旋一样匆匆离开了照相馆。

韦克斯对着从暗室里拿出来的照片怒不可遏：“这些照片丢尽脸了。这些照片是对这个行业的羞辱。瞧那广告。说它‘低俗’还不够。我实在想不出再坏的词了。”

有一张照片，“澡堂子”的眼珠子像圣徒似的朝天上翻着。那牌子清晰醒目地传达着信息。保罗不禁哈哈大笑起来。韦克斯没有笑：“老天呀，糟蹋呀。他要是稍微有点品位，就不会喜欢这些照片。”

保罗在去上班的路上，把装着照片的小包送到了银子美元酒吧。一天之后，邮差带来了一封羊皮纸信纸写的短信,上面还有用镌版精心印制的笺首。

J.J.库格林阁下

市政委员

住址:范布伦大街一百六十五号

委员会:

金融·健康·码头及公共场地

港口·高架道路及桥梁

大街小巷(南部)

短信很快传达了这位委员的回应。

照片极好!! 华盛顿公园下周开赛。我的赛马"第一选区"将参加竞赛。诚邀来本人包厢观赏。谨致敬意。

库格林

接下来的这个星期一,保罗请了星期二下午的假。艾伯特·格雷斯拿着一支铅笔胡乱摆弄了一分钟,这令他感到紧张。接着他说他同意他请假,因为事实证明保罗是一个靠得住的人,一个勤奋的工人。

"但是你的工钱要扣掉。"

华盛顿公园位于第六十一大街和丛林别墅大道交界处,占地八十英亩,里面有大看台、俱乐部会所和风景区。开张那天,上天赐福,阳光和煦。保罗和韦克斯坐南区高架铁路过来,他们尽量远离开着的车窗。机车烧着烟煤,喷出一团团煤炱。

他们在高架铁路停下时正好位于车站入口附近,裹在一大拨欢闹的人群中。保罗穿着那套灰色的灯芯绒外套,带了一架店里的柯达相机。韦克斯看上去满脸绯红,汗水涟涟。早些时候,保罗看见他塞了一卷钞票到外衣口袋里。这些钱是哪儿来的,保罗不得而知。

在人头攒动的广场上，一个留着金黄色二分头的年轻人想要把一些小广告塞到他们手里。韦克斯骂了一声娘，挥挥手让他走开，他似乎紧张得令人惊奇。几乎有点过度兴奋而疲惫不堪。难怪他把赛马称作他的恶魔。

华盛顿公园赛马会开幕那天，盛况空前，景象壮观，无与伦比。芝加哥的有钱人坐着一缰四马的大马车前来。南希说，坐马车在富人中间是一种时尚，保罗信这话。他从来没有看见过一个地方集结了这么多高档马车的。

“里面见。”韦克斯说着就急匆匆走掉了，也不做任何解释。保罗随着闪闪发亮的维多利亚马车、四轮敞篷轻便马车和旧式四马马车穿过大门走去。纯种马多毛的尾巴来回摆动着。小小的银色铃铛响了。金属和皮革都被擦得锃光瓦亮，一尘不染。胖胖的男人和女人挤在马车里，朝那些命运比他们差的人挥舞着手。最大的车子顶上还摆放着长凳，凳子上也坐满了人。

有几位先生选择独自带着马前来，他们的马是纯种马，马的尾巴给剪短了。绕着俱乐部会所的曲折小道上，这些先生让他们的坐骑走侧对步，走横步，朝那些挤在小道两边栅栏边的平民百姓下跪。不一会儿，那些先生似乎厌倦了，便一个接着一个下马。马夫前来将牲口牵走，拴到马厩里去。

韦克斯又匆匆回来了，口袋里戳着一张报纸：“好吧，我们去找我们的东道主吧。”保罗跟上他的脚步，瞥了一眼那张报纸。这是专门报道赛马的。

“澡堂子”的包厢位于中央大看台最前排，是最大最豪华的，有九张椅子，外加站立的空间。其他客人早已就座。当保罗和韦克斯进去之后，保罗发现有一个角落里堆着好几只卡纸板箱子。

“澡堂子”热情有加地迎接他们：“很高兴你们能光临，希望你们带了很多钱来。”他富有感染力的大笑发出隆隆的回声。他握住韦克斯的手，像操纵水泵的杆子一样使劲儿上下摇晃着。

“你穿的服饰真漂亮，委员先生。”韦克斯脱出身来之后说道。

“你喜欢这身搭配吗？”“澡堂子”拿手指抚摸着他鸽灰色的翻领。他的衬衫是粉红色的，领带和鞋罩是白色的，马甲是深绿色的，上面还有白色的格子图案。“我称之为赛马色。来吧，见见大伙儿。”

第一位被介绍的人是一个面色冷峻的小个子男人，五英尺身高，大约与库格林相当的年纪。他穿了一身黑，只有那件胸部紧绷的衬衫是白色的。他咬着一根尚未点燃的雪茄，用极其冷淡的态度打量着新来者，保罗从未见过这样的蓝眼睛。

“这是我的同事迈克尔·肯纳先生。欣克，见过韦克斯·福特·鲁尼和他的助手达奇。忘了你姓什么，达奇，对不起。这两人可是一流的艺术家啊，欣克。”

“很高兴。”冷冰冰的男人说道，也不握手。然后他便坐下，不再理睬他们。

“到这边来——”“澡堂子”来到一个块头特别大的人身旁，“我的好友，住在第二十二大街，沙多上校。呃，还是介绍他的全名吧——R.西德尼·沙多三世。丹佛·沙多家族的。伟大古老的开拓家族啊！缅因州清教徒世系。这个人是个天才，伙计们。他是一位发明家，一位演出经理人——你们从他这儿可以听到很多东西呢。”

韦克斯说道：“我知道你的名字，上校。你从事图片行业。”

那人庄重地鞠了一个躬，伸出一只手。“没错，先生。”上校的嗓子像一样非同凡响的乐器——极其洪亮，但又像一位牧师的嗓音，富有感染力。“叫我西德，好吗？请允许我介绍我的两位侄女，沃特曼小姐，埃克斯小姐。”

两位姑娘咯咯笑着行了个屈膝礼。有一位头戴游艇帽子，穿得像个海军上将；另一位戴着猎鹿帽子，打扮得像个夏洛克·福尔摩斯。两人都搽了很多猩红色的唇膏。

看台上和风景区的内场，人们在陆续到来。一支铜管乐队演奏着乐曲。天空晴朗，蔚蓝如洗。春风轻拂，大看台上旌旗飘扬；和风徐来，女帽翮羽随风摇曳；清风吹过，骑师绸服随风荡漾。骑师们正在将他们的马排好队，第一场赛事整装待发。“嗬，西德，他们马上要出发啦！”沃特曼小姐喊叫道。她和另外一个“侄女”要是跟这位高个儿男人是叔侄关系，那保罗就是克利夫兰总统啦。

韦克斯再次满脸绯红，飞一般地朝包厢门口冲去：“押赌还来得及吗？”

“澡堂子”看了一下马匹。“还来得及，‘第一选区’要第三场比赛才上场呢。这一场我要在‘不中用’上下点赌注。别让你们的灯笼裤掉下来哦，姑娘们；那是匹母——马——呢，它并不让人讨厌。”他哈哈大笑着，笑声盖过了那两个“侄女”

的大声抗议。韦克斯箭一般冲出包厢。

“达奇,给我们拍张照好吗?”

保罗乐意为委员效劳,他先是让库格林的两条手臂抱住两个“侄女”,然后再扩大人群,自己靠在后面的栏杆上,拼命往后仰,以便把他们都拍进去。肯纳不愿意站着拍照。他坐下,一面咬着雪茄,一面看着赛马小报。他要么是世界上最怕难为情的人,要么是世界上最傲慢的人。

韦克斯回来了,挤进人群,赶上了拍最后一张照片。赛马进入了起跑门。铃声响起,看台上的每一个人都跳起身来,呼喊着,接下来的两分半钟里,人们挥舞着节目单,挥舞着手帕,价格昂贵的双筒望远镜镜头上,阳光闪耀。一匹叫“哈尔王子”的赛马获得了胜利。“不中用”在七匹赛马里排名第六。韦克斯撕碎了他的赌马券。

保罗被沙多上校迷住了。假如韦克斯像个爱尔兰小淘气的话,那么沙多就是一尊花岗石雕像。他的五官粗犷刚毅,下巴长而强健。他衣冠楚楚,典雅的西式风格:手工制作的小牛皮靴,哔叽裤子,春季大衣是光滑的黑色羊毛麦尔登呢;他的衬衫是军校学员蓝;他领带的两个尖尖在肚子前面飘落下来。他的沙色阔边帽可以跟野牛比尔在《狂野西部》秀中所戴的帽子媲美,上面有一圈黄褐色的皮革装饰,印第安人的设计风格。总之,R.西德尼·沙多三世上校是一个器宇不凡的人物,虽然肤色苍白,似乎是待在室内时间太多的缘故。

“对不起,上校,”保罗说道,“您是从事图片行业的,我说得没错吗?”

“没错,孩子。”

“移动图片。”韦克斯说道,“电影。”

“未来时代的时尚。”沙多上校拖长声音说道,“再次请问你叫什么名字,先生?”

“韦克斯·福特·鲁尼。我是个摄影师。”

“好哇!这是你的助手?”

“保罗·克朗,先生。大家都叫我达奇。”

“达奇。好啊。”他们握手。上校将大衣往后一甩,露出猩红色的缎子衬里。他将名片递给保罗和韦克斯。名片上,连同地址一起,有他的名字和很醒目的几个字“芝加哥勒克索格拉夫电影公司”。

“我可以骄傲地说,勒克索格拉夫西洋镜是我发明的并拥有专利。我们已经在中西部的五个州经营这些机器,而且发展神速。我正在研究勒克索格拉夫电影放映系统。”

“太棒了。”韦克斯心神烦乱地说道,“我本想听听这整个事儿。可是第二轮比赛马上要开始了。对不起。”

他走了,保罗便在上校身边的空椅子上坐下。他激动极了,说道:“我第一次看见电影是在世界博览会上。真是激动人心。你真的相信这样的图片将来有一天会在大银幕上放映吗?”

“绝对。你是哪儿人,达奇? 德国吗?”

“是的,柏林。不过我现在是芝加哥人。”

“你对我们这个婴儿般的行业感兴趣,是吗?”

“非常感兴趣。我喜欢所有种类的摄影。我正跟鲁尼先生学习。可是最让我着迷的是电影。”“着迷的”“芝加哥人”,他希望沙多上校注意到了他竭力在用这些大词,想要给他留下个印象。

“聪明。”上校说道,“那是在将来。我不满足于在电影业上挣几个小钱,我要挣大钱。这就是为什么我们快马加鞭地在完善我们的放映机以及与之配套的摄影机。所以,密切关注我们。”他拿双手在空中比画了一面旗子的样子,“勒克索格拉夫电影。与实物一般大小——跟白昼一样光亮——而且比爱迪生的好。”

“澡堂子”哈哈大笑着,说:“那个巫师可不喜欢这样,西德。所有奸诈的律师也不喜欢,他专门养着讼棍,防止他的设计被别人偷盗去。”

“我的放映机将是原创的,受专利保护的。”沙多说道,“托马斯·阿尔瓦·爱迪生先生最好认识到,他不可能一个人独吞整个馅饼。”

保罗本想问问他是否有机会到沙多的行业工作,转而一想又感觉有一种负罪感,仿佛他对此感兴趣有负于韦克斯似的。

号角吹响,第二场赛马开始了。韦克斯冲进包厢里,手里又多了几张赌马券:“我赌‘伊万杰琳’赢。”

“我不晓得。”“澡堂子”说。比赛结束,“伊万杰琳”最后。

比赛结束之后几分钟，两位年轻小伙子走进包厢。其中一位保罗以前见过。他金色的头发梳成二分头，从堆在那儿的箱子里抽出小广告，接着拍拍另一位伙伴的肩膀。

另一位小伙子正看着其他地方，在审视人群，没有立马转过身来。等他转过身来之后，保罗吓了一跳。就是那个偷克朗家瓷器的送货员。而且，很可能，这个猎艳骗子妄图骗南希上当呢。

他看上去比在弗兰克尔那儿干活时风光多了。他戴着一顶常礼帽，领子又高又挺，彩格呢套装，鞋头尖得像针一样的棕色皮鞋闪闪发亮。他投射过来的目光表明他认识保罗。

沙多注意到了他们的眼神交流，虽然不知道其含义。“这两位是我的助手，刘易斯·克雷斯先生和詹姆斯·道斯先生。刘和吉米。”

刘·克雷斯先握手。他一副畏怯的样子，说起话来有很重的南方口音。“很高兴见到你们大伙儿。”吉米·道斯走向前来，他的棕色眼睛若有所思。他跟韦克斯握手，然后跟保罗握手。

“你好，老朋友。好久不见。”

“你俩认识?”沙多问道。

“我们见过。”保罗说道，不再多说。

吉米·道斯拍拍他的肩膀:“是的，我们见过。我们的确见过。再次见到你很高兴。”

“好啦，好啦，社交够啦。”沙多粗暴地大笑一声说道，“你俩来这儿不是来玩的，赶快把这些小广告发掉。”

刘和吉米把每一只可用的口袋装满一卷卷的小广告。保罗注意到上面有“勒克索西洋镜”的字样，印成了环形的，还有很多感叹号。两位助手同时走出大门。吉米拍打着克雷斯的肩膀。“留神。”他虽然在微笑，可是他的目光里丝毫没有友善的神情。

克雷斯退了回来，说了声:“对不起。”

吉米掀了一下自己的帽子向那群人致意，然后走了，他把最后一个注视——一种飞快的狐疑眼神——留给了保罗。尽管晒在大看台上的阳光热辣辣的，可是保罗感觉阴冷。

“澡堂子”的赛马“第一选区”被放在第三赛道。韦克斯已经赢了二十美元。接着他又在第四场比赛的“萨拉托加男孩”身上输得精光。“萨拉托加男孩”绊倒了,被人用帆布吊货网吊出了赛道。

韦克斯翻遍口袋,又找出几美元。他离开包厢,一副受苦受难的样子。保罗问自己,跟沙多进一步说说那事儿是否是可耻的。他非常想说。

刘・克雷斯和吉米回来再拿小广告。吉米跟两个姑娘热情交谈、开着玩笑。克雷斯也想插句话。吉米“嘘”了他一下,仿佛在对待一只麻烦的苍蝇。肯纳倾过身来,跟库格林咬着耳朵。肯纳依然在咬他的雪茄,沉着脸,像个怪兽。库格林拍着他的背。“啊,别担心,欣克,那家伙我会对付的。他该咋投票还该咋投,否则他就需要拐杖了。”

沙多上校看上去对两位“侄女”感到厌烦了。保罗心想,如果他不抓住这个好机会,这样的机会也许不会再有了。他慢慢地滑到上校身旁的椅子上。

“先生?我很想找份跟电影有关的工作。我想学习拍摄电影。你那儿有空位吗?”

“我想你是在鲁尼那儿工作。”

“我住在他那儿,但我的工作是收要洗的东西、送洗干净的东西。鲁尼先生知道我的兴趣所在。”

沙多放松下来:“我这儿眼下没有空位,但保持联系,谁知道什么时候有空位呢。我喜欢有雄心壮志、有进取心的年轻人。我的伙计吉米,他挺有进取心。但克雷斯——他让人失望。吉米跟他在一起,就像在咬一块还潮饼干。一定是那该死的迪克西培养的缘故。”

一分钟之后,保罗的脖子再次感到刺痛。那两个助手回来了。吉米・道斯靠在包厢后面的栏杆上,双臂交叉在一起。

他凝眸注视着他。

下午余下的时间里,韦克斯的运气一直不好。到了第七场即最后一场比赛结束时，他将剩下的赌马券扔掉。“达奇，我们回家。”他四处跟人握手道别，“女士们。肯纳先生。上校——我真心希望听到关于你企业更多的消息。”

“十分荣幸。你有我的名片。”沙多飞快地瞟了保罗一眼。

“库格林委员，谢谢啦，这个下午十分快乐。”韦克斯的神情表明不是这么一回事儿。

“再见，达奇。”保罗和韦克斯走过有铰链的大门时吉米对保罗说道，“我们也许还会再见面。”

“可能吧。”保罗说。

“见面再说吧。”吉米掀了一下他的常礼帽。

对保罗来说，吉米的存在使得沙多的公司美中不足，但是他义无反顾。

在高架铁道火车里，保罗坦言他跟沙多上校说了想到那儿工作：“可是我不想让你以为我对你不忠。”

“啊，没事儿。”韦克斯摇摇手说道，“你很诚实，我很欣赏这点。”

车厢在铁轨上发出格格的声响。煤炱随风吹了进来，散落在韦克斯的头发上。

“听着，达奇，我很骄傲，你能成为我的学生，哪怕时间不长。一直以来我就知道你该往前走。你最先爱上的就是电影——我不是那个把电影介绍给你的人吗？当大象跳舞的时候，我看到了你眼睛里的光亮。如果你能够签约到沙多这样的人那儿工作，是好事儿。不必有负罪感，也别踌躇不前。”

“你真是宽宏大量。”

“那是。”韦克斯耸了一下肩膀，懒洋洋地一笑，说道，“一个人失去一切之后就可以宽宏大量，是吗？他不必害怕再失去什么啦。”

保罗想要继续交谈，可是韦克斯不感兴趣了。他手托下巴，坐在那儿，凝视着下面掠过身后的建筑、街道和杂草丛生的地块。

跟他的恶魔在交流吗？保罗心中怅惋，不知如何。

韦克斯的无私卸掉了保罗的一个包袱。未来展现出特别的新希望之光。他迫不及待地想告诉朱莉他从韦克斯这儿学到的东西，而更令人激动的是他有可能进入电影行业学习拍电影。她什么时候才能结束旅游回到他身边啊？

第二天上午收送过几趟衣物之后，他恳求"快乐巴黎"的老板娘卡米尔夫人用一下她的电话。她很喜欢他，便欣然应允。他这个电话已经拖延得太久了。他的一只脚紧张地踝躞着，等待电话接通。

"克朗家，我是曼弗雷德。"

保罗拿袖子挡住嘴巴，故意变粗自己的嗓音："请叫沃尔曾海姆太太听电话。"

曼弗雷德哼哼了几下。好长一段时间没有声音。

"我是路易丝。你是谁呀？"

"路易丝，你别说话，我是保罗。"

"保——少爷。"

"不！别说我的名字。求你了，你就听着。告诉伊尔莎婶婶我打来过电话了。只告诉我婶婶，别告诉我叔叔。告诉她我平安无事，一切都好，她一定在担心。"

"你在芝加哥吗？大家都想知道——"

他打断她："堂哥乔有消息吗？"

"没有。一点消息也没有。真是太难受了，你俩都走了，大家都不开心——"

"乔叔叔一定开心的。"

"哦，我觉得不会。"

"我们持有不同观念，路易丝。"

一个穿着粉红色宽大长衣的姑娘在大厅里信步走来，嘴里吸着一根小小的雪茄烟。她撩拨性地敞开长衣，然后靠到他的身上。保罗发出"嘘嘘"声。

"喂？那儿怎么回事啊？"

"没事，我在——一个地方办事儿，这儿很忙碌。"

"你从来就不忙，宝贝。"那姑娘悄声说道。看到他脸红耳赤的不舒服样子，她开心极了，便闲荡开去。

"记住，只告诉我婶婶。"

“不告诉弗里奇，也不告诉卡尔吗？”

“伊尔莎婶婶会看着办的。”

“你还会打电话来吗？”

“暂时不会。谢谢你，路易丝。我想你。再见。”

当晚，当保罗下班后拖着疲惫的身子回去时，韦克斯的情绪要说有变化的话，那就是变得更加让人琢磨不透，更加阴郁。他将两碗蚕豆汤端到桌子上，嘴里咕哝着什么。

他从外衣口袋里掏出一个可以装一品脱液量的棕色酒瓶，里面还有四分之一的酒。他打开瓶塞，仰起头，喝了一口，然后将酒瓶放到桌子上。他像一个犯了错误的小孩子一样瞧着保罗。

“我在赌马中前后加起来输了太多的钱。我需要再过一段时间才能付房租。我不知道房东是否会再次同意——”他长长地叹息一声，“我对你说过，我已经病入膏肓。”

保罗轻柔地说道：“那你为什么不把它戒掉呢？”

韦克斯抹了一把自己的嘴巴。胡茬已经露了出来，显然他今天没有刮胡须。

“这是个好主意，是吗？也绝对正确。我必须戒了。我要是不戒掉，那么你和我就要到林肯公园某棵树上去寻栖身之处啦。”

所以，事情竟然如此糟糕，如此绝望。他根本不知道。

韦克斯拿酒瓶做了个手势：“喝你的汤吧。还有很多呢。”

“谢谢，我这会儿不很饿。”

“恶魔。”韦克斯咕哝着，两眼望着他儿子的照相，“到处都是恶魔。”

“是啊。”保罗说道。他仿佛看见了吉米·道斯的两只眼睛。

第六十二章　吉米

1895年4月的第一天——在赛马会上遇见保罗之前——吉米过了他二十周岁的生日。他受雇于R.西德尼·沙多上校，报酬不错，而且平平安安，他希望平平安安。吉米杀死那个金发碧眼的小妓女后，从妓院被赶了出来，心惊胆战地过了大约五周后，开始在上校那儿干。

吉米在上校的西洋镜娱乐场工作，场所位于第二十二大街和斯泰特大街的交界处，弗赖伯格舞厅西面，巴克斯鲍姆的马尔伯勒宾馆对面。弗赖伯格舞厅是码头区最繁忙的低级夜总会之一。男人付二十五美分钱就可以进去，每一高脚杯酒四十美分，给自己喝或者给姑娘们喝（姑娘们喝的通常是赛尔脱兹矿泉水再稍稍加点干姜水）。如果一个姑娘有安排了，那么她就会带她的顾客穿过大街到马尔伯勒宾馆去。跟他的舅子合伙开办弗赖伯格舞厅的艾克·布卢姆在那个宾馆也拥有股份，那儿热床垫的价格是半小时两美元。每个美元的收益布卢姆都有分成。这样的潜规则简单易行。码头区的一切均有潜规则，这点吉米清楚得很。

吉米在弗赖伯格舞厅遇见上校纯属偶然。沙多是来泄一下火的。他们在长长的吧台边随意地聊了起来。沙多一定是有点喜欢吉米的外貌和过于自信的态度，因为他开始问他问题了。需要工作吗？是单身吗？没有问他过去的问题。最后，沙多要他第二天上午到他那儿去商谈工作的事情。

那是去年深秋的事情了。当时，沙多的娱乐场已经开办好几个月了。吉米路过那儿好几次。所有的窗户玻璃都是不透明的，上面涂了油漆。房子的上面，两块巨大的招牌是鲜亮的原色，招呼着两条大街的人们：

R.西德尼·沙多上校独家开办

勒克索格拉夫西洋镜放映室

时代奇迹！——图画会动！

—老少咸宜—

免费入场

西洋镜放映室前部的一架满是灰尘的现金出纳机边上，西德·沙多会见了他未来的雇员。他开门见山：

“眼下我有一个助手，刘易斯·克雷斯先生。他是南部某个下三烂学校的学生。不幸的是，他太笨了，居然去戏弄新教圣公会教区长的女儿，在她肚子里种了个娃。他就仓促地中断了学业。”吉米后来渐渐明白，沙多的用词不像他自己所期望的那样规范文雅。

上校停顿了一下，掏出一根方头雪茄烟。这种浓郁的香气就是吉米渴望并计划终有一天他也将具有的成功人士的小小象征之一。

“我跟你说刘·克雷斯的事情是有原因的，吉姆。我如果雇用你的话，我希望你把他当作你的敌人。这对事业有好处。”

“我——上校——这个——我不明白。”

“这很简单。”沙多说道，“假定我有两只斗牛犬。假定我让它们互相争斗。这听着有点乱七八糟，其实不然。争斗中我有可能失去一条狗，可是我有可能得到一条能撕碎别的狗喉咙、能挣钱的冠军战狗。现在明白了吗？”

吉米咧嘴笑着：“是的，先生。我绝对明白了。”

一楼的勒克索格拉夫西洋镜放映室有十台体积庞大的机器，分列在一条很宽的走道两边，每边五台。这些机器的工作原理是一种翻牌原理，与另一种叫作电影放映机的机器相同。爱迪生的活动物体连续照片放映机用的是一条连续不断的胶带，而不是图片，但是所有机器的效果是一样的：一系列闪光静物图片快速运动所产生的视觉假象。

沙多的机器放映的是一个个主题，譬如滚滚而来的密歇根湖波浪、飞速冲过街道的马拉救火车（安排这事儿花了三十美元呢，沙多说），等等。还有一些新奇的东西：一个男人无法控制地打喷嚏并把花瓶和瓷器砸得粉碎；一个滑稽可笑的黑人妈妈烤馅饼，洋相百出，一会儿碰翻了食糖，一会儿弄撒了面粉。

上校抱怨，大多数片段太平淡无奇。他打算引入更具特色的主题。他说，像眼下的这种电影太没劲了，很多人包括大多数牧师认为这种电影就是魔鬼发明的东西。幸运的是他们从来没有进入过后屋。

放映室上面的二楼，沙多跟他事实婚姻的妻子住着几个房间。他的这位事实婚姻的妻子名叫玛丽·比泽，皮肤白皙，胸部丰满，金发碧眼。其他的空间就给两个助手使用。沙多雇用吉米之后吉米所做的第一件事就是检查他们的房间。刘·克雷斯的房间大一点，所有窗户都俯瞰着斯泰特大街。吉米只好住到一个没有窗户的黑乎乎的小房间里。当晚，他当面告诉刘·克雷斯他们得换房间。

“听我说，我打上校开办放映室以来就跟他在一起啦。”刘说道，“你不可以这样做的。”

刘一抗议，吉米便拿脚踢他的小腿，一把将他摁到墙上，然后亮出了一把刀的刀刃。

“我们搞搞清楚。”他对瑟瑟发抖的南方人说道，“你要么搬出去，别跟我争，要么把我逼疯。你不会要这样的。”他亲切地微笑着拿刀片平面拍拍克雷斯的脸。

刘·克雷斯不到半个小时便清空并搬出了那个较大的房间。

吉米在沙多那儿的工作包括照管西洋镜的现金出纳机，监督观众保证他们不会弄坏机器，守卫那个特别的后屋，有时还要到城市的其他地方分发小广告。码头区的小广告归刘·克雷斯分发，因为吉米不想在干这种苦力活的时候撞上熟人而受到羞辱。除此之外，他发现他可以在“澡堂子”约翰和“不诚实的丁克”在选举期间发布号召集结队伍时挣到外快。他认为自己是一个忠实的民主党人，这个外快是应得的。

吉米不打算永久待在沙多上校这儿。为别人打工致不了富，而吉米的野心是要发财和握有码头区的大人物所拥有的那种权力。不过，他确定在人们没有忘记那个金发碧眼的小妓女的死之前，在他没有做出决定到哪儿去寻找最大的机会之前，他会一直待在这儿。

事实上，他过得还挺开心的，首先是因为沙多的勒克索格拉夫西洋镜放映室处于码头区的中心地带。当一位先生到码头区来寻欢作乐时，用的词儿是"全心全意支持"。吉米经常全心全意支持，而且乐此不疲，所以他根本没打算跳槽到其他地方去。

其次，他喜欢电影这行。电影富有魅力，其无法无天的气氛有滋有味，尤其是在拉上了窗帘的后屋里。而且，电影还有一种文化修养很高、科学气氛很浓的东西。吉米只上过四年教会兴办的学校。他不喜欢读书，他在校园里把一个比他弱的同学打得血肉模糊之后，修女们便将他开除出了学校。院长嬷嬷说他是个怙恶不悛之徒，说他的脾气太暴躁。吉米能够识字，但是读起来有困难，仅仅局限在《警察报》上的那些下流故事。所以，现在能够跟电影这种需要脑子的玩意儿沾上边，他挺开心的。托马斯·阿·爱迪生还跟电影沾上了边呢。谁都知道爱迪生。

最后，他喜欢他的住处，这是他住过的最好地方。他喜欢斯泰特大街变化无常的景象，他喜欢南区高架铁路火车开过时音乐般的隆隆声，还有，他喜欢听那种更具刺激性的声音。他可以将前额贴在靠上校卧室的墙上，听上校和玛丽的动静，那声音令吉米春心荡漾。杀死妓女的事情渐渐过去，害怕慢慢减少，他开始热爱生活。

鉴于到目前为止他的糟糕经历，这真是一个奇迹了。

地窖里，沙多有一个工场。他在那儿不断地摆弄他那台四四方方的电影放映机，装了拆，拆了装。迄今为止，这台机器还不能正常工作。那天他上班之后，沙多便带他看了工场。巨大的房间四面是水泥墙壁，上面涂着黄色的油漆，还有一块块霉斑。天花板的角落里结满了蜘蛛网，地上散落着一块块半成品木头。有各种规格的齿轮、手动工具、皮带、一条条有孔的胶带，还有一大堆图纸，图纸上标满了尺寸和箭头。有好多被丢弃的图纸塞在一只放于墙角的箱子里。一个电灯泡悬挂在主工作台上方,灯泡上有剪得很粗糙的铁皮灯罩。还有几盏油灯增加了一些光亮,里面弥漫着一股不舒服的潮湿味道。吉米心想,坟墓的味道也一定是这样。

沙多努力解释他设想的放映机的工作原理,可是吉米根本听不懂。他对沙多说,他遇见的老师都太蹩脚了,他们在他正需要学习机器和“科学本事”的时候,只教给了他一星半点的东西。

他在心里默默庆贺自己居然编出了这么一个催人泪下的好故事。沙多似乎有点失望。

好几个星期过去了,他的能力得到了证明,他镇住了两三个不法之徒,把他们赶了出去。鉴于此,他承担了一个额外任务,负责跟时不时会来探访一下的巡警和便衣警察保持良好的关系。通过他们,通过定期造访派出所去送沙多每周都要送去的封得严严实实的棕色信封,吉米的胆子重新大了起来,什么杀死那个小荡妇,什么把她扔到河里,他再也不害怕会被起诉了。

沙多上校向当地的派出所行贿有非常特殊的理由。就是那个后屋。那儿摆放着第十一台机器,播放一部名叫《红袖劲舞》的连续图片。

吉米上班后的最初两三个星期里,他将这部连续图片看了十几遍。在这部四十五秒钟的连续图片里,一位眼神如梦似幻的少女身披薄纱,跳着曼妙的舞蹈。透过薄纱,可以清晰地看见她的胴体。这就是吉米如此勤快地去看守后屋的原因,有的时候刘·克雷斯也这样。看《红袖劲舞》要花三美元钱,而且需要将一张有凹口的特别卡片插到一个插卡口里。

吉米有一次问沙多,那个舞女的静态镜头是不是都是他亲自拍摄的。他知道前面机器里的大多数照片都是上校自己拍摄的。

“那当然啦,小伙子。那时玛丽到底特律去看她姐姐了。这组连续镜头拍了七个小时。这朵盛开的小荷花呀,她喜欢干这事儿,她吸鸦片,脑子坏了。”

吉米的脊梁骨一阵刺激性地战栗。他佩服沙多——佩服他精明的商业意识,佩服他冷漠的铁石心肠。在他的这个领域,沙多是一个赢家。也许不是一个大赢家，现在还不是，但是他将会是一个大赢家。上校很快变成了吉米学习的榜样，吉米也有同样的野心。他计划自己到沙多这个年龄的时候，也将是一个赢家。他从来没有允许自己旁落过这一目标，他决不允许神父的胡说八道扰乱他的心境，决不允许老婆的唠叨指责动摇他的决心，也决不会因为孩子的要求而放弃他的理想，因为他根本就不会要任何孩子。要是万一意外有了孩子，他也决不会被绊住手脚。任何类似于把违法乱纪或者良心不安之类的东西搁在他路上阻碍他成功的人统统是傻瓜。

沙多在巨大的压力下工作，他自加的压力。吉米认为这太愚蠢了，但事实就是如此。上校整天皱着眉头，忙碌的时候从来不知道停下来聊聊天，但晚饭时间不一样。吃晚饭的时候，当玛丽给他端来啤酒或者有时是一小杯威士忌的时候，他就不会皱眉头，就会放下架子，变得很健谈——仿佛在补偿白天的不足。一天晚上，吉米也很放松，而且感觉好奇，便问沙多，他是怎么获得上校这个军衔的。

"哎呀，这是我自己授予自己的，小伙子，就像我给自己取了一个高级名字一样。在这个世界上，你不能太老实，否则不会给人留下深刻印象的。"

吉米瞠目结舌："你是说你不姓沙多？"

"我坦白吧！"沙多拍拍他的心脏部位，"实际上我叫西格蒙德·西尔迈斯特。"他津津乐道。当玛丽给他端来第二杯啤酒之后，他便接着解释说，他并非来自缅因州有清教徒血统的丹佛开拓者的古老名门望族，而是出生在印第安纳州埃文斯维尔附近的一个养猪场。他在十一岁的时候离家出走，从此摆脱了一天到晚打他的继父。"也逃离了养猪场的猪粪臭。现在一想起来还依然让我想吐。"沙多说这话的时候，他的衬衫下摆就晃荡在他的裤子外头，一只穿着做工精致靴子的脚搁在厨桌上，那一大杯啤酒就放在脚边。

作为一个逃亡之人，他哪儿有活干就在哪儿干，通常像个流浪的季节短工。

"我这样干了有三年。这种活枯燥得像长老派的赞美诗，而且能累断你的脊梁骨。然后，一个星期六的夜晚，口袋里揣着一周的工钱，我买了一张火车票，到印第安纳州的洛根斯波特去看一场巡回演出——马丁钢琴师的滑稽说唱团演出。我在舞台上所看到的东西让我如痴如醉——那音乐，那舞蹈——完全是一种新的体验。后来我在剧院门口徘徊,撞上了好运;他们需要雇一个小男孩干些枯燥的粗活。那个夜晚,我永远告别了甜玉米、干草捆和鸡屎。

“我年轻,块头大。虽然只有十四岁,可是我能干他们交给我的最重的活儿。六个月,我搬运布景,把挂衣箱搬运到火车站,到了下一个城市,再把它们从火车站搬运到宾馆——诸如此类的活儿。但是,我不断要求马丁钢琴师让我试戏。说老实话,我有一副很好的嗓子,而且我知道如何利用它。我四岁就在教堂唱圣歌了。我的腿脚也很灵活快捷。终于,剧团走掉了一个男演员,钢琴师就同意让我试试了。将近六年,我跟随马丁钢琴师的滑稽说唱团进行一地一晚的演出,每晚在脸上抹黑油彩,在脚灯上方用真假嗓子演唱黑人伤感流行歌曲,讲黑人笑话,跳阔步舞——”他将右手举过头顶,假装挥舞着一个小手鼓。

他那张布满皱纹的脸上展现出好奇的梦幻般的微笑:“我喜欢这个。我喜欢掌声,即使只是土包子在拍手。调动观众的热情,我从来就不缺兴奋。你给他们演出,听他们跺脚,听他们欢呼……”

他的手放了下来:“虽然,六年之后,我明白我没有其他地方可去。但是接着我又撞上了一个大运。我遇见了玛丽。当时我二十岁。她到密苏里州的某个小城来看戏。她的手上有一个闪闪发亮的钻石戒指,结婚戒指,大得像我的大拇指指甲,这家伙,正好对我的胃口。当然啦,就凭她那不可思议的身材,她这个人也对我的胃口。”

他大口吞下其余的啤酒,打了个嗝。“我马上猜到她欲求不满。我猜得没错,她嫁给了那个足足有两百磅重的饲料和种子商人,但是他那方面有问题。演出结束后,她来到我那儿,说她非常喜欢我的表演。然后她说道:‘我敢打赌你无论在哪里都会表演很棒的。’她不必画饼充饥了。我把她带到了宾馆房间里,她也许有生以来第一次这么快乐。这不令我惊讶。”

就在此时,玛丽走进厨房里来,无意中听到了他的话。她将双手贴到自己的臀部。“西德!你又在说那事儿吗?”

他笑着一把将玛丽拉到自己的怀里。

“你这个邪恶的魔鬼。”他们双双哈哈大笑起来,她拿湿漉漉的嘴唇在他的嘴上长长地印了一个吻。吉米坐在那儿,惊得目瞪口呆。

“我不再去演出了，玛丽和我四处漂泊了好几年。我变卖了所有东西，我们没有饿死，但我错过了什么，当时不知道是什么，直到我发现了这些会动的小小图片。”他的目光再次梦幻般地神游，“听到过‘心灵顿悟’这个说法吗，吉米？英语里面的一个好词，心灵顿悟。我就心灵顿悟了一下。就像在洛根斯波特看见了马丁钢琴师的滑稽说唱团演出一样。神秘的……”

“胡说八道够啦。”玛丽说着，跳下他的膝头，“要不是我弄点吃的来，我们早就饿死啦。”

所以，吉米便没有了解到沙多是如何跳转到电影制作这大胆脱俗的行业上的。后来他也没有去问。他真的不在乎这些，他只要能拿到钱就行。

至于姑娘，吉米现在的资源可丰富了。尽管他脸色苍白，身材瘦削，但是他在保养自己的外貌上很有一套。也多亏了那些免费的课程，他成了一个优秀的舞者。他发展了一个挺好的女朋友圈，而且有效地利用这个朋友圈。今年年初的一段关系持续了两个多月，这对他来说通常是正常时间长度。这个姑娘名叫罗茜·弗伦奇。

罗茜是在罢工期间她父亲被杀后从普尔曼来到这儿的。她是一个业余妓女，没有跟任何妓院发生联系。她也不愿意接受皮条客的保护。在码头区，做这种生意是很危险的，但是罗茜很坚强。他钦佩她。

反过来，她也很钦佩他的野心。她对他说，她也有自己的雄心壮志。她想要成为纽约一个音乐厅的女高音演员，并以此博得观众里那些有钱男人的青睐。等攒够钱，她就去东部。吉米对舞台上的娱乐形式不太了解，但是他对音乐很敏感。听罗茜唱了那支《你是哪儿得到那顶帽子的》之后，他就断定她在声乐艺术上不会有多少前途。

罗茜的脾气跟他的脾气几乎可以等量齐观。为了一点鸡毛蒜皮的事情他们愚蠢地吵了一架之后，她命令他滚出她的房间去。他威胁要揍她，于是她的反抗举措是猛地掏出一支藏匿在席子底下、外观镀银的小手枪。

“用拳头对付有些可怜的姐妹或许有用，吉米，但是对我没有用。你要再碰我一指头，我就把这枪的所有子弹都打到你的脸上。”

在吉米的记忆里,他这是第一次在一个对手面前放下拳头。他甚至顺从地咧开嘴笑了,并企图拥抱她。她不吃这一套,把他关在了门外。

尽管受到此种对待,他却奇怪地发现自己不知不觉又到她这儿来了。结果发觉这里已经人去楼空。楼下的一个干瘪丑老太婆说罗茜已经去纽约了。好多天,他的心情很坏。罗茜是个人物。他喜欢她的程度超过了他自己的想象。他想念她。

春天,再次遇见保罗前,吉米第一次参加了"澡堂子"约翰的竞选快速打手队。这是一件令人兴奋的工作,沙多很乐意让他去干,因为这能稳固上校跟选区那些老板的关系。

城市举行选举之前,一夜接着一夜,"澡堂子"率领着他的民主党横笛手与鼓手军团,在第一选区的大街小巷招摇过市。有的时候,有五六百人参加火炬游行,有男有女,也有孩子。"澡堂子"在每家酒馆都买啤酒并为他所喜欢的候选人吹嘘一番。他的快速打手队负责保卫游行线路,让那些前来骚扰的愚蠢得不能再愚蠢的对手闭嘴,扯下他们衣服翻领上的徽章或者帽子上的竞选帽圈,如果这样还不行的话,那就把他们浑身弄得又乱又脏。他们将对手贴在墙上和电线杆子上的海报撕下来,驱离任何企图把新的海报贴上去的人,从而广泛地奠定了"澡堂子"和欣克在选举进程中的优势地位。

选举日这天的活动开始得很早。早上五点钟,那些酒吧就开门营业了,好在六点之前让"不诚实的丁克"带来的外加投票人吃饱喝足,投票点六点正式开张。令人遗憾的是,这个时候,那些酒吧就得关门了,而且关一整天。

过了六点,吉米上了一辆早已拥挤不堪的四马马车,这是"澡堂子"租来载着他的快速打手队在该选区巡逻的特别马车。马车里面和马车顶上挤着二十个男人,他们所有人都已经半醉或全醉了。一整天,每当选举监票人认为对手的投票人数量太多或者投死人名字的票时,便会打电话或者派步行信使送来消息召唤他们前去,于是那马车就横冲直撞地奔向一个又一个投票点。投死人名字的票是一种诱导式投票方式,是民主党人极其珍惜的只为自己保留的一种投票方式。通常情况下,只要"澡堂子"的四马马车摇摇摆摆地停下来,让那帮打手下了车,便足以使他们退却，从而使该投票点的形势出现反转。有的时候，“澡堂子”亲自登场，他的黑色大衣口袋里鼓鼓囊囊地塞满了硬币。左边的口袋里装着十美分的硬币，右边的口袋里装着二十五美分的硬币。他亲切友好、纯洁如水般将这些硬币分发给投票人。

那天是吉米极其快乐的一天。他打了几个人的头，还站在一条小巷里跟一个小妓女亲热了一番。天黑之后，选举结果揭晓，每个人便再次喝得酩酊大醉。码头区所有妓院的妓女实行优惠。吉米来到了他早先与之鬼混过的妓女那儿。他们嬉戏了大半夜。

吉米认为，第二天上午十点钟当他醒来的时候，码头区会成为全宇宙的中心。谁还在乎你是否生病了甚至挂了！谁还在乎你头痛得要死，连眼珠子都痛出来了！这是个好地方啊，码头区，那些没有全心全意支持并且体验到它的魅力、激动和权力氛围的人，都是可怜的无知傻瓜。

选举之后没多久，就在 1895 年的那个春天，吉米在华盛顿公园邂逅了那个德国小伙子。

这事儿太突兀。一度，他准备逃跑。不过他没有逃跑，只是紧张不安，在那小伙子没有揭穿他偷瓷器这件事儿、实际上对他还挺友好之后，吉米方才如释重负。

但是他百思不得其解。住在豪华大宅里的人在赛马场的包厢里干吗？小个儿胖子鲁尼是谁？他问了沙多。原来鲁尼是一位摄影师，而那德国小子则是什么助手。

有好几天，吉米忧心忡忡，怕那德国佬叫来警察。但是，没有侦探上门，再次撞大运了。不到一个星期，这事儿就淡出了他的记忆。

在房间的事情上第一次跟刘·克雷斯吵了一架之后，吉米就再也没有找到借口伤害他。但是他们经常斗嘴。吉米喜欢吹嘘他们家如何如何富有、如何如何声名卓著，这使刘很厌烦，当然啦，那三样东西——富有、声名、家庭——纯属子虚乌有。他只是感觉有强迫症一样必须得说这些事儿，仿佛确有其事似的。

地下室里，沙多上校继续忙碌，把黄铜齿轮、皮带、镜头、小片木头组合在一起，制作了一只长方形的箱子，箱子安装在一个细长的三脚架上。但是，事情仍然不顺利。

“老天作证，我不能让这件事情把我击败，我不会失败。”一天夜里，玛丽在他们的住房里为他们四个人炖食物时，沙多这样说道。上校穿着汗衫坐在暗淡的电灯光下，一只手里悬垂着一根雪茄。他搽了润发脂的黑色头发一缕缕地披在额头上，他头发的颜色每周一变。“电影也好，活图片也好——我不管你们叫它什么，只要能在普通的剧院里放映，我们就能发财。”

“你准备拍摄什么主题？”刘·克雷斯问道，“跟机器里的主题不一样吗？”

“刘，你傻吗？我当然会制作不一样的电影。我们的摄影机将去任何地方——”他咬了一下雪茄，“也就是说，分量要轻，而且我能让这该死的玩意儿工作。”

“伙计们，饿了吗？”玛丽把一碗碗的炖食物端到桌子上。炖食物里有豌豆，还有很多土豆，是用上星期剩下的鸡汤炖的。

“你去把南美的这场风波拍下来。”沙多说道，“这就很合适。”

“不列颠跟委内瑞拉在英属圭亚那的边界问题上吵得不可开交呢。”刘·克雷斯说道。吉米根本就不知道这个爱卖弄的小伙子在说什么。

“对呀！”沙多啪地拍了一下桌子。玛丽被惊得一声大叫，身子猛地往前冲去，一把抓住差一点掉落到桌子下面的他那碗食物。沙多继续唠叨着。

“英国佬在谈论派战舰过去。那可是违背了我们神圣的门罗主义①啊。估计真会发生战斗。有可能我们来硬的。派海军陆战队过去！去亮个相！好好教训那帮兔崽子！我们要是能把那些镜头拍下来，在这儿——在任何地方——放这个电影，那观众可要爆棚啦！”他再次重重地捶了一下桌子。

“我们必须尽快进入市场。我们明年这个时候就会准备好完美的摄影机和放映系统了。这是目标，小伙子们。这是死活要干成的事儿。吃吧。”

---

①1823 年美国总统门罗提出的美国外交政策原则，口号是“美洲是美洲人的美洲”。

偶尔,吉米会被叫去为上校完成一些任务。夏天,码头区有传言说,又一个清除公害运动要开始了。一天夜里,他正在浏览《警察报》,突然,一个小个儿男人鬼鬼祟祟地摸了进来。这人长着一头浓密的红色卷毛,里面还夹带着几根灰发。这人悄悄说,他听说后屋里有"特别的东西"。

吉米注意到这人因磨损而发亮的深色套装口袋里鼓鼓囊囊的,但是他认为那不是手枪,更像一本书。他怀着一种侥幸心理。

"是啊,它叫《红袖劲舞》。真正热辣的玩意儿。要花三美元钱。不过你得等那两个傻瓜走了才行。"他朝两个正在起劲摇着曲柄的男人做了个手势。

"我等,挺乐意的。多谢了,小伙子。"这人的口音怪怪的。吉米好像听出了有苏格兰人的颤音。

过了几分钟,那两个顾客都走了。吉米收下钱,递给小个儿男人一张特别的卡片,将他带到后面。这人浑身大汗。"好好欣赏吧。"吉米说着,拉拢了帘子。

他靠在墙上,点燃一根香烟。他听到卡片咔嗒一声插进插卡口里,听到曲柄转动起来,照片滚筒咔嗒咔嗒……

"我的天哪!"

吉米一把拉开帘子。小个儿男人手中拿着一本很小的黑色的书,书的页边烫着金。他朝勒克索格拉夫西洋镜摇晃着书本:"这些照片太下流了。我之前听说了,可是我不相信。"

"你是谁,警察?"

"吉卜赛·金罗斯教士。我到码头区就是来亲自看看这种罪恶和恶劣行径。"

吉米听到过吉卜赛·金罗斯这个名字。一个奋兴派布道者,在城外负责一种叫"摇喊教派"的运动。

吉米被这个人的诡计给激怒了,挥动拳头,将金罗斯一拳击倒在地,接着踢了他一脚。奋兴派布道者疼得大声号叫起来。

"神啊,救救我!"

"他最好来救你,否则没有人会来救你!"

吉米把这位奋兴派布道者拖出后门,拖到小巷里,继续揍他。

金罗斯举起双手讨饶,一面拼命爬开去。吉米不肯放过他。他解开他的衬衫纽扣,解下他用特别长特别牢的链条挂在那儿的圣克里斯托弗牌子。不过,吉米要这块牌子不是用于宗教目的。他用链条抽金罗斯的头。

“关于这个地方和你所看到的东西,你要是敢说一个字,我就会找到你,把你杀了。听明白了吗?”金罗斯只能发出嘶哑的声音作为回答,一面软弱无力地扯着那根链条。

“好的,好。”

吉米朝前倾过身子,在金罗斯的脸上吐了一口唾沫。

接着,他推着金罗斯侧过身子,小心翼翼地抓着那根链条。链条环已经擦破了金罗斯喉部皮肉,鲜血淋漓。吉米松开链条,在裤子上擦干净血迹,套到脖子上。他走进门去,砰的一声关上门。他的手指关节满是乌青,血迹斑斑,痛得要死。但是,他的感觉像个国王。

早上,沙多注意到了他受伤的双手,便问他发生了什么事。

“遇到一点小麻烦。没事了。”

吉卜赛·金罗斯事件始终没有见诸报端,也没有任何警察前来问询。

8月一个大热天,吉米正趴在现金出纳机附近,嘴里舔着一个淋了酸橙汁的纸筒刨冰冰激凌。刘·克雷斯坐在另一张凳子上,拿一把螺丝刀拨弄一个齿轮。他戴着一副眼镜,依旧是那种卑躬屈膝的样子。

吉米吃完刨冰,将纸筒朝着垃圾箱的大致方向一扔。他没有扔准,但也懒得将纸筒捡起来放进垃圾箱里。纸筒被扔在地上,流着绿色的水。吉米打开一把长长的折刀,开始清理自己的指甲。

他听到街上有马蹄声和马车的声音。他朝门外望去,看见一辆运输车,车身上写着“伊利诺伊蒸汽洗衣公司”的字样。车夫走进门来,上身一件无袖背心,下身一条裤子。不奇怪,整个城市像在油煎一样。

“哎呀,天哪,瞧瞧。”

“你好吗?”那个德国人说道,“记得我吗?”

“当然。克朗。”吉米伸出一只手,“道斯。”

"是的,我记着呢。在赛马场上。"

刘无精打采挥了一下螺丝刀:"克雷斯。"

"你好,怎么样?"

这个德国人不知不觉地帮助他偷了瓷器,而且后来还替他保密,吉米总感觉欠了他人情。不过这并没有让他更喜欢这小子的话音。这话音粗得像根香肠。

"你赶辆洗衣服的马车在干吗?"吉米问道,"我以为你是在那个照相馆干呢。"

"不完全是。他是我朋友。他教我照相。我可以问一下——你老板在吗?上校?"

"应该随时会从楼梯上下来。他要出门。"

果真,沙多上校很快就出现了,只见他戴着阔边帽,打着领带,衣冠楚楚,要上街的样子。玛丽挽着他的胳膊,打扮得花枝招展,一大块一大块胭脂口红清晰可见。保罗竭力掩饰被汗水湿透的无袖背心,介绍自己。

"是的,小伙子,我记得你。"沙多开心地说。

"我仍然想在图片行业找个工作,先生。您是不是——?"

"没有,恐怕没有。我只能负担两个伙计。"他掀了一下他的阔边帽子,走出门去。玛丽紧跟在他身后,留下一阵花露水味儿,冲淡了现金出纳机四周的污物味儿和汗水味儿。

吉米在他中指的指头上平衡着他的刀尖。"在我们两人中间弄掉一个,也许他就能雇你了。"

刘·克雷斯差一点从齿轮箱上掉落下来。他的脸色刷白,像一块未煮熟的鱼肉。这使吉米十分开心,他将折刀抛向空中,瞧着它掉落下来,插进柜台里面,发出嗡嗡的声响。

保罗对吉米小小的玩笑没有笑,只是点了点头:"再见,道斯。"

"好吧。再见。"他将刀子从柜台里拔出来,开始清理另一个指甲。

保罗·克朗走出门去时两个肩膀像太阳照耀下的玻璃一样闪亮。他拿一块蓝色的印花大手帕擦去自己下巴和脖子上的汗水,然后爬上马车,在那匹背部凹陷的马上方抖动了一下缰绳。马车辘辘地驶出了视线。吉米伸手到领子下面,心不在焉地拨弄着那根吊着圣牌的链条。

送货员,嘿?可不咋样的活儿。也许是外国佬可以找到的最好活儿了。可是他住在那幢豪华大宅里啊,为什么屈尊干这种忙碌的洗衣服苦活?

吉米突然开窍,也许这家伙不再住在那幢豪宅里了。也许和家里吵架了。不管什么原因,他给吉米的印象是个直率的家伙。一个挺有胆量的家伙,不太容易摆布。对一个总体来说极度不喜欢德国人的人来说,吉米认为自己对他已经相当忍让了。

当然,即便他也想在沙多这儿找份活干——这个可能性真的不大,克雷斯很可能会在这儿永远干下去——这也威胁不到吉米。要是保罗或任何其他人挑战吉米的权威或者干其他损害他的事情,他就会用老办法,让他们吃不了兜着走。

就这么简单。他绝对不是傻瓜。

第六十三章　乔·克朗

当夏天来临的时候，白天变得很长，天气变得炎热，他跟伊尔莎的交谈似乎变得越来越简短、越来越冷淡。经常发生争吵，即使他们一开始讨论是心平气和的。乔第一次确切发觉这事时，他们单独坐在那儿，她在补衣服，他在浏览啤酒厂带回来的报纸，孩子们都上床睡觉了。

“乔。”

“嗯？”

“路易丝今天早上接了一个电话。”

他懊恼受到干扰，低下头从眼镜上方瞧着：“有什么特别的事情吗？”

“是保罗来的电话。”

她说了电话的内容，他则目瞪口呆、一声不响地坐在那儿。“他让我不要告诉你他来过电话。路易丝说他说话彬彬有礼，可是她能从他的话音里听出他的气愤来。”

“那他本来就不该费神——”

“乔，别这样。我都担心死他了。两个男孩子都担心。你不知道保罗在生气吗？你把他赶出了家门，像在说农民怎么斗胆跟国王争吵一样。”

他将报纸扔到地上。“这个比喻太好笑了。让我们说说清楚。我不希望这孩子不好——不要生病，诸如此类。我给了他所有我必须给的东西，可是他竟然拿怂恿乔逃离这个家来回报。要我表示感激吗？要我原谅吗？对不起，我不会。”

他站起身来，弯腰拾起报纸：“请原谅，我想我要到书房去工作了。”

她没有回答。她的两眼再次回到她正在缝补的衣服上。他走出门去,他的脸色黑得像煮熟的甜菜。他故意将门摔得老响。

他们躺在床上,谁也没有碰到谁。这已经是两个星期之后了。所有的窗户都往上推开着。又是一个无风的夜,夏天的湿热锁定了芝加哥。

她说道:“你醒着吗?”

“醒着。”

“你今天没跟我说侦探的报告。”

“跟以往一样。没什么。”

“哦,亲爱的主啊。我真的担心死了。他离家之后,没有一封信,甚至都没有一张明信片。他有可能受伤啊。甚至——”

她说不下去了。

“伊尔莎,有一件事情我劝你放心。不管他成为什么样的人,我们的儿子总归是一个强壮的有能力的年轻人。我瞧不起他的政治理想——瞧不起他那么容易就受到像本诺那样的人的影响。可是我从来就没有小瞧他在成长过程中你在他身上所培养的优秀品质。如果他不作声,那是因为他选择了不作声,而不是因为他受到了伤害。”

“那么我们不是在那些侦探身上浪费钱吗?”

“是的,我认为是的。让他们一周接着一周地搜寻,开支高得离谱。但是,只要你想,我就会继续这么干,不过我对成功不抱希望。”

“那就暂时停一段时间。我估计以后再雇他们没问题的。”

“任何时候都可以。”

“好吧。让他们走吧。”

他拉住她的手,有点怯生生,有点难为情,像个新的求婚者。她在他的手里扭动着自己的手指,紧紧捏着,用另一只手摸到他的下巴,吻他。

在他们的紧张状况呈螺旋形上升的过程中,这是一个短暂的停顿。他希望这样的停顿可以延续。但是,三个夜晚之后,夜里十一点钟的气温依然保持在华氏八十多度,楼下的电话响了。

乔·克朗跪在街上。一群邻居围在他的四周。有人把哭着的寡妇带走了。他那辆顶棚降下的马车就拴在附近的拴马石上。他接到电话,飞速地穿越城区到北霍尔斯特德大街去。他依然穿着拖鞋,睡衣下摆塞进有背带的裤子里。他感觉仿佛穿了三件毛皮大衣一样,脸上汗淋如雨。

他瞧着这位难以形容的小个儿男人,嘴巴里充满了恶心的苦味。那男人躺在木头人行道上,头歪在一边。他的脑壳下面黑乎乎的血和脑浆正在凝结。硕大的苍蝇围着鲜血飞来飞去,发出嗡嗡的声音。多尔夫·希克斯穿着整洁而漂亮的白色夏季套装,站在他的雇主身后,一脸病态。

"你也没有办法的,克朗先生,这是一个意外事故。"那个巡警说道,巡警是邻居家一个发疯一样的小男孩跑到派出所报告说一个人从屋顶上掉了下来之后来的。

乔慢慢地站起身来,感觉关节痛,肚子也痛:"葬礼的钱和坟墓的钱我会出的。所有都按最好的安排。请找个人告诉他妻子。"

"我会的。"多尔夫·希克斯说道,"如果她愿意跟我谈的话。"

乔退回到出租房的台阶上,两只手按着太阳穴,坐倒在地。多尔夫·希克斯当时在往北两个街区远的酒吧里招呼顾客。他免费给人喝克朗啤酒,因为这家酒馆经营得很好,顾客量大而稳定。这位酒店老板眼下的进货渠道有三家啤酒厂,可是乔想要这家酒店成为克朗啤酒厂的专营店。这会儿躺在地上、身上盖着某人拿来的破旧毯子的人显然多喝了一杯免费啤酒,跌跌撞撞地回家去,来到屋顶上想凉快凉快,结果不知怎么的就掉了下来。

多尔夫·希克斯来到他雇主跟前:"我没有看见他离开那个地方,乔。有目击者说他喝醉了。"

"那么,走路不稳了。"乔说道,他不高兴。

"是的,他老婆本不该让他上屋顶的。我希望你不要责怪我——"

乔伸出手抓住这位经销商的手臂打断了他的话:"不,多尔夫,你只是在尽自己的职责。"

但是他知道,谁会责怪他。

“这不是我的错。”两个小时之后乔在厨房里大声说道。伊尔莎在等他，煮了一壶咖啡，因为他说他睡不着。她的头发编成了一条长辫子，垂落在她穿着厚重睡袍的肩头。

他解释了所发生的事情，并说将给那寡妇一定的赔偿金——这对夫妇有五个孩子——但是这并没有平息她的怒气。这个悲剧点燃了她的怒火，他很少见过她发这样的火。他们已经争吵了十五分钟。

“你不能推卸责任，乔。你的雇员多尔夫·希克斯买啤酒给每个人喝。这你承认的。”伊尔莎看上去一副倦容老态，突然她开始哭泣，“这可怜的人，就像我爸爸。被这该死的东西害死啦！”

这该死的东西，她称他的啤酒为“该死的东西”。“伊尔莎。”他用一种警告的口吻说道。

“这是你的错，乔·克朗。你和你那个行业毁了多少人的生活啊。”

她跑了出去。他站在那儿，双手捧着那杯热咖啡，浑身发抖。猛地，他转过身来，将那杯咖啡狠狠地摔到墙壁上，咖啡没了，杯子碎了。

他差一点击中伊尔莎那块上面写着什么满意家庭这一陈词滥调的匾额。咖啡沿着匾额下面的墙壁往下流淌。陶瓷碎片散落在地板上、炉子上，甚至砧板上。

他心想，反正路易丝明天会打扫的。当晚，他睡在楼下的一张沙发上。

他为死者办了一个体面葬礼，还付了一块上好墓地的费用。他写了一封慰问信去，但从来没有收到确认慰问信已经收悉的回复。鉴于这一意外事件对伊尔莎的冲击如此之大，他将多尔夫·希克斯和他的两个下级推销员调离了岗位，调去做啤酒厂的巡检，检查本市之外的经销情况。他收回了他们自由支配的现金，禁止他们在酒馆买免费啤酒给顾客喝。

在路上奔波了十天之后，多尔夫关上乔办公室的门，一屁股坐倒在宾客椅上，说他有一个手下博·斯通辞职不干了。接着他说他也想辞职不干，可是他割舍不下。“既割舍不下又感觉痛苦。两者兼而有之，乔。”

在家里，伊尔莎没有再提起这个意外事件。她没有为她在厨房里说的话道歉。在其他任何话题上，她仅限于家务和家人信息的交流，没有明显变化。可是，当乔想要告诉她多尔夫新的岗位时，她的回答便是冷冰冰的沉默。

几个星期之后，他将多尔夫·希克斯和剩下的那个助手调回到了原先的岗位上。他恢复了他们的费用账户，接着又招聘了两个下级推销员。他没有告诉伊尔莎。过去，他从来没有隐瞒过如此重要的消息，可这次他认为绝对有必要隐瞒。

第六十四章　小乔

他一直往西进发。他的目的是去看看太平洋。没有谁告诉他该往哪儿走，除了有几次短时间地为挣点钱受雇于人之外，没有人给他发号施令。

他干木工活，挖排水沟，乘牛车穿越伊利诺伊秋日的田野。1894 年末至 1895 年初的冬天，他在圣路易斯跟一群人一道在街上铲雪。他的身体已经非常强壮，但是他的体型跟很多同龄人比总显小一些，所以他不得不加倍卖力地干，以此证明他的价值。1895 年 4 月接近他十九岁生日的时候，他意识到他的个儿已经不可能再长大多少了。有时，人们并无恶意地跟他开玩笑，称他矮子。为了弥补他身架的不足，他再次蓄起了胡须。他定期修理嘴唇上下的胡须，但是让其尽情生长。他的大胡子已经拖到胸前了。

由于他整天都是在户外活动，所以皮肤变得更黑了。他的双手强健有力，有几个地方还留着两三个疤痕，那是用斧头不小心或者有人嘲笑地叫他矮子而动了拳头所致。有一次在一个木工工地上，他的对手抓起一块两英寸宽四英寸长的木板，狠狠地打在他的脸上。他的鼻子被打破了，鲜血直流，痊愈之后鼻子中间留下了一个不规则的小小凸块。

长时间的劳作和肌肉过度疲劳的酸痛并没有让他感到不痛快，事实上疲劳反而促进了他的睡眠，帮助他缓解了对家庭、罗茜、本诺的思念。本诺的死让他想得很多。他认定这是愚蠢和徒劳的。他并不厌恶劳工的事业，相反，他是其中的一员。他们的事业就是他的事业，尽管他父亲想方设法让他觉得会因为这事儿而受到蔑视。他依然认为抗议是好武器，罢工也是。可是炸弹？那就太蠢了。

夜深人静的时候是他最想家的时候。他想他的弟弟和妹妹，想保罗，尤其想妈妈。她会担心他的。有的时候,他为此感到极度内疚。

每当想到他父亲,他的心里便会很纠结。他对乔·克朗心怀恶感,然而奇怪的是他自己都没有意识到,他也感觉到了一种重新生发的亲情。因为现在他独立了,可以按照自己的计划行事了,不需要听从别人的吩咐了。他父亲年轻的时候也是这么过来的,可是后来就不会设身处地地理解他儿子也必须走这样的路了。

他一直向西,穿过密苏里,来到堪萨斯城。积雪融化,大地变得柔软,太阳待在天空的时间更长了,天气一天比一天暖和。他挣的钱足够养活自己,而且每当积攒了一些钱,他就谢过老板,再次开始西进。他生活得并不舒适,但是也不至于饿死。偶尔,到了星期六的夜晚,他甚至可以找个女人鬼混。鬼混之后,便掀一掀帽子致个意,再也不用回头留恋。没有罗茜需要思念,也没有失去和遗憾。

在堪萨斯城,很难找到工作。他背着牌子,干了两个星期三明治式的广告员。一天,他碰巧来到了一个球场,有两支黑人球队正在比赛。他逗留在低矮的木板栅栏附近看了两三局球,只看到了一张白人的面孔。他喜欢球棒的噼啪声,喜欢看台上黑人观众的欢呼声。他陶醉于草地的芬芳,欣赏那垒边的尘土。他想起了他跟着爸爸一起去看的白袜子队的比赛。这令他伤感。

他还记得一次他们关于三明治式广告员的交谈。爸爸把他们称作人渣。这下倒好,他成了他们中的一员。这使他感到好笑。

每当夕阳西下,他扛着广告牌回到咖啡馆的时候,老板便照例会问他行走的路线。老板是一个爱尔兰人,二十年前从爱尔兰的威克洛郡移民到这儿。说起一到美国时迎接他的很多牌子上写着“这里不需要爱尔兰人”,他便气不打一处来。小乔说到了他在黑人球场逗留了几分钟。

“你用我的时间干那个?你这个蠢货,我们不为黑鬼提供服务。我们不让他们进门。你被解雇了。”

他听说堪萨斯有工作,于是花三美分钱渡过了宽阔的密苏里河。一个农场主雇他扎了几天带刺的铁丝网。农场主对他说,带刺铁丝网改变了西部平原整个农业的景象。19 世纪 80 年代使用带刺铁丝网之前,定居移民要在政府分的公有地上种庄稼和牧草，只能用桑橙灌木树篱或者很容易腐烂、很容易被破坏的木头栅栏，把四处觅食的牲口挡在他们的土地外头。带刺铁丝网永远地改变了这一状况。

那农场主还告诉他，堪萨斯州在密苏里州和科罗拉多州之间，地势上升了近三千五百英尺。小乔一听这话可激动了。那等于他每行走一英里，就等于登上了一座山。这是他前面唯一的重大地理屏障，翻过去就是传奇般的加利福尼亚阳光，就是太平洋海岸。

西行途中，他穿越橡树林和山核桃林，走过明显在脚下逐渐上升的广袤平原。他在小城镇里开始见到印第安人，有时还有被叫作坎萨人的考人、奥塞奇人、波尼人，他们全都穿着普通的农家服装，看上去也非常平和。堪萨斯再也不用害怕四处流窜的野蛮的科曼切人，因为他们被打败了。

印第安人生活在永久性的村庄里。他们既种地也狩猎。他们棕色的面孔上沟壑纵横，而且他知道，堂弟保罗要是看见他们一定会激动万分的。

须芒草大草原(有一个人对他说："曾经这儿生长的须芒草跟走路的人一样高——有的时候跟骑马的人一样高呢。")已经名不副实，已经没有了昔日的景象，全都变成了更加荒芜的不毛之地，地上爬的是低矮的野牛草，因气候而受到影响的三角叶杨蔓生在小溪边。

接着，他来到了位于东西走向铁路线上的阿比林。阿比林是迪金森县的一个小镇，曾经是一块繁华之地，得克萨斯人用铁路长途贩运牲口的终点。现在，它变成了一个民生凋敝、死气沉沉的小地方，唯有几家破败的小客栈和小酒店还在一个名叫"魔鬼的规划地"的区域苟延残喘，这个地方曾经是那些捣蛋鬼的天堂。那儿也还有一些真正的牛仔，但都已经烈士暮年。他在铁路南面得克萨斯大街上那家破败不堪的牛贩子客栈门口跟一个坐在摇椅里的老牛仔交谈过。老牛仔穿着一件皮马甲，布满补丁的牛仔裤外面套着古色古香的皮护腿套裤。他的衬衫领子已经脏得发黑。他缠结在一起的长发一定有一年没有理了。他廉价的黄色牙齿是假的，这也解释了他的名字为什么叫"象牙"。

而且，他的脑子里藏着很多令人毛骨悚然的故事，什么午夜夺命狂奔，什么科曼切人的突然袭击，什么旧日里花枝招展的年轻妓女成群结队招摇在得克萨斯大街上引诱男人走向地狱。小乔听他讲了整整一个下午。小乔站起身来准备走，他告诉老牛仔他得去找份活干。

“往那边去。”象牙猛地翘起一个大拇指，大致朝西方指了一下，“冬天小麦收割了，需要大量身强力壮的年轻人。”小乔谢过他。没等他转身走，老牛仔的眼睛已经闭上了。

他离开阿比林，朝着种小麦的土地走去。又红又硬的冬小麦在春天里发芽，在炎热的月份收割，汗如雨下的人，站在巨大的机器后面，显得如此渺小。

被叫作割穗机的机器在小麦成熟的田里缓缓前行。割穗机有一个螺旋状割刀机械装置，镰刀状的收割刀掠过麦穗。割断的麦穗掉落到一个收集平台上，然后通过一条传送带送向边上再送往上面。麦秆从边上落下，落到一辆马车里，马车夫让马车跟机器同步。割穗机是一个很大很笨重的机械设备，重到必须有一组牲口套在一根连动杆子上在后面推着前行。但是马车可以直接行驶到脱粒场上，不需要再额外派人把麦子收集起来做成禾束堆等以后再来运走。以前老的机器就是这样。小乔的第一项活儿就是跟一群人一起在割穗机后面赶一头骡子。

他的老板是一个小麦农场主，名叫埃德加 · 杰特。他有四台当啷当啷乱响的割穗机，操作这四台机器的工人相当多，可是他没有一间临时住房或者棚子供工人们居住。杰特的老婆拿出来的食物跟猪食无二。两天之后太阳快下山的时候，乔在杰特的鸡笼边大胆地把这事儿跟他说了出来。

“我们应该有些自来水啊。用你水井里的——”

“水井是给家人用的。想办法用小溪里的水吧。”

“那有一英里路呢，杰特先生。”

“是吗？你挺健康的，走啊。”

“我们甚至连个厕所也没有。”

“你可以去小溪那儿解决啊。”

“杰特先生，也许其余的工人对这样的状况会逆来顺受，但我可是有一些劳工组织经历的。”

“你是什么人？闭上你的嘴，否则你工钱都拿不到。”

“不，我不会闭嘴的。你有责任，有义务给你的工人基本体面的——”

像一块巨石一样的拳头在夕阳耀眼的余晖中飞来。小乔倒在了地上。杰特赫然耸立在上面，在他身上投下恶狠狠的黑色阴影。

“你最好滚出我的土地，否则我把你撕成两半。我不想要一个该死的煽动分子在我这儿干活。”

小乔在老板允许工人们临时栖身的留着麦茬的地里捡起装着他随身物品的打好结的包裹，在星光下朝着西方走去。

他在好多别的农场里干过，那些环形的小城镇，都有着动听的名字，比如智慧之地、林中世界、红翼鸫之窝、漂亮大草原。正是如火如荼的收获季节，成千上万的工人蜂拥在田间地头。

埃尔斯沃思县有一些农场主是门诺派教徒，他在其中一个门诺派教徒农场主那儿跟一群工人一起干活，农场主的名字叫布鲁诺·彻里。彻里先生近六十岁年纪。他于1873年携带着结婚才三个月的新娘从遥远的乌克兰来到美国。他原先家族的姓氏是彻莫切夫。

彻里是一个身高马大、喜爱唠叨的人。他的英语说得非常好，几乎没有一丝一毫的口音。他的胡须跟小乔的一样长，而且颜色也差不多，尽管有几处已经有点灰白。他的左眼有时候会突然往中间斜视，仿佛是去注视一会儿他的鼻子似的。他是一位精明的主人，而且诚实可信，体贴周到。流动工人每年两次来他的两千英亩土地上干活，他给建造了坚固的临时宿舍居住。食物富足而且可口。

“我们的家族原先是一个北日耳曼家族。”彻里说。田间休息的时候，他会跟小乔和其他工人交谈，这时候彻里夫人会赶着马车送水到巨大的割穗机这儿来，也不会有工头来代替。彻里亲自当雇佣工人们的头儿。

“18世纪下半叶，有很多普鲁士的门诺派教徒去了乌克兰。门诺派教徒总能发现最富有的土地。”他微笑着说道，“在乌克兰，我们的教派创立了大片农业聚居地。然后，二十二年前——1873年——沙皇发布了一个敕令。所有身强体壮的男人都要被征召去当兵。门诺派教徒不愿意打仗。我们认为，人的生命是神圣的。于是，成千上万的年轻人离开了那儿。我是其中之一。”

小乔喜欢彻里，就像他喜欢彻里胖大的妻子和三个都已经到了谈婚论嫁年龄的女儿一样。三个女儿没有一个找到合适的情郎，因为门诺派教徒不允许嫁娶非门诺派教徒。他们非常朴素，服饰十分简单，甚至可以说很粗陋。他们四四方方的两层楼房子没有任何装饰，只有几根避雷针和一个铸铁风向标。外墙是单调的灰色，唯一有点变化的是那几扇白色的百叶窗。整个内部空间，有许多盏油灯散发出暖色的光亮。到了夜里，这屋子就像一棵金色的圣诞树闪闪发光。小乔估计，处于如此偏僻遥远的荒芜之地，电灯不可能抵达。

彻里和他的门诺派教徒朋友们用比他们大多数邻居都新颖的方式耕作着他们的土地：每两年便让某些地块休养生息一下。彻里解释说，休耕的田地聚集了堪萨斯整个季节稀少的雨水，贮藏到来年耕种。第二年，庄稼通常便会长得特别丰茂，很多人都感到奇怪，但是门诺派教徒一点儿也不奇怪。

布鲁诺·彻里发觉，小乔不像其他大多数收割庄稼的劳工。他们要么是什么都不懂、只知道干农活的没有受过教育的文盲，要么是利用暑期勤工俭学、自命不凡的大学生。全家不止一次邀请小乔到他们家里吃晚饭。彻里先生喜欢讨论他选择移居的这个州的过去。

“我来这儿后，我们有过十多年充沛的雨量。来自东部的人们赶紧买进土地。接着 1887 年的巨大暴风雪突然袭击了这儿。大家吃尽苦头，受尽贫困——简直没法形容！等大雪融化之后，又接着好几年的干旱。人们在这儿再也看不到未来。两三万人离开了这个州。我看到有好多辆回东部去的马车侧面写着标语：‘上帝给我们保佑，堪萨斯给我们晦气。’”

彻里的女儿过分热情地咯咯笑着，这也是一个她们将赞赏的目光投向小乔的好机会。

彻里对眼下在这块土地上耕作谋生的家庭很关心：“我们必须掌握并规划我们自己的未来，东部的大人物帮不了我们。这也是堪萨斯人创建那个新政党的原因。”

小乔朝坐在桌子对面的大女儿点了一下头，说道：“那怎么个弄法呢？丽贝卡小姐对我说，门诺派教徒只忠于上帝，不对任何政府宣誓效忠。”丽贝卡的脸红了。她的两个妹妹拿犀利的目光瞧着她，目光中充满了妒忌。

“的确是。”他说道。

“所以你从不涉足政治——”

“就我的情况，并非如此。这就是为什么我的有些教友躲着我的原因。他们称我为该死的异教徒。”彻里夫人将她的眼睛转向了其他地方。“他们所说该死的意思最直接不过了，你明白的。我受不了。一个人不管必须怎么做，但成长和变化都是必然的。一个人必须响应在他心灵深处的上帝的声音。我敢肯定，我们这个区域的第一任首领门诺神父一定也是这样。他蔑视委任他的那个罗马教廷。他跟它彻底决裂，就是因为教义——这就是我所听说的该死的异教徒。”他说着，一声大笑。

“况且，涌现出我们这个教派的基督徒，即16世纪的再洗礼派教徒，并非十分不谙世故。事实上，他们是热情的改革者，是反抗压迫的人，是商界和社会上拨乱反正的人。有了这些楷模，我就走出了那条羊肠小道，投身到了这场新的运动当中。它来自格兰其，即美国农业保护者协会。你知道这个组织吗？”

“不知道，先生。”

“一个农场主们努力互相帮助解决问题的合作社。我们研究社会上那些思想家的著作，那些社会道德家。爱德华·贝拉米[1]。乔治的《进步与贫困》。”

“亨利·乔治的书我看过！”

“好极了。不过你相信他的话吗？你相信财富只属于那些创造财富的人，而不属于任何把土地租给别人、靠着他们的汗水和苦难享受荣华富贵的人吗？”

“是的，我相信。”小乔说道，被吸引住了。这位仁兄的热情不亚于尤金·德布兹，也不亚于不十分暴力时候的本诺·施特劳斯。

彻里靠回到椅背上：“你是哪儿人，约瑟夫？你自己的情况什么都没对我们说呢。”

“是啊，先生，也没什么可说的。彻里夫人，能否请你把那个饼递过来？”

---

①爱德华·贝拉米（1850—1898），美国小说家，以所作批评美国资本主义的乌托邦式小说《回顾：公元2000—1887年》而闻名。

晚饭吃好了。彻里夫人和女儿们一声不响地收拾盘子，将它们拿到洗涤槽里洗净，再将它们擦干，她们的目光更多地投向这位年轻的客人，他正在听布鲁诺·彻里解释有关堪萨斯人民党从格兰其派生而来的情况，那是五年前在托皮卡组织起来的。很快，堪萨斯人民党改名为平民党，平民党如干旱季节的大火，迅速燎原。平民党人提出地方候选人名单，然后提出州候选人名单，现在他们正在考虑全国候选人名单呢。

"我们的要求简单而又公平。"彻里说道。他扳着手指一件一件数落的时候，他的目光开始游动。"全美实行八小时工作制。实行澳大利亚式选举，秘密画选票。所得税按每个人的收入比例缴纳——富人多交一点，穷人少交一点。我们要求给予妇女正式选举权。我们要求政府拆分东部那些贪婪狡诈之徒对铁路、电报、电话等公司的控制权。最为重要的是，我们想要十六比一的银币自由铸造政策。"

他摇摇头："说说容易做做难。我们陷入了一场艰难而又邪恶的战斗。东部的报纸称我们为疯狗。在有些地方，我们的候选人受到嘲笑。杰里·辛普森曾经是五大湖的水手，1892 年是国会议员候选人。他的共和党对手嘲笑他，说他太穷了，连一双短袜都穿不起。杰里·辛普森说，一点不错，正因为如此，他才来竞选国会议员。穿不起短袜的杰里·辛普森现在在华盛顿。去年，穿不起短袜的杰里再次当选国会议员。"

"你们有计划推荐谁去竞选总统吗？"

"下一次选举，我们打算提名威廉·詹宁斯·布赖恩①先生去参加竞选。他在银币自由铸造和很多问题上跟我们的观念一致。"彻里的眼神又回到了原位，"所以现在你知道我们不累断筋骨挣饭吃的时候在堪萨斯干什么了吧？"

"我还想再听听，彻里先生。"

"真的吗？那好啊。我可以星期六晚上带你去县城。你会听到我们最好的演讲者之一玛丽·利斯夫人的演讲。西部的女性演说家。有人叫她'呐喊玛丽'。"他发出一声低沉的笑声，"'呐喊玛丽'名副其实。你会看到的。"

---

①威廉·詹宁斯·布赖恩（1860—1925），美国国会议员，曾三次竞选总统，均告失败，后任国务卿（1913—1915），主张和平外交，因对第一次世界大战严守中立遭反对而辞职。

埃尔斯沃思的公共广场上火把熊熊燃烧。小乔的四周全都是身材瘦削、形容枯槁的男男女女。这些面孔,渴求真诚,渴盼公正,渴望听到福音。就在一辆农用马车的后部,玛丽·利斯夫人给了他们这样的东西。她是一位标致的女人,有女低音歌唱家一样银铃般的声音。

“我们再也没有民有、民治、民享的政府了,我们有了一个华尔街有、华尔街治、华尔街享的政府。这个国家伟大的普通人变成了奴隶,而垄断者则成了主人!”

他坐在四轮单马轻便马车上向城里驶去的时候听彻里说,“呐喊玛丽”是威奇托市一个药剂师的妻子,四个孩子的母亲。“而且她也是一位律师。”彻里很骄傲,仿佛在描述一位当地的体育明星。

“我们的法律是一个让无赖恶棍穿华贵服饰、让诚实君子穿破衣烂衫的系统产物。两年前,有人告诉我们,你们去干吧,多种庄稼。我们去干了。我们耕地,我们播种。下雨了,天晴了,大自然微笑了,我们获得了大丰收。结果怎么样呢?我告诉你结果怎么样吧。玉米八美分!燕麦十美分!那些政客说我们这都是吃产量过剩的苦头!”

广场上迸发出雷鸣般的怒吼声。

“产量过剩!可是,有统计资料告诉我们,在美国每年有一万个小孩子饿死啊!还有,许许多多的年轻女店员,那点可怜的工资无法让她们填饱肚子,便只好到城市的人行道上出卖自己来维持生计啊!”

玛丽·利斯将自己的双拳举过头顶。

“这是我给你们的信息。是时候我们少种一些玉米了。是时候我们少种一些麦子了。是时候我们发出更多的抗议之声啦!”

呼喊声、尖叫声、口哨声、印第安人的呐喊声响成一片。有人拿手枪开了一枪。小乔满脸通红,激动万分,跟其他人一样拼命拍着手。就是这个政党,代表了他所信仰的一切。那天夜里,在堪萨斯州的埃尔斯沃思,他涅槃重生。

收割季结束的时候,该是继续朝着落基山脉、朝着加利福尼亚州和西北部的峡谷、朝着西部大洋的海岸进发的时候了。他跟彻里全家道了别。彻里夫人哭了,她的两个女儿也哭了。布鲁诺·彻里从他不富裕的钱袋子里额外多掏了五美元给他。

“别推辞了,约瑟夫,你是一个好工人。你是一个好青年。我们的宗教不允许我们接纳外教的人,否则的话,你就可以娶丽贝卡或者赫斯特或者米丽娅姆为妻,那我就太开心啦。我再说一遍,你是一个优秀青年。你父母一定为你感到骄傲。”

小乔灵动的蓝眼睛里似乎掠过一丝阴影。他像开玩笑一样说道:“不见得。他们离这儿远着哪。他们对我再也不了解了。他们甚至都不知道我在哪里。”

“这你得纠正过来。”布鲁诺·彻里严肃地说道,“让他们担心,都不知道你在哪里,这不公平,也不体贴。”

小乔吃了一惊。带着深深的负罪感,他将包裹甩上肩头,踏上穿过麦田、蜿蜒在大草原上的阳光路。

在该县偏远的西北角斯莫基希尔河边上那个叫黑狼村的小村庄里,他的负罪感太沉重了,受不了了。彻里说得对,他不该让母亲担忧的,这会给她带来多大痛苦啊。他父亲的感情则另当别论。

要找到一个合适的标记并不难,从路边倒伏的麦秆头上摘三颗干麦粒。

他在黑狼村的杂货店里买了一个信封。在后面邮局的窗口,他借了一支铅笔,在一张纸上写了“小乔”两个字。他将纸放进信封,瞬间又改变了主意。他拿出那张纸,单在信封里留下了麦粒。他将他的手往左边歪,这样他的字也往左边歪。他在信封外写上“伊·克朗夫人”和地址,然后走到窗口买了邮票。

第六十五章　伊尔莎

伊尔莎躺在床上，发着高烧，被夏季凶猛的流感击倒了。她的法兰绒睡衣被汗水浸湿。拉到腰间的床单重得像冬天的羽绒被，有一种压迫感。

她不喜欢生病。她把疾病等同于软弱，或者全能的主的惩罚——他一定是因为这个病人犯了什么罪孽而惩罚这个人，虽然病人自己看不到，可是主看得一清二楚啊。

伊尔莎知道自己的罪孽。没有团结好这个家庭，甚至很可能没有维护好她的婚姻。自从那天夜里那个喝多了克朗啤酒的男人摔下屋顶死了之后——当晚，尽管在令他们产生如此深不可测鸿沟的主题上依然有旧僵局无法打破，但她还是开始了新的争吵——她感觉乔正在不知不觉地跟她渐行渐远。

她床头柜的下层架子上放着一本她已经有一段时间没有打开的书。1893 年世界妇女代表大会的公报。她几乎是颤抖着打开这本书，一页一页地翻着。一个又一个讲话，全都是论述“妇女问题”的，那上面就是这么说的。

她的脑海里再次清晰地浮现出，某些演讲者的形象是多么生气勃勃啊。她可以听到她们骄傲无畏的宣言，她对这些宣言密切关注并十分赞同，但是她始终明白，她的乔对这些演讲，对这些演讲者，对她去听那些演讲会很生气。

她翻过一页。弗朗西斯·威拉德小姐，禁酒联盟的顶梁柱。“19 世纪最伟大的发现是由妇女发现了妇女。”

再翻过一页。A.J.库珀夫人，一位来自华盛顿特区的雄辩的黑人女演说家。“总有一天，种族、肤色、性别和地位不会再被看作是次要因素，不会不把它们看作生活的本质——只有到了那个时候，妇女的课程才会被传授，妇女的事业才能赢得胜利。”

露西·斯通是早期社会改革运动最坚定的斗士,现在上了年纪,身材佝偻了,身体虚弱了,但是激情依旧。“认为妇女的天地在家庭,而且只能局限在家庭,这种观念就像一条钢箍带箍在社会之上。但是,手纺车和织机,照顾家庭和孩子,过去不能现在也不能满足妇女的需要或者实现妇女的抱负啊。”

接下来的一页将她带向了那位她所听到的最热情的斗士:来自加利福尼亚州的一位律师,劳拉·德福斯·戈登。“历朝历代,都有压抑、压制、压迫妇女的制度。保守而又压制的家庭教育怂恿并支撑了这一制度。各种教派的宗教教义也如是。这是一种敌视态度,一种行为方式,是一种不合适的、邪恶的、无论如何都无法再容忍的东西。”

如此勇敢的话语。她被她们点燃了,她被她们说服了,她们标志着未来的道路。

她合上书本,拿一只手抚摸着烫金的精美皮封面。也许这些新观念并非十全十美。也许这些新观念太激进了。此时此刻,这些新观念没有给她力量。无论怎样有价值的观念,又怎么可能抚平她内心狂暴的焦躁呢?怎么可能说服她这些无关紧要呢?这些观念怎么可能跟她对她丈夫的爱相匹敌呢?她感觉她正在丧失这种爱。

有人敲卧室房门吓了她一跳。

“克朗夫人。”

“我醒着呢,赫尔加。”

“早间的邮差来过了。有一封信,是写给你的。”

“请拿进来吧。”

乔一接到她的电话便匆匆从啤酒厂赶回了家里。他坐在她的床边,翻来覆去地仔细研究着这个信封。伊尔莎容光焕发:“他活着,乔。他把麦粒寄来就是向我们表示这个。他一定是去西部了。”

“你怎么知道这是他寄来的呢?”乔举起信封,“这不是他的笔迹。”

“当然是的。他想要掩饰,可是他瞒不过我。我要是连自己儿子的笔迹都不认识的话，那我真成了一个不称职的母亲了。”

“不过，我还是不信。”他站起身来，穿着那套皱皱巴巴的白色夏季套装和马甲，他看上去又热又不舒服，“我认不出这个笔迹，我认为你也不认得这个笔迹，你只不过是想当然而已。”

“我当然是想当然啦！想要他回来有错吗？我当然想。相信他安然无恙、总有一天会回家来有错吗？我当然想。认为他把这个寄来告诉我们别为他担心有错吗？没有错。”

乔对她的生气无动于衷。他将信封放到床上：“好吧，如果这是乔寄来的，那也是寄给你的，不是寄给我的。实在对不起，我今天下午还有很多事情要做呢。”

他弯下腰，在她汗淋淋的脸上敷衍地吻了一下。他走出门去时朝她微笑着挥挥手。她不是傻瓜，所有这些丝毫也骗不了她。

她捡起这个装着异乎寻常内容的信封——这是一个信号，这是乔伊活着的标志。她将信封紧紧贴在胸口。她丈夫的眼睛里明摆着一个事实。疏远，一种全新的情感，一种不断积聚的愤怨。他已经失去了大儿子。他已经失去了侄子波利。现在她正面临失去乔的危险，而她对此却不做丝毫的补救。做本色的自己——善良的伊尔莎，尽职的伊尔莎，伊尔莎总是不耽误一日三餐，伊尔莎总是把家打理得井井有条——这已经不够好了，这已经不能够再帮助她了。她跟那些不走正道的女人沆瀣一气。她信奉那些错误的观念。她说话太直白了。她忘了为妻之道。她即便想回头也已经回不了啦。

第六十六章　朱莉

1895年夏末，朱莉带着她的小狗鲁迪坐轮船从欧洲回到了家里。她的体重减了十五磅。她的脸白得像白垩。她神经紧张，心烦意乱，她很少有笑的时候。

她结束旅行的时候跟她开始旅行的时候一模一样，像一个梦游人。波克·范德霍夫让库克旅行社把什么都安排妥了，订好了所有的宾馆，买好了所有的火车票，选定了所有古城的旅游线路，定下了所有带着她四处游览的导游。她游览教堂，参观皇宫，享受水疗，当然还有必不可少的纪念品商店，那导游似乎碰巧认识纪念品商店的老板。在这些游览中——事实上除了她在卧室之外的所有地方——朱莉都有一个脸如面团的保姆一样的年长女伴陪同，这是她父亲面试了十几个候选人之后聘用的。被选中的女人是比利时人。她有六姐妹，其中有一个是修女。她感觉跟一个丈夫在一起虚度了她的人生，而且她沉默寡言。

朱莉回到芝加哥的时候，没有比她父母亲带她出去旅游时更加明白、更加坚强。没有更加明白、更加坚强——而是满腔怨愤如前。

就在她到家的那一天，她就跑到马厩旁边那块被刷白的信息石那儿。信息石不见了，所有的石头都不知所终。石块被挖走，土地被铁耙耙过、平整过了，变成了一垄垄窄窄的种花地。她感觉被抛弃了。一度，她几乎恨起了保罗。

两个星期之后，趁波克和内尔不在家，她拨通了伊尔莎·克朗的电话，邀请那位稍微有点吃惊的女士喝下午茶。

9月的一个下午，天气寒冷，狂风大作，大雨如注，两个女人在位于密歇根大道的里奇利厄宾馆那家时尚的玫瑰咖啡馆里会面，她们坐在一张摆放于人造棕桐树后面的桌子边。

“非常感谢你邀请我。”伊尔莎有礼貌地微微一笑。她是一位热情洋溢、举止优雅的女人，是一位没有矫揉造作，或者说，显然没有必要矫揉造作的女人。她丝毫也不故意掩饰自己的口音。朱莉无法理解她母亲为什么会如此顽固不化地讨厌克朗夫人。

伊尔莎继续说道：“我们在公共聚会上见过几次面，但是从来没有被介绍互相认识。有什么特殊原因你希望我们俩见个面吗？”

“是的，我承认有特殊原因。”服务员手中拿着菜单，声音很轻地走近到桌子边。“我们俩都要茶，维克托。再要一盘一口三明治。”

“非常好。”伊尔莎轻声说道。维克托离开了。餐厅对面的一个小小的台子上，一个弦乐三人组合正在吱吱嘎嘎地一遍又一遍演奏着《我不想在你的院子里演奏》。

朱莉发觉很难让自己微笑，但是她微笑着。她的双颊洁白得如同她在膝头拧着的餐巾。腹部绞痛折磨着她。她是竭力挣扎着下床来赴这个约会的。这是她每月磨难的第一天。

“你有你儿子的消息吗，克朗夫人？”

“没有。警察基本上放弃了这个案子。我们还雇用了一家私家侦探公司，也没有用。”

“这真是太糟了。”

“是啊——唉——人哪，总得承受这种事儿。我坚信，乔伊活着，而且平安无事，有可能在西部。”她没有提及装着麦粒标记的那个信封。

她们在等茶的过程中，交谈着那些不太让人痛苦的事情。伊尔莎说到了重新开战的古巴战争，那是反抗者几个月前重新开启的为了独立的战斗。朱莉说她对世界上的事情知之甚少。伊尔莎问她对 1896 年总统选举有可能的候选人有什么看法。朱莉说她没有什么看法。那么文学呢？读过《增达的囚犯》吗？读过，在欧洲，她非常喜欢这本书。

刚刚出版的克莱恩①先生的《红色英勇勋章》怎么样呢？朱莉说她不熟悉这本书。伊尔莎解释说，虽然这本书并非一本引起轰动的畅销书，但是它博得了一小部分有识之士的赞誉，而且有很多评论家热情赞扬它为一部杰作。“我自己也没有看过。”她说道，“我没办法避开乔偷偷地看哪。”

维克托推着一辆银色的小车来了。他从一把装饰着很多银色葡萄藤的茶壶里倒出格雷伯爵茶。朱莉摆弄着一块小小的三角形三明治，三明治的所有的外皮都被切掉了：“我只听说过这本书。我母亲的朋友告诉她说这本书很邪恶。我们家里通常没有什么书的，就只有一些传奇小说。妈妈喜欢那些书。”

“我明白了。”伊尔莎一直彬彬有礼，但是朱莉看得出来，她的客人对她有点失望。一阵剧痛让她屏住了呼吸。她将茶杯和茶托推到一边，就连抚慰性的茶也不能够轻易下咽。

“克朗夫人，我可以直率地问个问题吗？”

“当然啦，亲爱的。”

“我邀请你来这儿是想问一下你侄子的情况。”

“波利？”伊尔莎似乎瑟缩了一下，“波利前段时间离开了我们家，就在小乔离家出走之后不久。这也是导致波利离开的直接原因。当然，我知道你跟波利很熟。”她很得体地说到此为止，没有提及雷迪根宾馆的事情。

腹部绞痛一阵接着一阵。痛得太厉害了，朱莉差一点叫出声来：“我真的十分喜欢他，克朗夫人。现在还是。你知道他在哪儿吗？”

“很遗憾，我不知道。我们家也没有人知道。几个月前，我接到过他一个电话。我相信他当时就在芝加哥，可是他没有这么说。此后我就再也没有他的消息了。当然——”她停顿了一下，似乎很勉强地说出她的想法，“他回到德国去的可能性总是有的。”

“哦，不，他不会的，我们俩彼此感觉这么强烈，不会的。”朱莉低下头，将一只手捂到眼睛上，“他不会的。”

“亲爱的，我不是故意要让你伤心。我自己也认为波利不太可能离开这个国

---

①克莱恩，即斯蒂芬·克莱恩（1871—1900），美国小说家、诗人，20 世纪自然主义先驱，著有小说《街头女郎梅季》和《红色英勇勋章》等，开创了美国社会问题小说和心理分析小说新潮流。

家。只是我们没有他的消息，所以我们就不能完全排除这种可能。”

朱莉把手从她印满泪痕的脸上挪开。维克托被他顾客的悲伤吓着了，赶紧来到桌子边。伊尔莎·克朗宽慰他说没什么事情。等他一离开，等旁边桌子上的女士们一收回她们的目光，她便将手伸过桌子，紧紧握住朱莉的手。

“朱丽叶，我觉得我低估了你们感情的深度。波利原来是——现在也是——一个优秀的男孩子。我真的抱歉不知道他在哪儿。”

“我不知道他为什么没有给我留个信。”

“有可能是他不知道怎么留。我的印象中，你父母不欢迎你家任何人跟姓克朗的人发生任何联系。”

“他如果想要的话知道怎么联系的，有办法的。保罗是个聪明人。”

伊尔莎隐忍着什么也没说。朱莉抬起头。尽管她痛得很厉害，但她还是强颜欢笑。“好吧，至少我们把这个问题解决了，是吧？保罗走了。而且他没有说我能在什么地方找到他。没有什么好做的，是吧？”

接下来的星期一，内尔将她女儿带到他们豪宅的音乐室里。一扇天窗下，蕨类等绿色植物生长在巨大的石头缸里，使房间里呈现出树林的韵味儿。朱莉坐在大钢琴前，懒散地将一片鳞叶捡掉。内尔来回踱着步，开心和激动得有点神秘兮兮。

“你父亲要我公布这个消息，他说是时候了。”

“什么消息，妈妈？”

“有一位男士说想要拜访你，朱丽叶。一位求婚意图十分明显的男士。”

朱莉的头猛地抬了起来，她的双眼瞪大得像落入陷阱的森林动物。仆人们叽叽喳喳地匆忙穿过门廊，脚步声很轻。

“谁呀？”

“一个门当户对的鳏夫。你见过他，虽然你对他印象可能不深。他的名字叫威廉·范恩·埃尔斯特里。”

“那个百货商店家？”

“是的。他妻子一年多前在那波漫长的热浪里去世了。他在威斯巴登说出了他的感受，请你父亲同意他前来拜访你。我们坚持要他等一段合适的时间，他二话没说就同意了。”

朱莉五内俱焚，恐惧和慌乱交织在一起。内尔快步走到钢琴前，一双手开心地紧握在一起：“埃尔斯特里先生年纪比你是大点，可他是谦恭有礼和绅士风度的典范，出身高贵，举止优雅——”

“妈妈。”朱莉准备防御，开始反驳。

“还有，当然啦，他极其富有。”

“妈妈，我不想跟你吵架，可是——”

“我们真的不能再次经历这种事情啦，朱丽叶。我受不了这种事情。你父亲也受不了。”转瞬间，内尔笑得十分亲切，“你要是不太正常，你要是再次打哈哈，那么也许我们得咨询一下伍德罗大夫——”

“不！”

“——有可能让你到克利夫兰的芒乔伊医院去考虑一两个月——”

“不，妈妈，不！”

内尔开始抚摸朱莉的双手，抚摩她浓密的头发：“那就稍加明白事理一点，亲爱的。而且，请听我说，请听我说，别当我对你不体贴。我在这个世界上最想要的就是两样东西。让这个家庭满意和让你满意。我想要你嫁给门当户对的人。我在去天堂之前就想要这个。”

朱莉哭了，她哭泣不止。可是保罗走了，这又有什么关系呢？“好吧，妈妈。好吧。好吧。”

“你是说埃尔斯特里先生可以前来拜访吗？”

“是的，妈妈，他可以来，为什么不呢？”

内尔往后退了几步，胜利让她的眼睛里露出激动的光芒：“谢谢你，亲爱的。你说这话，让我非常非常高兴。我认为你同意这桩婚事会让自己幸福的。”

内尔再次轻轻拍拍女儿的手，然后离开了音乐室。她步履轻快。她笑靥如花。

第六十七章　保罗

在古巴，反抗者与西班牙之间的战争遍布整个岛国。在德国，人们在北海与位于波罗的海的基尔港之间开辟了一条运河。在德兰士瓦省，布尔人农场主与英国政府关系恶化。在英国，唯美主义者奥斯卡·王尔德与一位男性情人有瓜葛，并跟同性恋情人的父亲昆斯伯里的侯爵对簿公堂。在俄罗斯，柴可夫斯基的芭蕾舞剧《天鹅湖》在圣彼得堡第一次完整公演。在法国，奥古斯特·吕米埃、路易斯·吕米埃兄弟俩完善了一台既能曝光又能放映一条移动赛璐珞胶片上的连续图片的机器。在美国，宾夕法尼亚州拉特罗布的足球运动员收了钱很“专业地”踢球，国务卿奥尔尼援引门罗主义反对英国，一个名叫维克托·赫伯特的都柏林出生的音乐家出任著名的第二十二团乐队指挥，国会里面的“银翼”①明确宣布从常规的民主党独立出来，一个名叫金·坎普·吉列的人宣布他发明了新型的安全剃须刀。

但是，1895 年芝加哥的那个秋天，世界大事、国家大事、一切的一切，在那场耸人听闻的谋杀案的审判面前统统黯然失色。

有一个名叫赫尔曼·W.马杰特的人，居住在一幢装饰华丽的三层楼豪宅里，屋子位于第六十三大街，房主的名字是假的，叫 H.H.霍姆斯大夫，这人被指控在过去的三年内，犯下五十桩谋杀和碎尸罪。警察侦探彻底搜查了这个“霍姆斯城堡”，所有的报纸都进行了报道，而且还绘制了迷宫一样的各个房间的示意图。人们发现，在那些房间里发生了犯罪事件，而来来去去的邻居们却一无所知。

---

①“银翼”指的是主张自由铸造银币即实行复本位制的民主党人，与之相对的是“金翼”，即主张金本位制的人。

韦克斯和保罗跟许多其他有胆量的摄影师一样，在一个星期天匆匆赶向第六十三大街和华莱士大街。他们拍下这幢奇形怪状木头房子的外貌，房子有塔楼，还有无数扇凸窗，凸窗里面都用铁皮封了起来。保罗每天白天干活，晚上再工作几个小时，帮助韦克斯冲印和装裱纪念品照片。韦克斯雇用了三个邻居家的小孩，到市中心满大街跑，兜售纪念品照片，但销路不好。太多的同行都想到一起去了。

在此期间，一件急事使南希·洛根离开了洗衣店。收割季，南希的母亲从一架麦考密克收割机上摔了下来，一个踝关节和一个髋关节跌断了。“我妈要卧床几个月。得有人给男人们烧饭。”保罗提着南希的旅行袋将她送到迪尔伯恩大街火车站。

“我不在乎离开那家洗衣店。”她坦言，“也不在乎离开芝加哥，这是个艰难的城市。肮脏，危险——还有该死的疯子医生这种破事儿，太让人毛骨悚然了。不过，我会想你。我要是不离开，也许会让你忘掉另一个姑娘的。凡是我想要的东西，我总会坚持不懈。”几滴热泪潸然而下。

“在家乡，我很可能会嫁给某个农场主傻乎乎的儿子。可是我永远爱你。”

南希踮起脚尖，张开双臂将他紧紧抱住：“我愿意为你做任何事情，达奇。如果你需要帮助，来找我。”

寒飕飕的秋日暮光中，保罗至少每周两次会在范德霍夫豪宅边走过。他丝毫没有发现朱莉的影踪，便估计她还在国外。他继续做着白日梦，梦想在西德·沙多上校这儿谋个差事，一面继续练习拍摄普通照片。

韦克斯对他的照片的批评毫不客气，而且常常是讽刺性的。保罗在这种批评中坚持不懈，继续拍摄。终于，他冲洗并印出了一张他喜欢的照片：一个街头女人，头扎包巾，站在一辆装着枯萎花朵的手推车旁。头顶的亮光射在她左面的脸上，照亮的皮肤像一个被许多干涸的小溪切割的平原。光线在她的左眼睛里映出点点光斑，产生了一个效果，仿佛是在诉说她的哀怨。这是一个在贫困与失败面前无可奈何的无言的故事。

“这张好。”韦克斯看到照片后说道，“事实上，不止一个好字可以形容。你开始理解了。你已经有鉴赏力了。我估计,这样的鉴赏力对你拍电影同样有用。”说完,他还不忘加上一个他特有的“哧”。

10 月期间,摄影圣殿的设备开始一件一件地消失,每次一件。接着,韦克斯窘迫地向保罗借一小笔钱。虽然韦克斯没有明说,但是保罗估计是因为拖了再拖的房租。他二话没说,从银行里取来了钱。第二次韦克斯再向他借钱的时候,保罗照样借给了他,却罄尽了他本来就存款不多的储蓄账户。

11 月 1 日,一个收款人上门了。保罗听到一扇关闭的门后面有大声的争吵。收款人怒气冲冲地走了出来。一天之后,保罗在一只垃圾箱里发现了一些纸片,上面用铅笔写着几个古怪的名字。原来韦克斯没有付延迟的房租,而是去赌博了。芝加哥季节性的赛马会已经结束,所以他一定是在其他什么地方赌。也许在南边。保罗问了他关系较好的一个顾客卡米尔夫人是否有这种可能性。

“亲爱的,”那夫人说道,“像电报和长途电话这样妙不可言的发明真是好极了,那可比说‘奶奶,生日快乐,你的腰痛怎么样啦’好多了。你是说你从来没有到这儿附近的赌场去过?”

“没有,它们不洗脏衣物,我对它们不了解。”

“保持下去。你要是经常到那种地方去,那就是走上了去贫民窟的路。”

这么说,折磨着韦克斯的毛病没有根治。这使保罗感到伤心,但他什么也没说。他欠韦克斯太多的情。他相信他会还钱的。

一天晚上,他们吃着他们通常吃的粗茶淡饭,韦克斯说道:“达奇,你是什么时候来到这个国家的?”

“轮船锚泊纽约港是 6 月 1 日,三年前。你问这个问题干吗?”

“公民身份。五年之后,你才有资格到一个区域法官或者巡回法官那儿真诚地表明你想成为公民的意愿。对你来说,要等到后年。再等两年,你就可以去宣誓了。”

“哦,是的。这事儿我早就想过了。美国有那么多可怕的事情,我原先怎么也没有想到。那个疯子医生,还有他残忍的屠宰——我在德国从来没有听见过这种罪恶。不过这里也有很好的事情。例如,有机会在一个让人激动的行业谋个差事。有了这事儿,再娶个美国老婆,我想成为美国公民。"

"范德霍夫的女儿回家了吗?"

"我估计还没有。我路过他们家有几次了,一次也没有见到过她。我没有打电话,也没有写信。我不想让她尴尬。我也不想再被抓到那个县监狱去了。但我会联系的,放心。"

韦克斯福德·鲁尼这位摄影师在城市地位较高的人群中并非完全没有知名度。作为一位技艺良好的摄影师,他有一定的声誉,哪怕还不够完美精湛。所以他偶尔也能接到拍婚庆照或者全家福之类的业务。

他在政界的关系不仅限于第一选区的民主党人,他也认识一些资历较浅的共和党人。有一次,一位上流社会的摄影师突然病了,有一位共和党人立刻派人把他叫了去,拍摄周六下午一个由波特·帕尔默先生和夫人举办的招待会。嘉宾是俄亥俄州的马库斯·阿朗佐·汉纳①,据说他是民主党的后台老板。此人将提名明年夏季共和党的总统候选人。

韦克斯高兴坏了。他刮了三次胡子,把脸都刮伤了。保罗上班去的时候,他正在熨衬衫。然而黄昏时分他坐着出租马车回家时,他的态度完全变了。他似乎闷闷不乐,而且紧张。保罗正坐在屋子后部的餐桌旁,一边喝着一瓶克朗贮藏啤酒,一边浏览一份《论坛报》。韦克斯一言不发,只是点了个头,接着背过身去,在炉子上慢条斯理地准备晚餐,他一头雾水。

"情况怎么样?"

"哦,挺好,挺好。"韦克斯说道,依然没有面朝他,"帕尔默先生还特地脱帽跟我打了个招呼呢。我得立刻工作,今晚就把感光板冲洗出来,把照片印出来。"

"那些客人对你客气吗?"

"哦,是的,他们很客气。地道的上流社会人士。"

---

①马库斯·阿朗佐·汉纳(1837—1904),即马克·阿朗佐·汉纳,美国著名实业家,以其雄厚实力操纵竞选,曾筹集巨额资金支持共和党人威廉·麦金利当选俄亥俄州州长和美国总统,因而得到提携补缺当参议员。

“鲁尼先生，出什么问题了？什么事儿？”

接着，韦克斯转过身来，摘下眼镜，那神情看上去很伤心。

“我见到了你认识的某个人。那位年轻女士。”

保罗跳起身来：“朱莉？她回来了吗？”

“她夏末的时候就回来了。我问了，确认如此。”

“跟我说说她看上去咋样。”

“哦——美啊。非常美丽，跟你说的一样。她是个正派的姑娘，文质彬彬。”

接着又是沉默，他的瞳孔里又出现了痛苦的神情：“她并非单身出席聚会。”

“那是当然，我估计她父母亲也——”

“我说的不是这个意思。她有男伴。”

保罗将啤酒瓶放到桌子上：“我不信。”

“对不起，这是真的。她是跟那个百货商店的继承人威廉·范恩·埃尔斯特里一起来的。他现在是个鳏夫。”他嗤之以鼻，“不是一个年轻人啦。”

“她一定是为了方便才和他一起去的。”

“我也希望如此，达奇。我也悄悄问了一些人。但愿没问就好了。”

“余下的统统告诉我。你非告诉我不可。”

“这位年轻女士差不多经常被发现跟他一起观看音乐会和出席招待会。我有一张照片拍的就是他俩在一起。”

“哦，我的天哪。怎么回事？怎么回事？”

“我不知道。我本不想告诉你的，无论如何不想让你伤心。我本一个字也不想说的，可是突然想到你总归得知道啊。也许——”他的脸红了，接着他把目光转向了其他地方，说完了余下的话：

“也许你不应该再想她了。看上去这位姑娘沿着某条新航线扬帆远航了。”

十一点后，保罗拿着一块冲洗出来的玻璃干版走出暗室。他在电灯光下仔细观看着感光板。曾经，对他来说，底片上的负像很奇怪，很不习惯，现在，他熟悉得如同啤酒和黑面包的味道。他的目光和脑子立刻将鬼怪似的逆转形象反转了过来。她的外套有灰的色调，他的深色正装在这儿看是骷髅白。这人搂着她的腰肢。他们俩的手里都端着笛形细长酒杯,杯子里不知道装着什么。保罗斜过感光板,仔细观察感光板上她黑黑的牙齿。

她在微笑。他用力将感光板扔到房间对面。

感光板击中了炉子,哗啦一声巨响,被砸得粉碎,一块块如同匕首一样的玻璃碎片和碎屑倾泻而下。韦克斯从暗室里一跃而出的时候,保罗正在帆布围裙上擦着双手。他看到感光板被摔破了,便呻吟起来。

“它滑出了我的双手。”

“哪个呢?”

“我的女朋友。”

韦克斯望了他好长时间,眼镜后面的眼睛红红的,睁得大大的:“好吧,没救了。发生意外了。”

“是啊,发生意外了。”保罗说道。他从来没有这么痛过,甚至被他自己的家赶出来时都没有这么痛过。

韦克斯在午夜的时候上床睡觉。保罗又拿出一瓶他叔叔酿造的啤酒,撬开皇冠一样的瓶盖,坐在厨房的电灯下,喝酒。这瓶喝完,他又喝了一瓶,接着又喝了一瓶。他竭力想解开这个结。

是什么导致了她改弦易辙?难道她一直在骗他?难道她一直在玩弄他?这怎么可能呢,多少同衾同椁的海誓山盟,如同儿戏?这怎么可能呢,多少海枯石烂的你侬我侬,都不作数?更有那晚在雷迪根宾馆……难道他对她就只有一夜情的价值吗?

“看上去这位姑娘沿着某条新航线扬帆远航了。”

这怎么可能呢?

第二天上午,他给范德霍夫府邸打了电话。他请范德霍夫小姐听电话。“请问你是谁呀?”他向那位男仆报上自己的姓名。“她不在这儿。”他请他留个言。“对不起,这不可能。”那些仆人都被关照过。他彻底无望了。

第六十八章　乔·克朗

11月份，乔活该倒霉，他又意外遇见了奥斯卡·赫克斯哈默，这次是在日耳曼俱乐部的地下室啤酒店里。这个地下室啤酒店是一个又大又暗的舒适处所，用了橡木镶板，桌子上摊了洁白的台布。沿四面墙壁，有着美丽雄壮的角的野牛头、野猪头、牡鹿头标本用它们的玻璃眼睛凝望着茫茫未来。

当赫克斯哈默从台阶上走下来时，除了乔，里面空无一人，他正在等他的啤酒花供应商。他约了中午会面，边吃饭边聊。他前面的吧台上摆放着满满的一杯家乡黑啤酒。

他的心情很不好。那位啤酒花供应商已经迟到十五分钟了。乔一边等，一边反复思考着他在弗雷德·席尔德克劳特死后雇用的酿酒师，他对酿酒师不满意。海因茨·弗赖辛有能力，可是行为不检，杂乱无章，乔将其归咎于他是在巴伐利亚出生长大的缘故。弗赖辛老是在啤酒厂里开玩笑。乔几乎决定了，要找人替代他。

这时来了个赫克斯哈默，径直朝乔走来。他依然在出版他的《芝加哥德文报》，大肆吹捧来自祖国或者德国皇帝两片嘴唇皮里吐出来的任何东西。他后来没有再发表社论抨击乔或者他的啤酒厂。两个人偶尔在这个俱乐部、德国餐馆或社交聚会上会遇见，但总是不走近，点个头而已。通常，都是乔出于礼貌先点头。赫克斯哈默的点头总是伴着假笑，仿佛在表达某种想象出来的优越感。

“嗯，乔。你好吗？”

“好啊，奥斯卡。你呢？”

“哦，好极了。生意怎么样？”

“我们的出厂量屡创纪录。我们今年打算生产七十四万桶封顶。”

“啊。”

乔心里暗暗高兴。他从未意识到这一个“啊”可以传递如此多的失望:“给你买杯啤酒吗,奥斯卡?”

“你请客吗?”

“自然啦。”

“那我怎么敢拒绝呢?”

乔做了个手势:“卡洛,放一杯给赫克斯哈默先生。”他盼望那个供应商赶快出现。又有两位他稍稍认识的人说说笑笑地走下台阶来。乔有一种更加陷入困境的感觉。

他想把交谈转移到一些中性的话题上。秋天里,巴尔的摩球队赢得了全国联赛的桂冠。但赫克斯哈默说他对棒球一无所知,这是一项粗野的美国运动。那么年轻的克莱恩先生关于内战的那部著名小说呢?“我看过那部书,可我不喜欢。英语这门语言太丑陋了。用伴随你和我成长的语言写成的古典诗歌——那才是真正的艺术。”

乔的火气又上来了。他抚摸了一下表链上的公猪牙,拉出怀表,啪的一声打开表盖。这该死的啤酒花供应商已经迟到二十二分钟了。

赫克斯哈默接着开始赞美德国皇帝威廉的治国才能,尤其是几年前他迫使俾斯麦下台这事儿。这位总理反对发展两洋海军,那是德国皇帝一遍又一遍地看了海军上将马汉①关于海上力量的著作之后渴望做的事情。反过来,德国皇帝不喜欢俾斯麦1887年跟俄国秘密谈判达成的条约。赫克斯哈默也不喜欢。

“1887年,俾斯麦在德国国会发表演讲,做了一个很动人的报告:‘我们德国人除上帝之外不怕世界上任何东西。’接着他花了一个小时为那个怯懦的该死条约辩护。”

乔再次朝空无一人的台阶望去。“怯懦?我看是一个促进和平的精明举动。俄国跟法国站在一起——德国的两个传统敌人结成了同盟——那是很危险的。”

---

①马汉,即艾尔弗雷德·塞耶·马汉(1840—1914),美国海军军官、历史学家,海上力量的倡导者,著有《海上力量对1660—1783年历史的影响》等。

“胡说。俾斯麦变成了一头老狮子,乔,公开反对他宣誓效忠的领袖。德国皇帝有责任罢免他。”

“这就是他根据自己认为是最好的模式坚定不移地服务了二十八年的报酬。”

“他散播意见分歧!他朝后看,像每个老人一样。德国皇帝展望未来,创建一个崭新的德意志帝国。人们希望,和平创建,但如果不行,那就动用武力。”

“奥斯卡,你听起来像个战争贩子。不管你对俾斯麦的政策怎样评价——作为一个美国人,有很多政策我都不喜欢——”

“是啊,我们都知道你忠于哪里。”

乔怒气冲冲地继续辩解:“——他曾经是现在仍然是欧洲的一位伟人。本世纪的伟人之一。一位巨人。”

“不,不——一头老狮子。祖国有一代新人正在崛起,他们会吞掉那些老狮子的。你很幸运在这个国家。我认为你前段时间已经变成老狮子了。”

乔差一点将啤酒杯扔向那个人的面孔。好在,这个时候他的啤酒花供应商噔噔噔地跑进了地下室酒店,朝他打着招呼。乔在啤酒小票上签了个字,赶紧离开吧台前去迎接他的客人。

他对邂逅赫克斯哈默这事儿一直耿耿于怀。在争论的最后时刻,他的脑袋阵阵抽痛。他失去了控制,对自己的控制,对家庭的控制,对他整个秩序井然的生存方式的控制。这预示着未来可能有无法预见的危险和失败,令他不寒而栗。

他该如何维持他的控制呢?解雇那个酿酒师?这只是开始,但是不够。那么有什么办法呢?他在哪里并如何才能以一种显而易见的方式来控制事态,从而支撑他正在破碎的自信呢?

第六十九章 保罗

保罗费力地将一块防水的布盖上盛脏衣物的大篮子。风儿吹得他的围巾在他的脸前面来回飘拂。运输马车拴在克拉克街上的谢尔曼宾馆服务入口附近。有一个戴着便帽的人急匆匆绕过伦道夫大街的拐角走来,他低着头以阻挡风雨的侵袭。他跟保罗撞了个满怀,手中的小广告撒了一地。

保罗赶紧弯下腰到马车下面捡拾一些回来。"没关系,今天没人要这玩意儿。"

意气消沉的话语令他抬起头来。他认出了滴着雨水帽舌下面的这张卑怯的脸。"你好,还记得我吗?我们在赛马会上而且在沙多上校的拱廊里见过面。"

"是。"刘·克雷斯将已经又湿又脏的小广告塞进他的羊毛外套口袋里。他走到洗衣马车的背风处,在他没戴手套的双手上哈着热气。11月的雨下得很猛,冰冷彻骨。

保罗说道:"看样子,天气恶劣,不适合做电影广告。"

"也不是的。只是我不喜欢这该死的活儿。我不喜欢这个城市。我应该回家去。"

保罗立马对刘·克雷斯刚说的话关注起来:"回家,你家在哪里?"

"南卡罗来纳的一个小镇。布兰奇维尔。从来没有听说过,是吧?"

"没有,我没有听说过。我敢肯定那儿一定很舒适。你干吗要走?"

"我告诉你干吗要走吧。我买不起火车票。"他走过去靠到房子的墙上,竖起他那件破旧外衣的领子,神情凄惨。"钱对我来说就像水一样。我留不住它。我有那个——找小姐的嗜好。我把每分钱都花到她们身上啦。"

“那么就是火车票费用把你困在芝加哥了吗？要多少钱？”

“二等座，要十一美元五十美分。我攒不了这么多钱。唉，我湿透了，冷得要死，我得走了。”

保罗抓住他的一条胳膊：“我来买票。”

“什么？你说什么？”

“我说我给你买火车票的钱。不过要过一段时间，等我一凑够钱，就会到那个拱廊去找你的。”保罗吸了一口气，“我想要你的工作。”

“这个工作？你疯啦。”

“我没疯，这个工作适合我。”

“沙多是个奴隶监工。你知道那是什么意思吗？”

“我知道。”

“还有那个吉米，他的性情十分卑劣，我绝对不想跟他为伍。”

“即使这样，我也想要那个工作。我想了解电影。我会给你买回南卡罗来纳的火车票的。”

“哎呀，老天爷呀——”怀疑打消了，代之的是快乐的喋喋不休，“你是一个真正的绅士，你就是。说话也直白。好吧，成交了。”他们就在那倾盆大雨下握手。“你一有了钱就过来，听见了吗？对我来说越早越好。”

他挥挥手跑走了。几个星期来第一次，保罗忘了那可怕的打击，忘了因朱莉的消息所引发的可怕失败感。他哈哈大笑着，在人行道上几乎有点雀跃。

芝加哥是一个人文荟萃之地，每个重要人物都会光顾，在大洋之间来回奔波。有新的政治抱负的人、有新的商业计划的人、有新的发明创造的人纷至沓来。这也是为什么保罗和韦克斯发觉自己在又一个悲惨的日子即 11 月 29 日在街头瑟瑟发抖的原因。这天是感恩节后的第一天。

前天夜里，一场近乎暴风雪的大雪突然降临。密歇根大道两边排列着高高的雪堆，马车将道路中央的雪碾成了褐色的雪泥。云层压得低低的，把什么东西都罩上了一层昏暗的灰色，包括散布在大道两边人行道上的少数几个观众。

“我们干吗干这个？”韦克斯故弄玄虚地说道。他戴着补过的连指手套，交叉着双臂,两只手在肋部拍打着。他的脸上没有笑容,近来似乎有点不太正常,他也没有主动解释原因。

“我们想要看比赛啊。你对我说这是在北美举行的第一场这样的比赛。”

“我肯定还会有一场。天气好一点时。”

保罗笑了,尽管他的脸冻得发僵,他的鼻子冻得麻木,他的鞋子湿透了,他的短袜子像是浸湿的破布。他们已经等了一个多小时。有好几辆新的“汽车”原计划从杰克逊公园出发,沿着五十四英里多的赛道往北行驶。大风雪显然把什么都延误了。

又有半个小时过去了。韦克斯说他得去喝一杯暖暖身子,这样折磨自己不值得。他的抱怨声未落,保罗便听见了微弱的声音。“他们来啦!”

南边,一辆奇形怪状的车子嘎嚓嘎嚓地冲破雾霭驶来,后面还跟着一辆“汽车”。它们就像没有马拉的四轮单马轻便马车,小小的发动机就安装在后部。第二辆车子距第一辆车子差不多有一个街区的距离。来了,它们,摇摇晃晃,在雪泥下面变幻莫测的冰上向前滑行。又有两辆车子出现了。所有四位车手都用布包到眼睛为止。大道两边,传来三三两两的掌声。

保罗看见第二辆汽车上画着一面小小的德国国旗。“奔茨①!”他大声喊叫起来,“加油,奔茨!”

韦克斯惊叫道:“我的天哪,他们一定达到了每小时八到九英里的速度呢,你能相信吗?”

第二辆机动车驶了过去。落在后面两辆车的引擎声变得更响了。韦克斯认出有一辆是“电蝙蝠”,但另一辆不认识:“报纸上说有八到九辆车报名参赛。一定是大雪把其余的给淘汰了。”

就在此时,保罗在街道对面看见一个熟悉的身影,一个穿着一条灯笼裤、一件厚外套,戴着一顶鲜红色烟囱帽和一双同样鲜红色连指手套的小伙子。保罗挥舞着手:“卡尔!到这儿来!”

卡尔·克朗在一辆马拉警车前面冲过密歇根大道,马拉警车的轮子将地上

---

①即现在翻译的“奔驰”。

的雪泥摔得很高。他一把拽掉帽子,他的两颊差不多完全红了。保罗把卡尔介绍给韦克斯,他们握手,接着韦克斯开始在原地跑步给双脚取暖。

"你长这么高啦,卡尔。你几岁了?"

卡尔咧嘴笑着,见到保罗真的很高兴:"我本月就十三岁了。我回家来度一周的假。我在纽约读书,太远了。那校长人不太好。"

保罗发现卡尔身上多了一种老于世故,便咯咯笑了起来:"其他都还可以吗?"

"哦,学习不行。不过我正在学习足球。我热爱足球。你怎么样?"

"哦,好极了。我有一份好工作。鲁尼先生正在教我摄影。接下来我还想学习活图片,电影。"

"我听说这些东西很肮脏的。妈妈说旺德牧师在布道的时候说到过这事儿,说是一个真正的地狱之火般的恶魔。"

韦克斯拍打着自己的肋部,说道:"活图片是摄影有生命力的新的组成部分,而摄影是能够让世界更加丰富多彩的艺术与科学。让千百万人兴奋和娱乐,能教育他们——"

卡尔显然无动于衷,所以保罗打断了这个讲解:"跟我说说,弗里奇怎么样?"

"你了解她,保罗。疯婆一个。这段时间,她把自己当作了茶花女。她见到了某位外国女演员——"

"海伦娜·莫德耶斯卡。"韦克斯说道,"她上个月在芝加哥演出。"

"就是这个人。弗里奇时时刻刻模仿她。每天夜里,她至少要死九到十次呢。让人恶心。"

"有你哥哥的消息吗?"

卡尔摇摇头。"没有人能找到他。我估计他永远不会回来了。有的时候偶尔提起他的名字,大家就都不说话,妈妈看上去快要哭的样子。"他轻轻地抚摸着保罗的胳膊,"你要是不走就好了。"

"我也这样想。有的时候。我没有选择。"

卡尔使劲拉上帽子:"我觉得我最好回家去了。爸爸严格规定,我不可以在外待太长时间。"

“这并不意外。”保罗说道。他和卡尔紧紧拥抱。

“祝你好运,保罗。”

“也祝你好运。努力学习,在这个世界上,人得机灵点。”卡尔跳过靠路缘的雪堆,很快便消失在了早晨深灰色的雾霭之中。

“大小伙子。”韦克斯说道。他摘下眼镜,擦掉上面的冷凝水雾。“我非走不可了。我得去喝杯威士忌。”

“可是我们怎么才能知道谁赢了比赛呢?”

“《论坛报》我有个人认识。我过后打电话。”

他们从密歇根大道出发往西走,来到了一个窗户模糊不清的小酒馆。他们走进门厅,里面比大街上暖和多了。韦克斯在那儿停住脚步,他的酒糟鼻亮闪闪的,如同一颗玻璃草莓:“听着,我得把话挑明,这样你才能明白。我知道你热衷于学习电影。只要有机会,你随时都可以搬出去。我鼓励你这样做,我不会感到伤心的——那个话我收回,我会的,你是一个好伙伴。我们进去吧,喝杯酒暖暖身子,我得跟你说说其他事情。”

“什么?”

“哎呀——啊——”他避开保罗的目光,“没关系,不是重要的事情。”

里面的门打开了,舒适的暖流扑面而来,韦克斯再次突然驻足停步:“你身上带钱了吗?”

“四十美分。”

“好,我一时囊中羞涩。”

保罗一脸担忧的神情,跟着他走进小酒馆。

当天夜里,他在小阁楼上盖着两床毯子,瑟瑟发抖,难以入眠。他一个劲儿地在想沙多、刘·克雷斯以及他自己的经济危境。他已经身无分文,他把所有的积蓄都借给了韦克斯。买火车票的事情该怎么办呢?

在接下来的几个星期里,他发觉这个问题没有现成答案。接着,在圣诞节前夜的星期一,他跟往常一样从蒸汽洗衣公司回家来,看见一辆运输车停在摄影圣殿门口。两个车夫正在将家具和设备搬出来装到这辆没有篷的车上。

朔风劲吹，寒意袭人，星星在夜空中闪烁。韦克斯站在街道中央，头上没戴帽子，双手插在口袋里，抬头望着摄影圣殿的那块招牌。保罗赶紧走上前去。“韦克斯，这怎么回事啊？”

韦克斯不愿意正面看他：“提前终止条款。我的东西将去存放起来。明天上午这些锁都要换了。”

“这是为什么呀？”

“因为房租再次拖欠啦。这次拖欠了四个月。房东亲自找上门来，告诉我他找到了一位信用良好的新租户，就当着我的面把租约撕毁了。”

“那合法吗？”

“只要我没有钱请律师打官司，那就是合法的。”

“库格林先生的保险基金怎么样呢？”

韦克斯摇摇头：“‘澡堂子’说很抱歉，基金适用于法律上碰到问题的人们。他让我去找一个放高利贷的人。我签了一纸会把我榨成干的文件。只有这样我才能把我的东西搬出去存放起来。”

保罗心烦意乱：“我觉得付房租的钱够的。我把所有的钱都借给你了。”

韦克斯似乎在衣服里面瑟缩了一下：“我付了两个月的房租。可是我欠的是六个月。我希望能快速交一次好运。我把余下的钱都拿去赌了，我自己的钱和你的钱，在南方各种各样的赛马场上。”

“通过电话、电报？”

“哦，你知道那种套路？”

“我知道。你输了多少？”

韦克斯望着那些冷冰冰的星星，仿佛希望有哪路神仙会降临人间来拯救他。

“一切。”

“我所有的积蓄？”

“是的，我很遗憾。”

“你怎么可以这样做啊？”

韦克斯转过身来面对着他：“你是什么人，敢用这种腔调跟我说话？你只是个小屁孩。我已经五十七岁啦！你以为我喜欢这个吗？你以为我为此感到骄傲吗？我是个懦夫，达奇。很多有创造力的艺术家都很懦弱。你期望我是一个优秀完美的德国人。那好吧，见鬼去吧，我不是德国人，我不完美。”

韦克斯转过身去盯着那两个工人把他那架最大的照相机和三脚架搬了出来。他稀疏的头发在夜风中飘拂。一度，保罗想要揍韦克斯·鲁尼的脸。接着，他发现，他是那么老迈、猥琐、失败，面对这严冬，面对这一年之中最快乐的季节，他所有的东西，包括他的照相机、反光板、镜头、箱子，都被乱七八糟地堆在了超载的运输车上。

领头的车夫调整了一下他的耳套和手套：“这一趟不能再装了，我们明天早上再来装。”他们朝着流光溢彩的克拉克大街驶去。

“这么说明天早上我们就无家可归了。”保罗说道。

“达奇，对不起。对不起我骂了你，更对不起的是我把事情弄到这步田地。我早先怀疑大限已经来临，就想要提醒你。有好多次我欲言又止，我是个懦夫。本周末，我将离开这个城市。我被迫到其他地方谋个差事。好几周前当我看到大限来临时，我通过一个分类广告申请了这个职位。我要到一个很大的照相馆去，担任总助理和彩色照片艺术总监。瞧，还没到莎士比亚悲剧的地步。”韦克斯说着，微微露出原先那种淘气的微笑，“我不会饿死。你也不会。是时候了，你该远走高飞了，这事儿我们讨论过。也许沙多会提携你。需要给你写封推荐信吗？”

“不必，那不是我所需要的东西。我是希望你将要去的地方是个好地方。是纽约还是其他某个大城市？”

“若是这样就好啦。”他叹了口气，“查尔斯顿，西弗吉尼亚。”

“在哪儿啊？”

“无名小地方，是个无名小地方。”韦克斯说道，声音很轻，轻得保罗几乎都听不到。

保罗站在凛冽的寒风里，望着摄影圣殿漆黑的店面，意识到这个地方对他有多么重要，意识到这位脾气执拗、身心脆弱、性情怪异、喜好争论、理想丰满、不切实际的老人对他有多么重要。

“里面还有吃的吗？”他问道。

“没有。”

“好吧，来，我还有三十美分。我们可以吃点香肠、面包卷、咖啡当晚饭。”

韦克斯像个听话的孩子一样跟在他的身后。

小雪穿过月台顶棚的缝隙飘落下来。保罗将韦克斯两只粗劣的旅行包放到了二等车厢里。他知道韦克斯没有钱付小费请搬运工搬行李。

巴尔的摩至俄亥俄列车的列车员将双手在嘴巴上窝成杯状：“上——车——啦！”

“我不喜欢这样。”韦克斯说道。

“请把那个照相馆的地址给我。你答应过写给我的。”

“是的，我有的。”他把一张纸条放到保罗手中，“你原谅我吗？”

“原谅什么？我们是朋友。你为我所做的一切，我不足以报万一。”

“哦，天哪。”韦克斯扑向保罗，两人紧紧拥抱，“我要是有你这样的儿子，真的会十分骄傲的。”保罗拥抱着这位老人的时候，想办法将五美元钱塞进了他的口袋里，这是他请求出纳预支的工资。

蒸汽发出嘶嘶的声响，铃声叮当。列车员着急地示意最后一位乘客赶快踏上火车台阶。保罗向他保证：“等我明确到什么地方待下之后会给你写信的。”

韦克斯跳上第一级台阶：“我也会给你写信的。你这个人太好了，不该被埋没掉。再见，保罗，再见，再见——”

火车摇摇晃晃地驶进寒冬的夜色。飘落的雪花在保罗的脸上融化。他在汉堡的码头上也曾有过这样的孤独感，他在乔叔叔把他赶出家门时也曾有过这样的孤独感。

后来，他走过摄影圣殿的门口，便停住脚步去拉了一下前门上的挂锁和链条。他提着装有衣服和那些纪念品的旅行包，迈着沉重的脚步继续往前走去。纪念品就是地球仪及架子、一面纸国旗、外面扎着一根橡皮筋的一小捆纪念明信片和那张立体画片。

他自尊心太强了，不愿意去找个鸨母，跟她说他没有地方可去，请求她收留他在哪个角落睡一晚。他在码头区的小巷里面寻找，最后找到了一只被遗弃的一边破了口子的木头装货箱。他爬进里面,在那儿睡觉。

他做了好几个梦,梦见了伍珀塔尔市的那个面包师。实践证明他是对的,他嘲笑保罗,嘲笑他的凄惨境况,嘲笑他的愚蠢。

他在天亮时醒来,差一点冻僵了。蒸汽洗衣店早上五点开门,所以他悄悄地溜进店里,到分配给男雇员的盥洗室洗漱了一下。他的双手冻得太僵了,差一点就拿不住他的折叠式剃刀。刮胡须没有剃须皂,他把自己的脸刮破了好几处,还把脸刮得通红。有几个女工注意到了。保罗借口说这是冬季的天气之故。

接下来的几夜,哪儿能找到遮风挡雨的地方,他就在哪儿睡觉。第一夜他回到那只装货箱那儿,醒来时发现一只老鼠在啃他的鞋子。还有一个夜里,他逃离了那只装货箱,一只野狗追着他汪汪地吠叫,渴望品尝他的腿呢。

到了周末的时候,他跟出纳算清了预支给他的工钱并事先提出了辞职。艾伯特·格雷斯听说了此事,便在下班的时候等着保罗。格雷斯再也没有了气势汹汹的独裁者架势,而是成了一个悔罪者。主顾们都热爱保罗,由于他持之以恒的勤奋和兢兢业业的努力,洗衣店业务量明显上升。这位老板紧握着自己的双手,问是不是自己有什么考虑不周之处导致了他这突如其来的离去。保罗说不是。格雷斯请求他再考虑考虑,并向他保证,只要他屈尊俯就,那么他在洗衣公司将前途无量。保罗向他表示了感谢,说自己选择了不同的人生方向。当晚,他将旅行包寄存在了卡米尔夫人那儿。午夜,在莫嫩铁路的调车场,他跳上了一辆货运列车,蜷缩在一节货车车厢的角落里,列车咔嚓咔嚓地驶向印第安纳州的南部。

拂晓时分,他已经蹒跚在了坚硬的土地上。他在格林卡斯尔跳下了莫嫩铁路的货车。一个昏昏欲睡的车站职工给他指了路。他就从那儿一直走到了里尔斯维尔。

白色的雾霭笼罩着这个世界,万籁俱寂。树木看上去像电线结扎出来的怪物,形状扭曲得很厉害。严冬把大地变成了冰冻褶皱,烂泥变成了固态的波浪,沟槽里覆盖着一层薄薄的积雪。他穿越田野,跌跌撞撞的双脚噼啪噼啪地踩着枯黄的玉米秆。他的额头和脸烧得厉害。12 月的天,他怎么会如此热呢?他有个好主意。

他想躺下来。他抬起左腿,将它向前放去。他抬起右腿,将它向前放去。地平线倾斜了。他等着,直到它正了过来,然后继续往前走。他将再次长途跋涉回到芝加哥,目的迥异,但决心不变。

当他跨进门前庭院的时候,三头猪尖叫着跑了。他倒下身子,靠在风雨剥蚀的墙壁板上,歇一会儿,然后在刀割一般的寒风中沿着这座房子的边墙跌跌撞撞地往前走去。

后门窗户上褪了色的方格布窗帘后面闪亮着灯光。保罗敲响了玻璃窗。他将前额靠在边墙上,双眼紧闭。

有人抬起窗帘。门打开了。她的声音,充满惊讶,恍若老天的赐福,向他滚滚而来。

“达奇。你在这儿干吗?”

他睁开双眼,但是几乎无法让它们聚焦:“南希。你说过如果我需要帮助,你会帮我的。现在我需要帮助。我需要借钱。我需要十一美元五十美分,就……”

第七十章　罗茜

1895年春天,罗茜去了纽约。她在芝加哥攒了点钱,但结果她不用花这笔钱。她跟一个列车员在一个空的普尔曼卧车包厢里偷情,他便写了一张条子,全额退还了她的车费。她至死都不会忘记他呼吸中的大蒜臭,也忘不了他那套羊毛制服的难闻气味。

当她离开纽约中央车站,一头扎进这超级巨大、势若雷霆、闹声喧天、让人迷瞪、拥挤不堪的城市的时候,她激动极了,此生从未有过的激动。她吃力地提着那只外面描着花的廉价小提箱,向一个警察问了路,便径直朝她唯一知道的那条大街——鲍厄里大街——走去。那是中心城区,她在报纸上看到过,说是纽约剧院区的心脏,是一条许多上流社会的先生经常光顾寻求特殊娱乐的通衢大道。

可当她看见鲍厄里大街之后很是失望。剧院寥寥,门庭冷落。剧院门口张贴着杂七杂八的广告,剧院的四周全都是毒品注射场所、收费低廉的展览会、土耳其浴室、打着钟点房广告的宾馆。也看不见衣着光鲜的先生,只有捧着纸袋里装着瓶子的穿着破烂的流浪汉在那儿闲逛。

一个拉生意的人侧着身子悄悄来到她的身边。他的衣服散发出令人作呕的臭气,他的呼吸更加难闻:“想要抽点啥吗,小姑娘?我知道有个地方可以。”

“我不吸毒。滚开,要不我叫警察了。”

他骂了她一声,走开了。

她路过的很多低级酒馆里纷纷传出音乐声。有一架钢琴还有曼陀林附加装置,使得钢琴手发狂一样的演奏声如同铁锤在敲打铁砧。穿着晚礼服的先生们在收费低廉的展览会前背书般地招揽着顾客。货运大车、双轮双座马车、小马车碾过一堆堆马粪，其间，驶来一辆华丽的敞篷大马车，上面挤满了穿着考究、伸长着脖子、神情完全震惊的人。大马车的边上写着："百老汇观光公司。欣赏纽约街景安全舒适的途径。"一位导游站在前面，拿着一只喇叭筒大声地做着讲解。

在罗茜边上摇摇摆摆走着的一个喝得醉醺醺的流浪汉拿他的空酒瓶朝那辆大马车扔去。"该死的家伙，常去贫民窟呢。"她肯定不属于上流社会。她漫无目的地往前走去，又累又饿，心灰意冷。

她走进一家昏暗的咖啡馆，花两美分钱买了一个不新鲜的面包卷和一杯咖啡，就在此刻，她时来运转。一个英俊的中年男子走近前来，他的脸因为常年饮酒而长出块块红斑。到黄昏时分，她已经在一幢经济公寓顶楼的一套有两个房间的套房里拥有了一张床。斯床斯房，均属那男人。他姓斯托普斯，名巴克，是白金汉的缩写。

斯托普斯酷爱女人，越年轻越好，而罗茜则不在乎拿自己的身体换个临时的栖身之所。至少斯托普斯干净，而且他说起话来像个受过教育的人。不幸的是，他的住处表明，在他的这幢房子之外，他无法运用他的才智往上层爬。住在经济公寓最上面几层的人往往是最穷的人，这点她在芝加哥就知道了。

房间里没有电，没有卫生间，也没有洗涤槽。一堵墙上穿出一个水龙头，下面的地板上有一个有滤污器的污水管口。经济公寓的屋顶有点像所有租住户的公园和散步场所。被窄窄的空域分隔开来的很多屋顶大同小异，犹如那些街道上面的一条天街，也是那些顺手牵羊的小偷、收集账款的人、躲避房租的人常用的公路。罗茜在她小的时候见过颇为凄惨的地方，但是从未见过如此肮脏、如此黑暗、如此萧条的地方。她决定，一有合适机会就离开这儿。当然，她没有对她的这位施主说出这个话。

巴克·斯托普斯称自己为"演出人"。她从来没有听过这个说法。他说这就是说他是制作娱乐节目的。她大喜过望，直到她发现他所制作的节目仅仅局限在那些非法的打斗：把一只猎狐犬和五十到一百只老鼠放入一个边上圈着锌皮的围栏里面，让它们打斗，四面围着长凳，地点就在一个可以从一条小巷进入的看守严密的仓库内。观看这种东西的观众——斯托普斯承认，这种把戏已经不太流行了——可以赌博，赌在一定时间内那狗能咬死多少老鼠。

斯托普斯的狗名叫特威德老板，他为纪念那位已故的政客①而取了这个名字。那位政客便是用不正当手段在纽约市的金库盗用了数以万计也许是数以百万计的资金的那帮人的首领。罗茜明确告诉斯托普斯，她决不参加他的任何赌博项目，即使规模很小。

斯托普斯这样小打小闹谋不了生计，他的正式工作是为收费低廉的内格尔展览馆招徕顾客。菲尼亚斯·泰勒·巴纳姆是第一个在举办这样的展览馆中获得巨大成功的人，而且很多后继者依然广受欢迎。在内格尔展览馆，来自市外的乡下土包子们被迷得一愣一愣的，他们可以看到各种各样的奇珍异品，无论是人类的还是机械的。会下棋的神秘埃及人，满身彩绘，头戴金饰，形若法老，实际上是由一个名叫阿奇的侏儒在里面操作。全景人，据说全身刺青，身上展示的是从亚当和夏娃开始之后的全部人类简史。还有无肢奇才、名叫亨丽埃塔的四腿母鸡、长胡须的小男孩（阿奇乔装打扮后转换的角色）。最吸引人的明星是高手奎因，铁喉奇人。一天四次，他砸碎一个酒瓶、一只平底玻璃杯和一块玻璃，然后咀嚼所有碎片并将其吞下肚去。

在内格尔展览馆的地下室里，有一个用制型纸板做成的巨大洞穴。只要再花五美分钱，男性顾客便可以进入里面欣赏“活图片画廊”。在一个小小的舞台上，娱乐场的钢琴手用小提琴演奏着乐曲，有三个其貌不扬、身材臃肿、穿着透明紧身衣的女人搔首弄姿了几分钟。斯托普斯提议罗茜进到那个画廊里去看一看，但是她婉言谢绝了。她想要在顾客档次高一点的地方工作，一个也许能找到唱歌机会的地方。

“唉，宝贝儿，我不怪你。”巴克·斯托普斯说，“你相貌长得好看。你可以到纽约油水区那儿转悠转悠，第六大道。有些舞厅，像秣市舞厅，的确是个毒窝，但有些可以的。第六和第二十九大街那儿，斯蒂奇·迈耶的爱尔汗布拉舞厅就是最好的舞厅之一。”

爱尔汗布拉舞厅在一幢二层楼的房子里，内看外看都有《天方夜谭》的特色。

①即威廉·马西·特威德（1823—1878），美国政客，在纽约建立“特威德集团”，结党营私，侵吞巨额公款，以伪造和侵吞公产罪被捕判刑，死于狱中。

令罗茜感到惊讶的是,她走进去五分钟之后,斯蒂奇·迈耶便在他的办公室里接待了她。迈耶是一个个儿不高、身体强壮、头发通红的人,戴着一个结婚金戒指,穿着一身银行家的整洁保守的服装。他在关上门的办公室里跟她会面,但从没碰她一根手指,也从不说一句挑逗性的话语。

“你是一位漂亮姑娘,漂亮女孩来当服务员我不嫌多的。我先描述一下在爱尔汗布拉舞厅的事情是怎么样的,然后你决定是喜欢还是不喜欢。我们在楼下有一个舞池——”

“是的,先生,我看见了。”

“有一些餐桌,有美味可口的快餐,有价格公道的饮料。有娱乐节目,一夜三场。没有任何淫秽下流的东西。基本上这是一个聚会场所。来的先生都是正派人士,来自富人区的,来自韦斯特切斯特的,来自泽西州的哈得孙河那边的,他们到这儿来就是稍稍放松一下,稍稍快乐一下。他们到这儿来见见一些迷人的姑娘。至于哪位先生在爱尔汗布拉舞厅遇见一位年轻姑娘之后发生了什么,那就不是我管的事了。我的利润是在食物、饮料,还有进门的五十美分——那是对男士而言,女士进来免费。”

“我明白了。”

“另外,我们不允许跳贴面舞,不能在舞池跳。如果哪位先生想要跟女士跳贴面舞,他们可以到边上有帘子的那些小房间里去。换句话说,爱尔汗布拉舞厅不像本地的那些低级夜总会。我知道男人想干什么,哪怕是已婚男人,所以我给他们提供地方。”

他靠回椅子背,将双手扣在用金线织出凸花纹的织锦缎做的马甲上:“你听着怎么样?”

“听上去挺好,迈耶先生。你对我直言相告,我也对你直言相告。我到纽约来的真正目的是想成为一名歌手。”

“嗯,我雇用的服务员不兼歌手。我们可以在某个节目里让你试一试,但那得是你在这儿待一段时间之后。一开始,就两美元一周,不过所有小费都归你自己。那就比较丰厚了。哦,是的,这很重要。你不得干涉每晚进来的其他女士。如果哪位先生看中你了,跟你商定了私下幽会,那好,那是你和他的事情。但是,我不允许我的姑娘们到外面跟那些专职的竞争。我雇用你们是为我工作。我表达清楚了吗?”

“清楚。”

斯蒂奇·迈耶咧嘴笑了,露出好多金牙、银牙:“好极了。想今晚开始吗?”

斯蒂奇·迈耶的爱尔汗布拉舞厅灯火辉煌,热闹非凡,到处都是欢声笑语,通常都人满为患,因为它名声在外,是一个安全处所。罗茜发现受雇于此既有钱可赚又过得快活。无论如何,这不是她人生的终点站,而是旅途中一个极好的驿站。她希望乔伊·克朗能看到她穿着有流苏的红色外套的样子,她也希望吉米能看到她穿着有流苏的红色外套的样子。这个吉米,是个可怕的情人,他的脑子乱得令人惊恐。她的秀发被发夹别得十分整洁,她的脸蛋涂了胭脂,她的双臂和胸口洒了香水,这样他们会对她刮目相看吗?他们会认为她真的出道了吗?

她听从吩咐一丝不苟,如果跟顾客打情骂俏,那也是静悄悄的,几乎是羞答答的。即便如此,光第一周,她就有了二十八美元的收入,都是深夜跟四个顾客私通挣的。她的行为丝毫也没有招惹管理人员的不快,甚至都没有引起他们的注意。

她在爱尔汗布拉舞厅还结交了很多朋友。带领着一支有钢琴、小提琴、短号的三人小乐队的钢琴师斯帕克一天夜里打烊之后听她唱了一下歌,说她很有“潜质”,但“需要正规训练”。她听出了这位钢琴师的言下之意——这些敲击钢琴的人全都被叫作钢琴师——她唱得不是太好。没有关系,即便到位于第十四大街的托尼·帕斯特大剧院这样著名场所成为上节目单的歌手也只不过是又一个阶梯而已,而非她梯子的顶点。她几乎看不到她梯子的顶点,它高高地耸立在白云深处,那儿有豪富人家金色豪宅的墙壁,那儿有塔楼闪耀着金色光芒。

在斯蒂奇·迈耶的爱尔汗布拉舞厅,有一个杂耍节目是五人一排的男扮女装踢腿演出。他们中的佼佼者范尼·霍金斯立刻就喜欢上了罗茜,她也马上喜欢上了他。他们相遇的那晚,范尼向她坦白他的真名叫富兰克林,但是他不喜欢这个名字。

范尼·霍金斯属于胖的一类,而胖在先生们中间司空见惯。他戴一个长波浪的金色假发套，精通巧妙的化妆术，一双眼睛是中国蓝，柔软的皮肤上差不多没有一根毫毛。在罗茜的眼里，范尼比莉莲·拉塞尔①要漂亮，他的男扮女装事实上毫无破绽。

范尼跟罗茜交了朋友，凡是他认识的那些粗暴家伙或者吝啬鬼，他都引导她避开他们。他倾听罗茜为自己设计的计划——走唱歌的道路，跟有钱人结婚，年龄不是问题。范尼这位新朋友十分忠诚，他声称罗茜肯定能实现自己的愿望。

到12月份的第一个星期时，她在爱尔汗布拉舞厅已经有点焦躁不安。好几个月过去了，除了几个小费和到附近一家宾馆与人幽会、付出点辛劳外，一无所获。一个星期三的夜里，罗茜在她平常的时间来上班。屋外，一场暴风雪正在酝酿。这又是一个典型的枯燥乏味的夜晚，直到十一点半。当时，范尼和他的同事们刚刚在小舞台上结束了他们的特别舞蹈，突然罗茜听到前门有响动。她正在一张拥挤的餐桌上服务，便伸长脖子去看究竟是怎么一回事儿。

斯蒂奇·迈耶正在热情奔放地迎接一位新来的客人。这是一位个儿高大、身材肥胖、脸色粉红、下颌肥硕的男人。他穿着一件有黑色毛领的好看的灰色大衣，胳膊底下夹着一顶微微闪亮的高顶黑色大礼帽。他黑色的头发里有雪花在闪光。很多顾客似乎都认识他，他一一朝他们打招呼，有说"朋友"，有说"老兄"，声音深沉洪亮。

迈耶亲自陪着这位胖子来到一张选好的餐桌旁。钢琴师斯帕克跑过来跟他握手，并深深地鞠了一躬，仿佛他是皇室成员似的。范尼靠在吧台上，拿啤酒杯啜饮着啤酒。罗茜端着一只托盘，挤过人群，将订单交给酒吧招待，接着跑到吧台顶头去跟范尼说话。

"那位大佬是谁呀？除了我谁都认识他。"

"第四十二大街以南的每个人都认识他。"范尼赞同道，他的声音总是那么柔和，恍若女低音歌手，"那是——"

---

①莉莲·拉塞尔（1861—1922），原名海伦·露易丝·利奥纳德，美国女歌唱家、演员，十几岁时就初登舞台，在《莫卧儿大帝》（1881）中出演女主角，后来在《盖罗尔施泰因的大公夫人》中演出获得称赞。她善演轻歌剧，曾随同一滑稽剧团在英国和美国演出（1899—1904）。她代表着她那个时代的女性理想，其私生活与其纤腰、美貌和歌喉同样闻名。她一生结过四次婚。

但是,主宰这个场面的是斯蒂奇·迈耶,只见他跳上舞台,举起双手示意大家安静:“女士们,先生们,很荣幸,爱尔汗布拉舞厅最喜爱的客人之一今晚光临此地。就在前面这儿,美国当红音乐家——举世无双的作曲家和演出人——保罗·德雷瑟先生。保罗,答谢。”

这位和蔼可亲的胖子费力地站起身来向大家挥手致意。一只手的小手指上有一颗钻石在闪耀着光芒。他别着宝石蓝装饰别针的套装和缎子领带跟他的大衣和丝质帽子一样精致。他穿着一件别致的有绿色绲边和金色小纽扣的红色缎子假日马甲。罗茜一看到这样精美绝伦的装束,心都快要跳出胸口了。可是这个人的名字她一点也不熟悉。她把这些想法一股脑儿都对范尼说了。

“呀,是啊。你说的保罗·德雷瑟?他写了今年最最轰动一时的歌啊,《告诉他们你见到我了》。”

“那是,这我知道。”她在芝加哥和纽约到处都可以听到这首歌,一首让人热泪盈眶的抒情歌曲,很可能是由一位在情感的岩石上摔得粉身碎骨的年轻女士唱的。街头的手风琴演奏这首歌曲。报童的口哨吹着这首歌曲。她曾经看到过一个很大的纪念品,别在西装翻领上的徽章,上面也印着这首歌的名字。“就告诉他们你见到我了”是当时的一句流行口号。

“已经卖出了五十万张乐谱,还在热销中呢。”范尼对她说道,“我不知道德雷瑟是什么时候写的歌曲,他大多数时间都跟女人在一起啊。”

“什么女人?”

“任何他喜欢的女人。他有很多女人。我本来也可以上他的名单,可是我担心到时候他会失望啊。”罗茜哈哈大笑起来。范尼点燃一根又短又细的雪茄烟。“他们说他有花柳病,可谁知道呢?要是有哪个男人可以帮助你得到你想要的东西,那就非百老汇的保罗莫属。”

“听着,罗茜,这些不会持续到日出的。”那酒吧招待大声喊叫道。他将一托盘饮品推到吧台前部。

“去你的吧,基皮。哦,范尼——我要怎么才能让他注意到我呢?”

范尼没有现成答案。罗茜急匆匆去给顾客送饮品的时候,两眼几乎再也无法从那位写歌的人身上挪开,她猜那人四十岁左右年纪。他点了一瓶最优质的家用威士忌，不到两分钟，她就看到他吞下了两小杯，正在倒第三杯。他的脸变得更红了。

“喂，保罗，给我们演奏点什么。”附近餐桌上的一位顾客大声说道。人们鼓起掌来，吹着口哨。作曲家装出一点羞答答的谦逊，摇了摇头。掌声更响了，在一旁帮腔的还有钢琴师斯帕克，他拍着他的竖式钢琴，示意对方坐到他刚刚腾出来的凳子上去。德雷瑟站起身来，但依然表现出很勉强的样子，罗茜发觉这完全是假惺惺。

“保罗，来点那种快节奏的新玩意儿。”

德雷瑟的好脾气一扫而光：“圣路易斯那种刺得耳膜都难受的快节奏垃圾？我不玩那个。我知道大众想要什么。打动人心的情歌。家乡的歌曲。”

掌声再次响起，对他的情感表示支持。德雷瑟灵活地穿过前面几张桌子边那些捧场的人。作为一个胖子，他的动作优雅得非同一般。金钱——天赋——女人的万人迷——她该怎么做才能吸引他的注意呢？

德雷瑟旋转了一下钢琴凳子的座部，将它调低了一点。罗茜处在阴影里，那儿有一个狭窄的小平台伸出在吧台上台面。她鼓起勇气，抓住一根小平台的柱子，大声喊叫道：“给我们演奏一下您最有名的作品，德雷瑟先生，我想听这个。”

德雷瑟手搭凉棚：“这话谁说的？”

罗茜走向前去，走出那个阴影：“我说的，德雷瑟先生。”

他的目光越过攒动的人头，上下打量着她，她的身材，她的脸蛋。他绽开灿烂的笑容，深深地鞠了一躬。

“一位年轻漂亮女士的要求，我总是一定满足的。”

他转过身，坐下。他用右手飞快地敲击着琴键，由低音到高音，一串绝妙的琴音响起，迎来更多的掌声。他将袖口拉向手部，小手指上那颗晶莹的宝石在闪耀。他开始演奏，并用他使人愉快的嗓音唱了起来。

“告诉他们你见到我了，”

她说——“其余的他们会知道的。

你得明白，就告诉他们我看上去挺快乐。

如果你有机会就悄悄地

对亲爱的母亲说，

我爱她，一如既往，爱在心窝……"

他唱了整首歌，一直唱到尾，眼睛既不看琴键，也不看那些痴迷的听众，却看着她。

十二点半，罗茜在分配给女服务员的又小又脏的更衣室里换好衣服。她将那件廉价的布大衣搭在手臂上，快步走下楼去，她的双腿在打战。早些时候，德雷瑟悄悄地塞给她一张纸条，请她到他的餐桌边留一下步。她去了，他说他在斯蒂奇·迈耶那儿"协调了一些事情"。迈耶不喜欢她对顾客大喊大叫这种前卫风格。"但是因为是我，他没有太过小题大做。"

德雷瑟对她说她可以在打烊前两小时离开爱尔汗布拉舞厅，这个他也协调好了。

他等在主入口，拿过罗茜的大衣。借助双扇门有图案的玻璃，她看到飘零的雪花中有一辆双轮双座马车停在路边。

"这挺令人激动，德雷瑟先生。我们去哪儿呢？"

他举起她的大衣。当她穿上大衣，他走到她的前面，将一只手轻轻地搭到她的腰间。

"亲爱的，像你这样一位充满青春活力的漂亮姑娘，只有一个去处。市中心。"

他缩回手。罗茜扣好大衣纽扣。德雷瑟将他的丝质礼帽戴到头上，殷勤地伸出一条手臂。

他们在吉尔赛大酒店德雷瑟的套间里欢度了一个良宵，这是一家豪华宾馆，位于上百老汇大街。罗茜从来没有看到过如此华美的房间，从来没有摸过如此干净的被褥，也从来没有在床头的花瓶里闻到过如此馨香的新鲜玫瑰。德雷瑟是一位热情似火的男人，也是一个完美无瑕的情人。之后，他们聊了一个小时的天。第二天，罗茜告别了巴克·斯托普斯，但没见到他的人，她只是把她在出租房的东西搬出了而已，他当时还在内格尔展览馆上班。

她叫了一辆出租马车，载着她驶离了鲍厄里大街。德雷瑟给了她钱，整整十美元。他特别强调，这不是酬劳，只是一点小礼物，给予一位当下能让他怦然心动的迷人姑娘。

第七十一章　保罗

保罗在一个大雾弥漫的星期六去见沙多，距刘·克雷斯离开本市还不到二十四小时。那是1895年12月28日。

吉米·道斯在西洋镜房值班。保罗问他上校在哪儿。“楼上。”想必一如既往。

他的确在楼上，不过其姿势让人意想不到。R.西德尼·沙多三世穿着衬衫，仰躺在一个厨房洗涤池下面。他流利地咒骂着，试图修理一根管子，管子的水正好滴落到他的脸上。他的大扳手油腻腻的，他的手指关节、耳朵、下巴、衬衫领子和背带上全都沾满了点点油腻污渍。

他听到保罗进来了，两眼只能看到保罗的脚。他爬出身来，差一点将头撞上什么东西。他一把推开洗涤池下面接漏水的那只盆子，抓住一块毛巾。

“上校，对不起，打搅你工作了——”

“不用道歉，小伙子。这活本来就不是绅士干的。需要我帮什么忙吗？”

“这一晃都快年底了，我想再来问问是否有位子。”

“老天啊，你能看透人的心思吗？向你致意，真是先知啊！”他行了个额手礼，“我的一个伙计昨天突然离开这个城市了。”

“是吗？真是非同寻常，嗯，我不知道该怎么说——”

“巧合。肯定是的。但这就是人生。到办公室来吧，我们谈谈。”沙多敲了一下炉子边上一扇关着的房门，“玛丽，醒来了。弄点咖啡到这儿来。两杯。”

沙多在一个很小的房间里接待了他，房间没有窗户，仅够放下两张椅子和一张很小的卷盖式书桌。除了沙多的椅子，凡是可以摆放东西的平面上都堆满了一堆堆草图、蓝图、技术杂志，保罗只好把另一张椅子上的东西搬开才能坐下。这样的杂乱无章，要让乔叔叔看见了，准会大发雷霆呢。

沙多问了保罗一些问题。譬如，他是什么时候从德国来的，他的背景如何。保罗把话稍稍说得模棱两可。他没有直接否定他在芝加哥没有亲戚，他说的话给人的印象是他到美国之后主要是靠他自己打拼。

“你那个好朋友鲁尼怎么样了？”

“他不得不离开本市，经济上碰到困难了。”

“你原先一直跟他在一起，是吗？”

“是的，他在摄影上教了我很多。”

“有趣的家伙，鲁尼。稍稍有点怪——”他用他的食指做了一个螺丝起子钻瓶塞的动作，“懂我的意思吧，不太有条理。不过我喜欢他。”

“是啊，很好的一个人。他待我很好。”

“玛丽，进来。”沙多大声说道。保罗转过头去，看到一个笑眯眯的漂亮女子，两只手各端着一杯放在托盘上的咖啡。沙多介绍说她叫玛丽·比泽。她将咖啡递给他们，和蔼可亲地朝他打了个招呼。从保罗鼻子底下递给沙多的咖啡有很浓的威士忌味道。

“玛丽做的咖啡味道好极了。”沙多说道，“像瑞典人那样，打进两个鸡蛋。谢谢，玛丽。我想我找到了替代刘的人选。”

“哦，这倒是个意外。”玛丽朝保罗瞥了一眼，那目光特别友好，甚至有点不好意思。接着，她离开了。沙多喝了一大口咖啡。

“这么说你真的想学习活图片这一行。”

“太想学了。”

“首先，你得了解我做事的一些规矩。”他用洪亮的声音说道，接着他又简短地解释了一下用两只斗牛犬互相攻击也许能得到一只出类拔萃斗牛犬的原则。保罗发觉这个原则很怪诞。难道沙多就是指他跟另一位助手道斯吗？他觉得聪明点还是别问。但是，这话怪怪的，令他担忧。

沙多开列了他的职责。保罗说他能胜任。沙多告诉了他的薪酬数。周薪四美元，包伙食。“而且我们这儿不打卡计时。我们有活儿就干，只要有必要。”

保罗眨着眼睛，咽了口唾沫，说道："好的。"

"那么就这样，欢迎。"他们握手。保罗高兴万分。

沙多朝那只漏水的水槽投去厌恶的一瞥，带着他穿过厨房，朝楼梯走去。"你的东西呢？"

"我只有一个旅行包，放在一个朋友那儿。"

"去把它拿来。等你回来，吉米会带你去你睡觉的地方。很高兴你加入我们，达奇——他们都叫你达奇，是吧？"不允许保罗有机会回答，他便回转身走回厨房里，嘴里咕哝着："无法想象，出身名门的绅士竟然堕落成了水暖工。"

一个小时之后，保罗拿着他的旅行包回来了。吉米锁上了西洋镜房的大门——没有顾客——带着他走上楼去，来到一扇朝楼梯平台开着的门那儿。

"这是你的房间。"

保罗将他的旅行包扔到一张挤在没有墙纸的两堵板壁之间的铁床上。铁床的两边大约还各有十八英寸的空间，床的一端距墙壁只有两英尺。水渍斑斑的天花板上，挂下来一盏有纸灯罩的电灯。房间里除了床和一只竖放着充当万用柜的板条箱外，没有其他家具。他好似回到了缪勒斯特拉斯街。

吉米在胸前交叉着双臂，靠在门的边框上："玛丽煮饭，但是她不整理床铺。"

"这我都习惯了，我大多是自己整理床铺。"

"来吧，我让你看看我的房间。"

保罗关掉电灯，跟着他穿过楼台来到一个有窗户的大房间里。"这是我的房间。我来这儿工作的时候，它是克雷斯的，可是我把它从他那儿抢了过来。"

吉米说这话的时候目光严厉。他们之间互相盯视了一会儿，保罗的感觉十分强烈：他要是吞下这个苦果，接受这样的安排，那么他就会任道斯宰割。

他拿舌头在上嘴唇下面蠕动着，一把抓住他布帽的帽檐，将它拉到眉毛上边。

"你住在这儿，我住那个橱子一样的小房间？"

"是这样，是的。"

"我不这样认为。"

他走出门去，回来时拿来了他的旅行包，将它扔到吉米脚边的地板上。

“我住这个房间的一半。”

吉米看上去傻了，接着勃然大怒。保罗叉开双脚，做好防备，防他突然攻击。

“德国人，我不喜欢我刚才听到的话。你最好别给我惹麻烦。”

“要是一切都公平合理，我不会的。这是一个大房间。我要把另一张床搬进来，它可以放到那儿，我们俩都还有很大空间。”

“我要是不答应，那会怎样呢？”

“那么我们就用另一种方式解决。”他将指头弯成了拳头。吉米注意到了。

保罗等着，手心出汗，腹部紧张。他不知道吉米会退却还是会扑向他。吉米自己似乎也不确定。他在两只脚上交换着重心，上下仔细打量着保罗。保罗到6月份十八岁了，但看上去不止这个年龄。他显然十分强壮。他挺拔的身姿，他高昂的头颅，还有他咬着嘴唇的沉思。吉米想了一下，权衡了利弊。

最后他笑了，保罗认为他的笑很虚伪。

“好吧，德国人。你帮过我一次忙，我想我得还你个人情。但是，别忘了你所处的这个地方。我是一号，下等弟兄中的老大。你不挡我的道，我们可以和平相处。”

保罗脱帽致意：“谢谢。你也别挡我的道。”

沙多的西洋镜游乐中心远不如爱迪生位于斯泰特大街上的放映厅精美雅致。光线暗淡，也没有类似于美人靠这样的横挡可以供观众依靠。铺木屑的地面打扫得很不干净。还有，沙多的主题粗鄙下流得多，显而易见，全都是冲着那些寻求稍稍有点违法刺激的男性顾客来的。

有一些动物图片，如《狗拿耗子》《斗鸡》。有一部《把酒瓶递过来》，说的是一个喧闹的酒馆里，一个男人买了一瓶啤酒，一口气吞下。《把他打死》是假冒的职业拳击赛，沙多雇了一些体重超重的车夫当钟点工演拳击赛。保罗注意到沙多生性喜欢感叹。他说话的方式也同样。

《鸦片馆》有三位演员，全是从当地的一家洗衣店招来的洗衣工。《啊，巴黎》和《西班牙小姐》拍的是大踢腿的舞蹈，雇了几个码头区的小姐，演技十分拙劣。考虑到那些假正经也许会非议这样的舞蹈,所以女人们实际上全身都包裹得严严实实,她们的短裙里面都穿着不透明的紧身裤子。

所有的镜头,粗制滥造得十分明显。演出人员不够专业。但是保罗感觉,光线和构图倒是十分精巧,还有,就凭这活动图画本身的魔力也足以让他着迷,尽管有很多缺陷。

星期二夜里,新年除夕,沙多六点钟就关了店门,说今晚只有酒店和夜总会才有顾客。

他拉下前门上的遮阳窗帘,保罗则清扫掉脏的木屑,铺上一层新木屑。沙多的额头耷拉着几缕染过的头发。他的身子早已经明显地在摇晃。玛丽星期天就走了,她在印第安纳州里士满的母亲生病了,玛丽就是在那儿长大的。

"我今晚放了吉米的假。你怎么样,达奇?出去喝两杯?或许找个女人?"

"我不想,上校。"

"我自己也不怎么想。到楼上去吧,我们去喝一杯庆祝一下。"保罗笑着跟随他的雇主上楼去,他的雇主看上去似乎早已经吞下好几杯了。大街上,人们行色匆匆。有枪声传来。码头区开始庆祝新年。

在厨房里,沙多打开一只食橱的门。中间那块搁板上摆放着数量惊人的威士忌,有满瓶的,有半瓶的。他拿来一瓶酒和两只很大的平底玻璃杯。餐具柜上,竖立着那棵玛丽摆放在那儿的可怜的圣诞树。一棵矮小的松树,才十八英寸高,钉在一根木头横杆上,上面装饰着一串串爆玉米花、金属箔,还有三个小装饰物。保罗每次见到这棵可怜的圣诞树,总会想起克朗家那棵蔚为壮观的圣诞树,心中便会油然生起无限惆怅。

沙多为两个人倒了满满的两杯酒。他踢了一脚水槽下面的那根管子:"这恶魔一样的东西终于修好了。"

"是啊,我注意到了。修得很好。"

"那是,我是个多才多艺的人。知道这是什么意思吗?一个百事通,但属于上流社会。"他用手工装饰过的靴子的靴尖钩出他的椅子,然后坐下,喝掉了半杯威士忌。

保罗彬彬有礼地啜饮了一小口。沙多挥了一下手,示意他找张椅子坐下。"我是自学的,你知道。我能修理和制造任何东西。我能销售,我在路上贩卖小商品好多年呢。我能唱歌,讲笑话,我跳黑人曳步舞跳得很好,还在滑稽剧团待过一阵子。"保罗很好奇。"多才多艺的人啊!问题是,英雄无用武之地。只好蛰伏在这儿。"

他蹒跚着脚步走进他乱糟糟的办公室,回来时拿来了一张很脏的铅笔画的简图,画的是一台长方形的机器,机器里装满了齿轮、滚筒毂,有箭头的平行线条勾勒出一条错综复杂的路径。"这是方镜箱的机子。沙多的勒克索格拉夫放映机。知道我为什么要这样发疯一样做这个东西吗?"

"为什么?"

"因为我热爱演出,任何演出。杂耍演员抛掷饼子状的体操棒。黑人合唱团拍着手摇头晃脑地唱歌。我们的新战列舰,白得像你母亲的婚纱,驶进纽约港,每一面旗子都在迎风飘扬。演出啊!"

他再次喝酒:"一个杂耍厅里有一队八个金发碧眼的小个子舞女跳大踢腿舞,那是表演。大个儿姑娘,眼睛丑得要命,两条腿有这么粗,穿着红色长筒袜子,黑色的饰有流苏的边剪得很低。表演哪!"他砰砰地敲着桌子。

"或者美利坚合众国总统怎么样,直挺挺地站在那儿宣誓就职?表演哪!某个可怜的笨蛋爬上绞架的台阶把他的情人大卸八块——表演哪!孤儿院被大火烧着了——马拉消防车前来救火——表演哪!野牛比尔骑着大白马,射着蓝色的子弹从天而降,砰,轰,嘭,表演哪!地震!台风!一队队中国士兵在长城上排成整齐的队列,表演哪!向成千上万的臣民挥舞着手帕的亲爱的老维多利亚女王,在那儿向情人问好,弯下腰亲吻我的冠冕——整个世界就像一个狂剧,而我就是那个把它带回家来,演给无法目睹这个狂剧的可怜虫看的人。再来一点酒吗?"

保罗摇摇头。他感觉自己像一个玩蛇人,两眼一个劲儿地盯着他的眼镜蛇不敢挪开。催眠了。

"我是绝对认真的,达奇。电影可以占据像芝加哥会堂那么大的大厅,这个我知道。而且摄影机——我的摄影机——可以驰骋四海,拍摄自然风光,拍摄奇人怪事，拍摄宏大事件。我要拍摄自然灾害、选举活动、加冕典礼。哎呀，只要付点钱给那些宦官，我将拍摄土耳其后宫！等我一出来，会带来世界上最热门的电影！我再告诉你我要拍摄的东西吧，达奇。战争。是的，血腥的战场——英勇悲壮，尸横遍野！我要到最前线拍摄，在子弹横飞的地方，我不会躲在后方五英里娘娘腔军官们待的帐篷里。”

尽管这些话含混不清，但是这夸夸其谈还是让保罗有点想到了鲁科夫，令他感到激动。他无数次地抚摸过弗卢塞老太太在柏林送给他的木头地球仪上的那些地方。抚摸它们，想象着它们的样子，渴望见到它们，但是他一直认为这几乎绝对不可能。现在也许有门了。

沙多又倒了满满一杯威士忌：“我能做到，小伙子。我了解观众——他们喜欢什么，感冒什么。你知道那个来自特雷赫特的写歌人德雷瑟吗？你知道他写出了轰动一时的好歌，卖出了成千上万份歌谱吗？我看到过他说的话：‘我是为老百姓写歌，不是为有钱人写歌。’嗯，我也将为老百姓拍电影，不为有钱人拍电影。介绍那些战争！拍摄一些早来的美国小子拿鞭子抽打一帮外邦人，再没有什么能比这种东西更让人怦然心动、推开旋转栅门前去观赏了。”

他猛地跳起身来，吓得保罗发出一声轻微短促的惊叫。沙多从椅子上跳到厨房餐桌上，手中猛烈地挥舞着酒杯，将余下的威士忌都洒了出去。

“嗨，为山姆大叔干杯！红白蓝的旗帜啊！我们要为你赢得全世界，用现代人的最伟大发明，划时代的流行时尚！你要是不相信这样，那么亲吻我的屁股吧！”

保罗忍不住哈哈大笑起来，拍着手。沙多摇晃着身子，危险得快要从桌子上踩空掉落下来了。

“你明白的，小伙子，我看得出来。刘和另外一个笨蛋——不……唔。”他摇晃得更加厉害了，于是赶快伸出一只手，“扶我下来，否则要掉下来了。”

保罗把他扶了下来。这个人不可思议。他贪得无厌，口无遮拦，无所顾忌。可是，他有愿景。何等辉煌壮丽的愿景，保罗可以领会、可以理解、可以接受的愿景，因为它代表了他梦寐以求的一切，代表了他原先认为不可能实现的每一个傻瓜的梦想。创作电影，周游世界，融入生活。目的明确，择地有据。

那么好吧，残酷的现实是，他身处一套污秽杂乱、破败不堪房子的一个粗陋低劣、恶臭难闻的厨房里，套房的下面，在这个全美国，很可能是全宇宙，最藏污纳垢地区之一的地方，放映着淫秽下流的电影。

万岁！

沙多在保罗的帮助下瘫坐在椅子上。他的脑袋立刻就垂挂到了胸前。大街上的什么地方，一支铜管乐队吹奏着《昔日的美好》。

威士忌酒杯从沙多的手中掉落到地上，当啷啷地在满是裂缝的油地毡上滚了开去。他打起了呼噜。保罗双手举过头顶，心里暗暗高兴。

看到愿景了。

保罗的十指交叉着垫在头底下，过了午夜还睡不着。他来到芝加哥已经三年了。到12月份整整三年了。发生了那么多的事情。发生了那么多的变化。乔叔叔、伊尔莎婶婶、堂哥乔、啤酒厂爆炸、本诺的死。最重要的是朱莉，他无法也不会放弃朱莉，因为整个世界正在向他敞开怀抱。

他知道她仍然爱他。在社交场合她跟一个有钱人在一起一定是她父母强迫她的。她曾坦言，当他们用家庭责任感对她施加影响的时候，用他们从小就对她进行的内疚教育对她施加影响的时候，她的意志不够坚强。

明年春天，等他重新站稳脚跟，他会想办法重新跟她建立联系。他将再次向她表明他爱她。他将把她抢回来，让她成为他的妻子，永远。

第七十二章　罗茜

保罗·德雷瑟被罗茜迷住了。他让她搬进了吉尔赛大酒店,一再说她不用再去工作了,至少歇一段时间。他在百老汇大街的商店为她买来了新衣服,大部分是在洛德和泰勒商店买的。他自己的大多数服装都是在百老汇的高档男装专卖店买的,还有的是在布鲁克斯兄弟店买的。他在帕克和蒂尔福德食品杂货店买来了一大篮一大篮的红酒和奶酪。

她很快便对他有了更多了解。他的真名叫小约翰·保罗·德雷瑟,出生在特雷赫特一个虔诚的天主教大家庭中。"结果我变成了一个居无定所的流浪汉。我还真的有过一个兄弟,叫西——西奥的简称——他胡乱地为报纸写了很多东西。"

他们偎依在有高大的雕刻床柱的柔软大床上时,他对她坦陈了自己的身世。他们养成了习惯,在保罗称之为的"赛跑"之间喝香槟、聊天,一直到深夜。

保罗十五岁的时候,他冷酷地称其为宗教狂徒的父亲将他送到了印第安纳州南部的圣迈因拉德神学院。该学院的主要目标是将年轻人培养成神职人员。"我在课堂上所花的时间没有在当地的一个杂耍剧场里面所花的时间多。我坚持了两年。我实际上早已经在朋友中间唱歌、弹钢琴、演奏管风琴、讲笑话、演坐跌了。所以,我加入了莱蒙兄弟的滑稽说唱团。我有了自己的短节目,而且每到一个城市,我都会跟至少一个姑娘'赛跑'。我在普里姆罗斯滑稽说唱团里写了我的第一首歌,《橘子花盛开的地方》。很容易被遗忘,我向你保证。"

在他1880年二十三岁永远离开那里之前,特雷赫特一直是他的基地。但是,他依然将其列为他的居住地之一。在这个喜欢喝酒和找女人的胖子身上,有着款款深情、绵绵柔肠的特性。

罗茜从保罗这儿了解了很多有关纽约的情况，远比巴克·斯托普斯能教给她的多。保罗在百老汇的确是一位巨子，至少在百老汇涉及娱乐的这一块，从第十四大街到第四十二大街，这一点深深地吸引了她。每当冬日的天气允许，她便会将戴着手套的双手塞进他买给她的价钱昂贵的毛皮手筒里，他们会在他特别喜欢的那条大街上散步。他指给她看那些大户人家，如位于第十九大街的戈莱特大厦——“天气暖和的时候你会在那位老妇人的花园里看到孔雀。”他们在最高档的酒店用餐，譬如巴托尔迪大酒店和百老汇中央大酒店。他带她参观那些重要的剧院：基斯与普罗克特大剧院、科斯特与比亚尔音乐厅、第十四大街上著名的托尼·帕斯特大剧院——是的，他在那儿演出过，好儿次呢。

在舒适的双轮双座马车上，他带她看鲍厄里大街上迈纳的新剧院，1891年新年，他在那儿的舞台上首次登台演出。“我在招贴广告上的名字叫保罗·德雷瑟，异乎寻常的滑稽演员和歌手。我到很多剧院演出，唱歌、跳舞、在滑稽戏里演面无表情的角色。白天，我搞创作。《我对她说老套路》《请坐，老太太》，这些歌你从未听到过。我向这个城市发动进攻整整四年，终于攻破了城墙。这是一座固若金汤的城池，可是如果你坚强不屈，坚持不懈，那么你就能够取得突破性进展。”

“我该从哪儿开始呢？”

“迈纳的新剧院每个礼拜五都举办非常好的业余晚会。我们也许可以演练两三首歌，让你到那儿试试——有什么问题吗？”

“我遇见你的时候在鲍厄里大街跟一个男人住在一起。我搬出来的时候没有通知他。他要是来了怎么办？”

“这可是难得一遇的巧合，不过假如他真来了呢？我会在那儿，我会留心等着你的。”

她望着他自信的笑脸，相信他的话。

一天晚上，他们到位于第四十二大街上高档的梅特罗波尔大酒店用餐。他们吃着菜鸡，喝着香槟，聊着爱情哲学的话题。罗茜发觉自己很容易向保罗敞开心扉：

“我有过一些糟糕的时光，遇见过一些坏人。这教会了我很多事情。在他们伤害你之前先伤害他们，这就是我的座右铭。”

“现在的伙伴除外，我希望。”

“别开玩笑啦。”她说道，伸手爱抚着他的脸颊。

“这条哲理，即便不是我所听到过的最宽容的哲理，那也是一条巧妙的哲理。”他说道，“我恐怕对大多数女人采取的也是同样的方法。但对你不是，你不一样。有一位姑娘，我从来没有提起过。在埃文斯维尔的一位姑娘，她说她叫萨莉·沃克。”

“这不是她的真名吧？”

“不是，真名叫安妮·布赖斯。她觉得萨莉·沃克更加有派头一点。萨莉是一位真诚的女士。一个正派人。我阅人无数，但她是一个我无法从我的系统中删除掉的人。我把这事儿告诉你，这很好，是吧？”

“不，保罗，我们俩——我们互相了解。所以我们可以永远做朋友。”

他在桌子底下紧紧捏着她的腿。

“此时此刻我感觉非常温馨。赶快吃晚饭。”

保罗总是忙忙碌碌，因为乐谱销售方兴未艾。他对她说，百货商店和音乐商店的架子上摆满了许许多多选集，五十美分一份，销量很旺，几乎每天都销售一空。

他将她介绍给他的同道，帕特·豪利和弗雷德·哈维兰，豪利和哈维兰音乐公司的创始人。这家公司在百老汇附近西二十大街的一幢写字楼里占据了好几层。再往南两个街区便是著名的奥利弗·迪特森公司的总部。保罗说，这个地区正在飞快地变成美国乐谱行业的重要中心。“从这儿往北两三个街区，有一个地带，我的同事们开始把它叫作流行音乐区。夏天的下午，开着窗户，听着所有钢琴高亢激越的演奏——你就知道为什么了。”

豪利和哈维兰这两位先生少言寡语、谦恭有礼，看上去更像那种会计而不像音乐人。浮华的保罗是一位少言寡语的特殊伙伴。他们称他为外勤。除了为公司写歌之外，他还负责搜寻怀揣很有可能走红素材的新作曲家，到杂耍大厅甜言蜜语地哄诱那些艺术家来表演新歌，甚至还塞钱给意大利街头手摇风琴师背后的大老板们,就是为了确保那些重要的乐曲在重要的街头重复演奏。

关于这件事,以及他生活中几乎所有的事,他对罗茜都非常坦诚。是的,他曾得过梅毒。他发誓说他现在已经痊愈了。他继续寻花问柳,很可能永远不会罢休。这向罗茜表明,她作为他情人的时间不会永远持续下去,尽管友谊可能延续。而他,将是一位可以结交的强大的朋友。

说实在的,罗茜喜欢保罗·德雷瑟,这种事儿不太常见。她讨厌跟她发生关系的男人,只有少数例外。保罗极其慷慨,总会在丽都街上拿出一小笔一小笔钱,不是借给这个"老家伙"就是借给那个"老兄"。他是个爱闹而又快活的人:不仅是个极讨女人喜欢的情种,也是个广受男人欢迎的伙伴。

他写了大量的宗教圣歌、爱国歌曲、游吟歌谣——什么畅销写什么。他心情好的时候是个工作狂。有的时候,他会在宾馆的套间里通宵不睡,在那架有精美黄铜装饰的小小橡木泵风琴上谱曲。这一非凡的乐器装有铰链,可以折叠,然后利索地滑进一只像标本箱一样的箱子中。它的重量只有二十八磅,十分容易携带。

他生性多愁善感,情绪怪异孤僻。她第一次撞见他正在演奏他的一首"心曲"时,只见他俯身在泵风琴的键盘上,泪流满面,真正的眼泪啊。她悄悄地退了回去,以免打扰到他。她惊异地发现,这个男人跟其他男人不一样。

1896 年 3 月的一个星期五,他安排了她在迈纳新剧院的首次登台演出。她演唱了一首《黛西·贝尔》,接着又演唱了《告诉他们你见到我了》。保罗亲自改编了钢琴伴奏曲,使这两首歌更好地适应她有限的声域。

她蜷缩在舞台侧翼等着上场的时候,浑身发抖,害怕极了。她的节目排在八个节目中的第三个。她在报童四人小组唱和一个被证明不受欢迎的黑人喜剧演员之后。那喜剧演员没有任何包袱的笑话得不到观众的呼应——只有楼座上突然发出一声狂叫:"钩子,给他钩子①。"有好几十个人齐声呼喊起来,还跺着脚。

这钩子很像一根长长的牧羊杖。保罗告诫性地对她说起过,说迈纳新剧院有个脾气火暴的舞台监督几年之前发明了这玩意儿。就在此地,她见到了它的

①英文原文为 give him the hook,意为"解雇他,哄他下台"。

应用。舞台监督跑上舞台，手中拿着这钩子，事实上是钩着这位倒霉的喜剧演员的脖子，将他拖下了舞台。

罗茜看到乐池里的钢琴师对她好几个不清楚的音符皱起了眉头，她浑身颤抖着唱完了两首歌。可是，她博得了经久不衰的热情掌声，脚灯的上方还传来好些个下流的挑逗声。第三排座位上，范尼·霍金斯披着饰有羽毛的粉红色细长围巾，发疯一样地鼓着掌，牙缝里还发出口哨声。这样的褒扬反应是看罗茜长得漂亮，并不是她的歌喉好。她没有获得任何奖项，甚至连微不足道的第三名的一美元奖励也没拿到。

保罗在吉尔赛大酒店安慰她。黑暗中，他们温暖地安卧在两床羽绒被下。窗户厚厚的窗帘拉上了，将丽都街的光亮挡在了外头，凌晨两点半了，灯光依旧璀璨。

“今夜的事儿，”保罗说道，“别太沮丧。记着我所说的坚持不懈的话。”

“我记着。我会的。”

“这才是好姑娘。准备好‘赛跑’了吗？”

她笑了起来：“当然。”

“先再喝点香槟？”

“我最好不喝了。我喜欢香槟，但是喝了昏昏欲睡。”

“还会让你变得像喜鹊一样叽叽喳喳。”他咯咯笑着说道。

她也咯咯笑着：“我知道，可是跟你在一道没啥关系。”

“姑娘，你老是用错语法，就永远去不了这个城市里你想去的地方。”

“别生气，保罗。我一直努力想要把话说得得体点。有一个我非常喜欢的男孩子，他也对我说过同样的话。”

“聪明的男孩子。”

“他有钱。可是他娶我的机会是零。我喜欢他。”她鼓起勇气，“我也喜欢你，保罗，我真的喜欢你。我们俩肯定有挺像的地方，是不？”

“不。我不说‘是不’。”这是个善意的玩笑。他轻轻拍着她的脸颊：“你想要再喝一杯吗？”

“不喝。”

“我要对你绝对老老实实，眼下我正跟另一个姑娘约会呢。”

她心里生痛，但没有表露出来：“我猜到了。你近来夜里没啥——来得不多了。”

“我很高兴你能理解。你知道我不是有妇之夫。”

“哦，这我知道，是的。”

“我们得给你另找个地方。钱的问题上我会帮你，直到你自己能够立足。在迈纳新剧院的首秀不是太成功，不过我仍然认为我们可以给你找个唱歌的活儿。我会奉送一两堂课，把你介绍给一些人。不过在此之前——注意，这很重要——你需要有一些改进。首先，要开始把自己称作罗丝。罗丝·弗伦奇。罗茜听起来太平庸。”

“罗丝？罗丝。当然。从此刻开始——绝对。哦，保罗——”她紧贴着他，“你是个好人。祝你要什么样的女人就有什么样的女人。”

“说得好像我要不到似的。”

“我们是朋友，是不？”

“是‘是吧？’”

“是吧？”

“永远。”

第七十三章　保罗

保罗在一个重要的历史时刻,一个创新大爆炸的时代走进了活图片的世界,走进了电影的世界。西洋镜机器,无论是安装了胶卷环的还是活动挂图筒的,其新奇性正在逐步丧失。爱迪生活动物体连续照片放映公司曾经引进过有声放映活动物体连续照片,试图扭转销售颓势。那是一个柜子,柜子里有一些可以听声音的长长软管,里面还放了一架爱迪生发明的留声机。那些图片大体上跟牛头不对马嘴的音乐同步。但是,有声放映活动物体连续照片也失败了。

在纽约、费城、巴黎、伦敦,发明家和推销商正在紧锣密鼓地完善电影的放映系统。几乎每周都有一种机器宣告发明成功——凯恩奥普蒂康电影放映机,以及帕诺奥普蒂康电影放映机、法恩托斯科普电影放映机、艾奥多罗斯科普电影放映机、阿尼马托格拉夫电影放映机、拜奥格拉夫电影放映机。这些名字,这些不同特点,把保罗绕昏了,但是沙多上校似乎对它们成竹在胸。起初,保罗猜不透他是如何弄明白的。接着他注意到了每天两次送上门来的邮件的大小和内容。来到沙多这个破旧简陋机构的都是用绳子捆扎好的海外的报纸、来自东海岸和国外记者的函件、印刷粗糙的技术杂志、来自纽约州罗切斯特港市的赛璐珞胶卷,一同寄来的还有伊斯曼先生亲自写的说明要点。

上校分享每一点新的进展,通常是在吃晚饭的时候。玛丽茫然不解但礼貌地听着。吉米·道斯是不得不听,而保罗则听得聚精会神,并竭力弄明白沙多以极快速度和盘托出的技术含量很高的内容。

这个领域的大多数新进展都令上校激动,但并非全部。12 月份在巴黎,姓吕米埃的两兄弟①向他们邀请来的一百名观众透露了他们的电影放映系统。“哦，那些法国佬。”沙多看了一个月前的伦敦报纸后唉声叹气。玛丽在炉子那儿表示同情地发出咯咯声。保罗在吃饭，吉米在楼下值班。保罗一吃完，就去接他的班。

“西德，别让自己这么激动。”玛丽劝他道，“这会让你神经紧张的。”

“我这怎么受得了呢？这两个家伙放了三十分钟的电影。十二个主题啊！《工人们离开吕米埃工厂》《三个蒙苏尔打牌》《在地中海游泳》——天哪，他们赶在我们前面啦。”

上校的脸色很难看，保罗心想。他不仅仅是因为冬天被关在家里而脸色苍白，还因为忧心忡忡而憔悴。他成天待在地下室的工作间里。他打满补丁的蓝色工作服上沾满了油漆、链轮机油、胶水和一些不知道是什么东西的东西。

“还有最糟糕的。”他说道，“他们在一个名叫‘大夜总会’的地下室里放了那些电影。第一群人是免费的。此后他们卖票——一法郎看完整部电影。第一天，他们收入三十三法郎。第二天，他们的收入就超过两千啦。从此以后就一直有这么多。天哪。”他喊叫着，将报纸团拢，从头顶上方扔了开去。

“西德，亲爱的，别这样。”

“他们抢了我的生意啊！而且不光光是他们啊。”他用双手捧住自己的头，痛苦地骂出一连串脏话。

玛丽拿盘子盛好烧得还不错的小排，她说这是为了款待保罗烧的。保罗对她千恩万谢。她朝他微笑着。沙多吃饭的速度创纪录地快，甚至比保罗还快，其间还吞下了两小杯威士忌。他将餐巾扔到地上，急匆匆地离开餐桌到地下室去了。

保罗下楼来到放映室。他对吉米说了上校的状态。吉米去吃晚饭的路上卷了一根香烟。“我猜不透他为什么发这么大的火。跟他的滑稽说唱表演或者跟他卖的专利药品一样，它就是又一个行业而已。”

---

①即奥古斯特·吕米埃（1862—1954）和路易斯·让·吕米埃（1864—1948）两兄弟，两人均为法国发明家，一同发明了早期电影摄影机和放映机，两人摄制的电影《工人们离开吕米埃工厂》（1895）被认为是世界上第一部电影。

“不，这对他来说，重要得多。对世界来说，也重要得多。它有可能是最伟大的——”

他戛然而止。吉米已经走上楼梯，他根本不感兴趣。

保罗在城里四处游荡，分发小广告，或者将它们非法地贴到墙上和电线杆子上。穿戴稍微好点的人们通常不会接受这种小广告，即便他们接受了，一看是广告，也就随手扔掉了。你能怪他们吗？要人们到一个破破烂烂的住宅小区里去观看这种活图片，那怎么可能吸引大批观众呢？如果那些传教士谴责它们是淫秽下流的东西，那么活图片行业怎么可能兴旺发达呢？就《红袖劲舞》而言，的确是这样。保罗看过这部活图片好几次。他认为，这部片子尽管内容色情，但摄影的技术优点明显，两者不可混为一谈。沙多的活图片打一开始就不是艺术性的，而是为了挑逗人。它成功了。

保罗不上街散发小广告的时候，便会坐在登记处，关注那些穷苦工人、季节工人，他们就是放映室的生意主顾。生意清淡的时候，他便会翻阅沙多丢掉的技术杂志，研究照相制版图解，想方设法弄懂那些专业用语。

有的时候，他想得更多的是活图片的艺术层面，而非技术层面。在天气比较暖和的几天里，他会带上午餐的香肠和啤酒，来到大楼的顶上，坐在寒冷冬日的阳光下，研究光亮，思考着为什么有些照片不能在这儿拍摄。这儿有很大的空间可以用作像韦克斯所用的那种临时自然景色。也许等有好机会时他可以把这个想法向上校建议一下。

他也回忆韦克斯，希望他在西弗吉尼亚州一切顺利。

他想到了南希。到沙多这儿第一个月的月底，他给在里尔斯维尔的她写了一封信，并在里面放了一美元钱。从此以后，他每两周寄去一美元钱。

一天晚上，轮到吉米在放映室值班，沙多在吃晚饭的时候似乎不像以往那样激动，保罗便问他是否可以去看看他的工作室。上校的反应像小孩子被问到能否打开他的玩具盒一样。“当然可以，小伙子，来吧。”

沿着窄窄的台阶逐级而下，保罗不得不像上校一样弯着腰，防止头撞到横梁上。工作室里弥漫着油擦布、木屑的气息和霉味儿。墙壁曾经被刷白过，但是已经有大块大块剥落，留下一片片粗糙的灰色。肮脏、潮湿、堆得乱七八糟的图纸和材料都烦扰不到保罗。相反，他感到庆幸，仿佛自己置身在一位伟大魔法师的洞穴里。

在一个角落，有一个显然是手工自制的三脚架，三脚架上安装着一个长方形的木头箱子，木头箱子上有一个手摇曲柄，狭窄的正面有一个孔，孔是准备置镜头用的。“就是这个东西，达奇。勒克索格拉夫摄影机，意思就是用光写东西。”

他从工作台上拿起一只较小的盒子。“这是胶卷暗盒，不透光的，可以装五十英尺的伊斯曼赛璐珞胶片。你得在没有光亮的地方安装，但是可以安装到摄影机里任何地方。”他打开摄影机有铰链的一边，给保罗看那只较小的盒子是如何安装到镜头后面的。他关上摄影机，转动边上的曲柄。

“每转动一圈，可以拍八框图片，每秒钟转两圈。换句话说，每秒钟拍十六幅图片，跟吕米埃电影摄影机一个样。爱迪生先生正在努力争取四十八幅。现在告诉我，你真明白这个东西的原理了吗？”

“我认为是的。”保罗吸了一口气。他说话必须谨慎不能犯错误。“摄影机里的胶带移向镜头，再离开镜头，一次拍一幅照片。镜头里，一框图片就像一幅快照一样曝光，然后胶片定格。当胶片转动进行第二次曝光之前，光线必须被挡在外头。这就是快门机械的作用——不——”他冥思苦想了好一会儿，“装置。快门装置。胶片放映的时候也同此理。一次闪亮就是拍一幅静照。但是由于一幅一幅的图片转动很快，视觉受骗，所以人所看到的便是连续动作。”

“达奇，一点不错。我在一本书上看到过，这是光学原理，叫作视觉暂留。你要是开亮一盏灯，接着把它关掉，眼睛看见光亮要延后十分之一或者二十分之一秒。电影原理如出一辙。你的视觉里保留着一幅图像直到第二幅图像出现在眼前，所有图像好像是连续的一样。道斯不仅什么也不懂，而且不屑一顾。”

“嗯，先生，你知道我的心思。这事儿我非常热衷。”

沙多污渍斑斑的苍白脸上绽开笑容。保罗通过了考试。

“你知道，小伙子，那位伟大的爱迪生先生拿活图片玩弄了八到十年。我的意思是爱迪生的助手,劳里·迪克森。所有的活都是迪克森在五号房干的。五号房,那是电影室。门洛帕克市的奇才,他在门洛帕克市已经不干多少活了,他每一项重大的工程都有一个上了锁的房间。我知道这个,是因为玛丽有一个特别亲的兄弟本杰明——本吉——作为巡回木匠游走在全国各地好多年。那奇才要建造一个新的大实验室的时候,他正好在泽西州。本吉也揽得了一些改建活儿。那是他的豪宅。”

“你就是这样第一次听说电影的吗?”

“是啊,在本吉那儿听说的。至少每年一次,有的时候两次,玛丽的老娘会生病。她现在已经八十二岁了,听起来像个金币,但她生起病来像钟表,离死不远了。她就是这样胁迫玛丽的老爸跟她沆瀣一气。然后所有孩子——十二个孩子,包括玛丽——他们全都赶回家去一周,大伙儿排排坐,吃果果,拿着手帕号啕大哭,然后玛丽她妈冷不丁地下了床,死而复活,大病痊愈,直到下一次再病一场。1890年,这位老娘看上去真的好像准备把筹码换成现钱,不打算玩游戏了。我当时正在路上做买卖。你不会相信我所卖的东西。美杜莎牌生发膏。五美元这么小一罐,绝对没有一点用处。无论如何,我对玛丽说,这次听上去严重了,我陪你一起回里士满吧。你怎么都不会相信,玛丽的老娘故伎重演。不过,我在里士满逗留的时候,听本吉说到了五号房的事情。爱迪生并不看好活图片,他只是玩玩而已,因为他玩得起这东西。他玩得起任何东西,不管是要钱的还是不要钱的。他在西奥林奇有一块地产,那儿有一个摄影棚。屋顶是很大的活动遮板,可以打开,让更多的亮光照进来。整幢建筑可以旋转,像一座平转桥,这样就可以整天跟着太阳转。那全都是白铁匠干的啊!”

“西洋镜机器是他自己制造的,是吧?”

“他的一个子公司制造的。现在他在研究摄影机。我听说,他的摄影机不太实用。它是由一个电池供电的电动马达转动的。太复杂,成本太高——大多数,太重。把勒克索格拉夫摄影机拿起来试试。”

保罗小心翼翼地折拢三脚架,将它拎起来,搁到自己的肩头。

“轻的。”

“你是真心喜欢啊。四十八磅在我看来不轻的。不过它也没有一头大象重。

四十八磅重，勒克索格拉夫摄影机可以去任何地方拍摄值得拍摄的电影。你要给它的一切就是锐利的目光和摇曲柄时手不要抖。这堆乱脏堆里面我有三十英尺废弃的胶带，想要看看如何装胶带吗？”

“好啊！”

沙多哈哈大笑起来：“其实本来就不用问。”

跟摄影机配套的是勒克索格拉夫放映机，也没有完工。它也用曲柄操作，像一口竖起来的小孩子棺材。里面排布着一些复杂的橡皮摩擦滚筒、齿轮和将打了孔的胶带转过一扇金属小门的链齿，这些装置会让每一幅图片在放映的镜头后面停留很短的一瞬间，然后将另一幅图片拉到既定位置。沙多感到最骄傲的是他在弧光灯和胶带门之间的空间里设计了一个玻璃室。“胶带极其易燃，而这个室内的水可以降低弧光灯的温度。图片也许会有一点变形，但是不至于变到观众要退票的地步。我希望如此。”

他关掉工作室的电灯，在他们走上台阶的时候在自己的衬衫下摆上擦着双手。“你想喝杯啤酒吗？”

“当然啦，非常感谢你。”事实正在证明，这是一个重要的夜晚。

在厨房里，沙多从冰箱里拿来一瓶棕色的克朗啤酒，又去食橱里拿来一瓶肯塔基波旁威士忌。玛丽昏昏欲睡地在卧室里喊叫道：

“马上进来吧，亲爱的。晚安。”

沙多将酒倒到杯子边沿为止。保罗将那个皇冠从酒瓶子上撬了下来。“祝你成功，达奇。”沙多一口气喝下令人惊恐的一大口，“楼下的那架摄影机是我的一切，我需要以此来开始提供影片。可是我得制造放映机让每个放映点都能够放映它们。”

“它们是什么样的放映点呢？”

“杂耍剧场。不过我在想，我可以有我自己的地方，也许可以利用被遗弃的商店。这样试一下花不了多少钱。就几张长凳或者几张椅子，加上一堵完整的白墙。只要有一家赚钱了，我就可以扩张。我可以在每个大大小小的城市的商店里放映。操作放映机的放映员只能培训，不过我走到哪里都会遇到这个问题的。”

这个人的眼光令人惊叹。他也许不像爱迪生那样是个天才，但是他具有丰富的想象力，能够抓住现实的东西，尤其是赚钱。保罗说道：“这是一个雄心勃勃的计划。”

“是的，但离步入正轨还远着呢。先从杂耍厅开始。即便这样也有风险。迄今为止我已经投下了三百二十九美元啦，制造一架放映机。这种电影要跟另外十个节目放在一起演出，如何能赚回足够的钱，我没有把握。而且，就算放映机完工了，我也没有一部好片子来展示它。让它工作的整体方法我知道，但是我还没有想出每一个具体问题的答案。这事儿让我好几夜睡不着觉。那些本该去思念玛丽的好时光啊。”

“你是说你没有拍影片？”

“拍了几段短片——几秒钟。放到杂耍表演那儿去时间不够。他们要的是十分钟，也许十五分钟的片子。”

“我能帮你拍摄更多的片子吗？我仔细研究了这幢大楼的楼顶。上面非常大，等春天来了，就会有更多的阳光。我们可以拍一个短的故事片。我在报纸上看到过，他们在巴黎放映过一部故事片。”

“是的，我也看到过。不过我看哪，人们不喜欢看故事片。”

“但是你如果拍了一两部，就有东西可以放映了呀。”

沙多将一只脚搁到桌子上，长长地望了保罗一眼。“你说得对。你如果有什么想法，把它们记下来。我很高兴把你招来了，小伙子。你有很多先民遗风。那是美国人的内驱力——奋斗。吉米，他不一样。他是个莽汉，不过他没有野心。我的意思是，这种人帮你在自己热乎乎的床上而不是到牢房里去举行临终圣礼倒是有用的。吉米想要钞票，可是不愿意为钞票干活。做什么事情都不动脑子，或者说动脑子也超不过五分钟。不要误会我的意思。我已经有好多次打法律的擦边球了。不过，长此以往，总有一天他们会专门给你做根绞索的。”

保罗顿了一下之后说道：“上校，我不明白——你喜欢上台表演吗？”

“一度，然后就厌烦了。每天晚上，就是扮演黑人。千篇一律的笑话和黑人歌曲——”他跳起身来，跳了一段快节奏的曳步舞，摆了一个姿势。他再次坐下去时,差一点从椅子上摔下地。这并没有阻止他倒更多的威士忌。

“滑稽说唱团的表演教会了我很多。不过做小买卖赚的钱要多得多。我跟你说过,我卖一些倒灶东西。布朗农家祖传壮阳药——‘让老婆满意的补药’。也就是粮食酒精,加上色素,加上辣椒粉。有一个傻瓜喝下两品脱之后一命呜呼了。城里那些上了年纪的人拉来了燃烧的焦油桶要惩罚我,好在我跳上那趟半夜的火车逃走了。然后就有了我的文化事业。幽默小书房,二十二卷漂亮的微型画册,有一些是世界上最富刺激性——得,这你知道的。”

“从滑稽说唱表演和小买卖到电影,这路子可很长啊。是不是玛丽的兄弟激起了你的兴趣?”

“对。我一直在寻找大家伙、大机会,整个一辈子。似乎山穷水尽了,挺灰心丧气。然后我又碰到了一个倒霉事。”

“什么?”

“玛丽的妈又准备死了。”

就是去年(沙多继续说道)。老太太半年一次的病又发作了。看上去很严重,就像1890年的那次。比泽家所有的兄弟姐妹纷纷发疯一样地拍电报——“是这样,这次她真的准备走了。”不过,玛丽真的伤心死了。我得陪着她、安慰她。

我前面说过,我当时情绪很低落。这家放映室我是1893年6月份开张的,不对,场地不是我安排的,机器也不是我制造的,是一个叫埃普尔沃思的人弄的。我认为他是偷了别人的机器设计——所有电影业的人都互相偷——可是我连问问的机会从来都没有过。埃普尔沃思开业六个星期之后在斯泰特大街被人开枪打死了,遇到拦路抢劫被误伤的。我小买卖做腻了,看到了一个广告,我凑集了每一分钱,从埃普尔沃思的遗孀那儿立约把这家娱乐中心给盘了下来。

我们没完没了地讨价还价。一开始她不愿意在价格上让步。就像我刚遇见玛丽时一样,贝茜·埃普尔沃思比那个老家伙要年轻得多。我想到了一个办法,也许可以引诱她把价格降下来。我跟玛丽商量了这件事情。她不太喜欢这样,但是她说行吧,因为这是买卖。贝茜·埃普尔沃思签了买卖合同,那是我们在多伦多和尼亚加拉瀑布乐而忘返地度过一周的最后一个夜晚。她购的车票，她订的房间，她买的红酒——什么都是她出的钱，除了结婚证书。我想她是希望我来付这个钱的。我才不会付呢！那趟旅行严格限定在买卖上，不管是谁来付结婚证书的钱，我都不会真正娶她。

我对放映室有大计划、大梦想。我蠢啊，这个住宅区的条件太恶劣，芝加哥有另外两个放映室，在较好的地方。从一开始，我就只是赚了点买食品杂货、买煤、支付电费的钱，买完放映室后口袋里剩下的也就几美分了。所以，我就想走，重新考虑未来发展。这是我跟玛丽回里士满的又一个原因。

这绝对不是到天堂度假。印第安纳州的里士满什么也不是，就是一个捆扎干草和踢着泥土过日子的乡巴佬的云集之地。过了一天一夜之后，我就跟第一次一样厌倦透顶了。我找了个理由离开了这样的提前守灵，闲逛到市中心，来到一个酒吧，在那儿跟仅有的一个看上去不像乡巴佬的顾客聊了起来。这人穿着体面，风度翩翩。他介绍自己说他叫查·弗朗西斯·詹金斯①，不过我应该叫他查利。他是到城里来参加他姐姐的婚礼的。

查利是地地道道的华盛顿财政部的职员。他业余时间也瞎弄一些发明，写那些儒勒·凡尔纳②类型的文章，什么无线传输声音和图像之类，别问我是怎么回事儿。我告诉他我也干白铁匠的活儿，制造一些东西，而且很擅长，于是我们一拍即合。

我告诉他我拥有一家西洋镜放映室。他说，没有什么前途。他说，面对大量观众在大银幕上放映大电影才有前途。

你怎么这么肯定？我问他。

哎呀，他说道，现在还无法提供任何确凿的证据。但是他跟一个名叫汤姆·阿马特的人合伙拿他们所有的一切冒险一搏，阿马特是华盛顿的一个房地产经纪人。他们在电影上孤注一掷。

---

①查·弗朗西斯·詹金斯（1867—1934），即查尔斯·弗朗西斯·詹金斯，美国早期电影的先驱，电视的发明家之一，他在华盛顿特区的工作是速记员。

②儒勒·凡尔纳（1828—1905），法国作家，科幻小说之父，代表作有《海底两万里》《气球上的五星期》《八十天环游地球》等。

他解释了这事儿的来龙去脉。几年之前，有个姓塔布的先生信步走进了阿马特在 F 大街的办公室。他跟阿马特有过一面之交，知道他一直在寻找机会。塔布在爱迪生活动物体连续照片放映公司的地位很高，事实上他有一项权利，可以带几台机器到亚特兰大的棉花州博览会去，到南方去闹点大响动。

阿马特在只有一个人看的图片机上看不到未来或者利润。所以他非常喜欢这个基本的想法。他到这儿的哥伦布博览会来过，有好几个小时泡在了安舒茨电动快速镜上。我也一样。（保罗说他也看了。）阿马特发现，在更大的银幕上放映更大的图片有前途。他坚信，大众将为此而疯狂。

阿马特回到华盛顿后，花钱去参加了几个培训班，他认为这些班对帮助他理解电影有好处。他就是在那儿遇见查利・詹金斯的，在布利斯电气学校。他们很快就成了好朋友。英雄所见略同，他们都对投射图片这个想法感兴趣。所以他们就合伙制造他们的机器。

接下来的几天里，詹金斯和我在酒吧里泡了好几个小时。我感觉受益匪浅。阿马特和詹金斯早就制造出一台放映机了。机器很大，噪声很大，而且拉胶带太猛，所以图像也就抖动得很厉害。詹金斯说，看上半分钟就头痛。而且，胶带坏得快，老是断掉。

詹金斯说他的合伙人解决了这个问题。他想出了一个环路系统的办法来缓解这种紧张状况。放松拉下来的胶带，让链齿一次只拉几英寸，其余的胶卷不要拉得太紧。这个想法像闪电一样照亮了一切。真是个天才！

阿马特和詹金斯把他们的机器带到了棉花州博览会，但结果是这种投射的图片还不及塔布的活动物体连续照片放映室受欢迎，事实上，詹金斯和阿马特他们第一次放映熄灯的时候遇上了骚乱。人们大喊大叫，四处乱跑，他们以为这是个伎俩，是要把他们诱入黑暗中，好让扒手或者强奸犯作祟。我对南方人的智商从来就不敢恭维。

他们的信心受到相当大的打击，但是他们没有放弃。他们明白，对沉迷于活图片的观众，得加强宣传，得让他们拿定主意，明白电影是未来时代的新宠。

他将在亚特兰大展演的一台放映机通过铁路快运带回了里士满，还带上了几部短片，给他的家人和婚礼嘉宾乐呵乐呵。又一群精明的思想家，那帮人，他们不喜欢他放映给他们看的东西。可是我喜欢。我永远也忘不了。他邀请我到他宾馆房间里。他拉上遮光窗帘,把一大堆图纸推落到床下——他正在精细地改进放映机——放了一部小电影,叫《舞女安娜贝拉》。有点像《红袖劲舞》,但不色情。电影画面投在遮光窗帘和一边的墙壁上,实际上就跟真人实物一般大小。就是那个时候,我终于明白,詹金斯是对的,阿马特是对的,爱迪生太愚蠢、太自负了,完全被他的名声给毁了。就在那儿,在那个蹩脚的小小里士满的宾馆房间里,我展开了丰富的想象。我看到了辉煌壮丽的新世纪。我握着查·弗朗西斯·詹金斯的手,称他为伟人,他的确是伟人,感谢他揭开了未来的面纱。

接下来的事情比较简单。詹金斯家的婚礼按计划进行,接着还有一个长长的酒会,我再次找了个借口离开那没完没了的为玛丽老妈的提前守灵,回到宾馆。我实际上是倾尽所有,塞了五美元给那个黑人老侍者,让他偷前台的钥匙去复制了一把,然后替我在大堂里站岗放哨。

我花了将近四个小时的时间描摹查利的图纸。当那黑人敲了敲房门说詹金斯先生回来了,在酒吧里喝酒的时候,我就把一切都复归原位,悄悄溜下后楼梯,消失在了黑夜中。

就这样,小伙子,R.西德尼·沙多进入了电影行业并坚持到现在。

沙多微笑着靠回到椅子背上。"我这样开始就比较快,几乎可以跟那些比我早起步的笨蛋平起平坐。我最大的担心之一是专利侵犯。我对放映机做了一些改进,但都是小打小闹,譬如那个有水的玻璃室。我祈祷詹金斯和阿马特在我没有足够的钱请些好律师之前不会找上我。"

卧室里,传来玛丽·比泽含混不清的哀求声。沙多站起身来。"我想玛丽需要我去稍稍关注一下了。再见。"

他开房门的时候撞到了墙上。他稳了一下自己的脚跟,回过头望着保罗。

"我认为你具有做电影人的素质,达奇。我认为你是这块料。但别让它冲昏自己的头脑。"

3月，一个阳光灿烂、春风习习的早晨，东面半个街区轰轰隆隆的高架铁路不断飘来煤炱和烟灰，勒克索格拉夫电影公司创作出了它异乎寻常的一分钟华丽电影《她的窃贼》。保罗编写了一个短小的电影脚本，用铅笔写在三张小小的卡片上，沙多改写了一下，重新写了一个。

阳光照耀的屋顶上，玛丽坐在一张凳子上，她的身后是钉在一个框子上的一块正方形帆布。吉米在帆布上画了一些砖头。他一直在骂娘与抱怨，活儿干得很马虎，那些砂浆线画得如波浪一般。

沙多上校竖起他外套的领子，戴着一顶前面的帽檐别起来的旧阔边帽，蹲在那架勒克索格拉夫摄影机的后面。他用大块的木头加固了三脚架，这样在拍摄那堵假的墙壁前面演出的镜头时摄影机就能保持稳定。玛丽捧着一本打开的书，一种对她来说全然陌生的经历。

"我们开始吧，玛丽，读书。"沙多喊叫道，一面开始摇曲柄。

"该死的，西德，我尽力在读呢，我的眼睛里有煤灰进去啦。"

"别弄了，我正在看你的唇型呢。窃贼！"

吉米悄悄地溜进镜头。玛丽拿一块海军蓝的印花大手帕，在上面剪了几个洞，做成了他的假面具。吉米扮演该角色看上去十分自然。

他蹲伏在玛丽身后，举起双手威胁她。玛丽听到了声音，跳起身来，害怕极了，把书也扔了。那书碰巧打中了吉米的头，弹落到地上。"小心！痛的。"

"继续！继续！"沙多摇着曲柄大叫道，"窃贼，抓住她。"吉米抓住玛丽的两个手腕，所用的力气比所需的大了一点。

"警察！"保罗系着玛丽很宽的腰带，佩戴着一个从廉价小商品杂货店买来的玩具五角星冲进镜头。沙多给了他一支退出子弹的生了锈的军用科尔特左轮手枪，他威胁性地挥舞着手枪，抓住坏蛋的领子。吉米举起双手，但是他的怒容表明，他不喜欢这个角色。

玛丽眨着眼睛，张开双臂抱住保罗的脖子，吻着他的脸颊。保罗装出一副英雄的样子，然后抓着窃贼的领子，将他带走了。

"好了，停，胶带用完了。干得好，大伙儿。"

保罗跑下楼到放映室去开门营业。沙多亲自冲洗胶带。当晚，在霉味很重的二楼起居室里，玛丽挂起一块床单，保罗和吉米则费尽九牛二虎之力把勒克索格拉夫放映机从地下室搬了上来。随着弧光灯的闪亮，沙多摇动了曲柄，床单上出现了图像，只是因为那个有水的玻璃室，图像稍稍有点变形，《她的窃贼》神奇地跃然面世。

保罗拍着双手，在凳子上往后仰去，大笑得浑身乱颤。“太棒啦。”

“是啊，可不是吗？”玛丽说道，在黑暗中伸出手去抓他的手。也不知怎么的，她的手落在了他的大腿上。保罗当这是个意外，可是接着那手就落在那儿不动了，这个结果有点尴尬。

“我不喜欢被拖到牢房去。”吉米在吸香烟的间歇里说道，“下次我要演好人。”

沙多关掉机器，玛丽又捏了一把之后缩回了手。起居室的灯亮了。“看起来挺好。”上校说道，“但这只是一个无聊的故事。人们在电影里想要看的就是这玩意儿吗，还是他们想要看现实的东西？这只虫子一直噬咬着我呢，各位男生女生。”

玛丽说道：“我喜欢故事。”

“不是像这样的故事。”吉米说道，“我要看现实的东西。”

“为什么不两全其美呢？”保罗问道，“电影可以做任何事情。这是你自己说的，上校。”

“我会考虑这事儿。”沙多说道。

3月下旬，上校坐了一整夜火车赶赴纽约。又一个竞争对手美国维塔格拉夫电影制片厂正在托尼·帕斯特的新十四大街剧院放映它的第一部影片。

“斯图尔特·布莱克顿和阿尔·史密斯放映了二十分钟的电影。”沙多疲惫地回到芝加哥之后闷闷不乐地报告说，“长岛海岸边的波浪。百老汇大街上的缆车、消防车。在最后的十五英尺胶带里，一列名叫黑钻石快车的利哈伊峡谷铁路火车从一个隧道里猛然驶出。有一大半观众吓得尖叫着从椅子上蹦了起来。这就是他们想要的效果。真正的刺激。电影绝对不能靠讲故事赚钱。”

3 月份的最后一个夜晚,星期二,保罗第一个吃晚饭。他跟往常一样吃得很快。当他拿最后一块面包揩干鸡肉汁的时候,玛丽乐了。“等你揩干净,这盘子差不多就不用洗了。”

他走下楼去替换吉米,吉米吹着口哨,跳着舞步往外走去。“你心情很好嘛。”保罗说道。

“玛丽明天要给我烤一块蛋糕。她是个特别惹人喜爱的人儿。”

保罗的脊椎感到刺痛。“明天是你的生日吗?”

“是啊,4 月 1 日。嗨,怎么回事?你看上去好像被怪胎秀里有胡子的女人亲吻了一下似的。”保罗拿紧张的手捋了一下他不听话的头发。“得了,德国人,说吧。”

“我在想德国一个古老的迷信。没有什么大不了。”

吉米沉下脸,回到登记处。“什么迷信?”没有回答。“什么迷信?”吉米抓住保罗的衬衫。

“放手,我告诉你。”

吉米的脸涨得通红,胸部急剧地起伏着。但是他松开了手。“说。”

“那只是一个古老的迷信,大多是在信教的人中间传播。他们说 4 月 1 日是犹大①的生日。他们说这是个倒霉的日子。”

“哈。玩笑而已。”

“吉米,真的对不起,我说漏嘴了。我本不想这样的。”

“最好永远不再让我听到这个话。我会让你瞧瞧谁走运、谁倒霉,你就等着瞧。”

他大步走出门去。楼梯顶头的门关上了,声音很响。保罗一声不吭地思忖着他粗心大意所犯的错误。发这么大的火……

几年之后,当他们两人之间发生某些事情的时候,保罗记起了 1896 年 3 月 31 日那个夜晚。他肯定,就是那个时候,吉米的心里种下了对他的仇恨。他肯定,吉米的生日总归是包藏着灾难的。

---

①犹大,通常指耶稣十二使徒中出卖耶稣的加略人犹大。

纽约,爱迪生维塔放映机系统 4 月 20 日晚在赫勒尔德广场的科斯特与比亚尔音乐厅首次亮相。沙多是在报纸上看到这个消息的,心情郁闷到了极点。

“《海浪》《伞舞》《德国皇帝检阅军队》《拳击赛》。他们用了两台放映机——换胶带时不用等。不仅限于此。有四部影片是彩色的！引起轰动。你知道那是怎么弄的吗？每一幅图片的色彩都是手工涂上去的——”

他团拢报纸,将它扔到水槽下面。“爱迪生,这个骗子,就弄了几加仑的墨水,那甚至都不是他的机器。他收买了那个发明家。”

“那人是谁,亲爱的?”玛丽问道。

“汤姆·阿马特。这人原先是个房地产商,现在可成了电影巨头了。”

阿马特这个姓让保罗一阵惊悚。托马斯·阿马特曾经是查·弗朗西斯·詹金斯的合伙人,就是上校盗了他图纸的那个人。要是阿马特跟爱迪生有利益关系,那么沙多等于是盗了爱迪生的东西,而爱迪生保护专利可是名声在外的,就像母老虎保护幼崽一样。爱迪生的所有法律公司时刻待命。

“西德,”玛丽仔细想了一下说道,“只有一个答案。你也得把你的电影放到杂耍节目单上。”

“我的钩子上有一条鱼。最后一张牌。他星期四过来,我们要放《她的窃贼》给他看。”

伊什梅尔·伊兹·弗劳姆先生是南斯泰特大街弗劳姆音乐厅的老板兼经理,他来到了码头区。弗劳姆先生长得人高马大,一部扇形的白胡子,有点像圣诞老人。他身上带着一本袖珍笔记本,上面记满了数字和美元符号。

弗劳姆一屁股坐倒在起居室里最好的一张椅子上,就在悬挂着的床单前面。玛丽战战兢兢地将一份淋了芥末的热香肠放到他手肘边的小桌子上。保罗给客人端来了刚从弗赖伯格音乐厅买来的啤酒。吉米被赶到放映室去了。

玛丽关上电灯。沙多摇动了勒克索格拉夫放映机。保罗弓着背站在他身后,紧张得浑身发抖,尽管那弧光灯散发出来的热量很大。玛丽出现了,在看书。吉米溜进了镜头。伊兹·弗劳姆的一只手摸到香肠,每隔几秒钟就往自己嘴里送一根,仿佛有一台发动机在推送似的。可是他的目光始终没有离开闪亮的床单。最后,电灯再次开亮,香肠盘子也空了。

“西德——”弗劳姆先生拿舌头在牙齿上舔着,发出吧唧吧唧的声响,“我要拿去,那儿的机器。”

“你——哎呀,伊兹,太棒了。真的太棒了！不过我有个小问题。”

“我不喜欢问题。我不喜欢向我提问题的人。”

“对不起,伊兹,可是这台放映机是原型机,不卖的。”

“那就再造一台嘛。我马上就要,否则我们就不做生意。”

“这台机器花费了四百五十美元呢,光是材料费。造一台新的,我需要预付款。”

“多少?”

“一百美元。”

“七十五美元。明天过来,我们签合同。你提供五分钟的片子,我把它们作为‘欢送片’放。”

“作为什么?”

“在科斯特与比亚尔音乐厅,他们就是这么叫的,欢送片。表演完矮子戏、魔术、女生大合唱、日本杂技,所有节目结束之后,就用这种片子欢送观众。它们也就是派这个用场,清场。”

保罗想要争辩。但这不是他的权利。他认为,伊兹·弗劳姆是一个贪婪、无知的人,没有任何想象力。

弗劳姆戴上他的常礼帽,拖着笨重的身子向门口走去。“还有一件事情,那个小故事不错,不过我想要纪实主题。就是纪实主题。”

“一定,伊兹,我们会兑现的,那也是我想要拍摄的唯一电影。《她的窃贼》只是个实验。真人真事,那才是真家伙。我会让我们操作摄影机的人马上开始拍摄。”

“你有正式的操作员拍摄电影吗?”

“我当然有啦。就在这儿。”沙多拿一条胳膊抱住保罗,保罗好不容易才撑住身子没有倒下。

“克朗先生很年轻,伊兹,但他才华横溢。”

保罗站在那儿,紧紧闭着嘴巴。弗劳姆先生抓住他的手紧紧握着。“很好,很高兴了解到这一点。我没想到你已经走得这么远了,西德。”

“没关系,伊兹,大多数人都没有想到芝加哥勒克索格拉夫电影制片厂是这样一个兴旺发达的商号。我带你下楼吧,有几级楼梯破了。木匠已经约了好几个星期了……”

等上校和伊兹出去之后,保罗跟玛丽哈哈大笑着紧紧拥抱。

玛丽身上有一股暖暖的加上啤酒的甜美香味儿。她飞快地朝门口望了一眼,亲密地抚摸着他的脸。

“玛丽,你让我尴尬。你是上校的老婆啊。”

“啊,不是合法的。我也可以同时成为你的女朋友。”

他的脑子转得飞快。“我猜我会太忙的,我刚刚升职啦。”

她再次哈哈大笑起来。“保罗,你太滑稽了。”她亲吻他,虽然很快但是很热情。

于是,就在那个夜晚,冥冥之中,一个名叫伊什梅尔·弗劳姆的人永远决定了芝加哥勒克索格拉夫电影制片厂的发展方向,也决定了保罗的人生道路。

在芝加哥西北方二十英里处,头顶乌云滚滚,他们架起摄影机。他们将爪形的支架插入铁路枕木之间的碎石道砟里。珍贵的勒克索格拉夫摄影机被架设在属于瓦巴什—圣路易斯—太平洋铁路——“红旗铁路”用地的中央。

保罗极其紧张。铁路两边的地里玉米已经长得齐腰高了,西北方黑压压的,暴风吹得玉米弯下了腰。断断续续的雷声使得两匹拉车的马不时腾跃蹦跳,玛丽坐在车夫座上几乎很难控制马匹。她抓着她的草帽。“这个风暴有点大呢,西德,你最好快点。”

沙多迈着大步在铁路上走上走下。从他耸起的双肩、眯拢双眼周边的鱼尾纹以及从礼服大衣口袋里一把扯出金表差一点掉落到地上的情形看,他的内心十分纠结。“四分钟。炮弹快车从来不迟到的,除非遇上暴风雨了,火车出轨,或者哪座桥梁被冲垮了。”

包括伊兹·弗劳姆在内的每个人都想在他们放映的电影里出现具有轰动效应的机车连续镜头。纽约中央铁路的帝国州快车、利哈伊峡谷铁路的黑钻石快车早就吸引了观众。西德·沙多的目标是用瓦巴什铁路开足马力的火车来取悦他的顾客。

保罗旋转帽子,将帽舌拉到了后脑勺。风拉扯推搡着他褪了色的蓝衬衫。他将裤腿塞进很沉的工作鞋里。这样的装束对一位摄影师来说似乎挺合适,充满活力,现代……

“他在挥手啦！他在挥手啦!”沙多跳跃着大声喊叫道。

“西德,他在挥手啦!”玛丽大叫道。

“我看见他挥手啦!”保罗喊叫道。

往北大约半英里处,吉米·道斯站在铁道旁的一只储物箱上,拿他的帽子发着信号。保罗咬着嘴唇。玉米秸秆、小树枝以及其他碎片随风旋转而去。灰尘飞舞。一道闪电分成叉状劈向地平线,紧接着霹雳轰鸣,暴风雨近了。

保罗看见,摄影机的上方,有一丝白色的亮光。亮光迅速扩大。沙多说道:“就记着,摇曲柄要稳。我会牢牢扶着三脚架。”

保罗感觉大地在颤抖。先是轻微的,接着越来越强烈。吉米跳下储物箱,撤离铁路,撤离可能的危险。火车头灯发出耀眼的亮光。穷凶极恶的汽笛声和滚滚尘土从迎面向他们扑来的火车头下面喷涌而出。

豆大的雨点开始泼溅在保罗的脸上。可是他完全忘却了暴风雨。他脑子里只想着火车,任务,揪心……

“镜头盖,镜头盖!”沙多大叫道。保罗使劲摘下镜头盖。

“开始摇曲柄。”

保罗摇动曲柄,心中默数着一二、一二,保持每秒钟摇两转曲柄。铁轨发出低沉的嗡嗡声。大地颤动。炮弹快车汽笛长鸣。火车司机看见了他们。头灯变得很大,大得如同一轮骄阳。头灯下面,机车的前圆盘上,保罗认出了这条铁路的标志,一面展开的旗帜。

炮弹快车疾驶而来,变得越来越大,占满了整个世界……

一二,一二……

“一直摇，一直摇。”沙多喘着大气，“哦，这下要轰动了！壮观啊！”

汽笛发出刺耳的尖啸。

闪电射来耀眼的光亮。

霹雳炸响。一二，一二……

雨下得更大了。保罗的手臂和手腕摇得生痛，他的背也蹲得生痛。他想抛弃勒克索格拉夫摄影机，跳起身来逃走。他要是不跳起身逃走，那么机器和人都将被碾得粉身碎骨。现在，他可以看清机车正面那个标志中间的标语了：“跟着旗帜……”

他不停地摇着。

“西德，你要被轧死啦。”玛丽的叫喊在火车的轰鸣和暴风雨的怒吼中显得苍白无力。炮弹快车越来越大，越来越宽，像他在书中读到的草原气旋一样扑面而来。他想到了朱莉，想到了他这年轻的一生中所有未做的事情。一二，一二，一二，一二，应该有人来写首歌，在他的葬礼上唱一唱……

“好！”沙多大叫一声，猛地拔出三脚架。

保罗看也不看地往左边一跃。一个巨大的吸力山呼海啸般地撕扯着他的衬衫和帽子。他扑倒在玉米地里，喘着大气。

炮弹快车呼啸而过。

沙多仅一步之遥地挺立在铁道边，肩上扛着摄影机和三脚架。“天哪，我们成功了，我想我们成功了。”他几乎像玛丽一样歇斯底里。

邮车厢、货车厢、客车厢鱼贯而过。保罗慌忙爬起身来，他的身子已经完全被突如其来的暴雨给淋透了。他的颤抖慢慢减弱。他巍然屹立。他拍摄了电影。

“来，你挡一下，我有一顶帽子。”沙多说着，从外衣口袋里扯出一张折拢的报纸递给他。保罗展开报纸，准备挡到自己的头上。突然，他看见一个标题。

范德霍夫小姐良缘夙缔

——

与著名的俱乐部会员

威·范·埃尔斯特里三世喜结连理

——

8月婚礼吉日

将由待嫁新娘双亲宣布

第七卷

电 影

1896—1898

如此纷乱，这般慌忙，
就为了“活图片”这个令人疯狂的时尚，
竞争激烈，心神焦躁，
乱纷纷的广告，你方唱罢我登场。
每一部都是魁首，每一部都是独创，
每一部都被别人疯狂地嘲笑为秕糠，
谁都胆大包天地宣称，
他们的才是“王中王”。
但是，这的确是一个奇迹啊，
滔滔不绝的生活之水，
照样在银幕上自由流淌，
充满动感，充满惊悚，充满剑拔弩张。
它的运行远远未臻完美，
它的图像让你看得疲惫神伤；
震颤摇晃是家常便饭，
平稳转动倒反而让人惊喜若狂。
但是，成功无须理由，
哪怕瑕疵车载斗量，
当今时代占据首位的成功王牌啊，
依然数这个“活图片”，这个令人疯狂的时尚。

1896年
《英国摄影报》

第七十四章　乔·克朗

“你在看什么呢,乔?”

他往左肩转动了一下,让床边的灯光照到那本书烫金的书脊上。

“《红色英勇勋章》。”伊尔莎说道,“这本书你以前看过的。”

“看过两遍。这是一本很有影响力的书。”

“我的一些朋友说它太写实,她们看了几页就不看了。”

“我看也是,这不是一本女人看的书。那又怎么样?”乔感觉不耐烦。潮湿的夜晚没有一丝风,使得屋子像个火炉一样。他的亚麻布睡衣是他的睡衣里面最薄的,都让汗水湿透了。夏季提前到来,现在还只是6月份啊。这个城市的夜晚,人们睡得安宁多了,因为那个“蓝胡子”霍姆斯已经在5月获罪上了绞架。但乔·克朗依然睡不安宁,他的睡不安宁跟芝加哥臭名昭著的连环杀人凶犯毫无关系。

“年轻的克莱恩先生从未参加过战争,是吧?”伊尔莎说道。

“是啊,你也许可以这样认为。但他有丰富的想象力。老天作证,他有。你要是没有什么话了,伊尔莎,我可以继续看书了吧?”

她拿一块弄皱的手帕擦了一下前额,这个手的动作刚好掩饰了她脸上痛苦的神情。

“是的,乔,当然了。我决不会再打扰你了。晚安。”她向他背过身去。

对伊尔莎的恨意在乔的心中已经翻腾了六个多月了。他认为自己被误解了,受委屈了。所以,他不像以前那样把她的手捧到自己的手心里,温柔地对她建议找个方法推倒横陈在他们之间的藩篱。

他又看了一个小时的书。年轻克莱恩的动人故事唤起了他血脉中的什么东西。他在自己的记忆里听到了激越的军号声和战鼓声,听到了战士们铿锵的脚步声,听到了骑兵的飞马奔腾声,听到了军营夜晚篝火边的笑声和歌声……

战争是肮脏的,是痛苦的,这点克莱恩令人信服地给予了描述,但是战争给了男人一个敌人,他可以按照某些规则对他发动进攻并打败他。乔·克朗现在没有这样的敌人。可是他真的想有一个这样的敌人。

就在1896年这一年,美国通过在西半球坚定地秀自己的肌肉,在全世界显示了她新的地位。前一年的12月下旬,她挫败了强大的大英帝国。

英国派三艘战舰封锁了尼加拉瓜的一个港口,声称他们欠英国一笔钱。美国谴责英国违反了门罗主义。国会威胁要进行战争动员。强大的大英帝国几乎立马就打了退堂鼓。

这样一来,给美国留下了沙文主义的因子——将他们的势力范围扩张到了船厂或者军事哨所的政客们,对海军上将艾尔弗雷德·马汉关于海上力量的著作顶礼膜拜的知识分子和官僚阶层,需要让发行量大大增加的报纸出版商,诸如纽约市年轻的激进主义分子、警务处长西奥多·罗斯福①这样直言不讳的爱国者,全都无来由地开始野心膨胀。

接着,发生了一件偶然的事情,出来了一个瓦莱里亚诺·维勒尔-尼古拉乌②将军,西班牙新任命的古巴总督,负责镇压边远地区的叛乱。

维勒尔将军的第一个策略是制定再集中政策。他将农村地区的人口重新安置到远离他们家的拘留营里。这些人都是乡下人,他们曾经保护过流亡的自由战士,为他们提供过庇护所——自由战士就是反抗分子,他们攻击并摧毁政府的堡垒和财产之后,便消失在了村子里,跟没有参加叛乱的普通农民根本无法

---

①西奥多·罗斯福(1858—1919),美国第二十六任总统(1901—1909),共和党人,对内执行资源保护政策,对外奉行"大棒政策",对拉丁美洲实行武装干涉,因调停日俄战争(1904—1905)获得1906年诺贝尔和平奖。

②瓦莱里亚诺·维勒尔-尼古拉乌(1838—1930),西班牙殖民官员,曾任西班牙驻菲律宾、古巴总督。任内因血腥镇压棉兰老岛反抗西班牙殖民者的起义,获得了"屠夫"的绰号;在古巴首创了"集中营制度",三十万古巴人被迫迁离家园到"集中营",成千上万的古巴人在"集中营"里死于饥饿或疾病。

分辨。

维勒尔说他是将那些乡下人送到方便舒适的村子里去，食物充足，卫生设备能满足需要，但这件事情完全被那些外国记者的报道给抹黑了。维勒尔将数以百计、数以千计的人挤到光线昏暗的牲口房里和仓库里，那里耗子乱窜，蚊蝇肆虐。根本就没有卫生设施，食物几乎没有或者干脆就没有。孩子们开始挨饿和死去。提出抗议的大人开始消失。哈瓦那的记者开始听到各种各样凶残暴行的恐怖传闻。一个新的名字出现在了电讯里：屠夫维勒尔。

在纽约，利用古巴人的困境，《纽约美国人日报》的威·伦·赫斯特①先生和《世界报》的约瑟夫·普利策②先生将他们火热的发行战争之火烧得更旺。两份报纸的专栏充斥着令人激动的报道，说的都是"年轻的古巴女战士"被枪杀、被砍头，上了年纪的修女"遭到强奸"，英勇的神父被维勒尔的士兵"活活烘烤"。"再集中"正好给了这些下三烂的报纸他们想要的东西。

乔·克朗加入了反对西班牙和屠夫维勒尔的行列中。他穿上共和国军人最好的羊毛法兰绒的靛蓝军装，跟数以百计的老战士坐在一个集会上，在中央音乐厅举行的这个集会有四千人参加。舞台上一支八十人的乐队演奏着约翰·菲·苏泽创作的军乐。演讲者巧舌如簧，谴责西班牙的独裁者，并威胁要用战争对暴行以牙还牙。乔激动万分。这是一项新的事业。

他心里非常清楚，支持古巴自由这一越来越高涨的民族情感并不完全是空想的事情。美国投资者已经在这个岛国的铁路上和糖厂上投下了高达五千万美元的资金。劳工领袖萨姆·龚帕斯用听上去很美好的词语谴责西班牙暴政，可是你得记住他代表的是雪茄烟工人工会。乔偶尔也抽根上好的哈瓦那烟叶做的雪茄烟，这种烟叶早已断货。

尽管如此，当商机跟新的爱国主义捆绑在一起之后，这有什么关系吗？假如

---

①威·伦·赫斯特（1863—1951），即威廉·伦道夫·赫斯特，美国报业巨头，创建赫斯特报系，鼎盛时期曾拥有28家大报，18种杂志，数家广播电台、电影公司和新闻社，以轰动性新闻、黄色新闻、醒目的版面和低廉的售价竞争取胜，为电影《公民凯恩》主角的原型。他的报纸用歪曲夸大的报道煽动反西班牙情绪，挑起了美西战争。后当选众议员（1903—1907）。

②约瑟夫·普利策（1847—1911），美国报业主，曾参加过美国南北战争，战后成为记者，创办《快邮报》，购进纽约《世界报》，捐款创办哥伦比亚大学新闻学院，设立普利策奖。

美国为了糖和烟叶发动战争，这有什么关系吗？古巴人遭到蹂躏，西班牙是罪魁祸首，维勒尔是畜生。

如果战争来临，而且很可能来临，他可以参加吗？如何参加？

外在看上去，乔·克朗的生活很平静。啤酒厂蒸蒸日上。新来的酿酒师塞缪尔·齐格勒令人十分满意。在家的两个孩子没有比以往更不听话。

弗利奇十五岁了，学习成绩很好，尽管她继续时不时地说些令人恼火的话，什么她将来就是要去当个舞台演员。她喜欢上了莎士比亚的作品，经常拿着一个剧本招摇，一会儿扮演鲍西娅，一会儿扮演比阿特丽斯，一会儿扮演苔丝狄蒙娜[①]，一会儿扮演麦克佩斯夫人。

卡尔从哈布斯堡学校回到了家里，他长高了，肩膀更宽了。他已经变成了一个强壮的小伙子。有一天下午，他将一个球从边院一直击过密歇根大街，砸中了海因多夫家宅邸的前门。修换那些彩色玻璃花费了乔两百五十美元。

好在，小乔已经不再成为乔跟伊尔莎之间痛苦的口角主题。每过几个月，乔都会提出建议再雇用私家侦探公司的侦探。伊尔莎总是说不必，说没有必要，信里寄来的麦穗让她坚信，他儿子平安健康。到了 12 月，乔当面点头同意她的意见，但回过头去自作主张再次雇了两个月的侦探进行寻找，结果一无所获。

他花大量的时间带着卡尔观看白袜子队的球赛。他喜欢新鲜的空气，喜欢球场上的激情荡漾，但是他经常难过地回忆起以前小乔小时候在他身边一起观看比赛时的情形，那是多么快乐的时光啊。他也经常回忆起保罗第一次观看比赛时是多么开心。有的时候，乔会在球场里四处寻找，希望能在露天座位上看见他侄子。但是他从未见到过。

他发现自己总是有事没事想找个理由离开啤酒厂的办公桌。7 月初，他有一个非常好的理由，民主党人在芝加哥大剧场将举行全国代表大会，推选总统候选人。一个月之前，在圣路易斯，马库斯·汉纳操纵他的力量并统一思想，推荐俄亥俄州州长威廉·麦金利为候选人。

---

①苔丝狄蒙娜，莎士比亚戏剧《奥赛罗》中奥赛罗的妻子，受伊阿古诬陷被其丈夫扼死。

乔·克朗是一位忠贞不渝的民主党人，也是民主党的资助人，他参加了会议。他在芝加哥大剧场开门的时候就到了，待在拥挤的楼座上，直到这天的会议击槌休会。他喷吐着古巴雪茄的青烟，厌恶地瞧着伊利诺伊州的代表团来到会场。约翰·阿尔特吉尔德坐在那儿，不时地跟银翼里的同盟者咬着耳朵。他们中间，乔认识迈克尔·肯纳，阿尔特吉尔德经常跟他说悄悄话。该死的阴谋家，乔心里嘀咕，一面吹灭他刚刚点燃了一根细长雪茄的火柴。

后来，他注意到了一个女人，戴着一顶帽冠平平的草帽，就坐在他的正前面。他轻轻拍了一下她的肩膀。"对不起，这雪茄妨碍到你了吗?"

"哦，不，我喜欢这味道。"

"真的啊？这对一个女人来说倒的确非同寻常。谢谢。"

他微微一笑。她也微微一笑，在座位上稍稍转了一下身子。她有一双深蓝色的眼睛，目光和蔼，天资聪颖，草帽的边沿下露出深红色的秀发。他看得明明白白，一条吉布森少女穿的那种端庄的衬衣式连衣裙无论如何都掩饰不住她那丰满的身材。她是一个刚刚迈入中年的女人，称不上美，但的确端庄健美。当夜，床上，伊尔莎在他身边轻轻打着呼噜的时候，他脑海里却长时间地出现那个女人的脸蛋。

白银是本次代表大会的一个重大议题。随着金价的上涨和银价的下滑，农场主们继续受苦受难，因为法律规定，用纸币欠下的债务必须用金子偿还。重农的西部大呼，重商的东部继续要死要活地维持金本位并控制着货币供应量的时候，这样的处理不公平，具有破坏性。乔是一位保守型的商人，当然坚定不移地站在金翼一边。

但是，在对方阵营中，有深得人心的重量级人物。最有名的是前国会议员和报纸编辑威廉·詹宁斯·布赖恩，他出生在伊利诺伊州的塞勒姆，现居住在内布拉斯加州。布赖恩是一位支持银币自由铸造的平民党党员，肖托夸夏季教育集会①举足轻重的明星。

---

①19世纪后期及20世纪初流行于美国的类似暑期学校的活动，常在野外举行，把教育与文艺结合起来，包括报告会、演戏、音乐会等，因创始于纽约州的肖托夸而得名。

发起于纽约州西南部地区的肖托夸夏季教育集会组织机构是美国生活的普罗米修斯。它将文化之火带到了边远的蛮荒林区，带到了北美大草原，教育方面的传递正能量的演说家来了，音乐表演来了，有幻灯片的讲座来了。它安排了据说数量有两万之多的一系列帐篷和集会所，用这些丰富多彩的活动吸引人们前去参加。布赖恩是肖托夸夏季教育集会特别受青睐的人物，在美国乡村的《圣经》地带①、棉花地带②、气旋地带③、玉米地带④广受欢迎。

乔经常跟那些他认识的德裔商贾民主党人讨论政党的政治。去年，布赖恩这个姓氏如雷贯耳。在一次内布拉斯加州参议员席位竞选中失败之后，他一直在发表并不断改进关于肖托夸夏季教育集会联号剧场的演讲。这篇演讲甚至被称作“著名演讲”。报纸称赞，即便不说内容，其形式和雄辩也让人刮目相看。要判断那篇“著名演讲”和那个人，乔想要亲自见一见这位“普拉特的年轻演说家”。

货币问题早已经在代表大会上引起了麻烦。内布拉斯加州有两个互相对立的代表团，金派和银派。会议开幕之前，全国委员会的官员投票支持金派代表团。一场会场内的论战反转了局面，把代表席位给了银派代表团，这个代表团里就包括了布赖恩。乔在楼座上目睹了这场论战。全国委员会那些英明头儿的决定遭到了一帮嗓门很响、行为粗野的农场主的投票否决，这使他愤怒。

7 月一个热得要命的日子，大会就货币问题开始辩论。乔脱掉外衣，又点燃了一根雪茄。前面的座位上，那端庄健美的女人又是一个人坐着，只见她歪了一下头，但没有回过头来。这算是对他的烟味儿，也许就是对他的到来打个招呼吧。

楼座挤得满满的，走道上也同样，塞在大厅里的人多达两万。布赖恩将在辩论期间就自由铸造银币发表演讲，这个消息不胫而走。乔希望，演讲不会赢得热情的响应。

根据会议安排，来自南卡罗来纳州的激进政客本·蒂尔曼第一个就自由铸

---

①美国南部基督教基要派流行地带的别名，该派主张恪守《圣经》全部文句，也泛指任何基要派流行地区。

②指美国南部和东南部生产棉花的地区。

③一般指美国中西部。

④美国中西部盛产玉米的地区，东起俄亥俄州西部，西至内布拉斯加州东部和堪萨斯州东北部，尤指艾奥瓦州、伊利诺伊州和印第安纳州。

造银币发表演讲。纽约州的希尔参议员为金本位辩护，然后是威斯康星州的维拉斯参议员和马萨诸塞州的前州长拉塞尔。最后，尊敬的布赖恩先生被介绍出场。

楼座上响起经久不息的掌声和欢呼声。这位来自内布拉斯加州、须发蓬松如狮的年轻人登上讲台，那表情和姿势显然是排练过的。乔前座的她端庄健美的红头发脑袋满怀期待地靠向前去。乔再次发现自己在注意并欣赏她丰满的身材。"我都这个年龄了，真是该死的奇怪行为。"他心想，有一种扭曲的快感。

布赖恩身高大约六英尺，下巴坚毅有力，双目乌黑发亮，长长的黑发从他高高的前额梳向后面。乔记得他是三十六岁年纪。

"主席先生，参加代表大会的各位先生，"他开始演讲，那低沉的声音，恍若管风琴奏出的低音，宛如一位著名悲剧演员的台词或者是讲坛上令听众如痴似幻的演说家的铿锵话音。布赖恩跟一些代表团和嘉宾寒暄客套过后，说道："我的朋友们，你们已经聆听了几位出类拔萃的先生的演讲，如果这仅仅是一场测定能力的较量，我到这儿来反对这些尊贵的先生，就显得太傲慢放肆了。然而，我们并非在进行个人之间的竞赛。这块土地上最最卑贱的庶民，当穿上正义事业铠甲的时候，那就比所有犯了错误的主人都要强大。我是一介平民，在此有幸向你们发表演讲，只是为了捍卫一项像自由一样神圣的事业。这就是人道的事业。"

巨大的剧场鸦雀无声。布赖恩轻车熟路、没有费多大力气便把他的话音传向最远的座位，传向最高的椽子。

"我们告诉你们，你们对职场人下了定义，但是这一定义太狭隘了。受雇于人、拿工资的人跟他的雇主一样是职场人。在乡村小镇里的律师跟大都市里大公司的法律顾问一样是职场人。日出而作、日落而息的农人跟位居劳资协商委员会、对粮食价格打赌的人一样是职场人。"

他为之申辩的正是这些名不见经传的职场人——这些开拓者，布赖恩就是这么称呼他们的。东部的利益集团把小农场主和小商人逼上了对抗的旋涡，他们不想争斗，但是他们准备战斗。

"我们不是来当挑衅者的。我们的战争不是征服的战争。我们是为保卫我们的家园而战，为保卫我们的家人而战，为保卫我们的子孙后代而战。我们请愿过，但是我们的请愿遭到了拒绝。我们恳求过，但是我们的恳求受到了漠视。我们乞求过，但是我们的乞求得到了嘲弄。现在，我们不再乞求。我们不再恳求。我们不再请愿。我们反抗他们！”

一阵巨大的欢呼声突然迸发出来，乔惊呆了。大厅里的代表纷纷站起身来。整个楼座上的男男女女也站起身来。那位端庄健美的女人双手举过头顶鼓着掌。乔出于礼貌也鼓着掌，一面瞥了一眼她那张狂喜的脸。发生什么事情了？他心想，既为这种情绪的宣泄感到不解，也为自己感到不解。

布赖恩让这种喧哗声持续了一分钟左右。接着他举起双手。大厅里和楼座上立刻开始安静下来。

布赖恩将自己的音域定得很低，乔感觉，这是在为逐渐攀向演讲最后的高峰做准备。布赖恩说到了麦金利，称他是一位心地不坏的正派人，一直到三个月前还深得人心，赢得众多选民的支持。接着，他话锋一转：

“一个人的深得人心，无论深到什么程度，在面临一个义愤填膺的民族的复仇怒火的时候，都不能够保护一个公然宣称赞同把金本位绑在这个国家身上的人。”

此时此刻，他音量渐强，节奏加快。

“你们前来告诉我们，说大城市赞同金本位制。我们的回答是，大城市所依赖的是我们广袤富饶的大草原。把你们的城市焚毁，把我们的农场留下，你们的城市将会像变魔术一样重新拔地而起。但是，毁掉我们的农场试试！这块土地上每一个城市的街道都将荒草丛生。”

又是一阵热烈欢呼。

“如果他们胆敢在光天化日之下把金本位当作一个好东西加以捍卫，那么我们将跟他们做最殊死的搏斗。在我们的身后，有这个民族和全世界的生产群众的支持，有商业利益集团的支持，有劳动利益集团的支持，有四面八方苦力的支持，我们将对他们的金本位要求做出回答，我们将对他们说——你们绝不可以把这顶用荆棘编织成的冠冕强加到劳动者的头上。你们绝不可以把人类的手脚钉在一个金十字架上。”

布赖恩退后一步。他将双手扶在讲台上，朝穿着衬衣的胸部低下头。他闭上双眼，传达出一个信号，他的演讲结束了。接着是一片寂静。

然后——一片喧嚣。

代表们拥向讲坛，将布赖恩拉下来扛到他们的肩膀上。乐队奏响了音乐，但是音乐几乎听不到。布赖恩的外衣被撕破了。他的白色手帕被夺走，撕碎之后当成了纪念品。他在代表们的肩膀上危险地颠着，他们试图扛着他穿过挤得水泄不通的走道。楼座上，人们呐喊，鼓掌，向空中扔着帽子。

甚至连乔·克朗也感到震惊。这是一个气场强大的演讲。这是一个振聋发聩的演讲。他知道，这个演讲将会改变代表大会的方向。

"太动人了。简直太动人了，不是吗？"他意识到这位端庄健美的红头发是在对他说话。

"挺有才华的。"他不得不大声说道。

"我得去呼吸点新鲜空气，我感觉有点晕。"

"是啊，我也一样。请允许我陪你去。我在前，这几段楼梯太挤了。"

他在她前面拼命挤开一条路，热得几乎要昏过去，不明白自己究竟在干什么，可还是一个劲儿地干，都没有丝毫犹豫。会场外面的人行道上，没有票子进入会场的人们高举着布赖恩竞选总统的横幅在来回游荡，那女人拿草帽扇着风。乔也拿他的浅顶软呢帽帮忙给她扇风。

"谢谢，谢谢。"她紧紧抓着他只穿衬衫的胳膊。"我相信我们听到了一个将载入史册的演讲。我相信我们听到了下任总统的演讲，是吗？"从门里面蜂拥而出的人群挤着她靠到了他的马甲上。他感觉到了这种碰撞，也感觉到了她胸部的挤压。"会场里热得难受。我得去吃点点心。街对面有一家小咖啡馆。我早先就注意到了。你愿意跟我一起去吃点吗？"

她的脸距他的脸仅几英寸之遥。她那双深蓝色的明眸坦诚温和地打量着他的神态。他在这双眼睛里看到了令人惊恐的他自己的形象在说好的，而且结果几乎是肯定的。

而且，他想要说好的……"非常感谢你，我去不了。我的外套还在楼上。况且，我还约见了一个人。"这理由听上去太差劲了。

她退了开去，她美丽动人的明眸中的热情瞬间冷了下去："好的——嗯——

我理解，当然。”

她穿过人群，越过大街，走了。他瞧着她的草帽上下起伏着消失在了咖啡馆的门里。他回转身走进大剧场，在马甲口袋里摸索雪茄，断然地躲离了一场有可能发生的私通行为，这可是遗臭万年的深渊啊。

民主党代表大会基于无限量铸造银币之纲领，提名威廉·詹宁斯·布赖恩为总统候选人。

乔·克朗转向对共和党的支持也是从这天开始。布赖恩号召农村的贫苦人们发动一场阶级斗争。他想要那种在普尔曼罢工中流淌的鲜血再次在美国的每个城市、每个乡村、每个十字街头流淌。他散布已经毁掉了小乔的毒物。乔·克朗对“1848 革命者”有某种怀旧性质的同情，但他不是一个革命者，从来就不是。

他签了一张三千美元的支票并将它寄了出去，一同寄去的还有一封长信，承诺将用他的时间和更多的金钱支持共和党的实权大佬马库斯·阿朗佐·汉纳。后来他按例收到了汉纳一封热情洋溢的回信，欢迎他加入共和党的行列，并答应邀请他到竞选机构担任一定的职务，这些机构里面有包括受人尊敬的舒尔茨先生和罗斯福先生这样的名人要员。

乔从此再也没有遇见过那位端庄健美的女人。谢天谢地她从来没有告诉过他她的名字和住址。

第七十五章 保罗

8月29日，这个月的最后一个星期六，中午十二点十五分。从十一点差十五分开始，保罗就一直站在东赫龙大街的路牙石上，圣詹姆斯教堂的对面。那个时候，由穿着特殊制服的马车夫驾驶的精美马车早已在下参加婚礼的宾客。

几周之前，报纸就报道了结婚典礼的日子和时间，十一点半。几个星期来，他一直在进行着激烈的思想斗争，他不想出席。最终，他做不到。他渴望见她的愿望太强烈了。

玛丽说圣詹姆斯新教圣公会教堂是一个老教堂，本市所有新教徒教堂中最奢华的教堂。保罗经过精心打扮，尽量使自己显得整洁，显得体面。他穿上一双黑色的西尔斯网球鞋，鞋底是有波纹的橡胶，穿上几天都不会难受。他的工装裤是深灰色的帆布，膝头有两个皮护垫，已经磨损得很厉害。他的衬衫是轻飘飘的槟榔布，竖的条纹，蓝白相间，花九十八美分奢侈了一把。为了遮挡他的脸，他买了一顶便宜的法兰绒棒球帽，芝加哥的平顶款式。前面缝着一排字："芝加哥白袜子队"。

他在圣詹姆斯教堂对面已经徘徊了一个多小时，教堂里面传来响亮的管风琴音乐。大门敞开，清风徐来。

新娘和新郎一定都是从边门或者后门进去了。直到仪式结束，直到突然响起罗英格林胜利乐曲催促那些马车夫四散回到他们的马车那儿为止，他也没有见到新娘新郎。

客人们从教堂里走了出来，走下宽阔的台阶，在两边排成三排或四排。当这对新人走出门来，飞速走下台阶的时候，激动的欢呼声轰然响起。

朱莉穿着光亮闪烁的白色婚纱。她的四周,全是上下晃动的脑袋、频频挥舞的手臂、穿晨礼服男士抛撒的大米、穿长裙并戴着巨大阔边帽的女士,所以她的脸十分模糊。保罗热爱的这位姑娘几乎在他眼前一闪就消失了,恍如一个快照的形象。她弯腰钻进一辆停在台阶下面的巨大马车里。马车的门上,闪耀着一个金色的盾形图案,图案分成四个部分,每个部分里都有一个他从未见过的标志,整个图案的顶上罩着一个骑士的头盔。

新郎停了一下脚步,朝站在台阶中部的一位男嘉宾微微一笑并跟他握了一下手。埃尔斯特里年纪比较大了——中年吧——保罗对这点早就清楚。

当宾客的马车开始离去时,保罗把手插在口袋里走了。此时此刻,他憎恨威廉·范恩·埃尔斯特里,他想要揍他个稀巴烂。埃尔斯特里对他爱朱莉的事实视而不见。他想起了在雷迪根宾馆的那个夜晚她柔软的双臂紧抱着他脖子的情形。接着他看见了她跟她的新婚丈夫在婚床上的情形……

他在心中诅咒。他抓住一根灯杆子稳定自己的身子并闭上双眼。有一个硬东西砸在了他的手指节上。一个满脸大汗的芝加哥警察拿着一根长长的警棍怒视着他。

“别在这儿闲逛。要让我再次抓住,就会让你享受一个晚上本市的好客。”保罗点点头,赶紧离开了警察。他的指节很痛。他往南走,朝码头区走去,心中充满了苦涩和绝望。

尽管如此,他仍有一个美好前程的指望。韦克斯·鲁尼和沙多共同给了他这一指望。除了他想要的那位姑娘之外,他可以有很多姑娘。“金门”的玛格达不是对他说过会这样的吗?“人生的路很奇怪,就是这样充满了恶作剧,波利……”

他将继续前行。人生也许就是玩恶作剧,它需要你忍辱负重,这是每个早晨你醒来之后所必须面对的基本责任。哪怕你的梦想化为泡影,哪怕你的家庭将你抛弃,哪怕你失去你挚爱的心上人,哪怕你丧失寻觅心灵最终栖息之地的所有希望……你必须继续前行。

可是老天啊,心痛。

第七十六章　埃尔斯特里

夏日的深夜，“皮托斯基的荣耀”私家列车厢向着东方飞驰，列车厢挂在纽约中央铁路通宵行驶的一流快车上。巨大的车厢是根据埃尔斯特里父亲的指示在普尔曼车辆厂制造的。其名字来自埃尔斯特里家曾经居住过的一个广受欢迎的夏令社区。年复一年，社会的指南针摇摆得十分厉害——一会儿纽波特，一会儿萨拉托加，一会儿塔克西多——他们家放弃了密歇根大道，又到长岛南海滨的南安普敦村上流社会人士最新的一个夏季聚居地去了。埃尔斯特里期盼在他们家的海滨庄园度蜜月。

他继续留在那儿抽着一根细雪茄，品尝着一杯褐色的很苦的清咖啡。他一点咖啡，咖啡就来，就像他生活中的所有事情一样。他坐在通向车厢后部一个露天区域的一张四人餐桌旁。他在两边都能看见他的侧影。左边，窗帘拉得半高的窗户里，他的映像十分清晰。右边，走道对面，擦得十分明亮的红木装饰板上，他的映像暗淡一点，模糊一点。整节车厢，装饰用的全是红木。

他的身后，传来梅尔顿的双手在厨房洗涤盆里洗刷的轻轻的唰唰声和叮当声。列车在印第安纳州北部飞奔，婚礼晚餐结束之后，梅尔顿正在打扫清理。梅尔顿六十二岁年纪，黑人，他睡在紧邻厨房的一张很窄的小床上。小床的下面，安装着一台发电机，日日夜夜在那儿工作，为车厢里发出柔和灯光的精巧电灯供电。

车厢的前半部分包括一个大的卧室和一个独立的盥洗室。居住在这个卧室的人可以从两端的门进出。车厢里所有的门都可以用钥匙上锁。“皮托斯基的荣耀”私家列车厢所挂火车上的下等乘客是进不了埃尔斯特里这个舒适便利的私密世界的。

他正在越来越不耐烦。他从鼻子上摘下他的单片眼镜，拿一块上面装饰着他们家族饰章的亚麻布餐巾擦拭着，透明的玻璃，白色的餐巾。他将单片眼镜放到一边，喝完咖啡。接着他换到固定在地板的旋转椅子上，这样的椅子有两张，下面垫着有柔和图案的波斯地毯。这套安装在轮子上的小小房间像所有具有维多利亚风格的考究住处一样，摆满了真皮的和长毛绒的椅子、棕榈树盆景、雪茄烟儿、陶瓷狗、小书架、装报刊的柳条篮子，甚至还有一架小小的管风琴。

埃尔斯特里对这些完全视而不见。他的目光紧盯在卧室的门上。朱莉吃完一片上面撒了草莓糖霜的白色结婚蛋糕之后，便径直将自己锁在了里面。估计她是在做准备，准备迎接她的丈夫。这事儿需要大半个小时吗？

梅尔顿出现了。他患了关节炎，走路都快要瘸了。“埃尔斯特里先生，先生，您今晚还有事吗？”

“没有了，梅尔顿，谢谢。晚餐好极了。”

“喜欢就好，先生。一如既往，我很荣幸能为您服务。再次表示祝贺。那我退下去了。”

“我没有听到那狗的声音。”朱莉坚持带上她那条狗鲁迪。整餐饭期间，它被拴在梅尔顿的小房间里，一个劲儿地狂吠。

“是的，先生，它在那只小筐里睡觉呢。我喜欢它在那儿跟我做伴。”

埃尔斯特里朝缭绕在他脑袋四周的雪茄的烟挥了一下手。“把那些窗户抬高大约一英寸，好吗？明天早晨，你大约八点钟准备好咖啡敲门。”

“好的，先生，埃尔斯特里先生。我会把一切都办妥的。”

梅尔顿抬高窗户，火车的声音和风声变得更响了，车窗的缝很快便驱散了雪茄的烟雾。梅尔顿退了下去。埃尔斯特里再次把目光盯到了那扇红木门上。从他坐的地方，他可以数镶饰在中央镶板上的小方块，这些小方块拼出了一把希腊风格的壶。一百四十六块。他已经将它们数了两遍了。

他把他的绣花丝绸睡袍盖在穿着睡裤的膝头。他的厚绒拖鞋光滑柔软，上面有刺绣，跟他的睡袍和睡裤一样，上面也有家族饰章。他一会儿跷起二郎腿，一会儿又放开两腿。他强行压下一个哈欠。这长长的一天，就像他估计的一样，太累人了。这一天也令他惴惴不安，这倒是出乎他的意料。朱莉母亲的表现让人生疑，这事儿一直困扰着他。

上午在圣詹姆斯教堂的婚礼进行得非常顺利。圣坛上，两侧布置着大量的玫瑰花、百合花、兰花和假的橘子花，埃尔斯特里和他十九岁的新娘说出了他们的结婚誓约。最后，他很有节制地在她冰冷的唇上亲吻了一下，实际上他的吻没有得到任何回应。

新郎新娘、亲戚眷属、受邀宾客从教堂回到范德霍夫宅邸。嘉宾有三百人之多，这大宅的容纳能力毋庸置疑。招待宴会本来可以放到二楼的舞厅，但是内尔·范德霍夫不愿意这样。首创了纽约"仅此四百精英①"这一说法的傲慢小人沃德·麦卡利斯特嘲笑过芝加哥人楼上的舞厅。

大宅主大厅里的家具临时被存放到了仓库里，腾出空间放置婚礼自助餐食物和存放香槟的银罐。梅斯特罗·西奥多·托马斯和他六个最好的弦乐演奏家在音乐厅的一角为宾客们演奏着小夜曲，大伙儿则狼吞虎咽着牡蛎和小帘蛤、用烤面包尖蘸着吃的鱼子酱、凉拌芦笋、凉拌花生片、卡门贝干酪、土耳其咖啡、蘸巧克力的草莓，还有其他十几种罕见的美味佳肴。内尔·范德霍夫禁止上任何形式的猪肉。

在这单调乏味的三个小时喜宴中，内尔前半段时间就陪在她的新女婿身边。埃尔斯特里承认内尔是一个富婆，社会地位很高，可是他不喜欢她。首先，她体弱多病，她这一生就是生病，而且对此津津乐道。再者，她用一种令人作呕的虚情假意主持这个招待晚宴。她对埃尔斯特里说他能娶她女儿是多么的幸运。"在朱丽叶的整个一生中，我对她的美貌给予了特别关照，尤其是她的头发。"

"是的，头发很漂亮。"埃尔斯特里赞同道，眼睛却看向了别处。

"朱丽叶是一个清白的孩子，威廉。"内尔的话音压得很低，"完全是清白的。这一点你要照顾到。"

"哦，好的，范德霍夫岳母，我会的。"

---

①指名流，最时髦的上层社会，源出纽约的一个舞会；约·雅·阿斯特夫人邀请纽约市的上流社会人士出席她的一个舞会，但她的舞厅仅够容纳四百人，于是她仅邀请了纽约市最有名的四百人出席，后被报纸报道为"纽约市人所共知者仅此四百人"，原话出于19世纪律师沃德·麦卡利斯特之口。

招待晚宴期间，内尔找到他，又特别向他强调了两次同样的意思，以确保他明白其含义。或者说，至少他估计这是她的目的。直到第三次，他突然心生疑窦。某一个词用得太频繁，便自然会弄巧成拙。

好吧，他一边望着车窗外俄亥俄州千篇一律的黑夜，一边想着这事儿，他将在行使他的权利之前从这位新娘这儿掏出真相。他紧闭的嘴巴、坚毅的目光，表明了他的决心，他坐在那儿，再次抽了一根细雪茄，再次数数，数着红木镶饰……

"皮托斯基的荣耀"在铁轨上微微摇晃，发出咯噔咯噔的声响。风从窗缝里吹进来，吹得棕榈叶唰唰响。尽管有这些噪声，但是一旦那个声音来了，那个他等待已久的声音，他还是能够听得清清楚楚。她房门里面的钥匙转动了。

邀请他进去。

他想要看她乌黑闪亮的秀发飘落在肩头。但是，首先，他必须弄清楚内尔使用那个词汇三次以致根植在他心头的疑窦。

埃尔斯特里抓住红木门二十四开金子的把手。他往下拧门把手，动作既粗鲁又急迫。

她看上去那么楚楚动人。她站在他们将共享的双人大床的脚端边，多么秀美鲜艳，多么胆怯惊悚。

她洗净了脸上的胭脂口红。她的身上散发着清新的气息，散发出丁香花香水的气息。她没有脱光所有衣服。他看到几乎透明的桃红色丝绸睡袍里面那有着凸花纹的粉红色紧身胸衣，紧身胸衣上有花边点缀，有两条缎带挂在肩头。她穿着淡紫色长筒袜子的双腿匀称优美到了极致，她的右膝上有一根白色的吊袜带。她颊飞红晕，面若桃花。

"亲爱的，你压根儿就是一个让人销魂的新娘啊。"他弯下腰亲吻她。她挣开身子。

他也退后一步，不高兴了。他注意到，她把香槟酒杯拿到卧室来了。就放在那儿，放在梳妆台上，放在她的化妆盒中间。空了。她喝酒是为了壮胆吗？

"亲爱的埃尔斯特里太太。"他说道，"你看上去有点烦恼啊。那么多的夜晚，就这个夜晚吗？不该有烦恼。"

“比尔,在我们那个之前——比尔,有件事情我得向你坦白。”

体弱多病的卑鄙内尔像个小妖精一样赫然出现在了他的脑海里。她那两片丑陋的红唇不停地重复着三个字:“清白的。”

“罪恶的秘密? 你? 我不信。”

“请别开玩笑。这已经够难的了。”

“好吧,那么,说出来吧。”

朱莉转过身去,拉起织锦缎的窗帘。她望着很少的几盏灯光和一个村庄飞掠而过。他望着玻璃上她极度痛苦的映像。

“有些事情我母亲想要我欺骗你。我指的是在这儿欺骗你,今夜。我不知道她建议怎么做,我从来就不听她的鬼话,每次她想对我解释我都不听……”

他愤怒已极,冷若冰霜,有一种上当受骗的感觉,说道:“继续。”

令人赞叹的是,她挺起胸膛,双臂紧抱着胸前的丝质睡衣,用她那双令人销魂的灰色眼睛直视着他,说道:“我有过——有过性经历。我并非那些爱情小说所称的——”

“清白的吗?”

他的凶相令她目瞪口呆。她的一只手飞快地捂住自己的嘴巴。

“是吗?”

“是的,这就是我要向你坦白的。一个男人希望他娶的女人要有某些品质。你很绅士,也很体谅,整个求婚期间一直彬彬有礼——”埃尔斯特里颇为得意,微微笑着。“我不能不诚实——关于你将得到的。”

埃尔斯特里选择朱丽叶·范德霍夫是因为她是他所遇见过的最为让人兴奋的女性之一。不像他那些来自码头区的妓女,不是那种廉价的兴奋。她的吸引力源于她的青春、她的清纯、她的贞洁。他在整个单调乏味的求婚过程中,伺候她那个哼哼唧唧的母亲跳舞,陪伴她那个暴发户父亲,很大程度上希望获得的回报就是此时此刻他将是能获得她童贞的人。

童贞根本就不存在。

他竭力控制住自己暴怒的情绪,保持平静的口气问道:

“那个男人是谁?”

“这无关紧要，比尔。”她吸了一口气，“这事儿我不想说。”

他差一点要打她。“你明白这会让我们的整个关系发生改变。”

“我想应该是向好的方向改变。诚实永远是——”

“诚实？我才不在乎诚实不诚实呢。如果你是个二手货，那你实际上跟街头妓女一个样。”

“可那只有一次。”

“一次还是一千次完全一个样。我再也没有理由尊重你了。把衣服脱掉。”

“比尔——威廉——求你。你这几个月来一直那么和蔼友善——我一直都下不了决心——我以为你能理解。”

“哦，我理解。”他脱掉睡袍，扔到地上，然后扯开睡裤的带子，任裤子掉落到脚背上。“我完全理解。现在是你自己脱，还是让我把这些东西从你背上撕下来？”

埃尔斯特里踉跄着来到门外。鲜血从他的右脸上流了下来，是从发际线那儿渗出来的。他试图第二次发泄，将她翻过身子，这时她摸到一面女士镜子，将它砸碎，拿一块银色的镜子碎片跟他搏斗。

他一拳将镜子碎片从她手中击落。她跳下床，拿起梳妆台的凳子砸向他的前额。有几秒钟，他昏昏沉沉得根本无力还击。她狠狠将他推向门口，推出门外。

他站在客厅区瑟瑟发抖。他全身赤裸，太阳穴流血不止，他的右腰部一个很大的伤痕已经发紫，这是她踢的，当时她一面还喊叫着，说她不想再像他第一次折腾她那样被折腾了。他简直无法相信，无法相信他们的新婚之夜竟然变成了打架，初次同房发展成了强奸一样的事情。

列车在咔哒咔哒地奔驰，车厢在摇晃。他的手摸到了梅尔顿放在餐桌上洗干净、上过浆的抹布。他擦掉脸上的血，接着将擦脏的抹布扔到桌子下面，回到红木房门口。她锁上了。

“朱丽叶，开门。我是你丈夫，你让我进去。”

“我不知道你是什么货色。你不是我原先被误导相信的那种人。我以为即使没有其他东西，我们也该有平静的生活。多么可怕多么惨痛的错误。你简直像野兽一样。”

他擂着门:“让我进去。”

“让你干之前干过的事情? 哦,不。”她哭喊着。

他用双拳捶打着房门。她欺骗了他,她背叛了他,她没有给他他想要的可以炫耀的体面的处女妻子。她是个骗子,她该死的母亲是个骗子……摇摇晃晃的车厢里,赤裸着身子,冷得发抖,他发觉自己几乎要气得狂叫了。

“埃尔斯特里先生?”

他回过头,梅尔顿从厨房里探出头来。一件破旧法兰绒睡衣的袖口表明梅尔顿黑色的手抓着厨房的帘子。

“你个黑鬼,你在看什么? 滚回那儿去——不,等等。那狗在哪儿? 把那该死的狗给我拿来。”他蹒跚着来到最靠近卧室的车窗边,拧开窗钩,把窗户拉到顶。台风夜的狂风瞬间刮入车厢内。

梅尔顿浑身发抖,把系着天蓝色细狗绳的鲁迪牵了出来,这是埃尔斯特里送给朱莉的结婚礼物,尽管他不喜欢宠物。博美犬认识埃尔斯特里,便拼命摇着尾巴。埃尔斯特里一把抓住小狗,将它夹在自己的腋下,飞快地将绳子缠绕到狗的身上。

“现在去睡吧,不管发生什么都别出来,要不我剥了你的皮。”

梅尔顿点了一下头,退回到帘子后面。

埃尔斯特里跑回到车窗跟前。腰部的乌青淡了下去。他从来没有想到,这姑娘居然会这般坚毅。但回过头来一想,她是在保护自己,因为他的动作的确不温柔。

下一次要温柔点了。

他用盖过狂风和火车声音的嗓门大声喊叫着让她听见:“朱丽叶? 你在听吗?”

车轮滚滚,发出咯噔咯噔的声响,火车头哀悼亡灵般的汽笛鸣叫了两次。

“你最好让我知道你在听,我抓到了你那可恶的小狗,就在这儿我的怀里。叫,鲁迪。”他恶狠狠地拧了一把博美犬的脖子。鲁迪狂吠起来。“你听到它叫了吗? 你要是听到了,就叩叩门。”

她叩了叩门。

“这就对了。现在你听我说。”鲁迪开始在他的手里痛苦地扭动着身子，四只脚疯狂地蹬踏着，企图从抓它的人手里挣脱出去。埃尔斯特里紧紧地抓着它不放。“我就站在一扇车窗边。车窗是开的。我准备把鲁迪放到车窗外去，把它挂在那儿。你要是不让我进去，我发誓我会把它扔下去的。在这桩婚姻里只有一个统治者，但不是你。”

没有回答。

埃尔斯特里用双手抓着狗的脖子，强行将它从开启的车窗塞出去。“现在我把它弄到外面了。再一秒钟，我会把它扔到车轮下面去的。”

红木房门的钥匙转动了门锁。

埃尔斯特里胜利了，激动得浑身发抖，一把将小狗拽回到车厢里，砰的一声关上窗户。他几乎是将鲁迪扔到了车厢的另一头。鲁迪吠叫着飞身冲上一张皮椅子，将椅子的坐垫尿了个透湿，接着跳落到地板上，来回飞跑，一面狂叫。

埃尔斯特里哈哈大笑。这样的感觉太好了。

他打开房门，瞧着他的年轻妻子，咧嘴笑着，她的身子在缎子被单下面缩成一团，她的黑发乱糟糟地披散在肩头，她的灰色双眼望着他，眼神中有一种类似于面临死亡的恐惧。她的右眼早已经肿了。

“这就对啦，朱丽叶。唯命是从，像个循规蹈矩的女性，像个循规蹈矩的妓女。”

他关上房门，让她有一刻时光陶醉于他那张血淋淋的脸、他有淤青的肚子。接着，他从床尾跳上床去。

外面，博美犬还在来回奔跑，一面撕咬着一张雪茄烟儿，再次尿了一泡尿……疯了。它蹲伏在餐桌下面，浑身发抖，发出呜咽声。红木房门的后面，传来另一个声音，同样的呜咽声。

第七十七章　罗丝

1896年夏末，罗丝跟保罗·德雷瑟的亲密关系走到了尽头。可是，他们依然是好朋友，偶尔还在一起睡觉。他帮助她在东十八大街上找到了一个价格便宜的精装修小套房。按照他的建议，她现在把名字改成了罗丝·弗伦奇，并且用此名字开了一个银行小账户。

同时，在保罗的鼓励下，她开始有规律地读书看报，大多是一些八卦小报和女人杂志。从这些报纸杂志里，她汲取了一些时尚知识，学会了如何在百货商店辨别价廉物美的仿法国风格的商品。

她十分努力地净化她话语中的语法差错。这让她对自己的感觉也好了不少。她欠保罗的太多，包括她在托尼·帕斯特新十四大街剧院的工作也是他帮的忙。保罗亲自跟“杂要表演之王”帕斯特先生说了，还帮助她准备了两首歌进行面试。现在，她成了“国际配角女高音”罗丝·弗伦奇。演员表上排名第四位，一般就排在驯狗表演或者在木桶上和椅子上头顶倒立及双手倒立进行平衡表演的演员之前，在一组爱尔兰喜剧演员、犹太喜剧演员和黑脸的喜剧演员之后。有时，帕斯特先生自己排在演员表的头顶，唱几首民歌和他自己编曲的幽默歌曲。

帕斯特一夜上演两场，他的观众都是精选过的，有游客，有政府文员，有他们脾气很坏的老婆和牙缝很大的调皮孩子。高大魁梧、留着八字胡的帕斯特是一个来自马戏团的难民，他对传统的杂耍节目进行了清理，以吸引家庭顾客惠顾。他的剧场里从来没有演出过如此多充满活力的歌曲和幽默小品，后台看门人岗亭的显著位置，贴着一个告示，告诫艺术家们在这个经营场所千万不能提到主的名字。

除了道德上的约束——它们毕竟只是表面的——帕斯特大剧场让在那儿干活的人觉得这是一个令人激动的地方。它位于纽约剧场区的中心地带，就在第十四大街北面的联邦广场外边，靠近第三大道。天气暖和的日子里，往西稍走几步路便是著名的音乐学院，也可来到联邦广场上的莫顿大酒店外面，你可以与一群在那儿游荡的失业男演员交往，他们希望找份零工，台上台下都可以。那个街区的这个地段被充满深情地称作“奴隶市场”。

帕斯特大剧场是一处保存完好的漂亮房子，位于一幢有白色大理石装饰的红砖办公大楼的一楼。门廊里装饰着白色的科林斯柱子，斜角玻璃的门和白色大理石地砖提高了大堂的档次。舞台前部壮观的拱形结构因一个特耳西科瑞女神的巨大浅浮雕而显得新颖别致。这幢大楼为纽约坦慕尼协会所有。许多个夜晚，坦慕尼协会最重要的老板们便会在没有卖出去的空包厢里百无聊赖地消磨时光，帕斯特请客，他是他们所有人的好朋友。

最近，为了清场，帕斯特开始在演出结束之后放映新的活图片这种短节目。这是对西二十三大街上的科斯特和比亚尔音乐厅同类节目的直接回应。罗丝发觉这种电影有点新颖有趣，但也仅此而已。她更感兴趣的是偶尔花五美元找一个私人包厢来看戏的成功男士。

罗丝的表演既有快节奏的歌曲也有慢节奏的歌曲。《克莱门泰因》《安妮·劳里》《小布朗·贾格》《家乡父老》《告诉他们你见到我了》总能获得较多的掌声。压轴她唱的是军歌集成曲，结尾是“马里兰，我的马里兰”，如果有一些上过前线的南部反叛老兵在场的话，一定会起立给予她经久不息的热烈掌声。

不过，即便在帕斯特剧场这样成功的娱乐场所，罗丝的薪酬也不足以支撑她所期望的时尚生活。她的工资包含了房租，但不包括一些小的额外开支，譬如花边吊袜带、深红色的无带浅口轻便鞋、一瓶瓶的优质红酒等。她通常会博得五美元包厢里的男士们的欢心，之后他们会来找她，她便可以挣些钱，购买高档精美物品。譬如新泽西州拉赫维的保险经纪人、印第安纳州中部农具商店的店主等等。他们大多都是有妇之夫。这些人单调乏味也没有恶意，但是都很聪明，在她跟他们亲密的时候只要些许暗示便都心领神会。大多数在第二天早上离开时会留下二十到三十美元。她要是还在熟睡，那么便会放在那个空的枕头上，或者塞在她的吊袜带里,这样她起床煮咖啡的时候就能发现。她做这种事儿的对象通常是她认为的富翁。

她收他们的钱,只是作为礼物,作为一种赏识。她不是妓女——谁要是说她是妓女她就会跟谁打架——因为妓女就没有机会吸引那些“合适的”男人,就是那种既有钱又有修养,既想要在纽约快活快活又要安排稳妥并愿意付钱的人。

迄今为止,那个尽善尽美的白马王子还没有出现。她开始感到气馁。8月一个暖和多云的下午,她穿过闹哄哄、乱糟糟的赫勒尔德广场,朝着位于西二十大街的豪利和哈维兰音乐公司走去时,就是这样的心情。

她精心打扮了一番,去帕斯特剧场首演之前,她跟保罗一起吃的晚饭。她那套轻薄的夏装是看上去比较体面的灰色,用白色的皱纹花边镶边。她的夏季百褶斗篷是黑色的塔夫绸。她的帽子戴得不落俗套,稍稍往左耳朵倾斜,帽子是染黑的草帽,顶上有一片片扇形的灰色塔夫绸装点。白色的小山羊皮手套,黑色的丝绸阳伞,闪亮的黑色皮鞋,她就是一个正派年轻女性的化身。

罗丝和着几架钢琴齐声奏响的乐曲,往这个音乐公司最近刚刚扩展了的办公处的楼梯攀登。豪利和哈维兰音乐公司兴旺发达,就像乐谱行业普遍方兴未艾一样。对于仍然深陷迟迟不肯离去的经济萧条的人们,只要家里有一架钢琴,那么五十美分一首的乐曲便是廉价的娱乐享受。

豪利和哈维兰音乐公司在其职员里面增设了全职的歌曲宣传人一职,在旅舍大厅、政治俱乐部和大商场的钢琴展卖区等地方表演宣传公司最新的歌曲。公司还发展了另一项业务,一种完全不同类型的出版物——《每月:文学和流行音乐画刊》,价格十美分。这本杂志包含戏剧评论、最新流派信息、有关“四百精英”的流言蜚语,这些全是保罗的弟弟西奥写的,偶尔也请外面的雇佣文人帮一下忙。

保罗不隐瞒他力主雇他弟弟的原因:“他很聪明,曾经在芝加哥和其他地方当过记者,而且是一位好记者。但是,写作从来就没能让他挣到大钱,就几个零花钱而已。很可能靠写作也挣不到大钱。他很高兴到纽约来,挣点固定工资。西奥这个人属于特别拘谨的类型,可是他为人很好,我们相处总是很融洽。他过一段时间帮我写一首抒情歌词。我喜欢有他陪伴在身边。”

西奥大约二十五岁年纪，比保罗小十四岁，罗丝感觉他是一个相貌平平、长着龅牙、个子瘦高的傻瓜。但是，他是台定期运转的写作机器，生产出围绕每期《每月》中心内容必要的唯一应景作品——杂志每一期都插入三到四首豪利和哈维兰音乐公司的歌曲。

"三首歌就十美分钱，不是一点五美元。"保罗说道，"这就是杂志能够大受欢迎的原因。"

公司跟往常一样是一个喧闹的音乐场所。保罗从他的小单间里走出来跟她握手并吻了她两颊，告诉她她看上去很漂亮。西奥从另一个小单间里羞怯地走向前来。罗丝跟他打了个招呼，竭力忍着不要表露出她的反感。她几乎都听不到他腼腆的问候。世界上再没有这样的傻瓜了。

保罗从他后面的口袋里拿出几张黄色的大裁书写纸。"这是给'回声栏目'的文本。我改了一小处地方。"

西奥眨巴着眼睛，像只紧张的猫头鹰。他的手指很长，白白的，在颤抖。西奥的身后，罗丝吃惊地发现有一双湛蓝湛蓝的眼睛在那个歌曲宣传人小隔间的玻璃后面望着她。小隔间里面这位皮肤白皙的年轻人有一头浓密的黑发，满头的一绺绺头发好像被牛舐过的一样；他的白皙令他的双眼显得更加生动。他顶多十八岁年纪。他不是正式的歌曲宣传人。

他微笑着，显然喜欢罗丝。她抬起鼻子，转过身去。

"你觉得我那个小故事怎么样，保罗？"西奥在说话。

"还没看呢。你知道我反对在杂志里面刊登小说，西奥。不过我的合伙人票数比我多。你那首歌词写得怎么样啦？"

"没写呢。"西奥懊恼地说，"我会努力写的。再见，弗伦奇小姐。"他拖着脚步走了。

保罗拿一条胳膊抱住她。"我想要写一首新的歌唱家乡的歌曲，写西奥和我长大的地方。这是一个极好的想法，不过我们还没有完成。西奥写歌词都写了三个月了。我刚开始谱合唱部分的曲——"

他将她领到自己的办公室，拿一只手弹了几个音符，接着唱道："啊，今夜瓦巴什河上月华如水——诸如此类。还很粗糙。”

“挺美啊，保罗。”她所能说的也就这句话，她不认为有关农民养猪、铲牛粪的地方的歌曲会受到欢迎。他只是在又一次抒发自己的情感罢了。

“找张椅子坐一会儿，罗丝，然后我们出去。”

罗丝摘下手套，然后端庄稳重地在一张很大的木头椅子上坐下。豪利和哈维兰音乐公司的每个办公室都有一扇大窗户对着中央接待区。所以，她意识到那视线再次集中到了她的身上，便将目光转向那个歌曲宣传人的小隔间。一点没错，那位瘦瘦长长的小伙子正咧嘴笑着盯着她瞧。他穿一件红白相间的条子衬衫，衬衫上戴着袖箍。

她无所谓男人们对她好还是不好，但是这个男人不太一样。不对——小屁孩。她朝他皱了一下眉头，把目光转向了别处。

保罗干完活，用力挤进他那件有黑色丝绒翻领的棕黄色漂亮外套里，从立式衣架上摘下他的高顶黑色大礼帽，他们便出去吃晚饭。

穿过接待大厅时，她朝那个歌曲宣传人的小隔间望去。那小屁孩不见了，里面乱得一塌糊涂，全都是印刷的歌纸、手写的乐谱，顶端有铅笔写过又用橡皮擦掉的痕迹。谢天谢地，她不必再让自己的目光接触这一景象了。她不喜欢犹太人。

晚饭后，保罗说，等帕斯特剧场第二场演出结束后，他会在她的公寓房里等她。他美其名曰“稍稍暖和一下找点慰藉”。罗丝很开心。她感觉热，不是因为天气的原因。

第二场演出结束之后，有一个惊喜在她那个打理得十分整洁的小小化妆室里等着她——一大柳条篮子的黄色玫瑰花。她寻找名片，没有。她快步穿过后台区，来到看门人的传达室。

“扎卡里，那些花是什么时候送来的？”

“你上场的时候。也没有送花的跑童，是一位先生拿来的。一定是看过你第一场演出的人。”

又一个寻找伴侣的外地人。尽管如此，此种亲近方式非同寻常。“他长什么样?”

“记不清他的面相了,也没有什么特别之处。可是他的穿着倒是十分时髦。晚礼服,高顶黑色大礼帽,文明棍——全套。他是一位真正有礼貌的绅士,谈吐文雅。我问他是不是要留张名片,他说,‘或许下次吧’。他说的‘或许’,给我印象深刻。我们这儿通常说‘也许’。”

“是的。”罗丝说道,突然激动起来。她回到化妆室,数了一下黄玫瑰。二十四朵。

关于花的事情,她对保罗只字未提。他们“赛过一次跑”之后,舒适地躺在无风无光的房间里时,她想起了什么。

“嗨,保罗,公司里——歌曲宣传人的小隔间里那小屁孩是谁?”

“我们新的歌曲宣传人。生意太好了,所以我们需要两个宣传人。他的名字叫哈里·波伦。我在唐城的黑人麦克音乐厅听他唱过歌。”

罗丝也去过那儿。那个沙龙的真正名字叫坎顿咖啡屋,老板叫麦克·雷恩斯,他事实上是一个肤色黝黑、满脸大胡子的俄罗斯犹太人,名字不太叫得响。他因为皮肤黑,所以得了个绰号“黑人麦克”。他的所有服务员都要会唱歌,这是雇用的前提条件。

“看上去很滑稽的犹太小子。”罗丝说道。

“是的,不过小伙子很优秀,嗓子很好。我发现他既能演唱又能演奏,就马上雇用了他。他真是一位很棒的音乐人,自学成才,跟我一样。他想要作曲。我会见他的时候,告诉他薪酬微薄,几乎忽略不计,但如果他能写点东西,我们会关注的,也许还会发表。我原本以为他会说去你的吧,可是他说好啊,这比每晚在那儿分发歌谱挣点小费要好。哈里唯一的问题是,他喜欢那种聒耳的快节奏的垃圾。我对他说还是把那些想法烂在自己肚子里的好。”

保罗伸手到床边的地板上去抓香槟酒瓶。今晚,他用一只平底玻璃杯倒酒,而不是那种细长的笛形杯子。她注意到,近来,他酗酒更厉害了。保罗的酒量总是很好,不过现在他白天的喝酒时间提前了,而且喝得比过去多。

她在思忖他是不是有什么害怕的事情,害怕自己再也写不出类似于《告诉他们你见到我了》这样的轰动性作品了？害怕那种大多数是黑人在演唱的快节奏的聒耳音乐？她听过一两次。她有点喜欢的。

“嗯，”她说道，“那个哈里今天肯定上下打量了我一番。”

“也许他对你有意思。”

“一见钟情？”

“跟你，罗丝——”黑暗中，她听到嘴唇咂巴的声音和液体潺潺流动的声音；保罗很快就把香槟酒喝了下去。“跟你，有可能的。挪过来，到保罗爸爸这儿来吧……”

罗丝发觉，她每到豪利和哈维兰音乐公司一次，就会强化一次那个年轻的歌曲宣传人对她的兴趣。有一次他从他的小隔间里突然探出身来问候她，既腼腆又紧张地介绍他自己。他一定是在六个不同的场合说了“我是哈里·波伦”。她从来就没有给过他好脸色，不是对他嗤之以鼻，就是立马转头走掉，可是这并没有让他胆怯。他老是跟随她，在她周边跳舞，像个着了火的稻草人一样挥舞着双臂。他的活力和热情让她疲惫不堪。他无休无止的微笑有一种令人快活的富有感染力的品质，不过她不会当着人的面承认这点。有一天晚上吃饭，保罗告诉她，哈里·波伦先生一定是热恋了。

“好啊，他最好给自己找个漂亮的丽贝卡小姐，因为罗丝不买账。”

保罗哈哈大笑起来，说：“我这样对他说过。他说他不在乎。他正在为你写一首歌，用他自己的时间。”

“老天啊。”她说道，吓了一大跳，连银叉上的牡蛎都掉了。

保罗叹了口气。“你的说话总归改不了原先的风格。要是有一天你被邀请参加真正的高档聚会怎么办？你可不能说‘老天啊，阿斯特太太’。”

9月的一个晚上，大约七点钟，曼哈顿大雨滂沱，北风凌厉，将秋天的忧郁气息吹过大街小巷，罗丝爬下双轮双座马车，朝豪利和哈维兰音乐公司的大门跑去。她本周没有演出。帕斯特安排了另一位歌手，一个名叫艾里什·特西的人。特西的身架像摔跤运动员，而且她的低音很差，可是她受到观众热捧，因为她会鼓励观众跟她一起唱。她排位第二。帕斯特先生将节目单的首位让给了“四个科汉①”。罗丝最喜欢的是年轻的乔吉②,他虽然喜欢自作聪明,却是一位出色的舞蹈演员。

她晚上没事,便找保罗去吃晚饭。她在黑黑窄窄的楼梯上往上走去,听到一架钢琴响亮地演奏着一首进行曲。很可能是公司新的军歌之一。

豪利和哈维兰音乐公司六点钟关门,但是大门不上锁。有两个小隔间亮着灯。一个小隔间里,长龅牙的西奥正在用蓝铅笔修改一份用打字机打出来的稿子。另一个小隔间里——谢天谢地,那人背对着她——哈里·波伦正在热烈兴奋地演奏那首进行曲。罗丝悄悄地坐到一张接待处的椅子里,希望继续不要引起人注意,等着保罗前来。

从前面办公室被雨淋湿的窗户照进街灯的光亮,在墙壁上投下不断变换的图案。这是令人伤感的图案,跟罗丝的心情很不协调。在她最近一次应聘的两周期间,那位匿名的粉丝每隔三到四夜便会送来玫瑰。除了第一次外,总是由一个送货员送来的,后来他就一直没有亲自现身。下一个星期一,她将重新登台演出。她心中充满了期待。

西奥坐直身子,伸伸懒腰,打个哈欠,台灯的光亮闪烁在他的眼镜上。当他注意到她坐在那个半明半暗的地方时,便走进接待区域,开亮电灯。

“你好,罗丝。我先前没看到你坐在这儿。”

“保罗在哪儿?他迟到啦。”她怒不可遏。天花板上突然的耀眼光亮一下子中止了哈里·波伦那个小隔间里的音乐。他在凳子上转过身来,咧嘴笑着挥挥手。

“保罗到百老汇宾馆去会见一个唱我们新歌的歌手去了,说他也许会迟到一会。有什么东西需要我给你吗?煤气炉上还有咖啡。”

---

①四个科汉,19世纪末美国一个歌舞杂耍表演组合,即父亲杰里迈亚·科汉、母亲海伦·科斯蒂根·科汉、女儿约瑟芬·科汉·尼布洛和儿子乔治·迈克尔·科汉。其中最有名的乔治·迈克尔·科汉是美国20世纪初著名的演员、流行歌曲作曲家、剧作家和制作人,一生创作了大量经典作品,如音乐剧《小琼斯》,包括经典歌曲《向百老汇致敬》《杨基格》。他最有名的表演是《啊!旷野》,最有名的歌曲有《玛丽是一个了不起的名字》《我是美国花花公子》以及获得国会特别奖的《在那里》。反映他生平的作品有影片《美国花花公子》和百老汇音乐喜剧《乔治·迈克尔!》。

②乔吉,即“四个科汉”里的儿子乔治·迈克尔·科汉,乔吉为乔治的昵称。

“不，谢谢你，西奥。”

“那我回去干活了。今晚我是‘先知’啊。”西奥为《每月》的几个栏目写稿子，用的是各种各样的笔名，包括“先知”“犬儒徒”“乐天派”等。很快，他的打字机慢慢地响起了嗒嗒的声音。真是个傻瓜。

“弗伦奇小姐？”

她深恶痛绝的事情来了。她转过头，一副装腔作势、神气活现的样子。“波伦先生？”

“你不叫我哈里吗？”

她不作回答。

“我说，你要是有片刻时间，请移步里面。”他说话有口音，她估计是欧洲犹太人的口音，这类事情她知之甚少，但口音不重，也许他在上英语课。

“波伦先生——”

“哦，请吧。我在写一首我自己的歌。到目前为止还只有旋律。你来听一下，好吗？”

他明亮的蓝色大眼睛和始终如一的微笑捣毁了她的抗拒。她要是不去，那么他就会永远在那儿甜言蜜语地恳求。她朝他小隔间的门走去。

“请坐。”他说道，激动得简直要跳起舞来。他连忙将一张直靠背椅上一叠豪利和哈维兰音乐公司的乐谱捧起来，砰的一声扔到地上。他在钢琴的一端小心翼翼地调整好椅子，接着，又用他快节奏的动作再次调整了一下椅子。他像一位彬彬有礼的绅士脱掉缀羽饰的帽子一样朝椅子做了个手势。傻瓜透顶。

但是，她坐下了。

哈里·波伦激动万分，将自己安顿到钢琴凳上，发疯一样翻着堆在钢琴乐谱搁架上厚厚的一叠歌纸和乐谱。他找到了他要找的东西。就一页，上面写满了乐谱，还有很多橡皮擦过的污迹。

“听，我希望你喜欢这首歌。”他将两只手交叉在一起，把指节弄得格格响，先调整了一下一只袖口，接着又调整另一只袖口之后，开始演奏。

她不得不承认，这是一首悦耳的乐曲。音调优美，但又有某种活力，尽管他演奏的节奏很舒缓。他演奏了一遍，跳回到过渡乐句，再次演奏了一下最后一部分,结束了轻声演奏的乐章。这首歌的结束正好跟西奥砰的关门声配合得天衣无缝。

“怎么样?”哈里·波伦问道。她发觉,他的“怎么样”有点颤抖。

“好的。”她说道,就像她说“哦,墙上有只苍蝇一样”。“这个值几何呢?”

他不明白,重复了一下:“值几何?”

“这歌值多少钱?”

“这个我不知道,我只知道我喜欢它。”哈里大胆地笑了,“想知道这歌的名字吗?”他将乐谱塞进她的手中。她看到乐谱的最上面有原先没有注意到的很像用木板印刷的两个字:

罗茜。

“我还没有写歌词,我的英语不是——不太好。不过我很快会试试的,然后——弗伦奇小姐!我做错什么了吗?”

她站起身来,将乐谱扔还给他。“你侮辱我了。你不知道我的名字吗?是罗丝,罗丝·弗伦奇,不是罗茜。你这是为别人写的。”

“不,为你写的!罗茜这个名字才是对的。你就是罗茜,哪怕你不叫自己罗茜。”

“听着——”

“它有特有音效——罗茜。它有你的火花。”

“你这个小犹太佬,你一定是喝多了。求求你别再跟我套近乎了。把你这卑劣的犹太歌留给你自己吧,我不感兴趣。”

她让自己的鞋后跟敲击出像他所演奏的那种进行曲节奏,砰砰地踩过那个木头地板的接待区域。豪利、哈维兰、德雷瑟那些先生干吗不把这个小犹太佬扔到大街上去?他跟他那些破烂玩意儿本来就是街头的烂货。

保罗噔噔噔地爬上楼梯,在楼台上撞见了她。他穿着通常穿的精致晚礼服,披着斗篷。他那顶高高的黑色丝绸礼帽上雨点闪亮。“罗丝,怎么啦?你看上去挺吓人的呢。”

“哦,我又跟那个新的歌曲宣传人说话啦。”

“哈里骚扰你了吗?”

“我把他晾到一边了。”她在很陡的楼梯顶头挽住他的胳膊，“我认为他已经明白了，我不喜欢犹太人。我们走。”

她回到帕斯特大剧院演出的第一晚，没有鲜花送来。第二晚也没有。她不担心，她扳着手指数时间，直到第三夜演出完毕，依然没有鲜花。

到了星期六夜里，她失望了。不管他是谁，他放弃了，他找别人去调整他的迷恋啦。

第二场演出显然不顺，走下舞台之后，她撞见了那个看门人老扎卡里。他激动得差不多是在跳舞了。“他又送来了一篮鲜花。跳下出租马车，冲到门边，说表示歉意，说他在芝加哥耽搁了几周。‘表示歉意’——‘耽搁’——你听过这么尊贵的话语吗？”

“别挡着我的路。”罗丝一面说，一面早已从他身边走开。

这次，一只很大的柳条篮子里装着三十六枝白色玫瑰。篮子的拎环上扎着一个闪闪发亮的缎子蝴蝶结。还有一张名片。

上面有名字。

威·范·埃尔斯特里三世。

第七十八章　乔·克朗

1896 年秋天，乔·克朗一天到晚就一门心思：必须打败布赖恩。麦金利州长——共和国大军喜欢叫他少校——没有退路，必须赢得大选的胜利，将美国带入精神正常的金本位制，这是价格保护的利益所在，也是结束草根革命威胁的需要。

由于麦金利的妻子身体欠佳，他宣布他将进行一场他称之为门前竞选的运动。他将只在俄亥俄州坎顿市他家白色房子的门廊上向他的支持者和表示祝愿的人发表讲话。马库斯·汉纳和他的共和党特务安排了特别游览列车，一个星期去七天，而党的中坚分子则到其他地方为候选人游说。9 月初，乔在芝加哥的一个招待会上就见到过这样一位巡回演讲人。他就是纽约市的警务处长，西奥多·罗斯福先生。

那天晚上，乔第一次近距离地看到了罗斯福。他虽然只有三十八岁年纪，身高六英尺还差好几英寸，但是他在满屋子年龄比他大、财富比他多的人中间却鹤立鸡群。他的笑容超凡脱俗，确切点说，他似乎是咬紧牙关、张开嘴巴、露出满口的白牙，然后保持这个姿势。他戴着一副吊着带子的夹鼻眼镜，翻领上一块很大的徽章活像一块金币，边上有一排字：“我们信赖老天爷，我们击败布赖恩。”

据说，罗斯福小的时候体弱多病。当然这种事儿无从知晓。现在他可是强壮结实得像一棵红杉树，他伟岸的胸膛和粗壮的胳膊似乎要撑破他的套装。他追求一种他称之为的苦其心志、劳其筋骨的生活，他的第一位妻子死后，他到达科他的崎岖地区去隐居了一段时间。他在那儿放牧牲口，教训了几个叫他“四眼狗”的粗鲁家伙，并且写了一本有关经营牧场的书。他在共和党的天空是一颗闪亮星星,他也知道这点。

罗斯福在一个小小的台子上向集会发表演讲。他的演讲风格趋于慷慨激昂型,他的嗓音很尖。这使得他一开始并不能让人感兴趣,但到后来他的魅力以及他信念的热度会将你征服。演讲结束后,乔介绍了自己。他和罗斯福各拿了一杯掺威士忌的潘趣酒。罗斯福呷了一口就不喝了。

说到布赖恩,他像一只猛虎。

“我对他点燃对有钱人仇恨之火的意志和能力绝对感到惊骇。我可以描述出对那些诉求有响应的人,无论是因为天灾人祸还是行为不法,他们总归是些生活中的失意之人。”

罗斯福的灰蓝色眼睛紧盯着乔的眼睛,仿佛在问他是否有胆量提出异议。乔不去想罗斯福自命不凡得不可原谅的话。他说道:“我不会斗胆去猜测那种事情。我从民主党人转变为共和党人,完全是因为复本位制这件事情。”

“不管什么原因,总归是一个值得称赞的结果。我们必须阻止那个人,克朗先生。我将全力以赴献身这项事业。下个月我将到每个小城镇作巡回演讲,会回到中西部来的。我的朋友卡伯特·洛奇正在进行竞选。卡尔·舒尔茨也是。”

“罗斯福先生,我是否可以换一下话题——”

“哈。”罗斯福居然用这样一种方法来发声,确切讲,这不是笑,而是爆炸性的言辞,“太正式了。叫我西奥多,我就叫你乔。”

“我很乐意,西奥多。我想问问你,你是不是认为美国跟西班牙会发生战争?”

“我热切希望如此。我认为屠夫维勒尔跟布赖恩是一丘之貉,也是一个要镇压的疯子。从更加广阔的格局看,我认为美国的利益必须得到满足,民主的领域必须扩张。你知道,我曾经是一名边境地区的居民。我有体会,挑战有益于健康,效果不错。古老的西部已经一去不复返了。六年前,我们自己的人口普查局宣布边境关闭,像弗朗西斯·巴克曼这样的历史学家也赞成。但是,美国人需要边境。在古巴,我们有边境。古巴已经在公开动员立场坚定、充满活力、脑子里有帝国思想的人。我认为战争完全有可能。一旦战争来临,我打算以某种身份上战场。”

掺威士忌的潘趣酒让乔的脸发热。很多宾客都在抽高档的哈瓦那雪茄，那香味儿令人陶醉——一种豪富阶层的香味儿。“我也想这样。”他说道。

“哈！棒极了！”罗斯福估量了一下他的年纪，“你还不算太老。无论如何还不能算太老。等我 10 月份再来的时候我们进一步讨论一下这件事情。”

第二天早上到了啤酒厂，乔又签发了一张支票给共和党人，这次是五千美元。他回到家里，忍不住说起罗斯福这个人，对他赞赏有加。一天晚上吃晚饭，他说起了罗斯福对维勒尔的看法。伊尔莎拿手支着自己的前额：“乔，乔——不要再说了。”

“你什么意思？”

“老是说罗斯福，罗斯福——顽固不化的想法。”

“你鬼迷心窍吧？你把赞扬一个头脑智慧、性格坚强的人当成了一种罪恶吗？”

“不是的，可是你经常这么说，坦率地讲，有点烦。”

“也许你觉得我做的每一件事情都烦。”

“乔，别说了。不完全如此。”弗里奇坐在长餐桌的一边，紧张地拿指头在用钩针编织的餐桌布上描摹其图案。伊尔莎说道：“我不喜欢这个罗斯福先生，也不喜欢一天到晚哇啦哇啦武力。我们干吗觉得古巴会发生战争？”

“因为古巴人正在为自由而战。”

“而且那些糖业托拉斯想要我们为他们的甘蔗地打仗。亚当斯小姐说——”

“又是亚当斯小姐！这倒是真的鬼迷心窍了。我们不需要这种鬼迷心窍。”

“乔，我希望你不要经常嘲笑我的朋友。她们都是受过教育的人，为他人着想的女人，她们的观念——”

“行不通，也不切实际。”

“你都不让我把话说完！”

“——完全跟这个世界的现实脱节。”

“你这也是在指我吗，乔？”

“你要是赞同她们的观念，那么是的。”

“是啊，我倒是还没那么好呢。你最后一次见奥斯卡·赫克斯哈默的时候，你说你叫他战争贩子。现在你自己听上去就像个战争贩子。”

“古巴的情况不一样。美国利益要求——”

“哦,看在老天的分上,饶了我吧!”伊尔莎大声喊道。她跑出了餐厅,乔和弗里奇面面相觑。

共和党人几乎像十字军征讨反基督教徒一样实施他们的竞选运动。每一个有演说才能的铁杆分子都坐火车或其他交通工具上路进行巡回演讲。罗斯福到密歇根州、印第安纳州游说,10月份他来到伊利诺伊州,10月15日急匆匆地赶到体育馆参加一个群众集会。那儿,他面对的是大约一万三千名如痴如醉的观众。乔·克朗作为一位重量级捐款人,坐到了保留席位上,距演讲者仅两排座位之遥。

罗斯福又是猛烈抨击,又是手势频频,又是砰砰砰地敲打讲台,汗流浃背地演讲了两个小时。他说,布赖恩及其追随者在哲学上是一群继承者,他们继承了几乎把法兰西给毁了的恐怖统治时期①那些发狂得热血沸腾的领头人的哲学。布赖恩的竞选助手阿尔特吉尔德州长赦免了一批暗杀罪犯。布赖恩的操盘手包括了芝加哥最不诚实的政客。

演讲结束的时候,会场沸腾了。“泰迪②!泰迪!泰迪!”共和党人热情地高喊着开始游行,就像民主党人对那位“普拉特的年轻演说家”一样。乔离开大剧院,心情好了一点。并非全国所有人都陷入了激进主义的精神错乱,谢天谢地。

10月份,共和党人还运用了受到牧师们谴责甚至受到社会最低阶层戏剧演员嘲讽的方法。罗斯福在体育馆获得胜利的前三天,纽约哈默斯坦的奥林匹亚音乐厅还推出了美国拜奥格拉夫电影制片厂的一个电影短片,题目叫《啊!麦金利在家——坎顿》。在这位总统候选人的全力配合下,电影短片重现了麦金利州长被告知他获得总统候选人提名时的情景。他们用竞选运动的专用资金印了很多拷贝,在整个中西部放映。这部影片在那儿被称作《麦金利少校在家》。

①指法国资产阶级革命高潮时从1793年10月至1794年7月实行的雅各宾专政时期。

②泰迪,西奥多的昵称。

乔不可能偷偷溜到市中心的哥伦比亚剧院去看这部电影。还是保守点好。但是尽管如此，假如布赖恩的一个忠实粉丝看了这部电影，放下手中托尔斯泰公爵的书，梳梳头发把它剪掉，然后去给少校投票，谁又会在乎其说服的方式方法有多不光彩呢？

上了年纪的卡尔·舒尔茨结束在纽约州乔治湖博尔顿兰丁的休养，在竞选运动接近尾声的那几天里来到了芝加哥。他只吸引了一小部分罗斯福的听众。

演讲结束后，乔和他的朋友舒尔茨到施洛克德国饭店一起吃饭。他重复了罗斯福的判断，跟西班牙的战争可能明年或者后年就会爆发。他重复了他想参战的愿望。“也许任个一官半职？”

“我帮不了你，乔。我已经好多年没在政府任职了。”

“行了吧，你在华盛顿有很多朋友，都是有头有脸的人。而且今后将有一个共和党政府。”

“干吗不去找你的朋友乔·坎农？乔叔叔三年前重新当选，成了众议院最有权势的人之一。给他写信。”

“上周写了。但我并不是在请求你。我看这个问题的方法跟格兰特和谢尔曼看某个战役的方法一样。目标是赢。人要是可以征召整一个军团，那就不会去跟一个团合伙。”

“你仍然在跟一个不对路的人说话。精神上也好，理智上也好，我都反对这个国家竭力将自己的政治意愿或者自己的商贸权势强加给比它弱小的国家。”

“为什么，卡尔？扩张主义是该党公开承认的原则啊，政纲里的要目。这也是人民普遍的思想倾向。”

“普遍的心理失常。这使得共和党人几乎像布赖恩一样卑鄙。”

“撇开观念不谈，我们很可能要打仗。所有报纸都这么说。”

舒尔茨哼了一声。“他们在精心设计战争。赫斯特，普利策——那帮混蛋。”

“即便如此，如果战争来临，我想要去当兵。而且，只要你能帮得上的，我就要请你帮忙。我以前从来没有请求你帮过忙。”

舒尔茨沉默了一会儿。“伊尔莎对这事儿怎么看？”

“她反对,很坚决。她像你一样,反对战争。不过,那无关紧要。”

卡尔·舒尔茨揶揄性质地长长瞧了他一眼。接着,他哈哈大笑起来,用德语说了句“固执的德国人!”

“固执?是的。上了年纪的特权。你会帮我吗?”

“当然。我可以反对战争,但我不可以忽视友谊。我会尽全力的,看在老朋友的分上。”

第七十九章　保罗

伊兹·弗劳姆在一个星期二的晚上杂耍演出结束之后放映了《瓦巴什炮弹快车》。保罗、沙多和吉米挤在放映室后面的一个用布帘围起来的小隔间里，祈望勒克索格拉夫放映机样机不会出纰漏。玛丽坐在最后一排，就在他们的前面，坐立不安。

伊兹·弗劳姆身着燕尾服，在幕布前亲自介绍了这部影片。他告诫稀稀拉拉的几位观众：体质比较弱的人，应该牢牢抓住他的或者她的座位，也可以选择离开。

他这话引来了窃笑和嘲笑。不过，没有人站起来走掉。小隔间里，沙多扳动开关，交叉着手指。当临时的布银幕上突然出现快速驶来的火车时，观众中不禁发出喘气声和喊叫声。

炮弹快车越来越大，仿佛直接冲着观众疾驶而来。此刻，火车头上排障器的细节已经十分清晰——上面的那个红旗徽章——甚至连铁路上印在那儿的简短醒目的广告语也很清楚了。“哦，我的天哪！”玛丽惊叫起来，这时顾客们从座位上跳起身来，在走道里推推搡搡，尖声大叫，发疯般夺路而逃。有三个人没能离开，因为被吓晕了过去。

“这太轰动了，你们看到了吗，它是如何清空整个剧场的？”弗劳姆用盐卤将三个晕过去的人弄醒，然后等他们全都踉踉跄跄地走出去之后说道。

沙多说：“可那并不是唯一目的——”

“挺棒的调味淡饮料啊，上校。我要你的电影——最少十部，一周内。我会租这台放映机，你培训一下我的侄子赫克，让他来操作机器。明天上午十一点钟来见我,我们写个书面合同。”

勒克索格拉夫这个四人组合的团体回到了码头区,喝了很多很多啤酒进行庆祝。

第二天上午,保罗的头有点痛,他问沙多:“这么短时间,我们到哪儿去弄这么多电影啊?”

“我们一定要拍的。你以为我干吗要雇你和吉米,当当花瓶吗?别皱眉头了,小子哎。这些都是我称之为‘开心的问题’。我们已经上路啦。我们要让伊兹·弗劳姆为勒克索格拉夫的电影大声疾呼,他会尿裤子的——而且会把他的钱包开得大大的。”

在保罗的记忆里,从来没有一个星期忙得这么不亦乐乎过。玛丽照管西洋镜放映室,他跟上校和吉米则坐在一辆租来的马车里从城市的这一头到那一头急匆匆地来回奔跑。他们拍摄了《杰克逊公园的夏天阵雨》和《谢里丹堡的军事训练》。他们拍摄《高架铁路绕弯》和《米洛教授的跳舞腊肠犬》。他们在屋顶上利用假的砖墙背景拍摄了《一盒喷嚏粉》,玛丽演打喷嚏。保罗认为,她具有非常好的喜剧天赋,她还在《蝴蝶少女之舞》里演得相当优雅得体,表演过程可谓尽善尽美。其间,她穿了三层戏装,除了她的双膝有点痒痒,其他一切都好。

他们让吉米和一位码头区的少女当演员,拍摄了《燃烧的嘴唇》,这场戏直接模仿爱迪生电影中一个最轰动的情景,四十二英尺胶卷不间断的长吻,那是百老汇的演员梅·欧文和约翰·赖斯演的。他们来到埃尔金,拍摄了《手表厂的工作》;来到了克拉克大街,拍摄了《有轨电车来了》。当保罗在铁轨边架设摄影机的时候,沙多跑去将钱塞进两个警察的手中,于是警察阻止了所有车辆,只放行了那辆正在驶近的有轨电车。路边上,吉米正在跟两三个看上去挺下流的姑娘调情,告诉她们他是一位多么了得的舞蹈家。“过来,道斯。”沙多大喊道。

吉米缓缓地走上街面,一副不高兴的样子。沙多跺了一下脚:“把你的屁股移得快点!我付你钱不是让你用我的时间来给你的那些‘褪色柳’排队的。”

吉米脸红了,说道:“你是要我来摇曲柄吗?”

“达奇摇曲柄，他更稳点。你扶住三脚架。快点，快点啊，有轨电车来啦。”

第一单“淡味饮料”引发了轰动，尽管只有一台放映机，两部片子之间需要等两分钟。伊兹·弗劳姆要求上更多影片——每两周五部新影片。但凡有一个好机会之处，必然有其他好机会。沙多把他的西洋镜放映室出租给了两个码头区的中年企业主。他亲自将卡片从那台放映《红袖劲舞》的机器上拆下来，关掉了后面的放映室。他不想让警察或者那些邪恶的社会改革运动斗士来干扰他的灿烂前景——一个新的更加巨大的摄影帝国，在这个帝国，小小的色情图片没有立锥之地。他重新组建了公司，现在是“全国勒克索格拉夫电影制片公司”。

沙多驾驭着好机会的大潮，带着他的雇员们一起奔向前所未至的彼岸。他找到了一个可以处理胶卷的商业摄影棚。他让他们为他冲洗负片并制作拷贝。尽管如此，时间还是不够，没法到外景拍摄地去拍摄“一分钟纪录片”——上校喜欢这样称呼这些影片——与此同时，也没有时间在地窖里制造第二台放映机，因为他了解到，印第安纳波利斯的一家杂耍剧场听说了弗劳姆的成功，欲效仿之。

整个夏季和秋初，保罗经常疲惫不堪得迷迷瞪瞪。他一晚上睡四个小时，要是幸运一点，五个小时。他们每天清晨六点晃晃悠悠地出门拍摄，直到黄昏日落才打道回府。

凌晨一两点钟，他们拟订准备拍摄的主题。《舵工游行》《公园警察，骑马和训练》。保罗看到过一部吕米埃公司在凤尾船上拍摄的电影《威尼斯大运河》的资料，还看到过《尼亚加拉瀑布峡谷》的有关资料，这是爱迪生的主题，是在尼亚加拉峡谷铁路上的观光车里拍摄的。受到这些电影的启发，便有了他们在林肯公园阳光明媚的水面上愉快滑行的《潟湖上》。为了防止吉米的反对，保罗说他来划桨，吉米在划艇的船头拍摄。吉米自己也有一个主题——《弄肥皂泡》——沙多私下里说这主题是猪脑子的玩意儿，但是观众喜欢，掌声连连。沙多的天赋是鉴别能力强。一个无风的日子，在屋顶上，他架好摄影机拍摄，这样阳光便把肥皂泡照得闪闪发亮。作为一个自学成才的人，他的目光异常敏锐。但是，世界上有谁能够用其他方法培训这门崭新的工艺呢？

保罗细致观察这位冷酷无情、满嘴脏话的导师,刻苦学习。他先是绞尽脑汁想象什么样的好背景能博取人们的欢心,然后再植入动作要素。他躺在那儿,本该睡觉了,却还是醒着,在脑子里排布着摄影机的拍摄位置。

竞争同行们正在拍摄舞台上的短剧目。这使保罗想到了弗里奇以及她所崇拜的那些作家。一个深夜,在他们的一个头脑风暴会议上,他几乎是怯生生地提出了一个名字:“莎士比亚?”沙多简直要疯了。“我不喜欢故事,但那家伙的故事倒是无与伦比。他的事儿我全都是从我的演员朋友那儿听来的。让我想想,让我想想。”他揉着自己的太阳穴,“那个黑鬼杀他老婆的剧是个什么剧?”

“我认为是《奥赛罗》。”吉米交叉着双臂,目光看向别处。

“我们试试这个。”

他们招募了一个名叫威廉·索姆斯的黑人,他在码头区的好几个酒吧里干门房的活儿。索姆斯四十岁左右年纪,性格温柔,生性害羞,但是身高马大,肩膀宽阔,双臂有力。沙多还雇用了邻近地区一个名叫凯蒂·费沃斯的妓女,她小巧玲珑的身材,一头金色卷发。一开始,听说跟黑人合作,她不太热情,但是当她听说这是要拍那种新奇的玩意儿电影,她改变了主意。

屋顶上,来自芝加哥的那个摩尔人①穿着一件玛丽将圣诞节用过的闪光金属绳缝到了上面的晨衣,紧张地跟来自妓院的同样紧张的苔丝狄蒙娜聊着天。凯蒂·费沃斯穿着一件领子上镶了花边的浅灰色睡衣,裸露着白皙的脖子。实际上她穿着这样的服饰看上去挺动人的,几乎给人纯洁无瑕的感觉,保罗心想。背景是那堵砖墙,只不过重新画上了《天方夜谭》的拱形门窗。保罗的床是唯一的道具。

“扼住她的脖子!”他们开始摇动曲柄,沙多大声喊叫道。

“我不想弄疼你,费沃斯小姐。”威廉·索姆斯说道,一面小心翼翼地将右手放到她的脖子上。他龇牙咧嘴,她翻着白眼。他们颇为迟疑地前后摇晃着。最后,索姆斯将他的牺牲品推倒在床上。她紧紧抓着自己的额头,断气死亡。

沙多退后几步。“糟透了。威廉,你表演得像在摆弄一个瓷娃娃。这个淫妇

---

①那个摩尔人,指莎士比亚戏剧《奥赛罗》中的奥赛罗。

背叛了你,跟其他男人睡觉啦——对吗,保罗?"

"嗯,他认为是这样。事实上——"

"你对这事儿火冒三丈,威利。狠狠地摇晃她!滚动你的眼睛!咆哮!拍电影要花钱的。这次别演砸了,否则别想拿钱。"

这一提醒使威廉·索姆斯演得十分精彩,博得了每个人的掌声。他用双手扼住凯蒂·费沃斯的脖子,十分凶狠地摇晃着她,弄得她用窒息的声音骂出一连串下流话。威廉滚动着他的眼珠,遵照指示露出咬牙切齿的凶相。他的下嘴唇上出现了一团口水,这使得沙多狂喜不已。接着,凯蒂·费沃斯也演得额外卖力,她的一条腿连续挣扎了一阵子,她的身子在床上不断抽搐,然后叹出了最后一口气。

当保罗停止摇动曲柄之后,威廉·索姆斯跪倒在凯蒂身边,揉着她的双手,一个劲儿道歉把她折腾得这么粗暴。她坐起身来,揉着自己红红的脖子。"哦,没事儿,稍稍搽点膏药就没事了。我自己也入戏了。有点有趣的,是吧?"

《莎士比亚的苔丝狄蒙娜之死》在弗劳姆音乐厅的首映引起了轰动。女人们掩住自己的眼睛尖声大叫。男人们从座位上跳起身来高声呼喊:"弄死那个黑鬼!"性情温和的索姆斯虽然害怕但也骄傲,不得不从一扇边门偷偷溜出剧场去。

日复一日的东奔西忙、给本来禁止他们踏入之地的管理人员行贿以便给他们行个方便、设计主题、赶在弗劳姆强加给他们的最后期限前交货,营造出一种无尽期的危机氛围,这样的氛围下,也就是年轻人或者像沙多这样有动力的年龄较大的人才能苟延残喘。对保罗来说,紧张的工作帮助他模糊了贮存在脑海深处的圣詹姆斯教堂外面的情景,也帮助他淡忘了此后有关婚宴报道的记忆——报纸刊登了大量的细节,令人心痛。他故意让自己忙得疲惫不堪,随着日子的一天天过去,有一些痛苦减弱了。

但是并非全部。有一些痛刻骨铭心,永世难忘。

逐渐地,也没有任何刻意的计划,保罗成了沙多员工中间地位较高的职员。上校有问题,总是问保罗,而不是问吉米。当保罗和吉米一起在地下室里帮忙制造新的放映机的时候，吉米老是诈病——出去抽根烟或者歇一会儿——反正想方设法找借口偷懒。他就是不感兴趣。保罗已经感觉到了吉米因为他们的地位发生变化而产生的恨意，他对人类这种矛盾的行为感到惊讶。吉米对自己的失宠也有办法转化，他把责任归咎到别人头上。

当上校跳上火车将他的第二台放映机——第三台也造到了一半——送到印第安纳波利斯出租时，保罗负责两天的拍摄工作，他们不敢怠慢。他和吉米花钱进到了棒球公园，将机位架到靠近白袜子队的长凳上，拍下了主场队输给对手的场景。看台上坐满了佩戴着麦金利或者布赖恩徽章和缎带的人。保罗再次发觉，大多数活儿都是他在干。吉米大部分时间都靠在一个包厢的栏杆上，跟一个其貌不扬但穿着考究、胸部丰满的女人闲聊。

当比赛结束、影子拉长的时候，他们在安静而又空旷的公园里折拢勒克索格拉夫三脚架，把他们的设备装进箱子。保罗说道："吉米，你不太喜欢这项工作，是吧？那你干吗还待在这儿？"

"没办法，我暂时没有出去走动走动。"

"这什么意思，走动走动？"

"你不会明白的。这么说吧，我要等找到更好的工作才走。"

"怎么可能有比这个更好的工作呢？"

"这个赚几个小钱的垃圾活？达奇，你这人真不可思议。"接着，他用手肘轻轻推了一下保罗，咧嘴笑着，"嗨，你看见那个女人了吗？她是有夫之妇，是她老公在那儿订的包厢。可他今天来不了。她说他很少给她想要的东西。我要对沙多说我肚子痛，今晚不能到地下室去工作了。我要带那位女士出去跳舞，然后我要把她带到巴克斯鲍姆宾馆去，跟她跳另一类舞蹈。"

保罗跪在地上锁好箱子，一直没有将自己的脸正面对着他，以掩饰自己对吹牛和吹牛人的厌恶。

阳光明媚的门廊上，麦金利夫人坐在一把很大的柳条摇椅里。大门开着。少校走出门来，后面跟着另一位先生。人群中爆发出口哨声和掌声，欢迎这位总统候选人。

“那个人是麦金利的秘书乔治·科特柳。”沙多在旁边的位子上跟他咬耳朵。

少校仔细看了通知他获得总统候选人提名的电报。他看上去很开心，把电报递还给他的秘书，然后摘下帽子。一块很大的白色手帕从他口袋里掏了出来。保罗坐在那儿，看得入迷了，银色的影像在他的脸上闪烁。

少校抹了一下自己的眉毛和面孔。接着画面突然消失了，留下空白银幕。一道扇形的平绒幕布从上面落下。礼堂里的电灯亮了，掌声渐渐止息，观众站起身来离去。

《麦金利少校在家》持续了一分钟稍稍多一点。选举日是星期二。据推测，这部电影将在此后被撤回。保罗和沙多这是第二次来看这部电影了，为了学习其技术。然而，没有多少技术可以学习。摄影机就架设在麦金利家草坪上的一个固定地点进行拍摄。尽管如此，其真实的场面迷倒了保罗。

沙多也一样，他们沿着走道走去时，他说道：“这就是电影的天生魔力，达奇。真事现场，以前从来见不到的面孔、到不了的地方。那套法国设备拍摄了《俄国沙皇的加冕典礼》。爱迪生那帮人拍摄了《中国总督来到沃尔多夫宾馆》。每个人都到了现场。”

“这电影要是我们能拍就好啦。”

“一点机会也没有。这买卖全给拜奥格拉夫垄断了。总统候选人的兄弟阿布纳在该公司有股份。前任总统哈里森也一样。这家剧院的老板是一个共和党人。我们也许应该拍摄我们自己版本的麦金利——”沙多正在瞄着一个身材很好的出纳员，她刚带着一只铁皮现金箱子从她的小隔间里出来。“找一个能冒名顶替少校的人，把他安顿到北岸的一幢漂亮白房子里，就叫它坎顿——听着，对不起。别对玛丽讲我去哪儿了。”

上校快速地朝那位出纳员走去，鞠了个躬，挥舞了一下他的阔边帽，然后开始跟她咬耳朵。出纳员咯咯地笑着。他拉住她的胳膊。保罗一个人回家去，被沙多那种兴高采烈的道德败坏逗得心里乐滋滋的。真是奇怪，这种事情他可以宽容上校，却会鄙视吉米·道斯。他希望吉米再去走动走动，无论走到哪儿都可以。他在躲避什么人吗？保罗会感到惊讶才怪呢。

威廉·詹宁斯·布赖恩像内布拉斯加的旋风一样，一会儿刮到东，一会儿刮到西，在各种各样的演讲台上发表他的“演讲”。威廉·麦金利则坐在坎顿家的门廊上，让其他人为他作巡回演讲，包括一个替代品——一条赛璐珞片子上的一个面貌相似的人，胶片从一个照亮的箱子里拉过去，一次一个画面。谁也无法判断这次总统竞选在多大程度上是受了《麦金利少校在家》的影响，这部电影几乎是11月3日之前三周就在大城市不断播放。唯有结果是不会弄错的。布赖恩输了，在全民投票中少了六十万张选票。美国参议院和众议院两院重新由共和党人掌控。正派体面的人们又可以高枕无忧了。复本位制这条恶龙引颈受戮。

11月，乌云滚滚，阴雨绵绵。保罗和每个芝加哥人在冷风中嗅到了冬天的气息。

沙多的疯狂步伐从未放松。他目光呆滞地辗转于摄影机、地下室、火车站之间。他奔波在城市群里，寻找电影的销路，讨价还价做生意，击退竞争同行。最大的竞争对手便是爱迪生维塔放映机，他们由拉夫与甘蒙这个团队领衔，这些人就是在国内开发爱迪生西洋镜市场的专家。

沙多将第三台放映机投放到路易斯维尔的一家杂耍剧场，并且签了密尔沃基的第四台放映机。他在皮奥里亚租下了一家已经停业清空的男士服饰用品店，打算自己举办商店秀。他向保罗解释说，他将用低薪在当地雇用一位操作员兼经理，所有的利润都归公司。当然，前提是人们来看表演。那家杂耍剧场早已经凝聚了相当的人气，沙多的电影在那儿放映，每张卖出去的票他提一小点成。但是，在没有杂耍表演的地方，也许前景并不十分光明，皮奥里亚的账本上可能会出现赤字。但是，他想要试试：

“止步不前，就无立锥之地。而且这家公司一定会成功的，信我没错。”

“我信。”保罗说道。

12月份，他们为当地的观众放映了《“澡堂子”阁下》。那是一个清新寒冷的冬日，阳光像钻石一样坚硬。那天是第一选区在第七团军械库举办舞会的日子。

舞会由科林斯和肯纳主持，是为春季竞选运动筹募资金的一个主要活动。

不管在芝加哥哪个邪恶地区做生意的人都得买票。整夜,赌徒、皮条客、鸨母及其没脑子的手下,就会在那些球形大酒杯之间和五彩纸屑之间进行社交活动,在打过蜡的地板上跳舞、喝酒,在私密包厢里干些其他开心的事情,那些包厢都配有绿色植物、爱国旗帜、广告海报——还有围帘。

"澡堂子"穿着他为今晚计划在八点开始的欢乐活动特地选择的服饰出现在了军械库外。保罗想,这电影要是有色彩就好啦,因为"澡堂子"是个爱炫耀的主,台球桌绿的燕尾礼服、鸽灰色的马甲、淡紫色的裤子和领带、桃红色的手套、黄色的轻便鞋子,还有一顶黑色的高顶大礼帽,整一个哗众取宠的壮观景象。

沙多介绍了他的工作人员。"澡堂子"望着保罗,然后望着吉米:"你这两位伙计我见过。"

"赛马场上。"吉米说道。

保罗说:"我们第一次见面是在鲁尼摄影圣殿。"

"你说得对。两位进军新领域啦,啊?到处都时兴的电影。我喜欢这现代化的玩意儿。呃。"他们一一握手。

保罗遵照沙多的指示,将勒克索格拉夫摄影机架设好,拍摄这位在军械库的石墙前面大步走来走去的市政委员。各种干扰不断,一会儿马车来了,一会儿装卸工来卸一箱箱的啤酒和红酒了。"这不是很棒吗?""澡堂子"朝那些马车夸张地挥了一下手说道,"最好的民主作风,对吗,小伙子们?"

"请别停步,市政委员。"沙多通过保罗此前从没见过的一个小喇叭筒喊叫道。他认为这太卖弄了,但这就是沙多。今天这个场合,上校戴上了他最精致的白色阔边帽,穿上了燕尾礼服,扎了一条飘垂的领带。

"澡堂子"微笑着,一只手放在他的大肚子上面,一只手放在背后,朝镜头鞠了一个躬。保罗摇着曲柄,直到胶卷拍完。

"小伙子们,这个挺好玩。"市政委员再次跟大家一一握手,"你们在弗劳姆音乐厅首映的时候我会坐到第一排去看。给你们舞会的票子,每人一张。有些票子还可以免费喝酒。"

保罗摇摇头。"谢谢,可是我累了,先生。我可能不参加了。"

"你要参加的,这个舞会值得一看。"沙多挥舞着他的小喇叭说道。他拿科林斯也在狂喝的酒瓶子喝下几口酒，显得异常兴奋。“你会很快乐呢，深情地记着它呢。估计你不想染上花柳病。”

沙多说得对，这舞会还真的值得一看。

到七点半的时候，就有好几千人拥进了军械库。到了十点钟的时候，“澡堂子”约翰和“不诚实的丁克”带领着这支恢宏的队伍已经在这宽大的空间里尽情欢乐开了。保罗跑回到自己的屋里，穿上最好的衣服，还在头发上抹了一点望加锡发油。此刻，他端着一杯啤酒站在那儿，对着这壮观的景象痴痴发呆。

登场的男妓穿什么的都有，有晚礼服，也有花哨的套装。年轻妓女的打扮花枝招展：脚上有穿木头鞋子的，头上有扎黄色带子的，身上有穿美洲印第安人的束腰外衣的，头上还加了羽毛头饰，也有穿舞会礼服和结婚礼服的。一个面孔雪白的日本艺伎在他脸上湿湿长长地印了一个吻，悄悄对他说，今晚她的亲吻是免费的。他轻轻拍拍她用珍珠发夹别起来堆得很高的墨黑头发。“谢谢。过一会儿吧。”

服务员端着一盘盘的啤酒和威士忌简直是在奔跑。跳舞的人们和着华尔兹舞曲、肖蒂什轮舞曲、波尔卡舞曲到处旋转。每隔一个小时，台上就换一拨新的乐队。乐队的目的是制造声音，而非小心翼翼地演出。伯恩哈德的德国乐队是子夜到的。到那个时候，保罗已经喝下很多啤酒了。他朝楼下的男厕所走去。要到男厕所，他得穿过调酒的小隔间那边一个黑乎乎的区域，撞上了一对正站着偷情的人儿。

回到楼上，他撞见了一个小巧玲珑的金发碧眼妓女，名叫蒂皮，他在洗衣店工作时就认识。他们热情拥抱并互致问候。蒂皮楚楚动人，他一直很喜欢。他们拉着手，他在重新续满他们的啤酒杯之后又偷偷地亲了她几回。

当伯恩哈德的德国乐队奏响一首波尔卡舞曲之后，蒂皮拍着双手：“保罗，你知道怎么跳吗？”

“知道，几年前我姑妈在柏林的露天啤酒屋教过我。不过我跳得不好。”

“没关系，来吧。”

吉米穿着一套廉价的彩格呢套装，带着一个码头区的姑娘碰巧从边上路过，姑娘名叫胖妞玛丽，名副其实。他听到了他们的交谈。他紧盯着保罗说：“来吧，玛丽,我还只有膝盖高的时候就是波尔卡冠军啦。我们跳给他们看看。”

“哦,吉米,这又不是比赛。”保罗说道,想用哈哈一笑搪塞过去。

“怎么,怕你看上去像根木桩吗?”

保罗火了。“见鬼,我才不怕呢。”他拿一条胳膊搭住蒂皮,“我们走。”

“谁先趴下谁就是癞皮狗。”吉米说。他赶紧把他的搭档带到打蜡的地板上,搂着她伴着乐队的嗡姆吧乐声旋转了起来。

保罗和蒂皮很快便跟上了他们。这金发碧眼的小女孩轻佻地哈哈大笑着,紧紧抓着保罗的手和腰部。一对对舞者飞快地旋转而过,其中一对便是吉米跟他的舞伴。胖妞玛丽香汗淋漓,从额头到下颌都变成了深红色。

保罗带着蒂皮一圈又一圈地旋转,越跳越快。他们仿佛驾着一阵强大的狂风飞翔。蒂皮紧紧搂着不放,开心极了。他们旋转,行屈膝礼,旋转,行屈膝礼……

突然,他们背后,吉米大叫道:“哦,基督啊!”

蒂皮喘着气说道:“他倒下了。”

保罗立刻停下,把蒂皮领到边上。吉米站起身来,靠在胖妞玛丽的身上。接着,他一瘸一拐地走到最近的一只箱子那儿,靠着箱子,将右脚踝搁到他的左膝上揉着。胖妞玛丽扶着他的一条胳膊表示同情。吉米朝她吼叫。保罗在一片喧闹声中听不清他在说什么。但吉米的双眼说明了一切。

“我们要停下来吗?”蒂皮问。

理智要求他说是的。可是,啤酒带来的一时之勇以及对吉米的憎恨令他说出了:“不,我们跳舞。”

第二天早上保罗在蒂皮的床上醒来,舌苔皮很厚,满嘴的酸臭味道。他的脑子里立刻闪现出他跟蒂皮结束那支波尔卡舞曲时吉米的双眼,吉米愤怒的双眼。

当天晚上在他们的房间里,吉米说道:“我不会忘记你在大伙儿面前是如何对待我的。你在地板上四处乱转,幸灾乐祸。”

“吉米,我是想要道歉。我啤酒喝多了——”

“去你的吧,我不需要你的道歉。从现在开始,我们还得在一起干活,但我们不再是朋友了。听明白了吗?”

他滚过身子，狠狠地捶着自己的枕头。保罗仰躺在床上，心里闷闷不乐地默念：“好像我们有机会成为朋友似的……”

保罗给在西弗吉尼亚州查尔斯顿的韦克斯·鲁尼写了好几封存邮局领的信。1897年年初，他终于收到了回信。信里传达了一些信息。

从有些方面讲，生活对我来说没有之前艰难。尤其是我在露西尔·萨格斯沃思太太的家庭旅馆找到了一个房间。她是个聪明人，烹饪技术高超，但是大多数土老帽客人都不会欣赏，而且她性情温和，待人热情。露西尔去年丧偶。我们成了亲密的伙伴，懂我的意思吧。

信里面也有一些抱怨。

我在查尔斯顿努阿吉照相馆干得并不舒服。所有的尖叫、哭泣似乎都让我给接收了，那些脾气很坏的小孩子，他们的父母都是白痴，总想他们的子孙后代名垂千古。昨天，就有一个这样的小淘气——还只有四岁呢——我刚才调整她姿势的时候她拿小牙齿咬住了我的手腕。老天保佑我千万别得狂犬病啊！！

更加要命的是，接着，他们要求我在印出来的照片上把这些小妖精的宝贝小嘴唇和小脸蛋都着上色。我倒是宁可把他们的眼睛描描黑，遮住几颗牙齿——结果越丑陋，生命就越真实啊！

对我总的生活环境，我很难用语言描述，我只能说这个地方是一个文化荒漠。在查尔斯顿，比较有知识的谈论主题就是本堂牧师在偷偷喝酒、家中宠物和农场里牲口的特点是什么之类。但愿我的精神能够正常。

信里面还有不可避免的劝告。

你现在在干电影这个全新的行业，不管怎么样，千万记住两个关键字：

诚实。诚实!!

我真诚地希望你很快就会宣布,你打算成为一个公民。这是一块伟大的土地——不,无与伦比的土地——而且我说这个话是基于我完全了解我们美国人以及我们的制度在道德上、法律上、总体上都还有缺陷。我说这个话是基于我知道红种人被剥夺了他们的土地,黑种人也正在飞快地被剥夺他们好不容易赢得的权利——即便白种人,假如他出生在地球上一个错误的地方,说的话语带有奇怪的口音,那么也经常会感觉自己是社会的弃儿。

尽管如此,美国有无可比拟的机会,有举世无双的观念,美国虽然远非完美无瑕——假定她永远是不可能完美无瑕的!!——但是她鼓舞我们不断向前。当你意识到这些话是出自一个他自己从来也没有把这样的机会转化为利益的人之口,你肯定会重视我的话的。我坚信不疑。所以,千万别彷徨,千万别放弃成为一个公民的想法,虽然在这儿生活的有些方面的确让人失望。

你永远的,

韦·鲁尼

保罗把信放到一边。韦克斯或许也会失望。保罗将待在美国,尽他最大的可能更多地学习这个新的行业。但是公民身份?不,由于他已经失去了朱莉,所以他对这事儿就再也没有什么兴趣。伍珀塔尔市的面包师说的关于美国的话似乎更为真实。

1897 年 2 月,重量级拳击运动员、世界冠军詹姆斯·约翰·科贝特已经开始训练,准备跟鲍勃·菲茨西蒙斯进行卫冕的一决雌雄。吉米先生将于 3 月 17 日在内华达州的卡森市跟挑战者对垒。好几个星期,但凡有一滴体育血液的人都在谈论这项赛事。

“真是太倒霉了,我们没法买张火车票到那儿去拍摄。”保罗一天晚上在吃晚饭时说道。

沙多说:“不幸的是我们没有受到邀请。我们提供不了合法的证明。”他擦着自己的手指,仿佛在抚摸看不见的金钱。"伊诺克·雷克托的维里斯科普公司拿到了一张拍摄这场拳击赛的特别许可证。"他把玛丽煮过头的意大利细面条卷到自己的叉子上,卷成一根绳子一般,然后吸进嘴巴里去,明显地可以听到"啪"的一声。"不过别担心。我们也会去拍摄的。"

"啊?"就这一次,他的话引起了吉米的注意,"你刚才说——"

"我们要拍摄的电影,孩子们,就是我称之为的孪生品。我已经租下了一个场地,惠顿附近的一个农场。我到芝加哥河的码头去侦察过了,看有没有潜在的极相似的人。我发现了我们的科贝特,但还没有找到我们的菲茨西蒙斯。我会找到他的,还有三周时间呢。"

"你是说我们要伪造一部电影?"保罗说道。

从沙多的话音里听出他似乎受到了冒犯。"这儿谁说了算,是你还是我?别以为只有我们美国勒克索格拉夫电影制片公司在干这种事情。我收到了费城西格·卢宾的一封信。他正打算干同样的事情。雷克托的电影将单独在芝加哥的一个剧场上映。那么假设一下,伊兹·弗劳姆会干吗呢,坐在一边哭泣?他是个稳定的顾客——他也应该获得一部拳击赛的影片。我们要把我们的版本做得百分之百精确真实。"沙多砰砰地敲着桌子。

保罗无言以对,吉米欣喜万分。

4月份,拳击比赛二十天之后,雷克托的真正版本计划首映的前一周,他们带着一马车的设备和板材来到了惠顿。他们在一块地上搭建了一个摇摇晃晃的拳击台。第二天下午,吉米、保罗、上校正在拉绳子,两名码头装卸工出场了。一名好像有点低能,另一名呼出来的气闻起来就像一个酒桶。

第二天上午,在大伙儿睡觉的农场主的谷仓里,两名码头装卸工穿上了紧身衣,戴上手套。这两个人跟科贝特和菲茨西蒙斯的照相版肖像只是略有相似之处,被选作代表挑战者的这个人至少有部分秃顶。

摄影机被提升到拳击台旁边的一个用支柱架起来的高台上。沙多大呼小叫,呐喊助威,仿佛这是一场真正的拳击赛似的,结果当然无从知晓。在一棵尚未发芽的榆树下,玛丽耐心地守护着一大篮冷牛肉三明治和阿波利纳里斯牌瓶装水,这都是买来让两位格斗者不断补充能量的。

这一次,沙多亲自拍摄。保罗手里拿着一份《论坛报》,坐在摄影台前面一个角落的凳子上。有关卡森市的长长报道他已经看过十几遍了,还标注了很多重点。吉米穿着一件条子衬衫,戴着一顶布帽子,坐在边上。他的脖子上用一根带子挂着一个裁判哨。农场主跟他儿子扮演两个拳击手的助手,沙多辅导过他们,怎样在两轮比赛之间使用水桶和海绵。

沙多开始摇动曲柄:“开始。看报纸,达奇。”

“第一回合。康沃尔郡人开始打斗时好像在摇晃,脚步不稳,这时吉姆先生在他的角上稍稍跳跃一下。菲茨西蒙斯挥动拳头一个刺拳,没有打中。科贝特一记左刺拳,打中了他。”为了扮演科贝特,把头发染黑的码头装卸工根据要求打出了左刺拳。假菲茨西蒙斯踉跄着。保罗想到了韦克斯关于诚实的告诫。他的良心极度痛苦。

“又一拳打空,除了空气什么也没打着。然后,世界冠军回击,又是剑刺一样的刺拳……”

如此循环往复,一个回合又一个回合,只是在摄影机重新装胶卷和演员休息的时候停顿一下。

在真实的拳击赛中,十五个回合的比赛打到第十四回合的时候,吉姆·科贝特轻率地放松了警惕,遭到重创的康沃尔郡人一记很重的勾拳打中了他的腹部。这一记后来被称作心窝击打的重拳将科贝特打得仰面倒在地上,一直到裁判数到十也没能起来,拱手让出了冠军头衔。他们在下午一点十分以击倒对手结束了这个孪生品的拍摄。他们互致庆贺,用一加仑大瓶劣等威士忌进行庆祝。

美国勒克索格拉夫公司关于科贝特–菲茨西蒙斯拳击赛的“独特”电影(“一部戏剧性的代表作”)4 月下旬在弗劳姆音乐厅公映。尽管正版的雷克托电影也在放映,但是沙多十八分钟的精彩版本卖座率更高,超乎伊兹·弗劳姆的想象。

这使得保罗的理想进一步破灭:

“公众难道不知道区别吗?”

“他们肯定知道区别。”上校说道,“你忽视了一个要点,小伙子。他们不在乎。对大多数人来说,任何电影都是一个新奇玩意儿。”

“嗯，就像我第一次胡说八道的时候你提醒我的那样，这是你的买卖。可是我必须把我的想法说出来。我认为我们不应该拍摄这种冒牌的东西。我们应该到事情的发生地，把真实的事件拍回来，而不是仿冒。”

玛丽已经吃完了饭，正在擦她的指甲。吉米又用叉子叉了三根猪肉香肠。沙多用极其讽刺的口吻说道：“你难道忘了我们没有受邀去内华达吗？”他重复了一下他那个抚摸金钱的手势。

“可是有我们可以去也应该去的地方啊。你自己也这样说过，你雇用我的那天晚上。我印象深刻。”

“是啊。”沙多仔细打量着他的这位助手，脸上的笑容十分勉强，“你真的认为我们绝对不可以制作表演的电影吗？”

“除非很明确地是个剧本或者是个小故事。如果这样很愚蠢的话，那么对不起，我就是这样的感受。”

“天哪，达奇。”吉米说道，“你这谱摆得太大了。”

“等等，我们说下去。”沙多说道，“达奇，我敢肯定我说那个话的时候是真诚的，尽管坦率讲，说过什么话我已经记不太清了。但是我相信，勒克索格拉夫仍然能够也应该去任何地方。问题是，眼下，我们没有条件走出这个县到更远的地方去。我们腾挪的空间有限。进账的每一分钱都用于购买原材料或者其他配件来制造另一台放映机了。这些冒牌的东西——你称之为的伪造——它们就是收益。而且我要再次告诉你，大家伙都在干。维塔格拉夫电影制片厂的史密斯和布莱克顿在新泽西州帕塞伊克的乡下拍摄瀑布，他们在东部沿海到处放映那部片子，把它叫作尼亚加拉瀑布。那些观众像发了疯一样。就我在报纸上所看到的，迄今为止没有人——没有一个人——举起一只手说，‘哦，先生们，等等，等等，那不是帕塞伊克吗？我不看了！’假如人们相信伪造的就是真的，那么伪造的更容易，谁会受到伤害呢？”

“谁？我不知道。但是诚实会受到伤害。”

“好吧，等我们有条件的时候，我们可以送你和吉米带着摄影机到该死的全世界去。等我们有条件的时候——这些话你给我记着。”

保罗一言不发。沙多看上去精疲力竭，他的眼睛下面呈现出很黑的眼圈。

现在不是死守电影哲学的时候。也许沙多的确是相信正确的电影哲学的,只是像他说的那样没有条件罢了。

沙多打了个哈欠。“玛丽,我可以再要点咖啡吗?我得到楼下去,但首先我得醒着啊。”

“你干吗去,制造那台新放映机吗?”玛丽问道。

“是啊,有更多功能的那台。保罗,你还是准备帮我吗?”

“当然。”

吉米的眼睛没有掩藏他的感情。美国话怎么说?仇恨。保罗无法否认,那儿有仇恨。他们两人之间的仇恨。

玛丽端来了上校的咖啡,回头继续擦她的指甲。过了几秒钟,她突然将擦指甲的锉刀扔到桌子上。“哦,西德,我都忘了。你看了下午的邮件吗?”

“我哪有时间啊?我好不容易碰运气挤了三十秒钟才上了个厕所。”

“你有一封很重要的信。至少看样子很重要。”

“是啊,谁写来的呢,维多利亚女王陛下?”

“是新泽西州的爱迪生制造公司写来的。”

沙多的脸色变得刷白:“你觉得他们要干吗?”

“也许那位伟大的爱迪生先生了解到了你的工作,也许他印象深刻,想要你的亲笔签名呢。”

“玛丽,这不是开玩笑的事情。”保罗从来没有听见过沙多的话音压得如此低,从来没有看见过他如此紧张不安。“那该死的信在哪儿?”

第八十章　朱莉

1897年6月的一个上午,朱莉及其丈夫在"美丽大海"的大理石露台上吃早饭。这里是埃尔斯特里的父亲在南安普敦村建造的避暑行宫。它坐落在第一脖子巷和西侧沙丘路的十字路口跟圣安德鲁的沙丘教堂之间。夏天的几个月里,沙丘教堂的礼拜照样举行。

虽然此刻才刚刚八点半,但是天气早已很闷热了。天空阴云密布。整个五英亩大的花园和沼泽地里,小鸟在歌唱。倾斜的绿草地下面的沙丘以及竖着"不得入内"牌子的他们的私家沙滩那边便是大海,惊涛拍岸、声若轰雷的精妙绝伦的大海,滚滚波浪从世界的那头扑面而来。

朱莉穿着一件加了衬垫的晨衣,对这个季节来说太厚了一点。她的小狗鲁迪栖息在她的膝头。埃尔斯特里在他自己的卧室里就穿戴整齐,白色法兰绒的裤子,猩红色的外衣,上面有高档的辛奈考克山俱乐部成员的标记,他在那儿打高尔夫球。今天上午十点钟,他在南安普敦俱乐部有一场桥牌比赛,按常规两美分一点。

埃尔斯特里看上去晒黑了,很健康。朱莉则不一样,脸色苍白,眼窝下面有紫色的影子。他们的鸿沟已经无法弥合,哪怕每晚在一起睡十个小时到十二个小时也无法弥合。她乌黑的头发一直拖到腰部,梳理得十分整齐,中间用一根白色丝带扎着一个蝴蝶结,漂亮极了。她平时总是拖着长发,除非有些社交场合需要把头发盘起来。这似乎是一种方式,对她的生活进行无声而又痛苦的描述。"我是一个富有的妻子,他什么也不希望我做,除了顺从、社交风度、外表讨人喜欢,再生一两个孩子,最好是男的。"

近来,他这方面的要求对她表示得特别多。有用言辞的,也有用其他方式的。她已经流过一次产,怀孕三个月的时候。医生实施了麻醉,等她醒来之后,她脑子里的痛苦持续了好几个星期。她一次次地哭天哭地,一次次地想念保罗,大白天几个小时地拉上所有窗帘在床上躺着。她为她失去的那个无名的可怜孩子难过,不过她也要感谢老天,这孩子不必知道他有一个这样的父亲。

埃尔斯特里没有将目光挪离那份《纽约时报》,只是拿金边咖啡杯嗒嗒地敲着金边的碟子。一位年轻女仆拿着一把银壶赶紧从最靠近落地窗的服务岗位走上前来。

等女仆退下之后,他说道:"亲爱的,有什么消息吗?我算了一下时间应该——"

"没有。"她打断他道,"这个月又没有什么变化。"

她心想:"有这个心结悬在我们头上,老天保佑永远不要有变化。"

"你知道我多么热切地盼望有个儿子啊。理想的话,不止一个儿子。我们这样的情况,问题一般出在妻子这边,这是真的吗?"

"我不是医学专家,比尔。"她心里想:"你是个男人,完美无瑕的男人,所以时刻可以把每个缺陷都归咎于女人。就像你所有的优秀男性朋友一样。"

"那好,我真的希望你去咨询一下专家。我保证市里肯定有优秀专家的。要我了解一下吗?"

"不用,我自己会。"她心里想:"我宁愿被拖到火热的石头上去也不会为你生孩子的。我不会做你的传种母马。"

自从去年秋天在那节私人列车厢里噩梦般的经历之后,她至少目前没有受到进一步的粗暴对待。比尔没有实质性地道歉,只是说他那天夜里的行为是因为婚礼太紧张了,另一个借口是香槟喝得太多了,说香槟总是会引发不好的行为。一个月之后,他告诉她,分房睡他可能会更舒服一点,而且他说估计她也一样。每当他有需要的时候,或者说他心里窝火的时候,他就会到她这儿来待一个小时。那个第一晚之后,他甚至没有再伤害过她丝毫。然而,他依然可以用他的眼睛威胁她,因为她知道,他那张沉着镇定、颇为正常的面孔后面,怒火随时有可能会迸发。

她的一只手来回移动着,在抚摸鲁迪。雕刻成椭圆形的订婚钻戒闪烁着晶莹的光芒。她心想："这个新问题，我怎么跟他沟通？我该怎么开始呢？"

早饭前有一个小时，她努力在鼓起自己的勇气，一直在告诉自己这个问题太重要了，无论如何不能置若罔闻。然后，沮丧又把她拽了回去，破坏了她的信心。沮丧既强大又狡猾，就像一只肉食动物在她灵魂的一个角落里蜷曲着身子，等待着她最软弱的时候向她发动进攻。

她将一只手伸进睡袍的口袋里。她摸到了那个便条。她从便条里获得了力量。她绝对不能让这件大事就这么过去。

"听听这该死的胡说八道。"埃尔斯特里说道。他摇晃着报纸表示他的不快。在露台粗大的大理石栏杆下面，亨利·普林斯的整枝剪刀咔嚓咔嚓地剪着树枝。亨利·普林斯是一个辛奈考克印第安人，个子不高，身板结实，黑色的头发卷卷的，鼻子和嘴巴表明他的上辈人里很可能有一两个黑人。他出生时叫普林斯·亨利，是部落给的名字，但是很久以前他就认为，把名字和姓氏倒过来会让有钱的雇主更能接受他。亨利带着妻子和两个孩子不住在主人家里，而居住在辛奈考克居留地边上。与大多数印第安人的分散在松树平原上的小木屋不同，亨利家的院子四周没有丛生的野草，也没有一块窗玻璃是破碎的。

埃尔斯特里大声念了出来："'必须不顾一切危险，终结19世纪尼禄统治和维勒尔一世国王的统治。'这不全都是胡说八道吗？"他将报纸扔到绿色的柳条桌子上。亨利宽大的棕色脸庞在那些大理石栏杆柱子间时隐时现，正好跟朱莉镶着银线的拖鞋在同一个平面上。亨利朝她眨了眨眼并微微一笑。在二十位下人中，他是她唯一的朋友。有的时候，她会自己一个人出去，驾一辆双轮单马轻便马车，带上一大篮子食物去他家。她总是等比尔去了哪个俱乐部或者待在城里的时候才出门，因为她知道他不会允许的。

埃尔斯特里伸手去拿杯子，希望杯子里已经倒满咖啡了，果真倒满了。她说道："你这是在引用谁的话，比尔？"

"乔·惠勒，叛军的骑兵将领。阿波马托克斯①受降之后，他是最后放弃抵抗

①美国弗吉尼亚州中南部旧镇，1865年4月9日，南部邦联陆军总司令李将军向联邦军总司令格兰特将军投降的地点。自1892年建立新城后，此地已成废墟。1940年被辟为美国国家历史纪念地，1954年成为美国国家历史公园。

的人之一。他进入国会已经几年了,代表亚拉巴马州贫困农民的某个地区。我一直认为他是那个要命的地方比较明事理的政治家之一。看来也不尽然。”

“维勒尔是古巴的总督吗?”

“是的。我是一个共和党人,可是老天作证,我不支持干涉古巴内政。让维勒尔去把那儿所有的革命者和农民绞死吧,谁在乎呢?如果我们听惠勒和其他沙文主义者——如果我们干涉——我们就会陷入该死的战争,这对做生意来说是灾难性的。我们就会被鲜血淹死。鲜血恰巧跟赤字是同一个颜色。”

朱莉真是又好气又好笑,如此凶残。威廉·范恩·埃尔斯特里三世在他们的家族商店的经营中没有发挥实质性的作用,他只是挥霍这些商店所产生的巨大收益而已。然而,他喜欢装腔作势,仿佛他就是那个设计这些连锁店宏大战略的野战将军。婚礼那天晚上,他说她是个骗子,但他有过之而无不及。

朱莉的手再次悄悄伸进自己的口袋里。她的嘴巴很干。浓浓的咖啡让她的胃不舒服。亨利·普林斯的整枝剪刀继续朝着露台顶端咔嚓咔嚓地整枝。另有两个人正在用耙子将稻草覆盖到绿色的草地上。

埃尔斯特里紧盯着他妻子:“我说的乔·惠勒的话,你连一半也没有听进去。怎么啦,请问?”

她口袋里那张折拢的便条火烫得比她的害怕还厉害。她回头望了一下身后。女仆走进屋里去了。

“比尔,用‘罗’签名的那个人是谁?”

“我恐怕不知道你所说的——”

她拿出并举起那张纸。这突然的动作吓得鲁迪跳下了她的膝盖头。“我发现了这张署名‘罗’的条子。笔迹是个女人的。这条子确认到城里的雷克托饭店吃晚饭。”埃尔斯特里怒目而视。她的勇气,一开始本来就不大,此时一下子蔫了。“我估计这条子是你的。仆人们没那么多钱上雷克托饭店吃饭。”

“你在哪儿找到的?”

“书房里面酒柜边的地上。我估计是你不小心掉下的。”

“请把它给我。”他伸出手,啪啪地捻着手指,“请给我。”

“我不该有权得到一个解释吗?”

“不。把它给我,朱丽叶。马上。”

她表达她愤怒所能做的最大事情就是将这条子扔到他们之间的桌子上。埃尔斯特里的椅子吱嘎乱响,他一把抓起那张条子,站起身来。

“比尔,你要去纽约见人吗?”

“你没有权利问我这样的问题。”

“我认为我有每一项权利。我是你妻子。”

他绕过桌子,将一只指甲修得很整洁的柔软的手抚上她的肩头,动作很轻柔。这令她感到恐惧。

“亲爱的,听明白了。男人就是男人,男人有明明白白的权利,有特权。做妻子的只能容忍。”

“我明白了。这就是他们说的双重标准吗?”

“我不知道他们说什么,亲爱的。我只知道这是我的生活方式,而且我也不想改变。”

“嗯,你最好改变,比尔,要不我——”

埃尔斯特里的微笑冷冻了她的话。他狠狠地钳住她的左手腕,钳得她生痛为止。他弯下腰,凑近她的左耳,仿佛在吻她一样。“别威胁我。千万别威胁我。我愿怎样生活就怎样生活。你是我妻子,你将继承我的财产,你还要其他什么呢?”

然后,他在她的脖子上吻了一下。“打完桥牌,我就坐火车去城里。你要是今晚需要我,跟以往一样,到普林斯顿俱乐部。”

“你在雷克托饭店的时候他们会留言吗?”

他把他苍白的双手垂落到自己的身体两侧。他恶狠狠地盯着她但口吻十分礼貌地说道:“再见,亲爱的。”说完他头也不回地大步走了。

朱莉走回自己的卧室,关掉那两盏有流苏和褶裥灯罩的电灯,拉上窗帘,躺到床上,一直躺过午后。

“美丽大海”是一座有四十个房间的屋子,其建筑师模仿了一幢法式的乡间豪华大宅。朱莉和其丈夫自6月初以来就住在这里。去年秋天他们在这个庄园度过蜜月以后,便到了埃尔斯特里在芝加哥的市区新式住宅过冬。1月份和2月份,他们到了棕榈滩。6月份,埃尔斯特里的私家列车厢将他们从芝加哥送到了长岛。

所有这些地方中,朱莉最喜欢长岛。她喜欢一望无际向东延伸至蒙托克的荒僻沼泽。被风吹得扭曲的树木,池塘,正在吃草的牛羊,渔民的焦油纸棚子,种土豆农民们装有护墙楔形板、没有上油漆的小屋。你往这块土地顶头的方向走得越远,就会看到人烟越稀少,贫瘠荒凉。风萧萧兮,天空辽远,悬崖峭壁原始荒芜,海滨沙滩空无一人,这就是她孤独凄凉心境的写照。一架破损的风车矗立在蒙托克,其叶片在海风中慢慢旋转。人恍若置身于旧世界,那儿,巨怪隐藏在密林里,公主死于单相思……

南安普敦村是南安普敦小镇的中心,却完全是另一番景象。它是一个交际中心,也是一块势利之地。大约在1875年,首批有钱人移居这儿。现在依然还活着的那个开拓群体的人们认为他们自己十分独特。例如,老树林的古德休·利文斯顿太太就是这样一个人。她在社区里有一个身份地位和年龄跟她差不多的女性朋友小圈子。人们称她们为“无畏级战舰”,这倒真是恰如其分。她们像灰色的战列舰一样,统治着社交大海,四处巡查那些闯入者。有一次,朱莉受到利文斯顿太太的邀请去喝茶,老太太对她说:“你要是受得了里弗黑德和夸格那些臭气熏天的养鸭场,并能忍受在汉普顿湾建造养鸭场,以及同样臭名昭著的那些个坦慕尼协会民主党人的话,那这个地方倒真是一个小小的天堂。我们自己是打算就保持这种方式了。”

朱莉立刻明白,她不属于这个小圈子,而且永远不可能。她是一个名叫波克的人的女儿,波克的康涅狄格州出身已经被人遗忘,而且他的证明书在东部尚未得到承认。比尔却完全不一样。他很容易跟人交往,而且得到了其他俱乐部成员以及他们妻子的首肯,有些人的根基就在芝加哥。朱莉估计她被拒之门外的部分原因是她的年龄,抑或是她的悲伤神态,这种悲伤神态即便她自己不想要表露也会表露无遗。但她越来越深地陷入自己的内心深处,所以这种事情也似乎真的无所谓。

3月份埃尔斯特里夫妇从棕榈滩回来之后，内尔每周至少去看望她女儿两次。她一个劲儿地赞赏埃尔斯特里在城里的房子如此壮观显赫。她表扬朱莉做出的明智决定，嫁给了一位这么优秀的男人。内尔每次去的时候脚步总是充满活力，两眼放光，宛如一只鸟儿对着漫溢什么籽的喂食盘子。朱莉让她感到绝顶开心。朱莉恢复了健康。还有朱莉披散在那儿的秀发——哦，多么气象万千啊！内尔把它当作一个象征，女儿终于开始赏识她为她所做的一切。浪子还真的能回头的，不是吗？

3月下旬，内尔的开心状态被波克一个意外事故突然打断。他在食品加工厂一块淌着血的湿滑地板上摔了一跤，摔断了脚踝骨。他被迫在家卧床两周，在床上处理生意上的事情，嘴里还无休止地抱怨。伍德罗大夫认为还不行，他却迫不及待地上班去了，以至于他的脚踝没有康复如初。他借助一根拐棍走路，在草原大道的府邸安装了一部倾斜的楼梯电梯，他可以坐在上面相对舒服地上下巨大的中央楼梯。他的抱怨没完没了。

波克的伤恢复得很慢，当埃尔斯特里的佣人整理好四十六只板条箱、纸板箱、旅行箱和手提式盛帽行李包，夫妇俩准备到“美丽大海”去避暑时，他走路依然是一瘸一拐的。朱莉来道别，内尔流泪了。“照顾你父亲太累了。因为我本来的事情就够累人的了。”

尽管如此，她仍没有忘记她女儿。几乎每个星期，都有某样贵重礼物用快递送到长岛。小鸟标本、胸针、装饰针的金色盒子等。这都是一个母亲对自己孩子关心的标记，一个终于领悟到自己责任的孩子。

朱莉沿着庄园里边一道宾州杨梅树的分隔树篱走去。中午刚过，她躺在黑乎乎的房间里的那段时间，太阳冲破云层钻了出来，虽然只有奇怪的淡黄色，倒更像是秋天而不像是夏天的太阳。第一批蚊子出来了，团团围着她的脖子和面孔骚扰她。

树篱的另一边，她听到有一台小的发动机在转动。她穿过杨梅树的一个豁口，敲敲一座棚屋的门，走了进去。里面一股油味儿、霉味儿以及小岛那边的工厂用粗麻袋装着卖的油鲱鱼肥料味儿。亨利·普林斯从正在磨剪子的砂轮上抬起头来。

“亨利,能否驾车送我去蒙托克?谢谢。你得陪我去。”

“五分钟准备好,埃尔斯特里夫人。”

亨利虽然对雇主的妻子总是恪守着恰如其分的礼节,但是他跟朱莉关系密切,原因两人心照不宣。的确,朱莉无法对自己做全面的解释。她只是觉得亨利那张宽大的脸、塌鼻梁和深棕色的眼睛很讨人喜欢,再就是这个人值得信赖。

亨利驾着小小的双轮单马轻便马车沿着泥路朝东方驶去,泥路一英里比一英里窄,车辙一英里比一英里深。他们一头扎进了希瑟树林,一个林深树密得她还以为会见到她想象中的巨魔的树林。

但是,目的地,蒙托克角,值得付出这样的艰辛。亨利将轻便马车拴到一个斜坡的脚下,斜坡的顶上便是一百英尺高的灯塔。他一面在玉米棒子芯烟斗里装着旱烟,一面说道:“你要是想逛一会儿,我就在这儿等你。”

“是的,我去逛一会儿。”朱莉爬下马车。大海波涛轰鸣。她的长发在飘扬,拍打着她的双肩。天刮起了东北风,将黑黑的云团推向前来。西边,太阳差不多已经躲到了夏日的雾霾中。灯塔里面的煤油灯在闪亮。

“那儿的暴风雨可能很猛烈呢。”亨利朝大海点了一下头说,“天要是下雨,那泥路就会变成泥沼。”

“我只是稍稍逛一会儿。”朱莉答应道,说着朝山上跑去。从大西洋吹来的风几乎将方形披巾从她双肩扯走。

她绕着灯塔走,看见了上面的守塔人。他朝她挥挥手,她也朝他挥挥手。她靠在灯塔东面的墙上,凝视着狂放无羁的波涛吐着白沫,发出哗哗的巨响。

朱莉知道,她不是那种所谓的新女性,敢大胆地宣称,无论男性女性,都只有一个标准,一个天经地义的标准。她是有夫之妇。虽然不幸福,但是她已经盟誓成婚。不过,她依然可以来此地,来到这个孤寂的灯塔这儿。这儿,风声凄切,浪涛翻滚,掀起巨大的白色扇形水花,她可以在内心默默地诉说自己的真实思想。

保罗,我爱你。我永远也不会再爱上其他人,无论让我冠上谁的姓氏。老天作证,我要逃离这个因为我自己的懦弱无能而误入的魔窟。也许会要几个月，甚或几年，但我一定要逃离这个魔窟。

到那时，我就会去找你。

大约每月一次，朱莉会到城里去看望她叔叔。伊·华·范德霍夫住在第五大道北段的一幢豪华宽敞、美轮美奂的四层楼城市新式住宅里。那个地方，电话线、电报线如蜘蛛网般布满街道上方的天空，农民们赶着一群群猪，穿越车水马龙，到市场上去卖。

艾克[①]叔叔是一只纸老虎，一个老醉鬼，一个好色之徒，可是朱莉不嫌弃他这种缺乏尊严的落魄境况。“我跟那帮不知天高地厚的人不好相处。”他说这话指的是南安普敦里的人，“两杯香槟酒下肚，我就会去拧某个有钱老太婆的屁股。”

朱莉跟艾克叔叔一起玩拉米纸牌戏。他的牌技很好，差不多总是能赢她。玩这个牌戏需要点死记硬背，同时可以进行交谈。7月下旬一次玩牌时，艾克叔叔挠着他那个像糖萝卜一样的鼻子说道：“朱丽叶，你这个老公怎么样？他让你幸福吗？”

“艾克叔叔，你垫牌好吗？”

“我猜这就意味着他对你不好。”艾克叔叔从来就没有完全忘记过他的乡下出身。他已经富得流油，他完全可以不把这事儿放在心里。可他就是喜欢这样。

“比尔·埃尔斯特里完全是一个俱乐部活动迷。”他继续说道，“以前哪，他有点像个浪荡子。”

“玩牌。”朱莉说道。

艾克叔叔歪过脑袋，吃了一惊：“天哪，我觉得以前的朱丽叶可不是这样的呢。你听起来挺冷酷啊，孩子。”

“情况在变，艾克叔叔。人在变。我只能这样说。请你玩牌好吗？”

那是少有的日子之一。每逢这样的日子，她感觉自己无忧无虑，信心满满，生发出一定的勇气。保罗总是说在她的内心深处蕴藏着这样的勇气，只等她深

---

①艾克，伊斯雷尔的昵称。

入自己的内心去找到它便是。

然而,大多数日子并非如此。那是女人受苦受难的日子,她肚子痛得要死要活,只好卧床休息。那是心神惶恐的日子,她害怕地想着比尔,想着潜藏在他身上的暴力性格。那是猛兽般的邪恶蹲伏在某个角落的日子,邪恶会伺机扑出来将她所找到的满足吞噬得一干二净……

在那段黑暗的日子里,她再次见到了威利斯姨妈。

那是8月初。埃尔斯特里离家去萨拉托加参加赛马大会。"万一有要紧事情,拍电报到大联邦酒店找我。我要离开两个星期,也许三个星期。"

朱莉猜想,很可能那个"罗"也会入住大联邦酒店。她曾考虑过雇用一位私家侦探跟踪比尔,以期发现那个"罗"到底是何许人。接着,她又认为,她真的不想知道究竟。

埃尔斯特里去蒙特卡洛大酒店的旅行提供了一个好时机。它使得朱莉可以到纽约去看望威利斯姨妈,使她不需要冒风险让她姨妈跟比尔直接见面发生冲突。她们在沃尔多夫宾馆威利斯的大套房里见面,然后坐一辆双轮双座马车到德尔莫尼科牛排屋去吃午餐。

威利斯除了瘦骨嶙峋、头发更加灰白之外,其余没有什么变化。她对她新的爱好——收集美术品充满了热情。"我碰巧遇见了一位造诣很高的画家,名叫克劳德。克劳德把自己称作印象派画家。这个说法很古怪,不过定义他的作品很确切。我有几个没有鉴赏力的朋友说,克劳德画画就是滴几滴油彩,泼一些油彩,弄一些圆点。那又怎么样呢?作品很美,非常能引起人的感情共鸣。我买了三幅画,现在正在谈第四幅。这些画可能一钱不值,可是我不在乎。"

她说到了她的老朋友克拉拉·巴顿小姐,巴顿小姐创立并仍然领导着美国红十字会。六年前,一个极具破坏性的飓风过后,威利斯急匆匆赶到洪水肆虐的南卡罗来纳沿海,参加了巴顿小姐的救援小分队。好几天,她卖力工作,缺食少睡,直到高烧把她击倒。

"如果爆发古巴战争,克拉拉发誓她将参加。"威利斯对她外甥女说,"这老太太七十六岁啦,我从来没有见到过像她这样的勇气和精力。她说她要去当志愿者。‘好吧,算我一个’,我对她说。自由古巴!”威利斯重重地击打着餐桌,声音响得牛排屋老板赶紧跑过来看,以为是服务员把什么东西打碎了。

威利斯仔细打量着她外甥女。“你很憔悴,朱丽叶。”

“我估计是待在室内太久了。”

“对那儿的海滨不感兴趣?”

“真不感兴趣。我走路很多,但大多在天黑时。”

“天黑时。我明白了。”

根据朱莉的建议,她们要了牛排屋的招牌菜长岛小鸭。服务员弄来了一个银色的台子,打开了一瓶威利斯挑的绿瓶子的雷司令白葡萄酒。威利斯从她的网格拎包里掏出一个用银箔包着的小包:“吉卜林先生的最新作品,《勇敢的船长们》。你一定要看看。”

“谢谢,我会的,我有的是时间。比尔在萨拉托加玩牌、赌赛马,得有几个星期。”

姨妈从她细细的方头雪茄上袅袅升起的青烟后面眯眼望着她:“你跟他处得不好,是吧?”

朱莉一开始想否定,避免陷入一场冗长的很可能毫无意义的讨论。接着,她想起了她在灯塔那儿默默许下的誓言。她要是一直回避这个问题,那么这个问题就永远无解。

“是的,不好。我估计他外面有女人。”她描述了一下发现那张署名“罗”的条子的情况。

威尔斯叹了口气。“天哪。”她伸手抓住朱莉的手,“我知道,这样的发现会伤你很深。这事儿你绝对肯定吗?”

“我拿着条子跟比尔当面对质的时候,他拒绝告诉我那个女人的名字,可是他都没有否认。他说男人和女人的生活标准是不一样的,说我得接受这个现实。”

“哦,虚伪的老调子。请注意我马上要说的话。你没有必要因为他给了你那个大钻戒,把你拉到牧师面前跟着说了几句老套的话,就这样受苦受难。我建议你找可以反击他的证据,雇个跟私家侦探有交情的好律师,处理这个事情。这是我给你的最好劝告。无论付出多大代价,耗费钱财也好,有精神压力也罢,一定要跟那个骗人的杂种离婚。他不配做你这么好的女人的丈夫。”

朱莉摆弄着吃色拉的餐叉。“这事儿说说容易。人们有离婚的,可总是会成为丑闻,丢尽脸面。”

“丑闻和丢尽脸面更多的是我姐来承受,不是你。而你却会获得自由。此外,人们很快就会忘了的。”

朱莉沉默不语。威利斯再次捏了她的手一把。“你有完全正当的理由,孩子,而且你也有勇气,你只要使用它就是。”

朱莉的脸上笼罩着一层怪怪的神情,很像一个孩子正在思量某件既吸引人又令人害怕的事情:“保罗也是这么说的。”

“保罗。他就是你所爱的那个小伙子?”

“保罗·克朗。是的。我仍然爱着他。”

“他在哪儿呢?”

“我不知道。”

“你准备怎么办呢?”

“我不知道。”她心灰意冷地耸了一下肩膀再次说不知道。阴郁的心情正在减弱。朱莉不知道这是不是就是那种现在新的精神病医师能够治愈的病情。她多么希望能这样就好。有好多事情要是都能遂愿就好啦……

“你要在纽约待一段时间吗?”她问道。

“我星期二坐轮船回英国。我已经跟那位年轻的音乐家见过面了。大提琴手。他只有我一半的年纪,可是他用他的乐器做了最惊人的表演。”

朱莉盯着她姨妈,看看她是否在开那种下流的玩笑。威利斯姨妈的脸也许是用混凝土浇筑的。

“在音乐厅,孩子。音乐厅。你以为我说的是别的意思吗?”

接着,她眨巴着眼睛。

朱莉第二次跟艾克叔叔玩拉米纸牌的时候,她说道:“你认识市里的律师吗?”

“当然啦，我连那些告密者、贪得无厌的家伙，还有吸血鬼都认识。干吗？”

“你能不能帮我联系一个处理离婚的律师？”

“离婚？宝贝，这玩意儿很肮脏啊。那你得把对方捉奸在床，就在他——”

“是的，这我知道。我需要一个不怕弄脏他双手的律师。”

伊·华沉默了好长时间并犀利地瞧了她一眼之后，说道：“我看看我能干点什么。”

接下来这次她去探望他时，他给了她一个名字。鲁宾·西尔弗杰克先生，办公地点在下第五大道。周末的时候，她便坐在了西尔弗杰克先生的咨询室里。

鲁宾·西尔弗杰克先生像一个真挚虔诚的神父。他四十多岁年纪，衣着守旧。朱莉仔细瞧了西尔弗杰克炯炯有神的黑色眼睛之后，才感觉艾克叔叔犯了一个非常严重的错误。

西尔弗杰克靠在一张转动灵活的转椅背上，指尖搭在一起，双手像帐篷一样撑着。“请放松，埃尔斯特里夫人。这次交谈完全是私密的。”

“谢谢。”朱莉的嘴巴干得像沙地。

“你说你丈夫跟另外一个女人有私通行为。”

“我有充分理由相信这事儿，是的。他——”她感到羞愧，脸红了。她强令自己继续说下去：“他有一次还对我施暴。”

“请描述一下，如果不是太难堪的话。”

她结结巴巴地描述了整个过程。西尔弗杰克把手伸进他马甲的口袋里。一根金牙签闪闪发亮。他用左手遮住嘴巴，用牙签剔着牙缝的食物残余。她说完之后，他说道：“你伤得严重吗？”

“重的。我这一辈子都害怕。”

西尔弗杰克沉思了一会儿。“这事儿除了让你下定决心继续往前走外，恐怕对你没有用处。纽约州的离婚法律事实上跟其他州一样，既刻板又明确。我也许还得加上：极端片面，完全偏向丈夫一边。必须有可证明的他跟另一个女人的通奸关系，你才可以有理由起诉他。这整个过程你清楚吗？”

“不清楚。”她的话音几乎听不见。

“你必须得抓住你丈夫危及他信誉的把柄。这样做通常耗资巨大,而且很费时间,虽然我有很好的人脉,可以安排这样的监控。”

“你估计要多长时间?”

“也许一周,也许一年。”朱莉感到难受。她一天都不想等啊。她怕她丈夫。她用双手捂住自己的双眼。正当她的希望在渐渐泯灭的时候,西尔弗杰克说道:“不过,还有一种方法。”

他伸手到下面的一只抽屉里拿出一块白色的干净手帕递给她。他悲痛欲绝的客户一定很多。当她擤完鼻子、擦干脸上的泪水时,他的金牙签再次出现了。西尔弗杰克右手腕拧来拧去的动作宛如蛇行,隐隐约约给人一种不雅观的感觉。

“这手帕你留着,埃尔斯特里夫人。我知道这很难堪,我尽量说得简单点,有女人愿意收钱上证人席,扮演第三者的角色。就是说她们愿意作伪证,证明她们跟这个丈夫睡过觉。她们会很专业地描述详情。法官知道这是骗人的把戏,但是这样一来,他就可以偏袒妻子一方了。丈夫也知道这是个骗人的把戏,但这时他反驳证人的话,证人可是训练有素的,在反诘问中禁受得住死缠烂打。有两个我雇用在这儿的女人特别出色。两人都是演员,都有——坎坷的经历,这样说对吧?每个人都有表达伤害、愤怒的能力,只要剧本需要,她们什么都能表达。埃尔斯特里夫人,我请求你别看上去这么惊愕。这个策略屡试不爽呢,一次又一次把妻子们从无法忍受的婚姻中拯救出来,很管用。除非法律条文修订过,否则别无他法。”

他再次靠到椅子背上,将指尖搭在一起:“我还认识一些法官。这很有用的。”

“西尔弗杰克先生,你是说为了获得自由——”

他举起一只手,阻止了她余下的话:“用最快速最迅捷的方法获得自由。”

“可你是在说我得违法。”

“成为欺诈的同谋。是的。”

“不,我不可能违法,我——”

接着,她再次想起了那个夜晚,她的新婚之夜,乘坐“皮托斯基的荣耀”去纽约的那个黑夜。她想起了比尔一次又一次地打她,想起了他狠狠地抓着她,抓得她身上的淤青好几个星期才褪掉。拖延越久,她的风险就越大……受的苦难就越多。

“好吧,西尔弗杰克先生。”她说道,声音很小,“有必要的话什么都可以。我把这个案子交给你了。”

“谢谢你的信任,埃尔斯特里夫人。”鲁宾·西尔弗杰克的两眼闪烁着激动的光芒。他看上去再也不像一位温文尔雅的神父了。他看上去犹如一个来自西班牙宗教法庭①急切而又心满意足的高级教士。

她坐一辆出租马车急匆匆地回到艾克叔叔在城里的住处。她感觉欢天喜地。“他接下案子啦!”她张开一条手臂,抱住伊·华的脖子亲吻他,“谢谢你。”

“想要玩牌庆祝一下吗?”

“好的。”

最后一盘玩到一半的时候,隔壁房间里的电话铃响了,声音很响,如同救火铃声跟棘轮声合起来的声音。艾克叔叔跳起身来:“马上回来。”

五分钟之后,他回来了,显然吓着了:“长途电话。你母亲来的。情况是这样,你爸坐电梯上他房间去小睡一会儿,但那机械卡住了,把他从座位上抛了下来。他从二十级楼梯高处摔落,到现在还昏迷不醒,怕是活不了了。”

梅森·帕特南·范德霍夫三世出事故之后的第十五天早上七点十分与世长辞。他摔昏后一直没有醒来过。

临终守护对朱莉来说是一段极度悲痛的时光。她每天坐在父亲的床边。他始终没有醒,始终没有认出她来。即便知道已经回天无力,当伍德罗大夫拉起床单盖住波克脸的时候,她依然悲痛欲绝,无法自已。她和内尔站在床脚边。“对不起。”大夫说。内尔开始号啕大哭,用双拳捶打着床脚竖板。

朱莉即便处在准备逃离她丈夫的最初几步排练中,依然对她父亲的离世感

①1480—1834 年的天主教法庭,以用残暴手段迫害异端著称。

到悲痛。她在前往芝加哥之前,打电话给西尔弗杰克,对他说了所发生的事情,并告诉他说他需要做何安排,尽管安排。

"要我提起诉讼吗?"

"我想先告诉我丈夫。"

"那不是你的责任,埃尔斯特里夫人。根据你对我说的他的情况,我劝你别这样做。"

"西尔弗杰克先生,这事儿必须我亲自做。"

"那行吧。"

每当朱莉想要跟母亲说的时候,内尔总是伤心欲绝,几乎语无伦次。从某种角度讲,她母亲的心烦意乱倒不失为一件幸事。仿佛一个巨大石块一样的额外障碍,现在自己滚出了朱莉的道。

葬礼的前夜,她一个人睡在芝加哥城市住宅的卧室里,睡得很不安稳。在圣詹姆斯教堂,她几乎没有听进去那位新教圣公会神父为他父亲所做的四十五分钟的悼文。有四百多人前来聆听。帕尔默夫妇、阿穆尔夫妇、斯威夫特夫妇、普尔曼夫妇、菲尔德夫妇、麦考密克夫妇以及芝加哥商界所有较小一点的大亨都来了。

去格雷斯兰德的路上,雨下个不停。格雷斯兰德是一个极具盛名的墓园,北起欧文公园路,南至蒙特罗斯,凡芝加哥的显要人物都可葬于此地。朱莉跟随她丈夫坐他的克拉伦斯马车,这是他四辆马车里面最大最贵的一辆。它的价格将近四千美元。他选择乘这辆马车参加葬礼,因为它通体是黑色的油漆,只有一条细长的横条是深灰色的。

埃尔斯特里一直用一条胳膊抱着朱莉,嘴里喃喃地念叨着她几乎听不见的悼念的话。她的胃痛、她的头痛,她发誓绝不软弱。她定下在今天这个日子说,她希望获得解脱。

送葬的队伍从北克拉克大街进入格雷斯兰德墓园。在墓穴那儿,神父对着豪华的棺材做祷告的时候,内尔哭得昏天黑地,悲痛欲绝。棺材的油漆是银白色的,有玫瑰红的浮雕装饰,给朱莉的印象是过于女性化。这是她母亲神志半清醒半糊涂的时候挑选的。波克自己不会喜欢。

朱莉不知道内尔一旦知道她的决定之后会怎么做。再次病倒?很可能声明跟她断绝母女关系。但无关紧要,她不要父亲一分钱的财产,也不要比尔一分钱的财产。她只要自由,只要保罗。

当棺材消失在墓穴里的时候,艾克叔叔拿胳膊抱着她的肩头。他身上一股杜松子酒的味儿。他走到内尔跟前,像位父亲安慰心烦意乱的孩子一样把她领走了。埃尔斯特里碰碰朱莉的袖子。“来吧。”他轻声说。

朱莉的胃阵阵抽痛,火烧火燎。黑色的面纱后面,她的脸色苍白,像个蛋壳。他们沿着一条湿滑的小道朝列队的灵车队和马车走去,马车夫打着一把黑伞遮在他们的头顶。

克拉伦斯马车的门关上了,关门声既坚决又有力。朱莉靠在座位背上,闭了一会儿眼睛。埃尔斯特里开口说话:“你表现得十分坚强,亲爱的。我知道你有多难受——”

“比尔,比尔。”她重复了一下,声音很轻。她转过身来面对着他。她要是等待、犹豫,就会迷惘。

“比尔,我要离开你。我要离婚。”

他两眼一眨不眨地盯着她,长时间严厉地盯着她。她的双手开始颤抖。

挽绳发出叮当的声响,克拉伦斯马车在墓园的沙砾路上摇晃着驶向前去。埃尔斯特里将他的黑色高顶大礼帽放到自己的一个膝头,摘下黑手套。“你这事儿跟律师商量过了吗?”

“是的。在纽约。他的名字叫鲁宾·西尔弗杰克。他专门处理我这样的案子。我的意思是要自由,比尔。”

“这件事情我的回答只有两个字,决不。不管你有什么理由,不管你怎么不喜欢这桩婚姻——决不。”

“求你了,比尔,讲点情理,讲点诚实。你跟其他女人有染,这不是秘密。”

“这个我不否定。”他欣然说道。

“那么你想想你是怎么对待我的,自从我们结婚那天以来。”

“我得说,对你很慷慨啊。”

他伸出他又大又有力的左手，去抓她的双手。不知何故，牢牢地抓着了她戴着黑色手套的双手的手让她想到了一只白色蜘蛛。她想要打它，打他……

“离婚我压根儿不会考虑的。在我们这个圈子里，离婚会毁了一个男人的声誉。妻子提出离婚，那等于是侮辱和贬损丈夫，因为这会给他贴上奸夫的标签，公开了。你不懂社会的运行法则。只要私密，人们什么事情都可以干。我会阻断你的每一个步骤，朱莉。”

“有很多办法可以解决这事儿。我会运用这些办法的，我发誓。”

“朱莉，朱莉。”他说道，“你几岁啦？”

“我到5月份就二十岁了，这你知道。”

“而我比你大一倍还多。”

“这事儿你提醒我够多的了。”

“是提醒你我阅历更深。多年积累下来的智慧，让我现在就处理这事儿，阻断这场危机。我劝你吧，忘了那个卑鄙的律师，忘了你说出的‘离婚’这两个字。”

“可是我不爱你，比尔。”

“这到底跟爱不爱有什么关系？”他的微笑透出迷惑不解，几乎有点孩子气，“你要是坚持这样表现，那么我就把你送到一个社会公共机构去。我只要一句话。我只要在我的律师起草的几个文件上签上字，然后再有几个愿意合作的医生证明一下。你要是逼我，我一天之内就可以办成这件事。精神病院可是地狱一样的可怕地方，哪怕最好的也是。把你送到那种地方去我会很难过。可是我会的。”

克拉伦斯马车在下得越来越大的雨中穿行，发出嘎吱嘎吱的声响，外部世界被隐去了。“比尔，这太骇人听闻，太残忍了。你可以微笑着说这样的事情——你是个什么样的人啊？”

“哎呀，关心你的人啊，丈夫啊。除非我做出别样决定，否则就一直是啊。”

“所以你随时都有自由，只要你愿意，而我却不行？”

“你的理解完全正确。”他说，那微笑十分善良的样子。

她靠回到褐紫红色的长毛绒坐垫上，一脸失败的病色。埃尔斯特里悄悄地拿一条手臂抱住她，抱得比一般紧，让她感觉到他手臂的危险力量。

“好啦，说真的，你最好振作一点。家中的招待会上你必须得镇静，你母亲要是没有你的帮助，照顾不了这么多的宾客的。这事儿我们不说了。我们彻底把它忘了。我敢肯定，你所说的根本就不是你的本意。今天的确是难受的一天。”

第八十一章　沙多

来自新泽西州西奥兰治爱迪生制造公司的信函既简洁又客气,请上校在六十天之内到格伦蒙特庄园去找那位发明家。信中保证有一个“你会发觉十分重要的生意消息”,但是没有明说。信函的署名是米·爱迪生夫人。沙多在报纸上看到过,这位发明家跟他的第二任妻子工作十分合拍,他们共同管理着爱迪生的各种企业和子公司。

沙多一直到最后期限快过了才成行。他拖延的原因是害怕。托马斯·爱迪生是全世界的一个传奇,受到小学生的崇拜,被媒体捧为圣徒。他是“奇才”,自学成才的天才,他用他的白炽灯照亮了美国,用他的电力系统把这种电灯传送到四面八方,他的制造技术使得电灯泡很容易生产,而且成本很便宜。1877 年,他惊世骇俗的留声机用旋转的圆柱唱片带来了各种各样的声音。他有数十种从电报器械到股票行情自动收录器等传输设备的专利。他并不看重他惊人的创造力,他对自己的发明创造有一个说法:“天才是百分之一的灵感加上百分之九十九的汗水。”

简而言之,他是一个让人脊梁骨软弱、让膝盖颤抖、让大脑萎缩成类似于蜜饯一样东西的人。沙多尽自己胆量拖延。然后,他刷干净自己最好的服装,整理好一只旅行箱,戴上阔边帽,跟玛丽吻别,仿佛是生死诀别。

两天后,他来到了格伦蒙特庄园的前门,这是一座有着巨大的石头阳台、数不清的烟囱和屋顶山墙的大厦。庄园坐落在西奥兰治的卢埃林公园区块,占地十到十二英亩,全是林木葱茏的土地,爱迪生可以非常方便地来往于他的工厂。

沙多猜想这屋子一定有二十到三十个房间。

昨天夜里，他在一家廉价客栈的床上辗转反侧，几乎夜不成寐。刮胡须的过程中，他用折叠式剃刀把自己刮破了两次，流血不止，最后只好用了很多止血剂才止住血。他在头发上搽了润发油，并在脸上淡淡地施了一点脂粉，他的心狂跳不止。

他按响了门铃，屋内传来多个铃声。一位英国籍的男管家接过他的名片，将他请进门去。

他在一盏亮闪闪的枝形吊灯下等着。他的正前方赫然耸立着一座巨大的楼梯。楼梯在第一个楼台分成两部分，多种色彩的亮光通过彩色玻璃在那儿流泻进来。在一两分钟的时间里，他数了一下，还有七个仆人在跑来跑去。他被这奢华景象给吓着了，同时也不知羞耻地感到嫉妒。

男管家回来了。他带领沙多来到屋子角上一个很大的阳光房里，说爱迪生先生和夫人一会儿就来陪他。

阳光房很热，阳光从许多扇巨大的窗户照射进来。除了中间这个区域，阳光房的四周摆满了用陶瓷花盆栽种的大大小小的绿色植物。房间里有好几张舒适的椅子，沙多在一张椅子上坐下的时候，吓了一大跳。有一双含有恶意的眼睛紧紧盯着他。这双眼睛是玻璃做的，镶嵌在一只有尖牙利齿的老虎标本的头上，老虎皮被展开了做地毯。沙多拿脚指头将老虎头拨向一边，这样老虎就看着其他东西了。

一个女仆推着一辆装有银盘和骨灰瓷杯子的精巧木头茶具车走了进来。她揭开银盖，里面是一盘极小的三明治，面包上的皮已经被修整过了，她请他随便享用。她离开之前，拉直了那张虎皮地毯。老虎再次瞪眼瞧着他。

爱迪生夫妇只让他等了几分钟。爱迪生夫人先进来，她是一位讨人喜欢的中年妇女，身材丰满，她十分有力地握着他的手，说道：“你好，上校，我是米娜·爱迪生。这是我丈夫爱迪生。”

他就在那儿，这位名闻遐迩的“奇才”，一身皱皱巴巴的套装，常见的白色头发，还有一张哈巴狗模样的脸。沙多飞快地伸出一只手，快得如同被一个活塞推出来似的。

“很荣幸见到您,先生。我是不是可以说——我一生中最大的荣幸。”

“啊,谢谢。”爱迪生谦虚谨慎地说。毫无疑问,在他五十年的生涯中,这种话听过不下数千遍了。“请坐。”他的嗓音响得十分刺耳。

爱迪生夫人拿了一张椅子放在沙多跟她丈夫中间。“喝茶吗,上校?这是我们从伦敦进口的。”

“挺好,谢谢。”沙多说道。他不喜欢这玩意儿。

“加奶还是加糖?”

“您怎么调配都可以,夫人。”爱迪生夫人困惑地望了他一眼,然后加了少量牛奶和半调羹糖。“我想这样好点。”

沙多饮了一口这令人恶心的饮料。“味道好极了。”他不知道该如何把余下的茶硬吞下去。

突然,爱迪生说道:“米娜也参加我们的谈话,万一我听不清或者理解不了你的话,她可以帮点忙。”每个能看报纸的美国人都知道爱迪生耳聋。他十二岁的时候便是一个富有想象力的孩子,一个十足的霍雷肖·阿尔杰①作品中那样的小人物,那时他在密歇根周边穿梭运行的大干线铁路列车上卖糖果。有一天,他拿着一叠报纸和糖果、花生以及其他零星小商品,想再次登上一辆列车,到车厢走道里去卖。这时火车已经开动了,可他的两只手都没有空。他大声喊叫着请求帮助。最后一节车厢的列车员在车厢连接平台上将他拉了上去。列车员拉的是他的耳朵。很快,他就患上了头痛病。接着是轻微的耳聋,并逐渐发展,虽然沙多听说,爱迪生依然有部分听力。至少,他走来走去的时候没有挥舞该死的喇叭状助听器。

爱迪生将两只手交叉在一起,搁在他的深灰色马甲上。他的肚子稍微有点大了。他穿的套装是高档产品。“米娜在这儿,你完全不必拘束。”他说。

“谢谢,先生。”

“我是一个普通人,上校。我出生在一个普通的城市,俄亥俄州的米兰,但是在另一个城市长大,密歇根州的休伦港。我父亲也是一个普通人。他制造木瓦。

---

①霍雷肖·阿尔杰(1832—1899),美国儿童文学作家,一生写过一百多本书,大多是描写穷孩子既通过个人奋斗也因好运而发家致富成为中产阶级的故事,代表作品《衣衫褴褛的狄克》(1868)。

后来，他倒卖谷物和饲料。我接受教育是在我母亲的膝头，再就是在底特律公共图书馆的阅览桌边，两趟火车的间隔期间。在我还是小伙子的时候，我最好的一批朋友就是电报员和列车员。普普通通——到哪儿都普普通通。普普通通依然贯穿在我今天的生活中。我有工作，有妻子，有六个孩子，我看书，偶尔也到树林里去散散步。这就是我所需要的全部。这儿也一样，我们过着普通的生活。"

"哦，是吗？"沙多心里想，"我倒是希望生活在这么'普通的'宫殿里呢，你这个该死的骗子。"

爱迪生在米娜端给他的茶杯里呷了一口茶。"我跟你说话也会很普通，上校。"

"很高兴，先生。这样是最好的。"

"你听了我说的话就不会这么想啦。"

沙多绝对安静地坐在那儿。

"米娜，我完全可以听清他的话。你不必陪着我们了。请谢谢库克做的点心。"

她一声不响地退了出去。双扇门转动着关上了。沙多感觉他不得不采取主动，否则他也许就得在这儿坐到天黑呢："你的信里说有生意要谈，先生。是不是关于我制作的电影？不知道你有没有看过？"

"我没看过。我听说过。"爱迪生的脸色以及粗嘎的嗓音没有说明什么问题，"我邀请你到这儿来是想友好地总体上讨论一下电影行业。你是有钱人吗，上校？"

沙多感到吃惊，说道："还没有呢，先生。可是我希望是。"

爱迪生第一次笑了。

"好啦，假如你继续在你的放映机里应用我的设计要素，那么你就别再记着你的希望了，因为美国勒克索格拉夫公司将寿终正寝。"他从外衣里边的一只口袋里快速掏出一份蓝封面的文件，"我将对你提出指控，案子由联邦法院受理。我控告你、你的合伙人、销售商、雇员、继承人、受让人，在十四个方面侵犯了爱迪生制造公司的专利。"

沙多坐在那儿，嘴巴张得跟那只老虎标本一样大。

“你剽窃了我的设计,上校。我跟托马斯·阿马特先生合作的设计。”

“不,不,爱迪生先生!我不认识阿马特。我只是请教了一下他的合伙人查利·詹金斯而已。”

“请教?他允许你了解他工作的每一个细节?不管怎么样我都表示怀疑,先生。不过,你剽窃的那些具体东西跟我无关,只有结果跟我有关。我已经跟托马斯·阿马特先生,就是你说的詹金斯先生的合伙人,合伙经营了。所以,你剽窃的就是阿马特的东西、我的东西、所有爱迪生公司的东西。”

沙多突然感到一阵很难受的内急,想上厕所。他在自己的双手里飞快地转动着他的阔边帽。“你真打算把我告上法庭?”

“是的,而且你将一无所有,我的律师们会管这事儿的。他们已经消灭了比你强大的人。你不应该在一个享有盛名的发展领域威胁我的领导地位。”

“看在老天的分上,爱迪生先生,我们难道不能用其他方法解决这个问题吗?”

第二次,爱迪生微微笑了。

“呃,是的,当然可以。这就是我邀请你私下商讨这种事儿的原因。如果你同意你每卖一台或者租一台放映机,每放一部电影都给我上交一定的使用费,那么我们可以在庭外解决这件事情。这些数字将由我的审计员核实后确认。我有绝对权利随时查阅你的账册。我们要不要像有身份的先生那样拿出铅笔计算一下?”

沙多咕哝道:“我没有带铅笔。”

爱迪生伸手到另一只衣服内边的口袋里。“给,这样的场合跟人会面,我通常带着两支铅笔。”

光线在衰减,盆景植物的影子变得越来越长。他们谈判了两个多小时。沙多感觉,他要是不马上去厕所间,就会发生可怕的事故了。终于,爱迪生大慈大悲地说:

“我们谈好了。谢谢你,先生。我的律师会起草好必要的文件供我们签字。”

沙多跳起身来,这一下剧烈地刺激了他已经涨无可涨的膀胱。“你可真是个讨价还价的行家里手，爱迪生先生。”

“是啊，但只有这样，你才能留在这个行业里头，才能发家致富。诚实是最好的方针政策。你跟爱迪生制造公司打交道的时候，这是唯一的方针政策，因为另一个选项是破产。”

他伸出一只手。“感谢你大老远来看我。我们将共同携手前进。我说啊，你说话的声音倒是十分动听，上校，响响亮亮。要我带你出去吗？”

“我认得路。”沙多回答道。他两眼无光、脚步踉跄地走向门厅，差一点在一只很大的中国式雨伞坛子上绊了一跤。

“小人。”男管家送他出门的时候他轻声说道，他指的是爱迪生先生。他沿着马车道跑去，发疯一样地急于寻找一棵合适的树。

“小气贪婪。”沙多嘴里嘟囔着，这次是在火车站等那趟慢车的时候。“每个小学生都以为他是个天使，一位和蔼可亲的老发明家出于纯粹的善良把他的祝福抛给了公众。”

可他得出的却是截然相反的结论啊！多少年来，爱迪生对电影放映机根本就不屑一顾，他自己也是这么说的。现在，你会以为他首创了这项业务，仅仅是因为某些公众愿意花钱观看这种活图片。这个“奇才”对沙多的所作所为，是可忍孰不可忍。不过，现在“奇才”不会来干涉他的生意了，这点倒是可以高枕无忧。

很快，沙多开始微露笑容，接着咯咯地轻声笑了起来。他发现自己改变了对托马斯·阿尔瓦·爱迪生的看法。这老笨蛋还不算太坏。那些跟电影有关的人总说是他推动了电影事业的发展，他们说得没错。他知道自己想要什么，而且努力为之奋斗，但是沙多也会做同样的事情。他认定，他和爱迪生先生很相似。土匪。

当然，除了爱迪生先生是个顶尖天才之外。

所有那些小男生和小女生对着这位和蔼可亲的老发明家将头靠在自己一只手上的图片发出由衷感叹的时候，永远不会知道真相有黑暗的一面。啊，行啦。生活就是这样。

第八十二章　弗里奇

1897 年晚秋时节,弗里奇的父母亲带她到纽约州旅游。爸爸需要跟怀特普莱恩斯的一位商人洽谈在韦斯特切斯特开办克朗啤酒经销处的事宜,妈妈和爸爸还要共同跟卡尔上学的那个学校的校长商洽他成绩差的问题和踢橄榄球受伤的问题——不是卡尔受伤,而是他持球冲入对方阵地或者冲向前去持球触地的时候把别人弄伤的问题。

爸爸将她们安顿在了郊区拉奇蒙特附近的长岛海湾边上一个度假酒店的套间里。第一天的活动弗里奇请了假。她宽慰妈妈她会守规矩的,并送他们上了一辆出租马车。

上午,她在俯瞰海湾的岩石上晒太阳。她幻想着隐藏在西南方蒙蒙雾霭中的那些神秘地方和人儿。比如,纽约丽都街的著名剧院和受女戏迷追捧的男演员。

幻想是弗里奇芝加哥生活的解毒药。1 月份,她十六岁了,可令她感到脸上无光的是她依然胸部扁平。她几乎没有一天不想她哥哥,想保罗。她真的非常想念他们。

在芝加哥,她只有一个男友,一个她在极度绝望的情况下才能够容忍的年轻人。他的名字叫迈尔斯 · 皮尔比姆。他跟她上的是同一个教堂。他的“体育项目”是西洋跳棋。他把阅读微积分课本当作一种享受。她私下里给他取了个名字叫“笨蛋迈尔斯”。

中午前后,她觉得越来越百无聊赖,便沿着海滨走去。风刮得很强劲。波涛粉碎成白色浪花。有几艘好冒险的帆船在浪峰波谷里腾挪起伏。她走过很多破败的住宅,来到一个布局凌乱的白色大房子前面,她觉得这房子跟她所住的宾馆差不多。

宽大的游廊上只有一个人坐在一张摇椅里。这是一位上了年纪的个儿矮小的女人,穿着闪闪发亮的黑色丝绸服装,披着一块黑色的方形披巾,下巴下面扎着一块黑色的围巾。一条彩格呢的毛毯裹在她的双腿上,她的膝头放着一本没有打开的书。她正在摇晃,正在凝望长岛海湾。

弗里奇注意了一下自己的风度,朝这位老太太微笑着点点头。她往前走过了二十步的时候才猛地惊醒过来。她赶紧转身往回跑,心怦怦地跳。她爬上受到沙砾冲刷的宽阔台阶,仿佛这些台阶通向的是一个神坛。

这老太太至少有七十岁了,但是没有一个热爱戏剧的人会误读这张面孔,哪怕有岁月的模糊。那坚毅的下巴,那在舞台上永远让人刻骨铭心的凸出的蓝色的灵动眼睛。弗里奇在报纸上看到过,其他著名演员出于敬畏,称她为"公爵夫人"。她现在也让人有一种敬畏感,尽管她只是在摇椅上摇晃,自个儿对着自个儿微笑,也许是在回忆一些特别优秀的演出吧。

"夫人?对不起。"

"孩子,什么事?"

"请原谅,您是不是——"她抓住游廊上的柱子,生怕自己昏倒一样,"德鲁太太①?"

老太太很开心她被人认出来了。约翰·德鲁太太曾经当过演员,经营过费城的牌楼街剧院,好多年呢。她是第一个经营自己的演出公司的女人。她是个传奇。可是在这儿,在拉奇蒙特,她坐着,个子瘦小,神情疲惫。

"没错,亲爱的。露易莎·德鲁。你叫什么名字?"

"弗里奇·克朗。弗雷德丽卡。"

"你住在拉奇蒙特吗?我住在这个宾馆里。这是专供老年人住的。我退休

---

①德鲁太太(1820—1897),即露易莎·雷恩·德鲁,随其寡母从英国来到美国费城,8岁便开始在费城的舞台上从事她的表演事业,经常扮演蒂兹尔夫人、马拉普洛普太太以及罗密欧、安东尼等男性角色。1850年与爱尔兰喜剧演员约翰·德鲁结婚,后其丈夫与人合作经营费城的牌楼街剧院,1861年因丈夫到处旅行她便当起了剧院经理,其间剧院取得了令人瞩目的成就。她儿子小约翰·德鲁也是著名演员,擅长演莎士比亚的戏剧、社会剧和轻松喜剧。

之后我们家把我安顿在了这里,这都是为我好。”她说这话没有丝毫责怪的意思。

“我住在芝加哥。哦,可是我在舞台上看见过您。我是在您跟杰斐逊先生作最后一次巡回演出时见到您的,在《情敌》里。”

“乔。”老太太咕哝着,脸上荡漾着微笑。她抹了一下自己的额头,似乎是在把一小缕松开来的头发抹到一边去。德鲁太太的所有头发都隐藏到了她的方形披巾里,没有露出一丝一缕,可是她不停地在抹。

弗里奇紧紧抓着柱子,鼓起勇气说道:“我想成为一个演员。我非常想。”

“是吗? 你有这方面的天赋吗?”

“我相信我有。可是得由别人评判。”

“不过你有愿望。”

“哦,是的。”

“我不知道在这方面我应该如何给你建议。”一只瘦弱的手指着海面。这是一个完美的舞台动作——简单至极的抽象艺术动作,但是它吸引了弗里奇的注意力,这便是它的作用。“波浪和演员。他们非常相似。他们积聚一定时间的能量,跃升到不同的高度,然后以不同的速度和力量前行。接着,他们消失殆尽,被人遗忘。”

在她那张老脸上如此明亮的蓝色眼睛,像鬼怪一样紧紧盯着弗里奇。

“你明白我说的意思吗?”

“是的,我明白。”

“那你还是坚定地要当演员?”

“非常坚定。”

“那就勇往直前。这是一个充满了心碎、怀疑、背叛的行业,但这个行业依然崇高。没有一个行业可以跟它媲美。”她伸出一只手,轻轻地抚摸着弗里奇,有一种祝福的味道。她感觉德鲁太太的指尖像是干燥的纸。

纱门砰的一声打开了,推门的是一位穿着白色法兰绒衣服的年轻人。他黑色的头发被一条白色的分缝精确地一分为二。他的下巴凹陷得很深,他的牙齿几乎完美无缺。弗里奇猜他的年龄跟她差不多,或者略微小一点。不过,他看上去不像一个小男孩。他英俊得像撒旦一样的相貌使他更像是舞台情节剧里的一个浪荡子。

“太太，太太，您在这里没事吗？不会太冷吗？”

“没事，没事，挺好。”德鲁太太说道。小男孩过于体贴地重新整整她的方形披巾，接着又整整上面放了那本被遗忘了的书的彩格呢毛毯。“弗里奇小姐，这是我外孙杰克。他今年夏天待在我这儿。杰克在演一些戏。他母亲，我的女儿乔姬，是一个演员。他父亲莫里斯·巴里莫尔是一个演员——”

“莫里斯·巴里莫尔？哦，我见过他。”弗里奇感觉自己无法继续站直了，要神志不清了，挺不过五秒钟了。莫里斯·巴里莫尔因为他的英俊外貌和翩翩的舞台风度而大受女人崇拜。这个小男孩杰克几乎可以跟他父亲媲美，他也让那些女孩子晕晕乎乎地想到达达尼昂①啦，月光啦，偷着亲吻啦。

“杰克，这是克朗小姐，从芝加哥来。”

对如此其貌不扬的一个人，他的黑色眼睛闪烁着轻蔑。他用厌烦的声音说道：“很高兴见到你。”他拉起弗里奇的手，吻了一下。接着，他回到了这个专供老人居住的宾馆里面。

德鲁太太向弗里奇道了午安。弗里奇的双脚踩踏在积满小漂砾的沙滩上往回走，可是她丝毫也不记得走漂砾沙滩的过程了。她的道路笔直向前，清晰得如同雨后的5月早晨。

今天之前，她都一直充满着疑虑。这些疑虑每次都因为爸爸的反对而得到强化。但是突然，爸爸所信奉的，他所说的那些有关演员和戏剧界的话，已经无关紧要。小乔走了。堂哥保罗走了。假如有必要——假如爸爸逼迫——那么她也可以走。这个上午之后，这个神奇的上午之后，已经没有其他的路径了。

①达达尼昂，大仲马火枪手三部曲《三个火枪手》《二十年后》《布拉热洛纳子爵》中的角色之一。

第八十三章　小乔

他每次就这样干一天，干一周，干一月。艰苦的体力劳动，通常是在户外，与普通人为伍，而且常常是文盲。

他再次蓄起了胡须，又长又密，像个共和国军队的老兵。他的皮肤被晒成了深褐色的皮革。在失业的日子里，他饱经生活品匮乏、饥饿、无家可归的凄凉。然而，他刻苦努力，奋发向上，生活最终没有辜负他。西部高原上长满小麦的壮丽土地给他丰厚的馈赠，那就是令人难以置信的美丽，还有他一次又一次发现的真理：那些先驱，没有将古老的人类的邪恶和贪婪留在身后。

他最为艰难的挣扎是在他的内心，而且持续不断。他不遗余力地想要清除内心的痛苦，失败的痛苦、愤怒的痛苦、想家的痛苦以及渴望惩罚的痛苦。有一些记忆他拒绝放弃。对弗里奇的记忆，用长焦镜头所看到的她那些热情洋溢的举动不再烦人而是讨人喜欢。对身强力壮的卡尔的记忆，他的强壮永远超乎你的感知范围，而且极其可爱。对堂弟保罗的记忆，小乔几乎像关心他亲弟弟亲妹妹一样关心他。最强烈的记忆是他对母亲的爱。正因如此，他不断给她邮寄他没有目的地的漫漫旅途中的那些纪念品。在丹佛，他用一只结实的木盒子寄了半个小小的晶莹闪亮的晶球。快递小哥坚持要他在上面写上名字和地址，至少写上寄件的邮局。他坚决地回绝了。她知道寄件人。

他或徒步长途跋涉，或免费搭乘铁路货车，穿越落基山脉和内华达山脉，地势从内华达山脉便逐渐开始下降海拔高度，最后进入加利福尼亚州平坦的中央谷地。他认为这个地方太像伊利诺伊州了，而因为身后蔚为壮观的大山和前头略微低矮平缓的山脉而显得愈发美不胜收。尽管人烟稀少，但是中央谷地似乎是一块适合种庄稼的富饶之地。他听说这儿降雨量很少，只在冬季极短的时段有一点雨水，不过机械灌溉系统已经开始应用。

他发现圣华金河谷种植小麦，便介绍自己是一把收割好手，并以开始收割来庆祝 7 月 4 日。他跟那些像自己一样的农业季节工人一道干活，他们中有爱尔兰人，但大量的是匈牙利人。

他继续前行，在又长又宽、无边无际、伸向朦胧雾霭之中的甜菜地里除了几个星期的草。他在那儿遇见了几十个戴着苦力草帽的中国劳工。之前他唯一见过的中国人是在照片里，也可能是在芝加哥蒸汽弥漫的洗衣房里。他不懂中国人说的话，中国人也不懂他说的话，可是他们依然可以用笑声和手势互相交流。

在向着西南部艰难跋涉的过程中，他当了一段时间的流动工人，在南方太平洋铁路的一条支线上夯过他从来没有夯过的石砟。夜里，他跟其他铁路工人一道围着咖啡壶喝咖啡或者就着窄口大酒瓶喝威士忌。他说他想去看看洛杉矶。他们警告他说，那儿不欢迎曾经支持过工会的工人，而他显然就是亲工会分子。当地的商会和一家由一个叫奥蒂斯上校编辑的很有势力的报纸正在发起把洛杉矶建设成为加利福尼亚州无工会业界庇护所的活动。但他不顾一切继续前进。

来到洛杉矶，他在太平洋里搏击海浪，张开双臂巍然挺立，品味着从东方吹来的咸咸海风。他幻想着，可以嗅到来自地平线下面那些国度充满异国情调的芬芳。

在所有的行程中，即便早在科罗拉多的时候，要是他身上不是特别脏，牛仔裤里又有几个钱，他就会花一天时间，去一个公共图书馆。他会坐在一张桌子边，阅读好几个小时。他不再在本诺介绍给他的政治理论家上浪费时间。他钻研得更深了，以弥补他表达不清或者甚至不能完整理解的需要。他努力阅读那些伟大的著作，从中汲取对他无根基的生活也许会有些许用处的有价值的伟大观念。他的生活目的，假如有生活目的的话，似乎依然模糊不清。

他阅读《圣经》，阅读伟大的英国诗人的作品。他这样做是因为他想要这样做，老乔·克朗不会逼迫他，迂腐的老师也不会说他的选择是愚蠢的——“你怎么这么没脑子呢，克朗少爷？也许你该到另外一个学校去。”

图书馆，任何一个图书馆，就是他热爱的学校。只要图书馆的人不因为他狂野的样子和汗水的酸臭而把他赶出去，那么他就会去上学，直到晚上他们锁门。

他开始拥有自己的小本子，也就是从杂货店里买来的小学生用的廉价练习本。他在里面写下一些似乎有特别深意或者特别重要的警句和引文。几个月之后，一天他在翻阅许多页写满了铅笔字的本子时，他才意识到在他所选用的话语里可以大致看出一个格调来。

他从《圣经·马太福音》抄录了基督关于天才的寓言里老爷对第三个仆人说的几句话。第三个仆人在老爷走后把他的天才埋到了地里，生怕把这个天才给弄丢了。其余两个仆人把他们的天才拿去做投资，结果增值了。当老爷回来之后，他赞扬了那两个仆人。第三个仆人也指望得到赞扬，却受到了指责。

他在失明的约翰·弥尔顿的《论出版自由》里摘录了这样的话：我无法赞美难以捉摸、与世隔绝的美德，这样的美德从来也不会主动出击去面对她的敌人。从莎士比亚的《一报还一报》里他抄录了一句公爵的忠告：汝之财产乃至汝本人均非属汝自己。

还有其他。他开始懂得他为什么会收集这些警句格言。他希望增加自己的勇气，在他面对普通工人受到极端不公正对待时敢于反抗，因为他就是他们中的一员。普尔曼、本诺、他母亲，甚至他那位常常对他采取高压政策的父亲，联合起来点燃了他心中的火焰。那些随意抄录的话语就是在提醒他，过去名副其实的伟人和思想家都认为，这样的火焰不应该隐藏在心灵的黑暗处，而应该喷薄而出，去点燃行动，去反抗不公正。

他心甘情愿地释放这样的火焰，但是不无代价。他两次受到暴打，有一次在文图拉附近他对东家说他给的工钱是奴隶的工钱时，还被浇了柏油。

所以，当他痛、当他流血、当他被打得几乎站不住的时候，他有过后悔——是的，当时深感后悔。但是，他听到了社会制度将出现彻底变革的呼喊，便心无旁骛，便义无反顾。

简而言之，他正在成为一个麻烦制造者。

当然，他并非在任何地方、干任何活计时都制造麻烦。有的时候，没有必要。偶尔，工人们得到的薪酬很公平，东家对他们也很好。他在报纸上看到过，里弗赛德的柑橘果园五彩缤纷，美艳绝伦，于是他在冬天采摘季的时候来到一家庄园采摘华盛顿脐橙，庄园的主人名叫J.M.钱斯。他从未见过这位东家，不过这个人让采摘工住到他家条件虽然简陋但干净的小屋里，有厕所，还有足够的自来水，而且他让他们吃得也好。

在19世纪80年代南加州土地买卖大繁荣时期，里弗赛德是许多小城镇中的一个，这些小城镇被人们用来向游客和投机者兜售。他逐渐弄明白，这些新城镇里的建筑用地全部被那些大铁路公司包销了，他们雇用写手撰写蛊惑人心的书籍，吹捧加利福尼亚，把东部的顾客吸引过来，说服他们在"美国的地中海海滨"安家落户。移居者越多，铁路的生意就越好。

如今，土地买卖大繁荣基本上土崩瓦解，但是那些城镇留了下来，继续苟延残喘。雷德兰兹像里弗赛德一样是另一个"果园"的中心。但看它的样子却挺繁荣昌盛，有好几个商业区，有一家大宾馆，还有一条铁路——东圣贝纳迪诺山谷铁路穿城而过。小乔知道，近期到达南加州的很多人都来自中西部，有人告诉他，雷德兰兹主要是由芝加哥人开发出来的。

1897年那个酷热的夏天，他就在雷德兰兹，受雇采摘夏季成熟的瓦伦西亚柑橘。那个大柑橘园属于一位有贵族头衔的英国人。小乔跟一大群越过边界而来的墨西哥人在一起干活。这些人肤色黝黑，目光热情，即便在可怕的热浪里也面带笑容，说一种他每次都可以学一点的动听语言。也有一些亚洲人，这些亚洲人很少说话，也从来不笑。一位懂英语的墨西哥人告诉小乔，说亚洲人在这么多人里面处于最底层，经常遭受虐待。由于白人想要亚洲人的岗位，所以有数以千计的亚洲人被赶出了整个南加州的那些小唐城。白人劳工不喜欢外国劳工，尤其不喜欢亚洲劳工。小乔目睹了这一事实。有一次，采摘工人中那个满脸雀斑的红头发工头从一个亚洲小青年的身子下面一把将梯子拽走。那小伙子狠狠地摔到了地上，白人工头拿脚踢了他好几次。天晓得他做错了什么！

来到雷德兰兹果园的第四个早上，小乔发现，早餐的粥里面有一些黑色的斑点——某种死了的小昆虫——这是东家派人送到工人们睡觉的地方来的，还有几搪瓷壶早已经变凉的咖啡。工人们睡觉的地方在露天处。他吐掉一口粥，向那工头提出了抗议。

他的抱怨得到的回答既简单又无礼："你不喜欢这吃的，就卷铺盖走人。你也得不到存入你账户的工钱。”

“哪怕我不干,你也没有权利扣——”

“闭嘴。”比他高出一个头的工头一把钳住小乔细细的手腕。他感觉那钳着的手指如同监狱里的铁镣铐。“你要是再抱怨,那我们就来场真正的拼杀,你和我。把你这种三寸丁谷树皮揍得满地爬费不了多少力气。”

他放开小乔的胳膊:“你算个什么鸟,到这儿来玩乐的大学生吗?我看你在一个习字本上写东西,写的什么?”

“你不会喜欢的。”小乔说着走开了。他知道,跟还有一些人一样,他这个活儿干到头了。

那天下午,工头开始辱骂另一个亚洲人。

工头扇那个亚洲人的脸,扇得很重。个儿矮小的亚洲人,虽然年老体弱,却不甘示弱。他揍了那个穿着衬衫的白人肚皮两拳,虽然坚决却无力——正好中了工头的计。他将老人摔倒在地,开始了他所说的真正的拼杀。

小乔在梯子顶上四下里瞧了一瞧。每个采摘工都埋头在干自己的活。小乔轻轻地叹了口气。果园里,总有醉人的芬芳。柑橘花已经凋谢,但是香味儿依然浓烈,因为柑橘不可避免地会被人们的脚踩碎,或者有人偷偷地用拇指甲剥开柑橘吮吸果汁。这是一种小乔已经爱入肺腑的香味儿。他说真心话还真的不想离开这儿。

上了年纪的亚洲人喊叫得更响了。可以听见很响的骨头折断的啪的一声。小乔飞速从梯子上爬了下来。

四十八小时之后,他蹒跚着走进了雷德兰兹火车站对面的一家很小的杂货店。他双手的背上满是骇人的青肿。他的下嘴唇破裂了,他拿一块布按了好长时间才止住血。他的右眼闭着,被血和眼睛里排出来的东西粘住了。眼睑肿得厉害,眼睑四周的肉发乌了。

小店里很热,灰尘遍地,寂静无声。一箱箱的钉子开着盖子,耙子和锄头放在桶里,粗麻布袋装的鸡饲料放在从前窗晒进来的斜阳下,这使他想起了静物分组。他拿还在痛的指节敲了敲柜台,敲得很轻。一个嘴巴发臭的圆肩膀小个儿男人从后屋走了出来。

“我想买点纪念品。我钱不多。”

店老板在他洁白无瑕的围裙上擦了擦他十分干净的双手。“你这个样子是撞上谁啦?”

“多塞特果园那边的一个人。他打另外一个采摘工人。”

“打白人还是黄种人?”

“这有关系吗?”

“当然有关系。”

“我不明白为什么。”

小店老板稍稍从柜台边往回缩了一点身子。“你是他们那种激进鼓动家之一吗?每个季节好像都有一群这样的人到果园来。”

“我不属于任何劳工组织,如果你说的是这个意思的话。”意思是:“我现在还不是。”

“你是东部人?”

“芝加哥。”

“一样。内华达山脉以东。”他再次在围裙上擦干自己的双手,“你们到这儿来,大量购买我们的土地,然后就认为有权利告诉我们如何做每一件事情。我,我出生在洛杉矶,那时这儿还是一片荒原,仅有几座土坯房子而已。现在,到处都是房地产开发和观光火车,再就是所有你们这些东部人对我们发号施令。”

“也许你们需要有人对你们发号施令。也许你们这儿的人不够文明。”

小店老板吐了一大口银色的唾沫。小乔听到一只看不见的痰盂里啪的一声。他本来就该知道,这样一个打扮整洁的人,系着整洁的狭领带,有着一头上了发油的精心梳理过的稀疏头发,是不会将唾沫吐到地上的。

“你要是抱着这样的观念不放,还会挨揍的。”

“估计这倒是真的。”

“我是说被揍得十分厉害,无以复加。到旧金山去吧,那个地方他们容忍你这种类型。激进分子。那么你是要买东西呢,还是不买?”

“我想给我母亲买个纪念品。”

“这儿有一个大众化的东西。”他从身后的架子上拿下一个印有蓝色文字的柑橘箱复制品。

纪念品

加州雷德兰兹

著名柑橘园的果箱

“全年阳光普照之地”

“这果箱里是糖果。”小店老板说道。

“我想也不会是真正的柑橘。多少钱？”

“十五美分。”

“架子上的标签标的是十美分。”

“没有时间在新箱子上印字。你是要还是不要？”

小乔付了纪念品的钱，走出店门。他找到了邮局，用台子上的笔在小箱子上写上地址，然后买了一张邮票。

“我们这里寄这类物品的人很多——”邮局办事员注意到了小乔被打伤的脸，说了一半噎住了，“寄件人的地址不写吗？”小乔摇摇头。

他慢慢朝火车站走去，来到月台上一只工具箱的盖子上坐下，享受着晒在他脸上的疗伤的阳光。他从背包里掏出那本破旧的小本子，背包是默塞德附近一位好心的农民妻子用四条扎染印花大手帕缝制起来的。他翻着小本子，心里想着，不知道各种各样的警句格言的作者是否明白，要遵循这样的忠告有多难，不仅仅是照着做的问题啊。当时，他感觉疲惫而又失败，站长又走出来把他赶走，令他雪上加霜。

黄昏时分，他离开了雷德兰兹，往北方走去。

第八十四章　保罗

保罗多么希望吉米会兑现他的辞职承诺。跟他共处一室从来就不是一件愉快的事情，现在变本加厉。吉米四处闲逛，偶尔还带个姑娘来。那些个夜里，拯救保罗的唯一办法便是在他跟吉米床铺中间的一根铁丝上挂一块床单。

吉米的小伎俩数不胜数，继续表达他对保罗的不满。保罗思维敏捷，工作勤奋，充满着掌握这个行业每一个方面知识的热情。沙多没有帮什么忙。他从来不隐瞒他对保罗的日益器重，对外介绍说保罗是他的助手，而把吉米依然说成“我的帮手”。

在保罗看来，吉米似乎不适合在电影这行干，也不适合在任何其他稍微需要讲点诚信的单位里面干。吉米贪婪，无所顾忌。保罗无法理解，他为什么不到码头区某个更加容易赚钱的行业里去混。

然后，吉米坠入了爱河。

1898 年 1 月的一个夜晚，他带回来一个蓝眼睛的性感美人。他并没有直接把她弄上床，而是带到了晚餐桌上炫耀。

吉米带来的姑娘十七岁，也许十八岁，吉米介绍她的时候极其紧张。她叫霍诺利娅·费尔小姐。她说她更喜欢人们叫她霍妮。她的嗓音又高又细，像小孩子的嗓子，而她的身体却完全没有小孩子的样子。她戴着一双白色手套，丰腴的身段很像莉莲·拉塞尔，浅黄色的头发盘得很高。

“你是在哪儿遇见这个小兔崽子的，费尔小姐？”沙多问道，“我希望不是在这个邻近地区。”

“哦，不是的，先生，我们是在弗劳姆音乐厅遇见的。我姨妈莫琳带我到那儿专门去看活图片。她怕一个人去,她是个老处女。我也从未看过,很激动。后来,在大堂里,我们意外地见到了莫琳姨妈的朋友萨莉·费伦。她们走到一边聊天去了。我跟吉米就是在那个时候认识的。”费尔小姐笑得非常好看。“当时吉米跟我说话的时候我可能都没有听见,我只注意莫琳姨妈走过大堂,去宽慰萨莉,因为她老公圣诞节后刚去世。吉米挺时髦的。”她咯咯笑着。“他大步走上前来,告诉我他的名字,说他们在里面放的片子就是他制作的。我的印象太深刻啦!当时他向我要我的住址,我的两个膝盖全都湿了。我知道我不应该给他,可我还是给他了。”

“还有她的电话号码。”吉米说道,“他们家里有两个电话。”霍妮·费尔再次咯咯笑了,面红耳赤,赶紧去拉吉米的手以寻求心安。晚饭的时候,她说了很多南区神父和教堂的情况。

当吉米拿来费尔小姐的暖手筒,准备送她上有轨电车回家的时候,天开始下起了小雪。她庄重地跟大家一一握手道别。“沙多上校、玛丽、保罗,很高兴见到你们。希望还有更多机会见到大家,如果吉米再邀请我来,我会来的,太让人激动了,你们这个行业。”

“英雄所见略同。”吉米说道,一面戴上他的常礼帽。他像唱歌一样兴高采烈地道了晚安,面带明显的得意神情陪着霍妮·费尔朝楼梯走去。

他们走后,沙多说道:“这事儿真让我莫名其妙。就这一次,这小瘪三有感兴趣的事儿了。”

“我说呀,爱情虫子咬上他啦。”玛丽表达她的看法。

沙多松开已经松垂的领带:“吉米最好小心点,别玩弄那个小妞。”

“她是个特别的人吗?”保罗问道。

“小伙子,那个漂亮小妞只是这个城里最有权势的市政委员之一的女儿。跟‘澡堂子’和‘不诚实的丁克’可以等量齐观的人物。弗朗西斯·费尔是南区人。他们称他为‘火炉子费尔’。因为他什么都偷,连火红的炉子也偷。但是,他在市民贿赂与家庭道德之间画了一条线。他是一个虔诚的天主教徒,有五个女儿,最大的二十三岁,而且我听说,这些小可爱人人都是处女。谁如果不是处女了,并让费尔市政委员发现了的话,那么我可得同情那涉事的杂种啦。”

所以，有了这件事情之后，吉米·道斯还受雇于上校这儿，但是态度大有改进。他的牢骚少了。有的时候，他实际上还假装喜欢这工作了。霍妮·费尔至少每周来吃一次晚饭，谈论她的姐妹、她的神父、她的堂区以及电影——“有史以来最刺激、最令人激动、最不可思议的发明！”她很傻，傻得温和，傻得单纯。保罗极其喜欢她。

2月16日，星期三早上，听到上校在卧室跟厨房间的墙壁那边一声大喊“哦，天哪”，保罗一骨碌跳下床来。他急匆匆拉上裤子，然后套上汗衫。吉米继续呼呼大睡。保罗赤着脚穿过冰冷的地面，敲了敲厨房的门。沙多穿着一件手肘处有一个洞的旧丝绒睡袍，坐在餐桌旁。玛丽在炉子上乒乒乓乓地摆弄那只蓝色搪瓷咖啡壶。窗户上盛开着一箱箱灿烂的紫菀花。

保罗注意到了沙多的靴子，湿漉漉的，有水滴落到一张报纸上。他早已经穿过积雪去拿来了早晨的《论坛报》。

“达奇，有条大新闻。我是说最大的新闻。瞧。”他给他看了第一版。

号外！

凌晨3:30

“缅因”号在哈瓦那港被炸沉。

——

美国战舰被可怕的爆炸

炸毁

据悉爆炸发生在船上。

——

有报道说大量人员伤亡。

——

西班牙巡洋舰“阿方索十二世”号的所有救生艇

全部被派去救援

出事战舰的官兵

"这怎么可能？这艘战舰是到那儿进行友好访问的啊。"保罗关注最近来自基韦斯特岛和古巴的每一篇报道，一个字也不放过。"缅因"号是将近三个星期前离开德赖托图格斯群岛的锚地前往哈瓦那的。

"哦，当然啦，完全是友好访问。"沙多翻了一下眼珠子说道，"但是战火依然在燃烧。也许我们的领事那个南军老兵菲茨休·李突发奇想，要让那些西班牙人看看美国战舰上的重型武器，你动脑子想过这事儿吗？"

"即便如此，报纸上说西班牙官员给美国水兵们举行了一个欢迎会，显示——"他从记忆深处掏出那个英文单词，"热情友好。"

"他们该死的把它炸沉了。这是热情友好？"

"有证据证明是西班牙人干的吗？"

"见鬼的还没呢，事情才刚刚发生。但是美籍西班牙人有责任，我敢打赌是这样。"

"确切讲战舰是什么时候沉没的？"

"昨晚九点三十分、九点四十分左右。电讯稿说它当时是锚泊在那儿的，万籁俱寂，然后——砰！我赞同赫斯特先生的观点，我们该狠揍那些该死的西班牙人，把他们赶出西半球去。"

玛丽的拖鞋在油地毡上拖拉着，端着满杯的咖啡在沙多身边坐下。她轻轻揉着自己的眼睛。"可怜的海军小伙子，死了多少人？"

"还不知道呢，也许两百。"

"啊，上帝呀，西德，这太糟糕了。想想那些母亲和妻子，她们可要伤心死了。"

突然，气氛骤变。沙多扔下报纸，两眼放光。

"想想这个拍成电影潜在的价值。"

"缅因"号灾难来得恰到好处，当时美国对马德里政府的心情正处于不耐烦的时候。2月初，西班牙驻美大使恩里克·杜普伊·德·洛美给正在古巴收集材料的西班牙报纸编辑写了一封私人信件。不知何故，这封信落入了纽约的革命团体手中。该团体立刻将它送给了威廉·伦道夫·赫斯特的《纽约日报》。这封信的摹本出现在了《纽约日报》的头版,一起发表的还有英译文。麦金利总统被刻画成"懦弱",说他不管多么勉强,仍通过支持古巴独立在"博取那些暴民的欢心",说他是一个"卑劣政客,只会跟他自己党派的沙文主义者沆瀣一气"。赫斯特的写手们称之为"有史以来对美国最恶毒的污辱"。

随着"缅因"号灾难细节逐步曝光,芝加哥报纸上的头版几乎看不到其他新闻了。

号外!号外!

两百五十三人罹难。

——

"缅因"号战舰失事

有史以来

降临到美国海军头上的最大灾难

芝加哥认为此乃背信弃义。

众口一词:拳拳爱国心。

——

西班牙必须自证清白。

西班牙利牙毕现。

——

他们获悉"缅因"号造访哈瓦那

向李将军发出战争威胁。

——

司令官明白身处险境

有可能遭遇背信弃义的攻击

但责任迫使他必须面对。

首都充满战争情绪

所有官员群情激奋。

——

罗斯福后悔

此刻整支舰队没有在哈瓦那。

麦金利总统要求保持耐心。

调查已经安排。

——

战舰是被西班牙的背信弃义击沉

还是属于偶发事故

将由海军专家确定。

——

等事实真相查明

将以民族尊严论处。

时刻准备开赴古巴!

伊利诺伊国民警卫队第七团

再次恢复全员编制。

——

爱尔兰小伙子们满腔热情地获悉这一消息。

他们誓言为国家效力。

他们看到第一份《论坛报》号外的两天之后,沙多在他匆匆拼装起来的一个木头基座上钉了一根两英尺长的旗杆。旗杆取自一根圆木棒,顶上还安装了一个楼梯柱端的圆球。保罗跑出去买来了一小罐金黄色油漆,将它涂抹到旗杆上,玛丽则复制了一面小小的西班牙国旗。美国国旗好找,全城街头巷尾都能找到,装裱在卡纸板上的“缅因”号照片也很容易找到,当然是沉入水中变为废铜烂铁之前以莫罗要塞为背景的形象。

那天狂风大作,寒冷刺骨,他们在屋顶上拍电影。沙多架设好固定焦距的摄影机,框住光秃秃的旗杆,没有把基座拍摄进去。吉米气咻咻地摆弄着一个火盆,这是一只长柄平底煎锅临时改的,摆放在几块砖头上。保罗在煎锅里面点燃了引火柴和一块块木炭,然后在火上浇了一些厨房里面的油脂,让其生出烟来。

沙多让保罗拍摄,然后自己在基座边上摄影机拍不到的地方跪下双腿。“烟,给我烟!”吉米用一只老旧的壁炉风箱鼓风。玛丽在火盆上方挥舞着一只枕头套,迫使那一团团可恨的浓烟往旗杆那儿吹,呛得吉米咳嗽不停,眼泪哗哗直流。“老天啊,难受死啦。”

“闭嘴,快鼓风!”沙多拉着保罗安装在那儿的滑轮绳子。那面粗糙的西班牙国旗升到了旗杆顶部。“好了,我们开始!”

“我准备好了。”保罗大声说道,开始摇动曲柄。

沙多赤裸的手腕和强有力的手极速伸向旗杆的顶部。在制作完成的画面里,它看上去就像一只巨人的手。国旗的扣眼玛丽缝得很粗,就用了几根线。沙多一把抓住那面西班牙国旗,狠狠一扯,将它撕了下来。

“继续拍吗?”他头也没回地喊叫道。

“拍。”

沙多把美国国旗吊到滑轮绳上,将它升了起来。吉米拼命地鼓着风箱。玛丽发疯一样地挥舞着枕头套。冬日的风鼓起星星和条子,展开国旗,猎猎作响。

“太美啦!”保罗惊叹道,“完美。”

当观众在弗劳姆音乐厅看到这部名叫《美国对霸权的回答!》的一分钟电影时,反响十分强烈——人们拥进走道,大声呼喊,挥舞拳头,有的站到位子上,高声叫骂着西班牙人,大声疾呼战争。伊兹·弗劳姆害怕起来,准备打电话叫警车了。

他们在厨房里打开波旁威士忌和克朗瓶装啤酒,庆贺这部肯定将赚大钱的电影。就连吉米也对这部小电影感到骄傲。沙多挥手将玛丽的溢美之词拦到一边。“我脑子里在想的可是前无古人的东西呢。一部真正的狂想史诗。明天我们将开始购买并制作道具。”

哈瓦那港最后的死亡人数确定为两百六十八人。那份黄色的报纸大声疾呼:“记住‘缅因’号!”大批美国人突然举起了之前只是那些沙文主义者高举的旗帜。3月8日至9日,国会迅速通过了一项五千万美元的战争拨款法案。麦金利签署了法案,尽管人们都知道他并不高兴即将发生战争,而且对有可能刺激战争的任何姿态都缺乏热情。

政府还成立了一个海军调查委员会调查沉船事件。这件大事情实际上可以被概括为一个简单的问题:引发这一灾难的究竟是西班牙水雷,还是一只煤箱的自发燃烧?3月底,调查委员会向国会递交了一份报告。“缅因”号很可能是被一枚淹没在水下的水雷炸沉的,设置水雷的人未详。

战争狂热温度表的红线再度飙升。海军助理部长罗斯福说战争已经无法避免,总统应该拿出点骨气来。千千万万个普通美国人赞同这一观念,还有一些不普通的美国人也赞同这一观念,其中有野牛比尔·科迪和已经退出江湖的不法之徒弗兰克·詹姆斯。

屋顶上,沙多上校创作着他这部名叫《记住“缅因”号!!!》的狂想史诗,题目缺少点耸人听闻的原始创意。多加的感叹号是上校个人创造性的画龙点睛。

他和他的助手们制作了一个木头架子——一只没有边的长方形大箱子。他们将玛丽缝制的很厚的帆布安装在架子上,然后又在帆布里倒上水(哈瓦那港)。在其中一个长长的边上,他们用平头钉钉上一块卡纸板背景,保罗在背景上涂上蓝色的水彩,吉米则拿药店买来的棉花做成云朵。

在背景的底边,靠近水平面处,他们粘上瓦屋顶的房子图片,这些图片都是从葡萄牙里斯本的明信片上剪下来的。一幅装裱在卡纸板上的莫罗要塞的版画被安放在一个边上。玛丽用铁丝和棕色跟绿色的皱纸制作了几棵棕榈树。这些棕榈树被插进背景的孔里,这样它们看上去就像生长在房子前面一样。保罗觉得效果荒唐可笑,骗不了任何人。沙多却兴高采烈地预言,这丝毫也没有关系,请他把这种评论闷在自己心里。

吉米锯着一块块长方形的小木块。玛丽在剪一块很大的用卡纸板装裱过的"缅因"号照片。他们从街头小贩那儿买了三幅这样的照片回来,多余的备用。保罗用平头钉把"缅因"号照片固定在其中的一块木头上。在一些较小的木块上,他用钉子钉上一些从较小明信片上剪下来的捕虾船("哈瓦那港有捕虾船吗,上校?""达奇我的小伙子哪,你以为那些刚从船上下来、逛进弗劳姆音乐厅、没有受过教育的意大利人和波兰人会在意这种细节吗?")玛丽还在捕虾船上粘上细细的缝纫线,这样便可以将它们拖过水面。

万事齐备,他们等到一个阳光明媚、天空无云的早晨,怀着既激动又紧张的心情匆匆来到屋顶。保罗小心翼翼地将四撮火药放到钉着"缅因"号图样的那块木头上面。接着,他在背景的后面放了一瓶酒精和一根长长的金属丝,金属丝的末梢裹了棉花和火柴。

沙多擦着自己的双手,检查了一遍所有的安排。吉米再次用风箱朝那个炭火盆鼓风。"我们比之前需要更多的烟。"沙多在外衣口袋里掏出一根雪茄递给玛丽,"点着了。"

"西德,我不抽烟。"

"现在你抽。这是为了艺术,记着。"

"哦,我会死的。"沙多不理睬她。

保罗将一桶又一桶的水倒进那帆布衬垫里面,直到水平面跟背景的底边齐平。"把战舰拴住。"沙多命令道。

保罗拿着两个拧弯的大头针,将整条手臂伸进水里。他把大头针放置到帆布衬垫的底部,像鱼钩一样。效果很好,连接着大头针和战舰图样的线使得它不断地轻轻晃动。他希望水不要通过针孔漏出得太快。

"我们开始,我拍啦!"保罗相信,一个街区远的人都听见沙多的喊叫声了。上校似乎是在用这样的尖叫来显示他的创造力。

"烟,该死的!"吉米像个疯子一样鼓着风箱。玛丽吸烟,喷烟,吸烟,喷烟。

"捕虾船!"

保罗蹲在水池的一端,从一个钉子上松开两条线,将两幅剪出来的图形在"缅因"号的后面拉过小水池。

“好,它们出画面了,放开它们。”

保罗跑到小水池的后部。沙多不断喊叫要更多的烟。玛丽呻吟着,身子开始摇晃。她看上去像是生病了一般,可是她不停地抽烟、喷烟。保罗动作飞快,将铁丝头上的棉球浸到酒精里,接着将它点燃。他将手臂穿过一个早已准备好的背景上的孔,祈祷这燃烧的棉球会找到那几撮火药。

一声低沉的爆炸,“缅因”号被炸毁了。

“哦,好极了!”沙多喊叫着,立刻停止了拍摄。他用双手抱住玛丽的腰,搂着她跳起了华尔兹。

玛丽呻吟道:“哦,西德,住手,住手,否则我要吐了。”她跌跌撞撞地走到檐口那儿坐下,抱住自己的头。

他们把“缅因”号图样竖起来,装上新的线,再次生出烟来。保罗负责将战舰拖入水中,船头先入水。他放置好钩子用于钩新的线,结果动作太快,帆布撕破了。哈瓦那港的水平面在“缅因”号“下沉”的时候迅速下降。沙多宽慰他们,效果难以置信,没有人会注意水平面的。“相信我,相信我。”

当天夜里上床的时候,保罗在心里嘀咕,是不是电影行业所有的人都疯了。果真如此的话,现在他自己也是一个疯子了。他交叉了十指枕到头下,沉思着他对这个行业有多喜欢。事实上,他正在爱上这个行业。

《记住“缅因”号!!!》在业界引起了轰动,弗劳姆音乐厅前面的队伍排了有一个街区长。这部电影,虽然一下就被认出是一个假冒产品,放映时也没有音乐,但是它震撼了观众。保罗三次来到弗劳姆音乐厅,坐在银光闪烁的黑暗中沉思。

电影里面的每一个花招与骗术粗劣得令人难以置信。只有很小的孩子和白痴才会以为那些轮船的图样和背景是真的。然而,在那三十英尺见方的银幕上,无可否认的是事实,是神奇和魅力。情节生动,因为它令人感动。阳光下,水面涟漪荡漾——无所谓了,哪怕“缅因”号是在冬日夜里九点之后沉入海中的。浓烟滚滚,飘过画面,剪出来的图样战舰消失在了水中,其突然程度让人咋舌。

影片最后,保罗写的一张卡片重复了一遍电影名字的意思:奉劝大家切记。

观众的反应如出一辙。人们吼叫着，跺着脚，捶着什么东西，有时因为极度的爱国热情，把伊兹·弗劳姆的座位也给毁了。

保罗依然不满意。他拿"缅因"号电影跟飞驰的瓦巴什炮弹快车电影作了比较。一部是花招与骗术，一部是诚实与真实。人们并不十分愚蠢，他们看出了不同。当电影的新奇感渐渐消失的时候，人们将开始反对任何假冒的东西。假若那天晚上勒克索格拉夫摄影机就在哈瓦那港的海滨，那就好多啦。

当然，灾难不可能预测。而且，"缅因"号的沉没也不可能被拍摄成纪实影片，因为是在黑夜。但是，如果是某个时间跨度很大的更大事件呢？很多美国人都认为将爆发战争。的确是的，他们都在积极催发战争。要是战争爆发了，为什么不可以把勒克索格拉夫摄影机搬到那儿去，拍摄下真实的战斗呢？

这种可能性令他激动。就在沙多雇用保罗的那个夜晚，醉醺醺地让他坐下听他富于幻想地讲述关于电影灿烂辉煌的可能时，他不是像说教一样讲述过这件事情吗？

有一件事情他是肯定的。假如电影继续依赖造假，不去寻求描绘真实的场景和事件，那么毫无疑问将会被伊兹·弗劳姆言中。电影可能永远是廉价杂耍剧场里人们喝过烈酒后的漱口饮料。

沙多上校没有时间跟他的帮手讨论这样美妙的哲学问题。他加班加点，争分夺秒，结果，这部假电影产生了轰动性的叫座结果。他在中西部到处奔波，跟十四家新的剧院签约播放勒克索格拉夫电影公司的影片，其中有六家属于声名显赫的欧菲恩连锁剧院①。这些剧院早就有了爱迪生放映机，而沙多已经跟这位大人物签署了协议，所以可以自由地提供他的影片而不怕受到惩罚。他也可以继续在其他城市用他的勒克索格拉夫放映机开办他自己的商店秀。他在辛辛那提和密尔沃基就开办了这样的商店秀，每个地方都雇用了一位经理兼放映员。

他在芝加哥着急地拼命寻找另外的地方。他在距他码头区总部往南半英里

---

①美国成立于1886年的一家有杂耍剧场和电影院的连锁娱乐机构。19世纪末20世纪初美国杂耍剧场较多，最初的简单电影大多是从杂耍剧场开始的，有的就是散场时的chaser，即"喝过烈酒之后漱漱口的淡啤酒或水"。

的地方租下了一个原先做代养马房的地方，并在银行里贷了一笔款，添置了一些木工设备。他雇用了一位名叫古斯塔夫·温纳斯滕的中年瑞典人，一位技艺精湛的木匠，他木讷寡言，但在设计和制作沙多放映机时心灵手巧得非同凡响。古斯·温纳斯滕负责制造新的放映机。保罗不为弗劳姆音乐厅和沙多越来越多的商店拍摄电影的时候，就会来帮他。吉米则给温纳斯滕干些粗活——搬木头、锯木头、钉机壳——不过他笨手笨脚，还牢骚不断。两周之后，古斯·温纳斯滕对吉米忍无可忍。他说如果不给他雇一个合适的助手，他就不干了。沙多大发雷霆，骂天骂地，说他要破产了，但最后还是同意古斯尽可能少花钱地雇一个人。

接着，产生了一个新问题。沙多在皮奥里亚的商店秀经理每周都会令人可疑地汇几小笔钱来。有一周，他什么也没有汇来。沙多拍电报给住在皮奥里亚附近的一位好朋友，这个人是他在滑稽说唱团的时候结识的。这人拍回电报说，他连续四夜秘密观察了上校的商店秀。每个夜晚，观众都相当多，开始两场放映的时候有十到十五个人，最后一场有五到六个人。沙多在一张纸上计算了一下，算出了一个总数，让吉米坐火车去收取应收的钱。两天之后，吉米回来了，带回了鼓鼓的一小包钱，也带回了满手背发紫的淤青。

“我跟那傻瓜挺认真地谈了，上校。我给他看了圣牌上的链条，可是那给他的印象不深刻，所以我们动真格了。我不知道他如何对他老婆和三个孩子解释他满身的青紫伤痕和一条断了的胳膊，不过你如果想要继续留用他，那我估计他再也不敢骗你了，因为我向他保证，他要是再骗你，我还会来的。”

“干得好。我会留用他，如果不计较他的贪财，那他还是个好人。这趟出差没有太累吧？”

“不累。”吉米咧嘴笑了，“乐意效劳。”

大家依然每天工作十六到十八个小时。一天晚上十点半了，他们正在匆匆吃晚饭，沙多将半个小圆面包塞进自己嘴里，说道：“玛丽，你周一去上夜校。”

“上什么？”

“财会课程。我把所有的数字写下来写了大半夜。是时候在所有劳作的蜜蜂中分担这副重担啦。”

玛丽正在炉子上煎一片片很厚的火腿，她指着那个长柄平底铁锅说："我要把这个担子分到你的脑瓜上，西德。我不喜欢上学。"

"玛丽——"沙多拿威士忌酒瓶大大地喝了一口酒，"你要是不帮我，那我就会失去理智，很有可能上吊自杀。"

"哦，不，西德·沙多不会的，西德·沙多对我说过，没有什么可以阻止你成为百万富翁的。"

"我不想跟你争，我饿死了。我们回房间去详细讨论这件事情。"

她用一块毛巾裹着铁的锅柄将平底煎锅端到餐桌上，瞧了他一眼。"我们到床上去讨论这件事情？"

她将火腿盛到盘子里，他则拿一只手摸着她的腰。"我感觉这样好，我们也许可以讨论三到四次。"

玛丽竟然脸红了。吉米暗暗发笑。保罗已经习惯于这种下流话了，也哈哈大笑起来。

沙多和玛丽让保罗跟吉米洗刷并擦干碗盘，走进卧室，关上房门。星期一晚上，玛丽便戴上自己最好的帽子，上夜校去了。

4月来了。西班牙再次拒绝听从美国让古巴独立的要求。麦金利总统被要求采取强硬立场并加以干预的压力越来越大。可他依然不太情愿。黄色报刊不断对他施压。他的内阁成员公开批评他。渐渐地，他妥协了。4月11日，他给国会发了一封信，部分内容是这样的："我请求国会准许并授权总统采取措施以保证全面并彻底结束西班牙政府与古巴人民之间的敌对状态……必要时可动用美国的陆军和海军力量。"

国会的回应是两院共同通过决议，要求古巴独立，指令兼美军总司令的总统动用适当的军事力量以贯彻这一决议。

4月20日，麦金利签署了这一决议使之成为法律。美西之间，战争一触即发。

除了所有的生意事务外，沙多再次忙着到地下室去完成那台性能有了改进的摄影机。好几个月了，他一直在兴致勃勃地谈论这台摄影机，但是并不急于完成此项工作。现在,美国勒克索格拉夫公司几乎令人头晕目眩的飞速发展将他逼上了梁山。他们仍然需要定期拍摄新的题材,新的摄影机可以发挥重大作用。

古斯·温纳斯滕放下手中的设备制作,过来解决了两三个虽然小却让人伤脑筋的设计问题。沙多开心死了,给了古斯二十美元的奖金,并且骄傲地向他这个小家庭宣布,摄影机制作完成。

它可以在摄影机主体结构的顶上一个独立的暗盒里安放四百英尺的硝酸纤维胶片。曝光之后,胶片被卷到另一个不透光盒子里的卷片盘上,暗盒连接在摄影机的背面。上面稍稍靠后的地方,是沙多自己设计的一个胶片计数器。计数器是必要的,因为现在一个暗盒可以拍摄好几个题材。

宣战的消息公布后的那个晚上,保罗问上校是否能腾出几分钟时间商量一件重要的事情。

"为你,达奇——随时恭候。我们去散散步。"沙多点燃一根很长的雪茄。他们朝着弗赖伯格音乐厅走去,音乐厅里,钢琴师正在琴键上敲打着《动物博览会》,声音响得好几个街区都可以听见。用电的广告灯牌用华丽俗气的色彩点缀着第二十二大街。

"你在想什么呢,小伙子?我可以给你增加薪酬。你确实该加,可是眼下我的资金实在是要命的捉襟见肘。"

"不,不是薪酬的问题。"保罗在路边停住脚步,抬起头,直视着上校的眼睛。

"我想请你把这台新的摄影机给我。"

"有拍摄长片子的想法啦,是吗?"

"某种角度讲是的。我想带着这台摄影机去古巴。"

"古巴?哦,当然啦,干吗不呢?见鬼,如果需要,带到月球上去都行。玛丽是不是把你的脑子炒了当早饭了?"

"上校,听我把话说完。我想代表我们这个电影公司跟随美军一起去。他们如果跟西班牙人发生了战斗,那我们就有机会拍摄到全新的极好的场景。"

"达奇,这可是我所听到的最疯狂、最冒险的想法——"

"美国穆托斯科普公司准备派人去。"

沙多一把从嘴里扯出雪茄烟。"你说什么?"

“美国穆托斯科普公司已经计划了好几个星期了，准备从纽约派一个摄影师去。我昨天在一份日报上看到的消息。维塔斯科普公司也可能派人去。我们跟其他公司一样，是一家业务蒸蒸日上的公司。我们不能被落下。”

“你知道你的要求意味着什么吗？”

“我只要求给我这台新摄影机。”

“狗屎新摄影机，我是在说你。”

“是的，我知道可能有危险。我愿意冒这个险。我再次回顾了你雇用我的那个晚上。你说了很多，对电影充满了真情，说了电影可以做什么、应该做什么，说电影能够展示世界的精彩，说电影就是大戏。现在是时候了，再没有比战争更宏大的戏了。这也是你说的。”

“我知道，可是我忘啦！听着，达奇。我喜欢你。我不想把你送走，看着你躺在担架上回来，身上满是外国佬的子弹。没有必要。我们在屋顶上拍摄的两部影片挺好的。”

“不真实，先生。摄影机可以记录真实的东西。这是我们的——我们的职责。”

“自从我们在乡下编造了那场职业拳击赛以来，我一直在听你念叨这个话。你这些高尚的观念是从哪儿挖来的？”

保罗脸红了：“大部分是从鲁尼先生那儿听来的。他说，照相机可以说谎，但绝对不能说谎。”

“你不怕打点行装、坐着船去古巴吗？那儿可是真刀真枪地在干啊。”

“我当然怕，但我也兴奋。我在汉堡码头上等待赴美国的轮船时也是一模一样的感觉。码头上的人警告我，说我在横渡大西洋的时候可能会死。我知道有可能，但没有关系，我必须得上那艘船。我必须得横渡大西洋到这个国家来寻找一个家。对我来说，从来就没有其他选择。”

“达奇，你是一个有趣的人。你有雄心壮志，但这不是全部。逼迫你的还有其他东西，我猜不出是什么。”沙多挠着自己的下巴，“古巴，啊？战争片。”

“全世界有史以来从没看过的影片，上校。”

沙多的目光越过码头区的灯光，凝视着闪闪发光的巨大金山，其中有相当大一部分也许归他所有，只要真正的战斗场景在弗劳姆音乐厅和他其他有许可证的剧院和商店秀放映……

“你需要帮手。吉米跟你一起去。”

“他不会愿意的。”

“如果我命令他去，他会去的。”

“也许他会辞职。”

“也许，但我猜他不会。他还在追求费尔的女儿。她仍然认为他的工作十分令人激动。”他转动了一下眼珠，“我认为她还没有允许他碰呢。昂首挺胸地上战场去会给费尔小姐留下深刻印象。等他平安归来的时候，也许她就会肯了。有可能在他离开之前呢。我这会儿要是有十个银币的话，我会全部拿出来打赌吉米会去的。”

“那你会把那台摄影机给我吗？”

“你如果愿意拿你的命去冒险，那我就拿我的新摄影机、胶片、你们的费用——整个公司来冒险。走吧，我们到弗赖伯格音乐厅去。我请你喝啤酒，吃牛排。简直无法想象，美国勒克索格拉夫电影制片公司将走向战争！我喝多的时候真的有这个宏伟构想吗？”

“绝对有的。这就是我想要跟你干的原因。”

“我见到你的时候就认定，你是块好料子。我还真没看走眼。”

他拿一条胳膊圈住保罗的肩膀，几乎像慈父般亲切，他们走进烟雾缭绕的舞厅。“我印些名片你看怎么样？保罗·克朗，摄影师——不，等等，我们也得用你的绰号。保罗·达奇·克朗——我喜欢这个。听起来——”他的一只手在空中做了一个劈砍的动作，“新奇，相当有力度，也有真正的美国味儿。达奇·克朗，首席摄影师，美国勒克索格拉夫电影制片公司。挺棒，我喜欢这个。”

第八十五章　乔·克朗

“我希望你不要去。”伊尔莎说道，“你不在，啤酒厂怎么办呢？”

“容易。斯蒂芬和我的酿酒师山姆·齐格勒两人可以处理好每一件事情，至少在有限时间内没问题。”

乔划着桨，独木舟滑过那个叫天鹅湖的林肯公园的潟湖。去了教堂，听完旺德牧师那冗长得让人极度难受的布道之后，伊尔莎坚持来一趟郊游。划独木舟从来就不是她所喜欢的项目，所以他感到很奇怪。此刻他才明白其用意。

“可是乔，我还是觉得——”

“伊尔莎，我们已经正式宣战。我以前服过役，我可以再次服役。这是我的爱国义务。”

他把桨搁到自己穿着精纺毛纱灰色裤子的膝头——在这个4月的下午，天气出乎意料地热，这条裤子太厚了。他的脸上有汗水，闪闪发光，他将平顶硬草帽往前斜，以便挡住他的双眼。这顶帽子是伊尔莎作为圣诞礼物送给他的。他对她说帽子好极了。私下里，他心想：“我这个年纪的人戴这样的草帽，太傻了。”

她拿一块花边手帕轻轻擦了一下上嘴唇。“也许有一部分爱国主义的原因。但是，你这样做的主要原因是你在家里不开心。因为我而不开心。”

“好了，等等，我不承认——”

“请让我把话说完。到了某个年龄，人会叛逆。这是众所周知的事情。我知道我个人对酒的排斥让你不高兴，我很抱歉。我多么希望我可以对你说，我放弃我所信仰的东西以便让你的生活更加幸福一点。但我做不到。也许二十年前可以，但现在不行。不论好还是不好，我就是现在的我了。”

“你是一位了不起的妻子，我总是这样说，而且始终支持你。”

“谢谢，但我知道你不赞同我对这场战争的看法。”

“你跟你的朋友们。”

“是的，亚当斯小姐也同样坚决反对这场战争。但是这跟眼下的话题没有关系，或者说也不应该有关系。的确，我想的是你，再就是生意。”他表示怀疑地望着她。“你获得了巨大的成功，业务飞速增长，光今年就开出了六家经销处。”

“七家。上周我在奥马哈买了一处房地产。”

“都已经到内布拉斯加啦！你不感到骄傲吗？”

“当然。”

“你已经拥有了一个男人想要的一切。”

“哦，是的。一切。”他把桨扔到他前面的横坐板上，“我有一个我很少见到的在私立学校的儿子。我有一个女儿，愚蠢地下定决心要进入充其量被认为是无赖的行业。我还有一个人间蒸发的儿子——”

“别这样！别忘了他寄来的所有小东西，来自加利福尼亚的柑橘糖果——”

“是寄给你的，不是寄给我的。还有我们的侄子，杳无音讯——”

“波利不是自愿离开我们家的，是你把他赶走的。我必须提醒你这点。”

他无视她的愤怒目光。“得，假如这就是我为之奋斗的东西——假如我是一个拥有一切的人——那么我祈祷我从未经历过一无所有。”

他一把扯下他的平顶硬草帽，拿袖子抹了一把额头。“这儿实在太热了，我们回去。”

接下来的星期二晚上，也就是 4 月 26 日，乔乘坐巴尔的摩—俄亥俄铁路的列车前往华盛顿。他买了普尔曼卧铺，可是当服务生问他是否要铺床时，他摇了摇头。他整宿未眠，关了卧铺上的灯一直凝视着车窗外。美国浩瀚的夜飞驰而过，漆黑一片，深不可测，如同他自己五十六岁的人生一般。

当他到达首都的时候，天下起了雨。他到威拉德宾馆登记入住，这个宾馆在林肯时代之前便是将军、政客和院外活动家的憩息之地。他在那儿打了个电话给国会山的乔·坎农办公室。他之前打过电话，告诉他此次行程。他们在 H 大街上黑沉沉的烟雾弥漫的老埃比特烧烤馆共进午餐,吃豌豆汤、苏打面包,喝啤酒。乔叔叔看上去比以往任何时候都更像个乡巴佬。他响亮地用调羹舀着喝汤,乔问他过得怎么样。

“忙。”乔叔叔掸着乱糟糟胡须上的面包屑,但依然没有掸掉。“这个拨款委员会的主席职位,是当今十分重要的活儿。就在老比尔要求给海军拨款四百万美元、我帮他搞定之后,他又来找我了。一个星期日!‘乔叔叔,’他说,‘我决定了,我还需要五千万美元,万一我们真的发动战争。’我是一个铁杆共和党人,他也是一个铁杆共和党人,所以我说,‘总统先生,没问题。’我立马签发了支票,他得到了钱。”

“是啊,可是我在报纸上看到,你没有征求委员会所有成员的意见,他们中有几个人大为光火呢。”

“那又怎么样?我又不是装装样子的主席,委员会归我管。别的家伙不喜欢我的做法,他们可以见鬼去,回家去。”

他们用力地握了一下手告别时,乔叔叔悄悄说道:“我知道你干吗来城里。我已经跟老比尔打过招呼了。”

白宫到八点钟的时候下达了乔的任命。傍晚时分,春天的阵雨开始淅淅沥沥地下,他闪躲着穿过车水马龙的宾夕法尼亚大道,去拜访年轻的罗斯福。三十天前,乔写了一封申请服役的信给陆军部长拉塞尔·阿尔杰。然后,他给罗斯福、乔叔叔、卡尔·舒尔茨写了信,要求他们每个人都写一封支持他的信。阿尔杰的一位办事员很客气地回了一封短信,说有两封信收到了——乔叔叔没有劳神写信——他们认真考虑了乔的申请,他将被约面谈。那办事员在信里附了一份白宫的任命卡,卡上已经签署了时间。

乔跟约会坎农一样,预先给罗斯福拍了电报,约请共进晚餐。这位海军助理部长只让他等了十分钟。阵雨变成了轰隆隆的暴风雨,大雨敲打着办公室的窗户。电灯通明。当罗斯福从办公桌后面跳起身来时,电灯在他的眼镜上闪耀。

“乔,我的朋友。欢迎来华盛顿。”他们握手。“你要见麦金利总统?”

“是的,今晚。”

"那我们快去吃饭。请先坐一下,我处理完一两件事情。"罗斯福从一个很沉的墨水台上抓起一支钢笔,开始处理一堆备忘录,他对有些文件锁紧眉头,对有些文件小声地嘟囔着什么。

乔环顾了一下办公室。一面墙上挂着一幅亚洲地图,一个很大的红色马耳他十字标记着香港。一个红色的圆圈着西班牙的又一块领地,菲律宾群岛的马尼拉。12 月份,海军准将乔治·杜威[1]走马上任,率领海军亚洲中队驶离旧金山。人们普遍认为,杜威得到命令,一旦战事爆发,就进攻马尼拉,而且估计,菲律宾人欢迎这样的进攻。他们自己也发动了方兴未艾的解放运动。

一个墙角的图表架上,摆着一幅装裱过的铁甲战舰的照片。罗斯福注意到乔在仔细看这幅照片。"是啊,这是'缅因'号。我保存着它,就是为了时刻提醒自己西班牙人对我们所犯下的不光彩行径。"

"你们有没有最后统计出死亡人数?"

"两百六十八人。"罗斯福咬紧虎牙,"悲剧。被毁掉的战舰也一样。六千七百吨。舰首和舰尾有防护甲板的四门十英寸口径大炮。另外,六英寸口径的大炮和四根鱼雷发射管——而且即便如此,它也被认为是二流战舰。我们有更新更大的战舰,但是'缅因'号真的是个美人。"

"西班牙有好多事情得做出解释。"乔说道。

"它要不解释还真该死。总司令终于改变了看法。我不再把他当作'无定见的威利'了。"接着他突然说道,"我这儿弄完了。我们走。不过我得到通信室去一下。"

乔在办公室里等,听着大雨令人忧郁的声音。罗斯福回来的时候,他正在皱眉。

"杜威是按照秘密命令出征的。好几天了,我们没有收到他的任何信息。现在,马德里传遍了一个消息,说马尼拉湾发生了一场战役。传言里包括了'损失惨重'这样的词语。赫斯特等人对这事儿开心死了。我不开心。我一吃完饭就

---

①乔治·杜威(1837—1917),美国海军上将,美西战争时在马尼拉战役中指挥美国海军亚洲中队击败西班牙舰队,使美国夺取了菲律宾,此役美军不死一人,仅伤八人,为海战奇迹。1899 年国会授予他海军上将军衔。

得回到这儿来。”

雨渐渐停止，但起雾了。宾夕法尼亚大道依旧挤满了出租马车和各种车辆，横冲直撞地驶向四面八方。罗斯福走在头里，以极快的速度大步走进街道。乔的状态极佳，但是得费很大劲才跟得上。

“我们正在组建一个志愿骑兵团，你听说过吗?”乔没有听说过。“大多数是西部人，都是很专业的骑手和射手。事实上，这个主意是一个德国人给我出的。巴伦·冯·斯腾伯格。他几年前曾到萨加莫尔山来狩猎过。我太高兴了。”

“你是说你会跟这支部队一起去吗?”

罗斯福咧嘴笑了。“我被任命为副司令员，司令员是伦纳德·伍德。我们将在圣安东尼奥集结。我的老板朗部长有一大帮小兔崽子放不下，可我要是错过了这场战争那就太该死了。危机四伏啊。非常需要有个机会向你出生的那个国家挥舞一下大棒。”

“德国？为什么?”

“因为德国皇帝比尔在加勒比海不是我们的朋友，虽然我个人很喜欢他。就此而言，在亚洲也是如此。”乔想要问问详情，但是军乐吸引了他们的注意力。一个人摇着手风琴在威拉德宾馆前面朝他们走来。罗斯福拿自己的手杖在空中晃动着，嘴里哼出一些音符。“朗朗上口，是吧?”

“倒是经常听到，可不知道叫什么。”乔说道。

“苏泽的作品，去年新写的。他写这首歌曲之前，我最喜欢的实际上是《船长峰》。《星条旗永远飘扬》①。这个名字不是又棒又合适吗？它概括了我们共同

①美国“进行曲之王”苏萨（John Philip Sousa，1854—1932）的著名进行曲代表作 *The Stars and Stripes Forever*，即《星条旗永远飘扬》，也有人将其翻译为《星条旗永不落》，是一首器乐曲，许多民众误以为此即美国国歌。其实，美国国歌为 *The Star-Spangled Banner*，应该翻译成《星光灿烂的旗帜》，但也有人翻译成《星条旗之歌》《星条旗》等，其歌词为一位名叫弗朗西斯·斯科特·基（Francis Scott Key）的美国律师所作。1814 年英美战争（亦称美加战争或第二次北美独立战争）期间，在巴尔的摩市东南的麦克亨利堡，基透过战场上的硝烟看到星条旗经过英军炮轰后仍在要塞上空高高飘扬时感慨万分，便即景写下此歌词。歌词写出来后，在尼科尔逊（Nicholson）的建议下，配上了英国作曲家约翰·斯塔福德·史密斯（John Stafford Smith）创作的 *To Anacreon in Heaven*（《致天堂的酒神》）的曲谱，从此流传开来，直到 1931 年被美国国会正式定为国歌。

感受到的精神。”

乔用大拇指抚摸着他右手结婚戒指的底面，心想：“我不敢肯定我有这种感受。假如伊尔莎是对的呢？假如我仅仅是在逃离我在家中铸成的灾难呢？假如我是在逃离她呢？”

罗斯福的第一道食物是被切得很精致的小蛋糕和巴尔的摩附近水域里捕捞起来、调过味的蟹肉，在吃第一道食物的时候他解释了一下他所关心的德国。

“接着，某一个月，我们在更靠近家的地方碰上了吕德斯先生的一件小事，发生在海地的太子港。吕德斯是德国国民。他在那儿拥有一家代养马房。也不知什么原因跟当地政府闹僵，他们就把他赶走了。得，那个德国部长冯·什未林——真受不了这种人，傲慢自大的家伙——冯·什未林要求赔偿吕德斯，赔他两万美元。这事儿正在解决当中，德国皇帝的两艘教练舰冒了出来，锚泊到了太子港。余下的话我跟你私下说说——真的是非常遗憾。海地总统通过渠道打听美国海军是否有可能提供帮助，结果被告知不可能。这样的决定我理解不了。最后钱付了，吕德斯被允许回到了海地，而且我敢肯定，德国皇帝比尔小试牛刀便大获成功，准让他扬扬自得呢。”

罗斯福摘下眼镜，以便把他的严肃神情展现得更加淋漓尽致：“坦率讲，我真为我们的朋友德国皇帝担心。他的政策是扩张主义的。他信奉两洋海军的学说。根据我的理论，他正在这个半球运作，因为他想要在西印度群岛建个加煤站。迟早有一天，我们得打几手爱司牌，让他亮亮底牌。这也许会给正经的德裔美国人带来痛苦，这些人对他们家乡的唯一感情就是可以理解的非政治感情，像你这样的人。”

这是一个新的思想负担，令人气馁的思想负担。片刻之后，当他回忆起他跟奥斯卡·赫克斯哈默那些不愉快的争吵时，他意识到，这思想负担也未必是新的。

“所以你真的认为我们面临德国的挑战，西奥多？”

“是的，除非德国皇帝改弦易辙。这也是促使美国在古巴展示其决心和力量的原因。”他注视着乔的盘子，“你几乎没有吃。怎么啦？”

“不饿。我还在为今晚的事儿发愁呢。”

"你约定几点去那儿？"

"八点整。"

"至少那里会安静些。我不喜欢那地方白天的嘈杂。上访的、申请的、旅游的，他们想去哪儿就去哪儿，戳蒂芙尼屏风，在东厢房的软垫凳子上蹦跳——对此我们得采取点措施。过后，我们要煎炒被剁成肉泥的最高统帅维勒尔。"罗斯福说完又露出虎牙笑了一笑。

乔努力以最佳的军人姿态昂首阔步走进白宫。门厅里，高高的彩色蒂芙尼玻璃围屏前，他向一个卫兵呈上自己的任命卡，卫兵说："请走左边那个楼梯。"

来到楼上，在东厢房的走廊里，一位上了年纪的门卫走上前来。"晚上好，先生。请坐，总统马上见你。"他指了指一扇关着的门，"那里是内阁会议室。这是他的非正式办公室。"

门卫沿着昏暗的大厅慢慢走去，大厅里排列着满是疤痕的木头长凳和椅子，估计是给比较忙的时候挤满了白宫的求职者和寻求支持者准备的。乔拿套装的袖子擦了一下挂在翻领上的小小黄铜徽章。他穿这套服装，因为他知道麦金利也是一个共和国大军的忠实追随者。

他拿手指拨弄了一会儿那颗公猪牙齿。一位年轻人吹着口哨从办公室里走了出来。他穿着一套夏天穿的亚麻布套装，头上戴着一顶草帽，草帽的帽圈里插着一个标签，上面写着"媒体"两个字。他从自己的小笔记本上抬起头来，盯了乔一眼，接着继续朝嘎吱乱响的楼梯走去，嘴里依旧吹着口哨。又是苏泽的那首新进行曲。

附近的一扇门打开了。一位工作人员招手示意。"克朗先生吗？请进。"

于是，约瑟夫·克朗，一位外来移民，一位普通百姓，来到了这个国家最高行政长官的面前。他激动得头晕目眩。

内阁会议室像哪个乡镇里的一家下等银行的会议室。墙上挂着一些陌生人的老旧画像。家具是深颜色的，笨重且普通。一盏很大但已失去光泽的黄铜枝形吊灯下面，美利坚合众国第二十五任总统威廉·麦金利在会议桌的一端设置了一个小小的办公区域。他的前面摊着一些笔、一些墨水台、一张沾满墨汁的很大的吸墨纸和一个文具盒。

麦金利飞快地站起身来。他本人看上去比他画像里的要好,他的画像突出了他粗壮结实的下巴、正在变得肥厚的下颌以及他油亮的头发。他的神态热情直率,一双灰色眼睛十分灵动,一抹笑容好像是真诚的。他有力地握着乔的手。

"克朗先生,欢迎您。你的优质产品在这儿名闻遐迩,甚至连我们这些饮食俭朴的人都知道。"

"非常感谢,总统先生。"乔发觉他的紧张感在减弱。局面跟战场上不一样。一旦上了战场,你就会忙得没时间去考虑死亡。

有两个人站在总统背后,一个穿着镶有穗带的军装。麦金利转向他们:"请允许我介绍陆军部长阿尔杰和迈尔斯将军,陆军司令官。先生们,约瑟夫·克朗先生,来自芝加哥。"

"你好,将军,部长。"乔对纳尔逊·迈尔斯非常了解,对那位文官却几乎一无所知。迈尔斯五十七八岁年纪,个子高大,身板结实,脸色红润,一撮光彩夺目的小胡子两头往上翘起,像一头得克萨斯公牛的两个角。他尽管并非美国陆军军官学校①的毕业生,但是内战以来一直穿着蓝色军装,跟南军作战,跟科曼切人作战,跟阿帕切人作战,百战百胜。

迈尔斯热情地跟乔打招呼,阿尔杰则有所保留。部长比将军年龄稍大,身材匀称,举止优雅。他曾是木材大亨,密歇根州的前州长。洁白的小胡子和山羊胡子遮住了他下半截脸的大部分。他的双眼缺乏热情。他拿着一个文件夹,乔可以看到上面写着很大的他自己的名字。

"请坐下,我们就直奔主题吧。"麦金利说道,"组建这个国家有史以来最大规模的远征军,我们只剩下不到六十天时间了。"

迈尔斯将军对乔说道:"六十天,因为过后我们就会面临雨季,还有黄热病。"

麦金利转向阿尔杰:"你把克朗先生的服役申请带来了吗,拉塞尔?"

"在这儿,总统先生。"阿尔杰将文件夹推过桌子。麦金利拿出乔的信,飞快

①即西点军校。

地浏览了一下，将信面朝下。接着他仔细看了一下夹在一起的许多张长方形的卡片和跟信笺差不多大小的纸张。乔认出是自己参战时的医疗卡和工资卡，还有他写的战斗报告。

“这是一份值得赞美的记录，克朗先生。”

“谢谢，先生。”

“第五俄亥俄志愿骑兵团。辛辛那提的小伙子。”总统合上文件夹，“是什么促使你再次挺身而出为国效力？”

“我有经验，从多年前我移民此地以来，这个国家一直对我很好，我的啤酒厂经营良好，就算我离开一段时间也问题不大。总的来说，总统先生，我相信我能够胜任。更何况，我相信这场战争是正义的——我支持美国挑起重担解放那些不太幸运的民族。而且，先生，我在报纸上多次看到，兵源不足。”

“上帝知道这是真的。”迈尔斯咕哝道。总统皱了皱眉头。众所周知，他以自己是一位温文尔雅的基督徒而感到自豪，从来不喝酒，从来不骂人，从来没有不道德的行为。迈尔斯丝毫也没有注意到这一反应，继续说道：“当国会下达这一宣战决定时，我们和平时期的军队大约是两万六千人，军官两千稍多一点，且主要是在西部。你可以想象，两个月之内要动员起来有多难。”

“是的，我当然能够——”

阿尔杰打断他的话：“你适合入伍吗，克朗先生？身体没问题吗？”

“就我所知没问题。”

“古巴到了夏天是一个瘟疫滋生地。我们会要求你做一个体格检查。”

“我马上就做，假如这是影响我服役的唯一障碍的话。”

“不是唯一的障碍，先生。不完全是。”阿尔杰的笑容很淡，且有点傲慢。乔更喜欢迈尔斯将军和总统，尽管部长很可能自认为比他们俩要高一等。

总统说道：“你在我们的心目中值得赞许，克朗先生。伊利诺伊州的众议员坎农在我面前竭力称赞你的品质，还有海军助理部长罗斯福也对你赞赏有加。你知道的，他马上将被任命担任一个志愿军团的指挥官。我还从卡尔·舒尔茨那儿听到过你的情况。舒尔茨先生不支持本届政府在古巴采取行动——”阿尔杰摸了一下自己的鼻子，一个表示轻蔑的明显举动。“但是他对你的敬重，对你资质的肯定高得不能再高了。我在你的申请中看到了一个难得的机会。”

最后一句话令乔大惑不解。麦金利直视着迈尔斯，后者说道：“总统说得对，你的资质十分出众。如果你的体格也一样好，那么你完全可以获得很好的任命机会。不过，首先，我们必须就一个至关重要的问题找到一个满意的答案。你愿意在一位前南部邦联人的下面任职吗？”

乔惊讶万分，一时不知道如何回答好。阿尔杰往后靠去，交叉了双臂，乐了。“一位亚拉巴马州的前南部邦联军人，名字也叫乔。”他说道。

迈尔斯将军有点恼火，说道：“部长指的是国会议员乔·惠勒。他也愿意入伍为国效力。他将被任命为志愿军的少将。”

“我估计你知道他的战争记录。”阿尔杰说道。

“我知道他毕业于西点军校，可是投向了对方营垒。整个内战期间他都一直指挥着南部邦联的骑兵部队。”

“的确是的，一直到最后时刻。当时他追随杰夫·戴维斯[①]流窜到南北卡罗来纳，护送他到一个安全的避难所去。戴维斯逃脱之前在佐治亚州被抓获了，然后联邦军抓获了惠勒。”

“遣送惠勒去特拉华堡监狱的命令还是我亲自签发的。”迈尔斯说道。他讽刺性地大笑一声：“现在瞧我们，急于支持他回到联邦军队来呢。”

阿尔杰将交叉的双手搁到桌子上：“我们在古巴的总领事也一样，菲茨休·李。他是罗伯特·爱·李[②]的侄子。”

“我知道李先生的背景。”乔说道，也许太生硬无礼了，但是阿尔杰的傲慢态度实在让人受不了。

这位部长即使注意到了也没有作出反应。“李先生也接受了任命，担任志愿

①杰夫·戴维斯（1808—1889），即杰斐逊·戴维斯，美国内战时期南部邦联政府总统（1861—1865），曾任联邦政府陆军部长（1853），1865年5月被捕，受监禁两年。

②罗伯特·爱·李（1807—1870），即罗伯特·爱德华·李，美国内战时期南军统帅，原为北军将领，参加南军后任南军总司令（1862），以出色的战略战术多次击败北军，最终失利投降，战后致力于教育，在华盛顿学院任终身校长。

军的少将。对他来说,这很可能不如让他加入国务院在谢尔曼将军弟弟①的手下任职难。”

麦金利接过了话:“我们说到了实质性的问题,克朗先生。这个问题的原因。你看,在这场战争中,除了把古巴人从西班牙殖民者的残酷压迫和虐待下解放出来,恢复他们的自由,我们还有远比这个更重要的东西。我不小看其道德价值,丝毫也没有。但是,我也看到了一个让美国的男男女女团结起来的极好机会,他们已经有三十三年不团结了。穿蓝军装的和穿灰军装的携手与共,这就是为什么我们要请你叩问自己的内心。你跟南部邦联战斗过,那么现在你可以摒弃前嫌,忘却仇恨,跟曾经反叛合众国的人并肩战斗吗?那些人对你的朋友和同志的死至少负有一个小的责任,是吗?”

乔不想让自己的回答听起来自负或者虚伪。与此同时,他也想说自己的心里话。他说道:“总统先生,当时我是为自由而战,黑人的自由。现在我想获得这份荣幸为古巴的自由而战。”

阿尔杰说道:“是的,但是在乔·惠勒的麾下行吗?”

“好斗的乔·惠勒声名显赫。我本人不认识他,可是我知道他的威望非常高。他参加过夏洛战役②,我也一样。三十多年之后,我们肯定——”

阿尔杰打断他道:“行还是不行,克朗先生?”

乔将他的帽子放到桌子上。他的心在胸膛里怦怦直跳。“行,部长先生。”他飞快地转向了其他人,一个小小的动作,含义十分清楚,他不打算再理睬阿尔杰。“行,将军。行,总统先生。这些回答你们满意了吗?”

麦金利跳起身来跟他用力握手,通常政治家对他们特别青睐的选民都会来这一手。

---

①指约翰·谢尔曼(1823—1900),美国政治家,威廉·特库姆塞·谢尔曼之弟,1855—1861年任美国众议员,1861—1877、1881—1897年任参议员,1877—1881年任财政部长,1897—1898年担任国务卿,是一位财政专家,帮助建立全国银行制度(1863),提出《谢尔曼反托拉斯法》和《谢尔曼收购白银法》(1890)。

②美国南北战争中的第二大战役,北方军队在格兰特和谢尔曼的指挥下驻扎在田纳西河畔的匹兹堡兰丁准备进攻,但南部邦联军队在约翰斯顿和博雷加德的指挥下率先发动了进攻,北方军猝不及防,被迫撤退;不过南军统帅约翰斯顿在第一天的战斗中身受重伤,生命垂危。第二天,联邦军队重整旗鼓,夺回了失地,南军被迫撤退到密西西比州的科林斯。双方在战斗中各损失约一万人,并都宣称自己取得了胜利,但人们普遍认为南军在这场战役中失败。

“非常满意,克朗先生,非常满意!”

终于,乔治·杜威准将跟华盛顿联系了。5 月 1 日一早,他的亚洲中队进入马尼拉湾。六艘美国战舰排成一行,在旗舰上的杜威的指挥下,安装了铁甲的巡洋舰“奥林匹亚”号打败了也排成一行迎面而来的七艘西班牙船舰。战斗从早上五点四十一分开始,有一个命令让这位准将一夜成名:“你只要准备好了就可以开火,格里德利。”

美国舰队击毁了西班牙全部十艘船舰并占领了甲米地海军集结地,而美军没有一艘战舰遭受重创。杜威一时间成了英雄。报纸把他的照片刊登在头版。作曲家快速地写出了歌曲。政治家们称他具有总统潜质。美国正在一波胜利的巅峰乘风破浪。

乔也一样。他从华盛顿回到芝加哥进行了体检,并将体检结果寄给了陆军部,九天之后,他收到了拉塞尔·亚·阿尔杰部长的一封信,通知他,他被任命为志愿军陆军准将。

第八十六章　保罗

陆军部要求征募十二万五千军人。当时尽管淘金热方兴未艾，数以千计的人被吸引到了育空河，但依然有上百万人报名要求参军。

那份夸张失实的报纸令人欢欣鼓舞。国旗和彩旗在大楼上高高飘扬，在阳光下熠熠生辉，在劲风中猎猎作响。军乐队和交响乐团用进行曲代替了华尔兹和协奏曲。虽然也可以听到一些反战声音，但是那些反战人士被报纸骂得狗血淋头，有的甚至还受到了死亡威胁。

东部沿海突然陷入了恐慌之中。塞维拉上将的西班牙海军中队正游弋在大西洋的某个地方。萨凡纳和其他沿海城市要求保护他们免受侵犯。海军派出了一些破旧的有旋转炮塔的近海防卫舰，这些老旧舰艇看上去就像曾经跟"梅里马克"号装甲舰战斗过的那艘战舰一样。

当沙多正式通知吉米跟保罗将奔赴一个战区的时候，吉米的脸色都发紫了，但是他没有发作，一直到跟保罗单独在一起时才大发雷霆。

"他说是你向他推荐了这个该死的计划。你疯了吗?"

"行啦，这是一次冒险。也许是一生的冒险。"

"要是哪个西班牙人把我打死，那就不是冒险啦。也许你可以自己去。"

但是，吉米也不敢拿这个威胁当真，原因沙多早就预料到了：

"这趟该死的旅行我对霍妮说了。她实际上把裤子都弄湿了。"他模仿着她的尖嗓音，"'唷唷唷，佛罗里达啊。那地方很热的，一般的旅游地。'我对她说，我们不是到该死的海滨去闲逛，我们是要去古巴，子弹横飞！战斗激烈！我说我根本就不想去。大错特错啊。她说我要是逃避我的责任，她就会瞧不起我。这咋办啊？在我征服她之前，她得先仰视我啊。你这个疯狂的德国佬。”他说着摇了摇头，又恶毒地瞪了一眼。

5月1日，星期日，保罗和吉米准备奔赴坦帕，部队就在那儿集结备战。他们打点好摄影机、三脚架、反射镜、架子等物件，装进两只木头箱子。两只箱子的运输费估计很可能会让沙多瞠目结舌。每只箱子上都印上了黑色的文字。

易碎品！

电影设备

资产所有人：

美国勒克索格拉夫电影制片公司，

美国伊利诺伊州芝加哥市

他们能运多少设备去古巴，保罗说不清楚。

沙多给了他一盒名片，五十张，这是上校在能找到的最便宜的印刷厂印来的。所有的名片上都用了保罗的绰号以及他的教名。玛丽拿了一张名片，傻乎乎地给吉米看，问他不觉得这看上去很漂亮吗？当晚在房间里，吉米把名片塞到保罗的鼻子底下：“这‘首席摄影师’是什么狗屎玩意儿？”

“不是我的主意。去问上校。”保罗脱下衬衫，累了，准备上床睡觉。

“问上校，啊？我当然会。如果你不是一个劲儿地拍他的马屁，我能找他说五分钟的话。”

保罗转过身来，抓住他的两个肩头：“你要是不喜欢这张名片，就别去，该死的。”

他原以为自己双手抓住吉米的时候，他会抡出一拳来。可是没有，吉米的下巴拉了下来。他的脸上渐渐浮出一丝淡淡的笑容：“放开。得，达奇，我不知道你也会发脾气。我以前可是从来没有看到你发过脾气呢。”

“记好了，你以后会经常领教呢。”保罗闪身走过悬挂着的床单，在铁丝上一把将它拉开，躺下休息。

休息？他的神经紧绷得像小提琴的弦。他听着吉米在房间那头埋怨着，骂着娘，突然，完全出乎意外地，他想起了吉米的生日。4月1日。

犹大的生日。

他们计划星期二出发。出发前一天晚上，吉米跟霍妮一起出去了。吃晚饭时，玛丽送了保罗一份让他感到惊喜的礼物：一顶编织的草帽，有不落俗套的宽阔卷边帽檐，还有品蓝的丝绸帽圈。

“在那儿你会跟那些将军在一起，不能让我们的首席摄影师看上去衣衫褴褛。”说着她热情地望了他一眼。沙多咕哝着表示赞同。

保罗很感动：“这顶帽子很精致，完全可以挡住阳光。”

“我给吉米也准备了一顶。”玛丽说道，“没有这顶漂亮，但我不能漏了他呀。”

“我很高兴你没有漏了他。这会省掉我很多麻烦。”

沙多说道：“你们俩有仇。”几个月前，这个字曾经出现在保罗的脑子里。

保罗点点头：“有时有。我希望这趟旅行中不要出现。”

对此，谁也不敢打包票。

晚饭后，保罗去了地下室，上校一直在喷油漆，把公司的名字印在摄影机的机壳上。他拿了一罐红漆和一把两英寸的刷子到楼上，小心翼翼地在那个地球仪上涂上一个红色圆点，那地方，沙多确定是靠近坦帕的地方。

保罗将油漆放回原处，回到房间整理一只小小的手提旅行包。突然间，他感到悲哀。这不是他的家。这就是一个房间——简陋、昏暗、肮脏。难道他的家就永远是这个样子，此时此刻他所在的地方，再没有其他了吗？

他取下那张现在已经严重发黄的立体画片。他知道小乔对他说的是真话，美国并非完全是移民们梦想的天堂。伍珀塔尔市那个面包师所说的话至少部分是有道理的。尽管如此，他在柏林时的梦想有一个已经实现了，而且间或，似乎总会有奇迹出现：邂逅韦克斯・鲁尼，遇见沙多，现在正在追求毕他们三人之功于一役的又一个奇迹——摄影的奇迹。这是正在到来的新时代的无数个奇迹中的一个……

他正在进行着一项伟大的冒险事业，这里没有绝望的立足之地。他最后望了一眼那张立体画片，将它放进自己的手提旅行包里。

第二天5月3日的早晨，沙多和玛丽到火车站为他们送行。霍妮·费尔跟吉米一道来了，这一来，跟玛丽送他的新草帽一样，帮助控制了他的脾气。他明白，他的草帽没有首席摄影师的那顶精致贵重，可是此刻，哪怕别人给予的是最微不足道的礼物，他也似乎感到宽慰。

保罗穿着有腰带的夹克衫，戴着新草帽，显得英俊潇洒。他的肩上背着一只自制的帆布背包，里面装着备用镜头和一盒备用的伊斯曼胶卷。把昂贵的胶卷放在温度过高的行李车里，沙多不太放心，虽然把另外的胶卷暗盒从罗切斯特运送到佛罗里达去也得冒险。沙多告知他的两位助手，他在坦帕湾宾馆预订了两个房间，最小的，这是所能订到的唯一房间了，那儿是美国远征军的大本营。

上校飞快地伸出穿着白衬衣的手臂，抓住保罗的胳膊。因为火车站噪声太大，所以他得说得很响："达奇，我相信你和吉米能带回精彩的电影。"

"千万别挡那些毛瑟枪子弹的道，"玛丽喊叫道，"我在报纸上看到过，它们飞起来像蜜蜂嗡嗡叫。"霍妮·费尔紧紧挽着吉米的胳膊，说了一句声音很尖、音量不大、表示担心的话。吉米轻轻拍着她的手，一脸愁容。

沙多转过身去跟一位《国际海洋》的记者打招呼，他甜言蜜语地鼓动他对芝加哥唯一奔赴战区的电影摄影师的出征给予报道。沙多穿着很有城市派头的礼服大衣，足蹬手工制作的靴子，头戴阔边帽，看上去颇有几分大企业首领的架势。吉米跟霍妮头碰着头，一边说着悄悄话，一边抚摸对方。两位年纪比较大的人双双喝多了，漫步从边上走过，嘴里唱着："杜威，杜威，杜威，他是当今的英雄豪杰。用这样老式的完美方法，把'缅因'号铭刻在心扉……"玛丽趁人们分散注意力的机会，突然用双臂抱住保罗的脖子，跟他甜蜜吻别。

列车员高声喊叫着大家上车。"好啦，我们走了。"吉米说道。

霍妮紧紧拥抱吉米。激动令她的嗓音又高了八度："哦，你太勇敢了。去吧，狠狠地揍那些肮脏的外国佬。"

"不，不，他们只不过是去拍电影。"沙多解释道，"我想要电影，不是两具尸体。”吉米看上去一副病态。

开往亚特兰大的火车一分钟之后开动了。吉米早已躲进了二等车厢里面。沙多跟着通廊的台阶跑着，在滚滚的蒸汽中朝保罗喊叫。

“开销的钱你带着，千万别浪费，但是也别吝啬拍电报。我希望定期得到报告。”

“好的，上校。”

火车加快了速度。沙多跑得更快了：“我信任你，达奇。你负责，盯着点吉米，别让他越轨。遇事冷静，把真货带回来，总有一天，你会成为我的合作伙伴——”

火车越开越快，他停住脚步，高高地举起右手。保罗只听见他最后两个字。

“好运。”

保罗在吉米身边垫得很薄的座位上安顿下来。吉米解开因为霍妮在场装装样子的领带，将它塞进口袋里。

一个小贩端着盘子过来了，盘子里装满了水果、一包包的坚果、廉价小说和扑克牌。吉米买了一本尼克·卡特的通俗小说和一个苹果。他吃苹果的吃相很粗野，发出嘎吱嘎吱的声响。

保罗将帆布包放到脚下，从外衣的边口袋里掏出一份《每日新闻》。一位当地的政治家在会堂里对一个战争集会发表演讲：“这一次崇高的征战将扩大我们的影响，将把自由的福祉扩展到我们受苦受难的拉丁兄弟身上，美国成熟了，第一次真正走向世界……”

“我也可以这么说。”保罗心想，他感到鼓舞，为早上的激动场景，为列车的轰鸣和运动，为在佛罗里达和之后等待着他们的未知的期盼和恐惧。

他们睡觉或者说想要睡觉，但是睡不着。他们下车到破破烂烂的车站快餐店里吃快餐，有时带几罐浓浓的清咖啡回到车上。吉米无休无止地抱怨。

列车飞驰着穿越中部地区，所过之处，飞扬跋扈的铿锵碰撞，激越傲慢的大声尖啸，云蒸霞蔚般的喷吐烟雾，就是宣称它来了。他们跨越横架在辛辛那提俄亥俄河上蔚为壮观的罗布林悬索大桥，乔叔叔刚来美国的时候曾经在那儿生活过。在肯塔基州有白色栅栏的马场里,纯种母马和公马跟着火车赛跑,它们的速度超越火车,然后会再次奔向阳光照耀下的牧场。接着是田纳西州,石灰岩的悬崖、黑乎乎洞穴里白练般的瀑布一闪而过,陡峭的山坡上以及偶尔在单线之字形爬坡线路上,可以看见林木葱茏的大山。当他们嘎嚓嘎嚓地驶过该州南部地区时,吉米问了一个古怪的问题:

"你说我们这趟出来能赚钱吗?"

"这趟出行不是为了赚钱。嗯,也许就是为了美国勒克索格拉夫电影制片公司的未来发展,不是为我们俩。除非你数我们的工资。"

"数工资?大多数时候我都几乎找不到工资。到了佛罗里达,我打算挣点外快。码头区的一个人说,军营里有很多乡巴佬,可以宰他们一笔。"

吉米靠到座位背上,交叉了双臂:"我可得告诫你啊,首席摄影师先生。偶尔,你需要我的时候我可能会不在跟前的啊。"

"喂,我们可是有指定任务——"

"打住,别废那话。我的活会干好的。不过我也会照看一下边上的其他人。这事儿你别说出去就行。"他用拳头捣了一下保罗的肩膀,装出一副好朋友的样子,"好哥们啦。"

保罗不高兴,把目光转向了车窗外。

"你们德国人就是虚伪。"吉米拉下草帽盖住眼睛,伸开手脚睡觉。

天刚破晓,火车震颤了一下停下了,保罗突然惊醒过来。他将头靠在窗玻璃上打盹儿,车窗拉起了两三英寸。他嗅到了车窗外空气清凉的早晨,听到蟋蟀和青蛙的鸣叫声。他看见了一个小站。

接着,他听到了拖曳的脚步声,有声音大声喊叫着命令。一盏灯悬挂在一块牌子上面,照亮了小站的站名——"奇克莫加站"。

来自奇克莫加兵营的战士们挤上了列车。新补充的年轻兵员戴着高高的卡其布帽子,穿着防水的蓝色裤子,他们的脖子上都围着红色的领巾。他们打着十分干净的绑腿,背着洁白无瑕的背包。保罗他们这节有六七个平民乘客的车厢上来了大约二十个人,他们找位子坐下。带队的是一位左眼上罩着皮眼罩的个子矮小的军士。他先安顿好他的战士，然后自己坐下。火车驶离车站的时候，他已经睡着了。

早晨，他们来到了亚特兰大。有顶棚的站台之间，明媚的阳光像梭镖一样投射下来。保罗打着哈欠，一面摸着自己脸上的胡茬，并注意到，铸铁的屋顶柱子上裹着红、白、蓝彩旗装饰。

他听到了音乐，一支铜管乐队在演奏《今晚老城热闹非凡》。有一小群人前来迎送军列。他脑子里突然蹦出一个想法，他在车厢连廊上叫住列车员。

“这个站停多长时间？”

“四十五分钟。”

他回到车厢里，把吉米摇醒。“我们到这儿拍摄一下。等我。”

他跑回到依旧瞌睡的军士那儿，军士一听他的话，立马说不行。但是保罗一再坚持。

“你必须跟我们配合，我们是美国勒克索格拉夫电影制片公司。你肯定听见过电影界这个最气派的名字，是吧？”那军士不敢说他没有听见过。“这全是为了战争。成千上万的人将在电影院的银幕上看见你跟你的战士们，你们全都会感到骄傲的。”

二十分钟之后，保罗和吉米在站台上架起他们的摄影机，引起了轰动。他们拍摄昂首挺胸走过的新兵，接着调整机位拍摄他们登上列车的场景。保罗不敢肯定这月台上光线是否足够，可是如果这片子出来的话，那一定是非同凡响的。

吉米说他宁可睡觉。

在火车站附近的编组场内，旅客车厢转给佛罗里达州普兰特铁路系统的一辆机车牵引。很快，车窗外飞驰而过的是令人惊讶的新的景色。巨大的橡树上生长着像胡须一样的铁兰，一望无际的田野，铁锈红色的泥山坡呈现出原始的景象。衣衫褴褛的农夫在他们犁地的骡子身后停下脚步，瞪着疲惫的双眼望着在列车上朝他们频频挥手的士兵。

一位年轻的新兵拿出一支口琴，开始吹奏《星条旗永远飘扬》。这音乐让保罗忘记了这趟旅程有多长有多累，令他欢欣鼓舞。

“这将是一次极好的经历。我将学到很多东西,等我平安回到芝加哥,我将考虑我的下一步怎么走。但在此前不考虑。”

他多么希望他的未来能跟朱莉联系在一起啊。唉,这事儿已经无计可施,她已经跟他无关了。他可以继续前进,很可能他应该这样做。德国人总是在这样的境况下会想起他们的老话:“其他城镇有其他女孩。”

火车继续嘎嚓嘎嚓地前进,将燃煤的黑烟写上天空。战士们抱怨着即将发给他们的步枪——使用传统黑色火药的老式斯普林菲尔德短筒马枪。西班牙人用的是标准步枪,一种德国人制造的毛瑟枪,设计使用的是新的无烟火药。

“这可是死亡判决。”一位战士说,“要是对方枪手的枪管里没有喷出黑烟,那你怎么知道他的位置呢?而他却可以在转眼间就找到你。”

在佐治亚州的一个乡村火车站,八位姑娘从轻便马车和农用马车上跳下身来,拥进列车,讨要纪念品——黄铜纽扣啦,步枪弹壳啦。有好多年轻士兵都给了。

进入佛罗里达州之后,小村庄变得更少、更加破烂了。由木头废料搭建的棚屋就建在铁路两旁,里面住着整户整户的人家,全是黑人,他们用忧郁的黑色眼睛望着列车。长角牛在无情阳光照耀下长满野草的地上啃食。保罗早就卷拢他的夹克衫,扔到了他位子上方的木头架子上。他因为长时间没有洗澡而浑身发臭。整节车厢都在发臭。他的皮肤因为空气湿度高而变得湿滑。他用潮湿的手帕擦身子,但无济于事,不一会儿就又浑身黏滑。

戴眼罩的军士在车厢前端强占了两个位子。他在列车员的帮助下找到了一块木头充当牌桌,跟那些年轻的手下玩扑克,开始吸他们口袋里的钱。

口琴的声音又响了起来。一个有很好男中音的士兵伤感而又失落地唱起了歌。

战斗即将打响,妈妈,

我最想念的人就是你啊……

保罗记得，这是一首芝加哥的歌曲。他来到美国没多久某一个幸福的夜晚，弗里奇在钢琴上演奏过这首歌，那时，他心满意足地坐在壁炉边，美妙的音乐从音乐室缭绕而来。乔叔叔说这是一个芝加哥人在内战时写的歌，当时乔叔叔骑着战马驰骋在战场，许许多多像这些穿着蓝军装的年轻人、像他自己一样的年轻人，战死在沙场。

又有人跟那个人一起唱了起来，他们唱得十分嘹亮，但是没有像第一个唱的人那样带着失落的情感。

我们来到战场观察，
敌人就在眼皮底下。

吉米觉得心烦，摘下草帽给自己扇着风。

我身边勇敢的战友已经躺倒，
脑子里装满的是上帝和家，
因为他们非常清楚，明天早晨，
有些人将会长眠在这块土地上。

吉米跳起身来，扒住座位的靠背："见鬼的闭嘴。安静一点好不好！"

保罗说："吉米，坐下。"

战士们一时停止了歌唱。有两三个人站起身来。吉米狠狠地将他的草帽拍到座位的坐垫上："我就是想睡一会儿，我不想老是听到死啊死的。"

"先生，注意你的言辞。"走到对面的一个旅行推销员说道。

独眼龙军士从他的座位上快速往后冲了过来，逼住吉米："先生，这些勇敢的战士是要上战场啊，他们有权嚷嚷。我觉得你没有这个权利，我看你根本就不配当战士。"

"你有本事给我再说一遍，你个矮子！"

军士举起拳头。保罗赶紧越过吉米，张开双臂，挡在他们中间："这儿太热了，大伙儿都疲惫不堪，我们不想生事儿。”

所有的战士都站起身来，准备打架。吉米吓得脸色发白，太愚蠢啦，惹这种事情，他的火气蔫了下来。军士拿手摸了一下自己的嘴巴，对保罗说道：“那好吧，但是他最好保持安静。”他朝吉米的脸冲出下巴。“听见了吗？保持安静，要不然你很可能会突然离开这辆火车的，从哪个车窗里屁股先出去呢。”

他走了，像位烦躁的母亲咯咯着舌头，赶着他的战士们回到自己的座位上。数量不多的几位平民乘客轻蔑地瞧着保罗和吉米。保罗感觉无地自容，浑身发热。“该我坐到靠窗的位子了。”吉米吼叫道。保罗没有争辩。

深夜，油灯的灯光被调得很暗，吉米轻轻地打着鼾，车厢里寂静无声，只有火车在铁轨上发出的咯噔声，有什么事情驱使保罗将手伸进外衣口袋里，摸出一张粗制滥造的名片。他将名片斜过来，对着前面微微摇晃的油灯，看见上面印着：

保罗 · “达奇” · 克朗

首席摄影师

所以，他又一次成为一个新人了。他又一次新生了。

而且又一次，他正在扑进他无法看见或者说无法想象有没有边际、有没有心脏、有没有暗中陷阱的黑暗之中。又一次，将会有不少奇闻逸事，将会有很多渴望，将会有无法避免的见识，将会有远非恐惧的印记。

美国人已经宣布将走向战争，面对危难。他们说，你将去经风雨，见世面。

他在颠簸摇晃的火车上断断续续地睡觉。他在手心里一直保护性地握着那张名片，这是他人生最新巨变的明证。有一两次他醒来的时候，他困倦地想起他是谁、在哪儿，便感到惊讶。

达奇 · 克朗。

二十岁年纪，下个月就二十一岁。

将要去经风雨，见世面……

第八十七章　伊尔莎

乔上战场去的前夜，伊尔莎熨烫了他的内衣。

她在楼层很高的一个房间里干活，这房间就是专门安排来熨烫衣服的。正常情况下，有两个已经在他们家干了好几年的洗衣女工会在每个星期六上他们家来洗积累了一个星期的脏衣服。可这批衣服伊尔莎感觉她得亲自洗，仿佛这样做可以把某些保护性魔法揉进衣服里似的。

也就是那天下午，她急匆匆赶到埃尔斯特里百货商店买了那些内衣。七套内衣，每套都有衬衣和长及脚踝的裤子。这些内衣都是由适合夏季穿的针织材料做成的，颜色染成了灰色，上面有布满空针的小小排热口子。尽管很贵，但服务员向她保证说，这是目前市场上所能买到的最精致、最凉快的男士内衣。他特别指出，衬衣和裤子的罗纹袖口、别致的针织狭花边领圈和小小的珍珠纽扣，都是很少见的。

伊尔莎生怕她丈夫在热带地区的露水和潮湿环境里生病，她还感觉把他逼到那儿去自己有部分责任。为了保护他，为了让他平安无事地归来，她愿意做任何事情。

埃尔斯特里百货商店临街的花岗岩正立面上装饰着爱国主义的彩旗，斯泰特大街上的大多数商家如出一辙。一家小零售店里传来钢琴的音乐——苏泽的《船长峰》。她从窗户里望进去，看见一个穿着三件套正装的人在商店前部的平台上敲击着琴键。十几个成人和好几个孩子围着台子站在那儿，一边拍手，一边原地踏步。芝加哥的大部分地区，乃至整个国家，都洋溢着爱国热情，仿佛这场战争是一场盛大的狂欢。乔的行为也如此，在家里走路都蹦蹦跳跳的，还自顾自地哼着歌。

但是，并非每个美国人都对华盛顿的决定、征兵宣传品和招贴画、乐队和游行——乔曾经穿着共和国大军的军装参加过一个游行——感到欢欣鼓舞。赞同战争的情感在中部和西部比较强烈，在东部就没有这么强烈。东部，有一些教授、艺术家、作家、社论撰写人开始在政府内外发声，反对沙文主义者。

伊尔莎知道这种反对的声音，因为乔曾经收到过卡尔·舒尔茨的一封长信，说的就是这件事情。乔的朋友强烈反对在古巴和任何地方实行军事冒险主义。他正努力组织某种正式的抵抗。这使乔感到厌恶。他积存了多年来卡尔的来信，有一大公文柜呢，但最近的这封信他扔掉了。

伊尔莎的朋友亚当斯小姐对这场战争深感忧虑。上个星期，她在赫尔堂非正式的茶会期间跟伊尔莎和支持街坊文教馆的志同道合的女人一起讨论过这件事情。

1896年，亚当斯小姐向她的朋友们讲起了往事，又一次精神朝圣，这次是去一个叫亚斯纳亚·波利亚纳的庄园，位于莫斯科郊外数百英里的地方。那儿住着名闻遐迩的文学天才列夫·托尔斯泰伯爵，他放弃世俗的奢华与舒适，每天早晨穿上农民的衣服，整日在自家田里干苦活，用这样一种斯巴达式的活动，来强化和光大他关于更好世界的基督教观念。

“托尔斯泰伯爵绝对相信，该国，其实是任何国家，都是反基督教的。”简·亚当斯说道，“所以，真正的基督教信仰的实践者必须反国家及其所有政策。全面地领会伯爵的信条，人们就必然会得出结论，西班牙战争是不道德的。”

她沮丧地摇了摇头。“伯爵是位圣人，很少有人会对此存疑。尽管如此，圣人的思想有可能太崇高了，会跟眼下的现实格格不入。有的时候，当邪恶的风刮起的时候，光靠美好的信条和说教是不够的。就在这个住宅小区，沙文主义者的言论正在毒害孩子们。孩子们以前通常玩简单的游戏，现在他们玩战争游戏啦。他们不‘解放古巴人’，他们‘杀西班牙人’。伯爵可以在街头临时讲台上举办讲座，可是他们不会停下他们的战争游戏。他们的父母也不会停下买各种各样的彩旗——各种各样的小旗子——给他们。战争可以有美丽诱人的一面。人们陶醉在战争所允许的热情之中。一个人很容易就能明白这一点。这就是我们所有天性中的掠夺性。它存在于很浅的浅表层中,一有风吹草动便会蹿出来,散播其破坏性——”

她止住了话。女人们不自在地面面相觑。伊尔莎说:“我丈夫的朋友卡尔·舒尔茨写文章称他想要组织一场正式的反抗运动。假如这样的团体创立了,我想我不会参加的,个人原因。你会吗?”

亚当斯小姐似乎立马矮了半截。“我不知道。我作为激进分子的声誉已经够坏的了。而且赫尔堂还要继续办下去。我假如成为舒尔茨先生的反战组织成员,也许会招致很多新的仇恨和敌意,那么我们这儿的收入,支持我们的捐赠,就有可能下降到一无所有。所以我不知道。”她阴郁地重复了一遍,“我倾向于像你一样,不会加入。”

伊尔莎没有把这次讨论的情况对乔讲。她甚至都没有透露她参加了这一活动。她如果公开反对战争,那就是公开反对他了。她不会这样做,因为此时此刻,他已经做出了决定,而且军事当局都已经签发了文件。

保持沉默是一种懦弱的表现。这点她知道。可是,她已经失去了她的儿子,她已经失去了她的侄子,她无法忍受再失去她丈夫的爱。

伊尔莎洗了所有七套内衣,将它们挂在那儿,吃完晚饭就干了。乔吃得很匆忙,理由是需要检查一遍他摊开在那儿准备装进旅行包的物品。她点头表示赞同,可是他没有看见,他早就走出了餐厅。

她帮助赫尔加洗净、擦干、放好盘子。在去二楼的路上,她走进那个很大的家庭娱乐室,来到一个原先放在波利房间里的小小陈设架那儿。她把它搬了下来,把一部分来源不明,但她肯定是小乔寄给她的纪念品放到上面。微缩箱子里小小的柑橘糖果已经稍稍有点发黑。陈设架的顶部放着半块很粗糙的晶球,细小的石英晶体闪耀着亮光,像某个宇宙仙境里的无数个太阳、月亮和行星。

“他在哪儿啊?”她抚摸着那半个闪闪发光的球体,睹物思人,“老天保佑他平安——幸福——哪怕我再也见不到他。”

九点过后,她开始熨烫衣服。楼下的时钟隐隐约约地敲响了十下,她依然在熨烫衣服。熨烫衣服的房间又热又潮。她把两个小小的圆窗全部打开了,可是5

月的夜，空气依然一动也不肯动。

她干着活，汗水积聚在她的下巴上。偶尔，有汗水滴落。她用不屈不挠的热情熨烫着衣服，每一件衣服都熨烫得完美无瑕，折好，然后再轻轻地按压一下，便于装箱时能装得好一点。虽然有的时候，她对德国教育中强加给妻子的责任不敢苟同，但是今晚，她对这平凡的工作却有使不完的劲。

“他为什么非得要走?”她来回移动着熨斗的时候心里在想。她当然知道答案。他是一位爱国的人，一位有原则的人。剿灭叛乱的战争是他人生的一大经历，那是一场承载着崇高道德目标的征战。现在，同样的东西在他的血液里流淌。

但是，还有其他动机。近几年来，他的爱心跟他追求权威、秩序和控制的德国热情碰撞得太激烈了，结果给家庭带来了灾难性的后果。他有负罪感，这也一定是一种沉重的负担。他所有筹划参军的行为也许就是试图解脱这种负罪感，恢复他对他自己这个无序世界的控制，从而证明他所钟情的“秩序”还没有彻底毁灭。

伊尔莎还认为，乔对家庭生活的平淡无奇和鸡零狗碎失望了、厌倦了。这意味着他对她失望了、厌倦了。他肯定对她很不满，尽管他在竭力掩饰这种不满。她为自己的原则、观念辩论，太经常了，尤其是关于他所从事的这个行业。

在所发生的事情中，她可以找到一个仅有的小小安慰。对她亲爱的乔来说，穿上蓝军装比另外找个女人要强。

然而，即便这样想，她依然放心不下。乔不是出发去某个共和国大军的营地，也不是跟一些老兵去参加某个轻松愉快的郊游，围着营火说说笑话——这种活动最大的危险仅可能是喝酒太多而倒下罢了。现在她的乔可是穿上军装去参加又一场战争啊。

那儿会有枪弹，会有死亡。战士们会终身残疾，抑或被扔进匆匆挖掘出来的坟墓里，再也回不了家，再也见不到挚爱的亲人。假若运气不好——错误的时间站在错误的地点，在丛林里不是右拐而是左拐——战斗正酣，瞬息万变，千分之一的概率，就可能招致致命的子弹。这样的倒霉就可能永远把他从她身边夺走。无法挽回的损失，她无力承受这样的……

可是，现在她无能为力啊。无能为力，只能坐在硬邦邦的凳子上，坐在酷热中，坐在刺眼的电灯下，用爱和坚持不懈的专注为他熨烫内衣。

第八卷 坦帕 1898

现在，参议员，请问我们可以开战了吗？

1898 年
海军助理部长西奥多·罗斯福

《你觉得〈日报〉的战争怎么样？》

1898 年
赫斯特的报纸的大幅标题

第八十八章　达奇

火车驶进坦帕的时候天几乎黑了。一长溜一长溜没有油漆过的破破烂烂的房子排列在破破烂烂的街道两边,街道是沙地,布满车辙。坦帕湾吹来潮湿的风,吹得遍布各处、发育不良的棕榈树树叶瑟瑟发抖。保罗一个劲儿地打哈欠。他累极了,饿坏了,脏死了。

火车在一个市中心的商业街区中央停下,可以看见附近的一个街角上有个小站。所有的士兵都下了车。保罗探出身去看,看见其他车厢的人同样走光了。夜幕降临,骑马的士兵和辎重马车费力地穿过沙地。列车员将头探进门来:“下一站是终点站,就是那个宾馆。还有五分钟。”

列车驶过横跨在一条河上的铁路马车两用桥,接着穿过几片美洲蒲葵林,穿过又一个房子破败的区域,一个街区远处,有昏暗的街灯照亮着这些破房子。吉米说道:“天哪,这市镇看上去也太破烂了。”保罗有同感。强大的美国军队看上去是在一个与文明隔绝的地方集结。

接着,列车驶过侧线上一扇制作精巧的铁大门。吉米坐起身来,咧嘴笑了。保罗朝外望去,十分惊奇地看见了一个惟妙惟肖的《一千零一夜》实例。

他凝望着的正是那豪华富丽的坦帕湾宾馆。

亨利·布·普兰特是普兰特铁路系统、一些航运公司和该宾馆的创建者,他在希尔斯伯勒河的西岸建造了一个华贵宏大的冬季旅游度假胜地。宾馆占地六英亩,种植着繁茂的棕榈树、兰科植物、山茱萸、叶子花属植物、柑橘树、柠檬树、酸橙树、葡萄柚树、香蕉树。

主楼呈长方形，很长，五层楼高，由深红色的砖头砌成。每个角上都矗立着一个巨大的银色洋葱头形圆顶，圆顶之间是冠有银色半月的光塔。出入口全都被设计成马蹄拱，客房的窗户顶端也是用小一点的马蹄拱装饰。游廊环绕整幢建筑，宽得如同两条小街，电灯五彩斑斓，灯火辉煌，整条游廊用木头渲染着俗艳的装饰。人们成双成对地在遛弯，穿着军装的军人坐在白色的木头摇椅里呼吸新鲜空气。车窗外传来轻轻的笑声和乐队的音乐。泛光灯照明的光塔比朦胧的月亮更加明亮。保罗的第一个想法就是："我一定要买一张这个地方的明信片，否则没有人相信会有这样一个地方存在。"

吉米也愣了。"这屋里有多少个房间啊？"他大声问列车员。

"五百十一个。看上去像苏丹王的宫殿，是吧？你等着白天看吧。他们还有十几只驯化的孔雀在四处漫游呢。"

"孔雀？我以前从来没有见过孔雀。"

"这家宾馆一年中的这个时候通常是关门的，可是普兰特先生，他是个爱国人士，华盛顿说他们需要这个宾馆，他就马上开门了。你们俩小子啊，看到的是第五军团的司令部呢。"

他们背着旅行包沿着走道走去，保罗停下脚步又问了一个问题："坦帕有多大，先生？"

"西坦帕和伊博市有一万四千到一万五千人，算上古巴人。现在军队开进来了，人口数量很可能翻番。他们的营地遍地都是。你们两个小伙子住这家宾馆？"

"是的。我们是电影摄影师。"

"好啊，你们太幸运啦，睡在这儿，不是睡在到处都是盲潜蚤和蠓虫的露天地方。"

保罗紧走几步赶上吉米，吉米早已经走出车厢，乐于换换环境。"我的天哪，达奇，这地儿到处都是女人哪。"

"女人的事以后再说。我们应该先把装备从行李车上搬下来。"

"哦，好的，我忘了，现在你说了算。"保罗猛地转过身来。

"喂，我受够了你的嘲笑讥讽。"

“太糟了。只要我在干这个烂活，你就最好别指使我干这干那，好像我是棉田里的黑鬼一样。因为你如果指使我干这干那——”

“我要是指使你干这干那，那又怎么样？”

“我不说。别逼我。别当傻瓜，就没事儿。”

“我会尽量记住这个话的。”保罗转过身，朝着火车的头里走去，竭力控制着火气。他应该立马给他这个所谓的助手买张返回芝加哥的火车票。他一个人干所有的事儿反而更好一点。他将两只箱子搬下行李车，放在沙地上，这时吉米才晃晃悠悠地走了过来，嘴里还吹着口哨。保罗使劲控制住揍他的冲动。

穿着号衣的黑人行李搬运工拉来了四轮大车，在箱子上贴上运送到宾馆行李房的标签。保罗付了他们小费，然后问道：“我们到哪儿登记入住？”

“那儿，先生。”黑人指着大楼附近这端的门，“西入口就是供火车乘客用的，东入口是坐马车过桥来的客人用的。直接进去好了，沿长长的走道过去到中央大厅，你们就看见前台了。”

他们沿着一条砂砾路走到游廊，看见了许多穿着不同军装的士兵，还有花枝招展的年轻迷人女郎。这些女人肤色黄褐，头发乌黑，令人着迷。吉米说：“如果那是古巴宝贝，那我要个。”

“你用自己的时间找去。”保罗厉声说道。

来到大楼内，一条巨大的长廊通向中央大厅，那儿可以看见一些小小的身影。大厅里，装点着高高的雕刻椅子、中国坛子、小小的雕像、小型的盆栽棕榈树。通向几个幽雅单间的门都开着。一个单间里，几位女士在玩牌，另一个房间里，几位军官和一位穿平民服装的人正在书桌上办公。这些公共房间的门都是贵重的桃花心木，上面镶嵌着光滑的镶板。

保罗被这个中央大厅给震撼了，他赶紧摘下草帽，仿佛走进了一个大教堂。中央大厅大约有七十英尺宽，地上铺着精致的地毯，上面亮着明晃晃的电灯。四面墙上挂着挂毯和巨大的油画，镜子是玫瑰红的玻璃。花岗岩的柱子支撑着二楼一个开阔的廊台。

中央大厅人头攒动，男男女女都穿着晚礼服。海军军官们穿着凉快的白色帆布军服，跟穿着更适合于阿拉斯加的很厚蓝色军装的陆军同仁厮混在一起。

有几位军官穿着更加随便的卡其服装，他们中好几个人还拿着西部风格的阔边帽。难道他们就是第一志愿骑兵团的人，他在报纸上看到过的那个由牛仔、上流社会人士、大学运动员组成的团吗？司令官是伍德上校，一位身经百战的印第安斗士。

他看到两位脸色阴森的军官从一个标着电报局的门里走了出来。那面墙的一个地方，安装了一块长长的告示牌，上面钉着一些新闻剪报、电报、杂七杂八的命令和文件。其中一位军官将一张黄色的电报纸钉到了布告牌上。尽管如此，这场景依然有节日的气氛，不像处于临战状态。

来到前台，保罗轻轻地将他的名片推过绿色的大理石台子。那位中年服务员态度敷衍，说道："勒克索格拉夫电影制片公司。你们的房间准备好了。五楼。二楼、三楼的房间留给了高级军官和带家眷的宾客。每日费用四美元，含一日三餐，但含酒精的饮料这类东西得额外收费。订单上说我们所有费用都跟你们芝加哥的公司结算。"

"是的，没错。"保罗说道，在登记簿上签了字。吉米靠在大理石柜台上，两眼一个劲儿地瞟着女人。有的已经发胖，头发也相当白了，陪伴她们的是年纪比较大的军官。但是有好多人是未婚的。有几个穿着救世军的制服，看上去十分威严。年纪轻一点的就是他们在外面所看到的那种，挺迷人的姑娘，来自坦帕或者古巴本土。

保罗用手肘轻轻推了一下他的搭档。吉米拿过钢笔，竟然将墨水泼在了本来很干净的那页纸上。服务员说："你们往那儿走可以找到餐厅，东走廊的顶头，穿过日光浴室，左边就是。今晚你们到得迟了，误了正常就餐时间，晚餐时间是六点整。不过楼下专供男士用的地下室啤酒馆和那个东方附房里有吃的。附房就在这幢大楼跟河边停船的棚屋之间。白天，附房的地板是拿掉的，这样你们就可以在池里游泳。"

吉米的反应是一个目瞪口呆的"可爱的基督和马利亚啊"。生气的服务员丁零当啷地摇了一下银色铃铛。另一位黑人勤杂工——这样的勤杂工似乎有很多——把他们的旅行包装到一辆小小的手推车上，接过房间钥匙。这人六十岁左右年纪，一双棕色眼睛显得很疲倦。

“电梯在这边,先生们。”

他们走过一位个子矮矮的日本军官身旁,只见他穿着五彩缤纷的军装,正在跟一位穿着礼服大衣的平民交谈。那平民在一本笔记本里匆匆记着什么。两个人都在抽味儿很重的雪茄烟。保罗惊奇地发觉,他喜欢这味儿。

主电梯就在大楼梯附近。勤杂工告诉他们,其余的电梯分布在长走廊的两端。开放式电梯箱笼做得十分美观,金色的曲线和涡卷形装饰。“这活干得漂亮。”保罗说道。

“奥蒂斯。”勤杂工说道,“普兰特,他总是买最好的。”

电梯将他们载到五楼,同样是一条很长的长廊。勤杂工停住脚步,指给他们看一扇关着的房门。“这里是你们的浴室。每一次可供三位客人洗澡,你们在佛罗里达其他的宾馆再也找不到这样舒适的设施了。”他走到隔壁门前,打开门锁。“您先请,先生。”他对吉米说道。

虽然是普兰特先生最小的客房,且热得吓人,却也配置了一张东方地毯,一张单人床上面铺着洁净无瑕的床单和枕套,还有一张梳妆台。一个小小的床头柜上放着一部竖式电话机和一把上面印着宾馆名字的纸扇。房间的照明来自天花板上一盏有三个灯泡的电灯,梳妆台的镜子上方还有两盏电灯。房间里配置了一个暖气装置和一个小小的壁炉,不过今晚这两样东西都用不到。

“把我的旅行包放到床上,服务员。”勤杂工的头朝着另一边,他按照吉米的吩咐做了。

保罗问坦帕的气候是否老是这样。勤杂工告诉他不是的,就 5 月份的天气而言,现在这样的温度和湿度都太高了一点,情况会有变化。保罗估计这也就是一个度假旅游胜地通常的那种宽慰人的宣传而已。吉米给自己扇着风。“情况变化之前我们有可能在这儿热死啦。”

吉米跟着来到保罗的房间,跟他的一模一样。“放在这儿吧,谢谢啦。”保罗给了服务员二十五美分小费。那人微笑着热情地谢了他。勤杂工走后,吉米说道:“该死的,我才不给黑鬼额外的钱呢,这都是他该干的。”

保罗将他的草帽扔到床上:“你饿了吗?”

“不饿。我想要到楼下去看看那些小可爱。”

"自便。"保罗解开他黏糊糊的衬衫的纽扣,"我们明天早晨先要把那些箱子打开,尽早地进行拍摄。"

"好啊,那当然,好吧。敲我的门。要是女人来开门,你就走开。"他发现保罗脸上没有笑容,便说道,"就是别太早。七点,七点半——"

"六点。"

"六点啊?你起得来我起不来。我啥时见你就啥时见你。"他走了出去。一会儿之后,保罗听见他锁上自己的房门,沿着走道走了。

保罗在独立的盥洗室里洗了身子。他用水弄湿不驯服的头发,梳整齐,穿上干净衬衫,开始一探究竟。他不坐电梯而走楼梯。在廊台和中央大厅之间的楼台上,他走过一面安装在墙上的镜子,这面可以照见全身的镜子宽得足足容得下六七位女士和先生同时整理他们的衣冠容颜。

他在报刊柜那儿拿了一份介绍该旅游度假胜地的免费小册子,买了一张印着主楼的彩色明信片。他对服务员说:"我想买根好一点的坦帕雪茄烟试试。"

"我推荐这些,'格拉和迪亚兹',伊博市的工厂生产的。只要五美分一根,但用的是优质的古巴烟丝和外卷烟叶。你是个老烟民吗?"保罗说不是的。"别把烟吸到肺里去,吸到嘴里品味一下就吐掉,你会感觉那挺好的。"

保罗走到再下面一层,在那儿发现了理发店、有女按摩师的按摩室、女士矿泉水澡堂、医务室,最后他找到了他要找的地方,地下室啤酒店。除了走廊有一个入口外,从上面那层楼下来还有一个直通楼梯。吧台附近一个拱门里,缓缓飘来缭绕的青烟,还有咔哒咔哒的台球声。

他拿起一份菜单,惊讶地发现上面居然还有阿穆尔的牛肉和大V的猪肉香肠。酒吧招待说,阿穆尔、斯威夫特、大V在佛罗里达都有分厂。范德霍夫的分厂在奥卡拉。

保罗说来一杯贮藏啤酒。管道里流出一杯满是白沫的坦帕佛罗里达啤酒公司酿造的"特淡"啤酒。他要了一份配有煮土豆和四季豆的羊排外加一小碟热酱菜,一盘他从小就喜欢的美国泡菜。"然后再来一份果仁冰淇淋和一杯清咖啡。"

"随便坐。服务员会端过来的。"

他选了角落里的一张小桌子。啤酒口味很好,但跟克朗家的啤酒不好比。即便被赶出了家门,他依然承认他叔叔酿制的啤酒是顶尖的。

他的食物来了,他一边吃一边浏览那本小册子。普兰特是1891年开办的这家宾馆,创办费用超过两百万美元。“普兰特先生和普兰特太太在一次欧洲旅行期间亲自选购一切家具设备”,又花了五十万美元。套房的费用是七十五美元一天。

他将小册子扔到一边,准备品尝他的“格拉和迪亚兹”。他向酒吧招待要了一把刀,切掉烟蒂。他在一个陶瓷火柴盒上擦燃火柴,点上雪茄烟。他生怕结果不太令人愉快——可能会咳嗽、呛着、恶心——所以吸了一小口烟到嘴里,让烟在嘴里打转。他小心翼翼地不让烟吸入肺里,一点点地吐了出来。他感觉有一股芳香、一阵暖意,令人飘飘然,让人舒服。他的嘴巴里有一小点刺痛,其他就再也没有什么更不好的事情了。

他将雪茄烟放到两排牙齿之间,轻轻地咬了下去。他起身离开,在吧台后面的镜子里瞥了自己一眼。他喜欢自己所看到的这个男人。衔着雪茄烟,这个男人已经具有更加成熟的男性气质。毫无疑问。

上午他要去买更多雪茄烟。

野外,空气新鲜,但潮湿得令人难以忍受,什么东西看上去都模模糊糊的。时间越来越晚,路上的人也越来越少。他朝着停船棚屋的方向慢慢走去。那本小册子告诉他说,宾客可以登上“最新设计的电动游艇”游览这条河。

他慢悠悠地走过黑乎乎的网球场,在东方附房那儿停留了一会儿,这是一个灯火辉煌的很大亭子,里面有舞曲传来。旋律优美、略带忧伤的华尔兹让他想起了朱莉。他离开了。

回到房间,他打开旅行包,取出衣服、立体画片和那面纸旗。他将立体画片靠到镜子上,把纸旗放在画片前面。展示了这两样小小的纪念品之后,他又将宾馆明信片也加了进去。

他脱掉衣服,准备睡觉。即便脱得光光的,想要在这么热的天睡着真的很难。终于,他迷迷糊糊地睡去,但是六点差五分时就及时地醒了。他开心地想到,德国人即便睡意很浓也很少忘记准点醒来的。

他敲吉米的房门,没人应答。他再次敲门,敲得更重,依然没人应答。他火死了,到楼下买了两根雪茄烟,离开宾馆,坐上一辆有轨电车,越过拉菲特大街那座桥。早晨灰蒙蒙的,热而潮湿。白昼的日光里,城市甚至比他们刚刚到达的时候显得更加令人沮丧、更加原始。而且,它还忙碌得多。主要的街道塞满了四头骡子拉的大车,骑着马的通信员也不管前面是否有行人,只是一个劲儿地飞奔,十分危险。

木板铺设的人行道上驻满了士兵。大多数穿着很厚的蓝色法兰绒标准军装。保罗惊讶地发现,有一些是黑人。黑人士兵待在一起,明显地跟白人士兵格格不入。

在一家装点着美国国旗和古巴国旗的小咖啡馆里,他快速地吃了早饭,玉米粥和浓咖啡。柜台服务员是一个肤色黝黑的人,说话有很重的口音,他正在大声警告两位顾客,说西班牙军舰本周末就会来炮击坦帕,之后,敌人的步兵就会登陆并对城市进行大肆破坏。其中一位听者说道:“埃米利奥,这只是过去两周里第九还是第十个谣言了。等我看见哪个外国佬追我老婆了,我再抓枪吧。”

保罗起身离开的时候,注意到门槛里面吹进了一小撮沙子。佛罗里达州的坦帕对他来说,真是一个奇怪的崭新经历。这是一块高温之地,一处湿热之所,一个热带植物的生长之域,但最主要的是,这是一块沙漠。尽管如此,他喜欢来到这里。这就是他小时候在柏林梦寐以求的经历。

他边走边抽雪茄。几乎每家商店的橱窗里都展示着一块或多块华丽俗气的海报。“来记住‘缅因’号的坦帕人这儿买东西吧！欢迎第五团的官兵光临！有特别折扣给我们英勇的战士!”

布满灰尘的长方形玻璃上有一个镜像如影随形般移动。达奇·克朗先生,嘴里叼着雪茄。他越来越喜欢这个形象。

他在波尔克与坦帕大街交叉口的火车站里找到普兰特铁路货运处。来自伊斯曼的胶卷箱已经到了。他签字领取了胶卷箱,安排运送到宾馆。半个小时之后,他发现吉米冠冕堂皇地坐在前游廊里的摇椅上,看上去像一个无忧无虑的度假者。吉米的左面，主入口处，一个在摇椅里放松自己的哨兵漫不经心地朝进入宾馆的军官敬着礼，每隔两到三个人敬一次。这位哨兵需要修脸了，而且他哈欠连连。

吉米的眼睛四周有很大的黑圈。保罗问他昨晚干吗去了，吉米眨了眨眼睛。“我不需要什么都告诉你，是吧，老板先生？”他的话音充满了讥讽的味道，带有黑人的腔调。

他们在行李房里从箱子里取出设备。到十点钟的时候，胶卷箱运到了，于是他们在宾馆前面的草坪上架设好勒克索格拉夫摄影机。保罗来回踱着步，他的草帽遮挡着他的双眼，他计划着他的第一个镜头——一个游廊的远景。

摄影机吸引了一大群人围观，包括两个军人。个子高的那个人上衣上有引人注目的勋带，头上戴着热带常用的遮阳帽，手中握着一根轻便手杖。他自我介绍说他叫李上尉，来自华盛顿的英国女王陛下的武官。另一位军官足蹬高帮靴子，身穿平纹卡其军装，头戴一顶有帽舌的帽子。帽子的前面别着一个中间有红点的白色小圆形物。他被介绍为耶莫洛夫上校，“沙俄帝国大使馆的武官”。

保罗说：“我叫达奇·克朗，这位是我的同事道斯先生。”耶莫洛夫碰了一下靴子后跟，鞠了一躬。他蓄着一撮正在变花白的小山羊胡子，一副孤傲清高、拒人于千里之外的态度。他说英语的口音很重，包括说“您好”。

耶莫洛夫上校从上衣口袋里掏出一架小小的折叠式柯达相机，漫步走了，去拍摄宾馆的孔雀，它们正在草地上炫耀它们优雅的尾巴呢。李上尉问了很多有关摄影机的问题，保罗一一有礼貌地作了回答。吉米站在一旁，一根又一根地吸着香烟，一个劲儿地盯着看得见的女人。

一位穿着亚麻衬衫和白色法兰绒裤子的男人从通向网球场的小路上大步走来，手里握着一块网球拍。一件白色运动衫的袖子系在脖子上。他停住脚步向那位武官打招呼。“早上万事顺意，阿瑟。”从他清晰响亮的话音可以听出，毫无疑问他是美国人。

“你好，迪基。比赛打得好吗？”

“好。我赢了。”

“这位是拍电影的。克朗先生，你有时间吗？”

“当然。”保罗急于认识人,从上尉毕恭毕敬的态度可以看出,这人是位重要人物。

“我们在坦帕汇聚了很多记者,但这位肯定是最著名、最高贵的。”那美国人轻蔑地笑了。“请允许我介绍理查德·哈丁·戴维斯①,他是威廉·伦道夫·赫斯特及其《纽约日报》的代表。你肯定熟悉戴维斯先生的署名报道和他的作品。”

“的确是的,我很荣幸,戴维斯先生。《命运战士》是一部令人激动的精彩小说。我是去年看的。”

李上尉笑了。“你看了,半个世界都看了。这位年轻人叫达奇。另一位先生是他的同事,他叫——对不起,我还没——”

“道斯。”吉米气愤地嘟哝道。

戴维斯大约三十五岁年纪,十分帅气,他对保罗彬彬有礼,对吉米也照样彬彬有礼。他的握手强劲有力。

戴维斯和蔼可亲地说:“你们这些电影摄影师是不是要把我们这些舞文弄墨可怜人的饭碗给端了?有两个早就入住宾馆了,我听说至少还有两位在路上呢。”

“你是说除了我们,另一家电影制片厂的人早就在这儿了吗?”保罗警觉起来。

“对。那家伙叫比尔·佩利,上个星期坐通信快船来的,在基韦斯特拍摄了一段时间,魁梧结实——大如水桶。你肯定会注意到他。”

“还有他的故作姿态。”李上尉鄙弃地说,“盛气凌人的家伙,佩利。”

“好啦,阿瑟,别太苛求他。他身体不好。”戴维斯对保罗说道:“我知道,你们的竞争是有原因的。我的雇主赫斯特先生亲自雇用的他。佩利跟我没有正式关系,但是我们的薪水都是从同一个口袋里掏出来的。佩利通常是给伊甸园展览馆制作电影,那是曼哈顿第二十三大街上一家收费低廉的展览馆。”

“你说还有两家制片厂马上要到了吗?你能否告诉我是哪两家制片厂。”

“一家是美国拜奥格拉夫。还有一家我不熟。请你理解,我总体不感兴趣,

①理查德·哈丁·戴维斯(1864—1916),美国作家和报人,曾任《费城记录报》记者、《哈泼斯周刊》主编(1890),主要作品有《加莱尔及其他故事》,剧本《兰森的蠢事》《独裁者》等。

达奇。我没日没夜地跟文字较劲，而你们喜欢摇那个曲柄。”

李上尉被逗乐了，走过去看那位俄罗斯武官的滑稽动作。耶莫洛夫正在一块小糠草里到处奔跑，追逐着那些根本不想跟他或者他那架照相机发生任何关系的狂躁不安的孔雀。戴维斯将网球拍搁到自己的肩上：“你们是德国人，是吗？我是说原籍。”

“是的，我是六年前到达埃利斯岛的。”

“你的英语很好。你们制片厂叫什么名字？”

“芝加哥美国勒克索格拉夫电影公司。”

“要跟我们一起到古巴吗？”

“我希望是这样。我的想法是要拍摄战场上军事人员的——啊——”

“表现。”

“谢谢。”保罗喜欢这个人，“有谁知道美国军队会在什么地方向西班牙人发动攻击？”

“沙夫特将军很可能知道。假如迈尔斯将军会露面的话，那么他很可能也知道。总参谋部懒得向我们通报他们正在制订的各种作战计划。我们只好到处打探点内情，在酒吧的交谈中偷听一鳞半爪。一会儿我听说目标是圣地亚哥①，一会儿又听说是波多黎各②。”

“他们决定不了吗？”

“为时尚早，小伙子。”李上尉说，他刚刚回来了，“我们听凭塞维拉上将和西班牙舰队的摆布。”

“我们的海军已经出动，正在寻找塞维拉。”戴维斯解释道，“但他们好像找不到他，也找不到他的舰队。在他们没有弄明白他在哪儿之前，什么部队都不会离开这个港口。我自己是这样认为的——等等，那儿有个我要见的人。”

“谁呀，迪基？”

“克莱恩。就在那边的游廊上。失陪了，请原谅。很高兴遇见你，达奇。我们再聊。”他迈着轻快的步伐朝宾馆走去。

---

①此处指的是古巴圣地亚哥港。

②位于北大西洋和加勒比海之间，大安的列斯岛东端，美国的一个自由联邦，实行自治。

保罗和李上尉瞧着这位英俊的记者跳跃着走上台阶,跟一位更年轻的人打着招呼,那人戴一顶平顶硬草帽,穿一件脏兮兮的白色风衣。那人跟戴维斯的英俊和活力一比较,就显得落拓不羁和无精打采。

“他们说迪基在赫斯特那儿每月挣三千美元呢。”上尉若有所思地说,那神情隐约有点羡慕,“当然,包括费用。他给《哈泼斯周刊》不管写什么,都可以挣到外快呢。他比那个正在跟他说话的那个古怪家伙要富得多,而且也要文雅得多。克莱恩先生是一个不照规则行事的人。”

“恐怕我不认识那位先生。”

“斯蒂芬·克莱恩?曾因为他的内战小说而名声大噪呢。”

“那个克莱恩先生啊!《红色英勇勋章》。太妙啦。”

“我弄不清楚,我很少看小说。我绝对不看任何淫秽小说。他的第一部书写娼妓的脏事儿。居然有人称他是个天才!我发觉他粗俗、傲慢得令人讨厌,而他绝对需要洗个澡。别浪费你的时间,克朗先生。再见。”

所有这些交谈令吉米极其厌烦。此时他躺在草地上,懒洋洋地吸着一根香烟,一面打量着一排排的客房窗户。

“吉米,我们干活好吗?光线挺好,我要开始拍摄了。”

“好,当然。”吉米站起身来,掸着自己的身子,慢慢吞吞。保罗朝摄影机走去。他注意到吉米再次拿目光睃那一排排窗户。

在接下来的几天里,保罗和吉米扛着勒克索格拉夫摄影机东奔西忙,拍摄着保罗希望能取悦沙多并让观众兴奋的主题。他们站在古老坦帕海湾脚踝深的碎浪里,拍摄《第一支炮兵部队洗浴战马》。上校可以再加上一个或多个感叹号,随他喜欢。

城市的西北面,在一块长着低矮棕榈树的荒芜沙地上,他们拍摄《第二步兵团演练挖壕沟》。松树林里,酷热难耐,他们拍摄一千人的骑兵操练队列——有些中队快速奔驰,有些中队快步小跑,沙土飞扬,弄得费力操纵着摄影机的摄影师们灰头土脸。钢刀在骄阳下,寒光闪闪,吉米再次威胁要罢工。保罗已经习以为常,不当一回事儿。

“我有个别致的想法，帮我一下。快呀，该死的！”

吉米勉强跟在他后面，来到一个有四根相当粗的棕榈树干散落的地方。他们将棕榈树干拖拢到一起，把树干头交叉起来，构建了一个低矮的防护墙。保罗带着摄影机蹲在这道防护墙后面，这时有一队骑兵欢快地正对着他冲了过来，到最后一刻才一分为二。吉米跪在保罗后面六英尺的地方，恐惧得咬紧了牙关。

骑兵们从两边飞奔而过，距离很近，但是他们都是好骑手，没有发生不测。保罗举起摄影机，扶正三脚架。“这组镜头要是冲洗成功的话，一定会引起轰动。”

吉米从衬衫口袋里掏出一根雪茄：“行啊，你很可能会有一个引起轰动的葬礼。这样弄太危险了。”

“你有没有去找过西班牙娘们？”当天晚上吉米问他。他们趴在地下啤酒馆的吧台上，前面放着啤酒和一盘奶酪。

“我不需要姑娘——”谎话，他的欲望十分强烈，“我需要短吻鳄。”

“短吻鳄？我都不敢走近那些个厚皮囊的家伙。你脑子里在想啥玩意儿？”

“我们进来的时候这份电报就钉在告示牌上。上校想要佛罗里达短吻鳄的影片。我们必须找到一条。”

吉米喝完啤酒说：“你上床去想你的短吻鳄吧，我还有人等着吸我的雪茄烟呢。明天见。”

运兵火车每天都开进坦帕，运来新的部队。保罗和吉米游荡在兵营里，寻找合适的题材。第一个兵营建在坦帕高地上，这是一块灌木丛林空地，城中心往北大约一英里，但是这块地方很快就人满为患。目前，美军让新来的部队露营在了德索托公园、伊博市、棕榈滩和距离海湾九英里的坦帕港。有些部队被安置到东面三十英里的累克兰。最新的兵营在宾馆西面的一个公园里。

平民百姓也大量涌入城来。普兰特铁路公司将它在桑福德的全体工作人员都转移到了这里并开始雇用远至奥卡拉的按日计酬的黑人零工——保罗和吉米在火车站拍摄了他们到达的情形。不可避免地，还来了一些捕捉到机会兜售战时生活福利设施的人。帐篷酒馆在比较贫困的区域见缝插针，如雨后春笋，大多数带着妓女和赌博设备。这些机构几乎没有受到多少干涉，坦帕的许可法律既写得不严谨也不实施。保罗认为伊兹·弗劳姆不会放映那种粗俗低劣的电影，所以他没有在这方面浪费胶卷。

一排排闲置的货车厢停泊在那儿，许多车厢散发出腐败食物的恶臭，由于服务坦帕的两家铁路公司普兰特铁路系统和佛罗里达中央与半岛铁路公司是竞争最为激烈的两个冤家，所以货车厢一直往北延伸长达三十英里。普兰特铁路系统不允许佛罗里达中央与半岛铁路公司的货车开上它的铁路。更为糟糕的是，普兰特铁路系统独家拥有唯一一条从城市通往古老坦帕海湾港口的铁路。吉米认为他们应该拍摄一些货车，但是保罗认为它们太丑陋了，不感兴趣，否决了他的建议。

两家铁路公司都在整个州推行短途旅行项目。起终点为杰克逊维尔的往返车票要八美元。你怎么能不去欣赏美国的勇士们为战争而操练呢？光一个周末，两家铁路公司就运来了两万多观光客，保罗和吉米拍摄了其中一些游客从扎满旗帜的车厢蜂拥而下的情景。

保罗为了捕捉各种有可能成为拍摄主题的苗头，在酷热难耐的房间里翻阅《坦帕时报》上的最新消息。他在干完一天的活儿之后才有时间，一天的活儿一般要持续十八到十九个小时。报纸告诉他，市政设施已经严重超负荷，供水系统不得不寻求当地公司拥有的水井做补充。但是，坦帕居民倒是对这些人的到来很宽容，对不便之处也不计较，因为他们沐浴在了新的金钱河里。零售生意从来没有这么好过。报童闻所未闻地一周赚到三十美元，柠檬小贩和花生小贩每周挣的钱竟高达五十美元。

当军官们出席在普兰特宾馆举办的高档舞会的时候，市民团体则举办野餐会招待那些兵哥哥。每个教堂都举办福音音乐会、冰淇淋联谊会和草莓活动节，在这些聚会上，士兵们可以在恰当的监督下跟年轻女士会面。祈祷圈的女士们烘焙了数以百计的蛋糕。南部邦联女儿联合会也烤了大量的蛋糕。爱国主义热情高入云霄，美利坚在这场战争的熔炉里再次凝聚在了一起。

在志愿兵开始大量涌入坦帕之前，兵民之间没有任何麻烦。《坦帕时报》注意到，有经验的军队和正规军表现颇佳，但某些志愿兵却一个劲儿地在海喝狂饮或者打架斗殴，大多数人肆无忌惮地在新开的酒馆、窑子、赌场进进出出。

保罗和吉米到达大约十天之后，那位名闻遐迩的福音传道者德怀特·莱·穆迪回来了，他仅仅几周前还在坦帕进行过一次布道。他带来了一位著名的风琴手艾拉·桑基[①]。穆迪和桑基还有一位杰出人物奥利弗·奥·霍华德[②]，由将军转变而来的牧师，在一个公园里日日夜夜举行宗教仪式。一天下午，勒克索格拉夫团队带着摄影机来到了这儿。

他们到达的时候，奥利弗·奥·霍华德正在念经文。霍华德，一位杰出的内战老兵，在一个名叫费尔奥克斯的地方失去了右臂，可是他依旧活跃在他的战斗岗位上，直到南方投降。他获得过荣誉勋章，大抵如此吧，这个情况是一个姓雷明顿[③]的杂志速写美术师告诉保罗的，这个雷明顿身材高大，但双腿又粗又短，给人最初的印象好像是一个讨人喜欢的福斯塔夫[④]式的人。

雷明顿正在人群后面画霍华德的速写，保罗和吉米的摄影机也架设在那儿。保罗注意到，大多数人都是士兵，主要是北方人。吉米在摇曲柄拍摄的时候，保罗走回到雷明顿跟前，雷明顿将一只脚搁在凳子上，把速写本放在膝头画画。保罗问雷明顿为什么当地人要抵制这种宗教仪式。

“战后，霍华德担任被解放黑奴事务管理局局长。他在华盛顿开办了一座黑人学院。他在那儿可以挥舞着《圣经》，布道什么和平和手足之情，但是来到这里，他依旧是个热爱黑鬼的北方佬。”

宗教仪式在太阳下落到棕榈树后面的时候才结束。雷明顿先生合上他的速写本，走过来仔细察看摄影机。他对它印象并不深刻。他称电影为“捡破烂人和

---

①艾拉·桑基（1840—1908），即艾拉·戴维·桑基，美国基督教布道家、赞美诗作家，与德怀特·莱·穆迪共同提倡福音圣诗，曾在美、英等国旅行布道，编有赞美诗集等。

②奥利弗·奥·霍华德（1830—1909），即奥利弗·奥蒂斯·霍华德，美国军官，毕业于西点军校，在联邦军队任职，参加过布尔溪等战役，重建时期任被解放黑奴事务管理局局长，协助创办霍华德大学（1867），后任该大学校长，1877年又从军与印第安人作战，后任西点军校总监（1880—1882）。

③雷明顿（1861—1909），即弗雷德里克·雷明顿，美国油画家、插图画家、雕刻家，作品以描绘美国西部生活著称，有自作插图的著作《小马踪迹》、铜雕《大平原的骑警》等。

④福斯塔夫，莎士比亚笔下脍炙人口的喜剧人物，外形肥胖，生性贪婪怯懦，但喜欢发豪言壮语，并常有机智妙语，先后出现于《亨利四世》及《温莎的风流娘们》等剧中，全名约翰·福斯塔夫爵士。

另类纽约犹太佬的买卖”。

保罗反驳说沙多上校并非犹太人，爱迪生先生也不是，而且，即便他们是犹太人那又何妨呢？雷明顿一脸轻蔑，走了。此后每逢保罗在宾馆遇见他，雷明顿就只是点点头，连笑容都没有一个。

保罗大多是在地下啤酒馆喝点啤酒，吃点香肠，很少有时间去正儿八经地吃餐饭。到坦帕之后的第二个周末，他的体重减轻了不少。有时，他天未破晓便离开了房间，连胡须都没有刮。这也无关紧要，管他胡须刮得光光的还是胡子拉碴，反正天气潮湿闷热，无论如何他都感觉自己很脏。宾馆里混乱喧闹，住满了高级军官、他们的妻子和孩子，再就是越来越多的新闻记者。

每天晚上摇摇晃晃地睡觉前，保罗都要下到地下啤酒馆去喝上一两杯啤酒。现在他知道了，在新闻记者中间有明确而且刻板的等级制度。最低级的就是他和吉米这样的摄影人员，还有理查德·哈丁·戴维斯也曾提到过的伊甸园展览馆那个蠢猪似的威廉·佩利。保罗在好几个场合远远地看见过佩利。他想跟他结识一下，但似乎总是找不到合适的机会。

在一个定义不清、评价不高的新奇媒体的底层代表之上，是报纸记者，他们在自己的编辑室之外基本上不为人知。再往上一层是那些写过在全国都有一定知名度的署名文章的记者。约翰·福克斯，弗雷德里克·帕尔默，乔治·凯南，《伦敦时报》的爱·弗·奈特，为《世纪月刊》和《哈帕周刊》担任速写记者、保罗不太喜欢的那个弗雷德里克·雷明顿。在这个金字塔顶端的是两个人，戴维斯先生和克莱恩先生，他们文章锦绣，名满全球。

两人都是最负盛名的记者。不过，两人的相同之处仅此而已。李上尉好像对保罗说起过，戴维斯先生代表了社交界和沙龙，克莱恩先生涉足的是街道和贫民窟。克莱恩打交道的是同僚和普通士兵，戴维斯交往的则是将军和司令。戴维斯跟谁都友好相处，从不桀骜不驯。但是，很可能包括戴维斯自己在内的每个人都知道，有鸿沟存在：理查德·哈丁·戴维斯代表了一方，孑然一身，华丽辉煌；另一方则是一大批薪水低廉的记者编辑，代表人物是一个叫圣斯蒂芬的撰稿人。

一天晚上已经很迟了，保罗拖着疲惫的身子从地下啤酒馆来到中央大厅。大厅里一片安静，只有几对男女飘然而过，还有两位尉官正在查看布告牌上的电报。他朝东端那架电梯走去的路上，走进了那个日光浴室，这是一个有高高窗户的大房间，里面放着白色的柳条椅子，漂亮的瓮里栽种着热带植物。有一个人坐在那儿，就他一个人，正在读一份《坦帕时报》。他就是佩利。

保罗尽管已经疲惫不堪，但觉得这是一个介绍自己的千载难逢的机会。他走近前去。几秒钟之后，佩利合上报纸，屈尊开始注意他。走近了看这个人，保罗吓了一大跳。他的双眼里有一种病态的沮丧神情，他的皮肤是黄色的。

"是威廉·佩利先生吗？我对您仰慕已久。我叫克朗。我像您一样是个摄影师。"

"嗯，好，我是听说还有一位摄影师住在宾馆里。你为谁干哪？"

"芝加哥美国勒克索格拉夫电影公司。我们的总裁是西德尼·沙多上校。"

"从未听说过。"佩利的胃好像不太好，打了一个嗝，他的嘴巴又没闭上，那股气味真是难闻极了。

"不过他获得了爱迪生先生的许可。"

"伊甸园展览馆也一样，年轻人。其他还有十几家呢。好啦，要是没有什么——"

"不，请等等，我想请您到楼下去喝杯啤酒。我想我们可以交流一下想法。我知道您经验丰富。"

佩利将报纸扔到柳条桌子上："我没时间教导新手，而且我也真诚地怀疑能否从新手身上学到东西。晚安。"

他迈着方步缓缓地离开了日光浴室。显而易见，他病了。即便如此，这样断然的拒绝仍让人心痛。保罗感觉自己渺小、愚蠢，而且绝对是个局外人。

第二天早上，他跟往常一样天没亮就醒来了。他的房间位于宾馆向阳的一面，每天傍晚温度似乎达到了华氏一百度。夜间，房间的温度几乎降不下来。他从梳妆台上乱糟糟的堆积物里拣出剃须刀、肥皂盒、刷子，朝盥洗室走去，身上汗淋淋的。

他刮光胡须，穿好衣服，来到那个巨大的餐厅，餐厅九十英尺高的穹顶，高高的窗户，每个窗框都是精巧的桃花心木拱形。七点半，他反复敲门才把吉米从睡梦中唤醒。吉米吃早饭去了，保罗把设备装到一辆租来的马车上。九点不到，他们便驾车沿着一条弯弯曲曲的砂石路朝海湾驶去。突然，吉米指了一下。“圣母啊。看哪！”路边一个满是浮渣的潟湖边上，沙多要的一条短吻鳄正在晒太阳。这是一个苍老粗糙的巨大家伙，从口鼻到尾巴足足有十三四英尺长。

“总算找到了。”保罗轻声感叹道，“太完美了。”他停下马车。

吉米一面胆战心惊地盯着短吻鳄，一面将马拴到一丛灌木上。保罗扛着摄影机，悄悄地朝潟湖走去。他打开三脚架，将三只脚插到沙地里，没有发出一丁点儿声响。他检查了一下胶片计数器上的读数之后，便摇动曲柄开始拍摄。

短吻鳄感觉到有闯入者。它抬起头来，张开戳满尖牙利齿的长长血盆大口，开始移动。

朝着摄影机的方向。

吉米赶紧逃到最近的棕榈树后面躲避。“达奇，收起摄影机，那家伙会把你活活吃了的！”

保罗继续拍摄。他可以感觉到自己的心脏在胸膛里狂跳。短吻鳄几乎是庄重地拖着它白色的肚子缓缓爬向前来，它越爬越近，在沙地上留下一条乱糟糟的痕迹和松叶。

保罗用一只手将三脚架往前倾以保持短吻鳄不离开画面。它继续前进。

保罗放下摄影机，放开曲柄。他单足跳着，把一只鞋子脱下来，扔了过去。鞋子击中了短吻鳄的鼻子。短吻鳄在沙地上嘎嘎地擦着自己的肚子，停了下来。

短吻鳄半圆的小眼睛紧盯着保罗，眼神是阴毒的。保罗小心翼翼地拔出三脚架，小心翼翼地将一只脚放到身后。他退了一步，接着又一步。

短吻鳄张开血盆大口……

接着它转过身子，飞速朝潟湖冲去，跃入那层浮渣，溅起一个巨大的水花，沉入水中不见了。

“天哪，好险啊。”吉米吓得满身大汗，“你有种。那家伙要是盯上我的话，我肯定尿裤子了。”

"要再过一会儿,我也尿裤子了。"他们两人哈哈大笑起来,这样的同志情谊时刻实在罕见。

保罗检查了一下胶卷计数器。如果全部成功的话,他拍摄了七十五英尺胶卷。每一英尺胶卷,弥足珍贵,它是由紧张和恐惧构成的。它还让他损失了一只鞋子。

他想起了在印第安纳州的那一刻,当时他还以为那辆瓦巴什炮弹快车要把他碾碎了。刚才,他有同样的惊悚恐惧,事后有同样的欢欣快乐。真谛明白无误。如果你想要激动人心的影片,就得冒险。这也是吉米绝对无法在这个行业立身的原因。

当天下午晚些时候,他穿着一双公司报销的新鞋子,走过拉菲特大街的那座大桥,胳膊底下夹着一个小小的木头盒子,里面装着最初四百英尺已经冲洗出来胶卷的暗盒。他用细刨花将它们裹好,还在箱子上边标注了"易碎""防热"等警告。

在火车站,商业代理帮助他填写了运往芝加哥"货到收款"托运方式的表格。商业代理在上面用金属丝扎上运输标签的时候,他在一旁仔细地瞧着。他用商业代理的糨糊在箱子上粘了一个宾馆的信封。他在里面的信笺上列了各个专题的目录,还在上面记了数。

接着,他去了富兰克林大街上的西部联合电报公司营业所,他在一张空白纸上吃力地写下沙多的名字和地址,然后写了一个电文。

寄送精彩镜头的胶卷

收货人付款

他拿舌头舔了一下铅笔头的笔尖,仅仅犹豫了一下,便签上了"达奇"两个字。

保罗没多久就结识了宾馆里司令部的大多数重要军官。其中一位显要人物个子矮小，身体虚弱，他似乎走向哪儿都是迈着飞快的大步。有好几个人都是前南部邦联军官，现在再次穿上了蓝色军装，乔·惠勒将军便是其中之一。另一位是美国驻哈瓦那前领事，菲茨休·李将军，这位大名鼎鼎的“圣诞老人”人见人爱，惠勒也一样。

远征军的司令官威廉·鲁弗斯·沙夫特将军受人敬重恰如其分，但是就他个人而言没有多少人喜欢。这位将军有一个别名叫佩科斯·比尔①。他作为内战时期的军官和印第安斗士，有着功勋卓著的记录，但是记者们说，从那以后他的变化相当大。今年他六十三岁了，体重接近三百磅。他的军装大得像顶帐篷，而且很不合身。他的花白头发和末端卷曲下垂的海象胡子看上去永远都是凌乱不堪的。他无论走到哪里，即便一动不动地站着，呼吸都挺费力，而且发出很大的声响。他的副官紧随其后，寸步不离，仿佛他随时随地会心脏病发作倒下似的。记者们说，沙夫特太老太胖了，在这么个热带地区来指挥一场夏季战役，实属勉为其难。

一天晚上，吉米又出去游荡了，保罗来到地下啤酒馆。他已经成了这儿的常客，他喜欢这个地方，因为这个地方吸引了一群容易相处的人。少尉、中尉、上尉在这儿喝酒，偶尔也有少校来喝酒，但是那些高级军官喜欢小型的私人聚会，或者在会议中度过晚上时光。迄今为止，他还没有在下面见到过一位将军甚至一位上校。

今晚是个例外。他发现自己身边有一位上校。他的脸看上去有点面熟，但是保罗认不出来。

上校正在喝一杯咖啡，向两位级别较低的军官大声发着牢骚。“当然啦，这是政府的阴谋，而且有政治动机。目的是惩罚我的坚定信念，把我困在佛罗里达，不让参加战斗。”

级别较低的军官咕哝着表示同情。保罗喝完啤酒，走上地面去散步。这时候，他才想起了说话的人是谁。两年前，他的面孔和那颗巨大的狮子头曾经出现在民主党贴满整个芝加哥的海报上。

---

①佩科斯·比尔，美国民间传说中的牛仔英雄。

第二天，他向别人证实此事。答案是肯定的，威廉·詹宁斯·布赖恩上校在内布拉斯加州“白银战士”的一个团服役。

几乎很难在宾馆见到布赖恩。但是，美国第一志愿骑兵团那位姓罗斯福的浮夸中校却完全不一样。这个团的团长伦纳德·伍德是一位职业老兵。可是引人注目的是他的副手。

一天早上，保罗正在架设摄影机准备拍摄宾馆庭院里一个倒映着蓝天的很大水池里的火烈鸟，罗斯福中校穿着卡其军装、扎着有圆点花纹的领巾大步走来。保罗在这个团其他的官兵身上也见到过同样的领巾，新闻记者对这个团的称呼千奇百怪，什么“伍德之狂野西部勇士”，什么“骑兵牛仔”，还有“泰迪之恐怖战士”“莽骑兵”等，不一而足。

罗斯福咧嘴露齿地朝保罗打招呼，还轰隆隆地问了声“你好”。他停住脚步仔细看着保罗调整三脚架。吉米走开去拿新的胶卷暗盒了。

罗斯福指着印在摄影机上的名字。“这是你们公司，美国勒克索格拉夫？”

“是的。”

“我稍微知道一点电影这行。美国拜奥格拉夫两年前跟我有过接触，就在麦金利总统在坎顿被他们拍摄影片之后没多久。”

“对，先生。纽约您家庄园，我看过那段影片。”

“挺有趣的，这些电影。它们赢得并影响了很多人。或者说它们深具潜力。不幸的是，它们的道德格调还不是太高。”

“中校，恕我不敢苟同——其实这个印象并不真实。我承认，到目前为止，大多数题材都——对不起，我的英语仍然不行——要我用德语说，就是平常不过。有这个说法吗，‘平常不过’？”

“有。”

“现有的电影平常不过，但会改变的。严肃的电影，像拍摄这场战争这样真实事件的电影，会改变这一切的。”

“我喜欢乐观的人。也许你是对的。毕竟，电影帮助比尔·麦金利赢得了大选。”罗斯福看上去若有所思，他在自己的衣袖上擦着他的银丝边眼镜，“你叫什么名字，小伙子？”

"保罗·克朗。大伙儿都叫我达奇。"

"好吧,达奇·克朗,如果需要我帮忙,随时找我。随时随地。"

他们握手。罗斯福的握手十分有力,简直让人受不了。当他大步离开时,保罗对他的友谊持强烈的怀疑态度。他在地下啤酒馆里听说,这位中校有非常大的政治野心,寻求宣传不遗余力。

想到这里,保罗不禁哑然失笑。自己还不到二十一岁的这个年纪,居然像个老头子一样变得犬儒主义了。

宾馆里面军官们的言谈相当直率坦白。晚上也许有音乐、跳舞等娱乐活动,但是整个白天,他们讨论问题,令人恐怖的问题。

货运列车堵塞在铁道上,往北长达五十英里。其余的货车车厢徒然滞留在侧线上,已经远到南卡罗来纳州的哥伦比亚。车厢里装满了夺人性命的武器、弹药和食物。但是,军需部无法将车厢里的货物卸下来,快速分配到合适的贮藏地点,因为军需部无法确定这些货物究竟属于给养部还是军械部还是工程部还是军需部自己。没有装箱单,没有任何说明文件,什么也没有,保罗只看到每节车厢上都印着同样的文字:"军用物资——十万火急!"远征所需的这些物资唯有一节车厢一节车厢地查验过后才能分类和配送,这样做需要数以千计的工时啊。

保罗听到人们抱怨政府承包商所提供的食物质量低劣,而且说派往热带地区采购服装的陆军部采购人员昏庸无能,他们更适合到育空河去淘金。一天晚上在一个一楼的沙龙里,他听到罗斯福当着一小群军官和平民百姓的面滔滔不绝地说着什么。

"犯罪,这就是犯罪啊!"罗斯福捶打着一张摇摇欲坠的桌子,一尊陶瓷塑像差一点翻倒,"在第一志愿兵团,我们拒绝接受那些蓝毛衬衫。我们自己花钱自己采办卡其军装。阿尔杰部长要是不喜欢这样,他可以上军事法庭告我们啊。不过,首先,我要把这个该死矮子的该死牙齿敲下来让他咽到他该死的喉咙里,我说话算数,伙计们。"

他的听众热烈鼓掌,发出表示支持的好多声"好哇"。他绝对精通如何煽情。

陆军部在许多方面玩忽职守,不负责任。管理全无章法,迄今为止,最近的五千万美元，它都没有拨付去采购现代化设备——譬如购买足够的克莱格-乔根森步枪来替代老式的斯普林菲尔德步枪，也不去买新的无烟火药。

坦帕港代表了另一个潜在的灾难。有一天，保罗和吉米驾着马车去那里，考察是否有可拍摄的电影。费了这么大的劲来这儿几乎毫无价值。普兰特铁路系统所拥有的货场顶端，有两条支线直通两个一模一样的木头码头，码头伸进古老的坦帕海湾大约三千英尺。南码头有三条铁轨，北码头有一条。普兰特铁路公司吹嘘，这些码头一次可以装卸二十多艘远洋轮船。英国武官李上尉对保罗说，十几艘可能更加现实一点。而此次远征，大约需要三十到三十五艘轮船。何况，海峡状况不佳，既狭窄，深度又不超过二十三英尺。最大的轮船吃水十八英尺。只有四位舵工有足够的经验驾驶这样的轮船在当地水域行驶。

有四个黑人正规军团被派往坦帕，两个是步兵团，第二十四团和第二十五团，还有两个更加异乎寻常的骑兵团，第九团和第十团，即著名的野牛战士，内战以来，他们在大平原上维持治安，保护白人移民。

来自南方州的志愿兵和坦帕大多数居民都不喜欢黑人。经常有事情发生，奚落斗嘴，拳脚相加，甚至用石块和酒桶凿孔器打架斗殴。然后，在第十团驻扎的累克兰，团里一位战士到一家理发店去理发遭到拒绝。这位黑人战士表示抗议，发生了争吵。他被白人店主谩骂并被顾客威胁，然后给赶出了理发店。

之后很快，第十团的一群士兵来到主大街中央。他们拔出手枪，把理发店的窗户打得千疮百孔，并在大街上胡乱开枪。在他们被解除武装并押走之前，已经有一个看热闹的白人死于非命。

“他就是看看热闹啊。”吉米说道。他同情当地人。

一天傍晚，他和保罗在寻找激动人心的题材一整天无果后在宾馆前游廊上的摇椅里稍事休息。

吉米拿着一份《坦帕时报》，开始把一篇社论中的一些段落念给保罗听。大多数较难的单词他都发错了音。“把黑人招募进美军让他们忘乎了所以。黑人士兵自作孽，让坦帕的市民厌恶他们。他们一门心思想要跟白人同等的对待，没有资本也想表现出傲慢无礼。管理黑人士兵的白人军官根本不采取任何措施约束此类桀骜不驯的行为。”

他放低报纸。“一语中的,你说是吗?”

“不。为什么黑人士兵忠心耿耿服务国家却招来这样的愤怒?”

“我的天哪,达奇,你了解美国吗?老黑退一步是奴隶,退半步是猴子啊。”

“是吗?他们在那场伟大的内战之前是奴隶,大家都认为他们是可怜的低等动物,只配在田间地头干些粗活,在家里当当佣人,即便北方赢得战争胜利之后,人们依旧觉得黑人就是这样的人,是这样吧?这样想太愚蠢啦。他们不是自愿拴上锁链,不是自己选择干下贱活的,是吧?无论如何,我叔叔说,那场战争解放了他们,使得他们跟其他人有同等地位——”

“嘿——嘿,别说这话。解放,也许。可是跟白人有同等地位?绝不。黑鬼就不配跟白人站在一起。”

“可是黑人士兵是美国人啊!他们跟白人士兵穿着同样的军装。他们冒同样的死亡危险。他们理应受到有尊严的对待。”

“你这话说得太响啦,佛罗里达的一些赶马车人会让你穿柏油大衣、扎麻绳领带呢。”

“得了吧。这太可笑了。”保罗摇晃了一会儿,一面心想,“我们该拍一些黑人骑兵,这会是有趣的题材。”

“哦,当然,我们拍吧。等这些影片在伊兹·弗劳姆那儿一放映,爱尔兰人和匈牙利人就会砸碎座椅,把那个地方烧得片瓦不剩。没有人想要看黑鬼士兵。就在此地,据说美军实际上是拿军事法庭当威胁要求白人军官去指挥黑人部队的。他们该把黑鬼弄到火线上去,这样白人战士可以少死几个。”

“你怎么可以说这样的话?”

“因为我是个白人,我得照顾我自己。当吉米·道斯为自己谋利益的时候,不管是谁,要是挡吉米·道斯的道——那他就会倒霉。”

当晚,保罗正在拥挤的地下啤酒馆里小口地喝着啤酒,突然一个戴着一顶格子花帽子、个儿矮小、粗壮结实的年轻人走近前来。“对不起,你是克朗,是吧?”

“没错。”

陌生人递上自己的名片。“比利·比策,纽约美国拜奥格拉夫的。我觉得应该来打个招呼。”

比利·比策比保罗大五岁左右年纪,穿戴整齐,方方的脸盘讨人喜欢。他将帽子搁到吧台上。“再来一杯啤酒吗?我请客。”他朝酒吧招待做了个手势,“我认为我们到了古巴需要互相帮衬着点。从那些报纸记者那儿我们肯定得不到什么帮助。他们瞧不起我们。”

“我也发现了,虽然戴维斯先生很友好。”

“你是德国人。”比策说道,这时啤酒来了,“我也是。”他吹掉一些泡沫,大大地喝了一口:“我听说老佩利对你很势利。”

“这事儿你怎么知道?”

比策往后靠去,将两只袖子上贴着皮护垫的手肘靠到精致的桃花心木吧台上。“他到处在人前说,有个愣头青唐突鲁莽地跟他搭讪。了解佩利的人都知道,你有教养,他却跟往常一样蛮横无理。比尔·佩利是个蠢货。我们要是运气好的话,他也许会生病,打道回府的。”

“他看上去已经病得不轻。”

“他过去经常演示并出售 X 光机。他说他的病就是这样落下的。要是有人碰上倒霉事情,我是表示同情的,可是他们要是很卑劣,那就另当别论了。再来一杯啤酒吗?”

“好的,这次我买单。”

“你的名字是什么?”

“他们叫我达奇。”

“挺好的,达奇。”他们握手。“好朋友团结起来反对像佩利这样的卑鄙家伙,听起来像秘密结社。我们为它干杯吧。”

他们为它干杯。不一会儿,保罗又要了一轮啤酒,他们再次为它祝酒。他们很快就互相有了好感。

他们谈到了姑娘。比策喜欢纽约姑娘,保罗则认为坦帕的古巴姑娘看上去非常热情并且妩媚动人。他们谈到了啤酒,一致认为喝当地的啤酒严格讲是因为其外观而肯定不是其质量。他们谈到了摄影机。比策羡慕保罗的摄影机,因为他那架拜奥格拉夫公司的摄影机有一个缺陷,拍摄不了许多很好的特色题材。

“依赖蓄电池运转,差不多有两千磅重。在纽约的时候我提过意见,可他们说:‘比利,你不想去,我们雇其他人去。’我在我的基斯特凳子上坐了好几个小时,就等着有哪个运货的愿意把所有的箱子拉走。你的勒克索格拉夫摄影机听起来是个宝贝,也许我该把它偷走。”

他眨巴着眼睛,招了一下手,示意再续满啤酒。他们喋喋不休地互相发誓,友谊天长地久,将来有福同享,然后很快便各自回房间去。四大杯佛罗里达啤酒公司的“特淡”啤酒在肚子里面晃荡,保罗坐电梯到五楼去的脚步非常不稳。跟往常一样,从电梯笼子里跨出去,就像从一个火热的小橱子迈进了一个大火炉。他也已经习惯了,白天在户外汗流浃背,夜里在宾馆整夜冒汗。

他想要把钥匙插进钥匙孔里,可是一直插不进。走廊不远处的一扇房门开了。楼梯旁边的房间里飞快地走出一个人来,一面匆忙地将一顶常礼帽戴到自己头上。他的另一只手里有一根香烟,青烟缭绕。

那人又高又瘦,穿戴整齐,胡子也修剪得极好。他朝走廊里扫了一眼,看见了保罗,然后,没有任何反应地转过通向楼梯的拐角,朝下走去。

保罗的房门钥匙从手中掉落到了地上,他都没有发觉。他喝醉了吗?有点。他疯了吗?绝对没有。那跃然脑际的脸极其清晰。灵动的深色双眸戴着金丝边眼镜,圆圆的镜片充其量只有便士硬币那么大……这位他在柏林调车场第一次见面的人,无论到世界的哪个地方他都能一眼认出来。

但是,急匆匆离开的这个人理了发,衣服也做得十分合身,关键是干净。

保罗一时顾不上掉落到地毯上的钥匙,赶快沿着走廊跑去,瞧了一眼那人出来的房间号。他沿着楼梯追了下去。每个楼台上都有一股香味儿,隐约的男士科隆香水味儿和爽身粉的味儿……米哈依尔·鲁科夫身上有股味儿,但不是这种味儿。

在一楼,他没有看见这个人的踪影。他跑过两个吓了一跳的海军身旁,直接跑到中央大厅。值夜班的服务员昏昏欲睡,脾气很坏。

“我是克朗先生,五一一房间的。你能告诉我住五三六房间的客人是谁吗?事关重大。”

服务员张开嘴巴说不能。保罗将一美元钱推过绿色的大理石柜台。服务员拿手盖住钱,非常顺溜地将它塞进自己的口袋里,接着将一本用摩洛哥皮做封面的登记簿转了个一百八十度。他慢慢地一页页翻着。他瞥了一眼那个鸽笼式分类架,对名字和号码。

"是一个美国军官老婆的房间,那美国军官跟他的部下一道驻扎在坦帕高地。"

"谢谢。还有一个问题。在楼上,就一刹那,我好像看见了一个朋友。他很可能是一位客人。他是俄罗斯人,名叫米哈依尔·鲁科夫。"

"他的姓怎么拼?"

保罗尽他所记忆地拼了出来。服务员再次翻着登记簿。

"我们没有这个姓的客人。"

"你肯定吗?他说英语的口音比我还重。你肯定会记得他的。"

"会的,但是不记得有这个人。"

"可是我见到他了,不可能有错。米哈依尔·鲁科夫?"

"我们没有来自俄罗斯、罗马尼亚、保加利亚、瑞士或者欧洲其他任何地方的鲁科夫。我只能告诉你这些啦。这个宾馆保护客人的隐私。到了冬季,我们有很多名流入住。"

保罗转身走了,心里嘀咕他是否真的错把另外一个人当成鲁科夫了,难道是在人类中也看见了沙漠海市蜃楼这样的幻影?

不,他绝对没有这么糊涂。他就是鲁科夫。擦洗干净了,服饰变化了——但是鲁科夫无疑。

假如一个军官让老婆住在宾馆里,他自己则每夜都回到兵营里去,保罗就不难想象为什么鲁科夫离开得这么急速慌忙。但是,这个解释丝毫也回答不了敲击在他脑子里的其他问题。

他从哪里来?他到哪里去?现在他在干什么?

是什么魔鬼奇迹改变了他?

那天晚上之后,保罗将自己很少的一点自由时间用来揭晓这个谜。谜一直无解。他打听的雇员没有一个人听说过鲁科夫这个名字,也不知道这样一个长相的人,但是这证明不了什么,他早就听说,员工不可以过多地泄露客人的信息。

有好几位记者感觉他描述的长相听起来很熟,但是无法确认究竟是谁。有一件事情他们观点非常一致:他不是俄罗斯人。有一个人硬说他是英国人,第二个人反驳说他是加拿大人,第三个人说不管他是谁,他只待了一到两天便走了。

保罗打电话到河对岸其他较便宜的客栈询问。一无所获。有一天,当他和吉米外出拍影片的时候,五三六房间的那位军官老婆退房走了,一位年轻海军军官住了进来。

这事成了一个无头案。不管怎么说,明明白白的鲁科夫突然从人间蒸发了,就像那个脏兮兮的鲁科夫莫名其妙地消失了一样。

5 月很快就过去了。有好几次,军队的马或者骡子从畜栏里面挣脱缰绳逃了出来,在市中心横冲直撞,把市民给吓坏了。保罗和吉米从来没有机会赶上这种时刻拍摄一部战马大闹市镇的影片。他们拍摄的大多是《毯抛新兵》和《古巴难民等待配给食物》之类。数以百计的难民通过基韦斯特逃到了坦帕。

还有《友好的对手》,拍摄的是坦帕队和纽约第六十九志愿兵团的爱尔兰人之间的一场棒球赛。克莱恩坐在露天看台上,两边谁也没犯错误,他却一个劲儿地破口大骂,讽刺嘲笑。

如果说克莱恩是个天才的话,那么他的外在形象却跟天才大相径庭。他不高不矮,长着稻草色的头发和灰黄色的脸,还有很大的八字胡。他的粗布裤子和白衬衣脏得一塌糊涂。他抽烟斗,大致上每一局赛完,他都会离开座位去买一瓶啤酒。比赛快结束的时候,第六十九团以十四比一领先地方队,保罗和吉米将摄影机对准这位棒球迷克莱恩先生拍摄一些画面。坐在他四周的观众不明白为什么他会受到此等关注,他看上去就像一个肮脏的流浪汉啊。当克莱恩看见保罗拿摄影机在拍摄他之后,便嘲讽性质地摘下帽子打了个招呼,一面还吐出舌头,肆无忌惮地大笑着。保罗怀疑沙多不喜欢这样的镜头,不管该老兄多么有名气。

由于部队调遣以及发动攻击的保障准备费时很长,拍摄电影的题材越来越少,而且在保罗看来,内容也越来越枯燥。影片已经降格到了《有轨电车巡游坦帕》《第一佛罗里达支援兵团晨洗》之类。佛罗里达州组建了二十个连队,但是按美军规矩,一个团是十二个连,所以八个连被送回了老家。保罗但愿这二十个连全部被送回老家去。他和吉米拍摄彭萨科拉的埃斯堪比亚步枪连,这帮人邋里邋遢,叽里呱啦。有好几个人当面嘲讽保罗的口音。保罗恨恨地准备打架,这次颠倒了过来,是吉米把他拉开了。“要吃亏的。”后来吉米说道。他说得对。佛罗里达连队里有很多农民,他们身高马大,脖子晒得乌黑,双臂强壮有力。

当晚在宾馆里,保罗又撞见了两件让他惊愕的事情。第一件是他正坐电梯下楼去吃饭喝啤酒时碰上的。

拥挤的电梯每层都停。到了二楼,一位外国军官走了进来。他穿着卡其军装,帽子上是熟悉的有红点子的圆帽徽。保罗以前从未见过的一位武官。

接着,他浑身起了鸡皮疙瘩。“这个人我见过啊。”

他只是瞥了这个人的脸一眼——后来在下降的电梯里仅看见了他的后脑勺——但是他几乎完全肯定。当电梯到一楼开门之后,他故意落在后面。那武官迈着轻快的脚步走了,一度给了一个侧面。是的!那双灰色的眼睛使本来较为普通的相貌大为逊色。还有左脸上那个决斗留下的鱼钩形疤痕。他永远忘不了在柏林调车场里那个有金香烟盒的中尉。

他认识的一位记者跟他一起轻轻地跨出电梯。保罗问道:“你认识那位军官吗?”那武官正弯腰在吻一位美国军官妻子戴手套的手。

“当然。冯·赖克上尉。德国驻华盛顿大使馆的。”

他的过去似乎开始在他四周聚集,仿佛有某个巨大的高潮正在酝酿。这是某种个人的、超越这场战争的、跟他在这场战争中扮演微不足道的角色没有任何关系的东西。他感觉有看不见的一些力量像暴风一样在增强,他既无法确认也无法理解的力量。这些力量正在势不可当地将他驱赶向一个旋涡,旋风的中心,涡卷的水流。而且,结局一无所知。

第二件令他震惊的事情发生在地下啤酒馆里,他在一群争论不休的人中间找到克莱恩先生后没多久。克莱恩先生正跟另一位记者争得面红耳赤。克莱恩的稻草色头发乱七八糟地披散到了额头,有的落到了眉毛上。他那件肮脏的衬衫没有领子。他的手肘边一字儿排列着六个空啤酒瓶。

他的对手是一位名叫西尔韦纳斯·彼得曼的记者。他在《纽约日报》工作,可是人们从来没有看见他跟日报的明星戴维斯在一起过,跟其他还有二三十个人也很少在一起,赫斯特先生派他们来坦帕处理不太重要的零星活儿,譬如收收总编的指示啦,写写小故事啦,还有补补白、画画速写、送送稿子、付付账单,等等。保罗曾听说过,赫斯特这个组每日的电报费用就常常要超过一千美元。

彼得曼胖乎乎的,皮肤很白,穿得衣冠楚楚,戴一副玳瑁眼镜,身上有一股花露水的香味儿。虽然他跟克莱恩差不多年纪,但是早已谢顶。他将涂了润发油的头发从一边梳到另一边遮盖住他的秃脑瓜。差不多所有的记者都不喜欢他。克莱恩看上去想要掐死他。

保罗慢慢地挨近前去。彼得曼正在引经据典地说着话:"吉卜林说得绝妙。'承担起白人之责任,将你们培育的最好东西传播开来——'"

"哦,别引用那狗屁话。"克莱恩唇上叼着香烟,一边喷出青烟一边说道,"弗雷迪,再来一瓶。"

"'去吧,必须让你们的子弟离家远行,去满足被你们征服之人的需要。'"

"哦,狗屁!弗雷迪,快点啊,我听不下去啦。"

"克莱恩,你怎么啦?你的是非观哪儿去啦?假如我们不去向那些落后的有色人种传播文明和民主观念,那么谁去?我们必须开拓这些新市场——如果必要的话可以占领那些新国家。现在,我们是世界的领导者。我们是一个征服别人的民族!"

他刚要的啤酒来了。克莱恩将香烟放到吧台上,喝了一大口。他举起酒瓶。"我向你致敬——"一声呼噜呼噜的有痰的咳嗽让他弓着身子歇了一会儿,"向你致敬,彼得曼兄弟,或者是赫斯特兄弟?"

"你可以嘲讽你想要嘲讽的所有人。我很骄傲,能为一位真正有眼力的美国人工作,他——"

"闭嘴,回答我五分钟前问你的问题。如果那些受援的人不愿意接受你们的服务,那么你和那个狂野比尔如何去完成这个辉煌壮丽的征服呢?"

“你真是个伪君子。那你怎么能从《世界报》拿钱呢？”

“容易。我不给报纸送任何迎合读者的稿件。”

“真是非常高尚啊。可是你忘了，普利策先生和赫斯特先生相信我说的话。”

“吹牛吧。赫斯特先生和普利策先生什么也不相信，只相信发行量。现在回答我。你们如何去传播并实施你们的美国绝对真理？用鞭子和锁链，同时把红白蓝三色火箭从你们的屁股眼里射出去吗？”

“你真恶心。”

“是你们这些沙文主义分子让我恶心。”克莱恩猛地将香烟扔向离他最近的一个痰盂，但是扔偏了。

“太自以为正直啦。”彼得曼咆哮道，“你跟你那些肮脏的小说，还有你的傲慢。你总是嘲讽传统价值，像异教徒那样践踏它们。正经的美国人不会置若罔闻的——而且我们是大多数！”

“那么老天会帮助我们，彼得曼兄弟，因为没有人会愿意跟你们同流合污。今晚我已经服了一剂宣传药了。在我把你放倒之前给我滚出去吧，就这样。”

他转过身去。

西尔韦纳斯·彼得曼瞧了一下酒吧，目光扫过保罗、众多记者和两位正竭力忍着怒火的少尉。他像一个殉难的烈士一样昂首阔步地走向楼梯。

“再给我续满，弗雷迪。”克莱恩挥舞着他的空酒瓶大声说道。酒瓶从他的手中滑出，在他身后的吧台上摔得粉碎。

酒吧招待说道：“克莱恩先生，你也许喝得太多了。”

“喝得绝对不够。乔·普利策的钱在这个老鼠洞里好使吗，还是不好使？”

“你应该吃点其他——”

“那是。明天或者后天。有的是时间。”频频的咳嗽让他再次弯下了腰。他用双手抓住吧台，直到这阵咳嗽过去。

酒吧招待叹了口气，再次打开了一瓶啤酒，将它放到克莱恩前面，然后拿着一把扫帚和一只盘子开始清理碎玻璃。克莱恩靠在两个手肘上，两眼朦胧地左右摇晃着头。他注意到保罗站在他的左边。

“我认识你。拍电影的小伙子。你想要把球场上的我留传给子孙后代。”

“你做了件好事情，达奇。”弗雷迪说道，“照他现在这个节奏，他活不了多久。”

“去你的。”克莱恩兴高采烈地说，“你叫什么名字，拍电影的小伙子？”

“达奇·克朗。芝加哥美国勒克索格拉夫电影制片公司。”

“这个格拉夫，那个格拉夫——哪个都是格拉夫。这东西我从来就弄不清楚。”他又将一根香烟放进嘴里，或者说想要把它放进嘴里。第一次，他将烟头戳到了嘴唇上。“要给你买杯啤酒吗？”

“好的，谢谢。”弗雷迪喝了一口佛罗里达啤酒厂的特淡啤酒。克莱恩举起瓶子向他祝酒。保罗也举起啤酒杯向他祝酒。

“让我们为没来的恋人干杯。你有没来的恋人吗，达奇？”

保罗轻声说道：“我有的。”

“嗨——我的是科拉·斯图尔特小姐。梦之驿的女老板，在杰克逊维尔。我不知道全美国还有哪儿比那儿的春楼更趣味高雅、更礼仪周全的了。干杯。为科拉。”

“干杯。为科拉。”

他们喝酒。

“这儿也没啥事可干，是吧？”克莱恩说道，“没有多少东西可写。我真是无聊透了。我在写一个短篇小说。”

“我非常喜欢你的作品。我没看过你的第一部作品《街头女郎梅季》，但是《红色英勇勋章》我看过——即使你除此之外什么也没写，你也已经成名了。”

“谢谢。非常感谢。”他似乎突然就累了。

“关于另外一个人，我可以问个问题吗？”

“对不起，什么乔·普利策的女朋友啦或者排便习惯啦，我一概不知。”

这是一个怪怪的让人一见就难以忘怀的人，保罗心想，这人极具自杀欲望。克莱恩一直将香烟叼在嘴里，透过蓝色的烟幕，眯眼望着一个根本不存在的地方。

“不是的。最近，在这个宾馆里，我觉得好像见到了一位老朋友。我见到他的时候离他有段距离，在五楼。我想跟他打招呼的，可是他急匆匆走掉了。迄今为止我找不到他。他叫米哈依尔·鲁科夫。他跟你一样,是一个新闻记者。”

克莱恩摇摇头。“你也许还是说说他的长相——”

“高个儿,身材很修长,有大胡子。他笑的时候,牙齿似乎比钢琴琴键还要白。”克莱恩直起身来,眨巴着眼睛。“他的眼镜很小,镜片还没有这么大。”保罗用大拇指和食指做了个圆的手势,“他说话直言不讳。”

克莱恩将香烟从两片嘴唇间扯出来,扔到地板上,踩灭。“你刚才说他叫什么名字?”

“米哈依尔·鲁科夫。”

“那么他有个双胞胎兄弟。你说的长相就是迈克尔·拉德克利夫。他是个记者,可他是英国人啊。”

“英国人?”

“你的听力有问题吗?你所说的这个人是迈克尔·拉德克利夫,非常上层的类型。他要不是出生在英国本土而且是在牛津或者剑桥长大的,我就给你一千美元。心甘情愿,立马。”

“英国记者——这怎么可能呢?”

“我不晓得,小伙子,但事实就是。”

“我跟你的同事说过好多遍他的长相。有几个记得好像是他,可是没人知道他的名字。”

“他登记入住这个宾馆只有两夜。他坐轮船到查尔斯顿,然后乘沿海商船到费南迪纳,再坐火车到这里。我们就在这个吧台上还喝过香槟呢,接着又选了一张桌子继续喝。我们俩的关系好极了。我们交谈了好几个小时。他介绍他自己的每一句话我都相信,但与此同时,我脑子里有一个声音在大喊:‘火!’‘火!’他表面看似乎就是这样,可是他远不止这样。你听说过奥托·哈特斯坦那个约克老爷吗?”

“没有。”

“英国两位伟大的报业巨头之一。迈克尔·拉德克利夫是哈特斯坦《伦敦之光》的流动通讯员。这是家王牌报纸。他娶了约克老爷的独生女塞西莉·哈特斯坦。那可是一生的保险哪。”

拉德克利夫？英国？结婚？没有俄国口音？保罗晕了。

“你知不知道他为什么离开宾馆，克莱恩先生？”

“嗯——”克莱恩咳嗽起来，等他一恢复，便又点着了一根香烟。此刻，他警惕地仔细观察着保罗，他的双眼变得更加清澈，他的注意力十分集中。“情感问题，或者说至少是床上的事情。这事儿跟一位女士有关，那人到餐厅很有规律，每次待一小会儿。这位女士的左手上戴着两个很大很贵的订婚和结婚戒指。”

“克莱恩先生，我一定要找到这个人。我必须弄清楚他是不是米哈依尔·鲁科夫。”

“你说你是他的朋友。”

“鲁科夫的朋友，是的，绝对。”

“我要是发觉你在撒谎，我会把你揍个灵魂出窍的。”克莱恩吸了一口烟，“凌晨三点十分他退房前按我的门铃。第二天下午他又打电话来，我把他的几个包裹托运走了。我帮他注意布告牌，电报、指示、小两口的悄悄话。这是职业性的礼貌。我敢肯定他也会这样做，假如——”

“对不起，他在哪儿？”

他们四目相对。克莱恩的目光十分凌厉，盯得保罗局促不安。

“伊博市的哪个蚤窝。我悄悄给你个地址吧。弗雷迪？拿张纸来。再来一瓶啤酒。快点。”

第八十九章　将军

乔下了普兰特铁路的普尔曼车厢来到宾馆一个小时之后,便见到了他的顶头上司。接待处给他留着一张条子,通知他开会。会议不在大约一英里外的骑兵师司令部,而是在宾馆的一个客厅里举行。他将他的随身物品放到三楼有两个房间的小套间里,拿水洗了一下脸,走主楼梯下到一楼。他全身戎装,长及膝部的双排扣礼服大衣,肩章上缀着准将星,腰带上挂着礼服短剑。

宾馆的奢华继续惊讶着他。在忙忙碌碌的中央大厅里,一尊小红帽和狼的青铜像附近,他向一位侍者打听那客厅往哪儿走。侍者告诉他客厅位于通向东出入口的长走廊那儿。

他在电报局快速地给伊尔莎发了一个电报,说他已经平安到达。接着,他飞快地沿着走廊走去。客厅外面,他紧张地拿手捋了一下自己的头发,接着又捋了一下自己的帝髯。他敲了敲门,一个柔和的声音请他进去。

即便在这个小小的房间里,普兰特先生也花了不少钱。一个壁炉架雕刻得十分复杂精细;日式的贮藏橱镶嵌着珍珠花和珍珠蝴蝶,表面光洁优美;阅读架子上放着一本巨大的地图册。约瑟夫·惠勒少将坐在覆盖着绿色台布的大桌子边。

惠勒将军快速站起身来迎接他的时候,乔吓了一跳。上级军官通常是坐着的。乔估计惠勒是在展示南方人的礼貌。他素有文明绅士之美誉,而且朴实无华。

“克朗将军。我很高兴你来了。我是几天前见到你的任命的。早就想见你了。”

“我也一样，惠勒将军。”他们握手。

惠勒个儿不高，比乔要矮，但充满活力。他的体重不会超过一百磅，六十刚出头的年纪。他的八字胡修得很整洁，修出尖尖的两撇；他的白胡子应该长在瑞普·凡·温克尔①脸上才合适。他那件有两颗星的蓝色军装似乎大了一点，套在他身上松松垮垮的，而且乔注意到，他的几个口袋里塞满了文件，一顶不太正规的黑色阔边帽放在绿色台布上。

“请坐。”惠勒说道，“我这儿拿不出比水度数更高的饮品。不过至少是瓶装的。”

“谢谢，长官，我不渴。”

他们面对面坐在那张桌子一个角的边上。朝前游廊的一扇窗户开着，有悦耳的音乐飘进窗来；一支军乐队正在演奏《鸽子》。五彩缤纷的灯光下，一对对男女来来往往。锁上的房门后面发生着亲昵行为，男人和女人的声音都压得很低，间或还掺杂着秘密的嘶哑笑声。乔知道怎么回事儿。他自己也一样，5月的那个夜晚，热辣辣、甜蜜蜜的黑暗中，有什么东西在他的体内沸腾。有点紧张，有点激动，又因近在眼前的战争危险而加上了些许佐料……

他询问是否可以抽一根哈瓦那雪茄。惠勒大度地说：“当然。”真是个虚伪的家伙，乔擦燃火柴时想。“好斗乔”活像一个歇业的种植园主，或者像一个中小学校长，舒适地生活在先人的遗产之上。他看上去绝对不像一个在国会驰骋纵横近二十年的充满活力的斗士。每隔一年，他都会在亚拉巴马选区重新被选上，事实上，他没有任何对手。

“我很高兴骑兵师有你加入。”惠勒说道，“你知道，你要指挥的是第二旅，包括第一和第十正规军两个团以及伦纳德·伍德上校那个另类的志愿兵团。你指挥正规军应该没问题吧？”

“在那个不愉快的局面快结束的时候干过，将军。至少在战争结束的时候他们是正规军了。”

---

①瑞普·凡·温克尔，美国作家华盛顿·欧文所著《见闻札记》中一短篇小说篇名及其主人公姓名。小说叙述温克尔为避开性格凶悍的妻子藏身在卡特斯基尔山区，沉睡二十年醒来后发现妻子已故，住屋成为废墟，世间发生了翻天覆地的变化。

“这倒是的，两边不都是这样吗？”惠勒说道，回忆起不堪回首的往事，他的笑容有点忧郁。“我的问题大多是说说而已，你不能穿着这样的军装坐在这儿——或者说至少你不能受我指挥——我认为这是大材小用。你有杰出的战绩。”

“谢谢夸奖，长官。我对您钦佩之至。您的战绩可是名扬四海的传奇哪。”惠勒咯咯地笑了，并且不以为然地摇了摇手。可是，他的脸色却更红了。

“你是第五俄亥俄骑兵团吧。”他说，“我指挥第十九亚拉巴马步兵团。”

乔点点头：“我知道，长官。我们也许在夏洛遇见过，不过从来没有人介绍我们认识。”

“是啊，是啊，从来没有，没有啊。”惠勒这次笑得很响亮，“我们这边要是能再取得第一天的好局面，也许就可以获得胜利。我那些可怜的小伙子在天黑之前打了四个不同的仗。他们有勇气，可是他们不是花岗岩雕刻成的啊。最惨烈的一仗就是那个黄蜂窝①。进攻普伦蒂斯的步兵、希肯卢珀的炮兵……那些幸存下来的人彻底精疲力竭了。他们不是靠力气在战斗，而是靠精神在战斗。到了第二天，你们北方军来了援军。克里滕登、纳尔逊、卢·华莱士……那之后第二天，我们的撤退就溃不成军了。我们差不多是夹着尾巴逃向密西西比州的科林斯的。”

乔突然间莫名其妙地激动万分。他听到了昔日的战鼓齐鸣，昔日的军号嘹亮。他看到了弹孔累累的军旗轰然倒塌，但又被另一只手竖了起来……“我自己在密西西比有一段冒险经历。”他说，“一些不幸遭遇吧。”

“啊，那不是一段快乐兴奋的时光吗，克朗将军？一段快乐兴奋的时光，一段无与伦比的经历。”

“战争这种经历在记忆里比在现实中要美好，我是这样认为的。不过您说得对，在我这一生中没有什么可以与此相比的。”

远处的乐队演奏着《进军佐治亚》。惠勒来到窗前，静静地关上窗户：“我不喜欢那个结局。杰夫·戴维斯镣铐加身，遗臭万年。我被扔进了那个该死的特拉华堡，河里的那个味道啊，水平面下五英尺的牢房。一天到晚都是湿的。我们

---

①指美国内战时夏洛战役中一个略微凹陷路段上的一场激烈战斗。联邦军队在那儿设置了阵地，南军对其发动攻击，双方损失惨重。那个凹陷路段后来被称为“黄蜂窝”。

吃的全是残羹剩饭、厨余垃圾。去洗涤槽洗漱，每次只能容纳二十个人，而且只能在夜里。有的时候有五百人排队。非人道啊。”

“跟利比监狱和安德森维尔监狱一样糟，我估计。”乔说道。惠勒犀利地瞪了他一眼：“北方我们自己的俘虏营也一样。”

“我运气好，两个月之后就假释了。那是 1865 年 6 月。我下定决心一定要活到老。态度能帮助人，我的态度帮助了我。我感觉我过了那道坎，因为我如果被北方佬的烂污食物、臭虫跳蚤、粗鲁无礼给弄到坟墓里，那才冤枉呢。”

“我从没坐过牢，不过我也采取过同样的态度。当时我的态度也帮助了我，而且帮助我过上了平民百姓的生活。”乔停顿了一下，“我可不可以问一个问题？恐怕你听厌了这样的问题，可是我很想知道再次回到联邦军队你的感觉是怎么样的。奇怪吗？”

“不，乔——我可以叫你乔吗？”

“当然可以。”

他的双眼开心得像个孩子：“你知道，感觉就像我几乎没有离开，就像我去休了三周的假，回到自己的军队一样，精神振奋，时刻准备。我很骄傲在此服役。解脱牢狱之灾，失败的灼痛开始消退之后，我意识到我们得重建我们的国家，双方皆然。我在国会为此奋斗，告诉迪克西别再挥动那些老掉牙的旗子，也别再鼓噪那些恶毒的口号了，南方得鼓足干劲建设其铁路和工厂。有很多人反对我，有些人骂我，有一两个人甚至朝我开枪，但我是对的。我有一个儿子在这个军团，小乔·惠勒上尉。我很骄傲，在老旗帜下，他站在我这边，站在我们这边。就像你能到这儿来令我感到骄傲一样。蓝色与灰色并肩战斗——也许我们能够从阿尔杰跟他那批文职人员交给我们的烂摊子里悟出些道理来。好啦，先生，我耽搁你太久啦。要是没有其他什么事情——”

“还有一事，长官。我想尽快了解一下这个旅的资源，详细情况。人员、车辆、马匹、骡子的数量，武器、弹药、食品的库存情况，要精确数字。”

“这些你都会有的，明天下午之前。我喜欢一丝不苟的人。”

“我不谙其他谋生之道，将军，或者说也不谙任何其他成功之道，不管是在军队还是在企业。”

惠勒对此也很欣赏。乔站起身来，敬了一个漂亮的军礼。惠勒还了礼，但是更加随意一点。乔为他的顶头上司拉着门。惠勒迈着大步离开了客厅，一把将他的黑色浅顶软呢帽扣在头上，消失在了走廊里。

乔找到地下啤酒馆，要了一份当地的特色牛肉。他的出现似乎转换了这个镶着深色木板的长长餐馆的气氛。大笑声没有了。交谈变得小声。他喝着啤酒的时候，注意了一下在场军官的军衔，没有超过上尉的。

事情就是这样。那些高级军官不光顾此地，所以他在这里很自在，啤酒颜色很淡，味道也很淡。他在杯子里剩了四分之三，回到楼上，在桌子上的冰茶壶里倒了一杯冰茶冲走了嘴里的啤酒味儿，桌子上茶壶里的冰茶喝干了总是会续满的。他喜欢冰茶。他去南卡罗来纳州的时候喝了好多加仑的冰茶。

他慢慢地溜达到户外，听音乐会最后的演奏，音乐会就在前游廊西端附近的地方。一位少尉告诉他，那乐队是第三十三密歇根志愿兵团的。

乔的目光落到了一位听众身上，挺迷人的古巴女人，她很年轻，像他这个年龄的老男人对她想入非非，实在是丢脸。他估计她是一位有钱的逃难者，其他阶层的古巴人不可能入住普兰特的宾馆。

这位少妇十分壮实，有人会认为是丰满。她穿着一件有红色褶裥饰边的上身紧身的白色连衣裙，披着一块有很长流苏的白色披肩。她的胸脯非常丰满，让他想起了年轻时候的伊尔莎。她乌黑闪亮的秀发里插着一把镶嵌有珍珠母的高大梳子，她的头发在后脑勺盘成了一个圆髻。

那少妇一定是感觉到了有人在瞧她，突然转过头来。乔的脸一下红了，他连忙笑笑。她也笑笑，然后把目光移开了。音乐会结束后，她挽着一位穿着古巴难民部队制服、身材修长的人的胳膊，从西游廊这边走进宾馆。乔感到开心，他这个年纪的人对年轻女士发生兴趣，这位少妇居然没有生气，也没有明显表示出蔑视。

乔上了床，感觉良好，预计会睡得很酣。他喜欢“好斗”的乔·惠勒，他们将会相处融洽。鉴于上个月总统在华盛顿发表的正式讲话，也许内战终于真正结束了。

宾馆里不用起床号，而是让传令兵在五点钟敲门。一开始的几天，乔开始立即投入长时间的工作中，会见他麾下的军官，跟沙夫特、惠勒和其他将军一起参加会议，熟悉文书工作和师司令部的运作程序，仔细研究和强记他所要求提供的人员名单、物资清单，感觉这么早起床简直像要杀了他一样。但是很快，他感觉更加精力充沛、更加精神振奋，好长时间没有这样的状态了。

他继续被这个宾馆惊愕着，他听说这个宾馆被称为“普兰特的无用功蠢举”。亨·布·普兰特是一个很有名的精明商人，为什么会把这样一个奢侈的场所放在这样一个不太会有前途的地方？乔估计，他在赌一把，赌人们将从东部沿海传统的旅游度假胜地蜂拥到佛罗里达来过冬，他忽略了坦帕本身是一个死气沉沉的地方。显然，普兰特的想法是对的。无论如何，乔喜欢上了这个奇怪的摩尔风格的大谷仓一样空落落的宾馆。在人们面临一场将一切变成凶险污秽的战争的时刻，它给人一种喜庆的格调，战争总是这样。它给第五军团提供了一个空间巨大、方便合适的基地。在他的记忆里，到了夜里，它比任何兵营或者司令部都要敞亮舒适。

在他那个套房火热的客厅和卧室里，他感觉不舒服，可是他喜欢中央大厅的忙忙碌碌，乐于在游廊上放松身心，抽抽香烟。他喜欢军乐队的音乐，喜欢理查德·哈丁·戴维斯这样的名人要员出现在宾馆，戴维斯以他的报道和所创作的加莱尔、凡比博等小说闻名于世。《哈泼斯周刊》的美术师弗雷德里克·雷明顿每天在宾馆里举办美术展，而且不断有传言，说伟大的赫斯特将马上乘坐一艘包租的游艇光临此地，虽然他一直没来。

让乔最感兴趣的是那位年轻的天才克莱恩，他非常钦佩他的内战小说。他迫不及待地想跟克莱恩见面并向他表示敬意。一天晚上，他碰巧邂逅了这位作家，对方正从中央大厅沿着走廊走来。乔走上前去，向他问好，并立刻闻出了威士忌味儿。

克莱恩目光呆滞，不修边幅，双脚不稳，乔在赞扬他的时候，他的目光却望着他的身后。最后，克莱恩咕哝着晦涩难懂的什么话，继续踉跄着往前走去。乔感觉受到了侮辱，十分失望。看样子，伟大天才的外包装并不具有吸引力。

乔第一次在两个会议之间捉了个空，胳膊底下夹了一个包裹溜出宾馆去。外面，灼热而又潮湿，温度高达华氏八十多度。他穿着军装，像只龙虾一样被炙烤着。

前台的一位服务员写了个地址给他。他坐了一段路的有轨电车，接着步履艰难地走过西坦帕的沙地街道，最后来到一个很大的白色帐篷跟前，帐篷前面有一块木头牌子。

难民廉价售货店

—欢迎光临—

帐篷里空空如也，没有人来此搜寻摆在粗陋货架上的旧服装、旧鞋子、旧器皿。一个有着橄榄色美丽皮肤的块头很大的兔唇女人用结结巴巴的英语跟他打招呼。他将那只棕色纸袋放到木板柜台上。

“我捐这些东西。七套男人的夏季内衣。针织材料的，非常高档的衣料。从没穿过。”

乔发觉一起共事的军官中有些意气相投，志同道合；有些冥顽不灵，或者说循规蹈矩而不敢越雷池一步，但也有很少的几个实在不敢令人恭维。这跟三十五年前一模一样。从高级参谋部分配给他的副官泰里·贝茨中尉沉静寡语，聪明智慧，是一位九年军龄的老兵。乔想当然地认为，贝茨的主要职责是弥补一位因政治原因而任命的将军的不足或者无知，假如这种弥补有可能的话。

不过，贝茨的行为丝毫也没有表现出这种倾向。他自始至终都遵守合乎体统的军人礼节。当乔问问题的时候，贝茨知道了就立刻回答，不知道的过几分钟就找来答案，丝毫也没有暗示说这样的问题乔早就该知道的揶揄之意。

最有意思的人物也许非那位司令官威廉·鲁弗斯·沙夫特将军莫属。

虽然他跟惠勒同龄，可是他一点也没有惠勒的活力。他走路就像在打滚，而且发出呼哧呼哧的喘息。他的头发像一把灰白的拖把，似乎对任何梳子都能加以抗击。他的海象胡子总是乱七八糟。他动作笨拙,不修边幅,对社交行为的优雅与精妙整一个漠不关心。也许他在孤寂的西南部荒原兵营里待的年份太久了。

将军的块头遇到了不少现实问题。譬如,召开参谋会议,他就需要一把特别大的椅子。乔怀疑,沙夫特是否有能力承受热带地区战事的严酷。

从积极的方面来看,沙夫特虽不能说固执己见,却是一位意志坚强的领导人。几乎没有下属敢跟他争论,甚至都不敢表达一点点的不同意见。沙夫特后缩的下巴也许会被看成具有意志薄弱和优柔寡断的特征,但是他那双蓝色眼睛里火焰般的光芒绝对不会给人意志薄弱的印象。这样的光焰可以在几秒钟内把一个人煮个稀巴烂。他经常对某事不满而发怒,每每如此,他嘴巴里蹦出来的常常是边疆话语。

沙夫特带着乔、贝茨中尉、其他将军以及他们的副官和两位武官一起去视察坦帕港质量低劣的设施时,乔便发现了这一状况。他们乘坐一辆由普兰特铁路线的调车机车牵引的肮脏座席客车行驶九英里路,然后从调车场徒步前往港口。

普兰特铁路公司原先挖掘了一条很浅的航道,仅适合于小的沿海航行的船只通航。在海湾里,海水油腻污黑,波涛汹涌翻滚,一大群一大群海鸥在垃圾里觅食,乔数了一下,有二十艘商船,有些还非常大。政府没有运输系统,所有船只都是从私家航运公司租借来的,这些私家航运公司的老板像强盗般劫掠它们,在下甲板上设置了铺位和马厩,而且拆掉了上甲板上大部分乘客设施。

在两个一模一样的码头,人声鼎沸,一片繁忙,工人们正在原先的四条铁轨旁铺设额外的轨道,但是这条额外的轨道基本上没有什么用处。码头没有起重机或者绞车吊装货物。工程师们先前断定,每个码头一次只能容纳两艘大型运输船,人工挖掘的航道一次最多只能通过六到七艘运输船只。每个人都担心,运输将会出现混乱。

有很多民用的帐篷散布在码头上,所有人都震耳欲聋地喊叫着,时刻准备着让那些启程的士兵额外再放点血。此外,海湾里还塞满了海军小艇、鱼雷快艇、当地的渔船、私家游艇,这些船只大大增加了航运的拥挤程度。这整个场景令沙夫特既生气又沮丧。他呼吸短促,不得不在一只货箱上坐下,给自己扇着风。

“该死的亨利·普兰特，这蠢货是怎么想的，把铁道铺到码头中央，而不是铺到水边去？那些该死的装卸工每一件货物得多拖拉五十英尺距离才能装船。事倍功半——先生们，有时我认为我们应该把该死的陆军部炸个人仰马翻，把他们炸到真实世界来看看。”

“将军，请别生气。”其中一位副官轻声说道。

“别管我，我好着呢，扶我起来。我们撤，先生们，我一分钟也不想再见到这该死混乱的地方啦。”

德国武官站在乔的身旁，滚动着两只眼珠。他们几天之前就介绍认识了，所以冯·赖克上尉一有机会就会凑到乔跟前，想要跟一位同胞说说话，或者炫耀一下他说得很好的英语。这位武官是普鲁士人，中等身高，比乔要小大约二十五岁。他的身材修长，一双灰色眼睛分得很开，两边脸上有淡淡的雀斑。他左脸上一个鱼钩形疤痕损毁了他的相貌。这个疤是他在学生时代的一次打架中留下的，他还挺骄傲地对乔炫耀这事儿。乔无法断定他是否喜欢这个人。

第二天晚上，这位武官来到了乔正在抽烟并欣赏音乐的游廊上。今晚的乐队来自一个正规军团，第十一步兵团。情感丰富的乐队指挥挥舞着指挥棒，就像挥舞着一把大刀。很显然，他在军界很有名气——他姓拉瓜迪亚——而且他的乐队远比那些志愿兵团的乐队更训练有素。

乔本打算听完音乐会后去散散步，或者坐黄包车去兜个风，心里美滋滋地盼望说不定还能瞟上一眼那个古巴少妇呢。冯·赖克上尉穿着纤尘不染的白色服装和锃光瓦亮的黑色长筒马靴来到旁边的一张摇椅上一屁股坐下时，乔恼恨不已。

冯·赖克上尉在袖子上擦着他的单片眼镜。“今天我视察了好几个团。我从来没有看见过这么随随便便、马马虎虎的兵营。”他将单片眼镜戴到自己的右眼上，“管理怎么会这么不严格呢，亲爱的将军？怎么会这么没有纪律呢？”他从一只扁平的小金盒子里又摸出一根香烟点着，一刻不停地抽了起来。

乔仔细斟酌了一下这位武官的批评，给了一个慎重的回答：“美国人一般在战斗中才讲纪律。”

“是吗？当枪一打响，他们就会突然遵守纪律？请原谅，将军，我不相信。胜利是建立在纪律之上的，而纪律是要经过数月甚至数年的训练才会扎根在脑子里的。”

冯·赖克上尉用大拇指和食指捏着香烟、掌心朝外吸着烟。屋檐上的红色和白色光亮闪烁在他单片眼镜的凸面上。“还有这个宾馆！难道是个奢侈品司令部吗？孔雀和网球？每晚舞会不断？我发现这太外行了。”他再次吸入一口烟，一副心满意足的样子。

乔终于得出结论，他不喜欢这位武官：“上尉，你是不是在说你喜欢战时受苦受难而战前也要受苦受难？这个我可以安排。”

“哦？”冯·赖克被弄糊涂了，他没有理解这隐含的嘲弄。

“那可不难。我给你几听我们最近的配给食品吧。我们陆军部所谓的新鲜罐头牛肉，不是腌的，糟透了，某个黑心承包商用欺骗手段卖给华盛顿的。”

冯·赖克依然没有理解其中的讽刺。他皱拢眉头：“欺骗手段是什么意思？”

“说服他们买啊。也许通过欺骗手段，或者贿赂一两个人。”

“啊，贿赂。我明白了！”

“我在跟你开玩笑呢，上尉。这玩意儿不能吃。”

“但有利于塑造品德，是吧？我们德国人——真正的德国人——”乔明白他话中的刺，竭力忍着自己的恼怒，“我们会吞下去并默默地忍受。”

“那么你恐怕永远也成不了美国人。”

“当然成不了。我又不想成为美国人。”

微笑的面容下，交流变得剑拔弩张，令人不快。乔站起身来：“天晚了，请原谅我要失陪了。”

“当然，将军。我们另外找时间再聊。”

他走得很快，找最近的门走进宾馆。他可以感觉冯·赖克上尉的目光在烧灼他的脊梁。“普鲁士人，”他心想，“一模一样，他们从未改变。”

在喝冰红茶的桌子边，他拿一只很高的玻璃杯给自己倒了一杯茶，他端着茶杯从另外一扇门走出户外，站在一块阴影里，一边抽雪茄，一边饮茶。跟冯·赖克的交谈给今晚笼罩了一片乌云。军乐队在音乐会快结束时的一首改编自《穿上你的外套》的乐曲无法改变情状。乔不喜欢意大利歌剧，他认为意大利歌剧是对理查德·瓦格纳这位天才的伤害。

乔喝完冰红茶，雪茄还叼在嘴上。他看到，沙夫特将军夫妇正跟另外一对男女在聊天。过了一会儿，将军继续移动，挺像一头笨拙的大象。

然后，乔看见了她。她穿着跟上次一样的白色紧身连衣裙，也许她离开古巴时所带的行李很少。连衣裙令人称绝，紧紧包裹着她的胸部，圆圆的领口上方，一袭完美。她依旧挽着那个难民部队军人的胳膊。失望。

有一位他曾经有过一面之交的平民站在他左边有一点距离的地方，正在用一本小本子匆匆记着什么。他是最近从基韦斯特的海军基地过来的，是一名记者，但是他跟红十字会的巴顿小姐也有些关系。乔在宾馆里见到过巴顿小姐，她的慈善医疗轮船"得克萨斯州"号，就锚泊在古老坦帕海湾。

"劳驾，凯南，你知道游廊上那位少妇吗？穿白色衣服的那位。"

"我稍稍有点了解。"凯南回答道，"一位流亡者。她的名字叫埃丝特拉·里韦拉。挺迷人的，是吧？"

"是挺迷人的。"乔在问第二个问题之前犹豫了一下，"那是她丈夫吗？"

"她兄弟。他支持叛军。我听说他们的父亲还在哈瓦那，一位老先生，相信西班牙人完全是对的……"

乔已经听不进去了。他的脑袋嗡嗡直响。他紧张地飞快吸了几口雪茄。"你的年龄太老啦，况且你是有妇之夫。"有一个警告的声音说道，可是他开始轻视那声音。他根本就不听。

他向凯南道了晚安，迈步走上游廊，将雪茄插进沙缸里。他整理了一下扣上了纽扣的深蓝色礼服大衣的前襟。他准备把自己介绍给那位少妇。他要邀请她到东方附房去跳舞。他的身上有一股什么力量在奔腾，坚持不懈。他还不太老……

少妇挽着那位身穿军装、身材修长的年轻人的胳膊，朝着宾馆的拱形大门走去。乔骂了一声娘，骂得太响了，令从旁边走过的奥地利武官瞪了他一眼。埃丝特拉·里韦拉停了一下脚步，微微转过身来，回头找到了乔的目光。

她嫣然一笑。

不一会儿，她便消失了。

她知道他就在这儿啊！她也一直在寻找他啊。乔·克朗浑身上下洋溢着欢欣。他感觉自己再次变成了一个二十岁的小伙子，可以跳半个晚上的舞而一点不累。

而且他心甘情愿，只要里韦拉小姐在他的怀里。这事儿现在看已经铁板钉钉了，管他什么后果呢。他倒是希望有一些后果，他发觉自己很想要这样的后果呢。

第九十章　达奇

他穿上了自己带来的最好的衣服去伊博市，还加上了一些新的装饰。他觉得这是必需的。他在宾馆看见的那个人不是原先那个满身污垢、头发凌乱、衣冠不整的鲁科夫了。

鉴于沙多每天给的杂费仅为二十美分，所以保罗在坦帕一直十分节俭——只买一些必需品。可是，他毕竟是一名新闻记者，而新闻记者这个群体在坦帕这台现金出纳机里正在投下大量的金钱。大多数都有宽松的费用账户，所以他们吃喝无须过多顾及费用，还可以买漂亮的衣服。保罗也学他们的样，他精打细算地省下自己的每日津贴，在最好的男人用品店戴维斯兄弟店花一美元钱买了一件有条纹的蓝色新衬衫。他还用十五美分买了一副有弹性的配了银色搭扣的棕色裤子背带。背带跟他的裤子十分相配，裤子的颜色是被称为枯草色的流行颜色。他所选的最后的奢侈品是一条可洗的七美分的领带，蓝色、粉红、棕色相间的马德拉斯条纹布制作的领带。所有这些加上他的草帽，在他出发的时候使得他感觉自己十分体面，甚至有点潇洒。

他没费多少周折就找到了那个地方。第十四大街位于转角的一幢建筑，没有开窗户这边一段楼梯脚下的墙板上钉着铁皮门牌号。转角的一楼开了一家名叫埃斯特凡的杂货店。

一个围着围裙的人正在细心地清扫看上去早已很干净的木头人行道。他浓密的黑色头发和宽大的嘴巴跟他的沙色皮肤混搭在一起，给人感觉怪怪的。保罗发觉，坦帕有很多古巴黑人。那人笑脸相迎，说的是西班牙语。保罗用英语问了声好。突然有人用西班牙语大喊："快点，埃斯特凡先生！"那人扔下扫帚，连忙跑进屋去。

保罗转过拐角来到楼梯那儿，楼梯在阴凉处。热风劲吹，他摘下草帽，风儿很快把他的头发吹得乱七八糟。他衬衫的第一颗纽扣没有扣上，那条马德拉斯条纹布制作的领带也系得歪歪斜斜的。

他爬上几段楼梯，来到一扇没有油漆过的坚固的门前，门的颜色因为年深月久呈现出洗碗水般的灰色。他敲了敲门。屋里一个男人咕哝了一声。保罗还听到了一个女人的声音，吃了一惊。男人在里面大声问道：

"克莱恩？是你吗？见鬼的才过了一个钟头就又来了。"

这声音让保罗起了鸡皮疙瘩，这就是鲁科夫的声音啊。可是宾馆里的人都信誓旦旦地众口一词，且这话音又绝对是英语。

"该死的，克莱恩，你怎么不说话？"

"不是克莱恩先生，是保罗·克朗，芝加哥人，来寻找迈克尔·拉德克利夫先生。"

闷闷的声音好像在征求意见。有人赤足走近门后面。门闩拉开，门开了。米哈依尔·鲁科夫光着身子站在那儿，白得像一条鱼。

"天哪。是你啊。进来，老朋友，进来！"

这套房子就是一个大单间，有几件不贵的家具，一只洗涤槽、一只楞木的单门小冰箱，凹进去的小卧室里有一张凌乱不堪的双人床。床上躺着一位迷人的少妇，她用毯子盖着下半身。

保罗依然摸不着头脑，问道："你这是怎么回事儿？"

"好极了。好得不能再好了。史蒂维[1]·克莱恩显然非常相信你，所以给了你这个临时住址。坐，好吗？"他指着一张松木板桌子边的椅子，桌子摆放在一扇开着的窗户边，窗户上有薄纱窗帘在飘扬。接着，他抓过另一张椅子背上的白色帆布裤子套在身上。"我太好奇了，保罗，你为什么会在坦帕？天哪，不会是在军队吧？"

"没有，新行业。我是摄影师。"

---

①斯蒂芬的昵称。

"你是指记者,跟我一样?"

"类似吧。我操作摄影机,为北方一些剧院拍摄电影。"

"摄影师啊!当然啦。绝佳的方法!"他拍着手。保罗不明白他的意思,直到他的朋友解释道:"你仍然是在画画,只不过不再是不着调的乱涂乱画罢了。我希望你的电影能得到实际的认可。"

保罗笑了起来:"嗯,希望如此。对不起,有件事情我弄不明白。我该叫你什么?"

"拉德克利夫。现在,永远,迈克尔·拉德克利夫。我在英国博物馆的一本书上看来的,是苏塞克斯伯爵家族的姓氏,不可能更英国了——在古代,伊丽莎白女王时代,这个姓叫拉特克赖夫。"他说了这几个字,"我觉得还是更现代版的好。这不,我还可以做个可怜的主人。要我给你来杯柠檬水吗?苏打水?"

"你要是有的话来杯啤酒吧。"

迈克尔打开冰箱,拿出一瓶有西班牙商标的啤酒。他给自己倒了一高脚杯柠檬水。

"你干吗这样瞧我?"

"因为你变化太大了,拉德克利夫先生。"

"叫迈克尔。"

"好吧——迈克尔。我仍然无法相信。"

"无论如何请相信。"他伸出左手给他看一个很宽的金戒指,在金戒指凸起的边缘之间,用极细的金线编织出复杂精细的花纹,"而且结婚了。"

"是的,我听说了。"他情不自禁地将目光扫向那张双人床。

"路易莎?一位亲密的朋友,没啥。我经常有强烈的需求,需要路易莎所提供的这种友谊。你假如有同样的需求,我向你保证,路易莎可是一个温柔友好、善解人意、完美无瑕的行家里手。"皮肤棕色的姑娘笑了。"在埃斯特凡那儿干活的混血儿随时可以找到她。打电话给杂货店,说找托马索就行。"

他来到床前,坐在路易莎边上,说着西班牙语,一只手温柔地抚摸着她。她朝他点点头,露出认可的微笑。"我让她到外面去呼吸点新鲜空气。我们俩得好好聊聊。"

路易莎跳下床来，从床底下将她的服饰一件件地拉出来。她吻了一下迈克尔，揉了一下他的头发，然后朝保罗倾过身子，在他的额头印了一个很正派的吻。

她走了之后，迈克尔打开一只贮藏橱，拿出一只装着雪茄烟的玻璃杯。“这是他们在这条街上做的。好烟——来一根吗？”

“谢谢，来一根。”

迈克尔咯咯笑了起来：“好。街头小混混绝对长大啦。”

“的确是的。我在很多方面都有变化。我有一个绰号。”

“真想不到！什么绰号？”

“达奇。”

“听起来并不十分新颖，但挺合适。”他们坐着，一面抽烟，一面在这些令人惊讶的环境中再次连接感情的纽带。

“我想问个你问我的问题。”保罗说道，“你是怎么到那个地方去的？我不是指佛罗里达，我是指你所穿这身衣服后那个辉煌壮丽的国家。你的英语说得那么好。”

迈克尔挥舞着他的雪茄，留下一连串蓝色线条。“相当简单，真的。我厌倦了贫困。贫困让人恶心。贫困意味着没人拿你当一回事儿。没有人邀请你出席体面的宴会，也没有人介绍你认识那些重要的人物。没有人喜欢你身上的气味——哪怕是在伦敦东区某个肮脏的酒吧里，他们都不愿意坐到你的身边。这对我们俩来说都不用大惊小怪，这点我十分清楚。不过，四年前在伦敦——我在芝加哥遇见你一年之后——我终于受够了这样的贫困。我依然写那些通常尖刻的观念，每次一千字左右，但是越来越少的编辑认同这样的观念。我明白我不再年轻啦。我不断地沉沦。一天夜里，城市遭遇了极其恶劣的强对流天气，一件意外事件降临到了我的身上。我正在我唯一能找到的住处睡觉，塔桥下的一个地方。瓢泼大雨十分凶猛。我发着高烧，这是我自己诊断的，我没钱看医生。一定是非常高的高烧，因为我睡死时浑身都湿透了。我醒来的时候一个警察正拿一盏灯照着我的脸。‘别待在这儿。’他说道，而且拿穿靴子的脚碰了我一下。别待在这儿？待到哪儿去呢？待到萨沃伊去？待到温莎堡去？我没有待到其他地方去的本钱哪。我身无分文,最近的四篇文章全部在舰队街①被枪毙了。太尖刻了、太不斯文了,有社会地位的人是不会看的。突然间,我脑子开窍,有一个地方我肯定可以去——地狱。终结生命,死亡。泰晤士河近在咫尺,或者我可以去最近的火车站,在火车头轮子下面把自己碾成肉泥。选择多多!但是我还要再活几年,我会爱上炸鱼加炸土豆条的!我离开了塔桥,而且就在那个夜晚,当我浑身湿透、病魔缠身、流浪在我已经无法记清的地方时,老天开眼了,它不仅仅给了我倾盆大雨,还给了我答案。我必须重新抉择。"

他像气泵给轮胎充气一样浑身鼓胀着骄傲与欢乐,他砰砰地敲着桌子,继续说道:"而且我成功啦!从那一刻开始,我开始重新规划我的生活,朝着一个新的方向。我立马开始改造自己,我到救世军那儿弄到了一把剃刀和肥皂。我不花一分一厘钱到一家挂锁很差的旧货店偷了全套服装。我偷了一些报纸——在街头角落里卖报纸的那些老家伙,我比他们跑得快——看广告,确定了一个地方。去克拉里奇宾馆做夜间洗碗工。我的英语基本没问题——词汇、语法——问题是口音行吗?不行啊!不过,多亏了在克拉里奇宾馆楼梯下面的工作,我终于矫正了口音。每周两次到一个在科文特加登广场那些酒馆厮混的穷困潦倒的老演员那儿上演讲课。这人绝对是一个方言学家,只不过老是酗酒,再也找不到角色演了。我自己只喝凉水和热茶。我没有把自己的薪水挥霍在妓女身上,除了免费的,要钱就不去。"

他叹了口气:"不瞒你说,有一些时光实在是漫长、枯燥、艰难啊。但是,我最后摆脱了我住了好几个月的那个倒灶廉价的客栈,在一个条件很差的居民小区弄到了一个卧室兼起居室的便宜房子。于是我总算有了一个属于自己的空间,只要我付房租。我开始写小说,用的是沃尔特·司各特②的风格,我对此没有真正的兴趣,但是指望会赚点钱。请别告诉我你要看这小说,当成功女神朝我微笑的时候,我把手稿烧了。这个时候距我在塔桥下面醒来时过了约两年时光。"

---

①英国伦敦一条街道,以报馆集中著称。

②沃尔特·司各特(1771—1832),即沃尔特·司各特爵士,英国苏格兰小说家、诗人、历史小说首创者、浪漫主义运动的先驱,主要作品有长诗《玛密恩》《湖上夫人》和历史小说《威弗利》《艾凡赫》等。

“在那儿的什么地方你娶了一个出版商的女儿?”

“的确是这样。而且这次就是我岳父的报纸派我到这儿来的,跟着李上尉,写有关他和这场崇高战争的丰富多彩的散文——假如我们真要开战的话。你毫无疑问已经发现了,迄今为止什么都一片混乱,热,无聊。人们拍那么多电报,就只是描写一下佛罗里达的橘子树。英国有那么多的橘子酱,那都是更好的橘子做成的。”

他吸了一口雪茄:“有一点我仍然弄不明白。你是怎么发现我的?”保罗描述了一番走廊里的那一刻。“啊,我不记得是否见到你了,有可能见到了。说实话,我不想要见到任何人,我急于逃离那个地方。你可能已经猜到了,我在款待一位女士。”

“已婚女士。”保罗咧嘴笑着说。

“的确是的。那晚我们在一起好几个小时了,突然,电话铃响了。她那个白痴老公在西坦帕的一家低级酒馆,喝了很多便宜的外国佬喝的红酒,觉得冷不防窜到宾馆,行使一下老公的权利,然后再回到兵营去,倒也是一桩乐事。我当然不想遇见他啦,之前我见过他一两次。脑子笨得像猪,可身子壮得像一只大猩猩,屁股上,挂着像这样的一把随身武器。”他在空中做了个手势,表示那手枪的枪管有这么长。

“由于女王陛下的武官没什么事可干,只是玩玩网球或者乏味地给那些居然会去听他讲的傻帽讲述桑赫斯特的事情,所以我觉得我不必小题大做地惊动我的那些编辑而到法国去度个短假。我吻了一下那位姑娘的手,告诉她等她老公来的时候假如她不想引起进一步的关注,那么就应该躺在那儿,找个神经衰弱的借口,这在女人中间是常有的事。我真诚地希望这个伎俩能管用。我绝对不会在古巴见到可爱马戈的老公,你相信好了。你不会在交战的地方看见我。描写战斗,想象远比真实场景更加生动。克莱恩先生这么干就很灵,你们这些卑微恭顺的家伙为什么不这么干呢?”

听到这儿,保罗再也憋不住了,便哈哈大笑起来:“你没变,一点也没变。”

“别把我的秘密泄露出去,亲爱的小屁孩。”

“我就是有一点无法理解。你说的我一字不漏地都听到了,但我不知道怎么会这样。有很多青蛙变王子的童话故事——这也是一个，米哈伊尔。对不起，迈克尔。”

薄薄的窗帘飞动起来。卖别有风味的苏打水的小贩在街上走过，先用西班牙语，然后用英语大声吆喝着。迈克尔若有所思地仔细瞧着他的雪茄烟头。保罗的雪茄烟也抽到只有烟头了。烟叶淡雅芳香，烟接触到舌头，有一种柔软的抚慰的感觉。

“也许你说得对。”迈克尔终于说道，“但不是亲吻把青蛙变成了王子，而是一张免费戏票。”

这完全是一个偶然的机会（迈克尔说道），我演讲老师的一位熟人有一张戏票，但是他去不了。他也不能转手卖掉，因为这是一张非同一般的戏票，是独立戏剧俱乐部保留给一系列在白天定期特别演出的节目。通常不是伦敦西区那种下三烂的东西，而是有实质性内容的演出，富有刺激性的作品。他们所谓的有思想的戏剧。

俱乐部的演出都放在罗亚尔蒂，索霍区迪安大街上一个豪华的小会场。演出时间一般是星期六下午，以保证俱乐部的人都能前来观看。当然，也有其他的赞助人。其中有一个人碰巧就坐在正厅前排我的边上。她问这个座位的主人怎么缺席。我说他生了点小病。我介绍自己说我叫迈克尔。她介绍自己说她叫塞西莉。她穿得漂亮但很简朴，离美人还差得很远。

我新认识的这位姑娘很讨人喜欢，就是有点腼腆。幕间休息我邀请她陪我到正厅前座区的酒吧去，她的脸红得厉害。她喝柠檬果汁汽水，说话很少。演出结束后，我们一起散了一小会儿步。当我们握手并轻松地道别时，我突然冲动地邀请她到皮卡迪利大街的J.莱昂斯茶馆吃点心。注意啊，除了她叫塞西莉，我对她一无所知。我只是孤独太久了。不，受苦受难太久啦！

对我的第二次邀请，她没有假惺惺的羞怯。她来了，毫不犹豫。我本想到罗亚尔咖啡馆去摆摆阔，无奈囊中羞涩，我的钱只够买一壶正山小种红茶和一盘软烤小圆饼。我们交谈了很长时间，谈戏剧，谈书，谈政治问题。她显然受过良好教育，实际上，她的陪伴非常令人开心。我们走出J.莱昂斯茶馆时，我突然又产生了一种冲动,我邀请她到我在布朗普顿路的陋室去。

她再次来了,而且并非不情愿。大约晚上七点半钟,我得到了她。这是她三十一年来的第一次。你能想象吗?

我们穿好衣服,我陪着她来到楼下,找了一辆出租马车送她回家去。那是一个天气恶劣的夜晚。雾很浓。她将我抱在怀里,吻我,然后告诉了我她的全名,塞西莉·哈特斯坦。

不是那个哈特斯坦吧?哦,是的,同一个哈特斯坦。我竭尽全力掩饰我的惊讶和恐惧,送她上了马车,并打算逃离那个国家。

我的行动不够利索。第二天快近中午的时候,一个信使送来了一封她父亲的短信,命令我当晚八点钟去见他。他会派一辆马车来。毫无疑问,万一我不肯去,还会带来脚镣手铐和其他劝说的器械。这可怜、愚蠢、让人感激的年轻女人把什么乱七八糟的事情都告诉她爸爸了。

我想马上买张火车票跑路,可是太晚了。我敢肯定,她父亲一定派了大批打手在监视着火车站以便挫败这样的企图。我当时就处于这样一种状态,甚至都忘了打电话给克拉里奇宾馆,周一晚上的盘子得找其他人来洗。我心想,这可是鲁科夫的末日了。

当然啦,结果是,这不是鲁科夫的末日。

奥托·哈特斯坦……奥托·哈特斯坦是都柏林来的犹太人,那可真是少数啊!父亲是一个废品行贩。典型的狄更斯笔下那种人物。小说里面描写,那些人总是起早贪黑,四处奔波,捣弄废品和废动物髓骨,但小个儿奥托不是这样。小个儿奥托想要更好的生活。我想他年轻的时候是个孤独的人,他唯一真正的伴是他买来或者偷来的书籍。他年纪很轻时就不再经营他们家的生意,而是渡过爱尔兰海,到湖泊地区的一家地方报纸去当了个扫地工。九年不到,他拥有了那家报社。当时他二十二岁。其余的,正像他们所说的,就是在舰队街的历史了。

约克老爷的手下来到了指定地点,看不见带有武器。所有人都彬彬有礼——暂时的。马车载着我驶离了伦敦西区,行驶了八九英里,来到乡下,来到一幢富丽堂皇的豪宅,铁制的大门上有家族饰章,前门的花岗岩过梁上雕刻着一个名字,克拉德宅邸。克拉德——盖尔语,意思是友谊。在这儿,珍贵的友谊我是很难得到啦,我心想。很可能伺候我的是烧红的拨火棒烙屁股,然后装进一只加重的口袋沉到他的养鸭池里。

我被弄到了一个又黑又潮的大厅里,大厅的亮光仅来自可以睡得下六个人的壁炉炉膛。男管家退了下去,老爷看了我好长时间,然后说道:"要白兰地吗?"让我自己都感到惊讶的是我居然说:"好的。"

白兰地令我镇定下来,让我几乎一片空白的脑子终于回归到了理性的道路。我开始分析,她爸爸有三个选择。第一,他可以杀了我或者雇人杀了我,或者更加糟糕的是,把我弄成永久性残疾,但是我认为他并没有完全失去理智,所以我分析他不会选择这么做。

第二,他可以花钱让我离开,估计这是他企图做的。这会是很大的一笔钱。可是我记起了塞西莉在我那个便宜的小陋室里的那种热情洋溢。于是,我便直视着老人斜视的眼睛——我不知道哪只是右眼,后来才发现我选错了——说道:"约克老爷,天地间还没有足够的英国钱能让我堕落到产生如此可鄙的行为。我拒绝你不合适的贿赂。我当你从未说出来过,我也从未听到过。"

"你是外国人吧。"他说道,"你是犹太人吗,跟我一样?"

"不是。"我说道,"我原来是俄罗斯人,可是我四海为家,给报纸杂志写文章,这有什么关系吗?"

从那一刻起,我征服了他。哈特斯坦是个凶猛的老家伙,但不是傻瓜。毕竟迄今为止,没有人从他手中娶走他的独生女,现在来了一个也许会娶走她的人。而这个人还是一位新闻记者!

事情就是这样。他可以杀了我,花钱赶走我,或者将我拥入这个家庭的怀抱。

他拥抱了我。

结果非常好。塞西莉虽然其貌不扬,但身材丰满,我就喜欢这样的女人,而且她才华出众。她善良,把家打理得井井有条,还宽容大度。对我这样一个男人来说,宽容大度非常重要。

当然啦,她老爸在我身上也拴了几根绳子:不能在伦敦玩女性,穿着打扮要更加得体一点，少说他认为粗鄙的话。重要的是，在盎格鲁-撒克逊这边，得取一个新名字。

老爷子每年在我私人账户存入四万英镑。我为他的王牌报纸工作。我的头衔是记者，而我的待遇却像个小王子。我偶尔依然写点凿凿有据的鲁科夫风格的文章，措辞尖刻，用语泼辣，不过现在，他们重视了。那些伯爵与子爵以及他们香喷喷的女主人、白厅的工作人员以及他们乏味的老婆、带着信用卡和实际干活的工作人员的外交官——我发现，如果你口才好，舞跳得好，又有个有一定社会关系的妻子，那么他们就不会跑反了。他们读你的文章啊！他们会把你拉到书房里喝白兰地，关上门促膝谈心。他们征求你对战备或者关税或者反对党候选人的看法。谁在给谁设局？谁在背后要弄手段？这样耍弄手段有可能会引发战争吗？对所有问题，我毫无保留地谈了自己的看法。

我非常喜欢这样。

我不需要动手门便会打开。我看到了未来各种灿烂的可能：经营我自己的报纸，很多很多报纸！但是在内心深处——达奇，现在你发誓一定要守口如瓶——我依然是那个永远不会变的邪恶、尖刻、多疑的恶棍。这不是一个辉煌的命运之局吗？

别这么厉害地鄙视我，你自己也不清白，你抽雪茄。你干的是一个声名狼藉的行业。

迈克尔说完这些，穿上一件衬衫，因为在幽暗的房间里，天开始转凉。然后他请保罗也说说他自己的情况，世界博览会以来这几年中所发生的事情。

保罗毫无保留。他尽量平静地叙述，真实可信，可是很难，有太多的失望了。他告诉迈克尔他希望跟克朗家人一道在美国建立一个永久的家。他说到了被赶出家门，说到了遇见朱莉但又失去了她——一个催人泪下的凄美爱情故事，告白的时候有一点纠结。可是迈克尔懂，不时地点着头。每当提到乔叔叔，他都看上去心神不宁。保罗无法理解这是为什么。

最后，他说到了伍珀塔尔市的那位面包师，他的话现在看似乎应验了。

迈克尔摇摇头，平静地说："这样的梦想……被两个沉重的打击给粉碎了，那个姑娘和你的家族。那位姑娘可能是情非得已。可是你自己的家族怎么回事儿？把你像条在妈妈的地毯上行为不端的狗一样赶出家门——”

“我要说那是我叔叔的地毯。”

他的脸上又出现了怪怪的不安表情。

保罗望着窗外。柔和的热带黄昏正在渐渐降临，琥珀色的阳光穿透云层，将云朵染成了紫色。蓦地，一抹绿色闪光占满了天空，伊博市，越来越黑的房间。一会儿之后，一切回归正常，保罗无法想象这竟是真的。

“我在芝加哥看到你的时候你很开心啊。”迈克尔说道，“我真的很难过，你没有在美国找到你想要的一切。”

“是啊。只找到了一点点。唉，有人警告过我。汉堡码头上我遇见的一个人。他在这儿生活了十年。他气愤地打道回府了。我不否认我遇见过一些很好的人——”他想到了伊尔莎婶婶，想到了韦克斯·鲁尼，想到了弗里奇、卡尔、堂哥乔。他还想到了那个不诚实但十分快乐的沙多和他的玛丽……

他叔叔的脸出现了，他驱逐了这张脸。

“其中最令人难忘的是朱莉。”他说道。

又一个停顿。“你打算在美国待下去吗？”

保罗抬起头来，在玻璃杯里又拿了一根雪茄烟。他用迈克尔的金刀将其切断，在鞋底上擦燃火柴。一股喷香的烟味儿扑鼻而来，似乎也生发出一种冷漠的超然。这是第一次有人问这样的问题。

“我不知道。我在这儿学到了一门极好的技艺，一门我热爱的技艺。我看过不少报纸杂志，我知道电影在很多国家是一个正在崛起的行业。我想，拍电影总有一天会让我周游世界。我可以生活在很多地方。”这样的想法他以前从来没有说出口过。

“甚至是你的故乡。”

“是的，为什么不呢？故乡很可能好不了多少，但是总归熟悉一点。说真话，到今天上午为止这事儿我还的确没想太多。”

但是，他知道，他将会更多地考虑这个问题。黄昏中，在一个最令人讨厌的地方伊博市，一粒种子播下了。

他站起身来:“我得走了。”

“好吧,路易莎很可能恨死我了。我让她就在这条街上的弗罗勒斯酒馆坐着等。不过呀,她在这段间歇里有可能赚了好几美元呢,她胆量挺大的。我陪你走一两个街区吧。”他穿上一双绳子结的凉鞋,打开墙角两用衣橱的门,扯出一根头上有个圆球的很粗的文明棍。“路易莎告诉我,晚上在伊博市单独散步很危险,有可能遇上坏人。”

街角的杂货店里灯火通明。托马索再次在打扫根本没有垃圾的人行道。他朝保罗和迈克尔挥挥手。迈克尔拿文明棍向他致了个意。一只带深色斑纹的灰狗在大街上跳着绕圈,追逐自己尾巴上的疮。

“我很高兴我们能再次见面,保——达奇,对不起。我保证,我不会再忘记你的名字了。而且我们一定会再见面的。要是有什么事情我应该知道的,克莱恩会打电话给杂货店。我可能还会偷偷溜回到宾馆亲自去看看。我不能太长时间不给我的编辑拍发稿件啊。你和我可以就这场战争好好谈一谈,说不定还能谈出点什么东西来。”

在一个昏暗的拐角,他伸出他那只干净、白皙、修过指甲的手:“我会回来的。祝福古巴。”

“祝福古巴。我真的为你高兴,迈克尔。我喜欢你这个新角色,不过第一次见到这个新角色着实让人震惊。”

迈克尔婉言鼓励道:“你也需要准备好成为又一个这样的人。美军那些高级将领你熟吗?”

“沙夫特将军、惠勒将军,他们我都不认识。我没有拍摄过他们,他们老是在开会。此外,我知道没有办法让这样的影片吸引人。”

“我研究了整份花名册。我的朋友,有些事情你必须得弄明白。”他用一只手抚着保罗的肩膀。

“有一位准将是芝加哥人。毫无疑问,他待在那个宾馆里,他跟惠勒一样是志愿兵。克莱恩告诉我他是一位酿酒商,他的名字叫约瑟夫·伊·克朗。”

第九十一章　将军

这一切来得如此之快。敬礼、仪式、军号，那熟悉的军号把每一天的时间都划分成一系列小格。秩序啊。多么舒坦，多么惬意——这就是他德国灵魂的本质。

坦帕的混乱令他不快，甚至令他十分生气。千真万确，混乱的大多数根源都在华盛顿。可是其后果却毫不留情地反映在那些正在努力组织这场有史以来在美国本土之外规模最大的军事远征的人身上。

货运车厢依旧令人十分头疼。每位战士的战地给养由不同的成分组成——罐头肉、饼干、面包——得到相距数英里之遥的不同车厢去寻找，且车厢上面的标识仅有“军用物资——十万火急!”那几个字，乔和参谋部的所有人员都恨得牙痒痒的。

商业航运公司将运输工具出租给陆军部，他们索要的价格很高，却把船只上的设备都拆下来，拆得几乎都不能用。老板们振振有词，说这是必要的，是为了在战争结束之后节约维修成本。阿尔杰部长的手下在华盛顿谈判并签定合同，但是军队得跟一个一个的船长吵架。

沙夫特将军的策略可以概括成两个字：“快速。”他想要直插古巴，在雨季和黄热病成为显著威胁之前摧毁尽可能多的西班牙阵地。但阿尔杰部长似乎在竭尽全力抵消这一策略。差不多每一天，来自华盛顿的电报都会改变将军的命令：

首先，军队要在古巴南部沿海的图纳斯角强行登陆，为马克西姆·戈麦斯将军的抵抗力量提供补给，然后回到船上。为了有利于直捣哈瓦那的在马里埃尔①的主登陆，这一部署很快便被撤销了。接着，海军准将温菲尔德·斯科特·施莱的机动舰队发现了塞维拉上将的舰队在古巴的圣地亚哥港。施莱准将报告说有三艘装甲巡洋舰，三艘鱼雷驱逐舰，还有那艘战列舰“克里斯托巴尔科隆”号全部都泊在锚地。这样一来，电报愈加多了，并为军队产生了一个新的目标——圣地亚哥港，其堡垒和城市。进攻哈瓦那被推迟到秋季。

其次，军队指挥部面临着运输能力捉襟见肘的问题。人们发现，陆军部没有租用足够的运输船只。运兵能力仅为两万人，而不是计划中的两万五千人。

“你知道这意味着什么吗?”惠勒将这个消息传达给乔的时候十分气愤，“他们要运输拉车的骡子，拖火炮和弹药的马，还有足够供军官们骑的马。但是，我们师的部队将不骑马战斗。罗斯福就在这儿，又是嚷嚷，又是骂娘，我认为他在火发完之前会把地毯都给嚼烂了。”

乔摇摇头：“简直跟地狱一样混乱。”

“你可以感谢阿尔杰那些负责采购的该死的北方佬。好啊，他们都是专家呢，干蠢事的专家。”

所以，在5月底的最后几天里，各种紧张万分的会议持续不断，命令写了再写，文件送来送去，夜里贴到中央大厅布告牌上的电报跟昨天的电报打架——也跟前天的电报打架。

愤怒的心情和徒劳的活动很快令乔筋疲力尽，弄得他的脾气十分火爆。一天的工作要是在晚上八点之前结束，那么他就会抓紧时间到餐厅里去吃个饭，要是活儿干到十点、十一点甚至更迟，那么就让人送一份冷的快餐和一瓶当地的劣质啤酒到他房间里，这样的节奏已经司空见惯。

他不去军官们聚集喝酒争论的酒馆。那位德国武官像蚂蟥一样叮着，不断企图强行喋喋不休灌输他从位于柏林威廉斯特拉斯大街的大使馆听来的最新说教。“拿破仑给我们上了一课。一个为其国家地位感到骄傲的国家一定是一个战无不胜的国家。”“创建新的统一的德国是本世纪最为重要的政治事件。”“以

---

①古巴西部海滨城市，位于哈瓦那以西40公里处，是距美国最近的港口。

前，祖国只是一个舞台；现在，祖国是一个主角了。”如此等等。一想到他的故国落入了冯·赖克和德国皇帝之流的手里，乔就十分反感，德国皇帝自己证明了，他是一个刚愎自用、桀骜不驯、隐含危险的领导人。

一天，乔骑着马到第一志愿军骑兵团驻地去。这个团紧邻师司令部，就在宾馆所在的这条路上。来到兵营出入口附近时，他看到一个人蹲在一台最近流行的电影摄影机后面不断地摇着曲柄，正在拍摄一队士兵。一些椰子树前面，那些士兵正在操练武器，也是一副松松垮垮的样子。

乔拿靴子的后跟踢了一下他的坐骑，向前靠近。他在椰子树边上勒住缰绳。带队的下士连忙毕恭毕敬地上前行了个军礼。乔回了礼，朝俯身在摄影机上的那个人大声喊叫道：

“喂，你，你叫什么名字？”

摄影的人转过身来。他很年轻，戴着一顶有格子图案的帽子，帽舌拉在后脑勺。乔以前从未见过此人。摄影师从风衣口袋里掏出一张名片，说道：“比利·比策。纽约美国拜奥格拉夫的。”

乔从马鞍上俯下身去，接过名片：“嗯，比策，这个区域是伍德上校的团。上校已经发布了特别命令——不允许摄影机到莽骑兵附近的任何地方拍摄。它会影响训练。”

“我听说了。我不太喜欢这样。”比策还厚着脸皮微微一笑。

“你喜不喜欢没关系，但你得遵守命令。执行命令，比策先生。”

乔兜转马头，沿着沙泥路慢跑走了。军队不需要这种人在附近游荡，不需要让其缺点展露在低档杂耍剧场的银幕上。本来事情已经够糟糕了。

乔到坦帕已经两周了。最初回到军队的激动慢慢有点消退，尽管他依然很享受听到他的部下称他将军。他喜欢这一令人肃然起敬的称号。

他重新发现了军队生活的方方面面，在更加快乐的记忆辉光中，他曾经遗忘了这种生活，榆木疙瘩的军人脑袋就是一例。他突然在沙夫特麾下的一位军官罗林森·吉尔亚德少校身上发现了这样的脑袋。吉尔亚德是一位职业军人，有过大平原的经历，但他没有上过西点军校。背后，他那些称兄道弟的军官都说这事儿总让他自惭形秽，所以做事有点过度。吉尔亚德经常纠结于完美无瑕这一点，他手下的每一个人都感觉到了这种尖刻性。

乔的个人勤务兵威利·特里尔下士告诫过他："我劝将军还是远离吉尔亚德少校。他除了书本上说的，什么都不喜欢，而且有时他连书本也不喜欢。"威利是一个皮肤晒得很黑的结实战士，是一名职业军人。他的母亲是一个彻罗基印第安人。

吉尔亚德少校中等身高，圆脸蛋，皮肤白里透红，几乎像个患白化病的人。他那双锐利的眼睛被度数很高的眼镜给放大了。他抱怨士兵的敬礼马马虎虎，抱怨莽骑兵的领巾上是圆点花纹而不是通常的红色，抱怨乔·惠勒喜欢穿亚麻布的风衣而不穿有穗带的蓝色礼服大衣——反正什么都抱怨。乔听从特里尔下士的劝告，尽可能避开他，但有的时候不可能避开。

6月1日，迈尔斯将军终于从华盛顿来到这儿的这一天，乔接到一份有关"帕尔齐法尔"号的检查报告，"帕尔齐法尔"号是白箭线的一艘货运船，计划运送第九骑兵团的一半兵员。该报告是过吉尔亚德的手到他这儿的，而且是由吉尔亚德草签的。乔将帽子扣在头上，直接将报告递还给他。

"少校，这个报告完全不行。"

"恐怕没有办法了，将军。"吉尔亚德的两只眼睛仿佛两条很大的灰白色鱼在他眼镜后面的鱼缸里游动，"跟白箭的合同已经签了，而且得到了华盛顿的批准。"

"我不管。这个报告说第九团的官兵将被放到两个最底层经过改装的船舱里运送。"

"是的，长官。他们将和乘这艘船的几个白人步兵连分隔开。黑人士兵将在主甲板的左舷训练，白人士兵在右舷训练。甲板上将划一条分界线以便分隔——"

"我是在说下甲板的条件。如果我们的士兵像猪一样被关在栏里，那么至少这些栏要有亮光并通风。报告里说，'帕尔齐法尔'号重新油漆了，包括舷窗等。换句话说，舷窗被封死了。这一情况必须纠正过来。我到船上去，跟船长交涉。"

"恐怕有问题，将军，鉴于这个报告不行，按规矩得重新写一个正式的书面报告提出问题，并将副本送达陆军部有关部门。只有到那时——"

乔大怒，打断他道：“如果我们接到命令明天要上船怎么办？有规矩解释为什么我们愚蠢到让这样的事情发生吗？再见，少校。”

“将军，我以最恭敬的态度劝您别——”

乔砰的一声摔上门，将余下的话关在了门外头。

乔从他放在床底下的旅行箱里拿出那把老旧的战地左轮手枪，这么多年来，他一直给手枪上油并包得好好的。腰带的皮已经变脆而且开裂了，其他都还好使。他给科尔特左轮手枪装上子弹，将腰带系到礼服大衣里面的腰上。毕竟老百姓中的那些船长都是粗野水手，而且有些还挺喜欢斗嘴。

他骑马行驶九英里来到港口。远远地，他就看见了冯·赖克上尉以及他来自帝国海军的同行帕斯维奇司令官，他们正在用照相机拍照。所有外国武官都忙着摆弄照相机，为各自的政府拍摄大量照片。也许最为认真的是日本武官西巴少校，他扛着两架相机，从马车车轴到旗杆，什么都拍。

乔从马鞍袋子里拿出拴马桩，将马拴好，围着一大堆弹药箱转了一圈，在浮动平台登上一艘小快艇。小快艇载着他穿过海湾，来到“帕尔齐法尔”号上，“帕尔齐法尔”号的船长是一个姓斯夸尔斯的人，他沉着脸在舷梯上迎候他。

斯夸尔斯船长大约四十岁年纪。他已经好几天没有刮胡须了。他穿着一条喇叭形裤子，上身穿着一件汗衫，汗衫上有好几个洞。他陪着乔来到凌乱不堪的房舱，里面一股发霉床单的气味和杜松子酒的香味。

“我说你这次来并不受欢迎，将军，我们这儿忙都忙死了。我们可不可以长话短说？”

“当然，船长，假如你配合的话。我想看看下面睡觉的地方。”

斯夸尔斯拿破碎的指甲挠着他胡茬满面的脸。

“怎么，有什么问题吗？”

“报告里所说的住宿条件不能令人满意，准备不充分，不合适。尤其是，据我了解，舷窗都封死了。”

“这个没有办法了，船重新油漆了。”

“对不起，我想亲自去看看。”

斯夸尔斯估量了一下乔的实力，拿舌头在下嘴唇上滚了一下："也许我的大副可以带你去——"

"你带我去，斯夸尔斯船长。你亲自带我去。"

斯夸尔斯找来一盏用电池的灯。他们爬下几段铁的楼梯，来到一个黑乎乎的船舱。乔咳嗽起来，连忙用手捂住嘴巴。油漆和强力消毒剂混合在一起的气味浓得可以窒息一头骡子。

"请把灯举高。"斯夸尔斯嘴里咕哝着只好服从。灯光照亮了挤得十分紧的一排排四层高的床铺。床铺是新的，松树原木，上面尽是刺，组装得也十分拙劣。

"这些质量太差了。"

"有什么关系吗？也就一批黑鬼在这儿睡啊。"

"对不起，他们是美国军人。"乔沿着走道来到船壳边，圆圆的舷窗依稀可见，就像雾锁天穹的夜晚里一连串的满月。他想用力打开一扇，可是里面锈住了，外面涂了油漆。

"船长，务必把这些舷窗打开，把油漆刮干净。每一扇。"

黑黑的走道里，斯夸尔斯船长看上去像个洞中肮脏的巨怪："不可能。没时间，也没人力。另外，合同里又没有说舷窗的事儿。"

乔侧转身对着船壳。他解开礼服大衣的纽扣，伸手去拔科尔特。他将手枪举到齐肩高，伸直手臂，端稳，连开了三枪。舷窗掉落下来。枪声在船舱里嗡嗡回荡。

浓烈的火药味儿飘散开来。外面，阳光在波涛起伏的海面上闪耀。上层甲板，人们在奔跑和喊叫。他擎着滚烫的左轮手枪走回到斯夸尔斯船长跟前。

"瞧，船长，我打开了一扇。其余的你打开吧。你要是不打开，我会回来，我们再好好谈谈。那时就不会这么友善啦。"

"你这该死的爱管闲事的家伙，你以为我会——"

乔拿左手劈向斯夸尔斯的后脑勺，劈得他的头猛地倒向前去。左轮手枪的枪管顶住船长的下巴尖。

"是的，我认为你会的，斯夸尔斯船长，你会立马干的，而且干得很漂亮。现在，带我到楼梯那儿去吧，这儿的气味太重了。"

乔站在飞速驶离“帕尔齐法尔”号的海军小快艇的船尾。他感觉不可思议，浑身洋溢着年轻、自信。他打破了规矩所设定的界限。事实上，他表现得像个小男孩，一副盛气凌人，全然无视道德，简直就像很久以前勇敢无畏、急不可耐的志愿兵……在他见大世面之前。

他将帽子夹在胳膊底下，任热风吹拂着他的银发。小快艇驶向普兰特码头的路上，他突然意识到，他为何会如此亢奋，还有另外一个刺激着他的同样强烈的原因。他在某件事情上下定了决心。明天，星期六，夜里，他要跟里韦拉小姐说话。

第九十二章　吉米

晚霞的红色辉光照耀在单根杆子上挂着的一个个铜球上，发出耀眼的光芒。一块油漆过的牌子的一端突出着熟悉的标志。

梅尔尼克

买——卖——当

吉米站在街的正对面，抽着一根当地生产的细长雪茄烟，左脚的鞋底贴着一幢商业大楼的墙。一个穿着套装、戴着礼帽的美籍西班牙律师从一楼的律师事务所走了出来。他锁门的时候，瞪了吉米一眼。吉米回瞪了他一眼。那人吓了一跳，然后赶紧朝另一个方向走了。

拿骚大街对面的商店门面很窄，就只有一个陈列橱窗，边上是一扇门，门口往里面凹进。门玻璃后面有铁丝格栅。本周早些时候，吉米就来过西坦帕。他到这家商店踩过点，看中了陈列橱窗里面的那件东西，那可是件送给芝加哥的霍尼的一流礼物。它是一条精致的小小金项链，更有可能是镀金的，上面串着短的金链，每条链的末端都有一块小小的红色或绿色玻璃宝石。项链边上的深红色价格牌上写着十一美元。这犹太佬心真够狠的，它很可能一半价钱都不值呢。犹太人，他们全都一个样，吸血鬼。

他又回来踩点两次，打探当铺老板的活动规律。日复一日，没有什么区别。梅尔尼克徒有男人外表，个儿矮小，身板虚弱，随着四邻人迹越来越少，他会将橱窗里的所有商品都撤下来，并把一个遮阳窗帘放低。第二天夜里，吉米在外衣里面带了一根短的撬棍来。等梅尔尼克走了之后，他悄悄地溜到商店后面空无一人的小巷里。撬棍撬不开门。吉米破开足够的口子才发现原委，里面有一根铁条，插在门边上的托架里。要从这儿进去，他得用消防斧头。但这不可能，因为声音会很响。

太阳愈加西下，给云朵染上了色彩，红色的光亮照耀在拿骚大街上，但是将紧锁的商店和营业所投在了越来越浓的阴影里。吉米拍死了一只不断骚扰他脖子的小虫。他一看手掌心的血污，便恶心地吐了一口唾沫。他在身后墙壁的白色灰泥上擦着手掌。他讨厌这个到处都是虫子和蛮横无理军官的城市，讨厌臭气熏天、湿热难耐的南部地区及其讲话口齿不清的居民，讨厌他的搭档——他讨厌这整个状况。

他无法否认自己在弄钱这件事情上进展顺利。他在宾馆内部小试牛刀好几次，有两次他的冒险获得了相当大的回报。他在位于另外一个城市、伊博市跟这家当铺差不多的一家当铺里典当了他的赃物。他用这些收益犒赏自己，找妓女。妓女很多，每趟火车都送更多的妓女到来。尽管如此，她们跟芝加哥那个美丽真诚的天主教女孩还是不一样的。他觉得自己正在变成傻瓜，居然被她迷上了，但是他听说这样的事情是有可能发生的。

等这场愚蠢的战争一结束，他将从霍诺利娅·费尔那儿得到他想要的东西——不是说娶她，这是不可能的。从现在到那时他所要做的一切便是让自己这副皮囊保存完整。让他那位急于做事的笨蛋搭档去冒险吧，他将等着到芝加哥扮演英雄的角色。要了霍妮的童贞，跟沙多说拜拜，并跳出这个只能挣点小钱的电影行业。又好又快挣美元的路子有的是。那些路子不需要顾忌令人讨厌的“诚实”——或者说连假装都不需要。他就是在那样的环境中长大的，他将重操旧业。到目前这个时候，他肯定，所有跟谋杀那个妓女有关的危险都已经烟消云散了。

突然，他直挺挺地站起身来。当铺那边，那犹太人正探身进陈列橱窗里收拢商品。那人的身影只是模糊的一个影子——他早早关掉了电灯。他的活动规律跟以往一模一样。

他爬进橱窗里，拉下遮阳窗帘。几秒钟之后，他就会带着钥匙走出店门。吉米将雪茄扔到街上，摘下他的草帽，将那块圣牌和长链子从他的头上套了出来。他将链子塞进自己泡泡纱外衣左边的口袋里。

商店的门开着。吉米已经在大步穿越街道，一面贼溜溜地朝左右张望。有两三个酒鬼在西面一个街区远的小酒馆前面嚷嚷，除此之外，寂静无声。太阳几乎跟地球处于同一水平线，阳光把房子的正面涂抹成了深红色。当铺老板背对着街道，正在黑乎乎的门洞里锁门。

他拿钥匙锁门一下子锁不上。他咕哝着，根本没有听见吉米悄悄走近前来。吉米盯了一下那顶用发夹别在那人头发上、用钩针编织的滑稽的无檐便帽。接着，吉米轻轻拍了一下他的肩头。

“对不起。”

那人吓了一跳，转过身来。他有一张三角形的脸，一双眼睛就是特别多疑和特别会占别人便宜的那种人的眼睛。他嘴巴里正在嚼一根肉桂枝，味儿很香。

“商店开门的吗？”

“这个样子是开门吗？我打烊啦，星期日再来吧。”

“可是有一件东西我真的需要买给我女朋友啊。明天是她的生日。”

“关门啦！”那人不耐烦地说，“安息日。”吉米不知道安息日是什么玩意儿。“走吧。星期日上午，那时我开门的。”

“哎呀，对不起，我来晚啦。”吉米说得很温和，往后退去。

梅尔尼克紧张地将钥匙往锁孔里面捅。门依旧稍稍有点开着。吉米像只猫一样扑向前去，拿双手使劲推了一把当铺老板的背。

那人将门撞开，倒向店内。吉米在他身后冲进屋里，但是让门半开着留下一点光亮。商店里弥漫着地板上木屑的味儿，陈列箱子上覆盖着土灰色的布。

“先生，请——”梅尔尼克摇摇晃晃地站起身来，举起双手，“别伤害我。我没有什么对不住你的地方啊。”

“我知道，可是我想要你这儿的某样东西。”

“哪样？”

“一根项链，有小小红、绿宝石的。你把它放在陈列橱窗里的那根。”

“锁在那个盒子里。我去拿，你可以拿走，只要别伤害我。”

"你这才聪明。可是万一之后你报警呢?"

"我不会的,我发誓。"

"好吧,那么,去拿来吧。"

梅尔尼克踉踉跄跄地穿过漆黑的店堂朝那些朦朦胧胧包裹着什么东西的箱子走去。吉米看见那人的头稍稍朝店堂的后面转了一下。他警惕地将自己的手放进口袋里,抓着那块圣牌和链条。梅尔尼克移动得比他估计的要快,简直是扑向那扇后门。"该死的卑鄙犹太佬。"吉米咆哮着,一面从口袋里扯出他的圣牌和链子。

逃命的当铺老板回头望了一眼,失足绊了一跤。他跪在地上,听到吉米朝他扑来,狂叫道:"不!"吉米将链子甩过那人的头,用一个膝盖顶住他的背,狠狠地勒着链子。

"你不该骗我。"吉米说道,"你这是自找的,听见吗?"

这小个儿犹太人逐渐失去意识。

吉米松开手,任他倒在地上。内心深处,他不得不承认,抢走项链,留下犹太人这个活口,他会害怕。这就是他内心真正想要的结果。

吉米飞快地扫了前门一眼。万籁俱寂。他任当铺老板趴在木屑里,自己在思考一个问题。如何找到他想要的东西?他咬了一会儿自己的嘴唇。他看见了电灯开关,但不敢开灯。他关上前门,在里面闩住,拉下窗帘。然后,他打开了电灯。

梅尔尼克的景象令人作呕。吉米飞快地寻找着,撕开一个又一个上了锁的箱子上的盖布。他在第三只箱子里面找到了项链,它就装在一只丝绒衬里的长盒子里。他扯下一块盖布,一圈又一圈绕在自己手上,绕得像一只白色的拳击手套,然后屏住呼吸,避开头,狠狠地砸向玻璃。几秒钟之后,他将项链连同盒子放进了自己的口袋里,并再次关上电灯。

他抬起托架上的铁条,从后门走了出去,一面将那块圣牌塞进自己的衬衫里面。

他大步走向宾馆,心情好极了。他狂跳的心率缓了下来。第二次杀人容易多了。而且,他们绝不会把某个卑贱的犹太佬当铺老板的死跟他挂起钩来,他们有什么理由跟他挂钩呢?他开始吹口哨,苏泽的那首新进行曲《星条旗永远飘扬》。他感觉安全了。比他在芝加哥把那姑娘扔进河里之后走上岸时安全多了。

他又点燃一根细长雪茄烟,回想这一个晚上精彩的买卖,便再次微微笑了。他多想拿这事儿跟达奇吹嘘吹嘘,达奇自以为很聪明。他以为,你只要累断筋骨、拼命干活——那就是"诚实"——生活就会给你带来回报。横渡大洋过来的德国佬懂个啥?

一想到达奇,又让他想起了另外的事情。他的搭档是沙多的宠儿,沙多的亲信。吉米一方面没有心思干电影这行,一方面又对不得宠耿耿于怀。有的时候,他真的想让达奇瞧瞧他的圣牌和链子,向他证明,他傻乎乎地干死干活挣来的钱,有可能呼啦呼啦两三下就被抢走了。

不,别犯傻,他在降临到坦帕的湿漉漉的掩藏着丑陋的黑夜中一边走一边想着心事。他没有理由发疯,他没有恨达奇到那个程度。

的确没有。

第九十三章　达奇

吉米·道斯光顾西坦帕和乔·克朗将军造访“帕尔齐法尔”号的同一个星期五夜晚，保罗从伊博市返回城里，他的心情一直处于震惊之中，对迈克尔所揭示的真相感到震惊。回到宾馆，他径直去了拥挤不堪、热闹非凡的地下啤酒馆。

比利·比策在一张桌子边朝他打招呼。比策的前面摆着一罐啤酒、一盘香肠和泡菜。保罗坐下，问了一个问题，他希望这个问题他问得很随意。“当然有，”比策说道，“有一位准将姓克朗，在惠勒麾下。两三天之前，他还把我从莽骑兵的兵营里给赶了出来呢。粗暴的老家伙。约瑟夫·伊·克——”

他一面将一杯啤酒往嘴边送一面说完了那个姓。“克朗。你们俩有关系吗？”

“远亲。我们是远亲。”

“听你的口气好像你不喜欢他。”

“好啦，我们别深入探讨这事了，好吗？”

“你不说就不说，哥们。跟我一起吃晚餐吗？”

“另找时间吧。我没胃口。”

当晚他几乎没有睡着。第二天一早，他在吉米的门里塞了一张条子，说他们到中午再拍片。没有任何解释。

天依然没亮，保罗在中央大厅的一张豪华椅子上拿着一份报纸坐着。他选择这个座位十分小心。这儿有一部分被种植在一只缸里的棕榈树给挡住了，但是依然让他看得见楼梯和通向电梯的走廊。来往的人只要不刻意朝他坐着的阴影里瞧，就不会注意到他。

六点半钟,有三位军官走出电梯。没有错,那张脸,上了年纪的人的举止,还有那颗准将星星。没有错,那姿态,那自信的步伐,像钢铁般银光闪闪的拉丝头发。保罗举起报纸将面部挡住,他的双手冰凉。当三位军官走进餐厅之后,他赶紧跳起身来,将报纸扔进接待处边上的一只筐子里,完全是跑向游廊。

在这个灰白色的潮湿早晨,他几乎很难呼吸。东方的天空,呈现出一缕缕火烈鸟般的粉红色。露水湿透了草坪。他开始走路,也不管走向何方。

他该怎么办?坦帕湾宾馆很大,又到处都是房客和访客。他如果保持警惕,不要到餐厅去吃饭——而且如果稍稍有点运气——他就有可能避开叔叔。

抑或,就让乔叔叔知道他也在这儿?迈出互相谅解的第一步,有可能重修旧好。家族的声音、同一血统的声音在说"是的",而且非常坚定。

可是,他叔叔把他赶出家门了啊。他要是再一次不接纳他呢?

他从东门再次走进宾馆,飞快地爬上楼梯,回到自己房内,他的房间里乱糟糟地摊满了他收集的各种纪念品。窗户外面的远处,传来军号声和宾馆醒来的声音。他坐在床沿上,闭着双眼,将两个大拇指按着自己的前额。这样按着可以帮助他思维。

他记着从密歇根大道那幢大宅里被赶出来的痛。接着,他想起了他的堂哥。小乔尽管鲁莽任性,可是他唯一真正的罪过是关心那些被压迫的人。他愚蠢地受到了本诺的影响,而且有人死了。但是,小乔绝不是有意参与那事情的。

但他父亲对他的态度恰恰相反。后果是,保罗失去了小乔,母亲失去了儿子,妹妹和弟弟失去了哥哥,这全都是因为乔叔叔的固执和愚蠢。而且,保罗在芝加哥没有了家,在美国没有了他真正的立足之地。

他承认,在发生那件麻烦事情之前叔叔对他是好的。保罗真心实意地非常钦佩乔叔叔。他孑然一身远赴美国的勇敢,他在那场伟大的战争中为黑人的解放而战斗的理想,此后他跻身富人名流的非凡成就。

可是,保罗无法宽恕乔叔叔站在对立面的所作所为。打定这样的主意,他放下了和解的强烈念头。他嘲笑这一念头,慢慢让它枯萎吧。

去跟乔叔叔见面?

不,他不会。

第九十四章　将军

她单独坐在一张白色的小桌边。她知道他在瞅她，他紧张地沿着舞池转了好几圈的过程中一直在瞅她。

东方附房里的音乐和热量令他有点头晕。她穿着一身有红色褶裥饰边的紧身白色服装，多美啊。她正在等待他……

他。

突然，有一种负罪感在主入口附近拽住了他，使他一动也不能动。"你不能这么干。你不能背叛伊尔莎。"

他迅速赶走了这一想法。更加强大的影响——即将爆发的战争，芝加哥的远在天涯，振奋一下他自己的活力，还有她的美丽——战胜了他的良知。他整了整军装的前襟，迈着快速坚定的步伐朝她走去。

"将军，晚上好。你感觉好吗？"

这突然的声音吓了他一大跳，他向右面转过头去，此前他没有注意到吉尔亚德少校。吉尔亚德也是一个人坐着，他那双放大的眼睛带着某种疑问望着乔。

"好啊，少校，我挺好，你为什么这样问？"

"请原谅，长官，你的脸色看上去苍白。"

"没有睡好，就这么回事儿。这家宾馆也许在冬天挺舒适，可眼下房间里热得要命。"

"不说这个了，将军，我希望你休息得更好。"

"肯定会的，非常感谢你的关心。"乔说完便大步走了。

她看见他走过来了。随着他走近，她那双灿若星辰的深棕色明眸变得越来越大。他来到她的小桌边，像个很怕难为情的二十岁乡下小青年一样鞠了一个躬。他的目光恰好扫过她服装领口上面那条令人头晕目眩的深深乳沟。他感觉自己脸红了。

“里韦拉小姐，我是乔·克朗将军。”

“晚上好，将军，我知道你是谁。”她微笑着说道。她的英语虽然有浓浓的口音，但是很纯。突然，他再次感到难为情，毕竟她可能还不到二十五岁啊。

“你要不要坐一下?”

“我过来是想问一下您能否赏光跟我跳支舞。”

“对不起，不行。”

“小姐，请原谅假如我冒犯——”

“没有没有。去年我逃离哈瓦那的时候，我发下一个誓愿，在革命把西班牙人永远赶出我们的家园之前再也不唱歌跳舞。”

“好吧。值得称赞的理想。”舞厅里有多少人在瞧着?在说长道短?但她真的非常可爱，那些都无关紧要。“我想，那么——您愿意到花园里走走吗?”

她报之以微笑。她的嘴唇红红的，丰满可人。“这个提议正合我意。”她站起身来，并非故意地将自己的胸部碰到了他穿着蓝军装的手臂。他感觉自己像颗行星突然飞离了轨道，落入无边的太空。

花园里，黑乎乎的小道上有一对对男女在散步，她挽住他的胳膊。

“我看到今晚你兄弟不在这儿。”

“沙夫特将军召开一个特别会议，涉及抵抗力量的某个问题。阿尔莫瓦直到上个月还和他们一起在山里。他在卡利克斯托·加西亚[1]将军手下供职。”

然后是沉默，沉默的时间在延长，两人似乎变得越来越尴尬。乔感到绝望，说道:“我好几天前就想认识你了，小姐。”接着他又添加了一句，“当然还有你兄弟。”

---

[1]卡利克斯托·加西亚(1839—1898)，即卡利克斯托·加西亚-伊尼格斯，古巴独立战争的领袖之一，参与领导反西班牙殖民统治的十年战争(1868—1878)和古巴独立战争(1895—1898)，美国侵入古巴(1898)后，率代表团赴美谈判古巴独立问题。

“哦，当然啦。”她的玩笑干巴巴的，几乎觉察不到。

“你说你逃离哈瓦那——”

“在和家里人吵了一架之后。里韦拉家族在古巴生活了一百多年。我们父亲是一个进口商，从家乡进口雪利酒、里奥哈葡萄酒和其他红酒。他相信女王，相信维勒尔——简单说，就是相信西班牙的绝对权威。可以理解，他是天主教徒，七十岁年纪了。年龄、财富、血统酿就了浓烈的酒。人一喝这种酒，几乎肯定会变得‘保守’。这个说法你熟悉吗？”

“熟悉。”乔说道，对自己的小小玩笑感到惊讶，可是她没有注意，“然后你跟你父亲闹翻了？”

“是的，阿尔莫瓦和我两个人都跟他吵，吵得很凶。我们争论这场战争，也争论我们的哥哥欧内斯托。欧内斯托两年前离开了大学，加入了反抗者的行列进行战斗。他死在了一条小路上，死得很惨。”

“抱歉。我不知道你说的小路是什么意思。”

“抱歉。小路就是丛林里面清理出来的一块空地，挺像一条浅浅的沟。一百五十米到两百米宽——八十公里长。小路其实是一道堑壕，反抗者用来屯兵的。第一道堑壕是十年战争①期间修建的，从莫龙一直到胡卡拉。它一度废弃不用了。维勒尔来了之后，他进行了修复并重新发挥了它的作用，然后又修建了第二道堑壕，从北海岸的哈瓦那稍稍西面一点的玛丽尔到南部的马哈纳。”

她继续解释说小路不仅仅是一条堑壕，而且是一道防御屏障。清除地面过程中砍倒的树木被堆在两边——“一道树干和树根组成的防御屏障，比街道还宽，比你要高得多，将军。”每间隔半英里到一英里，修建有小的堡垒、碉堡，瞭望塔，可以观察丛林的两边。

“哪里的小路不用了，就搭建尖桩棱堡，用挑绷子一样的带刺铁丝网结扎起来。在小路的西面，屠夫维勒尔采用了小炮和电灯。但不是这样就完了。他还埋了地雷，每颗地雷都有蜘蛛网一样的拉发线。欧内斯托跟随一支安东尼奥·马乔将军派遣的队伍在穿越小路的时候绊到了一根拉发线。这些地雷设计的作

①十年战争（英文称为 Ten Years' War，也称 the Great War），古巴人民反对西班牙殖民统治的战争，亦是古巴三十年解放战争的初期阶段。

用就是要把你炸成碎片——用一块块小小的铁片把挨炸的人割成碎片。欧内斯托被炸伤了,成了蟹的大餐。它们生活在海边附近,天一黑就来捡腐肉为食。但要是有带血的肉,它们白天也会出来。很多跟茶碟一样大小,有的甚至有这么大。"在来自游廊的光亮中,她用黑色轮廓一样的双手比画了一下,大如晚餐的盘子。

"可怕的动物啊。"她继续说道,"咔嗒咔嗒地用钳子抱住骨头,啃得什么都没留下。你可没有遇见过这种蟹,将军。尤其是在你没有能力保护自己的情况下是绝对不想遇见它们的。它们会活活地吞噬受害者身上的肉,假如受害者没有任何帮助的话。欧内斯托当时没有任何帮助啊。"

"天哪,"乔轻声说道,"这太可怕了。这些你是怎么知道的?"

"一位中尉巡官日出后没多久骑马来到那儿。当时欧内斯托还没有死,可是已经没有活的机会了。那些蟹依然在享用饕餮大餐。中尉用手枪子弹驱散了它们,然后对着我们可怜哥哥残存的身体射了一颗解除他痛苦的子弹。欧内斯托身上带着派遣证明。这位中尉比有些人要正派,他写了一封信给我父亲。欧内斯托的死引发了争吵。"

"怎么会这样?"

"我们父亲说这悲剧完全是欧内斯托的错,因为他把自由看得比他自己的生命还重。阿尔莫瓦和我不能容忍这个说法。我们第二天就收拾行装离开了我们父亲的家。"埃丝特拉·里韦拉的声音低沉而又痛苦。乔也被自己家里同样的遭遇刺痛了。

来到小道的一个转弯处,那儿的灌木又高又密,她停住了脚步。用泛光灯照亮的光塔和圆屋顶在空中放射出银色的光芒,可是在花园里,乔和姑娘完全淹没在了黑暗里。埃丝特拉的白色手帕隐隐一闪,擦了一下她的上嘴唇。"好啦,将军——"

"请叫我约瑟夫,或者乔。"

"那么,约瑟夫。我过去的事情已经说得够多的了。对我说说你的事情吧。"

漆黑的夜和她身上有点像杏仁又有点像热带鲜花的淡淡香味儿,搅得他春情荡漾。他喉咙发干,说道:"我必须要告诉你的是,我认为你是我所见过的最端庄健美的姑娘,最妩媚动人的——”他拿左手扶住她的右肩,用右手笨拙地去抚摸她胸。与此同时,他倾身向前去吻她。她扭过头,他只吻到了她的嘴角。

“别这样,你会让我们俩都感到难为情的。你主动进攻,而我呢,也想要。”

乔吓了一跳,为自己的愚蠢行为感到丢脸——毕竟他这么大年纪了——所以赶紧后退了一步,他双手下垂。她再次让他感到震惊:“到我房间来吧,那儿不会受到打扰。房间号四二五。十分钟之后过来。”

她转过身,迎着黑暗跑走了。

东方附房里的舞曲乐队伴随着喧闹的有节奏的掌声演奏着《动物博览会》。乔脚步不稳地来到一张长凳跟前坐下。他是遭到拒绝了呢,还是受到了邀请?他不知道。

他沿着四楼的走廊悄悄走去,感觉像个贼。在主楼梯那儿,他听到一对男女走了上来,一面聊天,一面大笑。他赶紧冲到一个凹室里,背脊紧贴着后面的墙。说话声渐渐小了下去,钥匙开门的声音,一扇门关上了。

他窥视了一下走廊,空无一人。他沿着走道快速走去,找到那扇门。他轻轻拍了一下,她开门让他进去。她换成了高领的深红色丝绸宽大长衣。

她住的是单间,比他的房间小,但布置得挺高雅,只是也热。她指了指一张椅子。“约瑟夫,请坐。你把外套脱掉是不是更舒服一点?”他脱下那件很沉的军装,她则打开了一个橱子。“我有半瓶很好的西班牙红酒,是我从家里带来的最后一瓶了。你要来一杯吗?”

“好的,谢谢。我平常喝啤酒,我酿制啤酒,你知道——在芝加哥——不过好的,红酒挺好。”

她拿宾馆里木桶形状的大酒杯倒了满满的一杯,但她自己不喝。她坐到床上,双腿优雅地交叉着。如此年轻的一个女人,她真的既自信又沉着。显然,她受过良好教育,美得令人心碎……

“我想我们可以谈谈。”她说道。尽管她态度友好,但是她清晰地划出了底线。这种亲密关系仅限于交谈。床是用来坐的,不派其他用场。这使得他更加想要得到她。

他抿了一小口味儿醇浓、芳香四溢的里奥哈葡萄酒。“谈谈?当然,我更感兴趣的是你的过去。不过,首先我得告诉你件事情。我本想隐瞒,可是我发觉我不能隐瞒。”他旋转了一下右手的戒指,“我是个已婚男人。”

“嗯,你第一次看我时我就知道啦。看见你的戒指前我就知道了。不过要谢谢你的真诚。它再次确定了我的印象,你是一个受人尊重的好男人。那你想要问我什么呢?”

“你的背景。哈瓦那——”

“我在那儿出生,在那儿受的教育,开始在一个女隐修会的学校,后来到了一家私立学校。”

“你跟你兄弟离开那儿一定很难的。”

“当时的情况下并不难,不难。挺容易的。”

“可是你离开了你父亲啊。”

“眼下反抗当局是我们的责任,但他不愿意。”

“你现在对他的感觉怎么样?假如他仍然是个共和政府拥趸的话,那不是有点像卖国贼的味道吗?”

“你是说对我和对我兄弟而言吗?约瑟夫,约瑟夫,你应该看得出来,血统的洪流总是比任何汹涌的河流更加汹涌。我们跟父亲争吵,阿尔莫瓦和我,但跟他吵的是他傻乎乎的态度,不是他的本质,不是他的灵魂。你不会抛弃‘父亲’这两个字,不会不掂量其分量,不会忽视其重要性,不会像一件你在某个特别时刻所穿的斗篷一样说扔了就扔了。人们不会不要‘父亲’所包含的真理。人们不会耿耿于怀‘父亲’偶尔所犯的错误。等到战争胜利了、古巴解放了,我们就会回到父亲身边。毫无疑问,他会仇恨新的政权。也许他还会仇恨阿尔莫瓦和我,他是个老顽固。肯定的,我们无法扭转他对欧内斯托的情感。但是,我们会一样爱他。哪个人会一辈子因为父母亲或者亲戚心怀错误观念而抛弃他们?会因为他们受到误导而抛弃他们?会因为他们犯人类的错误而抛弃他们?”

乔端酒杯的手变得湿漉漉的:“我干过。”

这话让她停顿了一下:“你吗?哦,约瑟夫。告诉我怎么回事儿。”

“一言难尽。”他说道,突然,他的话语一发不可收,“我还赶走了一个人,我的侄子,因为他帮助了我赶走的第一个人——我的儿子。”

“约瑟夫,难怪你的眼神里充满哀伤。这就是你逃避现实走向战争的原因吗?”

“不,绝对不是,我——”

他清了清自己的嗓子。他的双眼再次对上了她的双眼。他用很轻的话音说道:“也许是吧。这件事情发生之后,我把他们俩赶走之后,我跟我妻子的关系——她是一个很好的女人,你知道——可是我们之间的情况——”他低下头。他的双肩下垂,做了一个很细微的动作将酒杯举高了一英寸。

“情况恶化。也许我就是逃避这个现实吧。”

她离开床,在他的膝前跪下。她的胸部紧贴着他的腿,可是这次的接触没有引起他的欲望。她伸出手,抚摸着他湿漉漉的额头,她的手指竟然令人惊奇地又凉又干。“天主教徒定期去忏悔。它可以免除痛苦,纯净心灵,所以可以安抚心智,使其找到新的路径。今晚,我将听取你的忏悔,约瑟夫。”

“我是一个新教徒,埃丝特拉。”

“今晚不是,跟我在一起时不是。等等!我在这双漂亮的眼睛里看见一头骡子扬起了前腿。我不允许这样。把一切都告诉我。”

她像一位恳求者一样跪着,她紧握着他的手,极其奇怪的是,他的手在瑟瑟发抖。他感觉自己像个恳求者。她拿过酒杯,将它放到梳妆台上。

“一切。”她说道。

当夜余下的所有时间,从午夜到清晨,他就坐在那张直靠背椅子上,坐在安装在天花板上的电灯底下。他解掉了领带,接着脱掉了衬衫和背心,就赤着膊坐在那儿,裤子背带掉落在臀部两侧——再一次,令人极其奇怪的是,他没有任何难堪的感觉。仿佛这样坐着跟她聊天十分正常。他感觉非常自在和舒服。

她拿起宾馆提供的一把纸扇,回到床边原来的地方坐下,在他们俩之间扇着风,给两人带来了一点清凉。扇子的缓慢节奏引诱着他,帮助他说下去。

他滔滔不绝地倾诉着他的童年往事,倾诉着在阿伦、辛辛那提和芝加哥的生活经历。他说着伊尔莎,说着战争,说着创建克朗家业的艰难。他叙述他的孩子们——他如何爱他们,他们如何叛逆,亲爱的弗里奇甚至有愚蠢的想法,想要干演戏这个下三烂行业。

他谈到了小乔的好多细节，小乔被赶出了家门，此后很快，他侄子波利也被赶出了家门。

“在我们家，我制定了一些规矩——”

“你就因为你儿子违反了你的规矩而把他赶出了家门？”

“埃丝特拉，你不明白。在生意场上，规矩是绝对必要的。”

“你的家不是生意场。生活不是生意场。”

“别这样看我。我是一个人，我有自己的信念——强烈的信念。”

“我认为你儿子也可以说同样的话。我父亲也可以说这样的话。任何人都可以说这样的话。”

“你把我弄糊涂了。我的生活，我整个的生活，都是建立在秩序的原则之上。我用自己的双手和这一原则，铸就了我的成功。财富——”

“靠这些规矩支撑，每个人都必须遵守，否则就会失去你的爱？”

“别说这话，看在老天的分上。别说这话！”

她再次走到他跟前，用她又干又凉的双手轻轻抚摸着他湿漉漉的脖子。她在宾馆酒杯里残剩的酒里面又加了一点里奥哈葡萄酒。他看也不看她饮着酒。他喝干了所有的酒。过了一会儿，他继续忏悔。

他再次谈到他参军的动机。他不顾一切危险来参军，是因为他相信美国及其事业，同时，也因为他认为如果他不来参军，他会死在芝加哥。他描述了他跟伊尔莎的争吵，小乔和波利走后，这样的争吵变得越来越频繁。“她交的朋友都是些激进女人。她受到了她们那些观念的蛊惑。”

“你认为是错误观念？”

“绝对错误的观念。她看不清这点，她说错的是我。”

“啊，一个有骨气的女人。一个敢于说出自己想法的女人。又一条规矩被打破了。我可以想象这位女人，她不太听话。假如她年轻一点——比方说，假如她无法屈从于他父亲的政治观念——那她就谈不上她也许能干的事情了。那就可能暂时流亡异国他乡啦。”

他向她投去一个凶狠的神色。她抚摸着他的手，温柔地说：“告诉我其余的事情吧。”

他描述了从屋顶上掉落下来死去的那个人的事情。因为伊尔莎把责任归咎于他，所以他对她越来越不满。她把那个人的死归咎于他，把失去儿子和侄子归咎于他。埃丝特拉认真地听着，不时地小声说出一两个词，是英语还是西班牙语，他辨不清。他坐在三个电灯泡下，倾诉着，倾诉他从未跟人分享过的想法和情感。

终于，他筋疲力尽，倒在了椅子里。

“精彩的故事，约瑟夫。我在其中听出了很多美好的东西。我想，如果你之前不明白，那么现在一定明白了，你儿子被逼走，你侄子被赶走，究竟是谁的错。我没有资格给你劝告。可我还是要劝你，因为打从小姑娘起我就从教我的修女那儿学到了这个坏习惯。她们都是优秀女人，但好训导人。”她微笑着。

“等你一回到家就跟你妻子重修旧好，跟你儿子和侄子也摒弃前嫌吧。”

“太迟了，俩孩子都走啦。”

“不，只要他们还活在这个世界上，你就有机会。找到这个机会，抓住这个机会，否则你就永远不可能是一个完整的人，你就会不断地寻找另一场战争，寻找另一个理由离开你妻子，离开你的家，离开你的工作。潜藏在所有这一切下面的就是你的悔恨。”

他盯着自己青筋裸露的双手。他看到了真实的自己，看到了自己的错误，看到了自己的愚蠢，他憎恨这个形象，但是她迫使他面对它……这一个晚上的忏悔迫使他面对它。他的目光探究着她的脸，默默地崇拜着这张脸。

她将扇子放到一边，静静地坐着，接受着他的探究。他们之间，有一股强大的无声的湍流在汹涌。他们都懂得午夜宾馆房内孤男寡女的意味。莫名其妙、令人费解的是，乔感觉，他早已拥有了她，早已跟她亲密无间了。

这还不够。

“我想要爱你，埃丝特拉。”

“我也想，约瑟夫。可是我们不能。”

“你拒绝我？”

“这使我心碎，可是，是的——今晚，我拒绝你。”

“我要是坚持呢?”

“约瑟夫,别自欺欺人了。你不是那种人。此外,你不可以制定一切规矩。”

他伸手去抓放在地板上空酒杯旁边的背心:“那我最好还是离开这儿。”

“是的,我也这样认为。快五点钟了。”

等他穿好衣服,她挽着他的胳膊,陪他走到门口。她的身子贴着他,她的嘴唇跟他的嘴唇不到几英寸,她的嘴巴依然送出异乎寻常的混杂的迷人香味。“在你离开前,我也要向你忏悔。如果你没有结婚,我会在此时此刻就跟你亲热。我会非常强烈地爱你,久久地爱你。”

红红的嘴唇送了上来,温暖而又甜蜜,这是告别的吻,只不过时间长了点。他的心跳得像轰雷。

“你是个好男人,乔·克朗。我们将不再见面。”

他在走廊里走了几步,然后回转身想要再吻她。关上的门里面,钥匙咔嗒一声。他在自己身后的地毯上拖着蓝色礼服大衣走了。

第二天早晨,他在中央大厅的服务台呈上一张纸条:“这是留给房客里韦拉小姐的。”

“里韦拉,里韦拉。”服务员飞快地翻了几张卡片,“将军,她恐怕已经走了。她说她去基韦斯特。”

“你有她转递的地址吗?”

“对不起,她什么也没留下。你可以去问她兄弟。”

可是他不会。“她知道,”他心想,内心充满了极度的悲伤和深深的感激,“她昨晚就知道,我们在一起就会处于危险之中。她帮助我们自己拯救了自己,使我们免于陷入终身羞耻。”

“但是,她拯救我不仅限于此。”

第九十五章　埃尔斯特里

同一个星期日凌晨最黑暗的时刻，在数百英里远的纽约，埃尔斯特里在一把奢华的扶手椅里伸展着双腿。这把椅子是他将罗丝从第十八大街弄到这儿，安顿到一个更好的套间之后买的几件上好家具之一。

第六大道上的红、黄广告牌给两块阴影之间的墙纸染上了颜色。他听到她塔夫绸的裙子在窸窣作响。他曾经认为这种声音是一种性感的声音。但今夜不是。而且，她还不愿打破某些陈规陋习，买廉价香水就是其中之一，那种香味儿让他恶心。

高架铁路上一个机车头在北面的什么地方鸣响着汽笛朝商业区驶来。她戴着手套的手的影子出现在了墙上，摸向开关。

“别开灯。你让我头疼。”

“哦，我对此十分抱歉。我该怎么办呢？”她半是蔑视，半是眼泪。

“罗丝，请闭一会儿嘴，让我想想。”

“你是谁呀，这样命令我？”她的语气比她的话更弱。她颓然倒在吱吱嘎嘎的床上，摘下绒面革的手套，然后摘下帽子，一顶小小的草帽，上面装饰着几朵人造的紫罗兰花和一个缎子蝴蝶结，还带有一个有点子的面罩。她的身旁有一个叫作坤包的扁扁的新潮手提包。她总是希望自己看上去漂亮，但总是不成功，原因是她从小所受的教养格调与其愿望对不上号，所以一辈子都下意识地保留了这种格调，身体的姿态也一样。

朱莉是有格调的人。她圈子里的每个人都有格调，彬彬有礼。你看看她所选的非正式的晚上穿的服装。鞋帮很低、夏季风格、别出心裁的纽扣皮鞋。亚麻布鞋罩,袜筒上绣边花的短袜子。午夜正餐穿的蓝色外套配上同样蓝色的丝绸领带,再加上一件用凹凸织物制作的马甲。每一件都很守旧,每一件都很华丽,每一件都很昂贵。

他们在德尔莫尼科牛排屋享用了一顿迟来的晚餐,然后坐出租马车回到这儿。罗丝又在第十四大街的托尼·帕斯特那儿演出了,在演员表上位列第三。“罗丝·弗伦奇,国际配角女高音。”他见她太频繁了,开始不喜欢她的三流嗓音。她的外貌一度令他痴迷,但是他无法解释这种廉价的诱惑为什么会持续这么长时间。他猜想,这是因为有的时候,他就是傻傻地喜欢除了性欲之外其他各个方面都远不如他的女性。

高架列车咯噔咯噔地从不远处驶过,车厢里的灯光闪亮在墙壁上和天花板上。埃尔斯特里感觉有一块煤渣飞进了他的椅子里。他伸手到身后关上了窗户:“天哪,这个地方一天到晚总是这么肮脏。”

“谁租的房子? 不是我,比利。”

“该死的,别叫我比利。”他拿手杖的金属包头在地板上叩击着。手杖是用时髦的马六甲白藤制作的,弯曲的手柄很沉。

她警惕地瞄了他一眼,解开长及大腿中部的斗篷的带子,将斗篷放到一边。埃尔斯特里用大拇指和食指搭成一个圈来回摩着手杖。“让我们讨论一下你突然说的这件意外小事,罗丝。我怎么知道它是我的呢?”

“你清清楚楚,我根本没有跟任何人在一起——任何其他人。有的时候,你太不关心人了。”

手杖一闪,竖了起来,极其凶恶地指着她:“我们俩。不是我一个人的过错。假如这里面的确有什么过错的话。”

“你竭力用那些我听不明白的话让我感觉自己低俗。”

“过错。责任。这对你这个愚蠢的小脑袋来说,够清楚了吧?”

“你听我说,你个混蛋。这儿过错多的是呢。摸我肚子。”

“别恶心啦。”他发怒了。他想要个后代,但不是从妓女那儿要。她对他进行这般恶毒的嘲弄,他恨不得掐死这个无耻的女人,恨不得狠狠惩罚她,但是他强按怒火。

罗丝噘着嘴。“你求欢前喜欢肆无忌惮地抚摸我。”她一把扯掉自己的帽子，扔到斗篷上，“我告诉你，比尔，这是真的。我知道，因为我以前也有过一次。”

“谁？那只虚伪圆滑的肥猪德雷瑟吗？”

“不是，其他人，这无关紧要。而且，别骂我的朋友。”

埃尔斯特里叹了口气：“唉，这种情况我不应该感到惊讶的。第一次送你花之前，我就怀疑你在那个杂耍舞台上就不全然是一朵纯洁的百合。但是，我生性就喜欢这样——一种用过又用的品质。你全套的伎俩，比你所唱的全部歌曲有意思得多。”他唱了几句《马里兰，我的马里兰》，走了调的假声男高音。

“天哪，你太恶毒了。”

他哈哈大笑，一面捋着自己的头发。电光广告牌的暖色强光中，他手指上戒指的宝石闪耀着亮光。“我记得，你曾经说过某些时候你喜欢恶毒。”

“我说过很多话，曾经。你不也一样。”

埃尔斯特里再次用手杖的金属包头叩击着地板。房间楼下，有人大喊着不满。“好吧，你想要什么呢？”

“我需要帮助。是你让我陷入困境中的。我得长时间放弃我的歌唱生涯啦。”

“你的歌唱生涯，那几乎没有什么损失，尤其是对观众来说。流产不管要花多少费用，我都会付的。但是我不会再多给一个子儿。”

“什么——什么，我要是不干呢？”

他用通情达理的声音说道：“如果我是父亲，那就得由我选择。我不会要这个小叫花子。”

罗丝踱到凸窗跟前，再踱回到床边。“比尔，我不能这样做。第一次，七个星期之后，我是自然流产。但是我已经找到那样的人了，指甲肮脏、没有毕业文凭的那种人。所以我不需要他的帮助了。然后是去年，我的一个朋友，托尼那儿的一个舞蹈演员，她到斯罗格斯狭地的湿地去做流产，结果大出血死了。”她狂躁不安地揉着自己的双臂，“我不。我不。”

埃尔斯特里摸出一根小雪茄烟，在鞋底上擦燃一根火柴。照射进来的亮光中，他的神色看上去十分平静，除了他右眼上的单片眼镜，其他跟平常毫无二致。

它像他脑壳上的一个洞，仿佛是燃烧着熊熊烈火熔炉的一扇门。他吹了一下火柴，火灭了。

最后一刻，他因为冒火而改变了主意，没有点燃雪茄烟。他将冒烟的火柴梗扔到他椅子附近的小地毯上。"你跟你的朋友一定没有找对人。"

"这无关紧要，我反正不会去做掉。我要这个孩子，而且我要五千美元——不，我要一万——直到我的体形恢复，还有我的事业也恢复。"

"仰面躺着才是你真正的事业，罗丝。这是所有女人都打算从事的事业。"

"我遇见过很多人渣，你是最坏的一个。"

埃尔斯特里站起身来，将手伸进裤子口袋里去摸一个夹子，银质的夹子上饰有小小的钻石。夹子仅夹着百元美钞。他扔了两个在床上。

"这是费用。去流掉，然后继续你的生活，不要再来烦我。"

"就这样？你就这样打发我？"

"我想要友好分手，但这取决于你。"

"比尔，你也许可以这样搪塞妓女和烟花巷女，但是你不能搪塞我。我会大闹的。"

他感觉自己的脸发烫："你最好别闹。"

"滚蛋，我会的，我会找律师，我会大吵大闹，我会到处诋毁你的声誉。我会到长岛去，找到你那个单纯可怜的妻子，而且——"

他拿马六甲白藤手杖狠狠地打她。她往后踉跄着将自己的膝盖撞到了床柱上。他扔掉手杖，把她推到床上。

他扑到她身上，狠狠打她……

鲜血从她鼻子里流出来，模糊了她的脸。他将她下排的两颗牙齿也打松了。他不喜欢用这种方法制服她，这样做挺难办，令人心烦意乱，但不知怎么的，他跟这些女人结束关系的时候，她们往往会逼得他采取这种手段。

她滚动着自己的身子，一面哭一面轻声呻吟着。他拿起自己的手杖和高顶黑色大礼帽，啪的一声关掉天花板上的电灯。他在镜子里面看到，有几点她的血迹溅到了他那块精致的白色围巾上，一块漂亮的中国丝绸围巾。围巾毁了。

他愤怒地将围巾从脖子上扯下来，擦着自己的指节。接着，他再次潇洒地将围巾扔到了地毯上。

他瞧着床上的罗丝，只见鼻涕和鲜血不断地从她下巴上流下来，她两眼紧盯着他走动的身子，目露仇恨的凶光。她侧身躺着，像一个婴儿蜷缩着身子避免恶言谩骂的大人伤害自己。他实在是一个大傻瓜，居然跟她缠上了。

尽管如此，她的景象又是如此可怜，不禁让人产生了一丝同情。他又拿出一个装饰着钻石的夹子，扔了一百美元到先前的两百美元旁。她咧开双唇，露出两排牙齿，那样子让他想起了一只被逼入逃无可逃境地的猫。

“再见，罗丝。别再绞尽脑汁想见我。”

他转过身，举起手杖，用金属包头关掉了电灯。

他飞快地走下两段楼梯，走进第六大道，将近拂晓的这个时候，大道上空无一人。铁路高架桥下，检修孔里有少量的蒸汽泄出，在广告牌电灯的亮光里缥缈。他在一只垃圾桶边上停住脚步，从马甲口袋里掏出公寓房的钥匙，扔进了垃圾桶。

他将手杖扛在肩头走着。一辆大车满载着芳香四溢的卷心菜驶了过去。他朝马车夫挥挥手，向他问好。在一个十字街口，他看见东河边一排排的住房上空呈现出淡淡的灰色。他得找辆出租马车去俱乐部。早餐六点半开始啊。

他想象着煎蛋饼、小块烤牛排、脆脆的煎土豆和双份空肚酒的味道。他要好好享受一下，就像他正在享受这清晨凉爽舒适、心旷神怡的空气一样。东方的天空正在将灰色变成淡淡的珊瑚红，但是南北向的街道依然漆黑一片。他开始吹口哨。

突然，他意识到了自己在吹什么曲调。《鲜花盛开在春天，特拉拉》，罗丝演唱的一个曲目。多么应情应景啊。他一边走一边吹着这首曲子，消失在了晨曦还未照亮的地方。

第九十六章　小乔

星期日晚，他们静静地吃着，吃得很少。倒不是因为食物不可口，也不是因为数量不够。埃林·西伯森是一个跛足的木瓦匠，他孀居的女儿安娜和他儿子索沃尔德浑身上下堆满了肉；安娜摆出一桌精致的食物。在这两个月里，小乔发现，他住在位于埃弗里特的鲁克山上这幢小屋的阁楼里，不断地干点零星活——一个十指齐全的男人才能干的活——只是换来个睡处和吃的。

今晚，安娜准备了腌鲱鱼、切得很薄的当地熏鲑鱼片、土豆饼、一碗热气腾腾的欧洲萝卜、她自制的美味无酵脆饼、头肉冻块、豆蔻饼、浓浓的咖啡和有葛缕子味道的白兰地。大伙儿都喝浓浓的咖啡，只有埃林不喝，他喝白兰地，仿佛喝井水一般。

心情沮丧，他们的胃口就比平常小，因为小乔的朋友朱利叶斯·拉恩以及其他几个人上午准备游行到木瓦厂去递交一份短短的要求清单给总经理格罗弗先生，然后罢工抗议直到要求满足为止，除非他们被捕。他们计划做的事情十分危险。所以谁也不敢提起话头，直到十岁的索沃尔德说起了这件事情。索沃尔德通常被叫作索尔，一个胖墩墩的小男孩，眼睛湛蓝，看上去就像小乔的儿子。

“你早上什么时候走？”索尔问道。小乔放下叉子，沉思着捋了一下自己的胡须。

“估计老时间，六点半。朱利叶斯一会儿到这里来商量这件事情。”

“我可以跟你去看看吗？”

“不可以，吃你的晚饭。”他母亲说道。安娜·西伯森是一位容貌美丽、眼睛湛蓝的挪威女人，比小乔大七岁。她胸部丰满，双臂强壮有力，嘴巴很小，嘴唇很薄,使得她漂亮的脸蛋略显美中不足。可是,嘴巴小和嘴唇薄并不妨碍嘴巴的热情,他领略过。

埃林处于少有的心情好的时候,喜欢把他女儿比作长在房屋四周漫山遍野的强壮漂亮的杜鹃花。“只有强壮的植物才能在这儿生存。浓雾、潮湿、大风——杜鹃花扛得住所有这一切。安娜就像杜鹃花。”

安娜的丈夫拉斯·普雷斯特鲁德曾经是斯迈利木瓦公司的木瓦工,这样的木瓦公司在滨水区有好几家。两年前的一个夜里,就在上床前,他从坐着的椅子上倒了下去,心脏病发作。安娜用工厂的格罗弗送来的五美元办完丈夫的后事后,改回了娘家的姓。拉斯·普雷斯特鲁德要是在干活的时候意外死亡,格罗弗不会施舍一分钱,甚至连一张慰问条子也不会给。老板们有一种自我保护的理由,认为对于在工作岗位上意外死亡的工人家庭,哪怕给予最微乎其微的帮助或者认可,都会让老板们卷入其中。太平洋斜坡木材行业和木瓦厂的老板们不会同意这样做的。这也是这次计划中罢工的一个原因。

这会儿,饭桌边,安娜跟小乔交换了一下眼色。他的眼神里有爱慕,她的眼神里是恳求。她说她爱他,他知道她想要他去求婚。尽管他对她有炙热的感情,但是他不能,虽然他内心也有希望,希望跟她一起安居乐业,享受她的善良、她的热情,第一次她偷偷溜上小阁楼那张小床的时候他就发觉了她的这种热情。老埃林耳朵越来越聋,听不见那夜小床吱吱嘎嘎的声音,也许此后有好多夜,夜夜如此。

但是,假如他安顿下来跟安娜在一起,那么,从木瓦工人的角度来说,他就是屈服于那些老板,屈服于他们所代表的一切,屈服于他们对工人的所作所为——或者说屈服于他们对工人的漠不关心。他就会违背自己的良心,违背自己内心的召唤,虽然令人遗憾的是,这种良心和内心召唤的外在表现形式屡屡呈现失败。尽管如此,他得继续前进。

索尔对他母亲的回答不满意。他再次对小乔说道:“明天会有麻烦吗?警察?”

“朱利叶斯斩钉截铁地对我说,中午前警察局长和他的手下就会到达现场。”小乔说道,“再往后,我猜,我们也许会受到格罗弗雇用的酒吧混混的骚扰,惩罚任何引发麻烦的人。”

“什么人啊，杀害丹尼尔·伊瓦尔斯的那种人。”安娜说道，“我告诉你就是他们杀了他。”

“麻烦。”安娜的父亲哼了一声说道，“当然会有麻烦。我这一辈子都在告诉人们，木瓦行业不是一个行业，它是一个战场。”

埃林·西伯森是一个肩膀圆圆的五十三岁男人，但看上去要老十到十五岁。他的脸色又灰又白，让小乔联想到了木瓦工。这样的脸就是他们这个危机四伏的行业的标记，他们的脸和他们的双手。埃林的左手仅留下了半截大拇指，其余的手指不见了，都断到了指节处。他的右手大拇指和食指是全的，但其他三根都是残指。埃林·西伯森是一个脾气乖张的失败男人，再也没有能力在他这个行业工作了，全靠一点微薄资助生活，因为他已故的女婿普雷斯特鲁德继承了威斯康星州一位叔叔的一小笔遗产。

埃林的话再次让饭桌安静了下来，接下来的吃饭时间大家很少说话。一吃完，埃林便端着他的白兰地酒杯来到了起居室的椅子上。用右手的两根手指端酒杯他已经驾轻就熟。安娜没好气地将索尔打发去做作业。小乔说道："我来帮你洗碗。”

她转过身去。“到外面抽你的含烟去吧。这是一个美好的夜晚，尽情享受吧。”接着她突然转过身来，“我们在一起可以过上这么幸福的生活，你却全然不领受。”

“安娜——”他去抚摸她，她退缩回去。“不是我不喜欢你，我喜欢。可是明天我得去，我得跟其他人站在一起。”

“你跟你那该死的良心。”她说道，“到外面去，乔伊，让我一个人待着。”

他离开了她，她洗着碗盘，夕阳的光亮穿过一扇小小的窗户，照亮了她丰满双颊上的泪花。

华盛顿州的埃弗里特是一个成长中的社区，住着六千多人，大多数是雇佣工人，也有一些是在木材行业独立谋生的。那儿有九家木瓦工厂、七家锯木厂、一家纸浆厂。镇上有电，还有电话服务，前者尚未送达山上，后者西伯森家用不起。

至少有两样东西埃弗里特是靠得住的,一是来自东半球的东风,二是夜班工厂里的巨大噪声。

西伯森家的房子很小,干净得无可挑剔,但是在俯瞰小镇的鲁克山上却显得相当孤独。也许将来某个时候,更加有钱的人会到这儿来建个家,因为景色好。可是眼下,离得最近的住宅也就是一间贫困的棚屋,距此地有四分之一英里之遥。

尽管偏居一隅,房子还是很漂亮,墙壁和屋顶安装着不同宽度、不同样式的木瓦,其中有一些就是斯迈利木瓦公司生产的,这家公司占地很大、布局凌乱的工厂就坐落在滨水区,小乔很容易就能俯瞰到它。安娜·西伯森负责改善山坡这块地方的荒芜境况。她种植了绣线菊,现在正盛开着白色的花呢。她精心设置了杜鹃花坛,那些盛开的杜鹃花呀,玫瑰红的,粉红的,白的,春意盎然。他们家还种植了一棵藤蔓槭树,就在小屋旁边蜿蜒的小路边。春天时节槭树的叶子一片火红,蔚为壮观。

小乔靠在窄窄门廊的栅栏上,俯瞰着杜鹃花坛、城镇、皮吉特湾的加德纳港和长长的惠德比岛,那儿有奥林匹克山巍然屹立,将太平洋掩藏在了西面。"如此美不胜收的一个地方,却充满了贪婪和痛苦。"他心想。这完全是小麦农场和柑橘园的再版。这是适合最伟大风景画家所作背景中的普尔曼小镇。

这是一个清朗凉爽的夜晚,还不能完全算是夏天。随着太阳的西下,风儿逐渐变得阴凉,变幻的色彩中,海湾由青灰转为靛蓝。三艘拖网渔船正在往北行驶,回家。一艘由螺旋桨推进的拖船拖着两排木排朝南边驶去。每一排木排上都堆着新的木材,用铁链紧紧扎着,贵重的货物啊。

小乔早就爱上了这个沿海地区独特的美景。早晨醒来,他从阁楼东边的一扇圆窗望去,可以观赏喀斯喀特山脉的一个个雪峰,可以欣赏附近山坡上松树林和花旗松林的慢慢变化——从夜间的漆黑一团变换成白昼深浓的墨绿色。海岸边的湿地附近,生长着大叶藻,拍岸的浪花红得像美酒。有一个星期日,他们出去远足,索尔给他看了一块叫作"大海玫瑰"的有枝丫的红色海藻。索尔说,其他地方看不到这种藻类。

他喜爱这个地方的独特氛围。盐、海藻、码头桩上的沥青杂酚油、新伐下来的木材、工厂焚烧锯木厂木屑时的滚滚浓烟。

西雅图位于埃弗里特南面大约三十英里。4月的一个艳阳天，小乔在那儿度过了他的二十二岁生日。他花了好几个小时坐在码头上，观看拖船的船长们如何巧妙地将木排弄到铁路凸式码头去。

他不喜欢西雅图，由于去年育空河的淘金热，这儿简直就成了一个疯人院。每天，北方太平洋的火车把新来者倾倒在早已人满为患的街道上。房子紧俏，无论贵贱。太平洋海岸每一条漏水的船只被吹嘘得像是去阿拉斯加的快速舒适轮船，价格高得离谱。

西雅图跟西部大多数地方一样，对美国与西班牙的战争热情高涨，高得小乔都开始把它叫作“好战海岸”了。州里面尽管平民主义势头强劲，但是战争狂热依然甚嚣尘上。1896年，华盛顿支持布赖恩和银币自由铸造政策，虽然，当然啦，那些木材大亨气急败坏，痛骂那个“不负责任的哇啦哇啦家伙”，仿佛他就是个撒旦。这些事情大多是乔的朋友朱利叶斯·拉恩告诉他的。拉恩是一个有三十二年工龄的木瓦工，迄今为止只损失了一个左手小拇指的指尖。

小乔不喜欢西雅图的贪婪和嘈杂，也不想冒死穿越那些雪山小道，付出巨大代价，到阿拉斯加的河流去淘金，所以便漂泊到了斯诺霍米什县的县府所在地埃弗里特。小镇是大约三十年前建的，朱利叶斯·拉恩说约翰·戴·洛克菲勒对那家做了很多房地产开发的公司感兴趣，市中心有洛克菲勒大街。

小乔装好烟斗，点燃旱烟，将有朗姆酒味道烟草的喷香的烟吸进嘴里。他当然学会了没有跟家庭联系而生存的生活，但是他思念家人。他最后一次寄小包裹给母亲已经过去好长时间了，他必须赶快再这么干一下。索尔给了他一个完美的主意。一块橡树果实大小、上面有星星点点金子的天然金块。这是苗铁矿，纪念品商店有售，愚人金，但是很漂亮。

他想起了他妹妹的模仿学样，想起了身体壮实、性格粗率的小卡尔，记忆中，他总是笨手笨脚，让他发笑。卡尔也许再也不是个小男孩啦。

还有堂弟保罗，他在哪儿呢？还在美国吗，还是像其他很多移民一样幻想破灭回到德国去了？果真如此的话，他也不会感到惊讶。

有的时候，小乔甚至想念他父亲。这样的时候，他胡思乱想，会意识到，跟其他老板比较，乔·克朗倒并非一个吃人妖魔。事实上，他对待工人比大多数老板都慷慨公正。要是能再见到他父亲，他不知道自己有没有勇气对他承认他过去所说的好多不中听的话都是错的。小乔不想让自己被敌人弄死弄伤，但他也不再相信炸药的用处，不再相信“行动宣传”的功效。

唉，鉴于这儿的形势，想多了也无济于事。不到十二个小时，太阳将会再次升起，他将跟其他木瓦工一起到工厂去请愿。

也许因为美国的这个地方太美丽明净了，所以他所发现的贪婪和压迫让他比以往任何时候都感到心痛。这种模式似曾相识。老板控制了市长和市政会。他们还控制州长、立法会成员、法官。他们为县治安官和代理人增加薪水，让他们奉命行事。他们控制报纸和教会。他们为捍卫自己的权利而组成了自己的利益集团，却反对工人们组织起来捍卫自己的权利。

到目前为止，他到过这个国家的很多地方，也见过很多美国人。除了少数一些人发泄怨愤、铤而走险、攻击同类、杀人越货外，穷人基本上都是善良的。富人基本上都很坏，因为他们耿耿于怀的就是捍卫他们的生意、他们的银行账户、他们对自己财产坚定不移的保卫战……对工人们来说结果总是相同的。他们的薪水减少了。他们在公司商店被坑蒙拐骗了。你如果反对，就会被解雇，就会被抓起来，挨揍；你要是试图组织工人起来反抗，就会落个终身残疾。

这儿的工人们也知道吉恩·德布兹，他是一位有后续效应的领袖和社会主义者。可是他的和平抗议与和平谈判观念不得人心。“这是一个极其危险的行业，木瓦业。”朱利叶斯·拉恩在他们计划明天的行动时说道，“你不能软，让他们一天锯十个小时的木头。我们没有耐心坐到桌子边，唠唠叨叨几个星期。这行业能到哪儿去找工人呢？没地方找。出手要快，出手要狠，这儿的座右铭就是这样。”

所以他们选择了罢工游行，而不是口头演讲。

还有一次，朱利叶斯解释说，十多年前，这个盛产木材的沿海地区有过一个短时段的劳工运动。劳动骑士团19世纪中叶出现在太平洋西北地区，这个有伟大理想的组织创立于1869年，其目的是联合美国单个工会的每一个工人。劳动骑士团的目的之一就是将日工作时间从十二小时减少到十小时。一旦这个问题被提上议程，一场血腥的对抗就在所难免。令其他老板感到惊讶和愤怒的是，皮吉特·米尔公司的赛勒斯·沃克，一位受人敬重的木材大亨，几乎立刻就答应了工人们十小时工作制的要求，他宁愿这样，也不喜欢旷日持久的灾难性罢工。不到一年时间，在其他工厂举行了一些小型的相对和平的罢工之后，整个太平洋斜坡集团妥协了，建立了十小时工作制。

赢得战斗胜利之后，华盛顿州劳动骑士团经历了一系列的内部权力争斗，最终退出了历史舞台。1893 年大萧条来临之际，经济总量下降，工厂倒闭，就业岗位减少。工人们无法顾及薪酬高低，有活便干。不过，在最近两三年时间里，木材业开始复苏。就业岗位再次多了起来。

但是，工作条件并没有得到改善。小乔发现这一点是他在一份报纸的招工广告里选了一个岗位，被斯迈利木瓦公司雇用为勤杂工的时候。这份工作每天干十小时，日薪一美元五美分，每周干六天，这样他每个月的工资就有丰厚的二十五美元二十美分。但是像朱利叶斯这样的技术工人，每天的收入却只有一美元四十美分，每个月的收入也就是三十三美元稍多一点。明天要提交的要求之一便是每天增加十美分。另一个要求是解雇要提前通知，现在一旦订单减少，裁员往往是没有任何先兆地突然宣布。

总经理埃布尔·格罗弗接待了小乔，没有说裁员的事情，但说了日薪一美元五美分的事情，仿佛这是迈达斯①的财富一样。格罗弗是一位脾气很坏、宗教情结很深的人，他为他的新雇员准备了一个小小的讲座：

“我会告诉你我们这儿喜欢什么样的人。认真、节俭、勤奋的人。理性的人明白，我们在我们的资产负债表许可的范围之内，正在努力改进工作条件。但是，我们不需要工会这种东西——来自无赖阶级的流浪汉，这个阶级只会攻击公司和资本。”

格罗弗回答了小乔唯一的问题——是的，有一个斯迈利先生，也就是詹姆斯·林肯·斯迈利二世。他跟其他很多太平洋斜坡的木材大亨一样住在很远的旧金山。但斯迈利在贵族山地区有一幢豪华的房子。他每年来工厂一到两次。

①迈达斯，希腊和罗马传说中弗里吉亚的国王，贪恋财富，曾获得点石成金的法术。

后来,小乔了解到,斯迈利坐着游艇来到皮吉特湾并锚泊在埃弗里特的时候,他会见的只是格罗弗和部门的主管,从来不跟工人见面。朱利叶斯·拉恩在十年时间里经常见到斯迈利,但从来没有跟他交流过一句话。

"这并不让我感到惊讶。"朱利叶斯跟小乔认识没多久后就对他说道,"在这儿,他们谈论'劳动力价格'就像他们谈论'木瓦价格'或者'牛的价格'一样。我们不是人,我们是东西,只要斯迈利先生以及所有其他像他那样的人看中,就可以在商店里买卖。"

小乔干活的工具是一把扫帚,主要任务是清扫每天产生的数量大得令人难以置信的雪松锯木屑,并搬到焚烧场去。他所看到的情形,尤其是在楼上木瓦工干活的地方,几乎让人无法想象。他第一次上到那儿,直挺挺地站着,张着嘴发呆,四周全是旋转的锯木屑和发出尖叫的钢锯,他还以为自己闯入了野蛮人所发明的刑房。

每一个木瓦工人坐在一对安装在一张金属台子上的旋转的纵切锯前面。一条滑道将大段的雪松木喂到台子的左边。木瓦工人用左手将木头贴紧左面的锯子,锯齿就会锯下一片木瓦毛料。朱利叶斯说,在有些工厂,一个木瓦工人每分钟的定额是五十张木瓦。在斯迈利的工厂,每分钟的定额是五十五张。楼层主管不断巡检,数数。

木瓦一从段木上切下来,木瓦工就会伸手从左边的锯条上方抓住它。这一动作是本能性的,从来就不用眼睛看,因为与此同时他的右手正在将先前的粗切下来的木瓦推到右边的钢锯那儿进行加工整理或者削掉节疤。这道工序完成之后,他便将成品木瓦扔到金属台子右边的滑槽里。木瓦就会滑到一楼的包装工区。木瓦工的双手在锯条上面及四周翻飞,每只手每分钟要做五十五个不同的动作。木瓦工干活的地方通常会由旋转的锯条翻腾出大团木屑,保护他们的唯有一块有橡皮带的用水浸湿的海绵捂在鼻孔上。

"就是锯条没有碰到你,"朱利叶斯·拉恩说道,"那么雪松哮喘病也会找上你。"

小乔上班第四天,他正在打扫下面的地板,突然听到头顶上方一声惨叫。也就两三个正在包装木瓦的工人抬头瞧了一眼。小乔看见一片洒满鲜血的木瓦从滑槽上滑落下来,接着是一条血迹和一个从指节中部齐齐切断的食指。一个包装工捡起断指,扔到了小乔的垃圾桶里,然后继续干活。

当木瓦工受伤太重无法再干活的时候,就会被解雇,没有任何额外补偿。如果他因公死亡,工厂管理层既不理会他的死亡,也没有任何补偿金支付给死者遗孀。小乔从安娜和朱利叶斯那儿听说,毫无疑问,老板们负有一定责任。老板们的立场清晰简单:谁想要端木瓦行业这只饭碗,就应该知道其风险。这就是他们今天上午罢工请愿的主要原因。跟所有其他木瓦厂一样,在斯迈利木瓦厂,要是发生事故,造成工人失业或者终身残疾,工厂丝毫也不承认他们有过失。

凉爽的夜风中,他再次装满烟斗,听到索尔问了安娜一个家庭作业式的问题。她给了他回答,但是话音十分刺耳,不像正常的她。他看见了一道白光闪亮在蜿蜒于鲁克山的路上。朱利叶斯·拉恩说,他到工厂干活的第一年,头发就变白了。

朱利叶斯爬上门口的台阶,跟他一起站到栏杆边。"你怎么样,乔伊?"

"挺好。你呢?"

"比我们想象的更糟。玛蒂尔达心情很不好。我走的时候她就在那儿哭。"

"什么意思,更糟?"

朱利叶斯·拉恩解开他黑红相间的麦基诺彩格呢外套上面的纽扣。小乔本想到屋里去换件羊毛衫,可是他没有。朱利叶斯太心烦意乱了。

"大约下午三点,埃布尔·格罗弗到我家去了。"

"朱利,为什么?"

"他恳求我们取消明天的活动。"

"他是怎么知道的?"

"他在干活的场地上有很多间谍,你别以为他没有。格罗弗要给我两百美元,我不要。不过我当然可以利用它。"他的话听起来很悲伤。

"总经理干吗要——?"

朱利叶斯打断他道:"你知道魏尔霍伊泽吗?"

“听说过他的名字，跟我爸爸一样也是一个德国移民。他在西北的木材业很有名望，是吧？”

“很有名望？在木材业，弗雷德·魏尔霍伊泽就像钢铁业的卡耐基老头或者石油业的洛克菲勒一样。有好几个月了，我一直听说他在关注这儿。他想要从圣保罗扩张，只有两个地方可去，南方和西北。他们说他不喜欢热天，不喜欢黑鬼的鼓声，也不喜欢南方的倒行逆施，所以他没有去南方。另外，城里又有了一家新公司，海滨木材公司。我觉得这是魏尔霍伊泽的一个前哨阵地。他们让人四处去看木瓦厂，想买。他们去贝尔-纳尔逊厂看过，我们厂也去看过。”

朱利叶斯·拉恩用充满愤怒的淡灰色眼睛瞧着小乔：“格罗弗今天下午用了很多两美元的字眼。他走之后，我尽可能把我所记着的都写下来了。我认为大家伙都应该知道他走之前所说过的话。”

朱利叶斯拿出一张皱巴巴的纸，在渐渐暗去的光线下，结结巴巴地念着上面的话。“格罗弗说，斯迈利先生极度渴望保持劳动和谐的外表——”他将纸斜过来，眯着眼睛——“因为任何节外生枝的事情肯定会在未来买家的脑子里产生负面印象，所以我们对煽动闹事的人会加倍严厉。把这个警告传达给所有人。”

小乔听到安娜倒抽了一口气，他转过身来。半开半掩的门后面那个昏暗的长方形中没有任何身影。

朱利叶斯·拉恩小心翼翼地将纸放回口袋里。“重点在这里，乔伊。‘把这个警告传达给所有人。’我去兜一圈，通知到每个人。”这话听上去给人印象深刻，算上朱利叶斯，总共才九个人啊。

“我要告诉他们的是，你没必要去经历这事儿，你没必要去那儿。我不想让任何人被杀害。”

小乔的胃疼，说：“谢谢你的好心，朱利。但无论如何我会去的。”

“希望能在别处听到这个话。我们要是不站在一起，那就永远没有出头的日子。唉，走啦，下一站到埃里克森那儿。”他从外套口袋里掏出一顶布帽子，戴到自己白发苍苍的头上，“冷风，是吗？该死的西风从来没有停的时候，就跟那些老板一样，啊？”

他说这话丝毫没有笑形。小乔拿一只手抚着他朋友的肩头：“别担心。”

“没有，我不担心。明天见。”

“明天见。一定要稍稍睡一会儿，好吗？”

回答是朱利叶斯的鞋子在木头阶梯上发出的啪嗒啪嗒声。到了台阶底下，他大声说道：“哦，我忘了，我们将在正常的开始时间碰面。”

“正常时间。”小乔挥了挥手。朱利叶斯很快就消失在了笼罩在路上的黑暗中。

他走进屋去，关上门，挡住冷风进来。煤气灯的白炽罩已经被调低。埃林去睡觉了。厨房打扫得干干净净。屋里静得出奇，他都可以听见室外微弱的风声。他疲惫地爬上窄窄的楼梯。安娜紧闭的房门下面没有任何光亮。

她不在自己的房里，她在小阁楼里，在他的小床上，盖着一床羽绒被和一条羊毛毯子。她旋转了一下一个黄铜开关，熄灭了他用来看书的油灯。两人谁也不说一句话，像一对恩爱夫妻一样拥抱在一起……

当他们的激情慢慢冷却下来，两个身体舒适地偎依在一起，他用肌肉发达的臂膀抱着她的双肩，她的头紧紧贴在他脖子窝里的时候，她对他提出了最后的恳求，就像格罗弗对朱利叶斯提出最后警告一样。

“乔伊，我爱你，明天早晨不要去那儿了。我对你说过其中的一个头目丹尼尔·伊瓦尔斯，他们最后一次想要组织工会的事儿。他们对他拳打脚踢，然后他们把他扛到锯条那儿。他们知道怎么摆弄，能把他弄得最痛最痛。那天余下的工作时间，他就躺在那儿，鲜血直流，可是没有人胆敢停下来帮助他，也不敢去叫医生来，格罗弗不让叫，没有他的允许，哪个医生都不敢踏进公司的地盘。丹尼尔·伊瓦尔斯大约下午四点钟流血身亡。跟其余的人一样，他的遗孀从公司什么也没有得到。”

她的双手抚摸着他的脸，每一个爱抚都代表了一个恳求：“他们也许会对你干可怕的事情。别去了。”

“我不能不去，安娜。我不能不去。”

“天哪，我爱你那么深，你个又疯又蠢的人。”

她跟他一起睡到大约凌晨三点钟。两个人谁也睡不着，她不时地抓着他，拥抱他。她是一个好女人。他多么希望自己像一个丈夫爱妻子那样爱她。但他更爱他的事业，或者说事业更需要他，或许这是一个更好的说辞吧。

天依然漆黑，她悄悄溜出小阁楼，以免让埃林和索尔发现她的道德瑕疵——似乎他们并没有怀疑一样。六点十五分，他戴了一顶灰色的羊毛帽子，穿上一件黑绿相间的麦吉诺厚呢外套，暖暖的，静悄悄地出了门。

他走下门口的台阶，来到藤本的槭树那儿，深深地吸了一口气，然后踏上了大路。太阳还在大山背面，但是已经有足够的亮光让他看清小镇的布局，也已经有足够的亮光让他找到通往斯迈利木瓦公司的道路。

第九十七章　达奇

5月的最后一个星期一，30日，宾馆里传言纷纷，说是发现一个犹太人当铺老板被谋杀在了他的店里。警察正在进行调查。《坦帕时报》怀疑是“某个赌场的赌徒或者酒馆的酒鬼所为，他们跟着美军来到这个城市，就像《圣经》里面说的昔日的瘟疫一样。也有可能就是美军里面的败类，尤其是那些具有侵略性的黑人士兵”。

上午近午时分，保罗任吉米在宾馆闲逛，自己带着一个又装了两个暗盒的木箱子再次徒步越过那条河。他担心上校会发现大多数影片都枯燥乏味。现如今有已经很熟悉的士兵训练场景，有玩球的场景，有搭建帐篷的场景，有清洗野战餐具的场景。剩下的影片里，大多数都是景观素材，海湾里的帆船，习习海风中轻轻摇曳的棕榈树。一些当地并不太美的美女，她们穿着从脖子到脚踝裹得严严实实的泳衣，在那儿抛扔一个浮水气球。只有一组镜头保罗认为非同寻常、令人激动——展示一款速射加特林机枪，这样的机枪有四种款式，将被带到古巴去。

有好些记者都跑到了海滨，去观看演示，包括那位西尔韦纳斯·彼得曼，毫无幽默感的外国佬，克莱恩称之为“赫斯特的最差记者”。克莱恩自己后来也来照了几分钟面，只见他要么张着嘴巴发呆，要么一副慵懒相。他穿着牛仔裤，红色的丝绸针织套衫式衬衣。他跟保罗打招呼的样子活生生像个医院病人。

比利·比策在距保罗和吉米数码远的地方架好机子，威廉·佩利跟他的助手在另一边同等距离的地方。比策没穿衬衣，微笑着挥手朝保罗打招呼。佩利不理会这些同行。他穿着黑色套装,厚得像殡仪员的工装。他憔悴的脸上汗水在滴落。

戴维斯不在场,所以在记者们看来,迈克尔·拉德克利夫成了服装最考究的人。气温接近华氏九十度,但迈克尔穿着纤尘不染的白色套装,结着色彩斑斓围巾一样的条纹领带,戴着白色毡帽,看上去十分凉爽。他那条有包头的手杖夹在一个胳膊底下。保罗介绍了他们俩,迈克尔握了握保罗和吉米的手。"这衣服帅呆了。"吉米咧嘴笑着说,"很贵吧?"

"还可以吧。"迈克尔对吉米立刻产生了负面反应,保罗都看出来了。

当年轻人准备好摄影机后,加特林机枪来了,是由拉大炮的马拉来的。这挺机枪有一个曲柄,还有一个由十根步枪枪管组成的圆环,安装在一根轴上。曲柄、瞄准器、装填子弹的箱子由一块安装在枪架上方的铁盾和下面稍稍小一点的一块钢铁挡板保护着。

"以前看到过这种武器吗?"迈克尔问道。他们说没有见过。"这种枪是林肯先生的部下发明的,那是在美国内战时期。你们当然知道那些战争部门,他们的前进速度像乳齿象一样,用了整整一个世纪的时间来决定一种武器是否可用,是否应该广泛采用。"

吉米走开去调整勒克索格拉夫摄影机的三脚架。迈克尔继续对留下的那位听众说道:"你还记得吗,我对你说过,我在维也纳的普拉特花钱感受电击的事情,知道那天我是如何通过双手感受世界末日的吗?我第一次看到这种枪演示的时候,也有同样强烈的震撼反应。科学正在尽责地允诺填满人类下世纪的繁荣之角,可是我告诉你,它真正在干的是什么。它正在打开地狱之门。"

他阴毒地微笑着,慢慢地溜达到一个阴凉处。

军士们将马牵走,从机枪的尾架上解开前车的铁链,然后转动机枪,使得机枪可以对着海滩的差不多正北方开火。目标是就在高潮线上方的一棵椰子树。椰子树向水面倾斜得很厉害,其树叶几乎就在水花飞溅的拍岸浪的正上方。

记者们有三架摄影机,围着机枪呈半圆形排列在海滩上。一位年轻的陆军中尉站到了集合的人群前面。

"先生们,请允许我自我介绍一下。我是步兵第十三团的约翰·亨利·帕克。沙夫特将军命令我指挥赴古巴加特林机枪部门,很可能是因为我在西点军校学过一点炮兵知识。”他竖起自己的双眉,过分谦虚地微微一笑。

“1862 年,一位医生,理·乔·加特林①大夫发明这款机枪以来,几经改良。这款特别的机枪是 1895 款,最新的。只要曲柄在摇动,子弹槽就一直会装满子弹,没有子弹会卡住,机枪可以持续不断射击。推荐的速率是每分钟六百发,不过实际速率远远不止。”吉米不禁长长地吹了一声有两个音符的口哨。

“这款枪采用布鲁斯型的自动供弹系统。演示期间,你们可以看到,子弹会直接从弹盒进到装弹槽里面。枪管左边的这是十字丝瞄准器,这根是定位杆,枪手可以用它精准控制射击的仰角和方向。你们有摄影机的先生要是愿意的话可以开始了,我们准备演示。”

保罗准备开始拍摄,但佩利出了个问题,延误了五分钟。比策点燃一根香烟。保罗从衬衫口袋里掏出一根雪茄烟,津津有味地吸着,直到佩利宣布准备好了。帕克中尉大声地向他的手下发布命令,声如爆竹,战士们突然迅速动作,剥掉弹药盒上的防护布,倒出里面的子弹,转动曲柄。通过护盾保护的枪管开始转动,发出咯咯声。这声音让人紧张不安,一阵震耳欲聋的嗡嗡声令保罗毛骨悚然。护盾的口子留有很大空隙,足以让机枪前后水平移动十五度左右。当枪管转动的时候,子弹便从左到右、从右到左、从前到后横扫进了棕榈树的树干,打得树皮碎片木屑四面乱飞。似乎只有几秒钟时间,帕克便大声命令“停止射击!”于是,机枪的死亡鼓点停了下来。海面上突然变得一片寂静,打破寂静的只有拍岸的浪涛。接着,传来木头的断裂声,噼噼啪啪,吱吱嘎嘎,棕榈树轰然倒塌,落入蓝色的水中,发出巨大的哗啦声。树干在三英尺高的地方被拦腰截断,断裂开的树桩冒着青烟。吉米在保罗的身后说道:“这玩意儿忒厉害了吧?一人开枪,万夫莫敌啊。”

“先生们,演示到此结束。”帕克中尉宣布道,“你们还有什么问题,我很乐意

---

①理·乔·加特林(1818—1903),即理查·乔丹·加特林,美国发明家,以发明加特林机枪而闻名于世。南北战争爆发后,双方军队十分重视对轻武器的改进,加特林也于此时开始研究连发枪械的制造。1862 年,他研制出了一款加特林排枪,并取得了专利,虽然直到南北战争结束,他的发明成果也没有获得实际应用,但是在多次改进之后,他的加特林排枪逐渐发展成为王牌武器。

回答。"

保罗检查了一下胶卷计数器，盖上镜头盖。迈克尔挥舞着手杖走了过来。"情况就是这样，小伙子们——未来。战争可不是一群可爱家伙的板球比赛——板球比赛哪，妈妈们总是教导他们，悠悠万事，礼貌为大。"保罗赞同这一观点。他从来没有看见过短距离内破坏性这么大的东西。

西尔韦纳斯·彼得曼沿着海滩跑去，粗鲁地把另一个记者推开，蹲在倒下的树边。他摸着断树干的裂口，两眼激动得湿淋淋的。吉米跟在他身后走了过去，同样对加特林机枪所留下的损伤赞赏不已。"两个嗜血的家伙，彼得曼和你那朋友。"迈克尔说道。

"吉米是我的助手。我可不想用'朋友'来形容他。"

在货运处，保罗填写了几份文件，托运了又一件收货人付费的货物。他离开火车站的时候，伊甸园展览馆的佩利正好从他的马车上跳下来，手里拿着跟他一样的一个盒子。保罗向他问好。佩利没有问好，只是朝他投来一个敌意的目光，然后跑进车站去了。

保罗的体内正在积聚着一种熟悉的紧张。他可以到伊博市的食品杂货店去打听一下路易莎的下落从而释放自己。尽管天很热，他还是决定走一会儿，希望这样可以疏解一下他的心情。

在富兰克林大街，他撞上了正好从广受欢迎但价钱很贵的马斯兄弟服装店出来的迪克·戴维斯。戴维斯不顾这样的天气，穿着他最好的职业服装——一件深蓝色的外套，一条灰色的马裤，裤脚塞进高及膝盖、擦得铮亮的靴子里。他浅灰色的浅顶软呢帽子有一块白色的遮阳巾，垂落在背上。一架装在盒子里的双筒望远镜挂在他的右肩。他拿着一个外面包着油纸的礼物盒。保罗估计，他可能要去参加某个重大的活动。

尽管如此，戴维斯还是有时间停下来朝他微微一笑："你好，达奇。在这个该死的城里居然还活着啊？"

"快活不下去了，戴维斯先生。"

"感同身受，这是我所见过的最糟糕的地方。柑橘树、砂蚤、汪洋大海一样的沙漠上被遗弃的房子。当地人不会喜欢我写这个地方的稿子的。”

“有开拔的消息吗？”

“没有。你电影拍得怎么样？”

“坦帕已经没什么可拍了。我做好了去古巴的准备。”

“你，还有我们其余的人，要小心。”他跳上一辆正在等待的马车。黑人车夫在马的上方挥舞了一下长长的鞭子，马车慢慢驶走了。这个理查德·哈丁·戴维斯的费用一定大得惊人。

保罗漫无目的地闲逛着。很快，他来到了皮尔斯大街，在有阴凉的一边朝北面走去。那儿没有更凉快。街上有很多小贩，他在一个小贩处买了一铁皮杯从桶里舀起来的柠檬水。柠檬水的味道就像炉子上加热的糖水。老天在上，他们什么时候才能离开这个地方啊？

走过了十个抑或十二个街区之后，他转向东去，走进一个越来越破烂的区域。此刻，他已经来到了利伯蒂大街，伊博市西区的外围，他将一根新摸出来的雪茄烟头咬掉，心里真的很想马上找到路易莎。他的注意力被两个商店之间一条小巷里的大笑声吸引了过去，两家商店各有两块招牌，一块英语，一块西班牙语。左边那家商店是一家药店，右边那家是乔纳斯五金店。药店门口的拴马栏杆上，一匹栗色马低着头站在那儿，背上有一个美军马鞍。五金店外面，几只没有盖的木桶里竖着一些锈迹斑斑的工具。

在阴暗的小巷里，四个穿着蓝色军装的士兵正用一块毯子在抛另一个士兵。保罗在兵营里面拍摄过毯子抛人的情景。他认为这是一种欺负新兵的方式，虽然荒谬，倒也无害。可是，小巷这种地方……太奇怪了。

士兵们将那个士兵抛起来之后，把毯子抽掉了，任那位被欺负的人摔落到地上。他是一位黑人士兵，他的手枪套已经空了，随身武器不知所踪。他那件棕色的工作服上血迹斑斑，清晰可见。

他重重地掉落到了地上，不由自主地发出一声喊叫。过了几秒钟，他撑着双手，想要站起来。一个体重超重的中士拿脚踢他。中士是白人，另外三人也是。

“喂，别欺负他啦。”保罗一边喝叫，一边跑进小巷。三个士兵年纪不大，农民的样子，皮肤晒得黝黑，脸上面黄肌瘦。中士年龄较大，下巴下垂，脸颊又圆又白，像个奶油馅饼。他从枪套里掏出左轮手枪。

“要我就不会插手这事儿，小子。”他举起枪，伸直胳膊，枪口直对着保罗的两眼之间，“你听明白了吗？你最好听明白了。”

“这黑鬼去了他不该去的地方。”另外一个士兵说道，“他想坐在一位白人妇女身边，就在药店喷泉那儿。”

“看样子就为了这事儿你们把他打了个半死。”保罗说道，脑子却在紧张地盘算对他的不利因素。

“嗨，他好像是个外国人哪，奇特。”第三个士兵说道，“德国佬之类。”

奇特中士扳起击铁：“是啊，好吧，也许我可以把这怪腔怪调从他喉咙里打下来。小子哎，你知道我们是谁吗？佛罗里达第一团杰克逊维尔轻步兵。这儿是我们的家乡州，我们的地盘。别惹我们。”

志愿兵，他也许猜得没错。他感觉进退维谷，神经如同铁丝般绷得紧紧的，他既不想吃子弹，也不想逃跑。四个人身后的地上，那黑人士兵迷迷糊糊地醒来了。他看到这一情景之后，便飞快地伸出手，抓住中士的一只脚，将他摔倒在地。

中士跌了一个大马趴，左轮手枪也走了火。窄窄的小巷里，枪声如同霹雳般回响。保罗赶紧躲开。

奇特的子弹钻进泥土里，搅起尘埃。保罗撞上了小五金店的墙，撞得他的牙齿磕到了舌头。他尝到了血的味道，他转到街上，从木桶里抓起一把有很长木柄的铁锹。他像个战斗人员一样双手紧握铁锹，冲回到小巷里，鲜血从他的一个嘴角流了下来。

奇特中士双膝跪在地上，跟那黑人战士扭打在了一起，抢夺那支左轮手枪。走道上，传来喊叫声：“见鬼的怎么回事儿？”一个杰克逊维尔轻步兵绕到黑人战士身后，对着他的腰部用脚狠踹。保罗双手紧握铁锹，击中另两个士兵，他们双双倒下。

奇特中士死命拽着左轮手枪，终于将它夺到了自己手中。他抓住枪管，凶残地横扫向黑人战士的脑袋。黑人战士栽倒在地，昏了过去。

“奇特，我们要是不从这儿脱身，会被关禁闭的呢。”其中一位士兵气喘吁吁地说道。奇特眯眼瞧着弯腰屈膝抓着铁锹的保罗和小巷口子上越来越多的市民。他朝保罗吐了一口唾沫。唾沫没有吐到保罗的脸上,但吐到了他的衬衫上。奇特带头沿着小巷跑了,他们越过一道木板围墙,消失在了视线之外。

一位戴着帽子的女人走进小巷,手搭凉棚。“哦,不要紧,只是一个黑人。”她和跟着他的那个男人继续往前走了。人群散去。保罗的心跳开始慢下来。

黑人战士倒在地上,双眼紧闭,血流如注的脸贴在泥土里。这人其貌不扬,下颌突出,鼻子畸形丑陋,前额往后倾斜。保罗跪下身子,看看他是否还有气,然后将铁锹放回到木桶里,走进小五金店,问有没有电话。

“药店有。”店员避开他的目光说道。

保罗走到小巷对面。药房的大理石冷饮柜就在前面。四张高高的铁丝凳子上空无一人。商店的后部,一只只白色的药罐散发出怪味儿,小个儿、黑头发的药店店主正起劲地掸着一个装着鲜红色液体的泪珠状的大玻璃缸上的灰尘。

“外面有个士兵受伤了。你能不能打个电话给当局请他们帮助一下?”

白人药店店主依旧掸着银色台子上泪珠状大玻璃缸上的灰尘。“电话坏了。”

药店店主冒出了汗。顷刻间,保罗明白了。他大步朝纱门走回去,气愤极了。

来到小巷里,他蹲下身子,抱起受伤的战士,那人再次呻吟起来,可是没有醒来。这位战士虽然身子消瘦,但是体重很重。保罗将他背到背上,踉跄了两三次。他将那人横放到战马的马鞍上,他估计他们就是一起的。

他解开缰绳,牵着马穿过一条条街道。每走一两个小区,他都要检查一下这人的脉搏和呼吸。他牵着马一直走到坦帕高地,来到第二十四和第二十五步兵团的营地。这是最靠近黑人部队的地方。营地整洁有序,其沙地马路呈棋盘布局,马路的界线是一排排的白色帐篷。一位战士指引他来到医疗帐篷。

他向一位黑人卫生员讲述了事情的经过。卫生员指了指一张小床,并在小床上放下蚊帐。接着他匆匆走出去寻找医生,找来的医生是一位白人医生。

大夫检查了一下黑人战士,发现并没有受很重的伤,只是一些被打起的青肿和皮外伤。他记下保罗的名字和所住的地方,对他表示了感谢。保罗离开兵营,花了五美分钱坐有轨电车回城里去。虽然他弄得浑身凌乱肮脏——从来没有这么凌乱肮脏过——但是售票员没有对他提出非议。跟其他在不同车站上上下下的乘客一样,保罗是白人。

他想到市场上去打个电话到托马索,问一下哪里可以找到路易莎。

但另找时间吧,他太累了。

第二天早上,六点刚过几分钟,一阵敲门声唤醒了他。他穿上长裤,惊讶地发现一位白人骑兵军官站在门外。这人瘦长的个儿,三十五岁左右年纪,蓝色的眼睛,浓密的眉毛,嘴角向下的嘴巴让他透出一股极端严厉的神情。这人的仪表无懈可击,军装十分整洁,靴子非常干净,保罗瞬间得出结论:"我要是当兵,绝对不在这人手下服役,他一定很难伺候。"

"克朗吗?"

"是的。"

"我是第十骑兵团的珀欣中尉,我可以进来吗?"

保罗退后几步,揉揉眼睛。中尉关上门,在下巴下面啪的一声解开他那顶战斗帽,摘下帽子。保罗刚要指椅子请他坐,立刻发现椅子上堆满了要洗的衣服。他的布衬衫扔在梳妆台下面的地板上。房间里的每一个平面几乎都摆满了他收集的纪念品。珀欣的蓝色眼睛扫视了一下这乱糟糟的场面,厌恶极了。

"我只占用你几分钟时间。"他说。他的五官给人印象强烈,但是缺乏幽默感。鼻子高大醒目,耳朵又大又长,平贴在头上。他双腿分开站立,仿佛阅兵时的稍息。"负责第二十四团的朗大夫给了我你的名字。我听说昨天你救了我的一个战士。"

"如果你是指那个黑人,是的,我救了他。"

"我来向你表示感谢。珀森下士是我所带部队的战士。团里面昨晚通报了他的情况。大夫说珀森今天晚些时候可以下床走动了。我赶凌晨四点钟从莱克兰发出的慢车,刚刚去看过他。我们正在寻找打他的人。你说过有一个人叫奇特,是吧?"

保罗捋着因为睡觉而乱得一塌糊涂的黑色头发。中尉的话语仿佛子弹一样射向他。“我听到的就是这个名字，奇特中士。他吹他部队的牛，佛罗里达第一团杰克逊维尔轻步兵。”

“我所需要的一切就是这个确认。我们将在一小时之内逮捕他。这些该死的红脖子志愿兵老是找黑人正规军的麻烦。这事儿发生在珀森身上，我很不高兴，他是一位优秀战士。我也不喜欢这种事情发生在第十团的任何人身上。我尊敬和钦佩我们的黑人战士，他们比大多数人都努力，因为部队是他们通向体面生活的通行证。”

接着，珀欣中断了他说话的节奏，有一个明显的停顿，停下来观察保罗的反应。“你不喜欢我所说的话，是吗？我十分清楚，这是小众观念。我最近作为战术培训军官到军校待了一小段时间，原先在蒙大拿州阿西尼博因堡的第十团服役。我在原先的岗位上默默无闻。当我对学员们说我高度关注黑人部队时，学员们便开始叫我‘黑鬼老兄’。大多是在背后。有时他们叫得委婉一点，‘黑老兄’。我不在乎这个绰号。好啦，克朗先生，有个请求。如果可能的话，请你今天天黑前去一趟坦帕高地。珀森下士很想当面对你表示感谢。”

“我相信我可以去的，我的日程我自己安排。”

“你是报纸记者吗？”

“芝加哥美国勒克索格拉夫电影制片公司的摄影师。”中尉的表情有一种模模糊糊的不赞同。

“我从你的口音判断你是德国人。”

“是的，斯瓦比亚，后来到了柏林。”

“我的祖籍也在德国。我们家原先是阿尔萨斯人。17 世纪我们家姓普弗尔兴。”他飞快地伸出一只手，“你是一位很正派的小伙子。再次谢谢你救了我的一位战士。”

他们握手。珀欣中尉动作利落地戴好他的战斗帽子，在下巴下面扣好扣子。他再次瞅了一眼那堆乱糟糟的纪念品和脏衣服。他想说点什么，但考虑再三，还是转过了身去。他不是一般性走出房门，而是昂首阔步行军般走出房门。

在下午渐渐逝去的黄色亮光里，保罗再次坐上有轨电车。晚间的篝火熊熊燃烧，燃遍整个营地。炊事员们摆弄着锅碗瓢盆，整理着盘碟刀叉，这些炊具或藏在箱子里，或放在钉于树上的板条箱里。味儿很香，不过厕所里的味儿除外。

黑人士兵有的躺在帐篷里打盹，有的坐在弹簧很粗的军用大车的棚子下看书。在一块沙地球场上，有些士兵正在闹哄哄地玩棒球。白人军官有他们自己的小小领地，一棵巨大的弗吉尼亚栎树下面，摆放着几张轻便折椅。由柑橘板条箱做成的桌子上，放着几份纽约的报纸和流行杂志。一个正在看《哈泼斯周刊》的军官从嘴里拿出烟斗，好奇地打量着保罗。

他在他离开时的那张小床上找到了珀森下士。珀森在蚊帐里面坐着，正在玩一份《警察报》上的单人跳棋游戏。附近的另一张小床上，一个比一般黑人更加琥珀色一点的战士翻动着身子呻吟着。

床单遮盖着珀森的下身。热浪里，他肌肉发达的胸部和肩膀闪闪发亮。一条长长的绷带裹在他的头上，两只耳朵与绷带之间露出卷曲的灰色头发。右脸中部到下颌有一个数英寸长的刀疤。他看见保罗来了，便咧嘴笑了起来。他的牙齿很大，笑起来像探照灯一样明亮。

“你一定是把我这个笨蛋救出火海的那个德国人。”

“是我把你弄到这儿来的，如果你是这个意思的话。我叫保罗·克朗，大伙儿都叫我达奇。”

“今天早晨我醒来的时候，我想到了你。不知道你的名字，所以我给你取了个，海因。我听另外一个德国人曾经叫过这个名字，他似乎也不介意。达奇这个名字是穿木鞋和有风车国度的人的名字。”

“你是说荷兰人吧。这团乱麻德国人弄不清楚的。我也不想去弄清楚。你要是想的话就叫我海因吧。”

“好。每个人都需要一两个绰号。就我所知，唯一没有恰当绰号的就是那边那位中士。”他指了指那个呻吟的人，“利安德中士，他所得的病是挺厉害的坦帕腹泻。”

“你有绰号吗？”

“奥特。奥赛罗的简称。我哥哥叫达夫，麦克达夫的简称。我姐姐叫费利娅，来自奥费利娅。我们的老爸是一名普尔曼列车的服务员，夜里有很多时间看书。他喜欢诗歌，尤其喜欢莎士比亚的诗。林肯总统和格兰特将军带来解放之后，爸爸就有权读书了，别人就管不了他了。爸爸那时经常说，他不喜欢花时间读书来谋生。他会说，人口袋里有本书从来就不会寂寞。书本给人成千上万个朋友。有的聪明，有的逗笑，有的就快快乐乐过时光，不过他们全都很好。我呢，没有我爸爸聪明，但我也读过很多书。唉，失礼失礼。把那张凳子拿过来，坐吧。”

街道上，一长队骑兵慢慢走过。他们的中尉也跟珀欣中尉一样是个白人。

保罗问道：“你昨天是怎么陷入那个困境的，下士？”

“行啦，你对我有救命之恩，就叫我奥特，好吗？”

“好的。”保罗说道。

奥特·珀森好像一位绅士，平易近人，但显而易见也很坚强。他的右胳膊下面，沿肋骨的地方，保罗看到有一条疤痕，一条水平走向、皱纹一样的长长疤痕，也许是子弹划过的痕迹，或者是印第安人的箭留下的伤疤。

“第十骑兵团驻扎在累克兰那边。我被指派把急件送到住在宾馆的沙夫特将军那儿。我在马背上颠簸了三十英里路，送交了文件袋，心想喝杯苏打水味道一定很好。我不想在宾馆求人，那地方让我紧张。太想当然啦。我驱马来到坦帕，瞧见了那家杂货店。我就进去，对一位漂亮女士说了声对不起，就在她身旁坐下。那几个佛罗里达小子是后来进来的。”

他的笑容消失了：“他们对我坐在白人女士旁边大为不满。这个城里有很多人都这样。说实话，在我们驻扎的无论什么地方，大都如此。”

他们各自介绍了自己的一些事情。奥特是在费城长大的，十八岁之前一直在街头当混混，直到当兵的年龄。保罗说他在柏林也是街头小混混。奥特咧嘴笑了。

“我就知道跟你一见如故肯定有原因。”

“那你喜欢当兵吗？”

“我当然喜欢。我估计我成为美国人比你时间长，所以我跟你解释解释。在这个国家，我们是平等的，可是有些人比其他人要平等得多。在军队里，略微好一点，可以旅行，还可以有一些自尊，甚至不时地还会有一些危险来证明一个人的价值。我哥哥达夫他认为我疯了。上个月我休假回家时，达夫说他绝不会为了一帮该死的白人而去参加战争。'我没有要为之战斗的国家。'他说，'我在这儿没有权利。'我对他说，'达夫，你错了，你笨得像头骡子。我们有些权利的。虽然还不够，但是比解放前爸爸的权利多多了，而且我还在不断努力获得更多的权利'。这也就是昨天我走进那家杂货店的原因。我知道那是白人的处所。"

"无论如何，海因，我竭力相信这个国家，尽管有这么多对黑人不好的事情发生。我不知道还有哪个国家会更好，我在这件事情上看过很多东西。情况的确在好转。有时，好转的速度极慢，但是在好转。一百年前，珀森这个家族是没有姓的。珀森家的人弯着腰在佐治亚州查塔姆县的一个棉花农场里累断筋骨干活，跟其他几十个人一起，他们的祖辈都是从非洲被抓来的。我期待，再过一百年的时间，会有更多的变化。我要是不坚信这一点，那我就会把我所有的军装堆在一起烧个精光。然后，我就回家去，对哥哥说，'嗨，达夫，你说得对'。可是我不像达夫那样认为，我不打算放弃我的希望。现在还不。"

保罗看了一下自己的怀表，说他得回去了。奥特·珀森将赤裸的双脚挪下小床，中间段依旧盖着被单。"他们说明天上午我就可以回部队了。总之最近几个星期，我们将开赴古巴，如果那儿战事激烈，也许我就见不到你了。但是，如果我还能见到你的话，你要有什么难事，尽管找我。你救过我的命，我欠你人情。我一向知恩图报，没有二话。"

"谢谢，奥特，希望没有这个必要。再见。"

"再见，海因。"

保罗思绪万千，沿着一条沙石街道疲惫地往前走着。这是个什么样的国家啊，一方面请人穿上它的军装，一方面又唾弃他？美国人夸耀他们的国家是一个自由和法治的国家。难道自由和法治仅仅是对白人的特权阶层而言吗？似乎是这样。

来到宾馆大门，他停下脚步，听着一支军乐队演奏《舞会之后》。音乐飘荡在黑暗的花园里，一对对情侣在那儿游荡，不时传来欢声笑语，此情此景，令他这个单身汉感觉忧伤。"朱莉。"他轻声呼喊着，"朱莉。"

“别这样,这事儿翻篇了。她走了。”心里另一个声音告诉他。

他意识到他的一只手紧紧握着大门的锻铁条子,握得那么紧,手掌心居然被割出了一道小小的流血口子。他再也无法忍受了,他得马上打电话给托马索。

但身体的脆弱使他无法再考虑这些了。他染上了这个城市的特有病症,“坦帕腹泻”,因为坏了的食物,因为肮脏的环境,因为不干净的水,因为他去探望奥特·珀森的帐篷——谁知道还有什么呢?

他从来没有感觉如此凄惨和绝望过。他的脑子里充斥着众多的坏想法。他是一粒普通的泥土,在浩瀚的宇宙中微不足道。他的愿望和希望不值一提。

吉米倒是很体贴,每天都来看望他两三次,尽管开了很多乏味的玩笑,都是取笑保罗的困境。保罗生病的第二天晚上他来看他的时候,似乎非同一般的兴高采烈。保罗问他是不是自己独立拍摄了影片。

“啊,天哪,我拍不了。曲柄坏了。沙粒或者其他什么东西卡住了。我把它拿到一家照相店去,要明天上午晚些时候才能修好。”这肯定是谎话。坦帕有谁知道如何修理这种摄影机呢?可是保罗没有精力或者说没有证据去反驳吉米。

6月6日,星期一,他感觉好点了,大约中午的时候便来到了地下啤酒馆。他在楼梯脚下停住脚步,察看了一下里面的顾客。他打定主意,能够回避就尽量回避跟乔叔叔碰面。

比策在一张桌子上快要吃好饭了:“嗨,达奇,很高兴你康复了。有拍什么好电影吗?”

“我房间里恐怕没多少东西可以拍摄的。”

“外面也没什么东西可以拍摄。我觉得我们该走了。”

保罗赞同他的意见。他离开这位揩着盘子里肉汁的拜奥格拉夫摄影记者,吩咐酒吧招待来一杯高玻璃杯的冰茶,弄得酒吧招待很诧异。他正在啜饮冰茶的时候,突然克莱恩走了进来,还是跟往常一样愁眉苦脸的样子。

“你好,达奇。听说你迷上了当地的快步舞。”

“是啊,不过好多了。来根雪茄吗?”

克莱恩摇摇头,要了威士忌,并装满了自己的烟斗。“昨晚又有一桩偷窃案,你听说了吗?”保罗摇摇头。“小偷进入来自密歇根州的一位少校的房间。偷走了大约四十美元,还有一条金表链。我估计是同一个胆大包天的家伙,在这个地方干了大约有一个星期了。”

“这个宾馆还有另外的盗窃案吗?”

“四起。”

“我一个字也没听说。”

“你生病了。何况,你也并不是那种爱打听八卦的人。经理不急于让人知道亨利·普兰特的逍遥宫招待了不速之客。我只是跟一个打扫房间的挺吸引人的黑人姑娘上床时听说的。”克莱恩一口喝干了他的威士忌,“小伙子,你好像是被蜜蜂蜇昏了。你怎么会对一些微不足道的入室盗窃感到惊讶呢?为了一场伟大而崇高的神圣战争,集拢了数以百计的高收入军界人士,跟着妓女和酒吧老板以及其他自由企业主而来的一定有梁上君子啊。”

“是啊,这倒是真的。”保罗勉强地说。他的头皮发麻,他看到了一张脸,这天余下的时间他一直感觉不自在。

在地下啤酒馆吃晚饭的时候,他一个人坐在靠墙的一张桌子边。吉米于六点半左右像一阵轻风似的直冲吧台飘然而去。保罗实在不想见到他,但没办法,只好勉强地挥挥手。

吉米款步走向前来,一脸喜气洋洋。他将自己的常礼帽挂到墙壁的钉子上,坐下。常礼帽是金棕色的,上面有一圈雅致的丝带,前后的帽檐稍稍往下弯曲。非常时髦。

“这么说你两条腿又可以走路啦?”

“可以了,谢谢。看你挺开心啊。”

“万事如意。”

“我找了你一个下午。我检查了摄影机,好像好了嘛。”

“是的,修理店的人把它修得像新的一样。”

“很容易啊,因为本来就没坏。”保罗心想。

保罗变得不耐烦了，说道："你没有拍多少胶卷嘛。"

"见鬼，你卧床啦。"

"可是你去了哪里？"

"各处转转。"吉米耸了一下肩膀说道。保罗怒视着。吉米眨眨眼："啊，你知道的，找当地妓女去了。浪得很哪，达奇。我一直对你说去试试看。"

保罗将他小小的银叉搁到装着有壳的蓝点牡蛎的盘子里。他本已恢复的胃口突然间又倒掉了。他怀疑，吉米精神气爽的原因不是女人，而是其他事情。在来的火车上，吉米曾经说过，这趟出来他得挣点钱回去。

突然，保罗站起身来。

"怎么，你又生病了吗？"

"是的！"保罗猛地离开餐桌，冲进台球房，那儿有一扇单独的门通向下面的走廊。乔叔叔就在楼梯下面，正慢条斯理而又严肃认真地跟一位少校和一位上尉谈话。保罗赶紧离开，侥幸脱险。

6 月 7 日是星期二。保罗已经到了忍无可忍的地步。早晨晚些时候，他打了个电话到杂货店找托马索。路易莎大约八点半的时候来到他的房间。她瞧了一眼，用西班牙语惊叫道："我的天哪！这房间像个猪窝。难以置信！"

"你说什么？"

"我说难以置信。这房间像个猪——唔——像个谷仓。"她咯咯笑着，"太乱七八糟啦。我们到哪儿'办事'呢，到天花板上？"

保罗难为情死了，抓着他的草帽和一双新的棕色帆布绑腿，买这副绑腿是为了防止被蛇和蜘蛛咬，据说在古巴蛇和蜘蛛很常见。他一手拿着帽子，一手抓着绑腿，窘迫地站在那儿，因为没地方可以放这两样东西。路易莎出于礼貌，拿手掩住自己那张漂亮的嘴巴，但是她的笑声太响亮了，掩饰不住。"亲爱的，这都是些什么啊？"

"纪念品。我喜欢收集我所到过地方的东西。"

"嗯，你当然干得很棒。"她说道，双手放在自己的臀部。这样一来，他倒是看清了他在坦帕所收集的每一样东西：海滨明信片、捕虾船明信片、宾馆内外景观的明信片、三个饼海胆和一个干海星、几个海螺壳、一条幼年短吻鳄标本、四个椰子有两个雕刻着印第安人的脸、一只小木箱里装满了橘黄色的糖球、六块形态各异的漂浮木……

还有，当然啦，梳妆台上，摆着那面纸旗和那张破旧的立体画片。

“我从来没有看见过这么大的——那个词怎么说来着？”

“博物馆？”

“是的，这么小个地方开办这么大个博物馆。你准备拿所有这些东西怎么办，亲爱的？”

“把最好的几件装箱，运到芝加哥去。”

她开始快速脱下她鲜黄色的丝绸连衣裙。“你在家里的生活方式也是这样吗？”

“这就是我的家。这个地方或者像这样的地方。”

她停住手，上衣就搁在她的胸上。她穿着白色的平纹细布内裤，长及膝盖，有花边装饰，但上面什么也没穿。

“宾馆房间？”

“宾馆房间，出租房间——无关紧要。”

“太非同一般了。”她说道，话音很轻，但很庄重，“你跟一般人不一样，亲爱的保罗。我从来没有遇见过像你这样的人。”

“现在你遇见了。对我来说，任何地方，有一扇门，有一扇窗，有一盏灯，有一张床，就足以是一个家。重要的部分是床。”

在他们热情相拥之际，他不想她看到他在撒谎，看到他心中的痛。

路易莎热情洋溢，同时又温柔亲切，生动有趣。可是她严格遵守时间。晚上十点钟，她将钱塞进她黄色连衣裙的上衣里，深情而又甜蜜地给了他一个道别的亲吻，走了。“我喜欢你，保罗。你是一个完美温柔的情人。在古巴注意安全，然后平平安安回家去。”

房门轻轻地咔嗒一声关上了。他颓然倒在床上，双手枕在头下，两眼望着天花板。他不想去看那堆令人生厌的破烂。就这么回事儿，不值钱的破烂，愚蠢的念头，收集这些东西，糊弄自己，还以为自己有财物，然后就以为自己有所归属似的。他没有归属。他长久以来一直寻觅一个家就是一个白痴行为。无意之间，路易莎迫使他面对着一个他竭力隐藏很长时间的事实。无意之间，他向她坦白了这个事实。

“这就是我的家。这个地方或者像这样的地方。别无他处。”

他睡着了，快速地睡去便是忘却。半个小时之后，他被走廊里的吵闹声惊醒。房门砰啪开关。人们匆忙跑动。电梯笼子的棘轮声响表明电梯门正在关拢。天哪，着火了吗？

他从床上跳下来，匆忙穿上短裤，一把拉开房门。走廊里，军人和平民都拿着自己的手提包和帆布户外包急急奔走。克莱恩一只手提着旅行箱，一只手拿着书，在隔着几扇门的房间里冲了出来。

“斯蒂芬！怎么回事儿？”

“命令我们坐船出发了。几分钟前公布的。舰队司令桑普森已经把圣地亚哥的防御工事炮轰得鸦雀无声，华盛顿示意沙夫特可以向古巴进发了。最好整好行装到楼下去，否则你就花整个晚上去付账好了。”

他急匆匆朝主楼梯走去。保罗慌忙穿上衬衫和长裤，跑到隔壁吉米的房门口。他敲门呼叫，但没人应答。

他拧了拧门把手，门开了。他开亮电灯。房间里很热，窗户关着，床铺整整齐齐。

保罗抱怨了几句，回去打点自己的行装。

克莱恩说得没错，离开宾馆简直像下地狱。他一边在长长的队伍里排队等着付房费，一边又赶快找了个勤杂工，讲好价钱，给了那人四美元和沙多的地址。勤杂工答应把保罗房间里所有的纪念品装好箱子运走。他只是把那面纸旗和立体画片装进了行李里面。他半信半疑，这些纪念品很有可能会被扔到哪只垃圾箱里。

这有什么关系呢？路易莎已经帮他把事实挑明了。他会有许多其他的房间、许多其他的地方收集纪念品——玛丽帮他保存着的地球仪涂着的暗红色珐琅上面有许多许多的点呢。现在,这就是他的生活。吉卜赛人的生活,无家可归,永远无家可归。

第九十八章　伊尔莎

伊尔莎日日夜夜忧心忡忡。

她担忧波利，几个星期前他令她惊讶地给她寄来了一张明信片。明信片是佐治亚州的哪个小村庄寄出的。明信片上印着桃树林。天哪，波利到底在佐治亚州干什么？

她担忧她儿子。先是几个星期没有消息，后是几个月渺无音讯。最近一个纪念品寄来到现在快一年了，里面装着柑橘糖果的小小箱子被她刻意放在五斗橱的镜子前面，跟那个空心石核放在一起。

她祈求赶快再次收到小乔的来信。虽然她从来没有向弗里奇或者卡尔吐露过这样的口风，或者说对他们少一点爱，但有一个事实是所有母亲都知道的：对第一个孩子，母亲们都会有一种神秘的特别感觉。她祈求总有一天，她能再次拥抱她的第一个孩子。

最让她揪心的是乔。她思念他这个活生生的人儿，他们从来没有分离这么长时间过。她极度担心他的安全。报纸上说，仗马上就要开打了。在美国人入侵古巴之后，乔的性格决定了他不会做缩头乌龟保全自己。不管骑马还是徒步，他都会带着他的战士们冲锋在前。这是她骄傲的源泉，也是她害怕的缘由。

即便乔躲过了身体伤害，她也害怕战争会扰乱他的心境，尤其怕自己再也无法给予他那种让人怦然心动的兴奋了。她所有的女性朋友都这么说，再美满的婚姻到了晚年也会陷入某种平淡。她跟乔讨论过这个话题，他对这种可能性持坚决反对态度。他用十分强烈的词汇描述他不想要的那种生活方式——平淡、无聊。那次讨论后没多久，他就写信给卡尔·舒尔茨和其他人，主动要求参军去。

所以,伊尔莎跟战争有关的忧虑还有一个,一种生怕更年轻的对手抢夺了她丈夫的模模糊糊但是颇为强烈的担忧。报纸的报道说古巴女人漂亮而又娴静,离乡背井在坦帕生活。夜里,伊尔莎望着她卧室里的椭圆形镜子,看到了许多新的让人讨厌的皱纹。

乔一到佛罗里达,便给她拍了电报向她报平安。接着,他在坦帕湾宾馆住下之后又给她写来了一封五行字的信。那是十天前了。从那以后,就杳无音信。是什么——甚或是谁——牵走了他的魂呢?

伊尔莎在对战争本身越来越不信任之外,又加上了一层焦虑。她从来没有向乔说过,她不是一个沙文主义者,而且她谴责那些沙文主义者。

在中西部和西部,人们对战争的支持依旧方兴未艾。在东部,以民主党人和自由思想人士居多,抵制战争的势力颇为强大。人们谴责这场战争是爱国标语和振振有词的美国理想掩盖下的商业帝国主义。伊尔莎在报纸上看到,著名的哈佛大学校长查尔斯·埃利奥特·诺顿和其他人正计划6月份在波士顿一个名叫法纳尔厅的地方举行会议,组织一种反帝联盟。其宗旨并非完全反对战争,而是要把它变成解放战争,而非掠夺新的领土从而为美国贸易开拓新的市场的战争。

诸多名人要员纷纷发声支持这一个联盟,包括前总统克利夫兰、哲学家威廉·詹姆斯、劳工领袖塞缪尔·龚帕斯。挣下了十辈子也用不完的钱的安德鲁·卡内基现在也变成和平的倡导者,参加了这一运动。

她的好友亚当斯小姐继续持保留态度,不报名,不加入,理由她之前解释过。"组织者写信和拍电报跟我联系过,可我不能这么干。我必须得到社区的支持。我必须保持这些门开着啊。"

数以百万计的人都认为,用一场战争去获得领土并扩大美国的影响并没有错。其中之一便是一位年轻的印第安纳州律师贝弗里奇先生,著名演说家,跟布赖恩一样大名鼎鼎。贝弗里奇开始奔波于全国各地,宣扬他的美国责任和美国天命思想,像一颗明亮的星星冉冉升起在国家的地平线上。芝加哥的报纸大段大段地摘录他的演讲内容:"世界贸易必须而且必将属于我们……美国法律、美国秩序、美国文明将会根植在迄今为止依然落后、血腥、愚昧的国土上。”

“什么东西!”亚当斯小姐在一个淫雨霏霏的昏暗下午在赫尔堂说道,“这位年轻人的事业就是把自己裹在国旗里。”

“那可不。”伊尔莎附和着,“但这不会伤害到他。贝弗里奇先生的演讲在印第安纳州的立法机构获得了巨大的支持。他有可能被选拔去任参议员呢。”

“不管怎样,那都是烂污东西。他怎么敢明目张胆地提出我们要去关照新的有色人种?我们自己的有色人种都帮不过来或者说处理不妥呢——而且我们都努力了三十多年了。”

“你认为贝弗里奇先生真的相信他自己所说的话吗?”

“为什么不呢?欺骗别人的人首先得欺骗自己啊。”

当晚,室外,一场夏季暴风雨正在肆虐,伊尔莎坐在写字台后面,在她的家庭账户上开了一张一百美元的汇票。她将汇票放进一个写有赫尔堂地址的信封,里面还有一张条子,请求亚当斯小姐将这笔钱用于匿名资助波士顿需要的人们。

然后,她在床边跪下。雨点敲打着安静孤独的房屋,她握着双手,垂下头。

她祈求上天把乔送还给她,完整无缺的身体和忠诚依旧的心灵。她祈祷自己能洗清因厌恶战争而产生的罪恶感。反叛也许会让一位富有战斗精神的“新女性”感到满足,但是它无法安抚一位有负罪感的家庭主妇。

这是与旧认知的冲突。她在成长过程中一直被教导要尽本分,要内敛,不要直言不讳。她可以把捐赠的事情告诉乔吗?

雨夜裹住了宅子,她的卧室漆黑一团。她紧紧握着自己的双手,握得生痛,这会儿是在跟一个别的什么人说话。

“乔,我不知道它是对还是错,这场战争。有可能既对又错吗?我们真的明白这样的事情吗?”

“只有一件事情我可以肯定。你要是有什么不测,我会死的。你只要平安无事回家,回到我身边,那你就算一辈子是个沙文主义者也罢。”

第九十九章　达奇

上午九点左右，保罗带着装了箱的设备来到坦帕港。三艘铁船拴在码头上，其余的全都等候在航道上。每个凸式码头上的军队攻城加农炮守卫着通道。调车的机车正在把装满家畜和煤炭的车厢通过调车场调到支线上。士兵们从车厢里蜂拥而下，他们的衣服上斑斑点点地沾满了煤尘和牛粪。他们背着白色背包以及老式的斯普林菲尔德步枪，在酷热中排着队，等候上船。

“这些箱子千万别离开你的视线。等我们一把它们弄上岸，我会再付你十个美元。”保罗对那个高大魁梧的黑人车夫说道，这是他在宾馆花了三十美元从另一个顾客那儿挖过来的——比他的讨价多了十美元。

“你上哪艘船？”

“所有非军事人员大概都上旗舰‘安全’号。那儿太挤了，我想上其他船。”真实原因是，那艘船上有相当大数量的人员是将军，他叔叔肯定会是其中一员。

他得找到吉米。据他所知，他这位搭档很有可能不辞而别，回芝加哥了。他来到凸式码头上乱糟糟的人群中。马车、大炮的弹药车、马匹、乐队以及四节普兰特铁路线观光车厢的窗户里大喊大叫、挥舞双手的老百姓——这是一团令人难以置信的乱麻。在这团乱麻的中央，沙夫特将军敞着领子，下颌上滴着汗珠，坐在一张由柑橘箱搭建的办公桌后面，对他的助手时而大声发布着命令，时而高声叫骂着什么。

保罗的道被一支军乐队挡住了，他们正在演奏《我留在身后的姑娘》。他迂回穿梭于那些音乐家之间。“借过，让我过一下。”他挤向前去，一脚踩上了一坨马粪。

他单足跳着,甩着被弄脏了的鞋子,一个踉跄,撞到了一位穿着长筒靴和纤尘不染的白色帆布军装的人身上。他还没来得及道歉,便听得那人吼叫道:"请你小心点。你把我的照片糟蹋了。"他正在拍摄一艘停靠码头的运输船只。

保罗当然认识他:"我十分抱歉,中尉——"

"上尉,冯·赖克上尉。威廉二世皇帝陛下的大使馆武官。"他整了整前面有红色斑点圆形帽徽的工作帽子,"你呢,先生?"

他迟疑了一下:"达奇·克朗。"

"克朗。惠勒将军麾下有一位姓克朗的将军。"

"是吗?我们没有关系。"

"你是平民记者吗?"

"算是吧。我要是把你的相机弄坏了,那我出钱帮你去修理吧。"

这样的客气让冯·赖克感到惊讶,令他的气也消了大半。显然,他完全不记得他们先前在柏林的邂逅了。他稍稍亲切了一点,说道:"那倒没有必要,我只是毁了一张照片。你是德国人?"

"是的。我家人是斯瓦比亚人。"

"我是普鲁士人。"好像谁看不出似的,"我总是很高兴见到同胞,不管来自什么地区。要是这场征讨没有因为这种十足的混乱而将我们沉入海底的话,也许我们有机会进一步互相拜访。说到我们的祖国,德意志帝国即将迎来伟大的时刻。再见,我的年轻朋友。"冯·赖克咔嗒地碰了一下脚后跟,大步走了。他走路的姿势就像一个拥有整个地球的人。

五分钟之后,保罗找到了吉米。

完全是意外。保罗走过一幢黄色的原松木建造的房子,这样的房子有好几幢,就是人们称作"最后机会街"的地方。士兵和老百姓在房子的门口排起了一条蜿蜒的长队。吉米正好从边门出来,一面将常礼帽扣到自己头上。

"你在这儿啊!"保罗大叫着朝他冲去。

"我能在哪儿呢?你想要在坐船前喝一杯或者找个姑娘,最好排个队。"

"没时间了,我们得找条船。来吧。"

他们起身离开，吉米跟往常一样咕哝着：“那个什么宝贝纯粹是骗钱，我——嗨，等等。我饿了。”他在三个撑起了三把大伞、正在炉子上炸鸡块的女黑人那儿停下脚步。吉米买了一块鸡腿下段。那女人用棕色的纸包好。“非常感谢，大婶。你要吗，达奇？”

“不，谢谢。”

“哦，今儿个早上你像头气呼呼的驴。”

“我整个晚上都在设法把设备弄到这儿来。你到哪儿去啦？”

“找乐子去啦。你到时也该找找乐子。你们德国人太一根筋了。”

保罗自顾自走了。他不需要这样的东西，这样的酷热，这样的喧闹，这样的肮脏，这样声光影的嘈杂。小军鼓、横笛、铙钹、小号同奏，轮船汽笛、钟声齐鸣，观光列车上的乘客挥舞着小旗和手帕大呼小叫，背负沉重货物的码头工人骂着娘，喊着号子，步履蹒跚地走过沙地朝轮船的跳板挪动。他不想要有这样的紧张和担忧。他特别不想要有一个不值得信赖的白痴为伴，对方很有可能会让他在佛罗里达执行任务时遭遇飞来横祸。

一艘破烂的货运轮船的船头赫然耸现在眼前。它至少有四百英尺长。保罗站在它的阴影里，抬头望着它的名字——“尤卡坦”号。

“克朗？达奇·克朗？过来。”

罗斯福中校从舷梯的低端跳下身来。他要是跳得慢一点，那些码头工就会撞上他。他们像蚂蚁一样坚忍不拔，光着背，弯着腰，扛着一桶桶或者一箱箱的货物，沿着陡峭的舷梯，挣扎着往上攀登。

罗斯福的卡其布军装已经被汗水湿透了，热气让他的眼镜蒙上了一层雾。他前额和脖子上的皱纹里有黑黑的污垢。“你好像有点不知所措。”他对保罗说道，“需要我帮什么忙吗？”

“我需要找艘船弄两个位子。”

“记者都安排在旗舰上啊。”

他飞快地动了一下脑筋：“我已经拍摄了所有的军官。我们到了海上，我想拍拍普通士兵，而不是将军。”

"正规军。哈，好主意。挺有民主作风。你们两个人吗？"

"还有设备。"

"搬上船来。"

"你有空位？"

"没有，我们挤得像罐头里的沙丁鱼一样，但是再加两个人也没什么大不了。你有见过这么混乱不堪的凸式码头吗？沙夫特将军是个蠢货。在我看来，指挥调度得太差了。有些团分派到三艘船，有些团一艘也没有。给我们团的车厢一直没有来，所以我们只好上了运煤的车厢。这艘船我们来的时候就在港湾里了。我去联系停当，确认给我们用后，将它带了进来，并把持住它，把所有人拒之船外。第二步兵团和第七十一纽约团的指挥官双双坚持这艘船是他们的。他们级别比我高，可是我堵住了跳板，婉言拒绝了他们。他们义愤填膺，说要控告我。哈！让他们告去吧。他们得等到战争结束呢。把你的设备搬过来，克朗先生。把你的伙伴带过来。潮水一顺，舰队马上起航。我们打仗去啦，小伙子。"

他欢快无比地在保罗的背上重重拍了一下。

保罗再次找到吉米，还有那个马车夫。三个人使劲把装箱的设备搬上"尤卡坦"号。"这趟航行肯定不会舒服。"吉米拿他的新常礼帽扇着风说道。

就这一次，保罗赞同他的看法。炎热的恶魔在空中微笑。"尤卡坦"号的灰色金属甲板上热辣辣的，散发出来的热量像一只平底煎锅，准备等大厨来烤肉呢。一个开着的舱口传来军官们战马的嘶鸣声和浓烈的马粪臭。凸式码头上，沙夫特将军脱掉了上身的军装，汗衫里面，下垂的大肚子汗水淋漓，他左冲右扑地指挥那些码头工人，催促他们快一点。

二十分钟之后，"尤卡坦"号将按计划被绞船索牵曳离开凸式码头，以便让另一艘船进入船坞，这时保罗突然发现自己的雪茄烟没了。他挤下甲板，跑到最后机会街。他在那儿用贵三倍的价钱买了一小盒方头雪茄烟。当他开始朝运输船走回去的时候，有人跟他打招呼。是穿着纤尘不染白色套装的迈克尔·拉德克利夫。这次他没有拿那根很沉的手杖，而是拿了一根饰有金丝的T形金把手的乌木手杖。他似乎不觉得坦帕港有多混乱，他根本就无动于衷。

“自己弄到船了,是吧?”他问保罗。

“是的,就在这儿。”

“不跟我们其余的人一起乘‘安全’号?”

“我想要在船上拍摄一些莽骑兵的影片。他们的船是‘尤卡坦’号。”

“我敢肯定罗斯福中校很乐意曝光的。”迈克尔一面陪着他走,一面挥动着手杖,“你的境况我想了又想,就是关于你对这个国家各种各样的失望。这事儿你有进一步的想法吗?”

“没有。太忙了。”

“那好,我有个想法。换个地方,伦敦。尽管那些宣传都说得天花乱坠,但是并非所有的天才都生活在美国。几天之前,我突然想起一位先生,他在英国已经非常有名。他也叫保罗。哈顿花园的罗伯特·W.保罗。他原先好像是工程师或者工具制作师之类,后来喜欢上了你感兴趣的这个玩意儿。罗伯特·保罗发明了一台放映机,叫作‘西特罗格拉夫’。他也生产和放映电影,跟你为芝加哥的那个人制作的东西一模一样。跟你那位老兄一样,他也雇了个放映员。也许他还要雇一个,他干得很成功,发展快速。此外,他有干同样事情的同行,甚至我所敬重的岳父约克老爷也说对电影感兴趣。你放心吧,他不会在无利可图的买卖上费脑子。你有经验,我肯定你可以为自己找到立足之地。我很乐意为你联络。你就是干自己喜欢干的活,在哪儿都可以生活。就是你原来的故土也可以,如果你喜欢那样的话。为什么不呢?此地好,彼地也好。这我知道,我大多数地方都去过。我打心眼里认为,你是一个流浪汉,跟我一样。这个我是在我们第一次见面的时候就感觉出来了。天知道打动我的并不是你的艺术天赋。”

保罗大笑起来,可是他无言以对。迈克尔的想法太新鲜,太惊人了。

他们站在“尤卡坦”号的舷梯那儿。士兵们拥挤在上面的栏杆边。吉米挤在他们中间,示意保罗快一点上船。水手们在轮船的四处忙活,准备离港起航。汽笛长鸣。

迈克尔将他精美的手杖搁到保罗的一个肩头,轻轻敲了一下:“好好想想!有可能是一个好机会。解决你所有的问题,给你一个全新的开始。你要是感兴趣,我就帮你拍一两个电报过去。前提是我们都能从血腥的古巴丛林中全身而退。”

他晃悠着手杖扬长而去。饰有金丝的T形金把手乌木手杖在阳光下熠熠生辉，恍若一个新的黄金国某件价值连城的稀世瑰宝，某件有望无限升值的珍贵藏品。

“尤卡坦”号的缆索全部解开，发动机开始轰鸣。它被拖曳离开凸式码头，慢慢地来到航道里面。它在那儿抛锚，等待命令组成船队。

运输船吃水很深，额定载员六百人，可是现在装载了将近一千人：所有的莽骑兵都想方设法挤过了罗斯福障碍的正规军第二步兵团的两个连，还带上了他们的乐队。

吉米和保罗来到下面看看他们栖居的地方——数以百计的铺位中的两个。整个空间恶臭熏天，油的气味、马的粪便味、人的汗酸味。

“我不睡这个老鼠洞。”吉米厉声说道。

“我也不喜欢这地方。我听说如果我们能找到地方的话，可以到甲板上露营。”

“我们走。我们要是找不到地方，我弄也弄个地方出来，把两三个小农民赶到一边去就得了。”

没必要这么做。甲板上很快就挤满了人，战士们铺开毯子，拿东西把几个角固定住，但是保罗和吉米在锚索附近找到了两个地方。这使保罗想起了他在“莱茵兰”号上的日日夜夜。

吃晚饭的时候，船上的味儿更加难闻了。晚餐有饼干、罐头豆子、罐头马铃薯，还有专门供应给军队的带一股臭味儿的“罐头新鲜牛肉”。人们怨声载道，叫骂连天，有很多食物都被扔进了海湾里。

金乌西坠，人们的心情普遍开始好转。二团的乐队在一个货舱的木头盖子上开张演奏《星光灿烂的旗子》。海湾里，银光闪耀，令人瞩目。西面的天空，绒毛般的热带云彩染上了橙色，在天空中懒散地飘荡。

吉米四处乱转，希望能遇见掷骰赌博。保罗靠在油漆成灰色的柚木栏杆上，望着云彩，思量着迈克尔所提出的建议。这建议令人吃惊，但并不荒唐可笑。

“好好想想!”

他的确得好好想想。

夜幕降临,朦胧的星星开始闪亮,保罗头枕着旅行包,躺倒在毯子上。他期盼着船队起航的时候他已经进入梦乡。

他醒来的时候,早晨的太阳已经照到了他的脸上。吉米躺在他身旁,还在打鼾。轮船一动不动。

他在睡觉的战士中间腾挪穿行,直到发现一位第二团的军官,只见他靠在船栏上,愁眉苦脸地凝望着坦帕湾的水面。海湾里,灰蒙蒙的,油污尽现;垃圾漂浮,随处可见。

那军官说,夜里,航行命令被取消了。华盛顿获得情报,有两艘战舰出现在尼古拉斯航道,位于古巴海岸北面的地方,战舰上飘扬着西班牙旗帜。虽然船队的最后一段航程有美国海军护航,但是陆军部不想冒险让没有武装的运输船队受到攻击。船队将在坦帕海湾待命,直到华盛顿认为危险过去。

船队抛锚停泊这段时间,伍德上校在他们团加强了纪律管理。每天早上七点和下午五点进行检查。赌博被禁止。尽管如此,吉米还是挖空心思每晚掷骰子或者玩尤克牌赌博,赢了一些钱。

一天晚上,他发现保罗在船栏那儿抽雪茄。吉米满脸红光,激动万分,他刚刚赢了十四美元。“嗨,我想让你看样东西。”他跪倒在自己的手提包边,打开,从包里拿出一只又长又细的盒子,“好好看看吧,哥们。”

他啪的一声打开盒子,露出丝绒的衬里,只见一条镀金的项链,上面悬挂着小粒的假的红宝石和祖母绿。

“漂亮。”保罗撒谎,“你这是在坦帕买的吗?”

“是。花了我十一块钱呢。第一次,吉米·道斯先生承认面对一个姑娘他变成了傻瓜。要不是为了霍尼,我早在到达亚特兰大之前就买张回程票回去了。”他将项链放回盒子里,将盒子塞进手提包。然后,他靠到船栏上,双手紧握,两眼凝视着涟漪荡漾的猩红海面:“参加战争,我这是第一次,也是最后一次。回家后，我要自立门户，自当老板。”

“干什么呢？”

“赚钱。不过，我在这儿干得不算坏，比预想的好。”

“你在坦帕赚钱了？怎么赚的？”

“哦，办法多了去了。打牌，骰子。你知道。”

“是的，”保罗心想，“我就知道。”但是他没有揭穿吉米，到了古巴他需要吉米的帮助，哪怕他是个贼。

保罗从来没有想过会遇见第一志愿军骑兵团这么有趣的一群人。这个团有狂野西部的牛仔，也有东部最好大学的体育明星。罗斯福对他说，哈姆·菲什中士是一位大学生，哥伦比亚大学划船队的运动员，他是格兰特总统的国务卿的外孙。二等兵查理·扬格的父亲就是鲍勃·扬格，是詹姆斯匪帮的成员。A 骑兵连的连长布基·奥尼尔是亚利桑那州普雷斯科特市的现任市长。他之前是一名执法官，也是一名洗心革面的赌徒，他经常在赌注很高的赌博中“与庄家赌”，所以人们给他起了个诨名“布基”。

这是一个奇特的组合，而且那些高级指挥官显然对其十分骄傲。这也是一个没有战马的团。一天晚上，罗斯福开玩笑说，他最近听到了一个该团的新名字——“伍德有气无力的行者”。

保罗哈哈大笑起来，可是罗斯福却变得严肃，两眼望着舷窗闪亮的灯光、航行灯闪烁不停的轮船。“这是一次重大的征战，达奇。我非常激动能成为其中一员。如果我们胜利了——西班牙人阻挡不了我们的胜利，能阻挡我们胜利的唯有我们高层指挥的无能——这将是我们在世界走向民主的运动中所获得的第一个胜利。”

保罗一言不发。他对这位身高马大的社会名流依然没有明晰并肯定的概念。罗斯福喜欢总括性地表明自己的态度，他想要让自己出人头地。然而，他似乎很诚实，一点也不势利。好几个罗斯福，哪个是真实的呢？

中校摘下自己的眼镜，拿有圆点花纹的领巾擦着：“趁我们有点空，请允许我问个一直困扰着我的问题。”

保罗知道是什么问题，他立刻紧张起来。

“你跟师参谋部的克朗将军有什么关系吗？我觉得两个人同姓可能是巧合，但是两个同姓的人都来自芝加哥，都有德国背景，难道也是巧合吗？那有点夸张了。”

保罗望着一只海鸥掠过紫铜色的小小波浪。太阳落到了地平线下面，有他以前见过的惊人的绿色闪光出现。沉默在延长。

“嗯，达奇，怎么回事儿？”

“中校，我跟你说实话，有关系。可是我叔叔跟我不和，我没有告诉他我加入了这次远征，而且我认为他也不知情。请替我保密，这事就限于我们俩之间。”

“我知道不该卷入家庭纠纷，对你和你叔叔的事我很遗憾。你和你叔叔都是好人，但是不必担心，我会尊重你的意愿。我会保密的。”

在延迟起航的日子里，气温升高到接近华氏一百度。战士们在狭窄的升降口扶梯上吼叫推搡，即便最微不足道的口角也几乎要拳脚相加。

星期六，五点刚过，保罗正坐在船中央甲板的阴影处看一份报纸，突然被一个喊叫声吓了一跳。“小心，这枪子弹上膛了！”

他跳起身来看到一位步兵战士正在桥楼的阴影里踉跄着脚步。这位战士醉醺醺地来回挥舞着一支左轮手枪，画出一个个弧圈。“他喝醉了，他是从哪儿弄到酒的？”有人问话。这位士兵身边有六七个人开始往后撤，没有人回答这个问题。

这位士兵很年轻，一头黄头发，光着上身，汗津津的。保罗身后，吉米悄悄说道：“还是钻到甲板下去的好。”

有一位士兵稍稍移动了一下位置，惹得黄头发尖声喊叫道：“别动！谁先动一下，我就开枪。”

突然，铁甲板上响起了锤子敲击般的脚步声，罗斯福中校大步走过保罗和吉米身边。他挤过那一小群左轮手枪射程之内的旁观者，在距那醉汉十英尺距离处站住脚步。

“这里怎么回事儿，士兵？”

"下面那鬼地方我再也受不了啦，热得人的脑袋都要炸了。我要翻过船栏去，哪个阻止我，我就杀了他。"

"冷静，冷静。告诉我你的名字。"没有回音。"士兵，这是命令。"

黄头发结结巴巴："汤——汤姆·斯特劳布里奇。二团。这到底有什么关系？"

"关系大着呢，汤姆。对你，对我，对所有人。我要你抓住左轮手枪的枪管，然后我会走上前去，伸出一条手臂，你把枪放到我的手上。"

"去你的。"

罗斯福挺了一下身子，但这是他生气的唯一表示。他用领巾轻轻擦着自己的下巴，拉扯着胸前被汗水浸得发黑的卡其军装。"汤姆，听好了。我会走过去缴了你的枪，你不能开枪把我打死。你知道你要是开枪打死我后果是什么，余生在监狱里度过，你不想这样吧。"

他开始朝前走去。

"放下枪，就不会有控告，你可以相信我的话。大伙儿都被这天气热昏了，没有人会责怪你或者惩罚你，只要你把枪给我。"

他一面说话一面朝前走去，他走到距汤姆·斯特劳布里奇一码之内。那士兵的手危险地颤抖着。突然，斯特劳布里奇的脸扭曲了一下，用双手握紧枪柄，将左轮手枪对准了罗斯福的头。

中校身后的战士们倒吸了一口冷气，纷纷躲避，可是罗斯福一个箭步，迅速靠近。他拿左手猛地将枪管推向上面，用右手一把夺下斯特劳布里奇的手枪。

中校和二等兵互相瞪着对方。一个战士说道："打死这个疯狂的杂种。"

"不。我说话算数。你们谁把他弄到他的铺位上去。给他喝点咖啡，让他清醒清醒。还有这个，不要给他。"他将左轮手枪啪的一声放到距他最近的一个士兵手里。另外三位士兵围住突然彻底崩溃、号啕大哭的斯特劳布里奇。

千钧一发的危险时刻洗净了保罗对中校的疑虑。他也许是一个狂热的自我鼓吹者，但是他头脑冷静，勇敢非凡。

星期日下午，罗斯福中校安排了一次勒克索格拉夫摄影机的展示活动。他挑选了一位保罗此前在船上见过的士兵，四十多岁年纪，但因为染黑了卷发，所以看上去显得年轻。这人个儿高挑，瘦而结实，其貌不扬，但是他有一双给人印象深刻的绿眼睛。他的一只手上缠绕了一根套索。

“达奇，请允许我介绍休·约翰逊中士。我们的花名册里有一百六十位合格的牛仔，他是其中之一。中士出生在加利福尼亚州的里弗赛德，他准备用套马索给你展示一些高难度技巧。”

约翰逊寡言少语，但是他在摄影机前面的表演却非常优秀。他用绳子在头顶和脚下上下翻飞，一会儿跳进旋转的绳圈，一会儿跳出绳圈，就连吉米也看得印象深刻。保罗拍摄了两分半钟约翰逊中士的绳技表演。当罗斯福来到约翰逊身边找个位子站定的时候，保罗乐了。画面中他形象突出，挥舞帽子，拍手欢笑。

“这个会让莽骑兵至少在中西部四十块银幕上亮相，中校。”他们结束的时候保罗说道。

“你为这个团干了件大好事。这是一个表示感谢的小纪念品。”罗斯福将一块莽骑兵有圆点花纹的干净领巾递给他。

保罗喜笑颜开：“中校——中士——非常感谢，谢谢你们俩。”

“把它戴上。”约翰逊说道。

“不，不。我要收起来。这是一件极好的纪念品，说不定哪天会变得十分珍贵呢。”

他将领巾折成四方，又折了一次，然后塞进自己的衬衫口袋里。罗斯福中校和约翰逊中士互相交换了一下费解的眼色。

第二正规军团的乐队每天在黄昏的时候都演奏乐曲。聚集在那儿听音乐的人们有一个要求一成不变，保罗从心底里厌恶这首歌。但是，星期日晚上，当他慢慢地往船尾闲逛的时候，这歌儿却在他心中挥之不去。

我去动物博览会玩耍，

飞禽走兽已经在那儿啦。

月光下的大狒狒，

忙着梳理他红色的毛发……

他们敞着喉咙大声唱着，歌声在海面上隆隆回响。保罗靠在船栏上，思量着迈克尔在凸式码头上所说的话。

你有经验，我肯定你可以为自己找到立足之地。

拍一两个电报过去。

为什么不呢？此地好，彼地也好。

好好想想！

如果他让迈克尔帮助自己，如果他在伦敦建立一个基地，然后电影拍到哪里就租房到哪里住，那就等于承认伍珀塔尔市的那位面包师对美国的说法是对的，那就等于承认这不是很多人想象和希望的那个完美之地，那就等于承认保罗感同身受并打算再次背井离乡。但是，他并非因为这一总体理想破灭才听从迈克尔的话，而是因为被自己家族抛弃的事实，是因为失去朱莉的毁灭性打击……

坦帕海湾今晚呈现出奇怪的几乎是邪恶的景色，海湾里滚来银色的细浪。西北方，一堵堵防御土墙般的黑色云团正在飞快集结。一道弯弯曲曲的闪电从云团里直击地面，闪电过处，天空闪现出怪诞阴森的深绿色。风力增强了。

猴子啊，喝得烂醉如泥，

坐在大象的鼻子上嬉戏。

他看到一艘拖船从一艘运输船驶向另一艘运输船。一位海军军官竭力在倾斜的甲板上稳住身子，拿一只喇叭筒大声喊叫。拖船太远，听不见那军官的声音。

大象打了个喷嚏，跪倒在地。

猴子的结局就是这样的，

猴子……

猴子的结局就是这样的……

拖船驶向一艘锚泊在“尤卡坦”号后面的运输船。风儿搅动着海湾的水面，卷起波浪拍击拖船的船头。雷声时断时续。拖船驶过那艘船的右舷，接着驶向“尤卡坦”号。乌黑的云团在锚泊的船只上空翻滚。

“尤卡坦”号在白帽浪里上下颠簸。闪电划过，接着一声响雷，似乎就在头顶上方。空气中有一股燃烧的黄铜气味。然后，热带的雨开始倾盆而下。

音乐会在乱哄哄的刺耳乐声中结束。人们慌乱地寻找避雨的地方。保罗此刻看清了拖船的名字，“莉齐·C”号。它左右翻滚，上下颠簸；甲板上的人用有钩的撑篙撑着拖船防止它撞到“尤卡坦”号的铁船壳上。

拿着喇叭筒、浑身湿透的军官朝着驾驶台大声喊叫，伍德上校和罗斯福中校来到船中央的栏杆边，竭力想听清他在喊什么。伍德拿双手圈在嘴边。“什么？你说什么？”

“新的命令，”拖船上的声音又响又刺耳，“准备起航。”

6月14日，星期二，清晨，所有运输船的烟囱都升起了一柱柱黑色的浓烟。经过一周的耽搁，他们差不多准备好了。天气又恢复了晴朗，耀眼的阳光，靛蓝的海水，和煦的微风。

保罗用借来的双筒望远镜扫视着海滩。凸式码头上几乎没有人了。只有几个穿着破烂的黑人小孩一面玩老鹰捉小鸡的游戏，一面等着坐船离开。在一堆堆巨大的废纸堆和碎玻璃堆中间，最后一家酒馆的老板和他的两个妓女正在把帆布装进马车。海面上，漂浮着大量红、白、蓝色的皱纸，颜色不断渗出来。

保罗和吉米将摄影机架到“尤卡坦”号船头。吉米摇着曲柄拍摄海港的全景，信号灯闪烁，手握信号旗的水手在轮船之间传达信号，鱼雷快艇和独桅纵帆船往来穿梭，最后一刻装载额定的人员和物品。

那天，整支舰队扬帆起航，包括八百多名军官和一万五千多名战士。登上船的还有四百名装卸工、马车夫和售货员，有九百五十四匹马、一千三百头骡子，以及弹药、食品和拆卸的马车。大炮包括了七英寸口径的榴弹炮、五英寸口径的火炮和野战迫击炮，还有四挺加特林机枪。美利坚合众国走出国门的最大一次征战在风和日丽的天空下正式开始行动，目标直捣黄龙。

也许，他的目标也是。

“好好想想……”

有一种如释重负的感觉。他难道想象不到当乔叔叔听到他的侄子要去伦敦之后会有什么反应吗？保罗喜欢这个想象的感觉。你知道，德国人好记仇。

他再次独自来到船头的栏杆边，任暖暖的微风吹拂着他的脸，吹动着他桀骜不驯的头发。他带着手提包，摸到底下，找到那张已经弯曲得一塌糊涂的立体画。他想起了离开柏林时候一个意味深长的画面。那是一张被撕成了两半的德国皇帝及其全家的图片。它被丢弃了，象征着旧的被抛弃了，这是对新事物的一种姿态啊。而在坦帕遇见蜕变成蝶的米哈依尔·鲁科夫，倾听他的鼓励，接受他主动给予的帮助，保罗感觉自己又来到了这样一个时刻。

他仔细观察着展示海港的两个画面和高擎火炬的自由女神。这个画面代表了多少希望啊，希望与痛苦的失败交织在一起。有一些失败是他这辈子都会痛彻骨髓、无以复加的。

小乔曾经说过他对美国的看法太幼稚。唉，的确如此。通过一个名叫韦克斯和一个名叫沙多的人，美国给了他一项全新的美妙无比的技艺和一个终身从事的职业，它可以带着他走遍小时候就梦寐以求要去的所有地方。但是，这无法弥补他失去家庭以及失去他所爱姑娘的巨大损失。

现在，另一个地方在召唤他。不是一个新家，那是儿时的愚蠢梦想，已经一去不返，他没有家。相反，他将拥有一份居无定所的工作，在欧洲只是建立一个基地，帮助他忘却所有他向往的和失去的——至少偶尔会忘却。这样的痛，永远无法彻底摆脱。

保罗小心翼翼地拿着立体画，画的边就贴着他的掌心。

“好好想想！”

他将画片撕成两半，把右面的一半扔到船舷外。一股上升的气流攫住了它，裹着它高高地旋转了几秒钟，接着将它扔进了水里。它顷刻间消失在了白沫飞溅的船首伴流中。

他将立体画的另一半塞进自己的衬衫口袋。它不再具有象征意义,仅是又一件纪念品而已。

他转身背对着风,点燃一根雪茄。生活远非尽善尽美,在美国失败的痛苦以及失去朱莉的痛苦将永远难以释怀,但是他可以再次开始面向未来。

“前提是,”用迈克尔的话,“我们都能从血腥的古巴丛林中全身而退。”

第九卷　战争　1898

我们为了人类的战争已经揭下伪装，
实际上它是一场争夺加煤港的博弈，
而且我们将保留那些战利品
来惩罚西班牙，是她
把我们拉入了使用暴力掠夺她的
泥淖。

1898 年
作家、评论家威廉·迪安·霍威尔斯①

这是一场辉煌的小小战争；
开始的动机至高无上，
实施的过程智慧非凡，斗志昂扬，
深得好运垂青，
好运眷顾勇者。

1899 年
美国驻英国大使约翰·海伊

①威廉·迪安·霍威尔斯(1837—1920)，美国小说家、评论家，美国现实主义文学奠基人，曾主编《大西洋月刊》，著文评论当时的作家，代表作有《现代实例》《塞拉斯·拉法姆的发迹》。

第一百章　将军

三十二艘黑色的轮船浩浩荡荡驶向古巴，三列纵队，中间相距一千码。航程原先预计三天，但很快便弄清楚，航程需要五天甚至更长时间，因为最慢的船只——运输船牵着一对多层甲板的大型平底船和一艘装着巨大水箱的纵帆船——拖了其余船只的后腿。

结果，乔·克朗没有乘坐那艘旗舰"安全"号，而是上了惠勒骑兵师的指挥船"阿勒格尼山"号。

与乘坐"安全"号的高层隔开有点烦人。惠勒经常大声抱怨，说他和他的军官们全然不知道目标在何方，尽管很多人说一定是古巴东南沿海固若金汤的圣地亚哥。远征军的很大一部分继续留在佐治亚州和佛罗里达州，他们将在夏季由铁路运送。这些部队可能将在以后向哈瓦那发动进攻。但是谁也无法肯定。

在"安全"号上，松木桌子搭建了起来，供头等舱的工作人员使用，两台打字机整天嗒嗒地响着，吐出一串串的资料和登陆的命令。在前部和艉部的甲板上，部队在热带阳光下百无聊赖。蜘蛛网般的晾衣绳上，卡其衬衣在大西洋的微风中飘扬，发出噼啪的声响，还有多半帐篷的构件也洗了晾晒在外面。

官兵们的伙食是专供部队的硬饼干、熏咸肉、罐头马铃薯、豌豆，还有劣质的"罐头新鲜牛肉"，惠勒、乔·克朗和大多数人都不愿意吃这玩意儿。唯一味道可口的东西是早上的浓咖啡。

星期三，就在太阳快要下山前，轮船的左舷方向出现了模糊不清的一块土地。乔的勤务兵威利·特里尔下士用他们在坦帕购买的好几幅地图为他确定了它的方位。"罗马诺角，长官。我们应该在明天某个时候绕过佛罗里达礁岛群，然后在古巴北面往东行驶。”

第二天早晨,乔醒来发现前面的海面上有一些新来者。来自基韦斯特的十四艘灰色海军战舰,被派来护卫这支船队。此时此刻,运输船队首尾距离为十二到十四英里。一整天,平静的海面上,独桅纵帆船和鱼雷快艇来回穿梭,给船长们传达命令,让他们靠拢集合。

下午晚些时候,“阿勒格尼山”号的右舷船栏边站满了激动的人,对着南方指指点点。乔第一次在海天连接处看到了一块模模糊糊的小小陆地,那就是古巴。他不由自主地一个激灵,浑身毛骨悚然。

快到午夜时分,乔和惠勒在甲板上一起散步。古巴海岸上,偶尔有针孔一样的灯光在闪烁。“日光反射信号器的信号。”惠勒说道。

“不是灯塔吗?”乔说道。

“不是。政府无疑在那条海岸线上建有灯塔,但它们全都黑了——不过我的副官已经在地图上标出了位置。这表明敌人已经枕戈待旦要对付我们。”

“你认为这将是一场旷日持久、代价巨大的战争吗,长官?”

“旷日持久,我不知道。但是,任何战争对死伤的人来说都是代价巨大的。你知道,只要一颗小小的子弹,就可以让一个人永远倒下。对那个人来说,对他所爱的人来说,战争哪怕只持续五分钟,它的代价也是巨大的。”惠勒打了个哈欠,“我觉得我想睡觉了,大海的律动真静啊。尽量好好享受吧,乔。我估计,上了岸,休息的机会不会多的。晚安。”

“晚安,将军。”

惠勒大步走了,消失在了一个有灯光的楼梯那儿。乔继续待在甲板上,望着日光反射信号器的闪烁,想着自身的死亡率。他也在思索坦帕海湾宾馆那个充满忏悔和启示的长长怪怪的夜晚里对埃丝特拉·里韦拉所说的很多事情。

6 月 19 日,星期日,早晨,乔在后甲板上参加了跨教派的宗教仪式。长长的祈祷期间,当他低着头坐在那儿的时候,他的脑子回想起了惠勒所说的一颗小小子弹的话。要是这样一颗子弹将他送入黑暗怎么办?他的生意还会井然有序地进行吗?是的,按理说会井然有序,虽然没有人被选中、被培训来经营克朗啤酒厂。

对生意的关切很快便被更重要的事情驱散了,他的家庭。他实际上跟全家每个人的关系都搞得一团糟。而且,他甚至十分危险地徘徊在了违背他说出口以来一直严格遵守的婚姻誓约的边缘。没有犯下这一罪孽与其说是因为他所做的一切,还不如说要归功于埃丝特拉·里韦拉的洞察力和强大的道德品质。

乔·克朗一直是一位正经的教堂常客。但是私下里在内心深处和意识深处——有一定的负罪感——他很久以前就承认,对《圣经》的部分教条,他无法接受。他怀疑,《圣经》里各种各样的角色未必有过超自然的经历。天使借着光束降临人间。灌木丛在烈火中……上帝在烈焰中说话。在这方面,基督的神奇一生又是如此难懂的事情,乔不想去想这事儿。

然而,跟埃丝特拉在一起,他经历了近似于宗教的体验。他获得一种幻象,一种启示——一种灿烂的真理灵光闪现,照亮了他追随上帝多年却依旧不免涉足的错误道路。

哦,他依然相信秩序的价值,认为它是人类活动的生产力。但是,秩序、权威、控制——这些东西仅仅是理想的目标,不是必须让自己的家庭成员做出牺牲从而向其献祭的神。埃丝特拉让他明白了这点,还让他明白了更多的事理。

在牧师喃喃地念着祷词的时候,乔祈祷他能活过这场即将到来的战争。他祈祷给他时间和机会来纠正他所犯下的最大错误,埃丝特拉说他必须纠正。祈祷结束的时候,他的"阿门"说得很轻,但是充满热情。

当天晚些时候,船队在古巴大陆东端绕过迈西角。速度再次下降。黄昏时分,战舰上的探照灯开始探照海岸线。一艘独桅纵帆船载着惠勒将军来到"安全"号跟沙夫特会面。十点半钟,他回来了,在那个一流的酒馆里向军官们通报了情况。

"卡利克斯托·加西亚将军在武装人员护送下从海岸来到了船上。他是一个帅气的老家伙,哪怕额头受伤也不减风采。要点是这样:舰队司令桑普森想要直接进攻圣地亚哥,海港和城市。但是,这是一个固若金汤的目标。"

惠勒的一位副官摊开一幅东南沿海的地图。

“看一下城市的位置。注意，这是一个很隐蔽的内陆城市，距港口有将近五英里。他们说，圣地亚哥是克里斯托弗·哥伦布发现印度群岛的时候他认为可以登陆的三个地方之一。那样的登陆也许就是一顿循道宗野餐，非我们面临的情况可比。”

惠勒拍拍地图：“海港的入口两边都有保护。这儿，是莫罗要塞一个火力很猛的炮台——这儿，是索查帕高地炮台。要是这样还不够的话，古巴情报机构说，航道里密布着水雷，水雷的触发开关连接到莫罗要塞内。沙夫特坚决反对直接进攻，他在哪本书上看到，一百年前英国有一场战役发生在同一地方，英国人遭受惨败。沙夫特不想在两百英尺高的悬崖峭壁的任何地方发动攻击，我赞同他的意见。他和桑普森明天上岸去会见加西亚，进一步商讨这个问题。”

乔举起一只手：“长官，关于这些计划，还有其他人说了看法吗？”

“迄今为止没有。我不很喜欢，但我无能为力。这是沙夫特的游戏。但愿他知道如何玩好这个游戏。”

6月21日，星期二，护航舰队依然在古巴南部海岸不远处往西慢慢航行。“阿勒格尼山”号穿过港口驶向关塔那摩湾，第一海军陆战队的六百五十名官兵十天前直捣海湾并扼守在那儿。海湾后面的什么地方，乔好像看见有星条旗在飘扬。

圣地亚哥就在前方大约四十英里处。乔拿一架望远镜察看着既美得令人窒息又让人胆战心惊的海岸地带。一整个上午，风在逐渐增强，风助水势，白浪滔天，拍击着海岸。有人告诉他说，向岸盛行风每天都会带来狂浪。

飞溅的浪花上面矗立着陡峭的大理石悬崖，悬崖的后面，是森林茂密的绵延山丘，山丘逐渐升高，成为巍峨的崇山峻岭，这就是马埃斯特腊山脉。高山的山顶上空，悬挂着雾蒙蒙的灰色云团。下面黛绿色的森林看上去葳蕤茂盛，葱蔚洇润，不时地，会有一小段窄窄的小径显现。景色瑰丽，人迹罕至。而且，这是一个很难登陆的地方，也是一个很难行军和打仗的地方。

那么西班牙人又如何守备呢？估计有多达一万两千人被派来据守东南沿海。他们藏在什么地方？他们有可能就趴着等在那儿，在他望远镜目力所及范围之内，只是完全被黑乎乎、湿漉漉的丛林隐藏了起来。而且，很有可能，在热带地区打仗，他们要比亚利桑那州的牛仔、哈佛大学的短跑运动员、长年驻扎在没有树木的大平原上的黑人懂得多。他的脑子里情不自禁地浮现出惠勒的话。

“只要一颗小小的子弹……”

海况逐渐变得更加放荡不羁，护航船队在离岸一定距离的位置锚泊安稳。战舰位于距岸边更远的地方，排队行驶，时刻准备着用大炮进行轰击。整个下午，惠勒在甲板上先转了一百个来回，然后又转了一百个来回，焦躁万分，暴跳如雷，因为他发现又有一个制订作战计划的会议正在召开，但没有他的份，这次会议是在一个名叫帕尔马的内陆小村庄里举行。

四点左右，一位观察员发现，旗舰上升起了信号三角旗。惠勒穿上亚麻布宽松外衣，佩好佩剑并戴好那顶黑色的旧帽子。“上面命令我们靠近‘安全’号。出发吧。”

一条独桅纵帆船载着惠勒、乔·克朗和其他高级军官，以及他们的副官驶向漆得很黑的旗舰。沙夫特将军在主客厅里召开会议，电灯光下，他脸上的汗水在熠熠闪光。沙夫特脱掉了他蓝色的礼服大衣。他的衬衫如同一顶帐篷，他的裤子背带紧紧地绷在他巨大的肚子上。他的副官们在搭地图架子的时候，他便坐在那张特别大的椅子里等着，似乎比以往任何时候都更加笨拙，他显得脸色苍白，疲惫不堪。

乔在那个德国武官的吞云吐雾中于最后一排找了个座位坐下。这人一副普鲁士人的桀骜不驯，他对基本要素早已程式化的德国战争计划大吹大擂，说它如何具有远见卓识，着实令人讨厌。他吹嘘说“施里芬计划”精心构思，每当欧洲联盟发生变化时又会做细致推敲，反复修订，所以，甚至连最令人畏惧的军事强权——俄国、英国、难缠的法国——一旦遇上战争，也对它提不出多少反对意见。乔发现自己坐在武官身边，便尽力抛开恼火，态度亲切一点。至于冯·赖克，他的行为算是好的，他把香烟换到了另一只手。

他们在等的时候，乔问道：“你去参加岸上的会议了吗？”

“是的。坐着骡子去的啦！”冯·赖克翻了一下白眼。他继续压着声音说话：

“一间茅草屋,四周站着一些古巴军人。他们有步枪,但没有鞋子。一群乌七八糟的人——有黑人,也有混血儿——我没有看到一张白人面孔。我们这群人到了之后,他们瞧着总司令公开哈哈大笑。你要是看见他爬下骡子的情形就好啦,得找台轮船上的吊车帮忙才好呢。”他将香烟扔到甲板上,用脚后跟碾了一下。“人们真的不知道他能否在这样的大热天和这样的地方躲过一劫。”

沙夫特将军解开他的金属领扣,将它扔到椅子边那张小小的战地办公桌上。他费力地喘着气打滚般站起身来:“先生们,明天早晨天亮之后,我们将对古巴内陆发起攻击。”

人群中发出小声的表示赞同的兴奋反响。乔坐得笔直,每根神经都高度紧张。沙夫特吃力地走到地图跟前,他看上去不像一位军人,倒更像一个头发凌乱、衣冠不整的酒吧老板。他从第一副官米利中尉那儿拿过一根木头指示棒。

“我今天下午在帕尔马跟桑普森司令和加西亚将军商量了,阐述了我认为是唯一可以接受的行动计划。我们必须拿下圣地亚哥,但不是直接进攻。海港四周的悬崖峭壁是最为不利的因素。我们的内战过去很久很久了。共和国不希望有惨重的伤亡,在我看来那是不能容忍的。因此,我建议将军队部署在圣地亚哥四周——”他的指示棒点着海湾东北面海滩的交叉排线处,“发动强攻突破敌人防线,攻克保卫城市的一系列西班牙木头堡垒,然后快速敦促敌人投降。如果我非得用一个词来表达这次行动的话,那就是‘速战速决’。速战速决!美国士兵就像不可能把双手放进篝火里而不烧了自己一样,他们也不可能在这样的季节里、这样的火热天气里打一场持久战。”

沙夫特像一头发怒的野牛,低下他头发蓬乱的脑袋,在两条浓眉下望着他的高级幕僚,解释经过深思熟虑的供选择的登陆地点。有三个地方,其海岸上的大理石悬崖屏障有自然崩塌或者自然凹口。他指出,这三个地方分别是阿瓜多斯沟,在圣地亚哥以东四英里;更远一点的是那个小村庄锡沃内,十一英里;然后是小村子以东七英里的一个地方,那地方叫代基里。

“明天,先生们,我们将在这里开始登陆——”他拿指示棒敲了一下地图,差一点把架子敲翻,“代基里。米利中尉对我们关心的有关问题准备了说明。约翰?”

年轻的米利很快便接上茬，他拿出一本笔记本念了起来。代基里是一个小村落，名字来自附近一条河流。它曾经是美西钢铁公司的总部所在地，但是战争中止了公司经营，美国的采矿工程师都走了。“我们将在那儿发现，一条通向内陆的铁路支线顶头，仅有一些锌棚屋、棕榈叶小屋、机械加工车间和一个圆形机车库。如果铁路完好无损，我们可以运送兵员和马匹到锡沃内。”

“从那里，”沙夫特在他的椅子里说道，“我们将向西北方发动进攻，穿越小径，包围圣地亚哥并将它拿下。”

“约翰。”盛气凌人的声音来自塞·斯·萨姆纳准将，他是第一旅的指挥官，跟乔对应的位子。

“萨姆①？”

“我们计划登陆的地方有没有好的海滩？”

米利看上去不舒服。“有一个海滩，但是不大。我们希望这样规模的作战够用。好在还有一个很长的凸式码头，原先是底卸式车用来把铁矿卸到停泊在那儿的驳船去的。凸式码头离水平面很高——三十英尺或者更多。”乔听见有人呻吟。

萨姆·萨姆纳不满意：“海岸边风很大。天越晚，浪就越大。无一例外。”

“我们得碰运气，将军。命令将在两小时之内打印并分发。登陆命令如下：先头部队是劳顿将军率领的第二师，带上四挺加特林机枪。接着是贝茨将军和他的独立旅，然后是惠勒将军和他的骑兵。”一想到被分在最后一个，“好斗乔”毫不掩饰他的不快。

“天一亮，桑普森司令的舰队将在沿海二十英里的区域开始牵制性地炮击。每个士兵必须带好自己的背包、水壶、三天的干粮和一百发子弹。所有人员登陆之后，再登陆骡子和战马。”

第一志愿骑兵团的伦纳德·伍德上校站起身来。他跟罗斯福差不多年纪，是哈佛医科学校的毕业生，几年前作为签约医生加入军队，随后发现自己喜欢军队生活。他有一头金色头发，剃了个平顶头，蓝色的眼睛，宽阔的肩膀，一双大手

①萨姆，塞缪尔的昵称，塞·斯·萨姆纳的全名为塞缪尔·斯托罗·萨姆纳，美西战争中的著名将领。

长满老茧。乔发觉,他跟这次征战中的大多数人一样,不太像个战士。他自己也不例外。

伍德问道:“凸式码头上有升降机吗?”

“没有,上校,没有。”

“那牲口怎么上岸?”

“你可以让它们跳下船游上岸去。”

伍德脸色煞白。乔再次听到不满的嗡嗡声。登陆似乎开始让人觉得是临时抱佛脚,所以危险异常。

乔·惠勒拉扯着自己的白胡须跳起身来。“长官!”沙夫特认出了他,态度诚挚谦和。“我们登陆的时候,对抵抗有预判吗?”

沙夫特在他的裤子背带上钩着大拇指。他的双眼紧张地扫视着。“加西亚将军的侦察兵就该地区的防御工事给我们提供了很好的情报。有土木工事、矮防护墙、堑壕、散兵壕。高地上有一个西班牙木堡。”

“但是等着我们的有多少兵力呢?”

沙夫特沮丧地说:“我们不知道。”

6月22日,星期三,凌晨三点半,起床号吹响。乔昨天晚饭之后就整理好了自己的行装,将它交给威利·特里尔下士,并在甲板上散了几分钟的步,然后爬上自己的床铺,在那儿大半夜辗转反侧,担惊受怕。

拂晓前大约五点钟的时候,“阿勒格尼山”号的甲板上就挤满了人。大山顶上,浓雾笼罩。代基里那个村庄——从表象观察——看上去一片死寂,像个坟地。乔通过望远镜看到,一条浑身肮脏的黄狗在窄窄的海滩上跑着。高高的凸式码头上,停着一长溜空的矿车。一间茅草小屋的前面升起一缕青烟。看得出有人在那儿生了炊火,然后走掉了。

风早已刮得十分强劲,横扫着海岸。波涛的顶峰已经出现白色浪花。一百五十艘船将用来摆渡部队。有大汽艇,每一艘后面都拖着一串大艇。天亮了,高山上的雾霭逐渐显现,那些汽艇开始围着运输船停泊下来。乔已经穿好礼服大衣,佩好佩剑。在他的记忆里,没有多少次他感觉这么闷热、这么浑身上下黏糊糊的。

远处，朝着圣地亚哥的地方，传来一连串轰隆隆的爆炸声，引发了拥挤在运输船甲板上的人们一阵欢呼。桑普森司令的海军中队开始牵制性地炮轰。分派登陆的战舰——“黄蜂”号和“大黄蜂”号，“蝎子”号与“雌狐”号以及“新奥尔良”号——排成了一排。九点半刚过，第一门旋转大炮开始轰鸣，吐出白色硝烟。代基里后面高高的山坡上，一股巨大的喷泉般的泥土和瓦砾瞬间冲天而起。第二波炮火齐射炸毁了海滩附近的一座小屋。更多的欢呼声……

炮轰持续了半个小时。惠勒在乔的附近来回踱步，嘴里咕哝着少有的污言秽语。他不喜欢窄窄的海滩上响声如雷的飞溅波涛，不喜欢滚滚浪潮对凸式码头钢铁柱子的冲击。你只要瞥一眼船舷外面大艇升起在浪尖上，接着又像一架被切断了绳索的电梯轰然砸向低谷，就会知道这个海域有多凶险。

激动的欢呼声一下子将乔的注意力引向了海滩。一个头发黑黑的赤膊男子跑到了凸式码头的顶端，挥舞着一根杆子，杆子上绑着一块方的白布。有几个戴着草帽、骑着马的人穿过村子跑了过来，挥舞着一面古巴国旗，朝着战舰大声呼喊。惠勒说道：“西班牙人一定是夜里就撤走了。那些人是我们这边的。”

炮轰停止了。整个村子里，棕榈小屋在燃烧，升起冲天黑烟。一座巨大的圆形建筑——机车库吗？——也在燃烧。升腾的黑烟跟高山上的雾霭混在了一起。

运输船边上靠近吃水线的舷梯门打开了。绳梯放了下去。十点半钟，第一拨人爬下绳梯，爬向大艇。有个人没有踏进极其拥挤的船里，扑通一声掉落到了水里。步枪、子弹带、背包都很重，他沉入水中。他再次冒了上来，一面大叫着，然后被拖到了船上。

一艘又一艘的大汽艇拖着挤满人的大艇驶到凸式码头边。当一个大浪扑来，把一艘或者几艘大艇托到一定高度的时候，人们便往码头上跳。大约中午时分，第十骑兵团的两名黑人士兵在往凸式码头上跳的时候踏空了，掉进了水里。乔站在“阿勒格尼山”号的甲板上，可以听到他们恐惧的惨叫声。码头上的一位莽骑兵军官将他的帽子扔到一边，跳入水中，但是徒劳无功。当大浪推着他们的船先是撞向凸式码头，紧接着又将它抛开的时候，两位士兵被困在了船和码头中间。乔在柱子上看见了一摊摊的血迹。水面上,漂浮着一顶战斗帽子。

这两名黑人士兵是第一批死亡人员。那些乘着大艇驶近海滩,然后跳下船涉水上岸的人要容易一些。

到下午的时候,代基里沿海的水面上响起了马匹和骡子的嘶鸣声和叫唤声,人们用吊艇杆将它们从船的边上放到水里。大多数都游上了岸,但也有一些因为太害怕和力气不足而没有成功。最后,乔乘着一艘大艇朝岸边驶去的时候数了一下,水面上漂浮着九只死牲口。罗斯福站在凸式码头上,一面喊叫,一面拿帽子拼命做着手势。他丢失了坐骑吗?

挤满了人的激浪冒着白沫滚上沙滩。人群中有一些是平民百姓。有一个人,戴着一顶阔边草帽,肩上扛着一台摄影机和三脚架,蹚水朝岸边走去。另一个人,戴着一顶常礼帽,扛着一只很大的帆布袋子,趺趺撞撞地跟在他后面。乔在远处,看不清这两个人,但是他估计有一个人是他见过的一位摄影师,比策。

在猛烈的狂风中,乔所在的大艇靠近凸式码头。惠勒将军十分敏捷,很轻松地从船上跳了过去,一把抓住两个士兵的手。"你是下一位,将军。"威利·特里尔下士在大艇再次落入波谷时说道。乔跨上横坐板。

大艇再次很快就升了起来。勤务兵一声喊:"跳,长官。"乔赶紧往前跳去。他的右脚稳稳地落到了码头上,但不知怎么的脚下一滑。他的双臂像风车般摆动着,身子往后倒向依旧高高在浪峰上的船只。他听到威利·特里尔下士大喊着,一双有力的大手猛地推了一下他的腰背部,将他推向前去。他的胸部落地,下巴擦伤了。他的双腿晃荡在海面上方。他拼命用双手和双膝攀爬上码头,心脏狂跳不已。

他站起身来,掸掸身上的脏东西,好不难堪,居然以这样一个有损尊严的不符合军人身份的方式踏上敌人的土地。

一天快结束的时候,六千人马在代基里登陆。由于惠勒和他的参谋人员得等他们的马匹被弄上岸来,所以他们便徒步走向受到炮火摧残的村庄。惠勒早就表明了他的意向,天黑之前要骑马亲自去内陆进行侦察。

代基里村里，满是泥土街道、焖烧的小屋和损毁的建筑。军官们快步朝圆形机车库走去。浓黑的烟从它被炸破的窗户里滚滚而出，让人的眼睛辣辣地痛，呛得乔一阵咳嗽。圆形机车库的屋顶有一半已经坍塌。大约有五十个人的一群古巴士兵——有黑人和棕黄色皮肤的人，还有很多人介于黑色和黄色之间——朝军官们跑了过来，用西班牙语高喊着："美国人万岁！"有两三个美国人挥舞着他们的刀剑，也用西班牙语大喊道："古巴自由万岁！"乔没有加入进去，他对这些赤着双脚、光着膀子的反抗者并没有多少好感，有好几个人还故意落在后面，伸出双手讨钱。有一个人上来扯乔肩头的肩章，似乎想要把它当作纪念品。乔一把将他的手击开。那人吐出一句西班牙语骂人话，跑开了。

惠勒将军早就朝这幢房子的另一面大步走去。乔和其他人紧跟在他后面，发现有一条铁路通向丛林。此情此景，他在穿越佐治亚州和卡罗来纳州的行军途中看见过很多次。轨枕断裂，铁轨撬开，因为高温而扭曲。战争中，扭曲成这样的铁轨被称为"谢尔曼发夹"。

惠勒拿他那顶黑色的旧帽子拍打着自己的腿。"我们不用这条铁路运送兵员。乔，看看他们把那些该死的马弄到什么地方了。我想要在沙夫特对我说不行之前到内陆去。"

"好的。"乔飞快地敬了个礼。他和他的副官泰里·贝茨快步穿过村子走去。他们在海滩上找到了他们的坐骑，乔大喊着招呼牧人们把马赶过来。他徒步跟着马匹走去，看见一个情景，突然停住了脚步，一时感到糊涂。两个精疲力竭的人正在把一台摄影机和三脚架从一艘大艇上搬下来。拴在它后面的是另一艘大艇，上面装着三只非常大的木头箱子，船只吃水要深得多。

贝茨中尉停住脚步："怎么啦，将军？"

乔听到耳朵边有一只小虫在鸣叫。他一把将它拍死，然后将血糊糊的蚊子遗体从自己手上抹去。"我就想问那些人一两个问题。我会赶上来的。"

贝茨赶快走了。那两人举着摄影机往岸上走来，乔蹚进拍岸浪里。这台摄影机比他早先见到的那台要大一倍。发号施令的年轻人戴着一顶犬牙花纹的帽子，穿着一件漂亮但已经被海水浸湿的短上衣。乔认识他。

"你好，比策。我好像看见你刚才就上来了嘛。"

“不是我们。”比策说道，看样子不太高兴，“沙夫特不让平民下指挥船，一直弄到现在。戴维斯差一点要拿个十字架钉死他了。你见到的也许是别的伙计，佩利他们，或者是乘坐‘尤卡坦’号的人。”

“他们是哪儿来的？”

“比尔·佩利来自纽约，是爱迪生派来的。另外两个是芝加哥的美国勒克索格拉夫公司的。他们俩有一个我不喜欢，但是那个首席摄影师人还不错。”

“他姓什么？”

比策的双眼中有一种好奇的试图回避的神色。他的助手就在这时走上前来，注意到了他伙伴的犹豫，还以为他是忘记了。那助手说道：“姓克朗。我记得他的名字叫保罗，但是大伙儿都叫他达奇。”

第一百零一章　罗丝

就在代基里登陆前一天的下午，罗丝·弗伦奇在第十四大街的一家当铺里指着陈列柜里面的东西。

“让我看看那个。”

当铺老板是个和蔼可亲的爱尔兰人，一头稀疏的红色头发，一双生满斑点的小巧双手。他在陈列柜后面打开锁，从里面拿出一支镀银的隐藏式小手枪。它有立式的枪管、短而粗的扳机以及一个刻着交叉排线的别致的胡桃木把手。他将手枪放到左手掌里，炫耀性地展示给她看。

“十分精致的手枪，姑娘。你自己用吗？”

“哦，是的。”她说道。即便过去了这么多天，她的左眼睛依然是肿的。埃尔斯特里对她的施暴给她留下了青一块紫一块的疤痕。当铺老板好奇地打量着这些伤痕。“我最近在光天化日之下遭到袭击。遭到袭击，遭到抢劫。”她急忙补充道。

“我看出来了。”爱尔兰人表示同情地咯咯了一下。

罗丝拿手估测了一下手枪的分量，很轻，问道：“这枪制作很精良吧？”

“雷明顿是我们最好的牌子之一。”

“它威力强大吗？”

那人附身到陈列柜上，指着下面一支更小的大口径短筒手枪：“袖珍手枪，点二二口径，一般女士都喜欢这款。但是，跟你在考虑的这款比，我认为它的威力要小。你手里的这款是双筒的，口径有零点四一。五十英尺的距离内，它都十分危险。十到二十英尺距离，它可以放倒任何袭击者，哪怕是劫掠女人的畜生。两到三英尺处对准他的脸,他妈也认不出他来。”

“嗯。”罗丝开心地一笑,说道。她拿舌头舔了一下肿胀苍白的下唇。埃尔斯特里有一拳正好击中了她下唇,下唇撞到牙齿上,里边裂开了。她的嘴巴里流血流了好几天。她将手枪递给当铺老板。

“这款听起来挺完美的,我买了。”

第一百零二章　达奇

下午五点，惠勒将军命令部队向代基里以北位于球形山上被废弃的碉堡进发。有一位战士扛着卷拢的国旗。

保罗在寻找吉米，但找不到他——自从他们上岸以来他已经第二次玩失踪了。保罗怒火万丈，放下手提包，从肩头放下摄影机，检查了一下胶片记录仪，发现还剩下五十英尺空白胶卷。真是谢天谢地，吉米扛着那个装着空白胶卷和拍摄过胶卷的暗盒的帆布包以及他自己的小旅行箱。

保罗跪倒在泥地上，把三脚架的一条腿缩短一点。接着，他摘下自己的草帽，给自己扇着风。他遗憾地发现，污泥弄脏了他漂亮的蓝色帽圈。

北面很高的地方，战士们出现在碉堡的防御土墙那儿。保罗检查了一下镜头，上面满是水汽。他从衬衫口袋里掏出那块来自莽骑兵的有圆点花纹的领巾，轻轻地擦拭着有弧度的光学玻璃。时间也正好，星条旗升起在碉堡的杆子上。保罗开始摇动曲柄，这将是他拍摄大艇以来这段胶卷一个辉煌的收官，战士们蹚水上岸，代基里废墟上硝烟弥漫。

随着旗子升起，数以百计的喉咙迸发出雷鸣般的欢呼声。距海岸不远处，一艘战舰汽笛长鸣，接着又一艘战舰鸣响汽笛，然后是多艘战舰的大合唱。保罗沉思了一会儿。曾经，他多么希望，这是他自己的国旗啊。或许，这就是他堂哥乔所鄙视的又一个天真的梦想罢了。

突然，吉米左手抓着旅行箱和帆布包，从飘浮的硝烟中踱将出来。他的右手握着一把长长的通常被叫作大砍刀的灌木砍刀。

“你哪儿弄来的刀?”

“弄来了,哪儿不重要?”

保罗忍住火气:“我们得找个宿营地,我们去找伍德上校的团,我看到他们往内陆进发了。”他将摄影机和三脚架扛到自己肩头,用另一只手拎起自己的手提包。一天累死累活下来,他的小腿肚子和大腿又酸又痛。“等我们住下,我得去找个朋友。我要弄弄清楚,他是不是两个淹死的人之一。”

吉米拿常礼帽扇着风:“那两个是黑鬼啊。”

“黑人。是的。”吉米看上去大为不解,“还有,我得换一个新的暗盒。”

“当然,不过我敢打赌这是浪费时间。这么热个天,那些胶卷很可能都坏掉了。”

保罗也有类似担心。他只是不愿意老想着这事儿罢了。

代基里的后面有一方绿草茵茵的平地,直达葱翠茂密的绿墙般的丛林。开阔地带上,第一志愿骑兵团准备扎营过夜。

他们走近前去,看见右边是一个边上结满黄色浮渣的潟湖;左边,距潟湖有点距离的地方,他们发现有一块空地可以放置他们的设备。他们有一块橡胶布毯,放在帆布包里。保罗知道吉米要用这个布毯,所以他不想去争。这将是一个潮湿的长长夜晚。

他在司令部找到了罗斯福中校,向他打听第十骑兵团的情况。罗斯福说第十团早已经在傍晚的时候向距此七英里地的锡沃内村进发了。

“我要到那儿去找一个朋友。”保罗对吉米说道,“看看该团能不能分给我们点豆子和饼干。还有,我们需要水。我听说矿业公司的水箱里有淡水。我走了之后你去把水壶灌灌满。”吉米两眼瞪着他,手里懒洋洋地挥动着那把大砍刀。保罗说道:“我很快回来。”

“是,千万早点回来,没有你的指导、指示,我啥也干不成。”

“什么时候会大爆发?”保罗走时心想。他感觉为时不远。

去锡沃内村的道路名不副实。它不是正经的马车路,而是一条山间小径,沿着海岸，沿着西班牙人撤退前毁坏的铁路线，在大理石悬崖峭壁间蜿蜒伸展。这是从长满仙人掌、丝兰植物、多刺疏林和椰子树的热带森林里开辟出来的一条小径。小径很窄，仅仅够一辆六挂货运马车通行，而且路上很黑。成千上万东拉西扯的藤蔓使得周围的热带森林几乎无法通行。

人与牲口在路上行走速度很慢，不可能跑。等保罗找到黑人部队的时候，他们已经不走了。第十团的官兵们原地解散，抽烟的抽烟，其余的则在沾满烂泥的背包上休息。保罗走近一位白人中尉，这人一天下来，满脸胡子，衬衫前后都被汗水湿透了。

"珀森？"中尉咆哮道，"看在老天的分上，他当然活着啊，他干吗要死呢？他就在队伍前面哪个地方。"

保罗赶紧跑向前去，路上全是伸展着的双腿，他左躲右闪地又跑了半英里地，突然发现了奥特·珀森那张其貌不扬的面孔。"奥特，你没事啊！"他大喊着跑上前去。黑人士兵连忙爬起身来。

"嗨，海因，你在这儿干吗？"

"我听说你们团有两个人在码头那儿淹死了。我担心……"

"那有可能是老奥特？我可是太差太坏了，不会那样的。你在担心我吗？"

"朋友我总是挂在心上。"

"我很高兴我也在你朋友这个行列，你也是我的朋友。来吧，坐，休息一下。你以前遇见过这么热的天吗？我要死了根本就不用去地狱，早就感受到地狱是什么样啦。"他从湿透汗水的卡其军衣口袋里掏出一袋烟和一叠纸，"卷根烟抽抽？"

"谢谢，我有雪茄。"这是他在坦帕买的最后一根雪茄烟。他拿折刀割掉烟头，弯腰凑向奥特手中的火柴。小道再远处，一位带着口琴的黑人战士开始吹奏《星条旗永远飘扬》，节奏舒缓，几乎有点令人忧伤。精疲力竭的一天下来，这样的音乐倒挺合适的。

"我要告诉你，我不喜欢这个地方。"他们抽烟的时候奥特说道，"我想当逃兵，回到美国去。你打算战争结束之后干吗去？"

"把影片带回芝加哥去，如果有什么好影片的话。然后，我想我打算到英国去找个活干。”

“唔——咦。那得渡过整个大海呢，是吧？怎么回事，你不喜欢美国？”

“美国有些事情是好的，但并非所有事情。我觉得自己对你们国家的期望值太高。这是别人告诉我的。当我登陆埃利斯岛的时候，我充满希望，希望美国是我永久的家。可是我在这儿格格不入，我想是时候换个地方了。”

“海因，别呀。你是个好人，我们国家需要你这样的人。别当逃兵，把什么都丢给那些卑鄙的人，坦帕那个胖大脸的中士，以及像他那样的混蛋。我们国家这样的人已经够多的了。难道没有什么值得让你留恋的吗？”

“有一位姑娘，假如我能跟她一起有个家的话就好啦。但是不可能了，她走了。”

“美国有很多可人漂亮的白人姑娘啊，我敢打赌有很多可以让你幸福的。”

“不，奥特。不过谢谢你这些好话。我得走啦，回到我的伙伴和设备那儿有好长路呢，照顾好自己。”

“那是一定的，海因，你也一样。别太早离开，我得还你债呢。”

保罗沿着小道朝代基里走去，口琴演奏出奇怪忧伤的调子。

新月如钩，银光惨淡，照在营地上。保罗把橡胶布毯让给吉米，自己侧身躺在湿漉漉的草地上，将草帽遮住脸和眼睛，下决心无论何事干扰都非睡不可了。

干扰的事情实在太多。代基里上空的赭色亮光在忽闪；矿业公司机械加工车间的熊熊烈火依旧在肆虐；离岸不远处，战舰上的探照灯扫视着被炮火侵袭的村庄、丛林以及往内陆方向陡然升高、距离这五六英里远的崇山峻岭；远处，一位名叫德梅特里奥·卡斯蒂略的将军的抵抗部队唱着西班牙歌曲；稍近一点的地方，哨兵不时地发出叫唤声；小虫子嗡嗡叫着；保罗的肚子咕噜噜乱响，他饿死了。吉米弄回来一壶淡水、一份数量很少的罐头豆子和饼干，他们分食了。

尽管有光亮、有噪声、有炎热、有潮湿，保罗还是迷迷糊糊地睡去了。猛地，他醒了，被吉米的喊叫声弄醒了。

“天哪，这是什么？下去，下去！”

保罗跳起身来。草帽从他脸上掉了下去。借着月光，他看见吉米仰躺着，击打着他胸脯上的什么东西。一个很大的像香肠一样圆圆的东西，身子上还有不停摆动的附属物。

保罗将螃蟹从腿上击落。这东西可怕极了，一对舞动着的长长钳子，两只圆圆的眼睛长在两根肉柄上。它有一张奇形怪状的嘴巴，两片嘴唇像角质的鸟喙。当他看着两片嘴唇一开一合、一开一合的时候，呆若木鸡，惊恐万状。这情景就像小孩子夜间的噩梦，你在黑暗中孤立无援，恶魔异常强大，没有人可以帮助你。

他浑身发抖，没法移动。有一只螃蟹爬上他的大腿，他的双脚四周，还有六七只螃蟹摇晃着，钳子发出格格的声响。吉米还在狂叫，两只脚单足跳着，虽然他已经甩掉了把他弄醒的螃蟹。整个团的双人帐篷中间，发生了同样的骚乱。

吉米跳到保罗身边，开始猛踩那些螃蟹，蟹壳的碎裂声很响。螃蟹发出微弱的声音，怪怪的，仿佛可怜的哭声。一位军士跑上前来，这时保罗正好跌跌撞撞地站起身来。他认出了这位来自加利福尼亚州的瘦长莽骑兵约翰逊。“地蟹。”他大声说道，“该死的整个一支大军呢。”

吉米上气不接下气地说道：“有一只爬到我的脸上，我被爬醒了，该死的！”

“伍德上校说，这些螃蟹并不十分危险，除非人受伤了。它们想要的是有血腥的肉。他说它们来者成百上千。”约翰逊又重重地踩死了一只螃蟹，然后跑去警告其他人。

保罗还在发抖，说道：“帮我把设备捡起来，我们换个地方。”

“那有什么用？这个该死的地方，它们到处都是啊。这些螃蟹要是有一只咬上我了，或者哪个外国佬的子弹打中我了，我就彻底完啦。我本该在这之前就离开的，根本不应该到这儿来。我还是就在这儿先跟你打个招呼的好。”

“吉米，我们得继续前进啊，我们有任务的。你不能在这儿跟我撂挑子，这是懦夫行为。”

“你这个混蛋。你敢叫我懦夫——你甚至就是这样想的——我要把你的脑袋砍下来。”他抓起那把大砍刀，挥舞着砍向一些长得很高的青草。草茎声息全无地倒在那些地蟹破碎的壳上。不远处的黑暗中，成百上千只地蟹窸窸窣窣地活动着，螯子发出格格的声响……

“吉米，冷静。我不是在骂你，我只是说假如你现在离开的话——”

"闭嘴,我已经听到啦。"

月光下,他们站在那儿,怒视着对方。突然,他们俩都感觉筋疲力尽。保罗说道:"好吧,休战,我们换地方。"吉米从地上抓起橡胶布毯,他们把设备搬到平地上一个新的地方。但是,每次他们安顿下来,地蟹便会前来侵扰,于是,两人只好跳起身来,在草地里不断地拍打,保罗用帽子,吉米用大砍刀,把这些怪物赶走。莽骑兵的双人帐篷里也不时传来声响和喊叫,帐篷对这些入侵者来说几乎没有任何防护作用。那天夜里,凡在这块平地上过夜的人,都睡得不安稳。

清晨,他们疲惫不堪,一副惨状,吃了点饼干,用马口铁杯子喝了几杯微温的咖啡,然后出发去锡沃内村。路上,他们几乎没怎么说话。前方,是七英里绿色植物芜生蔓长的沼泽地。

小道上塞满了负重的士兵,马车夫要死要活赶着马车上下斜坡,一队队骡子驮着一袋袋辎重物资,有水桶,有弹药箱,有拆卸了的哈其开斯山炮。挂下来的藤蔓不断把保罗的帽子撞下来,还经常钩住他肩头的摄影机。小道上,他脚下的泥土有两次崩塌或者下沉,让他摔了两跤。每次,他都扭过背来,拿自己的身子给摄影机当肉垫。尽管困难重重,但他们比大多数士兵都走得快。

他们赶上了一辆很大的马车,车上装满了箱子,上面都有一模一样的黑色文字:美利坚合众国纽约美国百奥格拉夫电影公司财产。马车陷在了烂泥里,保罗认识马车夫那顶犬牙格子花纹的帽子。"比利!"

"你们好,先生们。这地方乱得一塌糊涂。"

左前轮已经陷到了轮毂的一半。比利·比策卷着袖子,正用马鞭驱赶那两头骡子,他的助手莱恩则在前面拼命拽着笼头。"如果我们能离开这里,欢迎你们一起坐车。"比策说道。

保罗和吉米上前帮忙,奋力转动和抬起陷落的车轮。比策挥动马鞭子,莱恩在前面拽。保罗大汗淋漓地喊叫道:"出来啦,再来一点,我们快要——"突然,轮子升了起来,马车猛地往前一冲,回到了硬地上。

"干得漂亮。"比策说道,高兴极了,"把你们的摄影机和设备装好,我们走。"

保罗将勒克索格拉夫摄影机放到那台大许多的百奥格拉夫摄影机上面,这空间正好在比策的两只放蓄电池的箱子之间。他爬上马车坐到摄影师的旁边。

吉米选择在前面跟莱恩一起走路。他们走得很慢,不过保罗挺高兴能坐一会儿车。

“喂。”比策突然说道,“你可能很不爱听,不过我觉得还是告诉你的好。你叔叔,那位将军——他知道你在这儿。”

“他怎么知道的?”

“我在海滩上遇见他了,他在坦帕就认识我。他打听其他摄影人员的情况。我没有透露什么,可是——”他朝前面的助手莱恩点了点头,“莱恩把你的姓名说漏嘴了。他当时还没意识到。”

保罗铁青着脸说:“他不知道,可我现在得随时面对我叔叔,躲也躲不开啦。我又不能躲起来不干活。”

走了半英里地之后,他们又发现了一辆陷入困境的马车,两个左轮完全偏出了小径,马车的倾斜度大约有三十度。一个肥胖的马车夫拼命地挥舞着双臂呼救:“小伙子!喂!过来帮我个忙,好吗?”

“天哪,是佩利。”比策勒住骡子的缰绳,跟保罗跳下车去。

伊甸园展览馆的佩利看上去一副惨相。他那条精致的条纹布裤子撕破了,上面沾满了污泥。他白衬衫的肩头也已经撕碎,像块湿布一样贴在身上。他踉跄到他们跟前:“伙计们,我生病了。我正在发高烧。而且后车轴断裂了。帮帮我,好吗?我们都是同行,是吗?”

“今天,我们都是同行。”比策小声地对保罗说。接着他对佩利说道:“你让开,让我瞧瞧。”

比策在马车后面跪下身子,将手伸到下面去拉车轴。佩利摇晃着身子,拿一块上面缀着自己姓名首字母花押字的手帕擦着自己的脸。“可以修好吗?”

“唉,损坏得很厉害。我再看看。”

比策的一只手消失在了马车下面。突然啪的一声响,两只后轮往里倾斜,马车后面的底盘垂落下来。比策及时把手抽了出来。

“不是一般断裂,而是中间完全断裂了。你运气不佳。”

“看在老天的分上,伙计们——我必须得上前线啊!你们车上还有地方吗?”

“怕是没有了。”

“那么找个人来帮帮我,好吗?”

比策拿帽子扇着风,虔诚得像参加葬礼的样子:“对不起,佩利,我这人没什么影响力,只是个小人物,记得你说过的是吗?达奇·克朗在这儿,但他也只是个小人物。不过,假如我们遇见沙夫特将军或者惠勒将军的话,我们看看能不能请他们派个班回到这儿来帮帮你。再见。”

他们离开了抓着马车边沿的威廉·佩利,他看上去快要哭了。保罗不想嘲笑佩利的霉运,可是他内心深处有一种势利的人受到恶报的强烈快意。他们走到安全距离的时候,他说道:“比利,你这家伙太坏了,车轴是你弄断的。”

“你什么意思?我就是摸了一下而已。以其人之道还治其人之身!让那个傲慢自大的混蛋坐在那儿放声痛哭吧。他是竞争对手,这可是战争啊。”

中午刚过,马车驶下锡沃内村附近的一个山丘。在小道尽头,他们看见了两只地蟹正在吞食一只老鼠的残骸。它们的身子是淡紫色的,还有黑色、橙色、淡黄色的斑点。它们挥舞着钳子,将那对有柄的小眼睛转向声音很响的马车。骡子不喜欢它们,叫唤起来。

保罗从来没有遇见过任何事情会给他如此惊悚的恐惧。马车继续吱吱嘎嘎前行,可是他过后依然战栗了好几分钟。

比策让他们在锡沃内村的边上下车。保罗感觉职业性的竞争占据了上风,拜奥格拉夫团队想要自己前进。这挺好的,他也要这样做。他谢过比策,握了一下手,挥着手目送拜奥格拉夫的人驾着马车走了。

锡沃内村虽然比代基里稍大一点,但是其破败程度毫无二致。从山脚到海滩伸展着一条沟壑,沟壑两边,凌乱地分布着茅草房和东倒西歪的小屋。弯弯曲曲海滩的远端,有一个破烂不堪的凸式码头,码头边拴着死气沉沉的渔船。锚泊在海岸不远处的运输船正在将人员卸载到一批批的大艇上,至少有六千人马要投放到这里。

整个海滩上,光着身子的士兵在拍岸浪中扑棱挣扎游上岸来。一看这情景,吉米少有地笑了起来:“赶快把摄影机架起来。芝加哥的姑娘一定会爱上所有那些在水中扑棱的傻瓜。”

“不过我觉得伊兹·弗劳姆不一定会喜欢。”保罗累极了,放下设备,坐到一袋被丢弃的椰子上。他伸出一只手:“借用一下好吗?”吉米十分勉强地将大砍刀慢慢地递给他。保罗砍开一只椰子,吸着里面牛奶一样的汁水。椰子汁不太甜,但是他无所谓,这比他们一直喝的脏水强多了。

保罗和吉米在人群中间找到了一块野营地。这地方处于上风头,而且沙地上有很多破碎的贝壳,地面条件十分粗陋,但是保罗希望,没有草,地蟹可能会少一点。

他在沙滩上兜圈子,直到他找到对这种生物有一点了解的一位军官。那军官说,这种螃蟹是食腐动物,生活在野地、沼泽以及位于内陆八九公里远的红树林。虽然夜间数量众多,但是白天它们也不害怕。保罗想起了小道上那只死老鼠,便说:“这个我知道。”

他回宿营地的时候,脚有点瘸。他的双脚起水疱了。他的双腿从脚踝到大腿都痛,他的背脊因为扛摄影机而酸痛。三脚架磨得衬衫下的双肩红一条紫一条的,左肩已经开始出血。他脱下衬衫,咬着牙,在拍岸浪的咸水里洗净伤口。

吉米再一次神秘地失踪。“让他去偷吧,偷遍一半的人口,我才不管呢。”保罗疲惫地想。他发现一位士兵在看杂志、晒太阳,便给了他五十美分,让他帮助照看设备。然后,他朝村子的中心走去。

锡沃内村到处都是全副武装、准备战斗的美国人。每隔一分钟左右,保罗都得躲到路的一边,躲开骑着马风驰电掣般飞奔的传令兵。他问了好几位军士和军官,但是谁也说不上部队何时开拔。离开最后一个求助无用的人之后,他直接抬头望了一下太阳。他将一只手遮到眼睛上方,走到一个棚子的阴影里。当他把手放下来的时候,看见了迈克尔·拉德克利夫,像变魔术一样。

迈克尔挥舞着他在伊博市也带着的那根很沉的圆头手杖,戴着平顶硬草帽,穿着分量很轻的白色法兰绒时髦套装,黑色的皮鞋头很尖,跟白色帆布的鞋套相映成趣,一副清凉干爽、整洁利索的样子。他因为天气炎热而做出的唯一妥协是敞开衬衫领口,没系领带。

“你好啊,朋友。你看上去一脸茫然的样子。”

“大伙儿都这样,迈克尔。你知道战斗什么时候打响,怎么打吗?”

“一点也不知道。但对我来说真的无关紧要,我已经建好了基地,在一家很方便的小酒吧桌子上报告我所有的行动,就在那儿。”他拿手杖指了一下。

保罗正要转换话题,突然一阵马蹄声吸引了他的注意力。一群军官骑着马跑出小村子,朝着圣地亚哥的方向跑去。他认出了惠勒的白胡子。他看见了紧跟在惠勒身后的骑者,身子僵了一下。迈克尔看见他这个反应,便问道:“哪个是你叔叔?”

“第二个。”

“我以前见过他,给我的印象是个固执难对付的人。”

“绝对是的。”

“不过你不想让他发现你,是这样吗?你不想跟他打招呼?”

他内心深处有一部分恰恰很想,渴望走近他叔叔。但是他说道:“是的,我干吗要跟他打招呼呢?”

迈克尔沉思了一下说:“想想也是,你对我说过,你是从他家被赶出来的,可以理解。我不说这事儿了,愿意跟我一起到小酒吧去抽根烟、喝杯酒吗?”

路上,保罗说道:“你见过德国军队的武官冯·赖克上尉吗?”迈克尔说他见到过。“你不记得他了吗?”

“我应该记得他吗?”

“七年前他在柏林的调车场,第一次你冷不防地从哪儿冒了出来嘲笑我的艺术。他跟那群军官一道给野牛比尔的火车测定卸货时间,当时他还是个中尉。”

“现在也只是个上尉吗?唉,和平时期的军队晋级从来就不快。人们说得有根有据,他们表面上说厌恶战争,但私底下极度喜爱战争。利益太多啦。战场晋升,合同肥私,有机会就把认识没多久的小姑娘弄上床去,因为小姑娘发疯一样表示要为穿上军装的勇士们献身……冯·赖克,嗯。”

“是啊,当时我就不喜欢他,现在也不喜欢。”

“最好要适应他。他跟他那些同事代表了新的德国,跟德国海军一起,还有德国皇帝。假如真有一个邪恶的三位一体的话,那么他就是那个邪恶的三位一体。”

小酒馆很小,但相当干净。肥头大耳的店老板卖了半打短雪茄烟给保罗,收了几个比索。所卖的啤酒不能跟克朗啤酒比,但是清凉,他又正好口渴。迈克尔说他的杜松子酒“简直不能喝”。保罗点燃一根小雪茄,雪茄很凶,可是他喜欢这味儿。

迈克尔问店老板锡沃内村有没有可供玩乐的女人。店老板说那是当然,他很乐意安排。“以后再说。”迈克尔挥挥手谢绝了他。他开始喝酒:“你干吗这样看着我?”

“就是好奇。你离开家的时候担心你妻子吗?我是说你担心她会干同样的事情吗?”

迈克尔没有生气,反而乐了:“塞西莉?绝对不会。她是个诚实的女人。有位同伴还定期陪她去看戏,去参加社交活动。”

“男人吗?”

“的确是的。安东尼·艾伯特·帕森斯,演员,绝对是最英俊、最强壮的家伙,你肯定没见过这样的人。我要是有他的相貌,那我的床前肯定会排起四分之一英里长的女人呢。但安东尼恰恰是个同性恋,用本国话说,他是个脂粉男子。不过你要是当着他的面说这话,那他很可能把你揍一顿呢。你要问我怎么看,那我说他真是个不要脸的废物,可是他不这么看。塞西莉喜欢托尼,我自己也十分喜欢他。”迈克尔一声叹息,把手杖放到餐桌上,“背叛就一定会让人软弱,曾经有一段时间,我憎恨所有生物。”

“我记忆犹新的。”保罗说道。他们一起哈哈大笑起来。

沉默了一会儿之后,保罗深吸一口气。

“迈克尔。”

“怎么啦?”

“我想接受你的建议,到英国去。”

“太棒了!我立马给我岳父写电报,交给急件包车送到基韦斯特,然后从那儿拍发。他们正在铺设从美国到古巴的电报线,不过我知道那仅限军用电报。那个黄色媒体大王赫斯特先生一定掌握了内部消息。他派了他自己的游艇和一小队通信快船运送新闻稿。”

他靠在椅子背上，抚摩着自己的下巴：“我真的太高兴了，你丢掉了对美国不切实际的幻想，你已经跨越了智慧之门。祝贺你。”他说着伸出手。

一会儿之后，小酒吧门口吱嘎作响的半扇门之间出现了一个身影。克莱恩一个肩上挎着一只扁平的皮公文包漫步走了进来。他棕黄色的猎装口袋里鼓鼓囊囊地塞着一本笔记本，猎装上沾满了小道上和宿营地的泥巴。他的笑容和蔼可亲，但是保罗对他的印象一如以前：一个不到三十岁的男人，眼睛里包含了太多的忧伤。

“斯蒂芬，坐下。”迈克尔说道，“虽然我只在这样的地方遇见你，但你知道的总是比我们任何人都多。”

克莱恩坐下，点名要一杯肯塔基波旁威士忌。“来杯独一无二的古巴威士忌，先生？”店老板推荐道，“没有美国威士忌，抱歉。”

“那就只好来当地的了。”店老板摇摇摆摆地走了。克莱恩将公文包打开，拿出几张黄色的纸放到桌子上：“看报纸吗，伙计们？半份《坦帕时报》，一份来自基韦斯特的两版周报，还有一份十天前的《纽约世界报》。我是在海滩上捡的。”

迈克尔拿起纽约的报纸开始阅读：“啊。这是什么污渍，血？”

克莱恩乐了：“一个军士长在他的包里面放了一罐番茄汤。谁都想要，就发生了争吵。他们拳脚相加的时候，我拿了报纸管自己走了。”

迈克尔轻蔑地将《纽约世界报》丢到桌子上：“把你知道的告诉我们，斯蒂芬。你的酒我请客。”

“你这个交易不合算，不过我接受。”店老板端上了威士忌。克莱恩两眼望着威士忌，一边舔嘴唇，一边揉着几个聚拢在一起的指尖。“说说我所了解的当下所有信息。山里面，西班牙人占据着一个关键的道路要冲。卡斯蒂略将军的步兵到那儿去侦察了，发生了激烈的交火，就急急忙忙地逃了回来。我们要去圣地亚哥，就必须攻下那个要冲。要冲的那边，是一马平川，那儿有一个叫塞维利亚的小地方。卡斯蒂略将军的侦察兵说，在这儿和目的地之间，那地方即便不是唯一可以扎营的地方，也是一个比较好的宿营地。我知道惠勒上那条路去勘察了。”

保罗说道：“我们看他出去的。”

“他要亲自去看看，我不奇怪，他是急性子。因为沙夫特把骑兵放在后面，放在劳顿的正规军和贝茨的志愿兵后面，所以他整天在那儿发牢骚。但是我认为老乔心里明白的。行动滞缓的大部队依然在大海上航行。他登陆之前，惠勒将军是岸上的最高指挥官。如果他行动足够快速，他就可以发号施令，就可以随心所欲。”

迈克尔俯身到桌子上：“你的意思是有点冒险。”

“完全正确。”克莱恩啜饮着威士忌，“天哪，这酒也太差啦。”叫归叫，他还是喝了一大口。“你那摄影机拍到什么好东西了吗，达奇？”

“昨天，我拍了一些登陆的场景。我还在运输船上拍了些镜头。有不少是罗斯福中校的形象。”

“泰迪总是随时会摆姿势的。你不知道，不过你已经不知不觉加入了下一任纽约州州长的竞选活动。”

“其实我想要的就是战斗场景。”

“那么听我一句劝，跟着乔·惠勒。除了昨天那两位黑人先生外，这场战争一直平安无事。不过从这儿开始，我认为我们要见血了。”

克莱恩说得对极了，惠勒前进的速度非常快，目的就是要抓住他暂时位高权重的机会。天黑之后，战船上的探照灯还在横扫着海滩的时候——数以百计的战士赤裸着身子在灯光下暴露无遗，这是保罗目睹的最讨厌的情景之一，也是他拍摄的估计沙多不太会销售出去的镜头——传来了明天一早出发的命令。目标直指西班牙人守护着圣地亚哥主路的防线，该防线在大路上跟一个被废弃的小村庄里一条次要的防线相衔接，村子叫拉斯瓜西马斯，以当地生长的一种树命名。西班牙人在山顶上挖掘了战壕，居高临下扼守着大路。惠勒将军、扬将军、克朗将军准备用八个连沿着大路挺进，四个连来自第一步兵团，四个连来自不骑马的第十骑兵团。“伍德有气无力的行者”将朝着同一个目标——位于拉斯瓜西马斯村的衔接部——沿着一条呈大致平行走向的山脚小路进发。

由于乔叔叔所辖部队将沿着圣地亚哥大道前进，所以保罗决定跟随莽骑兵沿着海岸小道走，假设他们允许的话。他仍然希望避开他叔叔。他不敢肯定他们如果遇见会做何反应、说什么话。他曾经有一种冲动，想当面向叔叔宣告他要去伦敦了，但是做出决定并告知迈克尔之后，也不知怎么回事，这种冲动没有了。可是，他得告诉他的亲戚啊。即便不在古巴说，那么等他们回到美国之后也得告诉他们。他得到了他们多少关心照顾啊，尤其是伊尔莎婶婶。前前后后这么一想，他不由得心生不安，他怕乔叔叔不在乎。

他在拍岸浪里洗了澡，也洗了自己的脏衣服。整个海滩上，巨大的篝火熊熊燃烧。人们跪在水边洗自己的脏衣服。还有一些人围着篝火跳着淫荡的舞蹈，跳啊，叫啊，唱啊。如果你没有听出他们在唱《动物博览会》《今夜老城激情时光》这样的歌，你会以为他们是从前的异教徒呢。

偶尔，一群群古巴游击队骑着饿得皮包骨头的小马在沙滩上驰骋。他们朝天空射着排枪，大路上距离不到三英里工事中的西班牙人一定听到了枪声。有些人在休憩的美国人跟前跳下马来，呜呜喊着开玩笑。探照灯来回扫射，照耀着装满人的大艇在滚滚的白帽浪里飞速驶向岸边。大艇还没有完全靠岸停泊，很多人便衣服也不脱纷纷跳下浅滩，不是溅了其他人一身水，就是弄得自己满头都是水。总之，很难想象还有更加怪诞的景象了。保罗感觉这像是个军事瓦尔普吉斯之夜①。

他们好不容易用小树枝点了个火，他将洗干净的衣服放到火光摇曳的火堆边。他希望到了早晨所有的衣服都能烘干，这样他便可以把衣服藏到旅行包里了，他打算把旅行包放在小酒吧里。他的包里还有一件干衬衫和一条干裤子，他将它们拿出来的时候霉味已经很重了。

吉米在靠火堆很近的地方坐着。摄影机和帆布包就在他身后，被一张很大的油布保护着。吉米的胡茬很脏，往上蔓延遮盖了大半个灰黄色的脸。他敞开的领口处，那根挂着圣牌的沉重链条展露无遗。他在大拇指上轻轻地来回划着大砍刀的锋刃，偶尔还用舌头舔湿一下大拇指。

---

①根据德国神话，每年 4 月 30 日的夜晚，瓦尔普吉斯在哈尔茨山的布罗肯峰设宴招待魔鬼与巫婆，庆祝春天的到来。

“这么说,明天是我们吃枪子儿送命的日子?”

“如果我们运气好的话,明天是我们拍摄战斗场面的日子。我打算去请求允许我们跟着莽骑兵走。”

“如果他们告诉你见鬼去吧,我倒是不会哭的。”

保罗朝莽骑兵的宿营地走去。这个团傍晚时分已经从锡沃内村抄小道来到了这儿。他认出的第一个人是有一双阴冷的绿色眼睛、皮肤苍老粗糙的加利福尼亚人休·约翰逊。“你来干什么,达奇?”

“如果伍德和罗斯福同意的话,我想跟你们部队一起行动。”

“找伍德谈谈,泰迪正在火头上,什么话都说得出来呢。自打他们在代基里把他的战马‘迎面雨’淹死之后,一直就那样。祝你好运。”

保罗继续向伍德的帐篷走去,抬起头来,几滴肥肥的暖暖的雨泼到了他的身上。他站在帐篷外面等的时候,老天爷开始正儿八经地下雨,地上升腾起团团水汽。轮到他的时候,他被伍德的形象震惊了。第一团活力四射、强壮如牛的上校看上去脸色憔悴、精疲力竭。他坐在用货箱做成的办公桌边,两个手肘支撑在上面,慢慢地用手指上下揉着太阳穴,保罗提出了他的请求。听完,伍德皱起了眉头,保罗担心他要拒绝。这人是个精明的职业军人,战士们都叫他“冰箱”。

“戴维斯要跟我们一起走,还有《纽约日报》的马歇尔先生。恐怕我也不能对你和比策不一视同仁。佩利住院了。不知道比策先生能否扛得住,要带那么多蓄电池。你设备多吗?”

“有一些,长官。我的伙伴和我带着一点也不费力。”

“好吧,批准了。不过你们必须待在后面。一旦有人命令腾出路来,你们必须立刻执行。你们要是不腾出路来,我们就会从你们的设备上碾过去,从你们身上碾过去。”

“明白。”保罗说道。

“我跟戴维斯和马歇尔说过的话,再对你说一遍。明天不是公园里的周日闲逛,一整天你们都会闻到硝烟的味道。有人可能会死,你也可能是其中之一。”

“即便如此,长官,我也要去。”

“那就准备凌晨三点出发,之后我们将尽快行动。你如果见到比策,把这个话传达给他。”

保罗谢过伍德，很快便离开了。他找比策找了半个小时，但是找不到，于是他不找了。三点前准备好并不困难。暖暖的雨绵绵不绝，锡沃内的海滩，今夜无眠。

6 月 24 日，星期五，早晨五点半。伍德所辖的部队集结到了小径的尽头。

只有几个人有马匹：戴维斯、马歇尔、那些记者、惠勒的两个副官、伍德上校、带领第二中队的强壮的小个儿老兵亚历克斯·布罗迪少校、指挥第一中队的罗斯福中校。罗斯福骑的是“小得克萨斯”，他带来的两匹坐骑之一。

大多数战士斗志昂扬，尽管他们先是在雨中宿营，现在又站在那儿穿着湿漉漉的衣服瑟瑟发抖。理查德·哈丁·戴维斯穿着平常穿的深蓝色套装，高高的领子上结着领带，戴一顶后面飘拂着遮阳布的平冠毡帽，看上去果然又干燥又整洁。他向另一位穿着纤尘不染的白色长风衣的记者马歇尔介绍了保罗和吉米。保罗无法想象，这些记者怎么会保持得如此干净呢。他和吉米简直就是一对沾满烂泥的稻草人。

他们带着摄影机和帆布包等在队伍的后面。他们在那儿跟一名叫杰里·普鲁伊特的罗圈腿列兵交谈起来。这人说话慢条斯理，说他来自得克萨斯州，在一个叫梅因·钱斯的大牧场里当牧牛工。

在莽骑兵中间，保罗听到人们说得最多的是他们缺乏武器。他们在开拔的时候带了一支极好的步枪和两挺科尔特机枪，但是三支枪全都在代基里或者锡沃内混乱的军需马车上弄丢了。这种事情似乎让他们产生忐忑，就像一说起西班牙人的武器让他们感到忧虑一样——西班牙人用的是无烟火药的毛瑟枪。“我听说毛瑟枪的子弹打进黄松木可以比我们这些克拉格步枪子弹深九到十英寸呢。”杰里·普鲁伊特忧郁地说。

五点四十五分，队伍排成四路纵队开始前进。保罗肩扛摄影机，吉米背着帆布包。吉米将自己的短上衣和小提箱跟保罗的旅行包一起放在了那家小酒吧里，只穿了衬衫，并把袖子卷到了手肘子上边；大砍刀插在皮带里。

就在队伍出发的时候，比策和他的搭档莱恩来了，他们笨重的摄影机和好几只蓄电池都装在一辆骡子车上。骡车上没有空间让拜奥格拉夫的两位摄影师乘坐,所以两人分别在骡子的两边徒步而来。保罗故意落到后面跟他们问个早上好。

“这么说你得到消息了,我很高兴。昨晚我找你了,找不到。”

“谢谢。”听上去很空洞。比策瞧着小道。“这么多东西,我们得有运气才能跟上。无论如何——祝一路平安。”

“你也一样,比策。”

第一段前进的道路困难重重,小道很陡,逶迤曲折,穿越锡沃内后面的一座座小山。很快,小道变得更窄,四路纵队只好变换成一路纵队。没有任何节奏,只要路况允许,莽骑兵就尽可能快走,每个人都高度注意路面情况,跳过大雨冲出的沟壑或者厚厚的爬地植物。每一步都在泥地上留下深深的脚印。尽管头顶是华盖般的厚厚树枝,但是保罗知道太阳升起来了,因为他感觉热。

茂密的丛林没有可能部署侧翼部队。这就增加了危险性,很容易遭到攻击。比策的骡子车被落下了。每隔几分钟,保罗都要回过头去瞧瞧后面,第四次了,骡子车消失在了小道的一个山丘后面。他为拜奥格拉夫的记者感到难过;但另一方面,竞争就是竞争,他走在前面并不感到不开心。

又跋涉了大约一个小时,队伍越过最后一个山岭,走到一块更加开阔的地方。过了一会儿,小道变得相当陡峭,接着,又变得平缓,蜿蜒在圆圆的小山冈之间,步行容易了一点。

天空蔚蓝,万里无云。行军已经产生了伤员。保罗数了一下,有十多名战士或躺或坐在草地上,中暑了。掉队的人避开了路过的人的眼睛。吉米说,掉队的士兵是聪明人。

他们的左边是长满高高的黄色牧草、绵延起伏的原野,从小径开始被五股线结成的带刺铁丝网隔开。铁丝网上有好几个被割开的豁口。保罗估计,是西班牙人穿越时留下的。右边,地面缓缓朝下倾斜,通向看不见的大路,乔叔叔和其他高级军官就率领着他们所辖的部队在大路上前进。保罗所在的队伍还离得太远,虽然可以瞥见道路交会点北面小山顶上某个小小的木头堡垒,但是看不清西班牙人的工事。

小径跟大路之间的地带，长着高高的牧草和一丛丛茂密的灌木丛，还有零星的椰子树丛，树干的倾斜度达到四十五度。形成灌木丛的有些矮树和灌木鲜花盛开，红若火焰。不时地，可以看见有浮藻覆盖的潟湖出现。头顶上，两只长着弯喙和坚韧双翼的红头美洲鹫在盘旋等待。

到七点半钟的时候，人们已经大汗淋漓，因炎热天气而怨声载道。伍德上校停下队伍，传达命令："子弹上膛，停止说话。"战士们准备好克拉格-乔根森步枪。莽骑兵跟其他部队不一样，用的是无烟火药。伍德、罗斯福和布罗迪要求这样。

吉米坐在哪个人扔掉的背包上抽烟，保罗点燃了一根小雪茄。他发现磨损和潮湿使他的靴子头上裂开了口子。

他拿手遮在额头，再次反复察看小径和敌人防御工事之间的地域。他研究过西班牙人的军装，热带气候中有尖顶的草帽是他们的标配。他没有看见这种草帽，也没有听到枪声。他跟列兵普鲁伊特闲聊这事儿，普鲁伊特耸了一下肩膀。

"或许他们早已撤回去了呢。"但是，保罗表示怀疑。

凝重的空气因为小虫子的嗡嗡声而变得富有生气。不祥的宁静令他感到紧张。他不停地反复察看那些小山，没有任何敌人的迹象。

杰里·普鲁伊特将他的水壶递给保罗和吉米。吉米一把抓过来，贪婪地狂饮着。最后，他递给保罗。保罗摇了一下，发现几乎没有水了。吉米将水含在嘴里，然后喷到一块手帕上，擦着自己的脖子和脸。

行军继续，先头部队的速度很慢。有可能惠勒将军的部队在那条内陆道路上推进的模式也是这样。八点十五分，突然一声轰响，震惊了所有人。"哈其开斯重机枪。"一位军官说，"应该是惠勒他们的。"

朝大路的前方，一团白烟骤然升起。保罗在草地上架好三脚架，但是他还没来得及摇动曲柄，白烟便消散了。接着，传来惊人的步枪开火的排枪声，不是来自大路，而是就在前面——他们队伍的前面，古巴侦察兵和L连的战士在那儿担任尖兵队。克拉格-乔根森步枪开始回击。保罗的心跳得怦怦的："我们走。"

"天哪。"吉米话音颤抖。他在自己胸前画着十字。他的脸色白得像鱼的肚子。

枪声很快变得连续不断。小道上有枪声，大路上也有枪声。跟步枪的排枪声混杂在一起的还有突突突的声音，保罗估计是机枪在扫射。

他跑到右面的半山腰，看见罗斯福的中队正在朝大路猛攻，其意图一定是想要跟惠勒会合。罗斯福的部队挥舞着大砍刀和刺刀扑下小道，清理着他们面前最为茂密的灌木丛。布罗迪的中队继续往前推进。布罗迪很可能想要在拉斯瓜西马斯这个衔接部包抄敌人的侧翼。

保罗跑下小山，扛起三脚架。重量一压，肩头衬衫下面擦破的地方生痛。早晨，皮肤擦破的地方流脓了。

"吉米，往前走。"

吉米蹲在地上，从自己的常礼帽边沿下面望着他的同伴。

"吉米，怎么回事儿？"

"我就待在这儿。我今天上午可不想吃西班牙佬的子弹。"

"扛了摄影机，我没法再扛那个包啊。"

"你不用那包的，你的胶卷足够了。我在这儿等你回来。"

又热又累的保罗对子弹的声音丝毫也不害怕，但他再次忍无可忍："我敢肯定，霍诺利娅·费尔会为你的'英雄行为'感到骄傲的。"吉米抓起草丛中的大砍刀，开始爬起身来。保罗朝他喊叫道："坐下，闭嘴，你和我不再是搭档啦。"

"我们的关系早就完了，你这个不知天高地厚的德国混蛋。去吧，把你的屁股打成筛子吧。"

保罗满脸通红，转过身，扛着摄影机往前跑去。枪声不断，他跟着第二中队红白相间的队旗穿过几个小山丘，朝右边的一块平地前进。平地的另一边，矗立着几幢屋顶红色的沙色建筑，墙壁里面有好几个巨大的不规则的孔。那是什么呢，被废弃的牧场？从先头部队朝那几幢建筑接连开火的情况看，显然有西班牙军队部署在那儿，他们企图用火力封锁那块平地。但是，看不见黑色的硝烟，所以摸不准他们的位置。

美军战士用有规律的躲闪来穿越平地。一小队战士冲八到十英尺，然后趴下射击。接着另一队战士冲过他们身边，建立一个新的前进基地。战士们的哭喊声突然将恐惧充溢在战场上空。尽管如此,战线在伍德和布罗迪的带领下不断向前推进。志愿兵值得赞扬,他们跟那少有的几个正规军一样英勇善战。

右翼,罗斯福率领的中队以同样的方式在棕榈树丛和椰子树丛中向着看不见的大路推进。保罗瞥见了马背上挥舞着军刀的罗斯福。他的前面,西班牙人的防御工事终于清晰可见:一些山岭上用一块块扁平石块垒起来的棱堡俯瞰着大路,另外至少还有三个小的木头堡垒。石头胸墙上,有一些尖尖的草帽帽冠突出在上面。

保罗扛着摄影机靠近美军战线的后部,他将三脚架插进草地,准备拍摄。他听到耳朵附近有什么声音,他本能地低了一下头。天空中到处都是这种声音,近乎蜜蜂的嗡嗡声和琴弦的嗡嗡声之间的一种声音。毛瑟枪的子弹……

杰里·普鲁伊特坐起身来,拿双手揉着自己卡其军装的前襟。军装浸透了鲜血,从他的手指缝里渗出来,流到了手腕上。普鲁伊特的双眼呆滞,但不知怎么的他认出了保罗。他竭力通过咬紧的牙关说着什么。保罗摇摇头,表示他不明白。

普鲁伊特闭上双眼,一种平和的表情浮上他的脸。他慢慢地往后倒去,倒下在保罗看不见的地方。他温和地安卧在草丛中。阳光照耀在他刮得精光的左脸上,一只巨大的蓝色苍蝇降落在那儿,四处走动。

保罗站起身来。射击声依旧很响,但是他听见了一种新的声音,在普鲁伊特身后更高的草丛中。一种沙沙声,一种咔嗒声……

“卫生员!”他声嘶力竭地喊叫着,“医生在哪里?”可是,在听得见他喊声的范围之内,既没有卫生员,也没有该团的医生丘奇中尉。

第一只盘子般大小的地蟹横行着出现了。更多的苍蝇爬到了死去士兵的脸上,像一张蠕动的黑色席子。此时此刻,光阴反常,时间凝固,他站在平地上,脚下躺着死者,子弹纷飞,钻进泥土,耗尽动能。他意识到自己随时有可能丧命,感到震惊。

他摘下草帽,拿袖子擦了一下滴汗的额头。骄阳当空,令人目眩。此时此刻,他脱胎换骨,进入了一个完全陌生的境界。他感觉一个巨大的重量压了下来。他不喜欢这个重压,但是他明白他这辈子已经无法摆脱这个重压。这是最后的转换，小男孩波利·克罗纳已然一去不复返了。

他朝探照灯光一样的太阳背过身去。心灵顿悟这一刻过去了，时间再次开始流逝。

他扛着摄影机冲到一个新的位置，设法拍摄几英尺远的记者马歇尔先生。莽骑兵正在用凶猛的火力攻击那几座房子，强行穿越那个平坦区域，这位记者一个膝盖上枕着笔记本，正在写着什么。有人喊叫道："布罗迪中枪啦，倒下啦！"

罗斯福骑着战马从大路边跑了回来，那块有圆点花纹的领巾在他脖子后面飘扬。他用别针将领巾别到了帽檐上，临时当块遮颈片。他飞身下马，朝簇拥在倒下的中队指挥官四周的战士们跑去。跟在罗斯福后面的马歇尔突然朝一边一歪，双膝跪倒在地。他一头栽倒在自己的笔记本上，白色的风衣背后渗出一摊很大的鲜血。

保罗扛着摄影机再次跑向前去。他不知道他的双腿还能支撑多久。他来到四具乱七八糟倒在地上的尸体旁，其中有两人他认了出来。哈姆·菲什中士和L连的指挥官凯普伦上尉。他为四个人感到伤心，担任尖兵的英勇战士，倒下了。

莽骑兵依然在冲锋和射击，并接近了那几幢被子弹打成马蜂窝一样的建筑物。保罗盯着那几具尸体。职业本能告诉他，应该抢抓机会拍下一组镜头。

"你蠢吗？沙多不会喜欢这种镜头的。弗劳姆不会放映这种影片的。你真的以为伊利诺伊州的店主和俄亥俄州的寡妇会花一分钱去看这种上面蜂拥着苍蝇的血淋淋的尸体吗？去看文明人杀人能力的证据吗？"

在他的脑子里，第二个声音开始争辩：

"也许没有人愿意看这种东西，但它是事实真相。"

罗斯福在火线前面挥舞着帽子，大声呼喊着鼓励的话，他接替了布罗迪的指挥权。又一颗毛瑟枪子弹在紧贴保罗的身边飞过，它低沉的呼啸声仿佛在嘲笑他，说它饶了他，但是下一颗子弹也许不会。韦克斯·鲁尼巨人般的身影赫然耸现在他的脑子里：

"告诉大家事实真相，其他无关紧要。"

他斜过摄影机，转动了曲柄，拍下L连这些尖兵战士牺牲的镜头。

有士兵从红屋顶的房子后面蜂拥而出。这些人戴着圆形草帽,穿着有蓝色条纹的薄布军装。西班牙人一个接着一个抢到露天处,扔下步枪,飞也似的逃走了。一位旗手的西班牙黄色国旗掉落到了地上。他没有跑回去捡起来,因为别的人早已将它踩在了脚下。穿着卡其军装的战队继续向前,他们穿过伤员,穿过死者,穿过散落在四周的步枪和手枪,追击,追击,保罗不停地摇着曲柄。

莽骑兵冲进所有的建筑物。有几声枪响,响亮而又空洞。一位军官从右厢房拖着疲惫的身子走了出来,朝队伍的后面走去,一条断胳膊露出一根白森森的骨头。保罗停止拍摄:“长官?怎么啦?”

中尉痛得扭曲了脸,他的年纪很小,却已经有很多牙齿换上了金牙。“西班牙人坚守着大路上的阵地。惠勒派了一个传令兵,他要劳顿派一个步兵团。”他继续蹒跚着朝通向后方的小道走去。他那鬼怪般的笑容以及那些金牙,在保罗的脑子里盘旋。他花了一点时间才打起精神。

他去摸曲柄的时候检查了一下计数仪,他骂了一声娘,只剩下五英尺胶卷了。他得回去,找到吉米,或者假如吉米把那只帆布包扔了,他得找到那只包。他放下摄影机,丢下两百多英尺曝过光的胶卷,胶卷上有那些战斗的场景,那些鬼怪般的尸体,那些全部被压倒、被鲜血淋湿的野草,那些在银幕上看上去将是黑色的鲜血。

他走了四分之一英里的路。他路过一位莽骑兵,那人正试图绑一条自己制作的止血带——一根树枝和一方手帕,将它绑到左臂上。他停下帮那个士兵绑好。

他走过一个古巴侦察兵的遗体旁,他破烂的白色短上衣至少有五个被子弹击穿的破洞,他的脸已经被六七只地蟹咬得面目全非。这个侦察兵跟很多很多的反抗者一样还是一个小男孩,最多十四五岁。保罗拣起一块石头,狠狠地砸了下去,砸碎了一只地蟹淡紫色和黄色的蟹壳,吓得其余的都四散逃跑了。但他一走,它们立刻又回来了。

他犯了一个错误,居然回头去看了一眼。他看到一只地蟹正在用一只螯把小男孩的左眼珠抠出来,像一颗灰白色的油橄榄一样紧紧钳着。保罗一阵恶心,俯下身子,哇哇地把胃里几乎没有留下多少的东西吐得干干净净。

他还没有看见吉米的身影便听见了他的声音。只听得他很奇怪地呼哧呼哧着,似乎在用大力气。保罗跑过小道边上一个带刺铁丝网的豁口,吉米就在那儿长长的草丛中,光着背,跪在一具士兵的尸体旁。他的旁边放着那只帆布袋。他右手握着的大砍刀血迹斑斑。

吉米的头猛烈地摆动着。保罗认出了那位从右厢房出来的中尉,那人死了,他嘴里一半的金牙不见了。金牙就放在中尉耳朵边的草地上,一闪一闪地闪耀着金光。

吉米看见了保罗的表情,朝他怪怪地难为情地一笑,似乎希望这样便可以抚慰保罗。他脖子上项链的环在阳光下闪烁。

"就是走之前挣点小外快。"

"你杀了他,他只是一条胳膊受了伤啊。"

"喂,哎,你干吗管这个闲……"

保罗一声怒吼,扑到吉米身上。

第一百零三章 朱莉

“美丽大海”下起了雨。大雨冲刷着大理石露台,给花园里反射着光影的小池塘留下点点圆痕。这是夏天的雨,落在傍晚时分,给人带来闷热、麻木和忧郁。

这样的雨,正好符合朱莉的心情。尽管她一万个不愿意,但是黑暗依旧悄然摸进她心智的各个角落。这熟悉的黑暗啊,迫使她爬上那张牙床,给她带来多少冷漠、多少忧伤。

她在音乐室里翻找着在维克托留声机上放的那十几张圆柱唱片,这全都是她丈夫买来的,有《纽约的人行道》《砧琴齐奏》,短号独奏《家,甜蜜的家》等。她选择了施特劳斯的华尔兹《蓝色的多瑙河》,由德国爱乐乐团演奏。这使她想起了保罗。近来,她老是想起他。

她望着雨水潺潺的高高窗户外面,感到很奇怪,自己既然已经蹒跚着迈出了争取自由的第一步,怎么还会如此悲伤,居然被失败感碾压得这么厉害?

在芝加哥整个长长的冬季里,她对自己的形势做了深入思考。她得从比尔那里解放自己。先解放自己,然后再去寻找保罗。即便要花几年时间才能找到他,即便要搭上自己整个一生而且到头来没有成功,她也在所不惜。

她十分谨慎地设计计划,最大限度地保守秘密。她谁也不告诉,甚至连住在第五大道的艾克叔叔也不告诉。她估计比尔将跟往常一样,参加8月份在萨拉托加举行的赛马大会,当他两周前确认了这件事情之后,她一个人去了纽约市。她精心编织了一个谎言,说是要为妇科病去咨询一位医学专家。出于礼貌和尊重,人们不会对这样的事情寻根究底,丈夫也不会。

来到纽约市,她颤抖的手拿着一份打上标记的分类广告专栏,在距麦迪逊广场半个街区远的地方找到一处拎包入住的公寓，付了六个月的租金。她付的是现金。比尔给她零用钱，这些钱她无须设账。她告诉房东，她叫杰西·弗农太太，最近丧偶，等她一卖掉长岛乡村的房子就搬来居住。

此后，她在自己勇敢精神的激励下——展现一点保罗和威利斯姨妈总是说的她先天具有的勇气——她公然一个人厚着脸皮在麦迪逊广场停留了一会儿。等到她的脑子冷静下来之后，她计划了下一步。

等比尔一出门，她就离开南安普敦。她不准备向他告别，她就简单地从他的生活里消失，而且跟任何认识她的人断绝联系。她决定至少一年不见母亲，首先是因为那样会让比尔找到线索，其次是因为她不想给内尔机会让她哭泣、让她崩溃、让她预测她自己马上要死了，除非朱莉回到她丈夫身边，以便把这个雷暴一样的丑闻平息下去。

也许她的计策并不高明，但是，鉴于这样的挑战需要从她受尽苦难的心脏里挖出一点点勇气，所以这已经是她绞尽脑汁可以想到的全部了，是她自己通过努力可以设法完成的全部了。

她抬起头来，突然感觉，她不再是一个人了。有一个女人穿过露台走来。她戴着手套，披着一件难以形容的斗篷，一顶阔边遮阳帽挡住了她的脸。起初，朱莉以为她有可能是别人家的仆人，来办什么事情。可是，仆人没有理由从海湾这边进入这座豪宅呀。

女人朝一扇高高的法式大门望进去，然后来到隔壁的这扇门，并在那里见到了这会儿已经站在椅子边上的朱莉。女人轻轻拍了拍湿漉漉的玻璃。

朱莉断定，这人一定是迷路了，来问路的。她走到门后面，拉开门栓，转动门把手。

"什么事？需要我帮忙吗？"

女人突然往前一挺身子，洒了朱莉一身雨水。朱莉吓了一跳，但并不感到惊恐。女人扯开系在下巴下的带子，摘下遮阳帽。朱莉的手一把捂到了嘴上。女人的脸上，颜色五花八门，有紫红色的伤，有黄色的疤痕和伤口，一只眼睛下面形成了瘢痕组织。她的衣服上飘散出发霉的气味。

女人很年轻，头发乌黑，也许被打之前还颇有几分粗俗的姿色。朱莉的脑子里响起了小小的警报。她记得她身后的墙上有响铃的拉手。

华尔兹舞曲到了结尾处。放大音量的喇叭所发出的全部声音便是有节奏的擦刮声,无休止重复的擦刮声。朱莉还没来得及问这位不速之客的姓名,那人便说道:“我叫罗丝。你是比尔的妻子吗?”

这样亲昵的称呼令她的焦躁雪上加霜。“埃尔斯特里太太,是的。我真的不明白你不请自来的目的是什么。能否劳驾告诉我——”

罗丝打断她道:“我想要见你。”

“什么目的?你是谁?”

“我是谁?我是比尔的朋友。他包养了我一段时间,在纽约。然后,他跟我玩完之后,他就把我一脚踹了。我原本有我的舞台事业,你想现在我还能有吗?这些污点有些是伤疤,它们永远不可能消失了。你以为他会在乎吗?他才不在乎呢,这就是他干的。”

朱莉退后,这些愤怒的话语像拳击一样砸落下来。她已经习惯了比尔玩弄女性,但是正经面对他的一个情人还是令她感到怪异和害怕。她不喜欢罗丝眼神里的疯狂神情。

“我猜你会说我是他抛弃的一堆垃圾,埃尔斯特里太太。但有一件有把握的事情我可以告诉你,我是他孩子的母亲。”

朱莉感觉仿佛她胸中有一个巨大的结被揪紧了,她无法呼吸。留声机的圆柱唱片一遍又一遍地旋转着,黑漆漆的音乐室充满了放大的刮擦声。

“你是——指控我丈夫让你怀了孕然后打你?”

“的确是这样,埃尔斯特里太太。比尔发现我怀孕之后,说他不管这事儿。我说我不买他的账之后,他就把我按倒对我拳脚相加。幸运的是他没有杀了这个宝贝。”她紧了紧手中那只小网格拎包,“好了,话说够了,他在哪里?”

她想要什么?朱莉心想。钱?这位年轻女人烦躁的表情、严厉的话语表明,不完全是钱,看样子可能会要伤害人。那么,供出比尔太容易了。即使这女人半真半假,他也活该。多容易啊,就说“他就在楼上,换衣服吃晚饭”,然后拉响铃铛,唤仆人把他叫下来……

朱莉太憎恨埃尔斯特里了,她从来没有如此憎恨过一个人。但是她不能这么做。她说:“他不在家。”

“撒谎。”罗丝说道,“我看到那辆马车十分钟之前回来的。我就躲在巷子里面。我用完了所有的钱买车票从曼哈顿过来,不能就这么被打发了。坐下,我们等他,他要跟你一起吃晚饭,是吧?”

“不,他有另外的事情,到他俱乐部去打桥牌了。”她说得太快了,明显是在说谎。

“哦,是吗?好吧,不管怎样,我们等他。”罗丝打开网格拎包,掏出一支上下有两根枪管的大口径短筒小手枪,“把那该死的唱机关了,弄得我神经紧张。走过去的时候慢点。”

朱莉服从。一会儿,留声机安静了下来。

“回来坐下。”

她们面对面坐在织锦缎面子的椅子上,一条东方地毯的两面。阳光努力穿透云层,在她们俩之间投下雨丝运动的轨迹。罗丝握着的手枪看不见,在她怀中的拎包下面。

朱莉感觉两只手的手心冷汗直冒。尽管比尔对她恩断义绝、恣意妄为,婚礼夜晚的那种伤害,在她提出离婚时的那种威胁——尽管他寻花问柳、虐待凌辱——但是,她不能让一个她当作合法丈夫的人走进音乐室饮弹身亡。她要是这样做了,她的良心将会谴责她一辈子。

“你们这地方不错。”罗丝说道,“他对我说起过,但我怎么也想不到我能见到这个地方。这是我第一次见,也是我最后一次见啦。”

“罗丝,理智点。我们可以谈谈,把枪收起来。”

“门都没有,”她突然倾身向前,“想都别想,你个女人。”

“求你了,隔壁有白兰地。喝杯白兰地会帮助你冷静下来,帮助你三思——”

“闭嘴,有人来了。”

朱莉听到了脚步声,她祈祷这是一个仆人。可是,她对比尔的脚步声太熟悉了。音乐室的门把手转动了,他走进门来。

“朱莉?”

“比尔,她有枪!”朱莉惊叫道。

“罗丝。”他说,丝毫没有害怕的迹象,“你到我家里来干什么?你犯了一个巨大的错误。”

他大步冲到左边,伸手去拉有流苏的响铃拉手。朱莉从织锦缎绷面的椅子上跳起身来,试图扑过去拿自己的身体挡住丈夫,疯狂地以为这个女人不会开枪杀死她,只是想要杀他而已。但是,她脚下一滑,被另一块小地毯的一个边钩住了,一个踉跄。这一失足直接让他在响铃拉手边上暴露无遗。他一把抓住拉手,罗丝开枪击中了他。

埃尔斯特里低头望着自己衬衫紧绷的胸部。他穿上了正规的晚礼服,这是他跟朱莉在家用晚餐的习惯。在第二跟第三颗钻石饰钮之间,开出了一朵殷红的鲜花。他看上去大为光火,他狠狠地拉着响铃拉手,三下,四下,五下,直到那个绒绣护套被从金属丝上拉了下来,灰泥尘埃纷纷扬扬从上面撒下。他的头发瞬间变白。

罗丝冲到他跟前,在他前面只有一码处停下脚步,举起那支大口径短筒小手枪,并用双手将它端稳。朱莉惊叫道:“不!”紧接着,她将一只装饰小花瓶扔了过去,但是没有击中目标。罗丝射出第二颗子弹,子弹穿透埃尔斯特里的脖子,鲜血染红了墙壁。

“啊,天哪。”埃尔斯特里有气无力地说道。他样子很不雅观地靠着护壁板坐倒在地。他闭上了双眼,他的头歪倒在一边的肩膀上,接着他的身躯松弛了,他往前扑倒在另一块手工织就的东方地毯上。

硝烟在潮湿的空气中散发出浓烈的气味。罗丝将子弹打空的手枪扔到地板上。朱莉听见仆人们来了,朝门口跑去。罗丝在比尔身边跪下身子,令人难以置信的是,她哭了。“比尔,比尔,哦亲爱的,比尔。”她抚摸着埃尔斯特里的头发,一遍又一遍地亲吻着他搽了脂粉的脸颊,弄得她的袖子和手套上都沾满了鲜血。

朱莉一把拉开门:“在这儿,赶快。”罗丝踉跄着站起身来,跑出了最靠近的那扇法式门,沿着露台跑去,消失了。仆人们拥进音乐室,打开用电的枝形吊灯,一看到地毯上主人家鲜血奔流的场面,又是惊叫又是哭泣。

“我努力要救他。”朱莉说道。她也哭了,悔恨自责的泪水喷涌而出,这是一种无法用理智控制的泪水:“我努力了,我努力了,你们要相信我。”

罗丝·弗伦奇徒步逃离南安普敦村的时候,被该镇的警察拘捕了。当晚,监狱看守听到罗丝的喊叫声,赶快跑到她那个小小的监舍,发现她躺在了血泊中,胎儿死了。

威廉·范恩·埃尔斯特里三世已被转移到当地的一个太平间做下葬准备。

第一百零四章　达奇

保罗狠狠地压到吉米身上,他的双膝跪在吉米的肋部。吉米用力往上一推,将他推下自己的身子。两个人都愣了一下。

他们几乎同时爬起身来,在被踩踏得一塌糊涂的草地上相距六英尺的地方站定。保罗伸出一只手:“把那个东西给我。”

吉米双手紧握大砍刀的柄,大喝一声“给你”,凶狠地朝保罗的头部砍来。

保罗赶紧跳开,他听到并感觉到了刀锋擦过他的脸颊。吉米往前冲的势头还没减下来,保罗便扑向前去,拿膝盖猛地顶向吉米的裆部。吉米一声痛苦地惨叫,手中的大砍刀掉落在地。

他们俩都弯腰去抢掉落的武器。保罗快了一步,他一把抓住汗水黏滑的刀柄,在自己头上转了一圈,将大砍刀扔进长长的草丛中。

扔大砍刀令他背对着吉米,吉米拿拳头恶狠狠地击向保罗的后脑勺。保罗一个踉跄,吉米在后面抓住他的双肩,将他摔向一边。保罗失去平衡,倒在了地上。

他的下巴撞到了血迹斑斑的金牙旁边的土地。吉米拿脚踢他的肋部。保罗仰面翻过身来,痛得扭动着身子。吉米拿双膝压住保罗的肚子,抓起帆布袋,将它砸向保罗的脸。保罗抓住帆布袋,感到窒息。吉米死死摁着。保罗知道,他要是挣脱不出来,就会被闷死。他试着用双拳连续击打吉米,希望能打中吉米的头,打了多次不中。终于,他的左手打中了,他一把抓住吉米的头发,狠狠地拽。

吉米滚向一边,帆布包的重量卸掉了。似火的骄阳刺得保罗睁不开眼睛。他连忙拿一条胳膊挡住眼睛,将新鲜空气吸入肺里。吉米打他和踢他的地方痛得要命。

当他躺在地上喘气儿并积聚力量的时候，吉米捧起那些金牙，塞进自己口袋里。他抓起帆布包，跳过铁丝网的破口。保罗侧过身，瞧着他越过小道，一头扎进密林中。吉米很蠢，逃向内陆，朝着大路的方向，那里正规军还在跟敌人交火。也许这场战斗让他迷失了方向。

他究竟为什么要把胶卷暗盒带走呢？保罗摇摇晃晃地站起身来，心里思忖。它们不值半毛钱啊。不，这样想错了，吉米就是乐于抢走并毁掉保罗所需要的东西啊。他冲过铁丝网破口，追了上去。

小道的另一边，分布在灌木丛中椰子树的方向，野草歪向了前方。保罗摆动双手，拼命跑。有两次，他听见毛瑟枪的子弹在附近呼啸。一团团的硝烟弥漫在圣地亚哥大路上，可是，山脊上的防御工事上空没有同样的硝烟，没有任何东西暴露哪怕一个西班牙狙击手的位置。

保罗距大路越近，枪声就越响。他在树林里迂回穿插，跟丢了吉米。接着，他听见了一声大喊，然后是什么东西倒在下层灌木上的声音。有人倒下了。

保罗加紧跑。冲出灌木丛，前方可以看见好多潟湖，他来到其中一个潟湖的斜坡上。吉米在烂泥里滑倒了，正挣扎着想站起身来，双手和衬衫上黑乎乎的全是淤泥，保罗朝他走去。

吉米看见了保罗，拿帆布包朝他扔来。保罗一个躲闪，帆布包落到了长长野草的草丛中。吉米沿着堤岸朝右边跑去，他身子下的双脚再次发软，他喊叫着一屁股坐倒在浅滩上。

吉米的头发耷拉在额头。他的双眼射出呆滞的兽性的光。这个世界怎么创造了这样一个任性、贪财、凶残的奇葩啊？一度，保罗想要跑下堤岸，将他从地球上清除掉。但是，他只是站在那儿，双拳微微颤抖。吉米肮脏的脸上闪现出一丝笑容。“来吧，来吧——干吗不来呀？胆怯啦？你肯定胆怯了。”吉米嘲笑他。

“嘎”的一声，一粒毛瑟枪的子弹击中保罗身后一棵棕榈树，木屑刺中了他的脖子。良心不安使他下不了手，这点吉米知道。

通向圣地亚哥的大路那边的山岭防线上，有一顶圆锥形的阔边帽冒了出来，接着很快又消失了。保罗脚步不稳地朝帆布包走去，将它从高高的草丛中拉出来，双膝跪倒在地。他已经得到了这些胶卷暗盒，就没有必要再打架了。他摸到拉绳的结。

吉米一跳一跳地沿着堤岸走来，手腕交叉着，双手拿着那根有圣牌的链条。保罗还没来得及自卫，吉米便拿链条套过他的头。“现在，”他一面说，一面狠狠地拽紧链条，他脸上的汗水如河水般流淌，“现在我抓到你啦。我猜我们家老头子比你家老头子聪明。他是位绅士，可是他教我如何打架。你家老头子没教过你吧？他没教过你吧？”

保罗跪在地上被按住了，根本站不起来，他拼命撕扯着收紧的链条。一个个大环嵌进他的脖子，大环之间鲜血开始渗出。吉米一面哼哼，一面收紧链条。他被仇恨扭曲的脸在保罗上方飘浮。吉米占了上风，用机灵没有办法战胜他，根本就战胜不了他。保罗的力气耗尽了，所有一切似乎都变得越来越黑。

吉米哼哼着，就像一个男人沉浸在快感中一样——“嗯啊，嗯啊”——他每喊一声“嗯啊”，双手就凶狠地一拉链条。有六七个地方，鲜血直流，在保罗的脖子上留下条条血痕，染红了他的衬衫领子。吉米要取他性命。

他绝不能让这样的事情发生。不在这儿，不是用这样的方法。他用双手抓住吉米的腰带，狠狠一拽。吉米一下倒在保罗身上，他们双双滚下斜坡，滚到浅滩上。吉米左手的链条滑脱了。

保罗用拳头重重地击中吉米的肚子，打得他倒向一边，甩着双手，水花四溅。小虫子快速地从水面上飞开。保罗再打，打得吉米的右手也松开了链条。

保罗头晕目眩，几近呕吐，也不知怎么的居然站了起来。他朝堤岸退回去，一步，两步，然后将血淋淋的链条从头上拿了下来。他将链条扔到地上，不断地踩着，踩得烂泥埋没了链条方才罢休。吉米在浅滩上望着他，像被一群折磨者弄伤而发疯的野兽。他好不容易蹒跚着从水里走上岸，伸着双手，仿佛又想要掐死保罗一样。保罗侧着身子，等着。当吉米又走近一步时，他再次踢中了吉米的裆部。

吉米两眼呆滞。保罗集中全身剩下的所有力量于右拳，狠狠一拳，打得吉米一个趔趄，噔噔噔往后掉入潟湖，溅起巨大的水花。

吉米丝毫也没有想要从浅滩上站起来的迹象，他在那儿用双手支撑着身子。

他看上去已经筋疲力尽,可是保罗从中丝毫也感觉不到快乐,心里想着:"找那只帆布包,看看胶卷暗盒是否安然无恙。"他从潟湖边转身走开,沿着堤岸走了几步。他先是听到了毛瑟枪子弹的呼啸声,接着感觉到后背被击中了。

他苏醒过来,他的鼻子贴在烂泥里。他大致是在后背中央靠右边、肋骨后面的地方被子弹击中了。伤口疼得很厉害,痛死了。

他瞧着吉米从浅滩上摇摇晃晃地爬起身来,那张肮脏的脸上绽放着灿烂的笑容。"好啦,我认为我在这场游戏中赢啦!有什么话要对沙多和芝加哥的老乡们说?没有吗?好吧,那我走了。祝你,祝你和你的朋友们快乐。"他抓住保罗的头发,将他的头拉起来,"我希望它们花上几个钟头杀死你,你个自以为无所不知的德国佬。我希望它们永远这样。"

他一把将保罗的脸推到烂泥里,然后仰起头,哈哈大笑起来。他消失在了小道的方向。他高兴得忘乎所以,居然忘了那只帆布包,他倒是真的想要这只包的。

枪声之上,战士们呼喊着命令,大路上他们头顶的上方,硝烟弥漫,吉米快乐的大笑声在他身后回荡。笑声淡去之后,保罗听到了另一种声音,他的眼睛瞪得大大的。

他努力想站起身来,但是无能为力。他躺在地上,血流潺潺,两眼惊恐地盯着长在堤岸上的长长草丛。草丛里,响彻着沙沙声和咔嗒声……

第一只地蟹横着身子从野草中爬了出来,它挥舞着两只钳子,圆圆的肉柄一样的小眼睛在空中抖动。它角质的嘴巴一开一合,一开一合。又一只跟了出来,接着又一只,此后更多的爬了出来。

最大的也是最靠近保罗的那只地蟹停了一下,保罗在想象中可以看到那对肉柄眼睛,眼神中有邪恶和饥饿的魔鬼,眼巴巴地渴望着一顿即将到来的饕餮大餐。他将双手按到烂泥里,往上撑起自己的身子,但是倒了回去。他太虚弱了。

地蟹蠕动着嘴巴,挥舞着钳子,横着身子爬到他脸旁边。

爬上他的脸。

其他的地蟹发出咔嗒咔嗒的声响,沙沙地爬着汇聚到一起。有两只蟹用钳子夹住保罗的头。他感觉其他蟹爬上他赤裸的双臂，爬上双腿，爬进裤裆。他闭上双眼，紧紧咬住下嘴唇。“它们会杀了我，把我撕成碎片。”他已经没有一点勇气了，他的勇气都被打斗、子弹，现在又被这些……耗尽了。

一把钳子在他左眼下方半英寸的地方钳住他的脸。他痛得尖叫起来。

地蟹们似乎感觉到了他的虚弱、他的无助。它们开始撕扯他的脸、他放在流血躯干边上的双手。疼痛倒真的并不十分剧烈，充其量就像鸟喙重重地啄了一下。但是，它所代表的东西令他崩溃。他哭了起来。

他并没有为自己的恐惧感到羞愧，因为他甚至都感觉不到恐惧。他的眼睛下面，有鲜血在流，跟他嘴巴里流出来的唾液搅和在了一起。渐渐地，他的呜咽停止了，他声音微弱地单调地说着话：“结束吧，结束吧，结束，结束。”

他听到长长的草丛里有拍打和碰撞的声音，想：“天哪，还有什么啊？”

“罗伊，瞧那些该死的东西。”

“把它们踢下来，别站在那儿，它们都快把他的眼睛吃啦。”

一支步枪的枪托将一只地蟹从保罗的脸上拍了下去。地蟹被拍下去的时候它的钳子正好钳着他的鼻子。步枪柄像扫把一样来回扫着。耀眼的天空中，保罗看见了一个黑色的气球在飘浮。

一张黑色的圆脸，因汗水而闪闪发亮。

他看见了一顶帽子、一件蓝色军装、一块猩红领巾。他们是哪儿来的？沿着小道从后方来的，来救援伍德的部队的吗？第一位黑人士兵大叫道：“快来些黑人战士帮我一下，这个小伙子快要流血身亡啦，也许他早就没气了。”

第二张黑色面孔出现在空中，接着第三张，令人难以置信地丑陋。

“让我把他扶起来，把他背到后方去。”

“奥特，你不行，你都发烧病得半死了。”

“走开，我说了我来背他，我说到做到。”

保罗的双眼丧失了焦距，阳光越来越黑，然后一切都结束了。

第一百零五章　将军

美国

第二骑兵旅司令部

1898年6月25日，古巴圣地亚哥附近军营

致

骑兵师副官长：

阁下：遵照骑兵师司令官少将的命令，我有幸递交下面这份叙述该旅部分部队本月24日在古巴瓜西马斯跟敌人战斗的报告，并附上团部指挥官和其他参战指挥官的详细报告以及一份伤亡人员名单……

从锡沃内村出发有两条路，更确切讲是小道，一条通向小镇的东面，一条通向西面……

我在仔细侦察了敌人的阵地之后，准备探明其兵力。命令下达，水壶灌满。哈其开斯山炮连被布置在大约九百码处的隐蔽阵地上，贝尔的中队展开部署，以诺维尔的部队作为增援……

西班牙军队占据了一系列较高的小山，形成了几个钝角，其突出部朝向锡沃内村。发现敌情之后，我即刻派一名古巴向导通知伍德上校。我知道他的部队在进军途中遇到了更多困难，需要更多时间才能到达指定位置，我推迟了进攻时间，以便两翼部队进展同步。在此延缓期间，惠勒将军到达，他了解了我的安排、进攻计划和意图。他仔细视察了阵地并批准了我的行动方案之后，我命令开始进攻。全体官兵斗志昂扬，执行命令非常完美，获得了师长和所有在场目睹进攻行动的人的赞许……

部队在前沿阵地不可能保持联系,他们只能凭射击的声音和方向判断敌人的位置。左翼的进攻非常出色,而且动员如此迅速,武装如此快速,装备如此神速,我相信在志愿军部队中是绝无仅有的。伍德上校和罗斯福中校双双不屑利用掩体面对敌人的火力,所部战士一直暴露在敌人的火力网中——一个错误的判断,但令人高兴的是,英勇的这一方……

该行动对西班牙人产生了巨大震慑。我方军队的英勇气概得到了检验,我相信这在我们自己军队身上也注入了优越感。我们打开了通往古巴圣地亚哥的通道,而且让我军在一块高地上占领了一个非常美好的扎营地,在该高地,整个城市尽收眼底,占领该城,犹如探囊取物。

美国志愿军准将

约瑟夫·克朗

敬上

第一百零六章　威利斯

6月25日，星期六，乔·克朗写报告的那天，特许的红十字轮船“得克萨斯州”号锚泊关塔那摩海湾。它装载着食品、毯子、药品以及给内陆反抗者带去的绷带。克拉拉·巴顿①和船上的志愿者们希望能亲自在陆地上护送这些物品。

轮船抛下铁锚之后，他们接到通知，说这不可能了，因为海湾的海岬还在西班牙人手里，红十字会眼下在关塔那摩还不能行动。

大约中午时分，电报传来拉斯瓜西马斯的战报。前一天，乔·惠勒将军的部队战胜了一支西班牙军队，打得他们朝圣地亚哥退却了。像所有诸如此类的胜利一样，它并非没有代价。十六个美军战士阵亡，五十二人受伤。

巴顿小姐仓促举行了一个会议，跟她的志愿者会商，并找船长交涉。她对他说，西面仅仅四十英里远的地方有伤员。轮船下午两点之前起锚出发。“得克萨斯州”号驶向锡沃内村。

黄昏时分，救援船在战舰、运输船、机动快船和驳船中间抛锚停泊，这些船舰呈巨大的半月形分布于锡沃内村的四周。

从关塔那摩来的路上，有人告诉威利斯，锡沃内村没有合适的港口，也没有任何足够大的凸式码头可以停靠远洋船舶。此时此刻，她站在船栏边，吸着这一天的第十根手卷纸烟，亲眼见到了这一情况。坦帕的古巴烟丝很凶，很可能对她的身体有害，就像她一生中数以千计的其他事情一样，有些男人总是有完美的符

①克拉拉·巴顿（1821—1912），美国女慈善家，1881年创建美国红十字会，被称为“战地天使”。

合逻辑的理由离她而去，或者被命运夺走。迄今为止，她都挺了过来。而且，她将继续挺下去。然而，随着年岁的增长，这样的挺变得越来越难。

距威利斯不远的地方，克拉拉·巴顿正在瞧着一艘大艇异常艰难地从美军工程兵建造的一个临时码头驶离。克拉拉跟威利斯达成谅解，当威利斯想抽烟的时候，两人得保持一定距离。她们是很要好的朋友，但是克拉拉厌恶任何形式的烟草。

克拉拉刚好五英尺身高，可是她的气场很强，使她看上去似乎个儿要高大得多。就一位七十七岁的女人来说，她的精力令人难以置信地旺盛。她可以工作十八或者二十个小时，没有一句怨言，不打一个哈欠，也不补充任何食物，最多喝一杯浓咖啡。她的相貌像鹰一般，双目褐色，什么也逃不过她的眼睛。她的头发梳成一个奶奶发髻，没有任何白发。她出门所带服饰几乎从不变化，印花棉布的连衣裙，方格布的围裙。她说这样比较省事，不值得在穿什么衣服上费神思浪费时间。

那艘大艇终于在惊涛骇浪中开动了。克拉拉婉言谢绝男人们的好意，没有第一个上岸，而是派了她的首席大夫安东·莱塞医生前去跟军队的卫生官员接洽。莱塞医生前去提供红十字会救援船所有志愿者的帮助——一些医生、五名训练有素的护士、两名技术熟练的助手，威利斯和一个叫奥利芙·谢伊太太的寡妇。

那艘大艇搏击着狂风，足足花了三十分钟才靠拢救援船。莱塞医生喘着大气，穿着那件棕黄色的风衣，戴着一顶在坦帕买的当作纪念品的种植园主帽子，看上去太热了点。莱塞医生走上甲板来到驾驶室前面克拉拉·巴顿的身边。威利斯将香烟扔过船栏，飞快地朝他们走去。

“你看到那两幢房子了吗，就在海滩那儿？”莱塞指着它们。那两幢房子门窗倾颓，墙垣剥落，彼此相隔着五十英尺左右的沙地。

克拉拉点点头。“哪幢房子属于美国人？”

“靠近码头的那幢。另一幢里住满了古巴小伙子。两幢房子全都是彻头彻尾的猪圈——没有人打扫。没有毯子，没有枕头，伤员就乱七八糟地躺在地上。脚踩下去就是蟑螂和被拍死的苍蝇——那就是所谓的医院！”

“我们把它们打扫干净，安东。”威利斯说道。

“你对他们说了这事儿吗？”克拉拉问大夫，“你告诉他们我们有水桶和扫把吗？刷子、消毒剂——还有一百多张折叠床，都说了吗？”谢伊太太也来了，一起来的还有一位护士。莱塞大夫看上去忐忑不安。

“我告诉他们了。我当面跟在海滩上负责美军伤员的军医说的，一位叫弗朗西斯·温特的大夫。他和我根本就合不来。我了解他这种人，一朝看了军规，就喜欢不已，就熟稔于心。亲爱的女士们——他说不需要我们的帮助，不接受我们的帮助。”

克拉拉踮着脚后跟轻轻摇晃着：“你开玩笑？”

“很遗憾，没有。”

个子娇小、满头红发的谢伊太太大怒：“他拒绝红十字会的帮助？”

“是的，丝毫不假。”

威利斯说：“他怎么会这么蠢呢？”

“他引用了军队的政策，什么女人不应该上战场，什么她们不像男性医生和卫生员那样能胜任，什么她们应该安全地待在家里。这仅是他哗众取宠的几个例子而已。”

“这观念来自华盛顿最高层。”克拉拉说道，“斯腾伯格军医署长他老人家。我知道，因为我家距国会大厦只有七英里地，经常听说一些事情。斯腾伯格坚持认为，战场上，女护士信不过。他说她们‘容易紧张’‘反复无常’。内战中军队医疗部门也唱这种荒唐的调子。天哪——三十年啦，我们依然要为获得认可而奋斗。”

莱塞沮丧地点点头：“你说得对，温特只是反映了他上司的政策。不过，海滩上他有决定权。”

威利斯拍了一下船栏：“我去跟那混蛋谈谈，我会让他改邪归正的。”

“哦，不，菲什伯恩小姐。”莱塞大声说道，“我不认为这是个好主意。你爽快直率，但温特极端自负。我担心直率会让事情变得更加糟糕。”

“好吧，”克拉拉·巴顿说道，“美国医生不接受我们的帮助，也许古巴医生会接受。”

“当然有此可能。”莱塞表示赞同。

“那我们要趁上午天亮着尽快上岸，提供服务。与此同时，安东，你跟我要越过这位温特医生，去找军医总长。我就不信，沙夫特将军麾下的所有医疗官都是白痴。”

这样信誓旦旦，威利斯都不想浪费五美分钱打这个赌。可是她没有把它说出来。

第一百零七章　达奇

他在一个类似屋子一样的地方醒了过来，还能听见海浪的声音。房间肮脏，照明昏暗。

他躺在一块很硬的地上，从来没有这么痛过。他感觉自己的整个身子在被鞭子抽，尤其是他的背脊，右侧的肩膀与臀部之间。每呼吸一下，就钻心般疼痛。

他的左面，有煤油灯照亮，两位穿着血迹斑斑罩衣的人正在给一个躺在桌子上的士兵动手术。其中一人正在缝合伤员的大腿。保罗被那个很大的闪闪发亮的半月形缝合针给迷住了。大夫飞快地把针扎进病人的腿，再拉出来，带出一截有血的肠线。病人痛苦地喊叫着。

“再加乙醚。”大夫大声说道。他大汗淋漓。

隔壁房间传来一个人的声音：“这是最后一点了。要等风平浪静了他们才能卸货。”

“怎么有这么多半拉子借口！”

另一位医生伸手拍拍他让他冷静：“我们得做完手术，不管有没有乙醚。”

保罗看到闪闪发亮的缝合针升了起来。士兵再次惨叫。

保罗的脑子稍稍清晰了一点，有些事情记了起来。吉米、勒住他脖子的链子、子弹，还有地蟹。他可以感觉到它们。他浑身发抖，弄出了一点声音。两位大夫望着他。

他记起了黑黑的脸似乎在空中飘浮。有一张脸是奥特·珀森的……

他的神思再度恍惚。过了一些时候，又一位大夫出现了。这位大夫穿着更加干净一点的罩衣。他年纪较其他人大，身段较胖，正在脱发。他的脸圆圆的，红得像块肉排，一副高傲的样子。他拿着一张病历。

“我是温特大夫，负责你的外科医生。你感觉怎么样，小伙子？”

这假慈悲的温和激怒了保罗。“不好，我从来没有这么痛过。”

“尽管如此，你还是个非常幸运的家伙。子弹干净利索地钻进体内，然后穿透了。没有器官受损。两根肋骨断了，这是最重的伤。不过我们对你脖子上的擦伤感到不解。是不是有什么东西缠绕在那儿掐住了你的脖子？”

保罗用两个手肘撑起自己的身体，痛得龇牙咧嘴。“我的搭档袭击我，然后逃走了。我不知道他怎么样了。”

“哦，那我当然也不知道了。”

“今天星期几？”

“星期六凌晨。”大夫把病历夹到胳膊底下，掏出一只金表。他将表面歪过来对着煤油灯。“凌晨三点刚过。请躺下吧。你的伤口已经包扎好了，我们用胶布固定了你的肋骨，不过你至少得过一周才能康复。”

“不行啊！我得工作。”保罗说道，再次挣扎着想起来，“我是到这儿来拍摄战争电影的啊。”

“把你救回来的人是这样对我们说的。”他将一支铅笔悬到病历上，“还有很多事情没弄清楚。我们一直不知道你叫什么名字。你叫什么名字？”

“保罗·克朗。美国勒克索格拉夫电影制片公司。”

“就名字。”大夫连忙说道。他写下名字。

“这屋子是在哪儿啊，大夫？”

“锡沃内村。”

“我是什么时候被打中的？我是在山上的啊。”

“是的，有位士兵一直把你背到这儿。身材魁梧的黑小子。我不知道他是谁，他们黑人我很难分清谁是谁。我认为你一定要躺下休息。”

温特大夫走了，使得保罗可以再次看那缝合针的银光闪烁，听那必然伴随的惨绝人寰的喊叫。

星期六早晨，一个面孔熟悉的平民走了进来。他望着四周，瞧见了保罗，便搬了一张凳子过来。他的漂亮衣服和犬牙花纹帽子已经脏得无法形容。保罗带着睡意微微一笑。

“比利。”

“你好,老兄。”比策说道,“我听说你在这儿养伤。你怎么样?”

“我很快就会好的。”

“嗯,你最好快点好。有两件重要事情告诉你。首先,你的摄影机安然无恙。几位士兵在拉斯瓜西马斯的牧场主住宅那儿发现了被丢弃的摄影机,他们把它交给了我。我把它存放在V军团的负责长官那儿。”

保罗惊恐地想起了丢在灌木丛中的那只帆布包。它还会在那儿吗?炎热和雨水会不会毁了那些胶卷暗盒?他挣扎着起来。“我得离开这儿——”

“别,不急。”比策说道,一面从烟盒里摇晃出一根香烟来。他递给保罗一根。保罗摇摇头。比策擦燃一根火柴。“现在就等在那儿,要等到他们能够把足够的人马和补给弄到前沿阵地再行动。大概需要六七天时间,也许更长。”

“你肯定我的摄影机没事儿吗?”

“绝对没事儿,我彻底检查过了。镜头很好,曲柄机械装置也很好。我看也没有一滴雨水落在上面。你真是挺幸运的。我真想有一台这样的摄影机啊,它可是个宝贝。”

“感谢你把它照料得这么好。”保罗说道,“我们可是竞争对手啊。”

比利·比策咧嘴笑了,努力想笑得既冷酷又热情。“是啊,不过你的名字不是佩利。这就是第二个消息。佩利回家了,他病得太厉害,没法工作了。他就没有拍过一框战斗场景。他昨天去了基韦斯特,没有人陪。”

他戴上帽子,捏了一把保罗的肩膀:“祝你早日康复,朋友。”

“谢谢,比利。谢谢你所做的一切。”

“别放心上。战壕里见。”

当天晚些时候,保罗正在打瞌睡,突然有人摇晃着他。他说了个“别”,然后眼睛也不睁地摇了摇头。他想要睡觉。

有一只手再次推了他一下。“行了,海因,醒啦。我只有一点点时间。”保罗昏昏沉沉地瞧着奥特·珀森下士那张丑陋的脸。

奥特蹲下身子,扫了一眼房间,此时房间里已经挤进了七个人,躺在草荐上。苍蝇嗡嗡,蟑螂在墙上爬行。

“这地方关猪都嫌差啊。他们就不能在这里给你弄张小床吗?”

“我估计不行。”保罗挣扎着用手肘支起自己的身子。厚厚的纱布下,手术刀在他的肋部割出了一个长长的口子。“他们缺少物资、医生——什么都缺。他们说是你把我弄到这儿来的,奥特。”

“沿着小道,还你的情。”

“你是怎么发现我的?”

“那肯定不是特意找你,我甚至都不知道你会在那儿。他们派了第十团的两个连前去增援伍德部队。我们沿着小道急行军,然后散开寻找乔·惠勒。我的班正好经过你倒下的地方,就这么回事儿。”

“等我离开这里,我要想办法报答你。”

“海因,别说这话。以前也跟你说过,我才是那个要还债的人。你如果真的想为我做什么事,那么等战争结束你必须留下来,做个美国人。”

保罗深深地缓缓地吸了一口气,即便十分小心翼翼,那疼痛也无法忍受。“奥特,我不能那样做。我在英国有个机会,我得去抓住那个机会。我这一辈子,就是为了有个家,就是为了有个归属。你知道我要一个什么样的家吗?一个有家具的房间。一个宾馆。一只旅行箱。”

奥特拉起红色领巾擦着脸。他似乎出汗很多。“可能更糟。我的第一个家,两个房间的棚子,屋顶是漏的,地面是红土。我知道你的感觉,因为失去了那姑娘。可是,普天之下,哪能没有失望呢,海因。美国是一辆车,一只轮子坏了,可是它载着很多人驶向他们连想都不敢想的远方。它载着我加入了军队。它也会载着你走向成功——它让你学会了如何使用摄影机。所以别走。请别走。”

保罗摇摇头。奥特得理解啊。结束了。放在那家小酒店的旅行包里的半张立体画已经成了他离开坦帕时在轮船上他称之为东西的又一件纪念品而已。

奥特站起身来,显得异常高大强壮,在墙壁上投下一个长长的影子。他们面面相觑。

“行了，我把我的话说完了。现在我得走了。”他解开红领巾的结，擦着自己的后脖子、脸和前脖子，“天哪，这里压根儿就是个火炉。”保罗感到迷惑不解。海面上吹来强劲的风，吹得屋里凉快起来，吹走了陈腐的气息。但是，奥特依然满身大汗。

“哟，我也许得到那个海滩上去待几分钟，然后再回兵营。”奥特将他的领巾塞进裤子后面的口袋，戴好战斗帽，在下巴上扣好带子。“再见，海因。你一离开这里就去看我。关于你留下来的事儿，我们还得说道说道。我不是轻易就放弃的人。”

第二天，星期天早晨，温特大夫带了一位年轻军官来看保罗。“这位是克里斯韦尔中尉。他想要问一些问题。”

“弗兰克·克里斯韦尔。”军官说道，俯下身来握手。

保罗再次用手肘支起身子，这次痛稍轻了一点。温特捻了一个响指，一个卫生员赶紧搬来一张凳子放到大夫的左边让克里斯韦尔坐。

“克朗先生，我是第五军团代理军事检察官格罗斯贝克少校的副官。你是那个美国勒克索格拉夫电影制片公司的首席摄影师吗？”

保罗忧虑重重地回答说是的。

“你有个搭档，一个名叫詹姆斯·道斯的人？”保罗点点头。“你可以描述一下他吗？譬如性格，我是说，他是个什么样的人？”

有个搭档？是个什么样的人？这是什么意思？

“有的时候，吉米很正常。他要是喜欢某件事情，倒也很好说话。但是他有——怎么说呢？他有另一面。他出身贫苦，非常想要变富。我觉得他会经常走捷径而不走正道。我竭力想跟他好好合作，但是我坦言我从来就不喜欢他。绝对无法像真朋友那样相处。”

“你们俩在拉斯瓜西马斯发生战斗的那天有过争吵吗？”

保罗吃了一惊，说道：“是的，我们有争吵。”

“请说说当时的情形。”

保罗说，那天早上他和吉米跟随在伍德上校的部队后面。“在牧场主住宅的附近,我发现他在撬一个死亡战士嘴里的金牙。那战士也许是他杀死的,因为之前我也见过那战士,他唯一的伤好像就是一根骨头断了。我想阻止吉米的碎尸行为,他就冲着我来了。他想要——掐死我,'掐死',对吗?"

"对的,如果那是他所干的话。继续。"

"我不让他干,他就逃跑。我追他,抓到他,我们打了起来。他想用有一块宗教牌子的链子勒死我。"保罗抚摸了一下他前脖子上的疤痕,"我制伏了他,但是接着一颗西班牙人的子弹击中了我。他把我丢在那儿想让地蟹和兀鹫吞噬我。我就知道这些。你为什么问我这事儿?"

克里斯韦尔将手伸进他干净的蓝色军装口袋里,掏出一本很小的笔记本,翻了几页。"道斯同一天下午出现在锡沃内村。将近黄昏的时候,他登上了锚泊在渔村码头上的其中一艘渔船,一艘机动船。"保罗回想起了他们刚来这儿的时候他学习驾船的事情。

"道斯企图雇那条船送他去基韦斯特。他给了很大一笔钱,所以船长欣然同意。我们在码头上设立了一个岗哨。当晚站岗的是一个叫布雷的下士。他侧耳听到道斯要雇用那位船长,就劝他说这些渔船暂时受桑普森司令和沙夫特将军控制,只能用于军事目的。道斯赖在船上,坚持非要去基韦斯特不可。布雷下士命令他下来,要逮捕他。道斯拔出一把刀,捅进了布雷的腹部,并把他扔进了水里。这个时候天已经黑了,除了那个船长,没有其他人看见这件事情,直到那哨兵喊叫起来,大家才知道出事了。"

"然后呢?"

"布雷的喊叫声惊动了海滨的士兵,他们把他从码头下拉了上来,他在那儿用胳膊钩住了一根木桩,才没有淹死。一片混乱中,道斯一定是胁迫了那船长,因为渔船已经开往基韦斯特了。布雷下士向医生们叙述了事情经过,但是他还没来得及宣誓作证就死了。所以,我们缺乏法庭能够接受的用于指控道斯的合法陈述。"

"他逃走了?"

终于,克里斯韦尔中尉笑了。"恰恰相反。他刺伤布雷,劫走渔船之后没多久,我们就通知了基韦斯特驻军。星期六当渔船靠上码头,道斯上岸之后,他就被捕了。那船长被忽视了。他开足油门逃离了码头，逃到海上去了，没法找到他。所以我来这儿想从你这儿获得证词，克朗先生。如果我们有经过宣誓后正式的陈述报告，我们就可以安排在你家乡州的法庭审判詹姆斯·道斯。为布雷下士及其家人伸张正义，你的证词是我们唯一的希望。"克里斯韦尔中尉停顿了一下，"你愿意作证吗？"

"我当然愿意。吉米是个坏蛋——美国话是这么说吗？"

"完全正确。"克里斯韦尔站起身来，"能行的话尽快到我们这儿来一趟。问谁都能给你指路。谢谢你。"

"当然，中尉。再见。"

保罗再次躺下，当他知道他的证词将把吉米送进监狱之后，便觉得浑身有力量。有的时候，冥冥之中，正义总归会得到彰显的。

星期六下午，温特大夫陪着又一位客人穿过乱七八糟躺在地上的伤员来了。医生酸溜溜地说："你是个公众人物呢，克朗。这位是拉德克利夫先生。"

迈克尔从表袋里一把拉出一块弄脏的手帕，在鼻子底下摇晃着。"这地方太臭啦！是伤口的臭气，还是医疗上的无知？"

他说得很响，故意让退走的温特听到。温特砰的一声关上了平时一直开着的连接门。

"你真的在这儿啊。"迈克尔俯身在他的手杖上面说道。他的脸通常像粥一样发白，现在变得很红，像剥了一层皮似的。他的外衣边袋里戳着一张折拢的发黄报纸。"花了老长时间才找到你。我怎么也想不到到这儿来找你，我当时有一种不祥的感觉，你有可能在星期五那场肮脏的小小斗殴中丢掉了性命。大夫大致上对我描述了一下你的事情。你是个有胆量的小伙子，保罗，不过你冒的险太多了。我足不出小酒店，就写了一份有关拉斯瓜西马斯、让人十分满意的报道。"

迈克尔看上去比上个星期四更加邋遢更加褴褛，有点像原先的鲁科夫了。他白色的套装上沾满了一点一点、一条一条的污渍，还有两个看上去十分邪恶的深褐色污斑。他那双精致的黑色鞋子的白色帆布鞋面也已经被水给污染了。甚至连他的金丝边眼镜都没有幸免，一条镜脚被弄弯得很厉害。

他那顶漂亮的平顶硬草帽不见了。保罗问了他这一情况。迈克尔说道:“那些妓女跟战争如影随形,而前者和后者一样暴力。请别让我更加详细描述啦。”保罗哈哈大笑。

“你到前边去了吗,迈克尔?”

“大路上去一到两英里,昨天。单调乏味死了。这儿倒有些更加令人激动的事情。我答应过你的,发了信息到伦敦,把你大大吹捧了一番。英基内斯阁下回复说,他确实很想成立一家电影公司。所以,等你到了伦敦,亲爱的奥托爸爸想要亲自会见你。在这之前,千万别跟那些逞能好强的人搅在一起,不管是白人还是黑人,带枪的那些人。”

迈克尔很快就离开了,说这味儿让他想起了他的前半生,忍无可忍。走向门口的半途中,他停下脚步。“哦,这个,想要吗?”他挥舞着从外衣边袋里掏出来的报纸,“纽约赫斯特先生的黄色小报。两周前的。”

“除了战争有其他消息吗?”

“就跟往常一样,收集了一些伤心欲绝、耸人听闻、令人恶心的东西。因为太平梯子坏了,出租公寓房里两个无辜的孩子被活活烧死。德国皇帝比尔再次发出好战声明。某个上流人士因为身边保留了一点毛毛而惹来麻烦。罗·赫·梅西百货商店销售寝具——”

“坐起来很难,我想我就不坐起来看那些陈年烂芝麻事儿了。”

“很好,那我把它扔了。再见。”

保罗被奥托·哈特斯坦的信息弄得高兴坏了。尽管天气炎热,尽管伤员们不断发出令人痛苦的惨叫,但是他感觉好多了,虽然他自己的疼痛依旧。先是克里斯韦尔,后是迈克尔——他在这个医院里醒来之后两件让人震惊的喜讯。毫无疑问,可能还会有更多的喜讯。

他这不是第一次犯错。

第一百零八章　朱莉

同一个星期日的下午，在“美丽大海”的露台上，朱莉面对着那张绿色铁桌子对面的母亲。

“你拒绝参加葬礼，朱丽叶，让所有人反感。”

“丑闻在这之前就开始了，妈妈。我们遮掩不住所发生的事情。比尔是被一个他包养在城里、名声不好的女人开枪打死的。比尔只是我名义上的丈夫。他虐待我——打我——从婚礼那晚就开始了。”

“你从来没有告诉过我。一个字也没有说过。”

“你会听吗？你会信吗？”

内尔在一只斯波德陶瓷杯里啜饮着茶。她看上去很痛苦。突然，她两眼紧盯着女儿，神色中射出敌意。

她从芝加哥到达这儿的那个下午，阳光灿烂，天气凉爽，这对6月下旬的天气来说，算是温和的。她跟往常一样，穿着优雅，打扮得体，传统的宽大长衣，上面装饰着很多编织刺绣，缎子紧身胸衣和缎子腰带。她在入口大厅已经摘下了一顶缀有鸵鸟羽毛的漂亮毡帽，连同阳伞一起交给了侍女。所有东西都是黑色的，长外衣、穗带、羽毛、阳伞——所有东西。朱莉穿着一条紧绷的白色亚麻布游艇裙，一件有海军蓝圆点花纹的白色薄软绸仿男式衬衫，非常适合夏天，也非常欢快。内尔又发现了一个抱怨的话题：

“我还得说你，这衣着也太无礼了。你就不能至少戴个黑纱吗？”

朱莉的神色非常镇定，望着她母亲：“妈妈，我为什么要戴黑纱呢？我不悼念比尔，他是个坏人。”

“你肯定总有一点爱他——”

“一点也没有。我爱保罗,克朗先生的侄子——爸爸赶走的那个男孩。除了他,我从来没有爱过谁。”

内尔狠狠地将茶杯撂到碟子上。朱莉听到了碎裂声。无所谓,她有钱,再买一套。她有的是钱,可以买一万套碟子和茶杯呢。埃尔斯特里洋洋自得于他的男子汉气概,过于相信自己的权力和优势,从来没有考虑过他妻子日益增长且从不隐瞒的抵触情绪而调整他的遗嘱。假如她给他留下一个子嗣,他倒有可能会这样做,但这事儿没有发生。结果,她继承了所有财产。

内尔提高她的声音:“我不赞成你的行为。”

“唉,对不起,妈妈。你对此再也没有发言权啦。”

内尔一下子靠到铁椅子的后背上。朱莉着了急,紧盯着她母亲,等待下一波的攻击。

出乎意料的是,攻击的形式是温和的请求。内尔站起身来,绕过桌子。她极端羸弱,甚至有点步履蹒跚。她的手轻轻地落到朱莉高耸的头发上。朱莉歪过头,不让她摸。内尔的脸上突然现出几点粉红色。她再次抚摸着朱莉,话音很轻。

“你怎么把漂亮的头发弄成这样?太没有光泽了。你没有打理好。”

“有更加重要的事情——”

“比女人的美貌更加重要?哦,大错特错。大错特错。”抚摸头发的手上下移动着,富有诱惑力,“回家吧。回到芝加哥去。我会让它鲜亮起来的。”

朱莉心窝的笼子里,恐惧的小鸟拍打着翅膀。“要坚强,要坚强。”威利斯姨妈在去年3月份来芝加哥的时候再次竭力鼓励她。埃尔斯特里跟威利斯见面的那一刻,他让她感到厌恶,就像爸爸让她感到厌恶一样。朱莉私下里对她姨妈坦陈,她的婚姻已经名存实亡,她唯一爱过的人或者说她将爱一辈子的人是保罗。她没有告诉姨妈她将逃离比尔的计划,因为当时尚无明确方向,除了需要逃跑这一点之外,其他什么也不确定。只要一想到威利斯姨妈,她就能坚强起来。此时此刻,她从中汲取着力量。

“朱丽叶。朱莉,我亲爱的孩子——我一定要你回家。你知道我身体不好。

就这会儿,我也感觉上气不接下气的——”

“妈妈。”朱莉轻柔但是坚定地抓住她母亲的手腕。她将内尔的手从她头发上挪开。“我为了迁就你几乎毁了自己的生活。我认为我为你的健康已经做得够多的了。比任何一个女儿都做得多。现在该轮到我来照顾自己啦。”

“朱丽叶。”

内尔的嘴巴像一条吞了钩子的鱼一样蠕动着,声音全无。她戴着戒指的手在她身后摸索着桌子的边。她踉跄着,但是她以超乎寻常的精确度找到了她的铁椅子。“真是一个无与伦比的演员。”朱莉之前从来没有这样想过她母亲,“她得去找个新的角色啦,这场大戏落幕了。”

她竭力保持着关心的态度,柔声说道:“很遗憾,你病了,妈妈。我们村里有一位很好的医生,洛曼大夫。我马上进屋去打电话。”

她起身朝那儿扇法式门走去。内尔踉跄着坐倒在椅子里,两眼流露出被背叛的恐惧。“我不需要医生。我要听话的女儿。”

朱莉转过身来。她摇摇头。

“我去打电话叫医生。你坐在那儿,妈妈。休息。”

医生不到半个小时就坐着两轮轻便马车来了。但在这之前,内尔已经叫来了她的四轮马车,装好行李,离开了,留下了一封言辞尖刻的告别信。

“你已经变成了一个恶毒的女人。我不知道怎么会这样。我给了你一切。我所有的经验,我所有的爱。为了生下一个孩子,我受尽了极其令人难以忍受的痛苦,现在这就是这个孩子对我的报答。你一定是像我姐姐一样堕落到了荡妇的魔障中。我与你断绝母女关系。你永远不要进我的家门。我永远不要再见到你。”

第一百零九章　达奇

星期一黄昏，保罗从睡梦里醒来，感觉有人站在附近。他睁开眼睛，看到肩章上的金星闪烁着金光。

就是这张脸，银发飘拂，直梳后脑，从他跌跌撞撞地走进密歇根大道前门的那一刻起，他就一直记着这张脸，尽管热带的阳光已经把他的皮肤晒红了。八字胡和帝髯跟以往一样整洁。但是，那双棕色眼睛却流露出很少有的紧张。

"保罗。我亲爱的侄儿！"

"乔叔叔——"

"你能让我短暂地看你一下吗？"

"当然——自然。"保罗说道，不敢肯定这是不是一个明智的回答。狂怒的情感早已经在沸腾。这是他渴盼已久的时刻，与此同时，也是他感到恐惧的时刻。

"是不是感到十分惊讶，我在这儿？"

"不，长官。我早就知道了，你在惠勒将军麾下任职。我在坦帕远远地见到过你。"

"但是你选择了回避。"

"乔叔叔——请——坐。你可以在墙壁边上找到凳子。"

有八位伤员正在该房间里接受治疗，所有人跟保罗一样，都躺在地板上。有两个人醒着，公开瞧着他们并听他们说话。"你能走路吗？"他问保罗。

"走得慢点可以。我今天早上起来了半个小时，坐在窗户边看大海。"

"我们能不能到外面去谈谈？我看到有一张长凳。来吧，拉住我的手。"

保罗用右手抓住那几个强有力的手指，用左手撑起身子，顺利地站了起来，虽然不无疼痛。“靠着我。胳膊搭着我的肩膀。”保罗几乎要笑了，那话音中隐隐透出冷峻的下意识的命令口吻。但是他服从，没有反抗。这就让事情变得容易多了。

“很开心今晚能到这儿来。”乔叔叔在他们离开这座恶臭难闻的屋子时说道，“挺暖和的——这边走。”不一会儿，保罗坐到了长凳上，赤裸的双脚埋在沙土里。金乌西坠，红霞似火，挂在大海和海滨的上方。海滩上不远的地方是另外一座房子，透过敞开的窗户可以看到穿着方格条纹布外套的女人拿着扫帚、脸盆和托盘走来走去。另一个瘦瘦的中年女人正在屋外头的晾衣绳上晾晒湿床单。他听人说，这些女人是美国红十字会的志愿者，领头的是克拉拉·巴顿小姐，在国内很有名。温特大夫和其他美国医生拒绝解释为什么志愿者的救助仅限于古巴人。

乔·克朗将军将自己的带鞘军刀拿起来放到一边，在他侄子身边坐下。保罗问道：“你是怎么找到我的？”

“恐怕你也看出来了，事情忙乱。我今天下午才有点时间仔细看了一下军民伤员名单。我惊讶地发现了保罗·克朗这个名字。也就是这个时间，我才可以离开岗位来看看是不是真的是你。名单上，你中间还有个名字，加了括号，达奇。”

“如今人们大多叫我这个名字。”

“我听说你也在拍电影，像来自纽约的比策先生一样。”

“是的。我为芝加哥的一家公司工作。”

“我想听听所有情况。我想了解所发生的一切。不过首先，保罗，我必须得对你说，我犯了一个极大的错误。我冤枉你了，把你赶出了家门。我是在一个十分私密和可以交心的情况下才弄明白这一点的。我会解释的，如果你愿意听的话，但在我解释之前——”

他突然哽咽了，只是挺着胸膛僵直地坐着。他是个完美的军人，除了那无法控制的眼泪。

“——我必须请求你原谅。你要是拒绝，我也不感到惊讶。”

保罗瞧着自己的双手。“是的，我离开家之后有好长时间一直很气很气，可是我一直就是你有血缘关系的亲戚，也从来没有忘记过你对我的好。我也有错。

我觉得我们该互相原谅。”

乔叔叔把手放到保罗的手上，紧紧握着。保罗自己差一点哭了。“谢谢你。”他叔叔轻轻说道，“谢谢你。”

一阵咸咸的风从海上吹来，闻过了医院里的恶臭，这里反而让人感觉心旷神怡。乔叔叔平复了自己的心情。“那个电影公司，我记得你说到过。请说说它的情况。”

“这是一个我热爱的行业。而且，我在这方面好像也有点天赋。其他事情我无论如何都不敢这样说。我一直想要画画，想要成为一个艺术家，你知道。这个行业对上了我的愿望，唯有一点不同——现在，人们已经能认出我的影片主题了。”他叔叔哈哈大笑起来。

保罗尽量简单地叙述了一下韦克斯·鲁尼，以及鲁尼给予他的拍摄照片的艺术和技术指导。接着他讲述了 R.西德尼·沙多三世上校的情况。

“一个很世俗的人，在很多方面都是骗子。可是我喜欢他。从这位压根儿就不是上校的上校那儿，我学到了我现在正在做的事情。这也是我这一辈子打算做的事情。”

“你是在码头区学到的这个？在那个藏污纳垢的地方你是怎么生活的？”

“事实上，生活得挺好。我是在柏林街头长大的，别忘了。”

将军捋着自己的胡须：“当然啦，我听说过这些活图片，但是我从来没有看过。”

“非常理解，有身份的人不看这种东西。我相信这会改变的。活图片的作用远远超越了娱乐。它们具有教育功能。它们能把整个世界展现给人们，否则人们永远也见不到这样的世界。电影能把重大事件展现出来，像这场战争。星期五，我受伤之前，我在拉斯瓜西马斯附近拍摄了一些镜头。我不敢保证我的胶卷在这么炎热这么潮湿的环境中能够保全，但如果能够保全的话，那么这些电影将在芝加哥的弗劳姆音乐厅放映。”他看着他叔叔，“我希望你去看看这些电影，也许你会改变对它们的看法。”

“我会去的。”乔叔叔再次握住他的手，“我保证。”

他们谈啊谈,黄昏变成了黑夜,千万颗星星在古巴海滨的天空点亮。保罗问了很多问题。

“弗里奇和卡尔怎么样了?”

“弗里奇愈加固执地要当个舞台演员。卡尔在纽约上私立学校。他学会了踢足球。在我看来,这不是绅士的游戏,不像棒球。不过他踢得很好,就是学习成绩不怎么样。”

“那堂哥乔呢?你知道他在哪儿吗?”

“唉,我们不知道。他从未回过家,也不写信。我们有好几次委托平克顿国家侦探社找他,但是找不到。有时候,你婶婶会收到一些邮寄来的纪念品,匿名寄的。小麦秆啦,形状像加利福尼亚柑橘的小糖果啦。她觉得小乔拿这些东西寄给她是向她报平安。但是,最近一次寄已经是好几个月前了,之后再没有过。她担心一定发生什么事情了。”他心情沉重地补充道,“失去小乔这个坎她一直过不去,永远过不去了。我负有责任。”

保罗小心翼翼地说道:“你知道,叔叔,堂哥乔没有背叛你伤害你。他只是想要像你一样。独立,坚强,做他自己。”

将军的话音里透露出坚硬:“他不像我,保罗。他是一个激进分子。”

“可是他真的爱你,爱伊尔莎婶婶。他只是入了与众人不同的道,观念不同。”他犹豫了一下,说完余下的话,“你难道从来没有某个观念不同?一个也没有?假如没有,那你一定是个圣人。”

“哦,有很多。很多!我最后是在坦帕面对的这个现实。你让我感到惊讶,保罗。那个可怕的大雪天你来到我们这儿的时候还是一个小孩子。现在,你说话完全像一个大人啦。”

保罗笑了:“这个月的十五号,我就二十一周岁了。迄今为止,我已经像个大人那样生活了好长时间啦。”

再次沉默。海浪发出潺潺的声响。骑兵呐喊着飞速驶过锡沃内村。

保罗说道:“你说在坦帕有个经历——”

“是啊。我学到了很多东西,从一位你永远也不会见到的人那儿。一个女人。相识虽然短暂,但是她对我的了解远远胜过我自己。我对她说了你的事情,说了小乔的事情。她说,我所引发的麻烦一定是因为我企图扮演上帝的角色,而能做这种事情的上帝只有一个。我认为——”坦白很难,但是一旦坦白,便无所顾忌,“我太独断专行,总想控制一切,什么都要做到位,什么都要完美无缺。说得太对了!这个女人你永远不可能见到——你婶婶也永远不可能知道她,虽然我们没有发生不正当的事情——她帮助我看清了我正在撕裂自己,正在撕裂我们的家庭,她说我就是不断地在家里或者说在整个世界上寻找得不到的东西。我认为我是因为内战中的所见所闻才开始了误入歧途的追逐。那种可怕的混乱无序,那种完全是择机的死亡和极端痛苦的伤残。我就是想通过在我自己的人生中排斥那样的不幸从而排斥人类经历的这个部分。但是,借口不等于理由。我在追逐某个合理秩序的过程中走得太远了。我不能逃避我的罪孽,说这是德国人的共同失败,说德国人就是热衷于秩序,虽然德国人的确热衷于秩序。我必须对我的错误及其后果承担全部责任。我有责任。我承担责任。”

长长的停顿。保罗十分安静地坐着。乔叔叔清了清嗓子。

“等战争结束,你会回到芝加哥去吗,保罗?”

“会的。”

“你婶婶会高兴坏的。你弟弟妹妹也会的。我们热切地欢迎你回家来,如果你不计前嫌的话。我会运用我的人脉帮助你这项新的事业。我认识很多有影响的重要——”

保罗打断了他:“我不会待在芝加哥,叔叔。”他三言两语地介绍了迈克尔、约克老爷和伦敦。

“伦敦?你打算到那儿找个工作?”

“如果有工作的话。”

“你要离开美国?”

“我的职业让我四海为家。”

“可是美国现在就是你的家呀!你努力的结果啊。”

“可是环境不肯成全。”保罗心想。

乔·克朗嗅到了保罗再次怨气上升,便说道:“如果是因为我,我再次请求你原谅我。我会尽一切力量弥补。”

“我们之间所发生的事情并非我离开的原因。我在美国失去了我最想要的东西,一个人。”

“范德霍夫家的那位姑娘?”

“是的。我想要跟她一起组个家庭,可是她嫁给了那位富翁。该是我另外开拓个地方啦,其他国家。”

“我做点什么才能改变你的主意呢?”

“不用做什么。”保罗接下来的话里已经略带锋芒,“这件事情我自己做主。”

将军被这一记闷得无话可说。保罗累了,他的伤口也疼得厉害。“我想我该进去了,叔叔。”

“好的,当然,我耽误你太长时间了。”

乔叔叔帮助他弯着腰朝屋子走去。“我很快就会离开这个地方。”保罗说道,“我得拍摄更多的战斗场面。”

“你还有几天时间,我们依然在努力把兵员和补给运往前线阵地。我会再来看你,但是如果军务缠身走不开的话,我会到战场上找你。”

“我也会的,叔叔。”

“好极了。到那时——”

将军将双手按在保罗的肩头。

“照顾好自己。”

他笨拙但热情地拥抱了侄子,飞快地走了,迈着德国人特有的矫健步伐,大步走在海滩上。保罗一直望着,望着他消失在黑暗中。

第一百十章　威利斯

星期日上午，一艘小渔船载着他们穿越波涛滚滚的大海驶向陆地。那位负责古巴医院、受尽折磨的大夫热情地欢迎他们。事实上，他几乎哭了，克拉拉通过翻译，介绍了轮船上的可用物资，并说她跟其他妇女愿意毫无保留地工作，一定把医院打扫干净，改善卫生条件。

这个地方亟须清扫。昏暗房间的各个角落堆满了一小堆一小堆沙子和瓦砾。蚊子肆虐，臭气熏天，脓血漫溢，屎尿横流。有十多个古巴士兵分布在屋子里。有几个算是幸运的，在一些毯子碎片上休息，头下还枕着基本没有羽毛的脏得一塌糊涂的枕头。其余的就躺在光秃秃的木头地板上。威利斯发现，有三个人已经奄奄一息，快要死了。他们所有人穿着全都很脏的白色破裤子，不到一半的人有衬衫。他们裹伤口的东西全都是肮脏的破布。这地方简直像一个受苦受难的小炼狱，他们便是狱中之鬼。威利斯来到这样的人中间，居然感到令人难以置信的激动。终于，红十字会组织要开始完成其使命了。自从到海上航行以来，除了一份缺页的旧的《纽约世界报》，威利斯没有看见过报纸。她无所谓，干活都来不及呢。她拎着一桶肥皂水，跪下身子，开始刷地板，她跟另一位志愿者奥利芙·谢伊一起。

巴顿小姐像一位战场上的将军一样巡视着屋子，身后跟着翻译和那位千恩万谢的医生。"我们有煤油灯，得把它们用起来照亮这些房间。我们有纱窗，马上就搬上岸了，我们要把窗户挡起来，这样这些苍蝇虫子就飞不进来了。"

两个穿着破烂的小男孩是卫生员，正在准备把一位伤员滚到一张用毯子绷起来的担架上。那士兵说着胡话，他的皮肤有黄疸的红色。

“那个人病得很厉害，干吗要移动他？”

古巴医生用很轻的声音说道：“黄热病。”他哇啦哇啦地又蹦出几句西班牙语。威利斯在隔壁房间里一面刷地板，一面听着。她清晰地听到了一个短语。这个短语她之前听到过。翻译将它翻译给了巴顿小姐：“黄热病。夜里他吐血了。这是一个肯定的迹象。他必须到山里的隔离营房去，他不能待在这里。”

克拉克·巴顿很快检查了一下这个年轻人。她难过地摇摇头。“他不用去其他地方了。”她挥手让卫生员继续。

威利斯感觉一阵死亡的阴风掠过她的全身。就在靠近窗户她刷地板的地方，她可以看见那两个小男孩抬着担架穿过十分松软的沙地朝着那个哪儿都有的营地走去。死亡营地。

她吹开挡到她眼睛前面的一缕散乱白发，把刷子扔进桶里。有肥皂气味的消毒剂从刷子毛上飞溅开来。她用双手紧紧握住木头刷子，拼命地刷啊刷，仿佛魔鬼从地狱溜了出来正坐在她弯着的背上。

星期日夜里，威利斯睡了四个小时。女人们被组织好分班睡，睡在三张小床上，塞进小床的地方原先是一个餐具室或者贮藏室。威利斯醒来之后，她把墙壁洗了一遍，给伤员换了渗透黄色脓液、沾满褐色血迹的绷带。伤员们要解手的时候，她将瓶子或者盆子端给他们，帮助他们大小便。她忍受着炼狱般的酷热，站在小小的火炉边，煮玉米粥，里面加上了一些特别的调制品——炖烂的苹果干和李子干，一道他们称之为“红十字果汁”的食品。她帮助医生对一名士兵血肉模糊的脚进行截肢，只感觉想吐，结果就吐了几秒钟。克拉拉干得并不比任何一个人少。她为她们树立了榜样。

除了酷热、小虫、恶臭以及那些年轻古巴人撕心裂肺的惨叫外，也有一种心旷神怡在这儿。威利斯感觉有一种目的、一种意义，她发现其他时候就没有这样的感受。即便男人也无法提供能与之媲美的满足感。她懊丧地想，要想获得最大的幸福，她就应该出生在另一个世界里，不断遭受无法解除的灾难和苦痛。

星期一中午刚过，莱塞医生带来了一位客人，这人身材纤细，穿着一套破破烂烂的军装。他湿透汗水的蓝色上衣的领片上别着小小的金属十字架。这是医疗军团的徽章,不过早已经因为日晒雨淋而失去光泽、斑斑点点的了。

“这是又一位志愿者,威利斯·菲什伯恩小姐。”莱塞一面在小床之间绕行一面说道,“威利斯,这位是拉加德少校,锡沃内村的首席外科大夫。”

拉加德亲切地握了一下她的手:“菲什伯恩小姐,很高兴认识你。真是令人惊讶,这么短时间,你和其他女士就做了这么多事情。”

威利斯从围裙口袋里掏出烟丝袋和纸:“你们这些医生太丢人啦,认为我们不适合给美国小伙子提供帮助。”

莱塞大夫在少校身后滚动着眼珠子,少校表示歉意:“是啊——嗯——可能——要采取措施纠正错误。”

“是啊,而且我们午前也会下一场大雪呢。”她走出去抽烟时心想。克拉拉下午五点钟的时候冲进来,十分激动,威利斯感到惊讶。

“女士们,注意啦。明天我们开始清理美国医院。拉加德少校刚刚下达了命令。温特大夫正在起草一封道歉信。”

6月28日,星期二一早,克拉拉·巴顿和她手下的女人涌入美国医院。工作流程一模一样:打扫卫生,钉上纱窗,洗刷墙壁,擦拭地板,搭建病床,焚烧脏毯,煮炖食物,递送开水。跟古巴医院比,她们可以腾出更多时间来完成这些工作,因为这儿有好几位军医在卫生员的帮助下处理医疗事务。威利斯注意到,那些人戒心重重地履行着自己的责任,不容她们插手,只把最脏的活儿留给护士和来帮忙的志愿者。这让她非常生气,可是克拉拉不发话,所以她也就不响。

下垂肉很肥的温特大夫在要求哪个女人干活时往往会吼叫。他受到了严厉训斥,他对此心怀怨恨,就像怨恨女人入侵他这个小小的领地一样。但是他丝毫没有妨碍她们的工作。他只不过什么时候都是一个脾气暴躁、简慢失礼、自高自大的混蛋罢了。

一整天,她们偶尔会从来来去去的军官和军士口中得知一些消息。进攻圣地亚哥的战役受阻,兵员和物资仅能通过仅有的一条坑坑洼洼的道路运往前线,这条道路曾经有一个令人骄傲的名字——公路。在锡沃内村,几乎有一种轻松愉快的氛围，人们大吹特吹拉斯瓜西马斯的胜利，仿佛那是整场战争的胜利一样。

到星期二晚上为止，整整三天持续不断的工作开始在威利斯身上产生影响。她会有阵发性的复视，她的指节、膝盖和背脊开始疼得很厉害。即便如此，她也认定她应该熟悉那些病人的名字。到现在为止，她只认得他们的脸。

“那个人是个平民吗？”威利斯仔细看着一份有好几处已经染上污迹的花名册问道。

赫斯特·赫夫是经过培训的护士之一，她说道：“是的，他被列为摄影师。据我了解，军队里有好几位摄影师呢。”

“摄影师究竟是什么玩意儿？”

“拍摄他们在杂耍剧场放映的那种会动的图片。你看过吗？”

“看过一次，在纽约的哈默斯坦剧院，颇为单调。新奇玩意儿。长不了的。”赫斯特表示赞同。“那小伙子怎么啦？”

“一颗毛瑟枪子弹打中了他的后背。温特大夫说他很幸运，子弹只是穿了过去，仅仅伤了两根肋骨。他早就在要求出院呢。”

此刻，他没有再提要求，他只是在睡觉，侧着身睡觉，一个肩膀裸露在床单上面。这小伙子肌肉发达，没有梳理的褐色头发很多，拖在背上的长发十分蓬乱。威利斯说道：“我发现来看他的人很多，包括那位有大胡子的准将。”她朝忽闪着的煤油灯的方向斜过名单，“什么名字？我看不清。”

“保罗·克朗。乔·克朗将军阁下的侄子。”

星期三凌晨，他醒来了。他要水喝。威利斯一整晚就在等待这一刻，她的胃因为紧张和激动而有点痛。

她进进出出这座房子好几次，卷了好多根香烟抽，在沙滩上踱来踱去，无法放松自己，甚至都无法想要睡觉。肯定啊，就是同一个人。肯定的，不可能有这么巧合的名字。另一位医生伯迈斯特大夫也证实，克朗准将是芝加哥人。

“给，小伙子。”威利斯将白铁杯递给睡意还浓的病人。接着，她放下带到他小床边来的凳子。走道那边，一个莽骑兵伤员在睡梦中哭泣。门边上一只包装箱上的煤油灯光被调节得很暗，房间里挺黑。

小伙子往上抬了一下臀部，用一个胳膊肘撑住身子喝水，发出让人不舒服的小小声音。杯子上方，他友善的蓝眼睛一会儿望着她的脸，一会儿望着凳子，感到好奇。威利斯一声不响。

他喝光杯子里的水，将杯子递还给她。由于她已经坐下了，所以还杯子便容易一些。“非常感谢。”德国口音，几乎毫无疑问……

她将凳子拉近一点：“小伙子，我是菲什伯恩小姐。我知道你叫保罗·克朗，是吗？”

“对啊。”两人说话都很轻柔。

“你从哪儿来，保罗？”

“我工作的公司在芝加哥。我从柏林移民过来之后就一直生活在那儿。”

威利斯拿舌头舔了一下嘴唇，她的嘴唇突如其来地发干。“那你是不是跟芝加哥一位名叫约瑟夫·克朗的啤酒商有关系？”

他的眼睛里流露出一丝警觉：“是的，他就在这儿，服役。克朗将军。我是他侄子。你认识他吗？”

“不认识。但是我知道你。就是你。就是你啊。”

“你说什么啊？”保罗用力撑高身子，仿佛坐起来使自己离她更近一点也许能听明白她的话似的，“我肯定我们以前从没有见过面。”

“没错。躺下吧，休息——我有事情对你说。”她轻轻地扶着他再次躺下。

“有一位姑娘名叫朱丽叶·范德霍夫，你认识她，是吧？”

“认识。我是说曾经认识。”

“我也认识。她是我外甥女。我的名字叫威利斯。”

他喘了一口气。“她说起过你，经常说起。非常喜欢你啊！”他再次撑起身来，一用力把什么东西扭了一下。他重新躺下，喘着大气。威利斯拿手摸了一下他的额头，又冷又湿。

“听我说。”她轻柔地说道，“你知道朱莉出嫁了。埃尔斯特里，那个百货商店的继承人。她的母亲我那亲爱的体贴的妹妹强迫她就范的。朱莉厌恶她丈夫，理所当然。我 3 月份到芝加哥去看过她。我第一次被介绍给埃尔斯特里，不到五分钟,我就想要把她从他的魔爪中救出来。他是一个败家子,而且傲慢自大。更有甚者,他是一个臭名昭著的玩弄女性成瘾的人。我这都有事实依据,因为我回到纽约之后就委托一家侦探公司对他进行了调查。埃尔斯特里泡妓女、养女人的频率几乎像你我刷牙一样频繁。朱莉可以找到足够的证据跟他离婚。这种人再有钱也要离了,她为什么不离,我就不知道了。”

他目瞪口呆得说不出话来。威利斯长长地喘上一口气。

“情况就是这样,保罗。朱莉太惨了。她爱的是你,她不爱其他任何人。她在芝加哥对我说的。我敢肯定,如果你要求她,她立马就会离开埃尔斯特里。等你一回到国内,你就去找她。悄悄地把她从那个道德败坏的混蛋那儿弄走,该死的离婚法。你一回去就去找她。你要是不去找她,你们俩一辈子都会后悔的。”

他蓝色的眼睛里映照着煤油灯的灯光,充满了极度兴奋的光芒:“我能在哪儿找到她呢,威利斯小姐?”

“她通常都在长岛避暑。南安普敦。埃尔斯特里在海滨有一幢豪宅,名字叫‘美丽大海’……”

第一百十一章　达奇

拉斯瓜西马斯战斗后的第五天——1898 年 6 月 29 日，星期三——太阳刚升起，保罗便走出美国医院的房子。

新扫过的门廊上，菲什伯恩小姐将他紧紧地拥抱在她的胸膛里，亲吻着他的脸颊，再一次鼓励他尽快找到朱莉。他答应了。

温特大夫出现在门口，再一次告诫他，他没有完全康复，忽视医嘱，将自担风险。保罗反感这个人，也反感他的自负，说道："好的，大夫，我要是死了，我会记住这个话的。谢谢你的精心照顾。"

温特容光焕发。保罗在及踝深的沙子里一瘸一拐地走了，衬衫里面，用胶布黏合的绷带挠得他痒痒，他背上的伤口依然疼得厉害。他躺在病床上，脑子里旋转的全是那些事情。朱莉……他敢相信还有机会吗？

没有机会，他不会对任何人说。不会对乔叔叔说，当然也不会对迈克尔说。他将听从菲什伯恩小姐的告诫，进行调查，而且要迅速，一回去就进行。但是，他将不会有——或者说不敢奢望——满意的结果，尽管他渴望这样的结果。他甚至不敢去想象结果会是个什么样子。

再有一次心碎那就受不了啦。

他去了小酒店。是的，手提包平安无事。他又付了店老板一美元请他继续帮他存着包，喝了一杯啤酒给自己壮胆，然后出发去那个潟湖，他跟吉米打斗的地方。到那儿需要步行一到两个小时，就他这虚弱的身体状况，的确很难。但是，他从来没有一刻想过不去。

通往圣地亚哥的道路被六骡马车堵塞了，有的马车运送物资去塞维利亚周边的前线阵地，有的空车回锡沃内村装运新的货物。老天每天下阵雨，有好几条小溪渡口都被水淹了，把“公路”变成了泥淖。一个马车陷在泥潭中的车夫对保罗说，从星期六开始，补给车队一直在这条路上来来回回。他开始记点证据，数那些因为断了轴或碰上其他灾祸而被抛弃在那儿的马车。等数到二十五辆破车的时候他数烦了。终于，他离开大路，走进高高的草丛中，来到他追击吉米的地方。

一看到那个潟湖，一想到差一点就葬身在那儿，他不禁毛骨悚然，浑身哆嗦。

他开始在周围的草丛中寻找。他几乎立刻就找到了那只帆布包。它就躺在掉落的那个地方。

包上长了霉菌，甲虫钻进了包里。曝过光的胶卷暗盒很可能毁了，但是至少他可以将它们带回去给沙多以证明他努力了。他将帆布包扛到肩上，前去寻找第十骑兵团的宿营地。

奥特·珀森连队的军士长态度敷衍地将他打发了。

“奥特不在这里，他生了大病，前天夜里他们把他送到黄热病营地去了。”

原先通往圣地亚哥铁路线的支线一直伸向马埃斯特腊山脉的山脚下。黄热病营地就设立在支线的顶头，这样可以方便地用一个调车机车拉着无遮挡的平板车厢把病员运送到那儿。星期三晚上，保罗尽管走了那么多路，累坏了，但还是乘火车来到了营地。

他坐在平板车厢上，两只脚晃荡在下面。他是唯一的乘客，伴随他的是用铁链拴着的八具松木棺材。

铁路两边的丛林里，热带鸟儿在啾啾、呱呱地鸣叫。天几乎黑了，湿度很高，气压很低。他不断地拍着小虫子。他的绷带开始发出臭味儿。菲什伯恩小姐明天要换绷带的。

那天傍晚，他曾经跟她讨论过黄热病。没有办法防御这种病，她说。染上了就染上了，没染上就没染上。她描述了一下症状：舌苔变厚，便秘，有时恶心并呕吐，而且总是会突然发高烧。保罗记得，那个最凉快的夜晚奥特来访的时候确实是一个劲儿地擦他汗淋淋的脸。

乏力、头痛、肌肉酸痛，直到最后出现黄疸、尿毒以及菲什伯恩小姐称之为吐血的现象等症状。“用士兵们的话说，就是‘吐黑’。吐血，有几个人在这个阶段会康复，但大多数不会。医生们对黄热病的成因还一无所知。”他心里踌躇他这趟来是否在拿生命冒险。哎呀，无所谓的，他得去看看奥特的病情。

小火车慢了下来。一片垂得较低的棕榈树叶掠过他的脸，仿佛死神之手的触摸。前方，他看到了灯，模糊的点点亮光。火车来到支线顶头锈迹斑斑的转车台，调车机车司机长长地鸣了一声汽笛。保罗跳下火车，朝着灯光走去。有一盏灯就挂在岗亭的门口，其余的挂在一扇新的原木大门的上方。大门那边，小山坡上，散布着灯光闪亮的帐篷。不时地，有单个的身影在其间活动。

他来到大门口，才看清了入口上方的牌子。红色的大字。

警告

—隔离营地—

美军医疗军团

未经准许不得入内

大门里边不远的地方，一辆马车上面装着一些白色的袋子。其大小和形状即便在黑夜也看得清楚，每个袋里都是一具死尸。

他走向木头岗亭。哨兵走了出来，一只手按在左轮手枪的柄上。保罗一把摘下他的草帽，让灯光照亮他的脸。他还没来得及说话，那守卫便说道：“老百姓不允许到这儿来，你得马上回去。”

“我来只是问问一个朋友的情况。第十骑兵团的珀森下士。”

哨兵回到岗亭里，找到一叠用弹簧夹夹起来的散页纸。他翻到第二页，在灯光下歪着。“奥赛罗·珀森。你来迟了一点。他今天早上死了，就在马车上的某个袋子里。我不能再让你走近了，你得回去。对不起。”

保罗转过身，跌跌撞撞地朝调车机车走去。奥特的目光像烙铁般印在他的记忆里，还有奥特的脸，以及他的请求。

普天之下，哪能没有失望呢，海因。

我不知道还有哪个国家会更好，我在这件事情上看过很多东西。

我们国家需要你这样的人。别当逃兵，把什么都丢给那些卑鄙的人，坦帕那个胖大脸的中士，以及像他那样的混蛋。

所以别走。请别走……

保罗伤心欲绝，神志迷乱，泪如泉涌。

当晚，他把沙土当床，靠在古巴医院的墙上，身上盖着一床菲什伯恩小姐给他的毯子。早晨醒来时，他感到惊讶，自己居然睡得这么酣。也许这是为了逃避想念奥特吧。

星期四，6月的最后一天。锡沃内村成了一个荒无人烟的村落。上星期六以来，有将近一万五千人被送往越过拉斯瓜西马斯的前线。他在一个帐篷里等弗兰克·克里斯韦尔中尉。一位游击队中士说，物资车辆陷入泥沼的情况十分严重，骑兵们一直从锡沃内村来来回回地引导一队队的驮骡。沙夫特将军依然坚持要想尽一切办法再给部队补充物资，尽管这样做需要宝贵的时间。西班牙人可以利用这个时间在圣地亚哥周围准备散兵壕、堑壕阵地、铁丝网、胸墙和碉堡。

“有传言说，西班牙人有一支救援纵队。”那中士告诉他说，“将近四千人，从曼萨尼约过来。而我们每天都因为大雨和高烧在浪费胜利的砝码。就因为这样延误，人们对这位佩科斯·比尔恶言相加。有人称他为‘十足的无能之辈’。所以现在啊，他又急于发动进攻。”克里斯韦尔中尉走进帐篷，那位中士也便不再开口。

保罗在克里斯韦尔的帮助下写了证词，并签上自己的大名。“我们从基斯韦尔又得到一个消息。”克里斯韦尔随后说道，“宪兵法庭昨天开庭了，道斯将被遣送回伊利诺伊州审判。”克里斯韦尔举起几张软塌塌的纸，“有了这些材料他肯定要坐牢了。”

这一章翻过去了，保罗感激不尽。

他站起来太快了点。克里斯韦尔的脸一下子消失了，他紧紧抓住帐篷的一根柱子,眩晕过去了。

“中尉,如果完事了——”

“是的,我们完事了。你现在要去哪儿?”

“去把我的最后一个胶卷暗盒装到摄影机里,然后徒步上前线。”

“那最好要快。命令已经下达,明天早上开始发动进攻。延误了这么长时间,沙夫特想要立马什么都拿下——圣胡安高地、埃尔凯尼村的防御工事、更远的内陆。”

“沙夫特的战地指挥部在哪儿?”

克里斯韦尔展开地图,指着一个地方,紧靠大路北面,塞维利亚村与一座被标为埃尔波索的小山之间。“他们是用一把像御座那样的大椅子把将军抬上去的,天晓得他们是在哪儿找到的。他们在上面安装了杆子,八个人抬。沙夫特看上去像个‘拉甲①’。我见过,终生难忘。谢谢你配合我的工作,达奇。祝那些影片好运。”

去前线的路很难走,什么都在往这个方向运动——步兵、骑兵、由大汗淋漓的马匹拖拉的炮弹。远处树林上空,飘浮着一个很大的足球形状的东西,鲜黄的色彩,球的下面用很多绳子吊着一只吊篮。这是陆军通信兵的侦察气球,部署在圣地亚哥大路的上方。保罗听说过,但从未亲眼见过。

他还有最后一个胶卷暗盒,四百英尺胶卷。他小心翼翼地将它装进勒克索格拉夫摄影机里,默默祈祷这恶劣的天气没有让它产生灰雾。如果发生战斗,他必须拍摄影片。他得集中精力,假如可能的话,忘掉奥特的死,忘掉朱莉,忘掉乔叔叔。这是关键时刻,他称作干活的时刻。

他在下午一点左右到达司令部。挂满铁兰的树下摆着桌子和椅子,喧闹声不绝于耳。传令兵来来去去,有的徒步,有的骑马,有的骑骡子。军官们围着地图争论不休。保罗估计最大的那个白色帐篷属于沙夫特,但此刻不见他的身影。

他在距会议桌大约二十英尺的地方打开三脚架。他四下张望了几下,没有

①拉甲,原文为 rajah,也译“罗阇”,一般指印度的酋长、王公或贵族。

人干涉，至少五分钟之内没有人干涉。然后，一个戴着深度近视眼镜、秃顶、皮肤粉红的军官踩着重重的脚步朝他走来。这位军官脱掉了外套，穿着一件松软的白衬衫，还戴着衬衫袖箍。

“我是吉尔亚德少校，那玩意儿是个什么东西？”

“摄影机。”保罗即刻对这个人产生了反感，“你以前没有见过吗？”

“在家时我上教堂，先生，我不会到那种油水区①闲荡。你在这儿有什么目的？”

“我了解到沙夫特将军今天下午将召开一个军事会议。我想拍摄一些会议镜头供国内观众——”

吉尔亚德的军刀从刀鞘中飞出，斜砍过来，三脚架被削下了一块，摄影机翻倒在地。保罗大叫起来：“你干吗，蠢货？”他弯腰去扶摄影机起来的时候，吉尔亚德将刀尖对准了保罗的脖子。

“你听着。我不懂你在说什么，但注意。将军有点轻度中暑，或者说类似于这样。他不允许自己被拍摄，他会先用刺刀把你赶走。他要是不赶，我会赶的。”

“少校。”

保罗还没有转过身来见到他的面便听出了乔叔叔的声音。乔叔叔穿着衬衫，背着背带，他的脸在热浪中闪着亮光。

“把军刀收起来，我们不欺侮平民百姓，尤其是记者。”

“可是他——”

“把军刀收起来，吉尔亚德。否则，我处分你。”

吉尔亚德的脸一霎时变得比乔叔叔的脸还红。他将军刀插进刀鞘，走了开去，嘴里嘟囔着该死的志愿兵怎么怎么之类的话语。

乔·克朗带着保罗避开其他人，轻声对他说道：“吉尔亚德说得没错，沙夫特的脾气暴得令人难以置信，他受到了很多批评。罗斯福公开顶撞他，称他是犯罪性质的玩忽职守。我劝你别待在这儿冒险了，以免遇上更多麻烦。到其他地方去拍吧。”

---

①美国的一个俚语，原文为 tenderloin，指城市中以奢靡繁华、警察可从中大捞油水而闻名的区域。

“好吧，乔叔叔。”保罗的眼睛飞快地扫了一下附近的军官，除了吉尔亚德，他们大多数都没注意这边，“我也听说明天上午开始进攻，是吧？”

“是的，明天上午一早，这不是秘密。我们将向圣胡安高地和埃尔凯尼村同时发动攻击。我得走了。”他抓住保罗的胳膊，“照顾好自己。”

“我会的，叔叔。谢谢。”

乔叔叔亲切地朝他微微一笑，回身大步朝会议桌走去。

一整夜，部队继续源源不断地往前开拔。凌晨三点半钟，雷电交加，大雨倾盆，足足半个小时，将先头部队淋得像落汤鸡一样。保罗躲在一辆垮塌的马车下面，脱下自己的衬衣包住摄影机。很快，他冻得牙齿格格打战。但这没有关系，他必须拍摄到影片。

7 月 1 日，星期五，拂晓前，守卫圣地亚哥、固若金汤的高地下面地势较低的地方，起了白色的雾霭。美国人面临的高地远在左面，大路以南，往北四英里即到埃尔凯尼村。村庄由一个名叫埃尔比索的石头堡垒守卫。较小一点的木堡，而且很可能还有堑壕，正等在圣胡安高地上。

天一亮，劳顿将军的师首先发动对埃尔凯尼村的攻击。劳顿那个拥有三英寸口径老式野战炮的小小炮兵连开始向西班牙的堑壕进行炮击。到九点钟时，尖刀部队开始行动。守卫该地区的西班牙人有两个优势：一是视线开阔，二是火炮占优。而且他们还有一个有利条件——劳顿的部队每发射一轮炮弹，黑色火药的硝烟便将他们的火力点暴露得淋漓尽致。

当劳顿进攻时，左翼部队沿着圣地亚哥大道往前推进。前进路上一个关键地点是阿瓜多里斯河上一个低低的浅滩，美国人在地图上将这条小河标为圣胡安河。鲜黄色的侦察气球就在浅滩的上方升起。西班牙军队的枪炮很快便发现了这个靶子，将它打得千疮百孔。气球瘪了，掉落下来，落到了浅滩旁边的树林里，软塌塌地挂在树上。它给敌方炮兵提供了高空可见目标，精准地确定了渡河地点。上午十点钟，阿瓜多里斯河的浅滩便博得了“血滩”这个大名。

保罗扛着摄影机随着徒步的黑人骑兵部队费力地越过浅滩，有一些战士已经受伤，便只好跌跌撞撞地往后方撤。炮声隆隆，枪声噼啪，持续不断。硝烟弥漫，常常堵住人的肺，刺痛人的眼睛。

快到浅滩附近时，保罗邂逅了一个细胳膊细腿、尖嘴猴腮的平民，只见他骑着一匹白马，处在路边上，显然可能会成为炮弹轰击的目标。这个人，眼睛稍稍突出，穿一件黑色的外套，戴一顶白色的阔边帽。他的蓝色眼睛四处顾盼，观察着这个场景的方方面面。他目光犀利地扫了一眼保罗的摄影机，然后朝他冷冷地微微一笑。这个人的冷静中几乎有一种怪异的东西。对他来说，什么危险，什么苦难，似乎都不在话下，唯有这战争场面才是最重要的。

保罗赶上一位白人军官，这人在坦帕时到他的房间里来过。“骑马的那个人是谁，中尉？”

“哎呀，就是推动这场战争的先生之一啊。”珀欣说道，“他的游艇锚泊在锡沃内，那是赫斯特啊。”

头顶一声巨响，炮弹碎片飞散到路上。“卧倒！”珀欣大喊一声，迟了一刻。两位黑人战士倒下了，伤得很重。有一位战士的喉咙被割开，血流如注。保罗趴在地上，听着弹片击打着树叶。什么东西击中了三脚架，他发现有一块锋利的三角铁片射入了一只脚。“谁能够把那该死的气球从树上弄下来？”一个人大喊道。

“保持安静，继续前进。”珀欣坚定地说。保罗看到四周尽是狰狞的面孔和瞪得大大的眼睛，分明意识到死亡很近。死亡很近是因为圣胡安高地的大炮一个劲儿地轰鸣，死亡很近是因为炮弹爆炸、雨点般的弹片落在正奋力前进的队伍头上。

他跟随着珀欣及其队伍来到血滩。

浅滩的水已经变成褐色，旋转的水流里有一缕缕颜色更深的东西。就在右边，埃尔凯尼村的方向，一面有红十字的旗帜表明河岸上建起了一个绷扎所。河的中央，六位军官骑在马上，挥舞着手，大声鼓励着战士们。“赶快。”“快，小伙子们。”“一过河，就安全多了。”身子虚弱的乔·惠勒是六人之一，乔叔叔也在其中。所有人似乎都出奇地镇静，虽然，在他们的内心，一定跟其他所有人一样怕得要命。

珀欣中尉跳进浅滩浅浅的水中。每当他的一个黑人战士跳进水中时，珀欣都轻轻推他一下，轻轻拍他一下，鼓励他一下。“继续，鲍勃。”“好的，林克，直接蹚过去。”“赶快，好，别停下。”

保罗就站在水边，炮弹的呼啸声令他抬头望去。珀欣的第一拨人已经来到小河中央。有一位身材高大的黑人下士脚下绊了一下，将斯普林菲尔德步枪掉落到了河里，这是不能原谅的过错。乔叔叔踢马走向前去，伸长左臂从马鞍上远远探出身去，让那士兵能抓住手臂。

他用双手抓住了乔叔叔的胳膊。炮弹爆炸，弹片纷纷扬扬飞落到战士们四周的水里，一块弹片像刀切西瓜一样砍进那下士的头。他沉下水去，双手还紧紧抓着乔叔叔的胳膊，将他从马鞍上拉了下来，保罗看见有一大摊鲜红的血从他叔叔的左大腿喷涌而出。乔叔叔的战马倒下了，但是扑棱了一大下子又重新站了起来。乔叔叔竭力想把双脚从马镫里脱出来。“把他从那儿弄出来，救他。”保罗大喊道，飞快地将摄影机放到路边上，跳进水里。

又有三位战士在保罗和叔叔之间倒下了。他们挡住了他的去路，还有珀欣中尉也挡在了他的前面，他正在气鼓鼓地竭力阻挡两个逃往后面的士兵。

乔叔叔也不知怎么地居然用一条胳膊撑着浅浅小河的河床，将头仰在水面上，直到绷扎所的一位战地医务急救员冲到他跟前，将他扛上肩头。保罗还在挣扎着绕过珀欣和逃兵，但是他看见乔叔叔的头撞着那个战地医务急救员的背。他双目紧闭，水从他的头发上流落下来。

战地医务急救员踉跄着朝河边走去，走向绷扎所。乔叔叔的一条腿拖在水里，鲜血像黑色的颜料一样从腿上喷涌而出。保罗拿起摄影机，迂回穿过林下灌木丛，朝那个竖着红旗、侧边敞开的帐篷走去。

战地医务急救员让将军在一个担架上躺下，没几秒钟，保罗到了。乔叔叔的脸白得像牛奶。帐篷的远端，一位外科医生正在缝合一位黑人士兵的腿，黑人士兵嘴里咬着山核桃木棍，卫生员则在他的嘴角里滴进威士忌。靠得最近的一张桌子上躺着一位光着上身的白人士兵，一位脸色憔悴的外科医生探查了一下这位战士胸前一个血肉模糊的很大伤口。外科大夫朝保罗喊叫道：“除非你在流血，否则别进来。”

“这位将军是我叔叔，我想知道他的伤有多重。”

“我正在给这位动手术啊。肩章在这里没有特殊照顾,你得等。”

保罗瞧着珀欣的黑人战士们蜂拥过浅滩,枪炮声丝毫没有减弱。“我不能等,我得回去。”

他扛起三脚架,蹚进血红的河里。

阿瓜多里斯河的那边是一方开阔地,通向另一块很大的草坪,草坪多处有带刺的铁丝网分隔。草坪向高处伸展,跟圣胡安高地以及右面一个名叫锅山的低矮一点的山丘相连。十二点刚过罗斯福中校率领部队在这儿发动了猛烈的进攻。

所有的部队全乱了套。骑兵的右翼混进了步兵的左翼,军旗手和狂吼乱叫的军士在奋力重新集结他们的部队,但往往运气不佳。保罗发现自己来到了第六步兵团的战士中间,他们竭力借着一丛丛的棕榈树掩护自己。草地上,血流成河,尸横遍野。高地上,一个西班牙人也看不见,唯有一些维护得很好的农场大房子附近偶尔会戳出一顶圆锥形的帽子。那儿的火力持续不断,颇具杀伤力,枪炮的射击还不留下任何烟的痕迹。

下午一点十五分,左边传来猛烈的突突声,保罗跳起身来。帕克的加特林机枪分遣队终于渡过了浅滩,美国人现在有机械化火力对抗高地上的大炮了。

指挥官们喊叫着前进的命令,战士们站起身来,举起步枪,开始往前突进。步兵和骑兵越过开阔的前沿阵地,快步向圣胡安山发起冲锋。

西班牙人火力全开,倾泻而下。高地上好像跳跃着一大片一大片火焰。前面的战士踉跄着,摇晃着,接连倒下。左面某个地方,在硝烟和岩群的掩映下,加特林机枪不停地突突着。

有一位武官为了让自己的目标小一点,便弯着腰从保罗身边跑过去。他拿望远镜观察前沿阵地。保罗认识他,他是来自法国的德格兰普雷少校。武官朝着前进的方向耸了耸肩:“非常愚蠢,但十分英勇。”

保罗架好三脚架,伸手去摇曲柄。

突然,一阵火光,一声尖厉的哭喊。保罗喘着气,回首望去,看见倒下一片死的和伤的。他的脑子因为炎热、劳累和受过伤的损耗而发晕,他提起摄影机又跑了几步,跑进窒息的浓烟中。

加特林机枪怒吼着。西班牙人的火力杀死了很多正在攀爬高地的美国人,有步兵,有骑兵,有黑人,有白人,全都混在一起,毫无组织,但是前进不断,没有停止。保罗看见,罗斯福就在第十团的战士中间,挥舞着左轮手枪往上冲,一面大声喊叫着挥手示意士兵继续前进。

保罗想要到那儿拍摄镜头。他再次将三脚架扛到肩上,穿过硝烟,往山上冲,冲向那个火焰喷射的山顶。

西班牙士兵是坚强的战士,轻易不会屈服,他们用轻武器的火力压住了第一批登上高地的美国人。罗斯福就在他们中间,他跟一些黑人战士和莽骑兵被迫找他们能找到的掩体躲避子弹,一面朝准备反攻的西班牙人开火。保罗就趴在这群战士后面的地上,他怀里抱着三脚架,脸紧贴着摄影机,右手紧按着头上的草帽,仿佛这样可以阻挡子弹似的。

他听到了威胁性的呐喊声,看着西班牙人从战壕里站起来,企图打垮进攻者。罗斯福不断地呼喊着鼓励的话,不顾危险,跳起身来,拿左轮手枪射击。越来越多的士兵冲上山来,数量上的优势,再加上加特林机枪分遣队毁灭性的火力,局势得到了改变。敌方的反攻很快就崩溃了。西班牙人开始往位于高地跟圣地亚哥之间的小山和溪谷撤退。

大约四点半钟,枪声停了下来。保罗正在结束最后几个画面的拍摄,这是最后一个胶卷暗盒,摄影机歪斜着,镜头直对西班牙人的散兵壕。散兵壕里恶臭熏鼻,里面的情形令人毛骨悚然。十几具阵亡士兵躺在他们战斗并倒下的地方,他们很薄的皱条纹布制作的军装一片血污。有一位士兵的前额有一个弹孔,他握住帽子的姿势仿佛是在向一位女士致敬。

这部电影要是放映的话,弗劳姆音乐厅的观众很可能不喜欢保罗拍摄的这些尸体画面以及其他镜头:穿着蓝色军装和卡其军装的战斗编队最后慢慢登上顶峰的画面,战士们冲向前去围住木堡和农场房子的画面,西班牙国旗被撕下来。他甚至拍下了一位步兵少校对一位西班牙伤员连开三枪结果其性命的画面。这位军官手枪口喷射出来的硝烟清晰可见。

西班牙人在被第一颗子弹击中前苦苦哀求饶恕。美国人会憎恨这一幕,因为它让他们自己的人蒙羞。保罗憎恨这一幕的原因不一样,这样做太卑鄙太没有人性。然后,他想到了韦克斯,心想:“是的,这样的影片说的是事实,人们应该看看。”

现在可以朝西南方向看了,能清晰地看到一英里半之外圣地亚哥的红瓦土砖建筑物。那儿的西班牙人一定看见美国国旗飘扬在了被加特林机枪打得满是窟窿的木堡的上空。他们一定知道末日已经来临。

尽管如此,战局绝对不是十拿九稳。在高地与城市之间坡度不大的溪谷里面,数以百计的西班牙人正在重新构筑阵地,他们挥舞着工具挖掘战壕,漫天尘土飞扬。

一个戴着平顶硬草帽、穿着白色雨衣的人出现了,从裸露的山头上走来,正走过一辆西班牙人丢下的两磅重的大炮,大炮倾斜得很厉害,一只轮子被打得粉碎。是克莱恩。

保罗太累了,只是点点头打了个招呼。他在缭绕的硝烟里摇动摄影机的曲柄,手臂太痛了,他恨不得把这条胳膊卸掉算了。他继续拍摄散兵壕。克莱恩绕着他走,避开镜头的画面,朝下望去。

一声枪响,又一声枪响。克莱恩摘下草帽,镇定地转过身去,望着浅浅的山谷,发出枪响的地方。有一些西班牙士兵开始了骚扰性的射击。

他缓步走过的时候,一位步兵指挥官朝他们摇动着手枪。“你们这些平民滚下山去,谁也不会在乎你们这样显摆的。”克莱恩和保罗不理睬他。又有几声枪响,保罗听见了熟悉的毛瑟枪子弹的呼啸声。

他检查了一下计数仪,发现胶卷用完了。他一屁股蹲坐在三脚架旁。突然,他想起了乔叔叔。他必须去看看他怎么样了,但不是此刻,他已经精疲力竭。

“难以置信,啊,达奇?在《红色英勇勋章》里,我只是想象,但现实惨烈十倍。”

保罗麻木地点点头。

“我不知道迪克·戴维斯感觉如何。我怀疑他是否还认为我们是绅士民族。好啦,我还是继续吧,尽可能多看看。自己小心哦。”

“你也一样,斯蒂芬。”

克莱恩在笔记本上记着什么,走了。保罗看到他朝另一个散兵壕望去,一面脸色阴沉、迷惑不解地摇着头。

第一百十二章　将军

第二天,圣地亚哥海港上空升起了六柱浓烟,数英里外看得清清楚楚。被封锁的西班牙海军中队的战舰已经点火,两艘驱逐舰和四艘大的巡洋舰,包括"玛丽·特雷莎公主"号,舰队司令塞维拉-托佩特的旗舰。对美国军队来说,对守候在距海岸一定距离地方的美国军舰来说,这烟意味着一件事情:塞维拉-托佩特企图突围。

7 月 3 日,星期日早晨,第一艘西班牙舰艇在八点半的时候驶出港口。其余军舰每隔十分钟跟随其后。很快,海军的大炮开始轰鸣,硝烟宛若柩衣般罩住了大海。

塞维拉-托佩特的舰队企图往西逃窜。美军的炮火紧盯不放,一有可能便进行齐射。海军准将温菲尔德·斯科特·施莱在"布鲁克林"号战舰上指挥战斗,但是最先给予"玛丽·特雷莎公主"号致命一击的是"艾奥瓦"号。蒸汽管道破裂,西班牙水兵在滚烫的蒸汽中鬼哭狼嚎,死于非命。"艾奥瓦"号第二次直接击中目标,接着第三次。旗舰燃起熊熊大火,如果它继续朝着既定方向航行,那么舰上的每个人必将葬身海底,塞维拉-托佩特命令转舵,驶向岸边,燃烧的军舰在那儿搁浅。依然活着的人纷纷跳下军舰,逃到安全的地方。

西班牙军舰一艘接着一艘搁浅的搁浅,沉没的沉没。战斗在一点零五分结束。将近五百名西班牙水兵死亡,但美军仅一名战士牺牲。美国海军开始在水里和海滩上搜捕俘虏,总计有一千七百五十人,舰队司令塞维拉-托佩特位列其中。他受到了军衔和战争规则所要求的一切礼遇,享有尊严。他的英勇无畏与对他部下的人道关怀受到了美国人的高度赞扬。

乔·克朗服了很多鸦片药丸止痛，躺在战地医院帐篷里的病床上，听海战闹声喧天，看硝烟冉冉升起。他会康复的，虽然那外科大夫说要不是河边临时绷扎所的大夫及时止血，他左大腿的弹片伤很可能会要了他的命。傍晚时分，巨大胜利的消息传到了战地医院，乔尽管还很虚弱，但仍加入了欢庆的行列中。

他后来了解到，同一个星期日，沙夫特将军派人打着休战旗送了一封信到圣地亚哥。他警告西班牙指挥高层，星期一早上十点钟他将开始炮轰该城。他要求所有妇女、孩子以及外国公民在炮轰开始之前离开城市。太阳下山之前，有关人员开始出城。到美军第二天上午十点准时开始轰城时，有好几千平民百姓集中到了埃尔凯尼村周边的临时避难所里。美军无法给他们提供食品。很快，饥饿和疾病降临了。

在随后几天时间里，守卫圣地亚哥的西班牙人组织了好几次反攻，但是收效甚微。美国人修筑了防空掩体，挖掘了堑壕阵地，他们在堑壕里卸掉加特林机枪的轮子，把它们的位置放低。在加特林机枪致命火力的掩护下，美军一点一点地向前推进。交战血腥，双方各有死伤，但是，战斗的结局已经毫无悬念。

考虑到日益无望的形势，圣地亚哥的军事指挥官阿西尼奥·利纳雷斯将军指示何塞·托拉尔将军开始为有面子的投降进行谈判。

美军军官与西班牙军官的第一次会议在7月13日举行。谈判进行得十分顺利，所有条款获得一致通过，仅剩的便是权力交接。时间定在7月17日正午，届时沙夫特将军将进入该城。

所有这一切进行着的时候，乔·克朗却躺在战地医院里，保罗几乎每天来探望他。保罗已经没有空白胶卷，所以他十分迫切地想要离开古巴。乔被他侄子对这项工作的激情深深地吸引住了，尽管他依旧不看好这个行业，看不出其中有多少真正的价值，也看不到有什么光明的未来。不过，他将信守诺言，当保罗的电影在芝加哥放映，他会去观看。

到周末时，乔已经可以下床。虽然伤口依然极其疼痛，但是他可以借助一根上面有个柄的拐杖一瘸一拐地四下走动了。他的勤务兵威利·特里尔下士用一根很硬的古巴木棉木削成了这根拐杖。星期日上午，胜利的队伍集结时，乔全副戎装出席。

他将T字形拐杖交给特里尔下士,强忍剧烈的疼痛,将左脚塞进马镫里。特里尔下士明白其难度,便用双手托了将军一把。乔疼得嘴唇发白,但是,他姿态端正地坐到了马鞍上。

沙夫特将军一马当先进入圣地亚哥城,他骑着一匹骑兵部队的强壮的高头大马,不过这马看上去背部凹陷,偶尔还可怜地发出几声嘶鸣,抗议压在身上的山一般的分量。乔骑行在好斗的乔·惠勒的身边。美国军官的长长队伍后面跟着一群记者,有的徒步,有的骑马,有的骑骡。保罗回到了那儿,拎着一只很脏的旅行包步行。他将一块有圆点花纹的领巾扎在头上,有点海盗范儿。至少,它遮挡了他没有梳理的头发。他说,他的摄影机和胶卷托一个可靠的人保存着。

这样的骑行并不特别开心。谈话尽量减少,声音尽量降低,有很多人拿手帕捂着自己的鼻子。死掉的西班牙人草草地被扔在浅浅的万人坑里,上面仅覆盖了一层几英寸的泥土。食腐禽鸟用利爪刨出尸体,大快朵颐,恣意蹂躏,然后将残骸留在太阳下腐坏。西班牙人的死马,依然还扎着马鞍,身上爬满了蛆虫,在大路边上腐烂。

在圣地亚哥,令美国人感到惊讶的是,一大群一大群衣衫褴褛的西班牙士兵挤在门前、巷口和阳台上,来一睹他们征服者的风采。他们的脸上露出好奇的神色,甚至偶尔,还有友好的表情。乔很少见到有明显敌意的。

卵石地面的街道上,还有小孩子。孩子鼓胀的肚子把用旧食糖袋做的粗罩衫或连衣裙的前襟鼓得很突出。圣地亚哥正在遭受饥荒。它证实了很久以前乔在俄亥俄第五志愿军骑兵团所了解到的情况。战争也许带来某种成就,某些短暂的庆祝;但是,它没有真正的喜悦,一点也没有。

在宽阔漂亮的广场上,集结了很多人,紧靠着四面的建筑物。没有欢呼,没有呐喊,事实上在征服者进入的时候连说话声都没有。沙夫特那匹累死累活的战马的铁蹄踩踏在鹅卵石上,发出刺耳的嘚嘚声。

美国军官纷纷下马,但是沙夫特没有下,他事先就对西班牙高层说过,条约签订仪式的过程中,他都不下马,因为没有那架特别的梯子,他就不可能再骑上马去。

古老大教堂高塔的钟敲了十二下。一支西班牙国旗护卫队齐步走着来到旗杆那儿,降下了那面有红黄色彩的西班牙国旗。一支美国国旗护卫队随即利索地升起了有红白蓝色彩的美国国旗。乔·克朗没有骄傲和激动,只是面无表情地望着国旗升到杆子顶端。它瘪塌塌地挂在上面,没有风。

他的身后,一支团军乐队奏响了《星条旗永远飘扬》。乔以完美的军人姿态站在那儿,但是他的内心在哭泣。

伊尔莎,我对战争厌倦了。我想要回家,回到你身边。我想要把保罗带回到我们身边,弥合我们家的裂痕,然后竭尽全力找到我们的儿子。

伊尔莎,我爱你。我犯了那么多错误。我太累太累了。

第一百十三章 达奇

从7月1日的战斗到十六天之后美军列队进入圣地亚哥的这段时间，保罗经常很开心地探访后方野战医院里的乔叔叔。他叔叔恢复得很好，急于想出院做事。

“他几乎每天都要教导我们应该如何从事我们的行业。”一位外科大夫在帐篷外面透露了一个秘密，“然后他又会阻止自己，撤回评论。或者说这只是一个建议，纯粹是建议。”

保罗的伤痛日益缓解。他探访乔叔叔的时候，一位军医总是一定要为他换绷带。有人透露了消息：“这是克朗将军的侄子。”他感到愉快。

保罗将摄影机交给一位助人为乐的上尉军需官保管，那人在纽约市看过电影，喜欢电影。他搭乘了一辆货运马车沿着那条崎岖小道到锡沃内村，到小酒馆取了行李，接着前去寻找菲什伯恩小姐。

她走了。“得克萨斯州”号已经在海上，正停在圣地亚哥的海岸不远处，等待批准靠岸锚泊，送去床上用品、衣服、食品，供从城里逃出来的难民使用。不过菲什伯恩小姐没有在那艘船上。圣胡安高地开战不久，沙夫特将军便请求巴顿小姐调她手下几个人到前线去。她们在密林里建起了一个前线救护所，但是根据报告，该救护所已经不在那儿了。留在锡沃内村的只有两个护士和另一个平民志愿者奥利芙·谢伊太太，所有情况都是她对保罗说的。

在供记者用于发送消息的小小办公室里，他给沙多发了一份收报人付费的电报。

将尽快返回，

若胶卷没因酷热潮湿而毁，

将带回众多激动人心的战争场景。

达奇谨致问候。

他找到一些废弃的军队文件和一支铅笔，并带着这些东西跟迈克尔一起来到小酒馆。一杯热啤酒放在他的手肘边，他用文件的反面给远在西弗吉尼亚州查尔斯顿努阿吉照相馆的韦克斯·鲁尼写了一封三页的信。

他告诉韦克斯他受了伤，但发现他叔叔在部队服役，担任准将，太出乎意料。他们已经基本和解。不过他认为叔叔依然不赞成他所选择的行业。

他描述了他在战场上的一些冒险经历。他说，在决定拍摄什么时，他曾竭力遵照韦克斯的教导，即照片应该说真话。他希望韦克斯能有一天看看他的影片，最后他写道，祝愿他的导师依然在享受家庭旅馆老板娘的陪伴，老板娘的名字他早就忘了。他小心翼翼地折拢信纸，塞进手提包里。他将回到国内买个信封，贴上邮票，将信寄出去。

做所有这些事情的时候，他仍然无法忘掉朱莉。他知道他不应该构筑那些虚无缥缈的希望，可是他要怎么才能阻止呢？战争事实上已经结束，每个人都这么说。他将在一个月之内回国，先看看他的影片是否能幸存下来，然后再去找她。

不，次序要颠倒过来。他要先去找她，胶卷的事可以缓一缓。

他去找比利·比策，跟他商量这事儿。是的，比策认为，假如他先把这事儿安排好，那么纽约拜奥格拉夫实验室也许能以优惠价帮保罗冲洗胶片。他答应到佛罗里达就给公司发电报。大家都认为他们将回到基韦斯特或者坦帕，保罗打算坐第一艘运送平民的运输船。到佛罗里达之后，他将把回芝加哥的车票换成去纽约的。万一菲什伯恩小姐所说的一切都被证明是错误的，那么伦敦就在那儿，伦敦就是个避风港。

圣地亚哥受降仪式的那个晚上，他厌恶透了杀戮、拖延，渴望稍稍放松一下，渴望找几个好伴侣，便跑去找迈克尔。迈克尔的套装再次奇迹般的变得雪白。

他依然没戴帽子，依然皮肤晒得黑黑的。

他咧嘴笑着说，他发现了一家小酒馆，那儿的老板不理睬星期日休息的规条，只要有美国人的钱挣，一直敞开大门。天一黑他便带保罗去了那儿。小酒馆在一条弯弯曲曲的小街上，烟雾弥漫、灯光朦胧的桌子边，挤满了喝酒的人。

迈克尔和保罗坐下五分钟之后，克莱恩进来了。不幸的是，又过了五分钟，西尔韦纳斯·彼得曼也进来了。四个人坐在一张圆桌边，还空了两个位子。

他们点好酒之后，肮脏的地板上传来重重的脚步声。“哦，天哪。”克莱恩轻轻地哼了一声。那德国武官咔地碰了一下脚后跟，鞠了一个躬。

“先生们，我可以加入你们吗？平常喝酒的伙伴，我们帝国海军的武官帕施威茨中校身体不舒服。”

迈克尔全神贯注地瞧着天花板，保罗仔细研究着桌子上的刀疤。克莱恩不喜欢这位客人，但是出于礼貌，只好招呼他在一个空位子上坐下。“多谢。”冯·赖克拉出椅子，然后弯下腰擦了一下桌子才把他的帽子放到上面。他再次鞠了个躬。他啪地捻了个响指。“请来啤酒！啤酒！快！”

受降过程完美无缺，小酒馆里充满了快乐气氛，大伙儿尽情呼喊，高声歌唱，插科打诨。保罗等坐在一桌的人一直喝得很快，量也喝得很多。喝酒似乎是一件可以干的开心放松的事情。

不一会儿，他们都喝高了。迈克尔、彼得曼、克莱恩、保罗，还有那个武官。

他们喝的是古巴威士忌（“这里面要么有辣椒，要么有猫尿。”克莱恩一边喝酒一边说道），或者当地的啤酒——它色如蜜糖，宛若贮藏啤酒。他们除了喝酒，还抽古巴雪茄，酒吧里的雪茄，价廉物美，抽进嘴里，恍如融化的银在口中流淌。

“我们将获得新的领土，这是我们该拥有的。”西尔韦纳斯·彼得曼充满激情地说。他伸手去端棕色的酒杯。桌子上，已经摆着十几只空杯。“现在，世界是我们的了。时间、事件——万能的上帝啊——把改革、教育、文明落后社会的责任压到了我们肩上，还有那些不信仰上帝的国家。这是一个巨大的重担，但是我们能够胜任。你们听过罗斯福中校——”

“无数次了。”迈克尔说道。

“即将到来的新世纪属于美国。”

“请原谅。”冯·赖克说道，一面从彼得曼那儿转过身来，一面像任何一个平民一样大口喝着啤酒。

“沙文，沙文，沙文。”克莱恩不着调地唱着，他挥舞着酒杯打拍子。一个皮肤棕色的服务员给他的杯子续满酒。

“你对这场战争怎么看，拉德克利夫？”冯·赖克问道，“作为一个英国人。”

“什么英国人，我代表自己说话。我认为这场战争可耻，民粹主义甚嚣尘上，此时此刻的美国，有过之而无不及。尽管如此，你不会听到我去谴责美国佬排斥其他人。只要有一点点邪恶的托词，每个人都会赞同爱国主义——”

冯·赖克脸开始挂不住。保罗喝酒，微笑，因为迈克尔的声明和倾向令人难以置信地英国—牛津—剑桥—上流社会化，完美无瑕。

“——而且爱国主义是一面旗帜，在这面旗帜下，冷酷无情的老人们把强壮的年轻人包裹了起来，所以强壮的年轻人心甘情愿地成为炮灰，以服务于炮制出用于掩盖腐败动机的那些冠冕堂皇的口号。不信我的话吗？我们为什么会在这儿，我的好伙伴们？为了报道一场神圣战争啊！”

彼得曼说道：“我从来没有看见你在前线报道什么东西。”冯·赖克在一边窃笑。

“沙文主义者的神圣战争啊。”迈克尔继续说道，“这是愚蠢的举动，但是所有国家如出一辙，所有人也如出一辙。从来不吸取教训。”

克莱恩拿威士忌向他祝酒：“说得不错，我支持你。”

冯·赖克说道：“恕我不敢苟同，你这话极具犬儒色彩，颇带污蔑性质，拉德克利夫。在我的国家，就有一股新的道德力量，那是由崇高的目标激发的，这些目标毫无疑问会受到你的冷嘲热讽。”

“德国对下一场战争也有计划，1895 施利芬计划，你否认吗？”

“我当然不否认，冯·施利芬伯爵是一位敏锐、爱国的总参谋长，他不会坐视不管，任凭我们的传统敌人密谋反对我们。”

“他指的是谁？”彼得曼问保罗。

保罗说道：“法国和俄国。”他说得很响。

“一点不错。”冯·赖克说道，“德国的传统敌人正在渐渐地进行罪恶的拥抱。”

“你们计划，穿过那些低地国家①，首先进攻法国，制伏它；然后利用横跨你们国家的铁路火速调动军队横穿德国，开辟第二战场，进攻俄国，最后打败这两个敌人。”

“你对施利芬计划了解还不少嘛，拉德克利夫先生。”

“你们德国人几乎从来不保守秘密，冯·赖克上尉。”

“铁路？”保罗说道，因为酒喝多了，稍稍有点跟不上他们交谈的内容。

“他们研究野牛比尔的‘狂野西部’火车并不是没有原因的。”迈克尔说道。冯·赖克这一惊非同小可，而且感到颇为费解。

“你看啊，”克莱恩对那武官说道，“你否认德国有吞并全球的野心吗？你研究过马汉上将，是吧？”

“的确研究过。《海权对历史的影响》是一部重塑世界的著作。我可以很骄傲地说，德国皇帝非常欣赏这部著作，他给帝国海军每一位军官都发了一本，也选了一批陆军军官发这本书。为了实现这一目标，我们祖国必须拥有一支两洋海军、最新的烧煤战舰以及全球范围的燃料补给站网络。”

克莱恩说：“你指的是什么目标，上尉？”

“生存空间。”迈克尔拖长声音嘲讽道，“世界霸权。”

“他说什么来着？”彼得曼拉了一下保罗的胳膊问道。

“生存空间。”保罗说道。

“从别人那儿抢。”克莱恩说道。

“世界霸权。”保罗说道。

“好啊。”彼得曼说道，“那萨米叔叔②也许对这事儿有一两件事情要说啦。”

“那就会发生巨大冲突。”迈克尔说道。

“喝酒，该死的。”克莱恩喊叫道。

“我已经看到在建造战舰啦。”迈克尔说，“我已经看见有来复线的大炮啦。”

---

①指西欧的荷兰、比利时、卢森堡三国。

②原文为 Uncle Sammy，即 Uncle Sam，通常译作“山姆大叔”，源出美国 1812 年战争时对军邮邮戳上 U.S. 两字母的戏谑称呼，指美国。

迈克尔想起了克虏伯大炮，“我们有生之年的大决战。马军有二万万。外邦发怒。随后有闪电、雷轰、地震、大雹。列国的城也都倒塌了①——”

“这都是什么？”冯·赖克说道。

“圣约翰的启示啊。”桌子边的好多条眉头都竖了起来。“你们感到惊讶吗？像我这样的大老粗也懂《圣经》。整个人类历史上最智慧的几句话语。可惜的是这些话被忘得一干二净啦。告诉我，我的上尉，你亲爱的祖国真的有我刚才所描述的那种胆量吗？”

“无稽之谈。圣约翰——哧！我们从我们的领袖那儿汲取勇气和力量——”

“回答我的问题。”

“——你或许知道，他出生的时候臀位不正，他母亲维多利亚公主生他生了好几个小时，最后他是被钳子钳出来的，造成了他的左臂终身残疾。这很多人都知道。”

“这就对了，照片中他的左手老是放在剑柄上。”保罗说道，“他的左臂比右臂短一点。”他喝到第三瓶啤酒了。

“很多人不知道的是，出生时的受伤让这位年轻的王储丧失了平衡感，他没法正常玩游戏。最重要的是，他不会骑马，而他母亲认为骑马是成为君王的必备条件，她指导小男孩的私人教师怎么做。在跑马场，陛下被放到一匹小马的背上，他当然摔了下来。他再被放上去，再摔下来。一次又一次，他摔下来，他们把他放上去。他羞愧地哭泣，有人叫他哭鼻子太子。一天又一天，一周又一周，一月又一月——不管怎么哭泣，无论多少疼痛，他们都会把他放到小马的背上。于是，他痛出了成就，骄傲油然而生，力量油然而生。陛下学会了骑马，他也学到了意志的力量。”冯·赖克上尉朝他们摇晃着一个握紧的拳头：“有志者，事竟成。”

“狗屁话。”克莱恩说道，“德国皇帝和他的意志清除了那个实际上一手创建了你们该死帝国的人哪。”

“俾斯麦。”保罗对彼得曼说道。

---

①该段文字的主要内容来自《圣经·启示录》，详见《圣经·启示录》第九章第十六节、第十一章第十八和十九节、第十六章第十九节。但作者在本书中引用“随后有闪电、雷轰、地震、大雹”该句时少了“noises（声音）”一词，《圣经》原文为“随后有闪电、声音、雷轰、地震、大雹”。

“你以为我是个小学生吗？这个我知道。”彼得曼表示轻蔑地说道。

迈克尔说：“他可能是本世纪世界舞台上最为重要的人物，除了那位没有脑子、企图征服我的祖国从而丢了他大部分军队的三寸丁谷树皮科西嘉人。我出生在俄国。”

“很可能也是个犹太人。”彼得曼说道。

“彼得曼。”克莱恩俯身向前，“你真是个卑鄙的家伙。”他差一点从椅子上滑下地。“这儿再来点威士忌！”

“俾斯麦是不得不清除掉的。”冯·赖克说道，“多年来，他欺骗了他应该侍奉的人。他追求他自己的计划和理想。当我们的传统敌人正在构筑或者扩张意义重大的殖民帝国的时候，俾斯麦却反对德国实施同样的扩张。他最后被迫转过弯子来之后，还有什么殖民地留下让我们去吞并啦？南部非洲，东部非洲，多哥，连人类生存都不太合适的一批一钱不值的臭屎坑。再者，尽管我们新的德国皇帝认可了，但俾斯麦依旧不断地发言反对两洋海军。这该死的老混蛋按照他自己个人的计划把欧洲玩弄于股掌之上。这儿一个秘密条约，那儿一个秘密条约——甚至跟卑鄙奸诈的俄罗斯人——”

迈克尔说道：“我提醒你我出生在俄罗斯。”

“——还有那些下作的英国人。”

迈克尔说道：“英国是我现在移居入籍的国家。”

冯·赖克跳起身来：“那么你是个双重大混蛋！”

迈克尔说着跳了起来，他绕过桌子，一拳击中冯·赖克的下巴，将他打回到了椅子里。冯·赖克再次踉跄着站起身来，抓起距他最近的一个棕色酒瓶。他在桌子边上磕了两下，瓶子破了。迈克尔往后退了一下，跌倒在旁边一张桌子边的空椅子上。坐在桌子边的几个士兵和下士咯咯地笑了起来。

迈克尔挣扎着站住脚，但是他明显地在摇晃。整个小酒店鸦雀无声。“我不受侮辱。”冯·赖克说道。他拿着一端已经变成锯齿状的酒瓶转着小圈：“跟军刀没法媲美，不过能派上用场。我想你的亲人们要再次认认你啦。”

“上尉，住手！”保罗在武官身后站了起来大叫道，他绝望地寻求帮助。克莱恩喝得太醉了，帮不了。彼得曼胆儿太小。那些美国官兵还弄不清楚这场斗殴的是非曲直。酒店老板正拿着一支枪从吧台边过来,但是不够快。冯·赖克将胳膊缩回来,准备刺向迈克尔。保罗从他身后猛地扑了过去,在他两个手肘处抱住他。

“把他的酒瓶夺下来,迈克尔。”

迈克尔用双手抓住冯·赖克的胳膊,狠狠磕到自己的膝盖上。酒瓶脖子掉落到地上,滚了开去。

保罗放开冯·赖克:“上尉,我想为大家好,你还是离开吧。我们到这个岛上不是来打架的。”

“哦,我挺愿意啊。”迈克尔说道,“现在机会均等,想要到大街上去吗,我优秀的普鲁士骑士?”

冯·赖克控制住自己的脾气,挺直身子,掸了掸自己的上衣,拿起帽子,摇摇摆摆地朝门口走去。迈克尔扶正翻倒的椅子。

“先生们啊。”他说着坐下,“我们恐怕刚刚看到了未来的面孔。不太漂亮,是吧?”

彼得曼一言不发,将头缩进了高高的领子里。克莱恩看上去像个葬礼上的哀悼者。他大声喊叫道:“把那该死的猎枪放好,我们这儿肯定需要更多的酒。”

小酒店里的喧闹声渐渐回归正常。保罗不想再喝啤酒了,在他脑子里留下不可磨灭印象的是新德国的冯·赖克上尉眼睛里那疯狂的烈焰。

7月最后一周的星期一,纳尔逊·迈尔斯将军率领五千人马进入波多黎各,也就是西班牙人进行抵抗的第二个堡垒。没有几天,圣地亚哥便听说,迈尔斯几乎像沙夫特在古巴一样快地横扫了敌人。与此同时,“得克萨斯”号终于得到允许,靠岸锚泊。逃难的平民回来了,他们中有些人发现自己的家已经被美国士兵强行占据,所有人都发现食物短缺。巴顿小姐船上的工作人员将大量食品快速卸下船,没多久,他们便搭建起临时厨房,开始施舍粥、汤和面包。之后“得克萨斯”号驶回一个离岸锚地,实施自我隔离,以保护留在船上的人。这是个黄热病季。

保罗正在滨水区附近散步,突然发现了朱莉的姨妈。她正在街边搭建起来的长条搁板桌上工作，头顶是一个防水油布篷。她的身后，另两位妇女正在一些炭火盆上煮什么东西。

菲什伯恩小姐给三个衣衫褴褛的人施了汤之后，看见没有顾客了，便捞起围裙擦了一下额头。保罗大吃一惊，她的面容竟然如此憔悴，如此病态。

“菲什伯恩小姐！”

“保罗！”她从桌子上探过身来，拿双臂抱住他，“你还活着。”

“一路跟随着第一波进攻到了圣胡安山上。我拍了一些很好的片子，如果冲洗得出来的话。”

“你的伤怎么样了？”

“正在愈合，还有点痛，但只要一忙，也就忘了。我在锡沃内找过你，找不到。”

“我们上前线了，部队征用了两辆马车，哪儿需要就上哪儿去，第一师医院——三个四面透风的帆布大帐篷，还有一些他们叫作狗窝的野战帐篷。天哪，那个景象啊。那儿早已经有八百个伤员了，络绎不绝进来的还有很多。战士们赤条条地躺在高高的草丛中，因为室内都躺满了。克拉拉对这种情况生气极了，对肮脏的程度、对缺乏设备大为光火——还有对这么多的伤亡人员也大为光火。她责怪军官把战士送去跟速射枪作对。”

“我们自己也有四挺，那武器太可怕了。”

“是啊，我知道。这种事情并不为我们增光。我们自己搭油布帐篷，建灶，拆包装食品的箱子。夜里，外科医生就着月光工作，怕狙击手。有一两次，他们感觉安全没问题，就点蜡烛。数以百计的蜡烛，在黑夜里闪亮，不远处就可以看见大海——很美，但也很可怕。这使克拉拉很伤心。她说这使她想起了内战中安蒂特姆战役①最血腥一天之后的那个夜晚。那天夜里，南北双方都点着蜡烛搜寻他们的死者。她说——保罗，我永远忘不了那个话。她拉着我的手，说，‘威利斯，旧事重演。三十年了，对妇女或者对人类来说，有什么收获呢？’”

---

①美国南北战争中一次决定性战役。李将军取得两次布尔溪战役胜利后，挥师挺进马里兰州，企图攻占华盛顿特区，在马里兰州的安蒂特姆河边，遭到了麦克莱伦将军率领的联邦军队的堵截，南北双方共有近两万三千人伤亡，这是美国内战中最血腥的一天。

菲什伯恩小姐打了个哆嗦,仿佛在抖落这些回忆。“我是个老人啦,唠叨不休。我们言归正传,你打算去找我外甥女吗?”

“一有船,我就上路。”

“愿上帝保佑你!”

她看到穿着破衣烂衫的一家子靠在桌子上。“我又得去工作啦,我们一天三次要给好几百个快饿死的穷人施舍食物。”

她给了他一个飞吻,拿长柄勺从锅里舀汤。当她用结结巴巴的西班牙语跟这一家子说话的时候,她笑了,笑得非常甜美。她沉浸在她的工作中,岁月似乎重回韶华,他看到的分明是一位美丽的少女,她年轻的时候必定是这样。他非常喜欢她。

他挥挥手,继续向前走。

到8月7日星期日的时候,美国与西班牙已经开始了订立永久和平协议的谈判。那天一早,保罗和他叔叔沿着圣地亚哥海滨供人们散步的林荫大道走去。保罗将步履放得很慢,因为乔叔叔还是一瘸一拐的。他到哪儿都带着那根T形手柄的拐杖。

保罗跟叔叔谈论俾斯麦,这位德国前总理7月30日去世了。保罗讲述了战前冯·赖克的一些话。乔叔叔的反应十分尖锐:“那么法国在1871年被打败之后,他认为是谁让欧洲和平了这么些年?俾斯麦阴险狡诈,但不具有灾难性。德国皇帝阴险狡诈,而且是个战争贩子。”

码头上他们的前方,那艘特许的运输船“迈阿密”号系着锚缆在轻轻摇晃。保罗几乎掩饰不了他的激动,或者说几乎不敢相信他的惊天好运。“迈阿密”号,第一艘载着美国官兵返回家乡的轮船将借助夜潮起航。它不去佛罗里达,而是直接驶向长岛的东端,一个叫作蒙托克角的地方,那儿正在建一个紧急隔离营,供回国的患上黄热病的官兵用。

当保罗听说这艘轮船将离开的消息时,他马上去找叔叔,解释说,他要尽快把胶卷带回到芝加哥去。“我不需要铺位,我哪儿都可以睡。我想看看到底是拍成了影片还是全成了灰雾。如果一切顺利,那么影片很快就要在弗劳姆音乐厅放映，否则就过时了。”

他本想要告诉乔叔叔有关菲什伯恩小姐的情况，告诉他她说的朱莉的情况。但他没有说，因为他不知道叔叔对他试图抢别人的老婆是什么想法。

乔叔叔到好斗的乔·惠勒那儿通融了一下，惠勒打算带着他的报告以及其他东西乘“迈阿密”号前往华盛顿。前天，保罗听说了运输船上给他留了个位子。他兴高采烈，又发了一个电报回国。

美国纽约

长岛

南安普敦

“美丽大海”

威·埃尔斯特里夫人

急于见你商讨旧事。

很快返回。

你真诚的保罗·克朗

保罗和叔叔走近轮船。莽骑兵们早就排着队在两个舷梯上登船。他们大多数人穿着新的卡其军装，而他们旧军装和旧的床上用品全都在城外烧掉了。有毒的浓烟在四处飘荡。

有伤员上了“迈阿密”号。有些伤是终身的，加利福尼亚人休·约翰逊在埃尔卡尼中了一枪，那些外科医生截掉了他的右脚。保罗去探望乔叔叔的时候在那家野战医院里见到过他。约翰逊正在安装一只软木做成的新脚。

“我们可以走得再慢一点吗，保罗？”

“当然可以，抓住我的胳膊。”很快，他们便站在了“迈阿密”号巨大铁船头的阴影里。

“好啦，侄子，我最好跟你在这儿道别，这样你可以去排队。你的设备上船了吗？”

保罗点点头："我的摄影机和帆布包昨夜上船了。"

乔叔叔将拐杖夹在自己的胳膊底下，腾出双手。"我们很快会再见面的。我会想办法给你婶婶发个电报，她会万分高兴的。说实话，我也一样。"他们紧紧拥抱，"再见——我不能再叫你小男孩了，是吧？再见，亲爱的保罗。"

"再见，叔叔。"

"芝加哥。"乔·克朗说道。

"芝加哥。"

无论如何，一点点时间。

接下来的一两周——长岛——将决定他的余生。

夕阳西下，红霞满天，"迈阿密"号离开圣地亚哥，一支军乐队在码头上为它的起航伴奏。它吃水很深，塞得太满了。大多数军官，包括罗斯福，都在甲板上为自己搭建了临时小棚子。保罗甚至连这样的栖息处也没有。他佝偻在钉着铆钉的铁板上，帆布包当枕头，身边放着摄影机，又像是回到了"莱茵兰"号上。也不知怎么的，这使他笑了起来。

"迈阿密"号于 8 月 15 日星期一上午在长岛南部海滨的庞德堡海湾进入港口。一名检疫官员将这艘船扣押在海上过夜，船上的人不明原因。终于，第二天上午大约十点半，发动机再次发出隆隆声，轮船驶向凸式码头。保罗看见一群人挥舞着帽子和有旗杆的小小美国国旗。船上的乐队突然奏响了《小伙子们，集合在国旗下》。

缆索被抛到码头上拴好。罗斯福中校和身体虚弱的乔·惠勒跟船长一起站在桥楼上。两个人朝人群频频挥手，不过罗斯福挥舞得更加尽情，他咧嘴笑着，露出所有白白的牙齿。码头上有一个人拿双手窝在嘴边狂叫道："好哇，泰迪·罗斯福，我们下一任州长！你好吗，泰迪？"

罗斯福靠在船栏上："我过得太快活啦，那仗打得太过瘾啦。我感觉自己强大得像只公麋①。”

更多的欢呼声响起。

保罗在急于上岸的士兵的推搡下朝舷梯走去。虽然天清气朗，艳阳高照，大西洋的微风温和宜人，但是凸式码头那边的土地看上去却不怎么诱人，沙地绵延，灌木丛生。保罗问码头上的一个人，有什么地方可以租到马车或其他什么车。“贝内特车马行。那条路，大约一英里地。”保罗将三脚架扛到肩上，用另一只手拎着帆布包和旅行包，快步朝前走去。

他租了一辆老式的钢琴箱一样的单马四轮轻便马车，座位的包皮已经破损，油漆也有好几年没有刷新了。那匹慢吞吞的老母马也只能走得这么快。时间已近黄昏，保罗顺利地驶过一条条印满车辙的道路，穿越一个个蓬茸芜杂的树林，来到了南安普敦村。

每家商店的老板都挂上了国旗和彩旗，庆祝两天前西班牙正式宣布投降。“迈阿密”号上的人是在泽西城做短暂停留时听说这一消息的。

他瞥见丹尼兄弟五金店里面有一个个子高大的中年妇女在拿着扫把扫地，便将轻便马车拴在五金店门前，跳过拴马横杆，飞一般地冲进门去。

“夫人，我是来找人的，你能不能给我指一下埃尔斯特里家在哪儿？”

“‘美丽大海’。”高个儿女人指着一个方向。她头发雪白，从中间分开，在后脑勺编成一根粗大辫子。“第一脖子巷朝海滨走，在沙丘路左面。那儿只有那一幢房子。”女人对保罗很客气，尽管他口音很重，外表粗野。

“多谢。”他急匆匆走出门外。他走到木板人行道上时她的声音传到了他耳朵里：

“那儿除了看门的没有其他人。所有的仆人都遣回芝加哥去啦。”

“我以为有钱人避暑要避到9月份呢。”

“你不是本地人吧？比尔·埃尔斯特里几周前被枪杀了。”

惊恐万分……

“谁杀了他？”

---

①公麋后来成为美国进步党党徽，1912年西奥多·罗斯福竞选美国总统时，他领导的进步党党员及其支持者也叫“公麋”。

“他包养在城里的一个女人。”

保罗如释重负。

“那遗孀呢？她去哪儿了？”

他的那种迫切，他话音中的紧张，令那女人起了疑心。

“我知道我不该把这种消息告诉陌生人。”

“求求你，这非常重要。我有一封信要给她，德国一个跟她关系很密切的人的信，我确实必须找到埃尔斯特里夫人。你可以相信我。”

“也许吧。”女人指着轻便马车，“那有腿的奇怪东西是什么？”

“我的摄影机，我是个摄影师。你听说过电影吗？我被派去拍摄罗斯福中校和他的莽骑兵。”完全正确，可那是在坦帕，在古巴。“我刚刚从他乘坐的船上下来，现在我必须得送这封信。”

“电影，真想不到。”显然，在这种偏远的地方，谁也发明不出这么稀奇古怪的东西。“我希望你给罗斯福拍的电影不错。你的运气不好，埃尔斯特里夫人一周前就离开了。”

“去芝加哥了吗？”

“哎呀，她没有跟我分享这个信息啊。”

“你说看门人在家？”

“亨利·普林斯。一个辛奈考克。”

“我没听懂。”

“辛奈考克印第安人，这个部落就居住在沿海一带。还有一件事情我可以告诉你。”他纵身跃上轻便马车时说道，“那个地方已经在卖了，他们说埃尔斯特里夫人永远不会再回来了。”

他驱赶着母马用最快的速度沿着沙地小路驶去，不费任何力气便找到了那幢豪宅。白色沙土和牡蛎壳建成的半圆形车道已经被耙得很平整，轻便马车的车轮打破了平整。分列在宽阔石台阶两边的两只大理石大缸上扎着黑纱，正在日晒雨淋中变成破布条。母马停下脚步时，大剪刀剪树篱的咔嚓声便听得清清楚楚。

保罗循着声音来到这座大楼的东面。他在那儿发现了一个身材不高、粗壮结实、头发油黑的人正在干活。"你是亨利·普林斯吗?"

"我是。"那人放低剪子,打量着保罗。

"我是保罗·克朗,芝加哥来的,我是埃尔斯特里夫人的老朋友。我在村里听说她不在这儿。你能告诉我到哪儿可以找到她吗?"

"不能,我不知道。她离开前几天给我看了一些轮船资料。我们说到过一些地方,巴黎、希腊那些小岛、埃及……"

"她有亲戚,也许他们知道。"

"他们不知道的。至少,她城里的叔叔伊·华·范德霍夫先生不知道。他每过一两天总要打电话来,问我有没有她的信儿。她什么地方有个姨妈,但是那女人四海为家。"保罗没有威利斯·菲什伯恩的地址。朱莉在芝加哥的时候给过他,可是他认为没有用,把它给扔掉了。愚蠢至极,他在古巴也没有想到向她要一个。

看门人又疑惑地朝保罗瞧了一眼,继续说道:"想想也没什么理由不告诉你我的看法。我认为埃尔斯特里夫人消失了,是因为她想要消失掉,去给自己疗伤了,不知道她能不能疗得了伤。她是我遇见过的最好的人之一,可是她被伤得很深,大多是被他伤的。"

"她丈夫?"

看门人点点头,拿剪子尖轻轻地敲着墙壁:"这个屋子里有太多的伤心事,像疾病一样侵入她的体内。还有她那个倒灶母亲!"

"也是从芝加哥——"

"她到这里只来过一次,卑鄙、恶毒的女人,一下子就看出来了。对不起,我没有更多好帮你啦。"

保罗谢过他,离开了。现在他唯一的希望是芝加哥的范德霍夫太太了。

他在纽约市找了一家便宜的客栈。第二天一早,他去了百老汇八百四十一号六楼的美国拜奥格拉夫公司。比利·比策还没有回来,他自我介绍说他是比策的朋友。不过,比策说话算数,已经拍了电报。只要有个价,店主们很乐意为保罗冲洗底片并制作拷贝。保罗拍了个电报给沙多上校请示费用问题并得到了认可。

所有的胶卷暗盒都毁了,胶片都变成灰雾片了,只有最后一卷是好的。那四百英尺胶片虽然也留下了斑点和条痕,画面会有突然的白色闪光,但是那些图像蔚为奇观,引人入胜。他坐在黑暗中看影片放映,觉得这部影片应该被称作《攻克圣胡安山》。他相信韦克斯·鲁尼会欣赏的。

“好片。”放映员最后从放映室里出来时说道,“是你拍的吗?”

“是的。”

“看上去挺危险啊。”

“是啊。”

放映员羡慕地摇了摇头,他跟保罗年龄相仿。

公司管理部门的一个人送保罗到门口,保罗带上毁掉的底片、那本好的底片和两个拷贝。“汤米说你在那儿拍摄的镜头具有轰动效应。也许拜奥格拉夫可以为你提供一个职位。比利在电报里对你评价很高。”

“谢谢您的器重,我真的感激不尽。可是我没法在纽约工作,我要么继续跟着沙多上校干,要么离开这个国家。谢谢您的热情帮助。”

他坐了一夜的火车赶赴芝加哥。他的摄影机放到了行李车托运,将装着影片的帆布包放在两只脚之间。

他坐的是二等车厢,气味很重,不太舒适。他望着转瞬即逝的夜,却什么也没有看进眼里。他可以去坐普尔曼车厢,但那纯粹是浪费,他知道他睡不着。

中午十二点半,火车驶进迪尔伯恩大街的车站。保罗租了一辆双轮轻便马车,吩咐马车夫直奔范德霍夫宅邸。

当他们抵达草原大道之后,马车夫问道:“要我等在这儿吗,先生?”保罗皱着眉头望着这座房子。每层楼的每扇窗户都拉上了窗帘。

“我想你最好还是等在这儿。”

前来开大门的仆人冷漠粗鲁,不让他进门。保罗伸长脖子望着这人的身后。家具上都盖了布。

“我想跟范德霍夫太太说句话。”

“她去加利福尼亚疗休养了,待多长时间不一定。”

“那么她女儿呢? 威廉·埃尔斯特里夫人——”

“埃尔斯特里夫人不在这儿,我们也不知道她在什么地方。范德霍夫太太跟她没有联系。再见。”

他砰的一声关上了门。

保罗疲惫地走下台阶,朝路边走去。好吧,结束了。他内心的阴暗部分早就猜测结果会如此。他将把影片交给沙多,与此同时,预告辞职。

他爬上熟悉的台阶,闻到了厨房里飘来的食物香味。他敲了敲厨房的门,走进门去。玛丽在炉子上烧东西,上校穿着汗衫在桌子上忙乎,拿调羹呼噜呼噜地喝卷心菜汤。

玛丽一个趔趄靠在了炉子上,差一点烧伤了手。“哦,我的天哪。”

“小子啊!”沙多大叫一声,跳起身来,张开双臂,调羹掉落到地上,菜汤洒了一地。“是你啊! 把东西放下。喝点汤。玛丽! 舀碗汤,调羹——瞧他,瘦得像个发夹了。快拿吃的!”

“马上,西德。”

保罗把帆布包放在桌子上:“我想先让你看看影片。天气恶劣,所有胶卷都毁了,仅剩这卷,但这卷非常精彩。”

“只要有你寄回来的那些影片一半好,那就会在弗劳姆音乐厅引起轰动。坦帕的那些玩意儿——柑橘林、骑兵训练、鳄鱼、沙滩上咖啡豆研磨机一样的机枪——伊兹·弗劳姆看着长长的买票队伍,时时刻刻想亲吻我呢。来吧,我们瞧瞧。”

沙多在渐渐黑下来的客厅里放映了那部拷贝。银幕上,闪亮着寂静无声的毁灭和死亡图像,在上校和玛丽目瞪口呆的脸上投射着变幻无穷的银色图案。沙多不断地发出惊叹声,交织在一起的还有骂娘声。玛丽坐在保罗边上,频繁地轻轻呻吟着:“哦,不!”影片放完之后,沙多啪的一声开亮电灯。

“小子啊——绝对轰动。没其他词可形容。”

“谢谢，上校。”

“那些人射的是真的子弹吗？”玛丽问道。

“一直都是。”

“那你离得那么近？一颗子弹有可能要了你的命啊！你为什么不躲躲？”

“我要是躲，那怎么拍到这个片子呢？”他拨弄着自己跟往常一样似乎要向四面八方竖起来的棕色头发，“现在我真的很想喝碗汤，可以吗？”

“任何东西你都可以要。”上校满脸堆笑，大声说道。

“等会我要和你说件非常重要的事情。”

沙多很难接受，他请求保罗别辞职。他答应增加保罗的工资，说他一定要伊兹·弗劳姆在广告里推出保罗的名字，将他推荐为美国勒克索格拉夫电影公司的“明星摄影师”。

“小子哎，你是个王牌，你很有风度。我派你去了之后十分担心。不无道理啊。”保罗对他说了他跟吉米的不幸遭遇。“联邦法官已经将他铐上手铐拘捕回到该市了。他眼下应该在库克县监狱里。”

“是的，我已经签了指控。”保罗说道，丝毫不掩饰他的开心，也不掩饰他的敌意。

“这小杂种，偷窃成性，恶毒得像条蛇。我本该看出来，采取点措施的。你不会在庭审时作证吗？”

“我还没有定。如果这是必需的，我会的。”

沙多玩着他的咖啡杯。“我跟你讲明白。我担心，而且也心疼你花的所有的钱。电报啦！老天，你是在写小说，不是信息啊！”

“西德。”玛丽不满地发出尖利的嘘声。

“好吧，好吧。我们忘了这事儿。这事儿忘了！这些影片不可思议。我是说不可思议。你是一位勇敢的年轻人。”这一次他听起来很真诚，“现在我想听听所有事情，所有细节。玛丽！再加汤。啤酒，咖啡——他要什么给什么。任何东西！”他说道，一面像位骄傲的父亲一样拍着桌子。

他们交谈了三个多小时。最终，沙多驳回了保罗的辞职，说他们将在《攻克圣胡安山》首映之后再来讨论这件事情。所有问题将会得到解决,有钱能使鬼推磨。

保罗叹了口气,说今晚他真的需要去看看他的家人,然后飞快地走下楼去。

在密歇根大道与第二十大街交界处的那幢大宅里,当他拎着旅行包走进门去时,全家人都哭了起来。

弗里奇哭了,哭得扑倒在前客厅的地板上,情不自已。卡尔哭了,几声男子汉的抽泣,对一个虽然不足十六岁却高大魁梧的足球运动员来说倒也恰如其分。伊尔莎婶婶哭了,哭得酣畅淋漓。路易丝哭了,在厨房里面哭泣。曼弗雷德·布伦克斯虽然没有哭,却说着“来,请给我吧”,把保罗脏得一塌糊涂的旅行包接了过去,然后使劲儿握着他的手。

“你知道还有个好消息吗?”伊尔莎婶婶说道,“你叔叔过几天也要回家了,此时他在坦帕。所有的志愿兵都回家了。他有十天的休假,然后去华盛顿报告后退役——哦,天哪,这太过分了。”她拿手帕给自己扇着风。

“我知道你回来了,但不知道确切时间。你一定要坐,你一定要休息。晚饭马上好。”

她一头扎进厨房,亲自热午餐留下来的糖醋烤牛肉和团子,在路易丝的帮助下把食物端到桌子上,又加了好几盘的香肠和奶酪。保罗吃得饱饱的,还喝了两杯克朗贮藏啤酒。弗里奇迫不及待地想听他的战争经历,他说了几件事情,她便激动得假装昏了过去,两次。

后来,伊尔莎婶婶将他送到他原先的房间,帮他做好洗澡准备。他洗干净身子,穿上法兰绒睡衣安顿下来之后,她敲了敲门,蹑手蹑脚地走进门来。

“我可以坐一会儿吗,亲爱的?”

“当然可以。”他在毯子下面赶紧挪到一边。正好有一波 8 月的凉爽宜人浸润着芝加哥,空气新鲜,预示着这是一个清凉的秋天。

“哦,保罗,亲爱的保罗,欢迎。”她张开双臂,将他紧紧地抱在自己的怀里,“你在这场奇怪的战争中邂逅了我的乔,重修旧好,他在电报里这么说的。太不寻常了。我真的很高兴。接下来你干吗呢?好好休息一下,是吗?然后继续拍摄你的电影?”

他深深地吸了一口气,摇摇头。“我今天下午向沙多上校提出了辞职,准备尽快到伦敦去,在那儿找个工作。”

伊尔莎婶婶摇晃了一下,坐直身子。“伦敦?为什么?你的家在这儿呀。就算不在这座房子里——这个我可以理解——那美国应该是吧。现在美国就是你的家呀,保罗。”

“不,伊尔莎婶婶,这只是我临时的家。我想要的家是我跟朱莉能长相守的家,可是她走了,没有人知道她在哪儿。”

“可怕的悲剧,她丈夫死了,也是个丑闻。”深深的话音里透露出绝望的喘息声,“可是,请别太急。我们可以雇个侦探社寻找她,就像我们寻找乔伊一样,多找几次。”

“可是他们没有找到他。”

她低下了头:“没有。”

他将她的双手拉到自己的双手里:“你对我太好了,伊尔莎婶婶。我们不会失去联系的,永远不会。但我必须离开这个国家,现在正是时候。”

她长时间地望着他的脸,看出了他决心已定。她站起身,吻了他的脸,像位母亲一样拉了一下毯子,确保他盖得妥帖了。她静静地走出房间。直到她走了,保罗才意识到有件事情不一样了。

她不叫他波利了。

第一百十四章　将军

8月下旬，他一面津津有味地嚼着一块腌鲱鱼，一面从厨房走向闷热的客厅，借以倚靠的西巴木手杖发出轻轻的嗒嗒声。他已经悄然转回了平民装束、平民生活，轻而易举。但是，他的大腿大多数时间依然在痛。他走路的时候身体稍稍有点歪。

他检查了一下前门的锁。他每晚都要检查每扇门，德国人仔细周到的习惯轻易改变不了。

他听见了足球的声音，还看见女儿从音乐室里朝外窥视。弗里奇穿着法兰绒睡衣，赤着脚。她十七岁了，胸部依然扁平，身子骨瘦如柴。可是，她爱嬉闹的活泼样子随着时光的流逝有增无减。他注意到，这个样子似乎能吸引哪怕最为粗疏的观察者的目光。它甚至让她变得漂亮，或者说从某种角度讲，至少让她变得极其讨人喜欢。

"爸爸，我可以跟你说一会儿话吗？"

"弗里奇，十点半啦。"

"时间不长的。好吗？"

他跟随她走进音乐室，她在那儿严肃地面对着他，说："堂哥保罗准备要离开这个国家，确切吗？"

"我相信是这样，是的。"

"大家都在往前走。"她笔直地站在那儿，直视着他的眼睛，"爸爸，你知道我要当个演员。"

"这是你想要的吗？告诉我什么都没变吗？"

“是的，爸爸，就这样。我不想让你忘了。”

他叹了口气。

“我不能假装我非常喜欢这个，弗里奇。但我恐怕得顺从。我离家的这段时间，学到了很多东西。我不会阻止你，如果你需要，我会在资金上支持你。我甚至会——”

他清了清自己的嗓子。

“——给你勉强的赞同，假如这很重要的话。”

“哦，爸爸，是的，重要！谢谢！”她扑到他的怀里。他们热烈拥抱，然后分开。

“还有一个问题，爸爸。现在我还要叫你将军吗？”

他取笑道：“别人都这样叫。这问题我会考虑的，亲爱的。”他轻轻地拍拍她，“这问题我会考虑的。”

“爸爸，你在取笑我吗？”

“取笑？我会取笑吗？你的亲生父亲？将军？”

他们互相严肃地对视了几秒钟。接着她看出了他目光中的真实用意，哄然大笑起来。黑暗里，父女俩勾肩搭背地在长长的楼梯上和静静的屋子里散步，喃喃地说着什么。

半个小时之后，他睡到了熟悉的床上，伊尔莎的身边。现在他们休息了。

房间很黑，所有的窗户全都开着。没有一丝风，也没有星星闪烁。手杖就靠在床头柜上伸手可及的地方。屋子寂静无声，大家都已上床。保罗回到沙多那儿去了。他在克朗家仅仅住了两个晚上，在乔从佛罗里达到家前就将他的所有财物搬到了码头区。在他的影片首映之前，保罗认为他应该住在他工作的地方。不过，他前来吃过好几餐晚饭。多多少少，关系再次正常了。

眼下，全国范围内，这场战争依然是主题。令人眼花缭乱的胜利幽灵风靡一时。商店和办公大楼上，家家户户的门口，彩旗和国旗迎风招展。国会里的沙文主义者和某些芝加哥的编辑大肆吹嘘，美国将从被打败的敌人手中把那些地方抢夺过来——被征服的岛屿波多黎各，甚至菲律宾。中小学生们写着各种各样的文章，比如《我们新的民主帝国》《美国，新的世界强权》。获益多多，辉煌壮丽的战争啊！或者说，这便是那些大屁股的政客和愚蠢的社论撰写人的观念，他们从未在战争中弄脏双手、弄脏裤子、弄脏记忆。乔已经参与了两次。他绝对不想再参与第三次了。

由于一个强大、年轻、自豪的幽灵席卷着全国，所以弗劳姆音乐厅花了很多钱对《攻克圣胡安山》的首映进行大力宣传。报纸的广告里，保罗的名字频频亮相。就在今天早晨，乔从《论坛报》上剪下了一则剪报。

弗劳姆音乐厅独家放映！

·

《攻克圣胡安山》

·

美国勒克索格拉夫电影制片公司的
王牌摄影师
保罗·“达奇”·克朗
亲自拍摄

·

“他冒着生命危险拍下
我们英勇战士进行战斗的
扣人心弦的真实镜头！”

·

每个爱国的美国人
一定要看看这些画面！

首映之后，保罗将在一艘驶往南安普敦的轮船的便宜统舱里离开美国。他已经买好船票，是伦敦的一位朋友给的钱订的，就是那位诱惑他去那儿工作的记者。乔跟他侄子不止一次讨论过这件事情，请他再给芝加哥、再给他曾经选择的这个国家一次机会。保罗拒绝了，他很礼貌，但很坚决。乔将很大一部分责任归咎到自己身上。

他需要安慰，便翻过身子，吻伊尔莎凹进去的脖子。她咯咯笑了起来，吓了他一跳。

“乔，我感觉好笑。我们太老啦。”

“只要喜欢一个人，绝对不会有太老的时候。”

她揉着他的头发，侧过身子面对着他。从两人嘴巴里吐出来的暖暖呼吸交织在一起。她吻着他，轻轻说道：“是的。喜欢一个人绝对不会太晚。”

又过了一小会儿，他再次平静下来，便用双臂枕着头，两眼凝视着黑暗。

“伊尔莎。”

她昏昏欲睡地应答道：“嗯？”

“我要再次寻找小乔，再次雇佣侦探社。”

“我觉得没有用。杳无音信太久，他都好几个月没有寄来东西了。”

“尽管如此，我还是要再寻。从今往后定期寻找。”他顿了一下，“就是说，如果你赞同的话。”

“我赞同。这钱总比花到更加糟糕的地方好得多，花点钱买个希望总要好得多。”

“哪怕你相信这是一个无望的希望？”

她用手指轻柔地抚摸着他胡须满面的脸颊，再次吻他，充满甜蜜和温柔。

“是的，最亲爱的。尽管是这样。”

第一百十五章　达奇

9月，大雨瓢泼，排水沟污水四溢。出租马车很难寻觅。尽管如此，弗劳姆音乐厅首映《攻克圣胡安山》的时候一票难求。沙多花言巧语，死缠烂打，要求伊兹·弗劳姆将他通常比较低的广告预算增加了六到七倍。仅凭这种事先的宣传，上校又在其他州签约了四个新的放映点。还有六个有意向放映勒克索格拉夫电影的人士前来参加首映式，其中有一位是从丹佛远道而来。

弗劳姆音乐厅的前面，狂风裹挟着一片片雨丝刮过街灯，闹闹嚷嚷、脾气火暴的私家马车夫驾着马车挤在一起，尼基·斯皮尔斯也在其中。每一个马车夫都拼命想要战胜别人，将他的乘车人放到那个突出的遮篷下面。大雨早已将六个电灯泡浇短路了。

在大厅里，伊兹·弗劳姆足蹬漆皮皮鞋，身着燕尾礼服，显得过于小的燕子领上扎着白色领结，正过于殷勤、颇善辞令地迎接报纸记者和重要人物。保罗提前半个小时到达，当时，沙多对保罗说弗劳姆早已吞下了半夸脱的波旁威士忌。弗劳姆每说一句话或者每打一个趣，都会无意识地将一根手指钩到衣领里拉一下。没有用，他的脸变得越来越红。

沙多自己穿着琥珀色的礼服大衣，上过浆的衬衫上扎着黑色的领巾，下身黑色的锥形裤子，脚上是高及膝盖的长筒靴，头上戴着白色阔边帽，倒是温文尔雅、风度翩翩。他在主楼的走廊里忙着跟非本市人插科打诨、花言巧语、洽谈生意。走廊外通大堂，内连观众席，有好多扇门。玛丽陪伴着他。把她挤得鼓鼓的快要溢出来的玫瑰红皮肉展现给每一个客人。玛丽还帮助她的男人像分发雪茄烟一样依次亲吻客人，暗送秋波。

伊兹·弗劳姆将这部短电影的首映安排在八点钟开始的杂耍节目之后。保罗极其紧张。他一个人单独站着，手中绞着一顶有格子图案的崭新帽子，这顶帽子和漂亮的彩格呢套装都是在伊尔莎婶婶的关照下专为这个首映式买的，她的建议，她的钱。他拗不过她。

通向大堂的门一直开着，便于顾客进来。他看到了尼基·斯皮尔斯驾着克朗家的马车来到了那个遮篷下面。乔叔叔跳下马车，然后扶着伊尔莎婶婶下车。接着是弗里奇和卡尔。

伊尔莎婶婶和弗里奇拥抱保罗，卡尔跟他握手。乔叔叔不想让这样的寒暄拖延太久。“我想我们该去找到座位，已经快八点钟了。”他走过保罗身边时，紧紧地捏了一下他的胳膊，“我希望会是个巨大的成功。”

弗劳姆将他们安排在走道左边的第三排，就在沙多与玛丽的身后。保罗坐在靠走道的位子上，右边紧挨着他婶婶，然后是乔叔叔、弗里奇和卡尔。八点零五分，最后一批姗姗来迟的观众冲到他们的座位上之后，用电的枝形吊灯暗了下来，人群中传来紧张的咳嗽声和特制的节目单的沙沙声。弗劳姆的乐队指挥钢琴师路德维希·蒂斯代尔走上乐池里的指挥台，炫耀性地一个转身——行家从容不迫的表演，他演得很成功——开始了序曲。

没有人想要看杂耍表演。玩手技杂耍的演员被观众十分粗鲁地嘘叫着轰赶，他一个失手，没有控制住那些旋转的瓶状棒子。一根棒子落到他自己的头上，其他棒子纷纷掉落下来，在舞台上到处翻滚。顶层楼座上，观众大声要求解雇该演员。

其他的表演也差强人意，好不了多少。终于，不幸中之万幸，杂耍表演结束了。电灯亮了起来，丝绒幕布后面，银幕滚动着放落到位。幕布再次拉开，观众掌声雷动。

伊兹·弗劳姆先放了二十分钟保罗在坦帕拍摄的片子。抛毯子游戏、骑兵训练、鳄鱼、加特林机枪切断棕榈树。所有这些影片保罗从佛罗里达寄回后就在影院里放映过了。

幕布再次徐徐拉拢，观众报以更多的掌声。人们安静下来。大厅亮灯，于是人们看到钢琴师蒂斯代尔慢慢举起指挥棒，管弦乐队奏响《星条旗永远飘扬》。

观众和着节奏拍手、吹口哨、跺脚。

乐曲演奏结束，一束弧光将一个白色的圆投射到幕布上。伊兹·弗劳姆摇摇晃晃地走到聚光灯下，他对R.西德尼·沙多三世上校做了一番绚丽矫饰、偶尔含糊其辞的介绍。

上校挥舞着阔边帽，跳上舞台。他来到聚光灯下，开始了又一个浪费时间的讲话。他称赞电影的优点和好处，也夸奖他亲自设计并制造的摄影机和放映机。他强调了"纪录片"的价值，它是纪录真人真事的电影，与凭空想象的故事片形成了鲜明的对比。至此，观众中已经有很多的抱怨声、咳嗽声、脚拖地板声。沙多不管这些，介绍了他的"王牌摄影师"。

按照事先的安排，保罗只是在座位上站起身来，弧光灯找到他，将他照得通体雪白，令他什么也看不见。他在掌声和几声口哨中挥了挥手，坐下。

"好啦，女士们，先生们——这个伟大城市、这个伟大国度中的我的同胞们——"

"赶快放，你个该死的。"后面的一位观众大喊道。于是，响起更多的喊叫声、拍手声和口哨声。

沙多沉着冷静、泰然自若地鞠了一个躬，并拿阔边帽做了一个横扫的动作。他的声音在舞台口子上隆隆回响："你们准备观看最最卓越非凡、最最扣人心弦以及——是的，基于诚实，我不能不说——最最痛苦伤心、最最振奋人心的电影吧——你们将会欣赏到一部前无古人、后无来者——"

幕布徐徐拉开，再次露出后面的银幕。

《攻克圣胡安山》！

乐池里，传来嘹亮的喇叭声和鼓点声。保罗低低地沉陷在座位里，紧张得直抽搐。银幕开始闪亮，开始闪烁他刻骨铭心的那场战争的情形，尽管画面充满了沙沙声并颤动不已。

在最后一组镜头里，战壕里西班牙战士触目惊心的尸体历历在目，散兵壕里司号员吹响了《葬礼号》。尽管这些是敌人的尸体，但是他们也属于人类。没有反对西班牙人的呼喊声，只有沉默。

保罗拿眼角瞥了一下，乔叔叔的侧影随着画面的转换呈现出黑与白，他纹丝不动地坐着，双手抓着座位的扶手。保罗听见伊尔莎婶婶和弗里奇在哭，接着一阵骚动，后排什么地方有一个女人晕倒了。

银幕上，画面突然切换，一面有四十五颗星的美国国旗迎风猎猎，如巨浪般翻滚。这是保罗按照沙多的要求在屋顶上拍摄的镜头，被剪辑到了这部战争片的末尾。它将深陷阴森恐怖的死亡场景中的观众拯救了出来，让他们站起身，爆发出雷鸣般的欢呼声。

电影还没放完，沙多便悄悄溜到玛丽身边的座位上。此时，他跳起身来，俯身紧紧拥抱保罗，拍着他的背。“他们喜欢，就连那恐怖的东西——”他不停地跳动着，“小子——达奇——你把这货带回家了，你真是个天才。”他语无伦次，他哭了，卑劣、粗鲁、可耻的R.西德尼·沙多三世哭了。

观众挤满了走道，他们同样不能自已，乔叔叔也在其中。全家人漫无目的地乱转着，大伙儿都渴望马上找人谈谈。

伊尔莎婶婶说道：“保罗，我没想到你当时的处境这么危险啊。”

卡尔说道：“了不起的作品，绝对激动人心。”

再就是乔叔叔，他抓着保罗的胳膊，全然不顾努力想要从他们身边走过去的人的冲撞。乔叔叔的脸上有一种奇怪的神情，他脸色苍白，浑身颤抖：“太真实了，除了战场本身，我从没见过如此真实的东西。太让人激动了，我感觉再次回到了那儿。随同罗斯福的战士一同爬山，闻着硝烟，听着枪声，听着伤员的惨叫，在死亡的人中间行走。它让我非常感动！”

他转过身去，从口袋里掏出一块白色手帕，擤着鼻子。

“走吧，伊尔莎，孩子们。”

他们沿着人头攒动的走道慢慢往前走去，他一直走在保罗身边。“它不是我原先所认为的那种低级垃圾，它是正当、重要的工作。”他说道，“历史就活在这样的电影里。你离开我们之前，一定要对我说说其工作原理。机械学——每个细节。”

“我会的，叔叔，一定。”实践证明他是对的，他欣喜无比。接着，令人惊讶的是，有一波要离开克朗家人的痛悔汹涌而来。

但是，他的船票已经买好，约克老爷正在伦敦等着见他。全世界敞开了大门，这个他曾经以为他再也见不到的世界。

移动缓慢的人群裹挟着伊尔莎、弗里奇、卡尔来到门口。弗里奇不小心把节目单掉到了地上，她弯腰去捡，大伙儿都停了下来。门外，伊兹·弗劳姆将双手挥动得像信号旗一样："达奇，赶快，我们有记者等着采访你呢。《论坛报》的勒格兰德先生，《每日新闻》的威克怀尔先生，还有——"

喧闹声中，保罗听不太清楚。就在他的左面，中央区的最后一排，空空如也的座位上还有一个人坐着。一个女人，外衣上有黑色的毛皮领，戴着手套，头上一顶很大的帽子，帽子前面有灰色的薄纱。他正在注意她的时候，她站起身来，揭开自己的面纱。

"保罗。"

朱莉向他张开双臂。

"我发誓要找到你。"

她在帕尔默宾馆有一个很大的套房，保罗在那儿过夜。

所有的窗帘都拉上了，挡住了外面锤击般的大雨声。起居室里，一盏台灯发出幽暗的光，通过典雅的拱形通道，使得他们可以尽情地欣赏彼此。他们交谈时，或伸开四肢躺在床上，或坐着用双臂抱着双腿，宛如孩子般率真无邪。

她解释说，她离开长岛的宅邸，来到她早就在纽约租好的一套房子住下。她在那儿干了与叔叔和婶婶一模一样的事情，但是她获得了更大的成功。她雇用侦探，平克顿侦探社的芝加哥分社在克朗家的邻居中做了调查。他们有一段时间既没有看见保罗的身影，也没有听到他的消息。分社社长正打算要接近伊尔莎·克朗，却突然发现了弗劳姆特别献映的许多广告中的一则广告，上面出现了保罗·克朗的名字。

"我租下了曼哈顿的套房，目的是确保离开比尔之后可以藏身。我鼓起勇气干这事儿，因为你和威利斯姨妈总是说我有这样的勇气，我只是要唤醒它而已。但事情没有按照我的计划发展，比尔就在我的面前被枪杀了。然后，我跟母亲吵翻，因为我不愿意按照她说的做。我内心无比内疚。原先的麻烦开始重新出现。

悲伤——我想要永远避世隐身。但是我与之斗争，这次有人助我——你。我知道你还在什么地方活着，我知道我一定能找到你，只要我足够努力、花足够的时间、花足够的钱——老天知道我有很多钱可以花。埃尔斯特里是美国最富有的人之一。”

“你继承了所有财产，那我穷尽一生也赚不到十分之一。”

“这不是问题，我不会让它成为一个问题。”她亲吻他的嘴唇，抚摸他的脸颊，凝视着他的面孔，“我不能让疾病把我击倒——让我跟你分隔天涯。我向自己保证，我要是真的找到你，而你又有了其他人的话，我会远走高飞。但是走之前我要再一次告诉你我爱你，我不会再爱其他任何人。”

他将她拥进怀里。雨点击打着拉上窗帘的窗户。

拂晓刚过，他醒来后发现她没有在他们这个温暖的毯子窝里。她的侧影在起居室照进来的幽暗灯光里闪闪发亮。

卧室一个黑暗的角落里，一只抽屉滑进又滑出。她回来了，手中拿着什么东西。她在保罗跟灯之间，他看不清楚那物件。

当她爬上凌乱的床、跪在他身边时，他莫名其妙。她漆黑的秀发宛如瀑布般披散到腰部。灯光落在那物件上，发出闪亮的光芒。

“保罗，最亲爱的，我发过誓，如果我们能重逢，我要请你做件事。希望你不会觉得这很古怪，但这对我来说非常重要。”

“我当然会做，你知道我会做。”

“而且不问为什么？”

“你让我感到好奇。我也许将来某一天会问的。”

“这很公平。”她举起一只手，金属闪亮，他看清了她从抽屉里拿来的东西。

她俯身靠近他的脸，她吻他，虽然轻柔，却充满了激情。然后，她将银色的剪刀放到他的手中。

“把我的头发剪掉。”

上午近午时分，在楼下的电报柜台上，他给舰队街《伦敦之光》的迈克尔·拉德克利夫拍了一份电报。

不好意思,伦敦去不了了。情况发生了彻底变化。计划依然跟随现有雇主。正准备跟曾向你提及的女人结婚。很快会给你新住址,并还你轮船票钱。等去欧洲出差,会告知所有详情。谢谢你的帮助与慷慨。你永远的朋友达奇。

第十卷

回家

1900—1901

我是家族的脸面；
肉体可以消亡，我却依旧活在世上，
正投射出特征与印迹
穿越时间走向即将到来的时代，
从一个地方飞跃到另一个地方
超越遗忘。

1917年
托马斯·哈代之《幻想时刻》

第一百十六章　达奇

1900年12月31日，星期一，新年的前一天晚上。

它也是新世纪前的最后一天。报纸连篇累牍、冗长无味地指出，以0结尾的年份从1到10是一个系列。所以，1900年是1891年开始的年代的最后一年。20世纪将开始于1901年1月1日的第一分钟——明天。保罗知道，人们对此的反应各不相同。对数字有强烈情感的乔叔叔无疑是正确的，他嘲笑那些不正确的人。沙多上校感到懊恼，人们告诉他说，他活了这么多年，居然理解错了。玛丽说，去年新年前夕她就竭力解释过，可是上校香槟酒灌得太多了。

除了这则数学新闻，有好几个星期，每份有点实力的报纸杂志上，名声大大小小的专家们都在展望未来。有的预言高速火车将在有磁性的单轨铁路上行驶；有的想象裙子底边将高得不成体统；有的憧憬将建设地下移动人行道使得行人可以躲避风雨；有的估计大学剧烈的体育运动将导致更多人死亡；有的推测"新"女性将获得更多的职业身份；有的断言装甲子弹头形的蒸汽驱动"旅游车"将载着人们到非洲草原观光；有的设想德国"商业扩张主义"将席卷东方；有的预测当大量的人们发现了新冬季运动"滑雪"后高山坡地将人满为患；有的认为纸上谈兵了多少年的横穿巴拿马地峡的巴拿马运河工程将竣工；有的猜测行刺国王和总统的企图将有增无减；有的推断警察将乘坐充满气体的飞艇在城市上空巡逻；有的悲叹地球将在天外的流星雨撞击中毁于一旦，所有人类彻底灭亡。

这些有关20世纪掷地有声的预言与日常生活中不断发生的琐事共同吸引着人们的注意，日常生活的琐事表现在边框整齐、图文并茂的广告中，什么洗衣粉啦，手工肥皂啦，时装啦，记忆训练课程啦，抗菌帽子衬里啦，把狗拴在踏车上驱动奶油分离器的机器啦,将电池内嵌袋中的电能健康带啦。

但是,在旧世纪的最后一天,世界停下了脚步,不仅仅为了反思,也是休息。《论坛报》的最后一版在首页仅仅刊登了一些无足轻重的消息。一节卧车因为车上有一例天花病人被隔离在科罗拉多州。威斯康星州基诺沙为一个孩子的监护权而大打出手。气象预报说有凛冽的寒潮来临,此刻天气晴朗,但明天上午气温会骤降至华氏十度以下。有与节日有关的大型展示广告。埃尔斯特里百货商店正在举办特色鲜明的"世纪末瓷器、玻璃器皿、陶器展销"。

就在那个星期一下午,保罗跟他的家人和朋友走向法庭。

为了这个重大活动,保罗买了一套新的三纽扣、下摆裁成圆角的普通西装。穿这套西装,他感觉十分不舒服,因为还得佩戴赛璐珞高领和僵硬的袖口,出门前朱莉还给他系了一个领结。领结早已歪成了四十五度角,看样子随时有可能松开。

她还拿梳子给他梳了头发,几乎没有多少用。保罗知道他头发凌乱,但是没有关系,他妻子穿着定做的有丝绸镶边翻领的鸽灰色外套,一件同样灰色的冬季斗篷,一顶饰有品蓝丝绒蝴蝶结的朴素的灰色毡帽,看上去与众不同。

他爱她,激情始终不减。他爱她风度优雅,他爱她对别人发自内心的温婉和善。她聪颖贤惠,她的健康状况已经改善,她每天至少走两英里路。

尽管有时还会受忧郁情绪困扰,但是她正在慢慢解脱,而且正在潜移默化地养成一种她母亲不喜欢的独立人格。朱莉具备了全部的女性气质。还有,她穿衣服优雅得体,十分漂亮。

他的情况却大相径庭。除了妻子和他家人,大伙儿都叫他"达奇",而且他穿"达奇"的服装要舒服得多。他现在甚至都把自己真正当作"达奇"了。

他二十三岁了,有着一种年轻人的不知天高地厚,他认为自己已经老于世故,这根本就不需要理由。不过,今天,他等在有 12 月下旬的亮光斜着穿过积满污垢的窗户照射进来的法庭里,明显地感觉紧张。听证会预定两点钟开始,墙上那口嘀嗒得很响的大钟表明已经两点过十分了。他很想抽根雪茄。

有一大帮道喜的人陪同保罗和朱莉一起前来。乔·克朗将军坐在栏杆后面观众席的第一排。他的身边是伊尔莎婶婶、弗里奇和卡尔。

保罗的叔叔成了“共和党的化身”。他依然沉浸在某种喜悦中，因为11月份的大选，麦金利和他的竞选搭档罗斯福横扫了布赖恩先生和那个激进的社会主义者尤金·德布兹。乔叔叔将大量的私人时间投入本州的竞选中，为共和党拉选票，而且他为国家竞选资金捐了大量的款项。鉴于他的慷慨解囊，他有望受邀出席总统举办的宴会，而且他很高兴保罗跟当选副总统的罗斯福在战时就认识。

保罗的婶婶已经不用再参加反对烈酒、红酒、啤酒的运动了。事情发生改变是当她发现丈夫悄悄地重新雇用了三个销售代理，后来又雇了第四个之后。冲突十分激烈，这是弗里奇对保罗说的。这次，乔叔叔做了让步，永久性地重新安置了多尔夫·希克斯和另外三个人，让他们到麦迪逊、奥斯丁、孟菲斯和南达科他州的皮尔去担任代理机构的经理。

那件事情暂且解决之后，伊尔莎婶婶又开始了她新的事业。她牵头发起一项运动进行筹款，为的是派遣赫尔堂的一位观察员出席1899年5月在海牙召开的第一次世界和平大会。伊尔莎婶婶需要有她的事业；她的孩子们都走了，偌大的豪宅留下她一人形单影只。保罗要是不出差便会带朱莉至少每周一次到那儿聚餐，其余时间都是朱莉一个人去。

卡尔从普林斯顿回家来过假期了。伊尔莎终于消除了丈夫对东部的人和公共机构持续不断的怀疑。对他们的儿子来说，没有比说服他更好的教育了。卡尔十八岁，长得腰圆膀粗，适合于玩缠斗激烈、有时甚至有生命危险的足球游戏。乔捐赠了很大一笔钱，居然说服了大学招生官员对卡尔不太辉煌的学习成绩网开一面。

弗里奇再过几天就二十岁了，突然从佐治亚州的奥尔巴尼回家来，剧团让她回来短期休假。她在莫特梅因的皇家莎士比亚剧团作巡回演出。该剧团的创始人兼经理是一位上了年纪的演员，说自己的名字叫伊恩·莫特梅因。他出生在亚拉巴马州的蒙哥马利，当时的名字叫埃兹拉·库勒。弗里奇说这只是她的“学徒期”，她很快将要改换门庭，去更好的剧团和剧院。

弗里奇在剧团跑龙套，担任服装助理，还兼厨娘，偶尔上台演出。她在“苏格兰剧”（跟许多迷信的演员一样，她拒绝大声说该剧的名字）中扮演其中一个巫婆，不过她最重要的是女扮男装的角色，《第十二夜》中的维奥拉。乔叔叔和伊尔莎婶婶曾经远赴肯塔基州的欧文斯伯勒去观看她的演出。乔叔叔依旧不喜欢这个行业，但是他骄傲地说他女儿非常出众，在谢幕的时候获得了最热烈的掌声。

弗里奇说她对保罗“羡慕死了”，因为他在等1899年秋季去南非的陆军部许可证的时候去过伦敦西区的剧院。在威尔斯亲王剧院，一出新的喜剧中，他看见了三位英国戏剧界神一样的偶像——福布斯·罗伯逊先生、杰拉尔德·杜莫里尔先生和帕特里克·坎贝尔夫人。

现在，他们聚集到了一起，聚集到了这个法庭中，尽管过去的两年他们的生活大相径庭，变化良多。只有一个美中不足，堂哥乔不在。保罗多么希望他也能出席，可是他彻底消失了，他们也很少提到他。这是一个太悲伤的话题，尤其是对伊尔莎婶婶来说。

分布在其他座位上的是保罗的友人和导师。沙多上校来了，他的身上散发着月桂香水和高价雪茄的香味儿。玛丽·比泽穿上了她最华丽的服装，她和上校依然没有结婚，但是他们搬离了码头区，住进了更加舒适的住房里，俨然成了电影媒体界一位新的巨子。他们在芝加哥河北面位于时髦的北密歇根大道上的阿勒顿宾馆顶楼租了一套有六个房间的套房。

沙多处于一个过渡期。他对制造放映机、提供配了放映员的设备、收一周八十美元的租金已经不太感兴趣，他更感兴趣的是制作并出租电影片子本身，价格每英尺十七美分。当然，他没有放弃修修补补的活。保罗去海外拍摄英国与造反的南非布尔农民之间的战争之前，沙多给他提供了一台新款的勒克索格拉夫摄影机。这台摄影机的特点是安装了可换镜头的座架以及有齿轮传动的平台，平台上有控制杆，可以平稳地操作横向的全景式移动。新款摄影机有可能产生更好的效果，但是价格不菲，其重量比保罗带到圣胡安高地去的摄影机要重三十二磅。

奥利·赫尔特格伦在沙多和玛丽身边坐立不安，这位助手顶替了吉姆·道斯的位子，自从1899年夏天以来一直跟随保罗走南闯北拍摄电影。奥利是一个瑞典小伙子，二十岁，细细的髋部，长长的脸，有一头金色的卷发，两只眼睛蓝得近乎紫色。他是一个脾气温和的人，一个忠实的朋友，一个聪明的帮手，总有一天他能凭自身的能力成长为一位首席摄影师。

在这个穿堂风很大的阴冷地方最为灿烂的就数朱莉的姨妈。菲什伯恩小姐的喇叭裙上面是一件鲜红色的又短又紧身的上衣——她将它称作巴黎汽车衫——搭配一顶有羽毛的黑色帽子以及一把卷拢的黑色阳伞。她将价格昂贵的黑色波罗的海海豹毛皮大衣扔在旁边的座位上。

也许,至少对保罗来说,最为特殊的客人是韦克斯福特·鲁尼。韦克斯在他又胖又大、下巴浑圆的妻子露西尔的陪同下,坐了一整夜的火车前来。他妻子原先是西弗吉尼亚州查尔斯顿的萨格斯沃思的遗孀。她卖掉了她的家庭旅馆,筹资支持她丈夫在肯塔基州的列克星敦开办了一家新的摄影殿堂。韦克斯说照相馆十分成功,尽管保罗无法想象,在一个马肉多如牛毛、男人放浪形骸、从两岁小孩的速度到手表的精度什么都要赌的地方,这怎么可能呢?韦克斯也没有向他解释。

韦克斯看上去春风得意,他的绿色套装裁剪得十分得体精致。他满面红光,神采飞扬,在露西尔身旁像个顽皮的小孩一样咧嘴笑着,露西尔比他高整整一个头,身材也宽得多。迄今为止,乔叔叔对韦克斯或沙多以及他们的配偶少有评论。

保罗站起身来,他打开栏杆上的门,穿过走道,来到法官的位子那儿,瞧了一下空空如也的台子,接着瞧了一下那口钟。他再次打开栏杆门,回来坐下。朱莉将戴着手套的手放到他的手上:"他会来的,别急。"

他轻轻拍了一下她的胳膊,表示感谢。她是他生活中的绝对快乐源泉,唯一的缺陷是,因为他的工作,他跟她相处的时日不够,但她也适应了。

他们居住在一幢两层楼房中阳光充足的一楼,房子位于一条林荫街道,保利娜大街,在一个名叫雷文斯伍德的舒适小区。房子距芝加哥的雷文斯伍德火车站和西北铁路线正好两个街区远,这条铁路线来回于市中心的火车非常多。这对要在城里谋生计的年轻家庭来说的确是一个理想住所。

朱莉卖掉了"美丽大海",得到了很大一笔钱,她也卖掉了埃尔斯特里在芝加哥城里的住宅。她保留了密歇根湖东岸一个避暑区一幢很小的别墅,但是保罗因为出差太多,从来没有去过那里。

他为她感到骄傲,因为她正在深思熟虑地把埃尔斯特里的数百万财富慢慢捐赠掉。这件事情要花几年也许几十年,因为几家百货商店的巨大利润每年都在流回到财产总量中。

朱莉在慈善事业上是一个新手。所以,她鼓起勇气,写了封信,受到邀请后拜访了完全有资格指导她捐赠的美国人安德鲁·卡内基。今年过去的这个秋天,保罗在得克萨斯,她便乘轮船横越大西洋,然后再坐火车离开伦敦,来到卡内基最喜爱的一个家,他拥有好几个这样的家。那就是位于美丽而又狂野的苏格兰北部多诺赫湾的斯基博堡。

这位极其富有的"斯基博领主"花了两天时间对朱莉加以指导。"他对我说,他有一种强烈的感觉,带着所有的钱死去的有钱人是罪人,是世界的坏公民。他献身于很多事业,但最重要的两项事业是世界和平运动与建造图书馆。他在苏格兰做筒管童工的时候,跟工厂里其他童工一起可以使用一位贵族的私家图书馆。他就是在那儿开始了他孜孜不倦的自学之路,开始酷爱书籍。他跟他的家人差不多是在五十年前移居美国的。瞧瞧他成为什么样的人了。我离开的时候,他亲自送我到马车那儿,吻了我的手,称我为有智慧的姑娘。'这怎么说?'我问道。'呃,'他说,'苏格兰人认为这样的姑娘明智、自尊——而且自立能力强。'也许我真的终于从黑暗中走出来了,成为一个人了。"保罗安慰她说千真万确。

朱莉一直没有见到她母亲,也没有收到她的来信。内尔·范德霍夫已经于一年多前结束了她在加利福尼亚的"精神治疗"回来了。不久,范德霍夫家的律师写来一封信,正式通知朱莉已经产生了一份新的遗嘱,她被剥夺了继承权。

韦克斯早已挪到沙多身边,跟他热烈地讨论摄影问题。台子边上的一扇门打开了,一个有芜菁甘蓝一样红鼻子的矮胖子捧着一个文件夹、一本《圣经》和一本记事本走了进来。他穿着一套很不合身的套装,不是法官袍,他只是法院大楼的一个工作人员。保罗有点泄气,重新坐下。

那人将文件夹放到法官台子上,然后在法官台子前面坐下。他打开记事本,将他的钢笔灌上墨水，最后，他屈尊瞧了一眼在栏杆另一边的那些人。

“各位，穆勒法官随时会到，他已经在大楼里了。他中午外出吃饭碰上堵车了。克朗先生，你在哪儿？”

“这儿。”保罗说道，站了起来。

那工作人员架子很大地做了个手势：“请你进到这儿来。我们得快速把这事儿处理——”

“让我们在这儿多等了二十分钟。”将军向伊尔莎抱怨道。

“——法庭四点关门，节假日。”工作人员坐了回去，一面整理他的翻领，一面扬扬自得于他的权威。

保罗在这个令人不快的下午来到这个法庭是因为朱莉，她怀上他们的孩子三个月了。

自从两年前的10月在一个世俗婚礼上喜结连理之夜以来，他们一直在努力，希望有个孩子。保罗经常出差，有时十分突然，他的长期不在家，使得这种机会得不到好转。而且，朱莉之前有过流产，她跟她的首任丈夫怀上过一个孩子，但是流产了。不过最后，他们成功了。

12月初一个大雪纷飞的夜，他们坐在客厅里的壁炉前，雪花在一扇俯瞰保利娜大街的巨大凸窗外飘落。他们拉着手，柔声细语地谈论着即将为人父母的美妙前景。客厅非常大，但是给人一种温暖舒适的感觉，因为朱莉将它装饰成了维多利亚风格，在里面塞满了家具。

几件珍贵的家具中，其中有一只是红木陈列架，架子上展览着保罗旅途中搜集来的越来越多的纪念品，还有那个地球仪，现在上面印上了更多深红瓷漆的圆点。坦帕、古巴、埃及、苏伊士运河、南非、得克萨斯、巴黎、伦敦——它开始让人觉得仿佛这世界患了麻疹。

有一件特别的纪念品挂在墙上本来应该算作整洁的一块地方，就在壁炉和陈列柜之间，人们的目光会不知不觉地被吸引到这儿。那幅立体画的左半部分，朱莉将它装裱好，送给保罗作为他6月份二十三岁的生日礼物。

火焰摇曳，吞噬着芳香四溢的苹果树木柴。保罗已经喝了两瓶克朗贮藏啤酒,感觉热烘烘的,有点微醺。他们的身后,从“美丽大海”带回来的维克托留声机正轻声地播放着朱莉最喜欢的乐曲之一,德沃夏克第五交响曲描摹黑人主题徐缓而引人入胜、崇高而圣洁纯粹的部分。

“保罗。”

“呣?”

“我不喜欢提要求,我不经常做这种事情。”

“是啊,最后一次我记得,一件很简单的事情,包括一把剪刀。”

“这次会对你要求高一点,它对我仍然非常重要。”

“说事儿。”

“等着听好了。”她吸了一口气,“我明白你的感受,我知道你对那英国贵族的提议感兴趣。可是,如果你待在这儿,我想我们的儿子或者女儿就会有美国的父母,两人都是美国人。”

强大的冲击力落到了他的身上,他瞧着那幅装裱好的画,轮船的船头、自由照耀世界铜像……

于是,此时此刻,他来到这个法庭。

那工作人员挫着自己的指甲。

嘈杂的标准时钟嘀嗒作响。

卡尔交叉着双臂,两只眼睛四处浏览,嘴里吹着口哨——一首名叫《雷格泰姆玫瑰》的轰动全国的钢琴曲。

“别吹,我在看书呢。”弗里奇头也没抬地说道,她正在看《当骑士风盛行时》。

乔叔叔大声抱怨那些不遵守时间的人:“而且他还是个德国人呢,这倒是真的啊!他生活在北边。”

伊尔莎婶婶小声地用单音节词安慰着他。

法庭渐渐变得越来越冷。

两点三十五分,那扇便门打开了,巡回法庭尊敬的雅各布·穆勒法官咆哮着走进门来,他诅咒芝加哥的交通,说话的声音在牲畜围场那儿就听得见了。

法官一屁股坐进位于美国国旗与州旗、市旗之间的高背椅子里。他花了足足半分钟整理他的法官袍子,看都没看保罗一眼。保罗就站在台子前面,心中奇怪地感到憋闷,感到焦虑,突然有一种犹豫,想他这一步是否走对了。

从柏林的穆勒斯特拉斯街到芝加哥市穆勒法官的办公室,从波利到达奇,一段多么漫长的旅程……

娶朱莉为妻,在他们的套房里安顿下来,如同他期盼和希望的那样,但是旅程尚未结束。他依然需要一个标识,柏林的弗卢塞老太太所说的标识。他不知道它会来自哪里,也不知道会如何认可它。但是,他需要它,以消除儿时根深蒂固、萦绕心头的疑问,为这个旅程的目标画上一个清晰的记号,尽管在他这辈子所选择的事业中将会有很多这样的目标。

他不敢对他妻子说这件事情。他不敢告诉她他已经安全地锚泊在最幸福的婚姻港湾,但是他依旧漂泊在波涛汹涌的大海中,没有船舵,没有航图,没有光亮,没有罗盘——

没有标识指引他,他究竟属于哪里。

尊敬的雅各布·穆勒法官戴上他的夹鼻眼镜,打开文件夹,仔细审查了保罗的申请书。他从高处俯瞰着下面。

"你是克朗先生吗?"

"是的,大人。"

"我准备接受你的申报,请工作人员来安排一下。"

法院工作人员拿着一本小一点的书踉跄着从他的办公桌后面站起身来。法官说道:"把左手放到《圣经》上,举起右手,如果你愿意的话,先生。"

保罗照做,他吞咽了好几次,可是喉咙口的什么东西始终吞不下去。

"保罗·克朗,你是否在此法庭宣誓声明,成为一个美利坚合众国的公民,这是你真诚的意愿吗?"

"是的。"

"请稍微响一点。"

"是的。是的!"

"你是否进一步发誓声明,你永远放弃对外国帝王、君主、主权国家的一切效忠,尤其是在这个场合,因为此时此刻你是该国的公民或臣民,放弃对德国这个国家的皇帝陛下威廉二世的效忠吗?”

“是的,是的。”

穆勒法官的钢笔在沙沙写着。

“宣示完毕,记录在案,登记入册。”

法官放下钢笔,摘掉夹鼻眼镜,飞快地从椅子上站起身来,俯身跟保罗握手。

“祝贺,克朗先生。两年之后再来,我们将使其具有约束力。”

1898年以来,保罗在旧世纪最后一天最后几个小时通向这个法庭的道路可谓丰富多彩,迂回曲折,有时甚至极度危险。沙多对“纪录片”的胃口被西班牙战争的电影给搞大了。他也意识到,让摄影人员远走他乡,虽然耗资巨大,有时看上去似乎有点浪费,却能获得滚滚财源。保罗再也不用费口舌为每一分钱正名了。

每当保罗回想他二十三岁前的种种经历,心中不由得充满了敬畏。西班牙战争只不过是个开始。当杜威上将于1899年9月班师回国时,保罗与奥利·赫尔特格伦在纽约港一只颠簸的拖船上拍摄了巡洋舰“奥林匹亚”号。同一天,当上将在市政大厅接受礼仪佩剑时,保罗花钱打通了走向巨大人群前面的道路,使得他与奥利可以在那儿将这个仪式记录在胶片上。上将怒视了保罗好几次,因为他不喜欢摄影师。

在跟纽约维塔格拉夫公司艾伯特·史密斯的竞争中,保罗与奥利远涉重洋来到英国,时值1899年秋,战争爆发。大不列颠跟南非共和国为控制内政而争吵了好多年。但是战争的主要诱因系约翰内斯堡城内及其四周富有的金矿矿脉。威特沃特斯兰德的金矿主要为伦敦所有并控制。

促使战争加速爆发的原因是南非共和国总统保罗·克鲁格①的最后通牒:所有英国军队必须在1899年10月11日之前撤走。英国的回应是立刻在边界陈

①保罗·克鲁格(1825—1904),原名斯蒂芬努斯·约翰尼斯·保罗斯·克鲁格,南非荷裔布尔人,德兰士瓦共和国总统(1883—1902),英布战争(1899—1902)爆发后任总司令,联合奥兰治自由邦对英作战,战败媾和,死于瑞典。

兵。最后期限过去了。10月12日,战争打响。

保罗在去南非的途中终于在伦敦见到了迈克尔的岳父。迈克尔已经代表《伦敦之光》赶赴南非。命中的厄运促使他来到了德兰士瓦省西部边界内大约八英里处的一个无足轻重的小镇马菲肯,他在德兰士瓦省采访了贝专纳护国团司令罗伯特·斯·斯·巴登-鲍威尔上校,克鲁格的最后通牒之后,该团被火速调往马菲肯。战斗打响,五千名布尔人排山倒海般扑向该小镇,发动突袭,包围小镇,巴登-鲍威尔和迈克尔身陷其中。

保罗来到舰队街《伦敦之光》大厦顶楼约克老爷巨大的办公室里,从这位业主那儿听说了这件事情。约克老爷解释说,马菲肯是北部罗得西亚地区布拉瓦约市的铁路枢纽站,所以在战略上就突然显得十分重要。军队集结期间,大量的军用物资被运到该枢纽站储备。于是,一个仅有一千五百名白人和大约五千名非洲黑人的小镇成了布尔人的重要目标。迈克尔运气不佳,在一个错误的时刻恰好处在那个目标上。约克老爷郁闷地讲述了整件事情,他似乎不赞成这个国家卷入这场战争中。

约克老爷转变话题,说保罗的声誉已经超过他本人了。半个小时的询问之后,约克老爷为他开出了一份高薪,希望他到伦敦来组建一家电影机构。约克老爷看上去像一只青蛙,说起话来却像个天使,嗓音圆润洪亮,跟他的双下巴、凸眼睛和油黑头发很不协调。保罗几乎无法抵御他的甜言蜜语,在办公室如此,在饭桌上也如此。约克老爷带他到蓓尔美尔街改革俱乐部自己固定的午餐桌上共进午餐,还带他到皇家咖啡厅酒店用了晚餐。

“你一定要来。”约克老爷一直在坚持。

“我妻子在美国,我属于那儿,先生。”

他虽然这么说,但是在内心深处,疑虑犹存。他回家之后,没有对沙多提及此事。当他告诉朱莉时,她问道:“你想去吗?”

“我有一点点这样的想法,但你更重要。你,还有我们的孩子。”

“你的幸福对我来说很重要,保罗。”

他笑了,但是没有回答。此时此刻,尽管在这个炉边他正面回应了她的问题,做出了肯定的回答,但是他也明说了自己的想法,他丝毫也不确定。

保罗与奥利领到去南非的许可证后，买了从泰晤士河的蒂尔伯里集装箱货港开往海外的一艘希腊小货轮的船票。他们于 1899 年 12 月在南非的德班上岸。就在第二天，有一个人在一条满是畜粪的街道上朝保罗走来，只见他穿着锃光瓦亮的靴子和纤尘不染的马裤，上身双排扣蓝色上衣，脖子上领带飘飘，头戴白色热带防护帽，帽子后面还有遮阳布，这不是迪克·戴维斯是谁啊！戴维斯大声欢呼着，紧紧拥抱保罗，还请两位摄影师吃了晚饭。奥利被吓着了——尤其是当戴维斯指着一位正在跟两位军官一同吃饭的满脸络腮胡的平民百姓时，他的这种感觉更加明显。

"这是柯南·道尔医生，夏洛克·福尔摩斯先生的原型。他到这儿来是要建一些救济医院，同时写些报道。我看过他的新闻报道，他应该坚持去写小说和从医。"

战区的活动由军方严格把控，军方还对记者发往国外的所有新闻稿进行控制和审查，每一篇稿件都必须褒扬王国政府及其军队。戴维斯、保罗和奥利有相应的批准在手，便租了一辆由两匹纵列马拉的双轮马车，雇用了两个卡菲尔小伙子——一人煮饭，一人照料牲口。

他们来到布勒将军的补给基地彼得马里茨堡，然后从那儿转向西北，坐一趟军需品列车去科伦索。保罗身佩一支有腰带、有枪套的毛瑟手枪，这是根据戴维斯的建议，在德班买的。

在铁路上行驶两个小时之后，有十几个布尔枪手骑着马从几个低矮小山包的山头冲下来攻击列车。戴维斯在前面供军官乘坐的唯一的客车厢里，保罗与奥利在行李车的一只箱子上打牌。第一声枪响过后，奥利便打开车厢门，扶稳颠簸摇晃的车厢地板上的三脚架，保罗摇动着曲柄。一位用脚控制战马的年轻布尔人距火车已经非常近，保罗连他眼睛中的灰色虹膜都看得清了。年轻布尔人拿步枪直接朝摄影机射击，好在火车颠簸，子弹呼啸着飞过保罗头顶，相差了几英寸。他拔出手枪，布尔人看见了，便赶紧驱马逃走。军官们在车厢里用轻武器回击，最后以两条生命为代价将攻击者赶走了。

保罗与奥利离开戴维斯后，骑在双轮马车马匹的背上随同卡菲尔小伙子前进。他们在这一连串的小山中最高的那座斯皮恩山拍摄了一些战斗场景，当时布勒试图强行渡过图莱加河，但是被击退了。战斗一片混乱，还没有结束，保罗与奥利就开溜了。保罗不想让他们的设备因为拍摄了英国军队正遭受失败的镜头而被没收。

他们再次遇见了戴维斯，他正赶到前线来，他告诉他们往西走在哪儿能找到布尔人的营地。布尔人对中立的记者非常友好，他们希望外界了解他们这边的情况。他访问了他们，开始改变他原先相反的观念。

保罗、奥利和两位卡菲尔小伙子很快就找到了布尔人的营地，该营地有一百来号人，五十来匹马，还有两门小野战炮。这样小股的布尔人武装有很多，这是其中之一，他们独立作战，自由运动，随意出击，被称为“马上突击队”。

领导人克里斯蒂安·博塔上尉是一个四肢修长的人，皮肤被太阳晒成了棕色，长长的胡须，头戴一顶边很宽的帽子，帽子的箍带里插着一根羽毛。他的军装很怪，保罗从未见过这样的军装，包括沙色的靴子、柔和的深绿色衬衣和裤子，是少雨的森林里树叶的颜色。上尉的腰带上挂着一把巨大的带鞘的刀，一支毛瑟步枪和两条装满子弹的皮革子弹带放在他的小床上。

上尉拿出最好的食物招待客人，谈话也很随意，只是后来颇为沾沾自喜：

“到了春季，我们估计女王陛下会派遣差不多五十万最精锐的部队到这个弹丸之国，而我们也许总共只有八万男人，而且任何时候都不会有超过四万人在战场上。这么一小群农民怎么敢跟世界上最强大的帝国叫板呢？我会告诉你的。第一，我们为自己的祖国而战。第二，我们就是生长在马背上的人。我们能够在这个地区像流水一样运动，对它太熟悉了。女王的正规军所能干的就是按照教科书的队形前进，按照在军校死记硬背的东西实施战术。整个冬季，我们打得他们抱头鼠窜。我们将继续——就像美国小伙子们击退蠢得一塌糊涂的英国兵一样，他们面对心中燃烧着奋斗目标烈焰的反抗者的火枪，还排着整齐的队伍爬邦克山呢。现在有个建议，你们想去参观一下祖鲁栅栏村庄①吗？”

克里斯蒂安·博塔上尉领着他们骑马前去，只带了一个中尉陪同。保罗与

---

①在南非，某些祖鲁人中，传统的栅栏村庄由围着畜栏的一圈草屋组成，那里通常实行一夫多妻制，每个妻子通常都有自己的草屋。

奥利第一眼看见人高马大、肌肉发达的祖鲁勇士拿着长矛和盾牌前来迎接他们时，那害怕不是一点点。

博塔带着他们俩来到酋长的草屋。现在是四点钟，草屋里的味儿令人不敢恭维，上了年纪的酋长骄傲地示意他们使用一辆擦得十分光洁的茶具车上银光闪亮的茶具。“天堂圣洁的上帝啊。”奥利轻声对保罗说道，“是我疯了吗？”

酋长当然听不懂。克里斯蒂安·博塔安慰奥利说他绝对正常。为了使祖鲁族文明起来，英国安排了部分酋长的儿子到牛津接受学校教育。有许多人回到非洲，穿的都是英国服饰，读的都是英国书籍，买的都是英国商店里的东西，不过，这样的文明进程失败了。这位酋长的儿子曾一度是那些大学生之一。

客人们盘腿坐在地上喝茶。酋长戴着一顶适合去看歌剧的丝质高顶黑色大礼帽，而且证明是一个讨人喜欢的人。他根据要求，吩咐一些年轻勇士跳起舞蹈，击打盾牌，让他们拍摄。保罗摇着曲柄，这片子要是冲洗出来的话，一定是杠杠的。

1900 年 5 月初，马菲肯的围困被援军终结。迈克尔因为想方设法从被围困的小镇偷偷地将怀有敌意的报道发出去而在整个英国军事高层和陆军部臭名昭著。围困被打破的那一刻，他就被该国驱逐了。他去了巴黎，因为他岳父告诫他，如果他太早回到伦敦，有可能会坐牢。奥利带着此时已经损伤的摄影机和设备坐船回美国，而保罗则去了马赛，去看他的朋友。

欧洲一片动乱。暴力型的罢工已经持续一年，罢工的有维也纳的钢铁工人，比利时的玻璃工人，波希米亚的农民雇佣工人，德国和比利时的煤矿工人。保罗有一种奇怪的感觉，有一百个本诺·斯特劳斯的幽灵正出没在欧洲大陆，挑起阶级斗争。

他在巴黎分别看了三场乔治·梅里爱①最新的故事片《灰姑娘》，梅里爱原先是魔术师，也是大魔术师罗伯特·霍丁的合伙人。现在，梅里爱正在创立银幕上的魔术。他的最新影片有四百英尺胶卷，六千四百个画面，很可能是迄今为止最长的故事片了。

---

①乔治·梅里爱（1861—1938），法国电影制作人，在 1899—1912 年间制作了四百多部电影，其中包括《月球旅行》（1902）。

保罗与迈克尔再次在巴黎世博会上相聚，为此，这个城市得到了美化，还修建了地铁。其中展品最受欢迎、展区最大的是两家军火公司：施耐德-克勒索公司展示了远程火炮，维克托-马克西姆公司展示了一系列速射机枪。

两个朋友再次参观了辉煌壮丽的俄罗斯展览，在那儿乘坐横穿西伯利亚铁路公司火车精致复杂的复制品。火车外，是一幅幅绘画，绵延的画布上描绘着阳光普照的万顷粮田，展现了美丽小巧的乡村农舍。

迈克尔跟往常一样滔滔不绝。当一位服务员探进头来咆哮着说他们必须给等着的其他人挪个地儿时，迈克尔只是挥挥手，简短地用俄语说了一句："我们是记者，把门关上。"然后继续就马菲肯侃侃而谈。

马菲肯总结了一切（迈克尔语）——人的失败，组织与政府的失败。马菲肯是一个血淋淋的洞。铁皮的屋顶，肮脏的街道，酷热的天气，鸡狗遍地撒野。我们被封锁在那个地方两百一十七天，你能想象吗？几个星期之后当炮轰减缓下来之后，布尔人包围圈的人数从五千缩减到了大约一千五百人。不过，那位高贵的司令官始终在他的报告里虚报数字。我们解放的时候大约是一千五百到一千六百人。你不怀疑巴登-鲍威尔是帝国特别喜爱的英雄吧？

初期，他把新闻记者召集拢来，就常规和预期听他训话。他亲自审查所有稿件，凡有关围困或者他的军官们的批评稿件一律不准发送出去，也绝对不能容忍。围困期间，电报线路从未切断，除了布尔人非常文明之外，我无法解释其原因。

这是一种奇怪的封锁。布尔人的大炮数量并不多，质量也并不好。不过，一门名叫"大笨钟"的很大的攻城加农炮，加上一些老旧的黄铜大炮，足以隔一段时间轰上几炮，提醒一下，我们被困在这里了。

巴登-鲍威尔始终只把最欢欣鼓舞的报道送出去。"一切都好。四个小时的炮轰只炸死了一条狗。"他下定决心成为一位英勇战士，保持士气高涨。围困期间，我们星期日还可以欣赏到斗蛐蛐——对布尔人来说这是亵渎神灵的，他们是信教的人。巴登-鲍威尔还组织台球比赛，在共济会大厅举办音乐会，举办业余戏剧演出。有好几场他还亲自上场表演。哦，他也履行了自己的战略职责。他拿着一个喇叭筒，在整个小镇里招摇过市，大喊大叫，对根本就不存在的部队发布进攻的假命令。马菲肯的布尔人可以随时碾压我们，但是我不明白他们为什么不这么做。

“围困”这个说法让人想起物资匮乏，但实际上军官们食堂里的伙食不错，我们平民百姓吃得也不错。铁路枢纽站里，堆积着所有的食物，数量巨大。不过，那些不幸的黑人却一无所有，只能挨饿。

巴登-鲍威尔又建立了一套给他们配给食物的规定，马肉汤卖给他们要三美分一碗。他们从军队丢弃的垃圾中寻找食物，马菲肯在解围前，就已经有五到六百人饿死了。

我描绘了一幅奇怪的画图，但它并不完全是不流血的。英国兵的确跟敌人发生了真正的小规模战斗，小规模的屠杀会提振士气。我目睹了我们一群勇敢的小伙子冲出去攻克了布尔人防御工事的一个防区。我们的小伙子胜利在握了，但是他们总是要用刺刀给每一个布尔人补一刀并斩首，不管是死的还是活的，我吐了。

最后，巴登-鲍威尔我们送出去的每一个词，有的地方建议稍稍改动一下。你要是满篇都写上诸如“我们不屈不挠的战士”“创立了帝国的优秀品质”“不成功便成仁”之类的话，那么你就能得到赞许之色。记者们给予合作，从来不敢表达这场战争的真正理由——保卫英国矿业主、投机商联合企业以及将大量的资金投入矿业中的伦敦投资银行的利益，那些把年轻家伙派去送死的寡头政治老家伙的惯常秘密。没有人写这样的文章，我的职业把自身的脸丢尽了。

2月下旬，因为极度的反感再加上无聊，我开始改变我的工作方法。每一次，我拿起笔的时候，就写两篇报道，一篇交给巴登-鲍威尔，一篇交给我可以信赖的一位卡菲尔小伙子，让他偷偷送出去。我让我岳父刊发第二篇。他很勇敢地这样做了，因为他反对这场战争，他和我的塞西莉跟劳合·乔治以及其他一大帮各种不同的人一起，都是停战委员会的成员。我总共偷偷弄出了他们不喜欢的报道四百篇。因为这些报道都发表了，所以马菲肯解围之后我就立刻被带到了边界那儿。

其实没有必要。没人相信那些让人讨厌的玩意儿，因为政府的宣传太强大太有效了。音乐厅图片节目包括了电影,一个红十字会帐篷,英勇的护士、医生、卫生员正在抢救伤员的时候,被布尔人一把大火烧得一塌糊涂。这是演员演的,全都是假的,电影是在汉普斯特德荒原拍摄的。你对我说过在美国他们也这样造假。

在这段生活中,我对各种官僚机构——军队、公司、政府——产生了极大的不信任。我认为拥有或控制这种机构的人唯利是图、贪得无厌。南非战争再次证明我的看法是对的。

啊,保罗——我们为什么要继续这样做?我们为什么要欺骗自己,声称我们正在用新时代的科学奇迹提升我们兄弟姐妹的文明素养呢?提升文明素养是一个我们编造出来掩盖事实真相的谎言。我们热爱污泥浊水,人类这种动物是卑怯而又邪恶的野兽。你想啊,如果他的双手掌握了数量巨大的速射枪支,掌握了能让炮弹飞跃二十英里的大炮,掌握了能将炸弹投到平民百姓头上的飞机,那会更加坏到何种程度啊!

下一个世纪是一个黑暗的时代,野兽已经在潜行觅食。他闻到了风中的血腥味儿。

我们无能为力,恐怕,只能喝喝酒,尽量多活一天算一天。

保罗回到美国,发现布赖恩和德布兹于11月份正在参加总统竞选,还发现他的朋友克莱恩已经英年早逝,年仅二十八岁。克莱恩6月份在德国巴顿韦勒的疗养公园死于肺结核。保罗知道那个矿泉疗养胜地治疗呼吸道疾病非常有名,但可惜这个病例没有成功。

沙多为南非的电影欢呼雀跃:"爱迪生公司那些无耻的家伙雇用了两百个流浪汉在新泽西州的西奥兰治弄了一场斯宾考普战役,一门加农炮开火早了一点,把两三个冒牌士兵给炸伤了。真是活该,他们老想着用各种方法欺骗美国公众。"

沙多给了他一笔奖金,并且考虑给他新的任务。

这个任务有可能是去菲律宾,国外的一个地方。丛林战斗。美国的菲律宾群岛军事总督阿瑟·麦克阿瑟将军正在镇压致力于摆脱外国统治的反抗者——

先是西班牙，现在是美国，这是强加在菲律宾头上的 1898 年和平方案的一部分。但是沙多还没有找到人选来训练并组建第二个摄影团队，所以他不得已只好让保罗与奥利再到国外出一趟长差。

9 月 8 日，星期六，得克萨斯州恶劣的天气为他们提供了一个宏大的主题。休斯敦东南的加尔维斯敦岛几乎被一场飓风引起的风暴潮彻底毁灭。数以千计的生命瞬间消失，大半个岛屿毁于一旦。保罗与奥利得到默许，登上了一辆由威·伦·赫斯特的《芝加哥美国人》资助的特别救援列车。

9 月 13 日，星期四，列车抵达得克萨斯城。飓风将通往加尔维斯敦岛的所有桥梁全都撕成了碎片。当那艘拥挤的平底驳船将保罗与奥利送到依然矗立在第十二大街的一个凸式码头时，他们瞧着这一切，极度恐怖。

他们在鬼城一样的街道上拍摄，在人们的聚居地，唯一留下的是一段还直立着的砖墙，或者是一块破碎的家具。他们看见巴顿小姐跟其他红十字会的妇女们正在一个施粥帐篷里煮食物。

海滩上，一柱柱升起的黑色浓烟表明那是焚烧场地，尸体正在煤油浸湿的柴堆上焚烧，一层木柴一层尸体。一开始，尸体被平底驳船拉到墨西哥湾沉到海里，但是有数以百计的尸体又漂浮回到了岸边。

大火的气味十分恶心，烂泥的气味也臭不可闻，到处都是两三英寸深的淤泥。不到两天时间，他们便拍摄了足以让观众看得目瞪口呆的镜头。

就这样，一小时又一小时，一天又一天变成了一周又一周，一月又一月，驱赶着保罗从地球的这边来到那边，从一个引人注目的景象或者经历走向另一个景象或者经历，完全跟他在柏林那个没有窗户的小房间里梦想的一模一样。令人难以置信，梦想成真了。

但是，他的家庭生活却一直徘徊在毁坏的边缘。明天是元旦了，他与奥利买了去纽约的火车票。1897 年一场灾难性的大火摧毁了原先的木头建筑，12 月 17 日，一个新的埃利斯岛重建后再次开放。数以百万计的移民正在涌入美国，包括从东欧来的大量犹太人。当前，埃利斯岛是一个焦点，沙多想要一部“纪录片”。

火车将在上午十点半发车。不过，今晚都属于他，属于朱莉。今晚，还有乔叔叔庆祝新世纪到来的聚会，还有保罗想要成为一位美国公民的愿望。

聚会在最新的德国酒店举行，它位于德国广场的克拉克北大街，名叫红星酒店。店老板用深色木料做镶板，花饰铅条窗户内嵌日耳曼风格的盾徽，锻铁的灯具，白蜡树的桌子和椅子，驼鹿与公猪头标本，精心绘制的啤酒杯子，一大张富有德国特色的食品菜单以及一群穿着黑色短上衣、围着白色围裙、脾气温和但效率极高的服务员，打造了一个近乎完美的巴伐利亚酒店复制品。那些服务员都已人到中年而且有些胖。

店老板四十岁年纪，是科隆来的移民，在门口迎候他们。“晚上好，将军阁下。”他鞠着躬，说道。

“晚上好，加劳尔先生。”乔叔叔环顾了一下四周，“很高兴有这么多人。你这个饭店短时间大获成功。”加劳尔捋着自己下巴上稀疏的短尖髯，喜形于色。“那个私人包厢准备好了吗？”

“当然准备好了，别墅包厢。跟我来。”

大厅里每一张桌子都坐满了人，满堂闹声喧天。他们私人包厢的后面通向大厅，好像处于节日心境的乔叔叔建议他们把双扇门打开着。这让每个人都很高兴，让他们觉得自己也成了洋溢在饭店里的欢天喜地的一部分。

乔叔叔安排的宴会非常考究，清一色的德国风味。一开始是每人一瓷盅热气腾腾的盖碗汤，牛尾汤还是奶油芦笙汤，自己选。接着，服务员端来了一碗碗的家庭特色菜——肝馅饺子，吃一两只红星肝馅饺子说是可以垫垫胃，为吃主菜做准备——今晚，主菜有盘装的烤猪肉、烤小牛肉、羊肉、兔肉、鹿肉和罐装的带骨牛腿肉。糖醋烤牛肉上来了，还有蔬菜，还有热乎乎的新鲜面包，有白面包，也有黑面包。甜点可以在传统的布丁和煮水果里挑。所有这些菜肴都可以自由地配酒喝。不仅有克朗贮藏啤酒和家乡黑啤酒，还有短而粗的椭圆绿玻璃瓶装的马姆香槟酒和法国红葡萄酒。“来特罗肯干白①！你们最好的葡萄酒。”乔叔叔吩咐道。

---

①全称为“特罗肯比勒瑙斯利泽酒”，一种优质德国白葡萄酒。

餐桌呈U字形，座位上摆了伊尔莎婶婶写的小小桌签。饭店大厅里，游走的手风琴演奏家正在演奏《星条旗永远飘扬》，顾客们拍手、跺脚和着节奏。这首进行曲是保罗特别喜爱的一首乐曲，到处都可以听到它——客厅、音乐厅、酒吧、街头巷尾——仿佛苏泽的这首乐曲概括了美国的精神状态——力量、乐观以及在全球事务中越来越重要的作用。

手风琴师来到私家包厢，问他们想听什么。一首熟悉的德国民歌？卡尔说："演奏《雷格泰姆玫瑰》。"玛丽·比泽和威利斯鼓起掌来。乔叔叔虽然不喜欢这种类型的乐曲，但是不一会儿他就用脚打起了节拍。最后，他非常大方地给了手风琴师小费。

"两美元吗？"伊尔莎婶婶拿两个手掌贴着脸颊，喘了一口气。

"一个世纪一次，为什么不呢？"乔叔叔倾过身去吻了一下她的脸。保罗觉得这主意棒极了。他吻了一下朱莉的脸。她用手抱着他的脖子，轻轻说了一句充满爱意的话。

保罗点燃一根雪茄。他要那壶克朗啤酒，卡尔将酒壶递给他。他在那只高高的玻璃酒杯里倒了第三杯酒。饭店的大厅里，人们笑着唱着，甚至喊叫着。此时只是九点半。

聚餐的声音越来越响，气氛越来越欢乐。客人们在上菜的间隙离开座位。朱莉认真地跟伊尔莎婶婶说着话，告诉她她真的应该找个日子去见一下卡内基先生，因为他十分赞赏伊尔莎对世界和平的热情。

沙多冲出门去，冲进烟雾浓浓的大厅，将手风琴师拽了进来。"我想跳阔步舞。"他说，一面醉醺醺地重新摆放着椅子腾出空间。阔步舞是美国最流行的舞蹈，沙多非要展示一下他的娴熟舞技。"我不是白白地戴那该——唔，那让人讨厌的滑稽黑面具的。我们来吧，玛丽。"

沙多上校和玛丽跳起了阔步舞，大家报以热烈的掌声。

韦克斯抓着保罗不放，问了他很多有关他出差远行的问题。保罗反过来也想再次确认韦克斯是否过得好，是否不再将他赚来的钱挥霍在肯塔基的赛马上。

“你是认真的吗，我的孩子？瞧那边我亲爱的老婆。她可是有很好的数字头脑哎。她做账，控制我们的资金，每个月给我一点零用钱去小玩玩。这点钱用完了，就再也没有了。我们刚搬去列克星敦那会儿，我想额外偷一点。露西尔把我逮了个正着，还把我摔倒在地。然后她就坐在我身上，给我上课。她像他们说的那样可爱，可是她的意志硬得像钢铁，身体壮得像摔跤运动员。跟露西尔争辩犯不着，多年来，她就是我所需要的主。她驯服了我最邪恶的那些恶魔。不，可以说得更好听点，她驱逐了那些恶魔。”

过了一小会儿，保罗侧耳听到菲什伯恩小姐正跟伊尔莎婶婶相谈甚欢。菲什伯恩小姐喝下了很多香槟酒，而且他觉得她看上去气色倒是更好了。前天夜里她到达的时候，看上去又沮丧又疲惫。朱莉发现了缘由，她姨妈受挫的爱情再次焕发生机，对象是一位年轻英俊的葡萄牙人，名叫费尔南多，是停泊在蒙特卡洛的一艘租用游艇的船长。

“我无法决定接下来要做的事情，亲爱的伊尔莎。我发疯一样地想到普罗旺斯去学习外光画，又热衷于航海去赫布里底群岛。我一直想去日本，去看看歌舞伎——全部由胸部肥大的男人表演纤巧的艺伎，这太刺激了！当然啦，我可以找个矿泉疗养胜地安顿下来，读完托尔斯泰伯爵的《战争与和平》。我已经开了九次头了。眼下，我在看一部叫作《梦的解析》的书，遇到了难题。关于这部书争论很大。作者是一个维也纳精神病学家，没人听说过……”

伊尔莎婶婶被迷住了，或者说可能被征服了。

保罗接着注意到菲什伯恩小姐跟那位令人敬畏的鲁尼夫人谈上了，一面还不断地挥舞她的香槟酒杯强调着什么。

“我可得劝你一句啊，露西尔。要对老公好一点，否则有人会把他抢走的。我发现他真的迷人耶，挺像个有脑子的矮妖精①哪。”

此后不一会儿，菲什伯恩小姐跟朱莉凑到了一起，这时服务员端上了热乎乎

①爱尔兰民间传说中的矮妖精，将其捉住后可使之指点宝藏所在地。

的咖啡和德国烈酒。朱莉跟她姨妈说着内尔的事情,朱莉的姨妈转动着又一杯倒得很满的香槟酒。

“你和你母亲断绝关系也好,这就是我的观点。我这个有病的妹妹根本不适合扮演母亲的角色。”朱莉还没来得及同意她的观点,只见弗里奇将她的椅子搬到了她们身边。弗里奇自从见到朱莉的姨妈以来就一直在黏她,因为菲什伯恩小姐在美国和欧洲见过许多著名的男女演员:亨利·欧文、萨尔维尼、埃达·里恩、萨拉·伯恩哈特,还有以扮演令人着迷的夏洛特·福尔摩斯闻名的威廉·吉勒特,还有蒂龙·鲍尔、比尔博姆·特里、乔·杰斐逊、埃伦·特里、莫德·亚当斯、理查德·曼斯菲尔德、菲斯克夫人、莱斯利·卡特夫人以及一位跟约翰·德鲁夫人有关系的名叫埃塞尔·巴里莫尔的年轻美人,还有埃塞尔的兄弟莱昂纳与约翰。

弗里奇兴奋极了:“约翰·德鲁夫人是我见过的唯一名人。”

“别着急,你都能见到他们的。”菲什伯恩小姐安慰她道。

朱莉说:“你会成为他们中的一员,弗里奇。人们会想要见你的。”

“弗里奇。”保罗在桌子下面说道,“我有一个惊喜,我一直藏到今晚。”

“给我的惊喜?什么呀?”

“前天,邮局送来迈克尔的一封信。他提到了一位朋友,名叫斯坦尼斯拉夫斯基,著名的剧作家和表演老师,他跟一个合伙人在莫斯科开办了一家富有特色的新艺术剧院。这两个人希望开办他们自己的学校,所以迈克尔前些日子写信给他们了,说了你的事情。他昨天的来信说,等他们准备招收第一班艺徒了,他们会尽量考虑你的申请——前提是你得有必要的资金去莫斯科。”

“哦——哦。”弗里奇激动得面孔绯红,拿两个手掌紧紧捂着自己的脸,保罗以为她要昏倒了。“这太令人激动了,保罗。他们什么意思,必要的资金?”

“钱。”乔叔叔冷冰冰地说,“轮船和火车费用,杂七杂八的零碎费用,比如吃的、穿的、住的。”

“我会有的,我要去。你可能会感到惊讶,爸爸,可是我听说过这个新的莫斯科剧院。每个人都说,它是世界上最先进的。”

“那是认识的人说的。”卡尔大声说道,“我可从来没有听说过这个剧院。”

“好啦，我觉得我们可以帮弗里奇在适当的时候筹措点经费。”乔叔叔若有所思地说，伸手去拿他的德国烈酒。弗里奇跑过去亲吻他，然后吻保罗。

保罗点燃第三根雪茄。到目前为止，乔叔叔还没有跟沙多怎么交谈，他很可能认为他太粗俗了。这会儿，保罗看沙多拿着一只装满克朗啤酒的高酒杯绕着桌子摇摇晃晃地走来走去。上校停下脚步向乔叔叔祝酒。

“敬你，先生。这是我品尝过的最好的——唔，最美味的贮藏啤酒。我皈依，永远忠于克朗了。”

“真的吗？好极了，上校。麻烦你对我说说你从事的电影业，请坐。”乔叔叔指着一张椅子，这正中沙多下怀。他坐下，拿一条胳膊搭在乔叔叔的背上，吓了他一大跳。

“嗯，将军，我现在正处于一个人们所说的过渡阶段。我想把放映转型成生产，扩大勒克索格拉夫电影的发行量，组织更多的摄影组。再也找不到像达奇这么好的摄影师啦，不过我也许可以找一些接近二流的人。”

“我可以问一下为什么要做这个改变吗？”

“从扩大生产的角度，最后的收入数字会更好。”

“收入数字？啊哈。你能给我举例说说吗？”

沙多从衣服口袋里掏出一支铅笔，在一张菜单上飞快写着什么。很快，乔叔叔在他身边俯下身子，他们俩的头几乎碰在了一起。保罗笑了起来。

几分钟之后，保罗说了声对不起，便上厕所了。回来穿过大厅的路上，他吓了一跳，看见乔叔叔正站在走道里，脸色通红，好像是跟那位报纸编辑赫克斯哈默发生了一点冲突。

第一百十七章　将军

赫克斯哈默在乔上厕所的路上拦住了他。年轻的赫克斯哈默穿戴跟往常一样整洁。今晚还加了点东西：脖子上围了一条红黑相间的宽带子，上面挂着一块铜色大奖牌。大奖牌上有双鹰浮雕，这是普鲁士的象征。

赫克斯哈默鞠了一个躬："克朗将军阁下，我听说自从西班牙战争之后，这是你的尊称了。"

乔拿他这并不犀利的讽刺不当一回事儿："的确是的。"

"跟你们全家在一起庆贺，就像我跟我全家在一起庆贺一样？"

"是的。这是奖章吗，奥斯卡？"

"一点没错，四等红鹰勋章，德国皇帝亲自颁发的，表彰为泛日耳曼同盟所做出的贡献。我们很活跃，在这里和国内。在柏林，这个同盟正在从事一项精心的研究，目的是科学而又明白地确定，纯血统的德国男人和女人无论在精神上还是生理上都不同于其他种族。"

"不同，而且优越？"

"我相信证据会证明这个，是的。这个时代是激动人心的时代。在冯·提尔皮茨上将的敦促下，在国王陛下的全力支持下，德国国会已经批准了一个装备德国的二十年建设计划，还额外增加了——"

"三十八艘战舰，我还真看过报纸呢。"乔抢着说，心里嘟囔着，"不过不是你的报纸。"

"芝加哥忠诚的德裔美国人正在起草一封表扬信，我们想弄到尽可能多的签名。这封信将被寄往柏林的同盟总部，我们在信中举双手赞成建设更加强大的海军,这样反过来也会保证稳定德国殖民地的——"

"奥斯卡,对不起,我要上厕所了。"

"就再一小会儿,我猜你不愿意在这封信上加个签名,是吧?"

"你猜对了。"

那编辑的嘴角荡起一丝微笑:"你知道,我非常想要确认,你的位置不会被忘记,将军阁下,还有你的敌意也不会。总有一天,你会为自己的立场后悔的。"

"奥斯卡——"乔十分艰难地强按怒火,"遇见你总是不具有建设性。你让我忍无可忍,倒我的胃口。请别挡道,否则我就会干出有一次我在办公室里威胁你的事情,揍得你满地乱爬。"

赫克斯哈默还没反应过来,乔又说道:"祝你和你全家新年快乐,奥斯卡。这是美国话,说不定你听不明白呢。"

他大步朝盥洗室走去。

子夜还差几分钟,手风琴师在大厅里开始演奏一首大家熟悉的《新年气象》。几乎同时,人们站起身来,摇摆着,吼叫着,深情地向旧年告别。

旧的一年过去了,
新的一年开始了。
感谢上帝给我们这段时间,
感谢上帝,我们依然活着!

感谢上帝,旧的一年过去了,感谢上帝让我们迎接新的……

接着,加劳尔先生和他的服务员大声喊叫着安静。加劳尔先生弄到了一只船钟,他一面瞧着自己那只很大的金怀表,一面用大头锤敲着钟。一下又一下,这一年的最后几秒钟在倒计数中悠然而去。敲到第十二下时,人们抛着三角旗,擂着桌子,呼喊着:"新年快乐!"每一个人,包括克朗家的人和他们的客人,互相亲吻拥抱,互致新年祝福。

玛丽·比泽泪如泉涌。威利斯招呼服务员再来一杯香槟。韦克斯·鲁尼想到了一个好主意,举起两根指头,他妻子将他的手按了下来。

乔紧紧地拥抱了每一个孩子,然后是保罗、保罗的妻子,最后是伊尔莎。他在伊尔莎的肩头看见了他的侄子。保罗站在那儿,头往前倾,前额搭着朱莉的前额,他的双手抚着她的双肩。他对她喃喃地说话,她的回应是含情脉脉的目光。乔从来没有看见他侄子如此幸福过。

从外表看,他也很幸福,兴高采烈。他跟其他人一道唱歌、欢呼,但是,有一部分是装出来的。奥斯卡·赫克斯哈默撂下一句总有一天要发生冲突的话语,给这个晚上投下了一道阴影。乔·克朗还真没有把这句威胁当成是针对他个人的,尽管其本意就是如此。他将它放到了一个更大的框架里,一个全球框架。民粹高烧居高不下,他的故国和新国都行进在奇怪而又陌生的线路上。1842 年,乔诞生的那年,德国充其量是一些吵吵闹闹的城邦和地区,美国则是一块乡野之地,诸多财富没有发掘,工业潜力尚待开发。现在,这两个国家都变得十分强大,目空一切,迫不及待地希望在全世界面前展现自己的力量和重要性。乔祈祷,两个国家的线路千万不要发生冲突。

第一百十八章　伊尔莎

新年早晨，伊尔莎听到大门铃响前去开门时，纯属偶然。

乔匆匆忙忙结束一杯咖啡、一点香肠、一个涂无盐黄油的硬面包卷早餐之后，大约在七点钟的时候就走了。他抱怨说，昨夜这一系列的庆祝活动使他有点头痛，但无论如何他还是去了啤酒厂，因为这个时候厂里会很安静，他可以清理一下办公桌上永远会出现的一大摞一大摞文件。他答应两点之前回家，参加每年一度庆祝圣西尔维斯特节的晚餐。

弗里奇和卡尔依然还在房间里。卡尔现在大了，伊尔莎希望他不会在花园里放鞭炮了。屋子里任何过多的声音都会令她紧张，这又是一个上了年纪的征兆。

朱莉下午会过来，参加晚宴，但这个时候，她应该在火车站，跟保罗和他的助手道别。伊尔莎多么希望她侄子不要这么匆忙出门，她喜欢节假日全家人围着餐桌团聚，但是这已经变得越来越不可能。这就是孩子们长大了的规律。

通常，大门铃响，曼弗雷德会去开门，可是他请了一周的假，去看望赫尔加在圣路易斯的娘家人。他们现在是曼弗雷德的家人，他唯一的家人了。赫尔加·布伦克斯在夏天的时候淋了一场很冷的雨，患上肺炎，去世了。

屋子里弥漫着鱼的腥味儿。路易丝年龄真的是太大了，身体也太弱了，准备这么大的宴会，心有余力不足了，但是今晚的宴会，除了其他菜肴外，她坚持要上传统的鲤鱼。年轻人很可能不会吃它。他们早就被路易丝的幸运小猪杏仁饼和烤烟囱清扫小面人儿给塞饱了。

铃声响了第二下。“请等一下。我来了。”伊尔莎大声说道。

她打开大门,看见一个流浪汉站在那儿,他的右臂下撑着一根拐杖。因为冬天的阳光耀眼,所以她看不清他,她真希望能有年轻的时候那样好的视力。

即便如此,有几个细节被注意到了。这人的体格瘦削,肚子稍稍有点凸起,这让她觉得似乎不太对,因为他看上去还年轻。卷曲的头发拖到了领子上,浓密的络腮胡子遮住了他的下巴和脖子。他穿着一件缝补过的红黑相间的格子麦基诺厚呢外衣,下身一条细条子裤子,这裤子原先一定是被丢弃的套装里的裤子,头上一顶布帽子,在他鼻子下面投下了斜斜的阴影。他右裤脚就在脚踝上面的地方,要么是别住了,要么是缝上了。他的右脚不见了。

伊尔莎的脑子里突然闪出德国人的一个说法,说是元旦在屋子外面见到的第一个人具有特别的意义。看见老太婆意味着来年要倒霉运,看见年轻人则会交上好运。那么看见残疾意味着什么呢?她不知道。

她将一只手抬到额前挡住太阳光。"非常对不起。"她开口说道,像背诵千篇一律的应答祈祷一样,"我们在大门不布施的。"

"妈妈。"

"你如果愿意到后——"

"你不认识我了吗?妈妈,我是乔。"

第一百十九章　将军

大约十点半钟，克朗啤酒厂安静得像一座教堂。乔穿着衬衫，正飞快地处理他办公桌上一些无用或不重要的文件。斯蒂芬·兹维克也来了，独自一个人，乔可以听见他这位雇员在外面办公室里坚持不懈地慢慢打字，那声音令他满意。努力工作是一剂非常好的解药，可以缓解昨晚奥斯卡·赫克斯哈默的警告所带来的沮丧。

电话铃响了，斯蒂芬拿起话筒，然后将头伸进来。

“克朗夫人的电话。”

乔被打断了工作节奏，有点不高兴。他将一组成本数据扔下，伸手拿起电话。“什么事，伊尔莎？”

“乔，我有个消息。”

她压低的声音表明发生什么事情了。他忘了一切，生怕发生了什么悲剧。

“告诉我。”

有好几秒钟，电话里除了轻微的嗡嗡声，什么声音也没有。这消息太可怕了，她都不敢重复。他的脑子里闪过十几种血淋淋的可能，不过当然没有一个是对的。

“小乔，他在这儿。”

“这儿？”

“这儿，屋子里，是的，一个小时前我听到敲门声去开门，竟然是他。”

“我马上坐马车回家，我得跟他谈谈。”

“乔，别回家来，暂时别回来，这次我会跟他谈的。”

他生气了，又隐隐约约有点受伤，便抬高嗓门说道：“这是我的责任，我是他父亲啊。”

“这次我会跟他谈的。记住卡尔·舒尔茨的话，就是你有时太德国化这样的事情。我会谈的，然后你可以看看他。我不知道我们儿子为什么会回家来，可他现在就是回来了，我想要他留在家里，如果他愿意的话。我想要弥合旧的创伤，我不想让那些旧伤再撕裂。”

“可是——”

“乔。”她十分平静，然而，她的表达毫不含糊，是一种警告，“我会谈的。”他从来都没有在她的话音中听到过如此铿锵的金属声。

现在轮到他沉默了。她变了，世界变了，他们全家变了。而他也变了，他感慨万千，五味杂陈，有惊愕，有困惑，也有不止一点点的伤感。

“好吧，伊尔莎，那我迟一点回家。”

“不要太急，过几个小时吧。谢谢你，亲爱的老公。”

他将听筒挂到钩子上，挂了两次才挂好。

“斯蒂芬。”他喊叫道，声音变得无力。

“先生？”

“请把门关上吧。”

斯蒂芬·兹维克不太习惯说得如此客气的请求，便再次将头探了进来。他看到雇主脸上紧张的表情，便立刻退了回去，心里十分担心。门关上了，几乎听不到声响。

拉腊比大街上，乔可以听到一些男孩子在寒冷的晨风中喊叫玩耍。他坐在那儿，瞧着那只竖立在一束斜斜阳光中的黑色直立电话。现在是新世纪了，人们处在一个变化如此之大的世界中，有的时候他除了一些过时的服饰，什么都不认识了。有的时候，他确信他在这个新世界里完全是一个陌路人，就像刚来到美国一样，那是 1857 年，一个年轻的新移民，初次踏上美洲大陆这块土地。

唉，没有关系，没有关系。花开花谢，潮落潮涨，克朗家都挺过来了。他会挺过去的，他绝对会挺过去的，家庭的力量就是他的力量。而且现在，他有一个比他长久以来所知道的任何理由都更令人信服的理由：他的大儿子回家了。乔将在所学到的惨痛教训的帮助下，把他留在家里。

第一百二十章　达奇

1月3日,星期四,上午,保罗将奥利留在宾馆,自己沿着第六大道走去。美国现在已经有七千六百万人口,似乎有一半居住在纽约。今天早上,尽管天气恶劣,却好像有一半人来到了室外。一条与他在巴黎乘坐过的一样的地铁正在地下挖掘,以分流地面交通。保罗怀疑它帮不了多少忙。

头顶上方,第六大道高架铁道的列车轰隆隆地呼啸而过,飞舞的煤渣掉落到了不注意的行人身上。街道上,马车和私家车辆熙熙攘攘,这种拥挤再加上出现了一辆蒸汽动力的汽车,球形喇叭一个劲儿地鸣叫着,令局面变得更加糟糕。蒸汽驱动和汽油驱动的车辆正在变得越来越普及,这种现象一直让保罗感到惊奇,让有四条腿的东西感到害怕。

他太思念朱莉了,每次分别总是这样。但是他丝毫也不想念他穿到法庭和聚会上去的三件套正装、赛璐珞领子和袖口。他再次投入了工作,穿戴他喜欢的舒适服装,因为这使他显得与众不同。他的衬衫是土黄色的卡其布,配他的马裤。圣诞节的时候,朱莉送了他一条最时尚款式的马裤,两边呈喇叭形展开,一种据说起源于印度焦特布尔市的风格,不过他还没这个胆量穿。

穿卡其衬衫,他就配上黑色靴子,穿了一件很厚的红色法兰绒里子的长长的黑色皮外衣。他的头上戴了一顶价格昂贵的有黑色和棕色格子花的高尔夫帽子,这是伊尔莎婶婶送他的礼物。他的脖子上围了一条莽骑兵的圆点花纹领巾,这样一来,作为一个首席摄影师,行头就无可挑剔了。

在第十六大街与第十七大街的街角,他转进了弗·温·伍尔沃思那个又大又漂亮的商场。昨天他在巡视,为周五和周六在政府场地拍摄做准备,结果把自己的冬天手套丢在了某个地方。

走进商场的时候，他听到了钢琴声。琴声来自大门口附近一个高高的圆台，圆台完全被乐谱架子给围住了。一位红头发的歌曲推销人结束了一首进行曲，点头向八位顾客听众的掌声致意。歌曲推销人将他的手指缠在一起，啪啪地响了几声指关节，调整一下他的凳子，演奏了好几个琶音，以便引出《蓝色和灰色》，著名的保罗·德雷瑟最近所作的那首轰动一时的歌曲。歌曲推销人用他高亢清亮的男高音唱起了这首民歌。

一位母亲送给她国家伟业的厚礼
是一个未曾讲述的故事——
她有三个儿子，仅此三个儿子，
每个儿子价值都等量金子。

保罗从边上走过，轻轻地吹着这首歌曲的调子。他找到手套区域，开始在放着各种样式、各种尺寸手套的箱子里寻找。

为了战争，她将他们割舍，
虽然痛彻心扉。
每个儿子离家时，只听得她说，
他将一去不回……

他找到了他想要的手套，黑色皮革长手套，里面是暖和的羊毛里子。女售货员接过他的钱。那目光非同寻常地友好，还挑逗性地瞟了他一眼，保罗只是笑笑。她将钱和销售小票放到一只金属筐子中，将筐子挂到头顶的一根铁丝上，拉了一把挂在天花板上的铃绳。一个滑轮装置将筐子沿着铁丝嗖的一声滑到了夹层楼面的收银员那儿。过了一会儿，那个装着找零和盖了“付讫”印章小票的筐子沿着铁丝滑了回来。

“要把手套包起来吗，先生？”

“不必了，谢谢，我戴上。”

她将手套递过来，涂了很多口红的丘比特弓形嘴唇稍稍噘了一下。

歌曲推销人伤心欲绝地唱第二段歌词，失去三个儿子的母亲发现他们在天堂门口等她，全身戎装。深情的歌曲博得了热情的掌声。保罗朝大街走去。钢琴师在伴奏的过程中，聚集了更多的人，其中有一个人，从后背看他的外表，在保罗的记忆深处微微地拨动了一根弦。这人毛刷般的黑发往四面八方伸展。

保罗走到一边，可以看清楚他的一部分侧面。这人很年轻，跟他差不多年纪。他穿着一套合身的价格昂贵的中灰色双排扣礼服大衣，结着一根灰色丝质领带，褐紫红色底子，有细细的灰色斜条点缀。他的一条胳膊上挽着一件灰色大衣，灵动的双眼湛蓝湛蓝，正在犀利地望着那些乐谱架子。保罗认出了他。

歌曲推销人再次将自己的双手缠在一起，啪啪响着指节，然后在空中抖动着手指，一面微笑着挽留他的听众。他敲击琴键，演奏当下另一首红极一时的乐曲《雷格泰姆玫瑰》。乐谱架有一半堆满了这首钢琴曲的乐谱，大大的涡卷形文字的作曲家名字“哈里·波伦”赫然在目。

黑头发的年轻人和着复杂的节奏充满活力地上下踮着脚尖，一面还轻轻地晃着脑袋、摆动着胳膊肘。他面带微笑，沉浸在音乐中。慢慢地，保罗继续绕着那台子转圈，绝对没错……

在铺了地毯的台子对面，那年轻人注意到了他。他跟保罗面对面站着。保罗等着，面露试探性的微笑。年轻人皱起了眉头，显然是在搜肠刮肚地回忆。

他的嘴巴张开了。

保罗咧开嘴笑着，摘下他的高尔夫帽子，飞快地朝那个人走去。

“赫舍尔吗？”

“波利？”

“赫舍尔·沃林斯基。”

“是我，是的，赫舍尔，你的朋友！”他的话里几乎听不出口音。他一声欢呼，将大衣扔到台子上，张开双臂，抱住保罗，一面拍着他的背，呼喊着：“波利，波利！”听众们感到不爽，“嘘”着他们。那钢琴师最生气。赫舍尔对他说道：“别拉长了脸，继续弹，这是我写的曲子。”

他斜回身子，抓住保罗的双肩："真的是你吗？"

"是的，波利，或者保罗，叫哪个都可以——我在美国有很多名字。我怎么叫你呢？赫舍尔，还是哈里？"

"哈里，现在叫哈里，永远的哈里。"

"你来这儿多久了？"

"到3月份就四年了。我母亲作古了，我姐姐她们选择留在老家。我对你说过我会成功的，是吧？我从不怀疑。我有一个新名字，你也看到了。这名字非常美国化，你说是吗？"

"是的，我喜欢，很引人注目。"保罗拿起一份《雷格泰姆玫瑰》，依然感到惊奇。他打开乐谱，凝视着这些晦涩难懂的黑色音符。

"这是你写的？"

"我写的，事实上我写这首曲子有一段时间了，我不想太早推出。那不太——啊——现实。有一天晚上，我刚好在一家沙龙，听一位圣路易斯来的黑人歌手演唱。在那个微妙的时间点，他演奏钢琴曲。他告诉我是怎么一回事儿。黑人把它叫作'垃圾时间'，或者有时就叫'垃圾'。我丢开那首老曲子，推出了这一首，就在那个垃圾时间。"

"然后一炮走红，我到处都能听到这首曲子。"

"不好意思——是这样。到今天为止，乐谱销售量已经到两万了，而且还在攀升。你知道，它是豪利和哈维兰音乐公司出版的，伟大的保罗·德雷瑟是那家公司的合伙人。我一开始在那儿做歌曲推销员，跟那个在演奏的家伙一样，可是他们很快把我提升为正式雇佣作曲人。我作进行曲很拿手，可是我不擅长民乐。这首是我特别喜欢的，德雷瑟先生不喜欢。可是他懂能赚钱的音乐，德雷瑟先生喜欢钱。"

"赫舍尔，我简直不敢相信。"

"我也不敢相信，真的。"他想起了什么事情，他用手做了一个手枪的姿势，跷着大拇指："砰，砰！"

保罗大笑起来，大声喊叫着，"砰，砰"，进行还击。三位观众拔腿走了，一位铺面巡视员大步朝他们走来。那位歌曲推销员已经不再是人们感兴趣的中心，他敲击了几个难听的音符，表示他的不快。

赫舍尔不在乎。他抓住保罗的手华尔兹了一圈，仿佛他们是在舞厅一般。赫舍尔的脑袋上下摆动着，完美的四分之三拍子。

那位一本正经的铺面巡视员站在他们对面："注意，我们不允许——"

可是他们早就跑了，手臂挽着手臂，跑进了第六大道。赫舍尔塞了一份歌谱到保罗的外衣口袋里，在他的肩头大声说道："我是作曲家，可以拿到免费的乐谱。"

他们喝了一整个下午的啤酒，在查尔斯·雷克托豪华的饭店盘桓到了黄昏，在那儿吃鹿排晚餐，又喝了很多杯波尔多红葡萄酒。他们几乎有说不完的话。

保罗喝完了七到八杯红酒，拿手指擦着沾了红酒的桌布上的乐谱。"你应当获得成功，这是一首很优美的乐曲。"

"嗯，也许并不优美，但是能吸引人。而且是百分百美国的。"

"你在这儿干得这么棒，好极了。"

"你知道的，我下决心要来美国。一旦来了，我就下决心决不失败。纽约的花费很高，可是我很幸运。我除了出版社的固定工作，还兼了几份职。干得比较多的是舞台演出彩排钢琴师。只要日程安排不冲突，我还上台为弗拉维娅·法雷尔小姐钢琴伴奏。"

"那个爱尔兰歌手。"

赫舍尔的面孔绯红。"法雷尔小姐是一个要求很高的女人，可是为她服务我挺开心。我慢慢地在学习为她做音乐安排，而且我还为她提供某种生理安慰，她这种要求十分有规律。那我何乐而不为呢？她比我大二十岁，但是是一个很漂亮也很慷慨的女人，她教会了我很多东西。"他的脸红了，"请别让我说更多的细节。"

他倒满保罗的酒杯，然后将最后的酒倒进自己杯子："当然啦，我最需要的是所有时间都能作曲。我不想受雇于他人，我要为自己干。我对正式的乐理懂得太少，我正在上夜校。"

"我们走吧。"保罗突然说道，"我好想喝几杯好啤酒。"

“我也是，老朋友。”

他们去了多少地方，保罗的脑子里很快就模糊了。在那条充斥了廉价酒吧和酒徒、乞丐的街上，他们交换了住址，赫舍尔拉着保罗的手，答应一定去芝加哥，去拜望朱莉。凌晨两点半钟，他们在寒冷的夜风中沿着第五大道南段醉醺醺地踉跄前行时被抓了起来。他们在一个监狱牢房里过了一夜，一遍又一遍地哼着没有词的《雷格泰姆玫瑰》旋律，弄得关押在其他牢房的人骂骂咧咧地威胁要揍他们。

早上七点，保罗的脑袋火烧火燎，眼球像是在着火一样，他给在宾馆的奥利打了电话。

“带点钱来保释，我会解释一切的。你租游艇了吗？好，把装备整理好。我们中午前去埃利斯岛拍摄。”

这一切赫舍尔什么也没听见，他依然在牢房里，穿着他精致的双排扣礼服大衣蜷缩着身子躺在那儿直哼哼。

“都妥了？”保罗问道。

“妥了。”奥利说。

“他们来了。”

勒克索格拉夫摄影机被架设在埃斯利岛移民车站广场上，车站的建筑比波利·克罗纳和老瓦尔特入关那会儿要坚固多了。新房子是红砖实墙，配了沙色石头，十分显眼。沿广场的停泊区已经变成了“U”形轮渡码头的一个边，另一边原先是地铁坑道，现在被填平，扩大了小岛，正在建一家新的医院，尚未竣工的建筑矗立在惨淡的阳光下。保罗来到他们的游艇上时，有一种十分奇怪的感觉。他怎么也不会想到他会再次见到埃利斯岛。

一艘名叫“威霍肯”的平底渡船正旋转着轮叶驶向码头的入口，甲板上挤满了乘坐统舱来的新移民。今天到达的人都是从北德意志劳埃德航运公司的“卡尔斯鲁厄”号下来的。冬季横渡海峡很苦，保罗知道，这是最近记忆中最苦的横渡之一。他可以理解那些移民面临煎熬时的感受。

渡船咔嚓咔嚓地驶入码头，发动机低速运转，由绞船索牵曳着靠向广场。奥利倒戴着帽子，伏在摄影机上方。勒克索格拉夫摄影机的镜头正对着船栏后面那些焦急的面孔。

“我拍了，达奇。”

“尽管拍，这是好素材。”

渡船的左舷靠上了广场，船员们拉着系泊绳跳下船去。在等待舷梯下降的人群最前面，保罗看到了一位留着优雅警卫小胡子的老先生，他所有的物品便是一个很大的包袱，他一脸茫然，还有点害怕。其他许多人也如此。

当渡船系定之后，舷梯便被放了下来。一位十分轻快的船员放下绳子，退往后面。老人劲头十足地冲向前去，显然是怕被他身后更年轻力壮的人给踩踏了。一位穿着制服的官员指着行李大厅的大门：“那边走。快点。”

男男女女拥下渡船，互相推搡着、惊呼着、吼叫着。有人撞了一下老人，他踉跄起来。保罗连忙抓住他的胳膊，防止他摔倒。他将老人拉出人流，拿一只手搀着他，另一只手赶快伸下去抢那只包袱。

老人浑身发抖，甚至都没有看见摄影机。“来，坐下。喘口气儿。”保罗帮助老人坐在包袱上，他那张沟壑纵横的老脸因为耗费大力而红红的。

移民沿着人行通道朝大门走去，奥利不停地拍摄着。老人拿他的渔民帽子给自己扇着风：“多谢。它很沉。旅途时间很长，风浪又大。”保罗点点头，表示他懂。

一会儿之后，老人缓过气来，便站起身，握着保罗的手。他说话很快，还是德语：“遇见你真的太开心了，你是我见到的第一个美国人。”

“我不是真正的——”有什么东西阻止了他。他用德语说道：“是的，欢迎。”

老人朝大门投去焦急的一瞥，那些移民仿佛消失在了一个黑洞里。“我必须进到那儿去吗？”

“是的，不过你没必要害怕那些官员。他们有几个就是累了，所以喊叫多一些，但大多数都是彬彬有礼的人。”

“你的德语说得很好哇，你是同胞？”

“柏林人，一段时间以前了，很长时间以前了。”

“我是斯瓦比亚人。”保罗听出了他的口音。“一个小镇，我肯定你听都没有听说过,斯瓦比亚-格蒙德。”

“那地方我很熟,我们家原先在阿伦,就在那条路上。”

“真是的,邻居,在大洋的那一边是地道的邻居。”老人再次瞥了一眼那大门,所有刚来的人都到了下面大厅里,那儿的移民官员朝他们喊叫着什么。渡船正在准备解缆绳倒出码头去。再远处,一艘大型平底驳船等待着进来卸载另一批人和行李。

“我得赶快了,找到我的位子——”

“时间充裕,我会帮你跟你那群人会合的。”保罗从老人的灯芯绒短上衣口袋里拿出他的纸牌。“四十二号。跟着我。”奥利拍光了胶片,惊讶地看到他的伙伴紧紧挽着老人的胳膊走了,看上去像个孩子。

“我不知道我是否应该来这趟旅行,我已经六十八岁啦。我的行业是织造,纺织优质的布。”

“你会找到工作的,好工人总是稀缺,只有懒汉才活不长久。”

“这可是德国人的好态度。可是不瞒你说,我听说这个岛上发生过可怕的故事,他们把大部分人都拒之门外。”

“不,不,这不是真的。只要你身强力壮,表现得自信,就没有问题。我看你挺好的,有人来接你吗?”

“我弟弟莱因哈特。”

“好,这样事情就容易些。”

老人看见乱糟糟的大厅里挤满了疲惫不堪、愁容满脸的新移民,喘了一口大气。冬日的阳光一束束斑斑驳驳地照耀在楼梯的中央。保罗的记忆深处响起了刺耳的声音。“二号单子跟我来。二号,这里!”“快走,快走。”“四号单子这边走。脚步快点!”

“四号单子,那是你的。请让老人家过去,他在那儿狠狠摔了一跤。”他们挤过人群,来到合适的地方。保罗拍了拍老人的肩膀:“跟你的团组待在一起吧。祝你好运。”

“再次谢谢,非常感谢。对不起,我把你当美国人了。”

保罗瞧着他,终于是了,标识尘埃落定了。

“但我是美国人。”

他挥手示意老人继续往前走。

星期六上午暖和了一点，低低的云层飘过海港上空，从大西洋飘向内陆。太阳不时地照亮云层，闪耀在水面上。摄影的效果会很好。

游艇系到了凸式码头上，他们将设备搬到岸上。时隐时现的阳光巧妙地改变着穿着铜绿长袍的自由照耀世界的铜像的颜色。往屋里走的路上，奥利问道：“我们把摄影机放到什么地方，铜像基座的那个阳台上？”

“再高一点，我们一直上到火炬那儿去。那儿有条狭窄的通道，可以容纳十四个人。”

奥利停住脚步，一脸愁苦：“那一定有两百五十英尺高呢，达奇。”

“大约有三百多英尺，直通过她的手臂。”

“有台阶吗？”

“我听说有一架铁的梯子，就像那种干草阁楼的梯子。”

“扛着这么重的摄影机我们爬不了梯子的啊！”

“可以的，只要爬四十二英尺就可以。你先上，在前面拉，我在下面扛。这样的话，就是我滑倒了，你也仍然拉得住。”

“然后你再想办法抓住摄影机？”奥利看上去脸都青了。

“行啦，不会有事的，只是开个玩笑。你记着，只是个玩笑罢了。”

“那行吧，只要我过了那道鬼门关。”

保罗向入口处的一个守卫亮了一下他的批准文件。守卫指引他们可以选择，一是沿着铁楼梯蜿蜒而上，二是乘电缆拉动的电梯。他们不费周折就做出了决定。

当箱笼慢慢地将他们提升到楼梯平台的时候，奥利的两眼瞪得大大的，瞧着上面的那些建筑，它们好似要往下坠落一般。保罗尽量装得无动于衷，但是他同样发现铜像的内部令人惊叹而且不只是一点点怪异。里面整个是生铁支架网状结构，盔甲一样的支架支撑着铜像的最外层。每一个支架都有专门的曲线，支撑专门的地方，承担专门的任务。

电梯里面很冷，可是奥利浑身大汗。保罗希望帮助他放松，便指给他看稳定器杆子，亚历山大·古斯塔夫·埃菲尔在铜像的四个角上设计了这些杆子，遇到大风的时候，铜像可以向任何方向移动数英寸。奥利根本没有听见他的话。保罗评论着构成外壳的薄薄的犰狳状铜板，每一块都被安装成刮大风的时候顶端会往里稍稍倾斜。“他们说铜像会移动，会呼吸。否则，它就不可能抵挡大风。”

奥利依然没有听见他的话，只是喃喃地自言自语。祈祷？保罗感到诧异。

箱笼在第二个楼梯平台上停下，那儿又有一位守卫检查了他们的文件，然后退后，指给他们在一个弯曲支架另一边的那架窄窄的铁梯子。

“看你们的了，小伙子们。上面的门很小，你们得弯着点腰。那儿风很大，所以千万别大意。”

“哦，天哪。”奥利说。他一会儿瞧着守卫，一会儿瞧着保罗，仰起头，瞧着那架梯子，梯子似乎在伸向铜像手臂处变得更小了，更加不牢固了，更高了。

奥利爬过那个支架下面。保罗将摄影机举过头顶，然后自己也匍匐着爬过支架。奥利在裤子上擦了擦双手，深深地吸了一口气，然后屏住呼吸，踏上梯子的第一级横档。他在第二级横档上往下伸出左手抓住摄影机，保罗在下面举着三脚架。

他们往上爬去，每一次都是危险的一级。保罗将摄影机靠在梯子上，一只手抓着它，一只手抓着横档，而奥利则用双手抓着横档往上爬，然后将摄影机从身后往上拉。很快，保罗跟他的搭档一样大汗淋漓。他往下看去，后悔不该爬到这个地方来。第二个楼台上的守卫早已变成了一个小不点。他听到铜像手臂外面风声萧萧。

“你没事吧？”他们爬到四分之三高处的时候保罗问道。奥利正将摄影机拉向下一个横档。突然，保罗感觉重量有变，奥利没有抓住摄影机。

保罗摇晃了一会儿，梯子横档勒进他的左手掌，三脚架支在他的胸前。摄影机随时有可能从他头顶翻出去，掉落……“彻底完蛋了。”他心想。

奥利突然一伸手，骂了一声娘，拿一只手一把抓住摄影机，身子从梯子往外倾斜成几乎四十五度角。

他们在这半明半暗的空间里停了两三分钟，让剧烈的心跳平缓一下，积聚力

量。余下的攀爬没有发生事故。接近登顶时,有微弱的光亮从一系列圆形的窗户里照进来,那就是火炬的底部。

通向外面狭窄通道的门不到五英尺高,而且很窄。奥利用力拿背将门顶开,等他顶开门之后,有更多的亮光照耀进来,事情变得容易了一点。保罗将摄影机斜过来,转过去,托起来,费了九牛二虎之力,将摄影机弄过小门,平安地送到奥利手中,然后跟着他爬出门去,来到那窄窄的通道上。

他们跟地面的距离是三百零五英尺。

保罗按着自己的帽子,这么高的地方,风似乎令人畏惧。他抓着栏杆,朝下望去,发觉铜像的景观变得奇怪而又令人头晕目眩。他感觉,假如他掉下去,那就有可能刺进她头冠上的一根尖芒。

他在奥利的帮助下慢慢将摄影机绕着窄窄通道移动到俯瞰轮船航道的点上。保罗打开三脚架。奥利说道:“要是没有成功的话,那太不应该了。”

“你可以跟你的孙辈们夸耀今天这个日子。”

“又是什么船?”

保罗说道:“‘斯塔滕丹’号,荷美邮轮,来自阿姆斯特丹。”

“移民,对吗?”

“大量移民,我联系了地方当局进行确认过。”

“什么时候到?”

他打开怀表:“现在。”

但是,邮轮尚未出现在视线中,于是保罗再次来到栏杆旁,环视了一下四周。纽约和海港的船只以及海洋航道全都沐浴在阳光和阴影中。薄雾般的云彩闪烁着黄色的阳光,从火炬边飘过。当感觉到这青铜女士在摇晃时,他倒吸了一口气。他用双手抓住栏杆,直到摇晃停止。他想起了“莱茵兰”号驶过铜像时候的老瓦尔特。读着那本小小指南,他是多么兴奋啊……其兴奋程度一点儿不亚于那个小男孩波利。

所有这一切,他的这趟旅行,他的这种探索,这些时间,这段距离,数以百计的事件,数以千计的人,不同的身份——波利、保罗、海因、达奇,究竟意味着什么?他认为他能够回答这个问题,因为答案可以追溯到一开始的时候,当时他在

柏林流浪，问自己他究竟属于哪里——要是真有这样一个立足之地的话。问自己他的家究竟在哪里——要是他真有一个家的话。

昨天，他看见了这个标识。他的立足之地就是跟朱莉在一起，在这儿，美国。在这儿，他得到了爱，在这儿，人是自由的，有做好事的自由，也有做坏事的自由。也许，比在旧世界高压、腐败的独裁统治下有更多的自由。千千万万的人依然在离开旧世界来到这儿，吸引他们的便是这火炬所象征的自由的承诺，火炬凝固的青铜火焰啊，升起在他的身后。

满脑子悲观主义阴云的迈克尔·拉德克利夫说，有一个新世界的威胁正悬在头上，新一波民粹思潮病毒行将暴发，数以百万计的人会在未来很多岁月过去之前因此而死于非命。越来越固执任性的德国皇帝及其军事集团便是这一病毒的主要携带者。某些美国人也一样，譬如现在的副总统罗斯福中校。保罗自己也在一定程度上染上了这种病毒。这尊铜像、眼前的景色以及它们在他心中留下的烙印便是明证。

他所选择的土地并不完美无缺，而他自己也并非白璧无瑕。有更加重要的东西，美国给了他爱情、家庭、目标，以及寻觅这三样东西的自由。原先伍珀塔尔市那位面包师的怀疑、问题、告诫已经寿终正寝。

轮船航道上传来一声嘹亮的汽笛。一艘荷兰大船的船头冲破雾霭，劈波斩浪，驶向前来。“你说得对。”奥利说道，“我看见了，他们全都在甲板上。”

看上去如同玩具般小的一艘拖船飞速驶向大轮船，留下一路尾波。又一艘轮船出现了。“斯塔滕丹”号再次鸣响汽笛，声音激越洪亮，保罗感觉铜像又一次颤动起来。

光明鲜亮的薄雾中驶来大轮船。在高高俯瞰海港的窄窄通道上，保罗伏身摄影机上方，他飞快地将帽舌转向后脑勺。

“我要拍摄啦。”

在一个他称为家的国度。

The Crown Family Saga

克朗家族传奇Ⅲ

[美] 约翰·杰克斯 著

董惠铭 译

浙江教育出版社·杭州

目录

第三卷　电影

第四卷　加利福尼亚

第五卷　噩梦

第六卷　战场

第一卷 做梦人

还是演《家中的壁炉边》吧！我想走遍整个王国……到处去演出。世界上再没有可以跟看着观众为你们起立这样的事情相媲美了，一张张兴高采烈的面孔，一阵阵欢声雷动的掌声！

——查尔斯·狄更斯
1848 年陪同一群业余演员游历时的话

告诉所有在四十二大街的那帮家伙，我马上去那儿。

——乔治·米·科汉
为音乐喜剧《小约翰尼·琼斯》所写的话

第一章　女演员

弗里奇·克朗将她的自行车扔到草地上，跑向水边。她蹦蹦跳跳地越过那些散布在岸边的湿漉漉的巨大砾石，站在一个波浪破碎、空气清冷、有水花飞溅到她身上的地方。这是1906年12月初一个寒风瑟瑟的黎明，天刚破晓。

她在醒来之前那会儿做了一个梦，一个做了一次又一次的梦——梦中，她站在百老汇的一个舞台上，雷鸣般的掌声向她滚滚而来——弗里奇张开双臂，像黎明时分某个异教崇拜者一样仰起头。风吹过密歇根湖，东方吹来的风，那儿有着一个神秘迷人的地方，她醒着的大部分时间里，脑子里一直在想着那个地方。

波涛横冲直撞，发出震天轰响。风在她的耳朵里歌唱，一篇重复了一遍又一遍的连祷文，在过去的几个星期里，这篇连祷文催得越来越急。该去了。该去了！

她满脸通红，是被风吹的，倒不是兴奋所致。她走下那些砾石，转身朝那辆躺在草地上的自行车走去，草地因秋霜变得枯萎和棕黄。这辆漂亮的自行车是弗里特温自行车公司生产的，车架子涂着胭脂红的磁漆，银色的轮毂和轮辐闪闪发亮。这是一辆“低座自行车”——轮子的直径是一样的——流行了几年高大轮子的款式之后，现在这种是标准样式，她学的就是这种样式。

弗里奇是一位两腿颀长的年轻女性，有一张鹅蛋脸，她觉得自己的鼻子太大了，一双腿太瘦了，又感觉自己的胸脯十分扁平。她穿着严寒天气穿的衣服。除了通常是窈窕淑女穿的一套长长的内衣之外，她还穿了件厚厚的羊驼呢游泳衣—— 一条半身裙，一件带短灯笼裤的上衣——都是海军蓝色的。她骑车的鞋子是棕黄色的芝麻呢牛津鞋，配着有瓦楞的橡胶鞋底。为了更好地保暖，她戴上了羊毛连指手套，穿上了他弟弟的足球运动衫，一件黑色的卡迪根式开襟毛线衣，上面有一个橙色的字母P。他弟弟被逐出普林斯顿队之后，就将这件衣服留给了她。一顶针织的宽顶无檐圆帽几乎装不下她桀骜不驯的长长金发。总之，这种类型的打扮，她父亲约瑟夫·克朗将军这位身价百万的酿酒商不喜欢——公开表示不喜欢，经常表示不喜欢。

“谢谢啦，爸爸，你必须得记住，我已经是一个成熟的姑娘，可以选择我自己的服装啦。”她总是这样说，竭力想哄他爸爸别老管她这种事情。

对此，他也不敢苟同。

蔚为壮观的清晨霞光绽开在湖面上，照亮了小道附近的一排树木。风儿撕扯着树枝上最后的枯枝败叶，将它们刮进奇异古怪的旋风中。一团团的树叶盘旋着越升越高，宛如她轻松愉快的心情。在她不得不做出的这个决定里，必定藏有巨大的风险。这些风险就始发于此，始发于芝加哥，始发于她自己的家中。

弗里奇朝她的自行车走去，突然停住了脚步。生长在树木后面的蓬蓬萋萋的常绿植物丛中，隐约闪现着一双像啮齿动物一样的眼睛。但是，这双眼睛不属于啮齿动物，它们属于一个人—— 一个一直在偷窥她的、浑身肮脏、衣衫褴褛的流浪汉。他突然踉跄着从灌木丛中钻了出来，朝她走来。弗里奇心里非常清楚，天色太早了，她所处的地方太与世隔绝了。

流浪汉来到她面前一码远处站定脚跟。他外衣的袖子被磨得闪闪发亮，像油腻腻的长柄平底煎锅。“你好，姑娘。”弗里奇做了个吞咽动作，拼命转动着脑子。即使处在这个人的上风头，她也能闻见他那让人目瞪口呆的臭味儿——大部分是酒气和污物气息。他高大结实，显然比她要强壮得多。

他朝她眨着眼睛。

“早晨的这个时候，姑娘家独自出来溜达，不是离家出走的人就是利维窑子的小妓女。”他的男中音因为嘶哑和浓痰变得十分低沉。他伸出双臂，摆动着手指，像个痴呆儿一样斜睨了她一眼。他的指甲破碎，里面积满了黑乎乎的污垢。

“过来吻我一下。”他的左手垂落到他的裤子上，“哪儿都行。”

弗里奇把希望寄托在她与生俱来的才能上，因为她没有带她通常的防卫武器—— 一根长长的帽饰针。她惟妙惟肖地模仿着流浪汉气喘吁吁的男中音，大声说道："别让这长长的头发糊弄了你，兄弟。你找错人啦。"

流浪汉的两只眼睛瞪得大大的。他陷入了深深的困惑——从弗里奇那两片皲裂的嘴唇里面蹦出来的分明是彻头彻尾的男人的咆哮声。弗里奇一直以来就善于模仿，有时还因为鲁莽地选错了模仿对象而给自己找上麻烦，尤其是模仿那些老师。流浪汉的困惑给了她所需要的关键的几秒钟时间。她猛地向她的自行车扑去，推车上了那条小道，紧跑几步，然后将她一条长腿甩过了自行车座。她飞也似的骑上车就跑，疯狂地蹬着踏板。

她飞快地扭头瞧了一眼，瞥见那流浪汉一边拿大拇指顶着鼻子做鬼脸，一边大声喊叫着脏话。她飞快地骑过一个转弯，一把抓下帽子，任金色卷发流泻下来。她如释重负地哈哈大笑着，骑得更起劲了。

至少她的才能在今天早上证明是有用的。到了纽约后，它将证明会有用得多。

该去了……

对此，她胸有成竹。而且，她不在乎这可能会引起多少麻烦。

弗里奇踏着自行车逃离湖边的时候，一直在思考着导致她产生今天早上令人激动万分的顿悟的所有事情。

那是一些无形的事情，譬如，一天又一天地生活在那个她生于斯长于斯但毫无疑问再也不属于她的屋檐下，她越来越强烈地感觉不自在。

那是一些无聊的事情，譬如，人们在那家平价商店化妆台的架子上看到的一块小小的纸板：

过了二十五吗？

卢克索乳霜防止衰老！

那是一些讽刺的事情，最近的一件就发生在昨天夜里，她父亲说了一句本意良好的话。当时，全家坐在一起吃晚饭——确切讲就是晚间面包而已，德国家庭传统的简单晚餐。弗里奇的母亲伊尔莎说，她还在因盛情好客的周年聚会受到大家的恭维。这种周年聚会克朗家每年举行一次，招待他们的一些密友、乔·克朗的生意伙伴以及其他他们在芝加哥德美社交圈生活多年所认识的人们。10月初的那个聚会是为了纪念他们结婚三十七周年。

将军也认为这是一个极好的聚会，是迄今为止最好的。接着，他转向女儿，一副体贴关心的表情，说：

“弗里奇，亲爱的，再过一个月我们将迎来你的生日。我们得计划一下。你最想要什么？”

弗里奇坐在她父亲的右手边，餐桌边长的那一边。她的哥哥乔伊——小乔·克朗——坐在对面，深陷在椅子里，表现出惯常的神情茫然、郁郁寡欢、沉默不语。可怜的乔伊是一个永久性的寄宿生了。1901年，他在一次工会集会中留下了终身残疾，便从西海岸疲惫地回到了家中。在跟他父亲紧张的休战阶段，乔伊在克朗啤酒厂工作，干最最卑贱的活儿。他跟他父亲不一起上下班，将军开他价格昂贵的凯迪拉克轿车——他已经成了一个劲头十足的驾驶员——而乔伊则坐有轨电车。

弗里奇想到了去学驾驶汽车，接着又打消了念头。将军认为女人不可以学驾驶汽车。她说道：“我还没有想过，爸爸。我尽量想个东西出来。”

“请想好了，你接下来是几岁了呀？”这是一个诚实的问题。她这位满头银丝、风度翩翩的父亲已经六十四岁了，偶尔忘事儿也是有的。他还是小约瑟夫·克罗纳的时候，便从德国符腾堡的一个小镇阿伦移民到了这儿，但是他乡音未改。要知道，克罗纳家在小镇阿伦已经生活传承了好几代人。

“二十六岁。”不知怎么的，这话听起来像是一个法官的宣判。

对她年龄的这一最新认知深深地刺入了她的内心，弗里奇躺在二楼她那个旧房间里整夜辗转反侧——将近一年前她回到芝加哥后就一直住在这个房间里。

1905年，在夏末的一波热浪中，将军生了一场小病，不料后来诊断是轻微的心脏病。他倒在了一个讲台上，在那里，他原本正平静而又理性地维护啤酒酿造者利益，他试图在所有的听众心目中灌输一个观念——他们跟那些酿造高度烈酒的酿酒人是不一样的。但听众不买账，他其实是在“对牛弹琴”，这头牛就是禁酒社团。

伊尔莎·克朗说她丈夫太傻,居然会同意去出席这样的集会。在芝加哥经营啤酒厂的同事中,没有一个人有这样的胆量去对一群禁酒派的人发表演讲。将军坚持说,他在内战时期和1898年在古巴所面临的局面要糟糕得多(这事儿伊尔莎是后来才对弗里奇说的),此外,他这样做也许有助于问题的解决。

演讲到二十分钟的时候,他抓住了讲台,他的双膝发软,接着他倒在了一边。

伊尔莎给远在佛罗里达州的文化圣地帕拉特卡的弗里奇拍了电报。她正跟随莫特梅因皇家莎士比亚剧团在那儿演出。那是一个下三烂的专业剧团,她于1901年到那儿拜师学艺。莫特梅因剧团把这位诗圣以及其他剧作家的作品带到了边疆和产棉花的南方——伊恩·莫特梅因的这批筋疲力尽的"艺术家"将这次巡演称为"煤油巡演",因为南方的剧场老板显然从来就没有听说过用电的脚灯这玩意儿,抑或是那些剧场老板太吝啬了,不愿意在猪一样的观众前面抛撒技术珍珠吧。

看完电报几分钟之后,弗里奇向伊恩·莫特梅因提出了离职。当晚,她坐火车赶赴芝加哥,去帮助照顾她父亲。将军从来就没有完全心平气和的时候,对于弗里奇的母亲来说,他真是一位难伺候的病人。他在病床上恢复健康的过程中,伊尔莎饱受责备;而她呢,也已经缺失了她年轻时候的耐心和精力。

虽然伊尔莎没有要女儿回家来,但是弗里奇相信她可以帮上点忙,并认为这也是她的义务。此外,四年里,他们总是深更半夜赶火车,住的是臭虫困扰的旅店房间,喝的尽是油腻腻的白鸡汤,吃的是硬如炉子插销一样的饼干;四年里,他们一次又一次地来到遍布工厂、棉田、烟草地的枯燥无味的城镇巡演,几乎每一个城镇里都有如同飞地一般的黑人屋棚区;四年里,他们吊儿郎当地排练,身边厮混着那些男性演员,演着背景摇摇欲坠的粗制滥造的剧目,尤为凄惨的是,从观众猪叫一样的呼喊中可以看出,他们根本不懂如何表演;在经历了所有这一切之后,弗里奇觉得,她在这四年的学艺生涯里已经学够了她所能学的东西。

将军没有听从伊尔莎和医生的意见,毛病远没有好利索就过早地离开了他的病床。他又开始每天早晨六点钟就驾着汽车赶到啤酒厂上班,跟往常一样工作十到十二个小时。弗里奇原打算只待一小段时间,她父亲也从来没有说因为他病了而让她在家里多待一段时间。也不知怎么的,事情就变成这样。

为了打发时间,她尽量让自己显得忙忙碌碌。她钟情于每日锻炼——在卧室做早操,打网球,骑自行车,在合适的季节游泳。她参加了一个当地的业余戏剧社团,什么都演,从克莱德·费奇[1]的女主人公到私家阐释表演《鬼魂》中的阿尔文夫人——所谓私家,主要是因为易卜生先生的剧本还颇有争议,正式剧团不宜公开上演。

她不排练的时候,便画舞台背景,缝制戏装,分发传单,招徕观众。她很快就认识到,她的野心比她的同事们要大,他们仅仅满足于"比姨妈"或者"埃尔伍德表兄"的角色表演——无论是受到称赞还是没有受到称赞。有一些有妇之夫还偷偷摸摸搞婚外情。弗里奇就曾经用她可信赖的帽饰针断然拒绝了一个这样的花花公子。

她蹬着自行车向市中心骑去,风刮在她的脸上,钻进她的耳朵里发出嗡嗡声。在市中心,昏昏欲睡的市民拖着沉重的脚步上班去,连拉车的马似乎也因为早晨的无精打采而显得脚力不济。风的呢喃无法掩藏她内心深处的嘲讽。

你最好持之以恒,我的姑娘。

这个声音属于一个想象中的伙伴,这位伙伴已经伴随弗里奇好多年了。她是国际舞台的女神——华贵典雅、美艳绝伦的艾伦·泰莉[2]。19 世纪 90 年代,弗里奇跟泰莉小姐有过一面之缘,当时,他们两口子在美国巡演,亨利·欧文[3]饰演哈姆雷特,泰莉饰演接他对手戏的奥菲莉亚。这位伟大女性的一张彩色海报就挂在弗里奇眠床上方的墙上。这张彩色海报再现了约翰·辛格·萨金特[4]创作的泰莉饰演麦克白夫人的看上去体重过重的著名肖像。当这幅肖像画在 1892 年的哥伦比亚博览会上展出的时候,弗里奇曾经久久地伫立在它的前面。艾伦·泰莉并非最初激励她从事演艺生涯的人物;真正让她存下这个志向的是她

---

①克莱德·费奇(1865—1909),美国作家,共创作和改编剧本四十余部,包括闹剧、情节剧、历史剧和问题剧等,主要作品有《碧眼女郎》《城市》等。

②艾伦·泰莉(1847—1928),英国女演员,以主演莎剧中的朱丽叶和麦克白夫人等角色著称。

③亨利·欧文,即亨利·欧文爵士(1838—1905),英国演员,曾任伦敦兰心剧院经理,表演独具一格,演过《钟楼》等三百多部戏中的四百个不同角色,成为第一个获爵士封号的演员。

④约翰·辛格·萨金特(1856—1925),美国画家,长期侨居伦敦,以肖像画著称,后致力于壁画和水彩画,作品有《某夫人》《康乃馨、百合、蔷薇》及波士顿美术博物馆壁画等。

七岁的时候妈妈爸爸带她观看的迷人作品《仲夏夜之梦》。当弗里奇走出日场演出的剧场、走进耀眼的阳光下的时候,她的行动方针便永远地确定了下来。泰莉小姐后来成了她特别喜爱的明星,成了她雄心壮志的最高标志。

弗里奇不太善于跟别人交流自己的想法,但是跟一个虚幻的人物对话反而不会让她感觉怪异。她认为这种对话是想象生活的一个正常组成部分,而她的想象生活却又是如此丰富多彩。通常,艾伦·泰莉会指出弗里奇的一些缺点,有点像那种拟人化的内心觉悟。

记住你下个月几岁了。

她不高兴;她不需要进一步提醒,到了1月份,距三十岁这道象征“老处女”的坎只有不到四年了,循规蹈矩的姑娘都真诚地希望不要陷入这种状态。

当然,循规蹈矩的姑娘不会在天亮之前就骑着自行车去狂奔,去迎接日出。弗里奇早就意识到,她生来就不是循规蹈矩的,无论是生理上还是脾气性格上。譬如,她总是把她的自行车叫作“弗里特温”——她从来不管它叫“自行车”或“脚踏车”。不管她是否曾经希望自己循规蹈矩(从来就没有过!),也不管她父母对她的循规蹈矩抱有多大希望,她反正在别人眼中就是一个彻头彻尾的异类。她就是一个“我就是我”的人。

如何给它下个定义?就她所知,她唯一可以让他人辨识的合适类别就是“演员”。

她沿着密歇根大街朝南骑去,清晨缺乏热量的黄色阳光照耀着这个城市繁忙的商业中心。阳光照耀在电话线路和电报线路上,照耀在出租马车和拉车的马身上,照耀在不时会出现的发出嗡嗡声的电车和一阵阵喷出蒸汽的汽车身上。阳光照耀在越来越多的人群身上,他们沿着人行道匆匆走向前去,或者抢在那些有轮子的交通工具之前冲锋一般穿越遍布马粪牛屎的街道。弗里奇穿行在车水马龙和熙熙攘攘的人流里,拼命蹬着脚踏,经常突然转向,避免发生碰撞。

在一个十字路口附近,一辆牛奶车不知什么原因翻了,金属罐倒在地上,大量的牛奶洒了一地——这场事故把密歇根大街堵了个水泄不通。弗里奇立刻在街角骑过路缘,向西拐,上杰克逊大街,骑过两个街区,来到斯泰特大街之后,她再次往南骑去。太阳越升越高,将阳光洒向范布伦大楼附近的一个店面,范布伦大楼已经变成了一个五美分就能进的娱乐场所，放映会动的图片。这个地方被命名为“珠宝梦境”，充满异域风情。陈列橱窗上挂着厚厚的窗帘，公众怀疑，里面隐藏着非法的行为。人行道上，庸俗乏味的粗陋招牌招徕着顾客。

天天新节目！

有益身心健康的娱乐，

男女均可，老少咸宜！

弗里奇对此嗤之以鼻。剧团的一个小男孩在娱乐场里工作，不停地摇着放映机的曲柄。他给演员同仁发放免费的票子；弗里奇总是把她的票子扔进最近的那只垃圾桶里，因为正派人从来不涉足那种下三烂场所。如果要她去看一部那种粗陋的小故事电影——那她宁可去死。毕竟，她是专业剧场的正规演员。

或者说，她将再次成为专业剧场的正规演员，假如她能够鼓起勇气离开这个城镇，怀揣她的梦想前往纽约的话。

第二章　流浪汉

大约同一个时间,东边数百英里之遥的纽约市北部边缘一个名叫里弗代尔的小村庄里,卡尔·克朗正在敲门寻找工作和食物。

弗里奇的弟弟到11月就二十四岁了。大三期末被普林斯顿大学赶出校门以来,他就一直在漫无目的地流浪。“公牛”克朗在普林斯顿大学足球队里是一位明星,但是在教室里却是一个失败者。他十分聪明伶俐,但是不够勤奋,或者说对学习不感兴趣。

为了改变形象,卡尔刮了胡须,理了发。在波基普西,他为一家理发店做了一次大扫除,换来理发师为他理了一个发。他那些看上去稀奇古怪、五花八门的衣服倒还干净—— 一条褪了色的牛仔裤、一件蓝色的法兰绒工作衬衫、一件有灯芯绒领子的平纹冬季外套、一双边上有鞋带的猎人穿的高帮靴子。他尽量保持干净,首先是因为他是伴随着干净长大的,其次也是因为到了陌生人家门口,这能够留下一个更好的印象。大多数流浪汉看上去都像是从荒草地里爬出来的,身上沾满了野草。

整个上午,那些门都当着他的面砰砰地关上了。下午也没有什么差别。当寒冬的太阳在西方下坠到那条大河的岩壁附近时,他泄气了,而且快饿死了。他敲响了一幢整洁村舍的厨房门。那村舍围有一道白色的尖桩篱栅,还带一小块季节性闲在那儿的园地。

一个容貌普通、脸色苍白、三十刚出头的女人打开了门。她退后一步,十分警惕:“什么事?”卡尔尽量不去看正在厨桌上变凉的金黄色馅饼。

“有活儿吗,夫人?我叫卡尔。我正好路过这儿。我的手很巧的。”

他伸出双手，干净，指甲也不长，他经常用折叠刀里带着的一个指甲锉修指甲。像卡尔这样一个粗壮的人，他的双手算是修长和纤细得出人意料了。

那女人在渐渐暗淡的光亮中上下打量着他："嗯，我女儿赫蒂上个星期六把她的自行车弄坏了。你如果能把它修好的话，我付你三十美分。我是一个寡妇，机械方面一点也不懂。"

另一个房间里，一个姑娘喊叫道："妈，你在吗？我要便壶。"

"那是赫蒂。"那寡妇说道，"踝关节摔伤了。工具在那个棚子里。"

"好的，夫人，趁天还亮，我马上修理。"卡尔朝她热情地一笑，他这种笑是与生俱来的。他相貌英俊，属于那种很耐看的类型。他遗传了他父亲的短腿和他母亲长长的上身；他更像伊尔莎，而不太像将军。他的头发很浓密，像她的头发没有变灰白之前那样。他棕色的眼睛像他姐姐的眼睛一样顾盼生辉。

那脸带皱纹的女人再也没有什么怀疑，便也笑了一下："你好了就敲一下门。"她的女儿再次大声抱怨，她关上了门。

卡尔穿过院子。村舍坐落在一个小小的高坡上，越过那些遍布其间的屋顶，是正在变成灰色的峡谷，一幅蔚为壮观的景象。晴空万里，霞光万道，完美无瑕——深蓝色渐渐变成了淡紫色，接着在岩壁上涂出一抹鲜红。空气清新凛冽，沁人心脾。

他在棚屋里找到了那辆破自行车——一辆黑色的莱特牌低座自行车，是由莱特兄弟在代顿制造的，他们在研究航空学的时候介入了这一行业。现在，由于将"小鹰"号飞上了天空以及其他领域的成就，莱特兄弟已经享誉世界，前程似锦；他们不需要再制造或者修理自行车了。这个时代的飞机和所有机械方面的奇迹深深地吸引着卡尔。他只是苦于没有机会，或者说没有必要的资金去了解它们。

他一只手搭在自行车的三脚架上，蹲下身来查看。仔细研究了一分钟之后，他起身在棚屋里搜索，发现了一个架子的旧工具。他拨拉开一堆锯条和锉刀，捡起一把锈迹斑斑的扳手和钳子。钳子从他手中滑落出去。他侧步去捡钳子，一个肩膀撞上了另一个架子，支架被撞歪了，六七个空水果罐头翻落到了地上。两个摔破了。

他环顾四周，寻找扫帚。没找到。他捡起几块最大的碎玻璃，想了一下，然后将它们扔进了一只空的钉子桶里。他懊恼自己，因为他从来就没有克服过这种无意识的笨拙，这种笨拙源于巨大的力气、旺盛的精力以及想快速把事情做好的强烈愿望。在他整个孩提期间和青少年时代，他的母亲就一直为她那些精致的家具和盘子提心吊胆。他从来都不是存心的，但就是老损毁东西。有时候，他留下一团糟，却不知道如何收拾。这一次，情况倒不算太糟，花几分钟时间，把其他几块稍大的碎玻璃捡起来放到钉子桶里，小一些的则任由其脚跟碾磨在闪闪发亮的尘土中。

远处，一条狗在吠叫。有人在客厅里的簧风琴上演奏《我的姑娘赛尔》。没有计划，没有目标，也没有两个镍币可以供他互相摩擦以消遣大部分时间，就这样浑浑噩噩地虚度人生，一时间，他感到孤独凄凉，烦乱绝望。他开始干活，尽量不去想这些事情。

他拆下前轮，补好在事故中被扎瘪了的轮胎。他徒手将弯曲的叉架扳直。他花了二十分钟就修好了自行车。但他不想让那寡妇知道他如此轻而易举就完成了工作，于是他用一块布擦着自己油腻腻的双手，走到那尖桩篱栅边，遥望浩瀚的西方天空。此情此景，令他想起了他在新泽西州灾难性的高校求学生涯中所虚度的那几年岁月。

他对结束那天的事情依然记忆犹新。1904 年 5 月的一个星期五，卡尔的父亲收到校长的信，来到普林斯顿大学。将军从纽约坐慢车赶来，于凌晨两点钟走下火车，浑身肮脏，疲惫不堪，脾气火爆。"我很不喜欢因为你在学习上的失败而让我丢下生意来处理这种事情。"当卡尔陪着他来到拿骚客栈当晚仅剩的房间里时，他这样说。

第二天上午九点钟，当他在紧张不安的卡尔前面走进校长的办公室时，已经平静多了，脸上也因为刮了胡须、搽了爽身粉而变得神清气爽。伍德罗·威尔逊①博士是一位律师，也是一位长老会牧师的儿子，是个一本正经、一脸严峻的

---

①伍德罗，即托马斯·伍德罗·威尔逊（1856—1924），美国第 28 任总统（1913—1921）、民主党人，领导美国参加第一次世界大战，倡议建立国际联盟并提出"十四点"和平纲领（1918），获 1919 年诺贝尔和平奖。他少年时就醉心于政治，16 岁进入戴维森学院学习，29 岁获得博士学位，30 岁开始在大学任教，1902 年发表其《美国人民史》，这一成果被认为是其最高学术成就，同年担任普林斯顿大学校长，1909 年当选为新泽西州州长。

人，他的笑脸总带有一种勉强的气质。一条绳子上的那副夹鼻眼镜给他的表情平添了几分严厉。将军坐到了为宾客准备的椅子上。卡尔站在他身后，祈祷事情能按照他所希望的路径发展下去。

威尔逊博士回顾了卡尔在大学的表现。他上了四个学年的学，但依然还在就读三年级。威尔逊对这位普林斯顿大学十一位明星线上球员之一的成就只是一带而过。校长的结论冷冰冰的，没有丝毫的同情：

“事实就是事实，将军。我们别无选择，只好暂令卡尔停学，直到他到其他地方补课，学业成绩提高到可以复学为止。”

卡尔想要跳起身来欢呼。他热爱大学的社交活动，热爱足球的艰苦训练，也热爱在阳光灿烂的秋日下午普林斯顿大学队进球时的兴奋。但是，他不喜欢读书。

将军把双手搁在手杖的银杖头上：“我很想说说我在物质上对这个学校所作出的贡献，威尔逊博士。”

“这个我当然清楚，先生。普林斯顿非常感激。可是，我们无法承受任何特权的瑕疵给学校声誉带来玷污之重。留级就是留级。”他摘下眼镜，“很遗憾。”

后来在火车站，当开往纽约的慢车响着铃声、喷着蒸汽驶近前来时，将军说道：“许多父亲对这样一个表现糟糕的儿子会宣布断绝关系。我对你哥哥乔也做了同样的事情，但后来我后悔了。我不会重犯这一错误，但是我也不会对辜负了我的教育投资的儿子再给予经济上的支持。你可以到啤酒厂找份活儿干，从此以后挣钱养活自己。”

卡尔鼓起所有的勇气说道：“对不起，爸爸，我不想在啤酒厂度过我的余生。”

卡尔可以看出，他的话刺痛了父亲，可是将军牢牢地控制着自己的怒火：“那么我可以问问你要去哪儿呢？”

“我不知道。”

“好吧，你自己决定。只是别指望我会帮你。明白了吗？”

“是的，先生。”

“你是成年人了，卡尔。生理上已经成熟了，虽然人格上还有缺陷。”那么刺人，“以后处处都要靠自己了。别结交坏道，也许这个冲动的魔障过几个星期就会过去。如果这样，我们会随时欢迎你回家来。你在你母亲和我的心中分量很重，千万别忘记这点。”

父亲拥抱儿子，然后登上列车，火车缓缓出站……

卡尔立在尖桩篱栅边，从出神中惊醒过来。他依旧相信，一切皆有可能，现在已是新的世纪，到处都有那么多精妙绝伦的新机器。但是，在这个充满着冒险和机会的恢宏的风景里，他的立足之地在哪里呢？他还没有找到这个地方——也许一辈子都找不到。

他的堂兄保罗也曾面对这样阴森恐怖的可能性好多年，他曾在一次跟卡尔的长谈中承认了这一事实。保罗最终找到了他安身立命的领域，摄影。“你会找到你的安身立命之所的，除非你很快就放弃。但是你不会的，卡尔。你不是那种人。”

他敲了敲厨房的门，告诉那寡妇他把车修好了。她付了钱，又留他吃了晚饭，还给了他两床毯子。

“如果你愿意，可以在棚子里过夜。我得告诉你，县里的治安官和他的手下对流浪汉可是冷酷无情的。明天早上，我劝你还是继续上路。”

“当然。”卡尔苦笑道，“我也习惯了。”

第三章　保罗和他的妻子

一天之后，大西洋的彼岸，在熙熙攘攘、市声喧扰的伦敦，卡尔和弗里奇的堂兄保罗行色匆忙地走在德比门的北边，德比门靠河道一侧跟维多利亚堤连接。那天是星期五，议会不开会。大多数议员其实都在路对面那幢大楼里的办公室里办公。

“看到他们了吗？”保罗问他的朋友迈克尔。迈克尔是《伦敦之光》的一名记者。

“还没呢。”迈克尔在那个角落里大声说道。他正在朝南面张望，望着布里奇路附近的地铁入口，再过去就是大本钟和闪耀着哥特式辉煌壮丽的威斯敏斯特宫。

保罗·克朗二十九岁。他是一位职业摄影师，拍摄“记录”片——在全球拍摄那种戏剧性的突发事件和珍奇稀有的景象。他是在芝加哥学习的这门行业，当时在一位不信神的天才——R.西德尼·沙多上校的手下工作。上校故世前，将他的美国勒克索格拉夫电影公司卖给了一位英国报业巨头，那位报业巨头保留了这个公司的名字，也继续留用了公司的明星摄影师；三年前，保罗将全家迁到了伦敦。

保罗的摄影机架在路缘石上，四周是一圈记者和拍呆照的摄影师。另外还有三部跟他同样的摄影机，属于那些竞争对手。妇女社会政治联盟的游行示威已经计划好长时间了，但并没有对外公布。不知怎么的，当局和媒体还是获得了这一消息。

那位来自百代兄弟公司的人说道：“嗨，达奇，他们要是把你老婆扔进监狱怎么办?”在美国,所有的德国人都是“达奇”。这个绰号由来已久。

“那我猜我得给孩子们弄一段时间饭吃了。”保罗强令自己咧嘴笑着说。他担心参加示威游行的朱莉,不过他知道,就算让她待在家里也根本没有用。保罗的妻子是一位充满激情的“新女性”。也许,这是朱莉对她芝加哥少女时代的一种反抗,当时她那精神有问题的母亲压制着她所有追求独立的冲动,并强迫她走进了一桩没有爱情的短命婚姻。

迈克尔匆匆从前哨位置走了回来。“他们刚刚从地铁隧道出来。哦,真是一帮给社会带来危害的血腥家伙。”他的话总带有一种讽刺。

保罗赶紧冲到角落里,也顾不得他下半部背脊加剧的疼痛。几周前,他在法兰西摩洛哥皮革厂搬一只箱子,方法不当,扭伤了。尽管夜间他会痛醒过来,但是他从来没有抱怨过。

他看到有十二到十五个女人排成两排,在路的中央往北行进。她们穿着长裙,戴着饰有羽毛的帽子,像士兵一样行走着。每个女人拿着一份卷起来的文件。一辆双轮双坐马车被游行示威的人群堵在那儿,车夫用鞭子抽打着马以表示他的愤慨之情。保罗发现了他漂亮的妻子,在第二排,帽檐下便是那张陶瓷一样的白色的鹅蛋脸。朱莉跟那一群女人属于埃米琳·潘克赫斯特①的妇女社会政治联盟。她们那位富于战斗精神的中年领袖昂首挺胸地走在第一排,她的左右两侧分别是她的女儿西尔维娅和克里丝特布尔。潘克赫斯特夫人,出身于曼彻斯特一个拥有自由思想的实业家庭,是一位有资格在任何法庭作辩护的出庭律师的遗孀。她已故丈夫的思想倾向甚至比她更加自由化。

游行示威的人群阻塞了更多的交通,但是她们自顾自谈笑风生。虽然天公不作美,天气阴冷,日色阴沉,但她们仿佛是在5月里享受户外远足和野餐。

保罗摇着头,大步走到迈克尔那儿:“好像一年四季都有许多该死的示威游行。争取更短时间工作日啦,戒酒啦,裁军啦,选举啦——每个人都想要得到点什么。这个世界真是疯了。”

“那是你这个行业的说法。骚乱和灾难本身就是你的生活,无非是其他的东

---

①埃米琳·潘克赫斯特(1858—1928),英国女权运动领袖,创立妇女和社会政治联盟(1903),使英国妇女获得平等选举权。

西你不太注意罢了。”这倒是真的。今年早些时候，在那场毁灭性的地震和大火之后，保罗从马尼拉仓促来到了旧金山。他的影片，无论到哪儿放映，都引起了轰动，催人滚滚泪下。

“此外，这些小小的争吵跟即将到来的事件相比，小儿科啦。”迈克尔说道。

迈克尔·拉德克利夫个子高挑，瘦骨嶙峋，年纪比保罗大十岁。他效力的报纸《伦敦之光》为他的岳父约克勋爵所有，约克勋爵也是保罗的老板。他出生时名叫米哈伊尔·鲁科夫，多年来一直是一个无公民权的极端贫困的自由职业者，他有好多次神秘而又突然地出现在保罗的生活里。他在一次跟那位报业大王的女儿塞西莉·哈特斯坦私通之后，便经历了一个华丽的转身：剪掉了头发，英国化了自己的名字，压抑了自己的无政府状态，娶了塞西莉为妻——塞西莉无视他性格上的巨大缺陷，深深地爱着他。

两个男人在物质上呈现出鲜明的差别：迈克尔从亮闪闪的鞋尖到常礼帽，那叫一个时髦漂亮，而保罗的衣服就像是从教会的捐赠品义卖会上买来的一样。他的鞋子已经破旧不堪，他的灯芯绒裤子皱皱巴巴。他单排纽扣的卡其布外套在袖子上沾上了一个黑黑的污渍。他那顶彩格呢高尔夫帽子倒是周游了世界，那样子一看就看得出来。没有多少人会把他当作这个行业的明星。

“你从来就没有停止过敲战鼓啊。”他叹了口气说道。迈克尔耸耸肩膀，将他吸了一半的香烟扔到街上。

“只不过描述一下那些不可避免的事而已，老朋友。”保罗记得，1898 年，他的朋友在古巴的一个小酒馆里喝醉了酒说过这样的话：“我已经看到在建造战舰啦。我已经看见有来复线的大炮啦。我们有生之年的大决战……”他捶打着桌子，引用《启示录》里的话：“‘有闪电、雷轰、地震、大雹。列国的城也都倒塌了……’”迈克尔嘲笑保罗想在和平世界获得满足生活的梦想。他说，这种事情，人还没有想出来就已经变成噩梦了。

保罗将还没点着的雪茄烟塞进一只口袋里，检查了一下他的三脚架是否稳固。他透过摄影机仔细瞧着那幢办公大楼。来自里奇蒙街警察局的十二个警察守卫着大门——头戴高帽，手持警棍—— 一幅当局的生动画面。几个潘克赫斯特夫人的女人——《每日邮报》将她们取名为“主张妇女参政权的女人”——早已经被逮捕,并被强制押到霍洛韦监狱短期拘役,罪名是企图质疑自由党会议上的演讲者,那位自我吹嘘的温斯顿·丘吉尔也是演讲者之一。女人在政治上不被允许大胆坦率地发表任何意见,也不被允许扮演任何角色。潘克赫斯特夫人发誓要改变这一现状。

示威游行的人群转过那个街角,进入了德比门。保罗开始用熟练而又平稳的节奏摇动摄影机的曲柄—— 一、二、三,一、二、三。朱莉看见他了,朝他挥挥手。保罗也朝她挥挥空着的那只手。

在维多利亚堤上,汽车司机鸣响着汽车喇叭以示嘲笑。男人们从出租车里探出身子,咒骂、嘲笑着那些在治安官面前围成半圆形的主张妇女参政权的女人。领头的那个警官—— 一个身材稍显瘦削、蓄着一对灰色八字胡、举止粗暴的家伙,大步走到潘克赫斯特夫人面前。

"您好,夫人。请问你们为什么要阻碍交通?"

埃米琳·潘克赫斯特举起她那份卷拢的文件:"我们到这儿来,是想要把这些决议呈送给国会议员们。请让开,以便我们可以跟他们说话。"其他的人,包括朱莉,齐声应和着这一要求。那个警察摇了摇头。

"不行,夫人,而且这点你知道得很清楚。你们不可以进入这幢大楼,也不可以跟任何议员说话。你们最好还是立马打道回府,停止这种引起公共秩序混乱的行为。"

"我们要进去。"潘克赫斯特夫人大声宣告,"女士们,前进。"

她走过那个目瞪口呆的警察身旁,他没有想到她们会违抗他的命令。他毫无疑问以为她们会像温顺的宠物一样乖乖地退回去。潘克赫斯特夫人逼近那些挡在大门口的警察的警戒线。两个警察别无选择,只能把她推回去,接着跟她扭打在了一起。

女人们的队伍乱了。保罗不断地摇着摄影机,但是一面警惕地注视着他的妻子。女人们一会儿冲向这边,一会儿佯攻那边,试图在那些警察中间穿越过去,打开大门。警报声、嘲笑声、诅咒声越来越响,乱成一片。

警察用他们的双手用力推搡,用警棍凶猛击打,压制着这些女人。在保罗看来,那些警察既训练有素又身强力壮得多,显然那些女人根本不是对手。其中一些女人被这种粗暴的对待激怒了，便也开始拳打脚踢。保罗看到，有好几个被围攻的警察眼露凶光。一根警棍在一位女士的脸上打开了一道血淋淋的口子。另一根警棍重重地击打在埃米琳·潘克赫斯特的踝关节上，将她打趴在了地上。

互相的拳打脚踢又持续了一分钟左右。接着，潘克赫斯特夫人评估了一下局面，大声喊叫着重新集合她的队伍："好啦，好啦！撤退！我们下次再来过，我不想有人受重伤。"

话一出口，双方的攻击便都停止了。但是，女人们似乎并没有气馁，她们刚刚给了这帮警察一次劲头十足的冲击。她们大声喊叫着，发出嘘声，保证她们会回来的。

保罗继续摇着曲柄，谢天谢地朱莉没有受伤。他瞧着她拿着一根粉笔俯下身去。妇女社会政治联盟常常会留下一些宣传信息："给妇女选举权。""结束男人统治。""我们要表达自己的意见。"

朱莉弯腰在写这些字。那个呼呼喘着大气、怒火万丈的警官看到了，便朝她跑去，狠毒地朝她的屁股踢了一脚。保罗听到了朱莉的头撞到人行道上的令人毛骨悚然的声音。

他大声喊叫着她的名字，丢下摄影机，顾不得背脊上烙铁烧灼般的疼痛，冲过街道。朱莉昏昏沉沉地抬起头来，用双手撑起身子，一会儿之后，她再次瘫倒在地。

"退回去，小伙子。"一个警察说道，一面紧紧抓住保罗的外衣翻领，"你不可以到——"

"起开，那是我老婆。"保罗用拳头狠击那警察的腹部，打得那人直踉跄，他自己的指关节也打青肿了。他躲开另一根警棍，飞速伸出双手去抓踢朱莉的警官；那人躲开了他，继续发号施令。

保罗身后的一个警察抓住了他，用警棍狠狠砸向他的腰部，打得他猛地往前扑去。保罗的太阳穴狠狠地撞到了路缘石上，撞得他头晕目眩。他刚翻过身来，攻击他的警察再次蹲下身来拿警棍打他。保罗一脚狠狠踢向那人的裤裆，那人跌跌撞撞地退了下去。

保罗双手和双膝着地，爬到朱莉身边。他紧张万分地把嘴贴到她的嘴上，感觉到了她暖暖的呼吸。他如释重负地叹了口气。他抬起头来，这才发现从自己脸上的一个伤口流下来的鲜血染红了她洁白的下巴。

几只粗暴的手紧紧地抓住了他的脖子和双臂。他被拽了起来，身子转了过去。那领头的警官相当严厉地对他说道：

"好了，老弟。我看到你袭击警察了，你得去坐牢了。"

保罗徒劳地挣扎着——此时已经有三个警察抓住他了。他看向街道对面，感觉自己的胃一下子翻腾起来。迈克尔·拉德克利夫不见了。

他的摄影机也不见了。

不过，他没有去蹲班房，而是不可思议地在三个钟头之后被释放了。他从地方法院走回家去，走回他那套位于切尔西切恩步道、俯瞰着泰晤士河的公寓。朱莉舒适地躺在床上。女佣菲莉帕正在照顾两个小孩，一个是约瑟夫·沙多·克朗，大家叫他沙德，今年六岁，还有一个是伊丽莎白·朱丽叶，大家叫她贝齐，今年两岁。

朱莉睡着了，保罗坐在床边。不一会儿，她睁开眼睛，认出了他。"你一定以为我是一个彻头彻尾的傻瓜吧。"

他伏下身去吻她这会儿已经擦净血迹的脸颊。"我认为你是一位非常勇敢的女人，只不过是跟一帮为了某项崇高事业而干傻事的女人搅到了一起。"他吻着她的嘴，一个长久而甜蜜的亲吻，他紧握着她的手，"现在睡吧。"

她喃喃着表示同意，然后将脸埋进了枕头里。

第二天早晨，保罗依然百思不得其解：怎么会突然就被释放了出来？懵里懵懂之中，他从塞西尔大楼的办公室里被叫到了位于舰队街的《伦敦之光》报业大楼顶层的老板套间里。一位浑身散发着香水味儿的男秘书将他领进那个洞穴般的豪华处所，约克勋爵就在那儿办公。

这位报业大王个头矮小、身材浑圆，头秃得像一个鸡蛋。娶了这位大人的独生女的迈克尔·拉德克利夫曾经如此描述他：一双眼睛像受惊的青蛙，脾气性格像一条被逼入困境的眼镜蛇。这位爵爷不是一位讨人喜欢的人，但是他给的薪水优厚，对他的雇员照顾有加，像是一个弃邪归正的斯克鲁奇①。他出生后被取名为奥托·哈特斯坦，父亲是都柏林一个废品行贩。他在二十二岁的时候就买下了他的第一份地方性报纸，并将其打造成了一个出版帝国。

“好吧，先生？”他说道，他坐在他办公桌后面那个巨大的软垫宝座上，显得愈加矮小，“你有什么要为自己说的吗？”

“我做了当妻子受到野蛮攻击后任何一个丈夫都会做的事情。”

“可是攻击她的人是一位正在执行公务的警察啊。”

“我来自美国，先生。没有人可以凌驾于法律之上，这儿情况不同吗？”

约克勋爵嗓门嘶哑地哼了一声——算是笑吧，然后拍着椅子扶手：“塞西莉的丈夫救了你。”迈克尔永远是“塞西莉的丈夫”，而且他说出这话的腔调总是带有厌恶的味道，就像人们说躲在桥下的小偷一样。

“胶片还没有拍完，你就用极其粗野的动作拽住了那个正在踢你妻子的警察。对了，你妻子怎么样了？”

“没什么大事。她只是有点擦伤，还受了点惊吓。”

“请听好了。就像我刚刚说的那样，塞西莉的丈夫在警察有可能把它打碎之前把你的电影摄影机拖到了安全的地方。然后他给我打了电话。我呢，回过头来马上给白厅②的两个人打了电话，那两个人不想把警察的这种行为公之于众。当然啦，我们已经把冒犯的那部分毁掉了……”鉴于自己的好运，保罗硬生生地忍住了一个抗议。“不过，那事儿我们得保密。算你走运。”

“真是运气，先生。不过我要谢谢你。”

“代我向你可爱的妻子致以热情的问候，告诉她要更加小心点。我劝你也要小心点。你是一个不可多得的雇员，保罗。尽量别去惹麻烦，别去跟当局的人作对，无论是在这儿还是别的什么地方。”

“如果这样的话，我就拍不到好的影片。”

约克勋爵暴躁地说：“这是新闻记者的两难。有时他妈的太烦人了。再见。”

---

①斯克鲁奇，英国作家狄更斯小说《圣诞颂歌》中的人物，为一受人憎恨的老吝啬鬼。

②白厅，指英国政府，音译“怀特霍尔（Whitehall）”，实际是英国伦敦威斯敏斯特区的一条街道，那儿有很多英国政府的机关，故变成了英国政府的代名词，意译即“白厅”。

第四章　伊尔莎的担忧

12月冰冷的雨在威尔斯大街下出了一个实实在在的湖。尼基·斯皮尔斯小心翼翼地驾驶着那辆长长的褐紫红色奔驰小汽车从水里驶过，生怕发动机熄火。他成功地将小汽车停到了海德尔堡饭店外面的路边上。因为患了关节炎，他只好慢慢地爬出车来。尼基是这个家庭的汽车司机，英国人，十分忠诚，但年事已高。他一瘸一拐地绕过车子，来到乘客进出的车门口，拿着一把伞，将弗里奇和伊尔莎先后护送到那个装饰华丽的入口。"我一个小时十五分钟之后就站在这儿等，夫人。"

"谢谢，尼基。"伊尔莎说道。

她在门厅里见到的第一个人是侍者总管鲁道夫。他是伊尔莎十分不喜欢的少有的几个人之一。这种情结源于这个人的倨傲不逊和粗暴态度，在她看来，只有那种最坏的普鲁士上校才有这般品质。鲁道夫正在那部台式电话上打电话，没有赏脸来理会她们。

"我们将期待您的到来，克洛斯特斯先生，多谢。"鲁道夫砰的一声将电话听筒挂到挂钩上，接着立刻将他剃得精光的头垂到一本大如圣坛《圣经》一样的预订簿上。在他写的当口，伊尔莎轻轻叩起了她的一只鞋子。克朗将军的妻子可不是能随便怠慢的女人。

"鲁道夫，我们可以要一张两个人的桌子吗？我没有工夫事先打电话来。"

"没问题，我们完全——"他抬起头来，"啊，尊敬的夫人！实在是太抱歉了！我们当然有地方给您。这位女士是谁？"

"我们的女儿，弗里奇。"

“啊，真是啊，长这么大了。请跟我来。”

他将两本很大的菜单夹到自己的腋下，就地转过身，像一个当兵的傻蛋一样迈着大步昂首挺胸地向前走。弗里奇拎起裙子，开始模仿他的这种样子，但是伊尔莎轻声呵斥道：“别调皮。”弗里奇紧紧握着自己的双手，像个忏悔者一样拉长了脸。伊尔莎不禁笑了起来。

鲁道夫领着她们来到座位上，一点也不知道刚才的插曲。“鲍里斯一会儿就来伺候你们，亲爱的女士们。”他虚情假意地鞠了一个躬之后，便昂首挺胸地走了。弗里奇摘掉帽子，帽子的带子被雨水淋湿了。

伊尔莎·克朗已经变成了一个身材富态、气度威严的女人，成了杂志作家喜欢称为“端庄健美”的强壮有力但又不乏女性娇柔的那种类型。伊尔莎五十九岁了。她银灰色的头发高高卷在头上，已经没有一丝一毫原先微微有点发红的褐色了。她总是穿着漂亮而且昂贵的服装，今天她穿了一件白色的衬衣，领口戴着一个很大的蝴蝶，外面是一套定制的深绿色套裙，裙边长及鞋面。虽然，长及地面的有褶裥饰边的长裙子依然流行，但是在她看来，那些裙子既容易沾染灰尘又容易沾上泥巴。她无法容忍那些耻笑稍短一点裙子的男人，她也无法容忍穿那种裙子的“雨中雏菊”般的女人。在今天这样的恶劣天气，她们怎么可能成为这样的白痴呢？

她脱下那双长长的淡紫色手套，还是觉得好笑：“你有的时候真是一个小淘气，亲爱的。其他有几个人倒是喜欢你这种小小的不近人情。他们一定认识鲁道夫。”

“得啦，”弗里奇轻飘飘地耸了一下肩膀，“强横霸道的人怎么对他们都不为过。鲁道夫早先冲撞过我。”

“是吗？什么时候？”

“我小的时候。我跟着你和爸爸一起到这里来，你们俩都跟莱特家的人在说话，鲁道夫走过旁边，像条蛇一样发出嘶嘶声——我绝对不能把腿弯起并坐在上面！我不记得我说了什么，可是他冲撞了我，就像这样。”她拿中指跟大拇指啪地捻了一个响指。

伊尔莎尽管处于紧张状态，还是禁不住哈哈大笑起来。她带女儿到这家饭店来有其深刻的用意。她明白弗里奇不开心。这不是内心的一时冲动；她早就看出来，好几个月了。她记着她女儿也曾有过美好的时光。当弗里奇开心的时候，她不是焦躁不安的。她很少有不开心的时候，而且她的棕色眼睛总是晶莹闪亮；任谁都会被她轻松愉快的魅力所征服。弗里奇不是一个古板守旧的美人儿，这是肯定的，她有着与生俱来的幽默感、敏捷的才思和人们很快就能辨识出来的内心善良。但令伊尔莎感到遗憾的是，没有一个合适的小伙子发现过这些优良品质，至少她知道没有。

“我承认整个早上我感觉自己像一只被关在笼子里的老虎。”弗里奇打开她的菜单，说道，“我真的很高兴，你建议到市中心来吃小吃。”

“胡扯，不是小吃，那些只是喂小鸟的。我们要吃一顿体面的午餐。毕竟，这是一家德国化的餐馆。”

一个过于德国化的地方：一个穿着吊带花饰皮裤、戴着绿色蒂罗尔帽子的手风琴艺人四处游走着，纤尘不染的洁白桌布上摆放着鲜花，巨大的架子上展示着一英尺高的啤酒桶，一架过于招摇的布谷鸟自鸣钟又是啾啾又是噔噔地鸣叫着，那种千篇一律的节奏让人生厌。

伊尔莎戴着一副无框的双光眼镜浏览着菜单，眼镜由一条链子连着一个与之相匹配的金色盒子，盒子就别在她那巨大的胸脯上。“这儿有许多很好的特色菜肴，亲爱的。我真的希望你好好吃点东西。你要是不介意的话，我可得说你，你太瘦了。”

弗里奇做了个鬼脸：“你的意思是我的胸脯不够大啰。”

“哎呀。这么赤裸裸的言语，现如今大伙儿怎么都说这种话。”

“这是新时代了，妈妈。说‘腿’啊、‘胸脯’啊这些话，都没问题啦。”

“哟，我可不赞同，而且拿我来说，我就不太明白这个所谓的新时代。好吧，我们吃什么呢？肝脏和饺子很好。”伊尔莎朝那些在一只被灯光照亮的缸里面凄凉地等待命运的鱼点了点头，“鲤鱼也很好。”

“相信我，妈妈，我真的吃得很好。我有的时候像马一样把肚子撑得饱饱的。可我需要长肉的地方它就是不长嘛。”

伊尔莎俯过身去，轻轻拍着弗里奇的手：“我最近在菲尔德商店看见有样东西也许有用。圣诞节快到了。”

弗里奇点了一份相当不错的牛排,配有土豆和刀豆,这让伊尔莎很高兴。伊尔莎点了鲤鱼,前菜是面汤。她要了一瓶莱茵白葡萄酒。她先举起倒有甜酒的酒杯,叮的一声碰了一下弗里奇的酒杯。“为你的成功干杯。”甜酒喝下肚子,味道好极了,而且暖暖的,稍稍缓解了一点她神经的紧张。她担忧弗里奇的前程,这门行业不稳定,甚至不受人尊敬。伊尔莎和她丈夫不像很久以前的德国父母,他们不可能直接左右或影响弗里奇的生活,尽管如此,伊尔莎还是想试着干涉一下。

她还没来得及开口,弗里奇先问道:“你收到过堂哥保罗的来信吗?”

“没有,只有朱莉写信来。你知道波利,总是扛着他的摄影机东跑西颠。朱莉说,她参加了潘克赫斯特夫人组织的那个示威游行。”伊尔莎的表情表明,她对激进的英国女权主义者缺乏热情,“她为自己感到自豪,能成为一位‘新女性’,她们是这么叫的。我希望她不会让自己遭受危险。我钦佩她的理想主义,可是她对丈夫和孩子负有责任啊。”

“朱莉是一个可爱、勇敢的人。我十分高兴保罗和她一起那么幸福。我真的很喜欢他。”

弗里奇的话中有一种思念之情。保罗从柏林前来跟他们全家生活在一起之后,当时十三岁的弗里奇向伊尔莎坦言,她很想嫁给他。伊尔莎不得不负责任地对她说,在正派和正直的家庭里,堂兄妹之间是不允许通婚的。

弗里奇陷入了沉默。伊尔莎再次伸出手拉住她的一只手:“我多么希望你能够开心点。”

“妈妈,我很好。”

“不,不,我看得出来。你爸爸生病的时候,你的孝心让你回到了家中,而且你待了下来。可是我知道,你十分茫然。你的业余爱好戏剧不再让你感兴趣了吗?”

“说真话,不了。”

“社会福利工作又不对你的胃口。”

“很感谢你再次把我介绍给简·亚当斯①。我知道她是一位特别好的朋友，而且赫尔堂的确帮助了很多穷人。可是我在那儿遇见的所有女人——那些志愿跟你一起工作的你的朋友——她们的年龄跟我不相当。她们按部就班，与我兴趣不同。”

“她们年纪大了，像我一样。”伊尔莎轻快地说，没有任何自哀的成分，“我理解。”

侍者端来了伊尔莎的面汤和一筐黑麦面包。弗里奇在给一块厚厚的黑麦面包抹黄油的时候，她的母亲说道：“我想了很多，打算给你点建议，有一些还挺奇特的。譬如，向法国厨师学做大餐。”

弗里奇咯咯笑了起来：“你知道的，我在居家技艺方面缺乏天赋。我假如是个食人生番，就不可能去煮一个教士。”

伊尔莎又饮了一口甜酒，深深地吸了一口气，突然说道：“有件事情你爸爸一直盼望，你知道的，想让你安顿下来。他很想有个女婿，很想有第三代呢。”

再次沉默。弗里奇保持着一动不动，两只手握着酒杯的柄脚。伊尔莎从来没有刺探过她女儿的恋爱隐私。在一些来信的只言片语里，她知道，莫特梅因皇家莎士比亚剧团在萨凡纳进行为期两周的演出时，弗里奇狂热地爱上了一个名叫乔治亚的男孩子。那男孩子显然也喜欢她，但是仅此而已。毫无疑问，他认为她是一个放荡的女孩子，当时人们对所有女演员都是这样的看法。男孩子来自一个旧家庭——贵族家庭，在伊尔莎看来，这些贵族家庭相当于势利小人。有好几个月，弗里奇在她信里面表现出悲伤的心境。

一个并不陌生的故事，伊尔莎心想。有的时候，失去一个特定的男孩子之后，女孩子就会终生恢复不过来，就会再也找不到可以跟初恋时的男孩子相媲美的人，于是就凋谢枯萎，变成老处女。至少伊尔莎认识的四个中年妇女，她们就遇上了如此不幸的命运。人们说，她们是“失恋”了。其中之一就是伊尔莎的闺

①简·亚当斯(1860—1935)，美国社会改革家，1889年与人合作在芝加哥创建了北美的第一个街坊文教馆赫尔堂，为贫民提供习艺场所和受教育机会。她成功地推动的社会改革包括青少年法庭法、黑人和移民的公平待遇、工人的权利和补助金以及妇女的选举运动。1910年担任全国社会工作会议的第一任女主席。1915年任国际妇女大会主席，随即协助成立国际妇女和平自由联盟和美国公民自由联盟。1931年与巴特勒一起获得诺贝尔和平奖。

密简·亚当斯，创办那个街坊文教馆的人。

弗里奇要是独身一辈子，伊尔莎作为母亲，就会像活在地狱里受罪一样悲伤得死去活来。然而，她又没有法子拯救她的女儿。唯有弗里奇才有法子拯救她自己——弗里奇和某位男士，不知名姓、不知身份，也不知真正存在于何方的男士，只是母亲充满希望的想象中的一个影子。

终于，弗里奇开口说话了："妈妈，我认为这不会发生的。"

"为什么不会呢？亲爱的，你是一个难得的人啊。难道你铁心抗拒婚姻了吗？"

"不，但我知道我是什么人，我是一个演员。等着我的就是这个命，不太可能是其他。我喜欢表演，所以——"弗里奇的脸上突然升起点点红晕，令伊尔莎有一种不祥的预感。

"我决定元旦过后就去纽约。"

"我不相信你这话。你要到那个倒灶的地方去？"

弗里奇拉住母亲的手，严肃认真地说："你是一个聪明、有文化的女人，妈妈。你十分清楚，戏剧，真正的戏剧，只有纽约才有。我不想再把我的人生消耗在从佛罗里达到得克萨斯的那些小镇上的小舞台上了——或是在芝加哥的教堂大厅里的小剧目里了。我如果努力了、失败了，那也就听天由命，但我要努力。"

现在轮到伊尔莎沉默了，但她的脑子在急剧地转动着。她并不怀疑她女儿自己照顾自己的能力，哪怕是在像纽约这样充斥着犯罪的地方。她所担心的是另外一个人：

"你告诉你爸爸这个决定了吗？"

"还没有，但我很快会告诉他的。"

"你知道他的反应会很不好。"

"你是说他会很专横？妈妈，我不能因为害怕争论而改变我的人生啊。"

"我说的不是这个。无论如何你得再考虑考虑，谨慎地考虑。"伊尔莎话音中的哽咽让弗里奇惊讶，伊尔莎的惊慌表露无遗，"天知道，也许你会改变主意。"

弗里奇没有回答，只是专注地瞧着自己的食物。再次的沉默让伊尔莎沉浸在始料未及的绝望的心境之中。

第五章　速度的梦想

在马里兰州距巴尔的摩几英里的一个加煤站里，一个铁路职工将卡尔从一趟开往南方的货运列车上拖了下来。当第一场白雪覆盖了哈得孙河谷之后，他便向南方奔去。他在马里兰州发现了他正在寻找的更加温暖的气候，尽管太阳落山很早，留下长长的影子，令人伤感。

卡尔沿着泥路走了几英里，肚子饿得要死要活。他在一家乡村小酒店停了下来，这是一幢布局零乱的构架房屋，有一个泥地院子，院子里的几辆驿站马车一定是好几年前就停泊在那儿了。大门边上，他注意到有几桶煤渣和一把很沉的铁锹，这表明马里兰州也很可能下雪。

小酒店里烟雾缭绕，温暖如春。他到吧台上用他最后的四十美分要了份烤猪肉和一杯啤酒。两个穿着双排扣上衣的男人靠在吧台栏杆上，推测着即将到来的纽约哈里·索杀人案审判的结果。索是一位出身名门的上流社会人士，在麦迪逊广场花园的屋顶剧场杀死了建筑师斯坦福·怀特。因为索的妻子曾经是一位歌舞演员，怀特调戏她。角落里的一张桌子上，另有四个男人在打牌。

卡尔慢慢溜达到一张较小的桌子边，拉出椅子，也没看看这张椅子是否牢固，便一屁股重重地坐了下去。干燥木头搭成的老旧椅子吱吱嘎嘎地抗议着。吧台后面，身壮如鲸的店老板瞧了卡尔一眼。卡尔赶紧跳起身来，检查那张椅子。

“没有弄坏。”

“算你运气。家具不便宜呢。”

不一会儿，他的食物和啤酒来了。那些打牌的人中，声音最响的是一个瘦长得不协调的人，长着一个酒糟鼻，他一个劲儿地嘲弄着另外三个人。终于，一个年龄较大的人扑下他的那手牌，扔到桌子上。

“我受够了你的嘴了，英尼斯。等你酒醒了我们再打。”

英尼斯摇晃着站起身来，把他的椅子也撞翻了。“嗨，你个杂种，你不能走。你都快赢了。”

“我不打了，英尼斯。现在就不打了。”年龄较大的人狠狠瞪了英尼斯一眼。卡尔正用一块燕麦面包揩干肉汁。年龄较大的人比英尼斯高出一个头，英尼斯不是他的对手。年龄较大的人便这样走了。

卡尔没有及时低下头，英尼斯对上了他的目光：“你会打牌吗，先生？”

卡尔不喜欢英尼斯这个样子，而且很可能在他说“不会”的时候流露了出来。

“过来，坐下打几手。顺子暗扑克。”

“我没有钱。我想把晚饭吃完。”

英尼斯眨着眼睛，眼露凶光：“而且也没有风度呢。”

另一个打牌的人拉拉英尼斯的胳膊：“看在基督的分上，坐下，这事儿你以后再计较吧。”

英尼斯甩开那人的手：“我不认识这个家伙，而且我不喜欢他这张嘴巴。”英尼斯蹒跚着走向前来，用力地推着卡尔的肩膀，“玩几手怎么样？”

卡尔不是像尼克·卡特或者弗兰克·梅里韦尔那样的廉价小说里的英雄，但是他的父亲教导过他，面对那些强横霸道的人，要勇敢，因为只要你勇敢，他们通常就会屁滚尿流。

“我说你最好别再碰我。”

英尼斯窃笑一声，轻轻地拍着他的面孔：“喜欢这样吗？”

卡尔的心揪紧了，他推开他的椅子。店老板从吧台后面跑了出来：“外面去，外面去。别弄坏了我的东西。”

卡尔摊开双手，作了最后一个表示和平的手势：“我们没理由非得——”英尼斯一拳击向了卡尔的下巴。

卡尔像风车一样往后转去，撞到墙上又弹了回来。该死的愚蠢恶霸，他心想，这时英尼斯踉跄着朝他冲来。英尼斯没来得及打他第二拳，卡尔便用双手一把抓住了他的衬衫，狠狠地将他往一边摔去。店老板赶紧冲到门边，打开门，英尼斯倒退着穿门而过，一屁股跌倒在了泥地上。

卡尔紧跟着他来到外面："让我们忘了这事儿，我不想跟你吵架。到哪儿去醒醒酒吧。"

英尼斯双膝跪地趴在地上，拿一只袖子擦着自己的嘴巴。一度，卡尔还以为事情就这样了结了，英尼斯那让人恶心的病态的笑容欺骗了他。

"得，好吧。"英尼斯话没说完，便跪在地上猛地朝卡尔扑来。等卡尔意识到他的意图时为时已晚。英尼斯的右手牢牢抓住卡尔的脚踝，将他摔倒在地。英尼斯跳起身来，狠狠地踢了卡尔的肋骨两脚，然后抓住了那把铁锹的柄。

"好啊。"英尼斯喘着大气说道，"好啊，你这个尽会耍嘴皮子的狗娘养的。"卡尔摇摇晃晃地站起身来，脑袋嗡嗡直响。

卡尔用右手掌重重地往下砍去，砍进英尼斯左手肘内侧。这一砍，让英尼斯松了手。卡尔用力将铁锹夺了过来。英尼斯从侧身口袋里掏出一把卡尔也有的那种折刀，啪的一声将它打开。卡尔退后一步。英尼斯侧过身，朝前刺来。卡尔像挥动棒球棒一样挥动着铁锹。

卡尔在最后一刻收了手，否则必定会将英尼斯杀死无疑。尽管如此，铁锹还是画出一个金属弧圈。英尼斯跌倒在地，他的左耳朵流出血来。他趴在地上，痛苦地喘着大气，随即昏了过去。

店老板和几个打牌的人围成半圆站在英尼斯身旁，卡尔松了一口气，一面揉着自己的一个肩膀，肩膀的肌肉好似有点拉伤。店老板往趴在地上的人身上泼了一桶水。英尼斯舔掉他嘴唇上的水，继续呼呼睡他的觉。

"他像大黄蜂一样疯了一个星期了。"店老板评论道，"先是他们在赛马场解雇了他，接着他老伴又把他关在了家门外。从此以后，他就这样浪荡。我要是你的话，不会等着看他醒来。赶快走吧。"

"当然，这种事儿我也习惯了。"卡尔怪怪地笑了一下说道，"我需要找个工作，也许我可以顶替他。那个赛马场在哪儿？"

"在巴尔的摩的唐斯，这个城市的北边。"

"衷心感谢。"卡尔转过身，一瘸一拐地走出了小酒店的院子。

当天夜里，他来到一个小村庄，在一个公园里的一张长凳下睡觉，冻得两排牙齿格格打战，没睡踏实。风从西北方吹来，可以嗅到冬天的气息了。

上午，他找到了巴尔的摩唐斯的赛马场。这是一个极好的地方，有一英里方圆，一个很大的看台上装饰着一面旗子，一幢两层楼的俱乐部会所，还配备有宽敞的马厩和围场。一个正在训练一匹小牝马的马夫给他指了去办公室的路。一位姓里夫斯的男人接待了他：

“你想要英尼斯的工作？他干打扫马厩的活儿，给马夫们做做下手，需要干什么活就干什么活。这你感兴趣吗？”

“我感兴趣的是每隔一段时间能吃上一顿饭。”卡尔说道。

里夫斯喜欢这话：“见到英尼斯了，是吗？”

卡尔抚摸了一下他下巴上的乌青：“很不幸，是的。”

“谁赢了？”

“我。”

里夫斯更喜欢这话了：“嗯，马厩很干净，而且暖和。你可以睡在一个空马厩里，直到你找到住所。明天早上开始，六点整。”

卡尔向里斯夫表示感谢，这时他听到了马达深沉的轰隆声。

“听起来像是一辆汽车。”

“是的。不赛马的时候，我发现有一帮喜欢运动的人会来赛车。我们这个赛马场啊，那些赛车手也很喜欢。看过赛车吗？”

“我看过我们国家的第一次赛车，1895年感恩节那天，在芝加哥。”

“那次著名的雪中赛车。”里夫斯点了点头说。

“五十四又十分之三英里，杜里埃兄弟用他们的五号车赢了比赛，用时十小时二十三分钟。弗兰克·杜里埃开的车，只是当时他们叫它马达车。”

就在那个寒冷的冬日，一个眼睛睁得大大的小男孩瞧着没有马拉的车子沿着密歇根大道悠悠驶来，徐徐滑过，从那时起，卡尔便怀揣了一个永久的梦想，并期盼有朝一日能圆他的汽车梦想。他在纽约市见过许多汽车。不管是嘶嘶作响的锅炉、嗞嗞发声的电池，还是喷着汽油的引擎，都令他激动。它们是机器，而他就热爱机器。汽车已不再是荒唐的笑谈了，现在，它们是力量和财富的象征——

是冒着烟隆隆滚动前行的新世纪奇迹。

尽管如此,并非每个人都喜欢它们。普林斯顿的威尔逊博士就公开宣称,它们只是富人才玩得起的毫无意义、奢华铺张的玩具,因此在穷人中间催生了社会主义和无政府主义。那不正证明了威尔逊只不过是一个古板守旧、令人讨厌的老顽固吗?

当然,汽车远没有达到十分可靠的程度。很可能,你会看见一辆汽车抛锚在那儿,开不动了。他在俄亥俄州的一条乡间道路上游荡的时候,就看见过一辆黄油色的斯坦利汽车陷在了一条泥沟里。一个农民带着他的好几头骡子用绳子系住车架,费了九牛二虎之力才把它拽了出来。卡尔自告奋勇地帮着推后轮。农民鞭打着他那些很不情愿的骡子,褐色的烂泥从轮胎后面飞速涌了出来。斯坦利汽车重新上路,卡尔满脸泥巴,但笑容灿烂。

他经常梦见自己坐在一辆汽车的方向盘后面,驾车飞速前行。回到他今年早些时候曾工作过三个月的印第安纳波利斯,他的这个向往变得尤为强烈。除了小时候,他还没有踏进过正儿八经的剧院,可是他花钱买了一张顶层楼座的音乐剧票,去看了那出《范德比尔特杯》。这部音乐剧颂扬了1904年那场由社交名流威廉·K.范德比尔特发起的伟大的长岛公路赛。这个剧目一直和它最初的百老汇明星——赛车手巴尼·奥德菲尔德一同在各地巡演。

奥德菲尔德原先是俄亥俄州的一个自行车赛车手,于1903年初涉汽车赛事。他驾驶那辆亨利·福特的大"999"跟克利夫兰汽车制造商亚历山大·温顿所拥有的夺标呼声很高的"子弹头"一决雌雄。"999"赢了。

巴尼·奥德菲尔德并非一个优秀的演员,可是他在第二幕那个形成高潮的情节中的表演却令人信服。两辆赛车,无双蓝色闪电和巴尼的无双绿色飞龙,比肩疾驶,彩绘的舞台布景在它们身后飞速掠过。两辆赛车冒出浓烟、火星,排气口还喷出蓝色火焰,那栩栩如生的场景令人震惊。巴尼穿着人们很熟悉的那套森林绿赛车服,戴着绿色的皮头盔,还有护目镜,这形象就让他信心倍增。自然是他赢了。他是快速驾驶的无冕之王,每月两千美元的薪水,可不是为了让他来输的。

卡尔是第一次见到大名鼎鼎的巴尼·奥德菲尔德,当时他正如日中天。那也是他第一次并且是唯一一次领略他姐姐所说的戏剧的魅力。壮观的舞台景象令他激动不已。

里夫斯说:“本周末,有两个人将驾驶一辆菲亚特进行一百英里的练习赛,去看看吧。”卡尔的胃口再次被吊了起来。

他跑到冬季惨淡的阳光下,在马厩与赛道之间穿梭,赛道上,马达轰鸣,尘土飞扬,一片棕黄色。他踩上较低的那根横挡,赛车风驰电掣般驶向弯道时,尘土落在了他的头发和肩膀上。这赛车就好像半打马口铁罐头放置在一个车架上,四只轮子没有任何保护。这辆菲亚特是右座驾驶,跟路上在跑的所有汽车一模一样。司机和他的机械师就坐在两个凹背单人座椅里,吃着灰尘和劲风。两个人都戴着护目镜和精致的防护手套。卡尔幻想着要是抓着方向盘的那个人是自己那该多好。

在后面的直道上,菲亚特开始加速。卡尔惊掉了下巴:“天哪,他们一定是开到四五十迈了。”

他抓着横栏在那儿观看,菲亚特转过弯道,在身后留下一个大大的公鸡尾巴一样的尘团。他看了将近一个小时。事后,他对里夫斯说:“我要学驾驶汽车。我不知道到哪儿去学,也不知道怎么弄,可是我要去学,你等着瞧吧。”

第六章　保罗的电影

当弗里奇和母亲离开海德尔堡饭店的时候，司机尼基已经带着雨伞等在那儿了。在坐车回家的路上，弗里奇几乎没有怎么说话。显然，她母亲对她的决定感到心烦意乱。

坐落在密歇根南大街上的克朗宅第是一座巨大的维多利亚式城堡，二十六个房间，改造了两次，这是其主人在啤酒行业成功的永久性象征。乔·克朗拥有整个街区，从第十九大街到第二十大街：靠近第十九大街的一半地块留作了一个精心照料的花园，花园里有一个水光潋滟的水池，现在已经空了；整洁的花圃里种着玫瑰花丛；一尊大理石的天使雕像象征着和平安宁，所有这一切都被高高的灌木丛包围着，隔断了外面的车水马龙。弗里奇回到她的房间十分钟之后，伊尔莎拿着一封信急匆匆地走了进来。

"亲爱的，你的祈祷起作用啦！瞧瞧下午的邮差送来了什么？波利六个星期前在直布罗陀寄出的，他还寄来了一张快照呢。"

伊尔莎将那张柯达相机拍的照片递给她。弗里奇凝视着她这位强壮的堂哥，脸上笑靥似花。照片是他在一个宾馆的游廊上跟他的摄影机和三脚架一起合的影。保罗在两排牙齿间咬一根雪茄，一条胳膊勾着三脚架，另一只手举着他的巴拿马帽子朝镜头致意。

保罗的马甲没有扣纽扣，他的领带挂得歪歪斜斜，他白色套装的膝盖处留下了好多污渍。他还是那个老样子，对自己的外表永远都是漫不经心，不过他从不会对自己的工作漫不经心。保罗不时地给自己所爱的人寄一些照片，他有一个终生习惯：收集纪念品，也赠送纪念品。

弗里奇很快读完信。保罗访问了北非，在摩洛哥和撒哈拉沙漠拍摄游牧部落成员和具有异国情调的当地人，然后到直布罗陀拍摄新的英国军舰“皇家海军无畏级战舰”驶进地中海的电影。

她是此类战舰的第一艘——一万七千吨排量，为现有船舰中速度最快的。她最大火炮的射程有数英里之遥。我朋友迈克尔说，她已经引发了海军军备竞赛。唉，该死的英国人不肯让我拍摄她。北非的电影将在12月底前剪辑完成并在各家影院上映。我正在计划明年去一趟美国，肯定能见到你的。代我问候所有人。

“我们必须弄清楚谁在放映美国光影图像公司的电影，”伊尔莎十分激动地说，“我知道你想看这些电影。我们一起去，再外出玩一趟。”

到那种廉价的电影院里去？天哪。可是弗里奇没法回绝这位她深深爱着的体态丰满、头发花白的女人。她在自己内心深处略微叹息了一下，说道：“那好吧。”

将军因伊尔莎的请求做了一些调查。啤酒厂的一个工头刚好认识一位有胆识的德国犹太人，那人来自奥什科什，来的那年便投入了电影行业中。他的名字叫卡尔·莱姆利。他推销电影，并在北密尔沃基大道经营着一家廉价电影院。莱姆利说，市中心有一家比较好的电影院放映美国光影图像公司的“纪录片”，名叫珠宝佳境，在靠近范布伦大街的斯泰特大街上。这个地方，弗里奇骑自行车的时候看到过。

一个阴沉沉的下午，两点十分，弗里奇和她母亲买好了票。她环顾了一下四周，不得不承认，这个珠宝佳境比她为了追逐堂哥的影片而偶尔造访过的不多的几个电影院要好些。这里由一家商店改建而成，窗户上挂着绿色的丝绒窗帘。电影放映机被保护在那个很长的长方形房间后部用帷幔挡起来的小房间里。弗里奇不认识那个正在笨手笨脚地操纵机器的放映员，从剧团过来的那个小伙子今天没有上班，真是谢天谢地。她对这种移动图画的感觉从来就不隐瞒，一向来溢于言表。

这儿摆的不是木头长凳，而是椅子，一百多把椅子，不是杂货店的那种，不是冰激凌店的那种，也不是二手货商店的那种，而完全是一模一样的椅子。珠宝佳境雇了一位钢琴师，他的立式钢琴就摆放在帆布银幕的附近，还雇了一位解说员—— 一位穿着深蓝得像黑色的小礼服的先生，站在对面的一个讲台后面，介绍并解释每一组连续镜头。在廉价电影院放映的电影通常是没有现场解说的。有许多电影甚至都没有正式的片名。

大约有二十个人在观看这场两点十五分的电影。弗里奇和她母亲显然是穿戴得最好的人。有几个观众散发着大蒜臭、酒气，还有好些人家里是没有洗澡设备的。在弗里奇看来，这种电影比较适合放给那些被剥夺了公民权的移民观众看，这倒并不是她势利，只是发现了一种真实情况。影片成功的要素是哑剧的通俗语言，取决于通俗易懂。住在贫民窟的人常常可以走路去电影院，连车费都省了。

在前面用绳子拦起来的区域，小孩子们被分隔开了。有六七个吵吵嚷嚷的小男孩穿着打满补丁的灯笼裤，戴着布帽子，互相取笑、打闹。伊尔莎轻声问道："逃学的？"

"要不就是些狡诈的小骗子。"弗里奇说道。她和伊尔莎按照幻灯片上打出的请女士们摘下帽子的要求，摘下了帽子。幻灯片上这位上流社会的夫人戴着一顶硕大无朋的宽边帽子，帽子上装着很多水果和家禽，足足可以摆一桌宴席呢。

钢琴师离开钢琴，将两个在走道里打滚、互相用拳头击打对方的小男孩拆开。当他们回到座位上后，放映员关掉天花板上用马口铁做罩的灯，一张新的幻灯片出现了。

最新推出

T.B.哈姆斯

当红歌曲！

——作词、作曲——

哈里·波伦

主演

爱尔兰女歌唱家

弗拉维亚·法雷尔

“哦,那是波利的朋友。”伊尔莎说道,指的是作曲家。

两张面孔分别占据了幻灯片椭圆形画面的两边。那位爱尔兰女歌唱家的眼袋已经显而易见,她在中年以前一定漂亮过,现在肌肤开始松垂了。另一个画面中的男人是哈里·波伦,他曾经在1891年跟保罗一道坐统舱横渡大西洋。他本是一个波兰小伙子,但给自己取了一个新名字,并在音乐界立足,现在写流行歌曲,获得了巨大的成功。哈里下巴有点长,脸上笑容可掬,两眼炯炯有神。摄影师抓住了他正将一顶夏季草帽从他乌黑的卷发上摘下来的瞬间;这个姿势使弗里奇想起了保罗的快照。保罗有很多时间都是轻松自在的,这位作曲家看上去也是这样。也许这就是他们会成为朋友的原因吧,他们在纽约的时候,只要一有时间,就会欢聚在一起。

第一首歌的幻灯片出现了,显示的画面是一个戴着护目镜的男子和一个戴着大帽子和防尘面纱的年轻女郎坐在一辆汽车里的照片。抒情的歌词叠加在汽车的引擎罩上。这位钢琴师演奏着容易上口的调子。

车轮滚滚,感觉迷人

不由得俘获了我的心

下一张幻灯片:制成标本的和平鸽在这对紧紧拥抱在一起的恋人头顶翱翔。那些吵吵闹闹的小男孩嘲笑着,发出放屁一样的嘘声。

这是一种动人的感受,

尽情绽放浪漫激情

“丢了饭碗。”一个小男孩大叫道。那名解说员从讲台后面走了出来，啪地朝那个冒犯者脑门弹了一记，这让人难过地想到了鲁道夫。

伊尔莎跟着唱，口音很重。弗里奇发现自己也在跟着唱。保罗的朋友写的歌曲太富有感染力了。

歌曲幻灯片结束之后，放映机小房间里传出咔咔的声音，表明放映员正在转动电影放映机的曲柄。一束强光照过观众的头顶。当一位年轻女郎牵着一条狗在一个阳光灿烂的公园里招摇过市的时候，小男孩们拍起了手，吹起了口哨。画面光线昏暗，图像出现抓痕，喷发出恼人的气泡一样的光影。解说员讲道：“玛丽的杂种狗，滑稽的新奇动物。”

三分钟的一组连续镜头开始于玛丽一不小心将狗的皮带滑脱了，然后是当她的狗飞速跑开时她暴跳如雷的脸部特写。她一边追狗，一边请求他人的帮助，先求助于一名警察，接着求助于一位正在公园长凳上吃三明治的年轻先生。这部粗俗的电影无非就是让三个演员疯狂地四处奔跑，一会儿撞上了大树，一会儿又互相撞在了一起，仅仅是粗制滥造的画面而已。

“舞男，来自巴黎的浪漫刺激。”

这部电影里出现了一个留着尖尖的八字胡的花花公子、一个年长的女人，还有一个他企图猥亵的年轻女招待。布景包括一张桌子、几把椅子和一张画成饭店的帆布背景。这个无聊故事进行到一半的时候，有人撞了一下帆布背景使它晃动了起来。演员们全然不顾这些，继续演他们的戏。这种低劣的东西，如何能够叫人成为它稳定的拥趸呢？

“美国光影图像公司的最新产品。”

“哦，来了。”伊尔莎说着，一把抓住弗里奇的手。

“泰迪①在巴拿马。”保罗的第一部纪录片报道的是罗斯福总统视察巴拿马运河建设的情况。

“摩洛哥的异国风情。凶猛的柏柏尔族人。”穿着裹尸布一样的服装和连着风帽的长斗篷的男人在镜头前昂首阔步地走过，怒目而视，并挥舞着短弯刀。接

①泰迪，即美国第二十六任总统西奥多·罗斯福（1858—1919）的昵称。

着是一场沙漠上的骆驼比赛。

“马拉喀什的大集市。”尽管因为浓荫而画面光感不够,保罗拍摄的有天棚遮盖的牲畜棚和戴着面纱的女人仔细浏览商品的镜头还是抓住了当地的实质。那些腻烦透顶的淘气鬼跺着脚,吹着口哨。

咔嗒咔嗒的放映机将一个宾馆游廊的画面推上了银幕,跟保罗拍照的游廊一模一样。穿着白色海军服的英国海军军官进进出出,有好多已经大腹便便,而且大多数看上去妄自尊大。间或,有一位穿着宽大长衣的女士缓解一下这令人生厌的沉闷。

突然,一个莫名其妙的急剧颤动——有可能是断胶片修复的地方吗?——镜头切换了。观众们看到一艘巨大的战舰在距摄影机很远的地方驶过,很显然,摄影机被架在了很高的直布罗陀巨石上。“皇家海军无畏级战舰”?图像仅仅维持了几秒钟时间;一只手捂住了镜头,银幕变黑了。有一个淘气鬼发出一个嘘声。一个新的镜头出现了:联合王国国旗升起,迎风猎猎。

另一个多次重复的追逐画面结束了这部十五分钟的影片。“太刺激了,不是吗?”伊尔莎在她们离开座位时说道。弗里奇承认,保罗的电影有点独特,也值得一看,跟那些低劣的小戏剧和小喜剧形成了鲜明的对比。

来到外面,她竖起外套的领子。天气变糟了。黑沉沉的天好似压在城市上空。刺骨的寒风从湖上吹来。空气中能闻到雪的味儿,还有煤烟的气息和马粪的恶臭。吊着铁环的高架铁道火车在商业区四处奔忙,发出咔嚓咔嚓声和轰隆轰隆声。

“波利周游了世界那么多地方。他的生活真是令人激动啊。”伊尔莎叹息道。

“他应该写本书。”弗里奇说道。她是刚刚突发这奇想的。保罗不是一个作家,不像他既是记者又是小说家的朋友理查德·哈丁·戴维斯那样,但他是一个聪明人,肯定能做这件事的。

伊尔莎和弗里奇弯着腰走进风中,朝有轨电车站走去。伊尔莎没有让尼基来接她们。她在街角的一个小摊上买了两个烤红薯,等车的时候暖暖身子。

“弗里奇,小故事里的那些人——他们是演员吗?”

“他们也许是这样想的。他们在做的事情并非真正的表演,而是那种老式的做作的表演。五十年前的风格了。现代表演要——嗯，细腻些。热烈但有节制。我们国家开创这种风格的鼻祖是埃德温·布思。”

“我以为演电影的人得夸张地表演才能表达一个思想。你会有这样的演出机会吗？”

弗里奇的反应十分强烈：“我不会，妈妈。我绝对不会跟那种表演沾上边的。与其那样，我还不如不演戏。”

“我认为表演就是表演。”伊尔莎说道，稍带困惑地耸了耸肩，“旧时生活简单得多了。”

第七章　将军和他的孩子们

他的凯迪拉克在曲柄转到第二下时便启动了。这是一辆可靠的四缸 1906 款,有四十四马力。黑色的车身,配置了同样黑色的皮座椅,到了冬天,可以安装硬顶。这辆汽车耗资三千七百美元稍多一点,算得上是奢华级的了。不过,这不是将军最贵的汽车。将军最贵的汽车是那辆耗资五千七百美元的光彩夺目的韦尔奇旅行车,遇到恶劣的天气,他就将它关在车库里。

他往右将身子探到方向盘下面,摸出价钱昂贵的驾车护目镜戴上,这是一副像化装舞会面具一样的护目镜,皮革镶料,前面两块镜片,两边太阳穴的地方又各有一块侧面镜片。他驶出东大门,驶上拉腊比大街,驶过一队货运马车,马车上高高地装载着一桶桶营养丰富的黑啤酒,这是他们为圣诞节特别酿制的。

乔在近北区车水马龙、熙熙攘攘的街道上爬行,并在一个十字路口向一辆差一点撞上他的汽车的新普莱克斯汽车鸣了一声喇叭。当马粪溅满了他的挡泥板时,他叫骂着。他朝一辆因突然转向而靠得太近的里奥汽车挥舞着拳头。东方,一团团乌云恍若一块块灰色的花岗岩石板堆积在天空。撞击着挡风玻璃的冻雨开始变密。好在,他那丝绒领的驾车服有暖和的皮衬里。他的心情同今天这寒冷刺骨的天气十分般配。

当他驶进自家院子后面有四个泊车位的车库时,冻雨已经变成了雪。他将凯迪拉克停到他那辆最好的汽车旁边——这辆奶白色的七座韦尔奇旅行车漂亮极了。它的四缸发动机有五十四马力。闪闪发亮的黄铜车身,真皮软座是消防车一样的红色,带有钻石褶饰。这辆在密歇根州的庞蒂亚克制造的韦尔奇是为富人们准备的最豪华的车。乔很久以来就渴望得到一辆用链条传动的梅赛德斯,可是同样的车,它们的价格却居两倍之高。他认为花一万两千美元买一辆汽车太奢侈了一点。

来到屋里,他将驾车行头交给管家利奥波德。利奥波德人到中年,沉着冷静,不像他那个恪守细枝末节的前任曼弗雷德。利奥波德来自巴伐利亚州,乔很自然就联想到,来自那个地区的德国人大多懒散,但是他在利奥波德身上没有发现这种迹象。

厨房里,伊尔莎和厨娘特露迪正在搅拌用鸡蛋和牛奶调制的面糊,准备做"花式果子甜面包",这种圣诞季的传统食品就是上面撒有葡萄干和砂糖的蛋糕。乔吻了他妻子,下巴沾上了面粉,惹得妻子哈哈大笑。他说他准备在八点钟吃晚饭。

"我到办公室去看一下销售报告,叫我就按蜂鸣器。"乔通常用铃和蜂鸣器来管理这个家,这是一个精心设计的系统,很适合他井井有条的性格,但是让别的人受不了。伊尔莎八点零五分的时候按响了蜂鸣器,乔便去餐厅。

克朗宅第洋溢着节日的气氛。一棵九英尺高的冷杉树矗立在两层楼高的门厅里,上头就是一盏巨大的枝形电吊灯。一尊细节栩栩如生的木头基督诞生塑像摆放在树下。圣诞树披着节日的盛装,全都是玻璃球、彩色装饰品、金色纸链条和银色锡箔纸。有许许多多白色的蜡烛缠绕在树枝上。这些蜡烛要到圣诞夜才可以点亮——这是德国人的习俗。

餐厅里,长餐桌中央的降临节花环上已经点上了两支蜡烛。餐具柜上竖立着一尊圣尼古拉斯的雕像,两英尺高,有着长长的胡须,戴着主教冠冕,手中握着一根彩绘得恰到好处的主教牧杖。

乔坐在餐桌的顶头。他听到大儿子来了,从他那只假脚拖曳地面和频频的咳嗽中很容易辨认。小乔抽烟太多,他父母亲说什么也不管用。将军强忍恼怒,无意识地掸掉他那件洁净无垢的马甲上根本就不存在的污点。

小乔在他父亲心目中既产生了强烈的同情,也引发了极度的愤怒。这孩子是一个跟周围的人和事格格不入的悲剧性人物。他陷到社会主义教义之中——他跟那个十分走红的吉恩·德布斯关系非常好——他曾参加了华盛顿的埃弗雷特一个木瓦工厂的罢工,他在那儿工作过一段时间。罢工的人们跟那些雇用的暴徒发生了血腥打斗。两个暴徒将小乔扔到了一台正在嗞嗞运转的、能把大块雪松锯成木瓦片的锯子上。那锯子锯下了他的右脚。

亏得一个名叫安娜·西伯森的挪威女人帮他止了血,否则他必死无疑。他后来娶了安娜为妻,还打算收养她的儿子,但一场突如其来的流感要了安娜的命。小男孩去跟他的亲戚生活了,而小乔则悄悄地回到了芝加哥的家里,成了一个痛苦的失败者。

"晚上好,乔。"将军对一跛一跛走进来的儿子说道。

"您好,爸爸。"小乔坐下——不对,说坐下不完全正确,他只不过是来到座椅上,没精打采地耷拉在那儿,他的右鞋十分显眼,恍如在目空一切地提醒每个人,那鞋子里面就是一只软木脚。瞧他那个熊样,乔心里不舒服。指甲里全都是泥巴。衬衫上尽是汗渍。小乔始终在表现,他是一个"普通人",尽管他不拿出一分钱,却生活在乔·克朗的屋檐下,吃着伊尔莎做的食物,比那些在啤酒厂干下等活的人好得多地享受着生活。小乔三十岁年纪了,个头跟他父亲一样高,只是过量的啤酒和过度的饮食使得他的肚子突了出来,放荡的生活令他的蓝眼睛围上了灰色的黑眼圈。

伊尔莎和弗里奇进来了。伊尔莎在长餐桌的另一端坐下。弗里奇吻了她父亲的额头,轻喊了一声"爸爸",然后坐到了小乔对面一边的座位上。两名侍女在长餐桌上摆好主菜盘。这张长餐桌是他们的传家宝,黑色的胡桃木,雕刻着花纹的粗壮的桌腿。伊尔莎一直用一块有着精巧复杂图案的花边台布铺这张餐桌。

乔问弗里奇:"你跟你母亲下午看保罗的电影了吗?"

"我们看了。"

"那电影院怎么样?"

"黑乎乎的,但干净。莱姆利先生的推荐挺不错。"

"你知道,他把他自己的电影院命名为'白色前线',就是希望表示干净和体面的意思,以便吸引更多的观众。在我看来,那是徒劳的。"

一名侍女将一杯克朗家的贮藏啤酒放到乔的右手边。他对侍女点了点头:"谢谢,贝丝。"

"本堂牧师伍尔夫说电影院是藏污纳垢的地方,"伊尔莎说,"可是我们并没有发现什么不道德的事情。就只有几个吵闹的小男孩在那儿消磨他们的下午。”

“保罗的电影的确精彩。”弗里奇说道,“电影里放的都是别人没有见过的地方和事情。我们看到了摩洛哥,还看到总统开蒸汽挖土机呢。”

乔自己弄了一大块伊尔莎亲自烹饪的干炖牛肉,然后将大浅盘递了过去。小乔随便一接,差一点失手打翻盘子。乔狠狠地瞪了他一眼,接着说道:“西奥多的精力和好奇心真是无穷啊。”

“遗憾的是,保罗的这些作品只能在那些廉价的电影院里放映。”弗里奇说道,“其他的电影,那些想要讲故事的片子,全是垃圾。”

“这点我们的看法倒是一致。”她父亲和蔼可亲地点点头说。小乔看上去厌倦了,只垂头坐着,狼吞虎咽那些土豆泥。父亲继续说道:“一年前我看过几部故事片。真是不该弄这种东西,他们拍的尽是些滑稽演员追逐穿着暴露的大姑娘,就这么到处乱跑,一会儿撞倒了篱笆,一会儿践踏了鲜花,全然不顾那些财产。”

小乔嗤之以鼻:“财产,当然。”

“我们全都知道你和你的朋友德布兹对财产是怎么想的。”父亲反驳道,“我不需要评论,那种——”

前门传来很响的敲门声打断了他的话。利奥波德赶紧跑去开门,伊尔莎望着门厅。前门打开了,乔听到了风声。伊尔莎问:“这个时候了,到底还有谁会来敲门啊?”

利奥波德冲了进来:“先生——夫人——是你们的儿子。”

“卡尔?我的上帝啊。”伊尔莎跳起身来,跑过利奥波德身边,大声询问着,“他从哪儿来的?”

“匹兹堡,妈妈。”卡尔的声音传来,“匹兹堡和南本德,乘普尔曼的棚车来的。”

乔既兴奋又困惑,跟着妻子来到门厅。雪花在卡尔的头发上和缀满补丁的大衣肩头融化,一条在他脖子上围了一圈又一圈的红色围巾拖到了地板上。卡尔已经好几天没有刮胡子了,他的靴子在大理石地板上滴着水。

卡尔扑上前来拥抱他的母亲,抱得她两脚离开了地面,转着圈。伊尔莎旋转腾起的脚后跟差一点撞到了一只很高的中式大瓷瓶。当卡尔的莽撞一旦跟他旺盛的精力结合在一起的时候,常常会带来破坏。但今晚,没有人介意这个。

卡尔放开母亲,然后跟父亲握手:“您好,爸爸。你好,乔伊。弗里奇,让我拥抱你。”她被抱着转了一个三百六十度,像伊尔莎一样。等他把她放下来的时候,她已经气喘吁吁了。

“谁也想不到你会来啊,卡尔。”她说道。

“我是要去底特律。”

“底特律?”乔·克朗困惑不解地说道。

“去找工作。我最近在研究快速汽车,我想了解它们是怎样制造出来的。我想要开汽车。”

乔说道:“你在找活干?到汽车制造厂?”他几乎有点害怕,生怕这一问把整个氛围给破坏了。卡尔咧嘴笑了,将一条胳膊搭上父亲的肩头,并朝他俯下身去。

“是的,爸爸,你这个任性的儿子找到他所喜欢的事情啦。这事儿发生在东部——巴尔的摩。一会儿之后全都告诉你。”

“你在这儿过圣诞节,是吗?”弗里奇问道,目光里有一种奇怪的期盼的神情。

“过完圣诞节,也就过完节而已。”卡尔说道。

“这个消息太好了。”伊尔莎开心地大声说道。唯有乔伊,靠在餐厅入口的门框上,看上去满不在乎。这使乔十分愤怒。

“进来,进来,还有很多吃的留在那儿呢。”伊尔莎激动地说道。

“我可以消耗掉一点。”卡尔说道,“棚车上可没有餐车。”

“你不付钱那样坐车会被他们弄死的。”伊尔莎说道。

“哦,不会的。我有一个专业老师——保罗,他在柏林学的这一手。”

“很高兴你回家来,卡尔。”小乔在大伙儿前呼后拥地回到餐厅时说道,“不过我累坏了,我们明天再聊。”他一瘸一拐地朝楼梯走去,右脚吱嘎吱嘎地刮擦着地板——乔瞧着儿子费力地往长长的楼梯上爬去,恨得咬牙切齿。

他又要了一瓶德国烈酒,吩咐再摆上一套餐具。伊尔莎、弗里奇和卡尔继续聊着天,他则交替着啜一口咖啡,饮一口烈酒。很快,他感觉好多了。卡尔回家对他们而言算是一个大大的圣诞礼物。

乔从眼角观察着弗里奇。卡尔的人生出乎意料地朝着一个更加积极的新的方向前进了,现在该集中精力对付她了。他不必完全把月老的角色留给伊尔莎,他要开始在那些富翁朋友中物色合意的单身汉,那些也许有兴趣同一位百万富翁的女儿联姻的男子。弗里奇需要就在这儿、在芝加哥寻找一位合适的丈夫,建立一个美满的家庭。他不允许她走第二条路线。

这个假期居然变得这么开心!

第八章　卡尔的鼓励

第二天早上，大伙儿都起得很早。卡尔吃完早饭——吃了足足两个人的食量，便走出屋去，去买圣诞礼物，还说服弗里奇一会儿一起去打球。这是他们小时候喜欢在一起玩的游戏。

清晨的阳光照耀着大地，暖意很快就把昨夜下落的雪融化掉了一到两英寸。尼基驾车送伊尔莎到一个管弦乐队联盟去参加董事会会议了。只剩弗里奇一个人，她开列好自己的圣诞节礼物，然后草草浏览了利奥波德拿到音乐室来的邮件。她迫不及待地打开一封朱莉给全家的来信。

当她看到朱莉描述的在白厅示威游行中惨遭伦敦警察魔掌摧残时，不禁屏住了呼吸。弗里奇钦佩朱莉献身于女权事业。她分享着朱莉对此的热情，虽然到目前为止她还没有参加过一次这样的游行。

朱莉信的最后有一段是对堂哥保罗的描写。

> 多年来，自从那个邪恶的吉米·道斯去坐牢之后，他就一直一个人搬运并操作所有沉重的设备。在去非洲的那趟旅程中，他的背脊受了很重的伤，吃了好几个星期的苦头。约克勋爵主动提出给他雇个助手，可是保罗拒绝了。每当我对他说，找个帮手无损于男子汉的形象时，他就装聋作哑。德国人顽固起来无可救药——我亲爱的丈夫尤甚！谨致真诚的爱……

弗里奇将信留在一只银盘中让她母亲看。随着冬日上午时光的渐渐消逝，她坐下来写她自己的回信。她请求朱莉吹吹枕头风，说服保罗到另一个领域发展：一定要写一本书。

为什么不呢？他很有才华。他的信写得十分生动，富有文采（当他花时间动笔写的时候！）——我认为，许多人都会愿意欣赏所有他拍摄的迷人景色和事件——愿意了解他所面临并克服的困难和危险。他的朋友理查德·哈丁·戴维斯在这方面就做得很成功，写了不少书。你愿意说服他努力一下吗？告诉他，他假如不愿意的话，就会给他最喜欢的堂妹留下伤心和失望！

卡尔用拳头击打着他的棒球手套："好吧，弗里奇，让我们瞧瞧你小时候的那点玩意儿有没有丢掉。"

弗里奇眯眼瞧了一下午后的太阳。第十九大街那边，一扇楼上的窗户里有窗帘在飘动。弗里奇挥舞了一下她小牛皮棒球手套，脸上露出假笑："你好，鲍姆夫人。你个多嘴的老太婆。"

她挥动手臂，将棒球投了出去。棒球以一个怪异的弧线急速地飞过卡尔的头顶。他举起手套，干净利落地一把接住了球。对于一个身材这般魁梧、手脚如此笨拙的人来说，他这个动作可谓敏捷灵活得让人惊讶。"嘿，你还不算十分老迈无能嘛。"他咧嘴笑着说道。

阳光照耀在弗里奇的脸上，让她感觉妙不可言。边上院子里正在融雪的泥土弥漫着浓郁温暖的气息。他们来来回回地扔着棒球，扔出了应和着他们童年时代的节奏。

球啪的一声落在手套里，发出清脆刺耳的声音。卡尔扔出一个暴投；弗里奇接着回以一个俯身滑垒，把她的裙子弄得很脏。她飞速地冲向前去，朝鲍姆夫人的窗户点了一下头。他们如果要以不遵妇道的罪名逮捕女孩子的话，那么他们的邻居这会儿一定会去叫囚车前来的。弗里奇在吃饭时绘声绘色地模仿那个爱管闲事的寡妇，逗得她父亲也大笑不止。

"我很高兴，你要去底特律，卡尔。"

"爸爸昨晚就向我表示了祝贺，他也很开心。"这话令她紧张不安。将军会不会对她即将离开家的决定也是同样的感觉呢？令人生疑，她是女的啊。

“我是在巴尔的摩做出的决定，我在那儿看到了那辆菲亚特。”他继续说道，“我跟着那个车手和他的驾驶机械师去厮混了三天。我花了很多很多的啤酒钱，欠的债足以让我被债主扔进监狱呢。不过，学到很多。我下定决心要驾驶一辆那种汽车。然后我拿定主意，我应该了解如何制造汽车。”棒球啪啪地击打皮革的节奏越来越快。“我要到汽车制造厂或到像道奇兄弟那样提供汽车零件的机械加工厂去找份工作。这真的很棒，我在图书馆查过，底特律是一个欣欣向荣的城市。你怎么样？还没有放弃演戏，是吗？”

“从未放弃。”

“爸爸已经恢复了，能工作了，我没想到还会在芝加哥看到你。”

“我已经待得太久了。我正打算采取行动呢。”

“说来听听。”

弗里奇把球扔进手套里，深深地吸了一口气，将球投了出去。

“我想到百老汇去试试。”

卡尔想了一会儿，接着笑了起来：“当然，那个地方很显然就是为你这样的天才准备的。”

“我告诉爸爸之前得保密。”

“那里可不容易啊，姐。”

“说点我不知道的事吧。”她说道，懊悔地嘟起嘴来，“可是我必须得去，卡尔。我要是不去，那我就会后悔一辈子。”

他不停地在手套里轻轻拍着那颗棒球，问道：“你感觉如何？很害怕吗？”

“害怕极了。我所遇见的所有演员都说，纽约是一个冷漠无情、没心没肝的城市。可是与此同时，我又难以置信地迫切想去。”

“你准备什么时候走？”

弗里奇打了一个寒战，但不是因为天冷。“就在圣诞节之后。我对妈妈说了，她不喜欢这个主意，不过她不会挡道。爸爸是个障碍。我曾经打算节前告诉他，可我害怕。”

卡尔将棒球扔向身后的草地，拿他强壮的手臂抱住她。“我并没有资格提供忠告，不过我无论如何还是要说。你知道爸爸很可能会生气地大叫大嚷。他在有些方面死抱着老观念不放。每个女人都需要一只结婚戒指啦，都需要生一群孩子啦，诸如此类。是啊，当然啦——要是它称你心意的话。可是，我认为你是像我这样的人，弗里奇。一个不循规蹈矩的人——就是他们所说的得克萨斯小公牛，我在《警察报》里面看到过。我们俩各有不同的梦想。它们跟爸爸当初贫困潦倒、孑然一身来到这个国家时迫不及待想要发财的梦想不一样。我们正生活在一个令人难以置信的新世纪。所有的规则都发生了变化。你看到了刚刚驶过的那辆黑色小汽车了吗？亨利·福特今年的新款，就已经卖出了一千多辆。我同情那个拥有生产马车鞭子工厂的家伙，因为所有的规则都发生了变化。包括爸爸的规则。所以，千万不要因为别人的话或威吓就丢掉自己的梦想。”他指着东方灰白的天空，“如果你的梦想在那儿，那就乘风破浪地去寻找自己的梦想。”

他在她脸上印了一个纯洁的吻。

“向我保证你会的。”

“我保证，卡尔，我保证——上帝保佑你！你给了我所需要的额外的勇气。要面对他，并非易事。”

卡尔轻松地走过去捡起棒球。他一个低手投球，将球投给她。“只要记住，爸爸服力量。你要是双膝发抖，那就千万别让他看见。你做得到的。见鬼，姐，你是演员，是吗？那就演！”

她向他跑去。“哦，卡尔。‘接着他还会把什么样不可能的事情变得不费吹灰之力呢？’”

“啊？你说什么？”

“《暴风雨》中一个名叫安东尼奥的角色说的一句话。第二幕，第一场。你绝对当之无愧。”她激动地大声说道，拿双臂抱住他。卡尔不禁热情地紧抱住她，抱得她都透不过气来，只有呼呼喘大气的份儿，可是她变得更加勇敢，变得更加信心满满，她已经很长时间没有过这种感觉了。

第九章　迫不得已的一场戏

圣诞季的狂乱销蚀了家庭温情。弗里奇一头扎进了圣诞购物中，穿梭在马歇尔·菲尔德商场及费尔与卡森商场中，寻找礼品。她小心谨慎地花了她的一部分存款，留下了四十美元，要买去纽约的火车票，还有她在找到工作之前的生活费。

伊尔莎每天上午都要跑出去，或去购物，或到赫尔堂去帮助筹办孩子们的聚会，或跟她的那些有钱朋友一起参加社交活动。差不多每天晚上，她和将军都要出去参加聚会或赴宴。小乔要么一吃完晚饭就玩消失，要么干完活就根本不回家，留下卡尔跟弗里奇几个小时地玩西洋跳棋和聊天。等大家都上床睡下了，小乔才会回家。

克朗家一起参加了圣保罗教堂路德会教友的周日礼拜式，乔伊再次缺席。他也不参加家庭音乐室的聚会——那时，弗里奇演唱颂歌，将军用他极其浑厚的男中音演唱，卡尔像只热情有加但不分音高的小公牛一样狂吼乱叫。

圣诞节前一周的周三——降临节花环上的所有四支蜡烛此时在餐桌上都点亮了——弗里奇到火车站去买了一张纽约中央铁路公司的帝国快车票子。“请给买一张单程的坐票。”她不想把钱花在一个包厢座位上。莫特梅因剧团给了她很多通宿坐车的经历；她知道如何抢一个离火炉近一点的座位，知道如何用现成的报纸当被盖。

她经常排练她想对父亲说的话，但是实际接触却是一拖再拖。乔·克朗的确脾气火爆，这一事实吓得她没见他面便逃之夭夭了。可不可以用写信的方式呢？

不行。艾伦·泰莉强调说：

你知道，在任何一出精心制作的戏剧里，某些迫不得已的情节是必须要上演的，因而此前的每一个情节都是在为它们做铺垫。把它们省略了就是自欺欺人。家庭生活也同样。你父亲不是那种小人物，不是用一个有香味的信封装几行字就可以让他下台的。

还有一点，你必须当面对他说的原因涉及人格问题。胆小怕事不符合你们家庭成员的性格，包括你。

好吧，她将在星期六做这件事情，在全家去参加一年一度的啤酒厂全体员工聚会之前。将军每年都出钱举办这一盛会。

那天，她起得特别早，她的胃像是着了火一样，她的手掌早已经湿漉漉的。她大约四点钟开始换衣服。这是一个晴朗寒冷的下午，她卧室窗外的天空，早已经有几颗冬天的星星在闪耀。她费力地穿上她的礼服——有花边宽领的红色绸缎长裙。这是伊尔莎去年聚会时给她买的。

她摸索着脖子后面，扣上她从母亲那儿借来的珍珠短项链的扣子。接着，她拿一把梳子使劲地梳着她蓬乱的头发。她的头发让她想到了磨损的黄色绳子。她将梳子扔向镜子，朝着自己吐舌头。

壁炉架上的时钟显示现在四点半了。她父亲宣布他们六点钟出发。弗里奇估计，将军会用那辆韦尔奇将他们载到斯瓦比亚大厅去。街道上已经干了。

她听到了楼上大厅里有很沉的脚步声，便向门口跑去。

"爸爸！你这么早就回家啦。"

"是啊，我想办法脱身出来了。"

"我可以跟你说一会儿话吗？"她的心跳声在耳朵内砰砰作响。

"当然可以啦。"他慈祥地笑着说，"我可以进来吗？"

"我们最好到你办公室去。"

"你喜欢哪儿就哪儿吧。"他做出楼上请的姿势，"你看上去非常迷人，你会成为整个聚会最美的女士。"

“恐怕不会吧。”她紧张极了，在走下那段长长的楼梯、走过那棵精美绝伦的圣诞树时，她差点绊了两下脚。

来到办公室里，乔·克朗把客人坐的椅子从墙边搬开。室外，伊利诺伊冬天的深蓝色阴影笼罩在庭院里。光秃秃的树枝在湖上吹来的风中摇曳。

弗里奇坐在椅子的前半部，为了保持双手静止不动，她将双手紧握着搁在大腿上。怯场！她把卡尔鼓励的话忘得一干二净。

“好啦，我的姑娘。你脑子里在想什么呢？”

“打算，爸爸。我想告诉你我的打算。”

“请说吧。”他说道，再次微笑着。他架起二郎腿，将交叉的双手搁在微微凸起的肚子上。她闻到了一股洗发香波夹杂着啤酒的气味儿。也许他已经在啤酒厂小小地庆祝过了，他似乎心情不错。

“我准备到纽约去。”她说道。

他的额头皱了起来：“太好了。去买些东西吗？”

“去生活，去剧场找工作。”

在西面，落日的余晖在云彩下边透出光亮，照在办公室的窗户上，将它染得通红。乔·克朗的姿势和表情没有发生任何变化。然而，弗里奇相信，他脸上的血色消失了。

“我明白了。啊。你告诉我了，这很好。”

他走过办公室，朝开着几英寸的门走去，然后砰的一声将门关上，就好像在关土牢的门。他背对着窗户、双腿叉得很开地站在那儿，就像一位军官。她什么也看不见，就看见一个红色长方形映衬下的一个黑色剪影。

“我可以问问你这是什么时候做出的决定吗？”

“有一段时间了。我买好了星期三的火车票。”

“让我们通情达理地商量这件事情吧。”他的话音听起来依然平静，即便并不十分友善，但也没有多少敌意。

“恕我直言，爸爸，没有商量的必要。”

“恕我不能同意。像你这个年龄的姑娘到纽约去冒险，去寻求问题重重、危机四伏的职业，这不明智。也许根本就找不到这样的职业。”

“卡尔到底特律去也并不是一定有工作等着他,但你同意了。”

“卡尔是个男人,那不一样。”

“哦,爸爸,那是老观念了。”对他权威的挑战竟然想也没想就脱口而出,她很生气。

他的话音依然平稳,依然保持着克制:“纽约是一个藏污纳垢的肮脏城市。我见识过好多次了。它对一个单身女人来说十分危险。到一个公共剧场去——”他激动地做了一个手势,来强调他的理由,“就像去年夏天不谙世事的人们到麦迪逊广场花园的屋顶剧场去一样,被一个妒火中烧的疯子一枪击倒的也许是你而不是斯坦福·怀特。那儿真的不安全,弗里奇。请重新考虑。”

他十分固执。好吧,她也一样固执。

“我认真考虑过了,爸爸。我只是礼貌起见才正式告诉你一下。”

“真是深思熟虑啊。”他说道,话音里已经带有了真正的敌意。

“你知道百老汇才是唯一重要的戏剧天地。如果我不去尝试,看我是否能在那儿获得成功的话,我会恨自己一辈子。”

乔·克朗凝望着窗外,他的侧面形象蚀刻在通红的晚霞中。“请理解,弗里奇,我跟你争辩不是说我这个人难弄,或者说我自说自话。”哦,不?

他伸出手为自己辩护:“我想让你拥有最好的生活。一个丈夫。一个家庭。一群孩子。”

“我也许并不是那种男人愿意娶为妻子的绝色美人。”

“你太低估你自己了。你会找到合适的人的。也许你不应该把眼界放得太高。无论如何,一个品德好的年轻女人就应该——”

她跳起身来:“教堂,厨房,小孩?爸爸,那是你的年代。这是我的年代。我的生活。”

“你的生活啊!假如你非要跟那些下三烂的戏子纠缠在一起,那么你一定是太贬低生活本身了。”

他的话音逐渐升高,弗里奇捏紧了双拳。这场景有点失控。“你怎么可以这样说话?我加入莫特梅因剧团,就是你同意的啊。”

“到南方巡演——我们国家的那个地方,远比纽约要安全。”他拿一根手指勾到领子里，狠狠拽着，表明他的焦虑不安，“我以为颠沛流离一两年会磨灭你的野心。你会看到演员悲惨可怜的生活，他们中大多数人一事无成。你会忍受一段时间的恶劣条件，然后你会睁大眼睛，放弃你的野心。”

“你同意我去剧团的时候的确是这样想的吗？”

“是的。”

“你不支持我？你把我送出去是有意让我去碰壁的吗？”

他抓住她的红色衣袖：“请冷静。”

她挣脱他的手。“我不是一个孩子了，总是要得到保护，总是要听大人的。你一直就在犯这个错误。”她的脸涨得绯红，额头发烫，肚子难以忍受地痛了起来。

“不，你误解了。我再说一遍，我只是想让你拥有最好的生活。当初你要离开的时候，我认为你太愚蠢了，被误导了。但我觉得，想要跟你讲道理是徒劳的。我不是送你出去碰壁，我只是想你不再碰演戏。看起来我才是那个碰壁的人。我必须得再试一下。我请求你不要走。纽约是一个藏污纳垢的场所，全是犯罪分子、极端分子，以及把他们常春藤联合会的鼻子翘得比天还要高的假知识分子。还有那些把自己的头发剪得很短的该死的新女性！我见过她们的照片，穿着裤子，结着领带，戴着礼帽，一副趾高气扬的样子。有些甚至还抽着雪茄、衔着烟斗招摇过市。就在大庭广众之下啊！我不想让你走那样的路。”

“爸爸，那太可笑了。我不会的。”

“你是一个可爱的姑娘——”她躲开他的目光——“但是容易感情用事。此时此刻，我要说，你有点歇斯底里。我明确告诉你吧，你如果坚持这个疯狂的念头，那么你会惹我深感不满的。”

可是他早已深感不满了，这从他紧闭的嘴巴就可以一目了然，从他眼角的皱纹里就可以看得清清楚楚。她两大步飞快地跨到他的面前，两眼一眨不眨地正视着他。

“然后会怎么样呢，爸爸？你会跟我断绝父女关系？”

“我不喜欢你这种说话的腔调。”

“对不起，我是一个成年女人了。我永远是你的女儿，但我不是你的奴隶。”

“我不允许你去。我不允许你这样做!”

办公室已经黑得像个洞穴;最后一抹红色消失了,透过另一边的窗玻璃望去,星星点缀在高高的夜空,在湖上吹来的风中颤动。

“你理屈词穷了,爸爸。再见。”

弗里奇几乎潸然泪下。她冲了出去,狠狠地将办公室的门摔上。对一出戏剧来说,这是一个极好的落幕信号。所不同的是,当一出戏剧结束时,不会有什么后果存在。

第十章　向着东方进发

“亲爱的，别这样。”伊尔莎说道。弗里奇将长筒袜和内衣扔进她那只扁行李箱有平纹细布覆盖着的隔底盘内。这是一只很精致的旧旅行箱，鹅掌楸木料，上面覆盖着帆布，各边都用板条进行了加固。多年来打一枪换一个地方的生活节奏，给它留下了斑斑伤痕：油光光的污渍跟一遍遍的摩擦匹敌抗衡，黄铜包角上烙下了一个个深深的凹痕。

“我要走，妈妈。他根本看不起我。”

“你错了，那只是因为你想演戏，再就是因为考虑到你孤身一人在纽约。”

“那有什么不同呢？我就是这样一个人，一个演员。演员的天地在纽约。”她将一双鞋子塞进放在床上的一只棕色皮袋里。拎把下面的一条缝里插着一张还是她在 1901 年用墨水精心描画的皱皱巴巴的卡片：

弗雷德丽卡·克朗小姐

★

莫特梅因

皇家莎士比亚剧团

亚拉巴马州伯明翰市

伊尔莎拧着自己的双手，显然极想进行一场新的争吵。弗里奇卧室的窗外，阴沉沉的天空呈现出雾蒙蒙的险恶脸色。“前天夜里聚会以来，爸爸没有对我说上三句话。他在家里就四处躲着我。我从未过过这么糟糕的星期日。我坐四点的火车走。”

“弗里奇,这是圣诞夜。圣诞夜啊。我们全家聚会,爸爸在点圣诞树上的蜡烛——”

“我自己庆祝。他不可能改变的,妈妈。他也不会同意我按我自己的方式生活——失败,假如那是结果的话。我不会失败,我保证。爸爸正在滑入根深蒂固的自以为是的泥淖。他全凭自己的想法对别人指手画脚,发号施令,每当别人没有像那些恭顺的小兵一样服从他时,他就厌弃他们,用怒目而视和嗤之以鼻排斥他们。”

“我承认你爸爸是一个复杂的人,有时很难相处。”

“难相处?是‘不可能相处’。我本该几个月前就走的,他一康复就走。”

“我也没有什么办法可以改变你的主意吗?”

“没有。卡尔会送我去车站的,你们就不必麻烦了。”

“麻烦?你是我的孩子,我唯一的女儿。”

“好啦,不必担心,你唯一的女儿在纽约市会过得很好。”弗里奇说这句话,说话的自信比她内心感觉的自信要大得多。她一把拉开那只皮包,折拢一条裙子,将它塞到衬里是暗黄色皮革的底部。

伊尔莎拿手绢轻轻地擦着自己的眼睛:“我有礼物给你。”

“我准备的礼物放在圣诞树下。给爸爸的是一条彩格呢围巾。我敢肯定,他会烧了它或者把它扔进垃圾里。”

“你对他的看法太恶劣了。”

“我不这样认为。”

“你一定要带上你的礼物。等等。”

弗里奇继续整理行装。一会儿,伊尔莎拿着两个白色盒子回来了,大的那只盒子上印着费尔商场的名字,小的那只盒子大约六英寸见方,来自菲尔德商场。

“给,请打开它们。”

弗里奇瞧了母亲一眼,目光中既有爱意也有忧思,她将较大那只盒子上的红色绸带拉松,打开了薄薄的包装纸。

“哦,妈妈,太漂亮了。”

“一件冬装。不管你在这儿还是在那个可怕的城市，都需要一件新的厚衣服。”

弗里奇将它举到肩高，欣赏着它。衣服是由深褐色的粗纺厚呢做的，有小小的黑色和棕色格子。衣服的前襟用一溜的珍珠纽扣扣着。衬里是鲜黄色的绸缎。丝绒的领子起到了画龙点睛的作用。

“衣服长度我是估计的，六十英寸。”伊尔莎说。

弗里奇将它贴到自己身上，内心十分高兴。假如这是爸爸送的，她也许会拒绝，但是因为是妈妈送的，她就可以妥协一下。她很清楚，她不想在整个冬天挨冻，她那件旧外衣是买来对付比较暖和的南方的。

“也许其他礼物也是有用的。”

弗里奇打开来自菲尔德商场的那只盒子，发现放在那儿的是两个白色垫子。她戳了戳其中一个，里面塞着泡沫垫料。伊尔莎说道：“他们称为假胸胸罩。你可以把它们固定在你的——”

“好的，妈妈，我明白。”

“当然，其实你不需要用到它们。”

弗里奇将那两个垫子扔进旅行箱的隔底盘里，紧紧地拥抱她母亲：“你连撒个小谎都不会。我当然需要它们啦。谢谢你。”

拥抱着母亲，她不禁热泪盈眶，但硬生生将泪水忍了回去。每当她的多愁善感或者说她对未来的不确定性促使她开始再次打开旅行箱取出衣物的时候，她就只要想象乔·克朗在啤酒厂聚会上从她身边走开时的脸色就行。她的勇气里就会重新注入钢铁般的力量。

来到火车站，在假日外出旅游的乘客中，弗里奇跟卡尔和母亲说了再见。她穿上了那件新的棕色外套，并在帽子上扎了一条围巾，保护耳朵。她的一条胳膊下面，夹着一个圆圆的罐子，这是伊尔莎做的胡椒甜饼，用姜汁调味的圣诞甜饼干，有星形的、心形的、圈形的。

一阵寒风穿越火车棚子刮来，吹散了从车厢底下滚滚而来的蒸汽。卡尔走上站台，将她的旅行箱和皮包放到货车厢里。伊尔莎说道：“等你平安到达，安顿下来,一定要马上让我知道。用收报人付费拍电报。"

"你非要这样的话,我会的,妈妈。"

"是的,否则我会好几个星期睡不着觉的。哦!帽饰针!你有足够的帽饰针吗?万一你在街上遭到骚扰呢?"

弗里奇笑了起来:"是的,有很多呢。"

"那么,我还有一样东西要给你。"伊尔莎从她的手提包里掏出一个封好的白色信封。弗里奇用她戴着白色手套的手将信封翻转过来。

"这是什么?"

"一百美元。"

弗里奇摇摇头:"不,我不能收。我要在纽约成功创业,不想带爸爸的一分钱。"

"这是我的。"伊尔莎申明道。

"拿回去,妈妈。"弗里奇递回信封,"你要是不拿回去,我会趁卡尔不注意的时候塞到他的口袋里,或者我会给一个陌生人。"

"哦,请别这样,亲爱的——别这么恨你爸爸。"

"我不恨他。但是我将证明,我已经长大了,我很勇敢,可以对付纽约可能出现的最糟糕局面而获得成功。"她所说的话是一时冲动的虚张声势。这额外的一百美元将帮助她熬过一长段时光。只不过她的愤怒和怨恨不允许她接受这笔钱。

卡尔回来了。他们拥抱,亲吻,道别。帝国快车慢慢驶出车站,弗里奇在座席车厢里将前额紧紧地贴在冰冷的玻璃上,手里挥舞着手绢。

伊尔莎在蒸汽中消失了。高大结实的卡尔挥舞着帽子,跟着移动的列车奔跑,直到他被火车落下为止。帝国快车驶向南方,绕着密歇根湖的滩地飞奔。寒冬的黑暗早已笼罩大地。

弗里奇从来没有一个人过过圣诞节,哪怕在巡演的路上,她也有那些狂喝豪饮的演员的陪伴。她尽力不去想这事儿。

可是要不想很难。村庄车站和主要的街道飞速往后掠去,灯火通明得像一个个玩具城。在一个道口,三个农家孩子拖着一棵刚刚砍下来的圣诞树朝火车挥着手。后来,弗里奇透过车窗瞥见了一个家庭围在一架泵式风琴四周。她将头转向了别处。

列车员来到她的座位边停住脚步:"车票,小姐。"他是一个身材圆圆的慈祥的长辈。跟她在圣诞夜旅行一样,要在圣诞夜加班他也很不开心。"纽约市。"他说道,用打孔器在她的票子上打了一个孔,"住在那儿吗?"

"等我到了就住在那儿。"弗里奇微笑着回答。

"餐车就在前面,今晚有烤火鸡和烤鹅。"

"谢谢。"她不打算花钱去吃很贵的饭,她就把座位上放在身边的罐子里的饼干当正餐了。

冬天的黑暗浩瀚无垠,完全吞没了列车。汽笛声像送葬者的哀号飘荡在荒凉的原野上空。弗里奇试着去读《妇女家庭杂志》上一篇赞成妇女投票权的文章,但是怎么也读不进去。她揣摩着分散坐在车厢里的其他八位乘客。那个红脸膛的男人,他是一个正在赶回家去的马口铁器皿商还是一个纽扣商?那个带着两个吵吵闹闹的小男孩的女人,她是一个年轻寡妇吗?还有,走道对面那位穿着绿色彩格呢套装的皮肤黝黑的先生是什么人?他有一双有力的大手,他有可能是一位马戏团的高空杂技演员吗?也许是一位失业的音乐家?她看到他的表袋里有一支口琴。

过了托莱多往东,老天开始下雪。风力上升到了风暴级,不一会儿,快车减速了。显然,前面雪下得更猛了。当火车头转过一个弯道时,弗里奇看到车头灯正刺穿肆虐的暴风雪,艰难前行。大雪纷飞,雪堆聚积。

半个小时之后,雪堆越来越高,列车嘎嚓嘎嚓地驶上了一条侧线,停了下来。列车员走了过来。

"铁路阻塞了。得等在这儿,等工作机车把雪清除掉后弄我们出去。还有,各位,午夜刚过五分钟。圣诞快乐。"

他拿手绢捂着鼻子打了个喷嚏,然后拖着脚步继续往前走去。担忧和孤独攫住了弗里奇。

艾伦·泰莉申斥她道:

得啦，姑娘。怯懦跟你可不相称啊。这是一场伟大的冒险——事关你自身所规划的前途命运，我得提醒你。

走道对面，那位皮肤黝黑的男人哗啦哗啦地翻阅着《芝加哥美国人报》。“对不起，请问，”弗里奇说道，“你会吹那口琴吗？”

“会一点。”他说话的腔调有点怪怪的。

“你知道《马拉雪橇》吗？”

他吹奏了开首的十二个音符：“《铃儿响叮当》。”

“嗯，我从小时候一直到现在都叫《马拉雪橇》。圣诞节了，却像个葬礼上的送葬者一样坐在这儿，太糟糕了。你能演奏这首乐曲吗？”

“好的。”他兴高采烈地白牙一闪，说道。他摘掉他的软帽以示敬意：“我叫阿里斯托波勒斯。克里斯托斯·阿里斯托波勒斯。五年前才来到这个国家的。”

“喜欢它吗？”

“挺好的。”

“好。”

“我到纽约去见我的恋人雅典娜，她坐大船从比雷埃夫斯来。我们打算结婚。”

“祝贺。祝愿你们俩幸福美满。你愿意演奏吗？”

她在他的伴奏下唱了起来。那两个吵吵闹闹的小男孩也跑回来加入他们之中。很快，整节车厢都唱了起来。

他们演唱《上帝赐你们常乐，诸位先生》。他们演唱了半个小时的颂歌，大家全都唱，除了那位纽扣商，他抱着双臂，像个守财奴似的摆出一副蔑视的样子。餐车开张了，提供免费的咖啡和可可茶。凌晨五点左右，一辆机车上带有扫雪机的工作火车轰轰隆隆地从西面驶来，从他们身边开过，去打通道路。

太阳出来了，照耀在白雪皑皑的原野上，寒冷而又眩目。她望着车窗外，望向地平线，可以看到几英里远的地方。她熬过了这个不眠之夜，扔下了自己沮丧的心情。她准备迎接纽约有可能会给她带来的最最糟糕的局面并决心击败它。1906 年圣诞节的清晨，涉世不深、阅历肤浅的她就是这样想的。

第二卷 奋斗

别说这是迷信……

——莎士比亚《冬日奇缘》

我们要扩大这个公司，而且你会看到，它将十分迅速地发展壮大。我早就想好了，正确的方法就是让汽车大众化。

——亨利·福特

第十一章　在纽约漂泊

1908年春，纽约的报纸宣布，一位伟大的舞台女星帕特里克·坎贝尔太太①承诺将重返纽约。她去年秋天在抒情歌剧院开始进行她的美国巡演，然后坐着一辆私人专列随同她的剧团四处奔波，从一个沿海地区到另一个沿海地区，巡演了二十六周。“不朽的斯特拉”将在抒情歌剧院以告别演出周的形式结束她的巡演，再次上演《赫达·加布勒》、索福克勒斯的《厄勒克特拉》和平内罗的角色同名剧《第二个坦克里太太》，《第二个坦克里太太》毁谤了伦敦西区的达官贵族，也在1893年将她推上了明星宝座。

弗里奇见过舞台上大多数伟大的女明星，从年轻又漂亮的埃塞尔·巴里莫尔到上了年纪、装着木腿的萨拉·伯恩哈特，还有，当然了，她的偶像艾伦·泰莉。去年11月，她去售票处太迟了，票全部售罄。她发誓这次一定要见到这位伟大的女明星，哪怕饿着肚子也要买到票。

事实是，她如愿以偿。

5月的一个星期一早上十点钟，弗里奇看到一则刊登在《戏剧镜报》的面试启事，便想去试试。她爬上距西联合广场只有几个门户的第十六大街一幢房子的楼梯。她的目的地便是一个挑选演员的代理人办事处，附近地区这种办事处

①帕特里克·坎贝尔太太（1865—1940），原名比阿特丽斯·斯特拉·坦纳，英国女演员，1893年因在《第二个坦克里太太》中扮演葆拉而一举成名，扮演过莎士比亚、萧伯纳、易卜生等剧作家的很多角色，68岁在影片《潮水汹涌》（1933）中首次登上银幕。

多如牛毛。她不喜欢挑选演员的代理人:他们大多数都贪赃枉法,而且往往会调戏女人。他们一次又一次地将一模一样的调查表塞进她手中。演过角色吗?有戏装吗?唱歌还是跳舞?背台词快吗?如果有剧院老板选中你了,那么代理人就会收取第一周薪水的三分之一到一半作为酬金,并认为他帮了你的大忙了。

迄今为止,那些代理人没有帮上她什么忙;她面试过很多个角色,但是都没有获得机会。今天早上,在梅尔曼代理处,她念了爱德华·谢尔登写的一出名叫《救星内尔》的新剧的台词,这出戏剧很快就将上演。其他还有十一位女演员也在试这个小角色,总共十八行台词。梅尔曼甚至都没有出于礼貌亲自将她们每个人带到面试室去;她们全都挤在一个排练房里。最肆无忌惮的表演来自一个有着罗马甜瓜一般胸脯的红头发姑娘。当红头发姑娘在距梅尔曼的椅子两英尺的地方搔首弄姿地表演、倾身向前以确保他看到了她的胸部的时候,梅尔曼的脸上展现出了灿烂的笑容。一个半小时之后——令人惊讶的是梅尔曼让红头发姑娘留了下来,吩咐其他人可以回去了!

她按计划下午还有一场面试,也许那场会好一点。至少那位代理人曾经打电话给她让她去。

可是,她不免感到灰心丧气。一年多时间她一直在努力,但所参加的全部演出只是在一出名叫《白痴的新娘》的很不成功的戏剧里当一个群众演员,五十美分一个晚上。这出戏上演了一个星期。她甚至都还没有爬上演艺梯子的最低一级——跑龙套演员——的阶梯。跑龙套演员还有几句台词呢。

在纽约的十六个月里,弗里奇很多时间都是在一家名叫"荷兰磨坊"的令人愉快的餐馆当服务员挣钱养活自己。她喜欢那位老板,老板允许她请假去面试。她身体十分壮硕,哪怕干长时间的活儿和托很沉的托盘都应付得了。她只是不喜欢那顶有翅膀的上过浆的傻乎乎的荷兰姑娘帽子和那双会引起鸡眼的木头鞋子。

不幸的是,"荷兰磨坊"的老板是一位上了年纪的人。就在3月份,他决定退休了,搬到弗吉尼亚州跟他女儿住到一起。新的老板马上把饭店改造成了一个五美分电影院,或者叫作廉价电影院,那些卑劣的地方当时都被叫作廉价什么什么。在找到服务员的活儿之前,弗里奇再次被扔到她流浪了好多个星期的街头。

她最近找到了一个新的职位，布利克客栈整理房间的女服务员。布利克客栈是影剧院区的一家下等旅店。旅店的老板奥利弗·默克尔先生不是一位绅士。事实上，他是一个卑鄙的家伙，在弗里奇看来，纽约所有令人厌恶和让人恐惧的东西全都体现在他的身上了。那些女员工称他为章鱼奥利，或者是“啊呀”——就是她们看到他走近前来时发出的惊恐喊叫声。

两点钟的时候，她坐在了属于肖蒂·洛伦茨的等候室里的一张长凳上，洛伦茨是一个个子矮小、皮肤惨白、獐头鼠目的男人，结过七次婚。挤在几张长凳上或紧张地站在那儿的还有六个年轻女人，除了一人之外弗里奇全都不认识。她只认识那个娇小苍白、留有乌黑刘海的姑娘，她在其他一些面试场合见过她，好像叫什么保利娜来着。保利娜瞥了她一眼，没有认出她来。

两点十五分，肖蒂·洛伦茨像一阵风一样飘了进来，手中拿着一叠写着台词的纸，并将它们递给应试人。“好吧，好吧，姑娘们，这是一出名叫《我们要离婚吗》的社会剧。演出人就是布鲁特斯·布朗。”接着，大家听见，那个身材娇小的姑娘发出几声喘气和一声撩拨人的叹息。布朗是一个名满天下的色鬼。

“舞台监督已经进来了。”洛伦茨说道，“他会一个人一个人地对你们进行面试。角色是阿莉森，要离婚丈夫的姐姐。她属于易激动的类型，有挺好的一场戏，四页纸的台词呢。看一遍，五分钟，我们从艾布拉姆斯小姐开始。”

弗里奇是第三个对着那大腹便便的舞台监督念台词的候选人，这人的脸就像一块花岗岩。他坐在面试室中央一张靠背很直的椅子上。肖蒂·洛伦茨念男角色阿莉森的弟弟的台词。弗里奇台词念得结结巴巴——编剧的用语拙劣——而且音频太高。面试完全搞砸了。不过，最后，那张花岗岩面孔裂开了，舞台监督握了一下她的手，露出一个慈父般的笑容。

“再问一下你叫什么名字？”

“弗里奇·克朗。”

“念得好极了，弗里奇。如果我们想要你回来的话，今晚会给你打电话的。”

“谢谢，先生。”

洛伦茨叫下一个，保利娜。保利娜从弗里奇身边飘然而过，仿佛根本就没有看见她，也仿佛在这次竞争中她根本就无足轻重。

当天晚上，弗里奇坐在抒情歌剧院楼座的倒数第二排。她的票花了六十五美分，比平常多花了十五美分。贵宾席要五美元，而且座无虚席。唯有像帕特里克·坎贝尔太太这样的大牌明星才能抬高票价，让剧场爆满。

《第二个坦克里太太》很快就要接近尾声。帕特[1]太太刚刚演完她悲剧性的第四幕退场。葆拉·坦克里被她的过去给毁了。她的过去是这样：有人揭露内情，说她曾经跟一位军官“成了家”，但那位军官后来又同坦克里跟第一任丈夫生的女儿产生了浪漫纠葛。女儿突然冲上舞台，大叫：“我看到她啦！太可怕啦！”

坦克里的单身汉朋友退缩了：“她——她——？”

“自杀了？是的——是的！——大家都会这样说的。”

弗里奇感觉要晕过去了，是激动的还是饿的，她不知道。自从星期日午夜以来，她只喝过一点很淡的茶，吃过一点她工作的那家客栈餐室扔掉的不新鲜的面包卷。她觉得在面试前不吃东西为好。饥饿可以提高表演水平，演员吃得太多会变得缺乏活力。而在洛伦茨那儿面试之后，她没有吃过东西，因为她没钱买食物。

坦克里的女儿拧着自己的双手：“可是——我知道我帮忙杀了她——”

弗里奇拼命将头伸向前去。四周万籁俱寂，没有一点声音，没有一点动静，唯有下面远处那个亮着灯的起居室。

“——我当时要是多点仁慈就好啊！”

女儿优雅地晕倒在那张软垫椅子上。观众们发出短促的惊叫声。

那位单身汉朋友犹豫了一下，接着大步走到开着的大门口，朝外张望了一下，他的脸上以及他的姿势充分显示出一种恐惧和震惊……

一道红色金丝绒幕布飞速拉上了，戏演完了。

弗里奇的脉搏跳得很快，她的太阳穴也在突突地跳着。她在舞台上见过众多伟大的女演员，但是没有一位的表演像帕特太太那样让人感觉跌宕起伏和收放自如。

---

①帕特，帕特里克的昵称。

电力脚灯照亮了幕布。半圆形的贵宾席上、包厢里、整个剧场，充盈着一种不断增强的压力，就像一个沸腾的锅炉里的蒸汽。幕布再次拉开。演员们一个一个地跑向脚灯，压力终于爆发出来，雷鸣般的掌声经久不息。

配角们排列在台口，从中央分开。一道蓝白色的炫目光柱照亮在他们之间。主角穿过舞台后部走出来。每个人都起立，一面欢呼，一面鼓掌。

当帕特太太来到蓝白色的光柱下时，一波又一波的声浪撞击着四面的墙壁，好似在天花板上作壁画。弗里奇周围顶楼观众席的观众吹着口哨，跺着地板，将包三明治的纸袋扔过栏杆——处在高处的人们没有钱买马蹄莲或扁竹莲或兰花，像半圆形的贵宾席上的观众那样将这些花从脚灯上空扔上舞台去。

“太棒啦，太棒啦！”

帕特太太是一位身材高挑、皮肤白皙、脖子颀长的女人，四十二岁年纪，乌黑的头发像瀑布一样披散在肩头，遗传于她意大利母亲的一双大眼睛顾盼生辉。她穿着一袭橘红色的连衣裙，上面装饰着金色的圆片，实在是艳丽无比。她有一种明星风度，能将每一道目光汇聚到她哪怕是最最小的动作上；她完全把和她同台的其他演员们淹没在了她的光辉之中。

一个男人手捧十几朵玫瑰花从舞台侧面跑了上去。帕特太太接过玫瑰花，微笑着再次鞠躬。全体演员一起鞠躬，然后离开了舞台。帕特太太当然得跟她联袂演出的男明星一起手拉着手回过身来。她和韦伯斯特先生双双鞠躬。接着，他退下舞台，一面挥手一面微笑，将舞台留给了她。帕特太太留在碳弧灯的圆光中，平静地扫视着剧场的四周，亲切地微笑着，接受着大家在山呼海啸般的欢呼声中她所听到的爱。弗里奇热情地鼓着掌，把手也拍痛了。

掌声渐渐小了下来，帕特太太举起一只手道别，退了下去。红色的幕布拉上了。碳弧灯继续亮了一会儿，仿佛是在表示称颂。接着，碳弧灯闪了几下熄灭了，但全场的灯亮了起来。

顶层楼座的观众开始往出口蜂拥。弗里奇手拿那份珍贵的节目单，像个经验丰富的纽约人一样推搡着。花生壳在她的脚下噼啪作响。她的左脚生疼，因为她的长筒袜子里有一个豌豆大小的织补过的地方。她依然不会干针线活。

她走下很陡的楼梯，来到美丽的大理石大堂里，四周全是穿着晚礼服的男人和穿着毛皮大衣或披着彩色绸缎衬里的金色斗篷的女士。很难区分这些人是真的富有还是“阿斯特比尔特”——假冒富有的笨蛋。无论如何,他们衬托出了她外表的寒酸。她带纽扣的高帮鞋子很便宜。她那条外出穿的灰色的麦尔顿呢裙子和细棉布仿男式衬衫也很便宜,那些白色和蓝色的条子已经被洗得只剩下蓝白色一团了。她的水手草帽已经不合时令,也不合时尚了。她唯一比较体面的服饰是她母亲给她的那件棕色的冬季外衣。

室外,大雨倾倒在第四十二大街上。她得在这瓢泼大雨中步履艰难地走回家去,一直沿着第八大街附近的第一大道走去。她拿不出钱坐公共交通工具。

挑出的遮篷下,数百盏电灯射出耀眼的亮光,照得这个区域白晃晃的,她用一个饰针别住帽子,然后打开雨伞。她往东走去,走过了贝拉斯科剧院,接着走过了时报广场角上哈默斯坦的维多利亚剧院。这个广场原先叫郎埃克广场,直到那家报纸搬离闹市区,在新的地铁车站那边建造起了那幢粉红色的花岗岩大楼,它才改了名。用电灯照亮的华丽而俗气的广告牌兜售着“萨波里奥肥皂”“凯洛格玉米片”和“阿罗领子”。马拉的出租车和咔嚓作响的汽车闪烁着煤油灯,给夜色注入喧闹的声响,以及马粪与汽油混合的气息。蒸汽车喷发出一团团白汽。惹人讨厌的喇叭在黑色的小汽车上呜呜乱响,这些小汽车像暴躁好斗的甲壳虫在车流里横冲直撞,这是最近刚刚从巴黎进口的“装有自动计费器的出租汽车”。

她走了好长一段路,来到第一大道的南段,终于看到了女房东门口亮着的灯光,便轻轻敲了敲门。

“对不起,这么晚了还要打扰你,佩雷拉太太。”

“没事,正在看报纸呢。”佩雷拉太太是一个那不勒斯人,吃相粗俗但心地善良。她喜欢弗里奇,即便房租迟交也能容忍,而且毫无怨言地在楼下大厅里的电话上帮助接收信息。

弗里奇犹豫了一下,然后问道:“今晚有我的电话吗?”

佩雷拉太太摇摇头,看到了弗里奇失望的目光,便温柔地捏了捏她的手。弗里奇谢过她,拖着沉重的脚步往楼上走去。她的房间在三楼靠前的部分,很大,但也就是大而已。房间里哪怕没有点着煤气灯也能闻到煤气味——这房子还没有现代化。

她浑身湿透，疲惫不堪，把水手帽和外衣挂到衣柜里。靠在衣柜后面角落里的是她的网球拍，这是1905年父母亲送给她的生日礼物。梣木的框子已经有点歪了，雪松的把手做出非常精致的凹痕，手捏起来很舒服；这拍子至少得要十美元。网球拍子被小心翼翼地装在她的扁旅行箱里带到了纽约，可是自从她打开行李箱取出东西到现在，它就竖在那儿没有被碰过。草地网球这项运动属于那些不需要数钱的人。

一辆高架列车从南方驶来，轰隆轰隆地越来越近。弗里奇拉上窗帘。列车呼啸着飞驶而过：被灯光照亮的车窗在窗帘上投射出图案，一会儿黑，一会儿黄，一会儿黑，一会儿黄。地板在抖动。盥洗台上的那只罐子在跳舞。这种事情她已经习以为常。

她点亮一盏煤气灯，煤气灯就在表面有裂纹的镜子旁边。她费力地将手伸到背后并扭动着身子将那件衬衫后背的纽扣解开。穿衣服和脱衣服，单身女人需要侍女的帮助、爱人的帮助，或者得有柔体杂技演员那样的天赋。

她一只袖子一只袖子地将衬衫脱掉。她将裙子扔到放在床上的衬衫上面。在无袖宽式里衣里面，她穿着一件连体内衣，跟内裤和胸衣连成一体，胸衣顶端有绕过脖子和腋下的漂亮饰带。她瞧着天花板，将手伸下去解开她的假胸胸罩。

她穿上一件棉睡衣，舒展四肢，躺到床上，重温着这个夜晚。当弗里奇在剧院里的时候，帕特太太的表演令人激动万分，可是此刻回想这一切的时候，激动万分变成了灰心丧气。她郁郁地沉思着她的楼座位子和碳弧灯那迷人的圆圆光柱。两者之间有形的距离并不大，可是作为一名有志向抱负的演员，这道鸿沟几乎无边无际。

从一个地方跳到另一个地方，得到了什么呢？她依然在探寻着那个奥秘。她要是永远发现不了那个奥秘怎么办？她要是一觉醒来发现她的梦什么也不是，只是她很早以前就该抛弃的青春期的妄想怎么办？

她几乎不敢再往下想。

第十二章　弗里奇和“啊呀”

“试一根。”梅茜悄悄说道。

弗里奇说：“我只抽过几次烟，我不怎么喜欢抽烟。”

“别傻啦，这些烟很特别。”她拿出了那个外表五颜六色的烟盒，“Parfume de Paree，意思就是‘巴黎香’。”

那是帕特夫人演出一天之后，距午夜还有十五分钟。西四十七大街上的布利克客栈静悄悄的——除了远处那个老旧升降机的嘎吱声之外，什么声音也听不到。肮脏的大厅里弥漫着尘土、按在沙缸里的雪茄烟头、布利克客栈似乎整车整车在使用的清洁液的气味。弗里奇早已习惯了更加疯狂的夜晚：门撞得震天响，一对对男女凌晨两点钟登记入住，房门紧锁的卧室里传来的呜咽声、呻吟声、刺耳的叫骂声。夜间，她通常的程式是，不仅要千篇一律地擦干净大厅里家具和设备的尘土，而且要快速地一个房间一个房间清洗盥洗盆和便桶，扶正翻倒的椅子，换掉刚刚留有污渍的床单。她从不为这些激情荡漾的痕迹而不能自已，她只是感到茫然，有的时候，有一点点羡慕而已。

梅茜·布德威格大约四点钟的时候从她的服务台来到了三楼。这是违反规定的，但是那些女招待常常对规定置若罔闻。弗里奇很感激可以稍事歇息。

“好了，来吧。”梅茜催促她道。

“帕特里克·坎贝尔太太抽喷过香水的香烟。这很时尚呢。”弗里奇沉思了一下，声音变得弱弱地说道，“它们很贵吗？”

“那当然啦。这些是一个客人给我的。特殊服务了一下，一点小小的报酬。”

梅茜眨巴了一下眼睛。可怜的梅茜——那么高大健壮，那么朴实无华，她不得不放弃了她的优势。

“好吧，我试一根。”

“我们最好进到这儿来，我刚刚看到老板在巡查呢。”

她们躲进一个宽大的日用织品壁橱，关上门，仅有的一个灯泡忽闪着亮光。梅茜从围裙口袋里掏出火柴，点燃了两根香烟。壁橱里瞬间弥漫着青烟和一股难以描述的像什么花一样的香味儿。弗里奇抽了一口，她没有让烟越过喉咙口，但这也足以让她频频咳嗽和连连喘气了。

“这些东西对你的嗓子未必有好处——”她刚开口就被打断了。

门开了，吓了她一跳。当梅茜望向弗里奇的身后时，她留在下嘴唇上的香烟掉落到了地板上。

“啊呀——啊呀。”

“我是觉得我闻到了香烟味。”奥利弗·默克尔大声说道。他冲进壁橱，像跳疯狂的西班牙舞蹈一样踩向梅茜的香烟。“看在上帝的分上，你们这是怎么啦？我们全都会被毁了的。”由于地板是油地毡，所以那不大可能，但是弗里奇还是赶紧把她的“巴黎香”用脚后跟给踩灭了。这时，一股新的气味冒了出来——这位宾馆经理喝了好多的威士忌。

默克尔把头伸向前来，搓着双手。“我不能容忍装病。”他一把抓住弗里奇的胳膊，“你到我办公室来。我等下再来处置你，布德威格小姐。”

弗里奇说：“我宁愿在这儿说，先生。”

“你到哪儿说，我说了算。”

梅茜望了弗里奇一眼；两人都明白，她的遭遇将不仅仅是训斥。“是我引诱弗里奇到这儿来吸烟的。”梅茜开始申辩。但是，默克尔早已向后转了，动作像一位将军。当弗里奇往楼梯走去时，他鼓突的双眼将她全身上下扫了个遍。

来到一楼，默克尔在她前面昂首阔步地走进了他的办公室。等弗里奇走进门之后，他一挥手，把门给关上了。她留神等着听钥匙锁门的咔嗒声。她听到了这个声音，便做好了一切准备。

默克尔有意无意地碰了她一下，在走向他那张放在一个角落的办公桌时，虚情假意地朝她微微一笑："克朗小姐——弗里奇。你知道我们这个客栈有规矩，是吧？没有规矩，我们就成不了方圆。"弗里奇想起有几个夜里，那些门嘭啪乱响，就像在打仗一样。她认为明智点，还是不提醒他为好。

"我很抱歉，请别责怪梅茜，我是自愿跟她到壁橱里去的。"

"责怪？谁在说责怪啦？我们能把这事儿解决好的。你是个聪明的姑娘，不像那头母牛。"

"先生，梅茜是一位正派勤劳的——"

"废话。任何一个微不足道的推销员或者出了气的戏子只要有要求，她都会给的。"一张一再被民主党推举为总统候选人的威廉·詹宁斯·布赖恩的表情严肃的海报被贴在墙上，下面是一个餐具柜，默克尔在那儿放了细颈酒瓶和酒杯。他倒了两杯威士忌，给了她一杯。

"不，谢谢。我不能喝酒。"

"为什么不喝？"

她马上说："我早上要准备去见一个经纪人。"这是一个很方便的无伤大雅的谎言，可以尽快结束这场遭遇。

"噢，对，我忘了。你是个伪装了的著名明星。"他将两杯酒双双放到办公桌上，走近前来，"你犯了个很大的过错，弗里奇。我们得把这事儿解决好。"他抚摸着她穿着黑色棉纱外套的手臂，"你愿意把这事儿解决好吗？"

"默克尔先生，请把你的手拿开。"

他酒气冲天的呼吸喷到了她的脸上，抓着她手臂的手又收紧了些，痛得她几乎连膝盖都软了。

"默克尔先生，放开。"

"我在给你机会呢。你最好抓住这个机会。"他紧紧抓着她的前臂，猛地扑向前来。他那双鼓突的眼睛亢奋地闭上了。弗里奇感觉有什么硬邦邦的东西顶着她的围裙。

她没有带女帽饰针可以防卫，只有凭她强壮身体的力气了。她猛地放下手臂，快速往后倒退。等她的右手一挣脱，便狠狠扇了默克尔一巴掌。这一个耳光打得他一个趔趄，这给了她时间飞速冲向门口，一扭钥匙打开了门。

“你该死的，换衣服，滚出去。你被解雇了！你要是拿走这个客栈一块抹布，我就让你去坐班房。”

她脸色发白，浑身颤抖，想要跑走。但有什么事情迫使她转过身来面对着他，说道：“默克尔先生，你知道你在这个客栈里的绰号吗？”

他那双鼓突的眼睛看上去像是在他的脑袋里颤动。“我想要听这个吗？”

“大伙儿都叫你章鱼奥利。我说这是对章鱼的侮辱。章鱼。”

“别再让我见到你！”他尖叫道，“再去找这样的好工作试试，你找不到的。你会像你那个胖朋友一样，为挣点小钱累死累活的。”

她一时想不出用什么话来反驳，便飞快地往前一伸头，惟妙惟肖地学着他搓双手。默克尔的脸红了，嘴里发出咯咯的声音：“你——你——”

弗里奇夺路而逃，撞开了那个听到声响急匆匆跑到楼下来的夜间服务员。

天哪，我干了什么呀。

她离开了布利克客栈，脑子里乱糟糟地尽想着藏在她房间抽屉里的那个长方形的马口铁小盒子。原先那个盒子是装柠檬糖的。现在，那里面装着她剩下的所有的钱——四美元和一些零钱。

早晨，她外出去买报纸的时候，房东佩雷拉太太正等在拐弯角柱的边上，轻声地喃喃念着“房租”。弗里奇答应黄昏的时候付一部分，两美元。佩雷拉太太说：“漂亮，优秀。我所有的房客要是都像你这样就好了。”

弗里奇搜寻着招工栏目，那天有三个招工广告。洗碗工——这跟她所受的教育不相称。打字员——她打字的速度太慢。“艺术家的模特儿”。俯瞰着鲍厄里大街的那个肮脏房间显然是一个非法活动的掩蔽所，很可能掩藏着令人恶心的活动。这位“经纪人”的脸上长满了丘疹，一双眼睛像雪貂一样。前面是默克尔，现在是这家伙。她逃走了。

当晚，她付了佩雷拉太太房租钱，马口铁盒子里的钱减少了一半。第二天，她来到第二大道上的一家商店，当她的网球拍子。她以前也到这个侏儒一样的老板这儿来当过一次。

“一美元。”当铺老板说道，开始写她的当票。

“伊西多先生,上次当是一点五美元哪。”

“我知道,弗里奇,但那是一年前。东西贬值啦。”

“我就是希望你不要把它卖掉。我打算尽快把它赎回去。”

他轻轻拍了一下她的一只手:“我信你。一美元。”

“那好吧。”

她朝着四十七大街走去,透过大堂的窗户望着布利克客栈。那个令人害怕的默克尔未见踪影,她走进门去。日班服务员是她的一个朋友,告诉她说,弗里奇被解雇不到一个小时,梅茜也被炒了鱿鱼。她走得不痛快,事实上,她拿厨房里的一只铁锅把默克尔暴打了一顿。

“她去要铁锅的时候,那夜班厨师正在清洗呢。当他问清楚她要铁锅干吗时,便要回了那个铁锅,换了一个更沉的给她。当地的警察来了,但梅茜早已经离开这个城镇,到怀俄明州的亲戚那儿去了。”他眨巴了一下眼睛,“不管怎样,我们就是这样对他们说的。默克尔也帮不了他们的忙,他在杨克斯的一家医院里,待多长时间还说不定呢。”

这么说,她再也见不到梅茜了。弗里奇感到难过,她喜欢那位胖姑娘。

她坐在联合广场里,午后的阳光令人舒坦。渐渐消逝的一天将浅淡的黄色和棕色播撒在广场上。废纸、鸽子屎和花生壳堆在她的脚下。空中,回荡着出租马车夫的叫骂声、看不见的牵引拉链的格格声、马匹的嘶鸣声、报童的叫卖声、街角艺人们的小提琴声和六角手风琴声、出租车的喇叭声、汽油发动机的突突声、吵吵嚷嚷的外国话的说话声——她喜欢这部纽约的交响乐。但今天,这一切她都充耳不闻。她只是一个劲儿地在浏览广告。

附近的一条小路上,一个人大声喊道:“我需要四个临时演员。”他举起四根手指,“报酬六十美分。”弗里奇猜这个陌生人是那种被称为临时演员老板的自由职业者。他们每天大致这个时段都会到广场上来,招募晚上演出的跑龙套演员。

弗里奇不喜欢她在《白痴的新娘》里扮演一个跑龙套的角色。那不是演戏,临时演员从来不需要排练。他们只要在幕启三十五分钟之前到达,穿上戏装,再极其简单地接受一下指令便可以上台了。大多数临时演员不知道或者说不关心他们演的是什么戏。很多人都是社会地位低下的人,他们需要喝酒的钱,那些负责招募临时演员的老板也好不了多少。

不过，现在不是挑三拣四的时候。她举起一只手。

那人来到她的长凳边上。他穿着虽然很旧但却干净的灯芯绒短上衣和裤子，里面是一件工作衬衫，敞开的领口上系着一条铁路上的那种蓝色印花大手帕。这人三十多岁年纪，脸相还挺让人喜欢的，但布满了深深的皱纹。他脱帽打了一个招呼。

“你好，亲爱的，我叫厄尔。”他的两只眼睛莫名让人不安，有一种奇怪的淡淡的棕色，闪烁着点点金光。

“你是在招今晚演出的人吗？”

“是的，但我只招男人。对不起。”他微微一笑。他的嘴巴很宽，笑时便露出蔚为壮观的整齐雪白的牙齿。虽然他的微笑让他看上去略显动人，但是他不知怎的还是吓着她了。

他上下打量了一下弗里奇，说道：“我以前没有见过你。总会错过些什么，我不是固定干这活儿，你知道。”

“我要不是走投无路，我不会干这个的。”她开始慢慢起身离开。

他跟着她：“演员，是吗？”她点点头，没有停下脚步。“等我招满了四个人后，介意跟我一起喝杯啤酒吗？”

“不，谢谢。”她转过身，匆匆离开了。

当她回首再看时，他还是跟在她身后，绷着脸——被她的拒绝伤自尊了。别的人在瞧着他，他停住脚步，在她身后喊叫道：

“到大街上去转吧，臭女人。我才不在乎呢。”他转过身，往另一个方向走去，“招四个人，今晚我需要四个人。”

她跑了两个街区，然后慢下脚步，回头望去。这个人为什么会让她如此不安？就是他的眼睛，藏着不易消失的怒意——

抑或，是不是她反应过度了，先是遭遇了那个“啊呀”，再是邂逅了这个鲍厄里大街的“经纪人”，弄得她紧张慌乱？她不知道答案究竟是什么，所幸逃离了那个陌生人，躲藏在了纽约熙来攘往的人流中。

第十三章　撞车

跑到第二十二圈的时候，驾驶小梅森的阿蒂·弗拉格尔故意在卡尔前头往边上搞了一个漂移，滚滚尘土罩住了卡尔的挡风玻璃，完全挡住了视线。有经验的驾驶员一眼就看出，这是一个危险的伎俩。阿蒂想要赢得的不仅仅是那笔奖金，还有一笔跟卡尔赌下的五美元的附加赌注。

卡尔从一团浓浓的褐色尘雾中转出弯道，仅仅凭本能占据了直道的中间。尘土飞走了，大看台和检修加油站在阳光下赫然耸现。要赶上阿蒂还有三圈，阿蒂此时早已全速冲进下一个弯道，冲向非终点直道。卡尔通过他那副已经油污点点的二手蔡司护目镜，看到了坐在看台那边弯道处白色栅栏上面的观众。该死的傻瓜。

赛车场位于底特律的北郊。这场比赛是这个初夏炎热、干燥的星期日当天的收官项目。卡尔在亨利·福特的汽车制造厂一周干六天活，第七天他参加赛车。

今天，先前的四场比赛将赛道压出了条条车辙，扯出了大块大块硬邦邦的泥土，驾驶员们将之称为“强黏土”。有一块强黏土飞了起来，飞过散热器，撞击到挡风玻璃上，撞得粉身碎骨。轰鸣的发动机声中，卡尔听到了他的赛车机械师发出一声大叫。他也许叫的是“主啊耶稣”，或者是“上帝啊”之类，因为一大块飞撞过来的硬黏土有可能撞碎驾驶员的护目镜，把眼睛都撞出去。幸亏这块硬黏土从右边擦身而过，飞走了。

比赛还剩下四辆赛车，一辆标致，一辆国家赛车，一辆阿蒂的梅森，一辆卡尔的引擎盖上绘有闪电的埃德蒙兹特种车。标致和国家赛车被他落下了一圈半，他们已经没有机会了。卡尔在阿蒂的后面，拼命想超越他。

到了这个时候，赛车很容易出故障。他的臀部疼痛难忍，他的双腿就好像要了他的命——蜷缩在狭小的空间里，每隔几秒就要上上下下踩踏油门和离合器，实在疼得厉害。卡尔看上去活像一具木乃伊：长袖赛车服，皮制长手套，皮制头盔，护目镜，羚羊皮面罩。赛车服里面是闷热的刺得人发痒的粗麻布，紧紧包裹着他的胸部和肚子，为的是减轻车子的剧烈震动所带来的不适。这种震动通过方向盘传导到他戴着手套的手上，然后传导到手臂上以及肩膀上。

他的右边，拥挤大看台的最初几段飞速掠过。他的机械师杰西坐在他的左侧，不停地做着动作，瞧着汽油表和机油表，提升汽油压力，从汽车后面的油箱里将汽油喷射到前面的汽化器里，监视着四只光溜溜的橡胶轮胎尤其是两只后轮胎。比赛半当中，他们早已在修理站换过两只轮胎。杰西还要回头观察，如果有人要超越，得向卡尔发信号。信号就是拍一下卡尔的左膝盖。噪声太响，大声喊叫都没办法让人听清楚。

现在车子已经驶到了大看台的中部，目测时速好像是五十英里。即将到来的弯道处的栅栏附近，穿着黄褐色衣服的人群中间，闪亮着明晃晃的白色。阿蒂·弗拉格尔轰鸣着消失在视线外，冲进远处后面的那个弯道里。卡尔一脚踩下油门。杰西发疯一样拍打着他的膝盖，拍了两次。轮胎出问题了。

卡尔瞧了杰西一秒钟。杰西拿手指从他右肩头指向右后方。这种情况总是最致命的。

他知道转弯时他得减速，可是阿蒂让他吃了太多的灰尘，这场赛车已经远远超越了友好的运动，变成了一场高危游戏。卡尔风驰电掣般呼啦一下驶进车道高端靠近栅栏的转弯处，那儿的所有人都像栖息在电线上的乌鸦。杰西又发出一声警告，紧接着那只后轮胎爆了，声若7月4日的礼炮。

卡尔拼命控制着他的汽车，指望着他的运气。这次，当特种车开始侧行打滑时，他明白他估计错了。特种车直接冲向了栅栏上坐着的那些人，只见他们又喊又叫，拼命想往下爬，逃离那个地方，但是没有办法，来不及了。

充满阳光的尘雾中，特种车飞速地往栅栏冲去，此时此刻，卡尔有一种死前悬而不动的奇怪感觉，曾经在那种狭小逼仄的空间里有过的感觉。他害怕了，非常害怕,但这是一种令人兴奋的害怕——几乎令人无法忍受——但是,如果你逃过了这一劫,如果你再一次挫败了命运的捉弄,那么,当你离开汽车时,恐惧之后便是使人眩晕的骄傲——急促的呼吸,目空一切的大笑。这一次,他和杰西逃不了了,除非他做出迅雷不及掩耳的反应。

如果他撞向栅栏,有很多人会命丧黄泉。栅栏的远端,弯道处堆着一捆捆的干草。卡尔狠狠地将方向盘往左打,重重地踩下了刹车。汽车后部剧烈地震动着,滑向前去。特种车刚刚擦栅栏末端而过,所有的观众纷纷在那儿跳下去逃命。特种车撞上干草垛,穿过干草垛,撞进一条沟内,把他们两人像布娃娃一样抛出汽车,就在此时,卡尔毫无意义地喊叫着:"抓紧,杰西。"

一根粗壮的树枝擦过卡尔的头顶。他狠狠地仰天跌落在密密的草丛中,摔得他一时喘不上气来。他要是飞过来的时候再高一两英寸,那根树枝就很可能"咔"的一下把他的头给砍下来,一想到这个,他吓得差点尿裤子。

他拼命爬出草丛,拽下护目镜、头盔和面罩,大口大口呼吸着新鲜空气。特种车头朝下栽在沟里,车头撞瘪了,像被什么人踩扁的马口铁罐头一样。油烟漏了出来。汽油的浓烈气味弥漫在周日的空中。人们纷纷离开栅栏和大看台——赛车场这些掠夺成性的家伙会把撞毁的车辆上任何可以拿走的东西当作纪念品抢走。

卡尔没有看到他的赛车机械师。他有一种不安的感觉,他的朋友恐怕已经躺在沟里面,脖子摔断了。

"杰西?"

没有声响—— 一片静穆,唯一打破静穆的是特种车四周那些强盗一样的家伙贪婪的喊叫声和远处正在完成比赛的赛车的轰鸣声。特种车的老板胡特·埃德蒙兹慢慢地走向那些劫掠成性的家伙。胡特的草帽以其惯常不落俗套的角度歪戴在他的头上。他有条纹的泡泡纱上装的纽扣完全解开着,他慢慢旋转着他的马六甲白藤手杖。卡尔刚刚把胡特最近数千美元的投资给毁了。

然后,卡尔看到了从栅栏那边走来一个白色身影。一件白色仿男式女衬衫,那人是一个金发碧眼的姑娘。

一个有着黑色鬈发、长下巴、奶咖色皮肤的脑袋从沟里冒了出来。那人左眼上方的一个口子里流着鲜血，滴落在他的工作服上。

杰西爬出沟来，一脸痛苦表情。他的个儿比卡尔高，面黄肌瘦。他是混血儿，不过很明显，他有一个或更多先祖已经将其黑人的血统跟很多很多白人的血统混杂起来了。杰西·夏纳比卡尔大十岁，很幸运地成了赛车机械师。他能获得这一工作是因为卡尔坚持杰西的血统没有关系，只有他自学成才的机械技术才是最重要的。

杰西和卡尔面对面站在一步远的地方，面面相觑。他们在同一个时刻仿佛心有灵犀一样意识到一个现实：他们不可思议地完好无损。两人双双开始发疯般地哈哈大笑。

“杰西，你个疯狂的混血流氓，你没事啊？”

“等下告诉你，等我所有的骨头再次连接起来了再说。”在恐惧之余的眩晕中，他们张开双臂，紧紧抱住对方，拍着背脊。两人浑身汗水和油污，但是谁也不在乎。胡特·埃德蒙兹慢慢走向前来，依旧转动着他的手杖。

“小伙子们，你们都没事？”胡特喜欢叫他们“小伙子”，尽管他比卡尔还要小三岁，只有二十二岁。胡特是马格努斯·埃德蒙兹的独生子，马格努斯·埃德蒙兹跟其他一些底特律人一样，在为五大湖的客轮和货轮制造发动机的行业中发了大财。三“M”①的后嗣不喜欢他的教名埃尔伍德，所以他四处寻找更加具有运动品格的东西。

“好像是这样，胡特。”卡尔说道，“那些该死的轮胎不够牢。费尔斯通跟他那些共犯，得把他们干晾着直到他们造出更好的轮胎。”

胡特摘下草帽，露出一头褐色长鬈发，下面是一张不带表情的粉红色脸蛋。他抹了一下渗出汗珠的双眉，说着赞同的话。

“最后那一刻，驾驶得太精彩了。”他说道。

“只能这样干。”卡尔的双腿因为一个劲儿地上上下下踩踏板太疲劳了，现在还在瑟瑟发抖。他朝那棵差一点砍了他脑袋的巨大悬铃木挥了一下手。“得坐下来。”

---

①三“M”即 Magnus Marine Motors 三个单词的首字母，意为“马格努斯牌船用马达”。

他背靠着树干坐了下来。那些强盗全都拥到了特种车上,用折刀把轮胎割成一块块,有的来回扳着挡风玻璃想把它卸下来。上帝呀,那人甚至把他剪铁皮的平头剪刀也拿来了。

“对不起,我把车给毁了,胡特。”

“没事儿,有钱,再造一辆。”胡特·埃德蒙兹跟底特律那些工厂和机械加工车间的很多年轻后代一样,几乎无所事事,于是便选择汽车玩玩。速度,欢愉,奢华,是他们的所好。

“那些傻瓜干吗待在栏杆上?”杰西不满地说道,“工作人员干吗不把他们赶下去?”

“他们赶过。”胡特身后的一个甜美声音轻柔地说道,“我们不愿离开。这么好的一个观赏点。”这话同沟里一个男人的声音重叠在了一起,只听他大声说道:“嗨,杰克,他的机械师是一个黑鬼。”

杰西转动着眼珠子,用一脸疲惫的表情对之表示不屑。卡尔狠狠瞪了那个聒噪的人一眼。胡特身后的人往旁边跨了一步,以便让自己被大家看清。悬铃木的树叶投下美妙的婆娑图形,撒落在她亮眼的白色仿男式女衬衫上,衬衫下面是丰满的胸脯。

“但是,您的确救了很多条命。这是个很勇敢的举动。”她说道。卡尔发觉自己瞧着——忘情地瞧着——那双深蓝色的眼睛,他这辈子从来没有见过这么漂亮可爱的眼睛。

胡特是一个懂得审时度势的年轻绅士,他看到了卡特的兴趣所在,便说了声对不起,走开了。他慢慢踱回到那辆被撞得皱成一团的特种车附近。他的到来也没有阻挡住拾荒者不顾一切的撕扯、弯折、剪割。胡特将他的手杖搁到自己肩头,那眼神中既有惊讶,也有不安。

杰西朝另一个方向走去,离开了那些白人,从口袋中摸出短角牛牌烟丝给自己卷了一根香烟。

那姑娘说道:“您是一个技术精湛的驾驶员。”卡尔不明白她是在哪儿发现并得出这一结论的。“您驾车好长时间了吗?”

“去年夏天开始的。这不是很难，只要手臂和肩膀有力气，而且做好准备打算三十岁之前就命丧于此就行了。”他微笑着说。她哈哈大笑起来。

“您所需要的比那要多得多，先生。有技术，我估计，您的技术很好。”

卡尔从未遇见过这么热情坦率的年轻女性。她的青春活力并非体现在女性的轻佻上，而只是体现在她直言不讳、直截了当上。她跟他年龄相仿，身高相仿，胸部饱满。她有一张漂亮的圆脸，金色的鬈发，丰厚的嘴唇，吻起来一定很有味道。还有那双顾盼生辉的灵动眼眸——在他的想象里，那就是南太平洋的深蓝色。他计划总有一天要去探访南太平洋。她的双眼也似乎像南太平洋一样美丽。她的穿着并不昂贵但非常漂亮，她戴着有缎带的草帽，撑一把有条纹的阳伞。

他抓住悬铃木的树干，站起身来，尽管她一个劲儿地说不必。他朝她走去的当口，他注意到胡特正在用古怪而好奇的目光望着他们。

“啊，真的十分感谢您的夸奖，小姐……”

“我叫特雷莎。我喜欢别人叫我特丝。”

“卡尔。卡尔·克朗。”他伸出一只手，手上还戴着那只油腻腻的皮手套，他赶紧摘下手套，神情尴尬。她伸出手，沉着大胆又十分坚定。他发觉自己的身体起了反应——他已经有好几个月没有碰过女人了。

“您所展示的无私应该以某种方法得到褒奖。”那姑娘说道，“那么多的人只是想着自己。我可以邀请您到我们家共进晚餐吗？我敢肯定我父亲一定很高兴见到您。”

卡尔感到惊讶，过了好一会儿才反应过来：“当然可以，但是确实无须如此。”

“我明白的，我坚持邀请您。恐怕得请您长途跋涉了。我们家在伍德沃德大道，但是夏天我们住在格罗斯波因特。”

“电车可以到那儿的，是吧？”

“是的。”她说着将阳伞扔到草地上，打开她的收口网格包，“星期六晚上方便吗？”

“是的，好的，完全可以。”他大声说道，接着他咧嘴笑了，“我想我还真的没见过喜欢赛车的年轻女士呢。”

“我父亲跟汽车行业稍微有点关系,所以我就感兴趣。不过,父亲不让我单独来看赛车。他竭力想禁止我来看比赛,我呢不得不提醒他,我已经进入法定年龄了。他发觉这事儿挺恼人的。我这样做很多男人看不惯呢。所以我还是单身,您说是吗?”她逗笑道,不过他觉察出了某种隐约的伤感。“我可以借用一下您的肩头吗?”

她将一张纸条贴到他的肩膀上,拿铅笔写着:“这是地址。六点方便吗?”

“我六点下班。”

“那就七点半。”

“那敢情好,小姐……嗯,特丝。”

“到时见。”她一本正经地又跟他握了一下手,接着走了,打开阳伞,越过那条沟,走进那道白色栅栏边的阳光里。卡尔看着她裙子里面臀部的运动,身上有了某些反应。

慌乱中,他意识到他都没有问她穿什么样的服装合适。在格罗斯波因特这样的地方,伍德沃德大道和杰斐逊大道的富人们都有他们的第二个家,所以他最好还是要戴领带去。但他没有领带。他要是在杰西那儿借不到领带,那就得到马布利商店或者罗思曼商店去买一根了。

特丝消失在了大看台后面,吸引得卡尔也猛一下从高处下来。他注意到阿蒂·弗拉格尔正在跟胡特说着什么。他朝他们走去,双腿和双肩都很疼。他在房间里一直放着一瓶野马牌搽剂。今晚可是不能及时用了。

“你很走运,伙计。”阿蒂握着卡尔的手。阿蒂四十左右年纪,树墩似的身材,一张皱纹纵横、饱经风霜的脸。

“我下次要给你吃些灰尘。”卡尔伸进口袋,付了打赌的钱。阿蒂咯咯笑着走了。

胡特用揶揄的神情打量着他。卡尔问:“有什么好笑吗?”

“那姑娘,你们挺说得来嘛。”

“为什么不呢?她很漂亮。她邀请我星期六去吃晚饭。”

“真的啊。你知道她是什么人吗?”

“她叫特雷莎。我还该知道更多吗?”

“恐怕不需要了，你跟底特律那些上流人士不打交道。尤其是那些造汽车的人。特雷莎·克莱默是洛伦佐·克莱默的女儿。”

杰西刚好走上前来听到了：“你是说那个克莱默？‘克莱默，高质量车配高质量人？’”

“就是那个人。”

“他拥有好几家铸造厂呢。”杰西对卡尔说道，“我就在其中一家上班。”跟熔化金属打交道的活儿，又苦又累，危险性高，白人都不愿干。杰西没有对胡特说这话，可他跟卡尔是朋友，就对他说这话。杰西把它称作“黑鬼的活儿”。

“克莱默实际上并没有汽车工厂。”胡特解释道，“他只是让公司挂了他的名。这很平常，J.L.哈德森也是这样。克莱默在汽车行业投钱已经好多年了。我建议你周六晚上还是突然肚子痛的好。克莱默和他那些花两千美元制造一辆汽车的朋友们会认为你的雇主是一个满脑子愚蠢想法的人呢。克莱默在亨利的第二家公司拥有股份，就是亨利平安脱身的那家——现在叫凯迪拉克。我说呀，格罗斯波因特的大多数人都对亨利恨之入骨，而且据我所知，他也对他们恨之入骨。”

卡尔一声不响地站在那儿。胡特说到的亨利就是福特，福特汽车公司的所有人和天才。

第十四章　保罗的锚

切恩小道上的公寓房静悄悄的。三岁的贝齐还在睡午觉。七岁的沙德挨着父亲坐在飘窗上，正在仔细看一本书，一脸的好奇。保罗和朱莉叫儿子沙德，因为家族里叫乔的人太多了，容易搞混。

这是6月份，一个温暖慵懒的星期日。玻璃窗被曲柄摇开了。大型平底船和速度很慢的观光游船在泰晤士河的桥梁之间游弋，河对岸巴特西公园满目葱翠。小男孩拿一根手指划过书名《我见证历史》下面他父亲的名字。

"这真的是你写的吗，爸爸？"

保罗微笑着，拿火柴点燃了他的雪茄。他的马甲没有扣纽扣，衬衫卷着袖子，他的一条手臂亲切地搭在儿子的肩头。

"每个字都是，不管好的还是坏的。"

"哦，都是好的，爸爸，是吗？"小沙德有着一张天真烂漫的脸、结实强壮的身子，深褐色的眼睛像保罗，浓密的墨发遗传了朱莉的基因，真是相得益彰。

"嗯，人们好像是这样认为的。3月份以来，还只是在书亭里销售，现在他们正在印第二版呢。"他电话联系过位于布莱德韦尔广场的出版社。每个人，包括老板柯林斯，都对这部书的成功向保罗表示了祝贺。

成功当然使这位初出茅庐的作者感到惊讶。当朱莉最初把弗里奇的信给保罗看时，他对撰写自己经历的建议表示反对。正是朱莉给了他鼓励，每当他有一两个星期在家里时，他都会一直写到午夜。也是朱莉给他雇了一名女性打字员，帮他整理书稿。她还捧着书稿亲自跑了好多家出版社，跑到第四家出版社时，他们立马接受了。保罗刚刚还跟纽约的一家出版社——世纪出版社签了一份合同，出版美国版。

沙德翻过几页："有很多这样的大词我看不懂。"

保罗抚摸着小男孩的头发。孩子、朱莉和位于切恩小道城市住宅较高层的这套跃层的公寓便是他的锚，无论他漂泊在世界的什么地方，无论那儿的生活多么低劣，无论那儿生存多么无法保障，这些锚都会将他牢牢地拴在一个安全的地方。

"等你再长大一点，你就会懂的。"

沙德跟所有小孩子一样，在一个主题上聚焦的时间只有几分钟。他抓着他父亲的膝盖头以强调严肃性："我们下个星期能去动物园吗？"

"星期六去。我的船星期日从利物浦起航。"

"我们回美国去吗？"

"去拍更多的电影，去做一些讲座。这事儿我以前从来没有做过。"

"什么是讲座啊？"

"向一群观众讲话。我会跟他们说道说道我去过的地方、我见过的事情。我打算在讲话的时候放两段影片。"纽约有一个人，名叫威廉·施维默，在一家名为美国艺术家论坛的公司工作，他得到了保罗的一本书，便写信给他说，可以在他下趟行程中安排一些赚钱的集会。保罗感到紧张，但是同意了。约克勋爵没有反对，事实上，他认为通过这样的亮相可以帮助打开他这位明星摄影师的大门。

"我希望能在芝加哥见到家人。"保罗继续说道，"弗里奇姑妈在纽约了，可能，但卡尔叔叔就说不定了。我要到底特律去。"

"那是什么地方啊？"

"在密歇根州。一个名叫亨利·福特的人据说要推出一款十分出色的汽车，既坚固又廉价。"他移了一下垫在腰部的靠垫。才三十岁的年纪，就浑身疼痛得像玛士撒拉[①]式老人一样了，他想道，心里挺反感的。朱莉经常敦促他雇一名助手。甚至连迈克尔也说，不带助手这样干活，他就是个傻瓜。朱莉取笑保罗，他就是想事必躬亲——这跟事实基本差不多。

①玛士撒拉，《圣经·创世记》中以诺之子，据传享年969岁。

保罗的书房是一个朝南的卧室改造的，飘窗上半部分挺女性化的彩色玻璃花没有什么好改变的，但是朱莉把房间本身装饰得适合男人的品位：带条纹的墙纸，深色的家具，两个奇彭代尔式书架，用电的台灯和落地灯，罩着饰有流苏的鲜红丝绸灯罩，小小的壁炉对面是一张盖卷式书桌。英王爱德华时代的风格在上个时代有力地改造了杂乱无章的室内格局，但是保罗依然下意识地保留着维多利亚风格：他将每一英寸空间都堆满了书籍、纸张、装着电影胶卷的一个个金属盒子。书房里还有很多他旅途中买回来的纪念品：啤酒瓶垫子、火柴盒、美术明信片；一个镀锡铁皮埃菲尔铁塔、一个将叶片残忍地割成锯齿状进行装饰的马来圣诞老人、一架日本折叠式屏风；一个在德国买的有尖刺的头盔，沙德喜欢戴这顶头盔，肩上扛一支木头枪，耀武扬威；一面小小的中国铜锣，吃饭时间孩子会敲铜锣，有时候也会让爸妈烦；一张艳俗的印度地席，盖在精致的波斯地毯上。保罗只要一离开家，就会十分想念他的书房。

沙德刚要问另一个问题，门突然开了。朱莉从客厅里望进来。“哦，天哪。这儿净是烟，像个山洞一样。”沙德跳起身来，张开双臂抱住妈妈，将头埋进她的裙子里。一会儿之后，他咧嘴笑着溜出了书房。

朱莉——保罗最初在芝加哥认识的那个朱丽叶·范德霍夫——是一位稍稍有点性感的美女，有着娇嫩滑腻的漂亮肌肤和顾盼生辉的灰色大眼睛。她穿着雪纺上衣，袖子上打着褶裥，形状就好似半开的玫瑰，看上去多么楚楚动人啊，他的心不由得狂跳起来。宽宽的领口上面，她戴着一条去年圣诞节他送她的珍珠项链，耳朵上是相配的耳环。

朱莉几乎完全摆脱了她年少的时候所遭受的可怕的抑郁症，那时候，她那位控制欲极强的疯婆一样的母亲烦扰得她不得安宁，不断地告诉她，病、弱、神经性紊乱都是女人的命。她曾经被迫接受了一桩父母之命的婚姻，嫁给了一个粗暴的男人，一个花花公子，她丈夫最后被他的情妇开枪打死了，当时她就在边上看着，无法制止那一切发生。它留下了伤痕：她的性格明显脆弱，她有的时候眼前会出现某种阴影。她的孩子和她现在的婚姻——她嫁给了一个深深爱着她的丈夫——在她向黑暗屈服或争取胜利之间，产生了重大影响。

她依然在潘克赫斯特夫人手下工作，潘克赫斯特夫人一周前到琼·图索德的博物馆来过，成就了一个千古不朽的新的蜡像。朱莉的衣柜里高高地堆着一捆捆妇女社会政治联盟的宣传品。她在缝纫室的一个角落里有一张办公桌，她定期在那儿工作，写信函，写请愿书就在最近，她还写了一篇讲话稿。几周之后，海德公园将有一场能吸引数千人参加的集会，她将在那里发表这个演讲。

为了争取这项事业利益的暴力正在逐步升级。有两个妇女自说自话地朝唐宁街十号扔石头，把窗户都砸破了。人们都在谈论将会有大量群众入侵国会，还说将会有绝食抗议。但首相阿斯奎斯坚持认为，投票问题缺乏足够的支持，所以不可能进行合法的改革。每次一提到这事儿，朱莉就来气。

“你想要芭芭拉准备什么样的晚餐?”这会儿她问道。

保罗拿双手抱住她：“晚上晴朗温暖，我们干吗不带着孩子们出去吃炸鱼和薯条呢?”

“这我喜欢。”朱莉看见了飘窗上的书，“我为你感到骄傲，保罗。”

“要是没有你，我连写第一段的勇气都没有。”

她双臂抱住他的脖子。“千万别太有名了，否则大群大群的美女会追着你不放呵。”

“我只在乎你。”他说完便热情地吻着她。朱莉的双唇品味着甜蜜和温暖，并将自己的身子紧紧贴到他的身子上。她将下巴搁到他的肩膀上，叹息着：“你又要离开我闯世界去啦。”

“也就几个月时间。”

她吻着他的耳朵，爱抚着他的脖颈。“无穷无尽的一段时间啊。不过至少这次没有危险。”

保罗的脸上闪过一丝啼笑皆非，但是，因为他们拥抱着，他妻子没有看见。刹那间，过往的事件像电影般出现在他记忆的银幕上：

他正在一个象轿上拍摄的时候，一只发疯的孟加拉虎扑了过来。那赶象人掉落到了地上，在一根藤上绊了一下，老虎还没来得及被赶走，那个棕皮肤的小个儿男人便被虎爪致命地扑倒了……

在库莱布拉切的一块阶地上，被雨水浸透的泥土发生垮塌，一台巨大的布赛勒斯蒸汽挖土机倾斜了，缓慢、威严而又可怖地往下翻落，压死了正在下面阶地上干活的两个工人，保罗当时正在那儿拍片——他在最后一刻扛着三脚架逃开了。泰迪·罗斯福总统穿着白色套装，满脸灿烂笑容，前来视察这一伟大的巴拿马运河工程，不到一个小时之前，他就是在这台机器上尽情地拉着操纵杆……

在摩洛哥的阿特拉斯山区，一位部落男子看到摄影机，怕它会神秘地偷走他的灵魂，便竭力阻止，居然拿出一管古老的长筒燧发枪，朝保罗开枪……

没有危险？你如果干正当的事情的话，总是有危险的。他数次与死神擦肩而过，在1898年的古巴战争中，在布尔战争中，在被美军镇压的菲律宾叛乱中。他对朱莉说到这样的事情，总是一副轻描淡写的样子。

“别担心，我总是能照顾好自己的。”他说道，一面吻着她的脖子，“我要坚定不移地回家，回到你和孩子们身边的。”

“我一直在想，保罗，贝齐到了这个年龄，也许喜欢有个弟弟或者妹妹了。我对沙德说过，他同意的。”

保罗哈哈大笑起来，从凌乱的书桌上拿起一根没有点燃的雪茄烟。

“太好了！这事儿今晚就落实，私下里？”

第十五章　三个女巫和四个女演员

日子一天天过去——找不到工作。她将自己的开销几乎压缩到了要饿死的水平。早餐,她吃两天前的烤面包和热茶。她的主餐也是一片不新鲜的面包。每周一次,她在房间里用环形轻便煤气灶炖牡蛎。她从熟食店买来一颗牡蛎,再用一锅汤给它加热。她在给母亲写的每一封信里都掩盖了实事:“一切都好！前景光明！”

离开芝加哥以来的这几个月里,她从来没有收到将军的来信,或者说他从来不给她写信。她预见情况不会改变。他们疏远的痛已经渐渐减退,剩下的只有过一段时间便会剧烈爆发一下的无可奈何的麻木。

到了8月下旬,她的情绪降落到了最低点。一个特别困难的星期二——四个广告都有回音,但没有工作——她来到大中央火车站的售票窗口。

“请给我一张去芝加哥的客车时刻表。”

五分钟之后,她将那张火车时刻表扔进了街角一只垃圾桶里。艾伦·泰莉骂她居然想到要逃回家去。

她的脚走得酸痛,她的情绪沮丧消沉,她在闹市区步履沉重地游荡,闷热的天开始下雨。当爬上佩雷拉太太那幢房子的楼梯时,她已经浑身湿透了。难道在纽约待了两年还不够吗？她设定了一个极限时间。要是明年1月5日她的生日前再找不到至少一个好角色演,那么她将打包裹走人,回家去,向父亲承认失败,然后找其他工作,度过一生。她也许可以去当个教师。无论怎样,她可以用德语教书,还可以办一个学校的戏剧俱乐部。

一想到竟然要寻求这样的退路,弗里奇只感到意气消沉。她随随便便地洗了一下脸,穿上那件很薄的睡袍。一阵阵的风裹挟着雨水和这个城市的臭味儿卷进她的房间,她已经开始厌恶这个房间。她将椅子拖到煤气灯下,打开一本《纽约快船》——定期刊登戏剧消息的出版物之一。在一些有关驯狗和教孩子做侧手翻体操动作这样的广告中间,她发现了一则让她呼吸加快的消息。

紧急招聘演员

女巫,新作"**苏格兰悲剧**"的主角,著名英国悲剧演员**霍巴特·曼彻斯特**亲自担纲主演。著名国际剧团将**范·桑特夫人**列为**M夫人**。年龄不限。面试定于星期三下午两点半到五点在第四十八大街的诺韦尔蒂剧院举行。敬请直接从科特剧院西面的演员入口进入。

她不由得感到一阵极度的兴奋。她已经在那个拙劣的莫特梅因作品"苏格兰悲剧"中演过全部"三女巫"。"苏格兰悲剧"以及"苏格兰戏剧"是一种给那些莎士比亚戏剧演员的委婉称呼,那种戏剧往往被认为是一种倒霉透顶的戏剧。整个一套迷信的东西包围着这种戏剧——在排练或者演出的过程中你不能做也不能说的事情。据说,在演《麦克白》的时候,演员身上发生了可怕的事情。

弗里奇嘲笑此类幼稚可笑事。即便别西卜①亲自到场,挥舞着手中去地狱的请柬,也不能阻挡她去诺韦尔蒂剧院。

第二天,她整齐地穿戴好她的深蓝色外套,尽量梳松了她的金发。她坐在百老汇大街上的缆车里,肚子饿得生痛,她选择了花钱坐车,以免在到达目的地之前把衣服弄脏。在联合广场那个"死人弯"处,她差一点被司机一个急转弯从缆车的窗户里甩出去。除此之外,到达目的地之前再没有更惨的事情发生。

她在第四十八大街下车,一个肩膀疼得厉害。她往东走去,来到一个花里胡哨的挑出的遮雨篷附近,那儿的电灯照亮了一个名字——五美分杂耍。演出刚刚散场。她在叽叽喳喳的男男女女和小孩子中间磕磕碰碰地穿过去。在纽约,似乎每个街区都有这种五美分的杂耍。弗里奇嗤了一声,急匆匆地继续往诺韦

①别西卜,基督教《圣经》中的鬼王。

尔蒂剧院跟科特剧院之间的巷子里走去。

“在纸上签个名，然后到礼堂里找个位子坐下。”在剧院门口看门的老人说道。他正忙着用剩菜残羹喂那只过于肥胖的斑点狗。弗里奇拿起笔，在一个开口的墨水瓶里蘸了一下墨水。她的脸色变得刷白，怔怔地瞧着那张早已密密麻麻地写满了名字的纸。

她发现下面还有一张写满名字的纸，心头一阵惊恐。她对面试的兴奋劲儿、她对自己将时来运转的感觉，瞬间像一件圣诞节的装饰品被大力士桑多一拳击碎成了齑粉。她粗粗估计，早已经有四十个女演员登记下她们的名字了。

这天杀的，她心想，这难道就是对《麦克白》的诅咒吗？

她的竞争对手分布在剧场正厅前座四处。她们望着弗里奇，仿佛她带来了瘟疫。她在靠后的走道边选了一个位子坐下，尽力让自己平静下来。

她看到走道的地毯上有一个洞。天花板上的壁画里一个二级天使的肚脐处，油彩正在剥落下来。舞台上，一盏立柱上的工作灯照亮了一张小桌子和一把椅子。挂着沙袋的悬吊绳子从后面的泥砖墙上垂落。诺韦尔蒂剧院虽然是个只有二流名声的剧院，但是像其他所有的剧院一样，它承诺给人幻想，给人快乐。油彩的气味、发霉的气味、灰尘的气味依旧给人轻松愉快的悦人气息。

又来了三位满怀希望的候选人。一会儿之后，舞台侧面传来一阵说话声，随后一个胖胖的中年男人走了出来。只见他穿着英式的运动服，披着一领长长的戏剧披风，头上戴着一顶波希米亚人风格的宽边软帽。他拿起放在桌子上的一本书和几张纸。接着，他扔掉帽子，来到舞台脚灯那儿，手握拳头贴在臀部。他朝顶层楼座大声喊叫道：

“那儿有人醒着吗？灯光再亮点，先生，马上。”这人的男中音那么浑厚，令弗里奇感到惊讶。高高的黑暗处传来一声咒骂。挂在楼厅前面的灯亮了起来。那胖男人整个儿沐浴在了灯光下面。

“下午好，女士们。”他行了一个屈膝礼，然后像侍臣一样鞠了躬。他的腔调是上流社会的，他的话语十分清晰。他解开披风的带子，像个斗牛士一样将它扔在一边。“我是曼彻斯特。”他满脸堆笑，仿佛在期待掌声。有一两个谄媚的候选人拍起了手。

弗里奇不知道如何形容这位“声名卓著的英国悲剧演员”。她猜，他身高五英尺六英寸，体重两百磅或者还多一点；他整个人圆得像冯策帕林伯爵的飞艇。很明显，他长着一对弓形腿，而且她可以清晰地看见他垫高了的鞋子后跟。他的脸红得像一块烤牛肉。牛眼一样的棕色眼睛从他的脑门子中间往两边抬拉。他的齐肩长发使她想起了那些奥斯卡·王尔德的画像。

“我在剧院里没有看见有红头发的先生。”曼彻斯特兴高采烈地说，“一踏进这个剧院，我就在走道的台阶上绊了一下脚。这些迹象表明，我们的选拔程序绝对不会有霉运。”哦，他也是这么一个人。弗里奇遇见过好几个演员，他们笃信书中的每一个迷信说法。

曼彻斯特慢慢踱到桌子边，拿起那几张签了名字的纸。虽然他的趾高气扬溢于言表，但是她喜欢他神气十足的样子和有共鸣的奇妙嗓音。

曼彻斯特是一位传统的演员经理，也是一位舞台监督和明星演员。那些大演员经理统治着19世纪的舞台，但是他们已经过气了。新的力量驾驭着现代戏剧界。导演成了一个相对新的演出技术岗位。舞台监督即那个强有力的投资老板，在楼上某个幽闭的舒适地方控制着一切。这种明星也是演员，不管男的女的，人们只要看他们要三个小时的苹果，就能看出名堂来。范·桑特夫人——曼彻斯特的“麦克白夫人”，就是这样一位明星。

这位大人物再次来到脚光灯前，向他们发表讲话。

“我们都知道我们为什么集中到这儿来，不是吗，女士们？泰斯庇斯①的召唤。灯光、掌声、粉丝的诱惑啊！那位文学巨匠查尔斯·狄更斯先生最最了解这种诱惑。他是一位杰出的演员。他组织业余演员，在舞台上朗读他自己的作品，让人撕心裂肺。我有幸在小的时候目睹过此情此景，有的时候在剧院干最最有失尊严的卑贱体力活儿，就是为了能进去看这样的表演。”

弗里奇前面一位年龄比她大的女演员半转过身来，轻声说道：“他太自以为是了，不是吗？”

---

①泰斯庇斯，活动于公元前6世纪，古希腊雅典市人，悲剧创始人，开创演员和合唱队领唱的对白，悲剧的对话即始于此。

曼彻斯特抚摸着桌子上的那本书。“我相信我不需要详细解释或者概括我们正在为之招聘演员的这部名作。我们绝对不在剧院里说该剧的名字,除非我们在台词里要说到它。今天,我们要招聘三位女巫,第一位女巫还将在第四幕里扮演麦克达夫夫人。第二位女巫在第五幕里将兼演一位贵夫人。第三位女巫只扮演一个角色,但是正是她说出了那个决定性的预言,那个剧名角色最终将成为国王。每位女巫都要准备替演另两位女巫。我们将在这个舞台上试演,因为没有其他再小一点的地方可用了。请对你们的同行保持谦恭有礼。我叫到名字的请上来。”他浏览了一下那份名单,“多尔卡丝小姐,杰拉尔丁。”

于是,弗里奇开始了她等待的煎熬。整个面试期间,那些女演员体形各异,情性多样,有的表现拙劣,有的把握适度,有的优秀到了危险的程度。曼彻斯特为每位候选人选定一个片段。五点十分,轮到弗里奇的时候,他给了她一页台词,说道:“这是第四幕。请从第二十二行开始。我会给你提示的。”

他那雄浑的声音响了起来:“加紧烧,加紧烧,辛苦烦扰令人恼——烈火烧,锅泛泡。”

“龙之麟,狼之齿,巫婆丑陋赛干尸,深海捞出鲨鱼膘。”弗里奇念台词,“斑斓猛虎为添料——”她犹豫了一下,这个词老是让她打疙瘩。

“内脏。”曼彻斯特大声说道,“肠胃啦！请继续。”

“谢谢,嗯,斑斓猛虎为添料,一锅魔汤真热闹。”

“非常好,请就座。下一位,利瓦伊小姐。”

他们在六点一刻结束。曼彻斯特仔细看了一下他用铅笔在纸上所作的评注。“请允许我向所有人表示最诚挚的谢意,感谢你们的参与。我很遗憾不能聘用你们每一位。请下面四位女士明天上午十点正再到这个舞台上来好吗?萨利·墨菲小姐、辛西娅·沃尔小姐、伊丽莎白·艾达·惠特迈耶小姐、弗雷德丽卡·克朗小姐。”

弗里奇发出一声轻轻的惊呼,接着便满脸绯红。那些没有被选中的演员,有的十分不满,有的疲惫地表现出无可奈何,纷纷收拾她们的东西离去。她听到了一声怒骂:“见他的鬼去吧,我听说他已经入不敷出啦。”

四位女演员竞争三个角色。墨菲小姐是一位脸面和蔼的年轻女人,相貌完美无瑕，一双蓝眼睛令人惊讶。惠特迈耶小姐年龄稍长，一头乱糟糟的穗状灰发，一只眼睛外斜视；她肯定会被剔除。

第三位竞争者辛西娅·沃尔小姐看上去最优秀。她有一种深沉的魔鬼般的美，胸部高得像马特洪恩山，沙哑的嗓音坦率地讲同曼彻斯特一样给弗里奇带来震撼。沃尔小姐带着一脸冷若冰霜的微笑，沿着走道大步走向前去。她不经意间一回头，瞥了弗里奇一眼。那一瞥分明是在说，为了得到一个角色，假如有必要，她连人都会杀。

她的早餐就是喝了一杯白开水和两片不新鲜的饼干。吃了这么一点东西，她担心她是否能挺过去。

她用梳子梳通卷曲的头发，穿上她的最好套装，这是用深红色的丝绸做的。当她走进诺韦尔蒂剧院的时候，沃尔小姐正在签到。

“哦，早上好，亲爱的。这套衣服真漂亮。让我们互祝成功吧，好吗？”

沃尔小姐装腔作势地滔滔不绝她的祝词的时候，继续将钢笔尖戳向那开口的墨水瓶。不知怎么的，笔尖戳翻了墨水瓶。墨水瓶滚动着，她一声大叫：“啊，老天！”墨水泼溅到了弗里奇的裙子上。

“啊，太糟糕了。对不起。怎么办呢？”

弗里奇无言以对，两眼直愣愣地盯着裙子上的污渍。那个看门的老人说道：“趁没干之前去洗一下。来吧，那儿有个有热水和冷水的化妆室。”

“亲爱的，实在对不起。”他们离开时沃尔小姐说道。她已经为这场竞争设计了规则：没有任何规则。

在一个昏暗的房间里，那看门人试了一下洗涤槽的水龙头，找来了一条旧毛巾。“该死。”弗里奇说，用力揉洗着那个污渍，“全毁了。”

“我会对曼彻斯特讲你要稍迟一会儿。”

“他会生气吗？”

“不会。他是一个夸夸其谈的人，但是很有风度，只要你让他夸夸其谈的话。”

弗里奇拼命地搓洗，可是只能去掉一点点墨水，反而在大腿部留下了很大的一块湿斑，就像一扇圆圆的小窗户。“很遗憾发生了不测。”她走上台去时曼彻斯特说道，“别让这事儿影响到你，姑娘。”

它早已影响到了，虽然弗里奇尽量在掩饰。沃尔小姐守候在近旁：“要是这个污渍洗不掉的话怎么办呢？”

弗里奇和蔼地微笑道：“哦，那就把这套服装扔进垃圾箱里呗。我还有很多呢。”她想要砸点什么东西。譬如，沃尔小姐的脖子。墨菲小姐坐在前排，给了她一个关切的微笑。

看门人出现在了两道浅灰色的侧幕间。“先生？是范·桑特夫人。电话。她不喜欢阿斯特宾馆那个房间。”

“看在上帝的分上——她自己要求安排到那儿去的呀。”

“她说那房间比厕所还要小。怎么办？”

“当着这些女士的面我不作回答。”

“好的，她想跟您谈谈。”

“不可能。告诉那位女士，她可以在今天下午晚些时候到演员俱乐部去找我。”

“她不喜欢那样。”老人喃喃说着，拖曳着脚步走了。

曼彻斯特将台词稿分给其余三位女演员。他指着乐池对弗里奇说：“你可以到那儿等一下。”

他用第一幕的第三场戏——三女巫在被摧毁的灌木丛生的荒原上跟麦克白见面那一场戏——面试了前三位候选人。曼彻斯特变化嗓音，既念剧名角色的台词也念班柯的台词。他成功地使用他的嗓子时，效果真的是太棒了。沃尔小姐沉着自信，她令人难忘的沙哑嗓音几乎跟他相匹敌。

曼彻斯特将惠特迈耶小姐送下舞台，然后叫弗里奇。这位壮实的女士在台阶上同弗里奇擦肩而过的时候和善地拍了拍她，可是弗里奇不知道是该瞧她的右眼还是左眼——完全乱套了，在她的记忆里她从来没有这么紧张过。

曼彻斯特给了她一份台词：“第二个女巫。”

他们念完这场戏的台词，接着来第二次，弗里奇扮演第一个女巫，墨菲小姐演第二个女巫，沃尔小姐演第三个女巫。沃尔小姐要了一个小小的花招，在舞台后部稍稍往后退了几步，迫使另两位演员转身很尴尬。曼彻斯特位于她们的右下方，注意到了这一情况，但是什么也没说。不利的舞台朝向倒反而激励弗里奇更加富有激情地念台词。

十分钟之后，曼彻斯特叫停，然后发给了她们新的台词纸。

“现在演完全不同的戏。第五幕。我要你们每个人都念一下麦克白夫人的台词，就是医生发现她疯了之后。墨菲小姐？请你跟我一起演。其余女士请就座，等轮到你们。”

弗里奇再次紧张起来，一会儿浑身发热，一会儿浑身发冷。她从来没有演过麦克白夫人。她知道这个角色，虽然一知半解。

墨菲小姐念台词念得挺好，惠特迈耶小姐也一样。曼彻斯特既演大夫也演贵妇人。

“克朗小姐，到你了。”

她往台阶上走时，差一点绊倒。她身后的大厅里，有人在大笑。她如果有麦克白的匕首，她一定知道该拿它干什么。

曼彻斯特扮演医生念台词：“听！她讲话啦！我要把她的话记录下来，好让我记得更牢些。”

“去掉，该死的血迹！”弗里奇念道，“去掉，我说！一，二，哎呀，那么——”

“请原谅，对不起。”黑暗中传来明白无误的声音，“我十分抱歉打断你们，不过我坐在后面这个地方，听不见这位小姐——她叫什么名字？我想听到她的声音，她很优秀。”

“谢谢，沃尔小姐。”曼彻斯特说道，“我们感激你建设性的关注，但是请别再说话了。这样会让表演的人紧张的。”他降低声音说道：“稍微响一点，行吗？”

这一打断，完全打乱了她的阵脚，她好不容易熬到最后。“事情既然干了，就算干了。睡觉，睡觉，睡觉……”

真是活见鬼了。她对自己感到厌恶，将台词纸扔到桌子上。曼彻斯特轻轻拍拍她的胳膊，向她道了谢。

沃尔小姐当然把台词念得震天价响，那音量，很可能把顶层楼座的门都震得嘎吱作响。曼彻斯特在舞台上说完了他最后一句话。

“你们走的时候，请写下正确的地址。我会写短信给三位被选中的人，明天下午邮寄过去。不管怎样，真心谢谢大家。”

他示意在舞台侧面的弗里奇停一下。“我真的希望你被损坏的衣服还可以补救。”他朝她微微欠了欠身，皱了一下眼睛。她感觉他喜欢她。不过，最终，那没有什么用。

回到房间，她落下了几滴眼泪。接着，她擦干眼睛，开始洗衣服上的墨水迹。她没办法把它洗掉。她也拿不出新的衣服。她越想辛西娅·沃尔那些卑鄙的伎俩，心中就越来气。

“我不能败在那个女巫手下。”当她意识到自己说了什么时，她笑了。也就这一说一笑，一个美妙的想法突然从她脑子里蹦了出来。

她在房间里踱步了好长时间。一会儿，她心里想这诡计太邪恶了。过一会儿，她又抬脚往门口走去，但没走几步便停住了脚步。她从小受教育要公平处事，所以她就一定要输给那些不公平处事的人？

不！

她大声练习了半个小时，一遍又一遍地说着台词，直到将沃尔的沙哑声音练得恰到好处。她一直认为这是一个微不足道的天资，只是用来逗笑而已。

也许这次不是……

她来到楼下，敲了敲佩雷拉太太的门，确认一下女房东是不是照常在傍晚时分推着手推车去购物了。她来到墙上挂着的电话那儿，给诺韦尔蒂剧院打电话，问曼彻斯特在不在。

“先生出去了。打电话到格拉默西公园的演员俱乐部试试。”看门人说。

“谢谢，我会的，这事儿很急。”

“你是沃尔小姐吗？”

弗里奇将听筒挂上了挂钩，靠在墙上，闭上双眼，双手瑟瑟发抖。任何时候，警察都可能会走进门来把她抓走！

另一位房客从街上走来，掀了掀他的常礼帽。弗里奇朝他轻轻挥了一下手，挤出一个比哭还难看的笑。等他一走上楼去,她便拨通了那个演员俱乐部的电话。她很走运。

“我是曼彻斯特。”

“我是沃尔小姐,先生。”——每一个音节都像打仗一样紧张地饰演着,“我抱歉地通知你,有人邀请我扮演另一个角色,我接受了。”

“噢,我很遗憾。我是说对我的戏剧来说。对你,我表示祝贺。我可以问问你演的是什么戏吗?”

啊,天哪,这她可没有想到。

“先生,对不起,我听不清,电话线路不好。”

“舞台监督是谁? 什么剧?”

弗里奇从碳杯状的黄铜听筒那儿转开嘴,用手挡着嘴巴,说道:“我听不清,曼彻斯特先生,对不起,再见。”

她挂断了电话。突然,她的双眼直愣愣地盯着站在临街大门口的佩雷拉太太,她的手中拎着满满一网袋的洋葱。

“你说话的声音怎么怪怪的,弗里奇? 你生病了吗?”

“没有,没有,我好着呢。”弗里奇大声说道。她一把抓住佩雷拉太太的双肩,转圈跳起舞来,连同她的洋葱和所有其他东西。

第二天下午,信封上印有诺韦尔蒂剧院标志的一封信来了。霍巴特·曼彻斯特谨通知克朗小姐,请她在他即将推出的戏剧里扮演第二女巫这一角色,并拨冗于明天上午十点到剧院洽谈薪酬事宜。

第十六章　格罗斯波因特的游戏

城际快客载着卡尔和一盒巧克力来到了格罗斯波因特，一段将近十英里的旅程。他在一幢二层楼的砖砌候车室边上下了车，候车室外头大街的对面是韦恩县最著名的地标性景点之一——被灯光照得明晃晃的巨大的底特律乡村俱乐部。对面多布森的罗德剧院飘扬出阵阵音乐和笑声。

他所路过的每一幢气势雄伟的豪门大宅都被灯光照得亮丽无比。窗户敞开，送出欢快的声音，有孩子的喊叫声，有钢琴的音乐声，飘进温和的夜中。现在正是盛夏时节，格罗斯波因特这个村庄实质上依然是一个度假避暑胜地。

当他转过格罗斯波因特大道的拐角走上湖畔大街的时候，他闻到了暖风送来的来自圣克莱尔湖的浓烈的鱼腥味儿。在大街尽头，靠近水边，有一幢两层小楼，屋宇的窗户在一块修剪得十分整齐的草坪上投射出黄色的长方形亮光。这幢房子乡风质朴，独具一格。一个码头从侧面的庭院直通湖里。栅栏上，一块小小的涂漆门牌上表明，这是“克莱默别墅”。他心里直犯嘀咕，如果这么富有想象力的房子只是一幢避暑别墅，那么他们经常性的住家会是个什么模样呢？

一辆长长的黑色克莱默旅行车停在屋子前面，巨大车头灯上弯曲的黄铜反射出亮光。敞篷车顶收拢着，露出灰色的真皮车座。能够说明这辆车的价格的最好标记也许就是每个轮辐上手工油漆的装饰细条。这是谁的车？洛伦佐·克莱默自己的车不是应该停到车库里去吗？

为了体面一点，他可是花了大心思。下班之后，他洗了一个澡，甚至洗了一下头。他戴上一条五十美分的领带，穿上他那件可以外穿的套衫——有螺纹的黑色羊毛套衫——像今晚这样的天气这么穿还是太热了一点。他后悔把那件普林斯顿套衫给了弗里奇。

门口的一个声音吓了他一大跳："卡尔？是你吗？快进来。"

这甜美的声音顿时把他的焦虑消解得一干二净。他沿着门前小道跑去，一面跑一面摘下帽子。特丝站在敞开大门的灯光下。

"你没费多少事就找到我们了吧？"

"噢，是的，很容易。给，这些是送给你的。"

"哎呀，谢谢啦。奶油夹心巧克力是我的最爱。"

他们在尴尬的沉默中互相注视了一会儿。也许其他男人没有发现特丝·克莱默的美，可是他发现了；在赛车场她跟他说话的那一刻起，就有一种不可思议的情感开始沸腾。

她知道如何有效地打扮自己。她穿着一件合身的海军蓝短上装，下身是一条配套的裙子。上衣里面是一件轻薄透明的衬衫，更加突现了她丰满的胸部。她将头发扎成发髻，用三个镶有红宝石的玳瑁梳子固定着。

"你要坐吗，还是看一下湖？晚餐要到八点钟呢。"

"我好像看到你们家码头上泊着一条游艇。"

"没错。这是我父亲的。我们住在这儿的时候，他乘游艇去底特律上班。船长就睡在船上。"

他们沿着微微有点倾斜的草坪慢慢走去，走向一堵水泥的防波堤。湖上的天空里悬挂着一轮鲜黄色的半月，发出黄油般的光芒，给微微荡漾的湖面涟漪染上了淡淡的色调。白色的游艇轻轻波动着。距岸半英里处，卡尔看见又有一艘游艇亮着行驶的照明灯。

"人们说在湖里看到过海蛇怪。"特丝说。

"喝醉的时候还是清醒的时候？"

"人，还是海蛇怪？"这话使他笑了起来。她说："你要是喜欢，我们可以玩槌球游戏。"

"槌球？天黑了。"

不过她说道："哦，我爸早考虑到了。他在网球场还有后草坪上都安装了崭新的灯。来吧。"他一听这话，就感觉自己像个笨蛋。她拉住了他的手。

她走进房子后面可以停四辆车的车库。一根根柱子上的灯刹那间照亮了槌球场。槌球场的后面,种植着一排排整齐的梨树。

“我得先给你打个预防针。”他们走向木槌架子时特丝说,“你千万别介意爸爸的态度。他很耿直,对每个人都那样,尤其是对我。我十五岁那年妈妈去世后,他一直就把我管得很严。到了我二十一岁的时候,我依然在竭力摆脱他的这种掌控。你喜欢什么颜色?”

“你有特别喜欢的颜色吗?”

“绿色。”

他递给她一个球和木槌,自己选了红色。他们走到开始的标桩边。“你爸爸在家吗?”

“在家,他正在会见他的广告代理商韦恩·赛克斯。韦恩是我们家的一个老朋友,底特律的一个小伙子。他负责克莱默汽车公司的财务。他三点钟就在这儿等了,可怜的家伙。爸爸在城里开一个董事会的紧急会议,耽搁了。他就在两岸之间来回跑。我爸每周工作七天,也希望别人都像他一样。”

“你还有兄弟姐妹吗?”他一看她的脸色阴沉下来,便后悔问了这个问题。

“我的确有过。罗杰,我的哥哥,他在我十三岁的时候患流感死了。我妹妹威诺娜一年之后在一次自行车车祸中也死了。妈妈在第二年也死了。”

“我真的很抱歉。我不是想提起……”

“那些事情我们都熬过来了。”她说道,微微一笑,是在宽慰他,“没有了他们,很孤独,就这样。你先开球。”

木槌在他那双大手中感觉小得如同牙签。他的击打弹开了两个拱门中第一个拱门的球,将球击向了一边。“见鬼。”他脱口而出,“哦,对不起。我有一段时间没玩这游戏了。”

“别着急。我们不赌输赢。”特丝轻声说道。

话虽这么说,但是她对这个游戏很在行,也很有求胜欲——根本没有那种惹人喜爱的小姑娘不敢跟一个大男人匹敌的装腔作势。她自信满满,击起球来干净利落,想打哪儿就打哪儿。卡尔落后了,还在起点线后面,他接连几次都没有对准拱门,渐渐败下阵来。他正在接近远端的桩杆,可是她突然阻截了他,击中他的球，将他的球狠狠地击打了开去。正当他去追球的时候，他的鞋子钩到了一个拱门，跌倒在地。他赶紧跳起身来，掸掉身上的泥土。笨牛。别趴下，她会再也不想见你的。

“你受伤了吗？”她很着急，并非嘲讽。她就站在两步远的地方，那双深蓝色的明眸反射着月光。他想要拥抱她，吻她，管它后果如何呢。

“没事儿，挺好。”他捡起他的球。他回到最后的拱门处，等待他的下一轮击球。在接下来的两杆球中，他都偏离了标桩。“该死。”

到他击中标桩，开始回去的时候，她早已经来到球场的另一端了，在起点拱门的前面，虽然到边还有一英尺半的距离。她朝她的球弯下腰去，仔细瞧了一下线路，击球。球穿过第一个拱门，撞上了第二个拱门，竟然奇迹般地溜了过去。她轻轻叩着那个标桩。

“好球。你赢了。”

“不公正的有利条件。我玩高尔夫。爸爸来了，还有韦恩。”她关上灯。卡尔看见门廊上有两个男人，一人拿着一根点燃的雪茄，他的话音传得很远。

“我不确定，把我的肖像作为图案的主要特征是否明智。”

“洛伦佐，听我的。这是正确的方法。大家都认识你或者听说过你。这个广告不仅仅通过文本表达，而且更加精妙。假如一位像您这样德高望重和声名远扬的人将他的名字放到车上时，它要表明的意思就是，克莱默一定是一种高品质的车。那些图片就完全是这样的结论。”说话人的话音里有一种油腔滑调，卡尔一听就不喜欢。

“好吧，不过广告上那个花里胡哨的边我绝对不喜欢。”

“我们会改的。你喜欢什么就改什么。你喜欢什么？”

“我不知道。再弄几个方案给我看看。”

“一定。您是客户嘛。”

“特丝，你好。我邀请韦恩留下来吃晚饭，因为把他耽搁得太迟了。这是你的客人吗？晚上好，年轻人，我是洛伦佐·克莱默。”

克莱默握了一下卡尔的手，很有力。韦恩·赛克斯只是点了一下头。他们走进门去，来到一个很大的餐厅，两名侍女正在摆放一大盘一大盘的小牛肉和配菜,还在倒水和酒。克莱默那套精致的白西装和韦恩·赛克斯穿着的整洁的深蓝色上装和灰色裤子使得卡尔感觉自己很寒碜。他走向前去为特丝拉椅子,但是赛克斯比他快了一步。

在吊灯的光芒下,他可以将这两位男人看得一清二楚。洛伦佐·克莱默相貌平平。他个子较矮,体形稍好,双手很小,头发乌黑油亮。显然,特丝遗传了她母亲的身高。卡尔已经听说过这位主人的一些事情了。克莱默是一位白手起家的百万富翁,成功创办了一家铸铁厂,又并购了另一家铸铁厂,还拥有一家热处理厂,然后便开始制造火车头轮子和火车车厢。这项业务让他致富,后来,当他将这项业务转让给了巨大的密歇根车辆公司的时候,他又抓住了第二次致富的机会。他还有其他的企业,杰西就在克莱默的第一家铸造厂工作。

克莱默说:“对我们说说你的情况,卡尔。你从哪儿来?”

“芝加哥。我父亲是克朗啤酒厂的老板。”

“克朗窖藏啤酒?从来没有喝过。”赛克斯说道,一面自己盛米饭并将饭桶递了过去,“我本人喝威士忌。不是肯塔基的波旁,就是法国香槟。嗯,特丝?”

他说这话,仿佛这是他们共享的秘密,卡尔不可能领会的秘密。赛克斯比卡尔大几岁,赤褐色的头发,修长的身材,棕黄色的皮肤。他看上去很有力气,柔韧性也很强,似乎在划船或者经常打网球。他的鼻子很长,嘴巴灵活,一双眼睛黑黑的,目光中露出卑鄙。我是在妒忌他吗,卡尔心想。

“你上的什么大学,老兄?”赛克斯问道。

“普林斯顿。”

“什么时候毕的业?”

“我没毕业。”

“真的吗?嗯。我是哈佛九八届。”

“有点傲慢自大。”特丝讥讽道,“跟所有哈佛的人一样。”

洛伦佐·克莱默向在餐具柜边上的侍女招了一下手:“别站在那儿打瞌睡了,格蕾塔。把水杯斟满。”

“对不起,先生。”

“你在哪儿高就,卡尔?你的职业是什么?”

这个问题他准备过。他跟杰西讨论过，他劝他照实说，不管克莱默对亨利·福特是什么看法。杰西的意见是："像你现在这个熊样，对那姑娘发了疯一样，那你迟早得告诉他。"

"我事实上没有职业，先生。我现在为福特汽车公司做驾驶员。"

"哟。"赛克斯将他的餐巾扔到一边，身子往后靠去，交叉了双臂。这一个"哟"传达了十分清晰的意思：卡尔自己把自己弄完蛋了。从洛伦佐·克莱默的表情看，他深有同感。

"我不指望你说雇主的坏话，卡尔。事实上，说雇主坏话卑鄙而又不忠诚。可是，我也不想掩饰我个人对亨利·福特的感觉。这人是一个土包子，自负得要命。"

"农民一个。"赛克斯说道，"他的人全都是来自于科克郡棚户区的爱尔兰人。"

"七年前，就在这儿格罗斯波因特，亨利的999赛车击败了亚历克斯·温顿的'子弹头'。"克莱默说道。

"是的，这我知道。"卡尔说道。

"借助那场胜利的力量，"克莱默说道，"亨利·福特汽车公司就成立起来了。我在那儿投了一大笔钱。六个月之后，该死的亨利差一点毁了公司，就因为他的修理太拖延。董事会驱逐了他，改换门庭，在门上挂上了底特律的老牌子，凯迪拉克。当我卖掉我的股权时，我赚到了钱，但是我要告诉你，孩子，亨利的所有想法都是愚蠢的。这种新的T型车就是一阵风，之后弄不出什么名堂来的。我个人不会在他想要制造的汽车里面砸钱了。市场的顶端是聪明的汽车人引导他产品的地方。"

卡尔防御性地说道："请原谅，克莱默先生，可是普通人不是比有钱人多很多吗？"

"哎呀，是的，"赛克斯大笑道，"但是谁想要跟他们有关系呢？"

洛伦佐·克莱默想要确认他把意思说明白了。"亨利·福特在汽车行业是个叛逆者，一个没有受过教育或者说没有教养的人—— 一个顽固不化的农民，市场定位完全错误。不出五年，他就会完蛋的，也许还要快点。"

这些人都是该死的自大狂，卡尔心想。难怪福特不喜欢这个格罗斯波因特帮。

特丝看上去很不舒服。克莱默注意到了，便有意将争论的温度降下来。“没关系，你就是在那儿领薪水，直到他完蛋为止。你喜欢在那儿工作吗？”

“我喜欢摆弄汽车，不过我不是那种愿意在固定时间上下班或打卡上下班的人。”

“特丝告诉我你也赛车。”

“我为胡特·埃德蒙兹赛车。”

“我认为那不会有多大前途。”

“除非你成为巴尼·奥德菲尔德。”赛克斯说道，“而且他把他的钱都扔在了喝酒、玩牌和廉价女人身上。也娶了个老婆，第二任。”他嗤之以鼻。

卡尔对克莱默说：“我只是干我喜欢的事情，从来不去担心未来怎么样。”

“克朗啤酒厂是一家大厂，是吧？”

“全国排位第八还是第九，而且正在稳步发展。”

“你父亲有没有打算让你加入他的公司呢？”

“我认为他有打算。可是我不愿意。”

“我明白了。”洛伦佐·克莱默瞧了他女儿一眼，卡尔认为那是指摘的目光。

晚餐不紧不慢地进行着。克莱默谈论着美国伟大的白色舰队抵达横滨的事。卡尔表示歉意，说他不知道这件事，他很少看报纸。赛克斯紧张地咳嗽了一两声，说道：“啊对了，洛伦佐。来这儿的路上，我收到了一张超速违章传票。那种传唤我不敢迟到。”

“你开多快？”

“警官说，限速十五英里，超了七英里。”

“把传票给我，我来搞定它。我是村理事会成员。”

“所以，这就是我说这事儿的原因。非常感谢。”

赛克斯开始大谈特谈即将到来的一场雇主联盟的宴会，这让卡尔只有一个劲儿吃东西的份儿，连想跟特丝交谈都变得尴尬。谈话转到了总统选举上。西奥多·罗斯福亲自选定了共和党的候选人参选，这是他的继任者；克莱默和赛克斯两人都是比尔·塔夫脱①的拥趸，他们预言，用克莱默的话说，肯定打败“那个自由主义的激进分子布赖恩②”。他说那个多次参加总统竞选的社会党候选人德布兹③甚至是个更加糟糕的危险分子，应该让他乖乖听话，“最好是给他涂上柏油，撒上羽毛”。

“不，枪毙他。”赛克斯说道。卡尔说他对政治了解不多，但是他的哥哥认识德布兹，觉得他是一个正直的人，致力于用非暴力的方法改变现实。赛克斯瞧着卡尔，仿佛他是从月球上来的人。

卡尔受够了。他说了声对不起，谢绝了到客厅里喝咖啡，便起身离开。洛伦佐·克莱默跟他握了握手，感谢他前来做客，说自己任何时候都乐意见到卡尔，这显然是假话。等卡尔在特丝陪同下走出客厅时，克莱默早已全神贯注于那份《底特律晚间新闻报》了。

韦恩·赛克斯跟在他们身后。卡尔的礼物摆放在大厅里一张大理石面的桌子上。“这是哪儿来的？”赛克斯问道。

“卡尔带来的。”特丝回答道。赛克斯不完全是一个笨蛋，他觉察到了她目光中闪电般的亮光，便回以一个虚伪的微笑。

“考虑周到。我可以尝一颗吗？”他打开盒子，将一颗巧克力扔进嘴里，“好吃。以前从来没有吃过杂货店的糖果。”

卡尔领子上面的脸和脖子顿时变得绯红。特丝拉着他的胳膊，领着他往门口走去。“多吃几颗，韦恩。请原谅，我们先行离开。”

他们快速往大门走去。“哦，卡尔，我真的很抱歉。他们俩对你一点也不客气。”

“我猜我不太擅长他们所玩的游戏吧。”

“韦恩这个人很坏。我认为他把你当作竞争者了呢。”

“竞争什么？”

---

①比尔·塔夫脱，即威廉·霍华德·塔夫脱（1857—1930），美国第二十七任总统（1909—1913），共和党人，总统任内建立邮政储蓄体系，推行反托拉斯法，实行金元外交政策。“比尔”为“威廉”的昵称。

②布赖恩，即威廉·詹宁斯·布赖恩（1860—1925），美国国会议员，曾三次竞选总统，均告失败，后任国务卿（1913—1915），主张和平外交，因对第一次世界大战严守中立遭反对而辞职。

③德布兹，即尤金·德布兹（1855—1926），美国劳工领袖，曾五次为社会党的总统候选人，晚年被迫害入狱。

“我。”特丝说道，一面挽住他的胳膊，“别停下。他在门口看着我们呢。”

他们右转往主大道走去。黑暗笼罩在他们四周，唯有斑驳的银光穿透树叶几乎光秃的小树林，洒向大地。特丝浑圆的胸部轻柔地蹭着卡尔的胳膊，他不禁有些心猿意马。

“韦恩让你不高兴了吗？”

“我真想拎起椅子，把他的脑浆砸出来。”

“嗯，你是一位真正的绅士，没有发火。你把自己的脾气掩饰得很好。”

“我要是真真正正受到挑衅的话，我会发火的。”

“你经常发火吗？”

“每五年一次，也许。”

来到格罗斯波因特大道的拐角处，他说道：“我就从这儿走啦。”在一棵被月光照亮的树的婆娑树影下，他转过身来面对着她。他感觉到了她温暖的呼吸，闻到了她肌肤的柑橘花香。他想把她拥入怀中，亲吻她，可是他不敢太放肆。今晚早已经是一个灾难性的晚上啦。

“瞧，特丝。你父亲认为我一钱不值——不，让我说完。我不是这样的人。我要是再次见你，我们得在其他地方见面。任何地方，就是不在这儿或者你们在城里的家。”

她伸手拉住他的手：“我也这样想。我知道底特律的很多地方，我们可以到野外去，只有我们俩。”

“这样你喜欢吗？”

她将她漂亮的脸蛋转向皎洁的月光。

“我喜欢，非常喜欢。”

“我怎么才能跟你取得联系又不引发麻烦呢？”

“你可以写信。没有人会看我的邮件。你有电话吗？”

“我住的地方没有。女房东跟隔壁的一个寡妇说好，紧急时可以用她的。不过，我可以到公共电话交换局去。”

“白天可以打电话来，白天爸爸去城里了。”

“两种方法都可以，我会联系的。”

“我希望，快点。晚安，卡尔。”她踮起脚尖，在他脸上轻轻吻了一下，接着转过身去，快步走回家去。

卡尔在去城际快客的路上，简直跳了一路的舞。他再也不去想赛克斯这个阿谀奉承的马屁精，也不去思量这再见的吻会有什么样的结果，唯一剩下的是充满着希望的快乐。

第十七章　不吉之兆

在第九大道的一家酒馆里，一幅装有镜框、画有职业拳击手和赛马的彩色石印画俯瞰着一张桌子，一个名叫卡思伯特·莫尔的人正坐在桌边吃炖杂烩，喝很淡的啤酒。“卡思伯特·莫尔”是一个丑陋的蛋，十八岁的时候，霍巴特·曼彻斯特从那个蛋里为自己孵出了一只有漂亮羽毛的鸟。要么改名，要么被嘲笑一辈子。

霍巴特是独生子。他的父母亲是一家种畜公司的股东，公司的基地在牛津郡的沃里克。莫布雷·莫尔在卡思伯特十五岁的时候死于酗酒，三年之后，他的母亲欧里狄克也死了。小小年纪的卡思伯特在安葬了她之后，便改名换姓，逃离了牛津郡，前往伦敦。

在经过了一个吃苦耐劳的学徒期后，他获得了一定的成功，用大量的按揭贷款在圣马丁巷买下了一家剧院。一年之后，一系列灾难性的剧作迫使他将剧院摆到了拍卖市场。他卖掉了所有东西，包括隐藏在肯特郡一个小树林里的一栋别墅，原先他都在那儿宴请私人宾客。他带着一只手提箱和一只从父亲那儿继承下来的珍贵的化妆盒，乘坐客轮统舱，远涉重洋，来到了这块数以百万计的人寻找机会的土地上。

在伦敦西区一连串的失败之后，他将可以利用的每一分钱都投入这个苏格兰戏剧当中。经费不足，尤其是员工薪水和范·桑特夫人的住宿要求。由于那些会议延误，他很不情愿地打电话给布景设计师（很可能——舞台布景来自一个租赁的仓库），请求延缓租用布景。在挨了一顿骂之后，他答应将他那位领衔主演的女士调整到阿斯特宾馆的一个套间里。

他竭力说服自己，这是一笔稳当的投资。范·桑特夫人并不是一位特别优秀的女演员。她也不是像帕特里克·坎贝尔太太那样的演员——能够拯救哪怕是最最乏味的作品。但是，她有一批追随者，大西洋两岸都有。她会把他们吸引过来的。

她在排练中很有可能会让人感到恐慌——仿佛他没有领受够恐惧似的，他要上演一出自1606年在汉普顿宫首演便遭到诅咒的剧作。不幸的是，“那个剧作”声名远播，广为人知。甚至连那些认为其氛围十分邪恶的人也禁不住诱惑上演该剧。不过，假如这个剧作失败，那他就破产了，彻底完蛋了。

他用不新鲜的面包揩干杂烩汤，有一件事情让他感觉还舒服。他的演员阵容齐了。最后一个人克朗小姐今天上午来跟他签了约。他大肆赞扬了她的面试，掩盖了他很高兴聘用她的真正原因。她廉价，每周仅十三美元。墨菲小姐是十五美元，而那位有经验的惠特迈耶小姐是十七美元五十美分。

克朗小姐是一个迷人的孩子。不是传统意义上的那种美貌，但就是有一种撩人心魄的迷人，一种热情洋溢，一种动人心旌的生气勃勃。她的那双眼睛也很漂亮。

钢琴演奏师从男厕所里出来了。由于钢琴附加了曼陀林，所以钢琴声里带有拨弦一样的“嘣嘣”声，几番热身之后，他开始演奏《心痛之府》。女招待停住脚步：“再来一杯啤酒吗，亲爱的？”

“好的。”

“还想要其他吗？等一会儿我们就打烊了。”

“噢，不要了！非常感谢。”

他的脑子里一直在想克朗小姐，脸上也就一直带着微笑。在电话里模仿沃尔小姐，这需要极大的胆量。沃尔小姐在跟对手的竞争中，扰乱对手心境，抢对方的戏，惯用各种手段。这不是犯罪，但是她用了这些伎俩，有点邪恶，他早就看穿了。

克朗小姐的模仿一开始还真把他糊弄了。他现在唯一的希望就是她在舞台上能胜任那个角色，希望其他演员也一样。他跟那位扮演主角的女演员的麻烦已经够多了，还有自从莎士比亚日以来一直缠绕着这个“苏格兰戏剧”的那些恶毒魔鬼。

晚上余下的时间该怎么办呢？也许去看场五美分的电影——那些小电影可以消磨时光。他的盘子里还留下两片面包。他环顾了一下四周，将面包塞进他的披肩底下，离开了酒馆。

弗里奇于上午九点来到诺韦尔蒂剧院，这是第二周的星期一，第一天排练。看门人一面从他舒适的小天地里望着外面，一面坐在那儿搔他从超重印花棉布衣服上露出的那截脖子。弗里奇做了自我介绍。

“哦，我记得你，小姐。我叫福伊。大多数人叫我波普。你早到了整整一个钟头呢。”

“我发现，来感受一下剧院是个好主意。那只猫很漂亮。她叫什么名字？”

“格特鲁德女王。等西拉诺死了后，我还想养只黑猫，因为黑色是剧院猫最幸运的颜色。看她在小巷里溜达，实在是不忍心把这只赶走。”格特鲁德女王喵地叫了一声，贴着他的一只手拱起了身子。“进去吧，你已经不是第一个了。”

在黑暗的剧场里，弗里奇看到楼厅下面有一个人影。她穿过舞台上一圈摆成半圆形的椅子。“你好，有人吗？”

“你好。谁呀？”

“弗里奇 · 克朗。”

“你是我们这个女巫团三女士之一吗？”

“是的。”

有穗状头发和外斜视眼的女演员沿着过道走来：“艾达 · 惠特迈耶，欢迎。”

“谢谢。你也是来考察一下这个剧院的吧？”

“是的。弄清楚空间大小很有用，看声音如何传递。运气很好。”惠特迈耶小姐用脚步丈量着来到舞台跟前，“为了这次小小的冒险，我们需要这样。他们说，第一次上演这个‘苏格兰戏剧’，那个演麦克白的小伙子就生病了，所以巴德只好自己来念那个角色的台词。它一开始就是一个受诅咒的剧本。演这部戏，演员受伤，致残，甚至把命都丢掉，比比皆是。”

“可是你还是来冒这个险。”

“我需要这份工作啊。”

“我也一样，惠特迈耶小姐。”

“你就叫我艾达吧。我的右眼是好的。”

不到十点，剧团所有人都到齐了——三十一位成人演员，还有两个小男孩，由他们两位吵闹又让人讨厌的母亲陪伴着。舞台监督是一位瘦高个，名叫西姆金斯，他请大家安静下来。恰好在这个时候，曼彻斯特跳上舞台。

“早上好，早上好。都到了，是吗？”

“除了范·桑特夫人，都到了。”西姆金斯说道。

“我们先开始，不等她了。”他反背着双手，大步来到舞台口，“各位同仁，我们为了一个伟大的目标，走到一起，我们将同心协力，致力于一个位于舞台艺术巅峰的作品。我坚信，我们的努力终将获得巨大的回报，那就是票房收入。为了确保有一个吉祥的开端，今天上午我戴了这根领带，这是我在伦敦职业生涯首次亮相那个重大时刻戴的领带。各种预兆显示绝对吉祥如意，而这根领带自那以后助我好运连连。”

他抚摸着那根已经过时的泰克领带，这块由两条小布襟一样的布条交叉而成的暗褐色领带上有一个油渍。弗里奇发现，曼彻斯特已经挺腆的肚子上横跨着一根链条，链条上挂着一只兔后足①。她似乎正遨游在迷信的海洋中。

“我想就剧本说句话，这是我亲自改编和压缩的。你们会发现，我去掉了赫卡忒这个人物。莎士比亚创作赫卡忒这个素材从来就受到质疑。三女巫的那些戏也同样，但是观众喜欢。”

剧场后面的骚动声打断了他的话。曼彻斯特凝眸望去：“谁在那儿？”

过道上仪态万方地走来一位西班牙大帆船一样的女人。她走到距舞台还有一半路的时候停住了脚步，把饰着大金头的乌木手杖戳在身前。

“你有两只眼睛，霍巴特。用用它们。”

“范·桑特夫人，您迟到了。”

“我们在外面耽搁了。”这女人的声音好似雾号。她拿手杖指着一个跟在她

①迷信视兔后足能辟邪。

身后的小伙子："这是查利，他是阿斯特宾馆的跑堂。坐，查利。别说话。曼彻斯特先生在排练的时候可是很会发火的。"

查利挥了挥手，照吩咐坐下。他是一位英俊强壮的年轻人，穿着一套廉价的绿色套装，戴着常礼帽。萨利·墨菲拧了拧弗里奇的胳膊。"她的情人之一，你不这样认为吗？他们说她有十几个情人呢。"

尤斯塔西娅·范·桑特大约曼彻斯特这样的年纪，但是身架比他要高出一个头。她有一副令人羡慕的好身段，细腰如柳，面呈方形，宽唇柔软，黑眸生辉。鲜艳的秀发梳理有形——弗里奇把这种颜色称为爱尔兰红，红头发映衬着黑色金丝绒的披风和外套，相映成趣。一条猩红色的防尘荷叶裙边忽闪在张开的裙摆下。她的帽子是一顶很大的黑色金丝绒女式宽边帽，上面装饰着鸵鸟毛。从全身整个行头看，这是一种过时的打扮，但是这身打扮突出了她身材的优点，尤其是她蔚为壮观的乳胸。

曼彻斯特说道："请允许我明确一下，夫人。我们距开演只有五个星期。我希望所有演员按规定时间准时参加排练。"

"哦，废话，霍巴特。我告诉过你，我们耽搁了。"

"可以问问被什么耽搁了吗？"

"灵车。"

曼彻斯特目瞪口呆："您是说灵车吗？"

"就在外面。那儿有一个警察跟殡仪员在一起。他不让我们进来，要等他们把尸体扛出去。"

一片倒抽冷气的声音和惊叫声。弗里奇感觉自己的脉搏加快。曼彻斯特尖叫道："尸体？"

"哪个公司的会计。倒在了他的账本上，像雅各布·马利一样死了。"

阴冷仿佛侵入剧院。曼彻斯特朝站在舞台左侧的波普·福伊瞧了一眼。福伊点点头："是真的。可怜的人，还只有四十岁。"

曼彻斯特掏出一块大手绢，擦了一下脸颊："太惨了。不过跟我们没有关系。"

"也许有关。"艾达·惠特迈耶悄声说道，"这是一个苏格兰剧呀。"

曼彻斯特让演员们到舞台上围成半圆的椅子上坐下。他们念剧本的台词。霍巴特和范·桑特夫人能背出大段大段的台词。

弗里奇对曼彻斯特的这位女主演十分感兴趣。她精力旺盛,配之以她深沉的嗓音,效果十分好。不过,她跟那个叫斯卡伯勒先生的温文尔雅的人就不太搭。他是他们的班柯。弗里奇发现他在皱鼻子。她估计这是同行间的嫉妒。在剧院的地位阶梯上,他仅仅是一个主角而已,并非领衔主演或者明星。

吃午饭间歇期间,她闲逛着走进剧院的演员休息室,她在那儿发现范·桑特夫人正在仔细观察那些风景照。

“你愿意来看看这些吗?”这位年龄较长的女演员大声说道,“我本以为我们会有原创的舞美呢。没有啊!他就是把这堆垃圾从仓库里拉了过来。”她将一张照片塞给弗里奇,“我问你啊,亲爱的,那是该死的灌木丛生的荒原吗?这是哪个无聊小歌剧留下来的花园垂暮。灌木丛修剪过了。在苏格兰高地上,我们修剪灌木丛了,看在上帝的分上!我太傻了,居然答应签这个约。”

弗里奇仔细看了一下那张照片,接着又看了一组照片里的一张,包括分布在左右的高高的台子,甚至还有一个更高的独一无二的中心。每个边上都有之字形的斜坡;顶上,台阶拾级而上,连接嵌入式的雉堞。在每个台子较低的一面,是一个挂有帷幔的拱门。范·桑特夫人引诱着目睹照片之人:

“骇人听闻,是吗?”

“所有那些平面和台阶看上去都很危险。”

“当然危险啦。这是莎士比亚所写的最最危险的一个剧本了。二十六场短戏,一个接着一个换。几乎所有事情都发生在夜里,所以照明设备总是坏的。三十个演员,穿着盔甲,手提宝剑,到处乱窜,躲避搬运舞台布景的人,在道具丛林里向前进,向后退,互相砍杀——怎么会不发生事故啊?”她从她银色的坤包里拿出方头雪茄烟和火柴盒,“想抽一口吗?”

“不,谢谢。”

范·桑特夫人点燃雪茄:“再问一下,你叫什么名字,亲爱的?”

“弗雷德丽卡·克朗,不过大家都叫我弗里奇。”

“坦率地讲，弗里奇，我不相信附在《麦克……》——我们那个戏剧上的那些个迷信东西。但是，我也不想引来魔王。我遵守规矩是出于礼貌起见。那种事儿谁知道呢。很高兴认识你，亲爱的。我们以后再谈。”

她嘴里衔着方头雪茄，步态优美地走了出去，留下身后一缕青烟。

很快，演员们开始说长道短。

“范·桑特夫人不是有最最漂亮的服装吗？”萨利·墨菲表情丰富地对弗里奇和艾达说，“我估计呀，大多是她的情人给她买的。她有过三个还不知是四个老公，包括布鲁特斯·布朗。”

斯卡伯勒先生成了人们背后诽谤的对象。他与范·桑特夫人一样自高自大，但是没有她那样的成就。他除了对两位明星演员，对其他人都神气活现的。弗里奇感觉他的英语腔调很特别。

“因为装腔作势嘛。”阿勒代斯先生说道，他已经人过中年，鼻子红红的，演麦克白家的门房。他在嘴里舔着薄荷糖，以掩饰他常有的杜松子酒味儿。“他的名字叫路易·斯卡利西。康涅狄格州的布里奇波特人。”

星期四傍晚，曼彻斯特急匆匆去了服装制作人那儿，留给这帮演员半个小时的自由活动。弗里奇再次走进演员休息室。她正从那只轻便煤气炉上拿起咖啡壶倒咖啡，突然那位饰演马尔科姆的金发碧眼小伙子丹尼尔·杰维斯走了进来，嘴里吹着口哨《你好，我的宝贝》。

斯卡伯勒扔下手中一份名叫《综艺》的新的行业报纸。“你这个愚蠢的小混蛋，你不知道在剧院里不能吹口哨的吗？”

这话激发了弗里奇的公道感：“哦，得了，斯卡伯勒先生。我知道他不应该这样，可是那也不该这样说自己的同事呀。”

“谁让你说话啦，你这个啥都不是的小妞！”斯卡伯勒满脸绯红，冒出汗来——害怕了，“你吹口哨召唤魔鬼，它就会来。尤其是在这部剧里。有人会为你的错误付出代价的，杰维斯。”

范·桑特夫人刚刚到来，斯卡伯勒猛地往外冲出去的时候撞了她一下。丹尼尔·杰维斯退到角落，感觉很窘迫。

奥穆尔先生头发已经花白，是扮演那个忘恩负义的人物罗斯的演员，他点燃烟斗。“啊。除了我们那个盖世无双的明星外，我们又多了一个相信神秘力量的人。”

“很多都是胡扯。”扮演麦克达夫的德纳姆先生说道。他哗啦哗啦地抖动着他的《伦敦时报》以强调他的观念。德纳姆先生看上去四十左右，曾经加入英国军队，在印度服过役。他继续开始他的阐释表演。

范·桑特夫人把弗里奇拉到一边：“挺棒，你站在这位小伙子一边。”

“斯卡伯勒先生真是个粗鲁的人。”

“我也觉得。我在想啊，星期日你想到我这儿来喝茶吗?”

“到阿斯特宾馆?”

“我可不想到布鲁克林大桥中央哪，亲爱的。我们定四点钟好吗?我闲暇的时候，不到两点绝不起床。”

几分钟之后，曼彻斯特回来了。弗里奇跟奥穆尔先生正站在舞台左侧的一道幕布后面，等着排练继续。有一个微弱的声音使得奥穆尔先生抬起头来。

“赶快走开!”

他转过肩膀向她撞去，将她撞倒在地。她背脊屁股着地，一个仰天跤跌得生痛。她眼冒金星，坐起身来。舞台监督西姆金斯朝他跑了过来：“出什么事了?”

几英尺远的地方，弗里奇看得清清楚楚，她两只鞋子的足尖部位之间，掉落着一个供平衡用的沙袋，沙袋上吊着一截磨损了的绳子。所发生的事情显而易见。舞台上部的布景长廊上，那根绳子断了。西姆金斯拎起那只沙袋：“这家伙，准得有五十磅重呢。”

奥穆尔先生抓住弗里奇的手，帮助她站起身来。“摔坏了没有?”

“好像没摔坏。”

西姆金斯说道：“我要对拥有这家剧院的那些小气鬼讲，让他们来检查一下所有的绳子和每一个机械装置。”

“真被斯卡伯勒说中了，是吧?”奥穆尔先生说。

第十八章　坦率交流

范·桑特夫人醒来之后，感觉精神不振。昨天夜里，那个杂种查利把她抛弃了。他辞了跑堂的工作，带着一个帮厨女佣，神不知鬼不觉地溜了，甚至连一个条子都没有留下。她是从宾馆雇员那儿听说的。

她将那瓶剩下的马姆酒倒进她的洗澡水中，斜倚着躺下，随随便便地翻阅了几页弗洛伊德关于解梦的书。她喜欢探究异乎寻常的或者说标新立异的观念，但是今天下午，这位维也纳的医生吸引不了她。她期待着四点钟，到四点钟，那位满头卷发的克朗小姐，一个营养不良但十分可爱的小姑娘，会来陪她一起喝茶。

尤斯塔西娅·范·桑特跟霍巴特·曼彻斯特一样，也完全是自力更生发起来的。她出生在利物浦的时候名叫索菲·扎林斯基。她父亲是一个羊毛布料商，从来没有赚到过大钱，在索菲十岁的时候死了。十五岁那年，她去了伦敦，不久就被她母亲的房东夺去了童贞。

在饰演一系列小角色的砥砺磨炼中，她净化了她的利物浦方言词汇，抛弃了那种利物浦俚语，也消除了她默西塞德郡的口音。她学会了像牛津大学教师的妻子那样说话。成功来得很慢，但总归是来了，因为她没有其他道路可走。

弗里奇准时来到楼下等。尤斯塔西娅领着她走进豪华的阿斯特餐厅，这个餐厅呈现的是古典装饰，而且有点过于古典了。里面空间很大，天花板极高，有很多盆栽的棕榈树和蕨类植物，一只镀金的笼子里养着一只活的孔雀。弦乐四重奏简直是在谋杀《快乐寡妇华尔兹》。

侍者领班将她们引导到一张偏远的餐桌旁："您要抽烟吗，夫人？"

“是的,维克托,我要抽烟的。”

“实在是抱歉。”说着,他摆好一张有三块板组成的屏风。他向弗里奇解释说:“我们不能让别人看见女人在抽烟。”

“你们这些殖民者真的太古板了。”尤斯塔西娅将自己安顿好,“噢,亲爱的,见到你太好啦。”

“谢谢,范·桑特夫人,我很高兴您邀请我来。星期日总是很安静。”

“噢,亲爱的,叫我尤斯塔西娅吧。这是保留给我喜欢的那些人的特权。”她从一个印有蓝色小花的瓷壶里倒出茶来。

“好的,”弗里奇说道,“谢谢。”

“你这个角色演得不错。不过,还需要再熟练一点。”

“曼彻斯特先生昨天也这样对我说。”

“他说得对。这个夸夸其谈的老家伙倒是懂行的,他就是无法平衡账目,换句话说就是入不敷出。你跟剧团里的人处得好吗?”

“跟大多数人都相处得不错。你知道吗,那个叫我‘啥都不是的小妞’的斯卡伯勒先生向我道歉了。”

尤斯塔西娅面露喜色:“哦,具体说说。”

她具体说了一下,最后说道:“我不知道他为什么会这样做。”

“哦,我知道,亲爱的。我把这个油头粉面的蠢驴叫到一边,警告他,除非他道歉,否则我要告诉曼彻斯特,把他安排到我们都熟悉的另一个剧目里去扮演角色,那个剧目叫作‘失业’。”她大笑起来,将第二匙糖放入茶中,然后用一个戏剧性的夸张手势点燃她的方头雪茄。

刺鼻的青烟瞬间笼罩在餐桌四周。烟圈飘过屏风,一位她们看不见的男士剧烈地咳嗽起来。

弗里奇问道:“我可以问问范·桑特先生住在哪儿吗?”

“没有什么范·桑特先生。他仅仅存在于节目单里,仅仅存在于观众的想象中。我结过三次婚,但范·桑特先生是杜撰的。这对在剧场门口抵御那些不良分子很有帮助。”

“这倒很有趣。”

“这很有必要,因为我有一批粉丝。我并不自负,这是真的。我被称为个性演员。观众不是来看一位天资聪颖的演员扮演什么夫人;他们就是来看尤斯塔西娅怎么扮演她自己。有时,他们就是来看看尤斯塔西娅的连衣裙。他们既然这么瞧得起我,我就到英国买了三十五套服装。”

尤斯塔西娅很好奇眼前这位年轻姑娘的家庭背景。弗里奇说了她家庭的情况,说了将军在她离开芝加哥时生气的情况。

“你要证明给他看,是吗,亲爱的?”她又大喝了几口香槟酒,“我说呀,这很快活。帮我吃掉点黄瓜三明治,我们到我的房间里继续聊。维克托?你在这儿,亲爱的。请送一瓶马姆酒到楼上去,那玩意儿好。”

几分钟之后,她们来到了她的套间里坐下,手中端着玻璃酒杯,两人之间的手织东方式地毯上,摆着一只银色的香槟酒桶。弗里奇刚刚抿了三口,尤斯塔西娅就已经干下两大杯了。

“今天下午你在十分必要的时候给了我一个大大的安慰。”她对这位更加年轻的女演员说道,“查利,我带到排练场去的那个小伙子,离我而去了。我选情人不精明。我成长的过程中没受过多少教养,生活也过得马马虎虎。对男人,尤其如此。萧伯纳这个恶劣的家伙有一次对我说,我勾搭男人,就像普通人吃止痛药一样。经常不断,为一时痛快。”

弗里奇哈哈大笑着,差一点把香槟酒泼洒出来。

“你怎么样?你有恋人吗?”

弗里奇瞧着她盖住双膝和大腿部的衣裙:“现在还没有。”

“肯定有很多人恋着你呢,你很讨人喜欢。”

“讨人喜欢恐怕不是形容我的。”壁炉架上一口时钟上的一个铜人拿铜锤敲响了铜锣:五点半。套间的东面临百老汇大街,弗里奇注意到,太阳已经降落到了哈得孙河那边,天渐渐变暗了。

“我长得不好看,尤斯塔西娅。”

“胡说,你挺迷人的。”

“我其貌不扬,我知道的,太瘦了。”

“那就多吃点。”

“哦,我试过。我猛吃,也增加了几磅体重,然后我就忙碌起来,要么就是钱也没了,要么就是到那些油腻腻的客栈里,吃的是那些烂食物,我受不了。”弗里奇用手碰了碰自己的胸部,“无论如何,食物对这儿不起什么帮助作用。太平了。”

“在这个方面从一个负担过重的人的角度看,我倒是觉得刚刚好,亲爱的。”

“是假胸罩。”弗里奇捂住自己的嘴巴,“我简直不相信我在说这些事情。”

“这都是香槟的缘故,再喝点。别误入歧途,乳房被看得太重了,像船头一样大的乳胸保证不了幸福。记得那个查利,那个忘恩负义的小流氓吧?”她发出一声伤感的长长叹息,“人们以为戏剧界的生活是那样美丽动人。实际上啊,真的是孤独寂寞。”

弗里奇说:“我也发现是这样。在戏剧界,你可能会认识成千上万的人,但是能长久交往的朋友几乎没有。”

“好啦,现在你有一个啦。是的,的确是的。”她伸出手轻轻拍着弗里奇的手,年轻姑娘的脸上顿时荡漾出高兴、温暖、惊讶、快乐。

她摇晃着从椅子上站起身来:“我叫下面再送瓶酒上来。电话在哪儿?”

“哦,谢谢,我觉得我不能——”

“也来点清淡简单的晚餐,反正算在霍巴特的账上,他要是不乐意,我会管教他的。他一时半会儿拿这没有办法。”尤斯塔西娅像公牛一样吼叫着,一面拍着她的臀部。她和弗里奇像一对中学生中的铁杆姐妹——两个淘气鬼一般——哈哈大笑起来。

第十九章　重逢

世界上最大的轮船——丘纳德轮船公司的“卢西塔尼亚”号[①]将保罗载到了纽约港。他见到 1892 年第一次见到的那座铸像，再次感到激动万分。

他在哈得孙河的码头监督着码头工人将一只只装有摄影设备、原材料和十多本英国版的《我见证历史》的箱子卸下来。过了海关之后，他雇了一辆电动出租车，将所有东西拉到了纽约中央火车站，然后拨通了弗里奇所在剧院的电话号码。她正在排练，背景中尽是喊叫声、撞击声，她宽慰他说这是正在排练一场击剑格斗的戏。

“真的是你啊，波利，你在这儿吗？”

“是的，但我得赶今晚的火车。我们能赶在这之前吃个晚饭吗？”

他们在时报广场的一家饭馆见面。他们快乐地紧紧拥抱，然后在餐桌边坐下。保罗道歉说，走得太急了，他本该等到《麦克白》开演了再走的。“我回家路过纽约的时候一定要来看。”

一个跟保罗差不多年纪、身子壮实、身材较好的男人向他打招呼，走到他们的餐桌边。保罗站起身来：“弗里奇，我给你介绍一位我的老朋友，比尔·比策。我们是在古巴认识的。比利[②]也是一个摄影人。”

“拜奥格拉夫电影制片厂。”比策说着握了握弗里奇的手。

“弗里奇眼下正在演一部戏。”保罗说道。

---

①“卢西塔尼亚”号，英国远洋班轮，1915 年 5 月 7 日被德国潜艇在爱尔兰近海击沉，有 1198 人葬身海底，其中包括 128 名美国公民，这也很可能是 1917 年 4 月美国参加了第一次世界大战的因素之一。

②比利，比尔的昵称。

“莎士比亚的剧目。”她指出。

“那敢情好。”比策说道，“你如果需要额外找点工作，就到第十四大街来找我，我会引荐你的。那儿报酬很高，一天五美元。大多数时间都在露天，我们有很多镜头都是在屋顶上拍摄的。”

“谢谢，比策先生，不过我们舞台演员没有时间拍电影。”

他亲切地说：“噢，这我们都知道。电影啊，在你们百老汇演员看来有失身份。等我们把一些演员打造成明星之后你们会消除这个偏见的。随时欢迎加入。等你回到城里时给我打电话，保罗。”他说着掀了一下自己的帽子。

比策走后，保罗说道：“你对他挺不客气呢。”

弗里奇看上去有点懊悔：“恐怕是的，对不起。我的感觉是这样，但我不该流露出来。”

保罗来到布法罗，在尼亚加拉瀑布拍摄了一天之后，做了第一个讲座，紧张，但是一些听众的反应很好。介绍人比尔·施维默坐卧车从纽约赶来听这场讲座。这是一位文静的具有学者风度的人，他不时严肃地跟他妻子说着一些评论，他称保罗是一个“天才”——说不管他什么时候回来，他都可以为他做一个延展的旅行安排。在这趟旅行中，保罗仅剩下两场讲座，在辛辛那提和路易斯维尔。等到他离开路易斯维尔去莱克星顿附近拍摄壮丽豪华的养马场的时候，他感觉自己已经像一个久经沙场的老演员一样了。

在印第安纳波利斯，他拍摄了一个豪华壮观的旗杆墩子，然后被安排去看他这趟旅行的真正目的地，一个计划新建的赛车场的场址。其中一位开发商詹姆斯·艾利森开车来到他住的宾馆，将他带了出去，一路上滔滔不绝地谈论着他的公司，普雷斯特-奥-赖特公司，生产汽车前灯的踏板气罐。

艾利森和他的三位合伙人相信印第安纳波利斯在赛车方面将会具有广阔的前景。他骄傲地展示了城市西部那片原始的土地，不过当下，也就是原始而已。保罗掀了一下自己的帽子，谢过他，说等赛车场启用的时候，他会再来的。凌晨四点钟，他登上一辆去那崭新的汽车之都底特律的火车。

一开始人们称呼汽车为不用马拉的车子，这种车子不是美国人发明的。一对德国人，戈特利布·戴姆勒和卡尔·本茨荣膺发明人之列。但是，美国发展汽车的速度似乎比欧洲要快速，要活跃。汽车公司如雨后春笋，有的生产汽车，有的转手倒卖，一度涌现，又一时消失。目前，有一千多家各不相同的汽车制造商。大多数都是从外面购买零件进来组装车辆。

保罗在《哈珀月刊》上读到过一篇文章，文章介绍了该行业的一些情况，里面就讲到了汽车制造商是如何开始制造汽车的。A.A.波普上校是制造自行车的，居然充满自信地声称："你不能让人们坐在一颗炸弹上。"兰塞姆·奥尔兹原先是生产固定汽油发动机的，怀特是制造缝纫机的，戴维·别克是铺设管道的，史蒂倍克原来是世界上最大的马车制造商。

在很多汽车公司中，那家有亨利·福特这个名字的公司似乎在媒体上的曝光比其他任何一家都多。保罗在自己所供职的王牌报纸《伦敦之光》上面读到过介绍福特的文章。

有的时候，福特被称为是一位自学成才的天才，在汽车行业打拼了大约十年，开办了好多家公司，然后在跟合伙人闹翻之后，他要么解散公司要么离开公司，他的那些合伙人包括了若干位银行家、一位煤炭商人、一位自行车赛车手。保罗要来拍摄的是福特的最新款汽车。这款汽车已经秘密研制两年了。

坐着一辆老旧的木头座席火车去底特律，这让沉浸在快乐中的保罗总感觉美中不足，虽然他承认，不能因为成功而骄奢淫逸，一想到这层也就稍稍平静一点。穿过车厢的风散发着煤的气息和厕所的臭味。满地都是包三明治的纸和花生壳。车厢一头车厢壁上的水箱已经空了，舀水的勺子也不见踪影。太阳出来后，车厢感觉像个正在燃烧的火炉。所有的窗户一直都是关着的，所以更加不舒服。保罗并非一个讲究整洁的人，也不是那种十分在乎外表的人，尽管如此，他也有很多时间就站在两节车厢之间的露天平台上抽烟。

火车抵达濒临底特律河的密歇根中央火车站。保罗从行李车那儿领回自己的漆皮箱子，检查了一下他的摄影机有没有被摔坏，然后招呼来一辆嘶嘶冒着蒸汽的出租车。他从马甲口袋里掏出一张沾上了香烟斑点的名片，瞟了一眼。

"庞查特雷恩宾馆。"

底特律的第一印象改善了他的心情。这看上去是一个忙碌的现代化城市。

其人口数量已经达到四十万,包括了波兰人、芬兰人、法国人、西西里人、罗马尼亚人、亚美尼亚人和中国人。当然,还有德裔美国人,聚居在一个被称为小柏林的区域。

有几条大街还是老式的柏木路,由沥青填充粘贴;即便在这个清新凉爽的日子,他也能闻到阵阵柏油气味。但是,屋宇峥嵘轩峻,美轮美奂,纪念碑气势恢宏,雄伟壮观,所有街上的汽车都是电动的,这是一个进步的标志。

在早先的电报中,保罗告诉堂弟卡尔一个地址,邀请他下班之后到庞查特雷恩宾馆的酒吧一聚。保罗打开行李,泡了个热水澡,以缓释他背部的疼痛,然后双手交叉垫着自己的头休息了一会儿,脑子里一个劲儿地想着朱莉。之后,他在凯迪拉克广场和那个被称为马蒂乌斯园区的市中心广场里闲逛了半个小时。到六点半,他将一条腿搁到酒吧的黄铜栏杆上,要了一杯克朗贮藏啤酒。他们有这种啤酒,真为乔叔叔感到高兴。

酒吧里,人头攒动,人声鼎沸,一派盎然生机,大多数都是穿着考究的先生。保罗侧耳偷听,发现很多人谈的是汽车行业的事。他听到有人提及“该死的工会”,又听到有人说:“别担心,企业家协会已经秘密地在那个工厂里安插了四名特工。”

酒吧的后半部分有一个区域陈列着一大批令人惊叹的汽车零部件,从铸铁发动机基座到挡泥板到黄铜车灯到仪表盘到散热器等等,应有尽有。一个人在发动机基座旁边放了一个衣帽架,在上面挂了一件亚麻布赛车服,接着开始向两个有可能成为主顾的人称赞赛车服的优点。

“保罗!”卡尔挥舞着一顶布帽子,冲进酒吧。他的鞋子已经磨损,他的外套看上去是二手货——上衣和裤子都太短了。但是,他的笑容依然同保罗记忆中的那样无所顾忌而又欢快灿烂。两个堂兄弟紧紧拥抱在了一起。

保罗要了两大杯啤酒。卡尔询问朱莉和孩子们的情况。回答了卡尔的问题,保罗问道:“你怎么样?你在福特公司干得怎么样?”

“我喜欢这地方,这是一个让人激动的地方。”卡尔用双手捧着冒着白色泡沫的啤酒,将手肘靠到吧台上,“哦,也不是什么我都喜欢,我不喜欢考勤钟。不过,干活教会了我很多汽车知识,还让我也加入赛车手的行列之中。很多汽车制造商举办赛车是为了展示他们的汽车。”他伸手抓了一把花生，动作笨拙，一些花生从手中掉了出来。

“具体讲，你在干什么呢？”

“我不是待在室内，谢天谢地，那个我受不了。亨利·福特也受不了，他整天来来去去。当然了，他是老板，我只不过是个微不足道的司机而已。就非技术性的工作来说，薪酬不差——每天干九个小时，每小时二十八美分。我大多时间是驾驶T型车到货场去装运。有时，我把专门订购的车开到俄亥俄州或密歇根州或印第安纳州北部的经销商那儿。偶尔，也干一下试车的活儿。”

“福特有自己的试车场吗？”

卡尔笑了起来：“就在外面。凯迪拉克广场，伍德沃德大道——那些个街道。”

“今天上午我有个约要拍摄T型车。一个名叫卡曾斯的人约的。”

“詹姆斯·卡曾斯，银行家，有点酸溜溜的家伙，也许一年就笑一次。上帝，见到你太好啦，让我跟你说说我所遇见的那个让人十分愉快的姑娘吧。”

在庞查特雷恩宾馆的餐厅里，他们吃了一顿饕餮大餐，一大块炖肉、马铃薯、玉米棒子、花椰菜炒西葫芦、硬面包卷加裸麦粗面包，还有源源不断的啤酒。保罗问，底特律怎么会变成汽车中心的。最早的汽车制造业分布很广，从中西部一直到马萨诸塞州。

“他们说是因为很多当地人有为湖船制造水上发动机的经历。人们不需要再去建造机械加工厂或者铸造厂，因为这儿就有。而且这地方到处都是钱。上一辈人在建造运输工具，或者说火车车厢中变成百万富翁的那些人正在寻找又一个投资渠道。底特律的精神很好。人们都愿意冒险。奥尔兹先生，道奇兄弟——他们生来就是赌徒。”

保罗又问卡尔是怎么学会驾驶的。卡尔咧嘴笑了：“秘密。一次六英寸。”

他解释说，他原先在俄亥俄州哥伦布的一家自行车修理厂工作。几个有钱人在厂里面藏了几辆汽车，只在天气好的时候才开出来。卡尔仔细观察那些司机好几个星期了。然后，有一天夜里，他无师自通地在一辆单缸帕卡德敞篷小轿车上尝试了第一次“驾驶”，前进了六英寸，然后退回到汽车库里，只不过是车灯在墙壁上撞了几下。

两个晚上之后，工厂老板出乎意料地走了进来，把他逮了个正着。老板喜欢他的脸蛋，也喜欢他的好学，告诉他第二天开着那辆帕卡德沿街区绕一圈。如果他把车撞坏或者在上面哪怕留下一个擦痕，他就要承担责任。

“我告诉他，我不会的，我也没有撞坏。”

“那你跟亨利·福特没有发生什么麻烦吗？”

“有麻烦。他找我谈话的时候我紧张死了。”

保罗从嘴里拿出雪茄：“公司头儿亲自找你谈话？”

“嗯，不过并非经常如此，但从哥伦布到这儿来的时候，我给福特先生写了一封信。写得很不好，我写东西实在太蹩脚了。我简直不敢相信，他回信了。他邀请我到他家里去。他说他很少过问招工的事情，除非高层人员，但是我的信里有什么东西他喜欢。”

“是什么呢？”

卡尔真诚地一笑，说：“我被普林斯顿大学踢出来这事。”接着，他描述了他跟雇主第一次见面的难以忘怀的情景。

见面的那天晚上，卡尔在哈珀大道上一棵青翠的老榆树下站了好长时间，两脚不断地交换着重心，胃像要翻过来一样。在他的记忆中，他从来没有如此紧张过，很可能是其他的紧张时光他记不起来了，甚至连七年级时在一辆护送雪橇上他第一次偷吻希尔德·雷兹的时刻也记不起来了，他实在是太紧张、太充满期待了。

哈珀大道离穷人居住的街区很远，但也不是一个上流社会人士的居住区。卡尔注意力的目标是一桩很大但很朴素的构架房屋，全然不是人们想象中的恐怕正在致富路上的那种人所居住的房子。亨利·福特是在迪尔伯恩附近的乡下长大的，小时候很穷，这个卡尔十分清楚。也许他不想跟伍德沃德大道的那帮人发生关系，他们中大多数人的财产都是继承下来的。

终于，卡尔鼓起勇气，克服焦虑，走下路缘。在宽大门廊四周的灌木丛中，小鸟在暮色中啁啾。一位相貌平平的女人前来应答他的敲门。

“你一定是亨利正在等的那位小伙子吧，我是福特夫人。请进来好吗？”

福特汽车公司的最大股东快步走进客厅前来迎接他。福特的假领子挂在一颗纽扣上，他已经解掉了领带。他是一个瘦瘦的高个子，两只招风大耳，一双凹陷的眼睛目光如电，布满皱纹的脸令卡尔想起了内战中林肯的一张照片，只不过皱纹少一点而已。卡尔猜，他四十五岁左右年纪。

“进来，卡尔，坐。来杯咖啡还是马尔托葡萄酒？那是果酒。我们没有度数更高的。”

前厅里摆设着很多古色古香、朴实无华的深色家具。大件家具的四周摆放着一大批维多利亚时代风格的盆栽植物、脚凳、矮凳和陈列古玩珍品的柜子。卡尔坐下等待被盘问的时候，一个少年跑下楼梯，进入前厅。福特朝他打着招呼，介绍他的儿子埃兹尔。“你想要什么，儿子？”

“我可以把车开出去吗，爸？”

“当然，但天黑之前要回来。”前门砰的一声关上了。福特说道：“好孩子，我们的独生儿子，用我最好朋友的名字给他取的名字，八岁的时候就开始让他驾车了。”福特的手指一会儿放松、一会儿收紧他的裤子背带，严肃地瞧着卡尔：“这么说你想要在我们厂找个工作。告诉我为什么。”

卡尔长长地吸了口气，结结巴巴但热情洋溢地阐述着他对机械尤其是汽车的迷恋。他说，驾驶汽车，哪怕是在最最恶劣的气候下、最最难行的路上驾驶汽车，都让他激动万分。

福特问他是否是底特律人。不，是芝加哥人。父亲是干什么的？哎呀。

“他是一个酿酒商，先生。克朗啤酒。”

福特再次目光犀利地瞧了他好一会儿：“听说过。我不会因此而否定你。”

福特夫人端来一个托盘，上面放着酒杯和马尔托葡萄酒。福特靠着椅子背舒舒服服地坐下，一面饮酒，一面说了两个笑话。然后，他从衬衫口袋里掏出一封信，仔细看了一下。卡尔认出了这封短信的纸张。福特折起信纸，称赞卡尔被普林斯顿大学开除好。“我在十五岁的时候就离开学校了，我不是干得很好吗？就我而言，大学基本上是个说空话的地方。爱默生说：‘人自身具有所需的所有控制素质。’你读过爱默生的书吗?”

“没有,先生,我恐怕没读过。”一位文学课程的教授布置过读爱默生,但是卡尔当时正忙于踢足球。

“你应该读一读。”福特突然从座椅上站起身来,“趁天还亮,我们到游廊上去坐坐。我喜欢看小鸟。”他领着卡尔从一扇边门走出屋去。宽阔的游廊转过房子的拐角。福特坐到了一个秋千上,卡尔则选了一张白色的柳条椅子。沉沉暮色中弥漫着干草的芳香。

“你有什么问题要问吗,卡尔?”

“嗯,先生,您能否告诉我假如……我有什么活可以干?”

“哎呀!”福特跳下秋千,从一只柳条篮子里拿来一架铜制望远镜。他看到了什么,不禁大声说道:“瞧,瞧。巴尔的摩黄鹂。我喜欢鸟。”

卡尔调准望远镜的焦距。渐渐退去的阳光中,他看到在一丛绣线菊中有橘红色的东西一闪,仅此而已。他嘴里喃喃说着他希望听起来是表示赞赏的话。

“既然你喜欢驾车,我们就想办法找个驾车的工作。我必须告诫你一件事情。我要求,凡是在我这儿工作的人,时时刻刻必须要坚守道德情操。不准骂人,不准狂饮,不准吵架,不准给组织和自身丢脸。我有个说法:在福特公司,我们既要造车也要造人。明白了吗?”

卡尔说他明白了。“好。”福特开始滔滔不绝,显然他希望他的客人留心听,“在福特公司前途光明。我们是一个充满活力的行业里的一个充满活力的公司。当然,我的观念跟大多数制造汽车的人不一样。他们都想要迎合富人的需要,津津乐道于高价制造旅游车型。我不这样,这不是我的理念。迄今为止我们投放市场的车型,都挺好的,但是价格还是太高。我想要投放一款简单的汽车,牢固,高速,可靠,但是价格低廉,数百万人都买得起。这是我看准有高额利润的地方——不要让汽车只对着上层人士,而要走向大众。”

他拿一根手指抚摸着自己的下嘴唇,微微笑了。这是一种古怪的微笑,冷酷无情而又愤世嫉俗。

“他们认为我疯了,格罗斯波因特的那些有钱家伙。我知道他们叫我什么,‘白痴亨利’。老是瞎忙活,一生从没一个好主意。我们等着瞧。成大事者多曲高和寡,这是爱默生说的。我孤注一掷。我的人生有过遭际,你知道。我们的人生都有过遭际,很多次。”夜幕降临,知了开始忙碌,卡尔几乎毛骨悚然。福特是以一种神志完全正常的声音说着疯狂的事情。

“我相信,我作为战士的一生于1863年7月1日或2日在葛底斯堡终结了。就在同一个月的月底,7月30日,我现在的人生诞生了。一个人生悄然走向另一个人生,流畅得像季节更替一样。”卡尔呆头呆脑地坐在那儿,一声不响,不知道该如何回答。一阵电话铃声救了他。福特夫人隔着纱窗叫她丈夫听电话。“记下号码,克拉拉。我打回去。”

他再次握了握卡尔的手:“下周一早上七点钟,到人事部去报到。”

“福特先生,谢谢您。非常感谢。”

“别迟到。人事部门会跟你签约,落实我们给你多少薪水。坦率地讲,我喜欢你这样直截了当。就是记住我说的我们所期望的行为的话。没有人可以例外。啊,走之前抽根雪茄吗?”

“不了,谢谢,我不太——嗯,好吧。”

他们慢慢走回客厅的路上,福特递给他一根雪茄,并拿一根火柴为他点燃。卡尔抽了一口。这雪茄有一股特别的香味儿,像是烟草中掺有化学物质。他觉得他无论如何要说句赞美的话。他刚要开口,突然雪茄爆炸了。

福特拍着他的大腿,笑得前俯后仰。他妻子跑进大厅。“哦,不,亨利。不该拿这位漂亮小伙子开玩笑。我老公实际上是个极坏的爱搞恶作剧的家伙。”她不无歉意地说。

在大厅的镜子里,卡尔看到了自己稍有点烧焦的眉毛以及他嘴里像一朵奇特的鲜花一样盛开的雪茄。他拿掉雪茄,说道:“是的,夫人,我看出来了。”

“幽默感对一个人来说很重要。”福特说道,“好品格的标志,不会冷酷无情,对吗?”

“哦,是的,先生。”他在心里嘀咕,他的眉毛要多久才能长出来呢?

“好啦,那么,感谢你光临寒舍。哦,对了,到公共图书馆去,读一些爱默生的书。晚安。”

在庞查特雷恩宾馆的大堂里，卡尔道了晚安。吃完食物，喝完啤酒，保罗感觉有点慵懒，渴望呼吸点新鲜空气："如果不是在隔壁县的话，我就陪你走走，送你回去。"

"只有大约一英里远，格拉希厄特的北面，他们过去把它叫作肯塔基区。没有什么东西好看，一幢供单身汉居住的寄宿舍。这个地区已经衰落得一塌糊涂。"

"行啦，我就是在一个衰落的地区长大的。带路。"

他们沿着伍德沃德大道走去，路过一幢幢黑咕隆咚的办公大楼，走过一家家灯火通明的餐馆酒吧。卡尔问："你的书什么时候在这儿出版？"

"这事你知道？"

"妈妈写信对我说的。"

"那要明年冬天呢。"保罗绝口不提他的书。卡尔正在过着一种完全漫无目的的生活，自我放纵，没有明确的未来。保罗说他的书也许会被理解成是在吹嘘他的成功。他非常爱他的这位堂弟，他不想冒险让他感觉不好。

其实他没有必要感到担心。

"那太好了。我迫不及待地想看呢。我为你感到骄傲，全家都感到骄傲。"

卡尔描述这个地区的话一点不假。安托万大街垃圾遍地，两边排列着形状丑陋的一栋两户的房子，大多数院子里杂草丛生，墙垣剥落，门巷倾颓，栏杆断裂。整个地区微弱的亮光来自相隔一个街区远的街角的几盏街灯。不知从什么地方传来婴儿的啼哭声。有人在弹奏班卓琴。阴暗的角落里，一只骨瘦如柴的狗朝他们狂吠着。狗的两只眼睛闪闪发亮，如同两块黄色的石头。

穿过两栋房子之间，往那些放着垃圾箱和废物的小巷望去，保罗看到一些显然是有人住的简陋木屋——好几间屋子里亮着灯笼。这样的环境令他忧伤。

一个白种女人坐在门廊上一把嘎吱嘎吱乱响的摇椅里，瞧着他们走过去。院子里，两个黑人小孩正在泥地上玩抛接子游戏。卡尔说："他们管这条街道叫混合街，住在这儿很便宜。杰西，我的赛车机械师，是一个黑人。他在距这儿两条街的地方有一幢单身房子，他把它弄得比这儿大多数房子要整洁。"

"他们跟白人处得来吗？"

"挺好。大多数麻烦来自街区外，一帮帮爱尔兰人到处乱窜，以打架滋事为乐。那是我住的地方。”他指着街区尽头一幢小木屋。有一个人趴在门廊上。一个女人站在他身旁，哭泣着。“咦，那是我的女房东吗？”

卡尔跑向前去。保罗赶快紧随其后，跑过一个大门，大门两边是低矮的白色栅栏，已经有很多尖板条不见了。趴在门廊上的人抬起头来，挣扎着想自己站起身来。他的嘴里有鲜血滴落下来，两颗上牙挂在红色的线条上；一只眼睛肿得像只鸡蛋，只能睁开一条缝。那人再次趴倒在地上：“哦，上帝，痛死了。我觉得他们打断了一根肋骨。”

卡尔问道：“吉布斯太太，内德怎么啦？”

吉布斯太太呜咽着：“他从店里回家来确实很晚了。他说他们在那个拐角朝他扑了过来，把他拖进小巷里。我早已经把后门给锁上了，所以他只好一直绕着屋子爬过来。他喊我，可是声音不够响。我一直不知道，五分钟前才发现他躺在这儿。”

“谁干的？那其中的一帮人吗？”

受伤的人挣扎了好一阵子后再次抬起头来，想要骂人。但他唯一能干的仅仅是吐出更多的血。

“哦，当然是，就是那帮人。”女人痛苦地摇了一下头说，“企业家协会派过来的一帮人，就是他们。那领头的威胁说要开除内德，说他惹是生非，说他制造麻烦。你了解我们家内德，他竭力支持雇佣工会工人的企业。而且他把这话说出来了。”

“底特律这个城市的企业只雇用非工会会员。”卡尔对保罗说，“企业家协会挺恶毒，想要强化这事儿。”

“什么企业家协会？”

“底特律的企业家协会。”

“你有没有类似的麻烦？”

“在福特公司没有。我的机械师在他的铸造厂有过一两次小冲突。我说，保罗，我得在这儿帮个忙。今晚可真是个一流的夜晚。”

“我来帮你把他扛进去。”

他们小心翼翼地抬起这个呻吟着的人。吉布斯太太拉着纱门。他们将吉布斯放到臭气熏天的卧室里的一张凌乱的床上。吉布斯太太请求卡尔去把斯坦医生叫来。“我早上再跟你见面。”保罗在他们离开时说道,然后转身朝河边走去。卡尔则大步往另一个方向去了。

保罗在夜的宁静中走在回庞查特雷恩宾馆的路上。远处,一辆汽车发动机回火了。或者是手枪的枪声?两分钟后,尖啸的警报声提供了答案。

一个穿着华丽俗气的妓女前来跟他搭讪。他沉浸在自己的思绪里,挥动着雪茄让她走开。在他脑海的画屏上,他看到那个女房东在哭泣,看到鲜血正从她丈夫的嘴里流出来。底特律,这个兴旺发达的汽车之都,并非像它表面看上去的那样和平安宁。

第二十章　T型车

星期五早上，一辆出租车将保罗送到了位于皮盖大道的福特汽车制造厂，那里距市中心往北大约三英里。砖砌大楼的檐口书写着几个白色大字，宣告此地乃“远近驰名的福特汽车之家”。

工厂的厂房大约有四百英尺长，六十到七十英尺宽，像世界上任何一个制造厂一样单调乏味又令人生厌。从洞开的窗户里传来金属互相碰撞的声音、机床和马达皮带的嗡嗡声和嘎嘎声，刺耳的声音，让他好想塞上耳塞。空气中充溢着机油、汽油、油漆，还有鬼知道是什么东西的气味。在他左边的一个有很大地块的院子里，排列着好几辆四四方方的黑色汽车。又有一辆汽车从大楼后面开过来，穿过大门后停在了那里。驾驶员跑回到大楼里。他注意到，那不是卡尔。

保罗整理了一下他的领带，吃力地提着他的箱子往工厂入口走去。一辆卡车装载着车轴总成在他身后开来。驾驶室的侧面写着“道奇兄弟公司”。

他走进门去，往左拐弯，走过一个坐满了速记员和办事员的牛栏一般的办公区，进入走道顶头一个小小的接待室里。他问詹姆斯·卡曾斯在哪里，卡曾斯负责公司的财务、会计、运输、广告和销售。卡尔提醒过保罗要当心卡曾斯，事实上，福特公司的每个人都喜欢亨利，但大多数人畏惧卡曾斯，并瞧不起他，因为在他的眼里，悠悠万事，唯资产负债表为大，而且，他的脾气坏得像要爆发的火山一样。

保罗在一张长凳上坐下，浏览了两期《汽车时代》，只见卡曾斯从他角落的办公室里出来。他是一个矮矮胖胖的人，带着一副夹鼻眼镜，举止风度冷冰冰得像个贵族。他握了一下保罗的手，脸上没有笑影。

“这要好长时间吗?”

“应该不需要,今天上午的光线很好。”

“你不可以在里面拍摄,我们有保密的东西。”

“这个你在信里提到了。”

卡曾斯似乎没有听到保罗的话,接着说:“这个工厂很忙,我们一天开出二十五辆车。”

保罗生气了,说:“卡曾斯先生,我的电影在美国和欧洲数以百计的电影院里放映。我以为你们公司想要公开宣传T型车。”

“亨利想要宣传,这都是他安排的,我只是做文案。”

“那我最好跟他谈。”

“我带你上去。他刚刚去车身油漆车间和装饰车间了。把箱子放在这儿,跟我来。”

卡曾斯领着保罗沿着大厅走去,路过主入口。他并不完全粗鲁,一边走一边指着一些东西向保罗解释:“招聘办公室。我们的机械加工车间。型材仓库。那儿,我们存放有坐垫、踏板、车顶、转向柱。这是发货处。这是电器部门——永磁发电机装配。”

他按了一下铃,下来一架货运电梯。保罗说:“我堂弟在这儿工作,卡尔·克朗,他是驾驶员。”

“这个名字我知道。”

“能否劳驾你告诉我他在哪儿?”

“我们有三百六十五个雇员,我不可能每个人的行踪都知道。”

格格作响的货运电梯下来了。电梯门后面是一辆闪闪发亮的T型车,发动机还在突突地响着。卡曾斯打开门,他们俩站到一边,汽车驶过宽阔的走道,驶出门去。“这是从哪儿来的?”保罗问道。

“制造车间,顶楼。”卡曾斯砰的一声关上门,按了一下按钮。保罗生气了,他觉得卡曾斯就是个白痴一样的簿记员,对电影的力量和影响一无所知。

他们没有在二楼弥漫着有害气体的油漆车间里找到亨利·福特。他们由原路返回,穿过另一个很大的机械加工车间,穿过一个车架和轴承的仓储区,穿过一个底盘装配车间。最后,他们来到大楼的北端卡曾斯办公室的上面。“设计和实验工具室。”他说,一面领着保罗穿过一扇关闭的门,走进一个兼做办公室和绘图室的房间,里面摆满了绘图桌子,黑板上用粉笔画着各种图形和零件的草图。

“好啦,好啦。亨利就在你最不可能找到他的地方。”

福特位于角落的办公室里有一张普通的办公桌和几件很实用的家具。福特看见他们来到了他的门外,便跳起身,精神抖擞地快步走了出来。房间里的人们都只穿衬衫在干活,但是福特却穿着外套和马甲。

“你一定是克朗了。我是亨利·福特。非常高兴你来这儿。”他们握手,“交给我吧,吉姆。”

“好。我还有活要干呢。”卡曾斯像个士兵一样转过身,连“再见”也不说一声便大步走了。

保罗说道:“我在电梯里看到过T型车了,福特先生。接车的时间怎么会那么长?”

“叫我亨利吧,或者叫我汉克。接车的情况不可能有大的改善。我们投放第一个广告就是一周前的今天。星期六就来了一千多个问询邮件。整个星期里,装满了现金的信封雪片一样飞来。就是价格,你没发现吗?我们的F型旅行车卖一千美元。K型车,六缸的,配有扭矩驱动,两千八百美元。我设计那些车就是为了股东,因为他们拍着桌子硬是要求那样。但这款车我是为我自己设计的,价格便宜,而且我们还要下调。我带你参观一下。”

“如果没有太多麻烦的话。”这话说出来出乎意料地有点酸味儿。

“炫耀我们一流的产品有太多麻烦?绝对不会。”福特搂住保罗的肩膀,仿佛他们是老朋友一样。如果让这个瘦长的人穿上工装和农家鞋子,你就会把他当成乡巴佬。可是他有魅力,这种魅力像药店里的灵丹妙药,在保罗身上产生了作用。他的生气像个水泡一样噗的一声不见了。

来到三楼,这里都是一个个小的区域,用于制作木模并存放车架和轴承。这个楼层余下的地方就是总装区域。底盘装上了轮子和发动机,排列在两边,头向着里边。宽阔的中央通道上伸展着一条长长的有这些底盘的流水线。距保罗和福特最近的那些汽车还在最初装配阶段。

总装楼层热闹非凡，工人们都像发疯的工蜂一样来回奔忙。一群群人推着手推车沿着流水线走动——在这辆车这儿停一下，从手推车上搬下一块挡泥板或者仪表板，安装好，然后走向下一辆车。在流水线的尽头，一辆已经全部装配完毕的T型车开进了电梯。福特滔滔不绝地做着解说：

"我们有一个新的工厂正在设计中。六十英亩占地面积。全部工序都在一楼。在工区，日光更加明亮。工厂设计师名叫卡恩。我总的来说不喜欢犹太小子，但卡恩是一个诚实的人。呵，你是犹太人吗？你的相貌有点像。"

"我原来是德国人，但不是犹太裔。假如这很要紧的话。"

福特没有注意到他的讽刺意味或者说根本就不在乎他的讽刺意味。"在新的工厂里，我们将对这一系统做一些改进，就是把零件搬到车子上这个流程。这个系统已经不行了，我们没办法生产足够的汽车。我花了好几年才领会了这一制造业的实质，这是这个游戏的关键。生产大量汽车的技术流程跟生产一辆样品车的技术流程是不一样的。我们的这个技术流程是用于批量生产的。我的观点是，为很多人生产很多车，这样你就能赚很多钱。这个城市的有些人认为我太愚蠢了。让他们等着瞧吧。"

他们走过更多的人群旁，这些人正在安装有黄铜边框的挡风玻璃、车头灯和边灯。保罗注意到，地上没有任何杂物，走道上涂着坚硬的磁漆，窗户十分干净。他对此大加赞扬。"不能容忍灰尘。"福特说道，"这是从我亲爱的母亲那儿学来的。我们下去吧，有一辆车准备好了，可以拍摄了。"

保罗取回了自己的摄影箱，他们从大楼的后门走了出去。他将摄影机架设到一个很大的露天场地上，福特指给他看他们的发电厂和油漆大厅。第三幢房子里断断续续传来巨大的声响，那房子跟棚子几乎没有什么两样。保罗在调整三脚架时，一个人踉跄着走了出来，倒在草地上，喘着大气。保罗投以好奇的目光，表示需要一个解释。第一次，福特变得迟疑不决。

"那是马达测试室。我们点燃汽化器，测试车的四只缸是否全部都在工作。我们还没有排出一氧化物气体的机械装置。所以每隔一段时间，我们得把工人们拉出来，让他们坐下呼吸一下新鲜空气。"

一辆已经完工的汽车闪亮着黑色，已经等在了工厂的一个服务站里。保罗倒转他的帽子。“全都准备好了。”他开始摇曲柄，“把它开出来吧。”

一个驾驶员把T型车开到阳光下，在镜头前掉过头。保罗以同样的连续镜头又拍摄了两次。接着，他让驾驶员运用散热器扼流圈和曲柄展示一下点火启动。与此同时，福特继续百科全书似的叙述着这款车的优点：单一铸件的气缸体、坚固的钒钢、独一无二的飞轮式磁电机。由于保罗无法拍到这些东西，他们便戏剧化地描述了一下价格，让福特端着一块很大的广告牌进到镜头里。他将广告牌贴到散热器上。在公司优雅得体的福特字样的蓝色椭圆形雕饰下面，黑体的大字赫然在目：

福特T型车

仅售825美元！

福特在摄影机前表现自如，仿佛天生就跟摄影机有缘似的。他朝那个广告牌做了一个戏剧性的动作。保罗挥了一下手：“好。”他还没来得及说其他的话，福特早已往回跑了几步，然后一个侧手翻，翻到T型车的前面，然后摆出一个竞走的姿势，咧嘴笑着。保罗笑了起来：“好极了。”这个人绝对有自我表现的天赋。

上午的天气变得很热，保罗拿袖子擦了一下自己的额头。“我想从房顶上拍摄一些全景镜头。不麻烦你了，我可以自己解决。”

“为你这次来访，我要送你一个小小的礼物。”福特递给他一本平装的小书，书名是《R.W.爱默生鼓舞人心的至理名言》。封面上，有福特的斜体手书签名。

“这里面有好东西，保罗。情操高尚的道德经典。我这是自己掏腰包印的。”他轻轻拍着那个签了名的封面，“这样你就不会忘了我，也不会忘了我的汽车。”

“不可能忘，亨利。你给我的印象就是一个天生的宣传家。”

“哎呀，他们就是这么对我说的。我坦言，我喜欢跟媒体对话。”

“你的腿脚也很快。”

“你会跳方形舞吗？不会？太可惜了，这可是很好很正派的娱乐。好啦，保罗，再见，感谢你能来。迫不及待地想看片子呢。”

“过两到三周,就可以在影院里看到了。”保罗说道。他们往回走向服务站时,他顺便问起了卡尔。

“那是你堂弟?我亲自聘用的他。他有很好的幽默感,我喜欢人身上有这种幽默感。他的上司说,他在工厂里面没有伙伴,更像是一头独狼。很讨巧的新措辞。我前天才第一次听到这个说法。你堂弟是一个苦干的工人。当然啦,真正感兴趣的工作从来就不感觉辛苦,是吗?我派人去把他叫来。”福特快步走进大楼。他的步态让保罗想到了一只过度兴奋的鹳鸟。他是一个有活力的人,虽然他的有些观念很特别;卡尔曾说到过福特相信轮回转世。至于他不喜欢犹太人——原因是什么?保罗发现,在农村,有很多人都有同样的观念。中西部人不仅仅不相信犹太人,而且也不相信华尔街的金融家、新闻记者、画家和诗人——所有“东部的”东西都不相信。

保罗正在整理装备的时候,卡尔从大楼里走了出来。“我刚刚送了一辆车到迪尔伯恩回来。午后还要送一辆到弗林特去。”

“我要赶火车去芝加哥。”

“要去见家里人吗?”

“那是当然。”

“替我吻妈妈,替我拥抱她。告诉将军我混得很好。”

“我看你是混得很好。准备在底特律安家了,是吗?”

这个问题出乎卡尔的意料,他将头歪向一边,想了一下:“我倒是从没想过在哪个地方安家。我觉得我生性就是个不安分的主。不过,我遇见的那个姑娘——特丝——她也许会改变我的想法。”

第二十一章　倒霉?

排练第三周的星期一,曼彻斯特中断第一幕第七场在麦克白城堡中的戏,找尤斯塔西娅·范·桑特谈话。

"夫人,你的动作太慢。考德领主的妻子是这场戏的引擎。她无情地把她丈夫推向前去。逡巡不前的是她丈夫。"

当着同事们的面,尤斯塔西娅根本不想听这样的训斥:"我对角色有自己的理解。"

"也许是的,夫人。但是我提醒你,签工资单的笔握在我手里。"

"我才不在乎呢,你这个独断专行的小混蛋。"她猛地冲了出去。

弗里奇赶紧来到她朋友的化妆室里,跟她谈了十分钟:"他容易激动。这部戏剧的所有重量都压在他的肩上,不光光是主演角色。"半个小时之后,尤斯塔西娅回到了舞台上,不作任何道歉。曼彻斯特向弗里奇投去感激的一瞥,排练如履薄冰般继续着。弗里奇感觉不舒服。神经紧绷,心情变糟,他们就是在这种跌跌撞撞中走向开演的夜晚。

曼彻斯特坚持每个下午茶歇时稍事休息,那个星期一,弗里奇在演员休息室里喝咖啡。她正在一些演员中间转悠,突然一个大声的喊叫吓了他们一跳。"滚出这个化妆室,你个该死的白痴!"

他们全都拥进大厅里,发现狂怒不已的斯卡伯勒正跟阿勒代斯先生对峙着。斯卡伯勒先前曾表示过,不愿意跟这位老演员共同使用一个化妆室,理由是门房这个角色比班柯要低下。

阿勒代斯眨着眼睛，身子在摇晃。弗里奇闻到了杜松子酒的气味。“听着，斯卡伯勒，非常对不起……”

艾达·惠特迈耶插了进来：“等一下。斯卡伯勒先生，你的话太无理了。”

“我他妈的才不管呢。这老酒鬼走进化妆室，说着台词。除了在舞台上，不能在其他任何地方说这部戏的台词。”

奥穆尔先生轻蔑地哼了一声：“准备怎么惩罚呢，割开他的静脉？”

“他知道怎么做。弄个驱除邪魔的办法。从《威尼斯商人》那儿引用台词，阿勒代斯。”

这老演员烂醉得昏昏沉沉，说：“我不记得了。”

“那就站到化妆室外面去，转三圈，吐唾沫，在门上敲三下，重新请求进来。”

“这鬼话。”奥穆尔说道，“德纳姆说得不错。告诉你吧，斯卡伯勒，我喜欢啥时候大声说台词就说。我在我前面看到的是一把匕首吗，刀柄对着我？”

“别说！”斯卡伯勒大叫道。

“来吧，让我抓住你。我没有抓住你，但我依然看得见你——”

斯卡伯勒猛地向前冲去，将萨利·墨菲撞到了墙上。他一个摆拳，将奥穆尔先生打倒在地。弗里奇听到了一声可怕的断裂声。

奥穆尔先生痛苦地扭动着身子，抓着自己的大腿：“我起不来。哦，上帝，我觉得是骨折了。”

到了五点钟的时候，奥穆尔先生已经在医院做牵引术了，而曼彻斯特则解雇了斯卡伯勒，于是这个士气低落的剧团缺了罗斯和班柯。弗里奇和范·桑特夫人离开剧院的时候，这个年长的女演员说道：“我也许应该买一双新鞋子。”

“鞋子？我在宾馆里看到你至少有二十双鞋子。”

“便宜鞋子，亲爱的，会嘎吱响的鞋子。舞台上嘎吱作响的鞋子可以避邪免灾。我也有那种可怕的感觉了，我们倒霉了。”

星期三，来了查尔斯·塞尔登先生，新的罗斯。演班柯的布鲁诺·格茨先生是星期五露面的。他是一个令人扫兴的小肉团，声音尖尖细细的。他对角色的完美理解无关紧要，一看他这副尊容便令人泄气。

接下来这周，情况没有改善。扮演有点老迈的麦克达夫夫人的艾达·惠特迈耶跟扮演她儿子的一个小演员产生了对立情绪，那个小演员名叫朗斯洛特·比福德，是个惹人讨厌的小男孩。在排练中，他指责艾达抢他的戏。等她笑起来的时候，他便踢她的胫骨。于是，她掴他耳光。曼彻斯特气坏了，取消了这场戏的排练。

第二天，当这场戏再次排练时，惠特迈耶小姐使出了一个新招。她一把抓住小男孩的手以示亲昵。朗斯洛特往下一看，吓得尖叫起来。一只硕大的棕色癞蛤蟆从他的手中跳了出来，发疯一样朝着一块布景跳去。

那些谋杀者笑得前仰后合。小男孩演员歇斯底里地发作。比福德太太从观众席冲到艾达面前，拿雨伞威胁她。曼彻斯特花了整整一个小时做调解。弗里奇无法想象，在这些个闹剧中他怎么排练自己的角色。她认为，这是经验加上拼命的结果。她在舞台的侧面由衷敬佩地望着他出色地说着第五幕悲剧风格的台词："明天明天明天就迈着如此的小步悄然来临……灭了，灭了，那支短短的蜡烛！一个拙劣的演员在舞台上或炫耀或苦恼着蹉跎时光……一个白痴讲的故事，充斥着毫无意义的声音和愤怒。"

麦克白是一个复杂的角色，实际上对演员要求十分严苛。曼彻斯特不仅成功地对付过去了，而且在那些决斗中他都是自己上。当他在演戏的时候，你就会忘了他的年龄、他的大肚子、他的弓形腿。他就是那个注定毁灭的国王。他死的时候，弗里奇浑身起了鸡皮疙瘩。

"感谢所有人，也感谢每一个人。"丹尼尔·杰维斯最后说。他没有说马尔科姆的最后一行台词；这是又一个迷信，说是人类一旦完成某件事情便会自高自大，黑色力量便会受到这种状况的刺激，所以最好还是不要让演出结束，不要把最后一行台词说出来，直到真正演出时。

曼彻斯特在排练时穿的紧身上衣中汗流浃背，他挣扎着站起身来。弗里奇和她的同行们自发地爆发出掌声。

最后一个排练周的星期一，有四个置景工前来报到。除了那个叫马特的之外，其他人都不引人注目。马特是姓还是名，没人说。

马特这人妄自尊大,是他三个同事的头。他听从西姆金斯或曼彻斯特的命令,但是嘴巴里老是一个劲儿地嘟嘟囔囔,牢骚满腹。马特那漂亮的相貌在剧团的女士中间博得一阵激动。到了星期一排练结束的时候,他已经跟萨利·墨菲搭讪上了。他俩一起离开了剧院。

第二天,当萨利出现在化妆室的时候,满腮桃花,一脸疲态。她没有提到马特,而马特则很快就证明是个三心二意的人,中饭时间就一直盘桓在后排的一排座位上,跟朗斯洛特·比福德的母亲前额对着前额卿卿我我。萨利·墨菲有好几次走过舞台,朝他们瞪眼。当晚,马特陪着比福德夫人一起走了。

星期三,天气转暖。从头至尾的排练搞得他们汗水涟涟,辛苦异常。曼彻斯特批评在第三幕的时候清理宴会设备太慢。马特训斥其中一个置景工,那人让他见鬼去吧。马特一把抓住那人,将他背起来,摔了出去。那人跌倒在地,马特开始踢他。西姆金斯赶紧冲到两人中间:“不许打架。”他将马特推开。马特怒目而视,也推了他一把。

舞台监督来到曼彻斯特这儿。西姆金斯转过身,一直背对着他们,而且将声音压得很低,显然是在竭力争辩要采取措施。弗里奇听到曼彻斯特说:“我会找他谈的。”

曼彻斯特来到这个比他年轻的人跟前,用他的一只手拉住马特的手腕,瞧了马特一眼。弗里奇发现他的目光难以捉摸。曼彻斯特说了什么,两人双双走下舞台。

过后,曼彻斯特邀请弗里奇一起吃饭,这令她感到惊讶,也让她感到担忧。在如此接近公演的时候他要解雇她吗?他会花晚饭钱干这事儿吗?

他们直接从诺韦尔蒂剧院去了尚利咖啡馆——时报广场上一个演艺界人士通常光顾的地方。那里充满着喧闹和快乐,曼彻斯特似乎认识很多人。他介绍弗里奇为“我的朋友和演剧同行克朗小姐”。

她吃着去了头的龙虾,心里再次嘀咕:他的手头这么拮据,干吗还要挥霍这种钱呢?然而,精美的食物和两杯克朗啤酒使她感觉舒服,不过,克朗啤酒也让她伤感地想起了她的父亲,所以她没有问为什么。

“这餐饭太好了,曼彻斯特先生,谢谢您。”

“别那么正儿八经。从今以后叫我霍巴特。现在，永远，叫霍巴特。”他轻轻拍拍她的手，“我们最好还是走吧。跟那位诗圣紧张的又一天还等着我们哪。”

他在走出去的路上热情奔放地跟更多的熟人打着招呼。他为她招呼了一辆出租车，但是她拒绝他为她付车费。她靠在车窗，向这位古怪但古怪得很可爱的先生挥手道别。出租车很快拐入百老汇的车流。

剧团里的好多人包括艾达都看到弗里奇和曼彻斯特是一起走的。人们拿这事儿开她玩笑，她发现也没有理由可以反驳。马特扛着一个血淋淋的很像曼彻斯特的蜡像头——全剧最后麦克达夫的胜利纪念品——在后台挡住了她的去路。

“跟他一起度过了很销魂的一夜，是吧？我猜他需要这种伎俩来愚弄人们。”

“愚弄？怎么？”

“他不跟女人交朋友，她们来了他就变得古怪。”

“你什么意思？”

马特交叉着双臂：“你不是个幼稚的人，是吧？曼彻斯特是个同性恋。很可能穿着有丝带的粉红色内衣呢。有一个小伙子告诫过我要当心他。”

她结结巴巴地说：“我听说过此事，可是我从来没有遇见过——从来就不相信——”她找不到合适的词，她不知道自己在说什么。早在莫特梅因皇家莎士比亚剧团的时候，她就听人们在交谈中躲躲闪闪地说到过男人爱男人这种含糊其词的话，这些话她也就一个耳朵进一个耳朵出，因为她根本就无法理解。

马特一看她感到震惊和不知所措，十分受用：“现在你知道了吧，小妹妹。他也就是向像你这样的小姑娘献献殷勤，当当掩护而已。掩护。”他哈哈大笑着走了。

弗里奇快步朝尤斯塔西娅的化妆室跑去，关上门，脱口而出马特告诉她的话：“这是真的吗？”

范·桑特夫人叹了口气：“是的。”日复一日，她的头发变换着各种不同的颜色，从她第一次见到的爱尔兰红到看上去更加合适的棕红色。她已经脱下了曼彻斯特允许她在戏剧的早先那部分里穿的宽大长衣，一件白鼬毛皮镶边的品蓝金丝绒长衣。她穿着黑色的长筒袜子和吊带下垂的黑色缎子紧身胸衣,至少可以说,给人惊艳的视觉。

弗里奇颓丧地靠在门上:“那么他是在利用我,就像马特说的那样?”

“这是必要的,亲爱的。具有他这种信念的男人经常生活在惶恐不安之中,怕被人揭秘。戏剧界的人真心喜欢霍巴特,所以没有人急于揭穿他。在戏剧界之外,人们就没有那么仁慈啦。他们诋毁可怜的奥斯卡·王尔德。几年前,为这件事情,霍巴特和我有过一次长谈,当时我跟他一起在伦敦西区。一个保管戏装的姑娘说,一个年轻的铁路挖土工每夜在演出结束后都会出现在那儿。我就是这样发现的。霍巴特是在他十九岁的时候就发现他自己的这种天性了。多年来,他相信,如果不是唯一的话,那他也是那种少有的人之一,他的这种性情让他走上了一条不同的道路。从那以后,他跟别的人也幽会,但是害怕如故,怕被人发现,怕被人们抓住当作公开的丑闻。他要是那样被抓住的话,那么哪怕最最宽容的经理也会开了他。那样也许是不公平的,但是世风如此。所以,你千万不要对他太苛刻。他虽然有点夸夸其谈,但本质上是一个善良正派的人。”

“我还是不敢相信——男人跟男人会有性行为。我是个姑娘,我从来没有听到过这种私下议论。”

“在我的家里也不提及这种事情。这种事情古老得像希腊人一样,但多半还是一个禁谈的话题。”

“两个男人——你知道,两个男人在一起——”弗里奇的脸红了,“他们干什么呢?”

范·桑特夫人将手伸进一个木头盒子里,木头盒子的盖上装饰着一个戴有羽毛的印第安人酋长。“哦,我估计你要仔细想想就会明白的。自己活也让别人活是句老话,但是很管用。在戏剧界,这绝对必要。”

弗里奇还真的想了整整一夜。第二天早上,她请曼彻斯特中午时跟她一起到大街上走走,再去一家咖啡馆。

“我去不了,我没时间。”

她坚定地正视着他:“我知道你干吗要带我去吃晚餐。你不是为了剧团想要弗里奇·克朗,而是要一个女人,任何女人。"

"哦,天哪。"他脸色刷白,浑身发抖,说道,"就在剧院前面,十二点整。"

在咖啡屋里,她选择了一张附近没有顾客的靠后的桌子。"我感觉被利用了。"等服务员走了之后她说道。

"我感到十分惭愧。谁透露的?是那个泼妇范·桑特吗?"

"哦,不是。我是怎么听到的无关紧要。我告诉你我不知道有多生气。事后我的确跟尤斯塔西娅谈论过这件事情。不过,我想要我们俩这会儿离开大伙儿,就是要告诉你,我再也不生气了。你对我很友善,我想要回报这种友善。你的私生活无伤大雅。"

他镇定下来,长长地吐出一口气:"弗里奇,为了纯净我的灵魂,我必须坦白另一个奸诈的伎俩。我雇用你,不仅仅是看中了你的天赋,还因为我付你的薪水可以比其他女巫低。你如果把那杯咖啡泼到我脸上,我也不会责怪你的。但是,如果你能原谅我的话,我会马上把你的薪水升到十——十五美元。我利用你,很龌龊,但我再也不会这样做了,你依然是我的朋友。上帝知道,我的朋友不多。"

她紧紧地握了一下他的手:"我原谅所有的一切。我说话算话。"

他哽噎了一下,吹着他正在变凉的咖啡。"嗯,我感觉好多了。我不喜欢欺骗你,都是让刻毒的贫困潦倒、迫不得已给逼的。不过,假面具扯掉了。现在轮到你直言不讳地回答一个问题了。你觉得这部戏怎么样?"

"我对这部戏感觉挺好。我相信星期一晚上我们将获得巨大的成功。"

这是一个彻头彻尾的谎言。

"你说的是真的吗?"

"哦,百分之一百。"

这又是一个彻头彻尾的谎言。到了此时此刻,弗里奇几乎被这部苏格兰戏剧的魅力打动了。在这个光天化日的区域,像任何可以目睹的鲜亮东西一样,她的想象中一直有一块用电的牌子,上面闪亮着的两个大字:

灾难。

第二十二章　特丝

周末的气象预报说，天气非同寻常地好。这个信息是杰西告诉他的，杰西每天看一到两份报纸，他是捡铸造厂里白人工人看完扔掉的报纸来看的。

星期六吃午饭时间，卡尔给彼蒂山的克莱默宅子打了电话，那里是以教堂和漂亮豪宅闻名的伍德沃德大道的延伸段。他紧张地等待着一个仆人去叫特丝听电话。

“我还以为你到中国去了呢，或者把我忘了呢。”

他笑了起来：“我是一个有工作的人啊。上个星期日，我在门罗参加了一场赛车，输了。明天天气很好，你想到贝尔小岛去吗？”

“好的。”

她跟他在第三大街的码头会合。他买了两张往返船票，总计二十美分。这是一个天光灿烂的夏末下午，风和日丽，赏心悦目。一点十五分的渡船上挤满了一个个家庭，他们带着一大篮一大篮的野餐食物，去往这个城市居民最喜欢的游乐场所。

这天虽然是星期日，但是底特律河上的交通依然十分繁忙。明轮渡轮劈波斩浪，往返于温莎和底特律之间。巨大的铁壳湖船装载着矿石和小麦从轮船身旁驶过，有的从克利夫兰归来，有的驶往布法罗。一艘名叫“阿尔佩娜美人”的货船慢慢地靠向凸式码头，烧柴锅炉的巨大烟囱矗立在船的前部和艉部的甲板上。卡尔和特丝靠着船栏，特丝的手中紧紧抓着她的平顶草帽。

跟葱绿苍翠的5月和6月不同，贝尔小岛已经穿上打了补丁的服装，有干枯的黄色，有烤焦的棕色——炙热盛夏的印记。携家带口的人群分散开来，去往他们的野餐桌。卡尔和特丝沿着小道走着,来独木舟租用地。卡尔租了一艘独木舟,伸手扶特丝上船。特丝抓紧卡尔的手,并用她那双美丽的蓝眼睛意味深长地望了他一眼的时候,卡尔只是像个傻瓜一样咧嘴笑着。他变得十分慌乱,以至于跨进独木舟的时候,差点儿失足落水。

独木舟离开岸边,他注意到她的脸色突然发白,将一只手捂到嘴巴上。

“怎么啦?”

“没事,没事,就是一阵微微的头晕。天哪,这天真的太好啦!”

他划着船,从一个潟湖划到另一个潟湖。堤岸边上,光秃秃的垂柳枝条轻拂水面。在一个开阔区域,一些高中生正在闹闹嚷嚷地进行棒球比赛。卡尔问道:“最近见到过韦恩吗?”

“没有。你干吗去关心他?”

“你说他在追求你。”

“哦,嗯,是的,但是毫无希望的。不幸的是,他和我爸爸对此都根本没有觉察。”

“什么毫无希望?”

“我嫁给韦恩的指望啊。爸爸经常提到这事儿。韦恩去年也求过婚,我拒绝他之后他几乎吐血。哪怕地球上只剩下我和他两个人,我也不会嫁给他的。”

“你这个人很独立。你是哪儿人?”

“你放心,绝对不是彼蒂山或格罗斯波因特人。”她取下帽针,将草帽放到她的大腿上,抽出发髻里的梳子,抖松头发。灿烂的阳光下,那一头秀发恍若一道金色瀑布,闪闪发亮。“是我的母亲,她在公立学校教四年级。当我父亲开始挣大钱,像他所想要的那样在社会的阶梯上往上爬的时候,他要我母亲不要教书了。她不肯,她说她在异教徒中间还有重要的传教工作。”

“异教徒?学校里?”

“她是这样说的。她是指那些小孩子,他们要是不受完基础教育,就只好去干一些低档的活儿,过卑微的生活——她认为他们有这个机会。她在一个白人学校教书,那儿是十二年一贯制。她想要有色人种学校也实行这样的学制。黑人孩子只有六年学制——现在仍然这样。妈妈在这件事情上不得人心,但是她从来没有停止过斗争。她坚信,不管你是谁,没有文化,那么在这个世界上就无法自强,就无法生存。她说,挑战陈规陋习需要脑子,需要独辟蹊径。我在她去世前就把这些话牢记在心了。”

卡尔靠岸停下独木舟。他们沿着一条僻静小路慢慢向前走去,小路通向远离野餐的人群和棒球比赛的区域,属于加拿大地界。在一个阴凉处,卡尔握住特丝的双手:“我要对你说句话,像你的朋友韦恩一样,我也渴望得到你。”

她冷静地望着他:“我也喜欢你,卡尔。非常喜欢。但是,你给我的印象,好像不是那种想要跟姑娘永结同心的男人。任何姑娘。”

“我会——”他吞咽了一下,咽下气管里积郁的浊气,“假如我爱上了这个姑娘,我会的。”

她的双眸突然放射出喜悦的光芒,也许是涌出的眼泪;在这个光线柔和的阴影里,很难确定是否是泪水。她紧紧地抓住他的一只手,然后吻他,长长的炽热的吻。

他张开双臂紧紧抱住她,将脸埋进她被太阳照得暖融融的秀发里。他感觉到了她的整个身躯,她高高鼓起的胸部,她的髋部和她的双腿,全都紧贴在他的身上。“哦,上帝啊。”他轻声说道,“我好紧张。”

“我也一样。”

“怎么会这样?”

“不知道,就这样了。”

“我们怎么办?”他现在想要做的是把她抱到一个隐蔽的林中空地共赴巫山。他的身子对她的身子做出了反应,她肯定也感觉到了。

“就现在吧,什么也不刻意。就顺其自然吧。”

他紧紧地抱着她,抬起右手抚摸着她的秀发。他们听到有人声越来越近,便赶快分开。只见两个小孩子,一个男孩,一个女孩,正在玩捉人的游戏。他们各自退开,双双脸红了。

下午接下来的时间里,他们竭力避开他们新近坦陈的心迹。两人似乎都明白,维持永恒的关系在一定程度上既是不可能的,也是不切实际的。然而,卡尔早已陷入了一种奇怪的坚定信念之中,这令人激动但也可能险象环生的陷阱。

在回城的渡船上，特丝再次感觉头晕，只好到船舱里坐下。卡尔坐在她身旁，十分着急不安。

“特丝，告诉我，怎么回事儿？”

“我们不能谈论的某个原因。”

“我从来没有听说哪个疼痛或者发热不可以谈论的。”

“既不是疼痛，也不是发热。这是女性的事情。就是女人之间也是不随便谈论的，除非用暗语。不严重，只是让人恼火的是它定期会来。”她掏出一块手帕，擦了一下双眼，懊丧地瞧了他一眼，“你一定把我想成什么了？我几乎给你写了一篇论文，是吧？”

“很抱歉我问得唐突，让你尴尬了。”

她再次紧紧握了一下他的手，勉强地笑了一下。“也只是你我才能忍受这样的事儿。现在你确信我是一个不循规蹈矩的姑娘了，是吧？”

“我就喜欢这样，这也是我喜欢你的原因。有多少年轻女士会坐在栅栏上看一帮白痴驾着汽车谋杀他们自己呢？”

第二十三章 杰西和卡尔

在皮盖大道上，欢声笑语不断。小巧玲珑的新型汽车的噪声颇大，外观寻常，但是欣喜异常的人们对其价格十分满意，尤其是那些农场主，他们从来没有用这样便宜和舒适的方法到城里来过，于是，订单如雪片般飞来。农村地区经销商高强度的订购模式迅速形成。关于T型车的笑话也一样。雇员们像传递英雄行为的奖牌一样将这些笑话流传开去。在汽车行业，即便福特先生没有打赢阶级战争，也至少打赢了大多数人支持的战争。卡尔在后来那次跟特丝的见面中说到了这件事情。特丝说，T型车瞬间就得到认可这事儿让她父亲“恼怒不已”。

成功也给福特公司带来了问题，而最大的问题是公司没有能力扩大产量。一个星期六的傍晚，卡尔来到三楼，将当天的最后一辆汽车开下去，他遇见了奇怪的一幕。一个没有车轴、没有轮子、没有发动机的底盘摆放在主通道的一个很大的木头架子上。一个名叫查利·索伦森的年轻人正在认真地向福特先生、吉姆·卡曾斯和其他几位老板说着什么。索伦森来自制作木模的部门。他是一个丹麦人，白肤金发碧眼，帅气得像广受女戏迷欢迎的男演员。一根系在架子上的拖索悬挂在他的右肩上。

“这是一个相当简单的想法，亨利。假如不适用全部组装，那么至少也适用大多数的组装，我们现在都是一次操作完成的。如果让汽车安装在移动过程中进行，速度就会加快。不再是停下来安装零部件。一切都在一层楼上完成。”

其中一位老板是一个永远持怀疑态度的人，他问道：“那么我们在什么地方放置所有东西呢，查利？如果我们要在这儿堆放发动机和车轴，那么小一点的零部件怎么办？我们没有空间啊。”

“我们把小一点的零部件从这儿搬出去。我们在其他地方建造像散热器和软管安装那样的东西，然后将它们存放起来。我们计算出一天需要多少这样的局部装配，将那些分组合件开列到计划单上。是每个小时，还是每两个小时——我们可以将它计算出来。但是，生产线不停。瞧。”

索伦森和另一个名叫埃德·马丁的工头捡起那根绳子，慢慢拖拉着那个木头架子，而此时，一组组的工人则跑上前来，抬起底盘，安装前后车轴，然后安装轮子。

“汉克，这样绝对不行。”那个怀疑论者对最大的老板说。

福特拿一根手指在自己的下巴上拨拉着。“我不知道，小伙子们，在新的工厂里也许行。让我想一下。我赞赏你们对这件事的关心，查利。我们的订单已经积压到明年1月份了。如果再这样变一下，那么我们的单位成本就上去了。但是，我们如果不加快生产，那么我们就只能削减经销商的订单。”

“那你得先把我解雇了。”卡曾斯哼了一声说道，“现在现金流已经十分缺乏了。”

“这事儿我会考虑的。”福特说道。卡尔心想，这流水线倒是有趣，但是他也怀疑其工作性能。

杰西·欣纳在位于底特律城东区的克莱默一号铸造厂工作。该铸造厂为利奥·麦克斯韦尔和其他一些地方的汽车制造商生产发动机基座。这种活儿又卑微肮脏又充满危险。空气中弥漫着一团团煤烟。炼铁炉温度很高，上班五分钟，杰西的工作服就全部都粘在了身上，接下来这一整天就这个样子。要是他的铸勺倾翻得不是时候，那么他就有可能活活地被烤焦。

有几个白人——不懂或者只懂些许英语的波兰移民，跟黑人一起干这活儿。杰西每每看到煤烟和油脂把他们染得黑黑的，以致同黑人也难以区分，便感到好笑。不过，白人有一个特权。假如他们能找到更好的工作，那么他们不会因为肤色而遭到拒绝。杰西和其他黑人则无处可去，除非他们愿意进入汽车油漆车间的毒气之中。或者，你做个看门人是永远不会被拒绝的。

杰西·欣纳是南卡罗来纳州一个奴隶的儿子,他父亲在棉田和烟草地里干活,直到他在内战爆发前跳上了地下铁道①的列车,克服千难万险,长途跋涉,来到加拿大。他在安大略省的查塔姆安顿下来,并在那儿娶了一位肤色较浅的女人为妻,她也是通过同样的自由之路从南方逃过来的。欣纳夫妇生了两个儿子,杰西和莱斯特。父母死后,兄弟俩瓜分了他们的三百美元遗产,然后杰西便移居到底特律——在这个蒸蒸日上的工业城市,更加美好的生活的可能性吸引着他。

每周那个装着薪水的信封可以让他在这个铸造厂外面的生活有了一定的稳定性和规律性,所以杰西忍受着克莱默一号铸造厂的灼热和污垢,也忍受着来自那些白人工头的凌辱——他们称呼所有黑人工人都只有一个名字——"黑鬼"。他三十岁那年,在哥伦比亚小区买了一座构架型的小木屋,距卡尔寄宿的地方两个街区的路。他一次买一样,在旧货商店买了一些家具,装点他的小木屋。他将屋子刷白,种了一些花花草草。他加入了一个黑人共济会的地方分会和卡尔霍恩大街上的以便以谢 A.M.E.教会。他在那儿遇见了那个名叫格雷丝的年轻漂亮的黑人姑娘——他一生中唯一真正所爱的女人。他们恋爱了一段时间,但是她发现,还是跟一位年轻的黑人牙医在一起更有前途。于是,她成了那位牙医的新娘,离开了底特律。杰西的心碎了。

杰西坚定地维护任何肤色的劳工的权利。1907 年,在一波席卷底特律金属行业、多半是为了促进工人限期加入工会的封闭性企业的罢工中,杰西跟他的工友们一起在克莱默一号铸造厂担任纠察。他展示这一勇气的后果是他的头部挨了打,肩关节脱臼,那都是劳工局派的破坏罢工者的棍子所干的好事。劳工局在城里广泛招募暴徒,是这些暴徒的一个据点。企业的老板资助了劳工局。劳工局保留着工人总数里的四万个工人的档案,以便未来的雇主能确认谁是著名的捣乱分子。

罢工归于失败。在克莱默一号铸造厂,不实行工人限期加入工会的封闭性企业制度。令人讽刺的是,老板们不得不重新雇用很多参加罢工的工人,包括杰

①这是美国南北战争前帮助奴隶逃往北方或加拿大的地下交通网。

西,原因是那些毫无经验的工贼在这个地狱般的灼热里干了几天便甩手而去不干了。

杰西自学成才,而且一直好学不倦。一个在调度部门工作的白人朋友帮他从公共图书馆借来书;小心谨慎一点,一个黑人还是不去那种地方的好。他通过阅读行业杂志和星期日到汽车赛车场打杂,自学了汽油发动机知识;在赛车场里厮混,他通常干些杂活儿,像打扫卫生、清理油罐、将轮胎拖到修车场等等,换来的便是可以观看白人机修工如何修理汽车的机会。他就是这样认识卡尔·克朗的。

他在自己屋子后面的巷子里搭建了一个小棚子,并在棚子里精心安排设置了一些抽屉和箱子,储藏五花八门的汽车零部件,从螺栓到风扇叶的垫圈到修补好的轮胎,应有尽有,他攒了好几年。棚子里虽然是泥地,却干净得出奇。杰西用好几盏煤油灯照明,在当地的汽车修理厂忙不过来的时候做一些修理工作。有的时候,他工作到凌晨三四点钟,挣点外快。

卡尔常常在晚上不定期地来帮个忙。有的时候,他粗心大意,笨手笨脚,一会儿散落什么东西,一会儿撞翻什么东西。有一次,他把一整抽屉的螺母和垫圈都弄翻在地上,杰西懊恼万分,把卡尔臭骂了一顿。不过,奇怪的是,当卡尔一爬进汽车里,他就完全变了一个人——他机警敏捷,小心翼翼,严谨细致。当他转动螺丝刀修理汽化器或老旧的链条传动装置时,他从来不会损坏什么东西,从来不会擦伤什么东西。

一个寒冷的星期一晚上,卡尔过来了,杰西注意到他的朋友有点异样。卡尔的神态看上去迷迷糊糊,注意力不集中。杰西知道是那个姑娘的原因,克莱默的女儿据说是一个不错的姑娘,不过她独立性很强。杰西十分了解他的朋友是一个什么样的人,所以他不知道卡尔是否了解苦恋着这个女孩子可能会有什么结果。他要是了解,那就万事大吉;他如果不了解——唉,那么得有人让他清醒清醒,完全出于友情。

卡尔和杰西坐在棚子里,两人之间放着一大桶啤酒,角落里,一只烧木头的小小炉子里烈火熊熊:晚上很冷。卡尔正在修补一只低压轮胎的内胎。杰西挠着自己的下巴。

“昨天又去见特丝小姐了,是吗?”

卡尔点点头,一面用一把铁皮小锉刀锉毛内胎的表面,以便涂上黏胶。

“你对她是挺认真的,是吗?”

卡尔抬起头来:“我想是的,是的。”

“倒是直截了当。你爱上她了?”

卡尔抬起头来:“既然你问了,你这个好事大妈,是的。”

“她的感觉也是这样的吗?”

“我想是的。”

“她想要嫁给你?”

“真见鬼,你想干吗,警察调查吗?”他摇摇头,“有人今天已经到厂里来过了,问我住在哪儿。”

杰西皱起了眉头:“是谁呢?”

“雇主联合会的某个家伙。他不说他为什么要打听我。没有正当理由,福特公司拒绝提供这样的信息。我们回到那个问题。你干吗要问这些问题?”

“就是好友之间的交流。你听我说一分钟。”

卡尔眯拢双眼。他端起啤酒桶,喝了一些热乎乎的啤酒,然后将啤酒桶递给杰西,等着他说。

“你要是娶了那个姑娘,那么你的余生就是娶了一口你十分痛恨的那种考勤钟。前提是你想要好好对待她的话。”

“我还能怎么做呢? 别让我听起来像个该死的罪犯似的。”

“试着讲实话,就这样。”

卡尔挠着自己的手掌。杰西正在迫使他面对一个他有意在逃避的问题。他的话音降了下来:“然后呢?”

“我只是想要知道,卡尔。你准备好了成为一个丈夫,找一份稳定的工作了吗? 我不反对人们结婚。我想娶格雷丝为妻,从来没有什么事情让我这么想过,可是她不愿意嫁给我。所以,我不反对人们结婚,不,先生,但是我反对他们结了婚之后,让各自的生活变得十分悲惨。现实生活已经够糟的了。你是我的朋友,也许是我有生以来最好的朋友。铸造厂里的白人们都不愿屈尊朝我这个黑鬼吐口唾沫，除非他们有什么事求我，大多数是要我加快工作进度。你有很多好的品质，卡尔。所以千万要小心，别冲得太快，其他有很多白人姑娘可以——”

卡尔那双棕色的眼睛闪了一下："闭嘴。没有任何姑娘像特丝。"

杰西叹了口气："我就估计你会说这样的话。算我白费口舌，是吗？"

"是的。"

但是，他种下了一颗种子。

第二十四章　排练悲剧

“各就各位！”西姆金斯拍着双手，从舞台右侧来到舞台左侧，像个瞎忙活的母亲，“各就各位，女士们，先生们。各就各位，开演第一幕。彩排已经拖后一个小时啦。马特？”

舞台中央女巫们的大锅后面，一扇地板门敞开着。头顶上方，灯光蒙上了彩色的滤光板，模糊到合适的水平。提词员恩特威斯尔先生特别谨慎地将自己安顿到了他位于开放舞台右前部的桌子边。霍巴特大步走到弗里奇跟前，拿大拇指在她的右眼下面擦着。

“你是一个高原地区的女巫，不是一个红肤印第安人。试试四号化妆膏，甚至三号。让惠特迈耶小姐帮助你弄一下，千万别弄得看上去太红。”

霍巴特的戏装上沾满了假的泥巴和血迹。他一个一个地检查着演员们，化妆粉和油彩下面的脸大汗淋漓。舞台的侧面，西姆金斯喊叫着：“马特哪儿去了？”

“不在这儿。”在地板门里的置景工喊叫道。他点着了他的那几只发烟罐，打开电扇，将烟从大锅后面往上吹。弗里奇觉得这效果实在太过低劣。她调整了一下散乱的假发。

艾达·惠特迈耶给自己扇着风：“萨利最好马上就到，否则曼彻斯特要剥她的皮了。”萨利迟到了，两眼浮肿。弗里奇朝舞台左面望去，望着通向化妆室的楼梯。

就在此刻，萨利尖叫起来：

“抓住他，来人哪，抓住他。抓贼啊！”

一个人猛地冲上楼梯,冲向演员们的进出口。在舞台上乱转的演员们瞠目结舌。弗里奇倒吸了一口冷气:“马特!”

萨利还在尖叫。马特突然回转身来。波普·福伊手中拿着一把消防斧子出现在他身后,挡住了他的退路。马特跑上舞台。萨利来到了楼梯上:“他偷了我的钱!”

“西姆金斯,叫警察。”霍巴特吼叫道。他从刀鞘里拔出他的道具双刃阔刀,双手握紧飞快地举过头顶:“站在那儿别动,先生。”

马特嘴里咒骂着朝他冲来。霍巴特拿他的道具刀从侧面往下劈。马特跳起身,涂了油彩的刀刃从他脚底下砍了过去。不过,霍巴特挥动道具刀的惯性使得他像个陀螺一样旋转起来。马特用双手狠狠推了霍巴特的背一把,冲上连接舞台左侧高台的斜面。格茨先生和塞尔登先生追赶着他。马特从高台上跳下来,一跳跳到舞台上距弗里奇一步远的地方。他抓住她,将她转过身,弯起手肘锁住她的喉咙,并将她推向霍巴特。“砍她,你这只骗人的胖猪。”

马特像个足球运动员带球进攻一样在演员中间穿插躲闪。他推倒提词员的桌子,撞翻了恩特威斯尔。他消失在了舞台侧面,但是被西姆金斯追赶着再次出现在了舞台上,此时手中武装了一块短短的二英寸乘四英寸的木板。

马特抓住幕布,围着它转了一圈,看也没看便跳下了乐池。他双手一撑跳过扶栏,沿着走道跑去,消失了。

弗里奇喘着大气,揉着自己的颈前部。尤斯塔西娅·范·桑特拉着曼彻斯特靠到她的胸前。“勇敢之举,曼彻斯特。”

“家伙挺敏捷的。”霍巴特喘着气说,“弗里奇小姑娘?你没事吗?”

“没事。”

所有演职员蜂拥进两边的走道,来到了面临四十八大街的玻璃门外。大街上亮闪闪的,雨水扫进剧院门口的遮篷下面。小偷已经无影无踪。

剧场休息室里,萨利瘫倒了,蜷缩在弗里奇的怀里。“我走进去的时候刚好撞见了他。他从抽屉里掏出了我的钱包,正在数钱。我告诉他别这样,他抓起一把椅子就砸向我。他砸中了我,这个地方。”她揉着自己的胸部。眼泪流了下来,将她的眼线膏融化了。

“他偷走了多少钱?”艾达问道。

“本周薪水剩下的全被偷走了,十二美元。我真不相信他会偷我的钱。昨天夜里我跟他在一起啊—— 一整夜,就在这个房间里。这个混蛋。”

过了一个钟头,萨利才平静下来,穿上戏装,准备彩排。在此期间,警察来了。三位警官搜查了剧院、附近的街道和巷子,没有结果。

晚上十点一刻,西姆金斯再次喊叫“各就各位”。三个女巫在大锅后面找到她们的面具。弗里奇再次整了整她的假发。恩特威斯尔将他的提词本翻到第一页。

西姆金斯通过一根通话管示意开始。大锅上方红色和黄色的灯光亮了起来。那把廉价的电扇在地板门下面旋转着。舞台侧面一束绿色灯光射向三个女巫。烟升起来了。弗里奇交叉着手指。

拉幕布的人拉动着绳子,他们开演了。

弗里奇赞同范·桑特的看法,彩排不说令人恐怖,也是冗长乏味。当然,凌晨一点半了,在一个暗沉沉的剧院里,听着跟演员一样疲惫和紧张的导演的指示,人很容易丧失自己的洞察力。在这样一场令人震惊的盗窃案发生之后,人们还能指望霍巴特或其他任何人有什么更好的表现呢?

霍巴特说道:“那都是最后要注意的。让我总结一下吧,这是一场极其倒霉的彩排。但是要树立信心。我们都知道,拙劣的彩排意味着完美无瑕的首场演出。你们都要休息好,精神抖擞地过来。解散。”

“明天三点台词排练。”西姆金斯提醒他们道,“幕启前三十五分钟晚间点名。七点差五分点名。”

这次苦难经历的结束语在弗里奇和其他人身上产生了非常好的提神复元作用。范·桑特夫人和另外两位女巫一致认为,她们需要一碗奶油炖牡蛎和一杯酒。弗里奇用卸妆膏去掉脸上的化妆品,感觉挺飘飘然的,然后四位女士匆匆沿着基本上空荡荡的街道朝靠近中央火车站的第四十三大街上一家牡蛎餐厅走去。剧团里的人三三两两地都飘然而至,只有曼彻斯特、朗斯洛特·比福德和他那位令人讨厌的母亲以及一位小男演员没有来。到清晨四点钟,牡蛎餐厅还有几个小时的营业时间，但是凌晨顾客很少——就是零零散散几个酒鬼趴在那张长长的桃花心木吧台上。经理开亮了一个里面有一架钢琴的私密包厢的电灯。昏昏欲睡的服务员端上了上面漂浮着几小滴黄油的炖牡蛎、几碗薄脆饼、几杯啤酒和几杯咖啡。弗里奇要了咖啡。尤斯塔西娅不一会儿便喝下了两杯杜松子酒："紧身胸衣难受死了，放松一下，知道吗？"

阿勒代斯老先生尽管上了年纪，却是生龙活虎，他卷起袖子，演奏起了一连串的流行歌曲。演员们，有的单个，有的临时组合成对子或三人一组，纷纷站起身来，用真假嗓子唱起了这些抒情歌曲，博得了几声微醉的掌声。很快，每个人变得快乐起来，大家闹饮狂喝，这会儿是温暖了灵魂，但是到了早晨却会痛苦万分。这样的聚会中，演员们往往忘却了他们的伤痛、他们的恐惧、他们的压抑，这也是弗里奇在演艺界的生活中最最快乐的事情之一。

凌晨三点，阿勒代斯先生没有丝毫的倦态。更多的一托盘一托盘的酒被端了上来。服务员看上去稍稍有生气了一点，他们期待着小费呢。弗里奇心想，他们根本不了解演员。

很快，她发觉自己的眼睑在往下垂。又过去了半个钟头。尤斯塔西娅坐在那儿，穿着长筒袜子的双脚搁在一张空着的椅子上。她端起满满一玻璃杯杜松子酒："要喝点吗？我一滴也喝不下了。"

弗里奇哆嗦了一下。"哦，不，谢谢。我得回家了。我不想明晚彻底筋疲力尽。"她收拾好自己的外衣和小包，"你感觉首演会怎么样？"

尤斯塔西娅生生扼杀了一个很大的哈欠："假如有一点点幸运，那么我们可能会演完这五幕戏而不死一个人、不伤一个人。除此之外，我不乐观。"

弗里奇本想要表现得勇敢、高兴一点——有信心一点。可是她没有。她和尤斯塔西娅咕哝了几声再见，便离开了牡蛎餐厅，去找出租车。弗里奇那苍白疲惫的脸色完全掩盖了她内心正在翻江倒海的疑惑和焦虑。

第二十五章　悲剧

弗里奇在幕启前整整一个小时就来到了诺韦尔蒂剧院。毛毛细雨淋湿了街道。她感觉很难受。不仅仅是因为在牡蛎餐厅熬夜熬得太晚，还因为她的腹部在绞痛。这样的腹部绞痛经常发生。

尤斯塔西娅悄悄地说她见到霍巴特了："他的双眼鼓出，大得像鸡蛋。西姆金斯告诉我说，那小可怜在来剧院的路上遇见送葬队伍了。他本该待在保龄球房里的，这傻瓜。天哪，接下来还有什么啊?"

弗里奇在化妆的时候居然记不起第一句台词是什么。这种情况以前从来没有发生过。她搜遍了那些罐子、管子和棍子，最后终于找到了那页皱巴巴的第一幕第一场的台词纸。她折拢台词纸，将它塞到那条系在她土灰色长袍外面的磨损的绳子下面。又一阵绞痛袭来，她紧闭双眼，紧抱着自己的腹部，直到绞痛过去。

按照惯例，首场演出之夜，演员要互送一些小礼品。她虽然几乎没有钱买小礼品，但还是为先生们准备了五美分的雪茄烟，为女士们准备了玫瑰花瓣小香袋，为两位脾气很坏的小男孩准备了廉价的袖珍折刀。德纳姆先生在拨拉他的解愁念珠时接受了她的雪茄。格茨先生给了她一块罗马天主教圣牌，上面有这位演员的主保圣人圣杰尼西厄斯的肖像，圣杰尼西厄斯据说是被罗马皇帝戴克里先杀死的。她在化妆室里找到了她的朋友，只见她双手紧握，头颅低垂，面前是一幅雕版画，画上有一个戴着佩鲁基假发的人。

"尤斯塔西娅，那究竟是谁呀?"

"戴维·加里克。有人说他是幸运儿。这样就不会遭殃。"

这时,弗里奇冒出一身恐惧的冷汗。

波普·福伊意气消沉地告诉他们,阵雨变成了瓢泼大雨。来看戏的观众浑身湿得像落汤鸡。人们打着喷嚏,牢骚满腹。弗里奇在幕后听着——只有业余演员才偷偷地去数观众的人数——她感到绝望。有些观众会释放出热情,感染和鼓舞演员们,但是也有观众在某种程度上像哑炮一样死气沉沉。像这样的观众,往往会懒散地鼓着掌,甚至干脆就不鼓掌。但他们常常在演员们出错的时候哄堂大笑。

七点二十分的时候,曼彻斯特将剧团全体演职人员集中到了舞台上。他看上去真的让人感到不安和震惊。“我很高兴地向大家报告,剧场里已经有四分之三的座位坐满了。”有几缕不自然的神情一闪而过,“但是,我得非常遗憾地告诉大家,今天早些时候,恩特威斯尔被那个狗杂种马特从椅子上撞倒时扭伤了背脊。所以今晚提词桌边没有提词员了。提词本在西姆金斯先生手里,但是你们必须要牢记,他要监督舞台,会很忙的。我肯定,大家一定会毫不费力地克服这个小问题。”

弗里奇感觉恶心和头晕,她的牙齿在打战。她的舞台恐惧症又发作了,以前也发作过好多次,但都没有现在这样厉害。她展开台词纸,但是在昏暗的灯光下怎么也看不清楚。

西姆金斯喊叫“各就各位”。弗里奇抚摸着幕布祈求幸运。艾达·惠特迈耶飞快地拥抱了一下每一个鬼怪似的女巫。弗里奇举起她交叉了手指的手。萨利·墨菲紧紧地握着她们的手,说道:“大获成功。”这话听起来就好像一定是会成功的,一切都会顺风顺水的。

幕布升起来了。

悲剧开场了。

在第一场戏里,地板门下面那把廉价的电扇短路了。吱嘎一声,风扇叶子不转了。浓烟迅速聚积在大锅后面,越来越浓。艾达·惠特迈耶咳嗽得前俯后仰,持续了将近半分钟,她都没办法继续演下去。

霍巴特在被毁坏的灌木丛上第一次上场，他的斗篷就被一个钉子钩破了。不幸的是，这钩破斗篷的声音十分巨大，就像谁放了一个很响的屁，引得整场观众爆发出一阵窃笑声。

在霍巴特怒火填膺说话的过程中，随后的窘境噼里啪啦，稀里哗啦，一塌糊涂。

其中一个杀人凶手从一个斜坡上掉落下来——并不恰到好处，而是跌了一个屁股着地。舞台侧面，弗里奇在观众的笑声中畏缩不前。

到了第三场幕启那会儿，每个人的时间控制都不对头了。有的说台词像火车头在奔跑，有的拖延得令人无法容忍。范·桑特夫人忘了台词，不知所措。她站在那儿，张着嘴巴发呆，两眼盯着舞台提词员所在之处。西姆金斯拿着提词本找不到台词。范·桑特夫人厉声吼道："台词，你个十足的蠢驴，台词啊！"前几排的观众都听见了，纷纷大笑起来。

西姆金斯找到了台词。她恢复了正常，说出台词。这残破不全的戏剧像一辆掉了一只轮子的大车往前滚动着。

在朗斯洛特·比福德跟惠特迈耶小姐的那场戏中，他偷偷塞给她一条活的金鱼。她吓得尖叫起来，将金鱼扔了开去。不幸的是，很多观众都看到了那条金鱼在舞台上跳跃，那种欢笑可想而知。其中一个杀人凶手忍不住笑出声来，只得退出舞台。

在任何一场大戏中，总会有至少一个演员喝得酩酊大醉，今晚也不例外。不过，喝醉的不是阿勒代斯先生，而是一个雇来的临时演员，演一个伯纳姆的林区边境居民，他把手中的树枝挥舞得太起劲了，居然把他身旁那个人的帽盔给敲了下来。帽盔滴溜溜地滚到舞台口，掉进乐池，掉在小军鼓上。霍巴特雇用了一个只有两件乐器的乐队——小提琴和小军鼓——对一出古典戏剧来说不太搭，但是便宜。

那帽盔在小军鼓上弹跳着。在即席的几声"嘭嘭"声之后，它弹跳到了敲鼓人够不着的地方，然后掉落到地上，发出铜锣般"哨"的一声，结束了它的表演。整场观众高叫着，大笑着，总算是看得兴味盎然。

在高潮时的决斗中，麦克达夫的涂锡铁皮宝剑刺到了高台上，弯得像一颗太妃糖。德纳姆先生彻底懵了，他竭力想把他的宝剑弄直，结果反而两次将宝剑弄脱手。霍巴特满地踉跄蹒跚，表示被宝剑刺中，受了伤，很痛，试图把这一场景搪塞过去。可麦克达夫根本就没有刺到他，所以他的表演看上去更像患了消化不良症一样。观众不满意地发出嘘声和口哨声。

霍巴特的双刃阔刀是更加结实的东西做的：木头。当他最后防御性地一击之后，双刃阔刀的刀柄碎裂成两半。在令人目瞪口呆的静默中，只听得霍巴特说："哦，上帝呀。"

剧场四处欢声雷动，一片兴高采烈，唯独舞台除外。

一次谢幕过后，观众一面发出源源不断的嘘声和啸叫声，一面像逃跑一样离开了剧院。弗里奇想要哭。他们的苏格兰戏剧不是一出悲剧，而是一出闹剧。三个轮子的大车直指山下，发疯一样加速，飞驰向所有诸如此类声名狼藉的车辆的坟墓——第二天早晨的评论。

《纽约火箭》最早上街。范·桑特夫人起身，在查尔斯·雷克托奢华的百老汇饭店楼上的一个包厢里大声念着短评。演职人员们在那儿聚会，人人看上去都垂头丧气，一脸疲惫，像是地震的受害者。

"霍巴特·曼彻斯特先生在诺韦尔蒂剧院上演的作品跟剧院的名字十分贴切，实乃新奇无比，千古绝唱。如此拙劣的演出，甚至连最最麻木不仁的诗圣粉丝也迷糊了，连不幸前来观看演出的富有同情心的基督徒的同情之水也泛滥成了汪洋大海。计划不周，演技拙劣，演出人员业余到无以复加的程度，整场演出很快出乎意料地变成了喜剧，再无悲剧复现。此外，我很少见过抑或从来没有见过如此俗丽而廉价的戏装——"她咕哝着，迅速往下浏览着这个栏目，"显然，缺乏经费的痕迹随处可见。戏装看上去是从垃圾堆里捡来的，除了来自英国的女演员范·桑特夫人所穿的服装外，不过她的服装更适合于杂耍剧场延伸台道上的人穿。狗娘养的！"她将报纸扔到地上。

"你能想象一个人可以如此挖空心思、刻毒至极地中伤别人吗？他一定是有病。我要是遇见这个人，在我完蛋之前一定要让他变成一个血淋淋的太监。"

演员们鼓起掌来，但是弗里奇发现缺乏热情。艾达·惠特迈耶说道："我敢肯定,我们优秀的导演和明星一定对那种感受有共鸣。你在哪儿,霍巴特?”

“霍巴特！霍巴特!”他们跺着脚,鼓着掌,四处寻找霍巴特,直到在包厢后面的西姆金斯说:“他五分钟之前就溜走了。”

第二十六章　停演

西姆金斯在星期四晚上的演出前贴出了停演通知。星期五傍晚，弗里奇朝处于非商业区的诺韦尔蒂剧院走去。自从星期一以来，雨一直在断断续续地下个不停。街道上漆黑一片，垃圾在一个个水洼里腐烂，恶臭难闻。

剧院再次笼罩在悲伤寂寥的气氛之中。她在后台遇见了萨利·墨菲、奥穆尔先生和艾达，他们个个都像她一样神情沮丧。他们互相拥抱，交换地址，答应以后写信联系，但是实际上他们很可能不会再联系了。

她早已在电话里跟尤斯塔西娅道了别。她的朋友在最近一艘横渡大西洋的轮船上订了一个便宜的房舱，这是一艘希腊客轮，星期一驶往瑟堡和比雷埃夫斯。霍巴特已经不再支付她住阿斯特宾馆的补贴，所以她只好搬到了第九大道一个便宜一点的宾馆。“太丢脸了，简直令人无法容忍。”

西姆金斯说本周的薪酬要到星期六下午才会有。弗里奇问他：“曼彻斯特先生在剧院里吗？”

“在的，不过他不与别人联系。”

“那好吧，明天见。”

“明天见不了啦，我要去奥尔巴尼了。我跟《曾达的囚徒》巡回剧团签了约，剧院的财务会付薪酬给你们的。”

“那么要再见啦，西姆金斯先生。很高兴认识你。”

“哦，是的，的确是这样，克朗小姐。”他们握手，像一对哀悼亡灵的人。

她来到剧场外，站在遮篷下，任斜风细雨吹打在身上。她的双手又冷又痛，她那双编织手套已经破旧不堪。她可以听到她母亲在说话：“亲爱的，年轻女士不戴手套是不去公共场所的。”是的,但失业的女演员不一样。

雨水从遮篷的边沿哗哗地往下流,流进了她身后的水沟里。9月刺骨的寒风感觉更像冬天的朔风。她两眼凝望着斜贴在布告牌上的纸条——“停演”。她的脸上湿了,但不是雨水。

她曾经把受聘出演《麦克白》当作一个基准,一场检验她在纽约是否能获得圆满成功的考试。她知道,这场可耻的失败责任不在她,但是其结局是一样的。“现在怎么办?”她没有意识到自己在喃喃自语,直到一个卖花生的小贩走过她身旁她才发觉。小贩的托盘上盖着油布,用怪怪的眼神瞧了她一眼。

剧院大厅的门打开了。霍巴特出现了,他穿着斗篷,竖着领子:“弗里奇！你是来看看这是真是假吗?”

“恐怕是的。”她说道,一脸懊悔的苦笑。

“你找到什么了吗？有什么面试的机会吗?”

“暂时没有。”

“可惜。你怎么打算呢?”

“两到三周内我还不至于饿死。”

“啊,职途就是这么残酷。我也快要借债度日了。今天下午,我跟布景和服装公司结清了费用。我要先保证留下足够的钱付剧团每个人的全额工资,然后才跟他们结费用。”

“我想再次对你说我有多难过。”

“再没有比我更难过的人啦,亲爱的姑娘。”

“周二和周三的演出很好。昨晚的演出令人激动。”

“不过,对这部戏剧的诅咒把我们压垮了。我本该上《仲夏夜之梦》的。仙女是无害的。我会想你的,弗里奇。不过,我们还不必说再见。我口袋里还有足够的钱上雷克托饭店吃个晚餐,如果你不点得太多的话。”

他捞开斗篷,掏出怀表,对挂在他表链上的兔子脚鄙夷地瞧了一眼:“要不失体统地吃饭,至少还得过一个小时呢。我们还是先去看看发展迅猛的铁板照相那玩意儿吧。”

“你是指电影,到五美分的电影院去?”

“是的,我喜欢这种电影。杂耍剧场就在那儿。来吧。”他挽住她的胳膊,她没有勇气说出她有多不喜欢那种廉价的娱乐。

他们撑着她的雨伞往前走去,这时弗里奇说道:“据我所知,这些电影公司在招聘有舞台经验的演员。我听说薪水很高,五美元一天。你会去演吗?”

“我?当然不会。”

“我也一样。”

霍巴特买了杂耍剧场五美分的票子。又一场演出散场了。他们在后面一张很硬的长凳上找位子坐下。很快,五美分电影院就坐满了人。放映机格格地响了起来,一束白光刺穿黑暗。一个闪烁的图像出现了——一张片名卡。

“啊,好,又是拜奥格拉夫电影制片厂的。”霍巴特轻声说道,“他们制作的都是一些情节紧张的小故事。”

在一部持续了大约十五分钟的单盘情节剧里,一个上流社会的姑娘被劫持绑架,后来被那位家庭司机所救,最后,爱情和勇气战胜了她的阶级门第,她与他私奔了。弗里奇稍稍有点不好意思,她居然被这个故事吸引了。接着放映的是保罗拍摄的系列纪录片:一个大力士将一头母狮举过了头顶;一艘策帕林飞艇飞过了埃菲尔铁塔;威廉皇帝的骷髅轻骑兵团飞马穿越柏林的一块公用土地;泽西岛海边穿着泳装的五个姑娘在激浪中嬉闹作乐。这场演出的最后是又一部单盘影片,里面分成两部分,都是短小的喜剧。主人公踩进木桶里,从阶梯上滚落下来;汽车开来开去,差一点互相撞上。所有的观众感觉这些画面很滑稽,唯有弗里奇例外。她还注意到,电影的片名卡上没有演员的名字,只有电影制片厂的名字,有一个画面上有导演的名字。

之后,他们在查尔斯·雷克托那家豪华饭店的楼上找了位子,点了两大浅盘炸牡蛎和一份饭店的特色菜。弗里奇问:“你准备干什么呢?再到伦敦西区去试试?”

他用忧郁的目光望着天花板:“不,我想不会。那儿有太多的人认识我了,知道我在职途上的失败,知道我的——私生活。况且,我欣赏你们这个国家,我肯定会继续留在这儿。我知道我可以在一两年之后再上一个新的作品。然后,我就会再次登上顶峰。”

她理解他这种不切实际的乐观主义。演员们普遍都会自欺欺人。他们就是这样生存在这个常常是毫无希望的行业当中。她也不例外。

“我已经做了一些调查。”他说道，“威廉·吉勒特正在演出他的《夏洛克·福尔摩斯》，长长的巡回演出，一年或者一年多。我也许可以去演莫里亚蒂。不演那个角色的话，或者跟着詹姆斯·奥尼尔的那颗老栗子《基度山伯爵》外出。不管怎么样，我想要我们俩永远成为朋友，保持联系。”

“好的，好的，霍巴特。我保证。”

尤斯塔西娅·范·桑特在“雅典娜”号的套间是一个豪华的住处，里面尽是红木和红色的奢侈品。她将弗里奇介绍给了一位个子矮小、咧嘴而笑、穿着一件饰有肩章的白色短上衣的希腊先生：“拉戈斯蒂斯先生是事务长。这位热心人把我从不会比一具棺材大的方舱里调换到了这个套间。我们将成为伟大的朋友。”她俯身吻了一下他的额头，让他窥视了一下她的胸部。他走出套间，脸上有一种隐隐约约的狂喜的神情。

“这是我在斯隆广场的地址。”尤斯塔西娅说道，“别忘了我。”

“不可能忘了你，尤斯塔西娅。”

尤斯塔西娅在一大堆旅行箱和小提箱中间穿进穿出，默默地数着箱子：“你打算怎么办呢？”

弗里奇在一张有绿色金丝绒的软垫凳子上坐下，叹了口气：“说实话，不知道。”

“别泄气。你的天赋很好。”

“保持这样的信念可不容易。”

轮船汽笛鸣响。她们紧紧拥抱，吻别，然后弗里奇跑下跳板，来到码头上。尤斯塔西娅来到客轮甲板的栏杆边。她挥舞着手，弗里奇也挥舞着手，边上一支乐队在演奏着什么乐曲。“雅典娜”号缓缓倒进哈得孙河，掉转头，向着大西洋驶去，乘客撒着五彩纸屑和纸带。弗里奇发觉，自己又哭了。

第二十七章　保罗和哈里

秋天最后几个艳阳高照的日子里，就在全国大选前夕，保罗回到了纽约。他结束了在加利福尼亚州的行程，拍摄了蒙特雷周边惊世骇俗的狂野海岸风景，还拍摄了旧金山非同寻常的重建。

他入住位于第四十七大道上的阿尔冈昆宾馆，那里规模不大但漂亮整洁。他在房间给堂妹打了电话。一位口音很重的女人说："请稍等，我去叫她。"

"我路过芝加哥的时候，伊尔莎婶婶对我说了那个戏的事。"弗里奇接电话之后他说道，"我真的很难过。你现在在干吗？"

"干穿着牛津服的服务员的活儿。"她笑着回答道，"我回到了一家小餐馆。什么时候可以见你？"

"恐怕今晚不行。我的美国出版商和他妻子约我去雷克托饭店吃晚饭。明天怎么样？"

"星期天挺好，我休息。"

他建议到中央公园去野餐。他来安排。"如果你同意，我邀请一位老朋友来。我 1892 年过来的时候在'莱茵兰'号上遇见的。那时他的名字叫赫舍尔·沃林斯基。现在他叫哈里·波伦。他是作曲家。"

"哦，是的，我知道他的歌。我很高兴能见到他。"

他们约定时间，十二点半。"我会叫一辆出租车，来把你捎上。"

"不，不，我在商业区，太远，我去见你吧。"突然，他产生一种怀疑，她不想让他见到她所住的地方。

他在第五大道那巨大的谢尔曼骑马雕像旁等她。宾馆餐厅给他准备了一只很大的带盖柳条篮子,现在就摆在人行道上,边上是一个漆皮箱子,里面装着他的立体照相机。他要把这相聚的照片拍下来。即便他是波利·克罗纳的时候,人们也老是取笑他有恋物癖;这个小男孩现在变成了保罗·克朗。他在这趟旅行中已经收集了很多纪念品——有“卢西塔尼亚”豪华轮上保留下来的纪念品菜单,有他去过的各个城市的风景明信片,有一个给沙德的小小的金属自由女神像,有一个给贝齐的布娃娃。他还要买一样纪念品送给朱莉。他非常想她。今天可以稍稍缓解一下思家的心切。

他看了一下怀表,十二点十五分。就在这时,他听到了:“波利！我来了!”

她挥舞着手,蹦蹦跳跳地从第五十九大街的对面跑来。她飞快地赶在一辆蒸汽汽车前面冲过街道,扑入他的怀中。他们拥抱着转了一个圈,引得那些星期日出来遛弯的人一个劲儿地盯着他们。弗里奇穿着一条深蓝色的镶了楔形三角布和白色绲边的裙子,一顶海军蓝的海军上将帽戴在她金色的头发上。

她吻了一下他的脸:“你看上去挺好的。”

“你也一样。”事实上,他感觉她看上去苍白,营养不良。

“你的朋友呢?”

“他马上来,他知道在哪儿跟我们会面。”

“说说他的情况。他几岁了?”

“比我年轻,二十七八岁。”

“结婚了吗?”

“我想是的。”

“哦,太糟糕了。住在曼哈顿,是吧?”

“他在第二十九大街的流行音乐区有一个办公室,但是他住在切斯特港市。他总是坐午班火车上班。”

“他带妻子来了吗?”

“没有,她是坐轮椅的。”他们沿着一条弯弯曲曲的人行小道走去。阳光明媚,晴空万里,令人心旷神怡。树木葳蕤,秋韵尽染,一派盎然生机;阳光穿越树叶,绘出戏剧一般的光辉。附近马道上,篝火中树叶燃烧的烟味儿伴随着刺鼻的马粪臭味儿弥漫在空中。

“几年前，哈里的妻子突然中风。”保罗继续说道，“她曾经是一位十分成功的歌唱家，名叫弗拉维娅·法雷尔，比哈里大二十岁。他是她的钢琴伴奏和音乐指挥。”也是她的情人，他没有提这事儿。

“弗拉维娅帮助他取得了突破，给了他第一个音乐工作。当中风断送了她的歌唱生涯时，他娶了她。从此以后，他就一直照顾着她。”哈里就是这样的人——柔情似水，赤胆忠心。保罗停住脚步，仔细瞧着他们左边的一个小山冈。“那就是哈里说的地方。来吧。”

他拎着食品篮子，她提着立体相机，他们爬上阳光照耀下的小山顶。接下来的半个小时，全是有关他这趟旅行、他的讲座、朱莉和沙德和贝齐的话题。当他们谈论到她跟父亲吵嘴不和的事情时，气氛也有几分伤感惆怅。

保罗脱下外套，摘下帽子，拉松领带，卷起袖子。弗里奇解开袖口的纽扣，将她的帽子放到一边。他递给她一个褐色的纸包，她将纸打开。

“哦，保罗。”她拿出一本书，“我太想看这本书了。”

“这是伦敦版的。我都是因为这本书而获得了成功，我要感谢你。迪克·戴维斯写信给我说他非常喜欢这本书——哦，哈里来了。”

人行小道上，走来一位个头高挑、身材纤细但肩膀宽厚的年轻人，他背着一个帆布背包，跑向山顶，向他们挥舞着手。他穿着一套精致的黑色套装，呢子上有淡淡的灰色格子。他鞋子的鞋面是优质的小山羊皮，别出心裁的尖尖的皮革鞋尖油光闪亮得像黑色的镜子。他的白衬衫上带红色竖条纹，十分醒目，白色领子是可拆分的式样。一条温莎领带跟他常礼帽上酒红色的箍带十分相配。

两个男人拥抱在一起，互相拍着对方的后背，欢呼雀跃，弗里奇站在一边微笑着。他们曾经一同到了埃利斯岛，但是移民署的医生拒绝年轻的赫舍尔·沃林斯基及其家庭入境，原因是他母亲有沙眼。赫舍尔极其渴望在美国开创他的新生活，但是他不能抛弃他母亲和两个姐姐。他随同她们回到了波兰，而保罗则去了芝加哥。

矢志不渝的他第二次来到了埃利斯岛。1901 年，他跟保罗在位于第六大道的伍尔沃思商场巧遇。当时，另一位歌曲推广商正在演奏当天最轰动的曲子——哈里·波伦创作的一首新的钢琴曲，名叫《雷格泰姆的玫瑰》，节奏舒缓、微微忧伤。作曲家就站在边上听着，突然，保罗认出了他。

“这么说这位是演员弗里奇了。很高兴认识你。”哈里赶紧摘下常礼帽，吻了一下她的手背。他黑色的卷发在阳光下闪闪发亮。他的蓝色眼睛放射出能感染人的快乐光芒。“你的事儿如雷贯耳呢。”

“你的事儿也一样，波伦先生。”

“请叫我哈里。”

“你作的曲很吸引人。”

“他还自己填词。”保罗说道，“也很棒。对一个十年前还只会说波兰语的人来说，太了不起了。”

“谢谢你们俩的夸奖。我热爱美国音乐。我为老百姓写歌，写便于他们记忆和哼唱的、他们喜欢的曲子。你介意我把外套脱了吗？”他的背带是鲜红色的，上面有黄铜搭扣。相比较之下，保罗感觉自己像一个流浪汉。

“弗拉维娅怎么样？”他问道。

“唉，老样子。”他向弗里奇解释道，“我妻子腰部以下瘫痪了。有一年，她连话也不能说。她的歌唱生涯戛然而止。”

“真是让人难过的事。”

“我们现在过得很好。我们请了一个护工在家里，我回家就由我照顾弗拉维娅。我无以为报。我出道的时候她帮我太多了，那时我对音乐行业一窍不通。”

保罗打开野餐篮的盖子，展开一块白布：“开办你自己的出版公司了吗？”

哈里忙着摆弄他帆布背包的扣子：“我还是个自由职业者，也为其他公司打打工。不过，这事儿正在积极谋划。”

“你的车载歌曲已经风靡英伦三岛和整个欧洲大陆啦。”

哈里笑了。“全世界有三十四万个拷贝——迄今为止。我很开心，收入不少，但我不想永远写那种主题性的新奇东西。”他转向弗里奇，“我的梦想是为舞台写歌。我拼命工作，像个魔——努力工作，想写出一两首歌插到某个演出里去。”

“我肯定你一定会的。”

哈里的双眼闪出星光。“事实上，我也这样想。在这个国家，一切都没有止境。什么都有可能，包括哈里·波伦在百老汇的前程。而且，我总有一天会开办我自己的公司。与此同时——”

他从背包里掏出艳丽的乐谱。“让我送你两首我最近创作的歌曲。”保罗看了一下歌名，《自由女神的破衣》《萨迪喜欢狐步舞》。

保罗将另一本书递给哈里，并从他手中接过乐谱，交给弗里奇。“哦，不，带回去给朱莉。”她说，他默然接受了。

哈里拿出一架旧的六角形手风琴。“我觉得我们吃饭时应该有音乐。”

宾馆准备了冷的鸡肉、肝酱、饼干、蔬菜色拉、土豆色拉、黑麦面包，还有一瓶红酒。小山冈的脚下，一个小姑娘拿着一根棍子滚着铁环。一个小男孩从一丛灌木后面跳了出来，一把抓住她的辫子。她尖叫着，逃跑了。保罗看着他们，又思念起朱莉和他的孩子们，想起了在格林公园里像这样的一天。

哈里开始演奏《星期日下午》，接着又演奏了《带我去看球赛》。他这是在为她举办音乐会呢，保罗开心地想。弗里奇被迷住了。

接下来是《曼德勒之路》和《珍重再见》。在保罗的坚持下，哈里演奏了《那种驾车的心情》。音乐吸引了一位正在小道上巡逻的警官。他驻足聆听，一面拿他的警棍在腿上打拍子。接着，他朝哈里敬了个礼，又继续了他的巡逻。

哈里演奏了《在圣路易斯教堂遇见我》最初的几个音符之后说道：“这首歌曲要是我写的就好啦，这是真正的美国风格。”

弗里奇拍着双手，轻轻摇晃着。哈里哈哈大笑，频频点头：“是啊，就是要请你跳舞啊，是吧？跳吧！”

弗里奇跳起身来，拎起裙子，露出脚踝。她被音乐征服了，开始旋转。哈里加快了节奏。她一边舞蹈，一边演唱。她旋转得越来越快，午后的阳光从她身后照射在她金色的秀发上。她灵巧地在草地上翩翩起舞，哈里演奏着，两眼从来不看手指，只管直愣愣地盯着她。

唱完歌，她伸开四肢躺到地上，然后用手肘撑起脑袋，一面大笑，一面喘着粗气。保罗说，现在该拍照了。他拍了弗里奇跟哈里的合影，还有弗里奇单人的照片。然后，他用巧妙地安装在照相机内部的一个快门定时器，拍了他们三人一起的合影。

保罗卷起他的外套当枕头，抽了一根雪茄。哈里问了弗里奇有关她演艺生涯的一些情况。她说了那出失败的苏格兰戏剧，说到一些很倒霉的事情，她居然还能笑出声来。她给他们模仿了一个叫斯卡伯勒先生的声音，保罗虽然从来没有见过这个人，但是立刻就了解了这个人以及他的傲慢。哈里的掌声鼓励惹得弗里奇又继续为他们模仿了泰迪·罗斯福的咧嘴微笑和尖厉嗓音，然后又模仿了那个其胖无比的比尔·塔夫特摇摇摆摆的步态。

很快，四点钟了，哈里说他得去赶火车。西方，云团开始遮蔽天空，暴风雨正在酝酿。哈里礼貌地拉住弗里奇的手。

“这个下午太棒了。遇见你真的太开心了。”他慢慢弯下腰，再次吻了一下她的手。

弗里奇喃喃地说着表示感激的得体的话。哈里捡起他的背包，很快便消失在了第五大道的人流中。哈得孙河的上空，雷声开始发威。

“我觉得他对你热情有加呢，弗里奇。”保罗开玩笑道。

“他很有魅力，可是他是有妇之夫啊。我估计也不会再见到他了。太糟糕了，我喜欢他。”

保罗仔细打量着他的堂妹，她是认真的。

第二十八章　繁荣时期

过圣诞节，卡尔的花销大大超出了他能负担的程度——九美元——给特丝买礼品。他实在抵挡不住哈得孙商场珠宝盒里那只金手镯的诱惑。盘绕的设计，其中一股是金色的，十分流畅，另一股饰有小花。他本看中了一条五美元的男式马甲表链想送给他父亲，但是生生放弃了，换成了一条一点九美元的丝线带子。他送给哥哥的是一把鹿角刀柄的双刃折刀。他给母亲和妹妹买了纪念盘，上面有手绘的这个城市的士兵和海员纪念碑的图案。他记不起曾经是否买过合适的艺术纪念品给伊尔莎和弗里奇。

特丝说她喜欢这手镯。她回赠了他一把有缟玛瑙柄的钢制剃须刀和一条很宽的棕色漆皮带，似乎是鳄鱼皮的，皮带扣是一只银色的鹰。

密歇根令人沮丧的冬天慢吞吞地延宕着。卡尔渴望那 3 月冰雪消融的季节，渴望那越来越干燥的道路，渴望那煤渣铺就的赛车跑道，渴望有机会爬进埃德蒙兹那辆新的特种车里，那辆车正在胡特的杰斐逊大道豪宅后面有五个车房的车库里建造。只有特丝才让他保持着健全心智，只有特丝才让他在那些没有阳光的清晨爬下床来，只有特丝才让他一步一步地走下楼去跟另外三个寄宿的人一道喝热粥和“炮台苦水”①，只有特丝才让他拖曳着脚步冒着大雪、冒着浓雾、冒着冻雨走到电车站，然后到皮盖大道让考勤卡打印上开工时间。

挨过了冬天，卡尔感到有一种急迫的渴望，盼望和想象着最终亲密时是个什么样子，所以看来他和特丝的恋爱成熟了。他每次从他的百宝抽屉里拿小钱的

①“炮台苦水”，美国军队里的俚语，指劣质咖啡。

时候都会想到那个时刻,抽屉里放了一盒避孕套。

特丝是个处女吗?鉴于她那么大胆,他猜她已经不是处女了。这个问题简直令他发狂,因为他从来没有采摘过一个姑娘的童贞,也不想让特丝成为他采摘童贞的第一人。然而,他对自己意志力没有把握。他不知道自己是否有这样的定力,假如她白璧无瑕但自愿将自己奉献出来的话。

特丝说,保持他们关系的私密状态令她疲惫不堪。这跟她的性格背道而驰。她最后告诉了她父亲她跟卡尔在幽会,她是事后才告诉卡尔的。

卡尔隐藏了他的恼怒:"他知道我们每周会面一两次吗?"

"我没有这么说。我敢肯定从我不在家的情况他就能猜出来。此外,他高度关注新闻头条。我恐怕自己有点急。我说他根本就管不着我交什么男友的事。他有两天都没有跟我说话。他会没事的。"

"对不起,是我给你添麻烦了。"

"千万别这么说。"她用手捂住他的嘴唇,"千万。我愿意为你赴汤蹈火,卡尔。"她脸红了,"又一个不知羞的承诺。只要跟你在一起,我就老是这样,是吗?"

在他们星期日的远足中,他和特丝有的时候坐有轨电车,但是如果街道上没有冰雪的话,她便会驾着她的敞篷小轿车载着他四处遨游。当他们找不到地方亲密的时候,便会躲在连接折叠顶篷的边窗白云母薄片窗帘后面。他们在前排座位上热烈地亲吻。随着时间的推移,他们的拥抱变得越来越大胆、越来越炽热——口红涂鸦,桃腮赤红,霓裳凌乱,云鬓蓬松,直到两个人都像带着滑稽头套的杂耍小丑。为什么不呢?他爱她,而且他也说了他爱她。她说她爱他。两个人都经常这样说,就像在教堂里做虔诚的祈祷一样。特丝从来不提未来如何,他也从来不提,他只说他都等不及到春天了,他要带她到伯恩斯公园去看底特律老虎队的网球比赛。

T 型车的大众化给工厂带来了巨大压力。工厂开始雇人进行两班倒,但是底特律劳动力短缺。汽车最后受到绝大多数普通老百姓的青睐,福特汽车制造厂火了。卡曾斯抱怨说,福特的订单上已经有一万辆 T 型汽车的订数了,大批的经销商急得要发疯，都想快点拿到车辆。卡尔根本不用担心失业，除非他自己选择不干。

4月的一个晚上，卡尔来到修车棚帮杰西干点活，但是发现他不在。他坐下等他，一直呆呆地在想他离开吉布斯家的时候所看到的一辆汽车。那是一辆双人座的黑色克莱默，停在街道边不该停的地方，顶篷封闭，马达轰鸣。当卡尔走到大门口时，司机突然一挂排挡，猛地开走了。一盏街角的路灯亮光一闪，照亮了司机的脸，卡尔几乎可以肯定，那就是韦恩·赛克斯。走向杰西住处的路上，他问自己该高兴还是担心。他依旧没有答案。但是，他绝对肯定，他不喜欢被跟踪监视。

四十分钟之后，杰西走了进来。他的左眼下贴着很大一块药棉纱布，伤口有血渗出，湿透了纱布。

“真见鬼，你这是哪儿弄的？”

“铸造厂里。”杰西说道，“哨子声吹响的时候，他们早已经让一些流氓等着我们中的一些人了。那些流氓拿着铅棍，戴着指节铜套。我被打了几下，不过他们的药还是敷得很好的。”

“你是不是又在厂里闹事？”

“根本没有闹事。”杰西说道，闪过一丝恼怒，“就是礼貌地问什么是公平。我们搞了一份请愿书，为工人限期加入工会的事儿投票。我签了名。没有像上次那样的要求，没有罢工，就是民主投票。你看这有什么错吗？”

“没有，但显然克莱默认为有错。把请愿书撕了吧。”

“我们才不会呢。”

“我猜你是真的不想活到老啦。”他伸手去拿钳子，“你小心点。我可不想到处乱找，再去找个新的赛车机械师。”

“你也是个自私的白人，认为我们充其量也就是一个黑鬼，是吗？”

“我不喜欢这个说法。因为这位先生——是的，先生——正好是我的朋友。”

就在接下来的这个星期，卡尔和杰西在沃什特诺县的安阿伯驾驶一辆车参加一场五十英里的赛车。这样的车有两辆，由庞蒂亚克一家很小的贝尔温汽车公司登记注册。那位正式聘用的赛车手病倒了，贝尔温先生为此亲自跑遍了底特律的所有汽车修理厂。有人推荐了卡尔。比赛前的星期二，贝尔温在寄宿舍留了一张条子。卡尔在电话里应聘出山。

星期六下班后，他和杰西坐着贝尔温派来的一辆汽车来到安阿伯。“你们队还有谁驾车？”卡尔问那位给他们开车的司机。

“密歇根地区来的人。”

“推销员？”这不是没有听说过，但是卡尔对那种背景的驾驶员没有信心，“他们有什么经验吗？”

“他们销售车子倒是他妈的有很多经验。”那司机不耐烦地说道，“我也是其中之一。我叫墨菲。”

卡尔跟杰西挤在贝尔温汽车的后排车座上，互相会心地交换了一个眼色。

贝尔温公司不提供住宿，于是两个人在大看台下面裹着毯子过了一夜。好在，这天夜里天气尚暖，不过卡尔醒来的时候还是感觉相当冷，人有些冻僵了。八点前，他跟杰西仔细检查了他们下午要用来比赛的“贝尔温虎”。按照赛前通常的既定步骤，他们给赛车加了油，驾着它在赛道上试了半英里。卡尔刹车，加速，检测转弯和直行状况，直到他对赛道表面有了判断，知道他可以跑多少速度为止。

结果证明那些几乎没有什么用处。跑到第七圈的时候，气势汹汹的墨菲领先，但是他那辆贝尔温的轮辐断了，汽车失控，一头撞到了大看台前面一堵砖砌的防护墙上。前面几排观众尖叫着纷纷逃离。墨菲的汽车从车颈上喷出浓烟，接着燃起了大火。墨菲跳出车子——所有车子都没有安装任何种类的安全带——漆黑的油烟翻滚着，像一道帷幕笼罩在赛车道上。

卡尔前面的一位名叫查默斯-底特律的赛车手大幅度地打了一把方向冲入内场以避开烟和火。杰西指着正前方，卡尔点点头，他们一头扎进浓烟盲区。等他们冲出浓烟时，突然发现他们的路线前面有已经损毁的贝尔温的一只轮胎。卡尔要躲避已经来不及了。汽车撞到轮胎上，跳了过去，赛车极低的底盘发出巨大的爆裂声。在下一个弯道上，杰西敲了几下油表。管路断了。他们将赛车驶到检修加油站，后面蒸汽升腾的马达已经过热，冒出了浓烟，时速降到了五英里。

"该死的。"卡尔摘下他的头盔,爬出车来。

"我也很难过。"杰西说道。满腔怒火的贝尔温先生勉强地给了钱,他们收了钱,然后问清楚了去车站的路。两人的心情都糟透了,突然,他们在赛车场入口之处看到了一张五颜六色的招贴画。

韦恩县露天马戏场

5月9日,星期日

——

仅有一天

"世界速度之王"

—亲自现身!! —

蔚为奇观的展示

巴尼·奥德菲尔德

将尝试

新的速度记录!

卡尔卷了一根香烟:"看见奥德菲尔德来过一个小镇吗?我是没有,不过我听说这是件大事儿。一个真正的嘉年华。"

"让你为那老兄驾车你愿意吗?"杰西问道。

"那当然愿意啦,总比开那些T型车开一辈子好。"卡尔说道。

安阿伯的赛车灾难结束回到底特律之后,他在大环路一家墨西哥人开的小餐馆跟特丝约会。他把自己脑子里想的事儿一股脑儿倒了出来。

"那次赛车啊,太惨了,太烂了,不过,等平静下来之后,我认为,胜负跟驾驶比起来,真的无关紧要。我喜欢赛车的速度,那种情景啊,每秒钟都在给你挑战,让你充满着激情——干那个四平八稳的活,无论如何不会有那种感觉。我不知道我还能忍受那个该死的工厂多久。”

特丝搅拌着她的墨西哥辣酱，扔进几片牡蛎苏打饼干。“你就是你，卡尔。干你自己想干的事情。我绝不干涉。”

但是，她看上去忧虑不安，余下的吃饭时间里说话很少。

第二十九章　“世界速度之王”

伯纳·伊莱·奥德菲尔德据称是全世界驾车速度最快的人。他保持了各种速度的纪录,事实上还打破了很多由他自己创造的纪录。要是有谁在三十一岁的年纪就能成为一个传奇的话,那么非巴尼·奥德菲尔德莫属,他就是一个传奇,在欧洲是,在美国也是。

他要是愿意为汽车制造商开车,那么他们会提供给他速度极快的汽车和丰厚的报酬。他驾驭那些车辆和忠实的粉丝,就像一个手法敏捷的魔术师。稍微有点目中无人的美国汽车协会曾经谴责他为无法无天之徒,因为他有一次赛车没有出现在出发的起点而禁止他参加该协会所认可的所有比赛项目。但他继续在各种联赛中活力四射且成就斐然,直到他恢复了自己的地位。

不管他出现在哪里,总能吸引大群人。人们热爱他,因为他无所畏惧,情趣盎然。他穿艳丽漂亮的马甲,穿有条纹的衬衫,穿一千美元的长及脚踝的海豹皮外套,戴一只让人艳羡不已的钻石戒指。他抽的是两美元一根的古巴雪茄,给五美元的小费像给糖果一样。在好多次的狂饮作乐中,他都喝得烂醉如泥。

他带着他的第二任妻子贝丝和他的宠物爱尔兰猎犬坐一整节私家火车车厢出行。他那个朝气蓬勃的成功团队包括一名助手、两名司机和一组检修加油站的工作人员。他赛车的时候,嘴巴里总是叼着雪茄。他声名在外:好酒,好色,好赌但运气不佳。他一个下午的表演能挣三千美元,这对一个出生在俄亥俄州西北部林区一座小木屋里、大字不识几个的年轻人来说,相当不错了。

奥德菲尔德的助手在表演前的那个星期一就来到了底特律。他在底特律体育俱乐部、扶轮社和其他城市组织发表演讲。他用奥德菲尔德试图打破他自己一英里速度纪录来激发人们的激情，用火车车厢载着奥德菲尔德的三辆赛车来到密歇根中央调车场的事儿造势。那节火车厢的两边都写着巨大鲜艳的大字：

世界速度之王巴尼·奥德菲尔德

星期五，巴尼和他的随行人员坐着私人列车车厢来到底特律。市长和数百个市民前往迎接这位速度之王。只见他在月台后部跨下列车，双臂举过头顶，呼喊着他特别喜欢的招呼语："你们认识我——巴尼·奥德菲尔德。"人们的欢呼声表明，他们当然认识他。

卡尔要了解所有这些情况，只能干他很少干的事情——看报纸。报纸上刊登照片和长长的报道，都是关于这位著名的赛车手的。卡尔认为他是一个相貌颇为平常的人，圆脸，黑头，尽管他的笑容藏有某种淘气的魅力。

卡尔邀请特丝一道去露天马戏场，但是她婉言谢绝了，说她不想在他想跟奥德菲尔德见面的时候给他设置障碍，因为他很期待这次见面。卡尔十分了解特丝，他认为，她看待这不计后果的赛车世界，就像赛克斯看待他一样——当作一个竞争对手。她并没有公开这样表示，甚至连一丁点儿不快都没有表露。但她很坚决。这使他不自在。他不想在他两件都喜欢的事情中间做选择。

星期日，艳阳高照，美不胜收，露天马戏场的大看台座无虚席。卡尔买了一个便宜的座位，在高高的顶棚下面。他手拿五美分的节目单在座位上坐下，心跳开始加速。

第一个小时是轻驾马车赛，帮助积聚观众的期待。等最后一辆双轮单座马车离开赛车场之后，一辆由两匹患肺气肿的克莱兹代尔马拉着的洒水车绕着椭圆形的赛道洒水。巴尼的助手拿着一个喇叭筒走到大看台前。

"女士们，先生们，小伙们，姑娘们，你们期待已久的时刻到了——你们来这儿一睹其风采的人。你们都知道他是著名'大咖'，全世界的冠军车手，全世界的速度之王。现在热烈欢迎巴尼·奥德菲尔德上场。"

检修加油站的赛车机械师们从大看台后面推出巴尼的国家赛车——车身上

涂着红白相间的条纹，蓝色的底色上缀着白色的星星。红白条纹横过车颈，白色星星装点车头。巴尼·奥德菲尔德单独站在方向盘后面，向观众频频挥手，熟悉的身影，大量的新闻照片都是这样的形象：他穿着白色的赛车服，戴着护目镜，耳朵里塞着棉球，两排牙齿间咬着半根雪茄。他朝看台上喊着问候的话，但是人们没有听见，欢呼声、跺脚声、口哨声已经响彻寰宇。

“我们现在准备好了，看巴尼尝试突破一英里的速度纪录。巴尼，你一切就绪了吗？”

“一切就绪，皮肯斯先生。”

“看台上的裁判准备好了吗？”他们挥舞了一下手帕，“发动引擎。”

观众发出山呼海啸般的呐喊声。一位机械师摇动曲柄，再次摇动曲柄，传来一声咳嗽一样的声音，接着一个巨大的回火爆炸声，“星条光荣”的引擎发动了。但是，出了什么问题，巴尼从车上跳了出来。一波鸦雀无声从跑道卷上看台。全场的寂静中，每个人都能听到马达狂暴的轰鸣声。

巴尼看上去一脸狰狞，他将护目镜推上额头，打开远离看台一侧的车头的引擎盖。他一手举着有铰链的引擎盖，另一只手伸进车头内。大约过了一分钟，他的手突然缩了回来，咧嘴笑了，他竖起大拇指做了一个手势。卡尔和数千名观众听着马达平顺的声音，齐声欢呼起来，声音好似发了狂。

巴尼盖好引擎盖，跳进车内，等待着。慢慢地，那位助手举起了发令枪。巴尼紧了紧鼻子上的护目镜，紧紧地咬着他的雪茄。发令枪响了。人们尖叫起来。

巴尼飞速地冲向第一个弯道，喷出一溜尘烟。国家赛车绕着赛道转圈，风驰电掣般驶过大看台，这次带上了那面绿色的旗子，表明试验圈开始了。卡尔站起身来，大声喊叫。他试图用自己的脉搏来测定巴尼的时间，但是很快就乱了套，他太激动了。

巴尼冲过有格子的旗子，慢下车速。他在非终点的直道上U字形调转车头，驶向看台。当他到达的时候，他的助手从裁判席上跑了下来，他在那儿收集了记录时间的小纸条。巴尼嘎嚓嘎嚓地将车驶到看台中央停下，恰到好处地听到他的助手通过喇叭筒大声说道：

“女士们，先生们，我们获得了正式的结果。世界速度之王刚刚刷新了一个实测英里速度纪录——四十三点二秒，这个时间打破了他原先的纪录，快了零点一秒！”

全场欢声雷动。人们挥舞着节目单，抛撒着五彩纸屑。卡尔的头上挂满了皱纸彩条。他在激动中，把特丝忘得干干净净。

巴尼和他的团队在创纪录速度跑之后进行了三个五英里的赛次。参加竞争的赛车是一辆“盖世无双”和一辆“斯特恩斯”。巴尼以两个车身的优势拿下了第一个赛次。在第二个赛次中，驾驶“盖世无双”的赛车手雷德·弗莱彻超过他进入最后一圈。巴尼开始还击，加大油门，试图超越弗莱彻。他没有成功，“盖世无双”胜出一个车身。

在最后一个赛次的起点上，巴尼的脸色恐怖得像一个死囚区的犯人。这场比赛实际上是“盖世无双”跟“星条光荣”之间令人心悸的对决，两辆赛车并排飞驰，你追我赶，距离近得十分危险。来到最后一圈，巴尼跟随在外圈，看上去要重蹈第二个赛次的覆辙了。当两辆领先的赛车呼啸着飞向终点的时候，“斯特恩斯”还在后面很远的一个弯道处——巴尼突然在“盖世无双”后面猛打了一把方向，在他的竞争对手跟栅栏之间加速。

*太窄了，你会撞车的啊！*卡尔不知道他是喊叫了出来还是仅仅在他的脑子里喊了一声。巴尼无所顾忌地冲向前去，根本就不看左右。他呼啸着冲过终点，领先他的竞争对手半个车身；他的对手慢下车速，绝望地摇着头。

卡尔对最终结果有一点存疑。这有作弊之嫌吗？无所谓了，观众激动万分。看台上的欢庆气氛跟速度赛一样热烈，或者说比速度赛还要热烈。巴尼跳出车子，一把扯下他的护目镜，护目镜已经被尘土弄得几乎模糊不清了，他将双臂举过头顶，欢庆胜利。人们站立着热烈欢呼，持续了足足五分钟。

卡尔慢慢地走下大看台的台阶，他感到筋疲力尽。5月的暮光渐渐淡去，他靠在看台上，卷了一根香烟。他已经知道他的余生想要干什么了。

观众散去之后，卡尔徘徊在如今暂时被当作汽车库的牲口房附近。夜晚很凉爽，西方地平线上的红色像变色龙一般变幻着色彩：柔和的蓝绿色、淡蓝色最后是深蓝色，并缀上了闪烁的星星。终于，巴尼跟他的团队成员、修理加油站机械师和他妻子从牲口房里走了出来。他妻子黑发碧眼，身材性感，烟熏妆容显得十分娇美。巴尼穿着他的海豹皮外套。他们有说有笑地爬进两辆由赛车组委会提供的查默斯旅行车里。卡尔听到有人说往山顶走半英里的地方有一家很好的路边餐馆。敞篷汽车驶走了。卡尔将他的香烟扔进垃圾里，步行尾随而去。

在那家路边餐馆，出现了更多的跟随者，包括四个粗粗一看有点像妓女的女人。卡尔挤进吧台边的一个位置，等待着他的机会。巴尼为他的团队买了酒，他们很快就喝完了三瓶威士忌，但没有明显醉态。那位助手开始玩梭哈，巴尼的妻子拉了一张椅子到边上观看。在另一个角落，那几个烟花巷女一个劲儿地为跪着掷骰子的男人们鼓掌喝彩。卡尔看到了他的机会，便向巴尼走去，伸出一只手。

“我可以跟您聊一下吗？我叫卡尔·克朗。”

“嗨，你好，卡尔·克朗。你认识我——巴尼·奥德菲尔德。”

走近了看，巴尼的两眼中有一种朦胧的东西，聚焦并不十分清晰。因为嘈杂声太大，两人都只好提高嗓音说话。

“我当然认识。”卡尔说道，“今天下午的表演太棒了。”

“呃，谢谢。我自己也很开心。”

“我还一度以为那辆国家赛车不行了呢。”

“你受骗了吗？我们事先故意松开了一个火花塞，以便让这些有魔力的手指来修好它。”巴尼伸出那只戴着闪闪发光钻戒的手，“他们喜欢这样。”

“我在这儿参加过一些赛车。”卡尔说道，“我有机会加入您的团队吗？”

巴尼上下打量着他：“告诉你另一个小秘密。为我赛车的人不准赢得比赛，除非我命令他赢。”

这就回答了他早先的疑问。“嗯，我有过疑问，但我会适应的。我只是想离开底特律，全职参加赛车。”

“你肯定这就是你要做的事情吗？我数不清有过多少次撞车了。任何一次赛车，你都有可能在结束时头上缝满了针，或者被锯下一条腿来，或者撞断脖子。韦布·杰伊去年驾驶他的‘呼啸威利’出了车祸，二十七处骨折，外加脑震荡。他也许永远下不了床了。赛车已经不是一项游戏啦，而是一项流血运动。观众想看撞车。他们想看你流血甚至死亡。”

“我理解这中间的危险。”

“如果你不会被吓得屁滚尿流，那你一定生来就是干这个的。现在有活干吗？”

“有，在福特。”

“有家室吗？”

他没有立刻回答。“没有。不过有——”

他听到有人在叫巴尼的名字，便停住说话。餐桌边和吧台边的人纷纷转过头去，看到一个人站在铺着木屑的地板中央。一个形容枯槁的男人，穿着一套殡仪馆工作人员才有可能穿的西装。他两眼发红。

“巴尼·奥德菲尔德。”那人说道。

巴尼靠回到吧台，两个手肘支着身子。他朝陌生人筋疲力尽地微微一笑。“对不起，我不认识你，朋友。”

“詹姆斯·马布尔，南本德人。我指控你，展出结束的那个晚上，在那家铁路旅馆，你跟我老婆幽会。”

巴尼对这个指控想了两秒钟，然后挥挥手：“你喝多了，朋友。谁给你讲的这个神话故事？”

“我老婆，我拿皮带揍出来的。”

贝丝·奥德菲尔德说道：“哦，上帝啊。”声音很轻，但听得清清楚楚。

“贝丝，宝贝。”巴尼说道，没有看她，“这个家伙疯了。”

那个形容枯槁的男人浑身颤抖，汗冒了出来。卡尔附近的人开始侧身慢慢离开。他听到有一个酒吧侍者在他身后移动。詹姆斯·马布尔猛地将手插进外衣口袋里，掏出一支蓝色的左轮手枪来。他瞄准巴尼的左侧身子。

“举起手来，你要是敢伸手拿任何东西，我就把你的脑袋打开花。”

巴尼一把推开卡尔，接着推开另一边的一个人：“走开，伙计们。我不想因为一个醉鬼缺乏常识的神话故事而伤了任何人。”卡尔来到一张坐着三个人的餐桌跟前。他站在那儿，浑身发僵，他双腿的后面贴着一张没人坐的椅子。大家一动不动，只有马布尔在动，他一直在颤抖。铁皮灯罩的电灯下，雪茄的青烟层层盘旋缭绕。

“神话故事？”马布尔说道，“谁都知道你的名声。你是一个肮脏的好色之徒，专门糟蹋别人的老婆。”他突然将左轮手枪一转，指着贝丝。她赶紧捂着耳朵，低头躲避。

“你把这个荡妇弄上床，然后——”

“闭上你的臭嘴。贝丝是一个正派的寡妇。”

“——然后你一脚把你第一个老婆踹了。好啦，你彻底完蛋了。”

巴尼像马布尔一样大汗淋漓。他用左手擦着他亮晶晶的脸，那颗引人注目的钻石在闪闪发光。

“马布尔，我们商量一下。我们俩到外面去说这事儿。我不想那把枪走火伤了我的朋友。”

“你吃枪子儿之后他们也吃枪子儿。”马布尔大声尖叫道。他用双手抓着手枪，瞄准他的目标。就在此刻，卡尔一把抓起他身后的空椅子扔了过去。椅子击中马布尔的双膝，砸得他踉跄起来。巴尼飞速趴到地板上。马布尔的手枪走火了，但是子弹砰的一声击中了铁皮灯罩，弹了回来，没有伤着任何人。

巴尼团队的人蜂拥向这个还在踉跄的人，夺过他手中的枪，将他扑倒在地，用拳头打，用脚踢。马布尔屁股朝天，两个手肘支着身子，手护住自己的头。巴尼的助手用脚踢着他的肋骨。

“好啦，别管这个可鄙的粗鲁家伙了。”巴尼说道，一面把他们拉开，“谁把他从这儿拉出去，捆起来，然后去把治安官叫来。贝丝，你没事吗？”

“我没事，巴尼。”她慌乱地说道，用一种奇怪的眼神望着他。

“到这儿来，喝一杯。大伙儿都再喝一杯，巴尼请客。对不起，闹了一架。”他对那三位酒吧招待说道。他给了每人五美元。人群蜂拥向扶栏边的时候，巴尼走到了卡尔跟前。

“你救了我的老命，小伙子。你的反应很快。你驾车也这样吗？”

“嗯，尽量吧。”

“跟你这么说吧。这个夏季我会在全国跑，不过 8 月份我知道我会在印第安纳波利斯,去为那个新的赛车场开赛。我想我的第二车手雷德大约在 7 月份会离开我,他老婆的烤炉里面有面包了。他要是真的离开,空缺又没有填满的话,我会试用你的。”

“我会找到你的。谢谢。”

“不作保证,明白吗?”

“我碰运气吧。”

“好,这就是我们所玩的游戏,碰运气。再问一下,你叫什么名字。”

“克朗。卡尔·克朗。”

“卡尔。记住了。”巴尼拿做了个手枪的手势,朝他开了一枪,“来吧,喝一杯,巴尼·奥德菲尔德请客。”

第三十章　令人绝望的电话

卡尔把头伸进门道里，他穿着衬衫式长睡衣，被很响的敲门声弄醒了。吉布斯先生站在那儿，手里拿了只盘子，盘子里竖着一根蜡烛。蜡烛光很暗，黑暗中，他的头仿佛没有身子一样漂浮着。

卡尔用指节揉着自己的眼睛。“什么时候了？”

“四点半。”星期二，他跟奥德菲尔德见面两天之后。“任何人这个时候打电话给一个正派人家的家庭都不是挺合适。”

“电话？”他的话音依然困意很重，含糊不清。

“电话那头是个女的，说事情很急。沃劳尔太太从隔壁跑过来把我叫醒的。”

“上帝啊。”卡尔说，突然警觉起来，“我马上过去。”

“穿件外衣，你这样不雅观。”女房东大声说道，可是他早已经噔噔噔地跑下楼去了。

沃劳尔太太是一个小个儿的女人，脸上长着星星点点的痣。在客厅里，她把话筒递给卡尔，然后退后几步。卡尔转过身去，心里直嘀咕。难道是他母亲或者将军突然故世了吗？

“喂？”

“卡尔，是我。我不能说长。”

“特丝，什么事儿？”他听出她的话音中有颤抖。有什么可怕的事情发生了。

“我本想等到明天，可是我睡不着，我的心里太乱了。”

“告诉我出什么事了。”

“现在我不能详细说，我明天早上告诉你。我八点半来接你。”

“特丝,明天是工作日啊。”

“找个借口,打电话去请病假。”

他打小就在打骂中受到严格的德国教育,为人要正直:“我从来不为了请假去扯谎。”

“哎呀,你是个圣人吗?你很了不起吗?你究竟在不在乎我?”

“你知道我在乎你。”

“八点半。”

咔嗒一声,电话挂断了。

他将话筒挂到钩子上。他身后的声音提醒他沃劳尔太太就在那儿。“出事了吗?”她问道,带着打听别人隐私的那种不良动机。

他一头雾水,呆若木鸡,瞧着她说:“是的。是的,我想是的。”

特丝驾驶着红色的克莱默轿车早到了十五分钟。卡尔手里拿着帽子,从大门跑了出来,她挪到了副驾驶座位上。他出来太匆忙了,差一点忘了将背带扣到裤子上。

他拉开车门,踩上踏板,一看她这副样子—— 一夜以泪洗面,面色通红;两眼周围都是眼影污迹,像两团胡乱涂抹的水彩颜料——他吓坏了。她穿着一件棕黄色的风衣,头上戴着一顶宽边帽子,用一条红丝巾系过下巴。她在自己的大腿上揉着双手。他想起了她每月一次的例假,但是觉得,事情一定远比这要严重得多。

“你想去哪里?”

“乡下,哪儿都可以。”

他低下头,以免撞到车顶上,然后关上车门,抓住方向盘。“是不是那个接电话的女的对我的电话大发雷霆了?”她问道。

“这没有关系,她知道是急事儿。有谁伤害你了吗?”

“不是身体受伤害。”她闭上双眼,眼泪又喷涌而出,“开车。”他从来没有看到过她这个样子。她总是那么坚强而又自信的。

他自如地穿越在早晨繁忙的车流里,向西驶去,接着穿过伍德沃德大街,沿着格兰德河向西北方向行驶。克莱默轿车里的空气很浑浊，他打开了车窗。特丝透过挡风玻璃，直视着前方。

开出城两英里之后，砖铺的路没有了。克莱默轿车颠簸在一条路况更加糟糕的公路上——路面上铺的全是沙子，还有深深的车辙。被太阳晒得油黑的人们在蚕豆地里、豌豆地里、苹果园里劳作。特丝稍稍振作了一点，打开了她这边的车窗。卡尔谙熟乡村的美景，槭树、悬铃木、樱桃树正长出嫩芽，野花盛开，小鸟啭鸣，一只大野兔在他们前面蹿过马路，后面跟着另一只。

他看到有一条小路穿过一块长着高高野草的休耕土地，便将克莱默轿车拐了进去。他踩死刹车，关掉引擎。

"我再也等不下去了，特丝。怎么回事儿？"

"我们走走吧。"她下了车，在阳光下眨着眼睛。他感觉到了他们四周土地的温暖。她将她的风衣扔到座位上，摘下帽子，但是将红丝巾留在了脖子上，像一面长长的鲜艳的旗帜。他们手拉着手，沿着小径朝一个柳树林子走去。她没有看他，开始讲述。

"事情发生在昨天晚上。吃过晚饭，爸爸让我到他书房去谈话。我还以为不是什么重要的事情，但是他把所有的门都关上了，我就知道不是一般的事情。他说韦恩在逼他，要我嫁给他。"卡尔的火气刹那间升腾起来。

"爸爸认为韦恩是个理想的结婚对象，我应该答应这门婚事。我告诉他不可能。他说我的感情无关紧要，在这件事情上，他不允许我忤逆他。我们吵了十到十五分钟。"她话音中的紧张、措辞的迟疑告诉他，她发现洛伦佐·克莱默是一个意志坚定的对手，他的意志不容忽视，哪怕是一个有自由思想的现代女性也无可奈何。

"我说我不爱韦恩。他说这没有关系，说这是他的愿望，是为了我好，几年之后，我会认识到并赞同这样做的。说到这儿——"高高的野草倒伏在小径上，特丝紧紧拉着他的手。北方吹来的微风轻拂着她的白衬衫，衬衫紧贴在她的胸脯上。

"说到这儿，我的力气用完了。我歇斯底里地发作。我告诉爸爸，我绝对不会嫁给韦恩。我告诉他我要嫁给你，非你莫嫁。"卡尔的腹部一阵痉挛。

“爸爸靠回到他的大椅子上，只管两眼恶狠狠地盯着我。好像是我说了我要嫁给一个麻风病人一样。他说他无法相信我居然会如此任性和愚蠢。我说我不想再说这件事情了，他已经知道我的答复了。”她用空着的手轻轻揉着自己的双眼。

“我恐怕当时真的像一头野兽。他就是一块顽石。我知道这一定是他跟韦恩在一起密谋的。他说等我恢复理智的时候会再谈这件事。他命令我出去，就像他命令一个职员一样。当时已经九点钟了。我睡不着。给你打了电话之后，我感觉好多了。我睡了一会儿，醒来的时候大约是七点钟。爸爸已经离家上班去了。整个倒霉的事情就是这样。”她说完，笑了一下，但是没有热情。一只乌鸦呱呱地叫着飞过阳光照耀下的小径，直插白云点点的蓝天。

“我们怎么办，卡尔？”

“说实话，我也不知道。”他以前从来没有这么深地跟一个女人搅在一起过，也从来没有像爱她一样爱过一个女人。特丝说要厮守他一辈子的话一直萦绕在他的心头。

特丝再次拉住他的手：“来吧，我们到树荫下坐坐，休息一下。我累坏了。”

“我可以想象。”

在抽芽的柳树丛中，他们走到了一条水流舒缓的小溪边。卡尔面朝小溪、背靠一根树干坐下。特丝偎依在他的怀里，像个孩子一样躲在他安全的臂膀中。他右手大拇指圆圆的指头紧贴着她暖暖的脸。她伸展的双腿贴在他的腿上，衬衫上的蝶形领结松开了，领结的两端挂落在她浑圆的胸部上。他抱着她，希望他在她身边能给她带来安慰；他不是一个老于世故的人，想不出一些得体的话来安慰他。小溪在石头上潺潺流过，发出低低的吟唱，又像纸张的沙沙声。

“卡尔，你爱我吗？”

“非同一般地爱你。”

特丝挣扎着跪起身来，用手掌抚摸着他的脸，将嘴唇凑了上去。

“没有人看见，方圆好几英里地没有人烟。来吧。”她亲吻他。他吻着她的嘴，闻着她秀发和肌肤的暖暖芳香。

她将身子往后靠去，用右手解开衬衫的纽扣。他抓住她的手腕。

“我从屋里跑出来太匆忙了,像着火了一样。我没带安全套。”

“我不管。我爱你。你也许再没有其他的机会了。求你。”

他们互相望着对方的眼睛。他感觉像是一个赛车手冲下了一个万丈深海上面的悬崖。

特丝瞧着她那只小巧的金手表,说他们最好还是回到城里去。卡尔说,她要是方便的话,就在工厂附近把他放下;他可以对他们说他感觉好些了,还可以干半天活。他不知道他们的关系中这最后的转折意味着什么。他也不知道她想要从中得到什么。

她让他在距福特汽车制造厂一个街区远的一家小雪茄烟店门前面下了车。她似乎再次恢复到了以前一样,坐在方向盘后面,头发已经多多少少整理整齐,衣服也一样。阳光下,她的乌黑双眸闪耀着光芒。

“卡尔,相信我,我本不想引诱你的。”

“我们不说这个。上帝啊,自从我见到你的那一刻起,我就朝思暮想着这事。我只是不知道我们接下去该怎么办。我得想想。”

“那还有的是时间。”她抚摸着他的脸,“我不会嫁给韦恩,但是我不会强迫你娶我。”她微微一笑,这使他想起了他们的第一次见面。她从自己的脖子上扯下那根驾车用的红色丝绸围巾,举过他的头顶,抛到他的肩膀上。

“我杰出的骑士处在了一个汽油罐上。有个信物,你就不会忘了我。”

“忘了你?我爱你,特丝。”

“我们要不要计划一下星期日?”

“到博伊布朗克那个小岛去野餐怎么样?我会给你打电话。”

“不,现在所有的仆人都能听出你的声音了。他们也许会告诉爸爸,我不想再出现那种场面。我会到韦恩宾馆跟你见面的,就在那个有顶棚的旱冰场外面。午餐篮子我会带来的。十一点好吗?”

“好的。”他说,“我爱你。”

她吻了一下自己的手指,然后爱抚着他的脸。她放开离合器踏板,车子开走了,交会过一辆迎面驶来的大卡车,大卡车上装满了有熟悉的克朗标志的啤酒桶。卡尔两眼盯着这辆货运大卡车,瞧着它穿过距他不到六步的十字路口。它就像上帝的一只手,或者像乔·克朗的一只手,在此决定命运的时刻,伸下来提醒他诸如责任、正派、女人的声誉之类的东西。他不知道怎么办,只有去找杰西谈谈,征求他的意见,马上。

在雪茄烟店外面扫地的一个黑人小男孩好奇地望着他。这个小男孩看到的是,一个结实的白种男人一脸愁容,大踏步朝着皮盖大道走去,肩上一条红围巾飘扬在春风里。

第三十一章　暴行

“你如果就是她口中所说的杰出的骑士的话,那么难道你不应该拯救她于水火吗?”杰西坐在一只装钉子的小桶上,手中拿着一块油布,瞧着卡尔。一盏煤油灯照亮着棚子。卡尔手中夹着香烟,来回走个不停,在地上留下了一个个脚印。

卡尔直到这个晚上才找到杰西,已经是星期三了。前天晚上,他在杰西的家门口等了两个钟头,但是杰西一直没有回来。原来,他当时正在跟铸造厂的其他工人一起开会,讨论如何强行让他们就对只雇用工会会员的企业投票请愿的问题给一个答复。

卡尔抽着自己卷的香烟。“是的,这取决于我。”他同意杰西的话。他讲述了克莱默对特丝所下的最后通牒和她的反应。他说他们驾车到乡下去商量了这件事情,当然没有说其他事情。

“你对这事儿有什么办法吗?”

“巴尼·奥德菲尔德说今年夏天晚些时候他的团队也许会有一个空缺。如果他雇用我,如果特丝嫁给我,那么我们就可以离开底特律。”

杰西嘟起双唇:“跟着那帮赛车人去旅行? 你对我说过那帮家伙素质十分低下,一天到晚喝酒嫖娼。你想她会幸福吗? 也许会持续——多久? 六个月? 也许一年,如果像你说的那样她爱你的话。”

“她说她会为我赴汤蹈火,杰西。她的原话。”

“人在恋爱的时候会说很多话。接着几年过去之后,生活的琐事贯穿着艰难的一天又一天,然后他们就会感到奇怪,那些话当时是怎么说出口的啊。要是我,在把一个上流社会的姑娘从她习惯的一切当中拽向无数的酒吧间和低档客栈之前，得好好想想。”

卡尔丢掉香烟，在烟头上踩着。杰西说得对，要说服自己，他只要记着那家路边餐馆就是，巴尼在那儿被逼入绝境。他不知道这种对特丝的关心是不是也是他想隐藏自己害怕的一种更简便方法。跟结婚相伴的是责任。

他刚要开口说话，突然外面有什么声音响了起来。他听到后院里有脚步声。灯芯的亮光在杰西的眼睛里闪耀，他转过头去，他也听到了声音。

“外面有人，杰西。”

“这不是你的战斗。”杰西声音嘶哑地说道，“到小巷里去。”他朝他身后的第二扇门摆了一下头。

“什么战斗？跟谁战斗？”院子里有一个人粗暴地发布着命令，脚步声加快了。杰西从工具台上抓起一个锤子。

“该死的企业家协会，那份请愿书。那些老板一定是派人来——”

面朝后院的门猛地被踹开了，插销门闩崩裂开来。卡尔看到了一只底部有平头钉的靴子。

接着，那人来到棚子里面，后面跟着另一个人。这两人的脸都很粗糙，身上穿着破衣烂衫。第一个人手拿一把扎大鱼的手钩，第二个人拿着一根铁棍。正当卡尔走到这两人前面时，杰西身后的门也被冲开了。一个穿着肮脏的驾驶服、戴着棒球帽的人走了进来，手中摆动着一根棒球棒。

卡尔朝先进来的两个人大叫道：“你们到这儿来干吗？转身滚开——”他的头上被重重地敲了一下，敲得他两眼直冒金星。那个手拿棒球棒的人从后面打了他一下。

卡尔往前倒去，先是一头撞上了棚子的墙。他挥舞的双手推倒了安放零部件的柜子，各种规格的金属螺丝撒了一地。

拿手钩的家伙低头躲过杰西挥动的锤子，闪身上前。扎大鱼的手钩飞向前来，扎进了杰西的左大腿三英寸深。杰西痛得一脸狰狞，他的锤子脱了手。那人的手腕恶毒地一扭，拔出了鱼钩。杰西紧咬牙关，一条腿跪到了地上。第二个人举起铁棍打他的头，但是穿着驾驶服的那个人大叫道：“埃尔罗伊，你个该死的白痴，不是那个黑鬼，是另外一个。”

卡尔正在拼命地抓着棚子的墙壁，让自己站起身来，就听到了这个话。洛伦佐·克莱默对某人说了特丝的拒绝，卡尔知道这人是谁。

棒球棒狠狠地击中他的双腿。他一个大马趴倒在地上。当那个拿鱼钩的人想要踩住卡尔脑袋的时候，卡尔翻过身来，一脚踢中那个拿棒球棒的家伙的胫骨。那人往回跳了回去，嘴里窃笑着。他用双手握紧球棒，举过头顶。卡尔不由自主地往右一滚。但是，那根球棒没有落下来。说时迟，那时快，杰西将煤油灯砸到了那人的头上，煤油灯被砸得稀碎。

煤油浸湿了那人的脖子和领子。灯芯点着了煤油。那人的头发和帽子顿时燃烧起来。他惊叫着，连球棒也扔掉了。更多的煤油飞溅到了一张工作台上，把工作台也点燃了。烈火烧着了薄薄的木头墙壁。拿鱼钩和拿铁棍的人急忙往小巷里逃去，像两个马戏团的小丑一样撞到了一起。

另一个人尖叫着将他长长的外衣往头上剥。他好不容易扑灭了身上的火。卡尔费力地站起身来，最后看了他一眼，只见他跟随着那两个人逃去，不见了踪影。

木头墙壁烧得很快，噼噼啪啪地像富含油脂的油松。“杰西，起来。”杰西站不起来，或者说没有听见——他昏过去了。他的裤子从大腿到鞋帮处都渗透了鲜血。

卡尔将他拖到外面，让他躺到院子里距大火安全距离的地方。隔壁一个白人冲进木板围墙的大门，卡尔大叫道：“快叫消防站，看在上帝的分上。”

“早就叫我儿子托利弗去叫了。夏纳先生怎么样？”

“那人把鱼钩扎进了他的大腿。”

“哦，主啊。看上去挺吓人的。”

建有精心打理的花坛的整洁后院在卡尔的脚下倾斜。他跌跌撞撞地来到围墙边，咽下涌上喉咙口的胃酸。他趴在围墙上，直到这阵难受过去。

十几个惊恐万状的邻居赶了过来。有好几个拿一桶桶的水往火上浇，但是杯水车薪。警铃长鸣，一辆消防车来到了他们跟前。一个女人说道：“仁慈的上帝啊，赶快啊，别把所有的房子都烧着了哇。”

卡尔摇摇晃晃地回到他朋友身边：“谁帮我把他扛起来，他需要去医院。”

邻居赶紧去准备马和马车。卡尔从裤腿上撕下一条布,临时当止血带用。他在杰西血肉模糊的伤口上面将止血带扎紧。谢天谢地,好在杰西昏迷着。

他们坐着马车离开了,几秒钟之后,水龙从街区的另一头沿着小巷冲了进来。消防队员展开水龙带,将棚子鲜红的废墟浇得透湿。无风的空中,仅剩下几粒火星子在飞舞。

十分钟之后,卡尔跟那位白人邻居将杰西扛进位于杰斐逊大道上的撒马利亚医院的急诊室大门。一位大夫检查了他的伤势。

"我们马上把他弄到手术室去,给他做缝合手术。有肌肉受伤了,但我不知道伤到什么程度。"

护士在杰西身上盖上一块被单,用轮床把他推走了。医院里黑漆漆的,十分安静,空气中弥漫着各种化学制品和消毒药水的气味。卡尔一屁股坐在一张长凳上,他浑身脏兮兮的,都是汗水和污垢。他依然在颤抖。

那邻居说道:"那些人干吗要袭击他?夏纳先生是一位很正派的人啊。"

"他们弄错了,他们要攻击的是我。"

"你知道他们是哪儿来的吗?"

"我知道。我十分清楚他们是哪儿来的。"

塞克斯和卢比广告公司在位于福特西大街的佩诺布斯科特大楼占有两层楼的办公用房。寂静的接待大厅里是金色和森林绿色的组合,暗淡的壁灯上装饰着小巧玲珑的灯罩,使得接待大厅蒙上了一种装腔作势的精巧雅致。有好几次,乔·克朗曾经带着小卡尔到芝加哥的制作和投放啤酒广告的地方去过。克朗的广告商是一些直言不讳的人,他们工作的办公室也像他们一样朴实无华。这儿的情况却大相径庭,有一种虚伪的腐朽气氛。莎士比亚和丁尼生的半身塑像在大理石基座上凝视着他们,仿佛在说,这些房间里面打磨出来的商业作品跟天才的创造从某种角度讲有异曲同工之妙。

"我在哪儿可以找到赛克斯?"

卡尔的口气让那位女打字员警惕地从她的办公桌上回过头来。"他的办公室在楼上。"她指着角落里的装饰华丽的环形楼梯,"但是,他从来不见没有——"

卡尔早已经在去楼上的半途中了。

他将人们推到边上，不看他们的脸，不看他们穿的什么服装，也不管他们如何看他—— 一个穿着工装的人大步向前走去，两眼盯着每扇门上的铜制名牌。卡尔找到了上面写着“小 F.韦恩 · 赛克斯”的牌子。他拧动了那个装饰华丽的门把手。

“——而且我就要这种散热器，还有该死的整车，更大的。我昨天就对你说了——更大的。你傻吗？我不想带着那样的垃圾车去见克莱默先生。”

卡尔用拳头擂开了门。韦恩 · 赛克斯穿戴整齐，棕色的三件套，坐在一张巨大的办公桌后面，办公桌上堆满了版面设计。一个面色灰白的人站在一边，他的衬衫和手上沾满了粉笔的污迹，他正在一本拍纸簿上紧张地记着什么。

“拉姆福德小姐，我明确告诉过你，敲门后再——”赛克斯的双眼调整了焦距，“老天啊，你到这个办公室来干什么？”

卡尔瞧着这豪华的家具摆设，以及装了镜框的照片——克莱默工厂、克莱默汽车、克莱默先生，还有一个极像赛克斯的老头儿。还有各种华丽的奖章、奖状，以及一份哈佛大学的毕业文凭。

“我猜你很想知道你的那些恶棍没有完成任务。”

“你喝多了吗？你是个疯子吗？我不知道你在说什么。”

卡尔对边上那个男人说道：“你最好出去。”那人跑了出去。

“你这家伙也最好出去。”赛克斯说道，“我会让你坐十年牢的。”

“我不这样认为。你派来的其中一个人叫埃尔罗伊。如果警察围捕了该城所有的埃尔罗伊，并把他们关到小囚室里一审问，那么我保证其中有一个人会竹筒倒豆子一样直接把你供出来的。你如果买通警察，那么我会通过我芝加哥的父亲雇一个律师，一个像达罗这样喜欢消灭你这种人渣的律师。”这是虚张声势的吓唬。他告诉了警察埃尔罗伊这个名字，并描述了那三个人的情况。侦探们记下了这些信息，但是他们很可能十分钟之后就把这种事儿丢到爪哇国了。但是，赛克斯对此一无所知。

赛克斯的目光移向了他竖式电话机边上一个盒子上面的那些象牙按钮。卡尔将那只盒子扯下办公桌，拉断了电线，将它扔到地上。接着，他将电话机一把抢过来朝墙壁扔去。装着洛伦佐·克莱默照片的镜框玻璃被砸得粉碎，撒落到了地上。赛克斯尖叫着："找人打电话给警察！拉姆福德小姐——"卡尔将手伸过办公桌，抓住他的领带，一把将他拽了起来。

"你不是喜欢动粗吗？"

他第一拳就将赛克斯的鼻子打破，第二拳打得他两个鼻孔血流如注。赛克斯瘫倒在那些版面设计上，鲜血在克莱默汽车的那些草图上流淌。卡尔绕过办公桌，将他从椅子里一把抓了出来。

"啊，求求你，啊，求求你。"赛克斯哀求道，双膝跪下，双手捂着他血污斑斑的脸。

"闭嘴，闭上你该死的臭嘴。"卡尔吼叫道，拿手背扇着赛克斯的耳光，扇得自己的指节上全都是鲜血，"你的暴徒把我朋友伤得很厉害，他也许再也走不了路了。"

"对不起，对不起。"赛克斯的眼泪流进鲜血里，一滴一滴地从他的鼻尖上流下来。他的裤裆变成了深色，他小便失禁了。"我爱特丝，所以我得做点什么。"

卡尔将他拽了起来，狠狠地在他的腹部击了两拳，接着将他扔向了墙壁。克莱默工厂的照片掉下来，砸在他头上，碎玻璃撒了他一头。卡尔还想接着揍他，但是他并没有疯狂到对赛克斯已经失去还击能力视而不见。再揍他就不是惩罚，而是凶残了。

他听到了走廊里的声音。"在那儿，在那儿！他要把赛克斯先生杀了！"三个警察手握警棍拥进门来，将卡尔打翻在地。

他在拘留所里过了一夜。他被打得生痛，吃不下饭，睡不着觉。他知道，按他的所作所为，必坐牢无疑。

令他感到惊讶的是，他们竟然一早就将他释放了。韦恩·赛克斯也没有提起任何诉讼。这不是更加明显地承认他有罪吗？不过，卡尔并没有因为这样的结果而感到满意。

他到慈善病房探望杰西。他的朋友醒着，很困倦，但是假装很愉快。卡尔离开的时候，一位医生告诉他内情，杰西腿上的伤势非常严重。他有一段时间可能要用拐杖，也许一辈子都得用拐杖走路了。

“他在一家铸造厂工作。一个人拄着拐杖没法上班啊。”

“我知道这是肯定的，他得干其他活儿了。”

上午十点半，卡尔找到最近的一家酒吧，吞下了两杯威士忌。他的世界在快速崩溃。

中午，他在皮盖大道打了考勤卡。打考勤卡的职员从他的小房间里朝外望着，瞧着他的伤痕：“老板到处找你呢。”

“你是说戈加蒂吗？”

“大老板。亨利。你最好赶快到二楼去吧。”

在主大厅里和楼梯上，他发现大伙儿都在瞧着他。绘图室里的人们停下手中的活儿，在他走进门的时候交头接耳开了。他径直走向福特开着的办公室。福特从一份蓝图上抬起头来。

“估计你也该来了，卡尔。进来。坐。”

福特卷拢蓝图，拿一根牛皮筋将它绑好。他的下巴上有一个剃胡须留下的小伤痕。他的领带图案是蓝色的小花。他热情友好得几乎像一根烧红的铁棒。

“昨晚，我在家里接到了洛伦佐·克莱默的一个电话。他对我说了一件十分凶暴的事情。他说你打了他的一个朋友。”福特在办公桌上的文件堆里找到一张备忘纸条，“赛克斯。广告业的一个年轻人。这是真的吗？”

“是的，先生。”

“他们把你抓到拘留所，你在那儿被关了一夜？”

“是的，先生，但没有受到任何指控。”

福特等了一下。“完了？你没有其他话要说了吗？”

“赛克斯自找的，这是私人恩怨。”

福特摇摇头。“我没有这样的习惯，打破常规亲自雇用你这个层面的人员。我打破这个常规是因为我认为我看到你的态度、你的行为有一些优秀的素质，你有良好的潜质。但你愚弄了我，你让我失望，你让整个公司失望。你违反了我在家里说过的规定。我说过，是吗？”

“是的,先生,你特别强调,不能在公共场合打架,以免给福特汽车公司带来麻烦。”

“是的,我当然是这样说的。你违反了规章制度,开了一个不好的先河。”福特严厉地瞪了他一眼,“你被解雇了,没有解雇金,就本周的薪水。我给你半个小时的时间去清理柜子里的东西,然后离开工厂,就这样。”

“福特先生,可以允许我说对不起,给——?”

“不,我不允许。”他的目光像一个怒不可遏的传教士,“你要是继续这样,卡尔,那么你将一事无成。我认为每个人都应该有第二次机会。当别人给你第二次机会的时候,我希望你别犯傻再将它毁掉。”

电话铃响了。

“还有一件事情。克莱默说,你要是再踏进他的地界一步,无论是在这儿还是格罗斯波因特,他都会让你去坐五年的牢。”福特愤怒地挥手让卡尔出去。然后,他拿起话筒说道:“我是亨利。说吧。”

第三十二章　分手

在第三大街，濒临河边，密歇根中央火车站的附近，坐落着韦恩宾馆。宾馆有大理石的地面，有喷泉，有三个酒吧、五个餐厅，有配备了十把椅子的理发大厅，它跟庞查特雷恩宾馆竞相争夺"底特律最好宾馆"的荣誉。卡尔在总台服务员狐疑的目光下信步走过大堂，但是他兜里的钱几乎没法在这里吃一餐早饭。星期日上午十点半，他就到了这儿，他穿着那件棕色的旧灯芯绒外套，脖子上围着特丝的那根围巾。他在宾馆旱冰场的售票亭边等候。一个睡眼矇眬的黑人正在一扇一扇地打开百叶窗。不远处阳光照耀的河上，一条运煤船鸣响着汽笛。

特丝在十一点差十五分时上气不接下气地来了。她拎着一只小小的野餐篮。她看上去休息得很好，恢复过来了。他们走向渡船码头，出游的人们正在排队上"快乐"号渡船，底特律的这艘白色渡船属于贝尔小岛和温莎轮渡公司。

"爸爸对我说了你揍韦恩的事情。"

他从口袋里摸出七美分钱，一面观察着她的脸色，看看是否有谴责他的意思。没有。

"我太恨他了。他派来的暴徒用一只鱼钩把我的赛车机械师的一条腿给扎伤了，他们弄错人了。你见过杰西。他可能这辈子都得拄着拐杖走路了，一个人拄着拐杖不可能在铸造厂工作。"

"哦，上帝啊，太可怕了。"

"是的，太可怕了。杰西在铸造厂工作，本来生活挺好的，都是我的错。"

他买了两张往返的船票。他们登上"快乐"号，一只铜铃敲响，表明渡船起航了。

“韦恩承认是他派的人了吗？”

“是的，但是我没法向任何人提供证据。真是一团糟。”

特丝在一张靠外边俯瞰右舷栏杆的长凳上坐下。“是的，是糟糕。但与此同时，在我的记忆里，这几个月是我度过的最最甜蜜的几个月。生活为什么总是那么复杂，好坏掺杂在一起？”

“也许像爱默生这样博学多才的人才知道答案。我是肯定不知道的。”

底特律河连接两个湖泊，大约有三十英里长。在下游的阿默斯特堡的对面，坐落着博伊布朗克小岛，这是该地区恋人们幽会、举办主日学校①培训班和各种各样远足者嬉戏玩耍最好的地方之一。小岛上的气候尚未完全转暖，所以公共浴场没有开放。因为是星期日，那个石头砌成的舞蹈馆也没有开放，但是咖啡馆很忙，午后没多久，绿树成荫的小径上和一些运动场上已经挤满了人。卡尔和特丝在一张用带皮树枝做成的桌子上吃了野餐。她带来了一罐凉茶，他们喝的时候正好不冷不热，味道很好。博伊布朗克小岛上不允许喝酒。

卡尔掸掉那块方格布上的碎屑。特丝烤了一条面包，配上很粗的肝泥香肠，再加上味道浓郁的瑞士干酪和热乎乎的德国芥子酱，可以做成三明治。卡尔不习惯蹚这么深的浑水，十分尴尬地提起了一直缠绕在他内心深处的那个话题。

他伸手拉着桌子对面特丝的手。他们头顶上的阳光和新叶的阴影在她的脸上嬉戏。他问：“你后悔吗，我们所做的事情——发生在乡下的事情？”

“一分钟也没有后悔过。你呢？”

“没有。不过，假如我占了你的便宜的话，我会。”

“你没有占我便宜。”卡尔的目光依旧停留在桌子上，她紧握了一下他的手，“你没有。”

他看着她，除此捷径，别无他途：“你愿意嫁给我吗，特丝？”

“不愿意。”

①主日学校，也称星期日学校，指星期日对儿童进行宗教教育的学校，大多附设于教堂。

他目瞪口呆，受到不是一点点伤害，他挺直了身子：“为什么？我们可以离开底特律，到其他地方去定居。”

“是因为内疚说这个话吗？”

“是我的真心话，该死的。我说了好多遍了，我爱你。”

“我也爱你。正因为这样，所以我不能答应嫁给你。你不是一个雇用工人的老板，而是一个要打考勤卡的工人，你不是经常对我这样说吗？我知道你有其他的优秀品质。勇敢，善良——很容易激动，因为你身上有一种野性。是否还有比这更深奥的东西，我不敢确定。也许你自己也不知道。”阳光突然在她的眼睛里闪烁光芒，“可是，你因为某种误入歧途的责任感而待在这儿，是不会找到答案的。我放开你，卡尔。我对你真的没有任何束缚，也没有想要束缚你。我想要你离开。去追随巴尼·奥德菲尔德。我知道这是你想要的。”

“特丝，请让我——”

她站起身来，抚平她的裙子：“这个话题到此为止了。我们去散步好吗？这是一个美好的下午。”

下午，他又提了两次关于结婚的事情，可是她拒绝讨论。说到其他很多事情的时候，她兴高采烈，说话频率很快，脸上还显出了红晕。五点钟，她说他们该回家了。

他在底特律的中心广场，在该城市的创始人圣路易斯的骑士安托万·德拉莫塞·凯迪拉克的纪念碑那儿跟她分手。在那张空着的花岗岩椅子后面，她重新整理了一下那根红围巾，将围巾两端在他外套的翻领上抚平。

“我的杰出的骑士，去追逐撒拉森人和龙吧。”

“我知道的唯一的龙是奥德菲尔德驾驶的那条绿龙。我不可能去，除非我们解决了——”

“卡尔，我们的问题解决了。祝诸事顺遂。不要再打电话来或者来看我。我的心早已经碎了。”

她张开双臂抱住他，这让那些在春天的暮色里路过他们身边的汽车司机和马车夫震惊万分。他们亲吻的时候，他感觉到了她的泪水。她竭力挤出笑脸，然后一把抓起那只野餐篮，跑去赶有轨电车。

他从位于格里斯沃尔德大街的迪梅银行取出了他所有的积蓄，九美元。他跟吉布斯太太结清了费用，吉布斯太太说他是一个好房客，从来没有任何麻烦，什么时候想回来就回来。他在脖子上扎好那根红围巾，出门去杰西那儿。他在后院找到了他那正试图用一只手在花坛里种花的朋友。

杰西扔下锄头，靠在加了垫子的拐杖上。他的左裤管看上去比右裤管要粗，左腿还绑着绷带。

“来道个别，杰西。”

“再见，卡尔。我会想你的，你是一个真朋友。你看我的眼神，从来就不把我看作黑人，除了第一眼。你是打算像你说过的那样去投奔奥德菲尔德吗？”

卡尔点点头。他指着那黑色的棚子废墟：“你会再建一个吗？”

“当然。我可以坐着干活。我要先把金属理出来，然后还要利用那些烟灰。木头烟灰是价廉物美的肥料。”

“固定职业你打算怎么办？”

“哦，我不会有问题的。总是有一些白人不愿意弄脏他们双手的活儿可以干。也许，我可以去上理发学校。我可以买一张凳子，高的凳子，这样我就不用站了，稳稳当当的。”

卡尔被他的想法惊呆了，像杰西这样一个积极热情、独立自由的人，居然降格以求，沦落到愿意去黑人理发店给人理发的境地。“胡特·埃德蒙兹总是会聘你当赛车机械师的。”

“我估计他会的。不过我没法驾车了，不能拄着拐杖干活。”

“我真的实在是太抱歉了，都是因为我。”

“哦，没有的事。”杰西摇着手说道，“因为我坚定地维护劳工的权利，这种事儿总有一天会以另外的方式发生在我身上。这个城市的问题就在这儿。你去见特丝了？”

“我们星期天就说再见了，这是她送给我的围巾。”

“就这样完了？”

“就这样完了。”他紧紧拥抱了杰西。

突然离开是对的，可以让伤口干净利落，尽管他内心还有一部分纠结着想要留下来。当晚，他在调车场跳上一辆密歇根中央铁路的货车，奔向南方。

第三十三章　来自印第安纳波利斯的明信片

处于强弩之末的夏季将格罗斯波因特笼罩在了雾霾和困乏之中。然而，8月，不管天气怎么炽热，不管空气如何污浊，却总是能带来随时有可能发生变化的感觉。对此，特丝的感觉无人能比。随着北方森林一波冷空气来袭时第一个雷暴的发生，随着树叶的边缘第一次发黄卷曲，随着她父亲不耐烦地搬回到了城里，她看到她人生的一个篇章正在渐渐结束。

8月下旬一个星期六的下午，晚上也没有什么安排，她坐在海堤附近草地上一把大遮阳伞下的一张帆布吊椅上。一把曼陀林放在椅子边。她开始练习，但是提不起兴致。

她正在给卡尔写信，但始终不知道她是否能收到他的来信，或者何时能收到他的来信，告诉她确切的地址。她有一种感觉，哪怕他写一两封信给她，再要见他也已然绝对不可能了。出乎意料的是，在此同时，她的身体状况有一种新的感觉。头痛病消失了，腹绞痛也消失了，她的肤色变得光鲜了。父亲也注意到了这种状况。

她的情感支离破碎，她常常会哭上好几个小时。放手卡尔的伤痛也许会慢慢淡化，却永远不会消失。她知道，讹诈而来的爱情不可能拥有他。那样做，她会一年又一年地亲眼看着他在努力成为一位传统丈夫的生活中逐渐枯萎自己的灵魂。

她为自己的姿态感到某种崇高和自豪。但换个时候，她也会嘲笑这种行为，问自己在12月的漫漫长夜中她的崇高姿态会给她带来多少温暖。当矛盾心理弄得她十分烦恼的时候，她便会对自己说“我不是圣人，他也不是圣人”来重新振作自己。上帝啊，远非如此。他只是一个她可以贴心最近的男人。

但愿她对他有更多的理解。她渴望有全方位的神谕来诠释他。譬如，告诉她，作为过于强势的父母的最小的孩子从某种角度上是否导致了他刚愎任性的性格。

她停下笔，将拍纸簿翻到空白页。她用铅笔在上面画画，脸上浮现出沉思的、几乎是异想天开的微笑。今天下午，她穿了一套旧衣服，白色的，有泡泡袖，一双新的灰色长筒袜，脚上是一双白色夏季凉鞋。她这漂亮的形象，就像吉布森所画的远足的少女之一。

温热的微风吹动着她一缕缕散乱的头发。她心事重重地望着她所画的图画。三个首字母，漂亮的书法：

cTc

罐里冰块的叮当声打破了她的白日梦。吉塞尔从厨房里走了出来。

“我想你可能还要一些柠檬水，小姐。”吉塞尔将带着水珠的冰块罐头放到特丝的大阳伞和餐巾边上的那张白色的铁桌子上。吉塞尔十六岁，很可能觉得特丝已经老得令人可怕了。事实上，她也正在变成这样。

“谢谢，吉塞尔，你想得真周到。”

“这是下午邮递员送来的。”

她递给特丝一张艳丽的明信片，上面有一家印第安人的雪茄商店和几个字“印第安纳波利斯的礼物”。她翻转明信片，惊得屏住了呼吸。上面只有一句话，显然是用伪装过的笔迹写的，而且没有署名。“在‘巴尼·奥’处找了份工作！”

她差一点叫出声来。这句话虽然短，却让多少的担忧全化作无，谢天谢地。这样一来，使得她决定的行动变得更加易如反掌。

“你要是不介意我的好奇的话，可以问问你在画什么吗，小姐？”吉塞尔保留了旧世界的礼貌。她姓德皮尔，仅仅是两代移民，祖父辈原先是法国的农场主，种植各种优质的果树，也曾为当地增光添彩。

“就是个花押字,可以绣在枕套之类的东西上面。”

“太漂亮了。那么整齐那么平衡。”吉塞尔的脸红扑扑的,也许是天热,也许是大了一把胆子。接着她问道:“这是你的吗?”

特丝抬起头来,她的深蓝色眸子里读不出任何信息:“嗯,如果我能找到我的白马王子的话,那就是我的。”

吉塞尔困惑不解,便打掩护般地朝湖里望去。一艘优雅的长长的游艇出现在湖面上。“瞧,小姐,我觉得这是你父亲。”

“他来早了,他要七点半吃晚饭呢。”

“我去告诉库克。”吉塞尔踏着被太阳晒枯的青草轻快地走了。

特丝舒展了一下身子,再次思量着她打算对他说的话。她最后望了一眼那个花押字,坚定了自己的决心,然后将那张纸撕碎,团作一团。心中的痛要是能这么简单地消除就好了。

船长在船员—— 一个当地小男孩的帮助下,顺溜地锚泊好“海华沙”号。洛伦佐·克莱默跨上码头。他的白色亚麻西装和白色帽子在深蓝色湖水的映衬下,十分醒目。特丝站起身来,抚平她的裙子,双手摸过自己的腰部,快乐地颤抖了一下。他看上去多么专横。她马上将改变这一切。

“爸爸。”她叫道。当他踩着重重的步子走来的时候,她朝码头迎了上去。

“怎么回事?”

“我想要找你谈谈。韦恩的事情,我改变主意了。如果你同意的话,我愿意嫁给他。”

第三卷 电影

五美分的电影院成为罪恶的学校，那儿，谋财害命、偷盗抢劫登堂入室，比比皆是。它们在那些廉价的演出中所描绘的无法无天的生活完全是在怂恿邪恶。它们粗制滥造大量的犯罪案例，毒化着城市的大街小巷。凡是跟它们有关系的任何一件事情都没有好的影响和作用。城市当局要做的正确事情就是马上封杀他们。

——《芝加哥论坛报》，1907 年

格里菲思散步，我也散步。我趋身向前，紧走几步，问了一些问题。“我想把那些长篇的故事凑到一块儿。”他总会这样说，“老是放映这么多，我看没什么意思。譬如，我们在 A 号房有一个镜头。我们拍完这个镜头，那些演员就转移到 B 号房去。我们干吗要拍摄那些人从 A 号房走到 B 号房去呢？直接切换到 B 号房不就得了。”

——“喜剧之王”麦克·森尼特

第三十四章　伊尔莎前来营救

1902 年以来，宾夕法尼亚铁路和纽约中央铁路运用超值的奢华列车在芝加哥和纽约之间进行业务竞争，宾夕法尼亚铁路有百老汇特快列车，中央铁路有二十世纪特快列车。百老汇的线路短五十英里，但中央铁路声称他们更具优势，广告就写在火车站大门口的布告牌上。

平静得像水面一样的线路

——您可以睡觉——

当特快列车到达中央火车站的大棚子下后，列车服务生拉起盖在车厢连接平台台阶上的活动板，伊尔莎走下车来。这是一位仪态万方的女士，穿着漂亮的套装，戴着一顶"风流寡妇"平顶宽边草帽，黑黑的草，宽宽的边，低低的冠。

"您的旅行箱会在里面的柜台那儿等您，夫人。"服务生说道。

"谢谢。"伊尔莎给了他七十五美分，很大方的小费。

伊尔莎对乔说，她要到纽约名闻遐迩的"女人街"大商场去购物——第八大街的沃纳梅克百货商店、第十八大街的西格尔-库珀百货商店、第二十三大街的詹姆斯·麦克里里百货商店、在赫勒尔德广场择地新开的罗·赫·梅西百货商店。即便如此，也遭遇了尖锐的质疑：

"你根本就不是去购物，是弗里奇把你勾去了。"

"这有那么可怕吗，乔？我想去看看自己唯一的女儿要有负罪感吗？据我所知，这不违反法律。不和的是你跟弗里奇。那是你的事情，而且也该放下了。"

他的回答跟以前她请求他时的回答一模一样——冷冰冰的神态和一言不发。

至少，他没有针锋相对地禁止她去，或者以为她没有盘缠。根据现有法律，即便最富有的女人那也几乎都得依靠丈夫。乔每个月都给伊尔莎零用钱，她就存在银行的一个独立账户上。他从不过问她这些钱是怎么花的。

弗里奇冲过一团蒸汽，挥舞着手。再次看到她美丽的棕色双眸，真是太好了。当然，她的金发依旧像一块悬钩子地。而且，伊尔莎心疼地注意到，她脸色苍白，十分消瘦。

"弗里奇，亲爱的。"她们双双张开双臂，紧紧拥抱对方。

"我想你，妈妈。我们先去哪儿？"

"先去我住的宾馆。等我先取行李。我想听你讲讲你演的戏《麦克白》。一个朋友给我看了纽约一份报纸上你的名字。你这孩子调皮，这样的事情都瞒着。"

"我想等这戏获得好评了，再告诉你。但这戏不好，这戏糟透了。我们一周前停演了。"

"我想念正在百老汇成为明星的独生女儿啊。现在你在干什么呢？"

"没有什么好夸耀的。就像他们说的那样，等待受聘。"伊尔莎听着女儿详细诉说在整个春夏两季里她的工作情况，心中忐忑不安：在一家日渐衰落的饭店当服务员，午夜一场神秘的大火把饭店烧了，饭店老板似乎也没有感到多少苦恼；在伍尔沃思商店削马铃薯削了四个星期；刚刚结束在一家保险公司两周的打字员工作。

"他们说我打字太慢，把我解雇了。"弗里奇说道，耸了一下肩膀，又叹了口气。

火车站里，一个推着手推车的服务生将伊尔莎的旅行箱和小提箱运送到第四十二大街喧闹的路边。现在是9月，天气晴好，空气清新。去阿斯特宾馆路程不远，出租车上，弗里奇问道："爸爸怎么样？"

"老是怄气——跟我，跟他的工人们，跟那些禁酒的人，但大多是跟他自己，我觉得。心脏病对他的损害比我最初所意识的要严重。不完全是这个病，而是他得了病这个事实。他的虚弱让他非常生气。他的医生私下里告诉我说，这种反应是常有的事。”

弗里奇难过地摇着头：“那么卡尔呢？”

“卡尔写信就像8月里的雪一样难得。还是这样好。我要是确切地知道他在干什么，那我就会寝食难安的。”

“乔伊怎么样？”

“我怎么说呢？乔伊就是乔伊，一如既往。”

“我见到保罗了。他送了我一本他写的书。你看过那本书吗？”

“是的，好极了。谁会想到，小波利居然也会成为一个作家？”

来到阿斯特宾馆，一位副经理领着她们来到一间套房。弗里奇曾提出让他母亲住到她那儿去，但是伊尔莎拒绝了。克朗家人旅行的时候，住的都是豪华宾馆。乔说这是他自己挣的。

伊尔莎在弗里奇的帮助下打开行李。她挂整齐她的衣装，在衣柜里摆好她的帽子和鞋子：“你累了吗，妈妈？你想休息了吗？”

“不累。我想去看看你住的房子。去年，你不让我看。”

“我们根本就没有时间啊。事实上，就是一个房间，但是很舒适。”弗里奇急忙补充道，显然有此地无银三百两的嫌疑，“我们坐高架铁路火车，它比出租车和地铁要便宜，大家都坐高架铁路。”

她们在摩肩接踵的人流中往东走去。每个人似乎都很粗鲁，也很匆忙。伊尔莎来到一个有遮篷的锻铁楼梯前时已经上气不接下气了。尽管弗里奇再三反对，她还是付了两个人的车费。一个手捧金属盒子的人在收票，她们通过一个专为女士设的候车室，来到露天的站台上，四周蜂拥着那些浑身不友善的纽约人，他们一有机会就会插到伊尔莎身前。她看到有一个人用双拳捶打着一部投币式自动售货机，好像它是人类的敌人一样，让她感到震惊。

“这铁路到底要把我们弄到哪儿去啊？”

“闹市区。这是第二大道线，但是它在第二十三大街的南面沿着第一大道走。火车来了。”

伊尔莎和弗里奇挤进红色的车厢，车厢上写着公司的名字“曼哈顿”，金色的大字沿着车顶轮廓线一字排开。一个男人在匆忙中踩着了伊尔莎的脚，为的是抢先占一个座位。她真想拿她的手提包揍他。

即便车窗开着，车厢内还是弥漫着各种各样的气味——洋葱味儿、香肠味儿、大蒜味儿、汗臭味儿、廉价的香水味儿，还有不知是谁的臭屁味儿。伊尔莎坐下，将她的手提包搁到自己的膝头，担心随时有可能被抢劫了。列车摇晃，震动。好在路途不远。当她们在目的地走下车站台阶的时候，伊尔莎仔细观察了一下这条铺展着阳光与阴影的街道。

“这是个什么区域？”

“德国人聚居区，妈妈。”

“我没有看到任何像德国人的人啊。我看到有当铺、小酒吧——好多手推车。”有一辆手推车上高高地堆着样子已经十分难看的卷心菜，径直朝她撞来，可是伊尔莎拒绝让道。推车的小贩赶紧改变方向，喝叫道：“小心，女士！”

“实际上，这是一个老的德国人聚居区。”弗里奇说道，“大多数家庭都搬迁到约克维尔去了。现在，我们称它为混合聚居区。”

“混合了什么呢？酒鬼和流浪汉吗？”有一个人在街边阴沟里哇哇地呕吐。“你干吗要在火车来来回回的街上租房呢？”她的话音中流露出厌烦。她早已知道答案，她不需要找个侦探就能发现她女儿过得不好。

“高架铁道沿线的房子价格低廉好多。”弗里奇说道。

弗里奇领着她走去的那座房子前面的人行道上垃圾遍地，肮脏不堪，伊尔莎惊骇不已：“你在几楼？”

“三楼。那窗户就是我的房间。”

“跟那高架铁路一样高？他们就直接可以看到房间里。”

“所以三楼朝前的房间总是最便宜的。”

她们爬上三段黑暗的楼梯。房间比她想象的还要糟：没有沙发，甚至连一盆像样的棕榈盆景都没有，就是一张床、一个衣柜、一张旧梳妆台、一把椅子；一辆高架列车开近了，整个房间以及房间里的家具都震动起来，伊尔莎竭力控制着不让自己浑身发抖。

“有私人浴室吗？”

“只要锁上门就变私人了。”弗里奇漫不经心地说道，“有六七个人要用呢。我床下有便盆。”

第一大道上，有一个女人在大声喊叫，伊尔莎赶紧来到窗口。她看到一个胖女人正追着一个人钻进一条小巷，手中挥舞着一把切肉刀。她感到极度沮丧。

弗里奇一看，说道：“我有一个小煤气灶。那儿，凹室里。我干吗不好好烧个午餐呢？”

伊尔莎回忆起了弗里奇在厨房里做出来的那些又可怕又不好吃的乱七八糟的东西，便说道：“不，亲爱的。你需要到饭店里好好吃一顿，你瘦多了。我在这儿，我们就都在外面吃。”

第十四大街南边的卢乔饭店是唯一合适的选择。一名服务员打开了一瓶莱茵白葡萄酒，一个四人组的乐队劲头十足地演奏着冯蒂尔泽的《维尔茨堡啤酒流向哪里》。

“现如今，许多品牌的啤酒都有了自己的歌。”弗里奇说道，“爸爸有没有让人也制作一首？”

“没有，他认为这样做很廉价。我私下对你说说，《在安海尔·布什啤酒的滋润下》没有引起很大的轰动，他也无所谓。”

伊尔莎仔细打量着她女儿。她认为弗里奇对自己的打扮太不在乎了。当然，她没钱买精致的服装，也买不起价格昂贵的化妆品。尽管如此，她还是应该更好地打扮自己啊。头发梳得更顺一点，连衣裙熨得平整一点——稍微有点女性的韵味。她似乎并不觉得自己是一个多么吸引人的漂亮姑娘，所以也就根本不在乎自己的外貌。

她们碰了一下酒杯：“干杯。”她们喝了一口，弗里奇说道：“你有没有听说最近塔夫特总统的笑话？他在有轨电车上起身给三位女士让座。”

“这倒是很有趣。不过，我倒是宁可听听我很遗憾没有亲眼见到的那个戏剧的事情。”

弗里奇简要地讲述了一下她演《麦克白》的经历。她跟导演和主演相处得很好，导演叫曼彻斯特先生，主演是一位女士。伊尔莎知道范·桑特夫人的名字，她印象深刻。

弗里奇的有些同事听起来不够吸引人。弗里奇惟妙惟肖地模仿了一个名叫斯卡伯勒的先生,逗得伊尔莎咯咯地笑了起来。

“你的模仿十分有趣。”

“卡尔、乔伊和我的有些老师从来不这样认为。不过,波利也喜欢。我觉得模仿别人不是很好,但有时候我就是情不自禁。我对那些傻瓜不太能容忍。”

“像你爸爸。”

伊尔莎的心充溢着母亲的关怀。显而易见,弗里奇过得很艰难。在伊尔莎看来,她在纽约待的时间早已经太久了。伊尔莎又饮了一口莱茵白葡萄酒,给自己壮胆。

“让我严肃地问你。你在这儿泄气没有?”

弗里奇实事求是回答道:“有时我也会泄气,是的。”

“那就回家,放弃算了。”

弗里奇望着她:“向爸爸让步?”

“不,不。是让你自己摆脱这种糟糕的生活。”

“我来纽约是自己的选择,妈妈。这是我多年的梦想。我正在干我想干的事情。”

“那么多的失望之后你怎么还说这样的话?接下来会是什么呢?你以前所干的事情,搬盘子、整理床铺、给嫌弃你的人打字?你这样有才智的姑娘都不适合干这些活儿。”

弗里奇的表情变得怪怪的,很紧张,她说道:“我知道,有一个演艺的工作,收入颇丰。”

“听你口气,你对此并没有什么热情。”

“我是不热情。但这是工作啊。我正在认真考虑这件事。我在进行调查研究之前不想说更多。我们要甜点好吗?”

伊尔莎在她四天的行程里,给弗里奇买了三套新的服装、一双高质量的新潮的无带浅口皮鞋、一双高筒橡胶套鞋、一套用来梳理她不太听话的头发的漂亮玳瑁梳子、一只新的熨斗、一个给小小的租赁房间带来些许生机的棕榈小盆景。她在罗杰斯·皮特商店为乔买了一条雅致的马德拉斯活结领带，不过她拿不准他是否会戴。

弗里奇送伊尔莎去中央火车站。她们一起沿着特快列车两百英尺长的红地毯走去。弗里奇这几天每天都陪着妈妈。无论这个新的演艺机会是什么性质，对她来说肯定不着急。而且，后来她也再没有提起这件事情。

在喧闹的站台上，伊尔莎重复了一遍她在卢乔饭店里说的话："我希望你回家来。"

"干吗呢？继续业余演出和慈善工作？不。"

"你为什么这么固执？就是为了反抗你爸爸吗？"

弗里奇的棕色眼睛闪出亮光，伊尔莎触到了点子上。"我想要证明给他看，他错了。证明我做得到。"

"要是下一项演艺事业也像所有其他的工作一样不成功，那你怎么办呢？就这样一直走下去，直到你人老珠黄，再也无能为力为止吗？"

"这次我一定会成功，妈妈。"

"你为什么不告诉我你打算干什么呢？"

"以后有的是时间。"

"弗里奇。不是什么丢人现眼的事情，是吧？"

"不是，妈妈。"她回答道——回答得太快了一点，伊尔莎觉得。她竭尽全力掩饰着她的不安和她的失望，从她个人的角度讲，这趟拯救以失败告终。

列车员们最后喊叫着敦促乘客上车。巨大的黑色机车像一匹不耐烦的马一样发出嚓嚓的声响。伊尔莎张开双臂拥抱弗里奇。她们在拥抱的时候，她用右手偷偷将一卷五十美元的纸币塞进了弗里奇左边的口袋里。

在一个辉煌壮丽的秋日暮光中，二十世纪特快列车载着伊尔莎沿着哈得孙河向北进发。河边的绝壁呈现出鲜艳的黄色和红色。一条小溪飞流直下，如同结婚蛋糕的糖霜般洁白无瑕。她没有心思观赏这绝色美景，玻璃上展现的唯有一个她想象中的映像——弗里奇苍白的面容。她坐在那儿，手肘靠在窗台上，手托下巴，脸上闪耀着晶莹的泪光。

第三十五章　拜奥格拉夫电影制片公司

弗里奇在那天晚上发现了伊尔莎的五十美元。她感动极了，不能自已。积存几美元在那儿，会避免再次挨饿。

不过，伊尔莎的礼物并没有消除对未来进行严肃思考的必要性，正相反，这更促使她向那个方向迈出实质性的一步。接下去的整个星期，她在拜奥格拉夫电影制片厂留了很多条子。星期日晚上，她在自己的房间里，正要阅读别的房客扔掉的《时报》和《论坛报》。天花板上面传来留声机的声音，卡丽·雅各布斯·邦德的《完美的一天结束》，多么悦耳动听的歌声，但是一个晚上放二十遍就不悦耳动听了。有人敲门。

"我是佩雷拉夫人，有一位先生的电话。"

"谢谢您打电话回来，比策先生。"弗里奇接听电话后说道，"我还以为你们星期日不上班呢。"

"我们一周工作七天，上个星期简直是地狱。我能为您做点什么吗？"

"我想接受您友好的建议。我们上次见面，我知道我对电影冷嘲热讽——"

"我们没有听到你以前说了什么，忘了它。我很高兴把你介绍给我们的明星导演格里菲思先生。他以前是一个演员。几个月前他导演了他的第一部作品，我们卖出了二十五个拷贝。以前我们卖出最多也就是十五个。现在，他制作电影都快来不及了。"

"我什么时候去那儿？"

"明天早上，六点半。找格里菲思就行。我会安排好的。一个小小的忠告，千万别在他面前说瞧不起电影的话，否则就会被扫地出门。格里菲思要的是对待事业严肃认真的人,他认为这是一种新的艺术形式。”

东河上空,日光在渐渐明亮,弗里奇沿着第十四大街往东急匆匆走去,她一只戴着手套的手里紧紧抓着一份有节目单和评论的薄纸板文件夹。她在里面放入了一篇有关《麦克白》的评论,还有一份演员表,希望那份评论会受到重视。她五点钟就起来了,熨平了裙子,从衬衫上刷掉一滴汤渍,并且一直在发愁。

各种各样的垃圾在大街上漂移。西风拍打着她的背,刮起一团团不祥的尘土。跟以往一样,每当重要的面试,她都会极度紧张。她差一点绊到一只朝着一辆牛奶车的轮子抬起一条腿的癞皮狗摔一跤。

她找到正确的地址,十一号,抬头望着一幢五层楼的褐砂石建筑。清冷的晨光中,四个也想做演员的应试人在门廊上望着她,瑟瑟发抖。他们表情各异,有一个穿着打补丁裤子的漂亮黑人男孩面露温和的好奇神色,有一个脸色难看的红头发家伙却是一副虎视眈眈的敌意神情。高高的门廊右边的平板玻璃窗上有着几个漂亮的金色大字:

美国电影放映机

和

拜奥格拉夫电影公司

那红头发的家伙朝她咆哮道:“你恐怕得在这儿等到有人检查你呢,大姐。”

弗里奇也丝毫不想表现得彬彬有礼,便厉声说道:“哦,谢谢啦,我误以为这儿也许是一个新的有轨电车站呢。”那小伙子笑了起来。

她走到边上,给那些正走过来拿着报纸、午饭桶、化妆盒的男男女女让道。一个看上去像爱尔兰钢铁工人的小伙子走近时对他的伙伴说道:“我才不管老板怎么说呢,我认为那些警察很滑稽。”他朝弗里奇眨了一下眼睛,脱帽打了个招呼,蹦蹦跳跳地上了台阶。

两个年轻女人,有着银灰色的头发,长得很漂亮,显然是姐妹俩,紧跟在他们的身后。对集中在那儿的那些面试人,那个坦率直白的人说“早上好”,那个难以捉摸的人说“祝好运”。

人群散去，弗里奇正准备走进去时，一个穿着厚重的足球衫的人从里面走了出来。他仔细看着一张纸，然后看了一下那些演员。他对那个红头发的人说道："今天没戏。"他又对另两个男人和那个小男孩说了同样的话。接着，他上下打量弗里奇："你是新来的。"

"是的，先生，我——"

"你今天也没戏。"

"我跟格里菲思先生有个约见，是比策先生安排的。"

他虽然有点疑问，但还是说道："好吧，那么进来。老板很忙，不过他倒的确很喜欢见新的姑娘。跟我来。"

她勉强挤出一个证明自己无辜的微笑，往台阶上走去。艾伦·泰莉就选择在此时此刻来灌输她的一个观念。

飞速发展的铁板照相？可耻。这玩意儿绝对不会有好结果的。

这话也许是真的。她昂起头，迈上台阶，义无反顾地走进大楼里去。

弗里奇很快就得出结论，这个拜奥格拉夫电影制片公司是她今生今世所见过的最最古怪、最最喧闹、最最肮脏的地方之一。黄色的墙面上水迹斑斑，有好几处已经剥落。空气中弥漫着油漆和雪茄烟的气味。楼上，传来锤子敲击的声音和锯木头的声音。

他们爬上两段楼梯，来到二楼，那儿嘈杂得更加一塌糊涂。那人指着一张长凳："在那儿等。别进去，那儿是主剧场。"不过，等他消失在一道宽大的拱门里后，弗里奇立马走过去偷窥。

它也许就是曾经时髦过的城市住宅的舞厅，空间可够大的。头顶上方管式吊杆上悬挂着的高强度弧光灯照亮着房间。地板上，一排排闪亮着紫色光芒的管子流溢出更加漫射的不同光线，照亮了那个奇怪的现场。她的眼前升起一块帆布布景，设定为一堵墙壁，墙壁上画着假的桌子和椅子，映衬桌子和椅子的风景同样是假的，事实上看上去非常糟糕。第二块布景片出现在第一块布景片的边上，由几双看得清清楚楚的手推着将它们连接在一起，几把看得清清楚楚的锤子砰砰地敲着,将一些看得清清楚楚的钉子钉进看得清清楚楚的木条上。

景片上一扇实际的门打开了,一个人端着两个盆景走了出去。一个置景工打开一卷褪了色的土耳其地毯,散出一团团灰尘。旁边,一个木匠在锯木架跟前用发疯一样的速度锯一块二英寸宽四英寸长的木板。在另一个昏暗的角落里,一个负责服装的女人一面从衣箱里抓出一件件衣服,一面咆哮道:“见鬼,净是些没用的东西,这该死的东西哪儿去啦?”

一个穿着东方式喇叭裤的年轻女人在后面撞了弗里奇一下。她对一个戴着草帽、身材粗壮的男子说道:“这妆行吗,比利?”姑娘的脸上涂着金色的油彩,她看上去像一个患了晚期黄疸病的病人。

“肯定不行。唇膏太浓。你们这些小姑娘不长记性,红色在照片上显得黑。”他注意到了弗里奇,便大声打招呼,“早上好。你来了。”

“来了,比策先生,谢谢。”她说道,“我真的很感激——”

“很好,得赶紧去。祝好运。”

穿足球衫的人回来了,朝她勾了勾手指。她跟随他走进一个大房间,他指向一处。

“格里菲思先生那儿现在有人。进去等着,他会对你说的。那边,角落里,别踩着什么东西。”

那灯光暗得几乎让她什么也看不清,她只能眯眼望着一扇绘有金色孔雀的折叠式屏风。第三块景片摇晃着摆放到位,构成了一个简陋的客厅。比利·比策停下擦摄像机的镜头,朝什么人高声喊叫着,那个木匠则朝别的什么人大声喊叫着,而那个负责服装的女人也在尖叫着别人的绰号,同时把更多的衣服从衣箱里面抓出来。这是个什么疯地方啊?弗里奇原以为制作无声电影的电影制片公司应该是——唉,无声的啊。

那扇东方式屏风的后面,一个男人说着话,漂亮的男中音几乎像霍巴特的一样好:“我厌烦极了,每周被拉到管理部门去解释我为什么这样剪辑我的电影。”

她守候在屏风近旁,轻轻拍着自己的头发,解开短上衣,抚平衬衫。这一定是格里菲思先生。

“我们如果结束了A室的一场戏,就马上转到B室去。没有必要展示演员从

A 室走向 B 室的走路。不这样做的都是笨蛋，因为其他导演的确都展示演员走路的。那帮没文化的该死的北方佬，从来没有读过狄更斯的书和其他优秀作家的书。”

弗里奇定了定心，迈步绕过屏风，走进一个临时摆放着一张卷盖式办公桌、两把旋转椅子和一盏鹅颈式台灯的办公室。一位个儿高挑、举止庄重的男人正跟那个在外面向她脱帽致意的高大魁梧的年轻爱尔兰人说着话。

“我也许应该换一家电影制片公司了。哦，早上好，亲爱的。”

“是格里菲思先生吗？”

“是的，我是戴维·格里菲思。这位是迈克·辛诺特，我们的一位演员，雄心勃勃要当导演呢。”

“只不过是我的那种电影，老板。”辛诺特朝弗里奇稍稍打了个招呼，“很高兴见到你。”

“我也一样。”

格里菲思陪着辛诺特来到装饰用的屏风前。“你制作你荒唐可笑的喜剧片，我还是制作我五本一部的电影，它有空间讲述真实的故事，我们倒要看看谁能赢。”他回过头来说道，“马上回来。请坐。”

她在给客人准备的椅子上坐下，心里七上八下。为了分散自己的注意力，她仔细观察着这位导演杂乱无章的办公桌，乱得一塌糊涂的信件、备忘录、成本单、书籍——爱伦·坡的《怪异事集》、狄更斯的几部著作、托马斯·狄克逊的《族人》，这是一本她父亲不屑一顾的小说，因为小说为三 K 党涂脂抹粉。

她身后的一个声音吓得她跳起身来：“非常抱歉，亲爱的。我们总是要在最后一刻被细节弄得焦头烂额。”格里菲思将近六英尺身高，三十刚出头的年纪。他的棕色头发很茂盛，鬓发又长又密，他的鼻子很尖；他让她想起了中学教科书里罗马皇帝恺撒的图片。他不像拜奥格拉夫电影制片公司其他那些落拓不羁好似精神病人的家伙，他穿着整洁漂亮的套装，马甲、领带，还有领翼很高的领子。

他坐下，架起二郎腿，用他那双凹陷得很深的蓝色眼睛端详着她。“那么，亲爱的，现在谈正事儿吧。比利·比策告诉我您是位演员。”

“是的。这是我所干过的事情。”

他仔细看着那个薄纸板文件夹里面的内容:“我听说这个《麦克白》挺糟糕。”

“说这话恐怕太客气了。”

他笑了。他将身子往后靠去,审视着她。他的双眼像是有很沉的盖子盖着,有一种催眠般的强度。他似乎对屏风另一边的喊叫声、撞击声、咒骂声充耳不闻。

“跟我说说你的背景,弗里奇。请别介意我直呼你的名字。在电影圈里,没有舞台上那种繁文缛节。”当然,那是因为迄今为止每个人都尊敬地把他称为格里菲思先生或者老板。

她从莫特梅因的那些时光说起。他用一些简明扼要的问题引导她。她从他的口音中听出他是南方人。不是很腹地的棉花地区的南方,而是边疆地区的南方——肯塔基州,抑或田纳西州。他不停地旋转着一只华丽的大戒指,银质嵌黑色珐琅,其装饰风格具有埃及特色或者东方特色。

“谢谢。”当她说完之后,他说道,“如果我说一些我对所有从正统剧场那些精深奥妙院落里面出来到我们这儿前来应聘的人所说的话,请你别生气——顺便说一下,我也曾在那儿拜师学艺。电影公司,尤其是这家公司,不喜欢仅仅是到贫民窟访贫问苦的悲剧演员。”

“格里菲思先生,到电影界申请工作,我是认真的。我没有经验,但是我学习得很快。”

“很好,我们把误会消除了。大多数屈尊到这儿来的人都会发现,我们在做的事情富有乐趣,甚至令人激动。报酬也不错,每天五美元,不管这人是主角还是临时演员。不需要背诵台词,虽然我坚持要我的演员每场戏都配上合适的对白。会唇读的人已经出其不意地逮住我们几次了。我们有很多时间都在户外工作,所以对身体健康很有益。事实上,公司的有些成员很快就可以领略到南方加利福尼亚州温和宜人的气候啦。我们将在那儿拍摄,直到春季来临,东部又回到阳光灿烂的时候。”她觉得,最适合他这个人的两个字是“浮夸”。

“请站起来,弗里奇。”

她紧张地站了起来。他从裤子口袋里掏出两个银制美元,开始在两只手里传来传去,发出叮当叮当的声响。

"朝我转过来,很好,再转,现在坐下。起立。表露悲伤。变成高兴。"

她遵照吩咐一一照办,感觉自己像一只扮怪相的黑猩猩。

"现在,展现兴高采烈。挺好。逗乐。蔑视——哦,非常好。仇恨。非常好。"他突然站起身来,悄悄地将他的右手轻轻地抚到她加了衬垫的乳房下。"你今晚有空吗?我们也许可以一边吃饭一边讨论有什么机会。"

哦,不,他就是那种导演。

"格里菲思先生,假如这是拜奥格拉夫公司雇用演员的代价,那么我拒绝付这样的代价。非常感谢你。"她试图挣脱身子,抓过办公桌上的文件夹。他依然抱着她的身子。不知怎么的,她的衬衫下摆从她的裙子里出来了。他将头一歪。

"这倒是令人费解。你给我的印象并非一个故作正经的人。"

"是的。我唯一出售的是我所拥有的才华。"

他们互相怒目而视,那长长的一刻令人恐惧。那盏灯在格里菲思的眼睛里投射出点点星光。她敢肯定,他马上会骂她个狗血喷头。但是没有,他突然将头一甩,哈哈大笑起来。

"一个人想试试这样的机会没有错,弗里奇。"他拿起她的短上衣,"非常抱歉,我眼下没有适合你的角色。我们公司已经聘请了好几位优秀的女演员。不过,我倒是的确知道有一个机会。"

"演电影?"她的说话有点结巴,她被他再次表现出来的彬彬有礼弄得不知所措。

"当然是演电影。我经常听到其他导演说需要有特殊才华的演员。我说的是一个在这儿当了十个月摄影助理的年轻人。他很优秀,他当时来我这儿工作的时候,我把他扔到了十分困难的境地,但是他马上学会了游泳。他的名字叫埃迪·赫恩。他是耶鲁毕业生,但是别因为这个而对他有偏见。他现在正在帕尔电影公司为佩尔泽和凯利工作。这是一个毯子公司。"

"毯子公司是什么?"

"哦,只是个技术用语。埃迪计划在星期二开拍电影,但是他还没有找到合适的女主演。"*女主演*?她没有听错吗?"如果天气不太好,我估计不会太舒服。埃迪是在户外拍摄的。"

“我会穿上暖和的衣服!”弗里奇的喊叫令他乐了,“他需要什么样的类型呢?”

“一个稍微有点与众不同的天真无邪的少女,不是那种慵懒倦怠的城市妇女。要质朴自然的人,带有乡土气息,清新纯朴,像你这样。”天哪,接下来还有什么呢?身心健康?

格里菲思“叮当”着他的银币:“我很高兴推荐你去。”

她目瞪口呆,问道:“我可以问问为什么吗?我刚刚冒犯了你,不是吗?”

“你说话坦诚。我喜欢有骨气的演员,这样的演员所带来的不是为了博取欢心的卑躬屈膝的欲望,而是他们所扮演的角色。”他在一本备忘录本子上写着什么,“我今天下午就打电话给埃迪,你明天去见他。这是他的地址。这是一家交易所。”她不明白他说的话,“埃迪在那儿租了一张办公桌。”

“帕尔电影公司没有摄影棚?”

“他们是一家小公司。有的时候他们在西二十三大街租一个阁楼。”格里菲思的回答给她的印象是不假思索,很是奇怪。不过,她不想过度检验她的好运。它也许会像一个肥皂泡那样消失。

一个穿着齐膝短裤的年轻人突然从屏风那边绕了过来:“都好了,老板。比利把布景照亮了。我们有脚本吗?”

格里菲思轻轻拍着自己的额头:“在这儿。我们需要的就这样一个东西。”身材高挑、说话得体的他用双手拉住弗里奇的一只手。这次,她没有拒绝。

“如果埃迪聘用了你,这儿有一个小小的忠告。要跟摄影师交朋友,他最了解什么样的光线、什么样的妆面最能体现你的优点。”

“好的,先生,谢谢你,给我这样的机会和忠告。我会铭记在心的。”

他轻轻地拍着她的手,几乎有点慈父般的温柔:“我有一种感觉,你会成功的。哦,我得问一下,你是否会骑马?”

“啊,会,我在芝加哥长大,经常骑马。”

“好。我不知道那个角色是否需要骑马,但是埃迪的片子是一部西部片。”

“西部片?天哪,我得长途旅行吗?”

他哈哈大笑起来:“不会远到越过哈得孙河。这些日子啊,美国的西部中心就是新泽西州的利堡。"

他急匆匆走到布景那儿,那儿的准备工作已经接近喧闹的地步。其中有一个是她看到来上班的小妹妹,就是那个骄横无礼的姑娘,不喜欢那件长袍,便像个水手一样骂个不停。大呼小叫此起彼伏,但似乎谁也不听。唯一不急不躁的是比利·比策。他歪戴着一顶草帽,草帽遮挡着他的双眼,他仔细检查着他的镜头。格里菲思轻轻拍着他的肩膀,开始说话。其余的人也看到了导演,便瞬间安静下来。

弗里奇激动得几乎晕过去。她将文件夹放到大厅的长凳上,将衬衫下摆塞回到裙子里面。一个十六七岁、漂亮得令人难以置信的小姑娘从楼梯跑了上来,长长的金色卷发在她头上弹跳着。她看到弗里奇在整理自己的衣衫。

"你刚才肯定是在老板那儿,他无礼了吗?"

"嗯……"弗里奇的犹豫差不多变成了慌乱。

"别把它当回事儿,就这么回事儿。他已经结婚了。"

"结婚啦!"

"百分之百,他的妻子是拜奥格拉夫电影公司的制片人。他假装他几乎不认识她。在公开场合,他叫她阿维森小姐。"她咯咯笑了起来,"给工作了吗?"

"不在这儿,但可能到另一家公司去。"

"那太棒了。拍电影真的很有趣。格里菲思先生是一位普通的导演,但我们都认为他是一个天才。"

"谢谢你……小姐。"

"史密斯,格拉迪丝·史密斯。不过他们在海报上称我为玛丽·璧克馥①。我弟弟也演电影,杰克·璧克馥。"

"很高兴认识你,玛丽。我叫弗里奇·克朗。"

"希望能再次见到你,弗里奇。"璧克馥小姐匆匆走了。

---

①玛丽·璧克馥(1893—1979),原名格拉迪丝·玛丽·史密斯,美国女电影演员,早期无声电影明星,以天真形象著称,被称为"美国甜心"。她5岁时随一个轮演剧团登台演出,8岁时参加巡回演出,18岁时开始在百老汇的舞台上表演,1909年在格里菲思的影片《寂寞的别墅》中担任主角,1931年专事拍摄电影,1929年曾因主演首部有声电影《风情女子》获奥斯卡最佳女主角,1975年获得奥斯卡特别奖。

弗里奇走出门外，凛冽的寒风便扑面而来。一只松掉根基的垃圾桶往东滚去，发出像钹一样的铿锵声响。往西走的行人拿手捂着帽子，把身子弯成四十五度状。弗里奇抓着她简陋的卡纸板文件夹，跳舞一般走下了台阶。谁在乎那电影是不是西部片呢？这是工作，那就让艾伦·泰莉闭嘴吧。

第三十六章　往西去！

戴维·格里菲思的字虽然写得十分难看，但却准确地指引着弗里奇来到了第三大道附近第十四大街上那个被称作“克利和塞马尔电影交易所”的地方。她走进里面，被一个一条胳膊底下夹着几个铁罐头的粗鲁男人撞了好几下。还有五个人在一个管理部门的台子前咋咋呼呼以期引起注意，台子后面仅有一名职员在值班。他正在仔细检查一条有孔的电影胶带。

“这个让你毁了，科恩。在我们再次出租它之前，我们得剪掉一些链齿孔撕裂了的画面。这要额外加一美元。”

“强盗。”愤愤不平的顾客说道。

弗里奇在科恩的头上挥舞着手：“对不起，能给我指引一下赫恩先生的办公室吗？”

工作人员似乎很高兴在一丛棘刺里看到一朵玫瑰。“赫恩先生的衣帽间，”他纠正道，“在那边，左面第四间。”

她突然走进了一个霉味儿很重的大厅，里面到处装点着醒目的海报，都是宣传拜奥格拉夫电影公司、维塔格拉夫电影公司和其他一些电影生产商的电影的。空气中弥漫着浓烈的化学制品的气味，刺激得她的眼睛直流泪。又有一名拿着一堆容器的工作人员朝她直冲过来。她赶紧贴到墙边，避免被他撞倒，然后继续朝赫恩开着门的办公室走去。

衣帽间，好吧。其窘迫的景象仅仅因为墙上钉着几张杂志上的黑白广告而稍稍有点弥补。里面的全部内容就是“帕尔电影公司”六个字和一个商标——一匹飞驰的帕洛米诺银鬃马。每一个广告下面都有一条标语：“追随帕尔骏马，就有赢利电影！！！！”有人喜欢感叹号。

埃迪·赫恩既没有看这些海报，也没有看到弗里奇。他正埋头看着一张黄色的书写纸。银丝边眼镜架在他的鼻子上。难以梳理平整的头发盖在两只耳朵上，需要理发了。他穿着一条马裤，裤脚塞在一双已经磨损了的棕色皮靴里，皮靴的跟就搁在办公桌上。

她在门框上敲了一下。赫恩抬起头来，让她看到了一张又长又窄的脸和眼镜后面一双灵动的黑眼睛。他松开的白衬衫领口里闪耀着一个金属圣物，他的左手无名指上戴着一枚金的婚戒。

“天哪，我没有看到您。克朗小姐吗？”他一面说着话，一面赶紧将双脚从办公桌上挪下来，差一点从椅子里摔到地上。

“是的，先生。”

“请进。”他急忙站起身来，没想到把那张纸掉落到了地上。他弯腰捡起纸来，不想又将前额撞到了墙上。“对不起，在这样一个环境里跟你见面。办公室太小了。这只是临时的。”她在心里祝福他，但愿是这样。

他请她坐下，她便在为客人准备的椅子上坐下。他上下打量着她。他友好得像一只幼犬：“您以前看到过交易所吗？”

“没有。我一点也不知道这儿是干什么的。”

“顾名思义，交易所。电影业务刚开始的时候，制片人把他们的电影直接卖给放电影的人。但是那样做很麻烦，也费时费力。没有人想再看的那些老旧的、都是擦痕的拷贝怎么办？大约四年前，有人在旧金山开办了首家交易所，解决了这个问题。经纪人的创意开始流行。交易所买下电影，然后把它们租给那些放电影的五美分影院的老板，放完后还回来，换新的电影去放。第十四大街上有很多家这样的交易所——全美有上百家。这儿是生意最好的交易所之一。克利和塞马尔在后面还开办了一个电影加工实验室。”这就解释了那些化学制品气味的原因，“还有放电影的房子可以租用。”

“谢谢，赫恩先生。这很有趣呢。”

“所以这就是我们所要的东西。”

“是的。这是我们所要的东西。”

弗里奇把双手搁在大腿上,等待着下文。

“我感谢戴维把您介绍到我这儿来。这人是我的好朋友,不过在他手下干活就像在阿提拉的军队里服役一样。他教我如何筹划一场戏,如何把它剪辑到一起。比利·比策教我镜头知识和布光知识。戴维有没有告诉您我现在在干吗?”

“拍一部西部片。”

“那有很大的市场,国内和国外。看看布朗乔·比利·安德森①。埃塞内伊电影公司拍摄布朗乔·比利系列真是快得不能再快了。人们对他趋之若鹜。他已经大腹便便啦!”埃迪·赫恩咧嘴笑了,有点歉意,“对不起,我好像太忘乎所以了。我热爱西部。我看野牛比尔②的舞台演出不下二十遍。我小的时候,还在枕头底下藏着廉价小说。在格林尼治,富人家的孩子看那种读物被认为是不合适的。”

“康涅狄格州?”

“我在那儿出生长大。”他点点头,“父亲在华尔街。他希望我跟他到那儿去,可是,我在一个预备学校的庆典上上演过一个印第安人之后,我听到了一种不同的呼唤。父亲一定要我听他的话到耶鲁去。我去了,可是在三年级的时候,我从商科转到了戏剧。父亲便停止了我的学费。我只好去餐馆和到油漆行打工挣毕业的学费。没有关系,我正在干我想要干的事情。那天我看了埃德温·波特③的《火车大劫案》之后,就爱上了电影。”

他靠回椅背。他长得很帅,身上有很多爱尔兰人的魅力。他说话很动听。他的笑容和平易近人的风格让她感觉很自在。

“您有什么演出经历呢?”

她概括性地说了一下。接着,他问:“演过电影吗?”

“没有,这将是我的第一部电影。”

---

①布朗乔·比利·安德森(1880—1971),美国演员、电影导演、制片人、作家,以西部电影第一明星著称,是埃塞内伊电影制片厂的创始人,1958年获得奥斯卡终身成就奖,以表彰其为电影事业所做出的先驱性贡献。

②野牛比尔,即美国陆军侦察兵威廉·弗雷德里克·科迪(1846—1917),因其善捕野牛,将牛肉供应修筑太平洋铁路的工人而得名。他的事迹曾被写成剧本《草原上的侦察员》,他在演出中担任主角。

③埃德温·波特(1870—1941),美国电影的先驱者,以电影导演、制片人、制片厂厂长、电影摄影师闻名,一生创作了250多部电影,其代表作有《杰克与豆茎》(1902)、《美国消防员的人生》(1903)、《火车大劫案》(1903)、《曾达的囚徒》(1913)等。

"我喜欢诚实。我认识好多个女演员,为了演个角色,撒谎撒得跟魔鬼一样。"

"您能跟我说点电影的知识吗?"

"我是看着库柏[①]的《皮袜子》的故事长大的。我不明白为什么印第安人总是在电影里面被描写成偷鸡摸狗的恶棍。为什么不是高尚的未开化的人呢?为什么不是真正的土著美国主人公呢?所以,我写了这个电影剧本。"他拿出一份打印出来的黄皮大裁书写纸,"我原先的题目是《孤独的印第安人》。佩尔泽先生,其中一个合伙人,对这个剧本没有任何意见。他有权利想要赚钱。他说每个人都对钱感兴趣。"

埃迪·赫恩一番滔滔不绝的私密话之后,似乎想不出有其他什么东西可以说了。他们互相望着对方。他的脸红了,从脖子红到颧骨。弗里奇甜甜地笑了。

"赫恩先生,斗胆问一下,您有兴趣聘用我吗?"

"是的!那是一定的!我喜欢您的外表,我特别喜欢您笑的时候双眸的灵动,而且我相信戴维的话,您能胜任这个角色。我们很快就能真相大白,是吧?"她不得不对他的小小笑话报以大笑,不过个中的含义使人不寒而栗。

"假如天气好,我可以聘用您两天,有可能三天。薪酬是四美元一天。凯利先生还负责有轨电车费和轮渡费,也负责您在新泽西州的午餐费。"

"凯利先生是谁?"

"另一位合伙人,负责管钱。您知道他们是如何调侃爱尔兰人的吗,快乐和古怪得像妖怪?他们从来见不着凯利的面。我们每花一美元,他硬要当作一美元十美分用。"他浓云密布的脸色表明,这并非一个让人喜欢的特征。

"四美元一天。"弗里奇感到惊讶。

"是的,这个——有什么问题吗?"

她站起身来,装得很有勇气一样流露出不满:"赫恩先生,您也许上面有要求,少花钱买有才华的明星,可是在拜奥格拉夫和其他较好的电影制片厂,标准

---

①库柏,即詹姆斯·费尼莫尔·库柏(1789—1851),美国文学史上第一位成功的作家,他的《皮袜子故事集》里收录了他的五部代表作,分别是《拓荒者》(1823)、《最后的莫希干人》(1826)、《大草原》(1827)、《探路人》(1840)、《杀鹿者》(1841)。他以《舵手》(1823)为开端的一系列航海小说也广泛流行,还著有《美国海军发展史》(1839)。

的薪酬都是五美元一天，不管演什么角色。我不能再少了。”

“我明白。”他咬着自己的嘴唇，竭力想装出铁石心肠资本家的脸色。可是他骨子里没有这种东西。

“好吧。五美元。”

他从一只抽屉里拿出另一张打印的纸，将它折拢，隔着办公桌递给她。

“请仔细看一下剧本。星期二早上六点半到第一百二十九大街的轮渡码头报到。我们在利堡跟我们的摄影师会合，然后前往科伊泰斯维尔——那是再过去几英里的一个小村庄。穿得暖和一点，一年的这个时候，就算是太阳老高了，天也还会很冷。”

“谢谢，赫恩先生。非常感谢。我会尽最大努力回报您的信任。”

“大伙儿都叫我埃迪，你也叫我埃迪吧。星期二见。”

她飘然走出交易所，开心极了。在赫勒尔德广场附近的一家商店里，她犒劳了自己一杯热茶和一块软烤小圆饼。她坐在那儿，陷入了美好的遐想，遐想着她如何豪气万丈地挥金如土，购买圣诞礼物。接着，她想象着她最后可以为自己购买的所有东西。她房间光秃秃的冰冷地板上要放一块椭圆形的地毯。要添置一面没有裂痕或碎纹的镜子。

内衣。

伊尔莎来看她那会儿，她做贼心虚般千方百计掩饰，竭力不让伊尔莎看到她内衣的窘迫状况。因为缝补技术十分拙劣，所以小小的针脚变成了像鹅卵石一样硬邦邦的线结；她要是坐姿一不合适便会硌得生痛。有一条长内裤的花边已经抽出了流苏，整条裤子又破旧又稀松，无论谁要是注意看的话，里面的一切简直一目了然。新的内衣必须买！一想到帕尔电影公司的一系列事情，她在句末都添上了感叹号。新的内衣比发现金矿要好。

哦，一旦找到工作——而且一只铁盒子里还藏着五十美元这么一大笔钱——那真是天门开啦！一想到伊尔莎偷偷塞给她的这个礼物，它所表达的爱和慷慨，常常令她泪湿满襟。此刻在茶馆里也是如此。

她要了第二壶茶，打开电影剧本，看到上面打印得十分拙劣的字，还有很多重打的字。

《孤独印第安人的金子》

（单本）

编剧：小爱德华·B.赫恩

这部情节剧的一开首便是阿帕切族的酋长白鹰飞马奔向一家百货商店。这家百货商店是“一个和蔼可亲的老伯”跟他“干劲十足的女儿”（她往往会站在她的新镜子前，试着各种各样表达干劲十足的姿态与表情）一起开办的。一个插入式注释说，商店的内部将会在室外拍摄，运用一道帆布背景幕，背景幕是由银行家凯利的一位亲戚提供的。这不会是高档艺术。

酋长有一袋来自“部落矿井”的金子，是他骑马来到城里检验金子。弗里奇并非印第安人事务专家，不过她怀疑，一个曾经被美国骑兵残酷无情地蹂躏、几乎被赶尽杀绝的民族是否还会有“部落矿井”可以作为依靠。

当酋长将那袋金子拿给店老板的女儿检验的时候，有三个躲在暗处的坏蛋一直在暗中监视着他。这帮恶棍的头儿表演着剧本里面所说的“好色的挑逗性目光”：他既垂涎这位姑娘，也觊觎那些金子。那几个坏蛋突然扑向酋长，那几管没有弹药的手枪令他“跳起了舞来”（看到这里，弗里奇翻了个白眼，急忙喝了一些茶）。

印第安人被击昏之后，姑娘和金子都被劫持了。当然，经过一场“激烈战斗”之后，酋长在一个小树林里找到并拯救了两者。那姑娘显然十分爱慕白鹰，但是他另有使命，很可能是还要开挖部落的金矿。他一个挥手，并以一个“男子汉的坚毅表情”，骑马绝尘而去。

片题画面

孤独的印第安人将会回来！！！

弗里奇叹了口气。格林尼治和耶鲁大学的埃迪·赫恩把他枕头底下的廉价小说塞进了这部电影里。剧本情节俗套，噱头低级，场面粗鄙，暴力血腥。这有什么关系吗？她不知羞耻地觉得没有关系，她得到了一个角色，她将再次演戏。

威廉·吉勒特在那个边远的地方病倒了，一周的《夏洛克·福尔摩斯》巡演被取消。霍巴特告假离开他所扮演的角色罪犯拿破仑，急匆匆从“世界的天然地面”——他对弗里奇就是这样说的——布法罗回到了城里。他来得真是时候，她一直非常想去一家新潮的饭店，据说这家饭店在演艺界广受欢迎。于是，她带他去那儿共进晚餐。

第四十二大街“用自动售货机供应食品的餐馆”立刻将他们吸引住了。人们走进一个铺着白色瓷砖的宽敞明亮、一尘不染的就餐区域，在一个流水的柜台上放一只托盘，然后在一排金属橱窗前推着它前行，每个金属橱窗里放着琳琅满目的冷热食物。每一道食物价格为两美分或五美分，只要往一个自动售货机里投币进去，金属橱窗便会自动打开，你就可以把你要的食物取出放到托盘里，然后一个分隔的转台会把一模一样的菜品再送到那个橱窗里。真是美国式的精巧装置啊！

霍巴特看到有好几位同事在那儿吃饭。他赶紧跑过去向他们鞠躬，跟他们聊天，装出一副志得意满的样子。他的食物都凉了。“是的，《暴风雨》是笃定有可能的。贝拉斯科①很感兴趣。”弗里奇一面掰开凯泽面包卷，一面咯咯地笑着。他的朋友从未见过贝拉斯科。

终于，他回来了。他正儿八经地说，她决定到电影界去发展是明智的。

“下周二，霍巴特，我紧张死了。你觉得我会顺利吗？”

“只要你卖力干，别瞧不起它，成功是毫无疑问的。”

弗里奇饱餐一顿美味佳肴，又饱受这位夸夸其谈的伙伴的钟爱，所以他们离开时，她满足地挽着他的胳膊。夜晚空气格外寒冷，把霍巴特的鼻子冻得如同圣诞树上的装饰球一样闪闪发亮。一阵寒风刮过第四十二大街，在他们四周卷起片片雪花。霍巴特殷勤地陪伴着她来到高架台阶上，他们在那儿拥抱，互致好

①贝拉斯科，即戴维·贝拉斯科（1853—1931），美国戏剧制作人和剧作家。曾当过巡回剧团的演员，先后在旧金山和纽约担任过剧院经理，1890年开始成为独立制片人，1906年建立了自己的剧院，改革舞台照明，使用现实主义布景，提高了演出水平；他的代表作有《蝴蝶夫人》（1900）、《西部女郎》（1905）等。

运，并答应不日重聚。

“你真是一个可爱的好姑娘，弗里奇。我要是年轻一点，会向你求婚的，而且，啊，我对人类女性有好感了。”

弗里奇吻了他，跑上台阶。霍巴特喜滋滋地走了。街灯下，风卷雪花，漫天飞舞。

第三十七章　毯子公司

星期二的黎明黑暗无光，大雾弥漫。弗里奇醒来的时候就处于紧张状态，肚子也痛了起来。昨晚，她在附近的一家酒吧里犒劳了自己一顿晚饭，她是从一扇边门进去的（“女士专座——氛围优雅”）。她点了一碗菜豆汤，然后是猪肝烩洋葱。吃完饭她感觉不爽快，她的胃里咕噜咕噜乱响，像一只出了问题的抽水马桶。

她六点十五分来到轮渡码头。其他演员也一个个从黑暗中飘然而至，有的紧紧盯着她看，有的马马虎虎朝她点了点头。一个穿着薄羊毛外衣的漂亮的黑人姑娘来了。她长着一张很友善的脸，但是跟其他人保持了很大的一段距离站着，瑟瑟发抖。

有光束刺穿了浓雾，那是一辆斯托达德-代顿的头灯发出的强光。驾驶车辆的是埃迪·赫恩。坐在他边上的是一个脸稍稍有点发红的男人，只见他交叉着双臂，高高的赛璐珞领子外面是深灰色的双排扣套装，套装上有隐隐约约的浅灰色格子。他有一头浓密的银发，薄薄的嘴唇抿成一条缝。凯利？

一个舱面水手挥手指挥埃迪穿过轮船坡道，来到一个停车处。埃迪跳出车子，招呼其他人上船，并一一作了介绍。这位让人讨厌的男人不是别人，正是艾尔弗雷德·阿（“阿洛伊休斯”）·凯利。他的目光上下打量着弗里奇，嘴里咕哝着什么。这样一来，弄得她十分紧张，这很可能就是他想要的效果。

一位长着一头金发的粗脖子的年轻小伙子叫欧文·斯托林斯，他就是演孤独印第安人的演员。他的相貌就是像利夫·埃里克松那样的印第安人。他热情地握过弗里奇的手之后，便漫步来到船栏边，并在那儿继续朝着她微笑，似乎很有信心,认为这样一定会把她征服的。英俊男人比漂亮女人更加可恶。

弗里奇的“父亲”是诺布尔·罗伊斯,一个红鼻子老人,演技很差,但很快乐,穿着一件水手短外套,戴一顶水手值班风帽。一个吸气,弗里奇就断定,他早上的燕麦片一定是啤酒拌和的。那帮“坏蛋”的头儿是一个干瘪精瘦、郁郁寡欢的演员,名叫萨姆·索姆廷。

一款福特F型旅行车嘎嚓嘎嚓地驶出了浓雾。这车已经有好几岁年纪了,从外表就可以看出来:车门满是凹痕,一块踏板已经松垂。埃迪朝方向盘后面那个身板结实、其貌不扬的年轻人打着招呼。“比尔·尼克斯,我们主要的木工和道具师。”尼克斯的车座上,弗里奇看到捆扎在一起的三本电影杂志。她看来看去没有看到摄影机。

钟声响了,舱面水手关上船尾的大门,轮渡船旋转着螺旋桨,鸣响汽笛,驶进哈得孙河。垃圾在尾波中翻卷,海鸥在垃圾中寻觅着食物。有六七个渡河去干活的工人提着午餐桶,好奇地瞧着这帮拍电影的人。凯利简慢地朝埃迪招了一下手,示意他到栏杆那儿去,然后居高临下地低声对他说着什么。欧文·斯托林斯一步步走到弗里奇这儿,脱帽向她致意。

“再次问个好,小女士。”

恰在此刻,一阵腹部绞痛袭来,于是她没好气地答复道:“你能称呼我别的什么吗?我不喜欢别人对我高高在上的。”

他眨了一下他那双棕色的大眼睛:“哎呀,当然。咦,你就是那种老是上街游行、争取权利的死皮赖脸的新女性吗?”

“你不赞同吗,斯托林斯先生?”

“不,小姐,我这人老派。这是个男人的世界。再次请问你叫什么名字?”

弗里奇真想冲到栅栏那儿,跟这个蠢驴打上一架,但是这样一来,先入为主的印象便会很差。她平静地回答道:“弗里奇·克朗。”

“跟克朗啤酒有什么关系吗?我在俄亥俄州经常一加仑一加仑地喝那种啤酒。”

他的肚子也能证明这一点。浮夸愚蠢的公牛——空长了一副好皮囊,他根本就不知道如何利用他的好相貌。

“是的,啤酒厂的老板就是我父亲。我稍微有点冷,假如你不介意,我想坐到车子里去。”

“当然,弗里奇。一会儿见。”他说道,再次脱帽致意。

她爬进斯托达德-代顿车的后座。她注意到那个黑人姑娘就站在边上,朝她微笑。“冷了,是吗?”

“的确冷。”

弗里奇拍拍车座:“欢迎你也进来,这儿挺宽敞呢。”

“我恐怕不能跟白人坐在一起。”

“谁说的?”

“事实上全世界都这么说。”

“那不包括我。”弗里奇打开车门,“坐。”

那姑娘慢慢地挨进身来。她介绍自己叫内尔·斯普纳,负责照看捆扎在福特车后部的那只戏装箱子。她发现弗里奇平易近人,便一下打开了话匣子。她说,她是土生土长的纽约人,就出生在汤普森大街,那是一个被称为小非洲的区域。

“我们现在住在哈莱姆,伦诺克斯大街和一百三十四大街——事实上是郊区了。我爸爸是圣犹大黑人循道宗新教圣公会教堂的本堂牧师。他说这样的电影业声名狼藉,邪恶无比。”内尔皱起了眉头,“我对他说,工作就是工作。”

“的确是的。”弗里奇说道。她注意到萨姆·索姆廷在朝她们投来一束束厌恶的目光,便回以怒目而视。他嗤笑一声,打开了他那份晨间《邮报》。

新泽西的岩壁赫然耸现在前方。轮船靠岸,汽车沿着雄伟壮丽的悬崖底部的一条道路驶去,距离大约有三英里。然后,道路往上,爬过岩壁的表面,攀向更高的悬崖。埃迪请他们全都下车走路。汽车左右摇晃着,呼哧呼哧地直喘气,一路爬坡,一路逡巡。萨姆·索姆廷不愿走路,抱怨个不停,而且对天气也很有意见,虽然这早晨让人觉得更像清冷的10月,不像12月初的日子。

来到悬崖顶部,演员们继续乘车,一路在令人心旷神怡的乡野中颠簸前行,驶向利堡。这并非一个能让人恭维的地方:一条泥土大街,两边是一些单调乏味的黄褐色房子;一条有轨电车道穿越中间,电话线和有轨电车的电线交叉在头顶。新泽西的乡下人在人行道上闲逛。

他们在一条小街转弯，来到一个马厩处，埃迪在那儿跳下车子，跟一位中年人打招呼，那人脸色红润，头发橘红，但两耳上边的头发已经发白。这人显然是赶着一辆封闭的货运马车来的，这辆马车原先很可能是装载牛奶或肉类的；现在马车两边的木头已经油漆过了。

“诸位，这位是乔克·弗格森，我们的摄影师。有人跟着你吗，乔克？”

“没有，老弟。四点半，几乎还没有人起床，除非是小偷和酒鬼。第四十二大街的轮渡码头也还没有动静呢。”

“我们把马车留在这儿。”

“好的。”弗格森打开马车后门。他和埃迪卸下一件很大的东西，那东西用一块鲜红的毯子包裹着，毯子上有纳瓦霍图案。他们吃力地将那个神秘的大家伙搬到福特汽车上。一个拿着扫帚的小马倌慢悠悠地走上前来，伸长脖子踮起脚往里瞧。阿尔·凯利赶紧插到他跟汽车中间。

“给我滚开。”他吼叫道，小马倌连忙逃走。

他们沿着一条泥路离开利堡，朝科伊泰斯维尔进发。弗里奇问内尔：“他们在毯子里藏的是什么？”

“摄影机。帕尔是一家毯子公司啊。”

“我是这么听说。我以为这是一个技术用语呢。”

“是技术用语，对啊。凯利先生的合伙人佩尔泽先生，他设计的摄影机，巧合的是，有些技术特征跟爱迪生先生的发明和专利雷同。弗格森先生对我说，爱迪生甚至对电影胶卷的链齿孔都申请了专利。如果你的摄影机用了他的发明，那你就得向那家叫作电影专利公司的什么东西付使用费，那家公司是他帮助建立起来的。这是一家托拉斯，大多数大的电影制片厂都加入。卡勒姆、埃塞内伊、塞利格、佩西——他们全都付费。电影院老板也一样。他们如果用有专利技术的放映机放电影，那么就得每周向那家托拉斯交两美元的费用。”

“你对这个行业还真懂得不少呢。”

“在帕尔干了差不多一年了，听多了。有很多时间就是听，没有人跟我说话，除非给我下达命令。”她没有流露不满，只是在表述事实。

“拜奥格拉夫也属于那家托拉斯吗?”

“是的。毯子公司是独立的,不属于那儿。他们藏着掖着摄影机,经常流动。专利公司养着一大批侦探,搜猎他们,制止他们拍电影。最最要命的是平克顿的一个侦探,他的名字叫珀利·珀维斯。”内尔想了一下,然后补充道,“他们带枪。”

弗里奇哆嗦了一下:“你不是说真的吧。他们真的向演员开枪吗?”

“不,”内尔说道,“通常他们朝摄影机开枪。”

科伊泰斯维尔有一条土灰色的主街道,甚至比利堡还要原始。那儿没有任何文明社会的迹象——没有汽车,没有有轨电车道,没有电话线。这个小地方很容易被当作西部的一个城镇。

太阳照亮了他们身后的树木,消散了昏暗的雾霭。天气变得暖和了一点。他们在一幢有很宽的游廊和很陡的沥青屋顶的构架房屋前停下车子。入口处屋檐上方的一块招牌表明,这是“兰博客栈”,提供各种选择,有“客房、洗浴、餐饮、窖藏啤酒”。六七个打扮各异的男人从门廊的长凳上和摇椅上跳起身来,围住埃迪:“今天有活儿吗?”

“需要两名歹徒。”埃迪说道。有两个人当即摆出滑稽可笑的凶相,有一个人鼓突了一下他的二头肌。埃迪打量着他们,阿尔·凯利则交叉着双臂,一脸郁闷烦躁。

“你。”埃迪指着一个人说,“还有你。一天,每人两个半美元。化妆室在里面,楼上。”他瞥了内尔一眼,内尔早已经在解开缚在衣箱上的绳结。“我们整个上午都将在这儿拍摄,吃过中饭之后马上去树林拍摄。比尔?”木匠举起一只手,“乔克知道我们下午的地点。到那儿去,把商店内景的布景挂起来,然后赶快钉两个柜台。木头你自己去买。”

“别花太多的钱。”阿尔·凯利说道,话音生硬粗暴,“我们不是在这儿拍摄‘基督复临’。”

尼克斯走了,一面咕哝着抱怨这事儿只让他一个人去干,在树林里,也没个帮手。欧文·斯托林斯嗤之以鼻:“我从来没有听说过有这么会抱怨的人。”

“是啊,他让我烦了。”凯利说道,“他很快就会失业的。”

埃迪拍着双手请大家注意："演员！到里面去。赶快化妆，我们十五分钟后开拍。"他尽管年轻，但是发号施令十分权威，演员们开始快速行动。

一个勤杂工将戏装箱子搬到了楼上。男演员在一个化妆室化妆，弗里奇在另一个化妆室化妆。内尔帮助她穿上一件已经洗得褪了色的棉布服装。"站着别动，下摆要缩短两英寸。"内尔咕哝着说，她跪着身子，嘴里衔着一嘴的别针。"袖子正好。你的上半身很好。"当然啦，弗里奇戴着她的假胸胸罩呢。

埃迪拿着一只木头化妆盒走了进来。他让弗里奇坐到一张椅子里，用一支支的油脂条和化妆粉飞快地给她化妆，内耳则继续跪着缝下摆。

"假如需要调整妆面，乔克会说的，但我认为可以了。"他拿给她一面小镜子，然后再次跑了出去，一面喊叫着，"各位，我们走，时间就是金钱啊。"

弗里奇走下楼，来到门廊上。她的肚子再次不合时宜地发出咕噜声，她感到很不舒服。埃迪将吊窗绳吊到一些桩子上，直接在台阶前圈出了一个长方形的区域。乔克·弗格森正在街上架设他的摄影机和三脚架，镜头的覆盖面就是那个长方形区域、台阶和门廊。一个小男孩牵着一匹白马绕过客栈的拐角。埃迪仔细检查了一下牲口，说道："好的。"

"这老马要多少钱？"凯利问道。

"今天两美元。"埃迪回答。

"天哪，你以为我们的公司叫迈达斯电影公司啊。"

埃迪的脸色难看，但是没说什么。他打开化妆盒，很快在一只铁皮罐头里调匀水性的黑色油彩，在马的臀部画了一根鹰的羽毛。

马很紧张，挣脱了自己，幸好埃迪及时跳开。阿尔·凯利轻蔑地哼了一声，显然是他表达极致欢乐的一种形式。弗里奇绝对不喜欢这个人。她不知道另一个合伙人佩尔泽先生会是个什么模样。他不可能更加恶劣了。

脏得恰如其分的萨姆·索姆廷和几个临时演员，穿着有流苏的衬衫，戴着有浣熊尾巴的帽子，从外面过来了。两分钟之后，那个帅得难以置信的欧文出现了，只见他裹着绑腿，足蹬"莫卡辛"鞋，一头黑色假发从中间分开，留有长长的辫子。他用淡红的油彩涂深了面孔、双臂和肌肉发达的前胸。他弯过双臂，展示肌肉，咧嘴笑着，一面寻找着粉丝。

埃迪说道:“我们从店老板被坏人拖出来开始。诺布尔,他们把你打昏,你倒下。”

“没问题。”老演员呼哧呼哧地喘着气。他摇晃着,恍若狂风中的一棵小树,弗里奇的脑子里马上闪出了一个问题:他能站立足够长的时间、恰到好处地倒下吗?

“萨姆,用手枪柄打他。悠着点,别把他真打伤了。”

“好,好。”那个郁郁寡欢的演员说道,一面一个劲儿地旋转着他那把生锈手枪的旋转弹膛。

“所有人都要记住。你们必须都在这个绳圈里面。”

埃迪在一块书写板上用粉笔写上电影的名字和一个镜头的编号,弗里奇的神经绷得紧紧的。那勤杂工呆头呆脑地走了出来,加入几个看热闹的当地人当中。埃迪从汽车上拿来一块上面写着“百货商店”字样的木头招牌。他将木头招牌挂到钉在门廊柱子上的一枚钉子上。“乔克,你要俯视足够角度,千万别拍到客栈的招牌。”

“明白。”弗格森说道,一面在三脚架的盘形头上拧松什么东西。

“演员进去。”埃迪命令道。弗里奇跟其他人一起挤进门去。他们躲在那些肮脏的窗户的两边。“大家准备好了吗?”埃迪的话音里有一种奇怪的空洞的声音,她偷偷看了一眼,很快便发现了原因。他有一只小喇叭。在那些闹哄哄的摄影棚里,这倒是挺合用的,她心想。

“各位,我们开始。摄影机。”

她用一块手帕轻轻擦了一下上嘴唇。她的肚子叫得很响,萨姆·索姆廷四下张望着。埃迪大声喊叫道:“开始。歹徒!”

萨姆·索姆廷推了诺布尔一把,咆哮道:“我们走。”这激起了老演员恰当的愤怒。顷刻间,诺布尔、萨姆和另外两个临时演员穿过门去。弗里奇靠在墙上,紧闭双眼,双手合十做祷告状。

“打他,对,对。萨姆,狠狠打他。对,好极了。跪下,诺布尔——摇晃,摇晃!女儿!赶快!”

弗里奇冲出门来。她听到摄影机在嘎嘎转着,埃迪喊叫着,鼓励着。

接着，灾难突发。正在她冲下门廊的时候，她踩到了裙子的下摆上，身子飞了出去。

她要不是反应及时，准会狠狠地摔到地上。她一缩头，飞快伸出双手，手掌落地，往前翻了一个筋斗，跳起身来，头发、衣服弄乱了，但是没伤着身子。真是出人意料，除了凯利，大家纷纷大笑起来。

埃迪大声问道："停。弗里奇，你没事吗？"

弗里奇掸掉袖子上的灰尘，说道："哦，没事。我九岁还是十岁的时候，我哥哥和我每天下午都会像马戏团的杂技演员一样表演。"

阿尔·凯利的脸色铁青："这不是马戏杂耍表演，大姐。我们不是在演喜剧。"

"很抱歉把镜头糟蹋了，凯利先生。"

"我觉得这很滑稽。"埃迪说道，"尤其是你双脚跳起来的时候你脸上的表情。你看上去惊讶得跟其他任何人一样。喘口气，我们再来这个镜头。"

"真的对不起。"

"这是意外。"埃迪说道，咯咯笑着。

凯利说道："赫恩，记住。在我做的预算里面，我们没有意外的预算。你这个小姑娘最好一次成功，每次皆然，否则我们雇其他人。我弗洛拉姨妈都没有这么笨，她的体重有一百磅呢。"

弗里奇本想礼貌地告诉他，他是一个乡巴佬，但是一个干扰阻止了这事儿的发生。他们全都听到了从利堡那个方向所传来的嘎嚓嘎嚓声。她转过头去，一辆黑色的奥尔兹汽车驶进视野。一个驾驶员，一个乘客，两人都是男性。乔克·弗格森拿袖子擦了一下额头。

"现在我们摊上事儿啦，姑娘。"

就算没有人告诉她她也知道，是专利侦探发现了他们。

第三十八章　我们的女主角

在奥尔兹汽车嘎嚓嘎嚓地朝他们驶来的时候,凯利爆发了。“就是那个牵马来的该死的小子。我敢拿我的帽子打赌,一定是他的老头打电话到城里的。”

萨姆·索姆廷说:“为什么?”

“为什么?你个白痴,就是那家专利公司啊。新泽西到处都是告密者。现在的行情是一个密报两美元。”

弗里奇被那辆邪恶的黑色汽车吸引住了。坐在左手边乘客座位上的那个人漫不经心地将一条胳膊搭在车子的边上。阳光闪耀在一支左轮手枪白得发蓝的金属上。凯利朝埃迪喊叫道:“你带枪来了吗?”

“枪?我认为那不是导演装备的一部分。”

“下次你最好考虑周全。”埃迪的脸红了。凯利拿一根手指指着弗里奇。“你站到摄影机边上去。还有一个呢?”他找到内尔,“你也一样,站到另一边去。他们不敢朝女人开枪。”

埃迪说道:“凯利先生,我抗议这样做。”

“朝所有你想要的东西抗议去吧。我是老板。”他再次转向弗里奇,说道,“去。”

她看着内尔,内尔稍稍耸了一下肩膀,仿佛在说,谁知道呢,也许他是对的。

此时,那些侦探更近了,可以清楚地看到他们穿着体面的套装,打着领带。弗里奇心跳加速,她赶紧朝摄影机走去,背靠在摄影机身上。内尔也站到了另一边。埃迪和弗格森交换着愤怒的眼色。

奥尔兹汽车因一路尘土已经发黄,随着司机一个刹车,扬起一团尘土。他跳出车子，大步走向前来，一副盛气凌人的样子。他的助手，庞大的身躯塞在太紧的套装里面，跟在他身后。

那侦探穿着一套黑色西装，上面有细白条纹。他的黑色马甲外面，一根金链条上悬挂着一个闪闪发亮的共济会徽章。他的奶白色帽子像西部的宽边帽，只是帽檐窄了一点。他身上好像有什么东西很眼熟，她心想。

“哎呀，瞧瞧。凯利和四十大盗。”那侦探笑容灿烂，露出森森白牙，他的招呼给人像是雪崩的感觉。联合广场。我需要四个跑龙套的角色。那天下午他穿什么来着？你好，亲爱的，我的名字叫厄尔。灯芯绒外套，脖子上扎着一条铁路上的蓝色印花大手帕。等我找到四个临时演员后愿意陪陪我吗？他那双奇怪的眼睛里有某种让人恐惧的东西，淡淡的褐色里夹杂着金色的斑点。她拒绝了，逃掉了。跟临时演员的猎头那会儿比，他如今平步青云了。

他环顾四周，望着那群演员，望弗里奇的时间比望其他演员稍稍长了一会儿。他那漂亮的微笑从来不闪烁。凯利说道：“你好，珀利。”

“能不打架就把摄影机给我吗，阿尔？”

“那得等到地狱冰冻。”

“疯子。”珀利叹了口气，“今天天气太好，不该动粗啊。”的确如此，万里无云的天空，艳阳高照，温暖着弗里奇的脸和颤抖的双手。那侦探甩开套装的前襟，露出一支银色手枪，枪柄朝前，挂在挽具式枪套里。“准备，巴克。”大块头扳起左轮手枪的击铁，一片静穆中那声音很不吉祥。

侦探走到弗里奇跟前，摘掉他的阔边帽。

“你好，小姐。我叫厄尔·珀维斯。我肯定不想对一个女人使用暴力，不过我的目的是要没收那台非法的摄影机。”

他想笑就让他笑吧，她心想。他是敌人，企图剥夺她工作的敌人。

“让开。”他说。

她挺直身子，就像帕特里克·坎贝尔太太演葆拉·坦克里一样。她的目光显示出明白无误的反抗。“不。”

他眨着眼睛，显而易见，他没有想到会遭到一个女人的反抗。他挠着自己的下巴，脸上的表情缓和下来，觉得有点好笑。

“你是这群人里新来的。你叫什么名字?”

“不关你的事。”

“好吧。有种。我们以前见过吗?”

“我可不这样想。”

他迟疑着,又盯着她瞧了一会儿。“我最后再请求一次,从摄影机这儿让开。”

“我绝对不会。”

他再次叹了口气,忧心忡忡。“巴克,把边上那黑鬼拉开。”珀维斯冲向前来,抓住她的双肩,弗里奇尖声大叫起来。她重重地踩中了他那只尖头的黑皮鞋。她的后跟结结实实地踩了个稳准狠。

他嘴里咒骂着,用另一只脚跳了回去。与此同时,巴克绕到了内尔那里。内尔学着弗里奇的样子,一把抓住巴克伸出来的手臂,用像一只猛然闭合的捕熊陷阱那样的力量狠狠地咬了他的手腕一口。“耶稣基督啊。”他高声惨叫,手指本能地一勾,左轮手枪走火了,子弹射进地里。

珀维斯后退了两三步,像只发怒的公牛一样低着头。等他冲向前来的时候,弗里奇便使了一个技巧,她手里没带帽饰针的时候,她有两次用这个技巧对付过南方的粗汉。她用两根食指直戳他的双眼。

“啊?”珀维斯赶紧后退,避开她的手指。他被她的举动惊呆了,犹豫了片刻,就是这片刻,给了她足够的时间,抬脚朝他踢去,踢中了他的命门。他诅咒着,弯下腰,双手抓着自己的裤裆。

凯利朝弗格森大叫:“摄影机!”弗格森一把扛起三脚架,朝福特车冲去。他高声喊叫着让埃迪跟上,赶快发动汽车。

埃迪拼命地摇着曲柄,差一点把他的肩膀都摇脱臼。珀维斯依然在蹒跚。她这一脚比她自己想象的要狠。凯利扑向前去,那双拳重重地捣中他的脖子后部。珀维斯跪倒在地。

福特汽车的引擎发动了。埃迪跳回身子,汽车歪歪斜斜地沿着街道驶去。弗格森飞快地弯向左边,转过一家百货商店的拐角,消失在了视线之外。一团尘土慢慢归于平静。有两三个当地人听到枪声,跑出来聚在街对面的一扇牲口房的门口，呆呆地望着这儿。

巴克望着手腕上的牙印。“好你个黑鬼。”他举起一条胳膊，用枪管狠狠地砸向内尔的脸。弗里奇在他身后一把抓住那支枪。埃迪跑上前来，从她手中抢过手枪，重重地打了巴克的头两下，然后在他屁股上踢了一脚，踢得他噔噔噔地往前冲去。巴克摔趴在游廊的栏杆上，慢慢地滑倒在地，失去了战斗力。

凯利跑向那辆奥尔兹汽车的后部，一把大折刀的刀刃闪了一下。

这时，珀维斯再次站直了身子。此刻，他的双眼已经不同刚才，凶光毕露，如同猛虎的眼睛，他猛地从挽具式枪套里拔出那支银色手枪。埃迪大步冲到弗里奇跟前，拿巴克的左轮手枪指着这位侦探。

“扔下手枪。要是不扔，我就开枪。”

弗里奇估摸埃迪像她一样害怕，但是他掩饰得完美无瑕。珀维斯两眼喷火，将手枪扔到了地上。凯利大声喊叫道：“大伙儿上车。”

欧文·斯托林斯、萨姆·索姆廷、老诺布尔和几个临时演员像一群小丑一样一蜂窝地拥向斯托达德-代顿。他们真是太滑稽了，弗里奇觉得真应该弄台摄影机把他们拍下来才好。埃迪拉着她的胳膊，将她推向前去。她跑过珀维斯的身边时，在他的眼睛里看到了一丝令人恐惧的神色。

“你干得好，姑娘。你会付出代价的。”

“闭嘴，你个恶棍。”埃迪一面跑一面说道。

凯利跳进汽车，埃迪摇动曲柄。四圈下来，引擎发动。埃迪坐到副驾驶座位上，弗里奇就坐在他的膝头。萨姆·索姆廷、欧文和一个临时演员挤在后排座位上。内尔挂在左面的踏板上，诺布尔和另一个临时演员挂在右边的踏板上。凯利驾驶着斯托达德-代顿转过一个弯去，车子明显感觉负担过重，反应不灵敏。弗里奇听到了刮擦的声音，希望他们的汽车底盘没有被刮擦下来。

他们开过珀维斯的身旁，他正拿他的宽边帽子拍打着他的腿，踢着那辆奥尔兹汽车的左后轮，跟右边的轮胎比，它显然没气了。弗里奇明白了那把折刀的含义。在令人窒息的尘土中，凯利喊叫道：“去弄匹马吧，珀利。”他装出马的嘶鸣。珀维斯朝他们开了一枪。子弹砰的一声从后保险杠上弹落，萨姆·索姆廷发出一声又长又尖的叫声。

弗里奇在埃迪的大腿上上下颠簸，她的心也狂跳着，金发随风飘扬。突然，她喊叫道：“那个木匠。”

“哦，上帝，对呀，比尔还等在林子里呢。”埃迪说道。

“别管他。”凯利说道，“他会寻路回家的。”

行驶了一英里，凯利停下车子，对两个临时演员说道：“你们两个下去。把衣服脱下来，扔到汽车里。”他们两个照做之后，凯利从卷在一根皮带里的一叠钱里面拿钱付了他们的酬劳。斯托达德-代顿继续噗噗地朝前行驶，他们穿着内衣，站在路肩上，愁眉苦脸。命中注定，他们成不了明星，都怪那个天杀的珀利·珀维斯。

第三十九章　不能平步青云，那就继续前行

两天之后，他们在马马罗内克附近的乡下完成了《孤独印第安人的金子》的拍摄，没有人来打扰他们。有可能，专利公司在威斯特切斯特还没有招募到告密军团呢。

那个木工兼道具师比尔·尼克斯没有跟他们在一起。珀维斯袭击他们之后的第二天，他到凯利那儿抗议他们把他放了鸽子。话语越说越激烈。向来就没有耐性的凯利解雇了他。“没有损失。”埃迪说道。

科伊泰斯维尔的那场惊险之后，电影拍摄便一直平安无事，波澜不惊，甚至都有点单调乏味了。埃迪对弗里奇保护摄影机的行为大加赞赏，邀请她跟欧文一起到克利和塞马尔电影交易所的私用电影室去看成片—— 一千英尺的胶卷汇集成了一个十五分钟的脉络清晰的故事。

私用电影室很挤，就是几张直靠背椅、一块银幕以及弥漫在各处的来自漫溢痰盂的气味。埃迪将弗里奇介绍给另一位合伙人 B.B.佩尔泽。(“人们叫他‘本尼’，但绝对不敢当面叫。”埃迪事先告诫过她。) B.B.是一个矮矮圆圆的人，满头灰色的鬈发，眉慈目善。他用双手抓住弗里奇的一只手，仿佛这是他在市场上买的一条鱼。

“很高兴见到你，你跟一位非常优秀的小伙子在一起工作。”他在坐下之前，用力地握了一下她的手。他将一个手肘搁到一张小桌子上，并将另一只手放到自己的头上，似乎在为他马上将要看到的东西担忧。弗里奇也有同感。看自己的演出，这在她还是头一回。

凯利悄悄来到最后一排坐下，一言不发。埃迪说道：“好了，哈普。”他叫放映

员关上电灯。

坐在埃迪边上的一个女孩说道:“我在最后拼接了一些额外的连续镜头。我想你会喜欢的。”埃迪没有反对。那姑娘好像格外年轻,就像整个电影工业一样。

哈普开动格格直响的放映机。弗里奇在看到她自己的一刹那,不禁紧张地咯咯一笑。一看到自己的那双大脚、那两个瘦骨嶙峋的手肘和随风飞扬的头发,她感到很窘迫。她的动作像痉挛一般,她的情感表达更像是“风景咀嚼”①。她几乎受不了了,她用双手捂住自己的脸,只是从手指间往外窥视。

当然,其他演员的表演也同样夸张,这种风格适合耸人听闻的情节。欧文似乎被自己的表演陶醉了,一个劲儿地笑着,到了有一处还说出了声来:“哦,相当好。”

埃迪看得很认真,偶尔对着那姑娘发表一些评论。弗里奇很快对埃迪佩服得五体投地,他有非常明确的目标感。他知道,他不是在把《哈姆雷特》或者《人民公敌》搬上银幕,他充满活力而又深思熟虑的工作是为了让他的小电影节奏紧凑,充满悬念。

弗里奇注意到了她先前没有发现的东西。在兰博客栈的游廊上,有人摆放了一块木匾,木匾上画着公司的标志“奔马”,非常独特。

她局促不安地坐在黑暗中,十五分钟仿佛有十五个钟头一样漫长。在画面淡出的那一刻,她斗胆飞快地望了凯利一眼。她注意到,他刚刚进来的时候,也同样感到悲观,同样嗤之以鼻。

突然,一个新的情节出现了——她冲出门来跌倒的镜头。她震惊地看到自己在空中调整姿态,最后翻了一个筋斗。所有人大笑起来,甚至连凯利也笑了。

哈普开亮电灯之后,埃迪拍拍她的胳膊:“你真是个喜剧演员。”

“并非有意为之。”

“应该有路子可以用到这种喜剧天赋。”但愿别。

凯利站起身来,说了声“好”,便走出门去。她想不通,这么乏味的人居然在娱乐界混。B.B.佩尔泽快步来到她跟前,再次像夹三明治一样夹住她的手。

---

①“风景咀嚼”表示一种表演风格,用于表达极端情感,或者说夸张性的表演,通常用于一些耸人听闻的情节剧;也指矫揉造作,演得过火。

“嗨,埃迪说得对,你是一个喜剧演员。我喜欢你在电影中的表演,有天赋的小姑娘。希望在帕尔看到你更多的表演。”

她问了埃迪那两个合伙人的情况。他说,佩尔泽曾经是霍伯肯的一个眼镜商,后来对电影发生了兴趣。他跟他的姐夫——纽约服装区的一个商人——共同创办了帕尔电影公司。不到一年,凯利买下了他姐夫的股份。这家公司分成一百份股份,B.B.跟他妻子索菲占百分之五十二,控股。

凯利曾经拥有代养马房,但是当汽车业崛起的时候,他预见到马和马车的利润将逐渐萎缩并最终消亡。他转而生产立体感幻灯机,附带提供图片。当五美分电影院开始蓬勃兴起之后,这一客厅时尚随之衰落,于是凯利再次转行。

“凯利是我们扛着的十字架。本尼却是另外一回事儿。他对过错宽宏大量,这让凯利发疯。”

帕尔电影公司每周至少推出两部单盘影片,加上一部被拆分成两个短剧—— 一个喜剧、一个普通戏剧——的应景电影;拆分一部部电影的做法在当时很流行。帕尔的作品质量不稳定。埃迪心情沮丧的时候把这些电影叫作“香肠”,而且,是“劣质香肠”。

展示帕尔奔马的纸板在每部电影里至少出现一次。“在这个行业有很多盗窃行为。”埃迪解释道,“那些廉价影院的老板不太老实,有时交易所也有骗子。他们复制拷贝,当作自己的电影卖钱。电影公司就把他们自己的商标放进去保护自己。”

科伊泰斯维尔事件之后,多亏了 B.B.的热情和凯利的支持,弗里奇在接下来的冬季和春季工作十分稳定。他们总是小心提防着那些侦探,只在曼哈顿和布鲁克林租用的阁楼里拍摄。需要外景时,他们就回到马马罗内克,或者到有乡村风格的长岛去。有几天,他们要到九十点钟才开始,因为摄影机要秘密运送。弗里奇从来就不知道,弗格森的摄影机夜里藏在什么地方。

她演了几个小角色之后,埃迪选定她在《勇敢的黛茜》中担纲主演——扮演一个聪明的私家侦探。有一个情节,黛茜跟踪一个恶棍到了一家饭店的厨房。埃迪用熟石膏制作了一只很大的火腿,而且还即兴创作了一段绕着砧板疯狂追逐的情节，脚本里可没有这个。一支手枪冒出一缕青烟，紧接着一声巨响，吓了一大跳的厨师猛地转过身来，差一点把他的火腿砸到弗里奇的头上。遵照埃迪的指令，说时迟，那时快，她一个闪避，倒在地上。这个情节在电影放映室里博得了赞赏的笑声。她明白了为什么那天他一定要她穿上马裤。

埃迪和B.B.对这部电影很满意，他们又策划了一个彻头彻尾的闹剧，名叫《形迹可疑》。弗里奇扮演一个宠物店的服务员，被扔进了一只水箱里，脸被一条大鳕鱼拍打了好几下。她当时毫无怨言，但事后对埃迪说，她不喜欢再有这样的经历。

然而，这样的经历源源不断。《孤独印第安人的金子》在全国的租赁业绩好得超乎寻常，于是埃迪创作了更多该系列的故事。春末，他们完成了《孤独印第安人的勇气》。他们接下来回到威斯特切斯特，拍摄《孤独印第安人的战斗》，弗里奇在这部戏里第一次骑马。出租马匹的马厩老板怀特·普莱恩斯教她如何骑没有配鞍的马：跳起身来，把一条腿摔过去，就像一个平原印第安人。他教她跳越马尾巴。她摔了三次，但是第四次尝试时成功了。埃迪请她再做一遍，但是掉落下来，而此时一个坏蛋用一双左轮手枪对她进行威胁。“臀部落地，跳起身来，装斗鸡眼。他呆若木鸡。这样一来，欧文便有时间解除他的武装，痛打得他失去了反抗能力。”

“哦，埃迪，不。这是下三烂戏路。”

“下三烂戏路很受欢迎呢，莎士比亚一直在运用下三烂戏路。就在血腥的高潮之前，出现一个小丑，缓解紧张，这样高潮就会产生双倍的效果。相信我。”

所以，这一小段便被放进了那部电影里。弗里奇尽了最大能量来演这一小段，弄得一整个晚上只好坐在枕头上。

相对稳定的工作，使得她花了十四美元九十五美分买了她好久以前就想得到的东西—— 一台有漂亮的金色橡树机壳的留声机，花状的扬声器雕刻得十分精美。这台留声机使用的是平面唱片，不是那种老式的圆柱唱片。她又花钱买了六张二十美分的唱片，主要是一些名不见经传的歌手在一些蹩脚的管弦乐队伴奏下演唱的歌曲。在这些她喜欢的歌曲中，她最最喜欢的是那首《中央公园的姑娘》，这首由保罗的朋友哈里·波伦创作的歌曲引起了新的轰动。这首歌来自百老汇一出名叫《姑娘云集》的时俗讽刺剧。结束长长一天的工作，她会脱掉鞋子，卷下长筒袜子，把唱片放到转盘上，摇紧留声机发条，放下唱针，聆听这充满真情的男高音：

我在中央公园遇见一位姑娘，

美丽得像清晨的金色——

这首歌优美动听，但是有淡淡的忧伤：这位无名的先生从此再也没有见过那位姑娘。在演唱第二遍的时候，她的眼睛模糊了。她听完第七遍还是第八遍的时候，泪水已经在她的脸上滚滚而下。

第四十章　纽约音乐

哈里·波伦热爱他所采用的语言。他知道，这样的语言叫它美国英语不准确，但他就是这样做了。在他的想象里，美国话是一个大盘子，里面装着美味的开胃小吃，每样小吃都有其独特的风味，适合于某个特殊时刻吃。他喜欢的一个机智而又有趣的词就是“漂亮”。他喜欢穿漂亮的衣服，而且也开始有钱买这样的衣服。哈里·波伦这个名字，即便没有像曼西或者博伊西这样名满天下，那也至少在纽约音乐出版界这个关系密切的小圈子里得到了广泛的认可。

1910 年春季的一天，弗里奇正在演她第一批电影的其中一部，他则郑重其事地把自己打扮得漂漂亮亮，一整个下午准备陪他妻子度过。他选择了英式的单排扣三件套套装，折缝笔挺的细细长长的裤子，有燕子领的蓝白条纹衬衫，蓝色的领带，漂亮的常礼帽，灰色的鞋罩，还有一根文明棍。

他的目的地是拉伊的那个郊区村庄，确切说是其中一条绿树成荫的街道，在波士顿驿道跟长岛海湾之间。他在疗养院前面的一个砂砾铺面的区域停好他崭新的黑色 T 型车。

在这个令人忧伤又枯燥乏味的地方，他从来没有过欢快开心的感觉；在这个地方，老弱病残的人们坐在椅子上，对着无形的听众喃喃地说着话。但是他不让这种情绪流露出来。年方三十的他，沿着人行道慢慢走去，他身材高挑，充满活力，看上去完全是一位成功和幸福的人士。

4 月的下午有轻柔温暖的微风从长岛海湾吹来。一个护理员推着弗拉维娅的轮椅走出门外，哈里和她一同坐在一棵新芽初绽的悬铃木树下，他拉着她的一只手，她则两眼茫然地望着他的双眼，竭力想认出他是什么人。弗拉维娅头发稀疏,状似花穗,已经发白。遵照医生的嘱咐,他在冬天将她送进了疗养院。他竭力想表现得欢快,一面微笑着给她讲述那些新闻花絮,一面轻柔地抚摸着她的手。

“夏皮罗、伯恩斯坦希望在几个月之后把《中央公园的姑娘》拱到一百万张。他们的乐团部门正在有偿安排一场交响乐演出。《蓝蓝的夜》表现很好,已经卖出八万张了。猜猜还有什么吗?太令人激动了。明天上午,我要去见纽约最大的戏剧演出人之一,齐格菲尔德①。是他打电话给我的,他今年正在创作又一批时事讽刺歌舞剧。”

每个花絮所得到的回应都是同样毫无生气的、略带困惑的微笑,令他心碎。一条细细的银色口水从弗拉维娅嘴里挂落下来,滴落到了她的长衣上。护理员们一直在提醒哈里,她越来越不能自制,不得不接受特殊的个别照料。他知道,他们这样说是想要得到小费,但他付小费毫无怨言。

影子逐渐拉长,天气变得凉了起来,他朝一个脖子很粗的男人招呼了一声,站起身来,亲吻了一下弗拉维娅的额头。“再见,亲爱的姑娘。我下周再来看你。”只要她活着,他每周都会来看她。弗拉维娅为他做了那么多,他不可能抛弃她或者跟她离婚,哪怕他经常在想着另一个女人,就是他为她写了那首《中央公园的姑娘》的那个姑娘。

他不知道保罗的堂妹怎么样了。百老汇每个戏剧的演员表他都在留意,但就是从来没有看见过她的名字。她也许已经离开这个城市了。

他瞧着护理员推着轮椅将他妻子推进屋里。他摇动曲柄发动了T型汽车,驶过高低不平的泥路,来到一个非常高档的切斯特港湾小酒店,在弗拉维娅健康的日子里,他跟她经常在那儿用餐。他在那儿吃了一顿很好的饭,喝了一点酒,然后沿着国王大街驶去,这是一条纽约州和康涅狄格州的州界街道。这个地区是丘陵地带,富有乡村风尚,到处都是绿色。

在道路另一边的康涅狄格州,他驶进一条小巷,来到一幢打理得很好的两层楼农舍前,将车停在一辆华丽的四轮轻便马车和一辆很大的黄色雷欧车之间。

---

①齐格菲尔德,即弗洛伦兹·齐格菲尔德(1867—1932),美国戏剧演出人,以演出“齐格菲尔德活报剧”(时事讽刺歌舞剧)而闻名。

一个穿着黑色连衣裙的漂亮女人迎上前来，兴高采烈地向他问好："你怎么样，哈里？"

"挺好，谢谢，贝尔。"他说着将他的常礼帽和文明棍放到一张大理石桌子上。贝尔·斯特克尔夫人出身一个高贵而又古老的格林尼治家庭。有人说，早先，她曾经误入歧途。几年之后，她浪子回头，创建了这一高雅的处所，从未受到该县当局的干扰。当哈里最初成为其顾客的时候，他感觉自己简直是最最下流的骗子。他对斯特克尔夫人说出了自己的感受，斯特克尔夫人非常智慧，而且对这样的事情也极其通情达理。她开导他说，他不是修道士，偶尔来这种地方无伤大雅，伤害不到任何人，当然也伤害不了弗拉维娅。"我敢打赌，即便她知道了，她也能理解。"

"玛莎没客，正在盼你呢。"斯特克尔夫人说道。哈里再次谢了她，向她付了钱，便往楼梯上走去。当他走近玛莎的房门时，斯特克尔夫人开启了门厅里的钢琴纸卷演奏。这是他最近写的一首歌《来自小小古老日本的樱花人》。哈里微微一笑，敲响了门。

"你好，玛莎。"他的话音几乎有点害羞。

"你好，哈里。再次见到你真是太好了。"她站在那儿，长长的睡衣敞开着，没有遮住她的身躯。她在他脸上给了一个帕拉图式恋爱的轻吻。玛莎的个儿不高，属于矮胖一类，受教育程度不高。可是她有柔嫩浑圆的手臂，而且她理解他为什么需要到这个地方来。跟她一起待一个小时，使得他能够继续他的生活而毫无遗憾、毫无自怜。在他的内心深处，他唯有一个羞于启齿的秘密。有时，他把玛莎当作弗里奇·克朗。

他跟弗拉维娅在切斯特港湾共同拥有一个家，他在那儿过了一夜。现在，这儿已经变成了一个令人沮丧的幽灵出没之所。几件家具差不多都用床单遮盖着。房间里，弥漫着灰尘的气息。他怀疑他会睡不着，因为第二天要跟齐格菲尔德会面，他真的没有睡着。大半夜，他辗转反侧，于是索性在黎明前一个小时跳下了床，喝了半壶咖啡，发动了 T 型车，沿着坑坑洼洼的道路驶往曼哈顿。大约二十英里的路程，他开了将近三个小时。

哈里还是在单干，他在西二十八大街马尔登大楼有一个办公室，那是纽约音乐界的中心。不时地，人们可以在沿着二十八大街色调灰暗的普通房子里找到所有这个行业的大伽们。哈里所在这幢大楼的每一层的每一个办公室里都会传来音乐声，虽然哈里认为那大多是噪声，因为总会有十几个表演在同一时间进行，不同的调子，不同的节奏，不同的歌喉，汇聚成刺耳的不和谐的声音。或者，就像那位给该地区取名的无名才子所说的那样，纯粹是在敲铁皮锅子。

哈里因为有大量的时间在城里度过，所以在西四十五大街的曼德雷克宾馆保留了两个房间。他在那儿刮好胡须，穿上新的套装和衬衫，戴上新的领带。他涂了粉，洒上香水，比十点钟的约定时间提前二十分钟来到了弗洛伦兹·齐格菲尔德的办公室。

齐格菲尔德一直让他等到十点半。“很高兴见到你。”当哈里最终被允许进入这位戏剧演出人的办公室时，他说道。齐格菲尔德是一位给人印象深刻的人，四十岁或者四十多岁年纪，个儿高挑，穿着时髦，风流倜傥。有人说，他浅黑色皮肤的英俊相貌和两条倾斜的眉毛给了他靡菲斯特的气质。眼下，他跟来自华沙和巴黎的著名女高音歌剧演员安娜·赫尔德结成了秦晋之好，但是依然声名在外，丝毫也没有减少喜新厌旧、寻花问柳的活动。他像德国人一样消费女人：单身还是已婚，没有任何关系。撇开道德问题不管，众所周知，他就是一个要求演员在他的剧目里演得最好的人，但同时付的酬劳也是最高。他从来不会欺骗他的观众，也从来不会吝啬他的才华。

齐格菲尔德注意到哈里在看着一张褪了色的招贴画——装点着四面墙壁的招贴画有很多——这张招贴画所做的广告是一部很吸引人的喜剧，名叫《丹麦的舞蹈鸭子》。一个更像假笑一样的笑容掠过齐格菲尔德的脸。

“你相信吗，我二十二岁的时候就在芝加哥创作了那个喜剧。”他递给哈里一根保湿的雪茄烟。哈里摇摇头。齐格菲尔德点燃雪茄：“该死的防止虐待动物协会，他们把我封死了，说我让舞台工作人员在鸭子的脚底下点火柴从而让它们表演。”他一本正经地眨了一下眼睛，“恐怕这是有可能的。”哈里太紧张了，他傻乎乎的只是一个劲儿地微笑。

“你知道我想从你那儿得到什么吗，小伙子？”

“我希望是你新剧作的歌。”

“挺聪明的。我听说过你的作品,我喜欢。不过时间有点紧,下一版的时事讽刺剧四个星期后开始在巴黎会场排练。”巴黎会场是一个带玻璃穹顶的会场,位于四十四大街和百老汇大街交叉处的喜剧大厦的顶层,夏天热得像地狱,下雨天漏得厉害,那些赞助人被告知要带雨伞。

“我需要的是一支丛林歌曲。我设想有四十到五十个姑娘——”齐格菲尔德轻快地绕过他的办公桌,“一张小小的棕榈叶掩藏着这些宝贝,还有一张棕榈叶掩藏着这个,这你懂的。我们将把她们充分调动起来,让她们在舞台上见所未见的最奇妙暴风雨中翩翩起舞。我就是还少一首歌。”

“我争取在两三天之内写出来。”

“你这话当真?”

“我会写出来的。”哈里答应道,“如果你不满意,我会写到你满意为止。”

“你听上去像个专家。我喜欢专家,不喜欢那些牛皮大王,说说一套又一套,实际拿不出东西来。这种人,我就是一锤子的买卖,然后我就一定要让整条街都知道这事儿,这样谁也不会再雇用他。”

哈里的脑门子上沁出点点汗珠,他的嗓子激动得有点嘶哑,他说道:“我不会让你失望的,齐格菲尔德先生。”

这位戏剧演出人将一条手臂亲切地搭在哈里的肩头,陪着他朝门口走去。“叫弗洛。”他说道,“朋友和艺术同行都叫我弗洛。”

在候见厅里,哈里认识的两个歌曲推广人瞧着他,那种嫉妒的神情简直强烈得有点恶意。两人拼命凑向前来,盼望齐格菲尔德能接见他们几秒钟。

“走开,没时间,小伙子。我十分钟之后要去看姑娘们大合唱的试演。”齐格菲尔德拿食指指着哈里,“把它写好。”他走回他的办公室,砰的一声关上了门。

哈里有点得意了,他简直是跳着舞穿过午间的人流。美国,真的是一块机会的乐土啊!他义无反顾地投身到大洋的此岸,太正确了,他在这儿孜孜不倦地从事着他所热爱的事业。哈里的歌曲通过他的手指头从他的头脑里飞出,但是他的音乐满溢在城里。他从一个小贩那儿买了一个火热的烤番薯,一面狼吞虎咽,一面悠闲地沿着百老汇大街走去，所过之处，满耳尽是切分音的旋律。他听到，河上有船在嘟嘟地鸣着喇叭，路面上脚步嗒嗒。他听到，高架铁路发出咯噔咯噔的震动声，有轨电车传来叮叮当当的撞击声，汽车鸣着呜哇的喇叭，一管口琴吹奏出低沉的乐音，一个衣衫褴褛的黑人鞋底上钉着图钉，在路缘石上跳着踢踏舞，一个年龄再大一点的黑人弹着班卓琴伴奏。这首歌就是《樱花人》。哈里给了他们每人一美元。

他已经出汗了，而且有点气喘，激情洋溢在他的全身。就是这一年，就是这一刻，他触摸到了它的存在。创作《姑娘云集》的歌曲只是万里长征第一步，而在齐格菲尔德的作品里露脸将让他登峰造极，尤其是如果那歌曲引起轰动的话。一旦百老汇需要他，要他创作整体的乐曲，那么他的另一个目标——成立他自己的出品公司——很快就将实现。

哈里不喜欢音乐行业中那些污秽肮脏的家伙：剽窃别人音乐的作曲人、敲诈了高额费用才肯演唱歌曲的演唱人、为一己之私篡改使用费报告的出品人。可是，当他梦想着自己的公司的时候，他把所有这些负面因素都忘得一干二净了。他给公司取了一个极其漂亮的名字："祖国音乐"。它的标记，毫无疑问，将是波动的星星和条子。哈里从来没有想过其他形象。

"威尔伯，小心前面有位先生。"

那位母亲的喊叫声唤醒了他一边行走一边做着的白日梦。一个六七岁的小男孩正在仔细看着一个玩具，不想跟哈里撞了个满怀。

"夫人，完全是我不好。"哈里说道，一面摘下他的常礼帽，殷勤地致意。尽管这个小男孩看上去有些凶狠，像一只小蛤蟆，但那没有关系；在这个获得了如此辉煌机会的日子，哈里愿意原谅几乎任何过错。突然，他的目光停留在了小男孩脏兮兮的手里的玩具上。一只小象，由一块铁皮剪成，身子涂成了灰色，象牙涂成了白色。哈里虽然在表面上是个犹太人，但是他深谙基督教文化，包括圣保罗在大马士革路上的幻象。他几乎都不敢出大气地问道：

"夫人，我可以花一美元买这个玩具吗？"

那女人吃了一惊，说道："哎呀，这都不值五十美分——"

"我就是想买。"未等哈里说完，贪婪的小威尔伯急忙抢过钱。哈里紧紧抓着铁皮小象，几乎是奔跑着回到他的办公室去，一路上像个足球前锋一样在人行道的人流中迂回腾挪。他将常礼帽扔到地上，砰的一声打开键盘乐器。到五点钟的时候，他写成了《狂欢吉祥》。他在创作的过程中，甚至把弗里奇也忘了。

啊，大象鼻子甩动摇晃

像丛林旗帜在飞扬

这是大象在表演

狂欢吉象。

大家一起来啊(跺脚)

表演狂欢吉象。

弗洛·齐格菲尔德对这首歌曲激动万分。质朴的抒情歌词跟朗朗上口的曲调结合在一起，四十四位姑娘跳着踢踏舞，在模拟的暴风雨中，随着一个霹雳般的踢踏，全部一下子伏倒在地，之后这部时事讽刺剧的观众万众一心、恍若一人地蹦踏起来，开心得高声尖叫。由两个人在大象肚子里面操纵的一只八十英尺高的大象在最后的大合唱中翩翩起舞。

《狂欢吉祥》的销售量像 7 月 4 日的焰火一样直线上升，这首歌还销售到了英国乃至整个欧洲。唱这首歌和跳顿足爵士舞风靡一时。无论老的还是少的，大家在校园里跳顿足爵士舞，在有轨电车上跳顿足爵士舞，在围栏肥育地里跳顿足爵士舞，甚至在唱诗班指挥没有看到的情况下教堂大厅里也跳起了顿足爵士舞。循规蹈矩的英国人跳顿足爵士舞，一本正经的德国人也跳顿足爵士舞，活泼潇洒的法国人跳顿足爵士舞，热情奔放的西班牙人也跳顿足爵士舞。最后，从非洲传来消息称，那儿的祖鲁人也跳起了顿足爵士舞。

从《先驱报》到《警察报》，每份报纸都派出记者到曼德雷克宾馆，希望采访这位开创了世界顿足爵士舞的人。一位同僚简单地表达了他的钦佩：

“哈里，你真的是个天才。”

第四十一章　萨米

大洋彼岸的伦敦，太阳升起来了，但是被遮挡在了大片大片的雨幕后面，根本就看不见。保罗从莱斯特广场走向圣马丁巷，一把黑雨伞很难挡住风雨。他转进又黑又窄的塞西尔小巷，那儿坐落着好几家电影公司，佩西兄弟公司和美国勒克索格拉夫公司在那儿都有办公室。

他闪身躲过一道从大楼入口处上方的屋顶石板瓦上倾泻而下的水流，像一只浑身淋湿的狗一样抖了一下身子，冲上楼去。他在家里额外多待了半个小时，等保姆来带孩子们，然后坐在朱莉的床边，握着她的一只手，心里直犯愁。对她来说，生孩子从来就不容易。她现在肚子已经很大，差不多足月了，所以白天也大多卧床休息。她坚持说她很好，可以处理所有的家务，可是她苍白憔悴的面容说明事实并非如此。

保罗走上楼梯，他湿漉漉的鞋子上和浅顶软呢帽子上滴着水珠。他希望这一长段时间接一长段时间的坏天气不会贯穿整个秋天，他计划要去巴伐利亚拍摄德国军队的演习。他的名声和他的书令他在德军总参谋部受到高度关注，于是他便受邀前去拍摄。他们重视宣传，广泛结交那些能够进行宣传的人。非常渴望扮演军人角色的威廉二世皇帝一直都在参加每年的军演。

在英国人的眼中，这位皇帝是“德国威胁”活生生的象征。他不停地声称他是英国的好朋友——他的已故祖母维多利亚女王和他的表兄乔治五世国王（就像俄国沙皇尼古拉斯）不也是吗？迈克尔·拉德克利夫对这些家庭关系嗤之以鼻：“近亲繁殖的血友病患者和爱好战争的偏执狂所组成的一个腐败团伙，一边假装是最亲密的朋友，一边等待着最合适的时机在背后互相捅刀子。”

迈克尔对那些欧洲君王的怀疑是对的。他们友好的声明背后潜藏着恶毒的仇恨。威廉二世皇帝在他叔叔的葬礼上悼念他，但是在其他场合则称这位死去的国王是“撒旦”，是“欧洲最坏的阴谋家”。德国极富侵略性的海军计划似乎就是针对不列颠的。海军上将提尔皮茨每年都要建造两艘无畏级战舰。那位皇帝坚称，这仅仅是为了防御未提及名字的敌人，但是，英国人中包括很多白厅的外交官在内的很大一部分人，都觉得这支舰队是用来进攻他们国家的。众多的一便士报纸上充斥着奇异古怪的惊恐故事，标题大多为《战争不可避免》《德国人如何占领伦敦》，等等。

“你好，埃普松小姐。”他说道，一边再次晃了一下身子，走进前厅。埃普松小姐是一位五十岁的老处女，礼貌地点了一下头跟他打招呼，等他一转过背去，便赶紧将溅到她脸上的水珠擦掉。

“他到了吗？”

“二十分钟前就到了，先生。”

保罗挂好他的帽子和雨伞，向那扇内门走去：“能给我们上点茶吗？”

“当然，马上。不过我说，那年轻人给我的印象并不是个真正的茶客。”

背部持续的病痛，朱莉和风细雨的劝说，终于说服了保罗招聘一个帮手。响应他的广告前来申请、等在他办公室里的是第十七位应聘人，前面十六个人都让他回绝了。有两个完全是傻蛋，有好几个是因为要挣饭吃而不是真正对摄影行业感兴趣，还有几个是谎话连篇的冒牌货，几个技术问题下来就全部戳穿。其余的倒是讨人喜欢，但是因为各种各样的原因而没有希望。

“早上好，对不起，我迟到了。”保罗凌乱的办公室似乎跟他弯曲的衣领尖、变形的领带、鼓鼓囊囊的衣兜和总体随便的风格十分匹配。

这个年轻人把帽子拿在手里，一会儿抖动这只脚，一会儿抖动那只脚；他皮肤黝黑，瘦得像根棍子。他的下巴上有一个很大的皮脂囊肿，像一粒葡萄干。他的头发又黑又亮。保罗注意到，他的指甲里有污垢。

“我把你的名字记在这儿什么地方。”保罗在那堆无可救药的大杂烩里翻找着——胶片盒子、制作计划、账单、他雇主约克的备忘录、新泽西州办事处的电报、行业报纸、伦敦报纸、国际报纸以及他这个行业的其他杂七杂八的东西。

“西尔弗斯通，先生。塞缪尔·加，加就是加芬克尔，西尔弗斯通。他们通常叫我萨米。”

“请坐，萨米。”这年轻人的紧张不安让他也感到紧张。令人不可思议的是，他居然找到了一支铅笔，然后又找到了一张上面没有涂涂画画的卷宗卡片。“你几岁了？”

“二十二岁。”

“你有推荐信吗？”

萨米从他的毛外套内边口袋里掏出一封皱巴巴的信，这信看上去像是一个比他还要矮小的人写的似的。“这里有一封克拉奇菲尔德先生的信，我在索霍·斯特兰德的老板。”

“那是个电影院，是吗？”

“是的，先生，而且是家很好的电影院，在迪恩大街。”

“还有其他的吗？”

一度，萨米明亮的黑眼睛里有一种古怪的好奇的光芒：“嗯，先生，没有了，除非你要请布里克斯顿的典狱长写推荐信。”

保罗靠到他那把吱嘎作响的旋转椅子的背上：“你是说你被关到里面去过？”

“对，先生。小偷小摸。我妹妹贝尔没有吃的了。”他的“没有”发音很不准，要纠正这种可怕的发音，恐怕连亨利·希金斯都会感觉困难重重。保罗估计这种口音来自伦敦东区或者类似的地区。

“我只是偷了两条面包给贝尔。”萨米解释道，“可是我被抓起来了。我估计你哪怕雇了我，也总有一天会知道的。所以还是直截了当告诉你的好，节省时间。”

“考虑很周到。”保罗咕哝道，看不透这个看上去颇为狡诈的年轻人到底是个什么情况，“你被羁押在什么地方？”

“如果你指的是关押的话——”萨米正说着，埃普松小姐轻轻地敲门，然后端着茶盘走了进来，“我服刑是在十四个月前。我是在码头附近长大的，大多数时间都在街上混。”对此保罗深有同感，他在柏林也曾是个街头小混混。

“离开那个班房之后，我发誓决不再回到那种地方去了。我要找一份实诚的工作。我只要有钱就喜欢看电影，所以在索霍·斯特兰德外面看到这块招牌说招聘摄影助理，我就突然来了。我前面还有一个人，不过我们在等的时候，他出了一点小小意外。”

“小小意外。”保罗咕哝了一声，“亏你想得出来。”他从茶壶里倒出热乎乎的伯爵红茶。令他感到惊讶的是，萨米·西尔弗斯通也提出想要一杯，加糖加奶。

“跌倒了，脚踝崴了，可怜的家伙，只好回家去。我猜他绊到了什么东西上，没看清楚是什么。”保罗竭力忍住不笑，“克拉奇菲尔德先生雇用了我。我对他说了坐牢的事情。从那以后我就一直在斯特兰德干。我修补粘接得不好的胶卷和被撕破的链齿孔，在前面贴海报，拖地板，正式的放映员不在的时候放映电影——活儿很辛苦，但是我喜欢。”

“那你干吗要离开？”

“因为这儿的职务可以让我上一个台阶，当实际制作电影的人的助手，一个能写书的人。”

“你看过这部书？”

萨米的舌头在他的上嘴唇下滚动，掩饰不了他正在考虑是否要撒个谎。过了一会儿，他回答道：

“我不能说我看过。坦率说，我看书不多。不过，克拉奇菲尔德先生有一本，他说这本书写得很好，你去过很多有趣的地方。我喜欢这样。”

塞缪尔·加芬克尔·西尔弗斯通有一种保罗喜欢的冒失和坦诚。“我一个月之内要去德国拍摄军演。你什么时候可以准备好去呢？”

萨米咧嘴一笑，说道：“现在马上就走可以吗，先生？”

保罗长长地舒了一口气，将那块广告牌扔到办公桌凹槽里那个已经装得很满的箩筐里。

“好吧，让我们讨论一下薪水。”

萨米更加容光焕发，焕发得比皮卡迪利广场的电灯还亮。“你不会后悔的。我能扛双倍的分量，我是一只挺不错的驮骡。”

“你会有很多机会来证明这一点的。”

第四十二章　成功的标记

弗里奇稍稍有点恼怒地发觉自己总是在期盼每一部电影，甚至，要是没有马上要拍的电影，心中还会有些许惆怅。她并非欣赏那种单本电影的艺术性——事实上那根本就没有艺术性，她纯粹是因为那群伙伴。她喜欢埃迪，喜欢他的妻子丽塔，喜欢他们的两个孩子。她喜欢内尔·斯普纳，尽管白人社会有一种观念，认为她不应该这样。遵照格里菲思的建议，她跟摄影师处得很好，就是那个身板结实又有思想的乔克·弗格森。有的时候，他们在一起偶尔也会创作一个几乎像模像样的镜头。

即便如此，她还是始终把这个行当作为临时性的工作，挣点钱的地方，她最终还是要找到合适的舞台剧角色。电影演员的名字始终不出现在银幕上，所以她舞台演员的名声并没有受到破坏。有几位导演如格里菲思的名字出现在制作人员名单和商业广告里，有一位名叫弗罗伦丝·劳伦斯的女演员被称为“拜奥格拉夫女郎”，但仅此而已。

霍巴特在印第安纳州（“文明程度处于最低状态”）的洛根斯波特第三轮放映《孤独印第安人的战斗》的时候看了这部电影，并写信给她，称赞她的表演。合同期一满，他连忙逃离了“这个该死的剧目——《莫里亚蒂》在每次谢幕的时候都会得观众的一片嘘声和威胁”，他准备访问帕尔电影公司，直接仔细研究一下这种新的娱乐方式。这让她的心情很舒畅。要是霍巴特认为电影是可以接受的话，那么她也可以接受。

弗里奇逐渐注意到了帕尔电影公司某种变化的迹象。B.B.开始向那些受到优待的客人分发五十美分的雪茄烟。公司不顾凯利的反对，搬到了第十四大街它自己的套间里，就在拜奥格拉夫那条路的另一端。这种情况也意味着，她有一点钱了，也许可以改善一下自己的生活条件了。她含泪跟佩雷拉太太道了别，重新在靠近河边的西二十二大街找了两个通风的房间。

B.B.建议拍摄《孤独印第安人的婴儿》，他宣称人们像喜欢金钱一样喜欢婴儿。埃迪遵照吩咐写的这部电影，需要欧文扮演婴儿的临时父亲这个角色，该婴儿被丢在圆锥形帐篷外面的一只篮子里（这是一个连情节卡和片名卡都不去解释的情节）。欧文扮演主角红种印第安人，每演一次主角，他就更多一分自负。他至少每月一次重申对弗里奇的邀请，暗示她错过了跟一位银幕新星就餐的机会。她高高兴兴地谢绝了。

他们冒险在利堡附近拍摄"孤独印第安人"系列的新电影。埃迪在做准备工作时买了一支短枪管、点三十二英寸口径的史密斯-韦森联动式击发左轮手枪。"这该死的玩意儿让我害怕，我不是一个玩暴力的人啊。但是，没有枪，我不回新泽西去。"他晚上在一块空地上练习打瓶子。他说他的妻子很害怕。乔克·弗格森雇用了一个武装保安陪他们，全天候站在摄影机边上。

第一个上午工作下来之后，他们坐汽车回到兰博客栈。有两辆小汽车和一辆印着"拜奥格拉夫电影公司"名字的货运汽车排得整整齐齐地停在客栈前面。帕尔这帮人绕到客栈的后面，那儿有十五到二十个人正在木板桌子上吃着炖菜，那些木板桌子首尾衔接，摆设在一个一定有一百英尺长的葡萄架下。她看见了比利·比策、玛丽·璧克馥和格里菲思。这位导演微笑着挥挥手。他戴着一顶没有冠的草帽，看上去怪怪的。

比策跑了过来，玛丽紧跟在他身后。春日的阳光中，玛丽的卷发像金色的树叶，闪闪发光。比策激动地握着弗里奇的手拼命摇晃着："天哪，你干得太棒了。你有保罗的消息吗？"

"几乎没有。"她承认道，"他在欧洲东奔西跑呢，我想。他和朱莉又要生娃娃啦。"

当她问及格里菲思的帽子时，比策笑了起来："你了解演员。非常爱虚荣。他认为阳光可以不让他掉头发。"

他回去继续吃他的饭,但是玛丽没走。她越过弗里奇的肩膀瞧了一下,然后把目光从欧文那儿转了过来——欧文此时正在一个劲儿地用有关他自己的一些奇闻逸事逗乐拜奥格拉夫的一个女演员。“我看了那部印第安人的电影,就是你从马上摔下来,变成斗鸡眼的那部。”

弗里奇皱起眉头:“我觉得那有点丢人呢。”

“得了,你演得很滑稽呢。”

“我并没有成为喜剧演员的野心。”她哼了一声说道。

玛丽再次瞧着欧文,然后轻声说道:“什么丢人——你要担心的是——你跟那个木头木脑的印第安人联袂主演,你实际上都可以闻到他自高自大的气息。去跟你的导演说说,要求换一个男主演,一个能配合你演而不是配合摄影机演的人。”

“我怀疑他们不会替换欧文——”弗里奇刚开口便被打断了。

“那你也许就应该找一家新的电影公司,你已经有经验了。好好考虑一下。”弗里奇实际上曾经对这一想法有兴趣,但是后来她否定了这个想法。

玛丽紧紧地握着她的手:“但愿我们能更多地见面。”

“我也一样。”玛丽尽管年轻,有一张可爱的脸蛋,有能力展现她天使般的性情,但是她坚忍不拔、聪明智慧,是一位值得一交的朋友。弗里奇瞧着她匆匆走向她公司的那群人,她的金色卷发在她的无袖连衣裙领子上摆动跳跃。

《孤独印第安人的婴儿》发行两个星期之后,B.B.佩尔泽把弗里奇叫到他的新办公室。这是一个闷热的下午,对春天这样的季节来说,热得非同寻常,空气里没有一丝风。B.B.并没有用他气味浓烈的绿色雪茄烟“改善”这儿的空气。装雪茄烟的盒子合拢着摆放在他记事簿的中央。

“弗里奇,坐吧,我有一样很好的东西给你看。”他看上去脸色比以前红,也更加喜气洋洋,非同寻常。他总是像一位绅士一样,衣冠楚楚,纽扣扣到硬邦邦的领子为止,白色的亚麻布套装加上马甲。弗里奇坐下,身子前倾,双手按着双膝,等待着下文。

“你喜欢在帕尔工作吗?”他问道。

“这当然很有趣,也很有挑战性,佩尔泽先生。”

“嗯,我今天要告诉你,你跟我们在一起将前途无量,无比辉煌。就在这儿。”说着,他将那个装饰有花纹的雪茄烟盒推到办公桌靠近她的一边。

“佩尔泽先生,我不抽烟。”

他摇摇手:“里面没有雪茄烟,看一下。”

她掀开盖子,盖子上装饰着某位胸部很大的女神,还有一个盾和一根矛。她感到莫名其妙,凝眸注视着两刀用红色的橡皮条扎在一起的信件和明信片。放在上面的那些信的地址写得很粗略,有一封是用铅笔写的。

“你没有必要去读它们,我会告诉你里面写的是什么。去年秋天我们收到第一批信件。这些人为‘孤独印第安人’电影着迷,尤其是我们最近的那部。我妻子说得对,人们会为孩子发狂的。”他眨了一下眼睛,补充道,“这些信件都是来询问我们的天才是个什么样的人。”

“我一点儿也不奇怪,欧文的确是一个很吸引人的男主角。”

“别说欧文!没有人问到欧文!”他拿指尖轻轻地叩着自己的大肚子,咧嘴笑着,就像一个叔叔马上要把一件昂贵的礼物送给一个特别喜爱的侄女儿一样,“他们问的是,新电影里跟坏人战斗、掉下马来、最后摇着摇篮的那个有趣的演员是谁。”

弗里奇屏住了呼吸,这会不会是一种谈判策略?

B.B.在他的办公桌上重重地拍着手掌,一幅装裱过的前总统罗斯福的小小照相掉落下来:“你还不理解我说的话吗?他们在打听,那个姑娘是谁。”

她哈哈大笑起来,一阵急促、紧张、惊讶、不可置信的大笑:“当真?”

“B.B.佩尔泽没有撒谎。我告诉你吧,弗里奇,他们就想知道一件事情——那姑娘是谁?我今天早上对埃迪说了,下一部影片,我们将把你的薪水增加到六美元一天,见鬼,确定六美元五十美分。凯利想要反对,我打算跟他搏斗十五个回合。”

她回到家已经九点半了,刚洗完头发,正在放水准备洗澡,突然一楼那个套间的房客前来敲门,叫她到公共电话机那儿接电话。她湿漉漉的头发还在滴水,黑黑的一绺一绺,像海草。她用毛巾将头发裹好,跑下楼去。

“你好? 是弗里奇·克朗吗?”

“是。你是谁?”

“哈里·波伦。你堂哥的朋友,还记得吗?”

“我不可能忘啊。你是一个让半个国家都跳上了顿足爵士舞的人啊。”

“我终于找到你了。”哈里说道,话音中有一种反常的热情奔放的声音。

“你一直在找我吗?”

“嗯,啊,我是说,我看了一部你演的电影。帕尔公司的人告诉我说在哪儿可以找到你。明晚我可以请你吃晚饭吗?”

弗里奇犹豫了:“不过,波伦先生,你不是结婚了吗?”

“我是,哦是的。我并不是想要破坏纲常伦理,克朗小姐。我只是想叙叙旧,表达一下我的友谊,我欣赏你的才华。你说好吗?”

“嗯,波伦先生——”

“请叫我哈里。”

“哈里,既然你那么直率,而且你又是我特别喜欢的那首歌的作曲家,所以我答应你。”

他们在雷克托饭店相聚。这是眼下他所能找到的最好饭店了。他比她先到,当她款步进门时,他赶紧跳起身来,从二楼上的扶栏后面朝她挥着手。她看上去太雍容华贵了,在店老板的引导下,轻移莲步,慢登楼梯,款款而来。她的连衣裙和帽子漂亮时髦,款式新颖。一看到她的金色卷发、她的棕色明眸、她的如花笑靥、她的轻快神情,他再次陶醉了。

当他接住她戴手套的手,他的手微微颤抖着,他握她的手比他心中所想的更紧了一点。只是一次简单的礼节性聚会,他为什么要有如此的负罪感? 因为他爱上她了?

“你看上去神采奕奕。”他说道,“我看你身体很健康,是吧?”

“哦,是的,好极了。”

“我在一部西部牛仔片里看到你了。”他们坐下后,他说道,“你演得很棒,你演了很多电影了吗?”

“演了好几部了,超乎我所希望的。”她说道,有懊悔的苦笑。

“你有试试其他剧目吗?试过音乐剧吗?”

“哦,我的嗓子不适合演音乐剧,哈里。”

“错。我还记得我们的野餐。也许你的嗓子不适合演歌剧,但是高亢嘹亮,你唱歌很好听。”

她哈哈笑着打开菜单。“要是其他一事无成的话,我会记着这个话的。”她点了牡蛎、芦笋色拉、牛排和一杯克朗贮藏啤酒。

他点燃一根香烟,尽力装出一副若无其事的样子:“保罗怎么样?”

“我估计他总是忙,我不常收到他的来信。他因为写了一本书,已经成为名人啦。”

“哦,我看过,挺好的。我很骄傲有他这样一位朋友。”

“他对你的感觉也同样,我们大家都一样,你干得很好。我曾说过你是我特别喜欢的一首歌的作者。”

“哪首歌?”

“《中央公园的姑娘》。”

“是的,它的确很受欢迎。”他一面说一面紧张地掸烟灰。她知道吗,或者说她有怀疑吗,她对这首歌的创作有多重要?尽管他很想告诉她原委,可是他不能。他只是晦涩地说:“我这是为一个特别的人写的,我非常亲近的一个人。”

弗里奇的笑容有一点伤感:“你妻子,我知道你相伴她很长久了。她的身体怎么样?”

“怕是不太好。”

“没有好转吗?”

他摇摇头,接着很快把目光转向了别处,他肯定以为她已经发现了他的秘密。他的内心有一部分还真想她发现这个秘密。他多么渴望拉着她的手,请她跟他到曼德雷克宾馆去共度良宵,他甚至都无法暗示这一点,这样做无疑是对那位在拉伊的疗养院里脑子已经糊涂的可怜女人的背叛。

第二杯啤酒帮助他克服了一部分害羞心理。他对她说了他的计划,成立自己的出品公司。她也吐露了自己的心声,她认为她拍电影是临时性的。接着,她讲述了她的弟弟卡尔的一些英勇业绩,他在著名的巴尼·奥德菲尔德团队任赛车手。

“他如此冒险真是可怕,但这是他的性格。我觉得他不会安分的。”

“他一定是个很勇敢的人。”哈里说道,他的话音中有一种羡慕的音符。

“哦,是的,真是这样。”

哈里冒汗了,心怦怦直跳,他望着她,有一种梦幻般的感觉,他意识到他的身体有了反应,仅仅是这样看着她啊。他在桌子底下她看不见的地方,调整了一下大腿上的餐巾。

他们离开饭店后,哈里陪着她走了半个街区,接着他突然在一家黑乎乎剧院挑出的遮篷下停住了脚步。他抚摸着她的一条胳膊。

“我想要说,跟你在一起我真的非常非常开心。在我的记忆里,我从来没有过这样开心的晚上,弗里奇。”

她缓缓地挪动了一下身子,挣脱开他的手:“是的,是很愉快,谢谢你。现在,我最好是找辆出租车——”

突然,他的一个动作吓了她一大跳——他在阴影里张开双臂抱住她,竟然不顾路过的行人惊讶的目光。他品味到了她温暖的芳唇,快乐的几秒钟啊。接着,她转过头去,挣脱身来,喘着气。

“哈里,我们不能这样。”

“我实在是情不自禁。”他脱口而出,“你根本就不知道我有多么——”他的良知扼住了他余下的话。

她似乎并没有生气,倒是有点失望。她好奇而又犀利地望了他一眼,跨了三大步,来到路边,挥手招呼一辆出租车。哈里将她扶进出租车,脸红红的,可是他的目光始终离不开她那张萦怀于心间的脸。出租车往南驶去,消失在车灯和广告牌的光的海洋中,好长时间,他还在痴痴地望着。

弗里奇在往她的套间爬楼梯时,依然对哈里·波伦这种浪漫的挑逗迷惑不解。虽然他的举动对一个已婚男人来说并不合适,但是他对她的兴趣依然讨人喜欢，有那么几秒钟，他的嘴唇碰到了她的嘴唇，有什么东西在她内心深处苏醒了。这个记忆既令人快乐，又有点让人为难。

她打开门锁，走进门去，没有立刻明白她的感觉要告诉她的是什么。俯瞰着第二十二大街的前窗开着，一阵清风徐来，吹动着窗上已经旧了的花边窗帘，窗外传来夜的声音。一对夫妇在争吵；一辆汽车鸣着喇叭；持续不断的音乐吱吱嘎嘎响着，她不熟悉是什么曲子。每当她外出时，她总是把这扇窗和卧室里的窗关上的，以防止有可能下雨和突然的降温。

她闻到了理发师的爽身粉味，随即便发现了一个头的剪影和身躯，一双腿伸展着搁在放留声机的桌子上。她的毛孔根根竖了起来。

“你好，弗里奇小姐。别怕，我是珀利·珀维斯。”

第四十三章　威胁

“我听出是你的声音。”弗里奇的回答十分镇定，这都是这一个礼拜演出的成果。

“关上门，让我们把电灯打开吧。”珀维斯的话音听起来和蔼可亲。她用一只颤抖的手打开电灯开关。老旧的天花板上安装着吊灯，一朵朵毛玻璃花窝成杯状围在电灯泡的外面，电灯照亮了一个令人意想不到的场面。桌子上，摆放着一大束秋天的翠菊、菊花和一枝黄花。

珀维斯站起身来：“我猜你见到我一定很惊讶。”

“非‘惊讶’两个字可以表达。你是怎么开门进来的？”

他微微一笑：“你这是在问一个为平克顿侦探事务所工作了十五年的人吗？”他从外衣口袋里掏出一大串钥匙和撬锁的工具，在空中摇晃着，就像一个逗孩子玩的拨浪鼓。

他的穿戴像一个准备求婚的人。他的胡须刮得精光，一只耳朵下面有一个小口子，血已经凝结。他浓密的银色头发梳成了二分头。他的外套是单排扣的黄褐色灯芯绒，手肘上贴着皮块，他的马甲由高档的褐紫红色绸缎制作，上面有暗绿色的条纹。他的棕色皮靴擦得锃亮。那个共济会的徽章在表链上闪闪发光。

她焦虑不安，在他的前面走到俯瞰第二十二大街的窗户跟前。叫人受不了的嘎吱声原来是一个收破烂的人正推着两轮车拖着沉重的脚步回家去。她砰的一声关上窗户，震得窗玻璃嗡嗡直响。

“要找到你并不很难。”珀维斯继续说道，“只要五美元，买通那个肯帮忙的挑选演员的工作人员就成了。不过,我倒是因为这件那件事情,等了好长时间才过来看你。”

弗里奇始终一言不发。她的双腿在颤抖,她希望自己不会昏倒。

“事实是,我从来就不急于去拜访一个伤害过我的人。拖一段时间,让他们去想一想,有个预期。我去拜访那个把我赶出平克顿的人时,已经过了一年半了。”

她竭力不在自己的话音中露怯:“你对他干了什么呢?”

“他的房子烧了,连同他跟他妻子都在里面。”

“上帝啊。”

“哦,别大惊小怪,他们逃脱了。问题在于,我铭刻于心。大象珀利,记性好着呢。”他再次灿烂地微微一笑。这使她打了一个寒噤。

“我看过你几部电影。”他开口说道,“我们有事情商量。”

“我们没有事情可以商量,我请你离开,珀维斯先生。”

“叫我厄尔,或者珀利,哪个都可以。”

“你没有听到我说的话吗?你擅自闯入我的屋里,我要你出去。你要是不出去,我会拼命喊叫的。”她即兴编造道,“在艺校里,他们教我们像女鬼一样号叫。”

他皱拢眉头,似乎在怀疑这话有嘲弄的味道。他并不是一个难看的人,他微笑的时候几乎很帅气。但是,那双灰白色的眼睛,因为瞳仁里的点点金光,让人不安。“瞧,我来这儿并不真的是来伤害你。”他撩开外套的两片前襟——没有挽具式的枪套,“我只是想我们俩认识认识。”

她的双腿一直在哆嗦,好在她的裙子把她的哆嗦掩饰了起来。“我不想。”她说道,“请离开。”

“见鬼了,我甚至都带和平礼物来了。这些花是永远不会凋谢的,是绢花。”

她真想肆无忌惮地哈哈大笑,可是珀维斯的眼睛让她多想了一层:“你可以自己留着,我不需要。”

“天哪,你还挺横的。”他说道,乐了。他不紧不慢地在椅子里坐下。她坐到了沙发上,因为她觉得她要是不坐下就有可能倒在地上。

“也许这就是我为什么要找你的原因,在科伊泰斯维尔,我就爱上你了。这事儿很奇怪，因为你伤我伤得很重。还有招待我的那一招——”他拿一根食指指着她的脸——“听着，我遇见过很多糙娘们，妓——唔，拿着刀或者藏着枪自食其力的那些水性杨花的女人。可是我以前从未见过像那样的招数。你的确占据了不正当的优势，真是奇了怪了，但这样的事情不会发生第二次。”

她从自己的头发里取下别针，将她的帽子跟别针放在身边。她的双手又冷又湿。

珀维斯架着二郎腿：“按理，我该像恨耗子药那样恨你。那个狗娘养的凯利放了我轮胎的气，你们全都一溜烟地逃走了，我恨死了，恨了大约一个钟头。然后，我冷静下来，想了很多。你很勇敢地对付我，即便是很多男人也不会这样做。你可真是个巾帼英雄，弗里奇小姐。”

她浑身起鸡皮疙瘩，她不知道他是否脑子完全不正常。

“既然你还不明白——”此时他的话锋尖锐了一点——“那我想我们交个朋友。”

她指着他右手第四个指头上的那个金戒指：“这是结婚戒指，是吗？”

他摸着戒指：“我戴着这个戒指只是多愁善感而已。她早就走了。我当场抓住她跟另一个男的，一个没有男子气的小学老师在一起，教地理的。看在基督的分上，你能想象那种情形吗？”弗里奇理解他的老婆为什么渴望跟一个更温柔的男人在一起——除了珀维斯之外的任何男人。

“等她从医院出来之后我把她休了。”他再次微笑着，一面摸着他的指节。他想要她明白，他的实际能力是什么。他是上帝所犯的错误之一，她想到了《暴风雨》，他就是那个戴着铁皮徽章的卡利班。

“你这样弄得我们很不自在，弗里奇小姐。”

“我也不想这样，我就想要你离开。”

“等我他妈的感觉好了准备走了才会走哩。”他不紧不慢地站起身来，一步一步地朝沙发走去。她的嘴巴发干。“听明白了，专利托拉斯将封掉你们这个公司，把它驱逐出电影行业，唯一的问题是什么时候。做我的好朋友，那么等到公司完蛋的时候，你就可以全身而退，明白我的意思了吗？”

他走近前来，她一下子从沙发上蹦了起来，朝门口走去：“我叫警察了。”

就他这个身段的人来说，他的动作倒是挺快速敏捷的。他靠在门上，一把抓住她的左臂。他将她的手臂往回推，乘机用他的手指节去蹭她胸部。他热乎乎的呼吸闻起来有丁香的味道，像一个求婚者……“得了，友好一点。我并不是一个很坏的人，是吗？”

“你是个暴徒和想入非非的猪。”

他用左臂抱住她的腰，将她的髋部勾向前来贴住他的身子。她强行挣脱开来，朝沙发走去。他紧抓不放：“你再那样试试，我就拧断你的胳膊。”

“珀维斯，放开，别这样。”

“当然会，但得等你给了我这趟来想要的东西之后。”

“请别这样。”她呻吟道，祈望她没有表演过火。他将她往后推去，沙发撞到了她的腿上。她发出几声轻轻的恐惧叫声，一边在身后摸索。他用左手捂住她的嘴巴，同时将右膝插进她的两腿之间，抵得她的裙子凹了进去。终于，她摸到了那个女帽别针。她恶狠狠地一刺，刺穿他的灯芯绒裤子，刺进他大腿的一侧。

珀维斯痛得尖声喊叫起来，接着她狠狠地推了他一把。他仰天跌倒在地，但立刻就跳起身来，一只手握拳向她打来。她低头躲过打向她脸颊的一拳，跑向当作厨房的凹室。她抓起一只水罐，用力掷向上面的那块窗玻璃。窗玻璃粉身碎骨，暴雨般落到下面人行道上。

她跑到桌子后面。他朝她逼来，他的眼睛在两条眉毛下看上去变成了黄色。她抓住时机，推着桌子撞向他的左腿，他的左腿此刻已经鲜血淋漓，像红酒的颜色。他咒骂着，脸色明显地变得苍白。她探身窗外：“警察！杀人啦！救命，救命啊！”此时她不需要上表演学校就能让人信服。

一位牵着一只贵宾犬的男士路过下面：“你有问题吗，女士？”

“有个男人在这里，企图——”

这时，珀维斯拿拳头击中她的后脑勺。她的前额猛地撞到了窗户上，差一英寸就让窗框上留下的尖利碎玻璃给刺中了。

他再次打她。她两眼一黑，一阵晕眩。接着，她高声大叫，双脚像一个西班牙舞女一样重重地跺着地板。她听到大厅的楼梯上有人大声呼喊着什么。

珀维斯也听到了他们的声音，赶紧向门口跑去。他抓着血淋淋的左腿，恶狠狠地瞪了她一眼，这一眼似乎永远无法使人忘记。那双黄色的眼睛在发誓，他要回来恶狠狠地加以报复。

他一把拉开门，吼叫着朝楼下扑去，一路拳打脚踢。一个女人喊叫着——她好像就是一楼那个房客的老婆。弗里奇瞧着他跑出大楼，愤怒地在他身后将绢花扔出窗外。绢花落进了阴沟里。

珀维斯将绢花捡了起来，然后抬头望去。他抓住那束花，紧紧贴在外套上，像只古怪的猴子一样，摇摇摆摆地一头扎进那条大街。一辆货运汽车开来，挡住了她看他的视线。当货运汽车驶过之后，她看到对面路缘石上有两个呆头呆脑的人，但是珀维斯已经不见了。

她的起居室里挤满了人。她无法理解他们大声问着的问题。姗姗来迟的震惊攫住了她，她再次开始颤抖，抖得很厉害。她将自己的脸埋在双手里，开始呜咽。

第四十四章　袭击

弗里奇双手绞着一块手帕:“我把这事儿弄砸了,我吓得脑子都木了。我用我想到的唯一办法摆脱了他,但只是更加激怒了他。他发誓要惩罚我们,惩罚整个公司。”

阿尔·凯利嚼着一根牙签。他的办公室比 B.B.的大,这表明了帕尔公司里持续不断的权力斗争。他左面黄褐色的墙上,挂着一幅华丽俗气的彩色石印画,画的是两眼望着苍天的圣母马利亚。他右面的墙上,歪歪斜斜地挂着一幅照片,照片里是一个长着鹰钩鼻、嘴巴像一个抽紧了束带的钱袋子的女人——凯利离了婚的妻子;照片里还有两个并不动人的小孩子,他把他们丢给了他办公桌上镜框装饰得十分华丽的照片里的那个女人。她叫贝尔纳黛特,一个具有彻头彻尾前弗洛拉多拉女人特征的姑娘,凯利跟她生活在了一起,如果他还在遵循他的信条的话,那么他大概是有罪恶感的。

“他要是找不到我们,那他就伤不到我们。”凯利说,尽管他布满皱纹的额头上并没有表现出这样的自信。

埃迪站在窗户边,双手贴在臀部:“我坚决反对再回到新泽西州去。”

“那些交易所都在嗷嗷叫,要求下一部印第安人影片呢。”凯利说道,“你没有退路啊。”

“可是 B.B.说他想要把他妻子带到那个外景拍摄地去。”

“那么我们就不要告诉他发生在弗里奇身上的事情。”凯利的双手紧紧抓着一份很大的手写的电影播放日程表。接着,他轻轻叩着一个空盒子:“就从周一开始,持续一周。写到日程表上。”

弗里奇和埃迪互相交换了一下眼色。这位动辄判绞刑的法官已经判定了，不得上诉了。在出去的路上，埃迪对她说："我最好还是赶紧练我的枪法。"

拍摄《孤独印第安人的营救》的计划制订得十分周密，这是赫恩写的一个剧本，在这个本子里，那些恶棍把当地的一位女教师扔到了一只燃烧的独木舟里随波逐流，欧文营救了她。根据凯利的指令，他们在第十四大街放出风去，说帕尔公司最新的西部片将于10月份的第二个星期一在威斯特切斯特县北部克罗顿的那个水库附近开拍。在电影开拍前那周的星期四，比尔·尼克斯来了，请求了凯利十五分钟，于是重新被聘用。

约定那天前一周的周末，倾盆大雨过后，一波猛烈的寒潮来袭，加速了树叶的变化。那一周的开头估计会天清气朗，但会冷得更加刺骨。星期天，霍巴特打电话来说，他在那趟艰难困苦的巡演中被放了十天的假，他不在的时候，《莫里亚蒂》的演出将由替补演员出演。弗里奇立刻邀请他到新泽西州来跟她见面。

星期一早晨五点，一辆厢式货车驶离了帕尔公司办公室后面的那条小巷，车上装载着一样体积很大的东西，外面包裹着几床鲜艳的纳瓦霍毯子。他们担心可能会有人跟踪厢式货车到威斯特切斯特县去；要是计划进展顺利，那么他们会在中午前后发现他们是否被人跟踪。其他毯子公司也如法炮制过此等骗局。

乔克·弗格森早已经在星期天夜里用封闭的厢式货车将摄影机运过了哈得孙河，他将直接前往科伊泰斯维尔。他们在利堡将不再停留，因为利堡专利公司的间谍很多。他们将不再雇用当地人，临时演员都已经在城里安排好了。

埃迪告诉演员们，穿戴不要太花里胡哨，行为不要太引人注目，而且要乘市中心的轮渡去泽西城，比尔·尼克斯会在那儿用道具车接他们。虽然弗里奇已经强调了有关穿衣打扮的说明，但是霍巴特置若罔闻，结果是，他披了一件十分招摇的无袖长披风，戴了一顶猎鹿帽子，穿了一条浅黄褐色的裤子，系了一双黄色的鞋罩，手里还拿着一根锃光瓦亮的节节疤疤的拐杖。刺骨的寒风吹过轮渡船的船头，他的牙齿格格打战。

"简直太愚蠢了，全弄得这么鬼鬼祟祟的。"

"你要是遇见珀维斯，恐怕就不会这么想啦。"

乔克和埃迪事先在那个树林里找了一个偏僻的小湖。小湖大约有半英里宽,晨曦中呈现出深蓝的颜色。大雨和寒潮给四周的树木带来了缤纷色彩——红栎树的叶子变得猩红,白栎树的叶子红得更深甚至带点褐色,槭树的叶子变得鲜红和橙黄,白桦树的叶子变得金黄。九点刚过,全体演职人员便集中到了湖边。

埃迪开着那辆斯托达德-代顿来了。他是从第一百二十九大街的轮渡码头过来的,凯利坐在他身边,包裹在一件有黑色金丝绒领子的大衣里。B.B.和他妻子身上盖着旅行毛毯,坐在后排位子上。他们快步朝站在帐篷边上的弗里奇走去,跟她打招呼。这帐篷呈圆锥形,是比尔·尼克斯和他的帮手用杆子和船上的帆布搭建起来的。他正用颜料在帐篷上画一些粗糙的箭杆、野牛和闪电。

B.B.用双手紧紧地握着弗里奇的一只手不放:"我对索菲说过,你得见见这位姑娘。索菲,这是弗里奇,这是我妻子。"

"我很高兴见到你。"弗里奇对这位个儿矮小、长着一个圆球般的鼻子和一双褐色眼睛神采飞扬的女人说道。佩尔泽夫人戴着一顶装饰有三只标本鸟的巨大帽子,弗里奇得弯腰屈膝才能从这帽檐下看到她。

"本尼太为你骄傲啦,我真的很难告诉你他是如何夸奖你的。"索菲·佩尔泽说。弗里奇听着这夸赞,脸上露出谦逊的微笑,嘴里喃喃地说着感谢的话。欧文从边上走过,噘着下嘴唇,一脸不高兴。他假装没有看见佩尔泽夫妇俩和弗里奇。随着弗里奇所扮演的角色越来越成功,他对她的蔑视也变得越来越顽固不化。B.B.领着他小巧的妻子走向摆在摄影机旁边的轻便折椅,就在此时欧文开始高声地批评圆锥形帐篷上的画。

霍巴特漫步走了过来。他将双臂抱在胸前,一面轻轻地用手掌拍打着自己的两肋:"这儿冷得要死。你就什么也不干,等在这儿?"

"是啊,经常这样等的。"她承认道,紧接着开始跑着去寻找合适的地方把针叶从脚趾头里弄出来。内尔·斯普纳帮女教师找来了一块方形披巾,但是要抵御寒冷几乎起不了什么作用。弗里奇那身褪了色的素净套装很薄,在大平原上的夏天穿还差不多,在东北部寒冷的秋季根本受不了。

凯利驻足仔细检查那顶帐篷。比尔·尼克斯晃荡着他的颜料从帐篷的另一边了绕过来，跟他撞了个满怀。凯利吓了一大跳："看在上帝的分上，你这是怎么了，瞧你往哪儿走呀？"

"对不起，对不起。"尼克斯说道，"就是尽力想把活儿干好。"他连忙走了，走过弗里奇身边。她在他身上闻到了威士忌的气味。

她不去想这事儿，而是拉住霍巴特的一只手，将他拉到跟前。凯利瞧着这位舞台演员，仿佛他是个瘟神似的。

"凯利先生，你还没有见过我的客人呢，霍巴特·曼彻斯特先生。霍巴特，这是艾尔弗莱德·凯利，老板之一。霍巴特对电影业感兴趣。"

"好极了。"凯利的握手又快又敷衍。

"我跟曼彻斯特先生在一个莎士比亚戏剧里同台演出过。他在伦敦舞台上是一位名闻遐迩的演员。"

凯利从他嘴巴里扯出雪茄烟，上下打量着这位炫耀浮夸的舞台演员："伦敦，啊？嗯，我是爱尔兰人。据我所知，他们可以在大头针的针头上写不列颠所有的好。别妨碍我们，曼彻斯特，我们的时间很紧。"

"只配住在从来不懂得礼貌的山林和洞窟里。"霍巴特在凯利走掉的时候嘴里喃喃自语，"《第十二夜》，第四幕。"

"我知道，凯利对每个人都是这样，很抱歉。"

"不是你的错，亲爱的姑娘。爱尔兰人就是一帮爱吵架的家伙，我对萧伯纳也从来无法忍受。"

太阳升得更高了，寒冷的土地上升起袅袅炊烟。尼克斯将一条装饰过的独木舟推进水里，再将它拴到一个桩上。埃迪大声说道："演员。"弗里奇赶紧加入两个穿着鹿皮装、粘着假胡须的男人中间，一面重新整理了一下她的方形披巾。埃迪看了一下他的脚本："我们先来打斗那场。特拉维斯，你跟奥利从那儿，从圆锥形帐篷那儿开始，跟弗里奇打，把她拖出来。她竭力挣扎，用拳头打，但是都没有打中。你把她制伏了，把她往那条路扛过去，扛向独木舟，摄影机到左边。"

埃迪指导他们完成了整个情节，成功地表演了一连串的击打和摔倒，而且确保没人受伤。

弗里奇心想，他的确对他的工作得心应手了，几乎再也不像一个拘谨刻板的耶鲁毕业生了。丽塔已经有一段时间没有给他剪头发了。他脖子上的一条黄色牛仔领巾在他的衬衫前胸飘荡。他上身穿着一件棕黄色的披风，下身穿着马裤；当外套前襟在他的臀部张开的时候，一支带枪套的史密斯-韦森便露了出来。

“大伙儿都明白了吗？”

他们说都明白了。

“好，到帐篷里去，我们排练。”

凯利大声说道：“你干吗不直接拍摄呢？你这是在浪费日光。”

“排练比重拍一遍便宜。”埃迪说道。

“别管那小伙子，阿尔。”B.B.在他的椅子里大声说道，“他这是从格里菲思那儿学的本事，格里菲思可是一个大师啊。”凯利沉默了，只是狠狠地嚼着他的雪茄烟。

特拉维斯和奥利让她先走进帐篷。当她低下头去时，她看到尼克斯快速地朝那辆道具货运车走去，他就是用那辆车运来了演员、帐篷杆子、帆布和其他道具的。埃迪喊叫开始。暴徒们把她拖到外面；奥利有一拳时间把握不对，差一点击中她的下颚，但是她躲开了他飞来的指节，假装歇斯底里一样扭动挣扎着；他们将她扛到画面外面。埃迪很满意。

“我们正式拍摄。准备，乔克。”

弗格森用一条蓝色的印花大手帕从镜头上掸掉一小粒脏东西，仔细检查了一下他的胶片计数器，接着点点头。霍巴特对这一切漠不关心，他拧开外面套着皮袋的扁平小酒瓶的盖子，痛快地畅饮一口，以抵御这寒冷。

正当弗里奇跺着脚、呼出团团白气的时候，她看到比尔·尼克斯在道具车里拼命地翻找着什么。他看上去十分着急。B.B.和他妻子像兴高采烈的小孩子一样看着埃迪呼喊大家各就各位。弗里奇朝圆锥形帐篷走去，她跟特拉维斯和奥利挤进帐篷里。“大家准备。”埃迪用小喇叭大声喊叫道，“摄影机。”乔克摇动曲柄，自己计着数。“开始！”

弗里奇被推进阳光中。她从眼角看到尼克斯从道具车里拉出一样什么东西，一根长长的蓝色枪管闪闪发光。

埃迪也看到了枪管，便拿他的小喇叭拍打着自己的腿：“比尔，你见鬼的要干什么?”尼克斯放下枪杆,又抬起枪杆,将枪抵上肩头,瞄准。

弗里奇喊叫道:“乔克。”也许就是这一声救了他的命。当他朝她转身的时候,尼克斯步枪的一发子弹钻进了摄影机,将它从三脚架上打了下来。第二枪打碎了摄影机的机身,小小的齿轮和零件飞散开来。

“尼克斯,你这个背信弃义的混蛋!他们给了你多少钱?”凯利大声喊叫着,随即,尼克斯朝他开了一枪。凯利的脑子反应很快,立刻趴到地上,躲过了那颗子弹。子弹射进湖水里,扑通一声,没有造成任何伤害。时间仿佛拉长了,抑或仅仅是她的想象。尼克斯动作优美地慢慢转过身来,寻找着新的目标。当他发现了她的时候,他再次将步枪抵上肩头。他眯眼瞄准,将枪口放低了一点,让子弹去打她的膝盖。埃迪像个疯子一样大喊一声,从背后一把将她推倒在地。

弗里奇的下巴磕到了泥地上,她感觉那颗子弹在她跌倒的一瞬间嗖的一声穿过她的头发。“抓住他,别让他跑了。”埃迪喊叫道。

尼克斯闪身躲到了那辆货车的后面,开始往小树林里逃去。弗里奇的心发狂一样地跳,她的脑子里尽是那可怕的步枪枪口。尼克斯被派来向她开枪伤害她,她知道是谁派他来的。

她呸呸地吐着嘴里的泥土,喘着大气,看到B.B.飞速地从椅子里跳起身来,扑向前去拦截尼克斯。索菲在他身后两步远的地方喊叫道:“本尼,别让他伤到你。”终于,B.B.抓住了尼克斯的一条前臂。

“抓住你了。”

尼克斯挣脱身子,倒转步枪,企图拿木头枪托打B.B.。正当他挥动枪托时,B.B.不知怎么的绊了一下脚,飞过来的步枪没有打中他,却砸到了索菲的右耳上方;那声音令人难受。索菲帽子上的标本鸟被砸得粉身碎骨,羽毛乱飞,她倒下了。

“索菲!”B.B.在他妻子旁边跪下身子。埃迪掏出他的那支点三二英寸口径的手枪,冲向前去。霍巴特举着文明棍,紧跟在他身后。尼克斯朝埃迪瞄准,扣动扳机,但是步枪子弹卡壳了。埃迪飞奔向前,一面闪身躲开,然后朝尼克斯开枪。他没有打中他。此刻,两人的距离近了。尼克斯扑上前来,抓着枪管,挥动步枪,打中了埃迪的一个膝盖。骨头发出碎裂的声音,埃迪往后转了一圈,摔倒在地。

尼克斯赢得了足够的时间，全速朝小树林冲去，消失不见了。凯利扔着石头，嘴里叫骂着毫无用处的话。尼克斯穿越树丛的撞击声渐渐小了下去。然后，那声音完全听不见了，受到骚扰的最后几根树枝恢复了原状。

弗里奇将几缕头发从眼睛前抹开。她瞧着四周，瞧着在这短短的两到三分钟的时间里帕尔电影公司所受到的伤害。索菲·佩尔泽倒在那儿失去了知觉，她的头上鲜血淋漓。她丈夫将她抱在怀里，一遍又一遍地呼唤着："索菲，索菲。"

靠近圆锥形帐篷的地方，埃迪倒在地上，双手紧紧捧着他的一条腿。霍巴特徒劳地寻找着他可以用文明棍攻击的对象。乔克·弗格森捡起被子弹打得满是窟窿的摄影机，像个孩子受到伤害的父亲般难过。凯利问他怎么样，弗格森摇摇头："毁了。"

这都是我的错啊！弗里奇心里很难过。

第四十五章　B.B.做出决定

特拉维斯和奥利从树林里出来了。从利堡来的一位医生用夹板固定好埃迪骨折了的腿。索菲·佩尔泽被急救车送走了，当夜就送到了城里；估计有轻微的脑震荡。

凯利和 B.B.去了纽约的警察局，警察们没有在人们知道的尼克斯最后的住处找到他。当侦探们去询问珀利·珀维斯的时候，他们发现他正在阿斯特宾馆的饭店里吃牛排和鸡蛋，他居然嘲笑他们。他一直在办公室里，跟一些朋友商量事情—— 一个不在犯罪现场的铁定证据。弗里奇跟其余的人十分气馁。

两天之后的 11 月 1 日，凯利将她叫到他的办公室。从拂晓开始，这天就一直在飘着雪花，湿漉漉的密密麻麻的大雪，马蹄和汽车轮胎以及纽约人的踩踏早已经把第十四大街变成了肮脏的雪泥街。

“进来，弗里奇。”凯利说道。他坐在办公桌后面，俨然占据了这个房间的首要地位。B.B.坐在圣母马利亚的彩色石印画下面，捧着自己的头。

凯利把袖口拉向手部拉了两次，接着清了清自己的嗓子：“请关上门。”

“他们找到尼克斯了吗？”她问道。

凯利摇摇头：“我猜，我们永远不可能找到他。等警察接手这个案子的时候，他很可能已经在去阿拉斯加的路上了。”

弗里奇慢慢地坐到办公桌旁边的一张椅子里。凯利紧张地瞧着自己的指甲，然后用几乎耳语般的声音说道：“我请你进来，是因为我们只对少数几个人说，这事儿绝密。”

她说“我明白”，虽然她不明白。

“我们再也不能容忍发生新泽西那样的事情了。”B.B.说道，“索菲脱离危险了，但那纯粹是运气，她也可能这会儿就躺在那儿死了。”

他们仿佛是排练过的一般，这会儿轮到凯利说了：“摄影机很贵，胶片很贵。”

B.B.接着说：“埃迪仍然在做牵引。”

“是的，我打算今天再迟点去看看他。”

凯利在一只很沉的玻璃烟灰缸里胡乱地摆弄着一个雪茄烟头：“我们想要告诉你的是，我们决定暂时关闭这个办事处一段时间。”

“我决定的。”B.B.说道，“我不想给为帕尔工作的人们带来更多的麻烦。我们打算离开。”

凯利说道：“去加利福尼亚。”

“爱迪生是一个众所周知的小气鬼。”B.B.说道，“他也许都不会为他的暴徒买火车票。也许珀维斯就不会再找我们的事了。”

“是啊，而且也许树上会长出钞票呢。”凯利说道。

“这无关紧要。”B.B.说道，“我们就去那儿。”

弗里奇第一次打断了他们：“哪些人去呢？”

“一些重要的人。”凯利说道。

“你是其中之一。”B.B.说道。

弗里奇坐了一会儿，让自己镇定下来：“佩尔泽先生——凯利先生——非常感激，但说实话，我不想到加利福尼亚去工作。”

“哪怕就冬天也不行吗？”凯利问道。

“是的，先生。”

“为什么呢？”B.B.问道，“每天都可以沐浴阳光，你怎么会不愿意呢？芝加哥的比尔·塞利格上校，早已经去了那儿，躲避那帮专利家伙。埃塞内伊、卢宾、内斯特，他们全都在那里设立了公司。拜奥格拉夫在过去两三年的冬季都到西部去了，而且我听说他们要永久性地迁到那儿去。也许他们都会这样做，包括我们。”

他从马甲里摸出一张皱巴巴的新闻纸条。“听这个。‘据戏剧界人士预计，我们这个城市将在明年成为全美的电影中心。’”他将纸条递给弗里奇，“《洛杉矶时报》。”

弗里奇瞧着那张新闻纸条，纸条皱皱巴巴，是她当时混乱心情的贴切写照。她开始摇头。凯利的话音有点怒气冲冲：“别这么快就拒绝，你跟着我们前途无量。”

“对。”B.B.大声说道，“这个行业发展像养兔场。一些行业报纸说，在美国有一万家电影院，每天新开办的有八到十家。它们中的大多数每天都有新花样——每周七天，每天一部新电影。这样的市场，电影始终供不应求。还有其他的情况，知道吗？年轻人挤爆了电影院。千真万确！周一到周五，他们逃学；周六和周日，他们强拽着妈妈爸爸去电影院。我们正在培育为电影发狂的一整批新的观众群。那些小傻瓜挤下汉堡和科克的船，你还不知道是怎么回事，他们就在那儿排队买票了。在俄亥俄和艾奥瓦的一些乡村地区，他们都在把一些传统的歌剧院改造成五美分的电影院。在得克萨斯和俄克拉何马那些尘土飞扬的地方，牛仔们在星期六骑马驰骋二十英里去看电影。”

“除非他们是浸礼会教派。”凯利嘟哝道，“我们跟浸礼会教友还有问题。”

B.B.像个小孩子急切希望讨人喜欢一样往前倾着身子：“我们正处在一个鼎盛时期，弗里奇，加利福尼亚仅仅是个开始。我们需要你。”

阴沉沉的天空飘来雪花，飘进窗户里。她感觉寒冷，感觉郁闷，因为她不想让她越来越喜欢的人感到失望。B.B.就是让她喜欢的人。

“我知道，我很感激，可是——”一个深深的呼吸，“我依然希望在舞台上成就我的事业。”

“啊，见鬼去吧，我告诉你。”凯利怒视着弗里奇，“那就待在这儿吧。彻底忘了我们准备跟你签署固定合同的事吧。在纽约浪荡吧，端盘子，卖手帕。谁在乎呢？”

“好啦，好啦。”B.B.一面说，一面跑过去拉住弗里奇的双手，“大家都冷静一下。你明白阿尔刚刚说的合同的意思吗？”

“是的，我——”

“你现在挣多少？”

“工作的时候每天六点五美元。”

“那就是如果你固定工作六天一周,总共是三十九美元。如果每周七十美元整怎么样呢?我是指固定工资。不管你有戏还是无戏,就领这份薪水。”

B.B.是个与生俱来的商人,话里话外充满着热情,他揉着她的双手,简直是围着她的椅子在跳舞一样。“你不是签约一辈子都要生活在加利福尼亚,我们只是在冬天先去试试。我们还要再招聘一些优秀的临时演员。我们负责你的铁路车费和其他交通费,等你安顿下来再支付一两个月的房租费。我说,这样怎么样?你知道如何驾驶汽车吗?”

她被弄糊涂了:“什么?”

凯利一把从他嘴巴里扯出雪茄烟:“汽车?看在基督的分上,本尼,你说什么哪?我们没有讨论过汽车啊。”

“阿尔,你过于紧张了。”B.B.说道,“阿尔太心疼设备的损失了,弗里奇。我所说的是,阿尔,一辆可以运送我们所有重要演员的汽车,包括这位小姑娘。一辆帕尔公司的车。”

“是吗?谁出的钱?”

“我们的钱,阿尔。而且这是我最终的话,所以帮我个忙,闭嘴。弗里奇如果去加利福尼亚,她要去得有派头,现在我正双膝下跪在恳求她去呢。”

凯利顿足走到窗户跟前,怒视着飘落的雪花。B.B.将她从椅子上拉了起来,用一条胳膊围住她的腰肢,带着她走到窗前。

“瞧外面那儿,瞧那乱糟糟的一片。哦,你看到了吗?那儿有一个男人,他跌倒在了烂泥地里,把他那件五十美元的大衣给毁了。你在加利福尼亚南部就不会有这样的尴尬,那儿有美好的气候。坐着帕尔的私家车,敞开车篷!”

他看出了她的犹豫:“这还不够好吗?还需要我们拿什么说服你?”

“没有,先生。薪酬很吸引人,还有汽车。可是,这一步跨得太大了。”

“你不能再拒绝了。”凯利说道,事实上是在威胁她。

弗里奇凝视着大雪。她忍受了纽约黑暗的冬天,她寻觅着舞台的角色,她获得了什么呢?在她有限的获得里,又有多少把她带向了成功的高度呢?事实上没有。

蒸汽管道发出奇怪的呼啸声和乒乓声。下面一层楼里,有人在敲打着暖气装置,高喊着“快来暖气啊”。凯利拿舌头舔着自己的牙齿,用狡猾的目光瞪着她。

“别忘了珀维斯,你知道是他找的尼克斯,雇用他开枪打我们的摄影机和你。我看到尼克斯瞄准了你的双腿。”

弗里奇脸色刷白,只有频频点头的份儿,她竭力不去想这件事情。B.B.拿一条胳膊保护性地抱住她的肩膀:“行啦,阿尔。她已经遭受够多了。”

“那么她就应当面对现实。我们很难保证在加利福尼亚不会见到珀维斯,但是至少到那儿去有很长的路。你待在这个城市里,小姐,你就得永远提防着他。他对你已经有点恨之入骨了,你不这样认为吗?你想要这样的生活伴随着你吗?”

弗里奇开始浑身发抖,她竭力控制着自己,让自己的声音跟往常一样平静:“我瞧不起逃跑的想法,凯利先生。我始终在努力成为一个强人,能勇敢地面对各种事情。”

“当然,当然,我们理解。”B.B.安慰她说,“没有人想要成为懦夫,不过我们不是在谈论这个话题。照顾好自己没有什么见不得人的。我们这不是在廉价小说里,绝对不是。这是真实生活。尼克斯射出的是真真切切的子弹,那子弹要是没有把你打死,那也会伤了你,或许还会让你变成残疾人。千万别去找算命先生给你算这个命。”

她感到惊讶,她说话的声音竟然这么微弱:“大伙儿什么时候走?”

“圣诞节前。”凯利说。

“不,节后。”B.B.说道,“索菲和我还得庆祝献殿节呢。”凯利的反应是厌烦地耸了一下肩膀。

“这事儿我会考虑的,我真的会考虑的。我想跟我的朋友霍巴特商量一下,跟埃迪商量一下。”

B.B.轻轻拍着她的肩膀:“不急,一整天呢。如果需要,可以两天。等你回来,我们当场就签署合同。你一定会幸福的,弗里奇,我保证。”

弗里奇那张长长的脸所表现出的是大大的疑惑。

她看望了在纽约医院住院治疗的埃迪。纽约医院位于百老汇大街南段的某个地方。通向医院大楼的大道上的树已经落叶了,她走近大道的时候遇见了正好从大楼里出来的丽塔·赫恩,她向丽塔咨询了她对加利福尼亚的看法。

"哦,我们都迫不及待呢,我恨死了这种气候。孩子们很激动,要到气候温暖的地方去过冬了。"

病房大厅黑乎乎的,令人沮丧,油漆过的地板上回响着人们的脚步声,大厅里摆放着很多病床,埃迪的病床就在其间。大厅里臭气熏天,大多是石炭酸的气味和床上便盆的气味。埃迪的腿被包裹了起来,吊在一个有很多滑轮的绳网里。现在是下午三点左右,很多病人都在睡觉,可是他醒着,而且很警觉。她搬来了一把访客椅子靠近他的床边,他对她说他右边的那位罗马尼亚先生患的是疝气,他左面的那个一动不动的大块头是一个自杀未遂的银行行长。

弗里奇很快地叙述了一下她的两难。埃迪点点头:"这我都知道。佩尔泽来过这儿了,他说你不想去。"

"我明白这是个好机会——"

"别忘了,我们只是先去试试冬天。"

她揉着左手背。她的指节红红的,皮肤因为寒冷而发干并皲裂。在加利福尼亚,你可以不要手套,不要大衣,不要套鞋,不要围巾,不要诸如此类的负担。

"我不想放弃严肃的演艺事业。"

"你正在从事严肃的演艺事业。"

"这一点我们可以辩论到最后审判日。我恐怕在帕尔已经待了一两年了。我能期望什么呢? 我不想成为大草原永远的女王,但我肯定这就是B.B.和凯利所想要的。"

"这事儿我来处理。你如果去的话,我尽全力保证避免你演那个孤独印第安人的女儿演到九十五岁。我们要创作其他角色,我保证。让我们先摆脱珀维斯和专利公司。"

那个患疝气的罗马尼亚人翻过身来,喊叫道:"护士,我要便盆,赶快。"一个穿着浆得很硬的制服、身强力壮的女人赶快跑过来救他的急。

埃迪伸出左手,抓住她的手,把那几份报纸掀落到了地上。她紧紧盯着他,看到了他的脸上出现了新的成熟的皱纹:“我不想做出错误决定,埃迪。”

“想想你能得到的所有那一切,不管工作与否都有固定薪酬,有一段时间还不用交房租。B.B.所提供的汽车,你不想学习开车吗?”

“当然,这是现代技术。”

“想想那浩瀚的大洋,想想那巍峨的群山,想想那鲜美的橙汁,想想那被太阳晒得黝黑的帅小伙。你说怎么样呢,弗里奇?”

令她感到惊讶的是,霍巴特的意见跟埃迪的完全一致,他鼓励她走。当然不是站在艺术的立场上,而是考虑到个人的安危。

“可以考虑是临时的,等那个恶人找到了新的目标再回来。”

接着,她看到了珀维斯——看到了他那双闪耀着黄色光点的眼睛。*大象珀利,他说,我铭刻于心。*

“也许你是对的。没必要一成不变,是吗?”

她给远在伦敦的尤斯塔西娅·范·桑特写了信:

所以这就是加利福尼亚。我该同意吗?尤斯塔西娅,我拿不定主意。我们会不会等到做出错误决定以后很久才会认识到正确的决定?

第四十六章　为战争干杯

德意志帝国陆军的秋季军演在维尔茨堡附近的大山和峡谷里举行，这是濒临美因河的一个古老而又迷人的城市，该地区世世代代的王公贵族曾经在那儿建有避暑行宫。长长的四天十分累人——好在老天没有下雨——保罗和萨米拍摄挖掘壕沟、骑兵冲锋、模拟战斗，真实的大炮炮弹射出很高的弧线，危险地掉落到战斗部队的附近。五十一岁的德国皇帝①积极参加了这场演习，他在高地上的指挥所里用野战电话机指挥这场演习。保罗拍摄了这位皇帝在那面象征"上帝和我们在一起"的鹰和铁十字架的旗帜下来回踱步的情景。威廉二世热情高涨得像一个小男孩，尽管没有一个玩打仗游戏的小男孩脚上穿着镜子一样闪闪发亮的长筒皮靴，身上披着挂着勋章和穗带的大衣，头上戴着擦得锃光瓦亮饰有银鹰的头盔——这是他所属的骑兵团的头盔，这种骑兵团的战士总是上半身披铠甲。这位德国皇帝是一个爱出风头、好斗成性的人，脸上炫耀卖弄的八字胡须，两个角他都精心上了蜡，尖尖的，往上翘。他戴着手套的左手通常安放在他的臀部或者他圆球形的剑柄上；这条胳膊已经萎缩，是小的时候受伤留下的残疾。在他的一个更加著名的跟他祖母这边的人的争吵中，他曾经说过他的缺陷就是英国人血统的明证。

第四天晚上，这位德国皇帝、在军队服役的他六个儿子中的三个以及将近三百位军官聚会举行节日欢宴。德国皇帝命令，宴会不在欧洲最大最漂亮的巴罗

---

①德国皇帝，即威廉二世（1859—1941），普鲁士国王、德意志帝国皇帝（1888—1918），推行侵略政策，强占中国的胶州湾（1897），出兵参加八国联军（1900），镇压义和团，挑起第一次世界大战（1914），1918 年被迫退位，逃亡荷兰。

克风格的宫殿之一主教宫举行，而是放到河对岸高地上更具战争色彩的玛利恩堡的一个大厅里举行。两个壁炉照亮着大厅，外加一些临时安装在架子上的电灯，放射出怪诞的白色光芒，令那些参加庆祝的人呈现出离奇古怪的鬼魅般的相貌。宴会的主食是野猪肉、野鸡肉和足以喝爆一个团的所有肾脏的啤酒。

保罗和萨米在宴会前到四处转悠了一番，萨米瞧着那么多的金色穗带和黄铜饰品以及那么多的羽毛和勋章，傻了眼。皇帝欣赏普鲁士容克阶级的成员，把他们搜罗到了自己的门下。一个准将双手和双膝着地模仿猪和牛，皇帝的儿子乔基姆王子、弗雷德里克王子和威廉王储像公驴一样叫唤着助兴。皇帝捧着自己的肚子，笑得前仰后合。

一个脸型很尖、头发金黄的军官将保罗拉到一边，并朝萨米点了一下头，萨米并不知道他正遭人详细观察。那人像裂缝一样的嘴巴里吐出三个字来。

"犹太人？"

"我的助手？不知道。"保罗的脑子里从未想到过萨米是否是犹太人，"这重要吗？"

"在宴会伙伴面前还是小心为上，他们可能不会喜欢与他为伍。"那军官说完，走了。保罗望着他的后背，傻了。他知道，欧洲是反犹主义的发源地，最最糟糕的地方莫过于德国和奥地利。有的时候，因为忙于有意义的事情，他都忘了这事儿。

不久，他看到这位皇帝和两个副官正在往这儿挤过来。德国皇帝拥有很多套军服，就是为了确认他在很多团都具有军人资格。今晚，他的光彩夺目的形象是"骑马步兵"。

"克朗先生，晚上好。你怎么样？影片拍得满意吗？"

保罗鞠了一个躬："非常满意，陛下。"

"我们很想让全世界都知道我们祖国的盔甲是什么样的。你们的前总统西奥多·罗斯福对今年春天我为他在波茨坦举行的阅兵印象非常深刻。罗斯福是个很棒的人。我们有很多观念相同，包括绝对有必要警惕来自亚洲人的侵犯。"德国皇帝故意将这话说得很响，带有宣言性质——声明——不给反对意见甚至评论留下任何余地。

“我看过你的书。”皇帝说道，“新闻记者的生活真是极其有趣啊。”

“有的时候也忙乱。”保罗笑着说道。

“你研究军事吗？如果研究的话，我给你推荐一部明年要出版的书，我刚刚看了清样。它是由我们自己的弗里德里克·冯·伯恩哈迪①将军写的，他写的主题是即将到来的战争。”

保罗浑身起了鸡皮疙瘩：“会有战争吗，陛下？”

“人们不希望有。”皇帝说道，轻蔑地耸了一下肩膀，“可是有很多敌人包围着这个国家。我虽然是英国的朋友，但我的臣民却不是。”

“我可以问问，伯恩哈迪将军写的中心思想是什么吗？”

“他认为，战争有其生物学意义上的必然性，是人类天性与生俱来的有机组成部分。所以，像德国这样的尚武国家不仅仅有权利而且有绝对的义务进行先发制人的打击，以确保胜利和它持之以恒的统治地位。”

这时的保罗已经毛骨悚然了，他想不出有什么可说的话。最后，他好不容易说出了四个字：“非同一般。”

“是啊，绝对非同一般。等这本书出版后你一定要看啊，书名叫《德国与下一场战争》。还有，你能否保证我们能得到你的电影拷贝？”

“通过我们的柏林交易所，放心吧。”

“优秀的老德国人就是可靠，很好。那么，晚安。”

“陛下晚安。”保罗说着，又鞠了一躬，他的肌肤像冰一样冷，他的心揪得紧紧的。他沉浸在喧闹聚会舒适的气氛中，常常忘记了德国人性格的黑暗一面，那位德国皇帝将这种性格展现得淋漓尽致了。

晚宴期间，保罗和萨米发现自己坐在一张几乎全都是普鲁士人的搁板桌的一端，保罗大致是从口音上判断出他们来的：一批傲慢自大、洋洋得意的笨蛋。不过，是一批不可轻视的家伙。德国军人是顶尖的职业军人，他们终身研究

---

①弗里德里克·冯·伯恩哈迪（1849—1930），德国军人及军事作家，曾参与普法战争，于1909年成为陆军第七军团司令，1911年出版了《德国与下一场战争》一书，主张德国有权利也有义务去发动战争，以获得其应有的权力。后来协约国认为他写的书是第一次世界大战的肇因之一，他在这场战争中担任德国军团司令。

战争。

有面包、肉类和配菜的晚餐吃得人很撑，其间那些军官高谈阔论，说的无非是战术、各支不同部队相对的优势、法国人下三烂的道德和愚蠢，以及女性在性生活和烹饪方面的用处。有两三个说犹太人和屎尿屁的玩笑，保罗庆幸萨米听不懂他们所说的话。

接着，祝酒开始——空洞无物地赞扬皇帝、他的妻子凯泽琳·奥古斯塔、他的六个身强力壮的儿子、他在骷髅轻骑兵团领荣誉上校衔的女儿维多利亚·路易斯。每次祝酒，保罗都恭敬地站起来，恭敬地喝一口他的大杯啤酒。

保罗这张桌子顶头的一位上校站起身来。

“陛下——先生们。我要敬一杯特别的酒，这杯酒适合于献给将我们聚集到一起的那些事件。我要给你们祝酒的是那一天，我们的军队将向所有企图包围我们、威胁我们、侮辱我们、遏制德意志帝国合法权利的敌人复仇雪耻的那一天。”

人们安静下来，有人踢了那个还在吱吱嘎嘎转动烤肉叉的厨工一脚。在一个壁炉里，一根木头烧断了，往下掉落，喷发出一阵火星子。上校举起他的啤酒杯。

“为那一天干杯。”

那一天。保罗听“那一天”这话已经听了二十年了。军队在为这个主题疯狂。

皇帝跳起身来，数百名同流合污的军官也跟着他一起跳起身来，齐声高呼着：“那一天。”

萨米困惑不解地瞧着保罗，开始站起身来。保罗拉他坐下。他的心跳得飞快，像要跳出嗓子眼儿一样。*别犯傻。*

人们纷纷转过头来，惊讶的神情迅速地转变成质疑，然后又转变成敌视。上校低头瞧着桌子边依然坐在那儿的这两位平民百姓。

“你们不赞同这个祝酒？”

“尊敬的上校阁下，我不喜欢颂扬杀戮，至少不喜欢颂扬预谋杀人这种行为。”

远在大厅的那一侧，保罗可以看到皇帝铁青色的脸。在这个有穿堂风的石头大厅里，电灯光刷白了人们的脸色，所有怒视着保罗和萨米的人看上去都像死尸一般。

上校的眼睛先是瞥向这边，接着瞥向那边。他明白人们的注意力集中在了他的身上，于是他提高话音：

“那么请问你到这儿来干什么，利用我们的好客吗？那给我的印象可是极端伪善呢。”

保罗叠起他的餐巾，站起身来。啤酒以及对这群人的厌烦和憎恶令他不由自主地越过了雷池，他通常十分谨慎不轻易跨越的雷池。

“也许是的。”

“我建议你要么举杯，要么滚蛋。”

保罗做了一个吞咽动作，瞧着皇帝的一个儿子抽出了一半的宝剑。“走吧，萨米，我们待得太久了。”他鞠了一躬，“陛下再见。”

皇帝不作理会，他的下巴收得紧紧的，蓝色眼睛喷出怒火。

他们离开大厅的那一刻，身后传来一阵奇怪的喊叫声—— 一种蔑视和仇恨的咆哮声，它让保罗想到了野狗的狂吠。他冲出堡垒，冲进院子，冲出大门，冲向河边，将他的常礼帽和大衣落下了。萨米跌跌撞撞地好不容易跟在他的后面。

他们转向北面，朝美因河上的中央大桥走去。河的对岸，小城的灯光洋溢着勃勃生气，讨人喜欢，就像圣诞树下微缩型的房子。“上帝啊，我昏了头了，我不该那样放肆的。”保罗发出低沉的怒吼。

“那见鬼的究竟是什么啊，先生？”

保罗解释了“那一天”的意思。“他们就盼望着‘那一天’呢，计划着‘那一天’呢，都等不及了。并非所有的德国人都那样，可是最接近皇帝的那些人肯定是那样，而且他们会把其余的人都拉下水的。”

他们迎着秋天的风，跨越美因河，走向位于路易波尔德大桥边上他们住宿的那家一流宾馆。保罗向夜班门房打听了火车的时间，发现凌晨两点半有一趟去法兰克福的列车。

“我们坐那趟车走。”他对萨米说道。

“你的帽子和大衣不要啦？”

“不要了，哪怕有十件大衣我也不想再回到那个蝰蛇窝去了。我们整理行李。”

两点还差几分钟，他们走向一辆出租车，大厅里的门房朝保罗打了一个招呼，递给他一封电报，并兴高采烈地说了一声：“先生们好！谨致最衷心的祝贺。”保罗很快就把德语翻译了过来。

弗朗西丝卡·夏洛塔伦敦时间八点十分出生一切安好你妻子急于想让你见到你女儿福利特

“是宝宝吗？”萨米从他的肩头瞄着问道。

保罗望着他，脸上是不寻常的、震惊的神情。

“她很好，朱莉很好。”

但这个世界不是很好。这个寒风凛冽的秋夜又黑又冷。保罗虽然在很多方面为自己是一个德国人感到骄傲，但是他不会为它所意味的抱任何幻想。德国人的血液中流淌着邪恶的毒素。德国人的性格中有一种被国家偏执狂激起的狂暴，因为伴随过去在科技、文学、音乐和教育上所获得的杰出成就而生发的优越感使得这种狂暴变得更加肆无忌惮——德国人为整个德国文明而盛气凌人。德国人最恶劣的性格反映在统帅部和普鲁士贵族地主中间。

他们想要战争，而且无论如何，他不得不信，他们是会带来战争的。这就是今晚他新生的小女儿所降临的世界。

第四十七章　在地铁里

弗里奇一旦做出决定，心里便感觉坦然了很多，尽管她发觉自己每当外出来到熙熙攘攘的大街上时还是会极其小心。她仔细观察人们的脸，经常瞧身后，尤其是天黑之后因为有事儿还在外面逗留期间。

哈里·波伦来过三次电话，留了信。有两次她没有理睬，但是第三次她感觉有愧于他了，便回了个电话到曼德雷克宾馆。他请求再给他个机会见她一次，让他赔罪——证明他可以是一个完美的绅士。

弗里奇犹豫不决，第二次跟一个有妇之夫外出的确不太合适。但是另一方面，在那个不正当的亲吻之前，哈里的陪伴令她感觉很受用，况且，那个亲吻也并非没有快感，尽管有点负罪感。只要她守住底线，会有什么伤害吗？哈里的妻子已经完全力不从心，而且他听上去也的确被自己的负罪感弄得心神不安了。

“好吧，是的——星期六晚餐。我要跟你说说我的新年计划。”

所有的商店都披上了圣诞季的节日盛装，纽约因为五颜六色的灯光而流光溢彩。南方吹来温暖的风，温度升高到了摄氏十多度。哈里叫了一辆出租车前来接她，告诉司机将他们送到一家叫作班克斯的饭店，这家饭店位于自由大街，就在距华尔街北面几个街区之遥的百老汇大街的南面。当他将她搀扶出出租车时，她看到有车头灯转向了他们身后百老汇大街的路缘石。有人爬出另一辆出租车，消失在了一幢黑乎乎的大楼的阴影里。她感到一阵莫名的惊恐。

班克斯饭店规模不大，但是装饰奢华，价格昂贵。他们晚餐间的交谈欢快热烈而又彬彬有礼，没有提及上次所发生的事，尽管她从哈里的眼里的确捕捉到了两三次情真意切的凝视。她告诉了他帕尔公司冬季要去加利福尼亚州的事。

“弗里奇,你真的是太棒了——那儿的气候十分温暖。总有一天我要去看看太平洋海岸。如果你邀请我的话,我就飞过去了。”

“哈里。”她说着抬起了她的双眉。

“对不起,你就是对我有那种作用。”

她笑了,她没法生气。他是一个有吸引力的伙伴——令人愉快,富有教养,依然带有某种旧世界的单纯气质。

当他们步出门外,弗里奇陶醉在了温暖的微风中,金融区摩天大楼的上空,满天繁星。酒足饭饱之余,她完全忘却了早先的烦恼焦虑。哈里问她是否想散一会儿步,她爽快地答应了,便挽住他的胳膊。他们转向北面走上了百老汇大街,朝着市政厅的方向走去。

走过两个街区之后,他说道:“你想不想让今晚别具一格?”

“你脑子里在想什么呢?”

“坐地铁去?”

“地铁?”她重复了一下,有点惊讶,“你喜欢坐地铁?”

“非常喜欢,纽约地铁是本世纪的奇迹之一。我只要一有机会就坐地铁。要知道它的后盾可是金融家奥古斯特·贝尔蒙特。最早的线路通向一百四十五大街,1904年开通的。当时的口号是‘十五分钟到哈莱姆’。你会在地铁里见到各种各样的人,有社交界名流,也有女店员。车厢很干净,地下的空气很新鲜,也凉爽——只要五美分钱。我们去吗?”

“好啊,为什么不呢?”

“第二十三大街上有个站。”他说道,赶快跑到前头,跑向一幢常见的建筑,上面有熟铁和玻璃,所有集成零售终端入口常有的样式。“那些地铁入口不是值得一看吗?你知道吗,它们都是仿照土耳其凉亭建造的。”

虽然已经将近十点,但是仍然有大量的人进出车站。在售票处,哈里买了车票,并将两张硬纸板车票递给一位穿着制服的检票员,他让他们往下到候车区。一阵微风吹来,表明列车刚离开了。

“那是一辆慢车。”哈里说道,一面沿着拥挤的站台望去,“午夜之前,每六分钟有一趟快车,之前和之后都是慢车。”弗里奇有一段时间没有坐地铁了。地铁站有多亮堂多好看她已经记不得了。在市政厅站的设计中,没有直线,实际上它是一个环的一部分,列车就在这个地方改变方向。站台的边沿微微形成了一个弧度。赤褐色的拱形结构镶嵌着白色和彩色的瓷砖,在它的上面创造出一种令人心旷神怡的欢快效果。

弗里奇听到又有一辆列车从车站往北驶向布鲁克林大桥。哈里说着什么,可是弗里奇没有听见,因为噪声太大。有人撞了她,把她撞到了站台边沿上。她吓得屏住呼吸,好在哈里一把抓住她,让她站稳了身子。

她怒视着她身后的那个人:"你没必要靠得这么近,地方有的是呢。"

弗里奇的双眼睁得溜圆。她听到了那刺耳的呼吸声,便警觉起来,这时哈里转过身来,又恼怒地瞪了那个粗鲁的乘客一眼。*我知道他是谁了,他一直跟着我们……*

她急忙抓住哈里的胳膊:"哈里,我们离开这儿。"她的头稍稍转了过去,从眼角睨着他——那双有金色斑点的奇怪眼睛,那龇牙咧嘴的可恶笑容。她发出一声害怕的叫声,声音不大,当列车沿着隧道呼啸而来时,没有人听到。

哈里对那个乘客说着十分严厉的话,那乘客抓住他的翻领,将他摔到了一边。珀利双手抓住她的两个手腕,将她推向站台边沿,列车轰轰隆隆地越来越近。弗里奇在自己的记忆里从来没有反应如此快速过,但是这次她反应迅捷。她的一只脚快要滑下站台的当口,她猛地扭过手来,狠狠地把指甲扎进珀利的手腕里。珀利吃痛地大声咒骂,她赶紧挣脱出来,身子直摇晃。

哈里发疯一样扑向前来救她,极速伸出一只手。她抓住他的手,紧紧抓着不放;她要是不抓住,那就可能掉下站台。珀利伸手去掏外套下面的手枪。站台上的人们呼喊着,尖叫着,纷纷逃离这场恶斗。

哈里扑向珀利,猛地推了他一把。珀利举起手枪当棍棒打他。八节车厢的快速地铁从隧道里飞驰而来,那橘红色的油漆反射着地铁站的灯光。就在此时,弗里奇抓住珀利的胳膊,使劲一拉。他踉跄着,手臂无助地在空中挥动,最后掉落到了铁轨上面。

一个女人连忙把她的小女儿拉着贴到自己身上,一面像个女鬼一样尖叫着——抑或那是列车的呼啸声和伴随火星飞溅的刹车声?当车头碾压到珀利的时候,即便他惨叫了,也不会有人听见。

列车嘎嘎响着停了下来。吓得魂不附体的乘客们和列车司机纷纷从开着的窗户里伸出头来。检票员拼命拉响警铃。弗里奇看到了站台跟第二节车厢的门之间有令人毛骨悚然的一团血肉模糊。

哈里拉着她靠到自己胸前:“别去看,他不可能有生的希望了,他是疯子——”

“他想要杀了我。这不是巧合,哈里。我认识他。”

“上帝啊。”他说道,一脸惊恐。他再次紧紧抱住她,用他两条强有力的臂膀将害怕和震惊得瑟瑟发抖的她紧紧地拥在怀里。他是否结婚已经无关紧要了,此时她需要他的臂膀。

在警察局,侦探们询问了她一些情况,哈里一直陪伴着她。弗里奇为他们指认了死者。当她听说他已经面目全非、根本无法辨认了的时候,一股酸水涌上了喉头。

B.B.被从床上叫了起来,来到警察局的时候上身穿着一件大衣,下身穿着一条睡裤。他很快证实了弗里奇所说的有关那个专利侦探的威胁和骚扰的情况。快到凌晨一点时,她被释放了,没有受到任何指控。

B.B.驾车将她送到了第二十二大街的住处,哈里一直陪着。“孤弱无助的可怜姑娘。”B.B.一直在嘴里念叨着,“反应真快啊。你也一样,先生。”

哈里将她送到门口,庄重地跟她握手道别,一定要她在任何需要他的时候打电话给他。她知道他帮不到她,她对一个人的死负有责任。她的父母亲教导她,要敬畏人的生命,哪怕是最最卑微的生命存在。她所做事情的影响可能会持续几天,几年——也许永远。

但是,她还是向他表示了感谢,然后赶紧走进屋去,希望回到自己的卧室之后会感到更加安全,更加平静。

她没有。她躺在床上,一夜无眠,她将双臂保护性地交叉在胸前,两眼睁得大大的,眼前一遍又一遍地回放着地铁站里最后那几秒钟的情景。就相差一英寸,掉到列车下面的将是她而不是珀利。他再也不会威胁到她了。现在,她对加利福尼亚的感觉完全不同了。她迫不及待地希望逃到那儿去,重新开始她的生活,将这个可怕的夜晚丢之脑后——

仿佛她能够丢掉似的。

第四十八章　再往西去

弗里奇在去芝加哥的途中发誓绝口不提厄尔·珀维斯以及这个人的可怕结局。把这种事情告诉父母亲只会进一步加剧他们的担心,担心这种演艺生涯以及由此生发的恶劣环境。她真的不想对任何人讲珀维斯的事。他已经死了,再也不会构成威胁了,但是要在记忆里摆脱他的阴影则要很长很长时间。

弗里奇到达之后,不是叫辆出租车将她送到克朗家的宅邸去,而是住进了谢尔曼宾馆。她对这一决定感到难过,但认为还是谨慎为上。就在宾馆侍者为她存放行李的时候,她打电话给母亲。

“妈妈吗?我今晚就在这儿。我要去加利福尼亚拍摄更多的电影,路过这里。”

“你为什么不拍电报来啊,看在老天的分上?”

“我不知道我会受到怎样的接待。”

“哦,亲爱的。”话音中带有一种伤感,不言自明,她的担心并非没有道理。

“我想要见你。”

“我马上去,坐出租车去。”伊尔莎说道。

“你是说我不能去家里吗?我想要找爸爸谈谈。”

“这个主意不怎么样。当然啦,你想做任何事情都可以,但是我劝你还是不这样做的好。你父亲,我遗憾地跟你讲,还在生气呢。”

“生我的气?”

“生你的气,生我的气——生全世界的气。”

“可是我真的获得了一些成功啊。他预言我是不会成功的。”

“这就更加让他生气,你证明了他是错的。”

一阵痛苦的沉默之后,弗里奇说道:“叫出租车吧,妈妈。我到餐厅去预订一张桌子。”

一个弦乐器流浪艺人在富有浪漫特色、烛光摇曳的餐厅里演奏着一首小夜曲。《中央公园的姑娘》,这首必然会湿润弗里奇双眼的歌曲今晚竟然没有打动她——她还在惊恐不安。

“妈妈,父亲到底出了什么问题?他为什么还要生气?”

“我列个清单好吗?首先,他是男人。他老了,对此无可奈何了,但对此愤愤不平。其次,他被那帮禁酒的人逼得发疯。还有,你知道,他是一个德国人。德国人最容易心生不满,这你肯定记得。”

“星期四,妈妈,是我生日——”

“哦,没错,祝贺你。我有一个包裹寄到纽约去了,你收到没有?”

“没有,没关系。”

“孩子,我有点健忘啦。你今年几岁了?二十九吗?”

“三十,妈妈。三十岁了。你知道那意味着什么吗?那意味着我是一个老处女。但也意味着我应该得到父亲的尊重了,尊重我选择自己一生所要干的事情。”

“哦,亲爱的,他是尊重你的。”

“这不是真的,你只是在逗我开心罢了。可是,在我完成之前,他会尊重我的。”弗里奇重重地捶着桌子,捶得那些餐具都跳了起来。

“我向你保证,他会的。”

伊尔莎拿起手帕给自己扇着风,话说得有点云里雾里:“我必须得弄清楚你的现状如何。”

虽然这餐饭很奢华,而且跟她亲爱的母亲会面也让她颇为欣慰,但是因为伊尔莎认为没有必要回家,弗里奇在情感上还是感觉受到了打击。第二天早上,她登上了西去的列车,满心深深的惆怅。

铁青色的天空压在冰天雪地的伊利诺斯大草原上,丝毫无助于缓解她忧郁的心情。在快车到达密西西比河之前,一阵暴风雪袭来。列车司机以三英里的时速驾驶着列车驶过密西西比河,咆哮的狂风摇撼着铁路桥,把乘客们吓得半死。到了艾奥瓦州这边,暴风雪迫使他们等了六个小时,然后在一辆铲雪车的引导下,继续往西进发。

我在这儿干什么呀?弗里奇思忖着,我为什么不可以有一种正常的生活呢?我出什么问题了?

她的脑子里映出父亲的画面,那满头的银丝,那撇得扭曲的嘴,还有那轻蔑地指着她的手指。

“Du bist eine Schauspielern.”①

“你是一个女演员。”

这声音听起来就像一种蚕食人的慢性病。

到了艾奥瓦州的西部,雪不见了。没有了皑皑白雪,换来的并非全然的赏心悦目,因为大雪也许能够掩饰从普尔曼车厢的车窗里望得见的凄凉景象——铁路边是杂乱无章的城镇,是臭气熏天的猪圈和厕所,再远处,她觉得应该是土拨鼠蹲着后腿直坐在那儿。

再往南,气候出乎意料地温暖,冬季在这里解冻。随着景色的变换,普尔曼车厢的供暖设备过热了。平坦的草地在列车的两边飞驰而过,不时地,有一些树木突兀地立在草地上,抑或有几条干涸的河道蜿蜒其间,河床中央露出矿脉一样的黄褐色烂泥。荒无人烟的城堡露出根根肋骨,摆着姿势迎接过往的游客。弗里奇的情绪更加低落。

接着,她迎来了冬日的傍晚,列车已经进入科罗拉多州东部约一百英里了。联合太平洋铁路公司的司机在一个名叫阿盖特的荒无人烟的小地方停下列车,让路边的一只巨大水箱给列车加水。

乘客们纷纷逃出热得像地狱一样的车厢。1 月的风,即便不是十分温和宜人,也舒适得让人惊讶。暮光呈现出黄褐色,越往东方越加暗沉,最后变成了深

①德语,意为“你是一个女演员”。

琥珀色。荒凉的高原铺上了一层金黄,闪闪发亮。北边的天际,有一个模模糊糊的小黑点在移动。是一辆汽车,弗里奇知道;可能是一辆 T 型车,虽然距离太远,她不敢确定。小黑点在地平线上消失了,剩下一幅巨大的黄色环形全景画面,唯一一颗昏星将它照亮。弗里奇颤抖了,为这旷世美景,也为其他的一些事情。原始的土地不再原始了。她看到了,在她的演艺生涯中,变化让人头晕目眩;她看到了,她所生活的世纪,令人惊叹不已。

"瞧那儿。"她近旁一个身体瘦弱、头发灰白的女人说道,"难道我看花眼了?"

弗里奇顺着她戴着灰色手套的手所指的方向望去。西边,大山像锯齿一般横亘在地平线上,直插云天。有几个山峰,白雪皑皑,在渐渐淡去的日光里熠熠生辉。

"没有看花眼,我估计我们是来到了落基山脉。挺险峻的,是吗?"

大山的那边是崭新的生活。在加利福尼亚州阳光灿烂的海岸边,她会发现什么呢——人们所称的"美国的地中海"?她无法想象。

也许,加利福尼亚比她所期盼的要好很多。也许——她敢指望吗?——也许她甚至能遇见一位聪明、稳重、英俊的白马王子。

记住,你不必永远待在那儿。也许你会喜欢它。即使你不喜欢它,也要尽情地享受它。你是一个老演员了,不是吗?你说了你会来的,且路远迢迢地来了,那么你就得坚持住。自从莫特梅因皇家莎士比亚剧团以来的那些年里,假使你没有学到其他什么东西,那么这个东西你肯定是学到了很多的。

长期沉默之后,艾伦·泰莉开口说话了。

我即使不赞同你的目的地,也非常钦佩你的精神,姑娘。

"你在说什么吗?"那位身体虚弱的女人问道。

弗里奇微微一笑,突然甩了一下她的满头金发,说道:"我想我们该上车啦。"她搀扶着那女人的胳膊,帮助她在科罗拉多州阿盖特的金色傍晚中踏上火车的踏板。

第四卷 加利福尼亚

一个前商贩、前侍者、前广告商、前书商怎么可能了解电影的品质呢？在低等的纽约市曼哈顿东区更适合于用来推手推车的手承担起了导演舞台表演并将它们拍成电影的职责。

——《电影世界》,1910 年

没有更荒诞的东西了……除了向我们展示那些领衔主演被放得很大的高贵面孔之外,再无其他东西能够摧毁镜头的艺术和美丽了……许多美丽的镜头被展示这些放大的形象给毁了,头颅顶着上面的框,下面的脚不见了。

——《电影世界》,1911 年

电影可以充满幻想地呈现比生活的真实形象放大很多的形象。每一个表情的变化可以被展露得十分清晰,比真人在人们面前还清晰,而且人们毫无愧疚地陶醉于这种效果之中。

——《电影世界》,1912 年

第四十九章　欢迎来到洛杉矶

“格伦代尔，到格伦代尔的统统下车了。”

南方太平洋铁路公司列车员的话音听起来就像她一样疲惫不堪。她两眼望着车窗外，那眼神不是惊讶，而是绝望。瓢泼大雨像榔头一样敲打在玻璃窗上，水柱从既有西班牙风格又有摩尔风格的火车站红瓦屋顶上喷涌而下。她是在萨克拉门托转车到了南方太平洋铁路列车上的，穿越赤日炎炎的中央谷地，继续往南奔驰，迫不及待地想先睹洛杉矶四周的崇山峻岭为快。在贝克斯菲尔德的时候，乌云便开始聚集，带来了大暴雨。此时此刻，她几乎都看不清车站的招牌。

“列车员，这阳光到哪里去了？”

“现在是雨季。这边出去。”

她在走下金属踏板时滑了一下，差一点摔倒。狂风几乎将她的帽子从头上扯下来，好在她用长长的别针别住了。站台的尽头，有四辆四轮单马轻便马车和一辆满身泥巴的波普-托莱多汽车正在等着到达的乘客。她看到一对年轻夫妇感激涕零地奔向那辆汽车。其他从座席客车厢下来的乘客则走向那些轻便马车。一条已经变得像个湖的街道的对面，有两棵可怜巴巴的棕榈树被狂风摇晃着，发出嘎嘎的声响。这令人沮丧的场景周围是一片令人费解的黑暗。柑橘林哪儿去了？被太阳晒黑的当地人哪儿去了？

“对不起。”弗里奇对一个火车站的工作人员说道，“洛杉矶有人来接我的。是否有人来问过克朗小姐？”

“没有，这儿除了那些马车，没有其他人。”此时马车早已经蹚着泥水驶离了。弗里奇蜷缩在一堵黄褐色的墙壁附近，但是毫无效果，狂风暴雨硬生生地把她浇了个透湿。“那边有出租车,远处的那扇门。”那工作人员说道。

弗里奇拎起她的旅行包,穿过车站。她每走一步,都有雨水从她的鞋子里被挤出来。车站外,一个人撑着一把雨伞,嘴里嚼着一根牙签,靠在一辆满身凹痕的经济型福特小汽车上。他看到有一个潜在的顾客,便把牙签嚼得更快了。

她看了一下一张皱皱巴巴的纸:“我要去好莱坞宾馆,在好莱坞大道和高地大道的路口上。”

“我知道在哪儿,女士。在那些小山冈的那一边。这种天气,穿不过峡谷的。得往闹市区走,然后再出城去好莱坞。”牙签在他嘴边飞舞,“四美元。”

“你这好像是在抢钱哪。”

“那你坐另外的出租车去吧。”司机快速地将他的目光睃向了他黑色汽车两边的水坑。

弗里奇踢了一脚她旁边的一只旅行包:“最起码你可以帮我把这些搬上车吧。”

出租车司机一天的收益到手了,便变得十分友好:“哎呀,是的,小姐,我们马上走。”

根据她在旅途中所看到的杂志,“加利福尼亚南部这块富有异国情调的宝石”,其人口已经增长到了大约三十五万,被认为是一个繁荣发达的城市,它欢迎自由企业,仇视工会组织。出租车乒乒乓乓地颠簸着往城里驶去,弗里奇看到的异国情调很少:一块已经撕破的褪了色的广告牌上说的是1910年1月10—20日全美第一次航空大会,另一个广告牌是有关帕萨迪纳玫瑰花比赛的——这是一项迎接新年的游行,她听说过。他们穿过一个有很多小屋的居民点,小屋的边院和后院里石油井架林立,正在开采石油呢。

三到四层的架构型和砂石型房子遍布在市中心商业区。她看到了百老汇大街的路牌,但是没有看见蔚为壮观的剧院。围墙和无窗的墙上涂满了花里胡哨的广告,什么“木材”啦,“牙医”啦,“炉子”啦,“铁器和五金制品”啦,还有一个地方写着“雷东多比奇建筑地块——价值连城”。一辆四四方方的黑色车子在边上辘辘驶过,车顶的招牌上写着“崭新的雪佛兰多用途双门箱式小客车仅售八百七十七美元”。洛杉矶似乎只有传统的办公大楼、纺织品商业中心、电影院、理发店，跟人们在大草原上的养牛小镇所发现的差不多。

街道的上空拉扯着城市常有的乱七八糟的电线。街道中央的铁道上，行驶着红色的有轨电车，铃声叮当作响，溅起稀烂的泥巴，吓得正常行走的行人或车辆避之唯恐不及。弗里奇在好几辆电车上看到了“太平洋电车”的字样。

出租车司机绕道到希尔大街跟第三大街交叉的十字路口，指给她看一样城市的代表作——被称为“飞翔天使”的缆车索道，装载着乘客上下陡峭的山坡。又过了一个街区，一只牛角撑得很开的公牛突然从一条小巷里冲了出来，寻找着目标，接着朝出租车飞奔而来。绝望的出租车司机拼命按着汽车喇叭。公牛几乎毫不胆怯，用一个牛角尖抵着了汽车的边，发出一声凶恶的吼叫，然后笨拙地冲向街道中央的一个女人；她吓得立马昏倒在她丈夫的怀中。两个男人挥舞着棍棒，从小巷里跑出来追赶那头公牛，公牛飞速地逃走了。

“有人忘了关牲畜围栏的门。”司机说道。

“这儿有牲畜围栏吗？”

“哦，好大一个呢。你知道吗，这个地方就类似于一个发展太快的畜牧场城镇。”

这都是她来之前所不知道的，但是她很快就知道了。

好莱坞宾馆建于1903年，在街角的入口处有一个漂亮的穹顶。穹顶上面，一面美国国旗在暴风雨中勇敢地迎风飘扬。这家两层楼的宾馆有宽敞的游廊和让人舒适自在、赏心悦目的外观。不过，它所在的地方却名不副实。好莱坞“大道”是一条坑坑洼洼的泥路。中间有一条有轨电车道，电话线杆子一直排向它们身后三四英里处的城区。好莱坞这个城镇看上去空空荡荡，完全是一副农村模样，远离文明世界——除了农舍、路边餐馆、代养马房以及中间有一小块一小块的柑橘林和许多空地之外，一无所有。

“好莱坞是一个独立的城镇吗，司机？”

“曾经是的，但现在不是了。居民们投票并入了洛杉矶，这样他们就可以接上水源。一个名叫马尔霍兰的工程师从欧文斯峡谷引来了水，两百五十英里呢。

管道应该会在两三年之后完工。”

弗里奇给了那人二十美分小费，并将她的旅行包交给了一位服务员。她在二层楼的房间虽然简朴但是舒适，她发现有一张索菲·佩尔泽欢迎她到来的便条，放在一起的还有一盆花菱草的金色黄花以及一叠给出租屋和出租房做广告的宣传品。索菲用箭头符号和下划线对这些作了标注，并在其中一个宣传品上写了留言。所有这些地方对年轻女士来说都很安全，佩尔泽先生可以保证。

这天余下的时间，她打开行李取出东西，然后，一面聆听着雨的声音，一面思考着她的未来。她在宾馆餐厅简单而又快速地用完晚餐，便仓促地上了床，心中充满着对加利福尼亚明显的失望感觉。

第二天早上，她正在吃早饭，B.B.来了。他像握水泵的柄一样握着她的手，为将她晾在格伦代尔道歉：“我雇好了那个人，他答应去的。昨晚到六点钟我没有听到他的消息时，就跑到了他停车的车库。他说他不敢在暴风雨中让他的汽车冒险，所以他没有去格伦代尔。至此，我估计你要么来这儿了，要么坐下一班火车回纽约了，生气了。”

“我来了。”弗里奇宽容地微微一笑说道，“我什么时候可以开始工作？”

“等天气好了我们完成室外搭景再说吧。已经远远落后于计划了。我认为这阳光让那些当地人变得很懒。我想让你看看我们租下做摄影棚的地块，在一个名叫伊登戴尔的邻近地区，距这儿不远。但是，蹚泥水去那儿没有必要，等天晴了，你也可以去找一个住处，出租车等车费我们付。”

仿佛这样做可以缓释她对美洲大陆最西端这个原始而又潮湿的地方的沮丧心情似的。

雨停了，太阳出来了。好莱坞泥泞的道路上升起了水汽，但是水汽没有浓到淹没环绕在城市北方和东北方的绵延群山。西部和南部则是一马平川，直通大洋。

弗里奇手拿小广告，外出去租房间。天气晴好，可以步行。虽然她得拎起裙子避开一些水坑，但要更加清晰地观察这个空旷无垠的乡村里栖息着的这个小小住宅社区，这点小小的代价算不了什么。

她所经过的住家为传统的维多利亚式寓所,通常是两层楼,大多数白色,配上五彩缤纷的百叶窗。这些住宅广泛地分布在主街和副街上,中间常常有两三块空地相隔。

她沿着一条小道走向塞尔玛名下一幢有护壁板的漂亮住宅的游廊,再次核对了小广告上的号码,然后敲响了门。她戴了一双白色的手套,试图让自己看上去雍容华贵一点。

"我是来租房的。"她对一个前来开门的上了年纪的男人说道,"还有房间可以租吗?"

"有,有的。请进来好吗?"

她跟随他走进一个维多利亚式的门厅,门厅里杂乱无章地摆放着盆景植物和小件摆设。厨房里传来一个女人的声音:"谁来了,赫舍尔?"

"一位年轻女士,来租房的。"接着他对弗里奇说道,"我是穆尔先生。"

"很高兴认识您,我叫弗里奇·克朗。"

"刚来加利福尼亚,是吗?这边请。"他说着,在前头往楼梯走去。

"是的。我是到这儿待几个月,拍电影。"

她看到他裤子背带下面的背部肌肉僵了一下。他僵在了第四级楼梯踏板上,紧紧抓着扶栏,过了一会儿,他走下楼梯来,面对着她。

"你是说你是一个电影演员?"

"我恐怕不理解你这是啥意思,穆尔先生。"

"电影演员——在画里面演戏的人。画会动,他们就是电影演员。演员也会动,从一个房间动到另一个房间,或者从一个宾馆动到另一个宾馆,总是比治安官快一步,或者比信用调查人快一步。"他激动地挥了一下手臂以强调他的这个话,他的手臂差一点削到她的鼻尖,"神出鬼没,说不定哪个夜里溜掉了,欠下一屁股房租。这个城里的居民不喜欢电影演员。你应该回到你来的东部去,你在这儿不受欢迎。"

穆尔先生在门厅里瞧着他的妻子,她正在围裙上擦着沾满面粉的双手。他紧张地咳嗽了一下,对弗里奇说道:"没有私人恩怨,请你理解。"

"哦,是的,当然没有。对不起,打扰了。"

第二天，星期日，下午，更加糟糕的情况还在等着她。弗里奇坐太平洋电车公司的有轨电车到圣莫尼卡去看一幢两层楼的住宅。太平洋就在两个街区远的地方，波涛拍岸，浪花飞溅，隆隆作响。

一个灰白色的皮肤上布满皱纹的瘦瘦长长的女人前来开的门。阳光穿过彩色的窗玻璃，炫丽地照耀着一堆摆在桌子上的传单。“基督教十字军东征，有益于身心健康的娱乐活动”。一条附设的边界表明，这个家属于帕萨迪纳。

“在上帝的休息日干活不是我的习惯，姑娘。”

“哦，你的广告上没有提到这一点。我觉得我还是告诉你的好，我是一个演电影的演员。”

那瘦长的女人一把抓过一张传单，用力地塞到她的手中：“看看这个。你们这些不敬神的人应该跪下来请求主的原谅，你们正在用你们的肮脏和粗俗毒害人们的灵魂。”

“对不起，我并不是来毒害什么人和什么东西的，我只是想来租——”

那女人打断她的话，挥舞着双臂，大声喊叫着。弗里奇在逃走之前，听出了“基督教价值”“撒旦的工作”“巴比伦的妓女”之类的话语。她将那份小册子扔进路边的阴沟里，接着又对乱扔东西产生了一种负罪感，便再次将它捡了起来。她拿纸给自己扇着风，心里想，如果十字军的战士都和她一样，那还是永远见不到将军的好。

在接下来的三天里，她又试了七次，除了灰心丧气之外，一无所获。在一幢有房间出租的住宅前面的门上粘着一块牌子，下列三种人免谈：

犹太人、养宠物的人、演戏的人

她开始有一种感觉，她将作为一个老处女客死在好莱坞宾馆。她对好莱坞居民狭隘的心胸产生了强烈的反感。这样的城镇给她留下了深刻的印象，电影以及电影演员在好莱坞没有未来。绝对没有。

她在宾馆餐厅里吃午饭的时候,发现一个坐在另一张桌子边的年轻女人正在注视着她。那姑娘属于丰满的那一类,素净的圆脸因为一双惹人注目的蓝色眼睛和一头闪耀着光亮的红色鬈发而显得生气勃勃。前天夜里,她在大堂里见到过这位姑娘,此时此刻,她看上去十分疲惫,好像昨晚熬了夜似的。那姑娘朝弗里奇走来。

"我看你在看广告好几天了,你是在找住的地方吗?"

"是的,可我运气不好。这个城镇的所有房东好像都不喜欢电影演员,就是他们说的那种电影。"

那姑娘点点头:"我是一直到威尼斯海滩才找到了一个地方。不过我还是找了个好地方,靠近海滩一幢漂亮房子的整个二楼,里面有独立的厕所。"那姑娘说着,微微一笑,弗里奇发现她的笑容可爱动人。那姑娘伸出一只手:"我叫莉莉·麦迪逊。"

"弗里奇·克朗。实际上叫弗雷德丽卡,不过我不喜欢。请坐好吗?"

"就坐一下,我今天就搬过去。"莉莉拉过一张椅子。她的衣服并不昂贵,但是色彩搭配得很好:时髦的黑色上等细麻布仿男式衬衣,上面刺绣着一朵朵绿色小花;一条淡绿色的亚麻布裙子;一顶别具一格的深灰色帽子;一双男式牛津鞋,鞋尖上的漆皮闪闪发亮。用霍巴特的话讲,那叫一个漂亮雅致。

"我猜你是在一家电影公司工作,是吗?"那姑娘问道。

"帕尔电影公司。我听说他们的摄影场地在伊登戴尔,我还没有见到过呢。你是演员吗?"

"哦,不是,我写传奇故事。事实上我正在试着写。我刚刚卖了一个故事给内斯特,一个关于银行抢劫案的荒诞小情节剧,我卖了十五美元。"

"祝贺你。那是你的追求吗,写电影剧本?"

"是的,我喜欢这儿的生活。电影业很好玩,人也很好玩。我呢,喜欢编故事,我觉得我挺善于这块,我已经有很多实践了。我成长的过程中,要是哪天天像要下雨的样子,或者学校发生了什么事情,我就跑到自己的房间里去,在黑板上写故事。不是很长,毕竟黑板不是很大么,你知道吧。可事后我感觉总是比较好的。"

“我能理解。你家在哪儿,莉莉?”

她犹豫了一小会儿:“圣罗莎,旧金山北面的一个小乡镇。”

“哦,是的。”弗里奇含含糊糊地说道。

“瞧,我并非要冒失打扰,我只是急于想找个人分担一点费用。”

“你是说你的房东会容忍两个跟电影有关的人住到一个屋檐下?”

莉莉哈哈大笑起来:“是的,洪先生会的。洪先生在威尼斯码头附近开了一家炒杂碎小吃店。他的祖父是在淘金热的时候从广东来加利福尼亚的,可是洪先生依旧被禁止到加利福尼亚的各种地方去。他理解被拒之门外的境况。他是第三代美国人,但他仍然得抱着枪睡觉,他给我看过他的枪。”

弗里奇想了一下:“威尼斯码头离这个地方不远吗?”

“坐有轨电车不算太远。你可以坐威尼斯支线来城里,大约半个小时。工作日大约每二十分钟有一班车。车里很干净,晴天的话,坐那个车很舒适。我保证你会喜欢洪先生的房子的,前面有一个小房间,改建成了客厅,有两个大卧室。”弗里奇立刻喜欢上了她尚未亲眼看到的场景,莉莉·麦迪逊的热情感染了她。

莉莉跳起身来:“来看一下,好吗?你要是不喜欢,也没有关系。告诉你吧,我甚至会付五十美分车费把你给送回来。”

“好啊,为什么不去呢?”弗里奇开心地说。

莉莉拉住她的手,两人像一对好同学一样起身往街上走去。也许,她不需要再找房子了。

加利福尼亚州的威尼斯,位于圣莫尼卡湾的潮汐沙洲上,丝毫也不像意大利的威尼斯,虽然一个名叫阿博特·金尼的开发商在1904年开通铁道的时候,希望微缩复制那个伟大的城市。他修建了漂亮的水道,但是现在,这些水道被污染了,里面全是腐烂的白菜、橘子皮,而且弗里奇从有轨电车走来的路上还惊骇地看到不知哪个人的四脚朋友躯体僵硬地漂浮在水里。

沿河的住家看上去打理得不错,尽管并不豪华。西面,太阳在海面上闪耀着金色的光芒,一个摩天轮的剪影在缓缓转动,一架汽笛风琴演奏着《啊,甜蜜神秘的生活》。弗里奇问道:“那儿是什么,公共露天游乐场吗?”

“是的,海滨宽阔人行道沿线有车辆,有货摊。”莉莉点点头,“这个城镇的那个区块比这儿要好。”这很明显,从两块“出售”的招牌和还有好几块“出租”的招牌就可以看出来。

洪先生和洪太太的房子干净整洁,小巧紧凑,背后是一条不太臭的河道。莉莉拿钥匙开了门,两位房主人早已经在她所说的炒杂碎小吃店里忙开了。她迈着轻快的步伐,领着弗里奇从前厅中央走上楼梯。来到楼上,稍稍往左,便是她所提到的那个宝贵的独立卫生间。地面铺着小块的八角形白色瓷砖,里面最主要的是一个神龛一样的抽水马桶,墙上有一只木头水箱,水箱边上是一根手拉的链条。那只有爪式底脚的浴缸看上去很结实,简直像一艘小战列舰。

莉莉拉着她的手,将她拽到前面的起居室里。从高高的窗户照进来的金色的阳光沐浴着老旧但依然可用的家具。洪太太在房间四周摆了好几盆棕榈树,让人有一种身处花园的氛围。金黄色花边的窗帘随风飘动着,发出噼啪的声响。午后的清风吹来咸咸的大海的味道。

“那么多阳光,太好了。”弗里奇惊叹道。

莉莉咧嘴笑了:“这就是加利福尼亚,你会习惯的。”

如果面对着屋子的正面,那么莉莉宽敞的卧室就在左面。另一个卧室,紧挨着楼梯的右边,只有左面那个卧室的一半大,但是里面陈设着一个很好的梳妆台,一个竖式的衣橱,衣橱的门上有一面长长的镜子,还有一张墙边桌、一把椅子、一张单人床和三盏电灯。洪氏夫妇显然不是那种一门心思敲房客竹杠的吝啬鬼。

莉莉听上去有点呼吸急促地问道:“你喜欢吗?”

“十分喜欢。哦,有一件事情,我们可以自己煮饭吗?”

“这儿没有煤气灶,但洪太太让我用厨房。她跟她丈夫很早就离开家,很晚才回来,所以几乎都看不到他们的身影。你会做饭吗?”

“不会。”

“我会,可是我不喜欢做饭。事实上,我希望找一个父亲当厨师的室友。”莉莉开玩笑道。

“我会在长柄平底煎锅里煎面包,还会用盐和胡椒粉拌煮鸡蛋。我们凑合吧。房租多少?”

“五美元一星期,如果按月付给洪太太的话,是十八美元。她是一个精明的女人,平时话不多。你分担十美元一月,或者我们按月付的话,是九美元。”

“成交。你要是同意的话,我马上搬进来。”

“当然!”莉莉在她们俩结伴走下楼去的时候紧紧挽着她的胳膊,“我们会相处得很好的。我们去喝杯啤酒吧,我知道海滨大道上有一个专门招待女士的地方。怎么样?”

弗里奇终于有了好的感觉,便满腔热情地同意了。

第五十章　拐错弯

卡尔用双份酒杯喝酒。他将玻璃杯放到一边时，火辣辣的威士忌也就滑下了喉咙。他颅骨底部很痛。他不知道这到底是紧张导致的状况，还是几个月前那次撞车所留下的后遗症。他继续参加马蒙公司创办的车赛，这是一项公路赛，在那条高质量的萨凡纳公路上举行，该公路是由囚犯为1908大奖赛建造的车道，这个比赛项目是由美国汽车协会的友好对手美国汽车俱乐部主办的。这条线路由砂石碾压而成，用了大量的柏油，蜿蜒穿越受潮汐影响的湿地、美洲蒲葵林和弗吉尼亚栎树林。爆胎的时候，他领先两个车身。他记忆中从来没有先将头撞上树的。

他两眼盯着那双份的威士忌，今晚的第四杯了。这家小酒馆挤在奥蒙德比奇的海滨道路边的沙丘后面，这会儿已经空空如也。当巴尼去了医院之后，车队也就散了。

卡尔看到酒吧老板正在往抹布上倒药剂，并拿抹布擦着自己的手腕。卡尔说道："你参与打架了吗？"

"没有，这都是开启软木瓶塞闹的。我这辈子从来没有这么快地开启过这么多夸脱酒的软木塞。"

"巴尼·奥德菲尔德说要庆祝，那是真庆祝。"

"你愿意这样说也可以。"酒吧老板瞥了一眼被砸得粉碎的椅子和桌子说道。一个穿着犁托形鞋子和撕破了的棒球套衫的上了年纪的黑人正拿着一把扫帚打扫碎玻璃。卡尔又喝了一口酒。好端端的一天最后怎么会闹得这样糟糕？

这就是巴尼的脾气。他无论到什么地方，都要嫖娼豪赌，都要酗酒打架。

那天下午，在分布于沙丘上前来观赛的山呼海啸般的人群面前，巴尼打破了他去年创下的一英里直道一百三十二的速度纪录，当时，他打破了1906年弗雷德·马里奥特创下的一百二十七点五的纪录。在佛罗里达万里无云的天空下，有白色的轻柔卷浪徐徐涌来，带来了咸咸的大海味道。巴尼驾着他最新的赛车驶上戴托纳硬邦邦的沙地，一个最有希望挑战纪录的地方。巴尼这辆二百马力的奔驰是一辆用链条传动的子弹头形状的怪物，白色，一个巨大的四缸发动机安装在两块大木头里面——它被称为"闪电"。

他带着贝丝练习了一圈之后，便在耳朵里塞上棉球；他的两排牙齿嘎吱嘎吱地咬着一个雪茄烟头；他迅速戴上护目镜，竖起两个大拇指做了个手势。他沿着海滩驶去，转回来，加速，开始他的赛程。卡尔跟车队的经理威尔·皮肯斯站在一起，用双筒望远镜观看着一切。

"闪电"的后部冒着烟和火。皮肯斯紧紧抓着双筒望远镜。卡尔的牙关咬得紧紧的，赛车咆哮着朝着记时台飞驰回来。皮肯斯惊叫道："耶稣基督啊，他一定跑出了至少一百三十五呢，他的轮胎已经从地上飞起来啦，他要是爆一只胎或者撞上什么东西——"

"闪电"像炸弹爆炸一样轰鸣着从边上疾驶而过，人群发出一片惊呼。赛车往南驶去，渐渐变小，然后折返，拖着一长溜浓烟回来了。这时主裁判几乎是用歇斯底里的声音喊叫出一个正式的新纪录—— 一百三十三点四。这次，是一个诚实的记录。

巴尼浑身溅满油污，咧嘴笑着，亲笔签名几乎签了一个小时。然后，当太阳西沉，落到灌木丛林地后面时，他问清楚了最近的酒馆或者路边餐馆的地址。

两个小时之后，威尔·皮肯斯急急忙忙地将他送到了一家医院，他的头皮开裂，满脸鲜血，像一道红色的瀑布。卡尔待在打架发生的酒吧里，喝着酒。

天黑了，卡尔的头嗡嗡直响，他的嘴巴发苦。他瞧着一只苍蝇爬到吧台上一只盘子里，接着停在一只已经变坏的煮老了的鸡蛋上，那个黑人的扫帚一英寸一英寸地扫着那堆碎玻璃。再也不能不承认真相了，卡尔到印第安纳波利斯追逐的梦想稍微有点肮脏。

他听到面朝海滩这边的门打开了，但是他没有回头——他无所谓谁进来了。

酒吧老板吃惊的表情改变了他的想法。他慢慢转过身来，感觉身子很沉，很累。通过大门，可以看见，月亮高挂在天上，在海面洒下磷火一样的波光。一个女人走到吧台跟前。他还没有认出她来便闻出了她的气息，她身上的香水有点像峡谷里的百合花，他记得他母亲用过这种香水。他的双眼聚焦了。

“贝丝。”

“我希望你依然在这儿。”巴尼的妻子将钱包放到吧台上的时候没有直视卡尔。她那套有白色花边的连衣裙，在下午显得那么挺括和漂亮，这会儿却变得皱巴巴的，胸前显露出汗的湿斑。她对酒吧老板说道：“给我来瓶威士忌，把酒瓶放在这儿，然后不用管我们了。”

酒吧老板的脸抽搐了一下，也许是做了个鬼脸，他拿来一瓶酒和一只酒杯，接着绕过吧台顶端，走进后面的一个房间里。贝丝对那个黑人说道：“把你那该死的扫帚扔了，给我们扇点风。”那人拉来一把椅子，抓住一根悬垂着的绳子，绳子上有三把连在一起的从天花板上挂下来的心形芭蕉扇。他坐下身子，来回牵动绳子，扇动扇子，搅起一阵清风。

卡尔问道：“巴尼怎么样了？”

“大夫花了两个小时把伤得最重的地方缝合了，我离开的时候他们还没有给他处理完毕。他会没事的，巴尼的头很硬，那是因为里面没有脑子。”这是报纸和公众从来没有发现的贝丝的另一面。当记者采访期间她挽着巴尼的胳膊时，她是那样的欢快热情和温柔亲切，总是赞扬他。贝丝是一个性感标致的女人，富有坚忍不拔的吃苦耐劳精神。

“当太阳升起来的时候，他会完好如初的。”她说道，话音中似乎有讽刺的味道。她一口吞下威士忌，又倒了一杯，再次一口吞下。

“我不知道他是怎么做到的。”卡尔说道，“你说得对，他只要决定这么干了，哪怕头上扎着绷带，爬下病床也会像个魔鬼一样赛车的。我可不敢那样喝。”

“看上去今晚你就是那样喝的。”

“是啊，嗯，跟着巴尼，有点让人疲惫不堪。”

“跟我讲讲新鲜事儿。”

她又倒了一些威士忌。芭蕉扇依然在吱吱嘎嘎响着。大西洋的浪涛恍若一个诱奸者发出浪声浪气的呢喃细语；海洋闪耀着月光，一直通向欧洲。卡尔揉了一下自己的内眼角，可是依然觉得视线模糊。

贝丝白皙柔软的手抚在他的手臂上。他没有看见也没有感觉这手放了下来。

“卡尔，我不再欠巴尼任何东西了，他对我不忠已经有一百万次了。你要是仔细去了解，他倒也并非第一个。他只不过是又一个愚蠢的一夜暴富的乡巴佬而已，找不着北了。他是一个优秀的赛车手，但是他们这样的人不知道踩刹车。不过，你，你不一样。”她舔着自己的嘴唇，仔细观察了一下，确认酒吧老板是否确实不在场。她紧了一下手指。

“今晚陪我。”

汗水浸湿了她的白色连衣裙，她的两座乳峰之间显露出一条湿润的峡谷。卡尔感觉舌头厚得像一块木头。他受到了诱惑，他凝眸注视了她一会儿，然后说道：“我觉得这不是一个好主意。”

“老板的老婆？他绝对不会知道的。”

“我们会。”

生气让她的话语变得讥讽：“方特罗伊少爷①？我以为你比那要强呢。”她砰的一声将酒杯放到吧台上：“你付威士忌的钱。我一路回到这儿来，什么也没得到。”

她走出门去，皎洁的月光下，她一身银白，恍若一个幽灵，然后她消失了。很快，他听到了一辆汽车噗噗的引擎声。他对那个黑人说道：“你可以不用扇了。”

“是，先生。”

酒吧老板从后面的房间里走了出来，卡尔恰巧望着门口。一只硕大的棕色蟑螂抽动着它的触角，不慌不忙地爬上他靴子的足尖部。

“聚会结束啦？”酒吧老板问道。

卡尔抖了一下脚，蟑螂掉落地上，他狠狠地踩了蟑螂一脚，将这个有硬壳背的棕色家伙踩得粉身碎骨。

---

①方特罗伊少爷是儿童文学作家弗朗西丝·霍奇森·伯内特的小说，《小少爷方特罗伊》的主人公。

"根本就没有开始。整瓶威士忌多少钱?"

第二天大约中午,卡尔因为吐了大半夜几乎什么也没吃,正坐在一个戴托纳寄宿舍门厅里的一张柳条桌子边,他们车队都住在这里。巴尼在客栈里恢复得很好,虽然他头皮的缝合花了整整四个小时。卡尔的胳膊底下摆着一份来自杰克逊维尔的《佛罗里达联合时报》,得意扬扬的头版标题是:

巴尼·奥德菲尔德

世界无可争议的速度之王

人类霹雳创造新纪录

德国皇帝亲自致电冠军——

"德国汽车的伟大胜利。"

卡尔舔了一下铅笔的尖头,拿起一张上面印有让人不舒服的色彩的柑橘园明信片。他将它翻过来,慢慢写道:

亲爱的特丝,你好吗?这些日子我并不那么热情洋溢了。我开始反思,加入巴尼是我犯的一个错误。

他在这儿停住笔,看了一下这寥寥数语。这话什么意思?他应该离开车队吗?如果放弃,损失会很大。巴尼·奥德菲尔德并没有很多让人喜欢的东西,但是有很多让人钦佩的东西。这人绝对不会紧张,勇气几乎无穷无尽。

或者说,他也许刚刚神经错乱了一下,无论如何,结果绝对是一样的。

卡尔热爱驾车。他热爱狂风在护目镜边掠过以及当他在通向终点的直道上飞驶着冲向座无虚席的大看台时越来越响的呐喊声。他热爱与汽车的角力,他认为汽车就像钢铁、电线、管道制成的野兽,无非管道里流动的是汽油而不是血液。

他热爱在露天马戏场的一场表演结束之后姑娘们冲向巴尼的汽车库的情

景。姑娘很多，但是如果贝丝在身边，巴尼就谁也不敢碰，那时不行。任何单身男性都可以找个伴侣，除非他是聋子、哑巴或傻瓜。

不过，所有那些轻浮的姑娘留下的只是空洞的情感——她们谁也不是特丝。在他依然喜欢她的时候，他绝对不可能喜欢她们中的任何人。

他朝那张明信片做了个鬼脸，将铅笔朝一只趴在门廊扶栏上的美洲变色蜥蜴扔去，蜥蜴吃了一惊。他将明信片撕碎，塞进自己的衬衫口袋里。她不想听到他的不顺遂。基督啊，时至今日，她也许已经嫁给了那个笨蛋韦恩或其他什么人。

他坐在门廊上，湿热逐渐加强，他完全被自己的汗水浸湿了。太阳炙烤着他的双眼，终于，他不得不抬起一只手，遮在额头上。他的颅骨底部再次痛了起来。他不知道这样危险的漂泊会将他带向何方。

第五十一章　利伯蒂开始崛起

弗里奇在伊登戴尔区的松塞特大街和亚历山德罗大街交叉口离开那辆红色的汽车。遵照B.B.的指示，她沐浴着早晨的阳光往北走去，竭力避开路中央还没有完全干的水坑。即便在潮湿的冬季，空气中也隐隐约约飘溢着玫瑰花和柑橘花甜美的芳香，令人心旷神怡。

伊登戴尔是农村，房子大多是马厩，有一两家摇摇欲坠的商店，还有一些小屋和棚子。走了将近一英里地，她看到了帕尔公司那位高胖的老板在一片杂草丛生之地挥舞着一块手帕。

“你找到啦。对不起，让你走那么多路。你不会步行太久的，我准备马上去买汽车。”B.B.紧紧握着她的手，而她则疑惑地瞥了一眼那片看上去特别破败的房产。

“啊，你觉得怎么样？”

弗里奇把手放在眼睛上遮光：“这里很——大啊。”

“三点八英亩。我们租下来了，挺好，整整一年，尽管来年春季我们将回纽约去。”他迫不及待地领着她穿过枯黄的野草，她的裙子上沾上了一些草屑，“没有办法做其他处理。这块地的主人砍死了他的老婆，坐牢去了。这块房产落入了银行手里。”

“这倒是挺暖心的。”弗里奇在心里默默说道。

他们爬上已经腐朽的台阶，走向主屋。这简直是一座风雨侵蚀的遗迹，油漆剥落了，窗户只有一个铰链吊在那儿。后面什么地方，传来榔头的敲击声。她好像听到了埃迪的声音。

“这儿和楼上做办公室。”B.B.在她走进门躲开一个蜘蛛网时说道，“阿尔早已经把餐厅弄好了。他跟我一样，住在闹市区的一家宾馆里。有一个书房或者说一个小巧舒适的私室，我们准备改造成放映室。你好，阿尔。”B.B.朝他的合伙人挥挥手。凯利坐在一张巨大的餐桌后面，餐桌上摆满了账单、购物清单和账本。

凯利咕哝了一声算是招呼他们，并递给弗里奇一份蓝色封面的文件：“你的合同，走之前好好看看并签上大名。”

“我们两天之后开始拍摄新的‘孤独印第安人’。”B.B.说道，“他们室内影棚搭建完之前，我们先拍室外镜头，埃迪找了一个叫雏菊谷的地方。”弗里奇仔细看了一下合同，里面那么多的“因为”“所以”，看得她云里雾里。第一段里有什么东西吸引了她的目光。

“这份合同是跟一个叫利伯蒂的电影公司签的。”

“我们找到了一个新的合伙人。”凯利说道。

“对。他带来了很多工作经费。”B.B.说道。

“他是谁呢？”

凯利回答道：“他叫哈姆·海曼，本尼·赫布雷克的一个亲戚，来自旧金山。一开始是毛皮商，后来转行搞‘移动画’了。”

“阿尔，我得跟你说多少遍啊？现在人们称‘电影’啦。电影。”他对弗里奇解释道，“人们对‘移动画’这个说法一直反应不很好。移动，跳动——弄得人们很紧张。‘电影’听起来有气派一点。我是在杂志上看到这个说法的。”

凯利说道：“海曼开办了一家戏院，但他原先并不是戏院老板，而是交易所老板，拥有好多家交易所，一直从内华达州到科罗拉多州到亚利桑那州。独资所有。”凯利补充道，表情看上去仿佛闻到了坏掉的乳酪，“我对B.B.说，跟独资交易所搅在一起是个错误。我们应该跟托拉斯合作，通过肯尼迪电影总公司发行。”

“我们买了新的摄影机，这就够了。”B.B.安慰弗里奇道，“别担心，那些独资公司运作得很好，越来越强了。前天，我听说巴黎的高蒙特马上要退出托拉斯了，还有伊斯门很快要开始把原始股卖给大伙儿了，而不是卖给那些托拉斯公司。IMP公司的卡尔·莱姆尔有一个口号——‘拆分托拉斯’——是的，这一切正在发生。”

弗里奇说:“那倒都很好,可我不理解公司名字变化。”

“海曼要为他的资本施加点影响。”凯利对她说,“海曼说他九岁的时候一匹马咬了他,那匹小马驹就得滚蛋。”

“我们已经选了一个极好的新标志。”B.B.说道。

“让我猜猜,利伯蒂像?”

“给这位姑娘发个奖。”凯利说道,“今天就签合同,弗里奇。”他把头埋进了账本里,仿佛她和B.B.根本就不存在似的。

B.B.像添了一个新宝宝的父亲一样开心异常,他领着她穿过十分简陋的厨房,来到一个放布景和公司财产并将做油漆间的牲口房。“化妆室在那边。”弗里奇感到气馁,他指的是散发着马粪臭的马厩,“别担心,别担心,我们要挂上毯子的。”

开展活动的中心场所似乎在这个地块的后部,特别是那一幢原始的建筑,B.B.得意地将它称作拍摄平台。她看到梯子上有木匠,还有两张熟悉的面孔——埃迪和乔克·弗格森,乔克正在不太熟练地摆弄一架她没有见过的摄影机。这就是B.B.所说的新摄影机吗?

“对,这是一架‘比安基’。”他说道,“用以前在爱迪生手下的一个意大利人的名字命名的。乔克说这摄影机很蹩脚,老是坏。画面老是抖动摇晃,像‘小埃及’。但是,它不侵犯任何专利。我们正式拍摄还是用老的,但是用这架打掩护。要是专利侦探来了,就会让他们直挠头皮,不是吗?”

他咯咯笑了起来,但是,这明媚的阳光突然产生了一丝阴冷。她再次看见了珀利,再次看见了他掉落到市政厅火车站火车下的那一幕。她经常做这样的噩梦。

乔克吻了一下她的脸欢迎她。埃迪陪着她登上那个拍摄平台,这是一个很大的长方形的台子,地板铺的就是原木。“我们至少可以同时在两个内景里拍摄。”他说道,“要是挤一挤,可以有三个。B.B.和凯利想要加快步伐,一周拍摄三部—— 一部喜剧片,一部普通剧片,一部西部片或者印第安人片。这是独立公司成功的标准。”

B.B.走到弗里奇的面前，兴高采烈得像一个小天使："嗯，我的姑娘，现在你还有什么话说？"

她依然有点困惑，只微笑着说道："那肯定会发生好多事情。"

"而你就是其中的一分子，重要的一分子。"

埃迪拿一条胳膊圈住她："如果你想看看的话，新的印第安人脚本已经准备好了。"

她说："当然要看。"

弗里奇由感到困惑变成了万分惊诧。改革的狂飙已经无可否认地吹起。一个新的合伙人，公司有了新的名字，也已经有了新的标志。一架新的摄影机正在一块被称作"电影摄制场"的场地上作业。这个不平常的新兴行业，被正式确定为"电影"，其作品叫电影，从事电影的人们叫电影人。

她从来没有向霍巴特承认过这一点，也没有向她好莱坞的任何好友承认过这一点，但是她突然有一种冲动，她急于去工作。

1月下旬，哈姆·海曼第一次露面，他从湾区来到洛杉矶，更加直接地参与影片制作。他是一个个头矮小、吹毛求疵的人，有一双白皙的手、卷曲的头发和一对狐狸的眼睛。

埃迪说，海曼不仅提供了大量急需的工作经费，而且还以合伙人的关系付了百分之十的补贴，补助每一部已经制作完成和正在发行的电影胶片。为此，他在他的交易所所覆盖的区域里让所有利伯蒂电影公司的电影具有独家发行权。

海曼经常到电影摄制场来，带来他一些强势的观念，灌输给演员和工作人员——任何在听力所及范围之内的人们。那些人也会将那些观念传递给那些被聘用的人。

"没有更多的电影剧本，我们如何加快电影生产呢？我们需要一个固定的编剧部。"海曼的抱怨被弗里奇听到了。她牢牢记住了他的话。在一个合适的时机，她客气地请求B.B.跟她认识的一位年轻女士谈谈，那人已经卖出了一两个电影剧本了。弗里奇在交谈中提到了海曼所说的话，B.B.十分高兴地同意了。

当晚，弗里奇征求了莉莉的意见，让她两天之后去见面，莉莉兴奋极了。"把你卖掉的故事带去，把你正在写的所有故事也带去。你必须让他留下深刻印象，你富有文学才华。”

“见鬼，文学才华，这是我最最要命的东西。”莉莉说着耸了一下肩膀，胸脯也跟着抖动了一下。此时此刻这似乎雄辩地说明了，莉莉是什么样的人、不是什么样的人。

“你不是看过小说和诗歌吗？”

“我喜欢坡，他那些恐怖小说。还有狄更斯，我看过他的一些小说，尽是大词，但人物很有趣。”

“你能引用任何一个人的文字吗？”

“得了，弗里奇，我几乎都等不到成年就想离开学校大门呢。”

她们在那个更大一点卧室里的床上，弗里奇坐在她的身边，思索着。“那么我们得想办法弄个能迷倒佩尔泽先生的东西出来。有点价值的东西，又不至于太晦涩。”她搜罗了一下她在学校里就背得滚瓜烂熟的十几首诗歌，“丁尼生，就他。听听这个。”

破碎，破碎，破碎，
在你冰冷的灰色岩石上，啊，大海！
但愿我的舌头能够说出
在我内心油然而生的灵感。

莉莉撩起她裙子的荷叶边，挠着大腿上的痒痒：“我不明白。”

“这无关紧要，你只要说得就像你明白似的。它可以指你想要的任何东西——内心油然而生的灵感，可以是从你的脑子里喷涌而出的所有故事，速度之快，你连写下来都来不及。”

莉莉表示怀疑地望着她：“那好吧。”

见面的那天早上，弗里奇驾着那辆红色小汽车，跟她的朋友一样紧张。她要求莉莉略施淡妆，在两颊上稍稍抹了点胭脂，跟她晚上出门时过浓的妆大相径庭。莉莉穿上了她最最庄重的服装。主屋外面，弗里奇捏了一把莉莉的手：“别让他吓到你,他是个很好的人。祝好运。"

接下来的一个小时,她几乎无法集中精力在她跟埃迪的工作上。九点半左右,她结束了一个镜头,停下来拿一块手帕轻轻擦了一下她微微冒汗的前额。就在这时,只见莉莉冲过谷仓,朝摄影场跑来,手不停挥舞着。弗里奇跑上前去迎接她。

"怎么样?"

"我被聘用了。我就是编剧部了——整整二十美元一周,直到你们回纽约去。"

"莉莉,太棒了。"她们彼此搂着对方,即兴跳起了波尔卡舞,逗得乔克·弗格森和埃迪也一个劲儿地乐。

"还有呢。佩尔泽先生说,我要是能编出剧本来,那么等公司来年冬天再来时我还可以获得这份工作。这都是你的功劳。他十分喜欢丁尼生。"

海曼的另一个大思路导致有人被炒了鱿鱼。

正当弗里奇在臭气熏天的马厩里换衣服的时候,她刚好听到了那三个合伙人在牲口房外面争论的话。

海曼说:"卡勒姆每部发行的影片里都放上了演员的名单。"

B.B.说:"我不知道,海曼,卖电影的是商标名。《电影世界》上有一个影院的广告词是,'每天一部新的拜奥格拉夫'。"

海曼说:"呸。你收到过询问演员情况的信,是吧?"

B.B.说:"有几封是问欧文的,还有大量的是问弗里奇的。可是——"

海曼说:"公布演员名字,卖名字。弗罗伦丝·劳伦斯演的电影就是这样做的。"

凯利说:"那是她离开拜奥格拉夫之后,拜奥格拉夫没有这么吹嘘过别人。"

海曼说:"他们是笨蛋,他们得到了全美最有价值的演员。玛丽·璧克馥跟她老公自从离开他们加入IMP公司以来大受好评呢。"

凯利说:"我警告你,突出个人,他们会要更多钱的。"

海曼说:"那又怎样?我们要是有人们追捧的明星,大家爱看,那我们就会赚更多的钱。改革,阿尔——改!它就像大海一样,它总是在那儿,你没法跟它战斗,但你要是顺应它,它就会把你载向妙不可言的新的彼岸。”

B.B.说:“我喜欢这人的想法。”

弗里奇听到有重重的脚步声,她估计是阿尔·凯利因为自己的意见被否决而顿足离开了。

接下来他们为她准备的影片是《孤独印第安人的逃跑》,于是他们回到了北部高地那个被称作雏菊谷的高低不平而又与世隔绝的地区。第一天中午前后,B.B.坐了一辆出租车来到那儿,沿着一条崎岖小道走向大伙儿搭建了圆锥形帐篷的地方。他激动地拿出一张明信片,明信片上的照片里是一个穿着牛仔服、长着鹰钩鼻的粗壮男人。

“昨天发现的,在一家影院,卖五美分一张。这不是个了不起的主意吗?”弗里奇仔细看着照片里的文字。

埃塞内伊公司的男主角

“布朗乔·比利”安德森

“喜欢吗,欧文?你想把你的名字和你的脸也放到这样一张明信片上吗?”

“随便你,B.B.。”欧文交叉着他涂满油彩的胳膊,沾沾自喜地瞧了弗里奇一眼。B.B.快速绕过那张粗陋简易的桌子,演员和工作人员正在那儿吃三明治,喝温热的茶。

“你怎么说,弗里奇?”

她吃了一惊,拿手指着自己,问道:“我?”欧文跳起身来,他巨大的羽毛头饰上所有的羽毛全体抖动起来。

“等等,我问一下,这些电影里谁是明星?”

B.B.故意抬起眉毛让自己的额头显现出很多皱纹:“哎呀,欧文,根据给她和给你的来信的多少,我得告诉你——”他将一只手放到弗里奇的肩头——她穿着拓荒者服装,阳光落在她的肩头,“是这位小姑娘。”

欧文红褐色的脸色明显地转黑了:“哦,是吗?得,佩尔泽先生,听到这话我很不高兴,我一点也不高兴。她的戏份越来越多,而我的原地踏步。我告诉你,我不喜欢这样。”

为了表明他有多不高兴,他一把扯下羽毛头饰,扔到地上,狠狠地踢了它一脚。

“我们要谈谈这事儿,佩尔泽先生。”

“当然,当然,明天来吧,然后——”

“就现在。”

B.B.叹了口气:“好吧。”他跟欧文沿着小道走了回去。欧文的琐细交谈持续了四十五分钟,拖延了拍摄进度,弄得埃迪十分恼火。太阳下山的时候,大伙儿打道回府,谈话在制片厂的办公室里继续。究竟是人世间最最温柔的人佩尔泽解雇了欧文,还是他自己主动辞职了,一直是个谜。弗里奇到第二天早上报到时才得知这个消息。

“我想要知道我们如何完成这部该死的电影。”凯利说道。

“我们又发现了一个‘吹牛大王’。”B.B.说道,“我最后只好告诉欧文,没有人真正在看他。”他拉住弗里奇的一只手,“这是我们要关照的人,阿尔。这位小姑娘才是明星。”

明星?说到弗里奇,从没有人用过这样的词汇。她知道她应该激动,她也确实有点激动。可是她更多的是害怕。她感觉自己似乎是在一张木筏上,正在不可逆转地被拽向一个黑色的漩涡——电影,而远方的岸上,百老汇的灯光在闪烁,艾伦·泰莉难过地、并不心甘情愿地向她挥手道别。

第五十二章　弗里奇和卡尔

“坐下,娘们。”

“可是那黄车里面的车手是我弟弟啊。”

“你听到我的话了吗?坐下。”她后面那排的一个男人粗鲁地扯了一下她的袖子。弗里奇转过身,用她的手提包打了他一下,很轻。

“站起来,你要是看不见的话,你这个流氓。”

那个穿着破衣烂衫的男人看见她双目喷火,便不再争辩,乖乖地站到了他的座位上。

三辆赛车,巴尼·奥德菲尔德的一辆白色赛车、一辆绿色赛车和卡尔的一辆黄色赛车,随着信号旗的落下,呼啸着开始第二个赛次。弗里奇跟挤在木头斜看台上数以百计的观众一样蹦跳着:“加油,卡尔。超过他,超过他。”

弗里奇从来没有看见过一个像普拉亚德雷这样的赛车场,太平洋就在眼皮底下,波涛声声,震耳欲聋。这个地方基本上是一块小洼地,四面环绕着高高的大看台,赛车道上铺的是黄杉花旗松,上面又铺了碎贝壳,使之具有附着摩擦力。整条木板赛道从内侧至外侧向上倾斜,在大看台顶上,可以清晰地观赏东面的崇山峻岭,西面则是艳阳照耀下的大海。

这个星期日是4月份的最后一天,弗里奇不抱任何幻想卡尔能够击败奥德菲尔德。他写信给她,向她解释了这些被操纵的表演性质的比赛。尽管如此,当卡尔以一个车身的距离赢得了第二个赛次的胜利时,自然而然的激动之情和姐弟之情还是令她疯狂地欢呼着。

赛道上升起的废气里混合着汽油和机油的气味。在最后一个赛次,离终点还有两圈距离，奥德菲尔德突然切到卡尔前面，超车时撞到了他左前方的挡泥板。这一撞击使卡尔的赛车驶向了大看台前面的挡墙，然后当他纠正方向时赛车又打了一个旋转。奥德菲尔德冲向前去。第三个赛车手赶快转向内道，擦到了内边的栏杆，差一点撞上卡尔，卡尔这时已经停下了旋转着的赛车并熄灭了发动机。弗里奇一直用牙齿咬着自己的指节，直到卡尔再次点火，驶离挡住奥德菲尔德赛车的车道；而奥德菲尔德却再次绕了一圈，飞驶前来，丝毫没有减速。

卡尔最后一圈开得非常糟糕，然后在奥德菲尔德的胜利中离开了赛道。她不禁感到失望，感到生气。奥德菲尔德居然如此不顾后果，差一点让她弟弟卷入一场车祸。

之后，她穿过拥挤的人群，走下台阶。赛车场的车库里烟雾弥漫，挤满了那些食客，大家伙又是打趣又是喊叫。弗里奇看到卡尔自己从赛车里爬了出来，一面脱掉他油污斑斑的赛车服。她看到他左面的脸上有一个发紫的青肿，就在一块油污的上面看上去有点严重。

“卡尔？”她挥着手，朝他挤去。他回过头来，她又吓了一跳。他的右眼几乎看不见了，上下眼睑肿得很厉害，眼睛变成了一条缝。

“姐，天哪，你好吗？”他张开双臂，俯过身来，热情地拥抱她。她从他的怀中退出身来，轻轻地抚摸着他的青肿和这张满是污垢的脸：“这都究竟是怎么回事啊？”

“眼睛吗？昨晚的小闹给闹的。在来城里的路上，我们在文图拉的一家路边餐馆喝了几杯啤酒——没关系，不要紧的。”

“驾车能看清楚吗？”

“完全看得清。我今天的活儿干完了。我们走之前你想去见见那位名人吗？”

“当然。”她说道，有点迟疑，她自己也感到莫名其妙，回答他的这个问题居然会有如此奇怪的不情愿的音符。

卡尔转过身，像个普林斯顿球队的前锋一样侧身挤过人群。她问道：“你要在城里待多长时间？”

“到周末。”

“太好了,我们可以去观观光。利伯蒂电影公司的老板佩尔泽先生说我可以休假陪你。我的导演甚至都调整了拍摄的日程呢。”

他们在一群粉丝中间找到了那位“速度之王”。他把沾满油污的赛车护目镜往上推到了他桀骜不驯的头发上。一个很漂亮的黑发女人挽着他的一条胳膊。他们走近的时候,她并不友好地瞧了卡尔一眼。弗里奇一看到奥德菲尔德灰黄色的皮肤和那一双湿淋淋的红眼睛下的眼袋,不禁吓了一跳。他尽管还相对年轻,但看上去有一副老态和身子被掏空的相。

“巴尼,我想请你见见我的姐姐弗里奇。姐,这是巴尼和贝丝·奥德菲尔德。”奥德菲尔德夫人目不转睛地瞧着她,明显地露出敌意。

“很高兴见到你。”巴尼说道,“你弟弟,啊?”弗里奇点点头。“他是个好司机,有的时候太好了。希望你喜欢这项赛事表演。来吧,亲爱的。”他推了一下他妻子,他们走了。

弗里奇在离开闹闹嚷嚷的汽车库时拿别针别好她的帽子:“卡尔,出什么事了吗?你老板说话好像酸溜溜的呢?”

“‘速度之王’上个星期日丢掉了他的王位。”卡尔在他们随着众人走向“太平洋电车”车站的时候说道,“一个名叫怀尔德·鲍勃·伯曼的年轻人在戴托纳打破了巴尼的陆地速度记录。更加要命的是,他所驾驶的车辆都是巴尼驾驶过的那些旧车。巴尼一整个星期都在寻欢作乐。昨晚,在那家路边餐馆里,发生了一场争吵,跟他不相识的一批人。”

“谁挑起的?”

“巴尼,半夸脱威士忌下肚之后。我们三人拼命把他拉开,他还不领情,打了我两次。”

“哦,这太可怕了。你干吗要为他干呢?”

“我自己也在思量这事儿。”卡尔说道,“给我五分钟清洗一下,我们离开这里。”

等他回到她身边时,他的脸洗干净了,他的双手也洗干净了。他穿上一件宽松的短上衣,在脖子上扎了一根时髦的红色丝巾。

他们回到了威尼斯码头,此时春的白昼渐渐退去在暮色里,他们从一座拱形的步行桥上跨越了莱昂河。她指给他看了她住的地方。他们闲逛着走过好几座有人居住的小岛，然后回到了海滨宽阔的人行道上。他们找了一家德国小餐馆吃晚饭，这儿可以看到一架名叫“乱云飞渡”的热闹非凡的新过山车。卡尔就像她记忆中的那个淘气小男孩，撞开门，不老老实实地坐在椅子里，而是蹲在椅子上，弄得椅子吱嘎乱响，服务员见状倒抽冷气。

他们在大浅盘里吃着猪肉块、卷心菜、烤土豆，喝着克朗啤酒，开始天南海北地聊天，最容易涉及的话题就是他们的父母亲。

“要是那些主张禁酒的人赢了，全国都禁酒了，爸爸怎么办呢？”卡尔问她道。

“我说不上来。我没有见过爸爸，也没有听到他的消息。”

“还是老问题，是吗？太糟糕了。”

弗里奇把目光转向了别处，不想再谈这个话题。“我估计克朗啤酒厂和其他所有的啤酒厂都得关门，或者制造其他合法的东西。”

“那会杀了爸爸的。”

她叹息着表示认同。

逐渐地，卡尔摆脱了紧张和疲劳的神态。他热情地谈起了他新的兴趣——学习开飞机。用甜点时，他吃了两大块甜馅饼，还有冰激凌。

他在介绍丹佛的一个赛车表演时，提到了一位名叫茜茜的姑娘。弗里奇说道：“我还记得有一个叫玛格丽特的，你在有一封信里面还说到过一个埃尔帕索的姑娘。别嫌我是个爱管闲事的姐姐，你到底是否有打算娶她们中的一个人为妻？”

卡尔的脸色变得十分严肃：“不太可能。本来有一个我倒是真的喜欢，在底特律，她叫特丝。她的父亲跟她父亲的那一伙是帮蛮横无理的小人，可是她与众不同。她是个了不起的姑娘。我想尽办法留下来，把问题解决，可是——我不知道。有什么东西推着我离开，总有什么东西会这样推我。”

他茫然无措地微微一笑，补充道：“有时候我怀疑是不是就是爸爸。也许我在害怕他无论如何会把我拉回芝加哥去，那我这下半辈子就不得不天天跟他打交道了。我爱他，可他是个暴君。见鬼，谁知道呢？”他拿起咖啡杯，差一点将咖啡泼了出来。还是笨手笨脚得像个傻小子，她心想，若有所动。她明白他在转移话题。

“你过得怎么样,姐?有对象了吗?”

“没有,眼下没有。”

“电影里的那些男演员怎么样?他们有些人不是挺漂亮的吗?”

“是啊,可是他们好像统统属于三种类型——结婚并幸福的,结婚但背叛老婆的,再就是自恋得发疯的。”

他哈哈大笑起来:“你考虑过将来总有一天会安顿下来,是吗?”

“哎呀,我有自己的事业要考虑呢。等今年夏天我们回到纽约之后,我还想再去舞台上试试。我始终认为,演电影是临时的。”

“姐,正面回答。”

“我当然想要安顿下来啊。我有情有感,我不是一个无性女人啊。”她歪过头,“世界上有无性女人吗?”

“我怀疑没有。孜孜不倦地找吧,你会找到你的白马王子的。”

为了躲避这个话题,她打开她的手提包,拿出一张明信片:“给,我一直想要给你看呢。”

当他看到照片时,不禁惊叫起来:“嗨,是你。”照片上的确是弗里奇,穿着精心制作的服装,戴着宽边花式帽子,那姿势摆得挺娇羞,下面还印着两行字:

弗里奇·克朗

利伯蒂电影公司的头牌明星

“我们还有两位演员上了明信片。电影院里卖五美分一张,这是我们老板的主意。等我带你去参观我们的摄影场地时,你会见到他的。”

过去了三天,卡尔的伤疤看上去还没有好多少,但是他的精神状态因为跟他的雇主有一段时间没有接触而好像好了很多。在一家冰激凌屋的门厅里,他们坐在一扇平板玻璃窗户旁边的金属丝网椅子里,吃着巧克力甜筒。这是她跟他在一起的最后一天了。星期六,奥德菲尔德团队要去圣迭戈;明天以及这个星期余下的日子,她也要工作了。

她提起了一个她一直藏在心中的话题:“你没有告诉我巴尼·奥德菲尔德在斯普林大街上开了一家小酒店。”

“他跟一个合伙人开的,一个以前在铁路上工作的家伙。”卡尔舔了一下一块马上要掉下卷筒的冰激凌,“大多数事情巴尼都让另一个朋友在干。我们来洛杉矶,一个原因也是那家小酒店。我没有提及这事儿,因为我不能带你去那儿。”

“为什么?”

“那是男人的去处,那地方有点像巴尼其人,是个粗俗的地方。”他犹豫了一下,但最终还是说道,“我们无论到哪儿,好像都会有打架,通常都是巴尼挑起的。他对陌生人也肆无忌惮地玩卑鄙的恶作剧。”

“你真的不喜欢在他那儿工作,是吧?”

“再也不喜欢了。在我签约之前,我以为再也没有更好的工作了,现在我受够了。巴尼清醒的时候挺好的。可是,其余的时间,而且是大部分时间,他就把他的助手当垃圾。所有名利都归他,而且自从伯曼打破他的纪录以来,他变得更加要命了。你看到了赛场里所发生的事情。”

“他撞你的车是故意的吗?”

“我想不会,但他的思维方式不对,问题在这儿。他一天到晚都怒气冲冲。”

“你会辞职吗?”

“我经常在想这事儿。”

“你要是辞职,准备去干什么呢?”

卡尔不敢正视她的目光:“这是个问题。我还没有答案呢,也许永远不会有答案。也许我永远也弄不明白我这一辈子想要干什么。有时候半夜三更时,这事儿让我挺害怕的。”

她握住他的一只手,握得很紧。有时候半夜三更时,同样没有答案的问题也让她害怕。

“那个姑娘怎么样了,卡尔,就是底特律的那个特别的姑娘?”

她被他脸上显露出来几乎是极度痛苦的神色吓了一跳。她不了解他的情感深处。

“特丝？她吗？”

“你有可能回到底特律去找她吗？”

“她现在很可能都已经嫁人了。”

“可是你不知道她是否真的嫁人了。”

卡尔的黑色眼睛里流露出似乎既有痛苦也有不确定：“也许是我不想知道吧，姐。”

对此，弗里奇无言以对。

第五十三章　蒙汗药

卡尔坐在那儿，面前摆着一盘腌制的香肠、一支铅笔和一张明信片，明信片上色彩鲜艳地画着去年在多明戈斯机场所举办的飞行特技表演。此刻是五点钟，他最后跟弗里奇远足之后的第二天。

他用力嚼着一根香肠，舔了一下他的铅笔头，慢慢地写着。他有好几个月没有给特丝寄明信片了，也不知道这张明信片她是否能够收到。深深的情感驱使他要给她寄点什么东西，以表明他还活着，还在想着她。他想她的程度远远超过他在那些涂鸦一样的字里所表达的，这些潦草的字反映了他跟写字所进行的毕生战争必将以他的败局而告终。

长长的桃花心木吧台边排列着十几个人，全都是男性，大多数来自当地的报纸和体育社团。他们一面清光免费午餐盘子里一片片的火鸡肉、火腿和干酪，一面谈论着拳击和棒球。首次看过那个地方之后的第二天，巴尼认定，“小酒店”作为有他名字的公众场所来说不合适。他命令将外面的招牌重新装饰过，就叫“奥德菲尔德-基珀酒馆”。他对他的合伙人杰克·基珀说，“酒馆”这个说法听起来是更加“高级的称呼”。

“酒馆”还是“小酒店”，对那六位来自基督教妇女禁酒联合会的灰衣女士来说没有什么不同；她们高昂着正义的头颅，高举着谴责酒和供酒人的标语牌，在人行道上昂首阔步地转着圆圈。还没有喝醉的顾客或者刚走进小酒店里的顾客摘下他们的常礼帽，跟那些女士开着玩笑，女士们怒目而视，用《圣经》的教义告诫他们。热闹非凡的斯普林南大街上，汽车鸣着喇叭，马车辘辘声响，马儿嘶鸣，拉下一大堆一大堆臭烘烘的马粪，步行的人们只好抬脚跨越过去。

卡尔写了一行,说的是他对飞机的兴趣。到了五点二十分,后门开了,巴尼大摇大摆地走了进来,嘴里面嚼着一根雪茄。他看见了卡尔。

“欢迎,小伙子。你好吗?”文图拉的争吵仿佛从来就没有发生过一样。他很可能根本就没有记住。

“挺好的,巴尼,你怎么样?”

“马上喝杯酒,我就会好点。”他徘徊在一张桌子边,一顶很大的帆布驾驶帽歪戴在他的头上,一件亚麻布的风衣没有扣纽扣,露出他深紫色的西装,领带上别着一个大得像汽车头灯似的蓝宝石别针。风衣上,卡尔看到一条条棕色的痕迹——血迹,他估计是。

“跟你姐姐玩得开心吧?”

“挺好,谢谢。她5月底之前回纽约去。”

“我们这儿就有一些电影演员,我昨晚就见到了一个,名叫阿巴克尔。该死的,来份酒单,到吧台前来,我请你喝杯酒。”

“我刚刚喝了一杯啤酒。我不想——”

“老板想要买酒给你喝。”巴尼打断他道。卡尔一看就知道他已经灌下不少了。他很不情愿地将铅笔和明信片塞进他那件已经破旧的灯芯绒外衣的外口袋里。

“那好,我陪你喝一杯。”

巴尼和卡尔朝扶栏走去,顾客们纷纷跟巴尼打招呼。在吧台后面雕花玻璃细颈酒瓶的上方,挂着一幅史诗般的巨大的吉姆·杰弗里斯穿着拳击紧身衣的油画,只见他举着双拳,准备搏击。巴尼挥舞着他已经熄灭了的雪茄。

“米洛,给卡尔一杯我们藏在那儿专供朋友的特别玩意儿。”

“我喝啤酒就可以啦。”

“我要让你尝尝那玩意儿。”听到他说这话,卡尔的脖子突然痒痒起来,他感觉有什么不愉快的事情即将发生。“为在场每个人来双份的,米洛。”

巴尼往后靠回身子,两个手肘子支在吧台上,两眼环视着他的这个处所。他没有看卡尔,说道:“我老婆对我说了我不喜欢听的事情,小伙子。”

“说什么呢?”

“你在背后说我。她说是并非赞扬的话。是真的吗?”

卡尔感到惊讶:“不。我不明白她为什么要编这样一个故事。”

米洛端来两只超大的酒杯。深色的威士忌有银光闪烁,反射着天花板上的灯光,霜状表面的玻璃杯如同有凹槽的喇叭。巴尼面部肌肉痉挛般地微微一笑,说道:“你不会把贝丝说成是一个撒谎的人,是吧,小伙子?”

地狱之火啊。自从他拒绝贝丝以来,她就一直在伺机报复他,尽管她在巡回表演赛的旅途中经常跟她遇见的其他男人上床睡觉。巴尼不可能愚蠢到或者糊涂到没有丝毫怀疑。但贝丝单把卡尔挑出来进行特殊惩罚。也许男人很少有拒绝她的。

“是的,巴尼,我不是在说你妻子的坏话。我只是说我没有在你背后说你坏话。”

“嗯,那么我们这儿有两个故事了,是吧?相信哪个,有点难,得好好想一想。喝完。”

几分钟之前,卡尔还腻烦喝百威啤酒。此时此刻,他却渴死了,他既不喜欢这飘忽不定的交谈,也不喜欢巴尼眼中那狡诈的目光。他喝了一大口这种酒精度很高的稍稍有点苦味的威士忌。巴尼则两大口便吞下了他的双份烈酒。

“我们得把这事儿弄清楚,卡尔。我不能让一个车手在背后说我这个冠军的坏话。戴托纳的那些混蛋让鲍勃·伯曼夺走了我的记录,但我仍然是冠军,明白吗?”

“巴尼,这事儿我们另外找时间谈——”

“就现在。”巴尼那三根僵硬的指头戳着卡尔的胸脯,“我们现在谈。”

卡尔的耳朵里突然响起了嗡嗡声。他看到了巴尼的领带上有两个领带别针,而不是一个。他的喉咙里涌上了恶心的酸水。

巴尼笑着:“你感觉不舒服了吧。你的脸色看上去铁青呢,小伙子。”

一点没错。他感到恶心和头晕,他将双臂交叉到起伏的肚子上。巴尼喜欢恶作剧,假惺惺地请你喝酒,在里面滴上几滴蒙汗药,这是他最喜欢的伎俩之一。卡尔转过身,朝米洛大声喊叫道:“该死的,你是不是给我下麻药了?”

米洛用一块抹布擦干一只酒杯,连头也没有抬起来。吉姆·杰弗里斯在那个镀金的画框里跳着舞。天花板上的电灯开始像彗星一样飞舞。巴尼开心极了。

“事实上,你看起来真像一堆狗屎,喝不了这种烈酒的人不配在我的团队里混。”巴尼使劲将他的空酒杯放到吧台上,“嗨,米洛,再来一杯双份的。这个娘娘腔的老兄不必给了。”

卡尔摇晃着,说道:“你来这儿就是来捉弄我的吧。”

“没错,我想要算这笔账有好几个星期了。贝丝说你是个人渣,一个肮脏的色鬼。”

“让我告诉你吧——”卡尔的双膝变得像橡胶一样,他赶紧抓住吧台,“你那个宝贝,你那个清白的老婆。”巴尼端起重新续满酒的酒杯,将酒泼到卡尔的脸上。

“你再说她一个字,我就宰了你,你这个狗娘养的。”

卡尔弯曲手臂,握紧拳头,离开吧台。他挥起拳头想打巴尼,可是他还没来得及摆动手臂,整个房间就倾斜了,他感觉自己倒了下去。他的后脑勺撞到了地板上。他一只甩动的手打翻了酒吧的一只痰盂,里面恶臭难闻的棕色液体全倒到了他的胳膊上。他的另一条手臂伸向门口。巴尼重重地踩到了这条胳膊上。

“你个人渣,你这个满嘴谎话的卑鄙人渣。说我老婆说谎,是吗?”巴尼踢着卡尔的肋部,“你完蛋了,你被解雇了。”他掏出一只形状像美元记号的银色钱夹,轻蔑地扔了两张钞票到卡尔的衬衫上。

小酒店里的交谈结束了。卡尔的两只耳朵所听到的一切是大量奔跑的声音。尽管他竭力想让自己保持清醒,可是他的视力昏暗。他左右滚动着自己的头,搅得木屑飞舞不停。他想,但愿不要把自己的全身吐得一塌糊涂。

“你们俩把这个人渣弄到小巷里去。”巴尼说道,“然后我们该庆祝啦。这位灭四害的老伙计刚刚消灭了一个害人虫。下一轮酒巴尼·奥德菲尔德请客。”

几双粗糙的手抓住卡尔的手腕,将他的双臂扭过头顶,从地板上拖了过去。这是他所记得的全部。

当晚,他离开了闹市区那家肮脏的客栈,他的全部财产就装在一只扣子已经破了的皮箱里。巴尼给了他三美元就把他给打发了。卡尔自己还有四美元钱。他没必要在太平洋电车上浪费金钱。此外,他脑子里也没有一个特定的目的地。

他想到了他的姐姐。她能为他找个床度过今夜吗?可自尊心几乎立马把这个想法扼杀了。他会到乡下去找个地方,免费的。

他竖起外衣的领子,步履沉重地离开了中心城区。他的头很痛。他的嘴里感觉就像是喝了污水,他的肚子痛,他不知道还能不能吃下一块面包皮。这个狗娘养的巴尼·奥德菲尔德。不能对他真诚,应该在他把他撵走之前设计制伏他,占到上风。

他费力地拎着皮箱穿过一个个客厅里灯火辉煌的住宅小区。那儿没有一盏灯是为他亮的。

他听到了后院里的油井发出嘎嚓嘎嚓的声响,一辆装满了寻欢作乐的人的蒸汽汽车把他赶下了路基。一辆火车在夜空中鸣响着汽笛。他不知道这条路会将他带向何方,也不知道这条路是否还有尽头。午夜前后,他时而还会头痛和呕吐,于是便在一个葱蔚洇润、芳香四溢的柑橘园里躺下睡着了。

卡尔满身尘土和汗水,抬起一条手臂遮住双眼,遮挡红红的太阳。他在道路的远端瞥见了什么东西,因为滚滚热浪有点变形,但是清晰度和细节没问题。

那机器像是坐在它的尾巴上,还有两只坚固的超大轮子,就在一个仓库旁边—— 一个红色的谷仓,顶上有一只松软的风向袋。这架双翼飞机的黄色机翼有好几个地方打了补丁。飞行员的座位很小,就在推进发动机的正前方。座位前面是一根有轮盘的操纵杆。卡尔看过很多资料,知道这架飞机就像格伦·柯蒂斯①所建造和飞行的那些飞机一样,尤其是那架"金色飞鸟",它在1909年兰斯航空展上获得过一项颠覆性的胜利。早先莱特兄弟制造的飞机有起落橇,但没有座位,飞行员就趴在下面的机翼上——这个话怎么说来着?驾驶飞机。

仓库上有一块招牌,上面醒目地写着:

---

①格伦·柯蒂斯(1878—1930),美国航空事业先驱,曾为飞艇"加利福尼亚之箭"号设计制造发动机(1904),后又发明水上飞机和飞船,他的NC-4型飞船在1919年第一次飞越大西洋。

里弗赛德飞行学校

——专业指导——

A.里(里普)·赖安,所有人兼飞行员

库房里面传来敲敲打打的声音。卡尔朝那些门走去,试试看能否打开;他用力推门,一根链条格格地响了起来。他在一个角落里发现一扇日常进出的门,开着。他走进门去,看见一个人手拿一把榔头跪在地上。榔头在一个很大的钉头上敲出一个火星子,敲偏了,钉子被敲弯,变成了一个L字型。那人开口骂了一声。他是想要用一只畸形的手把那颗钉子敲进去。他的手指已经节节疤疤得像老树根一样了。

卡尔太饿了,所以也就没有被那人的愤怒吓住,他走进一束从仓库墙板的裂缝里照进来的阳光里。“你好。”他说道,“这儿有活干吗?”

里弗赛德的里普·赖安的身子佝偻得像山顶上被狂风吹刮着的小树苗。饱经风霜的岁月在他褐色的脸上刻下了沟沟壑壑;生活的困扰折磨在他的额头挖出了道道沟坎。他顶多四十岁年纪,却已是满头银丝。他放下手中的榔头,费了足足十秒钟才站起身来。

“也许有点活儿。”卡尔介绍完自己之后他说道,“我知道还有些咖啡,把你的旅行皮箱放在这儿,来吧。”

卡尔跟着他走进仓库边上的一座小屋子。这位个儿矮小、瘦而结实的男人走得很慢,每走一步都要往左面歪一下。他畸形的手紧握着一根擦得铮亮的拐杖。“关节炎。”当他看到卡尔目不转睛地瞧着他时说道,“我生活的磨难。”

赖安从一只蓝色的搪瓷壶里倒出咖啡。他们面对面坐在一张斑痕累累的桌子边。卡尔先开口问道:“你是当地人吗,赖安先生?”

赖安轻蔑地哼了一声:“见鬼,我看上去像有政府赠与地的西班牙人吗?我出生和成长在纽约的布鲁克林。大城市哪。但我不喜欢它。那烟,那噪声,还人挤人。我们住在一幢经济公寓里,空气混浊,没有窗户,大小便只有角落的一只马桶。我家老头子帮人清扫那些马车仓库。他是爱尔兰人,没有受过任何教育。威士忌喝得太多,死了。我那圣徒一样的母亲两年之后也跟着他去了。那时我

十七岁。”

他拿铁皮杯子喝着咖啡，嘴里发出响亮的声音。卡尔再没有说什么；认真地听他人说话，他们会对你留下好的印象。

“我迫使自己学完了商业学院的课程。”赖安继续说道，“阅读所有的宣传书籍，当时加利福尼亚南部主要是铁路兜售的。美丽的景色，晴朗的天空，有益于健康的空气。我说走就走，立马来到了这儿，到雷德兰兹找了份工作。去过那儿吗？”

“没有，只是听说过。”

“我给那里最大的饲料和粮食商做会计，但也不喜欢那玩意儿。办公室只有一个双人厕所大。除了星期天，根本看不到他们所鼓吹的那些蓝天。我娶了当地的一个姑娘为妻，名叫玛丽·莫里森。我们想要孩子，但不知道什么原因生不出来。有一个星期天，玛丽去贝克斯菲尔德看望她父母亲，我就到一个航展上花两美元乘坐了十分钟的飞机。万能的上帝啊——”他的整个行为发生了变化，牢骚满腹的神态变得无影无踪，“那就像升入天堂一样，就像第一次有女人一样。”

赖安慈祥而快乐的神态很快就消失了。他端起铁皮杯子，几个指头几乎都无法好好握住杯柄。它们像钩子，弯向四面八方。

“当时我在那儿就明白了，我不能待在雷德兰兹了。不过，这事儿还不能跟玛丽说，她离不开我。我在极度痛苦中挣扎了三个月，夜不能眠，胃一阵阵揪紧，肚肠像是打了结，一连好几天。终于，一个星期一的早上，我辞职了。我回到家里，说了这事儿，玛丽就骂我，还把自己锁在了房里。我知道完了，不过她没有彻底离开我，直到两个月之后。”

他将头歪向一扇满是污垢的窗户，从窗户里卡尔可以看到那架双翼飞机涂了涂料的机翼。“我有一些积蓄。我按照杂志上的图画，装配成了那架‘雄鹰’。我给她取的就是这个名字，‘雄鹰’。花了我一年又三个月的时间才完工啊。我给种植园主合作社挑拣柑橘，收割生菜和甜菜，全都是该死的苦活累活，为了挣造飞机的钱。可是我很开心。”

“谁教你飞行呢？”

“我认识东部老家的柯蒂斯的飞行员。你知道柯蒂斯是谁吗？”

卡尔点点头。年轻的柯蒂斯像莱特兄弟一样,曾经开办过一家自行车商店,在纽约州的北部地区。柯蒂斯在建造自己的飞机跟莱特兄弟进行比赛前,在汽车赛车界早已经声名鹊起——像巴尼一样,是一个陆地速度的追逐者。他早先有个赞助人是一位发明家,叫亚历山大·格雷厄姆·贝尔。柯蒂斯把他的小型客车和受到良好评价的摩托车发动机改装成飞机,并想要把它卖给威尔伯·莱特和奥维尔·莱特。但他们解雇了他。于是,他就自己干这行,跟他们竞争。两年前,在法国兰斯的国际航展上,围绕机场标塔绕飞二十英里,他以最快速度获得了'国际杯',就是戈登·贝内特奖杯。"

"这就是柯蒂斯法。"赖安若有所思地说,"这很古怪,但是有用。我像一只雄鹰一样高高飞翔,我成了一个全新的人。我虽然四十四岁了,但仍感觉就像生活刚刚开始一样。有一个下午,飞近这儿的时候,发生了一个可怕的事故。一个反常的雷暴击中了'雄鹰'。我一头栽到了电话线上,这是飞行员最可怕的噩梦。电话线挡住了飞机进一步下坠,我只是有几处擦伤。我想我有了一种令人陶醉的生活。然后——"他举起他畸形双手的时候,他的嘴巴不禁扭曲了一下,"就是这个,我感觉患上这个病有一段时间了。我家老头子也得过这个病,原因之一是他喝酒。这病对我打击很大,我几乎无法亲自改造'雄鹰'了。我再也飞不了了,但是我可以教别人啊。柯蒂斯法。我再也不碰那飞机了。你有飞行的愿望吗?"

"当然有啊。"

"那我可以教你,不收钱,但是你得帮我扩建那仓库。我一直在等有人上门来帮助做这件事情。"

"我就是你等的人。"卡尔说道。

"你走进来的时候我就在想,你也许就是那个人。"赖安说。

第五十四章　不是一笑置之的事情

B.B.雇用莉莉之后，她便热情高涨地投入到新的工作中。她房门紧锁，工作到深夜，并告诫弗里奇不得打扰。莉莉闺房的桌子上，原先杂乱地堆放着香水瓶、化妆罐，现在放满了她寻找灵感的书籍和报纸。

她的第一个被拍摄成电影的故事是一个单本电影《玛多琳的示威游行》。莉莉见过B.B.的妻子之后，被索菲·佩尔泽为妇女选举权而奋斗的热情所感动，便以此为原型进行创作。凯利抱怨这个主题的争议太大了，但是他的意见被断然驳回。

莉莉这个剧本的女主人公是一个名叫玛多琳的小镇姑娘，她到一家五美分电影院去看电影，在那儿见到了经常被抓去坐牢的著名英国女权主义者埃米琳·潘克赫斯特。那是1909年，她到访纽约的时候。埃迪很聪明，他实际上没有用演戏的形式，而是插进了实地拍摄的一组镜头：潘克赫斯特夫人走下白星航运公司的班轮，受到人们热烈欢迎，然后跟他的美国姐妹们在卡内基大厅前面一起游行。玛多琳立马皈依，在她的小镇上独身一人举行游行，她代表的是好莱坞的一条住宅街道。一个凶恶的治安官逮捕了她，但是她的未婚夫是一位律师，他基本上是在动机并不明确的情况下，为她争得了自由，并在两人成婚之后发誓要热爱、尊重和支持妇女选举权修正案。

莉莉凭空杜撰的女主人公的名字把B.B.给迷住了。她开心地对弗里奇说："见鬼，你以为我知道如何正确拼写那些名字吗？我就是按着发音写下来而已。我猜我还是永远不要告诉他这个秘密为好！"

当埃迪制作完成《玛多琳的示威游行》之后，他邀请了一位曾经在帕尔电影公司的好几部电影里出演过的纽约女演员玛奇·辛格尔顿和弗里奇一起投入《乐在乱中》的拍摄当中，这是一部他用一个下午炮制出来的荒诞的喜剧片。弗里奇不想再演这种喜剧角色，但是没有用。她演那对双胞胎姐妹特丝和贝丝。姐妹俩都有追求者，两人也是兄弟。被聘用演其中一个男主人公的是一个名叫罗斯科·阿巴克尔的脸孔圆圆的年轻小伙子。他性格温柔，身子圆得像一只木盆。他跟大多数男演员一样很合群，也很饶舌。他对弗里奇说，他曾经是一个杂耍剧场的置景工，也曾经化装成黑人演过独角戏，还在好几部音乐喜剧里唱过男高音，然后就开始成为演电影的临时演员。人们都叫他"胖子"。

在这个故事里，混乱接踵而至，因为"胖子"和另一个追求者皮特总搞不清楚双胞胎姐妹俩谁是谁。有一天，大家去洛杉矶闹市区附近的回声湖公园划船。突然一条小船倾覆了，特丝落入了水中。由于特丝是双胞胎姐妹中不会游泳的那个，"胖子"在将她救上岸的时候才认出了这是他兄弟的恋人。大伙儿看到，最后的结局是圣坛上的两个婚礼，两个亮相镜头，两个弗里奇。

因为弗里奇不太喜欢这种打打闹闹的戏，所以埃迪便雇用了一个替身演员来拍摄从小船掉入湖中的这场戏。他是一个名叫温迪·怀特的古怪的小个儿男人。他身高大约五点五英尺，有一张皱皱巴巴的褐色的脸，光秃秃的脑袋被太阳晒得很黑，两条腿像两个圆括号。他几乎不跟任何人说一句话。

为了拍摄这个镜头，他穿上了灯笼裤和套裙，戴上了假发。他根据信号掉入水中，用了好多过于夸张的动作，这是一种从 19 世纪的舞台剧里传承下来的表演风格。现在适合于电影的表演风格则更加倾向于节制——但不是这部电影。

第二次拍摄之后，温迪疲惫地从湖中走上岸来，摘下滴着水的假发，向弗里奇致意。她发现他的身上有一股浓烈的威士忌酒味儿，他的两只眼睛也有点恍惚。他居然喝醉了酒给她当替身，想到这里，她吓了一跳。真是太傻了，挣这五美元，太危险了。

拍特写镜头时，埃迪将她安排到湖中离岸六英尺的地方。一个道具管理员将两桶水泼到她身上，然后又将几股臭烘烘的水草装点了一下她的头。镜头拍完之后，水珠继续从她的鼻尖、下巴和手肘上滴落下来。她的妆花了，被水冲走了。艾伦·泰莉选择了沉默,这是一种祝福。

不久之前,B.B.买回了他承诺的汽车。尽管他可以选择价廉物美的 T 型车"里奥"或者价格在七百美元以下的"布拉什",但是他的性格驱使他买了一辆车身很长、线条明快、最最豪华的"帕卡德",这款车有凹背单人座椅,大大的黄铜乙炔前灯,边上还有一只闪闪发亮的黄铜喇叭。索菲·佩尔泽挑的颜色,品蓝。据说价钱是两千七百美元。凯利气得七窍冒烟。

B.B.将那辆"帕卡德"停到了摄影场地的牲口房里。"太漂亮了。"弗里奇在他带她看车时说道,"我恐怕得花一年时间才能学会开它呢。"

"你爸爸没让你学开车吗?"

"没有,他说一个姑娘总会有老公或有司机开车的。"

B.B.的眼珠子滴溜溜地转着,他答应请一位优秀的驾驶教练。

"等有时间再学吧。"她轻轻地叹了口气说道。

突然,她这个问题的解决方案轻而易举地出现了。有一个戴着单片眼镜的演员前来摄影场找工作。他虽然年龄还不到三十,头却早已像一个剥光的鸡蛋;他的脸虽不能说一脸凶相,但至少看上去很严肃。他从维也纳移民过来,在纽约也演了几部电影。他姓斯特罗海姆,名埃里克,在姓和名之间还有一长串的中间名。B.B.把弗里奇叫到他的办公室介绍她。

"我们眼下没有角色要演,不过我聘用他来教你驾车。"

那人脚后跟咔嗒一并,鞠了一个躬。弗里奇发现,他的鞋子已经破了。

"我听说你是一个德国人。"埃里克的口音味儿重得像一桶泡菜,"妙极了,我们可以在一起说说德语了。叫我'冯',假如你愿意的话。"

弗里奇勉勉强强地说了一句"很高兴"。他一把抓住她的一只手,吻了一下。好在他的礼貌和微笑救了他,否则看他的外貌活生生就是一个穷凶极恶的魔鬼。

实践证明,冯是一位称职的教练,而且,跟他的相貌形成反差的是,他是一个讨人喜欢和十分幽默的伙伴。他从不计较一开始她操纵方向盘的笨拙。不到两个星期,她已经驾驶得很熟练了。

一个下午,他们把汽车开到了闹市区菲格罗大街和第八大街拐角,她突然猛地拉了一把方向盘，将“帕卡德”往路边开去。她的刹车踩得那么重，差一点让自己的前额撞到了挡风玻璃上。坐在后排的教练脸色煞白：“天哪，小心。”

她站在敞篷车里，一只手遮在额头挡太阳。“咦，怎么回事儿?”冯也站起身来。十字路口的中央，几个戴着高帽子、穿着礼服大衣的警察一面乱哄哄地驱赶着看热闹的人们，并拿警棍打着他们，一面躲开一辆已经刹住车的运货马车和一辆滴溜溜还在转圈的汽车，这辆汽车显然是失控了。一辆黑色警车冲上了人行道，差几英寸就撞上了一家商店的橱窗；警车发动机罩上冒出团团蒸汽。十字路口全都被那辆马车和那辆汽车堵住了。气急败坏的驾驶员们狂吼乱叫着，按着喇叭。

“警察们在发动暴乱。”弗里奇惊叫道。

“不，不。”他冷冷地挥了一下手说道，“光影表演。电影。”

“电影?”

“对。是拜奥格拉夫，我觉得。看见那儿了吗? 那个男的是导演。”

弗里奇在一个很远的角落里看见了他；在一片混乱中，她没有注意到他和摄影机。就在那导演喊停的这一刻，她惊叫道：“我认识他。”

所有的活动都停了下来，不过还有一个演员扔掉了最后一块砖头。砖头飞得很高，划着弧圈朝那辆“帕卡德”掉落下来。弗里奇惊呼起来：“躲开。”

“没事。弗里奇。”那块石棉砖在发动机罩上弹跳了一下，直接弹落在地上，没有给汽车带来任何伤害。

弗里奇走下汽车，穿过十字路口。电影公司的那些男工作人员举着双手站在那儿，挡住车流。整个气氛十分紧张，有咒骂的，有威胁的，有狂按喇叭的。有人掉了一根警棍，弗里奇将它捡了起来。软的，里面是棉花。

导演是一位高大结实的年轻爱尔兰人，她在第十四大街就认识他，只见他对工作人员大声喊叫道：“总体看上去行了，就是那段滑行不太好。再倒一桶液体肥皂，我们再拍一次。赶快，否则我们要蹲班房去了。”

“辛诺特先生?”

“嗨。”他也很快就认出了她，“克朗小姐，你好。等我们这个结束再说。”

五个警察挤进一辆黑色的箱式小客车。司机倒车，猛地冲下路缘石，沿着菲格罗大街往西驶去。其中一个承担着阻挡交通任务的工作人员跟一个女司机推搡了起来,她用她收拢的阳伞打他的头。

一个道具工带着一只木桶跑进了十字路口。他还没来得及打开木桶上的盖子,大家就都听到了南第八大街传来警报器的尖啸声。"该死,我们不能再拍了。"迈克·辛诺特拼命挥舞着双手,"大伙儿散了。"

那些工作人员和演员像抢劫银行的强盗听到警报声一样吓得魂飞魄散,纷纷四下散开。男人们用惊人的速度将道具和摄影机扔进一辆敞篷的旅行车里,汽车立刻往北面驶去。弗里奇瞧着真正的警车风驰电掣般驶来,辛诺特拉住她的一条胳膊:"这边走。"

他们冲进一家茶室,来到最后面的一张桌子边。警车尖啸着去追赶装着摄影机的汽车。

"你好吗,克朗小姐?"辛诺特说道,丝毫没有受到由他引起的这场混乱的干扰,"我不知道你在洛杉矶。"

"我在利伯蒂电影公司工作。"

"我看过《乐在乱中》,你演得妙趣横生。"

这话几乎不是她想要听的话,但是她礼貌地微微一笑:"那么你是在做导演。"

"我发牢骚发了很长很长时间,拜奥格拉夫最后只好让我拍两部那种讲警察的喜剧片。"

"你在街头拍摄得到批准了吗?"

他咧嘴笑了:"批准?什么批准?"

她哈哈大笑起来:"你有可能被捕的。"

"只要我们跑得更快,就不会。"

冯走了进来,找到他们。弗里奇介绍了他之后,辛诺特的一支眉毛竖了起来:"你的驾驶教练?"

冯咔嗒地碰了一下他的两个脚后跟,啪的一声拿下他的单片眼睛:"没错。实际上,我是一名演员和导演,但我还没有功成名就。教弗里奇小姐开车比在伍尔沃思的店里运送家具或者卖粘蝇纸要开心。"

“请坐，一起喝吧。”

“谢谢。”

他们点完茶之后，弗里奇问：“格里菲思先生在这儿，是吗？”

“忙得像只壁虱，他也不会比我开心多少。他想制作长一点的电影，就像从意大利进口的那种。可是电影制片厂不让他拍，尽管四本五本的电影正在成为主流而不是例外了。别的电影公司正在竭力邀请他去他们那儿，答应在艺术上他说了算。他对内战类的作品非常感兴趣，他想拍内战。”

他们边喝茶边聊天，直到辛诺特看了一下自己的表，说他得去找他的那些伙计了。“我要去找的第一个地方是拘留所。”他将钱放到桌子上，“等需要女喜剧主演的时候，我会来找你。”

你可以来找我，但是你找不到我，她一边想一边看他从容地走出茶室。

事后想来，辛诺特最后的话几乎像不祥的预兆。B.B.用叔伯似的甜言蜜语和父母般的坚定不移，软硬兼施地将弗里奇弄到了一个新的粗俗喜剧《珀尔的钢琴》里。

她的角色是一位年轻单纯的音乐教师珀尔，急需一架钢琴。由皮特·波特扮演的狡诈商人是一个来自纽约舞台的难民，他顺手牵羊地从一次火车事故中弄到了一架钢琴（埃迪插进了一些火车出轨的镜头，是之前为一部犯罪情剧拍的）。商人修好了那架钢琴，然后在珀尔没有过目的情况下以极低的价格将它卖给了极易受骗上当的珀尔。

珀尔需要招收学生来挣钱付她母亲的住院费用，便宣告要有意向来上音乐课的男孩、女孩和他们那些目中无人的母亲举办一场独奏音乐会。当她坐下弹奏这架闪闪发亮的钢琴时，踏板和琴键开始噼里啪啦地往下掉，钢琴架的盖子弹开了，毛毡音锤和弯曲的琴弦飞了出来，后面还跟着两只白色的兔子（谁也不知道它们是怎么藏在那儿的）。

一个调皮的小男孩拉着一个姑娘的辫子；青少年们立刻开始吵架，而且很快把母亲们也卷了进来。布幕窗帘纷纷被撕了下来，各种画框在头顶上方被砸得粉碎，家具被摔得七零八落，装着水和金鱼的金鱼缸在空中飞翔——现场一片混乱，直到一位年轻的治安官带着戴手铐的商人出现才停止。当然，这位治安官有一个妹妹，他妹妹有一架很好的钢琴，假如珀尔能陪着治安官去出席舞会，那么这架钢琴就会以很便宜的价格转让给她。珀尔腼腆地眨着双眼，坐到屋里唯一还完整的家具——钢琴凳子上。钢琴凳子当然顷刻间土崩瓦解。镜头渐渐淡出。

弗里奇很不喜欢这部电影。她认为她的事业正走向一个危险的境地。好在，日历叫停了这一切。到了5月底，B.B.和凯利宣布利伯蒂摄影场暂时歇业，直待来年冬天。弗里奇整好行装，随同公司其他人一道离开了洛杉矶。

莉莉请求她一定要回来："向我保证。"弗里奇说她无法保证。两人在格伦代尔车站相拥而泣。列车慢慢向东驶去，莉莉站在月台上，挥动着手，强忍着不发出呜咽声来。

第五十五章　地狱

回到纽约，弗里奇在重新装修过的布利克客栈租了一个带有客厅的房间。那个"啊呀"默克尔走了，那是一段不愉快的回忆，但有一些老员工还在。新的老板带来了新的好名声，旅店不再实行钟点房制度。

一个年轻的俄罗斯移民在客栈的餐厅当洗碗工，他滔滔不绝地谈论着弗里奇跟"孤独印第安人"异乎寻常的经历。她经常听到这样的赞扬，心情愉快，甚至都有一点飘飘然，这稍稍补偿了她在戏剧界真正的挫败感。

回到纽约的第一周，她很开心地跟霍巴特在哈得孙河码头附近的咖啡馆重聚，他在那儿似乎认识很多前来光顾的水手，缘由她现在当然明白。霍巴特即将开始为期半年的专业剧团巡演，到美国西北部和加拿大去：在《温莎的风流娘们》里扮演福斯塔夫；在《第十二夜》里扮演那个吊袜带交叉吊、年龄无疑超大的马尔沃利奥；在专为女士演出的日场中，扮演《玩偶之家》里诺拉令人讨厌的丈夫。

"你能想象吗，在那个叫作梅迪辛哈特的地方演易卜生和诗圣的作品？"他抱怨道，"*Aestuat ingens imo in corde pudor.*"

"你行行好吧，我不喜欢拉丁语。"弗里奇伸手在盘子里拿了一只生蚝。

"这是维吉尔①的《埃涅阿斯纪》。'在他的内心深处，沸腾着势不可挡的羞耻。'"

"有的时候，我倒是觉得到外地去演戏总比拍那些傻乎乎的小电影要好。"

---

①维吉尔（70—19BC），古罗马诗人，作品有《牧歌》十首、《农事诗》四卷，代表作为《埃涅阿斯纪》，是他用拉丁文写的一部史诗，共分十二册，叙述埃涅阿斯在特洛伊陷落以后的经历。他的诗作对欧洲文艺复兴和古典主义文学产生巨大影响。

“我倒是觉得你喜欢那工作。”

“我欣赏那些人,无论如何,我马上就要不干了。”

说说容易做做难。埃迪不断地让她有活干。大伙儿坐着汽车到奥林奇山区纽约州的卡德巴克维尔,在美不胜收的荒郊野外拍摄十天的户外镜头。代替欧文的演员已经到东部有一个星期了,所以他们在特拉华河谷的峡谷里和林地上拍摄了两部“孤独印第安人”的戏,晚上回到那家名叫考德巴克客栈的乡村风味很浓郁的旅舍里。在那儿,男人们打打牌,女士们玩玩拼图游戏,读读杂志。弗里奇写信:写给母亲;写给远在英伦的朱莉和尤斯塔西娅;写给莉莉,坦诚地跟她讲,她早已经在想念加利福尼亚了,尤其是那儿令人心旷神怡的空气,跟东部夏天的潮湿竟有如此的云泥之别。

拍摄团队回到城里,弗里奇跟利伯蒂电影公司一年的合同期终止之后,她便依照老套路开始走访剧院老板和招聘演员的中介机构,看看来年的 1 月份是否有可能寻找到能演的角色。艾拉·梅尔曼是唯一一位提供了稍稍有点鼓励作用的信息的经纪人。说完一通他看了她的很多影片并承认不待介绍也认识她这类话之后,他说道:“不错。已经记录在案的,冬季有一部旧剧重演,《骑马水兵的金克斯上尉》。我可以推荐你去演特伦托尼太太。”

“就在纽约?”弗里奇问道,非常兴奋。克莱德·菲奇的这个戏在 1901 年造就了一位名叫埃塞尔·巴里莫尔的明星。梅尔曼摇摇头。

“那是在哪个城市?”

“很多城市,一些小镇,西弗吉尼亚的惠林你喜欢吗?”

“不太喜欢。”

“石油城,在宾夕法尼亚。”

“梅尔曼先生,那些地方我都去过。眼下没有其他更好一点的吗?”

“你以为我有水晶球吗?很多戏剧老板都是临时做出决定,然后三个星期后就上演。我以诚相告,弗里奇,推荐你演任何戏剧都很棘手。我要是看过你的电影,那其他人也一定看过。在这个城市要取得突破,跟以往一样艰难。你在过去一年左右的时间里去过的那些地方使得这事儿愈加艰难。没有人告诫过你吗?”

“很多次了。”

“可是你依然我行我素。”

要么我让自己被迫就范，不管愿不愿意。

“我并不想让人听起来很消极，梅尔曼先生。我非常非常想回到舞台来。我很急切地想听到有关消息，包括《骑马水兵的金克斯上尉》巡演的消息。我很感激。”

“一定，弗里奇。我们保持联系。”

老调重弹。哈里·波伦应该写首歌，她离开的时候心想，身后拖着一团团的失望。

7月下旬一个闷热的晚上，埃迪带着弗里奇来到第十四大街利伯蒂电影公司二楼的放映室。一位名叫达夫妮·鲁萨的剪辑师也来了。达夫妮是一个高大丰满的年轻女人，有一双胖乎乎的但很灵巧的手，将一部电影粘贴在一起，处理各种细节，几乎像有强迫症一样。

这小小的空间没有窗户，很热，里面还有一些化学制品和昨天的雪茄烟的气味。弗里奇弯腰坐倒在一张硬椅子上，拿一块潮湿的手帕在鼻子前扇着风。

埃迪说道：“我想在我们给凯利看之前先让你看看。我总感觉有什么不对劲，但无法完全肯定问题出在哪儿。”

“我也有同感。”达夫妮·鲁萨说道。这部单本电影放映没有问题，但是那些长途跋涉到康涅狄格州的格林尼治去的人好像看了之后反响并不怎么样。

《鱼龙混杂》表面上看是一部喜剧，剧本是阿尔·凯利从一个朋友处买来强行要求拍摄的。三个逃出来的精神病人就是三个丑角，弗里奇扮演其中之一，拍摄的时候她就同样感觉不舒服。埃迪开亮电灯之后，她说道：“我想我知道问题出在哪儿了。这些荒唐可笑的事情的确很滑稽，可是这些事情是在讽刺嘲笑那些弱智的人。拿病人和残疾人作为取笑对象不是我认为的幽默，这不仁慈。”

鲁萨小姐表示同意。埃迪说道：“唉，这就是阿尔所认为的幽默。”他沉思了一会儿，“但你可能说到了点子上。这电影闻起来好像有股味道。”

鲁萨小姐皱了一下鼻子：“这儿闻起来也好像有股味道。”过了一会儿，弗里奇隐隐约约也闻到了点味道。埃迪突然急忙推开一把挡在他前面的椅子，冲进大厅里。

“有烟！”

他冲向了房子后部。弗里奇现在能闻到很重的味道了。她和鲁萨互相交换了一下惊恐的神色，双双冲进大厅里。大厅的顶头，埃迪正在打开仓库的门，里面藏着帕尔电影公司和利伯蒂电影公司的电影档案。浓烟滚滚而出，盘绕着升向天花板。埃迪飞快地拿一条胳膊挡住自己的脸，连忙从耀眼的火光跟前退了回来。

他跑回到她们身边，将她们往屋子的前面推。库房里的烈火舔着了对面的墙壁，墙壁开始闷燃。走廊里的光线明亮得如同地狱里的拂晓。

“我怀疑这不是意外。”埃迪说道，“前天有人在附近看见过比尔·尼克斯。”他焦急地朝后面望去，“放戏装的房间有一个安全窗。”他朝正在往前蔓延的火墙跑去，两个惊慌失措的女人紧跟在他身后。

温度越来越高，亮光越来越强。达夫妮·鲁萨蹒跚着，喘不过气来。弗里奇拉着她的一只手，帮助她前行。大火已经差不多蔓延到了临时戏装房的门口。弗里奇十分明白，将硝化电影胶卷藏在木头墙的房子里，十分危险，可那总是置身事外的考虑。她从来没有想到会有真正的危险。她两眼刺痛，泪水汪汪，这令人窒息的浓烟，这滚滚的灼热，这噼里啪啦正在碎裂的灰泥和木板条，这哗啦啦掉落到地上的正在燃烧的碎片，都在告诉她，她就是一个笨蛋。

“埃迪，我们能过去吗？”他们要穿越的门已经有一半被烧着了。

“必须过去，没有其他路。跟紧我。”他的意思是要穿越烈火。弗里奇把达夫妮的手抓得更紧了。浓烟变得让人睁不开眼，烈焰灼人。埃迪用双臂抱住自己的头，像只鹿一样敏捷地跳跃着，冲进了烈火中。

“跑，达夫妮，越快越好。”弗里奇大声说道。

“哦，我害怕。”

“我也害怕，可是我们要是待在这儿就必死无疑啊。赶快！”

她举起一条胳膊挡住自己的眼睛，另一只手拽着这位胖姑娘。她跳过一道光帘，屏住呼吸，以免吸入有毒的浓烟。她一头冲进还没有被烧着的房间地狱一样的黑暗中。突然，她的手感觉抓着的是空空如也的空气。

“达夫妮?”

她看见达夫妮侧身躺在那儿,在一具女装人体模型边上,一定是那模型把她绊倒了。门口已经完全被烈火吞没。达夫妮躺的地方离门口太近了,她的裙子已经被火舔着,冒出了烟。在一排排戏装后面看不见的地方,埃迪声嘶力竭地喊叫道:

“看在上帝的分上,你们在哪儿啊?”

“达夫妮受伤了。”胖姑娘在拼命挥动着双手,一面呻吟着。弗里奇听到埃迪跑了过来。达夫妮的裙子突然燃起了火,她尖声大叫起来。

弗里奇从最近的架子上抓到了什么东西——一件上面装饰着人工宝石的国王穿的天鹅绒长袍。她将它像毯子一样扔到了达夫妮的身上,然后将自己的身子扑到上面,又是踢又是拍地试图将达夫妮身上的火扑灭。烟变得很浓,她几乎什么也看不见,唯一看见的就是浓烟后面的烈火。

“来,站起来。”埃迪拖住她的一条胳膊。达夫妮暂时脱离了险境,她衣服上的火被闷死了。弗里奇抓着埃迪的一条手臂,像抓着一条救生索。三个人在那些架子中间跌跌撞撞地往前逃去,逃向那扇开启的窗户。下面大街上,街角的火警自动报警匣响起了警铃声。人声鼎沸。

“穿过去。”埃迪大声喊道,一面将达夫妮·鲁萨推向外面的太平梯,然后将弗里奇往外推。达夫妮开始沿着金属楼梯往下爬的时候,他爬到了外面。弗里奇抓住扶手栏杆跟在达夫妮的后面。

她一不小心,失足跌到,滚落到最后一段楼梯顶端的平台上。楼梯平台、铁格栅一起朝她迎了上来,狠狠地扇着她的脸。她感觉脚踝一阵钻心的疼痛。然后,一切都消失殆尽,熊熊的烈火、刺耳的警铃、埃迪和达夫妮——统统都淹没在了一个空洞、黑暗、无底的深渊里。

第五十六章　卡尔"割草"

卡尔在赖安堆放干草的小阁楼里睡觉，下面垫着干草，上面盖着毯子，又暖和又安全。食物很好；里普·赖安是个食客，每餐饭都很丰盛，牛排、鸡蛋、当地的水果和蔬菜，尽管因为患关节炎，他在炉子上的动作不是十分敏捷。

赖安很久以前就画好了要添加库房的图纸。多亏了卡尔力气大、动作快，附加库房的建设速度非常迅速。每周一次，一位当地的医生和一位男性科学老师会在不同时间驾着他们的廉价小汽车前来上飞行课。令卡尔感到惊讶的是，他发现赖安说的是大实话：他从来不碰飞机，只是坐在简易跑道边的一只木桶上，一面观察，一面进行指导。一个星期二的三点三十分，卡尔上了第一堂飞行课。

"她比莱特的飞机要好驾驶。"当卡尔爬上飞机、坐到发动机前面那个又小又硬的座位上时，赖安说道，"双手抓住驾驶盘。对。往前推，飞机就会俯冲，往后拉，飞机就会爬升。要往左转，就让驾驶盘往左转，人往左倾斜。明白了吗？不会比驾驶福特先生的汽车难。"

卡尔发现，情况并非完全如此。赖安先是让他坐在发动机熄火的飞机里体会操作感受。卡尔系好安全带，安全带连接在短短的副翼上，副翼安装在上机翼和下机翼顶端的中间。当飞行员往左或往右倾斜的时候，就会通过安全带牵动副翼。有一个动作他必须反复练习，熟练地掌握技巧，以便他在空中飞翔、回头看发动机的时候，不至于动作幅度太大，突然倾侧机身。

他的汽车驾驶经验的确帮了他的忙，所以他学得很快。仅仅过了几天，赖安便点着了发动机，退后，让卡尔在仓库后面半英里长的草地跑道上滑行。赖安用金属丝扎住了油门，这样飞机就不会意外起飞。卡尔在机场里上下颠簸着，轰鸣的马达，拂面的劲风，照在那副旧驾驶护目镜上的耀眼阳光，让他兴奋异常。这种来来回回的滑行练习，赖安称之为“割草”。这是柯蒂斯飞行训练法的精华所在。

当赖安对卡尔在“割草”方面的进步表示满意时，他便指导卡尔进行一种特殊的推进器训练，即允许“雄鹰”在机场空中飞行，离地面六到八英尺的高度。卡尔第一次离开地面飞行了大约三十五英尺距离，然后徐徐降落，落地的突然冲击令血液在他的耳朵里一个劲儿地唱歌，使他感觉自己像一个地心引力的征服者。他的第二次飞行在机场里飞了五十英尺，离地面十英尺高。第三次他犯了一个错误，将操纵杆推得太远了，飞机便突然撞到了地上，好在是仅有四英尺的高度；没有机毁人亡。赖安造了一架很坚固的飞机。

一个星期六，卡尔在里弗赛德的电话局给洛杉矶打了一个电话。他迫不及待地要告诉弗里奇，他也许已经找到了可以快乐相守下半辈子的事情。当然，他对驾驶汽车也曾有过同样的感觉，并且眼睁睁地瞧着那个梦想是如何破灭的。在电话线另一头的一片声脉冲和啸叫声中，洪先生说，弗里奇已经回纽约了。

接下来的这个星期二，他们安装上了正常飞行的推进器。卡尔感觉肚子里就好像打了结，如同被赖安的一只手紧紧攥住，他在机场里疾速向前滑行，接着放开了油门。他将驾驶盘往后拉。他的头发往后飞扬，他的嘴巴张开着，一种无声的欢欣鼓舞，他感觉到机翼抬升起来。“雄鹰”腾空而起。

他在安全带里往右倾斜，在那座有风向袋的谷仓上面爬升，飞过新建的库房屋顶，屋顶前天刚被涂上了白色的涂料。他慢慢地爬升到两百英尺的高度，眼前一片锦绣河山，他的下面，铺展着令人不可思议的全景画卷，灿烂的阳光里，柑橘林和乡间小路尽收眼底，马车慢慢前行，工人们在忙碌劳作。十五分钟，他练习慢慢地大转弯，练习爬向对准太阳的方向，练习滑翔下降。最后，他看到赖安像信号旗一样挥舞着双臂向他示意。卡尔轻轻地降落到地面，滑翔了好长一段路，在距他教练六英尺的地方关掉发动机。

赖安一瘸一拐地走到“雄鹰”跟前，靠在下面的机翼上。“你摸到了门道，你会成为一位好飞行员的。”

卡尔脱开安全带，从那硬邦邦的座位上跳下身来。他和赖安互相望着对方，那种稍稍的伤感心照不宣。赖安说了出来：

“再有几次飞行训练，小鸟就可以离巢啦。得抓紧点，把库房所有的缝都捻好，最后涂上油漆，这样才可以算是完成了。”

一个让人懒洋洋的6月下午，小屋附近开辟出来的花圃里，蜜蜂发出嗡嗡的声音。他们仔细检查了附加库房的双截门。赖安开关了好几次，然后拿起一把袖珍折刀，从窗玻璃上刮下几点油漆。接着，他宣布，库房彻底竣工了。

“接下去干什么呢？”他在他们回到小屋去的时候问。卡尔跟往常一样落下一步跟在他身后，给赖安足够的时间走他蟹爬一样的步子。

“我想找份开飞机的活，有这样的工作吗？”

赖安绽开他少有的笑容，说道：“当然有啦，假如你不介意一天冒一两次生命危险的话。”

“我以前也冒过。”卡尔说道，“你说的是什么工作？”

厨房里，一块牛胸肉在铁锅里炖着，散发出阵阵香味儿。赖安让他坐下，他自己去拿什么东西，回来时拿来了一张几个角都卷了起来的很脏的名片。

“这个家伙去年秋天用他的表演轰动了整个雷德兰兹。航展飞行表演。他对我说，飞行员经常向他提出辞职不干了，因为那些飞行动作太危险了。”

勒内·勒梅耶

“空中马戏”

价格面议

名片上有一行地址：邮件寄得克萨斯州埃尔帕索邮政局候领。

“法国人？”

“对。他们有很多人热衷于飞机。波朗的布莱里奥——他去年来参加过洛杉矶的航空集会。比起那些法国佬，美国人落后啦。这个勒内告诉我说，埃尔帕索谢尔登宾馆的酒吧侍者永远知道他会去哪里。”

“我会去拜访他的。”

“你有钱买火车票吗?”

“我不需要买火车票,我扒货车走。”

“那不是很危险吗?”

“不会比飞行更危险。”也不会比给巴尼工作更危险,“就是得躲开铁路警察,其他没什么。他们要打断你的腿,那比从开动的火车上跳下来摔断腿还要快。”

“嗯,你也许就是那些法国人想要的那种该死的疯狂的傻瓜。”

他拖曳着脚一瘸一拐地朝那炉子走去。他们扑向丰盛的食物,烤土豆、煮四季豆、自制的发酵面包,还有赖安藏着特殊场合用的波旁威士忌。赖安说:“我很喜欢你的相伴。你要走,我真的舍不得。”

“我非常感激你教会了我飞行技术。”

“给世界送去一个新的飞机驾驶员,就像把自己送出去一样。唉,几乎就是这样。”他用威士忌向卡尔致敬,接着几大口便飞快地吞下了烈酒。

“玛丽不喜欢飞行这行,不喜欢任何新东西,不喜欢新的发明创造。她不理解那种往上飞的刺激。看那空中楼阁,看那玩具一样的城镇,看那蚂蚁一样的人儿。它带走你的问题,紧紧地把它们拽到了下面,直到它们对你来说似乎再也不重要了。”赖安拿手抚摸着摆在他们中间的空椅子上被擦得锃光瓦亮的手杖。

“直到它们不再让你感觉很痛了。”

“你说得对。”卡尔赞同道,“我第一次离开地面的时候就有这样的感觉。”

也许,对他来说,新的一章开始了。他不知道特丝对此会有什么看法。

第五十七章　决定

弗里奇在她曾来探望过埃迪的纽约医院接受治疗。一位姓利利维尔特的医生负责照顾她，他是一个很严厉的人，长得很帅，留着满脸银白色的络腮胡子。他弄明白了她坠落的境遇，便立刻告诉她，他出身于一个不喜欢戏子的传统的纽约家庭。他在给她做检查的过程中，给了她明确的告诫：尽快离开这个行业。

显然，她在从安全梯子最后几档横档摔下地的时候，她的左脚踝扭伤得不轻。她记得她昏过去之前有钻心的热辣辣的疼痛，不过除此之外其他倒没什么——包括她的前额撞得像茄子一样乌青以及她的头上划开了一个口子血流潺潺、缝了六针的情况。他们剃掉了她的金黄色鬈发，给她缝合伤口。她换好衣服之后，拿出一面小镜子照了一下。她看上去像一个秃顶的女人，而且这个大大的秃顶还滑到了头颅的右边。这使她咯咯笑了起来。

埃迪的妻子丽塔自愿帮她接收邮件并给她送到医院里来。第一批邮件里有一个黄色的信封——保罗拍来的电报。他很快就要来美国，跟他的美国出版商洽谈出版事宜，然后将到美国中西部和南方做为时一个月的演讲，途中还要拍摄一些电影。她迫不及待地想知道朱莉和孩子们的情况，尤其是新生的女婴，她的名字是弗朗西丝卡·夏洛塔，他们管她叫洛蒂。

B.B.带来了糖果和用薄纸包裹着的白玫瑰花，并且表示了歉意："把你伤成这个样子，都是我的错。"

"我不怪任何人，除了放火的那个人。"

"尼克斯。"B.B.断然地说，"警察得到了密报。这个流氓到处转悠，喝了很多啤酒，在第三大道的酒吧里吹牛。作为罪犯，那家伙的脑子只有蚂蚁这么大。他们在警察分局拷问他,他立马招了。他要去蹲班房。”

他将一张椅子拉得很近,抚摸着她的一只手,说道:“利伯蒂的天才价值连城,不该冒这样的风险。索菲和我为这个事儿讨论了好长时间。最后我决定,夏末的时候,我要中止在纽约制片。反正公司也没有多少东西留下了,大火吞噬了大部分房子。我们回到加利福尼亚去。”

她的喉咙好像被有一块东西塞住了:“永远吗?”

“对。”他抚摸她手的方式表明了他的渴望,“我们希望你一起去,这你知道。我可以把你的薪水提高到每星期九十五美元。我要是能够迫使凯利就范的话,就一百美元。”

弗里奇靠在粗糙的枕头上,她的脑子发晕:“说实话,我不知道。”

“好吧,请尽快决定,这是我唯一的要求。就昨天,我给莉莉打电话,告诉她我们从9月份开始聘用她。”B.B.再次拍拍她的手,然后将椅子放回原处,他紧张地摆弄着他的帽檐,“请考虑利伯蒂电影公司给你提供的东西,弗里奇。你前途无量啊。”

她想到了那个冷嘲热讽的利利维尔特大夫:“谢谢你,我保证我会认真考虑的。”

他摇摇摆摆地沿着走道走了,一面脱帽向那些女看护人员和病人致意。弗里奇叹了口气。将她的命运完全绑定在去加利福尼亚的利伯蒂身上,似乎不仅仅表现了懦弱胆怯,而且是绑定了平庸无能。然而,走这一步总比没有饭吃要好吧?

哈里·波伦送来了一只巨大的花篮和一封措辞精心的信,说他听说了这场大火,也听说她住院了。他祝愿她早日康复,而且致歉(用了整整两个自然段)说他不能亲自前来探望。他正忙于百老汇第一场演出的彩排中,一场叫作《红粉佳人》的演出,那场演出所有的歌曲都是他写的。他说,那些彩排被人事问题和技术问题困扰着。每次在探望病人的时间里他想来了,就有什么紧急的事情前来捣蛋。他敬请她原谅,说等事情解决妥了他就来弥补一切。

这封信的语气出奇地紧张,恍若出自一个稚气的男孩子之口,她不由得笑了起来。她一想到哈里,心里就暖暖的,这倒并非因为他稍让人瞠目结舌的殷勤,而是因为珀利在地铁里跟踪她时他敏捷果敢的行动。当然,她为他的成功感到高兴;她知道他有才华,也钦佩他的才华。

埃迪和丽塔一同来看她,双双对永久性迁到洛杉矶表现出很大的热情。“对我来说,没有其他选择。”埃迪说道,“电影的前景无限广阔。将来某一天,电影甚至会成为艺术。”

四天之后,利利维尔特大夫准许弗里奇出院了,但是严厉地告诫她,要妥善照顾好她扭伤的脚踝,至少两个星期。他坚持要她用松紧绑带包裹脚踝,而且要她走路带拐杖,这是她的虚荣心所绝对不允许的。她一瘸一拐地走进布利克客栈中她两个房间的套房,在夏日暮色的灼热中坐下,两眼盯着自己的双手,她依旧对什么都拿不定主意,除了急于见到保罗之外——他乘坐的轮船下个星期到达。

保罗带来了大量的快照:有朱莉的,有两个稍大一点的孩子的,洛蒂穿着她花花绿绿的学步服,站在那儿,一只小手搭在一个金丝绒坐墩上,圆圆的小脸上有一种坚定的严肃表情。“摄影师在她的后脑勺夹了一个夹子,这样她才能站直。”保罗哈哈大笑着,“说到中世纪的酷刑啦!他一拍完这张照片,洛蒂就开始声嘶力竭地大叫,不过也就如此而已。她是一个可爱的孩子,但我觉得她很任性。”

餐船的船尾甲板上铺着上过浆的白色台布的餐桌桌面渐渐摆满了照片。游船停靠在西休斯敦大街的码头,计划傍晚七点钟起航,绕海港一圈。哈里本来是要来跟他们一起聚会的,但最后没法来。

条纹凉篷下面的桌子很快便坐满了人。围着白色围裙的中年侍者在宾客中间穿行,为他们的杯子续香槟酒和葡萄酒。西边的天空展现出热辣辣的橙色,他们正身处一波热浪之中。弗里奇的脚踝绑着绷带,痒得不得了。她在桌子下面用另一只鞋的鞋头蹭着绷带。这时保罗拿出了一张照片,照片上是一个长有乌黑头发的小伙子,龇牙咧嘴地露出一脸色眯眯的微笑。

“萨米·西尔弗斯通,我的得力助手,一个绝对优秀的人。我为什么之前那么长时间拒绝帮助,我自己也弄不明白。萨米救了我的背脊,而且我也很喜欢有他陪伴。”

“可是你没有把他从英国带来。”

保罗摇了摇头,一面拿他的平顶硬草帽为自己扇着风。草帽看上去是新的,不过帽檐上撕出了一个半月形的口子,仿佛被狗咬了一口。“我不知道这个费用是不是可以报销。这趟出来,我只是部分时间干约克勋爵的活。”他跳起身来,“我们稍微移动一下,这儿太闷热了。”

他将照片塞进他棕黄色的亚麻布夏季短外套口袋里,他的这件外套早已经因为曼哈顿的炎热和肮脏而皱得一塌糊涂。圆圆的领子上沾上了墨水迹,条纹领带上也有污迹,疑似番茄酱汁。

他们慢慢走到船尾的栏杆旁,那儿,航运公司的商船旗帜在旗杆上耷拉着。南面的海港里,自由女神手中高擎的火炬发出明亮的光芒,映衬在蓝色渐渐变深的天空下。海港本身铺展着鲜艳的碧绿,宛如深色的翡翠,表面上微微荡漾着西方天穹映射下来的红色霞光。

弗里奇十指交叉地握着自己的双手,靠在栏杆上。“我有事还没有告诉你。”

“你是指加利福尼亚——去那儿,还是留在这儿?”

“不,我跟哈里在一起的时候所发生的不好的事情。”

“他没有提起过。”

她尽量快速地描述了一番发生在市政厅地铁站的可怕经历:“我杀了他,保罗。我杀了另一个人。我想这事儿会永远萦绕在我的心头,即使现在,我也很难启齿说这事儿。”

她控制不住自己,开始瑟瑟发抖。他一手抱住她:“我理解,我看到过人死。无论他们是谁,关于这事儿,总有一种深刻和神秘的东西。”他抱着她,直到她的颤抖慢慢消失。

有人在码头上向他们打招呼。“哈里!”保罗在这位作曲家跳跃着走上跳板时大声惊呼道。哈里拥抱了保罗,吻了一下弗里奇的手。他满脸灰黄,神态疲惫,跟以往完全不一样。她估计是长时间彩排造成的。成功总是有代价的。

跟她堂哥形成鲜明对比的是,哈里的穿着无懈可击——浅灰色亚麻布的单排三粒扣西装,有盖口袋被不落俗套地设计成斜的;蓝白色圆点花纹领带跟他胸口的手巾袋里露出的手帕十分相配;每一条折缝都棱角分明;全身上下没有一条折皱,没有一个污渍,可谓纤尘不染。

“对不起,迟到了。乐队协调配合的问题太多了。”

马达开始轰鸣,船员们从系缆柱上收起缆绳,汽笛长鸣,铃声叮当,餐船开始在哈得孙河里航行。弗里奇不忘她的礼貌,问道:“你妻子怎么样了,哈里?”

“谢谢你惦记着她。她恐怕已经不认识我了。他们对我说,中风病患者要么很快就恢复,否则常常会经历衰竭。每个器官都会因为不使用而日渐衰弱,直到所有器官里最最重要的器官心脏——对不起,我说得太恐怖了。服务员,来点红酒。”

一支三人乐队在上层观光甲板上演奏《亚历山大的散拍乐队》,这是当下风靡一时的乐曲。哈里的精神立马振奋起来:“那不是一首极优美的歌吗?我柏林的一个朋友写的。他以前叫伊齐·巴莱恩,但也跟我一样改了名字。我对他说,即使他再也不写一个音符,《亚历山大的散拍乐队》也能保证他流芳百世了。”

“我赞同这话。”保罗点点头,“整个伦敦都在演唱这首歌呢。”

弗里奇注意到一名服务员在他们附近徘徊。他是一个高个子,一头银发,相貌英俊威严。他在他们每个人面前摆上汤,犹豫了一下,然后急急忙忙地对弗里奇说道:

“我能斗胆跟您说句话吗,小姐?我叫佐尔坦·西兹马里克。我是您的忠实粉丝。”

“我吗?我们从没见过面啊。”

“哦,我们见过的,很多次。我在每一部‘孤独印第安人’的电影里都能见到您,还有好多部其他电影。我老婆和我来自布达佩斯,来了十年了。”所以他的话音中有那种生动有趣的音调,“能否请您在游览结束之前在菜单上给我老婆签个名?”

“当然。”弗里奇说道,为这样的际遇感到高兴,同时也再次觉得惊讶,那些傻乎乎的微不足道的电影居然能在陌生人中间产生这样的反应。

一个穿着燕尾服的领班朝佐尔坦捻了一个响指,他赶紧鞠了一个躬,跑去干活了。“你真的变成一个明星啦。”保罗微笑着说。

“是啊，真是棒极了。”哈里赞同道，“我觉得这还是刚刚开始呢。”

弗里奇一面沉浸在恭维话语中，一面把注意力转向了佐尔坦·西兹马里克以及他的同事们端上来的美味可口的晚餐食物上。餐船马达轰鸣，慢悠悠地行驶，经过炮台公园，驶向东河，再向北驶向布鲁克林大桥。然后游船掉转头，驶向自由女神像和广袤大海的方向。深蓝色的天空，点缀着浩瀚繁星。高擎的火炬，炫示着希望的信息，放射出欢迎的光芒，但是，弗里奇注意到，保罗的注意力凝聚在了右面一个小岛上那些灯光闪亮的建筑上。

“那就是哈里和我在经过一段无比艰难的统舱航程之后所到达的地方。”他压低话音说道。

哈里说：“当时我母亲因为眼病被拒绝入境，所以我们被迫回到欧洲去，但是我知道我会第二次来埃利斯岛①的，若不成功，会一直尝试，直到死去。”他的话音轻松随意，掩饰了弗里奇在他眼睛里所看到的神情。

几分钟之后，他们吃完饭，便悠闲地上到观光甲板上，那儿，一对对情侣、一簇簇家人，正在尽情观赏海港的夜景。坐落在巨大基座上、用黄铜包裹的自由女神像在他们的右面慢慢地、庄严地滑过。弗里奇感觉喉咙口有什么东西哽住了。当她父亲19世纪50年代来到纽约的时候，自由女神像还没有竖立在那儿，但是，将军像哈里和保罗一样尊崇她所象征的一切。

“巴托尔迪②是一个天才。”哈里喃喃地说道，“她的内涵太丰富了，这位伟大的女士。她说：‘欢迎，无论你是谁。你不需要有钱，也不需要有名，无论如何总有你一席之地。’她特别对我说，‘这是一块你可以实现你最非凡梦想的土地，只要你努力工作。所以，勇往直前，因为那儿有你辉煌的未来——’”哈里用手指着，“‘就在前方。你要是回头，就永远发现不了它。’”

哈里发现弗里奇一直沉默不语，发现保罗在沉思着抽着雪茄，便不自然地哈哈大笑起来：“我没有想要用人生哲学给这个美好夜晚扫兴。对不起。”

---

①埃利斯岛，美国纽约市曼哈顿岛西南的一个小岛，曾是美国入境移民的主要检查站。

②巴托尔迪，即弗雷德里克·奥古斯特·巴托尔迪（1834—1904），法国雕塑家，代表作有纽约港自由女神铜像和坐落在法国贝尔福市的《贝尔福之狮》。

她冲动地将一只手放到他扶着右舷船栏的手上："你所说的十分美妙。"保罗也简洁地表示赞同。弗里奇感觉，他的眼睛里突然有一种泪水在闪光。

晚餐游船往左舷画了一个长长的弧圈，准备慢慢回到码头去了。天完全黑了下来。说话声音因为轮机的震动而变得更加轻柔。纽约市在他们的前方慢慢升起，好一个昌明隆盛之地、灯火辉煌之邦。弗里奇听到人们在谈论着什么，可是她身处遥远的地方，在一个幽幽私密之地，聆听着哈里所说的话。

勇往直前，因为那儿有你辉煌的未来。就在前方。你要是回头，就永远发现不了它。

西二十二大街黑咕隆咚，空空如也。他们走近然后又走过街上的路灯，他们的影子在人行道上游动。一匹步履沉重的马套在一辆双轮双座马车上，驶了过来，发出橐橐的声音；马车夫一会儿瞌睡一会儿清醒，一辆出租车从边上驶过，吓了他一跳。火警凄厉地鸣叫着，在城里穿越。天气凉快了一点。

来到她屋外的门廊上，弗里奇拥抱了她的堂哥。保罗退后一步，拿他帽檐缺了一块的平顶硬草帽给自己扇着风。

"你热爱这个城市，是吧？"

"部分。"她说道，她的脑子里还闪烁着有关珀利的记忆。

"那么加利福尼亚怎么样呢？"

"我还没有做出决定。"

"我猜哈里希望你待在这儿。我认为，你在全世界没有比他再大的粉丝了。"弗里奇大笑着，不理睬这个话题，"但是你必须要做出决定。那个服务员认出你的时候，我的印象十分深刻。你在电影界已经崭露头角，这儿有跟这样的崭露头角相媲美的东西吗？"

她本想给他一个老调重弹的回答，那就是百老汇戏剧界，然后她意识到，他说得完全正确：在电影里，她已经获得了一定的成就，多少月，多少年，那令人沮丧的面试，那卑微粗贱的活儿，那饥寒交迫的贫困，她可是从来就一事无成——所有这一切换来的就是不时出现的失败。

她感觉从西面哈得孙河上空吹来的风凉爽了一点。她的脑子清醒过来，她似乎听到了一个幽灵般的声音，像一把钥匙打开了一扇门的锁。

“没有，保罗，什么也没有，绝对没有。等你去赶轮船的时候，我就不在纽约了，我要回到加利福尼亚去。”

第五卷 噩梦

在旧秩序下的去年那个7月期间，只有最富有经验的欧洲事务学者才对那些如诗如画的表象后面的深仇大恨和杀戮欲望略知一二……1914年夏季的几个月见证了繁荣兴旺的欧洲秩序刹那间变成了《启示录》所预言的全部凶恶异象。

——约翰·多斯·帕索斯，《威尔逊先生的战争》

假如那颗铁骰子滚动了，那么愿上帝帮助我们。

——西奥博尔德·贝特曼·霍尔韦格，
德国总理
1914年8月1日

整个欧洲的明灯熄灭了。我们这一辈子再也看不见它们重放光明了。

——英国外交大臣
爱德华·格雷爵士，1914年8月3日

第五十八章　洛亚尔

回到洛杉矶几天之后，弗里奇突然体会到了她之前所忽略的所有事情：潮湿的鼠尾草的香味、山坡上辐射状的罂粟花的颜色、清新而又溢满芳香的空气，跟曼哈顿被污损的天空形成如此强烈的对比。

她不时地会想到哈里·波伦，他的魅力、他的含情脉脉的目光——这样的目光本该属于他妻子的，她心想，每当她充满深情地想到他的时候，她总会让这种情思戛然而止。她理解哈里的处境，但是她也明白，他无路可走。

然后，到了1912年4月，所发生的事情清除了她关于保罗那位朋友的所有记忆，给她的内心填满了幸福感。十分讽刺的是，事情的开端竟是一个报纸上充斥着悲剧的日子：一艘被建造者誉为永不沉没的海上巨无霸，白星航运公司的"泰坦尼克"号的邮轮，在驶往纽约的处女航程中撞上冰山，将近一千六百人死于非命。

弗里奇和欧文的替补者正在距北方高地有一段距离的偏远的雏菊谷拍摄《孤独印第安人的娘们》。一开始的一个钟头，埃迪发现很难将演员和其他工作人员的注意力集中起来，包括弗里奇的几乎所有人都埋头于一份份的《泰晤士报》中。

乔克·弗格森的助手伸长着脖子在弗里奇的身后看着报纸："他们救出了多少人？"

"七百四十五个。那不是很——"

"走吧，走吧。"埃迪拍着双手，大发雷霆。弗里奇叹了口气，折拢报纸。他的腔调有点像起凯利来了。

她第一次注意到了两个被聘用到这部影片里来扮演歹徒的临时演员。一个人个子矮小，长着一双罗圈腿，属于那种让人看了就忘的类型，但是另一个人却引起了她的关注。这人个子很高，瘦得像一根棍子，瘦削的面孔被太阳晒成了赤褐色，他的鼻子长得十分醒目。他的额头青筋暴突，哪怕在笑的时候也让他表现出一种被压抑的紧张。无论面对着光亮还是背对着光亮，他都眯着眼睛，仿佛他在盯着大草原上一千个火辣辣的太阳似的。

他那饱经日晒雨淋、雪浴风吹、褪了色的牛仔裤、衬衫和蓝色印花大手帕穿戴在他身上十分自然，十分合身。他长长的棕色头发披散在领子上。一条六英寸长的伤疤损毁了他左手腕和左手背的外形。他给弗里奇的印象是危险，一种奇怪而又莫名其妙的反应，同时又夹杂着妙趣横生的激动和道德上的负罪感。

埃迪介绍他叫洛伊—— 一个很奇怪的名字。她问他是哪儿人。“得克萨斯。”他说道，一面拿手触碰了一下他的帽檐。就是这样，这人有礼貌，很听话，但是不合群。他的目光停留在别处的时候，她就飞快地朝他瞥上一眼。每当她这样做的时候，她的呼吸就会稍稍加快。

摄制团队回到亚历山德罗大街，以结束最后一天的影棚内拍摄，后面是一块块布景，代表一个贸易站的内部。有好几桶黑麦面粉竖立在那儿，表示那是一块泥地。一个白色的平纹细布天篷由几根绳子和滑轮操纵，被拉了过来，滤去了热烈的阳光，也消除了太明显的影子。

埃迪的分镜头剧本里包括了一个早已经成为西部片中陈腐情节的打斗场面：坏蛋们拿手枪开火，让那位不幸的新来者跳起舞来躲避子弹。这次，受害者是穿着有流苏和珠子的印第安服装的弗里奇。

洛伊跟他的同伴朝弗里奇的双脚射着空包弹。她则用一支即兴的舞蹈进行反击，一面跳舞一面将泥土踢到他们的脸上，然后解除坏蛋的武装，准备把他们交给孤独印第安人，正在此时，孤独印第安人闯了进来。埃迪排演了一遍这个情节，拍摄了一个镜头。

由于凯利不在，所以他请求再来一遍，并要求弗里奇“放开一点”。她退到布景的背后，整理了一下思绪，回过身来，说道：“好了。”埃迪马上叫摄影机准备开始。

这一次，她对着那两个傻乎乎的歹徒舞蹈了足足二十秒钟，一组疯狂的大杂烩，凡是她脑子里记着的舞蹈动作都糅合了进去，什么芭蕾舞、踢踏舞、木屐舞、一步舞，最后以法国坎坎舞结束——这一通舞蹈结结实实把高个儿的得克萨斯人的肚子踢得七荤八素。乔克·弗格森笑得前仰后合，不得不让他的助手来把持摄影机的曲柄。当埃迪叫停之后，弗里奇赶紧跑到得克萨斯人跟前，想也没想就用双手抱住他的一条胳膊。透过粗糙的衬衫布料，她感觉到了他鼓突的结实的肌肉。

"我希望没有伤到你。"

"没有，小姐，一点也没有。"

欧文的替身咯咯笑着说："这是我平生看到的唯一一个会杂耍的娘们。"

埃迪大笑起来。"这不是太棒了吗？"

洛伊拿他的得克萨斯高冠帽在自己的腿上拍打着，拍掉那些面粉："肯定好。这位女士太有趣了。"

埃迪说道："这个我们早就发现啦。我正在想要给她订制一个喜剧角色呢。"

"哦，行行好吧。"弗里奇说道，"让我演几部严肃角色的电影吧。"

埃迪耸了耸肩榜："你要是真这么想，那好吧。比利对我说，一定要让你高兴。"

"这个想法不错。"洛伊开心地点了一下头说道。他从舞台上跳下身来，走开去，从一只小布袋里轻轻拍了一些烟丝到一张他单手卷起来的纸里，卷了一根香烟。弗里奇想尾随他过去跟他谈谈。不巧的是，埃迪说他们结束了。两位临时演员便慢慢地朝主屋走去，去领他们的报酬。两人谁也没有回头来道个别。弗里奇瞧着这位得克萨斯人长长的腿和高高的帽子，直到他们消失在视线外。

她问埃迪这人为什么会有这么奇怪的名字。"洛亚尔的简称，我就知道这点。"他没有关注到她的兴趣点。他正忙着排列名单，这一连串的镜头达夫妮·鲁萨都要剪辑到电影里去的。

洛亚尔，这个名字在她脑子里回响了一整天。

也许，她不可能再见到他了。

牛仔们纷纷被吸引到了洛杉矶，因为每个电影公司在每周定期放映一部喜剧片、一部戏剧片、一部西部片或者一部印第安人故事片。牛仔们来自亚利桑那州、爱达荷州、得克萨斯州——整个西部。人们说，他们有很多人就是一直在奔忙的很倔强的人。

他们居住在卡许恩加和好莱坞大道那儿，这个角落死气沉沉，建筑稀少，素有“水洞”之称。电影制片厂当天若需要临时演员，便会派小汽车或者卡车到“水洞”来招募。

在拍摄《孤独印第安人的娘们》这周的周末，埃迪说没有她的戏份，于是弗里奇便驾着那辆“帕卡德”单独出去兜风。这是一个美好的下午—— 一个典型的清朗纯净的加利福尼亚艳阳天，整个洛杉矶盆地飘溢着柑橘花的芳香。

冯对她教导有方；她的驾驶技术娴熟，而且充满自信。但是她对汽车的内在工作原理一窍不通，所以当“帕卡德”“咳嗽”起来，开始逡巡不前的时候，她慌了神。她将汽车停到一个马槽边上的路边。“帕卡德”最后又大喘了一口气，便熄火了。她环顾四周，这个令她束手无策、霉运当头的地方。

她看到有一家药店，还看到对面的一个街角有一家新的五美分电影院，电影院的松木墙板还没有油漆。这地方是“水洞”。尽管天色已晚，招聘临时演员不太可能了，但是有一些牛仔依然在那儿闲逛。有两个人坐在电车线路边的长凳上玩扑克。其他一些人懒洋洋地靠在药店的墙上，嘴里嚼着火柴梗闲聊。

她不想让人把自己看得天真无邪，便跳下车，开始解开固定折合式车篷插销的皮带。闪闪发亮的蓝色金属上横过一个身影。

“出毛病了，小姑娘？”

不看人，光听这油腔滑调，她就知道她不喜欢说话的人。他是一个胖乎乎的年轻人，下身穿一条牛仔裤，上身穿一件装饰着豪猪刺和珠子的马甲，头上戴一顶很大的白色宽边帽，脖子上飘扬着一条紫色围巾。他虚情假意地微笑着抓住她的一条胳膊。

“你就坐到车子后面，我来照看这铁皮马吧。”

“不了，谢谢。”她说道，一面甩开他的手，用的劲稍稍大了一点。

他一把抓住她的手腕：“听着，女士，当有人想要提供帮助而且很客气的时候，你应该——”

“萨德，你看你离开那儿好不好？”

穿着华丽俗气衣服的牛仔转过身去：“关你什么屁事，温迪？”

弗里奇认出了这个罗圈腿的人，就是前年在回声湖公园喝醉了酒的那个人。他没戴帽子，露着被太阳晒红的脑袋。即使隔着六英尺的距离，她也能闻到啤酒的味儿。

“哎呀，你在纠缠一个不想要你帮忙的女士啊。我认识她。这事我来管。”

萨德冲着下巴、跺着重重的脚步走向温迪：“关你屁事。你那帮该死的牛仔还以为这个地儿是你们的啦。”

“你们这帮城里小子趾高气扬地四处招摇，还以为你们是真货色呢。如果你是牛仔，年轻人，那我就是一团牛屎。”

“这话你说对了，你这个老混蛋。”萨德狠狠地推了温迪一把。

温迪喝多了，被推得直往后退，两脚乱作一团，双手像风车叶般乱转。他重重地摔倒在地，头撞到了一幢房子的墙角石上。他发出一声喊叫，两眼瞬间变成了斗鸡眼。

听到喊叫声，有人从墙角转了过来，长长的身影落到了大街上。那个醒目的鼻子再熟悉不过了，还有他眯着的眼睛四周像撬棍一样的皱纹。西下的斜阳照在他的脸上，红红的。

“你受伤了，温迪？”

温迪还仰天躺在地上，说道：“唉，我的屁股痛得厉害，还有头。其他倒没什么，无论如何，谢谢，洛伊。”

得克萨斯人将两只大拇指插在宽宽的皮带上，朝萨德走去。银色的皮带扣子装饰是一个长着两只角的十分健美的公牛头。萨德拿扎染的印花大手帕擦着自己的嘴巴，得克萨斯人叉开两只穿着满是泥巴的旧靴子的脚，怒目而视。

“朋友，温迪比树墩子高不了多少。不过你跟我倒是旗鼓相当。我们俩为什么不干一架呢？”他朝街区中央一条小巷点了一下头。

萨德摇摇头，结结巴巴地说：“不。”

洛伊哈哈大笑起来：“我谅你也不会。那你干吗还不乖乖地滚蛋？别去骚扰这位女士!”他轻蔑地将身子转过来,大步向那辆“帕卡德”走去,弗里奇两眼圆睁,站在那儿。得克萨斯人的身后,萨德又火了起来,满脸涨得通红。就在萨德朝得克萨斯人冲去,挥动拳头狠狠打向他的后脑勺的时候,温迪大叫道:“喂!”

洛伊往前面撞去,赶紧一把抓住“帕卡德”的挡泥板稳住身子。他慢慢地直起身来,两眼仔细瞧着自己的两只手掌:他的左手掌在挡泥板的边上划开了一个小口子。他在自己破旧的牛仔裤上擦了擦左手掌。

萨德甚至在洛伊转过身来瞧了他一眼之前就后悔了,后悔不该偷袭。得克萨斯人飞快地两大步蹿上前去,一把将萨德的衬衫抓在手里。他用另一只手狠狠击向萨德的腹部。

萨德往边上踉跄着,他的帽子掉落到地上,他的两眼肿胀了出来。温迪摇摇晃晃地站起身来的时候,得克萨斯人又猛地一个左勾拳打中萨德的下巴。萨德被打得旋转了开去,接着得克萨斯人又一个闪电般的右摆拳,将他打到了那个马槽里面。

水泼溅到了人行道上,也溅了温迪一裤子,溅了坐在长凳上骂骂咧咧玩牌的人一身,溅到了满脸笑容看着这场争吵的两个游手好闲的牛仔的靴子上。

萨德像打连枷一样甩动着手臂站起身来,一面嘴里呸呸地吐着什么东西。洛伊抓着他湿漉漉的衬衫,左手提溜着他,右手狠狠地揍他。得克萨斯人咬紧牙关,他脸色通红,他的指节也一样红。

萨德被打得死去活来,用双手捧着自己的肚子,一个劲儿地作呕。温迪说道:“嗨,洛伊,差不多了。”得克萨斯人眯眼瞧着温迪,接着瞧了瞧呼哧呼哧喘着大气、从鼻孔里擤着血色鼻涕的萨德。他放开萨德,温迪让开道。

“别让我在附近再见到你。”

被打得稀里哗啦的萨德爬出马槽,浑身全湿透了。他哆哆嗦嗦地回头瞧了一眼,捡起那顶被压扁了的帽子,一瘸一拐地绕过拐角走了。

洛伊走到弗里奇跟前:“有些城里的花花公子以为,他们如果在这个地方穿得体面点,就可以为所欲为了。萨德的父亲是城里的一个银行老板。你可以把全世界的吸血鬼银行家统统赶拢来绞死他们,我都不会有意见。”

这个话似乎解释了一切。她为他突然爆发的暴力感到心惊胆战,但是也不无负罪感地感到激动。

接着，洛伊似乎放松下来，他朝“帕卡德”走去的时候，双肩没有了先前的紧张。“我们看看这儿有什么问题。这机器动不了了吗？”

“是的，我不知道出了什么毛病。”

他触碰了一下她的胳膊——“对不起”——走到汽车后面，拧开圆圆的油箱盖子。他将一只眼睛凑近油箱口子：“干得像旱季的格兰德河一样啦。”

“哦，天哪。我出发前从来都不知道检查一下。”

“前面不远处有一家商店卖汽油的。我马上回来。”他沿着好莱坞大道往西走去。

那个罗圈腿的人朝弗里奇走来，仿佛是在一条颠簸的船的甲板上迈着步子。他即使没有喝得头晕目眩，也一定是喝了不少。他身上的酒味儿很浓，还有皮衣味儿和汗臭味儿。

“我们以前见过，小姐。”

“在回声湖公园。”

“我叫温迪·怀特。”

“温迪，没错，你怎么样？”她伸出一只手。他伸出自己的一只手，没握上，便再次去握，有点羞怯的样子。“我想我得稍稍休息一下，你不介意吧。”他坐倒在电车站的长凳头上，头埋在双臂里面。那几个玩扑克的人已经恼火地走了。

很快，那高个儿拎着一桶汽油迈着大步回来了。他用一只手稳稳地将汽油倒进油箱，只溅出了两三滴汽油。“这就可以让你开回家了。”

“非常感谢你和你的朋友。我可以知道你的全名吗？”

“洛亚尔·哈丁，大多数人叫我洛伊。”

“我叫弗里奇·克朗。”

“知道，我记着呢。利伯蒂。”

“汽油钱我得给你，还有给你添麻烦的辛苦钱。”

“哦，不，小姐。很高兴我们可以帮上忙。”他的声音深沉，由于不再发怒生气，所以风度也变得自然随和。她注意到了更多细节：他的靴子裂了口，他的皮马夹已经穿得很旧了；在蓝色工装敞开的领子处，有几根卷曲的头发在阳光的照耀下像闪闪发亮的丝线。西下的夕阳从他身后照射着他。看见他就让她感到浑身热辣辣的,像要晕过去一样。

“我们最好还是走吧,温迪。”小个儿男人咕哝了一声,但是没有抬起头来。

弗里奇的心跳加速,她急忙说:“哈丁先生,你要是在寻找更多的机会去演电影,那我知道三个星期后我们又要拍一部西部片。”她知道没有这样的事情,但是她打定主意,她要请求埃迪写一部。要是这样不行,她就去求莉莉。当他摸着自己的下巴摇了摇头时,她泄气了。

“三个星期?恐怕我不在这儿了。”

“哦,你要走?”天哪,他有没有听出她话音中有傻乎乎的女学生般的惊骇?即便他听出来了,那他也没有让她感觉尴尬。他将身子靠在一根旧的铁制拴马柱上,一条腿交叉在另一条腿前,一只靴子尖搁在人行道上。

“坐轮船去阿拉斯加,那儿的雪很快就要融化了,我还从来没有见识过那个地方。在一个地方待太久了,就觉得没劲,我这人就是这样。”

“你会回到洛杉矶来吗?”

“估计会的,我喜欢电影这行。它不稳定,但是自在,不需要让你绞尽脑汁。在我看来,好像你们这些电影人将会坚持不懈地把西部人动员起来直到建立一个电影王国呢。”

“我想是的。也许我们还会再见面的。”

“那当然,太好了。”她不知道他说的太好了是真的还是假的,是不是真的会给她带来一些浪漫机遇,抑或他说的太好了就只是在一个大热天吃一碟冰激凌然后干自己的事去。她无法想象自己会走上这条自寻烦恼的不归路。

“除了温迪,我在城里没有多少朋友。”他又说道。

朋友?这就是他想要的一切,又一个营火晚会的朋友?她的脑子里还有其他想法。

他们四目相对了一秒钟。他拿手触碰了一下他的帽檐,在拍摄场上他们见面时他也是这个动作。“再见,克朗小姐。我们走,温迪。”他扶着他的朋友从电车站的长凳上站起身来,温迪要倒下去,他把他拽起来。两个人拐过墙角,沿着卡许恩加大街走去。

一个一脸狂暴的女人从街区的一家面包店里走了出来:“你准备一整天都停在这儿了吗?我们这个地方可是为顾客准备的呢。”

“哦,对不起。我马上走。”弗里奇表情茫然地回答道。见到洛亚尔·哈丁,她的心境完全被搅乱了,她既对他感兴趣,又有点怕他。她渴望再见到他,渴望发现隐藏在那双黑色眼睛后面的东西,那双有点让人害怕的眯着看人的眼睛。

为了庆祝五一国际劳动节,弗里奇和其他利伯蒂的员工前去参加一个贝弗里希尔斯宾馆开业的盛大庆典。阿尔·凯利喝了好多免费的香槟酒,然后用手挡着嘴巴悄悄地说:“谁会住到一个豌豆地中央的宾馆里来?没有人。”

夏季的又一波热浪生生地要了东部一些病病歪歪的人和老年人的命。弗里奇拍完了《孤独印第安人的冒险》和《孤独印第安人的圣诞节》。在埃迪的软硬兼施下,她在这两部影片里设计了一些滑稽的风格:穿着湿透的鞋子令人发笑地走路,在厨房里干活的时候脸上意外地沾上了面粉。在那部圣诞节的影片里,她重复了从马上摔下来的动作,这一次她带着一个装满了礼物的帆布背包。利伯蒂的这两部电影都获得了巨大的成功,产生了很好的收益,弗里奇收到了大量的来信,甚至《电影故事杂志》还刊发了一篇文章。这篇文章大部分是莉莉写的。

弗里奇厌倦了这种一个音符的生涯,便到这儿诉说了她的苦闷。他的回应是一个充满深情的叹息:

“是啊,我完全理解,但是我得告诉你,弗里奇,海曼和阿尔对此可是热情有加呢。恕我直言,你是一架赚钱机器。钱,钱,钱——这话从他们嘴巴里说出来就像他们是两台维克多牌唱机一样。明星开心吗?谁管呢?我竭尽全力跟他们争。当然啦,我可以命令阿尔按照我说的干,可是每当我这么做的时候,整个运转就好像走向了地狱,除非他决定不再生气了。阿尔在财务上是个天才,我需要他。这事的确令人沮丧。有的时候,我简直跟你一样要疯了,甚至都想回到那个眼镜店去。我会给你找更好的作品的,我保证。”

他说话算数,他把她借给了一个新的公司,阿道夫·朱克的“著名演员公司”。在朱克的《抓住他们》里,她扮演一个勇敢的银行出纳员,粉碎了一次银行抢劫。她并不完全像在《玩偶之家》里一样,至少她亲吻了一个男主演——银行老板的公子,而不是一匹马。在一个星期里,她还经常跟玛丽·璧克馥见面。她跟“小玛丽”在玛丽的化妆室里锁上门一起吃午饭。这样玛丽就可以恣意地抽烟,在银幕上她不敢。

“他们仍然要我每天演十二到十四小时,因为我可以胜任。”玛丽抱怨道。她虽然只有二十多岁,但是据说已经挣到五百美元一周了。制片厂称她为“美国甜心”。有一个公开的密约,即向公众保密她跟欧文·穆尔结婚的事儿。欧文·穆尔是拜奥格拉夫电影公司一位英俊的男主演,不幸的是他是一个酒鬼。

“可爱的小处女,那就是我。”玛丽滚动着她的明眸,“我有很多这种东西。”她打开一只用黄铜镶边的漂亮皮箱。箱子里装着好几排黄色的人造鬈发,窝在金丝绒布里。“是一个名叫乔治·威斯特摩的化妆奇才制作的。我可以在五分钟之内长出满头鬈发。”

弗里奇对玛丽讲了她对所扮演的角色的烦恼。玛丽生气了:“你要是任他们所为,那你就永远被他们束缚住了。每当我认为我可以迫使老板就范的时候,我就会要求有掌控权,我有自己的制片公司。你也应该这样做。”

“哦,我绝对不会有这个能力的,我绝对不会变成像你这样的大明星。”

“不,你会的,亲爱的。”玛丽轻轻拍着她的一只手,“等到时机成熟的时候,脑子里一定要保存着这块小小的招牌,上面写着‘我自己的公司’。”

此时此刻,这位“美国甜心”的两眼放射出强盗贵族般的钢铁一样的目光。

弗里奇经常梦见那个来自得克萨斯的男人。一天她有空,便驾车去了“水洞”,停好小轿车,等在那儿。没有他的踪迹。两个星期之后,她再去那儿,这次她见到了那个罗圈腿温迪·怀特,已经半醉,拄着一根拐杖一瘸一拐地走着。

“怀特先生,你还记得我吗?”

“我当然记得。克朗小姐,是吗?”

“没错。很难过看到你出事故了。”

“唉,要是我事先估计到那样跳下去有点危险,就能避免了。我从一个正在高架桥上的火车头上跳下去,掉进了一条小溪里,那小溪稍微有点浅。一个礼拜左右我就会好的。”

弗里奇听他一说，不禁浑身发抖：“你经常干这种事情吗？”

“是的，小姐，只要他们给我钱，就经常干。温迪·怀特跳过汽车、电车、气球、卡尤塞马、逃亡的马车——任何跑得快的东西都跳过。”

“那可是危险的工作啊。”她实在不明白，他经常被威士忌灌得昏头昏脑的，怎么还敢冒这个险啊，“顺便问一下，你见过哈丁先生吗，或者有他的消息吗？”

“洛伊？他离开之后啥音信也没有。不过，洛伊不是那种写信的主。你问这事儿有什么特别原因吗？”

“嗯，制片厂想要他演个小角色。”

“是吗？”他从一块烟草上削下一片塞进自己嘴里。他并没有问出口一个直率的问题而让她尴尬：哪个制片厂会派个女演员来物色一个小角色呢？

“很遗憾帮不到你。我真的一点儿也不知道他的情况。但愿他没有被灰熊逮住。凡是两只脚的，洛伊都能对付。”

他掀了一下自己那顶脏兮兮的塔糖形状的帽子，一瘸一拐地到电车站长凳边看一些牛仔打尤克牌去了。弗里奇在一辆装载着五加仑一桶的矿泉水的运货车前面穿过好莱坞大道，强忍着没有让失望的眼泪喷涌而出。

第五十九章　飞行表演

卡尔坐棚车去了埃尔帕索，并在谢尔顿宾馆专供男士的酒吧打听勒内·勒梅耶。有人告诉他说，勒梅耶的航空表演队在阿肯色州和俄克拉何马州作为期八周的巡演。卡尔在一家餐馆洗了两个月的盘子。两个月末尾，按照预计，勒梅耶回到了他的根据地。他在谢尔顿宾馆的酒吧里会见了卡尔。

勒内·勒梅耶是一个个儿不高、眼睛斜视的人，四十岁年纪，头发过早地谢了顶，几乎烟不离口。他是在法国学的飞行技术，法曼兄弟所创办的学校。1910年，他来到美国，在著名的法国飞行员路易斯·波尔汉那儿当机械师，而且一直待到波尔汉的巡回表演结束。勒内用断断续续的英语对卡尔说的话尽管不是直言不讳，但至少是坦率诚恳的。

“我明天用我们那架最老旧的飞机测试你一下。你要是没有把它撞成齑粉，我就雇用你。我们这个表演团体跟在你们国家巡演的很多团体不同。我们不是在展现飞机以招徕人们。我们没有什么好销售的，除了令人激动的颤抖，玩的是心跳，是反胃，是挑战死亡的飞行惊险动作，由勇敢者完成的动作，他们——无言的希望总是十分微弱，是吗？——也许有一次就挑战失败了。对飞行员来说，这是激动人心的——就像畅饮白兰地，或者交一个新女朋友。这一切你都能对付吗，我的朋友？”

“我能，而且我喜欢。”卡尔说道，比较确信，更有了些许希望。

一次成功的测验之后，勒内雇用了他。在此后的几个星期里，卡尔发现，这小个儿男人说得一点不假。做完一个危险的绝技表演之后，从大看台上爆发出来的呐喊声和欢呼声就像令人陶醉的美酒。曾经，他以为他的一生应该伴随赛车度过。跟着勒内的表演团队辗转一个又一个的表演场地之后，他意识到他错了。他生来属于天空，劲风拂面，白云为邻，气流相伴，驾着弱不禁风的机器翱翔蓝天，挑战蔚为壮观的高度，也许就在刹那间飞机坠地，撒手人寰。

在这个表演团队里，除了勒内，另一个最重要的人物是他们的机械师汤姆·朗。汤姆是一个个儿高大、纯血统的彻罗基人，满头编着黑色的辫子，一双黑眼睛，目光十分犀利；他对自己所上的学校怀有虔诚的感激之情，是这个学校帮助他走向了外部世界，这就是宾夕法尼亚州的卡莱尔印第安人学院，吉姆·索普的学校。

第三位飞行员昌西·克兰普顿是一个大块头英国人，性格直率，一张脸一年四季总是红红的，两只眼睛特别绿。他是在圣安东尼奥的一家酒吧里被雇用的，在没有办法的情况下被聘用来顶替一个名叫阿尔菲·伯恩斯的可爱小伙子。一天，当飞行表演队应邀做又一个飞行表演时，阿尔菲偏离了航线，一头扎进了一团宽五英里的蝗虫群之中，最后飞机坠毁。很不幸，他驾驶的是表演队的那架柯蒂斯双翼飞机。飞机的推进发动机在受到撞击之后被扯松了，飞向前去，撞断了他的脊髓。他没有活过二十四小时。

卡尔了解到，顶替阿尔菲·伯恩斯的那个人有一个绰号叫"哈佛"，因为他有来头的父亲曾经送他去哈佛大学上过学。克兰普顿天生是一个恶霸，在大学里表现很差。大二的时候，在一次醉酒打架中，他打得另一个学生从二楼的宿舍窗户掉了下去。那个学生掉落的角度不好，撞碎了脑壳，死了。"哈佛"不仅被开除，而且他父亲还对他丑恶可耻的行为进行了惩罚，把他从英国赶了出来。像许多侨居国外靠国内汇款生活的浪荡子一样，"哈佛"靠的就是那点津贴生活，杯水车薪，如何能满足他大吃大喝的胃口和少不了女人的生活。他从不隐瞒这个——似乎还津津乐道。

第一次见到"哈佛"，卡尔就不喜欢他，"哈佛"也一样。这英国人故意挑起一些鸡毛蒜皮的争执，什么谁坐树荫下唯一的一张椅子啦，谁拿了别人想要的扳头啦。"哈佛"经常携带着一支很大的科尔特左轮手枪，手枪插在缀有纯银饰品的手枪套里。他似乎急于拿它来解决他们之间那些微不足道的龃龉。卡尔拒绝这样的诱惑。

卡尔跟“哈佛”第一次陷入真正的麻烦是在夏天。表演队回到埃尔帕索休整一周,准备他们的飞机,然后到新墨西哥州去做一系列的表演。在城里的最后一个晚上,卡尔在勒内推荐的一家妓院犒劳自己。

老鸨古兹曼太太用了一些宗教的牌匾和雕像装饰这个地方,还有许多圣坛蜡烛在红色的或绿色的玻璃小碟子里燃烧。这位太太显然没有意识到,内心深处的宗教信仰跟肉欲横流的品位有什么矛盾。

卡尔在大厅不远处的一个优雅单间里休息,他裤子的背带还没有拉上,他的手枪依旧绑在他的臀部。他听从了勒内的劝告,买了这支枪,一支点四五英寸口径的 1911 款科尔特。西南部的边疆地区,社会秩序依旧十分混乱,不文明行为比比皆是;飞行员们已经在得克萨斯州西部和亚利桑那州的小城镇里卷入过两三起跟街头恶棍的打架斗殴,所以勒内认为每个人配上一支枪是明智之举,可以起到威慑作用。迄今为止,卡尔从未因为发怒或者自卫而拿科尔特开过火,如果他不得不开枪,它一定有很大的杀伤力。卖枪的商人说,就是子弹打中一个人的胳膊,也会把他击倒的。

卡尔虽然只有三十二岁,可是他的肚子已经发展得和更年长的人一样了。“哈佛”喜欢拿这样的事情耻笑他。“嗨,朋友。”他常常指着卡尔的肚子说,“我们在这个烤箱里放了个小面包,是吗?你的衣服可不合身了呢。”卡尔穿着一件长及脚踝的外套,头上戴着一个灰色的假发套,架着一副金丝边眼镜,表演一个惊险动作——他偷了一架飞机在大看台前面热身,接着在激动万分的人群头上飞速爬升,有另一架飞机在后面追他。最后,表演完惊险动作,他降落在内场,剥下假发套,鞠躬答礼。

在卡尔坐的椅子边的一张低矮桌子上,放着一瓶棕色的龙舌兰酒,他从来没有喝过如此难喝的酒。在他的大腿上,坐着一个二十多岁的丰满的姑娘。姑娘下身穿着一条长裙,但腰部以上几乎赤裸着,只盖着一条有流苏的紫色大披巾,但跟不盖差不多。她用一只手懒洋洋地逗弄着卡尔的鼻子、眉毛和额头。不用着急,他买下了她整个晚上。

那姑娘温柔地舔着他的上嘴唇,轻声说着挑逗的话。他还没来得及反应,便听到了沉重的脚步声。“哈佛”来了，腿上挂着那支长长的科尔特。古兹曼太太焦急地跟在他身后。

“我对你说啊，先生，约兰德正跟那位先生忙着呢。”她说的是西班牙语。卡尔跟表演队的其他人一样，为日常生活中方便交际，学了足够的西班牙语。

这是一个火热的夜晚，“哈佛”的脸看上去如同在龙虾锅里煮过了一般。他一把抓住老鸨的胳膊，将她推到一边，在她的皮肉上留下了条条指痕。“可是我今晚非要约兰德不可，姥姥。”他说的是英语。

卡尔挥了挥手。“算了吧，哈佛。这地方的女士不接受预订。另外找个吧，她们都很漂亮的。”

“哈佛”咬紧牙关，这是他竭力装出来的最接近笑的神态了。“她得陪我，你这狗娘养的。”他喜欢用这个称谓，经常用这个称谓来刺激别人打架，如果他们不愿意打架那就当作对他们的侮辱。

卡尔不愿意打架。“不行。”他说。

“哈佛”咆哮道：“她得陪我。来吧，我们了结这事儿。”

卡儿叹了口气：“耶稣啊，你是打定主意要毁了这个夜晚，是吗？”他慢慢地将约兰德放下他的大腿，呷一口烈酒润了一下自己的嘴唇，将裤子背带拉上肩头。他解开手枪，将它放到椅子上。他不想拿枪跟这个横行霸道的英国人交火。

“后面有个院子，我们可以到那儿去商量这事儿。我们不能弄坏古兹曼太太的任何家具。”

“哈佛”解下他的手枪，看也不看便一把塞进那老鸨的手中。卡尔漫不经心地用一根手指轻轻弹了一下“哈佛”那件肮脏的卡其色衬衫。

“藏在那儿的枪也拿出来，假如你不介意的话。”

要让“哈佛”的脸变得更红似乎是不可能的，可是他的脸就是变得更红了。他从衬衫里面掏出一支口径点三二英寸的指节铜套式小手枪，其制造者给其冠以一个曼妙的名字“吾之友”。这是一支相貌丑陋的小手枪，没有枪管；直接从旋转弹膛处击发子弹。

卡尔瞧着“哈佛”的两只眼睛，不知道这家伙是不是真的气得发疯，说不定想也没想就一枪打过来了呢。约兰德站在他的身后，双臂抱着他的腰，想把他从这个将要发生什么的场面中拉走，这种场面，最好的结果也免不了一顿狂暴无情的拳打脚踢，直到一个人趴下为止。

事情没有发展到那步田地。勒内慢慢地踱了进来，吹着口哨，是《亚历山大的散拍曲乐队》。

他一眼便看出了这僵持的敌意。他的个儿比“哈佛”矮一头，但是他走到他的面前，用双手推着他的胸膛。

“我们都是一条战壕的，先生们。无论什么原因，我们都不可以自相残杀。”

“把你的脏手从我身上拿开，法国佬。”“哈佛”举起一个拳头。一把八英寸长的刀不知道从哪儿跳进了勒内的手里，他拿刀尖抵着“哈佛”的喉咙，不过没有刺出血来。

“我想要成熟的男人为我干活，不是吵吵闹闹的小孩子。假如这对你来说要求太高，我的朋友，那么请你打包裹走人，靠你亲爱的老爸那点津贴过日子去吧。”

“哈佛”的两眼鼓突着，紧张地看着这尖利闪亮的刀刃抵在下巴下。他举着双手，慢慢地往后退去。

勒内说道：“很好，这就明智了。”

他抽回小刀，啪的一声折拢刀刃。“哈佛”一把从古兹曼太太那儿抢过他挂着手枪的皮带。这英国人一步一步走进大厅，用那双奇怪的绿眼睛盯着卡尔。

“另外找时间，混蛋。”

“随时恭候。”卡尔说道。

英国人踩着重重的步子消失在了视线之外。勒内叹息了一声：“我并不总能完美地判断一个人的品质，我雇错人了。跟你的姑娘回到楼上去吧。他是我的心腹之患哪。”他卷了一根香烟，用唾液将它粘到了自己的唇上。

卡尔拿一条胳膊圈住约兰德的腰肢。“不。”他说道，“那家伙是我们所有人的心腹之患。”

第六十章　比利亚[1]万岁！

1913年春季，保罗和萨米·西尔弗斯通在加尔维斯敦下了轮船。他们换乘海湾与科罗拉多运输公司的汽车长途颠簸前往埃尔帕索。埃尔帕索一度曾是起来造反试图推翻中央政府的墨西哥革命者的流亡首都。

萨米抱怨说他根本就理解不了这场斗争中谁是谁，更不用说叫出他们的名字了。保罗说，不管这事儿有多复杂、多混乱，事关他们俩的就一个基本事实："血腥的战斗正在进行当中，而血腥战斗就是我们这个生意的主要产品。"

三个月前，维多利亚诺·韦尔塔将军推翻了马德罗这个"民主斗士"的政权，将他羁押起来，并很快将他送进了政府监狱进行"人身保护"。在墨西哥城午夜的街上，暗杀者伏击了戒备森严的武装车队。在一阵弹雨中，这位有可能对新的领导人构成威胁的马德罗被铲除掉了；新的领导人保证要跟以往一样进行"彻底调查"。美国新上任的总统伍德罗·威尔逊强烈谴责这一暗杀行为，并加强了美国军队在边境上的军事存在。

在立宪派主要负责人贝努斯蒂亚诺·卡兰萨的领导下，两位农民游击队将军——南方的艾米里亚诺·萨帕塔和更靠近得克萨斯州的"北方猛虎"潘乔·比利亚站了出来，帮助推进了墨西哥革命。

造反的将军们和官员们有好多次往返于格兰德河，举行庭审，筹募资金，到

---

①比利亚，即潘乔·比利亚（1878—1923），原名多罗特奥·阿朗戈，墨西哥游击队领导人。青年时加入马德罗领导的反对迪亚斯独裁统治的起义。他的"北方师"与卡兰萨联合推翻了韦尔塔，后与卡兰萨分裂而逃亡。1916年他袭击墨西哥的一个城镇以表明卡兰萨没有控制北方地区，美国派兵征伐，但没有成功。1920年卡兰萨被推翻之后，他被赦免，但三年后被暗杀。

埃尔帕索保罗和萨米住着的谢尔顿宾馆购买武器。埃尔帕索是一个车水马龙、喧嚣热闹的地方，尽是一些赌徒、妓女、偷牛贼、土地投机商、牧牛工人、印第安人、美国步兵、记者—— 一锅由战争煮起来的沸腾冒泡的大杂烩，这锅大杂烩的调味品便是少量的几个武器贩卖商和推销他们货物或者服务的飞行员，谁有现金就卖给谁。

城镇的西南部，在一个散发着恶臭的黄铜冶炼厂附近，他们在一座由绳索和木板制成的摇摇晃晃的人行桥上越过了格兰德河。摄影机和胶卷箱用肮脏的毯子盖着，装在嘎吱嘎吱作响的骡子车上。他们带着一罐罐的牛肉干和硬饼干，还带着三只水壶，两只装水，一只灌了满满的威士忌。他们穿戴的是彩色毛毯披肩、草帽、破旧的长裤、绳子扎的凉鞋，这些装束帮助他们避免了很多盘问。保罗折拢他的护照，将它连同他的雇主给的信用证一起藏了起来，放在一只小布袋里，用一根带子挂在脖子上。他的西班牙话讲得很好，墨西哥这边的联邦军人很快挥手让他们继续往前走。

胡亚雷斯城的南面是一个遍布沙岗的干旱地区，沙岗上点缀着熊果树，树上盛开着粉红色和白色的花朵，还有黑肉叶刺茎藜、仙人果、丝兰花，多刺的墨西哥刺木的枝丫顶端也开满了生气勃勃的红色花朵。他们的右手边，马德雷山脉逶迤盘绕，形成了南方的一道屏障，恍若雾霭蒙蒙的蓝色石墙，较低矮的山坡上，覆盖着葳蕤葱茏的植被。比利亚将军是穷人的偶像，将战争带入了这个北方的州，蹂躏大片大片的牧场，洗劫一个一个的庄园，围攻许许多多的城镇和村庄，驱逐那些联邦军队。然后他招募了大量的有生力量到他的北方师，下决心要直捣黄龙，攻克首都，当时首都掌权并享有着特权的是韦尔塔及其同伙，而且并非偶然的是，他们还拥有美国石油和矿产股份的经营权，使得他们这边的战争资金源源不断。

遍地丛生的灌木让位给了光秃秃的荒野。大山似乎在他们前头不断地后退。无论是醒着还是睡眠，干渴、炎热、沙虱都让他们吃尽了苦头。他们有两次看见地平线上升起黑色烟柱，那是牧场野火在肆虐。第四天夜幕降临之后，他们看见了一个小镇，国家铁路线西去几英里之遥，这条铁路线连接胡亚雷斯城和南去两百五十英里的杜兰哥州的托雷翁。保罗用望远镜看到，小镇上空飘扬着联邦的旗帜。

他跟萨米用他们的骡子车挡着风,就在露天的地上睡觉。远处,一只野兽在咆哮。保罗被皎洁月光下广袤原野的景色迷住了。他从他的装备里取出一只有铰链的小箱子,他打开小箱子,侧过来借天上明亮的月光照亮里面。

小箱子的左面这一边贴着一张他四个孩子的照片,那是在纽约拍的,花了整整一个小时,真是一场闹翻天的折磨。七岁大的贝齐穿着一件罩裙,显得很漂亮,她坐在一张软垫凳子上,两岁的洛蒂就坐在她边上。贝齐抱着八个月大的西奥多·罗斯福·克朗。像他借用了名字的那个人一样,泰迪是一个多病的孩子。他穿着婴儿衫,几乎看不见身子,只露出一张丰满的圆圆的脸,一双眼睛就像鞋子上的纽扣。沙德已经十二岁了,被那个僵硬的领子箍着显然感觉不舒服,他站在三个人的身后,一只手搭在贝齐的肩头,另一只手插进他拿破仑式外套的口袋里。

另一个椭圆形的镜框里装着一张他心爱的朱莉的照片。这种小纪念品无论如何代替不了回家的感觉,但是拿出这些深褐色的照片看上几分钟,也能稍稍缓解一点思念。他躺下睡觉。

十二个小时之后,比利亚的骑兵、步兵和营妓所组成的大军旋风般杀出了荒原,直捣城镇。

有十几个骑兵飞速冲出了棕黄色的烟尘。橘红色的火焰从毛瑟枪的枪口喷出。联邦军队回应以嗒嗒嗒的连发加特林机枪。在保罗和萨米蹲伏的那条大街尽头有一个教堂,一挺加特林机枪就隐藏在门厅里,不断有子弹从门口射出。指挥这挺机枪的军官在刚才射击间歇的时候曾经走出来拿望远镜扫视过广场和周边的屋顶。他的军装让保罗想起了普鲁士军官所穿的军装。他的头盔很眼熟,就是德国兵戴的那种老式尖顶盔,擦得锃光瓦亮,顶上还有一个直的尖头。德国人在墨西哥势力很强。

叛军的骑兵沿着大街直扑那挺机枪所在之处。战马踢起尘埃,钻进保罗的眼睛里。他跟萨米就趴在一堵黄色的墙后,他们的头顶上是一条弹痕累累的横幅,上面写着:“比利亚万岁！革命万岁!”叛军一个街区一个街区、一个广场一个广场地向前推进;那些跟在后面的人早已经在庆祝他们的胜利了。

保罗在泥地上插好三脚架,开始摇动曲柄,拍摄到了骑兵映衬在阳光照耀的广场里的剪影。加特林机枪再次开始扫射,子弹在黄色的墙上射出一条长长的沟。萨米赶紧用双手抱住自己的头:"上帝呀,我希望老母亲没有忘记支付最后一笔保险费。"

"我到前面去。你待在后面,待在火力网之外。"

"才不呢。"萨米大叫道。他是一位忠实的助手,勇敢,机敏,这也是保罗喜爱他的一个原因。

他们向前爬去。在被加特林机枪打得千疮百孔的广场上,叛军士兵勒住战马,朝教堂开火。保罗扛起斜过他肩头的三脚架,冲过黑黝黝的街道,冲向那耀人眼目的阳光。在广场的顶头,他路过了一个被子弹射中肚子的叛军战士,他靠在墙上坐着,脸上有一种茫然困惑的神情,从手指间隐隐约约可以看到他的肚肠。加特林机枪突突突地射击着,撂倒了一匹战马。那马喷出黑红的血,在骑手下面倒下了。骑手落地的时候也被击毙,被打得满是窟窿的尸体扑通一声掉落在死去的牲口身上。

加特林机枪不停地射击着,战马嘶鸣,用后腿直立起来,逡巡不前。保罗猛地冲到一个酒馆的雨篷下。他撞开他前面的一张桌子,看了一下他的计数器,还有一百七十英尺胶卷,他再次开始摇动曲柄。

骑着受惊战马的一个叛军士兵一头撞上了支撑着雨篷的柱子。帆布掉落下来,战马惨叫,战士跳下马。加特林机枪的子弹击中他的面部,把他的一只眼睛打了出来,撕破了他的面孔,并将他的牙齿从他的嘴巴里击向了四面八方。鲜血溅到保罗的头发上、眼睛里、做披肩的彩色毛毯上、手上和摄影机上。他全然不顾这些,一个劲儿地摇动着曲柄。

一个块头很大的战士跳下马来,带领另三人冲上教堂的台阶。有一个战士端着一把刺刀,犹如握着一把剑。叛军战士从机枪的两边冲入,消失在了门厅里。保罗听到一声惨叫,接着有枪声。一会儿之后,那个军官从门里猛地冲了出来,肚子上戳着刺刀。他踉踉跄跄地滚到台阶下,他的尖顶头盔哐啷哐啷地在石阶上弹跳着。他的头发是金黄色的。

教堂里传来更多的枪声，这表明加特林机枪的问题解决了。两具尸体被扔出教堂门外；接着那挺机枪被小心翼翼地推进阳光里，并被搬下台阶。正当那四个人大声喊叫着庆祝他们胜利的时候，保罗的胶卷显示仪正好归零。

战士们找回自己的战马，飞奔而去，留下那挺加特林机枪，等以后再来处置。保罗环顾着空荡荡的广场四面，丢下他的摄影机，朝那个死了的军官跑去。尸体已经开始散发出臭气，他屏住呼吸，摸遍了军官的衬衫口袋，想确认一下他的身份，结果什么也没有发现。但是，他发现了一本德语小书。

就在此时，三个穿着凉鞋和破衣烂衫、胸前斜挂着子弹带的全副武装的战士从他早先蹲伏在那儿的那条大街走了过来。那领头的用西班牙语大声说道："这儿还有两个外国佬。"接着有第四个战士用枪口抵着萨米把他从那条黑乎乎的大街上拽了过来。

保罗伸手去掏他藏在彩色毛毯下插在枪套中的左轮手枪，但是他一看那三个游击队战士齐刷刷地举起了三支步枪，便赶紧作罢。他们慢慢地朝他走来，眼睛在步枪的准星上面紧紧地盯着他。

"你被捕了。"走在最前面的那个人说。

保罗慢慢地举起了双手。

保罗遍体肮脏，满身血污，疲惫不堪，有一种失败的麻木感。战士们搜查他的全身，解下了他的手枪皮带和带套的手枪，但是很快地翻了一下那本小书之后将它还给了他。保罗将小书塞进自己的口袋，站到了萨米的身边。一个战士捡起摄影机，将三脚架扛上肩头。保罗想要告诫他别毛手毛脚地弄坏摄影机，但这样一来就暴露了他会说西班牙语；这张牌他还想过一会儿再打。那战士对摄影机十分小心，这让保罗感到惊讶——也让他有点费解。

在土坯房子的屋顶上方，一柱柱浓烟污染了天空。其他的大街上，枪声还在乒乒乓乓地响，不过不像之前那样连续不断了。他们这支队伍离开了广场，爬上一条倾斜的街道，来到另一个广场，穿过广场，朝一个还未损毁的酒馆走去，这个酒馆由十几个因为夺取了这个城镇而兴高采烈的士兵占据着。或者说他们一直就是兴高采烈的。保罗记得，比利亚的战士都是志愿兵，他们相信他的土地改革纲领和教育政策，并愿意为此而战。而那些参加战斗并战死在前线的联邦军官兵则大多是强行征募来的。

在离这帮男人很远的地方，有一个性感的女战士坐在那儿，膝头搁着一支温切斯特连发步枪。她尽管满身污垢，但是粗粗一看，依然楚楚动人。她用一块布慢慢地将枪上的污斑擦去。保罗在她的目光中看到了给予比利亚力量和优势的激情。

将军坐在房间中央的一张凳子上，四周留出了表示恭敬的空间。他是一个粗壮的人，三十多岁年纪。他那张黑黄的扁平的脸表明，他有印第安人血统。他浓密的八字胡像一把黑色的修面刷。他身边的桌子上，摆着一瓶清澈的液体。保罗看到，那墨西哥龙舌兰酒里泡着一条蛇。

和步兵战士不同，将军穿着一件朴素的卡其黄军装，脚上是积满泥巴的靴子，头上戴着一顶军帽。他的双眼褐色很深，以至于看上去像是黑色的。这双眼睛仿佛从未眨过一般。

“说西班牙语吗，我的朋友？”他用西班牙语问保罗。

保罗用英语回答道：“我不懂。”

将军啪地捻了一个响指，一个长着七凹八凸牙齿的干瘪家伙赶忙走向前来。又是西班牙语：“朱利奥会翻译。你知道我是谁吗，美国佬？”

“知道他是谁吗——这位司令官？”朱利奥的英语几乎听不懂。

“比利亚将军，我看过他的电影。”

当朱利奥翻译过去后，比利亚微微笑了：“给这位先生端张凳子来。”

萨米被推到了附近的一张桌子旁，一支毛瑟枪的枪口就停留在他的耳朵边上。比利亚用他又短又粗的棕色手指啪啪地弹了几下那瓶酒：“喝龙舌兰吗？”

“告诉将军不喝，谢谢，但是我可以抽雪茄吗？”他拍拍他的彩色毛毯，那毛毯已经因为干涸的血而变得硬邦邦的。

一阵叽里呱啦的西班牙语，接着是翻译：“将军说了，别掏枪。”

“我没有枪，你们把它拿走了。我说我想抽根烟。”他做了个吸烟的手势，“雪茄烟。”

“啊。雪茄烟。雪茄烟。”朱利奥用西班牙语转达了这个意思，然后听着答复,“将军说,可以,抽吧,可是你如果图谋不轨,我们会带你到土坯墙那儿去的。”保罗以前听说过这个说法,那就是拉出去毙了的意思。

“另外找时间吧。”他小声地嘀咕着,掏出一根雪茄。他双手的手背上洒满了血,他能感觉到,头发里和眉毛里的血已经结成块了。他拍拍裤子找火柴,但是火柴不知怎么给弄丢了。比利亚扔给他一根硫黄火柴,保罗拿来在桌子上擦燃。将军突然提出了一个问题,朱利奥将它翻译了过来。

“他想知道你是谁。”

“我叫保罗·克朗。我是一个美国人。我为电影院拍摄新闻片。”

朱利奥斜眼瞧着,一时被难住了:“我想他说的是他是戴王冠的,将军。而且他是画画的。”上帝呀,这人根本就不懂英语啊,这有可能是灾难性的。保罗在牙齿间咬住雪茄,找到那个拿着他的摄影机的士兵指着,然后做了个摇曲柄的手势,用西班牙语说道:“新闻电影。”比利亚在他的凳子上往后仰了一下身子,哈哈大笑起来。

“好吧,好吧。我们两个人都在耍花招,我能说你们美国佬的话,我到美国去过很多次。”他挥了一下手,“朱利奥,坐吧,你是个傻瓜。”

那獐头鼠目的家伙羞愧难当,消失在酒馆里面。比利亚拿起酒瓶,喝了一大口酒,继续说道:“我在得克萨斯和新墨西哥做很多赚钱的买卖。比如,我从剥夺人民土地和祖祖辈辈传下来的财产的恶棍那儿把牛夺取过来。我的伙计在夜里把牛群赶到新墨西哥的哥伦布。一个肯通融的商人把它们卖掉,这样它们走向屠宰场之前在上帝的眼里就是神圣的了。请你理解,我不能说出那位帮助我增加革命财产的先生的名字,因为你和我还不是很熟悉。你看上去值得信任,但是可以说有很多间谍一开始都是这样。”

他接着喝酒。比利亚也许是一个没有受过教育的农民,但是他给保罗的印象是精明的,而且毫无疑问,他天生拥有军事才能。

“你拍摄电影?”比利亚问道。保罗点点头:“我喜欢电影。我在埃尔帕索看过好多次电影,五美分。”

“我就是为这个来的,将军。来拍摄你的战争电影。我有证件可以证明我是谁。”他抓住皮条,准备把他装护照的小袋子拉出来。

“没关系,我不需要看证件,我喜欢你。另外,你看上去不蠢。你肯定知道你违法了,韦尔塔总统命令所有美国人离开墨西哥,你在做的事情是违法的,非常危险呢。”

保罗紧张起来。他竭力让自己的脸色保持平静,说道:“我知道,但这是我的工作。我不太理解你的担心。你在反抗韦尔塔,反抗他的统治,那你干吗要执行他的法令呢?”

比利亚沉下脸:“有太多的美国佬吸干了这个国家的血。我怎么知道你不是被他们秘密收买的呢?”

“将军,我没有,可是除了我的话,我拿不出证据。所以,直截了当吧,你是逮捕我们,还是让我们自由地干我们的事?”

比利亚若有所思地微笑着回答道:“这么说吧,你们由我监管,直到我们的谈话得出什么结论。”他默默地注视了保罗好一会儿。接着,他的眼睛里再次露出欢乐的神情:“我在跟你开玩笑呢。摸摸你们的情况。我听说有人在城里拍电影,我的侦察员报告了这事儿。我就派人去找你们,不伤害你们,把你们抓来。”比利亚搔着自己的下巴,“啊,你觉得人民的革命怎么样?”

“从我所读到的东西来看,我得说其目标是有价值的。墨西哥的历史是让所有土地都落入一小部分人的手里。有很多人不是你们的同胞。你知道威廉·伦道夫·赫斯特①这个名字吗?”

“知道。非常有名,他拥有很多报纸。”

“赫斯特在你们国家也有很多土地。出于显而易见的原因,他不想让你们进行土地改革,也不想让你们的人民接受教育。所以你正在做的事在这个方面是值得赞美的。可是,流的血太多了,我不喜欢杀戮,我不喜欢任何理由的战争。”

比利亚拿酒瓶往自己的嘴巴里斜去,有一些酒流到了他的下巴上。他那双犀利的眼睛透过并不纯净的酒瓶,盯着保罗。

“我也许可以通过你和你朋友拿到很多钱。”他说道。

保罗摇摇头:“已经有人试过了。去年我伙伴跟我在塞尔维亚,一帮强盗把

---

①威廉·伦道夫·赫斯特(1863—1951),美国报业巨头,创建赫斯特报系,曾拥有多种日报和杂志,以轰动性新闻、醒目的版面和低廉的价格竞争取胜。

我们抓住了,要我们出两千英镑,否则就绞死我们。"

"我没有看见有绞索印痕呀。"

"我们逃脱了。你知道,我们的老板在伦敦。他很有钱,但他不是一个傻瓜。我们知道他不会付钱赎我们的。你如果也打这个主意,没有用的。"

比利亚再次用敏锐的目光瞧着他。接着他摇摇手。"说真话,我在开玩笑呢。我钦佩像你这样的人,勇敢,有胆量。"他抚摸着自己的八字胡,"我们谈谈你拍摄的电影吧。电影是现代玩意儿,在很多受过教育的人中有影响。"

"遍及整个文明世界。"保罗赞同道。

"你打算如何拍摄关于我这支军队的优秀电影呢?"

"您愿意合作吗?我还真的可以拍出优秀电影,将军。"

"我说的是那种别人不被允许拍的电影。"

"这样就更好。"见鬼,这究竟是怎么回事?

比利亚将酒瓶放到自己的膝头,一个短暂的停顿。

"很好。付我两万五千美元,你就可以跟着我的军队,拍摄我所有的战斗,其他人谁都没有这个特权。"

"你想要用新闻报道来赚钱?"保罗问道,他要确认他有没有听错。

"革命需要资金。"这位将军像一个老奸巨猾的地毯商一样倾身向前,用甜言蜜语展望着美好前景,"我会满足你的每一个愿望。譬如,我们如果进攻一个目标,不管是胡亚雷斯城还是奥西纳加还是其他某个边境要塞,只要你准备好,觉得拍摄条件可以了,我再下令进攻。"

保罗感觉他是掉入了爱丽丝的兔子洞,多么怪异且困顿的局面。他深深地吸了一口雪茄。

"将军,你也许不会理解我将要说的话,但请你尽力去理解。这部纪录电影必须得告知真相,世界上已经有太多的欺骗、无知与其他的胡说八道。如果你发动的一场战斗是根据我们所安排的时间表,那就不是真相。"

比利亚完全理解,他温和的微笑变成了皱眉:"这是你的答复吗?或者是雇你的人的答复?"

"我不知道他会如何答复,他回英国了。我见到他的时候会告诉他我所说的话。他要是不喜欢,他会解雇我的。”

“那这是你的回答啰?”

“是的。”

比利亚的脸色沉了下来,他在两只靴子中间吐了一口唾沫。他斜过酒瓶,喝光了里面的酒,然后朝保罗的方向挥动着酒瓶子。“我看错你了,外国佬。当他们把你带来的时候,我以为,啊,看样子这个人很明白事理呢。我上当了。”他扔掉空酒瓶,酒瓶哐啷一声在瓷砖地面上砸得粉碎。

“让我告诉你吧。我知道还有其他拍电影的人到埃尔帕索来了,会有人听到我的建议并接受的。”

“很可能。”保罗点点头说。

“我就跟那个聪明人做生意。”

“我并不怀疑。”

比利亚跳起身来,吓了保罗一大跳,他的心再次怦怦地跳得厉害。

“你得离开这个城市和奇瓦瓦州。我会允许你带走你的摄影机,保留我们这场革命的一些影片,让你庆幸你还不是那么愚蠢。但你们要是再次越过边境,你跟你的助手,一旦让我们抓到,我们就会带你们直接去看土坯墙。那就不会先有交谈啦。把他们带走。”

第六十一章　英国埃德加

弗里奇和莉莉每周有六天有时七天都会坐着很大的红色电车去伊登戴尔。弗里奇星期日一般有空，但是莉莉通常要在她壁橱一样小的办公室里或卧室里工作，编写电影剧本。她思路敏捷，才华横溢，有讲故事的天赋。佩尔泽喜欢她的作品，而且还喜欢她这个人。他将她的周薪提高到了六十美元。

莉莉信心倍增，仔细研究每一本杀青的电影，研究其优缺点。她要是不喜欢什么，便坦率直言。她时常跟埃迪争论：

“把对话字幕放在场景的开头太蠢了，话在什么地方就插在什么地方。”

埃迪虽然在有些事情上是一个实验者，但是在这件事上却很坚持：

“其他人都是那样做的。”

“你在乎其他人干吗？最优秀的电影制片人就不是这样做的。格里菲思就不是这样做的。试一下，埃迪，就试一次。”

大约到了第五次她劝说他的时候，他在一部催人泪下的两部电影《爸爸在哪儿》里试了一下。他十分大度，承认这样做行。他赞扬莉莉能够坚持自己的信念，并答应在合适的时候采用这一技术：“管他阿尔怎么说呢。”

B. B. 和索菲离开了两个月，从纽约坐轮船去英国，到伦敦创建一个交易所，然后再跨越英吉利海峡，到柏林和巴黎去兜售利伯蒂的产品。旅行快结束的时候，在弗里奇的坚持下，佩尔泽夫妇跟保罗和朱莉在伦敦的洛亚尔饭店一起吃了个晚饭。朱莉后来写信来说 B. B. 坚持要买单，结果就让他买了单。

伊登戴尔的周边地区日渐繁华。弗里奇的那位老相识迈克尔·辛诺特给自己重新取了个名字——麦克·森尼特，在距这条大街不远处的一个地块上定居了下来。麦克的公司名叫启斯东电影公司，模仿了宾夕法尼亚铁路公司的商标，免费盗用的。麦克把他可爱的小女友，一个名叫梅布尔·诺曼德的黑发黑肤的姑娘，一同带到了西部，另外还有一些可信赖的演员。他继续生产一些描写笨蛋警察的喜剧片，格里菲思将其归类为下三烂产品。

代替欧文扮演孤独印第安人的杰弗里·杰曼是位和蔼可亲、才华横溢的男演员，他的妻子玛贝尔是名自由服装师，为那些电影公司制作戏服。1913 年夏末，玛贝尔有几个星期被雇用到位于这条街上的麦克·森尼特的摄影场工作。杰弗[1]邀请弗里奇跟他们一起去看一部新电影，然后再享用一顿野餐。曾经每当利伯蒂公司制作完成一部影片，B.B.常会张罗这种野餐。

森尼特位于亚历山德罗大街 1712 号的摄影场很像利伯蒂的摄影场，不过它的入口更加气势恢宏，一个木头拱门上挂着一块很大的招牌，上面写着：

麦克·森尼特

启斯东喜剧片

里面正在进行计划周详的建设。一个角上有塔楼骨架的一幢新建筑的框架已经搭建完成。一个干完一天活的人正在收拾他的工具箱，他看到弗里奇在观察那个塔楼，便说道："他的办公室就在那儿。还有蒸汽房、私人浴室——得租台吊车把浴盆弄上去。我听说它有一个游泳池那么大。"

森尼特在野餐桌边热情地欢迎她，那些演员、工作人员、来宾都已经用一片片的火腿、火鸡肉，还有马铃薯色拉、豌豆和饼干装满了他们的盘子。弗里奇祝贺他获得了成功："真的太好了，迈克尔——我是说麦克，这个名字我一下子还不太习惯呢。你成了行业巨头。有完全属于你自己的制片厂，你那个塔楼里面还有很多物质享受。"

"我们在新的行政大楼里还将安排一个健身房。人哪，总得健康舒适，才能把活儿干得最棒。"他的脑袋里一下子又想到了什么事情，他的微笑渐渐消失了，

---

①杰弗，杰弗里的昵称。

“不过它并没有像看上去的那么豪华。我是第一次得对工资表负责，还背了一大堆债务呢。”尽管他承认有很多难处，但是，用夏季亚麻布制作的精致的三件套西装和闪闪发亮的领带别针都让他看上去依然十分成功的样子。

“格里菲思先生永久性搬到这里了，是吗？”

“是的，而且大多数老拜奥格拉夫帮也都来这儿了。比利·比策、莱昂内尔·巴里莫尔、汉克·沃索尔，还有基什家两位姑娘。小玛丽已经离开他去朱克的著名演员公司了。”

“我知道，我在那儿见到过她。”

“嗨，我的女一号来了。过来，梅布尔。”

他把弗里奇介绍给一位秀发乌黑、黑眼睛闪着亮光、身高五英尺的丰满柔美的黑肤姑娘。弗里奇和梅布尔·诺曼德很合得来，不到五分钟，她们便像一对老朋友一样聊起天来。梅布尔一边讲着一个冗长乏味的下流笑话，一边还噼啪噼啪地剥花生吃。弗里奇微笑着听她讲笑话的时候，发觉有一个长着波浪形黑色鬈发、目光十分大胆的有趣的小伙子正在注意自己。

摩肩接踵的人群中又转出了一位老朋友。胖子罗斯科·阿巴克尔，她跟他在《乐在乱中》有过合作，他们拥抱。“公司里来了个新人。”胖子说道，一面拿一根手指朝站在她身后的什么人勾着，结果是刚才盯着她瞧的那位小个子。胖子介绍说，他叫查尔斯·卓别林①，“我们给他取了个绰号‘英国埃德加’。”

“我喜欢。”“英国埃德加”说道，听他的话音，来自世界的任何地方都有可能。他吻了一下弗里奇的手，然后眨眨眼睛。接着，他摘下他的常礼帽致意，然后让帽子直接沿着他的胳膊翻着筋斗滚落到他另一只等着的手里。卖弄，但是有趣的卖弄。

在放映《胖子的饕餮大餐》期间，卓别林就挨着她坐在草地上。胖子演一个糕点师，被森尼特那些滑稽的警察追捕，原来他们错把他当成了一个偷珠宝的贼。电影结束了，夏天夜色此时显得格外柔美，萤火虫闪着荧光，卓别林再次摘

---

①查尔斯·卓别林（1889—1977），英裔美国演员和导演，有着独特的装扮风格。他1919年与人共创联艺公司，在很多经典电影里担任主演、导演、制片人，如《淘金记》《城市之光》《摩登时代》《大独裁者》《凡尔杜先生》《舞台春秋》等。他于1952年搬到瑞士定居，于1972年获得奥斯卡特别成就奖。

下帽子致意，这次的动作十分礼貌。

“很高兴见到您，克朗小姐。我希望能再有这样的荣幸。”

也不知是怎么了，她将一根食指放到自己的下巴上，行了个屈膝礼，眨了眨眼睛：“我喜欢。”

卓别林哈哈大笑起来：“你在侵犯我的领地呢，小姑娘。”

“对不起，这不是我的强项。”

“这倒不一定。”他们告别时他说道。

他们的两条路很快便又交叉到了一起。9月份一个星期六的晚上，弗里奇感觉寂寞，便接受了莉莉的邀请，到威尼斯的普德尔斯去，那儿有一个黑人爵士乐团演奏嘹亮的生气勃勃的音乐。在业已确立的传统社交圈里，电影界人士往往不受欢迎，所以他们便用不固定的聚会自己给自己找乐子。每个星期四晚上，好莱坞宾馆大堂卷起地毯供他们跳舞。星期五，他们在英斯维尔举办野餐会和舞会。英斯维尔是一个大牧场，“野牛”导演托马斯·英斯的西部片就是在那儿拍摄的。星期六，聚会再次移师普德尔斯或者好莱坞的希普咖啡馆。莉莉是这个圈子的常客，半夜三更，她会跟某个新来的“登徒子”一起玩消失，然后偷偷地将他领到家里。这个男人在弗里奇的闹钟响之前会离开。

夜间的外出活动提振了弗里奇的精神。一大杯克朗窖藏啤酒令这一过程锦上添花。她谢绝了一个戴着很深度数眼镜的男人的跳舞邀请。那人便邀请莉莉，莉莉没有异议。

大约九点钟的时候，麦克跟梅布尔、胖子阿巴克尔、胖子的老婆明塔和卓别林一同走了进来。梅布尔一坐下便伸手去抓花生盘，这时胖子发现了弗里奇，便挥挥手。卓别林走了过来，他那具有喜剧色彩的摇摇摆摆的行走令人印象深刻，让弗里奇想到了企鹅。他让帽子滚下胳膊，鞠了一躬。

“亲爱的女士，再次见到您，太棒了。愿意和我在地板上走几步吗？”

“行啊，不过你得告诉我应该叫你什么。埃德加还是查尔斯？”

他拉着她的手将她领进舞池:“请叫我查利①。”

乐曲是《哦,天哪》,哈里·波伦的一支狐步舞曲。查利的舞步很娴熟,不停地带着弗里奇旋转,直到她开始感觉有点头晕。

“再来一杯啤酒怎么样?”当乐曲停止的时候他问道,“或者,你想不想到码头上去走走?这是个美好的夜晚。”

“好吧,我们出去走走。”

黑人乐队的音乐慢慢消失,渐渐叠加进了摩天轮的汽笛风琴吹奏出的《来吧,约瑟芬,坐我的飞机》。摩天轮上扎着五彩缤纷的灯,大轮子映着夜空,慢悠悠地转着,姿态十分优美。飞驶的“乱云飞渡”过山车后面飘来尖声喊叫。在长长的渔码头上,麦克的喜剧演员们已经不止一次来开过警车了。温和宜人的微风给弗里奇带来暖意,也令她不由自主地生出些许惬意的慵懒。月光下的太平洋在轻轻呢喃。查利拉住她的一只手。

“请允许我向您表示敬意。胖子那天晚上给我看了《乐在乱中》,非常有趣。”

“那几个男主演很有趣,尤其是胖子。那对双胞胎姐妹只不过是陪衬而已。”

“都棒极了,可是你才是我注意的对象。你的动作轻快,时间把握得很好。你应该有更好的喜剧素材,精心创作的东西。”

“什么,一辈子让浆果饼扔我的脸?”弗里奇做了一个怪相,“我一直想演一些严肃的戏。”

“再没有比喜剧更严肃的戏了,亲爱的。它需要精心筹划,需要无瑕疵的表演,需要完全彻底地定下心来做到上述两点。”当他看到她的反应时,便耸了一下肩膀,“你的态度不对,亲爱的。在银幕上,你的脸像钻石一样闪光。人们情不自禁地会加以关注。”

“那太荒谬了,我又不漂亮。”

“漂亮太平常了,价值几何?而你所拥有的,是光彩照人——价值连城。”

他们来到码头的顶端,靠在扶栏上。满月如洗,大如银盆,流泻着黄白色的清澈亮光,宛如银针撒落在大海上。这景色如舞台吊幕般老套,可是太美了。

---

①查利,查尔斯的昵称。

查利将她的一只手握到自己手中，充满热情地望了她一眼。“我可以对你说句话吗？”他在她耳边轻轻说话时嘴唇碰到了她的耳朵，“我发现你美极了，你愿意跟我回宾馆房间去吗？”

她的心怦怦直跳。她感到荣幸——受到了强烈的诱惑。他不知道这个提议是如此振奋她的精神：一位受人尊敬的男士发觉她值得一看。此时此刻，若是洛亚尔·哈丁提出……那该多好。

他轻轻地抚摸着她的手，轻轻地说道：“亲爱的？”

“查利，我非常喜欢你，真的。可是还没有达到——嗯，你明白。我希望你不要认为我是一个可怕的假正经。”

“要是那样想的话，我就不会首先说出这个话来啦。可以问问还有其他原因吗？”

弗里奇望着浩瀚的大洋：“我希望如此。”

“你这个回答简直太奇怪啦。”

“我知道。对不起。我希望我们还可以是朋友。”

“唉，我的自尊心受伤了。不过我会泰然自若地将它捡回来的。上帝知道，我学会了如何捡回自尊。我兄弟锡德和我是在伦敦最最肮脏邪恶的地方成长起来的。我们在孤儿院之间来来回回，速度之快，频率之高，如同草地网球比赛。那种成长经历教导我，人不可能期望得到这个世界的所有报偿，只能是一部分。刚刚我又学了这一课。当然，我们将是朋友。我不仅仅喜欢你，我坦言我还欣赏你的人品，虽然我更愿意在我的床上欣赏你。”

他笑了起来，一面眨着眼睛。她再次大笑起来，她喜欢这个鲁莽的小个儿。

“我们回去吗？”他问道。她挽住他的胳膊，他们走上月华如水的码头。汽笛风琴演奏着《飞越波涛》。摩天轮上漂亮的五彩灯光在夜色中旋转。“乱云飞渡”发出咔嚓咔嚓的声响，接着一头俯冲下去。

“这里真的太惬意啦。”她品味着咸咸的空气，说道，“我不会忘了这个夜晚。”

“哦，我期盼大部分会悄然逝去的。”查利说道，“我们身处一个活跃的行业。千万别忘了我说的一定要逗人发笑的话。”

第六十二章　英斯维尔

1914 年 3 月，百代电影公司首映了一部名叫《宝莲历险记》的系列电影的第一集。一夜之间，一个名叫珀尔·怀特的女演员成了明星，而且，这部系列电影轰动了整个好莱坞。B.B.和海曼发觉其他一些连本影片也在快速地制作当中。《伊莱恩的故事》《海伦历险记》《日报界的多莉》。埃迪和莉莉联合起来共同抵制凯利的最后期限，在 4 月 1 日前完成了十二集《艾丽斯历险记》的所有脚本。弗里奇被迫出演艾丽斯，一个女继承人。在电影里，有一个凶恶的亲戚企图谋杀她并剥夺她的继承权，她与之进行了勇敢的斗争。

初夏的拍摄档期里，她被绑在一条移动的电动圆锯带上，被铁链锁在一根柱子上（边上的锅炉立马要爆炸了），被从飞驰的货运列车上扔下来（用人体模型做替身），被从双翼飞机上扔下来（替身也是人体模型）……受尽屈辱和折磨。她有看法，说，所有那些恶棍的帮凶都是有色人种演员，难道不应该稍微平衡一下，掺进几个白人流氓。凯利一听这话，立马断然拒绝道：

“别提这事儿。这是一个白人的国度。观众的心目中，恶棍不是黑鬼就是外国佬。”经过一小会儿徒劳的争辩之后，弗里奇只好认输。即便如此，她在扮演艾丽斯的过程中还是获得了一些快乐，因为相对于一个逆来顺受、深居简出、衣衫邋遢的女人而言，艾丽斯肯定是一位活跃而又积极的“新女性”。

系列影片的最初几集在 6 月份发行，很快便引起了轰动。B.B.拿出了一个“新鲜胡萝卜”，薪酬一百二十五美元一周，然后又拿一根“大棒”在弗里奇身上轻轻地打着：又一部有西部背景的电影怎么样？这一次按照埃迪的要求安排一些喜剧元素怎么样？

“我灵光一现，给了他一个很棒的建议，他喜欢这样。好吗？”

“哦，不，不行。B.B.，你答应给我有分量的角色，不是那种傻乎乎的角色啊。”

B.B.的嘴角撇了下来：“好吧，姑娘，我不强迫你。既然你这么反对那些想要捧红你的人，我不强迫你。而且，我们也不要去担忧我们所有的伙计，他们的老婆孩子都指望着这个公司的成功呢。是的，我们不用担忧。就这样。终结了。完了。结束了。”上帝呀。现在，她有两个跟她作对的父亲了。

在一个金色夏日的星期六，弗里奇跟她的新朋友查利共进午餐，就在麦克的制片厂所在那条路对面的一家百货商店里。他们买了红肠三明治和苏打水，然后来到商店隔壁阳光和煦的葡萄架下一张搁板桌上用餐。一个流浪汉在附近的草丛中躺着睡熟了。一辆装载着破旧家具和水暖设备的货运马车来到了商店里。旧货商人走进店里。查利嗤之以鼻。

“这个地区完全不像梅费尔或里兹宾馆。”

弗里奇告诉他回绝的事情。他的回答很简练：“好，你应该有更好的角色，别妥协。”

查利这天的装束包括一双超大的鞋子、一条宽松下垂的裤子、一件太紧的外套、一顶太小的常礼帽和一根挂在胳膊上的手杖。弗里奇以前没有见过他的这套装束，所以对此进行了评论。

“那你是没有看过我最新的电影，亲爱的。一段时间之前的一个早上，森尼特发现档期里有一个间隙。他给我三十分钟时间让我整出一个角色。我找来了我可以找到的所有装束，最后加上了一撮小胡子润色。”这小胡子看上去像一撮黑色的牙刷毛，“我正在拍的是我第三部扮演小流浪汉的电影了。”

“其他几部反响好吗？”

“好极了。启斯东喜剧的平均拷贝数是二十个，三十个是意外了。但第二部流浪汉片子，他们制作了五十个拷贝，还不够。那些交易所吵闹着还要，我开心死了。”

弗里奇没有告诉他，利伯蒂公司的“孤独印第安人”系列常规制作就是六十个拷贝。她只是在查利过分拘泥地咬了一口三明治的时候继续保持沉默。就在此时，一只黄褐色的蝴蝶停到了他的袖子上。他一动不动，没有去打扰它！他用一种思念之情凝视着蝴蝶。

“出什么问题了吗？”弗里奇问道，“你没胃口了吗？”

他摇摇头，蝴蝶飞走了。

“我认为森尼特马上要解雇我了。”

“看在上帝的分上，为什么？你肯定是在为他赚钱哪。”

“这事儿挺痛苦的。他每周付我一百五十美元。”比B.B.给得多。查利从某种角度讲是一个喜剧天才，抛开以前是不是呆笨不管。他又加了一句，让她感觉不舒服：“我值一千。”当她有点不快地瞧着他的时候，他皱拢了眉头：“钱不是森尼特的主要问题。他的观念太狭隘。拍摄什么都是急匆匆的，越多越好。他说我表演滑稽动作时间太长。我告诉他说，那是因为我想要设计出比诸如在香蕉皮上打滑、从楼梯上滑落之类更富有想象力的动作。更何况，我想要当导演。当我正式对他说了这事儿之后，他的脸色变得煞白，然后把我交给了他的女友梅布尔。现在，她在导演我了。”他摇摇头，“没关系，马上会解决的。我获得成功并非对其他事物一无所知。”他说道，眉毛跟着扭动了一下，“嗨，问你个事儿，烧烤是个什么玩意儿？”

“类似一种野餐，用烤肉叉烤肉，然后在上面抹上酱汁，通常用猪肉。怎么啦？”

“明天我受邀参加一个烧烤派对。汤姆·英斯为他雇用的一个男演员而举办的一个特别聚会。他们在纽约舞台上演戏的时候，住同一个房间。你愿意去吗？我想要找个人陪我去。”

弗里奇有衣服要洗，有衣服要补，有报纸要看，还要给母亲写封信。“谢谢，不过我认为我不该去的。在哪儿？”

“挺远的，英斯维尔的那个大牧场。”

有牛仔吗？

“我去。什么时间？”

查利租了一辆轻便马车。6月的下午，气象万千。驶到圣莫尼卡的北部地带花了一个小时。他们沿着老的国王公路行驶，一边是艳阳照耀下的大海，一边是暗褐色的绵绵群山，偶尔有峡谷小道切割其间，殷红的罂粟花和紫色的杜鹃花盛开在山坡上，一片靓丽。

汤姆·英斯很快就成为这个城镇最重要的导演之一。米勒兄弟 101 牧场真正野生西部秀到加利福尼亚来越冬，英斯便跟他们达成了一个交易，在淡季的时候，他可以使用米勒他们的人力和设备。他在他八千英亩的大牧场上拍摄大规模的西部片，那八千英亩地曾经是一个西班牙人的大牧场的一部分。

他们穿过一扇精致的大门，爬上一段很陡的坡路。葡萄藤爬满淡绿色的山坡。在一道俯瞰太平洋的悬崖峭壁上，坐落着一幢幢建有原木门廊、未经油漆的棚屋，活像一排排鞋盒子。“剪辑室和化妆室。”查利解释道，“他们有时也当外景用。堡垒、贸易站，诸如此类。”

“你对这个地方很了解。以前来过吗？”

“经常来，参加他们周五晚上的舞会，姑娘很多。”他有点夸张地叹了口气，拍拍自己的心口。

查利将轻便马车停在了一些差不多的马车和几辆闪闪发光的汽车中间，一只烤炉里飘出牧豆树柴火的芳香。有很大一群人，两百人左右，正围着摆放食物的长桌子把盏言欢。一个露天舞台上装饰着纸灯笼，有几对男女正和着音乐跳舞，音乐来自一把小提琴和一架手风琴。

查利将弗里奇介绍给英斯。英斯是一个长得胖胖的、和蔼可亲的人，有一头深色的头发和一双敏锐的眼睛。他将他们介绍给了他的一位新演员—— 一个名叫比尔·哈特的相貌像鹰一样的男人。“比尔是一个很优秀的演员。”英斯说道，“演过很多莎士比亚的戏剧。”

四面群山环绕，当暮色笼罩在东面的山坡上时，弗里奇和查利在他们的盘子里装满切碎的猪肉、酸菜丝、豆子和德国土豆拌在一起的色拉。牧场的牲口房里，传来公牛的哞哞叫声。不消停的野马在一个很大的圈马畜栏中四处慢跑着。畜栏的旁边停着一辆旧的公共马车，这辆马车从外形看已经有些岁月，久经风霜了。公共马车后面，有一辆科内斯特加宽轮大篷马车，白色的环形车篷没有收拢。他们端着盘子，爬上车座。

这个大牧场牢牢地吸引了弗里奇。到处是身穿牛仔服，显得粗犷强硬，又带着点趾高气扬的男人，在人数上是女人的两到三倍。有好多男人腰里挂着带枪套的手枪，看样子不全是为了装饰。

有规律的嘭——嘭，嘭——嘭声突然响起。"什么声音？"她问道。

"苏族村庄。小山那边有圆锥形帐篷。这一片居住着印第安人，但是他们不跟别人来往。"

他们吃完饭，慢慢朝悬崖峭壁逛去，欣赏了好一会儿太平洋上夕阳西下的景色。他们的身后，紫色的黄昏里，五彩缤纷的灯笼流光溢彩。有更多的男男女女跳起舞来，甚至有一些牛仔也加入了进来，这是大牧场上没有女人的寂寞日子里的遗风。人们交谈热烈，偶尔还有大叫声和纷乱的大笑声。他们往回走，弗里奇突然停住了脚步。

"查利。"

"你在看谁？那个罗圈腿矮子吗？我的天哪，他就是那个你看上的人吗？"

"不，不，是他的朋友。"她挥挥手，"怀特先生。温迪！"

温迪先是眨了一两下眼睛，认出她之后便露出了一个目光迟钝的微笑。他蹒跚着朝他们走来。"哎呀，再次向你问好，弗里奇小姐。"他们握手，他呼出的气里威士忌味儿浓烈得差一点把她熏倒。他用了一块黄色的扎染印花大手帕，让他的牛仔服生色不少。"上次在'水洞'见过，是吗？"

"你的记性真好。这是卓别林先生。你在这儿工作吗？"

"是的，在一部新电影里演牧马人。"

"怀特先生给一些演员做替身，查利。他跳屋顶，跳电车，跳开动的火车——"

"非常危险。"查利评论道。

"是的，先生，摄影机再有技巧也做不出这些来。我很骄傲，在这个城镇里，我已经有点名气了。我知道，我已经有四次因为骨折而去医院。所有的护士全认识我，都直呼我的大名了。"

弗里奇哈哈大笑起来，可是她的目光不停地在人群中搜索。

"也许能看到洛亚尔吗？他回来了。"

"他在这儿吗?"

"在。我们俩都在拍英斯那部电影。我不知道他此刻在哪儿,也许到苏族营地去了。洛伊的印第安话说得可好呢。"

"我很想跟他打个招呼。"

"我会睁大眼睛留意他,把他带过来的。现在对不起,我又渴死了。"他离开的时候,差一点在科内斯特加宽轮大篷马车那长长的辕杆上绊一跤。

当查利也说了声"对不起",起身去寻找女人作乐之后,弗里奇便拿着一只装装样子的空盘子和银制餐具,走到户外的舞台那儿。她坐在一只装钉子的桶上,紧张得一会儿轻叩这只脚,一会儿轻叩那只脚。半个小时过去了。

她之所以选择舞台边上这个位置,主要是为了让人关注到她。有人关注到她了。温迪摇摇晃晃地从黑暗中走了过来,把那个高高的牛仔给拖了过来。

"这位女士热切希望再次跟你问个好呢。弗里奇,你还记得洛伊·哈丁吧?"

"哦,是的,是的,我记得。"她有点结巴。她站起身来握手,紧张得有点不知所措,居然把那只空盘子和银餐具弄掉在草地上。他哈哈大笑着,很有风度地一一将它们捡起来。

弗里奇感觉一会儿热,一会儿冷。三十二岁年纪了,她居然表现得像十二岁的样子。她的双腿在颤抖,她的嘴巴发干,连同话语也变得干巴巴的。

温迪救了她:"弗里奇小姐有一天到'水洞'去过,去找你。他们要找个角色。"

"哦,非常感激你能想到我。"他没有戴帽子,他黑黑的长发闪着亮光,卷曲着,披散在领口。温迪轻轻地打了个嗝,说他等一会儿再来找他们。弗里奇依然无法平静。她的头发看上去是不是硬得像铁丝?她的嘴唇红吗?她在洛伊朝离去的温迪挥手的时候轻轻抿了一下嘴唇。

"你,啊,你离开了好长时间,哈丁先生。"

"比我打算的要长,的确。我在阿拉斯加混了六个月,然后又游荡回了这儿。后来到墨西哥去了一个月,不过他们那儿见到外国佬就开枪,所以我又滚蛋了。坐一艘空的牛拉船从科珀斯克里斯蒂漂流到了哈瓦那,然后又坐一艘牛拉船到了阿根廷,跟一帮加乌乔牧人一起干活,一直到我很想再次听英语为止。"他靠在马车上，微笑着，“你跟人一起来的吗，克朗小姐？”

“请叫我弗里奇吧。我跟就在那边的卓别林先生一起来的。他是启斯东的一个演员。”查利吸引了三个对他佩服得五体投地的年轻女士，正在她们面前装鬼脸，扮怪相，闹腾嬉戏。“我知道你眼下在英斯先生这儿工作，是吗？”

“对，我在一部新电影里做临时演员，跟那个毛头小子哈特一起。”

“毛头小子？”

“得克萨斯的老话。意思是扔个圈也扔不好或者干不好其他任何事情的人。新手——或者那种假装是真正牛仔的城里人。”他的话并不尖锐，却是彻头彻尾的讽刺。

“那是，你是得克萨斯人——”

“是的，靠近俄克拉何马，一条叫作缪尔舒的路上的一个小地方。你先到拉伯克，然后买张地图就能找到。”

他将一只靴子的后跟搁到一辆马车轮子的轮辐上，脸上不断地闪着微笑。她无法将眼睛从他身上挪开：他强壮有力的瘦长脖子，他炯炯有神的黑色双眸，他在夜的微风中微微飘扬的长发。他的身上散发出一种令人心旷神怡的肉桂朗姆酒味儿或者其他什么强身健体药物的香味儿。她几乎要神志失常了。

“你在得克萨斯有家庭吗？”

他的脸上依然堆着微笑，但似乎笑得有点空洞：“有一个姐姐，其他没了。”

“你回去探亲吗？”

“最近没有。眼下我得再挣笔钱。这个行当挣钱很容易。每次我都可以从哪个毛头小子那儿把活儿抢过来。”

手风琴和小提琴换成了《风流寡妇》的华尔兹。洛伊说：“愿意到大牧场里去走走吗？”

“我们干吗不跳舞呢？”

“这个……”他轻磕牙齿吸了口气，“我必须得承认我不知道怎么跳舞，从来没有学过。”

“你可以学，这不难。”她拉起他的手，将他引导到摩肩接踵的舞池里，“右手搂住我的腰，左手举到这儿空中。就是这样。我们走步，哈丁先生。一——

二——三，一——二——三——就是这样。”

几分钟过去了，一切顺利，他似乎掌握了舞蹈的窍门。接着，突然，他的一只脚重重地踩到了她的左脚趾上，她的腿差一点弯曲。“哦，天哪，对不起。”

“没事儿，我几乎都没有感觉！”她大声说道，微笑着掩饰她的疼痛。他搂着她腰肢的手越来越有劲，他的手把她的手抓得更紧了，他搂着她旋转，他尽情舞蹈。他脸上的恐惧消失了，换成了惊奇，然后换成了快乐。他们在彩色的灯笼下，在加利福尼亚的繁星下，跳着华尔兹。这是一种荒唐的古老做派，这是一种疯狂的浪漫传奇。弗里奇完全忘却了她疼痛的脚趾。她想，假如她的这种极度快乐再加剧一分的话，那么她可能会当场死掉。

在接下来的一个小时里，她跟洛伊边走边聊。当然，可以这么说，是她让他聊天的。他很快便坠入到一种朋友与朋友之间的自在亲近的交谈当中。他谈到了所有涌入好莱坞的牛仔们，他们中的大多数人他都当作毛头小子来对待，尤其是布朗乔·比利·安德森（“我才不管他红得发紫呢，他只不过是个大腹便便的戏剧界的纨绔子弟”）。他说到了一位牛仔朋友，俄克拉何马州的汤姆·米克斯，他敬重他是一位名副其实的人物。他也敬重温迪，温迪是一位真正的牧牛工，来自爱达荷州。

“不过，喝得太多了。”

“不过他干的都是危险的活儿，从桥上跳入水中之类。”

“说是喝醉了容易做那些事情，就不害怕了。我劝不了他，但愿我能说服他，我不想失去他。”

查利走了过来，胳膊里搂着一个姑娘，他介绍她叫普琳西丝·劳芬·沃特。她报之以疯婆一样的咯咯一笑。

“我们应该回城了，亲爱的。”查利对弗里奇说。

她迟疑着，希望洛伊能将她拉到一边，请求下次能再见到她。她敢请求他吗？不管怎么样，她不能这样做。

“希望我们能再次见面，洛亚尔。”

“那很有趣。”*哦，天哪，有趣？就有趣吗？*

“谁知道呢，也许我会到你们的影片里演个角色。”他补充道。

她全然不注意查利的怒目而视,突然往前走去:“要是能在这之前的什么时候见面,不也挺好的?”

“嗯,当然,这个可以考虑。”何时？何地？她在内心大声呼喊。他握着她的手,但没有进一步的动作。查利清了清他的嗓子。

慢慢地,很不情愿地,弗里奇将自己的手从得克萨斯人的手中抽了回来。查利看出了洛伊对她所产生的影响,便在他们离开的时候拿手抓着她的胳膊扶着她走稳脚步。要不是怕被人当白痴看待,她一定会转过身,走回去,去看他最后一眼。

在他们沿着月光照亮的太平洋海岸回去的路上,查利问道:“你对我说另外有个人,那个牛仔就是你说的那个人吗?”弗里奇点点头,在圆圆的白色月亮上面看到了洛伊的面孔。“你喜欢他,是吗?”

“是的。我也不知道为什么。”

“谁解释得清男女关系？干吗去费这个脑筋？就享受它吧。你了解那家伙多少?”

“他是得克萨斯人,没有职业。就了解这些。”

“我不敢肯定他是那种结婚顾家类型,更有可能是宾馆开房的类型。这种类型我太了解了,我自己也是。”

她哈哈大笑起来,并拿胳膊肘捅了他一下。

“这种事儿我难道不知道吗?”

第六十三章　雇佣兵

回到1913年12月，勒内认定，他不再满意航空表演所产生的微薄收入了，他想要挣更多的钱。于是，他听从了从得克萨斯州普雷西迪奥前来找他的两位先生所提出的建议。这两位先生穿着白色的亚麻布套装，头戴巴拿马草帽，没有穿军装。

他们给勒内提了一个很吸引人的建议，说这个表演队应该是个独裁团体，而不是一个民主团体，他采纳了。他让他的手下选择，是否一块儿去支持联邦军队，到战区飞行。令卡尔感到遗憾的是，所有人包括“哈佛”都同意了。两位穿着便服的军官便前往加利福尼亚州，向马丁公司购买了一架五千美元的双翼飞机，加以改装，装备得像“索诺拉”一样——“索诺拉”是一种轰炸机，墨西哥西北部造反的雇佣兵飞的就是这种飞机。

两个星期之后，勒内和汤姆·朗分别登上了两辆卡车，卡车里装载着马丁公司用板条箱包装好的飞机部件。他们在边境上贿赂了有关官员，所以入关时没有任何麻烦。卡尔和“哈佛”接到的任务是驾驶一架“柯蒂斯”和一架“布莱里奥”飞越边境。他们是在夜里飞的，路程虽短，但十分危险。勒内和汤姆在荒原上点燃了火堆，标明他们着落的机场。他们第一次尝试接近机场的时候，一架降落的飞机差一点把卡尔和那架“布莱里奥”撞到地上。他踩死油门，呼啸着再次拉起飞机，飞机的左翼削掉了一棵高高耸立的枝形仙人掌的顶冠，然后绕了一圈再回来，安全降落。他吓得喉咙又紧又干。

在索拉诺联邦军控制的一个城镇里，他们将“马丁”装配好并进行了试飞。向南做了几次短途飞行之后，他们于1月下旬来到了墨西哥中部他们的基地。

作为雇佣兵，他们的待遇很好，被授予上尉荣誉军衔，并获得每月三百美元的基础工资，每侦察一次或者送邮件飞行一次外加五十美元。但是他们很快发现，政府付他们的薪水往往姗姗来迟。

他们乘坐的这趟列车似乎总是往南方撤退。三节平板车厢装载着飞机，还有三架轻便活动舷梯。参谋人员使用的两辆奔驰汽车装载在第四节车厢上。一节棚车被改装成了金工车间，另一节棚车被改装成了放置航空炸弹的弹药库。这辆列车跟比利亚在更北部的铁道上行驶的一辆列车一模一样。

三位飞行员和汤姆被安顿在一辆专用的有轨机动车里，这辆车是从得克萨斯州的某个牧牛巨头那儿买来或者偷来的。它有普尔曼式的铺位，有固定在地板上的红色豪华转椅，有桃花心木做的餐桌和椅子，还有一个独立的厨房，厨房里有一只冰箱，冰箱里没有冰块。一堵间壁上，装饰着一对颇为壮观的公牛角。

为他们服务的是一个衣衫褴褛、瘦骨嶙峋的印第安男孩，十四岁左右，他那个很难发音的名字被弃之不用了，改选了一个“伯特”的名字。伯特在他父亲死后从尤卡坦州的家中逃了出来。他父亲在一棵一百英尺高的糖胶树上砍可以煮了做口香糖的糖胶，不幸从树上掉了下来。

“那是很可怕的活儿。”伯特对卡尔说道，一面难过地摇了一下他那颗头发蓬乱的头，“爬得很高，就只用一根绳子吊着，还得拿大砍刀狠狠地砍开树才行。我爸没有砍中树，却砍断了绳子。他死了。我妈想要我接替他干那活儿，我说不，她就打我，所以我就逃走了。现在开心多了。你喜欢我煮的食物吗，卡尔上尉？”

“你烤的面包往往太黑，还有你炒的鸡蛋嚼起来像橡胶，不过你的性格很好，做了弥补。”

“那个‘哈佛’，他不喜欢我，也不喜欢我煮的食物。”

“别放在心上，他谁都不喜欢。”

天气好的时候，伯特就睡在车厢下面，火车要是在开或者天下雨，他就睡在两节车厢之间的通廊上。他有一样宠物，是一条三英尺长的猪鼻蛇，它的鼻子就像一把小小的铁锹。伯特叫它安塞尔莫。他将它藏在一只盒子里，偶尔让它出来一下，捕捉它最喜爱的食物蟾蜍。

“安塞尔莫抓老鼠也很厉害。它不会咬人，怕人的。一看到人，它就发出嘶嘶的声音，然后装死。”

卡尔在墨西哥的东马德雷山脉尘土弥漫的丘陵地带五百英尺的上空飞行。在军队指派到他们这个部队的联络军官鲁伊斯少校的坚持下，他在自己的粗布短装口袋里塞进了一张旧地图。对飞行来说，这样的地图没有什么用处；他循着逶迤向北、直通萨卡特卡斯城的主铁路线飞行，该城镇现在控制在叛军手中。飞机是“布莱里奥”11 型，即 1909 年路易斯・布莱里奥飞越英吉利海峡的那款。当时，布莱里奥是世界上第一个驾驶那款飞机完成这一壮举的人。从那以后，他们就大量制造了那款飞机。

卡尔坐在这款小型单翼飞机机翼上方的露天座舱里，头发飞扬，红色的丝绸领巾噼啪作响，他的护目镜上反射着远处闪电的光芒。他左面的远处，崇山峻岭绵延起伏，跨越天际，映出黑色的剪影。

这样的飞行，其危险程度怎么说都不为过。敌人仅是危险之一。在墨西哥的这些中部省份，没有飞机场，没有地勤人员，甚至没有合格的汽车修理工。政府提供的航油质量差得可怜，有时会带来意想不到的飞机失速或者直接导致发动机熄火。在叛军占领戈麦斯帕拉西奥之前，勒内飞越到它上空进行侦察，飞机动力下降，他拼尽全力，才算摔机着陆在一条泥路上。被围困的联邦军人想尽办法给他弄到了足够的航油，才使他得以再次起飞，但那只是侥幸脱险。

卡尔拉回安装在操纵杆顶部的小小驾驶盘，飞机爬升，但是速度不够快，没有躲过那块乌黑的雨云，他的衣服很快被打湿了，他的护目镜上也留下了一条条水痕。但只是一瞬间，他就穿越雨云，飞进了白云点点的蔚蓝天空。条条光束像大教堂的塔尖一样洒落在地上。他看到一个农夫疲惫地跟在一架木犁和一群公牛后面，那人摘下草帽，仰望着卡尔。是敬畏还是害怕，他不得而知。

他飞过一块块生长着豌豆和玉米的田地。他飞过一座座小木屋和树枝当墙、茅草做瓦的人字顶小棚屋。他飞过一个城镇市场，已经低到可以看清一堆堆的葫芦和南瓜、一串串的辣椒、一篮篮红色和黄色的土豆。红头美洲鹫昂首挺胸地行走在牲畜棚之间的泥土小道上。小贩和购物的妇女拿手掌挡在额头，望着飞机，但是有一个孩子，一个小女孩，朝他挥舞双手。来自南方的飞机，一定是政府的飞机。

从这儿往回二十到三十公里的上空,他把缚在座位上的一黄麻袋香烟和柑橘扔了下去。大多数柑橘都被孩子们抢去了,他们在那个叫作“温泉”的村子里一口井的边上喊叫着,挥舞着手。由于乡村里的印第安人和梅斯蒂索混血儿基本上是同情革命的,所以从一架间谍飞机上扔点请客的小东西,在万一发动机熄火或者飞机被击落的时候,飞行员可以有点安全保障。此时此刻,唯一可以保护他的便是那把挂在他臀部的左轮手枪。

他继续往前飞越城镇,飞过该城镇的中央广场,广场上最好的建筑是一座巴洛克式的教堂,红色的面墙,黄色的镶边。乡村里的人们喜欢将他们的教堂装饰得光彩照人。卡尔喜欢这种效果。事实上,他喜欢墨西哥,也喜欢墨西哥人,尽管他们活得艰难劳累,但是他们勤劳肯干。只要你是站在正确的一方,他们便十分热情友好。墨西哥女人洗衣服之勤快连德国人也比不上。

前面远处,一只白色的眼睛张开了—— 一个火车头亮着头灯转过一个弯。是一辆军用列车,距离比预期的要近。

他紧盯着的头灯变得越来越大,发出耀眼的光芒。这就是他被派来侦察的东西:“北方猛虎”行进到哪儿了,离首都还有多少距离。1914 年的整个春季,联邦军队节节败退,一个又一个城市沦陷——托雷翁的铁路枢纽戈麦斯帕拉西奥,太平洋沿海的坦皮科。6 月 24 日,叛军攻占了萨卡特卡斯,四天之后,有一个叫斐迪南大公①的人在远方的巴尔干半岛被杀害。

尽管叛军取得了节节胜利,但是比利亚将军最近跟他那位有名无实的指挥官卡兰萨发生了矛盾。比利亚消失在了北方,假装去谈判煤炭和装备。当时,由他的下属负责指挥军队,他们试探性地往南方推进,但是锋芒较之以前有所减弱。有时候,叛军前进五十公里,接着便会将他们的骑兵和战地后勤部队撤回二十五公里,然后要到几天之后才会再次试探性地向前推进。联邦军队不得不保持高度戒备。卡尔这样的飞行员就是他们的眼睛。

---

①斐迪南大公(1863—1914),奥匈帝国皇储,主张通过兼并塞尔维亚王国,将奥匈帝国扩展为由奥地利、匈牙利、南斯拉夫组成的三元帝国。1914 年,他在视察时为奥匈帝国波黑省首府的萨拉热窝时,被塞尔维亚民族主义者普林西普刺杀身亡,这一事件导致了第一次世界大战爆发。

他擦了擦自己的护目镜。这架操纵杆加方向舵的“布莱里奥”用单手操纵就能飞得很溜。将操纵杆推向前，飞机就下降；将操纵杆拉回，飞机就爬升。操纵杆往左往右，就可以操纵机翼翘曲和升降舵。脚蹬的踏板控制方向舵。

他活动了几下自己的双肩，活动开关节，然后再次将飞机下降到五百英尺的高度。他用一架小型的双筒望远镜，看清楚了各种各样的自然地标，默默地记在心里，回去汇报。一缕木柴燃烧的炊烟升起在渐渐驶近的火车头后面，炊烟里面还混杂着烧炭的锅那儿飘来的更加黑的东西。在这趟速度很慢的列车的棚车车厢顶上，士兵、女人和孩子正在准备食物。有些人则在伞下或者在毯子和板条制作的棚子里享受比较迟的午睡。这些列车的顶上，俨然生活着一些小小的村庄。马被认为更有价值，所以总是搭乘在下面。

一声突然响起的汽笛，中止了煮饭，惊醒了睡觉的人们。傍晚斜照的暮光中，火车司机看见了卡尔。他头皮发麻，危险临近的时刻，往往有这种感觉。

战士们举起步枪，在晃动的棚车上稳住自己的身子。一会儿之后，这个烧木柴的老式火车头在他的机翼下开火了。火车司机拉响着汽笛，一声声短促的汽笛带有特别的嘲弄意味。卡尔往左倾斜，开始爬升，飞离了火车。有很多比利亚的士兵开枪射击，他骂自己干吗不早点拉起来。那长长的战争列车总是让他着迷。

那些比利亚的士兵挥舞着他们的拳头，朝他大声诅咒，不过他听不见。一颗子弹从一个轮子座架上弹落。另一颗子弹穿过了他左机翼的外壳，但不严重。

他驾驶着“布莱里奥”斜着机身兜了大大一圈飞向南方。有几支步枪继续在砰砰地开火，但是子弹已经够不到他了。他的神经放松下来。他已经获得了他被派来搜集的情报，完成这项任务又挣了五十美元。卡尔应募的军团都有数百年的历史了，组成人员全都无名无姓，只要谁给钱，他们就为谁而战——或者就他而言，为谁而飞。

他一落地，便马上报告了正在到来的列车的位置，指挥员们立刻下达了命令。暮光中，炮兵们套好骡子，将大炮转移到更加靠南的地方。在阳光照耀的滚滚尘土中，一队队衣衫褴褛的士兵也向同一个方向撤退。火车头吐出了浓烟，飞机和汽车全都装载完毕，用绳子紧紧缚牢。

卡尔坐在那儿擦他的科尔特手枪。厨房里传来嘶啦嘶啦的声音，这是伯特用一块废铁片在清洁那只黑色炉子的油污。卡尔煎了一些猪肉充当晚饭，猪肉硬得如同皮革。

勒内拿着一份来自墨西哥城的报纸走进车厢里，将它扔到卡尔的膝头。

“有更多萨拉热窝的消息，那儿的形势非常糟糕。”

“我真的不懂这种事情。”

“谁懂那个巴尔干半岛呢？就是个麻烦，如此而已。炸药等着爆炸。这可能就是被点燃的导火索。”

勒内解释说，那个牺牲品弗兰西斯·斐迪南大公，是奥匈帝国皇帝弗兰西斯·约瑟夫的侄子，并且是那个所谓的二元帝国的皇位继承人。在这位大公所访问的省份，波黑省的那些斯拉夫人恨死了统治他们的奥地利人。

“斐迪南是一个傻蛋贵族，尽管有很多传闻说有人要谋杀他，但他还是去进行了正式访问。在萨拉热窝，没有任何安全保卫措施。车队行进的路上，一枚炸弹爆炸了，这位大公还要继续前进。他的驾驶员转错了方向，在他倒车的时候，那个年轻的疯子普林西普走下路缘石，近距离开了枪。他的第二颗子弹射杀了公爵夫人。奥地利人被激怒了。战争即将来临。”

“你真的这样认为？”

“毫无疑问。德国人已经跟奥地利结成了同盟，他们为此已经准备了好几年。我的国家将会需要飞行员。前段时间，法国军队正式组建了一个航空军团。我也许会考虑抓住这个机会。我担心的是我们这方一打起来是要失败的。”这种想法在卡尔的心中也在滋长。

“我怎么会知道？”勒内耸了一下肩膀说道。他掏出自己的怀表，透过叼在他嘴上的香烟的烟雾瞥了一眼：“那个英国人已经迟了一个钟头。”“哈佛”驾驶着满载炸弹的马丁轰炸机飞向前线了。

十分钟之后，汤姆·朗透过一扇打开的窗户喊叫道：“他来了。”

他们跑到外面，瞧着“哈佛”的飞机在一段铺满了小鹅卵石的平地上慢慢靠近。傍晚的阳光斜斜地照过来，在双翼飞机的机翼上，几条很大的裂缝清晰可见。“哈佛”的飞机受到了攻击,而且被击中了。但是安装在飞行员座位下稍靠后的铁丝网里的炸弹架已经空了。他把八颗里面装着达纳炸药和铆钉的十八英寸直径的铁管土炸弹全部扔了下去。炸弹落到地上,头顶上的雷管会引爆炸弹。

飞机降落到地面上,接连像袋鼠一样蹦跳着,接着轮子最后撞击并转动了一下,生生避开了两块大石头。汤姆·朗跑出去迎接。“哈佛”从座位上跳下飞机;当时,大多数飞机上都没有安全带之类的东西固定飞行员。在柯蒂斯飞机上,控制副翼的肩带只要一撞就很容易断掉。

机械师连珠炮般问着问题,可是“哈佛”不理他。他径直走向勒内。勒内问道:“成功吗,我的朋友?”

“把他们的一节棚车炸得血肉模糊。杀死了一些马匹,也许还炸死了两三个在车厢顶上炖什么东西的外国母狗。”“哈佛”朝地上吐了一口唾沫,“这该死的有什么用呢?这儿一颗炸弹,那儿一颗炸弹。那个伙计鲁伊斯怎么样了?我希望他薪俸袋已经分发了。”

“今天可是没发。”卡尔说道。

“狗屎。到现在为止三个星期了,什么也没拿到过。”

“即使拿到钱,你到哪儿去花呢?”勒内挺达观地耸了一下肩膀问道。

“这是原则问题,法国人。”“哈佛”双手击掌,“原则。你得找这些混蛋交涉一下。”

“我能做什么呢?拿支枪指着他们,命令他们在司令部帐篷里印钞票?”

“只要能拿到钱,我才他妈的不管你干什么呢。我的合同说了,每一轮飞行投弹,我额外得到两百五十美元,这个星期我飞了两轮了。我可不能让那些无知的外国佬给糊弄了。”

“我敢肯定,在国库里一定有大量的白银,肯定能付欠我们的钱。就是分发的速度稍稍慢了点。顺其自然吧,我的朋友。”

“谢谢,可我只要我的工资。”“哈佛”用一块很脏的手帕擦着自己的鼻子。他那双绿色的眼睛在他积满灰尘的脸上闪闪发亮,活像一对夜间出没的野兽的眼睛。

“我跟你这么说吧。如果这一边不给我钱,我敢保证我知道谁会给钱。我已经听说过这样的事情啦。”

他们都听说过这样的事情:任何飞机,只要飞到比利亚的部队那儿,就立马付你一万五千美元。勒内被他的话激怒了:“你居然在这样的战斗中想着背叛你的同志?”

“我只关心我自己,法国人。”

卡尔说道:“鲁伊斯少校要是听到这个话,会邀请你去领略一下比利亚那出了名的土坯墙呢。”

“哈佛”轻轻擦了一下自己的鼻子,然后将手帕塞进他的马裤口袋里。“去他妈的,滚蛋,蠢货。任何人,要是挡我的道,或者为那个少校说话,我都会把他该死的猪脑子拍到远东去。”

他消失在了列车车厢里,然后大呼小叫地要伯特立即给他食物。他们听到了“哈佛”的手打在裸露的皮肉上的声音,接着一声痛苦的喊叫。

三晚之后,太阳下山时分,汤姆·朗再次报告,“哈佛”驾驶的轰炸机又过了返回的时间。卡尔玩着单人纸牌游戏,喝了一口温热的啤酒,瞧着铁路边上圆柱形的巨大仙人掌影子拉得越来越长,然后消融在黑暗中。大约八点半,勒内打开他的怀表,看了一下时间,接着关上怀表。

“他兑现他的威胁了,我们不会再见到他了。就是说,他不会为我们这边飞了。”

伯特懒洋洋地靠在厨房边上。他咧嘴微笑着,从牙缝间吹着口哨。勒内瞪了他一眼,将香烟扔出窗外。

“我肩负着通知少校的职责,真是太刺激了。”他走出去时小声咕哝着。

第六十四章　形势急转直下的一天

接下来的这个星期二到星期五，埃迪安排拍摄《牧牛女工和廉价小汽车》。跟以往一样，在拍摄一部新片之前，弗里奇会睡不好觉。她五点钟起床，穿好衣服，早饭也不吃，赶第一班汽车去了城里。她到达伊登戴尔的时候，太阳刚刚照亮东边的山头，木匠们正带着工具来到摄影场上。利伯蒂正在经历引人注目的飞速发展。

主屋边上一座附房的黄色松木框架已经耸立在那儿。B.B.、凯利和海曼经过大量的讨论，新建了一个公司的部门，其任务就是专门生产故事片——需要三至五卷或者六卷胶片的电影。

有更多这些比较长的电影一直在源源不断地被制作出来，尽管电影院老板抱怨声不断，他们不喜欢这种电影，因为租用起来更贵，租赁费要二十五美分一英尺，而分开的或者单卷的影片依然是五美分。故事片使观众的周转速度也慢了下来，因此利润进一步缩水。抵制者的目光十分短浅，但这些人顽固不化，很多交易所仍然拒绝整部发行故事片，而是每周推出一卷。

电影制片厂相信，短的影片永远不会过时，但是故事片有发展中的观众，这种情形部分是由一波来自意大利的服装极尽铺张的史诗故事所引发的，结果是，这些影片广泛流行。《特洛伊的陷落》和《暴君焚城录》，观众场场爆满。格里菲思的美国电影《贝斯利亚女王》也是如此。诸如菲斯克夫人和比尔博姆·特里这些舞台大伽也不再发出嘲笑的声音，而是签下了电影这个一本万利的合同。

在摄影场的后部，工人们正在挖掘地基，那儿将建设利伯蒂公司的得意之作，一个新的摄影舞台，墙板和屋顶全部是一块块可以滑动的玻璃。维塔格拉夫电影公司、爱迪生电影公司、帕泰电影公司、卢宾电影公司正在建造同样的舞台，或者说他们早已经拥有这样的舞台。

在一幢用于换装和化妆的稍微小一点的新建的房子里，弗里奇在一个架子上找到了自己牧牛女工的全套装束。她将所有装束搬到一个化妆室里，开始换装，此时，她发觉自己的手变得不太听使唤。有一个将胸垫跟抹胸连衣裤别在一起的别针松开了。她赶紧将别针捏紧，她有点紧张，坐立不安，因为埃迪雇了温迪和洛伊一起来演这部电影。他说他只能雇他们到星期五。

“他们在峡谷里开拍格里菲思的杰作，一部气势宏大的内战片。听上去他好像雇用了从这儿到提华纳的所有会骑马的人。他还掏空了当地所有的小酒馆和廉价旅馆。每人每天两美元外加一盒午饭，只需要穿上蓝军装或者灰军装。这一定是个大片。”

这天上午的第一个镜头需要他们到距亚历山德罗大街不远处的一个马厩里。埃迪此时已经配了一个助手，一个名叫莫里斯·伊森胡尔的瘦瘦长长的人，他们都叫他莫。莫在洛杉矶上高中的时候就迷上了电影。他读完高三便去寻找工作了。到二十岁的时候，他已经是一个有两年经验的老手了，能力强，还能处变不惊。

莫驾驶着那辆T型二手车来了。为拍这部电影，这辆车买来后重新上了油漆。他将汽车停在马厩院子边上。埃迪跟乔克·弗格森一起检查了一下背景。乔克说：“我感觉车子后面有那些野草不好。”埃迪告诉莫去找一把大镰刀，把那些最高的野草割掉。

三位临时演员洛伊、温迪和一个名叫卢瑟的男人按时到达，他们的穿着跟他们要扮演的牧场工人完全吻合。洛伊慢慢走到弗里奇跟前，摘下帽子向她致意：“你怎么样，小姐？”

“哦，好，挺好，洛亚尔。”她大声说道。太满腔热情了，她自己都感觉声调太高了一点。

“期待这部作品，听说是一部喜剧片。”说完这话，他走了。她在失望之余瞧着他的背影，他那老旧的手枪皮套，他那货真价实的左轮手枪，就挎在他的右腿上。这个人令她激动的程度超乎想象。

那么别再犹豫。鼓起勇气，去追他。

这部电影的情节是这样的：一位中年牧场主在他女儿二十一岁生日时送了她一辆福特汽车作为生日礼物。（年龄上有差距啦，弗里奇心想，她想到了自己快速增长的年龄。）女儿不愿意放弃她心爱的马儿老佩因特，不想换成汽车，但是她父亲说，他的腿断了，卧病在床，他们家土地的范围那么大，她必须驾驶汽车才能跑得过来。

这位姑娘为了掌握车技，努力进行了各种各样的尝试，就像她驯服一匹马那样，直到故事的最后，她才相信这是一种有用的奇妙的机械装置。然后，她驾驶着汽车去追捕一个偷了她家牛的牧牛工人。洛伊扮演的就是这个角色。

在第一个场景中，弗里奇得尝试像骑马一样骑T型车。她把一条腿甩上去，差一点撞到踏板，屁股落地摔了两次，接着在第三次尝试的时候总算坐到了座位上。埃迪喊叫道："摄影机准备。"莫·伊森胡尔快速冲到弗里奇前面，举起开拍板，上面用粉笔写着号码、电影片名和镜头的号码。"开始！"

她走近那辆汽车，很紧张，因为她知道那三个站在画框外的牛仔正在瞧着她。她刚要抬起左腿，就像她抬脚去蹬马镫一样，突然看见T型车下面有什么东西动了一下。她没看清是什么东西，但听见了格格的声音。

本能告诉她别动。埃迪问道："怎么回事？继续啊——哦，上帝啊。"

这条蛇一定是人们在割野草的时候从汽车的另一边游了出来。它长四英尺，呈黄褐色，有不规则的黄色横环，横环上有黑色的小斑点。菱形的头上长满了鳞片，两只眼睛闪闪发亮，恍若两块黑色的冰。

"大家都别动。"埃迪说道，"弗里奇，你能退回来吗？"

她害怕极了，小声说道："我不知道。"响尾蛇的头抬了起来，毒牙湿淋淋的。她的双腿在颤抖，如同风中柳枝。洛伊在她身后说道：

"别动，站着别动。"

她听到锤子敲击的声音。她用余光看到洛伊拿出手枪抬起手。他先开了一枪，接着又飞快地开了三枪。蛇被打成两半。洛伊快速跑过她身边，狠狠地踩住响尾蛇的头。

她瘫倒在埃迪的怀中。大伙儿都急着问她怎么样。她说道:“没事,我没事,就是发抖。我以前从没见过响尾蛇。”

“它可是真正的爷爷辈了。”洛伊说道,“瞧它那响尾的长度。在我们老家,我们叫它们得克萨斯响尾蛇,但是它们遍布整个西部。”

他将左轮手枪插进枪套。她尽管十分害怕,但是一看到那长长的蓝色枪管插进皮枪套,便又激动得不能自已。乔·弗格森说道:“你总是随身带着真枪实弹?”

洛伊压低帽檐遮住眼睛。“我干吗要带其他东西呢?”他的话音听起来有敌意,可是当他朝弗里奇走去的时候,他的表情很温和,“你肯定没事吗?”

“没事,不过有好几秒钟我真的给吓坏了。我对付过那些调戏妇女的流氓,就是我所说的‘女帽饰针处境’,可是这种情形要糟糕得多。你用枪用得很溜啊,你绝对不是一个毛头小子。”他喜欢这话,便哈哈大笑起来。

“我得想个什么办法报答你。”

“真没那个必要,小姐。”

追他。

“哦,一定要的。本周晚些时候我们商量一下。”

埃迪插话道:“我们把这个镜头拍完,然后在那条路上往前挪一下,拍另一个镜头,在那儿汽车熄火,然后你拿一块盖马的毯子把它盖好保暖,就像你在老佩因特感觉不好的时候那样做。”

弗里奇翻了一个白眼。

下午,他们回到了摄影场上。B.B.将索菲带了出来,观看他们拍摄室外舞台的戏,室外舞台就在冒充小木屋门廊的布景片前面。这个情节里有一场弗里奇跟老闹事的牧场工人洛伊的打斗。等他放肆调戏她的时候,她要拿一把扳手和一只里面装满了巧克力糖浆的汽油箱把他给挡回去。在厮打结束的时候,他粗暴无礼地将“汽油”倒在了她的头上,然后哈哈欢笑着扬长而去。

他们拍完那个镜头,乔克·弗格森连忙移近前来拍摄弗里奇透过那层糖浆往外瞧的特写,然后拍摄洛伊的表情特写,那种恶毒的斜睨,以强化他的卑劣性格。特写镜头曾经被谴责为赶时髦和荒诞不经，可是戴维·格里菲思非常艺术地运用了特写镜头，所以特写镜头受到了认可，甚至成了很普通的拍摄手段。

在拍摄洛伊的特写镜头之际，弗里奇就站在佩尔泽夫妇边上，拿毛巾擦脸上的糖浆。索菲拿手肘捅了捅丈夫："那个牛仔是个很帅的小伙子，很有男人味儿。你觉得呢，本尼？"

B.B.听到她在公众场合叫他的名字，看上去有点不高兴："没注意。"

"那好吧，注意注意。应该给他一个更好的角色，那个小伙子。"

我倒是想到了一个角色，弗里奇心想，对这一甜蜜的期盼不禁浑身一颤。

通常，埃迪不欢迎客人到他的摄影场来。但星期四上午，他破例接待了不请自来的弗里奇的朋友查利。查利穿着一身漂亮的新套装，手臂上挂着一根精制的马六甲白藤手杖，看上去温文尔雅。她感到惊讶，他怎么没有在工作呢？

"我在工作的，为一家新的制片厂，埃塞内伊。"

"天哪，从什么时候开始的？"

"从布朗乔·比利·安德森和他的合伙人比奇普斯卡特·森尼特给的钱多好多开始。本周末我就去旧金山。我就是稍微有点担心住宿。他们的住宿可能比不上我现在的住宿。"查利最近搬到了市中心，洛杉矶体育俱乐部，这是他流浪喜剧成功的一个标志。

"这儿在拍什么呢？"他朝摄影场点了一下头问道。那些布景片代表的是一幢牧场住宅客厅的后墙和边墙，客厅也当作办公室。

"偷牛贼把我的牛赶走了，他逃跑之前正在撬保险箱。T型车让我及时赶回来制止了他。我驾车穿越那堵墙，跳出车来，打败了他。"

"挺有趣的。干吗不弄简单的呢，比如从大门进来？"

"因为他在汽油箱里放了仙人掌糊，它让汽车发疯了。"

这次轮到查利翻白眼。

弗里奇热死了，感觉很不舒服。麦斯林沙制作的漫射屏悬挂在舞台上方，稍稍柔和了一点夏日的阳光，尽管如此，热光依旧毒辣。她费力地拉了一下裙子的前部。胸垫好像松了，又是那个该死的别针。她有时间跑到舞台后面再去别别针吗？没有时间——埃迪的声音通过喇叭雷鸣般传来：

“每个人都准备好了吗？莫，发动车子。”

莫急忙执行。几秒钟之后，她听到T型车在舞台左侧那块布景片后面的一个斜坡上发出突突的声音。凯利不知道从什么地方冒了出来，双臂交叉抱胸，站在摄影机边上看。他皱着眉头，一副吃到变了味的牡蛎般的表情。

“一次成功，赫恩。我不打算再建这个场景。”

洛伊将印花大手帕拉高到鼻子上挡住自己的脸，蹲伏在一只黑色的铁保险箱后面，保险箱的门打开着。弗里奇抚平她褪了色的方格布衬衫，爬进T型车里。埃迪喊：“摄影机准备，开始！”她咬紧牙关，加速。车冲上斜坡，穿破涂了颜料的墙板——临时装饰起来的墙面很容易冲破。她在一大团灰尘中刹住车，灰尘是舞台工作人员在不会影响到摄影机的地方扔出来的。

洛伊跪在保险箱边上，在弗里奇跳出汽车的一刹那做出了反应。“抓住你了，罗伊。准备坐牢吧。”埃迪非要用恰当的对白，而不是用即兴的话语，诸如“别敲啦”，或者“午饭什么时候啊”之类。

她冲向房间，可是有人把一张脚凳放错了地方——它在距离正确位置向右一英尺的地方。等她看到脚凳的时候已经太迟了，她跌倒在脚凳上，将它压得稀巴烂。她赶紧伸出双手，就地翻了一个跟斗。乔克·弗格森大声喊叫道：“停吗？”

“不，不，继续拍，这个有趣。”

“该死的等一下。”凯利抗议道。埃迪的喊叫声盖过了他的话音：

“乔克，继续拍。”

此时，弗里奇已经跳起身来，只是发现她的胸垫背叛了她—— 一边的别针脱开了，胸垫呈四十五度角往下面滑脱下来，这样一来，一块假胸落在她的胸部中央，而另一块则落到了她的大腿附近。她感觉自己已经滑稽到令人毛骨悚然的地步了。

她本能地将背转向摄影机，伸手到领子和胸罩下面，并且夸张地扭动着自己的臀部和两个肩膀，拼命将衬垫往上挪到合适的部位。她转过身来，对着摄影机微笑。两个假胸一下子滑落到了她的腹部。

她扮了一个鬼脸，恶狠狠地将胸垫往边上一拧；这个镜头无论如何都无可救药了。她朝洛伊瞪着双眼，伸出一根食指当作手枪，大喝一声："举起手来!"他又惊又喜，乖乖地举起了双手。弗里奇抓着他的双手，开始跳起了华尔兹舞。

她没看仔细，竟把他带到了一张椅子里。他碰撞了椅子，绕了开去，又撞到一只挂在墙上的布谷鸟自鸣钟上。布谷鸟弹了出来，发出咕咕的叫声，接着砰的一声，它在金属丝顶端"死"去了。弗里奇精疲力竭，哈哈大笑个不停。

她想扶他站起身来，不想自己却失去了平衡。她赶紧一把抓住一个摆放瓷器的柜子稳住身子，不成想把那些盘子、碟子、杯子撒了一地，砸得粉身碎骨。还在那儿颠来倒去的洛伊赶紧朝她冲过去，没想到判断错了位置，一头撞向了画在帆布布景上那扇开着的窗户。他的双腿穿进了房间，在那儿一个劲儿地蹬踏。

弗里奇彻底疯了，大步朝着摄影机走去。她一面往上拉拽胸垫，一面拍着衣服，仿佛这样能把她的假胸恢复原位似的。她往下一瞧，胸垫慢慢沉到了她的肚脐眼上。这个效果就像人们在观看一对挖地洞的鼹鼠。

她懊悔地苦笑了一下，耸了耸肩膀，作罢。她装了个斗鸡眼，行了个屈膝礼，踢起她的裙边，轻快地走出了画面。

凯利尖叫着："停，停，弗格森，否则我把你该死的胳膊打折。"

乔克·弗格森放开曲柄。大伙儿都哈哈大笑，除了凯利。莫·伊森胡尔坐在地上，双手捧着肚子。埃迪拿一块红手帕擦着自己的双眼。温迪像个醉汉一样踉跄着，做这样的动作对他来说并非难事。

查利歪着头鼓掌。当凯利对他怒目而视的时候，查利轻蔑地瞪着他，一边高喊："好极了，好极了。"

弗里奇朝洛伊跑去，他已经挣脱了被撕破的布景。"对不起。真的对不起。"她气喘吁吁地说道。

他好不容易停住了大笑："你没有让我受伤，别担心。你真的太滑稽了，你知道吗？我从未见过这样的情形。"

"上帝做证，我也没有见过。"凯利说道，"谁能跟我说说究竟是怎么回事儿啊？赫恩，你干吗不停？"

"因为她太搞笑啦。"

“你以为乔治·伊斯曼是在做慈善吗？你以为他是在他妈的抛原始股吗？”

“哦，听我说。”查利挥舞了一下他的手杖，说道，“我以为你们是电影业的大佬之一，可是如果继续这样，我觉得你们是笨蛋。”

“你说什么？”

“笨——蛋——。就是白痴。你们如果不拍弗里奇刚才演的那种电影，你们就全都是白痴，不过要去掉那个牛仔哗众取宠的噱头。”

“我们不需要该死的英国佬来提建议。”凯利大叫道。

“阿尔，等等。”埃迪说道，“也许卓别林先生悟到了什么。也许这就是我们苦苦在寻找的东西，一个角色。”

“角色，什么角色？我没看到任何角色。我只看到他妈的好几百美元的木材和道具给扔到地狱里去了。”

“为弗里奇特制的一个角色。一个跟什么东西、什么人都会发生碰撞的可爱的小淘气——撞坏门，毁坏房子，搅乱高档聚会，从来就是缺心眼——而且，每次，故事的结局都很好。我要把这段镜头给B.B.和海曼看。”

“这有点像阴谋，我不会支持的。”

“你当然会的，阿尔。”埃迪兴高采烈地笑着说道，“你想要挣钱。B.B.和海曼想要挣钱。我们都想要挣钱。”

他走上一片狼藉的舞台，一手抱住弗里奇。泥灰弄得她脸色惨白。她的胸垫歪歪扭扭地挂在她的衣服里面，假胸滑落到了腹部，令她看上去好像有四只乳房，四只全都不能让人满意的乳房。

现在洛伊知道我垫胸垫了。哦，上帝。

埃迪像抱手风琴一样紧接着她的肩膀。“钱，阿尔，你一直在跟我们讲这是终极目标啊。嗯，瞧瞧吧。你想要发现富矿，我现在就站在富矿母脉的边上啦。”

摄影场的每个木匠都被强行拉来重新修复摄影场地。再上涂料，再添设备，到了周五中午，一切齐备。弗里奇再次驾驶T型车穿越墙壁，这次按计划如期完成动作。埃迪在四点半的时候拍完了最后一个镜头。他正在感谢所有人，突然他老婆带着孩子们来了，还带来了三只野餐篮，里面装着晚餐。

弗里奇帮丽塔在舞台边上的搁板桌上摆好食物。丽塔说，昨天的不幸事故给了埃迪灵感，他写了大半夜的剧本，写一个新的喜剧。他把它称为《淘气鬼内尔》。他打算星期六将那个剧本连同那段报废的胶卷呈送给 B.B.和海曼。

埃迪有点不好意思地悄悄走过来："弗里奇，我可不可以斗胆问一下你心里——就是说，你内心——"

丽塔捅了他一下："不，你不可以。你要是位绅士，就吃你的三明治。这是肝泥香肠的，你的最爱。"

B.B.脚步笨重地从主屋里走了出来。他走近洛伊，洛伊正在跟温迪和另一个临时演员聊天。

"哈丁，我老婆本周看了你的演出。她喜欢你的相貌。非常有男人味，她说。"

洛伊微笑着，有礼貌地微微点点头作回应。B.B.抓住他的手，紧紧握着："索菲慧眼识英雄。我们干吗不拍个短片检验一下呢，好吗？"

"实在太感谢你啦，佩尔泽先生。不过我得谢绝你，谢谢。"

"你不想演个真正的角色？也许有机会获得稳定的收入。"

"千万别认为我是个不领情的人。我就是觉得我现在这样干挺好。"

B.B.惊讶得目瞪口呆。他跑到弗里奇跟前："我主动提议让他演个正儿八经的角色，他居然拒绝了。你能想象吗？我可是从来没有听到过有人会拒绝让他在电影里成为明星这样的建议。"

弗里奇嘴里喃喃地说着，这当然很奇怪，但是在她还来不及说更多的话之前，洛伊已经将他那顶帽冠很高的帽子戴到头上，开始跟人道别。"对不起。"她一声惊呼，绕过 B.B.向前冲去，差一点撞倒了 B.B.。"洛伊，那蛇，我还欠你的情呢。我可以请你吃个晚饭。明晚怎么样？"

他吃了一惊，随即被她的唐突给逗乐了："哎呀，当然可以，那会很开心的。告诉你吧，如果你有空，下午就到环球电影公司的大牧场来。看看格里菲思正在拍摄的大战斗场景。然后我们去找吃的。"

弗里奇差一点跳起身来："我会去的。"

"别穿得太高档。"

“哦,不会的。不会的啦!”

“那么再见。期待你的到来。”

他说话的腔调就如同他说期待睡个好觉一样。弗里奇再次为他那漫不经心的态度感到失望。她下定决心,她要让他对她倾心,无论付出什么样的代价。

第六十五章　摔机着陆

“哈佛”的离开后果倒并没有怎样严重，只是有点不便而已，至少一开始是这样的。上级严厉斥责勒内，但是还真的很难讲他有多少责任。吃苦头的人是部队派来联络飞行员的联络官鲁伊斯少校。他接到命令，每趟飞行，他都得上飞机，携带一支五发子弹全部上了膛的毛瑟枪，不仅仅用来对付敌人，而且用来对付驾机叛逃的飞行员。

柯蒂斯飞机要携带两名乘客，就在上面安装了一个新座位。少校将自己安顿在座位上，那样子活脱脱一个惊恐万状的小孩子。他们飞上天空，风儿吹拂着他的面颊，可是他依旧大汗淋漓。毛瑟枪的枪托上绑着一根带子，这样它就不会掉下去。有一次飞行时，少校的手太湿滑了，步枪有两次从他手中滑了出去。结果就是带子救了这支枪。

卡尔不断地朝鲁伊斯喊话，命令他坐安静了，闭上嘴，别拿一个个问题干扰他。少校倒是很听话，没有反抗，他被吓傻了。

“哈佛”离开大约十天之后，卡尔爬进柯蒂斯上控制副翼的肩带里，他和他的乘客第三次飞向前线。雨已经下了四十八个小时，水道漫溢，田地淹没。本来黑乎乎的多云天空变成了微红色——红铜的那种颜色，北方，有更多的雷暴云砧在聚集。

他们飞越一座铁路高架桥，桥下是一条水流湍急、漫出堤岸的溪流。铁路桥的那边，散布着很多小屋，小屋的四周有一些造型怪异的建筑，用来贮藏这个地区盛产的玉米；那些建筑有的像水泥柱子，有的是用土砖建造的鸡蛋形状的谷仓，外面用茅草覆盖。卡尔扔下两个柑橘，给两个正在喂鸡的小男孩。他们挥挥手。当卡尔朝他们挥手的时候，鲁伊斯少校差一点把他的手臂狠狠地扳下来。

“看在基督的分上，干吗？”卡尔大声喊叫，声音盖过了推进器发动机的轰鸣。他看到了鲁伊斯脸上的恐惧，接着看到了他恐惧的原因—— 一架轰炸机从东北方天空九十度的夹角朝他们扑来。马丁轰炸机。

轰炸机突然爬升，在他们头顶上方二十英尺处飞过。卡尔看到架子上挂满了炸弹，而且，尽管有护目镜和帆布防护帽，他还是认出了那个有张红脸的飞行员。鲁伊斯少校发疯似的朝南面做着动作，他不想跟那个叛变的英国人争斗。

“好吧。”卡尔说道。他转过方向舵，往右靠去，肩带里的身子牵动了跟垂直的方向舵连接在一起的副翼。飞机往右倾斜撤退。

轰炸机也做出了回应，转过弯，从右边朝他们猛冲过来，看样子是要撞个你死我活。“哈佛”来的速度很快，卡尔可以看见他牙关紧咬，笑容恶毒。“拉起来，拉开。”鲁伊斯少校在“哈佛”拔出他的科尔特左轮手枪开始射击的时候惊叫道。有一颗子弹射中了机翼。

“哈佛”在最后一刻陡直上升到柯蒂斯的上方。卡尔用一只手操纵飞机，另一只手拔出他的左轮手枪。也许这次相遇纯属偶然，也许“哈佛”一直在等待时机，这无所谓。眼前他们有一场搏杀。

暴风雨即将来临的墨西哥天空中，两架飞机轰鸣着互相追逐，犹如两只疯狂的飞蛾。“哈佛”第二次在柯蒂斯的右面飞过，这次飞到了它的下面，以便从下面往上射击，而卡尔的射击线路被机翼挡住了。鲁伊斯少校一次又一次地在自己身上画着十字。三颗子弹从下面射上来。其中一颗擦伤了推进器，卡尔感到一个突然的震颤。

他下降高度，到了距地面一百英尺的地方，接着五十英尺，朝着那座底下有激流汹涌、白浪滔天的高架铁路桥冲去。马丁赶上了柯蒂斯，柯蒂斯在其左方平行飞行，坐在那儿的鲁伊斯少校的马裤中间裤裆处已经暗黑一片。“哈佛”兴高采烈地朝卡尔行了一个礼——用科尔特左轮手枪的枪管轻轻触碰了一下他的帆布防护帽。接着，他伸展手臂，开火。卡尔将操纵杆往前推去，向下俯冲，接着平飞，他的起落架削掉了几个仙人掌的顶端。马丁往上爬升，掠过仙人掌，飞向左面。“哈佛”龇着牙嘻嘻直笑，用一个夸张的动作朝下指着。

炸弹架子。这狗娘养的意思是要朝他们扔一颗炸弹。马丁转向右面,就在头顶上方。卡尔操纵着方向舵和肩带,往左面倾斜转弯。“哈佛”不愧是一位优秀的飞行员,紧跟在后面不放。鲁伊斯少校号啕大哭起来:“他要炸死我们了啊,他会杀了我们啊。”他一把抓住操纵杆顶部的驾驶盘,狠狠地往前推去。柯蒂斯突然朝着地面俯冲。

卡尔被激怒了,大声吼叫道:“放开,他打不中我们!”

少校紧紧抓着卡尔的双手,指甲掐进了卡尔的皮肉里,他想把卡尔的手从操纵杆上扳开。卡尔抬起手肘,狠狠地捣向他的头。鲁伊斯少校杀猪般号叫起来;那支毛瑟枪掉落到他的两腿中间,翻滚到了机翼的前缘,因为有带子吊着,便在下面撞着机翼,撕扯着机翼的布。

有什么东西滑过左面的机翼。卡尔瞧见那枚钢管炸弹旋转着朝地面掉落,接着消失在了他们身后。一声巨大的爆炸,掀起一个冲击波,震颤着飞向高架铁路桥的飞机。发动机的运转开始出现不稳现象。现在怎么办?

一系列咳嗽般的喀喀声过后,一股浓烟随即喷出,推进器停止了转动。又是劣质汽油的缘故?不管什么原因,他们现在正处于长长的滑翔状态之中。要是运气不好,它就会把他们丢到窄窄的高架铁路桥上,或者将他们扔到那条河道的堤坝上,无论怎样,他们都将粉身碎骨。卡尔猛地将操纵杆往回拉,抬升飞机,祈祷他们可以滑翔足够长的距离,飞越那座高架铁路桥,降落在坚硬的地面上。

飞机仍在急速地下降,他读着秒。五秒。六秒。七秒——

高架铁路桥在他们下面闪过。他稍稍往右倾斜,朝着一条耕作过的田间车行小道冲去。鲁伊斯像个疯子一样语无伦次地说着什么,也不知何时弄丢了他的护目镜。

柯蒂斯降落到了地面上。卡尔感觉起落架嘎吱地碾压了一下地面,接着又将他们高高地弹起,当他们再次下落的时候,起落架爆裂崩塌了。飞机一头栽进地里,机尾的部件摔向了天空。少校居然挂在了机翼上。卡尔的肩带断了,他被摔向前去,高高地抛了起来,然后掉到田里。他的左腿突然一阵钻心的疼痛。很快,疼痛像野火一样蔓延到了他的臀部。

他眨巴着眼睛,只感到头晕目眩。他听到那架马丁飞机轰鸣着,正悠闲地盘旋，飞离了他们，爬上一千英尺的高空，然后往右转弯。他用双手撑着地面，跪起右膝，想站起身，但是站不起来。他的左腿无法站立，可能骨头断了或者韧带撕裂了。

鲁伊斯少校叉开双腿坐在损毁的飞机前面，毛瑟枪搁在他的大腿上，头发耷拉在眼睛前，他发青的脸上泪痕条条。马丁又飞回来了，他们现在可是完美的靶标。

“朝他开枪。”卡尔大声喊道。马丁从上空飞了过来，鲁伊斯抖抖索索地将毛瑟枪抵到自己肩上。一颗钢管炸弹从起落架上慢慢地滚落下来。

不过，“哈佛”没有算准时间。炸弹落到了柯蒂斯后面五十码的地方，声若霹雳，大地震撼，尘土飞扬。马丁飞越头顶的时候，鲁伊斯少校想要射击，但不知道什么原因无法开火。他像一个不知所措的孩子一样摸索着枪机。卡尔双手紧握拳头，用他的右腿推动，开始爬过去。他的左腿已经没有用了。

“把枪给我。”他一面爬一面喊叫。马丁轰鸣着飞出了射程，再次慢慢地转了回来，企图对他们发动第二次攻击。卡尔用双臂撑着高低不平的地面，他的衬衫袖子已经撕破，手肘露出在外面，鲜血染红了他的皮肤，将他那条红色的围巾弄得很脏。他用右膝撑在地上，将身子往前推去，接着再用右膝撑住地面，继续将身子往前推进。他左腿的疼痛已经弥漫全身。

“我要那支步枪。”他喊叫道。少校两眼茫然地望着他。“你没听见吗？帮帮我，帮我靠到飞机上，然后把那该死的步枪给我。”

鲁伊斯少校紧紧抓着他身后垂直的机翼，把拳头伸过制作机翼的布，找到一个可以抓手的东西，抓着帮助自己站起身来。他望了一眼越来越近的轰炸机，接着望着卡尔。

“你这该死的，卑鄙的家伙——”卡尔因为疼痛和愤怒已经语无伦次“——帮帮我啊！”鲁伊斯瞠目而视，把步枪扔给他，跑了。

卡尔侧身躺在地上，伸出手，抓住毛瑟枪的枪管，将步枪拖到自己胸前。马丁的嗡嗡声有规律地变得越来越响。卡尔将步枪柄戳在地上，双手扶着枪管，一手一手地抬起自己的身子，直至坐起身来。他痛得几乎昏死过去。他将步枪抵到自己的肩头。马丁从他身后飞来。要是炸弹在他开火之前把他炸死了，唉，那也是没有办法的。

光秃秃的土地上闪现着机翼的影子，马丁接近头顶。炸弹在柯蒂斯后面爆炸前几秒钟，卡尔朝上开了火。泥土铺天盖地撒到卡尔身上，他什么也看不见了。

他吐出满嘴的泥土，擦干净眼中的灰尘。马丁快速地往下坠落，转向右手边一个陡峭的堤岸。"哈佛"双手死死抓着座椅，像个布娃娃般颓然倒下。卡尔的一发子弹射中了他，很幸运的一枪。"哈佛"拼死拼活保持清醒头脑，但很显然他已经无法控制飞机了。飞机径直向下俯冲，一头栽到地上。卡尔眼带恐惧地直直瞧着那冲击力将发动机撞松了，它像断头台一样飞向前去。"哈佛"的脑袋从他的肩膀上被切割下来，像一颗血糊糊的实心球一样旋转着飞向空中。

发动机将自己埋进了地里。飞机的支杆互相撞击，发出噼里啪啦的声响，飞机缩成了一团。机上的炸弹发生爆炸，火光烨烨，响声隆隆。几秒钟之后，一切归于沉寂，只留下一摊残骸和滚滚浓烟直冲云霄。卡尔将火热的步枪扔了开去，忍着痛滚过身子，哇哇地呕吐起来。

一个梅斯蒂索混血儿发现了他。这个人沉默寡言，但是双眼看上去十分精明，属于那种见机行事的人。是的，他有一头骡子。他会做笔交易，用骡子交换那支步枪和卡尔的科尔特手枪。卡尔躺在那个人简陋小屋的泥地上，喝了一口火辣辣的龙舌兰酒，稍稍减缓了一点疼痛，他摇摇头。他举起那支步枪，却将手枪牢牢地抓在自己的胸前。

"这个你拿去，这个我留下。"

经过一番讨价还价，最终达成交易。那人找到一根绳子，将他绑到骡子背上。卡尔猜，他距离联邦军队的位置大约二十五到三十公里。天刚破晓，他喝下了更多乳白色的龙舌兰酒，出发了，他拿枪的手始终搁在大腿上。梅斯蒂索混血儿给他指明了铁路线的方向。

正午过后半小时，太阳暴晒在他的头顶上，他的舌头干得像一块枯木。他发现，亮闪闪的铁轨上方的热气波动，好像有什么东西朝他移动过来。他停住骡子等着。朦胧中来了一辆手泵式四轮小车，操纵小车的是几个大汗淋漓的联邦军士兵。卡尔顿感如释重负，发疯般咧嘴笑了，他紧夹着坐骑的右膝放松下来，身子侧翻在地，昏了过去。

军医检查了卡尔的腿，没有骨折，不过肯定肌肉撕裂或者扭伤了，这条腿要好好休息，直到他走动时不会感到很痛为止。卡尔遵照医生的吩咐躺在专用车厢的一个铺位上。勒内带来了新闻。

“那少校被发现光着身子在一块豌豆地里游荡。谁也不知道他干吗脱光了衣服。我因为早已经转述了你所报告的他的表现，他没有得到宽恕，被投进了牢房。”

卡尔听到这个消息并不高兴。他拿伯特给他倒满的旧水壶喝了一口温水。

“顺便告诉你，我的朋友，我们的雇主依然没有发放薪水。我们已经去请求他们两个多月了。我已经失去耐心了。此外，造反的人正在节节胜利。奥夫雷贡将军的‘西北师’已经攻占了瓜达拉哈拉。韦尔塔前天下台了，乘坐一艘德国海军巡洋舰流亡海外。最高法院的前院长，一个名叫弗朗西斯科·卡瓦贾尔的人正在竭力维持宪法政府。我们要是为这些人而战，即便得不到某个荣誉或胜利的希望，也会有一些好处。”

卡尔把勒内的话默默地想了一会儿：“欧洲陷入战争了吗？”

“还没有。”勒内伸出大拇指和食指，做了一个半英寸的手势，“这么近了。每个人都在动员起来。到 8 月份的时候，他们就要开战了。我盼望我们国家在付飞行员的酬劳方面更靠得住一点。”勒内正要舔一张卷烟纸，“我们会弄明白真相吗？”

“那我们跟这帮人的合同怎么办？”

“我建议到了今天半夜废除它，我当然不会给他们机会来惩罚我们。我们可以赶到墨西哥湾沿海，在那儿坐货轮渡海，也许可以到新奥尔良去。我们不欠这些人什么，卡尔。他们对待我们不公平。你说呢？”

卡尔的脑海里闪现出一个个他跟“哈佛”进行空中决斗的画面。

“我会让你知道的。”

勒内无可奈何地耸了一下肩膀，走了出去。

卡尔坐在一块石头上，一个人，远离那辆列车。横在他膝头的是特丝的那条红色丝围巾。这条丝围巾派上了大用场。丝围巾的两端已经磨损得很厉害，飞机坠落的时候上面还沾染了深褐色的斑斑血迹。他洗过围巾，洗掉了那些脏东西，而且把三英寸的破口也缝好了。此刻，他端了一盆水，拿着一块布，正在擦洗那些血迹。

到法国去飞，另一场战争？好啊，干吗不呢？坠机事件后，他正在康复，他活了下来，这是一个不争的事实。那般经历，如此熟悉，骄傲，振奋。在飞驰的汽车里，灾难骤降，那种感觉，记忆犹新。也许，劫后余生是他人生的独特成就。无论如何，假如他拒绝了勒内的建议，他又能何去何从？一瘸一拐地回到芝加哥去，告诉将军他准备进入啤酒厂了？即便他可以如此屈尊俯就，但是报纸说美国正在禁酒，啤酒厂也许会退出历史舞台。

卡尔盯着那些血迹。水也洗不掉它们，只是让它们稍稍淡了一点而已。他将布块扔进水盆，把湿的丝围巾围到自己脖子上，前去找勒内，去告诉他他同意一起去。他会怀念伯特，这个印第安人小男孩，也会怀念伯特所煮的难吃得不能再难吃的食物。但是，这个地方，他没有其他可以怀念的东西。

第六十六章　弗里奇和洛伊

“别穿得太高档。”他说过这话，但她才不在乎呢。星期六早上，她花了整整两个小时对着镜子打扮自己。

没有一套满意的，她耗尽了时间，绝望之余，只好选了那套最不令人反感的：线条简单、朴素且贴身的白色衬衫，加上一条深蓝色的丝巾；一条长裙，上面带有蓝白相间的竖条纹，看起来像那种遮雨篷；一顶漂亮的巴拿马草帽，装饰着蓝色帽箍；一双白色的长筒袜，一双有棕色点缀的白色鹿皮鞋。

她换了好多趟车来到伊登戴尔，B.B.把制片厂的帕卡德轿车停在了那儿。她昨天晚上打了电话，安排她今天用这辆车。她在路面高低不平的弯弯曲曲的道路上行驶，穿过劳雷尔峡谷，来到位于圣费尔南多河谷占地面积二百四十多英亩的环球电影公司大牧场。格里菲思正在那儿拍摄他根据《族人》改编的电影。

尽管埃迪对这部作品的规模事先有过评论，但是一看到眼前的景象，她还是惊呆了。五六百人整齐列队，穿着跟内战时期一模一样的军装。一条条战壕纵横交叉，一个个炮阵整齐排列。大牧场上林木葱茏，山丘密布，全是人力所为。她看到好几个山头上都架着摄影机，同时进行着拍摄。

干枯的草地上摊着毯子和一块块的野餐布，拍摄团队正在那儿用已经过时很久的午餐。她估计洛伊现在正跟那些散布在拍摄现场四周的骑兵一起。他们大多数人都下了马在那儿休息。她要等他们拍摄完了之后才能找到他，或者他会发现她的。她的打扮是个有利条件，她看上去像一面游艇上的旗帜。

她在人群中闲逛，跟这部电影的明星、来自拜奥格拉夫的亨利·沃索尔打了个招呼。接着，她跟那位和蔼可亲的年轻摄影助理交谈了起来，他介绍自己叫卡尔·布朗。她问了他们正在使用的弹药的事情。

“那大炮里的是实弹。”他满不在乎地说道，“而焰火弹是有人在摄影机的镜头之外扔进来的。我们今天上午的枪炮看上去十分逼真。”

摄制组的成员吃完午饭，又三三两两地回去工作了，大多数人都光着膀子，浑身大汗淋漓，在一号摄影机那儿，她看到比利·比策正在跟格里菲思交换意见。比策穿着长袖的上装，领子的纽扣扣得很紧，还系着领带，看样子马上要融化掉了似的。格里菲思不太一样，看起来挺凉快的，一套无懈可击的夏季套装，一顶草帽剪掉了顶冠，以便让阳光沐浴他的头皮。她记得听谁说过，阳光可以防止秃顶。格里菲思看到了她，露出笑脸，摘下帽子致了个意。

那天下午上演的战斗，场面壮观，闹声喧天。格里菲思发明了一套精巧的信号系统，由助理导演拿着信号旗和镜子指挥战场上的群众演员。穿着灰色军装的叛军冲向低矮的防护墙，那里蹲守着身穿蓝色军装的联邦军士兵。骑兵冲杀，敌人反冲杀。亨利·沃索尔扮演的是一个南部军队的上校，他带领他的士兵冲向敌方防线，并亲自摧毁了一门大炮。在遮天蔽日的灰尘与熙来攘往的混乱中，洛伊身处飞速奔驰的骑兵部队，根本看不到人影。

大炮轰鸣，烟花弹爆裂开来，散发出浓烟，刺得她的眼睛火辣辣地痛，眼泪直流。有那么令人激动和恐惧的一会儿，弗里奇感觉她穿越时光隧道，回到了五十年前。她尝到了她父亲经历过的酸甜苦辣，当时她父亲为北方而战。

接近傍晚时，一个演员从马上摔了下来，被担架抬走了。那是当天唯一的受伤事故。整场表演证明了格里菲思的精心安排。傍晚时分，金乌西坠，雾霭升腾，光线柔和了下来。格里菲思到各个摄影机的机位做了检查，发现所有摄影师对他们所拍摄的结果都感到满意，便呼唤收工。

她想找格里菲思聊聊天，可是他很忙，不停地东跑西颠，她逮不到他。那些临时演员领到酬劳，各自往汽车站或电车站走去，她便在一个山顶桉树林的阴凉处歇了下来，看工作人员把设备搬上了大卡车。又过了大约十五分钟，洛伊噔噔噔地走上小山坡，靴子上满是灰尘，蓝色的工装纽扣解开到汗津津的胸部。他没有忘了自己的风度，赶紧把纽扣扣上，然后走到她跟前，摘下他的塔糖形帽子向她致意。

“我还以为你找不到我了呢。”弗里奇说道。

“一个小时前就看到你了。这些条纹不可能看不到。”他伸手扶她的胳膊帮助她站起身来,那感觉就像触电一样。“饿了吗?附近有一家路边餐馆有吃的。或者,我们坐一辆红车到哪个地方去。”

“我把制片厂的小车开来了,我们可以到你喜欢的任何地方去。”

“哎呀,那你不就是个大人物了吗?”他一直扶着她的手肘,带她避开这地面上的坑坑洼洼,朝那条支路走去。“要是你不觉得远的话,那么我对洛杉矶的酒店倒是有一点了解。”

“哦,不远的。”只要跟他在一起,让她驾车到北极去她也愿意。

到洛杉矶花了他们大约一个小时的时间,洛伊在车里放松休息,而弗里奇则驾着车子穿行在车流里。马车和汽车都是如此繁忙。她感觉很愉快,她的面纱在快活地飞扬。洛伊和蔼可亲地说着话,他的帽子歪在他的眼睛上面,一条胳膊垂挂在“帕卡德”的门上。她原先所看到的是他强硬的性格,现在他友好温顺得像一条小狗,这是他的另一面。

小酒馆很是幽暗清静,里面没有电灯。蜡烛照亮着粗糙简陋的桌子。地板上铺着锯木屑。洛伊为两人点了些吃喝——热牛肉、豆子馅的薄饼,还有一壶外面包着柳条的红酒。

“你什么时候来的加利福尼亚,洛伊?”

“我想想,大约四年前吧。我们家在贝利县有一个大牧场,北面紧邻新墨西哥边界。我叔叔死后,我变得不安分起来,而我姐姐——唉,她再也无法主事了。”他的双眼笼罩了一层不开心的神色,“我们就把牧场卖了。”

“你在电影里好像演得很好啊。”

“算是吧。工作节奏有点慢下来了。前个星期,我在利伯蒂干活那会儿,就是你让大伙儿笑翻天的那次,我还被英斯聘用演另一部西部片。可是第一天,他就停拍了。”

“为什么?”

“马不够。格里菲思搜罗了很多马,其余的被欧洲买主买走了。”

“马到底派什么用啊?”

“给骑兵和炮兵用。他们说那儿每个人都在为战争做准备。”

弗里奇哆嗦了一下。一提到战争,她就心烦意乱。她不想让任何事情来毁掉这来自红酒和离他如此近的甜美的感觉。

“老天保佑,但愿没有战争。”

他耸了一下肩膀:“就是有战争,我看也未必会影响到我们。你介意我抽烟吗?”

“哦,不介意！抽吧!”

她的这种热情把他给逗乐了。他点燃了一个装满了带有朗姆酒味的烟丝的弯弯的烟斗。

“你这是第一天为格里菲思工作吗?”

“不,上周末,他带着一大群人来到惠蒂尔,让我们全都穿上三K党人的长袍,去演他叫作三K党大骑行营救的玩意儿。我不太喜欢那个东西。你知道,我们姐弟俩的父母死得早,我们是内特叔叔抚养大的。他在南部邦联这边参加了内战,得克萨斯第七志愿骑兵团。不过,他并不喜欢奴隶这件有争议的事情,跟那个鲍勃·李一样。内战后,他说他又是美国人了,而且要遵守美国法律,包括黑人也是自由公民,跟白人拥有同等权利的法律。但内特叔叔在贝利县大牧场周围的一些人不喜欢那样。他们有两次放火烧他的家,想把他赶走。那些人都戴着兜帽。我觉得,格里菲思先生的这部电影是一部高档次的作品。虽然不戴兜帽,但是原先的仇恨依旧。你可以在他的电影里看到这种仇恨。”

有红酒给她壮胆,她问道:“你有没有想过有一天会安顿下来?”

他把烟斗从嘴里拿下来,往椅子背上靠去,仿佛在躲避什么似的。弗里奇惊恐起来。

“恐怕没有,我生性喜好漂泊。”

一个穿着绣花衬衣的胖子抱着吉他爬上高凳开始演奏《美丽的天空》。

“你会回到得克萨斯去吗?”

他的嘴巴撇了一下:“绝不会。”

“也不去看看你姐姐?”

“没有多大意思。她很可能不认识我了。她住在一家州立医院里,永久住那儿了。”他拿一个指甲在他的烟斗上轻轻叩着，“可怜的人，脑子出毛病了。”

“哦，洛伊，对不起。她一直以来——？”

他摇摇头：“就在我离开贝利县之前，她出事了。我不想谈这事儿，请你别介意。”

暖心和亲密瞬间荡然无存，恍若一整排弧光灯发出耀眼的光芒，照亮了这个小酒馆各个黑暗和肮脏的角落，照亮了石灰墙上的裂痕，照亮了服务员围裙上的斑斑污渍。洛伊推开他的盘子，一口喝干杯中的酒，伸手到牛仔裤袋中掏钱。弗里奇按住他的手腕。

“我买单，我说过我买单的。”

他没有争辩。

九点半，她将他放在了洛杉矶闹市区的一个街角。他绕过汽车一边，扶着她下车，到路边放松一下。

“你驾车回家没问题吗？”

“没问题。这个城市十分安全。碰到紧急情况，我往往用这个。”她轻轻拍了一下她长长女帽饰针的珍珠头。

“好，那么——”他伸出一只手，“非常感谢。好食物，好时光。”

“我们还能再次聚餐吗？我喜欢这样。”

他仔细打量着她，似乎是在努力揣摩她的意图：“为什么不呢？我的朋友不多，因为我从来不在一个地方待长。我愿意把你当作一个朋友。我住的地方没有电话，但是‘水洞’那儿的先生们总会给我传递消息的。”

“好的。”弗里奇突然倾身向前，吻了一下他的脸，“晚安。”

他笑了，热情地望了她一眼，把她从头到脚都融化了。“晚安。”他摘下帽子致意，转过身，在亮丽的灯光招牌中从容地离去。

她绕过闪着亮光的帕卡德车头，侧着身子坐到方向盘下。洛伊走到了街角处，消失了。她双手扶着方向盘，将额头靠到手上。

我愿意把你当作一个朋友。

哦，不，这不够好。对一个无可救药地坠入爱河的人来说远远不够好。

第六十七章　那个星期日

星期一一早，B.B.把弗里奇叫到他的办公室。这是主屋里一个很大的房间，里面摆满了二手家具，墙上挂着稀奇古怪的装饰品。这些东西里头，包括一个戴着苏格兰式便帽的驼鹿头标本、一张泰迪·罗斯福穿着莽骑兵军装的彩色海报、一张顶头有一个很大的E的视力表、一张满脸皱纹的农村女人的照片，上面写着“送给宝宝，爱你的妈妈”。

“你今天早上怎么样，我的姑娘？请坐，随便一点。稍等片刻。”他跑到外面跟他秘书商谈着什么。弗里奇看到他的办公桌上有一本彩色的关于轮船的小册子。封面上印着一艘丘纳德公司的班轮，还有一只直立的英国狮子，正用它的前爪掂量着地球。

B.B.回来了，看到她正注意那本小册子。“挺漂亮的，是吗？下一趟旅行我们去欧洲，索菲想要一个豪华套间。”

弗里奇等待着他说正题。B.B.清了清嗓子，整理了一下他办公桌上的物件，然后直截了当地说道：

“海曼十分喜欢埃迪那个喜剧片的主意。他一看到那段胶卷，差一点笑得背过气去。阿尔哇哇叫，说浪费了胶卷，但那充其量就大约半分钟。不过他也想要你演这部电影。”

“我明白。”

“你有点失望。”

“我难道就只适合于演那种跌倒爬起的搞笑动作吗，B.B.？”

“好啦，好啦。埃迪感觉这是一个很大的机会。这部电影肯定会引起轰动。”

“他会觉得是这样。”

“请配合一下啦。算我求你了，弗里奇。我们已经十分成功了，利伯蒂公司这艘航船正行驶在浪峰上，你就别为小贩的苹果车担忧了。”他发现她没有被说服，“听着，我不是一个监管奴隶的监工。你要是真的不喜欢这个想法，那么我就取消你的合同。你想回到百老汇去吗？没有人会挡你的道。”

他无辜得像一个佛陀一样坐在那儿，交叉着双手，等待着她的回应。这个老奸巨猾的骗子，她心想。有人告诉了他有关洛伊的事，他知道她不会就此离开。但她真的十分喜欢 B.B.，所以她生不起气来。

“好吧。再演一部喜剧。”她站起身来，“然后，我要演一个激动人心的角色。”

“这才是我的好姑娘，这才是我的‘淘气鬼内尔’啊。”他喊叫起来。

她漫步走向摄影场的后部，工人正在那儿往金属框子里面安装一块块玻璃。新舞台两面的墙已经完工。它们反射着阳光和云彩，就像一颗闪闪发亮的钻石的琢面。

弗里奇继续往前走去，拿指尖轻拂着长得很高的野草。她在遐思中看到了那个迷恋明星的姑娘，站在巨大的芝加哥集市那幅萨金特画的艾伦·泰莉的肖像前。那个姑娘，天真无邪，曾经心中充满梦想。那些梦想怎么了？

经验告诉了她这个问题的答案。未圆的梦想消失了，像去年已经不合身的旧衣服一样，被折叠起来放进了心灵深处一只诡异的衣柜抽屉里——也许变成了纪念品或者本就该是个纪念品。

有的时候，梦想会发生变化。她的梦想就发生了变化，像镜子里她的容颜在慢慢发生变化一样——几乎从来就不曾注意的眼角的第一缕皱纹，从未见过的脸上的第一丝粗糙，直到令人震惊的一天，统统显露在了镜子里，让你再也无法否认。就她的记忆所及，她一直渴望成为一名演员。她跟父亲的关系破裂也就是为了成为一名演员。而且，她也的确成了一名演员。但那是什么样的演员呢？会有来信夸奖她从马背上掉下来的演员。她用那种低级的喜剧丑角令埃迪和查利折服得五体投地。从某种角度讲，她的梦想已经成真，这是她几年前所无法想象的。但她没有成为麦克佩斯夫人，她甚至都不是巴德的丑角之一。

她的思绪幻化出一幅图景：一条洪水泛滥的河流，汹涌咆哮着无情地将你挟裹向远方。你只能随波逐流，挣扎着漂浮在水面上，或者你也可以放弃挣扎，沉入水底溺亡，弗里奇不想溺亡，她总是选择生存。

但是，还有一个梦想呢——那个如此强烈地挤压着她的心灵的梦想呢？她渴望跟洛伊喜结连理、终身相伴的梦想——那也会发生变化吗？

抑或会消失吗？

弗里奇听从了格里菲思的建议，要百分之二百地做出奉献，全身心地投入新的电影中。埃迪的电影剧本将她定位为一个可爱但笨拙的内尔，在一幢高档的大楼里当临时用人。故事情节十分简单，要求内尔意外地让一个假装成欧洲贵族的男人露出马脚——他实际上是一个窃贼，一心想在一次化装舞会上把所有的珠宝偷走。

他们的外景拍摄场地选在了位于富兰克林大街上的好莱庄园，那是一幢峥嵘轩峻的哥特式宅邸，建在小山坡上，俯瞰着那些散布在山下好莱坞大道和日落大道两边的其他房子。一位姓莱恩的银行家在1906年建造了这处宅邸。莱恩的妻子在拍摄期间一直徘徊在附近，毫无疑问是担心这些举止粗鲁的电影人把她的家产给弄坏了。

第二天，他们回到了制片厂。闹剧一幕接着一幕，惊险动作一个接着一个。扔了很多馅饼，差不多整整一板条箱的便宜瓷器被摔得粉碎。高潮部分要求弗里奇晃荡在一盏悬挂在舞台椽子上的道具吊灯上。当那些穿着租来的整齐服装的临时演员一边喘气一边畏缩地做着夸张表演动作时，那吊灯掉了下来，伴随一阵暴风雨般掉落的碎片，弗里奇也一同摔了下来。镜头的下面垫着两块垫子，但她依然摔得不轻。他们抽掉垫子，然后乔克·弗格森在她落地之后拍摄了一个脸部特写。此时疼痛的模样她无须假装。

洛伊去了圣卡塔利娜岛，在一部海上电影中扮演一个海盗，回到“水洞”之后，收到了由温迪转达的一条信息。这天晚上，他借了一辆福特车前去接她。他们往北行驶，来到文图拉一个搭在高高架子上的东倒西歪的海滨餐馆里，那个地方能烧出十分鲜美的蛤蜊和比目鱼。

一个三人组的乐队七点半的时候进来了。在一个俯瞰大海的露台上，弗里奇尽她最大的努力教洛伊跳《卡斯尔慢步舞》和《大灰熊》。他的确不太喜欢跳舞，可是他们坚持跳着，那些绊脚和踩踏，也就哈哈一笑而过。

将近午夜，回到威尼斯住家的门口，他告诉她，他下个星期要跟随英斯出发去死谷拍摄一部电影。

"我会想念你的。"她要明白无误地让他知道她的感情。

"我也一样会想念你的。你是一个真正的好友。"

"好友？仅此而已？"

洛伊的脸色变得极其严肃："见鬼，我没有资格给一位姑娘提供任何其他东西，从来没有过。"

"你是说你没有这样的意向，不想要有这种情感牵绊？"

他拿他的牛仔帽轻轻拍着自己的腿。"你把我看穿了。"他将帽子放到门口的栏杆上，双手温柔地扶着她的双肩，"我想维持现在这样的现状，弗里奇。"

她试图表现出鲁莽的样子，便说道："好哇，你知道人们说聊胜于无是什么意思吗？明天我可能就将就一下，不过今晚——"她伸出双臂环住他的脖子吻他，超出了一般礼节的范围。他吓了一跳，感到尴尬。接着，他把双手放到她的腰肢上，将她紧紧地抱在怀里，亲吻她。

他们分开的时候他说道："再这样下去，我可是真的要下锅煮了。"他拿起他的帽子："回来再见你。"

"我希望这是一个承诺。"她的心跳得很快。拥抱弄松了她几缕金发，垂挂在脸的两边。她看上去一定十分滑稽可笑，可她不在乎。他征服了她。

"当然。"他说，语气平淡，似乎有所保留。他沿着门前小道大步走去，摇转曲柄，发动汽车，绝尘而去。她靠在门口的一根柱子上，回味着他两条有力的胳膊，直到汽车尾灯的红色斑点消失在黑暗中。

她出乎意料地收到了一封来自印第安纳州特雷霍特的来信，信的开头令人惊恐。霍巴特在那儿巡演《朱利叶斯 · 恺撒》，突然，一波热浪袭击了中西部。

气温高得穷凶极恶，我敢肯定，每次幕启，我都会减好几磅体重。就是我说的那个晚上，我的两个膝盖和我的感情在同一瞬间崩塌了。医生说，这不是简单的热衰竭，而是热休克，幸运的是我挺了过来。我将在这个到处都是质朴的非利士人的溪谷至少休养三个星期。实践也许证明，治愈比生病更加让人痛苦。

弗里奇赶紧给特雷霍特的花店拍了一个电报，准备了一只很大的花篮，并附上一个短笺，请那位老演员少安毋躁，尽快康复，并考虑一下到好莱坞来。

利伯蒂电影公司在南百老汇大街的阿卡德电影院试映弗里奇的新片。这家电影院由亚历山大·潘塔格斯建造，影院大门的墙面上用锻铁镶嵌着他的名字。这里原是一家很大的杂耍剧场，1910年改名为阿卡德电影院，放映电影。影院内部仍然像英国的一个音乐厅，舞台的侧面有很多包厢，那些脚灯的灯台也依旧在原来的位置。

在这部新片的前面，先放映了一部英斯的西部片《沙漠金子》。洛伊出现在这部影片里，扮演一个骑马狂奔的歹徒，不过只是远镜头，辨认不出来。他得把自己指认给弗里奇看。她坐在他的右手边，埃迪和丽塔坐在她的右手边。洛伊穿着笔挺的衣服，十分整洁，他的长头发经过了修剪，他的靴子擦得光可鉴人。

观众喜欢西部片紧张的情节，在画面淡出的时候给予了热烈的掌声。当放映机放出下一个片名时，弗里奇的心揪紧了。

利伯蒂

国际电影制片厂

献映

《淘气鬼内尔》

导演：爱德华·B.赫恩

她飞快地伸过手去抓住洛伊的胳膊："我好紧张。"

“嘘,没事儿。”他轻轻地捏住她的双手。她的两眼紧紧盯着闪烁的银幕。

每一个情节她都谙熟于心。一看到自己的一些怪相,她会本能地抽搐,可是观众却恰到好处地发出会心的大笑。埃迪不时地轻声发表着评论:“太快了。”“这个好。”“应该把那个镜头拍完。”内尔随着吊灯坠落的时候,观众中爆发出哄堂大笑声;当她把一个熨斗扔向身后,恰好落在小偷的头上时,观众又不禁欢呼起来。最后,内尔和年轻帅气的富家子弟亲吻,一脸晕晕乎乎的幸福情状,摄影机运用虹彩光圈给了她一个圆形的特写。观众们对影片报以热烈的掌声,尽管走道里有一个好抱怨的老人说:“还是卓别林更滑稽。”

他们在大堂里遇见了凯利和贝尔纳黛特。凯利说:“它能赚钱。”这话从他口中说出来,就是高度赞扬了。

她紧紧地挽着洛伊的胳膊。令人惊讶的是,她居然没有为自己是一个喜剧演员而感到不痛快。她受到了应有的敬重,甚至有时不仅仅是敬重。埃迪也激动万分,像个中学生一样对着丽塔说个不停。他要马上打电话给 B.B.,他正患夏季伤风卧床养病呢。

夏日的晚上又干又热。南百老汇大街人群熙攘,从街灯下走过的人们似乎无忧无虑。本周早些时候,奥地利向塞尔维亚宣战,之后一支俄罗斯军队已经动员起来对此做出反应,但这一消息并没有让这里的人感到不安。俄罗斯跟法国和英国缔结协约构成协约国,联合起来公开反对德国和奥地利这两个入侵巴尔干半岛诸国的侵略者。

当他们四个人转身走进意大利面馆的时候,洛伊对她说道:“我们得体面地庆祝一下这部影片。我知道有一个很好的地方可以去野餐,英斯维尔上面的海滨。明天愿意去那儿吗?”

“这还用问吗?”

他咧嘴笑了:“没想到会这样。内特叔叔教育我这是事关礼貌的事情。我会借好福特车的。”

“非常美味的炸鸡。”他说道,“大概是我所吃过的最好的炸鸡了。”

“谢谢。但愿我能承受这份荣幸。”

弗里奇双腿弯曲并拢，将她的裙子裹得很紧，以免风吹起裙边，露出太多的腿来，这是她小姑娘时就学来的。阳光照在她的脸上，带来感官上的温暖。海风吹拂，吹乱了她的金发。

“你没做过这个吗？”

“对不起，没有。要吃炸鸡就到利维开的海滨大道熟食店。星期六关门，但星期天开门。我母亲是一个很棒的厨师。她竭力想教我一些家务，可是我让她十分失望。我连一张干净的床都铺不好。”

“哎呀，你干吗要做家务呢？再一两年，你的邮件要是还像现在这样雪片般飞来，你就可以雇用二十个侍女了呢。”她哈哈大笑起来。

他们在山顶上铺开蓝白相间的野餐布，山下远处，钴蓝色的大海从亚洲滚滚而来，在海岸线的礁石上撞击出扇形的白色浪花。一辆红色小轿车驶过海滨大道，引擎盖上闪耀着阳光。就像电影里的画面，听不到小轿车的声音，海风和拍岸波涛的声音盖过了小轿车的声音。

洛伊盖上酸菜丝盒的盖子，将它放回到柳条篮子里。他举起带来的布埃纳维斯塔红酒，对着阳光仔细看了一下还剩多少。

“这酒还有一点。”

“我一滴也喝不下了。这个地方太美了，哪怕只喝冷水的禁酒主义者都会醉的。”

他笑了，舒展开两条腿。他今天穿着棕黄色的呢子马裤，深蓝色的衬衫上扎着一条红色的扎染印花大手帕—— 一个工人的装束。但是在弗里奇的眼中，他光辉灿烂得恍若某个身着绫罗绸缎、满身珠光宝气的东方贵族。

他装满烟斗，用他坚硬的棕色的双手护住火柴。烟斗上缓缓升起袅袅青烟，然后消失在风中。他在靴子底上碾灭火柴头的火，接着漫不经心地将它扔到了那块格子图案的野餐布上。

“想回去了吗？”

“我想永远待在这儿。我是一个绝望的浪漫主义者。难道你根本就没有注意？”

“事实是，我注意到了。我在得克萨斯从来没有遇见过像你这样的人，甚至没有人有一半像你的。”

“我不该想入非非。演员总是像疯子一样。”

“哦，你不是的。”阳光下，他那壮实的侧影闪闪发光，宛如一尊铜像。激情流过她的全身。他为什么不靠过身来亲吻她呢？这里只有他们两人。

一只海鸥在半空盘旋，俯冲下来，飞速掠过，寻找残羹剩菜。洛伊放松地靠在两个手肘上，嘴里衔着烟斗，眯眼眺望着大海。她太想得到他了，想得心里生痛。她明白，得她采取主动。

“洛伊。”

“嗯？”

“谢谢你带我来这儿。”她跪起身来，右手扶上他的肩头。他将烟斗放到一块平整的石头上。她倾身亲吻他：“谢谢你今天的安排。”

他用一条胳膊紧紧地将她抱在怀里，更加热烈地亲吻她。弗里奇浑身颤抖，闭上双眼，感觉自己的头发在耳朵边飞扬，拂在他的脸颊上。他的身上散发出咸咸的味道和烟草的味道。

他挣脱开拥抱，轻轻地拍着她的背，飞快地瞧了她一眼，眼里满是抱歉。他从石头上捡起烟斗，咬住烟嘴，又划燃了一根火柴。海鸥失望地转过身飞走了。

弗里奇再次抚摸着他：“你明白我对你的感情，是吧？”

“我十分明白。”

她从自己脸上捋开头发：“我恐怕已经表达得太明显了。我已经什么都做了，就差雇个人，背着广告牌，四处叫唤了。你很可能认为我是个轻贱的荡妇吧。”

“我认为你是一块宝石，弗里奇。比我曾经接触过的女人更现代一点，但是，是一个特别的女人。我一见到你的时候就知道了。我对你也十分仰慕。我想让你成为我永远的朋友。”

“朋友。你总是这个说法。”

他沉默了一会儿：“没法有其他的了。”

“为什么？就因为你居无定所，每隔几个月就要漫游一次？我不在乎。你可以去南极，去中国的长城，去任何地方。你可以一年不回家，但只要你最终能回到我身边就行。”

他再次将目光移向大海的方向，双眼流露出忧伤："这不是你有走得更远的愿望就能解决的问题。我无法定居下来，就是我想也不行。我一直在寻找合适的时间告诉你真相。"

她感觉很冷，退回身子，蹲坐在那儿，双手瑟瑟发抖。

"我是被迫离开得克萨斯的，弗里奇。我睡不踏实，无论在这儿还是其他什么地方。在贝利县监狱里——在得克萨斯的所有监狱里，我估计——有宣传资料，通缉告示，上面有我的照片。我杀了一个人。"

简直就像一场大地震。"哦，上帝呀。怎么回事？杀了谁？"

"你还是不知道细节的好。万一有人前来调查，你就什么都不知道。"

她跳起身来，跑了开去。他连忙爬起身来，迈着大步匆匆追上去。他的脸似乎变得模糊不清，仿佛他站在一扇被暴雨浸淫的窗户的另一边。*求求你，上帝啊，别让我放声痛哭。*

光影变幻，太平洋看上去带有了紫色，一种令人厌恶的颜色。吹向岸上的风变得阴冷。她拿一只手狠狠地抹过自己的双眼。

"你不打算告诉我吗？"

"也许有一天。"

"我想我们还是收拾好回去吧。"

"好的。我还能再见你吗？我不想勉强你，可是我想再见你。"

她痛苦地说："你只是想让我成为你的囊中之物，是吗？一个好友——每当你决定从天而降了就可以利用一下，是吗？"她拿自己的拳头重重地捶打着裙子。

"可刚才你还说——"

"我知道我说过什么。我说那话是因为你还没有告诉我你得克萨斯的事情。每次一想到你离开我都不知道是否能再次见到或听到你的消息——除非是来自监狱牢房的消息，我怎么受得了啊。也许我真的是从来就不知道的好。他们会怎么办你，假如他们——假如——？"

"绞死我。那人是一个得克萨斯骑警。"

"哦，上帝啊。"她竭力稳住自己的身子，"我们回城吧。"

他没有争辩。

来时的路是那样的神秘,那样的刺激,不知有多少兴奋,多少期盼。而回城的路却似乎长得永无尽头。他们俩谁也没有说一句话。她从来都没有经历过这样的混乱、失望,还有——愤怒。

拐到日落大道上,他们看到一个报童在兜售报纸。星期日这么晚了,这有点非同寻常。又过了几个街区,洛伊说道:“又一个。他在喊什么?”

“我听不见。”

那报童吸引了一小群人。他们一个接一个地买了份报纸,浏览着标题,脸上没有明显的关切神情。报童再次开始叫卖。

“一定是份号外。我得去买一份。”

他将福特车停在一家已经打烊的理发店前面。他大步走到拐角,买了份报纸,看了一眼头版,接着迅速回到车边。

“就是他们已经唠叨了好几个星期的事情。德国皇帝比尔昨天对俄宣战了。”

一场涉及德国的新的战争——她在思量她父亲的反应。洛伊踏上踏板,把《时报》递给她,然后坐到座位上。

四个大国参战

法国正在动员

最先交火开始

俄德战争打响

法国下达动员令

民众热情无比高涨

德意志皇帝毫无惧色

他的背紧紧靠在墙上

弗里奇依然对洛伊所说的新闻保持沉默，只将报纸放到自己的膝头。一想到一场大规模的战争会粉碎欧洲数十年来的和平与安宁，着实让人心烦意乱。将军很早以前就让他的孩子们明白，战争，尽管有时是必要的，但绝对不是在灿烂阳光下所进行的高尚而又神圣的行动，而是一种肮脏不堪的噩梦般的买卖，残害生命，毁灭梦想，即便在那些幸免于难的人身上，也会留下撒旦的恶魔标志一样的印记。

洛伊的目光追随着那辆坐满观光客的敞篷公共汽车，接着驾车超越了它，驶向沉浸在渐渐死亡的日光里的圣莫尼卡山区，再驶向她无法企及的远方。她微弱的话音令他感到痛苦：

“我希望这跟我们没有什么关系。”

“没发现它可能有关系。”他说道，一面挂挡往前驶去。

回到威尼斯，弗里奇看到黑洞洞的大门口摇曳着一把纸扇——洪氏夫妇正在乘凉。洛伊起身出来帮她打开车门。

“我自己进去。”

“好吧。也许等我回来还能再见你。”

“你要去哪儿？”

“亚利桑那。一个月，也可能更长一点。英斯聘用我演一部不需要用很多马的电影。”

“祝你好运。”

他伸出手去拉她的手臂：“弗里奇——”她打开门，沿着小径跑去。

福特汽车“突突突”地驶进了夜色中。

洪太太的摇椅发出嘎吱嘎吱的声响。洪先生说道：“今天糟糕透了。你听到消息了吗？”

“是的。非常可怕。”弗里奇说道，不过她所说的完全是另外一回事儿。

第六卷 战场

美国今天完全处在哈佛大学通常所处的境地，她拥有大概一个体重一百磅的优秀橄榄球运动员和另一个称一下重量也许会显示一百二十磅，但是训练严重不佳的替补橄榄球运动员，第一个代表了美国军队，第二个代表了美国民兵。他们知道，他们要参加的比赛所面临的对手是一支训练有素的一流球队，每个位子至少有五个球员。虽然我们都知道球赛总有一天要开始，但是谁也不知道比赛的哨声何时会响起，而且更为糟糕的是，我们都明白我们还没有准备好参赛呢。……我们所有的人都应该想方设法唤醒正在熟睡的民众，因为我可以负责地告诉你们，我们的处境十分艰难，已经糟糕得不能再糟糕了。

——伦纳德·伍德将军
美国军队，1915 年

在这个国家，没有归化公民崇美主义的生存空间。

——西奥多·罗斯福，1915 年

第六十八章　在比利时

热辣辣的早晨，太阳斑驳陆离地照在林子里。黄色的尘土遮蔽了天空。保罗打着喷嚏，将牛奶马车赶进一个矮树林里，从大路望过来看不见那儿。那匹拉车的农场老马抬起头，好像很高兴能休息一下似的。

萨米把那架莫伊摄影机固定到三脚架上，保罗检查了一下胶卷暗盒。看这两个男人的样子，已经有一个星期没有刮胡须了，身上臭气熏天。两人都戴着贝雷帽，穿着蓝色的伪装服。保罗对农村里人们习以为常的那双木头鞋的评论是："绝对不行。"

他们晚上就住在东去数公里的一个村庄边上的一个谷仓里。萨米安顿下来过夜时，说道："拥有这个农场的小妮子倒是挺漂亮的。"保罗咕哝了一声。他几乎没有注意到，他唯有对朱莉的思念。

拂晓时分，一辆汽车的声音把他吵醒了。他跑进晒谷场，看到有一辆豪华的棕黄色布加迪轿车停在那儿，司机正在跟农场的那个小妮子讨价还价买面包和牛奶。保罗从开着的车窗望进去，发现一个上了年纪的仆人穿着有银纽扣的制服，坐在他主人的身旁。他在车窗玻璃上轻轻拍了一下，仆人摇开车窗。保罗说法语，打听列日的消息。

"昨晚被包围了。所有固若金汤的堡垒全部陷落了。有好几千人都会尾随我们而来。请靠后一点，你打扰到了女伯爵。"

此时，在丛林里，保罗听见了那些难民的声音。车轴的吱嘎声、马匹的嘶鸣声、母鸡的咯咯声，在其中，便是有规律的沉重的脚步声，偶尔也有为了绕过人群或超越人群或离开人群，在路肩上颠簸着快速驶过的汽车里传来的呵斥声和咆哮声。

“如果你不想去的话就待在这儿。”保罗对萨米说道。

“那绝对不行,先生。一个人毕竟并非每天都能参加这么大的战争。”

保罗将三脚架扛上肩头:“那么我们出发。”

这是8月第三个星期的星期一。战争已经爆发三周了。

8月1日德国皇帝向沙皇宣战之后,那些本来还让人捉摸不透的国家一个接着一个被卷入其中。8月3日,德国向法国宣战。第二天,英国以牙还牙,向德国宣战,接着一支特战部队——德国第二集团军攻破比利时的边界,粗暴践踏了其中立国的地位。

德国人入侵列日,炮轰保卫它的钢铁和水泥的防御工事。一旦列日被攻陷,那么主力部队便可向比利时首都和巴黎长驱直入。这是1895年施里芬将军的进攻计划,现在终于得以实施了。

保罗于8月6日星期四吻别朱莉和孩子们。那天,横跨大西洋的电报发来了华盛顿正式发布的关于欧洲战争的公告的电文。美国将严守中立。美国公民不得参加任何交战国的军队。美国也不会向任何一方提供装备和战舰。保罗估计,美国的中立国立场会让他的叔叔乔高兴。那位将军依旧与祖国联系紧密。保罗没有。

他和萨米跨越英吉利海峡,来到奥斯坦德,然后继续前往布鲁塞尔,一路顺利。沿途,他们看到艾伯特国王的比利时军队正在做动员。比利时部队勇气可嘉,但是装备很差。保罗拍摄了一个机枪连的训练——机枪由一些大型犬运输。他拍摄了五十英尺胶卷,然后一个比利时军官以砸烂摄影机来威胁他,让他滚开。

在布鲁塞尔,美国大使惠特洛克为他们安排了通行证,这是一份官方文件,允许他们可以不受限制,到处旅行。这份通行证和他们的护照可以保证保罗和萨米的平安无事——据称是这样。

在滑铁卢大道的一家咖啡馆里,保罗邂逅了一位原先的同事理查德·哈丁·戴维斯,现场还有很多其他的新闻记者。保罗说,他打算拍摄德国军队进军的影片。

“我不知道他们是否喜欢这样。”戴维斯说道，“给世界上任何一个军官看到摄影机，他想到的就只有一件事情，间谍。”保罗点点头，记起了那个机枪连。戴维斯从他那件漂亮的亚麻布外套的表袋里掏出一支铅笔。

“就这一次，我很高兴变成了一个老式的记者。”他摆动着他的铅笔，“你要小心哪，我的朋友。”

道路两边排列着高大的杨树，就像一条河的两条树叶蓁蓁的绿色堤坝。河里面，流淌着人类绵绵不尽的苦难。难以计数的难民，在小河的两个方向各自伸展向地平线。

保罗架设好摄影机，对准蜂拥而来的人流。有几个人怒目而视，但是没有一个人上来问问题或打招呼。每张脸上所显露的全部都是恐惧。保罗开始摇动曲柄。萨米说道：“上帝呀，真壮观哪。”

的确壮观。沿河滚滚流动着步行的男人、女人和孩子，有的人背着背包，骑着自行车，有的人赶着市场上做买卖的马车，马车上的东西堆得高高的。一个老奶奶拉着一辆没有狗拉的狗拉车，车上装载着一堆小山一样的衣服、锅子——被毁掉的生活的残存。

一辆黑色的戴姆勒汽车慢慢地开了过去，车顶上摇摇晃晃地绑着很多旅行箱和小提箱。车里有白人的面孔朝外张望着，脸上都是焦急的神情。一个小姑娘背着一只面粉袋从旁边走过，面粉袋里丁零当啷地装着他们家的一些银器。一对农家夫妇费力地扛着一些木头笼子，里面关着呱呱乱叫的小鸭子和长声尖叫的小猪仔。一个驾驶着一辆阿尔法·罗密欧汽车的浑身大汗的贵族差一点撞上一个怀中抱着两个婴儿的母亲。他驶过去时嘴里不干不净地咒骂着。

一位看上去像学者一样的老人出现了，他的肩头吊着用绳子扎起来的六七本书。保罗大声喊叫着问道：“列日有多少德国兵啊？”

“冯比洛的整个第二军团。他们什么都抢，画也抢，明信片也抢，这些狗娘养的。”

恐惧的人潮持续汹涌了好几个小时，然后慢慢变成细流，最后彻底断流了。

保罗推测德国军队就紧跟在后面。他断断续续地拍摄着，但是那些愁眉苦脸的面孔和可怜巴巴的一包包物品，翻来覆去，令人不胜其烦。他和萨米浑身大汗，满身尘土，脏得一塌糊涂。他的内心交织着两种情感——伤心和愤怒。

他在一棵美国鹅掌楸的树荫下休息，抽一根雪茄。萨米靠在一丛灌木上打盹。周边的田野里，一捆捆谷物摊在地上，等待着永远不可能再回来的收割者。此时，一个银色的影子飘进视野。

“策帕林飞艇。”保罗大叫一声，跳起身来。在他的左面有一段距离的地方，巨大的尘土混浊了清亮的天空。“他们来了。”

保罗赶着那匹拉破车的马以最快的速度朝着那个小村庄奔去。他们到达村庄二十分钟之后，第一批德国兵便开了进来，钉着铁钉的靴子有节奏地敲击着鹅卵石地面，发出吓人的声响。他们走着正步，年轻的小伙子们穿着整洁的灰绿色军装，面露微笑，充满自信。只有村民们满脸愠怒。保罗和萨米站在广场上的村民们中间，目不转睛地看着，但是心中很平静。他将摄影机藏了起来，生怕被没收了。

一列有篷的卡车运输车队驶了过去，接着是一队骑着一样毛色的战马的长矛轻骑兵。他们的长矛上飘动着三角茅旗。一个女人跑出去欢迎他们，献上了黄色的鲜花。人群中，有人扔了一块石头。长矛轻骑兵带队军官的微笑变成了怒视。

有骑兵和炮兵支援的步兵队伍穿越广场花了一个多小时。偶尔，有军官坐的敞篷汽车从队伍边上驶过，鸣着喇叭穿越广场，然后便呼啸着飞驰而去。保罗的双腿和背脊生疼，是睡得不好和站了几个小时所致，神经太紧张了。他已经能感觉到他三十六岁的年纪——他不再年轻了。

又有一辆坐着军官的汽车驶进广场。这辆车停了下来。一名上校走下车来，要不是风尘仆仆，那真是无懈可击的盛装啊。他摘下帽子，露出满面红光的脸庞。他有一头红发，理得十分整齐。他大声喊叫着市长，先是用德语，接着用不很流利的法语。

“到，阁下。”一个胖乎乎的男人急忙走向前来，拉住上校的手。一度，保罗以为他要去亲吻那军官的图章戒指呢。人们不满地窃窃私语着。

那军官开始厉声向市长发号施令，一面指手画脚，要求强征宿营处和军粮。一个穿着粗陋的十岁左右小男孩从人群中跑了出来，小男孩手中有一支木头削的手枪。他母亲还没来得及将他拽回来，他便瞄准那个军官，嘴里模仿着砰砰的打枪声。

那军官吓了一跳，皱起了眉头。他用德语对他的副官说道："我们决不允许这样，他们必须表示敬重。把他干掉。"

"立刻，上校。"

副官大步走向那小男孩，拔出他的军用手枪。小男孩将木头手枪对准了他，嘴里连续发出砰砰的声音。小男孩的母亲张开双臂，喊叫着向他跑去。她距小男孩还有五六步距离的时候，突然那副官平静地一枪射穿了小男孩的头颅。

鲜血和脑浆迸溅到了鹅卵石上。小男孩扭动着的身子像一个布娃娃失去了填充物一样倒了下去。那副官朝枪口吹了一口气，将他的手枪插回原处，然后朝他的上司简洁地敬了一个漂亮的军礼。军官轻快地点了点头。市长的裤裆里显示出一摊湿湿的污渍。保罗差一点背过气去。萨米用颤抖的声音轻声说着："耶稣基督啊。"

母亲双膝跪地，扑倒在小男孩身旁。苍蝇开始盯上了飞溅开来的鲜血。有几个村民拿着棍子和石块慢慢走向前来，但是那上校挥了一下手，只见军官车上又有三个军人掏出了手枪。那母亲前后摇晃着号啕大哭："上帝啊，上帝啊。被德国人打死啦。"

德国军队一直到这个长长夏日傍晚的暮光退去后才穿过整个小村庄。保罗为他们的人员之多和装备之精良感到吃惊：有安装着烟囱的马拉厨房车，有医疗车，有一辆敞篷卡车——补鞋匠正在敲敲打打地给靴子换底，甚至还有一辆机动的邮政车。夜幕降临，他们安营扎寨，用欢快的嗓音唱着喝酒歌和《守望莱茵》。保罗走近一个正在写明信片的年轻步兵下士，问他战争会持续多久。

"我们将在圣诞节前到达巴黎。新年之前即可回家。"

保罗和萨米在午夜时分离开了村庄，赶着依然藏着摄影机和胶卷暗盒的牛奶车走了。

比利时的天空，尘土飞扬，遮天蔽日。凡是有抵抗的地方，德国军队便统统烧光房子。

保罗和萨米赶着车子穿越已经被弹药车的铁轮碾得一塌糊涂的田地。他们看到了有红色屋顶的蓝色小屋，所有的窗户都被砸碎了，所有的门都被从铰链上撕裂下来。他们看到种有蜀葵花的花园被恣意践踏，还有的院子里，有几颗紫甘蓝像被碾压的人头一样滚在地里。凡是可以拍摄的地方，保罗都拍了。那架木头制的莫伊摄影机体积太大，很容易被发现，他们不走大路，避免正面接触德国军队。一旦正面接触，他们的文件有可能受到检查，受到质疑，甚至被没收。

在又一个村庄的附近，他们遇见了几个士兵，他们正在用马和铁链将几根树干从路面上拉开。倒伏的树并非比利时人设置的唯一路障。稍远一点的地方，一个汽车架子侧身翻倒在路上，已经被熊熊飞腾的烈焰包裹。

保罗和萨米藏好他们的牛车，步行走进村庄。保罗扛着不带三脚架的摄影机，用一条毯子包裹着夹在胳膊底下。萨米又带了一盒没有拍摄过的胶卷。他们走过一个谷仓，准备穿越一块休耕的土地。这时萨米猛地拉了一下保罗的胳膊："赶快躲起来，先生。"他们跑进那个谷仓，上气不接下气地爬到贮放干草的顶阁。他们看到，一队士兵押解着几个不同年龄的男人和女人走进阳光照耀的田地里。一个年轻的上尉趾高气扬地走到那几个双手全都被反绑了的平民面前。

"女士们，先生们，"那上尉大声说道，"你们在冯克拉克将军的第一军团所前进的道路上设置了障碍。我指的就是那些倒伏的树和那辆烧着的庞阿尔汽车。"他的法语说得很好。

"这样的反抗不能容忍，我相信你们也会赞同的。我们有命令，我们在执行命令之前你们有什么话说吗？"

一个男人朝地上吐了一口唾沫。一个年轻女人跪倒在地，哭了。"别演戏了。"那上尉说道，"你们至少应当勇敢地接受你们应得的惩罚。"

保罗将摄影机拉到前面，搁到干草顶阁的一个豁口处，检查了一下曝光状况，目测了一下距离，确保德国人和比利时人都在画面内。他摇动了曲柄，棘轮发出的声响让他心惊胆战。他们在寂静中能听到这个声音吗？毕竟此时除了小鸟的鸣叫声和远处大路上汽车的马达声外，其他什么声音也没有。

上尉在一个金属盒子上轻轻叩着一根香烟："中士，执行命令吧。"

中士厉声发布命令。士兵们举起步枪。"不，不，不要这样。"上尉说道，"我们要给他们严厉点的教训，用刺刀。"

跪在地上的女人一下子昏死了过去。一个穿着靴子和工作衣的中年农民用一条胳膊搂着他的妻子。士兵们面面相觑，逡巡不前。"*Schnell*①，*schnell*。"生气的上尉一面大声喊叫，一面挥舞着他的香烟。

中士清了清他的嗓子："上刺刀。"

当士兵们走向前去，将他们的钢刀捅进那些手无寸铁的平民百姓的身子的时候，保罗不停地摇着曲柄。他们拔出刺刀，不停地刺着，直到每一个比利时人被确认完全死亡为止。

"别管他们啦。"当所有人全都倒下之后，上尉说道。他的香烟也只剩下烟头了。他正要把烟头扔掉时，碰巧瞥了那个谷仓一眼。一定是镜头的玻璃闪了一下。军官指向谷仓。

"那个上面，我看到有什么东西。包围谷仓。"

"快下来，先生。"萨米往梯子下爬去。

"把另一个胶卷盒给我。"

"先生，没有时间——"

"另一个胶卷盒，该死的。"

萨米吓得圆睁了双眼，乖乖地把胶卷盒给了他。保罗卸下已经曝过光的胶卷，把另一卷胶卷安装好。他已经来不及打开摄影机，装妥那卷空白胶片了。他匆匆将拍摄完成的胶卷盒藏到干草下面，这时那些士兵踢开谷仓的门闯了进来。

"你保持安静，别说一句话。"他轻声对萨米说道，"你干什么都可以，就是别把那本英国护照拿出来。"

下面传来拉枪栓的哗啦声。保罗用德语大声说道："别开枪，我们是美国人。

①德语，意为"赶快"。

美国公民。”

“爬下来，举起双手。”那上尉说道。

保罗先下来。上尉不可能超过二十五岁，他有一张看上去很和善的娃娃脸，蓝色的双眼十分温和。他的腰带上插着一张折叠得很整齐的地图。他的一只衬衫口袋里插着一个电筒，鼓鼓囊囊的。所有德国军官都配备有一张标明了所有道路和关键地点的地图和一个电筒供夜里值班用。

军官咔嗒地碰了一下脚后跟：“我是赫尔曼·金德上尉。你说德语。”

“我小的时候从柏林移民去的。”

“啊，老乡，你有证明文件吗？”

“有。”保罗从他的工作衣里面掏出证明文件。上尉打开折叠好的大号仿羊皮纸，上面有国务卿布赖恩的签名，还登记着保罗的年龄、体形、体重，以及眼睛和头发的颜色——填写护照的抄写员真是写得一手好字。上尉翻来覆去地仔细检查着护照，时间长得让人难熬。

终于，他将护照递还给保罗。接着，他检查了保罗的通行证。“告诉你吧，比利时人不再控制这个国家了。布鲁塞尔星期五就已被攻占。这个文件无效了。”他将通行证一撕为二，扔到了地上。他看向扶梯。萨米正站在扶梯半当中，一条胳膊挂在梯子横档上。他的脸色苍白，神情紧张。

“你们在那儿干吗？我看到有反光，太阳光照到小型望远镜上的反光，诸如此类吧。”

“我在那儿有一架新闻摄影机。”保罗说道，“我为电影院拍摄电影。”

“电影。”上尉微微一笑。“把它拿下来。”他对萨米说道。

萨米不懂德语，保罗用英语重复了一下。萨米刚要说话，保罗拿眼睛瞪着他。萨米赶快忍住，急忙往梯子上爬去。

他将摄影机放下来交给一个士兵，然后爬了下来。金德上尉绕着放在地上的摄影机转圈。

“你们拍摄发生在战场上那些事情的电影？”保罗点点头。他命令他的一个手下：“把它砸了。”一个士兵拿着摄影机走出谷仓，去到他们看不见的地方。保罗听到了木头盒子被砸碎的声音，不禁心疼得脸部肌肉都抽搐起来。

“鉴于德国和美国不是交战国,我只好对你们以礼相待。但是我奉劝你们立刻离开这个区域。要是落到了一个不太按良心办事的军官手里,你们也许连申诉的机会都没有就被枪毙了呢。”

“我明白。”

“你们要是再次被发现在这个地方的话,那就格杀勿论。”

“是,好吧,我们走。”保罗紧握着拳头,指甲掐进手掌里。他们快要自由了,快要逃脱这个罗网了。

他心中惦记着藏在阁楼上的胶卷,便用眼神朝萨米打了个招呼。两人朝着阳光照耀的门口走去,走出门外。萨米看上去随时有可能怒火迸发。保罗小心翼翼地将一根指头搁到嘴唇上,背脊一直对着谷仓。他走得很快,但不敢跑。他怕子弹随时有可能从背后射来。他用眼角扫到,一些有着坚韧翅膀的黑色大鸟正在死人身上啄食着血淋淋的肉。

当他们走到那块地的边缘时,保罗冒险回过头去瞥了一眼。金德上尉和他的手下正大步朝着村庄走去。

他继续往前走,朝着一堵农民搭建的低矮石头围墙走去。来到那儿,他轻声地说道:“好啦,萨米,他们走了。”

他从未见过萨米的脸如此狰狞恐怖。萨米踢着石头围墙:“该死的狗娘养的,该死的禽兽。”

“野蛮人,这是我在村子里听见他们这么叫的。”萨米的脸上毫无表情,“就像阿提拉①的游牧民族。”他还是不解气,但怨愤无处发泄,他将双手扶在石头围墙上,低着头,为这样的杀戮感到恶心。

“好在他们没有听见你说话,否则我们必死无疑。”

“我这个人挺服从命令的,是吧?”萨米咆哮道,显而易见,他依然怒火万丈。

“是的,萨米。你挺服从命令的,而且远远不止这样。上帝保佑你。我们坐

①阿提拉(约406—453),匈奴王,是进攻罗马帝国的蛮族统治者之一,统治着一支来自中亚北部的游牧民族,当时其帝国已经从西方的阿尔卑斯山和波罗的海延伸至东方的里海沿岸。趁东罗马帝国的军队忙于边界战事而无暇他顾的时候,阿提拉在多瑙河一线对其发动了大规模进攻,迫使其签订停战协定。451年,阿提拉入侵高卢失败,452年又入侵意大利,四处劫掠,野蛮至极,故有“阿提拉劫掠”之称。

下休息一下。”

萨米坐到他的身旁，拿贝雷帽扇着风：“接下去怎么办，先生？”

“我们要赶快逃到奥斯坦德去，到英吉利海峡去。我要花钱雇个渔夫把我们渡过去。”他们静静地坐了一会儿，最后保罗说道：“我想现在安全了，我们可以回去取胶卷了。”

“你待在这儿，我去拿。一定要把这些胶卷弄回去，一定要让人们知道我们与之战斗的是一些什么样的嗜血魔鬼。”

保罗刚要争辩，但是一看到萨米眼中的凶恶相，便连忙缄口不言。

第六十九章　混乱的家

成为克朗家的司机很多很多年、值得他们永远牢记的尼基·斯皮尔斯老死了。按照伊尔莎的说法,将军认为永远不可能有人能够替代尼基的高效率和好脾气,所以他宁可不找人替代他。弗里奇在芝加哥火车站下了车,管家巴伐利亚人利奥波德在站台上接她。

"欢迎回家,小姐。"

"谢谢,利奥波德,我很高兴到这儿来。"

"你母亲和父亲会很开心见到你的。"这样说对利奥波德来说算是话多了。另外,弗里奇怀疑他的话只有一半是真的。

喧闹嘈杂的街道上空,烟雾弥漫,泛着黄光。西边的天空,黑云像防御土墙,威胁着有大雨要下。今天是10月1日,星期四,再过三天便是"和平礼拜天",总统将宣布将其作为结束战争的国家祈祷日。

在她母亲再三要求下,她从B.B.那儿获得了特别批准,横跨半个国家前来探亲了。旅途中,她听到了同道的旅客对这场战争立场坚定的见解:美国必须在威尔逊的领导下,完全保持中立。德国人是野蛮人,居然无耻到强奸修女、烧死神父,甚至把比利时婴儿的双手都砍下来的地步。好在,圣诞节前,这整个灾难就要结束了。在这件事情上,弗里奇自己并没有太强烈的见解,而且战争跟她回芝加哥也没有关系。她回到这儿来是来庆祝她父母亲四十五周年结婚纪念的,盛大的聚会将在帕尔默酒店举行。前来参加这每年一度的庆祝活动的宾客有很多将军的高级雇员、生意伙伴以及这么多年来他们在芝加哥的德裔美国人社交圈里的朋友。弗里奇犹豫再三,最后决定冒险回家,盼望节日的气氛会帮助弥合她与父亲的裂隙。

黄昏时分，他们家的褐紫红色奔驰旅行车将她接回到了富丽堂皇的家中。仆人全都是新雇的，她一个也不认识。她了解到，她母亲还在参加一个教会委员会会议，将军到圣路易斯出差了。他到那儿去解决销售处的一个问题，明天很晚才回来。

二楼的老房间，尽管打扫得很干净，铺上了上过浆的床单被褥，还摆放了一瓶鲜花，但是仍散发出一股长期不用的霉味儿。正在打开行李的时候，她感觉有人在门口，便猛地转过身。

“乔伊！”

“你好，小妹。”他一瘸一拐地走过地毯。他们紧紧拥抱。小乔把他的旧衣服扔到一张椅子上。他已经快四十岁了，看上去脸色苍白，身上满是威士忌的气味。他的腰围比她记忆中的粗了许多。乔尽管鄙视资本主义，但是没有放弃他的工作。妈妈难过地说，他拿他的信仰换了酒钱。

“加利福尼亚把你晒成了棕黄色，真漂亮，小妹。”

“谢谢，好心的先生。你自己可以稍稍晒一点太阳。”

“啊，谁会注意呢？我看了你的新电影，就是你把什么都砸碎了的那部。有趣。”

“我很高兴你喜欢。告诉我，你怎么样？”

“我应该怎么样？我还是老样子。一周去啤酒厂上六天班，星期天到总部去工作一天。”

弗里奇不喜欢这种过度自怜自哀的腔调，但是她什么也没有说。她坐在床上：“这场战争对芝加哥有影响吗？我们西部人几乎都不知道正在发生战争。”

“德国人对这场战争情绪可是挺高涨的。爸爸在他楼下的办公室里挂了很大的比利时和法国的地图，还用彩色别针做了交战双方的标记。我估计哪一天他会带一幅德国皇帝的肖像回家。他也许稍稍变得温和一点了。”小乔轻轻地拍着自己的头，“毕竟，到3月份他七十二岁啦。”

“你对这场战争怎么看？”

“一句话吗？犯罪。”

“你指的是哪一边呢?”

“两边。按照国际社会主义的视角来看这场战争,所有的政府生性就是腐朽没落的,而战争完全是这种腐朽没落的政策延伸。老百姓发动不了战争,小妹。战争是剥削者强加到他们头上的。”

她微微一笑:“爸爸会把这话当作红色说教,是吗?”

“肯定,但这是真理。现在我得去洗洗。很高兴你回家来。”他转身离去,拖曳着他的跛足,“还有,有人对你说过吗?卡尔坐火车从得克萨斯过来,半夜到。他是去法国顺道来的,你能想象吗?不管怎样,我猜见到他你会很高兴的。”

乔伊的言下之意是,见到他她并不高兴。他真的太令人难过了,太迷惘了。她怀疑,谁也无法将他从他的现状中拯救出来。

卡尔于凌晨四点半风风火火地走进了家门,他的火车晚点了好几个小时。他跳跃着走上楼梯,手里提着一只破旧的胶合式旅行包,脖子上垂挂着一条脏兮兮的红色围巾。伊尔莎穿着睡衣,先是紧紧地拥抱了她的小儿子,接着要求他安静一点——很可能是因为他重重地碰撞了那根楼梯端柱,撞得它剧烈地颤动起来。

弗里奇哈欠连连,在她的闺房门口朝卡尔挥挥手,答应早上起来第一件事情就去见他。乔伊懒得起来。

每年克朗夫妇举办庆祝活动的时候,将军一概谢绝客人们赠送礼品,但是他不反对从孩子们那儿接受礼物。弗里奇还得去买礼物。她请求卡尔陪她一起去。他早已经包好他所能提供的最好礼物了——一个便宜的相框,里面是一张他自己的照片:他靠在一架像要散架了的飞机上摆出一个姿势,飞机的机翼板上,弹洞清晰可见。

在卢普,他们看到了这样的情况,芝加哥有大量的德裔美国人,这些人对待这场战争的态度远非中立。在斯泰特大街上,一个小贩高声叫卖着铁十字勋章的复制品。一家音乐商店的橱窗里陈列着有德国爱国歌曲的唱片。

“等我为另一边飞的时候,爸肯定不高兴。”卡尔忧郁地预言。

他们逛了一个小时的街,卡尔一个劲儿地抱怨,说他还得喝杯爪哇咖啡提提神。弗里奇终于买下了一口漂亮的钟。钟有二十五英寸高,钟壳油漆得十分光洁,表面饰有一些球形把手、涡卷线条和好几个小小的阳台——非常德国化。她不敢肯定她父亲是否会喜欢,但很肯定她母亲会用。伊尔莎把家打理得井井有条,每个房间里都至少有一口钟。

刚要付钱,她突然记起了什么。伊尔莎已经六十出头了,她的视力退化得很厉害。"我改主意了,买那个。"样子完全一样,就是针和钟面大了一点。

"再加两美元钱。"服务员说道。

"好,包起来。"

他们来到位于瓦巴什大道的迪尔伯恩堡咖啡馆,弗里奇点了茶和饼干,卡尔要了加浓咖啡。他解开外套纽扣,任那条红围巾松松垮垮地垂挂在他的衬衫外。这个破坏他形象的脏东西至少有一码长,两端已经磨损得很厉害,上面还沾满了各种各样的污渍。终于,她的好奇心驱使她问道:"你这破玩意儿是哪里弄来的?"

"特丝那儿,底特律的一个姑娘。我对你说过她的事儿。"

她听出了他的话音中有很深沉的严肃的意味:"你喜欢她,是吗?"

"我依然喜欢她。"

"可是你离开了她。"

他点点头,什么也没说。

弗里奇拍掉手上的饼干屑:"你知道这对一个女人意味着什么吗?"

"我怎么会知道?"

"你当然不会知道。我来告诉你吧,因为我爱上了一个也像你一样喜欢毫无牵绊的人。"她向他描述了洛伊·哈丁的情况,她对他的感情,以及每次她想把他拉得更近一点的时候他退避三舍的态度。她的描述充溢着强烈的感情,但令人惊讶的是,她的话中又有一种解脱感。

"这种事情是可以把一个人撕裂的,卡尔。睡不安稳,干活没头绪——"她一想到在她的现实生活中的两个男人,洛伊和她的弟弟,居然不计后果地拒绝为别人承担责任,便变得有点生气。她又拿起一块饼干,将这种生气的情绪流露了出来。

“你还是小孩子时，就在家里闹腾得鸡飞狗跳，有时还把很贵重的东西给砸了，你记得吗？我记得有一次是一口钟。还有一把椅子，一个盥洗盆的大理石台面——你那时太小，不知道如何把它们修好。然后就躲开，让爸爸或者哪个仆人去修理弄坏的东西，那也许没问题。但是，你不能随随便便地伤害一个人啊，然后就不负责任地躲开了。你知道到哪儿去找到你的特丝吗？”

“据我所知，她仍然在底特律。”

“去看她，卡尔。在你远赴法国这样的危险之地前去看她。这是她应该得到的——看她一次。我知道这种状况。”

时间嘀嗒嘀嗒地过去。服务员将账单放在他们两人中间，弗里奇捡起账单。卡尔仔细打量着围巾已经磨破的一端，接着，他抬起头来，望着她的双眼，什么也没说。

铃声准点在七点四十五分响起，召唤大家吃晚饭，什么都没发生变化。她向餐厅走去，每走一步，她的神经就紧张一分，她抬起下巴，脸上凝固着僵硬的微笑。在拱门处，她的步伐乱了，她感到惊愕，她看到了乔伊、卡尔和母亲，但是没有看到将军。一个仆人告诉过她，他已经回家了。

“你父亲在他办公室里。”伊尔莎说道，“我已经叫利奥波德去告诉他，我们已经都坐下了。”她的左手紧紧抓着一块有花边的手帕，指节都发白了。

伊尔莎坐在长餐桌她通常坐的那一端。弗里奇坐在一边，小乔和卡尔坐在另一边。卡尔跟母亲亲切地交谈着，而乔伊则弓着背，低着头，看上去好像随时会拿拳头揍第一个惹他的人。弗里奇跟两个兄弟面对面坐着，对面还有一只很大的餐具柜，餐具柜上方挂着一幅比兹塔特所画的约塞米蒂峡谷的油画。餐厅跟她记忆中的一模一样：古色古香的胡桃木镶板，又大又沉的家具，一盏精致的枝形吊灯，很久以前就从煤气灯改装成了电灯。

她听到了轻快的脚步声，想也没想便站起身来。她的手掌湿漉漉的，她能感到脉搏在手腕和喉咙口快速地跳动。将军走进门来，他的身姿细长，举止得体，但她惊愕地发现，他的身体变得十分虚弱。他的小胡子依旧整洁如初，可是他的白发已经稀少得露出头皮了。他的双颊有一种不健康的肝火旺的红。

“晚上好，弗里奇。”他问好，微微点了一下头。这样的问好彬彬有礼，但冷冰冰的。她未有多想，按照伊尔莎在她小的时候教她的那样行了一个屈膝礼。

“爸爸，我很高兴见到你。”

他的双眼有瞬间的闪动，便是对她的话做出反应了。他大步走过餐桌的另一边，走过卡尔和乔伊的身后，坐到他那张皇位一样的高高座椅上。他没有给她表示欢迎的亲吻——甚至连表示父爱的抚摸都没有。

两名穿着黑色衣服、围着白色围裙的侍女进来开始上菜。伊尔莎说道：“弗里奇回来参加聚会真是太好了，是吗，乔？”

“挺好。”他说道，一面重新排列了一下他的银餐具，每一样都移动了一两毫米，“我希望你身体健康，弗里奇。”

身体健康？难道这就是他所能想到要说的全部话语吗？他这种干巴巴的关心令她十分生气，可是她硬是忍着没有发作。

伊尔莎依然假装欢快地说：“她看上去不是挺好吗，乔？她在加利福尼亚挺忙呢——”

“拍那些电影。”他把他的银餐具摆满意了之后，瞥了他女儿一眼。她感觉到了他的不喜欢，让人气馁。“我一部也没有看过。”

弗里奇的脸涨得通红，嘴里轻声地嘟哝着：“是啊，爸爸，那都不是什么大剧。”

“我不赞成一个女人在陌生人之前炫耀自己。不过，保罗的电影——它们反映重大事件，才有价值。”卡尔皱起了眉头。将军继续说道：“我不能去看我自己的女儿扮演那种傻乎乎的角色。我唯一感激的是，芝加哥没有多少人知道你在干吗。”

乔伊哈哈大笑起来：“爸爸，他们知道。她的新电影红极一时呢。”

“啤酒厂里没有人提到这事儿。”

“见鬼，他们不笨。你对弗里奇当演员的态度不是什么秘密啊。”

伊尔莎说道：“乔伊，我希望你不要说脏话。”

“他不会说其他的话，除非是他的黑话。”将军说道。

小乔摆出一副分庭抗礼的样子，说道：“克朗酒厂的很多人都知道小妹在干什么，而且他们认为她太了不起了。瓶装车间的列夫·邓恩对我说，他看了弗里奇的《淘气鬼内尔》，几乎要笑岔气了。”

“列夫·邓恩。”将军重复了一遍。弗里奇担心那个可怜的人要倒霉了。餐厅里的情绪在蒸腾。

女仆们将大浅盘和盖有银碗的碟子摆到餐桌上。晚餐的开胃菜是烤牛肉配上浓稠的肉汁和紫甘蓝。大伙儿全都把注意力放在了装填自己的盘子上，弗里奇也在自己的盘子里装了牛肉，尽管她的胃口已经没有了。这个餐厅另外给她留下的记忆是吃饭前虔诚的德国祈祷仪式。

伊尔莎的强颜欢笑在继续：“晚饭之后，我们都想听听弗里奇给我们讲讲加利福尼亚的故事呢。那个遥远的地方多么迷人啊。我很想有一天到那儿去看看。”

“加州南部真的很美。”弗里奇表示赞同，“气候温和，阳光明媚，跟地中海沿岸一样。”

将军放下他的餐巾：“我认为我没有时间听这些旅行见闻。有两位先生马上要到这儿来见我。”

“到家里来？”伊尔莎说道，“没有听你说过，乔。”

“到我的办公室相见。我们不会打扰你们。”这是一个简短唐突的反驳。

卡尔为他母亲和姐姐感到不平，发作了，他将餐巾扔到桌子上：“那我呢，爸爸？你那么忙吗，都没时间听听我的计划？我要横渡英吉利海峡去参加法国空军呢。”

“做个雇佣兵。”将军嗤之以鼻，“你母亲对我说了。这没必要说，我认为你的想法很野蛮，而且从这个国家的正式立场看，你也不爱国。”

“哦，基督啊。”乔伊发出呻吟声，保持着克制。

将军成了众矢之的，受伤的、愤怒的，都虎着脸对准了他，他站起身来，下意识地表现出一副倨傲不逊的样子：“我是尽力表现得像个有责任的公民。到这儿来的两位先生是生意同僚——酿造有益于身心健康的优质啤酒。”他伸手去拿他那杯每餐必喝的克朗贮藏啤酒。“我们正在计划一个报纸宣传运动，来揭露总统称之为中立的谬误。事实上，他的政策意味着对英国有利，对德国不利。如果威尔逊的中立意味着把食物、药品、武器卖给交战双方的话，不偏不倚，那我倒是能接受。但是情况并非如此。整个东部的所有机构、人员——报纸、大学校长、知识分子、军火商——他们全都敬奉协约国，谴责祖国。”

“也许有充分理由。”卡尔开口说道，“我的朋友勒内说——”

将军将啤酒杯重重地放到餐桌上：“别给我火上浇油啦，年轻人。我对你在做的事情实在是羞愧至极。”

弗里奇再也忍不住了：“卡尔应该做他想要做的事情，爸爸。他是一个成人了。”

将军的目光令她难堪：“你当然会这样说，任性地过着自己想要过的那种自私的生活，公然蔑视父母亲的愿望。”

“乔。”伊尔莎的话音不高，但尖声刺耳，“别再说了，发发慈悲吧。”

“对不起，亲爱的——”他并没有对不起的意思，“我身子里流的是德国的血，你也是，虽然你表现出来像是忘了这点。”伊尔莎一动不动地坐着。将军饮了一口啤酒，拿餐巾擦了擦他的小胡子，然后站起身来：“请原谅，告退了。客人马上就来，而且我有些活要干。”

他大步走出餐厅。伊尔莎对弗里奇说道：“吃吧，亲爱的，再吃点。我们不能浪费了呀。”

她的话淹没在了令人沮丧的缄默中。弗里奇垂下眼盯着她的大腿。卡尔怒视着他的盘子。小乔点燃一根香烟，那张憔悴的灰黄色脸上露出一缕尖酸刻薄的假笑。

第七十章　选边站

每一年，乔·克朗都会在帕尔默酒店租用同一个舞厅，雇用芝加哥交响乐团的同一批乐师在晚宴前为宾客演奏小夜曲，然后为大家跳舞伴奏。宾客有男有女，这些男男女女代表了克朗家在芝加哥生活的圈子：不仅仅是啤酒厂的雇员和六七个生意上的竞争对手，而且还有当地的政界人士，包括卡特·哈里森市长。有来自圣保罗路德教堂的教友和将军那些俱乐部——联邦同盟俱乐部、日耳曼人俱乐部、斯瓦比亚人俱乐部——的成员。伊尔莎邀请了她在赫尔堂做义工时认识的一些女友。赫尔堂的创始人简·亚当斯是一位老处女，她是单独来的。总共有大约两百五十位宾客，说德语的跟说英语的一样多。

觥筹交错之中，聚会的气氛越来越热烈：不仅有不同度数的克朗啤酒，还有香槟酒、莱茵白葡萄酒、雷司令白葡萄酒和法兰克尼亚红葡萄酒，甚至连比较现代的各种鸡尾酒也上来了，虽然将军自己不喜欢鸡尾酒。

伊尔莎穿着带有精致花边宽领的深黄色缎子长裙晚礼服，看上去端庄漂亮。这件裙服虽然早就过时了，却是将军的最爱。弗里奇在洛杉矶买了一套贵重的衣服，镶满珠子的黑色雪纺绸紧身马甲将她修长的身段衬托得十分娇美。配套的裙子是祖母绿的丝绒，下面刚好露出她的银色浅口便鞋。

将军的燕尾晚礼服得体漂亮，但是小乔和他弟弟的服装却不可同日而语。他们租来的套装松松垮垮，让弗里奇想起了一部喜剧电影里面那些卑微的滑稽演员。

有很多宾客她都不认识，但她没有必要担心，人们都认识她。他们自我介绍，并祝贺她获得的巨大成就。有一个女人动情地说：“你真的太幸运啦，亲爱的。电影演员是美国的新宠啊。”这是一个惊人的见解，一个她不会向她父亲提及的见解。

他们围着一桌十个人的圆桌吃饭。弗里奇这一桌有一位啤酒界的竞争同行明格尔多尔夫和他的妻子、市长及其夫人、两对教会的人，还有一个单身汉，是克朗啤酒厂的酿酒师。伊尔莎跟宾馆承办酒席的部门合作，拿出了一份地道的德国菜单。主菜是小牛排、羊肉和牛肉，配有甜面包、六种蔬菜、水果布丁、烤土豆、硬的和软的面包卷、威斯特伐利亚黑面包和略有酸味的裸麦粗面包，最后是华丽的甜食，再加上由一罐罐施拉克牌绵白糖做配料的咖啡。

随后是对这对夫妇的祝酒。最后，将军站起身来。

“女士们，先生们，朋友们，你们每个人对我妻子和我来说都很特殊——”弗里奇低头瞧着自己的双手。“——不过现在我要说的只是一个人，请各位谅解。”他举起酒杯，“敬你，伊尔莎。很多年以前，我发现了一朵鲜花，这朵鲜花变成了珍宝。我成了最幸运的男人。”

每个人都站起来鼓掌。伊尔莎轻轻地抹着自己的眼睛。卡尔起劲地拍着手，乔伊吹着口哨。乐师们开始演奏《宫廷华尔兹》。在更热烈的掌声中，乔领着伊尔莎来到舞池中央。

乔伊不见了，很可能就整夜不归宿了。弗里奇看到卡尔一仰头吞下了又一杯香槟酒，随即又招呼侍者给他的酒杯倒满黑啤酒。过了一会儿，正当她跟简·亚当斯聊天的时候，突然听到卡尔在高谈阔论什么。她吃惊地发现，他在跟胖乎乎的奥托·明格尔多尔夫交谈时双脚已经摇摇晃晃了。

“你公然蔑视总统公开宣布的要求吗？”那个酿酒商生气地说道。显然，卡尔透露了自己的计划。明格尔多尔夫摇晃着一根手指：“‘我的同胞们，我们必须既要在行动上也要在思想上不偏不倚。’这是威尔逊的原话。”

“是的，奥托。”卡尔的说话像雷鸣，“可是他要是错了呢？”

将军停下舞步。人们听到了卡尔很大的说话声，纷纷安静下来。明格尔多尔夫的妻子用力想把丈夫拉走。可是他想要辩论：

“你说这话实在是无耻！这是个原则问题。原则！”他拿拳头捶打着自己的手掌，“德国及其盟友受到了的冤枉，全是谎言和没有任何事实根据的指责——”

“你是说来自比利时的所有暴行吗？”

“谎言！你以为那些谎言是哪儿来的？都来自伦敦和巴黎的宣传部门啊。我也看到过关于协约国同样恐怖的战争罪行的报道。在被占领的法国，他们把霍乱细菌放进水井里。法国神父给德国军人喝的咖啡里掺了毒药。”

“这些报道是哪里来的，柏林吗？”

将军大步走向儿子：“卡尔，请你别纠缠我们的客人。”

“对不起，爸爸。我只是想把真相告诉他。”

将军的话音低沉，几乎像是咆哮，说道：“我认为你喝得太多了，别说了。”

弗里奇焦虑不安地瞧着弟弟的脸色大变，变得近乎野蛮：“等我不想说了，我会不说的，爸爸。无论如何，明格尔多尔夫，我开飞机主要是为了刺激。刺激，还有钱。”

将军一把抓住卡尔的一侧肩膀，想把他推开。卡尔大喝了一声，开始还手。将军往边上一闪，卡尔突然失去了平衡。他双脚一滑，重重地跌倒在地。他的前额撞到了铮亮的地板上。在场的每个人都倒吸了一口冷气。

将军脸色铁青，说道：“站起来。我说，起来。”

卡尔的头抬了几英寸。弗里奇一看他那呆滞的目光，吓坏了。她赶紧跑上前去扶他。父亲的话音声若枪响。

“别管他。不该帮助他。”

伊尔莎几乎要掉下眼泪了，她冲上去恳求她丈夫：“乔，我求你——”他不理睬她。客人们瞧着这一幕，显露出各自不同的震惊状态。

弗里奇站在那儿，跟她父亲相距四英尺距离。她、将军、卡尔三个人形成了一个三角。将军的面孔呈现出淡淡的紫色。他和弗里奇互相怒视着对方。卡尔稍稍抬了一下头，接着又昏了过去。弗里奇走向前去。

“弗里奇，别碰他。”

“我们不能就这样让他躺在这儿，爸爸。”

“我会叫门房来，他们会来清除这个败类的。我命令你别去帮他。”

她早已经跪倒在她弟弟身边。

星期日便是“和平星期日”,早晨淅淅沥沥地下着令人生厌的雨。卡尔在拂晓前便离开了家,没有跟任何人道别。弗里奇十一点四十五分坐火车去加利福尼亚。利奥波德十点半来帮她搬运行李箱。她跟着他走下楼去,将军和伊尔莎穿着上教堂的漂亮衣服在楼下等他们。

将军的脸色依然冷峻。由于她在聚会上公然不听他的话,所以他跟弗里奇没有什么更多的话说:“我要在十一点钟的礼拜仪式上发表讲话。我们不能去送你了。利奥波德会开车把你送到车站去。”

“没有必要,我可以叫出租车。”

“我说的每件事情你都非得加以反驳是吗,弗里奇?利奥波德送你去!”

他的怒火像一股可感知的力量砸向她。她深深地吸了一口气:“好吧,先生,谢谢。”

她拥抱了已经泪水涟涟的伊尔莎。将军站在一边,当她走上前去吻他的脸颊时,他僵硬得如同一棵化石树。

“对不起,我这次回来打扰到你了,爸爸。昨晚——”

“我们不说那个。”

*但是我们将记在心里,是吗?*她心里痛苦地想。

“你要是愿意看我的电影了,请写信告诉我你的感受。”

“我不可能看,这些日子我太忙了。再见,弗里奇。”

她突然恨透了这场该死的战争,战争把人们变得冷酷无情。她回家来是想弥合父女之间的裂痕的,但现在却适得其反。她在绝望中离开了家。

第七十一章　“非真，宁无”

银幕上的画面消失了,闪着白光。约克勋爵啪啪地捻着响指。用镶板镶过的放映室的天花板上亮起了退场的灯光,放映室是房屋主人套房办公室的一部分,位于这幢大楼的顶楼。

保罗和他的雇主看了两次那个捅刺刀杀人的场面。保罗将他的雪茄摁灭在两张皮沙发之间的一个铜沙缸里。灰色的烟灰撒在他的马甲上。他的喉咙很干。他很生气,因为他早先跟迈克尔·拉德克利夫有过一场交谈。

“太出色了。”这位爵爷大人说道,“令人伤心的素材。告诉我,谁还看过这个片子?”

“除了实验室的冲洗工之外,没有人看过。”他尽量小心翼翼,不牵涉到其他实验室。

“像这样的作品,你真的可以为之骄傲,我的孩子。”

“谢谢,先生。我带回到编辑部门去,编成每周放映的单本片子。”

约克勋爵在沙发上慢慢地动了一下:“不必了。”

“我恐怕不明白。”

“这部影片在英国放映不了。政府觉得这样的东西,其性质太负面,太血腥,会对公民道德产生负面影响,而且会影响征兵。在没有新的通知之前,陆军部不准新闻记者、摄影记者、电影摄制工作者到战争前线去或者跟踪报道我们的军人。”

“迈克尔告诫过我那些新规定。要是不管那些规定会怎么样呢?”

“惩罚会很严厉。一律枪毙。”

"老天爷呀。这我倒不知道。"

丝绒的窗帘挡着窗户,但是舰队街上的声音依然清晰可闻:汽车呜呜的喇叭声、出租马车马匹的嘚嘚马蹄声、小贩呼叫着最新报纸标题的叫卖声。"尊敬的先生——您怎么会赞同这样一项政策呢?人们走进这幢大楼所看到的代表着真理啊。"哈特斯坦出版王国的大楼里,一楼那几扇巨大的铜门上方,雕凿着一英尺高的座右铭:"VERITAS, AUT NIHIL."那意思就是:"非真,宁无。"

约克勋爵眨巴着他好似蛙眼的眼睛,将他的两个大拇指插进他马甲的袖孔里。"在战争期间,我们都必须学会妥协。"

"最不可妥协的正是战争时期,先生。在我看来,白厅那些所谓的爱国者似乎主要是在竭力保护他们自己的屁股。"

"你的话跟我女婿说的一样。"

"这都要归咎于我的老师。第一个教我使用照相机的人是一个爱尔兰人,名叫鲁尼,他有一个告诫我铭刻在心。他说,图片会撒谎,但它们绝对不能撒谎。"

"在这件事情上,不存在撒谎不撒谎的问题。"爵爷说道,已经有点不耐烦,"这些影片只不过是消失了,就像它们从来就不存在。"

"我和萨米是冒着生命危险才拍摄到它们的。"

"我的孩子,我们别吵了。这场战争令人作呕的真相马上将会浮出水面。战争圣诞节前不会结束,或者说要延续到圣诞节后好几个月。这是昨天晚上我跟陆军大臣共进晚餐时他极其私密地对我说的。"

保罗从他外衣内边的口袋里狠狠扯出一根雪茄,咬下烟头,在鞋底上擦燃一根火柴。"这是你最后的话吗?"

"是的,保罗,最后的话。别生气。"

"我当然生气。我要我的影片。"

"恐怕这不可能。"他将他矮胖的身躯转向放映室狭窄的窗户,保罗的目光也随之转向那儿。灯光熄灭了。"那卷胶片正被拿到储藏室里去。负片将派人去拿,也将储藏到那儿。"

"你没有这个权利——"

"请别对我大吼小叫,先生。影片是我的财产。你的雇佣合同里写得明明白白。”

“我他妈的才不管呢,我要影片。”

“那不是政府的最大利益所在,也不是我们不遗余力进行战争的目的。我是一个商人,但我首先是这个国家的公民。贫困的时候,吃不饱肚子的时候,我也许不会说这个话,可是现在,我有实力成为一个爱国者了。一个爱国的罪犯,假如说得精确一点的话。至少每天一次,我必须宽恕欺骗——掩盖真相。满大街,我们的小贩们驴一样地叫喊着,同盟国已经在马恩河退却了。这临时性的胜利让我们这边付出的代价是二十五万人死伤。”

“这么多!”保罗哆嗦了一下,“这我倒不知道。”

“公众也不会知道。保罗,你是一个有才干的人,也是一个勇敢的人。我对你的评价很高。你经历了一场磨难,那是有付出的。我建议你好好休息一周,带着你的妻子和孩子到乡下去。脑子清醒一点了,你就会发现我们正在做我们必须做的事情,你就会原谅我了。十分钟之后,《伦敦之光》编委会将召开会议。”

他迈着特有的歪斜的步子,像是滚动一般朝那道有软包的门走去。保罗从嘴里拿出雪茄。

“先生?”

“怎么?”

“我辞职。马上生效。”

爵爷慢慢地从门口走了出去。他又短又粗的手指抚弄着挂在他便便大腹上的那根很粗的金表链。

“我劝你别摆堂吉诃德式的姿态。”

“除非把那些镜头放到每周放映的影片里——”

“让我们都被抓去坐牢吗?”

“你在过去已经采取了不受欢迎的立场。勇敢地面对白厅吧。”

“这次我不会。英国的心脏上悬着一把剑。”他说这个话极其夸张,尽管保罗毫不怀疑这个人的激情或者坚定信仰。整个国家都处于高度紧张之中,生怕德国入侵。

“那么,我有义务用其他方法把真相公之于众。”

“我的孩子,没有用的,装模作样和——”

“装模作样?”他怒火万丈,“你真的这样看那部片子?六个无辜的人死了,而且死得不明不白。他们是被屠杀的。那个领头的该死的德国军官乐在其中。这就是我们与之战斗的敌人。这件事情必须揭露。”

“这不可能。你恐怕在考验我的耐心。你将执行命令,否则你就明天上午到财务部去结清你最后的账目。”

“我明天一早就去。”

约克勋爵哐的一声撞开门:“你们全家将会吃没有必要的苦头,这点你明白。”

“我们商量过。朱莉支持我。”

“你没有认识到你反对的人的力量。他们可以把你碾压得噼啪乱响,轻轻松松就可以对付你。”

“不一定。他们仅仅是人而已,而且显而易见是懦夫。他们害怕真相。”

“你是个可怜的傻瓜。”他叹了口气,转身走了,“我本以为你的素质会更好一点。”

约克勋爵穿着后跟很高的鞋子走进一个大理石的大厅,咔嗒作响。保罗又擦燃一根火柴点他的雪茄,他的手有点发抖。他沿着一条迷宫一样的走廊走向一个有他们家三个起居室那么大的公众接待大厅。萨米从一张长凳上站起身来,随手将一份《伦敦之光》扔到一边。他看见了保罗的表情。

“先生,那儿情况究竟怎么样?”保罗简单地向他解释了一下。萨米目瞪口呆,接着愤怒异常:“耶稣啊,那是该诅咒的罪恶啊。”

“很显然,放映我们这样的影片是更加严重的罪恶。”

“准备采取什么措施吗?”

“我早已经采取措施了。我不干了。”

萨米的双眼睁得圆圆的:“老天,就这样吗?”

“就这样。我得把我在塞西尔大楼的办公室清理出来。爵爷要雇用新人的,埃普松小姐不会受到牵连。你也一样。”

“见鬼。我也辞职。”

“你承受不了的，萨米。就让我一个人承担吧。”

“可是这不公正，先生。从头至尾，不公正。”

保罗疲惫地耸了一下肩算是作答：“我们生活在一个并不完美的世界里。”

他摇了一下铃，铃儿发出丁零当啷的声响，回荡在电梯井里。一个精致华丽的笼子由一个上了年纪的服务员操纵，升入他们的视线。“去街上吗，先生？”

“四楼。”接着他对萨米说道，“迈克尔正等着跟我们一道制作拷贝呢。”

他们走出电梯，走进一个灯光刺目的大厅，里面摆满了办公桌，黑色的铁制打字机嗒嗒地响个不停。内勤工人从记者那儿抢过一页页大裁样稿，用砸橱窗抢东西的强盗一样的速度将样稿送到位于中央的一个马蹄铁形状的台子那儿。编辑们就在那儿用很粗的铅笔对稿子加以删减。他们将做满记号的稿子放到金属丝的筐里，金属丝筐沿着传送带去往墙上的一个个口子，然后消失在去往排字车间的路上。除了所有这一切之外，大厅里还弥漫着痰盂和烟草蓝色烟雾的气味。

保罗沿着走道大步走向迈克尔·拉德克利夫的办公桌。《伦敦之光》大多数记者的穿着打扮都模仿波希米亚人的风格，主要原因是经济窘迫。迈克尔不一样。他那凹凸织物制成的白色马甲扣着纽扣，里面是一件上过浆的衬衫，脖子上系着一条打活结的棕色领带。他那套漂亮的棕黄色休闲套装的上衣挂在他座椅的上方。在一盏铁皮台灯下，他用两根手指在打字，嘴里衔着一根香烟。

“迈克尔，我被解雇了。”

“哦，耶稣啊。比利时的片子吗？”

“是的。”

“那你就忍了？”

“事实上，我是主动辞职的。”

迈克尔透过袅袅上升的烟雾眯眼望着：“我不知道是该为你的勇气给你颁发一枚奖章，还是因为你的愚蠢在你的屁股上踢一脚。”他又打了两三个字，然后从压纸卷筒上撕下打印纸。“伙计！”等那上气不接下气的跑腿内勤来到他的办公桌前时，他早已经跟着保罗沿着走道大步离开。

他们三人来到外面,发现已经大雾弥漫——夏洛克·福尔摩斯通常遇见的那种黄色浓雾。浓雾在视觉上缓和了伦敦城的丑陋和肮脏。保罗没有回头看那几扇大门上方的格言。要是看的话,他会窒息的。

他们往西走去。迈克尔的手杖轻轻地叩着路面,发出轻松的节奏。在街角,一个卖报纸的小贩用一种谁也听不懂的从喉咙里发出的唧唧声兜售着新闻严格受到控制的《伦敦之光》晚报。那人利用一块手写广告牌招徕顾客。

德国人在马恩河遭到阻遏

巴黎出租车急送部队

至前线

巨大的伤亡震惊了敌人

霞飞总司令

“法国的救星”

又走过两个街区,他们走进一家名叫“野兔和猎狗”的烟雾弥漫的酒吧。酒吧里挤满了欢笑畅饮的男人,他们互相庆贺着德国人被击退的好消息,好像他们跟这件事情有关系似的。一个侏儒在一架六角手风琴上演奏《把你的烦恼装进你的破行囊》。

他们在吧台附近找到了一张桌子。迈克尔朝酒吧老板伸了一下三根手指。保罗飞速地移动了一下他的椅子,视觉上避开了油腻腻的墙上那幅巨大招贴画。基钦纳勋爵是击败苏丹和南非的英雄,刚刚被任命为陆军大臣。只见他直愣愣拿一根手指指着看他的人,嘴里无声地呼喊着:“英国人!加入你们国家的军队!上帝护佑国王。”

迈克尔剥下他那双漂亮的手套:“我准备听听这出戏的概要。”

“他没收了那部片子。我没有选择,只好辞职。”

“他这个人该枪毙。”萨米吼叫道。

“塞缪尔,”迈克尔叹了一口气说道,“你无法想象,有多少次我产生过这样的想法。”接着他对保罗说道:“那你的感觉如何呢?恼火?”

“太对了。殉道从情操高尚的角度讲是很动人的,但让人不得安宁或者不舒服。”

“那老家伙应该支持你才对。不幸的是我们所对付的是愚蠢到极点的愚蠢。办事情的那帮温和派看不见这显而易见的东西。”

“是吗?”

萨米说道:“他们这是直接把我们推向血腥德国人的怀抱。”

“说得挺对。”迈克尔赞同道,“德国军方高层欢迎记者。”他看了一下四周,以防隔墙有耳,接着降低话音,“两天前,我在迪恩大街买到了一本意大利假护照。我要是一定想佩戴二十个铁十字勋章的话,我就会上前线去。”他喝了几口浓烈的黑啤酒,“你们会处理好这次挫败的,是吗?”

“没问题。”保罗说道,“其他的公司最终会雇用我的。在此之前,我就作为自由职业者,拍电影,用同样的办法兜售片子。”

“我跟他走。”萨米声明道,“他不想要我这样做,可是我下定决心了。”他举起他的空酒杯朝烟雾朦胧的空中行了一个礼。“去他的爵爷大人。”

萨米对辞职这件事情铁了心。保罗花了好多口舌劝他,但是没有用。他内心十分感激,自从雇用了萨米以来,他腰部的疼痛好了很多。

几分钟之后,他们互相道别。迈克尔招呼了一辆在黑暗中慢悠悠巡行的出租车。萨米吹着口哨,转向了圣保罗大街的方向。保罗感觉好点了。还有一些事情他仍瞒着两位朋友。

他往西走去,先是沿着斯特兰德大街,然后转向皮卡迪利广场。那儿,浓雾将艳丽的电灯招牌变成了讨人喜欢的蜡笔画,看上去漂亮多了。利普顿商店,鲍威尔牛肉汁,J.莱昂斯餐饮公司。他从一位弯腰驼背、掉光牙齿的老妇人那儿买了十几朵蓝色和白色的翠菊。“上帝保佑你,先生。”

保罗走回到切尔西住宅区的切恩步道,还有很长的路要走。秋天的夜暖融融的,虽然湿度较高。迈克尔那种尖锐的愤世嫉俗鼓舞了他。他可以借助他的美国护照穿越德军防线到前线去。他可以通过迈克尔的渠道给萨米买一本假护照。宣传德国军人,并不是非得喜欢他们不可。

大约九点半,他回到了能俯瞰泰晤士河的家。他自己开门进去,将他的平顶阔边草帽扔到架子上,一面往寂静无声的家里喊叫道:“喂？我回来啦。”

九岁的贝齐蹦蹦跳跳地从楼梯下到一楼,她睡衣的下摆轻快地飘动着。她有一双遗传自母亲的黑色眼睛,一旦等她长成一个大姑娘,一定是个如盛开鲜花般的美人儿。她扑进父亲的怀中。她的头发散发出肥皂的香味儿。

他紧紧地拥抱她,抱着她转圈,她赤裸的双脚离地板有六英寸高。贝齐崇拜父亲依旧,毫无保留地听从他的话。十三岁的沙德却已经进入了叛逆期,在这个阶段,所有父母亲都不可思议地变成了傻瓜,都被宣判处于弱智状态,直到他们的孩子长到二十岁左右,跌跌撞撞地回归理性。

贝齐看见了包着薄纸的鲜花:“是送给我的吗,爸爸？”

“别开玩笑了,你知道是送给你妈妈的。其他人在哪儿？”

“洛蒂和泰迪睡觉了。沙德还在刻苦学习拉丁文。我听到他在骂脏话呢。”

“别在背后说人坏话,小姐。晚安。”他再次紧紧地拥抱她,接着看到了他脸色苍白、美丽动人的妻子出现在了楼梯上。他跟在贝齐身后朝她走去。小女孩继续往前走,他张开双臂紧紧抱住朱莉,深情地吻着她,她的呼应非常热烈。贝齐格格笑着,走掉了。

他献上翠菊:“皮卡迪利广场上特有的,夫人。直接从浓雾里采来的呢。”

“太漂亮了。我亲爱的达奇。”她亲密地抚摸着他的脸,接着摸到了他的翻领,“你都湿透了。”

“我走回家来的。”

“从舰队街？你一定累坏了吧。吃了吗？厨娘已经走了,不过她留了牛排和腰子馅饼。”

“我们去吃点。”他扯下自己的领带,塞进口袋里。他们走下楼梯,来到一楼的厨房。朱莉端上晚餐,他又倒了一杯健力士黑啤酒。他希望英国也有克朗啤酒卖,但是乔叔叔说,他在美国就可以赚到他想赚的所有的钱了。

他将叉子戳进薄薄的馅饼皮,说道:“我跟你说啊,很遗憾,情况就如同我们担心的一样糟糕。我只好辞职。要么辞职,要么屈服。萨米准备跟着我。这事儿让你心烦意乱了吧?”

“是的,亲爱的,但只是为了你承担的所有压力。至于以后的事情,不用担心。我们会有办法的。”

“我要拍尽可能多的电影,尽可能大范围放映这些电影。这儿不行的话,就去美国。”

“我喜欢你的决定。我一直就这样想。”

他咧嘴笑了:“德国佬的固执。此外,我也习惯了冒险。我承认这是一次很大的冒险。我真的没有其他选择,朱莉。政府在掩盖战争的真相。爵爷没收了比利时的片子。”

“我要是能先看一下就好了。”

他放下叉子。电灯高悬在他们的头顶,在桌子上撒下圆锥形的光亮,他微微笑了。

“你可以看到的。从比利时回来的第一天,我就打电话给迈克尔,他暗示我有可能发生的事情。所以,我谁也没有说,在把片子交给公司实验室之前,先去了另一家实验室。约克勋爵以为他拿到的正片和负片都是唯一的。但那是一个复制的负片。我有原片,在我书房里,安全着呢。放映也好,复制正片也好,我想要怎样就怎样。”

第七十二章　弗里奇和她的三个男人

弗里奇刚回到洛杉矶，洪太太就敲响了她的门：“有位先生想见你。”

会是洛伊吗，从亚利桑那回来了？她真的太想念他了。她飞奔下楼梯，来到前面的客厅里。

“霍巴特！”

“是啊，是我。”他深深地鞠了一个躬，说道，“鞋子上裂开口子了，头发里面落满火车烟灰了，但心中也充满着希望。”

他们拥抱之后，她开始审视起他来。他的外表令她感到惊愕。他那套廉价的绿色西装垂到了他的膝部。蓬乱的灰白色头发缠结在他的领子上方。病魔至少吞噬了他身上的二十磅肉，他的脸色变得十分苍白憔悴。他那只伤痕累累的旅行箱上两个碰簧锁都不见了，只用一根细绳扎着。

“我还真的没有想到会在加利福尼亚见到你。”

“命运逆转，亲爱的。我也是走投无路了才来的，就是想到电影界来找个事干。”

“我的天。我披块披巾，然后我们去散散步，让我慢慢捋捋清楚。”

他们慢慢溜达到了威尼斯渔码头。这天是星期日，人很多。摩天轮的汽笛风琴演奏着《月光湾》。她发觉，霍巴特的情况真的很严重，让人绝望。

她问他，他的心脏病怎么样了。

“唯一可以形容的话是‘有如神助’。在那些流着哈喇子的乡巴佬中间，在那个名叫特雷霍特的破烂都市的慈善环境中，我慢慢康复了；特雷霍特就是那个土生土长的作家西奥多·德莱塞脑子还正常的时候逃离的城市——我这么说吧，躺在那儿,用新的清醒的理智审视我的人生处境。真是荒唐可笑,居然幻想英国国王会把爵位授予像我这样的老家伙。那么剩下还有什么目标呢?舒适地生活呗。可那需要钱啊。在伦敦,我个人的名气像只杂种狗一样跟着我。在纽约,适合我才华的作品少之又少。前路是彻头彻尾的灾难,上演戏剧仅仅是场必输无疑的赌局。既然如此,那为什么不去大众化的领域搏一搏呢?你那封如箴言般的甜美来信让我醍醐灌顶。你知道,我对电影素有好感——有什么损失吗?要不要我给你买一袋花生吃?我还剩下二十美分呢。"

他们坐在码头一张长凳上,剥着花生吃。她喜欢这个爱虚荣的老演员,他傻得可以,还自命不凡,然而又单纯可爱得像个孩子。她津津有味地嚼着一颗花生,一面想,一面说道:

"莎士比亚戏剧改编的电影有几个制片人做得风生水起呢。佩尔泽先生有可能被劝说也去试一下,他属于高层次文化人。我明天一见到他就对他说这件事情。"

"你真是善良的天使。"

不可避免地,他们将话题转到了战争上。霍巴特说:"亲爱的,我知道你有德国背景,所以我说我的观点时请你别见怪。我是一个英国人,天生反感德国人。我相信他们喜欢战争。他们肯定是被军事集团控制了,那些人会碾碎挡他们道的任何东西,无论这些东西怎么脆弱,怎么无助。必须制止他们。我要是年轻,又有钱买轮船票的话,我就会回家去参军。唉,可惜这两样我都没有。我要找其他途径帮助我的国家。不过,像查利·卓别林这样的年轻人,最好赶回去尽他们的义务。"

弗里奇提出的请求很有说服力。B.B.跟霍巴特签了合同,让他在影片《麦克白》中饰演主角。凯利不喜欢聘用英国演员,但是按捺住了他的敌意,因为他算了一下,这部影片的成本相对较低(所有的戏装全都是打折租来的,博南森林移到邓辛南这个情节将被删掉)。霍巴特不再是顶尖的悲剧演员,但是他的余威还在。B.B.坚持认为,他的名字将给利伯蒂的演员表增光添彩。当霍巴特说起该剧的那些诅咒时,B.B.嘲笑道:

“谁会相信那些陈腐的玩意儿呢？你自己也说过，那是戏剧界的迷信。这是电影！新的现代的东西。不管是谁，要是试图对你的电影施巫术的话，B.B.佩尔泽就会亲自让他吃不了兜着走的。”霍巴特急于工作，便默然同意了，没有再作进一步的抗争。

负责本片的导演是新来利伯蒂公司的。他是一个五短身材的维也纳人，大名波洛·沃费尔斯。他承认，他过去干过很多职业，包括摩托车赛车手、烟花销售商、马戏团飞刀演员。他戴着一个黑色眼罩，见了谁都叫“亲爱的”，抽的雪茄比堂哥保罗抽的还多。他驱使演员和工作人员干活毫不留情，经常用同一句话鞭笞他们：“把你的屁股动起来，亲爱的，你在浪费我们的钱呢。”

凯利很喜欢他。

埃迪将弗里奇带进他的办公室，拿出了一部打印好的电影剧本《糊墙纸工内尔》，下个星期一开拍。弗里奇浏览了两页剧本，埃迪在一旁像个骄傲的爸爸般微笑着。

她将剧本扔还给他：“那么这次我要一脚踏进浆糊桶里，然后用黏糊糊的纸把自己裹得像个木乃伊一样喽。”

“嘿，弗里奇，怎么回事？你好像不高兴啊。”

“哦，埃迪，我也不知道怎么回事。一切都乱套了。”

那天，当B.B.的打字员利维小姐轻轻地敲响埃迪的门时，又突然发生了一个意想不到的转机。“前面有位先生想见你，弗里奇。真的是个小鲜肉。”利维小姐附带着翻了一记白眼，似有妒忌的意味。

弗里奇瞬间的激动又消失殆尽：“小鲜肉”绝对不是人们形容洛伊的说法。她感到生气，仿佛自己受了骗，便步子沉重地往前门走去。来到门口，只见一辆光闪闪的红色雷欧汽车停在那儿，但是没有来访的客人。直到走到门外，她才看到了那个人，他正在门廊的边上往摄影场的后面凝望。

“哈里，是你吗？”

“是，真是我。你怎么样，弗里奇？”

“什么风把你吹到洛杉矶来啦？”仿佛她一无所知似的。

“观光。我去了旧金山,还沿着大瑟尔的狂野海岸线走了一遭。现在我想来看看你们这个城市,看看这些电影是如何制作的。我还有一天时间,然后就得回去了。”

弗里奇也无法肯定,“小鲜肉”是否是描绘哈里的准确说法。“英俊”可能更好点——英俊加富有。他的三件套西装是灰色的细条毛料,款式是最新的英国风格,前襟纽扣扣得很严。他裤子裤管中央的裤线笔挺。他的漆皮鞋闪闪发亮,胸口的表袋里非常醒目地插着一块黄色手帕,宛如盛开着一朵奇异的鲜花。他的帽子是一顶软毡帽,不落俗套得恰如其分。

“见到你真高兴。”她说道,她的热情有点勉强,此时此刻,只有一个人才可以提起她的兴趣,“我很高兴可以带你四处转转——”

她止住了话头,蒙了。哈里刚才侧身站着,她只看到了他的左侧,没有看见他挡住了的右侧。当他朝她转过身来时,她看到了一个很宽的黑纱。

“哦,不,你妻子吗?”她立刻说道。哈里严肃地点点头。

“这是难以避免的,但是要接受并不容易。弗拉维娅五周前在睡梦中过世的。我现在正在处理她的后事。”

“听到这样的事情我很难过,哈里。”

“谢谢。我不能把弗拉维娅葬在天主教的墓穴里,这也是她生前希望的。我们是以世俗的仪式结的婚,而且因为我是一个犹太人,她就自动被开除了教籍。在她原先教会的眼中,她的生活是丑恶可耻的,是不可饶恕的大罪。任何把这样的污名强加给像弗拉维娅这样优秀女人的上帝,肯定不是一个神志正常的对众生有同情心的上帝。”

他叹了口气:“请原谅。我真的很生气。弗拉维娅的信仰对她意味重大,可是他们拒绝给予她帮助。我们还真的找到了一位神父,他感觉这样做是不对的。派厄斯神父有点像一位叛教者——愿意秘密地听取弗拉维娅的忏悔。”

他停顿了一下,继续说道:“最后几个星期,我们想了很多办法。我的医生建议改变一下环境,所以我就正在干我说过我想干的事情——第一次来看看太平洋。”他朝她歪了一下脑袋,他目光中的情感明白无误。

“也再次来看看你。”

“哈里——嗯,我们往这边走,观光去。”

“太好了。你愿意一起吃晚饭吗?也许带我观光可以放到明天?”

“当然。”她要是拒绝,会感觉太内疚。

她把他介绍给摄影场上的人们,很多人即便不是充满敬意也是极其热情地跟他打招呼,他们都知道他的歌曲。哈里开怀大笑着,把他们给迷住了。但是,站在一边的弗里奇清楚地发现,他的眼睛里流露出明显的疲态,他的脚步也没有她记忆中的充满活力。

晚饭的时候,他的神态似乎鲜亮起来。他们聊到了保罗的书和他越来越大的家庭;聊到了哈里新的成功,他为百老汇写了很多歌曲;聊到了那场战争。之后,他用租赁来的小雷欧将她送回家,并陪她来到了大门口。他站在那儿完全保持了一位绅士的风度,没有做出任何动作碰她,尽管她感觉得到他很想这样做。她发誓决不提洛伊的事情,那样只会伤害他。

“明天早上?”

“好的,我已经请了假了。”

“我可以告诉你,你是多好的一剂强身健体药啊,弗里奇。好几个月了,我没有这么好过。”

她踮起脚尖,在他脸上飞快地吻了一下。“我很高兴。好好休息。”

这天是旋风式的一天:他们坐十美分的无轨电车来到了劳雷尔峡谷的高地,从那儿,可以远眺远方阳光照耀下的中心城区全景,可以俯瞰正在扩张延伸的郊区住宅区,可以浏览一望无际直达波光粼粼大海的花园和柑橘园。

在洛杉矶中央市场,他们徜徉在一个个货摊和一辆辆货车之间。他们买来柑橘,剖开果子,果汁喷射出来,飞溅到身上,逗得两人哈哈大笑。他们在冷饮店一口一口地抿苏打水。他们参观商会大楼的巨大厅堂,这幢大楼最有名的农业展览品是一头九英尺高的大象,全部是用加利福尼亚的胡桃做成的。

晚上,他们来到又一家高档的饭店。那儿,弗里奇问了一个早就酝酿在她脑子里的问题:

“你一直就戴着这个黑纱吗?”

“派厄斯神父说这样是恰当的。我无论如何都要悼念弗拉维娅。”

“要多长时间呢?”

哈里的蓝色眼睛紧紧盯住她的眼睛:“一年。然后,我就成为一个完全自由的人了。”

把洛伊的事情告诉他。

她心里明白她应该告诉他,以免让他心存无望的希望,最后变成绝望。但是,他刚刚失去了亲人,她这样做似乎有点残忍。

当他将她送回威尼斯的时候,天开始淅淅沥沥地下起了小雨。“我真诚地向你表示慰问。”她在他们躲进门口时说道。他们头顶上方的老虎窗里传来莉莉欢快的骂人话;毫无疑问,她又挣扎在绞尽脑汁的创作之中了。“你已经成为我的亲密的朋友,哈里。”

“仅此而已?”

“眼下,是的。是的,恐怕是的。”

透过大厅纱门照射出来的灯光显露了他微笑背后那种潜藏的失望。从很多方面讲,他是一个了不起的男人,只是他不是洛伊。用这样的断然拒绝将他送走,她感到深深地内疚。

正因为此,她走上前去,踮起脚尖,用双手捧住他的脸,在他的嘴角印了一个吻。他已经开始抬起一条手臂——他的右臂,戴着黑纱的那条手臂,去抱她。可是他没有这样做。

“照顾好自己,哈里,一定。”

“我会的。再见,有机会再见。”他以一个潇洒的角度将软毡帽戴到头上,转过身,飞快地跑下台阶。雨下得更大了。

第二天夜晚,天继续下着倾盆大雨。雨季提前了,她心想,一面疲惫地慢慢从埃迪的车子里爬下身来。这一天,他们工作了很长时间,而且麻烦不断,为了拍摄那部新的内尔系列电影。埃迪看出了她低落的情绪,便坚持绕道将她送回家。她很感激。

他劝她吃点安眠药粉,别再担心新的电影。弗里奇紧紧地握了一下他的手,道了再见。洪太太告诉她,莉莉穿戴齐整在大约六点钟的时候出去了。“我也马上要出去。”洪太太说，“炉子上有面条。去吃一点。晚安。”

弗里奇谢过她，慢慢地走进客厅。她懒散地倒在用马毛制成的双人座椅上，累得都不想走上楼去换掉衣服。她的网格包里有一份《时报》。她擦擦双眼，将眼睛擦亮，试图看清楚那些新闻。

新闻很大程度上千篇一律：比利时人正在挨饿，德国将军兴登堡负责指挥俄罗斯前线，法国获得一千万美元战争贷款。和平的鼓吹者国务卿布赖恩坚持认为美国必须平等地装备所有武装部队。她明白她应该关心所有这一切，可是眼下她没有心情。她仰靠在那儿，双腿像个假小子一样伸展着，竭力不去想什么事情，不去感觉什么情绪。她就这样坐了二十分钟。大雨哗哗地敲打着屋顶，夜幕降临了。

她的头猛地抬了起来。她打瞌睡了。她发现有一辆汽车停在了外面，乙炔头灯照亮着银色的雨滴。是这辆汽车的到来把她给弄醒了。

是警察吗？莉莉出什么事了吗？她跑到大门口，站在纱门里面，想看个究竟。大雨击打着门廊，雨水从屋檐上哗哗地往下流，把门前小道淹成了汪洋。

汽车的门开了又关上了。司机噼里啪啦地蹚过烂泥地，穿过两根头灯的光柱，照亮了腰以下的部分。接着，她看到了他那顶塔糖形状的帽子。“哦，上帝啊，洛伊？”

她赶快打开大门，冲到门廊的边上。他蹦跳着跨上台阶。她紧紧握住他的手：“真是你啊，你去哪儿了？”

“干活呢。谁也没有预料到英斯的电影会拍摄那么长时间。”

她太激动了，激动得忘乎所以，她太疲惫了，疲惫得不想掩盖自己的情感，她张开双臂，抱住他的脖子。她往后歪了一下头，凝望着他。“我还以为你永远不会回来了呢。”她轻轻地吻着他。他满身的烟草味儿，还有一点淡淡的威士忌味儿。

她退回身，很不情愿地将他放开。风裹着雨洒落到门廊上，洒到了他们两人的身上。“我们应该到里面去。”

她感觉他的一只手轻轻地滑到她的腰部，柔柔地将她推向前去。他笑着，发出来自喉咙深处的轻柔悦耳的笑声就像猫咪的呼噜。“当然。但这对一个疲惫不堪的旅行者来说可是一个真正美好的欢迎哪。不介意你再说一遍。”

弗里奇几乎欣喜若狂。她将双手紧紧地扣在他的项上，热切深情地吻着他，她的心怦怦直跳。

他将另一条手臂搭在她的腰部，紧紧地抱着她。她用力拉住他的一只手，将他拽到大门口，那儿洒到他们身上的雨水少了很多。他们的衣服早就湿透了，他们的脸上滴着雨水。西方的大洋上空，雷声隆隆。洛伊转过头，朝屋里望去。

“谁在屋里？”

“没有人。”

他吻着她：“我太想念有你相伴的那些时光了。我们可以上楼去吗？”

“是的。哦，是的。”她大声说道，一边感受着他的身体、他的双手、他的嘴唇和这暴风雨中的黑夜以及数月来的思念，她忘乎所以、痴迷陶醉，像烈焰般的燃烧着。她浑身松软，任由他抱起她，义无反顾地走进黑黑的房子里，没有任何害怕，或者说没有任何懊悔。

第七十三章　吐露真相

第一次跟他这样在一起给她的感觉是焦虑，但是焦虑很快便消融成了急迫。升腾的激情让她的脑子一片空白，留下的唯有那原始的感觉和对依旧存在的缺憾的无所畏惧。燃烧的激情融化了她的脑子和身躯。激情飞扬，甜蜜狂热，此人此生，她从未有过如此经历。

过后，弗里奇轻柔地抚摸着他。

“你怎么知道我什么时候回家的？”

“不知道。温迪告诉我说你去那儿找过我，所以我之前来过一次。然后跟你朋友莉莉说了一会儿话。”

“你见到洪太太了吗？”

“从没见过她。”

刚刚过去的半小时里，她感觉到了快乐和放松，毫无保留地奉献出了自己的一切，对他没有任何未来的期盼。尽管如此，她依旧发愁：

“我真的挺好吗？”

“好极了。不可能再好了。”

此时窗外狂风呼啸，大雨倾盆，雨点密集地砸在窗上。

他将一只手伸到自己的头下面考虑着什么：“就我所知，没有人会对自己完全满意。譬如我。我不喜欢我妈妈给我取的名字。洛亚尔，什么名字啊？那是她爷爷的名字。可我觉得太娘娘腔了。”

“这名字挺好的。强有力。”

“我不知道。我总觉得他们应该给我取个诸如‘吉姆’或者‘比尔’之类的普通名字。我跟你说,‘洛亚尔’这个名字没少让我小时候跟人打架。”

他静默了一会儿,然后继续说道:“我不知道如何确切地来表达我的意思,但是我要你知道,我喜欢你,非常喜欢。可是,我不想让你期盼——”

她将自己的手指按到他的嘴唇上:“你不需要多说什么。我刚才都告诉你了,在这件事情上没有任何附带条件。我理解你关于安顿下来的感觉。”

他将自己的脸贴到她的肩头:“我估计,流浪是我与生俱来的。可是,还有更多原因,我的姐姐克拉拉。”

“在那家州立医院里。”

“是的。你有权知道这件事。”

“洛伊,我不是在问——”

“我想要告诉你。佩尔泽先生曾经要我演一个角色,我拒绝了,记得吗?我拒绝他是因为我姐住进了那家可恨的州立医院。我付了更多的钱,为的就是能让她得到比慈善病人更好的照顾。那些病人全都被关在一套像地狱般可怕的厢房里。卧室如牢房,吃的如狗食。每个月有一段时间,我姐可以住到有一扇窗户的房间里,吃得也好一点,她的头发过一段时间可以洗一次。”他的话音低了下去,沙哑了,那么多的痛。

“我不想让我的脸出现在得克萨斯的银幕上。要是有人认出了我,那么当局就会知道到哪儿去抓捕我。我要是被关进了牢房,我就没法再把钱交进去让姐得到好一点的照顾。一个男人,还有那人的两个狐朋狗友,强暴了她之后,她的脑子就坏了。我不知道他们折磨了她多少次,总得有三四个钟头的时间。我杀死的那个男人就是唆使他们干那事儿的那个畜生。”。

弗里奇紧紧地抓着他的手。沉默了更长的一段时间之后,他继续说道:

“他们在克拉拉的小屋里发现她的时候,她衣衫褴褛,两条腿上血污斑斑。她生活在这样的梦幻状态里已经大概有一年了。我不得不签署文件,让他们把她带走放进精神病院去。每次我到医院去看她,我就问她这都是谁干的——我以为只有一个人。她不愿意说,只是好像要望穿我一样地望着我,仿佛我是一块窗玻璃。她稍微好一点之后,有时候也会说一些话了,我就一直请求她告诉我那个人的名字。我估计她会在她自己认为方便的时候告诉我的,她的确告诉我了。

她告诉我总共有三个人,告诉我他们如何没完没了地干,如何花样百出地干。我没法把他们的所作所为全盘告诉你。之后,她告诉我她感觉不好,说她本该早就把这个名字告诉我的,但是生怕我干出傻事来;那个元凶碰不得,他凌驾于法律之上。他本身就是法律。"

"一个得克萨斯骑警,你说过。"

"州警察队伍的一员,发过誓要捍卫法律、保护良民百姓的人。他是警察局副巡官默瑟·佩奇。姐说得对,这个人碰不得,无论如何我碰他不得。但没关系,我想要见他。"

大雨像鼓点一样敲击着屋顶。弗里奇屏住呼吸。"默瑟一个人住,住在郊区的一座小屋里。我对他说,我知道他就是那天下午去摘草莓的时候怂恿他的朋友一起强奸了克拉拉的罪魁祸首,那天下午我正好去了韦科。默瑟·佩奇副巡官这个狗娘养的,他没有否认。他说,他跟他的两个伙伴喝了一大罐私酿的酒,所以变得十分亢奋,当他们遇见克拉拉之后——嗯,他很开心地对我讲了他们所干事情的一些细节。他说他是第一个上的,这样他就可以多干一次。"

"哦,洛伊,太可怕了。"

"他一面谈论这件事情,一面纵情大笑。默瑟是一个害群之马。他说他告诉了我也无所谓,因为他从来就不喜欢我,而且,由于克拉拉疯了,就算我把他告上了法庭,她也不可能在法庭上成为有效证人。我对此又有什么办法呢?默瑟一路到奥斯丁都有朋友或弟兄一样的官员为他说谎,为他辩解。大概就是那个时候,我脑子乱了,疯了。我记得我当时声嘶力竭地喊叫道,我不需要逮捕令,不需要证据,不需要承审法官。我拔出手枪,在他抓到他桌子上的手枪之前,把他杀了。他该杀,但是这改变不了我杀人的事实。那天以后,我就离开了贝利县。我骑着我的菊花青马奔逃,逃了一天一夜。等到快把马骑死的时候,我在卢伯克跳上了一趟货运列车。我早已把牧场卖了,住到了城里,所以就没有什么牵挂。我去了新墨西哥州,隐居起来。我往北方去了爱达荷州一段时间,然后再南下流浪到加利福尼亚州。就像我对你说的一样,我估计,从缪尔舒到格兰德河的每一个小小监狱都张挂着通缉令。他们要是发现了我,就会把我关进监狱,依据陪审团的意见,把我绞死。我要是死了或者坐牢去了,那就挣不到钱了,他们就会再次把我姐放回到那个地狱般的地方去，那个臭气熏天的地方，闻着都要吐，比猪圈还要恶心。”

他将身子靠在两个手肘子上，举起一只手，托着她的下巴：“这就是为什么我在一个地方就待那么长时间。以后永远会这样。我不想让你认为情况会有所不同。”

她上前吻了他：“哪怕跟你在一起一小段时光都很美妙。”

雨还在下，这会儿小了一点，几乎像是在叹息。她听到了雨声但没有看到雨点。他的汽车前灯熄灭了，乙炔气枯竭了。

“我拿不准我是否有这个勇气告诉你。我思前想后了好长时间。我认为我们是朋友，你也许能够理解。我没有告诉过多少人。这事温迪知道，爱达荷州我所信任的一个工头知道。没有几个人。”

她紧紧地捏了一把他的手，然后揉擦着自己的两条前臂，感觉起了鸡皮疙瘩。“我想我最好还是把外套穿上。”

她将他送到门口。她开亮客厅里的灯，这样等洪氏夫妇回来的时候，就会以为一切如常。雨停了。檐头水还在嘀嗒。一辆小轿车开了过去，上面坐着四个人，笑声不断，叫声不断。他们中有一人扔出了一个瓶子。瓶子落在了一个水坑里，溅起一片水花。

他在门口紧紧地拥抱她，飞快地吻了她一下，然后吹着口哨沿着小道走去。没有正式的道别，没有再见的承诺，甚至连提都没有提。这甚至都不是半条面包①，而是一点面包屑，他要是把这点面包屑也从她这儿夺走——唉，她受不了这样想下去。

他在路边举起他高高的帽子挥舞着。她给了一个飞吻。她坐在门口的秋千上，目送着他的汽车嘎嚓嘎嚓地离去，前灯是暗的。她担心他的安全。他看不清前路啊。

当汽车完全消失在黑暗中之后，她意识到她也看不清她的前路。

---

①西方有谚语“Half a loaf is better than no bread”，意为“有一点总比没有好”或“聊胜于无”。

第七十四章　回到底特律

“单间吗，先生？”

“你们最好的房间，我在这儿只住两晚。”

那神气活现的服务员端详了一下卡尔的水手值班风帽、廉价的水手短外套、围在脖子上那条破破烂烂的围巾以及放在钟台边上的那只破旧的铰合式手提旅行包。“我们订房间可是要预先付费的。”

卡尔将钞票猛地推过大理石台面的柜台，签名登记入住。作为房客，重新入住韦恩宾馆，他有一种满足感，虽然这样做奢侈了一点，也许在他的旅程中，这是他所能负担的唯一一次。

底特律的天灰蒙蒙、阴沉沉的，不时地会下一阵雨。大雾弥漫在河面上，船上的喇叭响个不停，仿佛在哀悼即将到来的冬天。洗了一个热水澡，吃了一餐有六七个鸡蛋、油煎土豆和一块普通牛排的早餐之后，卡尔在脖子上围上那条围巾，出发前往高地公园。

自从他离开这个城市以来，福特汽车制造厂一直在扩建，看到它变得如此巨大，他感到极为兴奋。这是一幢令人难以置信的建筑，四层楼高，从一端到另一端好像有一英里长，尽管这很可能是一个幻觉。令他折服的不仅仅是工厂的规模，还有那数不胜数的窗户。他在市中心的商会里拿到的一份宣传资料里，这家工厂被称为“底特律自己的水晶宫”。

福特先生的设计师艾伯特·卡恩设计了这幢独一无二的建筑。在这幢建筑里，福特改进并实施了他的理念，安装了世界上第一条移动装配线。透过窗户，卡尔听到了这条装配线传来丁零当啷如同歌声般的声响；不管是有瓢泼大雨还是凛冽寒风,这些窗户一直都开着。

一个雨衣上佩戴着福特雇员徽章、挥动着一根棍子的安保人员从大门里迈着从容的步态走了出来。

“这儿没有要雇人。”

“我不是来找活干的。现在这儿有多少工人?”

“你想知道什么?”

“我原先也在这儿工作。噢,不是这儿,是在皮盖大道。”

此话一出,那人的态度稍稍软和了一点:“在职人员有一万两千五百。去年,我们生产出了三十多万辆汽车。今年应该会多得多,需求量一直在上升。”

“福特先生的确是个天才。我听人们在说他要竞选参议员。”

“没准能竞选总统呢。那么你叫什么名字?”

“卡尔·克朗。福特先生不会记得我的。”

“我估计也是,他现在可是一个真正的大亨啦。汽车工业的领袖。”

卡尔点点头,笑着走了。他心中怀有一种敬畏,也有一种怀旧。雨渐渐变成雨夹雪。

在哥伦比亚社区,原先杰西·夏纳的小房子里住着一户黑人家庭。一个骨瘦如柴、弯腰驼背的女人怀里抱着一个婴儿,告诉他说,她不知道现在杰西住在什么地方,不过他在斯波特那儿工作,在东边。

“那是一家理发店,专门为黑人理发。”那女人补充道,以便让他完全明白。天上落着雨夹雪,卡尔迈着沉重的脚步离开了。

斯波特理发店是一家很小的店,有四把椅子,但干净整洁。一个身材矮胖、威风十足、秃顶的头上头发深蓝的男人从他正在为一个顾客刮胡须的第一张椅子边走了过来。

“我想你是走错店了,兄弟。”

后面的最后一张理发椅子边,有人说道:“不,斯波特,我认识他。”

“杰西!”卡尔轻快地朝后面跑去,身后的油地毡上留下一溜水迹,斯波特瞧着这水迹,有点不太高兴。理发店里暖和舒适,弥漫着爽身粉、发油和润发脂的香味儿。杰西没有什么变化,还是那样瘦削,不过岁月在他浅棕色的脸上留下了痕迹。他从理发椅上抬起身来,走路时有点歪斜。这使卡尔想起了那个可怕的夜晚,一个暴徒将一个鱼钩扎进了杰西的腿里。

“你怎么样,杰西?”

“活着吧。干这行的,总爱开玩笑,瞧我。怎么也想不到你还会来。你要去哪儿?”

卡尔解释了一下,然后说道:“我想要见特丝。你知道她的情况吗?”

“到物料间来,我们谈谈。”

卡尔跟着他来到后面一个拥挤的房间里,里面高高地堆着一箱箱的理发用品。杰西啪的一声打亮一个悬挂的电灯泡,在一张长凳上坐下,递给卡尔一根香烟。卡尔摇摇头。

“除了偶尔在报纸上看到她的事情外,我不太了解她的情况。她现在叫赛克斯太太。”

卡尔的脸上呈现出痛苦的神情:“她嫁给了那个狗娘养的?”

“是啊,可是他在两三年前就死了。跟两个路边旅店的妓女外出驾车兜风,他们全都喝高了,汽车翻了身,他的脖子折断了。两个妓女坐在后面,她们爬了出来,身上有一些擦伤。我想天道总归是有些正义在的。”

“还有什么情况吗?”

“没有了。哦,是的——她和赛克斯,他们有一个小男孩。她回到了她爸爸彼蒂山的旧房子里,她爸呢住在了哪个养老院里。克莱默汽车公司完蛋了,竞争太激烈。”杰西吸着香烟,“据我了解,特丝是个好女人。我认为你离开她,真是个笨蛋。”

“当时,我没有其他办法。我可以请你吃午饭吗?”

“斯波特给我们半小时,不过得等到十二点。”

“我等。”

当晚,雨夹雪减弱了,北风从加拿大呼啸而来,卡尔在伍德沃德大道克莱默宅第前瑟瑟发抖。这幢峥嵘轩峻的房子还如他记忆中的一样风采依旧,三层楼房，灯火辉煌。他感到惊讶，而且也有一点痛，特丝居然嫁给了韦恩·赛克斯，那个被他打了个半死的人。不过，她始终有来自她父亲的压力，而且说不定那个狗娘养的是个好老公呢。他不能期望特丝会一直爱着他，因为她臆断他是绝对不会再回到她的身边了。

他差一点就要从那扇大铁门前走掉了，但是他想起了已经远去很久的那一天特丝那温柔的拥抱，想起了她那双明眸飞扬的神采，那是怎样的一种深蓝啊，以至于他想象，那一定是南太平洋的海水。他必须打开那扇大铁门，去碰碰运气。

一个穿着制服的男仆听到铃声前来开门，一看卡尔像落水狗一样的样貌，其反应便是可想而知的鄙视。

“卖东西到后门。我们不施舍——”

“我是赛克斯太太的朋友。”男仆的表情表明他对这话有大大的疑问。“她在家吗？”

“今晚赛克斯太太不接待任何人。”

“我问的不是这个，我问的是她在不在家。如果她在家，告诉她卡尔想见她。”

“你姓什么？”

“就是卡尔。”

他关上门。11月的风刮来了几片雪花，在街灯下旋转飞舞。他浑身发抖。

门再次打开了。特丝站在那儿，稍显胖了一点，戴着一副阅读眼镜。客厅里，一盏巨大枝形吊灯的闪亮灯光照在她的金发上。一度，她好像站不稳，他感觉她可能会晕倒。

“我怎么也想不到会在这个时候看到你，卡尔。”

他局促不安地回答道：“嗯，我也想不到。我路过这儿，在蒙特利尔坐船，去法国。”

“老天爷呀，总是四海为家。你一定冻坏了吧，快进来。”

当她顶着风关门的时候，他看到了她左手上那颗巨大的订婚钻戒和稍微细一点的结婚戒指。他说：“我朋友杰西告诉我说你结婚了，但丈夫没了。我听到这个消息十分难过。”

特丝深深地吸了一口气。她依然是那样可爱,那样丰腴可人,一如他记忆中那些获得爱情和失去爱情的日子里的模样。“我从来就没有爱过韦恩。我嫁给他就是因为我父亲一定要我嫁给他,而且你也走了——唉,没有必要再提过去了,是吗?”

屋子的后面,一个五六岁的小男孩蹦蹦跳跳地穿过一道双开式弹簧门。他飞快地跑到卡尔面前,上下打量着他,伸出一只手:“你好。你是朋友,你叫什么名字?”

“卡尔。”他回答道,乐了。他们握了握手。小男孩身子骨十分强壮,两条腿很短,但是肩膀很宽。他有卡尔一样的棕色眼睛,但是卡尔发觉他的相貌基本上像特丝。

“我叫亨利。”小男孩十分严肃地说。

“我的哈尔①王子。”特丝说道,一面亲切地揉着他的头发。她轻轻地拍拍他的屁股:“睡觉啦。”亨利朝卡尔挥挥手,跑上楼去。“亨利是我父亲的中间名。”特丝解释道。她拉住他的一只手,温柔地拉着他往灯光闪亮的客厅走去。“告诉我你为什么要去欧洲。”

特丝摇铃招来那个男仆,男仆给他端上了一杯威士忌,给特丝端来了装在金边杯子里的热茶,他对待卡尔的态度敬重多了。当她注意到那根围巾时,她的目光变得温柔无比,热情洋溢:“还在跟龙和撒拉森人战斗?”

“我就猜你会说这个话。我打算到法国空军去,我开飞机已经好多年了。”

“美国公民参战是违法的,是吗?”

卡尔耸耸肩膀,美味陈酿的波旁威士忌使他的身子暖和了一点:“我认为威尔逊不会派侦探把我抓起来的,也不会把帮助协约国的任何人抓起来。我的朋友勒内——是他鼓动我这样做的——他让我认识到,在这场战争中我们保持中立是错误的。”

“可是在国家禁止的情况下你怎么去加入呢?”

①哈尔,亨利的昵称。

“加入法国外籍军团是不禁止的。你跟他们在巴黎签约,他们收起那些文件,再把你签给空军。伍德罗很开心,以为你正在沙漠的哪个地方站岗呢。”他举了一下酒杯,“他把我赶出普林斯顿大学的时候,我受够了那个老傻瓜。我告诉过你这件事情吗?”

“他是如何失去他最优秀的锋线球员的?你说过。”

“耶稣啊,我们说得太多了,是吧?”

“这么短的时间。”特丝说道,目光有点犀利,“我但愿能这样谈下去,谈下去——”她的脸上飞过一朵红云。她将目光转向她的茶杯。

他们缅怀了一个小时的往事。然后,卡尔站起身来准备离开。特丝挽住他的手臂,肢体的触碰勾起了他内心旧有的欲望和旧有的苦恼。

“你有一个好儿子。”他在大门口说道。

“是的。我希望你能够待在这儿,好好地去了解他。”

“我答应勒内两天之后跟他会面。”

她叹了口气:“总是有更多的龙啊。”

“但是却没有多少萨拉森人,匈牙利人把他们赶尽杀绝了。”

这不太幽默的幽默扰乱了她的心境。她将自己的脸紧紧地贴到他的胸口:“别开玩笑。这场战争十分可怕。不管威尔逊怎么说,我们都将卷入其中。数以百万计的小伙子将会死去。你千万不要成为其中之一。”

她美丽的眼眸里涌出泪水:“看在过去的份上,可以跟我吻别吗?”

他一把将她拥在怀里。最后他唯一能做的便是挣脱拥抱,最后一次抚摸着她光滑柔软的脸颊,走出大门,走进这寒冷彻骨的黑夜中。

第七十五章　百万美元的地毯

弗里奇在她新的喜剧中演出，倾注了如此大的精力，以至于每晚她都精疲力竭得随时有可能晕倒。出乎意料的是，她喜欢上了《糊墙纸工内尔》。她仔细研究了查利的流浪喜剧，从中学到了很多技术，她将有些小小的技巧运用到了该剧中。查尔斯的一抬眉、一苦笑、一个失恋的悲苦眼神，给了喜剧额外哀怨动人的厚度，使之产生了更加丰富的内涵。

弗里奇的这部电影一开始是内尔父亲的一场戏。内尔的父亲是个一贫如洗的糊墙纸工，就在刚刚要开始一单大的活儿之前，他在人行道上踩中了香蕉皮而摔断了一条腿。内尔为了救急，接了这单活儿。她丑态百出，事故连连，一会儿刷子浆糊乱滴，一会儿浆糊木桶泄漏，一会儿脚手架晃荡，一会儿扶梯散架。她爱上了一个大楼检查员，但是这个大楼检查员最后被一个身材姣好的金发碧眼女郎给夺走了。在影片的最后，只剩内尔孤零零的一个人，她的鼻子上沾着很大一滴白色浆糊，像一个伤心欲绝的小丑。她稍稍耸了一下肩膀，擦掉浆糊，将它弹出了画面外——浆糊飞进了一个正好路过的警察的眼睛里。画面渐渐淡出。

霍巴特注意到了弗里奇疯狂的精力。他演完《麦克白》，没有引发或者说卷入大的事故。拍摄那部戏的最后一天，在摄影场上，霍巴特身上穿着扮演考德领主的蓝色丝绒长袍，脸上粘着假的胡须，头上戴着镶有假宝石的卡纸板做的冠冕。他和弗里奇坐在阳光下的轻便椅子上，吃着洋葱三明治，喝着姜汁汽水。

“你这是怎么啦，亲爱的孩子？”霍巴特问道，“你脸色潮红。你跟人说话像一挺马克沁式机关枪。”

“我干活卖力啊，就这么回事儿。”

“我也许会怀疑另一个原因。我听说你有一个朋友,类似于西部的那种牧牛工。我听说他非常迷人。”

她捅了一下他的肚子:“离远点,他是我的。”

霍巴特哈哈大笑起来:“你感到幸福真是太好了。我要让你知道,我也处在一种乐而忘忧的状态之中呢。波洛和我已经成了朋友——密友,你要是理解我的意思的话。”

“爱意盎然?”

“你真是个聪明的孩子。”他叹息一声,调整了一下他的冠冕。

只要日程安排允许,她每天都想跟洛伊见面,可惜日程安排并不经常允许。他再次开始工作,这一次是一部西部片,片中用汽车代替了很难找到的马匹。这部电影的主演是一个姓布里克斯的替补演员,拍摄地点在奥哈伊附近的一个大牧场里。一个温暖的秋日星期天,弗里奇驾车,他们开着制片厂的那辆帕卡德前往那儿。在一个很隐蔽的马厩里,洛伊带她看了电影里的一匹马,一匹名叫杰罗尼莫的夸特马。

“瞧他这么小,”那马用鼻子蹭着洛伊的手,“几乎不到十四手长。但他在路面不好的地上速度很快,十分敏捷——远远比他们通常租来的那些很大的四平八稳的役用马要好。我们今天拍摄追逐的一场戏,‘西部十八’,就是每秒钟十八帧画面。放映的时候是正常速度,那样追逐看起来就像闪电一样了。”

“这部史诗般的电影叫什么名字?”

“巴德·布里克斯倾向于用《燃烧的子弹》。”

她咯咯笑了起来:“我们实际上能看到着火的子弹吗?”

“我知道这很蠢。我并不看好这部电影,我只是一个打工的。”

马厩里静悄悄的,仅有孤男寡女。一个贮放干草的阁楼给他们提供了方便。洛伊没有采取行动重温那晚他们畅浴爱河的旧梦,弗里奇尽管很想,但是也没有好意思再放肆。她感觉到他并没有放开,她仅是一个好友而已。

即便如此,她依然感到幸福。一整天有好几个时光,她会情不自禁地哼出歌来。莉莉明白,她的魂儿完全被洛伊勾走了。“你们俩可以住在一起啊,到市中心的哪个宾馆找个房间。见鬼,你有钱,可以租套公寓,甚至一座小房子。”

“他不愿意。”

“为什么?”

“他就是不愿意。他是个无拘无束的人。每天我醒来都不知道他是否会在半夜离家远行。”

莉莉用舌头发出几个啧啧声:“可怜的年轻人。”她给了弗里奇一个长长的诚挚的拥抱。

在电影界人士聚居区,人们蜚短流长地谈论着格里菲思的内战史诗《族人》,这部电影计划在明年初首映。当他们谈论到弗里奇的朋友查利时,甚至更加明显地流露出他们的羡慕。整个国家传染上了“卓别林热”。舞会的管弦乐队演奏《查利·卓别林舞步》。百货商场的货架上充斥着圣诞节礼物卓别林玩偶。报纸上连篇累牍地刊登卓别林的漫画和对卓别林的专访。

秋季轰动一时的片子《破灭的美梦》广泛流行。这部几乎在整个秋季长盛不衰的故事片,改编自一部流行的舞台戏剧。这是查利为麦克·森尼特演的最后几部电影之一。在埃塞内伊电影制片厂,他目前的薪水是众所周知的一千二百五十美元一周。弗里奇自从今年1月1日以来一直拿每周一百五十美元的薪水,相比之下只能算是一小点津贴。不公正的感觉开始噬咬着她。

查利出人意料地从加利福尼亚北部的离乡背井中回来了。埃塞内伊电影制片厂位于奈尔斯,与世隔绝,令他痛苦不堪。埃塞内伊电影制片厂不愿瞧着他如此不开心而失去他,便在美景大道租下了一个制片厂,该制片厂属于一家名叫马耶斯蒂克的濒临倒闭的公司。查利可以在那儿拍摄他的电影。

查利回到洛杉矶的第一个周末,去看望了弗里奇和洛伊,他们在希普咖啡馆共进晚餐。他将他们介绍给了埃德娜·珀维安斯—— 一位漂亮的年轻女士,现在是他新的女主演和女朋友。当咖啡馆乐队演奏起《我的心》的时候,查利邀请弗里奇跳舞。

他表现得彬彬有礼,以至于她对此发表了评论:“你听上去不像你了。”他们沿着舞池绕圈的时候,她说道:“你听上去像个牛津大学的教授。”

“去上过演讲课了。人们认为伦敦土话属于下层社会。还有，我喜欢那个得克萨斯人，沉默寡言的小伙子。”

“在陌生人中间，是的。埃德娜很可爱。”

查利扮了一个失望的怪相：“我得不到你，只好另找他人喽。不，跟你开玩笑的，我对埃德娜一见倾心。”

“现在你开心吗，因为他们把你弄回到洛杉矶了？”

“开心，不过你应该听说过埃塞内伊那帮人对此怨声载道。他们是一帮吝啬鬼。他们一直耿耿于怀。”他狡黠地微微一笑，说道，“我知道我自己的价值。”

晚饭结束后，洛伊握了握查利的手，弗里奇跟他吻别，并祝他万事顺意。查利十分看高自己，是啊，为什么不呢？他在电影界早已被公认为是最优秀的喜剧演员了，也许是全世界最优秀的喜剧演员了。同样重要的是，他知道如何拿他的天才到别人身上做投资。这是弗里奇的短板。她需要有想法，来纠正当前的形势，尤其是《糊墙纸工内尔》已经显现出轰动性片子的迹象。当这部电影还在剪辑的时候，B.B.就报告说，拷贝订单已经接近一百二十个了，而埃迪正全力投入到准备拍摄《消防站的内尔》中。

电影在全玻璃的新舞台上开拍那天，B.B.跟往常一样前来祝愿大家一切安好。弗里奇抓住机会把他叫到一边。“我有事情要跟你和阿尔商量。”她说道，“我们今天可以一起吃午饭吗？”

“我有空。我查一下阿尔的日程安排。”

“请告诉他这很重要。”

这话引起了他的注意。“重要，啊？嗯，我们得照顾好我们的明星。”他说道，一面轻轻拍着她的一条胳膊，“事实上，我们也打算很快什么时候请你吃个午饭呢，那这样最好不过了。你想到哪儿去吃？”

弗里奇早就成竹在胸：“亚历山德里娅宾馆的帕姆厅。”

“市中心？埃迪会准你那么长时间的假吗？”

“我没有去请过假，但是我保证他会同意的。”

B.B.歪过头，心照不宣地朝她望了一眼：“是啊，我知道，你无论要什么，他都会给的。一点钟，阿尔的办公室。”

当她要请两个小时的假时，埃迪没有多说。凯利的墨西哥司机把弗里奇和两位男士送到了市中心位于第六大街和斯普林大街交界处的亚历山德里亚宾馆。凯利穿着一套奶黄色的西装，看上去整洁漂亮，而且表现得非同一般的和蔼可亲。“哈姆·海曼打电话来邀请我们参加星期六晚上一个很大的聚会，他的朋友在山里面建造了一幢奢华的东方式豪宅。”

“我见到过。”弗里奇说道。好莱坞大道上方居高临下的山顶上那个美轮美奂的日本式庄园，没有人会不注意的。B.B.说道：“问题是，阿尔脱不开身，我呢也去不了，因为索菲不喜欢那种吵吵闹闹的大型聚会。哈姆想要有人代表公司去一下。还有谁比我们的内莉①更合适呢？”

“如果可以把我的朋友哈丁先生带去的话，我倒是乐意去。”

“哎，我说，我听说你跟那个得克萨斯笨蛋打得火热呀。”B.B.在司机将汽车停到宾馆门前时说道，“当然我希望他想演部电影。”

“他不会演，他四海为家挺开心呢。”

“没有人会为四海为家而开心的。”凯利说道，“他总有一天会清醒的。”

弗里奇不置可否。

走进大堂，她说道：“我们先不去餐厅，我们到那儿坐坐。”她领着他们走过那块价格不菲的手织东方式地毯，凯利和B.B.互相交换了一下眼色。地毯的四周摆放着一些高高的橡木椅子。弗里奇在两位合伙人中间坐下。

B.B.挠着自己的鼻子：“弗里奇，你这个人很精明啊。我有一种感觉，这次谈话会要我钱呢。”

“你在说什么哪？”凯利说道。

“这个。”B.B.拿一只脚轻轻地踮着，“百万美元的地毯。他们这样称呼它，是因为很多大买卖都是在这个上面谈成的。我有个预感，我们这位小姑娘要讨论她的薪水。”

凯利开始反驳，但是B.B.挥了一下手让他安静下来。弗里奇的上唇冒出晶莹的汗珠，她的脉搏跳得很快。

---

①内莉，即内尔，英文原文Nellie为Nell的异体。

“我知道《糊墙纸工内尔》的拷贝那些交易所已经销售了多少了。”她开口说道，“确切讲，第一个月是一百二十四个。再加上，有些‘六十天片’还在挣钱。”“六十天片”指的是第二个月依然在电影院放映的那些影片。它们的租金是二十到二十五美元，而不是第一个三十天的三十到五十美元。

“这种事情你怎么知道的？”凯利问道。

“我一直以来每周跟会计吃一次午饭。”

“哪个会计？”凯利严厉地问道。利伯蒂雇有三个会计。

“对不起。”她说道，露出一个天使般的微笑。

B.B.急忙掏出他的丝织小手帕，擦着自己的脸：“我明白了，你认为我们对待你不公平。”

“对待她不公平！”凯利大声说道，“我们花了那么多钱之后——？”B.B.用他双色鞋的鞋尖踢着他的小腿。凯利抱着双臂，怒目而视。

“三百五十美元一周，听上去怎么样，小姑娘？”

弗里奇想要跳起身来拍着双手跳吉格舞，她原本打算要两百美元。凯利瞪着 B.B.，仿佛他的合伙人老糊涂了。弗里奇思量着，B.B.提出三百五十美元留有余地，因为他估计她会要求更多。她模模糊糊有一种自杀的感觉，她咽了一口唾沫，说道：

“我是考虑四百。”

“四百？”凯利差一点被这句话噎着，“耶稣基督啊，你以为利伯蒂在印钞票吗？”

弗里奇亲切地说道：“没有，但是好像内尔的电影在印。”

“成交！”B.B.说道，一面啪地拍了一下自己的双膝，“是的，先生，这是一桩交易。”凯利飞快地拿一只手捂住自己的双眼以表达他的极端痛苦。“不过，我们要新订一个合同，这是其中一部分。”

“三年。”凯利说道。

B.B.拉住她的手，发疯一样抚摸着：“那行吗，小姑娘？”

弗里奇激动得晕头转向。忙碌的大堂仿佛倾斜了，变模糊了。客人的交谈声、电梯箱笼的格格声、总台铃的叮当声，全都汇总成了一种不和谐的噪声。她想不到要说什么事情。不知道从哪个角落,小玛丽的脸从她的脑海里跳了出来:记着。你自己的公司。

“你真是太好了,B.B.。还有你,阿尔。可是我们如果要签新合同的话,我恐怕应该由我自己的律师来处理这事儿,你们说是吗?”

凯利摇手否定:“没有必要,公司的律师会起草好的。对各方都会很公正,别担心。”这正是她为什么要担心,他太能言善辩了。

B.B.站起身来:“阿尔,她可以有自己的律师。谈判到此结束——我们在这儿庆祝一下。法国香槟——好东西啊。”

帕姆厅的中餐奢侈、昂贵而又舒心惬意。弗里奇从来没有看到凯利如此畏惧瑟缩过,他居然对这夸张的餐费一言不发。她只喝了一小杯香槟酒,因为下午还有戏要拍。他们在三点差一刻的时候离开宾馆。大门外,一辆色泽呈浓艳的深蓝色、轮辐为金属条子、造型优美、车身修长的洛科莫拜尔双门轿车停在路边,车篷折叠着,没有开车的人。

“我没有看见你的车呀。”弗里奇对凯利说道。

“我让它回去了。”

“我们坐这辆车。”B.B.说道。

“这是谁的车?”弗里奇问道。

凯利带着一股冷冷的酸意说道:“你的。”

“送给我们大明星的礼物。”B.B.豪爽地说道,“今天你可是做了一笔大买卖,小姑娘。我们上个星期去为你买了这辆车来表示我们的感激。现在,你有车了,薪水也得到了很大的提升。这个小小的女商人真是不简单,是吧,阿尔?”

“是的,一流。”凯利咕哝了一声。

弗里奇很幸运,没有当场晕倒。

第七十六章　曲终人散

星期六晚上，弗里奇跟洛伊驾车沿着北西克莫大道驶向那幢日本式宫殿的时候，她仍然欣喜异常。一长溜的豪华汽车排在他们后面向山上爬动，全都是洛齐尔、凯迪拉克、帕卡德、史蒂培克，偶尔也有一些麦克斯韦尔或者布里斯科、奥克兰、斯克里普斯，像一个贫穷的亲戚插在队伍里。好莱坞的灯光宛若一幅巨大的背景幕，璀璨闪烁。12月的空气清新凉爽而又甜美无比。

一个穿着白衬衣和粗布裤子的服务员挥舞着旗子让他们在两扇装饰着铁钉的豪华富丽的大门外停了下来。第一个服务员为弗里奇打开了乘客车门，另一个服务员则跑上前来帮助停车。洛伊对他大声喝道："当心油漆。"

弗里奇不明白他干吗要这么暴躁和严厉。是因为来参加这个不熟悉的高档聚会吗？她挽住他的一条胳膊，贴到自己的身体一侧，表示了一下她的爱意。他没有反应，或者甚至都没有注意到。

弗里奇穿着新的窄下摆裙，头上戴着饰白鹭羽毛的别致的帽子，看上去十分漂亮。洛伊擦亮靴子，为他的西装配了一条普通的活结领带。两三百人闹嚷着穿过敞开的大门走去。她和洛伊走进大门，来到一个小小的前院，接着走进正屋。他们的头顶上方是一根根镀金的椽子。房子的四周摆放着很高的青花瓷瓶、用黑铁制作的中国狮子狗、巧妙地镶嵌着珍珠的折叠式屏风。墙面上，每一平方英尺空间都展示着某种形式的东方艺术：日本挂毯、中国水墨画、令人生畏的巴厘岛魔鬼面具。香炉里，青烟氤氲，朦胧了空间。弗里奇闻到了威士忌、香水、香烟的气味，还夹杂着不熟悉的青草味儿。

纸和竹子做成的可以滑动的壁板敞开着，里面是一个巨大的内庭院，庭院里装点着一些小小的宝塔，拱形的步行桥横卧在一个个池塘上面，池塘里有橘黄色的鲤鱼在游动。一盏巨大的石头灯占据了这个日本花园的主要位置，日本花园里种植着节节疤疤的松树，整齐地排列在一条小河的两岸上。这是一条人工河，河床由光滑的白色石头砌成。院子的另一边，一支管弦乐队在舞厅里演奏着舞曲。弗里奇数了一下，至少有五个供应酒类的吧台，那儿有穿着白色外套的东方人分发着一杯杯的酒，那速度简直像机器一样。

哈姆·海曼发现了人群中的他们。海曼穿着一套漂亮的有饰带的棕色粗花呢套装，里面是一件绿白相间条纹的衬衫，系着一条宽领带。这位前旧货商已经破茧成蝶，改头换面，蜕变成了一位标新立异的电影大亨，他用他的全部服装来证明了这一点。

“这住宅有点大，是吧？”

“绝对是。”弗里奇附和道。

“名叫伯恩海默的两兄弟建造的。花了整整五年。他们是从纽约来的，开办了一家很大的进口公司，进口中国和日本商品，发了大财。所以，他们就弄了这些东西。”

海曼紧紧地握着她的一条手臂：“你喜欢你的新待遇吗？好。我亲自批准了那些条款。你还要什么东西的话，就来见我。我会关照的，这是一个承诺。你是我们一份重要的资产。这不，我还没见过你的朋友呢。”

那主要是因为他一直不停地在说话。她介绍两位男士互相认识，尽管洛伊只是小声含糊地问了一声好。海曼朝另一个人挥挥手，说了声对不起，便匆匆走掉了。

“这么说你现在是一份资产了。”洛伊说道，脸上没有笑意。

“他们在这个行业都是疯了。别当真。”

“想要喝一杯吗？”

“啤酒吧，他们要是有的话。哦，玛丽也来了。我要去问个好。”

“当然，去吧。”他一边说一边走了开去。

正当她在人群中推推搡搡地朝玛丽·璧克馥挤去的时候，不承想撞见了一个端着一只空酒杯、皮肤晒得黝黑的漂亮男演员。她记得在另外一个聚会上见过他，他的艺名叫范朋克[1]。

“喂，道格[2]，你好吗？”

“好啊，小姑娘，你怎么样？”他善意地咧嘴一笑，但是显然没有认出她来。在诸多爱刊登八卦新闻的杂志中，有一家新的杂志说，小玛丽跟这位男演员背着他们各自的配偶有不正当关系。

玛丽尽管被众多热爱她的粉丝包围着，但当她看到弗里奇的时候，还是大声呼喊着张开双臂将她的朋友紧紧抱住。“各位，这是弗里奇·克朗，我在纽约拜奥格拉夫影片公司的旧时好友。弗里奇在一流的利伯蒂电影中主演内莉。”

接受过一阵赞美之词之后，弗里奇离开人群，玛丽也跟过来跟她说说私房话：“你干得怎么样，年轻人？”

“很好，不能再好了。”弗里奇咧嘴笑着，“事实上，今晚，海曼先生，我们的老板之一，还称我为一桩有价值的资产呢。”

“哎哟，找好律师了吗？”

“我想过这事儿。你认为我需要个律师吗？”

玛丽那讨人喜欢的双眼变得十分冷峻，就像弗里奇小时候弹子袋里的铁弹子一样。玛丽亲密地将一条胳膊搭到她的肩头。

“早就该找了，想要我给你推荐一位吗？”

霍巴特和波洛·沃费尔斯手挽着手，站在舞厅的门口，和着音乐摇摆。霍巴特穿着一套黑色丝绒服装，因为用一个纳瓦霍银环扎着一条松垂的粉红色围巾而变得更加显眼。他喝了很多香槟，说话已经有点兴奋和含混：“那歌叫什么名字，亲爱的？”

“《大家都在干》。”波洛说，“写那歌的小犹太佬伯林，他说这歌是说跳快舞的。我认为是胡说八道。”

霍巴特羡慕地瞧着那一对对的舞者在打过蜡的地板上滑过。“我们敢吗？”

---

①范朋克，即道格拉斯·范朋克（1883—1939），美国电影演员、制片人，自建制片公司，拍过《三剑客》《罗宾汉》《驯悍记》等影片，与卓别林等创立联艺电影公司。

②道格，道格拉斯的昵称。

"你是疯子吗？当然不行啦。这不是野营布道会，我们还是有前程要考虑啊。你可以坚信，今晚一定有那些热衷传播流言蜚语烂东西的妖怪溜进来了。"

"太不像话。我看还是到舞厅跳几步舞吧。我扮演弗农·卡斯尔[1]的角色。"

"喂，亲爱的，我是弗农。你是艾琳，你别忘了。"

弗里奇跟玛丽寒暄过后回到洛伊身旁，说道："你有没有看到霍巴特跟波洛在一起？他们俩又是咯咯笑又是悄悄话的，非常亲密。"

"确实。"

"小时候在芝加哥，我一点儿也不知道这码子事儿。"

"我在得克萨斯也不知道。我们有一个小学老师上吊自杀了。人们说那是因为城里的人们发现他很奇怪。"

"霍巴特要是幸福的话，那我就高兴。"

聚会上，他们的四周不乏著名的面孔。比尔·哈特在那儿，受到很多人的良好祝愿——英斯几乎一夜之间将他转换成了一个西部片明星。弗里奇向胖子和明塔·阿巴克尔问了好，也向正在殷勤地陪伴梅布尔的麦克·森尼特问了好。玛丽似乎是跟道格·范朋克在一起。

她拥抱了她原先的驾驶教练冯。冯开始定期扮演一些恶棍角色，特别是那些需要有外国面孔或者日耳曼军国主义者的角色。冯的秃头、十分自然的单片眼镜以及他极富天才的嘲讽技能，完全可以激起大部分冷漠观众的情绪。他本人则是一个彬彬有礼和讨人喜欢的人，她也非常喜欢他。

她看到了一些不太敢让人恭维的客人。有着瘦猴般的面孔和凌厉目光的不知姓名的男人；浓妆艳抹、话音尖利、服装紧裹、凹凸毕现的年轻姑娘。在最近几个月里，弗里奇注意到了好莱坞的一种变化。她第一次走下火车时发觉这个曾经全都是中西部移居者的地方小镇，正在受到一帮粗人的入侵。洛伊说，在奥哈伊的外景拍摄地，他和《燃烧的子弹》的导演就赶走过两个恶棍一样的皮条客，他

①弗农·卡斯尔和艾琳·卡斯尔是一对夫妻，为美国20世纪初的无声电影演员和舞蹈教师。

们在一辆破破烂烂的卡车后部给人提供嫖妓服务。

格里菲思先生出现在了人群里，他热情地跟弗里奇打招呼。她感觉他看上去比往常更加瘦了一点——身体不佳。她表达了关切，他说他睡得很少，正在剪辑数英里长的胶片，《族人》将在克卢恩会堂首映。“我会给你留两个好位子的。”

洛伊没有前去掺和。有一个多小时，他就一个人站在那儿，慢慢地喝着威士忌，断然拒绝试图跟他交谈的陌生人。终于，弗里奇建议他们离开。他马上同意了，她变得有点担忧。假如她问的话，他会不会说出他心中的烦恼呢？

他们跟其中的一个伯恩海默握手，对他表示了谢意。正当他们往外面的庭院走去时，有一个个子很小的女人前来跟他们搭讪，她戴着一顶比她的头大三倍的帽子，帽子上饰有羽毛。她的鼻子很长，她的眼睛斜视。

“弗里奇·克朗。洛蕾塔·加什，《电影剧本》的。”

“《夜晚凝视明星》。”弗里奇说道。她希望她对这本垃圾一样的杂志的反感不至于流露太明显。像投机者、皮条客、风尘女期待用他们最好的东西来帮助他们立业一样，这些传播流言蜚语的廉价垃圾媒体的出版商和作者如雨后春笋般层出不穷。

“你在那些小小的喜剧里真的演得不错，亲爱的。”洛蕾塔·加什说道，“这是你的同事吗？我听说他是一位演员。你叫什么名字？”

洛伊的回答是凌厉的目光。

弗里奇抓住他的手臂：“走吧，我们走了。”

洛蕾塔追着他们到大门口：“你们仅仅是朋友，还是你们有亲密无间的安排？拍张照片怎么样？我那儿有个拿照相机的人时刻准备着呢。”

洛伊生气地猛地转过身来：“不拍照，别缠着我们。”他的脸涨得通红，让弗里奇感到不安。她看到过这样的脸色，就是在他打人前。

“等等，大方一点，公众想要知道有关——”

“所有他们想要知道的，”弗里奇说道，“请他们到银幕上去看，亲爱的。”她再次拉着洛伊的胳膊，朝大门外走去。

弗里奇听到加什小姐咆哮了一声：“自命不凡的婊子。”

星空模糊了——西风刮起尘埃，携来大洋上雨水的味道。洛伊将手中的汽车存放证交给服务员:“我觉得那对你没有太多好处。”

“是的,但是那感觉好。洛伊,今晚怎么啦?”

他望着她,那目光烦恼不安:“一直在努力不要糟蹋了你的这个夜晚,我认为我做到了,对不起。我们离开这个地方吧,我有东西要给你看。”

听到这个话,噬咬着她的焦虑变成了恐惧。

雨点开始击打在挡风玻璃上,频率越来越快。相隔一个街区远的街头路灯通过玻璃照射进来,照得雨滴亮闪闪的。弗里奇稍稍扭过头仔细打量着洛伊的侧面。他的双唇紧闭,他的双眼紧盯着路面——没有任何要让她感到心神不安的迹象。

“本以为我们可能只是淋点小雨。”他说道,这时雨开始越下越大,“我想最好还是把车篷拉起来。”他把长长的汽车停到街角附近的路边,街角上有一幢平房,每扇窗户都亮着灯。他跳下车子,拉起帆布车篷,固定好。“看来这儿的灯光挺好。”他再次坐到座位上后,从内侧口袋里掏出一样东西,展开,选好角度,这样灯光正好落到上面。

“看得清楚吗?”

“看得清楚。”弗里奇回答。她感到云里雾里,他为什么要让她看一幅挂在那种粗劣的纸板架上的花絮照片。这张长方形的照片拍的是三个男人,只见他们穿着皮护腿套裤,戴着高高的帽子,以危险的高速度从摄影机镜头前飞驰而过。最前面的骑马者低低地伏在马的脖子上。狂风掀起了他的帽边:洛伊的面孔清晰可见。

“导演为这场追逐的镜头安排了两架摄影机。我事先一点儿也不知道,或者说直到我策马驶过之后才看到有第二架摄影机。当我看到《燃烧的子弹》剪接在一起之后,我无论如何不敢相信事情会是这样,但我就在那儿,银幕上,十分清楚,有三秒钟,也许有四秒钟的时间。凡是得克萨斯的任何一个人看到这部电影,他们就会像捕猎季节的猎狗捕猎浣熊一样来捕猎我。”

现在她明白了:“你要求导演把那几个画面剪掉了吗?”

“我当然要求了。他是个不可一世的小鸡——癞蛤蟆。他稍稍退后了一下,问我知道我是在跟谁说话吗。我恨不得把他打个半死,可是我忍住了。我偷偷塞了几个美元给实验室的人,让他帮我印了这张照片。他们好像要把这个作为宣传照片之一。”

“别担心。我去跟B.B.说。也许他可以打电话给什么人,让他们把这几个画面剪下来——”

洛伊的手飞快地落到了她的手腕上。很温柔,但很坚决,他手指的触摸令她莫名地感觉恐惧。“没关系。我已经想了有一段时间,应该继续流浪了。这件事情无非是把刺果放到了马鞍座毯下而已。”

弗里奇靠回到座位的靠垫上,屏住呼吸。静谧的黑暗中,一只夜出活动的鸟儿在啭鸣。一两条街道的远处,一辆汽车发出咳嗽般的声音,接着熄火了。

“你要离开这个城市。”她说道。

他从前额捋开一缕缕散乱的长发:“事情大致的来龙去脉就是这样。”

“因为你的面孔偶尔出现在银幕上几秒钟。”

“我告诉过你克拉拉的事情。”他开口说道,“她多么需要——”

“这是不是就是一个信手拈来的借口,洛伊?因为你认为我在竭力把你拴住?”

沉默。街角的那座平房里,有人启动了钢琴纸卷。弗里奇听出是乐曲《中央公园的姑娘》。她差一点哭了。

洛伊拿舌头舔着他的下唇。他双手抓着方向盘,两眼凝视着雨水成行的挡风玻璃。这时雨停了。

“我自己对此也怀疑过,一点点。”

弗里奇将照片扔回到他的膝头:“我不知道该怎样来理解你。”

“我不是故事书中的英雄,如果这是你所寻求的话。”

“我所寻求的是一个爱我之深如同我爱他一样的人。”

“我不是那个人,弗里奇。我已经对你讲过好多遍了。”

“所以是什么意思呢?告别吗?”

“恐怕是这样。”

“什么时候?”

“今晚。我打算明天上午就赶紧离开去北方。帮我买一张去旧金山的快车票。估计我会在那儿待一两天,然后到夏威夷去看看,那儿盛产凤梨。”他清了清嗓子,几乎像一位牧师开始布道一样,“无论我走到哪里,我将永远不会忘记我认识过你。”

痛苦迸发出来:“多好的安慰呀。被人—— 一脚踢开之后,多好的安慰呀。”

“听我讲,我对你说过我绝对不可能——”

“以为我不知道吗,先生?”她大声说道,把他的得克萨斯话模仿得惟妙惟肖。借着街角的灯光,她看到他的脸色唰地变白,举起手来要打她的样子。她用手捂住自己的脸,但是他的手没有落下来。她将双手放到自己的膝头,瞧着他慢慢地将拳头收了回去,然后张开手指。

“是的,小姐,你当然知道,行了吧?”

“洛伊,对不起。我没有想要嘲弄你的意思。”

“你当然是在嘲弄我,而且该死的嘲弄得很溜。别提了。”

弗里奇的情感虽然已经失控,但是她还是勉力说道:“我们还是往前开吧,否则我要大喊大叫了。”

他本想回嘴,但仔细想想还是不说为好。他肮脏的家在位于亚历山德罗大街上的一个马厩后面,在回家的长长路上,她一言不发,只是一个劲儿地拿指甲戳着自己的手掌,期待刺痛能抑制她的情感爆发。他们到达之后,他将汽车停在一条小巷里,站在车外,任蒙蒙细雨洒落在他的长发上。弗里奇推开她的车门,差一点一个大马趴跌倒在地,悲愤交加几乎让她的膝盖软弱无力到了极点。她大步走过洛科莫拜尔双门轿车的后面。他恭敬地退后,扶着车门,雨水洒在她的眼睛里,跟她的泪水混在了一起。

“你驾车回家情绪够稳定了吗?”

“这见鬼的有什么区别吗?”她猝然跳进驾驶座,泪眼蒙眬,难辨东西,冷冰潮腻的双手差一点连方向盘也找不到。

他差不多是用恋人般的温柔说道:“区别大着呢。外面芸芸众生的大千世界里,数以百万计的人认为你很特别。他们热爱你。”

“可我唯一在乎的一个人不爱我。”

“天哪该死，弗里奇——”

“把你的手从车上挪开，洛伊。再见。”

她在小巷里面掉转洛科莫拜尔的车头，颠簸着驶出小巷，驶上亚历山德罗大街。她在空旷的道路上常常左右摇晃，有一次还差点跟一辆开回车站去的太平洋电车相撞，但是她还是平安地回到了威尼斯。

她黑乎乎的卧室默默地见证了堪与杜丝或者她的偶像泰莉小姐的演出相媲美的令人动容的一幕。弗里奇扯下她参加聚会的服装，在上面踩踏着，用自己的脚后跟碾磨着，企图将它们撕碎。她在床上滚来滚去，拿枕头捂住面孔，不让自己发出呜咽声。一度，差一点，她要高声喊叫起来，可是一想到那会影响到洪氏夫妇和莉莉，便又生生地忍住了。此外，到那个时候为止，她已经哭了整整两个小时。她已经精疲力竭了。

她狠狠地撕扯着她丑陋的卷发，扯得它生痛为止，但是她很快便意识到，这是多么可笑的事情，便哈哈大笑起来，并非高兴的笑声，只是近乎窒息般的哽塞。内心的痛将会延续多年，也许永无尽期。很久以前她在萨凡纳失去了那个小男孩的难过跟这件事情相比简直不值一提。洛伊揉碎了她的心，无法修复。

第七十七章　德国潜艇

距洛杉矶数千英里的东方，德国东弗里西亚州宝石湾的水面上，太阳已经升起来了。

那艘新的潜水艇在锚泊缆绳的牵绊下轻轻地起伏着。萨米在德国潜艇的前甲板上打开三脚架，保罗则来回走动着，仔细观察着落在水面上的光线、潜水艇上铁的瞭望塔以及岸上威廉港的石板瓦屋顶。保罗和萨米为了让计划中的巡回报告之旅锦上添花，便来到德国，拍摄更多的影片。保罗从他丰厚的著作版税里面拿钱付他助手的工资。那部被判处死刑的影片已经被安全地藏在了伦敦的一家银行里。

潜水艇的指挥官瓦尔德曼海军上尉僵直地站在那儿瞧着他们。这位德国军官两腿叉开，双手反背，脊柱笔直，体现了典型的军人风姿。他上过浆的紧身短上衣上，挂着包括一个铁十字勋章在内的好多奖章。他浓密的棕色八字胡的胡子尖在吹起海湾白色浪花的疾风中微微抖动。

瓦尔德曼海军上尉还只有三十多岁年纪，但是，忠于职守在他饱经风霜的脸上刻下了深深的皱纹。保罗喜欢这个人。他没有比利时那些德国人的妄自尊大和自命不凡，他像一个拥有玩具的得意扬扬的孩子一样让参观者参观他的潜水艇。他一遍又一遍地解释着它的优点：柴油发动机、先进的潜望镜、功率强大的无线电发报机、艇首和艇尾的鱼雷发射管、出色的巡航范围——无须续加燃料能以八节的速度巡航五千英里。这艘潜水艇是新近列装到北海舰队的。瓦尔德曼说，自从1906年第一艘潜艇下水以来，德国潜艇的发展速度很快；当时发展潜艇受到冯提尔皮茨海军上将的反对，他认为水下舰艇毫无用处，因为它们的活动半径十分有限。

萨米固定好摄影机,退后几步:“准备好了,先生。”

“好的。”保罗整理了一下他的帽子,伸手到口袋里去摸雪茄,他的口袋里装满了一张张的小纸条和一片片哈瓦那的雪茄外卷烟叶。他用德语跟瓦尔德曼说道:“我想拍摄你的炮手班训练的镜头,这可以吗?”潜艇的三十五个水兵定员有五个人就立正站在那架一百五十毫米口径甲板炮的附近。

“当然可以,克朗先生。随你拍。”

“非常感谢你的合作。”

“我们迫切想要你们国家的人们看到我们的水下舰艇。我听说你没有跟敌人进行同样的合作。”好在萨米不懂他最后那句话;即便不懂那句话,他看上去也一副好斗模样。

“没有,他们把我们封死了。相反,柏林对新闻记者和摄影师们非常友好。”瓦尔德曼说得对,白厅那些该死的傻瓜依旧不允许新闻记者接近他们的军队、他们的武器,甚至他们的训练营地。保罗在德国自由顺畅地活动都感觉有一种负罪感;他跟萨米一样认为德国是入侵者,就此而言,德国是一个越来越没有人性的暴徒。可是,他需要拍摄电影啊。

“如果不涉及机密的话,能否告知你打算把这艘潜艇开到哪里去呢?”

“一点也不机密。众所周知,柏林高层很快就会宣布大不列颠周边的海域将是战区。一旦这个宣布,我们将很有可能到那儿去执行任务,目的是防止在你们国家制造的武器运抵英国港口。”

“你们会击沉那些船只吗?”

“完全有可能。”

“在伦敦,我听到传言说,有武器通过客轮秘密运送。”

“是的,我们也接到过同样的报告。据说,有一些装载这种违禁品的英国班轮为了保护自己还悬挂美国国旗呢。在我看来,这种欺诈只是懦夫行为。”

“但是即便在战区,你们也不会用鱼雷击沉悬挂中立国国旗的船舰,是吧?”

“哦,我敢肯定,我们不会面临这样让人不高兴的问题。”这位海军上尉闪烁其词地说道。他走到保罗跟前,以免被其他人偷听到:“不过,克朗先生,我劝你,不久的将来你如果打算到你的家乡旅行,千万要小心。”

“事实上,明年某个时段我真的会应邀去作演讲。这些影片将是我活动的一部分。”

“那么我劝你坐美国船去,别坐丘纳德公司或者白星公司的班轮。那些班轮的确是客轮,但不是中立国的轮船。”

“我明白了。谢谢提醒。”他发现这事儿有点可怕。

海鸥在头顶鸣叫,在白浪上空飞扑捕食。德国军旗猎猎,在瞭望塔的旗杆上噼啪作响。冬日的阳光里,街道和海滨人行道都干净整洁的威廉港有一种典雅而又宁静的神态。

保罗倒戴帽子,凑近摄影机。“准备,开始。”瓦尔德曼海军上尉啪地一个立正,向镜头敬了一个漂亮的军礼。萨米转过身去,朝潜艇外面吐了一口口水。有好几个水兵都看到了他,发出窃窃私语声。萨米对他们抱以怒视。

当晚回到岸上,保罗和萨米轻松舒适地在一家小餐馆就餐,小餐馆装饰着迎接圣诞节的花环、蜡烛和一尊基督诞生塑像。一队小孩子在街上走过,用尖细甜美的童声唱着《平安夜圣善夜》。

萨米请保罗说说今天上午他跟那个海军上尉交谈的细节。保罗不得不说了。

“我硬是问他,假如他碰上了一艘被怀疑携带军火的客轮,他会如何处置,他竭力想给人留下的印象是,不管是他还是其他潜水艇的指挥官,都不会开火的。不过,他留下了让人存疑的空间。”

“他当然会的,这骗人的混蛋。”萨米用一块厚厚的黑面包揩着小牛肉的肉汁,“要是哪个海军上将发出命令,哪怕是一船孩子他也会发射鱼雷的——他,还有其余所有那些穿着花里胡哨军装的人。”

保罗相信萨米的悲观主义是有道理的。在这个对所有人都充满着善意的季节,在西部战线激烈进行的恶战之中,广袤的海域因为有了潜水艇而受到了威胁。伦敦不断地抨击柏林不遵守既有的战争规则,奉行一种可怖的政策。

保罗喝干杯中酒精度很高的圣诞啤酒:“你这个观点也许是对的。我感觉有责任赶快回美国去,至少把我的所见所闻报告一下。数百万的人们还在那儿睡大觉呢。”

“以为大西洋可以保护他们,是吗?”萨米说道。

“是这样。美国人该是清醒的时候了,看看究竟在发生什么,要了解威胁的存在。必须告诉人们真相。”

“你尝试这样做很崇高,先生,可是对整个事态你无能为力啊。”

“我可以开个头。”保罗说道。

第七十八章　心灰意懒的冬天

12 月，加利福尼亚的山区和海滨的天黑得早。弗里奇不喜欢太阳下山，因为太阳下山就意味着没过多少时间就要睡觉了，而睡觉再也不能给她带来放松，反而经常让她噩梦连连，毁灭的噩梦、失败的噩梦、被追逐的噩梦，乃至死亡的噩梦。在一个经常做到的噩梦里，她成了与命运激烈抗争的相貌丑陋的驼背理查三世①。在另一个噩梦里，洛伊纵声大笑着，骑着马鬃飞扬的马飞驰着离她而去，她始终抓不到他。

她不喜欢 1914 年的圣诞节——无欢乐可言，唯有巨大的压力：购买礼物、包装礼物、邮寄礼物、赠送礼物，但只感到寂寞冷落，悲伤难过。圣诞颂歌听起来像是嘈杂的噪声。朋友们和认识的人说出来的圣诞季的祝福听上去虚伪矫饰，毫无意义。

到了晚上，她便开始在洪太太的厨房里煮饭，有的时候煮给自己吃，有的时候煮给莉莉。她煮的食物十分简单，手脚再笨也不会煮坏。像意大利面条这样浓浆浓汤、重油重味的食品，她要是一个人，就会就着啤酒吞食好几盘。她在威尼斯的一家小面包店买来几袋上面撒着芝麻或葡萄干的面包卷，一次吃两三个，甚至四个。她吃饭，部分原因是食物会让她感到舒适，部分原因是她又想到了一直纠结于她心头的一个观念——她认为自己骨瘦如柴，所以不受人们欢迎。

她认为，在她所租用的房间的床上，有太多悲痛的回忆。她在跟莉莉打了招

①理查三世（1452—1485），约克家族的最后一位苏格兰国王，在为爱德华五世摄政期间，将爱德华五世和他的弟弟监禁在伦敦塔，并在那儿将他们谋杀，篡夺了王位。后来亨利·都铎起兵反抗理查，在博斯沃思原野战役中击败并杀了他。后来的都铎历史剧把理查三世描绘成一个怪物。

呼，并付清了她应该付给洪氏夫妇的房租之后，在好莱坞的北惠特利大道分岔过来的一条起伏不平的小街上租了一座小房子。加利福尼亚地中海，那金黄色的拉毛粉饰和半圆形的屋顶红瓦让人赏心悦目。抑或，假如在她的心灵深处为这座建筑的精妙绝伦留有空间的话，那么此等景色本该是让人赏心悦目的。

过完新年两天之后，她搬了进去。为了庆祝自己乔迁新居和缓解寂寥长夜的孤独，她买了一架新的更加高档的维克托牌留声机，换掉了那架旧的；新的留声机有一个彩绘的花形喇叭，里面流泻出哀伤浪漫的音乐，回荡在屋内的每个角落。

她搬进新居后的第一个星期日，她的朋友们和同事们在霍巴特跟波洛的组织下，为她举行了乔迁宴，着实让她惊喜。她这些最亲密的友人都听说了洛伊·哈丁突然离去这件事情，他们举办这样的聚会就是为了振作她的精神。

埃迪把丽塔带来了，乔克·弗格森把他的艾尔玛带来了，B.B.把索菲带来了。阿尔·凯利说是另外有个约会，送了一个卡尼伐彩虹玻璃的廉价花瓶。查利拍来了电报表达良好的祝愿。

小玛丽把范朋克带来了，他们俩的风流韵事在电影界已经是公开的秘密。这位帅气男演员的记忆得到了令人惊奇的恢复。他亲吻和拥抱了弗里奇，仿佛他们自孩提时代起就是好朋友似的。

洪先生拿来了香槟，是在他认识的一个批发商那儿减价买来的。洪太太嘉许地微笑着，洪先生举杯祝酒，祝愿她住进众神喜欢的房子并且天天开心。弗里奇举起酒杯，心想，不会有那样的好运气。她渴求独身隐居，但注定不得安生。

2 月 8 日星期一，晚上，戴维·沃克·格里菲思在市中心的克卢恩会堂首映《族人》。这部电影早已经出乎人们意料地在诸如里弗赛德这样遥远的地方预映过了，只不过弗里奇对此没有听到多少消息，只知道它又加了一个副标题《一个国家的诞生》，再就是黑人团体打官司企图阻止影片上映，但没有成功。

洛杉矶首映式票子的价格是两美元。尽管票价很高，但是两千五百个座位全部销售一空，而黄牛票在正式上映之前的周末竟高达二十美元。这场在“美丽影院”特别的盛大首映仪式因为有十几个黑人在第五大街的遮篷下抗议而稍显美中不足。由于这部影片在本地没有放映过，所以弗里奇猜想他们的抗议是基于这本电影沿袭了尼克松那部小说的种族歧视的故事脉络。标语牌上表明，这些抗议者是全国有色人种协进会的成员，这是一个成立不到十年的组织。

那天晚上陪伴弗里奇的是霍巴特，他竭尽全力显示翩翩风度，尽管他的个儿仅仅及她肩高。霍巴特年近古稀，最讨厌谈论年龄或者生日。他的心脏病没有复发过，不过弗里奇时常会劝告他别过度劳累。

波洛有朋友在缝纫行业，所以霍巴特的正装十分合身，将他的罗圈腿和大肚子尽可能做了掩饰，他的肚子最近有点像策帕林飞艇的前端。这位老演员很久以前就修剪了他齐肩的奥斯卡·王尔德式长发，但是岁月谢去了他顶上的头发。他不屈不挠地用一个引人发笑的假发遮掩他的秃顶，那假发呈栗色，闪闪发亮，似乎总是有一点歪，今天歪向左边，明天歪向右边，劲风吹拂之下，那假发好像又滑向了后脑勺。

走进影院的路上，弗里奇差一点跟洛蕾塔·加什撞了个满怀。这名记者的红色缎子斗篷和头巾在电灯光下闪闪发亮。她瞧弗里奇的目光是不友善的，而且一个突然转身，显然是蓄意的公开侮辱——当然前提是弗里奇自寻烦恼去生气的话。

一支配备齐全的交响乐队在乐池里为格里菲思这部电影配乐。从序曲的第一个音符开始，激动和兴奋的情绪便席卷了全场的人们。一个南方家庭在内战前和内战后的故事完全吸引了观众。弗里奇钦佩格里菲思的勃勃雄心，钦佩他在构思的精巧和剪辑的完美中所展现的天赋才华。那些战斗场景，包括她目睹的那场戏，蔚为大观。当那个矮小机灵的小上校亨利·沃索尔扛着一面南部邦联军队的旗帜冲向联邦军的炮兵阵地，将那面战旗插进一门大炮炮口的时候，她的心跳怦怦地加速。电影幕间休息之后，三K党人骑着马飞奔而来，前来拯救这个陷入困境的家庭，这些三K党人看上去充满力量和激情，尤其是当乐池里雷鸣般地传来《飞驰的瓦尔基里》时，这种力量和激情有增无减。她伤心地想起，在那些戴兜帽的骑手里面，就有洛伊。

然而，尽管影片的制作技术令弗里奇感到激动，但与此同时，她对这个故事同样感到厌恶。她依旧是乔·克朗将军的女儿啊，乔·克朗将军曾经为黑人成为自由和平等的公民进行过战斗，黑人并非格里菲思所描绘的那种粗俗而愚蠢的人——不是那种穿着俗艳花哨的服装，啃着鸡腿，将骨头扔满了南卡罗来纳南部重建立法机关大厅地面的浑噩无知的笨蛋。格里菲思从小在肯塔基长大，他的父亲是一个叛军的军官，这就解释了他的立场，可是，她认为这不可以成为美化那些夜骑者、把黑人抹黑成色情狂和无知笨蛋的正当理由。电影结束时大家站起来鼓掌欢呼，她是其中之一。来到大堂里，她没有加入等待在那儿向导演表示祝贺的人群里。

莉莉胳膊底下夹着一份折拢的报纸走进白帆布帐篷。帐篷搭建在那幢在太阳底下亮得晃眼的房子后面，房子里面有利伯蒂常规的很局促的化妆室。一块小小的牌子挂在帐篷外面，上面写着“克朗小姐”。

“嗨，弗里奇，这鬼东西是哪儿来的？”

弗里奇在梳妆台前的凳子上转过身来：“帐篷吗？今天早上我来的时候就在这儿了。”她故意耸了一下肩膀，竭力想表示这没有什么，可莉莉还是吹起了口哨。

“供你专用的化妆帐篷。你真可谓是人上人啦。”

她将那份《电影剧本》递给弗里奇：“赶紧，看一眼。第四版。”

莉莉那件仿男式衬衫的一个边挂了出来，上面沾上了鲜黄色的东西，也许是芥子酱。她右手的食指和中指染上了更深的棕黄色。她点燃一根香烟，靠在帐篷中央的柱子上，弗里奇则翻着报纸看。莉莉这个星期有两天没上班了。她面容憔悴，白里含灰。

……出席格里菲思那部史诗般电影首映式的还有：利伯蒂电影制片厂的喜剧明星弗里奇·克朗，陪伴她的是那位悲剧演员霍巴特·曼彻斯特（《电影剧本》可能是首次披露，他并非她通常的伴侣）。克朗小姐也许是这个城市的新宠，但她的私生活却十分落泊潦倒，跟一个演牛仔的跑龙套小角色玩着“临时住房”的游戏，那个小角色的指甲里积满污垢，而且天知道他的过去还隐藏着什么离奇故事。很多这些游荡在“水洞”那个地方寻找临时工作的"仙人掌查利"在一定程度上都被认为是在家乡领先法律一步的人。小心啊,弗里奇!

"哦,上帝啊。"她将那份报纸扔到地上。

莉莉轻轻吐出一口烟:"你怎么得罪她啦?"

"没有啊。12月份的时候,我在一个聚会上遇见她。我不想回答她关于洛伊的那些无聊问题。"

"他已经走了。"

"显然她不知道这事儿。"

莉莉的嘴里发出咯咯声,摇摇头:"很多人看那个女人的文章,而且很多人相信她写的每一个字。"

"哦,得了,像这样的垃圾伤害不到我。"

莉莉用她红色的浅口轻便皮鞋的鞋尖底碾压着火柴。"我当然希望不会。凯利的秘书说他也看到了,很不喜欢,说这篇文章在厂里面反映很不好。真是个讨厌的伪君子。"

下午晚些时候,她得去B.B.的办公室里面对凯利。

"我召集这次会议是要讨论一下我们如何加快生产这位小姑娘主演的电影产品。"B.B.说道。他的前面,摆放着很多很大的浅绿色的表格纸,上面尽是数字。弗里奇和埃迪坐在B.B.的办公桌前。阿尔·凯利弓着身子坐在角落的一张椅子上,拿乖僻的目光望着弗里奇。

埃迪首先发言:"我们想这么做吗?我们也许会让市场饱和的。"

凯利嗤之以鼻:"我们可以每三天出一部两盘的'内莉',这样就不会饱和市场。那些交易所都嗷嗷叫着要影片呢。"

"即便英国也是如此,哪怕他们还在为战争提心吊胆。"B.B.赞同道,"斯堪的纳维亚人和荷兰人正在排队呢。法国佬也一样。我过几个星期到那儿亲自去考察一下情势,争取提高几个点。他们如果想要利伯蒂的片子的话,那么就得付出点代价。"

弗里奇说道:"那么多德国潜艇在那儿潜行,像这样出门去好吗?我看报纸说，他们击沉了一艘美国货轮‘威廉·弗莱’号，它装载的只是小麦，不是军火。”

“好姑娘，承蒙你担心，不过我们有投资要保护啊，而且我感到有人暗中捣鬼，事情不太妙。有些法国佬和意大利佬也许正在篡改账目，不知不觉地偷我们的钱呢。此外，每天总有上百艘船横渡海峡，而德国佬的潜艇只有几艘，我丝毫也不担心。我们坐最豪华的丘纳德班轮‘卢西塔尼亚’号去。”

接下来的这个星期六，她工作了半天。下午，霍巴特和波洛来到她家，还从宠物店里买来了一只汪汪直叫的母腊肠幼犬。

“你最近看上去真的很伤心，亲爱的。”导演说道，“我们觉得一只漂亮的德国小狗也许能让你感觉好点。”

“你们俩太好了。”她将这只小家伙抱在怀里，依次吻了他们。这只法兰克福腊肠犬舔着她的下巴。

他们看着小狗嬉戏了一会儿，然后霍巴特说道：“你给它取个什么名字呢？”

她略微思考了一下：“沙茨。意思就是宝贝、心肝。”她抱起沙茨，沙茨在她的怀里汪汪叫，一面扭动着身子。小狗一激动，尿尿了。

弗里奇赶紧用双手将小狗擎开。“姑娘啊，你还得训练呢。我知道有好纸可以用。霍巴特，麻烦你把餐具室里的那份《电影剧本》递给我。”

后来到了夜里，沙茨一会儿汪汪地狂吠，一会儿呜呜地悲鸣，这是小狗来到一个陌生的新环境后最典型的表现。六点半的时候，弗里奇将它关进了餐具室，在里面放了她从肉店里仓促买来的一盘牛肉末饼。她还在餐具室的油地毡上铺了好几页洛蕾塔·加什他们的那份报纸。

弗里奇听了一个小时这条可怜小狗的悲鸣之后，便心软了。她赤着脚来到餐具室，打开了门。

“好吧，沙茨，你赢了。”

腊肠犬再次激动异常，跳到空中，一泡尿将弗里奇棉布睡衣的下摆尿了个透湿。她哈哈大笑，换了睡衣，坐在厨房里，让沙茨趴在她的大腿上。他们俩一起，吃了两碗重新热过的墨西哥辣味牛肉饼和二十块饼干。弗里奇还喝光了所有的啤酒。本周早些时候，她听从莉莉的建议，花一美分到秤上去称了一下自己的体重。自从洛伊离开以来，她的体重增加了七磅。过去那么长时间，她从来没有因为吃而增加体重过。这是否是年岁增长的又一个代价？

她回到床上睡觉，沙茨舒舒服服地偎依在她的怀里，好像她一直就属于那儿一样。夜里她做了一个噩梦，梦见她正在穿越一个无边无际的黑暗空间追逐洛伊。追逐变得愈加绝望，失败变得愈加肯定，恐惧攫住了她——她永远无法追到他了。她呼喊着，双手乱舞着醒来，唯有这幼小的法兰克福腊肠犬在舔着她汗津津的脸。

第七十九章　空战

新飞机很好，又轻又容易操控。这架飞机的绰号叫“娃娃”，是纽波特飞机公司双座侦察机的缩小版。今天是他们三个人被分配到负责南锡空域的第六十五飞行中队以来第二次驾驶这样一架飞机上天。

来到法国飞行军团的最初几个月里，卡尔飞的是一架速度很慢的法曼，大多数时间是带着望远镜，在空中来来回回地飞行，侦察德国军队的防御工事。由于他是一个经验丰富的飞行员，所以他很快就从侦察中队被重新分配到了第六十五飞行中队。这是一个真正的驱逐中队，其职能不仅仅是侦察，而且肩负驱逐和击落威胁法国控制领空的敌机的职责。他曾经丢下他的朋友勒内，去攻击德国的侦察飞艇，这种怪模怪样的飞艇一旦爆炸，其力量可是致命的。冒险飞得太近的飞行员有可能被炸飞，跟飞艇驾驶员同归于尽。

一个小时前，卡尔滚下吊在大梁上的法式帆布吊床。尽管这天天气暖和，他还是穿了一件在巴黎的一家专门给飞行员提供装备的专卖店买的有羊毛镶边的外套。空军没有固定的军装。和他在一个锅里吃饭的伙伴告诉他，最早的时候，飞行员穿的衣服充其量也就是一件开汽车穿的风衣，经常在比较高的高空滑流中让他们的屁股都冻僵。

特丝的围巾就围在他的脖子上，前面打了结，妥妥地塞在他的外套里。他其余的飞行设备包括护目镜、沾满油污的开汽车用的长手套。他没有带降落伞。降落伞不难拿到，但是对一个身材魁梧的人来说，其体积过于庞大，一个小小的座舱挤不下。

卡尔两只耳朵上方两缕新的像两只角一样的白发证明了飞行岗位的艰辛。

他们中队里不止一人一夜之间全白了头，通常是在一场折磨人的空战之后。卡尔已经飞行了三个半月，虽然他已经驱逐过好几架敌机，但还未跟敌机真正交战过。

人们猛地一看，或许会说，卡尔看上去很邋遢，但是他倒是认为自己这样看上去已经挺浪漫了。这是这场战争中那些飞行员一致认同的。他们认为，他们比那些战斗在下面战壕中的肮脏烂泥地里的战士要强壮、聪明和勇敢得多。他们也是更加幸运的人——他们躲过了地面战斗那种污秽的恐惧。在空中的死亡同在其他地方的当然没有什么两样，但是除此之外的一切可是不一样的。

“娃娃”在六千英尺的高空疾飞。八十四马力的旋转发动机发出和谐悦耳的嗡嗡声。另外有三位飞行员跟卡尔一起升空。远方地面上，德军的大炮再次开始不停地轰鸣，方圆数英里，灰尘蔽天，炮弹炸裂，犹如节日的焰火。他的身后，法国炮兵开始还击。

他弯腰调整空气与汽油混合杠杆，但是当他再次抬起头来时，吓了一大跳。他的三位僚机伙伴飞进了一团十分巨大的云层里不见了。突然，下面两千英尺的地方，一架翅膀上有黑色十字符号的德国阿维亚蒂克双座飞机从那团很高的云层下面冒了出来，飞向相反的方向。一架炮兵部队侦察机。

他很快便确定了自己的行动计划：从这架阿维亚蒂克双座飞机的下方发动攻击。另一个操纵后排座位上回转机枪的德国兵鲁莽地从上方俯冲下来。

一架福克尔单翼驱逐飞机猛地从云层里冒了出来，是那架侦察机的护航机。他立刻改变计划。福克尔十分致命，因为它们的机关枪可以通过同步旋转的螺旋桨开火。使同步的机械装置获得优势的速度是这场战争的伟大技术博弈之一。他必须首先击落福克尔。

至少，他比被派往前线的许多法国年轻战士具有更加丰富的经验。他们有些人仅仅上了五个小时的搏击学校，从来没有遇见过此类情况。在卡尔看来，将受训程度如此低的任何人派往战场无异于谋杀。

他一面爬高，一面转弯。他将机头调转到俯冲位置，感觉到了从机翼传到机身的剧烈震动。他无视这剧烈的震动，向下猛扑，几秒钟之后，他便锁定了那架福克尔，按下安装在他头顶上方的上层机翼上大刘易斯式机枪的按钮开了火。

他的子弹打飞了。他俯冲过福克尔身旁，在下面拐弯。福克尔追在他后面。

卡尔向着太阳飞去。福克尔安装在机身上的机枪嗒嗒地开火了，有好几发子弹在“娃娃”身上打出了洞，就在飞行员座舱后面一英尺的地方。他猛地将操纵杆往回拉，飞机急遽爬升回头。

爬升到顶点之时，他改变航向，又一次急速俯冲。他再次感觉到了机翼的剧烈震动，但是他已经摆脱了福克尔的尾追。

卡尔飞回了原先的航向，完成了规避动作。他超越了那架德国侦察机。后排的机枪手试图转过机枪射击，但是太低了。当卡尔超过阿维亚蒂克较长距离时，那架福克尔突然出现在了它的身后，俯冲到它机身下面，紧接着陡直上升，快速接近卡尔的纽波特。

卡尔完成了一个翻转动作。翻转之后，他径直朝福克尔飞去，他的刘易斯机枪喷着火。福克尔回击。有一颗子弹擦到了卡尔的螺旋桨，有一块碎片将他的脸割出了鲜血。

他们正面对飞，不断射击。他可以清晰地看见敌方飞行员年轻的面孔：金色的头发，紧咬的牙关。卡尔仅仅是用双手和意志在控制着飞机，他身体的其余部分已经彻底吓昏。他的膀胱决口了。

他将一颗燃烧着的子弹击中了那德国人的油箱。爆炸震撼着他的飞机，红色的火球朝他飞滚过来，炙烤着他的脸，遮蔽了整个天空。他像个疯子一样没命地朝下俯冲，差一点点就葬身于这致命的烟和火。纽波特剧烈地震动着，机翼上的小块覆盖物撕裂开来飞走了。卡尔首先感觉是要坠机了。他拼命操纵着纽波特摆脱俯冲状况，心想，这是第一次杀人也是最后一次杀人啦。

在距地面还有一千英尺的地方，飞机有了反应。他闭着眼睛飞了几秒钟，感觉机翼的震动减小了，接着完全消失了。他朝头顶瞥了一眼，看见那架阿维亚蒂克冲进云层中藏了起来。

感谢上帝，降落之前，他的裤子已经干了。他将这架纽波特转交给他的飞行机械师，然后缓步走向一辆敞篷汽车，敞篷汽车将把他送到他们那个飞行中队宿营的庄园。飞行员的住、行很阔气——食也是这样。晚餐时间，在享受着一份优质的白鲑鱼和一瓶上好的格拉夫酒的同时，卡尔听他的指挥官德斯帕迪欧少校说道：

“今天干得好。你们近距离激战的时候，你的同事罗塞就在你们上方。他见证你击落了敌机。”庄园大厅里人头攒动，烟雾缭绕。他们经常飞上天的总共十六位飞行员，今天有十二人在场，有的弹钢琴，有的纵声大笑，有的朝钉在告示牌上的明信片投掷飞镖。那些明信片是一家叫作桑克的德国公司制作的，上面印着深褐色的德国空战英雄形象，最著名的是奥斯瓦尔德·贝尔克和马克斯·伊梅尔曼。

少校从一只眼睛上拿下他的单片眼镜：“你真的认为，假如飞机飞得太狠的话，‘娃娃’的机翼就有可能扭曲和断掉吗？”

“是的，长官，今天我感觉就是这样。不过没想多久，当时太忙乱了。”

“当然。”德斯帕迪欧拿他喝白兰地的矮脚小口大肚杯“哨”地碰了一下卡尔的酒杯，“不过，我的朋友，现在的状况也是坏得不能再坏了。”

无须多言，卡尔完全理解。该飞行中队的官兵时常提及一个事实：跟敌人战斗的前线飞行员的平均预期寿命是三个星期。

从抽象的角度讲，他为今天的成功感到骄傲，但是他没有任何在赛车的日子里和飞行表演的日子里那种兴奋异常、令人陶醉的感觉。原因也许就是在那六千英尺高度的地方，决斗的最后结果是另一个人的死亡。很可能，那个死去的人就是一位正派的小伙子——哪位母亲的一个听话的乖孩子。

他伸手去拿盛白兰地的细颈酒瓶，他必须用酒精来麻醉他高度紧张的神经。第二天早上，当他望着剃须镜的时候，发现那两缕角状的白发更加粗了。

第八十章　被鱼雷击中

在海上航行的最后一个晚上，特纳船长在那个巨大的休息厅里对数百位乘客发表讲话。并非所有人都能挤进休息厅；这趟横渡英吉利海峡的航程中，人们亲切地称其为“露西”的这艘轮船装载了一千二百多位乘客。

威廉·特纳是丘纳德航运公司的一位资深船长，结实魁梧的身板，俨然是一个好水手，他没有舒适地跟顾客们混在一起。这很可能说明，“常礼帽比尔”是一位非常优秀的海员，B.B.这样认为。“常礼帽比尔”这个绰号来自他下了班最爱戴的那顶帽子。

像大轮船的所有公共厅堂一样，这个休息室十分奢华。其装饰风格属于后乔治时代。笨重的家具跟鲜莹明洁的桃花心木墙壁上精致华丽的挂毯相得益彰。淑女绅士的精致盛装与这个优雅环境结合得尽善尽美。

特纳船长叉开双腿，背着双手，站在那儿：“女士们，先生们，我真的不想在此等场合过于大惊小怪地警告大家，但是作为这艘轮船的船长，我有义务和责任通知大家，今天我们接到了英国海军部的信号，告诫我们，在法斯尼特小岛海域有潜艇活动。”

这可怕的消息令索菲倒吸了一口冷气，她紧紧抓着在她脖子上闪闪发光的钻石项链。B.B.差一点从沙发扶手上掉落下来——他正坐在那儿拉着索菲的另一只手。其余人的不安程度不一而足，有的温和一点，有的惊恐一点。

“作为回应，我们已经调整了我们的速度，降了下来，并改变了航道，以便在二十多英里处绕开法斯尼特小岛。另外，到了早上，你们将看到一艘全副武装的皇家海军巡洋舰与我们齐头并进，陪伴我们到利物浦。

“与此同时，你们可能已经注意到了，我们一接到信息，马上采取了某些预防措施。所有的救生艇已经都悬挂在了吊艇柱上，帆布套取了下来，有关装备进行了检查。船员们早已经对你们房舱的舷窗进行了灯火管制。我们请求诸位千万别随便发出没有必要的亮光，尤其是在露天甲板上。

“我还有一个令人不快的任务就是提醒大家，根据海事法的要求，我们在离开港口不久，进行过乘坐救生艇的训练。尽管这项训练对所有乘客都是强制性的，但是我手下的高级船员检查了名单之后向我报告说，我们有一半的客人没有参加训练。我虽然预计我们将不会陷入紧急使用救生艇的境地，但是我极其强烈地敦促你们，如果你们没有参加训练的话，赶快去熟悉一下你们的位子。”B.B.参加了，但是索菲没有，她宁可睡懒觉。

一个人举起手：“船长，我们听说‘露西’配备了防御性的大炮和弹药库，就在曾经有房舱的F层甲板。现在人们下不到F层甲板去了，因为有铁门挡在那儿。”B.B.也听到过同样的传言：有六门六英寸口径的大炮被安装在旋转炮架上，左舷和右舷都有，隐蔽在可移动的装甲板后面。这事儿他没有告诉索菲。

船长的神情看上去仿佛他要活生生地炙烤了这个提问题的人一样：“我对此无可奉告，先生。我必须回到桥楼去了。如果你们有其他问题，请咨询其他高级船员。谢谢你们的关注和合作。请继续享受晚上的活动。”

有几位宾客猛地醒悟过来，觉得自己有失检点，于是赶紧鼓掌。“常礼帽比尔”早已经走了。B.B.吃过了晚餐的肠胃感觉很不舒服。他倒并非为自己感到担忧，他只是担心索菲，索菲看上去一脸恐惧。

“本尼，我们遇到危险了吗？”

“绝对没有。德国佬的潜艇追猎的是携带弹药之类东西的商船。谁也不会攻击像这样的一家水上宾馆。”他斩钉截铁的手势差一点将正好从旁边走过的一位贵妇人头上的羽毛砍下来。

“恐怕确有其事呢。我们会顺利下船吗？”

“没有问题。我在吃晚饭前亲自到放置救生艇的上层甲板去转了一圈，仔细察看了一下。”索菲的担心有增无减——这么说他已经在关注细节了。“这艘船携带着二十二艘木头救生艇和二十六艘折叠式小艇，足够我们船上的乘客用了。

好啦，别担心了。想去跳舞还是玩牌？”

索菲既不想跳舞也不想玩牌。B.B.陪着她回到他们的豪华套房，这是这艘船上最好的住处了。它包括一个客厅、一个餐厅、两个卧室，不用的那个卧室里摆放着他们的十二件行李。他在床上安顿好索菲之后，便回到了上层甲板，一面凝望着大西洋上空繁星点点的苍穹，一面享受着5月温和宜人的微风。

B.B.问：“嗨，阿尔夫，水面上那条怪怪的白线是什么？”

这条船上的首富阿尔夫·范德比尔特是B.B.上流社会精英里面新的好友之一。范德比尔特凝视着水面下一条冒着水泡的线条朝着船壳飞快地延伸过来。此时，两位绅士正在散步甲板上的右舷这边呼吸新鲜空气。索菲在休息。

这是5月7日星期五下午两点过几分。空气清新，暖意融融。船员们打开了白色和金色的路易十六餐厅的舷窗，B.B.与范德比尔特就是在那儿的阳台上用的午餐，交流趣闻逸事，并商量等他们到了伦敦之后一定要在里茨宾馆一起喝茶。

上午，轻松和期待的氛围洋溢在船上。并没有出现曾经说过会来护航的巡洋舰，而且爱尔兰的沿海已经在轮船的右舷出现好几个小时了。B.B.觉得他似乎可以看见模糊不清的一片了，那应该是“金塞尔老头”，一个著名的海角。他真的感到不解，为什么在潜艇活动的海域，船长没有采取规避动作，没有“之”字形航行。他认为“常礼帽比尔”总是成竹在胸吧。

范德比尔特趴在船栏上伸长着脖子，瞧着那条白线接近轮船，正好在船中央部位。“这太奇怪了，本尼。我的上帝呀，这恐怕不会是——？”

爆炸震动了从船首到船尾的整艘船。B.B.翻倒在船栏上。他赶紧站起身来，冲过范德比尔特身边，朝最近的那扇门跑去。警铃骤然响起。人们发疯一样奔跑着，大声喊叫着。船栏边的什么人用手指着：“很大一个洞！水涌进来啦。”

轮船往右舷倾斜。甲板上的椅子都滑走了。正当B.B.踉踉跄跄地冲进电梯厅的时候，第二次更加强大的爆炸剧烈地震撼着轮船。所有的电源被切断了，一根电梯的指针停在了两个楼层中间，身陷笼子的人们开始尖叫。

墙上的通风口突然冒出浓烟。B.B.跑向楼梯。警铃持续响着，七短一长，表明发生海难了。轮船再次猛地往右侧倾斜，他撞到了楼梯井的墙壁上。他抓住扶手，跌跌撞撞地往下面走去，接着裹挟着巨大的恐惧像个疯子一样沿着走道往前跑去。“卢西塔尼亚”号已经开始下沉。

隔壁房舱的一个男人将他已经昏过去的妻子拽进走道里。那人年纪很轻，金发碧眼，是个英国人，B.B.曾经跟他一起玩过惠斯特牌。倾斜的轮船令他撞到了 B.B.身上，他拔出拳头，击向 B.B.。“滚开，你这只犹太胖猪。”接着，他拖着他的妻子继续往楼梯走去。

B.B.拧着房舱的门把手。拧不动。他一脚踢开舱门，他自己也不知道他竟然有这么大的力量。他猛地冲进房内，轮船倾斜得更厉害了，他整个儿摔在了地毯上。索菲尖叫着，帮助他站起身来。这时，餐具柜的抽屉纷纷掉了出来。玻璃器皿和花瓶全部翻倒，摔得粉碎。

“索菲，我们得上救生艇去。”

“我准备好了。”她已经穿好衣服准备上岸了，一件深褐色的蝙蝠袖披肩，配上专门为此次旅行买来的貂皮领子。她装饰着长长柳枝般羽毛的黑色金丝绒帽子下面，一双眼睛又大又黑。

“把帽子丢掉，它只会碍事。”

“本尼，我花了二十美元买——”

“把帽子丢掉！”他本不想喊叫的，也不想把她的手腕抓得这么狠，可是他的心脏跳得十分狂烈。走道里的尖叫声响成一片，愈加热闹，轮船每隔几秒就会更加倾斜。他拉着她冲进走廊：“跟紧。”

他无视自己胸部突然的剧烈疼痛，像个足球边锋运动员一样又快又稳地朝楼梯井冲去。他的体重超重，健康状况不良，但是他意志坚定。他们要是能够到达救生艇那层甲板，他们就有可能得救。救生艇甲板，二号位，左舷，这就是他的目标。

楼梯上，来自通风口的浓烟使他们什么也看不见。乘客们尖声喊叫着，拼命地互相推搡，但是绝望所产生的力量促使 B.B.不停地往前移动。他紧紧抓着索菲的手，她每迈一级阶梯都要绊一下脚。他冲出门去，冲上救生艇甲板，心中一阵狂喜。

一片混乱！左舷的不少救生艇已经装满了一半的人，但是放不下去，因为轮船向右舷倾斜，救生艇便悬向了轮船内侧，挂在船栏上方。人们争先恐后地爬进折叠式救生艇里。甲板船员大叫着：常规救生艇没有放到水里之前，折叠式救生艇是无法拉起来放下去的。B.B.的四周，只有惊恐万状的喊叫声：

“救生衣不够啦。”

“救生衣在哪儿？”

“大概放在这儿。”

“船头下沉啦！”

倾斜的甲板将每个人拽向前去，人们翻滚在甲板上没有固定的椅子中间。滑车上，一条救生艇的缆绳断了。二号救生艇掉落下去，将乘客们砸到了下面的折叠式救生艇上。B.B.看到，鲜血飞溅，胳膊和腿像火柴棍一样断裂。他拼命地将索菲拽回到门口：“我们不能从这边下去。”

浑身上下尽是煤烟跟污渍的厨师、船员和司炉工在电梯大厅里乱转，还有更多的从舷梯爬了上来，他们恐惧得像所有的乘客一样，发疯一般急于逃生。B.B.拼着老命挤过这些人群，来到右舷甲板，看到有一只已经装了一半人的救生艇，便拉着索菲赶紧向它跑去。他强行让她爬上船栏，用一只手托着她宽阔的臀部，将她推进了救生艇里。有几位英勇的船员奋力从甲板艇座上松开折叠式救生艇，将帆布边扯了起来。浓烟夹杂着煤炱继续从通风口滚滚而出。

“卢西塔尼亚”号再次倾斜。B.B.刚往船栏上爬的时候，救生艇往轮船外面荡去。他像一个走钢索的艺术家一样摇晃着，双臂像风车叶片一样摆动着以保持身体的平衡。索菲靠在救生艇的舷缘上，其他的乘客则拼命朝她喊叫着让她坐下，那位甲板船员大声喊叫道：“二号艇，下降，下降，该死的。”

“本尼，跳。”索菲大叫道。B.B.跳了过去。

有那么一瞬间，他好似一个高空杂技演员，飞行在阳光照耀的大海的上空。接着，他落进了救生艇里，他的前额撞到了一块横的坐板上，差一点撞昏过去。索菲一把抓住了他的腰带，将他的双腿拽了进来。

B.B.的视线清晰了。他看到阿尔夫·范德比尔特还在甲板上，抽着一根雪茄烟,以非同寻常的镇静目睹着这可怕景象。救生艇距离轮船大约有六英尺的距离。B.B.挥舞着双手:“阿尔夫,快来。”

“太远了,本尼。”

“吊根救生带。”

“没有救生带。”

“那就跳。”

范德比尔特耸了一下肩膀回答道:“没有用,不会游泳。”

轮船又突然往前倾斜了一下,船首一头扎进了滚滚波涛里。救生艇往海面倾侧,角度很小。那些没有抓牢的乘客纷纷往救生艇的艇首跌倒。B.B.一手抓着一块横的坐板,另一只手赶紧伸出去抓索菲,可是她从他身边飞速地滑了过去,跌倒后看不见了。

“索菲!”

他试图走到船头去,前面尽是纷纷乱乱的胳膊和腿,还有连续击打的拳头、疯狂的眼睛、尖叫的嘴巴。救生艇再次倾斜,一架滑车坏了。B.B.大叫了一声“哎呀”,一头栽出了救生艇外,掉落下去,掉进了波光粼粼的绿色大海之中。

他头晕目眩,感到窒息,拼命蹬踏着双脚,扒拉着双手,竭尽全力不让自己沉下水去。“卢西塔尼亚”号像一个巨大的铁拳,先是船首慢慢地没入海中,船尾高高地翘在阳光里,船体几乎呈垂直状态。乘客和船员们继续掉落或跳落,落进了漂浮在水面的家具和残骸之中。

一个紧紧抓着一张沙发的老人从他身边漂浮而过。稍远处,一个船员和一个女性乘客栖息在一架大钢琴上,这架钢琴也不知是怎么从那些公共房间里逃出来的。轮船的尾流中,残骸、椅子、桌子、灯具、船桨、救生艇上被撞碎的木板、沉浮起伏的人头,如同一把巨型大扇,展开在阳光下。B.B.认出了一个人,他系着“卢西塔尼亚”号上的救生带,一个来自匹兹堡的人,顽固不化的亲德派。

“嗨,鲁珀特。你得到一个英雄了,德国皇帝,杀人犯。”鲁珀特继续往前漂去,两眼茫然。

春天的海水冷彻骨髓,B.B.感觉十分虚弱。他紧紧咬着嘴唇,直至咬出血来。他必须得醒着，找到索菲。他从来就不是一个游泳好手，但居然凭空生出力量，用狗刨式扒拉着双手，蹬踏着双脚，一面不断地喊叫着："索菲？索菲？"

他看见了她，只见她抓着一张餐桌，尽力让头浮在水面上。阳光照耀的大海里，因为轮船的下沉，不断地回荡着持续的碾磨声和巨响。轮船已经有一半沉没在了水中：船头沉到了海底，船尾部分黑烟滚滚。令人难以置信的是，有一些乘客依然趴在房舱的舷窗上望着，还有一些人则跳下水来，这样的冲击力不是让人瞬间毙命，也肯定会断其骨头。B.B.看见特纳船长紧紧抓着一个救生圈。

"索菲，抓紧，我来了。"一个很大的浪头袭来，恶心的咸水泼进他的口中，差一点令他窒息。他吐出海水，拼命游向前去，他湿透的衣服拽着他，使他游不快。索菲举起一只手朝他挥舞，这时他距她已经不到十码的距离。

"本尼，快，我痉挛得很厉害。"

"别松手。"他尖叫道，他的喉咙生痛。她的一只手依旧举着，不停地挥舞。B.B.的力气越来越弱，他已经不年轻了。索菲怎么也没有想到，她应该用双手抓着桌子。她灰白的头发耷拉到了双眼上，她扭曲的脸露出极度痛苦的神情。

"哦，本尼，痛死了。"她将双手伸进水里，去捂肚子。一个浪头朝她劈头盖脸地泼来。她喘着大气连忙去抓那张桌子，可是桌子已经漂浮开去，够不到了。她往后仰去，沉入水中，这时他距她还有六码的距离。

"索菲！"

"卢西塔尼亚"号的船尾在最后一声巨响和最后一阵海水的冲击中沉入海底，只留下白沫飞动的漩涡和无数个正在溺毙的乘客和船员。轮船被鱼雷击中十八分钟之后沉没。索菲 · 佩尔泽跟随"露西"一同消失了。

第八十一章　示威游行

来自昆斯敦的一批渔船和拖船在爱尔兰海救起了七百六十一人。“卢西塔尼亚”号上有一千一百九十八人死亡，其中有一百二十四人系美国公民①，他们中有许多人是社会名流：剧院经理查尔斯·弗罗曼、艾尔弗莱德·范德比尔特、埃尔伯特·哈伯德先生和太太。

德国欢庆这是一场胜利，德国皇帝宣布这天为全国性假日。美国上下一片义愤填膺。《民族》杂志谴责这是“一起连德国人都一定会感到脸红的事件”。报纸的社论称大使馆的警告性通告为“死亡通知书”，德国犯了“肆无忌惮的谋杀罪”，“在人类的脸上扇了一巴掌”，“耶稣被钉上十字架以来一个政府最重大的罪行”。有些社论撰写人要求立刻宣战。

德裔美国人紧张不安地躲避着公众的目光。在一些城市，第一代和第二代德国人拥有的面包房、小酒馆、香肠店的窗户被砸得粉碎，他们的门上被涂上了中伤的标语。在克朗啤酒厂，一个不知姓名的破坏者在夜里放了一把小火，在当地消防队到来之前，一辆送货的马车被毁于一旦，一辆卡车受到损伤。

利伯蒂匆匆忙忙拍摄了《赛马场的内尔》投放交易所，可是弗里奇却一直记挂着 B.B.，根本就不关心这部影片的命运如何。当她听到索菲·佩尔泽不幸遇难的消息之后，痛哭了整整一个小时。

制片厂雇用了专业的护理人员将 B.B.从英国接回家来。他已经彻底崩溃，不能再一个人旅行了。医生们将他安置到了一家名叫黑文·希尔的私立医院，

---

①根据《不列颠简明百科全书》，第一次世界大战期间，“卢西塔尼亚”号被德国潜水艇击沉时船上共有乘客和船员 1198 人遇难，其中包括美国公民 128 人。参阅本书第 19 章“卢西塔尼亚”号注。

这家医院占地面积十英亩,四周有里弗赛德的柑橘园环绕。他回来之后的第一个星期日,弗里奇和霍巴特带着沙茨驾车去那儿看他。

泥路像搓衣板一样。当弗里奇驾车绕过一个血盆大口般的坑时,霍巴特说道:“好像离城区很远,肯定还有近一点的医院。”

“凯利选的地方。他说重要的是最好的照顾。”

“也许他感兴趣的是医院跟制片厂的距离呢。”霍巴特冷冰冰地说。

来到疗养院,弗里奇将沙茨用狗绳拴在变速杆上。腊肠犬伤心地哀鸣了两三声之后,无可奈何地安静下来,然后弗里奇和霍巴特便走进主楼。一名服务员带他们走出一扇后门,他们在那儿找到了B.B.。他一个人坐在一棵棕榈树下的一条长凳上,两眼茫然地望着四个穿着浴衣的病人玩槌球游戏。一个带着软管的洒水器正在朝那块干涸的草地喷洒着甘露。静谧中,槌球的碰撞声清晰可闻。

B.B.卷曲的灰色头发全变白了,一条薄薄的毛毯盖在他的膝头,睡衣的前襟上有一些咖啡和食物污渍。弗里奇看到他如此无精打采和不修边幅的样子,心中十分不忍。“你好,B.B.。”她轻轻地打招呼,“你怎么样?”

“挺好,你呢?”他注意到霍巴特站在树荫里,紧张地摆弄着他的黑色贝雷帽。“你也好吧?”他没精打采地补充了一句。

弗里奇拉住B.B.的一只手,紧紧地捂在自己的双掌中,就像他以往经常做的那样。他没有什么反应。“你在这儿住得舒适吗?”

B.B.耸了耸肩:“也就这样吧。”

“我们对索菲的事情全都感到十分难过。她是一位好夫人。”

“索菲。”他的目光游移过那些棕黄色的拉毛粉饰的房子,落到了一排排柑橘树覆盖的低矮小山上。他用右手的手指按在一条眉毛上,这是他表达忧伤的典型姿势:“可怜的索菲。”

交谈又断断续续、磕磕巴巴地进行了十分钟。最后,弗里奇再也受不了了,便说道:“霍巴特,我们得走了。”她轻轻地拍着B.B.,吻了一下他带点点黑斑的苍白额头:“我们会再来看你的。”

他的目光随着一颗槌球穿过球门。他什么也没说。弗里奇拉着那位老演员的手,拉着他急匆匆地离开了那儿,强忍着没有让眼泪掉落下来。

在离开黑文·希尔私立医院之前,他们拜会了该院的院长——精神病学家A.B.格斯特迈耶。格斯特迈耶是一个小个儿,一双眼睛十分奇怪——虹膜上有一条条的斑驳色彩——绿色、深蓝色、灰色;有一只眼睛每隔一分钟左右便会不经意地走神。

格斯特迈耶的办公室又冷又黑。办公桌后面的墙上挂着黑德尔堡大学和哈佛大学的毕业文凭。软百叶帘在白色的墙壁上映出根根条纹。

“我十分关心佩尔泽先生。”弗里奇对他说道,“我不敢肯定他是否还认识我们。”

“不,他认识他所有的访客。凯利先生昨天来看过他,后来佩尔泽先生就叫出了他的名字。这不是丧失记忆或者认不出人的问题。病人的注意力还是紧张地集中在其他地方。他还深陷在他妻子淹死的那个时刻而不能自拔。他一遍又一遍地在回顾那个时刻,反省着他本来可以救她的方法。他脱离不了那个悲剧场景,至少现在还没有。”

“他和佩尔泽太太没有孩子。”弗里奇说道,“还有其他亲戚可以帮他摆脱这种状况吗?”

“我也问了同样的问题。有两个远房表亲,可他素未谋面。你必须要知道,克朗小姐,恩爱夫妻有一方故世,这样的悲伤是很典型的。佩尔泽先生有负罪感,这就加剧了他惩罚自己的状况。”

“排斥外部世界?”

“而且把自己的生活缩小到了唯有悔罪的境地。”

“他会康复吗?他是一位很出色的人。仁慈,正派——我们大家都热爱他,尊敬他。另外,制片厂需要他。”她想到了阿尔·凯利,最近他飞扬跋扈得非同一般。为什么不呢?B.B.一住院,他便成了利伯蒂唯一的头儿。他可以强制实行每一项指令,不怕有人反对,可以紧缩每一分钱,直到这分钱也嗷嗷叫。

“恢复是完全有可能的,只要佩尔泽先生的工作召唤有足够强大的力量。”

“您能不能说说那要多长时间?”霍巴特问道。

“不能,先生。他也许就这样一个月或者一年。如果他受到的伤害足够重的话，也许永远。我没有任何办法，直到他自己愿意，或者说除非他自己愿意那样做。否则，谁也没有办法。”

信心全无的弗里奇说道：“谢谢您，大夫。我可以把我的电话号码留下吗？要是有紧急情况，或者有什么变故，请打这个电话。B.B.对我来说，胜似亲人。”

“他的情感在恢复。”格斯特迈耶在她将电话号码写到一张便签纸上时说道。她的脸上显露出惊讶的神色。“哦，是的，他有好多次提到您。我向您保证，现在困扰病人的不是失忆，而是他陷入了佩尔泽太太死亡，而他没有能够救她的精神世界中。他不能再陷在那个世界中不能自拔了。”

第二天早上，霍巴特开始拍摄《上流社会》，这是一部戏剧片，他在其中扮演一位上流社会姑娘的富翁父亲。应聘扮演他女儿的女演员是一位个儿矮小、头发乌黑、涉世不深的少女，名叫格洛丽亚·斯旺森。她貌若天仙，美艳绝伦，相形之下，弗里奇又惊恐地感觉自己奇丑无比。可是，当霍巴特约请她跟斯旺森一起去吃午饭时，她的心理恢复了平衡，她发现，这个小格洛丽亚是一个缺乏幽默感的人，只顾迷恋自己的外貌和事业。她想要恭维弗里奇，但是显而易见的是，她认为喜剧是上不了台面的东西，至少对她这样严肃的女演员来说微不足道。

一会儿之后，霍巴特把弗里奇拉到一边：“你还在为‘卢西塔尼亚’号事件感到非常难过，是吧？”

“‘非常难过’不足以表达这种心情。”索菲·佩尔泽的横死将她从对战争的不闻不问拉回到一个强烈的信念：必须打败德国，很可能需要美国参战。她如果持这样的立场，那么跟父亲的疏远也许就万劫不复了，但是原则终将耀世长存。将军的人生就是如此，而且以此谆谆教诲女儿。

“地方战备联盟星期六下午将在市中心组织一次游行和集会。”霍巴特说道，“我打算参加。你会去吗？”

“如果埃迪放我假，我当然会去。”

“好姑娘。”霍巴特一把将她揽到怀里，给了她一个紧紧的拥抱。

三百名示威游行的人聚集在位于南百老汇大街上的莫罗斯科的环球影院

前。人群很杂，有主张妇女参政权的女人，有大学教师，有不修边幅、放荡不羁的文化人，有社会党人，有大中学生，还有来自于各个戒酒协会的小个儿老太太。霍巴特给了她一块有柄的标语牌。

武装起来！

德国人

必须得到

遏制

弗里奇高举着标语牌，走进霍巴特身旁的游行队伍中，一支五人乐队走在前头，演奏着《自由的呐喊》。她和着音乐的节奏，挥舞着标语牌。

由于下午天气冷，阴沉沉的，会有雨，所以她穿上了一条颇为普通的裙子、一件苏格兰花呢短上衣、一件白色的亚麻布衬衫，脖子上系了一条白色的阿斯科特式宽领带。她的帽子是精心挑选的：一顶很大的丝质黑色水手帽，帽子的边很宽，四面往下垂落，挡住了她一部分脸。她虽然想要参加示威游行，但是并不太希望让自己引起公众的注意，所以她认为帽子可以帮她的忙。她太幼稚了，帽子没有用。示威游行还没有走完一个街区，突然人行道上一个衣衫褴褛的小孩子指着她："看哪，那是投手内莉。"很快，一小群人跟在了她的身后。

霍巴特看到了她的担心："没事儿的，亲爱的姑娘，你名气大。我估计啊，他们会想要你在广场上讲几句话呢。"

"哦，我不会讲——"

"你当然会讲的。"

"我没有准备。"

"不，你有准备的。你聪明，你对最近的那些事件怀有强烈的感情——你要是还有什么疑虑的话，就想想佩尔泽。"弗里奇一个激灵，她自己都还没有意识到，她突然走上了一条有急转弯的道路。

游行队伍沿着百老汇大街走去，走上第二大道，再向西到希尔大街，然后再次转向南，往第六大道上的公共广场进发。乐队演奏着《前进，基督教战士》。就在第四大道南面的地方，一家名叫“威特基的老巴伐利亚”小酒馆外面，一群小流氓开始喊叫，并从阴沟里抓起石头和泥巴扔了过来。一块石头擦过两排队伍前面一位白发老教授的额头，他踉跄着险些跌倒。一块烂泥啪嗒一声落在弗里奇的帽子上，把帽子弄得很脏。有更多的小流氓从小酒馆里跌跌撞撞地拥了出来。有一个人朝示威游行的人群扔出一个开瓶器，敲大鼓的鼓手将一根飞来的棍子击打了开去。

一个男人朝弗里奇大声喊叫道：“喂，你个戏子，还是去演你的电影吧。”他扔过来一块砖。霍巴特一面喊叫着“当心！”一面一把将她推开。路边上，一个男人抓住那个扔砖头的人，拿拳头揍他。扔砖头的家伙将揍他那个人的帽子击落了下来。弗里奇强忍着恶心，在反对者的混战中继续示威游行。

来到公共广场，示威游行的人们集中到了一起，周围有几个流浪汉和酒鬼投来困惑不解的目光。一点不假，战备联盟的主席还真的邀请她走上一个临时演讲台说几句话。“请，”他拉着她的一只手，说道，“把你的帽子摘下来吧，这样大家可以一睹你的芳容。”

人们一看到弗里奇长长的脸和满头小卷儿的金发，便爆发出一阵热烈的掌声。她拿满是烂泥的帽子挥舞着，示意大家安静下来。

“是啊，你们都知道我是谁。”人群中传来笑声，她微笑着，“可是，今天跟你们一起参加示威游行，我只是又一个美国人而已。我来这儿，是因为我在‘卢西塔尼亚’号上失去了一位好友。攻击一艘平民邮轮是犯罪，是一个无良政府的行为。我不想让美国的小伙子们卷入一场外国战争中去，可是我们不能袖手旁观，任德国人毁灭自由，践踏正义。”她大声疾呼，情真意切，发自肺腑。

“我本是德国人——”有人发出“嘘”声，也有人发出“嘶”声，“但是，我不会同情一个冷酷无情地剥夺无辜人生命的国家。最终统计，‘卢西塔尼亚’号沉没时有九十四个孩子死于非命。九十四个不谙世事、纯洁无邪的婴儿和青少年啊。他们的人生本充满了希望，他们将在钟爱他们的父母的悉心关怀下幸福地生活。可他们的命运怎样了呢？请大家想一想。当他们在毫无征兆的情况下落入寒冷彻骨、波涛汹涌的大海时，唯一留给他们的只有恐惧，他们丝毫也不知道该如何自救。”

此时此刻，她所有的历练，那多少次的面试和小镇演出的结果，仿佛找到了一个聚焦的机会。她的语调逐渐加强。灰色的云团下，狂风吹起她的金发，她情绪激昂地演讲着。

“请想一想，在那冰冷的大海中，每一次下沉都让他们的内心惊恐到了极点，他们挣扎，结果只是再次下沉。他们的肺如同烈火般在燃烧，他们徒劳地寻找着他们的父母，可是看到的只是跟他们一样正在溺亡的陌生人。”人们全神贯注地屏息聆听。

“女士们，先生们，我们必须立场坚定地反对把孩子们送往那种地狱的人们。我们必须强迫这样的人结束他们的杀戮并寻求和平。我们必须用我们的道德力量支持协约国，可是，我们如果不同时展示我们的实力，那么这种姿态便毫无意义。不久以前，我实在太忙，没有去关注这场战争。那时，虽然我也在无意中了解到一些情况，但是我认定我们不应该参加这场战争，不应该花钱用于这场战争，不应该让美国人的生命到这场战争中去冒险。然而此刻，我改变主意了。我认为，我们必须投资军力。我们必须训练我们的战士。我们必须招募千千万万个兵员扩大军队，准备好向德国人宣示，我们时刻准备参战，假如那些冷酷无情地杀害孩子的刽子手拒绝在人类祭坛上跪下双膝、匍匐谢罪的话。如果他们不愿意来到这个祭坛，那么我们必须强迫他们趴到这个祭坛上。完成此举，只有一条路，我们必须准备参战。”

她猛地将一只手举过头顶，手指张开，犹如一位布道的牧师。

“准备参战，全民武装。在我们犹豫不决、争论不休的时候，还会有多少个无辜的孩子正在命丧黄泉？发出呐喊吧。”

她将手握成拳头。

“准备参战。马上准备参战。”

她浑身颤抖，闭上眼睛。接下来她说的话——“谢谢大家”——几乎听不见。

她满脸绯红，跳下临时讲台。她对她即兴演讲的内容几乎连一半也没有记住，那完全是有感而发，一吐为快。但是，它震撼了人们。他们吹着口哨，欢呼着。霍巴特紧紧地拥抱她。

“精彩极了，亲爱的姑娘，简直精彩绝伦。你所崇拜的那些伟大女性要是听到你演讲的话，都会匍匐在你的脚下。你的演讲好得不能再好了。”

“我每句话都是出于真情。”

“当然是啦。”他说道，人们渐渐散去，他们也悄悄地溜走了，“我真不知道凯利会怎么想。作为一个爱尔兰人，他绝对不会帮助英国的。”

“也许他不会知道我说的话。他带伯纳黛特去约塞米蒂峡谷了。”

“要是别的什么人发表了这个演讲，他有可能不会听说。但你是弗里奇·克朗啊。明智点，你也许该记着你用过的一个说法。准备参战，准备对付他。”

第八十二章　乱世国度

保罗乘坐的轮船“卡罗尼娅”号平安无事地横渡了海峡，因为“卢西塔尼亚”号事件，其乘客表现得十分紧张不安。他登记入住时报广场上的阿斯特宾馆，并打电话给他的美国出版商世纪公司，安排第二天在联合广场的营业所跟他的编辑的见面事宜。他外出去买新衬衣的时候，他的代理商打来电话，约请他吃晚饭。

实际上，打电话来的是该代理商的遗孀。比尔·施维默，这位美国演讲艺术家公司充满活力的创始人，在1914年夏天的热衰竭中病倒去世了。玛格丽特·施维默是一位具有德国血统和北欧日耳曼民族外貌特征的女人，皮肤白皙，事业心强，比任何一位男性竞争者都厉害。当她在卢乔酒店见到保罗的时候，在他背上拍了一掌。她穿着黑色的裤子，宽松直统的双排扣黑色短装，脖子上系着领带。他从来没有见玛格丽特穿过任何花哨的或者色彩柔和的服装。

他们在卢乔酒店室内的一个棚架下喝着啤酒，棚架内亮着五彩缤纷的灯笼。“你怎么样，小伙子?”玛格丽特说道。这话把他逗笑了，因为她跟他年纪相仿。她满嘴脏话，频频抽烟，令在场的那些服务员和其他客人感到惊愕。“关于演讲标题你还有其他想法吗?”这个问题她也曾拍电报到英国问过。“明尼阿波利斯的礼堂经理昨天来过电报。他觉得《战争的残暴》这个题目太骇人听闻，人们会避之唯恐不及。你肯定不会变啰?”

保罗重新点燃剩下的那截雪茄烟：“肯定不变。”

“嗯，你可能会面临艰难的局面。越往西走，人们就越亲德。”

“那样的话，我应该会引起轰动，因为我是德国人。”

“我也是德国人，但是我不发声。我要是没有印那么多该死的信笺和名片，我会把自己叫作玛格丽特·史密斯。”

“哎，玛格丽特，事实就是事实。德国皇帝及其一伙是一帮疯狂的军国主义分子，他们像屠夫一样在打这场战争。我无法理解德国人为什么会如此忠实地追随他们，可就是这样追随他们。他们所有人都必须受到责问。”

“德国人，我警告你，此种情绪在此地不流行或者说有异议。别让东部的报纸把你给愚弄了。在这个国家，人们的观念依然大相径庭。见鬼，有些人一直在聒噪，说‘卢西塔尼亚’号事件要怪我们的国务院，因为他们没有警告人们别去坐丘纳德和白星的轮船！”

“所以，我的演讲恐怕得降低调子，是吗？”

“我反正已经对行程作了精心安排。全是一流的会场。你要是想惹毛听众，让他们敌视你，那是你的事。”她皮笑肉不笑地笑了一下，“当然啦，我有利益所在，我想要我的公司保持盈余。”

保罗将一只手塞进他那件没有熨烫过的短外衣口袋里，摸着迈克尔在伦敦给他的一块纪念章。他完全应该向玛格丽特展示德国毫无人性地把“卢西塔尼亚”号灾难当作胜利欢庆这一严酷事实。他再一想，这样一来，只会让他们俩继续争吵下去。这枚纪念章用沙文主义的标语、死神的恐怖形象和正在沉没的轮船来欢庆这场“胜利”。

“我们说说高兴一点的事儿吧。”她说道，拿舌尖舔了一下她涂满口红的嘴唇，“你在宾馆里想要找个伴吗？这顿饭我请客，但是对一位疲惫的旅行者来说，这样的欢迎分量不够啊。”

保罗的脸上如同中学生般地升起红云：“玛格丽特，真是不胜荣幸。可是，我已经结婚了呀。”

“上帝呀，你真是个榆木疙瘩。我不喜欢讲原则的男人，太他妈高级了。”旁边路过的一个服务员脸色唰地白了，差一点把手中的托盘掉落到地上。

有两个尖尖角的两英寸宽的箭领紧紧地围着脖子，可分可合的袖口紧紧地箍着手腕，笔挺的正装紧紧地裹着身子，碳弧灯的白光紧紧地圈着保罗站的地方。他的演讲台摆放在舞台台口边上,舞台银幕的右侧。玛格丽特将他安排在了位于第十四大街上非常有名的古老音乐学院里。

他只能在前排和包厢里看见几张白色的椭圆形的脸。他朝黑暗做着演讲,银幕上,灰暗的色调中,掠过一条条战壕的画面。

“我必须要告诫你们注意最后的镜头。这是我去年夏天在比利时拍摄的。为了不让德国兵发现,我把这个胶片跟摄影机一起藏在了一个贮藏干草的小阁楼里。”

现场出现了,六个被逮住的人和一些杀害他们的人。

“如果画面太惨不忍睹,请别看。我向你们保证,这是真实记录。这是威胁任何地方民主的敌人的真面目。”

当第一把刺刀刺向第一个受害者的时候,保罗听到了倒吸冷气的声音。楼座上有人喊叫道:“不。”第三排一个男人拉着他的妻子挤到走道上离开了。其余的人站在乐池里,找他们的外衣。

而这是在亲英国的纽约。

镜头完结了。放映机的灯光暗了。保罗被孤零零地遗留在了弧光灯下。人们的纷纷离去令保罗不知所措,他开始他简单的结束语,劝告观众认清美国参战这一问题。他宣称这件事情迫在眉睫,但是他看着他的提词卡,他的话语结结巴巴,他结束得虚弱无力。幕布缓缓落下,掌声稀稀拉拉。

在舞台的侧面,舞台监督半心半意地恭贺了他一下之后便消失不见了。保罗走向昏暗的化妆室。玛格丽特本应在那儿等他的。没有她的人影儿,看门人说他没有见过她。二十分钟之后,保罗迈着沉重的步伐穿过第十四大街,朝卢乔大酒店走去。大酒店里的喧闹声和欢笑声令他感到沮丧。他连饭也没有吃完,便在蒙蒙细雨中走回到了阿斯特宾馆,路面好似镜子,映出五彩缤纷。他不可避免地陷入了沉重的心境,他失败了。

第二天,关于他的演讲只有很少的几个评论。《太阳报》的评价比较典型:

很少有这样的时光,一个半小时,包含了如此多的恐怖和悲惨,即便不说它是全然令人厌恶的。德国军队日常执勤的一幕幕,真实可信,画面生动,几乎如同任何地方的军队一样,几乎没有让我们跟对欧洲的冲突挂上钩。

这场演讲最终让人们看到的是一个普遍流行的丑陋场景。最后一组镜头展示了六个比利时人被杀害的情形,此种情形根本无法在一份要走进家庭的报纸上描述。

电影摄影师克朗是一位无可厚非的天才,英勇无畏,目的真诚,但是他误判了他的美国观众。《战争的残暴》也许完全可以反映目前这场斗争的现实,但是它并非大众化的娱乐,不应该在一个非交战国的国家上映。

星期六的售票处,来了四十多个顾客,坚持要求退票。

保罗选择一条往南的路线开始向西部进发。在巴尔的摩和里士满的两场演讲之间,他带着这部刺刀杀戮无辜平民的拷贝前往白宫。他请求会见总统,以为凭他一位成功作家的身份便可以造访那儿。一名工作人员拒绝了他:总统最近没有时间安排跟他会面。

查尔斯顿、亚特兰大、新奥尔良、得克萨斯州那些灰尘蔽天的城市——礼堂的经理们几乎没有多少热情迎候他的演讲。每天晚上都有观众半途离场。在场的观众不是呻吟就是发出嘘声。德裔美国人社团派出示威的人,他们发出诘问,并企图在他演讲的时候跟他辩论。在圣安东尼奥,有人从楼座上扔了一袋烂白菜下来。烂白菜没有击中目标,两位半圆形贵宾席里的观众威胁要提起诉讼。在休斯敦,有人偷走了放映机的所有灯具,那天晚上的演讲被迫推迟了一个半小时,其时剩下的观众仅仅二十个人。

他北返线路上的城市,包括明尼阿波利斯和德梅因,纷纷拍来电报取消演讲计划,玛格丽特一概转达,不置一词。保罗变得暴躁易怒,常常喝下超量啤酒,弄得身体很不舒服。他认为,问题并不出在他的听众认为德国人是圣洁的,问题出在他一成不变地坚持几年前韦克斯福德·鲁尼在芝加哥市韦克斯的那个摄影展上教给他的方式方法。韦克斯说,照片一定要讲真话。迈克尔说得对,在目前这个分崩离析的时代,确实有太多的真话要讲了。他听到街头的艺人在演奏当下一首红极一时的新乐曲——《我养孩子不是让他去当兵的》。

当保罗的火车到达洛杉矶的时候，迎接他的是一位身材肥胖、两腿罗圈的英国人，这人已经上了年纪，却戴着一个显得十分年轻的栗色假发。保罗了解弗里奇的这位朋友霍巴特·曼彻斯特的情况，他曾经在亚利桑那州给他堂妹打过一个满是噪声干扰的长途电话。

“弗里奇十分抱歉，她不能亲自前来接你，亲爱的小伙子。”他们在走向行李车提取胶片箱的时候，霍巴特说道，“他们正在拍摄她的欢快有趣的电影，日程安排得太紧了。成功既有回报，也得付出沉重的代价。”

保罗请一位搬运工想办法直接将胶片箱送到克卢恩礼堂。霍巴特清了清嗓子，看上去有点尴尬。“要我看的话，你干吗不把它们送到你的宾馆去呢?”保罗还没来得及问个问题，他便继续说道，“对不起，让我来告诉你这个坏消息，保罗。你的项目被取消了。”

他感觉身体仿佛受到重重一击:“我要去找那个该死的影院经理交涉。”

“你要是想去，我们当然可以去。”霍巴特点着头说道，“我的汽车就停在附近。”

保罗衣衫凌乱，疲惫不堪，义愤填膺。站在市中心克鲁恩礼堂的遮篷下面，他摘下帽子，挠着头皮，他的头，除了顶部，已经明显地变成了灰白。一个张贴广告的工人正在他的桶里搅拌浆糊。

只此一夜!

《战争的残暴》

电影讲座

主讲

保罗·克朗

新闻摄影师

《我见证历史》的作者

张贴广告的工人长长的刷子蘸了大量的浆糊，几乎有点侮辱性地涂在这则海报上。来到经理的办公室，保罗面对的是一位紧张不安的秘书，里面的一扇门紧紧关着。

“塞梅尔先生不在那里面，他外出了。”

保罗恨不得抓起一把椅子，将那扇门砸下来。但他只是掸掉他马甲上的灰，并朝那位年轻女人吼叫道：“当然啦。代我问候他。”

她将一张折拢的黄纸递给他：“这是给你的。”

玛格丽特又来了一个电报。电报通知他，继他已经去过的那些地方影院经理们票务麻烦连连、怨声载道之后，芝加哥、密尔沃基的计划全部取消。玛格丽特在电报的最后援引了他跟美国演讲艺术家公司所签署的原先那个合同里的条款，那个合同说，双方可以在任何时候终止合同。她这个机构不再为他做代理了。玛格丽特期望他能够继续完成他已经约定的余下项目，但是他得自己去完成，她不管了。

他发疯一般冲下楼梯。*这就是拒绝一个女人的后果*。但这个廉价的痛苦的玩笑丝毫也振奋不了他的精神。

弗里奇急匆匆从利伯蒂赶回家去，一整天她都在拍摄《马戏团的内尔》（“到目前为止，这是我第一次跟穿着一套小丑服装、体重有一百一十磅的黑猩猩一起拍摄这样的镜头，我不想再重复这样的经历了，非常感谢”）。

“这趟游历之后你打算干什么呢？”她在吃晚饭的时候问道。此时他们都在她那座小巧的地中海风格的屋子里，保罗发现这屋子很迷人。他、弗里奇、霍巴特坐在一个小小的露台上，太阳已经躲到了小山后面，天气变得有点阴冷。霍巴特再次拿高档的索诺马县红酒斟满酒杯。这是一个天清气朗的夏日之夜，时间已经八点半了。

他想了一会儿之后说道：“唉，我先回家，回到朱莉和孩子们身边去，然后再回到战区去，拍摄更多的电影，找人来购买这些电影。我也就只能干干这样的事情。”

“很遗憾，你遇到了不对路的人。”弗里奇说道。

“他们只是不懂罢了。我实在是不知道为什么会这样。”

霍巴特抽着香烟,望着琥珀色的天空中飞过一群鸟儿。“这场战争对大多数美国人来说还没有切肤之痛。喧闹一时的‘卢西塔尼亚’号事件似乎也在归于沉寂。战争让美国发了大财。你的同胞们想从中获益,自身又不会被卷入痛苦之中。”

天黑之后,在这个顶上架着原木横梁、地下铺有鲜艳的纳瓦霍地毯的舒适的小起居室里,保罗架起弗里奇的放映机,放了他的电影。当那六个比利时男女当场死于非命之时,弗里奇哭了,霍巴特忍不住咒骂。

保罗关掉放映机,打开电灯。弗里奇揉着她红红的双眼,吸着鼻子,将手帕塞进口袋里。

“有一个人必须得看看这本电影,保罗。爸爸。”

“芝加哥取消了,我不在那儿停留了。”

“你不重新考虑一下吗?就算为我。”

“你想要我架台放映机,强迫他看一部谴责他所挚爱的国家的电影?你早就对我说过他对这场战争的看法。”

“是的,但是你可以改变他的看法。你可以告诉他你不情愿这么做,但是我非要你这么做不可。所有的责任都由我来担。他反正已经瞧不起我,再瞧不起也就这样了。”

保罗没有回答。他深深地窝进一张皮椅里,双脚伸出在外头,松开的鞋带晃荡着。他马甲的第二个纽扣扣在第三个纽扣眼里。他的领带松开着,他的头发乱成一团。他很不愿意加重将军对弗里奇的怒气。霍巴特耷拉着眼皮坐在那儿,瞧着这对堂兄妹斗嘴。

“你要我这样做,是因为我拍了这部电影,我做起来方便吗?”

“哦,不,远非如此。爸爸再也不尊重我了,可是他尊重你。你是家里的一员。”她双手交叉着十指,放在大腿上,“所以,这是你的责任。爸爸走向了歧途。妈妈在每封信里都这么说。你必须这样做,保罗——除非,你也不再有良心,或者说没有任何道德底线了,可我知道并非如此。”

他朝霍巴特皱了一下眉头:“你觉得怎么样?她设下了一个非常巧妙的套,

是吗?”

“我们这个行业中有教育高手。”霍巴特咕哝着。

“保罗,不开玩笑。这是一件严肃的事情。”弗里奇说道。

“上帝啊,我知道。再给我喝点那种酒,让我好好想想。我可以激怒将军,让他永远瞧不起我们俩。”

第八十三章　凯利下达命令

弗里奇将自己的头从罗杰的嘴巴里面缩了出来。真是如释重负，罗杰的口气十分可怕，可能是因为他被喂了很多的牛排、猪肉、排骨，以避免他啃咬演员的风险。不过，罗杰不像那只一百一十磅重的黑猩猩巴斯特—— 一个劲儿地想要扒掉她身上的衣服，满足自己的好奇心，看看人类的身体形状是怎么样的。

事实上，罗杰除了年龄稍大之外，倒真是一个优美健壮的兽中之王。他体重六百磅，身高四英尺，他的头抬起来正好到弗里奇的胸部。不过，罗杰的胃口很大，肚子总是松垂着。

罗杰喜欢目光交流。他朝弗里奇眨巴他黄褐色的眼睛，用鼻子蹭她的胸部，然后张开血盆大口打个哈欠。做完这些动作，他便躺下身子打盹。

埃迪跑进原先建在门外舞台上的那个笼子里，笼子的栅栏有一半是橡皮做的。弗里奇扔下她手中驯狮师的鞭子，拿她有条纹的束腰外衣的边擦着自己冒汗的脸和脖子。“天哪，这身装束太热了。”除了这件束腰外衣，她还穿着宽大的灯笼裤、超大的鞋子，头上戴着一个滑稽头套，还有小丑的化妆：厚厚的嘴唇，鼻子尖上一个红红的大鼻球，左眼下面画着一滴黑色的泪珠。

“我知道。”埃迪表示同情，“不过，镜头看上去挺好。为了保险起见，我再拍一个好吗？”

“哦，埃迪。”作为一位职业演员，她的抱怨充其量也只是，“罗杰会配合吗？”

“他的主人说药物的作用还有一个小时才会失效。”

“让我们祈祷他说得没错吧。”

罗杰轻轻摆动着他黄褐色的尾巴，从胸腔内的什么地方发出一个不太友好的声音。弗里奇跟着埃迪走出笼子,走下摄影场地。摄影机架设在栅栏的后面,通过栅栏进行拍摄,摄影机的后面,乔克正在跟罗杰的主人说着话。再往后面一点的地方,阿尔·凯利皱着眉头在那儿观察,神情总是那么阴郁。

她一屁股坐倒在大遮阳伞阴影里的椅子上,一位化妆的姑娘递给她一杯柠檬汁。"谢谢,莫娜。"剥得只剩下内衣的乔克·弗格森对罗杰的主人说道,"你是怎么让他把嘴巴张得这么大的?"

"狮子很聪明。他们受过极好的训练。罗杰知道,等我们干完了,他就可以回家到妈妈那儿去了。非洲狮子不会四处游走,他们一辈子就找一个伴侣。我要是再对你说的话,你就可以代替我挣三十五美元一天啦。"乔克哈哈大笑起来。

罗杰在笼子里蹒跚着站起身来。他发出一声含水漱口一样的声音,开始踱步。一个舞台工作人员赶紧在笼子的门上拴上铁链——罗杰要是发现栅栏是橡皮的,那就根本没有多少用。罗杰的主人伸手穿过栅栏,抚摸着他的鬃毛。他轻声地跟狮子说着话。罗杰昂了一次头,露出仅剩的几颗牙齿,突然扑倒在地,滚了一个转身。弗里奇以为他生气了。热辣辣的阳光下,两脚的跟四脚的,演上几个小时,对哪个演员来说都不是一件有趣的事情。

她的前面出现了一个人影。阿尔·凯利走到大遮阳伞底下。

"请你到我办公室去,弗里奇。"

埃迪侧耳听到了:"老板,我们得在罗杰变得不耐烦之前拍好这个镜头啊。"

"上个镜头我看挺好,别浪费钱了。"

凯利歪了一下头,示意弗里奇跟他走。走路很麻烦,因为她的鞋子从鞋尖到后跟足足有二十五英寸长。在埃迪荒谬可笑的剧本里,淘气鬼内尔取代了马戏团那个跟别人跑了的明星小丑。她驯服了一只受到一个马戏团场地工虐待的狮子,挫败了一个狂徒的纵火图谋,阻止了银行取消马戏团回赎抵押品的权利。尽管她在木桶、水龙带、蹦床、帐篷绳索等东西上遭遇了很多独特的灾难,但是她再一次拯救了一切财产和每一个人,而她自己却一无所得。内尔暗恋着马戏团的大力士,而他则更喜欢那名出纳,因为她正好是马戏团老板的女儿。在渐渐淡出的画面中,内尔孤苦伶仃地拿一条胳膊搂着罗杰。

来到凯利的办公室,他没有浪费时间:"弗里奇,我们出钱是请你在制片厂表演的。但我听说，我去约塞米蒂的时候你去市中心表演了一下。”

“我去参加了敦促参战的示威游行，假如你是指这个的话。”

“而且发表了一个伟大的演讲。报纸的电文传遍了全国呢，你大概还不知道吧。我是回来之后在《时报》上看到的评论。我不喜欢我所看到的东西。”

她拿手帕轻轻擦着正在融化的化妆：“很抱歉。我想我们对这场战争有不同看法，我只是说了我的想法而已。”

“听我一句劝，千万别卷入那些有争议的事件当中去。那会耗费你的精力的。”他十分真诚地微笑着，就像一个骗子诈骗一个妇人一样。他的身上已经没有了那种长辈的慈爱。

她厌烦地说：“有比成为电影明星和亲笔签名更加重要的东西呢。”

“我的现金账簿里没有，小妹。大家都说好莱坞人是新的特权阶层，这个国家有史以来绝无仅有的特权阶层，你是其中一分子。看看你能看到的所有报纸，喜爱你的人就是你放了那么多屁所攻击的人们。”

“阿尔，请别说啦。”

他继续施压，话锋变得十分犀利：“像战争这样的公共事件站错立场，你的观众很可能会将你抛弃。你承受不起的。”

“我愿意冒此风险。”

“那好吧，利伯蒂承受不起。我不容忍这样。”

“为什么？因为你不喜欢亏损？”

他们听起来像是两个孩子在吵嘴，但是凯利的咆哮声中丝毫也没有孩子气：“离那些示威游行远远的，别再发表任何演讲。就是这样，这是命令。这家制片厂归我管。”

“你管不了我，阿尔。大门之外就管不了我。”

“那么这就是你拍摄内尔系列的最后一部影片。”

“什么？”

“那个强迫我们吞下苦果的律师—— 一个真正的天才，他忽略了一件事情。你签署了一个为利伯蒂干三年的合同，但是，你没有权利决定干什么活——你拍摄什么样的影片。我们得付钱给你，但是我们不是非得用你不可。”

“你没脑子了吗？内尔喜剧片能挣大钱啊。”

“是这样。但你如果继续对这场战争口无遮拦的话，那么他们就不会来看你的电影。这个国家有一半的人不想卷入这场战争。一半，也许更多。弄弄清楚，弗里奇，利伯蒂开发了内尔电影，所以利伯蒂拥有这个角色。我们可以雇用任何女演员演这个角色。我们可以重新把你派去演西部片里的劳芬·雷恩沃特公主。我的话你听懂了吗？我们可以让你演黑人，让你演黑人女仆，或者让你演一匹马的屁股。”

“这是吓唬人。”

“当然，好吧。玩一手看看。去度个假，弗里奇。好好地度一个长假。等这个内尔演完了，你想要去给英国做多少该死的演讲就去做多少。哦，还有一件事情。这次别费心去黏糊海曼了，海曼在这件事情上完全站在我一边。他不喜欢那些英国报纸对电影制片厂老板所说的话。说什么他们中有很多人是德国犹太人，他们热爱德国皇帝。”

他在他的椅子里转过身去，把背脊对准了她。弗里奇头晕目眩地走出办公室。她那双滑稽的鞋子拍击着地面，发出啪嗒啪嗒的声响。她感觉自己像是一个初次饮酒的人空着肚子大口吞下了一夸脱的杜松子酒。

大山里吹来一股寒流，夜间的气温骤然下降。她生了一个火，在维克多牌唱机上放上一张新的唱片。屋子里顿时响起了卡鲁索唱的《穿上你的戏装》。此情此景，一首关于小丑的歌似乎再合适不过了。

她躺在火堆前面的纳瓦霍地毯上，暖和着她赤裸的双脚。随着音乐趋向高潮，她的眼睛模糊了，她想到了洛伊。忧伤的旋律结束了，唱片一圈又一圈地转着，唱针刮擦着唱片。她再次拧紧唱机发条，继续播放这张唱片。

世事的变迁，天下的混乱，从来没有像今天这样令她一筹莫展，令她灰心丧气。你一生梦寐倾情想爱一个男人，但其实他并非你的白马王子；你开始了一条本以为成功指日可待的道路，结果却适得其反。于是，在绝望与偶然的结合中，你走上了另一条路，一条并非令人十分憧憬的路，但是真怪，在这条道路上，你功成名就，梦想以完全意想不到的方式得以实现——然后，突然有人威胁要剥夺你的一切，仅仅是因为你做了你认为是正确的事情。

难道梦想总是如此起伏跌宕、百折千回、变幻莫测吗？难道这就是人们所说的人生是个谜？若果真如此，那么寻觅这个谜的谜底超出了她的能力范围；这个谜带给她的痛苦历历在目，丝毫不假。

所有这一切意味着什么？怎么才能理解？除了明天早上起床后继续之前的生活，还有什么办法吗？在渐渐熄灭的火堆前，她睡着了，只留下依旧无处可觅的答案，维克多牌唱机的唱针在唱片中央的沟槽里刮擦。

她突发奇想，离开洛杉矶一段时间。她为沙茨买了一个饰有珍珠的项圈，将它装进一只柳条旅行箱里，登上了开往得克萨斯的火车。

她坐的是佩科斯与北得克萨斯铁路线的火车，该铁路起自拉伯克，终点为新墨西哥州边界的法韦尔联轨站。但是，由于沙尘暴肆虐，黄色的魔鬼在大地上咆哮横行，棉花地里的表层土全都被刨上了天空，她几乎看不到乡野景色。

在缪尔舒，仅有两名乘客下车：弗里奇和一个拉着一件小小样品的卖砧琴的商人。卖琴人咳嗽着消失在了尘土里。弗里奇环顾了一下四周，一名黑人搬运工走上前来。

"这儿有宾馆吗？"

"有的，小姐。街对面。"

"谢谢。"

她登记入住的时候，那宾馆服务员一个劲儿地望着她。弗里奇现在也体会到了人们望她的神情就像他们望小玛丽或者查利的神情，但是她依然有这样的时候——她站在一边，离自己十分遥远，像一个困惑不解的旁观者，不停思量着这究竟是怎么发生的。尘土刮过满是污垢的大堂窗户，她问道："当地有警察局吗？"

"没有，小姐。"

"那么治安官呢？"

"有的，小姐，这是一个县城。"他给她指了路。人们要是认识你的话，那就格外能帮忙，这是少有的有利条件之一。

砂岩砌成的县政府大楼跟一团团沙尘的色调相映成趣。大楼里弥漫着痰盂和陈旧文件本的气味。县治安官罗布·罗伊·特里格的办公室就在一楼。县治安官像一头块头很大的老野牛，头发看样子是家里人随便理的，留着两撇翘八字胡，身上穿着颇有城市派头的整洁服装。她发现他正在整理通缉布告。更多的通缉布告挂在他的布告栏上，有三四层的厚度。她揣测其中是否有印着洛伊照片的通缉令。

特里格急忙跑过办公桌来给客人端椅子，差一点绊了自己的脚："真是太荣幸了，小姐。我妻子和我，我们非常喜欢看您的电影。"

"谢谢，治安官。"尽管她听过这样的奉承话无数遍了，但是每个人总以为自己是第一个说这样话的人，所以你不能表现得无礼。

"我是来打听一个我在洛杉矶认识的人。他曾经在这个城里住过一段时间。洛亚尔·哈丁。"

"哎呀，当然啦，我认识洛伊。"这话没有表露他任何感情倾向。一只苍蝇爬过县治安官沾满墨水的吸墨台，他挥手将它赶走。

"你知道他大概在哪儿吗？"

"不，小姐，我恐怕不知道。人们有好几年没见到洛伊了。他杀死了一个得克萨斯骑警，警察局副巡官默瑟·佩奇，您知道吗？"

"我稍微了解一些。洛伊和我在好几部电影里一起共事过。他主要是跟马打交道，有时也演个把小角色。"

"说实话，真不知道。"他从办公桌里摸出一个玉米穗轴烟斗，"这个会打扰您吗？"她摇摇头。他在烟斗里装满烟丝。"洛伊的姐姐，克拉拉，她就在拉伯克的一家弱智疗养院里。"特里格的一只手捏着点燃的火柴梗在烟斗上方移动，火柴梗上的火快烧到手了他才将它吹灭，"有关默瑟·佩奇的事情真的是一件丢脸的事情。洛伊·哈丁朝他开枪，把他打死了，然后就消失得无影无踪，整件事情是后来才揭晓的。"

"你指的什么，整件事情？"

特里格拿双手捧着烟斗，将身子往后靠去："其实，洛伊打死默瑟是因为他——啊——性骚扰洛伊的姐姐。洛伊逃跑之后，女人们倒是纷纷站了出来。

一个是拉里亚特的年轻女人，那在帕默县。另一个来自卡斯特罗县，是牧师的遗孀。六十岁的女人，你能想象吗？上帝知道还有多少女人保持了沉默。那个人是个禽兽，不配佩戴骑警的徽章。结局是，谋杀指控等于是撤销了，只是洛伊不知道罢了。”

真是极大的讽刺啊。当B.B.想要洛伊扮演一个主要角色的时候，他却在害怕家乡的人认出他来而被抓去坐牢，这样就没法照顾克拉拉。可怜而又可爱的人啊，他要是答应了，现在也许就是一个大明星了。无论洛伊在哪儿，他自由了。不过，很可能，他永远也不会知道。

第八十四章　激情时刻

炎热的夏季，一个战争热情甚嚣尘上的季节，乔·克朗感觉自己像是一个被围困了的人。

这样的气候，让德裔美国人发现自己逐渐变得更加狂躁不安和怀有敌意。社论式的卡通画把所有的同胞描绘成“残酷的禽兽”和“奄奄待毙的德国佬”。报纸连篇累牍地刊登骇人听闻的报道，说一个个间谍圈暗地里受到“归化的美国公民的”赞助。乔伤心地发现，显而易见，出生于德国的美国公民很快将成为人们唾弃的对象。

他虽然没有对伊尔莎说，但是他不断地为卡尔担忧，儿子远在法国战场，驾驶着那种弱不禁风的破飞机，时刻有性命之虞。卡尔从来不写信，所以不知情的他跟伊尔莎唯有担心与害怕，唯有更加焦虑不安。

他病魔缠身。他的视力持续下降。冬天快结束的时候在冰面上摔了一跤，令他的臀部加剧了关节炎的疼痛。他的脊梁不断弯曲，他的身架日渐佝偻，他再也无法展示一个先是联邦军队军官、后在1898年成为志愿军将军的威严。他再也无法笔挺站立，也无法显示出军人风度，他已经老迈体衰，弯腰驼背。

3月31日庆祝他七十三岁生日后，他觉得，对他来说，情势似乎更加急转直下。他跟伊尔莎在联合同盟俱乐部的餐厅里稍稍庆祝了一下。那天晚上吃饭时，乔明白有人在窃窃私语，有人投来险恶的目光。唉，接下去还有什么呢？他自己的朋友罗斯福在他的讲话里也在谴责“归化的美国人”。

现在，进入酷热难耐的7月，他的侄儿保罗来了，刚刚下了横贯大陆的火车，迫不及待地想要他看看电影。

“我干吗要浪费这个时间?”伊尔莎退下之后将军说道。他和他侄子喝着啤酒,抽着雪茄,坐在他们家富丽堂皇的豪宅一楼闷热的办公室里。狂风撞击着大门和窗户,暴风雨即将来临,来自大草原的暴风雨。保罗乘坐的火车就是穿越狂风暴雨和冰雹而来的。

“我干吗要耗费一个或者一个多小时来看那种让人讨厌的东西,弄得自己很不舒服,告诉我为什么。”

“因为这些画面能揭示所发生事情的真相。”

乔·克朗年纪大了,感觉疲惫不堪,不仅受着浑身病痛的折磨,而且还遭到了禁酒主义者、假冒的爱国者、叛逆的孩子们的烦扰。他想要用最最严厉的措辞回绝他的侄子。他喝干最后的啤酒,而他当作自己孩子一样的保罗则摊手摊脚地坐在椅子里,脸上有警觉的神情,又满怀着希望。

“你为啥非要我看不可?”将军终于说道。

“因为我尊敬你的正直,乔叔叔。你要是看到了这个真相,我知道你不会竭力否定它的。你不是那种人。”

将军咬着他的雪茄烟头:“你说你是从洛杉矶来的?”

“是的,当这趟旅行即将走向地狱的时候我到了那儿。”

“你到这儿来弗里奇帮了忙吗?”

保罗没有避开他叔叔的目光,或者说他的眼睛连眨都不眨一下:“她想要你看看这些电影,是的。但是,我承担全部责任。是我决定在芝加哥作停留的。”

一道闪电将窗户照得雪白。将军吹毛求疵地说道:“好吧。冲你,而不是冲她。”

保罗从椅子里腾地跳起身来:“我在出租车里带来了一架租来的放映机。”

描绘德国士兵在后方相对平淡乏味的镜头以及质朴无华的战壕镜头之后,比利时战场出现了。上尉在他的金属烟盒上轻轻叩击着香烟。士兵们举起了枪。

上尉命令用刺刀。跪着的妇女晕倒在地,那个中年农民拿一条胳膊抱住他的妻子。

不耐烦的上尉挥舞着他的香烟。士兵们装上刺刀，冲向前去，将刺刀捅进六个人的血肉之躯。他们痛苦地扭动着身子倒下了，可是士兵们一次又一次地将刺刀捅进他们的身体，超越死亡所需的很多很多次。

乔·克朗熄灭的烟头掉落到地板上。银幕变暗了，他的双手紧紧抓着椅子扶手。雨点击打在窗户上。他唯一能说出口的就是那几个陈腐的字："我的老天爷呀。"

他摇摇晃晃地站起身来。保罗赶紧走上前来扶他。"我需要透口气。"

"马上要下暴雨了，乔叔叔。"

"透口气。走还是留下随你便。"

他踉踉跄跄地走到门口，像一只被刺伤的野兽。保罗跟随着他穿过黑乎乎的一楼。狂风哗啦一声将前门往里吹开。

将军脚步蹒跚地走下门前台阶，狂风卷着沙粒击打在他的身上。一只空的木桶被风吹着沿密歇根大街往前翻滚，在一团沙尘中旋转飞舞。突然，乔的胸口仿佛压上了一块沉重的铁砧。他靠在一棵榆树上，呼吸急促。

"叔叔，怎么啦？"

"稍微有点痛。偶尔有这样的痛，很快就好。"

这次痛了五分钟。

"现在好了。"风从他身后吹来，吹得他的银发满头飞舞。保罗的领带像鞭子一样甩打着。

"伊尔莎婶婶知道你这样痛吗？"

"不，她不知道。"他在侄子面前举起双拳，"你千万别告诉她。我绝对禁止你说一个字。"

乔·克朗被保罗的电影深深地震撼了，彻底地惊醒了，接下来的几个夜晚，他辗转反侧，难以入眠。他的雇员常见到他突然怒火迸发，但过去偶尔遇到麻烦的时候，他们也会看到他这种失魂落魄的神情。

乔所认识的生意伙伴找上门来，请他将他的名字放到为德国和同盟国的和平谈判进行辩论的广告当中。支持这一活动的大多是德裔美国人。来访的客人还要求他捐赠五百美元,帮助他们用两种语言在该市的英文报纸和德文报纸上刊登广告。

“我会签的,钱我也会出的。”他说道,“可是别误解我的用意。我不再同情柏林那些发动战争的人了。我想要的是尽快结束战争,不再杀戮无辜平民。”

“协约国一方吧。”来访的客人中有一个人说道。

“双方。”他反驳道。

当然,广告刊登出来后,将军的动机不可能从辩论广告措辞尖锐的文本当中被推断出来。反应猝然而发。一个热浪滚滚的夜晚,有人点燃了啤酒厂停泊在有围墙的大院里的那些货运卡车。乔凌晨三点被从床上叫醒。

第二天中午,当他驾车到联合同盟俱乐部去吃中饭时,气温接近了华氏一百度。他穿着的那件夏季羊毛套装已经被汗水浸透。在俱乐部的楼梯上,他停下脚步擦着自己的额头,气喘吁吁。

当他穿过坐满了人的餐桌,朝他惯常坐的一扇窗户边的小桌子走去时,一个名叫雷金纳德·索姆斯的人跟他打招呼,他与俱乐部的另两名成员一道坐在另外一张桌子边。索姆斯是个英国人,是芝加哥领事馆的人。他曾经跟乔一道在一些慈善委员会共过事。乔感觉他是一个以自我为中心的牛皮大王。索姆斯在海德尔堡上过一年学,讲话中充斥着德国词汇和短语,口音重得让人害怕。尽管如此,出于礼貌,将军还是回应了他的招呼。

“乔。”当他走近餐桌时索姆斯说话了,他不喜欢用乔的军事头衔,“我看到了你赞助的那则广告。”索姆斯的两位朋友瞧着将军,厌恶敌视的目光不加任何掩饰。“坦率讲,我认为所表达的观点不值一驳。”

“你完全有权表达你的观点。我无须向你向任何人作任何解释。再见。”

他转过身去时,感觉自己的心跳在加速。耀眼的阳光穿过窗户,仿佛瞬间闪耀出强光令他盲了一般。他的步履不稳;其中一名服务员冲上前来,但是将军挥手让他走开。他的身后,索姆斯依然在说话,而且故意让他听到:“美国人是我们英国人精神上的兄弟姐妹啊。因此,稍微有点纵容德国佬——这个你怎么解释?不仅仅是忠诚有误,而且还有其他内涵呢。德国有个很好的说法,叫作‘懦夫’。”

懦夫。

这对一个在内战中后来又在古巴出生入死的人来说是无法忍受的侮辱。将军脸色发紫,猛地回过身来,飞身朝索姆斯扑去。

“我不允许你侮辱我,你这个——”

他的话没有说完。将军发出奇怪的哽噎的声音,像是喉咙被掐住了一样。“扶住他!”另外有一个人大声喊叫道,乔一头向前栽去。

他的双手想去抓住餐桌,结果抓到了白色的餐桌布,抓着它一起倒在了地上。瓷器与水晶器皿摔得粉碎。一碗碗的食物都泼了出去,四散狼藉。一个绿色瓶子里的红酒潺潺地流在俱乐部价格昂贵的地毯上。

将军躺在地上,处于半昏迷状态,又是害怕,又是感到羞耻,他居然表现出了这样的虚弱。他的后脑勺枕在一摊黄褐色的肉卤里。他想要站起来,但是站不起来。他看到人们焦急的面孔朝下面望着,接着便什么也不知道了。

室内的温度一定有华氏一百度。还有这该死的气味!外敷药剂的气味,被汗水浸湿的床单的气味。伊尔莎不让用电灯,而是在床边点了一盏灯芯剪得很低的油灯,她珍藏着一些煤油灯时代的油灯,这是其中一盏——这盏价格昂贵的油灯,是从阁楼上找出来的,她小心翼翼地打开包装,将灯擦得干干净净,注满煤油,将它点亮。灯罩和下面的花瓶式底座是奶白色的玻璃,玻璃上透出淡淡的蓝色,上面有手绘的多年生杂种红玫瑰。这盏油灯照亮这个音乐室好多年了。弗里奇记忆犹新,她母亲非常喜爱这个音乐室。

她跪倒在床边,用手握着她父亲青筋突露、软弱无力的手。将军在他长长的枕头上朝她转过头来。他的眼睛看上去很小,冷漠得有点古怪,恍若她小时候在哪儿发现然后将它抱在怀里的一只死旅鸫的眼睛。

他满脸短短的白色胡茬。他用嘴巴能动的一面说话,话语含混不清,还一个劲儿地流着口水。他脸部的左侧僵硬了。“弗里奇。”

“爸爸。你怎么样?”

“好点了。”

他看上去肯定没有好转。“我很难过发生了这样的事情,爸爸。”

“谢谢。”

他想要抚摸她的头发，可是他太虚弱了。他的微笑充其量也只是嘴唇扭动了一下。

“你会好的，爸爸，会过去的。”她和令人惊奇地变得成熟的乔伊在房间外面的客厅里听了医生的定论。他们的父亲这次中风，命是保住了，以后也可能还会重新走路，但是不可能再独立活动了。

“是的，会过去的。”肯定会过去的。

“我是尽快从得克萨斯赶来的。我得请你原谅，那么长时间了，一直让你生气。当时我不得不到纽约去，我没有办法，可是我知道它给你所带来的痛苦，我真的很抱歉。无论我们在一些事情上有多少不同看法，我都爱你，永远。”

他轻薄如纸的手指在她的手心里微微发抖。“我亲爱的女儿。”然后，如同祝福一般，他又说了三个字，“没事了。”

没事了。

床上发出一股恶臭。弗里奇在绝望中环顾了一下黑黑的房间，寻找那位魁梧的护理。“他拉大便了。”

将军的眼睛里不好意思地涌出了泪水。她抚摸着他的手：“没事儿的，爸爸。我还会来看你的。”柔和的灯光中，一滴泪珠闪亮着从他脸上流进他白色的胡茬里。

第八十五章　炸弹

保罗一踏进位于切恩步道上的家门便听到了将军中风的消息。伊尔莎拍电报报告了这个消息。他希望不是他引发的这个中风，但是没有办法知道究竟如何。但至少，他叔叔还活着。

回家让保罗恢复了精神。的确如此，美中不足的是他儿子沙德，不是紧追不舍地追求每一个问题的答案，就是一个劲儿地说着美国人称之为唐突无礼的话。沙德已经长成了一个高高大大、性格叛逆的大小伙子。他在乡下的一所公立学校里上学。贝齐十一岁了，正近豆蔻年华，依然驯顺听话，温柔亲切。此种状况能够持续多久，父母俩谁也猜不准。

洛蒂像大多数五岁的孩子一样，是一个惹人烦的家伙，但是三岁的特迪一夜之间变成了受尽折磨的母亲们所钟爱的好孩子、乖孩子。

他们那位非常好的厨娘菲莉帕宣布，她要辞职了，到一家军火工厂去干在炮弹上手工切割导火索的活。这么多年来，她用那些优质的谢菲尔德菜刀砍大块、切小块，所以她技术精湛，受到赞扬。朱莉表示理解。她跟许许多多其他妇女一起，花大量时间，在伦敦东区的一个昏暗仓库里，站在一张搁板桌旁，包装战士们随身携带的食物。

保罗和萨米以自由职业的身份拍摄帆船比赛和障碍赛马。他们将几个图片主题汇编成“新闻片”，现在已经定期在美国销售播映。他将电影片子销售给了《百代周刊》和《高蒙周刊》，并在为一家新的客户《赫斯特-塞利格新闻画刊》做一些项目。即便业务并不繁忙，衣食也是无忧的，可是他不开心。他将他那趟美国旅行的失败当作无形的耻辱。迈克尔·拉德克利夫对他深表同情。至少每周一次，他们都会外出钓鱼、打牌、喝啤酒，然后到一家位于莱斯特广场的电影院去看一场电影。他们看电影不是为了娱乐，而是去看政府制作的那些令人惊讶的新闻纪录电影。

有一部特别激动人心的影片描绘的是英国士兵勇敢面对德国步兵的白刃进攻。德国佬显而易见是一帮野蛮人，他们残忍无情地劈刺那些已经倒下的人，就像保罗在比利时拍摄的情景一样。幸免于难的英国士兵退过了一条小溪，挖掩体防守。英国炮兵发现了他们的阵地，在德国军队发起第二波攻击时给了他们火力支援。

炮弹落在了小溪里，溅起巨大的水花。炮弹在敌人占领的地方爆炸，德国佬的血肉在空中横飞。英国战士咬牙切齿地扫射着冒烟的机关枪，直至撂倒最后一个敌人。然后，英国士兵挥舞着他们的头盔欢呼。片名画面对他们的行为冠以"英勇的战斗"。

"我调查过这场战斗。"迈克尔说道，他手指里夹着香烟，陷在他那张包厢的座椅里，"这电影纯属胡说八道。"

"假的？我想是的。"保罗早先的时候参加过很多假电影的制作。

"我可以带你去看看斯泰恩斯附近的确凿拍摄地点。那些所谓的德国佬全是我们一些最优秀的小伙子。刺刀上安装了防护开关，步枪的枪管上附加了一个弹簧，刺刀一碰到什么东西就会缩回去。在水中爆炸的炮弹是装了炸药的气囊，由电线引爆。地上的爆炸是埋在地下、装了炸药的铁皮罐头。血肉之躯四散飞扬显而易见都是假人。这全是由高层指挥部导演的戏剧场面。又一场完完整整的血腥胜利，不是吗？"

德国派出巨大的银色飞艇，飞越英吉利海峡轰炸这个城市，弄得人心惶惶。有好几次，保罗和朱莉在切恩步道住家的屋顶上目睹了这种可怕的景象。敌人的飞艇在万里无云的天空以七千英尺的高度沿着海岸线飞行，地面上那些长枪根本够不到它们。轰炸的损失总体来说是轻的，但是分布面积很广，给人们心理上带来的恐慌非常巨大。

一个阳光明媚的夏日，保罗来到了改革俱乐部的深褐色大厅里，朱尔斯·维恩小说中的探险家菲利斯·福格就是在那儿信誓旦旦地说他能够在八十天时间内环游地球一圈。保罗出乎意料地收到了一张午餐请柬，便也来到了那儿。约克勋爵占据了他通常坐的餐桌，正跟脸膛红红的海军大臣温斯顿·丘吉尔交谈甚欢。布尔战争期间，保罗曾经在南非见过这位自大的政治家。他们的见面热情友好。丘吉尔叫他“德国小家伙”，在他大摇大摆离开之前，还给了他一根优质的哈瓦那雪茄。

“我们最好先把那该死的误会消除掉。”约克勋爵说道。保罗接受邀请时就有一种预感，现在似乎得到了证实。“私自占有并放映比利时的片子——我的财产，我提醒你，保罗——你辜负了我的信任。我有可能告上法庭呢。”

“那你为什么没有告呢？”

“因为你有两个我钦佩的优点。天赋，具有市场价值的天赋，还有诚实，不幸的是这种诚实常常被证明具有负面的金钱价值。你有好多影片都是在殖民地拍的。撂活不干、取消合同——绝对不是明星范儿，我的孩子。我得说，那是你人生道路的挫折。受够惩罚了吧？”

“嘿，先生，如果你邀请我来回顾过去，那我马上就走。”

“哦，坐下，别摆架子。”爵爷动作浮夸地挥舞着手，“我想跟你讨论的是，对某些官方的政策，反转一下，或者至少缓和一下。白厅将会允许有限的一部分平民新闻记者和摄影师跟随军队。”

保罗对这人的厚颜无耻几乎不屑地哈哈大笑起来：“你是在给我介绍工作吗？”

“我是在考虑接下来洽谈洽谈，让你回到羊栏里来。”

“我在你那儿撂活不干过啊。”

“你当然撂过。但我打算宽恕你这种桀骜不驯尤其是有悖道德的行为。我打算派你和你的摄影机到前线去。我希望跟以往一样能雇用到最好的摄影师。”

保罗激动极了，他几乎要喊出声来，他一百个愿意。他按捺住自己的激动心情：“听你这话，好像我得在政府的监督下工作。”

“的确如此，是的。有严格的规定。装备必须受到检查，长焦镜头不准带上前线区域，四十码之内不准拍摄飞机，诸如此类的破玩意儿。不过，工作是固定的。”

“这太突然了，让我想想。”

“还是想想来杯苏格兰威士忌吧，我自己也要一杯。服务员？”

保罗的脑子有点发晕。他无法否认，他迫不及待地想要有合适的合法身份去直接了解战争，这需要妥协。遇到这种情况迈克尔会怎么办？

嘴巴刻毒的迈克尔总是能够抓住主要机会，他会立马答应下来。在经过简单的讨价还价，并且吃下了一大盘美味可口的龙利鱼和煮土豆之后，保罗也抓住了这个机会。爵爷很高兴。他们离开俱乐部时，他往保罗的表袋里塞了一张钞票。

“十英镑，薪水前的预付款。把你老婆带出来，好好吃一顿，看场表演，代我致以问候。”他调皮地滚动了一下两只眼珠，补充道，“我无可救药，总是念念不忘想要引诱你回来。好小伙子，马上打电话给人事部主任。代我向你夫人问好。再见。”

保罗还没来得及将那十英镑还给他，他便跳进了那辆有专职司机的罗尔斯豪华高级轿车里。

一想到晚上要外出休闲，朱莉就感到开心。他们的女仆芭芭拉辞职了，到她祖国苏格兰的另一家军火工厂工作去了，所以朱莉想办法请迈克尔的妻子塞西莉来照顾贝齐、洛蒂和泰迪。她和保罗乘坐出租车穿越那些光线幽暗的街道，来到位于奥尔德威奇的沃尔多夫酒店，这是一家爱德华时代的高档休闲综合体，里面有一个极好的烤肉馆。他们品尝烤牛肉和约克郡布丁，还要了一瓶上好的红酒。之后到七点半的时候，他们紧赶几步路，便来到了位于斯特兰德大道的沃德维尔剧院，观看正在上演的《夏洛特的滑稽剧》。保罗在剧院正厅靠外走廊的地方选了两个座位。

九点四十五分光景，演出正进入喜剧节奏，一位男高音歌唱家和那位当红明星尤斯塔西娅·范·桑特在台上表演，突然轰隆一声巨响，爆炸震撼了全场观众。反应极快的女演员赶紧走到脚灯跟前，绽开安慰性的笑脸：“啊，又是火炮演习。”已经从座位上站起身来的观众再次坐下。保罗将节目单塞进他外衣侧面的

口袋,轻声说道:

“我怀疑并非如此。我去看看,你想待在这儿吗?”

“绝对不想。”

他们等了一分钟,以便让自己看上去不是在逃跑。他们走进用帷帘挡着的通往大厅的走道。正当他们穿过大厅的时候,在惠林顿大街的方向,又传来一声爆炸声,火光照亮了夜空。保罗紧紧抓着朱莉的手,快步朝那个方向走去。

探照灯光拔地而起,刺破夜色,集中指向城市中央的空域。警报凄厉。黑暗中,行人急急忙忙从他身边逃过。“策帕林飞艇!”他抬起头,看到一艘长长的锥形飞艇已经被一束束交叉的灯光锁住。

远处,格林公园地面的大炮开火了。火红的炮弹瞄准了银色的怪兽,一缕缕蓝白色的亮光直刺夜空——可是够不着。两辆相对而行的出租车开着昏暗的行驶照明灯交会驶过,赶上了在斯特兰德大道落下的第二颗巨大炸弹。两辆出租车瞬间粉身碎骨,一片火海。

商店橱窗的玻璃爆裂开来。碎玻璃飞向四面八方。保罗张开双臂抱住朱莉,转头看到了火光中有断肢残躯从一个巨大的弹坑里飞向天空。有人惊恐地尖叫着:“煤气总管!”

地面大炮持续不断地朝着策帕林飞艇射击,策帕林飞艇则继续在查林十字火车站上空往前滑翔。又有一颗炮弹落在了什么地方。人们纷纷从附近的剧院、电影院、咖啡馆和酒吧里拥了出来。“上帝呀,太可怕了。”朱莉说道,“我们是不是该离开这儿?”

“我想是的,我们——等等。”火光里,他看到了惠林顿大街上被半埋在一堆瓦砾里的一个人。一位老太太,白发歪斜,一只手无力地挥动着。

一位同样年纪、身体虚弱的老头子一脸惊恐,望着保罗:“这是我妻子利蒂,你能帮个忙吗?”

保罗将朱莉安顿到一家商店入口的遮篷下,接着冲回到大街上,双膝跪地,拼命扒拉着那堆瓦砾。老头子试着帮忙,可是对那些碎石头,他根本干不了什么。保罗气喘吁吁,一块又一块将碎石搬开。他刨出了一个压碎的栀子花形的装饰花。

当他从她血污斑斑的腿上搬起最后一块碎石头时，老太太充满希望而又急切地望着他。策帕林飞艇一路往西，又扔下了一颗炸弹。一个小客栈里，有一些旅客睡在阁楼上，这会儿乱得团团转，大呼小叫着各种无人应答的问题。大小车辆在斯特兰德大道往各自来的方向倒退。当保罗将老太太从瓦砾堆里抱起身来的时候，他感觉她已经僵硬了，她的头垂落在了他的手臂上。

闪闪烁烁的光亮中，保罗和老大爷四目相对。“哦，不，利蒂，上帝呀，不。”老大爷呼喊着，“上帝呀，利蒂不能死啊。今晚是我们的结婚纪念日，四十九年。”

探照灯光在天空搜索着。有火红整流罩排气装置的小小单翼飞机升空追逐飞艇，可是徒劳无用，飞艇早已消失了。斯特兰德大道北面拥挤的人群中，他看到朱莉正拿卷拢的节目单轻轻地挥动着。他也想要朝她挥手，可是没办法，他手里抱着那位已经死去的老太太。

街道上的哨兵将死去的老太太盖好，指挥车辆驶进奥尔德威奇和斯特兰德大道北面那些狭窄的街道。保罗和朱莉迈着沉重的脚步朝西走去，走向海马凯特大街，再走向皮卡迪利大街，然后再继续走到里茨宾馆附近，这才找到了一辆正在巡游的出租汽车。回到切恩步道的家中，他们跟塞西莉一起坐了整整一个小时，向她细细讲述了空袭的恐惧，然后为她找了一辆出租车送她回家。

保罗无法入睡。他将朱莉紧紧抱在怀里，他的脑海里展开着一块银幕，上面放映着无穷无尽的电影：当他将那些瓦砾从老太太被压碎的身子上搬开时，她湿润的眼睛依然；当她的双眼暗淡时，她的头突然垂向一边。他再次想起了在古巴圣地亚哥的一个夜晚，那是另一个世纪另一场战争快结束的时候。迈克尔醉醺醺地呼叫着《启示录》里的话语：

有闪电，有雷轰，有大地震。列国的城也都倒塌了……

第二天晚上的晚餐桌上，一大摞报纸摆在了保罗的手边，其中有《伦敦之光》和《每日邮报》。保罗端起茶杯，目不转睛地凝视着他妻子美丽的黑眼睛。他用另一只手轻轻拍着《伦敦之光》的第一版。

“策帕林飞艇。毒气。潜水艇。老天爷呀，朱莉，我们为孩子们构想的世界成了什么样子？”

“跟以往的世界完全不一样了。”她叹息道,“但愿我们都能挺过去。”

“数以百万计的人挺不过去。迈克尔称之为的‘巨大的绞肉机’正在法兰西全速运转。”

“可是你要回去。”

“我不得不回去,萨米也愿意回去。这是我们的工作,朱莉。”

“当然。”她拉着他的手说道,眼睛里溢满了泪水。

第八十六章　伤亡

那年夏末，卡尔击落了第二架德国飞机。这样的杀戮，跟第一次相比，并没有更加容易，也非缺少惊慌，只是感觉不同罢了，少了一些伤感。击落第一架敌机使他获得了在那架纽波特的整流罩上画上一个黑色的马耳他十字的权利。当他不停地刷着那把小刷子的时候，他明白他的心里也已经刻下了一个印记，一个万劫不复的印记。

勒内·勒梅耶突然牺牲的噩耗让他很是难过。勒内攻击过德国侦察氢气球很多次，都安然无恙。这种氢气球名叫“风筝”，德国人则开玩笑管它叫“少女春梦”。一长排一长排的“风筝”氢气球悬挂在德国前线，每一个都锚泊在四千英尺的上空，由钢缆系住，并且在钢缆上绑了一根电话线连到地上。勒内跟往常一样接近一个氢气球，试图肆无忌惮地开火射出几轮子弹，点燃侦察筐子上方那个气囊里上千立方米的氢气。不知何故，他的几支枪都卡壳了，于是为了完成任务，他试图用飞机翅膀尖撞击气球。他们中队的一位战友说勒内完成了动作，只不过他自己也消失得无影无踪，乱飞的火星子引爆了氢气，将勒内、他的飞机、悬筐里的侦察员及其助手统统炸得粉身碎骨。

自从听到这个消息之后，卡尔深陷沮丧之中，一日甚于一日。他已经发现，战斗飞行员神气活现的冠冕只不过是徒有虚名的装饰罢了。德斯帕迪欧少校直言不讳：“脑子里和精神上始终有压力。一个人在他垮掉之前充其量可以撑大约四个月。当然，前提是他得活着。”

10 月一个美丽的下午，卡尔中队的四架飞机深入到德国占领区六英里处，邂逅了六架有红色整流罩的三翼飞机。德国人很快便朝他们蜂拥而来。

其中一架红色的福克尔飞机顽固地盯着卡尔不放，不管他如何躲闪和机动，都始终摆脱不了那德国人。也许那飞行员认识他——飞行员很善于辨认特定的敌人，但卡尔不认识那德国人，也不在乎认识他与否。

持续了将近十分钟的空战之后，谁也没有占到便宜，卡尔一个猛冲，对发动机造成了伤害。他回头瞄了一眼旁边，以确定他的位置。敌人的防空炮火——高射炮——用来守卫那些悬浮在那儿的氢气球的高射炮，已经转过身来，开始连续不断地朝法国飞机射击。乌云汹涌，如同波涛翻滚，卡尔朝侧面的一位战友打了个招呼，指了指他受损的发动机，然后侧身转弯，朝西飞去。

福克尔飞机就在他身后，但是停止了射击。卡尔断裂的油管在“娃娃”后面喷出气体一样的东西。那些为德军大炮侦察敌军阵地和敌人前进动态的氢气球就在前面越来越近。一般来说，它们都悬浮在无人地带后三英里左右的地方，这就告诉他，他得飞很长的距离才能抵达安全区域。他侧过“娃娃”的机身，从两个“风筝”氢气球之间穿插过去。他左面氢气球筐子里一个侦察员的助手拿步枪朝他开了三枪，但都没有打中。

很快，他的燃油全部消耗完了，发动机发出噼啪的声响，“咳嗽”几声便死机了。他不断下降。高射炮的射击声已经渐渐微弱。他一把扯下头盔，回头望去。德国人依旧紧追不舍。卡尔估计他是要被击落了，也许会在他差不多脱离危险的时候被击落。将敌人的飞机击落，这是飞行员的职责。但是，双方都有一定的行为准则。假如一方有骑士精神，而且敌人的飞机已经完全丧失了战斗力，那么也就没有绝对的责任非要杀了飞行员不可。显而易见，德国飞行员就是处于这种心境。他从卡尔右侧快速飞过，沾沾自喜地微笑着向他致意，并举起他戴着长长皮手套的手臂兴高采烈地朝他挥舞了一下。头盔和护目镜掩饰了这个人的一切，只露出他扬扬得意的笑容。

德国人飞走了。卡尔竭力保持着“娃娃”的高度，最后他看见了德军的战壕，以及这些战壕远处一字儿排开悬浮在天空的名叫“卡科”的法国氢气球。他在战壕上方五百英尺的空中滑翔而过，引来地面一些德国军人随意的火力，没有造成任何伤害。他将飞机对准无人地带两个弹坑之间的一个区域，这个地方离法国军队的前线战壕还有很长距离。他尽力小心翼翼，让飞机的高度一降再降……

地面比看上去的要高低不平。有什么东西绊到了起落架，令飞机一个倒栽葱立了起来，将卡尔掀出了座舱。他在空中翻了几个筋斗，往左面侧身狠狠地摔到了地上。一道红光，一阵疼痛，然后他眼前一黑，昏了过去。

他醒过来的时候感觉左手臂剧烈地疼痛。德国人在战壕里朝他开火。他朝另一个方向爬去，他闻到了污染整条西部战线的垃圾和粪便的污秽臭气。他的左手没有任何感觉，左臂像一根断了的小树枝一样悬荡着。他爬过一圈圈带刺的铁丝网，用右手拽着身子并用两个膝盖撑着身子爬行。带刺的铁丝网扎破了他的脖子，鲜血再次染红了特丝的围巾。

快要失去知觉的时候，他倒在了一条战壕的边上，用低沉而沙哑的声音向一个法国兵报了自己的姓名，接着，他深深地陷入了安慰性的黑暗中。

"瞧瞧。"他们说，他们到医院的病房来看他，给他带来了一面小镜子。

他的头发完全白了。

"你的左臂现在算是废了。"他们说，"假如只有神经受到损伤的话，那么你或许将来还能让它恢复功能，但也有可能无法恢复。无论如何，你再也不能开飞机了。我们准备把你送回家去。"

卡尔身体疲惫，情绪低落，根本感觉不到得到了安慰。

"这是给你的，一个敌方飞行员装在一个小罐里丢下来的。"他们说道。

卡尔不费吹灰之力便将这封信翻译了出来。

莱因哈德·格罗茨曼，几周前你击落的飞行员，是我的朋友和同志。他跟我一样来自步兵。听到他的死讯，我就下决心要找到那个杀人犯，以牙还牙。

在我们空战的过程中，为了这个简单的理由，我改变了我的航线。没有几个飞行员能够像你这样接受我的挑战，先生。我将很高兴第二次遇见你，不是作为敌人。也许，你总有一天能够在更加合适的情况下访问我的祖国，假定如此，我愿意跟一位有你这样勇气和才华的男子汉握手言欢。总司令部永远知道我在何处，因为军人是我的终身职业。

最后，谨致良好祝愿，平安健康。

你忠顺的

赫尔曼·戈林上尉

卡尔将信扔到地上，把脸转向墙壁。

德国军官依然在炫耀他的英勇无畏和谦恭有礼——打一场已经再也不存在的战争。卡尔的飞行中队里，有固执己见的飞行员坚定不移地认为，空中力量不应该仅限在战场任务上，而是应该战略性地运用于摧毁工厂、铁路、城市——以及城市居民——摧毁那些工业基地，打击人们的士气，敦促投降。赫尔曼·戈林不可能理解这样的理论，虽然将策帕林飞艇派到伦敦来的人早就理解了。

这位德国军人一定是个老派的人，思想单纯，卡尔下了一个结论，他拿一只好的手枕着头躺在那儿，两眼什么也不看，只看着那些在充满恶臭的病房里胡言乱语、呻吟不休的其他伤员。赫尔曼·戈林误入了某种理想的歧途，卡尔发觉，这样的理想已经枯萎，已经在战争的鲜血和苦难中死亡，战争已经成为杀戮。

"一份电报。"他们说着，交给他一张折叠起来、满是污垢的薄纸，"延误很久了。"

他看了开头几行："哦，天哪。"接着他继续往下看，将军已经挺过了中风。

卡尔抚平那张薄纸，将它贴到他那件粗糙睡衣的前襟，用一只手紧紧捂着。他凝望着天花板。有人极度痛苦地惨叫着。他闭上双眼，心中有一种无能和被抛弃的感觉。

在巴黎，去海滨的路上，他走进一家电影院去看他姐姐演的电影。他感觉好多了，尽管他的左臂依然无用，但他丝毫没有感觉不适，唯有偶尔微微的刺痛。他用一根黑色的吊带保护着它。

战争几乎使法国所有的电影制片厂都倒闭了，电影院也依赖美国进口的片子得以生存，其他片子都一般，唯有以"淘气鬼内尔"为特色的那些电影广受欢迎。法国人称她"笨拙的内尔"。"笨拙的内尔"是马戏团的一个小丑，这个讨人喜欢的假小子屡屡出错，事故频发，从头到尾没有一件事情是做对的。内尔撞到了帐篷的柱子，整个帐篷倒塌了；她把马戏团的钱箱丢落到了水井里，然后在火炉上烘烤浸湿的钞票，把钞票烧得一干二净。可是，当狮子逃出笼子之后，她扭转了危局，甚至连一只脚卡在水桶里也无所畏惧。她笑容满面，喃喃细语，居然驯服了那野兽——它躺下身子，翻过身来，舔着她的脸蛋。

观看弗里奇的那些电影，卡尔总有怪怪的感觉。她好像跟他从小一起长大的姐姐不太一样，她现在变得那么风趣逗笑，受人崇拜。她一直希望自己成为一位伟大的戏剧演员，如今却是以演小丑名满天下。当他听到坐在他四周那些饱受战乱之苦的人们由衷的欢笑声、喧闹声、呐喊声时，他知道，弗里奇实至名归。他坐在那儿，笑容满面，银白色的影子闪现在他的脸上。

他走出影院时，雨还在下。他坐在宾馆的酒吧里，坐了两个小时，思念着特丝。

第八十七章　在堑壕里

“这一定是该死的有史以来最最滑稽的战争了。”萨米在轰炸之前几分钟的时候说道，“那些家伙就是一动不动地站在那儿互相射击。”萨米和保罗用了一周时间拍摄协约国的军队，那里监督十分严密，之后通过迂回曲折的路线，经过敌占区布鲁塞尔，然后再折回到德军前线。有关英国军人的片子将全部交给约克勋爵，有关德国军队的片子保罗可以自己支配。

四点钟，法军的榴弹炮开始第一轮炮轰。保罗放弃了提早拍摄的计划，因为哪怕提早得再多，冬日下午的光亮也已经开始渐渐消退。他和萨米站在一条很靠前的散兵壕里，紧盯着一堵用板条箱的板条临时搭建起来的木头护墙。负责该防区的德国指挥官是一位姓内格尔的少校，他正用一根手指塞着一只耳朵，对着一部野战电话机的话筒大声喊叫着什么。

保罗竖起大衣领子，嘴里嚼着已经熄灭的雪茄。炮弹炸响在无人地带，掀起喷泉般的泥土，土纷纷扬扬地落到了他们身上。侦察氢气球指引下的炮火齐射在两边绵延数英里地段的带刺铁丝网上撕开了一道道口子。这就是炮轰的目的——为步兵的进攻打开通道。

在无人地带，几棵被炮弹炸毁的树像被烧焦、截断的手指一般矗立在那儿，这表明，那儿曾经是一派田园风光，而不是烂泥和注满水的弹坑以及一卷卷绵延无际的铁丝网。就在他和萨米凝望的时候，一棵树干直接被炮弹击中，顿时大火熊熊，飞溅起亮光闪烁、耀人眼目的火星子。

内格尔少校来到他们身旁：“这种情形在将近一个小时后会达到高潮。整整一个月，盛行的就是同一模式。那些法国杂种称之为‘一点点把我们啃死’。”内格尔是一个体重超重的巴伐利亚人,他也闹不明白战争的这种特别形态究竟是怎么一回事儿,并对他的人陷于此种形态满腹怨愤。

两个机枪手从一个坑道里冲进散兵壕,萨米和保罗赶紧让开,散兵壕比较狭窄,直通阵地前沿的射击掩体。战士们拖着他们的机枪、三脚架、弹药箱。其余的枪手也以同样的方式出现了。内格尔喊叫"快,快",挥手让他们冲向战壕前面护墙那儿黑洞洞的口子后面。枪手们像啮齿动物一样消失了。"我们竭力在保护的是装备,而不是人。"内格尔尖酸刻薄地说。

内格尔少校的防区是从马恩河畔的沙隆向西到埃佩尔奈一带,在马恩省内。少校和他的部队面对的是马歇尔·福克第九集团军的一些部队,位于巴黎东北方将近八十五英里处。在赴前沿地区的路上,保罗和萨米已经拍摄了德国士兵洗衣、用膳、行军、唱歌、照料猛犸般大的斯科达榴弹炮和克虏伯工厂生产的贝尔莎大炮等场景。每一个场景都是高层指挥官们精心安排的,目的就是要给外界留下德国军人斗志昂扬和德国军队装备精良的印象。不过,走近了看,保罗发现了另外的现象。军队,即便是最新、最年轻的增援部队,看上去都斗志全无,惊恐不已。去年夏季炫耀卖弄的军装不见了,代之以迷彩服和新版的钢盔。

德国军队的堑壕是防御性的,是鉴于去年整个冬季的战局结果而建的。每一条堑壕深六英尺,后面又挖了三条增援堑壕,平行通向前沿的散兵壕。"之"字形的联络战壕以九十度的直角将它们连接起来。除了那些污秽的垃圾、那些未能浆洗的衣服的臭味,还有那些从人体里排泄出来、再从充当厕所的战壕里满溢出来、经人们穿着靴子的脚踩踏、融进烂泥里面的屎和尿的恶臭,所有这一切都算计精确,完美无瑕。保罗一开始闻到堑壕里的气味时差一点吐了。那位怒气冲天的内格尔告诉他说,整个西部战线闻起来就这么恶臭。

天渐渐黑了下来,炮轰继续着。内格尔坚持要保罗和萨米下到一个地下掩体里去。他们蜷缩在一个火盆边,火盆是用金属油桶做成的,上面已经破了好多个口子。火盆散发出热量,也带来好多浓烟。在这个密闭的空间里,人们很有可能因为这浓烟而窒息死亡。另一方面,这浓烟也消解了一些湿漉漉的军装、许久未洗的胳肢窝以及那些排泄物的臭味儿。

他们的头顶上方,被法国军队的炮弹击中的土地在震撼。泥土落进保罗的头发里。他瞧着支撑地下掩体的木头。萨米神情紧张："这可真是地狱一样的地方，啊，先生？"

保罗的内衣里，有一个令人讨厌的不速之客在搜寻着什么东西。他将手伸进沾满泥土的大衣、马甲、两件衬衫和内衣里挠着痒痒。"我可不想让它把这里当作永久性的居住地。"

地下掩体的口子上，有人在大喊："他们来啦。"保罗听到，炮声停止了，步枪开始射击。内格尔少校派出狙击手往前移动到坑道里，向冲过无人地带的法国兵纵射。保罗将他的雪茄烟嚼得粉碎，他听到了地面上的德国兵开始鬼哭狼嚎。

机关枪哒哒哒地响着。红色和黄色的火光照亮了地下掩体——那是用来照亮进攻者的灯光。地面进攻持续了四十分钟。德国军队守住了阵地，战线没有被撕破。最后，枪炮声归于沉寂，四周再次回归静谧。有人大声喊叫着，完全没事儿了。保罗和萨米便爬出地下掩体。保罗看到一个年轻下士倒在堑壕的边上。他的下颌已经被子弹击飞了，两个眼球像煮熟的鸡蛋一样突出在外。保罗吐了。

法国军队回到他们的堑壕去了。在遥远冰冷的星星下，内格尔的手下悄悄地爬向前去，将德军士兵的尸体从坑道里拽了出来，在散兵壕前面数码远的地方堆成一堆。保罗默默地数了一下：十五具。他们瞧着这一行动的时候，萨米拼命地吸着一根香烟。

"迄今为止这场战争死了多少人了？"他问道。

"只有上帝知道。一百万德国人，一百万法国人，也许还有同样数量的英国人。难怪左翼激进分子称这场战争是国王和资本家针对穷人和平民百姓的一个阴谋，不是吗？"

萨米朝两边飞快地扫视了一下，轻声说道："但我们知道哪边是对的，是吗，先生？"

"是的，我们知道。"

当晚，他在那个地下掩体里过夜，冻得半死。拂晓，他扛上摄影机，爬出堑壕，找好位置，准备拍摄那堆尸体。他记忆犹新，1898 年罗斯福上校攻占圣胡安山之后，他也拍摄过类似的大屠杀。

淡黄色的圆圆的太阳穿透薄薄的晨雾，散发出亮光。声音很轻，但是保罗听出来了，有人在无人地带运动。他刚刚调试好设备，突然内格尔少校从散兵壕那儿冲了出来，来到他的面前。

“你不能拍这个，这不行。”

“少校，我得到过批准。我有文件，签署人是——”

“哪怕毛奇将军签署我也不管。哪怕圣母马利亚从天上下来亲自签署文件我也不管，这不行。”这位几近发狂的军官大声说道，“昨晚我失去了很多优秀的战士。我失去了我的副指挥，弗朗兹上尉，一位前途无量的年轻军官。他被炸得粉身碎骨。不行，你不能拍这个，听到了吗？”

突然，他脸色灰白，他举起双手，捂住自己的脸，呜咽起来。他摇晃着，像暴风雨中的一棵小树苗。一位军士将他扶走之后，一位尉官对保罗做了解释：

“你一定很了解少校。他是一位职业军人，军队就是他的生活。家里，他有四个孩子，女孩。他把弗朗兹当作自己的儿子，他正在培育他成长。这场肮脏的战争把我们全都毁了。我必须得请你再次躲避一下。这个地方已经被狙击手瞄上了，而且浓雾正在渐渐退去。”

“好吧。”保罗不满地咕哝了一声。冬天的寒冷和他们所处的令人不舒服的环境使他的背部疼痛再度发作。萨米快步走上前来，主动表示愿意来扛摄影机，保罗乐得如此。

“请弯低身子。”那尉官走在他们前头，说道。保罗听从吩咐，弯下腰去，尽管这样他的背特别痛。萨米显然没有听见那尉官的话。他的嘴角衔着一根香烟，说着不着边际的话，他说，要是能回到什么地方，洗个澡，热腾腾地吃餐饭，那就谢天谢地了。

“还有女人。要是没有偶尔来一点那个，一个人怎么活——？”一颗子弹突然呼啸而至，接着又有两颗。保罗看着摄影机从萨米手里飞了出去。萨米一头往前栽倒，鼻子埋在了烂泥里。他的后脑勺有了一个白骨森森、血肉模糊的小坑。

保罗双膝跪地，捧起萨米的双肩，摇晃着他：“萨米，萨米！”但只看到他朋友茫然的双眼、张开的嘴巴。他震惊至极，胃里的东西直往上翻，在这之前几乎从未有什么东西会让他有这样强烈的感觉。

“我必须请你把他留在这儿直到天黑。”那尉官压低身子，走近保罗，说道，“我命令这么做。”

“滚蛋。”保罗喊叫道，他感觉有眼泪流下了肮脏的脸颊，“你滚蛋。我准备好了就把他弄回去。”

那尉官退了下去。保罗将萨米紧紧地贴在他的大衣上，无视这奔流的鲜血和他身上突然发出的恶臭。他哭泣着。萨米的死亡是一个噩梦的象征，一个在欧洲充斥着和平与信心的金色夏季里的噩梦，一个将那些金色的夏季变成了绝望与毁灭的寒冬的噩梦。

惨淡的阳光下，一卷卷的铁丝网再次慢慢进入视线，他将萨米的尸体拖进散兵壕。一个小时之后，他将遗骸埋进了这块陌生的土地。

他检查了一下摄影机。摄影机已经摔坏，无法修复了。他的感情也同样。他像抱着一个死去的小孩子一样将摄影机抱在怀里，心中思量着这大屠杀还会持续多久——还有多少百万的人会怀揣着他们的梦想死去。

第八十八章　小男孩

他们站在他赴法国之前曾经去过的那个装潢十分考究的同一个客厅里。明媚的阳光从伍德沃德大道的上空照进客厅里。屋檐上融化的冰柱持续不断地滴着冰水。卡尔看上去衣衫破旧,营养不良,蓬头垢面。他那条毫无知觉的左臂依旧悬挂在黑色的吊带里。

他用另一只手解开那条红色围巾,围巾的两端已经磨损,上面有好几块褪了色的补丁,深色的污渍清晰可见,歪斜的针脚异常醒目。他庄严地、仪式性地把围巾围到特丝的脖子上,将它拉下她的双肩,抚平。

“那些龙和萨拉森人都死了,特丝。我回家了,不走了。我跟你一起生活,假如你要我的话。”

特丝抚摸着围巾,强忍着高兴的泪水。他闻到了甜美的丁香花香水,闻到了厨房里酵母的香味儿。

“我从来就没有其他的要求。可是你能干什么呢?为你父亲工作?我会住到芝加哥去,假如你想要这样的话。”

他摇摇头:“禁酒运动即将来临,这是肯定的。爸爸恢复得很慢,而啤酒厂在一到两年之后或许将不复存在。”他想了一会儿,“我倒是宁愿制造汽车,而不是啤酒。汽车和飞机。”

“克莱默公司已经没了。”

“我知道。”

“可是底特律的其他汽车制造厂却很兴旺发达。我认识一些可以帮忙的人。首先,不过——”她将他拉进一张马毛做的沙发里,紧挨着他坐下。跟她的身子如此相近，体味着她如此的温暖，他迷醉了。

她望着一扇阳光照耀的窗户，说道："你还记得你第一次离开时我说的话吗？我说我绝对不会因为我们此前的亲密举动而让你有内疚感——或者把它变成一根绳索将你捆住。为此，有些事情我瞒了下来，因为，我觉得，如果告诉你了，它就会变成一种讹诈。我不想让你一辈子心情郁闷地跟我一起待在这儿。"

他用双手捧住她的双手："什么事情，特丝？"

"你没有怀疑过？就是那个小男孩。我嫁给了韦恩，这样他就可以有一个姓，但是他并不真正姓赛克斯，而是卡尔·亨利·克朗。韦恩死后，我合法地将它改了过来，而且我把原因告诉他了。"

"他是我的儿子？"卡尔惊叫道，"哦，上帝呀。所有这么些年里，我不——？"

她热情地飞快地吻了他一下："要是有什么错的话，那全都是我的错。"

"他知道我吗？"

"是的，我做了解释。他虽然小，但很聪明。他似乎并没有受到伤害，仅是感到好奇。主要是对你。他问了很多很多问题，然后承认，他从来就没有很喜欢过韦恩。他说他一直对此感觉很别扭，可是自打我向他解释了之后，他就感觉不别扭了。他们告诉我说你来了的时候，我通过通话管呼叫了哈尔，他就等在书房里。"

她拉住他的手，拉着他朝客厅的门走去："他是一个好孩子，你会喜欢他的。"

他们走过大理石的地板，走向一扇开着的门。书房里，小男孩的拇指尖和食指尖不自然地触碰着，表明了一种紧张；他焦急地朝着脚步声望去。这时，卡尔看见了酷似他的相貌。此前，他在那双眼睛里注意过这一情况。他自己的眼睛已经溢满泪水。

"哈尔，你父亲来了。"特丝说道，一面充满深情地微笑着。她退到一边，让卡尔过去。怀着激动，怀着一份突如其来的奇怪的踌躇满志，他意识到，他正在走进一个新世界，在这个新世界里，将来总有一天，所有破碎的梦想也许都将得到补偿。

第八十九章　没有写完的歌

“是的，福尔杰先生，我已经把它写下来了。户外的集会，在尤里卡、圣罗莎、纳帕、奥克兰。然后是旧金山的示威游行和礼堂活动。不，那之后，我不能再干了。我已经出租了我的房子，我决定回纽约了。我对演电影厌倦了，电影制片厂也不用我了。不，福尔杰先生，我不是开玩笑。由于某些原因，我无法解释，我要是解释，你会厌烦死的。好吧，谢谢你，再见。”

弗里奇将听筒挂到壁挂式电话的钩子上。她在那儿流连徘徊，久久不肯离去，那儿有一方长方形的阳光。客厅的前部，有一堆褐色的空纸板箱，要打包整理行装，她烦死了。后面的厨房里，沙茨在她的盆子里啪嗒啪嗒地舔水喝。

这屋子有一种岑寂得死一般的感觉。下午两点钟了，12 月的太阳早已西沉，光线惨淡，缺乏暖意。弗里奇从额头捋开一缕头发，接着，无精打采地离开墙边。她计划四天后出发东进。她将再次去看望父母亲，然后继续前往纽约，意图在戏剧界东山再起，然而，戏剧界已经是明日黄花，风光不再。嗯，哈里有可能就这事儿写首小曲吗？很可能的，但是谁会买它呢？

沙茨从厨房里出来了，跟在她身后。走到客厅半路，一扇墙上的镜子旁边，有什么东西吸引了她的目光。她将鼻子凑近玻璃，挑出左耳朵后面的一缕头发，白发。天哪——上年纪了。接下来呢？

她跺着脚走进前面的房间，那堆凌乱的东西令她不胜其烦——陶瓷小摆件、演出海报、她所演电影的评论剪贴簿，摊得到处都是，统统等着包装起来装箱。她磕磕绊绊地穿过空纸板箱，摇动起维克多牌唱机的曲柄。她将《中央公园的姑娘》放了五遍，声音放得很响，接着，她放上了卡鲁索的《穿上你的戏装》。她几乎像喜欢哈里的歌一样喜欢这首歌，尽管她每次听这首歌，这个小丑极度痛苦的男高音都会把她摧毁。她理解为什么小丑会发出这样的呐喊。

作为一名电影女演员，她有一定的地位，这将会打开好莱坞的一些大门，但是她怀疑，这也很可能令她的角色受到局限—— 一些闹剧里面疯疯癫癫的大妈、滑稽可笑的侍女，绝对不会有奥菲莉亚或者美狄亚。她已经被定型了。再过一阵子，等她上了四十岁，腰部不太显眼的一圈圈脂肪像内胎一样变大了，一缕缕白发像蒲公英一样茂盛起来，那么还有什么角色可以让她演呢？随便什么角色？

莱翁卡瓦洛的咏叹调在整座屋子里缭绕回响。整理行装，见它的鬼去吧。她一屁股坐倒在一把安乐椅里，仰靠着，浑身乏力，无精打采。嘹亮的歌声使得一辆黑白色的出租车到来也没有令她察觉。她在唱机喇叭的上方透过窗户望见了出租车。一个穿着不合身的套装的人匆匆绕过车子来到马路边，打开车门，扶着一位身体虚弱、头发全白的乘客走下车来。

B.B.佩尔泽。

他紧紧抓着一个人的胳膊，弗里奇认出来了，他就是黑文·希尔医院的护工。B.B.迈着迟疑的小步从石板铺面的人行道上走了过来。他像一只还不会飞的雏鸟第一次观察着这个世界一样。弗里奇朝门口跑去。

"B.B.，见到你太好了。你好吗？"

"谁知道呢？我的两条腿感觉就像牙签一样。你要让我站在这儿，它们就会变成断牙签的。"B.B.那套漂亮的白条纹西装简直像一个黄麻袋晃荡在他的身上。他圆圆的肚子，他其他的一切，全部都大大地萎缩了。

弗里奇扶着他走进客厅，将他安顿到一把安乐椅里。"我在汽车里等。"那护工说道，离开了。

B.B.无视那些陶瓷小摆件、评论剪贴簿、包装箱、已经卷拢的纳瓦霍地毯。"埃迪来找我了。他都告诉我了，他说除了我没有人可以留住你了。你不会这样做的，是吧？"

"会的。凯利拿合同要挟我，但又不让我演电影。他不喜欢我的演讲。"

"埃迪告诉我了。"突然，B.B.变得精神抖擞，"那个爱尔兰杂种下野了。他下野了。我依然占有大多数股份。我打算直接从这儿去制片厂解决这个问题。现在,让我们谈谈你的情况。你属于电影,你只属于利伯蒂电影制片厂。你不能再去百老汇,你不能再到所有那些穿堂风很大的剧院、那些只有冷水的化妆室、那些蟑螂中间去啦——呸。埃迪刚刚为你准备了一部电影,他对我说了。喂,你有什么喝的吗?能弄点热茶吗?我喜欢英国早餐。”

格斯特迈耶大夫说过,B.B.如果愿意,可以离开他的精神牢笼,但只是在他自己愿意的时候。她被感动了,她的处境成了埃迪用来撬动他脱离自我放逐的杠杆。

“我恐怕只有格雷伯爵茶。”

“这是英国茶,行。”

她烧了一壶开水,准备了一个托盘,沙茨则一个劲儿地嗅着B.B.的袖口。他轻轻地拍着她,神情有点紧张:“漂亮的小狗狗。”沙茨汪汪地叫了几声,忸怩作态地走了。

弗里奇将茶盘端进光亮渐渐暗淡的客厅里,然后将茶放到一个小茶盘里,搁到B.B.的腿上。

“啊,挺好的。”B.B.砸了几下嘴巴,“我要提出的建议来自伊齐·斯帕克斯,他经营着我们纳什维尔的交易所。你应该记得他的。”

“哦,我记得。他每次来访都带着两个歌舞队的女演员。”

“伊齐先生就是这么个人。一个卑贱的家伙,背叛那么好的老婆,不过倒好像没有影响他的智力。他给埃迪出了一个极好的主意。伊齐非常喜欢你在《孤独印第安人》里的表演,对你念念不忘。所以就那样,两人一拍即合。埃迪现在已经在写剧本,他来投资这部电影。”B.B.屏住呼吸。你可以听到号角声了。

“《双枪内尔》。在西大荒让他们佩服得五体投地!我知道你这段时间很憋屈,弗里奇,那个牛仔拍拍屁股走了,埃迪都告诉我了。不过,工作是良药。你想要工作,我们有工作。”

弗里奇的双眼溢满泪水:“哦,B.B.,我不知道我是否还能工作。”

“你当然能,你是一个坚强的女孩子。你很专业,看在上帝的分上。如果你得了感冒或者得了癔症,那怎么办?你无论如何要干,那是表演哪。你说怎么样?”

艾伦·泰莉帮了她大忙。

你说好的。

星期一早上弗里奇注意到的第一件事情就是阿尔·凯利的办公室挂上锁了。

她的那些老朋友像欢迎一位失踪的示巴女王①一样欢迎她的回归。乔克·弗格森紧紧拥抱她,亲吻她。温迪·怀特扮演城里酒鬼的角色,再合适不过了,他拿一个扁平的小酒瓶让她喝一口酒以示欢迎,她谢绝了。唉,她就是没有洛伊的任何消息——很可能永远不会有了。

弗里奇穿着一双高跟靴子,摇摇晃晃地走出她的化妆帐篷。她的劳动布裤子外面套着松软的羊皮护腿套裤,拖在地上。蓝白方格的衬衫跟她新的更加丰满的胸围十分相配。他们给她的巨大塔糖形宽边帽拿在她的手里,因为这顶帽子只要一戴到头上,便马上会从耳朵上方滑落到鼻子尖上。

在玻璃舞台上,景片塑造了一家边疆酒馆。来自“水洞”的五个临时演员站在四周。B.B.坐在摄影机旁边一张帆布背的椅子里。

埃迪拿着一个小喇叭走近前来。他的马靴闪闪发亮,他的马裤纤尘不染,他的棕黄色帽子歪戴在前额。她注意到,埃迪这些日子动辄一副趾高气扬的样子。是啊,成功给了每个人在为人处世中可以稍稍有点与众不同的资格,可不是吗?

“你感觉如何,弗里奇?”

“我感觉穿着这身衣服像个白痴。”事实是,她感觉意气消沉。几乎没有什么变化,始终都是那些令人索然寡味的问题。笑声在哪里?没有任何笑声。纯粹是又一场演出。哦,得了。就她所知,这就是她要干的工作。也许将来某一天她会再次喜欢上这项工作的。

埃迪说道:“我们可以开始彩排了吗?时间就是金钱哪。”

“我们又有一个凯利要关照了。”B.B.的话说得很响,以便让每个人都能

①示巴女王,活动时期为公元前10世纪,犹太教和伊斯兰教传说中阿拉伯半岛西南部赛伯伊(示巴)王国的国王。

听见。

“弗里奇?”

“我好了。”她说道,声音疲惫不堪。

“乔克,准备。弗里奇,你知道做什么动作。你冲向前来,可是没有看见那只痰盂。你绊倒了,扑倒在一张扑克牌桌子上,桌子腿断裂了,三个打牌的人连人带椅往后跌倒在地。你衬衫里面要不要垫点东西,万一摔下去很重?”

她不耐烦地说:“不用。我们开始吧。”

埃迪大声说道:“摄影机。”乔克的助手开始摇动曲柄。弗里奇站在安装于一个图样里的轻薄如蝙蝠翼的门旁边,摆好姿势,准备拍摄这个镜头。阳光照进这个暖房舞台,一度让她有点头晕目眩。她看到了一个个子高大、肩膀宽阔的男人匆匆朝着这个舞台走来,一位秘书给他指着路。这个人的体型以及他充满自信的脚步,让她想起了——

不,她有病了。这不是洛伊,这是哈里·波伦。

“开始。”

她在辨认那个人的同时向前冲去,慌乱中没有把握准时间。她没有绊到那个痰盂,却砰的一声撞上了一张空的桌子,身子失去平衡,一头栽倒在一块帆布景片上。帆布景片撕裂开来,她的头钻了过去。埃迪大声喊叫着吩咐乔克停止拍摄。她前面六英尺的地方,玻璃舞台的另一边——是的,正是哈里,只见他挥舞着一束用绿色的薄纸包裹起来的黄色玫瑰。

“这究竟是怎么回事儿?”埃迪问道。弗里奇从布景片里缩回头,倒没有受伤,只是有点尴尬。哈里走进那扇有铰链的玻璃门,脱帽打招呼。弗里奇说道:

“这是一位老朋友,埃迪。我看见他,吓了一跳。”

“哈里·波伦,女士们,先生们。”他说道,“我上次来访过,你们有几位我还记得。我长途跋涉,来看望克朗小姐——要是我的出现打断了你们的工作,我真诚地表示道歉。”

为埃迪做场记的那位姑娘萝塞塔将笔记本捧在胸前:“哈里·波伦,那位音乐大师?《吉祥狂欢》,所有那些音乐作品?哦,上帝呀,埃迪,他太有名啦。”

“是的,可我有电影要拍呢。”埃迪说道,交叉着双臂,以表示他有多生气。

“好吧，弗里奇，跟你朋友说说话。”埃迪拿小喇叭朝其他人挥舞了一下，“休息十五分钟。不过，我警告大家，要把活儿赶回来，我们得准备推迟收工。”

弗里奇将那顶过大的塔糖形帽子扔到一张桌子上，努力捋着已经乱成一团的卷曲金发。穿着这样的一身牛仔服装，她感觉自己成了一个彻头彻尾的傻瓜，尤其是在哈里总是那样衣冠楚楚、时髦漂亮的形象面前。他的金表配着相应的表带，几乎跟他的鞋尖一样光亮闪烁，熠熠生辉，她可以在他的鞋尖上看到自己的映像。他再次脱帽致意，献上玫瑰花。

“哎呀，谢谢，太漂亮了。”她环顾了一下四周，似乎是在寻找花瓶，但是当然啦，边疆酒馆这样的地方是没有花瓶的。萝塞塔赶紧走上前来，拿过鲜花，答应马上去插到水里。

哈里清了清嗓子，将手伸进外衣里面。她看到了他的内边口袋里有一些折叠的纸，但是他没有拿纸，而是转向了那些临时演员、导演、摄影师、木匠、舞台工作人员，迎接着他们好奇的目光。他用旁人听得见的低声说道：“我想我们是不是可以另外找个地方谈谈？”

弗里奇指着摄影场的后面，那儿依旧没有开发，杂草丛生。“那儿？”

“好，带路。”

他们走到外面。哈里看见有一辆生了锈的废弃手推车，便在那只破轮子的一边坐下，弗里奇在另一边坐下。

“见到你我真是太高兴了，哈里。你是到洛杉矶来出差吗，还是又来度假？”

“都不是。”他专注地望着她，“一年过去了。”

“是啊。”她没有忘记。

“确切讲，一年多一点了。我到了伦敦，排练我的新节目。我给你带来了一首歌。并不完美，也没有写完，它只是突发灵感，处在十字路口。你知道吗，约翰·菲利普·苏泽①也是在同样的状态下写成了《星条旗永远飘扬》②?”

“不知道,是那样吗?”

“他回到美国的家中去,因为一位朋友的死而心情十分郁闷,那首进行曲便在几分钟之内一蹴而就。我的心情并不十分郁闷——绝对没有!可是,我在灵感一闪念之间开了个头。”

早先她瞥见过的折叠起来的乐谱纸被拿了出来。他清了清自己的嗓子,开始轻轻唱了起来,那男中音虽然未经训练,却令人心旷神怡。

我一直在追你,
你一直在逃避,
说你无法爱我
像我那样爱你。
最亲爱的,等到有一天
你接受我的爱了,
我会捧出
足够的爱
滋润我和你——

哈里慢慢抬起头来,脸还是涨得通红:“你明白为什么是不完美的了,是吧?‘足够的爱’——这不好,很难说清楚。麻烦在于——”他的喉结拼命地上下运动着,他的蓝色眼睛紧紧地盯着她的双眼,盯得她都起了鸡皮疙瘩。

“——麻烦在于,这话确切地表达了想法。”

“哈里,你到底想说什么?”她几乎有点害怕其答案。

---

①约翰·菲利普·苏泽(1854—1932),美国音乐家,被誉为“进行曲之王”,一生创作了136首进行曲,包括《永远忠诚》《华盛顿邮报》《自由之钟》,最著名的是《星条旗永远飘扬》。他也成功地创作过一些轻歌剧,如《船长》等。19世纪90年代,他还发展了一种称为“苏泽大号”(苏萨大号)的乐器。

②由于国内翻译之误,很多人误以为苏泽的《星条旗永远飘扬》(*The Stars and Stripes Forever*)是美国国歌,其实不然。美国国歌的英文名为 *The Star-Spangled Banner*,由英国作曲家约翰·斯塔福德·史密斯作曲,美国律师弗朗西斯·斯科特·基作词,确切的中文翻译应该为《星光灿烂的旗帜》或《星光闪耀的旗帜》。

“我在说我爱你,但是我要命的把事情干坏了。”

她为他的炽热情感所震惊,同时也感到十分受用。她注意到有模糊不清的脸贴在舞台玻璃上。她转过身,背对着他们,双手交叉着十指放在两个膝盖中间,以稳住自己的身子。

“啊,哈里——”

“请听我说,弗里奇——”他急急忙忙地说道,“请让我把我赶了数千英里路来说的话说完。我在我远远没有看见这个国家之前就梦想着这个国家。我梦想着我在美国的各种可能,而且等我到了这里,我发现了一个人需要让梦想成真的自由。我也发现了新的梦想。这块土地独特的氛围可以引发人们的无限遐想。我所有的梦想都成真了,唯独一个还没有,而这个梦想是最最重要的。你,弗里奇,真真切切地拥有你,一生与你相濡以沫。自从我们在中央公园里见面起,我就在梦想着这一结果。那天我就爱上了你,可是当时我无能为力。我只能写一首歌《中央公园的姑娘》。但现在我自由了。我想要知道,我一定要知道,我是否有哪怕一丝一毫的机会。”

一只蜜蜂在她的脸跟前嗡嗡飞着。她挥手将它赶开。

“哈里,我不想伤害你。你是一位优秀正派的男人,讨人喜欢的男人。我不能对你撒谎,我非常喜欢你,我十分钦佩你。可是我对你的爱不是你想要的那种。”

他没有感到失望,反而洋溢出热情。“这不是必需的!你迟早会的,我保证你会的。你不是看到了吗?”他拿出那张歌纸,“我写的歌就是这样说的。”

弗里奇在手推车上往后仰去,不由自主地哈哈大笑起来。

“我必须说,你呀,真够自信的。”

“是的,我自信。在这个国家,梦想总是可以成真的。”

她摇摇头:“我不明白,我是指你这么迷恋——”

他将歌纸扔到野草丛中,用双手捧住她的手。

“你很美丽。”

“哦,哈里,这不是真的。”

“美丽——在我眼里,从一开始就是这样。”

弗里奇的金发在艳阳中飘拂:“从来没有人对我说过这样的话。”

“那么你早就应该听到这个话了。”

她用一种新的令人惊讶的温情瞧着他,再次哈哈大笑起来,发自肺腑:“你几乎让我相信了,也许等来世,等下个世纪吧。”

“今生今世。”他将她从生了锈的手推车上拉起身来,“现在。”

“哈里,他们都在看着呢——”

“我才不在乎呢。我爱你。你很美丽。相信我。我早已有足够的爱滋润我和你了。帮我把歌写完吧,弗里奇。帮帮我,我敢保证,你绝对不会有一丝一毫的后悔。”他说着,弯下腰去吻她。

译后记

《克朗家族传奇》是一部美国移民的奋斗史，是美国著名历史小说家约翰·杰克斯创作的与《肯特家史》八部曲、《北方与南方》三部曲齐名的又一部鸿篇巨制。

美国是个移民国家，也是个靠移民发迹的国家。世界近现代史上，少有国家像美国这样具有鲜明的移民特征。

很多历史学家认为，美洲大陆的“原住民”或者叫“土著人”是印第安人。但是，“根据考古学发现和古人类学研究，印第安人并不是美洲的真正土著居民，他们也是从这个大陆以外的地区迁徙而来的移民。”数万年前，一群非洲或亚洲或者说非洲和亚洲的流浪者来到美洲大陆，并在这块广袤富饶的土地上定居下来，他们便是印第安人和因纽特人的祖先。白种人来到美洲要迟得多，在一千多年前，是来自挪威、瑞典和丹麦的被称作“北欧海盗”的渔民、农民、猎人——维京人。维京人莱夫·埃里克松比哥伦布发现新大陆早五百多年。最早有记载的白种人到美洲大陆是英国遭受迫害的清教徒，那是1607年。

美国大规模的移民潮是近现代的事情，主要基于三个原因：一是16到18世纪，欧洲一些资本主义国家在资本原始积累过程中需要向外扩张，一方面掠夺资源，另一方面开拓市场，欧洲列强在美洲建立了很多殖民地，主流的移民来自欧洲，尤其是“日不落帝国”英国。二是美国资本主义发展快速，工业革命和农业生产如火如荼，劳动力极其短缺，所以对外来移民采取来者不拒的政策。直到1882年《排华法案》实施后，美国才逐渐采取以种族和国籍为基础的限制性和选择性移民政策。三是欧洲的封建社会已经分崩离析，走向没落，不甘心暴政压迫的欧洲人需要找到相对自由的发展空间,美洲大陆是个不二选择。

美国的移民十分复杂。从人种学的角度讲,除了最早的印第安人之外,大致上分为三类,一类是欧洲的白种人,一类是亚洲的黄种人,一类是非洲的黑种人。这三类人早期在美国的发展轨迹,可以得出一个朴素的结论:白种人在美洲大陆独霸天下,黄种人在美洲大陆赚点零钱,黑种人则被卖到美洲大陆当奴隶。这种情况的出现除了意识形态和价值观的影响之外,白种人数量在美国占绝对多数是主要因素,白种人大约占总人口的三分之二。所以,构成美国主流社会的是白种人。

美国的种族歧视由来已久,几乎是一个无药可救的顽症。在美国,有色人种想要进入白种人统治的主流社会很难。现在的情况有了点滴改变,譬如可以有黑种人当总统,也可以有黄种人当部长之类的事情发生,但大势没有发生根本变化,近年来甚至有恶化的趋势。在美国生活时间长了,就会发现或者感觉出来,在白种人的彬彬有礼和满面笑容背后,隐藏着他们对有色人种的鄙视。美国如此,欧洲也如此。

美国的移民有一个规律性现象,就是先移居美国的"老移民"与后移居美国的"新移民"的争斗,不管是白种人之间、有色人种之间,还是白种人与有色人种之间,起起伏伏,始终没有停止。人民出版社出版的《美国通史》认为,一般来说,19 世纪 80 年代以前来自西欧和北欧各国的移民为"老移民",19 世纪 90 年代以后的移民为"新移民"。新移民的数量到 20 世纪头十年间已经增加到美国移民总数的 70%以上。美洲大陆新老移民的斗争十分血腥。最早是印第安人跟维京人的战斗,后来是白人种族主义者屠杀印第安人。在政治领域和经济领域,弱肉强食的丛林法则更是普遍现象,其争斗的白热化程度丝毫不亚于残酷的战争。

德国移民在北美大地上的奋斗经历具有一定的典型性。他们不是来自美国原先的宗主国英国,没有英国人的优越感,但是他们属于欧洲的白种人,不同于来自东方的黄种人和来自非洲的黑种人。据《美国通史》介绍,德国移民在美国的数量十分庞大,到 19 世纪末有将近五百万人,主要分布在中北部各州,大多从事农业劳动,有少数人进入城市,充当熟练工人和非熟练工人,也有少数人经商或办实业。本书作者约翰·杰克斯的外祖父是德国人,1861 年从德国移居美国中西部。所以他选择把德国人作为移民代表，作为描写美国移民奋斗的原型，是可以理解的。

主人公波利在德国的生活十分不幸，父母早早故世，小叔叔不接纳他，他只好来到柏林，投靠以卖身为生的姑姑。可怜的姑姑身患重病，绝望中投河自尽。在这之前，她设法把侄子送上了去美国寻找波利另一个叔叔乔·克朗的路。波利饱尝大海的艰险，受尽人间的欺凌，好不容易踏上美国的土地。从纽约的埃利斯岛入关到芝加哥的叔叔家，他再次感受到美国的人情冷暖。在叔叔家，全家人对他都很好，尤其是伊尔莎婶婶。在此期间，波利将自己的名字改成了更具美国味的"保罗"。

他的堂哥小乔在自家的啤酒厂工作，受进步思想影响，同情工人，跟代表资本家的父亲作对，最后离家出走，前往美国西部。保罗因为帮助堂哥逃离家庭，也被叔叔赶出了家门。他遇见了酷爱摄影的鲁尼，学会了摄影。他遇见了拍摄电影的沙多，成功打开了自己的艺术生涯之门。他遇见了富家女朱莉，历尽波折终成眷属。从1891年到1901年，花了十年时间，德国人"波利·克罗纳"变成了美国人"保罗·克朗"。

十年，保罗·克朗见证了他十分喜爱并打算作为终身职业的电影艺术的发展。他主动请缨奔赴美西战争的古巴战场，不畏艰险，与险恶的自然作斗争，与跟随他的搭档作斗争，冒着生命危险冲上前沿阵地，拍摄了美西战争中后来成为美国总统、当时还是一名中校的罗斯福带领美军攻克圣胡安山的精彩战斗场景等轰动美国的电影。

十年，保罗·克朗跟门不当户不对的富家女朱莉两情相悦、真心相爱，但朱莉父母强行干预，将朱莉嫁给了一个富豪鳏夫。丈夫的欺凌迫使朱莉下决心逃离家庭魔窟，结果浪荡的丈夫被情人开枪打死。功成名就、买好船票打算奔赴英国发展的保罗·克朗在《攻克圣胡安山》的首映式上跟朱莉重逢，最终喜结连理。

美国人有梦想。书中人物弗里奇本想当一名戏剧演员，最后以喜剧电影演员成名达成了自己的梦想；卡尔在第一次世界大战的战场受伤返回家乡，用特丝和他们儿子的爱以及制造汽车和飞机成就了自己的梦想；保罗勇敢地用电影揭示真相实现了自己的梦想；哈里用自己的音乐天赋和对爱情的执着塑造着自己的梦想。当然,美国人也有很多梦想如同“卢西塔尼亚”号邮轮沉入海底一样遗恨美洲大陆,像黑人弗洛伊德一样在白人警察的膝盖下魂归天堂。

美国是一个现代社会的人生博物馆,有相对的自由,也有一定的发展空间,但并非人间天堂。在《克朗家族传奇》里,要找到各式各样的美国人物截图并非难事:有从普通酿酒工人变为成功啤酒商的乔·克朗,也有穷困潦倒、打道回府的伍珀塔尔市面包师;有历尽磨难、最终站稳脚跟的保罗·克朗,也有作恶多端、流氓成性、最后锒铛入狱的吉米·道斯;有热衷于武力、依靠美西战争平步青云的罗斯福中校,也有苦苦劝保罗留在美国、自己却因征战古巴丢掉性命的黑人珀森下士;有依靠自己的发明创造和善于经营在美国发家致富的爱迪生,也有剽窃别人技术、最后被爱迪生控制但依然孜孜不倦从事电影事业的沙多;有一生挚爱摄影、告诉保罗摄影不能造假的鲁尼,也有第一次带着母亲、姐姐没有移民成功但最终孑然一身来到美国成为作曲家的哈里;有竭力想要组建工会、为劳工福利而斗争并在啤酒厂献出生命的酿酒工人本诺,也有对老板忠心耿耿、对工作孜孜不倦、在啤酒厂不幸遇难的酿酒师席尔德克劳特;有依赖家中财富花天酒地、作威作福的浪荡子埃尔斯特里,也有无依无靠、一心想变富、被浪荡子玩弄抛弃、最后开枪击毙情夫的贫贱女罗丝;有七十七岁高龄依然奋战在救死扶伤第一线的美国红十字会创始人巴顿小姐,也有创立赫尔堂帮助穷人但生怕得罪富人而不敢加入反战行列的亚当斯小姐;有一心让女儿嫁入豪门最后却家破人亡的内尔,也有生性豪放浪漫但敢于上战场救援伤员的威利斯;有拖延战事搞得民怨沸腾但最后赢得战争胜利的将军,也有一听到枪炮声便撒腿往回逃跑的士兵;有善待工人但不允许成立工会的啤酒厂老板,也有不想继承家业却支持工会事业的啤酒厂老板儿子;有为了生计充当工贼破坏罢工最终丢掉性命的亚布洛内茨,也有为工会事业奋斗却身陷囹圄的德布兹;等等。

人们很容易相信,美国有真理与自由。关于美国的真理与自由,本书主人公保罗与小乔堂兄弟俩有一段精彩的对话:

“你说了那么多的真理,但是真理是什么呢?”

“真理就是你不想听的东西。你不想听到我们光荣的自由并非像有人所鼓吹的那么光荣。你自由，好吧。自由就是剥削处在更加弱势地位的人们。自由就是在又脏又黑的工厂那些危险的机器上把小孩子变成奴隶。自由就是你自己成长起来变成一个奴隶。”

“假定我在一个你所说的那么坏的工厂里工作，那我可以辞职，这是自由的，这也是真的吧？”

“当然。在这个世界上你完全有自由辞职不干，那结果就是穿着破衣烂衫在街头挨饿——死亡。你以为我们在这儿很特别吗？我们不特别。你所想象的那个美国只是在你的脑袋里，保罗。一个幻想而已。你以为一个人只要勤奋工作、坚守规则，最终就会像爸爸那样变得富有吗？见鬼的才不会呢。有些人变成了老板，他们就操纵游戏。他们掠夺、欺骗、操纵你的生活！这，就是真理。”

美国是一个金钱社会、精英社会，已经形成既定的运行法则。穷人想要登大雅之堂，并非易事。美国的很多精英本就来自平民，只不过自己变成精英之后，便千方百计不愿意别的平民变成精英罢了。

耐人寻味的是，不满资本家父亲的小乔离家出走后继续从事他跟贫苦工人一起争取自身权利的斗争，但是最后依然穷困潦倒地回到了资本家父亲的家，而且还少了一只脚。这是一个残酷的美国现实：美国的民主与自由不可触及富人阶层的根本利益，否则就是身败名裂乃至肉体消亡。在根本利益问题上穷人永远没有话语权，哪怕他手握选票，因为选票可以用金钱买到，也可以被控制。

许多美国历史学家和社会学家认为美国是一个民族“熔炉”，把众多移民的传统和特征“熔化成一种新的独特的金属，倾注于美国环境的铸模，并与美国人的思想糅合在一起”。他们把来自各种不同文化丛林的种子带到美洲大陆，在那里逐渐形成独特的美国文化，并使自己越来越“美国化”。本书的主人公克朗叔叔、伊尔莎婶婶以及他们的孩子和保罗、哈里等都是典型的例子。但美国这个“熔炉”并不是单一的“熔炉”，以宗教、种族和金钱为特征的地缘和社区划分异常鲜明。在密歇根大道、草原大道等地方生活的只能是有钱人，在码头区、普尔曼小镇、小切尼区等地方居住的必然是穷苦人，永远不会有交叉。

约翰·杰克斯认为，“我们的首要责任是告诉发生的事实真相”。所以，看过《克朗家族传奇》，你会对美国的政治、经济、社会、立法、司法有更多了解，对美国的精英、平民有更多了解，对美国的情与爱、人与人的关系有更多了解……看过《克朗家族传奇》，你会对真正的美国有更多了解。

当今世界的政治、经济、军事综合格局中，虽然地缘政治呈现出多极化，但是在相当长一个历史时段中，影响世界发展的主要因素将是中国和美国。所以，两个大国必然要互相了解，互相理解，互相谅解。在政治、经济、文化、社会、自然领域，有很多东西需要互学互鉴，互补共赢。知己知彼，方能百战不殆。谁了解对方多，谁就会有更宽广的视野和胸怀，谁就可能处于更加主动的地位。所以，全方位地了解美国、了解美国人是必要的。

我很幸运，在翻译出版这部书的过程中，得到了很多人的帮助。我要感谢浙江出版联合集团董事、副总经理、党委委员何成梁，浙江教育出版集团董事长、社长周俊，浙江教育出版集团副总编辑华明、何黎峰，浙江教育出版集团教材出版分社副社长张小飞，责任编辑冯岩、滕超萍、张静雅、童炜炜，装帧设计师吴瑕，以及其他为这部书的问世做出贡献的人们，没有他们，《克朗家族传奇》不可能顺利付梓。

翻译这部书期间，正值我的小外孙女来到人间。这位美丽、可爱、聪颖的小天使选择了由朱姓和董姓两个家庭结合的家作为她的 home（家），选择了正在蒸蒸日上的中国这块土地作为她的 land（国），我们颇感欣慰。《我为歌狂·8848》的作者、她的妈妈董洁心给她取名文心，似有雕龙之 dream（梦），饱含了父母对孩子的殷切期许。希望她的一生不负其名！希望她一生平安、健康、快乐！

所以，小文心，外公将此译作献给你！

董惠铭

图书在版编目（CIP）数据

克朗家族传奇:全三册/(美)约翰·杰克斯(John Jakes)著;董惠铭译.—杭州:浙江教育出版社,2023.3

ISBN 978-7-5722-5276-1

Ⅰ.①克… Ⅱ.①约… ②董… Ⅲ.①长篇历史小说-美国-现代 Ⅳ.①I712.45

中国国家版本馆CIP数据核字(2023)第040506号

责任编辑:滕超萍　张静雅　冯　岩　童炜炜
美术编辑:曾国兴
责任校对:潘俊丽　戴正泉
封面设计:吴　瑕
责任印务:曹雨辰

克朗家族传奇

[美] 约翰·杰克斯(John Jakes) 著　董惠铭 译

出版发行　浙江教育出版社
地　　址　杭州市天目山路40号
邮　　编　310013
电　　话　0571-85170300-80928
制　　版　浙江新华图文制作有限公司
印　　刷　浙江新华数码印务有限公司
开　　本　710毫米×1000毫米　1/16
字　　数　1744千字
印　　张　110.5
版　　次　2023年3月第1版
印　　次　2023年3月第1次印刷
书　　号　ISBN 978-7-5722-5276-1
定　　价　398.00元(全三册)